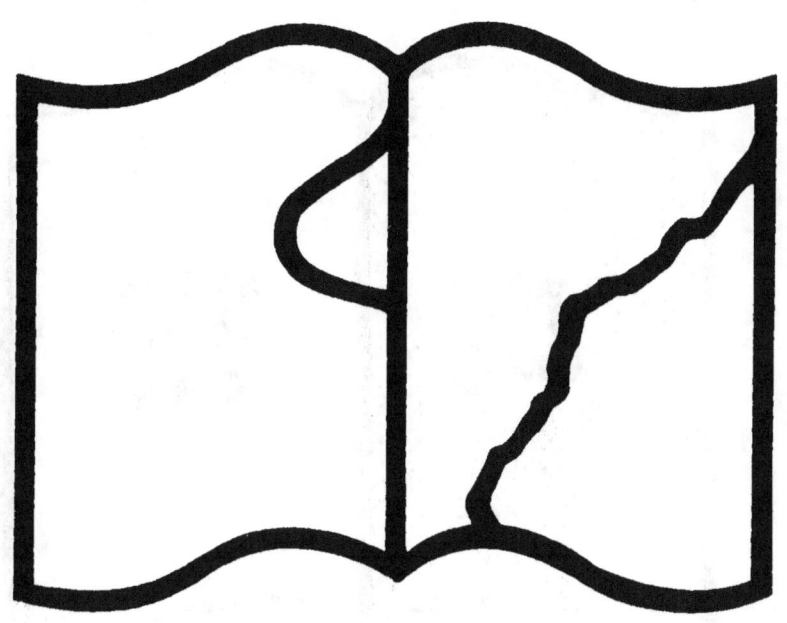

Texte détérioré — reliure défectueuse

**NF Z 43**-120-11

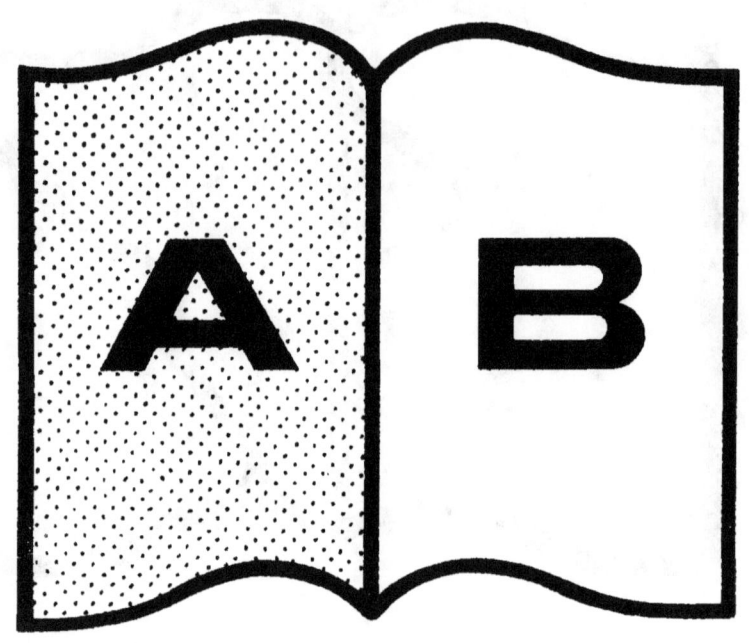

Contraste insuffisant
**NF Z 43**-120-14

# REGESTE DAUPHINOIS

## OU

## RÉPERTOIRE CHRONOLOGIQUE & ANALYTIQUE

DES

## DOCUMENTS IMPRIMÉS ET MANUSCRITS

RELATIFS A L'HISTOIRE DU DAUPHINÉ, DES ORIGINES CHRÉTIENNES A L'ANNÉE 1349

PAR

### le Chanoine Ulysse CHEVALIER

*Membre de l'Institut.*

> Juvat integros accedere fontes
> Atque haurire.
> LUCRETII *De rerum natura* l. I, v. 926

### TOME I$^{er}$

FASCICULES I A III

(Ann. 140-1203. — N$^{os}$ 1-5850).

EN VENTE

A L'IMPRIMERIE VALENTINOISE

Place Saint-Jean, VALENCE.

—

JANVIER MCMXIII

# AVERTISSEMENT

*Je ne puis dissimuler ma joie de voir sortir des presses le premier fascicule du Regeste Dauphinois : c'est là, comme l'une ou l'autre partie du Répertoire des Sources, et le Repertorium hymnologicum, une de ces entreprises que l'on ne commence pas, plus que septuagénaire, sans l'appréhension de ne pouvoir les terminer. Et cependant, j'ai confiance... Dieu aidant.*

*Doter le Dauphiné d'un Regeste, c'est-à-dire d'une table critique contenant l'analyse de tous les documents qui le concernent jusqu'à sa réunion à la couronne de France, a été l'un de mes premiers projets, comme la plus persistante de mes ambitions. Irréalisable il y a cinquante ans, le Regeste Dauphinois est devenu possible, aujourd'hui que tous les cartulaires connus de notre province ont été publiés.*

*L'utilité de travaux tels que celui-ci n'est plus à démontrer ; depuis les Regesta de Georgisch publiés à Francfort en 1740-2, leur nombre n'a cessé de s'accroître, ainsi que leur succès. Quels incomparables instruments de travail que les dernières éditions des Regesta de Böhmer, ou ceux de Jaffé et de Potthast !*

*Pourquoi, m'a-t-on dit, se confiner dans un cadre aussi restreint que le Dauphiné ? pourquoi ne point dépasser l'année 1349 ? N'eût-il pas été plus profitable de reprendre, par exemple, les tables, encore précieuses, mais combien incomplètes, de Bréquigny ? Si séduisante que puisse paraître cette idée, je démontrerais sans peine qu'elle est prématurée, pour la même raison que l'était, il y a un demi-siècle, celle du Regeste Dauphinois. Mais l'objection tombe d'elle-même devant les proportions déjà exorbitantes que menace de prendre le présent ouvrage.*

*Me reprochera-t-on dès lors la vaine prétention de viser à être complet, et d'insérer pour cela des actes insignifiants ? Qu'est-ce qu'un acte insignifiant ? Si l'on interroge un chronologiste, un géographe ou un légiste, un écrivain d'histoire générale ou un partisan des monographies, chacun aura ses préférences, et, on le conçoit, une sélection même très judicieuse, paraîtrait arbitraire à beaucoup d'érudits et exposerait à des lacunes essentielles.*

*La science tend et elle tendra de plus en plus, non seulement à l'exactitude, mais à l'ampleur de l'information : dans l'histoire, en particulier, c'est de ce côté que peut se produire un progrès véritable. Il n'y a pas, il est vrai, d'historien complet sans une forte culture intellectuelle et l'aptitude aux généralisations philosophiques, mais surtout, il est évident que sans érudition il n'y a pas d'histoire.*

*Dans cet ordre d'idées, j'ai utilisé les inscriptions chrétiennes (d'aucuns en trouveront les Vᵉ, VIᵉ et VIIᵉ siècles encombrés) et les obituaires. Ce sont là, à la vérité, des documents très frustes ; néanmoins, ils compensent, durant une longue période, la pénurie des chartes et ne laissent pas d'éclairer parfois des documents plus explicites.*

*Quelques mots sur la méthode de rédaction.*

*Les épitaphes courtes ont été abrégées de telle manière qu'on puisse les reconstituer ; on s'est contenté de citer le début des plus longues.*

*Les emprunts aux chroniques consistent, tantôt en citations textuelles, tantôt en analyses. C'est là un genre de renseignements très délicats à employer, à cause de leur imprécision. Si les chroniques, les vies de saints ou d'autres personnages par des contemporains nous ont conservé la vraie physionomie morale du moyen âge, il est bien difficile d'en rétablir la chronologie. Aussi ai-je fait un usage très restreint de cette catégorie de documents. L'élément constitutif, presque unique, du Regeste, surtout à partir du Xᵉ siècle, ce sont les analyses de chartes. On voudra bien remarquer la rigoureuse méthode observée dans ces analyses ; on y trouvera toujours dans le même ordre le personnage principal (prince, donateur, arbitre, etc.), puis les personnes ou institutions que l'acte concerne, l'objet et les clauses, enfin les notes chronologiques qui ne sont pas contenues dans la date en tête de chaque article. Il a été d'autant plus facile de réaliser cette uniformité nécessaire, que le Regeste est resté à l'état de notes jusqu'à la fin de l'année 1908 (décembre) et a été depuis rédigé presque sans discontinuité.*

*Je me suis également efforcé de condenser dans le moindre espace possible une quantité considérable d'indications. Les analyses présentent comme la réduction photographique des chartes. Aucune donnée importante n'est omise ; tous les personnages ayant un titre de seigneurie ou de dignité ecclésiastique ou civile sont cités, ainsi que toutes les localités. Pour conserver fidèlement la physionomie des documents, je me suis abstenu des traductions hasardeuses de termes de basse latinité, de même que j'ai préféré donner la forme ancienne des noms géographiques plutôt que d'admettre des identifications douteuses ; d'ordinaire, j'ai mis entre parenthèses la forme ancienne à côté de l'actuelle.*

*Pour ce qui est des noms propres de personnes, je pressens bien un grief. Au lieu de les franciser sous la forme qui pourrait paraître la plus plausible, j'ai maintenu l'orthographe des documents, et si certains ont reçu une forme moderne absolument fixe, je conserve entre parenthèses la forme ancienne. Il m'arrivera donc d'avoir écrit de quatre ou cinq manières le nom du même personnage. C'est un procédé bien intentionnel ; il convient à mon ouvrage, mais celui qui écrit un récit historique n'a pas les mêmes raisons de s'y astreindre.*

*Une règle presque absolue a été de ne rédiger les notices que sur des textes complets, publiés ou manuscrits ; les analyses des auteurs auraient le défaut de ne pas correspondre à mon plan et de manquer parfois d'exactitude. J'ai fait une exception pour quelques actes du Cartulaire de Saint-Pierre de Vienne, dont il ne nous reste que les fragments et les aperçus donnés par Chorier.*

*Bien qu'il m'ait été possible de restituer leur vraie date à beaucoup de pièces ou d'arriver à une plus grande approximation pour nombre d'autres, il en reste encore trop dont la chronologie est incertaine. Cela tient à l'ignorance des notaires ou à la négligence des scribes qui ont rédigé ou transcrit les originaux. Des cartulaires entiers, comme ceux de Domène et du Temple de Vaulx, ne renferment pas dix pièces datées. Et lorsque, après beaucoup de peine, on arriverait à les classer entre elles avec une certaine vraisemblance dans chaque cartulaire, il demeurerait impossible de leur assigner une date approchante.*

*On sait toutes les difficultés que présentent les dates indiquées seulement par les années du règne des princes. Ceux dont les états se sont agrandis successivement de plusieurs fractions, avaient autant de manières de dater que de régions à gouverner. On convient par exemple que la chronologie des actes du roi Conrad est inextricable (voir col. 189).*

*J'ai pensé rendre service à maint lecteur en indiquant la succession des souverains ayant régné sur tout ou notable partie du Dauphiné, depuis les rois Bourguignons jusqu'à la fin du second royaume de Bourgogne (septembre 1032), où le Dauphiné devint terre d'Empire.*

*La bibliographie de chaque article est aussi complète que possible : c'est un avantage incontestable, car chacun ne peut avoir toutes les sources à sa portée. Pour le réaliser, force m'a été d'adopter un système de citations très bref, dont chacun aura aisément la clef à l'aide de la table bibliographique ci-après. Tout article un peu important renferme d'ordinaire : 1° les sources manuscrites suivies d'un trait (—) ; 2° les éditions, suivies de deux (—) ; et 3° les ouvrages relatifs à la pièce.*

*Je ne terminerai pas cette préface provisoire sans réclamer l'indulgence de mes confrères en érudition. J'aurais pu me promettre, il y a vingt ans, de donner un travail presque exempt de fautes. A l'heure qu'il est pour moi, les facultés de l'esprit n'ont plus la même souplesse, la mémoire autant de ressources. Un errata postérieur donnera satisfaction aux corrections qui me seront proposées.*

U. C.

Romans, 27 juin 1912.

# REGESTE
# DAUPHINOIS

# REGESTE DAUPHINOIS

## OU

## RÉPERTOIRE CHRONOLOGIQUE & ANALYTIQUE

DES

## DOCUMENTS IMPRIMÉS ET MANUSCRITS

RELATIFS A L'HISTOIRE DU DAUPHINÉ, DES ORIGINES CHRÉTIENNES A L'ANNÉE 1349

PAR

### le Chanoine Ulysse CHEVALIER

*Membre de l'Institut.*

> Juvat integros accedere fontes
> Atque haurire.
> LUCRETII *De rerum natura* l. 1, v. 926.

### TOME I<sup>er</sup>

FASCICULES I A III

(Ann. 140-1203. — N°˙ 1-5850).

EN VENTE

A L'IMPRIMERIE VALENTINOISE
Place Saint-Jean. VALENCE.

—

JANVIER MCMXIII

# REGESTE DAUPHINOIS

**1** (Rome, 140/155 ou 142/156.)
Lettre du pape Pie I*er* à Vère *(al.* Juste*)*, évêque de Vienne. Il lui rappelle qu'avant son départ de Rome, leur sœur Euprépie a donné sa maison au service des pauvres ; il l'habite maintenant et y célèbre la messe. Il désire savoir ce qui s'est passé, depuis son retour, dans la ville sénatoriale de Vienne, et si la semence évangélique s'y répand, etc. — *Antequam Româ.*

Christ. Aviti poem. (1536), 164. FABRICIUS (G.). *Poet. christ.* (1563). 102. SIXTUS Senen. *Bibl. sancta.* I. GRYNAEUS(I.).*Mon.ss. patr. orthodox.* (1569), I, II, 3. LA BIGNE. *Bibl. ss. Patr.* (1575), I, 63. BARONIUS, *Ann. eccles.* 166. 1 (II. 154 ; 1864, II, 321*b*). Bosco (Joan. a), *Bibl. Floriac.* l. x., 22-3. BINIUS, *Conc.* I, 124. *SEVERT, Chron. Lugdun. archiep.* 2*e*. 4. LE LIÈVRE,*Hist. cité Vienne,* 65. BLONDELLUS, *Pseudo-Isidorus et Turrianus vapulantes,* 199. LABBE, *Conc.* I, 576. COUSTANT, *Epist. Rom. pont.* I, app. 19. COLETI. *Conc.* I, 580-1. MANSI, *Conc.* I, 677. CHARVET, *Hist. égl. Vienne,* 795 (ex perantiquis hujus ecclesiæ membranis). *Patrol. græca,* V, 1125. GUNDLACH (W.), dans *Mon. Germ. hist.*.Epist. Merow. L 86. = CHORIER,*Hist. de Dauph.* I. 375 ; 2*e*. 294. BRÉQUIGNY, *Table chron.* I, 1 (à 142). JAFFÉ, *Reg. pont. Rom.* xlij-43. *Neues Archiv,* XIV, 254. HARNACK (A.), *Gesch. altchristl. Litter.* I, 789. — Pièce fausse (fabriquée par un viennois sous l'archevêque Otranne, entre 878 et 885 : GROSPELLIER (A.), dans *Bull. hist.-archéol. Valence,* XX, 170-81). Sur la correspondance des papes jusqu'au X*e* siècle, voir GUNDLACH (Wilh.), Die Epistolae Viennenses und die ältesten Vienner Chronik, eine Entgegnung. dans *Neu. Archiv Ges. ält. deu. Gesch.* (1895), XX, 261-87; s. l. n. d., 8*e* ; —, Der Streit der Bisthümer Arles und Vienne um den Primatus Galliarum, dans rec. cité (1888-90), XIV, 251-342 ; XV, 9-102, 233-92 ; ein philologisch-diplomatisch-historischer Beitrag zum Kirchenrecht, Hannover, 1890, 8*e*, xxij-294 p.

**2** (Rome, 140/155 ? ou 142/156.)
Lettre du pape Pie à Juste, évêque de Vienne. Attale lui a apporté les lettres des martyrs, qui lui ont causé une joie ineffable. Il lui a appris la mort de l'évêque Vère, qui a triomphé du prince de ce monde, et l'élection de Juste par les frères comme évêque de la ville sénatoriale de Vienne ; il lui recommande de remplir son ministère dans le Seigneur, d'avoir soin des corps des saints, de visiter les prisonniers, d'éprouver les martyrs et de les inciter à persévérer dans la foi, etc. — *Attalus epistolas.*

Christ. Aviti poem. 165. GRYNAEUS, *Mon. ss. patr. orthodox.* I, II, 3. SIXTUS Sen., *Bibl. s*. I. BARONIUS, *Ann.* 166, 3 (II, 155 ; 1864, II, 321*b*). Bosco (J. a), 24. BINIUS, *Conc.* I, 124b. *SEVERT, Chron. Lugdun.* 2*e*. 4. LA BIGNE, *Bibl. Patr.* I. 63 (ex arch. Vien.). LE LIÈVRE, 73. BLONDELLUS, *Pseudo-Isidorus,* 200. LABBE, *Conc.,* I, 577. *Acta sanct. Bolland.,* maii II, 100 ; 3*e*, 99. COUSTANT, *Epist. Rom. pont.,* I, app. 20. COLETI, I, 581. MANSI, I, 678. CHARVET, 795-6. *Patrol. græca,* V, 1126. GOUILLOUD (A.), *S*r* Pothin,* 443. GUNDLACH (W.), dans *Mon. Germ.*

*hist.,* Epist. Merow., I, 87. = PITHOU, *Advers.* I, 16. CHORIER, *H. de D.* I, 376-7 ; 2*e*, 295. *Acta ss. Bolland.* maii II, 99. BRÉQUIGNY, I, 1. *Ann. archéolog.* I. 63-4. JAFFÉ, xliij-46.*- Neues Archiv,* XIV, 254. HARNACK (A.), *Gesch. altchristl. Litter.* I, 789. — Pièce fausse (fabriq. en 878/885 : voy. n*o* 1).

**3** (Rome), 25 mai (157/168).
Lettre du pape Anicet à toutes les églises des Gaules, au sujet de la consécration des archevêques et des évêques, et de leur juridiction. Data... *Gallicano et Rufino vv. cc. consul.* — *Bonorum operum.*

COLETI. *Conc.* I, 585-8. MANSI, I, 683. *Patrol. græca,* V, 1129. HINSCHIUS, *Decret. pseudo-Isidor.* 120. = JAFFÉ, liv-57. — Pièce fausse.

**4** (Rome), 11 juillet (174/189).
Lettre du pape Eleuthère à toutes les églises des Gaules, exhortant à ne pas rejeter [par superstition] les nourritures usuelles. Il traite surtout du jugement des pairs par les évêques et le Saint-Siège. *Data*... *Paterno et Bradua vv. cc. consul.* — *Magno munere.*

COLETI, I, 595-8. MANSI, I. 695. *Patrol. græca,* V, 1139. HINSCHIUS, *Decret. pseudo-Isidor.* 125. = JAFFÉ, lxj-68. — Pièce fausse.

**5** Vienne, 2 juin 177.
Lettre des églises de Vienne et de Lyon aux églises d'Asie et de Phrygie sur les martyrs de Lyon, parmi lesquels étaient quatre Viennois : Sanctus, Maturus, Blandine et son frère Ponticus.

EUSEBIUS, *Hist. eccles.,* l. v, c. 1-3 ; il avait aussi inséré intégralement cette lettre dans sa Συναγωγὴ τῶν ἀρχαίων μαρτυρίων, avec un quadruple catalogue des martyrs, conservé dans le Martyrologe Hiéronymien (éd. Rossi-Duchesne 71-3, cf. lxvij-iij). *Patrol. græca,* V, 1405-53 ; XX, 157-62. ROUTH, *Reliq sac.* (1846), I, 293-371. Trad. latine par RUFIN dans VINCENT. BELVAC., *Spec. hist.* XI, 98- ; BARONIUS, *Ann.* 179. 3-25 (1864, II, 385-91) ; SURIUS, *Vitæ sanct.* (1618), VI, 2 jun. ; *Acta sanct. Bolland.,* jun. I, 162-3 ; 3*e*, 157-8. Autre par Henri de VALOIS, dans RUINART, *Acta sinc.* (1689), 62 ; MONFALCON, *Hist. monum. Lyon* (1860), VII, 167-78 ; (1869). VIII, 5-18. Autres par WOLGANG et CHRISTOPHORSON. Trad. française dans CHARVET, *Hist. égl. Vienne,* 19-27, 111-3 ; *Chefs-d'œuvre des Pères* (1837), I, 209-39 ; COLLOMBET, I, 7-26 ; GRAPIN, *Eusèbe* (1910), II. Cff. GREGORII TURON. *De glor. mart.,* c. 49 (*Patrol. lat.,* LXXI, 751); ADONIS Martyrolog. (ibid., CXXIII, 274-9) ; *Brev. Viennense* (1489), ggvij-ijb. = CHORIER, *H. de D.* I, 378-80 ; 2*e*, 296-8. TILLEMONT, *Mém. h. e.* (1695), I, 28-9. COLONIA, *Hist. litt. Lyon* (1728), I, II, 29-50. D. dans *Hist. litt. France* (1733), I, 288-90. LELONG, B. F. I, 4274. CAVE, S. *e.*, (1741) I, 82. LUMPER, *Hist. ss. Patr.*(1784), II, 482-504. DONALDSON,*Hist. christ. litter.* (1866), III, 250-86. ALLARD (P.), *Hist. d. persécut.* (1885), I, 391-413. HIRSCHFELD (O.), dans *Sitzungsber Preuss. Akad. Wissensch.* (1895). I, 381-409 [*Anal. Bolland.* XVI, 336]. ABBOTT (Edw. A.). The date of the epistle of the Gallican churches in the second cent., dans *Expositor* (1896), E, III,

111-26. Jullian (Cam.), dans *Rev. d. études anciennes* (1911), 315-30. — La mémoire de ces martyrs se célébrait à Vienne le dimanche dans l'octave de l'Ascension, qui était appelé le jour des *Merveilles* (Charvet, 27-8). Une rubrique du *Brev. Viennen.* de 1489 porte (f° 54°) : *Fiunt processiones supra Rodanum, quas appellant Miraculorum sanctorum martirum Marcellini et Petri, Blandina ac sociorum ejus.*

**6** Vienne, 19 novembre (177 ?)

Martyre des saints Séverin, Exupère et Félicien, sous Marc-Aurèle ; leurs corps restèrent à Brenier ou les Brosses, au-delà du faubourg de Pont-Evêque ; transférés sous l'évêque Paschase (2° quart du V° s.) dans l'église de Saint-Romain, ils le furent sous saint Barnard, à Romans. Là, ils furent l'objet d'une inscription en 14 vers, composée selon toute vraisemblance par Florus, diacre de l'église de Lyon († 859/60) :

*Martyribus reverenda tribus hæc fulgurat aula.*

Ms. : Paris, Bibl. Nat., ms. lat. 2832 (IX° s.), 70 [*Neues Archiv.* IV, 298, 581]. — Breviar. B' *Barnardi de Romanis* (1518), cccxcv° ; (1612), 568°. Du Chesne, *Hist. Franc. script.* I, 513-4. Mabillon, *Acta sanct. Bened.* IV, II, 566. Bouquet, *Rec. hist. France*, II, 532. Collombet, *Hist. égl. Vienne*, I, 45. Terrebasse (A. de), *Epitaphe des trois martyrs Séverin. Exsupère et Félicien, qui se lisait jadis sur une chapelle de l'église de Saint-Barnard à Romans*, Vienne, s. d., in-8°, p. 1 ; *Inscript. de Vienne*, I, 1-10 ; *Opuscules*. 193-207. Peiper, *Aviti Vien. Opp.* 184. Giraud (P.) et Chevalier (U.), *Mystère des Trois Doms*, xcviij-ix. *Anal. Bolland.* XI, 411-2. = Voir le diplôme du 30 déc. 842 et Aymari Rivalli *De Allobrogibus* (1844), 363. Grospellier (A.), dans *Bull. hist.-archéol. Valence*, XX, 75-6.

Le Bréviaire de Saint-Barnard renferme sur ces saints, dont le martyre est honoré le 19 novembre : 1° une *Passio*, dédiée par un diacre nommé Tertius à l'évêque Paschase (V° s.) ; 2° une autre légende pour le jour de l'octave ; 3° un récit de leur translation sous forme d'homélie, par l'archevêque Guy (XI-II° s.) ; le tout reproduit dans le *Mystère des Trois Doms* (p.lxxxviij-xciv) [Bolland., *Biblioth. hagiograph. latina*, n°² 7665-7]. La 2° légende [*Passio*] se lit dans le *Brev. Viennense* (1489), rrvij<sup>b</sup>-iij<sup>c</sup> ; (1522).

Ces trois martyrs furent, en 1509, le sujet d'un *Mystère* en trois journées, composé par Siboud Pra, chanoine de Grenoble, et corrigé par Claude Chevalet, fatiste de Vienne, qui a donné lieu aux publications suivantes :

*Composition, mise en scène et représentation du mystère des Trois Doms, joué à Romans les 27, 28 et 29 mai aux fêtes de la Pentecôte de l'an 1509, d'après un manuscrit du temps*, par P.-E. Giraud ; Lyon, 1848, in-8° de 130 pp. — *Le Mystère des Trois Doms joué à Romans en MDIX*, publié d'après le manuscrit original avec le *compte de sa composition, mise en scène et de représentation, et des documents relatifs aux représentations théâtrales en Dauphiné du XIV° au XVI° siècle*, par feu P.-E. Giraud et U. Chevalier ; Lyon, MDCCCLXXXVII, gr. in-8° de cxlviij-928 pp.

**7** (Vers 177/202.)

Irénée, évêque de Lyon, dédie ses discours Περὶ πίστεως à Demetrius, diacre de Vienne.

S' Maxime confesseur, fragm. v, vi, dans S. Irenæi episc. Lugdun. *Fragmenta* (1710), 343. Pitra, *Anal. sac.* II, 202 ; *Patrol. græca*, VII, 1232 ; Harvey, II, 477-8. = *Hist. litt. France*, I, 1, 341. On conteste l'authenticité d'un discours au même diacre rapporté par Feuardent (Harvey, II, 478). Harnack, *Gesch. altchristl. Litt.* I, 263.

**8** (Rome, 190/194 ou 189/v. 199, 197 ?)

Lettre du pape Victor I à Denys (*al.* Didier), évêque de Vienne, l'avertissant de célébrer la Pâque non le 14° jour de la lune, avec les Juifs, mais depuis le 15° jusqu'au 21<sup>e*</sup>; il lui recommande Eubole, porteur de cette lettre. — *Sicut sancta fraternitas.*

Baronius, *Ann.* 198, 18 (II, 455). Bosco (J. a), 24-5. Severt, *Chron. Lugdun.* 2°, 12. Le Lièvre, 75. Blondellus, *Pseudo-Isidorus*, 232. Labbe, *Conc.* I, 595-6. Coustant, *Epist. Rom. pont.* I, app. 21. Coleti, I, 602-3. Mansi, I, 704. Charvet, 796-7. *Patrol. græca*, V, 1488. Gundlach (W.), dans *Mon. Germ. hist.*, Epist. Merow. I, 87-8. = Chorier, *H. de D.* I, 383 ; 2°, 299. Jaffé, lxv-75. *Neues Archiv*, XIV, 254. — Pièce fausse (fabriq. en 878/885 : voy. n° 1).

**9** (Rome, 190/194 ou 189/v. 199, v. 200.)

Lettre du pape Victor I à Paracode, évêque de Vienne, qui avait succédé à Denys. Il lui fait part de la discussion surgie entre les églises d'Orient et d'Occident au sujet de la célébration de la Pâque et l'exhorte à la faire à partir du 15° lune ; il salue les frères de Vienne. — *Collega noster Dionysius.*

Baronius, 198, 19 (II. 455). Bosco (J. a), 26. Le Lièvre, 79. Blondellus, 233. *Acta sanct.* Bolland., jan., I, 20. Labbe, I, 596. Coustant. app. 22. Coleti, I. 603-4. Mansi, I, 705. Charvet, 797. *Patr. græca*, V, 1489. Gundlach (W.), dans *Mon. Germ. hist.*, Epist. Merow. I, 88. = Jaffé, lxvij-76. *Neues Archiv*, XIV, 254. — Pièce fausse (fabriq. en 878/885 : voy. n° 1).

**10** 23 avril (vers 202, sous Aurélien).

Martyre des s<sup>ts</sup> Félix, prêtre, Fortunat et Achillée, diacres, disciples de s' Irénée, à Valence.

Passio, dans Surius, *Vitæ sanct.* (1571). II, 823-6 ; (-8), 920-3 ; (1618), IV, 287-9 ; (1876), IV, 538-44. *Acta ss.* Bolland., april. III, 98-100 ; 3°, 89-101. = Bolland., *Bibl. hagiogr. lat.* 2896-7. *Répert.*, Bio. 1480.

**11** (Rome, 251/253.)

Lettre du pape Corneille à Lupicin, archevêque de Vienne, lui faisant part de la persécution des chrétiens à Rome par les empereurs. — *Scias frater char.*

Christ. Aviti poem. 165. Sixtus Sen., *Bibl.* s°, I. Baronius, 255, 47-8 (II. 358 : 1864, III, 73°). Bosco (J. a), 27. Binius, *Conc.* I, 164°. La Bigne, *Bibl. Patr.* I, 63. Le Lièvre, 91-2. Blondellus, 320. Labbe, I, 683-4. Coustant. app. 25. Coleti, I, 701. Mansi, I, 829. Charvet, 797. *Patrol. latina*, III, 839. *Bull. du Bibliophile* (1855), sér. 12, 344-5. Gundlach(W.), dans *Mon. Germ. hist.*, Epist. Merow. I. 89. = Chorier, *H. de D.* I, 389 ; 2°, 304. Chevalier (U.), *Doc. inéd. Danph.* II, v, 20 [= *Gallia christ. noviss.* IV. 1]. Jaffé, xc-116 ; *Neues Archiv*, XIV, 255. — Pièce fausse (fabriq. en 878/885 : voy. n° 1).

**12** (Rome), 1<sup>er</sup> avril (253 ?)

Lettre du pape Lucius à toutes les églises d'occident en Gaule et en Espagne, au sujet des accusations lancées contre les évêques et de la déférence des métropolitains pour leurs comprovinciaux. *Data... Gallo et Volusiano vv. cc. consul. — Litteras dilectionis.*

Coleti, I. 740-5. Mansi, I, 875. *Patrol. latina*, III, 975. Hinschius, *Decret.* pseudo-Isidor. 175. = Jaffé, xciii-123. — Pièce fausse.

**13** (Vers 254.)

Faustin, évêque de Lyon, et ses coévêques de la province de Narbonne [qui comprenait la Lyonnaise et la Viennoise], écrivent plusieurs fois à Cyprien, évêque de Carthage, au sujet de Marcien, évêque d'Arles, qui avait embrassé l'hérésie des Novatiens. Lettre indiquée par celle de Cyprien au pape Etienne.

S. CYPRIANI *Opp.* (1700), 291; (1726), 115; (-8), 247. COUSTANT, 211. LABAT, *Conc. Galliæ*, 50. *Patrol. latina*, III, 990-8. *Gallia christ. noviss.*, Arles, 12-4.

**14** (Vers 265.)

*Anno.. tertio ineunte episcopatus sui, Amatius beatissimus pater* [évêque d'Avignon], *Crosco duce... post direptas ceteras urbes.. Viennam..., Tricastinum. Valentiam... Ipse Crocus... episcopos senio, sanctitate et doctrina claros percussit et obtruncavit.. Sextum Valentiæ, Justum Tricastini...*

*Gallia christ. nova*, 1715, I, instr. 137, ex vet. cod. eccles. [Avenion.] eruit... Polycarpus de la Riviere. — Pièce fabriquée par lui.

**15** (Rome), 9 août (269 ?).

Lettre du pape Félix à tous les évêques des Gaules, pour leur communiquer les décisions d'un concile de plus de 70 évêques touchant l'autorité du S'-Siège, les accusations contre les évêques et les mémoires des martyrs. *Data... Claudio et Paterno vv. cc. consul. — Bonorum operum.*

COLETI, I, 924-6. MANSI, I, 1108. *Patrol. latina*, V, 148. HINSCHIUS, *Decret. pseudo-Isidor.* 200. = JAFFÉ, cj-143. — Pièce fausse.

**16** 14 décembre (270/275).

Lupicin, évêque de Vienne, est martyrisé à Trois-Châteaux *(Augustæ Tricastinorum).*

*Chronicon antistitum Viennensium* (1939). CHEVALIER (U.), *Doc. inéd. Dauph.* II, v, 20. *Gallia christ. noviss.* IV, 1.

**17** (Rome), 1ᵉʳ janvier (275).

Edit de l'empereur Aurélien, adressé à .Elius Saturninus, préteur de Vienne, pour l'envoi de troupes contre les Centrons et l'établissement d'une voie publique qui mette en communication la Gaule transalpine avec la Gaule cisalpine. *Dat. in Capitolio,... aⁿ ab urbe condita 1027.*

PILOT (J. J.), Un édit d'Aurélien et le chemin de l'Empereur dans la vallée du Graisivaudan, dans *Bull. de la soc. de statist. de l'Isère*, 1861, 2ᵉ sér. VI, 437-42 (ex codd. urbis Cularon... in bibl. Nic. Bergierii...) — Pièce fausse.

**18** (Vers 300.)

ITINÉRAIRE DIT D'ANTONIN.

*A Mediolano per Alpes Cottias* (le Mont-Genèvre) *Viennam* m. p. CCCCIX... *Brigantionem* (Briançon), m. p. XIX; *Rame* (Rame), m. p. XVIII; *Eburodunum* (Embrun), m. p. XVII; *Caturigas* (Chorges), m. p. XVI; *Vapincum* (Gap), m. p. XXI; *Montem Seleucum* (La Baumette, près la Bâtie-Mont-Saléon), m. p. XXIV; *Lucum* (Luc-en-Diois), m. p. XXVI; *Deam Vocontiorum* (Die), m. p. XII; *Augustam* (Aouste), m. p. XXIII; *Valentiam* (Valence), m. p. XXII; *Ursolim* (Roussillon, Tulandière), m. p. XXII; *Viennam* (Vienne), m. p. XXVI; *Lugdunum* (Lyon), m. p. XXIII.

BOUQUET, *Rec. hist. France*, I, 105; et les autres éditions indiquées dans STRUVE, *Bibl. hist.* IV, 127-31; BRUNET, *Manuel*, I, 327; GRAESSE, *Trésor*, I, 152; R. GEN. 24; RÖHRICHT, *Bibl. geog. Palaest.* 1-2. — Ce livret de poste peut remonter à l'empire de Caracalla (212/7).

**19** 28 août (304).

Martyre de s' Julien de Vienne, à Brioude.

*Passio* (431/474), dans BOSQUET, *Eccl. Gallic. hist.* II, 176-8. LABBE, *Nova bibl. mss.* II, 567-8. *Acta ss.* Bolland., aug. VI, 173. KRUSCH (Br.), dans *Mon. Germ. hist.*, Scr. Merov. I, 879-81. — *Miracula* (Virtutes), auct. GREGORIO episc. Turon., dans CLICHTOVEUS, *Sulpic. Severi de vita d. Martini*, 152-63. GREGOR. TURON. *Gloria mart.* (1563), 145-90. SURIUS, *Vitæ sanct.* (1573), 948-62 ; etc. ; (1618), VIII, 311-8 ; (1877), VIII, 699-706. LA BARRE, *Hist. christ. vet. patr.* 33a-7. *Bibl. Patr. Paris.* VII, 897-918; — *Lugdun.* XI, 861-71. RUINART, *Gregor. Turon. Opp.* 847-86. *Acta ss.* Bolland., aug. VI, 176-87. *Patrol. lat.* LXXI, 801-28. BORDIER, *Miracles de Grégoire de Tours*, I, 302-92. KRUSCH, dans *Mon. Germ. hist.*, Scr. Merov. I, 562-84. *BOUQUET, II, 466-7. GUADET et TARANNE, *Hist. des Francs par Grég. de Tours*, IV, 239-49. — *Passio* (870) : ms. St-Gall 566 (IXᵉ s.), 145-9. Cf. GROSPELLIER (Al.), dans *Bull. hist.-archéol. Valence* (1901), XX, 74-80. — *Passio*, dans *Brev. Viennense* (1489), mm viijᵇ ; (1522), ccclxvᵇ. TILLEMONT, *Mém. hist. ecclés.* V, 696-9. RUINART, *S. Gregor. Turon. Opp.* 1265-70. *Acta ss.* Bolland., jul. VII, 215 ; 3ᵉ, 226). On fêtait sa translation à Vienne le 13 déc. *Répert.*, Bio, 2677. — Voir (avant 573).

**20** 18 septembre (304).

Martyre du tribun Ferréol, à Vienne.

*Passio s. Ferreoli martyris Viennensis in Gallia* : Ms. : St-Gall, 566 (IXᵉ s.), 150-5. — *Brev. Viennense* (1489), oo iijᵛ-iiijᵃ. SURIUS, *Vitæ sanct.* (1574), V, 295-6 ; etc., (1878), IX, 438-40. RUINART, *Acta sinc.* (1689), 509-11 ; etc. ; (1859), 489-91. *Acta sanct.* Bolland., sept. V, 764-7. FORTUNATI *Miscell.* VIII, 6 (*Patr. lat.* LXXXVIII, 270). = *Biblioth. hagiog. lat.* 2911-3. *Répert.*, Bio, 1493. — Voir (avant 573).

**21** (Rome), 27 juillet (309).

Lettre du pape Eusèbe à tous les évêques des Gaules touchant les accusations contre les clercs ; les *impugnatores* des évêques sont réputés infâmes, etc. *Data... Constantino cons. — Scripta sanctitatis.*

COLETI, I, 1405-8. MANSI, II, 412. *Patrol. latina*, VII, 1101. HINSCHIUS, *Decret. pseudo-Isidor.* 230. = JAFFÉ, cxxj-163. FUNK, dans *Theologische Quartalschrift* (1890), LXXII, II (contre O. Seeck, qui date de 316). — Pièce fausse.

**22** (1ᵉʳ août ? 314).

CONCILE D'ARLES CONTRE LES DONATISTES.

*Epistola synodi Arelatensis....: Dilectissimo papæ Silvestro..., Marinus..., Verus... in Domino æternam salutem,... Breviarium epistolæ : Domino sanctissimo fratri Silvestro Marinus vel cœtus episcoporum qui adunati fuerunt in oppido Arelatensi...* Les 22 canons sont suivis des signatures : *Verus episcopus, Bedas exorcista, de civitate Viennensi, provincia suprascripta* [Viennensi]... *Volusiano et Anniano coss.*

MERLIN, *Conc.* I, 97ᵃ. BARONIUS, 314, 35-71 ; cf. PAGI, *Crit.* 17, 20-4. BINIUS, *Conc.* (1606), I, 265ᵃ ; (1618), I, 220 ; (1636), I, 266, 270. SIRMOND, *Conc. Galliæ*, I, 3, 8. *Coll. reg.* III, 26, 33. LABBE, I, 1425, 1430. HARDUIN, *Acta*, I, 261, 267. COUSTANT, 341. COLETI, I, 1449, 1454. MANSI, II, 469. LABAT, *Conc. Galliæ*, 94, 105. *Patrol. lat.* VIII, 816, 818. *Gallia christ. noviss.* III, 15. = *Hist. litt. France*, I, II, 52-7. CEILLIER, H. a. e. III, 700-12 ; 2ᵉ, II, 637-35. ALEXANDER (Nat.), *Hist. eccles.* IV, 344-5 (= ZACCARIA, *Thes. theolog.* VII, 883-5). ROUTH, *Reliq. sac.* IV, 253. MÜNCHEN, Ueber das erste Concil von Arles, dans *Zeitschr. Philos.-Kath. Theol.* (Bonn), IX, 78 ; XXVI, 49 ; XXVII, 49. HEFELE, *Concgesch.* (1855), I, 170-86 ; 2ᵉ, 201-19. FUNK, Die Zeit der ersten Synode von Arles, dans *Theolog. Quartschr.* LXXII, 296-304. DUCHESNE (L.), dans *Mél. archéol.-hist. éc. franç. Rome*, X, 640-4.

**23** (Rome, 314/335.)
Lettre du pape Silvestre à tous les évêques des Gaules et des sept provinces : tout ecclésiastique qui se rend au Siège apostolique ou ailleurs ne doit partir que muni de lettres « formées » du métropolitain de Vienne. Les sept provinces qui dépendent de lui sont, d'après le catalogue romain : la Viennoise, **Narbonnaise** 1ᵉ, la 2ᵉ (Aix), l'Aquitaine 1ᵉ (Bourges), la 2ᵉ (Bordeaux), la Novempopulanie (Auch), les Alpes-Maritimes (Embrun).
— *Placuit apostolicæ*.
Bosco (J. a), 27-8.Severt, *Chron. Lugdun.* 2ᵉ, 94-5. Le Lièvre, 107-8. Coustant, app. 38. Charvet, 798. *Patr. lat.* VIII, 848, cf. 846-8. Gundlach (W.), dans *Mon. Germ. hist..* Epist. Merow. I, 89-90. — Bréquigny, I, 2 (à 322). Jaffé, cxxxiv-177. — Pièce fausse (fabriq. vers 912). Des exemplaires portent, au lieu de Vienne, soit Arles, soit Autun (Jaffé, cxxxv-178). Elle est rappelée par Sergius III, dans sa bulle du 17 juin 908 (Charvet, 247). Voir la bulle authentique de Zosime en faveur d'Arles, du 22 mars 417 (*Gallia christ. noviss.* n° 37).

**24** Vienne, 6 mai (316).
L'empereur Constantin promulgue la loi *de temporum cursu* et l'adresse à Julius Verus, gouverneur de la Tarraconaise, Sabino et Rufino coss.
*Codex Theodosianus* (1665), I, 109 ; éd. Ritter (1736), I, 125-6, cf. xij-iij ; éd. Haenel (1842), 199-200. *Bouquet, I, 245.

**25** 25 août (325).
Concile œcuménique de Nicée : l'ἅλλων Νικαίᾱς Δοῦξᾱς. *Provinciæ Galliarum* : *Nicasius Divionensis* (al. *Dovensis, Diniensis* aut *Diensis*); — *Diniensis* (al. *Dovensis, Nicheus Duxias*).
Labbe, II, 54. Coleti, II, 59, 64. Harduin, I, 319-20. S. Leonis M. *Opp.* ed. Ballerini, III, 45, et les nombreuses sources indiquées dans le *Répert.. Topo, c.* 2505-7. *Patr. lat.* LVI, 386-7. Gelzer (H.), Hilgenfeld (H.), Cuntz (O.), *Patrum Nicaenorum nomina latine, graece, coptice, syriace, arabice, armeniace (Script. sac. et prof.* II) ; Lipsiae, 1898, in-8. lxxiij-265 p. = Chevalier (J.), *Hist. église Die,* I, 70-1. Morin (G.), D'où était évêque Nicasius, l'unique représentant des Gaules au concile de Nicée, dans *Rev. Bénédict.* XVI, 72-5.

**26** (Vers 333.)
Itinéraire de Bordeaux à Jérusalem.
*Mutatio Novemcraris* (le Logis-de-Berre), *mil.* x ; *mansio Acuno* (Aygu), *m.* xv ; *mutatio Vancianis* (Bances), *m.* xii ; *mutatio Umbenno* (Ambonil), *m.* xii ; *civitas Valentia* (Valence), *m.* ix ; *mutatio Cerebelliaca* (Montoison ou Upie), *m.* xii ; *mansio Augusta* (Aouste), *m.* x ; *mutatio Darentiaca* (Saillans), *m.* xii ; *civitas Dea Vocontiorum* (Die), *m.* xvi ; *mansio Luco* (Luc-en-Diois), *m.* xii ; *mutatio Vologatis* (Les Bouligons, cⁿᵉ de Beaurières), *m.* ix. — *Inde ascendunt Gavra mons* (le Col de Cabre) : *mutatio Cambono* (La Combe, le Villar la Baume), *m.* viii ; *mansio Monte Seleuci* (La Beaumette, près la Bâtie-Mont-Saléon), *m.* viii ; *mutatio Daviano* (Veynes), *m.* viii ; *mutatio Ad Fine* (entre La Roche-des-Arnauds et Montmaur), *m.* xii ; *mansio Vapinco* (Gap), *m.* xi ; *mansio Catorigas* (Chorges), *m.* xii ; *mansio Hebriduno* (Embrun), *m.* xvi. — *Inde incipiunt Alpes Cottiae* (le Mont-Genèvre) ; *mutatio Rame* (Rame), *m.* xvii ; *mansio Brigantum* (Briançon), *m.* xvii.
Itinerarium Burdigala Hierusalem usque; s. l., 1589, pet. 12ᵉ, 38 p. ; etc. B[ertrand] (A[lex].), dans *Rev. archéolog.* (1864), B, X, 98-108. Tobler, *Palæst. descript.* (1865), 1-9,

cf. 43-83. *Patrol. latina,* VIII, 783-90. *Bouquet, *Rec. hist. France,* I, 111ᵉ. — Cellier, *H. a. e.* IV, 183-4 ; 2ᵉ, III, 157. *Kitto's Journ. sac. lit.* XXXII, 132. Tobler, *Bibl. geog. Palæst.* (1867), 5-6; (1875), 3-6. Röhricht, *Bibl. geog. Palæst.* (1890), 2-3. — Dans son *Atlas histor. de la France,* M. Longnon donne les indications suivantes, à l'encontre des identifications ci-dessus, dues à des savants dauphinois : *Novemcraris,* à 1 kil. O. de la Garde-Adhémar ; *Umbenno,* au passage de la Véoure, cⁿᵉ d'Etoile ; *Cerebelliaca,* au passage de l'Ecoutay, cⁿᵉ de Montmeyran ; *Darentiaca.* Le Pontaix, cⁿᵉ d'Espenel ; *Cambono.* Le Bègue, cⁿᵉ de la Beaume (H.-A.) ; *Daviano,* col de Faye, limite de Savournon et Ventavon ; *Fines,* à 1.500 m. N. N. E. de la Saulce (H.-A.)

**27** 343-344 (347.)
Concile de Sardique, en faveur de s' Athanase.
La lettre adressée par les membres du synode aux évêques et ministres de l'église catholique est signée : *Galliæ… Paulus* (de St-Paul-Trois-Châteaux ?)… *Æmilianus* [de Valence].
Labbe, II. 679. Coleti, II. 710. Et les sources indiquées dans *Répert., Topo,* 2860 ; Martin, *Conc.-Bull. Lyon,* 14, 2550. = C. Douais…. *Le conciliabule de Béziers* (1875). 12.

**28** (350/368.)
Saint Hilaire de Poitiers ?
Vers sur la Fontaine ardente :
*Si vere exurunt ignes, cur bibitis undas ?* (4 vers)
Ms. : Paris, Bibl. Nat., lat. 12277 (anc. S. Germain 815, al. 1101 ; S. Maur. Fossat. 79), f° 82. Omont (H.), dans *Bibl. de l'éc. d. Chartes* (1882), XLIII, 53, cf. 45-6. où l'on trouve des raisons pour attribuer ces vers à s' Hilaire de Poitiers. plutôt qu'à s' Hilaire d'Arles († 449), lequel cependant, d'après Claude Robert (*Gallia christ.* 333). aurait composé un poème sur la fontaine de Grenoble.

**29** La Bâtie-Mont-Saléon, 11 août 353.
Bataille livrée à *Mons Seleucus,* entre Constance II et l'usurpateur Magnence, qui est défait et se réfugie à Lyon.
Socrate, *Hist. eccles.* l. ii, c. 32 (Bouquet, I, 603 ; *Patrol. græca,* LXVII, 293). Sozomène, *Hist. eccles.,* l. iv, c. 7 (*Patrol. græca,* LXVII, 1124). Théophane, *Chronographia,* a. 349 (*Corp. script. hist. Byzant.* (1839), I, 64 ; *Patrol. græca,* CVIII, 148, a. 349). *Chronicon Paschale,* 283ᵉ olymp., a. 354 (*Patrol. græca,* XCII, 732). Cassiodore, *Historia tripartita,* l. v, c. 10 (*Patrol. lat.* LXIX, 992-3). Landulphe Sagax, *Historia Romana* (*Patrol. lat.* XCV. 914 ; *Mon. Germ. hist., Scr. antiq.* II, 329-30). = Gaillaud, *Ephémér. Htes-Alpes.* 363-6. Allemand (F.), Note sur la bataille de Mont-Seleucus, dans *Bull. soc. étud. Hautes-Alpes* (1893), XII, 16-25 ; Gap, 1893, in-8ᵉ. Roman (J.), dans rec. cité (1896), XV, 54-6. Allemand (J.), dans rec. cité (1897). XVI, 25-33.

**30** (354.)
*Constantius consulata suo septies, et Cæsaris ter, egressus Arelate Valentiam petit, in Gundomadum et Vadomarium fratres, Alamannorum reges, arma moturus, quorum crebris excursibus vastabantur confines limitibus terræ Gallorum. Dumque ibi diu moratur…*
Ammiani Marcellini *Rerum gestarum,* l. xiv, c. 10. Bouquet, *Rev. hist. Gaules,* I, 542.

**31** (355.)
*Viennensis (provincia) civitatum exsultat decore multarum, quibus potiores sunt Vienna ipsa, et Arelate, et Valentia : quibus Massilia jungitur,…*
Ammiani Marcellini *Rerum gestarum,* l. xv, c. 11. Bouquet, I, 547. = Chorier, *H. de D.* I, 180 ; 2ᵉ, 144.

**32**  1" décembre 355.
Julien, créé César des Gaules, fait son entrée dans la ville de Vienne, où il passe la moitié de l'année suivante ; il y prend pour la 1" fois les insignes du consulat.
Bouquet, I, 543-4, 548, 566, 572, 578, 597, 603, 721, 724.

**33**  (356.)
Celsus [évêque de Die] in Annalibus nostris ecclesiæ et civitatis Avenionensis, cum Nestario Viennensi... et aliis magnis Viennensis provinciæ episcopis adversus Saturninum Arelatensem.
Lettre de Polycarpe de la Rivière (1637) au P. Columbi (Episc. Valent.-Dien. 70 ; 2°, 78 ; Opusc. 278). — Faux. = C. Douais affirme la présence des évêques de St-Paul-Trois-Châteaux, Vienne et Die au conciliabule de Béziers (ouvr. cité au n° 27). 75, n. 1.

**34**  360.
Julien, césar, sur le point d'aller combattre les Parthes, ordonne à Florent, préfet des Gaules, alors à Vienne, de venir le rejoindre. Florent s'y refuse.
Ammiani Marcellini Rerum gestarum, l. xx, c. 4 : Bouquet, I, 556.

**35**  6 novembre 360.
Julien se rend de Besançon à Vienne pour y passer l'hiver ; il y célèbre les jeux quinquennaux de sa création comme César. Sa femme Hélène y meurt.
Ammiani Marcellini Rerum gestarum, l. xx, c. 10 ; l. xxi, c. 1 : Bouquet, I, 558. = Chorier, I, 422 ; 2°, 328. Tillemont, Hist. d. empereurs, IV, 455. Collombet, I, 47.

**36**  Vienne, 6 janvier 361.
Le césar Julien assiste à la fête de l'Epiphanie dans la cathédrale de Vienne.
Ammiani Marcellini Rerum gestarum, l. xxi, c. 2 : Bouquet, I, 558. = Tillemont, l. c.

**37**  (Septembre 365/mai 366.)
Table Théodosienne de Peutinger, cop. 1265.
Arusione (Orange) ; Senomago, (m. p.) xviii ; Acunum (Aygu), xii ; Batiana (Bances), xviii ; Valentia (Valence), xxii ; Tegna (Tain), xii ; Figlinis (Bancel), xvi ; Vigenna (Vienne), xvii ; Bergusium (Bourgoin), xvi ; Augustum (Aoste), xii ; Laviscone (Les Echelles), xiiii. — Brigantione in A. C. (Briançon) ; Stabatione (Le Monêtier-les-Bains ou de Briançon), viii ; Durotinco (Villard-d'Arène ou le Vernois, près du Villard), vii ; Mellosedo (le Mont-de-Lans), x ; Catorissium (St-Antoine, quart. du Bourg-d'Oisans), v ; Culabone (Grenoble), xii ; Morginno (Moirans-sur-la-Morge), xiii ; Turecionico, T-onno, Turedonno (Tourdan), xiii ; Vigenna (Vienne), xii. — Brigantione (Briançon), in Alpe Cottia (le Mont-Genèvre), vi ; Rama (Rame), xviii ; Eburuno (Embrun), xvii ; Catorigomagus (Chorges), vii ; Ictodurum (entre la Bâtie-Neuve et la Bâtie-Vieille), vi ; Vapincum (Gap), vi ; Alarante (le Monestier-d'Alemont), xviii. — Geminas (        ). xiii ; Luco (Luc-en-Diois), xviii ; Bocontiorum (Die), xii ; Augustum (Aouste), xiii ; Valentia (Valence), xxii.
Bouquet, I, 112-3, carte. R. Gen. 25, carte. Et les autres éditions et ouvrages relatifs indiqués dans Répert., Topo, 2360-1. La dernière édition est due à Miller (Konr.), Die Weltkarte des Castorius, genannt die Peutingersche Tafel, herausgegeben und eingeleitet ; Ravensburg, 1888. 5 pl. gr.

in-folio et 128 p. gr. in-8°. — M. Longnon (Atlas histor. de la France) donne les indications suivantes : Senomago, au passage de l'Echaravelles, e° de Saint-Paul-Trois-Châteaux ; Batiana, au passage de la Tessonne, e° de Mirmande ; Figlinis, à 2.500 m. S. de St-Rambert-d'Albon ; Stabatione, les Fréaux, e° de la Grave ; Durotinco, Degoul, e° de Mont-de-Lans ; Mellosedo, les Grandes-Sables, e° du Bourg-d'Oisans ; Catorissium, Pont-de-Gavet, e° de Livet.

**38**  12 juillet (374).
Concile de Valence sur la discipline.
Synodica ad universos episcopos Galliarum : Transactis Valentiæ omnibus et in Dei nomine in statu meliore composita, quæ fuerant cœpta causa discidii... On promulgue 4 canons : Ego Florentius, episcopus ecclesiæ Viennensis, subscripsi. Ego Æmilianus [évêque de Valence] opto vos, fratres, in Domino bene valere.. Ego Artemius episcopus [d'Embrun].. Ego Paulus episcopus [de Trois-Châteaux ?]... Epistola ejusdem concilii ad clerum et plebem ecclesiæ Forojuliensis... Florentius, Artemius, Æmilianus..., Paulus... Gratiano aug. III et Equitio v. c. consul.
Mss. : Martin, 2551. — Merlin, Conc. I, 97°. Baronius, Ann 374, 12 ; cf. Pagi, Crit. 4. Binius, Conc. (1636), I, 516° ; (1636), 638°. Sirmond, Conc. Galliæ, I, 18, 20. Coll. reg. III, 309, 312. Labbe, II, 904-7. Antelmi, Init. eccl. Forojal. 44. Harduin. I, 795-8. Coleti. II, 1067-9. Mansi, suppl. I, 237-8 ; III, 491-4. Labat, Conc. Galliæ, 97°. Gallia christ. noviss. I, 311, instr. 193 ; III, 24 ; IV, 9. — Chorier, H. de D. I, 427-8 ; 2°, 332. Hist. litt. France, I, II, 309-11. Tillemont, Mém. hist. eccles. VIII, 554-5. 800. Bréquigny, I, 5. Herbst, dans Tübing. theolog. Quartalschr. (1827), 665-. Collombet, I, 47-9. Hefele, Concgesch. I², 740.

**39**  20 avril (376).
Mort de s' Marcellin, évêque d'Embrun.
Sa vie : Inter illustrium martyrum... est publiée dans le Sanctuarium de Mombritius (v. 1475), II, 71-3 ; reproduite dans les Acta sanct. Bolland., aprill. II, 750-3 ; 3°, 749-50 ; et par fragments dans Fornier (Marc.), Hist. des Alpes, III, 555-6. Ses Miracula sont dans les Bolland. 754-5 ; 3°, 752-3. Ajouter aux sources sur lui indiquées dans le Répert., Bio, 3012 : Gaillaud, Ephém. Htes-Alpes, 158.

**40**  3 ou 5 septembre (381).
Concile d'Aquilée, dans lequel sont condamnés les évêques ariens Pallade et Secondien, ainsi que le prêtre Attale. Episcopi qui huic concilio interfuerunt : .... Domninus episcopus Gratianopolitanus.... — Gesta concilii Aquileiensis, attribués à s' Ambroise ; ...Domnino .... Syagrio et Eucherio vv. cc. consul.
Baronius, Ann. 380, 19 ; 381, 81-96 ; cf. Pagi, Crit. 13. Sirius, Conc. I, 472-5. S. Ambrosii Opp. (1603-61), V, 169-80. Binius, Conc. (1606), I, 518-22 ; (1618), I, 545-9 ; (1636), I, 674-9. S. Ambrosii Opp. (1616), V, 83-8. Sirmond, Conc. Galliæ, I, 21. Coll. reg. III, 386. Lalande, 10. Labbe, II, 978. S. Ambrosii Opp. (1686-90), II, 786. Harduin, I, 825-33. Coleti, II, 1163-5. Mansi, II, 599. S. Ambrosii Opp. (1751), III, 820. Labat, Conc. Galliæ, 263-4. Patr. lat. XVI, 916, 939. Gallia christ. noviss. II, 7-8. = Sirmond, Opp. var. I, 741-6. Tillemont, Mém. hist. ecclés. X, 126-40, 737-42. Bréquigny, I, 6. R. Gen. 27. Hefele, Concgesch. II², 34-6.

**41**  (383.)
Inscription [fausse] trouvée à Moirans (Isère) :
Divo Gratiano | tyrannide vindicata | Theodosius et Valentinianus | augg. ex voto | p(osuerunt).
Aux sources indiquées par Hirschfeld, Inscript. Galliæ Narbon. lat. 18*, n° 180*, ajouter : card. Maï, Script. vet. nova coll. (1831), V, 269. Dict. d'épigraphie, I, 907.

**42** (Vers 389.)
Séjour de s' Martin de Tours à Vienne.

Lettre de s' Paulin de Nole à s' Victrice, évêque de Rouen : *Meminisse enim credo dignaris, quia sanctitatem tuam olim Viennæ apud beatum patrem nostrum Martinum viderim, cui te Dominus in ætate impari parem fecit* (Epist. XVIII, n° 9).

S. PAULINI Nol. *Opp.* (1736), 102. *Patrol. lat.* LXI, 242. TERREBASSE, *Inscr.* I, 19-20. = TILLEMONT. *Mém. h. e.* X, 776ᵉ, qui n'a pas visé ce texte sur un voyage de s' Martin en Italie après 386.

**43** 2 septembre (vers 390.)
Epitaphe de s' Just, évêque de Lyon.

... *Hic fuit egregius primum levita Viennæ*... 17 vers, qui ont pour auteur probable FLORUS, diacre de Lyon.

Ms. : Paris, B. N., l. 2832 (IX° s.). — DU CHESNE, *Hist. Franc. script.* I, 513. BOUQUET, II, 531. *Acta ss. Bolland.*, sept. I, 372ᵇ. LE BLANT, *Inscr. chrét. Gaule*, I, 61-2, n° 37. TERREBASSE, *Inscr. Vienne*, I, 11-5, pl. 326². BOISSIEU (Alph. de), *Inscript. antiq. Lyon.* 544. PEIPER, *Aviti Opp.* 183.

Vie par un auteur anonyme :

*Justus itaque Viennensis primum diaconus, postea vero Lugdunensis ecclesiæ antistes...*

*Acta ss. Bolland.*, sept. I, 373ᵃ. = BOLLAND., *Bibl. hagiog. lat.* 4599-600. *Répert.*, Bio, 1321-2 ; 2°. 2693.

**44** 15 mai 392.
Mort de l'empereur Valentinien II à Vienne.

*Valentinianus junior regno restitutus, extincto Maximo ejusque filio Victore, quem imperatorem Gallis Maximus reliquerat, ipse in Galliam transivit : ubi quum tranquilla Republica in pace ageret, apud Viennam dolo Arbogastis comitis sui, ut ferunt, strangulatus, atque ut voluntariam sibi conscivisse mortem putaretur, laqueo suspensus est.*

AMMIANI MARCELLINI *Rerum gestarum* l. VII, c. 35 : BOUQUET, I, 597 ; cf. 584, 601. 614, 625-6, 636, 640, *Patrol. lat.* LI, 860, 875, 912, 919. GREGORII TURON. *Hist. Francor.* l. II, c. 9, d'après l'historien Sulpice Alexandre, lib. IV : BOUQUET, II, 165 ; *Patrol. lat.* LXXI, 204. = CHORIER, I, 432 ; 2°, 337. TILLEMONT, *Hist. d. emp.* V, 354-5, 760-1. CHARVET, 51-2. COLLOMBET, I, 51-2.

**45** 392.
... *Eugenius, confisus viribus Arbogastis, postquam apud Viennam Valentinianum extinxerat, regnum invasit.*

Sexti AURELII VICTORIS *Epitome* : BOUQUET, I, 567, cf. 597.

**46** 395/405.
NOTITIA PROVINCIARUM ET CIVITATUM GALLIÆ.

II. *Provincia Narbonensis II°*, VII : ... *Civitas Vapincensium*...

III. *Provincia Viennensis*, XIII : *Metropolis civitas Viennensium... Civitas Gratianopolitana ... Civitas Deensium. Civitas Valentinorum. Civitas Tricastinorum...*

IV. *Provincia Alpium Maritimarum*, VIII : *Metropolis civitas Ebrodunensium...*

SIRMOND, *Conc.* I, praef. DU CHESNE, *Hist. Franc. script.* I, 4-6. BOUQUET, I, 122-4 ; II, 1-10. CHARVET, XVIIJ. GUÉRARD (B.), *Essai divisions territ. Gaule* (1832), 12-34. LONGNON (A.), *Atlas histor. France*, I, 13-20. DESJARDINS (E.), *Géogr. Gaule Rom.* III, 500-6, carte. = R. GEN. 29. *Répert.*, Topo, 1171.

**47** 22 septembre (401) [397, 398/407.]
Concile de Turin, où il fut traité des prétentions de l'évêque d'Arles contre celui de Vienne.

*Synodica ad universos episcopos Galliarum.* Après avoir maintenu à Procule, évêque de Marseille, ses droits sur les prélats ordonnés par lui, et les églises qu'il prouverait lui appartenir, le synode décide, au sujet des prétentions rivales d'Arles et de Vienne, que celui des deux prélats qui prouverait que sa ville était métropole, c'est-à-dire avait le premier rang dans l'ordre civil, ordonnerait les évêques et visiterait les églises ; néanmoins, en vue de la paix, on concéda que chacun d'eux aurait juridiction sur les églises les plus voisines.

BARONIUS, *Ann.* 397, 52-3 ; cf. PAGI. *Crit.* 23 : 401, 30-51. SIRMOND, *Conc. Galliæ*, I, 27-8. *Coll. Reg.* III, 460. LABBE, II, 1155-8, 1810-1. HARDUIN, I, 957. COLETI, II, 1383-90. BOUQUET, I, 774-5. MANSI, III, 859. *Gallia christ. noviss.* II, 8-9 ; III, 18. = TILLEMONT, *Mém. h. e.* (1705), X, 679-91, 837-41. *Hist. litt. France*. I, II, 425-8. BRÉQUIGNY, I, 6. VIC-VAISSETE, *Hist. de Lang.* I, 172-3 ; 3°, I, 409-14. TAILLIAR, dans *Bull. monum.* D, II, 511-2. HEFELE, *Concgesch.* II°, 85-6. MOMMSEN (Th.), *Die Synode von Turin*, dans *Neu. Archiv Ges. dlt. deu. Gesch.* XVII, 187-8. DUCHESNE, *Concile de T-n ou concile de Tours*, dans *Cptes rdus acad. Inscr. et Bel.-let.* D, XIX, 369-73. SAVIO (Fed.), *Il concilio di Torino*, dans *Atti accad. scien. Torino*, XXVII, 727-38.

**48** 407.
L'usurpateur Constantin s'enferme dans les murs de Valence : il y est assiégé par Sarus pendant 7 jours.

ZOSIMUS, *Historiæ*, lib. VI : BOUQUET, I, 585.

**49** Vienne, 410.
Epitaphe : [... *q. v. a.* ?¦ *h. ob.* [*in p. p. c. Constant*]*ini aug*[... *resur*]*get in* [*Xpisto*].

*Journ. de Vienne* (1890 mai 28). ALLMER, dans *Rev. épigraph.* (1890), III, 3.

**50** 411.
Meurtre de Constant, fils du tyran Constantin, à Vienne, que son père lui avait confiée, par le général Géronce, qui venait de proclamer Maxime empereur.

PAULI OROSII *Historiæ*, l. VII, c. 42 (BOUQUET, I, 598). OLYMPIODORI *Historiæ*, p. 181 (ibid. 599). SOZOMENI *Hist. eccles.* l. IX, c. 13 (ibid. 606). PROSPERI AQUITANI *Chronicon*, a° 411 (ibid. 627 ; *Patrol. lat.* LI, 890). MARCELLINI comitis *Chronicon* (BOUQUET, I, 641. *Patrol. lat.* LI, 923).

**51** Avignon, 1ᵉʳ février (412 ?)
Mort de s' Paul, évêque et patron de Trois-Châteaux.

*Vita s' Pauli Tricastrinensis episcopi, ex cod. Gratianopolitano* (XIII° s.), dans *Anal. Bolland.* XI, 374-83 ; *Gallia christ. noviss.* IV, 4-10. = *Répert.*, Bio, 3547.

**52** (413.)
Les Goths s'emparent de Valence : *Valentia nobilissima Galliarum civitas à Gothis effringitur, ad quam se fugiens Jovinus contulerat.*

PROSPERI TYRONIS *Chronicon* : BOUQUET, I, 638 ; II, 165 ; III, 333. *Patrol. lat.* LI, 862.

**53** (414/417.)
Inscription de Claudius Postumus Dardanus, ex-consulaire de la province Viennoise, et de son épouse Nevia Galla, à Theopoli [Chardavon].

DUPÉRIER (Aym.), *Discours état génér. Gaules* (1610), 37. PÉRIER, dans *Mém. de Gastinet* (1650). SIRMOND (Jac.), Notæ ad Epist. Sidonii Apollin. (v, 9), dans *Patrol. lat.* LVIII, 540-1. BOUCHE, *Hist. de Prov.* I, 244, 570, add. II. GAUTIER, *Inscr. antiq.* CLI, 6. SPON, *Miscell.* 150. PAPON, *Hist. de Prov.* I, 94-6. MÉVOLHON (de), *Inscript. grecques et latines* (an XII).

MILLIN, *Voyages départ. Midi*, III, 67, pl. 54°. HONORAT, dans *Ann. des Basses-Alpes* (1839), 361-70, pl. LAPLANE, *Hist. de Sisteron*, I, 18-30, 303-6, pl. VILLENEUVE-BARGEMONT (de), *Fragm. voyage Basses-Alpes*. HENRY, *Antiquités des Basses-Alpes*. HERZOG (Ern.), *Galliae Narbon. hist.* app. 103-4, n° 490. WILMANNS, *Exempla*, 1240. ALLMER, *Inser. Vienne*, IV, 236-48, n° 1762, pl. 262. = *Répert.*, Bio, 554 ; 2°, 1161.

## 54 (417?)

Le sénateur Vénérand succède à Artemius, comme évêque de Clermont : *Qualis autem fuerit hic pontifex, testatur Paulinus, dicens* : « *Si enim hos videas dignos Domino sacerdotes, vel Exsuperium Tholosæ, vel Simplicium Viennæ…, vel Venerandum Arvernis,…; utcumque se habentsæculi mata. videbis profectò dignissimos totius sanctitatis ac fidei, religionisque custodes* ».

GREGORII Turon. *Hist. Francor.* lib. II, c. 13 : BOUQUET. II, 168-9 ; *Patrol. lat.* LXXI, 210-1 ; éd. Omont, 50.

## 55 (417.)

Lettre du pape Zosime aux évêques des Gaules et d'Espagne, défendant aux moines non moins qu'aux laïques d'aspirer au sacerdoce sans avoir passé par les grades inférieurs.

JAFFÉ, 130-338. — Indiquée dans sa lettre du 21 févr. 418 à Hesychius, évêque de Salone (JAFFÉ, 131-339).

## 56 22 mars (417.)

Lettre du pape Zosime à tous les évêques des Gaules et des sept provinces : aucun ecclésiastique ne doit quitter son diocèse pour se rendre à Rome ou ailleurs, sans prendre des lettres « formées » de l'évêque d'Arles Patrocle ou de ses successeurs ; c'est aussi à ce métropolitain de consacrer les évêques de la province Viennoise et des deux Narbonnaises. — *Placuit apostolicæ*.

Mss. : Paris, Bibl. Nat., lat. 2777 ; 3849 ; 5537, 3^b. BARONIUS, 417, 41-3 (VII, 94-5). BINIUS, *Conc* I, 609. SIRMOND, I, 42. SAXI, *Pontif. Arelat.* 29. LE COINTE, *Ann.* I, 265. LABBE, II, 1566-8, 1814-5. COUSTANT, I, 935. COLETI, III, 409-11. BOUQUET, I, 775. MANSI, IV, 359. LABAT, *Conc. Galliæ*, I, 337. *Patrol. lat.* XX, 639-45. GUNDLACH (W.), dans *Mon. Germ. hist.*, Epist. Merow. I, 5-6. *Gallia christ. noviss.* III, 21-2. = GEORGISCH, I, 2. BRÉQUIGNY, I, 7. JAFFÉ, 123-328. TAILLIAR, dans *Bull. monum.* D, II, 512-3. *Neues Archiv*, XII, 245.

## 57 22 septembre (417).

Lettre du pape Zosime aux évêques d'Afrique, des Gaules, des sept provinces et d'Espagne, leur défendant de recevoir dans la communion de l'Eglise les priscillianistes Ursus et Tuentius, ordonnés illicitement par Procule, évêque de Marseille, à l'encontre du droit de Patrocle, métropolitain d'Arles. — *Cum adversus stat*.

BARONIUS, 417, 44-7 (VII, 95-6). SIRMOND, I, 43. COUSTANT, I, 955. COLETI, III, 411-3. MANSI, IV, 361. LABAT, I, 339. *Patrol. lat.* XX, 661. GUNDLACH (W.), dans *Mon. Germ. hist.*, Epist. Merow. I, 6-9. *Gallia christ. noviss.* II, 9-10 ; cf. III, n° 38. = BRÉQ., I, 7. JAFFÉ, 126-331. *Neues Archiv*, XII, 245.

## 58 26 septembre (417).

Lettre du pape Zosime à Hilaire, évêque de la I^re province de Narbonne, lui interdisant d'ordonner, ce droit étant réservé non seulement dans la province de Vienne, mais dans les deux Narbonnaises, au métropolitain d'Arles. — *Mirati admodum*.

BARONIUS, 417, 50-1 (VII, 96-7). BINIUS, I, 610^b. SIRMOND, I, 45. LABBE, II, 1568-9. COUSTANT, I, 960. COLETI, III, 414-5. MANSI, IV, 364. LABAT, I, 343. *Patrol. lat.* XX, 666. GUNDLACH (Wilh.), dans *Mon. Germ. hist.*, Epist. Merow. I, 9-10. *Gallia christ. noviss.* I, 22-3. = BRÉQ. I, 7. JAFFÉ, 127-332.

## 59 26 septembre (417).

Lettre du pape Zosime à Patrocle, évêque d'Arles : évêques et ecclésiastiques des Gaules ne doivent se rendre à Rome que munis de lettres « formées » de ce métropolitain. — *Quid de Proculi*.

BARONIUS, 417, 52 (VII, 97). SIRMOND, I, 46. COUSTANT, I, 961. COLETI, III, 415. MANSI, IV. 365. LABAT, I, 346. *Patrol. lat.* XX, 668. *Gallia christ. noviss.* III, 23-4. GUNDLACH (Wilh.), dans *Mon. Germ. hist.*, Epist. Merow. I, 10-1. = BRÉQUIGNY, I, 8. JAFFÉ, 128-333. *N. Archiv*, XII, 246.

## 60 29 septembre (417).

Lettre du pape Zosime aux évêques de la province Viennoise et de la 2^e Narbonnaise, leur mandant que ce n'est point à Procule [évêque de Marseille] ou à Simplice, évêque de Vienne (qui avait impudemment demandé de pouvoir ordonner dans sa province) de faire les consécrations dans leurs provinces, mais au seul métropolitain d'Arles. — *Multa contra vet*.

BARONIUS, 417, 49 (VII, 96). BINIUS, I, 510°. SIRMOND, I, 44. LABBE, II, 1568. 1815. COUSTANT, I, 959. COLETI, III, 413-4. MANSI, IV. 363. LABAT, I, 343. PARDESSUS, *Diplom.* I, 2-3. *Patrol. lat.* XX, 665. GUNDLACH (Wilh.), dans *Mon. Germ. hist.*, Epist. Merow. I, 11. *Gallia christ. noviss.* III, 24. = BRÉQ. I, 7. JAFFÉ, 129-334. *N. Archiv*, XII, 246.

## 61 1^er octobre (417).

Lettre du pape Zosime à Simplice, archevêque de Vienne, lui accordant, s'il en est comme les lettres qu'il lui a envoyées le contiennent, d'user de ses anciens privilèges et de garder la supériorité sur les évêques de sa province, bien qu'avant l'arrivée de son messager il ait confirmé à l'évêque d'Arles la suprématie sur les trois provinces. — *Revelatum nobis est* ou *Relatum est nobis*.

BARONIUS, 417, 52 (VII, 97^b). BOSCO (J. a), 29-30. LE LIÈVRE, 113. *Acta sanct. Bolland.* febr. I, 354 ; 3°, 359. COUSTANT, app. 111. *Patrol. lat.* XX, 704. GUNDLACH (W.), dans *Mon. Germ. hist.*, Epist. Merow. I, 90. = TILLEMONT, *Mém. h. e.* X, 697-8, 843. BRÉQ. I, 8. JAFFÉ, clxxxi-335. THEINER, *Disq. crit.* 201. *N. Archiv*, XIV, 255. *Gallia christ. noviss.* III, 42. — Pièce fausse.

## 62 3 octobre (417).

Décrétale du pape Zosime adressée à Remède (*Remigio*), [évêque de Gap] ; répondant à sa réclamation (*libello*), il l'autorise à revendiquer les églises que ses voisins Procule [de Marseille] et Domnin [de Grenoble] lui avaient enlevées. — *Licet proxime scripta*.

MAASSEN, *Gesch. d. Quellen-Liter. canon. Rechts* (1870), I, 954. ALBANÈS, *Gallia christ. noviss.* I, instr. 269. = JAFFÉ, -337.

## 63 (Constantinople), 17 avril 418.

Edit des empereurs Honorius et Théodose II, adressé à Agricola, préfet des Gaules, pour la tenue annuelle en la ville métropolitaine d'Arles, de l'assemblée (*concilium*) des sept provinces. — *Saluberrima magnificentia*. — Reçue à Arles, le 23 mai.

NICOL. DE CUSA, *Concord. cathol.* l. 3, c. 35. SCALIGER (Jos.), *Lection. Ausonianæ*, l. 1, c. 24. SIRMOND, *Opp. Sidonii*, t. I, p. 147 (*Patrol. lat.* LVIII, 715-6). LACARRY, *Præf. præt.* 128. SAXI, *Pontif. Arelat.* 33. COUSTANT. *Epist. Rom. pont.* 977. VIC-VAISSETE, *Hist. de Lang.* I, pr. 19-21 ; 3°, II, pr. 35-7. PARDESSUS, *Diplom.* I, 3-6. HAENEL, *Corpus legum*, 238.

GUNDLACH (W.), dans *Mon. Germ. hist.*, Epist. Merow. I, 13-5. = CHORIER, I, 184 ; 2°, 146. BRÉQUIGNY, I, 8. *Neues Archiv*, XII, 245 ; XIV, 278.

**64** (418/422.)

Lettre du pape Boniface aux évêques des Gaules, décidant que s'il y a hésitation au sujet du droit ecclésiastique ou d'autres affaires entre évêques, la question sera tranchée par le métropolitain et en dernier ressort, par le primat. — *Si inter episcopos*.

IVONIS *Decr.* v, c. 167. GRATIANI *Decr.*, c. VI, q. 4, c. 3. COLETI, III, 439. *Gallia christ. vet.* III, 643. MANSI, IV, 397. *Patrol. lat.* XX. 789. = JAFFÉ, clxxxij-354. — Pièce fausse.

**65** (418/422.)

Lettre du pape Boniface aux évêques des Gaules, prescrivant d'enfermer dans un monastère d'une province différente, l'évêque chassé de son siège, qui sera rentré dans sa ville épiscopale ou sorti du lieu fixé pour sa demeure. — *Si episcopus expulsus*.

IVONIS *Decr.* v, c. 300. COLETI, III, 440. MANSI, IV, 399. *Patrol. lat.* XX, 790. = JAFFÉ, clxxxvj-359. — Pièce fausse.

**66** 13 juin (419).

Lettre du pape Boniface aux évêques des Gaules et des sept provinces (dont Constantin, évêque de Die), leur mandant de se réunir en synode avant le 1er novembre pour y juger Maxime, évêque de Valence, accusé de divers crimes (manichéen, c'est-à-dire priscillianiste, homicide), promettant de confirmer leur sentence. — *Valentinæ nos clerici*.

IVONIS *Decr.* v, c. 271 ; VI, 338. GRATIANI *Decr.* c. III, q. 9, c. 10. BINIUS, I, 614. SIRMOND, I, 48. VOEL-JUSTEL, *Bibl. juris canon. vet.* I, 214. LALANDE, 20. LABBE, II, 1584-5, 1816-7. HARDUIN, I, 1238. COUSTANT, 1015. MANSI, IV, 394. LABAT, I, 367. HINSCHIUS, *Ps. Is.* 555. *Patrol. lat* XX, 756 : CXXX, 746-8. = *Hist. litt.* France, II, 93-4. BRÉQUIGNY, I, 8. PARDESSUS, I, 6. JAFFÉ, 141-349. *Gallia christ. noviss.* III, 44.

**67** (Vers 426.)

*De his autem quæ posui non experta, sed lecta præter de fonte illo, ubi faces exstinguuntur ardentes et accenduntur exstinctæ..., nec testes aliquos idoneos a quibus utrum vera essent audirem, potui reperire. Et illum quidem fontem non inveni. qui in Epiro vidisse se dicerent, sed qui in Gallia similem nossent non longe a Gratianopoli civitate.*

S. AUGUSTINUS, *De Civitate Dei*, lib. XXI, cap. VII. *Patrol. lat.* XLI, 719. = ALLMER. *Inscr.* III, 121.

**68** (428.)

Lettre du pape Célestin à tous les évêques des provinces de Vienne et de Narbonne, leur annonçant qu'il a ordonné à l'archevêque d'Arles d'envoyer à Rome l'évêque Daniel.

COUSTANT, *Epist. Rom. Pont.* 1069. = JAFFÉ, 151-368. *Gallia christ. noviss.* III, 47.

**69** 26 juillet (428).

Lettre du pape Célestin à tous les évêques des provinces Viennoise et Narbonnaise, dans laquelle il tranche divers points de discipline, formulés en 6 canons. — *Cuperemus quidem*.

BINIUS, I, 625-6. SIRMOND, I, 58. VOEL-JUSTEL, *Bibl. jur. canon. vet.* I, 219. LABBE, II, 1618-22, 1817-8 ; IV, 480. HARDUIN, I, 1258. COUSTANT, 1072. COLETI, III, 478-82. MANSI, IV, 464. LEONIS M. *Opp.* III, 270 (*Patrol. lat.* LVI, 576). LABAT, I, 383. *Patrol. lat.* L, 429-36 ; LXXXIV, 685-90 ; CXXX, 754-8.

HINSCHIUS, *Ps. Is.* 559. *Gallia christ. noviss.* II, 11. = BRÉQ., I, 9. PARDESSUS, I, 7. JAFFÉ, 152-369. CAILLEMER (E.), dans *Mém. acad. Lyon*, XX, 47.

8 août (430) = 8 août (450 ?), s' Sévère.

**70** (431.)

Lettre du pape Célestin aux évêques des Gaules, leur ordonnant d'empêcher certains prêtres de disputer contre la vérité sur des questions *indisciplinatæ*. — *Apostolici verba*.

SIRMOND, I, 58. VOEL-JUSTEL, *Bibl. juris canon. vet.* I, 215. PROSPERI Aquitan. *Opp.* 259 (*Patrol. lat.* LI, 201). COUSTANT, 1185-7. COLETI, III, 469-72. MANSI, IV, 454. LABAT, 425. *Patrol. lat.* XLV, 1755 ; L, 528. HINSCHIUS, *Decret. pseudo-Isidor.* 556. *Gallia christ. noviss.* II, 12. = PARDESSUS, I, 7. JAFFÉ, 165-381.

**71** 29 novembre (439).

Concile de Riez, tenu au sujet de l'ordination comme évêque d'Embrun du jeune Armentaire, par deux évêques seulement, sans le consentement du métropolitain ni des autres évêques de la province. *Ego Severianus episcopus* [de Chorges] *huic definitioni interfui et subscripsi. Ego Audentius episcopus* [de Die] *his statutis i. et s... Theodosio aug.* XVII *et Festo vv. cc. consul.*

BARONIUS, *Ann.* 439. 44-5 ; cf. PAGI, *Crit.* 15-6. SIRMOND, I, 65-9 ; *Coll. Reg.* VII, 40. BOUCHE, *Chorogr. Provence*, I, 583-4. LABBE, III, 1284-90, 1491-3. HARDUIN, I, 1747. COLETI, IV, 531-42. MANSI, V. 1189. = TILLEMONT, *Mém. h. e.* XV, 65-7, '843. *Hist. litt.* France, II, 232-4. PARDESSUS, I, 10. HEFELE, *Concgesch.* II°, 289-91. *Gallia christ. nova*, III, 1056 ; *noviss.* III, 29.

**72** 440.

*Deserta Valentinæ urbis rura Alanis, quibus Sambida præerat, partienda traduntur.*

PROSPERI TYRONIS *Chronicon* : BOUQUET, I, 639. *Patrol. lat.* LI, 863. Ed. MOMMSEN, 660. = LONGNON (A.), *Géogr. Gaule VI°* s., 168, 429. — Les Alains furent chassés, deux ans après, par les Gallo-Romains.

**73** (440/461.)

Lettre du pape Léon à tous les évêques des Germanies et des Gaules, leur mandant d'interdire aux chorévêques l'érection des autels, la consécration des églises, l'administration du baptême, la confection du chrême, la réconciliation des pécheurs et l'octroi de lettres formées. — *Cum in Dei nomine*.

MANSI, VI, 431. LEONIS M. *Opp.* II, 1270. *Patrol. lat.* LIV, 1238. HINSCHIUS, *Ps. Is.* 628. MAASSEN, dans *Sitzungsb. Akad. Wien*, LIV, 189. *Bull. Roman.* Taurin. app. I, 193. = JAFFÉ, cxciii-551. — Pièce fausse.

**74** Vienne, 6-7 février (441).

Épitaphe grecque d'Irène, qui vécut 48 ans et mourut après le consulat de Valentinien pour la 5° fois et d'Anatole, le 6° jour du mois de Peritius ; ensevelie le 7°. jour de la Parascève.

CHORIER, *Antiq.* 44-6 ; 2°, 47-9. REINESIUS, *Synt. inscr. antiq.* XX, 454. p. 1016. FLEETWOOD, *Inscr. antiq. syll.* 518, 1. RELANDUS, *Fasti consulares*, 614. MURATORI, *Thes. vet. inscr.* 405, 4. CUPERI *Epistolæ* dans *Miscell. Lipsien. nova*, III, 734. CORSINI, *Notæ Græcorum*, 53, des. 5. *Acta erud. Lips.* (1751), 396. PLACENTIUS, *De siglis Græcorum*, 137-8. PACIAUDI, *Monum. Pelopon.* II, 227. MARINI, dans *Giorn. de' letterati di Pisa*, VI, 19. ORELLI, *Inscr. lat. sel. coll.* n° 1145, n. 1. COLLOMBET, I, 194. CLINTON, *Fasti Romani*, II, 202. *Corpus inscript. græc.* n° 9886. LE BLANT, II, 76-8, n° 415. ALLMER, IV, 249-52, n° 1765, pl. 270. CHARVET-ALLUT, *Mém. St-André-le-Haut*, 22.

**75** — 8 novembre (441).
Concile tenu au diocèse d'Orange sur la discipline et la liturgie; 16 évêques et un délégué y furent présents, et 30 canons promulgués.

*Ex provincia supra dicta [Viennensi] civit. Viennensis Claudius episcopus, Auxilius et Severus diaconi... Ex provincia civit. Voconsiorum [Die] Audentius episcopus... Ex provincia ōs civit. Gratianopolitana Cheretius episcopus, Jocundus diaconus... Ex provincia Alpium Maritimarum civit. Ebreduno Ingenuos episcopus... Cyro cons.*

Baronius, 441, 3-18; cf. Pagi, 2-11. Merlin, *Conc.* I, 101. Surius, I, 719ᵃ. Binius (1606), I, 1011ᵇ : (-18), Iᵉ. 500ᵈ : (-36), I. 691ᵇ. Sirmond, I. 70-5. *Coll. regia*, VII, 272. Bouche, *Hist. de Prov.* I, 584-5. Labbe, III, 1452-6. Harduin, I, 1787. Coleti, IV, 699-716. Mansi, VI, 433-41. Labat, 461-2. Maassen, *Gesch. canon. Rechts*, I, 951. Duchesne (L.), *Fastes*, Iᵉ, 367-8. = *Hist. litt. France*, II, 234-7. Pardessus, I, 10. R. Gen. 32. Hefele, *Concgesch.* 2ᵉ, II, 291-6. *Gallia christ. noviss.* III, 29, n° 51.

**76** Vienne (441/...).
Épitaphe : *H. req. in p. Armentaria, q. vix. a. 4 m. b. [s]urrictura cum [dies] Domini advenerit.*

Delorme, *Descr. musée Vienne*, 273. n° 274. Collombet, I, 231-2. Vitu (Aug.), dans *Bull. soc. statist. Isère*, B, III, 147. Le Blant, II. 47, n° 401, pl. 283. Allmer, IV, 359-61, n° 1846, pl. 303. Hirschfeld, 262, n° 2104.

**77** 13 novembre (442).
Concile de Vaison, sur la discipline.

*Ex provincia ōs supradicta, Vienninsis Claudius episcopus, Auxilius et Namatius diaconi... Ex provincia Vienninsis civit. Voconsiorum [Die] Audentius episcopus, Concordius presbyter... Ex provincia ōs civit. Gratianopolytana Ceretius episcopus, Jocundus et Bitio diaconi... Ex provincia Alpium Maritimarum civit. Ebrenens. Ingenuus episcopus, lectores duo... Ex provincia Vienninsis de civit. Valentina pro Cariathone episcopo Galatheus archyd... Dioscoro v. c. cons.*

Baronius, 442, 3; cf. Pagi, 6. Sirmond, I, 76. *Coll. reg.* VII, 284. Labbe, III, 1456. Harduin. I, 1787-90. Coleti, IV, 715. Mansi, V, 451. Maassen, *Gesch. can. Rechts*, I, 952. Duchesne (L.). *Fastes*, Iᵉ, 968-9. = Hefele, *Concgesch.* IIᵉ, 296-8.

**78** (445).
Lettre du pape Léon à tous les évêques de la province de Vienne. Hilaire, évêque d'Arles, lui avait député Nectaire [évêque de Digne], et Constance ou Constantin [évêque de Carpentras], mais il s'était soustrait au jugement d'un concile de Rome tenu contre lui. Le pape cassa son jugement contre les évêques Célidoine et Projecte, blâma sa conduite et le déclara privé de son pouvoir de métropolitain dans la province de Vienne, avec défense de participer à aucune ordination. — *Divinæ cultum relig.*

Binius, *Conc.* I. 991-2. Sirmond, I. 80. Labbe, III, 1396-400, 1463, 1501-2. Coleti, IV, 650-6. Mansi, V, 1241. Leonis M. *Opp.*, ed. Ballerini, I, 624-41 (*Patrol. lat.* LIV, 628-36). Labat, *Conc. Gallia.* I, 491. Pardessus, I, 11-2. *Bull. Roman.* Taurin., app. I, 9. *Gallia christ. noviss.* III, 30-3. = Brėq, I. 10. Jaffé, 185-507. *N. Archiv.* XII. 246.

**79** 6 juin (445).
Rescrit des empereurs Théodose II et Valentinien III, adressé au patrice Aétius, comte et maître de la milice, lui ordonnant de tenir la main à l'exécution de la lettre précéd. de sᵗ Léon, au sujet de l'ordination des évêques. — *Certum est et nobis.*

Labbe, III, 1401-2, 1502. Coleti, IV, 646-7. S. Leonis Opp. ed. Baller., I. 642-4 (*Patrol. lat.* LIV, 636-40). Pardessus, I, 12 (à 444). *Gallia christ. noviss.* III, 33-4. = Charvet, 65.

**80** 26 mai (!) 448.
Le corps de sᵗ Germain, évêque d'Auxerre, mort à Ravenne le 31 juil. 448, rapporté en France, arrive à Vienne le jour de la consécration de l'église de Saint-Etienne, qu'il avait promis de dédier.

Adonis *Chronicon : Patrol. lat.* CXXIII, 103. = *Acta ss. Bolland.*, aug. II, 350ᵃ. *Répert.*, Bio, 1750-1.

**81** 22 (al. 26) août (449).
Lettre du pape sᵗ Léon aux évêques des Gaules .... Audentius [de Die] ..., Nicetas [de Vienne] ..., pour confirmer la consécration de Ravennius comme évêque d'Arles. — *Justa et rationabilis.*

Baronius, 449, 62 (VIII, 15-6). Sirmond, I, 87. Mansi, V, 1428. S. Leonis *Opp.* ed. Ballerini, I. 890. *Patrol. lat.* LIV. 814. Gundlach (W.), dans *Mon. Germ. hist.*, Epist. Merow. I, 15. *Gallia christ. noviss.* III, 36. = Jaffé, 213-434.

**82** Vienne, (avant 450).
Épitaphe d'Eustacia, morte à 70 ans :
*Septenis decies cum Eustacia vixerit annis* (2 dist.)

Chorier, *Antiq.* 42-3 : 2ᵉ, 46. Collombet, I, 196-7. Allmer, IV, 355-6, n° 1843, pl. 309. Le Blant, I, 60. Hirschfeld, 263, n° 2114.

**83** (450).
L'évêque de Vienne (Mamert) envoie au pape des délégués, porteurs de lettres, pour se plaindre de l'usurpation de son collègue d'Arles, qui avait ordonné l'évêque de Vaison *(Vasen.)*

Voir la réponse du Pape, 5 mai 450.

**84** (Vers 450).
Épitaphe de Fœdula, dame Viennoise :
† *Fœdula quae mundum Domino miserante reliquit*
(4 distiques).

Chorier, *Antiq.* 258, 389; 2ᵉ, 265, 355. Maffei, *Galliæ antiq.* 91, n° 8. Muratori, *Thes. vet. inscr.* 1876, n° 1. Bonada, *Anthologia*, II, 513. Zaccaria, *De usu inscr. christ.* 50, 73. Gener, *Theol. dogm.-scholast.* II, 116, 137. Marini, *Papiri diplom.* 298, n° 17. Rey et Vietty, *Mon. anc.-goth. Vienne.* III, pl. 18, n° 5. Castellane, dans *Mém. soc. archéol. Midi*, II, 188, Delorme (T. C.), *Descr. musée Vienne*, 271, n° 273. Collombet, I, 97. *Dict. d'épigraphie*, II, 1183-4. Terrebasse (Alf. de), *Epitaphe de Fœdula, dame Viennoise, baptisée par sᵗ Martin de Tours*; Vienne, 1857, in-8 de 11 p. ; — *Bull. monum.*, (1858), C, IV, 99-108, pl.; *Inscr.* I, 16-24. Le Blant, II, 62-73, n° 412, pl. 292. Hirschfeld, 263, n° 2115. = Baptisée par l'apôtre des Gaules, sᵗ Martin, vers 389, elle se consacra au service des saints et fut ensevelie dans l'église des Saints-Gervais et Protais.

**85** 6 janvier (450).
Lettre du pape Léon aux évêques des Gaules et de la province Viennoise, leur annonçant qu'Hilaire, évêque d'Arles, ayant fui son jugement, a été dépouillé des privilèges de sa cité et que l'archevêque de Vienne a été réintégré dans la possession de tout ce que le siège apostolique avait accordé à celui d'Arles. — *Quali pertinacia.*

Bosco (J. a), 30-1. Le Lièvre, 120-1. Labbe, VII, 1900. Mansi, VI, 431. S. Leonis M. *Opp.*, ed. Baller. I, 1469. Labat, I, 503. *Patrol. lat.* LIV, 1237. *Bull. Roman.* Taurin. I, 192. Gundlach (W.), dans *Mon. Germ. hist.*, Epist. Merow. I, 90-1 = Bréq. I, 9 (à 445). Jaffé, cxciv-446. *N. Archiv*, XII, 246 ; XIV, 255. *Gallia christ. noviss.* III, 64. — Pièce fausse (fabriq. vers 912 : voy. n° 1.)

**86** (Avril 450).

Supplique de tous les évêques comprovinciaux de la métropole d'Arles (dont Audentius de Die et Ingenuus d'Embrun), portée au pape s¹ Léon par le prêtre Pétrone et le diacre Régule, pour obtenir le renouvellement du privilège de l'église d'Arles, qui, par honneur pour s¹ Trophime, lui attribuait le droit d'ordonner dans la province de Vienne. — *Memores quantum*.

Baronius, 450, 52 (VIII. 56-7). Sirmond, I, 89. Saxi, *Pontif. Aretal.* 62. Coleti, IV, 686-96 [= 88]. Bouquet, I. 776. Mansi, VI, 71. *Patrol. lat.* LIV, 879-83. S. Leonis M. *Opp.*, ed. Baller. I, 993-7. Gundlach (W.), dans *Mon. Germ. hist.*, Epist. Merow. I, 17-20. *Gallia christ. noviss.* III, 37-9. = *Neues Archiv*, XII, 247.

**87** 5 mai (450).

Réponse du pape Léon aux évêques comprovinciaux de la métropole d'Arles. Les deux cités de Vienne et d'Arles, également anciennes et illustres, lui paraissent devoir mériter le rang et les prérogatives des métropoles ; l'évêque de Vienne aura pour suffragants Valence, Tarentaise, Genève et Grenoble ; les autres relèveront de l'évêque d'Arles. — *Lectis dilectionis*.

Baronius, 450, 57 (VIII. 56-7). Binius, I, 1008-9. Sirmond, I, 91. Labbe, VII, 270; VIII, 1444, 1503. Saxi, *Pontif. Aretal.* 66. Coleti, IV, 696-7. Bouquet, I, 776-7. Mansi, VI. 76. S. Leonis M. *Opp.*, ed. Baller. I, 998-1000. Labat, I, 515. Pardessus, I, 12-3. *Patrol. lat.* LIV, 883-6; CXXX, 882. *Bull. Roman.* Taurin. I, 73. Gundlach (W.), dans *Mon. Germ. hist.*, Epist. Merow. I, 20-1. *Gallia christ. noviss.* III, 39-40. = Georg. I, 3. Chorier, I, 546. Bouche, *H. de P.* I, 587-8. Collombet, I, 56-7. Bréq. I, 10. Jaffé, 228-450. *R. Gen.* 36. *N. Archiv*, XII, 247.

**88** (Après mai 450).

Lettre des évêques Ceretius [de Grenoble], Salonius et Veranus au pape s¹ Léon, le remerciant de son instruction à Flavien, évêque de Constantinople, qu'ils ont fait lire dans leurs églises. — *Recensita epistola*.

S. Leonis M. *Opp.*, ed. Ball. I, 1003-5. *Patrol. lat.* LIV, 887-90.

**89** 6 juin (vers 450).

Mort de s¹ Cérat (*Ceratus seu Ceretius*), évêque de Grenoble, honoré à Simorre en Gascogne (Gers).

Vita, dans Bruxelles (L. Ci. de), *Chron. ecclés. dioc. Auch* (1746), II, pr. 1-4. Cf. *Acta ss. Bolland.* jun. I, 709 ; 3°. 697-8. = Chorier, *Estat polit.* II, 55-6. *Répert.*, Bio, 837.

**90** 8 août (ou 18 novembre 450 ?).

Epitaphe de s¹ Sevère, prêtre indien, patron d'une ancienne église collégiale et paroissiale à Vienne: *Occubat hoc tumulo speciosus mente Severus...* (11 vers).

Ms. : Paris, Bibl. Nat., lat. 5662, 212-3. Bosco (J. a), 99. Le Lièvre, 127. Golnitz (Abrah.), *Ulysses Belgico-Gallicus* (Lugd. Batav.) 1651), 447. Chorier, *Antiq.* 34-5 ; 2°, 37. Sollerius, dans *Acta ss. Bolland.*, aug. II, 349°. Charvet, 627. Delorme, dans *Rev. de Vienne* (1839), III, 270. Collombet, I, 95. Terrebasse, *Inscr.* I, 25-31. Charvet-Allut, *St-André-le-Haut*, 21-2.

Ms. : St-Gall, 566 (IX° s.), 127-43. La légende de Sevère dans le *Bréviaire de Vienne* (1489), II°; (1522), cccl°, le fait contemporain de s¹ Germain, évêque d'Auxerre († 448), qui passa à Vienne en allant visiter à Rome les corps des s** [apôtres], et d'Ysicius, évêque de Vienne (père de s¹ Avit). Mais sa *Vita*, publiée récemment (*Anal. Bolland.* (1886), V, 417-24), remplace Ysicius par Paschasius. — Le Martyrologe de Vienne renfermait son éloge : Le Lièvre, 128; *Acta ss. Boll.*, l. c. = Grospellier (A.), dans *Bull. hist.-archéol.* Valence, XX, 62-72. *Répert.*, Bio, 4223.

**91** 7 novembre (I° siècle ! vers 450).

Mort de s¹ Restitut, évêque de Trois-Châteaux.

*Vita s. Restituti episcopi Tricostrini* : Bolland., *Catal. codd. hagiogr. latin. biblioth. nat.* Paris., I, 44-50. *Gallia christ. noviss.*, IV, 10-6, cf. 26.

*Officium b' Restituti confessoris* (XV° s.), ed. Chevalier (U.), dans *Bull. hist.-archéol. dioc.* Valence, XV, 20-32°. = *Répert.*, Bio, 3936.

**92** Aoste, (V° siècle).

Epitaphe : *Hic requiescit in pace b. m. Eusebia sacra Deo puella.*

Guillet, dans *Mém. de Trévoux* (1720 mai), 931. Gener, *Theolog. dogmat.-scholast.* V, 421. Zaccaria. *De usu inscript. christ. in rebus theolog.* 42. Bimard de la Bastie, dans Muratori, *Thes. vet. inscr.* 130. n° 14. Maffei, *Galliæ antiq.* 91, 7. Pilot, *Précis statist. antiq. Isère*, 34 ; dans *Bull. soc. statist. Isère*, A, III, 145. S[billat], dans *Union Dauphin.* (1849), n° 398. Le Blant, II, 32-8. n° 392, pl. 276. Allmer, IV, 436, n° 1947, pl. 320°°. Hirschfeld, 303, n° 2408.

**93** Grenoble. (V° siècle).

Epitaphe : *Req. [in pace] b. m. [fam. Dei Cassianus, [in spe res]vrrexio[nis misericor]diae C[hristi...*

Vallet, dans *Affiches du Dauphiné* (1777), III, 174. Champollion, *Antiq. Grenoble*, 38, n° 4. Pilot, *Hist. de Grenoble*, 297. Le Blant, II, n° 270°. Hirschfeld, 291, n° 2310.

**94** Pact, (V° siècle).

Epitaphe : *Hic requiescet in pace b. m. Isp[es] nomene s[erv]a X'pisti . q. v....*

Allmer, dans *Rev. épigraph.* II, 103. Chapelle, dans *Bull. soc. archéol. Drôme*, XIX, 333 ; *Bull. acad. Delphin.* C, XX, 395. Hirschfeld, 829, n° 5808.

**95** Ste-Colombe, (V° siècle).

Epitaphe : *Pater Vitalinus et mater Martina... tres filios in diebus 27 hic posuimus : Sapaudum..., Rusticam... et Rusticula.*

Artaud, 2° notice inscript. musée Lyon, 35. Chorier, *Antiq.*, 2°, 153-4. Monfalcon, *Hist. de Lyon*, II, 1332 ; *Hist. monum. Lyon*, 73, n° 44. Comarmond, *Musée lapid. Lyon*, 145. Boissieu (A. de). *Inscr. antiq. Lyon*, 499, n° 31. Le Blant, II, n° 460°, pl. 360. Allmer, IV, 148-9. n° 1925. pl. 291. Hirschfeld, 284, n° 2033.

**96** St-Pierre-de-Chérenne, (V° siècle).

Epitaphe : *Req. in pac. b. m. Urbicius abba, nobelis parentibus, sed beatus ex operebus...*

Peuchet et Chanlaire, *Descr. de la France* (1811), II, Isère, 55. Pilot, *Précis statist. antiq. Isère* (1843), 42 ; dans *Bull. soc. statist. Isère*, A, III, 155-6. Le Blant, II, 179-3. n° 471. pl. 307. Hirschfeld, 189, n° 1553.

**97** Vienne, (V° siècle).

Epitaphe : *Hic jacent in p. Marina...*

Delorme, *Descr. musée Vienne*, 290, n° 297; dans *Rev. de Vienne*, I, 160. *Collombet, I, 230. Le Blant, II, 90, n° 420, pl. 297. Allmer, IV, 397, n° 1895, pl. 301. Hirschfeld, 264, n° 2126.

**98** Vienne, (V° siècle ?).

Epitaphe de Sofroniola, dédiée par son mari Martinianus : *Castilas, fides, caritas, pietas, obsequium...*

DELORME, *Descr. musée Vienne*, 302, n° 310 ; dans *Rev. de Vienne*, III. 279. COLLOMBET, I, 231. LE BLANT, II, 111, n° 438, pl. 315. ALLMER, IV, 356-7, n° 1845, pl. 304. HIRSCHFELD, 266, n° 2143.

**99** Vienne, 14 avril (V° siècle).
Epitaphe : [*req. in p.*] *Nigrinia[nus] subdiaconus, q. v. a. p. m. 80. . ; recessit xviii k. maias.*
DELORME, dans *Journ. de Vienne* (1853), n° 46. LE BLANT, II, 100, n° 427, pl. 301 ; dans *Congrès archéol.* (1879), XLVI, 28. ALLMER, IV, 367-9, n° 1854, pl. 320¹¹. HIRSCHFELD, 265, n° 2131.

**100** Vienne, 19 décembre (V° siècle).
Epitaphe : *H. req. in p. Jovenales, q. vix. a. p. m. 80, recessit 14 cal. genuarius.*
BIZOT (E.), dans *Journal de Vienne*, 10 févr. 1892.

**101** 451.
S¹ Aignan, évêque d'Orléans, allant à Arles, logea chez Mamert [évêque de Vienne !], qu'il guérit à la prière de sa femme.
Légende dans SURIUS. = TERREBASSE, *Inscr.* I. 43. — Un discours sur ses premières années le fait originaire de Vienne (BOLLAND., *Bibl. hagiogr. lat.*, n° 476).

**102** (Août/septembre 451).
Lettre d'Eusèbe, évêque de Milan, au pape s¹ Léon : il le remercie de son instruction aux Orientaux, qui lui est parvenue par son collègue Ceretius [de Grenoble].
S. LEONIS *Opp.*, ed. Ballerini, I, 1080-4. *Patrol. lat.* LIV, 945-50.

**103** (Avant 18 décembre 451).
Lettre des évêques des Gaules : ... Ingénuus [d'Embrun], etc. au pape Léon I, par laquelle ils adhèrent à sa lettre à Flavien, qu'ils ont reçue comme symbole de foi. Ils l'auraient fait plus tôt, *nisi nobis difficultatem qua in unum celeriter non potuimus convenire, vel spatia quibus a nobis dispalati sumus longa terrarum, vel aurarum quæ in regionibus nostris præter consuetudinem fait intemperies, attulisset.* — *Perlata ad nos.*
SIRMOND, II, 93. BOUCHE, *Hist. de Prov.* I, 589-93, avec attribution des sièges épiscopaux, d'après un manuscrit de Jean Savaron à Clermont, copié par Polycarpe de la Rivière : *Constantinus episcopus Vapincensis..., Floras episcopus Tricastinus... Ingenuus episcopus Ebredunensis, Justus episcopus Valentinensis..., Verus episcopus Gratianopolitanus... Petronius episcopus Diensis....* LABBE, III, 1329-32. FANTONI-CASTRUCCI, Avignone, II, 381-2. COLETI, IV, 578-80. MANSI, VII, 872. S. LEONIS I. *Opp.* ed. Baller. I, 1110. *Patrol. lat.* LIV, 966-9. = GEORG. I, 3. PARDESSUS, I, 13. *R. Gen.* 37 (1ᵉʳ févr.). *Gallia christ. noviss.* II, n° 17 ; III, n° 69. DUCHESNE, *Fastes*, I², 369-70.

**104** 27 janvier (452).
Réponse du pape Léon à la lettre des évêques des Gaules (av. 18 déc. 451) que lui a apportée l'évêque [d'Embrun] Ingénu. S'il l'avait reçue plus tôt, il aurait remis cette profession de foi, inspirée par le Saint Esprit, à ses légats partis pour présider en son nom le concile de Chalcédoine. Il renvoie sans délai leur délégué pour témoigner du parfait accord de leurs doctrines, dont il les charge d'assurer les évêques d'Espagne. — *Optassemus quidem...*
BINIUS, I, 961-2. LABBE, III, 1232-4. COLETI, IV, 580-2. MANSI, VI. 181. S. LEONIS M. *Opp.* ed. Baller. I, 1136-40. LABAT, I, 543. *Patrol. lat.* LIV. 983-6. *Bull. Roman.* Taurin. I, 75. = JAFFÉ, 257-479. *Gallia christ. noviss.* II, n° 18.

**105** (452).
Lettre du pape Léon aux évêques des Gaules, leur envoyant la sentence portée contre Eutychès et Dioscore, qu'il vient de recevoir avec les actes du concile de Chalcédoine. — *Impletis per misericordiam.*
SIRMOND, I, 96. LALANDE, 26. HARDUIN. I, 1778. COLETI, IV, 664-6. MANSI, VI, 185. LABAT, I, 543. S. LEONIS M. *Opp.* ed. Baller. I, 1140-4. *Patrol. lat.* LIV, 986-92. *Bull. Roman.* Taurin. I, 91. = BRÉQ. I, 11. JAFFÉ, 258-480. *Gallia christ. noviss.* II. n° 19.

**106** 28 juillet (454).
Lettre du pape Léon à tous les évêques des Gaules et des Espagnes, leur annonçant que la fête de Pâques sera célébrée en 455 le 24 avril. — *Cum in omnibus.*
COLETI, IV, 666-7. MANSI, VI, 295. LEONIS M. *Opp.* ed. Baller. I, 1283. LABAT, C. G. I, 567. *Patrol. lat.* LIV, 1101. *Bull. Roman.* Taurin. app. I, 140. LA FUENTE, *Hist. eccl. España*, II. 446. = JAFFÉ, 290-512.

**107** 30 décembre (455?).
Concile d'Arles en faveur de l'exemption de Lérins et de son abbé Fauste contre les évêques Théodore [de Fréjus], Valérien [de Cimiez] et Maxime [de Riez]. Prirent part à la décision les évêques *Ingenuus* [d'Embrun], etc.
SIRMOND, I. 120-1. *Coll. reg.* IX, 447-9. BOUCHE, *Hist. de Prov.* I, 599, qui désigne *Floras* comme évêque de Trois-Châteaux, *Constantius* de Gap et *Justus* de Valence. LE COINTE, I, 502-3. LABBE, IV, 1023-5. ANTELMIUS (Jos.). Notæ uberiores in conciliam Arelatense in causâ Theodori, episcopi Forojuliensis, et Fausti, abbatis Lirinensis, dans ses *De initiis ecclesiæ Forojulien.* (1680, app. III). PAGI. *Crit.* 455. 16. HARDUIN. II, 779-82. COLETI, V, 23-6. MANSI, VII, 907-8. LABAT, 579-84. = *Hist. litt. France*, II, 323-4. BRÉQ. I, 12. HEFELE, *Concgesch.* II², 583-4. MARTIN. 2556, 2572.

**108** 25 janvier (462).
Lettre du pape Hilaire à Léonce, évêque d'Arles, lui notifiant son élévation au souverain pontificat et le chargeant de la notifier à ses frères en épiscopat dans toute la province. — *Quantum reverentiæ.*
BARONIUS, 462, 3 (VIII, 236). SIRMOND, I, 127. COLETI, V, 62-3. MANSI, VII, 931. LABAT, I, 597. *Patrol. lat.* LVIII, 22. *Bull. Roman.* Taurin. app. I, 201. THIEL, *Epist. Rom. pont.* I. 3, 137-8. GUNDLACH (W.), dans *Mon. Germ. hist.*, Epist. Merow. I, 23. = JAFFÉ, 327-552. *N. Archiv*, XII, 247. *Gallia christ. noviss.* III, n° 76.

**109** 3 décembre (462).
Lettre du pape Hilaire aux évêques des provinces Viennoise, Lyonnaise, 1ᵉ et 2° Narbonnaise, et des Alpes, sur le nombreux concile qu'il a tenu le 12 nov. Chaque année, avisés par lettres de Léonce, évêque d'Arles, les métropolitains devront tenir un concile épiscopal pour le maintien de l'autorité des canons ; les causes graves qui ne pourront être terminées, lui seront déférées. — *Quamqaam notitiam.*
BARONIUS, 462, 6-11 (VIII, 237-8). BINIUS, *Conc.* (1606), II, 198-9 ; (-18), II¹, 428-9 ; (-36), III, 574-5. SIRMOND, I, 129-31. *Coll. reg.* IX, 470-3. LABBE, IV, 1041-3. COLETI, V, 65-7. MANSI, VII, 934. LABAT, I, 603-8. *Patrol. lat.* LVIII. 24-7. *Bull. Roman.* Taurin. I, 81. THIEL. I, 141-6, cf. 3. 170. GUNDLACH (W.), dans *Mon. Germ. hist.*, Epist. Merow. I, 24-8. = GEORG. I, 3. BRÉQ. I, 13. PARDESSUS, I. 17. JAFFÉ, 330-555. *N. Archiv.* XII. 247. MARTIN, 19, 2557. *Gallia christ. noviss.* III, n° 79.

**110** 10 janvier (vers 463).
Mort de st Pétrone, évêque de Die.
*Breviarium... se Dyensis ecclesiæ* (1498, 1532). = Chevalier (J.), *Hist. égl. Die*, I, 89-92. *Répert.*, Bio, 3607.

**111** (Avant octobre 463).
Lettre de Gondioc, maître de la milice (roi de Bourgogne), au pape Hilaire, lui dénonçant Mamert, évêque de Vienne, pour avoir consacré un évêque à Die, après s'être emparé de la ville et contre le gré des habitants.
Indiquée dans la lettre suiv. du pape. — Thiel, *Epist. Rom. pont.* 171. Chorier, I, 549. Charvet, 66.

**112** 10 octobre (463).
Lettre du pape Hilaire à Léonce, évêque d'Arles. Il aurait dû l'instruire de l'entreprise anticanonique de Mamert, évêque de Vienne, qui a ordonné de force, en dehors des églises confiées à sa sollicitude, un évêque à Die, à l'encontre de la volonté des habitants ; il lui ordonne de lui en demander raison dans le prochain synode annuel et de lui envoyer le rapport des évêques à ce sujet. — *Qualiter contra sedis*.
Baronius, 463,4 (VI, 264). Binius, II, 199. Sirmond, I, 131. Saxi, *Pontif. Arelat.* 74. Lalande, 34. *Coll. reg.* IX, 473. Labbe, IV, 1043-4. Coleti, V, 67-8. Mansi, VII, 936. Labat, I. 607. *Patrol. lat.* LVIII, 27. Thiel, *Epist.* 146-7. cf. 3. Gundlach (W.), dans *Mon. Germ. hist.*, Epist. Merow. I, 28-9. = Brèq. I, 12. Pardessus, I, 17. Jaffé, 331-556. N. *Archiv.* XII, 248. *Gallia christ. noviss.* III, 80.

**113** (463/464).
Concile d'Arles, tenu sur l'ordre du pape (10 octobre 463) au sujet de l'ordination d'un évêque de Die par Mamert, évêque de Vienne. Les actes n'en ont pas été conservés ; 20 évêques, en dehors d'Antoine, qui porta au pape le rapport du concile, y prirent part (voir la réponse du pape, 24 févr. 464).
Lalande, 34. Labbe, IV, 1820. Coleti, V, 77. Mansi, VII, 1007. Thiel, 171-2. = *Hist. litt. France*, II, 503. Mille, II, de B. I, 20-3. Hefele, *Concgesch.*, II², 590-1. *Gallia christ. noviss.* III, 81. Duchesne, *Fastes*, I², 370.

**114** (463/464).
Lettre du pape Hilaire, aux évêques des provinces Viennoise, Lyonnaise, 1re et 2e Narbonnaise et des Alpes. Il les exhorte à se rendre chaque année au concile synodal, sur la convocation de Léonce, évêque d'Arles ; que nul d'entre eux ne sorte des limites de la juridiction assignée par la tradition : toutes choses qu'il est nécessaire de répéter à l'occasion de l'injure faite à l'évêque d'Arles par l'évêque de Vienne, en consacrant un évêque à Die, dont le sort est abandonné à la sagesse de Léonce. — *Etsi meminerimus*.
Baronius, 463, 5-6 (VIII, 241). Binius (1606), II, 199b : (-18), II¹, 430² : (-36), III, 575-6. Sirmond, I, 134-5. Labbe, IV, 1044-5. *Coll. reg.* IX, 474-5. Coleti, V, 68. Mansi, VII, 937. Labat, I, 613-4. *Patrol. lat.* LVIII, 27-8. *Bull. Roman.* Taurin. I, 83. Thiel, 151-2. cf. 3. Gundlach (W.), dans *Mon. Germ. hist.*, Epist. Merow. I, 29-30. = Brèq. I, 13, 17. Jaffé, 334-559. *Anal. juris pontif.* X, 766. *Neues Archiv*, XII, 248. *Gallia christ. noviss.* III, 83. Martin, 20, 2358.

**115** (463/464).
Lettre d'Ingénu, évêque d'Embrun, au pape Hilaire, au sujet de son différend avec Auxane, évêque d'Aix, touchant les églises de Cimiez et de Nice.
D'après la lettre suiv. du pape Hilaire (463/6). — Thiel, *Epist. Rom. pont.* 172-3.

**116** (463/466).
Lettre du pape Hilaire aux évêques Léonce [d'Arles], Véran [de Vence] et Victure, au sujet d'un différend entre Ingénu, évêque d'Embrun, et Auxane, évêque d'Aix. — *Movemur ratione*.
Sirmond, *Conc. Galliæ*, I, 135. *Gallia christ. vet.* I, 272. Labbe, IV, 1038-9. *Coll. reg.* IX, 465. Coleti, V, 61-2. Mansi, VII, 930. Labat, I, 615. *Patrol. lat.* VIII, 20. *Bull. Roman.* Taurin. I, 80. Thiel, 152-5. = Jaffé, 337-562. *Gallia christ. noviss.* III, 84.

**117** (Avant 25 février 464).
Lettre du pape Hilaire à Véran, évêque [de Vence], le chargeant de notifier à Mamert ses décisions. S'il continuait à léser les droits de l'évêque d'Arles, les cités qui lui ont été subordonnées par le décret de st Léon lui seraient enlevées.
Mentionnée dans la lettre suiv. — Jaffé, 333-558. Thiel, *Epist. Rom. pontif.* 172.

**118** 25 février (464).
Réponse du pape Hilaire à la lettre des évêques réunis en concile à Arles (463/4). Ingénu [d'Embrun], etc. Il se plaint que Mamert ait entrepris sur le droit attribué à Arles par st Léon ; néanmoins, pour la conservation de la paix, il ne le punira pas ; il l'accuse seulement d'orgueil et d'ambition. Il a chargé l'un d'eux [Véran, évêque de Vence] d'obtenir sa parole de ne plus entreprendre sur les droits de l'évêque d'Arles. — *Sollicitis admodum*.
Baronius, 464, 4-8 (VIII, 244-5). Binius (1606), II, 199-200 : (-18), II, 430-1 : (-36), III, 676-7. Sirmond, I, 132-4. Saxi, *Pontif. Arelat.* 76. *Coll. reg.* IX, 476-9. Lalande, 35. Labbe, IV, 1045-7. Coleti, V, 68-70. Mansi, VII, 938-40. Labat, I, 609-14. *Patrol. lat.* LVIII, 28-32. *Bull. Roman.* Taurin. I, 84-6. Thiel, 148-51. cf. 3. Gundlach (W.), dans *Mon. Germ. hist.*, Epist. Merow. I, 30-2. *Gallia christ. noviss.* III, 44-4 = Georg. I, 3. Brèq. I, 13. Jaffé, 332-557. *Gallia christ. noviss.* II. no 21. N. *Archiv*, XII, 248. Martin, 2558.

**119** Rome, (16 ou) 19 novembre (465).
Synode tenu *in basilica S. Mariæ* [Majeure], et composé de 58 ou 60 évêques. L'évêque d'Embrun Ingénu s'y trouva et formula ainsi son approbation des décrets qui furent rendus : *Ingenuus episcopus Ebredunensis dixit : Mihi quoque eadem de omnibus partibus sententia est, qua me ipse constringo, ne quid a me unquam de his, quæ sunt interdicta, tentetur, quia novi statum et professionem meum*.
Baronius, 465, 17-30 (VIII. 251-3,-6) ; cf. Pagi, 5-6. *Conc. Coll. reg.* IX, 499. Voel-Justel, *Bibl. jur. can. vet.* I, 249. Labbe, IV, 1060-5. Lupus, *Ephes. conc. var. patr. epist.* 471. Harduin, *Conc.* II, 799. Coleti, V, 83. Mansi, sup. I, 337 ; VII, 959, 965. Florez, *España sagr.* XXV, 201-3. *Patrol. lat.* LVIII, 12. La Fuente, *Hist. eccl. España*, II, 464. Hinschius, Ps. Is. 630. Thiel, 159-65. = Tillemont, *Mém. h. e.* XVI, 46-9, 737. Jaffé, p. 49-76. Hefele, *Concgesch.* II², 592-3.

**120** St-Romain-d'Albon, 21 février (467).
Epitaphe de Constantiola, qui vécut 20 ans et 3 mois : *recessit 5m kl. mart. post consul. III Leonis*.
Allmer, dans *Rev. du Dauphiné* (1877). I, 284-7, no 2048 (à part. 3-6). Roman, dans *Bull. soc. antiq. France* (1881), 126. Hirschfeld, 215, no 1791. Duc (J.), *Essais histor. Albon*, 41-5.

**121**                 Vienne, (469/493).
Epitaphe : † *H. req. in p. Injuriosus, q. vix. a. 4 m. 9 d. 1, risurrecturus in X°. Fec. mater Euladia.*

Le Blant, dans *Rev. archéolog.* B. X, 6. Vitu (Aug.), dans *Bull. soc. statist. Isère.* B. III, 145-8. Le Blant, II, 76, n° 414, pl. 288. Allmer. IV, 362-3, n° 1848, pl. 320¹¹. Hirschfeld, 263, n° 2118.

**122**            15 février (vers 470).
Mamert, évêque de Vienne, procède à l'élévation du corps de s' Ferréol et du chef de s' Julien de Brioude, pour les transférer dans une élégante basilique, construite par lui pour remplacer la précédente ruinée.

S. Gregorii Turon. *Miraculorum* lib. II, de passione, virtutibus et gloria s' Juliani mart., c. 2. *Patrol. lat.* LXXI. 802-4. *Mon. Germ. hist.*, Ser. Merov. I. 565. *Hagiologium S. Roberti de Cornelione* (cité par Estiennot). = Tillemont, *Mém. hist. ecclés.* XVI, 118. Collombet, I. 64-5. Longnon, *Géog. Gaule VI* s., 424. — Voir la lettre écrite par Sidoine Apollinaire à Mamert, en 474/5.

**123**                       (470/471).
Lettre de Mamert Claudien au patrice Sidoine Apollinaire, pour lui dédier ses trois livres sur l'état (la nature et la substance) de l'âme. — *Editionem libellorum.* = Nouvelle lettre au même à la fin du 3ᵉ livre. — *Si non hæc.*

*Biblioth. vet. Patrum* (1677), VI. 1045. *Patrol. lat.* LIII. 697-700, 777-80.

**124**                             472.
Gondebaud, roi des Burgondes, est créé patrice par l'empereur Olybrius.

Anonymus Cuspiniani : Bouquet, II. 13 ; III. 683.

**125**                          (472).
Lettre de Claudien Mamert à Sidoine Apollinaire, évêque [papæ] de Clermont], lui exprimant le regret de ne pouvoir se rendre auprès de lui et de n'avoir pas eu de ses nouvelles depuis l'envoi de son ouvrage. — *Si possibile factu.*

Sidonii Apollinaris *Opp.* (1609), 233-4. *Patrol. lat.* LIII, 779-81.

**126**                          (472).
Lettre de l'évêque Sidoine Apollinaire à Mamert Claudien, où il fait un pompeux éloge de son ouvrage sur l'état de l'âme. — *Committi, domine.*

Sidonii Apollinaris Epist. l. IV, ep. 3 : *Opp.* (1609), 235-6. *Patrol. lat.* LIII, 781-3. Sidonii *Opp.* edd. Baret, 278-9 ; Luetjohann. (C.), dans *Mon. Germ. hist.*, Auct. antiq. VIII, 53-4 ; Mohr. 72-3.

**127**                        (Vers 472).
Lettre de Sidoine Apollinaire à [son parent] Apollinaire, frère de Thaumastus : l'automne dernier, il s'est rendu à Vienne, l'Auvergne étant rassurée. — *Cum primum.*

Sidonii Epist. l. v, ep. 6 ; éd. Sirmond, 134. Bouquet, I, 795. *Patrol. lat.* LVIII, 536.

**128**             Aouste, 16 novembre (472).
Epitaphe d'Ampelius et de Singenia, qui vécurent env. 70 ans dans l'affection conjugale et plus de 20 dans l'observance de la chasteté. Ampelius mourut sous le consulat de Festus et Marcianus.

Le Blant, II, 30-2, n° 391, pl. 275. Allmer, IV, 252-6, n° 1766. Hirschfeld, 205, n° 1724.

**129**                        (47.).
Lettre de Mamert Claudien à Sapaude, rhéteur de Vienne, sur les mérites des Grecs dans les sciences et la décadence des lettres en son temps. — *Disciplinarum omnium.*

Baluze, *Miscell.* VI, 535-8 ; 2°, III, 27. *Patrol. lat.* LIII, 783-6. = Collombet, I, 86-90.

**130**                        (Vers 473).
Après la mort de Gondioc, roi des Burgondes, ses fils Gondebaud et Gondegisile se partagent ses états : le 1ᵉʳ en revendique les deux tiers et établit sa capitale à Lyon ; le 2ᵈ règne à Genève.

*Vita s'Sigismundi Burgund. regis : Acta ss.* Bolland., maii I, 86ᵇ. Bouquet, III, 402.

**131**                     (Avant 473/474).
Salvien, prêtre de Marseille, avait composé un commentaire, aujourd'hui perdu, sur la fin de l'Ecclésiaste ; il était adressé à Claudien, prêtre de Vienne (ou Claude, évêque de cette ville).

Adonis Viennens. *Chronicon* : *Patrol. lat.* CXXIII, 104. = *Hist. litt. France*, II, 531. Baluze, dans *Patrol. lat.* LIII. 27.

**132**                      (473/474).
Epitaphe de Claudien Mamert, par Sidoine Apollinaire (Epist. l. IV, ep. 11).

*Germani decus et dolor Mamerti* (25 vers).

Baronius, 490, 40 (1867, VIII, 492ᵇ). Bulæus, *Hist. univ. Paris.* I, 63. Browerr, *Ann. Trevir.* I, 299. Mabillon, *Liturg. Gallic.* 403. Selvagi. *Antiq. christ.* II, 25 ; III, 229. Sirmond, *Opp. var.* I, 945. Colonia, *Hist. litt. Lyon*, I, 149-50. Bingham, *Orig. eccles.* I, 75. 284 ; VI, 18, 54, 71. *Hist. litt. France*, II, 445. Charvet, suppl. 18. Gerbert, *De cantu et mus. s.* I, 205. Augusti, *Beitr. z. christl. Kunst Gesch.* II, 145-6. *Patrol. lat.* LVIII. 516-7. Collombet, I. 71-5. Leblanc, *Etude d. lettr. prof.* 179. Magnin (Ch.), dans *Journ. d. Savants* (1860), 522. *Gallia christ. nova*, XVI, 18. Le Blant, *Inscr. chrét. Gaule*, II, 53-5, n° 404. Terrebasse, *Inscr.* I, 32-5. = Sur ce philosophe et poète, voir les sources indiquées dans le *Répert.*, Bio, 1457 ; 2°, 2977-8. La dernière édition de ses œuvres est celle d'Aug. Engelbrecht, dans le *Corpus script. eccles. latin.* de Vienne, 1885, t. XI.

**133**                  (474 (468, 475,).
Institution des Rogations, par saint Mamert, évêque de Vienne, à la suite d'un tremblement de terre, de l'incendie du palais royal le jour de Pâques, etc.

Adonis Viennen. *Chronicon* (*Patrol. lat.* CXXIII, 102-3). Sidonii Apollin. Epist. l. v. ep. 14 (Bouquet, I, 796 ; *Patrol. lat.* LVIII, 544-5). — Voir l'Homélie de s' Avit (vers 490). — Gregorii Turon. *Hist. Franc.* l. II, c. 34 (Bouquet, II, 180. *Patrol. lat.* LXXI, 231-2 ; éd. Arndt, I, 97-8 ; éd. Omoni, 64-5). Rorico, *Gesta Francorum*, l. II¹ (Bouquet, III, 13). Aimoinus Floriac. *De gestis regum Francor.* I, c. 26 (ibid. 44). Sigebert Gemblac. *Chronicon* (ibid. 335). *Gesta regum Francorum.* c. 16 (Bouquet, II, 553). *Chroniques de Saint-Denis*, l. I, c. 25 (Bouquet, III, 176). Walafridi Strabonis *De exordiis et incrementis rerum in observationibus ecclesiasticis*, c. 28. (Boretius et Krause, dans *Mon. Germ. hist.*, Capitul, II, 513). Adémar de Chabannes, *Chronique*, I, 15 (éd. Chavanon, 19). Vincent. Belvac., *Spec. hist.* l. XXI, c. 56 (éd. c. 1475). = Baronius, *ad. h. de D.* I, 513 ; 2°, 401, 560 ; 2°, 436. Bellotte (Ant.), *Ritus eccl.* Laudun. II, 837-45. Tillemont, *Mém. h. e.* XVI, 112-5. Delorme (C. T.), dans *Journ. de Vienne* (1840 août 8). Terrebasse, *Inscr.* I, 43-6 ; *Opusc.* 55-60.

**134**                      (474/475).
Concile tenu à Vienne, par s' Mamert, au sujet des Rogations.

Coll. reg. IX, 543. LABBE, II, 1040-1. COLETI, V, 125. MANSI, VII, 1005-6. LABAT, 645. = CHORIER, H. de D. I, 561; 2ᵉ, 437. MILLE, II. de B. I, 22. PARDESSUS, I, 20. HEFELE, Concgesch. II², 634-7. — Gesta episcoporum Cameracensium : PERTZ, Mon. Germ. hist., Scr. VII, 406; = COLVENERIUS (Georg.), Chron. Camerac. (1655), 8.

**135** (474/475).

Lettre de Sidoine Apollinaire à Mamert, évêque [papæ, de Vienne] : le bruit court que les Goths ont établi leur camp en territoire romain ; il compte sur le secours des Rogations, instituées par Mamert, qui, à l'exemple de s' Ambroise, a fait la translation des restes de s' Ferréol et s' Julien (vers 470). — *Rumor est.*

SIDONII Epist. l. VII, ep. 1 : ed. Sirmond, 171-4. BOUQUET, I, 797. Patrol. lat. LVIII, 563-4. Edd. Baret, 382-4 ; C. Lvetjohann, dans Mon. Germ. hist., Auct. antiq. VIII, 103-4 ; Mohr, 139-44. = PARDESSUS, I, 20.

**136** (Vers 475).

Concile d'Arles contre les Prédestinatiens. La rétractation du prêtre Lucide [de Riez ?] est adressée *Dominis beatissimis et in Christo reverentissimis patribus... Mamerto* [évêque de Vienne]... *Marcello* [de Die], etc. — *Correptio vestra.*

BARONIUS, 490, 25 (VIII, 489-90). BINIUS (1606), II, 387ʰ (-18), II¹, 634² : (-36), III, 824ᵇ. LA BIGNE, Bibl. Patr. (1610). IV, 297 ; (-8), V², 527 ; (-24-44), IV¹, 695. BARRALIS, Chron. ins. Lerin. I, 70. SIRMOND, I, 147-50. Coll. reg. IX, 548. SIRMOND, Hist. Prædestinatiana (1648), 43. LALANDE, 37-8. LABBE, IV, 1041-6. DESPONT, Bibl. Patr. VIII, 525. HARDOUIN, II. 806-9. CANISIUS, Lect. antiq. (2ᵉ [= Basnage], I, 354). SIRMOND, Opp. var. IV, 418. COLETI, V, 129-32. MANSI, VII, 1007-10. LABAT, 637-40. Patrol. lat. LIII, 683-5 ; LXIV, 1579-82. LVETJOHANN, dans Mon. Germ. hist., Auct. antiq. VIII, 288-90. — MAUGUIN [= QUATREMAIRE ou BOURZEIS], Vett. auct. II⁴, 546-77. DU CHESNE, Le Prédestinianisme, 81-91. Hist. litt. France, II, 456-8. R. Gen. 41. Gallia christ. noviss. II, n° 23. DUCHESNE, Fastes, I², 370.

**137** (Vers 475).

Concile de Lyon, où aurait eu lieu la rétractation de Lucide (n° précéd.)

D'après STILTING, Comment. hist. de s. Fausto, dans *Acta ss. Bolland.*, sept. VII, 669 ; 3ᵉ. 625-6. = Répert.. Topo, 1786. MARTIN, 26. 2564.

**138** (475 ?).

Durant une famine, causée par les dévastations des Goths, Patient, évêque de Lyon, envoie du blé à Arles..., à Valence et à Trois-Châteaux. Sidoine Apollinaire témoigne de la reconnaissance des populations.

SIDONII Epist. l. VI, ep. 12 : BOUQUET, I, 797. Patrol. lat. LVIII, 560-4. Gallia christ. noviss. IV, 28. — GREGORII Turon. Hist. Franc. I. II. c. 24 ; BOUQUET, II, 174 ; Patrol. lat. LXXI, 220-1 ; éd. Arndt, I, 86. — Autres textes dans BOUQUET, III, 39, 166, 366. = BOUCHE, I, 608. CHORIER, I, 559. VIC-VAISSETE, Hist. de Lang. I, 219 ; 3ᵉ, I, 492. COURBON, Chr. 20.

**139** 11 mai (475/476).

Epitaphe de s' Mamert, évêque de Vienne : *Mole sub hac lapidum sanctissima membra teguntur...* (2 vers et prose).

*BOSCO (J. a), 30. *LE LIÈVRE, 121. CHORIER, Antiq. 287-8 ; 2ᵉ, 290. *Acta ss. Bolland., maii II, 630ᵇ. *CHARVET, 71. *COLLOMBET, I, 67. *Gallia christ. nova, XVI. 17. ALLMER, Tombeau de s' Mamert à St-Pierre de Vienne, dans *Rev. du Lyonnais* (1861), B, XXII, 253-60 ; *Mém. acad. scien.-bel.-let. et arts de Lyon*, B, IX, 302-9. TERREBASSE (Alfred de), *Notice sur le tombeau de saint Mamert, instituteur des Rogations, récemment découvert dans l'ancienne église de St-Pierre à Vienne*, accomp. de fac-simile par Aug. Allmer, Vienne, 1861, in-8° de 24 p. ; Inscr. I, 36-52, n° 331ᵇⁱˢ; *Tombeau et épitaphe de s' Mamert*, Instit. des Rogat., Vienne, 1879, in-12 de 2 f.-31 p. ; Opusc. 40-70. = Sources biographiques et littéraires dans Répert., Bio, 1457 ; 2ᵉ, 2977. LEBEUF, Sur un manuscrit liturgique de la bibliothèque du Mont-Cassin faussement attribué à s' Mamert, évêque de Vienne (1ᵉʳ sept. 1737), dans COLLOMBET (F. Z.), Hist. de Vienne, supplément (1848), 12-7. — D'après la tradition de l'église d'Orléans, ses reliques auraient été données, par l'intervention du roi Gontran et du pape Jean III, à l'église de Sainte-Croix, où on fêtait sa mort le 11 mai, la translation de son corps le 13 oct. et celle de son chef le 14 nov.

Vita, dans Brev. Viennense (1489), gg⁴-ij⁵ ; (1522), 321-2. Cf. BOLLAND., Bibl. hagiog. lat. 5204.

**140** (Après 477).

Lettre de Sidoine Apollinaire, évêque de Clermont, à Placide : *Te tua tenet Gratianopolis...*

SIDONII Epist. l. III. ep. 14 ; ed. Sirmond, 171-2. *BOUQUET, I, 792. Patrol. lat. LVIII, 507-8. Edd. Baret, 507 ; Lvetjohann, dans Mon. Germ. hist., Auct. antiq. VIII, 51 ; Mohr, 69-70.

**141** Vienne, (481).

Epitaphe : ..... *Placido consule.*

BOSCO (J. a), 11. CHORIER, Antiq. 498ᵇⁱˢ ; 2ᵉ, 508. REINESIUS, Synt. inscr. antiq. 434, n° 74. LE BLANT, II, 117. n° 442. ALLMER, IV, 256-7. n° 442. HIRSCHFELD, 256, n° 2055.

**142** Vienne, septembre/octobre (483 ?)

Epitaphe : ... *vir spectabilis b. m... idicernus (= Fridigernus, Hild-s) ... : trans... Fausto v. c. c.*

GRUTER, Inscript. antiq. 1062, 5. BOSCO (J. a). 9. CHORIER, Antiq. 324 ; 2ᵉ 321. COMMODIANUS, Instructiones, n° 42. FLEETWOOD, Inscr. antiq. syll. 514, 1. CUPER, dans Miscell. Lipsien. nova, III. 734. MARINI, Papiri diplom. 366, n. 24. CASTELLANE (de), dans Mém. soc. archéol. Midi, II, 187. DU CANGE, Gloss. med. latin., v° Transire (1846, VI, 639'). LE BLANT, II, 120-1, n° 448. ALLMER, IV, 257-60. n° 1770, pl. 272. HIRSCHFELD, 256, n° 2056.

**143** Vienne, 18 mai (485).

Epitaphe : *H. req. in pace b. m. Calumniosa, q. v. a. 40 et obiit ... Symmacho vc. con.*

CHARVET, Fastes ville Vienne. 148. ALLMER, IV. 260-1, n° 1771. HIRSCHFELD, 256, n° 2057. LE BLANT, Nouv. rec. 124-5, n° 105.

**144** 17 juin (490).

Ordination de s' Avit, évêque de Vienne.

PAGI. Crit. Ann. Baron., a. 490, n° 15.

**145** (Vers 490).

Homélie de saint Avit, évêque de Vienne, aux Rogations : *Currit quidem tramite vitali....*

GAGNEIUS (J.). Christ. Aviti poem. 159-64. GRYNÆUS, Mon. ss. patr. orthod. VI, 1777-80. Bibl. patr. Paris. (1575), VII, 338-42. ZEHNERUS, D. Aviti opusc. 230-8. SURIUS, Vitæ sanct. (1618), V, 139-41. SIRMOND, S. Aviti Opp. 150-7. Bibl. patr. Lugdun. (1677), IX. 501-92. HENSCHENIUS, dans Acta ss. Bolland., maii II, 631-2 ; 3ᵉ, 629-31. BINIUS (Jac.), Opp. var. II, 133-40 ; 2ᵉ, 89-94. GALLANDIUS, Bibl. patr. X, 744-6. Patrol. lat. LIX, 289-94 ; LXXVIII, 385. PEIPER, Mon. Germ. Opp. 108-12. CHEVALIER (U.), Œuvr. compl. de s' Avit, 293-9. Suivent un Sermon pour le 1ᵉʳ jour des Rogations, 299-308 ; et des fragments de ceux pour le 2ᵉ et le 3ᵉ jours, 308-11. 311-2. Trad. COLLOMBET, I, 69-70. = BOUQUET, II, 180 ; III, 336. Hist. litt. France, III, 128 ; CEILLIER, Hist. aut. ecclés. XV, 406-7 ; 2ᵉ, X, 563-4.

**146** Vienne, 12 août (491).

Epitaphe : *In h. tum. cond. b. m. Severianus, q. religionem devota mente suscepit..., exactis vitæ a. 32, obiit... post consul. Longini bis et Fausti.*

Spon, *Rech. de Lyon.* 201-2; 2', 237. Du Cange, *Gloss. med. lat..* v° Religio (V, 689°). Fleetwood, *Inscr. antiq. syll.* 482, 3. Relandus, *Fasti consul.* 466. Maffei, *Galliæ antiq.* 92, 14. Muratori, *Thes. vet. inscr.* 414, 4. Consini, *Notæ græcorum,* diss. 40. Gener, *Theolog. dogmat.-scholast.* II, 18 ; IV, 21, 292. Zaccaria, *De inscr. christ.* usu, 52, 66. Marini, *Pap. dipl.* 282, n. 13. Chorier, *Antiq.* 2', 549-50. Castellane, dans *Mém. soc. archéol. Midi,* II, 185. Collombet, I, 98. *Dict. d'épigraphie,* II, 1183. Clinton, *Fasti Romani,* II, 204. Rossi (de), dans Petau, *Dogm. theol.,* ed. Passaglia, I, 652. Monfalcon, *Hist. monum. Lyon*, mod. IV, 4. Le Blant, II, 108-10, n° 436. Allmer, IV, 266-7, n° 1774, pl. 273. Hirschfeld, 256, n° 2058.

**147** Vézeronce, 28 (26?) novembre (491).
Epitaphe : *H. req. in p. Aisberga puella Deo placita, q.\] virgin... vix. a. 24, trans... ind. 15, Olibrio juniore cons.*

Pilot, dans *Bull. soc. statist. Isère,* A, III, 152 ; *Précis statist. antiq. Isère,* 39. Guedy, dans *Bull. monum.* (1852), 163. Le Blant, II, 25-7, n° 388, pl. 269. Allmer, IV, 267-9, n° 1775, pl. 279².

**148** Vienne, 19 décembre (491[526 ?]).
Epitaphe : *H. req. in p. famulas Dei Uranius, q. v. a. 43, obiit 14 kl. januars, Olibrio v. c. cons.*

Allmer, *Nouv. fouilles St-Pierre,* 21. Rossi (de), *Bull. archeol. crist.* (1865), 48. Le Blant, II, 584-5, n° 689. Allmer, IV, 269-71, n° 1776, pl. 279¹¹. Hirschfeld, 258, n° 2073.

**149** (494).
Sigismond, fils de Gondebaud, roi des Bourguignons, épouse Ostrogothe, fille naturelle de Théodoric, roi des Goths (d'Italie).

Jornandis *Hist. Gothorum,* c. 58 (Bouquet, II, 28). Hugo Flaviniac., *Chron. Virdun.* (ibid. III, 354).

**150** Vienne ? janvier/février (495).
Epitaphe : *[H. req. in p. b.] m... opar... [do]nesti-[cus ?...] ; obiet ... [post consul. Asl eri [et Praesid[ii cc.*

Le Blant, II, 104, n° 431, pl. 309². Allmer, IV, 271-3, n° 1777, pl. 286. Hirschfeld, 257, n° 2060.

**151** Vienne. .. mars (495).
Epitaphe : *[In h. tum. req. in p.] b. m. [Ra ?]ndoerdus [q. vix.] a. 30 [m.] 5; ob... post [cons.] Asteri [et Praesidii vv. cc.]*

Le Blant, II, 139-40, n° 458¹⁰, pl. 340 ; dans *Congrès archéol.* XLVI, 45. Allmer, IV, 273-4, n° 1778, pl. 279¹. Hirschfeld, 267, n° 2059.

**152** 496.
Avit, évêque de Vienne, prononce une homélie à la conversion de la 2ᵉ sœur du roi Clovis, *Lanbchildis (Lantechildis, L-the-s), Lanthieldis, Lantildis,* convertie de l'arianisme au catholicisme et ointe du s¹ chrême.

Gregorii Turon. *Hist. Franc.* II, 31 (Bouquet, II, 178 ; éd. Arndt, I, 93). *Gesta regum Francorum,* c. 15 (ibid. II, 552). — Le texte en était conservé sur papyrus, au témoignage de Paradin (1573), en l'église St-Jean de Lyon (U. Chevalier. *Œuvr. de s¹ Avit,* 345). = *Répert.,* Bio, 2759.

**153** (496).
Lettre de Théodoric, roi d'Italie, à Gondebaud, roi des Burgondes, en lui envoyant deux horloges, l'une solaire, l'autre hydraulique (clepsydre), qu'il lui avait demandées, après les avoir admirées à Rome. — *Amplectenda sunt.*

Aur. Cassiodori *Variarum* l. 1, ep. 46 : Du Chesne, *Hist. Franc. script.* I, 837. Ed. Joan. Garetii (1679), I, 22. Bouquet,

IV, 2. *Patrol. lat.* LXIX. 541-2. Ed. Th. Mommsen, dans *Mon. Germ. hist.,* Auct. antiq. XII. = Pardessus, *Diplom.* I, 99. — La lettre 45° au patrice Boëce est relative au même envoi. *Répert.,* Bio, 4464-5.

**154** Aouste, 24 décembre (496).
Epitaphe de Singenia (voir au 16 nov. 472), qui mourut après le consulat de Viator.

Le Blant, Allmer, Hirschfeld, ll. cc.

**155** (496/499).
Avit, évêque de Vienne, prononce une homélie à la cérémonie de la conversion de Sigismond, fils du roi Gondebaud, de l'arianisme au catholicisme.

Agobard, *Liber adversus legem Gundobadi,* c. 13 : *Patrol. lat.* CIV, 124. Chevalier (U.), *Œuvres de s¹ Avit,* 272, 345. Krusch (Br)., dans *Mon. Germ. hist.,* Scr. Merov. II, 335.

**156** (496/510).
Lettre d'Avit, évêque de Vienne, *Maximo episcopo,* sans doute l'évêque de Pavie, Maxime II (*Répert.* 3162)¹. Il lui recommande un prêtre de sa région, qui allait en Italie pour racheter Avole, fils d'un de ses parents, donné en otage quatre ans auparavant à un comte Betancus. — *Licet nulla.*

Sirmond, 52-3, n. 16-7. Saxius, *Archiep. Mediolan.* (1755), I, 165. *Patrol. lat.* LIX, 230-1. Cappelletti, *Chiese d'Italia,* XI, 114-5. Priper, 45. Chevalier (U.), 145-6. = Sur la chronologie des lettres de s¹ Avit, voir l' « Exkurs » de Carl Binding, *Burgund.-Roman. Königreich* (1868), I, 290-7.

**157** 497.
Avit, évêque de Vienne, obtient subrepticement du pape Anastase l'abrogation de certaines décisions de ses prédécesseurs touchant les droits réciproques des évêques d'Arles et de Vienne.

Lettre mentionnée dans celle de Symmaque (21 oct. 499) : *Contra regulas ecclesiastici constituti et adversus reverendum canonum tractatum per subreptionem Viennensis ecclesiæ pontificum de apostolica, dudum præsidente decessore nostro, sede culpabiliter aliqua meruisse.* — Thiel, *Epist. Rom. pont.* 638, n° 4. Jaffé, 466-748. *Gallia christ. noviss.* III, 91.

**158** (497 ?).
Dans une lettre à Adon, archevêque de Vienne, Hincmar, archevêque de Reims, parle de *l'epistola beati Aviti ad sanctum Remigium scripta, quam quidam Rotfridus monachus ei dixerat se apud eumdem Adonem legisse.*

Flodoardi *Hist. eccl. Remen.* l. III, c. 21 : *Patrol. lat.* CXXXV. 202. Chevalier (U.), *Œuvr. de s¹ Avit,* xxix.

**159** (Commenc¹ 497).
Lettre d'Avit, évêque de Vienne, à Clovis, roi des Francs. Il le félicite d'avoir reçu la foi chrétienne et le baptême², et l'exhorte à profiter de la renonciation des Francs au paganisme pour étendre la foi orthodoxe chez les nations les plus lointaines. — *Vestræ subtilitatis.*

1. La variante *Magno episcopo* a fait conjecturer qu'il s'agissait de Magne, successeur de s¹ Eustorge sur le siège de Milan (518-530).
2. D'après l'abrégé de Grégoire de Tours publié sous le nom de Frédégaire (c. 21), Clovis, roi des Francs (*Répert.,* Bio. 962-4), reçut le baptême à la fête de Pâques ; cette date est reproduite dans les lettres d'Hincmar et l'histoire de Flodoard. S¹ Avit fixe cet événement à la veille de Noël et son opinion a prévalu (Le Cointe, I, 171, 192).

Sirmond, *Conc. Galliæ*, I, 153. Du Chesne, *Hist. Franc. script.*, I, 835. Coll. *regia*, X, 216. Bucherius, *Belgium Rom.* 583. Sirmond, S. *Aviti Opp.* 94-7, note 35-6. *Acta ss. Bolland.*, febr. I, 662-3; 3ᵉ, 668-9. Lalande, *Conc. suppl.* 41. Le Cointe, I, 143-4. Labbe, IV, 1266-8; Sirmond, *Opp. var.* II, 56-8. Ruinart, *Gregor. Turon. Opp.*, app. Bouquet, IV, 49-50. *Hist. égl. Gallic.* II, 235. *Acta ss. Bolland.*, octob. I, 89; 2ᵉ, 113-4. Gresquière, *Acta ss. Belgii*, I, 561. Labat, I, 662. *Patrol. lat.* LIX, 257-9. Peiper, 75. Chevalier(U.), 190-2. Trad.: Collombet, I, 104-7. = *Hist. litt. France*, III, 126. Ceillier, XV, 403-4 (X, 561-2). De Foy, I, 17. Bréquigny, I, 15. Pardessus, *Diplom.* I, 29. Gorini, *Déf. de l'Égl.* I, 335-43. Wauters, I, 26. Krusch (Bruno), dans *Neues Archiv*, XII, 295-8.

**160**      2-3 septembre 499.
Colloque tenu à Lyon, entre les évêques catholiques et les ariens, en présence du roi Gondebaud. — *Providente domino.*
Achery (d'), *Spicileg.* (1661), V, 110-5; 2ᵉ, III, 304-5. Lalande, *Conc.* 43-5. Labbe, IV, 1318-22. Sirmond, *Opp. var.* II, 269-76. Ruinart, *S. Gregor. Turon. Opp.* 1322-6. Harduin. II, 963-8. Coleti, V, 451-6. Bouquet, IV, 99-102. Mansi, VIII, 245. Galland. *Bibl. Patr.* X, 794-6. Labat, 673-8. *Patrol. lat.* LIX, 387-92. Peiper, *Aviti Vien. Opp.* 161-4. Havet (Jul.), dans *Bibl. de l'éc. d. Chartes*, XLVI, 234-9. = Achery, op. cit. V, præf. 11-4. Tillemont, *Mém. h. e.* VIII, 550-1. Colonia, *Hist. litt. Lyon*, I, II, 272-84. Ceillier, *Hist. ant. eccl.* XV, 650-5; 2ᵉ, X, 733-6. *Hist. litt. France*, II, 678-84. Charvet, 79-82. Pardessus, *Diplom.* I, 41. Collombet, I, 107-15. Gorini, *Déf. de l'Égl.* I, 343-51. R. Gen. 46. Binding, *Burgund. Königr.* I, 126-53. Hefele, *Concegesch.* III, 233-6; 2ᵉ, II, 629-32. Desloge (T.). Le colloque de Lyon, histoire fabriquée d'une conférence théologique tenue à Lyon, l'an 499, dans *Univers. cathol.* (1890), IV, 67-80. *Gallia christ. noviss.* II, 20; III, 46. L'authenticité de ce document a été formellement contestée de nos jours par Jul. Havet (op. cit. 233-50) : divers savants ont corroboré ses conclusions (*Bibl.* cit. XLVII, 335-41, 471-2). Les principales preuves de fausseté contre la *Collatio* sont tirées de : *a*) sa provenance originaire et la simplicité du style ; *b*) la présence de l'évêque de Lyon, Étienne, dont le prédécesseur Rustique n'est mort que le 25 avril 501/2 ; *c*) celle du métropolitain d'Arles Eone, alors en conflit de prééminence avec Vienne et dont le diocèse était sous la domination des Wisigoths ; *d*) l'impossibilité d'identifier le lieu de la réunion, *Sarbiniacus* (sur la Saône) avec *Sardinia* (sur le Rhône) ou Albigny. On pourrait encore faire valoir : *e*) la trop grande conformité de la plupart des citations bibliques avec la *Vulgate* actuelle ; *f*) l'expression *vigilia solemnitatis* pour indiquer la veille de la fête de s' Just : les *vigiliæ* d'alors comprenaient l'office nocturne, mais non la journée précédente ; *g*) la mention d'un évêque de Marseille, dont le siège était alors étranger au royaume de Bourgogne ; *h*) l'absence complète du *cursus* usité à cette époque.

**161**      (499 ?)
Lettre d'Avit au prince Sigismond, qui lui avait témoigné du désir de savoir comment s'était terminée la conférence qu'il avait eue avec le roi Gondebaud ; il lui en fera de vive voix le récit détaillé. En attendant, il lui marque comment elle s'est terminée. — *Quod me de collocutione.*
*Acta ss. Bolland.*, febr. I, 663-4; 3ᵉ, 669-70. Sirmond, 64-6, n. 21. *Patrol. lat.* LIX, 238-9. Peiper, 55. Chevalier, 157-60. = On a vu dans cette lettre une allusion à un colloque tenu à Lyon entre les catholiques et les ariens (n° 160) : il s'agit des Dialogues de s' Avit avec le roi (Chevalier, 270-3).

**162**      21 (13) octobre (499).
Lettre du pape Symmaque à Eone, évêque d'Arles, lui mandant d'envoyer, ainsi que l'évêque de Vienne, un représentant à Rome, pour lui permettre de juger leur controverse en connaissance de cause. — *Movit equidem nos.*
Baronius, 499, 37 (VIII, 598) ; cf. Pagi, I, Binius, II, 275ᵃ. Sirmond, I, 156. Saxi, *Pontif. Arelat.* 86. Coll. *reg.* X, 252. Labbe, IV, 1292. Coleti, V, 421-2. Mansi, VIII, 208. Labat, I, 682. *Patrol. lat.* LXII, 49. Thiel, 654-5, cf. 86. *Bull. Roman. Taurin.*, app. I, 348. Gundlach (W.), dans *Mon. Germ. hist.*, Epist. Merow. I, 33-4. = Georg. I. 4. Bréq. I, 16. Pardessus, I, 41. Jaffé, 469 753. *Gall. christ. noviss.* III, 46.

**163**      (499/513)
Fragment de lettre de s' Avit au pape Symmaque : bien qu'il y ait à Rome des reliques de la s' croix, il croit devoir en demander à l'évêque de Jérusalem, qui conserve ce précieux dépôt (*sacramentum*) dans sa pureté. — *...unde etiamsi pignus...*
Sirmond, 61-2, n. 20-1. *Patrol. lat.* LIX, 236. Peiper. 53. Molinier-Kohler, *Itinera Hierosolym.* (1885). 201-2 (datent de 518/523, sous Hormisdas). Chevalier, 161.

**164**      (499/513)
Lettre d'Avit au patriarche de Jérusalem (Elie), pour lui demander un fragment du bois de la vraie croix.
Conjecturée d'après les lettres du même au pape Symmaque (n° 163) et au même patriarche (n° 165). = Le patriarche serait Jean, d'après Molinier-Kohler, op. cit. 201-2.

**165**      (499/513).
Lettre d'Avit à l'évêque (*papæ*) de Jérusalem (Elie), qui montre par ses mérites, plus encore que par les privilèges de son siège, qu'il occupe une place principale (*principem locum*) dans l'Église universelle. Il le remercie de l'envoi d'un morceau de la vraie croix, qui est pour lui d'un prix inestimable. — *Exercet apostolatus.*
*Acta ss. Bolland.*, febr. I, 667ᵇ; 3ᵉ, 673ᵇ. Sirmond, 67-8, n. 22. *Patrol. lat.* LIX, 239-40. Peiper, 56. Chevalier, 161-2. = *Hist. litt. France*, III, 125. Gorini. *Déf. de l'Égl.* I, 363.

**166**      ?
Lettre d'Avit au patriarche d'Alexandrie.
Conjecturée par Peiper (p. 88), d'après la rubrique du ms. de Lyon : *Epistola b' Aviti episcopi ad Alexandrinum episcopum* ; voir les raisons qui ne permettent pas d'accepter l'existence de cette lettre dans Chevalier, p. 217, n. 4.

**167**      500.
Gondebaud et Gondegisile, rois des Bourguignons, gouvernaient le pays qui comprend la Saône et le Rhône, jusqu'à Marseille. Gondebaud, vaincu par les Francs près de l'Ouche, grâce à la trahison de son frère, s'enfuit jusqu'à Avignon, pendant que Gondegisile, ayant livré une partie du royaume aux Francs, rentre triomphalement à Vienne. Gondebaud vient l'y assiéger. Par peur du manque de vivres, Gondegisile expulse le menu peuple de la ville ; de ce nombre se trouvait l'ingénieur (*artifex*) qui prenait soin des aqueducs. Celui-ci indigné va vers Gondebaud ; sur ses conseils, les assiégeants, précédés d'hommes armés d'outils en fer, s'engagent à sa suite dans l'aqueduc : on repousse la pierre qui en obstruait l'orifice et on pénètre dans la ville ; au signal donné par le buccin, l'armée de Gondebaud pénètre par toutes les portes. Gondegisile est tué dans l'église arienne, une multitude

d'habitants sont massacrés. Les Francs s'étaient réfugiés dans une tour : Gondebaud les envoya captifs au roi Alaric, à Toulouse ; il régna, dès lors, sur toute la Bourgogne.

MARII Aventic. *Chronicon* : DU CHESNE, *Hist. Franc. script.* I, 212. BOUQUET, II, 14. *Patrol. lat.* LXXII, 796. *Mém.-doc. soc. Suisse Rom.* XIII, 32. = GREGORII Turon. *Historia Francorum,* l. II, c. 32-3 : BOUQUET, II, 178-9, cf. 400-1. *Patrol. lat.* LXXI, 227-30. Edd. Arndt, I, 93-5 ; Omont, 60-3. Cf. BOUQUET, III, 41, 172, 354, 402-3. = CHORIER, *H. de D.* I, 575-6 ; 2ᵉ, 448. COLLOMBET, I, 121-3.

**168** (Vers 500).

Lettre de sᵗ Avit à Elpide, diacre [de Lyon, qui était médecin du roi Théodoric]. Il regrette que sa lettre ne lui soit pas parvenue ; il a reçu les siennes, apportées à Vienne par Sigismond, que son père [Gondebaud] y avait envoyé. Il lui recommande la guérison du fils *viri illustris Cereti.* — *Per quosdam clericos.*

SIRMOND, 85-7, n. 31. *Patrol. lat.* LIX, 251-2. PEIPER, 67. CHEVALIER, 176-8. = *Répert.,* Bio. 1314.

**169** (500).

Lettre d'Avit *viro illustri Heraclio.* Il le félicite du courage avec lequel il s'est posé en champion de la foi catholique devant le roi Gondebaud ; il lui souhaite l'épiscopat, dont il a déjà rempli les fonctions en prenant la défense de la vérité. (Ce présage semble s'être réalisé pour ce sénateur gaulois, car on trouvera un évêque de Trois-Châteaux de son nom à divers conciles). — *Dum incessabilis.*

SIRMOND, 104-6, n. 39-40. *Patrol. lat.* LIX, 264-5. PEIPER, 81. CHEVALIER, 205-5. *Gallia christ. noviss.* IV, 29-30. = CEILLIER, XV, 404 ; 2ᵉ, X, 562ᵃ. COLLOMBET, I, 118-9. *Répert* , Bio, 2107-8.

**170** (500).

Réponse d'Héracle à la lettre d'Avit. Il lui renvoie l'honneur de ce qu'il a pu dire de bon pour la défense de la vraie religion, en conjecture qu'il s'était instruit sous sa direction). — *Utinam mihi subinde.*

SIRMOND, 107-8. *Patrol. lat.* LIX, 265-6. PEIPER, 83. CHEVALIER, 205-6. *Gallia christ. noviss.* IV, 30-1.

**171** (Vers 500).

Lettre d'Avit à l'illustre Héracle. Il apprend avec peine qu'il est malade de la goutte ; au moment de lui écrire, il était appelé aux funérailles de leur fils commun Protade. — *Nisi dolendum.*

SIRMOND, 142. *Patrol. lat.* LIX, 287-8. PEIPER, 102. CHEVALIER, 241. *Gallia christ. noviss.* IV, 31.

**172** (Vers 500).

Réponse d'Héracle à sᵗ Avit. La nouvelle funèbre l'a fort affligé. De la campagne le prélat, son ami, s'est empressé, aux premières rumeurs belliqueuses, de rentrer dans sa ville, pour en défendre les murs. — *Indicastis quidem.*

SIRMOND, 142-3. *Patrol. lat.* LIX, 287. PEIPER, 102. CHEVALIER, 241-2. *Gallia christ. noviss.* IV, 31.

**173** (Eté 500).

Lettre d'Eone, évêque d'Arles, portée au pape Symmaque par le prêtre Crescentius ; il lui dénonce le différend *(luctamen)* entre les églises d'Arles et de Vienne au sujet de l'ordination des évêques de leur voisinage, causé par la décision du pape Anastase (n° 157), contraire à la tradition.

THIEL, *Epist. Rom. pont.* 735, n° 3. — Voir la lettre suiv.

**174** 29 septembre (500).

Lettre du pape Symmaque à Eone, évêque d'Arles, lui restituant le droit d'ordonner les évêques des cités voisines, qu'avait restreint son prédécesseur Anastase en faveur de l'église de Vienne. — *Dilectionis tuæ.*

BARONIUS, 499, 36 (VIII, 597-8). BINIUS, II. 274-5. SIRMOND, I, 157. LABBE, IV, 1291. COLETI, V, 421. MANSI, VIII, 208. *Patrol. lat.* LXII, 50. *Bull. Roman.* Taurin., app. I, 349. THIEL, I, 655-6, cf. 86. GUNDLACH (W.), dans *Mon. Germ. hist.,* Epist. Merow. I, 34-5. *Gallia christ. noviss.* III, 47. = PARDESSUS, I, 42. JAFFÉ, 470-754.

**175** (Après 500).

Lettre d'Avit au roi Gondebaud, qui avait été offensé du sentiment de Fauste de Riez sur l'inutilité de la pénitence à l'article de la mort. Il montre le contraire par divers raisonnements et quelques exemples tirés de l'Ecriture. Il traite en second lieu de l'inutilité de la foi seule pour l'homme. — *Scisciltalio vestra.*

SIRMOND, 34-40, n. 10-2. *Patrol. lat.* LIX, 219-22. PEIPER, 29. CHEVALIER, 121-5. = *Hist. litt. France.* III, 124. CEILLIER, XV, 393-5 ; 2ᵉ. X, 556-7.

**176** (Après 500).

Lettre d'Avit au roi Gondebaud, pour le consoler du décès d'une de ses filles, morte d'ennui au moment d'épouser un prince franc. — *Si gratiam priscæ.*

SIRMOND, 40-2, n. 12-3. *Patrol. lat.* LIX, 223-4. BOISSIEU (Alph. de), *Inscript. antiq.* Lyon, 575. PEIPER, 32. CHEVALIER, 126-7. = Aucun texte connu ne fournit le nom de cette seconde fille de Gondebaud (BINDING, *Burgund.-Roman. Königreich,* 302). Cfr. GORINI, dans COLLOMBET, I, 455-64 ; CORPET (E. F.), *Lettre à M. A. Péricaud sur la 5ᵐᵉ épitre de S. Avitus, évêque de Vienne,* avec une traduction de cette épitre et des notes, 1854, in-8°, 16 p. ; GORINI, *Déf. de l'Egl.,* I, 324-35.

**177** (Après 500).

Lettre d'Avit au roi [Gondebaud] qui lui avait demandé si le centuple promis dans l'Evangile sera mesuré sur ce qu'on aura donné ou abandonné pour Jésus-Christ, ou sur les dispositions du cœur de celui qui donne ou se dépouille ; il établit que ce sera d'après les dispositions et non sur le prix de la chose. — *Quæstio quam pietas.*

FERRAND, *S. Aviti Epist.* IV (1661). BALUZE, *S. Agobardi Opp.* II, app. 156-8 ; *Miscell.* I, 355 ; 2ᵉ, II, 9. SIRMOND, *Opp. var.* II, 264. *Patrol. lat.* LIX, 381-4. PEIPER, 33. CHEVALIER, 128-30. = *Hist. litt. France,* III, 127. CEILLIER, XV, 412-3 ; 2ᵉ, X, 566.

**178** (Après 500).

Lettre d'Avit au roi Gondebaud, qui lui avait posé plusieurs questions sur divers endroits de l'Evangile, en particulier sur la divinité du sᵗ Esprit. Il examine s'il est créateur ou créature, et si l'esprit de l'homme doit être regardé comme éternel ou comme créé. En terminant, il presse le prince de professer ouvertement la foi qu'il confessait en secret. — *Tantum Christo propitio.*

SIRMOND, 1-6, n. 1-3. *Patrol. lat.* LIX, 199-202. PEIPER, 12-5. CHEVALIER, 242-6. = *Hist. litt. France,* III, 123. CEILLIER, XV, 390-1 ; 2ᵉ, X, 554-5.

**179** (Vᵉ/VIᵉ siècle).

Epitaphe : *Æterna hic Martina in p. q.*

DELORME, Descr. mus. Vienne, 289. COLLOMBET, I, 198.
LE BLANT, II, 91, n° 422, pl. 308. ALLMER, IV, 399, n° 1897, pl.
302. HIRSCHFELD, 264, n° 2127.

**180** (V°/VI° siècle).
Epitaphe : *H. req. in p. b. m. Auniciscius, q. vixit a. 41.
m. 3 ; obiit 6 kalendas....*
PILOT (J. J. A.), dans *Bull. soc. statist. Isère*, B, II, 135.

**181** Die, (V°/VI° siècle).
Epitaphe : *Hic Dalmata Cristi morte redemptus quiiscet in pace ....*
DELACROIX, *Statist. Drôme*, 491. LONG, dans *Mém. prés. acad. Inscr. et Bel.-let*. B, II, 474. LE BLANT, II, 198-202, n° 478, pl. 395. HIRSCHFELD, 202, n° 1694. CHEVALIER (J.), *Hist. égl. Die*. I, 74-7.

**182** Vienne, (V°/VI° siècle).
Epitaphe : *... b. m. Galla [r]eligiosa...*
CORNILLON, dans *Bull. archéol. com. trav.* (1892), 317.

**183** (VI° siècle).
Construction de la chapelle de St-Laurent à Grenoble.
REYMOND (Marc.) et GIRAUD (Ch.), dans *Bull. archéol. com. trav. histor.-scientif.* (1893), 1-14, 8 pl.

**184** Vienne, (VI° siècle ?).
Epitaphe : *|In h. tumolum req. Olibi prib. q. primo... consiensia...*
CHORIER, *Antiq.* 42 ; 2°, 45. COLLOMBET, I, 196.

**185** Vienne. 26 mars (VI° siècle).
Epitaphe : *In h. tum. req. in p. b. m. Pascasius diac., q. v. a. p. m. 59 ; obiit in X°..*
LE BLANT, II, 103-4, n° 430, pl. 306. ALLMER, IV, 403-4, n° 1901, pl. 295. HIRSCHFELD, 265, n° 2132.

**186** Die, 11 avril (VI° siècle).
Epitaphe : *† H. req. in p. b. m. Desiderius diaconus, q. vix. a. 31, obiit... ind. 12.*
LE BLANT, II, 203, n° 478*, pl. 389. HIRSCHFELD. 202, n° 1695. CHEVALIER (J.), *Hist. égl. Die*, I, 109-10.

**187** St-Jean-de-Bournay, 24 décembre (VI° siècle).
Epitaphe : *† H. tom. req. in p. b. m. Teodemodos, q. vix. p. m. a. 41 ; not... indix...*
COLLOMBET, I, 201. LE BLANT, II, 145, n° 461, pl. 365. ALLMER, IV, 431-2, n° 1942, pl. 299. HIRSCHFELD, 276, n° 2180.

**188** (Milieu été 501).
Lettre d'Avit au pape Symmaque, pour se plaindre de la diminution des privilèges de son siège (lettre du 29 sept. 500).
THIEL, *Epist. Rom. pont.* 735, n° 5 (ne s'est pas douté que la lettre du 13 oct. 501 est une pièce fausse).

**189** Ambérieux, 3 septembre (501).
Date du titre XLII de la loi Gombette (voir au 29 mars 517) : *Data Ambariaco, in colloquio, sub d. III non. sept., Abieno v. c. cons.*
BOUQUET, *Rec.* IV, 267. = PARDESSUS, *Diplom.* I, 42-3.

**190** 13 octobre (501).
Lettre du pape Symmaque à Avit. Il regrette que l'évêque de Vienne se soit offensé *(offendere)* de son rescrit à l'évêque [d'Arles] Eone. Il n'y a pas eu préjudice des droits de son église, puisque le pape a refusé de se prononcer avant d'avoir entendu l'autre partie et sans instruction compétente. Qu'il lui fasse connaître les raisons qui ont décidé son prédécesseur Anastase à modifier l'état de choses traditionnel et à jeter la province dans la confusion, et il s'en réjouira. — *Non debuit caritatem.*
ACHERY (d'), *Spicileg.* V, 583 ; 2°, III, 306-7 (e schedis Hieron. Vignerii). LALANDE, 45. LABBE, IV, 1311-2. COLETI, V, 440-2. MANSI, VIII, 228. LABAT, 683. *Patrol. lat.* LXII, 51-2. *Bull. Roman.* Taurin., app. I. 350. THIEL. I. 86, 656-7. PEIPER, 63. HAVET (Jul.), dans *Bibl. de l'éc. d. Chartes*, XLVI, 259-61. Trad. CHARVET, 86. COLLOMBET, I, 124-5. = DE FOY, I, 21. BRÉQ. I, 16. PARDESSUS, I, 42. JAFFÉ, 472-756 ; add.-corrig. ROSSI (I. B. de), *Inscr. christ. urbis Romæ*, I, 413. HAVET, I. c. CHEVALIER, *S' Avit*, 172. *Gallia christ. noviss.* III, 48. — Pièce fausse.

**191** (Avant 23 octobre 501).
Lettre d'Avit aux sénateurs de Rome Fauste et Symmaque, au nom des évêques des Gaules, que les malheurs des temps empêchaient de se rendre à Rome et auxquels la division des royaumes ne permettait pas de s'assembler ; il reproche aux évêques d'Italie d'avoir présumé de juger le pontife de Rome dans un synode (tenu vers le 1er sept.). — *Primum fuerat talis.*
SIRMOND. I. 158. *Coll. reg.* X. 349. *Acta ss. Bolland.*, feb. I, 666 (3°, 372). SIRMOND, 79-82, n. 28-9. LABBE, IV, 1362-4. HARDUIN. II. 981. *Patrol. lat.* LIX, 348-9. PEIPER. 64. CHEVALIER, 131-3. — Trad. COLLOMBET, I, 126-8. GORINI, *Déf. de l'Egl.* I, 366-7. = CEILLIER, XV, 402-3 ; 2°, X, 561°. BRÉQ. I. 17. PARDESSUS, I, 50. *Hist. Jahrb.* IX, 257. *Bull. critiq.* IX, 200.

**192** (501/506).
Lettre d'Avit à l'illustre Aurélien [1]. L'acuité des malheurs présents n'est pas un signe de leur terme prochain ; il faut espérer d'atteindre le point où il n'y aura plus à craindre de naufrage. — *Indicium quidem.*
SIRMOND. 84-5, n. 30-1. *Patrol. lat.* LIX, 251. PEIPER, 66. CHEVALIER, 175-6.

**193** ?
Lettre d'Apollinaire, évêque [de Valence], à son frère cadet Avit, évêque [de Vienne]. Il a eu un songe la nuit de l'anniversaire de la mort de leur sœur ; une colombe rouge le tirait. Il y a vu un avertissement de remplir le devoir qu'il avait omis. — *Satis licet jam.*
SIRMOND, 53-4, n. 17. *Patrol. lat.* LIX, 231. PEIPER, 46. CHEVALIER, 147. = CEILLIER, XV, 397 ; 2°, X, 558°. COLLOMBET, I, 162.

**194** ?
Réponse d'Avit à son frère Apollinaire. On a fait l'anniversaire de leur sœur à Vienne. Sa faute est pardonnable, puisqu'il s'en accuse ; mais qu'averti cette fois par le Christ, il se souvienne de la coutume qu'il ne lui est point permis d'oublier. — *Apparet liquido.*
SIRMOND, 54-5, n. 17. *Patrol. lat.* LIX, 231 2. PEIPER, 47. CHEVALIER, 148-9. = CEILLIER, XV, 397 ; 2°, X, 558.

**195** Lyon, 28 mai (502).
Date du titre XLV de la loi Gombette (voir au 29 mars 517) : *Data sub d. v kal. junias, Lugduni, Abieno v. c. cons.*
BOUQUET, *Rec. hist. Gaules*, IV. 268.

1. Qui peut être, soit le destinataire de la lettre VI, 5 d'ENNODIUS de Pavie, soit le patrice mentionné par GRÉGOIRE de TOURS (*De glor. mart.* c. 77), soit le romain envoyé par Clovis à Clotilde (FREDEGARII *Epitome*, c. 18).

**196** (Après 502).
Lettre d'Avit à Césaire, évêque [d'Arles], pour lui recommander un évêque Maximien, originaire d'un pays bouleversé, qui se rendait à Arles pour y trouver un médecin qui le guérit d'un mal d'yeux. — *Licet ipsa sese*.
SIRMOND, 51-2, n. 16. *Patrol. lat.* LIX, 229-30. PEIPER, 45. CHEVALIER, 144-5. = CEILLIER, XV, 396 ; 2°, X, 558°.

**197** St-Vallier, 19 janvier (503).
Epitaphe : † *H. req. in p. b. m. Leubatena, q. vix. a. 45, obiet... Volosiano v. cs.*
ALLMER, dans *Rev. du Dauphiné*, II, 86-8, n° 2063 (à part, 11-3). HIRSCHFELD, 214, n° 1787. LE BLANT, *Nouv. rec.*, 157-9, n° 140.

**198** ?
Lettre d'Apollinaire, évêque [de Valence], à son frère Avit [évêque de Vienne], pour l'inviter à la dédicace d'une nouvelle église.
Voir la lettre suiv. (CHEVALIER, 163).

**199** ?
Réponse d'Avit à son frère Apollinaire, qui l'avait invité à la dédicace d'une nouvelle église. Il s'y rendra et nombre d'étrangers s'y trouveront. Qu'on ne se préoccupe pas de la nourriture : cinq pains et deux poissons suffiront ; plus il y aura de pauvres, plus il restera de corbeilles remplies. — *Jubetis et voti*.
SIRMOND, 69-70, n. 25. *Patrol. lat.* LIX, 241-2. PEIPER, 57. CHEVALIER, 163-4. = CEILLIER, XV, 400 ; 2°, X, 560°.

**200** ?
Lettre d'Apollinaire, évêque [de Valence], à son frère Avit ; il renonce à se venger de son absence (*inofficiositas*). — *Cogitans atque*.
SIRMOND, 118-9. *Patrol. lat.* LIX, 273. PEIPER, 90. CHEVALIER (U.), 220.

**201** ?
Réponse d'Avit à son frère Apollinaire. Il s'excuse de n'avoir pu, par *nécessité*, assister à la dernière fête ; en échange des poissons envoyés par vengeance, il lui destine huit râles d'eau et deux paires de soles. — *Ne festivitati*.
SIRMOND, 119. *Patrol. lat.* LIX, 273. PEIPER, 90. CHEVALIER, 221.

**202** (Avant 506).
Sermon prononcé par Avit, évêque de Vienne, à la dédicace de l'église de l'archange St-Michel à Lyon.
On n'en possède qu'un fragment conservé par FLORUS, diacre de Lyon, dans son Commentaire sur l'épître de s' Paul aux Philippiens. — SIRMOND, 195-6. *Patrol. lat.* LIX, 314-5. PEIPER, 125-6. CHEVALIER, 319-20, 345. = COLONIA, *Hist. litt. Lyon*, I, II, 285-90. COLLOMBET, I, 165.

**203** ?
Lettre d'Avit au rhéteur Viventiole, qui l'avait critiqué d'avoir, dans un discours prononcé à la dédicace d'une église à Lyon, fait une faute de quantité ; il s'autorisait d'un vers de Virgile. Avit répond que le poète en a usé ainsi par licence, mais qu'ailleurs il fait longue la 2° syllabe de *potitur*. — *Cum rumor ex*.
SIRMOND, 112-4, n. 35-6. COLLOMBET, I, 444-7. *Patrol. lat.* LIX, 268-70. PEIPER, 85. CHEVALIER, 212-4. = CEILLIER, XV, 403 ; 2°, X, 562° . COLLOMBET, I, 165. *Répert.*, Bio, 4711. — CO-
LONIA suppose que cette lettre se rapporte au sermon précédent : on ne saurait objecter que le mot *potitur* ne s'y rencontre pas, car on n'en possède qu'un fragment.

**204** (Vers 507).
. Avit, évêque de Vienne, dédie à son frère Apollinaire, évêque de Valence, ses cinq livres de poésies sur l'Ancien Testament (création, péché originel, sentence de Dieu déluge, passage de la mer Rouge). — *Nuper quidem*.
SIRMOND, 213-5, n. 61. *Patrol. lat.* LIX, 523-4. PEIPER, 201-2. CHEVALIER, 3-4.

**205** (507).
Lettre d'Avit au prince Sigismond. Revenu précipitamment de la fête à laquelle il avait assisté, il a été étonné de le savoir parti ; il aurait été si heureux de se prosterner à ses genoux, de baiser ses mains, et d'adorer dans son cœur le siège de la foi ! « Parti heureux, allez en paix et revenez vainqueur ! » — *De festivitate*.
SIRMOND, 92-3, n. 35. *Patrol. lat.* LIX, 256-7. PEIPER, 74. CHEVALIER, 189-90.

**206** (507).
Lettre d'Avit à l'illustre Apollinaire [1]. (Elle est datée par l'époque de la bataille de Vouillé.) [2] — *Fecit pietas vestra*.
SIRMOND, 66-7, n. 22. *Patrol. lat.* LIX, 239. PEIPER, 56. CHEVALIER, 160. = *Répert.*, Bio. 290.

**207** (507).
Lettre d'Avit à Euphraise, évêque [de Clermont]. Il l'a déjà assuré par lettre de l'efficacité de sa recommandation en faveur d'Emeterius, prêtre [d'Embrun?]. Ayant retrouvé un de ses écrits, qu'on lui avait volé, il le prie de l'offrir à Apollinaire, fils de Sidoine. — *Jam quidem per*.
SIRMOND, 89-90, n. 33-4. *Patrol. lat.* LIX, 254-5. PEIPER, 72. CHEVALIER, 186-7. = CEILLIER, XV, 403 ; 2°, X, 561°. *Répert.*, Bio, 1407.

**208** (507).
Lettre d'Avit au roi Gondebaud. Un esclave, après s'être attribué un dépôt, assura que c'était à l'instigation de l'évêque. Innocent du méfait, Avit le fit transférer de l'église de Vienne à celle de Lyon, pour qu'on lui fit son procès. Il est prêt à faire tout ce que l'on voudra ; dont son église tient ce qu'elle possède, jugera à propos. — *Quod servum qui*.
SIRMOND, 90-2, n. 34-5. *Patrol. lat.* LIX, 255-6. PEIPER, 73. CHEVALIER, 187-8. = CEILLIER, XV, 403 ; 2°, X, 561°.

**209** (507).
Lettre d'Avit à l'illustre Apollinaire. Il avait l'intention de lui envoyer ses condoléances au sujet de la conjuration qui s'était élevée contre lui ; il a été heureux d'apprendre par lui que ses affaires avec le roi Alaric s'étaient arrangées. Un ami s'est emparé d'un de ses ouvrages, à peine sorti de la main du notaire et non corrigé, pour le lui communiquer : il réclame son

1. Apollinaire était fils de Sidoine, évêque de Clermont. Outre 4 autres lettres de s' Avit, voir les XXV° et XL° du II° liv. de celles de RURICE de Limoges et la correspondance de SIDOINE (*Patrol. lat.* t. LVIII ; cff. cc. 103-4 et 504-6). — 2. Cf. *Répert.*, Topo, 3325.

indulgence pour l'auteur non moins que pour le scribe. — *Diu est si aut.*
Sirmond, 100-3, n. 38-9. *Patrol. lat.* LIX, 261-3. Peiper, 79. Chevalier, 199-201.

**210** (507).
Lettre d'Avit à l'illustre Apollinaire. Leurs lettres se sont croisées. Maintenant qu'il a triomphé de ses ennemis, le résultat de sa victoire doit être l'intégrité de sa conscience, l'établissement de son droit, le pardon à ses calomniateurs : instruit par l'expérience, il ne doit pas s'arrêter aux propos des méchantes langues. — *Communi quidem.*
Sirmond, 103-4, n. 39. *Patrol. lat.* LIX, 263-4. Peiper, 81. Chevalier, 202-3.

**211** (507).
Lettre d'Avit au prince Sigismond. Il lui demande au nom de l'affection dont il a reçu tant de témoignages, de lui donner des nouvelles de sa santé et de la prospérité de ses affaires. — *Scio quidem curis.*
Sirmond, 135. *Patrol. lat.* LIX, 283-4. Peiper, 99. Chevalier, 226-7.

**212** (507).
Lettre d'Avit au prince Sigismond. Ce serait douter des promesses divines que de ne point se tenir assuré de sa prospérité ; il lui souhaite, avec l'aide du Christ, la paix qu'il désire et la victoire qu'il mérite. Bien que les voyageurs l'en assurent, il serait bien aise de recevoir de lui des nouvelles de sa santé et de celle de ses troupes. — *Videtur quidem.*
Sirmond, 136. *Patrol. lat.* LIX, 284. Peiper, 99. Chevalier, 236.

**213** (Après 507).
S¹ Avit, évêque de Vienne, envoie à son frère Apollinaire, évêque de Valence, le 6ᵉ livre de ses poésies sur la virginité, dédié à leur sœur Fuscina. — *Post consummationem.*
Sirmond, 995-6. *Patrol. lat.* LIX, 367-70. Peiper, 274-5. Chevalier, 90-1.

**214** (507/510).
Lettre d'Avit à l'illustre Ruclon. A la fête de Pâques, on a offert des vœux pour la conservation du roi ; la solennité s'est bien passée, malgré les rumeurs. — *Post festivitatem.*
Sirmond, 128. *Patrol. lat.* LIX, 278. Peiper, 95. Chevalier, 231.

**215** (507/516).
Lettre d'Avit à Grégoire, évêque [de Langres], le saluant et exprimant le regret que l'état de sa santé (*inæqualitas corporis*) l'ait empêché de se rendre à la fête qu'on vient de célébrer. — *Meis potius ascribo.*
Ferrand, *S. Aviti Epist.* IV (1661). Baluze, *Miscell.* I, 386 ; 2ᵉ, II. 10ᵉ. *Patrol. lat.* LIX, 386. Peiper, 88. Chevalier, 217. = *Répert.* Bio, 1863.

**216** (Printemps 509).
Lettre d'Avit à Apollinaire, évêque [de Valence]. Il a dû recevoir de bonnes nouvelles de la guerre : les ennemis, que l'on disait dévaster les frontières, s'en sont allés. Son frère lui ayant promis un sceau annulaire, il en décrit la forme et la composition : en fer très mince, le cercle formé par deux dauphins ; présenterait aux regards tantôt une pierre brillante, tantôt un pâle alliage d'or et d'argent ; au milieu son monogramme et tout autour son nom. — *Confido plane nec.*
*Mabillon, De re diplomat.* 3ᵉ, I, 136. Sirmond, 130-2, n. 51-3. *Patrol. lat.* LIX, 280-1. Peiper, 96. Chevalier, 233-5. Trad. par de Lagrevol, dans Allmer, *Inscr.* IV, 288-90. = Cellier, XV, 403 ; 2ᵉ, X. 562ᵇ. Le Blant, *Inscr.* I, 50-1. Deloche, dans *Cptes rdus acad. Inscr. et Bel.-let.* (1883/4), D, XI, 436-7.

**217** Vienne, 9 mai (509).
Épitaphe d'*Ananthailda, sanctimonialis* (au monastère de St-André-le-Haut à Vienne), *cui Dominus æternam requiem tribuat, semper devota, suis pauperibus larga … post consul. Venanti.*
Le Blant (Edm.), dans *Bull. archéol. comité trav. histor.-scientif.* (1894), 62-3 ; *Cptes rendus acad. Inscr. et Bel.-let.* (1894), D, XXII, 6-7.

**218** Vienne, 18 septembre (485, 508), 509).
Épitaphe : *II. req. b. m. Romanus, vir religiosus, q. v. a. 80, trans… post consul. Venanti.*
Chorier, *Antiq.* 2ᵉ, 307. Castellane, dans *Mém. soc. archéol. Midi.* II, 195. *Dict. d'épigraphie*, II, 1185. Le Blant, II, 106-7, nᵉ 434, pl. 307. Allmer, IV, 277-9. nᵉ 1781, pl. 274. Hirschfeld, 257, nᵉ 2062.

**219** (Après 509).
Lettre du roi Gondebaud à s¹ Avit, lui demandant si les textes d'Isaïe (*Ex Sion procedet lex et Verbum Domini ex Jherusalem*) et des Rois (*Requiescet unusquisque sub vinea sua et sub ficu sua*) se rapportent au temps présent ou à l'avenir.
Sirmond, 62, n. 21. *Patrol. lat.* LIX, 236. Peiper, 54. Chevalier, 155. = Cellier, XV, 399 ; 2ᵉ, X, 559ᵇ.

**220** (Après 509).
Réponse d'Avit à la lettre précéd. Le passage d'Isaïe regardait l'avènement du Verbe incarné ; celui des Rois avait rapport à ce qui s'était passé sous le règne des princes juifs, qui jouissaient de la paix ou pâtissaient dans les tribulations, suivant qu'ils étaient fidèles à la loi ou prévaricateurs. — *Licet de lectione.*
Sirmond, 62-4, n. 21. *Patrol. lat.* LIX, 236-7. Peiper, 54. Chevalier, 156-7. — Cellier, *ibid.*

**221** 9 avril (510).
Mort de s¹ Marcel, évêque de Die.
Vita : ed. G. Kirner, dans *Studi storici* (1900), IX, 290-337. — *Vita metrica*, auct. Vulfino episc. Diensi : *ibid.* 291-2,-4, 302-5, 319-20. = Chevalier (J.). *Hist. égl. Die*, I, 92-6. *Répert.* Bio, 3008.

**222** 16 novembre (vers 510).
Épigraphe de s¹ Léonien, reclus à Vienne.
Originaire de Sabarie (Pannonie), il fut emmené captif par les barbares en Gaule ; il consacra sa liberté au service du Seigneur à Autun, puis à Vienne, où il fut abbé de St-Marcel et fonda des hermitages qui donnèrent naissance à l'abbaye de St-Pierre : *Hoc sacro tumulo degit abbas Leonianus…*
Sirmond, *S. Aviti Opp.* n. 50 (*Patrol. lat.* LIX, 278). Chorier, *Antiq.* 283-4 ; 2ᵉ, 286-7. Mabillon, *Acta ss. Bened.* I, 577 ; 2ᵉ, 559-60. Millin, *Voy. midi France*, II, 41. Taylor, *Voy. pittor. Dauphiné*, pl. s. nᵉ Collombet, II, 92 (cf. I, 93). Terrebasse (Alfr. de), *Notice historique et critique sur le tombeau et l'épitaphe de s¹ Léonien, premier abbé du monastère de St-Pierre, de Vienne, au VIᵉ siècle* ; Vienne, 1858, in-8ᵉ de 20 p. Charvet-Allut, *St-André-le-Haut*, 197-9. Caumont

(de), dans *Bull. monum.* (1872), D, VIII, 567-70. TERREBASSE, *Inscr.* I, 53-66; *Opusc.* 251-70. ALLMER, *Inscr.* IV, 448; V. 53, atlas 45bis (326), 47. LE BLANT (Edm.), *Sarcoph. chrét. Gaule* (1886), 23-4, pl. VI, 2.

**223** (510/...).
Lettre d'Avit au préfet Libère. Il le remercie d'avoir, à son arrivée dans les Gaules, songé à lui écrire, malgré ses multiples travaux. Il a été heureux de rendre la liberté à quelques captifs, sans accepter le prix de leur rançon, qui pourra servir dans le même but à Gemellus, vicaire du préfet en Provence. — *Postquam multiplices.*
SIRMOND, 82-3, n. 29-30. *BOUQUET, IV, 5, 10. *Patrol. lat.* LIX, 449-50. PEIPER, 63. CHEVALIER, 173-4.

**224** ?
Lettre d'Avit *viro illustri Ansemundo*[1], touchant un cas de fornication, que le coupable avait essayé de nier à Lyon devant l'évêque de Vienne, puis il avait employé Ansemond pour en obtenir le pardon. Avit ne recevra le coupable qu'après sa pénitence. Il accuse de négligence le clergé, qui ne recherche pas assez les crimes, dont une multitude s'offre à ses regards. — *Plurimum miror.*
SIRMOND, 108-11, n. 40-1. *Patrol. lat.* LIX, 266-8. PEIPER. 83. CHEVALIER, 207-9. = *Hist. litt. France*, III, 126-7. CEILLIER, XV, 404; 2°, X, 562°. *Répert.*, Bio, 213.

**225** ?
Lettre d'Avit à l'illustre Messianus. Félicitations pour les nouvelles prospères qu'il en a reçues. — *Maximus desiderio.*
SIRMOND, 111, n. 41-2. *Patrol. lat.* LIX, 268. PEIPER, 85. CHEVALIER, 209-10. = Sirmond voit dans ce Messien le proconsul d'Afrique après le consulat de Bauton.

**226** ?
Lettre d'Avit (sous le nom de l'archidiacre Léonien), *viro spectabili Sapaudo* (sans doute le rhéteur de Vienne) ; roule tout entière, avec un ton de persiflage, sur un repas monstrueux dont celui-ci avait rédigé la description. — *Licet pompam convivii.*
SIRMOND, 128-30. *Patrol. lat.* LIX, 278-80. PEIPER, 95. CHEVALIER, 231-3.

**227** St-Laurent-de-Mure, janvier/février (511).
Épitaphe : [*H. req. in p. b.*] *m*... [*femin*]*a religi*[*osa*..., *ob*...] *fibruarias. Feli*[*ce v. c. c.*]
LE BLANT, II, 25, n° 387°, pl. 270. ALLMER, IV, 279-80, n° 1782, pl. 320°; cf. n° 1784. HIRSCHFELD, 257, n° 2064; cf. n° 2065; 297, n° 2363.

**228** Vienne, 28 octobre (511).
Épitaphe : ...*requiescit in pace b. m. Simplicius, q. v. a. p. m. 90; obiit in pace... Felice v. c. c.*
CHORIER, *Antiq.* 41; 2°, 44. CUPER, Epistol. dans *Miscell. Lipsien. nova*, III, 689. MAFFEI, *Galliæ antiq.* 92. MURATORI,

[1]. Grand seigneur bourguignon, Ansemond resta fidèle au roi Sigismond jusqu'à sa mort; il obtint du roi Théodebert I°r l'autorisation à l'abbé d'Agaune de recueillir les restes du malheureux prince (*Acta ss. Bolland.*, maii I, 87; 3°, 89; BOUQUET, III. 404). Il eut le gouvernement de la province de Vienne sous le titre de duc, que lui donnent ADON dans sa Chronique (*Patrol. lat.* CXXIII, 111) et l'auteur de la Vie de s' Didier, évêque de Vienne (*Acta ss. Bolland.*, maii V, 252; 3°, 254; BOUQUET, *op. cit.* 484).

*Thes. vet. inscr.* 417, 2. DOCHIER, *Dissert. Romans*, 10. CASTELLANE, dans *Mém. soc. archéol. Midi*, II, 186. PILOT, *Rech. antiq. Dauph.* I, 197. COLLOMBET, I, 195-6. BOISSIEU, *Inscr. Lyon*, 558, n° 15. LE BLANT, II, 110, n° 437. ALLMER, IV, 280-1, n° 1783, HIRSCHFELD, 257, n° 2063.

**229** (Avant 512).
Lettre d'Avit à Etienne, évêque [de Lyon], lui répondant au sujet d'un donatiste : il doit travailler à le convertir, de crainte que celui-ci ne répande son erreur dans les Gaules; il suffira de le recevoir par l'imposition des mains, puisqu'il a reçu l'onction du s' chrême avec le baptême. — *Quamlibet attentis.*
SEVERT, *Chronol. hist. Lugdun.* 2°, 67. SIRMOND, 68-9, n. 22-5. *Patrol. lat.* LIX, 240-1. PEIPER, 57. CHEVALIER, 162-3. = CEILLIER, XV, 400; 2°, X, 559-60. *Répert.*, Bio, 1381.

**230** (Avant 512).
Lettre d'Avit à Etienne, évêque [de Lyon]. Il a fini par recevoir de ses nouvelles. On reproche à ce prélat la facilité avec laquelle il fournit des armes aux adversaires, en révélant les mystères aux imparfaits, c.-à-d. aux hérétiques. A sa question, s'il est permis d'élever aux dignités ecclésiastiques un évêque hérétique converti, Avit répond affirmativement, si rien dans sa vie ou ses mœurs ne s'y oppose. — *Epistolas vestras.*
SIRMOND, 70-2, n. 26. *Patrol. lat.* LIX, 242-3. PEIPER, 58. CHEVALIER, 164-5. = CEILLIER, XV, 400-1; 2°, X, 560°.

**231** (Avant 512).
Lettre d'Avit à Etienne, évêque [de Lyon]. Compliments à l'issue d'une grande fête (Noël, Pâques?). — *Post sanctam festivit.*
FERRAND, *S. Aviti Epist.* IV (1661). BALUZE, *Miscell.* I, 356; 2°, II, 10°. *Patrol. lat.* LIX, 386. PEIPER, 87. CHEVALIER, 214.

**232** (512).
Lettre d'Avit au roi Gondebaud ou 2° livre de son Traité contre l'hérésie d'Eutychès. Elle contient deux parties : l'une historique, où il parle — pas toujours exactement — du Trisagion et des troubles qui étaient arrivés à ce sujet à Constantinople le 6 nov. 511 ; l'autre dogmatique, où il prouve que Jésus-Christ a eu réellement un corps comme le nôtre et non en apparence seulement. — *Puto nunc non.*
SIRMOND, 19-34, n. 5-10. *Patrol. lat.* LIX, 210-9. PEIPER, 22. CHEVALIER, 257-69. = *Hist. litt. France*, III, 123-4. CEILLIER, XV, 392-3; 2°, X, 555-6.

**233** Vienne, août/novembre (512).
Épitaphe : ...*et quod precepuus*... [*p. c. F*]*elici*[*s v. c. c.*]
ALLMER, *Nouv. fouilles St-Pierre*, 20. LE BLANT, II, 587, n° 692. ALLMER, IV, 282, n° 1785, pl. 279°. HIRSCHFELD, 257, n° 2066.

**234** (512/513).
Lettre d'Avit au roi Gondebaud ou 1er livre de son Traité contre l'hérésie d'Eutychès, composé sur le désir de ce prince. Il y établit par les passages de l'Ecriture l'unité de personne en Jésus-Christ et la distinction des deux natures, combattant aussi l'hérésie de Nestorius. — *Unicum simul et.*
SIRMOND, 6-19, n. 4-5. *Patrol. lat.* LIX, 202-10. PEIPER, 15. CHEVALIER, 247-57. = *Hist. litt. France*, III, 123. CEILLIER, XV, 392 ; 2°, X, 555. COLLOMBET, I, 116-7.

**235** (512/518).
Lettre d'Avit à Eustorge (*Foturgio, Fort-o*), évêque [de Milan]. Il le remercie de lui conserver les bonnes grâces dont ses prédécesseurs l'avaient honoré et d'avoir songé à user du ministère de sa charité pour racheter le reste des captifs que Gondebaud, dans la guerre de Ligurie, avait emmenés d'Italie dans les Gaules, lui envoyant l'argent nécessaire. — *Adventu præsentium*.

SIRMOND, 50-1, n. 15-6. SAXIUS, *Archiep. Mediolan*. I, 158-9. *Patrol. lat*. LIX, 228-9. CAPPELLETTI, *Chiese d'Italia*, XI, 113-4. PEIPER, 44. CHEVALIER, 143-4. = CEILLIER, XV, 396; 2°, X, 557b. *Répert*., Bio, 1427.

**236** 6 (13) novembre (513).
Rescrit du pape Symmaque à tous les évêques des Gaules. A la prière de Césaire, métropolitain d'Arles, il confirme les limites des provinces d'Arles et de Vienne assignées par lettres de s' Léon. Vienne conservera la suprématie sur les églises de Valence, Tarentaise, Genève et Grenoble. — *Sedis apostolicæ*.

BARONIUS, 513, 46, add. 6. (IX, 129, 131°). BINIUS, II, 281. SIRMOND, I, 186. SAXI, *Pontif. Arelat*. (1629), 94. *Coll. Reg*. X, 277. LABBE, IV, 1309-10; cf. III, 1444. COLETI, V, 438-9. BOUQUET, IV, 54-5. MANSI, VIII, 226. LABAT, I, 859. *Patrol. lat*. LXII, 64. *Bull. .Roman*. Taurin. I, 131. THIEL, I, 99, 722-3. GUNDLACH (W.), dans *Mon. Germ. hist*., Epist. Merow. I, 35-6. *Gallia christ. noviss*. III, 52. = CUORIER, I, 572. GEORG. I. 4. CHARVET, 86. *Hist. de Lang*. I, 667-8; 3°, II, 141-3. DE FOY, I, 24. BRÉQ. I, 20. PARDESSUS, I, 62. JAFFÉ. 478-765. add. *R. Gen*. 48.

**237** (13 novembre 513).
Extrait du rescrit précédent. — *Cunctas inter ecclesias... transcendi. Valete*.

BARONIUS, 513, 46 (IX, 129-30). BOSCO (J. a), 33. LE LIÈVRE, 137-8. GUNDLACH (W.), dans *Mon. Germ. hist*., Epist. Merow. I, 91 = GEORG. I, 4-5. BRÉQ. I, 20 (514). JAFFÉ, p.-694. *V. Archiv*, XIV, 255. *Gallia christ. noviss*. III, 3409.

**238** (Après 513?).
Homélie prononcée par s' Avit [à Genève], dans la basilique de Notre-Dame (*S. Mariæ*), en l'absence de l'évêque. — *Statueram dilect*.

CHEVALIER (C. U. J.), dans *Ann. philos. chrét*. (1867), E, XV, 436-7, 441-2. PEIPER, 138-41. CHEVALIER, 331-2.

**239** (513/516).
Lettre d'Avit à Maxime évêque [de Genève]. Il le remercie de ses cadeaux envoyés pour la fête, tout en ayant regretté son absence. — *Magnæ quidem*.

SIRMOND, 116. *Patrol. lat*. LIX, 271. PEIPER, 88. CHEVALIER, 217-8. = *Répert*., Bio, 3161.

**240** (513/516).
Lettre d'Avit à Maxime, évêque [de Genève]. Il est anxieux au sujet du prince [Sigismond] et de la fin du colloque. Ses lettres l'ont trouvé occupé aux monastères de Grigny [1]. Il le remercie des victuailles qu'il lui a

1. Ces monastères (*Grintacensium, Grinianen., Grinincen., Grinien.*) d'hommes et de femmes avaient été fondés par les évêques de Vienne dans la partie de leur diocèse située sur la rive droite du Rhône. SIDOINE Apollinaire avait en égale estime leurs statuts et ceux de Lérins (epist. VII, 27; *Patrol. lat*. LVIII, 588). Ils étaient très florissants vers le milieu du VII° siècle, au témoignage du biographe de s' Clair (*Acta ss. Bolland*., I, 55b; MABILLON, *Acta ss. Bened*. II, 483); les principaux étaient ceux de St-Ferréol et de Sainte-Colombe. Il en sera question dans deux chartes de l'archevêque Léger (1036 et 1037). Voir encore : *Gallia christ. nova*, XVI, 147-9; TERREBASSE (A. de), *Inscr*. I, 104-8, et *Opusc*. 154-62..

envoyées et se joue agréablement de la gloutonnerie du porteur Léonien. — *Quantum ad infernum*.

SIRMOND, 120-1, n. 46-7. *Patrol. lat*. LIX, 274. PEIPER, 91. CHEVALIER, 222-3.

**241** (513/516).
Homélie prononcée par s' Avit à Genève, à la dédicace de la basilique que l'ennemi avait incendiée. — *Novimus et miramur*.

CHEVALIER (C. U. J.), dans *Ann. philos. chrét*. (1867), E, XV, 441, 446, 444-5. PEIPER, 130-3. CHEVALIER, 323-5. = Cette église, qui n'était point sans doute la cathédrale de St-Pierre à Genève, avait dû être brûlée par les Francs dans la guerre de l'an 500 entre Gondebaud et Gondegisile. Cff. SPON, *Hist. de Genève*. 1730, I. 24; *Gallia christ. nova*, XVI, 21 ; DELISLE (Léop.), dans *Mém.-doc. soc. hist.-archéol. Genève*, XV, 273, 279, 282 (= *Études sur les papyrus du VI° s*. 19-21, 25-6); RULLIET (Alb.) de Candolle, dans *Mém.-doc. cit*., 36-42 (= *Études* cit. 74-81) ; *R. Gen*. 54, add. ; (BINDING, op. cit. I, 158 n.

**242** (513/516).
Homélie prononcée par s' Avit à la dédicace de la basilique supérieure de Genève dédiée aux saints apôtres Pierre et Paul. — *Disposueram patientia*.

CHEVALIER (C. U. J.), dans *Ann. philos. chrét*. E, XV, 435-6, 443 ; XVI, 82-3. PEIPER, 141-5. CHEVALIER, 333-7.

**243** Luc-en-Diois, mai juin (514).
Epitaphe : [H.] req. in *p. fedetes famota* [Dei] *Arbacia, q. vix. a*. 34... ; [*ob*.]... *Senato*[re *v. c. c*.], *ind*. 8.

ALLMER, dans *Bull. soc. archéol. Drôme*, VII, 257-8. HIRSCHFELD, 202, n° 1692. LE BLANT, *Nouv. rec*. 163-4, n° 147.

**244** (Avant 19 juillet 514).
Lettre du roi (prince) Sigismond, [écrite par s' Avit] et portée par le diacre Julien, à Symmaque, pape de l'Eglise universelle, le remerciant des reliques qu'il lui a envoyées, lui en demandant d'autres, ainsi que l'assurance de sa prospérité, et se recommandant à ses prières. — *Dum sacra reliquiarum*.

SIRMOND, 72-3, n. 26-7; *Opp. var*. II, 63-5. *Patrol. lat*. LIX, 243-4. THIEL, 102, 730-1. PEIPER, 59. CHEVALIER, 166-7. = CEILLIER, XV, 401 ; 2°, X, 560. COLLOMBET, I, 144-5.

**245** (514/516).
Lettre d'Avit au prince Sigismond. Il a reçu sa lettre ; il lui tarde de le voir, ce qui sera pour lui une joie de paradis. — *Nuper cum officia*.

SIRMOND, 78-9, n. 28-9. *Patrol. lat*. LIX, 247-8. PEIPER, 62. CHEVALIER, 171-2.

**246** (Avant 515).
S' Avit fait nommer évêque de Lyon Véran, abbé de moines.

*Catalogus episc. Viennen*. (CHEVALIER, *S' Avit*, xviij). *Vita s' Aviti* (ibid. xxij).

**247** (515?).
Homélie prononcée par s' Avit à la restauration du baptistère de sa cathédrale à Vienne. — *Terrenorum perturbationes*.

CHEVALIER (C. U. J.), dans *Ann. philos. chrét*. E, XV, 438-40. PEIPER, 126-9. CHEVALIER, 320-3. — *Vita* b' Aviti episc. Viennen. (CHEVALIER, xxv). = DU CANGE, *Glossar. med. latinit*., v° Baptisterium (1840, I, 581b). COLLOMBET, I, 166. CORBLET, *Hist. du Bapt*. II, 75.

**248** (515).
Lettre d'Avit à Viventiole, évêque [de Lyon]. Il le remercie de ses souhaits pour la fête qu'on vient de pas-

ser heureusement et attend de nouveau sa visite l'année suivante. — *Festivitatis sanctæ.*

Sirmond, 114, n. 42-4. *Patrol. lat.* LIX, 270. Peiper, 87. Chevalier, 214. = *Répert.*, Bio, 4711. — C'est Avit qui fit passer Viventiole de la chaire d'écolâtre de St-Oyand (St-Claude) au siège épiscopal de Lyon : (*Catalogus episc. Viennen.* (Chevalier, xviij); *Vita s' Av'\*i* (ibid. xxij)

**249** (515).
Lettre d'Avit à Viventiole, évêque [de Lyon]. Il s'excuse de ne pouvoir se rendre à son invitation, les principes (*potestatum*) ayant annoncé leur arrivée ; il y aurait faute de sa part à être absent et on le lui reprocherait. — *Nisi frequenter vota.*

Sirmond, 116-7. n. 44-5. *Patrol. lat.* LIX, 271-2. Peiper, 89. Chevalier, 218.

**250** (515).
Lettre d'Avit à Viventiole, évêque [de Lyon]; il lui rappelle une promesse, dont l'exécution est urgente. — *Ad firmitatem.*

Sirmond, 117. *Patrol. lat.* LIX, 272. Peiper, 89. Chevalier, 219.

**251** (515).
Lettre d'Avit à Viventiole, évêque [de Lyon] ; il le remercie d'avoir orné la fête de sa présence et aussi des comestibles dont il a chargé la table. — *Servatis dulcitudinis.*

Sirmond, 120. *Patrol. lat.* LIX, 273-4. Peiper, 90. Chevalier, 222.

**252** Vienne, 22 février ou 8 mars (515).
Epitaphe : [...ob.] *in Xpisto o[ctavo... m]artias, Floren[tio] et Anthe[mio v. v. c. c.*].

Allmer, *Nouv. fouilles St-Pierre,* 20. Le Blant, II, 587, n° 693. Allmer, IV, 282-3, n° 1786, pl. 279°. Hirschfeld, 257, n° 2067.

**253** (Vers mars 515).
Lettre d'Avit au patriarche (*papæ*) de Constantinople [Timothée]. Il le félicite de sa réunion et de celle des églises d'Orient à l'église Romaine. — *Dum* (al. *Cum*) *dominus meus.*

Sirmond, 48-9, n. 13-5; *Opp. var.* II, 820. Mabillon, *De re diplomat.* suppl. (1704 et 1789). 11. *Patrol. lat.* LIX, 227-8. Chevalier (C. U. J.), dans *Ann. philos. chrét.* E, XV. 447. Peiper, 43. Chevalier, 141-2. Ceillier, XV, 396 ; 2°, X, 557ᵇ. Collombet, I, 133-6, 157. Gorini, I, 364. — Cette tentative de réunion des églises orientales est nécessairement antérieure à celle de mars 519.

**254** (Mars 515).
Lettre du roi Sigismond à l'empereur [Anastase]. Des liens intimes les unissent : « vos combats sont nos victoires ». Il est heureux de lui apprendre qu'il a obtenu de son père, suivant le désir exprimé, la liberté du fils de l'illustre Laurent[1]. — ... *Nulla igitur patria.*

Sirmond, 96-7. n. 36. *Patrol. lat.* LIX, 259. Peiper, 76. Chevalier, 193. = Gorini, *D. de l'E.* I, 341-2.

1. Ce haut personnage (de la cour du roi Théodoric ?) employa le crédit de l'empereur Anastase pour ravoir son fils, prisonnier à la cour de Bourgogne : voir les lettres suivantes de s' Avit et la 22ᵉ du livre iv de celles d'Ennodius de Pavie (au pape Symmaque, *Patrol. latina,* LXIII, 80); cfr. la 6ᵉ du livre iii de ce dernier (ib., 58) et la 23ᵉ du liv. xii *Variarum* de Cassiodore (*Laurentio viro experientissimo, Patr.* LXIX, 873).

**255** (Mars 515).
Lettre du roi Sigismond au sénateur Vitalien (*Vitalino*) ; il est heureux de lui apprendre la délivrance, à son intercession, du fils de l'illustre Laurent. — *Quantum pertinet.*

Sirmond, 97-8. n. 36-7. *Patrol. lat.* LIX, 259-60. Peiper, 76. Chevalier, 194. = *Répert*, Bio, 4707.

**256** (Mars 515).
Lettre d'Avit au sénateur Celerus [ancien maître des offices d'Orient et consul]. Il lui recommande le fils de l'illustre Laurent, dont il a obtenu du roi le renvoi à son père. — *Constat non minus.*

Sirmond, 98-9, n. 37-8. *Patrol. lat.* LIX, 260-1. Peiper, 77. Chevalier, 195. = *Répert.*, Bio, 828.

**257** (Mars 515).
Lettre d'Avit au prince Sigismond, au sujet de la délivrance du fils de l'illustre Laurent. — *Si ita ut dignamini.*

Sirmond, 99, n. 38. *Patrol. lat.* LIX, 261. Peiper, 77. Chevalier, 196.

**258** 30 avril-15 mai (515).
Concile d'Agaune [St-Maurice-en-Valais], réuni sur la convocation du roi Sigismond pour la fondation d'un monastère, à l'aide de religieux venus de Griguy, dont Hymnemodus pour abbé ; les biens donnés sont situés *in pago vel territorio Lugdunensi, Viennensi et Gratianopolitano, et Augusta Cameraria, curtes ... Briogia, Cacusa, Olgana ... Victor urbis Gratianopolitane episcopus subscripsit.*

*Gallia christ. vet.* IV, 12-4. Lalande, 48. Labbe, IV, 1557-61, 1827-8. Pagi, *Crit. Ann. Baron.* 515, 6 ; 522, 14-5. *Acta ss.* Bolland., sept. VI, 353-5. *Gallia christ. nova,* XII, instr. 421-4. Sigismond de S¹ᵉ Maurice, *Hist. du glor. s' Sigismond,* 376. Petri (Franc.), dans *Coll. script. relig. ord.* (1756), III, 69. Le Laboureur, *Mazures de l'Isle-Barbe,* I, 28-33. Harduin. II, ind. Coleti, V, 689-94. *Acad. di Concilii* (1754). Mansi, VIII, 531. Guillaume (J. B.), *Hist. de Salins,* II. pr. 1-3. Mille, *Hist. de Bourg.* I, 321-30. Labat, 913-6. Furrer, *Urkunden welche Besag haben auf Wallis,* 20. Pardessus, *Diplom.* I, 66-72. Gremaud (J.), dans *Mémor. de Fribourg,* IV, 337-43 ; cfr. 346-34 (à part, 17-23, trad. 7-13). = Cfr. Marii Chron., a° 515. Gregor. Turon. *Hist. Franc.* III, 5 ; *De glor. mart.* 1, 75. Fredegar. *Chron.,* a. 584. *Hist. Francor. epitom.* 34. *Anon. Chron.* (*Patrol. lat.* CXXIII, 106). *Gesta regum Francor.* (ibid. XCVI, 1421). *Passio s' Sigismundi regis,* 6 (Jahn, *Gesch. d. Burgund.* II, 508). — Foy (de), I. 24. Le Cointe, I, 534. Mabillon, *Ann. Bened.* I, 27-9 ; 2°, 25-6. Bouquet, II, 417, 667. R. S. R. 23. R. Gen. 52. Smedt (de), dans *Acta ss.* Bolland., nov. I, 546ᵇ. — Sous *forme* de récit et de diplôme, l'un et l'autre faux.

**259** (Après 29 juin 515 ?)
Lettre d'Avit à l'illustre Arigius. Il s'excuse de n'avoir pu se rendre à la dédicace d'une somptueuse église, à laquelle il avait été invité, mais il ne pouvait quitter ses ouailles pendant la fête des s¹ˢ Apôtres. — *Scio quidem quantæ.*

Ferrand, *S. Aviti Epist.* IV (1661). Baluze, *Miscell.* I. 355 ; 2°, II, 9-10. *Patrol. lat.* LIX, 384-6. Peiper, 78. Chevalier, 196-8.

**260** (Avant 2 septembre 515/...).
Lettre de Viventiole, évêque [de Lyon], à Avit, évêque [de Vienne] : il l'invite à venir bénir son peuple à la fête de saint Just. — *Ad similitudinem.*

Sirmond, 117. *Patrol. lat.* LIX, 272. Peiper, 89. Chevalier, 219.

**261** (Septembre 515).

Le pape Hormisdas engage Avit, évêque de Vienne, à se réjouir avec l'Eglise de la conversion des provinces de la Dardanie, de l'Illyrie et de la Scythie ; il promet de lui donner des nouvelles de la légation à Constantinople. La lettre parvient par l'entremise des clercs d'Arles.

Voir la lettre d'Avit à Hormisdas, fin 515. — THIEL, *Epist. R. P.* 995-6. = JAFFÉ, 488-778.

**262** 22 septembre (515).

Homélie prononcée par s' Avit le jour de la fête des martyrs de la légion Thébéenne, à l'inauguration par le roi Sigismond d'une nouvelle règle dans le monastère d'Agaune [St-Maurice-en-Valais]. — *Præconium felicis.*

CHEVALIER (C. U. J.), dans *Ann. philos. chrét.* E, XV, 443-4. PEIPER, 145-7. CHEVALIER, 337-9. = *Gallia christ. nova*, XVI, 21 ; RILLIET (A.), dans *Mém.-doc. soc. archéol. Genève*, XVI, 42-65 (= *Etudes s. d. papyrus du VI<sup>e</sup> s.*, 81-106) ; BINDING, *Burgund.-Roman. Königr.* I, 217. 247-8.

**263** (Après 22 septembre) 515.

Homélie prononcée par s' Avit, au retour de l'inauguration d'Agaune, dans le bourg d'Annemasse *(Namasci)*, à la consécration d'une basilique que l'évêque de Genève Maxime y avait élevée à la place d'un temple païen. — *Agentibus nobis.*

CHEVALIER (C. U. J.), dans *Ann. philos. chrét.* E. XV, 445 7. PEIPER, 133-5. CHEVALIER, 326-8. = DELISLE (L.), dans *Mém.-Doc. soc. archéol. Genève*, XV, 265-78 (= *Etudes s. d. papyrus du VI<sup>e</sup> s.*, 16-9, 22-4) ; RILLIET (A.), dans *Mém. cit.*, XVI, 1-36. 199 (= *Etudes cit.*, 34-74) ; BINDING, *Burgund.-Roman. Königr.* I, 249.

**264** (Après 25 décembre 515/...)

Lettre d'Avit *viro illustri* Ansemundo (al. *Sigismundo*). N'ayant pas eu le bonheur de le posséder à Vienne pour la fête de Noël, il lui demande des nouvelles de cette cérémonie à Lyon. — *Tantum Servulos.*

SIRMOND, 125-6. *Patrol. lat.* LIX, 277. PEIPER, 93. CHEVALIER, 228.

**265** (Après 25 décembre 515/...).

Lettre d'Avit à l'illustre Ansemond. On a célébré aussi solennellement que possible les fêtes de Noël, tout en étant privé de sa présence ; celle du roi est attendue ; il lui demande de lui écrire avant le plaisir de se revoir. — *Cum peculiarium.*

SIRMOND, 126. *Patrol. lat.* LIX, 277. PEIPER, 94. CHEVALIER, 228-9.

**266** (515/516).

Lettre d'Avit à l'illustre Senarius [ministre des finances du roi Théodoric et patrice]. Les lois des conciles enjoignant aux évêques de recourir dans leur doute au plus grand évêque de Rome, il a écrit à Hormisdas, de l'avis des évêques de la province de Vienne, pour connaître le résultat de la légation en Orient. Il lui demande de lui écrire ce qu'il en sait. — *Magnificentiæ vestræ.*

SIRMOND, 87-8, n. 32. *Patrol. lat.* LIX, 252-3. PEIPER, 68. CHEVALIER, 180-1. Trad. COLLOMBET, I, 129. = CEILLIER, XV, 401 ; 2°. X, 561. *Répert.*, Bio, 4201.

**267** (Avant 516).

Lettre d'Avit à l'illustre Apollinaire. Un mal d'yeux l'a saisi à Lyon à l'arrivée de leur ami commun Domnole. Qu'il lui donne de ses nouvelles, au moins par la plume de son fils Arcade. — *Scio quod revertens.*

SIRMOND, 83-4. n. 30. *Patrol. lat.* LIX, 250-1. PEIPER, 66. CHEVALIER, 174-5. = TILLEMONT, *Mém. h. e.* XVI, 284.

**268** (Avant 516).

Lettre d'Avit au prince Sigismond. On a célébré à Vienne la fête de Pâques en union avec lui, mais privé de sa présence ; il a bien fait de rester auprès de son père. — *Celebravimus vobiscum.*

SIRMOND, 123, n. 48. *Patrol. lat.* LIX, 275-6. PEIPER, 92. CHEVALIER, 224. Trad. GORINI, *Déf. de l'Egl.* I, 352-3.

**269** (Avant 516).

Lettre d'Avit à l'illustre Valérien, à l'occasion de la fête de Pâques ; il se réjouit de son retour après une longue absence. — *Consuetudinem sollicitudinis.*

SIRMOND, 126-7. *Patrol. lat.* LIX, 277. PEIPER, 94. CHEVALIER, 229.

**270** (Avant 516).

Lettre d'Avit au roi Gondebaud, pour répondre à une question que ce prince avait faite à l'évêque Chartenius après le concile de Lyon. Il lui prouve que Jésus-Christ avant son incarnation participait à la nature ou substance divine. — *Rediens ab urbe.*

SIRMOND, 73-7, n. 27-8. LALANDE, 40-1. BALUZE, *Conc.* 1467-8. SIRMOND. *Opp. var.* II, 65-8. COLETI, V, 695-6. MANSI. VIII, 537-8. *Patrol. lat.* LIX, 244-6. PEIPER, 60-2 CHEVALIER, 167-70. = *Hist. litt. France.* III, 125-6. CEILLIER, XV, 401-2 ; 2°, X, 560b. PARDESSUS, I, 41. HEFELE, *Concgesch.* III, 278-9 ; 2°, II, 629. — FLORUS, diacre de Lyon, cite cette lettre, dans son Commentaire sur les épîtres de s' Paul sous le titre de Traité de la divinité *(Patrol. lat.* CXIX).

**271** (Avant 516).

Lettre d'Avit *viro illustri* Ceretio (al. *Caertio*). Ecrivant au roi, il profite de l'occasion pour lui envoyer ce billet ; s'il éprouve du dégoût des poissons succulents de la Saône à Chalon, Vienne lui transmet ceux moins appétissants de la Gère. — *Ad domnum communem.*

SIRMOND, 127. *Patrol. lat.* LIX, 277-8. PEIPER, 94. CHEVALIER, 229-30.

**272** (Avant 516).

Lettre d'Avit à l'illustre Helladius. Il prie le Rédempteur, à l'occasion de la fête, de le faire parvenir à l'âge centenaire et de l'enrichir de tous les biens. — *Cum ad officium.*

SIRMOND, 127-8. *Patrol. lat.* LIX, 278. PEIPER, 95. CHEVALIER, 230.

**273** (Après 22 janvier avant 516).

Lettre d'Avit au prince Sigismond. Il ne se console pas d'être éloigné de lui ; son absence lui rendra le carême plus austère, il espère bien le voir aux fêtes de Pâques. — *Dum alii sanctis.*

SIRMOND, 122-3, n. 48. *Patrol. lat.* LIX, 275. PEIPER, 92. CHEVALIER, 211.

**274** (Après 22 janvier avant 516).

Lettre d'Avit au prince Sigismond. La présence du roi pendant deux jours lui a fait retarder le courrier qui devait, suivant la coutume, lui porter des nouvelles de la fête de s' Vincent ; il lui suffit de le savoir prospère. Toutefois, il regrette qu'allant de Savoie en Provence, on omette de passer à Vienne. — *Præsentia domni.*

SIRMOND, 125, n. 48-9. *Patrol. lat.* LIX, 276. PEIPER, 93. CHEVALIER, 227.

**275** (Vers 516).
Lettre d'Avit au prince Sigismond. Il le félicite de sa victoire sur ses adversaires et paraît redouter la turbulence d'une faction genevoise ; il désire savoir ce que son père [Gondebaud] a décidé touchant les hérétiques Bonisiaques. — *Omni quidem vitæ.*
*Acta ss. Bolland.*, feb. I. 664-5 ; 3°, 670-1. SIRMOND, 77-8, n. 28. *Patrol. lat.* LIX, 246-7. PEIPER, 62. CHEVALIER, 170-1. = CEILLIER, XV, 402 ; 2°, X. 560ᵇ. *R. Gen.* 53.

**276** (516).
Sigismond est proclamé roi, par ordre de son père Gondebaud, à Genève, *villa Quadruvio* ou *Quatruvio.*
FREDEGARII scholast. *Hist. Franc. epitom..* c. 34 ; DU CHESNE, *Hist. Franc. script.* I, 731. BOUQUET, II, 402. = *R. Gen.* 50.

**277** St-Sixte, 14 janvier (516).
Epitaphe : *H. req. in p. famula Dei Claudia, q. v. a. 34 m. 4 d. 14 ; ob... post consul. Antilmi et Florenti vv. cc.*
ALLMER, IV, 284-6, n° 1787, pl. 279ᵐ. HIRSCHFELD, 304, n° 2421. LE BLANT, *Nouv. rec.* 145-6, n° 125.

**278** St-Romain-d'Albon, 22 février (516).
Epitaphe : *H. req. in p. b. m. adolescens Levanius, q. v. a. 16 et m. 6, migr... p[c. F]lorenti et Antimi...*
ALLMER, dans *Rev. du Dauphiné*, I, 287-9, n° 2049. ROMAN, dans *Bull. soc. antiq. France* (1881), 126-7. HIRSCHFELD, 215, n° 1792. LE BLANT, *Nouv. rec.* 155, n° 135. DUC (J.), *Essais histor. Albon*, 45-8.

**279** (516).
Lettre d'Avit [au pape Hormisdas], où il fait grand éloge du prince Sigismond, qui a abandonné l'erreur [arienne] pour embrasser la foi catholique, dont il tient haut le drapeau. Il recommande à ses prières ce prince, qui a élevé dans sa capitale [Genève] une basilique somptueuse. Il lui demande de lui envoyer des reliques. — *... diu dogmata tenebrarum.*
PEIPER, 40. CHEVALIER, 139-40. = CHORIER, *II. de D.* I, 582.

**280** (516).
Gondebaud, roi des Bourguignons, meurt à Genève, *Petro cons.*
MARII Chron. : BOUQUET, II, 14. *Mém. soc. Suisse rom.* XIII, 33. *Acta ss. Bolland.*, nov. I, 546-7. — GREGOR. Turon. *Hist. Franc.* III, 5 : BOUQUET, II, 188, Epit. 402 ; éd. Arndt, I, 111. = *R. Gen.* 51.
Un fragment d'homélie de s' Avit semble avoir été prononcé après cette mort.
PEIPER, 152. CHEVALIER, 344.
Son fils Sigismond lui succède (mêmes sources).

**281** (516).
Lettre du roi Sigismond à l'empereur [Anastase, écrite par s' Avit]. Il se déclare son fidèle sujet et lui demande la dignité de patrice, dont avait été orné son père, à qui il vient de succéder. — *Notum est omnibus.*
SIRMOND, 137-9, n. 56-7. BOUQUET, IV, 56. *Patrol. lat.* LIX, 284-6. PEIPER, 100. CHEVALIER, 237-8. = FOY (de), I, 26. PARDESSUS, I, 65. *Répert.*, Bio, 209.

**282** (Vers 516).
Lettre d'Avit à Victorius, évêque [de Grenoble]. Remerciements à l'occasion des fêtes ; échange de cadeaux, pour réconforter les vieillards. — *Prospera Deo.*
SIRMOND, 115. *Patrol. lat.* LIX, 271. PEIPER, 88. CHEVALIER, 216.

**283** (Fin 516).
Lettre d'Avit à Pierre, évêque de Ravenne. Il avoue, avec honte, l'ignorance de l'église Gallicane touchant les rapports entre l'église de Rome et celle de Constantinople. Il lui demande de lui faire connaître l'état des affaires d'Orient par l'intermédiaire des clercs qu'il a envoyés au pape. — *Etiamsi alia causa.*
SIRMOND, 88-9, n. 33. *Patrol. lat.* LIX, 253-4. PEIPER, 68. CHEVALIER, 181-2. = *Répert.*, Bio, 3740.

**284** (Fin 516).
S' Avit écrit au pape Hormisdas par le prêtre Alexius et le diacre Viventius, au nom de la province de Vienne, pour connaître les suites de la légation à Constantinople et savoir si les Grecs étaient réconciliés avec l'église Romaine. — *Dum religionis statui.* = Reçue à Rome le 3o janv. (517).
BINIUS, II. 324. SIRMOND, I. LABBE, IV. 1445-6. COLETI, V, 583-4. MANSI, VIII, 408. LABAT, I, 871. *Patrol. lat.* LIX, 288-90. THIEL, 106 781-3. PEIPER, 69. CHEVALIER, 178-80. Trad. COLLOMBET, I, 155-6. = CHORIER, I, 582. CHARVET, 91. GORINI, I, 367.

**285** (Après 516).
Homélie prononcée par s' Avit à la dédicace d'une église. — *Pertinet ad locum.*
CHEVALIER (C. U. J.), dans *Ann. philos. chrét.* E, XV, 442. PEIPER, 148-51. CHEVALIER, 341.

**286** (Après 516).
Lettre d'Avit à Victorius, évêque [de Grenoble]. Il a appris par l'archidiacre Sanctus le fait d'insubordination dont sa lettre lui fait part ; il le trouve un peu trop patient dans la réprimande. — *Factum quod litteris.*
SIRMOND, 121-2. *Patrol. lat.* LIX, 274-5. PEIPER, 91. CHEVALIER, 210-1.

**287** Lyon (516/517).
Homélie prononcée à Lyon par s' Avit à la conversion de Sigeric [fils du roi Sigismond], le lendemain du jour où sa sœur [Suavegote] avait abjuré l'hérésie arienne. — *Sæpenumero Divinit.*
CHEVALIER (C. U. J.), dans *Ann. philos. chrét.* E, XV, 444. PEIPER, 146-7. CHEVALIER, 339-40. = COLLOMBET, I, 144. *Répert.*, Bio, 4246.

**288** (516/517).
Lettre de Victorius, évêque [de Grenoble] à s' Avit. Il le consulte au sujet d'un de ses diocésains qui avait épousé la sœur de sa défunte femme et vivait avec elle depuis plusieurs années. Faut-il les séparer ? Quelle pénitence leur imposer ? — *Ad separandum a.*
SIRMOND, 56-7, n. 18. *Patrol. lat.* LIX, 232-3. PEIPER, 48. CHEVALIER, 150. = CEILLIER, XV, 398 ; 2°, XI, 558ᵇ. COLLOMBET, I, 153-4.

**289** (516/517).
Réponse d'Avit à la lettre précéd. de Victorius. Il ne doit point souffrir de désordre, mais enjoindre aux coupables de se séparer, et les tenir excommuniés jusqu'à ce qu'ils rompent cette union criminelle par

une pénitence publique. Au reste, l'évêque gardera le pouvoir de modérer la rigueur de cette sentence. — *Probatæ summæque.*

SIRMOND, 57-8, n. 18-9. *Patrol. lat.* LIX, 233-4. PEIPER, 49. CHEVALIER, 151. = *Hist. litt. France*, III. 134-5. CEILLIER. XV, 397-8 ; 2°. X, 558ᵇ. COLLOMBET. I, 154.

**290** (516/517).
Nouvelle lettre d'Avit au même évêque Victorius. Le coupable, Vincomalus. est venu le trouver, cherchant à excuser son crime par sa longue durée. Il lui a fait promettre de se séparer de sa femme et d'en renouveler l'assurance à son évêque. Il lui conseille de modérer sa sentence et de se contenter de la rupture de cette union criminelle, mais il faut exiger des cautions. — *Cautelæ et caritati.*

SIRMOND, 58-60, n. 19. CHEVALIER (C. U. J.), dans *Ann. philos. chrét.* E. XV, 447. *Patrol. lat.* LIX, 234-5. PEIPER. 49. CHEVALIER. 152-3. = CEILLIER, XV. 398; 2°, X, 558-9.

**291** (516/517).
Lettre d'Avit au prêtre Viventiole. Il le remercie d'avoir eu la charité de soigner à Lyon son frère Apollinaire, qui s'y trouvait malade. Il le félicite d'avoir fait de l'ermitage de St-Oyand [St-Claude] un paradis. En échange du siège *(sella)* qu'il lui a envoyé, il lui souhaite une place plus élevée que celle de supérieur de ce monastère. — *Dupliciter pietate.*

SIRMOND, 60-1, n. 20. CHEVALIER(C.U.J.), dans *Ann. philos. chrét.* E. XV, 447. BOISSIEU (Alph. de), *Inscr. antiq. Lyon*, 580. *Patrol. lat.* LIX, 235-6. PEIPER, 50. CHEVALIER, 154-5. = CEILLIER, XV, 398-9 ; 2°, X, 559ᵃ. *Gallia christ. nova*, IV. 243.

**292** (516/517).
Lettre d'Avit à Gemellus, évêque [de Vaison]. Remerciements pour sa lettre à l'occasion de la fête heureusement célébrée. — *Litteras beatitudinis.*

SIRMOND, 114-5, n. 44. *Patrol. lat.* LIX, 270. PEIPER. 87. CHEVALIER, 215.

**293** (Avant 517).
Lettre d'Avit à Victorius, évêque [de Grenoble], qui lui avait demandé si les catholiques peuvent se servir des oratoires ou des basiliques des hérétiques, en les purifiant par une nouvelle consécration. Il répond non, la bénédiction des choses insensibles ne pouvant ôter l'impureté qu'elles ont contractée. Sa décision devait s'appliquer également aux calices, patènes et autres vases sacrés (elle fut approuvée au Concile d'Epaone, can. 33) [1]. — *Petisti immo potius.*

SIRMOND, 42-8, n. 13. *Patrol. lat.* LIX. 224-7. PEIPER. 35. CHEVALIER, 133-9. = *Hist. litt. France*, III, 124. CEILLIER, XV, 395-6 ; 2°, X, 557.

**294** (517).
L'empereur Anastase, avant d'avoir reçu les lettres du roi Sigismond, l'avait félicité de son avènement et nommé patrice.

D'après la lettre suiv. de Sigismond, *Quam piæ.*

**295** (517).
Lettre du roi Sigismond à l'empereur Anastase, écrite par s' Avit. Il se plaint du roi d'Italie Théodoric, qui avait refusé le passage à ses légats, ce qui a donné à

1. Le Concile d'Orléans de 511 avait décidé qu'on consacrerait les églises des Goths.

l'empereur l'occasion de le prévenir. — *Quam piæ majestatis.*

SIRMOND, 139-41. BOUQUET, IV. 57. *Patrol. lat.* LIX, 286-7. PEIPER, 101. CHEVALIER, 239-40. = BRÉQ.. I. 21. PARDESSUS, I, 65.

**296** (517?).
Epitaphe : ... *strares... ilulom... rapu...* [*Aga*]*pita* [*v. c. c.*].

LE BLANT. II. n° 458ᵃ, pl. 343. ALLMER, IV, 287, n° 1789, pl. 314. HIRSCHFELD, 257. n° 2068.

**297** (517).
Lettre du roi Sigismond à l'empereur Anastase, écrite par s' Avit. Il envie le sort de ses légats qui auront l'honneur de le voir. Il se fait gloire du patriciat dont il l'a orné. — *Si devotionem nostram.*

SIRMOND, 123-4. BOUQUET, IV, 55-6. *Patrol. lat.* LIX, 276. PEIPER, 93. CHEVALIER, 224-5. = FOY (de), I. 26.

**298** 15 février (517).
Lettre du pape Hormisdas à Avit et à tous les évêques de la province de Vienne. Il lui aurait écrit plus tôt s'il avait eu d'heureuses nouvelles à lui donner de la légation en Orient ; il se plaint des Grecs, infidèles à leurs promesses. La Thrace, l'Epire, la Dardanie et l'Illyrie lui offrent plus de consolations. — *Qui de his quæ.*

CARAFA. *Epist.* 1. BINIUS, II, 324-5. SIRMOND. I. LABBE, IV, 1446-8. *Acta ss. Bolland.*, febr. I, 667°; 3°, 672. SIRMOND, S' *Aviti Opp.* 145-9. COLETI, V, 584-6. MANSI, VIII, 409. LABAT, I, 873. *Patrol. lat.* LXIII, 394-7. *Bull. Roman.* Taurin. app. I, 388. TANCREDI. *S. Ormisda e s. Silverio*, 192. THIEL, 783-6. PEIPER, 70. CHEVALIER, 182-6. Trad. *CHARVET, 91.=CHORIER, I, 582. COLLOMBET. I. 156. JAFFÉ. 494-794.

**299** 26 mars (517).
Lettre d'Avit à Constance. évêque [de Gap?], au sujet du prêtre Candidien, qu'il lui avait recommandé. Il lui conseille de ne point priver les laïques de la communion, en temps pascal, pour des causes légères. — *Litteras sanctitatis.*

SIRMOND, 118, n. 45-6. *Patrol. lat.* LIX, 272-3. PEIPER, 89. CHEVALIER, 219-20. = *Répert.*, Bio, 1024.

**300** Lyon, 29 mars (517).
Loi Gombette, en 89 (109) articles, promulguée par Gondebaud et Sigismond, rois des Bourguignons. *a° 2 regni... Gundebaldi* (al. *Sigismundi*) *regis... sub d. iv kal. april.*, *Lugduni*, en présence de 32 comtes.

BOUQUET, IV, 252-78. *PARDESSUS, Diplom. I. 63-4, 66. BLUHME (F.), dans PERTZ, *Mon. Germ. hist.*, Leg. III. 497-578. = CHORIER. H. *de D.* I, 467. 2°, 365; 557. 2°, 433. *R. Gen.* 55. *Répert.*, Topo, 1317.

**301** (Juin? 517).
Lettre d'Avit à Amand, évêque [de P], l'invitant à se rendre au concile qui devait s'ouvrir à Epaone le 6 sept. Il priait les évêques empêchés pour cause d'infirmités d'envoyer à leur place deux prêtres de vertu et de savoir. Le pape s'était plaint lui qu'on négligeait la tenue des conciles. — *Diu est quod rem.*

SIRMOND, *Conc. Gall.* I, 603; S' *Aviti Opp.* 133-4, n. 53-5; *Opp. var.* II, 119. LALANDE, 48. LABBE, IV, 1573-4. HARDOUIN, II, 1045. CHARVET, 643-4. MILLE, *Hist. de Bourg.* I, 330-2. *Patrol. lat.* LIX, 282-3. PEIPER, 98. CHEVALIER, 117-20. MAASSEN, *Conc. Meroving.* 17-8. = CHORIER, I, 585. *Hist. litt. France*, III, 127. BRÉQ. I, 20. PARDESSUS, I, 64.

**302** ?.
Lettre d'Avit à Quintien, évêque [de Clermont]. On n'en possède que le titre, car le texte qui suit [convocation au concile d'Epaone] ne saurait convenir à un évêque étranger au royaume de Bourgogne.

SIRMOND, 133, n. 53. *Patrol. lat.* LIX, 281-2. PEIPER, 97. CHEVALIER, 117. = *Répert.*, Bio, 3855.

**303** 6-15 septembre 517.
Concile d'Epaone [Albon ?].

... *ad Epaunensem ecclesiam congregati*... On y formula 40 canons *de antiquis regolis vel de novis ambiguitatibus. Avitus episcopus constitutiones nostras, id est sacerdotum provinciæ Viennensis, relegi et subscripsi... Apollenaris episcopus civitatis Valentiæ... Victorius episcopus civit. Gratianopolitanæ... Catulinus episcopus civit. Ebredunensis... Sæculatius episcopus civit. Deensis... Constantius episcopus civit. Vappincensis... Florentius episcopus civit. Trecastinensis... Agapito cons. Epaone.*

Mss. : Einsidlen 199 (VIII/IX s.), 100-11. Voy. MAASSEN, 15 ; MARTIN, 2572. – CRABBE, *Conc.* I, 537. SURIUS (1606), II, 321-4 : (-18), II, 554 : (-36), III, 728. BINIUS, *Conc.* (1606). II. 312-4 (cf. III, 1672-3). SIRMOND, I, 194-201. 603. *Coll. regia*, X, 637-48. LALANDE, *Gall. Gallic.* (1731), II, 1573-84, HARDOUIN, II, 1045-52. COLETI, V, 707-15. *BOUQUET, IV, 1045. LE COINTE, I, 332. MANSI, suppl. I, 399-400 ; VIII, 356-67. CHARVET, 643-52. MILLE, *Hist. de Bourg.* I, 332-43. LABAT, 882-97. GONZALEZ, *Conc.* I, 261. PEIPER, 165-75. MAASSEN, *Conc. Meroving.* 15-30. = On disserte depuis près de trois siècles sur le véritable emplacement de la *parochia Epaonensis* (Agaune, ALBON, Anneyron, Epinouze, Evionnaz, Nyon, Ponas, Thonon, Yenne, etc.). BARONIUS, *Ann.* 509, 13-4 ; cf. PAGI, *Crit.*509, 6-8 ; 517, 10. CHIFFLETIUS (Joan. Jac.), *De loco legitimo concilii Eponensis observatio* ; Lugduni, 1621. pet. in-4°. 13 p. LABBE (Phil.), *Dissertatio philosophica de concilio Epanni* ; 163. DUGON de Nantua, *Mémoires au sujet du concile d'Epaune* (ms. de GUICHENON à la biblioth. de médec. de Montpellier, VII, 107). COLUMBI (Joan.). *Valent. et Diens. epise.* 82-4 ; *Opusc.* 281. HENSCHENIUS (God.), dans *Acta ss. Bolland.*, febr. I. 665ʰ ; 3ᵉ, 671-2. CHORIER, *Hist. de Dauph.* I, 467, 582 ; 2ᵉ, 364, 452-5. BALUZIUS, *S. Agobarti Opp.* (= *Patrol. lat.* CVI, 82). VALESIUS (Henr.), *Notit. Galliar.* 608. MÉNESTRIER (Cl. Fr.), *Dissertation sur la province où étoit la ville d'Epaune* (ms...cf. LELONG, *B. h. Fr.* 512. VALBONNAIS (de). Dissertation sur la découverte du lieu d'Epone, dans *Mém. de Trévoux* (févr. 1715), 232-43. FABRICIUS, *Bibl. græca*, XI, 425 ; 2ᵉ, XII. 668. CATELLAN (J. de), *Antiq. égl. Valence*, 59-93. MORERI, *Dict. histor.* (1725), III, 809-10. COLONIA (de), *Hist. litt. Lyon*, I, II, 300-1. LONGUEVAL, *Hist. égl. Gallic.* (1731), II, 337-43. PERIERIUS (Joan.), dans *Acta ss. Bolland.*, aug. II. 1045. *Hist. litt.-France* (1735). III, 91-3. DIDIER (Claude). Lettre (sur l'emplacement d'Epone), dans *Mém. de Trévoux* (nov. 1737), 1967-75 (= COLLOMBET, suppl. 5-11). B[RIGUET] (Seb[ast].), *Concilium Epaunense assertione clara et veridica loco suo ac proprio fixum in Epaunensi parochia Vallensium seu Epaunæ Agaunensium, vulgo Epenasseæ*; Seduni, 1741, pet. in-8°, 80 p. [HALLER, *Bibl. Schweiz.* III, 145 ; STRUVE, *B. h.* VI, II, 93]. VELTRINI (Bernard.), Spiegazione di alcune parole di un canone del concilio Epaonense, relative alle pene date a' servi negli antichi secoli, dans *Giorn. Romano* (1756/8), 321 (ZACCARIA, *Racc. di dissert.* XVII, 87-94). BALLERINI (Pet. et Hier.), *Antiq. collect. canon.* (*Patrol. lat.* LVI, 153). CHARVET, 91-6, 118-20 (cf. Lettre de MABILLON, 653). [ANNET DE PÉROUSE (Pier.)]. Mémoire sur la situation du lieu d'Epaune, où se tint un concile nombreux en 517, dans *Journ. ecclésiast.* (févr. 1763), X, II, 176-84 (cf. LELONG, 515). ALEXANDER (Natal.), *Hist. eccles.* (1778), V. 376-7. GALLANDIUS, *Vet. canon. coll. dissert.* 418. *Art de vérif. l. dates* (1783), I. HALLER, *Bibl. Schweiz.* III, 22-8. GRILLET, *Dict. hist. Sav.* III, 457-8. GUIZOT, *Hist. civil. France*, III, 346. OLLI-VIER (Jul.), *Mél. biog. et bibliog. hist. litt. Dauph.* I, 317-8. PARDESSUS, *Diplomata*, I, 64. SCHMIDT (M.), dans *Archiv. soc. hist. Fribourg*, I, 213-25. COLLOMBET, I, 146-52 ; sur l'emplacement d'Epone dans le diocèse de Vienne, dans *Rev. du Lyonnais*, XXVII, 254-60. ROGET DE BELLOGUET, Carte du premier royaume de Bourgogne, avec un commentaire sur l'étendue et les frontières de cet état, d'après les vingt-cinq signatures épiscopales du concile d'Epaone, en 517, dans *Mém. acad. scien.-arts-bell.-lettr. Dijon* (1848), 313-508, carte ; Dijon, 1848, in-8°, 200 p. HECKE (Jos. van), dans *Acta ss. Bolland.*, octob. VIII, 78-9. GORINI, *Déf. de l'Egl.* I, 356-8. HEFELE, *Concgesch.* II², 680-6 (trad. franç. par DELARC, III, 284-91). NADAL, *Hagiol. dioc. Valence*, 132-5, 148-65. GELPKE (E. F.), *Kirchgesch. d. Schweiz.* I, 125-32. D[EY] (J.), Notice sur le concile d'Epaone, convoqué dans le royaume de Bourgogne l'an 517, dans *Mémor. de Fribourg*, IV, 65-86. ROUCHIER, *Hist. du Vivarais*, I, 248-55. R. S. R. 24. *R. Gen.* 56. CAILLET, *Etude archéol. Andance* (1867), 81-5. BINDING (Carl), *Burgund.-Roman. Königreich*, I, 226-33. JAHN (A.), *Gesch. d. Burgundion.* II, 141-8. RIVOIRE DE LA BATIE (G. de), Albon et le concile d'Epaone, notice sur le lieu où fut tenu ce concile en l'an 517, dans *Rev. du Dauphiné*, I, 25-9, 88-91, 131-8 ; Vienne, 1877, gr. in-8°, 17 f.-19 p. DUCIS (C. A.), L'Epaona du concile de 517, dans *Congrès soc. sav. Savoie*. VIII. 83-94 ; Thonon, 1886, in-8°, 14 p. FIVEL, dans rec. cité, 319-28. A[UVERGNE], dans *Sem. relig. Grenoble* (188.), 154-6. CHEVALIER (J.), *Hist. de Die.* I, 99-101. LIPPERT (Wold.), dans *Neues Archiv*, XIV, 27, 41. GUNDLACH (W.), dans rec. cité, 341. CHEVALIER (U.), *Œuvr. de s' Avit.* 118-20. — Voir les conciles de Meaux (845) et Paris (846). SPRUNER-MENKE, *Handatlas.* n° 1¹. LONGNON, *Atlas hist. France*, pl. 3². GALIFFE (J. B. G.), dans *Mém.-doc. soc. hist. Suisse Rom.*, B. II. 258-71. DUC (J.), *Essais historiques sur Albon, Epaone et le concile de Mantaille* ; Valence, 1900, 8°, 151 p., 2 pl.

**304** 15 octobre (517).
Homélie prononcée par s' Avit à la dédicace de la basilique fondée en l'honneur des apôtres Pierre et Paul sur la rive de l'Isère par Sanctus, évêque de Tarentaise. — *Par est decrescat.*

*R. Gen.*, p. 19. CHEVALIER (C. U. J.), dans *Ann. philos. chrét.*, E, XV. 442, 437-8, 436. 442-3. BORREL (E. L.), *Homélie prêchée par saint Avit au commencement du VI^e siècle en la basilique de Saint-Pierre en Tarentaise, à l'occasion de sa consécration* ; Aix-les-Bains, 1882, in-8°, 29 p. ; dans *Congrès soc sav. Savoie*, V, 61-85 ; *Mém. acad. Val-d'Isère* (1884), IV, 122-44. PEIPER, 134-9, 150-1. CHEVALIER, 328-30, 341-3. J. M. C., dans *Mém.-doc. acad. Salès.* (1887), X, 300-2.

**305** Bourgoin. 13 décembre (517).
Epitaphe : *H. r. in p. b.* *m... edus diac.* *q. v. a... ob.... Ag apito v. c. c.*

ALLMER, IV, 286-7, n° 1788. HIRSCHFELD, 296, n° 2353. LE BLANT, *Nouv. rec.* 119, n° 109.

**306** (517/518).
Lettre d'Avit à Coutumeliosus, évêque [de Riez]. Il lui envoie un de ses ouvrages pour en savoir son jugement et recevoir les corrections opportunes. — *Quantum vobis apud.*

SIRMOND, 56, n. 17-8. *Patrol. lat.* LIX, 232. PEIPER, 48. CHEVALIER, 149. = CEILLIER, XV. 397 ; 2ᵉ, X, 558ᵇ. *Répert.*, Bio, 1042.

**307** (517/518).
Lettre d'Avit à son frère Apollinaire. Il le remercie de ses cadeaux et regrette d'avoir été privé de sa présence. Il prie Dieu de le conserver pour l'ornement de son église ; quant à lui, quand Dieu l'ordonnera, il lui recommande la nomination de son successeur. — *Innexus pariter.*

SIRMOND, 132-3. *Patrol. lat.* LIX, 281-2. PEIPER, 97. CHEVALIER, 225-6.

**308** (517/518).
Lettre d'Avit à son frère Apollinaire. Il a participé aux offices de Noël, mais, très malade et épuisé, il attend son envoyé (messager). — *Post sancta dominicæ.*
Sirmond, 115. *Patrol. lat.* LIX, 270-1. Peiper, 87. Chevalier, 215.

**309** (517/518).
Lettre d'Avit à Claude, évêque [de Besançon], dont il a reçu les présents avant Noël ; souhaits de longévité. — *Pro consuetudine.*
Sirmond, 116. *Patrol. lat.* LIX, 271. Peiper, 88. Chevalier, 216. = *Répert.*, Bio, 939.

**310** 5 février (518).
Epitaphe de s[t] Avit, évêque de Vienne, enterré dans l'église des Apôtres ou de St-Pierre, à gauche du grand autel : *Quisquis mæstificum tumuli dum cernis honorem* (24/25 vers).
Mss. : Paris, Bibl. Nat. lat. 2832 (IX[e] s.), 113[a] [Dümmler (Ernst), dans *Neues Archiv* (1879), IV, 245 et 296-9; Berne. 9 (X[e] s.), 323[b] ; Leyde, Voss. 122. [Müller (Luc.), dans *Rheinisches Museum*, B, XXI, 271]. Baronius, 516, 29 (IX, 163). *Ado Vien., Chron.* (1561), 176. Gagneius, *Aviti Poem..* (1536 et 1545). Zehner, *Aviti opusc.* 5. Bosco (J. a), 32-3. *Chorus poetar. classic.* (1616), 438. Barthius, *Adversaria*, 699. Le Lièvre, 138-9. Du Chesne, *Hist. Franc. script.* I, 514. Sirmond, *S. Aviti Opera*, (1643), præl. *Gallia christ. vet.* I, 794[a]. *Acta ss. Bolland.*, febr. I, 669 : 3[a], 625[b]. Chorier, *Antiq.* 315-6 ; 2[e], 314. Allard (Guy), *Dict. du Dauph.* I, 92. Sirmond. *Opp. var.* II, 1[e]. *Hist. litt. de la France.* III, 130-1. Bouquet, II, 533. Charvet, 630-1. Galland. *Bibl. Patr.* X, 701. Castellane (de), dans *Mém. soc. archéol. Midi*, II, 194. Collombet, I, 160-1. Pilot, *Rech. antiq. Dauphin.* I, 252. *Patrol. lat.* LIX, 197-8. *Dict. d'épigraphie*, II, 1184-5. Le Blant, *Inscr.* II, 47-50, n° 402. *Gallia christ. nova*, XVI, 22. Terrebasse, *Inscr.* I, 67-74. pl. 333. Peiper, *Aviti Opp.* 185-6. Rossi, *Inscr. christ. Romæ*, II. 1. 264[b]. Chevalier, *Œuvr. de s[t] Avit*, xv-vj. Duchesne (L.), *Fastes*, I[2], 185-7.

**311** 5 février.
*Vita beati Aviti episcopi Viennensis : Tempore.*
Mss. : Paris, B. N., lat. 15436, 176. *Brev. Viennense* (1489), cciij-iiij [Chevalier. *S[t] Avit*, xxxiv] ; (1522). *Brev. B[i] Barnardi de Romanis* (1518), cccv[a] ; (1612), 582[a] [ibid.] Labbe, *Nova bibl. mss.* I, 693-5. Henschenius, dans *Acta ss. Bolland.*, feb. I, 667-9 ; 3[a], 674-5. Peiper, 177-81. Chevalier, xxj-v. Les § 1. 5 et 6 ont pour source le *Catalogus episcoporum Viennensium* ; les §§ 2-4 reproduisent textuellement les §§ 2-6 de la *Vita s. Apollinaris.* = Peiper, xx-iij. *Répert.*, Bio, 396-7.
*Hagiologium Viennense* : Chevalier (U.), *Doc. inéd. relat. au Dauph.* v, 3. Duchesne, *Fastes*, I[2], 185-7.
Martyrologe de Lyon (Le Lièvre, 140 ; éd. Condamin et Vanel, 15).

**312** (518).
Concile tenu à Lyon, où l'on excommunie Etienne, préposé du fisc royal, qui avait épousé Palladie, sa belle-sœur ; on y ajoute des canons de discipline. *Julianus*[1] (de Vienne, *in Christi nomine consensi subscripsi.* Apollinaris... [Valence]. *Victorius...* [Grenoble]. *Sæculatius...* [Die]. *Florentius...* [Trois-Châteaux]. D'après la *Vita s. Apollinaris*, s[t] Avit y aurait assisté (Bouquet, III, 404) ; mais le rang occupé par Julien après le métropolitain de Lyon et avant Apollinaire, semble bien

1. Ce Julien est, selon toute apparence, le *venerabilis diaconus Jnlianus* qui porta, en 514, une lettre de Sigismond au pape (n° 244).

indiquer qu'il était métropolitain de Vienne. Cf. *Vita s. Aviti episcopi Vien.* (Chevalier, St *Avit*, xxij-iv).
Mss. : Maassen, 31 ; Martin, 2573. — Sirmond, I, 202-4. *Coll. Reg.* X, 652-3. Lalande, 350-1. Labbe, IV, 1584-6. Harduoin, II, 1053-4. Coleti, V, 721-4. Mansi, Suppl. I, 399 ; VIII, 567-74. Labat, 903-6. Peiper, 175-6. Maassen, 31-4 (Julien = Carpentras !) = Chorier, I, 586. Pagi, 517, 10. Ceillier, XVI, 654-6 ; 2e, XI, 817. Colonia, I, II, 301-4. Ghesquière, dans *Acta ss. Bolland.* oct. III, 55. Collombet, I, 152-3. Pardessus, I, 65. Hefele, *Concgesch.* II[2], 687-8 (trad. III, 291-3). *Reg. Gen.* 57. Allmer et Dissard, *Musée de Lyon, Inscr. antiq.* IV, 96. Duchesne, *Fastes*, I[2], 370-1.

**313** (518).
Les mêmes évêques permettent, peu après, aux deux excommuniés d'assister à l'office divin jusqu'à l'oraison pour le peuple après l'Evangile. — *Julianus subscripsi. Apollinaris s. Victorius s. Sæculatius s.*
Peiper. 176-7. Maassen. 34.

**314** Vienne, 4 mars (518).
Epitaphe de Celsa [religieuse à Vienne] : *Meritis pariterque et nomine Celsa..... dep. III. non(as) mart(ii) p(ost) consul. Agapiti.*
Le Blant (Edm.), dans *Bull. archéol. com. trav. histor.-scientif.* (1894), 63-5 ; *Cptes rdus acad. Inscr. et Bel.-let.* (1894), D. XXII, 7-10.

**315** (Vers 519).
L'article VI de la 2e addition à la loi Gombette *(Burgundionum)* prescrit de recevoir l'or pour son poids, sauf les monnaies Valentinoise, Genevoise, Gothique et *Ardaricanos.*
Bouquet. IV. 281-2. Pertz. *Mon. Germ. hist.*, Leg. III. 576. = R. *Gen.* 55.

**316** 5 octobre (520 ?).
Mort de s[t] Apollinaire, évêque de Valence.
*Vita s. Apollinaris* : Mss. : Paris. Bibl. Nat. lat. 5315 (XII[e] s.), 6[e] ; 5337 (XIV[e] s.), 47 ; 5594 (XI/II[e] s.), 4 ; 15436 (XI[e] s.), 14[b]. *Brev. Gratianop.* (1513), cccxxj-ij. Labbe, *Nova bibl. mss.* I, 689-93. Martene, *Ampliss. coll.* VI. 779-84. Labbe, 795. Ghesquière, dans *Acta ss. Bolland.* oct. III. 58-65. Krusch, dans *Mon. Germ. hist.* - Scr. Merov. III, 193-203. Abrégé : Barralis. *Chronol. Lerin.* I. 377-8. Scrius, *Vitæ sanct.* X. 88-9. = Bolland., *Bibl. hagiolog. lat.* 634-5. *Répert.*, Bio, 292. — Voir ses *Miracula* à l'an 911.

**317** Vienne, 11 janvier (521).
Epitaphe : ... *dep. III idus janua.... sil. v̅c̅c̅, indic. XIIII.*
Le Blant (Edm.), *Inscr.*, nouv. rec., n° 120[a] ; dans *Bull. archéol. com. trav. histor.-scient.* (1894), 64 ; *Cptes rdus acad. Inscr. et Bel.-let.* D. XXII, 9.

**318** (522).
Le roi Sigismond, à l'instigation de sa 2e femme, fait mettre à mort son fils Sigeric.
Mari *Chronicon* (Bouquet, II, 15 ; *Patrol. lat.* LXXII, 796 ; *Mém.-doc. soc. Suisse Rom.* XIII, 33). — Gregor. Turon. *Hist. Franc.* III, 5 (Bouq., II, 188 ; *Patrol. lat.* LXXI, 244-5 ; éd. Arndt, I, 111-2 ; Omont, 78). Epitome (Bouq. II, 402). — Cf. Jordanis, *Hist. Goth.* 58 (*Patrol. lat.* LXIX, 1293) = *R. Gen.* 58.

**319** (522).
Thierry, roi des Francs, épouse en secondes noces Suavegote, fille du roi Sigismond et sœur de Sigeric (convertie en 516/7).
Gregor. Turon. *Hist. Franc.* III, 5 (Bouquet, II, 189 ; *Patrol. lat.* LXXI, 245 ; éd. Omont, 78). Flodoardi *Hist. Rem.* II, 1 (*Patrol. lat.* CXXXV, 93).

**320** La Terrasse, 8 juillet (522).
Epitaphe : † H. req. b. m. Ioannis et I. de Valentia, q. v. a. 14 ; ob. in p... Symmacho et Boetio v. c. cons.
CASTELLANE, dans Mém. soc. archéol. Midi, II, 196. PILOT, dans Bull. soc. statist. Isère, A, III, 137 ; Précis statist. antiq. Isère, 24 ; Rech. antiq. Dauphin. I, 196. LE BLANT, II, 169-70, n° 469. HIRSCHFELD, 290, n° 2309.

**321** Valence, 26 janvier (523).
Epitaphe : ... t. in p. famolus De obtul [ vi]x. a. 30, 7 cal. februarias.. post cons. Symmc. jun. cons.
PILLET (L.), dans Mém. acad. Savoie, B, IV, 353.

**322** Aoste, 3 février (523).
Epitaphe : H. req. in p. b. m. Aliberga, qui vix. a. n. 30; obiit in Xpisto... post cons. Simmachi et Boethi vv. cc.
SOUCIET, dans Mém. de Trévoux (1720 mai), 888. MAFFEI, Galliæ antiq. 94. 19. LANCELOT, dans Hist. acad. Inscer. et Bel.-let. VII, 235. MURATORI. Thes. vet. inscr. 419.1. BIMARD, dans MURATORI. I, 124, n° 10. MARINI, Papiri diplomat. 284, n. 8. PILOT, dans Bull. soc. statist. Isère, A, III, 144 ; Précis statist. antiq. Isère, 31. S[IRULAT], dans Union Dauphinoise (1849), n° 398. CLINTON, Fasti Rom. II, 205. ROSSI (de), Inscer. christ. Rom. I. 449. LE BLANT, II, 29, n° 390, pl. 274. ALLMER, IV, 290-2, n° 1793, pl. 279¹¹. HIRSCHFELD, 302, n° 2404.

**323** (523).
Clodomir défait dans un combat Sigismond et son frère Godemar ; celui-ci prend la fuite. Sigismond cherche à se réfugier à St-Maurice, est pris et mis en prison.
GREGOR. Turon. Hist. Franc. III, 6 (BOUQUET, II, 189 ; Patrol. lat. LXXI, 245-6 ; éd. Arndt, I, 112-3 ; Omont, 79). Epitome (BOUQ. II, 402). Gesta regum Francorum (ibid. 556). = LONGNON, Atlas histor. France, pl. 3°.

**324** (523).
Sigismond retiré à Agaune, où il faisait pénitence (sa Vita), est livré par les Bourguignons aux Francs qui l'emmènent vêtu en moine ; il est jeté dans un puits (près Orléans), avec sa femme et ses enfants. Son corps fut porté à St-Maurice-en-Valais et « déposé » le 1ᵉʳ mai.
MARII Chronicon (BOUQUET, II, 15 ; Mém.-doc. soc. Suisse Rom. XIII, 33 ; Patrol. lat. LXXII, 796). — S. GREGOR. Turon. Hist. Franc. III, 6 (BOUQUET, II, 189 ; Patrol. lat. LXXI, 246 ; éd. Arndt, I, 113-4 ; Omont, 79-80). Epitome (BOUQ. II, 402). — Gesta regum Francor. 20 (ibid. 556). — Vet. chronicon Moissiac. (ibid. 650). Apo. Chronicon (ibid. 667). KRUSCH (BR.), dans Mon. Germ. hist., Scr. Merov. II, 329. = R. S. R. 25. R. Gen. 59. BOLLAND., Bibl. hagiogr. lat. n° 7717-20. Répert., Bio, 4247-8.
30 avril-15 mai (523) = 30 avril-15 mai (515).

**325** Bourg-lès-Valence, 25 juillet (523).
Epitaphe : .... lus, q. vixit a. 60 ; obiit in pace VIII kl. agust. Maximo v. c. cons.
LACROIX, dans Bull. soc. archéol. Drôme, XV, 415. ALLMER, dans Rev. épigraph. I, 224. VALLENTIN, Bull. épigraph. I, 280-1. PERROSSIER (Cypr.), dans Bull. hist.-archéol. dioc. Valence, VII, 109-10. HIRSCHFELD, 212, n° 1781. LE BLANT, Nouv. rec. 162-3, n° 145.

**326** 524.
Godemar, frère de Sigismond, lui succède comme roi des Bourguignons.
MARII Chronicon (BOUQUET, II, 15 ; Patrol. lat. LXXII, 796) ; Mém.-doc. soc. Suisse Rom. XIII, 33). — GREGOR. Turon. Hist. Franc. III, 6 (BOUQUET, II, 190 ; Patrol. lat. LXXI, 247 ; éd. Omont, 80). = R. Gen. 61.

**327** 6 juin (524).
Concile d'Arles. touchant les ordinations, réuni pour la dédicace de la basilique de Ste-Marie. Item Florentius episcopus [de Trois-Châteaux] subscripsi. Leontius presbyter missus ou directus a domno meo Constantio episcopo [de Gap] s. Emeterius ou Emit-s directus a domno meo Gallecano ou Gallic-o episcopo [d'Embrun]... s. Opilione v. c. cons.
CRABBE, Conc. SURIUS, C. SIRMOND, I, 202. Coll. reg. XI, 33. LABBE, IV, 1622-6. PAGI, Crit. Baron. 524-5. HARDUIN. II, 1069. COLETI, V, 763. MANSI, VIII, 625. GONZALEZ, I, 203. MAASSEN, 35-9. = Hist. litt. France, III, 114-5. Gallia christ. nova, I, 864-5. PARDESSUS, I, 72. R. Gen. 60. GAILLAUD, 35o-4. HEFELE, Conc. gesch. II², 703-4.

**328** 21 juin (524).
Bataille de Vézeronce (Isère), gagnée contre Godemar, successeur de Sigismond, par Clodomir, roi des Francs, qui est tué en le poursuivant.
MARII Chronicon (BOUQUET, II, 15 ; Patrol. lat. LXXII, 796 ; Mém. soc. Suisse Rom. XIII, 33). — GREGOR. Turon. Hist. Franc. III, 6 (BOUQ. II, 189 ; Patrol. lat. LXXI, 246-7 ; éd. Arndt, I, 114 ; Omont, 79-80). — Epitome (BOUQ. II, 402). — Gesta regum Franc. (ibid. 556). — ADONIS Chronicon (ibid. 667). — Chron. Virdunense (ibid. III, 356). — ADÉMAR de Chabannes, Chronique, I, 20 (éd. Chavanon, 24). = LE COINTE, I, 337. CHORIER, I, 593. COLLOMBET, I, 160. BINDING, I, 258.

**329** Vienne, 24 août (524).
Epitaphe : H. req. in pace b. m. [? hildi]gernus, q. v. a. p. m. 31 ; obiit... Upilione v. c. cons.
ALLMER, Nouv. fouilles St-Pierre, 22. LE BLANT, II, 587-8, n° 694. HIRSCHFELD, 258, n° 2071.

**330** Vienne, 31 août (524).
Epitaphe : In h. tom. req. b. m. Scurpillosa religiosa, q. v. p. m. a. 48, ob. in p... Opilione [v. c. cons.]
CHORIER, Antiq. 51 ; 2°, 55. MA¨¨FEI, Gall. ant. 51 ; 2°. 55. MURATORI, Thes. vet. inscr. 419, 4. ZACCARIA, De inscr. christ. usu, 41. CASTELLANE (de), dans Mém. soc. archéol. Midi, II, 186. COLLOMBERT, I, 198. BOISSIEU, Inscr. Lyon, 560, n. 18. LE BLANT, II, 107-8, n° 435. ALLMER, IV, 293-4, n° 1795, pl. 276. HIRSCHFELD, 258, n° 2070.

**331** Vienne, 24 novembre (524).
Epitaphe : In h. tom. req. in p. b. m. Dalmatius adoliscens, q. vix... a. 4 d. 7 : ob... Upilione v. c. cons.
TOURNAL, dans Bull. monum. D. VI, 259-60. ALLMER, IV, 294-5, n° 1796, pl. 279. HIRSCHFELD, 258, n° 2069. LE BLANT, Nouv. rec. 125, n° 106.

**332** Vienne, 5 février (525).
Epitaphe : [H. req.] in p. [b. m... q.] vix. a. p. m. 38 ; obiit... Probo juniore v. c. c.
ALLMER, Nouv. fouilles St-Pierre, 24. LE BLANT, II, 588, n° 895. ALLMER, IV, 295-6, n° 1797, pl. 279¹². HIRSCHFELD, 258, n° 2072.

19 décembre (526) = 19 décembre (491).

**333** Vienne, août/septembre (527 ?).
Epitaphe : H. req..: b. m. [Mar]cella, qui v[ixit in seculo]... ; obiit M[avortio ? v. c. c.]
DELORME, Descr. musée Vienne, 287. LE BLANT, II, 118, pl. 314. ALLMER, IV, 298, n° 1799, pl. 294.

**334** 6 novembre (527).
Concile de Carpentras, au sujet d'Antibes.
Constantius episcopus [de Gap] consensi et subscripsi... Gallicanus ou Gallec-s episcopus [d'Embrun] subscr. Heraclius episcopus [de Trois-Châteaux], s. Mavortio v. c. cons.
SIRMOND, I, 212. Coll. Reg. XI, 57. LABBE, IV, 1661-6. HARDUIN, I, 1095. COLETI, V, 805. MANSI, Sup. I, 412 ; VIII, 708.

MAASSEN, 40-3. = PAGI, Crit. 529, 2. Hist. litt. France, III, 144-5. PARDESSUS, I. 74. HEFELE, Concgesch. II², 715-6. Gallia christ. noviss. III, 54 ; IV, 31.

**335** Parnans, 6 décembre (527).
Epitaphe : *Orati*]*oni adsedua, in aelemosinis profusa.* , *67 aet. a... migr... Mafusio v... c. cons.*

DURAIS, dans *Courrier de la Drôme* (1862 oct. 27). ALLMER, dans *Bull. soc. archéol. Drôme.* VI. 378-9 ; *Inscr.* IV. 296-7. n° 1798, pl. 279¹⁶. HIRSCHFELD, 271, n° 2193. LE BLANT, *Nouv. rec.* 153, n° 133.

**336** Le Fayet, 23 février (528 ou 529)
Epitaphe : *In h. sep. requiescit b. m. Lupecinus, q. v. a. n. 58 m. 6 ; obiit... post cons. Mavu[rtii].*

PILOT (J. J. A.), dans *Bull. soc. statist. Isère,* B, II, 432-4, pl. LE BLANT, II, 175-6, n° 474¹, pl. 388. HIRSCHFELD, 292, n° 2326.

**337** 18 octobre (528).
Epitaphe : *In h. tum. req. b. m. Petrunia, qui vix. a. 48, o... q. cc. Mav[or]ti.*

DELORME, *Descr. mus. Vienne,* 289, n° 295. COLLOMBET, I, 197-8. LE BLANT, II, 105, n° 432. pl. 309¹. ALLMER. 299-300, n° 1800, pl. 277. HIRSCHFELD, 257, n° 2061.

**338** (Vers 529).
Concile tenu à Valence, touchant la grâce. *Antistites Christi ultra Iseram consistentes charitatis amore collecti in Valentina civitate conveniunt...*

*Vita s. Cæsarii episcopi Arelat.*, 1. 1. c. 5, n° 46 (*Patrol. lat.* LXVII, 1023). — LALANDE, 49. LABBE, IV, 1678-9, cf. 1620. HARDUIN. II, 1903. PAGI, 9-10. COLETI, V, 819. MANSI, VIII, 723. MAASSEN, 59-60. = CEILLIER, XVI, 691 ; 2°, XI. 838¹. HEFELE, Concgesch. II². 738-40. *Gallia christ. noviss.* III, 54.

**339** 3 juillet (529).
Concile d'Orange, réuni pour la dédicace de la basilique construite par le préfet et patrice Libère ; on y promulgua 25 canons sur la grâce et le libre arbitre. *In Christi nomine Constantius episcopus* [de Gap] *consensi et suscripsi. Heraclius* ou *E-s in C. n. episc.* [de Trois-Châteaux] *s. Pantagatus vir inlustris c. et s.* ¹ *Namatius vir inlutris c. et s.* ².

CRABBE, *Conc.* I. 339. SURIUS, I, 722. BARONIUS, 463, 3 ; 529, 1 ; cf. PAGI, 529, 3-8 ; 530, 7. SIRMOND, I, 215. *Coll. Reg.* XI, 61. LABBE, IV, 1666-76. HARDUIN. II, 1097. COLETI, V, 807. BOUQUET, IV, 105-6, cf. ij-iij. MANSI, VIII, 712. MAASSEN, 44-54. = SIRMONDUS (Iac.), *De canone Arausicano...* ; Paris, 1633. 8°. 4 f.-88 p. ; *Antirrheticvs* II, de c-e A-o... ; ib. 1634, 8°, 4 f.-157 p. ; = ses *Opera omn.* (1696). IV. 245-84, 285-348. PETRUS AURELIUS [DU VERGIER DE HAURANNE], *Anæreticus adversus errores et hæreses, quibus canonum Arausicanum et sacramentum confirmationis aspersit* J. Sirm., Paris, 1633. 8° ; = ses *Opera* (1642), III. ABILLON (André d'), *Le concile de la grace ov reflexions theologiques sur le second concile d'Orange* ; Paris, 1645, 4°, 1 f.-26 p.-1 f.-3¾ p. 1 f. ; *Le Triomphe de la g. svr la natvre hvmaine ov r...,* ib. 1645, 4°, 1 f.-334 p.-1 f. PARDESSUS, I, 78. R. *Gen.* 62. HEFELE, *Concgesch.* II¹, 724-38. ERNST (J.), *Zur Erklärung des 22 Kanons von Orange,* dans *Zeitschr. kathol. Theolog.* XIX, 177-85. *Gallia christ. noviss.* III, 54.

**340** 5 novembre (529 ³).
Concile de Vaison, sur la discipline. *Constantius* [al. *C-tinus episcopus*], *in Christi nomine episcopus* [de Gap]

1. CHARVET a conjecturé (p. 102) que c'est le futur évêque de Vienne de ce nom (*Acta ss.* Bolland., feb, II, 783¹ ; BARJAVEL, *Biog. Vauclvse,* II, 243).
2. Futur évêque de Vienne (TERREB. *Inscr.* I, 90).
3. Le concile de Carpentras (6 nov. 527) avait fixé au même jour de l'année suiv. la tenue d'un concile à Vaison.

*relegi, consensi et subscripsi. Gallicanus peccator* [al. *episcopus* d'Embrun], *r. et s. Heraclius peccat.* [al. *episcopus* de Trois-Châteaux], *r. et s. Decio juniore, v. c. cons.*

CRABBE, I, 339. SURIUS, I. 720. SIRMOND, I, 225 ; *Coll. Reg.* XI, 75. LABBE, IV, 1679-82. HARDUIN. II, 1105. COLETI, V, 821. MANSI, VIII, 725. MAASSEN, 55-8. = PAGI, *Crit.* 2. *Hist. litt. France,* III, 149-50. R. *Gen.* 63. HEFELE, *Concgesch.* II², 740-2. *Gallia christ. noviss.* III, 54.

**341** Vienne, (530/533 [500?]).
Epitaphe : ...[*re*]*q...a. et 7 d. in eta...[d*]*iscepli[na... Lam]padi [el Orestis vv. cc.].*

ALLMER, *Inscr. Vienne.* IV. 300-1, n° 1801, pl. 279⁹. HIRSCHFELD, 258, n° 2074. LE BLANT, *Nouv. rec.* 131, n° 113.

**342** 26 mai (533).
Concile de Marseille, au sujet de l'évêque de Riez Contumeliosus. *Heraclius peccator* [évêque de Trois-Châteaux] *consensi et subscripsi. Post consul.* III *Lampadi et Orestis* [les premières éditions portent VIII *kal. junias* (25 mai)].

GÉRAUD (H.), dans *Bull. soc. hist. France* (1839 juil. 10). PARDESSUS. *Diplomata,* I, 92. ALBANÈS, *Arm.-sig. évêq. Marseille,* 15-6. LAMBERT (G.), dans *Bull. acad. Var,* B, XII, 411-3. MAASSEN, 60-1. *Gallia christ. noviss.* I. instr. 307. = R. *Gen.* 64 (a lu *julii*). HEFELE, *Concgesch.* II², 751-5. *Gallia christ. noviss.* III, 55.

**343** 23 juin (533).
Concile d'Orléans, où l'on promulgue 21 canons *de antiquis regulis et de novis ambiguitatibus. Julianus episcopus* de Vienne] *subscripsit.* A° 22 d. *Childeberti regis.*

CRABBE, II, 48. SURIUS, II, 603. BARONIUS, 536, 124 : cf. PAGI, 17. SIRMOND, I, 229 ; *Coll. Reg.* XI. 160. LE COINTE, II, 400-2. MAAN. *Eccl. Turon.* II. 16. LABBE, IV, 1779-84. HARDUIN. II, 1177. COLETI, V, 926. MANSI, VIII, 836. MAASSEN. 61-5. = BOUQUET, II, 192, n. b. COLLOMBET, I, 176. HEFELE, *Concgesch.* II¹, 755-8.

**344** (534).
Godemar, roi de Bourgogne, est battu par les petits-fils du roi Clovis, Childebert, Clotaire et Théodebert, qui s'emparent de son royaume et le partagent entre eux. Vienne échoit à Théodebert ; Grenoble, Valence et Die, à Clotaire.

MARII *Chronicon* (BOUQUET, II. 15 ; *Patrol. lat.* LXXII, 797 ; *Mém.-Doc. Suisse rom.* XIII. 34 ; *Mon. Germ. hist.,* Auct. antiq. XI, 235). — GREGOR. Turon. *Hist. Franc.* III, 11 (BOUQ. II, 191-2, cf. 402 ; *Patrol. lat.* LXXI, 250 ; éd. Arndt, I, 118 ; Omont, 83). — PROCOPII Cæsar. *Historiæ* (BOUQ. II, 34). = LE COINTE, I, 417-8. R. *S. R.* 26. R. *Gen.* 65. LONGNON, *Atlas hist. France,* pl. 3¹.

**345** Vienne, (534?).
Epitaphe : *Hic requiescit i. p. Agrecius domesticus, q. v. a. 33 m. 3.*

ALLMER, *Nouv. fouilles St-Pierre,* 35 ; IV. 379-80, n° 1868, pl. 320¹⁶. LE BLANT, II, 582, n° 685. HIRSCHFELD, 262, n° 2103.

**346** Sept./nov./déc. (534).
Fragment d'épitaphe découvert à St-Vallier, sur l'emplacement du cimetière du prieuré de St-Ruf.

ALLMER (A.), dans *Rev. du Dauphiné* (1880), IV, 226-7, n° 2082 (à part, 14-5) ; *Rev. épigr.* I, 194, n° 223. HIRSCHFELD, 214, n° 1788. LE BLANT, *Nouv. rec.* 159, n° 141.

**347**  3 novembre (534 ?).
Epitaphe de s[t] Domnin, évêque de Vienne : *Domnus papa in nomine Christi pauper episcopus*; suivent sept vers. La dédicace *Ex voto flaminis* (corr. *Flavius*) *Lacanius v. c.* est suspecte.

Bosco (J. a), 34. Barthius, *Adversaria*, 699. Le Lièvre, 147. Chorier, *Antiq.* 291; 2e, 293. *Gallia christ. vet.* I, 795. Charvet, 631. Castellane (de), dans *Mém. soc. archéol. Midi*, II, 192. Collombet, I, 177. *Dict. d'épigraphie*, II, 1184. *Gallia christ. nova*, XVI, 23. Le Blant, *Inscr.* I, 55-7, n° 405. Terrebasse, *Inser.* I, 75-9. *Hirschfeld, 17*. Peiper, *Aviti Opp.* 186. Smedt (C. de), dans *Acta ss. Bolland.*, nov. I, 663[b]. Duchesne (L.), *Fastes*, I[2], 188. = Du Cange, *Gloss. med. latin.*, v° Secretarium (1846, VI, 148[a]).

**348**  (Après 534).
*Ego Rodulphus dotavi ecclesiam S. Petri in Rumpone monte et in Valentinense ædificavi ecclesiam in honorem S. Albani... Omnia ista dotaverunt..., anno* vii *regnante d. n. Galdeberto (Childeberto?) et etiam d. n. Theuberto (Theodeberto?) rege, indictione* xi.

Rouchier, *Hist. du Vivarais*, I, 596. Molinier (E.), dans *Hist. de Languedoc* (1875), II, pr. 420. *Gallia christ. noviss.* IV, 34. Mazon (A.), *Orig. égl. Vivarais*, II, 172-3. Voir à 727.

**349**  Vienne, (après 534).
Epitaphe : *[In h. tum. req.] in p[ace b. m. Vi]ndimiola,...; obi... post cons. Paulini [jun. v. c. c.]*

Allmer, *Nouv. fouilles St-Pierre*, 25. Le Blant, II, 589, n° 696. Allmer, IV, 305-6, n° 1805, pl. 279[17]. Hirschfeld, 258, n° 2076.

**350**  Vienne, 23 juillet (après 534).
Epitaphe : *[In h. tum. req. in p]. b. m.... q. vix. [a. m.] 4; [obiit... post consul. Pau[lini jun. v. c. c.]*

Le Blant, II, n° 458[44], pl. 339. Allmer, IV, 302-4, n° 1803, pl. 279[13]. Hirschfeld, 258, n° 2076-7.

**351**  Vienne, 8 juin (536).
Epitaphe : ... | *q. vix.*] *in pace a. p. m. 38, c. dispositio... indict. 14, eterum post cons. Paul[ino] juniore v. c. c.*

Allmer, *Découv. tombeaux à St-Pierre*, 28 ; dans *Mém. acad. Lyon*, IX, 322 ; dans *Bull. soc. antiq. France* (1860), 149, pl. Le Blant, II, 134-5, n° 458[f], pl. 361. Allmer, dans *Congrès archéol. France*, XLVI, 39 ; *Inscr.* IV, 304-5, n° 1804, pl. 279[14]. Hirschfeld, 258, n° 2078.

**352**  St-Alban-de-Bron, (537?).
Epitaphe : ... *vix. in p. a. 55, obit quintu decmen [k. tertio post consul. Paul,ini vc., ind. 15.*

Allmer, dans *Rev. du Dauphiné*, II, 88-9, n° 2064 (à part, 13-5). Hirschfeld, n° 2079. Le Blant, *Nouv. rec.* 148, n° 128.

**353**  St-Julien-en-Quint, 20 mars (537).
Epitaphe : ... *transiet* xiii *kl. apriles, indic.* xv, *post consul.* iii *Paulini juniores.*

Le Blant, II, 197-8, n° 477[b], pl. 385. Hirschfeld, 202, n° 1693.

**354**  Aoste, 30 octobre (537).
Epitaphe : † *II. req. in p. b. m. Ingildus, q. v. a. 4 et m. 8 ; ob. in X° ... tertio post cons. Paulini jun. v. c. c.*

Soucier, dans *Mém. de Trévoux* (1790 mai), 890. Maffei, *Galliæ antiq.* 94, 20. Muratori, *Thes. vet. inscr.* 424, 3. Bimard, dans Muratori, I, 125, 11. Marini, *Papiri diplom.* 340. Pilot, dans *Bull. soc. statist. Isère*, A, III, 143 ; *Précis statist. antiq. Isère*, 29. S[imilat], dans *Union Dauphinoise* (1849), n° 398. Clinton, *Fasti Rom.* II, 206. Le Blant, II, 38, n° 393, pl. 277. Allmer, IV, 306-7, n° 1806, pl. 279[20]. Hirschfeld, 302, n° 2405.

**355**  7 mai (538).
Concile d'Orléans, où l'on promulgue 36 canons : *vetera statuta renovavimus et nova pro causarum vel temporum condicione addenda credidimus. Pantagatus, in Christi nomine ecclesiæ Viennensis episcopus, juxta id quod omnibus sanctis coepiscopis meis, qui mecum subscripserunt, placuit, patrum statuta sequutus, his constitutionibus subscripsi. Ursolus in C. n. e. Gratianopolitanæ episcopus consensi* [al. *subscripsi*]. iv *post consul. Paulini junioris, a° regni d. n. Childeberthi 26, indict. 2.*

Mss. : Maassen, 72 ; Martin, 2574. = Crabbe, II, 48. Surius, II, 604-8. Baronius, 540, 27-31 ; cf. Pagi, 67. Binius (1606), II, 610-7 ; (-18), II[a], ..-30 ; (-36), IV, 18-91 ; Sirmond, I, 247-57. Le Cointe, I, 554-74. *Coll. Reg.* XI, 617. Labbe, V, 294-306. Harduin, II, 1421-9. Coleti, V, 1273-82. Mansi, IX, 10-20. Labat, 1001. Gonzalez, I, 251. Maassen, 72-86. = Collombet, I, 178-9. Pardessus, I, 99-100. Hefele, *Conegesch.* II[2], 774-8.

**356**  Vienne ? juillet/août (après 538).
Epitaphe : ... [*post consul.*] *Johannis [v. c. c.]*

Le Blant, II, 133, n° 458[nn], pl. 346. Allmer, IV, 307-8, n° 1807, pl. 284. Hirschfeld, 259, n° 2080.

**357**  Bruis, (539).
Epitaphe : ..[*req. in*] *p. b. m. |...; vix.*] *a. 50... Johanne v. c. c.. indic. 2.*

Guillaume (P.), dans *Bull. épigraph.* I, 247-8 ; II, 253. Roman, dans *Bull. soc. antiq. France* (1881), 277 ; *Répert. archéol. Htes-Alpes*, 127. Vallentin (Flor.), dans *Bull. soc. étud. Hautes-Alpes*, I, 178-9. Hirschfeld, 187, n° 153[b]. Le Blant, *Nouv. rec. inscr. chrét.*, 167, n° 152.

**358**  17 avril (vers 540).
Epitaphe de s[t] Pantagathe, évêque de Vienne : *Sanctorum vitas transactis cursibus ævi* (13 distiques).

Ms. : Paris, B. N., l. 2832, 114[v]. — Bosco (J. a), 34-5. Barthius, *Advers.* 699. Le Lièvre, 148. Du Chesne, *Hist. Franc.* I, 515. Chorier, *Antiq.* 319 ; 2e, 317. *Gallia christ. vet.* I, 795. *Acta ss. Bolland.*, apr. II, 486 ; 3e, 482-3 ; cf. febr. II, 783[a] ; 3e, 783-4. Bouquet, II. 534. Charvet, 631-2. Collombet, I, 180-1. Pilot, *Rech. antiq. Dauph.* I, 252. *Gallia christ. nova*, XVI, 91-4. Terrebasse, *Inser.* I, 80-3. *Allmer, *Inser.* (1876), IV, 321-2. Le Blant, *Inser.* II, 101-3, n° 429. Peiper, *Aviti Opp.* 187. Duchesne (L.), *Fastes*, I[2], 188-9. = Barjavel, *Biog. Vaucl.* II, 243. *Répert.*, Bio, 3488.

**359**  Vienne, 11 juin (540).
Epitaphe : [... *req. in p.*] *b. [m.] venerabilis Maria re(l)igiosa et timens Dominum, q. vix. a. p. m. 85 ; obiit in X° ... [i]terum post consol. Johannis v. c. cons.*

Allmer, *Nouv. fouilles St-Pierre*, 26. Le Blant, II, 583, n° 688. Allmer, IV, 308-9, n° 1808, pl. 279[21]. Hirschfeld, 259, n° 2081.

**360**  21 juin (vers 540).
Mort de s[t] Pélade, évêque d'Embrun.

*Acta ss. Bolland.*, jun. IV, 95-9. = Gaillaud, dans *Rev. de Marseille*, XX, 515-6 ; *Ephém. Htes-Alpes*, 12.

**361**  Vienne, 10 novembre (540?).
Epitaphe : *Undique exornans cultibus..., quæ vix. a. 46 ; ob. in X°... it. post cons. J[ohannis v. c. c.]*

Allmer, *Nouv. fouilles St-Pierre*, 26 ; dans *Bull. soc. antiq. France* (1860), pl., cf. 159 ; dans *Mém. acad. Lyon*, IX, 320. Le Blant, II, 135, n° 458[t], pl. 350. Allmer, IV, 309-10, n° 1809, pl. 279[22]. Leblanc, dans *Congrès archéol.* XLVI, 39. Hirschfeld, 261, n° 2098.

**362**  (Vienne ?, après 540).
Epitaphe : ... [*ob. post cons. Ju]stini v. [c. cons.*]

Le Blant, II, n° 458°, pl. 342. Allmer, IV, 310-1. n° 1810, pl. 285. Hirschfeld, 259, n° 2082.

**363**  13 ou 14 mai (541).
Concile d'Orléans, où 38 règles de discipline sont définies. *Gallicanus* ou *Galleganus, in Christi nomine civitatis Ebredunensis* ou *Ebrodon-s episcopus, subscripsi. Heraclius* ou *E-s in C. n. episcopus c. Tricastinorum* ou *T-sinensis, s. Vellesins in C. n. episcopus Vappencensis ecclesiæ. s. Lucritius, in C. n. civit. Decensis episcopus, s. Basilio v. c. cons.*, ind. 4.

Crabbe, II, 68. Surius, II, 637. Baronius, 545. 19. cf. Pagi, 9-10. Sirmond, I, 260. Coll. Reg. XI, 633. Labbe, V, 380-90. Le Cointe, I, 595-600. Harduin. II, 1435. Martene, *Thes. nov. anecd.* IV, 57-8. Coleti, V, 1369. Mansi, IX, 111. Maassen, 86-99. = R. Gen. 66. Hefele, *Concgesch.* II°, 81-4. *Gallia christ. noviss.* IV, 32.

**364**  St-Sixte, (après 541).
Epitaphe : [... *ob. post*] *cons.* [*Basilii? v. c. c.*], ind....

Delorme, dans Journ. de Vienne (1842), n° 25. Pilot, dans Bull. soc. statist. Isère. A, III, 148 ; *Précis statist. antiq. Isère*, 35. Le Blant, II, 148, 545. n° 1164, pl. 374. Allmer, IV, 313-4, n° 1813, pl. 220°.

**365**  Vienne, (après 541).
Epitaphe : [*H. req.*] *in p. b. m.... dius infans... duo dece ; obiit [... p. cons. Basi*]*li v. c. c.*

Le Blant, II, 128-9. n° 458°, pl. 336. Allmer, IV, 313, n° 1812, pl. 390°. Hirschfeld, 259, n° 2083.

**366**  (Avant 543).
Testament du duc Ansemond, par lequel il lègue certains biens à la cathédrale *(matri ecclesiæ)* de Vienne et au monastère de St-Pierre.

Indiqué dans sa fondation de St-André-le-Bas (543).

**367**  (543).
Donation à leur fille Remila, dite Eugénie, par le duc Ansemond et sa femme Ansleubane, d'un courtil près du lieu dit *Martis*, pour la construction du monastère de St-André-le-Bas à Vienne, suivant la règle de celui construit par s¹ Léonien, dont leur sœur Eubone est abbesse. Ils rappellent avoir fondé précédemment l'abbaye de St-Pierre, *in Bello Campo*, hors la porte de cette ville ... *Servilius ... scr. a. viiij regnante d. Hlotario* (Clotaire).

Mss. : Paris, B. N., I. 12768 (S. Germ. 565), f° 186 ; Baluze, LXXV, 320. — Le Lièvre, 9-10. Baluze, *Capitul.* (1677), II, 1433 : 949. Mabillon, *Diplomat.* app. 463 ; 3°, 483 (a. 520). Pardessus. *Diplom.* I, 107-8. *Gallia christ. nova*, XVI, instr. 1. Charvet-Allut, *St-André-le-Hant*, 200-1. Trad. Collombet, I, 191-2. Charvet-Allut, 38-40. = Chorier, I, 603. Georg. I, 5, 87. Foy (de), I, 26 (à 520). Charvet, 3, 37. Bréq. I, 21 (à 520). Terrebasse, *Inscr.*, I, 55, 112-5. Rivaz (P. de), *Diplom. de Bourg.* 1, 62. Chevalier (U.), *Cart. de St-Maurice*, 16, n° 15.

**368**  Pact, 25 mars ou 1ᵉʳ avril (543 ?).
Epitaphe : † *H. req. in p. b. m. Valerinus, q. vix. a. 26, o. ou obiit ..., ind. 6.*

Allmer, dans Rev. épigraph. (1885), 132-3. Chapelle, dans Bull. acad. Delphin. CXX, 395-6.

**369**  Clérieu, (544/5).
Epitaphe : [*H. req... infans ; ... ob ... ind.*] *8, [sexies* ou *septies post consul. Jo*]*hannis v. c. c.*

Vincent, *Not. s. Clérien*, 66. Gallier (de), dans Bull. soc. archéol. Drôme, I, 281 ; *Hist. baron. Clérieu*, 14. Allmer, IV, 314-6, n° 1814, pl. 279ᵇⁱˢ. Hirschfeld, 271, n° 2191. Le Blant, *Nouv. rec.* 160-1, n° 142.

**370**  22 mai (545).
Lettre du pape Vigile aux évêques de toutes les provinces des Gaules au pouvoir de Childebert roi des Francs, leur notifiant qu'il a constitué vicaire du siège apostolique Auxane, évêque d'Arles ; il les exhorte à lui obéir. — *Quantum nos divina*.

Baronius, 545, 8 (VII, 353). Binius, II, 491-2. Sirmond, I, 272. Saxi, *Pontif. Arelat.* 114. Coll. Reg. XI, 526. Bouche, *Hist. de Prov.* I, 654. Le Cointe, I, 688-9. Labbe, V, 322-3. Bouquet, IV, 62. Mansi, IX, 43. Labat, 1023. *Patrol. lat.* LXIX, 29-30. Bull. Roman. Taurin. I, 150. Gundlach (W.), dans Mon. Germ. hist., Epist. Merow. I, 59-60. *Gallia christ. noviss.* III, 62. = Georg. I. 5. Bréq., I, 25. Jaffé, 594-914.

**371**  Arandon, 23 mai (546).
Epitaphe : *In h. tum. req. b. m. Arigunde, qui vix. a. 8, ob. in pace ocxii post. cons. Iohannis v. c. c...*

Le Blant, II, 21-2, n° 384. pl. 265. Allmer, IV, 316-7. n° 1815, pl. 279ᵇ. Hirschfeld, 298, n° 2382. Auvergne, *Hist. de Morestel*, 18.

**372**  (Après 23 août 546).
Lettre du pape Vigile à tous les évêques des Gaules établis dans le royaume de Childebert, leur annonçant qu'il vient de donner l'évêque d'Arles Aurélien pour successeur à Auxane comme vicaire du St-Siège. — *Admonet nos loci*.

Baronius, 546, 65 (VII, 371). Binius, II, 500-1. Sirmond, I, 275. Saxi. *Pontif. Arelat.* 121. Coll. Reg. XI, 533. Labbe, V, 326-7. Le Cointe, I, 702-3 ; II, 565. *Gallia christ. nova*, I, 538. Bouquet, IV, 65. Mansi, IX, 47. Labat, I, 1027. *Patrol. lat.* LXIX, 39-40. *Bull. Roman.* Taurin. I, 153. Gundlach (W.), dans Mon. Germ. hist., Epist. Merow. I, 63-4. *Gallia christ. noviss.* III, 62. = Georg. I, 5-6. Foy (de), I, 33. Bréq. I, 26. Jaffé, 597-919.

**373**  Tourdan, (vers 547).
Epitaphe : † *H. req. in p. b. m. Matrona sanctemuniales... ; vix... a. 32.*

Delorme, *Descr. musée Vienne*, 303. *Collombet, I, 194-5. Le Blant, II, 168-9, 545, n° 468, pl. 383. Allmer, IV, 430-1, n° 1941, pl. 297. Hirschfeld, 270, n° 2188.

**374**  Tourdan, 17 janvier (547).
Epitaphe : *H. req. in p. b. m. Gundiisclus.... q. vix... a. 69 ; obiit in X°... 6 post cons. Basili, ind. 1.*

Le Blant, II, 151-68, 545, n° 467, pl. 393. Allmer, IV, 317-8, n° 1816, pl. 281. Hirschfeld, 270, n° 2185.

**375**  Aoste, 17 avril (547).
Epitaphe : *H. req. b. m. adoliscens integre carnis nom. Leudomari, q. vix. a. a. 4 et d. 9, ob. in X°... sexsies post cons. Basili v. c. cons.*

Zaccaria, *De usu inscript. christian.* 40. Burmann, *Anthologia*, II, 264. Hagenbuch, *Epist. epigraph.* 344. Souciet, dans Mém. de Trévoux (1720 mai), 925. Lancelot, dans Hist. acad. Inscript. VII, 235. Bimard, dans Muratori, II, n° 12. Maffei, *Gall. antiq.* 94-5, n° 23. Muratori, *Thes. vet. inscr.* 426, n° 1. Pilot, dans Bull. soc. statist. Isère, A, III, 144 ; *Précis statist. antiq. Isère.* 31. S[ibilat], dans Union Dauphin. (1849), n° 398. Clinton. *Fasti Rom.* II, 207. Le Blant, II, 38-40, n° 394. Allmer, IV, 318-9, n° 1817, pl. Hirschfeld, 302, n° 2406.

**376**  Vienne, ... octobre (547/...).
Epitaphe : *In h. tum. req. in p. b. m. Romanus subd*[*iac.*], *q. vix. a. p. m. 60 ; obiet* [*in*] *X°..kal. novemb... [post cons.] Basili v. c. c.*

Lasteyrie (de), dans Bull. soc. antiq. France (1888), 207-8. Allmer, dans Rev. épigraph. II, 362-3. Hirschfeld, 863, n° 6034¹. Le Blant, *Nouv. rec.* 129, n° 110.

**377** Vienne? octobre/novembre (547/...)
Épitaphe : ... [post consul.] Basili v. [c. c.]
LE BLANT, II, 133, pl. 346. ALLMER, IV, 311-3, n° 1811, pl. 287. HIRSCHFELD, 259, n° 2080.

**378** Aoste, 26 novembre (547).
Épitaphe : † *Req. in p. b. m. Teoptecunde, q. vix. a. n. 10, obiit in X°... novies post cons. Johannis v. c.*
SPRETI, *De amplit. Ravennæ*, II, 252. SOUCIET, dans *Mém. de Trévoux* (1720 mai), 918. BIMARD, dans MURATORI, I, 127, n° 13. MAFFEI, *Gall. antiq.* 95, n° 24. MURATORI, *Thes. vet. inscr.* 426, n° 6. MARINI, *Papiri diplomat.* 340. PILOT, dans *Bull. soc. statist. Isère*, A, III, 143 ; *Précis statist. antiq. Isère*, 30. S[IBILAT], dans *Union Dauphin.* (1849), n° 398. CLINTON, *Fasti Rom.* II, 207. LE BLANT, II, 40-1, n° 396. ALLMER, IV, 319-20, n° 1818. HIRSCHFELD, 302. n° 2407.

**379** St-Restitut, 1ᵉʳ octobre (548).
Épitaphe : [*In h. tum. req.*], *innoc. prosp... quinquie s decies post cons. Johan|nis, ind. 12.*
ROSSI, *Inscr. christ. Romae*, I, xcix. LE BLANT, II, 212-3, n° 486, pl. 401. VALLENTIN (F.), dans *Bull. épigraph.* III, 30-1, n° 24. HIRSCHFELD, 206, n° 1729.

**380** 548.
L'hiver fut très rude ; les cours d'eau se gelèrent ; les oiseaux se laissaient prendre à la main.
GRÉGOR. TURON. *Hist. Franc.* III, 37 (BOUQUET, II, 203 ; *Patrol. lat.* LXXI, 268 ; éd. Arndt, I, 139-40 ; Omont, 102).

**381** St-Laurent-de-Mure. (548/...).
Épitaphe : *... mpia ... 1 post cons. Just(ini)_, ind. 11.*
LE BLANT, II, 25, n° 387ᵇ, pl. 271. ALLMER, IV, 320-1, n° 1819, pl. 271. HIRSCHFELD, 259, n° 2084. cf. n° 388.

**382** 28 octobre (549).
Concile tenu à Orléans, sur la convocation du roi Childebert ; on formule 24 canons *quæ conveniant a presenti tempore in posterum custodiri. In Christi nomine Esychius episcopus ecclesiæ Viennensis constitutionem nostram religi et subscripsi. Vellesius episcopus e. Vappincensis s. Gallus episcopus e. Valentinæ s. Vincentius, presbyter directus a domno meo Lucritio episcopo e. Deinsis, s. Probus diaconus d. a. d. m. Gallicano episcopo e. Ebridunensis s... A° regni d. n. Chideberthi, ind. 13.*

MSS. : MAASSEN, 99-100 ; MARTIN, 2575. — CRABBE, II, 75. SURIUS, II, 650-3. BARONIUS, 552, 25-8 ; cf. PAGI, 19-20. BINIUS (1606), II, 515-6 ; (-18), II, 39-40 ; (-36), IV, 202-3. SIRMOND, I, 277-86. *Coll. Reg.* XI, 639-44. LABBE, V. 390-401, 1849. LE COINTE, I, 745-52. HARDUIN, II, 1443-8. MARTENE, *Thes. nov. anecd.* IV, 57. COLETI, V, 1375-83. BOUQUET, IV, 107, cf. iij. MANSI, IX, 132-7. LABAT, 1038-41. MAASSEN, 99-112. = COLONIA, *Hist. litt. Lyon* (1728), I, II, 312-34. PARDESSUS, I, 110-1. COLLOMBET, I, 182. R. *Gen.* 67. HEFELE, *Concgesch.* III², 1-5. *Gallia christ. noviss.* III, 64.

**383** (Après 28 octobre 549).
Concile qui aurait été tenu à Clermont en Auvergne et où on aurait confirmé littéralement les canons portés à celui d'Orléans, avec le même préambule. MAASSEN ne sait comment expliquer (p. 100) la variante qui a donné lieu à cette doublure. *Hesychius ecclesiæ Viennensis episcopus subscripsi.*

SIRMOND, I, 289-91. *Coll. reg.* XI, 650-2. LALANDE, *Conc. Galliæ* (1666), 51. LABBE, V, 401-4. 1849-50. HARDUIN, II, 1451-3. COLETI, V, 1389-91. MANSI, Sup. I, 424-5 ; IX, 142-6. LABAT, 1074. GONZALEZ, I, 273. = COLLOMBET, I, 182. PARDESSUS, I, 111-2.

**384** (Vers 550).
Épitaphe du duc Ansemond, à Vienne : *Hic jacet dux Ancemondus | nulli virtute secundus, | qui rexit sedem | et edidit edem.* Dans le chœur de l'église du monastère de St-André-le-Bas (est des XVᵉ/VIᵉ s.)
CHORIER, *Antiq.* 66 ; 2*, 71. RIVALLII (Aym.) *De Allobrogibus*, 348. TERREBASSE (Alf. de), *Epitaphe du duc Ancemond dans l'église de St-André-le-Bas à Vienne, en Dauphiné* ; Vienne [186.], in-8°, 10 p. ; *Inscr.* I, 109-16. *Mém. soc. archéol. Midi*, II, 230. COLLOMBET, I, 192-3, *Dict. d'épigraphie*, II, 1186. CHARVET-ALLUT, *St-André-le-Haut*, 37 n. = CHORIER, *H. de D.* I, 609. *Répert.*, Bio, 213.

**385** 27 janvier (vers 550).
Mort de sᵗ Marius, abbé de Bodon ; Lucretius, évêque de Die, préside à ses funérailles.
LE COINTE, I, 753. BOLLAND., *Bibl. hagiogr. lat.* 5540-1. *Répert.*. Bio, 3086-7.

**386** 1ᵉʳ février (vers 550).
Mort de sᵉ Galle, vierge au diocèse de Valence.
*Vita* dans *Acta ss. Bolland.*, febr. I, 940-1 ; 3ᵃ, 949-50. = *Répert.*, Bio, 1643.

**387** St-Romain-d'Albon, (551 ?).
Épitaphe : *...idus... as, 10 ? [a. post consul. Basilii v. c. c.]*
ALLMER (A.), dans *Rev. du Dauphiné* (1878), II, 90 (à part, 15-6), n° 2065. HIRSCHFELD, 215, n° 1794. LE BLANT, *Nouv. rec. inscr.* 157, n° 137.

**388** St-Laurent-de-Mure, (551/...).
Épitaphe : *...mpia...1 post cons. Just(ini), ind. 14.*
LE BLANT, II, 25 n° 387ᵇ, pl. 271. HIRSCHFELD, 297, n° 2364.

**389** Vienne, 11 janvier (551, 566, 581 ou 596).
Épitaphe : *...dep...[post cons. Ba]sil. v. c. c., ind. 14.*
ALLMER, dans *Rev. épigraph.* II, 393, n° 741. LE BLANT, *Nouv. rec.* 136, n° 120ᵃ.

**390** St-Sixte, 28 octobre (551 ?).
Épitaphe : *...req. [in p.] Engelbvalde..., femena [religiosa..., q.]vix. a. 42 m. 6 et obiet... ind. 14.*
BIMARD, dans MURATORI, *Thes. vet. inscr.* I, 131, n° 15. PILOT, dans *Bull. soc. statist. Isère*, A, III, 148 ; *Précis statist. antiq. Isère*, 35. LE BLANT, II, 148-9, 545, n° 465. pl. 369. ALLMER, IV, 434-5, n° 1946. pl. 320ᵃᵇ. HIRSCHFELD, 304, n° 2422.

**391** (552).
Concile de Paris, réuni sur l'invitation du roi Childebert, où on traita *quæ ad ecclesiasticum ordinem vel fidei catholicæ auctoritatem pertinent. Etsycius, episcopus* [de Vienne] *subscripsi. Vellettius, episcopus* [de Gap] *s. Lucretius, episcopus* [de Die] *s. Syagrius, episcopus* [de Grenoble] *s.*
CRABBE, II, 76. SURIUS, II, 654. BARONIUS, 557, 18-25, cf. PAGI, 4. SIRMOND, I, 301. *Coll. reg.* XII, 530. LABBE, V, 811-4. LE COINTE, I, 778-9. HARDUIN, III, 335. COLETI, VI, 487. MANSI, IX, 739-41. MAASSEN, 115-7. HEFELE, *Concgesch.* III², 7-8. *Gallia christ. noviss.* III, 66.

**392** 29 juin (554).
Concile d'Arles, sur la discipline (7 canons). *Honoratus in Christi nomine presbyter missus a domno meo Vellesio episcopo* [de Gap] *subscripsi... a° 43 regni d. n. Childeberti regis, ind. 3.*
SIRMOND, I, 298. LALANDE, 329. *Coll. reg.* XII, 497. LABBE, V, 780-3. LE COINTE, I, 799-800. PAGI, *Crit.* 554, 12. HARDUIN, III, 327. COLETI, VI, 459. MANSI, IX, 702. MAASSEN, 118-21. *Gallia christ. noviss.* III, 66. = HEFELE, *Concgesch.* III², 10-1.

**393** Rome, 16 septembre (556).
Lettre du pape Pélage à Sapaude, évêque d'Arles, dont le messager l'a instruit brièvement d'une nouveauté (la primauté de Vienne ?) qui l'a fortement étonné et sur laquelle il demande à être éclairci. — *Fraternitatis vestræ.*
BARONIUS, 556, 23 (X, 156-7). SIRMOND, I, 1099. BOUQUET, IV, 71. MANSI, IX, 721. LABAT, 3o3. *Patrol. lat.* LXIX, 401. GUNDLACH (W.), dans *Mon. Germ. hist.*, Epist. Merow. I, 69-70. = *Gallia christ. noviss.* III, 66-7. JAFFÉ, 621-941.

**394** Vienne, janvier/février (557).
Epitaphe : [*In h. tom. req.*] *in p.* [*b. m.*]... *penetens..., q.* [*vix.*] *a... 85, obiet in X°...VI X post* [*cons. Basilii v.*] *c. c., inde.* 6.
ALLMER, *Nouv. fouilles St-Pierre,* 31. LE BLANT, II, 589-90, n° 697. ALLMER, IV, 323-5, n° 1822, pl. 279ᵉᵉ. HIRSCHFELD, 259, n° 2085.

**395** 3 février (557).
Le pape Pélage nomme l'évêque d'Arles Sapaude, vicaire du siège apostolique pour toute la Gaule. — *Majorum nostrorum.*
BINIUS, II, 629-30. BARONIUS, 556, 18 (X, 154-5). SIRMOND, I, 307. SAXI, *Pontif. Arelat.* 128. *Coll. reg.* XII, 521. LE COINTE, I, 822-3; II, 565. LABBE, V, 800-1. *Gallia christ. nova,* I, 539. *BOUQUET, IV, 72. MANSI, IX, 725. *Patrol. lat.* LXIX. 405-6. *Bull. Roman.* Taurin. I, 154. GUNDLACH (W.), dans *Mon. Germ. hist..* Epist. Merow. I, 73-4. *Gallia christ. noviss.* III, 67. — FOY (de), I, 35-6. BRÉQ. I. 28. JAFFÉ, 626-944.

**396** (Vers 558).
Sᵗ Ferréol, évêque d'Uzès, dédie à Lucrèce, évêque de Die (*Lucretio papæ*), sa *Regula ad monachos.*
LE COINTE, I, 832-41. *Patrol. lat.* LXVI, 959. = *Gallia christ. nova.* VI, 614. 653.

**397** Pact, 1ᵉʳ avril (558 ?).
Epitaphe : † *H. req. in p. b. m. Valerinus. q. vicxit a. 26, oviit kl. apriles, ind. xexta.*
ALLMER, dans *Rev. épigraph.* II, 132-3, n° 556. CHAPELLE, dans *Bull. soc. archéol.* Drôme, XX, 7-8. HIRSCHFELD, 899, n° 5869.

**398** Vienne, 29 juillet (558).
Epitaphe : *In h. tom. req. in p. b. m. Flurinus. q. vix. a. p. m. 40, obiet in p... septies deces post cons. Basilii v. c. c., inde.* [6¹].
DELORME, dans *Rev. de Vienne,* III. 279; *Descr. musée Vienne.* 283. COLLOMBET, I, 230. LE BLANT. II, 60-1, n° 411, pl. 294. ALLMER. IV. 325-6, n° 1823, pl. 289. HIRSCHFELD, 259, n° 2086.

**399** Paris, 23 décembre (558).
Mort du roi Childebert, après 49 ans de règne : son frère Clotaire s'empare de son royaume et se trouve être seul roi des Francs.
MARII *Chronicon* (BOUQUET, II, 17; *Patrol. lat.* LXXII, 798). — GREGOR. Turon., *Hist. Franc.* IV, 20. (BOUQ. II, 213, cf. 404; *Patrol. lat.* LXXI. 285; éd. Omont, 116). = *Répert.,* Bio, 904.

**400** Vienne, 25 mai (559).
Epitaphe : *In h. tom. req. in p. b. m. Dulcisius diaconus. q. vix. a. p. m. 80, obiet in p... hocsies decis post cons. Basilii v. c. cons. inde. 8 (=7).*
LE BLANT, II, 57-8, n° 405ᵇ, pl. 286. ALLMER, IV, 326-7, n° 1824, pl. 279ᵇˡ. HIRSCHFELD, 259, n° 2087.

**401** Vienne, 19 octobre (560).
Epitaphe : *In h. tom. req. in p. b. m. Liveria enox, q. vix. p. m. 15(65), obiet in p.... XX post cons. Basilii v. c. c., ind.* 9.
LE BLANT, II, 79-80, n° 407, pl. 302 (à 561). ALLMER, IV, 327-8, n° 1825, pl. 278. HIRSCHFELD, 260, n° 2088.

**402** Compiègne. 10 novembre (561).
Le roi Clotaire meurt à l'âge de 95 ans, après 51 ans de règne ; ses fils Charibert, Gontran, Chilpéric et Sigebert se partagent ses Etats : Gontran a le royaume de son oncle Clodomir (Bourgogne), avec Orléans pour capitale.
MARII *Chronicon* (BOUQUET, II, 17; *Patrol. lat.* LXXII, 799). — GREGOR. Turon., *Hist. Franc.* IV, 21-2 (BOUQ. II, 213-4, cf. 404; *Patrol. lat.* LXXI, 286-7; éd. Omont, 118-9). = LE COINTE. I. 866-8. *Répert.,* Bio, 960. SPRUNER-MENKE, *Handatlas,* n° 2. LONGNON, *Atlas histor. France.* pl. 3ᵇ.

**403** (561 593).
Précepte du roi Gontran (*Gontramnus*), confirmant à la cathédrale de St-Maurice de Vienne la possession du monastère de St-André-le-Bas.
L'acte fut porté à Aix-la-Chapelle par l'archevêque Barnard (diplôme du 3 mars 831).

**404** St-Jean-de-Bournay. 30 avril (562).
Inscription d'un anonyme *Caran ? Egnatius ? : Hic natus caranque tuens ex munere jugalem* (8 vers). *...vicies II post consul. Basilii v. c. c., inde.* 10.
DELORME, dans *Rev. de Vienne,* II. 31-2. COLLOMBET, I. 199-201. LE BLANT. II. 146-7. n° 462. pl. 362. ALLMER, IV, 328-31, n° 1826, pl. 259. HIRSCHFELD, 269. n° 2179. GASPARD-PIOLLAT, *St-Jean-de-Bournay* (1889). 161-4.

**405** (563 ?).
Fondation de l'abbaye bénédictine de St-Chef.
*Villa s. Theuderii abbatis Vienne :* MABILLON, *Acta ss. Bened.* I. 679. BOUQUET, III, 470. = *Répert..* Topo. 267-8.

**406** Vienne, 1ᵉʳ juillet (563 ?).
Epitaphe : *In h. tom. req. in p. b. m. Epaefanius..., q. vix. a. p. m. 95, obiit in X°... (22 ou 23) post cons.* [*Basilii*] *v. c. c., ind.* 11.
CHORIER, *Antiq.* 432; 2°, 431. COLLOMBET, I, 198-9. CASTELLANE (de), dans *Mém. soc. archéol. Midi,* II, 188. *Dict. d'épigraphie,* II, 1184. LE BLANT, II, 59, n° 407. ALLMER, IV, 331-2, n° 1827, pl. 289. HIRSCHFELD, 260, n° 2089.

**407** Tourdan, 14 août (564).
Epitaphe : † *H. req. in p. b. m. Adica, q. vix. a. 6 et m. 3, obiat in X°... vices it. ter post consol. Basilii v. c. c., index.* 13.
LE BLANT, II, 150-1, n° 466ᵉ, pl. 368. ALLMER, IV, 333-4, n° 1828, pl. 280. HIRSCHFELD, 270, n° 2187.

**408** Trept, (565).
Epitaphe : ... *xxv post cons. Justini(i), ind.* 13.
ALLMER, IV, 334-5, n° 1829, pl. 279ᵇ. HIRSCHFELD, 297, n° 2367. LE BLANT, *Nouv. rec.* 120, n° 101.

**409** 12 novembre (vers 565).
Epitaphe d'Hésychius II, évêque de Vienne : *Præsulis junctum tumuloque Aviti* (6 strophes de 4 vers).
Ms. : Paris, Bibl. Nat., lat. 2832, 113ᵇ. — BOSCO (J. a), 35-6. BARTHIUS, *Advers.* 700. DU CHESNE, H. F. s. I, 515. LE LIÈVRE. 150. *Gallia christ. vet.* I, 793. CHORIER, *Antiq.* 316-7; 2°, 315. LE COINTE, I, 583. BOUQUET, II, 533. CHARVET, 632, cf. 103. COLLOMBET, I, 183. PILOT, *Rech. antiq. Dauph.* I, 251. MICHEL

(Ad.), *Anc. Auvergne et Velai*, I, 323. ALLARD (Guy), *Dict. du Dauph.* (1864), I, 646. *Gallia christ. nova*, XVI, 25-6. LE BLANT, II, 74-6, n° 413. TERREBASSE, *Inscr.* I, 84-8. PEIPER, *Aviti Opp.* 187-8. DUCHESNE, *Fastes*, I², 190. = *Bull. hist.-archéol. Valence*, XX, 172-3. *Répert.*, Bio, 2279.

**410** Vienne, 23 avril (551 ?, 566).
Epitaphe : *In h. tom. qui. in p. b. m. famola Dei Dulcitia ..., q. vix. p. m. a. 35 ; obiit in p... post cons. Basili v. c. cons., ind. 14.*
CHORIER, *Antiq.* 50 ; 2°, 55. ZACCARIA, *De usu Inscript. christ.* 44, 46. GENER, *Theolog. dogmat.-scholast.* V, 421. MAFFEI, *Galliæ antiq.* 95, n° 25. MURATORI, *Thes. vet. inscr.* 427, n° 4. CANNEGIETER, *De mutata nominum ratione*, 68. CASTELLANE (de), dans *Mém. soc. archéol. Midi*, II, 198. COLLOMBET, I, 197. *Dict. d'épigraphie*, II, 1186. CLINTON, *Fasti Rom.* II, 208. LE BLANT, II, 58-9, n° 406 (à 564 ou 579). ALLMER, IV, 322-3, n° 1821. HIRSCHFELD, 260, n° 2090.

**411** Vienne, 1ᵉʳ novembre (566).
Epitaphe : ... *pauperebus pia, mancipiis benigna..., q. vix. a. p. m. 65, obiit in p... XXVI post cons. Basili v. c. c., ind. 14.*
Rossi, *Inscr. christ. Romae*, I, xlviij. LE BLANT, II, 122-4, n° 430, pl. 323 (à 567). ALLMER, IV, 335-7, n° 1831, pl. 320°. HIRSCHFELD, 260, n° 2091.

**412** (567 ou 570).
Concile de Lyon, où l'on promulgua six canons de discipline. Les évêques Salonius d'Embrun et Sagittarius de Gap y furent déposés comme suffisamment convaincus des crimes dont on les accusait. *Philippus in Christi nomine, episcopus ecclesiæ Viennensis, constitutionibus nostris subscripsi. Valesius, presbyter directus a domno meo Siagrio episcopo ecclesiæ Gratianopolitanæ, s. Vincentius, presb. dir. a d. m. Lucretio episcopo eccl. Diensis. s. Eusebius p. d. a d. m. Victore e. Tricastinorum. s. Astemius diaconus d. a d. m. Maximo e. e. Valentinæ s.*
SURIUS, II. 677-8. BARONIUS, 570, 23-4 (X, 269) ; cf. PAGI, 7. BINIUS (1606), II, 661-2 ; (-18), II², 231-3 ; (-36), IV, 445-7. SIRMOND, I. 325-8. *Coll. reg.* XII, 585-90. LE COINTE, II, 86-7 (170-1 ; V, 21, 518) ; VI, 286-7. LABBE, V, 847-51. HARDUIN, III, 353-6. COLETI, VI, 529-34. MANSI, IX, 785-90. LABAT, 1164. MAASSEN, 139-41. BOUQUET, II, 306,-7,-9, 310 ; III, 79-80, 99, 102,-3, 223-4, 246,-9, 250,-2.
GREGOR. TURON. *Hist. Franc.* v, 21 (BOUQUET, II, 247-8 ; éd. Arndt, 217-8 et les autres indiq. par MARTIN, 46, 2578 ; *Patrol. lat.* LXXI, 340-1). = SEVERT, *Lugdun.* 2°, 106-7. PARDESSUS, I, 130. COLLOMBET, I, 169-71. R. GEN. 69. HEFELE, *Concgesch.* III², 21-2. *Gallia christ. noviss.* I, 454-5 ; IV, 32-3. DUCHESNE (L.), *Fastes*, I², 371.

**413** (Vers 567 ou 570).
Lettre du pape Jean III à Gontran, roi de Bourgogne, ordonnant de rétablir sur leur siège les évêques Salonius d'Embrun et Sagittarius de Gap, qui avaient été déposés au concile de Lyon.
GREGOR. TURON. *Hist. Franc.* v, 21 ; BOUQUET, II, 248. *Patrol. lat.* LXXI, 341. = JAFFÉ, 681-1040.

**414** (Vers 567).
Aimé *(Amatus)*, abbé de Remiremont, naît de parents nobles *ex Romana stirpe in suburbano Gratianopolitanæ civitatis.*
*Vita s. Amati abb. Habendensis*, dans MABILLON, *Acta ss. Bened.* II, 130, n° 2. *Acta ss. Bolland.*, sept. IV, 103. = *Hist. litt. France*, III, 442. *Répert.*, Bio, 82. *Bibl. hagiogr. lat.*, n° 358.

**415** 17 novembre (vers 567).
Epitaphe de sᵗ Naamat, évêque de Vienne : *Humanos quicumque tremens sub pectore casus* (33 vers).
Ms. : Paris, B. N., l. 2832, 112ᵇ. — DU CHESNE, *H. F. s.* I, 516. Bosco (J. a), 36-7. BARTHIUS, *Advers.* 701. LE LIÈVRE, 152-3. *Gallia christ. vet.* I, 795. CHORIER, *Antiq.* 292-3 ; 2°, 295-6. LE COINTE, I, 783, 831 (à 558). BOUQUET, II, 534-5. CHARVET, 632-3. COLLOMBET, I, 184-5. PILOT, *Rech. antiq. Dauph.* I, 252. *Gallia christ. nova*, XVI, 26. LE BLANT, II, 96-9, n° 425. TERREBASSE, I, 89-98. PEIPER, *Aviti Opp.* 188-9. *ALLMER, IV, 337-8. DUCHESNE, *Fastes*, I², 190-1. = CHORIER, *H. de D.* I, 494.

**416** (Après 567).
Epitaphe ou pièce élégiaque à la mémoire d'Euphrasie, épouse de sᵗ Naamat, évêque de Vienne, par FORTUNAT, évêque de Poitiers (IV, 27) :
*Si pietatis opus nunquam morietur in ævo...*
*Vir cui Namatius, datus inde Vienna sacerdos :*
*Conjuge defuncto, consociata Deo.* (11 distiques).
BARONIUS, a. 588, n. 22 (X, 496°). DU CHESNE, *H. F. s.* I, 484. *Gallia christ. vet.* IV, 795. BOUQUET, II, 499-500. VEN. FORTUN. *Opera* (Romæ, 1786). *Patrol. lat.* LXXXVIII, 176-8. LE BLANT, II, 99-100. ALLMER (1876), IV, 338-40. Trad. : COLLOMBET, I, 185-6. = TERREBASSE, *Inscr.* I, 93-4. *Répert.*, Bio, 1408.

**417** (569).
Les Lombards envahissent la Gaule. Le patrice Amatus[1], qui veut les chasser, est battu et tué : *In finitima loca Galliarum ingredi præsumpserunt (Langobardi), ubi multitudo captivorum gentis ipsius venundata est.*
MARII *Chronicon* (BOUQUET, II, 18 ; *Patrol. lat.* LXXII, 799-800) ; *Mém.-Doc. Suisse rom.* XIII, 39). — GREGOR. TURON. *Hist. Franc.* IV, 42 (BOUQUET, II, 224 ; *Patrol. lat.* LXXI, 304 ; éd. Arndt, I, 175-9 ; Omont, 132. = LE COINTE, II, 106-9. CHORIER, *H. de D.* I, 604.

**418** Vienne, 21 décembre (570).
Epitaphe : *In h. tum. req. in p. famolus Dei Pompedius, q. v. a. p. m. 12, ob. in p... xxx post cons. Basili v. c. cons., ind. 4.*
LE BLANT, II, 105-6, n° 432, pl. 311. ALLMER, IV, 340-1, n° 1834, pl. 279ᵇⁱˢ. HIRSCHFELD, 260, n° 2092.

**419** (571).
Les Lombards envahissent de nouveau la Gaule et parviennent jusqu'à Chamousse *(Muslias Calmes)*, près d'Embrun. Mummolus s'avance contre eux avec des Bourguignons et les bat.
GREGOR. TURON. *Hist. Franc.* IV, 42 (BOUQUET, II, 224 ; *Patrol. lat.* LXXI, 304 ; éd. Omont, 132). = LE COINTE, II, 125-6.

**420** 19 juillet (572) ?
Lettre de Jean III aux évêques des provinces de Germanie et de Gaule, au sujet des chorévêques. — *Optaveram siquidem.*
*Epist. summ. Pontif.* I, 624. BLONDEL, *Pseudo-Isidor.* 613. *Coll. Reg.* XII, 549. HARDUIN, III, 339. MANSI, IX, 756. *Patrol. lat.* LXXII, 13. HINSCHIUS, *Decret. Pseudo-Isidor.* 715. = BRÉQ. I, 31. JAFFÉ, cxxxiv-1042. — Pièce fausse.

**421** (Avant 573).
*Heroas Christi geminos hæc continet aula :*
*Julianum capite, corpore Ferreolum.*
Grégoire de Tours, venu de Lyon à Vienne, lit ce

1. Voir la liste des patrices de Provence avec textes à l'appui dans KIENER (F.), *Verfassungsgeschichte der Provence.. (510-1200)*; Leipzig, 1900, 263-75. Cf. *Répert.*, Topo, 2304.

distique au jubé de l'ancienne église de St-Ferréol au delà du Rhône.

*De gloria martyrum*, II, 2 (*Patrol. lat.* LXXI, 803). — BARONIUS, VIII, 334. SIRMOND, I, 1716. SAVARO, Notæ au Sidon. 415. SIRMOND, N. ad S. 71. CHORIER, *Antiq.* 98 ; 2', 103. *Acta ss. Bolland.*, maii II, 630 ; sept. V, 761ᵇ. MAI, *Script. vet. nova coll.* V, 133. CASTELLANE (de), dans *Mém. soc. archéol. Midi*, II, 197. COLLOMBET, I, 65. *Dict. d'épigraphie*, II, 1182. 1185. LE BLANT, II, 78-9, n° 415ᵃ. TERREBASSE, *Inscr.* I, 99-108; *Opusc.* 145-62.

**422** (Moisson 573).

Revenus en Italie, les Saxons rentrent en France en deux corps, l'un par Nice, l'autre par Embrun, et se réunissent sur le territoire d'Avignon.

GRÉGOR. TURON. *Hist. Franc.* IV, 43 (BOUQUET, II, 225 ; *Patrol. lat.* LXXI, 304-5 ; éd. Arndt, I, 176 ; Omont, 133).

**423** Vienne, 1ᵉʳ septembre (573).

Epitaphe : *…quæ vix. a. 7 et m. p. m. 10; ob. in p… xxxiii post cons. Basili v. c. c., ind. 6.*

DELORME, dans *Journ. de Vienne* (1853), n° 40. *Moniteur universel* (1853 oct. 4). *Journ. de l'instruct. publ.* (1853), 791. ROSSI, *Inscr. christ. Romae*, I, xlvij. LE BLANT, II, 121-2, n° 449, pl. 321. LEBLANC (J.), dans *Congrès archéol.* XLVI, 28. ALLMER, IV, 341-2, n° 1835, pl. 320ᵈ. HIRSCHFELD, 260, n° 2093.

**424** 11 septembre (573).

Concile de Paris, au sujet de Pappolus, évêque de Chartres, et de Promotus, évêque de Châteaudun. *Phylippus in Christi nomine Viennensis ecclesiæ episcopus hanc constitutionem nostram subscripsi. Lucritius* ou *L-ret-s acsi peccator in C. n. ep. ec. Deinsis c. n. s. Item Salunius in C. n. ep. ec. Ebridanensis c. n. s. Sagitarius in C. n. ep. ec. Vappicensis. c. n. s. Esychius ou Is-s in C. n. ep. ec. Gratianopolitanæ c. n. s. Victor in C. n. ep. ec. Trecastinæ c. n. s.* Lettre au roi Sigebert. *Humelis vester Phylippus reverenter audeo salutare* (et autres)*… A° 12 regum d. n., ind. 6. Parisius.*

Ms. : Paris, B. N., l. 12097, 163. — SIRMOND, I, 354-4. *Coll. reg.* XII, 699-704. LABBE, V, 918-23. LE COINTE, II, 135-7. RUINART, *Gregor. Turon. app.* 1432. DUBOIS, *Hist. eccl.* Paris. I, 105. HARDOUIN, III, 403-6. COLETI, VI, 601-6. MANSI, IX, 866-70. BOUQUET, V, 79-80. LABAT, 1195-9. *Patrol. lat.* LXXII, 1123. MAASSEN, 147-51. = PARDESSUS, I, 142. BRÉQ. I, 32. *R. Gen.* 70. *N. Archiv.* XIV, 336. HEFELE, *Concgesch.* III², 31-2. COLLOMBET, I, 171-3. *Gallia christ. noviss.* IV, 33.

**425** (574).

Trois chefs Lombards, Amon, Zaban et Rhodanus, envahissent les Gaules. Amon, parti d'Embrun, descend jusqu'à *Macho villam* (St-Saturnin ?), au territoire d'Avignon *(Avennici)*, concédé par le roi (Gontran) à Mummole ; il soumet la province d'Arles, qu'il dépeuple d'hommes et de troupeaux. Zaban passe à Die et vient mettre le siège devant Valence, pendant que Rhodanus déployait ses tentes à Grenoble. Mummole, ayant appris la reddition de cette dernière ville, y accourt ; il traverse l'Isère avec son armée et massacre les Lombards ; Rhodanus, blessé, gagne les hauteurs avec 500 hommes qui lui restent et, à travers bois, va rejoindre Zaban à Valence. Après avoir ravagé la contrée, ils lèvent le siège et se retirent à Embrun, où Mummole vient leur livrer bataille avec une armée innombrable. Les Lombards, taillés en pièces, repassent en Italie avec peu de chefs seulement.

GRÉGOR. TURON. *Hist. Franc.* IV, 45. (BOUQUET, II, 226; *Patrol. lat.* LXXI, 306-7; éd. Arndt, 178-9; Omont, 134-5). PAULI diac. *Gesta Langobardorum*, I. III, c. 8 (*Patrol. lat.* XCV, 506-7). = CHORIER, *H. de D.* I, 605 ; 2', 470. LE COINTE, II, 139-43.

**426** 29 octobre (vers 575).

Mort de sᵗ Theudère, abbé à Vienne, transféré *a loco ubi dicitur Vallis Rupiano* (Clément DURAND).

Ms. : St-Gall, 566 (IXᵉ s.), 121-6. — *Brev. Viennense* (1489), qqvj⁻ ; (1522), cccxcij-iiij. *Vita s. Theuderii*, auct. ADONE epise. Viennensi. *Vie de sᵗ Theudère* (1618), A 6ᵇ-E 2ᵇ. *Officium s. Theuderii* (1667). 5-19. MABILLON, *Acta ss. Bened.* I, 678-81 ; 2', 217-20. *BOUQUET, III, 470. *Patrol. lat.* CXXIII, 443-50. *Acta ss. Bolland.*, oct. XII, 840-2. KRUSCH (BR.), dans *Mon. germ. hist.*, Scr. Merov. III, 526-30. = BOLLAND., *Bibl. hagiog. lat.*, 8130. *Répert.*, Bio, 4448. GROSPELLIER (A.), dans *Bull. hist.-archéol. Valence*, XX, 11-3.

**427** (577).

Après la mort de ses deux fils Clotaire et Clodomir, le roi Gontran adopte comme héritier de son royaume son neveu Childebert, fils de Sigebert et roi d'Austrasie.

MARII *Chronicon* (BOUQUET, II, 18 ; *Patrol. lat.* LXXII, 800 ; *Mém.-doc. Suisse rom.* XIII, 41). — GRÉGOR. TURON., *Hist. Franc.* V, 17-8 (BOUQ. II, 242-3 ; *Patrol. lat.* LXXI, 332 ; éd. Omont, 161-2). = FOY (de), I, 43.

**428** Vienne (577 ?, 597 ?).

Epitaphe : † *In h. tom. req. in p. b. m. infantola nom. Witildes, q. vix. a. 2 et m. 3 ; obiit in p… xxxxvii post* [*cons.*] *Basili v. c. c., ini. 14.*

ALLMER, *Nouv. fouilles St-Pierre*, 29. LE BLANT, II, 130, n° 458, pl. 398 ; 585-6, n° 690. ALLMER. IV, 346-8, n° 1837, pl. 279ʳ, 320ᵇⁱˢ. HIRSCHFELD, 261, n° 2095.

**429** (579).

Concile réuni à Chalon-sur-Saône *(Cavellorum)* sur l'ordre du roi Gontran, pour juger de nouveau les évêques Salonius d'Embrun et Sagittarius de Gap. Convaincus de plusieurs crimes, ils sont déposés de leurs sièges et internés dans la basilique de St-Marcel.

MARII *Chronicon*. (BOUQUET, II, 800 ; *Mém.-doc. Suisse rom.*, XIII, 41 ; *Mon. germ. hist.*, Auct. antiq. XI, 239). — GRÉGOR. TURON. *Hist. Franc.* V, 28 (BOUQUET, II, 250 ; *Patrol. lat.* LXXI, 345-6 ; éd. Arndt, I, 222 ; Omont, 174). LABBE, *Conc.* V, 963. BARONIUS, 582, 9 ; cf. PAGI, *Crit.* 4. SIRMOND, I, 367-9. *Coll. Reg.* (1644), XIII, 52. [BERTAUD], *Ill. Orband.* II, pr. 1. LABBE, V, 963-j. HARDUIN, III, 447. COLETI, VI, 639. MANSI, IX, 579. MAASSEN, 151-2. = LE COINTE, II, 193. BOUQUET, II, 409, 696. HEFELE, *Concgesch.* III², 35-6. *Gallia christ. noviss.* IV, 33.

**430** (Vers 579).

Du temps du roi Gontran, une femme du nom de Tigris, originaire de Valloire *(Volascis)*, au territoire de Maurienne, ayant appris de pèlerins qui se rendaient de Jérusalem en Ecosse que le corps de sᵗ Jean-Baptiste avait été enseveli à Samarie, aujourd'hui Sébaste, puis transféré à Alexandrie, se procure de ses reliques et se met à construire une église en son honneur à Maurienne. Le roi Gontran en ayant été informé, la fait achever et ordonne au métropolitain Isicius, évêque de Vienne, de la consacrer ; puis il fait réunir un concile à Chalon (579). Il constitue Felmase pour premier évêque de Maurienne et soumet cette église à celle de Vienne, avec le consentement du pontife romain. — *Auctoritas quod*. — Faux composé vers 910/1.

Mss. : Paris, Bibl. Nat., lat. 1452, 202 ; 3887 ; Baluze, arm.

V, 144 ; Estiennot, Fragm. Aquit. IV, 87-9. Saint-Jean-de-Maurienne, arch. de l'évêché (X° s.). — LABBE, V, 963-4. GREGORII Turon. *Opp.* ed. Ruinart, 1342-4. HARDUIN. III. COLETI, VI, 649-50. MANSI, IX, 921-2. CIBRARIO e PROMIS, *Docum.* 324-5. TROYA, *Cod. diplom. Longob.* (1845). 40-2; (1852), I, 79-83. *Patrol. lat.* LXXI, 1169-70. BILLIET (A.), dans *Mém. acad. Savoie*, B. IV, 190-1 (à part, 14-5); et ALBRIEUX, dans *Doc. acad. Savoie*, II, 8-10. *Gallia christ. nova*, XVI, 613-4. CHEVALIER (U.), *Cart. St-André-le-Bas*, 211. KRUSCH (Br.), dans *Mon. Germ. hist.*, Ser. Merov. III, 533-4. = CHARVET, 104-5. BORDIER, *Miracles s' Grégoire Tours*, I, 44. MÉNABREA, *Orig. féod.* 237-8. LE BLANT, *Inscr.* I, 26. TERREBASSE, *Inscr.* I. 86. GUNDLACH, dans *Neues Archiv.* XV, 63. MOLINIER-KOHLER, *Itin. Hieros* II, 1, 232-3. ROMAN (J.), dans *Mém. soc. antiq. France*, LVII, 208-9. GROSPELLIER (A.), dans *Bull. hist.-archéol. Valence*, XX, 173-4. DUCHESNE (L.), *Fastes*, I², 213.

**431** Vienne, 9 mars (579).
Inscription de Silvia, mère du patrice Celsus. *Quisquis lucifero sortitur munere seclum* (11 distiques). [*Cujus d epositio est... [tricies] novies post. consul. Basili v. c. c., ind. 12.*

Ms. : Paris, Bibl. Nat., lat. 2839 (IX° s.), 115. — DU CHESNE, H. F. s. I, 516. BOUQUET, II, 535. DUBOS, *Établiss. de la monarchie Franç.* II, 511. LOEBEL, *Gregor v. Tours u. seine Zeit*, 169, n° 4. LE BLANT, dans *Bull. soc. antiq. France* (1860), 147. ALLMER, *Découv. tombeaux St-Pierre*, 29; dans *Mém. acad. Lyon.* IX, 324. LE BLANT, I, 320-1, n° 221; II, 111-6, n° 438°, pl. 304. ALLMER, IV, 342-5, n° 1836, pl. 279³⁰. LEBLANC, dans *Congrès archéol.* XLVI, 36. PEIPER, *Aviti Opp.* 189-90. HIRSCHFELD, 260, n° 2094.

**432** St-Laurent-de-Mure, 23 janvier (VI° siècle avancé).
Epitaphe : *In h. tom. req. b. m. Viliaric, pater pauperorum, q. vix. a. 85 ; obiit in p..., ind. 8.*

LE BLANT, II, 23-4, n° 386. pl. 268. ALLMER, IV, 428-9, n°1938, pl. 320⁵. HIRSCHFELD, 266, n° 2150.

**433** (580 ?).
Guérison dans la basilique de St-Martin-de-Tours d'un lunatique, nommé Landulfe, du territoire de Vienne.

GREGORII Turon. *De virtutibus s. Martini.* I. II, c. 18 (*Patrol. lat.* LXXI, 948-9 ; éd. Arndt, 615).

**434** (Avant 581).
Notice sur Isicius (ou Hesychius II), évêque de Vienne. Il consacra l'église de Maurienne en l'honneur des reliques de s' Jean-Baptiste, apportées de Jérusalem à Suze et ordonna son premier évêque Felmase, sur l'ordre du roi Gontran ; Gontran a soumis l'église de Maurienne à celle de Vienne avec tous ses pagi. — *Carta de Mauriennia et de Seusia.*

CIBRARIO e PROMIS, *Docum.* 323. BILLIET (A.), dans *Mém. acad. Savoie*, B, IV, 189-90 ; et ALBRIEUX, dans *Doc. acad. Savoie*, II, 7-8. GROSPELLIER (A.), dans *Bull. hist.-archéol. Valence*, XX, 172. = Voir la bulle du 18 juin 908.

**435** (581).
Concile de Lyon, où l'on traite de la querelle entre Mummolus, duc et comte d'Auxerre, et le roi Gontran ; des évêques dauphinois y assistèrent vraisemblablement.

GREGOR. Turon. *Hist. Franc.* VI. 1 (BOUQUET, II, 266 ; *Patrol. lat.* LXXI, 371; édd. Arndt, I, 245; Omont, 197). MAASSEN, 153. = MARTIN, 50.

**436** Mai (583).
Concile de Lyon, où l'on promulgue 6 canons sur le mariage des clercs, les prisonniers, les religieuses, l'inceste et les lépreux. *Evantius in Christi nomine episcopus ecclesiæ Viennensis constitutionibus nostris subscripsi. Isilius in C. n. e. e. Gratianopolitanæ c. n. s. Ragnoaldus in C. n. e. e. Valentinæ s.* Il y eut dix *missi episcoporum... A° 22 regni glos. d. Guntramni regis.*

Ms. : Paris B. N., l. 3855 (XIV° s.). — SURIUS, II, 680-1. BARONIUS, 587, 28; cf. PAGI, 5. BINIUS (1606), II, 700-1; (-18), II², 265-6 ; (-36), IV, 486-7. SIRMOND, I, 377-8. *Coll. Reg.* XIII, 66-9. LABBE, V, 973-5. LE COINTE, II, 236-7. HARDOUIN, III, 465-6. COLETI. VI, 665-8. MANSI, IX, 941-4. LABAT, 1283-8. MAASSEN, 153. 5. = SEVERT, *Chron. Lugdun.* 2°, 112-3. COLLOMBET, I, 174-5. HEFELE, *Concgesch.* III², 578-9. DUCHESNE (L.), *Fastes*, I°, 371-2.

**437** 1er novembre (581 ou 583).
Concile de Mâcon où l'on traite de la discipline et des Juifs en 20 canons. *Evantius Viennensis ecclesiæ episcopus constitutionem nostram subscripsi. Victor episcopus Trecastinensis s. Esychius episcopus Gratianopolitanus s. Rignoaldus episcopus Valentinensis s. Evantius peccator e. V. c. n. subs. Usicius ep. e. Grecinopolitani c. n. s. Victor ep. e. Tricassine c. n. s. Regnoaldus ep. e. Valentone s... a° 22 regni d. Gunthramni regis..., ind 15.*

Mss. : MAASSEN, 155 ; MARTIN, 52, 2582. — CHABBE, II, 89. BARONIUS, *Ann.* (1597), 582. 10-2 ; cf. PAGI, *Crit.* (1689), 5. SURIUS, II, 678-80. BINIUS (1606), II, 699 ; (-18), II², 264 ; (-36), IV, 484. SIRMOND, I, 379-80. *Coll. Reg.* XIII, 55-62. LE COINTE, II, 237-44. LABBE, *Conc.* (1672), V, 966-73. HARDOUIN, III, 449-54. COLETI, VI, 658-62. MANSI, sup. I, 446; IX, 931-6. LABAT, 1243. RAGUT, *Cartul. St-Vincent de Mâcon*, ccxxxiij-xl. MAASSEN, 155-61. = SEVERT, *Chr. Lugd.* 2°, 110-1. PARDESSUS, I, 147. COLLOMBET, I, 174. HEFELE, *Concgesch.* III², 36-8. DUCHESNE, *Fastes*, I¹, 371-2.

**438** (585).
*Magna hoc anno fames pœne Gallias tolas oppressit.....*
GREGOR. Turon. *Hist. Franc.* VII, 45 (BOUQUET, II, 311; *Patrol. lat.* LXXI. 445; éd. Arndt, I, 322).

**439** (23 mai) 22 juin (584 ou 585).
Concile de Valence (*in urbe Valentina*) tenu sur l'ordre du roi Gontran ; on y confirme les donations faites par ce prince aux églises de St-Marcel[-lès-Chalon] et de St-Symphorien [d'Autun]. *Evantius in Christi nomine episcopus ecclesiæ Viennensis subscripsi. Isicius in C. n. e. e. Gratianopolitanæ s. Ragnoaldus in C. n. e. e. Valentinæ s. Aridius in C. n. e. e. Vapincensis s. Eusebius in C. n. e. e. Tricassinæ s. ...A° 24 regni glorios. d. Guntramnir. ind. 2.*

SURIUS, II, 681. BARONIUS, 589, 1-3 ; cf. PAGI, 2. BINIUS (1606), II, 705 ; (-18), II², 271 ; (-36), IV, 493. SIRMOND, I, 379-80. *Coll. reg.* XIII, 69-70. LE COINTE, II, 279-80. LABBE, V, 976-7. BOUQUET, IV. 107-8. HARDOUIN, III, 457. COLETI, VI, 669. MANSI, sup. I, 453; IX, 945-6. LABAT, 1289. MAASSEN, 162-3. = CHORIER, I, 609. CELLIER, XVI, 800. CHARVET, 109. COLLOMBET, I, 175. R. Gen. 71. HEFELE, *Concgesch.* III², 39. *Gallia christ. noviss.*, III, 69; IV, 33. DUCHESNE (L.), *Fastes*, I°, 372 (584).

**440** (23 octobre ? 585).
Concile de Mâcon, où 66 évêques présents ou représentés promulguèrent 20 canons de discipline. Par le dernier, on décida qu'un concile se tiendrait tous les trois ans ; le métropolitain de Lyon était chargé des convocations. *Evantius episcopus ecclesiæ Viennensis subscripsi. Esilius e. e. Gracinopolitane s. Ragnoaldus e. e. Valentine s. Aridius e. e. Vappicensis s. Emeritus e. e. Ebridunensis s. Missi... : Pauli episcopi a Dea. Eusebius episcopus ecclesiæ Tricassinorum ou T-sli-m s.*

Mss. : MAASSEN, 163. CRABBE, II, 90. SURIUS, II, 682-5. BARONIUS, 588, 10-22 ; cf. PAGI, 10. BINIUS (1606). II, 701-3 ; (-18), II¹, 266-9 ; (-36), IV, 487-90. SIRMOND, I, 381-9, *Coll. reg.* XIII, 73-87. LALANDE, 59. LABBE, V, 979-93, 1853. LE COINTE, II, 985-96. HARDUIN. III, 459-65. COLETI, VI, 671-80. MANSI, IX, 947-57. BOUQUET, IV, 108-9. RAGUT, *Cartul. St-Vincent de Mâcon*, ccxl-lij. MAASSEN, 163-73. — GREGOR. Turon. *Hist. Franc.* VIII, 12 et 20 (BOUQUET, II, 317, 321-2 ; *Patrol. lat.* LXXI, 455, 462). = COLLOMBET, I, 174. PARDESSUS, I, 154. PRIGNOT (G.), *Du célèbre concile de Mâcon tenu en 585*, dans *Deux Bourgognes* (1836). I, 189-97. RIANCEY (Henry de), *Sur le prétendu concile qui aurait décidé que les femmes n'ont pas d'âme*, dans *Ann. philos. chrét.* (1851), D, IV, 64-70. *R. Gen.* 72. H., La question de l'âme des femmes, dans *Controverse* (1881), II, 438-9. KURTH (Godef.). Le concile de Mâcon et les femmes, dans *Rev. d. quest. hist.* (1892), LI, 556-60. *Gallia christ. noviss.*, III, 69 ; IV, 34. HEFELE, *Concgesch.* III², 39-41.

**441** Péronne, 10 novembre (585).

Précepte du roi Gontran adressé aux évêques, prêtres et juges de ses états, pour l'observation des dimanches et fêtes, et la punition des coupables. — *Per hoc supernæ...*

BARONIUS, 588. 23-9 (X, 426-8). BINIUS. II. 703-4. SIRMOND, I, 390. *Coll. Reg.* XIII, 92. LABBE, V, 991-3. BALUZE, *Capit.* I, 9-12. LE COINTE, II, 294. LE MAIRE, *Mém. du clergé*, V, 1240. HARDOUIN, III, 467. *Preuv. libertés. égl. Gallic.* IV, 74. GOLDAST, *Const. imp.* III, 534. BOUQUET, IV, 116-7. MILLE, *Hist. de Bourg.* I, 353-7. LABAT, 1307. PARDESSUS, I, 155-6. RAGUT, *Cartal. St-Vincent de Mâcon*, cclij-iv. PERTZ, *Mon. Germ. hist.*, Leg. III, 3. = BRÉQ. I, 33.

**442** (586).

*Obiit et Evantius Viennensis episcopus, in cujus sede Virus, presbyter, de senatoribus, rege eligente, substituitur.*

GREGOR. TURON. *Hist. Franc.* VIII, 39 (BOUQUET. II. 330 ; *Patrol. lat.* LXXI. 476 ; éd. Arndt, I, 352). = LE COINTE, II. 307.

**443** Andelot, 28 novembre (587).

Traité de paix entre Gontran, roi [de Bourgogne], Childebert, roi [d'Austrasie] et la reine Brunehaut. Après s'être promis protection mutuelle, ils décident qu'en cas de décès de l'un d'eux sans enfants mâles, le survivant exigera tout le royaume du défunt. A° 26° regn. d. Guntchramni r., d. Childeberti v. 12°. — *Cum in Christi.*

GREGOR. TURON. *Hist. Franc.* IX, 20 (BOUQUET, II, 343-5 ; *Patrol. lat.* LXXI, 498-500). SIRMOND, I, 393. *Coll. Reg.* XIII, 96. LABBE, V, 993-5. BALUZE, *Capitul.* I, 11-6. COLETI, VI, 687-90. MANSI, IX, 968. PARDESSUS, *Diplom.* I, 157-9. MILLE, *Hist. de Bourg.* I, 357-63. PERTZ, *Mon. Germ. hist.*, Leg. III, 5.

GREGOR. TURON., *Hist. Franc.* IX, 11 (BOUQUET, II, 339 ; *Patrol. lat.* LXXI, 490. FREDEGARII *Chron.* 7 (BOUQ. II. 418 ; *Patrol. lat.* LXXI, 613). Etc. — GOLDAST, *Constit. imper.* I, 13. FAUCHET, *Œuvres*, 134. TARAUD, *Ann. de France*, 336. LE COINTE, II, 329-31. ECKHARD, *Franc. Orient.* I, 136. = FOY (de), I, 47. BELIN DE LAUNAY (Jul.), *Du traité d'Andelot considéré sous les points de vue historique et politique*, 1843. 8°. — LONGNON, *Atlas histor. France*, pl. 4¹.

**444** (Vers 588).

Le roi Gontran envoie le duc Mero à Maurienne pour terminer le différend entre [Emeritus], archevêque d'Embrun, et Leporius, évêque de Maurienne au sujet des limites de leurs diocèses. On place des bornes, avec le consentement du concile et du s. palais, à Briançon de Savoie, Rame, la rivière du Bréda *(Baydra)* et *Vologia* (Valgioje), en Italie.

*Acta ss. Bolland.*, jun. V, 72-5 ; 3°, VII, 63-8. BOUQUET, III, 467. BESSON. *Mém. dioc. Savoie*, (477-8) (1754). pr. 47, 80, 94. BILLIET, dans *Mém. acad. Savoie*, B, IV, 307-8 (à part, 31-2). GUILLAUME (P.), dans Marc. FORNIER, *Hist. Alpes marit.* I, 320. = ROMAN, I°. MANTEYER, *Provence*, 175.

**445** Chalon-sur-Saône, 18 avril (588).

Grégoire, évêque de Tours, et Félix, prêtre, envoyés par le roi Childebert à son oncle Gontran, obtiennent de lui la confirmation du traité d'Andelot, notamment en ce qui concerne l'attribution du royaume au dernier vivant.

GREGOR. TURON. *Hist. Franc.* IX. 20 (BOUQUET, II, 343-6 ; *Patrol. lat.* LXXI, 497-502).

**446** 1ᵉʳ juin (588).

Le roi Gontran convoque à un concile les métropolitains avec leurs provinciaux, afin que *quæ irrationabiliter in regione propria fiebant, sanctione sacerdotali emendarentur.*

GREGOR. TURON. *Hist. Franc.* IX, 20 (BOUQUET, II, 346 ; *Patrol. lat.* LXXI, 502 ; éd. Arndt, I, 378). MAASSEN, 174.

**447** 588.

... *Tunc ferebatur Massiliam a lue inguinaria valde vastari et hunc morbum usque ad Lugdunensem vicum, Octavum nomine* [St-Symphorien-d'Ozon, Isère], *fuisse celeriter propalatum. Sed Rex* (Gontran), *ac si bonus sacerdos... jussit omnem populum ad ecclesiam convenire et Rogationes summâ cum devotione celebrari*, etc.

GREGOR. TURON. *Hist. Franc.* IX, 21 (BOUQUET, II, 347 ; *Patrol. lat.* LXXI, 502-3 ; éd. Arndt, I, 379).

**448** 1ᵉʳ novembre (589).

Le roi Gontran réunit en concile les évêques de son royaume au sujet de la reine Brunehaut : *Multi de extremis partibus Galliarum ad hunc conventum properantes, de via regressi sunt, pro eo quod Brunichildis regina se ab hoc crimine exuit sacramentis.*

GREGOR. TURON. *Hist. Franc.* IX. 32 (BOUQUET, II. 351 ; *Patrol. lat.* LXXI. 510 ; éd. Arndt, I, 386). MAASSEN. 114-5.

**449** 589.

Lettre de dix évêques du royaume de Gontran, dont celui de Grenoble, à ceux de Bordeaux, d'Angoulême et de Périgueux, pour adhérer à l'excommunication prononcée contre les religieuses de Sainte-Radegonde de Poitiers. — *Cliens vester Hesychius reverenter audeo salutare.*

GREGOR. TURON. *Hist. Franc.* IX, 41 (BOUQUET, II, 358 ; *Patrol. lat.* LXXI, 520-2 ; éd. Arndt, I, 426). PREHER, *Corp. Franc. hist.* II, 214-5. LABAT, 1325-8. MAASSEN, 176. = LE COINTE, II, 345-7. MARTIN, 55.

**450** (591/2).

« Mémoire de la consécration du cimetière de Saint-Pierre hors la porte de Vienne par le pape Grégoire premier, la seconde année de son pontificat, avec la prière que Sa Sainteté fait ensuite, après laquelle un ange a parut disant qu'elle avoit esté exaucée, et pour marque de ce, en la mesme nuit, furent transportés miraculeusement dans ledit cimetière de St-Pierre, où plusieurs martirs reposoient comme ayant esté envoyés et exiléz et martirisés par Trajan et autres empereurs Romains, trois lyons de pierre qui étoient à Rome devant les idoles et simulacres des Romains, brûlant sans s'esteindre par art diabolique, etc. Ledit mémoire est de l'année 606 ».

*Invent. Vienne*, III, 211* (reg. *Tertius liber copiarum Viennesii et Terræ Turris*, f° 298 : ce registre, coté B, 2967 aux archives de l'Isère, manque des f° CCLXX à CCC).

DE TRIBUS LEONIBUS LAPIDEIS LUCERNAS GERENTIBUS, UNA NOCTE ROMA VIENNAM ALLATIS.

Inter magnarum miracula plurima rerum
Vergilii solers annumeratur opus.
Treis Magica ardentes confecerat arte lucernas,
Ardenteis semper septima vidit hyems.
Treis tribus ex saxis, immania membra, leones
Subjicit, Idolis munera grata suis.
Pontificis precibus Roma sunt nocte Viennam,
Nocte una Angelica singula lata manu.
Christiadûm pulchros hodie concessit in usus,
Quo prius infelix ethnicus usus erat.
Aspice rem, Christi famularis turba, stupendam
Vergiliique manu, pontificisque prece.

Huberti Sussañæi leg. et medic. doct. *Ludorum libri..*, Parisiis, 1538, pet. 8° [BRUNET, V, 598], p. 15.

**451** Chalon-sur-Saône, 28 mars (593).

Mort de Gontran, roi d'Orléans et de Bourgogne, dans la 33ᵉ année de son règne. Childebert, roi d'Austrasie, son neveu et fils adoptif, hérite de son royaume.

FREDEGARII *Chronicon* (BOUQUET, II, 419 ; *Patrol. lat.* LXXI, 615). *Gesta regum Francor.* 35 (BOUQ. II, 563). PAULUS Diac., *De Gestis Langobard.* IV, 12 (BOUQ. II, 637 ; *Patrol. lat.* XCV, 545). ADO *Chron.* (BOUQ. II, 668 ; *Patrol. lat.* CXXIII, 110). = LONGNON, *Atlas hist. France.* I, 39. *Répert.* Bio, 1834.

**452** 12 août (595).

Lettre du pape Grégoire I à tous les évêques constitués dans le royaume de Childebert, leur notifiant qu'il a chargé Virgile, évêque d'Arles, de le représenter. — *Ad hoc dispensationis...*

GREGOR. *Reg.* V, 59. BINIUS, II.790. CARAFA, *Epist. summ. pontif.* II, 191. DU CHESNE, H. F. s. I, 891. LABBE, V, 1206-7. LE COINTE, II, 421, 463-4. SIRMOND. I, 414. *Coll. Reg.* XIII.454. MAUR. V. 54. GUSS. IV. 52 [JAFFÉ, p. 143]. MANSI, IX. 1234. BOUQUET, IV. 14. *Patrol. lat.* LXXVII, 785-7. = GEORG. I, 7. BRÉQ. I, 37. JAFFÉ, 1005-1375. *Gallia christ. noviss.* III, 70.

**453** (23 ? juillet 596).

Lettre du pape Grégoire I aux évêques Didier de Vienne et Syagrius d'Autun, leur recommandant le moine Augustin, porteur des présentes, et le prêtre Candido, recteur du patrimoine de l'église Romaine. — *De fraternitatis vestræ.*

S. GREGOR. *Reg.* VI, 52. CARAFA, *Epist. Ss. pontif.* II, 226. BINIUS, II, 814ᵇ. DU CHESNE, H. F. s. I, 895. *Coll. Reg.* XIII, 509. LABBE, V, 1242. MAUR. VI, 54. GUSS. V, 54. BOUQUET, IV, 18. MANSI, X, 36. *Patrol. lat.* LXXVII, 838-9. STEVENSON, *Ven. Bedæ Opp.* (1841), II, 231. = MAUPERTUY. I, 420. BRÉQ. I, 39. JAFFÉ. 1068-1438.

**454** 596.

Mort de Childebert, quatre ans après Gontran ; ses fils, Théodebert et Thierry, lui succèdent ; ce dernier obtient le royaume de Bourgogne.

FREDEGARII *Chron.* (BOUQUET, II, 420 ; *Patrol. lat.* LXXI, 616). *Gesta regum Francor.* 37 (BOUQ. II, 565). PAULUS Diac. *De Gestis Langobard.* IV, 12 (ibid. 637 ; *Patrol. lat.* XCV, 545). = LONGNON, *Atlas histor. France*, pl. 4ᵉ. *Répert.*, Bio, 904.

**455** (596/613).

Précepte du roi Thierry II *(Theudericus)*, confirmant à la cathédrale de St-Maurice de Vienne la possession du monastère de St-André-le-Bas.

L'acte fut porté à Aix-la-Chapelle par l'archevêque Barnard (diplôme du 3 mars 831).

**456** (Mai/juin 599).

Lettre du pape Grégoire I à Didier, évêque [de Vienne] ; il l'exhorte à ne pas détourner le diacre Pancrace, porteur de la présente, de la vie monastique qu'il a embrassée. — *Pancratius lator.*

S. GREGOR. *Reg.* IX, 157. BINIUS, II, 919. SIRMOND, I, 45. LABBE, V, 1503. MAUR. XII, 35. GUSS. X, 39. MANSI, X, 332. *Patrol. lat.* LXXVII, 1245-6. = CHARVET, 125-6. PARDESSUS, I, 186. JAFFÉ, 1468-1684.

**457** (Juillet 599).

Lettre du pape Grégoire I aux évêques Syagrius [d'Autun], Ethérius [de Lyon], Virgile [d'Arles] et Didier [de Vienne], au sujet de divers points de discipline. Ils devront réunir un synode au plus tôt, à l'aide d'Arigius, évêque de Gap] et de l'abbé Cyriaque, lequel lui en apportera les décisions. — *Caput nostrum.*

S. GREGOR. *Reg.* IX, 218. CARAFA, *Epist. Ss. pontif.* II, 356-9. BINIUS, II, 866-8. SIRMOND, I, 431. *Coll. Reg.* XIII. 719. LABBE. V, 1371-4. LE COINTE, II, 458. MAUR. IX, 106. GUSS. VII, 111. COLETI. VI, 1091-4. MANSI, X, 180-4. *Patrol. lat.* LXXVII, 1028-33. *Mon. Germ. hist.*, Epist. II, 205. = BRÉQ. I, 40. COLLOMBET, I, 204-5. JAFFÉ, 1263-1747. MARTIN, 61. *Gallia christ. noviss.* III, 70.

**458** (Juillet 599).

Lettre du pape Grégoire I à Arey (*Aregio*), évêque [de Gap] ; il le console de la mort des siens, lui accorde ainsi qu'à son archidiacre l'usage des dalmatiques qui lui parviendront par l'abbé Cyriaque ; il lui demande d'assister au concile que doit tenir Syagrius, évêque d'Autun, contre les simoniaques, et de lui envoyer par écrit les décisions prises. — *Fraternitatis vestræ.*

S. GREGOR. *Reg.* IX, 219. CARAFA, *Epist. summ. pontif.* II, 360. *BINIUS, II, 868. SIRMOND, I, 435. *Coll. reg.* XIII,725. LABBE, V, 1375-6. *LE COINTE, II, 470. MAUR. IX, 107. GUSS. VII, 112. *Patrol. lat.* LXXVII. 1033-5. *Gallia christ. noviss.* I. instr. 269-70. = BRÉQ. I, 41. JAFFÉ, 1264-1748.

**459** (Juillet 599).

Lettre du pape Grégoire I à Didier, évêque [de Vienne], en France, qui lui avait demandé de confirmer à son église le privilège du pallium, dont elle était anciennement ornée. N'ayant rien trouvé sur ce sujet dans les archives de l'église Romaine, il l'engage à lui envoyer les documents que possèdent les siennes. — *Fraternitatis vestræ.*

S. GREGOR. *Reg.* IX, 220. CARAFA, *Epist. summ. pontif.* II, 365. BINIUS, II, 870ᵇ. SIRMOND, I. 442. *Coll. Reg.* XIII, 735. LABBE, V, 1381. MAUR. IX, 112. GUSS. VII, 117. MANSI, X, 191. *Patrol. lat.* LXXVII, 1043. = CHARVET, 123. BRÉQ. I, 41. COLLOMBET, I, 205. JAFFÉ, 1269-1749.

**460** (Fin VIᵉ siècle).

NOTITIA PROVINCIARUM ET CIVITATUM GALLIÆ.

*Provincia Viennensis*, VI : *Metropolis civitas Viennensium, civitas Genavensium, civitas Gratianopolitana, civitas Valentinorum, civitas Tarentasia, civitas Maurienna.* — *Provincia, Arelatensis* XXV : *civitas Deensium, civitas Tricastinorum,...civitas Vappincensium,...civitas Ebrodunensium,* etc.

Bouquet, I, 122-4. Longnon (A.). *Géogr. Gaule VI⁰ siècle*, 188-90.

**461** (Fin VI⁰ siècle).

S¹ Blimont, 2ᵉ abbé de St-Valéry, avait pris naissance d'une noble famille, dont le château était situé en Dauphiné, sur les bords de l'Isère.

*Acta ss. Bolland.*, jan. I, 154; 3ᵃ, 726. = Corblet, *Hagiogr. Amiens*, I, 308.

**462** Aouste, (VIᵉ/VIIᵉ siècle).

Epitaphe : † *H. req. in p. b. m. Rodanic u|s |† In h. tit. req. p. in b. m. Ferreola.*

Long, dans *Mém. prés. acad. Inscript.*, B, II, 354. Le Blant, II, nᵒˢ 479-80, pl. 397-8. Hirschfeld, 205, nᵒ 1725.

**463** Entre Colonzelle et Margerie, (VIᵉ/VIIᵉ siècle).

Epitaphe : *Hic Vetranus pausat.*

Allmer, dans *Bull. soc. archéol. Drôme*, VI, 377. Lacroix, *Arrond. Montélimar*, II, 372-3, 407. Vallentin (Flor.), *Bull. épigr. Gaule*, III, 31. Fillet (L.), dans *Bull. hist. archéol. Valence*, IV, 229 (à part. 5). Hirschfeld, 206, nᵒ 1739. Le Blant, *Nouv. rec.* 166, nᵒ 151.

**464** St-Laurent-de-Mure, (VIIᵉ siècle).

Epitaphe métrique : ... *Arcadius... menister...*

Le Blant, II, 26, nᵒ 385, pl. 266. Allmer, IV, 427, nᵒ 1937, pl. 320ᵃ. Hirschfeld. 297, nᵒ 2361.

**465** Vienne, (VIIᵉ siècle).

Inscription au-dessus de l'entrée d'une chapelle de l'église St-Pierre dédiée à deux saints [Gervais et Protais ?]

*Tu quicumque venis devoto pectore supplex* (7 vers).

Allmer. *Nouv. fouilles St-Pierre*, 31. Le Blant. II, 590, nᵒ 698. Allmer, IV, 390-1, nᵘ 1888, pl. 279ᵇᶜ. Hirschfeld, 259, nᵒ 2085.

**466** (Juin 601).

Lettre du pape Grégoire I à Didier, évêque de Vienne] en Gaule. Il était sur le point de lui accorder l'objet de sa demande, quand il a appris avec stupeur qu'on l'accusait de donner des leçons de grammaire : la même bouche ne saurait chanter les louanges du Christ et celles de Jupiter. Si le fait est faux, comme vient de lui affirmer le prêtre Candide, qui revient des Gaules, il rendra grâces à Dieu d'avoir préservé son cœur. Il lui recommande les moines envoyés à son frère Augustin avec le prêtre Laurent et l'abbé Mellitus. — *Cum multa nobis.*

S. Gregor. *Reg.* xi, 34. Carafa, *Epist. Ss. pontif.* II, 447 Binius, II, 903. Sirmond, I, 451. *Coll. Reg.* XIV, 114. Labbe, V, 1463-4. *Le Cointe, II, 483. Maur. xi, 54. Guss. ix, 48. Mansi, X, 287. *Patrol. lat.* LXXVII, 1171-2. — Trad. Charvet, 124-5. Collombet, I, 205-6. = Maupertuy, 78. Bréq. I, 42. Pardessus, I, 186. Jaffé, 1404-1824.

**467** (22 ? juin 601).

Lettre du pape Grégoire I à Arey *(Arigio)*, évêque [de Gap] en Gaule, pour exciter son zèle à extirper la simonie en concile ; il lui recommande les moines qui se rendent auprès d'Augustin en Angleterre. — *Cum in fraterna.*

S. Gregor. *Reg.* xi, 42. Carafa, *Epist. sum. pontif.* II, 449. Binius, II, 904. Sirmond, I, 453. *Coll. Reg.* XIV, 117. Labbe, V, 1465-6. *Le Cointe, II, 483. Maur. xi, 57. Guss. ix, 51. *Patrol. lat.* LXXVII, 1174-6. *Gallia christ. noviss.* I, instr. 271. = Bréq. I, 43. Jaffé, 1407-1832.

**468** (22 ? juin 601).

Lettre du pape Grégoire I à Arcy *(Aregio)*, évêque [de Gap] en Gaule, pour lui recommander le prêtre Candide, porteur de la présente. — *In quanta apud.*

S. Gregor. *Reg.* xi, 44. Carafa, *Epist. sum. pontif.* II, 459. Binius, II, 908ᵇ. Sirmond. I, 459. *Coll. Reg.* XIV, 135. Labbe. V, 1476-7. Maur. xi, 15. Guss. ix, 62. *Patrol. lat.* LXXVII, 1131. *Gallia christ. noviss.*, I, 271-2. = Bréq. I, 44. Jaffé, 1363-1835.

**469** (602/3).

Concile de Chalon-sur-Saône.

*Anno 8... regni Theuderici... synodus Cabillono colligitur : Desiderium Viennensem episcopum dejiciunt et instigante Aridio Lugdunensi episcopo et Brunichilde, subrogatus est loco ipsius sacerdotali officio Domnolus ; Desiderius vero in insulam quamdam exilio retruditur.*

Gregor. Turon. *Hist. Franc.* (1568), app. 10. La Barre, *Hist. christ. patr.* 305. Sirmond, I, 469. Du Chesne, II. F. s. I, 717. *Coll. Reg.* XIV, 346. Labbe, V, 1612. Harduin. III, 541. Coleti, VI, 1349. Mansi, X, 493. *Patrol. lat.* LXXI, 618. Krusch (Br.), dans *Mon. Germ. hist.*, Scr. Merov. II, 130. Maassen. 178. — Fredegarii Chronic. iv, 24 (Bouquet, II, 421 ; Le Cointe, II, 556). — Aimoini Floriac. *Hist. Franc.* iii. 89 ; edd. (1524), 53ᵃ ; (1567), 288 ; (1602), 144. Du Chesne, *H. F. s.* III, 91. Bertaud, *Ill. Orband.* 2. *Acta ss. Bolland.*, aug. II, 543. Bouquet, III, 110, 160. 341, 481. *Patrol. lat.* CXXXIX, 756-7. = Hefele, *Concgesch.* IIIᵉ, 64.

**470** Luzinay, 1ᵉʳ septembre (606).

Epitaphe : *In h. tom. req. in p. Bertefrida innox ..., q. vix. n. p. m. 9 ; obiet . . aᵒ lxvi post cons. Basili [v.] c. c., ind. 9.*

Le Blant, II, 41-2, nᵒ 397, pl. 280. Allmer, IV, 348-9, nᵒ 1839, pl. 282. Hirschfeld, 261. nᵒ 2096.

**471** (Avant 611).

Testament olographe de sᵗ Didier, évêque de Vienne, rédigé devant ses coévêques, par lequel il donne la terre de Feyzin aux sᵗˢ martyrs Machabées, à sᵗ Maurice et à ses 6660 compagnons.

ApoViennen., *Acta translationis (Acta ss. Bolland.*, maii V, 254ᵇ ; 3ᵃ. 257 ; *Patrol. lat.* CXXIII, 441). = Collombet. I. 219.

**472** Près La Chalaronne (Ain), 23 mai (611).

Assassinat de Didier, évêque de Vienne.

Mss. : St-Gall, 566. Krusch, dans *Mon. Germ. hist.*, Scr. Merov. III, 646-8. Grospellier (A.), dans *Bull. hist.-archéol. Valence*, XX, 9-10. — Fredegarii scholast. *Chron.* 32. (*Patrol. lat.* LXXI, 622 ; Krusch (Br.), dans *Mon. Germ. hist.*, Scr. Merov. II, 130). — *Chronicon Taronense* (Martene, *Vett. script. ampl. coll.* V, 944). — *Brev. Viennense* (1489), ggiij*-iiijᵇ ; (1522). = *Acta ss. Bolland.*, maii V, 254-5. Le Cointe, II, 577-83. Bouquet, II, 423, 697 ; III, 112ᵇ, 262, 326, 341, 481,-5. — Foy (de), I, 53 (à 607). Collombet, I, 213. Duchesne, *Fastes*, 1ᵉ, 208. *Semaine relig. de Grenoble* (1911), XLIII, 674-9. *Répert.*, Bio. 1190 ; *Bibl. hagiog. lat.* 2148-52.

**473** 1ᵉʳ mai (vers 612).

Mort de sᵗ Arey *(Aredius, Aridius, Aregius)*, évêque de Gap.

Sa *Vita*, incerto coætaneo auctore, a été publiée par Labbe, *Nova bibl. mss.* I, 695-9 ; [P. Cusset], *L'illustre Orbandale*, II, app. 27-33 ; *Acta ss. Bolland.*, mati I, 109-11 ; 3ᵃ, 111-4. Une autre, du XIᵉ siècle, a été éditée, d'après un ms. de Grenoble, dans les *Analecta Bolland.* XI, 384-401. — Le Cointe, II, 281-2, 561-2 (à 604). Gaillaud, *Ephém.* 191-3. *Gallia christ. noviss.*, I, 456-8. *Répert.*, Bio, 308.

**474** Metz, (613).
Mort de Thierry, roi de Bourgogne, empoisonné par son aïeule Brunehaut ; il laisse quatre fils, Sigebert, Corbe, Mérovée et Childebert.

MARII Aventic. *Chron.*, app. (DU CHESNE, I, 216 ; BOUQUET, II, 19 ; *Patrol. lat.* LXXII, 802). — FREDEGARII *Chron.* 39 (BOUQ. II, 429 ; *Patr. lat.* LXXI, 631). — *Gesta reg. Francor.* 39 (BOUQ. II, 566). — ADO *Chron.* (BOUQ. II. 669 ; *Patr. lat.* CXXIII. 110). = *Répert.*, Bio. 4459.

**475** (613).
Les grands et évêques de Bourgogne, excités par Warnahaire, maire du Palais, abandonnent Brunehaut et les fils de Thierry et se donnent à Clotaire, roi de Neustrie, qui s'empare du royaume et confirme à Warnahaire sa charge sa vie durant.

MARII Aventic. *Chron.*, app. (DU CHESNE, I, 216; BOUQUET, II, 19 ; *Patrol. lat.* LXXII, 802). FREDEGARII *Chron.* 41-2 (BOUQ. II, 429-30 ; *Patr. lat.* LXXI, 631-3). — *Gesta reg. Francor.* 40 (BOUQ. II, 567). — BOUQUET, II, 430 ; III, 120, 272, 326.

**476** (613/620).
Domnole, évêque de Vienne, décharge Rusticule, abbesse de St-Césaire d'Arles, des accusations portées contre elle par l'évêque Maxime auprès du roi Clotaire.

*Vita s. Rusticulæ* (BOUQUET, III, 494 ; cf. *Biblioth. hagiogr. lat.* n° 7405). = LE COINTE, II, 699-700. *Répert.*, Bio. 1220.

**477** 10 octobre (614).
Concile tenu à Paris, en la basilique de St-Pierre, à l'évocation du roi Clotaire ; on y promulgue 17 canons de discipline. *Ex civitate Vienna Domulus episcopus. Ex civ. Vallesse* [Valence, d'après conjecture de Léop. DE-LISLE] *Leodomundus e. Ex c. Gracinopoli Suagrius e. Ex c. Trigassinum Agricola e. Ex c. Dea Maximus e. Ex c. Ebriluno Lopacharus e. Ex c. Vapinco Valatonius ou Vol-s e. ... a° 31 regni glor. d. Hlothari princ.*

SIRMOND, I, 470. *Coll. Reg.* XIV, 404. LABBE, V, 1649-55. PAGI, 615, 15. HARDUIN. III, 551. COLETI, VI, 1387. AMORT (Eus.), *Elem. juris canon.* (1757), II, 410. MANSI, X, 539. FRIEDRICH (J.), *Drei unedirte Concilien aus d. Merovingerzeit* (1867), 9. MOEHLER, *Hist. Église*, trad. BÉLET (1868), II, 135-7. GATRIO (A.), *Rom. cath. Alsace* (1884), B, III, 123-30. MAASSEN, 185-92. = LE COINTE, II, 665-74. *Hist. litt. France* (1735), III, 504-5. PARDESSUS, I, 194-5. HEFELE, *Concgesch.* III², 67. *Gallia christ. noviss.*, II, 32 ; III, 75 ; IV, 34.

**478** 11 février (615).
Translation de s⁺ Didier, évêque de Vienne, à Feyzin, par s⁺ Ætherius.

*Brev. S. Petri Viennens.* (ms. 1570-3), 100-1. *Acta ss. Bolland.*, maii V, 254 ; 2°, 256. BOUQUET, III, 490. = GROSPELLIER (A.), dans *Bull. hist. archéol. Valence*, XX, 10.

**479** Bonneuil-en-Brie, (617).
La 34ᵉ année de son règne, Clotaire réunit devant lui *in Bonogeltam* ou *Bonogilum villam* tous les pontifes et primats de Bourgogne.

FREDEGARII *Chron.* 44 (BOUQUET, II, 431 ; *Patrol. lat.* LXXI, 634). = AIMOINI *De gestis Franc.* IV, 6 (BOUQ. III, 121 ; *Patr. lat.* CXXXIX, 771). = LE COINTE, II, 694-5.

**480** Vienne, 1ᵉʳ mai (621 ?).
Epitaphe : † *H. req. in p. b. m. Maurolenus ..., q. vix. a. p. m. 23. ob... ind. 3, a. 8 rig[ni] dom. n. Clottari regis.*

ALLMER, dans *Rev. épigraph.* II, 380-1, n° 728. LE BLANT, *Nouv. rec. inscr. Gaule*, 126-7, n° 107.

**481** 2 janvier (625).
Martyre de s⁺ Maxime, originaire des environs de Cahors, abbé de St-Jean-de-Limon, près Vienne.

*Passio*, dans *Acta ss. Bolland.*, jan. I, 91-4. *BOUQUET, III, 499. Trad. *Actes des saints* (1866), jan. I, 332-9. = LE COINTE, II, 677. TERREBASSE, *Inscr.* I, 217-20.

**482** Troyes, (626).
Après la mort de Warnahaire, maire du Palais en Bourgogne, les grands déclarent au roi Clotaire qu'ils ne veulent d'autres maîtres que Dieu et lui, et refusent d'élire un nouveau maire.

FREDEGARII *Chron.* 54 (BOUQUET, II, 434-5 ; *Patrol. lat.* LXXI, 640). AIMOINI *De gestis Francor.* IV, c. 15 (BOUQ. III, 124 ; *Patr. lat.* CXXXIX, 776).

**483** 27 septembre (626 ou 627).
Concile tenu à Clichy-la-Garenne *(Clipiaco)*, à la demande du roi Clotaire ; on y rédige 28 canons de discipline. *Ex civitate Vienna Landolenus episcopus... a° 43 regis d. n. Hlothari...*

Mss. : Munich, lat. 5508, 106. — LABBE, V, 1854. LALANDE, 63. HARDUIN. III, ind. COLETI, VI, 1431. MANSI, X, 591. AMORT (Eus.), *Elem. juris canon.* (1757), II, 416. FRIEDRICH (J.), *Drei unedirte Concilien a. d. Merovingerzeit* (1867). 61. MAASSEN, 196-201, cf. 202. = HEFELE, *Concgesch.* III², 77-8. *Cptes rdus acad. Inscr. et Bel.-let.* (1889), D, XVII, 94.

**484** (627/630).
Concile tenu par Sonnatius, évêque de Reims ; 25 canons de discipline y furent promulgués. *...cum... Sindulfo Viennensi [episcopo].*

FLODOARDI *Hist. eccl. Remen.* II, 5 (év. 1611), 103 ; (-7), 186. BINIUS (1618), II², 340-1 ; (-36), IV, 555. SIRMOND, I, 479. *Coll. Reg.* XIV, 464-5. LABBE, V, 1688-93. DESPONT, *Bibl. patr.* XVII, 533. LE COINTE, II, 751-6 (à 625). PAGI, 624, 4. HARDUIN. III, 569-71. COLETI, VI, 1431-2. MANSI, X, 592-3. *Patrol. lat.* CXXXV, 102. PERTZ, *Mon. Germ. hist.*, Scr. XIII, 451-2. MAASSEN, 202-6. — SEVERT, *Chron. Lugd.* 2°, 128. HEFELE, *Concgesch.* III², 74-7.

**485** (628).
Mort de Clotaire, roi de Neustrie, d'Austrasie et de Bourgogne ; les évêques et leudes de Bourgogne reconnaissent pour roi son fils Dagobert.

FREDEGARII *Chron.* 56 (BOUQUET, II, 435 ; *Patrol. lat.* LXXI, 641-2). — *Gesta regum Francor.* (BOUQ. II, 568). — *Gesta Dagoberti*, I, 15 (ibid. 583-4). — AIMOINI *De Gestis Francor.* l. IV, c. 16-7 (BOUQ. III. 124-5 ; *Patr. lat.* CXXXIX, 776-7). = LE COINTE, II, 791-4. LONGNON, *Atlas histor. France*, pl. 4. *Répert.*, Bio. 960.

**486** (628/638).
Les moines de l'Ile-Barbe acquièrent du roi Dagobert l'église de St-Jean-de-Grellas, avec sa villa.
Rappelé dans le diplôme du 26 févr. 640.

**487** Luzinay, (629).
Epitaphe : [*In h.*] *tom.* [*req. b.*] *rec... Burgundio..., q. vix. in p... a. 30 ; obiit...* [*a. 90 post consul.*] *Jus[tini] v. c. c. ind. 2,* [*a. 2 regni glor.*] *Dago[berti].*

LE BLANT, II, 42-3, n° 397, pl. 281. TERREBASSE, I, 117-8. *ALLMER, IV, 351-2, n° 1841. HIRSCHFELD, 261, n° 2097.

**488** 22 avril (630).
Le roi Dagobert attribue à l'église des martyrs Denys, Rustique et Eleuthère [près Paris] tout *teloneum de sex plaustris* perçu à Marseille, Valence, Fos et Lyon.

*Gesta Dagoberti I regis Francorum*, 18 (Bouquet, II, 584). — *Chroniques de St-Denis*, v, 9 (Bouq. III, 286).

**489** Briord, 18 août (615 ou 630).
Epitaphe en vers du prêtre Félix, par Amatus, prieur de Vézeronce : *Ingenii virtute cluens et nobilis ortu* (16 vers). *Vixit in pace a. 60, ob. 15 kal. sept., ind. 3.*
Veyle (de), 60, 163. Sirand, *Ant. de l'Ain*, 203. Le Blant, II, 11-3. Guigue (M. C.). *Topogr. hist. Ain*, xxx, n° 115. Allmer, IV, 441-3, n° 954.

**490** St-Romain-d'Albon, .. juin (631).
Epitaphe : ...*rigno dom. n. Dagoberti r., ind. 4.*
Allmer, dans *Rev. du Dauphiné*, I, 290-1, n° 2050 (à part, 9-11). Roman, dans *Bull. soc. antiq. France* (1881), 126-7. Hirschfeld, 16*, n° 159*; 17*, n° 173*. Le Blant, *Nouv. rec.* 156, n° 136. Duc (J.), *Essais histor. Albon*, 48-51.

**491** Paris, 29 juillet (631/2).
Diplôme du roi Dagobert : *Aeterius episcopus* [d'Embrun] *subscripsi.*
Paris, Arch. Nat. Cartons des rois, n° 8. — Tardif (J.), *Monum. histor. Cartons des rois* (1866), 6.

**492** Clichy, 26 mai (632).
Diplôme donné en concile par Dagobert I, roi des Francs, qui confère le droit d'asile au monastère de St-Denis... *Acterius episc.* [d'Embrun] *peccator subscripsit... Data... a° 5 regni. Clipiaco... — Omnibus episcopis.*
Doublet, *Hist. abb. Sct-Denys*, 657. Pardessus, *Diplom.* II, 13-4. = Harduin. III, 2685. Mansi, X. 591. Foy (de), I. 60. — Il n'y cut pas de concile à Clichy cette année-là ; Pardessus et de Foy déclarent faux ce diplôme ; le précédent demande sans doute les mêmes réserves, car l'évêque Æthérius ne reparait qu'en 650 (Duchesne, *Fastes*, I°, 291-2).

**493** Vézeronce, 18 (juillet 632).
Epitaphe d'Amatus, prieur de Vézeronce. *Hic tua, venerabilis Amate, requi[es]cunt membra sepulcro... frater .. tumulavit... ; vix. in p. a. 48. obiit 15 [kal. julii], a° rigno Dagoberti r., d. 7.*
Maffei, *Galliæ antiq.* 98. Veyle (de), 60, 164. Sirand, *Ant. de l'Ain*, 203. La Teyssonnière, *Rech. histor. départ. Ain*, I. 189. Monnier, *Etudes archéol. Bugey*, 151. Le Blant, II, 4-6, n°373*, pl.258°. Guigue, *Topogr. hist. Ain*, xxix, n° 110. Allmer, IV, 352-4, n° 1842, pl. 279².

**494** (Après 11 août 632).
Florent *(Florentius)*, prêtre de l'église de Trois-Châteaux *(Tricastin.?)* écrit la vie de s'° Rusticule ou Marcie, abbesse de St-Césaire d'Arles, et la dédie à l'abbesse Celse.
*Du Chesne, II. F. s. I. 564-5. Mabillon, *Acta ss. Bened.* II, 139-47 ; 2°, 130-8. *Acta ss. Bolland.*, aug. II, 657-64. *Bouquet, III, 493-4. Krusch (Br.), dans *Mon. Germ. hist., Scr. Merov.* IV, 339-51. *Gallia christ. noviss.* III, 68, 75. = Le Cointe, I. 821-2 ; II, 4. 16. 147. 641, 857-8. *Répert.*, Bio, 1527.

**495** Clichy, 1ᵉʳ mars (636).
Charte de concession de privilèges au monastère de Rebais *(Resbacen.)* par s' Faron *(Burgundofaro)*, évêque de Meaux... *a° 15 regni d. Dagoberti g. r. Sindulphus sive Landelinus, archiepiscopus sanctæ ecclesiæ Viennensium, subscripsi.*
Du Plessis, *Hist. de Meaux* (1731), I, 672. Bréquigny, *Diplom.* I, cclxxxiv. Pardessus, *Diplom.* II, 39-41.

**496** 1ᵉʳ mai (636).
Concile tenu à Clichy *(Clippiaco)*, où le roi Dagobert nomme Agile abbé de Rebais. (L'acte précédent permet de conjecturer que l'archevêque de Vienne y fut présent).
Mabillon, *Acta ss. Bened.* II, 309. Labbe, V, 1854-5. Harduin. *Conc.* (170.), III, ind. Coleti, VI, 1487. Mansi, X. 658. Maassen, 207. = Hefele, *Concgesch.* III², 79.

**497** (638).
*Unus hæreticus* (monothélite grec) *pulsus a partibus transmarinis, Galliarum provinciam petiit ; qui aggressus ilico civitatem quæ olim Edua, nunc autem Augustidunus vocatur, adiit ; ibi quoque degens, cœpit... sua nefanda dogmata prodere... Cumque nullo genere a quoquam posset concludi aut superari, extitit ex nostris quidam per Dei providentiam doctissimus episcopus* [de Valence], *nomine Salvius, qui ita ei in omnibus obviavit, ut ingens per hoc fieret nostris et gaudium et spectaculum.*
Audoenus episc. Rothomag. *Vita s. Eligii episc. Noviom.* 1, 35. Achery (d'), *Spicil.* V ; 2°, II. Le Cointe, III, 15-6. Bouquet. III, 556. *Patrol. lat.* LXXXVII, 506-7.

**498** 19 janvier (638).
Mort de Dagobert, roi d'Austrasie, de Neustrie, de Bourgogne, de Soissons et d'Aquitaine. Les leudes de Neustrie et de Bourgogne proclament roi à Maslay, son plus jeune fils Clovis, sous la tutelle de la reine Nantilde et d'Ega, maire du palais.
Fredegarii *Chron.* 79 (Bouquet, II, 444 ; *Patrol. lat.* LXXI, 656). *Gesta Dagoberti I.* 43-5 (Bouq. II, 593-4). = Le Cointe, III. 42-66. Longnon, *Atlas histor. France*, pl. 4'. *Répert.*, Bio, 1102-3.

**499** (640 ?).
Lettre d'*Aviulfus* (al. *Aniulfus, Aiulufus*) peccator à Didier, évêque de Cahors, au sujet du clerc Dructulfus, qui revenait d'Espagne. (D. Bouquet l'a identifié avec l'évêque de Valence Agilulfe).
Canisius, *Lectt. antiq.* I. 645. Freher, *Script. Franc.* 219. Du Chesne, *II. F. s.* I. 883. Bouquet, IV. 43. *Patrol. lat.* LXXXVII, 258. = Bréq. I. 51 (635). *Gallia christ. nova*, XVI. 295.

**500** Laon, 26 février (640).
Diplôme du roi Clovis II, qui attribue au monastère de l'Ile-Barbe : en Provence, dans l'évêché de Trois-Châteaux, sur les bords du Lez *(Licii)*, l'église de Saint-Sauveur avec la villa de Bollène *(Abolena)*, à Ollières *(Olierias)* l'église de St-Didier, à *Marrano*, celle de Saint-Arey *(S. Erigii)* ; de l'autre côté de la rivière, l'église de St-Jean *del Sonneria* (al. *de Lagoneria*) et celle de Sainte-Marie de *Crosis*. Il lui confirme en outre l'église de St-Jean de *Grellas*. acquise de son père le roi Dagobert... *a° 3 regn. Clodoveo imper. dulciss. Act. Monte Lauduno, præs. populo.*
Le Laboureur, *Mazures de l'Isle-Barbe*. 35-6. Le Cointe, III, 125-6. Pardessus, *Diplom.* II, 60-1. *Gallia christ. noviss.* IV, 34-5. Charpin-Feugerolles (de) et Guigue, *Cart. de l'Ile-Barbe*, I, 217-8. Trad. Fillet (L.), dans *Bull. hist. archéol. Valence.* XVIII, 173-4. — Pièce douteuse.

**501** 1ᵉʳ mars (641/642, 660 !)
Bulle du pape Jean [IV] concernant le monastère de Sainte-Croix et Sainte-Marie à Meaux. *Landelenus, in*

*Christi nomine, serviens sanctæ ecclesiæ Viennensium, hoc privilegium consentiens subscripsi.*

MABILLON, *Ann. Bened.* IV, 752; 2°, 689ᵇ. DU PLESSIS, *Hist. de Meaux*, I, 658. BRÉQUIGNY, *Diplom.* I, 194. PARDESSUS, *Diplom.* II, 73. = JAFFÉ, cclxxv-2047. R. GEN. 78. — Pièce fausse : voir celle du 1ᵉʳ mars 636.

**502** (Septembre 641).
Le patrice Willibad se fait accompagner à la cour du roi Clovis II par Agilulfe ou Aig-e, évêque de Valence, et le comte Gyson ou Wiscon, mais ils sont arrêtés à Autun par Flaochat.

FREDEGARII scholast. *Chronicum*, c. 90 (BOUQUET, II, 484; *Patrol. lat.* LXXI, 663). — AIMOINI Floriac. *De gestis Francorum*, IV, 40 (BOUQUET, III, 137; *Patrol. lat.* CXXXIX, 794). = LE COINTE, III, 101-2.

**503** 25 octobre (644, 650?).
Concile tenu dans l'église de St-Vincent de Chalon-sur-Saône, sur l'ordre du roi Clovis II ; on fit 20 canons sur les devoirs des évêques, abbés et clercs. *Landalenus, [episcopus] ecclesiæ Viennensis, his constitutionibus subscripsi. Insildus episcopus ecclesiæ Valenciacensis, s. Clarus, e. e. Gracinopolitane, s. Aetherius, e. e. Ebredunensis, s. Item Betto, e. e. Trecastinisis, s. Potentissimus, e. e. Vappensis, s.*

Mss. : MAASSEN, 208; MARTIN, 2591. — CHABBE, II, 132. SURIUS, II, 874-6. BINIUS (1606), II, 1177; (-18), IIᵃ, 528; (-36), IV, 797. SIRMOND. I, 589-93. *Coll. reg.* XV, 289-95. BERTAUD, *Ill. Orbandale*, 2-8. LE COINTE, III, 173-83. LABBE, VI, 387-94. HARDUIN, III, 947-51. COLETI, VII, 395-402. MANSI, sup. I, 485-8 ; X, 1189-93. MAASSEN, 208-14. *Gallia christ. noviss.* III, 75-6. = PARDESSUS, II, 82. R. GEN. 76. DUCHESNE (L.), *Fastes*, Iᵉ, 372 (à 650).

**504** 4 décembre (vers 650).
Mort de s' Aupre *(Aper)*, prêtre à Grenoble.

*Vita*, dans BOLLAND., *Catal. codd. hagiog. lat. Bibl. Nat. Paris.*, II. 89-93 ; éd. CHEVALIER (U.), dans *Bull. hist.-archéol. Valence*, XV, suppl. 33-7. — *Brev. Gratianop.* (1513), cxcjᵇ; (1552), ccxxxix-xl. = *Mém.-doc. soc. Savois. hist.-archéol.* XL, xcv. *Répert.*, Bio, 383.

**505** Paris, 1ᵉʳ juillet (652).
Privilège accordé par Landeric, évêque de Paris, au monastère de St-Denis. *Gonnaldus episcopus [de Vienne] consensi et subscripsi. Clarus episcopus [de Grenoble], c. et s. Aetherius episcopus [d'Embrun], c. et s.*

SIRMOND, I, 495-7. DOUBLET, *Hist. de Sct-Denys*, 443-5. *Coll. Reg.* XV, 438-40. LE COINTE, III, 339-45. LABBE, VI, 487-9. BOIS (Gér. du), *Hist. eccl. Paris*, I, 180. MABILLON, *Ann. Bened.* I, 427; 2°, 389. LAUNOIUS, *Assert. inquisit. immun. S. Germani a Pratis*, IV, x, 1, 3 (*Opp.* III, 1, 151-7). HARDUIN, III, 985-8. *Preuv. libertés égl. Gallic.* iv, 197. COLETI, VII, 501-2. MANSI, XI, 61-4. PARDESSUS, *Diplom.* II, 95-7. = TARDIF (J.), *Monum. histor. Cartons des rois* (1866), 9. PERIERUS, dans *Acta ss.* Bolland., sept. VII, 731 ; 3°, 683. BRÉQ. I, 59. — Pièce fausse.

**506** Clichy, 22 juin (653).
Diplôme de Clovis II, roi des Francs, par lequel il confirme le privilège accordé par Landeric, évêque de Paris, au monastère de St-Denis. *In Christi nomine Chaualdus [évêque de Vienne], consenciens subscripsi. Aectherius peccator [évêque d'Embrun], c. s. Clarus, in Dei nomine episcopus [de Grenoble] consensi et s.*

SIRMOND, I, 498-500. DOUBLET, *Hist. de Sct-Denys*, 681-3. *Coll. Reg.* XV, 441-4. LE COINTE, III, 375-8. LABBE, VI, 489-

**91.** BOIS (Gér. du), *Hist. eccl. Paris*, I, 188. RUINART, *S. Gregor. Turon. app.* 1383. MABILLON, *Ann. Bened.* I, 426; 2°, 388-9. FÉLIBIEN, *Hist. de St-Denys*, pr. 5. MABILLON, *Diplomat.* 466-7, pl. 17; 3°, I, 486-7. HARDUIN, III, 989-90. COLETI, VII, 503-6. *Preuv. libertés égl. Gallic.* IV, 198. BOUQUET, IV, 636-7. MANSI, XI, 63-6. PARDESSUS, *Diplom.* II, 98-100. TARDIF (J.), *Monum. histor. Cartons des rois* (1866), 11. = FOY (de), I, 73. PERIERUS, dans *Acta ss.* Bolland., sept. VII, 731 (3°, 683). BRÉQ. I, 59.

**507** (Vers 653 ou 655).
Ennemond *(Annemundus)*, archevêque de Lyon, restaure le monastère de religieuses de St-Pierre ; il lui donne, entre autres, tous les *honores* lui appartenant à la Tour-du-Pin *(Turris de Pino)*, au pagus de Vienne.

MABILLON, *Ann. ord. Bened.* I, 690 ; 2°, 636, cf. 425, 2°, 391, PARDESSUS, *Diplom.* II, 101-2. RIVOIRE, *Suppl. aux Mazures de l'Ile-Barbe* (1846), p. 15. MONFALCON, *Lugdun. hist. monum.* 252. GUIGUE, *Cartul. Lyonnais*, I, 1-4 (cop. du XVᵉ s.). = FOY (de), I, 73. LAGIER (A.), dans *Bull. acad. Delphin.* D. IV, 301. Charte-notice rédigée au XIIᵉ siècle.

**508** (11 septembre/16 novembre 657).
Mort de Clovis II, roi de Neustrie et de Bourgogne ; son fils aîné Clotaire est reconnu roi des Francs avec sa mère Baldechilde et Erchinoald comme maire du palais.

FREDEGARII *Chronic.* contin. 91-2 (BOUQUET, II, 449 ; *Patrol. lat.* LXXI, 665). — *Répert.*, Bio, 964.

**509** 16 juillet (658, 671).
Bulle du pape Vitalien adressée aux archevêques, évêques et abbés de la Gaule Transalpine, etc., au sujet de l'enlèvement par les moines de Fleury des reliques de sᵗ Benoît au Mont-Cassin. *Vestræ universitali.*

*Epitom. chron. Casinen.* (MURATORI, *Rer. Ital. script.* II, I, 356. MANSI, XI, 23. *Patrol. lat.* LXXXVII, 1007). = JAFFÉ, cclxxxvj-2099.

**510** 26 août (659).
Privilège d'Emmon, métropolitain de Sens, en faveur du monastère de Ste-Colombe-lès-Sens. † *In Christi nomine*, Chaondius (leg. *Eoladius*) *episcopus Viennensis ecclesiæ servulus, consentiens subscripsi... aᵒ 3 regn. d. Chlotario r.*

MABILLON, *Ann. Bened.* I, 448; 2°, 412-3. MANSI, XI, 119. PARDESSUS, *Diplom.* II, 109-11. = BRÉQ. I, 61. *Gallia christ. noviss.* III, 76.

**511** Maslay (26 août? 659).
Privilège accordé par Emmon, évêque de Sens, au monastère du St-Pierre-le-Vif à Sens. *Eodaldus episcopus* [de Vienne] *hunc privilegium consentiens [subscripsit?] Act. Mansolaco, aᵒ 3 regni d. n. Clotharii r.*

LE COINTE, V, 285-90. MABILLON, *Acta ss. Bened.* III, II, 613-5 ; 2°, 556. MANSI, Sup. I, 505-8 ; XI, 121-4. PARDESSUS, *Diplom.* II, 112-4. = BRÉQ. I, 61. *Gallia christ. noviss.* III, 76.

**512** 1ᵉʳ janvier (vers 660)
Mort de sᵗ Clair, abbé de St-Marcel à Vienne.

*Vita s' Clari, abbatis Viennensis*, dans SURIUS, *Acta ss.* (1570), I, 64-6 ; (-6), 63-5 ; (1618), 33-4 ; (1875), II, 517-20. *Acta ss.* Bolland., jan. I, 55-6. MABILLON, *Acta ss. Bened.* II, 483-5 ; 2°, 463-5. — *Brev. Viennense* (1489), bbiiijᵉ-vᵃ ; (1522). *Brev. Maurian.* (XVᵉ s., 1512). BLANC (M.), *Vie et culte de s' Clair*, I, 141-5. — *Brev. Lugdun.* (1498). BLANC, ibid., 336-8.

Knl. januarii, in pago Viennensi, in loco qui dicitur Augusta Cancellaria, natalis bᵢ Clari confess. — *Hagiologium Jurense.* LE COINTE, III, 507. *Répert.*, Bio, 934-5. *Bibl. hag. lat.* 1825.

**513** Chatou-sur-Seine, 6 septembre (664).
Diplôme de Bertefrid, évêque d'Amiens, en faveur du monastère de Corbie. *Chaoldus episcopus* [de Vienne] *hoc privilegium consensi et subscripsi. Boso in Dei nomine episcopus* [de Grenoble] *h. p. c. et s... Factum... a° 7 regn. Clotario r. Captonnaco in palatio publico.*
Sirmond, I, 502-4. Launoius, *Inquisit. immunit. S. Germani a Pratis*, IV, x. 1, 4 (*Opp.* III, 1, 172-3). Le Cointe, III, 527 ; V, 285-90. Labbe, VI, 527-9. Harduin. III, 1010-2. *Miræus, Opp. diplomat.* I, 639. *Preuv. libertés égl. Gallic.* iv, 199. Mansi, VI, 107-10. Pardessus, *Diplom.* II, 126-8. = Bréq. I, 64.

**514** (Vers juillet 670).
Mort du roi Clotaire III ; son frère Thierry III est reconnu roi de Neustrie et de Bourgogne, mais bientôt détrôné par Childéric II, son frère, roi d'Austrasie, soutenu par Léger, évêque d'Autun.
Fredegarii *Chron.* contin. 1, 93-4 (Bouquet, II. 449-50 ; *Patrol. lat.* LXXI, 665-6). — Bouq. II, 613, 629. = Le Cointe, III, 621-2. *Répert.*, Bio, 960.

**515** (Commenc¹ de septembre 673).
Mort du roi Childéric II, tué par Bodilon ; son frère Thierry III est rétabli ; il se fait reconnaître par les nobles de Neustrie et de Bourgogne.
Fredegarii *Chron.* contin. 1, 95-6 (Bouquet, II, 450 ; *Patrol. lat.* LXXI, 666-8). — Bouq. II, 615-7. = Le Cointe, III, 654-78. *Répert.*, Bio, 903.

**516** (Avant 674).
*Quasi rector palatii,... Abbo* (al. *Bobo*), *qui civitatem Valentiam habuerat in dominium. — Waimerus, (dux Campaniæ, et Diddo) cuidam Boboni, qui nuper cum anathemate fuerat de episcopatu Valentiæ urbis dejectus, Augustidunum adsignaverunt in dominium, immo potius devastandum, etc.*
*Vita s. Leodegarii episc. Augustodun.,* 8, 10 (Mabillon, *Acta ss. Bened.* II, 687-9 ; Bouquet, II, 617-8 ; *Acta ss. Bolland.,* oct. I, 469-71 ; *Patrol. lat.* XCVI, 356,-9).

**517** (674/675).
Le roi Thierry donne à Lambert, abbé de Fontenelle, le patrimoine de Donzère *(Dusera)*, en Provence, au-delà du Rhône, pour fournir à ses moines le luminaire en huile, etc. ; l'abbé y construit un monastère.
*Vita s. Ansberti episc. Rotomag.,* auct. Aigrado mon. Fontanell. : Surius, *Acta ss.* (1570-6. 1618, 1875). *Acta ss. Bolland.*, febr. II, 350* ; 3°, 351. Chifflet, *Hist. de Tournus*, 259-60. Mabillon. *Acta ss. Bened.* II, 1052 ; 2°, 1006. Bouquet, III, 617. = Le Cointe, VII, 202-3. Fillet (L.), dans *Bull. hist.-arch.*, Valence, II, 110 (à part, 2). Fermand (Jul.), *Hist. Donzère,* 31-4.

**518** 28 février (679/680).
Lettre du pape Agathon écrite *sancto Edicto, Viennensi archiepiscopo,* dont le prêtre Donatus a assisté à Rome à un concile d'une centaine d'évêques ; celui-ci lui portera le récit de ce qui s'est passé à Constantinople ; il en informera tous les évêques des Gaules. — *Presbyter tuus.*
Baronius, VIII, 566. Bosco (J. a), 39-40. Le Lièvre, 163-4. Gundlach (W.), dans *Mon. Germ. hist.*, Epist. Merow. I, 913-3. = Bréq. I, 69. Jaffé, cclxxxix-2113. *N. Archiv,* XII, 253. — Pièce fausse (fabriq. vers 912).

**519** Marly ou Morlay, 15 ? septembre (679/80).
Diplôme de Thierry, roi des Francs, par lequel il accorde à Chramlin, évêque d'Embrun, déposé en synode, la faculté de conserver ses biens après sa dégradation... *Unde Blidramno... qui matropoli* [de Vienne] *esse videntur... in nostri præsentia... aᵐ 5 regni n., Marlaco. — Dum et episcopos.*
Ms. : Paris, Arch. Nat., K¹, 1 (fac-simile, 1* sér., n° 17). Germon, *De vet. regum Franc. diplomat.* I, 306, cf. 182 ; II, 255. Mabillon, *Diplomat.* 468-9, cf. 298, 381 ; suppl. 23 ; 3°, I, 489-90, cf. 310-1. Pagi, 677-8. Coleti, VII, 593-5. Bouquet, IV, 658-9. Mansi, Suppl. I. 509-10 ; XI, 171-2. Bréquigny, *Diplom.* I, 284. Pardessus, *Diplom.* II, 178-80. Fornier (Marc.), *Hist. Alpes-Marit.* III, 183-5. *Mon. Germ. hist..* Diplom. I, 44. = Foy (de), I, 86. Fontanini, *Vindic. diplom.* 189. Byeus, dans *Acta ss. Bolland.*, oct. I, 411. Bréq. I, 67. Roman, I°. Maassen, 222-3.

**520** (682/700).
Monnaie du monastère de Donzère *(Dusera)*.
Longpérier (de), *Notice des monnaies mérovingiennes composant la collection de M. J. Rousseau* (1847), 75-6. Roman, *Carte numismatique de Dauphiné* (1870).

**521** 12 janvier (683 ?).
Martyre de s¹ Ferjus *(Fergeoli)*, évêque de Grenoble.
*Brev. Gratianopol.* (1513), cc°-⁴ ; (1552), cliij^b. = *Répert.*, Bio, 1488.

**522** 1ᵉʳ février (683).
Charte d'Aredius ou Petrunius, évêque de Vaison, en faveur du monastère de Groseau *(Graselio). In X° nom. Godebertus* (al. *Godelb-s*), *ac si peccator episcopus, rogatus a d. Aredio episcopo, s., subsc.*
Mabillon, *Ann. Bened.* I, 698 ; 2°, 652-4. Boyer de Sainte-Marthe, *Hist. égl. Vaison,* pr. 7, qui suppose Godebert avoir été évêque de Trois-Châteaux. Pardessus, *Diplom.* II, 191-5. = Foy (de). I, 89.

**523** (Printemps de 691).
Mort de Thierry III, roi de Neustrie et de Bourgogne ; son fils Clovis III est proclamé roi par Pépin, maire du palais.
Fredegarii *Chronic.* contin. II, 101 (Bouquet, II, 452 ; *Patrol. lat.* LXXI, 671). *Ann. rer. Francic. Meten.* (Bouq. II, 680-1). = *Répert.*, Bio, 4459.

**524** (Vers mars 695).
Mort de Clovis III, roi de Neustrie et de Bourgogne ; son frère Childebert III lui succède, avec Grimoald comme maire du palais.
Fredegarii *Chron.* contin. II, 101 (Bouquet, II, 452 ; *Patrol. lat.* LXXI, 671). *Gesta reg. Franc.* 49 (Bouq. II, 571). = Le Cointe, IV, 297-8 (à 694). *Répert.*, Bio, 4469.

**525** (Avant 696).
Testament de Rufine, veuve sans enfants, qui lègue à son frère l'abbé Ephibius le tiers de Parnans *(Parthenis)*, confinant à Génissieux *(Geniciaco villæ)*, où elle possède 1400 serfs et 500 hommes libres. Ces biens doivent passer à l'église de Vienne et à son évêque Caeolde ; elle désire la confirmation par édit royal.
Inséré dans le testament de son frère, 696.

**526** (696).
Testament de l'abbé Ephibius, fils de Leobius de Teodigna, fait par amour des s¹⁸ apôtres et de s¹ Didier, évêque-martyr. Il donne à l'église de Vienne, par l'évêque Caeolde, la villa de Génissieux *(Geneciacum)* et le tiers de celle de Parnans *(Parthenis)*, que sa sœur lui a légués à cet effet. Il avait déjà donné trois villæ in

*Engolismo*, acquises du roi Childebert. Dix-huit sénateurs corroborent cet acte ... *a° 2 glor. Childeberti regis.*
Achery (d'), *Spicileg.* XII, 101 ; 2°. III, 318. Bouquet, IV, 678. Pardessus, *Diplom.* II, 240-1. *Patrol. lat.* LXXXVIII, 1234-5. = Mabillon, *Ann. S. Bened.* I, 386 ; 2°, 561. Foy (de), I, 97. Bréquigny, I, 74. — Le synchronisme de l'évêque Caeolde avec le roi Childebert III est une preuve de fausseté.

**527** (697).
Diplôme de Childebert III, roi des Francs, adressé à Caeolde [évêque de Vienne] et à l'abbé Ephibius, par lequel il confirme la donation de celui-ci en faveur de l'église de Vienne ... *regno m. in a° 3...*
Achery (d'), *Spicileg.* XII, 103 ; 2°, III, 319. Bouquet, IV, 678. Pardessus, *Diplom.* II, 247. *Patrol. lat.* LXXXVIII, 1096. = Foy (de), I, 98. Bréq., I, 75. — Faux pour le même motif que le testament.

**528** Le Mans, juin (700).
Charte fausse d'Aiglibert, évêque du Mans, en faveur du monastère de Ste-Marie sur la Sarthe. *In X¹ nom. Blidramnus, ac si peccator episcopus* [de Vienne] *hoc privil. subs.*
Mabillon, *Vet. Anal.* 2°, 279. Pardessus, *Diplom.* II, 253-5. = Collombet, I, 227.

**529** Commenc⁴ VIII° siècle.
*Missorium* d'argent ayant appartenu au patrice Agnaric *(Agnerico som)*, gouverneur du pays de Vienne [trouvé au Passage, canton de Virieu, Isère ; au cabinet des médailles de la Bibl. Nat. à Paris].
*Œuvres de Longpérier*, VI, 257. Le Blant, *Nouv. rec. inscr. chrét. Gaule*, 142-5, n° 125.

**530** (701 ou 705/707).
Lettre du pape Jean VI ou VII à Edalde, archevêque de Vienne ; il l'exhorte à célébrer l'office de la messe selon la coutume romaine ; il lui concède l'usage du pallium et lui envoie des cheveux de s¹ Paul. — *De officiis missarum.*
*Brev. Viennense* (1522), cclxxxiiij°. Baronius, 572, 1 (X, 276). Bosco (J. a), 40. Le Lièvre, 164-5. *Acta ss. Bolland.*, jun. V, 250 ; 3°, VII, 223. Labbe, V, 827. Le Cointe, III, 508. Mansi, IX, 760. Gundlach (W.), dans *Mon. Germ. hist.*, Epist. Merow. I, 92. = Chorier, I, 621. Maupertuy, 86. Charvet, 133-4. Bréq. I. 70. Jaffé, ccxci-2146. *N. Archiv*, XII, 254. — Pièce fausse (fabriq. v. 912).

**531** (708/715).
Lettre du pape Constantin à Eoalde, archevêque de Vienne, lui envoyant par son archidiacre cinq reliques renfermées dans une cassette d'argent. — *Reliquias ecclesiæ.*
*Brev. Viennense* (1522). Baronius, 714, 1 (XII, 246). Bosco (J. a), 42. Le Lièvre, 179. *Acta ss. Bolland.*, junii V, 250 ; 3°, VII, 223 ; jul. II, 485°. Gundlach (W.), dans *Mon. Germ. hist.*, Epist. Merow. I, 92. = Foy (de), I, 106. Bréq. I, 80. Jaffé, ccxcvii-2151. *N. Archiv*, XII, 254. — Pièce fausse.

**532** (14 avril 711).
Mort de Childebert III, roi de Neustrie et de Bourgogne ; son fils Dagobert III lui succède.
Fredegarii *Chron.* contin. II, 104 (Bouquet, II, 453 ; *Patrol. lat.* LXXI, 671). — Bouq. 654, 681. = *Répert.*, Bio, 904.

**533** (24 juin 715).
Mort de Dagobert III, roi de Neustrie et de Bourgogne ; à défaut de descendant direct, on choisit pour lui succéder le clerc Daniel, auquel on donne le nom de Chilpéric II.

Fredegarii *Chron.* contin. II, 106 (Bouquet, II, 453 ; *Patrol. lat.* LXXI, 673). — Bouq. II, 654,-9, 682, 690-1. = Le Cointe, IV, 537-59. Longnon, *Atlas histor. France*, pl. 4°. *Répert.*, Bio, 1103.

**534** 31 août (719).
Lettre du pape Grégoire II à Austrobert, archevêque de Vienne ; il le remercie de sa lettre, qui l'a assuré de l'état prospère de l'église des Gaules, et de ses présents. Il le charge de recommander aux princes Francs Boniface qui va convertir les nations barbares. — *Desiderabiles litteras.*
Baronius, 718,-7 (XII, 280). Bosco (J. a), 42-3. Le Lièvre, 181. *Acta ss. Bolland.*, jun. I, 432° ; 3°, 425. Gundlach (W.), dans *Mon. Germ. hist.*, Epist. Merow. I, 93. = *Le Cointe, IV, 617. Bréq. I, 82. Collombet, I, 234-5, trad. Jaffé, ccxcviii-2158. *N. Archiv*, XII, 254. — Pièce fausse.

**535** Attigny, (décembre 720).
Mort de Chilpéric II, roi de Neustrie et de Bourgogne ; on lui substitue Thierry IV, le plus jeune fils de Dagobert III.
Fredegarii *Chronic.* contin. II, 107 (Bouquet, II, 454 ; *Patrol. lat.* LXXI, 674). — Bouq. II, 572, 655,673, 700 = Le Cointe, IV. 607. *Répert.*, Bio, 906.

**536** 30 janvier (726).
Fondation du monastère de Novalaise par Abbon, fils de Félix, recteur de Maurienne et de Suse, du conseil de son neveu, Walchin, archevêque d'Embrun. Il veut l'association amicale de cette abbaye avec *episcopo et monachis suis de Viceria monasterio, in honore beate... Virginis... Marie, in pago Gracinopoletano constructo... Saxo diac. juss. a d. Abbone... scr... a° 5 regn. d. n. Theodorico ind. 9.*
Rochex, *Gloire de l'abb. de Novalese* (1670), 42-. Datta, dans *Mém. acad. scien. Turin*, XXX, II, 208 ; (P.), dans *Mon. hist. patr.*, Chart. I. 15-8. Pardessus, *Diplom.* II, 479-81. Billet (Al.), dans *Mém. acad. Savoie*, B, IV, 313-4. *Gallia christ. nova*, XVI, instr. 289-92. Cipolla (C.), *Mon. Novaliciensia vetust.* (1898), I, 7-13. Roman (J.), *Abbon et Valchin, étude sur un point controversé de l'histoire du VIII° siècle* ; Paris, 1885, in-8°, 24 p. = Manteyer, *Provence*, 72.

**537** (727).
Dotation de l'église de Viviers.
Second et sa femme Prime donnent, *in Valentinense prope Rhodanum fluvium, villa q. dic. Cupertas* (al. *C-tus) c. servis s... Bellus, qui fui natus in Viennense et nutritus in Vivariense... Rodulphus dotavi ecclesiam S. Petri in Rumpone monte et in Valentinense ædificavi ecclesiam in honore S. Albani, dotavi... A° 7 regn. d. n. Galdeberto et etiam d. n. Theuberto* (al. *Ch-o*) *rege, ind. 11.*
Columbi. *Episc. Vivar.* (1651), 19, 21, 27; *Opusc.* 182-3,-5. Le Cointe, IV, 758-9, 763 ; sur la date, 754-6. — Cf. n° 348.

**538** (732/737).
*Sarraceni multis copiis navibus plurimis longè latèque plurimas urbes tam Septimaniæ quam Viennensis provinciæ vastant.*
Ado Vienn., *Chron.* (Bouquet, II, 671 ; *Patrol. lat.* CXXIII, 121). = Chorier, *H. de D.* I, 628 ; 2°, 486. Le Cointe, IV, 796-7.

**539** (733).
*Egregius bellator Carlus* [Martel] *princeps regionem Burgundiæ sagaciter penetravit, fines regni illius Leudibus suis probatissimis, viris industriis, ad resistendum*

*gentibus rebellibus et infidelibus statuit, pace patrata Lugdunum Galliæ suis fidelibus tradidit.*

FREDEGARII *Chron.* contin. II, 109. (LE COINTE, IV, 818; BOUQUET, II, 455; *Patrol. lat.* LXXI, 675). — *Ann. Franc. Meten.* (BOUQ. II,684). = MÜHLBACHER, *Reg. Kar.* 39ᵇ.

**540**  (734 = 736?).

*Princeps [Karolus], audiens quod Sarraceni provinciam Arelatensem vel cæteras civitates in circuitu depopularent, collecto magno exercitu Franchorum vel Burgundionum vel ceterarum in circuitu nacionum, que dicioni illius erant, Avinionem civitatem bellando inrupit. Sarracenos quos ibi invenit interemit...*

*Annales Anianen.* (VIC-VAISSETE, *Hist. de Lang.* I, pr. 17; 3ᵉ, II, pr. 6).

**541**  (Vers 735).

Destruction du monastère de Notre-Dame de Combeaux, brûlé par les Sarrasins.

CHEVALIER (J.), *Hist. église-ville Die,* I, 115.

**542**  (736).

*Sagacissimus vir Carolus dux, commoto exercitu, ad partes Burgundiæ dirigit, Lugdunum Galliæ urbem, majores-natu atque præfectos ejusdem provinciæ suæ dicioni reipublicæ subjugavit; usque Massiliensem urbem vel Arelatum suis judicibus constituit, cum magnis thesauris et muneribus in Francorum regnum remeavit in sedem principatûs sui.*

FREDEGARII *Chron.* contin. II, 109 (BOUQUET, II, 456; *Patrol. lat.* LXXI, 676). — *Chron. Moissiac.* (a. 735): BOUQUET, II. 655-6. = CHARVET, *St-André-le-Haut,* 41. MÜHLBACHER, *R. K.* 39ᶠ.

**543**  5 mai (739).

Testament du (patrice) Abbon, fils de Félix et de Rustique, fondateur de l'abbaye de Novalaise, qu'il fait son héritière pour des biens considérables situés dans les pagi de Grenoble, Vienne, Briançon, Embrun, Gap, Die. Cinq viri clarissimi le signent. Il le fit rédiger par son oncle Walchin, archevêque d'Embrun.

Paris, Arch. Nat. K. 2, n° 1. — *Chron. Novalic.* l. 1, c. 1 (ed. 1846, p. 1). ACHERY (d'), *Spicileg.* IV, 540. ROCHEX, *Gloire de la Novalese,* 45. LE COINTE, VI, 422-8. MABILLON, *Diplomat.* 2ᵉ, 507, 512, 647; 3ᵉ, 527-32, 667-8. MURATORI, *Rer. Ital. script.* II, II, 744. BRÉQUIGNY, *Diplom.* I, 475. PARDESSUS, *Diplom.* II, 370-8; cf. prol. 174-6, 272 3. *Patrol. lat.* LXXXVIII, 1290-302. *Hist. patr. mon.,* Ser. III, 42. MARION, *Cart. de Grenoble,* 34-48. FORNIER (Marc.), *Hist. Alpes-Marit.* III, 185-9. *Mon. Germ. hist.,* Diplom. I, 44. CIPOLLA (C.), *Mon. Novalic. vetust.* I, 18-38. Trad. CHÉRIAS (J. L. J.), dans *Bull. acad. Delphin.* C, VII, 73-85. = CHORIER, *H. de D* I, 870. BOISSIEU, *Fiefs,* 212. MARILLON, *Ann.* II, 109; 2ᵉ, 102. *Gallia christ. nova,* I, 457-8; III, 1065. FOY (de), 120. MENABREA, *Orig. féod.* 107-8. *Doc. histor. inéd.* I, 272. BRÉQ. I, 88, *R. Gen.* 79. *BILLIET (Al.), dans *Mém. acad. Savoie,* B, IV, 316-7. GUILLAUME (P.), *Recherches historiques sur les Hautes-Alpes* (1881), I, 28-61. ROMAN (J.), dans *Bull. soc. étud. Htes-Alpes.* XV, 40-53; Legs faits par Abbon dans son testament dans les pagi de Briançon, Embrun, Chorges et Gap, dans *Bull. soc. statist.* Isère (1902), D, VI, 23-46. ROMAN, 1. *Répert..* Bio, 7.

**544**  Quiersy-sur-Oise, 22 octobre (741).

*Anno DCC[XLI]. Carolus* [Martel] *princeps obiit... xi kal. novembris, filliique ejus Pipinus et Karlomannus principatum patris inter se dividunt... Pipinus vero Burgundiam atque Provinciam accepit.*

*Ann. Anianen.* (DU CHESNE, H. F. s. III, 137. LE COINTE, V, 44-8. BOUQUET, II, 656. VIC-VAISSETE, *Hist. de Lang.* I, pr. 15; 3ᵉ, II, pr. 6. PERTZ, *Mon. germ. hist.,* Scr. I, 3).

**545**  (Avant 29 novembre 741).

*Qui [Gregorius III] papa venerabilem virum Wilcharium partibus Franciæ in civitate Vegenna* (al. *Vienna*) *dato pallio archiepiscopum eum esse constituit.*

*Vita Gregorii III,* dans VIGNOLIUS, *Liber Pontificalis* (Romæ, 1724), II, 41. DUCHESNE (L.), *Liber Pontific.* I, 421. = BARONIUS, 738, 10 (XII, 428-9). LE COINTE, IV, 797; V, 36. JAFFÉ, 2ᵉ p. 261.

**546**  7 mars (742).

Lettre du pape Zacharie à Austrobert, archevêque de Vienne; il le console de la dévastation des églises de sa province, lui transmet les actes du concile tenu à Rome le 22 mars, lui accorde l'usage de la dalmatique, etc. — *Venit ad nos presbyter Clemens.*

Mss. : BALUZE. IV, 151. Paris, B. N. l. 2282. BARONIUS, 742, 30-3, add. 13 (XII, 473ᵉ, 477-8). Bosco (J. a), 43-4. LE LIÈVRE, 182. LABBE, VI, 1531-2. *Acta ss. Bolland,* jun. I, 433; 3ᵉ, 425-6. MANSI, XII, 352. *Patrol. lat.* LXXXIX, 956. GUNDLACH (W.), dans *Mon. Germ. hist.,* Epist. Merow. I, 93-5. Trad. COLLOMBET. I. 236. = CHORIER. *H. de D.* I, 630. LE COINTE, IV, 617. BRÉQ. I, 89. PARDESSUS, II, 398. JAFFÉ, CCC-2258; *Bibl.* III, 19. *N. Archiv,* XII, 254. — Pièce fausse (fabriq. vers 912).

**547**  (Vers 752).

Wilicaire, archevêque de Vienne, se fait moine à St-Maurice; il en devient abbé, puis évêque de Sion.

ADO, *Chronicon (Patrol. lat.* CXXIII, 121-3; PERTZ, *Mon. Germ. hist.,* Scr. II, 319). — HUGO FLAVIN., *Chronicon* (BOUQUET, III, 365; *Patrol. lat.* CLIV, 144; PERTZ, *Mon. Germ. hist.,* Scr. VIII, 342). = LE COINTE, V, 25. 35. GREMAUD (J.), dans *Mém.-doc. soc. hist. Suisse rom.* XXIX, 15. BOURBAN (P.) L'archevêque s. Vulchaire et son inscription funéraire, dans *Cpte rdu congrès scientif. cathol.* Fribourg, X, 25-35, 2 pl.

**548**  (752/757).

Lettre du pape Etienne II au prince des Francs, où il mentionne Crescent comme fondateur de l'église de Vienne.

*Hagiologium Viennense,* 17 déc. CHEVALIER (U.), *Doc. histor. relat. au Dauphiné* (1868), V, 13; dans *Bull. hist.-archéol. dioc.* Valence, X, 187. — Pièce fausse.

**549**  24 juin (752/757).

Lettre du pape Etienne II à Procule, archevêque de Vienne; il l'assure de sa commisération et lui annonce qu'il a recommandé aux princes Francs son église, très antique et particulièrement chère au sénat Romain. — *Lectis literis tuis.*

BARONIUS, 752, 16 (XII, 564ᵇ). BOSCO (J. a), 44-5. LE LIÈVRE, 184. GUNDLACH, 95. *Mon. Germ. hist.,* Epist. Merow. I, 94-5. Trad. CHARVET, 150. = LE COINTE, V, 535 (à 755). FOY (de), I, 131. BRÉQ. I, 94. JAFFÉ, CCCXIV-2385 (à 769/771). *N. Archiv,* XII, 268; XIV, 256. — Pièce fausse.

**550**  (753).

Theodo, T-oinus, Theodowinus, Theudoenus, comte de Vienne.

FREDEGARII *Chron.* cont. IV; *Annales Francorum; Chronicon S. Arnulphi Metten.* (a. 751): BOUQUET, V, 2, 63, 335. *Mon. Germ. hist.,* Scr. Meroving. II, 183.

**551**  754.

*Accepto... consilio optimatum suorum,* [Pippinus] *partibus Italiæ se cum omni apparatu suo profecturum esse indixit : et cum omni multitudine per Lugdunum Galliæ et Viennam pergentes, usque ad Mauriennam pervenerunt.*

*Ann. Francor. Mettenses* (BOUQUET, V, 336). = BÖHMER-MÜHLBACHER, *R. K.* 74 d.

**552** 17 août 754.
Mort de Carloman, fils de Charles-Martel, à Vienne, où il resta longtemps malade avec la reine Bertrade ; son corps fut transféré au Mont-Cassin (756).
Adémar de Chabannes, *Chronique*, I, 57 (éd. Chavanon, 59). = Le Cointe, V. 449-50, 540-1. Bouquet, II, 700 ; V, 63, 198, 317, 337, 375, 380. Mühlbacher, *R. K.* p. 25. *Répert.*, Bio, 785.

**553** (757/767).
Lettre du pape Paul I au roi Charles, pour lui recommander l'église de Vienne, dévastée et dépouillée de son antique splendeur. — *Humanæ substantiæ.*
Baronius, 757, 8 (XII, 626-7). Bosco (J. a), 45-6. Le Lièvre, 185-6. Gundlach (W.), dans *Mon. Germ. hist.*, Epist. Merow. I, 95. = Jaffé, cccxiii-2367. *N. Archiv, XII, 268. — Pièce fausse.

**554** (764).
Le b[x] Totton quitte l'Allemagne pour se rendre à Vienne en Dauphiné, où il est élevé au sacerdoce, puis il se retire à l'abbaye d'Ottobeuren, fondée par ses parents.
*Annales Ottenburani*, pars I (Pertz, *Mon. Germ. hist.*, Scr. V, 1).

**555** Attigny, (765).
Willicaire *(Witiharius)*, ancien (arch)evêque de Vienne et moine de St-Maurice, assiste à l'assemblée d'Attigny, convoquée par le roi Pépin.
Sirmond, II, 56, *Coll. Reg.* XVII, 648. Labbe, VI, 1701-2. Le Cointe, V, 669-77, 780. Pagi, 765, 6. Harduin, III, 2009-10. Coleti, VIII, 461. Mansi, Sup. I, 621 ; XII, 674. Pertz, *Mon. Germ. hist.*, Leg. I, 29-30. *Gremaud, dans *Mém.-doc. soc. hist. Suisse rom.*, XXIX, 17.

**556** 7 octobre (765).
Willicaire (ancien) évêque (de Vienne), reçoit au nom de l'abbaye de St-Maurice d'Agaune une donation à elle faite par Ayroenus. ... *a° 14 regn. d. n. Bibino r.*
*Hist. patriæ mon.*, Chart. II, 1. *Gremaud, dans *Mém.-doc. soc. hist. Suisse rom.*, XXIX, 18.

**557** 19 avril 767.
Au cours de sa 7ᵉ expédition en Aquitaine, le roi Pépin passe les fêtes de Pâques à Vienne.
*Annales Francorum Tiliani, — Loiseliani, — Mettenses — Laurissen.* Eginhardi Ann. (Bouquet, V, 18, 36, 200, 339). Adémar de Chabannes, *Chronique*, I, 59 (éd. Chavanon, 61). = Le Cointe, V, 699.

**558** (767).
Le roi Pépin donne l'évêché de Vienne à Berteric, familier de cette église.
Ado, *Chron.* (Bouquet, V, 317-8 ; *Patrol. lat.* CXXIII, 125 ; Pertz, *Mon. Germ. hist.*, Scr. II, 319). — Hugo Flavin., *Chronic. Virdun.* (Bouquet, V, 372 ; *Patrol. lat.* CLIV, 158). = Mühlbacher, *R. K.* 101 k.

**559** St-Denis, vers 23 septembre 768.
Dans le partage des états du roi Pépin († 24 sept.), les provinces de Trèves, Lyon, Besançon, Vienne, Arles, Aix et Embrun échurent à Carloman.
Krœber (Aug.), dans *Bibl. de l'éc. d. Chartes* (1856), 4ᵉ sér., II, 347.

*Carlomanno juniori filio regnum Burgundia, Provincia, Gotthia, Alesacis et Alamannia tradidit.*
Fredegarii *Chron.* contin. IV, 136 (Bouquet, V, 9 ; *Patrol. lat.* LXXI, 698). = Le Cointe, V, 712-3, 722-3. Spruner-

Menke, *Handatlas*, n° 3. Mühlbacher, *R. K.* 103 c. Longnon, *Atlas histor. France*, pl. 4°.
24 juin (769/771) = 24 juin (752/757).

**560** Nimègue, 26 juin (770).
Diplôme de Carloman, confirmatif des donations d'Abbon à l'abbaye de Novalaise. ... *a° 2 regn. d. Carlomanno r.* [*Act.*] *Neumago... — Oportet enim.*
Muratori, *Antiq. ital.* II, 19-22. *Hist. patr. mon.*, Chart. I, 56. Cipolla (C.), *Mon. Novalic. vetust.* I, 42-6. = Mühlbacher, *R. K.* 124.

**561** Quierzy, 25 mars (773).
Charlemagne confirme au monastère de Novalaise, fondé par Abbon, ses biens en Italie et en Bourgogne. ... *a° 5 regni n. Act. Carisiaco palat. publ. — Cognoscatis.*
Muratori, *Antiq. ital.* V, 967-70. *Patrol. lat.* XCVII, 997-8. *Hist. patr. mon.*, Chart. I, 21-2. Cipolla (C.), *Mon. Novalic. vetust.* I, 49-51. = Le Cointe, VI, 418-9. Böhmer, *R. K.* 63. Sickel, *Reg.* 21. Mühlbacher, *R. K.* 153.

**562** Pavie, (avant 774).
Diplôme de Charlemagne, qui confirme à l'abbaye de Novalaise les donations d'Abbon. — *Ego Carolus Magnus... a°* I. 874, ind. 6.
Ughelli, *Italia sac.* IV, 1427. Le Cointe, VI, 434-6. = Sickel, p. 425. — Diplôme faux.

**563** 1ᵉʳ janvier (775).
Lettre du pape Adrien à Berteric, archevêque de Vienne, lui annonçant qu'il a décidé le jour de Pâques, de concert avec le roi Charles, que les droits et possessions des métropolitains, diminués depuis près de 80 ans chez les Francs, leur seront restitués. — *Dilectus filius ac.*
Ms. : Chifflet, *Collect. Burgund.* (Bolland). Hugo Flaviniac. *Chronicon* (Labbe, *Bibl. mss.* I, 109 ; *Mon. Germ. hist.*, Scr. VIII, 344). Sainct-Julien (Pierre de), *Origine des Bourgongnons* (1581). 272. Baronius, 787, 71 : add. 20 (XIII.216-7, 223ᵇ). Bosco (J. a), 46-7. *Severt, *Chron. Lugdun. hist.* II, 26. Le Lièvre, 186-7. Lalande, 83. Labbe, VI. 1888. Harduin, III, 2028. Coleti, V, 554-5. Bouquet, V, 595-6. Mansi, XII, 847. Faillon, *Mon. s' Marie-Madel.* I. 794-6. *Patrol. lat.* XCVI, 1215-6. *Gallia christ. nova*, XVI, instr. 2-3 (c. 781). Ragut, *Cart. de St-Vincent de Mâcon* (1864), 19-20 (774). Gundlach (W.), dans *Mon. Germ. hist.*, Epist. Merow. I, 95-6. Trad. Collombet, I, 241-3. = Foy (de), I, 163. Bréq. I, 110. Jaffé, cccxvii-2412. *N. Archiv, XII, 268. — Pièce fausse.

**564** (Fin 775).
Possessor, archevêque d'Embrun en Italie.
Mabillon, *Ann. Bened.* II, 2ᵉ, 148, 160, 193, 215, 230. Bouquet, V, 546-7, 547-8, 548-9, 555-7, 583-4, 593-5. = Jaffé, 1851-2418 ; 1852-2419 ; 1853-2420.

**565** 23 août (776).
Diplôme de Charlemagne (Charles le Chauve ?), donnant à la demande de l'abbé Hippolyte, au monastère de St-Oyand (St-Claude), diverses églises du diocèse de Vienne en Vivarais : Quintenas, St-Romain, St-Georges, Lemps, Roiffieu, Satillieu, Ardoix, Marchianum et Curannum. *Vuillelmus not. et cancel. scr.* 10 *kal. sept. fer.* 6, *luna* 2, *a. r. Kar.* 6. — *Si necessitatibus atque...*
Arch. du Jura, St-Claude, L, 1, n° 3. Benoit (P.), *Hist. de St-Claude* (1890), t. I, p. 314-7 (trad. franç. et fac-sim.), 635-6 (texte). = Mazon (A.), *Orig. égl. Vivarais*, II, 31-3, 35-6, 206.

**566** Digne, 23 février (780).
Attestation des *missi dominici* en faveur des donations faites à l'église de Marseille par Adaltrude, veuve de Nemfidius. Il y est fait mention de *Alpibus* [Aulps] dans le pagus d'Embrun, du patrice Abbon et d'Ansemond, vicomte de Marseille.
*Gallia christ. vet.* III, 14. LE COINTE, VI, 183-4. *Gallia christ. nova,* I, instr. 106. GUICHARD, *Essai histor. cominalat Digne,* II, pr. *Cartul. de St-Victor de Marseille,* I, 43-6. n° 31. *Gallia christ. noviss.* II, 34-5. = BRÉQ. I, 115. *Rev. numismat.* (1864), B, IX, 120-1. MANTEYER, *Prov.* 330-1.

**567** (Vers 781).
*Fundatio sanctæ Viennensis ecclesiæ, et quando et a quibus dotes et bona tam spiritualia quam temporalia obtinuit.* Notice insérée, à la fin du XIV° siècle, dans le Cartulaire de St-Maurice de Vienne, f° 68 r°.
Ms.: Paris, B.N., l.5214, p.149. — CHEVALIER (U.), *Doc. inéd. relat. au Dauph.,* V, 14-9, cf. v-j. WAITZ (G.), dans *Mon. Germ. hist.,* Ser. XXIV, 817. *CHEVALIER, Œuvr. de s¹ Avit,* p. xxxij-iij. = CHEVALIER, *Cart. de St-Maur. Vienne,* 39, n° 164.

**568** 27 juin 788 (ou 789).
Concile tenu à Narbonne, dans la basilique des Saints-Just et Pasteur, contre Félix d'Urgel.
*Desideratus Diensis episcopus subcripsi.*
*In Dei nomine Donadeus Wappincensis episcopus.*
*Ego Bonitus Valentinæ sedis episcopus s. a. 788, ind. 12, Kar. a. 23.*
CATEL (G. de), *Hist. comtes Toulouse* (1623); *Mém. hist. Languedoc* (1633), 743. *Coll. reg.* VII, 964. MARCA (P. de), *Concordia sacerd. et imp.* (1663), II. 163-7; 2°. II. 923; 3°-4°, III, 174; (1669), II, 265-8; (1763), 357; (ult.), 991. LE COINTE, IV, 463-9 (à 791). LALANDE, 85. LABBE, VII, 964-6. HARDOUIN, IV, 821. *Gallia christ. nova,* VI. instr. 2-3. COLETI, IX, 1-6. VIC-VAISSETE, *Hist. Languedoc.* I, pr. 26-8; 3°, II, pr. 54-7. BOUGES, *Hist. Carcassonne* (1741), 497-9. MANSI, XIII, 822. WERMINGHOFF (Alb.), dans *Mon. Germ. hist.,* Concil. II, 828-31. = FOY (de), I, 187. BRÉQ. I, 121. HEFELE, *Concegesch.* III°, 662-4. JAFFE.-2468. *Neu. Archiv,* XXIV, 493. *Gallia christ. noviss.,* III, 77. DUCHESNE (L.), *Fastes,* I°, 373.

790 = 805, église de Vienne.

**569** Toulouse, 3 mai 790.
Sentence arbitrale d'Izauret Thursin, comte de Toulouse, pour division des biens de Hugues Giraud Adhémar de Monteil et d'Yolande Thursin de Toulouse, seigneurs de Montélimar, entre leurs fils Giraud Hugues et Giraud Lambert.
CHEVALIER (U.), *Cartal. de Montélimar* (1871), 3-7. — Pièce fausse.

**570** 793-794.
*Fames valida in Italia et Burgundia, et per aliqua loca in Francia incumbebat: necnon in Gothia et in Provincia erat talis ut multi ex ipsa fame mortui fuissent.*
*Chronicon Moissiacen.* (LE COINTE, VI, 489; BOUQUET, V, 73; PERTZ, *Mon. Germ. hist.,* Scr. I).

**571** 1" juin (794).
Concile de Francfort, contre Félix d'Urgel. Le 8° canon est spécial aux différends entre l'église de Vienne et celle d'Arles: *De altercatione Ursione Viennensis episcopi et advocato Elifanto Arlatensis episcopi, lectæ sunt epistolæ beati Gregorii, Zozimi, Leonis et Simmachi, quæ difinierunt, eo quod Viennensis ecclesia quattuor suffraganeas habere sedes deberet, quibus illa quinta præmineret; et Arlatensis ecclesia novem suffraganeas habere deberet, quibus ipsa præmineret. De Tarentasia vero et Eberduno sive Aquis, legatio facta est ad sedem apostolicam; et quicquid per pontificem Romanæ ecclesiæ definitum fuerit, hoc teneatur.*
BARONIUS, 794, 1-57: cf. PAGI, 2. ALCUINI *Opp.,* ed. Duchesne, 1889. BINIUS, *Conc.* (1618), III, 411-31. GOLDAST, *Constit.* I, 18, 23; II, 1-2. SIRMOND, II, 192. *Coll. reg.* XX, 82, 143. DORSCHEUS (Jo. Georg.). Collatio historico-theologica ad concilium Francofvrdiense sub Carolo M. habitum; Argentorati, 1639, 4°. LABBE, VII, 1013-75. LE COINTE, VI, 502-27. BALUZE, *Capitul.* I, 261-71. HARDUIN. IV, 865, 903. COLETI, IX, 57-99. GEORGISCH, *Corp. jur. Germ.* 585. MANSI, suppl. I, 731; XIII, 861, app. 187. HARTZHEIM, I, 323. WALTER, *Corp. jur. Germ. ant.* II, 113. *Mon. Germ. hist.,* Leg. I, 71. *Patrol. lat.* XCVII, 191-4. GIOFREDO, *St. d. Alpi mar.* (*Mon. hist. patr.,* Ser. II, 268). DUC. *Doc. hist. eccl.* (1885), 31. WERMINGHOFF (Alb.), dans *Mon. Germ. hist.,* Conc. II, 167. BORETIUS, dans *Mon. Germ. hist.,* Capit. I, 73-8. *Gallia christ. noviss.,* III, 77. = *Gallia christ. nova,* III, 1065. FOY (de), I, 199. HADDAN-STUBBS, *Councils,* III, 481. HEFELE, *Concegesch.* II°, 590. *Neu. Archiv,* XXIV, 473. MÜHLBACHER, R. K. p. 124-7: I°, 325.

**572** (794/796).
Ours (*Orsus*), archevêque de Vienne, et son frère Aldon, prêtre, font donation à cette église de leurs biens situés dans le Velay et le Lyonnais.
Charte *(cartæ)* relatée dans celle de mai 812.

**573** (798).
Théodulphe, évêque d'Orléans, est envoyé *(missus)* avec Leidrade, archevêque de Lyon, par le roi Charles pour inspecter les provinces comprises entre la Saône, les Alpes et les Pyrénées:
*Jam, Lugduno, tuis celsis post terga relictis*
*Mœnibus, aggredimur causa quod optat iter.*
*Saxosa petimus constructam in valle Viennam,*
*Quam scopuli inde arctant, hinc premit amnis hians.*
*Inde Valentinis terris urbique jacenti,*
*Rupea nos dedimus hinc, Morenate, tibi.*
DANIEL (Petr.), *Parænesis ad judices* (1598). LE COINTE, VI, 631-2. BOUQUET, V, 415. *Patrol. lat.* CV, 285. DUEMMLER, dans *Mon. Germ. hist.,* Poetæ lat. Carol. I, 496. SIMSON, *Jahrb. frank. Reichs Karl d. Gr.* II, 143. MONOD (G.), dans *Rev. histor.* XXXV, 1-3. *Mitth. österr. Geschforsch.* XI, 259.

**574** (798).
Barnard, noble du diocèse de Lyon, né en 780, se marie, fonde Ambronay en 802 et s'y fait moine en 805.
LE COINTE, VI, 665, 804; VII, 56-7, 119.

**575** (Vers 800).
Charles, empereur des Romains et roi des Francs, donne la petite église de Laus (*Lacunus*), au territoire de Riez, à St-Apollinaire. *Waldo antistite vivente et honestissime Valentinensem ecclesiam gubernante:* c'est en ce lieu que s¹ Apollinaire prenait l'hospitalité quand il rendait visite à son ami s¹ Maxime, évêque de Riez, qui lui en fit présent. Les confins en sont minutieusement décrits.
Mentionné dans le diplôme du 18 août 1178.
CHEVALIER (J.), dans *Bull. hist.-archéol. Valence,* XXI, 69-71.

**576** (Vers 800).
Notice des provinces ecclésiastiques.
*Provincia Viennensis, in qua est Vienna.....*
*Civitas Viennensium metropolis. Civitas Genevensium.*

*Civitas Gratianopolitana. Civitas Alpensium. Civitas Delensium. Civitas Valentinorum. Civitas Tricastinorum. Civitas Vasionensium. Civitas Arasicorum. Civitas Carpentoratensium. Civitas Cavillicorum. Civitas Abennicorum. Civitas Aralatensium. Civitas Massiliensium. In eadem provintia Vienensi per innovationem est civitas metropolis Aralatensis.*
*Civitas Ebredunensium metropolis (5).*

Duc (Jos. Aug.), dans *Miscell. stor. Ital.* XXIV, 362-3, 365; = *Docum. hist. ecclés. moyen âge,* 25, 30-1, 33.

**577**  13 juin 800.

Réunion de prélats à Aix-la-Chapelle *(Aquisgrani),* dont Luppicin, évêque de Valence, avec son archidiacre Fortunat, et Nicolas, archevêque de Vienne, avec son archidiacre Suldan, qui accordent des indulgences aux reliques apportées d'Orient par Charlemagne.

Doublet, *Hist. abb. Sct-Denys* (1625), III, 6. Le Cointe, V, 726-32. — Pièce fausse.

**578**  2 septembre 800.

*Calixtus II, papa, de inventione beati Turpini episcopi [Remensis] et martyris. — Beatus Turpinus Remensis archiepiscopus, Christi martyr, post Karoli regis mortem modico tempore vivens apud Viennam, doloribus vulnerum et laborum suorum angustiatus, morte migravit ad Dominum, et ibi juxta urbem ultra Rodanum, scilicet versus Orientem, in quadam ecclesia olim sepultus extitit. Cujus sanctissimum corpus nostris temporibus quidam ex nostris clericis in quodam sarcofago optimo episcopalibus vestibus indutum, pelle etiam propria et ossibus adhuc integrum invenerunt, et ab illa ecclesia quæ erat vastata, detulerunt illud citra Rodanum in urbem, et sepelierunt in alia ecclesia ubi nunc veneratur.*

Castets (Ferd.), *Turpini Historia Karoli Magni et Rotholandi* (1880), 65, d'après les mss. de Montpellier.

**579**  (Après 800).

La tradition de l'église de St-Paul-Trois-Châteaux rapporte à l'empereur Charlemagne la construction de sa cathédrale, la fondation du chapitre et la concession de la souveraineté à l'évêque. Les diplômes des empereurs Lothaire (1ᵉʳ mars 832) et Frédéric I (1154) rappellent ceux de Charles et de Louis.

Boyer, *Hist. de St-Paul-Trois-Châteaux* (1710), p. 29-32. *Gallia christ. noviss.* IV, 41 et 50.

**580**  (Après 800).

Concession de Villeneuve aux évêques de Valence par Charlemagne, d'après Columbi *(Opusc.,* 251). La charte de 912, à laquelle il renvoie, dit seulement que les prédécesseurs de Louis l'Aveugle, *a tempore Karoli Magni,* l'avaient concédée à Dieu et à sᵗ Apollinaire.

Marion, *Cartul. de Grenoble,* 58.

**581**  (Après 800).

Un arrêt du parlement de Paris, du 14 octobre 1400, atteste que l'empereur Charlemagne donna à l'église de Vienne la lance de sᵗ Maurice.

Fontanieu, *Hist. de Dauph.,* preuv. I, 13.

**582**  15 juillet (800/814).

Lettre du pape Léon III à Wolfère, archevêque de Vienne, et à tous les évêques de sa province, lui annonçant qu'à la prière de l'empereur Charles, il a confirmé les droits des évêques des Gaules. Il ordonne d'observer les privilèges de Vienne ; quoique l'évêque de Tarentaise semble avoir juridiction sur quelques villes, la province des Alpes Grées demeurera soumise à celle de Vienne. — *Petente inclyto.*

Bosco (J. a), 47-8. Le Lièvre, 188. Le Cointe, VII, 206-7. *Patrol. lat.* CXXIX, 971. *Gallia christ. nova,* XVI, instr. 3. Gundlach (W.), dans *Mon. Germ. hist.,* Epist. Merow. I, 97. Trad. Charvet, 160. Besson, *Mém.* 189-90. Collombet, I, 248. = Jaffé, cccxxxiv-2533. *N. Archiv,* XII, 269. — Pièce fausse.

**583**  20 février 801.

Mort d'Ours *(Ursio, Ursus),* archevêque de Vienne, enterré à St-Sever *(al.* St-Etienne).

Le Cointe, VI, 772. Chevalier (C. U. J.), *Doc. inéd. relat. Dauph.* v. 4. 24.

**584**  (802).

Liste des métropoles et des évêchés existant en France, *anno Caroli imper.* 11, *Ludovici regis* XXI :

*Decima sexta metropolis Vienna, cui tres subsunt episcopatus in ditione Caroli Francorum regis :*
*Viennensis archiepiscopus Volferius,*
*Genavensis episcopus Walternus,*
*Gratianopolitanus episcopus Radoldus,*
*Valentinus episcopus Salvius.*

Le Cointe, *Ann.* VII, 170. = *H. Gen.* 82.

**585**  (Vers 803).

L'empereur Charlemagne concède à l'abbé Norfidius et à ses successeurs le lieu de Donzère, pour y [re]construire un monastère.

Diplôme relaté dans celui du 31 mai 814. — Sickel, p. 365. Fillet (L.), dans *Bull. hist.-arch. Valence,* II, 111 (à part. 3). Ferrand (J.), *Hist. princip. Donzère,* 40-1.

**586**  Soissons, 31 août (804).

Diplôme de Charlemagne en faveur du monastère de St-Denis. *Signum Nicolai Viennensis archipræsulis... ind. 5, a° pontif. Leonis III 16°. imper. d. Caroli 11, regni Franc.* 44. — *Cum regiam sublimi.*

Doublet, *Hist. abb. Sct-Denys,* III, 6. Le Cointe, VII, 9-13. — Pièce fausse.

**587**  (Vers 805).

Confirmation *(renovatio)* du testament du patrice Abbon par Charlemagne. — *Igitur notum sit.*

Le Cointe, VI, 436. Mabillon, *Diplomat.* 2ᵉ, 507 ; 3ᵉ, I, 527. Muratori, *Rer. Ital. scr.* II, II, 744. Bouquet, V, 770. Marion, *Cart. de Grenoble,* 33-4, 557. *Patrol. lat.* XCVII, 1035. Trad. Chérias (J. L. J.), dans *Bull. acad. Delphin.* C, VII, 85-6. = Georg. I, 61. Foy (de), I, 240-1. Bréq. I. 138. *Doc. hist. inéd.* I, 272. Sickel, K. 249 (suspecte la finale).

**588**  (790 ou 805).

Dotation et fondation de la sainte église de Vienne, faite de nouveau après sa ruine par le très pieux empereur Charlemagne, après qu'elle eut été restaurée par sᵗ Wolfère son archevêque.

Le Lièvre, 191-3 (anno ab. I. D. 790[VCCI.XXXX, Charvet, 156]). Charvet, 653-5 (a. ab I. D. VCCCV... Tabularium eccl. Vienn., fol. 49 vᵒ [manque à la *Descr. anal. du Cartul. de St-Maur. de Vienne,* 32]). Trad. Charvet, 157-9. Collombet, I, 245-7. = Foy (de), I, 194, 244. Bréq. I. 125. *Charvet-Allut.* 24-5. Sickel. p. 304.

**589**  Aix-la-Chapelle, (805).

*Lupicinus [évêque de Valence] subscripsit indicto Caroli Magni super sanctorum reliquiis Aquisgrani reposi-*

*tis ad imperatore, cum Felice presbytero et Fortunato diacono.*

COLUMBI, *Episc. Valentin.* (1652), 12. L'auteur a reconnu dans ses *Opusc.* (249) que ce fait n'est pas mentionné dans DOUBLET (*Hist. de St-Denys*, 1625), comme on le lui avait affirmé. B. HAURÉAU n'a pas pris garde à cette rétractation (*G. c. n.* XVI, 296).

**590** (6 février 806).

Partage de l'empire des Francs par Charlemagne entre ses fils : à Louis il assigne la Bourgogne, la Provence et la Septimanie ou Gothie. — *Sicut omnibus.*

BARONIUS, 806, 18-27; cf. PAGI, 4-6 (XIII, 399-401, 404-5). DU CHESNE, *Hist. Franc. script.* II, 88. LE COINTE, VII, 60-9. BALUZE, *Capitul.* I, 439. DUPLEIX, *Hist. gen. de France*, I, 389. BERTHOLET, *Hist. de Luxembourg*, II, 304. GOLDAST, *Constit. imper.* I, 145. *Trois-Etats du Comté de Flandre*, 12. ECCARD, *Franc. orient.* II, 41. BOUQUET, V, 771-4. PERTZ, *Mon. Germ. hist.*, Leg. I, 140. *Patrol. lat.* XCVII, 295-302. BORETIUS (Alfr.), dans *Mon. Germ. hist.*, Capit. I, 126-30. = FOY (de), I, 246-8. BRÉQ. I. BÖHMER, *R. K.* 181. SICKEL, *K.* 204. MÜHLBACHER, *R. K.* 169-70, n° 409. SPRUNER-MENKE, *Handatlas*, n° 3. LONGNON, *Atlas histor. France*, 50-66, pl. 5.

**591** (810).

Election de Barnard, abbé d'Ambronay, comme archevêque de Vienne, à la mort de Vulfère; le nouvel élu refusant d'accepter, les évêques écrivent au roi Charlemagne pour l'y contraindre, celui-ci ne peut y réussir et envoie à ce sujet des légats au pape.

*Vita s. Barnardi ep. Vienn.* c. 4 (*Acta ss. Bolland.*, jan. II, 556; 3°, III, 159. MABILLON, *Acta ss. Bened.* IV, 1, 583; 2°, 553). *Fragm. vitæ s. Barnardi* (*Acta ss. Bolland.*, IV, II, 562; 2°, 571). HUGO FLAVINIAC., *Chron. Virdun.* 1 (BOUQUET, V, 374; *Patrol. lat.* CLIV, 162). — LE COINTE, VII, 207. MARTIN, 90-1.

**592** 811.

Capitulaire ou testament de Charlemagne, qui règle le partage des trésors impériaux; une 21° partie est attribuée aux métropoles de Vienne et d'Embrun, qui en garderont le tiers, les deux autres devant être distribués à leurs suffragants.

EGINHARDI *Vita Karoli Magni*, 33-4. REUBER, *Vet. script. German.* (1584), 13-4. BARONIUS, 811, 44-7; cf. PAGI, 5-6 (XIII, 471-2,-4-5). FREHER, *Corp. Franc. hist.* II, 444; (1616), 38-40; (1711), 143-6. SIRMOND, II, 264-5. *Coll. Reg.* XX, 326-8. DU CHESNE, *Hist. Franc. scr.* II, 105-6. *Acta ss. Bolland.* jan. II, 887; 3°, III, 503. DUMONT, *Corp. diplomat.* I, 5-6. FRANTZ, *Hist. Caroli Magni*, 118-9. LE COINTE, VII, 159-64. LABBE, VII, 1203-4. BALUZE, *Capitul.* (1677, 1780), I, 487-90; (1772), I, 334-6. COLETI, IX, 287-90. BOUQUET, V, 102-3, 370, 372, 379. MANSI, XIV, app. 333-6. WALTER, *Corp. juris German.* II, 246-8. Ed. ad us. schol. 3°, 31. TEULET, (*Œuvr. compl. d'Eginhard*, I, 106-12. PERTZ, *Mon. Germ. hist.*, Scr. II, 461-3. *Patrol. lat.* XCVII, 57-62, 1077-9. JAFFÉ, *Bibl. rer. Germ.* IV, 538-41. — Trad. COUSIN, *Hist. empire Occident*, I, 49, 51.

HARIULFUS, *Chron. Centul.* II, 7. ACHERY (d'), *Spicil.* IV, 474; 2°, II, 308. BOUQUET, V, 372. *Patrol. lat.* CLXXIV, 1252. = MABILLON, *Ann. Bened.* II, 397. FOY (de), I, 262-3. VORBURG, *Hist.* X, 360. RESCH, *Ann. Sabion.* II, 23. MÉNESTRIER, *Hist. de Lyon*, 210. MIRÆUS, *Opp. diplom.* III, 286. ECKHARD, *Franc. orient.* II, 64. HEUMANN, *Comment.* I, 433. IDELER, *Karl. d. Gr.* I, 94. MÜHLBACHER, *R. K.* 445. *Gallia christ. noviss.* III, 78.

**593** Vienne, mai (812).

La congrégation des clercs de St-Maurice de Vienne, avec le consentement de son archevêque Barnard, donne en usufruit à Silvion et à sa femme Didane les biens appartenant au chapitre *(canonica)* que l'archevêque Orsus, de bonne mémoire, et son frère le prêtre Aldo leur avaient légués ; ils étaient situés dans le pagus du Velay *(Vellaus)*, à *Turmaciaco*, *Fiscali*, *Buxarolas* et *Bataliaco*, et dans celui de Lyon, à *Doaciaco*. La redevance devait être de 3 sols d'argent, à la saint Maurice. *Act. Viennæ. Judrannus cler. scr. d. domin... a° 34* (= 44) *regn. d. n. Karolo imper., a° 12 renov. imper., ind. præs.*

Mss. : Baluze. LXXV, 348[b]; Harlay 397, 142. *CHORIER, *Estat polit.* I, 213. BALUZE, *Capitul.* (1677), II, 1403-4; 931. *CHARVET, xiij, 154. = GEORG. I, 66. FOY (de), I, 268. BRÉQ. I, 144. CHEVALIER (U.), *Cart. de St-Maur.* Vienne, 34, n° 131.

**594** 813.

Capitulaire de Charlemagne adressé aux prêtres et aux évêques des Gaules, leur prescrivant de rechercher les canons des conciles ; de même aux archevêques de tenir concile le même jour en cinq lieux.

*Fragmentum Vitæ s. Barnardi archiep.* Viennen. (LE COINTE, VII, 233. (MABILLON, *Acta ss. Bened.* IV, II, 564; 2°, 574 : BOUQUET, V, 481).

**595** St-Denis, 813.

Diplôme de Charlemagne en faveur du monastère de St Denis. *Act. in monasterio S. Dionysii... Signum Nicolai Viennensis archiepiscopi.* — *Minime decet.*

DOUBLET. *Hist. abb. Sct-Denys*, III, 6. LE COINTE, VII, 282-8. FOY (de), I, 285-6. — Pièce fausse.

**596** 10-1 mai 813.

Concile tenu à Arles, dans la basilique de St-Etienne, sur la discipline. L'archevêque de Vienne, Barnard, s'y disculpe d'avoir ordonné, sur la volonté du roi et l'assentiment de quelques évêques, Agobard comme chorévêque de Leidrade de Lyon ; les autres évêques l'avaient dénoncé à ce sujet au siège apostolique.

Le fait n'est pas mentionné dans les actes de cette assemblée, composée des prélats de Narbonnaise (Narbonne, Arles, Vienne, Aix, Embrun et Tarentaise) (*Répert.*, Topo, 213). — WERMINGHOFF (Alb.), dans *Mon. Germ. hist.*, Concil. II, 248-53, cf. 244-7, 299, 301-2,-6. *Gallia christ. noviss.* III, 78. = LE COINTE, VII, 234-8. HEFELE, *Concgesch.* III[1], 756-8. *Vita s. Barnardi archiep. Viennen.*, 3. MABILLON, *Acta ss. Bened.* IV, 1, 585-6; 2°, 554-5. *Anal. Bolland.* XI, 406-7.

ADO VIENN., *Chronicon* (BOUQUET, VI, 190; *Patrol. lat.* CXXIII, 134).

**597** 28 janvier 814.

Mort de l'empereur Charlemagne.

Parmi les 21 métropoles auxquelles il distribua ses joyaux, figurent Vienne et Embrun.

HARIULFI Aldenburg. *Chron. Centul.* I, II, c. 8. LE COINTE, VII, 299-310. BOUQUET, V, 371-2. *Patrol. lat.* CLXXIV, 1252. LOT (Ferd.), *Hariulf, Chron. de l'abb. de St-Riquier* (1894), 77. = MÜHLBACHER, *R. K.*, p. 201.

**598** (814?).

Diplôme de l'empereur Louis, qui confirme à l'abbé de St-Pierre [de la Novalaise] la vallée de Chorges *(Reumagensem)*, que lui avaient donnée ses prédécesseurs. — *Decet imperialem.*

BOUQUET, *Rec. hist. France*, VI, 644-5. = ROMAN, 1b.

**599** Aix-la-Chapelle, (814).

Confirmation du testament du patrice Abbon par l'empereur Louis le Pieux, à la demande de l'abbé Frodoin... *a° 1 imp. n., ind. 7.* — *Imperialem celsit.*

MURATORI. *Antiq. Ital.* III, 31-2. MABILLON, *Diplomat.* 3°,

II, evj-ij. *Hist. patr. mon.*, Chart. I, 31. = Böhmer, *R. K.* 216. *Doc. hist. inéd.* I, 273. Sickel, p. 425. — Pièce fausse.

**600** (6) février (814).

Dans un mall tenu à Tournon (*in Tornone castro*) par le comte Ostoric, missus de l'empereur, Vuitgerius et Vuinigisus, fils de Vuido, se dessaisissent en faveur de Vualaradus de biens situés à Sarras (*Sacaratis*), dans l'ager d'Annonay et le pagus de Vienne... *d. lunis. 1ª m. febr., a° 1 imp. Ludov.*

Chevalier (U.), *Cart. Dauph.* VI. II, 67-8. Bernard-Bruel, *Chartes de Cluny*, I, 6-8. = Rivaz (P. de). *Diplomat. de Bourgogne*, I, 3 (anal. 1). Bruel (Alex.), dans *Bibl. de l'éc. d. Chartes*, XLI, 7-8. Bellet (Charl.). *Hist. ville Tain.* I, 46-7.

**601** Aix-la-Chapelle, 31 mai (814).

Diplôme de l'empereur Louis, qui confirme à l'abbé Dexter l'immunité et les possessions du monastère construit à Donzère, au territoire d'Orange, dédié à la vierge Marie, à s' Pierre, etc., sous la règle de Saint-Benoît... *a° 1 imp., ind. 7.* . — *Comperiat interea.*

Chifflet. *Hist. de Tournus*, pr. 260. Le Cointe, VII, 203, 320. Bouquet, VI, 457-8. *Patrol. lat.* CIV, 983. — Trad. Ferrand (J.), *Hist. princip.* Donzère, 44-7. = Bréq. I, 147. Böhmer, *R. K.* 211. Sickel, L. 9; dans *Sitzungsb. Akad. Wien.*, XLVII, 238. Fillet (L.), dans *Bull. hist.-arch. Valence*, II, 111 (à part. 3). Mühlbacher, 506.

**602** (Après 814).

Les diplômes des empereurs Lothaire (1ᵉʳ mars 852 = 1133/7), et Frédéric (1154) rappellent celui de Louis le Pieux en faveur de l'évêque de St-Paul-Trois-Châteaux.

*Gallia christ. noviss.* IV, 41 et 50.

**603** 815.

Notice des possessions du monastère de Luxeuil : *...in Provincia... has villas : Sels, Viridis Calcis sive Wapingas, et vallem Quiriadem, sitam in pago Ebredunensi...* — Document faux.

Teulet, *Layettes du trésor des Chartes.* I. 6ᵇ.

**604** Aix-la-Chapelle, 19 janvier (815).

Diplôme de l'empereur Louis le Pieux en faveur de Bernard, évêque de Vienne, qui lui avait apporté les préceptes des rois ses prédécesseurs. Il restitue à son église *cellulam* de St-Symphorien, *villam Fasiana* (Feyzin), le monastère de St-André-le-Haut (*superius*) et celui de St-Nizier (*medianum*). — *Notum sit quia.*

Mss.: Baluze, LXXV, 309-11. Chartularia, 1. Secousse, 1ᵇ. — Baluze, *Capital.* (1677), II, 1404-5. Le Cointe, VII, 343-4. Tenzel, app. 46. Bouquet, VI, 473-4. Mansi, XVIII, 931. *Patrol. lat.* IV, 1011-2. *Gallia christ. nova,* XVI, instr. 3-4. = Chorier, *Estat,* I, 218. Charvet, 163. Georg. I, 68. Foy (de), I, 298. Collombet, I, 254. Wauters, I, 145. Sickel, L. 45. Chevalier, *Cart. de St-Maur. Vienne,* 13, n° 2. Mühlbacher, 550.

**605** Aix-la-Chapelle, 10 juin (815).

Diplôme de l'empereur Louis le Pieux, accordant à l'église de St-Maurice de Vienne, sur la prière de son évêque Bernard, cinq bateaux sur le Rhône et la Saône, pour porter les provisions des frères, et les exempte de tous impôts. — *Notum sit quia.*

Mss.: Baluze, t. LXXV, f° 312. Chartularia, 9. Secousse, 2. — Baluze, *Capital.* (1677), II, 1407-8. Le Cointe, VII, 345. Bouquet, VI, 479. Mansi, XVIII, 933. *Patrol. lat.* CIV, 1015-6. = Georg. I, 69. Foy (de), I, 302. Charvet, 164. Bréq. I, 151. Collombet, I, 254-5. Wauters, I, 147. Mühlbacher, 563. Sickel, L. 58. Chevalier, *Cartul. de St-Maur. Vienne,* 13, n° 4.

**606** Eté 815.

*Anno* DCCCXV *Ludovicus imperator... ipsa æstate, collecto magno exercitu Francorum et Burgundionum, Alamannorum et Baguariorum, intravit Saxoniam ad Partesbrunna.*

*Chronicon Moissiacense* (Bouquet, VI, 171). = Mühlbacher, 567 a.

**607** Aix-la-Chapelle, 20 décembre 815.

Diplôme de l'empereur Louis le Pieux, pour restituer à l'église de St-Maurice de Vienne, dont Bernard est archevêque, la villa *Dalforiana*, dans le pagus de Vaison. — *Si erga loca.*

Mss.: Baluze, t. LXXV, f° 311. Chartularia, 5. Secousse, 2ᵇ. — Le Cointe, VII, 360. Bouquet, VI, 486. *Patrol. lat.* CIV, 1033. *Gallia christ. nova,* XVI, instr. 4-5. = Foy (de), I, 306. Bréq. I, 152. Collombet, I, 255. Pertz, *Archiv,* XI, 482. Wauters, I, 149. Sickel, L. 73. Chevalier, *Cart. de St-Maur. Vienne,* 13, n° 3. *N. Archiv,* II, 286. Mühlbacher, 582.

**608** (817.

Lettre du pape Pascal à l'abbé d'Ambronay (Bernard), lui commandant de ne pas refuser l'archevêché de Vienne, auquel il a été élu ; s'il refuse, le légat *a latere* Grégoire censurera à bon droit sa désobéissance. — *Cum militiam et.*

Mabillon, *Acta ss. Bened.* IV, 11, 562; 2ᵃ, 576; *Ann. Bened.* II, 366-7; 2ᵃ, 393. *Patrol. lat.* CXXIX, 979-80. Giraud, *Hist. S. Barnard-Romans,* I, xlv. = Jaffé, 1935-2547. *N. Archiv,* XII, 270. Simson, *Jahrb. Fränk-Reichs Ludw. d. Fr.* I, 213. — Bulle douteuse, au moins quant au nom du pape et à la date.

**609** Aix-la-Chapelle, juillet 817.

L'empereur Louis associe son fils aîné à l'empire et donne la dignité royale à ses fils Pépin et Louis.

Baluze, *Capital.* I, 573. Le Cointe, VII, 457-70. Lünig, *Reichs-Archiv,* IV, 7. Bouquet, VI, 405-7. Heumann, *Comment.* I, 457. Mansi, XIV. app. 389. Walter, *Corp. jur. Germ.* II, 309. *Mon. Germ. hist.,* Leg. I, 198. *Patrol. lat.* XCVII, 373. Boretius (Alfr.), dans *Mon. Germ. hist.,* Capit. I, 270-3. = Foy (de), I, 320-1. Bréq. I, 157. Mühlbacher, 628. Longnon, *Atlas histor. France,* 67-72, pl. 6ᵇ.

**610** Aix-la-Chapelle, juillet 817.

Notice des monastères qui doivent seulement des prières pour le salut de l'empereur et de ses fils, et pour la stabilité de l'empire : *Monasterium Dosera*[1].

Sirmond, II, 685. Du Chesne, *H. F. s.* II, 323. Lalande, 104. Labbe, VII, 1514. Le Cointe, VII, 452. Baluze, *Capital.* (1677, 1780), I, 589-92 ; (1772), I, 401. Mabillon, *Ann. Bened.* II, 435; 2ᵃ, 408. Launoius, *Assert. inquisit. privil.* S. Medardi, 67. Goldast, *Constit. imper.* III, 220. Harduin. IV, 1235. Coleti, IX, 604. Bouquet, VI, 409. Mansi, XIV, app. 401. Pertz, *Mon. Germ. hist.,* Leg. I, 224. Walter, *Corp. jur. German.* II, 325. *Patrol. lat.* XCVII, 428. Boretius (Alf.), dans *Mon. Germ. hist.,* Capit. I, 349-52. = Foy (de), I, 318-20. Mühlbacher, 629.

**611** 5 décembre (817).

Le pape Pascal I félicite Barnard de la dignité d'archevêque de Vienne qu'il vient de recevoir, lui accorde l'usage du pallium et confirme les privilèges de son église. — *Quia sanctitatem tuam.*

Baronius, 817, 19 (XIII. 576). Bosco (J. a), 49-50. Le Lièvre, 197-8. Vorburg, *Hist. Rom.-German.* XI, 67. Labbe,

---

1. La Vie de Louis le Pieux, par l'Astronome, place le *monasterium Dosera* parmi ceux que cet empereur fit construire ou réparer (c. 19 : Bouquet, VI, 95 ; *Patrol. lat.* CIV, 939).

VII, 1869. Mabillon, *Acta ss. Bened.* IV, ii, 566-7 ; 2°, 572 ; *Ann.* II,... ; 2°, 412. Coleti, IX, 594. Mansi, XIV, 375. *Patrol. lat.* CII, 1088. Giraud, *Hist. S. Bernard-Romans*, I, pr. 22-3 ; et Chevalier, *Cart. de St-Barnard*, 1-3. *Anal. Bolland.* XI, 412-3. Gundlach (W.), dans *Mon. Germ. hist.*, Epist. Merow. I, 97-8. Trad. Charvet, 166 = Georg. I, 74. Brëq. I, 157. Jaffé, 1937-2549. *N. Archiv*, XII, 270. Simson, *Jahrb.* I, 74. — Bulle douteuse.

**612**  Vienne, 3 décembre (820).

Le prêtre Constantius, après avoir cédé *(per carta cessionis)* à l'église *(casa)* de St-Maurice de Vienne et aux chanoines ses biens situés dans le pagus de Vienne, au-delà du Rhône, à Tupin *(Tipiano)* et Ambariaco, les reçoit de l'archevêque Barnard à usufruit *(precaria)*, sous le cens de 5 sols à Noël. *Acta Viennæ. Arambertus subdiac. scr. ... d. lunis ... a° 7 imper. Ludovico imp., ind. præs. W[j]rannus presbyter sive præpositus...*

Mss. : Baluze, t. LXXV, f° 354°. Harlay 397, 145. — *Gallia christ. nova*, t. XVI, instr. 5-6. = Chevalier (U.), *Cart. de St-Maur. Vienne*, 37, n° 155.

**613**  8 juillet (824).

Rescrit du pape Eugène II à Barnard, archevêque de Vienne : d'après le code Justinien, la prescription de 40 ans est seule applicable aux biens consacrés à Dieu ; il entend que le privilège de son église reste intact. — *Congaudeo valde.*

Ms. : *Cart. de St-Barnard*, 16°. — Bosco (J. a), 50-1. Le Lièvre, 198-9. Labbe, VII, 1869-70. Mabillon, *Acta ss. Bened.* IV, ii, 567 ; 2°, 573. Coleti, IX, 639. Mansi, XIV, 414. *Patrol. lat.* CV, 643-4. Giraud, *Hist. S. Bernard-Romans*, I, pr. 23-4 ; et Chevalier, *Cart. de St-Barnard*, 3-4. *Anal. Bolland.* XI, 413-4. Gundlach (W.), dans *Mon. Germ. hist.*, Epist. Merow. I, 98-9. = Jaffé, 1948-2563. *N. Archiv*, XII, 270. — Bulle douteuse.

**614**  (Avant novembre ? 825).

Capitulaire contenant une admonition générale aux divers ordres de la société, avec une instruction pour les *missi dominici* que l'empereur Louis veut envoyer en diverses provinces, dont Albéric évêque [de Langres] et le comte Richard pour Lyon, Tarentaise et Vienne. — *Omnibus vobis.*

Ansegisi *Capitul. coll.*, l. II, p. I. tit. 25 (miss. Boretius, op. cit. I, 390-2). Sirmond, II, 457. Herold, *Orig. ac German. antiq. libri*, 289 ; (1588), 46 ; (1603), 36. *Coll. reg.* XXI, 73. Labbe, VII, 1538. Le Cointe, VII, 738-46. Baluze, *Capitul.* (1677, 1780), I, 631, 743 ; (1772), I, 434, 501. Hardouin, IV, 1255. Coleti, IX, 633. Bouquet, VI, 430-6. Goldast, *Coll. constit. imper.* III, 247. Lindenbrog, *Codex leg. antiq.* 864. Canciani, *Barbar. leges*, III, 179. Mansi, XV, app. 428, 434. Walter, *Corp. juris German.* II, 443. Pertz, *Mon. Germ. hist.*, Leg. I, 246, 295. *Patrol. lat.* XCVII, 471, 542. Boretius (A.), dans *Mon. Germ. hist.*, Capitul. I, 308, 419. Barq., I, 169 (823). Mühlbacher, 775. *Mitth. österr. Geschforsch.* XI, 267.

**615**  Aix-la-Chapelle, (mars 828).

Précepte de l'empereur Louis en faveur des négociants, adressé à tous évêques, abbés, ducs, comtes, etc. en France, Bourgogne, Provence, etc.

Ms. : Paris, B. N., I, 2718 (IX° s.). — Carpentier, *Alphab. Tironian.* 59. Bouquet, VI, 649. Rozière, *Formules*, I, 44-7. = Waitz, *Deutsche Verfgesch.* IV, 37. Mühlbacher, 825.

**616**  (Aix-la Chapelle, décembre 828).

Capitulaire au sujet des quatre réunions d'évêques qui devront se tenir l'année suivante, la 3° *in Lugduno*. *Agobardus* [archevêque de Lyon], *Bernardus* [archev. de Vienne], *Andreas* [archev. de Tarentaise], *Benedictus* [archev. d'Aix], *Agaricus* [archev. d'Embrun], *cum eorum suffraganeis. A° 16 regn. d. n. Hludowico ...*

Sirmond, II, 463-4. *Coll. reg.* XXI, 134. Labbe, VII, 1579-81. Le Cointe, VIII, 3-6. Baluze, *Capitul.* (1677, 1780), I, 653-4 ; (1772), I, 441-2. Hardouin, IV, 1979-80. Coleti, IX, 691-3. Bouquet, VI, 438-40. Georgisch, *Corp. jur. Germ.* 889. Mansi, XV, app. 441-2. Harzheim, *Conc. Germ.* II, 43. Walter, *Corp. juris Germ.* II, 371-2. Pertz, *Mon. Germ. hist.*, Leg. I, 327. Binterim, *Pragmat. Gesch. d. deutsch. Nationalconcil.* I, 115. *Patrol. lat.* XCVII, 592-4. Boretius (A.) et Krause (V.), dans *Mon. Germ. hist.*, Capitul. II, 2-3. Werminghoff (Alb.), dans rec. cité. Concil. II, 596-7. = Mühlbacher, 827 ; I°, 859. *N. Archiv.* XXIV, 487.

**617**  (Aix-la-Chapelle, décembre 828).

Lettre générale des empereurs Louis et Lothaire, au sujet des quatre réunions d'évêques qui devront se tenir ..: le 3° *apud Lugdunum, ubi Agobardus, Bernardus* [Vienne], *Andreas. Benedictus, Agericus* [Embrun], *cum suffraganeis suis similiter convenient. — Recordari vos.*

Surius, III, 396. Baronius, 828. 29-34 (XIV, 136-8). Binius, III¹, 540-1 ; (-18), III¹, ii, 280ᵇ ; (-36). III, I. 1540 ; VI. 320. Sirmond, II, 425-7. *Coll. reg.* XXI, 149. Vorburg, *Hist. Rom.-Germ.* XI, 186. Bollanus-Nicolini. III, 769. Pithou, *Preuv. libert. égl. Gallic.* 2°, II, 1254. Labbe, VII, 1592. Le Cointe, V, 522 ; VIII, 4-7, 9. *Traités d. droits égl. Gallic.* pr. 190. Goldast, *Constitut.* II, 15. Lünig, *Reichsarchiv*. IV, II. Heumann, *Comment.* I, 452. Baluze, *Capitul.* (1677, 1780), I, 657-62 ; (1772), I, 446. Hardouin, IV, 1289. Coleti, IX, 701-4. Bouquet, VI, 344-5, 438-40. Mansi, XIV, 599, app. 443-6. Harzheim, *Conc. Germ.* II, 52. Walter, *Corp. juris Germ.* II, 373-7. Pertz, *Mon. Germ. hist.*, Leg. I, 329-31. *Patrol. lat.* XCVII, 597-600 ; CIV, 1322-4. Werminghoff (Alb.), dans *Mon. Germ. hist.*, Concil. II, 597-601. Boretius (A.) et Krause (V.), dans rec. cité. Capitul. II, 3-6 = Hefele, *Concgesch.* IV², 55. Mühlbacher, 828 ; I°. 860. *Neu. Archiv.* XXIV, 487.

**618**  (Vers 829).

Lettre d'Agobard, archevêque de Lyon, à l'empereur Louis : il lui montre les fâcheux effets du maintien de la loi du roi Gondebaud pour sanctionner le duel judiciaire, et rappelle l'opposition qu'y avait faite Avit, archevêque de Vienne. — *Obsecro imperturb.*

Baluze, *Agobardi Opp.* I, 107. Bouquet, VI, 356-8. *Patrol. lat.* CIV, 113.

**619**  Lyon, mai 829.

Lettre d'Agobard [archevêque de Lyon], Bernard [archevêque de Vienne] et Eauf [évêque de Chalon-sur-Saône], écrite en concile, à l'empereur Louis *de judaicis superstitionibus. — Sicut in præmissa.*

Ms. : Paris, B. N., I, 2853 (IX° s.). — Agob. *Opp.* (1605), 63-94, cf. præf. ; (1666), I, 66-98, cf. II, app. 22 32. La Bigne, *Bibl. Patr.* (1618), IX', 563-9, cf. 550 ; (1624 et 1644), X¹, 1201-14, cf. 1167-8. Dëspont, *Bibl. patr.* XIV, 256-62, cf. 239. Le Cointe, VIII, 76-8. Mansi, Suppl. I. 839-56 ; XIV, 611-26. Galland, *Bibl. Patr.* XIII, 419-26. *Patrol. lat.* CIV, 77-100. = Wauters, I, 185.

**620**  23-30 mai (829).

Concile tenu à Lyon, conformément au capitulaire de décembre 828 ; les actes en sont perdus.

Hefele, *Concilgesch.* IV², 54, 69.

**621**  (Vers 830).

*Nomina kanonicorum ecclesie Sancti Niceti.*

Libri confraternitatum Sancti Galli, Augiensis, Fabariensis, ed. Paul. Piper, dans *Mon. Germ. hist.* (1884), 259. L'éditeur a mis en note : *S. Niceti Viennense*, il faut lire *Lugdunense*.

**622** Compiègne, (mai ? 830).
L'empereur Louis le Pieux est dépouillé de toute autorité, tout en conservant son titre : il consent à reléguer sa femme Judith dans un monastère. Le gouvernement de l'empire passe aux mains de Lothaire.
LE COINTE, VIII, 122-5. BOUQUET, II, 243-5. MÜHLBACHER. *R. K.* 845 b.

**623** Barcelone, 6 juin 830
Transaction entre Lambert Giraud Adhémar de Monteil, duc de Gênes, vicomte de Marseille et seigneur de Montélimar en empire, et Charles et Giraud Adhémar de Monteil, frères, fils de Giraud Hugues Adhémar de Monteil et de Brigitte d'Albret.
*Ann. de l'abb. d'Aiguebelle*, I, 440-4. CHEVALIER (U.), *Cart. de Montélimar*, 7-10. = BOYER DE STE-MARTHE, *St-Paul*, 32-3. — Pièce fausse.

**624** Nimègue, (octobre 830).
L'empereur Louis le Pieux est rétabli au pouvoir, Judith rappelée d'exil et les fauteurs du soulèvement châtiés.
LE COINTE, VIII, 125-32. MÜHLBACHER. *R. K.* 847 c.

**625** Langres, 20 novembre 830.
Charte accordée par Albéric, évêque de Langres, au monastère de Bèze. *In Christi nomine Bernardus archiepiscopus subscripsi* (cette suscription semble, à raison de sa place à la fin. avoir été ajoutée après coup).
*Chron. Besuense*, dans ACHERY (d'), *Spicil.* I, 509-10 ; 2°, II, 406. LALANDE, 139. LABBE, VII. 1672. LE COINTE. VIII. 163-4. HARDOUIN, IV, 1364-6. COLETI, IX, 783-6. MANSI, XIV, 628-30. *Patrol. lat.* CLXII, 876-7. *Anal. Divion.* (1875), I, 257. WERMINGHOFF (Alb.), dans *Mon. Germ. hist.*, Concil. II, 681-2. = BRÉQ. I, 178.

**626** (Février 831).
L'empereur Louis assigne à ses trois fils Pépin, Louis et Charles, les portions de l'empire qui leur seront dévolues après sa mort ; du royaume d'Allemagne (part de Charles) font partie : la Bourgogne (sauf ce qui en a été donné à Pépin), la Provence, etc.
LE COINTE, VIII, 360-8. FOY (de), I, 433-4. MÜHLBACHER. *R. K.* 853.

**627** Aix-la-Chapelle, 3 mars (831).
Diplôme de l'empereur Louis, par lequel il restitue à l'église de St-Maurice de Vienne le monastère de Saint-André-le-Bas, qui lui avait été donné par Ansemond, sa femme Ansleubane et sa fille Remila, dite Eugénie, et que lui avaient confirmé les rois Thierry *(Theudericus)* et Gontran *(Guntramnus)*, dont l'archevêque Bernard lui avait apporté les chartes ; il l'exempte de tous impôts. — *Si sacerdotum.*
Mss. : Baluze, LXXV, 307-9. Chartularia, 5214, 13. — BALUZE, *Capital.* II, 1432 : 949. LE COINTE, VIII, 177. *MABILLON, *Diplomat.*, 3°, I, 483-4. BOUQUET, VI, 570. MANSI, XVIII, 949. *Patrol. lat.* CIV, 1194-5. = CHORIER, *Estat*, II, 219. GEORG. I, 87. FOY (de), I, 403. CHARVET, 175-6. BRÉQ. I, 180. COLLOMBET, I, 258-9. WAUTERS, I. 189. PERTZ, *Archiv*, XI, 482. SICKEL. L. 281. *N. Archiv.* II, 286. CHEVALIER, *Cart. de St-Maurice Vienne*, 12, n° 1. MÜHLBACHER. *R. K.* 855.

**628** Aix-la-Chapelle, 3 mars (831).
Diplôme de l'empereur Louis, par lequel, à la demande du comte Abbon, qui possédait de lui en bénéfice le vicus *Eppaonis* (Albon), où se trouvaient des églises détruites, sous les vocables de St-André apôtre et de St-Romain martyr; il restitue cette localité à l'église de St-Maurice de Vienne, dont Bernard est archevêque. — *Si erga loca.*
Mss. : Baluze, LXXV, 319. Chartularia 5214, f° 21. Secousse, 3. Paris, B. N., l. 11743, 112b. — BALUZE, *Capitul.* II, 1433-4 ; 950. LE COINTE, VIII, 178. BOUQUET, VI, 570-1. MANSI, XVIII, 950. RIVAZ (P. de), *Diplomat. Bourg.* I, 6 (anal. 2). MILLE, *Hist. de Bourg.* I, 343-5. *Patrol. lat.* CIV, 1203-4. DUC (J.), *Essais histor. Albon*, 17-9. = GEORG. I, 88. FOY (de), I, 403-4. CHARVET, 119, 176. BRÉQ. I, 179. COLLOMBET, I, 259. WAUTERS, I, 189. CHEVALIER, *Cart. de St-Maur. Vienne*, 16, n° 14. SICKEL, L. 282. MÜHLBACHER. *R. K.* 856.

**629** Pont-St-Esprit. 25 janvier 832/3.
Lambert Giraud Adhémar de Monteil, duc de Gênes, vicomte de Marseille et baron de Montélimar en l'empire, donne à son frère Charles Adhémar de Monteil la baronnie de la Garde, et à son autre frère Giraud Adhémar de Monteil celle de Grignan.
CHEVALIER (U.), *Cartul. de Montélimar*, p. 10-2. — Pièce fausse.

**630** (Avant juin 833).
Lettre écrite au nom des évêques par Phasur (on suppose que c'est un pseudonyme pris par l'évêque Barnard de Vienne) au pape Grégoire. Ils refusent d'entrer dans ses vues et menacent de rompre l'unité de l'Eglise si le pape parle de les excommunier.
*Vita Walae Corb.* II. 16 (BOUQUET, VI, 288-9). *Vita Ludovici Pii.* 48 (BOUQ. VI, 113). = MÜHLBACHER, *R. K.* 896 a.

**631** (Juin ? 833).
Réponse sévère du pape Grégoire IV à une lettre des évêques de France ; il châtie leur insolence, repousse leurs injures et se rit de leurs menaces : « Vous vous efforcez par vos méchancetés *(perversitalibus)* de résister à nous qui remplissons un ministère de paix ». — *Romano pontifici.*
Mss. : Paris, B. N., 2853 (IX° s.). — AGOBARDI, *Opp.* (1605), 359-66 ; (1666). II. 53-60. LA BIGNE, *Bibl. Patrum* (1618), IX', 617 ; (-24.-44). IX', 1331. *Coll. Reg.* VII, 1870. *LE COINTE, *Ann.* VIII, 249. DESPONT. *Bibl. Patrum*, XIII, 315. HARDOUIN, IV, 1275. BOUQUET, VI, 352-3. GALLAND. *Bibl. Patr.* XIII, 494-5. *Patrol. lat.* CIV, 297. = GEORG. I, 101. FOY (de), I, 419. BRÉQ. I, 184. SIMSON, *Jahrb. Fränk. Reichs Ludw. d. Fr.* II. 43. JAFFÉ, 1957-2578.

**632** (Juin 833).
Convocation de l'armée et du haut clergé par l'empereur Louis, pour traiter des affaires de l'empire. L'évêque Bernard [de Vienne ?] est envoyé avec d'autres vers Lothaire pour le prier de revenir, et demander au pape Grégoire pour quelle raison il tarde de venir témoigner à l'empereur de ses sentiments pacifiques.
*Vita Ludovici Pii*, 48 (BOUQUET, VI, 113). = MÜHLBACHER. *R. K.* 896 a (p. 330-1).

**633** Rotfelth, 30 juin (833).
L'empereur Louis, abandonné par son armée à Rotfelth, appelé depuis le Champ du Mensonge, et emmené dans le camp de Lothaire, est solennellement déposé : Lothaire est revêtu de la dignité impériale.
FOY (de), I, 420. MÜHLBACHER. *R. K.* 896 d (p. 332-4).

**634** 28 février 834.
Lothaire, s'apercevant de l'animosité populaire contre lui, quitte l'abbaye de St-Denis, où il gardait captifs l'empereur Louis et son demi-frère Charles, et va à Vienne en Bourgogne, où il établit son camp.
Ann. Bertin. Nithardus, 1, 4. Vita Ludovici Pii, 51. Flodoardus, II, 20. Ademari Caban. Hist. III, 16, add. (Patrol. lat. CXLI, 31-2 ; éd. Chavanon, 131). = Le Cointe, VIII, 304-5. Mühlbacher, R. K. 897 o, 1009 a.

**635** St-Denis, 1ᵉʳ mars 834.
Rétablissement de Louis le Débonnaire comme empereur.
Mühlbacher, Reg. Karol. I, 897 p (p. 339).

**636** (Après 7 avril 834).
Lothaire, étant à Vienne, reçoit les ambassadeurs de son père Louis le Pieux, qui lui promet de le pardonner ; il les renvoie à l'empereur.
Le Cointe, VIII, 307. Mühlbacher, R. K. 897 v, 1010 a.

**637** Blois. (après août 834).
L'empereur mande son fils aîné Lothaire, à son camp, où se trouvait également son fils Louis ; il lui fait jurer de s'en aller en Italie, d'où il ne devra plus sortir sans permission, et de ne plus intervenir dans les affaires de l'empire. Lothaire exécute son serment : il passe les Alpes, invitant les grands qui lui étaient attachés à le suivre : de ce nombre furent Agobard, archevêque de Lyon, et Barnard, archevêque de Vienne.
Mühlbacher, R. K. 902 d.

**638** Thionville, 4 janvier (835).
Diplôme de l'empereur Louis en faveur d'Hildigisus, abbé de Donzère, qui est venu lui représenter que le comte Waltarius, après avoir donné à son monastère la villa *Mastecas* (Mastaize), dans le pagus de Trois-Châteaux, l'avait en partie acquise avec sa 2ᵉ femme Beltildis ; craignant des contrariétés, il obtient du prince la confirmation de cette propriété à son abbaye. — *Cum iocis Dei.*
Chifflet, Hist. de Tournus, pr. 262. Le Cointe, VIII, 351. Bouquet, VI, 598. Patrol. lat. CIV, 1232. = Bréq. I, 187. Wauters, I, 195. Sickel, L. 327. Fillet (L.), dans Bull. hist. arch. Valence, II, 112 (à part. 3-4). Ferrand (J.), Hist. princip. Donzère, 48-9. Mühlbacher, R. K. 909.

**639** 24 janvier 835-15 décembre 843.
Egilmar, Ellimar ou Agilmar figure comme chancelier de l'empereur Lothaire, dans les actes de ce prince jusques peu après son élection comme archevêque de Vienne.
Mühlbacher, Reg. Karol. p. xcvij (nᵒˢ 1012-79).

**640** Thionville, 4 mars (835).
Adon, évêque de Valence, souscrit à la profession d'Ebbon, archevêque de Reims, qui résigne les fonctions pontificales entre les mains des évêques réunis en concile.
Le Cointe, VIII, 359. Bouquet, VI, 252-3. Patrol. lat. CXXV, 390. Wermindhoff (Alb.), dans Mon. Germ. hist., Concil. II, 701-3. = Mühlbacher, R. K. 1909 c. Gallia christ. noviss. III, 84.

**641** Thionville, 4 mars (835).
Agobard, archevêque de Lyon, et Barnard, archevêque de Vienne, invités à venir justifier leur conduite devant le tribunal du palais impérial, sont déposés de leurs sièges : Agobard pour n'avoir point paru et Barnard pour s'être enfui à peine arrivé.
Ado Vien. Chronicon (Bouquet, VI, 191, cf. 366 n. ; Patrol. lat. CXXIII, 155). = Le Cointe, VIII, 352. Mühlbacher, R. K. 909 e.
(Thionville, 7 mars 835). = Février 831.

**642** Crémieu ou Tramoyes, (juin 835).
*Placitum Imperator in pago Lugdunensi habuit, tempore æstivo, in loco qui vocatur Stramiacus, cum Pippino et Ludovico filiis : nam quòd Lotharius non affuit, invalentia ægritudinis supradictæ obfuit. In quo causam ecclesiarum Lugdunensis atque Viennensis vacantium ventilari fecit, eò quòd episcopi dudum illarum. Agobardus quidem jussus ad rationem non venerit reddendam ; Bernardus autem Viennensis affuerit quidem, sed rursus fugam inierit. Sed hæc quidem res imperfecta remansit propter absentiam, ut prædictum est, episcoporum.*
L'Astronome, Vita Hludovici pii imper. Sirmond, II, 628-9. Du Chesne, Hist. Franc. script. II, 315. Coll. Reg. XXI, 396. Le Cointe, VIII, 377-8. Labbe, VII, 1768-9. Harduin, IV, 1447. Freher. Corp. Franc. hist. II, 471. Coleti, IX, 883. Bouquet, VI, 119-20 ; cf. 85 (Thégan), 164 (Gestes). Mansi, XIV, 733 5. Pertz, Mon. Germ. hist., Ser. II, 642. Patrol. lat. CIV, 13-4. Trad. Cousin, Hist. emp. Occid. I, 296. = Chorier, H. de D. I, 667 ; 2ᵉ, 515. *Mabillon, Ann. Bened. II, 529, 567 ; De re diplom. 3ᵉ, 341-2. Pagi, Crit. Baron. 836, 8-9. Colonia, Hist. litt. Lyon, II. 123-4. Guigue, Topogr. hist. Ain, 401-2. Mühlbacher, R. K. 910 a. Devaux (A.), L'ancien Stramiacus est-il Tramoyes (Ain) Crémieu (Isère), dans Univers cathol. (1891), B, VII, 452-62. Delachenal (R.), Hist. de Crém. 7.

**643** Crémieu ou Tramoyes, 24 juin (835).
Diplôme de l'empereur Louis, ordonnant de restituer à l'évêque du Mans et à son église certains bénéfices usurpés par le fisc et donnés à des vassaux. Act. Stramiaco supra fluvium Rodani. — *Si precibus.*
Gesta Aldrici episc. Cenomanen. : Baluze, Miscell. III, 166-8 ; 2ᵉ, I, 117. Le Cointe, VIII, 378. Bouquet, VI, 599-600. Patrol. lat. CIV, 1294-5. Charles (R.) et Froger (L.), Gesta d' Aldrici (1889), 186-8. = Bréq. I, 187. Sickel, L. 330. Mühlbacher, R. K. 911.

**644** Crémieu ou Tramoyes, 21 juillet (835).
Diplôme de l'empereur Louis, par lequel il constitue Maurin l'avocat des privilèges du monastère d'Aniane. Act. Stremiaco (al. Strennaco) villa. — *Si petitionibus.*
Guiberti Novigent. Opp., ed. Achery, 647-8. Le Cointe, VIII, 379. Vic-Vaissète, Hist. de Lang. I, pr. 67 ; 2ᵉ, II, 622 ; 3ᵉ, II, pr. 189. Bouquet, VI, 600-1. Patrol. lat. CIII, 1435-6. = Bréq. I, 187. Sickel, L. 331. Mühlbacher, R. K. 912.

**645** (837).
Fondation de l'abbaye de Romans, sur la rive droite de l'Isère, par Barnard, archevêque de Vienne.
Chorier, Estat polit. I, 223. Le Cointe, VIII, 511. Mabillon, Ann. Bened. II, 441ᵃ ; 2ᵉ, 552-3. Charvet, p. 181 (d'après un petit Cartulaire de l'église de Vienne). Collombet F, 260-1. Giraud, Hist. S. Barnard-Romans, I, 5-6. — L'église fut consacrée solennellement le 2 octobre (charte de l'archev. Léger, 2 oct. 1037).

**646** 28 avril (837 ?)
Lempteus et sa femme Agiloïs fondent une église en leur villa de Satolas (Sentolatus), dans le pagus de Vienne, avec la permission des archevêques Barnard

de Vienne et Agobard de Lyon. Pour sa dotation, ils donnent ce qu'ils possèdent à *Subricas* (les Fauries ?) et à *Caleffianum* (Chaleyssin), et, en outre, des dîmes dans les pagi de Vienne et de Grenoble. — *Divinæ legis.*

Le Cointe, VII, 720-2 (à 824), Theodori Pœnitent. II, 382-5. Salvaing de Boissieu, *Us. d. fiefs*, 497. Marion, *Cartul. de Grenoble*, 12-5. = Chorier, *H. de D.* I, 668 ; 2°, 516. Foy (de), I, 367 (à 824). Bréq. I, 720 ; *Doc. hist. inéd.* I, 272.

**647** (Novembre 837 ?)
Lettre de Bernard, évêque de Vienne, à son frère Agobard, évêque de Lyon. Son vicedonne Lempteus ayant construit et doté une église à Satolas (*Sentolatus*), dans son diocèse, il lui donne, ainsi qu'à son chorévêque Audin, l'autorisation de la consacrer. *Belcio abba S. Teuderii monast. subscr.*

Mentionnée dans l'acte du 28 avril, mais non insérée dans le Cartul. de Grenoble. — Mabillon, *Acta ss. Bened.* IV, 1, 581-2 ; 2°, 572-3 (ex chart. Vienn.). = Bréq. I, 207 (à 842).

**648** 20 novembre (837 ?).
Audin, chorévêque de Lyon, consacre l'église de Satolas *(Sentolatus)* en l'honneur des apôtres Pierre et Paul.

Mentionné dans l'acte du 28 avril 837 ? — Mabillon, *Ann. Bened.* II, 593° ; 2°, 553.

**649** Aix-la-Chapelle !, 6 septembre 838.
L'empereur Louis confirme au concile de Quierzy-sur-Oise, les aumônes faites par Aldric, évêque du Mans, à son église et y ajoute le monastère de St-Calais (*Anisolen.*) *Bernardus archiepiscopus* [de Vienne] *subscripsit.*

Baluze. *Miscell.* III, 136 ; 2°, I, 109-10. Le Cointe, VIII, 501-3. Pagi, *Crit.* 837, 4. Coleti, IX, 889-90. Bouquet, VI, 301-2. Mansi, sup. I, 875 ; XIV, 738-40. *Patrol. lat.* CIV, 1290-3. Charles (R.) et Froger (L.), *Gesta d. Aldrici* (1889), 150-5. Werminghoff (Alb.), dans *Mon.Germ. hist.*, Concil. II, 847-50 (faux). = R. Gen. 86. *Gallia christ. noviss.* III, 84. Hefele, *Concgesch.* IV², 96.

**650** 1ᵉʳ mars 839 = 1ᵉʳ mars 909.
Election du prêtre Laudonée comme évêque des églises d'Orange et Trois-Châteaux.

**651** Worms, 30 mai 839.
Lothaire ayant reçu l'ambassade de son père, revient d'Italie et se réconcilie avec lui. Il obtient un nouveau partage de l'empire, non compris la Bavière, avec la faculté de choisir : la Provence (comprise entre le Rhône, les Alpes et la mer Méditerranée) échoit au roi Charles.

*Ann. Bertin.* (Pertz, *Mon. Germ. hist.*, Scr. I, 434). = Le Cointe, VIII, 527-30. R. S. R. 54. R. Gen. 87. Mühlbacher, *R. K.* 962 c (p. 364-5). Longnon, *Atlas hist. France*, 71.

**652** (Vers 30 mai 839).
Agobard, archevêque de Lyon, et Barnard, archevêque de Vienne, rentrés en grâce auprès de l'empereur, sont rétablis sur leurs sièges.

Ado Vienn., *Chron.* (Bouquet, VI, 191 ; cf. 366 n.; *Patrol. lat.* CXXIII, 155 ; *Mon. Germ. hist.*, Scr. II, 321). = Mühlbacher, *R. K.*, I, 962 c.

**653** (840).
Agobard, archevêque de Lyon, dédié à son frère Bar-nard (*al.* Bernard), archevêque de Vienne, son traité *De privilegio et jure sacerdotii.*

*Patrol. lat.* CIV, 127-48. = Le Cointe, VIII, 512 (vers 837). Mêmes sources qu'au n° 619.

**654** Près Ingelheim, 20 juin 840.
Mort de l'empereur Louis le Pieux.

Le Cointe, VIII, 600-8. Mühlbacher, *R. K.* 982c.

**655** (840).
*Apologeticum Ebbonis archiep. Remensis* : ... *Adalulfus episcopus* [de Grenoble], *Ado episcopus* [de Valence].

Achery, *Spicileg.* VII, 175 ; 2°, III. Le Cointe, VIII, 629-37. Bouquet, VII, 281-2. *Patrol. lat.* CXVI, 11-6.

**656** (24 juin 840).
*Narratio clericorum Remensium*, au sujet de la déposition d'Ebbon, archevêque de Reims, *Adalulfo episcopo* [de Grenoble], *Adone episcopo* [de Valence.]

Du Chesne, *Hist. Franc. script.* XII, II, 340. Le Cointe, VIII, 620,-832. Bouquet, VI, 251-2 ; VII, 277-81. *Patrol. lat.* CXVI, 17-22. Werminghoff (Alb.), dans *Mon. Germ. hist.*, Concil. II, 808-9.

**657** Ingelheim, 24 juin (août ? 840).
L'empereur Lothaire restitue le siège de Reims à l'archevêque Ebbon. — *Adalulfus episcopus* [de Grenoble], *Ado episcopus* [de Valence]. — *Quia confessio.*

Flodoardi *Hist. Remen.* II, 20, éd. Sirmond, 150. Lejeune, I, 362. Goldast, *Constit.* I, 189. Sirmond, II, 631. Gretser, *Divi Bamberg.* 523 ; *Opp.* X, 694. *Coll. Reg.* XXI, 399. Marlot, *Metr. Rem.* I, 385. Labbe, VII, 1771. Le Cointe, VIII, 616-9. *Bibl. max. Patrum* Lugd. XVII, 547. Baluze, *Capitul.* II, 341. Harduin. IV. 1447. Leuckfeld, *Antiq. Halberstad.* 619. Ludewig, SS. rer. Germ. I, 866. Eccard, *Corp. hist. med. ævi*, II, 42. Coleti, IX, 905. Mansi, XIV, 773 ; XVII, app. 233. Bouquet, VIII, 366-7. *Gallia christ. nova*, IX, instr. 6. Harzheim, *Conc. Germ.* II, 139. Walter, *Corp. jur. Germ.* III, 262. *Patrol. lat.* CXXXV, 137 ; CXXXVIII, 525. *Mon. Germ. hist.*, Leg. I, 374 ; Scr. XIII, 473. Werminghoff (Alb.), dans *Mon. Germ. hist.*, Concil. II, 791-3,-4, 804-5. Boretius (A.) et Krause (V.), dans *Mon. Germ. hist.*, Capit. II, 111-2. Bréq. = I, 199. Cf. Jaffé, *Bibl.* V, 6. *Neu. Archiv*, XXIV, 491. Mühlbacher, R. K. 1038 ; I°, 1072.

**658** Ver (Oise), 10 octobre 840.
Diplôme de l'empereur Lothaire, accordant à la prière de l'abbé Hildigisus l'exemption d'impôts en faveur du monastère de Donzère pour deux bateaux sur le Rhône et autres fleuves de l'empire, et pour ses chars et bêtes de somme. *Achardus ad vic. Agilmari.* — *Omnibus episcopis.*

Chiflet, *Hist. de Tournus*, pr. 264. Le Cointe, VIII, 620-7. Bouquet, VIII, 367. = Foy (de), I, 464. Bréq. I, 200. *Sitzungsb. Akad. Wien*, LXXXV, 510. Fillet (L.), dans *Bull. hist.-arch. Valence*, II, 112 (à part. 4). Mühlbacher, *R. K.* 1039.

**659** 841.
Translation des corps des martyrs Séverin, Exupère et Félicien au monastère de Romans par Barnard, archevêque de Vienne, assisté de ses comprovinciaux.

Voir le diplôme du 30 déc. 842. — Le Cointe, VIII, 671.

**660** (Avant 842).
Flori diac. Lugdun. Relatio gratiarum Barnardo episcopo pro susceptis eulogiis ab illo :
  *O quam suavis odor vestri de pectoris aula*
  *Exilit, o Xpisti frater, amore potens* (21 distiques).

Paris, Bibl. Nat., ms. lat. 2832 (IX° s.), 65. FABRICIUS (Georg.), *Poet. vett. eccles.* 762. *Patrol. lat.* LXI, 1089-90. = *Neues Archiv*, IV, 298, 300, 581.

**661** Romans, 22 janvier (842).
Epitaphe de s' Barnard, archevêque de Vienne.
*Terdenis annis pasto[r fuit atque duobus]*.
(6 vers incomplets).
GIRAUD, dans *Bull. archéolog. des arts et monuments* (1846), IV, 38-47, fac-sim.; *Rapport présenté au Comité historique des a. et m.*, Paris, 1846, in-8°, 12 p., fac-sim. CHEVALIER (U.), *Doc. inéd. relat. au Dauph.*, v, 2. TERREBASSE, *Inscr.*, I, 119-25.
Martyrologe de la cathédrale de Vienne.
ESTIENNOT (Cl.), dans GIRAUD, *Hist. S. Barnard-Romans*, I. lx.

**662** Romans, 23 janvier (842).
Ensevelissement de s' Barnard, archevêque de Vienne:
*Mœstifica quisquis scriptura pascere visum.*
(8 distiques).
*Breviarium eccl. B' Barnardi de Romanis* (1518), cccxcv<sup>b</sup>; (1612), 567<sup>b</sup>. *Acta ss. Bolland.*, jan. II, 547<sup>b</sup>; 2°, 160. MABILLON, *Acta ss. Bened.*, IV, 1, 586 ; 2°, 555. *BOUQUET, VII, 54, 128. CHARVET, 633-4. COLLOMBET, I, 262-3. *Gallia christ. nova*, XVI, 43-4. TERREBASSE, *Inscr.* I, 123-4. *Anal. Bolland.* XI, 414-5. DUCHESNE (L.), *Fastes*, I°, 210. = LE COINTE, VIII, 671-3. *Neues Archiv*, IV, 563.

**663** (842).
VITA S' BARNARDI, ARCHIEPISCOPI VIENNENSIS: *Beatus Barnardus patronus Romanensium...*
*Brev. Viennense* (1489), ccviij<sup>d</sup>-dd'; (1522). *Acta ss. Bolland.*, jan. II, 546-7; 3°, III, 159-60. GUICHENON, *Hist. de Bresse*, pr. 175-6. MABILLON, *Acta ss. Bened.*, IV, 1, 582-5; 2°, 552-4.
Autre: *...Cum ergo nullis precibus nulla...*
MABILLON, *Acta ss. Bened.*, IV, II, 562-4; 2°, 571-4.
Autre: *Sub Karolo imper., qui primus ex genere.*
*Anal. Bolland.* XI, 402-15. *MABILLON, *Acta*, IV, 1, 585-6; 2°, 554-5; II, 564-7; 2°, 574-6. *BOUQUET, V, 481.
Autre: *Beatus Barnardus, Lugdanensium pair.*
*Brev. B' Barnardi de Romanis* (1518).cccxxxvj-ix, cccxciij-iiij; (1612), 555-8, 565-6. Cf. ESTIENNOT, dans GIRAUD, *Hist. S. Barnard*, I, lviij-ix.= *Répert.*, Bio, 437.

**664**
*Miracula s' Barnardi episcopi Viennensis*, auctore anonymo Viennensi episcopo [ADONE ?] sæc. X : *Quamvis* (al. *Quoniam*) *imperitia mea in posterum.*
*Brev. B' Barnardi de Romanis* (1518), cccxcvij-iiij; (1612), 569-72. *Acta ss. Bolland.*, jan. II, 547-8; 3°, III, 160-1. MABILLON, *Acta ss. Bened.* IV, 1, 588-9; II, 556-7. *Patrol. lat.* CXXIII, 451-2.

**665** (Avril ? 842).
L'empereur Lothaire séjourne à Vienne.
ADONIS Vien. *Chronicon*: *Charles et Louis Lotharium fratrem imperatorem ab Aquisgranis terrent : qui nimia celeritate, una cum uxore ac filiis, usque Lugdunum ac Viennam progreditur. Ibi, receptis copiis, aliquantulum substitit.*
BOUQUET, VII, 54, cf. 128. *Patrol. lat.*, CXXIII, 136. = CROHIER. H. de D. I, 669; 2°, 516. MÜHLBACHER, R. K., p. 407.

**666** 15 juin (842).
Echange entre Agilmar, évêque élu de Vienne, du consentement de son clergé, et Rostaing *(Rodstanius, Ros-s)* et son épouse Suficia ; le premier cède des biens de St-Pierre situés dans le pagus de Vienne, l'ager *Maximiacensis* (Messimy), la villa *Montilius* (al. *Montalio*) et *in Revellata* (al. *Reveliata*), *Campania* et *Brociano*. *A. 3 imper. d. n. Hlothario aug. — Quociescunque initæ*.
CHEVALIER (U.), *Cart. de St-André-le-Bas*, 213 ; *Cart. de St-Maurice Vienne*, 38, n° 158.

**667** Vienne, 17 août (842).
Echange de terres entre Engelboton et sa femme Anne, qui donnent un champ, dépendant de St-Maurice et de l'église de St-Pierre *Crapensis*, situé dans le pagus de Vienne et l'ager *Breniacensis*, près de l'église de St-Romain, et le comte Erchembold, qui en donne un autre, de la même dépendance et avec le consentement de l'archevêque élu Agilmar, situé dans le même pagus, *in villa Brociano subteriore* (les Brosses)... *a 3 imper. d. n. Hlotario aug. — Quoties initæ fuerint.*
CHEVALIER (U.), *Cart. de St-Maur. Vienne*, 33, n° 126. = RIVAZ (P. de), *Diplom. de Bourg.*, I, 7 (Anal., 2). GINGINS, dans *Mém. doc. Suisse Romande* (1865), XX, 377.

**668** 30 décembre (842).
Diplôme de l'empereur Lothaire. D'après un mémoire que lui a présenté Egilmar, archevêque de Vienne, le prélat Barnard avait exhumé les corps des martyrs Séverin, Exupère et Félicien *in vico Brenniaco* (Brenier), près de la porte de Vienne, et les avait solennellement ensevelis dans le monastère construit et doté par lui dans son diocèse, au lieu dit *Romanus*, dont il avait fait la consécration avec les évêques de sa province, en l'honneur de tous les Apôtres. Le prince en confirme la possession à l'église de Vienne. — *Si utilitalibus.*
Mss. : Paris. B. N., l. 11743, 111. BALUZE, LXXV, 313. Chartularia 5214, 25. FONTANIEU, *Hist. de Dauph.*, pr. I. 17. — Bosco (J. a), 51-2. LE LIÈVRE, 205-6. LE COINTE, VIII, 511-2. 688. BALUZE, *Capit.* II, 954. BOUQUET, VIII, 380-1. — Trad. MAUPERTUY, 112-3. CHARVET, 185-6. COLLOMBET, I, 266-7. = MABILLON, *Ann.* II, 594 ; 2°, 412. BRÉQ. I. 211. CHEVALIER (U.), *Cart. de St-Maurice Vienne*, 14, n° 5. *Sitzungsb. Akad. Wien*, LXXXV, 515. *N. Archiv*, II, 286. MÜHLBACHER, R. K., 1061.

**669** (842/848).
Convention d'échange entre Agilmar, archevêque de Vienne, et Rostaing *(Rostanius)* ; le premier cède ses biens situés *in valle Venusca*, au pagus de Vienne, et les *villæ Canalilias, Potiolis, Flaviacus* et *Puxerolas*, au royaume d'Aquitaine, contre les *villæ Calmis* et *Cungnus*, au pagus de Lyon.
Confirmé par un diplôme du 11 nov. 848.

**670** (842/848).
Agilmar, archevêque de Vienne, acquiert *per delegationis cartulam* les biens de Hugues *(Ugo)* et de sa femme Ingelsuindim, situés dans la villa de Pavezin *(Pavasianis)* au pagus de Lyon.
Confirmé par un diplôme du 11 nov. 848.

**671** 19 janvier (843).
Donation à l'église de St-Maurice de Vienne, par Archinard et sa femme Witlende, de biens situés à *Cicognigus*, l'an 3° du règne de Lothaire.
CHEVALIER (U.), *Cart. de St-Maurice Vienne*, 38, n° 157.

**672** Verdun, (août 843).
Partage de l'empire Franc entre les fils de Louis le Pieux : *sortitus est Lotharius inter Rhenum et Scaldem...*

*et eos comitatus qui Mosæ citra contigui habentur usque ad Ararem Rodano influentem, et per deflexum Rodani in mare, cum comitatibus similiter sibi utrimque adhærentibus.*

Annales Francorum Bertiniani. S. PRUDENTII episc. Trecen. Annales : LE COINTE, VIII, 695-7. BOUQUET, VII, 62. PERTZ, Mon. Germ. hist., Ser. I, 440. Patrol. lat. CXV, 1395. = CHORIER, H. de D. I. 669; 2°, 516. Hist. de Lang. I, 543 : 3°. I, 1048. COURBON, A, 9-11, chr. 67. R. S. R. 55. R. Gen. 89. MÜHLBACHER, R. K. 1069 a. LONGNON, Atlas histor. France, 72-3, pl. 6°.

**673** (Avant 14 octobre 843).
... ind. 7... Privilège accordé au monastère de St-Lomer (Corbion) par de nombreux archevêques, évêques et abbés réunis à Germigny · *Agilmarius Viennensis vocatus episcopus subscripsi.*

MABILLON, Acta ss. Bened. IV, 11, 249. HARDUIN, IV, ind. COLETI, IX. 921. BOUQUET, VII, 284-6, cf. xiij. MANSI, Conc. XIV, 794.

**674** Aix-la-Chapelle, 22 octobre (843).
Diplôme de l'empereur Lothaire en faveur d'Agitmar, archevêque de Vienne et archichancelier de son palais, qui l'a sollicité de lui confirmer la possession de ses biens paternels et maternels, et de ceux qu'il a acquis ou acquerra. *Ercamboldus not. ad vic. Agilmari recogn. — Dignum est ut imp.*

Mss. : Paris, B. N., 1, 11743, 111b. Baluze, LXXV, 317-8. Secousse, 4b. = LE COINTE, VIII, 703-5. BALUZE, Capit. II, 1441-2. MANSI, XVIII, 954. BOUQUET, VIII, 378. = GEORG. I, 105. BRÉQ. I, 210. WAUTERS, I, 213. COLLOMBET, I, 267-8. MÜHLBACHER, 1077. N. Archiv, II, 286. CHEVALIER (U.), Cart. de St-Maurice Vienne, 15, n° 9.

**675** Aix-la-Chapelle, 22 octobre (843).
Diplôme de l'empereur Lothaire, qui restitue et confirme à Agilmar, archevêque de Vienne et archichancelier de son palais et à l'église de St-Maurice la villa *Tolianus* (Tullins) et tout ce qu'ils possédaient dans le pagus *Tolianensis. Ercamboldus not. ad vic. Agilmari recogn. — Dignum est ut erga.*

Ms. : Baluze, LXXV, 312b et 314. — CHIFFLET, Hist. de Tournus, pr. 269. LE COINTE, VIII. 704. BALUZE, Capital. II, 1442-3. MANSI, XVIII, 955. BOUQUET, VIII, 379. = GEORG. I, 104-5. CHARVET, 186. BRÉQ. I, 210. COLLOMBET, I. 267. WAUTERS, I, 213. MÜHLBACHER, 1078. CHEVALIER (U.), Cart. de St-Maurice Vienne, 14, n° 6.

**676** (843/845).
Lettre de G(uenilon, arch)evêque (de Sens), et G(érard), comte (de Vienne), à Amolon, archevêque (de Lyon), lui demandant d'ordonner Berne évêque d'Autun et Godelsad, évêque de Chalon. — *Multa et magna.*

BOUQUET, VII. 486-7. Patrol. lat. CXIX, 543-9. DESDEVISES DU DEZERT, Lettres de Servat Loup (1888), 39. DUEMMLER (E.), dans Mon. Germ. hist., Epist. VI, 72-4.

**677** Vienne, 3 avril (844).
Avec le consentement de l'archevêque Agilmar et de son clergé, le comte Erchimbaldus fait un échange avec Arestagnus et sa femme Gimberga : le premier cède la basilique de Ste-Marie au lieu d'Argental *(Argentaus)*, dans l'ager d'Annonay *(Ananocen.)* et le pagus de Vienne; l'autre les basiliques de St-Bardulphe et de St-Pierre dans la villa *Me...*, l'ager *Roionensis* et le même pagus.

*Edenus diac. scr. a°. 4 regn. d. n. Lothario imper., ind. 7. Sichardus abbas. Erlufus corepiscopus.*

Ms. : Baluze, LXXV, 328b-30. — BALUZE, Capital. II, 1443-4; 2°, 956. = COURBON, A, 17-9, chr. 70. BRÉQ. I, 212. GALLIER (A. de), dans Rec. mém.-doc. Forez (1875), 23 (à part, 16). CHEVALIER (U.), Cart. de St-Maurice Vienne, 23, n° 57.

**678** (844/847).
Bulle du pape Sergius II. confirmant la liberté du monastère d'Ambronay, fondé par s¹ Barnard.

JAFFÉ, Reg. Pont. Rom. 2°, II, 744, n° 2593°.

**679** Mai (845).
Vente par Gontrudis à Wandalgerius et sa femme Gonteldis d'un petit champ situé dans le pagus de Vienne, l'ager de Estressin *(Trecianensis)* et la villa de Chuzelles *(Caucilla)*, confrontant la terre de St-Maurice. *D. mercoris... a. 5 regn. d. n. Lotario g. d. imper. Severus diac. subscr.*

BERNARD-BRUEL. Chartes de Cluny, I, 10-1.

**680** Fin (846).
Capitulaire de l'empereur Lothaire :
*... filius noster (Louis) cum omni exercitu Italiæ et parte ex Francia, Burgundia atque Provincia in Beneventum proficiscatur* (ms. *-cantur), ut inde inimicos Christi Sarracenos et Mauros eiciat... Ipse... ita ire debebit ut VIII. kal. febr. ad Papiam cum exercitu veniat, medio marcio ad Alatrium* (= Larino, autres édd. *Alatrium, Alatrium) perveniat.*

LIPPERT (Woldem.), dans Neues Archiv (1887), XII, 536. = MÜHLBACHER, R. K. 1094.

**681** 14 mars (847).
Otton, comte et moine, son épouse Adalsinde et leur fils Amblard, moine, donnent à St-Oyand (St-Claude) la celle de Borbonce et de Salaize *(Salegiæ)* (5 ans après l'élévation d'Agilmar sur le siège de Vienne).

Martyrologium Jurense et Necrologium (Biblioth. de Besançon). — BENOIT (P.), Hist. abbaye St-Claude, I, 361.

**682** (847/855).
Bulle du pape Léon IV en faveur de l'abbaye de St-Maurice d'Agaune. Il interdit à celui qui détient actuellement la ville de Valence de s'attribuer aucun pouvoir.

GREMAUD (J.), dans Mémor. de Fribourg (1858), IV, 355 (à part, 35-7). = JAFFÉ, -2660. — Pièce fausse.

**683** Juillet (848).
Martin, prêtre, donne à l'église de St-Maurice (de Vienne), où l'on faisait l'office jour et nuit, deux vignes et une maison et cour fermées de murailles, aux Brosses *(villa Brociano)*, hors de Vienne, la 9° an. du règne de Lothaire.

\* CHARVET, 187. COLLOMBET, I. 268-9. CHEVALIER (U.), Cart. de St-Maurice Vienne, 33, n° 123.

**684** Septembre (848).
Donation à l'archevêque Agilmar par Ebrald d'un courtil à *Cambans*, au pagus de Vienne, et autres biens achetés à l'abbaye de St-Oyand ; la 9° année de l'empereur Lothaire.

BENOIT (P.), Hist. abb. St-Claude, I. 362.

**685** Thionville, 11 novembre (848).

Diplôme de l'empereur Lothaire, qui assure à l'archevêque [de Vienne] Agilmar la faculté de percevoir tous les droits que les agents du fisc pourraient réclamer sur un marché *(forum publicum)* nouveau que ce prélat établissait dans ses terres à Pavezin *(Pavasianis)*, au pagus de Lyon. — *Si petitionibus*.

Mss. : Baluze, LXXV, 315. Chartularia 5214, 37. — *Gallia christ. nova*, XVI, instr. 6. DÜMMLER (E.), dans *Forschung.* 2. *deutsch. Gesch.* IX, 432. = BORDIER (H. L.), dans *Bibl. de l'éc. d. Chartes*, B, IV, 210-1. CHEVALIER (U.), *Cart. de St-Maur. Vienne*, 14-5, n° 7. WAITZ, *Deu. Verfgesch.* IV, 45. MÜHLBACHER, 1102.

**686** Thionville, 11 novembre (848).

Diplôme de l'empereur Lothaire, qui relate la venue à sa cour de l'archevêque de Vienne Agilmar *(Algirmar)*, à qui il confirme un échange de terres avec feu Rostaing (n° 669) et une acquisition de Hugues et sa femme Ingelsuindim (n° 670). — *Si cum (enim) ea*.

Mss. : Baluze, LXXV, 316-7. Chartularia 5214, 41. — BALUZE. *Capitul*. II, 1458 ; 2°, 965. MANSI, XVIII, 965. BOUQUET, VIII, 385. = GEORG. I, 110. CHARVET, 187. COURBON, A, 14-7. BRÉQ. I, 225. WAUTERS, I, 222. MÜHLBACHER, 1101. CHEVALIER (U.), *Cart. de St-Maurice Vienne*, 15, n° 8.

**687** Vienne, avril (849).

Echange entre Mediolan, prévôt, et Agelmar, archevêque de St-Maurice [de Vienne], qui reçoit deux manses (avec verger et jardin) *ad Castellione*, au pagus de Vienne, et un autre dans l'intérieur des murs de la ville, à *Martis*, confrontant les terres de St-Nizier, de St-Maurice et des Juifs, et donne au même pagus, dans l'ager d'Ampuis *(Ampocian.)* trois champs *in Baxotis* et *Aucellatis*, et une vigne *in Riveria ad Buseto*. Act. Viennæ publ. Airoardus diac. scr... d. jovis, a° 9 regn. d. n. Lothario aug.

CHEVALIER (U.), *Cart. de St-André-le-Bas*. 214-5, 367. = CHARVET, 187-8. COLLOMBET, I, 269. CHEVALIER, *Cart. de St-Maurice Vienne*, 31, n° 111.

**688** Gondreville, 18 octobre (849).

Diplôme de l'empereur Lothaire, confirmant à Celse, évêque d'Alba ou Viviers, et à la cathédrale de St-Vincent l'abbaye de Donzère *(Dozera)*, au comté d'Orange *(Arausico)*, sur le Rhône et l'île de Frémigière *(Formicaria)*. — *Si sacerdotum*.

COLUMBI, *Episc. Vivar*. (1651). 65-8 : 75 ; *Opusc*. 200. °CHIFFLET, *Hist. de Tournus*, 265-6. BOUQUET, VIII, 387-8. ROUCHIER, *Hist. du Vivarais*, I, 603-4. ROCHE, *Armor. évêq. Viviers*, I, 322-3. = BRÉQ. I, 228. FILLET (L.), dans *Bull. hist.-arch. Valence*, II, 112-3 (à part, 4). MÜHLBACHER, 1105.

**689** (Vers 852).

Diplôme de l'empereur Lothaire, qui restitue à l'église de Lyon, à la prière de l'illustre comte et marquis Gérard, la villa de Luzinay *(Lucennacus)*, au comté de Vienne, et les églises de St-Gervais et St-Didier, au comté de Lyon. — *Oportet imper*.

ACHERY (d'), *Spicileg*. XII, 110-1 ; 2°, III, 340. MÉNESTRIER, *Hist. de Lyon*, pr. 32. BOUQUET, VIII, 389 (c. 853). = BRÉQ. I, 238. MÜHLBACHER, 1124.

**690** 1ᵉʳ mars (852).

Diplôme de l'empereur Lothaire en faveur de l'église de Trois-Châteaux et de son évêque Pons. — *Notum sit omn*.

JUVENIS, *Hist. du Dauph*. (ms. de Carpentras, 504), I, 960. — BOYER DE STE-MARTHE, *Hist. de St-Paul-Trois-Châteaux*, 39-40 (d'après l'orig. aux arch. de l'évêché). *Gallia christ. novus*. IV, 41-2. = BRÉQ. I, 234. MÜHLBACHER, 1116 a. Ce diplôme est de l'empereur Lothaire III (Suppl. de Ficker à STUMPF, 3364°).

**691** (852/875).

Lettre d'Hincmar, archevêque de Reims, (à Remy, archevêque de Lyon ?), au sujet des biens de son église S. Remigii sitis in provincia Viennensi vel Aquensi.

FLODOARD. *Hist. eccl. Remen*. III, 18 (BOUQUET, VII, 214 ; *Patrol. lat*. CXXXV, 194 ; *Mon. Germ. hist*., Scr. XIII, 510). = SCHRÖRS. *Hinkmar Erzbisch. Reims*, Reg. n° 352.

853, assemblée de Sermorens = 858.

**692** Thionville, 3 juillet (853).

Diplôme de l'empereur Lothaire, par lequel il restitue, après enquête faite par les archevêques Remy [de Lyon] et Agilmar [de Vienne], la villa de Volnay *(Voltnaus)*, au pagus de Scodingue *(Scudingis)*, à l'évêque d'Autun Jonas. — *Si in restitutione*.

ACHERY (d'). *Spicileg*. XII, 141 ; 2°, III, 340. MUNIER, *Rech.-Mém. hist. cité Autun*. II, 35. *Gallia christ. nova*, IV, instr. 49. HEUMANN, *Comment*. I, 482. BOUQUET, VIII, 391-2. [CHRISTIN], *Dissert. sur l'abb. de St-Claude*, 88. CHARMASSE, *Cartul. de l'égl. d'Autun*, I, 75-6. = BRÉQ. I. MÜHLBACHER, 1127.

**693** (853/855)

Après le concile de Querzy-sur-Oise, Remy, archevêque de Lyon, et Ebbon, évêque de Grenoble, écrivent un *Libellus de tenenda Scripturæ veritate et sanctorum orthodoxorum Patrum auctoritate fideliter sectanda*. — *Inter omnia*.

LA BIGNE, *Bibl. Patr*. (1610). Auct. II, 1221-54 ; (1624. 1644), IV, II, 413-48. MAUGUIN, *Vett. auctor. de prædestinat*. II, II, 178-230. DESPONT, *Bibl. Patr*. XV, 701-18. FOGGINI, *Ss. patrum opera de gratia*. VI, 1, 295-446. *Patrol. lat*. CXXI, 1083-1134. — PARADIN, *Mém. hist. Lyon*, 108. MAUGUIN, II, II, 283-99 ; II°, 174-5 (853). MABILLON. *Acta ss. Bened*. IV, II, lxxj ; 2°, xlix. MÉNESTRIER, dans *Mém. de Trévoux* (1704). 806-21. DU CHESNE, *Le Prédestinatianisme*, 138-45. 198-205 et 209-19. FOGGINI, op. cit. VI, 1, xvij, 294 (854). BUCK (R. de), dans *Acta ss. Bolland*., oct. XII, 692-3. [MARTIN, 130].

**694** (853/855)

Les mêmes prélats écrivent aussi un *Liber de tribus epistolis venerabilium episcoporum* (Hincmar. Pardulus et Raban), *quid de earum sensu et assertionibus juxta catholicæ veritatis regulam, sentiendum sit*. — *Quorumdam*.

LA BIGNE, *Bibl. Patr*. (1610). Auct. II, 1157-1208 ; (1624, 1644), IV, II, 349-400. MAUGUIN, *Vett. auctor. de prædestinat*. II°, 67-118. DESPONT, *Bibl. Patr*. XV, 666-93. FOGGINI, *Ss. patrum opera de gratia*, VI°, 3-235. *Patrol. lat*. CXXI, 985-1068. = PARADIN, *Mém. hist. Lyon*. 108. SIRMOND, *Prædestinatus*, c. 12, dans ses *Opp. var*. IV, 430. MAUGUIN l. c. II°, 63. MABILLON, *Acta ss. Bened*. IV, II, lxxj ; 2°. xlix. MÉNESTRIER, dans *Mém. de Trévoux* (1704), 806-21. DU CHESNE, *Le Prédestinatianisme*. 198-205, 209-19. FOGGINI, l. c., VI°, XVII, 2. BUCK (R. de), dans *Acta ss. Bolland*., oct. XII, 692. [MARTIN, 131].

**695** Arles, 6 juillet (854).

Diplôme du roi Charles le Chauve et sa femme Hermentrude, par lequel ils donnent à l'église de Saint-Maurice de Vienne et à son métropolitain (Volferic!) les monastères de St-Genêt près Arles et de Ste-Marie-

Madeleine, l'église de St-Michel archange, etc. —
...Diem cogitantes..

Mss. : Baluze, LXXV, 382. Chartularia 5214, 49. Fontanieu. *Hist. de Dauph.*, pr. I, 21. — Bosco (J. a), 55-6. Le Lièvre, 213-6. Guesnay, *Prov. Massil.* ann. 256-7. Bouche, *Hist. de Prov.* I, 737. Faillon, *Mon. de s<sup>te</sup> Madel.* II, 615-28. *Gallia christ. noviss.* III, 1236. = Labbe (Ph.), *Alliance chronolog.* II, 107. *Charvet, 87-8, 238. Bréq. I, 242. Chevalier, *Cartul. de St-Maur. Vienne.* 16, n° 16. Mühlbacher, 1293. *N. Archiv*, XIV, 254. — Diplôme faux (fabriqué à Vienne).

**696** 8 janvier 855.
...a° *855 ab I., glor. Lothario imp. 15, ind. 3*... Concile tenu à Valence (*apud urbem Valentianam in domo basylicæ Sancti Johannis adjacente*, sur l'ordre de l'empereur Lothaire, *propter causam episcopi civitatis ipsius criminibus diffamati*). On y fit 23 canons, la plupart relatifs à Godescalc et à Jean Scot. Le dernier concerne l'archidiacre et prévôt de la cathédrale de Vienne, persécuté depuis deux ans par les laïcs sous prétexte de l'illégitimité de sa naissance ; on excommunia ses adversaires. *Agilmarus, ecclesiæ Viennensis episcopus, hanc synodalem definitionem subscripsi. Ebbo, Gratianopolitanus episcopus, h. s. d. s.*, qui collabora principalement à la rédaction.

Ms. : Novare, Bibl. du chap. 30 et 15. — Surius, III. 480. Binius (1606), III°, 655 ; (-18), III°, II. 398 ; (-36), VI, 464. Sirmond, III, 93-107. *Coll. Reg.* XXI, 678-98. Mauguin, *Vett. auctor.* II°, 231. Labbe, VIII. 133-46. Harduoin, V, 87-96. Coleti, IX. 1149-62. Mansi. XV. 1-16. = Chorier, *H. de D.* I, 670. Colonia, *Lyon*, II, 161. Charvet, 188. Ceillier, XXII, 643-6. Bouquet, VII. 518. Collombet, I, 269-72. Mühlbacher, 1135 a. *Gallia christ. noviss.*, III. 85.

**697** (Après 8 janvier 855).
Concile tenu dans l'église de St-Laurent-lès-Mâcon ; on y édicte 4 canons, par des évêques des provinces de Lyon et de Vienne, au sujet de l'usurpation des biens d'Eglise et des crimes qui pullulaient. Y assistèrent l'archevêque de Vienne Agilmar et l'évêque de Grenoble Ebbon.

Maassen (Fried.). *Eine burgundische Synode vom Jahr 855*. dans *Sitzungsb. Akad. Wissensch.* (1878), XCII. 599-611 ; Wien, 1879, gr. 8°. *Bibl. de l'éc. d. Chartes* (1879). XL, 142-3. Caillemer (E.), *Un synode à St-Laurent-lès-Mâcon en 855*, dans *Mém. acad. scien. Lyon* (1884), Lett. XXII, 185-98 ; Lyon, 1883, gr. 8°, 1 f.-14 p.

**698** Prüm, 29 septembre 855.
Mort de l'empereur Lothaire ; ses trois fils, Louis, Charles et Lothaire prennent possession des états qu'il leur avait assignés en partage peu de jours auparavant : Charles II le royaume de Provence.

*R. S. R.* 60. *B.Gen.* 90. Mühlbacher, 1143 a-b, 1240 c, 1245 a, 1288 e<sup>bis</sup>. Longnon, *Atlas hist. France*, 74, pl. 6°.

**699** (855/856).
Donation par le prêtre Archimram à l'archevêque de Vienne Agelmar, dont il vante l'affabilité et la douceur, de fonds situés dans la villa *Nazeria*, au pagus de Lyon, la 1<sup>re</sup> an. du règne de Charles, fils de l'emp. Lothaire.

*Charvet, 193. Collombet, I, 277. Chevalier (U.), *Cart. de St-Maur. Vienne*, 29, n° 100.

**700** (855/863).
Diplôme de Charles, roi [de Provence] et fils de l'empereur Lothaire, par lequel il confirme à Remy, archevêque de Lyon, la villa de Courtenay (*Curtenacum*) avec ses églises. — *Decet regalem*.

Dopsch (A.), dans *Mittheil. Instit. œsterr. Geschforsch.* (1895), XVI, 214-5. = Brun-Durand (voir à 863 ?).

**701** (856).
Lettre d'Hincmar, archevêque de Reims, au roi Charles le Chauve ; il se plaint vivement des décisions du concile [de Valence, 855] : on lui a attribué 6 chapitres, dont il a eu connaissance par Lothaire, frère du roi, à qui Ebon, évêque de Grenoble, les communiqua au palais de Verberie ; il s'étonne du procédé de ce prélat, élevé dans le monastère de St-Remy par son oncle Ebon, archevêque de Reims, ordonné diacre par lui et créé abbé de ce monastère. — *Deo gratias*.

Hincmar, *Opp.* I. I. Bouquet, VII, 518-9. *Patrol. lat.* CXXV, 49-56.

**702** Orbe, 856.
Dans une réunion *apud Urbam*, Louis, empereur d'Italie, et Lothaire, roi de France, reconnaissent à leur jeune frère Charles la Provence et le duché de Lyon, conformément aux décisions de leur père.

*Annales Francorum Bertiniani.* S. Prudentii episc. Trecen. *Annales* (Bouquet, VII, 72 ; *Patrol. lat.* CXV, 1412 ; Pertz, *Mon. Germ. hist.*, Scr. I, 369). = *R. Gen.* 90. Mühlbacher, 1174 a.

**703** Crémieu ou Tramoyes, 10 octobre (856).
Diplôme du roi [de Provence] Charles, fils de l'empereur Lothaire, par lequel, à la prière du comte Girard, il accorde l'immunité à Villeurbanne et en attribue les revenus à l'église de St-Etienne de Lyon. *Act. Stramiatis pal.* — *Quia munere*.

Achery (d'), *Spicil.* XII, 120 ; 2°, III. 353. Ménestrier, *Hist. de Lyon*, pr. 34. Bouquet, VIII, 396. = Bréq. I, 247. Mühlbacher, 1290. Poupardin, *Roy. de Prov.* 19.

**704** Theorinsthe ou Theorenstein, 23 novembre (856).
Diplôme de Charles [roi d'Aquitaine], par lequel il prend sous sa protection et sauvegarde les biens paternels et maternels qu'Agilmar, archevêque [de Vienne], possède dans les royaumes d'Aquitaine et de Bourgogne ...*regn. glor. rege a° 3 (= 2), ind. 4...* — *Si petitionibus*.

Mss. : Baluze, LXXV, 359. Chartularia 5214, 57. — Baluze, *Capitul.* II, 1465 ; 2°, 969. Bouquet, VIII, 675. = Courbon, chr. 72. Georg. I, 116. Bréq. I, 245. Chevalier (U.), *Cart. de St-Maurice Vienne*, 42, n° 186. Poupardin, *Roy. de Prov.* 346 (à 842).

**705** (856/858).
Diplôme de Charles, roi [de Provence] et fils de l'empereur Lothaire, par lequel, sur les instances de Gérard, comte [de Vienne] et de Remy, archevêque de Lyon, il restitue à l'église de St-Maurice de Vienne, dont Agilmar est archevêque, la villa de Tullins (*Tollianum*), au comté de ce nom et au pagus de Vienne, la villa de Génissieux (*Giniciacum*) au comté de Vienne, et l'église de St-Marcel hors des murs de Vienne, entre les deux châteaux *Heumedium* (Pipet) et *Crappum* (St-Just). — *Si necessitates*.

Ms. : Baluze, LXXV, 361<sup>b</sup>-3. — Baluze, *Capitul.* II, 1468-9 ; 2°, 972. Eccard, *Orig. Habsburg.* 135. Mansi, XVIII, 972. Bouquet, VIII, 397. = *Charvet, 136, 190. Bréq. I, 250.

Rivaz (P. de), *Diplom. de Bourg.* I, 12 (Anal., 3, 62). Collombet, I, 272-3. Mühlbacher, 1293. Chevalier (U.), *Cart. de St-Maurice Vienne.* 42, n° 189.

**706** (857).
Lettre du pape Benoît III aux archevêques et à tous les évêques constitués dans les états de Charles, roi [de Provence], leur ordonnant de se rendre à Rome dans le délai de 30 jours, sous peine d'excommunication. — *Bonorum semper.*
Baronius. Ann. 856. 24 (XIV, 448-9). Sirmond, III, 109. Coleti, IX, 1249-50. Mansi, XV, 111. *Patrol. lat.* CXV, 691. = Dümmler, *Ostfränk. Reichs,* I, 448. Hefele, *Conegesch.* IV¹, 226. Jaffé, 2012-2669.

**707** (Vers 857).
Angilmar, archevêque de Vienne, après avoir autorisé Mauring à construire une basilique *in loco Saletas, in valle Anautense,* approuve la bâtisse et la dotation ; il y ajoute des dîmes dans les villæ *Monteplano* et *Rebus.* — *Dignum et congr.*
Achery (d'), *Spicileg.* XII, 119-20 ; 2°. II, 356. *Gallia christ. nova,* XVI, instr. 6-7. = Bréq. I, 248.

**708** Vienne, avril (857).
Donation par Léon et sa femme Leutrade à l'église de St-Maurice de Vienne, dont Agilmar est archevêque, de la villa de Charentonnay *(Carentennacum),* dans l'ager du même nom *(Carentonicus),* au pagus de Vienne, avec les églises dédiées à St-Maurice et à St-Christophe ; parmi les confins figurent les terres de St-Georges et de St-Symphorien. *Bertrannus scr. 6 fer. a. 2 regn. d. n. Carolo rege. filio Lotharii aug.*
Chevalier (U.), *Cart. de St-André-le-Bas,* 8-9# ; *Cart. de St-Maurice Vienne.* 26, n° 73.

**709** (858).
Assemblée générale des trois provinces de Vienne, de Lyon et d'Arles, tenue à Sermorens *(Salmoringa villa),* où figurent de nos diocèses les évêques Ebon de Grenoble et Arbert d'Embrun, le comte Gairard [de Vienne], etc., Adalbert, *vasus dominicus,* etc. L'archevêque [de Vienne] Agilmar, assisté de son avocat Witgier, réclame et obtient du comte Wigeric la restitution des biens que l'empereur Lothaire lui avait concédés dans les villæ *Cogana, Calausis* et *Adnancia* ; le comte donne pouvoir à son missus Fulrad d'en accorder l'investiture.
Mss. : Paris, B. N., l. 11743, 134ᵇ. Baluze, LXXV, 341-2. Chartularia 181. Secousse, 20. — Achery (d'), *Spicileg.* XIII, 263-4 ; 2°, III, 343. Baluze, *Capital.* II, 1467-8 ; 2°, 971. = *Charvet,* 191. Georg, I, 122. Bréq. I, 238 (à 853). Collombet, I, 273-4. Rivaz (P. de), *Diplom. de Bourg.* I, n° 10 (Anal. 3). Gingins, dans *Mém.-Doc. soc. Suisse rom.* XX, 377. Chevalier (U.), *Cart. de St-Maur. Vienne,* 29, n° 99 ; *Gallia christ. noviss.,* III, 204.

**710** Mantaille, 16 janvier (858).
Diplôme de Charles, roi [de Provence] et fils de l'empereur Lothaire, qui confirme, à la prière d'Egilmar, archevêque de Vienne, la cession à usufruit *(præstaria)* qu'il venait de faire à son vassal Léon de la villa *Sisiaco,* avec son église de St-Pierre. Léon et sa femme Leutrade avaient donné la villa *Cartiniacus,* avec les églises de St-Maurice et de St-Christophe. *Bertrandus cancell. recogn... a° 3 Caroli reg., ind. 6. Act. in Mantelo villa.* — *Decet regalem.*

Mss. : Paris, B. N., l. 11743, 150. Baluze, LXXV, 360-1. Chartularia 5214, 61. — Baluze, *Capitul.* II, 1467 ; 2°, 971. Heumann, *Comment.* I, 488. Mansi, XVIII, 971. Bouquet, VIII, 397-8. *Gallia christ. nova,* XVI, instr. 7. = Charvet, 190. Georg, I, 121. Bréq. I, 248. Collombet, I, 273. Mühlbacher, 1291. Chevalier (U.), *Cart. St-Maur. Vienne,* 42, n° 188.

**711** Chamesson, 18 mai (858).
Diplôme de Charles, roi [de Provence] et fils de l'empereur Lothaire, qui accorde à Agilmar, archevêque de Vienne, la propriété de terres au pagus de Lyon, dans les villæ *Silviniacum* et *Lucum, in Gabrixitto* et *Granisco* .... *a° 2 regn. Carolo rege, ind. 6. Act. Cambissono pal.* — *Decet regalem.*
Mss. : Baluze, LXXV, 360. Chartularia 5214. 53. — *Gallia christ. nova,* XVI, instr. 8. Dümmler (E.), dans *Forschung. z. deutsch. Gesch.* IX, 433 (à 857). = Mabillon, *Diplomat.* 255 ; 3°, I. 266. Charvet, 192. Collombet, I. 274-5. Mühlbacher, 1292. Chevalier (U.), *Cart. de St-Maur. Vienne,* 42. n° 187.

**712** 20 mai (858).
Réunion d'évêques au monastère de St-Jome *(SS. Gemini),* près Langres ; ils confirment la charte de Jonas, évêque d'Autun, en faveur de ses chanoines de Saint-Nazaire. *Ebo indignus Gratianopolitani episcopus ss. Remigius Diensis episcopus ss. Ratbertus ac si indignus Valentinensis episcopus ss.*
Perard, *Rec. pièces Bourg.* 147. Labbe, *Alliance chronol.* I, 566. Achery (d'), *Spicileg.* VIII, 142-5 ; 2°. III. 357. Planchér, *Hist. de Bourgogne,* I, pr. viij-ix. *Gallia christ. nova,* IV. instr. 50-1. Charmasse, *Cart. égl. Autun,* I, 3-4. = Bréq. I, 249.

**713** 20 mai 858.
Réunion d'évêques au monastère de St-Jome ; ils confirment la charte de Jonas, évêque d'Autun, en faveur de l'abbaye de St-Andoche. *Ebo indignus Gratianopolitanus episcopus. Remigius Diensis episcopus.*
Mss. : Carpentras, Guichenon, XVI, 293. — Labbe, *Alliance chronol.* (1651, 1663), I, 566-71. *Gallia christ. nova,* IV, instr. 51-4. = Bréq. I, 249.

17 juin 858 = 18 mai 858.

**714** Lyon, 859.
Testament d'Aurélien, abbé d'Ainay, concernant le monastère de *Saxiacus* (St-Benoît-de-Cessieu), qu'il a fondé non loin du Rhône et dont dépendent dans le pagus de Vienne *Casdumno* (al. *Casdum*) et dans celui de Die la villa de Charols *(Carrobolis,* al. *Carpoboli),* avec l'église de St-Marcel, qu'a donnée l'abbé Leuboinus. *Fact... ind. 7, regn. Karolo r. filio Lotharii imper. a° 3 (= 4).*
Guichenon, *Hist. de Bresse et Bugey,* pr. 225-6. Mabillon, *Acta ss. Bened.* IV. II, 498-9 ; 2°, 505-7. *Acta ss. Rolland,* octob. XII, 683. = Bréq. I, 254.

**715** 859.
Charles, roi de Provence, confirme le testament de l'abbé Aurélien et ordonne la tenue d'un concile à Cessieu pour le ratifier.
Guichenon, *Hist. de Bresse et Bugey,* pr. 226-7. Dopsch (Alf.), dans *Mittheil. Instit. œsterr. Geschforsch.* (1895), XVI, 213-4.

**716** [St-Benoît-de-]Cessieu, 859.
*... ind. 7. regn. piiss. ac miliss. rege Carolo. filio quondam Lotharii aug., pace jam et divisione regni cum fratribus suis, Hludovico videl. et Lothario regibus, mise-*

rante Domino, celebrata, factus erat conventus populorum qui sub ejus regno erant per regiam evocationem... Dix évêques approuvent le testament d'Aurélien, abbé d'Ainay, touchant le monastère de Cessieu.

GUICHENON, Hist. de Bresse, pr. 225-6. MABILLON, Acta ss. Bened. IV, 11, 500-2; 2°, 507-9. COLETI, X, 135-8. MANSI, XV, 541-4. = « Act. Sisterico » a donné lieu à un faux concile de Sisteron (Répert., Topo, 2969).

**717**  19 avril (859).

Réunion d'évêques au monastère de St-Jome (Ss. Gemini), près Langres ; ils confirment la donation par Jonas, évêque d'Autun, de la villa Simponiacum aux chanoines de St-Nazaire ... ind. 7. Agilmarus Viennensis. Remigius [Ebbo] Gratianopolitanus. Remigius Diensis. Ratherus [Ratbertus] Valentinensis.

SIRMOND, III, 136, 153. Coll. Reg. XXII, 641. PERRY, Hist. de Chalon, pr. 30. PÉRARD, Rec. pièces Bourg. LABBE, VIII, 673-4, 690-4. HARDUIN, V, 481-4. Gallia christ. nova, IV, instr. 55-6. COLETI, X, 111-4. MANSI, Suppl. I, 982 ; XV, 527-8, 545-8. *BOUQUET, VII, 639. = BRÉQ. I, 251. HEFELE, Conc. IV², 205.

**718** (Avant 31 mai 859).

Concile tenu à Langres (in Andemantunno Lingonum), en présence des princes ; on y confirme les canons du concile de Valence (855) et on en formule 10 autres sur les évêques, les écoles, les dîmes, les hospices, etc. Agilmarus [archev. de Vienne] et ceteri coepiscopi.

SIRMOND, III, 136. Coll. Reg. XXII, 641. LABBE, VIII, 673. HARDUIN, V, 481-2. COLETI, X, 111, 128-34. MANSI, XV, 525. = COLLOMBET, I, 276-7.

**719** 14 juin 859.

Concile tenu à Savonnières, dans un faubourg de Toul, par les évêques de 12 provinces, en présence de Charles le Chauve et de ses neveux les rois Lothaire et Charles. On y décrète 13 canons sur la paix entre les rois et contre divers évêques. Ebbo Gratianopolitanus episcopus. Ratbertus Valentinensis episcopus.

PITHOEUS, Ann. Franc. (1588), II, 378-86 ; (1594), 491-8. BINIUS, (1606), III¹, 798-9 ; (-18), II¹¹, 551-2 ; (-36), VI, 644-6. SIRMOND, III, 137-54. GOLDAST, Constit. imper. III, 279, 281-2. DU CHESNE, H. F. s. II, 436-9. Coll. Reg. XXII, 642-67. LABBE, VIII, 674-95, 1949-50. BALUZE, Capital. (1677), II, 129-36 ; (1772), II, 89-92 ; (-80), II, 133-8. HARDUIN, V, 483-99. MARTENE, Thes. anecd. III, 857-9. COLETI, X, 113-36. FOGGINI, Ss. Patrum opera de gratia, VI, 11, 445. BOUQUET, VII, 582-5, 637-41. MANSI, XV, 527-38 ; XVII, app. 89-92. WALTER, Corp. juris German. III, 1029. PERTZ, Mon. Germ. hist., Leg. I, 462. DURU, Bibl. hist. Yonne, I, 292-301. Patrol. lat. CXXXVIII, 657-64. BORETIUS et KRAUSE, dans Mon. Germ. hist., Capitul. II, 447-50. = MAUGUIN, Vett. auctt. II¹, 324-8. HEFELE, Concgesch. V, 412-5 ; 2°, IV, 206-9. MÜHLBACHER, 1253 c.

**720** 860.

Les pirates Danois, après avoir saccagé la Provence jusqu'à Valence, sont défaits par le comte Gérard ; ils retournent dans la Camargue et de là en Italie.

Annales Bertiniani. PRUDENTII Trec. Ann. (BOUQUET, VII, 76. Patrol. lat. CXV, 1419-20). — Lupi Ferrarien. Epistola duci Gerardo : hostes molestissimos [Normannos] partim peremistis, partim fugastis (Patrol. lat. CXIX, 595). POUPARDIN, Roy. de Prov. 23-4. MÜHLBACHER, 508 (1293 c).

**721** Avril (860 ou 874).

Vuitard donne à l'église construite, en l'honneur des sᵗˢ Apôtres et des martyrs viennois Séverin, Exupère et Félicien, au lieu de Romans (Romanis), dans l'ager de Conquers (Concoaren.) et le pagus de Vienne, pour le repos de l'âme de ses parents Ebon et Rionilde, des biens confrontant fluvio Rodeno et situés à la villa Libertas, dans l'ager Mizoscensis et le pagus de Vienne. Gamardus scr... a. 5 regn. Careto rege.

GIRAUD, Hist. S. Barnard-Romans, compl. 113-4, n° 268 ; et CHEVALIER (U.), Cart. de St-Barnard, 4-5.

**722** 6 juillet (859 ou 860).

Mort d'Agilmar, archevêque de Vienne, dans sa 9ᵉ (= 19ᵉ) année, enseveli à St-Pierre, ind. 7.

Cartul. de Grenoble, A, XXVI : MABILLON, Vet. anal. 221. MARION, Cart. de Grenoble, 63. — Hagiologium Viennense (Paris, B. N., l. 12768) : CHEVALIER (U.), Doc. inéd. relat. au Dauph. v, 9. Mon. Germ. hist., Scr. XXIV, 814. DUCHESNE (L.), Fastes, I¹, 201. — Obituaire : CHEVALIER (U.), dans Bull. soc. archéol. Drôme, XLV, 369 (à part, 12). = POUPARDIN, Roy. de Prov. 347.

**723** (860).

Lettre de Loup, abbé de Ferrières, à G[irard de Roussillon], duc [de Provence] et à son épouse B[erthe]. Son disciple le moine Ad[on] n'a pas quitté son monastère, mais il a été envoyé à Prüm, à la sollicitation de l'abbé Marcward. Pour éviter les envieux, il s'est rendu à Lyon, à la demande de Remy, métropolitain de cette ville, et d'H[ebbon], évêque de Grenoble, des lettres dimissoires lui ont été envoyées. — Semper insignis.

DU CHESNE, Hist. Franc. scr. II, 786. BALUZE, Lupi Ferrar. Opera, 176. MABILLON, Acta ss. Bened. IV, II, 265-6 ; Ann. Bened. III, 86 ; 2°, 79. BOUQUET, VII, 518-7. Patrol. lat. CXIX, 594-5 ; CXXIII, 11-2. DESDEVISES DU DÉZERT, Lettres de Servat Loup, 125. DUEMMLER (E.), dans Mon. Germ. hist., Epist. VI, 102-3. = BRÉQ. I, 256. POUPARDIN, Roy. de Prov. 25-6.

**724** (Juillet/septembre 860).

Remy, archevêque de Lyon, Ebbon, évêque de Grenoble, de concert avec le clergé et le peuple de Vienne, élisent Adon pour archevêque, regn. Karolo.

MARION. Cart. de Grenoble, 63.

**725** 22 octobre 860.

Concile tenu à Thusey ou Tusey (Tusiaco), au territoire de Toul, où l'on formula 5 canons de discipline... Ex provinciis... Viennensi ... Ado humilis Viennensis episcopus consensi et subscripsi. Ebbo Gratianopolitanus episcopus s. Ratbertus Valentinensis episcopus s. — Suit une lettre synodale aux usurpateurs des biens ecclésiastiques et aux voleurs des pauvres.

SIRMOND, C. G. III, 1603. Coll. Reg. XXII, 689. LABBE, VIII, 702-6. HARDUIN. V, 507-12. COLETI, X, 149-53. MANSI, XV, 560. HARZHEIM, C. Germ. II, 255. *BOUQUET, VII, 647. = MAUGUIN, Vett. auct. II¹, 334-8. WAUTERS, I, 241-2. HEFELE, Concgesch. V, 423-8.

**726** 7 novembre 860.

Les évêques, réunis en concile à Thusey (Tussiacum), au diocèse de Toul, confirment au monastère de Saint-Martin de Tours ses propriétés in Aquitania et Provincia. Hado munere divino Viennensis episcopus.

LALANDE, 164-5. LABBE, Miscell. curiosa, II, 464 ; Conc. VIII, 705-6. MABILLON, Vet. anal. I, 57-9 ; 2°, 150. COLETI, X, 153-4. Etc.

**727** (Après novembre 860).

Lettre d'Hincmar, archevêque de Reims, aux [archevêques] Radulphe de Bourges et Frotaire de Bordeaux, métropolitains d'Aquitaine, au nom du concile réuni à

Tusey par les évêques de 15 provinces : Lyon..., Vienne, etc.

Sirmond, *Conc. Galliæ*, III, 173. Bouquet, VII, 524-5.

**728** (860/867).

Lettre du pape Nicolas I à Adon, archevêque de Vienne. Les archevêques doivent tenir des réunions canoniques avec les évêques et les nobles ; les métropolitains sont tenus d'éviter tout ce qui est séculier ; les suffragants doivent leur obéir ; des églises baptismales doivent être constituées dans les diocèses ; des personnes dignes seront à leur tête ; de la pénitence canonique des criminels publics ; de la mesure dans les excommunications. — *Ut archiepiscopi*.

Mansi, XV, 451. *Patrol. lat.* CXIX, 1121-2. = Jaffé, 2144-2836. *N. Archiv*, XII, 471.

**729** (861 ou 862).

Lettre du pape Nicolas I à Adon, archevêque de Vienne. Il satisfera à son désir de recevoir le pallium, après avoir été assuré de sa foi aux décisions des 5e et 6e conciles, comme il l'a été pour les 4 premiers. Il lui transmet les décrets du synode tenu à Rome au mois de mars. — *Sanctioni et institutioni...*

Bosco (J. a), 53. Le Lièvre, 207-8. Mansi, XV, 469. *Patrol. lat.* CXIX, 796. *Anal. juris pontif.* X, 60. 68. 79. Gundlach (W.), dans *Mon. Germ. hist.*, Epist. Merow. I. 99. — Trad. Charvet, 196. = Collombet, I, 281. Jaffé, 2032-2693. *N. Archiv*, XII, 471.

**730** Mantaille, 14 juillet (861).

Diplôme de Charles, roi [de Provence] et fils de l'empereur Lothaire, en faveur de Remy, archevêque de Lyon et grand chapelain de son palais... a° regni d. n. Karoli... 5, ind. 9. *Act. Mantala publ.* — *Oportet regiam*.

Achery (d'), *Spicileg.* XII, 122 ; 2°. III. 354. Menestrier, *Hist. de Lyon*, pr. xxxiv-v. Bouquet, VIII, 398-9. = Bréq. I, 257. Mühlbacher, 1295.

**731** Mantaille, 22 août (861).

Diplôme de Charles, roi [de Provence] et fils de l'empereur Lothaire, en faveur du monastère de l'Ile-Barbe. Sceau... a° regni d. n. Karoli... 5, ind. 9. *Act. Mantalto publ.* — *Officio pietatis*.

Le Laboureur, *Mazures de l'Isle-Barbe*, I, 49. Menestrier, *Hist. de Lyon*, pr. xliij°. Bouquet, VIII, 400. Mille, *Hist. de Bourgogne*, III, 317-20. Guigue, *Cartul. de l'Ile-Barbe*, I, 222-4. = Bréq. I, 257. Mühlbacher, 1296.

**732** (Vers novembre 862).

Lettre du pape Nicolas I à Adon, archevêque de Vienne, au sujet de deux cas de mariage, où le divorce n'est pas permis ; on doit excommunier les usurpateurs des biens d'Eglise. Jean, archevêque de Ravenne, a fait sa soumission. — *Quia sanctitatis*.

Carafa, *Epist. summ. pontif.* III, 221. Sirmond, III, 186. Labbe, VIII, 456-7. Harduin, V, 295. Coleti, IX, 1475-6. Mansi, XV, 343. *Patrol. lat.* CXIX, 796. = Charvet, 198. Bréq. I, 262. Wauters, I, 248. Jaffé, 2034-2697. *N. Archiv*, XII, 471.

**733** Bieltavo ou Hieltavo, 22 décembre 862.

Diplôme de Charles, roi [de Provence] et fils de l'empereur Lothaire, par lequel il rend, à la demande du comte Gérard, à l'église de St-Vincent de Viviers et à son évêque Bernoin, l'île de Frémigière *(Formicaria)*. — *Sublimitas regalis*.

Columbi, *Episc. Vivar.* 46 ; *Opusc.* 203. Vic-Vaissete, *Hist. de Languedoc*, I, pr. 116 ; 2°, II, 655 ; 3°, II, pr. 336. Bouquet, VIII, 401. Rouchier, *Hist. du Vivar.* I. 606. *Gallia christ. nova*, XVI, instr. 220-1. Roche, *Armor. évêq. Viviers*, I, 323-4. = Bréq. I, 261. Mühlbacher, 1297.

**734** (863?).

Diplôme de Charles, roi [de Provence] et fils de l'empereur Lothaire, qui confirme à Remy, archevêque de Lyon et chapelain de son palais, la restitution, par son père du château ou villa de Tournon *(Tornone)*, au pagus de Lyon, sur le Rhône. — *Si Dei ecclesiasticae*.

Achery (d'), *Spicileg.* XII, 123-4 ; 2°.111,354. Menestrier, *Hist. de Lyon*, pr. xxxv. Bouquet, VIII, 399. = Brun-Durand (J.), Tournon et Courthenay ou une méprise géographique, dans *Bull. soc. archéol. Drôme* (1877), XI, 241-3. Mühlbacher, 1298.

**735** Lyon, 24 janvier 863.

Mort de Charles, fils de l'empereur Lothaire et roi de Provence ; il est enseveli en l'église St-Pierre de Lyon.

*Annales Francorum dicti Bertiniani* (Bouquet, VII, 80. Pertz, *Mon. Germ. schol.* 61). — Adonis archiepisc. Viennensis *Chronicon* (Bouquet, VII, 55. *Patrol. lat.* CXXIII, 156. Pertz, *Mon. Germ. hist.*, Scr. II, 322). — Guigue, *Obit. Lugdun.* 11. = Mille, III, 20. Mühlbacher, 1300 a. Longnon, *Atlas histor. France*, 75-6, pl. 6[t]. Poupardin, *Roy. de Prov.* 32.

**736** Vaison, 15 mars (863).

Diplôme de Charles [= Lothaire], roi [de Provence], en faveur de l'évêque de Venasque (Carpentras).

Bouche, *Hist. de Provence*, I, 729. *Gallia christ. nova*, I, instr. 17. Bouquet, VIII, 401-2. = Mühlbacher, 1300. Poupardin, *Roy. de Prov.* 33, n. 3.

**737** (Avril 863).

A la mort de Charles, roi de Provence, il s'élève des contestations entre ses frères Lothaire et Louis, au sujet du partage de ses Etats ; ils envoient des ambassadeurs à Charles le Chauve pour trancher leur différend : les comtés de Lyon, Vienne, Sermorens, Viviers et Uzès sont attribués au roi Lothaire ; et la Provence (Valence, Die, Grenoble, les provinces ecclésiastiques d'Arles et d'Embrun), à l'empereur Louis.

Longnon, *Atlas hist. France*, 75. Mühlbacher, 1188 b, 1263 b. Poupardin, *Roy. de Prov.* 33-5. Manteyer, *Prov.* 80.

**738** Mantaille, 30 avril (863).

Diplôme du roi Lothaire, par lequel, à la prière du comte Gérard, il rend à l'église dédiée à St-Pierre, hors des murs de Vienne, que le prêtre Médiolan est en train de restaurer et qui dépend de l'évêché de Vienne et de son archevêque Adon, l'église de St-Alban à Vaugris *(villa Vogoria)*, celle de St-Prim à Toussieu *(villa Thosiaco)* et celle de St-Martin (aux Côtes-d'Arey) dans le pagus de Vienne. Dat... a° regni d. Lotharii glor. reg. 8. ind. 12. *Act. Mantoliæ* ou M-leo *villa publ.*

Mss. : Bruxelles, Bolland., cop. Chifflet. Carpentras, 638. Paris, Fontanieu, *Hist. de Dauph.*, pr. I, 29. — Chorier, *Estat polit.* II, 355-9 (à 868). Chevalier (U.), *Cart. de St-Maurice de Vienne*, 56-7. = Bréq. I, 282.

**739** (Vers 30 octobre 863).

Lettre du pape Nicolas I aux archevêques et évêques de Gaule, d'Italie et de Germanie, leur notifiant la déposition et l'excommunication des archevêques Theutgaud de Trèves et Gunthar de Cologne. — *Scelus quod*.

Mansi, XV, 649. Floss, *Papstwahl unt. d. Otton.* 24. = Jaffé, 2075-2748.

**740** (Vers 30 octobre 863).
Lettre du pape Nicolas I à Adon, archevêque de Vienne, lui notifiant les mêmes faits. — *Scelus quod.*
Rome. Vatic.. Reg. 566 (IX/X s.), 61. Paris. B. N., Moreau 1231, 15. — Pflugk-Harttung, *Acta inedita*, II. 28. = Jaffé, -2750. *N. Archiv*. XII, 471. Pflugk-Harttung, *Iter. Ital.* 145, 177.

**741** (863/...).
Diplôme de Louis, roi de Provence, en faveur du monastère de Donzère, au territoire d'Orange.
Mentionné dans le diplôme du 1er oct. 875.

**742** (863/869).
Diplôme de Lothaire, roi [de Lorraine], qui confirme à Remy, archevêque de Lyon, la donation faite par l'empereur Lothaire et son épouse Hermengarde des villæ de Tournon *(Turno)* et Courtenay *(Curtenacum).* — *Decet, regatem.*
Achery (d'). *Spicileg.* XII, 129-30; 2ᵉ. III, 358 (c. 867). Bouquet, VIII, 409-10. Rouchier, *Hist. du Vivar.* I. 608. = Brun-Durand (voir à 863 ?). Mühlbacher, 1266.

**743** (864 ?).
Lettre de Remy, archevêque de Lyon, à Adon, évêque de Vienne, vicaire de l'église Romaine, et au pape Nicolas, au sujet des évêques de Trèves et de Cologne.
Hugo Flaviniac. *Chronicon Virdun.* 1 (Labbe, *Nova bibl. mss.* I, 120. Bouquet, VII, 247. *Patrol. lat.* CLIV, 167).

**744** 30 mars (864).
Lettre du pape Nicolas I à Adon, archevêque de Vienne. Il répondra plus tard à ses questions : il exhorte à ramener le roi Lothaire dans le devoir ; il nie avoir donné au diacre Alvic (*al.* Albéric) la permission de se marier ; la lettre qui la contenait est fausse. — *Consultationis vestræ.*
Labbe, VIII, 563-4. Coleti, IX, 1583-4. Mansi, XV, 400, 449. *Patrol. lat.* CXIX, 869. = Wauters, I. 252. Jaffé, 2081-2755. *N. Archiv.* XII, 471.

**745** 1er juillet (864).
Echange de champs entre Endricus et sa femme avec le chapitre de Vienne, la 25ᵉ a. du règne de Charles.
Chevalier (U.), *Cart. de St-Maur. Vienne*, 37. nº 156.

**746** 11 décembre (864).
Lettre du pape Nicolas I à Adon, archevêque de Vienne. Il lui répond au sujet des coutumes de l'église Romaine, qu'il y a lieu d'introduire dans les autres. — *Sæpe sanctitatis* (al. *fraternitatis*).
Ms. : Paris, B. N., Moreau 1231, 29. — Labbe, VIII, 564-5. Coleti, IX, 1584. Mansi, XV, 450. *Patrol. lat.* CXIX, 889. = Jaffé, 2095-2772. *N. Archiv*, XII, 471.

**747** 9 juin (865).
Lettre du pape Nicolas I à Adon, archevêque de Vienne. Il lui explique pourquoi le synode de Rome n'a pas eu lieu ; il a envoyé Arsène. évêque d'Orte, pour traiter les affaires des Gaules et de Germanie ; il est faux que Theutgaud de Trèves et Gunthar de Cologne aient été rétablis par lui ; il lui reproche son expression « prêtre du comte Gérard ». — *Miraris frater.*
Mss. : Paris. B. N.. Moreau 1231, 19. Rome (*Anal. juris pontif.* X, 131). — Labbe, VIII, 565-6. Coleti, IX, 1584-5. Mansi, XV, 450. *Patrol. lat.* CXIX, 917. = Charvet, 200. Dümmler, *Ostfr. R.* I. 581. Wauters, I. 257. Jaffé, 2106-2790. *N. Archiv.* XII, 471.

**748** Vendresse, 3 août 865.
Les comtes et chevaliers jurent que Lothaire, roi [de Lorraine], reprendra son épouse Theutberge... *in loco Vindonissa... : ind. 14;* présents : *Ado archiepiscopus Biennensis*, etc.
Hincmar, *Ann. Bertin.* : Bouquet, VII, 90 ; ed. Waitz, 77. Boretius (A.) et Krause (V.), dans *Mon. Germ. hist.*, Capitul. II, 468-9.

**749** (865/869).
Diplôme de Lothaire, roi [de Lorraine], par lequel il restitue à l'église de St-Etienne de Lyon deux villas, Chélieu *(Cadliacum)*, au comté de Sermorens *(Salmoriacen.)*, et *Livia* (al. *Luva*) au pagus de Vienne, qu'il avait conférées en bénéfice après que son frère Charles les avait rendues. — *Expedit regiæ celsit.*
Achery (d'), *Spicileg.* XII, 128 9 ; 2ᵉ, III, 358. Baluze, *Miscell.* II, 149 ; 2ᵉ. III, 33. Mansi, III, 33. Bouquet, VIII, 409. Marion, *Cart. de Grenoble*, 71-2. = Bréq. I. 265 (à 863). *Doc. hist. inéd.* I. 276. Mühlbacher, 1286.

**750** Aix-la-Chapelle, 17 janvier (866).
Diplôme de Lothaire, roi [de Lorraine], par lequel il fait don à son épouse Theutberge de villæ situées en divers comtés : *in pago Gratianopolitano, Bellinsua*. — *Regalis celsitud.*
Muratori, *Antiq. Ital.* II, 191. Bouquet, VIII, 412. Scheid, *Orig. Guelficæ.* II, 92. Brasier (V.). dans *Mém.-doc. acad. Salésien.* X. 67-8. = Böhmer, *R. K.* 707. *R. S. R.* 66. *R. Gen.* 95. *Schweiz. Urkreg.* 651 (à 867). Mühlbacher, 1274. Renaux (Cam.), *Comté Humbertien*, 16-7.

**751** 3 avril (866).
Lettre du pape Nicolas I à Hincmar, archevêque de Reims; il lui ordonne de rétablir les clercs ordonnés par Ebbon et déposés par lui ou de les juger à nouveau dans un concile à Soissons, le 18 août, auquel assisteront les archevêques... Adon de Vienne... et les autres archevêques et évêques des Gaules et de Neustrie. — *Multorum a partibus.*
Mss. : Martin, 2629. — Sirmond, III, 611-3. *Coll. reg.* XXII, 799-802. Labbe, VIII, 808-10. Hardouin, V. 601-3. Coleti, X, 291-4. Mansi, XV. 705-7. Bouquet, VII, 411-2. *Patrol. lat.* CXIX, 964-6. = Bréq. I, 273. *Anal. juris pontif.* X, 57. Jaffé, 2114-2802.

**752** 3 avril (866).
Lettre du pape Nicolas I, à Adon, archevêque de Vienne, lui faisant part de celle qu'il a écrite à Hincmar (nº préc.). — *Multorum a partibus.*
Mss. : Paris, B. N.. Moreau 1321, fº 27. Rome, Vatic.. Reg. 566 (IX/X s.), 55. — Pflugk-Harttung, *Acta inedita*, II, 30. = Sirmond, III, 684ᵇ. *Coll. Reg.* XXII, 810. Labbe, VIII, 816. Hardouin, V, 606. Coleti, X, 299. Mansi, XV, 712. *N. Archiv*, XII, 471. Jaffé, 2116-2804.

**753** 13 juin (866).
Lettre du pape Nicolas I aux archevêques et évêques d'Italie, de Germanie, de Neustrie et des Gaules, leur annonçant que Waldrade a été excommuniée le 2 février : répandre cette lettre dans les provinces voisines. — *Decreveramus quidem.*
Sirmond, III, 277. Mansi, XV, 380. Bouquet, VII. 413. *Patrol. lat.* CXIX, 971. = Jaffé, 2119-2808. *N. Archiv*, XII, 469.

**754** Attigny, (août/novembre 866).
Adon, archevêque de Vienne, est chargé par le roi Lothaire, de manifester au pape Nicolas ses sentiments

au sujet de Theutberge : *Attiniacum palatium..., quo... Hlotharius per Adonem, Viennensem archiepiscopum ...papæ Nicolao quæ sibi visa sunt secretius mandant.*
Annales Francor. Bertin., Hincmari Rem. Annales : Bouquet, VII, 93. Pertz, *Mon. Germ. hist.*, Ser. I, 472. Patrol. lat. CXXV, 1230. = Chorier, *H. de D.* I, 677. Labbe, VIII, 863. Mühlbacher, 1278 b.

**755** 13 juin (867).
Bulle du pape Nicolas I, par laquelle il confirme à Adon, archevêque de Vienne, sa qualité de métropolitain des églises de Grenoble, Valence, Genève et Tarentaise. — *Quod reverenter* ou *Decretum perpetuum.*
Labbe, VIII, 567. Hardouin, V, 389. Coleti, IX, 1587. Mansi, XV, 452. Patrol. lat. CXIX, 1151-2. Bull. Roman. Turin. I, 330. *Gallia christ. nova*, XVI, instr. 8-9. = Bréq. I, 277. Collombet, I, 281. Jaffé, 2178-2876.

**756** (13 juin 867).
Bulle du pape Nicolas I, par laquelle il confirme à Adon, archevêque de Vienne, l'antique juridiction de son siège sur sept provinces et ses droits de métropolitain sur Grenoble, Valence, Die, Viviers, Genève, Tarentaise, ainsi que Maurienne. — *Quod reverenter* ou *Decretum perpetuum.*
Bosco (J. a), 53-4. Le Lièvre, 208-9. Patrol. lat. CXXIX, 1015-6. Gundlach (W.), dans *Mon. Germ. hist.*, Epist. Merow. I, 100. = Chorier, *H. de D.* I, 153-5. Charvet, 196. Besson, 190. Jaffé, cccxlv-2877. — Pièce fausse (fabriq. à Vienne vers 912).

**757** (Fin 867).
Lettre d'Anastase, bibliothécaire de l'église Romaine, à Adon, archevêque [de Vienne], pour lui annoncer la mort du pape Nicolas I et l'élection de son successeur Adrien II. — *Triste tibi nuntium.*
Labbe, VIII, 567-8. Mansi, XV, 453. Patrol. lat. CXXIX, 741-2. — Trad. Charvet, 203. = *N. Archiv*, XII, 484.

**758** (868).
Lettre du pape Adrien II, à Adon, archevêque de Vienne. Il répond à la lettre que celui-ci avait adressée au pape Nicolas I ; il le loue des admonitions faites au roi Lothaire par l'intermédiaire du comte Waltarius. — *Legatus cum litt.*
Labbe, VIII, 940. Coleti, X, 445-6. Mansi, XV. 860. Patrol. lat. CXXII, 1261. = Wauters, I, 269. Jaffé, 2190-2893. *N. Archiv*, XII, 478.

**759** 8 mai (868).
Lettre du pape Adrien II à Adon, archevêque de Vienne. Il loue son zèle pour l'observation des décrets du pape Nicolas ; mais il ajoute qu'il faut parachever par la douceur ce qu'il a commencé avec sévérité. — *Epistolam sanctitatis.*
Labbe, VIII, 939-40. Coleti, X, 444-5. Mansi, XV, 859 ; XVI, 123. Patrol. lat. CXXII, 1274. = Charvet, 203-4. Jaffé, 2204-2907. *N. Archiv*, XII, 478.

**760** « Dodiniaco », 24 novembre (868).
Le roi Lothaire confirme à son épouse Thietberge sa donation de propriétés situées en divers comtés : *in pago Gratianopolitano, Bellinse.*
Muratori, *Antiq. Ital.* II, 122. Scheid, *Orig. Guelf.* II, 92. Brasier (V.), dans *Mém.-doc. acad. Salésien.* X, 68-9. = R. S. R. 67. R. Gen. 96. Mühlbacher, 504 (1284). Renaux (Cam.), *Comté Humbertien*, 17.

**761** (869).
Le pape Adrien II ayant décrété qu'on n'ordonnerait pas d'évêques, ni de prêtres en dehors des sujets désignés par l'empereur Louis, dans les diocèses de Gaule et de Bourgogne, les évêques réunis lui répondirent que sur ce point ils n'observeraient les canons.
Hugo Flaviniac, *Chronicon*, I. 1 : Labbe, *Biblioth. mss.* I, 121 ; *Conc.* VIII. 1942. Coleti, X, 469-70. Bouquet, VII, 247. Mansi, XV, 887-8. Pertz, *Mon. Germ. hist.*, Ser. VIII, 354. Patrol. lat. CLIV. 167. = Jaffé, 2218-9-2922-3. Poupardin, *Roy. de Prov.*, 37-8.

**762** (Juin 869).
Lettre de l'empereur Louis à Adon, archevêque de Vienne. Son frère Lothaire est venu le voir dans le Bénéventin et l'a prié de concéder l'évêché de Grenoble à son clerc Bernarius ; qu'il veuille bien l'ordonner, car il est assuré que la fidélité du futur évêque. Reçue [à Vienne], le 14 juillet. — *Amantissimus et.*
Ms. : Paris, B. N., l. 1452 (IX° s.). — Sirmond, III, 376 (ex cod. S. Mariæ Anicien.). *Gallia christ. vet.* II, 604b. Bouchu, *Hist. de Prov.* I, 733. Bouquet, VII, 572. *Gallia christ. nova*, XVI, instr. 73. Duemmler (E.), dans *Mon. Germ. hist.*, Epist. VI, 176-6. — Trad. Charvet, 205. Maupertuy, 126. = Bréq. I, 286. Mühlbacher, 1208. *N. Archiv*, XII, 459. Manteyer, *Prov.*, 488.

**763** (Juillet 869).
Lettre de Lothaire, roi de Lorraine, à Adon, archevêque [de Vienne]. Il lui avait déjà manifesté, par Remy, archevêque [de Lyon], et le comte Gérard, sa volonté de mettre son fidèle Bernarius sur le siège épiscopal de Grenoble ; l'empereur, son frère, a aussi donné son consentement, qu'il l'ordonne. « Venez à notre rencontre jusqu'à St-Maurice ». Reçue à Vienne, le 1er août. — *De itinere nostro.*
Ms. : Paris, B. N., l. 1452 (IX° s.). — Sirmond, III, 377. Bouquet, VII, 571. Duemmler (E.), dans *Mon. Germ. hist.*, Epist. VI, 176. — Trad. Charvet, 206. = Bréq. I, 286. Collombet, I, 283-4. Wauters, I, 273. Mühlbacher, 806 (1289). *N. Archiv*, XII, 459.

**764** Plaisance, 8 août 869.
Mort du roi Lothaire ; son frère Louis lui succède ; entreprise de Charles le Chauve sur ses états.
Bouquet, VII, 275. = Chorier, *H. de D.* I, 680 ; 2°, 524. Mühlbacher, 1208 a, 1289 e. Longnon, *Atlas histor. France*, 56.

**765** (Août 869).
Lettre du roi Charles le Chauve à Adon, archevêque [de Vienne]. Il a consenti à élever sur le siège de Grenoble un clerc, jadis diacre de Remy, archevêque [de Lyon], et depuis de son neveu Lothaire ; qu'il l'ordonne, s'il le trouve capable. Reçue [à Vienne], le 27 août (al. 26 sept.). — *Per Odonem et.*
Ms. : Paris, B. N., l. 1452 (IX° s.). — Sirmond, III, 377. Bouquet, VII, 560. Patrol. lat. CXXIV, 875-6. Duemmler (E.), dans *Mon. Germ. hist.*, Epist. VI, 176-7. — Trad. Charvet, 206-7. = Bréq. I, 287. *N. Archiv*, XII, 458.

**766** Novembre (869).
Erlenus, prêtre et prévôt, cède à ses neveux Warnefred et Erlulfe un manse avec vigne, situé aux Brosses (*villa Brociano*), dans le pagus de Vienne, confrontant le Rhône et la terre de St-Maurice. *Bertrannus scr. a. 1 regn. d. n. Karolo rege post nepoti suo Lotario.*
Bernard-Bruel, *Charles de Cluny*, I, 14-5, n° 12.

**767** (869/...).
Echange de serfs entre le roi Charles et l'abbé Boson et les religieuses de St-André ; *in Segenaco 2 casæ.* à Vienne 1 *casa avec jardin. — Si ea quæ utiliter.*
MENESTRIER, *Hist. civ.-consul. Lyon*, pr. xxxvj*.

**768** 870.
Lettre adressée au roi Louis par les archevêques Hincmar de Reims, Remy de Lyon, Ardric de Besançon, Hérard de Tours, Adon de Vienne et Egilon de Sens : ils déclarent considérer Bertulphe et non Walton, comme archevêque de Trèves.
FLODOARDI Remen. *Hist. eccles. Remen.* III, 20.(HONTHEIM, *Hist. Trevir. diplom.* I, 212; BOUQUET, VII, 197; *Patrol. lat.* CXXXV, 196). = WAUTERS. I, 278.

**769** 870.
ADO Viennensis archiepiscopus, *Passio s. Desiderii. Præfatio ad fratres et filios Viennensis ecclesiæ* : « Beatissimi Desiderii patris ».
Ms. : St-Gall, 566 (IX* s.). — CANISIUS, *Antiq. lection.* VI, 1, 444-51 ; éd. Basnage. II. III. 5-8. SURIUS, *Sanct. vitæ* (1618), II, 119-21. *Patrol. lat.* CXXIII, 435-42. *Acta ss. Bolland.* maii V, 254-5 ; 3*, 256-7. *BOUQUET, III, 490. *KRUSCH (Br.), dans *Mon. Germ. hist.*, Scr. Merov. III, 646-8. *Neues Archiv*, XII, 483. GROSPELLIER (Al.), dans *Bull. hist.-arch. Valence*, XX, 9-10.

**770** 21 février (870).
Donation faite à l'église construite dans les murs de Vienne en l'honneur du martyr s' Maurice et de ses 6666 compagnons, dont Adon est archevêque, par le chorévêque Constantius et son frère le diacre Adrulfus, d'une vigne au lieu dit Jardin *(Ortis)*, confrontant les terres de St-Maurice, de St-Pierre et de St-Romain. *Scr. a. 1 regn. d. n. Karolo in regnum quond. nepoti sui.*
CHEVALIER (U.), *Cart. de St-André-le-Bas*, 216, 9-11*. = *CHARVET. 209. COLLOMBET, I, 286. CHEVALIER, *Cart. de St-Maurice Vienne*, 33, n° 127.

**771** 20 mars (870).
Le prêtre Bertrannus fait don à la même église, que gouvernent l'archevêque Adon et son collège de chanoines, de diverses propriétés situées au lieu dit *in Monte*, dans la villa et l'ager *Siliacensis* (Sicciеu ? Cessieu ?), confrontant les terres de St-Marcel, St-Eugène et Saint-Maurice. *Airoardus presb. scr... a. quoque succedente d. n. Karolo in regnum quond. nepoti sui Lotharii.*
CHEVALIER (U.), *Cart. de St-André-le-Bas*, 216-7. 11-2*. = CHARVET, 210. COLLOMBET, I, 286. CHEVALIER, *Cart. de St-Maurice Vienne*, 27, n° 83.

**772** Vienne, avril 870.
Synode tenu dans la métropole de Vienne, sous la présidence de l'archevêque Adon. Mannon, prévôt (abbé) du monastère de St-Oyand *(S. Eugendi)*, obtient la confirmation de l'église de St-Pierre *in villa Velnis*, au diocèse de Vienne, que lui contestait le recteur *vici S. Albani* et qui avait été l'objet de débats sous Agilmar. ..*Episcopatus d. Adonis a° 10, ind. 3.*
ACHERY (d'), *Spicileg.* XII, 135-6 ; 2*, III, 360. MABILLON, *Acta ss. Bened.* IV, 11, 269-70 ; 2*, 285 (= *Patrol. lat.* CXXIII, 16). COLETI, X, 1047-8. MANSI, XVI, 361-2. *Patrol. lat.* CXXIII, 443-4. = MABILLON, *Ann. Bened.* III ; 2*, 152. CEILLIER, XXII, 693. BRÉQ. I, 290. COLLOMBET, I, 286-7.

**773** Vienne, avril (870).
Sentence rendue *in mallo publico*, en présence du comte Gérard de [Roussillon], de l'archevêque Adon, du vicomte Angilboton, etc., constatant que Salomon a obtenu de Benedicta la reconnaissance de l'authenticité d'un acte par lequel elle transférait à Anastasie, femme de Salomon, des biens et des esclaves. ...*d. martis... a° primo co Lottarius rex obiit.*
BERNARD-BRUEL, *Chartes de Cluny.* I. 18-20, n° 15. THÉVENIN (Marc.), *Textes relat. aux institutions... Méroving. et Caroling.* (1887), 145-6. = MANTEYER, *Prov.* 342.

**774** 25 juin 870.
Concile d'Attigny, au dioc. de Reims, en présence du roi Charles [le Chauve], où Hincmar, évêque de Laon, fait profession d'obéissance au roi et à l'archevêque de Reims Hincmar. *De provincia Viennensi, Bernharius Gratianopolitanus episcopus.*
LABBE, VIII, 1841-2. HARDOUIN, V, 1408. COLETI, X, 1349-50. MANSI, XVI, 260. = POUPARDIN, *Roy. de Prov.* 37.

**775** Meersen « Marsana » sur la Meuse, 8 août 870.
Partage du royaume de Lothaire entre ses oncles Charles le Chauve et Louis le Germanique ; dans la part de Charles figurent Lyon, Besançon, Vienne..., Viviers... ; Sermorens *(Salmorincum)*, Lyon, Vienne, Viviers.
*Annales Bertiniani*, HINCMARI Rem. *Annales*, 870 ; PITHOU, *Script. coætan.* II, 378, 488. DU CHESNE. *H. F. s.* II, 453-5 ; III, 239. FREHER, *Corp. Franc. hist.* II, 482-3. SIRMOND, *Opp.* III, 287. MIRÆI *Opp. diplom.* I, 28. BALUZE, *Capitul.* (1677, 1780), II, 221-4 ; (1772), II, 152 BOUQUET, VII, 108-11, 134. GOLDAST, *Constit. imper.* III, 288-9. DUMONT, *Corps diplom.* I, 1, 16ᵇ. MANSI, XVIII, app. 152-4. WALTER, *Corp. juris Germ.* III, 178. CALMET, *Hist. de Lorr.* II, pr. 140 ; 2*, pr. cxliij. PERTZ, *Mon. Germ. hist.*, Scr. I, 488. *Patrol. lat.* CXXV, 1258-9 ; CXXXVIII, 743-4. BORETIUS (A.), et KRAUSE (V.), dans *Mon. Germ. hist.*, Capitul. II, 193. Trad. COUSIN, *Hist. emp. Occid.* I, 583. = COURBON, A, 36-43. BRÉQ. I, 291. TROUILLAT, *Mon. évêché Bâle*, I, 115. SPRUNER, *Handatlas*, n° 30. R. S. R. 71. R. Gén. 97. MÜHLBACHER, 1436 h. LONGNON, *Atlas histor. France*, 76-7, pl. 6*. POUPARDIN, *R. de P.* 36-7.

**776** Vienne, 14 novembre (870).
Concession par Charles le Chauve du lieu de Goudet en Auvergne aux moines de St-Philibert et à leur abbé Geilon — ind. 2 [869], a° 28 regn. Karolo r. [867], *in successi. Hlotharii 1* [869]. *Act. Vienna.*
CHIFFLET, *Hist. abb. Tournus*, pr. 209. JUENIN, *Nouv. hist. de Tournus*, pr. 86. BOUQUET, VIII, 631-2. POUPARDIN, *Roy. de Prov.* 39-40; *Monum. histoire St-Philibert*, 112. = BRÉQ. I, 292. BÖHMER, 1771.

**777** Vienne, 24-5 décembre 870.
*Carolus... Viennam, in qua Berta uxor Gerardi erat, obsessurus, quantociûs adiit : nam Gerardus in altero morabatur castello : in qua obsidione circumjacentes regiones nimis fuere vastatæ. Carolus autem ingeniose cogitans, magnam partem eorum qui in Vienna erant sibi conciliavit. Quod sentiens Berta, post Gerardum direxit : qui veniens, Carolo civitatem dedit ; in qua idem rex vigilia Nativitatis Domini intrans, Nativitatem Domini celebravit.*
*Annales Bertiniani*, HINCMARI, Rem. *Annales* (BOUQUET, VII, 112, cf. 135; PERTZ, *Mon. Germ. hist.*, Scr. I, 115 ; *Patrol. lat.* CXXV, 1261-2) = CHORIER, *H. de D.* I, 681-2 ; 2*, 525. GIN-

GINS, *Bosonides*, 30-1. TERREBASSE, *Boson*, 29-32. POUPARDIN, *Roy. de Prov.* 29, 39-40.

**778** 871.
Boson gouverneur de Vienne et de Lyon.
*Carolus, Vienna in potestate sua suscepta, à Gerardo sibi obsides dari pro aliis castellis suis Missis tradendis coëgit, et tribus navibus Gerardo datis per Rhodanum cum sua uxore Berta et mobilibus suis, à Vienna permisit abscedere, et ipsam Viennam Bosoni fratri uxoris suæ commisit.*
Annales Bertiniani, HINCMARI Rem. *Annales* (BOUQUET, VII, 112, cf. 214, 229; PERTZ, *Mon. Germ. hist.*, Scr. I; *Patrol. lat.* CXXV, 1262). = CHORIER, *H. de D.* I, 682-4; 2°, 526-7. *Mitth. österr. Geschforsch.* XI, 293. RIVOIRE LA BATIE (de), dans *Atti accad. scien. Torino*, XXIII, 521. TERREBASSE, *Boson*, 33. POUPARDIN, *Roy. de Prov.* 40, 62.

**779** 23 juillet (871).
Le prêtre Archimdramnus (*al.* A-annus, A-adus) fait don aux chanoines de St-Maurice [de Vienne] d'une église à *Surziano*, et de biens-fonds à St-Maurice *in Cavarinaco. Airoardus presb. subscr. a° 2 regn. d. n. Carolo. — Dum fragilitas hum.*
CHEVALIER (U.), *Cart. de St-André-le-Bas.* 216, 367, 12-4*; *Cart. de St-Maurice Vienne*, 21, n° 43.

**780** Vienne, (871/875).
Jugement entre Witfred, défenseur (*advocatus*) de l'église de St-Maurice [de Vienne] et Sigibert, qui s'était emparé de ses biens et avait violé son immunité *in Geneciaco* et *Riparia*; on lui remet les 3/4 de sa peine, mais il payera 300 sols le 1ᵉʳ septembre. Fait en présence de l'archevêque Adon et du vicomte Erlulfe, *missi* du comte Boson, du chorévêque Constance, du prévôt Arlenus, etc.
ACHERY (d'). *Spicileg.* XII, 154-5; 2°, III, 358. THÉVENIN (Marc.), *Textes relatifs aux Institutions... Méroving. et Caroling.* (1887), 135-6. = BRÉQ. I, 265. POUPARDIN, *Roy. de Prov.* 63.

**781** 872.
Charles-le-Chauve met son beau-frère Boson à la tête de la maison de son fils Louis-le-Bègue, avec le titre de grand-chambrier et de grand-maître des huissiers du palais.
*Ann. Bertiniani* (BOUQUET, VII, 114).

**782** (872/875).
*Remigius Lugdunensis 49 episcopus, et Ado Viennensis miserunt literas præfato papæ Johanni pro simonia et quia per manum laicam quilibet indigni ad episcopatum promovebantur.*
HUGO FLAVINIAC., *Chronicon Virdun.* I (LABBE, *Nova bibl. mss.* I, 122. PERTZ, *Mon. Germ. hist.*, Scr. VIII, 356. *Patrol. lat.* CLIV, 170).

**783** Avignon, 4 mars (873).
Obit de Girard de Roussillon.
CHORIER, *H. de D.* I, 683; 2°, 527. POUPARDIN, *Roy. de Prov.* 40.

**784** Vienne, 20 avril (873).
Rodstagnus et sa femme Berteldis, après avoir reçu du trésor de l'église de St-Maurice de Vienne, par les mains de l'archevêque Adon, 5 livres d'or cuit, un calice et une patène, pesant chacun 1 livre poids d'Espagne (*ad ferros Spaniscos*), donnent en compensation de leurs biens à la basilique, dans le pagus de Vienne et l'ager de St-Ferréol, in *Riveria*, a *Cartunias*, ad *Marslocco* (*al. Marslocco*), a *Maleto*. Ils confirment leur don en présence de l'archevêque et d'une nombreuse assemblée de nobles; puis, tombé malade, il envoya ses fils donner l'investiture aux dignitaires du chapitre, le chorévêque Constantius, le prévôt Erlenus (*al.* Ar-s), le prêtre Honorat, le doyen Leutbert, Ucbert, avocat de l'évêque. Enfin il vint lui-même à Vienne confirmer sa donation en présence des mêmes personnages, plus Teuttelmus, abbé et diacre : il y ajouta quelques familles de serfs. *Airoardus presb. scr... a. 4 quo successit d. Karolus rex regnum quond. nepotis sui Lotharii.*
Ms. : Baluze, LXXV, 324-6. Harlay 11743, 121. — BALUZE, *Capitul.* II, 1493-5; 987. = GEORG. I, 140. CHARVET, 210-1. BRÉQ. I, 297. COLLOMBET, I, 287-8. CHEVALIER (U.), *Cart. de St-Maurice Vienne*, 22, n° 48.

**785** 21 mai 873.
Concile tenu dans la basilique de St-Laurent, au faubourg de Chalon[-sur-Saône ... *Ado reverendissimus archiepiscopus Viennensis*; on y restitue cette église aux chanoines de St-Marcel. *Ado Viennensis episcopus.*
Ms. : Baluze, XXXIX, 102. — SIRMOND, III, 406. *Coll. Reg.* XXIV, 385. *Gallia christ.* vet. II, 431. PERRY, *Hist. de Chalon*, pr. 31. LALANDE, 282-3. BERTAUD, *Ill. Orbandale*, 25. LABBE, IX, 251-2. *Gallia christ. nova*, IV, instr. 224. HARDOUIN, VI, I, 137-8. COLETI, XI, 247-50. MANSI, XVII, 273-4. CANAT DE CHIZY, *Cart. de St-Marcel-lès-Chalon*, 29-30. = BRÉQ. I, 297.

**786** (874/875).
Lettre du pape Jean VIII à Bermond, archevêque [d'Embrun], lui annonçant que l'évêque Autgaire s'est rendu à Rome : ses accusateurs ont fait défaut et leurs griefs ne lui paraissent pas justes; il faudra réprimander son ennemi le prêtre Daniel. — *De præfato episcopo.*
Ms. : Londres, B. M., coll. Joh. VIII, ep. 39. — JAFFÉ, -3001 (La lettre suivante, adressée au comte Boson, a la même objet). N. *Archiv.* V, 311, cf. 319. POUPARDIN, *Roy. de Prov.* 68.

**787** 16 janvier (875).
Echange entre les chanoines de St-Maurice [de Vienne], le prévôt Herlenus, le chorévêque Constantius, l'abbé [de St-Pierre?] Theuthelmus, le prêtre Honorat, le doyen Leutbertus, et Arhinerius et sa femme Isinborga. Le chapitre cède deux vignes et une ferme, que le prêtre Ingelmar, neveu d'un homonyme, avait données à St-Maurice par le conseil de l'évêque Adon, aux lieux dits Bans (*Baone*) et Chaponost (*Caponarias*), dans l'ager de Bans et le pagus de Lyon; il reçoit une vigne avec jardin dans la villa de Reventin (*Repentinis*), au pagus de Vienne, et un champ au lieu dit Alopias sive Vedriolas. *Airoardus presb. scr. a. 6 regn. d. n. Karolo filium Judit. — Quotiescunque initæ.*
CHEVALIER (U.), *Cart. de St-André-le-Bas.* 217, 14-5*; *Cart. de St-Maurice Vienne*, 33, n° 124. = TERREBASSE, *Inscr.* II, 106-7. POUPARDIN, *R. de P.* 347-8.

**788** (Après 20 juin 875).
Concile tenu à St-Marcel, dans le faubourg de Chalon[-sur-Saône]; on y confirme l'ordination d'Adalgaire, évêque d'Autun, et les possessions de l'abbaye de Tournus. *Ado Viennensium ecclesiæ humilis archiepiscopus subscripsi. Ratbertus Valenciæ eccl. ac si indignus episcopus consensi et s. Bernarius Gratianopolitanus humilis episcopus s. Aurelius Diensis episcopus s.*

CHIFFLET, *Hist. de Tournus*, pr. 215-9. LABBE, *Conc.* IX, 275-8. BOIS (G. du), *Hist. eccles.* Paris. I, 481. HARDOUIN, VI, 1, 150-60. JUÉNIN, *Nouv. Hist. de Tournus*, pr. 93-5. COLETI, XI, 271-3. MANSI. XVII, 299-300. = BRÉQ. I, 300. COLLOMBET, I, 287.

**789** 1<sup>er</sup> octobre (875).

A la requête de Sindila, abbesse du monastère de Donzère *(Dusera)*, au territoire d'Orange, le roi Charles le Chauve rappelle, d'après les préceptes de son père Louis et de son neveu Louis, que son aïeul *(atavus)* l'empereur Charles a accordé à l'abbé Minfrid le lieu du fisc pour construire le dit monastère. ...a° 36 regn. *Karolo rege, ex success. Hlotarii* a° 6 *et Hludoici* 1, *ind.* 9. — *Omnium fidelium.*

DUCHAMEL, dans *Mém. acad. Vaucluse* (1896), XV, 390.

**790** 16 décembre 875.

Mort d'Adon, archevêque de Vienne, dans la 76<sup>e</sup> année de son âge et la 16<sup>e</sup> de son épiscopat : ind. 8, enseveli dans la basilique des Apôtres.

*Brev. B<sup>i</sup> Barnardi Roman.* (1518, 1612). *Brev. Viennense* (1489, 1522). MABILLON, *Acta ss. Bened.* IV, II, 262-5 ; *Ann. Bened.* III<sup>2</sup>, 175. BOUQUET, VII, 276. *Patrol. lat.* CXXIII, 9-11. MARION, *Cart. de Grenoble*, 63. DUCHESNE (L.), *Fastes*, I<sup>2</sup>, 210. = Répert. Bio. 52.

**791** 876.

Election d'Otranne *(Othtranus)* comme archevêque de Vienne par le clergé et le peuple : Bernier, évêque de Grenoble, assiste à son ordination, *temp. Karolo rege.*

MARION, *Cart. de Grenoble*, 62-4.

**792** 2 janvier (876).

Lettre du pape Jean VIII aux évêques des Gaules et des Germanies, leur notifiant qu'il a créé Ansegise, archevêque de Sens, vicaire du siège apostolique dans leurs contrées. — *Vestræ omnium.*

SIRMOND, III, 422. *Gallia christ. vet.* I, 622. LABBE, IX, 220. HARDOUIN, VI, 1, 105. BOUQUET, VII, 459. *Gallia christ. nova*, XII, instr. 175. MANSI. XVII, 225. *Patrol. lat.* CXXVI, 660. *Bull. Roman.* Taurin. I, 341. = BRÉQ. I, 300. WEIZSÄCKER, dans *Zeitschr. hist. Theolog.* (1858), 425. DÜMMLER, *Ostfr. Reichs.* I, 837. JAFFÉ, 2260-3032.

**793** Pavie, février 876.

Election de l'empereur Charles II. *S. Bosonis inclyti ducis et (missi Italiæ atque) s. palatii archiministri atque imperialis missi.*

PITHŒUS, *Hist. Franc. script. cœtan.* 506-8. SIRMOND, III, 437. BALUZE, *Capital.* II, 237-46. LABBE, IX, 280-4. COLETI, XI, 281-2. MURATORI, *Script. rer. Ital.* II, II, 149. *BOUQUET, VII, 689-90. *Patrol. lat.* CXXVIII, 761-8. BORETIUS (A.) et KRAUSE (V.), dans *Mon. Germ. hist.*, Capitul. II, 98-104. — *Ann. Bertiniani* (BOUQUET, VII, 119).

**794** 1<sup>er</sup> juin ( = juillet ?) 876.

Ratbert, évêque de Valence, ayant fondé, de concert avec son frère Edouard, le monastère de Charlieu *(Carilocus)*, au pagus de Mâcon, sur le fleuve *Scorvinus*, non loin de celui de la Loire *(Ligeri)*, dans ses propriétés, avec Gausmar pour abbé, obtient des membres du concile tenu à Ponthion *(in Pontigonum celebre palatium)* la confirmation de son œuvre pie. *Ottramnus Viennensis ecclesiæ archiepiscopus ss. Bertmundus Ebredunensis archiepiscopus. Birico Wapincensis episcopus. Bernarius Gratianopolitanus episcopus. Hemico Deensis episcopus.*

Mss. : MARTIN, 2638. — SEVERT, *Chron. hist. Lugd. arch.* I, 186-7. LALANDE, 286-7. LABBE, IX, 1261-3. SIRMOND, *Opp.* III, 314. HARDOUIN, VI, 1, 178-80. COLETI, XI, 293-6. MANSI, XVII, 316-8. MURATORI, *Rer. Ital. script.* II, II, 156. = BRÉQ. I, 302.

**795** 30 juin, 14, 16 juillet 876.

Concile tenu à Ponthion *(Pontigonis)*, après l'élection de Charles-le-Chauve comme empereur ; ce prince fait décréter 15 canons concernant les droits de l'Eglise, ceux des évêques et les devoirs du clergé. *Ottramnus Viennensis ecclesiæ episcopus subscripsi. Bertmundus Ebredunensis eccl. archiepiscopus s. Ratbertus Valentinæ eccl. episcopus s. Bernarius Gratianopolitanæ eccl. episcopus s. Birico Wapincensis eccl. episcopus s. Hemico Diensis eccl. episcopus s.*

SIRMOND, III, 434-43. SEVERT, *Chron. antist. Lugd.* I, 185. DU CHESNE, H. F. s. II, 459. *Coll. Reg.* XXIV, 413-25. HINCMARI *Opp.* II, 834. ACHERY (d'), *Spicil.* II, 715. DRIOT, *Senonen. eccl. querela*, 111-2. LALANDE, 286. LABBE, IX, 285-90, 1261-3. BALUZE, *Capitul.* (1677, 1780), II, 245-50 ; (1772), II, 166. SIRMONDI *Opp.* III, 309. HARDOUIN, VI, 1, 171, 180. MURATORI, *Script.* r<sup>i</sup> I. II, II, 149. COLETI, XI, 283-9, 1279-86. MANSI, XVII, 306-13. BOUQUET, VII, 690-4. WALTER, *Corp. juris Germ.* III, 195. *Mon. Germ. hist.*, Leg. I, 532-5. *Patrol. lat.* CXXXVIII, 767-70. DURU, *Bibl. hist. Yonne*, I, 306. BORETIUS (A.) et KRAUSE (V.), dans *Mon. Germ. hist.*, Capitul. II, 347-50. = BRÉQ. I, 301. TERREBASSE, *Boson*, 147.

**796** 1<sup>er</sup> septembre (876).

Lettre du pape Jean VIII au comte Boson, lui demandant son secours contre les Sarrasins. — *Charissimæ tuæ.*

CARAFA, *Epist. sum. pontif.* III, 287. BINIUS, *Conc.* III, 321*. DU CHESNE, *Hist. Franc. scr.* III, 666. LABBE, IX, 2-3. COLETI, XI, 2-3. MANSI, XVII, 3. BOUQUET, VII, 464. *Patrol. lat.* CXXVI, 879-80. = BRÉQ. I, 304. JAFFÉ, 2272-3043.

**797** 9 septembre (876).

Lettre du même au même, renouvelant ses instances pour recevoir du secours contre les Sarrasins. — *Sæpe gloriam.*

CARAFA, III, n° 7. BINIUS. III, 322-3. LABBE, IX, 7. COLETI, XI, 6-7. MANSI, XVII, 8. BOUQUET, VII, 465-6. *Patrol. lat.* CXXVI, 684-5. = JAFFÉ, 2277-3048.

**798** (Mars-septembre) 877.

Le comte Boson se fait livrer à Trévise la fille de l'empereur Louis II, Hermengarde, et l'épouse à Pavie en présence du pape Jean VIII et de l'empereur Charles le Chauve, qui lui donne la Provence et le titre de roi.

*Annales Bertiniani*, a. 876 (BOUQUET, VII, 119, cf. 243). *Annales Fuldenses*, a. 878 (BOUQ. VIII, 38). REGINONIS *Chron.*, a. 877 (*Patrol. lat.* CXXXIII, 112). = GINGINS, *Boson*, 44-5.

**799** 25 mai (novembre 877).

Le pape Jean VIII réprimande Aribert, archevêque d'Embrun, d'avoir préféré pour le siège de Vence un autre sujet à Waldenus, élu par le peuple et confirmé par l'empereur Charles ; ils devront tous deux se rendre à Rome. — *Si canonica in.*

Arch. Vatic., Reg. I, 40, n° 79. Bibl. Carpentras, ms. 504, 1014*. — CARAFA, *Epist. summ. pontif.* III, 345, n° 70. SIRMOND, III, 463. LABBE, IX, 55-6. HARDUIN. VI, 1, 15. COLETI, XI, 57-8. MANSI, XVII, 58. GIOFFREDO, *Stor. Alpi Marit.* (*Hist. patr. mon.* II, 277-8). *Patrol. lat.* CXXVI, 750. = *Gall. christ. nova*, III, 1215. BRÉQ. I, 312. GAILLAUD, *Ephém. Htes-Alpes*, 228-9. JAFFÉ, 2350-3128.

**800** 14 juin 877.
Capitulaire de Quierzy-sur-Oise *(Carisiacen.)* Doivent toujours être avec l'empereur, parmi les comtes : Boso [de Vienne].
SIRMOND, *Caroli Calvi Capitula*, 424. BORETIUS (E.) et KRAUSE (V.), dans *Mon. Germ. hist.*, Capitul. II, 355-61.

**801** Besançon, 11 août (877).
Diplôme de l'empereur Charles le Chauve, par lequel, à la demande du comte Boson, il concède à l'église de St-Vincent de Viviers et à son évêque Eucher ce qu'elle avait possédé dans le comté de Valence, le Pouzin *(Pulecum)* avec la moitié de l'église de St-Romain, l'abbaye de Donzère *(Dozera)*, au comté d'Orange, sur le Rhône, etc. *Act. Vesontio civit. — Si sacris locis.*
Ms. : Baluze, XIX. — COLUMBI. *Episc. Vivar.* 75-7 ; *Opusc.* 203. VIC-VAISSETE, *Hist. de Lang.* I, pr. 134 ; 3°, II, 395-6. BOUQUET, VIII, 672-3. ROUCHIER. *Hist. du Vivar.* I, 609-10. *Gallia christ. nova*, XVI, instr. 221-2. ROCHE, *Armor. évêq. Viviers*, I, 394-5. = BRÉQ. I, 311. FILLET, dans *Bull. hist.-arch. Valence*, II, 113. FERRAND, *Donzère*, 56-7. MAZON (A.). *Orig. égl. Vivar.* II, 155-6, 207.

**802** (Vers septembre 877).
Lettre du pape Jean VIII aux métropolitains Hincmar de Reims et Ansegise de Sens, ainsi qu'aux autres constitués dans les dix provinces des Gaules ; il prend sous sa protection les suffragants de l'église de Bordeaux, durant la vacance de ce siège ; ordre de communiquer aux évêques voisins. — *Notum sit omnium.*
LEVI (G.), dans *Arch. soc. Rom. stor. patr.* (1881), IV, 190-1. = JAFFÉ, -3152.

**803** Avignon, 8 novembre (877).
Obit de la comtesse Berthe, épouse de Girard de Roussillon.
*CHORIER, H. de D. I, 683 ; 2°, 527. POUPARDIN, *Roy. de Prov.* 366-7. CHEVALIER (U.), dans *Bull. soc. archéol. Drôme*, XLV, 370 (à part, 13).

(Mars (878), Jean VIII = 25 mai (877).

**804** (Arles, mai 878).
Lettre du pape Jean VIII à l'impératrice Angelberge, veuve de l'empereur Louis II, lui annonçant qu'il est arrivé à Arles, où il a trouvé son gendre, le prince Boson, avec son épouse Hermengarde, dont il désire de toute manière l'élévation à un rang plus élevé. — *Cum erga.*
CARAFA, *Epist. sum. pontif.* n° 92. COLETI, XI, 74-5. MANSI, XVII, 80. BOUQUET. IX. 161-2. *Patrol. lat.* CXXVI, 774. — Trad. TERREBASSE, *Boson*, 66. = JAFFÉ, 2369-3146.

**805** (Mai 878).
Voyage du pape Jean VIII en France ; il se rend d'Arles à Lyon sous la protection du comte Boson.
JAFFÉ, p. 272-3-399. *Gallia christ. noviss.* III, 90. = CHORIER, *H. de D.* I, 688. GINGINS, *Boson.* 51.

**806** (Arles, mai 878).
Lettre du pape Jean VIII à tous les évêques des Gaules, leur notifiant qu'il a choisi pour le représenter dans leurs contrées Rostang, évêque d'Arles. — *Ad hoc divinæ.*
CARAFA, *Epist. sum. pontif.* III, 370. n° 95. SIRMOND, III, 467. LABBE, IX. 79. HARDOUIN, VI, I, 32. COLETI, XI. 77-8. MANSI, XVII, 82. *Patrol. lat.* CXXVI, 777-9. = BRÉQ. I, 314. JAFFÉ, 2372-3149. *Gallia christ. noviss.* III, 91.

**807** (Arles, 878)
Lettre du pape Jean VIII à Teutranne, archevêque [de Tarentaise] ; il s'étonne qu'à l'instar des autres métropolitains, il ne soit pas venu à sa rencontre ; qu'il vienne au plus tôt, car il a à traiter des affaires concernant son église. L'évêque [de Grenoble] Bernarius est venu se plaindre du suffragant de Teutranne. l'évêque de [Maurienne] Adalbert. Déjà le pape lui avait écrit à ce sujet, ainsi qu'à l'archevêque de Vienne ; l'archevêque d'Arles, les évêques de Valence et de Viviers seront appelés en témoignage. Tout cela se traitera en concile. — *Miramur fraternitatem.*
CARAFA, *Epist. sum. pontif.* III, 373. BINIUS, III, 955°. SIRMOND, III, 469. LABBE, IX, 82. HARDOUIN, VI, I, 35. COLETI, XI, 79-80. MANSI, XVII, 85. BOUQUET, IX, 163-4. *Patrol. lat.* CXXVI, 781. = BRÉQ. I, 314. JAFFÉ, 2380-3150.

**808** Langres, 10 juin (878).
Lettre du pape Jean VIII aux suffragants de l'archevêque d'Arles, leur ordonnant de se rendre au concile général dès que leur métropolitain les en avisera. *Similiter Otteramo archiepiscopo Viennense…, Aribberto archiepiscopo Eberdunensi. — Notum sit omnium.*
Ms. : Vatic. Reg. I, 59. n° 134. — CARAFA. *Epist. sum. pont.* III, 372. n° 98. BINIUS, *Conc.* (1606). III, 954°: (-18). III°, 35; (-36). VII. 112. SIRMOND, III. 469. LABBE, IX. 81. *Coll. reg.* XXIV, 130. HARDOUIN, VI, I, 24. COLETI, XI, 79. MANSI, XVII, 84. BOUQUET, IX, 163. *Patrol. lat.* CXXVI, 780. *Gallia christ. noviss..* III, 91. = BRÉQ., I, 314. JAFFÉ. 2377-3155 (2 juin).

**809** (Troyes), 12 juillet (878).
Bulle du pape Jean VIII adressée à Ratbert, évêque de Valence, et à Gauzmar, abbé de Charlieu *(Cariloci)*, dans le pagus de Mâcon ; le monastère. qu'il prend sous sa protection, dépendra d'eux leur vie durant. — *Jam quia cunctis.*
Ms. : Paris, Baluze, XXXVIII, 247 et 254. — LÖWENFELD (S.), dans *Neues Archiv* (1886), XI, 373-4. = JAFFÉ, -3175.

**810** (Troyes), 21 juillet (878).
Privilège du pape Jean VIII en faveur du monastère de St-Pierre, où repose le corps de s' Gilles, dans le pagus de Nîmes ; il rappelle la discussion qui eut lieu en présence d'*Aribertus Ebredunensis archiepiscopus…, Ratbertus Valentiæ episcopus... et alii episcopi provinciæ. — Quod postulastis.*
BOUQUET. IX. 165-7. MÉNARD, *Hist. de Nismes*, I, pr. 11. *Patrol. lat.* CXXVI, 788-91. GOIFFON, *Bull. de l'abb. de St-Gilles.* 5-10. DUCHESNE (L.), *Liber pontific.* II, 221-2. = BRÉQ.. I, 316. JAFFÉ, 2395-3176.

**811** 11 août 878.
Concile tenu à Troyes par le pape Jean VIII, en présence du roi Louis le Bègue ; on y formule 7 canons sur les prérogatives et les devoirs des évêques. *Laicorum quidam, sortitis primo legaliter conjugiis, postposito Dei timore, secundi vel tertii, adhuc uxore vivente, conjugii copulam contrahunt. De quibus Otilo quidam intra parochiam Rostagni, Arelatensis episcopi, et Eooldus intra Ottramni Viennensis archiepiscopi, talia fecisse multorum fama refertur. Ottramnus Viennensis archiepiscopus subscripsi. Bernerus Gratianopolitanus episcopus s.*
SIRMOND, III, 480. *Coll. reg.* XXIV, 449. LABBE, IX. 306-20. BALUZE, *Capitul.* (1677, 1780), II, 273-8 : (1772). II. 188. HAR-

Douin, VI, t, 191-7. Coleti, XI, 309-16. Mansi, XVII, 345-54, app. 188. Walter, *Corp. juris German*. III, 220. *Patrol. lat.* CXXVI, 963. = *Gallia christ. noviss*. III, 91-2.

**812** Troyes, 18 août 878.

Le pape Jean VIII confirme en concile, en présence du roi Louis, sa bulle du 21 juillet en faveur du monastère de St-Gilles. Mentionné parmi les prélats venus à sa rencontre, *Aribertus Ebredunensis archiepiscopus*, outre les suivants : *Auterannus, Viennensis archiepiscopus firmat. Radbertus* ou *Rotb-s Valentinensis episcopus f. Barnarius Gratianopolis episcopus f.* — *Auctore omnipotente*.

Bouquet, IX, 167-70. Ménard, *Hist. de Nismes*, I, pr. 13-5. *Patrol. lat.* CXXVI, 792-5. Goiffon, *Bull. de l'abb. de Saint-Gilles*, 11-6. = Bréq. I, 316. Jaffé, 2347-3179. — Cf. *Gesta Johannis VIII*, dans Baluze, *Miscell.* VII, 349 ; 2ᵉ. II, 113.

**813** Troyes, 11 septembre 878.

*In crastina Ludovicus rex, invitatus a Bosone, ad domum illius perrexit cum quibusdam prioribus consiliariis suis, et pastus et honoratus ab illo, sed et ab uxore ipsius, desponsavit filiam Bosonis Carolomanno filio suo.*

*Ann. Bertiniani* (Bouquet, VIII. 31).

**814** Troyes, 12 (septembre 878).

Le roi Louis [le Bègue], à la demande du duc Boson, confirme à l'église de Lyon et à son archevêque Aurélien les préceptes par lesquels l'empereur Lothaire, ses fils Lothaire et Charles [de Provence], et Charles [le Chauve] avaient donné ou restitué dans le pagus de Lyon Courtenay *(Cortenacum)*, Genas ? *(Egena)* ; dans celui de Vienne, Tournon *(Turno)*, Livia et Luzinay *(Lucennacum)* ; dans celui de Sermorens *(Salmoriacen.)* et Grenoble. Chélieu *(Cadaliacum)*. *Vulfardus not. ad vic. Gozleni recogn. Data 2 id. decem.* (= sept. ?), ind. 10, aᵒ 1 Hludovici reg. Act. Trecas. — *Deprecatione.*

Arch. de l'Isère, B. 3784. — *Severt, *Chronol. hist. archiep. Lugdun*. Iᵉ, 189. *Bouquet, IX, 412. Bernard, *Cart. de Savigny*, lxxix. Valentin-Smith, *Considér. hist. Nantua*, 53. Manteyer, *Orig. mais. Sav.-Bourg*. add. 269. Poupardin (R.), *Royaume de Provence*, 403-5.

**815** (Novembre 878).

Lettre du pape Jean VIII au roi Charles le Gros : à la prière de Louis le Bègue, il a adopté pour fils le prince Boson ; celui qui l'attaquera sera excommunié. — *Servans fidem.*

Carafa, *Epist. sum. pontif.* nᵒ 119. Binius, III, 963ᵇ. Labbe, IX, 97. Coleti, XI, 87. Mansi, XVII, 92. Bouquet, IX, 173. *Patrol. lat.* CXXVI, 786. = Jaffé, 2412-3205.

**816** (Pavie, décembre 878).

Lettre du même à Louis le Bègue : il témoigne de la diligence du comte Boson à le conduire jusqu'à Pavie *(Ticinum)* et l'exhorte à le secourir. — *Quanto vos amore.*

Carafa, nᵒ 125. Binius, III, 360. Labbe, IX, 91-2. Coleti, XI, 89. Mansi, XVII, 95. Bouquet, IX, 175. *Patrol. lat.* CXXVI, 810. Chaix de Lavarène, *Mon. pont. Arvern.* 6. = Jaffé, 2422-3208, cf. 3210-1,-6.

Troyes, 12 décembre (878) = 12 septembre (878).

**817** (Avril 879).

Lettre du pape Jean VIII aux [arch]evêques Aurélien [de Lyon], Otteramne [de Vienne] et Thierry [de Besançon], pour leur interdire d'excommunier Bicbertin ou de laisser saisir ses biens avant jugement. — *Omnium vestrum.*

Carafa, *Epist. sum. pont.* III, 407, nᵒ 163. Binius (1606), III, 967* ; (-18), IIIᵇ, 47 ; (-36), VII, 57. Simmond. III, 492. *Coll. Reg.* XXIV, 176. Labbe, IX, 107. Coleti, XI, 105. Mansi, XVII, 112. *Patrol. lat.* CXXVI, 827. = Jaffé, 2457-3233.

**818** (Avril 879).

Lettre du même au prince Boson, le remerciant de ses bons soins envers lui et l'impératrice Angelberge. — *Quia litteris.*

Carafa, nᵒ 164. Coleti, XI, 105-6. Bouquet, IX, 180. Mansi, XVII, 113. *Patrol. lat.* CXXVI, 827. = Jaffé, 2458-3234.

**819** 879.

*Anno Dominicæ Incarnationis 879, Boso..., audita morte Hludowici [10 avril], a Provincia egreditur, totamque Burgundiam occupare nititur. Denique nonnullos episcopos partim minis, partim suasionibus, in societatis fœdera colligit, et Lugdunum ingressus, ab Aureliano, ejusdem urbis metropolita, et aliis pontificibus in regem super præfatam Burgundiæ regnum inungitur, pro nihilo ducens adolescentes filios Hludowici, et velut degeneres despiciens, eo quod jussu Caroli eorum genitrix spreta atque repudiata fuerit. Quæ res illi magis attulit continuum cladium ac periculorum dispendium, quam gloriæ et dignitatis emolumentum. Siquidem jam dicti adolescentes, Hludowicus et Carlomannus, industria ac studio Hugonis abbatis et aliorum procerum in regnum sublimati sunt, et eumdem Bosonem diebus vitæ suæ omni instantia sunt persecuti. Nec solum illi, verum etiam alii reges Francorum per succedentia tempora adeo graviter nomen ejus tulerunt atque exosum habuerunt, ut inrecuperabili ejus dejectione et mortis exilio non modo principes ac duces, sed etiam eorum satellites, sacramentis et exsecrationibus obligarentur. Fuit autem tam perspicacis ingenii, ut cum a multis, ut dictum est, regibus et regnis assidue insectatus sit, a nullo tamen aut capi aut circumveniri aliquando potuerit ; tantæ moderationis, ut cum sibi faventes proscriptionibus damnarentur bonisque omnibus privarentur, nunquam insidiis suorum militum fuerit petitus neque fraude proditus, cum utramque hospes sæpe tentassent.*

Reginonis Prumien. abb. *Chronicon* (Pertz, *Mon. Germ. hist.*, Scr. I, 590 ; *Patrol. lat.* CXXXII, 113-4). = Terrebasse, *Inscr.* I, 139.

**820** (Rome, mai 879).

Lettre du pape Jean VIII [au prince Boson] : il conserve le secret des conférences qu'il a eues avec lui à Troyes et désire de toutes ses forces le réaliser ; qu'il fasse tous ses efforts de son côté, car le temps est favorable ; il compte sur le secours promis. — *Secretum quod.*

Carafa, nᵒ 180. Coleti, XI, 113-4. Mansi, XVII, 121. *Patrol. lat.* CXXVI, 835. = Jaffé, 2471-3251.

**821** 25 (24) juillet (879).

Boson, *g. D. id quod sum*, et son épouse Hermengarde, fille de l'empereur Louis II *(proles imperialis)* donnent à Montiérender *(monasterio Dervo)* tout ce que l'empereur Charles [le Gros] leur avait concédé dans le Lassois *(pagus Laticen.)*. *Stephanus archicancell. scr... a. 1 post obit. Ludovici glor. regis.*

CHIFFLET, *Collect. Burgund.*(Bruxelles, Bolland ),ex tabul. monast. Derven. refert Nic. Vignierus t. II Bibl. hist. a. 879, male confundens cum Arremaren. — CHESNE (A. du), *Hist. généal. mais. de Vergy*, pr. 12. LALORE (Ch.), *Cart. abb. Montiéramey*, 11-2. — Trad. TERREBASSE, *Boson*, 81-2. = GINGINS. *Boson.* 67. 71. POUPARDIN, *Roy. de Prov.* 96, — Pièce fausse ?

**822** (Rome, août 879).

Lettre de Jean VIII au prince Boson : il l'exhorte à restituer la villa *Vendoara* à l'église Romaine et à protéger le monastère de Poutières. — *Quanta vos.*

CARAFA, n° 213. COLETI, XI, 150-1. MANSI, XVII, 160. *Patrol. lat.* CXXVI, 880. = JAFFÉ, 2504-3285, cf. 3284.

**823** Mantaille, 15 octobre 879.

Réunion des évêques [*sancti patres*, de Provence] en concile *(conventus)* à Mantaille *(Mantala)*, au territoire de Vienne [dans la Valloire], où Boson [gouverneur de Provence] est élu roi. Depuis la mort du roi Louis [le Bègue], église et peuple manquant de protecteur, les évêques et les nobles, après avoir invoqué le Ciel, ont jeté les yeux sur le prince Boson comme le plus capable de les défendre par l'autorité qu'il a eue sous l'empereur Charles [le Chauve] et le roi Louis, tant en France qu'en Italie, et par l'affection du pape Jean [VIII] qui le traite comme son fils. C'est pourquoi, connaissant sa prudence et sa sagacité, ils l'ont élu pour roi malgré sa résistance. *Act. ap. Mantalam publ., n° 1. D.* 879. ind. 12... *S. Ottramnus exiguus Viennensis archiepiscopus. Ralbertus, exiguus Valentinensis episcopus. Bernarius Gratianopolitanus episcopus. Emico humilis episcopus Diensis ecclesiæ. Biraco Vapincensis ecclesiæ episcopus... Manno præpositus.*

Le vote terminé à l'unanimité, le concile envoya des députés au nouveau roi, pour lui faire part de son élection et savoir de lui comment il comptait gouverner, s'il s'engageait à rechercher tout ce qui contribuerait à la gloire de Dieu et à l'exaltation de l'Église, à faire observer la justice, à se montrer le père et le protecteur de tous ses sujets. — Le nouveau roi *(humilis Christi vernaculus)* traça dans sa réponse un tableau du monarque chrétien le plus parfait. — Il dut être sacré, peu de temps après, à Vienne, par le métropolitain Otramne [1].

FONTANIEU, *Hist. de Dauph.*, pr. I, 37. 44. 48. — PARADIN, *Ann. de Bourgogne*, 105. SIRMOND, *Conc. Galliæ*, III, 496. DU CHESNE, *Hist. Franc. script.* II. 480-2. *Coll. Reg.* XXIV, 493. BOUCHE, *Hist. de Prov.* I, 763. LABBE, *Conc.* IX, 331-4. FANTONI CASTRUCCI, *Avignone*, II. 14-5. LEIBNITZ, *Access. histor.* II, 209. HARDOUIN, *Conc.* VI, 1, 345-8. COLETI. *Conc.* XI, 503-6. DUNOD, *Hist. d. Sequanois*, II, 586-8 ; cf. *Hist. du Comté*, II, 86. MANSI, XVII, [599]. BOUQUET, IX, 304-6, cf. 46, 57 ; VIII, 286. MILLE, *Hist. de Bourg.* III, 320-6. PERTZ, *Mon. Germ. hist.*, Leg. I, 537-9. *Patrol. lat.* CXXXVIII. 787-92. MARION, *Cart. de Gren.* 265-7. BORETIUS (A.) et KRAUSE (V.), dans *Mon. Germ. hist.*, Capital. II, 365-9. DUC (J.), *Essais hist. Alban.*100-3, pl. — Trad. *Doc. hist. inéd.* I, 288. COLLOMBET, I. 303-7. TERREBASSE, *Boson*, 87-94. = *VIGNIER, Rer. Burgund. chron.* 65. *ST-JULIEN (Pierre de), Orig. des Bourgongnons*, 275. *SEVERT, Chronol. antist. Lugdun.* 2°, II, 46. CHORIER. *H. de D.* I, 506, 693-4, 704. COLONIA, *Hist. litt. Lyon*, II, 169-70. MABILLON, *Di-*

1. HINCMAR, RÉGINON et les *Annales de St-Bertin* permettraient de croire que la cérémonie du couronnement eut lieu à Lyon (TERREBASSE, *Boson.* 95. 139 ; POUPARDIN, *Roy. de Prov.* 112-3).

*plom.* I³, 309. CRILLIER,XXII,720-1. PLANCHER,*Hist. de Bourg.* I, diss. 2°. GRILLET, III, 450-1. COURBON, A, 48-50. DESSAIX,*Savoie histor.*I,115-30.MERMET,II,219. BRÉQ.I,323.-4. BÖHMER,*R. K* 1442. MENABRÉA,*Orig. féod.* 4-8 ; *Montmél. et l. Alpes*. 41. GINGINS-LA SARRA (Fr. de). *Election de Boson, roi de Bourgogne et de Provence* [et son règne], dans *Archiv schweizer. Gesch.* (1851), VII, 106-201 ; *Boson.* 72-9. R. S. R. 77. R. Gen. 100. POUPARDIN, *Roy. de Prov.* 97-106, 320-3. — Ann. Bertiniani (BOUQUET, VIII. 34, cf. 245 ; *Mon. Germ. hist.*, Scr. min. 150). — Ann. *Vedastini*(BOUQ.VIII,80).— HUGO Flavin.,*Chron. Virdun.* (BOUQUET, VIII, 286 ; *Mon. Germ. hist.*, Ser. VIII, 356 ; *Patrol. lat.*CLIV,171. POUPARDIN,*Roy. de Prov.*97).— RÉGINON, *Chron.* (PERTZ,*Mon. Germ. hist.*, Scr. I, 590 ; *Patrol. lat.* CXXXII,113-4).

**824** Lyon, 8 novembre (879).

Diplôme du roi Boson : pour le salut de l'empereur Charles, pour le sien et celui de son épouse, il donne à s^t Philibert, dont le corps a été transféré à Tournus *(Trenorchium)*, la celle de Talloires *(Talgeria)*, au comté de Genève, avec l'église dédiée à Ste-Marie et d'autres biens ruraux. *Stephanus notar. ad vic. Adalgarii (Radulfi !)... indict. 12, a. 1 regni Bosonis gloriosiss. regis. Act. Lugduno civil. — Sanctæ recordat.*

RIVAZ (P. de), *Diplom. de Bourg.* I. n° 16 (*Anal.*, p. 4). — CHIFFLET,*Hist. de Tournus*,pr.232-4.MENESTRIER,*Hist.de Lyon*, pr. xxxvij°. [JUENIN]. *Nouv. hist. de Tournus*, pr. 102-3. BOUQUET, IX. 669-70. DESSAIX. *Savoie histor.* I, 133. LEX (Léonce). dans *Mém. soc. hist.-archéol. Chalon-sur-Saône*. VI. PHILIPPE (Jul.). *Not. sur Talloires*, dans *Mém.-doc. soc. Savois. hist.-archéol.* V, 78-9. BRASIER (V.), dans *Mém.-doc. acad. Salésien.* X, 69-71. = BRÉQ. I. 323. BÖHMER, 1443. R. Gen. 101. TERREBASSE, *Boson.* 96-7. POUPARDIN, *Roy. de Prov.* 113-4.

**825** Lyon, 8 novembre (879).

Diplôme du roi Boson, par lequel, à la prière d'Adalgarius, évêque d'Autun, il confirme à son église les préceptes des rois et empereurs ses prédécesseurs. *Elibertus cancell. ad vic. Aureliani archiepiscopi* [de Lyon]..., *indict. 7, a° 1 regni d. Bosonis gloriosiss. regis. Act. Lugduno civil. — Si piis servorum.*

BALUZE. *Capital.* II. 1505. *Gallia christ. nova*,IV, instr. 61-2. PLANCHER, *Hist. de Bourg.* I. pr. xij-iij. BOUQUET. IX. 670. CHARMASSE,*Cartul. d'Autun*. I, 27. = BRÉQ. I. 323. BÖHMER, 1444.

**826** Charlieu, 2 décembre (879).

Diplôme du roi Boson, par lequel, à la sollicitation de son féal le comte Siwald. il concède au monastère de St-Etienne de Charlieu, dans le comté de Mâcon, la petite abbaye *(abbatiolam)* de St-Martin [de Mâcon]. *Stephanus notar. ad vic. Adalgarii* [évêq. d'Autun]... *indict. 12, a° 1 regni d. Bosonis. Act. Kariloco monast.*... — *Quantum in divinis.*

FONTANIEU, *Hist. de Dauph.*, pr. I, 61, n° 10 (3 d.). — GUICHENON, *Bibl. Sebus.* 375-6 ; (1780). 115-6 (3 d.). BOUCHE. *Hist. de Provence*. I, 766. BALUZE, *Capital.* II. 1506-7. BOUQUET, IX, 670-1. MILLE. *Hist. de Bourg.* III. 328-30. CHEVALIER (C. U. J.), dans *Rev. du Lyonnais* (1867-8), 3° sér., t. IV. p. 149-50 (à part, 27-9) ; cf. DESEVELINGES, 234 ; M. CANAT DE CHIZY. V. 453-6. = GRONG. I, 153. BRÉQ. I, 324. BÖHMER. 1445. TERREBASSE,*Boson*, 97. 141.

**827** Charlieu, 3 décembre (879).

Testament du [roi] Boson, par lequel il restitue à l'abbaye de Charlieu les biens qu'il détenait. *Dat... ind. 12. a° 1 d. Bosonis. Act. Cariloco publ.* — *Insatiabilis secul.*

PARADIN. *Ann. de Bourgogne*, 112-3. TERREBASSE, *Boson*, 142 ; trad. 142-3. = POUPARDIN. *Roy. de Prov.* 45. — Pièce fausse (fabriquée à l'aide de la charte de Sobbon (948/954).

**828** (879/887).
Précepte du roi Boson et de la reine Hermengarde, qui confirment à l'église de St-Apollinaire de Valence la possession de Villeneuve.
Mentionné dans le diplôme de 912.

**829** (879/887).
Donation par le roi Boson de l'abbaye de St-Ruf à l'église de St-Etienne d'Avignon.
Relatée dans le diplôme du 19 oct. 907.

**830** (Mars ou avril) 880.
*Filii Ludovici quondam regis... regnum paternum inter se diviserunt. Id est, ut Ludovicus quod de Francia residuum erat ex paterno regno, sed et Niustriam cum marchiis suis haberet ; et Carolomannus Burgundiam et Aquitaniam cum marchiis suis haberet... Indeque..., in Burgundiam versus Bosonem, per mensem julium à Trecas civitate perrexerunt, Carolo rege illuc cum exercitu suo in Bosonem venturo. In quo itinere ejectis de castro Matiscano Bosonis hominibus, ipsum castellum ceperunt, et cum comitatum Bernardo cognomento Planta-pilosa dederunt. Et perrexerunt simul Carolus, Ludovicus et Carlomannus ad obsidendum Viennam, in qua Boso uxorem suam cum filia, et magnam partem de suis hominibus relinquens, fugam ad montana quædam arripuit. Karolus autem, qui se una cum consobrinis suis Viennam obsessurum promiserat, mox ut quædam sacramenta utrinque inter eos facta fuerunt, ab ipsa obsidione recessit, et in Italium perrexit... Remanente Carolomanno cum suis contra Bosonis seditionem...*
Annales Bertiniani (BOUQUET, VIII, 35 ; *Patrol. lat.* CXXV, 1297-8 ; PERTZ, *Mon. Germ. hist.*, Scr. I). — Ann. Vedastini (BOUQUET, VIII, 81). = LONGNON, *Atlas histor. France*, 77-9, pl. 6e.

**831** Mai (880).
Vualdo et sa femme Sierada donnent à Erlulfus et Odoara les 3/4 des biens qui leur étaient réservés *in falcidia*, selon leur loi Romaine, situés au pagus de Vienne, dans les villæ *Caucilla* (Chuzelles), *Tercio Super, Landalis, valle Sivenica, Moxiago* et *Aucellatis*, au-delà du Rhône. *Vualdenys... dat. d. mercoris, a 1° regn. Bosoni rege.*
BERNARD-BRUEL, *Chartes de Cluny*, I, 27-8, n° 23.

**832** Gondreville, 15 juin 880.
Charles le Gros a une entrevue avec les rois de la France occidentale, Louis et Carloman, et les envoyés de Louis, roi de la France rhénane : on prend la résolution de marcher contre Boson et de détruire cet usurpateur.
Ann. Bertiniani (BOUQUET, VIII, 35). Ann. Fuldenses (ibid. 40). Cf. REGINO, *Chron.* (*Patrol. lat.* CXXXII, 114). = CHORIER, *H. de D.* I, 695-6 ; 2°. 536. BÖHMER, *R. K.* p. 95. GINGINS, *Boson*, 84-5. — Cf. n° 830.

**833** (18 juillet 880).
Lettre du pape Jean VIII au roi Charles [le Gros] ; il lui dit au sujet de Boson : *De Bosone certos vos esse volumus quia neque aliquem familiaritatis locum, aut receptionis nostræ auxilium apud nos habebit neque poterit invenire... Nam nihil nobis de parte ipsius pertinere videtur, qui talem tyrannidem præsumpsit committere.* — *Regiæ magnitud.*

CARAFA, *Epist. sum. pontif.*, n° 249. COLETI, XI, 173-4. MANSI, XVII, 183. *Patrol. lat.* CXXVI, 907-8. — Trad. TERREBASSE, *Boson,* 107. = JAFFÉ, 2542-3321.

**834** (Août/novembre) 880.
Charles le Gros, Louis III et Carloman ayant pris la ville de Mâcon et chassé le tyran Boson des territoires qu'il avait usurpés sur la rive droite du Rhône, le poursuivent jusqu'à Vienne et mettent le siège devant la ville. Au mois de novembre, Charles va rejoindre le pape Jean VIII en Italie ; le roi Louis part peu après ; Carloman continue le siège sans succès et laisse momentanément à ses comtes le soin de le diriger.
Ann. Fuldenses (BOUQUET, VIII, 40). — Ann. Bertiniani (BOUQ. VIII, 35 ; *Patrol. lat.* CXXV, 1298). — Ann. Vedastini (BOUQ. VIII, 81, cf. 245, 269 ; IX, 109, 150). = GINGINS, *Boson*, 85-91. MÜHLBACHER, *R. K.* 1561a-c. POUPARDIN, *Roy. de Prov.* 121-8. — Cf. n° 830.

**835** (Vers 881).
Boson, roi [de Provence], à la demande de Rostaing, archevêque d'Arles, confirme à son église la possession de l'abbaye de Cruas, au comté de Viviers, *Stephanus cancell.* — *Si petitionibus.*
*Gallia christ. vet.* I, 45. COLUMBI, *Episc. Vivar.* 69 ; *Opusc.* 201. VIC-VAISSETE, *Hist. de Lang.* II, pr. 15-7 ; 3°. V, 65-6. BOUQUET, IX, 672-3. *Gallia christ. noviss.* III, 92-3. — BRÉQ. I, 326 (880). 339 (887).

**836** Toisieu ?, 18 janvier (881).
Diplôme du roi Boson, par lequel, à la prière de l'archevêque de Vienne Ottranne et du conseil de ses grands (*procerum*), pour le salut (*remedio*) de l'empereur Louis, de son épouse Hirmintrude et de leur fils Louis, pour le sien et celui de sa femme Hirmingarde, il remet aux prières de la cathédrale l'abbaye de St-André-le-Bas, qui en avait été injustement soustraite ; on devra fournir le nécessaire pour l'office divin et la nourriture des chanoines. *Stefanus cancell...* *Dat... ind. 14, a° 2 regni d. Bosonis. Act. Tauriaco villa.* — *Si petitionibus.*
Ms. : Baluze, LXXV, 323-4. CHORIER, *Miscell.* XII, 27. De Octranno hæe reperi scripta in d(icto) libro alba pelle cooperto. fol. viij. Chartularia 5214. 17. Secousse, 5. Harlay 397, 116. FONTANIEU, *Hist. de Dauph.* I, pr. 65. RIVAZ (P. de), *Diplom. de Bourg.* I, 17 (Anal., p. 4). — CHORIER, *Estat polit.* I, 243-7. BALUZE, *Capitul.* II, 1507-8. BOUQUET, IX, 671. — Trad. CHARVET, 226-7. COLLOMBET, I, 308-10. = BRÉQ. I, 326. BÖHMER, *R. K.* 1446. TERREBASSE, *Inscr.* 15, 17-8 ; *Boson*, 108. CHEVALIER (U.), *Cart. de St-Maur. Vienne*, 19-20, n° 32. POUPARDIN, *R. de P.* 128.

**837** Juin (881).
Vente par Nadal à Aldon de biens au pagus de Lyon. *Leotardus... dat. d. sabato m. jugnnio, a° 2 Bosoni rege de Borgundia et 1 a° quando Ludovicus et Karlamannus Borgundia possidere venerunt post obito genitore illorum Ludovico, filio Karlo qui imperavit.*
BERNARD-BRUEL, *Cart. de Cluny*, I, 28-9. = TERREBASSE, *Boson,* 101.

**838** 6 juin (881).
Le prêtre Ermengaud cède aux chanoines de St-Maurice [de Vienne], que régit l'archevêque Octranne, une vigne et des fonds. *Airoardus presb. scr. a° 1 regni d. n. Harlamanno in Burgundia.*
CHEVALIER (U.), *Cart. de St-Maur. Vienne*, 54 ; 28, n° 89. = POUPARDIN, *Roy. de Prov.* 135.

**839** Vienne, janvier (882).

Arnara donne à l'église *(casa Dei)* de St-Maurice de Vienne et à ses ministres *(officialibus cotidie deservientibus)* ce qu'elle possède dans la villa et l'ager de Poussieu *(Pociago)*, au pagus de Vienne. *Eldulfus scr. a. 3 regn. Bosone rege.*

Ms. : Chorier, *Miscell.* XII, 27. Chevalier (U.), *Cartul. de St-André-le-Bas*, 3ᵉ ; *Cart. de St-Maur. Vienne,* 34, n° 135.

**840** (Février/mai 882).

Lettre du pape Jean VIII au clergé et au peuple de Genève ; à raison de la discorde *(dissensio)* créée par Boson, dont leur métropolitain [Ottramne de Vienne] est un des soutiens, à la demande l'empereur, il a consacré Optand, élu par eux évêque de leur siège ; il réserve, pour l'avenir, au métropolitain le droit de confirmation. — *Dilectissimi filii.*

Carafa,*Epist. sum. pontif.* III, n° 271. Sirmond, III,516.Launoius, *Opp. omn.* (1731), V, II, 649. Coleti, XI. 196. Mansi, XVII, 207. *Patrol. lat.* CXXVI, 947. — Trad. Charvet, 230. Collombet, I, 314-5. Terrebasse, *Boson,* 109-11. = Chorier, *Estat pol.* I, 242. Jaffé, 2600-3357. Gingins, *Boson.* I, 97. É. S. R. 80. R. Gen. 103.

**841** (Février/mai 882).

Lettre du pape Jean VIII à Oterame, évêque de Vienne ; il lui reproche de faire cause commune avec les fauteurs du perturbateur Boson, de participer à leurs mauvaises actions et de déshonorer l'église Romaine en faisant croire qu'il est autorisé par elle : qu'il vienne se justifier à Rome, sous peine de déposition. — *Inter eximios nunc.*

Carafa, n°288. Binius, III. 1003ᵃ. Sirmond, III. 316. Labbe, IX, 206-7. Launoius, *Opp. omn.* (1731), V, II, 649-50. Coleti, XI, 201. Mansi, XVII, 212. Mille, *Hist. de Bourg.* III, 327-8. *Patrol. lat.* CXXVI, 917-8. — Trad. Charvet, 225. Collombet, I, 307-8. Terrebasse, *Boson.* 104-5. = Chorier. *H. de D.* I, 696. Jaffé. 2553-3370. Poupardin, *R. de P.* 117.

**842** (Février/mai 882).

Lettre du pape Jean VIII à Oterame, archevêque de Vienne ; il lui reproche d'avoir fait incarcérer Optand, consacré par lui-même évêque de Genève et d'en avoir ordonné un autre à sa place ; il lui ordonne de le mettre en possession de son siège dans le délai d'une semaine, sous peine d'excommunication et de se rendre à Rome, au concile qui se tiendra le 24 septembre, pour se justifier. — *Relatu veraci.*

Carafa, n° 292. Binius, III, 1004ᵇ. Sirmond, III, 517. *Gallia christ. vet.* II, 595ᵇ. Labbe, IX, 208-9. Launoius, *Opp. omn.* (1731), V, II, 650. Coleti, XI, 202. Mansi, XVII, 213. *Patrol. lat.* CXXVI, 952. — Trad. Charvet, 231. Collombet, I, 316-7. Terrebasse, *Boson,* 111-2. = Jaffé, 2604-3374. Gingins, *Boson.* 97-8. R. Gen. 104.

**843** (Février/mai 882).

Nouvelle lettre du pape Jean VIII à Oterame, archevêque de Vienne, pour réfuter sa réponse. Il aurait dû savoir, ce qui est connu en Occident, que le pape avait consacré Optand évêque de Genève en vertu de son autorité apostolique. Il est mal venu à reprocher à Optand de n'avoir été ni baptisé, ni élevé, ni ordonné à Genève, quand lui-même a été dans ces conditions vis-à-vis de Vienne. Il lui réitère l'ordre de se rendre au concile de Rome le 24 sept., et le charge d'y convoquer les évêques Adalbert de Maurienne et Barnerius de Grenoble. — *Susceptis vestræ.*

Carafa, n° 295. Binius, III, 1005ᵃ. Sirmond, III, 518. *Gallia christ. vet.* II, 595 ; nova, XVI, instr. 143. Labbe, IX, 211. Hardouin, VI, 101. Launoius, *Opp. omn.* (1731), V, II, 650-1. Coleti, XI, 205. Mansi, XVII,216. *Patrol. lat.*CXXVI, 952-3. — Trad. Charvet, 231-2. Collombet, I, 317-8. Terrebasse, *Boson,* 112-3. = Jaffé, 2605-3375. R. Gen. 105.

**844** (Février/mai) 882.

Lettre du pape Jean VIII à Adalbert, évêque de Maurienne ; il lui reproche d'avoir enlevé de force, à l'aide de gens armés, Barnerius, évêque de Grenoble, de son église et de l'avoir traité ignominieusement ; il lui enjoint de se rendre, avec sa victime, au synode qui se tiendra à Rome le 24 septembre. — *Tristis nos nuntius.*

Carafa, n° 296. Binius, III, *Conc.* III, 1005ᵃ. Labbe, IX. 211-2. Coleti, XI, 205-6. Mansi, XVII, 216. *Patrol. lat.*CXXVI,953-4. *Gallia christ. nova*, XVI, instr. 292. = Jaffé,2606-3376. Poupardin, *Roy. d. Prov.* 120.

**845** Vienne. juin (882).

Erlulfus donne à son frère le diacre Warnefredus ses biens au pagus de Vienne, dans les agri *Tervenenssis* et d'Ampuis *(Ampucieten.)*, dans les villæ *Caucilla* et *Aucellatis*, à l'exception de ce qu'il possède dans la villa *Modesnago*. *Eldulfus scr. a. 3° regn. Bosone rege, post obitum Ludovico filio Carlo imper.*

Bernard-Brcel, *Chartes de Cluny,* I, 31-2, n° 26.

**846** Vienne, (2) 8 août (882).

Le roi Carloman sanctionne un arrangement entre le clerc Otbert et l'évêque de Langres Geilon. *Dat... aº 4 regn. Karlomanno glor. rege, ind. 15. Act. ap. Viennam.*

*Musée des Archives départementales* (1878), 22-4, pl. 8. n° 10. Roserot (A.). *Dipl. Carol. orig. d. Arch. de la Haute-Marne,* 14. = Sickel, dans *Forschung. deut. Gesch.* IX, 431, n° 24. Poupardin, *Roy. de Prov.* 129.

**847** Vienne, 8 août (882).

Charte de Carloman en faveur de St-Mesmin. *Dat ..aº 4 regn. Carlomanno glor. r.. ind. 15. Dat. ap. Viennam..*

Fontanieu, portef. .1-2. 771 (Terrebasse).

**848** Septembre 882.

Au mois d'août, Carloman assiégeait de nouveau la ville de Vienne, mais il fut rappelé par la mort de son frère. Pendant que le comte Bérard. venu d'Italie, harcelait Boson, Richard, frère de ce dernier et comte d'Autun, s'emparait de Vienne et emmenait dans son comté Ermengarde, femme de Boson, et leur fille.

*Ann. Bertiniani* (Bouquet, VIII, 36 ; *Patrol. lat.* CXXV, 1299). — *Ann. Vedastini* (Bouquet, VIII, 82, cf. 308). = Chorier, *H. de D.* I, 697 ; 2ᵉ, 537. Gingins, *Boson.* 99 Böhmer, *R. K.* p. 173. Terrebasse, *Inscr.* I, 223 ; *Boson,* 102-3. Poupardin, *Roy. de Prov.* 129-31.

**849** Vienne, 15 novembre (883).

Arlulfe, avec sa femme Adoara, pour le souvenir *(commemoratio)* de son nom, de ceux de son père Angelboton et de sa très noble épouse Anne, donne à la basilique de St-Maurice et de ses 6.606 compagnons, que régit l'archevêque Octranne *(al.* Odtramne), des biens situés au pagus de Vienne, dans l'ager d'Albon *(Ebbaonensis)*, dans la villa d'Anneyron *(Anarioni)* ; ils en gardent l'usufruit, avec investiture chaque année

d'un muid de vin et d'un de froment. *Airoardus presb. scr... a° 2 destructionis Viennæ et regn. d. n. Karolo imper. — Quia in visceribus.*
Ms. : CHORIER, *Miscell.* XII (Bouflier). 27. Baluze, LXXV, 379-80. Paris, B. N., l. 11743, 135. — *CHARVET, 120. MILLE, Hist. de Bourg.* I, 345-7. *Gallia christ. nova,* XVI, instr. 9-10. = COLLOMBET, I, 314. GINGINS, *Boson.* 102. TERREBASSE, *Boson.* 118. CHEVALIER (U.), *Cart. de St-Maur. Vienne,* 30, n° 108

**850** 16 septembre 884.
Mort d'Otrannus, archevêque de Vienne, dans la 9° année de son pontificat ; enseveli à St-Pierre.
CHEVALIER (C. U. J.), *Doc. inéd. relat. au Dauph.* v, 10, 26. DUCHESNE (L.), *Fastes,* I°. 201-2.

**851** ?
Epitaphe d'un archevêque de Vienne.
*Plange, Vienna, tuam subito cecidisse columnam...* 4 vers ?
CHORIER, *Antiq.* 322 ; 2°. 319. TERREBASSE, *Inscr.* I, 172.

**852** Etrépy, 20 juin (885).
Diplôme de l'empereur Charles le Gros ; à la demande de Luitard, évêque de Verceil et du marquis Bernard, il confirme à l'église de St-Etienne de Lyon, ses possessions en divers diocèses : dans le pagus de Vienne, la ville de Tournon *(Turno),* Luva (al. *Livia)* et Luzinay *(Lacennacum)* ; dans le pagus de Sermorens *(Salmoriac.)* et de Grenoble, au mandement de Virieu *(Vireu)* les villæ de Colonges *(Colonicas),* Fitilieu *(Fistiliarum)* et Chélieu *(Cadoliacum). Act. Stirpiaco villa. — Si fidelium nostrorum.*
Arch. de l'Isère, B. 3784, 1. — SEVERT. *Chron. archiep. Lugd.* 60, extr. BALUZE, *Miscell.* II, 150 ; 2°, III. 33-4. BOUQUET, IX.339-40. MARION, *Cart. de Grenoble,* 9-12. = CHORIER, *H. de D.* I, 700. COURBON, A, 54-5. BRÉQ. I. 334. *Doc. hist. inéd.* 271. DÜMMLER, *Ostfränk. Reichs,* II, 244. MÜHLBACHER, 1660.

**853** Metz, 1er novembre 885.
Boson, rétabli dans son pouvoir, s'accommode avec Charles le Gros et lui prête hommage ; sa femme et sa fille lui sont rendues.
BOUCHE, *Hist. de Prov.* I, 767. CHORIER, *Hist. de Dauph.* I, 700 ; 2°, 539-40. MERMET, I, 231. TERREBASSE, *Boson.* 124.

**854** (886 ?).
Diplôme du roi Boson, par lequel il donne à l'évêque de Grenoble les églises de Ste-Marie et de St-Donat au bourg de Jovinzieux *(Jovinciaco,* St-Donat).
Rappelé dans le diplôme du 11 août 894. — GINGINS, *Boson.* I, 112-3.

**855** Mars (886).
Odilon, comte [de Die], donne au monastère de St-Chaffre *(Calmilius),* au comté du Velay *(Vallaven.),* l'église de St-Etienne de Savenne quart. de Pont-de-Barret , au comté de Die ...*indict.* XII (= IV), *a. 7 regn. d. n. Bosone rege.*
CHEVALIER (U.), *Doc. inéd. relat. au Dauph.,* VI, p. 6-7 ; *Cart. de St-Chaffre,* 52-3, n° 61. = POUPARDIN, *Roy. de Prov.* 112. MANTEYER, *Prov.* 91.

**856** (Printemps 886).
*Rememorantes cum quanta fiducia et animi virtute et permanente fidelitate Bernardus gloriosus comes et marchio se opposuerit contra hostes nostros, et insidiatores ac devastatores regni, contra Bosonem tyrannum et sequaces ejus, et quàm prompto animo mori in bello contra supradictos infideles pro excellentia nostræ fidelitatis pugnans amaverit, decentissimum reperimus ut quod filius ejus Willelmus comes et marchio postulabat exequeremur.*
Diplôme de l'empereur Charles le Gros, du 18 août 886, en faveur de l'église de Nevers. — BESLY, *Hist. comtes Poitou.* pr. 195. LAUBE, *Alliance chronol.* II, 488. *Gallia christ. vet.,* III, 795. BALUZE, *Hist. généal. mais. Auvergne,* II, 4. BOUQUET, IX, 349. = BRÉQ. I, 336. GINGINS, *Boson.* 109. TERREBASSE, *Boson.* 129.

**857** 17 novembre (886).
Concile tenu par les évêques de Provence à Port, entre Maguelonne et Nîmes, contre l'espagnol Selva, qui s'arrogeait le titre d'archevêque de Narbonne. ...*Ermaldus Ebredunensis archiepiscopi.*
SIRMOND, III, 522. *Coll. Reg.* XXIV, 563. LALANDE, 302. LABBE, IX, 395-7. COLETI, XI, 569-72. MANSI, XVIII, 43. BOUQUET, IX. 117. = VIC-VAISSETE, *Hist. de Lang.* II, 526-7 ; 3°, IV, 10-2. *Gallia christ. nova,* III, 1066 ; *noviss.* II, 59 ; III, 93.

**858** Vienne, (886/7).
Boson, roi de Bourgogne et d'Italie *(procur. div. grat. Burgundiorum Ausonorumque rex),* de concert avec son épouse Ermengarde, à la demande d'Asmond, évêque de Suse ou de Maurienne, et de son frère Leotmanne, évêque de Crémone, pour obtenir la victoire, donne à St-Jean-Baptiste le château *Armariolum* avec sa chapelle de Ste-Marie ... *A° regni octavo. — Regnante Deo.*
MARTÈNE, *Script. ampl. collectio,* I, 221-2. BOUQUET, IX, 672. *Gallia christ. nova,* XVI, instr. 292-3. *Hist. patr. mon.,* Chart. II, 12-4. OLIVIER-VITALIS, dans *Mélang. histor.* (1847), II, 428-9. BILLIET, *Chartes dioc. Maurienne,* 5-7. ANGLEY, *Hist. dioc. Maurienne,* 451-3. *Trav.-soc. hist.-archéol. Maurienne,* III, 125-8. — Trad. TERREBASSE, *Boson.* 130-1. = COURBON, A, 50-1. BRÉQ. I, 339. MÉNABRÉA, *Orig. féod.* 8-9. POUPARDIN, *Roy. de Prov.* III, 138, 282. MANTEYER, *Prov.* 185. — Pièce fausse.

**859** (Vers 887).
Bernoin, archevêque de Vienne, accorde à l'abbé Ratbert, ainsi qu'à son neveu Straderius, leur vie durant, l'église de Ste-Blandine martyre, *in monte Quiriaco.*
ACHERY (d'), *Spicil.* XII, 136-7 ; 2°, III, 362°. = BRÉQ. I, 339.

**860** 11 janvier (887).
Epitaphe de Boson, roi de Provence et de Bourgogne.
*Regis in hoc tumulo requiescunt membra Bosonis* (16 vers). *Obiit tertio idus januarii, octavo anno regni sui.*
FONTANIEU, *Hist. de Dauph.* pr. I, 69. — BOSCO (J. a), 99-100. LE LIÈVRE, 333. CHIFFLET, *Hist. de Tournus,* 234-5. MÉNESTRIER, *Hist. de Lyon,* 254. CASTRUCCI, *Avignone,* I. 18. BOUQUET, VIII, 50. CHARVET, 634, cf. 234 ; *Fastes de Vienne,* 92. MILLE, *Hist. de Bourg.* III, 330-1. MERMET, H. de V. II, 219. COLLOMBET, II, 321-2. RIVALLI (Aym.) *De Allobrogibus* (1844), 372. TERREBASSE, *Inscr.* I, 129-46 ; *Boson,* 136-7 ; *Opusc.* 163-91. DUC (J.), *Essais histor.* Albon, 107-8, trad. POUPARDIN, *Roy. de Prov.* 362 ; cf. 139-40, 357. STEYERT (A.), *Nouv. hist. de Lyon,* II, 171. RICHTER-KOHL, *Ann. d. deutsch. Gesch.* II, I, 496 a. = CHORIER, *H. de D.* I, 702 ; *Estat,* I, 293. BÖHMER, R. K., p. 136. GINGINS, *Boson.* 114-5. *Bull. archéol. com. trav. hist.-scient.* (1899), 392-3.

*Tertio idus januarii, obiit Boso rex...*
Registre des bienfaits de l'église de Vienne, *Vet. Necrologium Viennense.* — FONTANIEU, *Hist. de Dauph.* pr. I, 57. LE LIÈVRE, 334. CHIFFLET, *Hist. de Tournus,* pr. 235. BOUQUET, VIII, 50 a. *CHARVET, 23. MILLE, *Hist. de Bourgogne,* III, 331. TERREBASSE, *Inscr.* I, 137. POUPARDIN, *Roy. de Prov.* 363, 366-8.

CHEVALIER (U.), dans *Bull. soc. archéol. Drôme*, XLV, 371 (à part. 14). — REGINO (PERTZ, *Mon. Germ. hist.*, Scr. I, 337); cf. TERREBASSE, *Boson*, 140). = *Répert.* Bio, 670-1.

**861** Kirchheim, (fin mai) 887.
*Mortuo Buosone, parvulus erat ei filius de filia Hludowici Italici regis : quem imperator ad Rhenum villa Chiricheim veniens obviàm, honorificè suscepit ad hominem, sibique (al. quasi) adoptivum filium eum injunxit.*
*Annalium Fuldensium* contin. alt. (BOUQUET, VIII, 50, 247). Éd. in usum scholar. 115. COURBON, A, 56. MANTEYER, *Prov.* 93. — HERMANNI CONTRACTI *Chron.* (BOUQUET, VIII, 247). = BÖHMER, *R. K.* 1447. COLLOMBET, I, 323. MÜHLBACHER, 1702 a. TERREBASSE, *Boson*, 151. POUPARDIN, *R. de P.* 144-7.

**862** 18 mai 887.
Concile réuni dans l'église de St-Marcel, au faubourg de Chalon, pour la paix et la tranquillité de l'Eglise ; on y confirme les possessions, privilèges et immunités de l'église de Langres. *Bernoinus humilis sanctæ Viennensis ecclesiæ episcopus subscripsi. Isaac humilis Valentinensis eccl. episcopus s.*
Orig. : Chaumont. Arch. départ. PÉRARD. *Rec. pièces Bourg.* 50. LALANDE, 303. FYOT, *Hist. de l'égl. S. Estienne de Dijon*, pr. 33-4. MARTÈNE, *Thes. anecdot.* IV, 67-70. COLETI, XI, 573-8. MANSI, XVIII, 51-2. BOUQUET, IX, 313. ROSEROT (Alph.), dans *Bull. soc. hist. Yonne* (1892). LI. 190-4. — JOANNES mon. Besnec., *Chronicon* : SIRMOND. II, 523. *Coll. Reg.* XXIV, 570-1. ACHERY (d'), *Spicil.* I, 520 ; 2°. II, 469. BERTAUD, *Ill. Orband.* 256. LABBE, IX, 399-400. HARDOUIN, VI, 1, 395. COLETI, XI, 575. MANSI, XVIII, 49. BOUQUET, IX, 19. *Patrol. lat.* CLXII, 883. Éd. Bougaud, 271. = BRÉQ. I, 309, 338.

**863** 18 mai 887.
Dans le même concile on confirme la possession de ses biens au monastère de Charlieu *(Carus-locus)*, au comté de Mâcon. *Bernoinus humilis sanctæ Dei Viennensis ecclesiæ archiepiscopus. Isaac h. Valentinensis eccl. episcopus.*
SEVERT, *Chron. ant. Lugdun.* II, 104-5. SIRMOND, III, 523. *Coll. Reg.* XXIV, 570-1. LALANDE, 303-4. LABBE, *Conc.* IX, 399-400. HARDOUIN, VI, 1, 395-6. COLETI, XI, 575-6. MANSI, XVIII, 49-50. BRÉQ. I, 337. = BOUQUET, IX, 313.

**864** Juin (887).
En présence du comte Teutbolt, Berterius, *in Asinevilla, ad ecclesia S. Petri*, se rend serf d'Alariad et sa femme Ermengart. *Eldevoldus scr. d. sabato... a° 1 post obitum Bosone et regnante Karolo imper.*
BERNARD-BRUEL, *Chartes de Cluny*, I, 35-6, n° 30. = GINGINS, *Boson.* 121; *Hugon.* 14-5.

**865** Kirchheim, (17/23) juin (887).
Diplôme de l'empereur Charles le Gros, par lequel, à la prière de Geilon, évêque de Langres, il donne à l'abbaye de Tournus le monastère de Donzère sur le Rhône, en Provence.
CHIFFLET, *Hist. de Tournus*, pr. 259. = MÜHLBACHER, 1706 ; dans *Sitzunsb. Wien. Akad.* XCII. 381. FILLET, dans *Bull. hist.-arch. Valence*. II. 113-4 (à part. 5). FERRAND, *Donzère*, 61. POUPARDIN, *Roy. de Prov.* 136.

**866** Lustenau (Lustenoa), 11 août 887.
Diplôme de l'empereur Charles le Gros ; sa nièce la reine Hermengarde lui a dépêché son fidèle Winigis pour obtenir la réalisation de sa promesse [mai] ; il lui restitue et confirme tous ses domaines tant en Provence et en Bourgogne qu'en France et en Italie... *Act. Justunoa curte reg.*
MURATORI, *Antiq. Ital.* I, 919. = BRÉQ. I, 339. GINGINS, *Boson.* 123. MÜHLBACHER, 1709. *Sitzungsb. Akad. Wien.* XCII, 419; XCIII, 424.

**867** (25 décembre 887).
Vision de l'empereur Charles le Gros : *Præcipientibus ipsis (regibus), videbatur mihi quòd imperialem redderem potestatem velut in præsentiam astanti puero Ludovico, cui jure debebatur hæreditario, quia fuerat genitus ex imperatoris Ludovici filia Ermengarde et Bosone regulo.*
ALBERICI *Chronicon*. a. 889 (BOUQUET, IX, 60). = TERREBASSE, *Hist. de Boson*, 151-61. POUPARDIN, *Roy. de Prov.* 146, 324-32.

**868** (887/890).
Le comte Theutbert apprenant que la villa de Mantaille *(Mantula)*, à lui donnée par le roi Boson, avait été du domaine de l'église St-Maurice de Vienne, la lui restitue pour l'âme du roi Boson, de son épouse Irmingarde, de leur fils Louis *duntaxat domini et senioris mei*.
ACHERY (d'), *Spicil.* XII, 143 ; 2°, III, 362°. *RIVOIRE DE LA BATIE (G. de), dans *Rev. du Dauph.* I, 133. DUC (J.), *Essais histor. Albon*, 20-1. = BRÉQ. I, 337. POUPARDIN, *Roy. de Prov.* 160. MANTEYER, *Prov.* 97.

**869** (887/890).
Bernuinus, archevêque de Vienne, rétrocède en usufruit au comte Theutbert la villa de Mantaille *(Mantula)*, celle d'Albon *(Ebao)* ou Torchefelon ? *(Tortilianum)*, et celle de Génissieux *(Geniciacum)*, que lui et sa femme avaient rendues à l'église de St-Maurice, sous condition de retour après leur mort.
ACHERY (d'), *Spicil.* XII, 146-7 ; 2°, III, 363°. *RIVOIRE DE LA BATIE (G. de), dans *Rev. du Dauph.* I, 133-4. DUC (J.), *Essais histor. Albon*, 21-2. = BRÉQ. I, 339. GINGINS, *Boson.* 88, 151-2. POUPARDIN, *R. d. P.* 160.

**870** Mars (888).
Erlenus et sa femme Idonea vendent à Nivoldon (al. Waldon) et à sa femme Sierada une vigne et une ferme au pagus de Vienne, dans *l'ager Neciacensis* et la villa *Caucilla* (Chuzelles). *Waldenys scr. a° 1 quod Karlus imper. obbiit.*
BERNARD-BRUEL, *Chartes de Cluny*, t. I, p. 389, n° 32.

**871** Février (889).
Guigues *(Wigo)*, fils de Rostagnus et de Bertildis, donne aux serviteurs de l'église de Romans *(Romans)*, construite dans l'ager de Conquers *(Concoaren)* en l'honneur des 12 Apôtres et des trois martyrs Séverin, Exupère et Félicien, divers biens dans le pagus de Vienne, dans l'ager d'Annonay et les lieux dits *Vallecantia* (Vocance) ou *Venosco, Vimola*, dans le bourg de Ste-Marie, à l'exception d'un champ à son fils Lanbert. Lui, sa mère et son frère Arestanius en auront l'usufruit, sous la redevance d'un repas *(refectio)* le 2 octobre et de 12 sols d'investiture. Arestanius fait un don de son côté *in Vallecantia*. Fredrannus presb. scr. *a° 2 post obitum Karoli regis. Arnoldus, sancte Ebredunensis ecclesie humilis episcopus subscripsit.*
GIRAUD, *Hist. S. Barnard-Romans*. I, pr. 74-7 ; et CHEVALIER, *Cart. de St-Barnard*, 5-8. = RIVAZ (P. de), *Diplom. de*

*Bourg.* I, n° 14 (Anal., p. 3, 62). GINGINS, *Hugon.* 45 (à 864). MAZON (A.), *Orig. égl. Vivarais,* I, 195-7.

**872** Avril (889).

La femme Gonteldis vend à Erlenus et son épouse Itonea une maison avec vigne et jardin, dans le pagus de Vienne, la villa de Chuzelles *(Cotsella, Causella)*, à *Marcampa* (al. *Marcapa*). *Ostalesus escr. d. sabato... a° 2 post obitum Bosoni regis.*

BERNARD-BRUEL, *Chartes de Cluny,* I, 44-5, n° 37.

**873** Vienne, avril (889).

Rostagnus et sa femme Wandalmodis donnent pour un supplément aux chanoines de St-Maurice une vigne au comté de Vienne, dans la villa d'Ampuis *(Ampusio)*, à *Maurada*, confinant aux terres de St-Nizier et de St-Sévère ; ils en retiennent l'usufruit. *Barnierius presb. dat. a° 2 post obitum Caroli imper.,* sous l'archevêque Barnuinus.

CHEVALIER (U.), *Cartul. de St-André-le-Bas.* p. 15-6². = ¹CHARVET, 237. COURBON, B. 55, 58, chr. 94. COLLOMBET, I, 328. COCHARD, *Not. sur Ampuis.* CHEVALIER (U.), *Cart. de St-Maur. Vienne,* 23, n° 54.

**874** Forchheim (mai 889).

La reine Ermengarde se rend auprès du roi Arnoul. Elle lui offre de riches présents [et obtient l'assurance de la protection royale pour son fils Louis].

*Ann. Fuldenses,* 890 (BOUQUET, VIII, 52-3). — MABILLON, *Ann. Bened.* III, 274. GINGINS, *Boson.* 127. MÜHLBACHER, *R. K.* 1764 a. POUPARDIN, *Roy. de Prov.* 155.

**875** 4 mai (889 !)

Le roi Boson, *decimo sui regni anno,* fait transférer de la ville d'Embrun dans l'église de Ste-Marie de Jovinzieux (St-Donat) les corps de s¹ Donat et s¹⁰ Vincent, Oronce et Victor.

RIVALLIS (Aym.) *De Allobrogibus* (1844), 372. = TERREBASSE, *Boson.* 166-7. VALLENTIN (Roger), dans *Bull. soc. archéol. Drôme* (1895). XXIX, 427 (à part. 20). à 888.

**876** Forchheim, 12 juin 889.

Le roi Arnoul, à la prière de sa parente Ermengarde, confirme à l'impératrice Ingelberge les biens qu'elle tenait dans le royaume d'Italie, lesquels devaient faire retour à sa fille.

MÜHLBACHER, *R. K.* 1767.

**877** Vienne, octobre (889).

Barnoinus, archevêque de Vienne, de concert avec les prêtres et clercs de sa cathédrale *(matris ecclesiæ)*, cède en usufruit à Randuicus et sa femme Raingarde une métairie située au comté de Vienne, lieu dit *in Rodscaleo*, dont ils avaient fait don *per strumenta chartarum* à l'église de St-Maurice, sous la réserve d'un muid de froment et d'un de vin à la St-Maurice. Souscrivent avec l'archevêque : Teutelmus diacre, Warnefridus prévôt, Ingelboldus doyen, etc. *Act. Viennæ publ. Ricmodus diac. dat... a° 3 post obitum Bosonis regis. — Consuetudo et justitia.*

Mss. : CHORIER, *Miscell.* XII, 27. Baluze, LXXV, 354. Paris, B. N., I. 11743, 145ᵇ. — DU CANGE, *Glossar. med. latinit.,* v° Precaria (1845), V, 423-4. *Gallia christ. nova,* XVI, instr. 10. = TERREBASSE, *Boson,* 172-3. CHEVALIER (U.), *Cart. de St-Maur. Vienne,* 37, n° 154.

**878** (890).

Bernoin, archevêque de Vienne, s'étant rendu au siège apostolique, entretient le pape Etienne [V] de l'état lamentable du royaume depuis la mort de l'empereur Charles [le Chauve] ; dévasté d'un côté par les Normands et en Provence par les Sarrasins, le pays était réduit en solitude.

Voir le concile de Valence (août 890). — CHORIER, *H. de D.* I, 705 ; 2°, 543. COURBON, A, 58-9. POUPARDIN, *R. de P.* 155-6.

**879** (890).

Lettre du pape Etienne [V] à tous les archevêques et autres pontifes *(antistites)* de la Gaule Cisalpine, les exhortant à constituer unanimement pour roi du peuple de Dieu Louis, petit-fils de l'empereur Louis.

Voir le concile de Valence (août 890); les pères déclarent en avoir l'écrit entre les mains. — Omise par JAFFÉ. — CHARVET, 235. GINGINS, *Boson.* 129.

**880** (890).

Le roi Arnoul, successeur présomptif à l'empire, envoie par ses députés l'évêque Réoculfe et le comte Bertald le sceptre (et les autres insignes de la royauté) au prince Louis, fils de Boson.

Voir le concile de Valence (août 890). GINGINS, *Boson.* 130.

Forchheim, mai 890 = mai 889.

MÜHLBACHER, *R. K.* 1797 a.

**881** Varennes, (avant 24 septembre 890).

*A° I. D. 898, ind. 8,* cour plénière *(placitum)* tenue par Ermengarde, reine [de Provence], avec tous les princes de Louis, fils du roi Boson, *in loco q. d. Varennas,* dans laquelle son vassal Bernard est condamné à déguerpir *(werpivit)* à Bernon, abbé de Gigny, le petit monastère de Baume qu'il s'était approprié sans droit. *S. Isaac Gratinolicensis episcopus. Ricardus gloriosus comes* [d'Autun]. *Wido comes* et 5 autres.

FONTANIEU, *Hist. de Dauph.* pr. I, 73. RIVAZ, *Diplom. de Bourg.* I, n° 22 (Anal. p. 6, 62-3). — LABBE, IX, 423-4. GUICHENON, *Bibl. Sebus.* 60-2 ; (1780), 17. BOUCHE, *Hist. de Prov.* I, 721. LALANDE, 308. MABILLON, *de Bened.* V, 71 ; cf. *Ann.* III, 276, 298. HARDUIN, VI, 421. COLETI, XI, 603. PLANCHER, *Hist. de Bourg.* I, pr. xix-x. MANSI, XVIII, 89. SCHEID, *Origg. Guelf.* II, 109-10. BOUQUET, IX, 663-4. GASPARD, *Hist. de Gigny,* 4-7. — Trad. TERREBASSE, *Hist. Dauphins,* 8-9 ; *Boson,* 164-5. = CHORIER, *H. de D.* I, 703, 794. CASTRUCCI, *Avign.* I, 17. *Gallia christ. nova,* IV, 878. VALBONNAYS, I, 1. CEILLIER, XXII, 328-9. BRÉQ. I. 357 (à 898). GINGINS, *Boson.* 121, 134 ; *Hugon.* 25. POUPARDIN, *Roy. de Prov.* 153-5. MANTEYER, *Provence,* 95-6.

**882** (Septembre/...) 890.

*A° I. D. 890, ind. 8.* Concile tenu à Valence par les prélats de Provence, *Bernoinus Viennensis archiepiscopus,... Arnaldus Ebrodunensis archiepiscopus... cum aliis compluribus episcopis,* qui, sur les exhortations du pape Etienne [V], donnent le titre de roi à Louis, fils de Boson, *bonæ puer indolis*[1], qui sera soutenu par des princes expérimentés et vaillants, le duc Richard [son oncle] et [sa mère] la reine Hirmengarde, d'une prudence consommée.

FONTANIEU, *Hist. de Dauph.* pr. I, 81. — PARADIN, *Ann. de Bourg.* 121. SIRMOND, III, 529. DU CHESNE, *Hist. Franc. script.*

1. Sur cette expression, voir DU CANGE, *Gloss. med. latin.* (1844), III, 815.

II, 530. LABBE, IX, 424-5. BOUCHE, Hist. de Prov. I, 773. FANTONI CASTRUCCI, Avignone, I, 19-21. HARDOUIN, VI, 1, 421-4. DUMONT, Corps diplom. I, 1, 23. COLETI, XI, 609. DUNOD, Hist. d. Sequanois, II. 590. MANSI, XVIII. 895, BOUQUET, IX, 315-6. Patrol. lat. CXXXIX, 803-6. BORETIUS (A.) et KRAUSE (V.), dans Mon. Germ. hist., Capitul. II, 376-7. — Trad. COLLOMBET, I, 324-6. GEORGISCH, I, 165. CHORIER, H. de D. I, 705. Gallia christ. nova, III, 1066-7. CKILLIER, XXII, 729. BRÉQ. I, 345. COURBON, A, 58-61, BÖHMER, R. K., p. 136 (1 sept.) GINGINS, Bos. 127-31 ; Hug. 15-6. TERREBASSE, Boson, 170. MÜHLBACHER, 1797 a. LONGNON, Atlas histor. France, 80-2, pl. 6'. POUPARDIN, R. d. P. 156-7.

**883** (Septembre 890 ?).
Barnoin, archevêque de Vienne, convoque Bernard. évêque [de Genève] au concile qui se tiendra à Vienne le 29 de ce mois et où son cas sera jugé canoniquement.
Mentionné dans les lettres d'octobre 890 ?

**884** 29 septembre (890 ?).
Concile tenu à Vienne par l'archevêque Barnoin, où l'on devait juger canoniquement une affaire concernant Bernard, évêque [de Genève] ; s'y rendent les évêques de Grenoble et de Valence, *cum legatis multorum harum parcium episcoporum ;* le principal intéressé fait défaut.
Mentionné dans les lettres d'octobre 890 ?

**885** (Com¹ d'octobre 890 ?).
Lettre de Barnoin, [arch]evêque de Vienne, Isaac, évêque de Grenoble, et Isaac. évêque de Valence, à Rodolphe, roi de Bourgogne]. Ils omettent de répéter ce que le prince connaît touchant Bernard. évêque [de Genève]. Ce prélat est venu demander à Barnoin la permission de se rendre à Rome pour son affaire et aussi pour celles du roi *(vestræ legationis obtentu)*. Il se l'est vu refuser, parce qu'on avait décidé de tenir à Vienne, le 29 septembre, un concile où son cas devait être jugé canoniquement ; il ne s'y est pas rendu et alors on a convoqué une assemblée générale d'archevêques et d'évêques pour le dimanche après la St-Martin (15 nov.) ; Bernard y est convoqué et les prélats prient Rodolphe d'user de son autorité pour qu'il s'y rende exactement. *salva præsentialiter seniori nostri auctoritate.*
MALLET (Ed.), dans *Mém.-doc. soc. hist.-archéol. Genève* (1858), IX, 455-6. *Gallia christ. nova*, XVI. instr. 143-4. MARION. *Cart. de Grenoble*, 257-9. = Doc. hist. inéd. I. 286. R. S. R. 96. R. Gen. 112. TERREBASSE, *Boson*, 180-1. POUPARDIN. *Roy. de Bourg.* 17.

**886** (Com¹ d'octobre 890 ?).
Barnoin, archevêque de Vienne, convoque itérativement Bernard, évêque [de Genève] au concile qui se tiendra à [St-Genis d']Aoste *(loco Augusta),* le dimanche après la St-Martin et où son cas sera jugé canoniquement.
Mentionné dans les lettres d'octobre 890 ?

**887** (Com¹ d'octobre 890 ?).
Lettre de Barnoin, archevêque de Vienne. Isaac, évêque de Grenoble, et Isaac, évêque de Valence, à Possessor, Genesius, Ragambodus et à l'assemblée des clercs et laïques de l'église de Genève. Leur évêque ne s'est pas rendu au synode auquel il avait été convoqué pour le 29 septembre ; on lui écrit de ne pas manquer à celui qui se tiendra à [St-Genis-d']Aoste *(loco Augusta)* le dimanche qui suivra la St-Martin (15 nov.).
MALLET (Ed.), dans *Mém.-doc. soc. hist.-archéol. Genève,* IX, 456¹. MARION. *Cart. de Grenoble*, 259. = R. S. R. 96. R. Gen. 118. TERREBASSE. *Boson*. 181-2.

**888** 15 novembre (890 ?).
Concile tenu à [St-Genis-d']Aoste (890 ?). l'archevêque de Vienne Barnoin, avec ses co-archevêques et évêques, le dimanche après la St-Martin, où l'on dut juger canoniquement le cas de Bernard, évêque [de Genève].
Mentionné dans les lettres d'octobre 890 ?

**889** Décembre (890).
Ermengarius *patris* met en gage 2 champs, situés au pagus de Vienne, dans l'ager d'Estrablin *(Stabiliacen.)* et la villa de Savas *(Sabodatis),* pour 2 sols. entre les mains de Raenbold et sa femme Elmelinde. *Ermengerius, jub. Bernardo, dat. a° 1 regn. Ludovico rege.*
CHEVALIER (U.). *Cart. de St-André-le-Bas*, 100, n° 137.

**890** (890/901).
Sacramentaire d'Arles. provenant de Pierre Saxi (Colbert. Paris. B. N.. lat. 2812), qui renferme trois oraisons de la *Missa tempore sinodi pro rege (Hludouuicus) dicenda.*
DELISLE (Léop.). Mémoire sur d'anciens Sacramentaires, dans *Mém. acad. Inscr. et Bel.-let.* (1886), XXXII, 1, 151-2. POUPARDIN, *Roy. de Prov.* 408, cf. 258.

**891** 891.
Le pape Formose commet les fonctions de vicaire du Siège apostolique à l'archevêque de Vienne Barnoin.
HUGO Flavin., *Chronicon (Patrot. lat.* CLIV. 171 ; PERTZ, *Mon. Germ. hist.,* Ser. VIII, 356). = JAFFÉ. 2669-3475.

**892** (Vers 891).
Donation faite par Amalgerius et sa femme Ermensende à Rodulphe et sa femme d'un fonds à Villeurbanne.
CHEVALIER (U.). *Cart. de St-Maur. Vienne,* 30. n° 105.

**893** Janvier (891).
Erlenus et Waldo, prêtres, vendent à Sieboton et à sa femme Gotestiva des biens et des serfs au pagus de Vienne, dans les villæ *Caucilla* (Chuzelles, chapelle de St-Maurice), *Brociano Subter* (les Brosses), *Aucellatis* (chap. de St-Martène), *Lendatis* (égl. de St-Martin avec presbytère). *Mossiaco* (Moissieu) (églises de Ste-Marie et de St-Didier). achetés à Erdulfe ou Erlulfe ; le prix est de 60 livres. *Aioardus, jub. Bernerio, dat. d. veneris... a° 1 quo Ludovicus benedictus fuit ad regem.*
BERNARD-BRUEL, *Charles de Cluny,* t. I. p. 49-50, n° 42.

**894** Vienne, février (891).
Barnuinus, archevêque de Vienne, pour que les louanges divines et les solennités de la messe se célèbrent avec plus de zèle dans l'église de St-Étienne du vicus de St-Vallier. lui donne une métairie *(colonica)* au pagus de Vienne, dans l'ager *Mellacensis* et le lieu *Rovoria.*

1. La date « A° D. I. 899... gloriosiss. et piiss. Ludovico rege », mise par Mallet à la fin de son texte, a été indûment prise par lui au commencement de la pièce suiv. du Cart. de Grenoble.

Souscrivent Teutelmus diacre, Ingelbod doyen, etc. *Act. Viennæ publ. Barnoldus presb., jub. Barnoino archiep., dat... a° 1 quo vocatus et electus a nobilibus principibus regionis hujus Ludovicus, ind. 9. — Jus ecclesiasticæ.*

Mss. : Baluze, LXXV, 330-1. *Secousse, 33. Paris, B. N., l. 11743, 125ᵇ. CHORIER, Miscell. XII (Bouffier), 27. — Gallia christ. nova, XVI. instr. 11. CAISE (A.), Hist. de St-Vallier, 12-4 ; Cart. de St.-V. 11-2. = CHORIER, Estat polit. I. 247-8. GINGINS. Boson. 132. TERREBASSE, Boson, 174-5. CHEVALIER (U.), Cart. de St-Maur. Vienne, 18 et 24, nᵒˢ 37 et 58.

### 895                      Avril (891).

Donation faite par Eldius et sa femme Ondrade à Rodulphe et sa femme d'un fonds à Villeurbanne. la 5ᵉ année après la mort du roi Boson.

CHEVALIER (U.). *Cart. de St-Maur. Vienne*, 30, n° 106.

### 896                 16 juin (891/900).

Donation faite par Odilard à son ami Eucherius, prêtre, d'une vigne réversible après lui à l'église de St-Maurice, sous le règne du roi Louis.

CHEVALIER (U.). *Cart. de St-Maur. Vienne*, 25, n° 66.

### 897                      Août (891).

Alexandre et sa femme Costancia vendent à Deus Adjuva et à sa femme Leda un *casaricum* situé dans l'intérieur des murs de Vienne, *sublus Cedrio Subter.*, au prix de 4 sols. *Bernerius dat. a° 1 regn. Ludvici regis.*

BERNARD-BRUEL, *Chartes de Cluny*, I. 53-4, n° 45.

### 898            (Rome), 25 novembre (891).

Bulle du pape Formose adressée à la congrégation des moines de l'abbaye de St-Chef *(S. Teuderii)*, au territoire de Vienne. Elle avait été chassée par les païens de Montiérender *(monasterio Dervo)*, au comté de Troyes, et l'archevêque de Vienne Barnoin l'avait miséricordieusement reçue dans son diocèse ; celui-ci avait accompagné l'abbé Adalric à Rome. Le pape accorde le privilège apostolique et confirme les biens. — *Quantò nos.*

ACHERY (d'), *Spicil.* XII, 150-2 ; 2°, III, 366-7. MANSI, XVIII, 104. BOUQUET, IX, 202-3. *Patrol. lat.* CXXIX, 837. = MABILLON, *Diplom.* 3°, I, 190. CHARVET, 454. BRÉQ. I, 346. COLLOMBET, I, 329-30. JAFFÉ, 2668-3474.

### 899          Plaisance, 30 novembre (891).

Donation au monastère de St-Sixte de Plaisance par Irmengarde, fille de l'empereur Louis et d'Angelberge, pour le repos de leurs âmes. *Leo not., a° Guittoni rex 3°. ind. 9. Act. Placentia.*

MURATORI, *Antiq. Ital.* I, 367.

### 900                    (891/892).

Auterius et ses *germani* Ermenberga, Benoît et Boniface vendent à Samuel et à sa femme Dotola un courtil sis à *Cour (Curtis)*, pour le prix de 16 sols. *A° 2 regn. Ludovico rege.*

CHEVALIER (U.), *Cart. de St-André-le-Bas*, 65, n° 86.

### 901                      Mars (892).

Silhelmus et Eldeverta mettent en gage *(impignoramus)* à Magenard (al. Mainard) et sa femme Adaldrada une vigne avec courtil, au pagus de Vienne, dans la villa de Marcieu *(Marcia[co])*. *Ermengerius dat. a° 2 regn. Ludovico rege.*

BERNARD-BRUEL, *Chartes de Cluny*, I, 54-5, n° 46.

### 902              Lyon, 18 mars 892.

Diplôme de Louis, roi [de Provence], par lequel, sur l'exhortation de sa mère Hermengarde, et par déférence pour son maître l'archevêque Aurélien, il confirme les possessions de l'église de St-Etienne de Lyon : dans le pagus de Vienne, la villa de Tournon *(Turno)*, *Livia* et *Luzinay (Lucennacum)* ; dans celui de Valence *(Valentiacos)*, la villa *Saciacum* (Soyans?) ; dans celui de Sermorens *(Salmoriac.)* et de Grenoble, les villæ Collonge *(Colonicas)*, Fitilieu *(Fistiliacum)*, et Chélieu *(Caduliacum)*. *Warimaldus not. ad vic. Barnoini recogn. Regn. d. n. Hludovico a° 2 in Burgundia seu Provintia, ind. 10. Act. Lugduni civit. — Si fidelium nostrorum.*

Arch. de l'Isère, B. 3784, 3. Paris, Bibl. Nat., ms. lat. 5456. — SEVERT, *Chron. hist. arch. Lugdun.* (1628), 190. BALUZE, *Miscell.* II. 153 ; 2°, III, 34. MANSI. *Conc.* III, 34. BOUQUET. IX, 674-5. MARION, *Cartul. de Grenoble*, 72-4. = COURBON, A, 61. BRÉQ. I. 347. BÖHMER, R.K. 1448. *Doc. histor. inéd.* I, 276. GINGINS, *Boson.* 106, 133, 141,-4. TERREBASSE, *Boson.* 183-4. POUPARDIN, *R. d. P.* 282.

### 903                       (892).

Le pape Formose ordonne de célébrer un concile à Vienne ; il y envoie ses légats, les évêques Pascal et Jean.

Voir ce concile (n° suiv.). — CHORIER, *H. de D.* I, 706 ; 2°. 544. JAFFÉ, 2672-3479.

### 904                        892.

Concile tenu à Vienne, dans la basilique consacrée au St-Sauveur (= St-Pierre), sous la présidence des légats du pape, les évêques Pascal et Jean, par les évêques du royaume d'Arles ; on y porte 4 canons sur les séculiers et 1 sur les prêtres. Y assistent Barmon (= Barnoin). archevêque de Vienne, Isaac. évêque de Valence, et un autre Isaac, évêque de Grenoble ... *ind. 10.*

LE MAIRE (Jehan) de Belges, *De la différence des scismes et des conciles* (Lyon, 1511, 1549), 34. SIGMOND. III, 520. *Coll. Reg.* XXIV, 620. LABBE, IX, 433-4. HARDOUIN, VI, 1, 429-30. COLETI, XI, 621-2. MANSI, XVIII, 201-2. *BOUQUET, IX, 316. CHARVET, 655-6, cf. 236-7. MILLE, *Hist. de Bourg.* III, 331-3. — Trad. COLLUMBET, I, 32-8. TERREBASSE, *Boson.* 177-9. = CHORIER, *H. de D.* I, 706-8 ; 2°,544-5 (le dimanche de l'Incarnation 894). CEILLIER, XXII,731. MERMET, II, 249-50. *R. Gen.* 110.

### 905                        Mai (892).

Adalelme et sa femme Borgiana vendent à Magenard (al. Mainart) et sa femme Adaldrada une vigne au pagus de Vienne, dans la villa *Calvatis*, pour le prix de 26 sols. *Ermengerius, jub. Bernardo, dat. a° 2 regnante Ludovico rege.*

BERNARD-BRUEL, *Chartes de Cluny*, I, 56, n° 48.

### 906               Mai (892 ou 902 ?).

Les prêtres Guitgerius et Ragambertus donnent aux églises de Ste-Marie et de St-Vincent ou de St-Donat, dont Isaac est évêque [de Grenoble], des biens situés dans le pagus de Grenoble, dans l'ager *Idrico*, *Taldubrico* (Thodure), dans les lieux *Caramagio*, *Granicas*, *Lavale*, *Lagorcia* ; ils en gardent l'usufruit, sous la redevance annuelle d'un 1/2 muid de vin. Souscrivent *Ardoynus archidiaconus*, *Autboldus caput scolæ*, etc. *A° 2 regn. rege Ludvici agusti. Natalis notar. dat...*

*Gallia christ. nova*, XVI, instr. 73-4. MARION, *Cartul. de Grenoble*, 17-8. = TERREBASSE, *Dauph. de Vienn.* 99-103.

**907**  Vienne, 28 mai (892).

Le prêtre Austrillus donne à l'église de St-Maurice de Vienne, dont Barnuinus est archevêque et où un corps *(cœtus)* de chanoines et de nombreux serviteurs de Dieu remplit les fonctions sacrées jour et nuit, une vigne et des terres au lieu de Cheyssieu *(Cassiacus)*. *Act. Viennæ publ. Barnoldus presb. dat. ... a° 2 regn. Ludovico g. D. sereniss. rege.*

Chorier. *Miscell.* XII, 27. — Chevalier (U.), *Cartul. de St-André-le-Bas*, 6*; *Cart. de St-Maur. Vienne*, 54; cf. 26, n° 78.

**908**  Décembre (892).

Echange de deux champs situés au pagus de Vienne, dans l'ager d'Estressin (*Tricenenssis*, al. *Trecienensis*) et la villa de Chuzelles *(Caucilla)*, entre Aduys et sa femme Gontelde. et Wandalgelde, Wandalgis et Boson. *Eldulfus dat. d. sabato... a° 6 post obitum Bosoni regis.*

Bernard-Bruel, *Chartes de Cluny*, I, 56-7. n° 49.

**909**  893.

*Aurelianus Lugdunensis archiepiscopus, Manno præpositus, Bernoinus archiepiscopus Viennensis, Geraldus episcopus Matisconensis, Argrinus Lingonensis.*

*Chronicon Jarense*, n° 111. Ms. : Baluze, CXLII, 107 (de la main de Pier. Franç. Chifflet). — Castan (Aug.). dans *Bibl. de l'éc. d. Chartes*, L, 304).

**910**  Vienne, 27 mars (893).

Dominique et sa femme Eltrude donnent, pour le repos de leur âme, à l'église dédiée à St-Maurice dans l'intérieur de Vienne, dont Barnuinus est archevêque. une pièce de vigne dans le comté de Vienne, au lieu dit *Brocianus Subterior* (les Brosses, au bas Bursin). *Barnoldus presb. dat. a° 3 vocato atque electo a magnatis principibus regionis hujus Hludovico rege.*

Chorier. *Miscell.* XII. 27. — Chevalier (U.), *Cartul. de St-André-le-Bas.* 218; *Cart. de St-Maur. Vienne*, 55 ; cf. 38, n° 159. = *Charvet, 237-8. Collombet. I. 328-9.

**911**  2 décembre (893).

Charte de Barnoin, archevêque de Vienne, pour la restauration du monastère de St-Chef *(S. Theuderii)*, dont il confirme et augmente les possessions et privilèges. On y avait installé des moines bénédictins de Montiérender *(Derven.)* ; on leur cède les cens des églises *S. Desiderii in villa Lepiaco, S. Desiderii juxta villam Pinus, et aliarum ecclesiarum in villis Decimiaco, Fontanas, S. Babylæ in Viniaco et S. Mauritii in Arsitia,* avec autres biens *in villis Viniaco, Lusciniuca, Colonicas* et *Vassiliniaco.* Fait à la prière de son fils Hugues qui y avait été élevé. *6. non. dec.. a° 4 vocato atque electo Ludovico rege a principibus et magnatibus terræ.*

Achery (d'), *Spicileg.* XII, 139-43 ; 2°, III, 360-2. = Mabillon, *Ann.* III, 270. Charvet, 454. Bréquigny, I, 328 (à 881). Collombet, I. 330. Gingins, *Boson.* 132. Terrebasse, *Boson*, 175.

**912**  Lorsch, (juin/juillet) 894.

*Soluto conventu* (de Worms), *cum ad Lorasham* (Lorsch) *iisdem princeps (Arnolfus) venisset, Hludovico filio Bosonis, matre Hirmingarde interveniente, quasdam civitates cum adjacentibus pagis, quas Rodulfus tenebat, dedit; sed et hoc ei in vacuum cessit. quia eas nullo modo de potestate Rodulfi eripere prævaluit.*

Regino Prum., *Chronicon, Ann. Meten.* (Pertz, *Mon. Germ. hist.,* Ser. I, 606 ; *Patrol. lat.,* CXXXII, 140). = Gingins, *Boson.* 143. Terrebasse, *Boson*, 185-6. Mühlbacher, 1850 a. Poupardin, *R. de P.* 159.

**913**  Nice ? 11 août 894.

Diplôme de Louis, roi [de Provence]. A la prière de sa mère Hirmingarde, il confirme à Isaac, évêque [de Grenoble], le précepte que son père Boson avait accordé touchant les églises de Ste-Marie et de St-Donat, situées dans le vicus de Jovinzieux *(Jovinziaco)* et le comté de Vienne *(Vihennen.)* ; de concert avec les évêques, les comtes et les princes de son royaume, il lui assure l'exercice des droits de l'église cathédrale *(matris)* ; il lui confirme en outre toutes ses possessions dans les pagi de Vienne et de Grenoble et en Provence ... *ind. 12. a° regni d. Ludovici regis 4. Act. Incias* (al. *Nicias*) *castello.* — *Dignum est ut.*

Mss. : Carpentras, n° 638. Fontanieu, *Hist. de Dauph.*, pr. I, 97, n° 16. Rivaz (P. de), *Diplom. de Bourg.* I. n° 27 (Anal., 5-6). Chorier, *Estat polit,* II, 59-68. Baluze, *Miscell,* II, 156 ; 2°. III. 34-5. Bouquet, IX, 655-6. Marion, *Cartul. de Grenoble*, 65-7. = Chorier, *H. de D.* I, 708,870. Charvet, 662. Bréquigny, I, 350. Mermet, I, 350. Böhmer, *R. K.* 1449. *Doc. hist. inéd.* I, 275. Gingins, *Boson.* 139 ; Hugon. 39. Terrebasse. *Exam. critiq.,* 17 ; Boson, 186, 240. Chevalier (U.), *Cart. d'Aimon de Chissé.* 25-6, n° 65. Vallentin (R.), dans *Bull. soc. archéol. Drôme.* XXIX, 419-20. Poupardin, *R. d. P.* 284-5.

**914**  4 avril (896/5).

Arestagnus donne à l'église cathédrale *(matris)* de St-Maurice de Vienne et à ses chanoines la chapelle de St-Ferjus *(S. Ferreoli)*, dans la villa de Sablons *(Sablonis).* au pagus de Vienne, avec son presbytère et sa dotation ; il s'en réserve l'usufruit, sous la redevance de 2 livres de cire à la St-Ferréol (18 sept.) *S. Beriloni... Teudo, s. Viennensis ecclesiæ notarius, hunc testamentum dat... a° 5 regnante Ludovico sereniss. rege. — Auctoritas sanccit.*

Chevalier (U.), *Cart. de St-André-le-Bas.* 218-9, 367 ; = *Cart. de St-Maur. Vienne*, 23, n° 52. Manteyer, *Prov.* 471.

**915**  Mai (895).

Donation d'Andefredus et sa femme Rarborgis au monastère de Savigny. *Data d. sabbati ... a° 5 advocati d. Ludovici regis, filii Bosonis regis.*

Bernard (A.), *Cart. de Savigny,* I, 27, n° 26.

**916**  Vienne, mai (895).

Wandaltrut et ses fils Wandalmar et Altrut cèdent et donnent au prévôt Warnafred un champ au pagus de Vienne, dans l'ager d'Estressin *(Trecianen.)* et le lieu *Cotcio. Ayroardus dat. d. veneris... in a° 9 post obitum Bosoni regis.*

Bernard-Bruel, *Chartes de Cluny*, I, 66, n° 57.

**917**  Février (896).

Donation à l'église de St-Maurice de Vienne par Galbet, archiprêtre, d'une vigne et un champ à Rocian, la 6° an. du règne de Louis.

Chevalier (U.), *Cart. de St-Maur. Vienne*, 38, n° 160.

**918**  (25 mars/22 juin) 896/5.

Louis, roi de Provence, à la sollicitation de Barnoin, archevêque de Vienne, et du vicomte Bérilon *(Berdo)*, concède à titre héréditaire au prêtre Drogon, l'église de

St-Ferréol à *Nantia* et celle de St-Eusèbe près *Vassiliana*, dans la viguerie de Vézeronce, au pagus de Vienne. Seing. *Arnulphus not. ad vic. Barnoini archiep. recogn. Act. ap. Strangiatam villam... ind.14, a° 5 regn. Ludovico. — Si necessitatibus.*

POUPARDIN (R.), *Royaume de Provence* (1901), 406-7.

**919** 3 avril (896).

Le prêtre Sigebert (*al.* Sigivertus) donne à l'église de St-Martin à *Lemdalis* une vigne située dans le comté de Vienne et la villa *Tertius Superior*, au lieu dit *in Monte*, et un champ ; il s'en réserve l'usufruit. *Bernoinus not. s. Viennen. ecclesiæ ... dat ... a° 6 regn. Hludovico inclito regum.*

BERNARD-BRUEL. *Chartes de Cluny*, I, 68-9, n° 59.

**920** 22 juin 897/6.

Diplôme de Louis, roi [de Bourgogne-Provence], par lequel il confirme à Blitgarius, abbé de St-Philibert de Tournus, la possession de l'abbaye de Donzère *(Dosera)*, qu'il lui avait précédemment concédée pour la soustraire à la rage des Normands ; fait pour le repos des âmes de son père Boson, sa mère Erningarde et son aïeul Louis. *Arnulfus not. ad vic. Barnuini archiepiscopi atque archicancell. ... a° 12 (= 6) regn. Ludovico piis. rege. ind. 14. Act. Sitillianis* (al. *Pitili-s) villa in comitatu Avenionen. — Cum tocis Deo.*

JUÉNIN, *Nouv. Hist. de Tournus*, pr. 103-4. BOUQUET, IX, 677. = MABILLON, *Acta ss. Bened.* IV, I, 363. BÖHMER, R. K. 1451. GINGINS, *Boson*. 119. FILLET, dans *Bull. hist.-archéol. Valence*. II, 114 (à part, 5-6). FERRAND, *Hist. Donzère*, 62-3. POUPARDIN, *R. de P.* 161-3. MANTEYER, *Prov.* 459-60.

**921** Carpentras, (avant 1er sept.) 896.

Diplôme de Louis, roi [de Provence], par lequel, à la supplication du comte Teutbert, il donne à l'église d'Apt le lieu appelé *Monasteriolum*, avec ses églises de St-Pierre et St-Martin. *Arnulfus not. ad vic. Barnuini archiepiscopi atque archicancell... a° 1. D. 896, ind. 14, ap. Carpetratensium monasterium. a° 6 regn. Ludovico glor. rege. — Dum volis fidel.*

Bibl. de Lyon, ms. 121. — BOUCHE, *Hist. de Provence*, I, 774. ²LE COINTE, VII, 589-90. BOUQUET, IX, 676-7. TERRIS (P.), *S¹ Anne d'Apt* (1876). *Gallia christ. noviss.* I, instr. 128. = BRÉQUIGNY, I, 353. BÖHMER, R. K. 1450. TERREBASSE, *Boson*, 187-8. POUPARDIN, *R. de P.* 160. 250-1. MANTEYER, *Prov.* 460.

**922** Orange, (après 1er sept.) 896.

Diplôme de Louis, roi [de Provence], par lequel il restitue à l'église d'Uzès *(Ucetiæ)* et à son évêque Amelius diverses églises. *Arnulfus ad vic. Barnuini archiepiscopi atque archicancell... Act. apud ecclesiam S. Florentii in Aurosicensi civit... indict. 15, a° 6. — Postquam a sæc.*

*Gallia christ. nova*, VI, instr. 293. VIC-VAISSETE, *Hist. de Lang.* II, pr. 30-1 ; 3°. V. 90-2. BOUQUET, IX, 678. = BRÉQ. I, 352. BÖHMER, R. K. 1452. GINGINS, *Boson*. 138. TERREBASSE, *Boson*, 188-9.

**923** Lyon, (après 1er sept.) 896.

Diplôme de Louis, roi [de Provence]. Barnoin, archevêque de Vienne, est venu lui demander de munir du privilège de son autorité le monastère dédié dans son diocèse à la Vierge et à s¹ Theudère (St-Chef), et confié à l'abbé Adalric et aux moines de Montiérender *(Derven.*

*cœnobii)* ; il confirme leurs possessions et le droit d'élire l'abbé. *Arnulfus not. ad vic. Barnoini archiepiscopi... Act. apud Lugdunum..., ind. 15, a° 6 regn. Ludovico sereniss. rege. — Si Christi sacerdotum.*

ACHERY (d'), *Spicileg.* XII, 152-3 ; 2², III, 367. MENESTRIER, *Hist. de Lyon*, pr. XXXVIJ. BOUQUET, IX, 679. = BRÉQ. I, 353. BÖHMER. R. K. 1453. COLLOMBET, I, 331.

**924** 896.

*Hludowicus, filius Bosonis, a Langobardis invitatus. a Provincia egressus Italiam intrat.*

REGINO Prum., *Chronicon* (PERTZ, *Mon. Germ. hist.*, Ser. I, 607 ; *Patrol. lat.* CXXXII, 142). = POUPARDIN, *Roy. de Prov.* 169 (voyage très problématique à cette date).

**925** 898.

*Italienses fere omnes Ludovicum quendam Burgundionum genitum prosapiá, nuntiis directis, invitant ut ad se veniat, regnumque Berengario auferat, sibi obtineat.*

LIUTPRANDI Ticin. *Antapod.* II, 10 (BOUQUET, VIII, 135 ; *Patrol. lat.* CXXXVI, 823).

*In Italia inter Ludowicum, filium Bosonis, et Berengarium multa certamina gesta sunt.*

MARIANI SCOTI *Chronicon* (BOUQUET, VIII, 271 ; *Patrol. lat.* CXLVII, 776). = CHORIER, *H. de D.* I, 711.

**926** Château d'Avignon ? 898.

Louis, roi [de Bourgogne-Provence], à la prière de Rostaing, archevêque d'Arles, concède à Rigmond, prêtre et prévôt, une manse dans les comtés de Vaison et d'Avignon, dans les villæ *Tres-malis*, Villeneuve *(Villanova)* et Bédarrides *(Biturrica)*. *Arnulfus not. ad vic. Barnoini archiepiscopi... Act. ap. Avenionem castrum..., ind. 1, a° 7 (=8) regn. Hludovico glor. rege. — Si necessitatibus atq.*

Arch. de Vaucluse, G. 6 5, orig. — *Gallia christ. nova*, I, instr. 93². BOUQUET, IX, 680. = BRÉQ. I, 357. BÖHMER. R.K. 1454. *Gallia christ. noviss.*. III, 96, 1038-9, n° 234, 495.

**927** Février (898).

Donation à l'église de St-Maurice de Vienne par Erlenus, prêtre, de vignes et terres à Acieu *(villa Aciaco)*, la 8° an. du règne de Louis.

TERREBASSE, 248. CHEVALIER (U.), *Cart. de St-Maur. Vienne*, 29, n° 96.

**928** 16 janvier 899.

Obit de Bernoin, archevêque de Vienne, dans la 14° année de son épiscopat, ind. 2 ; enseveli à St-Georges.

LE LIÈVRE, 213. CHARVET, 238². *Gallia christ. nova*, XVI, 55-6. MARION. *Cart. de Grenoble*, 64. TERREBASSE, *Inscr.* I, 126-8. DUCHESNE (L.), *Fastes*, I², 202. POUPARDIN, *Roy. de Prov.* 363. CHEVALIER (U.), dans *Bull. soc. archéol. Drôme*, XLV, 369 (à part, 12). — CHEVALIER (C. U. J.), *Doc. inéd. relat. au Dauph.* v, 2, 96.

**929** Vienne, 899.

*A° D. 1. 899. gloriosiss. et piiss. Ludovico rege*, Bernoin, archevêque de Vienne, étant mort dans la 23° (= 13°?) année de son pontificat, le clergé et le peuple cherchèrent un clerc qui le remplaçât dignement ; ils le trouvèrent dans la personne d'un vénérable prêtre Rainfroi *(Raganfridus)*, pourvu de sainteté, de sagesse, de noblesse, d'honnêteté et de vertus ; on le présenta au roi, qui l'investit de l'église de Vienne par la crosse *(ferula)*, puis comtes, seigneurs et clercs allèrent le prendre, au chant des hymnes, à l'abbaye de St-André dans les murs de la cité. *Vuarnefridus præpositus hanc electionis auctoritatem proponi præcepit. Aimo archidiaconus, Ingelbodus decanus, Adalricus abba. Ugo comes præsens fui.* Signent en outre 23 ecclésiastiques et 20 laïques.

FONTANIEU, *Hist. de Dauph.*, pr. I, 89. — CHORIER, *Estat polit.*, II, 227-33. CHARVET, 657-8, cf. 239. MALLET (Ed.), dans *Mém.-doc. soc. hist.-arch. Genève*, IX, 454-6. MARION, *Cart. de Grenoble*, 260-1. = CHORIER, *H. d. D.* II, 227. BRÉQ. I, 357 (à 898). RAYNOUARD, *Hist. du droit municipal en France*, II, 78. *Doc. hist. inéd.* I, 289. GINGINS, *Boson.* 139, 143, 150; *Hugon.* 21, 25.

**930**  Vienne, 28 janvier 899.

Arnold, archevêque d'Embrun, Isaac, évêque de Grenoble, Isaac de Valence et 4 autres prélats, avisés par le roi Louis, se sont rendus à Vienne et ont consacré comme archevêque de cette ville, Rainfroi *(Raganfridus)*, dont l'élection avait eu lieu conformément aux règles canoniques... *d. dominico. Arnoldus, Ebredunensis archiepiscopus, [jubente Ludovico, glorioso] rege ac seniore meo, subscripsi. Isaac... Isaac humilis Valentiæ....*

CHORIER, *Estat polit.* II, 233-5. CHARVET, 658-9. MALLET (Ed.), dans *Mém.-doc. soc. hist.-arch. Genève*, IX, 456-7. MARION, *Cart. de Grenoble*, 64, 262. = BRÉQ. I, 357 (à 898). *Doc. hist. inéd.* I, 287. MANTEYER, *Orig. Sav. Bourg.* 463.

**931**  (Arles, novembre/décembre 899).

Rostaing, archevêque d'Arles, mande à Aymon, évêque d'Avignon, de la part du pape [Jean IX] à lui transmis par Erard (al. Eilard), évêque de Valence, de se trouver auprès de lui à Viviers le 6 janv. prochain, pour y tenir, le lendemain, un concile avec les archevêques Rainfroy *(Rigofridus)* de Vienne et Emmon d'Embrun, les évêques de Viviers, de Trois-Châteaux, Marseille et Vaison. — *Quia dominus.*

POLYCARPE de la Rivière, *Ann.* (bibl. de Carpentras 503, 560). — MANTEYER, *Chartes d'Avignon*, 15. — Pièce fausse.

**932**  (899/..:).

Raganfridus, archevêque de Vienne, restitue à l'église de St-Pierre hors les murs de sa ville, l'église de St-Alban et autres biens dans la villa de Vaugris *(Vogoria)*, au pagus de Vienne, qui lui avaient été donnés par le roi Lothaire et ensuite enlevés.

ACHERY (d'), *Spicileg.* XII, 145-6; 2°, III, 365-6. = BRÉQ. I, 344.

**933**  21 avril (900).

Echange fait par l'archevêque de Vienne avec Rodulphe et sa femme Tigris, *de mulinario Octavense* (Octavéon) *in campo Caponiacense* (Chaponnay), la 10° a. du règne de Louis.

CHEVALIER (U.), *Cart. de St-Maur. Vienne*, 36, n° 149.

**934**  (Latran), 31 août (900).

Le pape Benoît IV, en synode, décrète valide l'élection d'Argrin, évêque de Langres, qui a été consacré canoniquement par Bernuin, archevêque de Vienne. — *Quanta pietatis.*

LABBE, IX, 511. HARDOUIN, VI, 1, 493. *Gallia christ. nova*, IV, 541. MANSI, XVIII, 234. BOUQUET, IX, 211-2. *Patrol. lat.* CXXXI, 39. = BRÉQ. I, 360. JAFFÉ, 2708-3527.

**935**  Vienne, (avant 11 octobre) 900.

Diplôme de Louis, roi [de Provence et d'Italie], par lequel, à la prière du comte Hugues, fils du comte Richard, il concède à son fidèle Aimon 300 manses, avec église et terre du comté de Lyon situées dans celui de Mâcon, dans la villa de Chevignes *(Chavineas)*. *Arnulphus not. ad vic. Ragenfredi archicancell. recogn. Act. ap. Viennam civit. ..., ind. 2(=3), a° 1 regn. Ludovico gloriosiss. rege. — Si fidelium nostr.*

BOUQUET, IX, 680. BERNARD-BRUEL, *Chartes de Cluny*, I, 79-80. = BRÉQ. I, 361. GINGINS, *Boson.* 136, 158. TERREBASSE, *Boson*, 208-9. POUPARDIN, *R. de P.* 160, 169. MANTEYER, *Prov.* 469.

**936**  Pavie, 11 octobre 900.

Le roi Louis donne à l'ex-impératrice Ageltrude, veuve de Guy de Spolète, le domaine de Cortemaggiore *(Curtis major)* au comté d'Ancia. *Arnulfus not. jussu d. Hludovici sereniss. regis ...a° d. Hludovici glorios. r. 1, ind. 4. Act. Papiæ.*

SCHIAPARELLI (L.), dans *Bull. istit. stor. Ital.* (1899), XXI, 136-7. = POUPARDIN, *R. de P.* 169-70. MANTEYER, *Prov.* 481, 470.

**937**  Pavie, 12 octobre 900.

Election et couronnement de Louis, comme roi d'Italie, le dimanche...

*Carmen panegyric. de laudibus Berengarii aug.*, IV (BOUQUET, VIII, 125-6; *Mon. Germ. hist.*, Ser. IV; *Patrol. lat.* CLI, 1305-7). — LIUTPRANDI *Antapodoseos* II, 3 (BOUQUET, VIII, 134; *Mon. Germ. hist.*, Ser. III; *Patrol. lat.* CXXXVI, 813). = CHORIER, *H. de D.* I, 712; 2°, 549. BÖHMER, *R. K.*, p. 137. POUPARDIN, *R. d. P.* 170.

**938**  Pavie, 12 octobre 900.

Louis, roi [d'Italie], renouvelle les privilèges de l'église d'Arezzo *(Aritinæ)* à son évêque Pierre, sur la prière d'Adelbert, marquis de Toscane. *Arnulfus not. ad vic. Liutuhardi archicancell... a° d. Hludovici glor. regis in Italia 1. Act. Papiæ. — Si petitionibus.*

MURATORI, *Antiq. Ital.* I, 87-8. SCHEID, *Ortg. Guelf.* I, 235. = BÖHMER, *R. K.* 1455. TERREBASSE, *Boson*, 208, 214-5.

**939**  Olona, 14 octobre 900.

Louis, roi [d'Italie], confirme un courtil *(curtis)* au prêtre Jean, à la prière des comtes Adelelme et Ratier. *Arnulfus not. ad vic. Liutuardi archicancell. ... ind. 4, a° Hludovici regis in Italia 1. Act. Olonnæ. — Si necessitatibus.*

MURATORI, *Antiq. Ital.* I, 581-4; II, 207. TIRABOSCHI, *Mem. stor. Moden.* I, 79. = BÖHMER, *R. K.* 1456. GINGINS, *Boson.* 159. TERREBASSE, *Boson.* 215-6. POUPARDIN, *R. d. P.* 170.

**940**  Plaisance, 31 octobre 900.

Diplôme de Louis, roi [de Provence et d'Italie], par lequel, à la prière de ses conseillers, l'archichancelier Luituard et le comte du palais Sigefroy, il confirme à l'église de Reggio, dont un incendie avait détruit les chartes, l'île de Sugzara. *Arnulfus notar. ad vic. Liutuardi episcopi et archicancell. ...ind. 4, a° d. Hludovici gloriosiss. regis in Italia 1. Act. Placentiæ.*

UGHELLI, *Ital. sac.* II, 155; 2°, 255-7. SCHEID, *Origg. Guelf.* I, 483-6. TIRABOSCHI, *Mem. stor. Moden.* I, 80. *Hist. patr. mon.* XIII, 639-40. = BÖHMER, *R. K.* 1457. GINGINS, *Boson.* 160. TERREBASSE, *Boson*, 216.

**941** (X° siècle).
Donation faite à l'église de St-Maurice de Vienne par Alerius, doyen, Boson et André, diacres, exécuteurs de la volonté de défunt Leutbon, de biens situés à Toisieu et aux Granges (la fin manque).
Chevalier (U.). *Cart. de St-Maur. Vienne*, 35, n° 141.

**942** (X° siècle).
Contrat d'échange d'un champ entre un juif de Vienne, Asterius, et un monastère de la ville ; dans figure l'acte sa femme Justa et parmi les témoins Justus.
Gross (H.), dans *Monatschrift f. Wissensch. d. Judenthums* (1878), 147 ; *Gallia Judaica*. 191. *Schwab, dans *Bull. archéol. com. trav. histor.-archéol.* (1897), 182-3.

**943** (X° siècle).
Donation faite à l'église de St-Maurice de Vienne par Drodon, d'un champ de 14 setérées, au lieu appelé Telhaco.
Chevalier (U.), *Cart. de St-Maur. Vienne*, 30, n° 104.

**944** (901).
Mariage (très problématique) du roi Louis avec Edgive, fille du roi d'Angleterre Edouard l'ancien.
Guillelmi Malmesbur. *Gesta reg. Anglor.* I. 2, § 126 (I, 136). = Chorier, *Hist. de Dauph.* I, 716 ; 2°. 551 (à 923). Mermet, 25. Poupardin, *Roy. de Prov.* 314-9.

**945** Bologne, 18 janvier 901.
Diplôme de Louis, roi [d'Italie], par lequel, à la prière d'Heilbertus, évêque de Côme (*Cumana*), il confirme à cette église ses biens et possessions. *Arnulfus not. ad vic. Heilberti ven. episcopi et archicancell. ...ind. 4, a° Hludovici largiss. regis in Italia 1*. Act. *Palonixe*. — *Credimus Deo*.
Ughelli, *Ital. sac.* V ; 2°. 273-4. Savioli, *Ann. Bologn.* I, II. 35. *Hist. patr. mon.* (1873), XIII. 649-51, 1779. = Muratori, *Antiq. Ital.* II. 205. Böhmer, *R. K.* 1458. *Schweiz. Urk.* 906. Terrebasse, *Boson*, 217. Poupardin, *R. d. P.* 170. — Pièce fabriquée ?

**946** Bologne, 19 janvier 901.
Diplôme de Louis, roi [d'Italie], par lequel, à la prière d'Adalmannus, évêque de Concordia, il donne un courtil au monastère de St-Sixte fondé à Plaisance par son aïeule (*avia*) Angelberge. *Arnulfus not. ad vic. Liutuardi episcopi et archicancell. ... i. D. 900, ind. 4, a. 1 regn. Hludovico gloriosiss. rege in Italia*. Act. *Bolonia civit.* — *Omnium fidelium*.
Muratori, *Antiq. Ital.* II, 205-8, Savioli, *Ann. Bologn.* I, II. 37. *Hist. patr. mon.* (1873). XIII, 651-2. = Böhmer, *R. K.* 1459. Gingins, *Bos.* 161, 181. Terrebasse, *Boson*, 217.

**947** Février 901.
...*Hludowicus... rex, a° regni in Italia 1... ind. 4*. Vente par Odeverga de Suriano à Dominique de Damaso.
*Hist. patriæ monum.* XIII, 652-4.

**948** Rome, (après 12) 15 (ou 22) février 901.
Couronnement de Louis comme empereur par le pape Benoît IV.
Petrus de Salerno et Girbertus archiv., *Chronicon mon. S. Trinit. Caven.* (Peregrinius, *Hist. princip. Longobard.* (1749), IV. — Pagi, *Crit. Ann. Baron.*... 900, 14-6 (XV, 474-5) Muratori, *Ann. d'Italia*, a. 901-2. Fiorentini, *Mem. cont. Matilda*, 388.

Lupus, *Cod. diplom. Bergom.* II, 3. = Böhmer, *R. K.* p. 138. *Doc. hist. inéd.* I, 274. Jaffé, p. 306-443.

**949** Rome, février 901.
*Dum d. Ludovicus serenissimus imperator augustus à regale dignitate Romam ad summum imperialis culminis apicem per sanctiss. ac ter beatiss. summi pontificis, et universalis P. P. d. Benedicti dexteram advenisset, atque cum eodem reverendiss. patre cum sanctiss. Romanis seu Italicis episcopis atque regni sui ducibus, et comitibus, cæterisque principibus, et judicibus............ in palatio, quod est fundatum juxta basilica beatiss. Petri principis Apostolorum in laubia magiore ipsius palacii pariter cum eodem summo pontifice in judicio resideret atque de stabilitate sanctæ Dei omnipot. Ecclesiæ reique publicæ statu diligenter tractare cæpisset... A° imper. d. Ludovici I°, m. febr., ind. 4.*
Ughelli, *Ital. sac.* I ; 2°. 799-800. Muratori, *Ann. d'Italia*, a. 901. Fiorentini, *Mem. gran cont. Matilda*, doc. 16. Lupus, *Cod. diplom. Bergom.* II, 1-2. — Trad. Terrebasse, *Boson*, 218-9. = Mansi, XVIII, 239. *Hist. patr. mon.* XIII, 652. Böhmer, *R. K.* 1460. Jaffé, p. 306-444. Gingins, *Boson*. 162. Poupardin, *Roy. de Prov.* 171-2.

**950** Rome, février (901).
Diplôme de l'empereur Louis en faveur de Pierre, évêque de Lucques. *Thomas not. ...a° imperii 1... ind. 4, Romæ*.
Fiorentini, *Mem. gran cont. Matilda*. 16. = Dümmler (E.), *Gesta Berengarii imper.* 181-2.

**951** Rome, 2 mars 901.
Diplôme de l'empereur Louis, par lequel il confirme à l'église d'Arezzo ses possessions et privilèges. *Arnulfus not. ad vic. Liutuardi episc. et archicancell. ... ind. 4, a° d. Hludovici imper. aug. 1°. Act. Romæ*.
Muratori, *Antiq. Ital.* II, 49-52. = Böhmer, *R. K.* 1461. Gingins, *Boson*. 162. Jaffé, p. 306-444.

**952** Pavie, 11 mars 901.
Diplôme de l'empereur Louis, par lequel, à la demande de ses conseillers, le marquis Adelbert et le comte Sigefredus, il confirme au monastère de Sainte-Marie Theodota à Pavie ses droits et possessions. *Arnulfus cancell. ad vic. Liutuardi episcopi et archicancell... a° d. Hludovici gloriosiss. imper. 1, ind. 4. Act. Papiæ palat.* — *Si circa servos*.
*Muratori, Antiq. Ital.* I, 365-6. *Hist. patr. mon.*, XIII, 654-7. = Böhmer, *R. K.* 1462. Gingins, *Boson*. 162. Dümmler, *Gesta Bereng. imper.* 182-3.

**953** Plaisance, 23 mars 901.
Diplôme de l'empereur Louis en faveur de l'église de Verceil et de son évêque Anzelbert, recommandé par le comte Udelelme. *Arnulphus not. ad vic. Liutuardi episc. et archicancell... ind. 4, a° d. Hludovici glor. imper. in Italia 1. Act. Placentiæ.* — *Si ecclesiasticis*.
Durandi (Jac.). *Ricerche sopra il diritto pubblico del Vercellese e della Lombardia*, compend. da Ferdin. Rondolino, dans *Miscell. storia Italiana* (1887), XXV, 23-4.

**954** Pavie, 25 mars 901.
Diplôme de l'empereur Louis, par lequel il confirme à l'église de Bergame ses possessions. *Arnulfus not. ad vic. Liutuardi episcopi et archicancell.. ind. 4, a° 1 imper. d. n. Ludovico glor. imper. aug. Act. Papia.* — *Omnibus sanctæ.*

Lupus, *Cod. diplom. Bergom.* II, 7-8. *Hist. patr. mon.* (1873), XIII, 657-8. = Böhmer, *R. K.* 1463.

**955** Verceil, (avant 23 mai 901).
Diplôme de l'empereur Louis, par lequel il confirme les possessions de l'église de St-Alexandre et du diocèse de Bergame à l'évêque Adelbert. — *Si hominis in.*
Lupus, *Cod. diplom. Bergom.* II. 11-2. *Hist. patr. monum.* (1873), XIII, 670-1.

**956** Verceil, 23 mai 901.
Diplôme de l'empereur Louis, par lequel il confirme à l'église de Bergame les privilèges de ses prédécesseurs. *Arnulfus not. ad vic. Liuduardi episcopi et archicancell. ... ind. 4, a° 1 imper. d. Hludovico sereniss. imper. in Italia. Act. Vercellis civit.* — *Omnibus sanctæ.*
Ughelli, *Ital. sac.* IV; 2°, 422-4. Lupus. *Cod. diplom. Bergom.* II, 13-8. *Hist. patr. mon.* XIII, 659-62. = Böhmer, *R. K.* 1464. Gingins, *Boson.* 166. Poupardin, *Roy. Prov.* 168.

**957** Pavie, 1er juin 901.
Diplôme de l'empereur Louis, par lequel il donne, à la prière du marquis Adalbert, au vassal de celui-ci Adalric une *curticella* nommée *Climentiana. Data... ind. 4, a° d. Hludovici glor. imper. 1. Act. Papiæ.*
Sickel (Th.), dans *Forschung. z. deutsch. Gesch.* (1869) IX, 428-9.

**958** Pavie, 18 juin 901.
Diplôme de l'empereur Louis, par lequel il concède à l'église et à l'évêque d'Asti Heilulfe trois fiscs royaux entre la Stura et le Tanaro. *Arnulfus not. ac cancell., jussu d. Hludov. imp..., ind. 4, a° 1 imper. d. Hludovico glor. imper. in Italia. Act. Ticinen.* — *Imperialis celsitudinis.*
Ughelli, *Ital. sac.* IV; 2°, 341-2. Terraneo. *La princip. Adelaide.* I, 123. *Hist. patr. mon.*, Chart. I. 100-1. = Böhmer, *R. K.* 1465. Dümmler, *Gesta Bereng. imper.* 181-2. Manteyer, *Prov.* 474.

**959** Pavie, 25 septembre 901.
L'empereur Louis concède à son *vassus* Herrad la villa *Lavegium*, au comté de Tortona, à la prière de Léotoard, évêque et archichancelier. *Arnulfus not. ad vic. Leotoardi archicancell. a° 1 imp. d. Hludovico imper. aug. Act. Papiæ.* — *Omnium fidelium.*
Muratori, *Antiq. Ital.* II, 47-50. = Böhmer, *R. K.* 1466.

**960** Pavie, 7 décembre 901.
Diplôme de l'empereur Louis, par lequel il concède à Liutward, évêque de Côme, l'abbaye de San Giorgio della Coronata près Trezzo. *Arnulfus cancell. ad vic. Liutuardi episcopi et archicancell.... ind. 4, a° regni d. Ludovici seren. imper. in Italia 1. Act. Papiæ.* — *Si ob divini.*
Ughelli, *Ital. sac.* V; 2°, 271-2. Tatti, *Ann. sac. di Como,* II, 788. *Hist. patr. mon.* XIII, 669-70.

**961** Pavie, 11 février 901/2.
L'empereur Louis confirme au monastère de Nonantole les privilèges accordés par ses prédécesseurs... *901... ind. 5, a° 1.*
Tiraboschi, *Stor. badia Nonantola,* 84. = Böhmer, *R. K.* 1467. Manteyer, *Prov.* 465.

**962** Pavie, (12) 15 février 902.
Diplôme de l'empereur Louis en faveur de Richard, *vassus* de Bertald, à la demande des comtes Liutfred et Arlulfe. *Arnulfus not. ad vic. Luitoardi episc. Dat... ind. 5, a° 1 imper. d. Hludovico in Italia. Act. Papiæ.* — *Omnium fidelium.*
Muratori, *Antiq. Ital.* II, 207-10. Tiraboschi, *Mem. stor. Moden.* I, 82. = Böhmer, *R. K.* 1468.

**963** Pavie, 25 février 902.
Diplôme de l'empereur Louis, par lequel il confirme à l'église d'Asti la cour impériale de Bene, l'abbaye de St-Dalmace de Pedona, etc. *Arnulfus not. atq. cancell. jussu d. Ludov. imp... ind. 5. a° 2 imper. d. Ludovico glor. imp. in Italia. Ticinensis.* — *Imperialis celsitud.*
*Ughelli, *Ital. sac.* IV; 2°, 349. *Mon. hist. patr.*, Chart. II, 21-3.

**964** Verceil, 21 avril 902.
Diplôme de l'empereur Louis, qui accorde, à la prière du marquis Adalbert, fils d'Anscherius, des comtes Leutfred et Radulphe (d'Auriate), et d'Unald, un courtil à Idelgerius, *vassus* du vicomte Buddon. *Arnulfus not. ad vic. Luituardi episc. et archicancell... ind. 5, a° imper. d. Hludovici glor. imp. in Italia 2. Act. Verzellen. civit.* — *Omnium fidelium.*
*Hist. patr. mon.*, Chart. I. 103-4. Dümmler (E.). *Gesta Berengarii imper..* 182-3. = Carutti, *Reg.* 1.

**965** Mai (902).
Vente par Pierre à Léotard d'un courtil arable au pagus de Lyon. *Lanterius dat. d. merroris.. a° 7 regn. d. Luivico regem, a° 1 imper. ejus.*
Bernard (A.). *Cart. d'Ainay,* 678, n° 169.

**966** Mai (902).
Vente par Martin à Léotard de vignes au pagus de Lyon. *Lanterius Roitus (= rog.) dat. d. sabato... 2° regn. d. Ludovico imper., qui fuit filius Bosoni rege.*
Bernard (A.). *Cart. d'Ainay,* 656-7 (à 901-8).
Mai 902 = Mai 892.
Verceil, 1er mai 902 = 21 avril 902.

**967** Pavie, 12 mai 902.
Diplôme de l'empereur Louis, par lequel il accorde divers privilèges à Landon, évêque de Crémone. *Arnulfus not. ad vic. Liutuardi episcopi et archicancell... ind. 5, a° imper. d. Hludovici glor. imp. in Italia 2. Act. Papiæ.*
Ughelli, *Ital. sac.* IV; 2°, 586. Zachahia, *Anecd. med. ævi,* 69. *Hist. patr. mon.* XIII, 672-3. = Böhmer, *R. K.* 1469. Gingins, *Boson.* 169.

**968** 19 mai 902.
Plaid tenu devant Pierre, évêque de Lucques. *A° imp. d. n. Hludowici glor. imper., postquam ingressus est in Italia 2, ...ind. 5.*
Muratori, *Antiq. Ital.* V, 309.

**969** (Juillet 902).
L'empereur Louis est expulsé de Pavie et revient en Provence dès le 17 juil.
Catal. Nonantulanus. dans *Script. rer. Langob.* 503. = Terrebasse, *Boson.* 222. Poupardin, *R. de P.* 180.

**970** Vienne, 11 novembre 902.
Diplôme de l'empereur Louis, par lequel, à la sollicitation du duc et marquis [d'Auvergne] Guillaume, il concède à Bernard et Teutbert l'abbaye de St-Martin

d'Ambierle *(Adamberta = ad A-a?)*, au comté de Lyon et au pagus de Roanne *(Rodan.)*. *Arnulfus not. ad vic. Ragenfridi archipræs. et archicancell... ind. 5, a° 2 imper. d. Ludovico imper. Act. Viennæ publ. — Omnium fidelium.*

MURE (J. M. de la), *Hist. eccl. dioc. Lyon*, pr. 294. BOUQUET, IX, 681. BERNARD-BRUEL, *Chartes de Cluny*, I, 87-8. = *Gallia christ. nova*, IV, 220. COURBON, A, 62. BRÉQ. I, 363. BÖHMER. *R. K.* 1470. GINGINS, *Boson*. 138, 170. MANTEYER, *Prov.* 461.

**971** Décembre (902).
Boson et son épouse Anastasie vendent à Erlolfus, pour le prix de 7 sols, une vigne avec chapelle, dans le pagus de Vienne et l'ager d'Estressin *(Trecianen.)*, dans la villa de Chuzelles *(Caucilla)*. Airoardus, jub. Bernerio, dat. d. sabato a. 2 regn. Ludovico g. D. imper.
BERNARD-BRUEL, *Chartes de Cluny*, I, 89.

**972** Vienne, 903.
L'empereur Louis, à la prière de son chancelier Arnolfus, confirme au prêtre Rigemundus tout ce qu'il possédait de la mense comtale de Vaison au comté d'Avignon. *Arnolfus cancell. jussu imper. Act. ap. Viennam..., ind. 6, a° 3 imper. d. Hludovico imper. — Omnium fidelium.*

Arch. de Vaucluse. G. 6, 10. — *Gallia christ. nova*, I, instr. 93 (994). BOUQUET, IX. 681-2. *Gallia christ. noviss.* III, 1039, n° 2496. MANTEYER. *Chartes d'Avignon*. 17-8. = BRÉQ. I, 365. BÖHMER. *R. K.* 1471. MANTEYER, *Prov.* 465-7.

**973** Vienne. 17 avril 902/3.
Diplôme de l'empereur Louis, par lequel, à l'instigation de l'archevêque de Vienne Ragamfredus, son protonotaire *(notariorum nostr. summus)*, et du comte Hugues, son parent, il concède au vicomte Bérilon la propriété des villas Ponssin *(Pontianum)* et Chavanay *(Cabannacum)*, avec l'église de St-Jean, au pagus de Vienne. *Teudo not. ad vic. Ramgamfredi archicancell. a° D. I. 902, a. etiam [6] imper. d. n. Hludovici aug. Act. Viennæ civit. — Dignum est ut.*

CHORIER, *Miscell.* XII, p. 27. RIVAZ (P. de). *Diplom. de Bourg.* I, n° 28 (Anal. 6). — *CHORIER, H. de D.* I, 499. *CHARVET*, 240-1. *MILLE, Hist. de Bourg.* III, 333-4. CHEVALIER (U.), *Cart. de St-André-le-Bas*, 219-21, 367 ; *Cart. de St-Maur. Vienne*, 43, n° 193. DÜMMLER, dans *Forsch. 5. Gesch.* X. 315-6. = COURBON, A, 63, chr. 101. GINGINS, *Boson*. 133, 219 ; *Hugon*. 19. POUPARDIN, *R. de P.* 181. MANTEYER, *Prov.* 102, 462-6.

**974** 21 mai (vers 903).
Rotgarius vend pour 100 sols des biens situés dans le comté de Vienne et le pagus d'Octavéon *(Altaven.)*, au lieu dit *Corentus*, à l'archevêque de Vienne Rostannus[1], qui en jouira sa vie durant ; mais, après sa mort, ils seront la propriété de l'église dédiée au St-Sauveur, aux Machabées et à St-Maurice.
*CHARVET, 242-3. CHEVALIER (U.), *Cart. de St-Maur. Vienne*, 36, n° 147.

**975** 6 juin 903.
Diplôme de l'empereur Louis, par lequel, à la recommandation de l'archevêque [d'Arles] Rostagnus, de l'évêque [de Mâcon] Bernon et des comtes Liutfrid, Hugues [de Viennois] et Teutbert [de Provence], il confirme au comte [de Valentinois] Adalelme et à son épouse Rotlinde l'hérédité des bénéfices que les rois Charles et Boson et lui-même leur avaient concédés. *Adrulfus not. ad vic. Ragemfridi archipræs. et archicancell. ..., ind. 6, a° 3 imper. d. Hludovico gloriosiss. imper. aug. — Omnium fidelium.*

RIVAZ (P. de), *Diplom. de Bourg.* I, n° 29 (Anal., p. 6-7). — CHEVALIER (U.), *Cart. de St-André-le-Bas*, p. 221-2, 367 ; *Cart. de St-Maur. Vienne.* 43, n° 195. DÜMMLER (E.), dans *Forsch. deutsch. Gesch.* IX, 317-8. = CHORIER, *Estat*, I, 252. CHARVET. 241-2. GINGINS, *Boson*. 113, 152 ; *Hugon*. 26. MANTEYER, *Prov.* 103, 462-3, 472.

**976** 16 juin (vers 903).
Rostagnus, archevêque de Vienne, « consequendo vitam », donne à Dieu et à s¹ Maurice l'église de Saint-Pierre de la villa *Vilaris*, in valle *Levorensi* (Leveau), dans l'ager d'Octavéon *(Elteven.)* et le pagus de Vienne, plus ce qu'il possède dans la villa *Messiaco* (Meyssiès), avec 12 familles de serfs, sauf ce qu'il a dans la villa *Balbiaco*. Souscrivent sa mère Gottolendis et son frère Adon. *Adalerius sac. dat... regn. Ludovico rege aug. sereniss.* (le titre porte : *De vilar' quod vocatur Cabrelia ou Calebria).*

*CHARVET, 242. CHEVALIER (U.), *Cartul. de St-André-le-Bas*, 17-8° ; *Cart. de St-Maur. Vienne*, 22-3, n° 51.

**977** Lyon, 17 septembre 903.
Diplôme de l'empereur Louis en faveur de l'évêque [d'Uzès] Amelius, que lui ont recommandé le comte Teutbert [de Provence] et Walon ; il lui concède en propriété *curtem Fretus*, avec l'église de St-Remy, au comté d'Avignon. *Arnulfus cancell., jub. d. imper... ind. 6, a° 3 imper. d. Hludovico imper. Act. Lugduno. — Omnium fidelium.*

*Gallia christ. nova.* Y, instr. 295. VIC-VAISSETE, *Hist. de Lang.* II. pr. 43 ; 3°, V, 111-2. BOUQUET, IX, 682. DELOCHE, St-Rémy de Provence au moyen âge, dans *Mém. acad. Inscr. et Bel.-Let.* XXXIV, 1, 100-2 (à part. 52). = BRÉQ. I, 364. BÖHMER, R. K. 1472. POUPARDIN, *Roy. de Prov.* 204. MANTEYER. *Prov.* 462-3.

**978** (Rome), 22 février (904).
Bulle du pape Sergius III en faveur de Salomon, évêque de Constance. *Data... imper. d. piiss. aug. Ludovico a Deo coronato imper. a° 4 et post consul. 4, ind. 7.*

ZAPF, *Mon. anecd. Germ.* 35. NEUGART, *Cod. diplom. Aleman.* I, 533. WARTMANN, *Urk. v. S. Gallen*, II, 336. *Patrol. lat.* CXXXI, 971-2. = JAFFÉ, 2713-3533.

**979** Arles, 21 avril 904.
L'empereur Louis, à la demande du métropolitain [d'Arles] Rostagnus et du comte [de Provence] Teutbert, concède à Magne, abbé de St-Victor de Marseille, le fisc du Pin. *Arnulfus recogn... ind. 7, a° 4 imper. d. n. Hludovico. Act. Arelate. — Omnium fidelium.*

MARTENE, *Script. ampl. coll.* I. 262-3. BOUQUET, IX, 682-3. GUÉRARD. *Cart. de St-Victor de Mars.* I. 11. = *Gall. christ. nova*, I, 548 ; *noviss.* III, 96. BRÉQ. I, 364. BÖHMER, R. K. 1473. POUPARDIN, *R. de P.* 191. MANTEYER, *Prov.* 463.

**980** Vienne, 21 avril 904.
Le prêtre Vualdo donne à l'église de St-Maurice de Vienne, sous l'archevêque Ragamfredus, quelques propriétés pour obtenir les prières des chanoines. *Erlenus dyac... dat... a° 4 imper. Ludovici sereniss. aug.. ind. 7.*

---

1. Il en était coadjuteur ; cf. l'acte du 23 avril 939.

CHEVALIER (U.). Cart. de St-André-le-Bas, p. 6*; Cart. de St-Maur. Vienne, 55; cf. 24, n° 63.

**981** Vienne, 31 octobre (904).
Diplôme de l'empereur Louis, par lequel, à la sollicitation de l'archevêque Ragamfredus, son protonotaire (s. palatii n. notariorum summus), il confirme à l'église de St-Maurice de Vienne toutes les libéralités des empereurs et des rois ses prédécesseurs, et les privilèges dont l'église Romaine l'a ornée presque dès le début du Christianisme. *Teudo not. ad vic. Ragamfredi archicancell., a° D. p. imper. 4 d. n. Hludovici sereniss. aug., ind. 7. Act. Viennæ urbi. — Si sacerdotum.*
CHORIER, Miscell. XII, p. 27. BALUZE, LXXV, 363-4. Chartularia 5214, 73. HARLAY, 150b. Secousse, 6e. — BALUZE, Capitul. II, 1469-71 : 972. BOUQUET, VIII, 415-6 (à 858). — Trad. CHARVET, 245-6. COLLOMBET, I. 337-8. = GEORG. I, 122. BRÉQ. I, 250 (à 858). BÖHMER. R. K. 1475. GINGINS, Boson. 220. CHEVALIER (U.). Cart. de St-Maurice Vienne. 43. n° 190.

**982** 904.
L'empereur Louis retourne en Italie et dépossède Bérenger de son royaume.
Ann. Mettenses (BOUQUET, VIII. 77. cf. 271 ; Mon. Germ. hist., Ser. I ; Patrol. lat. CXXXII. 147). — Carmen panegyr. de laudibus Berengarii aug. IV (BOUQUET, VIII, 125-7 ; Mon. Germ. hist., Ser. IV ; Patrol. lat. CLI, 1305-8). = GINGINS, Boson. 173.

**983** Janvier (905).
Isaac cède en douaire (sponsalicium) à sa femme Sigerada le tiers de ses biens situés en Lyonnais, en Viennois et ailleurs, suivant la loi Salique. *Blibodus dat. d. martis... a. 4 regn. Ludovico imperal.*
BERNARD-BRUEL. Chartes de Cluny, I, 99-100. THÉVENIN (Marc.), Textes relat. aux institutions... Méroving. et Caroling. (1887). 242-3.

**984** Pavie, 4 juin 905.
Diplôme de l'empereur Louis ; l'évêque de Grenoble Isaac (Isahac sanctæ Gratianopolitanensis ecclesiæ venerabilis episcopus) étant venu solliciter sa majesté, de concert avec Leo Grecus et Curradus (al. Acir-s), de concéder en propriété perpétuelle l'île dite Horto, dépendante de Marengo, au monastère dit *Theodotæ* à Pavie (Ticinen.). *Arnulfus archicancell. jub. d. Hludovico imper., ind. 8, a° 5 imper. d. Hludovico glor. imper. in Italia. Act. Ticinen. — Si circa servos.*
MURATORI. Antiq. Ital. I, 783-4. Hist. patr. mon. XIII. 696-7. = BÖHMER. R. K. 1476. GINGINS, Boson. 174.

**985** Pavie, 4 juin 905.
Diplôme de l'empereur Louis, par lequel, à la prière de l'évêque de Grenoble Isaac et du comte Adelelme, ses conseillers, il donne l'île d'Horto au monastère de Theodota à Pavie. *Arnulfus not. ad vic. Liutardi episcopi et archicancell. ... ind. 8, a° 5 imper. d. Hludovico glor. imper. in Italia. Act. Papiæ. — Si circa servos.*
MURATORI. Antiq. Ital. I, 785-6. Hist. patr. mon. XIII. 697-8. = BÖHMER (identifié avec n° précéd.). GINGINS, Boson. 174.

**986** Pavie, 24 juin 905.
L'empereur Louis III confirme à l'église de Novare les privilèges à elle accordés par son aïeul Louis [II] et autres prédécesseurs... *ind 8, d. Hludowici imper. 5. Act. Papiæ.*

JAKSCH (Aug. v.), dans Mittheil. Instit. œsterr. Geschforsch. (1881), II, 450-1.

**987** Vérone, (début de juillet) 905.
L'empereur Louis poursuit le roi Bérenger à Vérone, le chasse de cette ville et s'empare de tout son royaume.
LIUTPRANDI Antapodoseos II. c. 10 (BOUQUET, VIII. 136. cf. 312 ; IX.63 ; Mon. Germ. hist..Scr. III.295 ; Patrol. lat.CXXXVI, 824). — Trad. TERREBASSE, Boson. 224. = GINGINS, Boson. 159-60. POUPARDIN. Roy. de Prov. 183-4.

**988** Juillet (905).
Sentence rendue par André, archevêque de Milan, et Ragifred, juge du s. palais, délégués (missi) de l'empereur ...*a° 5 imperii d. Ludovici imp..., ind. 8.*
Registres d'Alfred de Terrebasse, C, 12-3.

**989** Vérone, 20/1 juillet 905.
Bérenger entre par surprise dans la ville de Vérone et s'empare de l'empereur Louis, auquel il fait arracher les yeux ; on le laisse libre de regagner la Provence.
LIUTPRANDI Antapodoseos II. 39-41 (BOUQUET, VIII, 136 ; Patrol. lat. CXXXVI, 825-6). — REGINO Prum. Chron. (Mon. Germ. hist., Ser. I, 611 ; Patrol. lat. CXXXII. 147-8). — Catal. regum Nonantul. (Scr. rer. Langob. 305). — PETRUS de Salerno et GIBBERTUS archiv., Chron. mon. S. Trinit. Caven. (PEREGRINIUS, Hist. princ. Longobard. (1749). IV) = CHORIER, H. de D. I, 714-5 ; 2e, 550-1. BÖHMER, R. K. p. 139. POUPARDIN, Roy. de Prov. 185-7.

**990** Vienne, 26 octobre (905).
Diplôme de l'empereur Louis l'Aveugle. par lequel, à la demande de l'archevêque de Vienne Ragamfredus, son protonotaire (s. palatii n. notariorum summus), et du comte Hugues, son parent, il restitue à l'église de St-Maurice une partie de la ville de Four (Fornis), avec l'église dédiée à St-Nazaire. au comté de Vienne, que l'incurie des prélats précédents en avait laissé distraire. Il veut que le prêtre Teudo, qui s'était beaucoup appliqué à obtenir cette restitution, et son neveu le clerc Ubold en aient l'usufruit. *Arnulfus notar. advic. Ragamfredi archicancellarii. Dat. Viennæ urbi.... a° imper. 5 d. n. Hludovici sereniss. augusti. — Si sacerdotum.*
CHORIER, Miscell. XII, 27. Baluze. LXXV, 370-1. Chartularia 5214, f° 77. Secousse, 7e. — BALUZE, Capitul. II, 1471-2 : 973. BOUQUET. VIII, 416 (à 859). = GEORG. I, 123. CHARVET, 246. BRÉQ. I, 252 (à 859). BÖHMER. R. K. 1474. GINGINS, Boson. 179. 182. CHEVALIER (U.). Cart. de St-Maur. Vienne. 43. n°194.

**991** Mâcon, 2 novembre (905).
Vente par Azon à Etienne de biens en Lyonnais. *Act. Matisconum civit. S. Leutaldo com. Anastasius presb. dat. d. sabbato... a° 7 (=5) regn. Ludovico imper.. filium Bosoni.*
BERNARD-BRUEL. Chartes de Cluny, I, 101-2, n° 90.

**992** (905/906).
Vulferius (al. Bulferius) et sa femme Dida, pour l'éternelle récompense, cèdent à l'église dédiée à s' Pierre et aux trois martyrs S., E. et F. au lieu de Romans, sur le fleuve de l'Isère. au pagus de Vienne, que gouverne l'évêque (abbé) Arnold, ce qu'ils possèdent dans la villa de Bagnols (Bagnolis) et à Tanay (in Tannetis), au pagus de Valence ...*a° 5 imperante Ludovico imperal. Maganfredus scr.*
GIRAUD, Hist. S. Barnard-Romans, I, pr. 63-4 ; et CHEVALIER, Cart. de St-Barnard, 8-10.

**993** Vienne, avril (907).
Arnold et sa femme Surade (al. Sitrade) vendent au comte Hugues un courtil, un manse, un champ et une vigne au pagus de Vienne, dans l'ager et la villa d'Estressin (Trecianen). Acta Vienna civit. publ. Airoardus, jub. Bernerio. dat. d. jovis …a. 7 regn. Ludovico imper.
CHEVALIER (U.), Cart. de St-André-le-Bas. p. 6* ; Cart. de St-Maur. Vienne. 22. n° 5o.

**994** 30 avril (906) ou 16 avril (907).
Mort de Raganfred, archevêque de Vienne, dans la 9° année de son épiscopat ; enseveli à St-Pierre.
CHEVALIER (C. U. J.), Doc. inéd. relat. au Dauph., v. 5. 26. DUCHESNE (L.) Fastes. I°. 202.

**995** 25 avril (907).
Le prêtre Erienus (al. Erleins) donne à l'église de St-Maurice de Vienne, dont Alexandre est archevêque. les églises de St-Maurice et de Ste-Euphémie à Chuzelles (Casellas), au comté de Vienne ; plus à Jardin (Ortis) une vigne acquise par lui de la sœur du prêtre Adalbert et une autre à lui donnée par le prêtre Erlulfus. Du tout il se réserve l'usufruit, sous l'investiture annuelle d'un muid de vin et de blé. Bernuinus not… dat. a° 7 imperii Hludo[v]i ci aug…
CHEVALIER (U.), Cart. de St-André-le-Bas. 18-20*; Cart. de St-Maurice Vienne. 25. n° 65.

**996** 907.
Synode tenu à la métropole de Vienne, dans l'église du Sauveur, par ordre de l'archevêque Alexandre, où assistent le prévôt Eirleus, l'archidiacre Eirleus, les abbés Waldon et Leudon. On y juges, entre autres, l'altercation surgie entre Aribert, abbé du monastère de Romans. et Barnard, abbé de St-Maurice, au sujet de la chapelle de St-Sévère, dans la paroisse de St-Prim. en la villa de Toisieu (Tausiaco) ….ind. 10.
Baluze, LXXV. 349-50. Harlay 11743. 142ᵇ. Secousse, 20ᵇ. — ACHERY (d'). Spicileg. XIII. 267-8 ; p. I, 601. BALUZE, Capitul. II. 1527-8. HARDOUIN, VI, 1, 501. MARTENE, Script. ampliss. coll. VII. 52. COLETI, XI, 727-30. MANSI, XVIII. 259. *BOUQUET, IX. 320. Gallia christ. nova, XVI. instr. 11-2. — GEORGI, I, 188. CEILLIER, XXII. 744. CHARVET. 246-7. BREQ. I. 369. CHEVALIER (U.), Cart. de St-Maurice Vienne, 35, n° 140.

**997** Vienne, 19 octobre (907).
Diplôme de l'empereur Louis l'Aveugle, par lequel à la supplique de Remigius évêque d'Avignon, que lui a présenté son féal le comte Teudbert, il confirme à l'église de Ste-Marie d'Avignon l'île [de la Bartelasse], entre le Rhône et la Sorgues (Sorgilo), etc. Warnerius not. ad. vic. d. Alexandri archicancell. …a° 7 regni Hludovici piiss. aug., ind. 11. Act. Vihenna publ. — Si erga loca.
Arch. de Vaucluse, G. 6, n° 2, orig., sceau plaqué. — NOUGUIER, Hist. égl. Avignon, 149-50. BOUCHE, Hist. de Provence, I, 933. FANTONI CASTRUCCI, Avignone, I, 313-4. Gallia christ. nova, I. instr. 137-8. cf. 805 (à 905). BOUQUET, IX, 683. [CAVERAC], Réponse aux recherches histor. (1769), pr. 21-2. = BREQ. I. 368. BÖHMER, R. K. 1477. MANTEYER. Prov. 448, 484.

**998** (Vers 908).
L'archevêque Alexandre avait trouvé, à son élévation sur le siège de Vienne, le monastère de Romans presque détruit. Avec le conseil et l'aide du comte [de Vienne] Hugues, il choisit un prêtre de sa cathédrale, David, pour le restaurer. On lui céda le monastère avec ses dépendances et la jouissance de la villa de Génissieux (Jeneciacum). de l'église de St-Benoît dans celle de Veaunes (Vedana), une propriété à Anneyron (Anarone) et d'autres propriétés en deçà et au-delà du Rhône. De son côté, le nouvel abbé donna ses propriétés in Cassodornatis (St-Maurice. cⁿ Beaumont-Monteux ?). Ce testament ou precaria fut signé par l'archev. Alexandre, par Romegarius, évêque de Valence, Isaac, évêque de Grenoble, Elisachar, évêque de Belley, le prévôt Eyrleus. le doyen Teudo, le comte Hugues, son frère Boson, comte [d'Avignon; et un autre Boson comte [de Valence].
RIVAZ (P. de), Diplom. de Bourg. I, n° 33 (Anal., 7). —*GIRAUD, Hist. S. Barnard-Romans. I, pr. 24-8 ; et CHEVALIER, Cart. de St-Barnard, 10-4. = CHARVET, 249 (à 920). GINGINS, Hugon.17. 27. 45-6. POUPARDIN, R. de P. 261. MANTEYER, Prov. 116-7.

**999** 18 juin (908).
A la demande d'Alexandre, archevêque de Vienne, le pape Sergius III confirme les privilèges de son église, ses possessions, sa juridiction sur sept provinces, spécialement sur les églises de Maurienne et de Suse. Bulle écrite en mai. — Cum magna nobis.
Bosco (J. a), 57-9. LE LIÈVRE. 220-2. Patrol. lat. CXXXI. 978. GUNDLACH (W.), dans Mon. Germ. hist., Epist. Merow. I. 100-2. — CHORIER, H. de D. I, 713. CHARVET, 247. JAFFÉ, 2719-3544. — Pièce fausse (fabriq. vers 912).

**1000** Novembre (908).
Teubrannus, pour le pardon de ses péchés, donne au monastère de Romans. construit sur l'Isère et gouverné par l'abbé David. l'église de St-Cyrice de la villa de Gervans (Gervanciaco), dans l'ager des Voirassiers (Vociracen.) et le pagus de Vienne ; les terres sont limitées par le chemin de Grecio à Acurio, celui de St-Didier à Auriaco, la villa Alilacio et le ruisseau Flumicello. Vualbertus archipresbyter. Oldefredus a-r, Berno a-r, Subrainfredus a-r. Romanus presb. scr… a° 8 regn. Ludovico imper.
GIRAUD. Hist. S. Barnard-Romans, compl. 1-2 ; et CHEVALIER. Cart. de St-Barnard, 14-5.

**1001** (909?)
Diplôme de l'empereur Louis l'Aveugle, par lequel, à la sollicitation du comte Boson, son parent, il restitue reconfirmativo præcepto l'abbaye de St-Ruf l'église de St-Etienne d'Avignon, dont Remigius est évêque. — Si vestigiis prædecess.
Arch. de Vaucluse. G. 6, n° 1. — BOUCHE, Hist. de Provence, I, 934. BOUQUET, IX, 683-4. = VALBONNAYS, II. 549 d. BREQ. I, 371.

**1002** (909).
Hermengarde, fille de l'empereur Louis, fait don de la chapelle de St-Pierre de Wastalla à Roncaglia à Dominique Carimanni. Seings de [comtes] francs, lombards et teutons, d'évêques et de juges. Raimundus not. s. palat. scr. a° d. Berengarii r. 21.
Hist. patr. monum. XIII. 748-9.

**1003** Orange, 1ᵉʳ mars (909).
Après la mort de l'évêque Boniface, le clergé et le peuple d'Orange et de Trois-Châteaux, réunis dans

l'église (*oratorium*) de Ste-Marie, en présence du marquis Hugues et du comte Rorgon, du consentement de l'empereur Louis, proclament évêque le prêtre Laudonée, originaire de Die ; il fut sacré le dimanche suivant (5 m.) *A° Inc. DCCCXXXVIIII, d. mercurii, cal. mart. intrante Quadragesima.*
BOYER DE STE-MARTHE, *Hist. de St-Paul-T.-C.*, 37. *Gallia christ. nova*, I, instr. 119ᵉ. BASTET (J.), *Essai histor. évêq. Orange*, 87-90. *Gallia christ. noviss.*, VI, n° 38.

**1004** Vienne, 16 mai (909 ou 911).
Diplôme de l'empereur Louis l'Aveugle, par lequel, à la demande de son parent, le comte Hugues, et de son féal Teubert (*al.* Théobert), il concède la villa de Bédarrides (*Bitorrita, Beddurida, Bittorita*), au comté d'Avignon, à l'église de St-Etienne de cette ville et à son évêque Remigius. *Warnerius not. ad vic. Alexandri archicancell. ... ind. 14* (d'abord 11), *a° 9* (d'ab. 8), *regni d. Hludovici piiss. imperat. Act. Vienna publ.* — *Si fidelium nostr.*
Arch. de Vaucluse, G. 6, n° 3, orig.. sceau plaqué. Paris, B. N., l. 8971, 26. — NOUGUIER, *Hist. égl. Avignon*. 150, 31-2. BOUCHE, *Hist. de Prov.*, I, 782. LE COINTE, *Ann.* VII, 589-90. FANTONI CASTRUCCI, *Avignone*, I, 314-5. BOUQUET, IX, 684. [CAVERIAC], *Réponse aux recherches histor.* pr. 22-4. = *Gallia christ. nova*, I. 805. FOY (de), I, 355, 362. BRÉQ. I, 370 (à 909), BÖHMER, *R. K.* 1479. GINGINS, *Boson.* 183 ; *Hugon.* 27. MANTEYER, *Prov.* 97 (à 908), 101, 484.

**1005** Avignon, 3 septembre 909.
Contrat de mariage de Fulcherius (père de s' Mayeul) et de Raimodis. *Act. Avenione civit., ... ind. 3 (= 12)..., regn. Hludovico imper.*
BERNARD-BRUEL, *Chartes de Cluny*. I, 117-9. MANTEYER, *Chartes d'Avignon*, 23-5.

**1006** (Vers 910).
Foucher (*Fulcherius*) rappelle dans son « testament » (2 mai 916) comment il a été promu évêque d'Avignon : *suggerente augustalis prosapiæ principe Bosone, adii Arelatensem primatem illustrem Rodhstagnum... communi voto, sociato sibi Hugone clarissimo procere. imperiali sum exhibitus præsentiæ* [de l'empereur Louis], *cujus jussu licet indignus Avinionensi subnixus cathedræ...*
Arch. de Vaucluse. G. 119. f° 39, orig. — *Gallia christ. nova*, I. instr. 138ᵉ. = GINGINS, *Hugon.* 29-30.

**1007** Mai (910).
Bulle du pape Sergius III adressée à Austerius, archevêque de Lyon ; il lui confirme les possessions de son église, parmi lesquelles Demptézieu (*Dentasiacum*), Chassieu (*Casetum*), Chélieu (*Caduliacum*), Fitilieu (*Fistiliacum*), Tournon (*Turno*).
Arch. de l'Isère, B. 3784, 9. — SEVERT, *Chron. hist. arch. Lugdun.* 193. CHEVALIER (C. U. J.), dans *Rev. du Lyonnais* (1867), C, III, 414-8 (à part, 3-8) ; cf. M. CANAT DE CHIZY, V, 477-82. *PRUDHOMME (A.), Invent. arch. Isère*, III, 242ᵃ. = JAFFÉ, 3545.

**1008** Mai (910).
Maindrannus et sa femme Sufficia vendent à Maurzel et son épouse Orseldis un courtil et vigne dans la villa de Bossieu (*Bolziaco*), dans l'ager d'Estrablin (*Stabiliacen.*) et le pagus de Vienne, confinant à la terre de St-André, pour le prix de 12 sols. *Airoardus, jub. Bernart, scr. d. lunis..., a° 10 regn. Ludovico imper.*
CHEVALIER (U.), *Cart. de St-André-le-Bas*, 100-1.

**1009** (910/927).
Etienne et sa femme Gudina donnent au monastère de Cluny leurs biens limités par la terre de St-Paul et situés dans la villa Craponi, et l'ager de Cominaco ou Cominiaco, au pagus de Vienne ; réserve d'usufruit, sous l'investiture annuelle de 2 setiers de blé.
BERNARD-BRUEL, *Chartes de Cluny*. I, 131-2.

**1010** (910/927).
Eve et son fils Pierre donnent au monastère de Cluny ce qu'ils possèdent dans les villæ de Tourdan (*Tordoniacus*) et Moissieu (*Moxiacus*), au pagus de Vienne ; elle en sera investie jusqu'à sa mort.
BERNARD-BRUEL, *Chartes de Cluny*, I, 148-9.

**1011** (91.).
Charte (*chartula*) de Hugues, comte de Vienne et marquis de Provence, par laquelle il donne au monastère de Ste-Marie et St-Theudère l'église de St-Martin à Vézeronce (*Veseroncia*).
Rappelée dans son diplôme du 12 nov. 928 (olim).

**1012** 911.
*Miracula s' Apollinaris, episcopi Valentinensis.* — On y mentionne l'arrivée à Valence comme évêque, du franc Remégaire et ses rapports avec le marquis Hugues, gouverneur sous l'empereur Louis.
BOLLAND., *Catal. codd. hagiogr. lat. Paris.* II, 93-4. CHEVALIER (U.). dans *Bull. hist.-archéol. dioc. Valence* (1895). XV, suppl. 38-40. MANTEYER, *Provence*, 118-9.

**1013** Mantoue. 6 mars (911).
Diplôme de l'empereur Louis en faveur de son vassal (*vassus*) Salamanus, abbé de St-Gall... *a° imper. ... d. Ludovici serenis. aug. 11, ind. 14. Act. Mantua civit. palat. reg.* — *Omnibus fidelibus.*
MURATORI, *Antiq. Ital.* V. 961-2. — Il est douteux qu'il s'agisse de Louis l'Aveugle, qui n'avait alors aucune autorité ni à St-Gall, ni en Italie. Mais il est impossible de l'attribuer à un autre : l'indiction concorde d'ailleurs avec l'année du règne.

**1014** 4 avril (911 ou 912).
Diplôme de l'empereur Louis l'Aveugle, par lequel, à la sollicitation du duc et comte Hugues et de son frère le comte Boson, ainsi que de l'archevêque [d'Arles] Rostaing, il ajoute diverses églises aux possessions de Foucher (*Fulcherius*) évêque d'Avignon. *Warnerius not. ad vic. Alexandri archiepiscopi* [de Vienne] *et cancellarii* (sic)... *ind. 14, a° 12 imper. Hludovico piiss. imper.* — *Si petitionibus.*
Arch. Vaucluse, G. 6, n° 4, orig., sceau plaqué. Paris, B. N., l. 8971. 25ᵉ. — BOUCHE, *Hist. de Prov.* I. 933. *Gallia christ. nova*, I. instr. 138ᵉ ; cf. 805. BOUQUET, IX, 685. = BRÉQ. I, 372. BÖHMER, *R. K.* 1478. GINGINS, *Hugon.* 39. *Gall. christ. noviss.* III, 97. MANTEYER, *Prov.* 117, 451, 482-3, -5.

**1015** 23 mai (911).
Le prêtre André, chanoine de St-Maurice de Vienne, avise en chapitre ses confrères le prévôt Eirleus, le doyen Anselme, les abbés Warnerius, Gauzbertus et Erlenus, etc., que l'église de St-Pierre de Succieu (*Sisiaco, Incisiaco*), ne possède ni presbytère ni privilège qui lui permette de solder le cens. On lui attribue un

petit manse avec vigne et terres. *Adaloldus lev. dat...* *a° 11 imper. d. n. Ludovici sereniss. aug.*

Mss. : Baluze, LXXV, 328. Harlay 195. Secousse, 33. — *Gallia christ. nova*, XVI, instr. 12-3. = Chevalier (U.), *Cart. de St-Maurice Vienne*, 23, n° 56.

**1016** 24 sept. 911 ?/22 févr. 912.

Création de la marche Viennoise, comprenant les pays de Provence hors de ce duché.

Manteyer, *Provence*, 115.

**1017** (911/917).

Alexandre, archevêque de Vienne, avait donné à Frodac, féal de son église, la permission *(licentiam)* d'édifier un oratoire dans son bien *in Auremonte* ; lorsqu'il fut achevé, Richard, évêque de Viviers, à la prière du pontife de Vienne, vint le consacrer et plaça des reliques des saints, en l'honneur de la sᵉ Vierge, dans la pierre sacrée *(pila)* de l'autel. Pour le luminaire et l'alimentation *(sustentatio)* des serviteurs de Dieu, l'archevêque cède les dîmes que Frodac tenait de St-Maurice en bénéfice à Surieu *(in Siuriaco)*, celles qu'Adam obtenait à St-Marcellin et celles des biens qu'il a acquis à Vitrieu *(in Vitrosco)* ; il donnera 12 den. suivant l'usage du diocèse *(parœchia)* de Vienne.... *Sobbo præpositus... — Cum per universum.*

Baluze, LXXV, 355ᵛ-6 et 398-7. Harlay, 146. — Petit, *Theodori Pœnitent*. II, 380-2. *Charvet, 248. *Putrot. Int.* XCIX, 912. = Chevalier (U.), *Cart. de St-Maurice Vienne*, 38, n° 161.

**1018** Vienne, (avant 15 févr.) 912.

L'empereur Louis, étant en résidence dans le palais de l'apôtre St-André, Remégaire, évêque de Valence, est venu se plaindre, en présence des grands *(proceres)* de la cour, contre le duc et marquis Hugues, qui détenait Villeneuve *(Villa Nova)*, que les rois, prédécesseurs de Louis, à partir de Charlemagne, avaient donnée à saint Apollinaire, et que son père Boson et sa mère Hermengarde lui avaient confirmée. Mû *(tactus)* par la piété, sur l'ordre de l'empereur et du conseil des évêques, comtes, nobles, etc., le duc restitue *per wadium suum* la terre à Dieu et à sᵗ Apollinaire, et l'empereur en investit l'évêque par son sceptre *(justis). Alexander, s. Viennensis ecclesiæ humilis episcopus, ... Isaac, hum. s. Gratianopolitanæ ecclesiæ episcopus... S. Theodulfi s. Ebredunen. eccles. consecratus episcopus... S. Hugonis incl. ducis et march. S. Bosonis comitis. S. Adalelmi com. S. Bosoni filii ejus. S. Gauzelini. l'eudo not..., scr. jub. Alexandri Viennen. archiepiscopi, aᵒ 1. D. 912, ind. 15, dᵉ 11 regn. d. n. Ludovico imper. Act. Viennæ.*

Fontanieu, *Hist. de Dauph.*, pr. I. 109. — Chorier, *Estat polit.* II, 142-7. cf. 8-9. Petit, *Theodori Pœnitent*. II, 576-7. *Gallia christ. nova*, XVI, instr. 101. Marion, 58-9, 557. = Chorier, *H. de D.* I, 718, 867. Columbi, *Opusc.* 251. Fantoni Castrucci, *Avignone*, II, 28. Catellan, 207. *Gallia christ. nova*, IV, xlviij. Bréq. I, 374. *Doc. hist. inéd.* I, 273. Gingins, *Boson*. 152, 191, 221 ; Hugon. 32. Manteyer, *Prov.* 104, 451.

**1019** (Vers 912).

Diplôme de l'empereur Louis l'Aveugle, par lequel, pour le repos de l'âme de son père le roi Boson et de sa mère Hermingarde, à la prière de son parent le duc et marquis Hugues, il donne à Dieu, à sᵗ Cyprien et à sᵗ Apollinaire, pontife de l'église de Valence, dont Remegarius est évêque, dans le comté de Die la villa de Soyans ? *(Saxiacum)* et aussi ..... *(Adgentiola)* et Saou *(Saone)*, avec les trois églises dédiées à Ste-Marie, à St-Jean et St-Thiers *(S. Tiertii)*. — *Si sacris locis*.

Columbi, *Episc. Valentin.* 14-5 ; *Opusc.* 251. *Gallia christ. vet.* I, 1110ᵇ. Bouche, *Hist. de Prov.* I, 781-2. Bouquet, IX, 685-6. Chevalier (J.), dans *Bull. hist.-archéol. Valence*, XXI, 62-3. = Trad. *Brevet des évêques de Valence*, 23-4. Catellan, 207-8. = Bréq. I, 373. Gingins, *Hugon.* 33.

**1020** Avril (912).

Léger *(Leutgerius)* et sa femme Gotolinde donnent plusieurs biens à l'église de Vienne, sous le pontificat d'Alexandre... *aᵒ 12 quo Ludovico est imperator.*

Chevalier (U.), *Cart. de St-André-le-Bas*, 6-7* ; *Cart. de St-Maurice Vienne*, 27, n° 86.

**1021** Juillet (912).

Boson et sa femme Magemburgis font un don à l'église de Notre-Dame du Puy *(Anicium)*, à Arlebosc *(villa Arlabosc)*, dans l'ager de Colombier *(Colombaren.)* et le pagus de Vienne, sous réserve d'usufruit. ...*fer. 4, aᵒ 12 regn. Ludovico imper.*

Vic-Vaissete, *Hist. de Lang.* V. 679-80 ; 3ᵉ, X. = Bréq. I, 374.

**1022** Vienne, août (912).

Vego *(al. Vigo)*, comte par la grâce de Dieu, donne à l'église dédiée au St-Sauveur et à St-Maurice, dont *inluster vir* Alexandre est archevêque, pour une messe quotidienne, un manse avec courtil, vigne et champs situés à Estressin *(Trecihanus)*, au comté de Vienne ; il est confiné par la terre comtale de St-Maurice, celle de l'empereur, le Rhône et le chemin public. Souscrivent le comte Boson, le vicomte Ratburne, etc. *Act. Viennæ publ. Eldulfus dat. d. dominico... aᵒ 12 quo d. Ludovicus est imperator.*

Chartularia 5214, 177. Secousse, 21ᵇ. Rivaz, *Diplom. de Bourg.* I, n° 32 (Anal. 7, 63). — *Charvet, 248-9. *Gallia christ. nova*, XVI, instr. 13. — Trad. Terrebasse, *Not. dauph. Vienn.* 12-3. = Gingins, *Boson.* 219 ; *Hugon.* 20, 34. Chevalier (U.). *Cart. de St-Maurice Vienne*, 28-9, n° 94.

**1023** 30 août (913).

Vente de fonds au comté de Lyon par Vuarengaud à Eylulfe. *Eldulfus... dat. d. lunis... in aᵒ 12 (= 13) quot d. Ludovicus est imper.*

Bernard-Bruel, *Chartes de Cluny*, I, 178-9.

**1024** (914/915).

Donation par le clerc Constant à l'église de St-Maurice de biens sis à Toisieu et aux Avenières, la 14ᵉ an. du règne de l'empereur Louis.

Chevalier (U.), *Cart. de St-Maur. Vienne*, 27, n° 84.

**1025** Vienne, 18 janvier (915).

Diplôme de l'empereur Louis l'Aveugle, par lequel, à l'intercession de son épouse l'impératrice Adélaïde, il concède à titre héréditaire à son féal Girard une vigne sise dans la villa et l'ager d'Estressin *(Treciano)*, au pagus de Vienne, jadis au juif Nathan. *Uboldus not. ad vic. Alexandri archicancell. Dat. Viennæ publ. ... aᵒ 14 imperii d. n. Ludovici aug. — Si justum est.*

Chevalier (U.), *Cart. de St-André-le-Bas*, 226-7, 367 ; *Cart. de St-Maurice Vienne*, 43-4, n° 196. Dümmler, dans *Forsch. 3. deutsch. Gesch.* X, 318-9. = Charvet, 250ᵇ. Gingins, *Boson.* 187. Poupardin, *Roy. de Prov.* 208. Manteyer, *Prov.* 499.

**1026** 1er septembre (914 ou 915).
Adon et sa femme Ermengarde, pour le salut de leur âme et leur sépulture, donnent à l'église [de Romans], dont Fortunus est abbé, les biens qu'Anne a laissés à son fils, situés dans la villa d'Alixan *(Alexiano)* ou en Bayanne*(in Baiana)*, au pagus de Valence ; leur fils Islenus en aura l'usufruit... *d. veneris, fer. 3, k. sept., a° 14 (= 15) regn. Ludovaco imper.*
Giraud, *Hist. S. Barnard-Romans*, II, pr. 10-1 ; et Chevalier, *Cart. de St-Barnard*, 15-7. = Manteyer, *Prov.* 454.

**1027** Avignon, 2 mai 916.
Testament de Foucher, évêque d'Avignon, qui rappelle l'intervention des princes Boson et Hugues dans son élection. *Act. publ. Avinione civit... ind. 4... in d. Ascensionis Domini, 13 (= 16) a° imper. Hludowico imp. filio Bosonis... Boso comes firm.*
Arch. de Vaucluse, G. 119, 39. — *Gallia christ. nova*, I, instr. 138-9. Manteyer, *Chartes d'Avignon*, 27-31. = Manteyer, *Provence*, 117-8, 453-4, 503.

**1028** 8 avril (917).
Dotation de la chapelle de St-Etienne à St-Vallier, par Alexandre, archevêque de Vienne, avec les seings dudit prélat, prévôt, chanoines, etc. ; la 17e an. de l'empire de Louis.
Chevalier (U.), *Cart. de St-Maur. Vienne*, 28, n° 90.

**1029** 14 juin (917).
Noble Ricfredus vient au monastère de Romans et demande à l'abbé Fortunius de lui accorder, ainsi qu'à sa femme Hélène et à celui de ses fils Junon ou Regeslannus, qui montrera des dispositions littéraires pour devenir moine, l'usufruit de la basilique de St-Maurice de *Cassedonno* [St-Maurice, ct Beaumont-Monteux], dans l'ager *Maximiacensis* et le comté de Vienne. Sa requête est accueillie, du consentement du duc Hugues, et lui-même donne de ses biens dans la même villa ; pour cette *præstaria*, il apportera chaque année à la St-Martin un muid de froment et un de vin. *Strabertus mon., jub. Fortunio abb... dat... a° 17 regn. Ludovico imper.*
Rivaz, *Diplom. de Bourg.* I, n° 35 (Anal. 8). — Giraud, *Hist. S. Barnard-Romans*, I, pr. 78-80 ; et Chevalier, *Cart. de St-Barnard*, p. 17-9. = Gingins, *Hugon.* 33-5, 39, 45.
Vienne, 18 août 918/7. = 18 août 920.

**1030** 14 novembre (917).
Echange de biens à Charancy (C-cieu) entre l'archevêque de Vienne et Gérold et sa femme, la 17e an. du règne de l'empereur Louis.
Chevalier (U.), *Cart. de St-Maur. Vienne*, 30, n° 101.

**1031** Février (918 ou 919).
Costabilis et sa femme Albessenna vendent à Guntart et son épouse Bertelt une vigne avec champ, situés aux Côtes-d'Arey *(villa Arelo)*, au pagus de Vienne, joignant la terre de Witborc, pour le prix de 12 sols 1/2. *Bernardus... dat. d. sabbati... a° 18 regn. Ludovico imper.*
Chevalier (U.), *Cart. de St-André-le-Bas*, 99-100, 367.

**1032** 29 juillet (918).
Adalmar donne à l'église de St-Maurice de Vienne une vigne dans la villa d'Ambérieux ? *(Ambariacum)*, au pagus de Vienne. *Ubboldus presb. dat... a° 18 imperii d. n. Ludovici aug.*

Chevalier (U.), *Cartul. de St-André-le-Bas*, 227 ; *Cart. de St-Maur. Vienne*, 27, n° 80.

**1033** Août (918).
Donation à l'église de St-Maurice de Vienne par Ardradus et sa femme, de biens situés à Milieu, la 18e an. du règne de l'empereur Louis.
Chevalier (U.), *Cart. de St-Maur. Vienne*, 34, n° 133.

**1034** St-Laurent-des-Arbres, 919.
Don par Landoin et sa femme à l'église d'Avignon d'un domaine avec les églises de St-Pierre et St-Laurent au village d'Arbre. *Act. Avenion. comit.. ad ecclesiam S. Laurenti publ.... ind. 6. regn. sive imper. Hludowico filio Bosoni regis.*
Manteyer, *Chartes d'Avignon*, 33-6 ; = *Provence*, 452-3.

**1035** 22 janvier (919).
Donation de vignes et édifices faite par Julie au prêtre André. *Ubboldus dat. a° 18 imperii d. n. Ludovici aug.*
Chevalier (U.), *Cart. de St-André-le-Bas*, 7° ; *Cart. de St-Maur. Vienne*, 21, n° 40.

**1036** Vienne, 14 mai (919).
Diplôme de l'empereur Louis, concédant à titre héréditaire, sur la demande du comte Boson, son parent, à Stercherius le domaine de Cadillan avec l'église de Ste-Marie au comté d'Avignon. *Ubboldus noth. ad vic. Alexandri archicancell... Dat. Vienne publ... a° 19 imper. d. n. Luduvici seren. aug.*
Arch. de Vaucluse. G. 6, n° 6. — Manteyer, *Chartes d'Avignon*, 33-4 ; = *Provence*, 118, 499.

**1037** (919/926).
L'empereur Louis l'Aveugle, sollicité par son consanguin Hugues, comte de Vienne, et marquis de Provence, confirme à son féal le prêtre André ses acquisitions à Reventin *(Repentinis villa)*, sauf la vigne d'Autbert, qui est à l'abbaye de St-Pierre, à Jardin *(Ortis)* et à Toisieu *(Tausiaco)*, ainsi que les dons du doyen Erlenus et de la femme Julie (la fin manque). — *Dignum est ut.*
Chevalier (U.), *Cart. de St-André-le-Bas*, p. 222-3, 367 ; *Cart. de St-Maurice Vienne*, 44, n° 197. Dümmler, dans *Forsch. deutsch. Gesch.* IX, 319-20. = Manteyer, *Prov.* 105.

**1038** Vienne, 920.
Diplôme de l'empereur Louis l'Aveugle, par lequel, à la demande du comte et marquis Hugues, il concède à son féal Ingelbert un courtil et vigne dépendant de la vicomté dans la villa de Serpaize *(Salpatia Superior)*, au pagus de Vienne. *Alboldus (= Ubboldus) not. ad vic. Alexandri archicancell....*
Bernard-Bruel, *Chartes de Cluny*, I, 213.

**1039** Vienne, 18 août 920.
Diplôme de l'empereur Louis l'Aveugle, qui restitue et confirme, à la prière de son parent le comte Boson et de Foucher *(Folcherius)*, évêque d'Avignon, l'abbaye *(abbatiola)* de St-Ruf et l'église de St-Julien à *Capistiniano*, à l'église de Ste-Marie, St-Etienne et St-Jean-Baptiste [d'Avignon]. *Ubboldus noth. ad vic. Alexandri archicancell. Dat. Viennæ publ. a° 918..., a° 17 imper. d. n. Hluduvici aug.. ind. 8.* — *Imperialis dignitatis.*
Arch. de Vaucluse. G. 6, n° 8, orig., sceau plaqué. — *Gallia christ. nova*, I, instr. 139e. Bouquet, IX, 686-7. Manteyer, *Chartes d'Avignon*, 31-3. = Bréq. I, 381. Böhmer, R. K. 1480. Manteyer, *Prov.* 118, 499, 500-2.

**1040** (Vienne), 25 décembre (920).
Le comte et marquis Hugues vend à s¹ Maxime, qui repose dans la basilique du monastère de St-André-le-Bas à Vienne, et à son recteur l'empereur Louis la villa de *Crisinciacus*, avec son église et ses dépendances, et y ajoute 30 livres d'argent ; on lui donne en retour un manteau *(pallium)* broché d'or, vulgairement nommé dossal. Au nombre des témoins figurent les archevêques Alexandre de Vienne et Manassès [d'Arles]. *Uboldus not... dat... aº 20 imperii d. n. Ludovici aug.*
Gallia christ. nova. XVI, instr. 14. CHEVALIER (U.), Cart. de St-André-le-Bas, 87-9. = CHORIER, H. de D. I, 514,-8, 521. 717-8. SCHEID. Origg. Guelf. I, 72 t. GINGINS, *Hugon.* 43-4. Gallia christ. noviss.. III, 242.

**1041** (Vers 921).
Hugues, comte [de Vienne] et marquis de Provence], pour le repos de l'âme de son épouse Wille *(Villa regina)*, enterrée sous le porche *(in atrio)* de l'abbaye de St-Pierre, fait don à l'église de ce monastère de ce qu'il possédait par précepte royal au lieu de Jardin *(Orthis)*, dans le pagus de Vienne, voisinant les terres de St-Pierre et de St-Paul.
CHEVALIER (U.), Cartul. de St-André-le-Bas, 223-4, 367. TERREBASSE, Inscr. I, 60-1 ; Boson, 283-5. MANTEYER, Prov., 106. 115.

**1042** (Vers 921).
Alexandre, humble évêque de Vienne, désireux de réparer les pertes de son église, à la prière et sur le conseil salutaire du glorieux duc Hugues et de son chapitre *(caterva)*, donne au Christ et à St-Maurice, l'église de St-Saturnin à Reventin *(Repentinis)* et celle de St-Maurice à Cheyssieu *(Casciaco)*, avec leurs territoire et dîmes, pour le réfectoire. — *Convenit episcopali.*
*CHARVET, 247-8. CHEVALIER (U.), Cart. de St-André-le-Bas, p. 224-5. 367; Cart. de St-Maurice Vienne, 29 et 367, n° 95 et 150.

**1043** Vienne, 1ᵉʳ février (921).
Diplôme de l'empereur Louis l'Aveugle, qui, à la demande de Manassès, archevêque d'Arles, son parent, lui confirme la possession des bénéfices qu'il avait reçus du roi Boson et de lui-même. *Uboldus not. ad vic. Alexandri archicancell... Dat. Viennæ.... aº 20 imperii d. n. Illudviii aug. — Decet imperialem.*
Paris, Bibl. Nat., ms. lat. 5537, 94ᵇ. — SAXI, Pontif. Arelat. 187. BOUCHE, Hist. de Provence, I, 782. Gallia christ. nova, I. instr.94-5. cf. 548. BOUQUET, IX. 686. MULLE, Hist. de Bourg. III, 334-6. Gallia christ. noviss. III, 98-9. = CHORIER, H. de D. I, 514. BRÉQ. I. 381. BÖHMER, R. K. 1481.
Mentionné dans le jugement du pape Calixte II, du 15 juillet 1119 (ACHERY (d'). Spicil. I. 635 ; LABBE, X, 859; MANSI, XXI, 228 : COCQUELINE, II, 164 ; BOUQUET, XV, 229 ; Patrol. lat. CLXIII, 1110 ; Bull. Taurin. II, 297 ; Mon. pont. Arverniæ. 163).

**1044** Vienne, 25 décembre (921).
Précepte de l'empereur Louis, par lequel, à la demande de son parent le comte et marquis Hugues, il confirme les héritiers de certains vassaux dans la possession des bénéfices dont leurs pères avaient joui. *..aº 21 imper. d. n. Ludovici aug.*
CHORIER, Hist. de Dauph. I, 449, 514, 716; 2ᵉ, 552. = GINGINS, Hugon. 46.

**1045** Janvier (922).
Donation d'une vigne et de fonds à Orsey faite à l'église de St-Maurice de Vienne par le prêtre Adon, qui déclare son impuissance à signer, la 21ᵉ an. de [l'empereur] Louis.
CHEVALIER (U.), Cart. de St-Maur. Vienne, 35, n° 137.

**1046** Mai (922).
Goaltrudis et son fils Pallagius vendent à Gontar et son épouse Bertel une vigne avec champ, situés aux Côtes-d'Arey *(villa Areto Superiore)*, au pagus de Vienne, pour le prix de 11 sols. *Bernardus... dat. d. mercor... aº 22 regn. Ludovico imper.*
CHEVALIER (U.), Cart. de St-André-le-Bas, 98-9, n° 135.

**1047** Juin (922).
Gudultrudis ou God-s et son fils Palatius vendent à Guntardus et sa femme Bertelda une vigne avec courtil et manse, situés aux Côtes-d'Arey *(villa Arelis, Areto Superiore)*, au pagus de Vienne, pour le prix de 16 sols. *Eldebertus, jub. Bernardo... dat. d. sabb...., aº 22 regn. Ludovico imper.*
CHEVALIER (U.), Cart. de St-André-le-Bas, 97-8, n° 134.

**1048** (Vienne), 23 juillet (922).
Alexandre, humble évêque de Vienne, à la sollicitation du comte et marquis Hugues, accorde à son féal le prêtre Alcherius, *per præstariam*, l'église de Saint-Quentin dans la villa *Comnacus* ou *Coinnacus* (Communay?), au pagus de Vienne, sous le cens de 18 (deniers?) à la fête de St-Quentin et de 2 livres de cire à la Saint-Maurice. La signature d'Alexandre est suivie de celles de Sobon, et du c. et m. Hugues. *Remegarius, sanctæ Valentinensis ecclesiæ exiguus episcopus, ss. Isaac, sanctæ Gratianopolitanæ ecclesiæ humilis episcopus, hanc præstariam relegi. Uboldus not... dat... aº 22 imperii d. n. Ludovici imper. — Jus ecclesiasticæ.*
CHEVALIER (U.), Cart. de St-André-le-Bas, p. 227-8. 367 ; Cart. de St-Maur. Vienne, 32, n° 121.

**1049** Août (922).
Constancius constitue en dot *(esponsalicium)*, suivant sa loi Romaine, à son épouse Teuberge les biens qu'il possède dans le pagus de Vienne, dans les villæ *Bracost* (St-Mamert) et *Cuberia* (Cuvière), entre deux ponts. *Bernardus... dat. d. sabato..., aº 22 regn. Ludovico rege.*
BERNARD-BRUEL, Chartes de Cluny, I, 219-20, n° 229.

**1050** Août (922).
Le même donne en douaire *(dotalicium)* à sa femme des biens à *Bracost*. *Bernardus, ut supra.*
BERNARD-BRUEL, Chartes de Cluny, I, 220-1, n° 230.

**1051** 12 juin (923).
Donation par Silvion *(Silvius)*, pour le repos de l'âme de son père Ungrinius, de sa mère Gonbergé et de son oncle Gailenus, à l'église [de Romans] sur l'Isère, que gouvernent Alexandre, archevêque [de Vienne], et Remegarius, évêque [de Valence]. Ses biens sont situés dans le pagus de Valence ; ils comprennent la villa de Charlieu *(Carliaco)*, l'église de St-Michel à Pisançon *(Pisanciano)*, celles de St-Alban et St-Ferréol à Montauban *(Pectoratis)*, c° Chatuzange), celle de St-Just à *Parsiaca* et d'autres à Croco. *Cavandulas*, Marches

*(Marcha)* et Broyse *(Brociaga).* Il s'en réserve l'usufruit, sous le cens d'un muid de blé et d'un de vin... *D. jovis..., a° 23 regn. Ludovico imper. Amardus presb. scr.*
GIRAUD, *Hist. S. Barnard-Romans*, II, pr. 24-5, n° 130; et CHEVALIER, *Cart. de St-Barnard*, 19-21. = MANTEYER, *Provence*, 454-5.

**1052** Vienne, 25 décembre (923).
Diplôme de l'empereur Louis, qui confirme à son féal Ingelbert[1] et à sa femme Nonia (al. Noma) la propriété des biens qu'ils possèdent aux comtés de Vienne et de Lyon, dans la villa de Ternay *(Tadernaco, Terniaco)*. Anneau. *Elyas diac. ad vic. Alexandri archicancell... Act. Viennæ publ... 8 id. kal.* (al. *kal.*) *jan. a° 23 Ludwici imper. aug. — Decet imperialis.*
BOUQUET, IX, 687. BERNARD-BRUEL, *Chartes de Cluny*, I, 228-9, n° 237. = BRÉQ. I, 384. BÖHMER, *R. K.* 1482. GINGINS, *Boson.* 203 ; HUGON. 21, 48.

**1053** 924.
*Sculfus quoque archiepiscopus terram Sancti Remigii conjacentem in Lugdunensi provintia, de qua Heriveus episcopus nihil habuerat, ab Hugone de Vienna, qui eidem colloquio intererat, reimpetravit.*
FLODOARDUS. *Annales* (BOUQUET, VIII, 181 ; *Mon. Germ. hist.,* Scr. III, 213 ; *Patrol. lat.* CXXXV, 431 ; éd. Lauer, 20-1). = CHORIER, *H. de D.* I, 722 ; 2°. 556. POUPARDIN, *Roy. de Prov.* 214.

**1054** (Vers 924).
Diplôme de l'empereur Louis *(Hludwicus)* l'Aveugle, par lequel il donne à son féal Bonus et à sa femme Gertrude l'héritage de feu Arnulfe, dans la villa de Sérézin *(Cisirianum*, al. *Cisiran.)* au comté de Lyon. *Uboldus nothar., jub. d. imper., scr. — Decet imperialem.*
BERNARD-BRUEL, *Chartes de Cluny,* I, 237-8, n° 246. DÜMMLER (E.), dans *Forsch. deutsch. Gesch.* IX, 430.

**1055** (Vers 924).
Le même empereur, à la recommandation de son fils Charles, comte [de Vienne], confirme à son féal et familier Bonus et à sa femme Gertrude un courtil à Tressin *(Trecianum,* al. *Martianum),* qu'il avait acquis du juif Levi. Anneau. *Ubaldus not. scr. — Omnium sanctæ.*
BERNARD-BRUEL, *Chartes de Cluny,* I, 238-9, n° 247.

Vienne, 3 janvier ? 924 = 3 juin 924.
Vienne, 6 janvier (924) = 25 décembre (923).

**1056** Vienne, (avant 15 février) 924.
Diplôme de l'empereur Louis l'Aveugle, relatant que ses féaux Albuin, Aymon. Warin et Bérenger lui ont librement donné un courtil avec vigne dans la villa de Crottes *(Crottis),* au comté de Lyon ; comme cette terre est entourée de toutes parts par celles de son féal Bonus, il la lui confère, à leur prière. *Helias, g. D. diac. ad vic. Alexandri archicancell. Act. Viennæ publ... a° 23 imperii Luduvici sereniss. aug. — Aurem pietatis.*
BOUQUET, IX, 688. BERNARD-BRUEL, *Chartes de Cluny,* I, 236-7, n° 245. = BRÉQ. I, 386. BÖHMER, *R. K,* 1483.

**1057** Mars 924.
Entrevue du roi Raoul avec Guillaume II, comte d'Auvergne, duc d'Aquitaine, en Autunois, sur les bords de la Loire, où assiste le comte Hugues de Vienne.

1. Fils du vicomte Bérilon et frère de l'archevêque Sobon.

FLODOARDI Ann. *(Mon. Germ. hist.,* Scr. III, 373 ; *Patrol. lat.* CXXXV, 431. ; éd. Ph. Lauer (1906), 20).

**1058** Chalon, 6 avril (924).
Raoul, roi de France, confirme au monastère de St-Martin d'Autun, la possession de *Tortilianum* au pagus de Vienne. *Ragenardus not. ad vic. Abbonis episc. recogn... ind. 12, a° 1 regn. Rodulfo r. Act. Cabillono civit. — Supernā provisione.*
MABILLON,. *Diplomat.* 564 ; 3°, 584-5. BOUQUET, IX, 563-4. = LIPPERT, *König Rudolf v. Frankreich,* cat. 2.

**1059** 13 avril (924).
Donation à l'église matrice de St-Maurice de Vienne par Jean, de l'église de St-Genis dans la villa de Chaumont *(Caumontis),* au pagus de Vienne ; il s'en réserve l'usufruit, et aussi à son frère Adon, s'il lui survit, sous l'investiture à la St-Maurice d'un muid de blé (*inter panem). Uboldus dat... a° 24 imperii d. n. Ludovici aug.*
CHEVALIER (U.), *Cart. de St-André-le-Bas,* p. 20-1° ; *Cart. de St-Maurice Vienne,* 22, n° 44.

**1060** Mai (924).
Monfredus et son fils Ataldrannus vendent à Hugo et à son épouse Ermengert, pour le prix de 50 sols, un courtil situé dans l'intérieur des murs de Vienne, confrontant la terre du comte Hugues et celle de Monfredus, que tient le comte Boson *(d. Bosus comis). Eldebertus, jub. Barnardo ...dat. d. sabato... a° 24 regn. Lodovico inper.*
BRÉQUIGNY, *Docum. histor. inédits.* III, 247. BERNARD-BRUEL, *Chartes de Cluny,* I, 231-2, n° 241. = POUPARDIN, *R. de P.* 205.

**1061** Vienne, 3 juin 924.
Diplôme de l'empereur Louis l'Aveugle, par lequel, à la demande de son très-cher fils Charles *(Karolus),* il donne en propriété à son féal Bononus les serfs Ayme-ric, Constancia et Fluduinus. *Elias g. D. diac. ad vic: Alexandri archicancell... Act. Viennæ publ . 3 non. jun., imperii d. n. Luduwici a° 23. — Dignum est ut.*
BERNARD-BRUEL. *Chartes de Cluny,* I. 233-4, n° 242. DÜMMLER (E.) dans *Forschung. z. deutsch. Gesch.* IX, 429. = GINGINS, *Boson.* 193. POUPARDIN, *R. de P.* 209. MANTEYER, *Prov.* 125.

**1062** (Avant 27 septembre) 924.
*Hungari per abrupta transeuntes Alpium juga, veniunt in Galliam : quos Rodulfus, Cisalpinae rex Galliae, et Hugo Viennensis Hungaros inter angustias collium Alpinarum claudunt. Unde, inopinato loco per devia montis insequentes, Gothiam impetunt: quos insequentes praedicti duces sternunt ex eis quos reperire poterant.*
FLODOARDI Rem. *Annales-Chronicon* (BOUQUET, VIII, 181 ; *Mon. Germ. hist.,* Scr. III, 373-4 ; *Patrol. lat.* CXXXV, 432 ; éd. Lauer, 22-3). — HUGO Flavin., *Chron. Virdun.* (BOUQUET, VIII, 289 ; *Patrol. lat.* CLIV, 176-7; FLOD. éd. Lauer, 197). = R. S. R. 121. POUPARDIN, *Roy. de Prov.* 214-6. MANTEYER, *Prov.* 120.

**1063** Janvier (925).
Collio et sa femme Emmena vendent à Abbon et son épouse Madrona, juifs *(ebreos),* une vigne dans la villa *Ambalent,* au pagus de Vienne, pour le prix de 15 (vx) sols. *Eldebertus, jub. Bernardo ...dit. d. jovis a° 24 regn. Ludovico imper.*
CHEVALIER (U.), *Cart. de St-André-le-Bas,* 92-3, n° 129.

**1064** 13 février (925).

Alexandre, humble évêque de Vienne, au nom de sa communauté, fait échange de terres avec Ageltrude et son fils Hugues; elles sont toutes situées dans l'ager *Torrensis*, au pagus de Mâcon, un champ confine à la Saône. *Sobbo humilis præpositus. Euboldus cernuus abba. Uboldus nothur. dat... aº 25 imperii d. n. Ludwici aug.*
BERNARD-BRUEL, *Chartes de Cluny*, I, 240-1, nº 249.

**1065** (8 mars 925/9 juillet 926).

Après un sombre tableau de la ruine des églises et de la décadence des deux clergés, monastique et canonique, Hugues, comte [de Vienne] et marquis [de Provence], reconnaît qu'il doit à la gratuite miséricorde de Dieu sa haute fortune *(tanti honoris celsitudine)* et d'avoir échappé à d'innombrables périls. Ne trouvant pas dans ses propriétés de lieu propice pour construire un monastère, il s'est adressé au vénér. archevêque de Vienne Alexandre; ils ont conclu de réaliser ce projet dans l'église de St-Pierre près des murs de Vienne et de la rétablir dans son ancien état : il lui rend l'église de St-Marcel qu'il tenait *in præstariam*; les moines, sous l'autorité épiscopale; prieront Dieu de lui donner la piété de s'Pierre et feront mémoire de son père Thibaud *(Teutbaldus)*, de sa mère Berthe, de sa 1ʳᵉ épouse Wille, de la 2ᵉ Hilde, de ses frères et sœurs. La comtesse Hilde toucha la charte de sa main. — *Venerabilis quondam.*
Mss. : Baluze, LXXV, 322. FONTANIEU, *Hist. de Dauph.,* pr. 1, 125. — BOUCHE, *Hist. de Prov.* I, 935-6. *PAGI, *Crit.* 926, 2. BOUQUET, IX, 689-90. *SCHEID. *Orig. Guelf.* I, 70-1. = CHORIER, *H. de D.* I, 515, 520-1, 717, 731. BRÉQ. I, 386. COLLOMBET, I, 343-7. GINGINS, *Boson.* 221; *Hugon.* 16, 34, 40-3, 136. TERREBASSE, *Inscr.* I, 60-1.

**1066** (Vienne), 13 avril (925).

Donation par Teutbert à son parent et ami le prévôt Sobon, de fonds de terres situés dans le pagus de Vienne, aux lieux dits Mons *(in Monte)* et Gien *(in monte Gaiano). Signum Siebodi comitis, qui germano suo... consensit. Uboldus... dat... aº 25 imperii d. n. Ludovici aug.*
RIVAZ, *Diplom. de Bourg.* I, nº 41 (Anal. 9). — CHEVALIER (U.), *Cart. de St-André-le-Bas,* 229; *Cart. de St-Maur. Vienne,* 35, nº 139.

**1067** Mai (925).

Pierre *(Pétrone)*, Engeldricus, Atalmarc et sa femme Elierda vendent à Durand, Usta et Bonus Filius une vigne à Toisieu *(villa Tausiaco),* dans l'ager de ce nom et le pagus de Vienne, pour le prix de 4 livres 1/2. *Eldebertus, jub. Bernardo,"..dat. d. jovis... aº 25 regn. Ludovico imper.*
CHEVALIER (U.), *Cartul. de St-André-le-Bas,* 91, nº 127.

**1068** 7 décembre (925).

Eribaldus ou Erboldus, parent du prévôt Sobon, fait donation à l'église de St-Maurice [de Vienne] de terres près de l'église de St-Ferréol (St-Ferjus). *Uboldus... dat... aº 25 imperii d. Ludovici aug.*
CHEVALIER (U.), *Cart. de St-André-le-Bas,* 7*; *Cart. de St-Maurice Vienne,* 27, nº 79.

**1069** 10 décembre 925.

Echange de plusieurs héritages entre Otton et sa femme Ingeldrada, et l'église de St-Maurice de Vienne, sous le pontificat d'Alexandre. *Uboldus not. commutationem... dat... aº 25 imperii d. n. Ludovici aug.*
CHEVALIER (U.), *Cart. de St-André-le-Bas,* 7*; *Cart. de St-Maurice Vienne,* 26, nº 71.

**1070** 8 mars 926.

Sur le conseil et avec la permission du prince et marquis Hugues, l'abbé Gausbert et Lefredus (Sotefredus) *probus vir* (prud'homme) se sont rendus, de la part de l'archevêque de Vienne, Alexandre et ses chanoines, à l'abbaye de St-Martin d'Autun, pour proposer à l'abbé Aimon et à ses moines de leur échanger ou acheter leur villa *Tortillianum* (Torchefelon?), voisine de Vienne. Considérant l'éloignement de cette propriété, sans cesse dévastée, les religieux en acceptent pour prix cent livres, qui comprend les serfs, et ce qu'ils possèdent dans la villa Rapont *(Repont).* Souscrivent l'abbé et ses 17 moines. *Acta aº 926 ab I. D., ind. 14,... fer. 4, aº 3. regn. Rodulfo glor. rege. Gererius subdiac. p. jussion. Aimonis abbatis scr.*
Mss. : Baluze, LXXV, 321ᵇ-3. Secousse, 13. — MABILLON, *Diplomat.* 566; 3*, I, 586. *Journ. de Trévoux* (fév. 1715), 244. = GEORG. I, 202. CHARVET, 250. BRÉQ. I, 388. *Rev. du Danph.* IV, 57 (orig. à Grenoble). CHEVALIER (U.), *Cart. de St-Maurice Vienne,* 19, nº 29. CROZET (F.), dans *Bull. acad. Delphin.* C, IV, 79-80. RIVOIRE DE LA BÂTIE (G. de), dans *Rev. du Dauph.* I, 135-6. DUC (J.), *Essais histor. Albon.* 23-4. MANTEYER, *Prov.* 105-6.

**1071** 3 mai (926).

Echange entre les chanoines du monastère de St-André-le-Bas *(Subterior),* par ordre de l'empereur Louis l'Aveugle, et Girbert et sa femme Beliardis; ceux-ci reçoivent un champ à Tiers *(villa Tercia),* au comté de Vienne, limitant les terres de St-Sévère et de St-Maurice, et donnent 2 champs dans la même villa *Tercia,* confrontant les terres de St-André et de St-Maurice. *Helias diac... dit. d. mercoris..., aº 24 (= 26) imper. Ludovici sereniss. imper. - Quotiescumque initæ.*
CHEVALIER (U.), *Cart. de St-André-le-Bas,* 96-7, nº 133.

**1072** Pavie, 9 juillet 926.

Couronnement de Hugues, duc de Provence, comme roi d'Italie.
*Chron. Novaliense,* III, 3 (ed. Bethmann, 1846, 64). = BARONIUS, *Ann.* 926, 1-2 (XV, 584); cf. PAGI, *Crit.* 2-5 (585-7). GINGINS, *Hugon.* 56. R.S.R. 892. POUPARDIN, *Roy. de Prov.* 221-2. LAUER (Ph.), FLODOARDI *Ann.* 35-6. MANTEYER, *Prov.* 121.

**1073** Vienne, 13 novembre (926).

Emmard (al. Eumard), homme libre *(vir ingenuus),* et sa femme Gausberge échangent des terres avec Alexandre, archevêque de Vienne : ils donnent des vignes et champs dans la villa et ager de Toisieu *(Tausiacen),* au pagus de Vienne, et en reçoivent provenant du bénéfice d'Adalold au lieu d'*Abronna,* dans l'ager d'Annonay et le même pagus. *Act. Viennæ publ. Eucherius lev... dat... aº 26 d. n. Ludovico imper. regn. aug. — Quotienscumque initæ.*
Mss. : Baluze, LXXV, 377-8. Secousse, 33. — *Gallia christ. nova.* XVI, instr. 14-5. = CHEVALIER (U.), *Cart. de St-Maur. Vienne,* 21, nº 42.

**1074** 17 décembre (926).

Mort d'Alexandre, (arch)evêque de Vienne depuis 24 (= 19) ans; enseveli dans l'église de St-Pierre.

CHEVALIER (C. U. J.), *Doc. inéd. relat. au Dauph.* v, 12, 26. DUCHESNE (L.), *Fastes*, 202. = CHARVET, 253 (931). COLLOMBET. I, 345 (932).

**1075** 21 décembre (926).
Sacre de Sobon, (arch)evêque de Vienne.
CHEVALIER (C. U. J.), *Doc. inéd. relat. au Dauph.*, v, 3. DUCHESNE (L.), *Fastes*, 202. = MANTEYER, *Orig. mais. Savoie*, 431 ; add. 262-3.

**1076** 4 avril (927).
Girold et sa femme Ermengeldis vendent au prêtre Amalfred une vigne et un champ dans la villa et l'ager de Chandieu *(Candiacum)*, [au pagus de] Vienne, pour le prix de 5 sols d'argent. *Chrispianus dat. d. mercari..., a° 29 regn. Ludwico rege* (= 929).
BERNARD-BRUEL, *Chartes de Cluny*, I, 277-8, n° 282.

**1077** Mai (927).
Engelbert, pour le repos de l'âme de ses père et mère Berlion et Ermengert, donne à l'église dédiée à l'apôtre St-André et à St-Maxime ce qu'il possède dans la villa de Meyzieu *(Masiano)*, au pagus de Vienne ; il en conserve l'usufruit, sous l'investiture annuelle d'un 1/2 muid de vin à servir par lui au chapitre *(cannonicæ)* de St-André. *Eldebertus jub. Bernardo.... dat. ...a° 27 regn. Ludovico imper.*
CHEVALIER (U.), *Cart. de St-André-le-Bas*, 101-2, n° 139.

**1078** Novembre 927.
Elias, diacre, pour le salut de son âme et en vue de la récompense éternelle, donne à l'église dédiée à St-André et à St-Maxime une vigne à Chaleyssin *(villa Calexiano)*, dans l'ager *Incriniacensis* (St-Just) et le pagus de Vienne ; s'il y a contestation, elle parviendra à son parent Elies Bernart. S. *Elies lev. pro infirmitate sua non potuit escribere. Bernardus ...dat. ...a° 27 regn. Ludovico imper.*
CHEVALIER (U.), *Cart. de St-André-le-Bas*, 93-4, n° 130.

**1079** 9 novembre 927.
Autmarus et Leutgarde, sa femme, donnent des vignes et fonds dans le Viennois à l'église de Vienne et aux chanoines qui la desservent sous la conduite de l'archevêque Sobon. *Barnoinus presb. dat... a 27 regn. Ludovico imper.*
*CHARVET, 251. CHEVALIER (U.), Cart. de St-André-le-Bas, 7* ; *Cart. de St-Maur. Vienne*, 25, n° 67.

**1080** 18 novembre (927).
Ermengarde, pour réaliser le vœu de son mari *(d. et senioris)* Hugues, que son retour au Christ *(obviante illi angelica ac superna visitatione)* l'a empêché de réaliser, donne aux chanoines de St-Maurice l'église de St-Maurice à Chézeneuve *(Casa Nova)* dans le pagus de Vienne, que possédaient le prêtre Adon et son frère Arimar, et tout ce qu'ils avaient vendu à son mari *Pinis* ou *Bergucia*, *Austriuda* et *Ruinada* ; plus, au-delà du Rhône un manse à Condamine *(Condaminas)*. Sig. † *Ratburnivice comitis*, etc. *Uboldus dat... a° 27 imperii d. n. Ludovici aug.*
CHEVALIER (U.), *Cart. de St-André-le-Bas*, 229-31, 367 ; *Cart. de St-Maurice Vienne*, 31, n° 109.

**1081** Vienne, 27 novembre (927).
Diplôme de l'empereur Louis l'Aveugle, par lequel il donne en héritage à l'église de St-Maurice, pour la mémoire de son père et de sa mère, qui y sont enterrés, l'église de St-Didier dans la villa de Crottes *(Crotis)*, avec toutes ses dépendances. *Uboldus notar., jussu d. imper... Dat. Viennæ... a° 27 imperii d. n. Hludovici aug. — Si sacris locis.*
*CHARVET, 251. CHEVALIER (U.), Cart. de St-André-le-Bas, 231-2, 368 ; Cart. de St-Maurice Vienne, 43, n° 192. DÜMMLER (E.), dans Forsch. deutsch. Gesch. X, 320-1. MANTEYER, Prov. 499-500.* — Cette donation est mentionnée dans l'obit du roi Boson : « *Ludovicus imperator, tllius ejus, dedit nobis villam ad Crotas, id est in confinio Viennensi secus fluvium Elsouem* » (LE LIÈVRE, 334).

**1082** Vienne. 25 décembre (927).
Diplôme de l'empereur Louis l'Aveugle. Son cher fils, le comte Charles, lui a remontré que la villa de Sérézin *(Cisiriacus)* avec son église de St-Alban au comté de Vienne, donnée jadis par de religieux chrétiens à la cathédrale de St-Maurice, lui a été injustement enlevée et réunie aux propriétés comtales ; il l'a prié, pour l'amour de ses parents, *quorum corpora celeberrimo cultu in eadem matre ecclesia pernoscuntur humata*, de la restituer avec toutes ses dépendances, ce qu'il fait par le présent précepte entre les mains du pontife Sobon. *Ubboldus not. scr. Dat. Viennæ. ...a° 27 d. n. Hludovici aug. — Si sacros locos.*
Mss. : Baluze. LXXV. 364ᵇ⁻⁵, Chartularia. 93. Secousse. 9°. Harlay, 151ᵇ. RIVAZ. *Diplom. de Bourg*. I. n° 44 (Anal. 9. 63). — *CHARVET, 251. Gallia christ. nova. XVI. instr. 15-6.* DÜMMLER, dans *Forsch. deutsch. Gesch.* X. 321. = GINGINS. *Boson.* 193. CHEVALIER (U.), *Cartul. de St-Maurice Vienne*, 43, n° 191.

**1083** (927 928).
Albrada, par amour et bienveillance pour son mari *(senior)* Bertrannus, lui fait don d'une vigne, avec ses dépendances, située en la villa *Bracosco* (St-Mamert), au pagus de Vienne, limitant les terres de Raingurt et Ermengert ; ils prévoient le cas où il leur naîtrait un fils ou une fille... *A° 27 regn. Ludovico imper.*
CHEVALIER (U.), *Cart. de St-André-le-Bas*, 91-2, n° 128.

**1084** (927/942).
Engelbert et sa femme Halda font don au monastère de Cluny d'un courtil dans la villa de Chonas *(Calvatis)*, situé dans l'ager de Communay *(Cominiacus)* et le pagus de Vienne.
BERNARD-BRUEL, *Chartes de Cluny*. I. 315-6, n° 324.

**1085** (927/942).
Warnerius et Dodon, frères, donnent au monastère de Cluny un courtil dans la villa *Partinas*, au territoire de Vienne.
BERNARD-BRUEL. *Chartes de Cluny*, I, 317, n° 327.

**1086** 5 juin ? (928).
Mort de l'empereur Louis l'Aveugle.
CIPOLLA, *Mon. Novalic*. 340. — BÖHMER. *R. K.* p. 139. GINGINS, *Boson*. 185-6. POUPARDIN, *Roy. de Prov.* 226, n. 5. — Il paraît étrange que les chanoines de Vienne, en faveur desquels Louis l'Aveugle s'était montré si généreux, aient oublié de l'inscrire dans leur Nécrologe.

**1087** Cluny, 3 juillet (928).
Rostagnus, venu en pèlerinage à Cluny, donne au monastère une vigne qu'il possède à Eurre *(Ur)*, dans le pagus de Valence, avec faculté d'établir un canal par-

tant du fleuve de la Drôme jusqu'à la terre que les moines tenaient d'Alisius, pour y établir un moulin. ...*fer. 5, regn. Rodulfo rege.*
BERNARD-BRUEL, *Chartes de Cluny*, I, 345-6, n° 367.

**1088** (Août) 928.
[*Heribertus*] *cum Rodulfo proficiscitur in Burgundiam obviàm Hugoni Italiæ regi. Vindemiæ penè peraguntur infra mensem augustum. Hugo rex, habens colloquium cum Rodulfo, dedit Heriberto comiti provinciam Viennensem, vice filii sui Odonis.*
FLODOARDI *Chronicon-Annales* (BOUQUET, VIII, 186 ; *Patrol. lat.* CXXXV, 440. Ed. Lauer, 43). = CHORIER, *H. de D.* I, 725 ; 2°, 558. VIC-VAISSETE, *Hist. de Lang.* II, 552 ; 3°, IV, 53-5. MANTEYER, *Provence*, 126-7, 130.

**1089** 26 août (928).
Etienne donne à l'église de Vienne, sous l'archevêque Alexandre (!), deux petits domaines situés à Chozeau ou Chuzelles *(Caucella)* ; il s'en réserve la jouissance, sous le cens de 5 sols à la s¹ Maurice ; après lui le prêtre Waldo en aura l'usufruit, sous la même redevance. *Uboldus dat..* [a°] *28 imperii d. Ludovici.*
CHEVALIER (U.), *Cart. de St-André-le-Bas*, 7° ; *Cart. de St-Maurice de Vienne*, 28, n° 91. = CHARVET, 251-2. GINGINS, *Boson*. 185 ; *Hugon*. 61. POUPARDIN, *R. de P.* 226.

**1090** Gap, 31 octobre (928).
Raimbert et son épouse Girberge donnent à l'église de Ste-Foi de Conques, pour le luminaire et le sacrifice quotidien, une *semodiata* de vigne au territoire de Remollon *(Remodo)*, au château de Jarjayes *(Gargaia)*, au comté de Gap *(Wapic.)*, mais en gardent l'usufruit, sous le cens de 8 setiers de vin. *Acto Vapricense, I ind., regn. Rodulfo regnante in Gallis.* Témoins. *Ademarus scr.*
DESJARDINS (Gust.), *Cart. de l'abb. de Conques* (1879). 315-6, n° 131. = ALLEMAND (F.), dans *Bull. soc. études Hautes-Alpes* (1895), XIV, 248-9. ROMAN, 1-2. POUPARDIN, *Roy. de Prov.* 229.

**1091** Vienne, 12 novembre 928.
Hugues, roi [d'Italie], pour le repos de l'âme de ses parents, donne à l'église (monastère) de Ste-Marie et St-Theudère, sous la juridiction de l'église de Vienne, tout ce qu'il a acquis d'Enigrin à *Comagniaco, Boriaco, Posiaco, Muneriaco, Bonliaco* et *Madelliaco*, d'Anne à *Hispalis*, de Guttivus et Autbert à *Corbeliano* ; il lui confirme sa donation de l'église de St-Martin de Vézeronce. Aucun fonctionnaire n'aura le droit d'exiger de service et on ne pourra pas saisir un fugitif sans la permission de l'abbé. *Petrus not. ad vic. Gerlanni abb.* (de Bobbio) *et archicancell. Datu... a° regni d. Hugonis piiss. regis 3, ind. 1. Act. Vienna civit. — Si sacris et.*
ACHERY (d'), *Spicileg.* XII, 147-9 ; 2°, III, 372. BOUQUET, IX, 690-1. = *MABILLON, Ann.* III, 398 ; 2°, 367. BRÉQ. I, 390. BÖHMER, R. K. 1382. GINGINS. *Boson*. 186 ; *Hugon*. 59, 61.

**1092** Vienne, 22 novembre (928).
Diplôme de Hugues, roi [d'Italie], en faveur du monastère de St-Oyand *(S. Eugendi)*, à la prière de l'archevêque [de Lyon] Anscher et de l'abbé [de St-Oyand] Gipperius. *Petrus not. ad vic.* [*Ger*]*lanni abb. et archicancell...* [*ind.*] *1. Acta Vienna.*
BENOIT (P.), *Hist. de l'abb. de St-Claude*, I, 639-40, fac-sim.; trad. 383-4. = MANTEYER, *Prov.* 127.

**1093** Valence, 25 novembre 928.
Hugues, roi [d'Italie], pour le salut de son âme et le repos de celles de ses parents, donne à l'église de Saint-Pierre de Romans ce qu'il possède légalement à *Mons Magnaldus, Campagnei, Baladedo, Mariedum, Meauves (Malves), Corneliacus* et *Marnades. Petrus not. ad vic. Gerlanni abb. et archicancell... a° regni d. Hugonis piiss. regis 3, ind. 1.*
RIVAZ, *Diplom. de Bourg.* I, n° 46 (Anal. p. 10). — GIRAUD, *Hist. S. Bernard-Romans*, I, pr. 59-60, n° 26 ; et CHEVALIER, *Cart. de St-Barnard*, 21-2. = GINGINS, *Boson*. 186 ; *Hugon*. 60.

**1094** Décembre (928).
Arhintruda, Sietrudis et Itdoara vendent à Odcennus et à sa femme Ermengar un manse et jardin à Colombier-Saugnieu *(villa Columberio)*, dans l'ager de Charantonnay *(Carantonico)* et le pagus de Vienne, limitant la terre de St-Symphorien, pour le prix de 8 sols. *Aymoenus, jub. Bernardo, ... dat. d. jovis..., a° 28° regn. Ludovico imper.*
CHEVALIER (U.), *Cart. de St-André-le-Bas*, 94-5, n° 131.

**1095** Bougy, 14 juin (929).
La comtesse Adélaïde soumet le monastère de Romainmotier à celui de Cluny. Elle mentionne son frère le roi Rodolphe, son mari le prince Richard, la reine Vuille, son fils le roi Rodolphe, son neveu le roi Rodolphe, ses fils Hugues et Boson, son neveu Louis. Parmi les témoins : Rodulfe, fils de l'empereur Louis [l'Aveugle].
*LABBE, Alliance chronol.* II, 519. MABILLON, *Acta ss. Bened.* V, 135-6. BOUQUET, IX, 693. SCHEID, *Orig. Guelf.* II, 104. CHARRIÈRE (F. de), *Cart. de Romainmotier*, 420-4. BERNARD-BRUEL, *Chartes de Cluny*, I, 358-61. = R. S. R. 134. POUPARDIN, R. *de P.* 208. MANTEYER, *Orig. maison Savoie*, 429.

**1096** (Avant 24 mars) 931.
Charles-Constantin fait hommage à Raoul, roi de France, qui se rend de Vienne à St-Martin de Tours.
FLODOARDI *Chronicon* (BOUQUET, VIII, 186-7, cf. IX, 575 ; *Patrol. lat.* CXXXV, 441 ; éd. Lauer, 46-7). = CHORIER, *H. de D.* I, 725-6 ; 2°, 559. LIPPERT, *Kön. Rud. v. Frankr.* 73, cat. 13. POUPARDIN, *Roy. de Bourg.* 60, 69, 229. MANTEYER, *Prov.* 130.

**1097** (Vers 932.)
Rescrit du pape Jean [XI]. Silvion s'est rendu au tombeau des Apôtres et a avoué le crime d'avoir, à l'instigation du diable, incendié l'église [de Romans]. Le pape l'a fait absoudre, sous la condition de libérer 60 serfs, d'une amende de 100 livres d'argent et de quelques mortifications. Il aurait été, en outre, condamné à reconstruire cette église, s'il n'avait pas dû en réédifier une autre détruite par lui dans ses propriétés. Le pape met l'abbaye de Romans sous la juridiction du pontife Romain, pour la soustraire à la rage *(lupina rabies)* des évêques tyrans [allusion à l'archev. Sobon, que les chanoines accusaient de la destruction de leur monastère]. L'entrée de l'église était interdite à Silvion et il ne pourrait communier qu'à la mort.
GIRAUD, *Hist. S. Barnard-Romans*, I, pr. 1-2 ; et CHEVALIER, *Cart. de St-Barnard*, 24-5. = GINGINS, *Hugon*. 112. *Gallia christ. nova*, XVI, 166. JAFFÉ, -3593 (à 931/6).

**1098** Mai (932).
Samuelz et sa femme Ingelgiut, pour témoigner à leur fils Eindricus leur affection et mériter la récom-

pense éternelle, lui donnent un champ à la *villa Castolatis*, au pagus de Vienne, qui limite la terre de Saint-Alban. *Bernardus... dat. d. martis... a° 32 regn. Ludovico imper.*
CHEVALIER (U.), *Cart. de St-André-le-Bas*, 95-6, 44*, n° 132.

**1099** 2 juillet (932).
Adalgisus donne à l'église de St-Pierre, dans le pagus de Vienne, dédiée en l'honneur des 12 apôtres et des 3 martyrs S., E. et F., la moitié de l'église de Saint-Quentin dans la villa d'*Aurlianis*. *Uboldus... dat.. a° 32 imperii d. Ludovici imper.*
GIRAUD, *Hist. S. Barnard-Romans*, compl. 41-2, n° 147 ; et CHEVALIER, *Cart. de St-Barnard*, 22-3. = MANTEYER, *Prov.* 131.

**1100** 933.
*His temporibus Italienses in Burgundiam ob Rodulfum, ut adveniat, mittant. Quod Hugo rex ut agnovit, nuntiis ad eundem directis, omnem terram quam in Gallia ante regni susceptionem tenuit, Rodulfo dedit, atque ab eo jujurandum, ne aliquando in Italiam veniret, accepit.*
LIUTPRANDI Cremon. *Antapodoseos* III. 47 (BOUQUET. VIII, 144 ; PERTZ. *Mon. Germ. hist.*, Script. III, 314 ; *Patrol. lat.* CXXXVI, 855 ; MANTEYER, *Provence*, 133-6). = CHORIER, *H. d. D.* I, 728. PAGI, *Crit.* 930, 6 (XV. 599). MURATORI. *Ann. Ital.* 933. BÖHMER, *R. K.* p. 141. GINGINS, *Boson*. 198. *R. S. R.* 136. *R. Gen.* 125. POUPARDIN, *R. de P.* 230-2.

**1101** 933.
*Vienna Rodulfo regi, tradentibus eam his qui eam tenebant, deditur.*
FLODOARDI *Chronicon* (BOUQUET. VIII. 188 ; *Patrol. lat.* CXXXV, 446 ; éd. Lauer, 55). — *Chron.* (BOUQUET, VIII, 290. cf. 304. 319 ; *Patrol. lat.* CLIV. 178. FLOD. éd. Lauer, 199). — *Chron. Turon.* (BOUQUET, IX. 51). = POUPARDIN, *R. de P.* 231 ; *R. de B.* 60. 69. MANTEYER, *Prov.* 131.

**1102** Arles, juin (933).
Bail par Manassès, archevêque d'Arles. ... *a° 33 regn. Ludoico rege et imper., filio Bosoni regis.*
*Gallia christ. noviss.*, III, 99-100, n° 244. MANTEYER, *Chartes d'Avignon*, 36-7 ; = *Prov.* 134.

**1103** 30 juillet (933).
Humbert donne à l'église de Ste-Marie de Goudargues (*Gordunicæ*) un manse au lieu dit *Mons Calvi* (Montclar?) dans la viguerie de *Calcnis*, au diocèse de Die... *fer. 3, kal. augusti, luna 1, regn. Rodulfo rege..*
VIC-VAISSETE, *Hist. de Languedoc*, II. pr. 68 : 3*, V. pr. 158. ROMAN, dans *Bull. com. art chrét. Nîmes* (1884), III, 43. = *Gallia christ. nova*, VI, 654-5. MANTEYER. *Prov.* 135.

**1104** (933/937).
Guiguo (*al.* Wigo) et sa femme Gandalmoda donnent à l'église de St-Pierre [de Cluny] leur héritage situé dans la villa *Vugnon* (al. *Wgo*), l'ager d'Annonay et le pagus de Vienne, sur le Rhône. *Isarnus sac. scr. .. regnante Rodulfus rege.*
BERNARD-BRUEL. *Chartes de Cluny*, I, p. 401-2, 842. n° 415. = RENAUX (C.), *Humbert I*, 17, n. 1.

**1105** Arles, 18 juin (934).
Cession par Drogon, évêque de Marseille. ... *a° 34 regn. et imper. Hludovico, filio Bosoni regis.*
GUÉRARD, *Cart. de St-Victor de Mars.* II, 507-8, n° 1040. *Gallia christ. noviss.* II, 46, n° 64. = MANTEYER, *Prov.* 134.

**1106** Mai (935).
Rihelt donne à son mari Ainon (*al.* Aganus) divers biens dans la villa de *Bracosco* [St-Mamert], au pagus de Vienne, limitant la terre du vicomte Ratburne (*Ratborn*) et [de son frère] Ingelbert ; elle lui cède en outre un manse dans les murs de Vienne, à la porte de Fuissin (*Fussino*), touchant la terre de St-Maurice. *Eldebertus, jub. Barnardo, dat. d. marcis a° 2 regn. Radulfo rege Vienense.*
BERNARD-BRUEL. *Chartes de Cluny*, I, 425-6, n° 437. = POUPARDIN, *R. de P.* 234.

**1107** Octobre (935).
Ainus ou Ainon (*al.* Aganus) donne à son épouse Rihelt, suivant la loi Romaine, certains biens situés dans la paroisse de St-Ferréol, au lieu dit *in Riveria*, au pagus de Vienne ; plus un manse avec vigne, dans la villa *Maciaco*, joignant la terre de St-Pierre et celles d'Ingelbert et Boson, et plusieurs serfs. *Eldebertus. jub. Barnardo... isto sponsalicio dat. d. sabato a° 2 regn. Radulfo rege Vienense.*
BERNARD-BRUEL, *Chartes de Cluny*. I, 427-8, n° 439.

**1108** 15 janvier 936.
Mort de Raoul, roi de France, de la marche Viennoise et de Provence.
FLODOARDUS Rem., *Chronicon* (BOUQUET. VIII, 190 ; *Patrol. lat.* CXXXV, 448 ; éd. Lauer, 63). — *Fragment. hist. Francor.* (BOUQ., VIII, 298). — HUGO Floriac. *Chronicon* (BOUQUET, VIII, 322 ; *Patrol. lat.* CLXIII, 857). = *Répert.* Bio, 4027-8. MANTEYER. *Prov.* 132. 137.

**1109** Pavie, 24 juin 936.
Hugues et Lothaire, rois d'Italie, considérant l'affection et la fidélité de leur neveu le comte Hugues, lui concèdent une propriété (*cortis*) royale nommée Octavéon (*Ettevense*), au royaume de Bourgogne et au comté de Vienne, avec 300 manses. les églises et autres appartenances. *Petrus cancell. ad vic. Gerlanni abb. et archicancell. ... a° l. D. 937, regni d. Hugonis invictiss. regis 10 et d. Lotharii it. reg. 6. ind. 9.* — *Noverit omnium.*
RIVAZ, *Diplom. de Bourg.* I, n° 50 (Anal. 10, 63). — CHEVALIER (U.), *Cart. de St-André-le-Bas*, p. 232-3, 368, n° 22* ; *Cart. de St-Maur. Vienne*, 19, n° 31. DÜMMLER, dans *Forsch. deutsch. Gesch.* X. 301-3. = GINGINS, *Hugon.* 107-8. MANTEYER, *Orig. Sav.-Bourg.* 442, etc. ; *Prov.* 133-4. RENAUX (C.). *Comté Humbertien*, 33.

**1110** Juillet (937).
Rihelt (*al.* Richeldis) donne à son mari Ainon (*al.* Aganus, Agionus) la moitié de ses biens : un manse situé au lieu dit *Cedrio* le Haut, dans l'intérieur des murs de la ville de Vienne, acquis d'Engelbert et sa femme Teuberge ; un autre à *Cedrio* le Bas. acheté à Odon et sa femme Engelborge ; un courtil avec vigne dans la villa *Bracosco* [St-Mamert] ; une vigne provenant du juif Nathan ; etc. *Eldebertus, jub. Barnardo dat. d. lunis ... Deum regnantem, regem espitantem.*
BERNARD-BRUEL, *Chartes de Cluny*, I, 461-3, n° 476.

**1111** 11 juillet 937.
Le jeune Conrad. dit le Pacifique, succède comme roi de Bourgogne-Jurane à son père Rodolphe II, enseveli à Agaune.
*Ann. Flaviniac. et Lauson.* (*Mon. Germ. hist.*, Scr. III, 152). — *Necrolog. præposit. Turic.* (ibid., Necrol. Germ. I, 550). —

Conon d'Estavayer, Chron. du chap. de Lausanne (*Mém.- doc. soc. hist. Suisse rom.* VI, 9; Cibrario e Promis, *Docum.* 327). — Bouquet, VIII, 192, 250, 291, 304, 319, 320; IX, 24. Böhmer, *R. K.* p. 142. R. S. R. 140. Spruner-Menke, *Handatlas*, n° 4 (à 962). Manteyer, *Orig. mais. Savoie en Bourg.* 364-5, 432. Poupardin, *Roy. de Prov.* 237; *Roy. de Bourg.* 65. Longnon, *Atlas histor. France*, pl. 6° (à 950). — La chronologie des actes de Conrad émanés de sa chancellerie et des chartes privées rédigées par les notaires présente de grandes difficultés. Dans les positions de sa thèse de l'école des chartes sur la *Diplomatique royale de Bourgogne-Jurane* (1873), M. Théoph. Dufour s'était arrêté aux conclusions suivantes : « Conrad a au moins deux systèmes pour le calcul de ses années de règne : dans l'un il part de 937, dans l'autre de 940. Variété plus grande encore dans les chartes privées datées du règne de ce prince : ce mode de computation a varié selon le lieu où l'acte était dressé et selon l'écrivain qui tenait la plume. Il faut supposer qu'il doit remonter soit à la mort de Rodolphe II, soit au retour de Conrad en Bourgogne, soit à son couronnement, soit à l'époque où il fut définitivement reconnu dans chacune des provinces de son royaume ». Dans les chartes de l'abbaye de Cluny, M. Alex. Bruel n'a pas constaté moins de six manières de compter les années de Conrad (*Bibl. de l'éc. d. Chartes*, 1880. XLI, 360-9). Enfin d'une statistique dressée à l'aide des Cartulaires imprimés du midi de la France par l'éditeur du volume consacré à Arles dans la *Gallia christ. noviss.* (c. 104), il résulte que 15 pièces ont été prises au début du règne (11 juil. 937), 1 à 937/8, 3 à 938, 25 au commence° de 939, 19 à 940, 11 à 941, 5 à 942, 5 à 943, 1 à 944. Classer toutes les chartes pourvues seulement de deux notes chronologiques en prenant le début du règne à 939 ou à 940 serait téméraire : vrai peut-être pour certaines pièces, ce système serait faux pour d'autres ; il a paru préférable, pour la continuation des recherches, de s'attacher au début réel du règne (939) ; libre au lecteur d'ajouter 2 ou 3 unités au millésime, suivant ses conjectures.

**1112** Août (937?)
Boson, comte [de Vienne], donne à son filleul (*filiolo*) Udalbert, abbé [de Romans], l'église de Ste-Marie de la villa d'Arras (*Arratica*), dans l'ager *Aradicen.* et le pagus de Vienne, avec son presbytère et ses dépendances. Après lui, Ubald en aura la jouissance et après eux l'autel de St-Pierre [de l'abbaye] en sera propriétaire. *Adalardus presb. dict. d. martis. ... a° 1 regn. Gondrudo rege.*
Rivaz, *Diplom. de Bourg.*, I, n°51(Anal. 11). — Giraud, *Hist. S. Barnard-Romans*, I. pr. 154-5, n° 133 ; et Chevalier, *Cart. de St-Barnard*, p. 25-6. = Gingins, *Boson*. 201 ; Hugon. 110.

**1113** (Août 937/com° 940)
Lettre de Rathier, évêque de Vérone, exilé de son siège à Côme, aux archevêques Guy (*Wido*) [de Lyon] et Sobon [de Vienne], et aux évêques Godescalc et Aurèle, qui l'avaient engagé à les rejoindre à Amiens : il leur adresse ses *Præloquia*. — *Nisit deesset, patres.*
Martène, *Script. vet. ampl. coll.* IX, 955. Ballerini, *Ratherii Veron. Opp.* 525-. *Patrol. lat.* CXXXVI, 298, 648-9. = Wauters, I, 346. = Folcuinus, *Gesta abbatum Lanbiensium* (Pertz, *Mon. Germ. hist.*, Scr. VI, 64; *Patrol. lat.* CXXXVII, 562).

**1114** (Vienne), août (937/940?)
Eldebert ou Engelbert, avec sa 3° femme Teutberga, pour le repos de l'âme de ses parents Bérilon et Ermengert, et de ses deux premières femmes Emelt et Nonia, donne à l'église dédiée à s¹ André et s¹ Maxime, dans l'intérieur des murs de la cité de Vienne, diverses propriétés dans la villa *Masiano*, au pagus de Vienne ; il s'en réserve l'usufruit sa vie durant, sous l'investiture annuelle de 4 setiers de vin et de froment. *Eldebertus, jub. Bernardo, ... dat. d. sabbato ... regn. Cuonrado rege.*
Chevalier (U.), *Cart. de St-André-le-Bas*, 104-5, n° 141.

**1115** 12 novembre (937/...).
Rofroi (*Rotfredus*) Rotson et sa femme Teutfe donnent à l'église de St-Maurice de Vienne des biens considérables situés dans la villa de Corbas (*Corbatis*), dans l'ager de Villeurbanne et le pagus de Lyon ; ils s'en réservent la jouissance pendant leur vie et celle de leur fils Sofroi. Sous le règne de Conrad.
*Charvet, 255. Chevalier(U.),*Cart.de St-Maur. Vienne*, 32, n° 118.

**1116** 1er décembre (937/...).
Echange entre l'archevêque [coadjuteur] Rostaing (*Rostagnus*) et un nommé Dominique, de biens et fonds au territoire de Vienne, sous le règne du roi Chionrad.
Chevalier (U.), *Cart. de St-Maur. Vienne*, 31, n° 114.

**1117** 18 décembre (937/...).
Donation faite à l'église de St-Maurice de Vienne par son prévôt Ingelbert, de biens situés à Cessieu, sous le règne de Chuorad.
Chevalier (U.), *Cart. de St-Maur. Vienne*, 36, n° 148.

**1118** (937/938).
Restauration du monastère de St-Chaffre par Gotescalc, évêque du Puy, avec l'assentiment du marquis Geilin.
Maillon, *Diplomat.* 569 ; 3°, I, 589. *Gallia christ. nova*, II, instr. 259-60. Vic-Vaissete, *Hist. de Languedoc*, II, pr. 79-80, cf. II, 121-2, 568 ; 3°, V, 179-81, cf. III, 121-2; IV, 84. Chevalier (U.), *Cart. de St-Chaffre*, 47-9, n° 53. = Georg, I, 210 ; Bruel, I, 403.

**1119** (937/938).
Teudel ou Teutelt et son fils Pierre, Jean et Flodoara vendent à Dotbert et sa femme Blismoda un champ avec bois et bruyère à Moissieu (*villa Mossialis*), au pagus de Vienne, pour le prix de 30 sols. A° 1er regn. Chuonrado rege Viennense.
Chevalier (U.), *Cart. de St-André-le-Bas*, 86, n° 122.

**1120** (Vers 937/938).
Vido, son fils Sumfredus et sa femme Fredeburga vendent au prêtre Constantin un champ au lieu dit *Alodedo*, limité par les terres de Ste-Marie et de Saint-André et par la Bouterne (*aqua volvente Bauterna*), et un autre au lieu dit *Campolasso*, dans l'ager de Tain (*Tegnacen.*) et le pagus de Vienne, joignant les terres de Ste-Marie et de St-Etienne et la Bouterne, pour le prix de 9 sols.
Chevalier(U.), *Cart. de St-André-le-Bas*, 87, n° 123. = Bellet (Charl.), dans *Bull. soc. archéol. Drôme*, XXXVII, 352 (à part. 39).

**1121** (937/993).
Echange de biens entre Eugeron et l'abbé de Saint-Maurice, au nom du roi Conrad.
*Hist. patr. mon., Chart.* II, 62. Gremaud (J.), dans *Mém.- doc. soc. hist. Suisse rom.* XXIX, 34-5.

**1122** (937/993).
Le roi Conrad donne à Amalbert, dans la maison duquel il recevait l'hospitalité avec sa cour (*comitatus*), des habitations (*mansiones*) dans la cité d'Apt.

Mentionné dans la donation de son petit-fils Pomet, 1064. — *Gallia christ. nova*, I, instr. 76°.

**1123** 938.
Destruction du monastère de St-André-le-Haut à Vienne, par les Sarrasins et les Hongrois (?)
Charvet-Allut, *Mém. St-André-le-Haut*, 42. Poupardin, *R. de P*. 261.

**1124** (Vers 938, 927/948).
Le lévite Waldo fait don à son révérendissime père l'archevêque Sobon de l'église de Ste-Marie dans la villa *Ocellatis*, au pagus de Vienne, avec une manse à Moissieu (*Mosciatum, Mociacum*); la concession porte sur la moitié à titre héréditaire et l'autre à usufruit ; les chanoines de St-Maurice en hériteront après lui pour la table du réfectoire.
Chevalier (U.), *Cart. de St-André-le-Bas*, 21-2\*; *Cart. de St-Maurice Vienne*, 27, n° 85.

**1125** (Vers 938).
Donation faite par Gaulaura au monastère de St-Chef de la montagne de St-Ferréol, pour le salut de l'âme d'Eldulfe, son père, et de Bertillane, sa mère.[Fait] sous l'abbé Aymoin et le règne de Conrad.
Valbonnays, 8° registre ms.

**1126** Janvier (938/...).
Concession faite par noble Guigonne, fille de Duiphe et de Bertiliane (*Bertheliany*), au monastère de St-Chef, d'une montagne appelée de St-Ferriol, où il y avait une église dédiée au saint, qu'elle cède avec ses dîmes. Un mardi de janvier, sous le règne du roi Conrad.
Grenoble, *Invent. Viennois*, IV, 304 (II, 469°).

**1127** 13 avril (938/...).
Donation à l'église de St-Maurice de Vienne par Getrinus et sa femme Detsa, de possessions au lieu appelé *Teppianus*, sous le règne du roi Chuonrad.
Chevalier (U.), *Cart. de St-Maur. Vienne*, 30, n° 102.

**1128** 12 mai (938/...).
Donation à l'église de St-Maurice de Vienne, par Rainus, de biens situés au lieu dit *Bassolada*, au territoire de Vienne, sous le règne de Cuhonrad.
Chevalier (U.), *Cart. de St-Maur. Vienne*, 33 et 39, n°° 128 et 163.

**1129** 5 juin (938/...).
Donation à l'église de St-Maurice de Vienne par le chanoine Ermendricus, de biens situés au lieu dit *Tepianus*, sous le règne de Cuhonrad.
Chevalier (U.), *Cart. de St-Maur. Vienne*, 34, n° 132.

**1130** 9 juin (938/...).
Donation faite par le prêtre Aldemard et sa mère à la chapelle de St-Michel (et ez personnes d'Eucherius et Leutold), sous le règne de Chuonrad.
Chevalier (U.), *Cart. de St-Maur. Vienne*, 30, n° 107.

**1131** 8 juillet (938/...).
Le chapitre de St-Maurice de Vienne donne à Ratburne la jouissance de certains biens et fonds, sous le cens d'un muid de vin, et reçoit en échange plusieurs fonds, dont le donateur jouira pendant sa vie ; l'acte est souscrit par l'archevêque, le prévôt et autres chanoines, sous le règne de Chuonrad.
Chevalier (U.), *Cart. de St-Maur. Vienne*, 33, n° 122.

**1132** 28 septembre (938).
Sobon, archevêque de Vienne par la grâce de Dieu (*superno annuente munere*), à la prière de son féal Leutbert, confère l'église de St-Nazaire dans la villa de Four (*Fornis*), au pagus de Vienne, qui était son bénéfice, au chanoine Ubold, lequel en avait le titre canonique ; il relate que, fondée honorablement, elle était réduite à rien par suite des dévastations des païens (les Hongrois?). S. *Teutberti.Doso(Boso) diac. hanc prestariam... dat... a° 2 vocato rege Gondrado*.
Charvet, 253-4. Chevalier (U.), *Cart. de St-André-le-Bas*, p. 233-5, 368, n° 23²; *Cart de St-Maur. Vienne*, 31, n° 110. = Gingins, *Boson*, 201 ; Hugon, 110. Poupardin, *R. de P*. 234, 261-2. Manteyer, *Prov*. 98, 143.

**1133** (Env. 938/939).
Adalard et son frère Didier (*Desiderius*) engagent (*inpignoramus*) à Gontier (*Gunterio*) une vigne dans la villa *Merciano*, pour 3 sols et un muid de vin par an. *Regn. Chuonrado rege*.
Chevalier (U.), *Cartul. de St-André-le-Bas*, 73, n° 97.

**1134** (938/939).
Sierdoet sa femme Vinerada ou W-a donnent à Quintillone et à son épouse Etiennette (*Stephana*) une vigne à Vitrieu (*Vitrosco*)... A° 2 regn. Gunrado rege Viennense.
Chevalier (U.), *Cart. de St-André-le-Bas*, 38-9, n° 43.

**1135** (938/939).
Thierry (*Teodericus*) et sa femme Rutrut vendent à Junan et à son épouse Ulvia une vigne avec champs et bois, dans la villa *Castolatis* (Chasselay) sur la Vareize (*aqua Varisia*), au pagus de Vienne, pour le prix de 16 sols. A° 2 regn. Chuonrado rege Viennense.
Chevalier (U.), *Cart. de St-André-le-Bas*, 73-4, n° 98. = Manteyer, *Prov*. 143-4.

**1136** 1<sup>er</sup> février 939.
Rainulfus, abbé de l'église de Romans, fondée par le vénér. Barnard sur le fleuve d'Isère, que gouverne l'archevêque de Vienne Sobon, donne pour faire partie de la société des chanoines, le manse *Ottreius* dans la paroisse de St-Clément de la villa *Verni*, au pagus (=ager) de Tain (*Tegnensis*) dans l'archevêché de Vienne. *Guillelmus scr... kal. febr., 6 fer. luna 5, a° Dom. Inc. 900, regn. Gondrado rege*.
Giraud, *Hist. S. Barnard-Romans*, II, pr. 61-2, n° 265 ; Chevalier, *Cart. de St-Barnard*, p. 26-7.

**1137** 23 avril 939.
Rostagnus, évêque par la grâce de Dieu [coadjuteur de Vienne], donne à l'église [de Romans] dédiée aux martyrs Séverin, Exupère et Félicien, pour le repos de l'âme de son père Léger (*Leodegarius*), de sa mère Gotolinde, de ses frères Guillaume, Adon et Didier (*Desiderii*), deux manses à Arthemonay (*villa Artemonaico*), dans l'ager *Cladrensis* et le pagus de Vienne, et une vigne à *Constercis*; réserve d'usufruit, sous le cens de 4 sols... *regn. Gondrado rege. Emardus presb. scr*.

Rivaz, *Diplom. de Bourg.* I, n° 68 (Anal., p. 14). — Martene, *Thes. anecd.* I, 76-7. Giraud, *Hist. S. Barnard-Romans*, I, pr. 80-2, n° 36 et 94 ; et Chevalier, *Cart. de St-Barnard*, 27-9. = Du Cange, *Gloss.*, v° Exquisitum. Poupardin, *R. de P.* 349.

**1138**        Mai (939).
Vente par Gausbert et sa femme aux frères Teutbert et Odilla, d'un courtil à Vienne, la 2ᵉ an. du règne de Guonrad.
Chevalier (U.), *Cart. de St-Maur. Vienne*, 22, n° 49.

**1139**        (939/940).
Matfredus et sa femme Girelt vendent à Gautier *(Valterius)* un courtil avec vigne et champ au lieu dit *Visino*, dans la villa *Exobito Subteriore*, pour le prix de 7 sols. A° 3 regn. Gunrado rege Viennense.
Chevalier (U.), *Cart. de St-André-le-Bas*, 83, n° 116.

**1140**        (939/940).
Sierannus vend à Junan un champ avec aulnaie et saussaie, à *Castolatis*, limité par les terres de St-Oyand *(S. Eugendi)* et de St-Alban, au prix de 9 sols. A° 3 regn. Conrado rege Viennense.
Chevalier (U.), *Cart. de St-André-le-Bas*, 75-6, n° 102.

**1141**        (939/940).
Siert et sa femme Winarada, avec Quintillus, vendent à un autre Quintillus et à sa femme Etiennette *(Stephanæ)* une vigne à Milieu *(loco Mediano)*, dans la villa de Vitrieu *(Vitrosco)*, pour le prix de 11 sols 9 deniers. A° 3 regn. Conrado rege Viennense.
Chevalier (U.), *Cart. de St-André-le-Bas*, 48, n° 57.

**1142**        (939/940).
Siert et sa femme Vinirada vendent à Quintillus et à son épouse Etiennette *(Stephanæ)* un champ à Vernioz *(in Vernio)*, limité par les terres de St-Pierre de *Gambaronea* et de St-Maurice, pour le prix de 7 sols 1/2. A° 3 regn. Conrado rege.
Chevalier (U.), *Cart. de St-André-le-Bas*, 76, n° 103.

**1143**        (Avant 940).
Le [comte] Guigues l'Ancien, aïeul de Guigues le Jeune (?), donne à l'église de St-Pierre de Romette une terre au territoire de Champsaur.
Rappelé dans la bulle (fausse) de Jean (XIX), de 1027. — Guichenon, *Hist. mais. Savoie*, éd. Lyon, II, 1158-9 ; éd. Turin, III, 299-300. Chorier, *Hist. de Dauph.* I, 794 ; 2°, 610. Allard (Guy). *Œuvr. div.* I, 343. Terrebasse, *Not. Dauphins*, 16-8, 38-41. Roman, 2°. Guillaume (P.), dans *Bull. soc. étud. Htes-Alpes*. IV, 452-3.

**1144**        940.
*Ludowicus rex... Burgundiam repetit. Otho rex Heinrico fratri suo regnum Lotharience committit. Tumque cum diversarum gentium, quas secum adduxerat, multitudine post Ludowicum in Burgundiam proficiscitur, habens secum Conradum filium Rodulfi regis Jurensis, quem jamdudum dolo captum, sibique addictum retinebat.*
Flodoardi Rem. *Chronicon-Annales* (Bouquet, VIII, 194 ; Pertz, *Mon. Germ. hist.*, Scr. III, 387 ; *Patrol. lat.* CXXXV, 455 ; Mantreyer, *Provence*, 137). = R. S. R. 143. — Hugonis Flavin. *Chronicon* (Bouquet, VIII, 292 ; *Patrol. lat.* CLIV, 181).

**1145**        (940/941).
Daidona donne à ses fils Quintillus, marié à Etiennette *(Stephana)*, et Mainoardus par moitié un courtil sis à Milieu *(in Mediano)*, dans la villa de Vitrieu *(Vitrosco)* et le pagus de Vienne. A° 4 regn. Conrado rege.
Chevalier (U.), *Cart. de St-André-le-Bas*, 34-5, n° 37.

**1146**        (940/941).
Girbert vend à Eldebert et sa femme Marie un courtil, avec vigne et champ au lieu dit *Visino*, dans la villa *Exobito Subteriore*, touchant à la terre de St-Maurice, au prix de 4 sols. A° 4 regn. Guonrado rege.
Chevalier (U.), *Cart. de St-André-le-Bas*, 83-4, n° 117.

**1147**        (940/941).
Sierd et sa femme Winarada ou V-a et Quintillus vendent [au monastère] de St-André un champ à Vitrieu *(Vitrosco)*, au lieu dit *super ripa de aqua Maulieno*, au prix de 22 deniers. A° 4 regn. Gonrado rege.
Chevalier (U.), *Cart. de St-André-le-Bas*, 36, n° 39.

**1148**        (Env. 940/941).
Sierd ou Siert et sa femme Vinarada vendent à Quintillus et son épouse Etiennette *(Stephana)* une vigne à Vitrieu Milieu *(in Vitrosco Mediano)*, au prix de 18 sols.
Chevalier (U.), *Cart. de St-André-le-Bas*, 45, n° 53.

**1149**        Juillet (940/941).
Engelbert donne au monastère de Cluny, dont Hemard est abbé, pour le salut de son âme, de son frère l'archevêque Sobon, de ses parents Berlion et Ermengarde, de son fils Teutbold, pour les âmes de [ses épouses] Emmeltet Noniane, un manse dans la villa *Flaviaco*, ce qu'il possède à Crapon, *Marcio*, Communay, Ternay *(Tadernaco)*, *Cavariaco* ; une *area* dans l'intérieur de Vienne, joignant les terres de St-Maurice et de St-André, et plusieurs serfs, le tout compris dans l'ager de Communay, au pagus de Vienne. *Sobbo humilis archiepiscopus s... S. Ratburni* [vicomte de Vienne]... *S. Vuarmundo. Eldebertus, jub. Barnardo... dat. d. veneris... aⁿ 4 regn. Conrado.*
Baluze, *Hist. mais. Auvergne*, II, 478 et 479. Bernard-Bruel, *Charles de Cluny*, t. I, p. 508-10, n° 523. — Mabillon, *Ann. Bened.* III, 458, 2ᵃ, 435 ; (V, 317). Scheid, *Orig. Guelf.* I, 72 x, cf. 73 z. Bréq. I, 407. Gingins, *Hugon.* 92-3, 113.

**1150**        11 mars (941).
Ismidon et sa femme Eloy *(al. Eley)* donnent à l'église dédiée sur l'Isère aux Apôtres et aux martyrs S., E. et F. et à ses cénobites un manse dans la villa *Limanno* ou *Lai-o*, l'ager *Arraticus* et le pagus de Vienne, limitant la terre de Ste-Marie. Malédictions contre tout évêque ou abbé qui le distraira de sa destination ... A° 4 regn. Gondrado rege. Adalardus presb. scr.
Giraud, *Hist. S. Barnard-Romans*, compl. 9-10, n° 88 ; et Chevalier, *Cart. de St-Barnard*, 30.

**1151**        5 avril (941, 947, 952, etc.)
Leogerius *(al. Leotg-s)* et sa femme Adaleldis *(al. Adalildis)* donnent à Godavertus *(al. Quo-s)* et Lanbertus *(al. Lantb-s)*, serviteurs de l'église dédiée à s' Pierre et aux martyrs S., E. et F., une vigne à Menglon *(Mingloni)*, au pagus de Vienne ; après eux, elle fera partie de la mense des frères ... regn. Gondrado rege. Emardus presb. exp.

GIRAUD, Hist. S. Barnard-Romans, compl. 12-3, n° 92 ; et CHEVALIER, Cart. de St-Barnard, 29.

**1152** Octobre (941).
Atalgerius (al. Ada-s) et son fils Pasqual donnent à leur filleul (filiolo) Godon, qu'ils ont levé des fonts de St-Jean, une vigne dans la villa de Commelle (Comella), au pagus de Vienne, joignant le Rhône et la terre de St-Maurice. *Eldebertus, jub. Barnardo... dat. d. sabato... a° 5 regn. Gondrado rege.*
BERNARD-BRUEL, Chartes de Cluny, I, 525-6, n° 538.

**1153** (Novembre) 941.
*Ludowicus* [d'Outremer] *rex a Karlo Constantino in Vienna recipitur ; et Aquitani ad eum veniunt, illumque suscipiunt.*
FLODOARDI Rem. Chronicon-Annales (BOUQUET, VIII. 195 ; PERTZ. Mon. Germ. hist., Ser. III, 38 ; Patrol. lat. CXXXV, 457 ; éd. Lauer, 83 ; MANTEYER, Provence, 138). = MABILLON, Ann. Bened. III, 468. GINGINS, Boson. 202.

**1154** 27 novembre (941).
Le prêtre Otranne donne à l'église du monastère de Romans, fondée sur l'Isère en l'honneur des 12 apôtres et des 3 martyrs S., E. et F., l'église de St-Etienne dans la villa de Bathernay (Basternaco) et l'ager des Voirassiers (Vociariecen.), dans le pagus de Vienne ; il en conservera l'usufruit, ainsi que son frère Arbert et ses enfants Otranne et Eldrad, sous l'investiture annuelle de 2 livres de cire. *Eldradus scr. a° 5 regn. Gondrado rege.*
GIRAUD, Hist. S. Barnard-Romans, compl. 30-2, n° 131 ; et CHEVALIER, Cart. de St-Barnard, 31-2.

**1155** (941/942).
Inféodation de Bracon et de la seigneurie de Salins au comte Albéric par le prévôt de St-Maurice d'Agaune, sur l'ordre et du consentement du roi Conrad. *Henricus Gynk not. scr. dimanche a° 5 regn. r. Chuonrardo.*
GUICHENON, Bibl. Sebus., 53-5. GUILLAUME, Hist. général. sires Salins, I, pr. 5-6.

**1156** (941/942).
Gontier (Gunterius) et sa femme Ermenberga vendent à Gudin et à son épouse Sufficia une vigne au lieu de Visini, dans la villa Exobito Subteriore, joignant les terres de St-Sévère et de St-Maurice, au prix de 14 sols 1/2. *A° 5 regn. Chuonrado rege.*
CHEVALIER (U.), Cart. de St-André-le-Bas, 84, n° 118.

**1157** Voyse? (cont' septembre 942).
Traité entre le roi Otton et Louis d'Outremer, qui cède la marche Viennoise au royaume de Bourgogne jurane.
MANTEYER, Provence. 138-9, 143.

**1158** 1ᵉʳ octobre (942).
Le vicomte Ratburne et sa femme Walda, considérant la grandeur de leurs péchés et les événements terrifiants du siècle, donnent au monastère de Cluny et à l'abbé Hémard l'église de St-Martin dans la villa Landat (al. Landadis), au pagus de Vienne ; il en gardera l'usufruit, mais remettra les dîmes comme investiture annuelle. *Eldebertus, jub. Barnardo, dat. d. sabato ... a° 4 regn. Gonrado rege* (, qui a fait rédiger de cette donation un précepte scellé de son sceau).

RIVAZ, Diplom. de Bourg., I, n° 54 (Anal., II, 63). — BALUZE, Hist. mais. Auvergne, II, 477-8. CHEVALIER (U.), Coll. de cart. Dauph., VI, II, 68-9. BERNARD-BRUEL, Chartes de Cluny, I, 530-1, n° 546. = MABILLON, Ann. III, 458. COURBON, A. 93. BRÉQ. I, 408. GINGINS, Boson. 203, 319 ; Hugon. 112. MANTEYER, Prov. 139.

**1159** (942/954).
Hugues (Ugo) donne au monastère de Cluny, pour le noviciat de son fils Humbert, une vigne dans la villa Cociaco, au pagus de Vienne.
BERNARD-BRUEL, Chartes de Cluny, I, 552-3, n° 575.

**1160** 942/954.
Rostagnus donne au monastère de Cluny 4 manses situés au lieu dit Mallaisana, au pagus de Grenoble, joignant les cours d'eau Aqua Bonna et Rixon.
BERNARD-BRUEL, Chartes de Cluny, I, 561-2, n° 593.

**1161** Mars (943).
Donation au monastère de Cluny par le comte Leutald ou Leotald et sa femme Berthe de biens au comté de Lyon. *Aldebrannus scr. Data... a° 6 rege Conrado regn.* (, qui a fait rédiger de cette donation un précepte scellé de son sceau).
BERNARD-BRUEL, Chartes de Cluny, I, 582-3, n° 625. = GINGINS, Boson. 213.

**1162** Vienne, 1ᵉʳ mars (943).
Donation par le vicomte] Engelbert, sa femme Theutberge et son fils Théobald à Boson. de certains biens réversibles après sa mort au chapitre de St-Maurice. *Data Viennæ, d. mercurii a° 4 Conradi r.*
GINGINS, Boson. 226 ; Hugon. 93. CHEVALIER (U.), Cart. de St-Maurice Vienne. 22, n° 45. POUPARDIN, Prov. 352-3.

**1163** 28 mars ou 27 juin (943).
Diplôme du roi Conrad, dans lequel il relate que son parent, le comte Charles [Constantin], après avoir contesté au monastère de Cluny les biens qu'Ingelbert lui avait donnés, venait de reconnaître son injustice et de confirmer les chartes expédiées sur cet objet (juil. 940/1). A son tour, le roi les appuie de son autorité. *Sobo archiepiscopus præsens fuit*, ainsi que *omnes vassi dominici majores et minores. Odolricus comes palatii. Henricus not. hoc judicium ... dat... a° 6 regn. d. Chuonrado piiss. rege.* — *Notum sit omn.*
RIVAZ, Dipl. de Bourg. I, n° 58 (Anal. 12, 63). — GUICHENON, Bibl. Sebus. (1660). 239-40 ; (1666). 217-8 ; (1780), 69. HOFFMANN, Nova script. coll. I, 191. SCHEID. Origg. Guelf. II, 128. BOUQUET, IX, 696-7. BERNARD-BRUEL, Chartes de Cluny. t. I, 579-80, n° 622. CARUTTI (Dom.), dans Archiv.stor. Ital. (1878), 4ᵉ sér. II, 230. = CHORIER, H. de D. I, 734 ; 2', 565. BRÉQ. I, 409. MERMET. 310. BÖHMER, R. K. 1502. R. S. R. 150. GINGINS, Boson. 188, 190, 203-4 (936). CARUTTI,Reg.Sab.5 ; Umberto I, 17-8. CHEVALIER (J.) dans Bull. soc. archéol. Drôme, XXVI, 8 (à part, I, 136). POUPARDIN, R. de P. 239 ; R. de B. 75.

**1164** 23 avril 943.
Diplôme du roi Conrad par lequel, à la demande de son parent le comte Hugues, qui vient de lui rendre la villa de Thoissey (Tusciaco), Thosc-o, au pagus de Lyon, il la concède, avec toutes ses appartenances, au monastère de Cluny. *Einricus ad vic. Amonis episcopi... a° 6 regn. d. Chuonrado rege, filio Rodulfi.* — *Convenit unumq.*

Rivaz, *Diplom. de Bourg.* I, n° 60 (Anal. 12). — *Bibl. Cluniac.* 267-8. MÉNESTRIER, *Hist. de Lyon*, I, pr. 8. SCHEID, *Origg. Guelf.* II, 129. BOUQUET, IX, 695-6. *Hist. patr. mon.*, Chart. II, 3°. BERNARD-BRUEL, *Chartes de Cluny*, I, 585-6, n° 628. = BRÉQ. I, 409. BÖHMER, R. K. 1500. R. S. R. 148.

**1165** 23 avril 943.
Diplôme du roi Conrad, par lequel, à la sollicitation de son parent le comte Hugues, il concède au monastère de Cluny la villa de Bouligneux (*Boliniacum*), au pagus de Lyon... *Data... a° 6 regn. d. Chuonrado rege filio Rodulfi. — Quidquid juste.*
GUICHENON, *Bibl. Sebus.*, 269-70: 247; (1780). 79. MÉNESTRIER, *Hist. civ. ou cons. Lyon*, pr. xxij°. SCHEID, *Origg. Guelf.* II, 127-8. BOUQUET, IX, 696. BERNARD-BRUEL, *Chartes de Cluny*, I, p. 584-5, n° 627. *Hist. patr. mon.*, Chart. II, 37-8. = BRÉQ. I, 409. BÖHMER, R. K. 1501. R. S. R. 147.

**1166** 18 mai 943 (ou 946).
Le roi Conrad ayant reçu (*reddidit*) de son cousin le comte Charles [Constantin] la chapelle de St-Genès (*S. Genesii, Jenesii*) au comté de Vienne, la concède, à sa prière, au chapelain royal Ermentheus (al. Hermereus), qui pourra en disposer. *Einricus not. ad vic. Amonis episcopi... Data 15 kal. jun.* (al. *jul.*) *a° 1. D. 943, a° 9* (al. 6) *regn. domno Chuonrado piiss. rege, indict. 3* (= 1). — *Quicquid in nostro.*
RIVAZ, *Diplom. de Bourg.*, I, n° 61 (Anal., 12). — CHAMPOLLION-FIGEAC, *Chartes latines-franc.*, 4-5° fasc. FOREL (Fr.), dans *Mém.-doc. soc. hist. Suisse rom.* XIX, 550-1. CHEVALIER (U.), *Cart. de St-André-le-Bas*, 235, 368. BERNARD-BRUEL, *Chartes de Cluny*, I, 588-9, n° 631 ; II, 739. = R. S. R. 2543. *Schweiz. Urk.* 1021. POUPARDIN, R. d. P., 239-40.

17 juin 943 : voy. 18 mai 943.
27 juin 943 : voy. 28 mars 943.

**1167** (Vienne), janvier (944).
Ansiis et sa femme Anne engagent pour 3 ans au prêtre Amalfred un courtil au pagus de Lyon, dans l'ager de Chandieu (*Candeac.*) et la villa de Mions (*Metono*), moyennant 10 sols. *Ansiis rog. scr. d. jovis... a° 7 regn. Gondrado.*
BERNARD-BRUEL, *Chartes de Cluny*, I, 839-40, n° 654bis. — MANTEYER, *Orig. mais. Sav.-Bourg*, 365-6.

**1168** 28 mars (944).
Adémar, vicomte de Lyon, renonce, en présence du marquis Hugues, à ses revendications sur Thoissey (*Tosciaco*) contre le monastère de Cluny. *S. Caroli* [Constantin] *comitis. Data p. man. Aimonis subdiac... ...7 a° regn. Gonrado rege.*
BERNARD-BRUEL, *Chartes de Cluny*, I, 610-1, n° 656. = GINGINS, *Boson*. 208, 227. MANTEYER, *Prov.* 144, 342.

**1169** Avril (944).
Aimulfus donne à son épouse Ermengarde *in esponsalicio* la 4° partie de champs situés *subtus Monte Mercore*, dans l'ager *Elosiacensis* et le pagus de Vienne, confrontant la terre de St-Maurice et le Rhône, et *in dotalicio* le tiers de leurs acquêts. *Ado... dat... a° 7 regn. Conrado rege.*
BERNARD-BRUEL, *Chartes de Cluny*, I, 614, n° 659.

**1170** 23 avril 944.
Translation ou élévation de s¹ Barnard, évêque de Vienne, par un anonyme : *Regni cœlorum... 3° fer. infra Albas Paschæ... a° D. I. 914...*
*Act. ss.* Bolland., jan. II, 548 ; 3°, III, 161. MABILLON, *Acta ss. Bened.* IV, 1, 587 ; 2°, 556. *Patrol. lat.* CXXIII, 449-52.
*Miracula*, attribués à s' ADON : *Acta ss. Bolland.*, jan. II, 547-8 ; 2°, III, 160-1. MABILLON, op. cit. 588-9 ; 2°, 556-7. *Patr. cit.*, 451-2.

**1171** 944.
Concile réuni à Tournus, à l'instigation du duc Gisalbert ; on décide de reprendre à St-Pourçain (Allier) les reliques du monastère qui y avaient été transférées. Parmi les évêques figura *Alchierus Gratianopolitanus*.
ST-JULIEN DE BALLEURE, *Origine des Bourgongnons*, 451, 516. SEVERT, *Chron. hist. arch. Lugd.* I, 195. SIRMOND, III, 600. *Coll. Reg.* XXV, 68. LALANDE, 324. LABBE, IX, 617. HARDOUIN, VI, 1, 597-8. COLETI, XI, 841-2. MANSI, XVIII, 403.

**1172** (944/945).
Jean et sa femme Lucie vendent à Ocen et son épouse Eldeberge 2 vignes à St-Martin des Côtes-d'Arey (*Arelo*), confinant à la terre du vicomte Ratburne, au prix de 5 sols. *A° 8 regn. Ghuonrado rege.*
CHEVALIER (U.), *Cart. de St-André-le-Bas*, 80, n° 112.

**1173** (944/945).
Mortia [et son fils Mortin] vend à Otsen et sa femme Eldeberge un courtil avec vigne et champ au lieu de *Pradilis*, au pagus de Vienne, joignant la terre de St-Maurice, au prix de 15 sols. *A° 8 regn. Chuonrado rege.*
CHEVALIER (U.), *Cart. de St-André-le-Bas*, 188, n° 245.

**1174** Pavie, 25 janvier 945.
Diplôme des rois [d'Italie] Hugues et Lothaire, par lequel, pour le repos de l'âme de leur aïeul Thetbaldus et de leur père, de Bertilion père d'Ingelbert, ils donnent à l'église de St-Maurice de Vienne, dont Sobon est archevêque, *costam imam*, qu'on nomme Châtenay (*Castanetum superius, inferius*), au comté de Vienne, avec ses dépendances. *Giseppoidus (Gipseno-s, Gisebrandus) episc. et cancell. ad vic. Bosonis episc. et archicancell... a° D. I. 945, regni D. Hug. 18 et Lot. 14, ind. 3. Act. Papiæ (Propriæ !).*
Mss. : Baluze, LXXV, 382. Chartularia 5214, 105. Secousse, 14. CHIFFLET, *Collect. Burgund.* (Bruxelles, Bolland.), ex autogr. RIVAZ, *Diplom. de Bourg.* I, n° 64 (Anal. 13). FONTANIEU, *Hist. de Daaph.*, pr. I, 121. — BOSCO (J. a), 59-60. LE LIÈVRE, 224-5. *BOUCHE, *Hist. de Prov.* I, 789. PUCCINELLI, *Hist. di Ugo*, 10. ECCARD, *Origg. Hasburg. Austr.* 154. SCHEID, *Origg. Guelf.* I, præf. 35 c, 70 s. MILLE, *Hist. de Bourg*, III, 336-8. Trad. MAUPERTUY, 149-50. CHARVET, 257-8. COLLOMBET, I, 347-8. GASPARD-PIOLLAT, *Rech. hist. St-Jean-de-Bournay*, 69-70. = CHORIER, H. de D. I, 728. 731. BRÉQ. I, 410. BÖHMER, R. K. 1416. GINGINS, *Hugon.* 21, 114. CHEVALIER (U.), *Cart. de St-Maurice Vienne*, 19, n° 30.

**1175** Mars (945).
Donation de Sicherius ou Siherius au monastère de Cluny. *S. Ratburno vicecomis* [de Vienne]. *Warnerius, jub. Bernardo, dat. d. jovis ...a° 8 regn. Gondrado rege.*
BERNARD-BRUEL, *Chartes de Cluny*, I, 622-3, n° 669.

**1176** Mai (945).
Le vicomte Ratburne et sa femme Walda (al. Vualdana) vendent à Emard, abbé de Cluny, et à ses frères la moitié de ce qu'ils possèdent au pagus de Vienne, dans les villæ de Chuzelles (*Causella*) et *Lendatis*, avec une église dédiée à s' Martin, et leurs dépendances,

pour le prix de 50 sols. *Bernardus... dat. d. lunis..., a° 8 rengn. Gondrado rege.*
BALUZE, *Hist. mais. Auvergne*, II, 478. BERNARD-BRUEL, *Chartes de Cluny*, I, 624-5, 845, n° 671. = COURBON, A, 93-4.

**1177** (945/955).
Faux diplôme de l'empereur Otton I, pour Saint-Emmeran de Ratisbonne, délivré en synode à Rome, où figure l'évêque de Vienne.
SICKEL (Th.), dans *Mon. Germ. hist.*, Urkund. deutsch. Könige (1889), I, 619-21. — STUMPF, *Reichskanzler*, 536.

18 mai 946 = 18 mai 943.

**1178** Juin (946).
Rainulfe donne à son épouse Rihelt (*al.* Richelt) *in esponçalicio* dans la villa *Calvatis*, dans l'ager de Communay *(Comuniacen.)* et le pagus de Vienne, une vigne limitée par la terre d'Engelbert et celle d'Odon et sa femme Vualdane; et à Cuvière *(Cuberia)*, entre les deux ponts, un manse confinant à la terre de St-Sévère et au mur antique de la cité de Vienne. *Bernardus... dat. a° 9 regn. Gondrado rege.*
BERNARD-BRUEL, *Chartes de Cluny*, I, 649-50, n° 695.

**1179** Août (946).
Rampo, sa femme Marie et leur fils Anno donnent au monastère de Cluny la moitié de 5 manses dont ils ont hérité dans la villa *Celosia*, au pagus de Vienne ; ils se réservent une rente annuelle de 4 muids de vin doux *(mustum)*. *Ermengerius, jub. Bernardo... dat... a° 10 regn. Gondrado rege.*
BERNARD-BRUEL, *Chartes de Cluny*, I, 646, n° 692.

**1180** (Septembre) 946.
*Regina Gerberga nuper ad Othonem regem, fratrem suum, legationem direxerat, auxilium deposcens ab eo. Qui maximum colligens ex omnibus regnis suis exercitum, venit in Franciam, Conradum quoque secum habens, Cisalpinæ Galliæ regem. Quibus rex Ludowicus obviam profectus, satis amicabiliter et honorifice suscipitur ab eis ; sicque pariter Laudunum venientes, considerataque castri firmitate, deverterunt ab eo. Remensem aggredientes urbem; quam cingentes obsidione, ingenti vallarunt exercitu. Videns autem præsul Hugo obsidionem se tolerare non posse, neque tantæ resistere multitudini,... post tertiam obsidionis diem cum pene cunctis qui secum tunc aderant militibus egressus est. Sicque reges cum episcopis et principibus ingredientes urbem, domnum Artoldum præsulem, qui dudum fuerat ejectus, iterum intronizari fecerunt... Deinde relinquentes Gerbergam reginam Remis, ipsi reges cum exercitibus suis terram Hugonis aggrediuntur ; et urbem Silvanectensem obsidentes, ut viderunt munitissimam, nec eam valentes expugnare, cæsis quibusdam suorum, dimiserunt. Sicque trans Sequanam contendentes, loca quæque præter civitates gravibus alterunt deprædationibus, terramque Nordmannorum peragrantes, loca plura devastant, indeque remeantes, regrediuntur in sua.*
FLODOARDI Rem. *Chronicon-Annales* (BOUQUET, VIII, 169, 200; PERTZ, *Mon. Germ. hist.*, Scr. III, 393 ; *Patrol. lat.* CXXXV, 465-6; éd. Lauer, 101-3). = CHORIER, *H. de D.* I, 741; 2°, 570. BÖHMER, *R. K.* p. 142. *R. S. R.* 151. POUPARDIN, *Roy. de Bourg.* 75-6.

**1181** (947).
Sobon, archevêque de Vienne, donne à l'abbaye de St-Pierre [de Vienne] une vigne située devant la porte d'Avignon et limitée par deux chemins publics, qu'il avait acquise de l'empereur Louis l'Aveugle.
BOSCO (J. a), 59. LE LIÈVRE, 223. CHORIER, *H. de D.* I. 719; 2°, 553-4. CHARVET, 259.

**1182** Mars (947).
L'abbé Vualde fait des acquisitions en faveur de son monastère de St-Chaffre au pagus de Valence, dans les villæ *Vineatis*, *Roiatis*, *Jaconatis* et *Chasnatis... fer. 2, regn. Conrado r. a° 10.*
CHEVALIER (U.), *Cart. de St-Chaffre*, 107, n° 316.

**1183** Arles, 10 avril 947.
Mort de Hugues, duc de Provence et roi d'Italie.
CIPOLLA, *Mon. Novalic. vetust.* I, 415. = MANTEYER, *Provence*, 145.

**1184** 8 mai (947).
Orilbert (ou Odilbert), évêque de Valence, accorde une *præstaria* à Giborn d'Auriol et la faculté de construire un château dans le pagus de Valence, la 10e an. du règne de Conrad.
COLUMBI, *Episc. Valentin.* 17 : 21 ; *Opusc.*, p. 255. *Gallia christ. nova*, XVI, 299.

**1185** (947/948).
Ponce et sa femme Engeltrude engagent *(inpignoramus)* à Durabile et son épouse Colombe, juifs *(ebreis)*, une vigne à la villa *Castolatis*, pour 3 sols et le cens annuel d'un muid de vin doux ; faute de payement au bout de 3 ans, le gage sera transformé en vente. *A° 11 regn. Chuonrado rege.*
CHEVALIER (U.), *Cart. de St-André-le-Bas*, 74, n° 99.

**1186** (Vers 948).
Le prêtre Ottrannus, pour témoigner son amour et sa bonne volonté à son seigneur *(seniori)* le comte [de Valence et Die] Gillin et à son fils Ainerius, leur fait don de ce qu'il possède de ses parents à la villa *Santiniaco*, dans l'ager *Clarense* et le pagus de Vienne ; il s'en réserve la jouissance sa vie durant ; après la leur, l'église de Romans en héritera. *S. Ardoyni præpositi.*
RIVAZ, *Diplom. de Bourg.* I, p° 73 (Anal. 15). — GIRAUD, *Hist. S. Barnard-Romans*, I, pr. 81-2, n° 37; et CHEVALIER. *Cart. de St-Barnard*, 33-4. = MANTEYER, *Prov.* 99-100.

**1187** 19 avril (948 ou 950).
Arbert, pour obtenir de Dieu miséricorde, donne à l'église [de Romans], dont les moines ont à leur tête l'évêque et abbé Odilbert, un manse dans la villa *Olivet*, au pagus de Vienne, joignant la terre de Saint-Vincent. *Islenus presb. scr. d. veneris... a° 11 regn. Gondrado rege.*
GIRAUD, *Hist. S. Barnard-Romans*, II, pr. 15-6, n° 105; et CHEVALIER, *Cart. de St-Barnard*, 35-6.

**1188** 25 avril (948 ? etc.).
Otranne donne à son fidèle Foldredi une vigne située dans la villa *Santiniaco*, l'ager *Cladrensis* et le pagus de Vienne ; ils en auront l'un après l'autre la jouissance et à leur mort elle parviendra à l'église de Romans. *Bodo sac. dat... temp. Gondrado rege.* Souscrivent un lévite, un moine et 4 prêtres.

Giraud, *Hist. S. Barnard-Romans*, compl. 3-4, n° 80 ; et Chevalier, *Cart. de St-Barnard*, 3a-3.

**1189** 28 avril (avant 948).

Ricard échange avec l'archevêque de Vienne Sobon et son chapitre les biens qui lui appartenaient à Chuzelles *(Cazellis)*, dans la vallée de Chaponnay *(Caponiaca)*, contre d'autres près de Marennes *(Madriacum)* sur les confins du Lyonnais et la rivière d'Ozon *(fluviosi Alsoni)*, sous le règne de Conrad.

\*Charvet, 256. Chevalier (U.), *Cart. de St-Maurice Vienne*, 32, n° 119.

**1190** 29 juin (948 ?).

Bertrannus et sa femme Lanildis *(al.* Lonilde) donnent à l'église des 12 apôtres ou des 3 martyrs S., E. et F., dont les clercs ont à leur tête l'évêque et abbé Odilbert, ce qu'ils possèdent à Geyssans *(Gissiano)*, dans l'ager de Génissieux *(Giniacen.)* et le pagus de Vienne *(Vienens)*; ils en garderont l'usufruit et leur fils Odon après eux. *Histenus presb. scr. regn. Gondrado rege.*

Giraud, *Hist. S. Barnard-Romans*, compl. 14-5. n° 99 ; et Chevalier, *Cart. de St-Barnard*, 34-5.

**1191** Novembre (948).

Vente passée par Willibod et sa femme à Durand et sa femme d'un courtil et manse à Vienne, la 12° an. du règne de Conrad.

Chevalier (U.), *Cart. de St-Maurice Vienne*, 25, n° 69.

**1192** Digoin, (948/954).

Sobbon, qui se qualifie de pécheur, rend et abandonne *(vuerpivi)* au monastère de Cluny et à l'abbé Eymard l'abbaye de Charlieu *(Karilocen.)*, que Robert, évêque de Valence, avait jadis fondée dans son héritage en l'honneur des martyrs Etienne, Félix, Fortunat et Achillée. *Regn. Luedovico rege. — Insatiabilis secularium.*

Severt. *Chron. Matisc. episc.* 68-9. Bernard-Brukl, *Chartes de Cluny*, I, 685-7, n° 730. = \*Mabillon, *Acta ss. Bened.* V, 319 ; 2°, 317. *Gallia christ. nova*, IV, 1112.

**1193** Janvier (949).

Raginardus et sa femme Ermendrada engagent *(inpignoramus)* à Magnardus et son épouse Adaldraa une vigne avec courtil dans la villa *Cruo*, au pagus de Vienne, pour 12 sous et un cens annuel de 4 muids de vin doux *(mustum)*; s'ils ne restituent pas l'argent au bout de 3 ans, le contrat sera transformé en vente. *Ermengerius, jub. Bertranno, dat... a° 12 regn. Gondrado rege.*

Bernard-Bruel, *Chartes de Cluny*, I, 688-9, n° 732.

**1194** Février (949).

Ingeneldis et son fils Servadus engagent *(inpignoramus)* à Magnard et sa femme Adaldrada une vigne dans la villa *Cruo*, au pagus de Vienne, pour 13 sous et un cens annuel de 3 muids de vin doux *(mustum)*; s'ils ne rendent pas l'argent dans 3 ou 5 ans, le contrat sera transformé en vente. *Ermengerius, jub. Bertranno, dat... a° 12 regn. Gondrado rege.*

Bernard-Bruel, *Chartes de Cluny*, I, 689-90, n° 733.

**1195** Février 949.

Burchard, archevêque de Lyon, fait remise au monastère de Cluny du service des deux églises d'Ambierle, avec l'assentiment de l'évêque Alcherius [de Grenoble]. *Data p. man. Johannis diac. S¹ Stephani, 1 fer..., regn. Gonrado rege Jurense.*

Bernard-Bruel, *Chartes de Cluny*, I, 690-1, n° 734.

**1196** 25 février 949.

Déposition de Sobon *(Suboni, Subonis)*, archevêque [de Vienne], dans l'église de St-Pierre, en l'oratoire de Notre-Dame.

*Obit. du prieuré de St-Martin-des-Champs* (Obit. prov. Sens, 1902. I. 427). *Nécrol. du prieuré de Longpont* (ibid. 521).

**1197** 26 février 949.

Epitaphe de Sobon, archevêque de Vienne, moine à la fin de ses jours. *Hæc cineres abdit Sobonis terrea moles* (8 vers). *Obiit* 4 (al. 3) *kal. mart.*

Chorier, *Antiq. Vienne*, 294 ; 2°, 296. Schrid, *Orig. Guelficæ*, I, 72-3. Charvet, 634-5. Collombet, I, 350. *Gallia christ. nova*. XVI, 60. Terrebasse, *Inscr.* I, 147-9. —*Martyrologe de Vienne* (\*Le Lièvre, 225 ; \*Charvet, 258-9 ; \*Poupardin, *Roy. de Prov.* 363 ; Chevalier (U.), dans *Bull. soc. archéol. Drôme*, XLV, 368 (à part, 11). = *Répert.*, Bio, 4296. Manteyer, *Orig. mais. Sav.-Bourg.* 431 ; add. 263.

**1198** (Vienne), avril (949).

Anastasie donne à son mari Girolt (G-ld) la part de l'héritage de ses parents et de leurs acquêts dont la loi lui permet de disposer, sauf *quarta Falcidia*, dans le pagus de Vienne, *in fine Vallis et fines Metonensis*; le tout sera ensuite à leurs enfants Amalfredus et Sisfredus. *Ansus... dat. d. lunis... a° 12 regn. Gondrado rege.*

Bernard-Bruel, *Chartes de Cluny*, I, 696-7, n° 740.

**1199** Avril (949).

Ragenold et sa femme Ermandrada vendent à Magnard et son épouse Adaldrada une vigne avec courtil et manse dans la villa *Cruo*, au pagus de Vienne, pour le prix de 30 sols. *Tremengerius (=Erm-s), jub. Bertranno, dat. a° 12 regn. Gondrado rege.*

Bernard-Bruel, *Chartes de Cluny*, I, 695-6, n° 739.

**1200** (23 mai ? 949 ?)

Assemblée de prélats, dont Alcherius, évêque de Grenoble, au retour des reliques de S¹ Philibert à Tournus.

St-Julien de Balleure (P. de), *Origine des Bourgongnons* (1581), 451, 516. Chifflet, *Hist. de Tournus*, cxxix. Poupardin (René), *Mon. hist. St-Philibert* (1905), 94.

**1201** Juin 949.

Diplôme du roi Conrad en faveur de l'abbaye de St-Gall.

Wartmann (H.), *Urkundenbuch d. Abtei St. Gallen* (1882), III, 19. = Poupardin, *Roy. de Bourg.* 76.

**1202** Juin (949).

Suficia, avec son fils Abon, pour le repos de l'âme de son autre fils Reinoldus, donne au monastère de Romans un manse avec courtil et vigne dans la villa d'Arthemonay *(A-naico)*, dans l'ager de Vossière *(Vociarten.)* et le pagus de Vienne, sous la condition que deux moines de la localité, Otramnus et Ungrinius, en auront l'usufruit. *Eldradus scr... d. veneris... a° 12 regn. Gondrado rege.*

Giraud, *Hist. S. Barnard-Romans*, II, pr. 12-3, n° 98 ; et Chevalier, *Cart. de St-Barnard*, 36-7.

**1203** (949 ?)
Election [d'Isarn] comme évêque de Grenoble par les clercs et les laïques, avec l'assentiment du clergé de Vienne et du roi Conrad. *Odilbertus... ecclesiæ Valentinensis humilis antistes*[1]. L'acte (très mutilé) est souscrit par 3o témoins, dont 7 prêtres et 2 lévites. — *Pontificalis consecrat.*
MARION, *Cart. de Grenoble*, 64, 263-4. = CHORIER, *Estat*, II, 148. *Doc. hist. inédits*, I, 288.

**1204** 9 août (949 ou 950).
Isarn, évêque de Grenoble, sollicité par Teutdrada et ses fils Warnerius, Marcellin et Deutdadit, leur accorde en *præstaria* les biens que leur oncle avait donnés à l'église de St-Vincent [de Grenoble], situés dans la villa de Thodure *(Taldiviro, Taldubrico)*, l'*ager Calambiaco* et le *pagus* de Grenoble, sous l'investiture annuelle de 4 sétiers. *Eldradus... dat. a° 13 regn. Gondrado rege.*
*Gallia christ. nova*, XVI, instr. 74. MARION, *Cart. de Grenoble*, 19. — Trad. TERREBASSE, *Not. dauph. Vienn.* 103-5.

**1205** 15 août 949.
Concile où auraient assisté les évêques de Grenoble et de Valence.
Arch. du Rhône, H. Savigny. orig. parch. BERNARD, *Cart. de Savigny*, 35-8 (mentionne seulement *Isardus*, qu'on identifie avec Isarn, évêque de Grenoble). *Musée des archives départemen.*, pl. XI, n° 13. MANTEYER, *Chartes d'Avignon*, 80-1. = POUPARDIN, *Roy. de Bourg.* 301.

**1206** Octobre (949).
Ermengaud et sa femme Adouvara engagent *(in pignoramus)* à Magnard et son épouse Adaltraa une vigne dans la villa *Calvatis*, au pagus de Vienne, pour 8 sous et la redevance *(conquistum)* de 2 muids 1/2 de vin doux *(mustum)* ; à défaut de remboursement, le contrat sera transformé en vente après 3 ans. *Ermengerius, jub. Bertranno,... dat. a° 13 regn. Gondrado rege.*
BERNARD-BRUEL, *Chartes de Cluny*, I, 709, n° 752.

**1207** Apt. (949/950).
Castus, évêque de Gap *(Vapincen.)* fait don à l'évêque et aux chanoines de Ste-Marie et de St-Castor d'Apt, de la moitié de son alleu *in villa Domo Nova*, qu'il avait hérité de son père Emon et de sa mère Indulgarde. *A° I. D. 13 regn. Conrado rege Alamandorum, ind.* [...]
Ms. : Paris, B. N., l. 17778, f° 37ᵇ. — *Gallia christ. nova*, I, instr. 86¹ ; *noviss.*, I, instr. 272. = BRÉQ. I, 418. ROMAN, 2°.

**1208** 950.
Date d'une inscription trouvée dans les fouilles de l'église de l'abbaye de St-Pierre à Vienne.
TERREBASSE, *Inscript.* II, 465, pl. 103, n° 573.

**1209** (Vers 950).
*Venerant quondam Sarraceni navibus in Burgundiam belloque omnia disturbantes, tandem victi in valle Fraxnith angustiis tutissima, invito qui tunc erat rege, considerant... Ad quorum ducem Conradas, nobili astutia usus, legatos dirigit his verbis :* « *Ecce Ungri, filiones illi fugitivi, nunciis me fatigant, ut sibi pace mea vos quidem à tantæ ubertatis terra armis expellere liceat. Sed vos, si viri estis, obviam illis, me juvante, quantociùs pergite. Enimverò si vos eos in faciem invaditis, ego eos à latere involabo : sicque illos, ut confido, profligatos exterminabimus.* » *Misit autem ad Ungros, qui dicerent :* « *...Expedit enim utriusque nostrûm magis, ut pacifici simus. Venite ergo mecum... et insuper Provinciam proximam terræ illi, si mecum in fide senseritis, libens vobis tribuam* ». *Consenserunt utrimque legationi regiæ : erumpunt Sarraceni de valle Fraxnith confertissimi die et loco condictis : occurrere parant Ungri. Rex suis undecumque collectis, aciem ordinat specie velut his et his futurus subsidiis.* « *Quam acutè, inquit, incidant lanceæ et gladii hodie, ostendite socii mei fortissimi... Victores esse qui cœperint, tribus vos partibus insilite.... nullo discrimine trucidetur Sarracenus et Ungar* »*....Confligunt tandem in conspectu regis...., neutris cedentibus trucidantur utrimque ut victimæ. Tandemque rex animosè pugnantibus... signo dato gradatim velut subsidians supervenit, et undique ad hos et ad illos prosternendos turmatim omnes circumdedit, fugæque locum non habentes quos non occidit captos Arelato vendidit.*
EKKEHARDUS jun., *De casibus mon. S. Galli* (DU CHESNE, H. F. s. III, 487 ; BOUQUET, IX, 6 ; PERTZ, *Mon. Germ. hist.*, SCR., II, 110). = CHORIER, *H. de D.* I, 738, 740 ; 2°, 568-9. R. S. R. 158.

**1210** (Vers 950).
Ricmund et sa femme Auto... vendent au frère Teotmundus, clerc, un *cassaricum* situé hors des murs [de Vienne], au lieu dit entre Deux Ponts, confrontant la Gère *(Geria)* et la terre de St-Maurice, au prix de 2 sols.
BERNARD-BRUEL, *Chartes de Cluny*, I, 739-40, n° 786.

**1211** Apt. 6 juillet (950/955).
Donation par Rostaing, fils d'Adalais, et son épouse Gisla à l'église d'Apt, d'un manse à *castellum* de Barret, comté de Gap *(Guapinc.). Frodulus scr.*
*Gallia christ. nova*, I, instr. 73.

**1212** 18 août (950).
Diplôme du roi Conrad, accordant à Arlulfus *(Carlulfus)* certains biens *in curte de Tresia* (Trets), dépendant du comté de Marseille et situés dans le comté d'Aix. *Einrichus ad vic. Aimonis episcopi... a° regn. d. Chuonrado rege 14. — Si quis justus.*
MARTENE, *Script. ampliss. coll.* I, 292. SCHEID, *Origg. Guelf.* II, 132. BOUQUET, IX, 697. GUÉRARD, *Cart. de St-Victor Mars.* II, 508, n° 1041. — BRÉQ. I, 418. BÖHMER, R. K. 1503. R. S. R. 157. MANTEYER, *Prov.* 200-1.

**1213** (950/951).
Aaron et sa femme Boneta (Bona), juifs *(ebrei)*, vendent à Durant et son épouse Raingart une vigne à Vernioz *(villa Vernio Superiori)*, limitée par la terre des Juifs, pour le prix de 8 sols. *A° 14 regn. Gunrado rege.*
CHEVALIER (U.), *Cart. de St-André-le-Bas*, 74-5, n° 100.

**1214** (X° siècle).
Echange passé entre l'archevêque et le chapitre de St-Maurice de Vienne avec Fanohel et sa femme Suzanne.
CHEVALIER (U.), *Cart. de St-Maurice Vienne*, 33, n° 125.

---

[1]. Cette souscription semble bien indiquer que l'élection eut lieu pendant la vacance du siège de Vienne après la mort de Sobon.

**1215** (X° siècle).
Vente passée par Gariberge et autres en faveur du diacre Rodoal.
CHEVALIER (U.), *Cart. de St-Maurice Vienne*, 24, n° 59.

**1216** (X° siècle).
Donation par Hugues à l'église de St-Maurice de Vienne de deux manses *in Monsacutus* et *in Jalnasia*.
CHEVALIER (U.), *Cart. de St-Maurice Vienne*, 23, n° 53.

**1217** (X° siècle).
Vente passée par Rainard et sa femme Engelberga à Leutbert et sa femme d'un chasal situé hors des murs de Vienne.
CHEVALIER (U.), *Cart. de St-Maurice Vienne*, 30, n° 103.

**1218** (X° siècle).
Donation faite à Rodulphe et à sa femme par Amalgerius et sa femme Ermensende d'un fonds à Villeurbanne.
CHEVALIER (U.), *Cart. de St-Maurice Vienne*, 30, n° 105.

**1219** (X° siècle).
Epitaphe de Theutbergia, religieuse *(monacha)* bénédictine à Ste-Colombe-lès-Vienne.
TERREBASSE, *Inscript. Vienne*, I, 168.

**1220** (X° siècle).
Vuitbert, fils de feu Tredon, obtient de l'archevêque Burchard [abbé de St-Maurice d'Agaune], du consentement du roi Conrad, deux manses *per præstariæ sive præcariæ firmitatem... Anno comes... Adelbertus comes...*
*Hist. patr. Mon.*, Chart. II, 65.

**1221** (Vienne). mars (951).
Donation au clerc Amalfred par le prêtre Amalfred, son frère Girold, père du clerc, et Anestasie, sa mère, d'un courtil au pagus de Lyon, dans l'ager de Chandieu *(Candeen.)* et la villa de Mions *(Metono)*, etc. *Ansus rog. scr. d. veneris... a° 14 regn. Gondrado.*
BERNARD-BRUEL, *Chartes de Cluny*, I, 757-8, n° 803.

**1222** (Avant 30 mars) 951.
La 15° année de son règne, Louis d'Outremer reçoit les hommages de Charles-Constantin, prince de Vienne, et d'Etienne, évêque de Clermont *(Arvern.)*.
FLODOARD, *Annales*, 951 (BOUQUET, III, 207 ; *Patrol. lat.* CXXXV, 477 ; éd. Lauer, 129 ; MANTEYER, *Provence*, 146). — HUGO DE S. MARIA, mon. Floriac., *De modernis Francorum regibus* (BOUQUET, XII, 792 ; *Patrol. lat.* CLXIII, 889 ; FLOD. Lauer, 218). — RICHERI *Historiæ*, II, 98-9 (PERTZ, *Script. rer. Germ.*, 111-2 ; *Patrol. lat.* CXXXVIII, 89 ; MANTEYER, l. c.) = CHORIER, *H. de D.* I, 733 ; 2°, 564-5. VALBONNAYS, II, 269 d. GINGINS, *Boson.* 212. BÖHMER-OTTENTHAL, *Reg. imp.* II, 194°.

**1223** Novembre (951).
Burchard, archevêque de Lyon, confirme au monastère de Savigny la libre élection de ses abbés. *S. Rodulphi filii regis... a° 14 regni Conradi regis Jurensis. fer. 2.*
LA MURE, *Hist. ecclés. dioc. de Lyon*, 372.

**1224** (Mâcon ?), janvier (952).
Charles [Constantin], comte [de Vienne], donne au monastère de Cluny son alleu et la villa de Communay *(Communacus)*, au pagus de Vienne, avec ses deux églises de St-Lazare et St-Pierre ; et les villæ de *Crogta* et *Impetris*, avec leurs dépendances ; il s'en réserve la jouissance, sous le cens de 12 sols à la s¹ Pierre. *(S.) Leutaldi comitis* [de Mâcon]. *Andreas scr..., regn. Ludovico rege a° 16*, qui a ordonné de cette donation un précepte scellé.
CHEVALIER (U.), *Diplom. de P. de Rivaz*, 69-70 ; cf. I, n° 71 (Anal. 14). BERNARD-BRUEL, *Chartes de Cluny*, I, 748-9, n° 797. = GINGINS, *Boson.* 215. POUPARDIN, *R. d. P.* 241 ; *R. de B.* 249. MANTEYER, *Prov.* 149.

**1225** Janvier (952 ou 954).
Isarn, pour le repos de l'âme de son épouse Isiniardis et de ses parents enterrés à Romans, donne à l'église des 12 apôtres et des 3 martyrs S., E. et F. une vigne dans la villa de *Mizoscus* (St-Jean-de-Muzol ?), au pagus de Vienne, joignant la terre de St-Pierre. *Vitbertus... dat... d. sabbato... a° 15 regn. Corrado rege.*
GIRAUD, *Hist. S. Barnard-Romans*, compl. 103-4, n° 250 ; et CHEVALIER, *Cart. de St-Barnard*, 38-9. = MANTEYER, *Prov.* 142.

**1226** (Vienne), avril (952).
Donation par Costancia à son mari Anssolt d'un courtil au pagus de Lyon, dans l'ager de Chandieu *(Candeacen.)* et la villa de Mions *(Metono)*. *Amsis rog. scr. d. martis... a° 15 renn. Gondrado.*
BERNARD-BRUEL, *Chartes de Cluny*, I, 840-1, n° 822¹⁰.

**1227** Mai (952 ou 954).
Arilufus, pour le repos de l'âme de son père Teodbert, de sa mère Aimenrada et de son frère Sigibod, donne à l'église [de Romans], ce qu'il possède à la villa *Vinonia*, dans l'ager d'Annonay *(A-acen.)* et le pagus de Vienne : il se réserve le port et l'usufruit, sous la investiture annuelle de 4 setiers. Si, par le fait d'un évêque ou d'un abbé, la mense des frères était frustrée de cette donation, la terre irait à ses proches. *Vitbertus... dat. d. mercoris a° 15 regn. Gondrado rege.*
GIRAUD, *Hist. S. Barnard-Romans*, compl. 18-9, n° 108 ; et CHEVALIER, *Cart. de St-Barnard*, 39-40. = MANTEYER, *Prov.* 99, 141-2.

**1228** (953/954).
Emma et son fils Gotafredus cèdent à l'église de St-André à Vienne, dont Eymoynus est abbé, une partie de leur héritage aux Côtes-d'Arey *(villa Aretis)*, limitant les terres de St-Jean et de St-Apollinaire, moitié en pur don pour le repos de leurs parents, moitié au prix de 18 sols et l'assistance *(adjutorio)* pendant sa vie. *Regn. Chuonrado rege a° 17.*
CHEVALIER (U.), *Cart. de St-André-le-Bas*, 63, 44°, n° 84.

**1229** 954 ?
Inscription du clocher de St-Donat.
*Per Mauros habitanda diu Grannopolis, ista* ou *isthuc Lipsana sanctorum præsul ab orbe* ou *urbe tollit* ou *tulit Usta Jovinziaci sibi rege palatia dante, Sanctum in Donatum voce, re, sede novat.*
MARTIN, *Hist. chronol. de St-Donat* (1812), 7. OLLIVIER (Jules), dans *Rev. du Dauph.* (1837), I, 248-9. TERREBASSE (Alfred de), *Examen critique de l'inscription de St-Donat, relative à l'occupation de Grenoble par les Sarrasins au x° siècle* ; Vienne-Paris, 1860, in-8, 29 p., pl. AUVERGNE, dans *Bull. acad. Delphin.* 2° sér., III, 173-5. JOUVE, *Statist. monum. Drôme*, 320. PERROSSIER (Cypr.), *L'inscription du clocher de St-Donat*, dans *Bull. soc. archéol. Drôme*, II, 281-98, pl. ; Valence, 1867, gr. in-8, 20 p., pl.

**1230** 30 avril (954/993).
Erment[h]eus, prêtre nourri dans la s⁺ église matrice de Vienne, vend à l'abbé Mayol et aux autres pères du monastère de Cluny, la chapelle de St-Genès, située dans l'intérieur des murs de la cité de Vienne, qu'il avait obtenue du roi Conrad (18 mai 943) ; il donne quittance du prix, 100 sols... S. Ratburni... Adalerius sac. dat... regn. d. Ghuonrado rege sereniss.
BERNARD-BRUEL, Chartes de Cluny, II, 15-6, n° 900.

**1231** (954/994).
Arduin, prévôt [de Valence] et ses neveux le diacre (levita) Arduinus et Rostagnus, frères, donnent au monastère de Cluny et à l'abbé Mayol l'église de St-Baudile à Allex (Ælisio), dans l'ager de ce nom (Elisien.) et le pagus de Valence, en vue de sa reconstruction et d'une congrégation de moines ; ils y joignent la terre qui l'entoure, un champ au-dessus, 6 manses et un moulin à l'Isle (Insula). Balduinus scr.
BERNARD-BRUEL, Chartes de Cluny, II, 36-7, n° 925.

**1232** (954/994).
Boson fait don au monastère de Cluny et à l'abbé Mayol de deux vignes au-delà du Rhône, dans la paroisse de St-Ferréol et le pagus de Vienne, dont l'une limite la terre de St-Maurice.
BERNARD-BRUEL, Chartes de Cluny, II, 43-4, n° 936.

**1233** (954/994).
Ebbon, chevalier, venu en pèlerinage au monastère de Cluny, se rend au chapitre qui se tenait suivant la coutume monastique et là, en présence de 20 frères et du chanoine Amalfredus, renonce à ses réclamations contre Cluny au sujet de l'alleu de Celosa (al. C-sia, Belosa), au comté de Vienne.
BERNARD-BRUEL, Chartes de Cluny, II, 33, n° 921.

**1234** (954/994).
Le diacre (levita) Vuido ou Wigo, pour le repos de l'âme de son père Vuidrad, sa mère Atilie, son oncle Milon et son frère Milon, donne au monastère de Cluny et à l'abbé Mayol un manse, avec vigne et champ, à la villa Cisiriano, dans l'ager d'Octavéon (Hoctavensis) et le pagus de Vienne.
BERNARD-BRUEL, Chartes de Cluny, II, 18-9, n° 904.

**1235** (Vers 955).
Concile tenu sous la présidence de Manassès, archevêque d'Arles, et où figure l'évêque de Valence (Vallen.) Odolbert ; on y excommunie Isnard.
COLETI, XI, 869-72. MANSI, XVIII, 446. = POUPARDIN, R. de B. 301.

**1236** 3 janvier (951 ou 955).
Ricfred, sa femme Anastasie et leur fils Ricfred donnent, avec le consentement des frères de l'église [de Romans], que gouverne l'évêque et abbé Issarnus, au prêtre Rollannus et au lévite Rainoldus des vignes et champs dans la villa Cassedon, dans l'ager de Clérieu (Clarescen.) et le pagus de Vienne ; ils en auront l'usufruit et d'autres, à leur volonté, après eux... fer. 4ᵃ..., aᵒ 14 regn. Gondrado rege. Ebo presbiter scr.
GIRAUD, Hist. S. Barnard-Romans, II, pr. 16-7, n° 106 ; et CHEVALIER, Cart. de St-Barnard, 37-8.

**1237** 21 mai (955?).
Girard donne à ses amis les prêtres Aloard et Roland une terre à Charlieu (villa Carliacho), dans l'ager de ce nom et le comté de Valence ; il en garde l'usufruit, qui reviendra après eux à son fils Odon, enfin à St-Pierre [de Romans]. Ebo presb. scr. regn. Gondrado rege.
GIRAUD, Hist. S. Barnard-Romans, compl. 71, n° 194; et CHEVALIER, Cart. de St-Barnard, 40-1.

**1238** (Vers 956).
Avid et sa femme Elena donnent à l'église [de Romans] un serf (mancipium) nommé Aldulfus, qui fournira 2 deniers de cire par an.
GIRAUD, Hist. S. Barnard-Romans, I, pr. 51; et CHEVALIER, Cart. de St-Barnard, 42.

**1239** (Vers 956).
Le prêtre Vualdo donne à l'église [de Romans] et à ses chanoines un escannus de vigne à la villa Berbegalis, au pagus de Vienne, limitée par la terre de St-Pierre et le ruisseau de la Savasse (aqua volvente Savacia) ; il en conserve l'usufruit. Lantelmus presb. scr... temp. Gundrado rege.
GIRAUD, Hist. S. Barnard-Romans, compl. 7-8 n° 86 ; et CHEVALIER, Cart. de St-Barnard, 41.

**1240** Avril (956).
Mainard et Aldrada font don au monastère de Cluny de leurs propriétés in villis Calvatis et Cruo, dans l'ager de Communay (Commennaicus) et le pagus de Vienne ; Galdrada s'en réserve la moitié du cens et des fruits. Elgodus presb., jub. Bertranno, dict... aᵒ 19 regn. Conrado rege Viennensi.
BERNARD-BRUEL, Chartes de Cluny, II, 92-3, n° 998.

**1241** 30 juin (956 ou 962).
Le comte Geilin et son épouse Gotheline donnent au monastère de St-Chaffre (S. Theotfredi) et à son abbé Golfald une propriété rurale (colonica) située entre le Mamemone, le Rhône et le Cerano, à Cornas (villa Cornatis) et (sive) Chalian (Calliario), dans la viguerie de Soyons (Subdionen.) et le pagus de Valence... fer. 2, regn. Conrado rege.
CHEVALIER (U.), Doc. hist. relat. au Dauph. VI, 9-10 ; Cart. de St-Chaffre, 112, n° 330. = CHEVALIER (J.), dans Bull. soc. archéol. Drôme, XXVI, 11 ; Mém. comtés Valent.-Diois, I, 139. MANTEYER, Prov. 100, 140,-2.

**1242** Juillet (956/7).
Donation par Ponce à l'abbaye de Cluny, sous le gouvernement de s⁺ Mayeul, de biens situés dans le pagus de Die, in valle Condacense (Condorcet). Data ...aᵒ 20 regn. Chunrado rege. Clemens scr.
BERNARD-BRUEL, Chartes de Cluny, II, 108-9, n° 1013.

**1243** Décembre (956).
Boson, diacre (levita) et chanoine de St-Maurice [de Vienne], donne au monastère de Cluny, régi par l'abbé Mayol, tout ce qu'il possède à St-Mamert (villa Bracost), au pagus de Vienne, provenant de l'héritage de ses parents et de son oncle Tetelmus ou d'acquisition avec son frère Aganon ; il se réserve la jouissance, sous l'investiture d'un 1/2 muid de vin. Data ...p. man. Rothardi aᵒ 20 Conradi regis.
BERNARD-BRUEL, Chartes de Cluny, II, 104-5, n° 1009.

**1244** Vienne, (956/957).
Aganon, effrayé de ses péchés *(peccator)*, se rend au monastère de Cluny, régi par l'abbé Mayol, et y prend l'habit monastique. De son côté, son épouse Richildis se dévoue au service de Dieu sous le voile de religieuse *sanctimonialis)*. Pour le salut de leurs parents, de son frère Boson, de ses *seniores* Geylin et Engilbert, etc., ils donnent au monastère ce qu'ils possèdent dans le pagus de Vienne et la viguerie de *Salectis*, à St-Mamert *(villa Bracosco)*, à *Curtis* le bois de St-Eusèbe, à *Arelia*, à *Mariaco* ce qu'ils ont hérité de leur fils Elpuinus, à *Liarcis*. *Boso levita... Frater Clemens ad vic. cancellarii scr... a° 20 regn. Chunrado rege.*
BERNARD-BRUEL, *Chartes de Cluny*, II, 111-3, n° 1016.

**1245** (956/957).
Pascal et sa femme Eldeburga engagent *(inpignoramus)* au diacre *(levitæ)* Varnierius une vigne à Commelle *(villa Comella)*, pour 15 sols et le cens annuel de 3 muids de vin doux ; le défaut de remboursement au bout de 3 ans transformera ce contrat en vente. *A° 20 regn. Gonrado rege.*
CHEVALIER (U.), *Cartul. de St-André-le-Bas*, 107, n° 145.

**1246** (956/957).
Richildis, religieuse *(Deo devota)*, donne au monastère de Cluny deux manses qu'elle a acquis de son *senior* Aganon dans la paroisse de St-Ferréol, au pagus de Vienne, plus un manse et deux vignes à la villa *Maciaco*, limitant les terres de St-Pierre et de St-Symphorien ; elle se réserve la moitié de l'usufruit. *Helias scr. regn. Conrado [a°] 20. Boso lev.*
BERNARD-BRUEL, *Chartes de Cluny*, II, 113-4, n° 1017.

**1247** Vienne, 8 mars (957).
Sacre de Thibaud, fils de Hugues et de Vuilterna, né à Tolvon *(Tulnioni)*, comme archevêque de Vienne, au commencement du Carême (1er dimanche).
MANTEYER, *Orig. mais. Savoie-Bourg.* add. 264-8.

**1248** (Vers 957).
Trutbert donne à l'église [de Romans], qui a à sa tête l'archevêque Thibaud *(Teutbaldus)*, une vigne à Chanos *(villa Channosco)*, dans l'ager de Tain *(Tegnensis)* et le pagus de Vienne, limitant les terres de St-Pierre et de St-Marcel ; il en garde la jouissance, qui passera après lui aux clercs Godavertus et Rollandus, puis à ses cousins le prêtre Etienne et son frère Alcherius, enfin à d'autres clercs.
GIRAUD, *Hist. S. Barnard-Romans*, II. pr. 8-9, n° 90 ; et CHEVALIER, *Cart. de St-Barnard*, 42-3.

**1249** Mai (957).
Achidée, évêque [de Die], donne à l'église de Pont [-de-Barret], dans le pagus de Die, consacrée en l'honneur de s' Chaffre *(Theofredi)*, de s' Eudon et de s' Pétrone, une propriété personnelle limitée par le Montuel *(Mons Mortonius)*, suivant la pente des eaux vers les Ardus *(Ardano)*, le mont Eyson *(Aisono)* jusqu'à la Rimandoule *(Amarantia)*, et par le Roubion *(Rubione)* jusqu'aux Manas *(Mannal)... a° 20 regn. Conrado rege.*
ᵃMABILLON, *Ann. Bened.*, III ; 2ᵃ, 497. CHEVALIER (U.), *Doc. inéd. relat. au Dauph.*, VI, 7 ; *Cart. de St-Chaffre*, 110, n° 323.

**1250** Mai (957).
Achidée, évêque [de Die], donne au monastère de St-Chaffre *(S. Theofredi)* et à l'abbé Vulfald l'église de St-Jean de Charols *(Carrovolo)*, avec ses dimes et prémices ...*a° 20 regn. Conrado rege.*
CHEVALIER (U.), *Doc. inéd. relat. au Dauph.* VI, 8-9 ; *Cart. de St-Chaffre*, 111, n° 325.

**1251** (Mai 957/juillet 974).
Diplôme du roi Conrad le Pacifique, par lequel, à la prière de Vulfald, abbé de St-Chaffre *(Calmiliensis)*, et de ses moines, il confirme à leur monastère les donations du comte Odilon, de l'évêque Achidée, de Sylvius et Trubert, et du comte Geilin, dans les pagi de Die et de Valence : Savenne, avec son église de St-Etienne, qu'on appelle maintenant Pont[-de-Barret], Charols *(Carrovalis)*, Cléon-d'Andran, *Clevo*] et la Motte *(Mota Subterior)* avec son port. Souscrivent les comtes Geilin, Amédée et Erubert, l'évêque Amonius [de Valence]. — *Si locis divino.*
*Gallia christ. nova*, II, instr. 260-1. SCHEID, *Origg. Guelf.* II, 132-3. BOUQUET, IX, 697-8. CHEVALIER (U.), *Doc. inéd. relat. au Dauph.* VI, 5-6 ; *Cart. de St-Chaffre*, 108-10, n° 322. CARUTTI (Dom.), dans *Arch. stor. Ital.* (1878), 4ᵉ sér. II, 230-1. — GEORG. I. 229. COURBON, A. 79-80. BRÉQ. I, 426. GINGINS, *Boson*. 190 ; *Orig. de la mais. de Savoie*, 227. CARUTTI, *Reg. Sab.* 13. MANTEYER, *Orig. mais. Savoie-Bourg.* 415-7.

**1252** 22 août (957 ?).
Le prêtre Otrannus donne à l'église [de Romans], que régit l'archevêque Thibaud *(Teubaldus)*, une famille de serfs *(mancipia)*, qui feront à la maison de Dieu un service annuel de cire valant 4 deniers d'argent ; il en conserve l'usufruit. *Boso sac. scr. d. sabbati...*
GIRAUD, *Hist. S. Barnard-Romans*, compl. 3, n° 79 ; et CHEVALIER, *Cart. de St-Barnard*, 43.

**1253** 8 décembre (957 ?).
Le prêtre Romald donne aux clercs qui desservent l'église [de Romans] et ont pour maître et évêque l'[arch]evêque de Vienne Teutbaldus, une partie de ses propriétés au lieu nommé *Yrodonia*, dans la villa *Montagnia*, l'ager *Leviacensis* et le pagus de Vienne, touchant à la Joyeuse *(Jeusia)* ; il se réserve l'usufruit, qui ira ensuite aux clercs Ottranne, Godavert, Gairolt et Siibod. *Ebo presb. scr. d. martys, regn. Gondrado rege.*
GIRAUD, *Hist. S. Barnard-Romans*, compl. 4-5, n° 81 ; et CHEVALIER, *Cart. de St-Barnard*, 47-8.

**1254** (957/958).
Barnefred et sa femme Durantia engagent *(inpignoramus)* à Asterius et son épouse Bellucia une pièce de vigne à Vitrieu *(Vitrosco)*, pour 4 sous 1/2, sous la redevance *(conquistum)* d'un muid et deux setiers de vin doux ; après 3 ans, l'acte sera changé en vente. *A° 21 regn. Chuonrado rege.*
CHEVALIER (U.), *Cart. de St-André-le-Bas*, 52, n° 63.

**1255** 21 janvier (958 ?).
Erlulfe, avec sa femme Elena, donne à l'église [de Romans] sur l'Isère, où l'évêque et maître Teotbaldus préside aux serviteurs de Dieu, pour la sépulture de sa mère, un manse avec ses dépendances à la villa *Becegio*, dans l'ager *Soltronen*. et le pagus de Vienne. *Ebo presb. scr... d. jovis, regn. Gondrado rege.*

GIRAUD, Hist. S. Barnard-Romans, compl. 8-9, n° 87 ; et
CHEVALIER, Cart. de St-Barnard, 48-9, n° 37.

**1256** 23 février (958 ?)
Isarn [et sa femme Nonia] donne à l'église [de Romans], dont l'archevêque Theutbaldus est le recteur, un manse à la villa *Mizosco*, dans l'ager de Pailharès *(Paliaracen.)* et le pagus de Vienne, limitant les terres de St-Vincent et de St-Pierre : il s'en réserve la jouissance, sous l'investiture annuelle de 4 sols. ...*fer.* 3ª, *regn. Gondrado rege.*
GIRAUD, Hist. S. Barnard-Romans, compl. 104-5, n° 251 ; et CHEVALIER, Cart. de St-Barnard, 44, n° 33.

**1257** Mai (958).
Rotbold, Grimard et sa femme Biliar engagent *(inpicnoramus)* au diacre *(levita)* Vuarnerius une vigne et champ à Bressin-le-Haut *(Brociano Superiore)*, au pagus de Vienne, pour 37 sols et la redevance de 9 muids de vin doux ; l'acte est valable pour 5 ans. S. Karolo [Constantin] *comite, qui ista inpicnoracione consensit.* S. Ricardo [son fils]. Elgodus presb. dat. d. mercoris... a° 21 *regn. Gondrado rege.*
BERNARD-BRUEL, Chartes de Cluny, II, 141-2, n° 1047.

**1258** 15 septembre 958.
Diplôme du roi Conrad, par lequel, à la prière de Boson, comte [de Provence], il unit à perpétuité l'abbaye de Saint-Amand, [au diocèse de St-Paul-Trois-Châteaux], avec toutes ses dépendances, au monastère de Cluny. *Heidolfus lev. ad vic. Keroldi archicancell. recogn. ...a° 21 regn. Chuonrado rege.*
BERNARD-BRUEL, Chartes de Cluny, II, 146-7, n° 1052. = POUPARDIN, R. de B. 199.

**1259** Novembre (958).
Aliorius et [sa femme ?] Leugar donnent au monastère de Cluny une terre aux Brosses *(villa Brocianus Suplerior)*, au pagus de Vienne, confinant *Girbola fluvio*, au Rhône, à la terre de St-Pierre et à celle du prêtre Losuerius, et au mur antique [de Vienne]. *Elgodus presb. dict. ...a° 22 regn. Gonrado rege.*
BERNARD-BRUEL, Chartes de Cluny, II, 148, n° 1053.

**1260** 11 novembre (958).
Ingelbert, prévôt de l'église de Vienne, donne au monastère de Cluny ce qu'il possède à la villa *Montianensi*, au comté de Vienne, avec 2 familles de serfs *(servis)*, et aussi à St-Maurice et à Genicullo. *Data p. man. Rothardi... a° 22 Chuonradi regis.*
BERNARD-BRUEL, Chartes de Cluny, II, 100-1, n° 1006.

**1261** (958/959).
David et sa femme Madrona, juifs *(ebrei)*, vendent à Bernart et son épouse Raingart une vigne et champ à Vernioz *(Vernico)*, confrontant à la terre du juif Ysahac, au prix de 7 sols. *A° 22 regn. Gonrado rege.*
CHEVALIER (U.), Cartul. de St-André-le-Bas, 77, n° 105.

**1262** 1ᵉʳ avril (959 ?).
Otrannus et sa femme Eradis donnent à l'église [de Romans], dont les clercs ont pour maître l'évêque Thibaud *(Teudbaldus)*, la moitié d'un manse à la villa *Geviniano*, dans l'ager de Pailharès *(Palliaren.)* et le pagus de Vienne. *Ebo presb. dat... d. vener. kal. april. die Parascheven, regn. Guntardo rege.*

GIRAUD, Hist. S. Barnard-Romans, I, pr. 122-3, n° 68 ; et CHEVALIER, Cart. de St-Barnard, 45.

**1263** Dijon, 23 novembre (959 ?).
Diplôme de Lothaire, roi [de France], par lequel, à la demande de sa mère la reine Girberge, il soumet au monastère de Cluny l'abbaye de St-Amand, au comté de Trois-Châteaux *(Trahesino)*, dépourvue de recteur et d'habitants. ...*regn. Lothario rege a° 5, indic. 3.*
MARRIER, Bibl. Cluniac. 313. GUICHENON, Hist. de Bresse, pr. 216. Gallia christ. nova, IV, pr. 5. BOUQUET, IX, 623. BERNARD-BRUEL, Chartes de Cluny, II, 160-2, n° 1067. = BRÉQ. I, 430. BÖHMER, R. K. 2035. BERNARD, P.-S. aux Cartul. de Savigny et d'Ainay, dans Rev. du Lyonnais (1854), 472. VALENTIN-SMITH, dans R. du L. (1859), 389.

**1264** (Env. 960).
Consortia donne à son neveu Gilbert ce qu'elle possède au lieu de *Fumonte*, dans l'ager *Conriacensis* et le pagus de Vienne : *casa indominicata*, avec la chapelle dédiée à St-Julien et ses dépendances, *Tepianis, Planicias, Gravicias, Auzelatus, Aulnatus* et *Musciacus*, suivant la loi Salique. *Ermengerius scr.*
BERNARD-BRUEL, Chartes de Cluny, II, 188-9, n° 1095.

**1265** (960).
Ermentheus vend au monastère de Cluny la chapelle de St-Genès sous les murs de Vienne.
Paris, B. N., cop. de Cluny, 8-27. *BERNARD-BRUEL, Chartes de Cluny, I, 588.

**1266** (Env. 960).
Anselme, *senior* et son épouse Mesimbria, pour eux et leur fils Aleman, donnent à Adelelme, abbé de St-Pierre à Vienne, le manse dit *Reuvardi*, dans la vignerie d'Annonay *(Annonac.)* et le pagus de Vienne.
CHORIER, Hist. de Dauph. I, 862-3 ; 2ᵉ, 663 (env. 1040). MAZON (A.), Orig. égl. Vivarais, I, 251.

**1267** 26 février (960).
Donation par la reine Berthe, héritière d'Hugues, roi d'Italie, à l'abbaye de Montmajour, de terres dans le comté de Gap à *Molion, Dianova, Callulus, Lanateis, Caricampus, Marnenno* et *Cortrincia* ; dans celui de Trois-Châteaux, l'église de St-Jean *Trexiani*, les villae *Paterna, Caleso* et *Maceson* ; dans celui de Die, des biens *in valle Salavanis. Factu... a° 6 regn. Lothario rege Francorum.*
VIC-VAISSETE, Hist. de Languedoc, II, pr. 102-3 ; 3ᵉ, V, 233-4. CHANTELOU, Hist. de Montmajour,32-3. = GINGINS, Hugon. 135. ROMAN, 2ᵉ. FILLET (L.), Bull. soc. ét. Htes-Alpes, V, 363-4 (à part. 3-4) ; dans Bull. soc. archéol. Drôme, XXV, 206-7 (à part. 6-7). MANTEYER, Prov. 123, 145.

**1268** Avril (960).
Grimard et sa femme Beliarda engagent *(inpignoratores)* au diacre *(levita)* Vuarnerius une vigne à Bressin-le-Haut *(villa Brociano Superiore)*, au pagus de Vienne, pour 9 sols et la redevance annuelle de 3 muids de vin doux ; après 15 ans, le cens persistera jusqu'à payement. *Siefredus lev... dat... d. sabati... a° 23 regn. Gonrado r. S. domni Karoli* [Constantin] *comiti. S. Rikandi* (Richard, son fils).
BERNARD-BRUEL, Chartes de Cluny, II, 177-8, n° 1084. = GINGINS, Boson, 225. CHEVALIER (U.), Diplomat. de P. de Rivaz, 63.

**1269** 1er avril (env. 960).
Paschal et sa femme Ingelburga donnent en gage *(caucio)* pour 40 sols, durant 20 ans, à Adémar, *vir venerabilis*, une vigne à Commelle *(villula Comella)*, dans la paroisse de St-Cyr, au pagus de Vienne, confinant au Rhône et à la terre de St-Maurice ; à défaut de remboursement, le gage persistera. *Siefredus lev. dat... regn. d. Chuonrado*.
BERNARD-BRUEL, *Chartes de Cluny*, II, 185-6, n° 1093.

**1270** (Vers 16 mai 960).
Le roi Conrad se rend en Allemagne, à Kloppen, près Mannheim, auprès du roi de Germanie Otton et de sa sœur l'impératrice Adélaïde.
SICKEL (Th. v.), dans *Mon. Germ. hist.*, Diplom. II, 1, 286-7, 308-9. = POUPARDIN, *Roy. de Bourg.*, 76-7.

**1271** 19 mai (env. 960 ou 961).
Le comte Charles *(Karolus* Constantin) témoigne par cette *carta venditoria* que Rotbold, son serviteur *(serviens, servus)*, a vendu à Vuarmerius, chanoine de Saint-Maurice [de Vienne], deux courtils avec vigne et champ, à Bressin-le-Haut *(villa Brociano Superiore)*, dans l'ager de Reventin *(Repentinis)* et le pagus de Vienne, confrontant à la terre de St-Etienne, pour le prix de 139 sols. Le comte, étant propriétaire des biens de ses serfs, en fait don à l'effet du présent acte. Avec lui signent sa femme la comtesse Teutberge et leurs fils Richard et Upert. *Siefredus lev. dat... regn. d. Chuonrado rege sereniss. — Quanta vel qualis*.
RIVAZ, *Diplom. de Bourg.*, I, n° 59 (Anal. 14, 64). — CHEVALIER (U.), *Cart. de St-André-le-Bas*. 236-7. BERNARD-BRUEL, *Chartes de Cluny*, II, 186-7, n° 1094. = GINGINS, *Buson*. 222-6. CARUTTI, *Reg. Sab.* 7. POUPARDIN, *Roy. de Prov.* 242.

**1272** (960/961).
Nicetius, Aldebert, Achilin et Lambert, comte [de Valentinois], donnent au monastère de St-Chaffre *(S. Theofredo)* et à l'abbé Vulfald des biens au pagus de Die, depuis le ruisseau d'Andrie *(Andria)* jusqu'à la villa *Sincana*. A° 24 regn. Conrado.
CHEVALIER (U.), *Doc. inéd. relat. au Dauph.* VI, p. 8 ; *Cart. de St-Chaffre*, 110-1, n° 324.

**1273** Mars 961.
Le très noble et puissant [comte] Geilin, de concert avec son épouse Raimodis, donne au monastère de St-Chaffre *(S. Theofredi)* et à l'abbé Vulfald, dans le pagus de Lyon, actuellement de Valence, l'église du Sauveur à Macheville *(Manso Cavitiano)*, avec sa paroisse et ses dépendances, et ce qu'il possédait à la villa *Canilis... Jer. 2, a° D. 961, indict. 4, regn. Lothario*.
VIC-VAISSETE, *Hist. de Lang.*, II, pr. 106 ; 3°, V, 239-40. *COURBON, A. 102-3. CHEVALIER (U.), *Doc. inéd. relat. au Dauph.* VI, 12 ; *Cart. de St-Chaffre*, 115, n° 345. — Trad. MAZON (A.), *Orig. égl. Vivarais*, I, 74-5. = BRÉQ. I, 433. CHEVALIER (J.), dans *Bull. soc. archéol. Drôme*, XXVI, 11-2 ; *Mém. comtés Valent.-Diois*, I, 139-40. ROMAN, 2. MANTEYER, *Prov.* 142.

**1274** 29 mai (vers 961. 977/993).
Les chanoines de l'église matrice de Vienne concèdent à l'un de ses fils Bérilon *per præstariæ testamentum* les terres de St-Maurice que son oncle Eruhic possédait dans la villa d'Anneyron *(Anaironæ)* et la vigne qu'il tenait à Reventin *(Repentinis)* ; lui et son fils Gau-

cerand en auront la jouissance leur vie durant, sous le cens de 5 sols et un muid de vin. Signent 8 lévites et 2 prêtres. *Adalerius sac. dat..., d. Chuonrado rege sereniss. regn*.
CHEVALIER (U.), *Cart. de St-André-le-Bas*, 237-8, n° 26* ; *Cart. de St-Maurice Vienne*, 37, n° 153.

**1275** Vienne, 16 août (961).
Diplôme du roi Conrad, par lequel il concède à son féal le clerc Gérold un champ au lieu de St-Gervais dans le pagus de Vienne, entre St-Just *(mons Crappus)*, Coupejarret *(mons Judaicus)*, la terre de St-Jean et le chemin qui descend de St-Marcel. *Einricus ad vic. Keroldi episcopi... a° regn. Chuonrado 25. Act. Viennæ civit. — Quicquid juste*.
Ms. : Secousse, 15. RIVAZ, *Diplom. de Bourg.* I, n° 80 (Anal. 16). — FOREL (Fr.), dans *Mém.-doc. soc. hist. Suisse Rom.* XIX, 551-2. = CHARVET, 263. R. S. R. 2545. CHEVALIER (U.), *Cart. de St-André-le-Bas*, 238 ; *Cart. de St-Maurice Vienne*, 20, n° 33.

**1276** Janvier (962).
Grimard et sa femme Béliarde engagent *(inpignoratores)* au diacre *(levita)* Vuarnierius une vigne dite *Cumba*, à Bressin-le-Haut *(villa Brociano Superiore)*, dans l'ager de St-Maurice et le pagus de Vienne, pour 34 sols et la redevance annuelle de 10 muids de vin doux ; la durée du gage sera de 15 ans. *S. d. Karoli* [Constantin] *comitis. S. Rikardi* [son fils]. *Siefredus lev... dat. d. martis... a° 25 regn. Gondrado rege*.
BERNARD-BRUEL, *Chartes de Cluny*, II, 213-4, n° 1122. = POUPARDIN, *R. de P.* 241-2.

**1277** (Mars 962).
Concile tenu à Rome par le pape Jean XII. L'archevêque de Vienne y assiste et souscrit au diplôme de l'empereur Otton en faveur du monastère de St-Pierre de Ratisbonne.
MANSI, Suppl. I, 1140 ; XVIII, 464. *Mon. Germ. hist.*, Diplom. I, 620-1. = JAFFÉ, p. 322-466. R. Gen. 130.

**1278** 9 mars (962 ?)
Diplôme du roi Conrad pour la restauration du monastère de Moutier-Grandval *(Grandis Vallis)*, que son père avait donné en bénéfice à Lutfrid ; la décision fut prise de l'avis de l'empereur Otton et de son fils le roi Louis, de ducs, évêques, comtes, etc... A° a Nativ. Dom. 957. — *Dum utilitatibus*.
ACHERY (d'), *Spicileg*. VII, 187-8 ; 2°, III, 375. LAURIÈRE, *Amortissement*, pr. 1. HERRGOTT, *Geneal. Habsburg.* II, 77. SCHEID, *Orig. Guelf.* II, 130-1. SCHŒPFLIN, *Alsatia diplom.* I, 116. BOUQUET, IX, 698-9. TROUILLAT, *Mon. de Bâle*, I, n° 81. ZEERLEDER, *Urkund. Stadt Bern*, n° 935. = BRÉQ. I, 434. R. S. R. 164. *Schw. Urk.* 1061.

**1279** Lausanne, 1er avril (962).
Berthe, reine de Bourgogne, de concert avec ses fils le roi Conrad et le duc Rodolphe, fonde à Payerne un monastère bénédictin, qu'elle dote et confie à Mayeul, abbé de Cluny. *Sunehardus ad vic. Ponchoni cancell. scr. Data d. martis... a° 24 regn. Conrado rege. Act. Lausona civit. — Cunctis quæ*.
RIVAZ, *Diplom. de Bourg.* I, n° 82 (anal. 16). — GUICHENON, *Bibl. Sebus.* (1660), 1-9 ; (1780), 1-3. SCHEID, *Orig. Guelf.* II, 124. SCHŒPFLIN, *Alsat. diplom.* I, 119. BOUQUET, IX, 667. GRANDIDIER, *Hist. d'Alsace*, pr. 128. Arch. soc. hist. Fribourg,

I, 372. *Gallia christ. nova*, XV, instr. 130. POUPARDIN, *Roy. de Bourg*. 392-413. — Trad. MENESTRIER, *Hist. consul. Lyon*, 261. = MABILLON. *Ann. Bened*. III, 534 ; 2ᵉ, 524. BÖHMER, *R. K*. 1504. *R. S. R.* 165. *R. Gen*. 129. *Schw. Urk*. 1062. BERNARD-BRUEL, *Chartes de Cluny*. II, 217.

**1280** Lausanne, 8 avril 962.

Diplôme du roi Conrad, par lequel, de concert avec sa mère Berthe, son frère Rodolphe et sa sœur Aleidis, il donne à l'abbaye de Ste-Marie de Payerne *(Paterniacum,* Peterlingen) l'obédience *(cellula)* de Nieder-Balm *(Baillivum)* et autres terres… *Einricus ad vic. Keroldi episcopi… aᵒ ab I. D. 932* ou *937, a… regn. d. n. Chuonrado rege 24. Act. civil. Lausona. — Mos regalis.*

GUICHENON, *Bibl. Sebus.* 395-7 : 373 ; (1780), 193. *MENESTRIER, *Hist. consul. Lyon*, pr. xxij. SCHEID, *Origg. Guelf*. II, 140-1. BOUQUET, IX, 699. *Hist. patr. mon*. Chart. II, 31-2. ZAPF, *Mon. anecd*. I, 57. BERNARD-BRUEL, *Chartes de Cluny*, II, 217-9, nᵒ 1127. = BÖHMER, *R. K*. 1505. *R. Gen*. 129. POUPARDIN, *R. de P*. 395-6.

30 juin 962 = 30 juin 956.

**1281** 7 décembre (après 962).

Obit de Geilin, comte de Valence et de Die. qui donna à la communauté [de St-Maurice de Vienne], les localités de *Cassagnetum* ou *Casta-m* et *Marciacum* ou *Mari-m*.

Nécrologe de l'église de Vienne (ESTIENNOT, *Fragm. histor*. VI, 278 ; *Probat. hist. Aquitan*, VII, 259). — COURBON, B. 163-4. 168. POUPARDIN, *Roy. de Prov*. 366, cf. 212.

**1282** 7 décembre (après 962).

Obit de Gelin, comte [de Valentinois], qui donna aux frères de la métropole de Lyon des éperons d'or de 1000 sols et une coupe *(anaphus)* d'argent de 160.

LE LABOUREUR, *Mazures de l'Isle-Barbe*, I, 76. GUIGUE, *Obituar. Lugdun. eccl*., 165-6 ; *Obit. égl. primat. Lyon*, 100 ; *Obit. eccl. S. Pauli Lugdun*. 51 (le 5).

**1283** 23 mars (963).

Diplôme du roi Conrad par lequel, pour son salut et celui de la reine Adelanie et de leurs enfants, il donne au monastère de Cluny le lieu des Crottes *(Crottas)*, au pagus de Vienne, avec ses dépendances et son moulin. *Eynricus not. ad vic. Keraldi episcopi rec… aᵒ 26 regn. Chuonrado rege. — Quisque pro*.

GUICHENON, *Bibl. Sebus.* 32-3 : 98 : (1780), 9. SCHEID, *Orig. Guelf*. II, 137. BOUQUET, IX, 700. BERNARD-BRUEL, *Chartes de Cluny*, II, 242, n° 1152. = CHORIER, *H. de D*. I, 742. BRÉQ. I, 436. BÖHMER, *R. K*. 1506. GINGINS, *Hugon*. 52. *R. S. R*. 167. CARUTTI, *Reg. Sab*. 6. POUPARDIN, *Roy. de Bourg*. 384-5.

**1284** Septembre (963).

Warnefred engage *(inpignoralor)* au diacre *(levitæ)* Warnerius une villa à Commelle *(villa Comella)*, dans l'ager de St-Cyr(-sur-le-Rhône, *S. Cirici*) et le pagus de Vienne, pour 8 sols et autant (!) de redevance annuelle ; l'acte est passé pour 15 ans. *Siefredus lev… dat… aᵒ 27 regn. Cuonrado rege*.

BERNARD-BRUEL, *Chartes de Cluny*. II, 248, n° 1159.

**1285** (Vienne), octobre (963).

Vente par Bernoard et sa femme Constancia à Girolt, son fils Amalfred, prêtre, et son frère *(germanus)* Sisfred d'une pièce de terre au pagus de Lyon, dans l'ager de Chandieu *(Candeac.)*, au lieu de *Santinatis*, dans les limites de Mions *(Metono). Aroen dat. d. martis… aᵒ 27 renn. Gondrado*.

BERNARD-BRUEL, *Chartes de Cluny*, II, 249, n° 1160.

**1286** (Vers 964).

Le roi Conrad épouse en 2ᵈᵉˢ noces Mathilde, fille de Louis et sœur de Lothaire, rois de France ; Lothaire cède en dot à sa sœur ses droits sur Lyon (?)

CHORIER, *H. de D*. I, 740 ; 2ᵉ, 569. LE LABOUREUR, *Maz. de l'Isle-Barbe*, I, 93. SCHEID, *Orig. Guelf*. II, 47. BOUQUET, X, 210 ; IX, 67 (à 986) ; VIII, 320. GINGINS-LASSARAZ (de), *Essai historique sur la souveraineté de Lyon au Xᵉ siècle et sur la prétendue cession de la cité de Lyon comme dot de la reine Mathilde* ; Lyon, 1835, in-8. LA MURE, *Hist. comtes de Forez*, I, 54-5. *R. S. R*. 174. POUPARDIN, *Roy. de Prov*. 236-7 ; *Roy. de Bourg*. 80, 385-6.

**1287** (964/992).

Le roi Conrad et la reine Mathilde donnent au monastère de St-André à Vienne l'église de St-Symphorien à Septème, avec sa dotation, ses dîmes, etc.

Mentionné dans le diplôme du 12 avril 1015.

**1288** 11 mars (964 ?)

Le roi Conrad accorde à Auzetnnus une charte de concession en emphytéose *(libellum beneficii)* de biens que son abbaye de St-André possède à Sarras *(villa Sataratis)* et *in Colonicus*, dans l'ager de Rogé *(Rogiacensis)* et le comté de Vienne : ces champs limitent la terre de Ste-Marie ; ils devront à l'église 6 deniers de cire. *Signum Patoni comite. Sieffredus lev. dat. d. martis… aᵒ 27 regn. Chuonrado rege sereniss*.

DU CANGE, *Glossar. med. latinit*., vᵒ *Praecaria* (1845), V, 423. CHEVALIER (U.), *Cart. de St-André-le-Bas*, 71-2, n° 95. = POUPARDIN, *R. de B*. 250. MANTEYER, *Prov*. 101.

**1289** 5 juin (964).

Plectrudis, pour ses parents et ses enfants, Ugo et Ocdilo, donne au monastère de Romans sur l'Isère un manse à Triors *(villa Triornio)*, dans l'ager *Leuvese* et le pagus de Vienne ; elle s'en réserve l'usufruit, puis après elle au chanoine Aloard et enfin au moine Otranne. *Aldradus scr. aᵒ 27 regn. (Gondrado rege)*.

GIRAUD, *Hist. S. Bernard-Romans*, II, pr. 131-2, n° 35 ; et CHEVALIER, *Cart. de St-Barnard*, 46.

**1290** (Vienne), juillet (963 ou 964).

Donation par Girold, son fils Amalfred, prêtre, et son frère Sisfred, d'un manse avec vigne à l'église de St-Michel de Mions *(Metorio — Metono)*, dans l'ager de Chandieu *(Candeac.)* et le pagus de Lyon. *Aroenus presbiter dat. d. jovis… aᵒ 27 renn. Gondrado*.

BERNARD-BRUEL, *Chartes de Cluny*, II, 252-3, n° 1165.

**1291** (Vienne), octobre (964).

Vente par Rodulphe et sa femme Vualda aux frères Girolt, Amalfred, prêtre, et Sisfred d'une pièce de bois au pagus de Lyon, dans l'ager de Chandieu *(Candeac.)* et le lieu *Aratori. Aroenus dat. d. veneris… aᵒ 28 renn. Gondrado*.

BERNARD-BRUEL, *Chartes de Cluny*, II, 267, n° 1181.

**1292** (Env. 965).

Adalelme, abbé de St-Pierre [de Vienne] et ses moines concèdent en usufruit *(præstaria)* au prêtre Jean et au diacre Bérenger des biens de leur église : des

champs situés près de l'église de St-Marcel, dans l'ager de St-Pierre et le pagus de Vienne, limités par le castrum *Eumedium* (Pipet), le castrum *Quiriacum* (Sainte-Blandine), la terre de Ste-Blandine, le castrum *Crappus* (St-Just) et le chemin qui va à Beaumur (*Murus Bellus*); à Gemens (*villa Gemmas*) un champ, joignant la Gère (*Gayra volvens*), les terres de St-Pierre d'Estrablin (*de Stabilano*), de St-André et vicomtale ; dans la cité de Vienne, un courtil touchant la terre comtale ; à Jardin (*in Ortis*), un plantis avoisinant la terre de Saint-Pierre. Lorsque le tout sera complanté, ils devront comme investiture 12 den. à la St-Pierre. *S. Adelmi abb., Adalgerii sac., Ingelboldi mon.*, etc.
Chevalier (U.), *Cart. de St-André-le-Bas*. 239-40, 368, n° 29.

**1293** (Vienne), mai (965).
Arhimtrudis donne à ses neveux le tiers d'un courtil avec vigne et terre au pagus de Lyon, dans l'ager de Chandieu (*Candeuc.*) et la villa de Mions (*Melono*). *Aroenus dat. d. lunis... a° 28 renn. Gondrado.*
Bernard-Bruel, *Chartes de Cluny*, II, 270, n° 1185.

**1294** 11 août (vers 965).
Le clerc Adouramnus transfère aux moines bénédictins de St-Pierre des murs de la ville de Vienne, dont Adelelme est abbé, tout ce qu'il possède par droit d'héritage *exactorio* à Menufamille (*villa Minuta Familia*), dans l'ager et le pagus de Vienne, soit la chapelle et ses dépendances. *Data p. man. Fromundi ejusd. eccl. monachi,... eod. a° que incl. regina Mathildis castrum de Monte Breton destruxit.*
Fontanieu, *Hist. de Dauph.*, pr. I, 169. — Chevalier (U.), *Cart. de St-André-le-Bas*, 238-9, n° 28*. Duc (J.), *Essais histor. Albon*, 112-3 (à 990). = Chorier, *H. de D.* I, 743; 2°, 571-2. Terrebasse, *Inscr.* I, 165.

**1295** Vienne, 8 décembre 965.
Diplôme du roi Conrad, par lequel il corrobore de son autorité aux moines de St-Pierre de Montmajour leurs acquisitions et échanges, entre autres dans le comté de Gap (*Wapinco*) les obédiences (*cellæ*) de Monétier-Allemont et d'Antonaves (*Alamunto S. Martini et Aulunnava*). *Data... ind. 7, a° I. D.* (963) 965, (966), *n° 28* (27) *regn. Chuonrado rege. Act. Vigenna* (al. *Genna*) *civit. — Notum sit omn.*
Bouche, *Hist. de Provence*. I, 804; II, 35. *Gallia christ. nova.* I, instr. 103-4, cf. 354. Schied, *Orig. Guelf.* II, 131-2. Bouquet, IX, 700-1. Deloche, dans *Mém. acad. Inscr. et Bellet.* XXXIV, 1, 103-6 (à part, 55). Chantelou, *Hist. de Montmajour*, I, 44-5. Manteyer, *Chartes d'Avignon*, 51-2 (à 966). = Mabillon, *Ann. Bened.* III; 2°, 525. Brèq. I, 437. Böhmer, R. S. 1587. R. S. R. 169. Roman (J.), dans *Bull. soc. étud. Htes-Alpes* (1882-99), I, 265; XVIII, 351. Fillet (L.), dans *Bull. soc. ét. Htes-Alpes*, V, 364-5 (à part, 4-5); *Bull. soc. archéol. Drôme*, XXV, 207 (à part, 7-8). Roman, 2°.

**1296** 10 mai 966.
Le prêtre Amalfred, pour le salut de son père Girald, de son oncle du même nom que lui, de sa mère Anastasie et de son frère Sisfred, donne au monastère de Cluny et à l'abbé Mayol, ce qu'il possède à Mions (*Medone*), pour y construire une maison religieuse, à Sentinatis, Casellis, Maisonatis et Valle; il gardera la jouissance sa vie durant ; on instruira son neveu Girbert pour le faire moine. *Amalguinus ...dict. d. jovis... a° 26 regn. Ghundrado piiss. rege atq. sereniss.*
Bernard-Bruel, *Chartes de Cluny*, II, 282-4, n° 1200. — Voir en outre du même personnage les n°° 654 bis, 803, 1160, 1165, 1181, l'ager *Gandeacensis* étant souvent placé dans le pagus de Vienne (*Cart. de Savigny*, II, 1074ᵇ).

**1297** 10 août (966).
Conrad, roi [de Bourgogne], son épouse Mathilde (*Mattilt*) et son fils Conrad (*Cuono*) [1] confirment une donation faite par le monastère de Romainmotier à Ratzilin et à sa femme Ermelinde. *Costabulo p. jucx. C. et M. et C ., Adzo presb. subscr. d. vener... a° 29 regn. Chuondrado rege.*
*Hist. patr. mon.*, Chart. I, 210-1. = *R. S. R.* 175. Schw. Urk. 1087.

**1298** (966/967).
Emma donne à moitié fruits (*ad medium plantum*), à Durannus et sa femme Hondrada, un champ aux Côtes-d'Arey (*in Arelo*), limité par les terres de St-Jean et de St-Apollinaire, pour six ans, après lesquels elle en reprendra la moitié, l'autre pourra être vendue, mais elle se réserve la préférence. *A° 30 regn. Ghuonrado rege Viennense.*
Chevalier (U.), *Cart. de St-André-le-Bas*, 80-1, n° 113.

**1299** (966/967).
Ermenard engage (*inpignoro*) à Asterius et sa femme Justa 2 *cameras* de vigne à Vitrieu (*Vitrosco*), pour 2 sols et le cens d'un 1/2 muid de vin doux ; le prêt est restreint à un an. *A° 30 regn. Chuonrado rege Viennensi.*
Chevalier (U.), *Cart. de St-André-le-Bas*, 52-3, n° 64.

**1300** (966/967).
Sulpicius, noble, donne au monastère de St-Chaffre (*Calmilii*), sous l'abbé Vulfald, ce qu'il possédait dans les pagi de Vienne et du Velay, à la Faye et à Combres ; son épouse fit la même donation, avec l'approbation de ses fils, *regn. Conrado a° 30.*
Chevalier (U.), *Doc. inéd. relat. au Dauph.* vi, 15 ; *Cart. de St-Chaffre*, 115, n° 346.

**1301** (Après 966).
*Cuonradus, Burgundionum rex inclitus, cum ex legitima uxore liberos non haberet, estuanti animo cogitans quem regni sui relinqueret heredem, dixit ad conjugem : Est locus in Alemannia Deo et sanctæ Verenæ virgini consecratus ; exeamus, et ejus clementiam exoremus, ut filios habere possimus. Venerunt, devotissime adoraverunt, munera obtulerunt, vota voverunt, que et postea impleverunt, largissima elemosinis rite peractis, domum reversi sunt. Eadem nocte regina intravit ad regem, concepit et peperit filium. Quo adulto vivente patre, suscepit regni gubernacula, et adhuc ordinato regimine principatur.*
*Miracula s. Verenæ virg.*, c. 1 (*Acta ss. Bolland.*, 1746, sept. I, 169ᵃ; Pertz, *Mon. Germ. hist.*, Ser. IV, 458). = *R. S. R.* 176. Bolland., *Bibl. hagiog. lat.*, n° 8541.

**1302** Arles, 6 avril 967 (964?).
Diplôme du roi Conrad, par lequel il confirme à l'évêque de Sisteron Ursus le château de Lurs et toutes

---
1. Ce fils de Conrad et de sa première femme Adélanie ne figure que dans cette charte.

les possessions de son église. *Heidolphus ad vic. Beroldi episcopi atque archicancell... a° 27 regn. Conrado rege. Act. Arelat. civit. — Si quis justis.*
FONTANIEU, *Hist. de Dauph.* pr. I, 137. — *Gallia christ. vet.* III, 1029¹. COLUMBI, *Episc. Sistaric.* ; *Opusc.*, 116-7. *Gallia christ. nova.* I, instr. 89¹, cf. 479 (à 963). BOUQUET, IX, 701 (à 964). *Gallia christ. noviss.*, I, instr. 443. = BRÉQ. I, 441. BÖHMER, R. K. 1508 (à 964). R. S. R. 171.

**1303** 22 mai (967).
Benoît et sa femme Usanne vendent à Fanuel et son épouse Adaltrude un champ à Meyrieu *(villa Mariaco)*, dans l'ager d'Estrablin *(Stabiliacen.)* et le pagus de Vienne, joignant la terre de St-Maurice, au prix de 3 sols. *A do not.. dat... a° 30 regn. Ghuonrado rege Viennensi.*
CHEVALIER (U.), *Cart. de St-André-le-Bas*, 17-8, n° 17.

**1304** 19 juillet (967).
A° *in Italia* 6 de l'empereur Otton et de son fils le roi Otton, ind. 10. Ingelbald, fils de feu Ansego, dit Ansegise, soumis à la loi Salique, donne au monastère de Cluny et à son abbé Mayol ses propriétés à Montenes, dans le comté de Vienne et le royaume de Bourgogne, avec la chapelle de St-Julien et ses dépendances ; il s'en dépouille avec toutes les formalités habituelles et en fait livraison *(tradidit)*, en levant de terre le parchemin et l'écritoire, au notaire du s. palais Liuprand ; souscrivent 5 autres notaires impériaux.
BERNARD-BRUEL, *Chartes de Cluny*, II, 319-21, n° 1230.

**1305** Fouchères, (août 967/2 mars 986).
La comtesse Wille fait don d'un alleu au pagus de Beaune *(Belnen.)*, pour le repos de l'âme de son mari *(senior)* Hugues et pour ses fils. l'archevêque Thibaud *(Theutbold.)*, Hubert et Warnier.
GIRY (A.), *Etudes Carolingiennes (Etudes d'hist. moy. âge déd. à Gabr. Monod*, 1896), 135. MANTEYER (G. de), *Orig. mais. Savoie-Bourg.* (1899), 435 [77] ; *Paix en Viennois*, 127 [41].

**1306** Cussy, 4 septembre 967.
Diplôme du roi Conrad le Pacifique, par lequel il confirme à l'abbé Ermenfred les possessions de la collégiale de St-Etienne de Besançon. *Heldolphus* ou *Herd-s, in vice Henrici cancell... a° 28 regn. Chonrado* ou *Chunrardo* ou *Chunrado rege. Act. Cussiaco.*
Mss. de DROZ, V, 389. — DUNOD, *Hist. de Séquanois*, II, 594. HAURÉAU (B.), *Gallia christ. nova*, XV, instr. 5 (à 957). = BRÉQ. I, 442. R. S. R. 178, 2544.

**1307** Vérone, 29 octobre 967.
Le roi Conrad assiste à la diète tenue par l'empereur Otton II.
CANCIANI, *Barbar. leges*, I, 228. WALTER, *Corp. jur. German.* III, 666. = PERTZ, *Archiv*, V, 282 (à 968). BÖHMER, R. K. 1510. R. S. R. 179. POUPARDIN, *Roy. de Bourg.* 81.

**1308** (968/971).
Lettre du pape Jean XIII aux évêques des Gaules... *Teuthbaldo Viennensi, Aimoni Valentinensi,* etc., par laquelle il leur recommande le monastère de Cluny et son abbé Mayol. — *Lætamur valde.*
MARRIER, *Bull. Cluniac.* 5. *Patrol. lat.* CXXXV, 990-1. *Mon. pontif. Arverniæ*, 16. *Mém. acad.* Clermont (1875), XVII, 86-8. MANTEYER, *Chartes d'Avignon*, 66-7. = *Gallia christ. nova.* IV, 1055 ; *noviss.* III, 115. JAFFÉ, 2880-3744. BERNARD-BRUEL, *Chartes de Cluny*, II, 333.

**1309** (969 ?).
Dame Aleugardis et son mari Galerius donnent à St-Chaffre et à St-Gilles [de Chamalières] la terre de Combres, dépendant du territoire et de la province de Vienne. — *Nichil valet in.*
FRAISSE (H.), *Cart. S. Egidii Camaleriar.* (1871), 48-9, n° 126. = CHEVALIER (U.). *Cart. St-Chaffre,* n° 346.

**1310** Vienne, 1ᵉʳ janvier (969).
Diplôme du roi Conrad en faveur du monastère bénédictin de St-Pierre, hors des murs de Vienne. L'abbé Adelelme et ses religieux sont venus lui représenter que leurs biens étaient amoindris et ne leur fournissaient ni la nourriture ni le vêtement ; ils l'ont prié de leur restituer les lieux de Ste-Marie et St-Julien(-de-l'Herms), et les villæ *Thorniacum*, avec son église, *Corbianum,* Heyrieu *(Hydricum)*, Pisieu *(Pysiacum)*, avec sa chapelle ; au Chalon *(in Calone)*, un manse ; à Moissieu *(Missiaco)*. l'église avec ses dépendances ; à *Montaniano,* un manse ; à Faramans *(in F-nno)*, 3 manses ; à *Curtiano* ou *Curviano*, un manse, à *Bricon*. un manse. Le roi accorde tout : désormais les moines auront sécurité et protection *(mundiburdium)* ; ni comte ni évêque n'y auront de foire ; les missi n'auront le droit d'exiger ni cheval *(palafredum)* ni porc *(porcum vel friscingam)*. *Gerardus not. ad vic. Heinrici cancell. recogn. Data... fer. 6. ind. 10, Viennæ, a° 30 d. n. Chuonradi piiss. regis.* — *Quidquid ad loca.*
*Cartul. de St-Pierre de Vienne*, 3. Valbonnays, 5° Reg., n° 4. — *ALLARD (G.), Dict.* II, 564. BOUQUET, IX, 701-2.=CHORIER, H. de D. I, 742. BRÉQ. I, 441. BÖHMER, R. K. 1509. R. S. R. 177. POUPARDIN, *R. de P.* 249, 318.

**1311** 10 juillet (969).
Le prêtre Viaderius fait échange de terres avec le prince Silvion *(Silvio, Silvius)* et les chanoines de l'église de Romans *(Rotmanen.)*. Le premier donne un champ au lieu nommé *Miselia*, dans l'ager des Royons *(Roionen.)* et le pagus de Vienne et en reçoit un à Bren *(villa Breno)*, dans les mêmes circonscriptions, joignant la terre de Ste-Marie. *Vuillelmus dat. d. sabato... a° 30 regn. Gonrado rege.*
GIRAUD, *Hist. S. Barnard-Romans*, compl. 109-10 ; et CHEVALIER, *Cart. de St-Barnard*, 49-50, n° 38.

**1312** 29 août (969).
Aimulfe, sa femme Irmengarda et leur fils Grimold donnent au monastère de Cluny et à l'abbé Mayol, pour obtenir la sépulture à Ste-Marie de *Ternaico*, un champ à *Rota*, dans la villa *Cisariano* ou *Cistarino*, l'ager d'Octavéon *(Hoctaven.)* et le pagus de Vienne, joignant la terre de St-Etienne ; il s'en réserve l'usufruit, sous l'investiture d'un setier. *A do not... dat... a° 33 regn. Chumrado rege.*
BERNARD-BRUEL, *Chartes de Cluny*, II. 344-5, n° 1263.

**1313** Septembre (969 ?)
Grimald, du consentement de son fils Amalric, donne au couvent St-Gilles (de Chamalières), Arimand étant abbé de St-Chaffre, un manse situé à *Monscornaton*, au territoire de Vienne ; un dimanche *a° 30 regni reg. Conradi.*
FRAISSE (H.), *Cart. S. Egidii Camaleriar.* (1871), 48, n° 123.

**1314** (969/970).
Durand (Durannus) et sa femme Teutberge vendent à Didier (Desiderio) et son épouse Trésoare trois vignes à Vitrieu (villa Vitrosco), au prix de 40 sols. A° 33 reg. Chuonrado rege.
Chevalier (U.), Cart. de St-André-le-Bas, 46-7, n° 55.

**1315** (Vers 970).
Lettre du pape Jean XIII aux archevêques Iterio, Arelatensis ecclesiæ metropoli..., Thelbaldo, Viennensis ecclesiæ archipræsuto ejusque suffraganeis universis, etc. Il témoigne sa douleur de voir la métropole d'Arles, la 2° après Rome, abattue (multimodis lacerationibus eviscerata); il donne tout pouvoir à l'archevêque d'Arles pour réprimer les opposants. — Scitote vos rectores.
Bouche, Hist. de Provence, II, 36. Patrol. lat. CXXXV, 998-1000. Gallia christ. noviss., I, instr. 533-5 ; III, 117-8, n° 272. Manteyer, Chartes d'Avignon. 63-5. = Jaffé, ccclxxj-3743. — Pièce fausse.

**1316** (Vers 970).
Sieboud (Suboldus) et sa femme Agnès font donation de leur héritage dans le pagus de Vienne à leur fils Anscheric ou As-c. qui en aura l'usufruit et le laissera en partie après lui à l'église de St-Maurice [de Vienne]. Il comprend : l'église de St-Marcel avec sa paroisse ; à Solencinatis, un manse ; au lieu dit Tronchida, une métairie (cabaria, cabannaria) ; à Véranne (Varriona), la moitié de l'église de St-Maurice ; à Atticieux (Aticiago), la moitié de celle de St-Christophe ; à Pradolatis, une part de l'église ; au-delà du Rhône, ce que Dieu lui a donné. — La religieuse (devota) Adalsenna donne à son neveu Ascherius ou A-icus une vigne à la villa Vernatis. S. Otmari præpositi.
Chevalier (U.), Cart. de St-André-le-Bas, 23-4* ; Cart. de St-Maurice Vienne, 31, n° 113. = Mazon (A.), Orig. égl. Vivarais, I, 245-6. Manteyer. Prov. 99.

**1317** 12 mars (970/993).
Donation à l'église de St-Maurice de Vienne par Artold et sa femme Saxa, d'un manse au lieu dit Val-lerio, dans l'ager de Maclas (Masclatien.) et le pagus de Vienne, où préside l'archevêque Thibaud (Teutbaldus). Sieboud, frère d'Artold, regn. d. Cuhonrado rege sereniss.
Chevalier (U.), Cart. de St-Maurice Vienne, 38, n° 162.

**1318** 12 mars (vers 970).
Sieboud (Sieboldus) et sa femme Anne donnent à l'église du Sauveur, construite dans l'intérieur des murs de Vienne, où préside à une illustre congrégation de chanoines l'archevêque Teudbold, un manse à Pélussin (villa Solencinatis), dans l'ager de Maclas (Masclaticen.) et le pagus de Vienne ; il s'en réserve l'usufruit, sous le cens d'un 1/2 muid de blé ; après lui, tout parviendra à la communauté (communia) : vin, blé, or, argent, draps, vases, bœufs, porcs, cheval, épée, lance, bouclier, cuirasse, casque. Rostagnus subdiac... dat ... regn. d. Guonrado r. sereniss.
Charvet, 271-2. Chevalier (U.), Cart. de St-André-le-Bas, 212-3. 368, n° 30* ; Cart. de St-Maurice Vienne, 26, n° 72.

**1319** 20 mars (vers 970).
Warnerius et sa femme Anstrudis ou Arytrudis font une donation à l'église du Sauveur et de St-Maurice à Vienne, où préside l'archevêque Theutboldus. Sieffredus sac... dat ... regn. d. Chuonrado r. sereniss.
Chevalier (U.), Cartul. de St-André-le-Bas, 242, n° 31* ; Cart. de St-Maurice Vienne, 27, n° 81.

**1320** (970/971).
Asterius, Annedolius et sa femme Bona vendent à Didier (Desiderio) et son épouse Arnoara un champ à Vitrieu (in Vitrosco), pour le prix de 11 sols. A° 34 regn. Chuonrado rege Viennense.
Chevalier (U.), Cart. de St-André-le-Bas, 43, n° 49.

**1321** (970/971).
Dominique et sa femme Adoara donnent à leur filleule (in filidalio) la femme Aldegarde une vigne à Montseveroux (in Monte Superiore). A° 34 regn. Chuonrado rege.
Chevalier (U.), Cart. de St-André-le-Bas, 67-8, n° 90.

**1322** (970/971).
Oliva donne à son fils Varnier une camera au lieu dit ad Castolatis, dans la villa de St-Alban [-de-Vareize]. A° 34 regn. Chuonrado rege.
Chevalier (U.), Cart. de St-André-le-Bas, 76, n° 104.

**1323** (Vers 971).
Girard, comte de Forez, donne pour sa sépulture à Adelelme, abbé de St-Pierre à Vienne, des fonds dans l'ager d'Annonay et la villa de Cruas (Crudatis).
Chorier, Hist. de Dauph. I, 831 ; 2°, 639 ; Hist. généal. mais. Sassenage, 2°, 17. Mazon (A.), Orig. égl. Vivarais (1891), I, 250-1.

**1324** 4 février (vers 971).
Le diacre Rotbold ou Rotbald donne à son ami Ascharic, pour obtenir le secours de ses prières en faveur de ses parents et de son oncle le prêtre Islenus, une pièce de vigne à la villa Cloinadas, dans l'ager de Tain (Tegnen.) et le pagus de Vienne ; il en aura l'usufruit, et, après lui, l'église de St-Pierre de Romans (Rotmanen.), la propriété. Stephanus presb. dat ... regn. Guondrado rege. S. Otrannus servus Dei. S. Rotlanni caput scolæ.
Giraud, Hist. S. Barnard-Romans, compl. 108-9, n° 258 ; et Chevalier, Cart. de St-Barnard, 50-1.

**1325** (27 avril 971).
Warin donne au monastère de Cluny et à l'abbé Mayol un champ à la villa Calvatis, dans l'ager de Communay (Commennacen.) et le pagus de Vienne ; il s'en réserve l'usufruit, sous l'investiture d'un setier de méteil (annona).
Bernard-Bruel, Chartes de Cluny, II, 375-6. n° 1298. Date de la pièce suiv.

**1326** 27 avril (971).
Ramenc ou Raming donne au monastère de Cluny et à l'abbé Mayol un champ à la villa Calvatis, dans l'ager de Communay (Commennacen.) et le pagus de Vienne, joignant la terre de St-Pierre ; il s'en réserve l'usufruit, sous l'investiture annuelle de 2 setiers de méteil (anona). Ado not... dat ... a° 34 regn. Chuorado rege.
Bernard-Bruel, Chartes de Cluny, II, 376-7, n° 1299.

**1327** 1er mai (971).
Aymon donne au monastère de Cluny et à l'abbé Mayol un manse et un champ à la villa Mandratis, dans

l'ager de Communay *(Commennacen.)* et le pagus de Vienne, limités par les terres de St-Maurice et de St-Pierre; il s'en réserve l'usufruit, sous l'investiture annuelle de 8 setiers de froment ou vin. *Ado not... dat... a° 34 regn. Chundradi regis.*

BERNARD-BRUEL, *Chartes de Cluny*, II, 377-8, n° 1300.

**1328** 27 juin (971).

Thierry *(Teudericus, Teod-s)*, prêtre et chanoine de St-Maurice [de Vienne], donne au monastère de Cluny et à l'abbé Mayol un manse à la villa *Bovolania*, dans l'ager de Cheyssieu *(Cassiacen.)* et le pagus de Vienne; il s'en réserve l'usufruit, sous l'investiture annuelle de 2 den. *A° 34 regn. Conrado rege.*

BERNARD-BRUEL, *Chartes de Cluny*, II, 379-80, n° 1304.

**1329** 27 juin (971).

Bérilius et sa femme Leutgardis vendent au monastère de Cluny et à l'abbé Mayol un manse à St-Mamert (villa *Bracosto*), dans l'ager de Cheyssieu *(Cassiacen.)* et le pagus de Vienne, limité par les terres de St-Pierre et vicomtale. *Ado not. scr. ... a° 34 regn. Chuonrado rege.*

BERNARD-BRUEL, *Chartes de Cluny*, II, 380, n° 1304.

**1330** Vienne, 20 août 971.

Diplôme du roi Conrad, par lequel, à la demande d'Heldebert, abbé de St-Martin de l'Ile-Barbe *(Insulæ Barbaræ)*, et de ses moines, il renouvelle l'immunité et leur confirme, entre autres, en Provence la ville de Bollène *(Abolena)*, avec l'église de St-Sauveur et la chapelle de St-Benoît récemment construite, et dans le diocèse de Gap ce que l'évêque Hugues et d'autres fidèles leur avaient donné ... *Ind. 14, a° 29 imper. Chonradi invictiss. regis. Act. ap. Vienn. civit. publ. — Quandoquidem.*

LE LABOUREUR, *Mazures de l'Isle-Barbe*, I, 64-6, cf. 66-7. MÉNESTRIER, *Hist. consul. de Lyon*, pr. xxxvij-iij. SCHEID, *Origg. Guelf.* II, 135-6. BOUQUET, IX, 702-3. MILLE, *Hist. de Bourg.* III, 338-42. *Hist. patr. mon..* Chart. II, 46-8. GUIGUE, *Cart. de l'Ile-Barbe*, I, 224-6. = *Gallia christ. vet.* IV, 522°; nova. IV, 225. BRÉQ., I, 448. BÖHMER, *R. K.* 1511. R. S. R. 183. ROMAN, 2.

**1331** 1ᵉʳ décembre (971).

Le prêtre Amalfred, pour son père Gérald, sa mère Anestasie et son frère Siffred, donne au monastère de Cluny et à l'abbé Mayol l'église de St-Michel de Mions (villa *Melone*), dans l'ager de Chandieu *(Candiacen.)* et le pagus de Lyon (voir la note au 10 mai 966); etc. *Amalguinus lev. s. mon. vice-cancell. dat ... d. vener. a° 35 regn. Gohunidrado sereniss. rege.*

BERNARD-BRUEL, *Chartes de Cluny*, II, 383-4, n° 1307. = CHEVALIER, *Diplom. de P. de Rivaz*, 71.

**1332** (971/972).

Aymoyn et sa femme Aya vendent à Bénédicte et à ses fils le diacre André et le prêtre Auranne un courtil au lieu dit *Visinus*, dans la villa *Exobilus Subterior*, confrontant les terres de feu, le prêtre Rainard et de St-Maurice, pour le prix de 24 sols. *A° 35 regn. Chuonrado rege.*

CHEVALIER (U.), *Cart. de St-André-le-Bas*, 84, n° 119.

**1333** Vienne, 972.

Diplôme du roi Conrad *(Guonradus)* en faveur de l'église de St-Maurice. L'archevêque de Vienne Théobald, accompagné de clercs et de laïques, lui a présenté les préceptes des rois Lothaire, Charles et Louis, accordés à la prière des archevêques Adon, Ragamfred et Alexandre, lui demandant de les confirmer. Il s'empresse de le faire, et défend à tout juge de s'introduire dans les propriétés de cette église et d'y exiger aucun impôt. *Dat. Viennæ ... publ. ... p. man. primi cancell. Eidoardi in s. palatio, jussu regis. — Si petitionibus.*

CHEVALIER (U.), *Cart. de St-André-le-Bas*, 242-4, 368, n° 32°; *Cart. de St-Maurice Vienne*, 20, n° 34. — Trad. CHARVET, 262-3. COLLOMBET, I, 354-5.

**1334** (Vers 972).

Thibaud, archevêque de Vienne, accorde des indulgences aux fidèles qui contribueront à la construction de sa cathédrale de St-Maurice. L'évêque de Valence les publie dans son diocèse.

LE LIÈVRE, 226. MAUPERTUY, 152. CHARVET, 264. MERMET, III. 19.

**1335** (Vers 972).

Le diacre Archerius ou Aschericus, chanoine de Saint-Maurice [de Vienne], donne à cette église, enrichie du chef de son patron et d'innombrables reliques de martyrs et de confesseurs, et que préside l'archevêque Teutbaldus: la moitié d'un domaine et une vigne au Monestier de St-Marcel (villa *Monasteriolum S. Marcelli*), dans l'ager d'Annonay *(Annonacen.)* et le pagus de Vienne; au port de Serrières *(Sarreria)*, 3 manses, limités par le mont *Vercingus*, la terre de Marseille *(Massilien.)* et le Rhône; à *Solencenutis*, un manse. Il conservera la jouissance sa vie durant et donnera comme investiture annuelle un muid de pain et vin.

*CHARVET, 263. CHEVALIER (U.), Cart. de St-André-le-Bas, 22-3*, n° 116 ; Cart. de St-Maurice Vienne, 28, n° 87. = COURBON, B, 82. MAZON (A.), Orig. égl. Vivarais, I, 246-7. MANTEYER, Prov. 99.

**1336** 21 avril (972).

Privilège du pape Jean VIII, confirmant à l'abbaye de Novalaise les donations d'Abbon. — Si semper.

MALASPINA. *Patria chronogr. Novalic.* 92. *Hist. patr. mon..* Chart. I. 228. CIPOLLA (C.) *Mon. Novalic. vetust.* I, 111-3. = JAFFÉ. 2882-3761.

**1337** 27 avril (972).

Bernard, sa femme Anne et Juan vendent au prêtre Amalfred et à son frère Sifreus un courtil à Mions *(villa Meono, Melono)*, dans l'ager de Chandieu *(Candiecen.)* et le pagus de Vienne, joignant la terre de St-Just, pour le prix de 4 sols. *Costantinus sac. dat. d. sab... a° 33 ren. Gondrao rege.*

BERNARD-BRUEL, *Chartes de Cluny*, II, 389-90, n° 1313.

**1338** 30 août (972).

Les prêtres Barnold, Walterius et Desiderius, ce dernier représenté par son avocat Fanoeldis, donnent au monastère de Cluny une vigne avec courtil et champs à Champagne *(Campanea)*, dans les villæ de Cour *(Curtis)* et Vernioz *(Vernico)*, l'ager de Cheyssieu *(Carciacicen.)* et le pagus de Vienne; ils ont pour limites la terre de St-Pierre et celle de St-Pierre de Champagne *(Camparonica)*, les chemins qui vont de *Molninto* et *Bussio* à Vienne. *Otgerius sac. dict... regn. Cuhonrado rege a° 36.*

BERNARD-BRUEL, *Chartes de Cluny*, II, 395-6, n° 1320.

**1339** 25 avril (973).
Rotgerius et sa femme Ragintrude engagent *(inpignoratores)* aux juifs David et sa femme Savore, Consoladus et son épouse Bellons une vigne à Moydieu *(villa Moidiacum)*, dans l'ager d'Estrablin *(Stabiliacen.)* et le pagus de Vienne, pour ... sols de mopeta decima. *Ado not. ... dat... a° 36 regn. Guhonrado rege.*
Chevalier (U.), *Cart. de St-André-le-Bas*, 6-7, n° 5.

**1340** 28 août (973 ?).
Silvion *(Silvius)* et son épouse Vuilla, pour obtenir le pardon de leurs péchés, donnent à l'église de Romans *(Rotmanen.)* sur l'Isère, que gouverne l'abbé Guillaume *(Vuillelmus)*, un manse à Chanos *(villa Cannoscho)*, dans l'ager *Maximiacen.* et le pagus de Vienne ; Rotlannus et le prêtre Ysnard en auront d'abord la jouissance. *Aribaldus... dat... temp. Gondrado rege.*
Giraud, *Hist. S. Barnard-Romans*, II, pr. 58-9, n° 259; et Chevalier, *Cart. de St-Barnard*, 51-2.

**1341** Lyon, 7 octobre 973.
Diplôme du roi Conrad, par lequel, à la supplication d'Amblard, archevêque de Lyon, de plusieurs évêques et comtes, il accorde l'immunité à l'abbé Gausmar et à son monastère de Savigny, et lui confirme ses possessions. *Vincentius recogn... a° I. C. 973 ou 976, ind. 2 et a° 36 imper. d. n. Chuonradi sereniss. regis. Act. Lugduno publ. — Si petitionibus.*
Arch. du Rhône à Lyon, original ; cf. Martin, 214. — Guichenon, *Bibl. Sebus.* (1660). 122-4 ; (1666). 110-2 ; (1780). 34. Menestrier, *Hist. consul. de Lyon*, pr. xxij. Hoffmann, *Nova script. coll.* I, 108-10. Scheid, *Origg. Guelf.* II, 137-8. Bouquet, IX, 703-4. Monfalcon. *Lugd. hist. mon.* (1855 et 1866), 377-8. Bernard, *Cart. de Savigny*, 88-90. = Bréq. I, 456. Böhmer, *R. K.* 1512.

**1342** Décembre (973).
Le prêtre Didier *(Desiderius)* et Gosmar donnent au monastère de Cluny, pour le repos de l'âme du prêtre Barnold, un manse avec bois à St-Mamert *(villa Bracosco)*, dans l'ager de Cheyssieu *(Casiacensis)* et le pagus de Vienne, qui limitent la terre de St-Pierre et la voie antique ; ils s'en réservent la jouissance. leur vie durant, sous l'investiture annuelle de 6 muids de vin doux. *Johannes presb. dict, ... a° 37 regn. Gonrado rege.*
Bernard-Bruel, *Chartes de Cluny*, t. II, p. 407-8, n° 1333.

**1343** (973/974).
Leotgerius donne au monastère de St-Chaffre, sous l'abbé Armand *(Arimandus)*, des vignes et champs dans le diocèse de Vienne, près du ruisseau *Silo* et de la terre de St-Pierre, *a° 37 regni Conradi regis.*
Chevalier (U.), *Doc. inéd. relat. au Dauph.*, vi, 15 ; *Cart. de St-Chaffre*, 115-6, n° 348.

**1344** 5 décembre (vers 974).
Borno et sa femme Acilina donnent à l'église de Romans sur l'Isère, construite en l'honneur des 12 Apôtres et des 3 martyrs S., E. et F. et des confesseurs du Christ Rustique et Anathorius, où préside l'abbé Guillaume, un manse à Montmiral *(villa Soduli)*, dans l'ager *Leviacensis* et le pagus de Vienne ; il s'en réserve l'usufruit, qu'auront après lui les clercs Guodalvertus et Rotlannus, sous l'investiture d'un 1/2 muid... *temp. Gondrado rege.*

Giraud, *Hist. S. Barnard-Romans*, compl. 78-9, n° 208 ; et Chevalier, *Cart. de St-Barnard*, 52-3.

**1345** (974/975) = 1ᵉʳ décembre 992.
Chorier, *Hist. de Dauph.*, I, 744 ; 2°, 572.

**1346** (975 ?).
Avec l'autorisation du roi Conrad et de la reine Mathilde, Aimoin *(Æimoynus)*, abbé de St-André et de St-Maxime, et sa congrégation échangent avec la veuve Engèle une vigne dans la cité de Vienne, touchant au Rhône et à la terre de St-Maurice, avec la crypte du courtil Genevois *(Genevensi)*, contre une autre vigne à Jardin *(villa Ortis)*, au pagus de Vienne, limitant la colline et la terre comtale. Engèle n'en aura que l'usufruit, mais on recevra dans la communauté son fils Malguinus. *Regn. Chuonrado rege.*
Chevalier (U.), *Cart. de St-André-le-Bas*, 116-7, n° 159.

**1347** (Vers 975).
Angilboton et sa femme Anne donnent par amitié à leur parent Folrad et son épouse l'église dédiée à St-Pierre apôtre *in villa Lipiaco*, dans le pagus de Vienne, avec son presbytère et ses dépendances.
Chevalier (U.), *Cart. de St-André-le-Bas*, 24-5*, n° 117* ; *Cart. de St-Maurice Vienne*, 25, n° 18.

**1348** (Vers 975).
Guillaume *(Vuillelmus)*, abbé de l'église de Romans sur l'Isère, donne à ce monastère l'église de Ste-Marie à Silhac *(villa Ciliacho)*, au pagus de Viviers, avec dîmes, presbytères et appendices ; il en conservera la jouissance.
Giraud, *Hist. S. Barnard-Romans*, compl. 33-4, n° 134 ; et Chevalier, *Cart. de St-Barnard*, 53-4.

**1349** Janvier (975/...).
Diplôme du roi Conrad et de sa femme la reine Mathilde. Un illustre jeune homme, Artold, sur le point de se marier avec Adalaia ou Adalagia, leur a demandé à titre de bénéfice *(præstaria)* un domaine *(prædium)* du monastère de St-André-le-Bas) à Vienne, en vue de l'utilité de cette église ; on lui accorde Leyrieu *(Lesiacum)*, avec son église de St-Martin ; à la *villa Peloceris*, le manse de *Rocha* ; à *Asviaco villa*, l'église de Saint-Laurent : on en excepte une petite métairie *(prædiolum) in Pomerio*. Ils auront l'usufruit de ces propriétés, ainsi que leurs enfants, sous le cens de 5 sols à la St-André. *Signum d. Eimoyni abbatis*, et de tous les moines de St-André. *Data p. man. Viventii mon... regn. d. Conrado rege.*
Chevalier (U.), *Cart. de St-André-le-Bas*, 182-3, n° 239. = Chorier, *H. de D.* I, 831. *Gallia christ. nova*, XVI, 157.

**1350** (9 mars 975).
Donation au monastère de Cluny par Ascherius ou Anscheric et sa femme Constantia de biens au pagus de Lyon et d'un champ dans l'ager *Octaviaco* et la villa *Cisariano*, au-dessous de *Monte Mercurio* [au pagus de Vienne : cf. 29 août 969). *Data p. man. Amalguini, d. martis, 7 idus (martii ?) a° 38 regn. Gohuntrado rege.*
Bernard-Bruel, *Chartes de Cluny*, II, 468-9, n° 1411.

**1351** 16 mars (975).
Sarilion, sa femme Irmengarde et leur fils Girbert donnent à l'église de Vienne dédiée au Sauveur sous le

patronage de s' Maurice et dont Theutbold est archevêque, une vigne à Ambalans ou *Embalent (villa Ambalenis)*, dans l'ager de Cheyssieu *(Casiacen.)* ; ils s'en réservent la jouissance, sous le cens annuel de 2 muids de vin à la vendange, mais le prévôt Otmar jouira dès lors de la partie cultivée par André ; la 38° an. du règne de Chuonrad.

CHARVET, 260 (à 970). CHEVALIER (U.), *Cart. de St-Maurice Vienne*, 37, n° 151.

**1352** Mai (975).
Wala, surnommé Brunus, donne aux moines de l'église construite à Vienne en l'honneur de s' André et de s' Maxime, que gouverne l'abbé Eimoinus, divers biens dans la villa et l'ager *Passeranis*, au pagus de Sermorens *(Salmorecen.). Viventius dat... regn. Ghuonřado rege a° 38*.

*CHEVALIER (U.). *Cart. de St-André-le-Bas*, 18-9. n° 18.

**1353** Août (vers 975).
Asterius ou Ha-s, juif vivant selon l'antique coutume de ses pères, et sa femme Justa échangent avec Eymoinus, abbé du monastère de St-André, et sa congrégation une terre à Vitrien *(villa Vitrosco)* contre une autre touchant au monastère de St-André, dans l'intérieur des murs de Vienne, au bourg des Juifs *(in burgo Ebreorum)*. Lui, ses fils et héritiers devront se charger des affaires *(negotia)* des moines et les aider de leurs services, sous peine de nullité. Souscrivent 5 juifs. *Data p. man. Sagonis mon. et sac... reg. serenis. d. Chuonrado rege in Gallia*.

CHORIER, *Hist. de Dauph*., I. 524-5 : 2°, 409-10. = TERREBASSE, *Inscr*. II. 114-5. HAURÉAU, XVI, 176. *CHEVALIER (U.). *Cart. de St-André-le-Bas*, 68-9. n° 91.

**1354** (975/976).
Gautier *(Walterius)* et sa femme Lantrudis donnent à l'église de St-André à Vienne et à son abbé Eymoynus 4 *cameras* de vigne dans la villa et l'ager de Commelle *(Comella)*, au pagus de Vienne, touchant à une terre de St-André. *Regn. Chuonrado rege a° 39*.

CHEVALIER (U.). *Cart. de St-André-le-Bas*, 106, n° 143.

**1355** (975/976).
Isarn, évêque de Grenoble. concède à Adalbert et sa sœur Guidtrud un champ à moitié fruits *(ad medium plantum)*, situé dans la villa et l'ager de Tullins *(Taulianen.)*, au comté de Grenoble, joignant la Fure *(Fura aqua vocata)* et la Souisse *(silva Suisei)* ; la concession est pour 5 ans, après lesquels la moitié reviendra à l'église de Ste-Marie et St-Vincent. *S. Rainoni præposito* et autres chanoines. *S. Danihel archiclavi S. Vincentii. Dat. Jordanus presb... fer. 3, a° 39 regn. Gondrado rege*.

FONTANIEU. *Hist. de Dauph*., pr. I, 157. — SALVAING DE BOISSIEU, *Miscell*. II, 94 ; *De l'usage des fiefs*: 2°, 493 ; (1731), II, 239. MARION, *Cart. de Grenoble*, 26. = BURQ. I, 432 (à 960). *Doc. hist. inéd*. I, 272.

**1356** (Vers 975/6).
Martin, sa femme Poncia et son frère Vualterius vendent une vigne et un champ à Vitrieu *(in Vitrosco)*, pour le prix de 16 sous. *Regn. Gonrado rege*.

CHEVALIER (U.), *Cart. de St-André-le-Bas*, 41-2, n° 47.

**1357** Octobre (975/992).
Ermenard et sa femme Arlaberga ou *A-ave-a*, Jean, Jeutrudis ou *Gentru* et Durannus vendent à Aimoin *(Aymoynus)*, abbé [de St-André-le-Bas], une vigne à Vitrieu *(in Vitrosco)*, pour le prix de 18 sols. *Bernardus presb. dat... regn. Cunrado rege*.

CHEVALIER (U.). *Cart. de St-André-le-Bas*, 47-8, n° 56.

**1358** (975/992).
Ermenart et sa femme Arlaberga vendent à Guiniart et ses 4 enfants une camera de vigne à Vitrieu *(in Vitrosco)*, au prix de 2 sols 5 den.

CHEVALIER (U.). *Cart. de St-André-le-Bas*, 54, n° 66.

**1359** (975/992).
Fereand ou Sierant vend à Guiniart et ses 4 fils *(infantes)* une *camera* de vigne à Vitrieu *(villa Vitrosco)*, au prix de 2 sols 7 den. *Regn. Gonrado rege*.

CHEVALIER (U.). *Cart. de St-André-le-Bas*, 50-1. n° 61.

**1360** (975 993).
En présence et avec l'approbation du roi Conrad, Aimoin *(Eimoynus)*, abbé du monastère de St-André-le-Bas *(Subterior)*, fait échange avec Adralbrannus et sa femme Ermengardis, qui cèdent une vigne à Commelle *(villa Commella)*, joignant la terre de St-Maurice, et reçoivent un courtil aux Côtes-d'Arey *(in Arelis)*, touchant à la terre de St-André.

CHEVALIER (U.). *Cart. de St-André-le-Bas*, 64, n° 85.

**1361** (975/993).
L'abbé Aimoin *(Eymoinus)* et la congrégation de St-André de Vienne concèdent à Alliald une terre sur les bords de la Gère *(Jayra fluvius)*, pour y complanter une vigne à moitié fruits. *Regn. Chuonrado rege in Gallia*.

CHEVALIER (U.). *Cart. de St-André-le-Bas*, 121. n° 165.

**1362** (975/993).
André et sa femme Eltrudis engagent *(inpignoramus)* à l'abbé Aimoin *(Eimoyno)* et aux moines de St-André un manse à Montsevéroux *(villa Mons Superior)*, dans l'ager d'Estrablin *(Stabiliacen.)* et au pagus de Vienne. pour 20 sols et sous la redevance de 5 muids de vin ; le prêt est pour 2 ans.

CHEVALIER (U.). *Cart. de St-André-le-Bas*, 65-6, n° 87.

**1363** (975/993).
Didier *(Desiderius)* et sa femme Tresoara donnent à l'église construite à Vienne en l'honneur de s' André et en l'aide du corps de s' Maxime, dont Aimoin *(Eymoynus)* est abbé, ce qu'ils possèdent à Vitrieu *(villa Vitrosco)*, touchant le bois d'Aschericus, jadis de Ratbornus ; ils offrent en outre à s' Maxime leur fils Alboenus. *Regn. Gonrado rege in Gallia*.

CHEVALIER (U.). *Cart. de St-André-le-Bas*, 45-6, 44°, n° 54.

**1364** (975/993).
Eimendric et sa femme Rotrudis donnent à l'église de St-André et St-Maxime à Vienne, que régit l'abbé Aimoin *(Eymoynus)*, un courtil à Vitrieu *(in Vitrosco)* dont il se réserve l'usufruit, sous le cens annuel d'un 1/2 muid de vin ; en dehors des motifs pieux habituels, sa donation a pour raison les bienfaits qu'il reçoit de

l'abbé et des moines, qui lui cèdent la moitié du froment qu'ils perçoivent dans cette villa.
Chevalier (U.), *Cart. de St-André-le-Bas*, 44-5, n° 52.

**1365** (975/993).
Gotafred et sa femme Tedburgis ou Teud-s, avec le consentement de sa mère Liva, vend au monastère de St-André de Vienne et à l'abbé Eimoin une vigne à Bossieux *(villa Bolziacus)*, dans l'ager de Moydieu *(Mogdiacen.)* et le pagus de Vienne, pour le prix de 50 sols. *Vincentius dat... regn. Chonrado rege in Gallia.*
Chevalier (U.), *Cart. de St-André-le-Bas*, 6, n° 4.

**1366** (975/993).
Sous l'abbé *Eimoinus*, Ingelboton, fils d'Elmerad, et Elmerad son neveu, donne à l'église de St-André et St-Maxime, pour se conformer aux recommandations de son père défunt, une vigne à Verlieux *(in villa Verliaco)*, près du Rhône. *Regn. Chuonrado rege.*
Chevalier (U.), *Cart. de St-André-le-Bas*, 70, n° 93.

**1367** (975/993).
Jean et sa femme vendent à l'abbé Eimoyn et aux frères du monastère de St-André à Vienne une pièce *(peciola)* de vigne à Vitrieu *(in Vitrosco)*, au prix de 8 sols. *Regn. Chuonrado rege.*
Chevalier (U.), *Cart. de St-André-le-Bas*, 42, n° 48.

**1368** (975/993).
Martin et sa femme Ermenberga échangent avec l'abbé Eymoyn une vigne à Vitrieu *(Vitrosco)* contre un courtil dans la même villa. *Regn. Gondrado rege.*
Chevalier (U.), *Cart. de St-André-le-Bas*, 44, n° 51.

**1369** (975/993).
Rotgerius fait la paix avec David, en présence de l'abbé [de St-André-le-Bas] Eimoin et du juge royal Tienzelin, au sujet d'une vigne à la *villa Arboriatis*. *Regn. Gondrado fel. rege.*
Chevalier (U.), *Cart. de St-André-le-Bas*, 112, n° 153.

**1370** (975/993).
Wigerius ou Witg-s, frère de défunt Bernard, donne au monastère de St-André à Vienne, dont Eimoyn est abbé, un courtil à Merzin *(in villa Merzianis)*. *Regn. Chuonrado rege.*
Chevalier (U.), *Cart. de St-André-le-Bas*, 70-1, n° 94.

**1371** (975/997).
Bérilon et sa femme Leutgarde donnent au monastère de St-André-le-Bas *(Subterior)* et à l'abbé Eimoyn une vigne à Brosses *(villa Brocianis Subterior)*, joignant la terre de St-Maurice, mais il en garde la jouissance.
Chevalier (U.), *Cart. de St-André-le-Bas*, 82, n° 115.

**1372** (975/997).
Bertilis et sa femme Ermengardis vendent à l'abbé Eymoyn et aux moines de St-André une vigne à Vitrieu *(in Vitrosco)*, touchant à la terre de St-André, pour le prix de 5 sols *(soldatas de annona)*.
Chevalier (U.), *Cart. de St-André-le-Bas*, 41, n° 46.

**1373** (975/997).
Gautier Lambert *(Valterius Lanbertus)* et sa femme vendent à l'abbé Eymoin et aux moines de St-André une vigne à Commelle *(in Comella)*, limitée par le Rhône et la terre de St-André, pour le prix de 13 sols.
Chevalier (U.), *Cart. de St-André-le-Bas*, 106-7, n° 144.

**1374** (Vers 976).
*Breve commemoratorio* du [vicomte de Vienne] Ratburne sur son héritage : il donne [à l'église] de St-Maurice ce qu'il possède à Reventin *(R-nis)* et à Bressin-le-Haut *(Brocini Superiore)*, sauf l'usufruit.
Voir la charte du 24 mai suivant.

**1375** Février (976).
Donation au monastère de Cluny par Durand et sa femme Constancia d'un champ de 8 seterées au pagus de Vienne, dans la villa *Chalvaicus* (al. *Culivaco*) et d'un autre dans celle de Craponoz *(Chrapon)*. *Data p. man. Josberti, d. jovis... a° 39 regn. Khoundrado rege.*
Bernard-Bruel, *Chartes de Cluny*, II, 476-7, n° 1419.

**1376** (Vienne), mai (976).
Le prêtre Amalfred, pour le salut de son âme et le repos de celles de son père Gérald, de sa mère Anastasie, de son frère Sisfred et de son oncle de même nom que lui, donne au monastère de Cluny et à l'abbé Mayol ce qu'il s'était réservé dans la villa de Mions *(Medone)* et ce qu'il possède à *Sentinatis, Casellis, Masionatis* et *Valle*. On instruira son neveu Girbert dans les lettres sacrées pour qu'il devienne moine. *Signum Umberti comiti* [fils de Charles Constantin]. *Data p. man. Amalguini vicecancell. d. sabbati... a° 39 regn. Gohuntdrado sereniss. rege.*
Chevalier (U.), *Diplom. de P. de Rivaz*, 70-1 ; cf. I, n° 91 (Anal., 18, 63-4). Bernard-Bruel, *Chartes de Cluny*, II, 480-1, n° 1424. = Carutti, *Reg. Sab.* 11. Manteyer, *Orig. mais. Sav.-Bourg.* 364-6.

**1377** 17 mai (976).
L'abbé Mayol et la congrégation des moines de Cluny concèdent, à titre d'usufruit *(præstaria testamenti)*, à Amaldric et son fils le sous-diacre Arnulfc, un manse à *Balma*, dans la villa de Chuzelle *(Causilla)*, l'ager de St-Maurice et le pagus de Vienne, sous le cens d'un muid de vin doux aux vendanges et la promesse de service. *Ado not... dat... a° 39 regn. Chuonrado rege.*
Bernard-Bruel, *Chartes de Cluny*, II, 479-80, n° 1423.

**1378** 24 mai (vers 976).
Ratburne donne à l'église et aux chanoines de St-Maurice aux Côtes-d'Arey *(villa Arelo)* la vigne que son oncle l'archevêque Sobon lui a léguée ; à St-Mamert *(Brascoso villa)* la vigne qu'il a acquise de Siebodus ; à Bressin-le-Haut *(Brociano Superiore)*, celle qu'il tient d'Alierus ; il s'en réserve l'usufruit, sous l'investiture d'un muid de vin. En compensation, on lui accorde l'usufruit des biens que Lentillis, *ancilla* de St-Maurice, et son fils Adalgerius tenaient de l'église à la *villa Lisciaco* ; il donnera pour cens un muid de vin. S. Berillonis. Johannes sac. ad vic. Euchirii decani... dat... regn. d. Chuonrado rege sereniss.
Rivaz, *Diplom. de Bourg*, I, n° 92 (Anal. 18). — Chevalier (U.), *Cart. de St-André-le-Bas*, 244-5, n° 338 ; *Cart. de St-Maurice Vienne*, 21, n° 39. = *Gallia christ. nova*, XVI, 175-6.

**1379** 22 septembre (976).
Ratburne, en souvenir *(commendatio)* de son aïeul Hector, de sa mère Girbergic et de son frère l'évêque

[du Puy] Hector, donne à St-Pierre de Cluny et à son abbé Maïeul l'église de St-Pierre de Chandieu *(Candiaco)*, dans l'ager de ce nom et le pagus de Lyon, avec ses dépendances. Seings de son épouse Vuilla et de son fils Berlon. *Rostagnus sac. dat... a° 40 regn. d. Cuhonrado rege.* — *Jus ecclesiasticæ.*

BALUZE, *Hist. mais. d'Auvergne*, II, 479. BERNARD-BRUEL, *Chartes de Cluny*, II, 485-6, n° 1429. = POUPARDIN, *R. de P.* 354.

**1380** (976/977).
Martin et sa femme Poncia vendent à Didier *(Disderius)* et son épouse Tresoare une pièce de champ à Vitrieu *(in Vitrosco)*, pour le prix de 9 sols 1/2. *A° 40 regn. Chuonrado rege sereniss.*

CHEVALIER (U.), *Cart. de St-André-le-Bas*, 43, n° 5o.

**1381** (976/977).
Roirigo et sa femme Dida cèdent par échange à Warnier et son épouse Emma une vigne à St-Alban-de-Vareize *(villa S. Albani)*, joignant la terre de St-Alban. *A° 40 regn. Conrado rege.*

CHEVALIER (U.), *Cart. de St-André-le-Bas*, 77, n° 106.

**1382** (976/977).
Donation au monastère de Cluny par Silvion *(Silvius)*, son épouse Wille *(Guuilis)* et leur fils Guillaume, de biens au pagus de Viviers. *Data p. m. Evrardi lev., regn. Chonrado r. a° 40.*

BERNARD-BRUEL, *Chartes de Cluny*, II, 491-2, n° 1434. = MANTEYER, *Provence*, 140.

**1383** (976/977).
Teutold et Sulpicia, Alboyn et Daidona vendent à l'église de St-André une vigne à Vitrieu *(in Vitrosco)*, au prix de 5 sols. *A° 40 regn. Gonrado rege.*

CHEVALIER (U.), *Cart. de St-André-le-Bas*, 38, n° 42.

**1384** Arles, (976/978).
Aimon (ou Annon), évêque de Valence, dépose sur l'autel de St-Etienne à Arles, en présence du roi Conrad, sa protestation contre Aikard, qui détenait injustement les biens de sa cathédrale de St-Apollinaire et St-Cyprien. Thibaud *(Theutbaldus)*, archevêque de Vienne, et Isarn, évêque de Grenoble, joignent leur excommunication contre les usurpateurs.

RIVAZ, *Diplôm. de Bourg.* I, n° 94 (Anal. 19). — ACHERY (d'), *Spicileg.* X. BALUZE, App. à Réginon. MABILLON, *Vet. anal.* I, 98; 2°, 162. PETIT, *Theodori Pœnitent.* II, 555-6. *Patrol. lat.* CLI, 731-4. *Gallia christ. nova*, XVI, instr. 101-2. MARION, *Cart. de Grenoble*, 59-61. = *Doc. hist. inéd.* I, 275. R. Gen. 132. *Gallia christ. noviss.* III, 123.

**1385** Janvier (977).
Conon et sa femme Eldegarde cèdent à l'église de St-André à Vienne, où repose s' Maxime et dont est abbé Aimoyn, un courtil situé dans la ville, au lieu dit Honorat, non loin du palais royal, limité par la terre de St-Etienne et allant jusqu'à la colonne de pierre *(petrosa)* ; ils l'avaient acquis d'Otgerius et son épouse Engeltrude pour 4 livres d'argent, et en conserveront l'usufruit. *Viventius... dat... regn. Chuonrado rege in Gallia, 40 a° regni ejus.*

CHEVALIER (U.), *Cart. de St-André-le-Bas*, 187, n° 244.

**1386** Janvier (vers 977).
Dominique et sa femme Bona Filia, ayant été condamnés à une amende de 660 sols pour avoir, durant cinq ans, recélé les vols faits au préjudice du monastère de St-André à Moydieu, et ne pouvant la payer, abandonnent à l'abbé Eymoin ce qu'ils possèdent dans cette localité au mont dit Bossieux *(Bolziacus)*. *Data p. man. Stephani lev..., regn. Gunrado rege in Gallia.*

CHEVALIER (U.), *Cart. de St-André-le-Bas*, 3-4, 367, n° 1.

**1387** Mars (vers 977).
Ratborne et son épouse Willa, à l'humble demande des moines de St-André de Vienne, abandonnent leurs prétentions sur diverses terres à Massieu *(in Masiano)*, à Artas *(in Arcas)* et à Vienne ; ils reçoivent 120 sols. *S. Huectoris. S. Berilonis... Viventius... dat... regn. Ghuonrado rege.*

CHEVALIER (U.), *Cart. de St-André-le-Bas*, 103-4, n° 140.

**1388** Vienne, 1ᵉʳ mars (977).
Dans le cloître du monastère de Ste-Marie, en présence de l'archevêque Thibaud *(Teutbaldus)*, de moines, de clercs *(Almarus præpositus)* et de laïques *(Teudericus missus indominicatus d. regis)*. Ratburne renonce, en faveur du monastère de Cluny et de l'abbé Mayol, aux griefs et coutumes que lui et son épouse Julia [= *Vuilla*] prétendaient sur une terre *in Valle Camponica*. *Ado not. scr. a° 40 Conradi regis.*

BERNARD-BRUEL, *Chartes de Cluny*, II, 493-4, n° 1437.

**1389** 23 mars (977).
Roger *(Rotgerius)* donne à son fils Urselin une vigne et un champ à Moydieu *(villa Moidiacus)*, dans l'ager d'Estrablin *(Stabiliacen.)* et le pagus de Vienne, mais il s'en réserve l'usufruit. *Ado not. ...dat... a° 40 regn. Ghuonrado rege.*

CHEVALIER (U.), *Cart. de St-André-le-Bas*, 10-1, 44*, n° 9.

**1390** Mai (977).
David donne à l'église du monastère de St-André de Vienne ce qui lui revient de l'héritage de [son père] Roger *(Rotgerius)* dans la villa et l'ager de Moydieu *(Modialis)*, sous la promesse de l'aide des moines pendant sa vie. *Stephanus... dit... regn. Chuonrado rege a° 40.*

CHEVALIER (U.), *Cart. de St-André-le-Bas*, 16-7, cf. 367, n° 16.

**1391** 13 mai 977.
A la translation des reliques de s' Grat, évêque de Chalon-sur-Saône, à l'église du prieuré de Paray-le-Monial, consacrée ce jour-là, participa un immense concours de peuple : *Lugdunensium, Viennensium, Matisconensium*, etc.

Anonymus, *Vita s. Grati episc.* (PERRY, *Hist. de Chalon-sur-Saône* (ex vet. Legend. Cabilon.); *Acta ss. Bolland.*, oct. IV, 288). = CHEVALIER (U.), *Cart. de Paray-le-Monial*, xj.

**1392** Juin (977).
Adalelin et sa femme Adalburge vendent aux moines de St-André et à leur abbé Eimoyn un bois avec champs attenants, situé à *Plania*, dans l'ager d'Estrablin *(Stabiliacen.)* et le pagus de Vienne ; il en excepte le champ baigné par la Vésonne qu'il a hérité de son père Widbold ; le prix est de 5 sols. *Varinus... dat... regn. Chonrado rege a° 40.*

CHEVALIER (U.), *Cart. de St-André-le-Bas*, 33-4, n° 36.

**1393** Juin (977).
Roland *(Rollanus)* et Girard vendent à David et à sa femme Raineldis un champ *in valle Sambana*, dans la villa de Moydieu *(Modiatis)*, l'ager d'Estrablin *(Stabiliacen.)* et le pagus de Vienne, au prix de 48 den. *Frater Varinus... dat... regn. Guonrado rege a° 40*.
Chevalier (U.), *Cart. de St-André-le-Bas*, 9-10, n° 8.

**1394** Décembre (vers 977).
Rainold vend à l'abbé Eimoyn et aux frères du monastère de St-André à Vienne un courtil à Moydieu *(villa Modiatis)*, dans l'ager d'Estrablin *(Stabiliacen.)* et le pagus de Vienne, baigné par la Vésonne *(rivus Vesonna)*, pour le prix de 7 sols ; et un bois, au même lieu, pour 3 sols. *Varinus... dat... regn. Guonrado rege*.
Chevalier (U.), *Cart. de St-André-le-Bas*, 4-5. n° 2.

**1395** (977/978).
Alierius et son frère Jean hypothèquent *(inpignoramus)* à Natal une vigne aux Côtes-d'Arey *(villa Harelo)*, pour 30 sols et 9 muids de vin doux en redevance annuelle ; l'engagement est pour une durée de 20 ans. *A° 41 regn. Chuonrado rege*.
Chevalier (U.), *Cart. de St-André-le-Bas*. 79-80, 367. n° 111.

**1396** 978.
*Augusta [Adalheida imperatrix] ... paternum decrevit expetere regnum. Ubi a fratre, rege scilicet Chuonrado, et nobilissima Mahtilde ejus conjuge benigne et honorabiliter est suscepta. Tristabatur de absentia ejus Germania, lætabatur in adventu ejus tota Burgundia. exultabat Lugdunus, philosophiæ quondam mater et nutrix urbs inclita, necnon et Vienna nobilis sedes regia*.
Odilo Cluniac., *Epitaphium Adalheidæ imperatr.* : Menestrier, *Hist. consul. de Lyon*, pr. xxij-iij. Bouquet, X, 363-4. Pertz, *Mon. Germ. hist.*, Script. IV, 640. *Patrol. lat.* CXLII, 973. = *R. S. R.* 192. Bolland., *Bibl. hag. lat.*, 63. Poupardin, *Roy. de Bourg.* 82.

**1397** 28 décembre (978 ou) 980.
Arbert et sa femme Vuinbergia donnent à l'église de Romans sur l'Isère, dont Guillaume *(Wuillelmus)* est abbé, l'église de St-Genès à Vinay *(B. Genesii in villa Vinuico)*, dans l'ager de Sermorens *(Salmoriacen.)* et le pagus et diocèse de Vienne, avec ses dîmes et presbytères ; s'il a des héritiers légaux, ils en hériteront en payant 100 sols ; si non, elle ira aux clercs qu'il désignera à sa mort. Il donne, en outre, un manse. *[Arboldus] lev., jub. Rollanno caput scolæ, dat. d. sabb... a° I. D. 980*.
Giraud, *Hist. S. Barnard-Romans*, compl. 37-8, n° 141 ; et Chevalier, *Cart. de St-Barnard*, 54-5. = Manteyer, *Orig. mais. Savoie*, add. 270-1.

**1398** (978/979).
Valterius et sa femme Lantrudis engagent *(impignoramus)* à Ingelric et son épouse Leogelda, une vigne à Conimelle *(villa Comella)*, touchant aux terres de St-André et de St-Cyr, pour 8 sols et 2 muids de vin doux pour redevance annuelle ; l'acte n'est que pour un an. *A° 42 regn. Gonrado rege*.
Chevalier (U.), *Cart. de St-André-le-Bas*, 107-8, n° 146.

**1399** 979.
Mayeul, abbé du monastère de Cluny, et ses frères concèdent à Fanuhel et à son fils Serlion l'église de St-Eusèbe, dans l'ager de Cheyssieu *(Casiacen.)* et le pagus de Vienne, avec ses appendices et ses dîmes, sous l'investiture annuelle de 8 [den.] pour le luminaire. *Data p. man. Randuini lev. ... regn. Condrado rege*.
Bernard-Bruel, *Chartes de Cluny*, II, 552-3, n° 1501.

**1400** Avignon, 12 mai 979.
Fondation du monastère de Vaucluse *(Valle Clusa)* par Walcand, évêque de Cavaillon, *cum consilio senioris mei Chuonradi regis atque incliti marchionis Vuilelmi ... Facta ... Avenione..., ind. 7*.
Arch. des Bouches-du-Rhône, H, St-Vict. 16. orig. — Martene, *Script. ampl. coll.* I, 330. Schrid, *Origg. Guelf.* II, 133-4. Guérard, *Cartul. de St-Victor*, II, 510, n° 1043. Manteyer, *Chartes d'Avignon*, 74-6. = Bréq. I, 459. *R. S R.* 193.

**1401** (979/980).
Vendrannus donne à son fils Maynard et à sa femme Adalgude une vigne que le roi Conrad lui a concédée pour le mur qu'il a construit dans le faubourg de la cité de Vienne ; elle est située dans l'ager de St-André et le pagus de Vienne, limitant le chemin public, le Rhône et le mur de la ville. *A° 43 regn. Chuonrado rege*.
Chevalier (U.), *Cart. de St-André-le-Bas*, 121, n° 164.

**1402** (979/994).
Mayeul, abbé de Cluny, accorde à Burchard, archevêque de Lyon, une terre entre la Bourbre *(Bulbula)* et le Chérny *(Karosia)*, pour obtenir sa protection sur toutes les possessions du monastère dans le pagus de Vienne ; en présence de Teutbald, archevêque de Vienne. *S. Otmari præpositi et germani sui Arnulfi...*.
Bernard-Bruel, *Chartes de Cluny*, II, 558-9, n° 1508.

**1403** (979/1031).
Excommunication portée par Burchard *(Brocardus)*, archevêque de Lyon, et Mallen *(Maillemus)*, évêque [de Grenoble], contre ceux qui troubleraient les religieuses de St-Pierre de Lyon dans la jouissance de leur domaine.
Bullioud, *Lugdun. sacroprophan.* x, 168. Guigue, *Cartul. Lyonnais* (1885), I, 14.

**1404** (Vers 980).
Otmar, prévôt [de St-Maurice-de-Vienne] et Eimoyn, abbé [de St-André-le-Bas] terminent un différend *(alterquatio)* survenu entre les églises de St-Romain[-de-Jalionas] et de St-Hilaire[-de-Brens], au sujet des dîmes de la villa *Liargus* ou *L-gis* ; ils décident, de concert avec une nombreuse assemblée de nobles, clercs et laïques et après audition de témoins, que la route de Lyon *(via Lugdunensis)*, qui descend par le mont Allon et tend vers Gemens *(villa Gemmis)*, servira de limite ; les décimateurs de la 1ᵉ paroisse auront la partie occidentale et ceux de la 2ᵉ l'orientale. *S. Otgerii decani. — Omnibus quidem*.
Chevalier (U.), *Cart. de St-André-le-Bas*. 89-90, n° 125.

**1405** (Vers 980).
Echange de terres entre les moines du monastère de St-Pierre fondé près des murs de la ville de Vienne et ceux du monastère de St-André dans la même ville, passé en présence de l'abbé Eymoin. Les premiers cèdent une vigne à Meyrieu *(villa Mariatis)*, deux courtils à Moydieu *(Modiatis villa)* ; à Gemens *(Gemmis villa)*,

une condamine sur la Gère *(Jaira fluvius)*, qu'on appelle la terre de St-Marcel. Les seconds abandonnent à la *villa Mixalis* un courtil ou manse que Nadalis a donné à St-André par sa charte d'achat ; et à Savas *(villa Savodatis)* un petit champ, près du plantis *(plantarium)* de St-Pierre. Souscrivent 11 moines. *Regn. Ghuonrado rege.*

CHEVALIER (U.), *Cart. de St-André-le-Bas*, 110-2, 44\*, n° 151.

**1406** (Vers 980).

Eldrad et sa femme Ermengars, Junams ou Junan et Dida, enfants de celle-ci, engagent *(inpignoramus)* au prêtre Theu[de]ricus une vigne à *Apozaraco*, dans la villa de Vitrieu *(Vitrosco)*, pour 31 sols et le cens de 7 muids de vin doux ; s'il n'est remboursé au bout de 3 ans, Theudericus disposera de l'immeuble à sa volonté. *Regn. Conrado rege.*

CHEVALIER (U.), *Cart. de St-André-le-Bas*, 48-9, n° 58.

**1407** (Vers 980).

Francon et sa femme Ermengarde vendent à l'église de Ste-Colombe, au prêtre Etienne, à la religieuse *(monachæ)* Maxima et à sa fille Fecema une vigne à Commelle *(Comella)*, dans la paroisse de St-Cyr-sur-le-Rhône, S. *Cirici)*, au prix de 20 sols.

CHEVALIER (U.), *Cart. de St-André-le-Bas*, 109, n° 148.

**1408** 13 mars (980).

Thibaud *(Theutbaldus)*, archevêque de Vienne, et sa congrégation de chanoines accordent à Rotbert, à sa femme Plectrude et leur fils Durannus un champ à *Sambur*, dans la villa Siccieu *(Sissiacus)*, l'ager *Summajoritus* et le pagus de Vienne, pour le complanter à moitié fruits durant 5 ans. *(S.) Otmari præpositi. S. Ricardo decano. Ado not... dat... 43 a° regn. Chuunrado rege.*

CHEVALIER (U.), *Cart. de St-André-le-Bas*. 245-6, n° 34\* ; *Cart. de St-Maurice Vienne*, 28, n° 88.

**1409** Mai (vers 980).

Frédebert et sa femme Adalidis ou A-icdis donnent au monastère de St-André-le-Bas *(Subterior)* à Vienne, dont Eymoyn est abbé, une terre et un courtil à Vitrieu *(villa Vitrosco)*. Gilamarus ... dat ... regn. Chuonrado rege in Gallia.

CHEVALIER (U.), *Cart. de St-André-le-Bas*, 39-40, n° 44.

**1410** (Vers 980).

Frédebert et sa femme Adalicdis donnent à l'église de St-André à Vienne, dont Eymoyn est abbé, la moitié d'un manse appelé *Campanes*, à Vitrieu *(in Vitrosco)*.

CHEVALIER (U.), *Cart. de St-André-le-Bas*, 40, n° 45.

**1411** Bourg, septembre 980.

Le roi Conrad donne à Guillaume de la Charité la ville et le château de Condorcet. *Dat. Burgis, ind. 1 [= 8]... a° 980.*

PITHON-CURT, *Hist. noblesse Comté Venaissin*, 1, 280. = BRÉQ., I, 461. R. S. R. 195.

28 décembre 980 = 28 décembre (978).

**1412** (980/981).

Leuterius et sa femme Adalgarda vendent à Warnerius et son épouse Emma une vigne, etc. à la *villa Castolatis*, dans l'ager de St-Alban-de-Vareize (S. *Albani)*, au prix de 10 sols. *A° 44 regn. Conrado rege.*

CHEVALIER (U.), *Cart. de St-André-le-Bas*, 77-8, n° 107.

**1413** 981.

Lettre de Lothaire, roi des Francs, à Conrad, roi d'Allemagne. — *Amicitiam inter nos a multo tempore constitutam, inviolabiliter conservare semper mihi gratum fuit, etc.*

RICHER, *Histor.* III, 86 *(Scr. rer. Germ. schol.*, 154-5 ; *Patrol. lat. CXXXVIII*, 117). = MANTEYER, *Provence*, 236.

**1414** 4 janvier (981).

Amichelda, du consentement de ses enfants, donne, *pro amore et benavolentia*, à ses amis [= beaux-fils] Valterius et Rotgerius, un courtil à Moydieu *(villa Moydialis)*, dans l'ager d'Estrablin *(Stabiliacen.)* et le pagus de Vienne. *Ado not... dit... a° 44 regn. Ghuonrado rege.*

CHEVALIER (U.), *Cart. de St-André-le-Bas*, 13-4. n° 12.

**1415** (4 janvier 981).

Walterius et son frère Rotgerius vendent aux moines du monastère de St-André de Vienne, l'héritage qu'ils venaient de recevoir d'Amichelda, femme de feu leur père, en échange de leurs services.

CHEVALIER (U.), *Cart. de St-André-le-Bas*, 14, n° 13.

**1416** Rome, 27 mars 981.

*Imperator Otto Natale Domini Ravennæ celebravit, Pascha verò Romæ peregit, præsente matre sua cum Theophanu imperatrice, cum sorore imperatoris abbalissa Quidelingeburgensi, convenientibus quoque regibus, Conrado ex Burgundia et Hugone ex Gallia, absque principibus et optimatibus perpluribus.*

Annalista SAXO (BOUQUET, VIII, 230 ; PERTZ, *Mon. Germ. hist.*, Scr. VI, 627). — Ann. *Magdeburgenses (Mon. Germ. hist.*, Scr. XVI, 155). = POUPARDIN, *Roy. de Bourg.* 83.

**1417** 4 mars (vers 982).

Mesymbria, son fils Didier et sa femme Alohis ou A-hys donnent à l'église de Romans sur l'Isère, dont l'archevêque Thibaut *(Teutbaldus)* est supérieur, un manse aux Royons *(villa Roioni)*, dans le pagus de Vienne. *Arboldus subdiac. scr. jub. Rollando caput scolæ..., temp. Gondrado rege.*

GIRAUD, *Hist. S. Barnard-Romans*, pr. I, 130-1, n° 75 ; et CHEVALIER, *Cart. de St-Barnard*, 56.

**1418** 20 juin (982).

Bernard et sa femme Marie engagent *(inpignoramus)* à David et son épouse Raineldis, une vigne à Bossieux *(villa Buizeu)*, dans l'ager d'Estrablin *(Stabiliacen.)* et le pagus de Vienne, pour 12 sols et le cens de 3 muids de vin doux par an ; l'argent devra être rendu dans 5 ans, en monnaie x [= *decima*], au mois de mai. *Ado not... dit... a° 45 regn. Ghuonrado rege.*

CHEVALIER (U.), *Cart. de St-André-le-Bas*, 14-5, 44\*, n° 14.

**1419** Vérone, (1/17) juin 983.

Le roi Conrad assiste, avec l'empereur Otton II, son fils Otton III et tous les grands seigneurs d'Italie, à la diète convoquée à V-e. (sans doute à titre de vassal de la couronne de Germanie).

**1420** (21/22 juillet 983).

Mayeul, abbé de Cluny, après avoir guéri un aveugle en Viennois, se rend à Rome. A son retour, il est arrêté par les Sarrasins entre Gap et Embrun, en face du pont d'Orcières et mis à rançon.

Syrus mon., *Vita s. Maioli abb. Cluniac.* (*Acta ss. Bolland.*, maii II, 679-80 ; Mabillon, *Acta ss. Bened.* V, 800-3 ; *Patrol. lat.* CXXXVII, 763-8). = Chevalier (J.), dans *Bull. soc. archéol. Drôme*, XXII, 162-3 ; *Mém. comtés Valent.-Diois.* I, 12-3 (à 972). Poupardin, *Roy. de Bourg.* 97-100. Manteyer, *Provence*, 241-7.

**1421** (Septembre 983).
A leur retour des Alpes, les Sarrasins sont anéantis par le marquis Guillaume. Leur retraite du Freinet est prise par son frère Roubaud, aidé par Ardoin, marquis de Turin.
*Chron. Novalic.*, v. 18-9 (ed. Bethmann, dans *Script. rer. Germ.* 71-2 ; Cipolla, *Mon. Novalic. vetust.* II, 262-3). = Manteyer (G. de), *La Marche de Provence et l'évêché d'Avignon* (1897), 6-7 ; *Provence*, 248.

**1422** Agaune, 24 septembre 983.
Diplôme du roi Conrad, qui autorise un échange de terres entre le chevalier Richard et l'abbaye de Saint-Maurice. *Anselmus diac. et... cancell... A° I. D. 983 (al. 909) regni sereniss. regis Chuonradi 46. Act... in Agauno.*
*Gallia christ. nova.* XII, instr. 426-7. Furrer, *Gesch. Wallis*, III, 29. *Hist. patr. mon.*, Chart. II, 50-1. Gremaud (J.), dans *Mém.-doc. soc. hist. Suisse rom.*, XXIX, 46. Piccard (L. E.), dans *Mém.-doc. acad. Chablais.* VII, 245-6. = Böhmer, *R. K.* 1514. *R. S. R.* 202.

**1423** 2 décembre 983.
Après la mort à Rome de l'empereur Otton, l'impératrice Adélaïde, accompagnée de sa belle-fille Théophanie, de sa fille l'abbesse Mathilde, de son frère Conrad, roi de Bourgogne, et des principaux seigneurs de l'Italie, de la Gaule, de la Souabe, de la France et de la Lorraine, se rend en Allemagne. Une diète réunie à Rorheim, près de Worms, dépouille Henri II dit le Querelleur de son vain titre de roi. Grâce à l'intervention de son beau-frère le roi Conrad, il est maintenu dans son duché de Bavière.
*Annales Quedlinburgenses* (Pertz, *Mon. Germ. hist.*, Scr. III, 64). — Chronographus Saxo (Leibnitz, *Access. histor.* I ; *Mon. Germ. hist.*, Scr. XVI).

**1424** 984.
...*Ind. 12*, Gausmar, abbé de Savigny étant mort, les moines obtiennent de l'archevêque de Lyon Burchard, en présence du roi Conrad, le jeune Hugues pour lui succéder, conformément au désir du défunt.
Mabillon, *Ann. Bened.* IV, 22 ; 2°, 20-1. Mure (J. M. de la), *Hist. dioc. Lyon*, 379. Bouquet, IX, 736. Scheid, *Origg. Guelf.* II, 145. Bernard, *Cartul. de Savigny*, 230-1 = Briq. I, 470. *R. S. R.* 203.

19 mars 984 = 19 mars 985.

**1425** 5 avril (984).
L'archevêque de Vienne Thibaud (*Theutbaldus*) et la congrégation des chanoines de St-Maurice accordent à Vuolbert, à sa femme Adeleia et à leur fils Odon (*Oddo*) *testamentum præstariæ*, comprenant 2 manses à Genevrey (*villa Genebreto*), dans l'ager de St-Maurice et le pagus de Vienne, joignant le torrent de Vézeronce (*rivus Vesorona*) et le fief de l'archevêque ; une vigne à Jardin (*villa Ortis*), dans l'ager de St-Pierre ; un champ là même, proche de la terre de St-Maurice ; un autre champ à la *villa Moriolo*, limité de trois côtés par la même terre ; ils en jouiront leur vie durant, sous l'investiture de 4 deniers à la St-Maurice. *S. Autmari præpositi. S. Otgerii decani. S. Ricardi abbatis. Ado not. ... dat... a° 47 regn. Chuondrad rege.*
Rivaz, *Diplom. de Bourg.* I, n° 96 (Anal. 19). — Chevalier (U.), *Cart. de St-André-le-Bas*, 246-8, n° 35* ; *Cart. de St-Maurice Vienne*, 17, n° 18.

19 avril 984 = 19 mars 985.

**1426** 24 mai (984).
Rainold et Rollannus donnent à David et à sa femme Raina la 1/2 d'un champ au lieu dit *vallis Sambana*, dans la villa de Moydieu (*Modiatis*), l'ager d'Estrablin (*Estabiliacen.*) et le pagus de Vienne, baigné par la Vésonne (*rio Vesonnane*). *Elgodus mon... dat. d. sabb .. regn. Guhonrado rege.*
Chevalier (U.), *Cart. de St-André-le-Bas.* 8-9, n° 7.

**1427** Février (985).
Ursa, dite Bonitia ou Bonucia, vend à David et sa femme Rainelda, à Rainold et son épouse sa part d'un bois à Lannère (*villa Lannerio*), dans l'ager d'Estrablin (*Estabiliacen.*) et le pagus de Vienne, au prix de 3 sols, avec le consentement de l'abbé Eimoin. *Elgod mon... dit... a° 48 regn. Guhonrado rege.*
Chevalier (U.), *Cart. de St-André-le-Bas*, 15-6, n° 15.

**1428** Agaune, 19 mars 985.
Conrad, roi de Bourgogne (*Burgundionum*), a° regni ejus 48, *I. D. 985*, ind. 13, epacta 26, concède à Erembert et à son fils Azon un mas à Nendaz (*villa Neuda*), au comté du Valais. *Amizo episcopus... Anselmus... ded... Act. in Augono (Agauno).*
*Hist. patr. mon.*, Chart. I, 268-9 (984, ind. 12) ; II, 52-3. Gremaud (J.), dans *Mém.-doc. soc. hist. Suisse rom.* XXIX, 47. = *R. S. R.* 204.

**1429** 27 juin 985.
Lambert, [comte de Valence], et son épouse Falectrude, considérant l'énormité de leurs crimes, donnent à St-Marcel, aux moines Odoinus et Durannus, ainsi qu'à ceux qui y embrasseront la vie commune, pour son père Gontard, sa mère Ermengarde, ses fils Adémar et Lambert, en vue de la reconstruction d'un monastère au lieu de St-Marcel[-lès-Sauzet], dit Félines (*Fellinis*), au comté de Valence, où l'on observera la règle de St-Benoît et qui sera soumis à St-Pierre de Rome, le cens de 5 sols tous les cinq ans, l'Avalanche (*mons Alavenca*) et Milune (*mons Media Luna*), avec tout ce qui s'y trouve, limités par le ruisseau Merdauzon, la Gironne, le Roubion (*Rubio*) et le mur antique à *Avalriatis*. *S. Ricardi filii d. Lamberti... Data p. man. Duranni mon... d. sabb... ind. 13, regn. Chuhonrado r. in Gallia. — Dum in hujus.*
Mabillon, *Acta ss. Bened.* V, 771 ; VI, 1, 656 ; *Ann. Bened.* IV, 30, 418 ; 2°, 28, 384. Bernard-Bruel, *Chartes de Cluny*, II, 735-8. — Chevalier (J.), dans *Bull. soc. archéol. Drôme*, XXVI, 13-4 ; *Mém. comtés Valent.-Diois*, I, 141-2.

**1430** Aix, (après 27 juin 985).
Diplôme du roi Conrad, par lequel, à la demande de Lambert, comte [de Valence], et de son épouse Faletrude, qui venaient de fonder, dans leurs terres, une maison monastique à Félines (*Fellinis*), sous le vocable de St-Marcel, il lui accorde sa protection ; il est inter-

dit d'en exiger aucun service ; elle ne dépendra que de l'église de Rome et soldera à St-Pierre 5 sols tous les 5 ans. *Painulfus (Pardulfus) ad vic. Heidulfi (Re-i) cancell... Act. Aquis, a° 46 regn. d. Chuonrado rege. — Si locis sanctorum.*

Bouquet, IX, 704-5. *Gallia christ. nova.* XVI, instr. 185. Bernard-Bruel, *Chartes de Cluny*, II, 739-40. = Bréq. I, 468. Böhmer, R. K. 1513 (à 983). *R. S. R.* 199.

**1431** 1ᵉʳ février (986).

Girold et sa mère Bertinga vendent à Frotgenda et son fils Itbert une vigne à Moydieu (*villa Moydiacus*), dans l'ager d'Estrablin (*Stabiliacen.*) et le pagus de Vienne, touchant les terres de St-Pierre et de St-André, au prix de 16 (seze) sols. *Ado not... dat... a° 49 regn. Gondrado rege.*

Chevalier (U.), *Cart. de St-André-le-Bas*, 78, n° 6.

**1432** Remiremont, 18 mai 986.

Le roi Conrad doit assister à l'entrevue projetée entre l'impératrice Adélaïde et la reine de France Emma.

Gerberti *Epistolæ* (Bouquet, IX, 287-8 ; *Patrol. lat.* CXXXIX, 221 ; éd. Havet. 69-70, n° 74). = Poupardin. *Roy. de Bourg.* 84.

**1433** Juin (986).

Adalildis ou Adalinde donne à l'église de Romans sur l'Isère, dont les chanoines ont pour chef l'archevêque de Vienne Thibaud (*Teutbaldus*), un manse à Creyssac (*villa Crecziago* ou *Crexago*), *viacecasto* de St-Alban (S¹ *Albane*), au pagus de Viviers. Fronald et sa femme Aialmodis ou Ainimodis y donnent un autre manse, sous l'investiture annuelle de 4 setiers... *fer. 4..., a° quando Loiccus cœpit regnare. Aldencus scr.*

Giraud, *Hist. S. Barnard-Romans*, I. pr. 123-4, n° 69 ; et Chevalier, *Cart. de St-Barnard*. 57-9.

**1434** 30 décembre 986.

Le comte Guillaume, après avoir défait les Sarrasins, donne la 1/2 de la ville de Gap à l'église de Notre-Dame. ...*ind.* [5 = 14].

*Brev. Vapincense* (1499), cclxxxix (a. D. octuagesimo sexto). Poupardin, *Roy. de Bourg.* 325. = Roman, 2° (98 d.).

**1435** (Env. 986/987).

Amalgerius vend à Didier et sa femme Tresoare un champ à Vitrieu (*in Vitrosco*), près du chemin qui mène à la fontaine *Noviliani*, au prix de 5 sols. *Regn. Gondrado rege.*

Chevalier (U.), *Cart. de St-André-le-Bas*, 49-50, n° 59.

**1436** (986/987).

Arnald vend à Evrard et ses frères Aucennus et Vido une vigne à *Castolatis*, dans la vallée de St-Alban-[-de-Vareize], limitée par les terres de St-Alban et du prêtre Bernard, au prix de 24 sols. *A° 50 regn. Conrado rege.*

Chevalier (U.), *Cart. de St-André-le-Bas*, 75, n° 101.

**1437** (986/987).

Bernard, pour reconnaître les services qu'il a reçus de Didier et sa femme Tresoara, durant sa maladie (*passio*), quand ses amis l'ont abandonné et qu'eux l'ont reçu dans leur demeure, leur donne une perche de vigne ou champ à Vitrieu (*in Vitrosco*), touchant la terre du vicomte (*domnus*) Ratburne. *A° 50 regn. Gunrado rege.*

Chevalier (U.), *Cart. de St-André-le-Bas*, 50, n° 60.

**1438** (986/987).

Rotbald et sa femme Pontia vendent à Warnerius et son épouse Emma un petit champ à la *villa Castolatis*, dans la vallée de St-Alban[-de-Vareize], touchant la terre de St-Alban, au prix de 19 den. *A° 50 regn. Guonrade rege.*

Chevalier (U.), *Cart. de St-André-le-Bas*, 78, n° 108.

**1439** 19 avril 988.

Le clerc Richaud donne à l'église de St-André de Rosans, dans le pagus du même nom (*Rosanen.*), au comté de Gap (*Wapicen.*), la villa qui l'entoure, dont le territoire est limité par ceux de Sorbiers (*Sorbaria*) et de Chapaïsses (*Capadieis*), par la Lidane (*Liddana*), *Mogdanis*, Méreuil (*Moraria*) et l'Armalande (*Armelosa*) ; il cède en outre le château de Rizon, la moitié de l'église de St-Arey (*S. Erigii*), des villæ de Rosans, Sorbiers, *Gema, Rusca*, Méreuil et Chapaïsses. Après sa mort, l'église de St-André aura en outre la moitié du château de Mison, de *Blannatis*, de l'Epine (*Spina*) et de la forêt de Chassagne (*Cassania*), et tout ce qu'il possède jusqu'au château de Serres (*Cerredum*). Il soumet le tout au monastère de Cluny et à l'abbé Mayeul. *Act.., ind. 1. Aimo presb. scr.*

Bernard-Bruel, *Chartes de Cluny*, III, 39-42, n° 1784. = Cais de Pierlas (E.), dans *Miscell. stor. Ital.* XXIX, 401. Roman, 2ᵇ.

**1440** (Fin 988).

Projet d'entrevue entre les rois Conrad et Hugues Capet à la frontière des trois royaumes de France, de Bourgogne et de Lorraine.

Gerberti *Epistolæ* (Bouquet, IX, 397-8 ; *Patrol. lat.* CXXXIX, 234, 235-6 ; éd. Havet, 119, 124, n° 132 et 138). = Poupardin, *Roy. de Bourg.*, 84.

**1441** 20 juin (989?).

Rainoara donne à l'église de Romans sur l'Isère, que régit l'archevêque de Vienne Thibaud (*Teutbaldus*), un manse *loco Riaciolo*, dans l'ager *Saviniacensis* et le pagus de Vienne. *Emapas presb. scr. d. lunis... regn. Gondrado rege.*

Giraud, *Hist. S. Barnard-Romans*, compl. 19-20, n° 109 ; et Chevalier, *Cart. de St-Barnard*, 57.

**1442** (Vers 990).

Desiderius, pour obtenir l'entrée du paradis, donne à l'église de Romans sur l'Isère, dont l'archevêque Thibaut (*Teutbaldus*) est le chef, un manse au lieu dit Villeneuve (*Villa Nova*), dans l'ager de Charlieu (*Carliacensis*) et le pagus de Vienne, avec réserve d'usufruit sa vie durant.

Giraud, *Hist. S. Barnard-Romans*, compl. 16, n° 102 ; et Chevalier, *Cart. de St-Barnard*, 59-60.

**1443** (Vers 990).

Dominique, sa femme et ses enfants vendent à Jorada, à ses fils Jocelin et Aténulfe, et à son épouse Undrada leur héritage à Meyrieu (*Mariatis villa*), touchant à la terre de St-André, au prix de 8 sols ; avec faculté de réméré.

Chevalier (U.), *Cart. de St-André-le-Bas*, 112, n° 152.

**1444** (Vers 990).

Etienne et sa sœur Vienna, en compensation de deux chevaux qu'il avait volés au monastère de St-André-le-Bas à Vienne, lui abandonne à Moydieu *(villa Modiatis)*, un manse *ad Mara*, la moitié du bois de *Castanedo* et de la terre de *Curtis* et de *Puliaco*; l'abbé et les moines lui passent quittance de 15 sols et de 2 muids de vin qu'il leur devait.

CHEVALIER (U.), *Cart. de St-André-le-Bas*, 28-9, n° 30.

**1445** (Vers 990).

Le prêtre Folcard, pour obtenir de s¹ Pierre qu'il lui ouvre la porte du paradis, donne à l'église de Romans sur l'Isère, où gouverne l'archevêque Thibaud *(Teutbaldus)*, un manse à Vinay *(villa Vicinaico)*, dans le pagus de Sermorens *(Salmoren.)*.

GIRAUD, *Hist. S. Barnard-Romans*, compl. 13-4, n° 95; et CHEVALIER, *Cart. de St-Barnard*, 59.

**1446** 16 avril (vers 990).

Girbert concède à l'abbaye de Romans, aux chanoines de St-Pierre et à son neveu le diacre Rostaing l'église de St-Ange à Geyssans *(villa Gessiano*, rubr. *Gissiaco)*, avec ses dîmes et son presbytère ; Rostaing aura la jouissance de la moitié, sous l'investiture annuelle d'un muid de pain et de vin. *S. Teutbaldi archiepiscopi. S. Otmari præpositi. Otgerius lev., jub. Siefredo sac... dil... regn. d. Gondrado rege.*

GIRAUD, *Hist. S. Barnard-Romans*, compl. 32-3, n° 132 ; et CHEVALIER, *Cart. de St-Barnard*, 60-1.

**1447** Milieu d'octobre (990, 993, 997 ?).

Guy *(Wido)*, évêque du Puy *(Anicien.)*, convoque de nombreux évêques... *Wigonem Valentinensem*. . pour proclamer la paix [et la trêve] de Dieu. *Confirmat hoc... d. Theotbaldus Viennensis archipræsul.*

ESTIENNOT, *Fragm. hist. Aquitan.* 160 (ms. lat. 12765). — MABILLON, *Diplomat.* 577 : 3°, I, 597. *Gallia christ. nova*, II, instr. 225-6; cf. XVI, 62. DU CANGE, *Glossar. latin..* v° Treuga (éd. Didot, VI, 658-9). DUMONT, *Corps diplomat.* I, 1, 41. ROCHER (Ch.), Un concile Vellave (1004). dans *Tablettes histor. Velay* (1873), III, 1-37. DONIOL, *Cartul. de Sauxillanges* (1864). HUBERTI, *Gottesfrieden u. Landfrieden*, 123-4. — BRÉQ. I, 508 (à 1002). MABILLON, *Ann. Bened.* IV, 2°, 59-60. POUPARDIN, *Roy. de Prov.* 303-4.

**1448** Senlis, novembre (990).

Diplôme du roi Hugues, confirmant à l'évêque Arnulfe et à son église d'Orléans : *in pago Vapincensi, quæ sunt in Burgundia vel in Provincia, cum mansis et omnibus ad se pertinentibus. Dat. Silvanectis palatio.... ind. 4, a° 4 regn. Rainaldus episc. et protocancell. scr.*

*Gallia christ. nova*, VIII. instr. 487-90. BOUQUET, X, 556-9.

**1449** Senlis, novembre (990).

Diplôme du roi Robert, confirmant les mêmes biens à la même église. *Dat. Sylvanectis pal..., ind. 5, a° 4 regn. Rotberto r. Raynoldus episc. et protocancell. subscr.*

BOUQUET, X, 573.

**1450** Janvier (vers 991).

Rainold et son frère Rotlannus engagent *(inpignoramus)* à l'abbé Eimoin et aux moines de St-André et St-Maxime une vigne et un courtil proche de la Vésonne, pour 14 sols *monetæ decenæ* ; cette caution persévèrera jusqu'à remboursement. *Data p. man. Witboldi sac... regn. Chuonrado rege.*

CHEVALIER (U.), *Cart. de St-André-le-Bas*, 12-3, 44*, n° 11.

**1451** (991/992).

Teudold ou Teutbold et sa femme Sulpicia vendent à Didier et son épouse Tresoara 2 vignes et un petit champ, pour le prix de 53 sols 1/2. *Regn. Conrado rege* a° 55.

CHEVALIER (U.), *Cart. de St-André-le-Bas*, 35, n° 38.

**1452** 26 novembre (992).

Epitaphe de la reine Mathilde, épouse de Conrad, devant l'autel de Notre-Dame : VI. *kalendas decembris obiit Magtildis, uxor regis Conradi, qui obiit* XIV *kalendas novembris...*

Ms. : Paris, B. N., I. 12768 (Estiennot, VII), 259. FONTANIEU, *Hist. de Dauph.* pr. I, 177. — LE LIÈVRE, 339. CHORIER, *Antiq.* 221 ; 2°, 230. CHARVET, 372, 288-9. MOLÉON (de), *Voyag. liturg. en France*, 7. MILLE, *Hist. de Bourg.* III, 342-3. COLLOMBET, I, 361 ; II, vij. ALLUT (P.), *Mém. hist. St-André-le-Haut*, xlviij°. TERREBASSE, *Inscr.* I, 161-5. POUPARDIN, *Roy. de Prov.* 365, 387. == CHORIER, *H. de D.* I, 744. R. S. R. 211.

**1453** (992/993).

Le roi Conrad, pour le repos de l'âme de la reine Mathilde, donne à l'église de St-Maurice de Vienne et affecte spécialement *(attitulavit)* à l'autel de St-Jacques la villa de Luzinay *(Lusiniacum)*, au comté de Vienne.

Mentionné dans l'épitaphe de Mathilde (26 nov. 992) et le diplôme du 28 juil. 1011.

**1454** (Vienne), 1ᵉʳ et 5 décembre 992, 1ᵉʳ janvier 992/3 ?

Diplôme du roi Conrad qui, en vue d'exécuter la volonté de sa chère épouse la reine Machthildis et pour mémoire de son âme qu'il espère bienheureuse, donne au monastère de St-André et de St-Maxime, dont les moinesont à leur tête l'abbé Heundinus [= Aimoin?!], l'église de Vitrieu *(villa Vitrosco)* dans le pagus de Vienne, avec son presbytère : plus ce qu'il a acquis de Thiodewin dans la même localité et aux Côtes-d'Arey *(villa Arelo)*; une métairie *(colonica)* à *Masiano* ; un manse à Artas *(Arcas)* acheté à Vualda : le tout au prix de 300 sols ; le fisc royal ne pourra y exiger ni cens ni service. Le roi confirme en outre au monastère toutes ses propriétés acquises ou à acquérir. *Herhardus* ou *Kerardus sac. reg. capell. ad vic. Haimonis Valentinen. episcopi archicancell. scr. Data kal. dec., non. dec., kal. jan. sub pontifice Tietpaldo, a° I. D. 992, ind. 4, epacta 20, regn. rege n. Chuonrudo 38 a°. — Si aliquid compend.*

RIVAZ, *Diplom. de Bourg.* I, n° 104 (Anal. p. 21, 64). — ACHERY (d'), *Spicileg.* XIII, 270-1 ; 2°, III, 380. SCHRID. *Origg. Guelf.* II, 139-40. BOUQUET, XI, 540-1. CHEVALIER, *Cart. de St-André-le-Bas*, 177-9, 367, n° 236. == CHORIER, *H. de D.* I, 742. BRÉQ. I, 490. *Gallia christ. nova*, XVI, 175. R. S. R. 209. — Pièce fausse.

**1455** Janvier (992/3).

Constant et sa femme Teucia donnent à leur féal Othgerius et sa femme Iectrude une pièce de terre *in agice* de la ville de Molans, près de l'église de St-Marcel, au comté de Vaison ...*d. lunis, a° ab I. D. 992, ind. 6, regn. Chuonrado r. in Galliis.*

MANTEYER, *Chartes d'Avignon*, 98-9, n° 86.

**1456** Janvier (vers 993).
Ermengarde et ses fils Adon et Bérard, Silvius ou Silvion et Girin, exécuteurs *(wadiarii)* de son mari Adémar, donnent pour qu'on en fasse mémoire, au monastère de St-André de Vienne, une vigne dans la villa et l'ager de St-Savin *(Saviniatico)*, au pagus de Vienne, limitant les terres de Ste-Marie et de St-Apollinaire ; elle devra servir à la nourriture et au vêtement des moines, et ne jamais être donnée en bénéfice. *Viventius dat... regn. Chuonrado rege in Gallia.*
CHEVALIER (U.), *Cart. de St-André-le-Bas*, 186-7, 367, n° 243.

**1457** Mars (993/1010).
Le diacre *(levita)* Armannus [Armand, évêque de Viviers, 1015], donne au monastère de Cluny et à l'abbé Odilon l'alleu qu'il tient de ses parents à Ste-Foi *(vicaria Bergogiaie)*, au comté de Trois-Châteaux *(Tricastinen.)... Pontius presb. scr.*
BERNARD-BRUEL, *Chartes de Cluny*, III, 200, n° 1988.

**1458** Avril (env. 993).
L'abbé Aimoin *(Æymoynus)* et la congrégation du monastère [de St-André] de Vienne cèdent à Durannus une terre à Vitrieu *(in Vitrosco)* pour y planter de la vigne. Au bout de 7 ans, l'église et ses recteurs auront droit à la moitié, l'autre sera tenue par Durannus et un de ses héritiers ; s'ils veulent la vendre, les moines auront droit à la préférence. *Viventius lev... dit... regn. Ghuonrado rege.*
CHEVALIER (U.), *Cart. de St-André-le-Bas*, 51, n° 62.

**1459** (Vers 993).
L'évêque du Puy Guido, du consentement de ses chanoines : le prévôt Guido, évêque de Valence, le doyen Truannus, l'abbé Pierre, évêque de Viviers, etc. donne la villa *Isla* à l'église de St-Marie du Puy.
*Chronicon monasterii S. Petri Aniciensis* (VIC-VAISSETE, *Hist. de Languedoc*, 3°, V, 17 ; CHEVALIER (U.), *Cart. de St-Chaffre*, 154).

**1460** Le Puy, 13 avril 993.
Notice des gestes de Guy [d'Anjou], évêque du Puy, *Act. in Anicien. civit... luna 17, a° D. I. 993 (996), ind. 6, epacta 25, concurr. 6.* Attestation de Guigues (Guy) prévôt [et] évêque de Valence, etc.
*Gallia christ. vetus*, III, 913° ; *nova*, II, instr. 223-5. CHEVALIER (U.), *Cart. de St-Chaffre*, 69-70, 151-8.

**1461** Mai (vers 993).
Wido donne pour la sépulture de sa femme Emma, à l'église construite dans les murs de Vienne en l'honneur de s' André et dont Eimoin est abbé : deux champs à Moydieu *(villa et ager Modiacen.)* : un autre au même lieu en compensation du logement *(mansio)* qu'il occupe dans les cloîtres du monastère ; un autre encore au-dessous de Meyrieu *(villa Mariatis)*. Du tout il se réserve l'usufruit sa vie durant. *Viventius... dat... regn. Ghuonrado rege.*
CHEVALIER (U.), *Cart. de St-André-le-Bas*, 11-2, n° 10.

Saverne, 14 septembre 993. = Orbe, 14 sept. 1023.

**1462** 19 octobre 993.
Épitaphe de Conrad, roi de Bourgogne et de Provence : *Qui vestes geritis preciosas, qui sine fine...* [6 distiques].

THOMASSIN, *Reg. delphinal* (1456). FONTANIEU, *Hist. de Dauph.*, pr. I, 178. — BOSCO (J. a), 83. LE LIÈVRE, 338. CHORIER, *Antiq. Vienne*, 68-9 ; 2°, 72-3. *Gallia christ. vet.* IV, 45°. FANTONI CASTRUCCI, *Avignone*, II, 31. GUICHENON, *Hist. de Bresse*, 17. MILLE, *Hist. de Bourg.* III, 342. MERMET, *Hist. de Vienne*, II, 319. DELORME (T.-C.), Épitaphe du roi Conrad, dans *Rev. de Vienne* (1839), III, 162-8, D. B., dans *Journ. de Vienne*, 30 nov. et 12 déc. 1839. COLLOMBET, I, 359. CHARVET, *Fastes Vienne* (1869), 95. TERREBASSE, *Inscr.* I, 150-60. STEYERT, *Hist. de Lyon*, II, 225.

**1463** 19 octobre 993.
*Chuonradus rex obiit anno Domini 993 et filius ejus Ruodulfus regnare cœpit.*
Chronique du Cartulaire de Lausanne (*Mém.-doc. soc. hist. Suisse rom.* VI, 9 ; CIBRARIO e PROMIS, *Docum.* 330). — Ann. Lausannen. (*Mon. Germ. hist.*, Scr. XXIV, 780).

XIII *kalendas novembris, Chuonradus rex Burgundiæ obiit.*
Obituaire de Mersebourg. Necrolog. Fulden. (*Zeitschr. f. Archivkunde*, I, 104). — GUIGUE, Obit. Lugdun. eccl. 13a. Obit. égl. primat. Lyon, 82. — Voir l'épitaphe de Mathilde, 26 nov. 992. = *R. S. R.* 211. *R. Gen.* 136. POUPARDIN, *Roy. de Bourg.* 85-6.

**1464** 993.
*Conrado rege Burgundiæ mortuo et apud Sanctum Mauricium sepulto, Rudolphus filius, licet ignavus, regium ibi nomen per annos circiter* XXXVIII *occupavit ; sub quo, cessante jure, violentia et rapinæ in illo regno, ut non facile propelli possint, adolevere, ibique, ut hodie apparet, cum suis complicibus regnum obtinuere.*
HERMANNI CONTRACTI Augien. Chronicon, 994 : BOUQUET, X, 263, 318. PERTZ, *Mon. Germ. hist.*, Scr. V, 117. *Patrol. lat.* CXLIII, 225-6. *R. S. R.* 212. — POUPARDIN, *R. de B.* 113.

**1465** Cluny, (après 19 octobre) 993.
Mayeul, abbé de Cluny, se voyant infirme, pourvoit à son remplacement en confirmant l'élection d'Odilon, en présence du roi Rodolphe, d'évêques, de comtes, d'abbés et de religieux.
ACHERY (d'). *Spicileg.* VI, 495 ; 2°, III, 379. SCHEID, *Origg. Guelf.* II, 151-2. *Cartul. de Lausanne*, 9. BERNARD-BRUEL, *Chartes de Cluny*, III, 174-7, n° 1957. = *R. S. R.* 215. POUPARDIN, *Roy. de Bourg.* 113.

**1466** 9 novembre (993?).
Iterius et sa femme Agia donnent à l'église [de Romans] une pièce de vigne à la *villa Crausia*, dans l'ager *Lebiacen.* et le pagus de Vienne : Arbert en aura la jouissance. *Nantelmus presb. scr. d. joris... temp. Gondrado rege.*
GIRAUD, *Hist. S. Barnard-Romans*, II, pr. 15, n° 104 ; et CHEVALIER, *Cart. de St-Barnard*, 61.

**1467** (993/994).
Durant vend à Didier *(Disderio)* et à sa femme Tresoara une vigne et champ à Vitrieu *(in Vitrosco)*, pour le prix de 28 sols. *A° 1 regn. Radulfo rege.*
CHEVALIER (U.), *Cart. de St-André-le-Bas*, 56-7, n° 70.

**1468** (993/994).
Durant donne à Vuitard et 4 autres un champ à Vitrieu *(in Vitrosco). A° 1 regn. Rodulfo rege.*
CHEVALIER (U.), *Cart. de St-André-le-Bas*, 59, n° 76.

**1469** (993/994).
Wido et sa femme Eldela ou Eldena donnent à l'église de St-André et St-Maxime à Vienne, dont l'abbé Eimoin

est supérieur, une vigne à Meyrieu (*villa Mariatis*), dans l'*ager* d'Estrablin (*Stabiliacen.*) et le *pagus* de Vienne, près de la voie antique et de la terre de St-André ; il en gardera la jouissance, moyennant l'investiture annuelle d'un 1 2 muid de vin ; après lui, sa femme en aura la moitié. *Viventius dat... regn. Rodulfo, Conradi regis filio, aᵒ 1 regni ejus*.

CHEVALIER (U.), *Cart. de St-André-le-Bas*, 20-1, n° 20.

**1470** (993/997).
Adon, avec le consentement de son fils Witgerius, donne à l'église de St-André et St-Maxime à Vienne, dont Aimoin (*Æymoinus*) est abbé, une vigne avec plantis (*plantata*) à Jardin (*in valle Ortensi*), au *pagus* de Vienne, limité par les terres de St-Paul et de St-Maurice. *Regn. Rodulfo, Ghuonradi regis filio*.

CHEVALIER (U.), *Cart. de St-André-le-Bas*, 117-8, 367, n° 160.

**1471** (993/1032).
Diplôme du roi Rodolphe confirmant en faveur du monastère d'Agaune les privilèges donnés par les rois Sigismond, Lothaire, Louis, Charles, et rappelant le privilège obtenu du pape Eugène par l'abbé Althæus.

Ann. Jos. de RIVAZ, *Opp. histor.* X, 53. = R. S. R. 256.

**1472** (993/1032).
Adalgudis et ses fils vendent à Aremfred et sa femme Constancia une vigne à Vienne au lieu dit *Ripa Fluminis*, entourée des terres de St-André, St Ferréol et St-Etienne, au prix de 16 sols. *Regn. Radulfo rege in Gallia*.

CHEVALIER (U.), *Cart. de St-André-le-Bas*, 122-3, n° 168.

**1473** (993/1032).
Alboin et son fils Didier vendent à Sunan et son épouse Ermengart une vigne à Vitrieu (*Vitrosco*), au prix de 5 sols. *Temp. Radulfi regis Jurense in Gallia*.

CHEVALIER (U.), *Cart. de St-André-le-Bas*, 58, 44*, n° 74.

**1474** (993/1032).
Arnulfe et ses enfants Sulpicia et Martina vendent à Junan et sa femme Ermengart?, une vigne à la limite de Vitrieu (*in fine de Vitrosco*), au prix de 34 sols. *Regn. Radulfo rege Jurense in Gallia*.

CHEVALIER (U.), *Cart. de St-André-le-Bas*, 59, n° 75.

**1475** (993/1032).
Sobon et sa femme Agia donnent à l'église de Romans une pièce de vigne à la *villa Berbegatis*, dans l'*ager Labiacen.* et le *pagus* de Vienne ; le prêtre Arbert en aura la jouissance. *Nantelmus scr. temp. Rodulfo rege*.

GIRAUD, *Hist. S. Barnard-Romans*, compl. 6, n° 82 ; et CHEVALIER, *Cart. de St-Barnard*, 61-2.

**1476** (993/1032).
Tresoara ou T-ora donne à sa fille Ermengardis une vigne à la limite de Vitrieu (*in fine de Vitrosco*), dont elle se réserve la jouissance. *Regn. Radulfo rege Jurense in Gallia*.

CHEVALIER (U.), *Cart. de St-André-le-Bas*, 57, n° 71.

**1477** (993/1048).
Nantelme, fils de Folcherius, donne au monastère de Cluny l'église de Champ (*villa Campus*), dans le diocèse de Grenoble, avec la chapelle de St-Michel ; et l'église de St-Firmin, dans le diocèse de Gap (*Wapicen.*)

BERNARD-BRUEL, *Chartes de Cluny*, III, 296, n° 2105. = ROMAN, 2°.

**1478** (993/1048).
Odilon, abbé de Cluny, concède au clerc Ugo en bénéfice une vigne à Brosses (*in Brocinis*, au *pagus* de Vienne, sous le cens de 60 lamproies le 1ᵉʳ mai ou 10 sols ; les fruits de la vigne seront déposés à Vienne dans la maison clunisienne ; il se montrera toujours prêt à servir les religieux.

BERNARD-BRUEL, *Chartes de Cluny*, III, 254-5, n° 2050.

**1479** 993/1048.
Redent et sa femme Austrudis donnent au monastère de Cluny et à l'abbé Odilon l'église de St-Martin à *Prodolgus*, au *pagus* de Vienne, avec ses dîmes et son presbytère. *Austorgius scr*.

BERNARD-BRUEL, *Chartes de Cluny*, III, 295, n° 2104.

**1480** (Vers 994).
Lettre de Hugues, roi des Francs, au pape Jean [XV] : lui et ses évêques ont écrit au pontife par l'intermédiaire de l'archidiacre de Reims. La ville de Grenoble est sur les confins de l'Italie et de la Gaule ; les pontifes Romains ont l'habitude d'y venir au-devant des rois de France [1] ; s'il veut bien s'y rendre, le roi le recevra avec honneur à sa descente des Alpes. — *Beatitudini vestræ*.

Synodus ecclesiæ Gallicanæ (1600), 149. DU CHESNE, *Hist. Franc. scr.* IV, 43. BOUQUET, X, 418. OLLERIS, *Œuvr. de Gerbert*, n° 179. HAVET (Jul.). *Lettres de Gerbert* (1889), 174, n° 188. = CHORIER, *H. de D.* I, 230 ; 2°, 181. ALLARD (Guy), *Œuvr. div.* (1864), 243, 276.

**1481** (Vers 994).
Diplôme du roi Rodolphe, par lequel il confirme au monastère de Cluny toutes ses possessions et ordonne de lui restituer le lieu de *Calmiriacus* suivant ses anciennes limites. Sceau. — *Notum sit omn*.

GUICHENON, *Bibl. Sebus.* 118-9 ; (1780), 32-3. SCHEID, *Origg. Guelf.* II, 152-3. BERNARD-BRUEL, *Chartes de Cluny*, III, 401-2, n° 2270. = CHORIER, *H. de D.* I, 746. R. S. R. 216.

**1482** Vienne, 12 janvier 994.
Diplôme du roi Rodolphe, par lequel, à la prière d'Aimoin (*Haimoinus*), abbé du monastère de Saint-André à Vienne et pour le repos de l'âme de sa mère la reine Mathilde, il confirme le précepte de son père [992] touchant ses donations à Vitrieu, les Côtes-d'Arey, Artas et Meyzieu. De plus, sur le conseil de son épouse la reine Agiltrude, et de son frère Burchard (*Purchardus*), archevêque de Lyon (*Luctunen.*), il restitue à St-André et à St-Maxime la *villa Crisinciacus*, avec ses serfs et appartenances, que son père avait rendue à sa mort ; il y ajoute l'église de Maclas (*Masclatis*). *Paldolfus cancell. rec... aᵒ I. D. 994, ind. 5 [= 7], aᵒ d. Rodulfi regis 1ᵒ. Act. Vigennæ. — Si locus sanctorum*.

FONTANIEU, *Hist. de Dauph.*, pr. I, 225. — ACHERY (d'). *Spicileg.* XIII, 272-3 ; 2°, III, 380. MENESTRIER, *Hist. consul*.

1. Affirmation que ne justifie nullement l'itinéraire des Papes.

de Lyon, pr. viij. SCHEID, *Origg. Guelf.* II, 154-5. BOUQUET, XI, 543. *Patrol. lat.* CLI, 1021-3. CHEVALIER (U.) *Cart. de St-André-le-Bas*, 179-81, n° 237. = CHORIER, *H. de D.* I, 745. MABILLON, *Ann. Bened.* IV, 85 ; 2°, 77-8. COURBON, B, 109, chr. 125. BRÉQ. I, 494. BÖHMER, *R. K.* 1516. COLLOMBET, I, 357. *H. S. R.* 213.

**1483** Sciez, 31 mars 993, 4.
Diplôme du roi Rodolphe, par lequel, à la supplication de l'archevêque de Lyon, prévôt d'Agaune, il concède Pully à l'abbaye de St-Maurice pour l'âme de son père Conrad. *P. Anselmus a. Mauritii et d. regis cancell... n° I. D. 993. regni d. regis 1. Act. in Siazo... — Maximum regni.*
FONTANIEU, *Hist. de Dauph.* pr. I. 181. — GUICHENON, *Bibl. Sebus.* 12 ; (1780), 4. MÉNESTRIER, *Hist. consul. de Lyon*, pr. xxj. SCHEID, *Origg. Guelf.* II, 150. *Gallia christ. nova*, XII, instr. 427. BOUQUET, XI, 542. FURRER, *Gesch. über Wallis*, III, 29. AUBERT, *Trésor de St-Maurice*, 213. = GEORG. I, 279 (990). BRÉQ. I, 491 (993). BÖHMER, *R. K.* 1515. *R. S. R.* 214. POUPARDIN, *Roy. de Bourg.* 114.

**1484** Avril (994/997).
Engelbod et sa femme Adalburgis cèdent à l'église de St-André à Vienne, où repose s¹ Maxime et dont Aymoin est abbé, un champ dans la villa et l'ager de Moydieu (*Modiacen.*) et le pagus de Vienne ; ils s'en réservent l'usufruit. *Varnerius dat... regn. Rodulfo rege.*
CHEVALIER (U.), *Cart. de St-André-le-Bas*, 22-3, n° 23.

**1485** Avril (994-1032).
Hugues (*Ugo*), sa femme Berthe (*Berta*) et leurs enfants donnent à Folcar [une terre] à Duisse (*cosin de Dosci*). dans l'ager de St-Genix-sur-Guier (*S. Genesii*) et le pagus de Belley (*Bellicen.*). *Johannes scr... Raulfo regn.*
CHEVALIER (U.), *Cart. de St-André-le-Bas*, 159-60, n° 216.

**1486** 2 avril (994).
Adémar et sa femme Ermengarde donnent à Saint-Maurice de Vienne, sous l'archevêque Thibaud, un manse à *Masiatis*, dans l'ager de Maclas (*Matisclacen.*) et le pagus de Vienne. *Rotboldus mon... dat... fer. 2, a° 1 regn. Rodulfo rege.*
CHEVALIER (U.), *Cart. de St-André-le-Bas*, 3-4°, n° 100* ; *Cart. de St-Maurice Vienne*, 35, n° 138. = CHARVET, 265. COURBON, B, 108-9.

**1487** (11 mai 994/22 octobre 1030).
Donation au monastère de Cluny par le chevalier Aimon de Pierre-Forte, du village de Monterminod (*mons Ermenoldi*), au pagus de Grenoble et au comté de Savoie. *S. Uberti comitis, S. Amedei filii ejus*, etc.
GUICHENON, *Hist. généal. mais. Savoie*, pr. 5. CARUTTI, *Il conte Umberto I*, 191, n° 21. = WURSTEMB. 12. CARUTTI, *Reg*, n° 73. *MANTEYER (G. de). *Orig. mais. Sav.-Bourg.* 378-9, cf. 379-80.

**1488** Août (994).
Bérilon et son épouse Eldegarde [= Leutgarde] donnent à l'église du Sauveur à Vienne, où l'on honore (*honorifice adoratur*) s¹ Maurice et dont l'archevêque Thibaud (*pontifex Leubraidus = Teubraldus*) est le chef, divers biens à Toisieu (*Tosiacus, Tosciacus*), dans l'ager de Cheyssieu (*Cassiacen.*) et le pagus de Vienne ; ils s'en réservent l'usufruit, ainsi qu'à leur fils, sous le cens de 4 setiers de vin. *Virentius... dat. d. sabb... regn. d. Rodulpho a° 1 regni ejus.*

CHEVALIER (U.), *Cart. de St-André-le-Bas*, 4-5*, n° 101* ; *Cart. de St-Maurice Vienne*, 21, n° 41. = CHARVET, 265. COURBON, chr. 128.

**1489** Août (994).
Bérilon et sa femme Leutgarde, du consentement de leur fils Bérilon, donnent à l'église de St-Maurice de Vienne, sous l'archevêque Thibaud, ce qui leur appartenait *in villa Buxio*, dans l'ager de Cheyssieu (*Cassiaci*)... *d. sabb... a° regni d. Rodulfi regis 1°.*
CHEVALIER (U.), *Cart. de St-André-le-Bas*, 7* ; *Cart. de St-Maurice Vienne*, 32, n° 115.

**1490** St-Romain près d'Anse, (19 octobre) 994.
*A° I. D. 990, ind. 5*, un concile est réuni dans la basilique de St-Romain à Anse, au territoire de Lyon, *aggregatis... Teubaldo s. sedis Viennensis archiepiscopo..., Wigonem etiam s. sedis Valentinæ ecclesiæ civitatis episcopo... Humbertum scil. s. sedis Grati[an opo]litanæ civit. episcopo...* On y confirme au monastère de Cluny, dont l'abbé Mayeul venait de mourir, ses possessions dans les pagi de Mâcon et de Chalon ; on y formule 9 canons de discipline.
MARTENE, *Thes. nov. anecd.* IV, 73-6. *Gallia christ. nova*, IV, 78. COLETI, XI, 987-90. MANSI, XIX, 99-102. BERNARD-BRUEL, *Chartes de Cluny*, III, 384-8, n° 2255. HUBERTI, *Gottesfrieden u. Landfrieden*, 40-2. = POUPARDIN, *Roy. de Prov.* 303. MANTEYER, *Paix en Viennois*, 101[15].

**1491** 24 novembre (994).
Du temps de Bernard, abbé de St-Pierre de Vienne, Robert et son frère Ogdelon Ogdelon donnent à son monastère deux manses avec courtils au pagus de Genève, dans la vallée d'Albanais (*Albenen.*) et la villa *Faustiniaco. Rotbaldus* ou *Ratboldus mon. scr. dat. d. sabbati... a° 2 regn. Rodulfo rege.*
CHIFFLET, *Hist. abb. Tournus*, pr. 297 (Tabul. S. Petri Vienn. n° 69). = CHORIER, *H. de D.* I, 865 ; 2°, 664.

**1492** (994/995).
Matfred et sa femme Girell vendent à Gontier (*Gunterius*) et son frère Azalelme un courtil et vigne *in loco Usino*, dans la villa *Exobito Subteriore*, touchant à la terre de St-Maurice, au prix de 44 sols ; ils y ajoutent *in recalco et exivo perticas 3 agripedales. A° 2 regn. Radulfo rege Viennense.*
CHEVALIER (U.), *Cart. de St-André-le-Bas*, 85, n° 120.

**1493** Vienne, (994/995).
Ratburne, [vicomte de Vienne], partant pour Rome, demande à l'archevêque Thibaud sa bénédiction dans l'église de St-Maurice. Bernard, abbé de St-Pierre, obtient de lui la restitution de biens de Béraud, chanoine de St-Maurice, à Oytier, près de Vienne, qu'il avait eus en don de son beau-père Conrad et que le monastère prétendait avoir recueillis de la succession du moine Gérold. *S. Theutbaldus archiepiscopus. S. Ricardus abbas. S. Otmarus præpositus. S. Otgarius decanus*, l'an 2 du règne de Rodolphe.
CHORIER, *Hist. de Dauph.* I, 743-4 ; 2°, 572 ; *Estat polit.* II, 210 ; *Hist. généal. mais. Sassenage*, II, 1 ; 2°, 18. COURBON. B. 110, chr. 126.

**1494** (994/1032).
Echange de terres entre Odilon, abbé de Romainmotier, et Amalric de Mont, par ordre du roi Rodolphe. Sceaux du prince et de l'archevêque Burchard.

*Mém.-doc. soc. hist.-archéol. Genève*, XIV, 2. CHARRIÈRE (L. de), dans *Mém.-doc. soc. hist. Suisse rom.*, XXVI, 469-70.

**1495** (994/1048).
Rodulfus donne au monastère de Cluny et à l'abbé Odilon un manse à la villa *Moriana*, au territoire de Grenoble.
BERNARD-BRUEL, *Chartes de Cluny*, III, 216, n° 2004.

**1496** 995.
*Ruodolfus in Burgundia, qui patri Chuonrado successit in regnum, quosdam suorum hereditate paterna privare conatus, bello lacessitus est ab eis; ubi ipse regulus, licet copiosum haberet exercitum, facile tamen victus et fugatus est.*
HEPIDANNUS mon. S. Galli, *Breves Annales*; *Ann. Sangallenses majores* (DU CHESNE, *Hist. Franc. script.* III, 421; BOUQUET, X, 193; PERTZ, *Mon. Germ. hist.*, Scr. I, 81; R. S. R. 218; R. Gen. 137). = CHORIER, *H. de D.* I, 748; 2°, 575.

**1497** Anse, (-24 mars) 995.
Pendant que Thibaud *(Teuthbaldus)*, archevêque de Vienne, résidait au concile réuni dans la basilique de St-Romain à Anse, au diocèse de Lyon, *a° I. D.* 994, sur le conseil du magnifique seigneur Silvion *(Silvio, Silvius)*, des chanoines de l'église de Romans sur l'Isère vinrent solliciter de sa clémence le secours de son autorité pontificale pour rentrer en possession des biens du monastère pour le reconstruire. La concession du prélat fut confirmée par les membres du synode : ... *Umb'er tus præsul Gracianopolitanensis, Guigo episcopus Valentinensis, Barnardus abbas* [de St-Pierre de Vienne], *Othmarus præpositus Viennensis... Othgerius decanus Viennen...., Gundulfus poeta. Acta... in... Ansa... a° sequente..., a° 2 Rodulfi regis, regn. D. N. J. C. in ætern. — Patrum orthodox.*
RIVAZ, *Diplom. de Bourg.* I, n° 107 (Anal. 21). — MARTENE, *Thes. nov. anecd.* IV, 75-8, COLETI, XI, 1003-4. MANSI, Suppl. I, 1197; XIX, 177. GIRAUD, *Hist. S. Barnard-Romans*, I, pr. 28-31; et CHEVALIER, *Cart. de St-Barnard*. 65-8. *Gallia christ. nova.* XVI, instr. 16-7. — Trad. CHARVET, 268-70. MILLE, *Hist. de Bourg.* III, 343-7. COLLOMBET, I, 365-8. = GINGINS, *Les 3 Burchard*, 16-7; *Mém.-doc. Suisse rom.* XX, 332-3. POUPARDIN, *Roy. de Bourg.* 302-3. MANTEYER, *Paix en Viennois*, 1057 [20 1].

**1498** (Vers 995).
Silvion [de Clérieu], considérant la gravité *(gravitudo)* de ses péchés, mais confiant dans la miséricorde de Dieu, avec l'assentiment de son seigneur *(senior)* l'archevêque Thibaud *(Teuthbaldus, Teolb-s)*, restitue à la basilique de St-Pierre à Romans et à sa congrégation l'église de Saint-Romain, avec ses dépendances, port, moulin et les terres que tenaient divers usufruitiers; en outre, les manses de *Felzeto* et *Calmen*, et l'église de St-Ange que détenait [son frère] Guillaume l'abbé. Les chanoines devront bien observer l'institution canonique et, pour le repos de son âme, faire célébrer une messe quotidienne et chanter un psaume à chaque heure. — *Mortalis et fugitivæ.*
GIRAUD, *Hist. S. Barnard-Romans*, I, pr. 31-2, n° 2 et 137; et CHEVALIER, *Cart. de St-Barnard*, 68-70. = GALLIER (A. de), *Clérieu*, 15.

**1499** 25 mars (995).
[Le chanoine] Rainald donne à l'église de Romans sur l'Isère, où l'archevêque Thibaud *(Teutbaldus, Teuthb-s)* est à la tête des chanoines, ce qu'il possède à *Conquers*, *Vernaison (Conquerio, Vernatione), Cassedon, Bociano, Menglon* et *Maximiaco*, dans l'ager *Maximiacen.* et le pagus de Vienne. *Ebo presb... dat... rog. Rainaldo canon., regn. Rodulfo rege a° 2.*
GIRAUD, *Hist. S. Barnard-Romans*, I, pr. 32-3, n° 3 et 136; et CHEVALIER, *Cart. de St-Barnard*, 62-3.

**1500** 4 mai (995).
Galberga et son fils Rostagnus donnent à l'église [de Romans], où l'archevêque Thibaud *(Teolbaldus)* est à la tête d'une troupe *(turma)* de chanoines, 4 setérées de terre entre *Vesannio* et les champs sur *Moscheranno*, au lieu dit *in Petreto*, dans la villa de Montmiral *(Solo)*, l'ager *Leniocen.* et le pagus de Vienne, que lui a donnée son mari *(senior)* Landricus. *Ebo presb. scr. rog. Galbergane. regn. Rodulfo rege a° 2.*
GIRAUD, *Hist. S. Barnard-Romans*, compl. 106-7. n° 255; et CHEVALIER, *Cart. de St-Barnard*, 63-4.

**1501** 20 juin 995.
Trutbert donne à la basilique fondée par saint Barnard à Romans sur l'Isère en l'honneur des 12 apôtres et des 3 martyrs S., E. et F., où préside l'archevêque Thibaud *(Teobaldus)*, des propriétés à Génissieux *(villa Giniciaco)*, dans l'ager du même nom et le pagus de Vienne; il s'en réserve l'usufruit, sous l'investiture annuelle d'un muid de vin doux. *Ardoinus, prec. Trutberto, scr. fer. 3, 15 [=12, kal. jul. a° D. I. 992 [= 995], ind. 8, a° 2 Rodulfo rege.*
GIRAUD, *Hist. S. Barnard-Romans*, II, pr. 13-4, n° 150; et CHEVALIER, *Cart. de St-Barnard*, 64-5.

**1502** Octobre (vers 995).
Thibaud *(Thietboldus, Ti-s, T-bal-s)*, archevêque de Vienne, concède à l'évêque de Belley Odon, d'une illustre famille, en *præstaria* un petit domaine *(prædiolum)* dans la villa et l'ager de Traize *(Tresia)*, au comté de Belley, avec son église de St-Maurice et ses appendices; il en aura l'usufruit, ainsi qu'un de ses proches. En échange, Odon cède un manse dans la villa *Calliscus*, dans l'ager de Vézeronce *(Veserocen.),* au pagus de Belley; il en conservera la jouissance sous l'investiture de 2 sols à la St-Maurice. *Data p. man. Widbaldi d. lunis... regn. Rodulfo rege.*
*CHORIER, *Estat polit.* II, 261. CHEVALIER (C. U. J.), dans *Rev. du Lyonnais* (1867), 3° s., IV, 75-7; *Docum. inéd. relat. à l'égl. de Lyon*, 15-7; *Cart. de St-André-le-Bas*, 248, 368; *Cart. de St-Maurice Vienne*, 24, n° 62. CARUTTI, *Il conte Umberto I*, 181. PHILIPON, *Origines*......, 165. LÉTANCHE (Jean), dans *Mém.-doc. soc. Savois. hist.-arch.* XL, xxxiv-xliij (à part, 1901, 13-20). = CHARVET, 267 (v. 993). *Mém.-doc. soc. hist.-archéol. Genève*, XVI, 339. CARUTTI, *Reg. Sab.* 24. MANTEYER, (G. de) *Orig. mais. Savoie en Bourg.* 366-9. RENAUX (Cam.), *Humbert I°* (1906), 14; *Comté Humbertien*, 40-1, 43.

**1503** 15 octobre (995).
Madalgerius, sa femme Adalsinde et leur fils Siffrey donnent à l'église de Vienne certains fonds à Siccieu, la 2° an. du règne de Rodulphe.
CHEVALIER (U.), *Cart. de St-Maurice Vienne*, 34, n° 134.

**1504** (995/996).
Adalmund, avec le consentement du roi Rodolphe, donne au monastère de Romainmotier des biens à Orbe *(villa Tabernis). Petrus sac. scr. a° 3 regn. Rudolfo rege.*
*Hist. patr. mon.*, Chart. I, 296-7. = R. S. R. 219. R. Gen. 139.

**1505** (13 novembre 995 ou 6 août 996).
Arbert et sa femme Girberge donnent à l'église de Romans construite en l'honneur de... s' Barnard conf., où réside comme chef l'archevêque Thibaud *(Theutbaldus)*, un manse situé aux Verres *(villa Voiriaco)*, dans l'ager de Tain *(Tegnen.)* et le pagus de Vienne ; ils s'en réservent l'usufruit. *Data p. man. Abonis presb. fer. 4, luna 14. regn. Rodulfo rege a° 3.*
Giraud, *Hist. S. Barnard-Romans.* compl. 94-5, n° 238 ; et Chevalier, *Cart. de St-Barnard*, 70.

**1506** Agaune, 996.
Diplôme du roi Rodolphe, par lequel il confère à l'archevêque Amizon le comté de Tarentaise, qu'il s'est efforcé de relever des ravages *(depopulatus)* causés par les incursions des Saxons *(Hiberni).* Sceau. *Anselmus cancell. scr... a° D. I. 996, ind. 10. regni Rodulfi 3 a°. Act. in Agauno. — Jam* ou *Dum in primordio.*
Muratori, *Antiq. Ital.* I, 415-6. Scheid, *Origg. Gueif.* II, 153-4. *Gallia christ. nova*, XII, instr. 377. Besson, *Mém.*, 341-2. *Hist. patr. mon.*, Chart. I, 304. *Patrol. lat.* CLI, 1023-4. Dessaix (J.), *Savoie histor.* I, 155. *Docum. acad. Val d'Isère* (1866/81). I, 5-7, 219, 22. = Böhmer, *R. K.* 1317. R. S. R. 222.
St-Maurice, 15 janvier 996 = 22 septembre 996.

**1507** Mars (996).
Adalbert et sa femme Pleitru, Radulfe et son épouse Adalrada vendent à St-André et à St-Maxime, à l'abbé Aimoin et aux moines du monastère de St-André de Vienne une petite vigne à Bossieux *(villa vel locus Bolzincus)*, dans l'ager d'Estrablin *(Stabiliacen.)* et le pagus de Vienne, touchant à la terre de Bérilon. *Warnerius dat... regn. Radulfo rege in Gallia, 3° a° regni ejus.*
Chevalier (U.), *Cart. de St-André-le-Bas*, 19, n° 19.

**1508** Mars (996).
Le prêtre Ansoldus donne à l'église de St-André et de St-Maxime à Vienne, monastère où il s'est mis au service de Dieu sous l'abbé Aymoin, un courtil à Satilieu *(villa Satiliacus)*, dans l'ager d'Annonay *(Annonagicen.)* et le pagus de Vienne, près du ruisseau *Arandonus* ; et une vigne à Satilieu le Haut *(Superior)*, dont le prêtre Adalard jouit sa vie durant, sous investiture annuelle. *Warnerius... dit. d. veneris... regn. Radulfo rege a° 3.*
Chevalier (U.), *Cart. de St-André-le-Bas*, 115-6, 367, n° 157. — Trud. Mazon (A.), *Orig. égl. Vivarais.* I, 253-4.

**1509** 11 avril (996).
Le clerc Anscheric ou Ascherius, en vue d'être admis dans la société des chanoines de l'église de Romans, fondée par s' Barnard et dont l'archevêque Thibaud *(Teotbaldus, The-s)* est supérieur, un manse à *Arboressa* ou *A-riaco*, dans l'ager de Tain *(Tecnen.)* et le pagus de Vienne. *Abo presb... dat. fer. 7..., a° 3 regn. Rodulfo rege.*

Giraud, *Hist. S. Barnard-Romans*, II, pr. 27-8, compl. 112-3, n° 151 et 264 ; et Chevalier, *Cart. de St-Barnard*, 71-2.

**1510** 19 août (996).
Le prêtre Berrard, pour la sépulture de sa mère Scolastique, donne à l'église de Romans sur l'Isère, fondée par s' Barnard et régie par l'archevêque Thibaud *(Teutbaldus)*, une vigne à Geyssans *(villa Gisiano, Giss-o)*, dans l'ager de Génissieux *(Giniacen.)* et le pagus de Vienne, touchant à la terre de St-Maurice ; il s'en réserve l'usufruit. *Albo presb. scr. fer. 4..., regn. Rodulfo rege.*
Giraud, *Hist. S. Barnard-Romans.* compl. 10-1, n° 89 ; et Chevalier, *Cart. de St-Barnard*, 72.

**1511** (5/26) septembre (996).
Guigues (l'Ancien, *Wigo, Ugo*, comte de Graisivaudan), et son épouse Frédeburge donnent à l'église mère de St-Maurice à Vienne, dont l'archevêque Thibaud *(Teutbaldus)* est le recteur, où une troupe *(cœtus)* de chanoines et de nombreux serviteurs de Dieu remplissent jour et nuit les fonctions sacrées, une vigne avec courtil à Vernioz *(villa Vernio)*, dans l'ager de Cheyssieu *(Cassiacen.)* et le pagus de Vienne, qu'ils ont acquis d'Aspasius ; défense de les céder en bénéfice. *S. Umberti episcopi* [de Grenoble, leur fils]. *Rotboldus scr. d.* [=*fer. 7, ... 1r° 3 regn. Rodulfo rege.*
Rivaz, *Diplom. de Bourg.* I, n° 109 (Anal. 22, 64). — *Charvet*, 270. Chevalier (U.), *Cart. de St-André-le-Bas*, 248-9, 368, n° 37* ; *Cart. de St-Maurice Vienne*, 31, n° 112. = Terrebasse, *Not. dauph. Vienn.* 23-4.

**1512** Agaune, 22 septembre 996.
Le roi Rodolphe accorde à Balfred, chevalier de St-Maurice, en *præstaria* divers biens de ce monastère. *Notarius scr. ... a° regni Rodulphi 4, festo S. Mauritii conf.*
*Hist. patr. mon.*, Chart. II, 57-8. = R. S. R. 221.

**1513** (Septembre/octobre 996).
Humbert, évêque de Grenoble, donne au monastère de Cluny et à l'abbé Odilon, pour le salut de son père et de sa mère, et la participation aux prières, aumônes et bonnes œuvres des moines, la moitié du château de Vizille *(Visilia)*, sa maison, tout le bourg et l'église de Ste-Marie avec ses appartenances, et l'église de St-Martin de *Ponte Roso. S. Fredeburgis matris ejus. S. Wigonis* (Guigues le Vieux) *fratris ejus. S. Humberti episcopi de Valentia, nepotis ejus. Facta... a° ab I. D. 991 (!), regn. Rodulfo rege a° 3 regni ejus.*
Chevalier (U.), *Diplom. de P. de Rivaz*, 71-2 ; cf. I, n° 110 (Anal. 22, 64-5). Bernard-Bruel, *Chartes de Cluny*, III, 430-2 ; IV, 830-1, n° 2307. = Chorier, *H. de D.* I, 794. Mabillon, *Ann. Bened.* IV*, 67-8. Terrebasse, *Not. dauph. Vienn.* 18-20.

**1514** (996/997).
Dodolfe donne à l'église de St-André à Vienne et à l'abbé Aimoin *(Eymoynus)*, pour le repos de l'âme et la sépulture de son frère Constantin, la moitié d'une terre dans la villa et l'ager de Vérenay *(Venenaus)* et le pagus de Vienne, limitant les terres de St-Nizier et de St-Pierre ; pour l'autre moitié, il reçut 11 sols. *Regn. Rodulfo rege in Gallia, 4 a° regni ejus.*
Chevalier (U.), *Cart. de St-André-le-Bas*, 195-6, n° 255.

**1515** (996/997).
Aymoin, abbé de St-André de Vienne, et sa congrégation concèdent à Silvestre et sa femme Rogelendis une terre de leur monastère à Riverie *(Ribarias)*, au-delà du Rhône, limitée par celle de St-Maurice, pour y planter *(construenda)* une vigne : à la mort de Silvestre, un quart reviendra aux moines pour sa sépulture ; à celle de sa femme, un autre ; à celle d'un de ses héritiers, le reste. *Vivencius mon. A° 4 regn. Rodulfo rege in Gallia*.
CHEVALIER (U.). *Cart. de St-André-le-Bas*, 108-9. n° 147.

**1516** (Vers 997).
Liva, son fils Gotafred et sa femme Teutburgis engagent *(inpignoramus)* à l'abbé Aimoin, à Viventius et aux moines de St-André une vigne à la *villa Betna*, dans l'ager d'Estrablin *(Stabiliacen.)* et le pagus de Vienne, pour 50 sols de monnaie *decena et electissima*, et 12 muids de vin ; le gage persistera en cas de non remboursement au bout d'un an.
CHEVALIER (U.), *Cart. de St-André-le-Bas*, 22, n° 22.

**1517** (Vers 997).
Sirannus, sa sœur Rutrudis et son mari André vendent à Aymoyn, abbé du monastère de St-André, et à ses moines une vigne à Vitrieu *(villa Vitrosco)*, dans l'ager de Cheyssieu *(Cassiacen.)* et le pagus de Vienne, joignant la terre de l'abbaye, pour le prix de 43 sols.
CHEVALIER (U.), *Cart. de St-André-le-Bas*, 36-7, n° 40.

**1518** (Vers 997).
Suficia, *timens Dominum*, donne à l'église de Romans construite en l'honneur de s' Pierre, de s' Barnard et de s' Félicien, pour l'âme de son mari *(senior)* Amalvin et de ses fils une vigne complantée *(ædificata)* à la villa *Fonzaico*, dans l'aicis de Pailharès *(Paltariacen.)* et le pagus de Vienne. *Poncius scr.*
GIRAUD, *Hist. S. Barnard-Romans*, compl. 11-2, n° 91 ; et CHEVALIER, *Cart. de St-Barnard*, 73.

**1519** (Vers 997).
Wigo, sa femme Aquilena et leurs 4 enfants, pour que s' Pierre leur ouvre les portes du paradis, donnent ou plutôt rendent à l'église de Romans sur l'Isère en l'honneur... de s' Barnard, l'église de Ste-Marie à Silhac *(villa Ciliacho)*, dans l'ager de Chalancon *(Calanconen.)* et le pagus de Viviers. *Poncius presb. scr.*
GIRAUD, *Hist. S. Barnard-Romans*, compl. 34-5, n° 135 ; et CHEVALIER (U.), *Cart. de St-Barnard*, 81-2.

**1520** 29 janvier 997.
Le diacre *(levita)* Isarn donne à l'église de Romans, fondée par s' Barnard sur l'Isère et dont l'archevêque Thibaud *(Theutbaldus)* est le chef, en vue d'être admis dans la société des chanoines, un manse baigné par le Duzon *(rivulus Dusio)* à la villa *Medullo*, dans l'ager de Tournon *(Tornonen.)* et le pagus de Vienne, qu'il a échangé de sa sœur Isicia avec un autre à la villa *Jonissa*, au pagus de Lyon. *S. Arduini præpositi. Poncius presb... dat. fer. 6... regn. Rodulfo rege.*
GIRAUD, *Hist. S. Barnard-Romans*, compl. 102-3, n° 249 ; et CHEVALIER, *Cart. de St-Barnard*, 73-4.

**1521** Agaune, 8 février 997.
Diplôme du roi Rodolphe, par lequel, sur l'admonition de l'empereur Otton, il restitue à l'église de Lausanne et à son évêque Boson le fisc de *Wilra* (ou *Umbra*), dans le comté de Vaud. *Anselmus, d. regis cancell. rec. ... regni d. Rodolphi regis 4. Act. in Agauno...*
ZAPF, *Mon. anecd.* I, 69, n° 33. *Gallia christ. nova*. XV, instr. 134-5. = R. S. R. 224. BÖHMER, R. K. 1518.

**1522** 15 mars (997).
Richard *(Ricardus)*, sa femme Guandalmodis et leurs 3 enfants donnent à l'église de Romans, fondée par s' Barnard sur l'Isère et dont l'archevêque Thibaud *(Teutbaldus)* est le chef, l'église de Ste-Marie d'*Elbu*, à la villa *Vouregio*, dans l'ager d'Octavéon *(Elteven.)* et le pagus de Vienne, avec ses appendices et dîmes, que son père Robert et sa mère Gaucelda avaient payés 250 sols à Volmarius et sa femme Aiglane ; la donation a pour but la sépulture de leur [belle-] fille Billelda, épouse d'Amblard. *Abo sac. scr. fer. 2..., regn. Rodulfo rege.*
GIRAUD, *Hist. S. Barnard-Romans*, compl. 42-3, n° 148 ; et CHEVALIER, *Cart. de St-Barnard*, 74-5.

**1523** Avril (997 ?)
Varnerius et sa femme Emma vendent à Aimoin *(Eymoyno)*, abbé de St-André, et à ses moines une vigne à Vitrieu *(villa Vitroscus)*, dans l'ager de Cheyssieu *(Cassiacen.)* et le pagus de Vienne, touchant la vigne du monastère, au prix de 18 sols. *Viventius... dat... regn. Chuonrado rege a° 60.*
CHEVALIER (U.), *Cart. de St-André-le-Bas*, 37-8, n° 41.

**1524** 27 juin 997.
Donation par Guillaume, comte de Provence, à l'archevêque d'Embrun, de la moitié de la souveraineté de l'Embrunais, qu'il avait conquis sur les Sarrasins.
\**Mémoire d'Antoine de Lévis* (Arch. de l'Isère, B, 3248). = ROMAN. 2b. — *Pièce fausse*.

**1525** Agaune, (après 19 octobre) 997.
Diplôme du roi Rodolphe, par lequel il donne [à son archichancelier] Anselme le manse de *Periola* et une vigne à Lutry. *Amizo cancell. ad vic. d. Anselmi archicancell..., regni regis Rodulphi 4, ind. 5 [= 10].*
FOREL (Fr.), dans *Mém. doc. soc. hist. Suisse rom.* XIX, 552-3. = R. S. R. 225.

**1526** 24 octobre (997).
Echange de Thibaud *(Teotbaldus)*, archevêque de Vienne, et sa congrégation, avec Lambert, évêque de Valence, et la sienne. Les chanoines de St-Maurice cèdent un manse à Bésayes *(villa Basaicas)*, dans le pagus de Valence, que le comte Adémar leur avait donné ; les chanoines de St-Apollinaire abandonnent un manse à Faramans *(villa Faramannis)*, dans le pagus de Sermorens *(Salmoracen.)*. *Ado præpositus* [de Vienne], *Wigo abbas, Bermundus decanus, Isarnus, archidiaconus*, etc. *Archimbaldus, archiclavis S. Apollinaris... dat... a° 5 regn. Rodulfo rege.*
Mss. : Baluze, LXXV, 337. Secousse, 11. RIVAZ, *Diplom. de Bourg*. I, n° 114 (Anal. 23, 65). — *Gallia christ. nova*, XVI, instr. 18. = CHARVET, 270. *Rev. de Vienne*, II, 133. TERREBASSE, *Inscr.* II, 195-6. CHEVALIER (U.), *Cart. de St-Maurice Vienne*, 26, n° 74.

23 novembre (997) = 24 octobre (997).

**1527** 20 février 998.
Fondation du monastère de Bevaix (Beven., au dioc. de Lausanne, pour le repos des âmes *Conradi jam cum Christo regnantis, filiique ejus Radulfi, regni nunc sceptra tenentis, eorumque jugalium ... regn. Radulfo r. a° 5. Gausfredus mon. et lev. scr.*
Bernard-Bruel, *Chartes de Cluny*, III, 533-6, n° 2453.

6 mai (998?) = 6 mai (1029?)

**1528** Payerne, (avant 20 octobre) 998.
Diplôme du roi Rodolphe, par lequel il concède au monastère de Cluny ses possessions : *In Viennensi .. comitatu : Taberniacum, Causellam, Brachostum, Medonem, Insulam inter binas has aquas Bulbarum et Carusium, cum ecclesiis eis super instructis, capellam quoque de Chandiaco, cum hæreditate Ratburni, .... seu quicquid in Girziaco jure .... Padulfus cancell. ad vic. Burchardi archiepiscopi et archicancell... Act. in Paterniaco, regni Rodulfi regis 5. — Quoniam præclarius.*
Rivaz, *Diplom. de Bourg*. I, n° 115 (Anal. 23). — Bouquet, XI, 544. Bernard-Bruel, *Chartes de Cluny*, III, 544-6, n° 2465. = R. S. R. 227.

**1529** Vevey, (20 octobre/31 décembre) 998.
Diplôme du roi Rodolphe, par lequel, à la demande de la reine Agildrudis, son épouse, de l'archevêque Burchard (*Purchardi*) et de l'abbé Odilon (*Utelonis*), il confirme au monastère de Cluny : *In episcopatu Viennensi : Croptas locus, Taderniacum. Caussella, ecclesia S. Desiderii. Bracost, Brucins. Jarzin superior, Jarzin subterior, mansiones de Vienna cum ecclesia, villa Salpaisa, Mons Judeus, ecclesia de Candiaro, Medons, villa que vocatur Insula inter Bullam et Carusiam, ... ; in episcopatu Valentinensi : ecclesia de Monte Ison, ecclesia de Aleso .... In Proventia : cella S. Amandi, castrum Colonzellas, cella S. Pantaleonis, Tudelela, Poiodolen, castrum Condorcense, cella Rosacensis, cella Canagobincensis, Valentiola, Teiza ... Paldolfus cancellar... Act. Viveisi,... ind. 9, regni Rodolfi regis 6.*
Bouquet, XI, 545. Bernard-Bruel, *Chartes de Cluny*, III, 546-8, n° 2466.

**1530** (998/999).
Bulle du pape Grégoire V adressée à Odilon, abbé de Cluny, par laquelle il confirme les possessions du monastère : *In Trecassino episcopatu, cellam in honore S. Amandi constructam ... In Gapincensi episcopatu, cellam in honore S. Andreæ constructam, jam dicto Cluniacensi cœnobio concessam a Ricaudo clerico ... Ganagobiense quoque monasteriolum et curtem Valentiolam ... atque de villa et castro Sarrianis, et de omnibus quæ habet in patria quæ vocatur Provincia ; in Valentinensi episcopatu, hoc quod videtur habere Cluniensis locus in villa quæ dicitur Ales et in monte Syon. ... In episcopatu Viennensi, monasterium quod vocatur Taderniacum, cum cella quæ dicitur Causella, et villa quæ vocatur Bracost, et villa quæ dicitur Insula... — Desiderium quod.*
Bull. Claniacen. 10-1. Patrol. lat. CXXXVII, 932-5. Mon. pontif. Arvern. 18. = Bréq. I, 501 (998). Jaffé, 2980—3896 (996/9). Bernard-Bruel, *Chartes de Cluny*, III, 435-6.

**1531** Cudrefin, 999.
Diplôme du roi Rodolphe, par lequel, à la demande de son épouse Algiltrude, de son frère Burchard, archevêque de Lyon, et de Hugues, évêque de Genève, il investit Hugues, évêque de Sion, du comitat du Valais. *Act. Curte-fin, ... a°... regni 6.*
Ms. Paris. B. N. 114, 61. — Gingins, Rectorat de Bourgogne, dans *Mém.-doc. soc. hist. Suisse Rom.* I. 1. 151. Furrer, *Gesch. über Wallis*, III, 30. Gremaud (J.), dans *Mém.-doc. soc. hist. Suisse Rom.* XXIX, 51-2. = R. S. R. 233. R. Gen. 142.

**1532** Janvier (999).
L'abbé Odilon, le prieur Vivien et les frères du monastère de Cluny concèdent au chevalier Pierre et à son épouse Ermengarde en *præstaria* le château de Condorcet *(Condorcense)*, au pagus de Provence et dans l'évêché de Die, avec ses églises, vignes, champs, etc. Comme sécurité, ils se font remettre 3 manses à la villa *Ribadanicas*, dans la viguerie de *Campica*, mais ils en laissent la jouissance, moyennant la redevance annuelle de 4 setiers de pain et vin ... *regn. Rodulfo rege a° 6... Bertrannus presb. scr.*
Bernard-Bruel, *Chartes de Cluny*, III, 557-8, n° 2480.

**1533** Agaune, 3 janvier 999.
Diplôme du roi Rodolphe, par lequel il concède à son féal Trucon, du consentement de Burchard, archevêque de Lyon, et prévôt de l'abbaye d'Agaune, des terres de St-Maurice à usufruit. *Anselmus scr. a° I. D. 9(9,9...*
Hist. patr. mon., Chart. II, 59-60. = R. S. R. 229. Poupardin, *R. de B*. 117.

**1534** Printemps 999.
*Ultimo ætatis suæ anno, [imperatrix Adelheidis], pacis, ut semper, amica, charitatisque causa, paternum adiit solum : fidelibus nepotis sui Ruodolphi regis inter se litigantibus, quibus potuit, pacis fœdera contulit ; quibus non potuit, more solito sibi, Deo totum commisit ...*
Odilo abb. Cluniac., Vita s. Adelheidis imper. (Leibniz, Script. rer. Brunsvic. I, 268; Bouquet, X, 364 ; Mon. Germ. hist., Scr. IV, 642). = Poupardin, *Roy. de Bourg*. 117-9.

**1535** Bâle, (avant 19 octobre) 999.
Diplôme du roi Rodolphe, par lequel, à la suggestion de son épouse la reine Ageldrude, il donne à l'évêque de Bâle Adelberon, en récompense de ses fidèles services, l'abbaye de Moutier-Grandval *(Grandis Vallis)... a° regni 6.*
Schœpflin, Alsat. diplom. I, 142. Trouillat, Mon. de Bâle, I, n° 85. Gallia christ. nova. XV, instr. 191. — Böhmer, R. K. 1319. R. S. R. 235.

**1536** Romans, (avant 19 octobre) 999.
Diplôme du roi Rodolphe, par lequel, sur la demande des chanoines du monastère de Romans, il leur confirme de son autorité ce qui leur a été donné ou rendu et ce qui le sera à l'avenir. *Paldulfus cancellar. rec... ind. 12, regni Rudulfi regis 6.*
Rivaz, *Diplom. de Bourg*. I, n° 117 (Anal. 23). — Giraud, Hist. S. Barnard-Romans, I, pr. 20, n° 27 ; et Chevalier. *Cart. de St-Barnard*, 75-6. = R. S. R. 2547.

**1537** (999/1011).
Fondation du prieuré de St-Victor, près de Genève : l'évêque Hugues, avec l'autorisation du roi Rodolphe et le consentement de Burchard, archevêque de Lyon et frère du roi, cède cette église à Odilon, abbé de Cluny.

On rappelle l'exhumation des restes du martyr en présence de la reine Agildrude.

GUICHENON, *Bibl. Sebus.* 35 (à 1019); (1780), 10-1. MABILLON, *Ann. Bened.* IV, 125, 694, 998 ; 2°, 637. MENESTRIER, *Hist. consul. de Lyon*, pr. xxj-ij. SCHEID, *Orig. Guelf.* II, 146-8. BESSON, *Mém. hist. eccl. Genève*, II, 342-3. *Gallia christ. nova*, XVI, instr. 144-5. — Trad. PICTET DE SERGY, *Hist. de Genève*, I, 203. = *R. S. R.* 290. *R. Gen.* 150.

**1538**                                                   1000.

Promulgation d'une constitution par la communauté des moines de St-André dans les murs de Vienne, en présence du moine Gautier *(Galterius)* élu abbé, contre les sacrilèges qui déroberaient un objet au réfectoire ou au dortoir.

ACHERY (d'), *Spicileg.* XIII, 273-4 ; 2°, III, 382. MABILLON, *Ann. Bened.* IV, 139 ; 2°, 128-9. *Gallia christ. nova*, XVI, 179 (à 1120). CHEVALIER (U.), *Cart. de St-André-le-Bas*, 154, 367, n° 210. = BRÉQ. I, 505.

**1539**                                                   1000.

Artaud, pour le repos éternel de son oncle Artaud, de son père Adémar, de sa mère et de son frère Gaucerannus, sur les conseils de Waldemar, Guigues surnommé Salisteus, Guigues Trunchet, le clerc Hugues, Arnaud d'Auvergne, Arbert et ses autres féaux, renonce en faveur du monastère de St-André à ses coutumes *(consuetudo)* dans la villa de St-Pierre-de-Bœuf *(S. Martini de Bocio)* et la déclare libre. Quatre de ses ministres en prêtent serment. Il donne une vigne à S¹-Martin pour l'âme de son frère.

CHEVALIER (U.), *Cart. de St-André-le-Bas*, 131-2, n° 182. = CHORIER, *H. de D.* I. 831 ; 2°, 631 (à 1100). COURBON, *Chron.* 167 (à 1100).

**1540**                                              (Vers 1000).

David remet à s¹ André et à s¹ Maxime 20 sols qu'on lui doit à Moydieu *(Moidiaco)*, afin qu'à sa mort tous les frères chantent une messe pour son âme et ceux qu'il a fait pécher.

CHEVALIER (U.), *Cart. de St-André-le-Bas*, 175, n° 234.

**1541**                                              (Vers 1000).

Didier *(Disderius)*, sa mère Aia et sa sœur Sagina vendent à Girbert et son épouse Ermenga une vigne et champ à Vitrieu *(villa Vitrosco)*, au prix de 9 sols.

CHEVALIER (U.), *Cart. de St-André-le-Bas*, 60, n° 78.

**1542**                                              (Vers 1000).

Evrard de Vitrieu *(Vitrosco)* donne à St-André une terre et vigne à St-Alban[-de-Vareize], dont il gardera la jouissance.

CHEVALIER (U.), *Cart. de St-André-le-Bas*, 69, n° 92.

**1543**                                              (Vers 1000).

Le laïque Richaud donne au monastère de Cluny et à l'abbé Odilon la moitié de son héritage *in Revesto*, au comté de Gap, qu'il avait donnée à son oncle Roland *(Rotlannus)* et à ses fils. *Archimbaldus presb. scr.*

BERNARD-BRUEL, *Chartes de Cluny*, III, 601-2, n° 2529.

**1544**                                              (Vers 1000).

Rodolphe, [seigneur de Domène], donne au monastère de Cluny et à l'abbé Odilon un manse à Murianette *(villa Moriana)*, au territoire de Grenoble.

MONTEYNARD, *Cartul. de Domène*, append. 11.

**1545**                                    Boczosel, 25 janvier (1000).

Folcherius et Aschericus, laboureurs, demandent à Odon *(Oddo)*, évêque [de Belley] de leur concéder *ad medium plantum*, suivant l'usage des Gaules, une terre *(cespis)* de [La Côte-]St-André qu'il a acquise par précaire à Châtonnay *(villa Cotonaco)*, dans l'ager de Sermorens *(Salmoriacen.)* et le pagus de Grenoble. Le prélat l'accorde suivant la coutume des Bourguignons. *Act. p. man. frat. Constantini, fer. 5... a° 7 regn. Radulfo rege.*

CHEVALIER (C. U. J.), dans *Rev. du Lyonnais* (1867), 3° s., IV, 316-7; *Doc. inéd. relat. à l'égl. de Lyon*, 19-20. MARION, *Cartul. de Grenoble*, 16, 557. = CARUTTI, *Reg. Sab.* 20.

**1546**                                          29 janvier (10..).

Epitaphe d'Ermengarde *(Hyrmengarz)*, dite noble et bonne, morte à env. 40 ans, ensev. à St-Pierre-de-Vienne.

TERREBASSE, *Inscr.* II. 466, pl. 103, n° 578.

**1547**                                Bruchsal, (com¹ de juin) 1000.

Diplôme du roi Rodolphe, par lequel il confirme sa donation de l'abbaye de Moutier-Grandval à l'évêque de Bâle, en présence de l'empereur Otton ... *Act. Bruchsala. ..., a° regni 7.*

SCHŒPFLIN, *Alsatia diplom.* I, 144. GERBERT, *Hist. Sylvæ Nigræ*, III, 29. *GRANDIDIER, *Hist. d'Alsace*, I, n° 354. MOREL, *Abrégé hist. évêché Bâle*, 162. TROUILLAT, *Mon. évêché Bâle*, I, 145. = BÖHMER, *R. K.* 1520. *R. S. R.* 236. *R. Gen.* 143. POUPARDIN, *R. de B.* 119.

**1548**                                    15 septembre (1000).

Rorgon et sa femme Teudberga donnent à l'église de Vienne, construite en l'honneur du Sauveur et de s¹ Maurice, où préside l'archevêque Thibaud *(Teudbaldus)*, une église avec marché et terre à Epinouze *(villa Spinosa)* dans la Valloire *(Valle Aurea)*, au pagus de Vienne. *Petrus not... dat... a° 7 regn. Rodolfo rege.*

*CHARVET, 271. CHEVALIER (U.), *Cart. de St-André-le-Bas*, 5°, n° 102*; *Cart. de St-Maurice Vienne*, 25, n° 70. *MANTEYER, *Orig. mais. Sav.-Bourg.* 433.

**1549**                                           (1000/1001):

Foldrad et sa femme Goda vendent à Warnier et son épouse Emma une vigne à *Castolatis*, dans la villa de St-Alban[-de-Vareize], au prix de 4 sols 8 den. *A° 8 regn. Radulfo rege.*

CHEVALIER (U.), *Cart. de St-André-le-Bas*, 78-9, n° 109.

**1550**                                              (XI° siècle).

Donation faite à l'église de St-Maurice et de St-Vallier par Jermund et sa femme Valdrada, de ce qui leur appartenait à Roussillon.

CHEVALIER (U.), *Cart. de St-Maurice Vienne*, 39, n° 167.

**1551**                                           (Avant 1001).

Adémar donne à Thibaud *(Teubaldus)*, archevêque de Vienne, et aux chanoines de St-Pierre de Romans l'église de St-Félicien (Ardèche), comme pénitence et pour l'absolution qu'ils lui ont accordée.

Mentionné dans la charte du même, de vers 1010.

**1552**                                           (Avant 1001).

S¹ Thibaud, évêque de Vienne, prédit à sa nièce Willa ou Villa, aïeule de s¹ Thibaud de Provins, la naissance de ce fils illustre par sa sainteté.

Du Chesne, *Hist. Franc. script.* IV, 166. Mabillon, *Acta ss. Bened.* VI, II, 159. Bouquet, XI, 478.

**1553** (Vers 1001 ou 1003).
Artaud *(Artaldus)* et sa femme Pétronille donnent à l'église du monastère de St-André-le-Bas *(Subterior)* à Vienne, que gouverne l'abbé Viventius, une vigne *ad Mansiones Subteriores*, à Vitrieu *(villa Vitroscus)*, dans l'ager d'Annonay *(Annonaicen.)* et le pagus de Vienne. Sa femme n'avait que des filles ; elle s'est rendue à Vienne, a prié Dieu et s$^t$ Maxime, qui l'ont exaucée et il a imposé à son fils le nom d'Artaud ; si Dieu et s$^t$ Maxime prolongent l'existence de cet enfant, la donation sera augmentée, pour donner aux moines de quoi prier Dieu pour la famille.
Ms. : Baluze, LXXV, 404 et 410. Fontanieu, *Hist. de Dauph.*, pr. I, 59°-61. — Chevalier (U.), *Cart. de St-André-le-Bas*, 130-1, n° 181. = Chorier, *H. de D.* I, 831 ; 2°. 639.

**1554** (Vers 1001).
Du temps de Thibaud *(Theutbaldus)*, archevêque de Vienne, Bornon, un des principaux *(majores)* de Vienne, et ses fils donnent à l'église du monastère de St-Pierre hors la porte de la ville, l'église de Montseveroun *(Mons Subterior)*, et ses terres dans l'ager de Cheyssieu *(Casiacen.)* et le pagus de Vienne.
Mentionné dans l'accord du 14 avril 1051.

**1555** 7 février (1001).
Echange de biens entre Otgier et le prêtre Isnard et Walchissus et sa femme, l'an 8$^e$ du règne de Rodulphe.
Chevalier (U.), *Cart. de St-Maurice Vienne*, 34, n° 136.

**1556** Avril 1001.
Ingelbold donne à l'église du monastère de St-André-le-Bas *(Supterior)* à Vienne, que préside l'abbé Viventius, une vigne à Moydieu *(villa Modiatis)*, au pagus de Vienne, limitée par la terre de St-André, sous réserve d'usufruit. S. Adalburgis uxori ejus. S. Rainoldi fratri ejus. Alboenus scr... a° 8 regn. Rodulfo rege.
Chevalier (U.), *Cart. de St-André-le-Bas*, 21, n° 21.

**1557** 21 mai 1001.
Mort de Thibaud, archevêque de Vienne, dans la 30$^e$ [= 45$^e$ année] de son épiscopat ; enseveli dans l'église de St-Maurice et des Machabées, le 1$^{er}$ juillet.
Chorier, *Estat polit.* I, 259-63. Charvet, 271. Collombet, I, 370. Chevalier (C. U. J.), *Doc. inéd. relat. au Dauph.*, v, 6, 27. Terrebasse, *Inscr.* II, 80. Duchesne (L.), *Fastes*, 202. — *Vita*, dans *Officium S. Theuderii* (1667), 24-7. *Manteyer (G. de), dans *Moyen âge* (1901). XIV, 265-6 ; *Orig. mais. Savoie*, 216$^b$. = *Répert. Bio.* 4456.

**1558** (1001 ?).
Après son élection, l'archevêque de Vienne Burchard dispense l'abbaye de St-Pierre, à la prière de l'abbé Bernard, de l'obligation que lui avait imposée Sobon, de régaler l'archevêque à la fête de s$^t$ Pierre.
Chorier, *Hist. de Dauph.* I, 756 ; 2°, 581.

**1559** Eysins, (1001/1002).
Le roi Rodolphe, du consentement de ses princes (évêques et comtes), confirme la donation de Bougel faite au monastère de Romainmotier par le prêtre Marin. *Fact. in comitatu Equestrico, in villa Osinco*, en la maison du prêtre Bernard, un mardi. a° 9 regn. d. Rodulfo rege.

Cibrario e Promis, *Docum.* 7-8. = R. S. R. 245. R. Gen. 144. Carutti, *Reg. Sab.* 25.

**1560** (1001/1008).
Lettre de Durannus à l'abbé V[iventius] et à la congrégation de St-André. Envoyé en Savoie *(Savoi)* pour acquérir des terres au monastère, il a fini par obtenir du clerc Amaldric, qui tenait la moitié de l'église de St-Pierre [-d'Albigny], la cession de son bénéfice, soit du quart, en échange de la nourriture et d'un vêtement par an, et de l'autre quart quand il se fera moine. — Latardis donne 2 *posas* et un jardin. — Nantelme, 2 *posas* et son *redeismo* à la Noiriat *(Noiareia)*.
Chevalier (U.), *Cart. de St-André-le-Bas*, 152, n° 208. Trepier, dans *Doc. acad. Savoie*, VI, 48 (à 1073/1084).

**1561** (1001/1008).
Sutard, Volbert, Germain et Alboen, fils de Teutbald, donnent à l'église de St-André à Vienne, pour la sépulture de leur père et mère, une vigne à Vitrieu *(Vitrosco)*, touchant la terre de St-André. Desiderius scr.
Chevalier (U.), *Cart. de St-André-le-Bas*, 55-6, n° 68.

**1562** (1001/1008).
Viventius, abbé du monastère de St-André à Vienne, et sa congrégation concèdent à Bornon un courtil dans l'intérieur de la ville, borné par les terres royale et de St-André et le chemin public, pour y planter *(construenda)* une vigne : au bout de 5 ans, il jouira de la moitié et à sa mort tout reviendra aux moines.
Chevalier (U.), *Cart. de St-André-le-Bas*, 123, 367, n° 169.
1002. expédition de Rodulphe. = 1004.

**1563** 22 février 1002.
[*Bernardus episcopus Hildesheimensis, Clusas excedens. Alpibus Dei pietate superatis, Octodurum praetergressus, Agaunum adiit, ibique a Rodulfo, rege Burgundiae, liberalissime excipitur. Qui tradidit episcopo in proprietatem infra Papiam cum manuscripto tres curtiles, et sua subscriptione autalique impressione roboravit.*
*Vita s. Bernwardi* auct. Thangmaro presb. Hildesh. (Pertz. *Mon. Germ. hist.*, Scr. IV, 771. *Patrol. lat.* CXI, 415).

**1564** 20 juin (vers 1002).
Le comte Manassès et son épouse Hermengarde sont venus prier Humbert, évêque de Grenoble, de leur concéder des terres de son église de Ste-Marie et de St-Vincent en précaire pendant leur vie, situées dans le pagus de Genève : Crauve *(Cranavis)*, Lossy *(Luxuviaco)*, Chavanes *(Cavannaico)*, etc., limités par la Menoge *(Menobia)*, le lac, la Dranse *(Drancia)* et l'Arve *(Arva)* ; le prélat les leur accorde en échange de leur alleu dans le pagus de Grenoble et le comté de Savoie *(Savogen.)* : la villa de St-André, avec la moitié de son église ; Gentianum, Reculatum, cumba Areboldi. Chatvilar *(Alta Villa, vulgo Chatovilarium)*, et le Jardin. Othgerius presb. scr... ad vic. Umberti episcopi.
Rivaz, *Diplom. de Bourg.* I, 106 (Anal. 21, c. 994). — Chorier, *Estat polit.* II, 87-95. Salvaing de Boissieu, *Usage des fiefs*, 2°, 142-3 ; 3°, I, 192. Dessaix. *Savoie pittor.* I, 163. *Gallia christ. nova*, XVI, instr. 74-5 (c. 999). Marion, *Cart. de Grenoble*, 173-5. Trepier, dans *Doc. acad. Savoie*, VI, 33-5. = Bigot. I, 489. Ménabréa, *Orig. féod.* 223. *Doc. hist. inéd.* I, 278, 283. *R. S. R.* 265 (1011). *R. Gen.* 145. Poupardin, *R. de P.*, 267.

**1565**  Juillet (1002).

Didier *(Desiderius)*, sa femme Tresoara et son fils Alboen donnent à l'église de St-André à Vienne, dont Viventius est abbé, des vignes, des champs et un bois à Vitrieu *(in Vitrosco)*; ils s'en réservent l'usufruit, sauf d'une pièce de vigne dite *Vineolas*, dont le revenu servira d'investiture. *Varnerius mon. dat....regn. Radulfo rege in Gallia 9 a° regni ejus.*

Chevalier (U.), *Cart. de St-André-le-Bas*, 53-4, n° 65.

**1566**  Mars (1003).

Aremfred et sa femme Constantia cèdent à l'église de St-André et de St-Maxime à Vienne une vigne aux Côtes-d'Arey *(villa Arelis)*, joignant la terre de St-Jean, mais les moines leur en ont donné une au même lieu ; ils garderont la jouissance, moyennant l'investiture d'un setier de froment. *S. domni Beriloni. Alboenus... dat... regn. Radulfo rege a° 10.*

Chevalier (U.), *Cart. de St-André-le-Bas*, 81-2, n° 114.

**1567**  Boczosel, 2 avril (1003).

Eldrad et ses fils *(infantes)* Adalgis, Duradus et Guion demandent à Odon *(Hotdo)*, évêque [de Belley] de leur concéder *ad medium plantum*, suivant l'usage des Gaules, une terre *(cespis)* de La Côte-[S]t-André qu'il a acquise par précaire à Châtonnay *(villa Colonaco)*, dans l'ager de Sermorens *(Salmoriacen.)* et le pagus de Grenoble. Le prélat l'accorde suivant la coutume des Bourguignons. *S. Umberto comiti et uxori sua. Act... p. man. Constantino archipresb., fer. 6.... a°° 10 regn. Radulfo rege.*

Rivaz, *Diplom. de Bourg.* I, n° 36 (Anal. S. à 919). — Salvaing de Boissieu, *Usage des fiefs*, 2°. 493-4: 3°, II, 239. Chevalier (C. U. J.), dans *Rev. du Lyonnais* (1867), 3° s., IV. 318; *Doc. inéd. relat. à l'égl. de Lyon*, 21. Marion, *Cart. de Grenoble*. 17. Carutti (Dom.), dans *Arch. stor. Ital.* (1878), 4° s., II, 234-4. — Chorier, I. 775 ; 2°. 597. Ménabréa, *Orig. féod.* 60. R. S. R. 247. Carutti, *Reg. Sab.* 21 (à 1001).

**1568**  Vienne, août (1003).

Bérilon, seigneur de la Tour, donne à l'église du St-Sauveur et de St-Maurice dans les murs de Vienne mille sols, pour la construction de cette église, et deux manses, dans le pagus de Vienne, à Cheyssieu *(Cassiacen.)* et à Jardin *(Ortis)*, près de l'église de St-Jean. Fait en présence de l'archevêque Burchard *(Burcardus)*, *regn. Rodulfo rege a° 10. Data p. man. Vincenii sac. d. lunæ...*

Baluze, *Hist. généal. mais. Auvergne*, II, 476-7. = Bréq. I, 511. Poupardin, *R. de P.* 355-6.

**1569**  Novembre 1003 (1001).

A° I. 1003, Artaud *(Artaldus)* et son épouse Pétronille cèdent [et rendent] à l'église du monastère de St-André à Vienne, où repose s<sup>t</sup> Maxime et que régit l'abbé Viventius, l'église de St-Martin à St-Pierre-de-]Bœuf *(ager vel villa Bocius)*, au pagus de Vienne, que l'on dit avoir été jadis fondée et possédée par les moines, avec sa terre à partir du Rhône; ils donnent aussi l'église de St-Pierre, avec paroisse, presbytère et dîmes, plus un manse, dit *Arnaudellus* ; encore le port de la villa de Bœuf, sur le fleuve du Rhône, un manse dit *Borgiatis*, à Roisey *(villa Rosiatis)*, un autre *in Aviniaco*. Artaud supplie les moines d'achever la *cella* de St-Martin, commencée par lui et de toujours prier Dieu pour lui et les siens. *S. Ismidonis, filii Artaldi... S. Artaldi similiter filii ejus* [futur évêque de Grenoble]... *S. Artaldi de castro Ay. Dotmarus sac... dat... a° 9 regni d. Radulfi regis.*

Ms. : Baluze, LXXV, 404. — Chorier, *Estat polit.* II, 375-81. Chevalier (U.), *Cart. de St-André-le-Bas*, 127-9, 367, 44*, n° 179. = Chorier, H. *de D.* I, 831, 865; 2°, 639, 664; Sassen. 18-9. Courbon, B. 109, 116-8, chr. 134. Manteyer, *Prov.* 359.

(1004) = Milieu d'octobre (990, 993, 997).

**1570**  1004.

*Hainricus.. imperator cum Langobardos sibi repperiret contrarios, misso Rodulfo rege Burgundiæ* [nepote suo], *Papiam obsedit et incendio tradidit, et palatium in ea sibi ædificavit, et rebellantes sibi servire coegit.*

Ademari S. Cibardi *Historiar.* III, 37 (Labbe, *Bibl. nova* mss. II, 167 ; Bouquet, X, 148. 232 ; Pertz, *Mon. Germ. hist.*, Script. IV, 133; *Patrol. lat.* CXLI, 54). = Poupardin, *Roy. de Bourg.* 120 (à 1002).

**1571**  (1004/1005).

Arnaud *(Arnaldus)* et sa femme Adalgardis cèdent à Gilbert *(Girberto)* une part de leur héritage à *Pontum*, dans l'ager de St-Jean [à Vienne] et le pagus de Vienne, limitant les terres de St-Maurice et de St-André, pour le complanter à mi-fruits. *A° 12 regn. Radulfo rege.*

Chevalier (U.), *Cart. de St-André-le-Bas*. 116, n° 158.

**1572**  (1004/1005).

L'abbé Vivencius et la congrégation du monastère de St-André à Vienne concèdent à Marcel et à sa femme Teudrada une terre à Meyrieu *(villa Mariatis)*, dans l'ager d'Estrablin *(Stabiliacen.)* et le pagus de Vienne, pour y planter une vigne ; au bout de cinq ans, ils en rendront la moitié et les moines auront la préférence pour l'achat de l'autre. *Regn. Radulfo rege in Gallia, 12° a° regni ejus.*

Chevalier (U.), *Cart. de St-André-le-Bas*, 26-7, 44*, n° 27.

**1573**  (1004/1005).

Volbert et sa femme Ondrada vendent à David et son épouse Raine une vigne et terre en friche *(deserta)*. *Regn. Radulfo rege a° 12.*

Chevalier (U.), *Cart. de St-André-le-Bas*, 125, n° 173.

**1574**  1005.

Donation au monastère de St-Victor de Marseille, par Ponce, évêque de cette ville, du consentement de Rodulfe, roi des Allemands et de Provence.

Guérard, *Cart. de St-Victor Mars.* I, 18-22, n° 15. = Manteyer, *Provence*, 267-8.

**1575**  Juin (1005).

Amicheldis ou A-da et son fils Thierry *(Teudericus, Theod-s, Te-s)* cèdent à l'église de St-André à Vienne, où préside l'abbé Viventius, deux champs à Moydieu *(villa et ager Modiacen., Modialis)* au pagus de Vienne, joignant la terre de St-André, dont ils garderont la jouissance. *Varnerius mon. dat... regn. Radulfo rege in Gallia, 12 a° regni ejus.*

Chevalier (U.), *Cart. de St-André-le-Bas*, 24-5, n° 25.

**1576**  25 octobre (1005?)

Le prêtre Trutbert donne au clerc André et à son fils Addon une pièce *(peciola)* de champ avec bois à Cha-

nos *(villa Cannoscho)*, dans l'ager de Tain *(Tegnen.)* et le pagus de Vienne, joignant …*seindario. Ricardus lev… dat. fer. 5… regn. Rodul rege.*
GIRAUD, *Hist. S. Barnard-Romans*, II, pr. 59-60, n° 260 ; et CHEVALIER, *Cart. de St-Barnard*, 76-7.

**1577**  23 décembre (1005).
Echange entre Bertran et sa femme Ema avec le chapitre de St-Maurice, la 13ᵉ an. du règne de Rodulphe.
CHEVALIER (U.), *Cart. de St-Maurice Vienne*, 32, n° 120.

**1578**  1006/1007.
Trisuara donne à St-André, à St-Maxime et à l'abbé Vivencius, pour sa sépulture et celle de son mari, une vigne à Montseveroux *(in Monte Superiore)* ; elle en garde la jouissance, moyennant 2 setiers de vin doux comme investiture. S. *Vendranni filii ejus. A° 14 regn. Rodulfo rege.*
CHEVALIER (U.), *Cart. de St-André-le-Bas*, 67, n° 89.

**1579**  1007.
Election de Durant comme abbé de l'archimonastère de St-Martin de Savigny, par Burchard, archevêque de Lyon, avec le conseil de Guigues *(Vuigo)*, abbé du monastère de St-Chef *(S. Theuderii)*, etc… *sceptrum regni d. Rodulfo rege lucidiss. exerente.*
LA MURE, *Hist. de Lyon*, 383. BERNARD, *Cart. de Savigny*, 285-8. = *Gallia christ. vet*, IV, 815ᵃ. CHORIER, *H. de D.* I. 746 ; 2ᵉ, 574.

**1580**  Arles, 16 mai (1007 ?).
Ponce, archevêque d'Arles, et ses chanoines concèdent à usufruit *(præstaria)* à Geirald et ses fils des biens dans les deux comtés *Trainense* et *Valentinense*, en la *vicaria Latronaco*, de Berre au Roubion et au Rhône, et en reçoivent d'autres… *Regn. Rodulfo rege.*
ALBANÉS-CHEVALIER, *Gallia christ. noviss.* III. 135.

**1581**  Cluny, 31 octobre (1007).
Guigues *(Wigo)*, se remémorant l'énormité de ses péchés, donne au monastère de Cluny, pour le salut de son âme, de son aïeul Bernard, de son grand-oncle Adalger, de son père Léotard et de son fils Wilis, l'église de St-Laurent, au pagus et diocèse de Vienne. *Data p. mon. Almanni mon…, Cluniaco publ., Rodulfo rege regn. a° 15.*
BERNARD-BRUEL, *Chartes de Cluny*, III, 687-8, n° 2650.

**1582**  20 novembre (1007 ?).
Franulfus et son frère Addaldradus vendent au clerc André et à ses fils Addon et Didier, un champ à Chanos *(villa Cannosco)*, dans l'ager de Tain *(Tegnen.)* et le pagus de Vienne, limité par la terre de St-Apollinaire, pour le prix de 5 sols. *Rikadus presb. scr. fer. 5…. regn. Rodulfo rege.*
GIRAUD, *Hist. S. Barnard-Romans*, II, pr. 60-1, n° 262 ; et CHEVALIER, *Cart. de St-Barnard*, 77-8.

**1583**  (1007/1008).
Alboin *(Alboenus)* et Arnoul *(Arnulfus)* vendent à Junan et sa femme Ermengardis une vigne à Vitrieu *(in Vitrosco)*, au prix de 5 sols 3 den. *Ren. Rodulfo rege a° 15.*
CHEVALIER (U.), *Cart. de St-André-le-Bas*, 57-8, n° 72.

**1584**  (1007/1008).
Aldegarda donne à Bornon son fiancé *(sponsus)* une propriété *(casale)* dans l'intérieur de la ville de Vienne et l'ager de St-André, près du palais du roi et joignant la terre de St-Etienne ; après sa mort, elle appartiendra à [l'église de] St-André et à ses recteurs. S. d. *Viventii abbatis. A° 15 regn. Rodulfo rege.*
CHEVALIER (U.), *Cart. de St-André-le-Bas*, 122, n° 167.

**1585**  (1007/1008).
Aremfred et sa femme Constantia engagent *(impignoramus)* au diacre *(levitæ)* Gérald une vigne dans l'intérieur des murs de Vienne, dépendant de St-André, limitée par les terres de St-André et de St-Ferréol par le Rhône, pour 10 sols à rembourser dans un an, avec 2 muids 1/2 de redevance. *A° 15 regn. Rodulfo rege in Gallia.*
CHEVALIER (U.), *Cart. de St-André-le-Bas*, 121-2, n° 166.

**1586**  10 janvier (après 1007).
Obit de Guigues, abbé de St-Chef *(S. Theuderii)*.
CHEVALIER (U.), *Nécrologe de St-Robert*, 2, 5.

**1587**  21 mars (1008).
Echange de fonds entre Witgerius et Fréold, avec le consentement du roi Rodolphe et de son épouse la reine Adeltrude. *Senbertus cancell. Dat. d. dominico… a° 16 [= 15° regn. d. n. Rodulfo rege.*
*Hist. patr. mon.*, Chart. I. 367-8. = R. S. R. 260. R. Gen. 149.

**1588**  Romainmotier, 24 mars (1008).
Consentement du roi Rodolphe à un échange de terres à Sévery et Erplens entre Odilon, abbé [de Saint-Maurice] et un clerc, etc. *Act. monasterium Romanum publ. Humbertus levita] vice cancell. scr… a° 15 regn. Rodulfo rege.*
CHARRIÈRE (L. de), dans *Mém.-doc. soc. hist. Suisse rom.*, XXVI, 113. — R. S. R. 258.

**1589**  (Vers 1009).
Artaud *(Artaldus)* et son épouse Pétronille donnent à l'église construite à Vienne en l'honneur de s' André, où reposent les corps des ss. Maxime, Vincent, Oronce, Victor et Pancrace, dont l'abbé Hugues *(Ugo)* est le chef, par motif de pénitence, un manse à St-Gervais *(ager et villa S. Gervasii)*, dans le pagus de Valence, que tient Bernard de Baume *(Balmensis)*. S. *Ismidoni filii ejus*. S. *Artaldi filii ipsorum. Data p. man. Itberti mon. atq. lev. d. jovis, fer. 5, regn. d. Radulfo rege in Gallia.*
CHEVALIER (U.), *Cart. de St-André-le-Bas*, 129-30, n° 180. = *CHORIER, H. de D.* I. 831 ; 2ᵉ, 639. COURBON, chr. 135.

**1590**  Mars (1009).
Sévère et sa femme Eldegeldis ou E-gis cèdent à l'église de St-André et St-Maxime et à son abbé Hugues *(Wgo)*, pour le salut de leurs âmes et leur fils Vendrannus qui revêt l'habit monastique, une vigne à Reventin *(Reventinis villa)*, au pagus de Vienne, et limitée par la terre de St-Maurice ; ils en gardent l'usufruit, sous l'investiture de 3 setiers de vin doux, plus pour leur fils 3 muids de pain et vin, un porc, un mouton, une chape à l'abbé et une réception *(receptum optimum)* le 1ᵉʳ mai. *Data p. man. Fanuel mon… regn. 16 a° rege Radulfo.*
CHEVALIER (U.), *Cart. de St-André-le-Bas*, 85-6, n° 121.

**1591** Agaune, 6 juin 1009.
Diplôme du roi Rodolphe, par lequel, à la demande de son épouse la reine Agilarude, de son frère Burchard, archevêque [de Lyon], des comtes Rodulphe et Hubert, il donne à Humbert, évêque [de Grenoble], à sa mère Fréburgie, à ses neveux Humbert, Guigues *(Wigo)* et Guillaume *(Willelmus)*, fils de Guigues (l'ancien, *Wigo*) de bonne mémoire, la moitié du château de Moras et toute la terre que le roi Conrad *(Gondrandus)* et lui possédaient de la vallée *Vidreri* à la villa de *Cusen*, la moitié du bois de *Morvadeis*, un manse à Moras et tous les serfs. *Padolfus (Radolfus!) cancell... luna 9, ind. [5 = 7], a° I. D. 1009, regn. d. Rodolfo rege a° 17 [al. 13]. Act. Agduni. — Justis fidelium.*

Ms. : Baluze, arm. I, paq. 4, n° 1. Fontanieu, *Cart. de Dauph.* I, 55°. = *Allard (Guy), Œuvr. div.* (1864), I, 344 (à 845). Chevalier (U.), *Cart. de St-André-le-Bas*, 249-50, 368, n° 38°. — Trad. Terrebasse, *Not. dauph. Vienn.* 25-6. = Chorier, H. *de D.* 1, 751, 794. Rivalli (Aym.) *De Allobrog.* 985-6. Fauché-Prunelle, *Instit. Briançon*, I, 271. Trepier, *Notes et observ.* 32. Chevalier (U.), *Invent. de 1346*, 1692. Carutti, *Reg. Sabaud.* 28. Manteyer, *Orig. mais. Savoie-Bourg.* 369-72.

**1592** Agaune, 6 juin 1009.
Le roi Rodolphe est présent à une donation de Hupald au monastère de St-Maurice d'Agaune. *Padolfus cancell. scr. d. lunis ...ab I. D. 1009, a° regn. Rodulfo rege 16.*

*Hist. patr. mon.*, Chart. II, 103. — R. S. R. 261.

**1593** Sévery, 11 juillet (1009).
Consentement du roi Rodolphe et de l'archevêque Burchard à un échange de terres à Sévery. *Act. Severiaco villa. Joannes scr. lundi... a. 14 regn. Rodus rex.*

Charrière (L. de), dans *Mém.-doc. soc. hist. Suisse rom.*, XXVI, 112.

**1594** (1009/1010).
Le roi Rodolphe et l'archevêque Burchard, à la demande d'Odilon, abbé de Romainmotier, lui concèdent le service de divers serfs à Bannens. *A° 17 regn. d. Rodulfo rege. — Placuit nobis.*

Gingins la Sarra, *Cart. de Romainmotier*. 458. Cibrario e Promis, *Docum.* 13-4. = R. S. R. 262.

**1595** (1009/1023).
L'abbé Hugues *(Ugo)* et les moines de St-André donnent à Adalelme [et à sa femme] une habitation *(mansio)*, près de St-André, édifiée par Rigald, scrvileur *(serviens)* du monastère, et la terre autour, en jouissance viagère. *Regn. Radulfo rege.*

Chevalier (U.), *Cart. de St-André-le-Bas*, 124-5. n° 172.

**1596** (1009/1023).
Hugues *(Ugo)*, abbé du monastère de St-André, donne à Dominique, dit Bellin, *ad medium plantum*, une terre sur une colline dite *Planus Pinetus*, à la villa *Crisinciaco*, entourée par les propriétés de St-André et *magni Ylarii. Regn. d. Radulfo rege, filio glor. regis Chuonradi, quem Deus salvet in amœnitate Paradisi.*

Chevalier (U.), *Cart. de St-André-le-Bas*, 188, n° 246.

**1597** (1009/1023).
Durand et sa femme Jeanne *(Johanna)* donnent au monastère de St-André-le-Bas *(Subterior)* à Vienne, dont Hugues est abbé, une vigne dans l'ager et la villa de St-Ferréol, touchant la terre de St-Maurice ; elle servira pour leur sépulture et ils remettront chaque année 2 setiers de vin doux comme investiture. *Regn. d. Rodulfo rege in Gallia.*

Chevalier (U.), *Cart. de St-André-le-Bas*, 110, n° 150.

**1598** (1009/1023).
Eldrad et sa femme Eltrude cèdent à l'église de Saint-André-le-Bas à Vienne, où reposent les corps des ss. Maxime, Vincent, Oronce, Victor, Pancrace mart. et Formasins conf., dont Hugues *(Vogo)* est abbé, un champ à Septème *(villa Septimo)*, dans l'ager de *Stuel* et le pagus de Vienne, limité par les terres de St-Maurice, Saint-André et St-Pierre, pour la sépulture d'Eldrad. *Regn. Radulfo rege in Gallia.*

Chevalier (U.), *Cart. de St-André-le-Bas*, 112-3, 367, n° 154.

**1599** (1009/1023).
Le maçon *(murator)* Etienne et sa femme Engelsenda donnent à s' André et à b' Maxime l'héritage qu'ils ont acquis à Vitrieu *(in Vitrosco)* ; après eux, il sera à s' André et à leur fils Jonan. *S. Ugoni abbatis.*

Chevalier (U.), *Cart. de St-André-le-Bas*, 60-1, 367, n° 79.

**1600** 1010.
Faraud *(Faraldus, Pha-s)*, évêque de Gap *(Wapinc.)*, consacre suivant les rites *(usus)* ecclésiastiques l'église de St-André près sa ville épiscopale, à la prière d'Adalald et sa femme Frodina, qui l'avaient dotée pour un prêtre par le don d'une vigne.

Guillaume (P.), dans *Bull. hist.-archéol. Valence*, II, 257 (à part, 9) ; *Bull. soc. étud. Hautes-Alpes*, III, 393-4, n° 1. Albanés, *Gallia christ. noviss.* I, instr. 272-3. = Bernard-Bruel, *Chartes de Cluny*, IV, 17. Roman, 2°.

**1601** (Vers 1010).
Achard, moine de la congrégation, donne à Saint-André et à St-Maxime une vigne à Communay *(villa Cunmernayci)*, une autre dans la paroisse de St-Pierre en la villa *Cambaicus* et un courtil dans la paroisse de St-Martin de Cour *(Curium)*.

Chevalier (U.), *Cart. de St-André-le-Bas*, 136, n° 190.

**1602** (Vers 1010).
Adémar donne à l'église fondée par s' Barnard sur l'Isère, où préside l'archevêque Burcard, l'église de St-Félicien, près du château de Rochefort *(Rocaforte, Ardèche)*, au pagus de Vienne ; les chanoines de Romans chanteront tous les jours [le psaume] *Voce mea ad Dominum* et une oraison propre à la messe votive pour ce bienfaiteur.

Giraud, *Hist. S. Barnard-Romans*, compl. 39-40, n° 143 ; et Chevalier, *Cart. de St-Barnard*, 78-9.

**1603** (Vers 1010).
Agena et ses 5 fils cèdent à l'église du monastère de St-André à Vienne, où repose s' Maxime, le quart de l'église de Maclas *(villa Masclas)*, dans l'ager de ce nom et le pagus de Vienne, avec ses appendices : cimetière, offrandes, prémices et oblations ; elle l'avait déjà donné pour son fils Guigues qu'elle offrit comme moine.

Chevalier (U.), *Cart. de St-André-le-Bas*, 132-3, n° 183.

**1604** (Vers 1010).
Ardouin (*Ardoynus, Arduy-s*) et sa femme Jothecini donnent à s¹ André une vigne hors de Chaleysin (*villa Calaxiano*), touchant la terre de St-Pierre ; ils s'en réservent la jouissance, sous l'investiture annuelle d'une sommée de vin.
CHEVALIER (U.), *Cart. de St-André-le-Bas*, 133, n° 184.

**1605** (Vers 1010).
Rostaing donne à l'abbé et aux moines de St-André une vigne à Arzay (*villa Arboziaco*), pour être enseveli dans le monastère, si possible ; il servira comme investiture 2 setiers de vin.
CHEVALIER (U.), *Cart. de St-André-le-Bas*, 28, n° 29.

**1606** Orbe, 18 janvier 1010.
Diplôme du roi Rodolphe, par lequel, à la demande de son épouse, la reine Agaldrude, de son frère l'archevêque Burcard, des évêques Hugues et Anselme, des comtes Ruotulfe et Bertulfe, il rend à l'église de Lausanne et à son évêque Henri la moitié d'Yvonant (*Evonant villa*). *Pandulfus cancell... luna 30, aº I. D. 1009, regn. d. Ruodulfo-rege aº 17. Act. Urbe. — Sanctas Dei.*
SCHŒPFLIN, *Hist. Zæringo-Bad*. V. 17. ZAPF, *Mon. anecd.* I, 72. GINGINS (F. de), *Cart. du chap. de Lausanne*, 237-8. *Gallia christ. nova*, XV, instr. 135-6. = BÖHMER, R. R. 1521 (à 1009). R. S. R. 263.

**1607** 17 février (1010).
Déposition de la reine Eltrude (*Agiltrudis*), 1ʳᵉ femme du roi Rodolphe III.
Obituaire du prieuré de Villers au dioc. de Besançon (SACKUR, *Cluniacenser*, I, 383). = POUPARDIN, *Roy. de Bourg.* 125 (à 1009 : elle figure encore dans les diplômes des 6 juin 1009 et 18 janv. 1010).

**1608** (1010/1011).
L'abbé Hugues (*Ugo*) et les frères du monastère de St-André de Vienne donnent à Mallen et sa femme Sulpicia une vigne et terre *ad plantandum et ædificandum* à Jardin (*valle Ortis*), au pagus de Vienne, limitée par la terre de St-Maurice ; elle fera retour après leur mort. *Regn. Radulfo rege in Gallia, 18 aº regni ejus.*
CHEVALIER (U.), *Cart. de St-André-le-Bas*, 119, n° 162.

**1609** (1010/1011).
L'abbé Hugues et les moines de St-André-le-Bas concèdent au noble clerc Géraud, à sa femme) Waldrada et à leurs enfants Wantelme et Witfred une habitation (*mansio*) près des cloîtres de St-André, qui reviendra au monastère à la mort du dernier. Géraud donne de son côté une terre près du Rhône, acquise d'Aremfred, mais qui jadis était à St-André, avec réserve d'usufruit ; il cède encore un fournil (*furnile*) à *Mormorosa*, limité par la voie antique et la terre de St-André, et une vigne à Reventin (*villa Repentinis*), dans l'ager de Cheyssieu (*Casiacen*). *Regn. d. Rodulfo in Gallia, aº 18 regni ejus.*
CHEVALIER (U.), *Cart. de St-André-le-Bas*, 119-20, n° 163.

**1610** (1010/1040).
F[éraud], évêque de Gap, atteste avoir concédé à Guillaume (*W.)* de Dromon 10 neuvaines (*novenæ*) sur le fief de Dromon et la dîme des chairs et du vin.
GUÉRARD, *Cart. de St-Victor de Marseille*, II, 432, n° 981.

**1611** 1011.
Le roi Rodolphe concède à Ruothelin [d'Allinges] et sa femme Amandola un bien de St-Maurice situé près d'*Octodurum* (Martigny). *Amizo cancell. S. Mauricii ad vic. d. Anselmi archicancell. scr. a. I. D. 1011, ind. 5 [= 9]. — Si fidelium nostr.*
*Hist. patr. mon.*, Chart. I. 391-2. PICCARD (L. E.), dans *Mém.-doc. acad. Chablais*, VII, 247-8. = R. S. R. 270.

**1612** (Vers 1011).
Adémar abandonne à St-Pierre, à St-Barnard et aux clercs de l'église de Romans les réserves qu'il s'était faites dans la restitution de l'église de St-Félicien.
GIRAUD, *Hist. S. Barnard-Romans*, compl. 40-1, n° 144 ; et CHEVALIER, *Cart. de St-Barnard*, 79.

**1613** (Vers 1011).
Avec l'autorisation (*condonamentum*) du roi Rodolphe et de la reine Ermengarde, Béraud (*Belaldus, Bela-s, Bera-s*). clerc et diacre, et son frère Constancius donnent à l'église de St-André à Vienne, où reposent les corps des ss. Maxime, Vincent, Oronce, Victor, Pancrace et Formasius, et que préside l'abbé Hugues (*Ugo*), l'héritage que leur père Constancius avait reçu du monastère en bénéfice à Jardin (*valle Ortis*), dans la ville et le pagus de Vienne, limité par les terres de St-André et de St-Maurice ; ils en conserveront l'usufruit, sous l'investiture de 3 setiers de vin doux aux vendanges, et reçoivent 20 sols.
CHEVALIER (U.), *Cart. de St-André-le-Bas*, 118-9, 367, n° 161.

**1614** Janvier (1011).
Romain et sa femme Ansegarde vendent au prêtre Josperius certaines possessions au village de *Gagino*, la 18ᵉ an. du règne de Rodolphe.
CHEVALIER (U.), *Cart. de St-Maurice Vienne*, 29, n° 98.

**1615** Payerne, 18 février 1011.
Diplôme du roi Rodolphe, par lequel, pour le repos de l'âme de son épouse Agiltrude, il fait don du village d'Apples au monastère de Romainmotier. *Act. Paterniaco, d. domin..., luna 12, a. I. D. 1009, Rodulfi regis 18 aº. Albertus jussu regis in vice Rodulfi cancell. — Notum sit omn.*
GINGINS LA SARRA, *Cart. de Romainmotier*, 426-7. ZEERLEDER, *Urkund. Stadt Bern*, n° 14. = R. S. R. 264.

**1616** 14 mars 1011.
Lambert, évêque de Valence, avec le consentement de ses clercs, le doyen André, l'abbé Guigues, l'archidiacre Isarn, l'apocrisiaire Archibald et autres, et de concert avec [son frère] le comte Adémar, confie à Guigues, abbé de St-Chaffre (*Calmilien*), le soin de restituer en son état primitif le lieu dédié à St-Victor, près de sa ville épiscopale, et d'y rétablir des frères ; il sera à perpétuité sous le domaine du monastère, à la condition de chanter tous les jours pour l'évêque, ses successeurs et ses amis, le psaume 60, sauf les jours de fête, et la vigile et la messe des défunts, quand cela est autorisé... *fer. 4, luna 6, aº 1011 ab I. D., regn. Radulpho rege.*
Ms. : Baluze, LXXV, 207 et 228. ESTIENNOT, *Fragm. hist. Aquit.* VI, 118-20. — CHEVALIER (C. U. J.), *Doc. inéd. relat. au Dauph.*, VI, 1-4 ; *Cartul. de St-Chaffre*, 105-6. = COURBON, B, 166-7. *Gallia christ. nova*, II, 765.

**1617** Aix (Savoie), 24 avril 1011.

Diplôme du roi Rodolphe, par lequel, sur le conseil de ses grands *(primatum)*, il donne à sa fiancée *(sponsæ)* Irmengarde les résidences royales d'Aix *(Aquis)* et de Neuchâtel *(Novum Castellum)*, les fiscs d'Annecy et de Ruë, l'abbaye de St-Pierre du Montjoux, le château royal de Font, partie de la villa d'Yvonant, etc. Seing. *Paldolfus cancell... luna* xvii<sup>ma</sup>, *a° I. D. 1011, regn. d. Roudolfo rege a° 19. Act. Aquis.* (Au dos de l'orig. : *Ego Regina HERMENGARDA, hec omnia inscripta michi data dono Deo et sancto Mauricio ecclesie Viennensi).* — *Notum sit omn.*

Arch. de l'Isère, orig., sceau plaqué. Rivaz, *Diplom. de Bourg.* II, n° 13 (Anal. 26). — Cibrario e Promis, *Docum.* 17-8. Matile, *Mon. hist. Neuchâtel.* I, n° 798, fac.-sim. 1137. Dessaix, *Savoie hist. et pittor.* I, 158. Junod, *Hist. de Neuchâtel,* 26. Chevalier (U.), *Diplom. de P. de Rivaz,* 72-3. Gremaud (J.), dans *Mém.-doc. soc. hist. Suisse rom.* XXIX, 54. *Musée des archiv. départem.* 42-3, pl. 17, n° 20. Bruchet (Max), dans *Mém.-doc. soc. Savois. hist.-archéol.* XXXIV, lx-j. = Crozet (L.), dans *Rec. du Dauph.* IV, 57 ; *Bull. acad. Delphin.* 3° sér., IV, 80. Pilot, dans *Mém. acad. Savoie.* 2° s., I. xl-j. R. S. R. 266. R. Gen. 151. Chevalier (U.), *Cart. de St-André-le-Bas,* 250. 368 ; *Cart. de St-Maurice Vienne,* 17-8, n° 22. *Schweiz. Urk.* 1235. Carutti, *Reg. Sab.* 33. Pilot de Thorey (Emm.), dans *Bull. soc. statist. Isère,* 3° s., IX, 50-1, pl.

**1618** Aix (Savoie), 24 avril 1011.

Diplôme du roi Rodolphe, par lequel, sur le conseil de ses grands *(primatum)*, il donne à sa fiancée *(sponsæ)* Irmingarde la ville métropolitaine de Vienne avec son château de Pipet *(Pupet)*, les comtés de Vienne et de Sermorens *(Salmorencen.)*, avec leurs alleus et leurs serfs *(mancipia)*. *Paldolfus cancell... 8* [al. 13] *kal. maius, luna 17, a° I. D. 1011, regn. d. Rodulfo rege a° 19. Act. Aquis.* — *Notum sit omn.*

Arch. de l'archev. de Vienne, orig. Mss. : *Chartularia* 52:4. *tat.* Harlay 397, 114. Secousse, 17. Rivaz, *Diplom. de Bourg.* II. n° 14 (Anal. 26, 65). — Cibrario e Promis, *Docum.* 15-6. Chevalier (U.), *Cart. de St-André-le-Bas,* 310-1, cf. 250. 368 ; *Cart. de St-Maurice Vienne,* 18-9, n° 28. = R. S. R. 267. Carutti, *Reg.* 32. Poupardin, *Roy. Prov.* 318-9. Renaux, *Comté Humbertien,* 57-8.

**1619** Orbe, 28 juillet 1011.

Diplôme du roi Rodolphe, par lequel, à la demande de son épouse la reine Irmingarde, de son frère Burchard, archevêque de Lyon, et de Burchard, archevêque de Vienne, il confirme à l'église de St-Maurice et à l'autel de St-Jacques la villa de Luzinay *(Lusiniacum)*, au comté de Vienne, avec l'église de Ste-Marie et ses dépendances, qui avait été donnée, pour le repos de l'âme de sa mère Mathilde, par son père le roi Conrad, *æternæ memoriæ commendandus* ; elle sera exempte de tout service fiscal, mais ne pourra être aliénée. *Paldolfus cancell... luna 27, ...regn. d. Rodulfo rege a° 19. Act. Urbe.* — *Honorificos præced.*

Rivaz, *Diplom. de Bourg.* II, n° 15 (Anal. 26). — Chevalier (U.), *Cart. de St-André-le-Bas,* 251-2, 368 ; *Cart. de St-Maurice Vienne,* 18, n° 23. = Charvet, 273-4. Carutti, *Reg. Sab.* 34. Poupardin, *R. de B.* 270.

**1620** Orbe, 30 juillet 1011.

Diplôme du roi Rodolphe, par lequel il rend au monastère de Romainmotier plusieurs immeubles en divers comtés. *Paldolfus cancell... luna 29, a° I. D. 1011, regn. d. Rudulfo rege piiss. a° 19. Act. Urbe.* — *Honorificos præced.*

Gingins la Sarraz, *Cart. de Romainmotier,* 428-9. Zeerleder, *Urkund. Gesch. Bern,* I, n° 15. *Hist. patr. mon.,* Chart. II, 104. = R.°S. R. 268. R. Gen. 152.

**1621** Vevey, 25 août 1011.

Diplôme du roi Rodolphe, par lequel, pour honorer la ville de Lausanne, *ubi pater noster nosque post eum regalem electionem et benedictionem adepti sumus*, à la demande de son épouse la reine Irmingarde, de son frère l'archevêque [de Lyon] Burchard, des évêques Hugues [de Genève] et Anselme [d'Aoste], voulant aussi reconnaître les services de l'évêque de Lausanne *(Lausonnen.)* Henri, il donne à son église le comté de Vaud *(Walden.). Paldolfus cancell... ind. 5* [=9], *regn. d. Ruodolfo rege a° 19. Act. Vivesci.* — *Justis fidelium.*

Lausanne, Arch. canton., orig. parch. — Sinner, *Voyage Suisse occident.* (1781), II, 161 ; (-7), II, 172. *Rec. chartes-doc. évêché Lausanne,* dans *Mém.-doc. hist. Suisse Rom.* VII (1846), 1-3, fac-sim. *Hist. patr. mon.,* Chart. II, 105. Zurlauben, *Tableaux topogr. pitt. Suisse,* I, pr. n° 17. *Gallia christ. nova,* XV, instr. 136 (a. 18). — Trad. Verdeil, *Hist. du cant. de Vaud,* I, 54. = Böhmer, R. K. 1522. R. S. R. 269. R. Gen. 153. Montet (Alb. de), dans *Miscell. stor. Ital.* XXII, 523.

**1622** 1<sup>er</sup> octobre (1011).

Lambert, évêque [de Valence], ajoute à sa donation en faveur du lieu de St-Victor et St-Fortunat le bois appelé Châtenet *(Castanetus)*, le moulin de *Gutta*, un pré et la moitié d'une pêcherie. Confirmé par le prévôt Arnaud, le doyen André, l'abbé Etienne, l'archidiacre Isarn, le trésorier *(archiclavus)* Archibald et le comte Adémar, frère de l'évêque *...fer. 2. luna 30.*

Chevalier (C. U. J.), *Doc. inéd. relat. au Dauph.* vi, 4 ; *Cart. de St-Chaffre,* 107, n° 315.

**1623** Mars (1011/1022).

Eltrudis donne à l'église du monastère de St-André-le-Bas *(Subterior)* dans une *camera*, où préside l'abbé Hugues *(Ugo)*, une *camera* avec champ à Montseveroux *(in Monte Superiore)*, limitant les terres de St-André et de St-Maurice ; réserve d'usufruit. *Data p. man. ltberti mon. atq. levitæ, d. dominica Ramis Palmarum, regn. Radulfo rege.*

Chevalier (U.), *Cart. de St-André-le-Bas,* 66-7, n° 88.

**1624** 15 janvier (après 1011).

Obit de Lambert, évêque [de Valence ?].

Chevalier (U.), *Nécrologe de St-Robert,* 2, 6.

**1625** 8 novembre (avant 1012).

Obit de Guillaume, fils du comte Guigues.

Chevalier (U.), *Nécrologe de St-Robert,* 52, 55.

**1626** (Vers 1012).

Barnuin et sa femme Teutberga donnent à l'église de St-André à Vienne, où préside l'abbé Hugues, pour le repos des âmes de leur seigneur *(senioris d.)* Guigues (l'Ancien, *Vigo*) et de son épouse Frédeburge, et le salut de leurs fils Warnerius et Sobon, des champs et une vigne à Vitrieu *(villa Vitrosco)*, limités par les terres de St-André. *Regn. d. Rodulfo rege.*

Chevalier (U.), *Cart. de St-André-le-Bas,* 54-5, n° 67.

**1627** 21 février 1012.
*Regn. d. Radulfo rege in Galliis*, Humbert, évêque de Grenoble, s'efforçant de pourvoir aux besoins du clergé et du peuple et considérant l'état de délabrement de l'église de St-Laurent [dans sa ville épiscopale], avec le consentement du roi Rodolphe, de la reine Ermengarde, de l'archevêque Burcard *(Brocardo)*, de sa mère Frédeburge, de ses neveux Humbert et Guigues *(Wigo)*, fait venir du monastère de St-Chaffre *(B. Theofredi)* l'abbé Guigues *(Wigo)* et le moine Jean, et les prie de se charger de cette maison religieuse et d'y réinlégrer des frères. Ceux-ci acceptent, sous la condition de recevoir de sa main un privilège perpétuel *(hæreditarium firmamentum)*. Il leur est accordé, sous la clause de chanter tous les jours pour l'évêque, ses successeurs, parents et bienfaiteurs, le psaume 66, et la vigile et la messe des défunts, quand ce sera possible ... *a° I. D. 1012, fer. 5, luna 25, ind. 10, epacta maj. 3. min. 25, concur. 3, cyclo decemnovenn. 6.*
Rivaz, *Diplom. de Bourg.* II, n° 17 (Anal. 27). — Mabillon, *Diplomat.* 1-2°, 580-1 ; 3°. 600-1. Pilot (J. J. A.), dans *Bull. soc. statist. Isère*, 2° s., V, 348-50. Chevalier (C. U. J.), *Doc. inéd. relat. au Dauph.* VI, 17 ; *Cart. de St-Chaffre*. 118-20, n° 355. — Trad. Terrebasse, *Not. dauph. Vienn.* 28-9. = Valbonnays, *H. de D.* II. 7°. Georg. I, 317. Bréq. I, 525.

**1628** 26 février 1012.
Épitaphe d'Étienne à St-Georges de Vienne : *Hic Stephani pulcro conduntur membra sepulchro ... mart. 4 kal ... a° I. D. 1012, ind. 10.*
Chorier, *Antiq.* 323 ; 2°, 320. *Mém. soc. archéol. Midi*, III, 95. Collombet, II, 78-9. *Dict. d'épigraphie*, II, 95. Terrebasse, *Recherch. sur qq. inscriptions lat. et franç. de la ville de Vienne* (1859), 5-10, pl. ; *Inscr.* I, 169-71.

**1629** Vevey, 20 mars 1012.
Diplôme du roi Rodolphe, par lequel, à la demande de l'abbé Odilon *(Odelo)*, il restitue au monastère de Romainmotier divers manses au comté de Vaud. Sceau. *Paldolfus cancell... a° ab I. D. 1011, regn. d. Ruodulfo rege a° 19. Act. Vivesci.* — *Justis fidelium.*
*Hist. patr. mon.*, Chart. I, 384-5. Gingins la Sarraz, *Cart. de Romainmotier*, 427-8. Zapf, *Mon. anecd.* I, 73. = Böhmer, R. K. 1523. R. S. R. 273. Montet (Alb. de), dans *Miscell. stor. Ital.* XXII, 523.

**1630** Cluny. (1012/1013).
Guigues *(Wigo)* et sa femme Aaleldis donnent au monastère de Cluny un courtil *in dominicatu* à la villa *Lendado*, au comté de Vienne. *Regn. Rodulfo a° 20. Aldebaldus scr.*
Bernard-Bruel, *Chartes de Cluny*, III. 713, n° 2683.

**1631** Morat, 18 juin 1013.
Diplôme du roi Rodolphe, par lequel, à la demande de son épouse la reine Irmingarde et pour récompenser les services de l'archevêque de Vienne Burchard, il donne à St-Maurice, pour l'entretien des frères, sa demeure *(cortem)* de Communay *(Communiacum)*, au comté de Vienne, avec son église et ses serfs. *Paldolfus cancell... luna 7, a° I. D. 1013, regn. d. Rodulfo rege [a°] 20. Act. Murati.* — *Sanctas Dei ecclesias.*
Mss. : Secousse, 18. Harlay 11743, 115. Fontanieu, *Hist. de Dauph.*, pr. I, 217 ; *Cart. du Dauph.* I, 62°. Rivaz, *Diplom. de Bourg.* II, n° 19 (Anal. 27). — Bosco (J. a), 61. Le Lièvre,

249-50. Scheid, *Orig. Guelf.* II, 156. = Chorier, *H. de D.* I, 747. Maupertuy, 153. *Charvet, 274. Bréq. I, 525. Böhmer, R. K. 1524. R. S. R. 276. Schw. Urk. 1245. Chevalier (U.), *Cart. de St-Maurice Vienne*, 18, n° 26. Manteyer, *Paix en Viennois*, 133-4 [47-8].

**1632** 29 juin (1013).
Evrard, évêque de Maurienne, pour le repos de l'âme de son seigneur *(senioris)* le roi Conrad et le salut de son fils le roi Rodolphe, donne au monastère de St-Martin de Savigny l'église de St-Véran à Arbin *(villa Erbins)*, dans l'ager de Savoie *(Savogen.)* et le pagus de Grenoble, sur la rive de l'Isère ; plus un manse à Barby *(Balbiacus)... fer. 2, a° 17 (= 20) regni Rodulfi regis.*
Guichenon, *Bibl. Sebus.* 58-60 (à 1022) ; (1780), 16-7. Scheid, *Origg. Guelf.* II, 175-6. Besson, *Mém. diac. Genève*, 343-4 (1011). Bernard, *Cart. de Savigny*, 288-9, n° 582 (1010?). *Gallia christ. nova*. XVI. instr. 293. Trepier, dans *Doc. acad. Savoie*. VI, 30-1.

**1633** 21 septembre (1013?)
*Precaria* passée en présence d'Udalric, évêque d'Orange et de Trois-Châteaux ... *fer. 2. luna 12. regn. Rodulfo rege.*
Albanès-Chevalier, *Gallia christ. noviss.* IV, 42-3.

**1634** Février (1014).
Privilège du pape Benoît VIII, confirmant à l'abbaye de Novalaise les donations du patrice Abbon.
Cipolla (C.), *Mon. Novalic. vetust.* I, 135-40. = Jaffé, 3057-4002.

14 février 1014 = 15 février 1017.
16 avril 1014 = 15 février 1017.

**1635** Payerne, 9 septembre 1014.
Diplôme du roi Rodolphe, par lequel, à la demande de son épouse la reine Irmingarde et de l'archevêque de Vienne Burchard, il donne à St-Maurice pour l'entretien des frères une vigne *in Garzino*, que Gosbert avait rachetée de la main des Juifs pour 50 sols. *Paldolfus cancell..., regni d. Rodulfi r. 22. Act. Paterniaco.* — *Notum sit omnibus.*
Ms. : Paris, B. N., Coll. Moreau, XVIII, 242. Rivaz, *Diplom. de Bourg.* II, n° 22 (Anal. 28). — Chevalier (U.), *Cart. de St-André-le-Bas*, 252, 368, n° 42* ; *Cart. de St-Maurice Vienne*, 18, n° 27.

**1636** (Vers 1015).
Valdericus donne pour sa sépulture à l'église de Romans sur l'Isère, où préside l'archevêque Burchard *(Borcardus)*, une part de son héritage à Charmes *(villa Calmanense)*, au pagus de Vienne. *Regn. Rodulfo rege. Renco scr.*
Giraud, *Hist. S. Barnard-Romans*, I, pr. 126, n° 71 ; et Chevalier, *Cart. de St-Barnard*, 79-80.

**1637** Vevey, 8 janvier 1014/5 (ou 1019).
Diplôme du roi Rodolphe, par lequel, à la demande de son épouse la reine Irmingarde et à la sollicitation de Burchard, archevêque de Vienne, il donne en garde *(ad tuendum et custodiendum)* à St-Maurice, pour la commune utilité des frères, la métairie *(casale)* de son serviteur *(serviens)* Utelin *(Utelin l.)*, soit les tours vieille et neuve avec les autres édifices, limités par le vieux mur, la terre de St-Maurice près la tour neuve, le chemin public devant la porte et la terre des enfants de Raburg près du verger. *Paldolfus cancell... Data Vi-*

resci. a° *I. D. 1014, regn. d. Rodulfo r. a° 26* [= 22]. — *Notum sit omnibus*.

Ms. : Baluze, arm. III, p. 2, n° 1. — CHEVALIER (U.), *Cart. de St-André-le-Bas*, 255-6, 368, n° 46*; = *Cart. de St-Maurice Vienne*, 20, n° 36. MANTEYER, *Paix en Viennois*, 135 [49].

**1638**     Logis (Ain ?), 21 février 1014/5.

Diplôme du roi Rodolphe, par lequel, à la suggestion de Burchard, archevêque de Lyon, et d'Anselme, évêque [d'Aoste], il donne à son épouse la reine Irmingarde ses propriétés *(cortes)* au comté de Savoie *(Savoigen.)* : Albigny *(Albiniacus major)*, avec son église de St-Pierre, l'autre Albigny, avec une église dédiée à s' Jean, Miolans *(Mejolanum)* et ses appendices, Conflans *(Conflenz)* avec son église de Ste-Marie et Châteauneuf-Maltaverne *(Novum Castellum)* sur l'Isère, avec ses mandements. *Paldolfus cancell... a° I. D. 1014, regni d. Rodulfi regis 23. Act. Logis castello. — Justis fidelium nostr*.

RIVAZ, *Diplom. de Bourg*. II, n° 21 (Anal. 28). — CHEVALIER (U.). *Cart. de St-André-le-Bas*, 253, 368; *Cart. de St-Maurice Vienne*, 17, n° 19. TREPIER, dans *Doc. acad. Savoie*. VI, 31-2. — CARUTTI, *Reg. Sab.* 37.

**1639**     5 mars (1015).

Drogon et ses 2 fils donnent à l'église de St-Laurent et de Ste-Eugénie à Grenoble et [au monastère] de St-Chaffre *(S. Teohlfredo)* un manse à Izeaux *(villa ad Izellos)*, [dans le mandement de St-Geoirs, *Sant Jeure* et] le diocèse de Grenoble ... *d. 7, luna 11, regn. Rudulfo rege. Guido presb. scr*.

Arch. de l'Isère, B, 351, 169. — CHEVALIER (C. U. J.), *Doc. inéd. relat. au Dauph*. VI, 29-30; *Cart. de St-Chaffre*, 170-1, n° 432. MARION, *Cart. de Grenoble*, 19-20.

**1640**     Aix[-les-Bains], 12 avril 1015.

Diplôme du roi Rodolphe, par lequel, à la demande de son épouse la reine Irmingarde et de son frère l'archevêque de Lyon Burchard, à la prière aussi de son féal Utelin, il restitue au monastère de St-André à Vienne, que préside l'abbé Hugues, l'église de St-Symphorien à Septème *(in Septimo)*, dont son père le roi Conrad *(Chuonradus)* de bonne mémoire et sa mère Mathilde avaient fait donation; il y ajoute ce que Constancius a construit et planté *(ædificavit)* à Jardin *(in valle Ortensi)* par concession *(donum)* de l'abbé Aimoin. *Paldolfus cancell... a° I. D. 1015, regn. d. Ruodulfo rege a° 20. Act. Aquis. — Justis fidelium*.

RIVAZ, *Diplom. de Bourg*. II, n° 18 (Anal. 27, 65, à 1012). — CHORIER, *Estat polit*. II, 381-2. ACHERY (d'), *Spicileg*. XIII, 275-6; 2°, III, 386-7. SCHEID, *Origg. Guelf*. II, 155-6 (à 1014). BOUQUET, XI, 547. MILLE, *Hist. de Bourg*. III, 361-2. CHEVALIER (U.), *Cart. de St-André-le-Bas*, 181-2, n° 238. = CHORIER, *H. de D.* I, 515, 746. *Gallia christ. nova*, IV, 79. BRÉQ. I, 528. *Rev. de Vienne*, I, 400. BÖHMER, *R. K.* 1525. R. S. R. 277.

20 juin (vers 1015) = 20 juin (vers 1002).

**1641**     27 février (1016).

Humbert, évêque [de Grenoble], désireux de favoriser aussi bien les moines adonnés à la vie contemplative que les chanoines absorbés par la vie active, avec la faveur du roi Rodolphe, de son épouse légale Hermengarde et de l'archevêque de Lyon Burchard *(Brocardus)*, mande à l'abbé de Notre-Dame de Cruas *(Cradacen.)* et le charge d'introduire la vie religieuse dans l'église paroissiale de St-Pierre de Moirans *(Moricen., Moirencus)*; l'abbé y consent, moyennant une charte de donation, qui attribue à son monastère les dîmes, prémices, cimetières, etc. de l'église ... *a° 23 ex quo Rudulfus rex continet regnum Alamannorum ... S. Matteni levitæ* neveu de l'évêque et son futur successeur]. S. Guigoni le Vieux] *comiti, fratris episcopi Humberti* [de Valence]. *Benedictus mon. scr*.

RIVAZ, *Diplom. de Bourg*. II, n° 23 (Anal. 28). FONTANIEU, *Hist. de Dauph*., pr. II, 837; *Cart. du Dauph.* I, 62-7. CHORIER, *Estat polit*. II, 79-87. MABILLON, *Ann. Bened*., IV, 730-1; 2°, 669-70. *Gallia christ. nova*, XVI, instr. 75-6. MARION, *Cartul. de Grenoble*, 75-7. = CHORIER, *H. de D.* I, 752, 796. BRÉQ. II, 6 (à 1034). *Doc. hist. inéd.* I, 276. TERREBASSE, *Not. dauph. Vienn*. 31-2. MANTEYER, *Paix en Viennois*, 145-6 [59-60].

**1642**     1er avril (1016).

Lettre du pape Benoît VIII] aux évêques de Bourgogne, Aquitaine et Provence : Burchard, archevêque de Vienne, Guigues *(Wuigo)*, évêque de Valence, Odulric, évêque de Trois-Châteaux *(Tricassinen.)*, Féraud *(Feraldo)*, évêque de Gap. On lui a appris, en présence du roi de France Robert, les déprédations commises contre le monastère de Cluny : *in potestate Tudeletta* (Tulette), etc. Il leur ordonne d'en excommunier les fauteurs, s'ils ne restituent avant la St-Michel. — *Liquidum est Clun*.

DU CHESNE, *H. F. S.* IV, 169-71. LABBE, IX, 810-3. *Rec. pièces Cluny*. 3. *Bull. Cluniac*. 6-7. HARDOUIN, VI, 1, 795-8. COLETI, XI, 1083-6. BOUQUET, X, 432-4. COQUELINES, *Bull.* I, 132-3. MANSI, *Conc*. XIX, 324. *Patrol. lat*. CXXXIX, 1601-4. *Mém. acad. Clermont*, XVII, 77-8. MANTEYER, *Chartes d'Avignon*, 129-33. = BRÉQ. I, 530. JAFFÉ, 3064—4013 (1er sept.). BERNARD-BRUEL, *Chartes de Cluny*, III, 727. *Gallia christ. noviss*. III, 313; IV, 41.

**1643**     Strasbourg, 1016.

*Et quia Rothulfus Burgundiorum rex, avunculus ejus* de l'empereur Henri II], *sicut vocatus erat, huc venire non potuit. nepotem sibi dilectum obvium sibi pergere rogavit. Fit eorandem conventio in urbe Argentina et mutuæ caritatis invicem larga benignitas consociis arrisit utrisque. Fuit quoque ibidem Rothulfi regis inclita conjunx, quæ familiaritatis hujus adjutrix filios suimet duos, senioris autem sui privignos, Cæsari commendavit : dilectis sibi militibus hoc totum dedit in beneficium, quod sibi ab avunculo suimet tunc est concessum, et quod Willehelmus Pictaviensis hactenus habuit regio munere præstitum. Imperator sapienti usus consilio hoc, voluit cum hiis id sibi firmius subdere, quod longe prius rex prædictus ei sacramentis post mortem suam sanciverat. Omnem namque Burgundiæ regionis primatum per manus ab avunculo suimet accepit et de maximis rebus sine ejus consilio non fiendis securitatem firmam. Episcopatum in hac regione quodam nobili viro dedit, de quo postea vix securus evasit*.

THIETMARI episc. Merseburg. *Chronicon*. VII, 20 (BOUQUET, X, 132; PERTZ, *Mon. Germ. hist.*, Scr. III, 846; *Patrol. lat.* CXXXIX, 1376-7). = R. S. R. 278. BÖHMER, *R. K.* p. 144-5. POUPARDIN, *Roy. de Bourg*. 124-33. MANTEYER, *Prov*. 253-4.

**1644**     1016.

*Imperator illis diebus in Burgundia ... cum exercitu hac de causa morabatur, nam Ruodolfus rex Burgundiæ, propter mansuetudinem et innocentiam vitæ a quibusdam principibus suis contemptus est, unde et regno eum* expellere temptaverunt. Qua necessitate compulsus ad imperatorem venit, illique causam omnem ordine exposuit et quia laborem et negotia regni diutius ferre non poterat, quia jam ætate provectus fuerat, regnum imperatori tradidit, et amplissimis donis acceptis in patriam regressus est. Post hæc imperator in Burgundiam profectus, conventus quos constituit peregit, obsides accepit, et rebus necessariis imperatis rediit. Hii vero qui antea rebellionem fecerant, cum viderent regem a negotiis regni alienatum, et se a priori potestate submotos, et auctoritatem et gratiam inter civitates in quibus dominari solebant esse diminutam, venerunt ad regem, et ejus pedibus provoluti se dediderunt, et omnibus rationibus de contemptu satisfacturos promiserunt, neque se unquam ab hoc animo revocari, quin semper suis imperiis sint obedientes ; unum illud specialiter deprecari, ne alterius gentis regem super populum suum dominari pateretur ; legem hanc perpetuam Burgundionum esse, ut hunc regem haberent, quem ipsi eligerent atque constituerent.

ALPERTI S. Symphor. Meten. *De diversitate temporum*, II, 14 (BOUQUET, X, 139 ; PERTZ, *Mon. Germ. hist.*, Scr. VI, 716 ; *Patrol. lat.* CXL. 478 ; *R. S. R.* 279). = R. Gen. 162.

**1645** Strasbourg, 1016.

Diplôme du roi Rodolphe, par lequel, par amour pour son épouse Irmengarde, il lui donne au comté ou pagus de Grenoble et de Savoie ses propriétés d'Aix-les-Bains *(Aquis)*, Lémenc *(Lemmingis)*, Chambéry *(Camefriaco)* et le château de St-Cassin *(B¹ Cassiani)*, avec leurs appendices. *Act. civit. Argentina, a° 1. D. 1014, a° Rodulfi regis 24. Franco vice Paldolfi cancell. scr. — Notum sit omnibus.*

RIVAZ, *Diplom. de Bourg.* II, 25 (Anal. 28-9, 65). — CHEVALIER (U.), *Cart. de St-André-le-Bas*, p. 253-4, 368, n° 44° ; *Cart. de St-Maurice Vienne*, 18, n° 25. TRÉPIER, dans *Doc. acad. Savoie.* VI, 32-3. — CAROTTI, *Reg. Sab.* 41. POUPARDIN, *R. de B.* 194-5.

1ᵉʳ septembre (1016) = 1ᵉʳ avril (1016).

**1646** Lausanne, 27 décembre 1016.

Diplôme du roi Rodolphe, par lequel, à la demande de son épouse Irmingarde et à la prière de Burchard, archevêque de Vienne, il donne à St-Maurice, pour l'entretien *(stipendium)* des frères, la terre que tient Otmar, sur les confins des Côtes-d'Arey *(Areil)*, Serpaize *(Salpasia)* et Massié *(Maciaco). Pardolfus cancell... dat... luna 19 [= 24... regni Ruoldufi regis 23. Act. Lausonnæ. — Notum sit omnibus.*

CHEVALIER (U.), *Cart. de St-André-le-Bas*, 254-5, 368, n° 45° ; *Cart. de St-Maurice Vienne*, 17, n° 21.

**1647** (1016/1018).

Diplôme du roi Rodolphe, par lequel, à la requête de son épouse la reine Irmengarde, de son frère Burchard, archevêque de Lyon, et de l'archevêque de Vienne du même nom, il donne au monastère de Saint-Martin de Savigny et à l'abbé Itier la villa de Talloires *(Tulluariis)*, en Albanais *(in pago Albanense)*, avec son église de Ste-Marie, St-Pierre et St-Maurice. *S. d. Rodulfi piiss. regis.* (La reine conserve l'usufruit viager de 3 propriétés, sous le cens de 20 sols.)

GUICHENON, *Bibl. Sebus.* I, 97-8 ; (1780), 27. SCHEID, *Origg. Guelf.* II, 148-9 (1031). BOUQUET, XI, 548 (1020). BESSON, *Mém. hist. Genève*, 343 (1020). *Hist. patr. mon.*, Chart. II, 184. DESSAIX, *Savoie hist. et pitt.* 159 (1016). BERNARD, *Cartul. de Savigny*, 317-8 (c. 1032). PHILIPPE (Jul.), dans *Mém.-doc. soc. Savois. hist.-archéol.* V, 80-1, cf. 9. BRASIER (V.), dans *Mém.-doc. acad. Salésien.* X, 71-2. = CHORIER, *H. de D.* I, 746. MABILLON, Ann. IV ; 2°, 261. BRÉQ. I, 519. *R. S. R.* 326. *R. Gen.* 155.

**1648** Agaune, 15 février 1017 (1014).

Diplôme de Rodolphe, roi de Bourgogne *(Burgundionum)*, par lequel, à la supplication de son épouse la reine Hermengondis, des comtes Bertold, Rodulfe et Robert, des évêques Hugues de Sion, Henri de Lausanne, Hugues de Genève, Anselme d'Aoste et de Burchard, archevêque de Lyon, il rend au monastère désolé de St-Maurice d'Agaune de nombreuses propriétés. *Amizo cancell. ad vic. d. Anselmi archicancell. ...a° D. I. 1017, regni regis Rodulphi 24, d. sabb... 15 [al. 16] k. mart., luna 18. ind. 1. Act. in Agauno. — Quicumque in hoc.*

GUICHENON, *Hist. de Savoie*, IV, pr. 2-3 ; 2°, IV, 2-3. SCHEID, *Origg. Guelf.* II, 158-9 (1018). PETRI, *Germania Canon.-August.*, dans *Coll. script. hist.-monast.-eccles.* III, 83. BOUQUET, XI, 545-6. *Gallia christ. nova*, XII. instr. 427-8. CIBRARIO et PROMIS, *Docum.* 21-4. FURRER, *Gesch. über Wallis*, III, 31. GREMAUD (J.), dans *Mém. de Fribourg* (1887). IV, 357-9 (à part. 37-9). AUBERT, *Trésor de St-Maurice*. p. just. n° 8. = CHORIER, *H. d. D.* I, 747. BRÉQ. I, 526. *R. S. R.* 280, *R. Gen.* 156.

**1649** Mayence, février 1018.

*Avunculus namque suus Burgundionum rex Rothulfus, coronam suimet et sceptrum cum uxore sua et privignis au optimatibus universis sibi concessit, reiteraturque sacramenti confirmacio ; actumque est illud Maguntia et in prædicto mense [februario].*

THIETMARI episc. Merseburg. *Chronicon*, VIII, 5 (BOUQUET, X, 136, 231 ; PERTZ, *Mon. Germ. hist.*, Scr. III, 863 ; *Patrol. lat.* CXXXIX, 1408 ; TROUILLAT, *Mon. évêché Bâle*, I, n° 98 ; *R. S. R.* 282). = CHORIER, *H. de D.* I, 752 ; 2°, 578. BÖHMER, *R. K.* p. 145. *R. Gen.* 162. POUPARDIN, *R. de B.* 133-4.

... *Terciam Heinricum imperatorem, quem Rodulfus rex, cujus fuit uxor Ermengardis, quia erat absque liberis, ut nepotem suum heredem regni Burgundie instituit, et sic in dominationem imperatorum transiit Burgundie regnum...*

HUGO Flaviniac. *Chron. Virdun.* (BOUQUET, VIII, 395 ; *Mon. Germ. hist.*, Scr. VIII, 364 ; *Patrol. lat.* CLIV, 190).

**1650** Juin (1018).

Gudin vend à Aymon et sa femme Arey un champ à Moydieu *(villa Modiatis)*, dans l'ager d'Estrablin *(Stabiliacen.)* et le pagus de Vienne, au prix de 19 den. Il leur donne en outre une terre pour y planter de la vigne et reçoit 11 den. ; la concession est pour 7 ans, la moitié en alleu. *Itbertus... dat. d. sabb... a° 25 regn. Radulfo rege in Gallia.*

CHEVALIER (U.), *Cart. de St-André-le-Bas*, 25-6, n° 26.

**1651** (Après 16 juin) 1018.

*Heinricus imperator in Burgundiam usque Rodanum fluvium super Roudulfum regem avunculum suum, in dolo ; qui postea sine effectu rediens Turegum venit, et sedit illic quinque ebdomadis*, etc.

*Annales Einsidlenses* (PERTZ, *Mon. Germ. hist.*, Scr. III, 144 ; *R. S. R.* 283 ; POUPARDIN, *R. de B.* 134).

**1652** Juillet (vers 1018).

Arlafred et sa femme Ufisia donnent à l'église [de St-André] à Vienne, où préside l'abbé Hugues, la moitié de leur héritage en immeubles à Moydieu *(villis Modiatis)*, Bossieux *(Bolziaco)*, Montseveroux *(Monte Superiore)* et Landère *(Landerio)*; ils en garderont leur vie durant une moitié à titre de bénéfice et l'autre à titre héréditaire ; s'il leur survient un fils, on l'enverra à l'école du monastère et il aura une part avantageuse parmi ses frères. *Data p. man. Ilberti mon. atq. lev... d. martis, regn. d. Rudulfo rege in Gallia.*

Chevalier (U.), *Cart. de St-André-le-Bas*, 23-4. 44\*, n° 24.

**1653** (1018/1019).

Garnier *(Varnerius)* et sa femme Etiennette *(Stephana)* donnent à leur fils Constant une vigne avec maison *(mansio)* et courtil à Meligrosone, dans la villa de Moissieux *(Moxiacus)*, mais ils s'en réservent l'usufruit ; il aura la liberté d'en disposer en œuvre pie *(ad ullos sanctos volueris laxare)*. *A° 26 temp. Rodulfi regis.*

Chevalier (U.), *Cart. de St-André-le-Bas*, 195, n° 254.

**1654** (1018/1032).

Rodolphe, roi d'Allemagne *(Alamandorum)*, mande à tous ses ministres à Arles, que Jausfred, du consentement de son frère Bertrand, avait concédé à Odile sa part comtale à Marseille.

Guérard, *Cart. de St-Victor de Mars.* II, 531-2, n° 1061. = Manteyer, *Provence*, 253. 279. 333.

**1655** 1019.

L'empereur Henri charge Garnier, évêque de Strasbourg, de rétablir le roi Rodolphe en ses états ; il passe le Rhin avec une armée, bat les rebelles et les réconcilie avec leur prince.

Chorier, *Hist. de Dauph.* I, 752-3 ; 2°, 578.

14. 15 janvier 1019 = 14 janvier 1029.

*A° ab I. D. 1019. regn. Rodolfo rege a° 31.*

**1656** 15 mai (1019?).

Pierre *(Petrus)*, en vue de l'éternelle récompense, cède à l'église de Romans, fondée par s' Barnard sur l'Isère, où préside l'archevêque Burchard *(Borcardus)*, un manse avec courtil à Marnas *(villa Armanatis)*, dans l'ager de Tain *(Tecnenso)* et le pagus de Vienne. *Abbo scr. fer. 7, regn. Rodulfo rege.*

Giraud, *Hist. S. Barnard-Romans*, I, pr. 58-9, n° 25 ; et Chevalier, *Cart. de St-Barnard*, 80-1.

**1657** 19 août (1019).

Burchard, archevêque de Vienne, et Ulric *(Vuldricus, Udolricus)*; son frère et son avoué *(advocatus)*, donnent à l'église consacrée à St-Pierre hors des murs de Vienne, pour leur père Anselme [comte d'Aoste] et leur mère Adélaine *(Aaldui, Aadvi)*, des vignes à Marèche *(villa Marischa)*, dans le pagus de Genève, baignées par le lac Léman... *d. mercoris..., jub. Wldrico ou Udolrico, a° 25 regn. Rodulfo rege.*

Chifflet, *Collect. Burgund.* (Bolland. à Bruxelles, ch. 73).
— Chevalier (U.), *Cart. de St-André-le-Bas*, 256-7, 368, n° 47\*.
= Chorier, *H. de D.* I, 523, 756-7. Terrebasse, *Inscr.* I, 178. Carutti, *Reg. Sab.* 46.

**1658** Bumplitz, (avant 19 octobre) 1019.

Diplôme du roi Rodolphe, par lequel, avec l'assentiment de Burchard, archevêque [de Lyon] et abbé d'Agaune, il donne à Amizon et sa femme des manses à Nugerol, dans le comté de Barges. *Act. Pinpeningis... d. domin. a° I. D. 1016 ou 1019, a° regni Ruodolfi regis quampii 26. Franco vice Pandolfi cancell. — Notum esse volumus.*

Guichenon, *Hist. mais. Savoie*, II, pr. 3 ; 2°, IV, 3. Scheid, *Origg. Guelf.* II, 149-50. Bouquet, XI. 546-7. Solothurn. *Wochenbl.* (1825), 271. Matile, *Mon. hist. Neuchâtel*, n° 3. Trouillat, *Mon. évêché Bâle.* I, n° 96. *Hist. patr. mon.*, Chart. II. 112-3. Zeerleder, *Urkund. Stadt Bern*, I, 26. = Bréq. I, 530. Böhmer, R. K. 1526. Rivaz, *Légion Theb.* 78. *R. S. R.* 286. Wurstemb. n° 4.

**1659** 4 février (vers 1020).

L'archevêque Radon donne à l'abbaye de St-Victor de Marseille l'église de Ste-Marie au château de Chorges *(Caturicas)*, dans le pagus d'Embrun, avec un manse... *regn. Rodulfo rege in Galliis. Iterius presb. scr.*

Guérard, *Cart. de St-Victor de Marseille*, II, 529, n° 1057. Fornier (Marc.), *Hist. Alpes-Marit.* III. 189-90. = Roman, 3°.

**1660** 1020.

*Rodulfus, rex Burgundiæ, insolentiis Burgundionum irritatus, regnum Burgundiæ Heinrico imperatori dare tractat; sed cum ab hac intentione revocat simulata Burgundionum satisfactio.*

Sigeberti Gemblac. *Chronicon* (Bouquet, X, 218 ; *Patrol. lat.* CLX, 202).

**1661** (Vers 1020).

Drodon, un des principaux *(è majoribus)* citoyens de Vienne, fait diverses libéralités à l'abbaye de St-Pierre de Vienne.

Chorier, *Hist. de Dauph.* I, 829 ; 2°, 638.

**1662** (Vers 1020).

Guigues *(Wigo)* donne au monastère de Cluny, pour son fils Humbert, qu'il y remet pour servir Dieu, une vigne à la *villa Cociaco*, au pagus de Vienne, touchant la terre de St-Pierre.

Bernard-Bruel, *Chartes de Cluny*, III, 756. n° 2732.

**1663** Talloires, juillet 1020.

Bérold de Saxe, vice-roi d'Arles pour le roi Rodolphe et vicaire de l'empire, reçoit sous sa sauvegarde l'église et le monastère de Talloires *(Tallueriis)*, au comté d'Albanais *(Albonen.)*. *Act... Tallueriis*, avec l'approbation de l'empereur et de son père Hubert. Sceau.

Martene, *Thes. nov. anecd.* I, 140. Scheid, *Orig. Guelf.* II. 160. *Hist. patr. mon.*, Chart. I, 431-2. = *R. S. R.* 292. Carutti, *Reg. Sab.* 48. — Pièce fausse.

**1664** 22 février 1021 ?

Boson et sa femme Aalburgis donnent au monastère de Cluny deux champs dans l'île entre la Bourbre et le Chéruy *(Bulbrio et Carusio)*, au pagus de Vienne, entourés par la terre de St-Pierre. *d. mercurii... a° I. D. 1001, regn. Rodulfo rege. Rainoardus lev. scr.*

Bernard-Bruel, *Chartes de Cluny*, III, 771-2, n° 2747.

**1665** Agaune, (1021/1022).

Burchard, archevêque de Lyon et abbé de St-Maurice [d'Agaune], concède en précaire une terre du monastère à Erogia... *a° regni Rodulfi regis 29, ipso laudante et consentiente.*

*Hist. patr. mon.*, Chart. II, 114-5. = *R. Gen.* 166 (à 1022).

**1666**  5 janvier (1022?).

Le prêtre Roland *(Rollannus)* donne à l'église de Romans, fondée par s' Barnard sur l'Isère, où préside l'archevêque Burchard *(Borchardus)*, pour reconnaître la bonne volonté des serviteurs de Dieu à son égard, un manse et une vigne, plantée par lui, à St-Véran *(villa Malevis)*, dans l'ager de Génissieux *(Giniacen.)* et le pagus de Vienne. Abo presb. scr. fer. 6..., regn. Rodulfo rege.

Giraud, Hist. S. Barnard-Romans, I, pr. 114, n° 60 ; et Chevalier, Cart. de St-Barnard, 82-3.

**1667**  Langres, 8 avril 1022.

A l'instigation de Burchard, archevêque de Vienne, l'évêque de Langres Lambert donne à Humbert, comte de Maurienne, et à ses deux fils, Amédée et l'évêque Burchard, des biens à Ambilly, sauf ce qui est la possession de la reine Ermengarde... a° V. I. 1022, ind. 5..., Rotberto (Rodulfo) rege.

Rivaz, Diplom. de Bourgogne, II, n° 35 (Anal. 30). — Cibrario e Promis, Docum. 97-9. Hist. patr. mon., Chart. I, 436. Carutti, Il conte Umberto I, 182-3. = R. S. R. 294. R. Gen. 165. Schœ. Urk. 1262. Carutti, Reg. Sab. 52. Manteyer, Orig. mais. Savoie-Bourg. 374-5. Renaux, Comté Humbertien. 58.

**1668**  (1022/1023).

Constancius, laïque, vend à St-André et à ses moines une vigne touchant leur terre, au prix de 40 sols en monnaie publique. Regn. Radulfo rege, a° 30 regni ejus.

Chevalier (U.), Cart. de St-André-le-Bas, 124, n° 171.

**1669**  (1022/1023).

Hugues laïque et sa femme Etiennette *(Stephana)* donnent à l'église de St-André dans les murs de Vienne, où préside par la grâce de Dieu l'abbé Hugues, la moitié d'une vigne appelée *Rovoria*, au Chalon *(villa Calono)*, dans l'ager de Meyssiés *(Mesciaco)* et le pagus de Vienne, qu'ils ont acquise d'Ugerius et sa femme Engeltrude, près de l'héritage des Francs *(Franchorum)* ; ils s'en réservent la jouissance, sous le cens d'un setier. Regn. Radulfo rege sereniss. in Gallia 30 a°.

Chevalier (U.), Cart. de St-André-le-Bas, 72-3, n° 96.

**1670**  (1022/1023).

Waldemar, sa femme Agnès, ses fils Arbert, Ismidon et autres donnent au monastère de Cluny et au prieuré *(cellulæ)* de Ganagobie *(Canacopien)* l'église de Ste-Marie au territoire du château de Beaujeu *(Bellus Jocus)*, dans l'évêché ou comté de Gap *(Guapiscen.)*, la moitié de la vallée de la Jargeatte *(Gargatus)* dans le territoire du château de Lus-la-Croix-Haute *(Lunisj)*, au comté de Die, et le mont Ferrand *(alpis Vallonus)*. A° 30 regn. Rodulfo rege. Eldulfus scr.

Bernard-Bruel, Chartes de Cluny, III, 792-3, n° 2771. = Roman. 3°.

**1671**  (Vers 1023 ou 1025).

En présence et du conseil de Burchard, archevêque de Vienne, et des principaux *(procerum)* clercs et laïques de cette ville, du prévôt Alamannus, du doyen Otgerius et des frères de St-Maurice, l'abbé Hugues et les moines de St-André confirment à Wagon et à son épouse Eldela la jouissance des domaines du monastère, que Widon, premier mari d'Eldela, avait obtenue des abbés Eymoinus, Viventius et Hugues lui-même à Moydieu *(Modiatis)* et Meyrieu *(Mariatis)* ; la concession a pour motif la charité du défunt, qui avait été un serviteur dévoué des moines, l'espoir que Wagon l'imitera et leur laissera de son bien. On ajoute comme bénéfice des maisons et terres à Bosseto et une vigne à Bossieux *(Bolziaco)*.

Cnorier, Estat polit. II, 211 (1020). Achery (d'), Spicileg. XIII, 279-80 ; 2°, III, 390. Gallia christ. nova, XVI, instr. 20, cf. 176-7. Chevalier (U.), Cart. de St-André-le-Bas, 29-30, n° 31.

**1672**  1er mai (1023).

Hugues *(Ugo)*, abbé du monastère de St-André, avec ses moines, et Uficia femme de Ragnald engagent *(inpignoramus)* à Rotbald et son épouse Adalgud des vignes, champs et bois à Moydieu *(Modiatis)*. Maximinus not. scr... a° 30 regn. Rodulfo rege.

Chevalier (U.), Cart. de St-André-le-Bas, 5-6, n° 3.

**1673**  St-Privat, 22 mai 1023.

Les frères Léger *(Leodegarius)* et Ponce, décidés à renoncer au siècle et à revêtir l'habit monastique, donnent au monastère de Cluny et à l'abbé Odilon, du conseil des évêques Féraud [de Gap] et Pierre [de Vaison?], et de plusieurs nobles, la moitié du château d'Altonum dans l'évêché de Die et le quart de celui de Mirabel. Pour désintéresser leurs frères, ils leur abandonnent le quart de dix châteaux ou villas. Facta... a° I. D. 1023, ind. 6, fer. 4 ante Domini Ascensi, in concilio quod fuit apud S. Privatum, in territorio Sarrianis *(Sarrians, Vaucluse)* castri, regn. piiss. rege Rodulfo. Cunctis cruore.

Bernard-Bruel, Chartes de Cluny. III, 802-4, n° 2779. Gallia christ. noviss., Aix. instr. 273-4. = Chevalier (J.), dans Bull. soc. archéol. Drôme, XXVII, 144-5; Mém. comtés Valent.-Diois. I, 177-8. Manteyer, Provence, 284, 359-60.

**1674**  Juin (1023).

Le comte Burchard *(Borchardus)*, avec son fils Aimon, donne à l'église de St-André à Vienne, dont Hugues est abbé, pour le salut *(remedio)* de ses seigneurs *(seniorum)* les rois Conrad *(Gondradi)* et Rodulphe, de la reine Ermengarde, de l'archevêque Burchard, de son père le comte Hubert et de sa mère Nanchile, et de la comtesse Ermengarde son épouse, l'église St-Genixsur-Guiers *(S. Genesii)*, dans le pagus de ce nom et le comté de Belley *(Beliacen.)*. Data p. man. Fanuel... d. joris. regn. feliciter Rodulfo rege, a° 30 regni ejus.

Rivaz, Diplom. de Bourg. II, n° 36 (Anal. 30, 65). — Guichenon, Hist. génal. mais. Savoye, II, pr. 7 ; 2°, IV, 7. Achery (d'). Spicileg. XIII, 280-1 ; 2°, III, 391. Scheid, Origg. Guelf. II, 168-9. *Vignet (Xav. de), dans Mém. soc. acad. Savoie, III, 268-75. Chevalier (U.), Cart. de St-André-le-Bas, 154-6, n° 211. Carutti (Dom.), dans Arch. stor. Ital., 4° s. II, 236-7. = Bréq. I, 556. R. S. R. 296. Mém.-doc. soc. hist.-arch. Genève, XVI, 339. Carutti, Reg. Sab. 53.

**1675**  Orbe, 14 septembre 1023.

Diplôme du roi Rodolphe, par lequel, avec l'assentiment joyeux *(lætante)* de son épouse la reine Irmengarde, il donne à s' Maurice, patron de l'église de Vienne, et à ses évêques le comté de Vienne, et toutes ses dépendances au dedans et au dehors de la ville.

avec le château qui la domine, nommé Pipet (*Pupet*) et les redevances levées jusqu'ici par ses ministres. *Albleer* (al. *Albicer*, *Albkeer*) presb. jussu regis scr... regn. Radulpho rege pio a° regni sui 30. Dat. in vico Urba, quem alio vocab. dicunt Tabernis. — Quia igitur ut hujus sæculi.

Arch. de l'Isère, B. 278, 73 : 3251, reg. *Invent. Viennois*, III, 211 (21 sept.). Mss. : Baluze, LXXV, 382ᵇ. Chartularia 5214, 161. Secousse, 17. FONTANIEU, *Hist. de Dauph*., pr. I, 221 ; *Cart. du Dauph*. I, 67-8. RIVAZ, *Diplom. de Bourg*. II, n° 39 (Anal. 31). — Bosco (J. a), 63-4. LE LIÈVRE, 250-1. *Gallia christ. vet.* I, 798. SCHEID, Origg. Guelf. II, 156-7. BOUQUET. XI, 549 ; XII, 345-6. MILLE, *Hist. de Bourg*. III, 350-1. *Gallia christ. nova*, XVI, instr. 18-9. Trad. CHARVET, 275-6. COLLOMBET, I, 374-5. = CHORIER, *H. de D.* I, 747 ; 2ᵉ, 575 (à 993). COURBON, B. 121-2, chr. 136. MAUPERTUY, 153. MEHMET, II, 339. MÉNABREA, *Orig. féod.* 427, BÖHMER, R. K. 1528. R. S. R. 295. CHEVALIER (U.), *Cart. de St-Maurice Vienne*, 17, n° 20. *Schw. Urk.* 1264. POUPARDIN, Roy. de Prov. 319, 431. MANTEYER, *Paix en Viennois*, 135-6 [49-50]. RENAUX, *Humbert I*, 18-9.

**1676** 1024.

*Iste Ruodulfus rex Burgundiæ, dum in senectute sua regnum molliter tractaret, maximam invidiam apud principes regni sui comparans, secundum Heinricum imperatorem filium sororis suæ, in regnum invitavit, eumque post vitam suam regem Burgundiæ designavit, et principes regni jurare sibi fecit. Ad quam rem commendandam imperator Heinricus infinitam pecuniam sæpe et sæpissime consumpsit, sed defuncto imperatore Heinrico Ruodolfus rex promissa sua irrita fieri voluit. Chuonradus autem rex magis augere quam minuere regnum intentus, antecessoris sui labores metere volens, Basileam sibi subjugavit, ut animadverteret si rex Ruodulfus promissa attenderet. Quos postea Gisela regina, filia sororis ipsius Ruodolfi, bene pacificavit.*

WIPPONIS presbyt. Vita Conradi Salici (PERTZ, Mon. Germ. hist., Script, XI, 263 ; Patrol. lat. CXLII, 1932 ; R. S. Rom. 299). — CHORIER, H. de D. I, 753 ; 2ᵉ, 579.

**1677** (Vers 1024).

Vulla ou Gilla, du consentement de Guillaume (*Vuilelmus*), donne à l'église de Romans, fondée par s¹ Barnard sur l'Isère, dont les chanoines ont pour chef l'archevêque Burchard (*Borcardus*), pour sa sépulture et le repos de l'âme de son mari (*senioris*) Silvion, un manse à St-Martin (*villa Atamenco*, sur Chatuzanges), au pagus de Valence ; elle s'en réserve l'usufruit.

GIRAUD, *Hist. S. Barnard-Romans*, II, pr. 18-9, n° 111 ; et CHEVALIER, *Cart. de St-Barnard*, 83-4.

**1678** 4 janvier (1024).

Aalbert, par amour pour sa fiancée (*sponsa*) Eusébie, lui donne dans le comté de Sermorens (*Salmoriacen.*) et le pagus de Grenoble, [au mandement de Tolvon], un manse à la villa *Temenonus*, un autre à la villa *Durioscho*, à l'exception de la vigne que retient son père Bérard, et le tiers de ce qu'il possède ou acquerra. *Data p. man. Silvestri, fer. 7... a° 30 regni Rodulfi regis.*

MARION, *Cartul. de Grenoble*, 32-3, n° 21.

**1679** 1025.

Pour le salut du saint Empire Romain, Guillaume (*Gillelmus, Vil-s*), comte palatin de Bourgogne, accorde à l'abbaye de St-André-le-Bas (*Inferior*) une quarte de sel chaque samedi, demandant à Dieu en échange le repos éternel pour l'empereur, vicaire de s¹ Pierre du siège romain. Fait avec la corroboration de Léger (*Leudegarii*), archevêque de Vienne, et de ses chanoines. A° D. I. 1025.

Ms. : Baluze, LXXV, 426. — CHORIER, *Hist. de Dauph*. I, 819 ; 2ᵉ, 630. ACHERY (d'), *Spicileg*. XIII, 277-8 ; 2ᵃ, III, 389. CHEVALIER (U.), *Cart. de St-André-le-Bas*, 196, 205, 367. Trad. COLLOMBET, I, 398-9. = MABILLON, *Ann. Bened*. IV, 313 ; 2ᵃ, 290. COURBON, B, 152-3, 165 (à 1065). BRÉQ. I, 552 ; II, 97 (1065). MANTEYER, *Paix en Viennois*, 148-9 [63-4]. — Acte faux.

**1680** Lausanne, 1025.

Donation de ses biens par l'avoué Anselme au monastère de Savigny, par ordre du roi Rodolphe et en présence de la reine Ermengarde. *Act. Lauzonnæ... regn. d. Rodulfo rege a° 33. Fochardus subdiac., vice Pandulfi cancel., scr. d. jovis.* — *Dum hujus mundi.*

*Hist. patriæ monum.*, Chart. I, 447-8. BERNARD, *Cart. de Savigny*, I, 320-1. GREMAUD (J.), dans *Mém.-doc. soc. hist. Suisse rom*. XXIX, 57-8.

**1681** (1025 ?).

Bérilon libère du joug de la servitude le prêtre Adalbert, par les mains de Burchard (*Brochardus*), archevêque de Vienne, et le transmet (*tradidit*) à l'église de St-Christophe de Montmiral ; Adalbert donne son bénéfice (*honor*) à l'église de Romans.

Mentionné dans l'acte du 27 juil. 1080.

**1682** (1025 ?).

Donation à l'église de St-Romain-Barral et *Oysicii* par Guillaume, Guigues et Girard, frères.

CHEVALIER (U.), *Cart. de St-Maurice Vienne*, 21, n° 38.

**1683** (1025 ?).

Léger (*Leodegarius*), clerc de l'église de Romans, concède à Bernon, minister de Pisançon (*Pisanciano*), et sa femme Pétronille une terre pour la complanter de vigne.

GIRAUD, *Hist. S. Barnard-Romans*, compl. 22, n° 115 ; et CHEVALIER, *Cart. de St-Barnard*, 84.

1025, Léger = 1035.

**1684** St-Romain près Anse, (17 juin?) 1025.

Concile tenu dans l'église de St-Romain à Anse (*apud Ansam*) par Burchardus archiepiscopus Viennensis, Guigo episcopus Valentinensis, Humbertus episcopus Gratianopolitanus, etc. Gauslin, évêque de Mâcon, s'y plaignit vivement de l'archevêque de Vienne, qui, sans son assentiment et contrairement aux canons, avait ordonné des moines à Cluny. Odilon, abbé de ce monastère, prit vainement sa défense, en disant qu'il l'avait fait sur sa demande et en montrant le privilège de Rome qui l'y autorisait. Le concile déclara la charte non valable, comme opposée aux décrets des conciles ; Burchard fit amende honorable à Gauslin et promit, leur vie durant, de lui envoyer en Carême l'huile suffisante pour le s¹ Chrême.

SEVERT, *Chronol. hist. Lugdun*. I, 200. MARCA, *Concordia* (1663), I, 247 ; 2ᵃ, 221ᵇ. LABBE, *Conc*. IX, 859-60. MABILLON, *Ann. Bened*. IV, 313 ; 2ᵃ, 289-90. HARDOUIN, *Acta*, VI, I. 839-40. COLETI, XI, 1151-2. MANSI, XIX, 423-4. MILLE, *Hist. de Bourg*. III, 348-50. RAGUT, *Cart. St-Vincent Mâcon*, 304-5. =

CHORIER, H. de D. I, 757. CEILLIER, XXIII, 593. COLLOMBET, I, 377-8. GINGINS, Les trois Burchard, 17-8 (Mém.-doc. Suisse Rom. XX, 334). POUPARDIN, Roy. de Prov. 306.

**1685** (17 juin? 1025).

[A la suite du concile préc., l'archevêque de Vienne fait prendre par le comte Humbert aux Blanches-Mains] l'engagement avec serment d'observer dorénavant une paix qui s'étendra aux comtés de Viennois, de Bugey et de Sermorens. Elle comprend des restrictions apportées au pouvoir arbitraire du prince, au profit des personnes et des terres, diverses suivant leur catégorie. Il en est de perpétuelles, d'autres obligent du 1er mai à la Toussaint, du Carême à Pâques closes. Pour répondre des infractions, le comte promet de se constituer en otage trois jours durant dans Vienne à la Toussaint, dans St-Pierre de Champagne à l'octave de la Toussaint, au concile qui se tiendra en Goye (in villa Gotgia) le jeudi après l'octave de la Pentecôte et, le jeudi après ce concile, de nouveau dans St-Pierre de Champagne. — *Audite christiani*.

MANTEYER (Geo. de), dans *Bull. soc. statist. Isère* (1904), 4e sér., VII, 87-155 (à part, *La paix en Viennois*, 1-69). = *Bull. hist.-archéol. Valence*, X, 186. RENAUX, *Humbert Ier*, 83-4.

31 octobre 1025 = 22 octobre 1030

**1686** 23 novembre (1025).

La congrégation des clercs de Romans, le chanoine Lambert, etc. élit comme abbé *(in honorem præelationis)*, avec le consentement du peuple, Léger *(Leodegarium)*, instruit à l'église du Puy *(Anicien.)*, distingué par sa science et sa vertu, en présence de Burchard, archevêque de Vienne, dont on reconnaît la juridiction, du prévôt Alamannus, du doyen Sarlion, de Didier *(Desiderius)*, sacristain et chanoine du Puy *(Vallaven.)*, et de Rainoard, abbé de Cruas *(Crudaten.)* : cette élection est faite à la sollicitation du père de l'élu Guillaume *(Witelmus)*, de sa mère Fida et de son frère Guillaume, sous la condition qu'ils renonceront à leur souveraineté sur le clergé et le peuple. .... *regn. Rodulfo rege, luna 29, epacta nulla*. L'archevêque de Vienne restitue, entre les mains du nouvel abbé, un fief *(hereditas)*, dont ses prédécesseurs s'étaient emparés et qui reviendra à l'église à la retraite ou la mort d'Ismidon. — *Cum post primi*.

BOSCO (J. A.), 62-3. *CHARVET, 287. GIRAUD, *Hist. S. Barnard-Romans*, I, pr. 101-3 ; et CHEVALIER. *Cart. de St-Barnard*, 84-6, n° 74 ; *Gallia christ. nova*, XVI, instr. 19-20. [ROCHER (Ch.)], dans *Tablettes histor. Hte-Loire* (1870). I, 351-2. = MANTEYER, *Paix en Viennois*, 154-5 [68-9].

**1687** 28 novembre (1025).

Bérilon, sa femme Raymodis et son fils Burnon donnent à l'église fondée près des murs de Vienne et dédiée aux ss. Pierre apôtre, Didier martyr et Mamert conf., dont les moines sont présidés par l'abbé Guigues *(Wigo)*, pour le repos de ses parents et sa sépulture, l'église de St-Pierre au Grand-Serre *(villa Serra)*, dans la Valloire *(valle Walauro)*, au pagus de Vienne, avec autel, dîmes, presbytère, etc. *Gilbertus scr ... aº 33 regn. Rodulfo rege. — Non habetur incogn*.

CHEVALIER (U.), *Cart. de St-André-le-Bas*, 258-9, n° 49*. *TERREBASSE, *Tombeau de st Mamert*, 18-9 ; *Inscr.* I, 47 ; *Opusc.* 61-2.

**1688** (1025/1026).

Bérilon donne à l'église de St-Pierre hors des murs de Vienne, dont les moines sont gouvernés par l'abbé Narbaud *(Narbaldus)*, pour le salut de son âme et la sépulture de son fils Leutlhard, ce qu'il possède à la villa Bierraa, au pagus de Vienne, avec ses serfs. *Rodulfo rege regn.* [aº] 33.

CHEVALIER (U.), *Cart. de St-André-le-Bas*, 257, n° 48.

**1689** (1025/1030?).

Inscription relative à l'église St-Etienne de Valence :
† *Hec magister Costancius et Stefanns*...

PERROSSIER (Cypr.), dans *Bull. hist.-archéol. Valence*, II, 100-3 (à part, 8-11).

**1690** 9 juin (1026).

Concile projeté à St-Julien-en-Goye (Ardèche), touchant la paix et la trêve de Dieu.

MANTEYER, *Paix en Viennois*, 153-4 [67-8]. POUPARDIN, *R. de B.* 308.

**1691** Orbe, 13 juillet 1026.

Diplôme du roi Rodolphe, par lequel, à la sollicitation du comte Otton, de son fils Raynaud et de la reine Hermengarde, il confirme la donation de deux chaudières de sel à Salins faite au monastère de St-Bénigne de Dijon. *Halinardus ad vic. Padulfi cancell.* ... *luna 25,... ind. 9, regn. Rodulpho rege aº 32. Act. Urbæ. — Si honorabilium*.

BOUQUET, XI, 549-50. = *Gallia christ. nova*, IV, 677. R. S. R. 304.

**1692** 19 novembre (après 1025).

Donation à l'église de Romans *(in loco Romano)* sur l'Isère, dans le diocèse de Vienne, fondée par st Barnard, dont les chanoines ont pour chef Léger *(Leodegarius)*, le jour de la fête *(natalis)* des 3 mart. S., E. et F...

GIRAUD et CHEVALIER, *Cart. de St-Barnard*, 86-7.

**1693** 25 décembre 1027/6.

*Illuc* [à Ivrée, que l'empereur venait de prendre d'assaut et où il célébrait les fêtes de Noël] *Ruodolfi regis Burgundiæ legati venerunt, promittentes illum Romam venturum ad electionem et consecrationem imperatoriam regis Chuonradi. Quod rex gratanter accepit et remissis legatis cum muneribus*...

WIPO, *Gesta Chuonradi*, 15 (BOUQUET, XI, 3 ; PERTZ, *Mon. Germ. hist.*, Ser. XI, 265 ; *Patrol. lat.* CXLII, 1235); POUPARDIN, *Roy. de Bourg.* 139-40.

**1694** Cluny, (1027).

Aynard et son épouse Fecenia ou Fecema donnent au monastère de Cluny et à l'abbé Odilon l'église de St-Georges à Domène *(villa Domina)*, au pagus de Grenoble, et ses dépendances, une vigne avec jardin, une condamine entre l'Isère et le Doménon, un pré à Ste-Hélène la moitié d'un pêcheur. *Testes : Rodulfus, Wigo..., Act. Cluniaco, regn. Rodulfo rege aº 35. Rainoardus scr*.

TERREBASSE (A. de), dans *Gaz. de Lyon* (1860 janv. 28) ; *Rev. des Alpes*, nos 130 et 136. MONTEYNARD, *Cart. de Domène*, lix et lxvii, suppl. 3. BERNARD (Aug.), dans *Rev. d. soc. sav.* (1860), 2e s., III, 510. BERNARD-BRUEL, *Chartes de Cluny*, IV, 4-5, n° 2801. = MABILLON, *Acta ss. Bened.* VI, 1, 644.

**1695** 1027.
Aynard, son épouse Fecenna et ses frères Rodulfe [futur évèque de Gap], Gention, Vuigon et Aténulfe donnent [au prieuré de Domène] et à l'abbé de Cluny, Odilon, une serve nommée Beameïa. ...regn. Rodulfo rege.
MONTEYNARD, Cart. de Domène, 59, n° 61.

**1696** 26 mars 1027.
Rex Chuonradus Romam ingressus... ind. 10, a papa Johanne et universis Romanis regio honore mirifice receptus est, et in die s° Paschæ... a Romanis ad imperatorem electus, imperialem benedictionem a papa suscepit... His .. peractis, in duorum regum præsentia, Ruodolfi regis Burgundiæ et Chnutonis regis Anglorum, divino officio finito, imperator duorum regum medius ad cubiculum suum honorifice ductus est.
WIPO, Gesta Chuonradi (BOUQUET, XI, 3; PERTZ, Mon. Germ. hist., Scr. XI, 265; Patrol. lat. CXLII, 1235; R. S. R. 307). = ALBERICI mon. Trium Fontium Chronicon (LEIBNIZ, Access. histor. II; BOUQUET, X, 288). = BÖHMER, R. K. p. 145. TERREBASSE, Not. dauph. Vienn. 37-8. CARUTTI, Reg. Sab. 66. POUPARDIN, R. de B. 140.

**1697** (26 mars) 1027.
Canut (Cnuto), roi d'Angleterre et de Danemark, annonce aux évêques, aux grands (primates) et au peuple d'Angleterre qu'il a obtenu du pape à Rome, le jour de Pâques, l'exemption du tonlieu pour ses sujets ; l'empereur et Rodolphe, roi [de Bourgogne], ont accédé à ses demandes.
FLORENTII Wigorn. Chronicon, 1031 (Mon. hist. Britann., 596-7). — WILLELMI Malmesbur., Gesta regum, II, 11 (LABBE, IX, 861 [à 1031); SCHEID, Orig. Guelf. II, 164-6; BOUQUET, X, 504-5, éd. Stubbs, I, 221; POUPARDIN, Roy. de Bourg. 140-1). = R. S. R. 308. MANTEYER, Paix en Viennois, 144-5 [58-9]. RENAUX, Humbert I", 31.

**1698** (Mars ou avril 1027).
Privilège du pape Jean [XIX] à Odilon, abbé de Cluny, confirmant à son monastère une petite propriété (terrula) en Champsaur (regio Camsaurus), que Guignes l'ancien (Wigo, Vuido major), aïeul de Guignes le jeune (Wigo, Wido junior) actuel avait donnée à St-Pierre, sauf un cens annuel au trésor (archa) de St-Pierre. Domnus Humbertus, episcopus Valentinus... firm. D. Wigo, frater ipsius... A° 1 consecrationis d. Conradi imper. — Ex parte Dei.
Anal. juris pontif. (1869), X, 325. BERNARD-BRUEL, Chartes de Cluny, IV, 1-2, n° 2798. — Trad. TERREBASSE, Notice dauph. Viennois, 38-9. = CHORIER, H. de D. I. 795; 2°, 612. JAFFÉ, —4080. BRESSLAU, Jahrb. Deutsch. Reichs, exc. IV, §1. ROMAN, 3°. MANTEYER, Paix en Viennois, 145 [59]. — Acte falsifié.

**1699** Bümplitz, 20 avril 1027?.
Diplôme du roi Rodolphe, par lequel Burchard, prévôt de St-Maurice d'Agaune, donne à Regenfrid la villa de Sviracenburg. Acta Puiprinzo ou Pinp-o... d. jovis, luna 15, a° I. D. 1027 ou 1035... regn. Rodulpho a° 33 ou 37. Hupertus cancell. scr.
ZEERLEDER, Urkund. Gesch. Bern, I, 29, n° 17. Hist. patr. mon., Chart. II, 118-9. = R. S. R. 311. Schw. Urk. 1287.

**1700** 1027.
Imperator pertransiens Allemanniam, cunctos qui sibi rebelles fuerant, in deditionem recepit et munitionem eorum dejecit ; et perveniens usque ad Basileam, Ruodolfum regem Burgundiæ alloquitur, qui illic sibi occurrebat extra urbem, juxta vicum qui Mittenza (al. Mitthena, Muttenz) dicitur; et habito familiari colloquio, imperator regem secum duxit in urbem. Confirmata inter eos pace, Gisela imperatrice hæc omnia meditante, regnoque Burgundiæ imperatori tradito eodem pacto quemadmodum prius antecessori suo Heinrico imperatori datum fuerat, rex iterum donis ampliatus cum suis reversus est in Burgundiam.
WIPO, Vita Chuonradi (BOUQUET, XI, 3; PERTZ, Mon. Germ. hist., Scr. XI, 267; Patrol. lat. CXLII, 1237; R. S. R. 310; POUPARDIN, Roy. de Bourg. 142).

**1701** La Couche, 5 décembre (1027).
Bertrand, comte de Forcalquier, Montfort et Embrun, ses frères Geoffroy et Guillaume, du conseil de leur mère Alayris ou Aleyris, comtesse de Die, et de Radon, archevêque d'Embrun, donnent à s¹ Michel archange et au monastère de la Cluse, de leurs biens au comté d'Embrun ; présents : Astorge, évêque de Gap et 2 chanoines de St-Marcellin d'Embrun, Geoffroy comte, Isoard vicomte, etc. Fait dans l'église de Culca, devant l'autel de St-Michel... ind. 11, regn. Rodulpho in Gallia.
Arch. des Hautes-Alpes, Arch. d'Embrun, parch. (non. novembris). FONTANIEU, Cart. du Dauph. I, 68-9. — BOUCHE, Hist. de Provence. II, 60-1. FANTONI CASTRUCCI, Istor. città Avignone, II, 32-3. RUFFI, Dissert. sur l'origine des comtes de Provence. 53, 57-9. Hist. patr. mon., Ser. II, 316. SAURET (A.), Essai histor. Embrun, 469-71. CHEVALIER (J.), dans Bull. soc. archéol. Drôme, XXII, 166 ; Mém. comtés Valent.-Diois, I, 16 ; Hist. de Die, I, 133. = Gallia christ. nova, III, 1088. ROMAN, 3°. — Pièce fausse.

**1702** Vevey, 16 avril 1028.
Diplôme du roi Rodolphe, par lequel, avec l'assentiment de son épouse Ermengarde, il confirme à noble Ermenburga les biens à Aubonne et Luny qu'il avait concédés à son père Lambert et que celui-ci lui donna quand il la maria à Humbert... a°..., regni Rodulfi reg. 33. Gualterius grammat. rec. jussu regis. Act. Vivetio... — Cum antiquissimæ.
CHIFFLET, Beatrix de Chalon, 152. SCHEID, Origg. Guelf. II, 177. BOUQUET, XI, 550-1. GUILLAUME, Hist. des sires de Salins, I, pr. 11-2. = BÖHMER. R. K. 1529. MONTET (A. de), dans Miscell. stor. ital. XXII, 224. CARUTTI, Reg. Sab. 67.

**1703** Aix (Savoie), 27 décembre (1027 ou) 1028.
Diplôme du roi Rodolphe, par lequel, à la demande de son épouse la reine Irmingarde et de l'archevêque [de Lyon] Burchard, il donne en propriété à l'église de St-Maurice de Vienne, pour la sustentation (stipendia) des chanoines, le mont Arnaud (Arnoldi) et le mont Salomon (S-nis), et les met sous la garde de l'archevêque Burchard et de ses successeurs. Paldolfus cancell... a° I. D. 1028. regni d. Rodolfi 35 [al. 28]. Act. Aquis.
Mss. : Chartularia 521/4, 165. Secousse, 18. Harlay 11743, 114. CHIFFLET, Collect. Burgund. (Bruxelles, Bolland.), 70. RIVAZ, Diplom. de Bourg. II, n° 46 (Anal. 32). — CHARVET, XI, 551. Trad. CHARVET, 279-80. COLLOMBET, I, 378-9. = BRÉQ. I, 560. MERMET, I, 348. R. S. R. 313. CHEVALIER (U.), Cart. de St-Maurice Vienne, 18, n° 24. POUPARDIN, R. de B. 194.

**1704** Logis, 1029.

Diplôme de Rodolphe, roi de Bourgogne *(Burgundionum)*, par lequel, à la demande du comte Raynaud, fils d'Otton dit Guillaume, et avec le consentement de son épouse Yrmengarde, il donne au monastère de Cluny l'église de St-Nicolas de Vaux *(Vallis)*, près Poligny, dans le diocèse de Besançon. Act. *Logis, ... regn. Roudolfo rege a° 35. Humbertus cancell. — Sicut certum est.*

Pérard, *Rec. pièces Bourgogne*. 177. Martene, *Thes. anecd.* I, 147-8. Scheid, *Origg. Guelf.* II, 169-70. Bouquet, XI, 552-3. Bernard-Bruel, *Chartes de Cluny*, IV, 21-3, n° 2817. = Bréq. I, 562. Böhmer, *R. K.* 1530. Mathon, dans *Bull. soc. hist. France* (1848). 220. *R. S. R.* 315.

**1705** Loges, 1029.

Diplôme du roi Rodolphe, par lequel il confirme, du consentement de son épouse Irmingarde, une donation de Hugues de Salins, chanoine de Besançon, en faveur de St-Anatoile de Salins. Act. *Logis, ...regn. Rodulpho rege a° 35* [al. 25]. *Hupertus cancell. jussu regis scr. — Regalis interest.*

Chifflet, *Collect. Burgund.* (Bruxelles, Bolland.), 187. — Guillaume, *Hist. d. sires de Salins*. I, pr. 13. = *R. S. R.* 316.

**1706** Orbe, 14 janvier 1029.

Diplôme du roi Rodolphe, par lequel, à la demande de son épouse Irmingarde *(Irainsanda!)*, il donne au monastère de Cluny l'église de St-Blaise et son petit bourg, dans le pagus et comté de Genève. *Alhker presb. jussu regis scr. Acta ...in villa Tabernis, quam alio nomine propter fluvium ibid. defluent. Urba appell... a° I. D. 1029.* [al. 1019]. *regn. Rodolfo rege a° regni sui 35. — Igitur cum totius.*

Rivaz, *Diplom. de Bourg.* I, n° 47 (Anal. 33). — Marrier, *Bibl. Cluniac.* 411-2. Scheid, *Origg. Guelf.* II, 163-4. Bouquet, XI, 547-8, 551-2. Bernard-Bruel, *Chartes de Cluny*, IV, 15-6. n° 2812. Delachenal (R.), dans *Bull. acad. Delphin.* (1890/1), D, III, 493-9. = Bréq. I, 534. Böhmer, *R. K.* 1527. *R. S. R.* 291, 315. *R. Gen.* 158. *Schw. Urk.* 1295.

**1707** 27 mars 1029.

Féraud *(Faraldus* ou *Fer-s)*, évêque de Gap *(Wapinc.)*, de l'avis d'Arbitrius, chanoine de Ste-Marie, et de Pierre, prévôt de St-André-de-Rosans, soumet au monastère de Cluny et à l'abbé Odilon l'église de Saint-André, près sa ville épiscopale, et en augmente la dotation. Le prêtre qui la desservira soldera 12 den., indépendamment du cens synodal, que le prélat donne à Cluny. Seings de 7 chanoines, plus Autranne archidiacre...

Guillaume (P.), dans *Bull. hist.-archéol. Valence*, II, 257 (à part, 9); Bernard-Bruel, *Chartes de Cluny*, IV, 16-7, n° 2813. *Gallia christ. noviss.* I, instr. 274-5. = Roman, 3.

**1708** (Après 27 mars 1029).

Humbert, jadis chevalier, devenu moine de Cluny, donne au monastère de St-André de Gap un manse en Champsaur, et un homme du village des Infournas *(Fornax)*, que son aïeul Alvisius avait acquis d'un certain Guigue le Gros. Seings de ses frères Udalard et Adon.

Guillaume (P.), dans *Bull. hist.-archéol. Valence*, II, 257-8 (à part, 9-10); *Bull. soc. étud. Htes-Alpes*, III, 394, n° 3.

**1709** (Après 27 mars 1029).

Ingelbert, père du moine Girbern, donne à St-André de Gap un champ près du ruisseau de la Luye *(Alogia)*.

Guillaume (P.), dans *Bull. hist.-archéol. Valence*, II, 258 (à part, 10); *Bull. soc. étud. Htes-Alpes*, III, 394, n° 4. = Roman, 8b.

**1710** 6 mai (1029?).

Berteric et sa femme Ermengarde donnent à l'église de Vienne, dédiée à s¹ Maurice et à sa vénérable légion, 2 manses et une église à Vourey *(villa Vouredo)*, dans l'ager de Sermorens *(Salmoracen.)* et l'archevêché de Vienne; et une vigne à Balbin *(villa Balbiaco)*, dans le même évêché; le don est fait entre les mains de l'archevêque Burchard... *a° 5 regni d. Gonradi* (corr. *Rodulphi* au XVII° s.).

Chevalier (U.), *Cart. de St-André-le-Bas*, 5-6ᵃ, n° 103°; *Cart. de St-Maurice Vienne*, 39-40, n° 169.

**1711** (1029/1030).

Garnier *(Warnerius. Va-s)* donne à son neveu Evrard son bien à la villa *Castolatis*, dans l'ager de St-Alban [-de-Vareize], baigné par la Vareize *(Varisia). Regn. Rodulfo rege, a° 37 regni ejus.*

Chevalier (U.), *Cart. de St-André-le-Bas*. 79, n° 110.

**1712** (Vers 1030).

Le comte de Maurienne Amédée et son illustrissime épouse Adèle donnent au monastère de Cluny et à St-Maurice [du Bourget], pour le repos de l'âme de leur fils Ubert, un manse à Matassinaz *(villa Mattacina)*, au pied du mont du Chat *(Muniti)*, dans leur comté et le diocèse de Grenoble.

Guichenon, *Hist. généal. de Savoie*. IV, pr. 8. = *R. S. R.* 319. Carutti. *Reg. Sab.* 81. Manteyer, *Orig. mais. Savoie-Bourg*. 410-1 (1050/8). Burnier (Eug.), dans *Mém.-doc. soc. Savois. hist.-archéol.* X, 163-4, cf. 99.

**1713** (Vers 1030).

Ainard, constructeur du monastère de St-Pierre à Domène, voulant augmenter sa fondation et entraîner par son exemple ses proches et les étrangers à lui faire du bien, donne aux moines clunisiens qui y résident un manse à [St-Murys-] Monteymont *(Mons Aymonis)*. Approuvé par son épouse Adélaïde et ses fils Ponce, Ainard, Rodulfe, Pierre.

Monteynard, *Cartul. de Domène*, 165, n° 190.

**1714** (Vers 1030).

Artaud *(Artaldus)* donne au monastère de Cluny et à l'abbé Odilon la villa de St-Pierre d'Ambonil *(in Embolico, E-iaco)*, au pagus de Valence ; il déguerpit *(werpitio)* en outre les querelles et coutumes que son père Arnaud *(Arnaldus)* exigeait. *S. Garanti fratris sui. S. Pontii, filius Ademari comitis* [de Valence, futur évêque].

Bernard-Bruel, *Chartes de Cluny*, IV, 35-6, n° 2832.

**1715** (Vers 1030).

Didier *(Desiderius, Disderius)*, venu à conversion dans le monastère de St-André, donne un manse de vigne au-delà du Rhône, en présence de l'abbé Itier *(Hiterius)* : la part de cette vigne qu'il a donnée à sa fille reviendra après elle aux moines.

Chevalier (U.), *Cart. de St-André-le-Bas*, 109-10, n° 149.

**1716** (Vers 1030).

Itier *(Iterius)*, abbé du monastère de St-André, le moine Engeleus et le reste de la congrégation donnent au chevalier Arbert une vigne de l'alleu de St-Pierre-de-Bœuf (S. Martini de Bocio), en usufruit ; à sa mort, la même quantité d'une autre vigne qui lui appartient reviendra aux moines. S. Gauceranni Lipidosi. S. Galterio gramatici.

CHEVALIER (U.), Cart. de St-André-le-Bas, 135, n° 187.

**1717** (Vers 1030).
L'abbé Itier (Itherius) et la congrégation de St-André] excommunient ceux qui céderaient les vignes de feu Jean Gaud... et de Didier (Desiderii) l'écuyer, et ce qu'ils ont à Jardin (Ortensi valle) en descendant de Fuissin ; de même in Buxceto.

FONTANIEU, Cart. du Dauph. I, 78° (1050). — CHORIER, Estat polit. II, 383-4. CHEVALIER (U.), Cart. de St-André-le-Bas, 135, n° 188.

**1718** 1030.
Donation à l'abbaye de St-Victor de Marseille par Izoard et sa femme Dalmacie, Waldemar et sa femme Agnès, de 2 manses au château de Dromon, comté de Gap... ind. 10 [= 13], regn. Rodulfo rege Alamannorum seu Provincie.

LAPLANE (Ed. de). Hist. de Sisteron. I, 446-7. GUÉRARD, Cart. de St-Victor de Marseille, II, 58-60, n° 713. = MANTEYER, Prov. 279.

**1719** (Vers 1030).
A la demande de Narbald, abbé du monastère de St-Pierre, Burchard, archevêque de Vienne, lui concède le bois dit le Coin (Cognus) de St-Cyrice, sur le Rhône et près des fontaines Vallelia et Buydis. S. Alemanni prepositi. S. Sariloni decani, etc. Item Burchardi episcopi. S. Umberti episcopi [de Valence. S. Malleni episcopi [de Grenoble]. S. Teutbaldi episcopi [de Maurienne], etc.

CHEVALIER (U.). Cart. de St-Maurice de Vienne. 59, n° L.

**1720** Gap, (vers 1030).
Pierre Odoini, chanoine de Gap, en revêtant l'habit monastique, donne à St-André de Gap] une terre près du torrent (fluvius) de la Bonne. Fait dans le cloître de St-André, en présence du prieur Hugues, de l'abbé Re... gouvernant alors Cluny.

GUILLAUME (P.), dans Bull. hist.-archéol. Valence, II, 258 (à part, 10) ; Bull. soc. étud. Htes-Alpes, III, 395, n° 6. = ROMAN, 3°.

**1721** (1030 ?).
Serment d'Udalric (Aditricus), évêque d'Orange et de Trois-Châteaux, à Raimbaud, archevêque d'Arles.

Gallia christ. nova. I, 711 ; instr. 204° ; noviss. III, 146-7 ; IV, 43. = BRÉQ. II, 22 (à 1040).

**1722** (Vers 1030).
Multimodæ quippe membrorum reformationes ibidem [ed locu Alpium] visæ sunt extilisse, ac insignia pendere excillorum multiformia ; nec tamen Moriannæ, vel Utzeliæ, seu Gratinonæ urbium præsules, in quorum diocesibus talia profanabantur, diligentiam hujus inquirendæ rei adhibuere : quin potiùs conciliabula statuentes, in aliquibus nihil aliud nisi inepti lucri quæsitum a plebe, simul et favorem fallaciæ exigebant.

GLABRI RODULPHI Histor. lib. IV, c. 3 (BOUQUET, X, 46 ; Patrol. lat. CXLII, 674).

**1723** 16 janvier (1030).
Raistagnus et sa femme Agia ou Agana donnent à l'église de Romans sur l'Isère, dont Léger (Leodegarius) est abbé, un manse, avec courtil, etc. à Chanos (villa Conosco), dans l'ager de Clérieu (Claren.) et le pagus de Vienne, joignant le ruisseau Jhal. S. Petri canon... m. jan., fer. 5, luna 8, regn. Rodulfo rege a° 37.

GIRAUD, Hist. S. Bernard-Romans, II, pr. 11-2, n° 97 et 254 ; et CHEVALIER, Cart. de St-Barnard, 87.

**1724** Gap, 9 mai 1030.
Guillaume, marquis ou comte de Provence, et la comtesse Lucie, son épouse, donnent au monastère de Cluny un manse près des murs de la ville [de Gap], au-dessous de l'église de St-Arey (S. Erigii). Acta publice Wapinci...

GUILLAUME (P.), dans Bull. hist.-archéol. Valence, II, 258 (à part, 10) ; Bull. soc. étud. Htes-Alpes, III, 394, n° 5. = ROMAN, 3°. MANTEYER, Prov. 268.

**1725** 4 août (1030).
Une matrone, Leolgarda, et ses sept fils donnent [au monastère] de St-Chaffre (S. Theofredo) à Vif (locus Vicus), dans le diocèse de Grenoble, les églises de Ste-Marie, St-Jean et St-Etienne, tout près celle de Ste-Marie de Brega. La charte est signée par Mallenus, évêque de Grenoble, le comte Guigues (le Vieux, Wigo) et son épouse Adelsendis, ses fils Humbert et Guigues (Wigo)... m. aug., fer. 3, luna 2, regn. Conrado rege.

FONTANIEU, Hist. de Dauph., pr. II, 21 ; Cart. du Dauph., I, 72-3. — CHEVALIER (C. U. J.). Doc. inéd. relat. au Dauph. VI, 23-4 ; Cart. de St-Chaffre, 120, n° 356. = TERREBASSE, Not. dauph. Vienn. 56-7. MANTEYER, Paix en Viennois. 143-4 [57-8].

**1726** Gap, octobre 1030.
Féraud, évêque de Gap, craignant les peines de l'enfer, fait don au monastère de St-Victor, à Marseille, de l'église de St-Geniès, à Dromon, avec toutes ses dîmes dans l'évêché de Gap. Ecrit par le prêtre Airald, devant les portes de Notre-Dame in Vapinco. Approbation de dix chanoines, etc.

GUÉRARD, Cart. de St-Victor de Marseille, II. 57-8, n° 712.

**1727** 22 octobre 1030.
...Regn. Rodulpho a° 36 [al. 37, 30], I. D. 1030 [al. 1025], 11 [al. 2] kal. nov., luna 26, ind. 5, Amédée, [comte de Maurienne], fils du comte Ubert, et son épouse Adaelelgida donnent au monastère de Cluny et à l'abbé Odilon l'église de St-Maurice [du Bourget], au pagus de Matassinaz (Mattacena), avec l'autorisation et la confirmation des évêques Mallen de Grenoble et Humbert [de Valence], se réservant le droit de patronage et de présentation. Fait dans le diocèse de Grenoble et confirmé dans la cour du roi. S. Rodulphi regis. S. reginæ Ermengardis.

DELBÈNE, Regn. Burgund. Transjur. III, 216. Bibl. Cluniac. 412. GUICHENON, Hist. généal. de Savoie, II, pr. 8 ; 2°, IV, 8. SCHEID, Orig. Guelf. II, 173-4. CIBRARIO e PROMIS. Doc.-Sig. 5. Hist. patr. mon., Chart. I, 490-1. BURNIER (Eug.), dans Mém.-doc. soc. Savois. hist.-archéol. (1866), X, 157-9. CARUTTI, Il conte Umberto I, 183-4, n° 10. = CHORIER, H. de D. I, 795 ; 2°, 612. H. S. R. 317. *Bernard-Bruel, Chartes de Cluny, III, 815 (à 1025). CARUTTI, Reg. Sab. 79. MANTEYER, Orig. mais. Savoie-Bourg. 380-1 ; Paix en Viennois, 146-8 [60-2]. RENAUX, Humbert I°°, 37-8.

**1728** (1030/1031).
Gotafred donne à l'église de Romans sur l'Isère, fondée par s' Barnard et où préside l'abbé Léger *(Leudegarius)*, un manse avec courtil, etc., à Bellonaz, dans la villa de Veauues *(Vedona, Veana)*, l'ager *Maximiacensis* et le pagus de Vienne. Souscrivent ses fils Guinisus et Gotafred. *Regn. Rodulfo rege* [a°] 38. *Renco scr.*
GIRAUD, *Hist. S. Barnard-Romans*, compl. 17-8, n° 107; et CHEVALIER, *Cart. de St-Barnard*, 88.

**1729** (Vers 1031).
Diplôme du roi Rodolphe, par lequel, à la prière de Hugues, archevêque de Besançon, il confirme le don qu'il avait fait d'une église de Ste-Marie au monastère de St-Bénigne de Dijon. *S. d. Rodulfi regis pii.*
PÉRARD, *Rec. pièces Bourgogne*, 181. SCHEID, *Origg. Guelf.* II, 172. BOUQUET, XI. 554. = BRÉQ. I, 568. *R. S. R.* 322.

**1730** (Vers 1031).
Le roi Rodolphe, à la sollicitation de son épouse la reine Irmengarde, de son frère Burchard, archevêque de Lyon, de Burchard, archevêque de Vienne, etc. octroie au monastère de St-Martin de Savigny la villa de Talloires *(Talluerüs)* au pagus d'Albanais, avec son église. Seing.
BERNARD, *Cart. de Savigny*. I, 317-8, n° 638. POUPARDIN, *Roy. de Bourg.* 332.

**1731** Marseille, août 1031.
Charte de Bertrand, comte ou gouverneur de Provence, qui répare ses torts envers le monastère de St-Victor de Marseille à Marignane. *Scr. in Massiliensi monast. S. Victoris... d. sabb... ind. 14. regn. Rodulfo. rege Alamannorum sive Provincie. Feraldus episcopus* [de Gap] *testis.*
GUÉRARD, *Cart. de St-Victor de Marseille*. I, 460-1. n° 455.
*MANTEYER, *Provence*, 279, 369.

**1732** 19 août 1031.
Epitaphe de Burchard, archevêque de Vienne pendant 30 ans ; enseveli dans l'église de St-Maurice et des Sts-Machabées [à St-Pierre] : *Urbs semper victrix et nostro tempore foelix...* (12 distiques).
Bosco (J. a), 64-5. Epitaphe gravée sur un marbre dans l'église de S. Pierre de Vienne... sur le tombeau miraculeux du révérendissime Burchard, jadis archevêque et premier comte de Vienne, qui vivait l'an 1013 (1617), poésie. ROBERT, *Gallia christ.* 179b. LE LIÈVRE, 255-6. CHORIER, *Antiq.* 279; 2', 284-5. *Gallia christ. vet.* I, 799*; nova, XVI, 64. CHARVET, 635. COLLOMBET, I, 379-80. TERREBASSE, *Inscr.* I, 177-80. = CHORIER, *H. de D.* I, 216-7. CHEVALIER (C. U. J.), *Doc. inéd. relat. Dauph.*, v, 10, 27. DUCHESNE (L.), *Fastes*, I², 203. POUPARDIN, *Roy. Prov.* 309-10. MANTEYER, *Orig. mais. Sav. Bourg.* 433-4.

**1733** 20 août 1031.
Obit de Burchard, archevêque de Vienne : *xiii kal. septembris, obiit. d. Burchardus archiepiscopus,...*
BOSCO (J. a), 65-6. LE LIÈVRE, 259. *Gallia christ. vet.* I, 799*. SCHEID, *Origg. Guelf.* II, 148. POUPARDIN, *Roy. de Prov.* 364-5. MANTEYER, *Paix en Viennois*, 132-3 [46-7]. = BOUQUET, XII, 345-6. *R. S. R.* 321.

**1734** Payerne, 25 août 1031.
Le roi Rodolphe, désireux de restaurer le monastère de religieuses de St-André[-le-Haut] à Vienne, jadis célèbre, maintenant ruiné, à la demande de son épouse la reine Irmengarde et du conseil de l'évêque [de Grenoble] Mallenus et de l'abbé [de Cluny] Odilon, donne, pour la subsistance *(stipendia)* des moniales qu'il veut y mettre, les terres de *Gemmas, Remusiaco* et *Montereont*, avec trois moulins et une vigne ; deux maisons *(mansiones)* dans la ville, avec vigne ; une autre près du palais, avec vigne ; un manse à *Garliano* ; les métairies des Arcs et de St-Romain avec son église ; la chapelle de St-Alban avec sa vigne ; la villa *Satorum* et *Camart*. Il met l'abbaye sous la protection de l'archevêque de Vienne. *Paldolfus cancell. Data... luna 3,... regn. d. Ruodolfo rege a° 35. Acl. Paterniaci. — Occasum mundi.*
Ms. : Baluze, LXXV, 427. — BOUQUET, XI, 553-4. CHARVET-ALLUT, *St-André-le-Haut*. 301-3 ; trad. 42-6. = CHORIER, *H. de D.* I, 747. BRÉQ. I, 568. COLLOMBET, I, 395-6. *R. S. R.* 320. *Schw. Urk.* 1299.

**1735** (1031-1032).
Le roi Rodolphe et la reine Ermengarde, sur le conseil du primat Léger, archevêque de Vienne, donnent à l'abbaye d'Ainay *(Athanac.)* et à l'abbé Géraud la villa de Lémeuc *(Lemensis)*; de plus, un manse à Noyarey *(villa Nogerei)*, avec châtaigneraie et prés. *S. Umberti comitis. — S. Leodegarii primatis egregii. S. Artaldi Viennensis urbis præposili. S. d. Ugonis ejusd. urbis* [...., *S. Richardi reginæ capellani...*
GUICHENON, *Hist. généal. de Savoie*. II, pr. 4-5; 2', IV. 4-5. SCHEID, *Origg. Guelf.* II, 171. CARUTTI (Dom.), dans *Arch. stor. Ital.* (1878), 4° s., II, 238-9. TREPIER, dans *Doc. acad. Savoie*, VI, 36-7. = WURSTEMB. 10. CARUTTI, *Reg. Sab.* 83. MANTEYER, *Orig. mais. Savoie*, 381, 433. RENAUX, *Humbert I*, 33. — Pièce fausse.

**1736** (1031, 1070).
Echange entre Léger *(Leudegarius)*, archevêque de Vienne, et Adalgerius, prêtre de son église, de fonds à Ste-Colombe (?) ; seings de l'archevêque et des chanoines de St-Maurice.
CHEVALIER (U.), *Cart. de St-Maurice Vienne*, 39, n° 168.

**1737** (1031/1070).
Milon donne, pour l'obtention d'un canonicat, à l'église de Vienne, où préside l'archevêque Léger *(Leudegarius)*, un manse et une vigne dans la paroisse de St-Prim, au village d'*Albuci*, et un jardin dans la ville.
*CHARVET, 290. CHEVALIER (U.), *Cart. de St-André-le-Bas*, 8*; *Cart. de St-Maurice Vienne*, 22, n° 46.

**1738** (Avant 1032).
*Odo natus ex filia Chuonradi regis Austrasiorum, Berta nomine, licèt à patris sui proavis obscuræ duxisset genus lineæ. Et quoniam regi Rodulfo, avunculo scilicet ejus, non erat proles ulla, quæ foret regni hæres, præsumpsit, ipso vivente, vi potiùs quàm amore regni habenus præripere ; conferens insuper multa donaria ut assensum præberent primores patriæ ; sed nequicquam.*
GLABRI RODULPHI *Histor.* III, 9 (BOUQUET, X, 40 ; *Patrol. lat.* CXLII, 666).

**1739** (Savigny ? 1032).
*Mundi terminum adpropinquare ruinis crebrescentibus certa manifestant indicia...* Ermengarde, épouse du roi Rodolphe, pour le salut de son mari *(senioris)* et le

sien, après avoir construit l'église de Ste-Marie à Talloires *(villa Talueriis)*, pour être habitée par des moines de St-Martin de Savigny, à l'occasion de sa dédicace, la dote de plusieurs propriétés, sur le conseil de Léger, archevêque de Vienne, de Ponce, évêque de Valence, etc. et du comte Humbert ; elle se réserve l'usufruit de 3 *potestates*, sous le cens de 20 sols à la s' André.

Rivaz, *Diplom. de Bourg.* II. n° 53 (Anal. 34). — Guichenon, *Hist. gén. mais. Savoie*, II. pr. 3-4 ; 2°. IV. 3-4. *Gallia christ. nova*, IV, instr. 7-8. Scheid, *Origg. Guelf.* II, 157. Bouquet, XI, 555-6, cf. 199. Besson, *Mém. hist. Genève*, 344. *Hist. patr. mon.*, Chart. I, 496. Dessaix, *Savoie hist. et pittor.* 161. Bernard, *Cartul. de Savigny*, 318-9, n° 639. Carutti (Dom.), dans *Arch. stor. Ital.* (1878), 4° s. II, 341-2. Philippe (Jul.), dans *Mém.-doc. soc. Savois. hist.-archéol.* (1861), V, 84-5. Vayra (P.), *Museo stor. d. casa di Savoia* (1880), 330. Brasier (V.), dans *Mém.-doc. acad. Salésien.* (1887), X, 73-4. Ritz (Louis), dans *Rev. Savoisien.* (1904), XLV, 143-4. — Chorier, *H. de D.* I, 746 ; *Estat*, II, 149. Bréq. II. 16. *Acta ss. Bolland.* octob. XIII, 22-3. Ménabrea, *Etudes féod.* 53. Wurstemb. 9. *R. S. R.* 325. *Gallia christ. nova*, XVI, 64. H. Gen. 182. Carutti, *Reg.* 84. Poupardin. *Roy. de Bourg.* 32. Manteyer, *Orig. mais. Sav.-Bourg.* 390-2. Renaux, *Humbert I*, 34-5.

**1740** (Vienne, 25 mars/15 août) 1032.
Le chevalier Berlion [vicomte de Vienne], *mundi terminum ruinis crebrescentibus appropinquantem cernens* et réfléchissant sur la grandeur de ses péchés, donne au monastère de Cluny et à l'abbé Odilon l'église de St-Germain dans l'Isle [ d'Abeau entre la Bourbre *(Bulburum)* et le Chéruy *(Carusium)*, dans l'*ager Corsoriacensis* et le *pagus* de Vienne, du consentement de son épouse Ildeardis et de ses fils Arbert et Artaud. *S. Leodegarii Viennensis archiepiscopi. S. Aimonis Belensis episcopi. S. Alamanni præpositi Viennen. S. Witfredi militis. S. Duranni archipresbyteri*.

Baluze, *Hist. de la mais. d'Auvergne*, II, 44. Bernard-Bruel, *Chartes de Cluny*. IV, 78-9, n° 2884. = Bréq. II, 24. Manteyer, *Orig. mais. Sav.-Bourg.* 381-4.

**1741** 26 juin 1032.
Épitaphe de Hugues, abbé de St-André-le-Bas : *Hugo pius papas monachorum providus abbas... cum torret tropicum sol sexto lumine cancrum... A° l. S. 1032. ind. 15.*

Terrebasse (A. de), *Notes sur qq. inscriptions du moyen âge de Vienne* (1858), 1-5, fac-sim. ; *Inscr.* I, 173-6, n° 352.

**1742** 23 juillet 1032.
Gautier *(Gualterius, Gaul-s)* et sa femme Blismoda donnent à l'église dédiée à s' Barnard et à tous les saints, sur la rivière *(flavius Seonna)*, à Épinouze *(locus Spinosa)*, dont l'archevêque Léger *(Leudegarius)* est le chef, l'église de St-Cyprien -d'Anse | à Behi, dans l'*ager* de la Chassagne *(Casmacen.)* et le *pagus* de Lyon, que Bérard et ses frères donnèrent à leur sœur Blismoda le jour de son mariage. *Abo sac. scr... regn. Rodulfo r.*

Giraud, *Hist. S. Barnard-Romans*, I, pr. 67, n° 32 ; et Chevalier, *Cart. de St-Barnard*, 88-9.

**1743** (Avant 6 septembre) 1032.
Aymon, évêque de Belley, du consentement de ses chanoines, échange avec Berlion et sa femme Ildéarde l'église de St-Germain, dépendant de St-Jean dans le *pagus* de Vienne, en l'Isle [-d'Abeau] entre la Bourbre et le Chéruy, contre celle de Sts-Protais et Gervais au diocèse de Grenoble ou Sermorens *(Salmontiaco)*, en la *villa* de Charancieu *(Carenciácus)* ; les chanoines recevront 100 sols d'ici à l'Assomption. Anathème contre les perturbateurs, de la part de Léger, archevêque de Vienne, Mallen, évêque de Grenoble, etc. *Gauzbertus lev. et mon. ad vic. cancell. subscr..., regn. Rodulfo rege.*

*Gallia christ. nova*, XV, instr. 305-6. — Cf. n° suiv.

**1744** (Avant 6 septembre) 1032.
Aymon, évêque de Belley *(Belen.)*, de qui dépendait l'église de St-Germain donnée à Cluny par Berlion, la lui cède en échange de celle des Sts-Gervais et Protais à Charancieu *(villa Carenciacus)*, dans le *pagus* de Grenoble ou de Sermorens *(Salmoniacen.)* : lui et son épouse en auront la jouissance, à l'exception de l'autel, et donnent au prélat 100 sols. *Gausbertus lev. et mon. scr. ad vic. cancell. ..., regn. Rodulfo rege.*

Bernard-Bruel, *Chartes de Cluny*. IV, 79-80, n° 2885. Manteyer, *Orig. mais. Savoie-Bourg.* 384. — Cf. n° préc.

**1745** (5 ou) 6 septembre 1032.
Obit de Rodolphe III, roi de Bourgogne. *Octavo idas septembris obiit Rodulphus rex. et sexto kalend. septembris Ermengarda regina, uxor ejus...*

Fontanieu, *Hist. de Dauph.*, I. pr. 213 ; *Cart. du Dauph.* I, 69-72. — Bosco (J. a), 67-8. Le Lièvre, 253-4. Scheid, *Origg. Guelf.* II. 167. Mille, *Hist. de Bourg.* III, 347. Ritz (L.), dans *Rev. Savoisien.* XLV, 237. — Böhmer, *R. K.* p. 146. Gingins, Boson. 222. *R. S. R.* 327, 329. *R. Gen.* 183. Poupardin, *R. de B.* 144. Manteyer, *Paix en Viennois*. 133 [47]. — Ann. Lausannen.(*Mon. Germ. hist.*, Scr. XXIV, 780). — Gremaud (J.), Nécrol. égl. Lausanne (*Mém.-doc. soc. hist. Suisse rom.*, XVIII, 181-2 ; cf. XXIX, 59). — *Necrol. Tatuerien.* (*Neues Archiv*, XI, 103. Chevalier (U.), dans *Bull. hist.-archéol. Valence*, X, 170). — Voir l'épitaphe de la reine Hermengarde, 27 août 1058.

**1746** 1032.
*Rodulfus diadema suum imperatori Romanorum misit.*
*Chron. Suevicum univ.*(Pertz, *Mon. Germ. hist.*, Scr. XIII).

*Ruodolfus ignavus, Burgundiæ regulus, obiit, et diadema ejus regnique insignia Conrado imperatori per Seligerum allata sunt.*

Hermannus Contract., *Chron.* (Bouquet, XI, 18 ; *Patrol. lat.* CXLIII, 235).

*Rodulfus... Conrado imperatori Burgundiæ regnum dereliquit, dans ei lanceam sancti Mauricii, quod erat insigne regni Burgundiæ.*

Hugo Flaviniac., *Chron. Virdun.* (Bouquet, XI, 143 ; *Mon. Germ. hist.*, Scr. VIII, 401 ; *Patrol. lat.* CLIV. 258). — Sigebertus Gemblac., *Chron.* a. 1035 (Bouquet, XI, 163, 637 ; *Mon. Germ. hist.*. Scr. VI, 357 ; *Patrol. lat.* CLX. 206). — Otto Frising., *Chron.* (Bouquet, XI, 260 ; *Mon. Germ. hist.*, Scr. XX, 412). — Reinerius, *Vita Reginardi*, 17 (*Mon. Germ. hist.*, Scr. XX, 579). — Johannes Longus, *Chron. S. Bertini* (Bouquet, X, 299). = Poupardin, *Roy. de Bourg.* 148, 177, 458-65.

**1747** (Automne 1032).
*Odo, qui erat ex sorore Rodulfi ... ad regnum cœpit aspirare.... Obsedit quoque Viennam, quam ea conditione in fœdus recepit, ut præstituto termino in eadem urbe rex appellari et coronari debuisset.*

— Hugo Flaviniac., *Chronicon Virdun.* 1037 (Labbe, *Nova bibl. mss.* I, 185; Bouquet, XI, 143. Pertz, *Mon. Germ. hist.*, Scr. VIII, 401. *Patrol. lat.* CLIV, 258. Poupardin, *Roy. de Bourg.* 159). — Hugo de S. Maria, mon. Floriacen., *Libellus de modernis Francorum regibus* (Bouquet, XII, 795 ; *Patrol. lat.* CLXIII, 897). = Renaux, *Humbert I*", 46.

**1748** Décembre (1032).

Aregia, son fils Amalfred, ses filles Aalborga et Cassoendis engagent *(inpignoramus)* à Rotbard ou Rozbald et sa femme Aalburdis une vigne avec terre *in Arboriatis*, pour 3 mesures de froment [par an]; ceux-ci leur abandonnent 5 autres mesures. *Regn. Radulfo rege. 40 a° regni ejus. Data p. m. Rotbaldo.*

Chevalier (U.). *Cart. de St-André-le-Bas*, 27-8. n° 28.

**1749** Vienne, (décembre 1032).

Le chevalier Arnold donne à l'église de St-Maurice de Vienne une habitation *(mansio)* dans l'intérieur de la ville, touchant la terre du chanoine Sundon. *S. Arnaldi filii ejus. Data p. man. Vigerii cancell.. a° 40 regn. Rodulpho rege.*

Rivaz, *Diplom. de Bourg.* II, n° 51 (Anal. 33). — Chevalier (U.). *Cart. de St-André-le-Bas*, 311, 368, n° 94; *Cart. de St-Maurice Vienne*, 28, n° 92 : date de novembre, l'an 45 du règne de Rodolphe [1037].

**1750** 1033.

... *Primitus coepere in Aquitaniae partibus ab episcopis et abbatibus, caeterisque viris sacrae religionis devotis ex universa plebe, coadunari conciliorum conventus : ad quos etiam multa delata sunt corpora sanctorum, atque innumerabiles sanctarum apophoretae reliquiarum. Dehinc per Arelatensem provinciam atque Lugdunensem, sicque per universam Burgundiam, usque in ultimas Franciae partes, per universos episcopatus indictum est, qualiter certis in locis a praesulibus magnatibusque totius patriae de reformanda pace et sacrae fidei institutione celebrarentur concilia. Quod etiam tota multitudo universae plebis audiens, laetanter adiere maximi, mediocres ac minimi; parati cuncti obedire quicquid praeceptum fuisset a pastoribus Ecclesiae, non minus videlicet, quam si vox emissa de caelo hominibus in terra loqueretur.*

Glabri Rodulphi *Historiae*, IV, 5 (Du Chesne, *Hist. Franc. scr.* IV, 45; Labbe, IX, 910; Hardouin, VI, 1, 891-2 ; Coleti, XI, 1251 ; Mansi, XIX, 549 ; Bouquet, X, 49; *Patrol. lat.* CXLIII, 678).

**1751** 1033.

*Anno... à Passione Domini M, ab Incarnatione vero MXXXIII, coepit placida serenitas terrae dulcedinem Creatoris ostendere, et frugum abundantiam portendere. Tunc per Aquitaniam, et Arelatensem et Lugdunensem provincias, ac per universam Burgundiam concilia instituta sunt, et pax firmata. Statutum est etiam sextâ feriâ à vino et septimâ à carnibus abstinere, nisi gravis infirmitas intercederet; et tunc tres pauperes reficerentur. Eo quoque anno tanta copia frumenti, vini ceterumque frugum extitit, quantam in subsequente quiennio quis sperare non potuit.*

Hugonis abb. Flaviniac. *Chronicon Virdun.* (Labbe, *Nova biblioth. mss.* I, 184 ; Bouquet, XI, 142; Pertz, *Mon. Germ. hist.*, Scr. VIII, 400 ; *Patrol. lat.* CLIV, 256).

**1752** (Vers 1033).

La reine Ermengarde donne au monastère de Saint-André-le-Bas *(Subterior)* et à l'abbé Itier *(Iterius)*, pour le salut de son âme, une vigne à St-Jean-d'Albigny *(in Albiniaco)* et une autre que tient Folcherius ; elle corrobore ses donations antérieures aux moines et prend à témoin le ciel et la terre. Souscrivent l'archevêque Léger, le prévôt Artaud, le doyen Guigues.

Chevalier (U.), *Cart. de St-André-le-Bas*, 172, n° 228. Trepier, dans *Doc. acad. Savoie.* VI, 39-40. — Carutti, *Reg. Sab.* 92.

**1753** (Vers 1033).

La reine Ermengarde donne au monastère de Saint-André et à l'abbé Itier *(Yterius)* le manse d'Hermenbert, ses condamines entre Albigny *(Albiniacum)* et St-Jean de la Porte *(de Porta)* et un pré qu'elle tenait. Fait en présence de l'archevêque Léger et de tous ses chanoines.

Chevalier (U.). *Cart. de St-André-le-Bas*, 185-6, n° 242. = Carutti. *Reg. Sab.* 93.

**1754** (Vers 1033).

Accord entre Itier. abbé de Savigny, et Astrude, abbesse de Péloges), au sujet de l'église de St-Saturnin d'Arnas, en présence de l'archevêque de Vienne [Léger] et de l'évêque [de Grenoble] Mallen, du vicomte Guigues *(Vuigo)* et d'autres princes.

Bernard, *Cartul. de Savigny*. I. 326-7, n° 648. Poupardin, *R. de B.* 257.

**1755** Janvier (1033/...).

Goaltrude et sa fille Raingarde vendent à Rotbald et son épouse Adalgude deux terres *(algiae)* à Bossieux *(villa Bolziaco)*, dans l'ager d'Estrablin *(Stabiliacen.)* et le pagus de Vienne, touchant la terre de St-André. *Data p. m. Robaldi... Domino gubernante et rege epectante.*

Chevalier (U.). *Cart. de St-André-le-Bas*, 30-1, n° 32.

**1756** 2 février (1033 ?).

Le chanoine Bernard donne à l'église de Vienne dédiée au Sauveur et à st Maurice, où préside l'archevêque Burchard (!), un manse à Jardin *(in valle Ortensis)*, au lieu dit *ad Ulmum*, au pagus de Vienne, borné par la terre de St-Paschase, le mont *Moriolus* et la terre épiscopale. *S. Sarilioni decani.... a° 40 regn. Rodulpho rege...*

Rivaz, *Diplom. de Bourg.* II, n° 49 (Anal. 33). — Chevalier (U.). *Cart. de St-André-le-Bas*, 312, 368, n° 95*; *Cart. de St-Maurice Vienne*, 25, n° 64.

**1757** Mars (1033/....).

Jean, Aldelaius, Domnin et leurs parents vendent à André, sa femme Raingarde, son fils Otgerius et son oncle Caold une saussaie *(salicetum)* avec terre au lieu dit *ad Goletum*, dans la villa et l'ager de Chuzelles *(Causella)* et le pagus de Vienne. limitée par la terre de St-André. le ruisseau Arpot et la terre de St-Pierre, au prix de 20 sols 6 den. et un *receptum. Rotboldus scr... Domino gubernante et rege expectante.*

Chevalier (U.), *Cart. de St-André-le-Bas*, 105, n° 142.

**1758** 6 mars (1033/....).

Donation à l'église de St-Maurice de Vienne par Archimfred d'une vigne et autres biens. sous le règne de l'empereur Chuonrard.

Chevalier (U.), *Cart. de St-Maurice Vienne*, 27, n° 82.

**1759**   Zurich, (vers Pâques) 1033.
Imperator reversus ad Turcicum castrum pervenit; ibi plures Burgundionum, regina Burgundiæ jam vidua, et comes Hupertus et alii, qui propter insidias Odonis in Burgundia ad imperatorem venire nequiverunt, per Italiam pergentes occurrebant sibi ; et effecti sui, fide promissa per sacramentum sibi et filio suo Heinrico rege, mirifice donati redierunt.
Wipo, *Vita Chuonradi* (Bouquet), XI, 4; Pertz, *Mon. Germ. hist.*, Scr. XI, 270 ; *Patrol. lat.* CXLII, 1242 ; R. S. R. 334). = Chorier, *H. de D.* I, 758 ; 2ᵉ, 582-3. Carutti, *Reg. Sab.* 95. Poupardin, *Roy. de Bourg.* 161.

**1760**   Mai (1033-1039).
Ponce et Didier, fils d'Eldulfe, et leur mère Girberga donnent à l'église du Sauveur à Vienne, où l'on vénère s' Maurice et préside l'archevêque Léger *(Leudegarius)*, toute la dîme *(decimum)* de Villette *(villa Vileta)*, pour la nourriture de la communauté. *Vuigerius not... scr.... Conrado imper. regn.*
Chevalier (U.), *Cart. de St-André-le-Bas*, 25-6*, n° 118* ; *Cart. de St-Maurice Vienne*, 32, n° 116. = Charvet, 290 (à 1039).

**1761**   21 novembre (1033).
Walbert et sa femme donnent à l'église de St-Pierre de Moirans *(in loco Morinco)* sur l'Isère *(alveus Ysara)*, au diocèse *(episcopatu)* de Grenoble, dont les moines laborieux *(desudare)* ont pour chef l'abbé Ragnoard, pour la sépulture de leur fils Jean, une terre qu'ils possèdent à moitié fruits *(ad medium plantum)* à Champ-Long *(in Campo Longo)*, au territoire de Moirans, dans le comté de Sermorens *(Salmoriacen.)*, limitée par la terre de St-Vincent et la vigne de dame Gisla. S. *Artaldo episcopo* [de Grenoble]. *Rainoldus presb. scr. fer. 4... luna 25, Deum adorantem, regem expectantem.*
Marion, *Cart. de Grenoble*, 27-8. — En 1033, l'évêque de Grenoble Mallen n'avait pas été remplacé par Artaud ; l'acte est peut-être de 1036, mais en lisant *fer. 5* au lieu de 4, 18 nov.

**1762**   24 janvier 1034.
Conon ou Chono, sa femme Teza et leurs 5 fils donnent, comme leur loi Romaine les y autorise, au monastère de St-Pierre *Calmiliensis* ou de St-Chaffre *(S. Teholfredo)* et à celui de St-Laurent de Grenoble, la moitié de leur bénéfice (dîmes, prémices, cimetière et oblations) dans les églises de St-Pierre et de St-Jean à la *villa seu pagus Musso*, dans [le mandement de Nerpol et] le diocèse *(episcopatus)* de Grenoble. *Acta d. kal. febr. 9, luna 22, ind. 2,... aᵒ 3ᵒ post obitum Radulfi regis.*
Arch. de l'Isère, B. 351, 169ᵇ. — Marion, *Cart. de Grenoble*, 30-1. Chevalier (C. U. J.), *Docum. inéd. relat. au Dauph.* VI. *Cart. de St-Chaffre*, 171-2, n° 433. = Chorier, *H. de D.* I, 870.

**1763**   19 février (1034).
Aquin donne [au monastère] de St-Chaffre *(S. Theofredo)* et à St-Laurent [de Grenoble] une vigne près de l'église de St-Jean [de Vif, *villa Vicus*] et ailleurs un manse dit *ad Publeum* et une métairie *(cabanaria)*, pour le salut de son père Bethon et de sa mère Léotgarde... *fer. 3, luna 26, regn. Conone rege Teutonicorum.*
Chevalier (C. U. J.), *Doc. inéd. relat. au Dauph.* vi, 24; *Cart. de St-Chaffre*, 120-1. n° 357.

**1764**   Vienne, mars (1034 [1024 ?]).
Aldeunda ou Aldevundus donne à l'église de Vienne dédiée au Sauveur et à s' Maurice, où préside l'archevêque Burchard, pour le repos de l'âme de son mari *(vir)* Udulard, 9 *algicas* d'une vigne située près du port public du Rhône et entourée par la terre de St-Maurice. S. *Vandelgardæ filiæ ejus. Data p. man. Petri sac... aᵒ 41 regn. Rodulpho rege.*
Rivaz, *Diplom. de Bourg.* II, n° 57 (Anal. 34). — Chevalier (U.), *Cart. de St-André-le-Bas*, 312-3, 368, n° 96* ; *Cart. de St-Maurice Vienne*, 37, n° 132.

**1765**   Genève, 1ᵉʳ août 1034.
*Chuonradus imperator iterum Burgundiam, cum exercitu intravit....... Genevamque pervenit. Ibi vero ab Heriberto Mediolanensi archiepiscopo cæterisque Italiæ et Burgundiæ principibus honorifice susceptus, in festivitate Sancti Petri ad Vincula coronatus producitur, et in regnum Burgundionum rex eligitur.*
*Ann. Sangall. majores* dicti Hepidanni (Bouquet, XI, 8 Pertz, *Mon. Germ. hist.*, Scr. I, 83; R. S. R. 336; R. Gen. 186). = Chorier, *H. de D.* I, 759 ; 2ᵉ, 583.

**1766**   1025 [1035 ?]
*Aᵒ D. I. 1025*, par compassion *(miserans)* pour le monastère de St-André, Léger *(Leodegarius)*, archevêque de la s' église matrice de Vienne, défend, de concert avec l'abbé Ithier et sa congrégation, aux obédienciers de Moydieu *(Moidiaco)*, Gemens *(Gemmis)*, Crisinciaco, Vitrieu *(Vitrosco)* et Masiano d'attribuer à leurs propres usages quoi que ce soit des revenus de ces localités, sous peine d'excommunication ; tout doit profiter à la mense commune.
Achery (d'), *Spicileg.* XIII, 278 ; 2ᵉ, III, 389. Chevalier (U.), *Cart. de St-André-le-Bas*, 152-3, n° 209. = Mabillon, *Ann. Bened.* IV, 313 ; 2ᵉ, 290. Bréq. I, 551. Collombet, I, 397-8.

20 août (1034) = 4 août (1030).

**1767**   3 mai 1035.
Hugues *(Ugo, Hugo)* et sa femme Euphémie *(Eufemia)* donnent à l'église de St-Pierre construite hors des murs de Vienne, dont Narbaud *(Narbardus)* est abbé, un champ appelé *Longa Fassiola*, entouré par les terres de St-Pierre et de St-Maurice. *Data p. man. Ricardi, 5 non. maii. fer. 7. regn. Rodulfo rege aᵒ 26.*
Chevalier (U.), *Cart. de St-André-le-Bas*, 259-60, n° 50*.

**1768**   6 novembre 1035.
Humbert, sa femme Ema et ses frères donnent à l'église de Ste-Marie-de-Cruas *(Crudaten.)* où préside l'abbé Regnoard, [et à celle] de St-Pierre de Moirans *(Moiricen.)*, l'église de St-Martin à Vourey *(vulgari appelat. Vopredium)*, [au mandement de Vinay], au territoire de Sermorens *(Salmoriacen.)* et au diocèse *(episcopatus)* de Grenoble : site est enserrée entre trois cours d'eau *(fluvia)* : la Tréry *(Trigeris)*, l'Isère *(Hysara)*, la Veyze ou Vèzye *(Veissa)* et le territoire du même nom *(Veccedia)* ... *m. nov., fer. 2, luna 3, epacta 9, aᵒ I. D. 1034, ind. 4, regn. Conone imper.* Souscrivent ses frères Guillaume et Lantelme. *S. Guigonis (Le Vieux) illustrissimi viri. Girbaldus mon. scr. — Cunclis fere.*
*Gallia christ. nova*, XVI, instr. 222-3. Marion, *Cart. de Grenoble*, 24-5. = Poupardin, *R. de B.* 169.

**1769** (1035/1036).
Junan et sa femme Ermengarde vendent à Constancius et son épouse Guinerada une vigne à Vitrieu *(in Vitrosco)*, touchant à la terre de St-Martin, au prix de 4 sols. A° 43 regn. *Rodulfo rege.*
CHEVALIER (U.), *Cart. de St-André-le-Bas*, 59-60, n° 77.

**1770** (1035/1036).
Vuldric, Otgerius, Ingeldric et leurs enfants Magnold et Raimbold vendent à Junan et [sa femme] Ermengart leur héritage à Vitrieu *(Vitrosco)*, pour 8 sols 5 den. A° 43 regn. *Radulfo rege.*
CHEVALIER (U.), *Cart. de St-André-le-Bas*, 56, n° 69.

**1771** 1036.
Fondation de l'église du Monêtier-Allemont, ind. 4.
ROMAN (J.), *Répert. archéol. Htes-Alpes*, 116.

**1772** (1036 ?)
Le comte Guigues [le Vieux] et d'autres donnent pour construire le monastère du Bourg-d'Oisans *(S. Laurentius secus Lacum)*, dans les montagnes du diocèse de Grenoble, dont le prieur avait acquis l'église.
CHEVALIER (C. U. J.), *Doc. inéd. relat. au Dauph.*, VI, 27 ; *Cart. de St-Chaffre*, 122, n° 362.

**1773** 1er février (1036).
Obit de Mallenus, évêque de Grenoble.
GUIGUE, *Obituar. Lugdun. eccles.* 15 ; *Obit. égl. primat. Lyon*, 13.

**1774** Portes, 22 septembre (1036 ou 1051).
Dédicace de l'église de St-Pierre par Udalric, évêque [de Trois-Châteaux], ind. 4 ... *Johannes presb. me fecit.*
*Bull. soc. archéol. Drôme*, XXV, 236, 362-3. *Gallia christ. noviss.* IV, 44.

**1775** Vienne, 3 novembre 1036.
Léger, archevêque de Vienne, désireux de restaurer le monastère de St-Ferréol à Grigny *(Grinniensium)*, jadis florissant avec 400 moines, lui rend tout ce qui a pu se retrouver de son héritage, avec l'assentiment du clergé et du peuple, et de la reine Hermengarde, veuve du roi Rodolphe, en synode public à Vienne. Il y place des moines de St-Victor de Marseille et le concède à son abbé Isarn, du conseil d'Odilon, abbé de Cluny et de sa congrégation ... a° I. D. 1036 [1037], ind. 4 [5], epacta 1, a° 8 [9] imper. Roman. Conradi, Nuspa mon. ad vic. d. cancell., d. archiepiscopo Leodegario dict. et mand., scr. a° ordinat. ejus 6 [7], 3 non. nov., luna 10. fer. 4. (fer. 1 stationis ad S. Ferreolum ante Natale Dom.). Souscrivent avec Léger : Nortald abbé de St-Pierre, Ponce abbé, Dotmar abbé [de St-André-le-Bas], Guillaume père de l'archevêque et son fils Guillaume, le comte Humbert, Adalard abbé de Lyon, les abbés Hodric et Eugène.
Arch. des Bouches-du-Rhône, n° 384. RIVAZ, *Diplom. de Bourg.* II, n° 64 (Anal. 35). — MABILLON, *Ann. Bened.* VI, 601 ; 2°, 556. MARTENE, *Script. ampliss. coll.* I, 402-4. *Cartul. de St-Victor de Mars.* II. 534-5. = GEORG. I, 354. COURBON, B, 130-1, chr. 147. BRÉQ. II, 13. CARUTTI, *Reg. Sab.* 106. MANTEYER, *Orig. mais. Savoie-Bourg.* 393-5.

**1776** (1036/1037).
Léger *(Leotgerius)* et sa femme Lanbergia vendent à Junan et son épouse Ermengart une vigne à Vitrieu *(in Vitrosco)*, au prix de 12 sols. A° 44 regn. *Radulfo rege.*
CHEVALIER (U.), *Cart. de St-André-le-Bas*, 58, n° 73.

**1777** (1036/1040).
Artaud *(Artaldus)*, évêque de Grenoble, relate pour l'instruction de ses successeurs et du clergé qu'Ismidon, prince du Royans *(regionis Roianensis, de Roiano)* et ami de son siège, s'est rendu en sa présence, accompagné de Benoît, abbé de Montmajour, et de ses moines, qui établirent par des chartes que l'église Romaine avait reçu jadis de l'aïeul ou {= et ?} du père d'Ismidon une donation ou *convenimentum*, dans ces contrées, et qu'elle les en avait fait bénéficier ; dans la crainte d'aller à l'encontre de l'église Romaine et à la demande d'Ismidon, il a donné son assentiment, sous réserve du cens ecclésiastique.
FONTANIEU, *Cart. du Dauph.* I, 76. RIVAZ, *Diplom. de Bourg.* II, n° 88 (Anal. 39). — CHORIER, *Estat polit.* II, 96-101. MABILLON, *Ann. Bened.* IV, 731 ; 2°, 671 ; cf. 412 ; 2°, 379. *Gallia christ. nova*, XVI, instr. 76-7. MARION, *Cart. de Grenoble*, 77-8. = BOISSIEU, *Usage des fiefs*, 57, 341. BRÉQ. II, 13, 33 (v. 1044). MANTEYER, *Paix en Viennois*, 121 [35].

**1778** (1036/....).
Girbert et sa femme Irmingarde donnent à s¹ André et à s¹ Maxime une vigne acquise de Quinielda. *Evrardus recogn.*
CHEVALIER (U.), *Cart. de St-André-le-Bas*, 125, n° 174.

**1779** (1036/....).
L'abbé Dotmar et la congrégation du monastère de St-André à Vienne cèdent à Martin et à sa femme Garsinde un champ à Vitrieu *(in Vitrosco)*, au lieu de Milieu *(ad Mediano)* : au bout de 7 ans, chacun aura la moitié et Martin avertira s'il a l'intention de vendre la sienne.
CHEVALIER (U.), *Cart. de St-André-le-Bas*, 61, n° 80.

**1780** (1036/....).
Accord entre l'abbé Dotmar et la congrégation de St-André avec Usanne au sujet de son mari défunt Isimbard ; on lui accorde, ainsi qu'à son fils Martin et à celui qu'elle aura d'Arbert, les habitations *(mansiones)* qui sont dans le jardin du monastère et elle donne 50 sols. *Evrardus recogn.*
CHEVALIER (U.), *Cart. de St-André-le-Bas*, 151, n° 207.

**1781** (1036/....).
Accord entre l'abbé Dotmar et la congrégation de St-André à Vienne avec le prêtre Varnerius, au sujet du bénéfice que son frère tenait de l'église de Moydieu *(Moydiatis)* et d'un autre : après la mort de leur père, Varnerius versera pour droit de mutation tous les 6 ans 40 sols et donnera une réception au monastère le 1er mai ; le monastère reçoit 50 sols. Souscrivent 16 moines avec l'abbé. *Umbertus rec.*
CHEVALIER (U.), *Cart. de St-André-le-Bas*, 31-2, n° 33.

**1782** (1036/....).
Vendrannus et son fils Isimbard donnent 12 livres 1/2 à l'abbé Dotmar et aux moines de St-André-le-Bas *(Subterior)* à Vienne, pour recevoir en usufruit un manse à Massieu *(Masiano)* et 4 vignes, un champ *de Carcere*, un moulin *ad Arcum*, un bois *de Castaneto*, le bourg de Genas *(Genevas)*. Seize [moines ?] souscrivent. *Data p. man. Rotbaldi mon.*
CHEVALIER (U.), *Cart. de St-André-le-Bas*, 185, 367, n° 241.

**1783** (Vers 1037).
Arimanus et Ponce donnent leur part de l'église de St-Jean de Charols *(Carrovolis)*, au pagus de Die, au [monastère de] St-Chaffre *(S. Theofredo)* et reçoivent chacun 25 sols de l'abbé Guillaume.

Chevalier (C. U. J.), *Doc. inéd. relat. au Dauph.* VI, 8 ; *Cart. de St-Chaffre*, III, n° 325.

**1784** (Vers 1037).
Rostagnus donne un manse à Charols au monastère de St-Chaffre, sous l'abbé Guillaume.

Ibidem, n° 326.

**1785** (Avant 26 mars) 1037.
Adémar, comte [de Valentinois], son épouse Roteldis ou Rotildis et leurs fils Ponce, évêque [de Valence], Hugues, Lambert, Gontard et Géraud donnent au monastère de Cluny et à l'abbé Odilon [l'abbaye de] St-Marcel de Sauzet *(Salciacum)*, au diocèse et comté de Valence, pour la relever de l'état où l'avait mise la négligence de certains abbés : leur but est de participer, eux, le comte Lambert, leurs parents et amis, aux prières des moines, qui leur donnent dix onces d'or. ... *Regn. Conone imper. a° 10 regni sui. Rainardus presb. scr. dict. Rainoardo*.

Rivaz, *Diplom. de Bourg.* II, n° 67 (Anal. 35). — Mabillon, *Acta ss. Bened.* VI. 1, 656 : 2'. Bernard-Bruel, *Chartes de Cluny*, IV, 122-3. = Mabillon, *Ann. Bened.* IV, 418 ; 2°, 384-5. Courbon, B. 167. Bréq. II, 16.

**1786** Sarrians, (26 mai 1037).
Gausfred et Bertrand, comtes de Provence, frères, donnent au monastère de Cluny leur héritage à *Diliada* et *Septem Fontes. Act. publ. ap. Serrianum villam*, jeudi de l'Ascension, *regn. Chonone imper. a° 10 regni sui* ; témoins : Raimbaud archevêque [d'Arles], les évêques Féraud [de Gap], Pierre [de Cavaillon ou Vaison], Pierre de Sisteron, Francon [de       ].

Bernard-Bruel, *Chartes de Cluny*, IV, 116, n° 2916.

**1787** (Avant 31 août 1037).
Hugues, évêque de Lausanne, proclame la Trêve de Dieu *(Treugam Dei)*, dans une assemblée générale tenue à Montriond *(Monte Rotundo)* sous Lausanne, où il avait convoqué les archevêques de Vienne et de Besançon avec leurs suffragants. On ordonne à tous d'observer inviolablement la paix, depuis le mercredi de chaque semaine après le soleil couché jusqu'au lundi après le soleil levé ; en outre, durant tout le temps compris entre l'Avent (30 nov.) et l'octave de l'Épiphanie (13 janv.), ainsi qu'entre la Septuagésime et l'octave de Pâques. Celui qui, durant les jours consacrés, aura enfreint la paix en exerçant une vengeance personnelle ou une exaction à main armée, sera, après la troisième admonition, excommunié par son évêque et cette sentence devra être observée par tous les autres prélats.

Gingins (F. de), *Cart. du chap. de N.-D. de Lausanne*, 38. R. S. R. 338. R. Gen. 188. *Mon. Germ. hist.*, Constit. I, 599. Huberti, *Gottesfrieden u. Landfrieden*, 302, 388. = Gingins la Sarra (F.), dans *Mém.-doc. soc. hist. Suisse rom.* XX, 411-388. Poupardin, *Roy. de Prov.* 311. Manteyer, *Paix en Viennois*, 105 [19], à 1041 (le 31 août 1037 est le jour de la mort de Hugues, évêque de Lausanne). Renaux. *Humbert I*, 84.

**1788** Romans, 2 octobre 1037.
Léger *(Leudegarius)*, par la grâce de la Trinité archevêque de la s° église matrice de Vienne et serviteur de tous les fidèles de Dieu, désireux de faire revivre dans leur vigueur primitive les institutions de l'église de Romans, fondée par son prédécesseur s' Barnard, renouvelle solennellement ses immunités : le droit d'asile pour les criminels et les personnes de condition ; le privilège pour les pénitents d'y entendre l'office divin ; celui accordé par les Papes à son autel de recevoir les donations en immeubles ou en argent faites à St-Pierre de Rome. Souscrivent plusieurs évêques : *Artaldus episcopus Gratianopolitanus, Poncius almæ Valentinensis episcopus ecclesiæ, Cuono Diensis episcopus, Norboldus abbas cœnobii S. Petri extra muros Viennæ fundati, Dotmarus abbas S. Andreæ intus Viennensis urbis mœnia... in conventu publico comitum et principum Viennensis episcopatus atq. Valentinensis. a° 1. D. 1037. à Passione 1004, ind. 5, ... fer. 1, luna 17, ces. aug. Cuondradi a° 10. episcopatus d. Leudegarii necdum finito 7, p. man. Rodulfi ejus primi scrinii Franci Teotonici*.

Rivaz, *Diplom. de Bourg.* II, n° 66 (Anal. 35). — Giraud, *Hist. S. Barnard-Romans*, I, pr. 68-74, n° 79 ; et Chevalier, *Cart. de St-Barnard*, 89-95. *Gallia christ. nova*, XVI, instr. 21-2. = Carutti, *Reg. Sab.* 113, Manteyer, *Orig. mais. Sav.-Bourg.* 306-7.

**1789** (Vers 1037).
Règlement entre l'archevêque Léger et les chanoines de Romans. Tous les biens compris le long de l'Isère jusqu'à l'Herbasse *(Erbacia)* et suivant le chemin de Clérieu *(Clariaco)* et Monteux *(Montes)* jusqu'à Peyrins *(Pairianum)* et St-Jean-d'Octaveon *(de Altevedone)* et de là jusqu'à l'Isère, composent la mense commune, comme l'avaient réglé l'archevêque Thibaud *(Teutbaldus)* et Silvion *(Silvius* de Clérieu), aïeul de Léger, quand on établit la communauté *(communia)*. Mais on accorde à chacun d'avoir en propre des vignes, dont il devra le dixième du produit, et des manses, qui payeront le quart et la dîme. Dans le bourg, les chanoines percevront la moitié du cens des maisons, mais le droit de gîte *(albergus)* est réservé à l'archevêque. Ils peuvent avoir un jardin et une maison sans service. Tous les bénéfices concédés à des clercs ou à des laïques feront retour, à leur mort, à la communauté.

Giraud, *Hist. S. Barnard-Romans*, I, pr. 162-4, n° 146 et 390 ; et Chevalier, *Cart. de St-Barnard*, 95-7.

**1790** (Vers 1037).
Serment prêté par les chanoines de St-Pierre et de St-Barnard à l'abbé Léger, archevêque [de Vienne] ; ils jurent de conserver le trésor et les biens de la communauté, d'abandonner leur obédience, s'ils ont forfait, de respecter la liberté des clercs et les statuts relatifs aux anniversaires, de faire rentrer les biens cédés dans la mense commune.

Giraud et Chevalier, *Cart. de St-Barnard*, 97-8, n° 389.

Novembre 1037 = Décembre 1032.

**1791** Cluny, 12 novembre 1037.
Ponce, surnommé Vulveradus ou Wol-s, son frère Arimannus et leur cousin Rostagnus donnent au mo-

nastère de Cluny et à l'abbé Odilon la moitié de ce qu'ils possèdent dans la villa *Sala Baldemari*, au pagus et diocèse de Die ; à la mort du dernier, sans héritier légal, l'autre moitié reviendra à St-Pierre. *Act. Cluniaco... ind. 5, ...regn. Chonone imper. a° 10 regni ejus. Arnulfus lev. recog.*

BERNARD-BRUEL, *Chartes de Cluny*, IV, 120-2, n° 2980.

**1792** 18 décembre 1037.

Léger, archevêque de Vienne, restitue l'église de St-Symphorien, située au nord de cette ville, au monastère de St-Ferréol reconstruit avec l'aide d'Isarn, abbé [de St-Victor] de Marseille. ...*ind. 5, a° 9 imper. Rom. Conradi. Nuspa mon. ad vic. cancell. scr. d. Leodeg. archiep. a° 7. fer. 1 stationis ad S. Ferreolum ante Natale Dom.* : témoins. — *Dum Dei omnipot.*

MARTENE, *Vet. script. ampl. coll.* I. 404-5. \*GUÉRARD, *Cart. de St-Victor de Marseille*, II, 534-5. n° 1064. = COURBON, 131-2. BRÉQ. II. 15.

**1793** (1037/1045).

Echange de mas entre Alboin. prieur de St-Arey, hors des murs de Gap. avec Autran et Bertrand. Consentement [du vicomte] Bérenger, des comtes Geoffroy et Bertrand, etc.

JUVENIS, *Hist. du Dauph*. II, 56 (Bibl. de Carpentras, ms. 504), MANTEYER, *Provence*, 376-7.

**1794** 1038.

Donation par Ermenbert et sa femme Ermensenne au monastère de St-Victor de Marseille de biens à Vilhosc, au comté de Gap ...*ind. 7, regn. D. Jesu-Christo.*

GUÉRARD, *Cart. de St-Victor de Marseille*, II, 65, n° 719.

**1795** 1038.

Donation par Lanfred Moine et sa femme Aimerudis au monastère de St-Victor [de Marseille] de biens au territoire du château de Dromon, au comté de Gap... *ind. 9, regn. D. Jesu Christo.*

GUÉRARD, *Cart. de St-Victor de Marseille*, II, 66. n° 721.

**1796** (Vers 1038).

Rôle *(breve)* des terres et surtout des églises que possède le monastère de Romans au-delà du Rhône : St-Félicien et Pailharès, St-Priest (S. *Projecti)* à Satilieu, St-Romain [-d'Ay], Vernosc et St-Alban [-d'Ay, *de Maleviis*].

GIRAUD, *Hist. S. Barnard-Romans*. I, pr. 66 ; II, pr. 3-5, n° 31 ; et CHEVALIER, *Cart. de St-Barnard*. 98-9.

**1797** Spello, 31 mars 1038.

Diplôme de Conrad *(Chuonradus)*, empereur des Romains, par lequel, à l'intervention de son épouse l'impératrice Gisèle *(Gisla)* et de son fils le roi Henri, il confirme à Léger *(Leodegario)*, archevêque de Vienne, qui est venu en supplier sa clémence, les possessions de son église, meubles, immeubles et serfs *(familie)* que lui avaient accordées les empereurs et rois des Francs et des Bourguignons. *Kadelohus cancell. vice Herimanni (archi)cancell... ind. 6, a° d. Cuonradi regis 14, imper. 13* [= 12]. *Act. in Spellensi civit.* — *Si justis nostrorum.*

RIVAZ, *Diplom. de Bourg.* II, n° 69 (Anal. 36). — CHEVALIER (U.), *Cart. de St-André-le-Bas*, 260-1, n° 61\* ; *Cart. de*

*St-Maurice Vienne*, 20, n° 35. STUMPF (K. F.), *Reichskanzler*, III, 415-6. — Trad. CHARVET, 289. MILLE, *Hist. de Bourg.* III, 352-3. COLLOMBET, I, 399-400. = MANTEYER, *Paix en Viennois*, 149-3 [56-7].

**1798** (Avril 1038/juin 1039).

Prophétie composée à Vienne, dans l'entourage de l'archevêque Léger ; elle a pour objet de prédire l'avenir du monde, à partir du moment où le siège de l'empire échappe à Vienne par la disparition de Louis l'Aveugle.

MANTEYER (Geo. de), dans *Bull. soc. statist. Isère* (1904), 4° sér., VII. 173-85 (à part, 87-99). = POUPARDIN. *Roy. de Bourg.* 172.

**1799** (Fin septembre/octobre) 1038.

L'empereur Conrad réunit à Soleure les princes du royaume de Bourgogne ; après trois jours de délibérations sur l'observation des lois et la paix du royaume, il fait don à son fils Henri du royaume de Bourgogne et ordonne aux évêques et autres seigneurs de lui prêter serment comme ils l'avaient fait à lui-même ; les souverains assistent à un service dans l'église de St-Etienne de Soleure : *populo clamante et dicente quod pax pacem generaret. si rex cum Cæsare regnaret.*

WIPO, *Gesta Chuonradi*, 38 (BOUQUET, XI, 5 ; PERTZ, Mon. Germ. hist., Scr. XI, 273 ; *Patrol. lat.* CXLII, 1247). — Ann. Sangall. major.(BOUQ. XI.8). — HERMANNUS Contract., *Chron.* (BOUQ. XI, 19 ; *Patrol. lat.* CXLIII, 239). = CHORIER, *H. de D.* I. 760 ; 2°, 584. COURBON, B, 126. 136, 141. R. S. R. 343. R. Gen. 190. POUPARDIN. *Roy. de Bourg.* 173-5.

**1800** 25 octobre 1038.

Donation par Guichard, sa femme Maxime, son frère Berlion, leurs neveux Artald et Etienne, au monastère de Tournus, de l'église de St-Ferréol au diocèse de Vienne... *fer. 3..., regn. in Franciâ Ayndrico. Data p. m. Bernardi sac. et mon.*

RIVAZ, *Diplom. de Bourg.* II, n° 70 (Anal. 36). — CHIFFLET, *Hist. de Tournus*, pr. 305. JUÉNIN, *Nouv. hist. de Tournus,* pr. 125. = BRÉQ. II. 18.

**1801** (Avant 1039).

Eldulfe donne [par testament] à St-Maurice un manse à la villa *Musclano*, une plantée et un manse à la villa *Grunnaco.*

CHEVALIER (U.), *Cartul. de St-Maurice Vienne*, 33-4. n° 129. = CHARVET. 290.

**1802** Avignon, 1er janvier 1038/9.

L'église de St-Just, hors des murs d'Avignon, jadis florissante et nourricière des pauvres, était devenue inhabitable par la négligence des évêques. Quatre clercs, Kamalde, Odilon, Ponce et Durand, la demandent, pour y vivre religieusement, à l'évêque Benoît, qui la leur accorde avec ses dépendances, une vigne *modiata* au St-Ruf et d'autres terres, sous le cens d'une livre de cire à la Pentecôte. Approbation du doyen Ponce et de 11 frères. *Martinus Anolonen. not.*

JUVENIS, *Hist. de Dauph.* (ms. de Carpentras 504), I. 62°. FONTANIEU, *Hist. de Dauph.* II, pr. 1, 209 ; *Cart. du Dauph.* I, 73b. — CHEVALIER (U.), *Codex diplom. S. Rufi*, 1-4, n° 1. = NOUGUIER (F.), *Hist. égl. Avignon* (1660). COLUMBI, *Opusc. var.* 544. FANTONI CASTRUCCI, *Avignone*, II, 390-1. VALBONNAYS, *Hist. de Dauph.* II, 549. CATELLAN, *Antiq. Valence*, 295-7. BRÉQ. II, 20. MANTEYER, *Prov.* 372.

**1803** (4 juin/24 septembre 1039).
La reine Ermengarde (*E-dis, E-rt*) donne au monastère de Cluny et à son abbé Odilon, pour le repos de l'âme de son mari (*senior*) le roi Rodolphe, *olim in Christo quiescentis*, par son avoué (*advocatus*) le comte Humbert [de Maurienne], deux manses au pagus de Genève, à Sillingy (*Sibingiaco*) et Chemilieu? (*Cicinlatis*).

Rivaz, *Diplom. de Bourg.* II, n° 71 (Anal. 36). — Cibrario e Promis, *Docum.*, Rapp. 102. *Hist. patr. mon.*, Chart. I, 525. Bernard-Bruel, *Chartes de Cluny*, IV, 95-6, n° 2892. = R. S. H. 330. Wurstemb. 11. R. Gen. 191. Carutti, 91. Manteyer, *Orig. mais. Savoie-Bourg.* 397-8. Poupardin, R. *de B.* 158. Renaux, *Humbert I*, 59.

**1804** (Vers 1040).
Fief d'Ainard de Domène, frère de Pons, fils d'Ainard, fils lui-même de Radulfe : dans le diocèse de Grenoble, *omnes leges et batatas*, de la coche (*cocha*) de Theys (*Tehes*) au Doménon ; deux manses donnés à son aïeul Radulphe, par l'évêque Isarn en filiolage (*filiaticum*), l'un dans la paroisse de Theys, l'autre dans celle de Tencin (*Tencinis*); le cimetière de Tencin ; la dîme à Froges (*Frodias*), Herculais (*Mons Reculatus*) et Monteymon (*Mons Aimonis*), que Dalmace de Bernin (*Brinino*) tenait pour l'abbé Guigues ; la villa de Murianette (*Maurianeta*); la terre dite *Votta*, sur l'Isère ; un manse qui fut de l'alleu de Lancey (*Lanceu*), pour le cens d'un cierge à la S¹-Vincent; les moulins sur le Vors (*Vorz*) et le Brignoud (*Brinosch*) ; une part de la dîme de Gières (*Jeira*) au Drac (*Dracus*) : le quart de l'*alpaticum* de Vors à la coche de Theys ; un champ à *Aulane* ; une maison à Grenoble, qu'occupa Gautier Chaunais, chanoine de Grenoble. Écrit dans la maison d'Acelin de Vorz sous la dictée, avec un style sur une tablette (*in tabulis cum grafio*).

Fontanieu, *Hist. de Dauph.* pr. I, 153 ; *Cart. du Dauph.* I, 76¹. — Boissieu, *Usage des fiefs.* 488-9 ; 3°. II, 234-5. Montynard, *Cart. de Domène*, 378-9, 452. Marion, *Cart. de Grenoble*, 119-20, n° 46. = *Chorier, *Estat pol.* II, 77-8. Valbonnays, 1°, 357-8 ; II, 337-8.

**1805** (Vers 1040).
Donation par le chevalier (*miles*) Bornon à Narbald, abbé de St-Pierre à Vienne, sous l'empereur Henri.

Chorier, *Hist. de Dauph.* I, 837 ; 2°. 644.

**1806** (Vers 1040).
En présence de Léger (*Leudegarius*), archevêque de Vienne et supérieur des chanoines de Romans, la veuve Ermenbergis leur donne, pour le repos de l'âme de son mari Quidon, de son père Aginon et de sa mère Gisèle (*Gisla*), deux propriétés, l'une en Valentinois, à la Baume-d'Hostun (*villa Balmas*), limitée par la montagne Moyson et les terres d'Ismidon prince [de Royans] ; l'autre en Viennois, dans l'ager *Leviacensis*, à *Mons Lucdanus*, paroisse de Geyssans (*villa Gessiano*), et à Chalevoux (*villa Calevo*). S. *Gentionis sac*.

Giraud, *Hist. S. Barnard-Romans*, I, pr. 37-8, *n°* 6 ; et Chevalier, *Cart. de St-Barnard*, 99-100.

**1807** (Vers 1040).
Guigues (*Vuido*) et sa femme Dida abandonnent à l'église de Romans sur l'Isère, où préside l'évêque Léger, les édifices qu'ils ont construits dans une propriété que le prêtre Folcard avait concédée comme cimetière, à Vinay (*villa Vinaico*), dans le pagus de Sermorens (*Salmoren.*)

Giraud, *Hist. S. Barnard-Romans*, compl. 20-1, n° 110 ; et Chevalier, *Cart. de St-Barnard*, 101.

**1808** (Vers 1040).
L'archevêque Léger rend son amitié au chevalier Hector, qui lui avait fait la guerre, sur sa promesse de lui être plus fidèle qu'à tout autre, de ne plus forfaire et de donner des otages. Il abandonne ses prétentions sur sur les villæ au-dessus de Vienne : Genas (*Jaiano*), Crisinciaco, Macheo, Massieu (*Masiano*), Communay (*Commenaico*), Chuzelles (*Causilla*), St-Maurice, Feyzin (*Fasino*), *Cetusia*, Pisieu (*Pisaico*), *Cotouratis* et *Masonatis*, sauf le droit de réception (*receptum*) qu'aurait eu son frère Bérilon.

Chevalier (U.), *Cart. de St-André-le-Bas*, 150-1, n° 206. = Chorier, *H. de D.* I. 830, 866.

**1809** (Vers 1040).
Le prêtre Hiadbert, en vue d'être admis dans la société des chanoines de Romans, donne à leur église, fondée par s¹ Barnard et dont l'archevêque Léger est le chef, une vigne à Pral (*villa Pradellas*), dans la viguerie de Pailharès (*vicaria Pallariacen.*) et le pagus de Vienne. Seing de son neveu homonyme.

Giraud, *Hist. S. Barnard-Romans*, compl. 17, n° 103 ; et Chevalier, *Cart. de St-Barnard*, 100-1.

**1810** (Vers 1040).
Le comte Ponce donne au monastère de Cluny dans les villæ *Villeas* et *Merdusana* des condamines et un pré ; à St-Jean-d'Hérans (*Eron*), dans le pagus du Trièves (*Trevis*) et le diocèse de Die, la moitié de l'église avec 12 setérées de terre ; dans l'ager de Lus-la-Croix-Haute (*Lunis*), une celle : le tout sans réserve ; du lieu de Jansac (*Gentiacus*), il gardera l'usufruit, sous l'investiture de 4 setiers de vin et une vache. *Facta audiente d. Aimone* [évêque de Belley].

Bernard-Bruel, *Chartes de Cluny*. IV, 148-9, n° 2948.

**1811** St-Victor de Marseille. 15 octobre 1040.
Consécration de l'église de St-Victor et privilège accordé à cette occasion au monastère par le pape Benoît IX (?)... *Præsules Galliarum ... Leodegarius archiepiscopus Viennensis, Pontius Valentinensis et Udulricus Tricastrensis ..., Hysmido archiepiscopus Ebredunensis et Feraldus Guapincensis ....*

Guesnay, *Vita s. Cassiani*, 572. *Gallia christ. nova*, I, instr. 110-1, 114. Cf. *vet.* II, 559°; III. 1012. Bulsunck. *Antiq. égl. Marseille*, I, 384. Guérard, *Cart. de St-Victor de Marseille*, I, 14-8, n° 14. Faillon, *Mon. de s¹ Marie-Madel*. II. 629-42. Albanés-Chevalier, *Gallia christ. noviss*. II.54-8 ; III, 154 ; IV, 43. = Bréq. II, 22. Jaffé. P. 360—521. Delisle (L.), dans *Rev. d. soc. sav.*, B. V, 521. Blancard (Louis), dans *Bull. histor.-philol. com. trav. hist.-scient.* (1893), 101-8. Manteyer, *Paix en Viennois*. 104 [18].

**1812** Avignon, 25 octobre (vers 1040).
Donation par Bérenger, [vicomte de Sisteron], et sa femme Girberge, au monastère de St-Victor de Marseille ... *regn. D. N. Jesu...* Témoins : Udalric, évêque [de Trois-Châteaux], etc.

GUÉRARD, Cart. de St-Victor de Marseille, II, 141-2, n° 790, *Gallia christ. noviss., IV, 44.

**1813** (Cluny, 1040/1041).
Le comte Ponce et le chevalier Roland (Rottannus) donnent au monastère de Cluny et à l'abbé Odilon les églises de Ste-Marie et St-Jean-Baptiste à Hérans (Heron), dans le pagus du Trièves (Trevis) et le diocèse de Die. A° 10 regn. Eyco (Henri) rege [de France]. Eldulfus scr.
BERNARD-BRUEL, Chartes de Cluny. IV, 151, n° 2951. = MANTEYER, Prov. 306.

**1814** Les Tours, (1039 ou 1041).
Le comte Ponce, reconnaissant l'énormité de ses péchés, donne au monastère de Cluny et à l'abbé Odilon le manse qu'il faisait labourer in dominicatu aux lieux de Villetas, Merduzana et Mota, près du ruisseau Lota, dans le pagus du Trièves (Trevis). Act. castro Torana, fer. 5, luna 21, ind. 7, epacta 15, regn. D. N. J. C. sine fine in perpetuo. S. d. episcopi [de Die] Cononis.
BERNARD-BRUEL, Chartes de Cluny, IV, 147-8. n° 2947. = MANTEYER, Provence. 306.

**1815** 3 mars (après 1040).
Obit de Féraud, Feraldus, évêque de Gap.
Nécrol. du prieuré de St-Martin-des-Champs (Obit. prov. Sens. 1902, I, 428). — Nécrol. du prieuré de Longpont (ibid., 521). — Nécrol. du prieuré de Villers (éd. SACHUR, Die Cluniacenser, I, 384).

**1816** St-Genis, 21 mars 1040/1.
Donation par Aldebert et Ponce au monastère de St-Victor de Marseille. Facta in monast. S. Genesii... ind. 8, ciclus 12. kal. mart., in vigilia Paschæ, regn. nullo rege Provincie atque Burgundie.
GUÉRARD, Cart. de St-Victor de Marseille, I, 216-7, n° 188. = MANTEYER, Provence. 290.

1041, Trêve de Dieu = (Avant 31 août 1037).

**1817** 21 janvier 1042.
Humbert (Upertus), comte [de Savoie], donne au monastère de St-Chaffre (Calmiliacen.) et à St-Laurent [de Grenoble] l'église de Ste-Marie aux Echelles (Scalas, quod antiquitus vocatur Lavastrone), avec ses dîmes, prémices, cimetière et oblations, ainsi que les églises de cette paroisse non reconstruites... luna 25, ...S. Brochardi archiepiscopi [de Lyon?]. S. Aimoni episcopi [de Belley] S. Ameei, S. Oddoni ... — Inter omnes series.
Arch. de l'Isère, B. 351, 171. — CAMILLE DE THONON, dans Mém.-doc. soc. Savois. hist.-archéol. (1860), IV, 324-6. MARION, Cart. de Grenoble, 31-2, n° 20. CHEVALIER (U.), Cart. de St-Chaffre, 172-3, n° 434. TREPIER, dans Doc. acad. Savoie, VI, 40-1. = CARUTTI, Reg. Sab. 123. RENAUX, Humbert I°', 71-2.

**1818** 24 mars 1042.
Gigo donne à l'église de Romans sur l'Isère, où s' Barnard est honoré et Léger (Leudegarius) est archevêque, un manse avec vigne et champ, aux Péraires ? (Petragias), dans la villa de St-Alban, l'ager de Charlieu (Charliacen.) et le pagus de Valence, entouré par la terre du seigneur Guillaume [frère de Léger]. Souscrivent son frère Alamannus et sa mère Adaltrudis. Adalegius presb. scr. fer. 4, ... ind. 10, regn. Haindrico rege nondum imper.
GIRAUD, Hist. S. Barnard-Romans, I, pr. 129-30, n° 74; et CHEVALIER, Cart. de St-Barnard, 101-2.

**1819** 10 juin 1042.
Humbert [aux Blanches-Mains], comte [de Savoie en Graisivaudan], ses fils Amédée et Odon (Oddo) donnent au monastère de St-Chaffre (S. Petro Calmilien. et S. Theotfredo) et à celui de St-Laurent de Grenoble l'église de Ste-Marie aux Echelles (ad Scalas, jadis appelé Lavastrone), au diocèse de Grenoble, et les autres détruites ou reconstruites dans la même paroisse, avec leurs dîmes, prémices, cimetières et oblations ... luna 18 [= 17], ... regn. Einrico rege. S. Brochardi archiepiscopi [de Lyon?].
Arch. de l'Isère, B. 351, 170. Invent. Graisivaudan. II, 266°. RIVAZ, Diplom. de Bourg. II, n° 78 (Anal. 37, 65-6). — SALVAING DE BOISSIEU, Miscell., 92-4 ; Septem miracula Delphinatus (1656). GUICHENON, Hist. gén. Savoie, II, pr. 7; 2°, IV, 7. MARION, Cart. de Grenoble, 29-30. CHEVALIER (U.), Cart. de St-Chaffre, 173-4, n° 435. TREPIER, dans Doc. acad. Savoie, VI, 42-3. VALBONNAYS, II, 7b. BRÉQ. II, 26. Doc. hist. inéd. I, 272. R. S. R. 351. WURSTEMB. 15. CARUTTI, Reg. Sab. 125 ; dans Miscell. stor. Ital. XL. 10. RENAUX, Humbert I°'. 72-3.

**1820** 4 septembre 1042.
Concile tenu à St-Gilles (apud S. Ægidium), où 22 évêques des Gaules (Gallicani) promulguèrent en 3 canons la Trêve du Seigneur. ... Laudegarius Viennensis ... Udalricus Tricastrinensis....
MARCA, Concordia, I, 281-2 ; 2°, 254-5 : 441 ; (1763). 161. LABBE, IX, 1082-3. HARDUIN. VI, 1041. COLETI, XII, 11. MANSI, XIX, 1039. BOUQUET, XI. 513, cf. cxvij. Patrol. lat. CLI, 747-8. HUBERTI, Gottesfrieden u. Landfrieden, 304-5. = Hist. litt. France, VII, 492. CHARVET, 291. VIC-VAISSETE, Hist. Lang. II, 610-1; 3°, IV, 171-3. Gallia christ. noviss., II, 59; III, 157; IV, 43. MANTEYER, Paix en Viennois, 105 [19].

**1821** 1044.
Bertrand, marquis ou [= et] comte de Provence, cède à l'abbaye de St-Victor de Marseille l'église de St-Promaise près Forcalquier... ind. 12, Heienrico rege regn. Hismido Hebredunensis archiepiscopus firmavit. Udulricus Tricastrensis episcopus firmavit. Fait en concile public ap. Barbarbaras (Barbières !)
*RUFFI, Dissert. sur les comtes de Provence, 63, 66. *Gallia christ. nova, I. instr. 64, cf. 482. VIC-VAISSETE, Hist. de Lang. II, pr. 210; 3°, V, 447-9. GUÉRARD, Cartul. de St-Victor de Mars. II, 3-5, n° 659. = BRÉQ. II. 32. Gallia christ. nova, III, 1069 ; noviss III, 158 ; IV, 43. *MANTEYER, Provence. 281-5.

**1822** (Vers 1044).
Raingerius et sa femme Aquilina donnent, legitima testamenti auctoritate, au monastère de Cluny et à l'abbé Odilon un manse à Chors ? (villa Chaorz, à St-Martin-le-Vinoux), dans le diocèse (episcopatus) de Grenoble. Seings de leurs 3 fils.
MONTEYNARD, Cart. de Domène. 39-40, n° 35.

**1823** Besançon, 25 mars 1044.
Testament de Hugues, archevêque de Besançon (Crisopolitan.), par lequel il trace un règlement de vie pour les chanoines réguliers qu'il avait introduits dans sa cathédrale de St-Paul. S. Leudegarii Viennensis archiepiscopi. S. Pontii Valentinen. episcopi. S. Artaldi Gratianopolitan. episcopi... 8 kal. april. d. Annunciat. s. Mariæ. ind. 12, ...a° Henrici ordin. 16, regni 5, præsul. Hugonis 12.
CHIFFLET, Collect. Burgund. (Bruxelles, Bolland.), 76 ; — Vesontio civ. imper. n. 198. DUNOD. Hist. égl. Besançon, I. pr

xlix. GUILLAUME, *Hist. généal. sires Salins*, I, pr. 14-8. = BRÉQ. II, 31. CARUTTI, 127. MANTEYER, *Orig. mais. Savoie*, 26.

**1824** Chorges, 1044.

Transaction entre Radulphe, évêque de Gap, et Guillaume *(W.)* Bertrand, comte de Provence, au sujet de la cité de Gap et de son territoire, par la médiation d'Ismidon, archevêque d'Embrun, et de P. de Mison. La moitié de la ville entourée de murailles sera la part du comte, l'autre, avec l'église de Ste-Marie, celle de l'évêque ; l'un et l'autre auront le droit de gîte *(albergum)*. Le droit de lods ou de mutation est au comte ; celui de leyde ou de marché est partagé, sauf certains cas ; les revenus des cours d'eaux sont au comte. L'évêque exercera la justice sur tous ; il aura la suzeraineté de toutes les maisons fortes. Le territoire est divisé en parts égales. *Act. Cat uricis*]..., *ind. 12*.

Arch. des Bouches-du-Rhône, B. 373 (XIV° s.), 42 — ROMAN (J.) dans *Bull. de l'acad. Delphin.* (1885/6). 3° s., XX, 360-8 ; *Deux chartes Dauphin. du XI° s.*, Grenoble, 1886, in-8°. = ROMAN, 3°. POUPARDIN, *Roy. de Prov.* 325.

**1825** Gap, 7 avril 1044.

Ismidon, archevêque d'Embrun, et P[ierre], de Mison partagent comme arbitres la ville et le territoire de Gap entre l'évêque Radulphe et le comte Guillaume Bertrand *(W. B-di)*. *Acta in civit. Vapincensi* ...*ind. 12, Henrico regn....* : seings. *P. scriba episc. scr.*

ALBANÉS, *Gallia christ. noviss.*, I. instr. 275-7. = MANTEYER, *Provence*, 295, 360,-6.

**1826** 28 juin (vers 1044).

Adon, frère de Léger, donne à l'église de Romans, en compensation du canonicat que le chapitre lui a accordé en corps *(communiter)*, le manse *Drotianus* situé dans la villa de St-Paul[-lès-Romans] et ses confins. L'acte est signé par l'archevêque Léger *(Leodegarius)*, ses frères Guillaume et Armannus, et leur serve Fides. *Stephanus scr. vig. apost. Petri et Pauli, regn. Heindrico rege.*

GIRAUD, *Hist. S. Barnart-Romans*, II, pr. 9-10, n° 93 ; et CHEVALIER, *Cart. de St-Barnard*, 103.

**1827** 31 octobre 1044.

Léger *(Leudegarius)*, archevêque de Vienne, le prévôt Artaud et la congrégation des chanoines de St-Maurice concèdent au clerc Adalard, pour planter des vignes, trois courtils dans la paroisse de St-Martin près de Vienne, limités par les moulins du prévôt *(præpositales)* et le chemin qui va au mont *Suspulus* ; après lui, ses fils Ebon et Udon ou deux autres héritiers en auront la jouissance. Souscrivent Léger, Artaud, le doyen Guigues *(Vuigo)* et 22 chanoines ?. *Scr. p. man. Petri sac..., regn. Henrico rege.*

CHEVALIER (U.), *Cart. de St-André-le-Bas*. 26-7*, n° 119* ; *Cart. de St-Maurice Vienne*, 17, n° 17.

**1828** (Avant 1045).

Matfredus et sa mère donnent à l'église de Romans la moitié de l'église de Samson *(S. Solutoris)*, pour leur sépulture.

Rappelé dans la charte du 13 déc. 1045.

**1829** Soleure, 1045.

*Reginolt* (Renaud) *et Gerolt* (Girard de Vienne) *Burgundiones regi* (Henri III) *apud Solodorum ad deditionem venerunt*.

HERMANNI CONTRACTI *Chronicon* (USSERMANN, *German. sac. prodromus*, I ; *Patrol. lat.* CXLIII, 244). = CHORIER, *Hist. de Dauph.* II, 2°, 8. COURBON, B. 126, 136, 141.

**1830** (Vers 1045).

Ainard, sa femme Elisabeth et ses frères donnent à s¹ Georges et à l'abbé Odilon une serve *(ancilla)* Leotelda surnommée la Pieuse. Signent 3 autres.

MONTEYNARD, *Cart. de Domène*, 60, n° 62.

**1831** (Vers 1045).

Ainard donne au monastère de Cluny et à l'abbé Odilon une vigne et un courtil, et reçoit du moine Girbert 20 sols et un cheval de 30 sols ; il en garde l'usufruit et, à sa mort, le tout reviendra à s¹ Georges et au monastère de Domène. Il signe avec son épouse Elisabeth, ses frères Guigues *(Vuigo)* et Arnulfe.

MONTEYNARD, *Cart. de Domène*, 62-3, n° 65.

**1832** (Vers 1045).

Esmidon et Burnon, frères, donnent au monastère de Cluny et à l'abbé Odilon une vigne à [St-Martin-de-]Miséré *(villa Miseriacus)*, dans le diocèse *(episcopatus)* de Grenoble. Seing du comte Guigues (le Vieux, *Vuigo*).

MONTEYNARD, *Cart. de Domène*, 41, n° 37.

**1833** (Mars/septembre) 1045.

Pierre, vicomte de Gap, sa mère Dalmatia, son épouse Inguilberga et son fils Isoard restituent au monastère de St-Victor de Marseille les trois églises de Gigors *(Jugurnis)*, au comté d'Embrun, dont les religieux de Novalaise *(Bremeten.)* s'étaient emparés durant la destruction de St-Victor par les païens ; ils établirent leur droit par les chartes et le jugement de Dieu ...*ind. 13, regn. Heienrico rege.*

MARTÈNE, *Script. vet. coll.* I, 411-2. GUÉRARD, *Cart. de St-Victor de Marseille*, II, 32-4, n° 691. = BRÉQ. II, 35. ARBAUD (Dam.), dans *Ann. d. Basses-Alpes* (1905), XII, 180-1,-5-6. MANTEYER, *Prov.* 366.

**1834** Vienne, avril (vers 1045).

Durand *(D-nnus)* et sa femme Helisanna vendent au chanoine Witgerius, pour 60 sols et une réception *(receptum)*, une saussaie *(salicetum)* dans l'île de St-Alban (-du-Rhône, *S. Albani sublus Viennam*), qu'il avait acquise de St-Maurice à mi-fruits *(per medium plantam)*. *S. Leudegarii archiepiscopi*. Seings des chevaliers Guibert et Guarin... *Facta p. man. Witgerii not. infra domo episcopali,... regn. Henrico II rege.*

CHEVALIER (U.), *Cart. de St-André-le-Bas*, 261-2, n° 52*.

**1835** 13 décembre 1045.

Guillaume, frère de l'archevêque Léger, et sa femme donnent à l'église fondée sur l'Isère par s¹ Barnard, pour l'âme de son père Guillaume et de sa mère, l'église de Samson *(S. Solutoris)*, dans le pagus de Valence, avec ses dîmes, presbytère, etc., entre les terres de Barbières *(Barberia)* et de St-Apollinaire de Marches *(Marcha)*, et le ruisseau de Fleurs *(Fluis)* ; il n'en donne que la moitié, l'autre ayant été cédée par Matfred et sa mère. Seings de Léger et de ses frères Adon et Armand *(Armannus)*. *Data p. man. Stephani sac... fer. 6, luna 1, ... Heinrico II ces.*

GIRAUD, *Hist. S. Barnart-Romans*, compl. 35-6, n° 139 ; et CHEVALIER, *Cart. de St-Barnard*, 103-4.

**1836** (Après 1046).

Aimon, [fils du comte Burchard], redoutant les ombres du Tartare et attiré par les lis des prairies, du Christ, confirme à l'église de St-André dans les murs de Vienne, où repose le corps *(busta)* de s' Maxime, et à l'abbé Dotmar la donation faite par son père de l'église mère de St-Genix-sur-Guiers *(B. Genesii)*, où il est enterré, pour l'âme de ses parents, de l'évêque Odon, du comte Aimon, etc. ; il y ajoute 3 manses, la villa *Jakinium* [Grésin?] et le droit d'usage dans la forêt d'Urice *(Eruxia)*. Il invoque comme témoins ses intendants. S. *domni Huberti* aux Blanches-Mains, *comitis*. S. d. *Amedei comitis*. S. d. *Aimoni Sedunen. episcopi*. S. *ego Odo marchio* [de Suse] *recogn*.

CHEVALIER (U.), *Cart. de St-André-le-Bas*, 156-7, n° 212. = CARUTTI, *Reg. Sab.* 135. MANTEYER, *Orig. mais. Savoie-Bourg.* 406-7. RENAUX, *Humbert I*, 73-4.

**1837** (Vers 1047).

Eldenus, sa mère Anastasie et sa sœur Enquitia donnent au monastère de Cluny et à l'abbé Odilon, pour le rachat de l'âme de Bornon, un manse à St-Eynard *(villa Mons Aynardus)*, dans le diocèse *(episcopatus)* de Grenoble. S. *Aynardi et uxoris ejus Fecennæ*.

MONTEYNARD, *Cart. de Domène*. 160-1, n° 185.

**1838** (Vers 1047).

Vallon ou Vuillelmus, sa femme Teuda et leur fils Dalmace donnent au monastère de Cluny et à l'abbé Odilon la 1/2 d'un manse à Froges *(villa Frotgas)*, avec la 1/2 de la dîme et 10 setérées de terre au mont Follet. S. *Ainardi*.

MONTEYNARD, *Cartul. de Domène*, 135, n° 157.

**1839** (Vers 1048).

[Le chanoine] Adon donne à l'église de Romans sur l'Isère, fondée aux confins du Viennois en l'honneur de s' Barnard et où préside [son frère] l'archevêque Léger, pour le salut de son âme et de son frère Armand *(Armannus)* : l'église de St-Pierre des Voirassiers *(de Vair[ac]iaco)*, avec presbytère, dîmes et prémices ; celles de St-Martin et de St-Pierre à Chanos *(villa Cannoscus)*, avec leurs revenus ; le droit de pâturage pour les porcs dans le bois des Voirassiers *(Vairazefus)*, avec la faculté d'y prendre des échalas *(matheria)* pour [monter] les vignes. Il confirme sa donation du manse *Drocianus* (n° 1826) et celle de son frère Guillaume (n° 1835). Il abandonne son obédience et les mauvaises coutumes que sa parenté exigeait en deçà du Chalon *(rivum Calonem)*; il demande qu'à la messe pour le salut des vivants et des morts on fasse mention de lui et de son frère. — *Hujus mundi casum*.

GIRAUD, *Hist. S. Barnard-Romans*, I. pr. 61-2, n° 28 ; et CHEVALIER, *Cart. de St-Barnard*, 105-6.

**1840** (Avant 1049).

Donation du chevalier Aimon de Pierrefort *(Petræfortis)* à Odilon, abbé de Cluny, de la villa de *Mons Ermenoldi* au comté de Savoie, dans le pagus de Grenoble. Seings du comte Humbert *(Ubertus)*, de son fils Amédée.

GUICHENON, *Hist. généal. mais. Savoie*, pr. 5. CARUTTI (Dom.), dans *Archiv. stor. Ital.* (1878). 4° ser. II, 341 ; — *Reg. Sab.*, 73.

**1841** Février 1049.

Le pape Léon IX invite Halinard, archevêque de Lyon, et tous les évêques des Gaules à se rendre au concile qui se célébrera à Rome touchant la situation et la réforme de l'Eglise.

*Chronicon S. Benigni Divion*. : ACHERY (d'), *Spicileg.* I, 468 ; 2°, II, 393. MABILLON, *Acta ss. Bened.* VI, II, 39 ; 2°, 37. PERTZ, *Mon. Germ. hist.*, Ser. VII, 237. *Patrol. lat.* CLXII, 845 ; cf. CXLII, 1343. *Anal. Divion.* 191. = JAFFÉ, 3157 — 4153.

**1842** 30 mars 1049.

Donation à l'église de Vaison, confirmée par Arantrudis, son fils Udalric, évêque de Trois-Châteaux, ses frères Ponce, Ripert, Pierre et Hugues.

BOYER, *Hist. égl. St-Paul-Trois-Châteaux*, add. 18-9. *Gallia christ. noviss.* IV, 43-4.

**1843** Vienne, 9 mai (1049).

Léger *(Leudegarius)*, 61° archevêque de Vienne, autorise les chanoines et clercs de l'église de Romans (dont le nom vient de Rome, parce que son fondateur, s' Barnard, la donna à s' Pierre) à construire deux cloîtres : l'un près de l'église, où ils vivront en communauté ; l'autre se composera de maisons particulières là où étaient les viviers, sous la condition que la partie extérieure formant l'enceinte sera à chaux et à sable, précaution justifiée par le fait que deux fois de ce temps l'incendie avait tout consumé. Ces habitations ne pourront être vendues ou données qu'à des clercs. Le chapitre se composait alors de l'archevêque Léger, élevé et jadis prêtre dans cette église, de 10 chanoines, de 4 diacres et de 3 clercs [dont Adon, frère de Léger]. Fait en synode public, *fer.* 3. *luna* 4 [= 3]... *p. man. Petri cancell.*, 1° a° d. *Leonis papæ*, *Heinrici imper. II Roman.* 3°, *nostri pontific.* 1?°.

RIVAZ, *Diplom. de Bourg.* II, n° 84 (Anal. 39). — GIRAUD, *Hist. S. Barnard-Romans*, II, pr. 51-2, n° 220 ; et CHEVALIER, *Cart. de St-Barnard*, 106-8.

**1844** 11 mai (1049/1054).

Bulle du pape Léon IX adressée à Léger *(Leodegario)*, archevêque de Vienne, par laquelle il confirme à son église les privilèges accordés par le pape Silvestre I et ses successeurs, ainsi que les biens, propriétés et fortifications donnés par les empereurs, les rois de France et de Bourgogne ; il ordonne aux évêques des sept provinces de lui obéir. — *Privilegia ecclesiæ*.

BOSCO (J. a), 68. LE LIÈVRE, 301-2. *CHARVET, 293 (ex arch. eccl. Vien.). *Patrol. lat.* CXLIII, 786-7. GUNDLACH (W.), dans *Mon. Germ. hist.*, Epist. Merow. I, 102. = BRÉQ. II, 15. JAFFÉ, cccxxxiv (= ccclxxxiv)—4285. = Pièce fausse (fabriq. vers 1060 ?)

**1845** Cluny, 1er août (1049/1060).

Le chevalier Arduin, fils de la très noble Joscenda, rendu participant au chapitre de Cluny des bonnes œuvres des frères, leur donne la moitié d'une condamine au-dessous de l'église de St-Baudille [= le Prieuré] près du château d'Allex *(Alesio)*, au pagus de Valence. Son frère Monald avait déjà donné l'autre moitié pour son fils Guillaume, qui avait revêtu l'habit bénédictin. Les moines l'ont forcé *(compulsus)* d'accepter en échange une mule et 15 sols. La charte a été déposée sur l'autel de s' Pierre, le jour de la fête de s' Pierre-aux-Liens. Parmi les témoins, son cousin Al-

mannus et le chevalier Ponce dit Mainerius, Hugues étant abbé, Sigald prieur et Henri roi.
BERNARD-BRUEL, *Chartes de Cluny*, IV, 183, n° 2984.

**1846** Strasbourg, 4 décembre 1049.
Diplôme de l'empereur Henri III, par lequel il confirme à Hugues, abbé de Cluny, les possessions de son monastère dans l'archevêché et comté de Lyon, de Vienne, d'Arles et de Valence, et en Provence. *Act. Argentine. — Si pauperum et.*
GRANDIDIER, *Hist. d'Alsace*, I, cclvj. WÜRDTWEIN, *Nova subsidia*, VI, 207. BERNARD-BRUEL, *Chartes de Cluny*, IV, 171-4, n° 2977. = BÖHMER, *R. R.-I.* 1599.

**1847** 15 décembre (1049 ?).
Le prêtre Folcard, chanoine et custode de l'église de Romans, et son frère le chanoine et diacre *(levita)* Lambert, avec le conseil du comte Guigues, (le Vieux, *Ugo*) et de l'abbé Mallen, donnent à la communauté *(communia)* de la susdite église, fondée par s[t] Barnard sur l'Isère et dont l'archevêque Léger est le chef, pour le repos de l'âme de leur père Rencon et de leur mère Tassuenda, une moitié de l'église de St-Apollinaire à St-Apollinard *(villa ad S. A-rem)*, dans l'ager d'Octavéon *(Elteven.)* et le pagus de Vienne, l'autre moitié étant concédée par leurs cousins Otmar, Guigues, Ardenc et Ismidon, avec ses dîmes, prémices, etc., limitée par la terre fiscale, avec l'assentiment de leurs neveux Guigues *(Wigo)* et Didier *(Desiderius)*, fils de leur frère Nantelme. *S. Quilisi fratris sui. Data p. m. Rodulfi, primi scrinii ecclesiæ Viennensis... Enrico imper., luna 21.*
GIRAUD, *Hist. S. Barnard-Romans*, I, pr. 64-5, n° 30 ; et CHEVALIER, *Cart. de St-Barnard*, 130-1.

**1848** (1049/1095).
Odilon et sa femme Berloth donnent au monastère de Cluny la moitié de cinq églises à Eurre *(juxta castrum Ur)*, dédiées à Ste-Marie, St-Pierre, etc., sauf la 5e partie. *S. Adonis filii ejus.*
BERNARD-BRUEL, *Chartes de Cluny*, IV, 191, n° 2993.

**1849** (1049/1109).
Adon et sa femme Anne, considérant l'énormité de leurs péchés, donnent au monastère de Cluny et à l'abbé Hugues sept églises de leur alleu en Champsaur *(terra q. app. Campum Saureum)*, au diocèse de Gap *(Wapic.)*, dédiées à Ste-Marie, St-Jacques, Ste-Maurice, St-Viateur, St-Pierre, St-Martin et St-Eusèbe, avec leurs dîmes ; plus six monts *(alpes)* et la pêcherie de la Séveraisse *(Serascha)*.
BERNARD-BRUEL, *Chartes de Cluny*, IV, 242-3, n° 3055. = ROMAN, 3-4.

**1850** (1049/1109).
Artaud, chevalier d'Argental *(de Argentaco)*, sa femme Fica, ses fils Adémar et Guillaume donnent au monastère de Cluny et à l'abbé Hugues la chapelle du château de Claveyson *(Clavazonis)* et l'église de Sainte-Marie de Montchâtain *(de Monte Castaneo, C-nato)*, au pagus de Vienne. Gerenton cède la part qu'il y avait.
BERNARD-BRUEL, *Chartes de Cluny*, IV, 205-6, n° 3010.

**1851** (1049/1109).
Didier *(Desiderius)*, sa femme Aiba et leurs fils donnent au monastère de Cluny et à l'abbé Hugues l'église de St-Jean-Baptiste à Avallon *(in vico vel burco apud castrum... Avalonis)* et la chapelle au milieu du château *(castello)*, un manse et une vigne.
BERNARD-BRUEL, *Chartes de Cluny*, IV, 207-8, n° 3013.

**1852** (1049/1109 ?)
Ermengarde et son fils Isarn donnent au monastère de Cluny, pour le salut de son mari *(senior)* Wagon, de son fils du même nom, de son père Léger *(Leodegarius)* et de sa mère Fecima, deux manses à Arras *(villa Erattis)*, dans la viguerie de ce nom et le pagus de Vienne.
BERNARD-BRUEL, *Chartes de Cluny*, IV, 320-1, n° 3168.

**1853** (1049/1109 ?).
Guillaume *(Gilielmus, Gile-s)* donne au monastère de Cluny un manse au lieu dit *Gasconum*, dans la paroisse de Ste-Marie de Vanosc, la viguerie d'Annonay *(in aico A-nacen.)* et le diocèse de Vienne.
BERNARD-BRUEL, *Chartes de Cluny*, IV, 323, n° 3173.

**1854** (1049/1109).
Un jour que s[t] Hugues, abbé de Cluny, arrivait à Valence, une multitude de pauvres vint lui demander l'aumône. Il ordonne à son économe de leur distribuer de l'argent ; celui-ci hésite, voulant en garder pour une plus pressante occasion. Le saint insiste et reçoit de l'or d'un citoyen avant d'entrer dans la ville.
RAYNALDUS abb. Vezeliacen., *Vita s. Hugonis abb. Cluniac.*, II, 11 (*Acta ss. Bolland.*, apr. III,658 ; *Patrol. lat.* CLIX, 898).

**1855** (1049/1109 ?).
Isembard donne au monastère de Cluny un manse à Croze *(villa Crosa)*, au pagus de Vienne, limité par la terre de St-Pierre ; il leur rend les bénéfices que son père et lui ont eus.
BERNARD-BRUEL, *Chartes de Cluny*, IV, 357, n° 3229.

**1856** (1049/1109).
Un chevalier, Pierre Itier *(Petrus Iterius)*, donne au monastère de Cluny et à l'abbé Hugues l'alleu *(alodium)* qu'il possède au sommet de Puy-St-Martin *(in Podio S. M.)*. Guillaume et son frère Ponce cèdent l'église et le cimetière ; Bertrand *(B-nnus)*, sa femme et ses fils, ce qu'ils y possèdent.
BERNARD-BRUEL, *Chartes de Cluny*, IV, 247, n° 3061.

**1857** (1049/1109).
Lambert, sa femme Lodoara et leurs trois fils donnent au monastère de Cluny un manse à Bren *(villa Brenis)*, dans la viguerie *(vicaria)* de St-Donat et le pagus de Vienne *(Wien.)*
BERNARD-BRUEL, *Chartes de Cluny*, IV, 277-8, n° 3108.

**1858** (1049/1109 ?)
Mallen, désireux de parvenir à la vie qui n'aura pas de terme, donne au monastère de Cluny, pour le salut de son père Truannus, de sa mère Aza, de son frère Gausmar, etc., une vigne à Venon *(villa Vennone)*, au pagus de Vienne *(Wien.)* ; il se réserve l'usufruit sous l'investiture d'une charge d'âne de vin.
BERNARD-BRUEL, *Chartes de Cluny*, IV, 289-90, n° 3122.

**1859** (1049/1109).
Rietfred ou Ricfred, désireux de s'arracher aux affaires terrestres *(a negociis secularibus)* et d'occuper sa vie au service de Dieu, donne [au monastère de Cluny] ce qu'il possède dans le pagus de Vienne, à Ville [-sous-Anjou] et à *Rispacias*, limité par le chemin public de Vienne ; il se réserve la moitié de Virieu *(Viriaco)* à lui et à son enfant Otmar, qu'il offre à Dieu.
BERNARD-BRUEL, *Chartes de Cluny*, IV, 278-9, n° 3109.

**1860** (Vers 1050).
Adémar, chanoine du Puy *(Porensis, Podiensis)*, et son frère Armand *(A-nnus)* donnent au monastère de Cluny un manse près du château d'Aurel, au pagus de Die, un bois *in Serro Adraldi*, une condamine *in villa Treveles*, sur la Drôme.
BERNARD-BRUEL, *Chartes de Cluny*, IV, 413, n° 3320.

**1861** (Vers 1050).
Adon, son frère Géraud et 5 de leurs cousins donnent à l'église de St-André à Vienne et à celle de St-Genix 3 manses et 1 métairie *(cabannaria) in loco Camoleio*. Pierre, moine de St-André, le notifie à ses frères.
CHEVALIER (U.), *Cart. de St-André-le-Bas*, 159, n° 215.

**1862** (Vers 1050).
Aimon, fils de Burchard et de la comtesse Ermengarde, donne à l'église de St-Genix-sur-Guiers *(S. Genesii mart.)*, au diocèse ou comté de Belley, qui a été cédée, pour la restaurer, au monastère de St-André à Vienne, dont Dotmar est abbé, un manse à la *villa Jalzinium*, pour la sépulture de son père, et une condamine, pour augmenter les offrandes ; il fait corroborer sa donation par ses féaux.
CHEVALIER (U.), *Cart. de St-André-le-Bas*, 157-8, n° 213. = CARUTTI, *Reg. Sab.* 137.

**1863** (Vers 1050).
Le chevalier Almannus, du château de Parnans *(Pernanz)*, donne l'église de St-Evode à St-Pierre et à Saint-Barnard de Romans.
Mentionné dans l'échange du 12 nov. 1068.

**1864** (Vers 1050).
La veuve Anne, chargée d'ans *(viduitate atque senectute inposita)*, donne à l'église de Romans sur l'Isère, pour le repos de l'âme de son mari Lantelme, deux métairies *(cabannariæ)* à la *villa Madanna* ; un manse à Bois-Campon *(loco Caponno)*, dans le mandement de Montmiral *(Monti Mirati)*, l'ager *Leviacen*. et le pagus de Vienne, que son père lui donna le jour de ses noces ; et une pièce de vigne à *Era* ; mais avec réserve de l'usufruit. *S. Ismidonis militis sive potestatis. Data p. man. Agapiti sac. fer. 1, luna 29, Einrico imper. regn.*
GIRAUD, *Hist. S. Barnard-Romans*, I, pr. 127-8, n° 72 ; et CHEVALIER, *Cart. de St-Barnard*, 114.

**1865** (Vers 1050).
Deux frères, Arbert et Abon, prêtres et chanoines de Romans, donnent l'église de St-Christophe de Montmiral *(loco Sole)* au monastère de Montmajour et s'y font ensuite moines, de l'autorité du pape de Rome et des cardinaux de St-Pierre.
Mentionné dans l'échange du 12 nov. 1068.

**1866** (Vers 1050).
Arnulphe, son illustrissime épouse Frideburge et leur fils Rodulphe donnent au monastère de Cluny et à l'abbé Odilon un manse de les Aberges à Vaulnaveys *(in Valle Navis)* dans le diocèse de Grenoble. *S. Vuigonis* (Guigues le Vieux) *comitis*.
*CHORIER, *Hist. de Dauph.* I, 2°, 611. MONTEYNARD, *Cart. de Domène*, 31-2, n° 27.

**1867** (Vers 1050).
Hugues *(Ugo)*, [sa femme] Engelsenda et leurs 4 fils donnent aux recteurs de St-André-le-Bas *(Subterior)* le manse *Adalboido de Minusino*. Ils se vouent à leur mort à s‍t André et à s‍t Genix ; les moines et les clercs viendront à leur rencontre un jour de marche.
CHEVALIER (U.), *Cart. de St-André-le-Bas*, 158-9, n° 214.

**1868** (Vers 1050).
Donation par Pierre de Rousset *(Roseto)* au monastère de St-Victor de Marseille, d'un manse au château de Turriers *(Turrias)*, que lui avait donné Pierre, vicomte de Mison, père d'Isoard [vicomte de Gap], lequel confirme avec son frère Bertrand et sa femme.
GUÉRARD, *Cart. de St-Victor de Marseille*, II, 37, n° 695.

**1869** (Vers 1050).
Longtemps après la mort d'Oddon [d'Uriage], ses fils, Ponce et Guillaume, cherchèrent par colère toutes les occasions de nuire au monastère de Domène ; le prieur de Cluny s'efforça de les apaiser et y parvint en leur faisant donner 25 sols à l'un et 15 à l'autre. Seings d'Odon (!), de sa femme Sufficia et de ses 4 fils, de son neveu Isard, du prêtre Vuilbert, etc.
BRIZARD, *Hist. généal. mais. Beaumont*, II, 4. MONTEYNARD, *Cart. de Domène*, 96-7, n° 108.

**1870** (Vers 1050).
Le chevalier Raymond Clavelz donne en alleu aux moines de St-Pierre-de-]Bœuf *(S. Martino de Bocio)* une terre dans le clos *(closura)* de Girard à Champagne *(villa Chumpaineus)*, dans la paroisse de Pélussin *(Pulicinis)* au-delà du Rhône et le pagus de Pélussin, avec le consentement de ses frères Guigues et Guillaume. Raymond met de plus en gage un pré pour 12 sols Viennois durant 6 ans.
CHEVALIER (U.), *Cart. de St-André-le-Bas*, 133-4, n° 185.

**1871** (Vers 1050).
Rodulfe, évêque de Gap *(Gapencen.)*, donne au monastère de Domène un manse à Vaulnaveys *(de Valle Navensi)*.
Mentionné dans une charte de vers 1090 (Domène, 30).
CHORIER, *Estat polit.* II, 187-8.

**1872** (Vers 1050).
Le prieur Rotbald et la congrégation du monastère de St-André-le-Grand *(Majoris)* concèdent au prêtre Jotsalm ou J-ld et à son frère Poncion une terre au midi de l'église de St-Pierre-de-Bœuf *(de Bocio)*, limitée par le ruisseau *(fluvius)* Malignolus et le précipice du mur, pour être complantée *(loco medii planti)* suivant l'usage régulier ; ils ajoutent la maison *(mansio)*.
CHEVALIER (U.), *Cart. de St-André-le-Bas*, 134, n° 186.

**1873** (Vers 1050).
Théotbert, nourri dans l'église de Romans et maintenant prêtre, remet le bénéfice (honor) possédé par lui jusqu'ici ; il y met ces conditions : pendant sa vie, ce bénéfice demeurera uni à l'obédience de St-Barnard d'Anse et il jouira de tous deux ; il aura part aux prières, jeûnes et aumônes de la communauté ; il aura le droit de manger (fruar pane) au réfectoire, quand il viendra. Si le chanoine Witgerius, son maître (senior), qui participe à ce pacte, meurt avant lui, le chanoine ou clerc, à qui le chapitre confiera l'obédience d'Anse, agira de même. Seings de l'archevêque Léger et de son frère Adon.

GIRAUD, Hist. S. Barnard-Romans, I, pr. 55-6 et 113, n° 29 et 59; et CHEVALIER. Cart. de St-Barnard, 108-9.

**1874** (Vers 1050).
A la Toussaint, on doit à St-André 3 sols de cens pour la boucherie (macellum) en dessous du monastère, près de la Gère (Jâira).

CHEVALIER (U.), Cart. de St-André-le-Bas, 137. n° 192.

**1875** (Vers 1050).
A la Toussaint, le chapelain de St-Pierre-entre-Juifs doit au sacristain (secretario) de St-André 3 sols 7 den. ; l'abbé doit au même (sacristæ) 3 sols pour le luminaire du dortoir ; la vigne d'Ambalenz 4 den. au même (custodi).

CHEVALIER (U.), Cart. de St-André-le-Bas, 136, n° 189.

**1876** Ste-Galle, (vers 1050).
Pierre, Guillaume et Rostaing, fils du chevalier Ponce, s'étant dessaisis (werpitio) de l'usufruit (præstarium) des deux châteaux de Concordet (C-cen.), que leur père avait reçu à ce titre de s' Mayeul, pour récompenser leur bonne volonté et humilité, Hugues, abbé de Cluny, leur en rend les deux tiers ; le tout reviendra aux moines à la mort du dernier.

BERNARD-BRUEL. Chartes de Cluny, IV, 422, n° 3331.

**1877** Vienne, (vers 1050).
Un féal de l'église de Vienne, le médecin Aton, avait obtenu des maisonnettes (domunculæ) dans les cloîtres, occupées jadis par des brodeurs d'or (auri textrices) ; il les reconstruisit et les embellit, puis demanda de son labeur une récompense spirituelle. L'archevêque Léger (Leodegarius) décida que les possesseurs de ces habitations verseraient un cens à l'hôpital (ad eleemosynam pauperum, quæ græce dicitur synodochium), et serviraient à leur entrée une bonne réfection aux pauvres. Souscrivent le prévôt Artaud (Artardus), le doyen Guigues, les archidiacres Othmar, Barnard et Rostaing, le philosophe Adalard, le sacristain (custos) Ponce, etc.

Ms. : Chartularia 5214, 217. — Gallia christ. nova, XVI, instr. 23.

**1878** 1er janvier (vers 1050).
Obit de Guillaume Béroard, qui avait donné à Saint-André 2 sols de cens sur 2 maisons qu'il possédait dans la paroisse de l'église de St-André ; témoins sa femme Bucuna, ses frères, le chevalier Pierre.

CHEVALIER (U.), Cart. de St-André-le-Bas, 136-7, n° 191.

**1879** (Mars/avril 1050).
Lettre des chanoines de Romans au pape Léon IX, pour l'assurer de leur fidélité et lui demander la liberté Romaine ; elle fut portée à Rome par un de leurs clercs, qui accompagna sans doute l'archevêque Léger au concile.

Mentionnée dans la 3ᵉ lettre du 3 mai 1050.

Grenoble, (27) avril 1050 — 3 avril 1052.

**1880** Rome, 2 mai 1050.
Bulle du pape Léon IX, par laquelle, dans un synode de 55 évêques, et 35 abbés, il canonise Gérard, évêque de Toul. Nomina episcoporum et abbatum qui interfuerunt synodo Romæ : ... Leodegarius Viennensis archiepiscopus. -- Virtus divinæ.

MABILLON, Acta ss. Bened. V, 894-5 ; 2ᵉ, 865. MARTÈNE, Thes. nov. anecd. III, 1080-3. CALMET, Hist. de Lorraine, I, pr. 159 ; 2ᵉ, cc-iij. MANSI, Suppl. I, 1291-4 ; Conc. XIX, 769-72. PERTZ, Mon. Germ. hist., Scr. IV, 506-8. Patrol. lat. CXLIII, 644-7. = MABILLON, Ann. Bened. IV, 738 ; 2ᵉ, 676-8. JAFFÉ, 3209-4219.

**1881** (3 mai 1050).
Le pape Léon IX écrit à Léger, archevêque de Vienne, de rechercher de son mieux ce que ses prédécesseurs ont injustement enlevé à l'abbaye de Romans et de leur en restituer la valeur.

Mentionné dans la bulle suiv. et dans celle de vers 1051.

**1882** Rome, 3 mai 1050.
Lettre du pape Léon IX à l'archevêque de Lyon Halinard, à l'évêque de Valence Ponce, et autres fidèles de St-Pierre dans ce pays (patria). Il leur ordonne, de la part de s' Pierre, de mettre un terme aux usurpations qui ont désolé son abbaye de Romans, fondée sur l'Isère par s' Barnard dans le diocèse de Vienne et soumise par lui à l'église Romaine ; de lui faire restituer les églises de St-Etienne de Bathernay (Basternaico), de St-Genès de Vinay (S. Genesii de Vinnaico) et autres en Lyonnais, Viennois, Valentinois et ailleurs, partout où ils montreront leurs titres (testamenta cartarum et auctoritates). Les détenteurs et envahisseurs des biens du monastère sont excommuniés. Les dons à s' Pierre seront remis entre les mains [des chanoines]. Act. Romæ, p. man. Petri s. palatii cancell., in ecclesia Salvatoris... Constantiniana, in publ. synodo 72 pontificum,... — Præcipimus vobis.

GIRAUD, Hist. S. Barnard-Romans, I, pr. 4-6 ; et CHEVALIER, Cart. de St-Barnard, 111-2. Trad. CHARVET, 292. COLLOMBET. I, 402-5. GIRAUD, I. 46-8. = JAFFÉ, —4220.

**1883** Rome, 3 mai 1050.
Lettre du pape Léon IX aux fils de son abbaye de Romans sur le fleuve d'Isère et dans le diocèse de Vienne. Il loue leur fidélité et leur accorde la liberté Romaine ; il ordonne [voir la lettre préc.] de leur faire restituer ce qu'ils ont injustement perdu en églises et propriétés ; ils lui enverront chaque année comme cens un setier d'amandes ; il les exempte de tout impôt ou exaction ; il ratifie ce que l'archevêque Léger, à qui il les a confiés, a décidé touchant leurs maisons propres et le cloître avec ses offices (officinæ) ; il confirmera le supérieur (præpositus) qu'ils auront librement choisi, sauf soumission à l'église de Vienne ; il

sanctionne le droit d'asile pour leur église. — *Vidimus litteras*.
RIVAZ, *Diplom. de Bourg.* II, n° 89 (Anal. 39-40). — GIRAUD, *Hist. S. Barnard-Romans*, I, pr. 2-4; et CHEVALIER, *Cart. de St-Barnard*, 109-11. = JAFFÉ, -4221.

**1884**                                                29 mai (1050).
Joscerand *(Jotserannus)*, chanoine et prêtre [de St-Maurice], donne pour son canonicat à l'église du Sauveur et de la Résurrection à Vienne, où préside l'archevêque Léger, le quart de l'église de St-Mamert dans la villa *Bracosto*, l'ager de Cheyssieu *(Casiacen.)* et le pagus de Vienne, avec dîmes, prémices, autel, presbytère et cimetière ; il en conserve l'usufruit, sous le cens de 6 agneaux, 1 setier de froment et 4 de vin à Pâques. Seings de son frère Sarlion, son oncle Girbert, son fils Vuarin. *Petrus cancell. scr. m. maio, fer. 3, luna 4, Henrico II ces.*
CHEVALIER (U.), *Cart. de St-André-le-Bas*, 27-8*, n° 120*; *Cart. de St-Maurice Vienne*, 23, n° 55.

**1885**                                                6 juin (1050).
*Agapitus presb.* transcrit du vieux parchemin sur un nouveau la charte d'août 937 (n° 1112), *fer. 4, luna 12, m. jun., regn. Heginrico imper.*
GIRAUD, *Hist. S. Barnard-Romans*. compl. 106 ; et CHEVALIER, *Cart. de St-Barnard*, 112.

**1886**                                    28 juin (1050 ou 1053).
Aihia donne à l'église de Romans, fondée par l'archevêque de Vienne s' Barnard sur l'Isère, où préside l'archevêque Léger *(Leodegarius)*, un manse avec vigne et champ, ainsi que l'usage *(sors)* d'un terrain défendu *(defensum)*, à la villa *Perisia*, dans l'ager *Leviacen.* et le pagus de Vienne; elle en garde la jouissance, sous le cens de 3 setiers de vin ; on lui donnera la sépulture, ainsi qu'à son mari Gérald. Seings de ses 3 fils. *Data p. man. Agapiti presb. fer. 2,... luna 5, d. n. Heinrico II imper. D. g. Romanorum.* Bornon et Matfred [fils d'Aihia] donnent aussi 3 *cratæ* de vigne.
GIRAUD, *Hist. S. Barnard-Romans*, compl. 15-6, n° 100 ; et CHEVALIER, *Cart. de St-Barnard*, 112-3.

(1er juillet 1050/6 mars 1058). = Vers 1030.

**1887**                                       14 juillet (vers 1050).
Epitaphe de Girard, [trésorier de la ville de Vienne ?] *Hac jacet in tumba tesauri magna columna...* [8 vers] *pridie idus juli obiit.*
THOMASSIN (Math.), *Registre Delphinal*, bis. — BOSCO (J. a), 101. DU CHESNE (A.), *Hist. d. roys... de Bourgogne*, 242. CHORIER, *Antiq.* 259, 261-2 ; 2°, 266-9. DAVID, *Dissertation sur une médaille de Gerard, duc de Bourgogne*. COLLOMBET, I, 408. DELORME, *Descr. du musée de Vienne*, 277. TERREBASSE, *Notes sur qq. inscript. moy. âge ville de Vienne* (1858), 7-15 ; *Inscr.* I, 181-7.

**1888**                              (Verceil), 7 septembre 1050.
Bulle du pape Léon IX, par laquelle il restitue à Pierre, abbé de St-Victor de Marseille, la petite abbaye *(abbatiola)* de St-Victor à Valence, injustement détenue par l'abbé de St-Chaffre *(S. Teothfredi)* au temps de la désolation de St-Victor et que Ponce, évêque [de Valence], venait de remettre entre ses mains au concile tenu [en sept.] à Verceil. — *Convenit apostolico*.
MARTÈNE, *Thes. anecd.* I, 171. MANSI, *Conc.* XIX, 779. GUÉRARD, *Cartul. de St-Victor de Mars.* I, 7-8, n° 7. *Patrol. lat.*
CXLIII, 652-3. = GEORG. I, 377. BRÉQ. II, 47. JAFFÉ, 3221-4236.

**1889**                                                (1050/1079).
Guigues Laurent transige avec les chanoines d'Oulx *(de Plebe martyrum)* au sujet de la dotation [de l'église] de St-Martin de Queyrières *(Careriæ)* et des dîmes qu'avait Archimbaud, en présence du comte Guigues, de Guillaume de Briançon, etc.
RIVAUTELLA, *Ulcien. eccl. Chartar.* 155, n° 180. COLLINO, *Carte d'Oulx*, 5, n° 4. = ROMAN, 8b.

**1890**                                                (1050/1079).
Accord entre Guigues Mauclerc *(Malus Clericellus)* et les chanoines d'Oulx *(de Plebe martyrum)*, quand il fit cession de la métairie *(cavannaria)* donnée à l'église du Fayet *(Fageto)* et des dîmes des églises de St-Pierre de la Garde et de St-Ferjus *(S. Ferreoli)* de Vesio, en présence du comte Guigues, de Guigues de Corenc *(Torrenco)*, etc.
RIVAUTELLA, *Ulcien. eccl. Chartar.* 195, n° 241. COLLINO, *Carte d'Oulx*. 4-5, n° 3.

**1891**                                                (Vers 1051).
Lettre du pape Léon IX à l'archevêque Léger ; il lui rappelle ce qui a été fait au concile de Rome touchant son abbaye Romaine, à laquelle il l'a proposé à sa place ; il a appris avec plaisir son obéissance et lui envoie la bénédiction apostolique. — *Nosti frater*.
GIRAUD, *Hist. S. Barnard-Romans*, I, pr. 6; et CHEVALIER, *Cart. de St-Barnard*, 115-6. = JAFFÉ, —4322.

**1892**                                                (Vers 1051).
Sofred donne à l'église de Romans, fondée sur l'Isère par s' Barnard, pour son père Richard et sa mère Solsticia, une bonne vigne à la villa *Cahop*, dans l'ager *Libiacensis* et le pagus de Vienne, touchant la terre de Richard de Mont-de-Veroux *(Vero)*, la moitié de son vivant et l'autre après ; plus le parcours dans ses bois pour 20 porcs et le droit d'y prendre annuellement 4 charges d'âne de cercles [de tonneaux]. Les chanoines lui donnent 50 sols. Signent son cousin le prêtre Folcard et son frère le diacre Lambert.
GIRAUD, *Hist. S. Barnard-Romans*, I, pr. 41-2, n° 9 ; et CHEVALIER, *Cart. de St-Barnard*, 116-7.

**1893**                                         28 février (1051).
Vente faite par Guitger, abbé de St-Pierre à Vienne... *p. man. Pontionis mon. atq. sac. ad vic. Petri cancell. s. eccles. Viennen.... fer. 5, luna 14, Henrico II Roman. imper. regn.*
*CHORIER, *Hist. de Dauph.* I, 865 ; 2°, 664.

**1894**                                        Romans, 25 mars (1051).
Falcho, fils d'Ardenchus, se rend en présence de Léger, archevêque de Vienne et des chanoines de l'église de Romans, et remet entre leurs mains l'église de St-Genès de Vinay *(S. Genesii de Vinaico)*, mais il ne gardera la jouissance, sauf du presbytère. On lui donne 100 sols de monnaie publique et 100 *solidatas* ; on accordera un canonicat à son fils ou à un sien neveu. L'acte est approuvé par ses frères Armannus et Arbert, et par son oncle Falcho. Armannus, frère de l'archevêque, est témoin. *Data p. man. Adaleudi cancell..., luna 9, temp. Heinrici imper. II.*
GIRAUD, *Hist. S. Barnard-Romans*, compl. 38-9, n° 142 ; et CHEVALIER, *Cart. de St-Barnard*, 115.

**1895** Vienne, 14 avril (1051).
Dudin s'étant emparé de l'église et des terres de Monsteroux (*Mons Sublerior*), dans l'ager de Cheyssieu (*Casiacen.*) et le pagus de Vienne, données jadis par Bornon et ses fils au monastère de St-Pierre hors la ville de Vienne, et ne cessant d'inquiéter les moines, ceux-ci le dénoncèrent aux églises et aux synodes, mais ne purent obtenir que son excommunication par l'archevêque Léger. Dès la 1re année de sa charge, l'abbé Guitgerius racheta cette église en donnant à Dudin mille sols d'excellente monnaie, dont dix parties sont d'argent très pur et 2 de bronze (*æris*), et 6 manses en bénéfice. L'acte de renonciation (*guirpitio*) eut lieu en présence des chanoines de la cathédrale et de beaucoup de nobles ; Dudin jura fidélité à l'abbé sur les ss. reliques, donna des otages et fut absous... *domin. d., luna 29, Henrico II imper. aug.* Parmi les témoins le chevalier Drodon.
\*CHORIER, *Hist. de Dauph.,* I, 522, 810, 866 ; 2', 407, 623, 665. CHEVALIER (U.), *Cart. de St-André-le-Bas,* 262-3, 368, n° 53°.

**1896** 23 mai 1051.
Donation par Vasson, son épouse Adalais, son fils Teofred ou Godfred et ses filles au monastère de Saint-Victor de Marseille de la villa Reithanelle (*Retlanela*). Seings.
GUÉRARD, *Cart. de St-Victor de Marseille,* I, 335-6, n° 319.

**1897** (Vers 1052).
Lettre du pape Léon IX à ses fils dans l'abbaye de St-Pierre dite Romaine. Il a appris avec peine les désordres qui se sont introduits parmi eux ; il les exhorte à écouter les conseils de son vicaire, l'archevêque Léger ; qu'ils choisissent quatre d'entre eux pour régler les affaires de la communauté, et que les pensées ambitieuses du monde ne leur fassent pas délaisser la cohabitation du réfectoire et du dortoir. — *Gravi dolore.*
GIRAUD, *Hist. S. Barnard-Romans,* I, pr. 6-7 ; et CHEVALIER, *Cart. de St-Barnard,* 117-8. Trad. GIRAUD, I, 54-5. = JAFFÉ, —4321.

**1898** (Vers 1052).
Lettre du pape Léon IX à Landry (*Landrico*) : il lui défend, sous peine d'anathème, de causer des dommages à l'église de Romans et de troubler ses serviteurs. — *Præcipimus tibi.*
RIVAZ, *Diplom. de Bourg.* II, n° 91 (Anal. 40). — GIRAUD, *Hist. S. Barnard-Romans,* I, pr. 8 ; et CHEVALIER, *Cart. de St-Barnard,* 118. = JAFFÉ, —4323.

**1899** Grenoble, 3 avril 1052.
Guigues (le Vieux, *Guigo*), prince de la province de Grenoble, avec son fils Guigues (le Gras, *Guigo*), pour la rémission de ses méfaits (*facinora*), donne au [monastère] de St-Pierre hors les murs de Vienne et à l'église de Ste-Marie, St-Jean-Baptiste, St-Maurice et la légion Thébaine à la Mure (*vicus Mura*) un manse avec ses dépendances, sous la condition que les moines célébreront des messes et réciteront chaque jour des psaumes pour lui et ses héritiers. [On donna à Guigues le Vieux (*Majori*), qui ensuite se fit moine, 100 sols, et à la comtesse Adélaïde 50, autant à son fils et à son épouse Pétronille.] *Act. ap. Gratianopolim ... 6 fer., luna 29, a° I. D. 1050.*
FONTANIEU, *Hist. de Dauph.,* pr. II, 1, 5 ; *Cart. du Dauph.* I, 77-8. — CHORIER, *Estat polit.* II, 362-6 ; *Hist. de Dauph.* I, 795 ; 2', 612. \*ALLARD (G.), *Œuvr. div.* I, 345. *Gallia christ. nova,* XVI, instr. 22-3. == BRÉQ. II, 46. TERREBASSE, *Not. dauph. Vienn.* 48-9. MANTEYER. *Paix en Viennois,* 144 [58].

**1900** 6 juillet (1052).
Didier de Charmes (*Desiderius de Chalmen*) remet son fils Premenc entre les mains de l'archevêque Léger et des chanoines de Romans, et fait don à cette occasion d'un manse à Albon (*villa Albonno*), touchant la terre de St-Chaffre (*S. Teotfredi*) et de terres au même endroit limitées par le bosquet (*silvula*) Chiello, le bois *Sumpnadan*, le bosquet (*boscetum*) *Laibonis* et la terre de St-Pierre. On recommande l'enfant au chanoine Ragnenfred, qui tient cette obédience ; il le nourrira et l'instruira pour le faire parvenir au canonicat. Les 7 fils de Didier signent avec lui. *Data p. m. Agapiti presb. fer. 2..., luna 5, Heindrico D. g. Romanor. ces. regn.*
GIRAUD, *Hist. S. Barnard-Romans,* compl. 6-7, n° 85 ; et CHEVALIER, *Cart. de St-Barnard,* 118-9.

**1901** St-Félicien, (12) août (1052).
A sa fondation, l'église de St-Félicien fut donnée à l'abbaye de Romans ; plus tard, pour diverses causes et surtout *pro paganis* (païens ou Pagan), elle en fut distraite ; ensuite, Adémar, puissant et riche abbé de St-Irénée et de St-Just à Lyon, la lui rendit [n° 1602], mais y retint certaines coutumes, dont il fit depuis l'abandon. Après sa mort, son fils Guillaume et sa femme Agelmodis reprirent le tout et firent pire, en enlevant l'église entière à St-Pierre ; son mari mort, Agelmodis reconnut son péché avec son fils Artaud. On leur donna 3o livres de monnaie publique *decena* et 2 onces d'or, et ils renoncèrent aux réceptions (*receptum*) et au bénéfice (*lucrum*) sur le nouveau prêtre. Les chanoines de Romans, avec l'archevêque Léger, y portèrent les reliques de leurs 3 martyrs et le corps de s' Barnard, et réconcilièrent l'église en grande pompe en chantant les louanges divines. *Data p. m. Petri s. matris ecclesiæ Viennen. cancell., m. aug., fer. 4, luna 12, Heinrico II aug.*
GIRAUD, *Hist. S. Barnard-Romans,* I, pr. 160-1, n° 145 ; et CHEVALIER, *Cart. de St-Barnard,* 119-21, 173. = GALLIER (A. de), dans *Rec. mém.-doc. Forez* (1875), 31. MAZON (A.), *Orig. égl. Vivarais,* I, 172-5.

**1902** Romans, 27 janvier 1052/3.
L'abbaye de Romans avait été détruite par un archevêque de Vienne nommé Sobon, qui en distribua [les biens] à plusieurs chevaliers. Les moines, *præpositi sive subjecti*, avec le conseil et l'aide des pontifes de Vienne Thibaud et Burchard, réclamèrent (*proclamantes*) longtemps sans profit ; ils décidèrent enfin de se rendre à un synode tenu à Rome par le pape Léon IX avec 72 évêques, où fils son chef (*præpositus*) l'archevêque Léger résida. Le pape le pressa de prendre la défense de cette abbaye, que son fondateur avait donnée à s' Pierre, et de récupérer ses biens envahis par les infidèles. Léger ne réussit pas complètement, mais, en

donnant 1000 sols vaillants à Ismidon et à d'autres chevaliers, il obtint la restitution du bénéfice ecclésiastique que détenait Lantelme de St-Lattier, dont le père l'avait reçu d'Ismidon. Odon *(Ordo)*, son chapelain, reçut un canonicat, et on promit à Ismidon un psaume avec oraison. Les chanoines de Vienne furent témoins : le doyen Guigues, l'archidiacre Othmar, l'archiprêtre Aldrad, le chancelier *(primiscrinius)* Rodulfe, etc. ; parmi les chevaliers, Ubold neveu d'Ismidon, Artaud son parent, le comte Guigues [le Vieux] et son fils Guigues [le Gras], Adon de Clérieu. *Acta Romanis publice p. man. Agapili can. a° I. D. 1052, ind. 5..., fer. 4, Heinrico II imper. Roman. et ces. d. n. regn.*
RIVAZ, *Diplom. de Bourg.* II, n° 92 (Anal. 40). — GIRAUD, *Hist. S. Barnard-Romans*, I, pr. 8-9, n° 1 ; et CHEVALIER, *Cart. de St-Barnard*, 122-3. = TRAD. CHARVET. 293. GIRAUD, I. 52-3.

**1903** (1053).
Bulle du pape Léon IX, qui défend, sous peine d'anathème, de rompre le pacte légal intervenu entre l'archevêque de Vienne, Léger, et Ismidon et les chanoines de l'église de Romans. — *Apostolicum.*
GIRAUD, *Hist. S. Barnard-Romans*, I. pr. 7-8 ; et CHEVALIER, *Cart. de St-Barnard*, 123. = JAFFÉ, -4329.

1053, Guigues le Vieux, Oulx — 1063.

**1904** Tarascon, 2 mars 1053.
Geoffroi *(Galfredus)*, comte [de Provence], sa femme Stéphanie, Guillaume et Geoffroi, fils de Bertrand, comte [d'Avignon], donnent à l'église Ste-Marie, dédiée à St-Marcellin, dans la cité d'Embrun, pour être possédé par l'archevêque, le manse cultivé par Pons Blanc, avec ses dépendances : cour, courtils, jardins. *ortaliciis*, vignes, champs, arbres fruitiers et autres, cours d'eau. *Acta ... fer. 3, luna 8, ind. 6, a° l. X° MLIII, regn. Henrico imp. in Galliis ... in episcopatu Advenionensi, in castro Tarascone.* Seings : Hugues archevêque [d'Embrun], Ripert évêque [de Gap], etc. *Pontius presb. scr. subrog. Golfredi com.*
Paris, Bibl. Nat., ms. lat. 1367, 459 (communiqué par M. Joë Roman). — BOUCHE, *Hist. de Prov.* II, 65. FORNIER (Marc.), *Hist. Alpes Marit.* I, 635-7. MANTEYER, *Prov.* 291. = ROMAN, 4°.

**1905** Ravenne, 13 mars 1053.
Le clergé, le peuple et les nobles *(militia)* du Puy ayant élu comme évêque, pour succéder à Etienne, l'archidiacre et prévôt Pierre, le roi de France Henri le refusa et nomma à sa place Bertrand, archidiacre simoniaque de Mende. Sur le conseil de l'archevêque de Vienne Léger, chanoine et nourri dans leur église, ils envoyèrent au pape Hugues, archevêque de Besançon, Aimon, évêque de Sion, et Artaud, évêque de Grenoble. Léon IX, après s'être rendu compte de leurs privilèges, chargea Humbert, évêque de Ste-Rufine, de consacrer prêtre leur élu Pierre.
MABILLON, *Ann. Bened.*, IV, 742-3 ; 2°, 680-1. BOUQUET, XI, 498. VIC-VAISSETE, *Hist. de Lang.* II, pr. 220 ; 3°, V, 468-9. ROCHER (Ch.), dans *Tablettes histor. Hte-Loire* (1870), I, 216-7. = BRÉQ. II, 58. JAFFÉ, p. 376-544. CARUTTI, *Reg. Sab.* 146.

**1906** Rimini, 14 mars 1053.
Le lendemain, le pape consacre de sa propre main l'élu Pierre, évêque du Puy. *Testes ... Leudegarius primas Viennensis. ... Artaldus episcopus Gratianopolitanus. Acta ... apud Ariminum civit., d. Leudgario, Viennensis ecclesiæ primate, post d. papam mediatore et ordinatore, et ad missas vice capellani ad altare obsecundatore.*
MABILLON, *Ann. Bened.* IV, 743 ; 2°, 681. VIC-VAISSETE, *Hist. de Lang.* II, pr. 221 ; 3°, V, 469-70. = JAFFÉ, p. 376-544.

13 octobre (1053) = 13 octobre (1064).

**1907** 1054.
Concession de l'église de *Moriano* par Rambaud, archevêque d'Arles, légat du Siège apostolique, à Ponce, archevêque d'Aix, qui s'était plaint publiquement à Arles, devant les archevêques d'Arles, Embrun et Narbonne et leurs suffragants, qu'il lui était impossible de venir en un jour de sa ville à Arles par des chemins rocailleux.
ALBANÈS-CHEVALIER, *Gallia christ. noviss.* III, 164-5.

**1908** Maguelonne. (1054/1055).
A la dédicace de la cathédrale de Maguelonne assistent, sur l'invitation de l'évêque Arnaud, *(archiepiscopi) Leodegarius Viennensis ..., Gineminarius Ebredunensis ...*, qui confirment le décret du pape.
ARNALDUS DE VERDALA, *Series episcopor. Magalonen.* 796 (LABBE, *Nova biblioth. mss.* I. 797 ; BOUQUET, XII, 369). VIC-VAISSETE, *Hist. Languedoc*, II, 193, 606-7 ; 3°, III, 321 ; IV, 161-2. *Gallia christ. noviss.*, III, 166.

**1909** (Vers 1055).
Lettre du pape Victor II à Léger *(Leudegario)*, archevêque de Vienne. Il se réjouit de son zèle pour la maison de Dieu et lui confirme le vicariat que lui avait confié son prédécesseur Léon dans son abbaye de Romans. — *Quoniam tuam.*
GIRAUD, *Hist. S. Barnard-Romans*, I, pr. 85-6 ; et CHEVALIER, *Cart. de St-Barnard*, 125. = JAFFÉ, -4356.

**1910** 28 janvier (1055).
Un manse situé dans la paroisse de St-Alban ayant été donné par le chevalier Arbert à St-Pierre de Rome, le pape le concéda, avec nombre d'autres choses, aux chanoines de Romans. L'archevêque de Vienne Léger et son clergé de St-Barnard le cèdent à Arnaud, chanoine de Vienne, pendant sa vie, sous la condition d'envoyer chaque année au réfectoire un setier d'excellent miel. Souscrivent 18 membres du chapitre, dont *Vinimannus* futur archevêque d'Embrun]. *Data p. man. Agapiti. can. 7 fer., ... luna 26, Heinrico imper.*
GIRAUD, *Hist. S. Barnard-Romans*, I, pr. 128 ; comp. 80-1, n° 73 et 215 ; et CHEVALIER, *Cart. de St-Barnard*, 124.

**1911** 28 avril (1055).
Au temps du prince Charles le Grand, de Vultraia et Wlferic, archevêques de Vienne, Mailus et sa femme Plectiva, désirant ériger une basilique dans leurs biens héréditaires, au Grand-Serre *(villa Cedranis)*, demandèrent à ceux qui possédaient par héritage l'église mère dédiée à St-Christophe qui se voit encore à Montmirai *(villa Sole)*, de leur vendre les dîmes et prémices que ladite église percevait dans la villa *Cedranis*, afin d'y construire librement et sans tarder leur basilique. Ils obtinrent ce qu'ils demandaient. La basilique fut édifiée et longtemps après consacrée par le s¹ archevêque

Alexandre ; elle passa par droit d'héritage, ainsi que les dîmes achetées, à Mailus fils de Mailus, à Wldric son petit-fils, à Girunculus fils de celui-ci. Girunculus, son gendre Arengo, et sa fille Azelina en firent donation à Dieu et à s' Pierre, prince des Apôtres, dont la basilique est située hors les murs et à la porte méridionale de Vienne. Du temps de Henri II césar des Romains, de Léger archevêque de Vienne et de Guitger, abbé de St-Pierre, les descendants *(nepotes)* de ceux qui avaient vendu les dîmes de *Cedranis* étaient trois frères : Arbert, Athénulfe et Abon ; ils donnèrent au monastère de St-Chaffre *(S. Theutgfredi)* l'église St-Christophe *de Sole*. Les moines de St-Chaffre, du vivant de Girunculus, voulurent revendiquer de l'abbé Guitger les dîmes de *Cedranis*. Pour cela, au saint synode tenu à Vienne en présence de l'archevêque Léger, ils exhibèrent une charte *(cartulum)* qui spécifiait les *villulæ* devant les dîmes et prémices à l'église de St-Christophe, entre autres celle de *Cedranis*. Le synode décréta que l'église et les dîmes de cette villa appartiendraient entièrement et à perpétuité au monastère de St-Pierre. Seings de Léger archev., Guigues doyen. Dothmar, abbé de St-André -le-Bas], Pladin prévôt de *Tavernaco*, Bernard archidiacre, Ermendric, Durand, Asterius, Ragamfred et André, archiprêtres.

MARTENE, *Thes. nov. anecdot.* IV, 81-2.

**1912**                                    11 juin 1055.

Privilège accordé par le pape Victor II, à Hugues, abbé de Cluny ; il lui confirme les possessions de son monastère : *In episcopatu Uticensi., castro Colonellas et curte Tulleta ... ex utraque parte fluminis. In Trecassino episcopatu cellam in honore S. Amandi constructam. In episcopatu Arausico ... monasterium in honore S. Pantaleonis constructum. In Vapicensi episcopatu cellam in honore S. Andreæ constructam, jam dicto cœnobio concessam a Rigaudo clerico ... In Valentinensi episcopatu hoc quod videtur habere Cluniensis locus in villa quæ dicitur Ales, et in Montesia. Monasterium S. Marcelli quod dicitur ad Salcetum.... In episcopatu Viennensi monasterium quod vocatur Taderniacum, cum cella quæ vocatur Bracost, et villa quæ dicitur Insula. — Desiderium quod.*

*Bull. Cluniac.* 13. *Patrol. lat.* CXLIII, 803-8. = JAFFÉ, 3991-4436. BERNARD-BRUEL, *Chartes de Cluny*. IV, 746, n° 3349. ROMAN. 4°.

**1913**                                    1ᵉʳ juillet 1055.

Donation de Geoffroi *(Godfredus)*, comte de Provence, son épouse Stéphanie et son fils Bertrand au monastère de St-Victor de Marseille et à son abbé Pierre, en présence des évêques Alfant d'Apt, Ripert de Gap et Rostaing d'Avignon.

GUÉRARD, *Cart. de St-Victor de Marseille*, I, 179-80, n° 153.

**1914**                                    (Avant 1056).

Rouleau mortuaire d'un abbé Girard. *Titulus Sancti Andreæ Viennensis cœnobii : Orate pro nostris; domno abbate Dotmari.*

DELISLE (L.), *Rouleaux des morts* (1866). 353 (XII° s.).

**1915**                                    13 février 1056.

Concile tenu à Chalon-sur-Saône *(Cabilonen.)* par le cardinal légat Hildebrand *(Aldebrannus)* ; on y restitue aux chanoines de Romans les revenus de l'église dédiée à s' Barnard à Epinouze *(Spinosa)*, dans la région de l'oppidum d'Anse, au comté de Lyon, sur la Saône *(Araris)*, usurpés par Gautier, fils de Hugues. *Consenserunt archiepiscopi ... Leudegarius Viennensis ... Item Artaldus Gracianopolitanus, Poncius Valentinus, Petrus Diensis ... Dat. p. man. Petri s. Viennen. eccles. cancell..., ind. 9, epacta 1, Heinrico Roman. imper. II. it. Heinrico Francor. rege, id. febr.*

RIVAZ, *Diplom. de Bourg.* II, n° 95 (Anal. 40-1). — MARTENE, *Thes. nov. anecd.* IV, 89-92. COLETI. XII, 9-10. MANSI. XIX, 843-4. GIRAUD, *Hist. S. Barnard-Romans*, I, pr. 135, n° 83 ; et CHEVALIER, *Cart. de St-Barnard*, 125-7. — BRÉQ. II. 62.

**1916**                                    (13 février 1056).

[Au même concile de Chalon-sur-Saône], présidé par le cardinal légat Hildebrand *(Heldibrandus)*, on assure au monastère de St-Pierre, hors la porte méridionale et d'Arles de la ville de Vienne, la possession des propriétés que l'abbé Guitgerius avait acquises ou rachetées à grand prix, dans le pagus de Vienne : près des murs de la ville, à Jardin *(in valle Ortorum)*, la 1/2 des dîmes et une vigne de 50 mesures *(modia)*, rachetée pour 40 livres d'argent ; à Vaugris *(Vogoria)*, maintenant appelé *Albesca*, l'église de St-Alban[-du-Rhône], avec ses dépendances en deçà du Rhône, 40 livres ; la moitié des églises de Dionay *(Doennaico)* et de St-Maurice-de-l'Exil *(S. Genesii de Exilio)*, 3 l. ; à Assieu *(in Aciaco)*, 40 manses, 10 l. et plus ; la 1/2 de l'église de St-Martin à Agnin, auparavant à St-Pierre ; l'église de Ste-Marie de Monsteroux *(Subleriori Monte)*, 65 l. ; au prieuré *(monasteriolum)* de Ste-Marie et St-Julien[-de-l'Herms, *ad Heremum]*, avec 4 églises, la 1/2 de St-Symphorien dans la vallée de la Gère *(Yaira)* et de l'église de Saint-Romain à Tornin, le 1/3 de la chapelle de *Edrüs*, avec les terres de Marcilloles *(in Massiliola)*, l'église de Saint-Christophe à Châtonnay *(in Catonaico)*, 25 l. ; le 1/3 de l'église de Ste-Marie à Tourdan *(villa Thordon)*, 25 l. ; l'église de St-Pierre à Savas *(villa Savadatis)*, 15 l. ; la petite église *(ecclesiola)* du Grand-Serre *(villa Cedranis)* et la petite chapelle *(capellula)* de St-Didier à Lens-Lestang *(in Lento)*, 5 l. ; à Meyssiès *(villa Meissiaco)*, 15 l. ; la moitié des églises de Ste-Marguerite à Davézieux *(de Valeo)* près d'Annonay *(Annonaicum)* et de St-Maurice à Véranne *(villa Vaironna)*. Dans le pagus de Grenoble : à la Mure *(Mura)*, dans la Malaisine *(Mathaysana)*, 22 l. *Ego Lieutdegarius, archiepiscopus Viennensis, fieri hoc privilegium decrevi. Ego Pontius, episcopus Valentinensis, laudo. Ego Artaldus, Gratianopolitanus episcopus, nihilominus. Ego Petrus, Diensis episcopus, laudo, etc. — Omnibus Dei fidelibus.*

ESTIENNOT, *Fragm. hist. Aquitan.* VI. 184. — Bosco (J. a), 66. CHEVALIER (U.), *Cart. de St-André-le-Bas*, 265-6, n° 54°. = CHORIER, *H. de D.* I, 523 ; 2°, 408 ; *Estat polit.* II, 359-60. MABILLON, *Ann. Bened.* IV : 2°, 507. CHEVALIER (J.), *Hist. égl.-ville Die*, I, 136. MAZON (A.), *Orig. égl. Vivarais*, I, 251.

**1917**                                    26 avril 1056.

Privilège accordé par le pape Victor II à Léger *(Leodegario)*, archevêque de Vienne, et aux [chanoines] de son abbaye Romaine sur l'Isère. A l'exemple de ses prédécesseurs, il munit de son autorité apostolique cette maison, que son fondateur s' Barnard a placée sous la juridiction de l'église Romaine ; il ordonne aux fidèles de s' Pierre dans la contrée de l'aider à récupérer ses églises et domaines injustement perdus. Il confirme la constitution de Léger sur les maisons propres et le cloître commun ; on lui enverra, pour qu'il le confirme, le supérieur librement élu : il renouvelle le droit d'asile. — *Convenit apostolicæ*.

Giraud, *Hist. S. Barnard-Romans*, I. pr. 9-10 ; et Chevalier, *Cart. de St-Barnard*, 127-8. = Jaffé. —4347.

**1918** (1056).

Election de Winimand comme archevêque d'Embrun par le clergé et le peuple de cette ville, confirmée par Guillaume Bertrand et Ponce comte de Die.

Insérée dans la bulle du 7 juillet 1057.

**1919** (Vers 1056).

Guinimand, archevêque d'Embrun, donne à l'église de St-Laurent d'Oulx (*loco Ulcis*), jadis détruite par les Sarrasins, maintenant réédifiée, la moitié des dîmes du Monêtier-de-Briançon (*Monasterium in mandam. Brianzoni*) qu'il avait rachetées des laïques ; il corrobore la donation de Pons de Bardonnèche (*Bardonesca*). Le comte Guigues (le Vieux, *Wigo*) et son fils Guigues (le Gras), Ponce Arbert, Aimerude et Adam, dont c'était le bénéfice, donnent leur assentiment.

Valbonnays, 2ᵉ Reg., n° 22 (à 1067). — Rivautella, *Ulcien. eccles. Chartar.* 151, n° 174. Fornier (Marc.), *Hist. Alpes Marit.* III, 196-7. Collino, *Carte d'Oulx*, 5-6, n° 5. Trad. [Albert], *Hist. du dioc. d'Embrun.* II, 94.= *Gallia christ.* nova, III. 1070. Roman, 4.

**1920** Embrun, (11 juin ?) 1056.

*A° D. I. 1056, ind. 2 = 9.* Guinimand (*Winimannus*), archevêque d'Embrun, assure à l'église de St-Laurent d'Oulx (*loco Plebs martyrum*) la possession des églises, dîmes et oblations qu'elle pourra acquérir dans son diocèse, sauf l'obéissance à l'église d'Embrun. *Fact... d. domin. juxta ecclesiam B. Mariæ*, avec l'assentiment des chanoines de la cathédrale.

Rivautella, *Ulcien. eccles. Chartar.* 158, n° 186. Fornier (Marc.), *Hist. Alpes Marit.* III, 195-6. Collino, *Carte d'Oulx*, 6-7, n° 6. = Roman, 4'.

4 septembre 1056 = 4 septembre 1042.

(1056/....) = Vers 1030.

**1921** 1057.

Guillaume et ses frères Rorgon, Hector, Alleman, Guy, Humbert, Ratburgue et Baudouin donnent à l'abbaye de St-Pierre de Vienne la moitié de l'église de St-Martin d'Anins (Agnin).

Chorier, *Hist. de Dauph.* I. 840 ; 2ᵉ. 646.

**1922** (Vers 1057).

Humbert, chevalier, et son épouse Vierna donnent au monastère de Cluny et à l'abbé Hugues un manse à Allevard (*Alavargo*) et à Arvillars (*Altvillar*). Seings de leurs fils Humbert et Nantelme.

Monteynard, *Cart. de Domène*, 177, n° 200.

**1923** (Vers 1057).

Les chanoines de l'église de Romans, pour reconnaître les biens appréciables (*nonparva*) que leur féal (*fidelis*) Ismidon leur a procurés, lui concèdent deux vignes aux Royons (*villa Roianis*) ; il en aura la jouissance sa vie durant, sous le cens d'une charge d'âne de vin pur par an.

Giraud, *Hist. S. Barnard-Romans*, I, pr. 49, n° 17 ; et Chevalier, *Cart. de St-Barnard*, 132.

**1924** (Vers 1057).

En outre des biens qu'il procurera et des services qu'il a promis. Ismidon donne aux chanoines de Romans une *mansata* de vigne et un courtil encore désert à Bassian (*villa Baciano*), au mandement du château de Crépol (*Crispio*) ; il en garde l'usufruit, sous le cens d'une 2ᵉ charge d'âne de vin pur. On lui concède la maison qu'avait Adon pour l'améliorer ; à sa mort, tout ce qu'il aura, cheval, armure, argent, bestiaux, reviendra à l'abbaye. Fait avec le consentement de l'archevêque Léger et de tous ses chanoines. *Agapitus can. scr.*

Giraud, *Hist. S. Barnard-Romans*, I, pr. 49-50, n° 18 ; et Chevalier, *Cart. de St-Barnard*, 132-3.

**1925** 1057.

Nantelme et sa femme Constance donnent à Guitger, abbé de St-Pierre de Vienne, l'église de St-Christophe, située sous le château de Nantelme et dans ses propriétés (*de hereditate sua*) au bourg de Châtonnay (*Caloniacus*), avec l'autel et ses oblations, le baptistère, le cimetière, les sépultures, les dîmes, la chapelle du château, une condamine contiguë à l'église, l'usage des bois, etc.

Chorier, *H. de D.* I. 840 ; 2ᵉ. 646 : "*Estat polit.* II, 360-1.

**1926** 15 février (1057/1065).

Donation à l'église de St-Maurice de Vienne par Hermingarda et ses enfants de biens situés dans la paroisse de St-Marcellin, au territoire de Vienne. *D. N. J. C. regn. in sæc. sæcul. amen.*

Chevalier (U.), *Cart. de St-Maurice Vienne*, 28, n° 93.

**1927** 21 avril (1057/1065).

Donation de certains biens à l'église de St-Maurice de Vienne par Arnauld et sa femme Galburge, pendant l'interrègne.

Chevalier (U.), *Cart. de St-Maurice Vienne*, 29, n° 97.

**1928** Vienne, 31 mai (1057).

Raimoda, abbesse de St-André-le-Haut à Vienne, reçoit comme religieuse Aldegarde, fille de noble Agneau (*Agnus*) et de Jatzoave ou Jaotzave ; comme dot, son père lui donne un manse à St-Maurice de Cheyssieu et sa mère un autre manse, dont ses enfants Albert et Vagensise font l'abandon après sa mort. *Dat. p. man. Petri, cancell. s. eccles. Viennen., ...fer. 7, luna 23, Leodegario archiepiscopo, regn. D. N. J. C. in sæc. sæcul.*

\*Charvet-Allut, *Mém. St-André-le-Haut*, 50-1 (à 1076).

**1929** Juin (1057/1065).

Donation d'une vigne à l'église de St-Maurice de Vienne par Guy Bladin, chevalier, son frère Aindric et sa femme Ermengarde, sous le règne de Jésus-Christ.

Chevalier (U.), *Cart. de St-Maurice Vienne*, 26, n° 77 ; *Suppl.* 7.

**1930** Asti, 7 juillet 1057.

Bulle du pape Victor II à Vinimien (*V-ianus*) ou Guinimand, archevêque d'Embrun, qu'il a ordonné et sacré en suite de son élection par le clergé et le peuple ;

il lui accorde l'usage du pallium et lui ordonne de rétablir dans sa splendeur primitive l'église de Notre-Dame d'Embrun, ruinée par les Sarrasins et les hérétiques. — *Sanctæ Romanæ.*

Valbonnays, 2ᵉ Reg., n° 3. — Bouche, *Hist. de Provence,* II, 74. *Gallia christ. nova*, III, instr. 177-9. Mansi. XIX, 858. Cocquelines, *Bull.* I, 393. [Albert], *Hist. ecclés. d'Embrun*, II, 23-7. Gioffredo, dans *Mon. hist. patr.*, Script. II, 336-9. *Patrol. lat.* CXLIII, 834-8. Saurey, *Essai histor. ville Embrun*, 472-9. Fornier (Marc.), *Hist. Alpes Marit.* III, 190-5. — Trad. Gaillaud (M. E ), *Hist. N.-D. d'Embrun* (1862), 153-8. = Fantoni Castrucci, *Avignone*, II, 42. Bréq. II, 62. Jaffé, 3313-4369. Roman, 4ᵇ. Manteyer, *Prov.* 306.

**1931**     Romans, 30 juillet (1057).

Matfred, fils de Ragnerius d'Hostun *(de Augustiduno, quod dicitur Linguana)*, donne à l'église de Romans, fondée par sᵗ Barnard sur l'Isère et où préside l'archevêque Léger, la moitié de l'église de Samson *(S. Solutoris)*, limitée par les terres de *Flamiceo*, de Barbières *(Barberia)*, de St-Apollinaire de Marches *(Marcha)*, de Puyssac *(Lanzatis)* et de *Monte Falconis*, et par le Fleurs *(rivulus Fluis)*, avec dîmes, presbytère, etc. L'autre moitié a été donnée à Dieu et à sᵗ Pierre par Guillaume, fils de Guillaume. Ragnerius, père de Matfred, approuve parce que sa femme Ermengadis avait déjà donné un manse à sᵗ Pierre. Plus tard, Ragnerius, fils de Matfred, reprit le tout et y fit beaucoup de mal, parce qu'il était enfant, mais il reconnut sa faute et vint devant l'autel de St-Pierre de Romans, à la fête de sᵗ Jacques de Zébédée, en présence de l'archevêque Léger et de ses chanoines, confirma les dons de ses ancêtres et fut absous. Scr. *Romanis. ... p. man. Agapiti, sac. et can., fer. 4, luna 25 ...aᵒ 1 post mortem Heinrici imper. II, Domino regnante et regem expectante.*

Giraud, *Hist. S. Barnard-Romans*, I, pr. 83-5, n° 38 ; et Chevalier, *Cart. de St-Barnard*, 128-30.

**1932**     (Vers 1057).

La reine Ermengarde, considérant ses innombrables péchés à la fin de sa vie *(in extremo fine posita)*, donne à l'abbé Itier *(Iterius)* et aux moines de l'abbaye de St-André dans les murs de Vienne, pour le repos de l'âme de son mari *(senior)*, le roi Rodolphe, l'église de St-Jean-d'Albigny *(in Albiniaco)*, au diocèse *(episcopatus)* de Grenoble, avec ses appendices. Souscrivent l'archevêque Léger, le prévôt Artaud, le doyen Guigues *(Wigo)*, etc. — *Omnipotentis Dei.*

Achery (d'), *Spicileg.* XIII, 276-7 ; 2ᵉ, III, 389 (v. 1025). Screed, *Origg. Guelf.* II, 167-8. Bouquet, XI, 556. Chevalier (U.), *Cart. de St-André-le-Bas*, 168-9, n° 224. Trepier, dans *Doc. acad. Savoie*, VI, 38-9. = Bréq. II, 3. R. S. R. 328. Carutti, *Reg. Sab.* 154 (1058?).

**1933**     Vienne, 23 août 1057.

La reine Hermengarde donne à l'église de Ste-Marie et de St-Vincent dans la ville de Grenoble, où préside l'évêque Artaud, l'église de Ste-Marie à Aix-les-Bains *(ad Aquis)*, au même diocèse, avec ses dîmes ; plus un manse à Chambéry-le-Vieux ou St-Ombre *(in Cambeviaco vetere)* ; un autre *in Gutta Grandis*, à St-Pierre de Coux *(in Cute)* ; encore la maison des deux Ebon, à Chambéry *(in burgo de Camberiaco)* ; elle confirme enfin les autels *(altaria)* que son mari le roi Rodolphe tenait par droit de sa couronne *(regali jure)*. Souscrivent Léger *(Leudegaris)*, archevêque de Vienne, Artaud, prévôt et Guigues *(Wigo)* doyen de cette église, Richard, archiprêtre de Grenoble. *Act. Viennæ, manu Petri cancell. s. eccl. Viennen. ...eod. aᵒ quo mortuus est Heinricus II imper., rege Burgundiæ defic., fer. 7, epacta 12, ind. 10, luna 20, D. N. J. C. regn. in sæc. sæcul.*

*Chorier, Estat polit.* II, 212-3. Cibrario e Promis, *Docum.* 31-3. *Gallia christ. nova*, XVI, instr. 77-8. Marion, *Cart. de Grenoble*, 99-100. Trepier, dans *Doc. acad. Savoie*, VI, 45-6. = Courbon, B. 151. *Doc. hist. inéd.* I, 278, 281. Carutti, *Reg. Sab.* 149.

**1934**     Vienne, 20 (ou 25) septembre 1057.

La reine Hermengarde *(Ermingarda)*, veuve du roi Rodolphe, rend à l'église dédiée aux apôtres Pierre et Paul hors de la porte méridionale de Vienne, dont le chef est l'abbé Guitgerius, des vignes qui firent jadis partie de l'héritage du monastère, à Jardin *(in Ortensi valle)*, près des murs de la ville, limitées par la route dite *mediana*, le Rhône, le ruisseau Fuissin *(Fuscinum)* et la terre de St-Pierre ; une autre de la seigneurie épiscopale *(episcopii dominicatura)* et une petite *(vineola)* à St-Jean, enclavée dans les terres de St-Pierre. Cette restitution et donation est faite en présence de l'archevêque Léger, du prévôt Artaud, du doyen Guigues *(Wigo)*, de l'abbé de St-André, etc. *...post mortem Heynrici imper. II aᵒ 1, fer. 5. luna 18..., Domino regn. et regem expect.*

Valbonnays, 2ᵉ Reg., 2. Rivaz, *Diplom. de Bourg.* II, n° 96 (Anal. 41). — Chevalier (U.), *Cart. de St-André-le-Bas*, 267-8, n° 56ᵇ. = Chorier. H. de D. I, 521 : *Estat polit.* II, 212. Terrebasse, *Inscr.* II, 162. Carutti, *Reg. Sab.* 152. Manteyer, *Paix en Viennois*, 150 [64].

**1935**     (1057/1087).

Arfred, sa femme et son fils Warnerius vendent à Pierre deux fosserées *(foxorata)* de vigne, lieu dit *ad Crosum*, à Vitrieu *(in Vitrosco)*. *Regn. Guilielmo in Burgundia.*

Chevalier (U.), *Cartul. de St-André-le-Bas*, 61-2, n° 81. = Chorier, H. de D. I, 820 ; 2ᵉ, 631.

**1936**     1058.

Donation par Isoard, vicomte de Gap *(Gapicen.)*, et [son aïeule] Dalmatie au monastère de St-Victor de Marseille, de la 1/2 d'un manse au château de Faucon *(Falco)*. Seings.

Guérard, *Cart. de St-Victor de Marseille*, II, 36-7, n° 694.

**1937**     Château « Sadien. », 1058.

...,ind. 13 [= 11]. Adam et sa femme Aguiarda *(al. Agina-a)* donnent à l'église de St-Laurent d'Oulx, *de Plebe martyrum)*, au prévôt Gérard et à ses chanoines les églises de St-Pierre de la Garde *(Garda)* et de St-Ferréol *(S. Fereori)* à *Vesius*, avec leurs dîmes et oblations, que lui avait vendues le prêtre Richard ; la chapelle Ste-Marie du château *Sageti*, avec sa dotation *(exposalicium)*, la pêche dans le lac *Frigidi montis* et dans le *flumen Serenæ* (la Sarène), avec le passage dans le lac. Ils confirment la donation de Constantin de *Tufero*. Fait au château *Sadien*., devant le chanoine Ulduric. Bernard Pilamulto, etc.

Rivautella, *Ulcien. eccl. Chartar.* 202, n° 267. Collino, *Carte d'Oulx*, 10-1, n° 8.

**1938**  Rome, 6 mars 1058.

Bulle du pape Etienne IX, par laquelle il confirme à l'abbé Hugues les possessions du monastère de Cluny [outre ce que portait la bulle du 11 juin 1055]: *In episcopatu Viennensi... cella quæ dicitur Causella... ; cellam etiam in castro Candiaco... ; cellam etiam in honore Sancti Georgii consecratam et ab Ainardo jam dicto loco Cluniacensi datam, quæ etiam est justa castrum quod vocatur Domena. — Ad hoc Deo.*

Bull. Cluniac. 15-6. Patrol. lat. CXLIII, 879-84. *Bernard-Bruel, Chartes de Cluny, IV, 450-1, n° 3354. = Bréq. II, 66. Jaffé, 3323-4385. Bernard (A.), dans Rev. d. soc. sav. 2e s., III, 511. Roman, 4°.

**1939**  18 mars 1058.

Geilin, comte [de Valentinois], son épouse Ava et ses fils : Odon, évêque [de Valence], Arbert, Rostaing, Hugues et Conon, donnent au monastère de St-Chaffre (*S. Theofredi*) et à son abbé Hugues le lieu de St-Barthélemy[-de-Vals], avec l'église de Marnas *(Maternalis)* pour construire un monastère : ils y ajoutent des champs et prés au-dessous de Buisson *(Buxoni Mediano)*, entre la Galaure et l'Emeil *(Amilia)... fer. 4, luna 19, Henrico rege.*

Chevalier (C. U. J.), Doc. inéd. relat. au Dauph. VI, 15-6; Cartul. de St-Chaffre, 116, n° 349. = Courbon, B, 157. 162-3.

**1940**  10 août (1058).

Dédicace de l'église [du monastère] de Domène en l'honneur des saints Pierre et Paul et de tous les Apôtres, par Léger, archevêque de Vienne, assisté d'Ebbon, archevêque de Tarentaise, Winimand, archevêque d'Embrun *(Eburdinensis)* et Artaud, évêque de Grenoble ; l'autel méridional est dédié à la s° Vierge, l'autel septentrional à s' Jean-Baptiste et à tous les martyrs. Le monastère possède en outre les églises de St-Georges et de St-Clément, que le seigneur Aynard, ses frères et leur père Rodolphe lui ont données, Odilon étant abbé de Cluny, ainsi que la chapelle du château dédiée à s' André avec sa dotation *(sponsalicium)* et les oblations des habitants du château. En présence des prélats, Aynard, sa femme Elisabeth et ses frères Guigues *(Vuigo)* et Aténulfe promettent de ne céder à qui que ce soit, sauf aux saints Apôtres [de Domène] et à Cluny, tout ou partie de leurs droits sur les églises et biens ecclésiastiques. Suit l'énumération des biens du monastère : terres, vignes, prés et bois à Domène, à Champrond, à Theys, Froges, Fouillet, Montgarcin *(monte Vuarcino)*, Vaulnaveys, Mataisine de La Mure, Champsaur, Trièves, Mauconseil *(Malum Consilium)*, St-Ferjus, St-Martin-de-Miséré, Craponoz, Crolles, *Teliricis*, la Voulte, Jarrie, Cavortio, Pradellas, St-Martin, Arvillard, *Someris*, Brignoud, etc.

Monteynard, Cart. de Domène, 1-4, n° 1 ; cf. xx-j. = Chorier, Estat polit. II, 13.

**1941**  27 août 1058.

Obit de la reine Ermengarde, veuve de Rodolphe III. VI *kalendas septembris, obiit Ermingardis uxor Rodulphi regis, qui obiit VIII idus septembris ; et dederunt sanctæ Vienn. ecclesiæ Castellum civitatis et mansiones in urbe quæ dicuntur ad Canales et omnem comitatum Vienn. cum omnibus quæ erant de fisco regis.*

Fontanieu, Hist. de Dauph. I, pr. 213. — Chorier, Antiq. 218-9; 2°, 228. Charvet, 372, 786-7. Mille, Hist. de Bourg. III, 347. Collombet, I. 395-6. Terrebasse, Inscr. I, 162. 166-7. Charvet-Allut. Mém. hist. St-André-le-Haut, xlix°. Chevalier (U.). Diplôm. de P. de Rivaz, 66. Poupardin. Roy. de Bourg. 365.

**1942**  (27 août 1058).

VII *kalendas septembris. Commemoratio seu remembrantia dominæ Ermengardis, Burgundiæ reginæ, Rodulphi secundi, Burgundiæ regis ultimi, uxoris, pro qua moniales Sancti Andreæ celebrari facere et cantare debent unam missam de Mortuis in capella Sancti Joannis Baptistæ de Capellis, et cujus remembrantiæ occasione pulsari debent duo moderii ad primam, et die præcedenti ad completorium classes, et parari ejus tumba quæ est ante portam dictæ capellæ, et super ea poni duo luminaria lucentia.*

Extr. d'un ms. contenant les remembrances ou fondations de services dans l'église de St-Maurice de Vienne (Terrebasse, A. 154).

**1943**  25 août (1058).

VIII *kalendas septembris. Obiit Ermengardis regina. (fundatrix hujus loci).*

Nécrologe de Talloires (Bresslau (H.), dans Neues Archiv, XI, 103 ; Chevalier (U.), dans Bull. hist.-archéol. Valence, X, 170; Ritz (L.), dans Rev. Savoisien. (1904), XLV. 144. 237).

26 août. *Ermengarda, Burgundiæ regina, Rodulphi III* (d'abord II) *Burgundiæ regis ultimi uxor.*

Epitaphium s. Viennensis ecclesiæ (Chevalier (U.), dans Bull. hist.-archéol. Valence, XII, suppl. 29).

**1944**  (1058/1079).

Le comte Guigues donne et confirme à l'église de St-Laurent (d'Oulx. *de Plebe martyrum*) et à ses chanoines réguliers, pour obtenir le secours de leurs prières jour et nuit, les dîmes qu'il percevait dans la vallée de Cesana *(Sesana)*, le tiers de l'argent offert par les pèlerins *(romipetes)* à l'église de St-Jean de Cesana, le tiers de la dîme de celle de Ste-Marie à Oulx *(Ulcis)*, la moitié de celle de St-Jean de Salbertrand *(Salisbertrane)*, les droits d'entrée *(theloneum)* à la foire *(feria)* de Saint-Laurent. Témoins : Humbert Peloux *(Ubertus Pilosus)*. ... Guigues Mauclerc *(Gigo Malus Clericus)*, etc.

Valbonnays, 2° Reg., n° 13. — Rivautella, Ulcien. eccl. Chartar. 140-1, n° 162. Collino, Carte d'Oulx. 12, n° 10. = Cf. Chartes de Cluny, IV, 757.

**1945**  (1058/1079?).

Le comte Guigues *(Guigo)*, préoccupé de la vie future, confirme à l'église [d'Oulx], construite en l'honneur de St-Laurent dans la vallée de Cesana, ses acquisitions passées et futures, sauf le *servicium rectum* à lui dû.

Rivautella, Ulcien. eccl. Chartar. 144-5, n° 165. Collino. Carte d'Oulx, 12-3, n° 11.

**1946**  11 février (1058/1079).

L'église de St-Laurent d'Oulx, jadis détruite par les Sarrasins, est rebâtie par les serviteurs de Dieu. Aimerude, mère d'Arnulfe et de Géraud, pour le salut de son âme et de celle de son père Bobon, cède aux chanoines qui l'habitent la moitié des dîmes du Monétier-de-Briançon *(Monasterium in mandamento Briançonis)*, qu'elle avait acquise du comte Guigues *(Wigo)*, au prix

de 15 livres, pour l'empêcher de retomber entre les mains des laïques. Approbation du comte Guigues... *luna 7.*
RIVAUTELLA, *Ulcien. eccl. Chartar.* 155, n° 181. COLLINO, *Carte d'Oulx*, 11-2, n° 9. = ROMAN, 5° (à 1061).

5 et 7 décembre (après 1058) = 7 décembre (après 962).
Obit du comte Geilin (MANTEYER, *Provence*, 100).

**1947** Reims, 23 mai 1059.
Privilège de Henri Ier, roi de France, en faveur de Tournus. Il confirme à l'abbé Guillaume les possessions de son monastère : ... *Et in pago Arausicense monasteria duo, Dusaram* (Donzère), *et Vallem Nimfarum* (la vallée des Nymphes, près Trois-Châteaux). — *Si cultis et Deo dicatis.*
CHIFFLET, *Hist. abb. Tournus*, pr. 312-5. JUÉNIN, *Nouv. hist. Tournus*, 126-8. = FILLET (L.), dans *Bull. hist.-archéol. Valence*, II. 114 (à part. 6). FERRAND, *Donzère*, 64-5.

**1948** (1059-1061).
Bulle du pape Nicolas II, qui accorde aux chanoines de l'église de Valence le droit d'élire leur évêque et les titulaires à toutes les dignités et offices.
*Chronicon episcoporum Valentinensium* : CHEVALIER (C. U. J.), *Doc. inéd. relat. au Dauph.* v, 33. = CHENU, *Archiepisc. Galliæ chronol.* (1621), 406.

**1949** 1060.
Concile tenu à Avignon, par Hugues, abbé de Cluny, avec l'archevêque d'Arles, les évêques d'Avignon..., de Trois-Châteaux et de Die, dans lequel on élit Gérard pour évêque de Sisteron.
Lettre (suiv.) du pape Nicolas II. — BARONIUS, 1060, 5-6. PAGI. COLETI, XII. 61. MANSI. XIX, 929.

**1950** (1060).
Le pape Nicolas II notifie au clergé et au peuple de Sisteron qu'il leur a ordonné pour évêque Gérard, élu par l'abbé de Cluny, l'archevêque d'Arles, les évêques d'Avignon, Cavaillon *(Cabilon. l)*, Apt. Vaison *(Vasen.)*, Digne et Die. — *Cum nostri sit.*
BOUCHE, *Hist. de Provence*, II. 78. *Gallia christ. nova*, I, instr. 89. BOUQUET, XI, 494. *Patrol. lat.* CXLIII, 1346-7. *Gallia christ. noviss.* I, instr. 445-6; III, 170. Trad. DELARC (O.), *S' Grégoire VII*, II, 370-1. = JAFFÉ. 3360-4442.

**1951** (1060).
Autre exemplaire [faux] de la même bulle de Nicolas II notifiant au clergé et au peuple de Sisteron l'élection de leur évêque Gérard, qu'il a consacré avec 11 évêques et 7 cardinaux. Au concile d'Avignon, figurèrent en outre l'évêque de Trois-Châteaux et l'archevêque d'Embrun... *Facta... electio... a° ab I. D. 1060, ind. 13, regn. in Romano regno d. Henrico, imper. D. N. J. C....* — *Cum ad nostrum.*
BOYER DE STE-MARTHE, *Hist.égl. cath. Vaison*.II, 20. ALBANÉS, *Gallia christ. noviss.* I, instr. 537-9.

**1952** (1060).
Cens de l'obédience de Guinimand, archevêque d'Embrun, à Génissieux *(Geniciaco)*, avec une chapelle, et deux autres *in Lepiaco* et *Cantiusco*; il y a un grand territoire à St-Véran *(villa Malevos)*. Les revenus consistent en argent *(solidi)*, vin, poix, chars de foin, porc, brebis, poules, poule grasse *(pasta)*, cire, huile, miel, avoine, œufs. Une journée de laboureur *(arator)* est l'équivalent de trois journées de manœuvre *(manu operarius)*.
GIRAUD, *Hist. S. Barnard-Romans*, I, pr. 87-9; et CHEVALIER, *Cart. de St-Barnard*, 136-7. = *Gallia christ. nova*, III, 1070.

**1953** 1060.
Ripert, évêque de Gap, sa mère Percipia, ses frères Laugier, Hugues et Raimbaud donnent au monastère de St-Victor de Marseille et à son abbé Pierre l'église de St-Pierre de Ruègne *(Rionia)... ind. 12. epacta 4. Sirus mon. scr.*
GUÉRARD, *Cart. de St-Victor de Marseille*, II, 71-3, n° 730.

**1954** (Vers 1060).
Didier, fils d'Adon, renonce à toutes les terres de St-Pierre sur lesquelles il avait des prétentions, devient l'homme [lige] de l'archevêque Léger et jure fidélité à l'église ; il reçoit 10 sols et une métairie *(cabannaria)* près du bourg de Romans. De son côté, il cède 2 pièces de terre à Chanos *(villa Cannosco)*, sur le chemin qui mène au château de l'église St-Martin ; il en conserve la jouissance, sous le cens d'un setier de froment et de 3 de vin.
GIRAUD, *Hist. S. Barnard-Romans*, I, pr. 98-9. n° 50; et CHEVALIER, *Cart. de St-Barnard*, 133.

**1955** (Vers 1060).
Le chevalier Gautier *(Vualterius)* donne aux moines de Cluny à Domène une saussaie *(terram producentem arbores salices)*, avec l'approbation de son seigneur *(senior)* Ainard.
MONTEYNARD. *Cartul. de Domène*, 81, n° 88.

**1956** (Vers 1060).
Pierre surnommé Lethald, de Brion? *(castro Bridone)*. donne au monastère de Domène tout ce que Roland de Puy-Boson *(Rotlannus de Podio Bosonis)*, son intendant *(præpositus)*, tenait de lui à [St-Jean-d']Hérans *(villa de Heroneis)*, dans le cimetière et l'enclos *(olcha)* ; il reçoit 20 sols du prieur Hugues. *S. Vuigonis decani.* — Son frère Guigues *(Vuigo)* fait une donation semblable. *S. Wuilleimi presbyteri Dominensis.*
MONTEYNARD, *Cart. de Domène*, 8-9, n° 5.

**1957** (Vers 1060).
Roland de Puy-Boson *(Rotlannus de Podio Bosonis)* se désiste de ses prétentions au sujet de 40 sols que le prieur Hugues de Domène lui avait promis et du tiers d'un manse à St-Jean-d'Hérans *(in villa Heronis)*. On lui abandonne ce qu'il a pris et reçoit 10 sols. *S. Humberti archipresbyteri.*
MONTEYNARD, *Cart. de Domène*, 9-10, n° 6.

**1958** (Vers 1060).
Romestagnus donne à Hugues, prieur du monastère de Domène *(Domina)*, une vigne à Froges *(villa Froigas)* et un peu de terre aux Adrets *(ad Adrectos)*. Sa femme Vualdrada approuve.
MONTEYNARD, *Cart. de Domène*, 135-6, n° 158.

**1959** (Vers 1060).
Romestagnus, chevalier d'Avalon, donne aux moines de Cluny à Domène sa part des dîmes de la paroisse de Theys *(Tedesio)*.
MONTEYNARD, *Cart. de Domène*, 156, n° 181.

**1960** (Vers 1060).
Dame Vuillelma et ses fils Guillaume et Pierre donnent aux moines de Cluny à Domène un courtil avec habitation, pour le repos de l'âme de leur mari et père, le seigneur Guigues (*Vuigo*).
Monteynard, *Cart. de Domène*, 65, n° 68.

**1961** Janvier (vers 1060).
Le chevalier Boson et son épouse Vandalmodis ou Vua-s donnent à St-Maurice une mesure *(algia)* de vigne à Chavagnieu? *(Charvagneus)*, dans la villa de *Garzinus*. *Data p. man. Wigerii sac. et cancell... a° Domino regnante et regem expectantem*.
Chevalier (U.), *Cart. de St-André-le-Bas*, 266, 28-9.ᵃ, 368, n° 55ᵃ; *Cart. de St-Maurice Vienne*, 26. n° 76.

**1962** 31 janvier 1060.
*I. D. a° 1060, ind. 13, ... luna 24, 2 fer.* Concile tenu à Vienne, métropole des Gaules, dans l'église de la Résurrection ou des Machabées, par ordre du pape Nicolas II, sous la présidence du cardinal Etienne, vicaire du siège apostolique, contre la simonie.
Labbe, IX, 1080. Harduin. VI, 1073. Martene, *Thes. nov. anecd.* IV, 93-4; *Script. vet. coll.* I, 224. Coleti, XII, 57-8. Mansi, XIX, 925. = *Gallia christ. nova*, II, 176. Charvet, 294. Mermet, III, 20. — Cf. 4 mars 1066.

**1963** Romans, 16 août 1060.
Accord de Guinimand *(Guinimannus, Wini-s)*, élève et chanoine de St-Barnard, et Léger, élève et prévôt de l'abbaye Romaine de St-Pierre et St-Barnard, archevêque de Vienne, avec les autres chanoines, au sujet de l'obédience du premier qui, pour se conformer aux prescriptions du pape Victor, son ordonnateur, rend à la communauté *(communia)* tout ce que ses prédécesseurs les chanoines Isnard, Roland et Guillaume ont possédé; on lui donne 200 sols en monnaie publique *decena. Data p. m. Poncii ad vic. d. cancell... fer. 4, luna 15, d. Nicholao II papa, a° 1060 I. D. N. J. C., ipso regn. et terreno rege expect*.
Rivaz, *Diplom. de Bourg.* II, n°99(Anal. 41). — Giraud, *Hist. S. Barnard-Romans*, I, pr. 86-9, 208-9, n° 39; et Chevalier, *Cart. de St-Barnard*, 134-5. Sauret (A.), *Essai histor. ville Embrun*, 479-80. = *Gall. christ. nova*. III, 1070.

**1964** Septembre (1060?)
Guillaume *(Gilelmus, Will-s)* et son épouse Ancillie concèdent au monastère de St-André-le-Bas *(Inferior)* l'église près du Pont-de-Beauvoisin *(Pontem castellum)*, avec le terrain où elle est construite et 3 métairies? *(coroatæ dominicæ)*; un courtil devant l'entrée pour sa dotation *(sponsalitium)* au jour de sa consécration, 3 journaux *(diuturnæ)* de terre et un verger pour les demeures des desservants; après sa mort, le manse de Festale et la terre qui s'y est adjointe par métayage *(megeria)*. *S. Gauceranni episcopi* [de Belley]. *S. Disderii præpositi. Dolmarus scr. fer. 6...*
Chevalier (U.), *Cart. de St-André-le-Bas*, 184, n° 240. Trad. Perrin (H. J.), dans *Bull. hist.-archéol. Valence*, XII, 217-8; *Hist. du Pont-de-Beauvoisin*, 9-11.

**1965** (1060/1110)
Ponce Gaucelme donne à sa mort aux chanoines de St-Laurent [d'Oulx] 6 setérées de terre près de la Balme et ce que rend *(servitium)* Ponce Jugulatoris sur une tenure.
Rivautella, *L'cien. eccl. Chartar.* 191, n° 237. Collino, *Carte d'Oulx.* 16-7, n° 16.

**1966** 1061.
Artaud d'Argental *(A-au)*, du conseil et consentement de son épouse Fia, donne à l'abbaye de la Chaise-Dieu et à l'abbé Robert l'église de St-Sauveur; de plus, sur l'avis de l'archevêque de Vienne [Léger] que les laïques ne doivent pas posséder d'églises, il abandonne celles d'Argental, Burdigne, Vanosc, Riotort et Saint-Genest. *A° I. D. 1061, ind. 8* [= 14]. Témoins. *Arbertus scr*.
La Mure, *Hist. d. comtes de Forez*, III, 189. Charpin-Feugerolles et Guigue, *Cart. de St-Sauveur-en-Rue*, 2, 44-5, cf. xij-iij. = Couthon, B, 172-4, chr. 156.

**1967** (Vers 1061).
Note *(breve)* du déguerpissement *(guirpimentia)* que firent Artaud et sa femme Nazarie de *muacie et recepto*; ils donnèrent en augmentation *(amajorantia)* une vigne, un moulin, un pré avec saussaie *(salicetis)*. *S. Leudegarii archiepiscopi Viennensis. S. Winimanni archiepiscopi* [d'Embrun].
Giraud, *Hist. S. Barnard-Romans*, I, pr. 42-3, n° 11; et Chevalier, *Cart. de St-Barnard*, 137.

**1968** Vienne, mars (1061).
Acte passé *in conventu publico*, en présence de l'archevêque Léger, entouré de ses chanoines: le prévôt Artaud, le doyen Guigues, et de nombreux chevaliers *(caballarii)*, *manu Petri cancell., m. mart., fer. 3, ind. 14, D. N. J. C. regn. in sæc. sæcul*.
Chorier, *Hist. de Dauph.* I, 838; 2', 644.

**1969** 3 mai 1061.
Bulle du pape Nicolas II, confirmant, à la demande de l'abbé Roland, à l'abbaye de Montmajour ses possessions, entre lesquelles Monêtier-Allemont et Antonaves.
Chantelou, *Hist. de Montmajour* (Paris, Bibl. Nat., ms. lat. 13915, 97). = Roman, 5ᵃ.

**1970** 16 mai 1061.
Nicolas II confirme à Emile, abbé du monastère d'Aurillac, les « celles » de St-Géraud d'Aspres *(Asperis)* et de Saillans *(Salientis)* et leurs dépendances. — *Convenit apostolico*.
Mém. acad. Clermont-Ferrand, XVII, 89. Mon. pontif. Arverniæ, 39. Anal. juris pontif. X, 393. Pflugk-Harttung, *Acta pont. Rom. ined.* I, 34. Boudet (Marc.), dans *Bull. acad. Delphin.*, D, XVI, 291-2 (à part, 119-20). = Jaffé. —467.

26 juin 1061 = 27 mai 1172.

**1971** Rome, (1061/1070).
Lettre du pape Alexandre II aux clergés et aux peuples de [St-Paul-]Trois-Châteaux et d'Orange, les avertissant d'avoir à obéir à Géraud *(Geraldus)*, leur commun pasteur et de ne pas tolérer que [le comte] Bertrand sépare l'église d'Orange de celle de Trois-Châteaux. — *Admonemus vos chariss*.
*Gallia christ. nova*, I, instr. 119ᵇ. Boyer de Ste-Marthe, *Hist. égl. St-Paul-Trois-Chât.* 46-7. *Patrol. lat.* CXLVI, 1384. *Gallia christ. noviss*. VI, n° 46. = Georg. I, 417. Bréq. II, 104 (1066). Jaffé, 3481—4710.

**1972** Rome, (1061/1070).
Lettre du pape Alexandre II à Bertrand [prince d'Orange], fils de Rambaud ; il le menace d'excommunication, lui et ses adhérents, et de suspense sur ses terres s'il continue de s'opposer à l'union faite par Grégoire VI des églises d'Orange et de Trois-Châteaux, et de troubler l'évêque Géraud. — *Si vera sunt.*
*Gallia christ. nova,* I, instr. 120⁰. BOYER DE STE-MARTHE, *Hist. égl. St-Paul-Trois-Chât.* 47-8. BOUQUET, XIV, 546. *Patrol. lat.* CXLVI, 1385. *Gallia christ. noviss.,* VI, n° 47. = GEORG. I, 417. BRÉQ. II, 104 (1066). JAFFÉ, 3482-4711.

**1973** (1061/1070).
Engelbotta, sa femme Blismodis, ses 4 frères et ses 2 neveux donnent au monastère de St-André, St-Maxime et St-Genix en alleu l'église de St-Maurice près du château de Beauregard *(castrum Conspectum),* avec cimetière, prémices, oblations et dîmes ; pour sa dotation *(sponsalitium),* deux journaux *(diuturnæ)* de terre, avec le pâturage pour les bestiaux en bois et en plaine ; s'il est fait tort aux moines, ils le répareront dans les 40 jours.
CHEVALIER (U.), *Cart. de St-André-le-Bas.* 189-90, n° 247.

**1974** Vienne. (1061/1070).
Le chevalier Soffred, son épouse Agnès et ses 4 fils donnent à perpétuité au monastère de St-André de Vienne et à St-Genix leurs droits sur l'église de Saint-Maurice au château de Beauregard *(in Conspectu),* cimetière, dîmes, oblations, prémices, pâturage dans les bois, etc. *Data p. man. L'eulegarii] archiepiscopi, præsid. sedis apost. Alexandro papa, Heinrico regn. in Teutonica terra et Philippo in Francia. Act... [p.] man. Guidonis mon.*
CHEVALIER (U.). *Cart. de St-André-le-Bas.* 190-1, n° 249. — CHORIER, H. *de D.* I, 865 : 2ᵉ, 664 (v. 1080).

**1975** (1061/1074).
La loi ecclésiastique défendant aux laïques de jouir des dîmes, prémices et oblations dues aux églises, Guillaume, Rorgo et Noma abandonnent [à l'église] des Sts-Pierre et Laurent [d'Oulx] la dîme de la paroisse de St-Jean-Baptiste de Salbertrand *(Salabertane),* du temps du comte Guigues *(Vigo),* qui en avait déjà fait donation. Gérard, évêque de Sisteron, et Cunibert, évêque de Turin, excommunient les opposants.
RIVAUTELLA, *Ulcien. eccl. Chartar.* 187, n° 228. COLLINO, *Carte d'Oulx,* 17-8, n° 17.

1062, St-Sauveur-en-Rue = 1061.

**1976** 1062.
Isoard, vicomte de Gap, son frère Bertrand, son épouse Pétronille et son aïeule Dalmacie, donnent au monastère de St-Victor de Marseille la moitié de leur condamine à Falcon[-du-Caire], au comté d'Embrun, et reçoivent de l'abbé Durand 60 *solidatæ.* Les moines de St-Victor jouiront de la celle de Ste-Marie de Gigors *(Jugornus),* que son père le vicomte Pierre leur avait donnée... *ind. 14.*
GUÉRARD, *Cart. de St-Victor de Marseille,* II, 34-5, n° 692.

**1977** (1062 ?)
Le même fait encore donation à St-Victor du tiers d'un manse à *Rutillagus,* au territoire de Chorges *(villa Cadorgas).*

GUÉRARD, *Cart. de St-Victor de Marseille,* II, 35, n° 692¹¹. = ROMAN, 5ᵃ.

**1978** Vienne, 7 mars (1062).
Le prêtre Fouchier *(Fulcherius),* chanoine de l'église de St-Maurice, construite à Vienne en l'honneur du Sauveur et des Machabées, où préside l'archevêque Léger, donne, pour son canonicat et le service qu'il devra dire, deux manses avec courtils à Vernioz *(villa Vernio),* au pagus de Vienne, limités par les terres de Bérilon Blanc, de St-Maurice et de St-Maxime ; il s'en réserve la jouissance, à la charge de fournir chaque jour, excepté aux fêtes qui se célèbrent comme le dimanche, l'encens à la messe. L'acte est signé par sa mère Agnès et ses 3 frères ... *manu Petri cancell. s. eccl. Vien., m. mart., fer. 5, luna 22 [ou 23], Burgundia rege carente. D. N. J. C... regn. in sæc. sæcul.*
CHEVALIER (U.). *Cart. de St-André-le-Bas,* 268-9, 368, n° 57* : *Cart. de St-Maurice Vienne,* 34, n° 130. — CHARVET, 290.

**1979** Romans, 22 mars (1062).
Aimon donne pour le canonicat de son fils Didier *(Desiderius)* à l'église de Romans, construite et sacrée par sᵗ Barnard aux confins de son diocèse sur l'Isère, où préside l'archevêque Léger, le quart des oblations faites à l'autel de la paroisse de St-Martin à Bessin *(in Baisino),* outre la dîme de la forêt de Chambaran *(Cambaron)* entre la crête *(festalis)* et Aigue-Noire *(aqua Nigra),* la 1 2 de la châtaigneraie, trois courtils, une condamine ; dans la paroisse de St-Apollinaire, à la villa *Clero* la 1/2 de la dîme du vin. Avec lui signent sa femme Aremborga, ses 2 frères et 2 fils. *Data p. man. Poncii ad vic. d. cancell. ... fer. 6, luna 7, Domino regn. et rege expect.*
GIRAUD, *Hist. S. Barnard-Romans,* I, pr. 90-1, n° 41 : et CHEVALIER, *Cart. de St-Barnard,* 139-40.

**1980** Romans, 22 mars (1062).
Gotolinda donne à la communauté *(communia)* des frères de l'église de Romans un manse à Montfalcon *(villa Falconis),* au pagus de Vienne. Signent son mari Lantelme et ses deux fils. *Data... p. man. Poncii ad vic. d. cancell... fer. 6, luna 7, Domino regn. et rege expect.*
GIRAUD, *Hist. S. Barnard-Romans,* I, pr. 91-2, n° 42 : et CHEVALIER, *Cart. de St-Barnard,* 140.

**1981** Romans, 22 mars (1062).
Guigues donne à la communauté *(communia)* des frères de l'église de Romans, dont les chanoines ont pour chef Léger, un manse à la villa de Navaz, dans l'ager d'Annonay *(Anoniacen.)* et le pagus de Vienne. *Data p. man. Poncii ad vic. d. cancell... fer. 6, luna 7. Domino regn. et rege expect.*
GIRAUD, *Hist. S. Barnard-Romans,* I, pr. 91-2, n° 43 ; et CHEVALIER, *Cart. de St-Barnard,* 140-1. — Trad. MAZON (A.), *Orig. égl. Vivarais,* I, 182-3.

**1982** Romans, 22 mars (1062).
Donation par Hugues *(Ugo)* et Gotafred, frères, de l'église de St-Véran dans la villa *Malevos* et de la moitié des dîmes à l'église de Romans, construite et sacrée par sᵗ Barnard aux confins de son diocèse sur l'Isère, pour avoir part aux psaumes, hymnes, messes, etc. ; ils reçurent 10 livres d'argent, monnaie publique et *decena* de Vienne. Après la mort de son frère, Gotafred

céda la moitié des dîmes qu'il avait retenue et fut gratifié de 10 sols. Data... p. man. Poncii ad vic. d. cancell... fer. 6, luna 7, d. Leudegario archiepisc. dict., Domino regn. et rege expect.

GIRAUD, Hist. S. Barnard-Romans, I, pr. 89-90, n° 40 ; et CHEVALIER, Cart. de St-Barnard, 138.

**1983**  Romans, 22 mars (1062).
Ponce (Poncius, Poncic) donne aux chanoines de l'église de Romans et à son chef Léger un cens de miel dans l'église de St-Julien Molin-Molette (de Molendino Moletane), soit 4 setiers en Carême pour la réfection des frères. Celui qui s'emparera de cette douce aumône, ne goûtera pas les douceurs du paradis. Data... p. man. Poncii ad vic. d. cancell... fer. 6, luna 7. Dom. regn. et rege expect.

GIRAUD, Hist. S. Barnard-Romans, I, pr. 93, n° 44 ; et CHEVALIER, Cartul. de St-Barnard, 141-2.

**1984**  Romans, 26 avril (1062).
Guigues, dit Mauvais Noir (q. voc. Malum Nigrum), donne à la communauté des chanoines de l'église de Romans, qui a pour chef l'archevêque Léger, ses terres à Marnaz (villa Amarnaz), dans l'ager Maximiacensis et le pagus de Vienne, limitées par celles de St-Pierre, St-Barnard et Guillaume de Clérieu (Clairiaco), avec un bon et grand drap mortuaire ? (tapetum). Son neveu Guillaume Malaimé (Male Amatus) donne sa moitié. Data p. man. Poncii ad vic. d. cancell. 5 [=6] kal. mai. fer. 6, luna 13, Domino regn. et rege expect.

GIRAUD, Hist. S. Barnard-Romans, I, pr. 94, n° 45 ; et CHEVALIER, Cart. de St-Barnard, 142-3.

**1985**  18 juillet (1062).
Falcon donne à l'église de Romans, dont les chanoines ont pour chef l'archevêque Léger, pour le canonicat de son fils Silvion, un manse, avec courtil, etc., dans la paroisse de St-Romain de Montrigaud (Petrosa), la villa Mazonedo, l'ager Cladrensis et le pagus de Vienne, joignant la terre de St-Pierre de la Sône (de Losonna) ; plus le pâturage (pascua. percursum) pour cent porcs dans le bois appelé Forest. Data p. man. Petri ad vic. d. cancell... luna 7, Domino regn. et rege expect.

GIRAUD, Hist. S. Barnard-Romans, I, pr. 95, n° 46 ; et CHEVALIER, Cart. de St-Barnard, 143-4.

**1986**  20 juillet (1062).
Folcherius et sa femme Ailtrudis donnent à la communauté (communia) des frères de l'église de Romans, dont les chanoines ont pour chef l'archevêque Léger, deux petites pièces (peciolæ) de terre arable, séparées par celle de St-Apollinaire, à Triors (villa Triorz), dans l'ager de Genissieu (Giniacen.) et le pagus de Vienne ; elles ont pour confins les terres de St-Didier, St-Apollinaire et St-Romain. L'héritage appartenait à Armand et Lantelme, fils de sa [1re] femme, qui en font aussi donation. Data p. man. Petri ad vic. d. cancell... luna 9, Domino regn. et rege expect.

GIRAUD, Hist. S. Barnard-Romans, I, pr. 96-7, n° 48 ; et CHEVALIER, Cart. de St-Barnard, 144-5.

**1987**  20 juillet (1062).
Guillaume (Willelmus) donne à l'église de Romans et au chef des chanoines, l'archevêque Léger, une vigne à St-Ange, dans la villa de Geyssans (Gissiano), l'ager Leviacensis et le pagus de Vienne. S. Attilæ uxoris suæ. Data p. man. Petri ad vic. d. cancell... luna 9.

GIRAUD, Hist. S. Barnard-Romans, I, pr. 96, n° 47 ; et CHEVALIER, Cart. de St-Barnard, 144.

**1988**  St-Jean-d'Hérans, 28 octobre (vers 1062).
Le comte Ponce (Pontius) et son féal (fidelis) le brave chevalier Roland (Rollandus) donnent au monastère de Cluny les églises de Ste-Marie et de St-Jean à Hérans (Heron), dans le Trièves (regio Trencias), au diocèse de Die, soit les trois parts que Roland tenait comme héritage ou bénéfice. Ponce y ajoute 12 setérées de terre.

MONTEYNARD, Cart. de Domène, 6-7, n° 3. = CHEVALIER (J.), dans Bull. soc. archéol. Drôme, XXII, 167 ; Mém. Comtés Valent.-Diois, I, 17 ; Hist. Die, I, 134.

**1989**  27 novembre (1062).
Jheucia donne à l'église de Romans, dont l'archevêque Léger est le chef, une vigne avec courtil et jardin (ortile) in loco Gissineto, dans l'ager de Clérieu (Clarescen.) et le pagus de Vienne. Data p. man. Girberti ad vic. d. cancell... luna 21. Domino gubern. et rege expect.

GIRAUD, Hist. S. Barnard-Romans, I, pr. 97-8, n° 49 ; et CHEVALIER, Cart. de St-Barnard, 145-6.

**1990**  (1063 ?)
Lettre du pape Alexandre II au clergé et au peuple de Gap (Wapincen.) : il a excommunié leur évêque intrus Ripert, et les offices, sauf le baptême, seront interdits dans le diocèse, tant qu'ils ne l'auront pas chassé et élu un autre. — Sciatis nos Ribertum.

LÖWENFELD, Epist. pontif. Roman. ined. 44. ALBANÈS, Gallia christ. noviss. I, instr. 277. = Neu. Archiv, V, 339. JAFFÉ. —4536.

**1991**  (1063 ?)
Lettre du pape Alexandre II à Raimbaud (Raibaldus), archevêque d'Arles : il a excommunié Ripert, justement déposé par ses prédécesseurs, et les offices, sauf le baptême, seront suspendus dans le diocèse de Gap jusqu'à l'expulsion de l'intrus. — Noveritis nos Ribertum.

LÖWENFELD, Epist. pontif. Roman. ined. 44. ALBANÈS, Gallia christ. noviss. I, instr. 277 ; III, 171. = JAFFÉ, —4537.

**1992**  (Vers 1063).
Serment de Gontard à son élection comme évêque de Valence : Ego Gontardus... (la suite en langue romane)..

Coutumier de Valence (vers 1355), f° clxij. = CHEVALIER (U.), dans Bull. hist.-archéol. dioc. Valence, VII, 181.

**1993**  1063.
A° I. D. 1053 [= 1063], ind. 1, le comte Guigues le Vieux (senex) et son fils Guigues le Gras (pinguis) donnent et confirment à l'église de St-Laurent (d'Oulx, Plebs martyrum) et à ses chanoines réguliers un manse à Cesana (Sesana), du conseil d'Adam châtelain de Briançon (Brienconis). Témoins : le prévôt Ulric (Uldricus), des chanoines et des laïques, dont Armand presbyteralis Catbaldus diac. |scr. ?

Arch. de l'Isère, B,3853. FONTANIEU, Hist. de Dauph. pr. II, I, 17 ; Cart. du Dauph. I, 80-1. Valbonnays, 2e Reg., n° 11. — GUICHENON, Bibl. Sebus. 197-8 ; (1780). 56. RIVAUTELLA

Ulcien. eccl. Chartar. 135. n° 152. COLLINO, Carte d'Oulx, 18, n° 18. = CHORIER, H. de D. I, 796. GEORG. I, 384. BRÉQ. II, 57. TERREBASSE, Not. dauph. Vienn. 55-8. MANTEYER, Prov. 183-4.

**1994** (Vers 1063).

Arbert, fils d'Adalgisus de Clérieu *(Claidriaco)* et de Fescema, donne aux chanoines de l'église de Romans, que l'archevêque Barnard dédia avec huit pontifes et dont Léger, archevêque comme lui de Vienne, est le chef, une *mafisada* (mansata ?) de vigne, au lieu anciennement dit le manse du Sorbier *(de Sorberio),* à Hauteville sous-Veaunes *(villa Alta Villa).*

GIRAUD, Hist. S. Barnard-Romans, I, pr. 125, n° 70 ; et CHEVALIER, Cart. de St-Barnard, 146.

**1995** (Vers 1063).

Bertrand *(B-nnus),* dit Bon Valet *(Bons Valletz),* avec le consentement de son frère Lantelme, surnommé Dure Dent *(Dura Dente),* donne aux clercs de l'église de St-Barnard, qui ont pour supérieur l'archevêque Léger, un manse dans la paroisse de St-André des Royons (de Roiane ou Roione), dans la villa de Clérieule-Haut *(Clariacus Superior),* l'ager *Maximiacensis* et le pagus de Vienne. Sont témoins les chanoines de Romans : Théotbert *Mala Terra,* Winimand, archevêque d'Embrun, et les sacrés.

GIRAUD, Hist. S. Barnard-Romans, compl. 85-6, n° 225 ; et CHEVALIER, Cart. de St-Barnard, 146-7.

**1996** 8 octobre 1063 ?

Concile de 35 évêques et abbés, dont Guinamand, archevêque d'Embrun, et Udalric, évêque de Trois-Châteaux, réunis pour la dédicace de l'église de Notre-Dame des Doms [à Avignon] et présidés par le cardinal-légat Hugues... 1069, lune 11/2.

Bibl. d'Avignon, ms. 98, 144°. Paris, B. N., ms. lat. nouv. acq. 1674, 1°. — *Gallia christ. noviss.* I, instr. 543. MANTEYER, *Provence,* 433.

**1997** 29 juin (avant 1064).

Obit de Ponce, abbé d'Issoire *(Hiciodorensis),* élevé *(nutritus)* à St-Robert de Cornillon.

CHEVALIER (U.), *Nécrol. de St-Robert,* 29, 31. *Gallia christ. nova* (1873), II, animadv. lxiij.

**1998** 1064.

Rescrit du pape Alexandre II à Girard, évêque [de Trois-Châteaux et d'Orange] au sujet d'un prêtre, qui *patris thorum nefanda fornicatione fœdaverit :* il sera privé des ordres sacrés, mais non des mineurs et de la communion. - *Presbyteram qui.*

LÖWENFELD, *Epist. pontif. Roman. ined.* 46. = *Neu. Archiv,* V, 333, cf. 347. JAFFÉ, —4551.

**1999** 1064.

Pomet donne à l'église de Notre-Dame à Apt les maisons qu'il habite dans cette ville, provenant de la concession à son aïeul Almalbert par le roi Conrad qui y faisait sa demeure avec sa cour *(comitata)...* ind. 2, regn. D. N. J. C.

*Gallia christ. nova,* I, instr. 76-7.

**2000** (Février 1063/4).

Le vicomte Bérenger confirme l'échange intervenu entre Alboin, prieur clunisien de Gap, et Autrand de Tallard (1037/1045), que Rostaing, fils de Bérenger et évêque d'Avignon, contestait.

JUVENIS, *Hist. du Danph.* II, 11-3 (ms. de Carpentras, 504). = MANTEYER, *Provence,* 378.

**2001** Marseille, 16 mars 1064.

Donation par Pierre de Volonne, fils d'Isnard et de Dalmatie, au monastère de St-Victor de Marseille et à son abbé Durand de biens situés au comté de Gap et au territoire de Volonne... ind. 2, *epacta nulla. Sirus scr.* dans led. monastère.

GUÉRARD, *Cart. de St-Victor de Marseille.* II, 49-50, n° 703.

**2002** 26 août (1064).

Didier *(Desiderius)* donne à l'église de Romans une terre cultivée avec vignes, près de l'église de la paroisse de St-Apollinaire, dans l'ager de Chatte *(Castæ)* et le pagus de Vienne, touchant la terre que son oncle le chanoine Folcard avait cédée à la communauté des frères entre les mains de l'archevêque Léger ; il se réserve la jouissance, moyennant l'investiture annuelle de 3 setiers de vin. Il rend aussi une vigne au lieu dit *ad Pirum* et pour tout cela on attribuera un canonicat au prêtre Ponce. [Après leur mort, le clerc Guigues, fils de Didier, reprit injustement cette donation, mais, après le décès de son frère Falcon, il rendit le tout et donna en otages Ortald de la Sône *(Lassonna),* Jarenton et Ismidon de Dionay *(Doennai),* etc]. Signent : son oncle Folcard, custode de l'abbaye ; son frère Lambert, diacre et chanoine. *Data p. man. Birberti diac. ad vic. d. cancell., fer. 5..., luna 10, Domino regn. et regem expect.*

GIRAUD, *Hist. S. Barnard-Romans,* I, pr. 105-7, n° 54 ; et CHEVALIER, *Cart. de St-Barnard.* 149-50.

**2003** 26 août (1064).

Convention de l'archevêque Léger et de ses chanoines de Romans avec Richard *(Ricardus)* du château de Tournon *(castello Tornone),* qui avait complanté *(fecit ædificium)* des vignes dans un manse du chapitre appelé Felzet, près du château de Mercurol *(M-riolum)* ; on les lui concède à titre viager, sous la redevance annuelle de 24 lamproies et une livre de poivre. Si les chanoines lui donnent la sépulture, ils auront 50 sols, sinon 10 seulement. Il rend un champ à l'orient de l'église de Notre-Dame à Tain *(villa Tigno),* qu'il avait en gage pour 2 sols 1/2. *Data p. man. Petri lev. ad vic. d. cancell., fer. 5... Domino regn. et rege expect.*

GIRAUD, *Hist. S. Barnard-Romans,* I, pr. 104-5. n° 43 ; et CHEVALIER, *Cart. de St-Barnard,* 147-8. BELLET, *Hist. de Tain,* 51-2.

**2004** Romans, 27 août (1064).

Convention de l'archevêque de Vienne Léger et des chanoines de Romans avec l'archevêque d'Embrun Guinimand, élève et chanoine du lieu. En cas de mort ou d'entrée en monastère, sa prébende de chanoine *(canonica)* sera conférée à son neveu de même nom que lui et encore enfant. Il restitue à la communauté un manse en Conquers *(in Conquerio),* pour lequel il avait donné 50 sols et les vignes que les vitriers Rostaing avaient complantées et tenaient de lui. Après la mort de l'oncle et du neveu, la maison construite à chaux [et à sable] et tout ce qu'ils possédaient dans la terre de St-Pierre reviendront à l'église ; un clerc pourra leur succéder, moyennant 50 sols. *Data... p. man.*

*Girberti ad vic. d. cancell... 6 fer., luna 11, Domino regn. et rege expect.*
GIRAUD, *Hist. S. Barnard-Romans*, I, pr. 107-8, n° 55 ; et CHEVALIER, *Cart. de St-Barnard*, 151-2.

**2005** 13 octobre (1064).
Guigues, cousin germain de l'archevêque Léger, donne à l'église de Romans, où repose son fondateur s‡ Barnard, un manse, divisé en 3 pièces de terre, à Conquers (*villa Conquerius*), dans l'ager de Genissieu *(Ginicen.)* et le pagus de Vienne; toutes 3 confinent à la terre de St-Pierre de Cluny ; une 4° au béal de Rochas ou Chorache *(Catarata)*. Guillaume de Mercurol, qui avait le tout en bénéfice, donne son consentement pour qu'on accorde un canonicat au clerc Théotbert. *Data p. man. Arberti ad vic. d. cancell... fer. 4, luna 28, Heenrico III imper.*
GIRAUD, *Hist. S. Barnard-Romans*, I, pr. 109-10; et CHEVALIER, *Cart. de St-Barnard*, 152-3, n° 56. = MANTEYER. *Paix en Viennois*, 148-9 [62-3].

**2006** 1065.
Bulle d'Alexandre II, confirmant à l'abbaye de Saint-Géraud d'Aurillac, entre d'autres possessions, celle du prieuré de St-Géraud d'Aspres-les-Veynes.
*BOUANGE, St-Géraud d'Aurillac et son ill. abbaye*, 325. = ROMAN, 5°.

**2007** (Vers 1065).
Le seigneur Ainard donne aux moines de Cluny le courtil de Lambert Roux *(Rufus)* et reçoit 2 sols, en présence du cellerier Richard.
MONTEYNARD, *Cart. de Domène*, 58, n° 59.

**2008** (Vers 1065).
Ainard *(Aynardus)*, son épouse Adélaïde et ses 4 fils donnent au petit monastère *(cœnobiolum)* de Domène 2 journaux *(diurnales)* de terre près du courtil des moines.
MONTEYNARD, *Cart. de Domène*, 58-9, n° 60.

**2009** (Vers 1065).
Géraud dit Païen *(Geraldus cognom. Paganus)* donne à Hugues, prieur de Domène, sa part de l'église de St-Jean-d'Hérans *(Heronis, H-neis)*, pour que Dieu lui pardonne le mal *(tortitudo)* qu'il a fait en détenant injustement des biens ecclésiastiques.
MONTEYNARD, *Cartul. de Domène*, 10, n° 7.

**2010** (Vers 1065).
Le chanoine Ismidon donne à l'église de Romans, que s‡ Barnard a construite et consacrée de ses mains, pour l'âme de son père Lambert, dans le mandement de Pisançon *(Pisantiano)*, dont le château appartient au chapitre, et le diocèse de Valence : la moitié d'un manse à la Pierrère *(Perarium Radulphi)*, dans la paroisse de St-Michel, d'une métairie *(cabannaria)*, dans la paroisse de St-Jean de Charlieu ; entre deux passe le chemin de Valence *(via Valentiniana)*. Il donne pareillement au diocèse de Vienne, dans la paroisse de St Hilaire et le mandement de St-Lattier *(S. Heleuterii)*, la 1/2 d'un manse à *Mons Genetalius* et d'une métairie *ad Absconsos. Data p. man. Rostagni, Domino regn. et regem expect.*
GIRAUD, *Hist. S. Barnard-Romans*, II, pr. 19-20, n° 113 ; et CHEVALIER, *Cart. de St-Barnard*, 156-7.

**2011** Latran, 27 janvier 1065.
Bulle du pape Alexandre II en faveur de l'église de St-Pierre du Bourg ; il la prend sous la défense du siège apostolique, confirme les biens que Gontard, évêque de Valence, et autres lui ont donnés, annule les injustes coutumes dont elle est grevée et interdit de l'inquiéter.
CHEVALIER (U.), *Cart. de St-Pierre du Bourg*, 6-7, n° 2. = JAFFÉ, —4561.

**2012** 2 février (vers 1065).
Adémar de Clérieu rachète à Ameldis, femme de Brunenchus, une vigne que les chanoines avaient engagée pour 10 sols et la donne à l'église de Romans. *Arbertus subdiac. scr. in Purificatione s. Mariæ. S. Leudegarii archiepiscopi. S. Folcardi... S. Winimanni archiepiscopi.*
GIRAUD, *Hist. S. Barnard-Romans*, I, pr. 119, n° 65 ; et CHEVALIER, *Cart. de St-Barnard*, 153-4.

**2013** 7 avril (1065).
Armand *(A-nnus)* donne à la communauté des chanoines de Romans, présidée par l'archevêque Léger, une terre arable et susceptible d'être mise en pré à Presles *(Praella)*, dans l'ager de Genissieu *(Giniacen.)* et le pagus de Vienne, limitée par la terre de Saint-Pierre ; il reçoit 30 sols et en conservera l'usufruit, sous l'investiture annuelle d'un porc de 6 den. Son père Folcherius et son frère Lantelme auront part aux prières de communauté; après sa mort, on l'ensevelira, car il est associé *(frater)* à leurs aumônes. Souscrivent son oncle Didier et son cousin le chanoine Lantelme. *Data p. man. Petri sac. ad vic. d. cancell... luna 27, fer. 5, Domino regn. et rege expect.*
GIRAUD, *Hist. S. Barnard-Romans*, I, pr. 110-1, n° 57 ; et CHEVALIER, *Cart. de St-Barnard*, 154-5.

**2014** 9 avril (1065).
Richard, pour obtenir à son frère Pierre un canonicat, donne à l'église de Romans, dont le chef est l'archevêque Léger, l'église de St-Pierre à St-Didier *(villa Rovore)*, au-delà de l'Isère, dans le pagus de Vienne, avec dîmes et presbytère. Cet héritage venait de son beau-père Girunculus, que les chanoines avaient recueilli vieux et infirme. *Data p. man. Petri sac. ad vic. d. cancell... luna 29, fer. 7, Domino regn. et rege expect.*
GIRAUD, *Hist. S. Barnard-Romans*, I, pr. 112-3, n° 58 ; et CHEVALIER, *Cart. de St-Barnard*, 155-6.

**2015** 1066.
*A° I. D. N. J. 1066, a° 3 episcopatus Gontardi g. D. episcopi Valentinensis.* Celui-ci, juge d'un différend entre Humbert, abbé de St-Félix, et Lantelme, prieur de cette maison, déclare, du conseil de ses chanoines et des personnes compétentes, et sur les preuves fournies par le prieur, que celui-ci a pouvoir de vendre le droit de pâturage *(pascua)* et de lever les bans *(banna)* dans tout le domaine de la maison de St-Félix. Seings de l'évêque, de G[ontard] doyen de Valence, etc.
CHEVALIER (U.), *Codex diplom. S. Rufi*, 4-5 ; = *Cart. de St-Pierre du Bourg*, 7.

**2016** (Vers 1066).
Donation à l'église construite dans l'intérieur de la ville de Vienne, en l'honneur du Sauveur, de sa Ré-

surrection et des ss. Machabées, où l'on vénère le chef de s' Maurice et préside l'archevêque Léger *(Leudegarius)*, par le chanoine Armand *(A-nnus)*, pour son canonicat. d'un manse à *Flacchedo*, dans la villa de Roiffleux *(Rosiaco)*, l'ager d'Annonay *(Annonaicen.)* et le pagus de Vienne : il en conservera l'usufruit, sous l'investiture annuelle, à l'Assomption, d'un porc, un mouton, un agneau et un setier de froment. Son père Guy *(Guido)* et son frère Silvion donnent leur consentement.

*CHARVET. p. 290. CHEVALIER (U.), *Cart. de St-André-le-Bas*, 270-1, 368, n° 59*; *Cart. de St-Maurice Vienne*, 26, n° 75. = COURBON, B, 157. MAZON (A.), *Orig. égl. Vivar.* I, 247.

**2017** (Vers 1066).

Itier, abbé de St-André dans le faubourg de Vienne, du consentement des frères, concède à Ebrard et sa femme Aya la terre *Bessei* à mi-fruits *(ad medium plantum)* ; quand elle portera des fruits, le prieur de St-Genix-sur-Guiers *(S. Genesii)* pourra en retenir la moitié ; il aura la préférence au cas où les concessionnaires voudront vendre la leur.

CHEVALIER (U.), *Cart. de St-André-le-Bas*, 161-2, 44*, n° 220.

**2018** Vienne. 1066.

Etienne, prêtre de Septème *(Septimo)*, donne après sa mort à St-André et St-Symphorien son héritage in *Monte Sperato* : maison, moitié de terrasse *(terracia)*, Missel et Antiphonaire, sauf ce qu'il tient de l'abbesse de St-André-le-Haut *(Superior)* et qu'il a donné à son fils Hugues. Abbé et moines devront l'aider à conserver ce qu'il a dans l'église de St-Symphorien, le recevoir s'il veut se faire moine, lui fournir la nourriture s'il devient trop pauvre, l'aider au moins à vendre son héritage et, après sa mort, le porter au monastère et l'ensevelir avec les suprêmes honneurs *(summo honore)*, inscrire son nom dans le Martyrologe et faire mémoire de lui toutes les années. Fait en chapitre, en présence de l'abbé Itier *(Itherius)*, du chevalier Bérard et des autres *castrenses*. Data p. m. *Galterii mon...*

*Gallia christ. nova*, XVI, instr. 21. CHEVALIER (U.), *Cart. de St-André-le-Bas*, 113-4, n° 155. = CHORIER, *H de D.* I, 817 ; 2*, 644.

**2019** (Vers 1066).

Le chanoine Gaurin donne à l'église de Romans, que préside l'archevêque de Vienne Léger, une vigne et champ près de la colline *(podium) Malaunus*. lieu dit *Bussiu*. dans l'ager d'Octavéon *(patria Eltevensi)*, limités par le territoire de Vinay *(Vinais)* et une vigne du sanctuaire *(sanctualis)* ; il demande aux frères de se souvenir de lui dans leurs prières].

GIRAUD, *Hist. S. Barnard-Romans*, I, pr. 100-1, n° 52 ; et CHEVALIER, *Cart. de St-Barnard*, 157-8.

**2020** Bédarrides ? 1066.

Guinimand *(Guinamandus)*, archevêque d'Embrun. donne au monastère de St-Victor de Marseille et à l'abbé Bernard les églises de St-Victor et de St-Christophe à Chorges *(Cadurcen., de Cadorgas)*. avec leurs autels, oblations. prémices, cimetières, baptistères, pénitences et visites des infirmes, etc. ; il confirme ce que le chevalier Guillaume, fils d'autre Guillaume prêtre, et les habitants de Chorges ont donné ; il ajoute pour dotation *(sponsalitium)* ce que tenaient Guillerius, Butifar et Brusa. Comme témoignage de reconnaissance, les moines font cadeau d'un drap *(pallium)* à l'autel de Ste-Marie ou St-Marcellin. Acta... ind. 4, in urbe seu vico Biturica, regn. Henrico rege Roman. imper. Témoins : *Gosfredus decanus... Upertus gramaticus scr.*

*Gallia christ. nova*, III, instr. 208. GUÉRARD, *Cart. de St-Victor Marseille*. II. 40-1, n° 698. = BRÉQ. II, 103. ROMAN, 5*.

**2021** Vienne, 4 mars 1066.

Léger *(Leodegarius)*, archevêque de Vienne, préoccupé de restaurer les églises de St-Ferréol martyr, un des patrons de sa ville, lit dans la vie de l'abbé s' Clair que le monastère de St-Julien contenait alors 400 religieux. Il confie à Isarn, abbé de St-Victor de Marseille. l'église de St-Julien, près des murs de sa ville ; il y ajoute de sa fortune privée *(peculium)* des champs, vignes, bois et saussaies en-deçà et au-delà du Rhône, le village de *Cirinus* et 3 propriétés à *Jaino*. Après la mort d'Isarn, son successeur Pierre laissa le bien désolé, malgré l'envoi de lettres et de messagers. Se souvenant alors de l'amitié de s' Ferréol pour s'Julien, Léger sollicite les clercs de Brioude de s'en charger, mais sans [charte de] privilège. Dans l'intervalle, le pape Nicolas II envoya le cardinal Etienne pour célébrer à Vienne un concile (n° 1963), où furent présents beaucoup d'évêques, abbés et personnages : Durand, abbé de Marseille, jadis prévôt de ces lieux, s'y trouvait. Pendant deux jours, on discuta sur les plaintes des chanoines et l'injustice des moines. Le 3°, par l'influence de Hugues, abbé de Cluny, on décréta d'unir les biens du martyr Ferréol à ceux de son ami Julien. Le privilège, que l'abbé Durand tenait entre ses mains, fut déchiré par le cardinal, à l'approbation de tous. — Léger, archevêque de Vienne, de l'assentiment de ses chanoines, concède à ceux de St-Julien les églises de St-Ferréol et de St-Symphorien. avec leurs possessions pour les restaurer. Il ordonne comme prévôt de St-Julien le doyen Pierre et lui associe l'archidiacre Richard. Le successeur du prévôt sera pris ou parmi les chanoines de Brioude ou parmi ceux de St-Maurice. Data p. man. *Stephani presb. 4 kal. mart., luna 4, fer. 7, 4° ab Inc.* 1066 et 36 d. *Leodeg. archiep.* Signent avec le cardinal et Léger. l'archevêque de Lyon, les évêques d'Autun, Chalon et Belley ; du chapitre de St-Maurice : Acmar doyen, Rostonnus. Bernard et Richard, archidiacres, Adalard philosophe. Richard précenteur, etc. Suivent les signatures des membres de la collégiale de Brioude.

PETIT, *Theodori Pænitent*. II, 606-10. DONIOL, *Cart. de Brioude*, 247-50 (238-cccv). = *Gallia christ. nova*, II, 476-7, 482, 492. BRUEL (A.), dans *Bibl. de l'éc. d. Chartes*, 6° s., II, 490. Toutes les notes chronologiques sont exactes, en comptant les calendes dans l'ordre direct.

**2022** Avignon, 5 avril 1066.

Charte de Gérard Chevrier, évêque de Sisteron, en faveur de Forcalquier. Signat. de *Guiramannus*, archevêque d'Embrun ; *Arnulfus episcopus Vapincensis firmal*.

Bibl. de Carpentras, ms. 502 (actuell. 513-4 ?)

**2023** Romans, 19 avril 1066.
Guichard de Montmerle (*Wicardus de Monte Merulo*) et son épouse Fulcren donnent à l'église de Romans, où repose s¹ Barnard qui l'a fondée et que gouverne Léger, archevêque de Vienne, la moitié de l'église de St-Didier-de-Formans (*S. Desiderii de Vendonissa*), avec ses prémices, dîmes, cimetière et presbytère, pour le repos de ses parents, au labeur (*valentia et studio*) desquels il doit ce qu'il possède. *Data p. man. Girberti diac. ad vic. d. cancell. Petri... in conventu publ. 1ηx kal. maii, fer. 4, luna 20, Heinrico II rege electo imperat.....*
GIRAUD, *Hist. S. Barnard-Romans*, I. pr. 117-8, n° 63 ; et CHEVALIER, *Cart. de St-Barnard*, 158-9.

**2024** Rome, avril ; Romans, 29 juin (vers 1066).
Barnefred et sa femme Aia donnent à la communauté des frères de l'église de Romans sur l'Isère [le fonds] qu'ils avaient complanté à mi-fruits dans l'héritage de l'archevêque Léger et de son père Guillaume, à Broyse (*villa Brozaias*), dans la paroisse de St-Jean de Charlieu (*Carliaco*) et le diocèse de Valence ; ils s'en réservent l'usufruit, sous le ceps de 3 setiers de vin. Léger approuve cette donation et ajoute l'autre moitié qui était sa propriété juridique. L'acte fut reçu à Rome, devant le corps de s¹ Pierre, par ses chanoines et leur primicier Benoît, dit Boileau (*Bibens Aquam*) parce qu'il n'avait jamais bu de vin ; ils excommunièrent quiconque s'emparerait de ce bien. L'acte parvint à Romans, *in festivitate s' Petri, papa Alexandro II ; rex Einricus II nondum erat Roman. imper. factus.*
GIRAUD, *Hist. S. Barnard-Romans*, I. pr. 38-9, n° 7 ; et CHEVALIER, *Cart. de St-Barnard*. 159-60.

**2025** 21 août 1066.
Le chanoine Odon (*Oddo*) donne à la communauté des frères de l'église de Romans sur l'Isère la moitié du cimetière de l'église de St-Paul. dont son frère Alcherius possédait l'autre ; il veut qu'on donne un canonicat à son féal Aimoin, élevé dans cette église. *Data p. man. Wilelmi diac. ad vic. d. cancell... fer. 2, luna 27 = 26', in præsentia d. Leudegarii archiepiscopi, regn. Heindrico imper.*
RIVAZ. *Diplom. de Bourg.* II, n° 110ᵇⁱˢ (Anal. 43).—GIRAUD, *Hist. S. Barnard-Romans*, I, pr. 118, n° 64 ; et CHEVALIER, *Cart. de St-Barnard*, 161.

**2026** Vienne, 29 septembre 1066.
Les serviteurs (*servi*) de St-Maurice ayant vendu, à l'insu du chapitre, à un laïque, Rotbald dit Lonjagna, une vigne construite (*ædificata*) dans des propriétés de leur église à *Balaietum*, dans la villa de Communay (*Comennaico*), l'archevêque et les chanoines voulurent la lui enlever. Rotbald les supplia de la lui laisser, ainsi qu'à sa femme Laiverta et son fils Pierre. qui serait clerc, leur vie durant. Artaud était prévôt et Othmar doyen. *Data... manu Petri cancell. in publ. capit., in festiv. s' Michaelis archang., fer. 6, luna 7, Domino regn. et rege expect., a° I. D. N. J. C. 1067.*
CHEVALIER (U.), *Cart. de St-André-le-Bas*, 269-70, 368, n° 58\* ; *Cart. de St-Maurice Vienne*, 24, n° 60. = CHARVET, 296.

**2027** (1066/1067).
Lettre du pape Alexandre II à Gebehard (*al. Gebonard*), archevêque de Salzbourg (*Juvav.*, al. Viviers ou Vienne), au sujet de prêtre tombant d'épilepsie. — *Hic clericus* ou *In tuis litteris.*
LABBE, IV, 1139. COLETI, XII, 96-7. MANSI, XX, 965. *Patrol. lat.* CXLVI, 1407. = COLLOMBET, I, 424. JAFFÉ, 3511—4621.

**2028** (Vers 1067)
Convention entre Léger, archevêque de Vienne, et Gontard, évêque de Valence, les chanoines de Romans et de Valence au sujet de la forêt de Bayanne (*Baina*) : les clercs et les hommes qui habitent dans l'abbaye de Romans auront le droit d'y prendre le bois nécessaire. — L'évêque Gontard et ses chanoines accordent dans la ville de Valence un marché par an, l'époque au choix de Léger et de ses chanoines, de l'aube du mercredi à la nuit du vendredi, avec le droit d'entrée aux portes de Valence ; du tout il sera fait une charte de privilège (n° 2031). En compensation, l'archevêque rendra à l'église de Valence le château d'Alixan, dont les chanoines de St-Apollinaire auront une moitié et l'évêque l'autre, à vie durant. L'évêque ne pourra faire aucun accord avec les châtelains d'Alixan sans l'assentiment de l'archevêque, de son frère le chanoine Odon et Ponce Malet, chanoine de Valence. Ni l'évêque ni les chanoines ne pourront changer le siège du château d'Alixan ; ils ne pourront en construire aucun entre Valence et la Baume d'Hostun (*ad Balmas de Roianis*), du mont Musan (*Maison*) et de Turos (*de Turone*) à l'Isère et de là jusqu'au Rhône. L'évêque doit donner à l'archevêque le bénéfice dont Guillaume, le père de celui-ci, avait hérité de ses ancêtres, et obtenir de son frère Hugues qu'il se rende vassal (*fidelit.*) de Léger comme il l'avait été d'Adon, frère de celui-ci.
GIRAUD, *Hist. S. Barnard-Romans*, I, pr. 43-6, n° 12 ; et CHEVALIER, *Cart. de St-Barnard*, 162-5. = CHEVALIER (J.), dans *Bull. soc. archéol. Drôme*, XXVI, 269-70 ; *Mém. comtés Valent.-Diois.* I, 165.

**2029** (Vers 1067).
Les coutumes dont les hommes du château de Pisançon jouissaient dans la forêt de Bayanne (*Baina*) doivent être observées comme du temps de Guillaume de Clérieu (*Clariaco*).
GIRAUD, *Hist. S. Barnard-Romans*, I. pr. 46, n° 13 ; et CHEVALIER, *Cart. de St-Barnard*, 165.

**2030** (Vers 1067).
Gontard, évêque de Valence, du conseil de ses chanoines et de plusieurs nobles, avec l'approbation de toute la ville, accorde aux chanoines, clercs et habitants de l'abbaye de Romans l'usage et le parcours de la forêt de Bayanne (*Baiana*), plus un marché à Valence de l'aube du mercredi à la nuit du vendredi, à l'époque qu'ils préféreront, sauf durant l'octave de la fête de St-Apollinaire, avec le droit d'entrée aux portes, excepté 5 mesures de sel appelées *Javaidani* et le bénéfice des chanoines du Bourg (*Burgenses*). Souscrivent : Léger, archevêque de Vienne, préposé à l'église de Valence et à l'abbaye de Romans après le pape, Guinimand, archevêque d'Embrun, Gontard, doyen de Valence, le prévôt était mort, Humbert abbé de St-Félix, le chancelier (*primiscrinius*) Arnulfe, l'écolâtre (*primus scolæ*) Barnard, etc.

GIRAUD, *Hist. S. Barnard-Romans*, I, pr. 46, n° 66; et CHEVALIER, *Cart. de St Barnard*, 165-6.

**2031** (Vers 1067).

Guinimand (*Guinamannus*), fils de Canon, donne à l'église de Romans un manse que Guinimand (*Guinamannus*), archevêque d'Embrun, tenait de lui à Montrond (*Mons Rotundus*). Les chanoines le cèdent au prélat, sous le cens d'une livre de poivre à la fête de s¹ Barnard; après lui, le clerc qui sera son plus proche parent en jouira.

Valbonnays, 7ᵉ Reg., n° 19 (à 1058). — GIRAUD, *Hist. S. Barnard-Romans*, I, pr. 50-1, n° 18; et CHEVALIER, *Cart. de St-Barnard*, 167.

**2032** 27 novembre (1067 ?).

Au temps d'Odon, marquis [en Italie], de faux monnayeurs s'étaient, à son insu, établis à Aiguebelle (*Aquabella*) et y contrefaisaient la monnaie Viennoise, qui s'était jusque-là maintenue bonne de poids et de mesure *decena*; sur la réclamation de l'archevêque Léger, le prince mit fin à ces fraudes, qui ne se renouvelèrent pas de son vivant. Après sa mort, les faux monnayeurs recommencèrent, et Léger dut se rendre en Italie auprès de la marquise Adélaïde, qui donna des ordres sévères : le faux monnayeur (*trapezeta*), excommunié par le pape Léon IX, mourut frappé de paralysie. D'autres recommencèrent, et Léger par l'entremise d'Adrald, abbé de Novalaise (*Brementensium*) et d'Artaud, prévôt de Vienne, Adélaïde et ses fils Pierre, Amédée et Odon promirent à Léger que dans toutes leurs possessions la monnaie de Vienne ne serait plus altérée. *Data p. man. Bosonis ad vic. d. cancell. et primi scrinii.* 2 [= 5] kal. dec., luna 16, fer. 3, Heinrico II rege nondum imper. cæsaris et imper. filio, hujus d. marchionissæ genero. Recepta p. man. d. archiepisc. Leudegarii. — Longa per.

Mss.: Baluze, LXXV, 331ᵇ et 388-9. Harlay 11743, 127. Secousse. 12. FONTANIEU, *Cart. du Dauph.* I, 79-80. Valbonnays, 2ᵉ Reg., n° 18. RIVAZ, *Diplom. du Bourg.* II, n° 103 (Anal. 42, 66). — ACHERY (d'), *Spicileg.* XIII, 284-5; 2°, III, 393. CHORIER, *Estat polit.* I, 306-9. CARUTTI, *Reg. Sab.* 62, n° 173. = CHARVET, 295. MULETTI, *Stor. di Saluzzo*, 3, 371. PROMIS, *Monete dei reali di Savoia*, 157. MÉNABREA, *Orig. féod.* 199-200. MOUIN, *Numism. féod. Dauph.* 12-3. TERREBASSE, *Inscr.* I, 349-50. SAVIO, *I primi conti di Savoia*, 7. MANTEYER, *Orig. mais. Savoie-Bourg.* 413-4. CHEVALIER (U.), *Cartul. de St-Maurice Vienne*, 24, n° 61.

**2033** (Vers 1068).

Adalgardis, mère de Lantelme de St-Lattier (*S. Eleuterio*) donne à l'église de Romans, que préside Léger (*Leudegarius*), un manse que tient Ainard dit Pelorce à la villa *Saina*, dans la paroisse de St-Didier (*S. Desiderii*).

GIRAUD, *Hist. S. Barnard-Romans*, I, pr. 121-2, n° 67; et CHEVALIER, *Cart. de St-Barnard*, 170.

**2034** (Vers 1068).

Barnard Terzella et sa mère Aliendrada donnent à l'église de Romans sur l'Isère la moitié de l'église de St-Etienne près du château de Crépol (*Crispio*), avec le cimetière et la 1/2 des dîmes, plus sa dotation *ad Spinaciam*, qu'ils ont cédée le jour de la consécration (*dedicatio*), et la chapelle du château. Fait entre les mains de Léger, archevêque de Vienne, de ses chanoines, du doyen Otmar et du prévôt Artaud. *Data manu Guillelmi gramatici.*

GIRAUD, *Hist. S. Barnard-Romans*, compl. 52, n° 164; et CHEVALIER, *Cart. de St-Barnard*, 174-5.

**2035** (Vers 1068).

Convention entre Odon, chanoine de l'église de Romans, et ses confrères, avec approbation de leur abbé Léger, archevêque de Vienne, au sujet de la maison située devant la porte de l'église, jointe à la tour qui touche au réfectoire. On lui donna un terrain (*casale*) au midi, sur lequel il fit construire une superbe (*obtima*) maison, dont on lui assura la jouissance sa vie durant. On lui fit promettre de ne la laisser après lui à aucun de ses parents, à personne. Les gens malicieux (*maliciosi*) et surtout les supérieurs trouvent le moyen de pervertir ce qui a été écrit avec simplicité. Cette maison sera à l'usage de tous, comme le réfectoire, la cuisine, le dortoir, le cloître. On ne devra pas en faire un logement (*hospicium*) pour recevoir les prélats, qui parfois cherchant leur commodité plus que la gloire de Dieu, s'emparent de tout ce qu'il y a de plus précieux ou commode chez leurs subordonnés et ne sont que des mercenaires. Le malheur veut que les choses à destination commune deviennent particulières; etc., etc.

GIRAUD, *Hist. S. Barnard-Romans*, compl. 95-8, n° 240; et CHEVALIER, *Cart. de St-Barnard*, 167-70.

**2036** 14 mai 1068.

Alexandre II confirme à Emile, abbé d'Aurillac, les « celles » de St-Géraud d'Aspres, de Saillans, etc., et leurs dépendances. — *Convenit apostolico.*

*Anal. juris pontif.* X, 402. Mém. acad. Clermont-Ferrand, XVII, 92. PFLUGK-HARTTUNG, *Acta pont. Rom. ined.* I, 43. Mon. pontif. Arvernive, 42. BOUDET (Marc.), dans *Bull. acad. Delphin.* D. XVI, 292-3 (à part, 120-1). BOUANGE, *St-Géraud d'Aurillac*, 325. — JAFFÉ, 4649. ROMAN, 5.

**2037** Vienne, 12 novembre 1068.

Echange entre Léger (*Leudegarius*), 61ᵉ archevêque de Vienne, et Roland (*Rotlannus*), 9ᵉ abbé de Montmajour près Arles : celui-ci donne aux chanoines de St-Pierre et de St-Barnard à Romans l'église de St-Christophe à Montmiral (*loco Sole*); il reçoit la moitié de celle de St-Evode à Parnans (*Pernanz*) et le manse qu'exploitent Constantin et Guiraud à Montrond (*Mons Rotundus*). Montmajour et Romans sont deux abbayes Romaines, héritage de s¹ Pierre. *Dat. p. man. Petri cancell... in conventu publ. sinodali, consil. et deliberat. d. Stephuni cardinalis. 6 id. nov., fer. 4, luna 17, a¹ I. D. N. J. C. 1068, ind. 6, d. n. papa Alexandro Romanum imperium tenente et Heinrico III regn. nond. Roman. imper.*

FONTANIEU, *Cart. du Dauph.* I, 82. — GIRAUD, *Hist. Barnard-Romans*, I, pr. 33-5, n° 4 et 129; et CHEVALIER, *Cart. de St-Barnard*, 171-2. = *VALBONNAYS, *Hist. de Dauph.* II, 122.

**2038** (Fin 1068?).

Concile tenu à Valence par le cardinal Etienne, avec plusieurs évêques. On y confirme aux chanoines de Romans la possession de l'église de St-Christophe à Montmiral.

Mentionné dans l'acte suivant. — GIRAUD et CHEVALIER, *Cart. de St-Barnard*, 174.

**2039** (1068/9 ?).
Malgré la convention entre l'archevêque Léger et l'abbé Roland, les chanoines de Romans ne purent entrer en possession de l'église de St-Christophe qu'en payant 1000 sols à Adémar de Bressieu *(Bresciaco)*. Les témoins et coopérateurs de cet échange furent : Hugues le Blanc *(cognom. Albus)*, cardinal prêtre du titre de St-Clément, élu à l'église de Ste-Marie-Majeure, envoyé ici pour une autre cause par le pape Alexandre II ; Guinimand *(Quinimannus)*, archevêque d'Embrun ; Folcard, chancelier *(primiscrinius)* et custode de la collégiale, et son frère Lambert, neveux des chanoines Arbert et Abon et du laïque Atténulfe, qui tous trois se firent ensuite moines à Montmajour; etc. L'acte fut confirmé au concile de Valence par le cardinal Etienne.
Giraud, *Hist. S. Barnard-Romans*, I. pr. 35-7, n° 5 ; et Chevalier, *Cart. de St-Barnard*, 172-4.

**2040** (Vers 1069).
Adon, fils d'[I]smidon, donne aux chanoines de l'église de Romans un manse à la Vacherie ? *(Vacheria villa)*, que cultive Arbert. Il souscrit avec ses 5 frères.
Giraud, *Hist. S. Barnard-Romans*. compl. 21, n° 112 ; et Chevalier, *Cart. de St-Barnard*, 179.

**2041** 1069.
Guillaume *(Vuillelmus)*, avec le consentement de son épouse Elmenda et de leurs 4 fils, donne au monastère de Cluny et aux frères qui servent Dieu à Domène sous la règle de s' Benoît, pour l'âme de son fils Charles *(Carolus)*, enseveli dans leur abbaye, une vigne avec courtil à Montfort *(in Monte Forti)*, dont le produit servira à l'autel de Ste-Marie.
Monteynard, *Cartul. de Domène*, 49-50. n° 47.

**2042** 1069.
Donation par Isnard et son frère Isoard, de Valernes, au monastère de St-Victor de Marseille... a° C' *MVIIIILX*, *ind. 6, regn. Heienrico imper. Rom*. Approbation du vicomte [de Gap] Isoard, etc.
Guérard, *Cart. de St-Victor de Marseille*, II, 62-4, n° 717.

**2043** 1069.
Le chevalier Torrenc, son épouse Soficia, ses fils Nantelme et Torrenc donnent aux moines de Cluny qui servent Dieu à Domène sous la règle de s' Benoît, un manse à [St-Murys-]Monteymont *(Mons Aimo)*, que tient Bernard dit Grégoire ; c'est principalement pour le repos de l'âme de son fils Guigues *(Vuigo)*, enseveli dans le monastère... a° 1068, ind. 7, epoca 6, conc. 3, *regn. Henrico imper*.
Brizard, *Hist. généal. mais. Beaumont*, II. 5. Monteynard, *Cartul. de Domène*, 167-8, n° 192.

**2044** 24 janvier 1068/9.
Eldenon ou Al-n et sa femme Jaucelda ou Jauze-a donnent à la communauté des frères de l'église de Romans, que préside l'archevêque Léger *(Leudegarius)*, pour le canonical de son fils Didier *(Desiderii)*, deux courtils que cultive Jean le Sourd *(Surdus)*, dans la paroisse de St-Véran. la villa *Malevos* (St-Véran), l'ager de Genissieu *(Giniacen.)* et le pagus de Vienne, limités par la terre de St-Pierre et St-Barnard et par le chemin venant de l'Isère ; la 6° partie des dîmes et prémices de l'église de St-Martin à Bessin *(villa Baisin)*, dans l'ager de Chatte *(Casta)*, en Octavéon *(in Attevensi)*, et un manse appelé Mischinot. *Data p. man. Girberti sac... fer. 7, luna 27, a° I. D. N. J. C. 1068, ind. 6, Henrinco rege II nond. imper*.
Giraud, *Hist. S. Barnard-Romans*. I, pr. 39-40, n° 8 ; et Chevalier, *Cart. de St-Barnard*. 175-6.

**2045** Mars 1069.
Avitus, dans le but d'échapper aux peines horribles de l'enfer, donne à l'église de Ste-Marie et de St-Pierre de Moirans *(Moiricen.)*, et à Gérand, abbé du monastère de Cruas *(Crudaten.)*, l'église de Ste-Marie de Quincieux *(Quinciaco)*, dans la viguerie *(in aice)* de St-Geoirs *(castro S. Georgio)* et le diocèse de Grenoble, avec ses prémices, la moitié des dîmes et l'alleu *(alodaticum)* que le prêtre Gauzald tient de lui, avec 31 *stadia* (de terre) autour ; plus une condamine à Mourel *(in campo Moraillo)* et le droit de pâturage et de bûcherage dans les bois ; il reçoit 150 sols. ... *fer. 3, regn. D. N. J. C. Elisiarius scr. — Legimus plura*.
Chevalier (C. U. J.), dans *Rev. du Lyonnais* (1867). 3° s., IV. 472-4 ; *Doc. inéd. relat. à l'égl. de Lyon*, 22-4. Marion. *Cart. de Grenoble*, 22-3. = Chorier, *H. de D.* I, 840 ; 2°, 646.

**2046** 9 septembre (1069 ?).
Obit de la comtesse Pétronille, épouse de Guigues le Gras et mère de Guigues le Comte].
Chevalier (U.). *Nécrol. de St-Robert*. 42.

**2047** 6 octobre 1069.
Léger, 61° archevêque de Vienne, avait manifesté le désir qu'on pourvût de son vivant à sa succession comme abbé de Romans ; répondant au désir des chanoines, il leur désigne comme recteur Armand *(A-nnus)*, chanoine de Vienne et de Romans, de mœurs honorables, ami de la religion, zélé en paroles et en actes. désintéressé et impartial ; on l'accepte, sauf confirmation du pontife Romain et soumission à l'église métropolitaine. Durant la vie de Léger, il ne fera rien sans sa permission ; après lui, il aura tout pouvoir. mais d'une manière canonique, catholique et apostolique. *Data p. man. Arberti diac. ad vic. d. cancell... luna 16, fer. 3, a° D. I. 10°6'9, ind. 7*. Témoins : Folchardus custos et primiscrinius, Vinimannus Ebredunensis archiepiscopus, tous les chanoines, les clercs. grands et petits, et le peuple.
Giraud. *Hist. S. Barnard-Romans*, I. pr. 53-5 ; et Chevalier, *Cart. de St-Barnard*, 176-8.

**2048** (Vers 1070).
Liste des abbés de l'église de Romans, dressée d'après les chartes : Jean, Fortunus, Ariboud, Valbert, Adémar, Arlen, Jérôme *(Geronimus)*, Hugues, David, tous moines ; Guillaume, Odilbert, Isarn, Lambert, Léger, archevêque, Armand *(Armannus)*.
Giraud, *Hist. S. Barnard-Romans*, I, pr. 246, compl. 159, n° 355; et Chevalier. *Cart. de St-Barnard*, 178.

**2049** (Vers 1070).
Artaud, évêque de Grenoble, donna à l'abbé Guigues 10 manses dans la paroisse de St-Ismier *(S. Himerii)* jusqu'à la Buissière *(Buxaria)* ; son successeur, Ponce

Claude, les remit à Ponce Ainard de Domène, dont la femme les céda en fief *(ad fevum)* à Chabert de Morêtel *(Maurestello)*. Artaud donna encore aux parents de Dalmace Bonfils 3 manses dans le mandement de Gières *(Jeira)*, 3 autres dans la paroisse de Ste-Agnès à Monteymont *(Mons Aimonis)* à Gautier de Domène ; les 6 furent donnés par l'évêque Ponce à Ponce de Domène, dont le frère Ainard n'eut rien.

VALBONNAYS, *Mém. hist. de Dauph.* 358. MONTEYNARD, *Cartul. de Domène*, 379. MARION, *Cart. de Grenoble*, 121.

**2050** (Vers 1070).

Léger, archevêque de Vienne, Gérard, abbé de Saint-Pierre, et les moines de St-André déterminent les droits des deux monastères sur la chapelle de la villa *Cabrisea*, soumise à l'église mère de St-Martin de Gemens *(Gemmis)* : les dîmes seront partagées également entre eux.

CHEVALIER (U.), *Cart. de St-André-le-Bas*, 194, n° 253.

**2051** (Vers 1070).

Le prêtre A., fils de Géraud, transmet pour 18 sols 6 den. au prêtre Lantelme, fils de Mainoard, un jardin à Theys *(in pago Tedesio)*, sous la clause d'en conserver, lui et ses fils, la jouissance sous le cens annuel de deux pièces d'argent *(nummi in comitis raceam)* ; s'il était impuissant à les solder, son aïeul Bernard prendrait sa place.

MONTEYNARD, *Cartul. de Domène*, 155, n° 180.

**2052** (Vers 1070).

Aimon *(Aymo)* et sa femme Marie reçoivent en bénéfice des fonds *(hereditas)* du monastère de St-André [de Vienne] une vigne à Jardin *(Vallis Ortensium)*, sous le cens de 12 den. le premier jour de Carême ; en présence de l'abbé Gérard et des moines.

CHEVALIER (U.), *Cart. de St-André-le-Bas*, 126-7, n° 177.

**2053** (Vers 1070).

Hugues, prieur de Domène, achète à Arbert Chatard une habitation *(casale)* à St-Martin-de-Miséré *(villa Miseriacus)*, sous le cens annuel de 6 den. Fait avec l'approbation du comte Guigues et en présence de l'écolâtre *(scolaris)* Guillaume.

MONTEYNARD, *Cartul. de Domène*, 194, n° 220-1.

**2054** (Vers 1070).

Boson dit Sudatz et son frère Rostaing confirment en alleu l'aumône qui a été donnée à St-André et à Saint-Symphorien [de Septême] pour l'âme de leur père, soit un champ où la confrérie *(fraternitas)* de St-Symphorien a planté une vigne ; si les moines font défaut, elle reviendra aux confrères.

CHEVALIER (U.), *Cart. de St-André-le-Bas*, 114, n° 156.

**2055** (Vers 1070).

Elisabeth et ses 5 fils, Jauzald et sa femme Agina, Aynard et la sienne donnent à l'église du monastère de St-André à Vienne, où l'on vénère les reliques de saint Maxime, évêque de Riez et à laquelle préside l'abbé Gérard, l'église de St-Pierre à Marnans *(villa Marnant)*, avec ses prémices, dîmes, oblations et cimetière, annulant la donation qu'ils en avaient faite, contraints par fraude, à l'abbaye de St-Pierre et à St-Mamert. Fait sur le conseil de Léger, archevêque de Vienne. S. *Dodonis præpositi.*

CHEVALIER (U.), *Cart. de St-André-le-Bas*, 192-3. — CHORIER, *Estat polit.* II, 384-5. LAGIER (A.), *Not. égl. St-Pierre de Marnans* (1901), 6.

**2056** (Vers 1070).

Le chevalier *(miles)* Etienne *(Stephanus)*, sentant sa fin prochaine et terrifié par l'énormité de ses péchés, donne au monastère de Cluny, pour l'âme de son épouse Magna, un manse dans la paroisse de Saint-Jean[-le-Vieux] que son seigneur *(senior)* Rodulfe lui a concédé en alleu ; les frères de Cluny résidant dans le monastère de Domène en jouiront après sa mort ; durant sa vie, il leur servira comme investiture et souvenir un setier de blé. Le même donne à son fils le prêtre Guillaume une vigne, dont ses frères l'avaient dépouillé et que les moines leur avaient rachetée pour 110 sols ; on dut donner au 4° 40 sols, au 5° 10.

MONTEYNARD, *Cartul. de Domène*, 112-3, n° 129.

**2057** (Vers 1070).

Le prêtre Etienne, infirme, cède à son neveu du même nom que lui la terre qu'il a acquise en alleu de St-Maurice et de St-Pierre hors la porte [de Vienne] ; il laisse son alleu héréditaire à son fils et à l'église de St-André où il est moine, à la condition qu'on aura soin de lui quand il viendra à Vienne.

CHEVALIER (U.), *Cart. de St-André-le-Bas*, 126, n° 176.

**2058** (Vers 1070).

Guigues *(Vuigo)* et sa femme Guillelmette *(Vuillelma)* donnent aux moines de Cluny à Domène un courtil sur l'Isère dans la villa de Domène, que possède Vuizo, près du moulin ; on lui donne un cheval de 60 sols. S. *Ainardi fratrumque ejus.*

MONTEYNARD, *Cartul. de Domène*, 63-4, n° 66.

**2059** (Vers 1070).

Guigues Géraud *( Vuigo Geraldi)* corrobore du temps du premier prieur Hugues, les dons faits au monastère de Domène par ses chevaliers *(milites)* : Aténulfe Stephanus, Nantelme Torrenci et Pierre Aynard, dans la paroisse de St-Jean[-le-Vieux] ; Boson Gaulterii et son frère Rodulfe, dans celle de St-Laurent [le Versoud], Rodulfe Aldebert et Gautier de la Gulla dans celle de St-Martin de Villard-Bonnot *(Villare Bonaldi)*. Témoin : le chanoine Fulco.

MONTEYNARD, *Cartul. de Domène*, 117, n° 135.

**2060** (Vers 1070).

Le comte Guigues (le Vieux, *Wigo*), fils de Gotolende *(Gotolennæ)*, donne au monastère *(locus)* de Cluny et à son abbé Hugues l'église de Vizille *( Visilia)*, au diocèse *(epatus)* de Grenoble, avec ses dîmes et cimetières, pour que Dieu efface la masse de ses forfaits. Seings de son fils Guigues (le Comte, *Wigo*), d'Ainard de Domène..., de son neveu Humbert. — *Dum in hujas seculi.*

RIVAZ, *Diplom. de Bourg.* II, n° 120 (Anal. 45). — CHEVALIER (U.), *Cart. de St-André-le-Bas*, 275, n° 64*. BERNARD-BRUEL. *Chartes de Cluny*, IV, 821-3, n° 3652. = CHORIER, *H. de D.* I, 797 ; 2°, 613.

**2061** (Vers 1070).

Le seigneur *(dominus)* Guillaume de Domène donne aux moines de Domène tout ce qu'il possédait en alleu à Champrond *(de Campo Rotundo)*, entre les mains du prieur Hugues, qui lui donne 10 sols, en présence du chevalier Alvise. Francon et sa femme cèdent au prieur leurs droits sur ce champ, sous la clause d'être reçus dans leur association et d'être ensevelis dans le verger.

Monteynard, *Cartul. de Domène*, 66, n° 69.

**2062** (Vers 1070).

L'archidiacre Ismidon donne à la communauté des frères de l'église construite à Vienne en l'honneur de la Résurrection du Sauveur *(s. Anasthasis)*, à laquelle préside l'archevêque Léger, pour le canonicat de son neveu Milon, une terre dans l'intérieur de Vienne, entre le palais du roi et les murs de la cité, joignant la terre de Ste-Marie de Die *(Dien.)* ; et une autre, *loco Albuci*, dans la villa de Toisieu *(Toliaco)*, limitée par les terres de St-Maurice et de St-Pierre.

*Charvet, 290. Chevalier (U.), Cart. de St-André-le-Bas, 8\*, 29-30\*, n° 122\* ; Cart. de St-Maurice, 22, n° 47.

**2063** Vienne, 30 mars 1070.

Hugues et Adémar, fils de Bornon, très noble et illustre chevalier *(miles)*, donnent au monastère de St-Pierre de Vienne, sous l'abbé Girard, le manse de St-Marcellin dans la paroisse de Ste-Marie de Pommier *(ad Pomerium)* et le diocèse *(epatus)* de Vienne ; ce fut fait en assemblée *(conventus)* publique, en présence de l'archevêque Léger, du prévôt Artaud, du doyen Guigues, des autres chanoines et de plusieurs chevaliers *(caballarii)*, manu Petri cancell., m. mart., fer. 3, luna 14, D. N. J. C. regn.

Chorier, *Hist. de Dauph.* I, 838 ; *Estat polit.* II, 211-2, 367. = *Rev. de Vienne*, II, 134.

**2064** Latran, 31 mars 1070.

Bulle du pape Alexandre II, qui prend sous la protection du siège apostolique les chanoines de Ste-Marie de Beaujeu *(Belliloco)*, au diocèse de Mâcon, et lui confirme ses biens et privilèges. — *Quoties ea a nobis*.

Severt, *Chron. hist. Lugd.* II, 105. *Gallia christ. nova*, IV, instr. 280. Cocquelines, *Bull.* II, 13. *Patrol. lat.* CXLVI, 1355-6. Guigue, *Cartul. de N.-D. de Beaujeu*, 9. = Bréq. II, 117. Jaffé, 3451—4674.

**2065** Vienne, 4 mai (1070).

Dia et ses cinq fils donnent à l'église de Vienne dédiée à la Résurrection *(Epanastasis)* du Sauveur et aux Machabées, où l'on vénère le chef de s' Maurice et où préside actuellement Armand *(Armannus)*, l'église de *Puvillino*, avec ses dépendances. Acta... manu Bosonis cancell. s. matris eccles. Viennen. fer. 3, m. maii, luna 20, regn. D. N. J. C. in sæc. sæcul.

*Charvet, 243. Chevalier (U.), *Cart. de St-Maurice Vienne*, 55-6 ; cf. 32, n° 117.

**2066** 10 mai 1070.

[Le comte) Guigues (le Gras, *Wigo)* donne à sa fiancée *(sponsæ)* Agnès, comme sponsalitium ou dotalitium, le château d'Albon *(castellum Albionem)*. Moras *(Moratum)*, Lavals *(Vallem)*, la villa de St-Donat avec son territoire *(mandatum)* et tous ses alleus et bénéfices au comté ou diocèse de Vienne, à l'exception de Clérieu, Serves et Chevrières ; il lui attribue en outre en Graisivaudan *(episcop. Gratianopolitanen.)*. Cornillon'-en-Trièves , Varces et Oriol, le château de Briançon *(Bricantien.)* et la moitié de ses plaids *(placita)*. S. Pontii episcopi [de Grenoble]...6 id. maii, luna. 26, regn. Henrico rege. Raino dict., Geraldo scr.

Arch. des Bouches-du-Rhône, B. 276. orig. \*Blancard, *Invent. somm. d. Bouches-du-Rhône* (1865). — Roman (J.), dans *Bull. acad. Delphin.*, 3° s., XX, 369-74 ; *Deux chartes Dauphinoises du XI° s.* (Grenoble, 1886). = Roman, 5ᵇ.

**2067** 12 juin (1070).

Obit de Léger, archevêque de Vienne, qui, aidé par ses paroissiens, reconstruisit la grande église et en orna le chœur de mosaïques ; il lui attribue nombre de livres patrologiques et liturgiques, avec les *Gesta pontificalia* de ses prédécesseurs.

Le Lièvre, 302. Charvet, 296. Collombet, I, 410-1. *Gallia christ. nova*, XVI, 69. Giraud, *S. Barnard*, I, 75. Chevalier (U.), dans *Bull. soc. archéol. Drôme*. XLV, 369 (à part, 12). — Guigue, *Obituar. Lugdun. eccl.*, 52 ; *Obit. égl. primat. Lyon.* 41. — *Chronicon Novalic.*, c. 45 (Muratori, *Script. rer. Ital.* II, 11, 763 ; Pertz, *Mon. Germ. hist.*, Ser. VII, 127 ; *Hist. patr. mon.*, Ser. III, 120).

**2068** (Vers 1070).

Adémar de Bressieu *(Breisiaco)*, fils de Bornon, s'engage à se rendre au chapitre de Romans et à recevoir des chanoines et d'Armand *(A-nnus, Erima-s)*, abbé et archevêque élu, les châteaux de Châtillon *(Castellonium, Castellio)* et de Pisançon *(Pisancianum)*, tels qu'il les tenait de l'archevêque Léger. Il jurera fidélité et ne tentera rien contre la ville de Vienne. Si on lui fait la guerre *(verra)*, Armand promet de lui venir en aide.

Giraud, *Hist. S. Barnard-Romans*, I, pr. 48-9, n° 16 ; et Chevalier, *Cart. de St-Barnard*, 79-80. — Trad. Giraud, I, 79.

**2069** 19 septembre (1070/1078).

Mort de s' Arnoul. Arnoux *(Arnulfus)*, évêque de Gap.

Sa *Vita* a été publiée par Mabillon, *Acta ss. Bened.* VI, II, 238-42 ; 2°. *Acta ss. Bolland.*, sept. VI, 97-100 *Biblioth. hagiog. lat*, 712] = *Répert.*, Bio, 333.

**2070** 10 novembre (vers 1070).

Etienne, fils de Guigues, céda à Cluny les églises de St-Jean-d'Hérans *(Heronis)*. Ensuite, Hugues, prieur de Domène, lui accorda le tiers des dîmes, des offrandes et des cens de la terre de Ste-Marie et St-Jean, deux tiers des *olchis terræ colendæ* et la terre de la Font ; il recevra la nourriture et le vêtement, et servira l'église : il baise le prieur. Scr. Petrus sacr.

Monteynard, *Cart. de Domène*, 11, n° 8.

**2071** (1070, 1081).

Aténulfe Cotavaria donne à l'église de Romans, pour le canonicat de son fils Arbert, tout ce qu'il possédait dans l'église de St-Martin d'Onay *(de Alnaicho)* en prémices, oblations, dîmes, cimetière, presbytère et droits utiles ; il donne, en outre, pour sa sépulture, la métairie *(chabannaria)* de la Charrière *(de Charrelleriis)*, près de la Gèle *(rivus Jahil)*. Sa femme Galdrada, pour sa sépulture. donne une vigne sous le bourg d'Onay (*Alnaico*) et confirme le don de la métairie de Guitgerins de Chanos *(Channosco)* fait par son père Istricolfus. Siibodus le vieux *(vetulus)* de Crépol *(Crispio)*, sa femme et leurs fils concèdent ce qu'ils avaient dans l'église de St-Martin d'Onay, à la dédicace de l'église de St-Martin d'Hostun *(Ostum)*, où se trouve la maison du chapelain.

GIRAUD, *Hist. S. Barnard-Romans*, compl. 88-9, n° 226.

**2072** (1070/1081).

Rollan, Geoffroy, Milon, Didier et Armand Raschacii, fils de Loterius, font don à l'église de Romans de leur part dans l'église de St-Martin d'Onay *(de Alnaico)*.

GIRAUD, *Hist. S. Barnard-Romans*, compl. 89, n° 227.

**2073** (1070/1081).

Guilisius, Ardenchus et Ferlaicus, fils de Barnard Ferlaicus et d'Alimburge, font don à l'église de Romans de leur part dans l'église de St-Martin d'Onay *(de Alnaico)*. — A la dédicace de ce sanctuaire, Aténulfe Cota Vera et ses fils, Barnard Ferlaicus et les siens, Lotterius et les siens donnent de leur alleu en dotation *(sponsalicium)* un journal de terre au-dessous du bourg, soit ce que six bœufs peuvent labourer en un jour au mois de mai.

GIRAUD, *Hist. S. Barnard-Romans*, compl. 89-90, n° 228.

**2074** (1070/1081).

Leotgarda dite la Grosse et ses fils, Maïlenus et Ismidon d'*Aigola*, donnent leur part de l'église de St-Martin [d'Onay] à la dédicace pour dotation une vigne au-dessous du bourg.

GIRAUD, *Hist. S. Barnard-Romans*, compl. 90, n° 229.

**2075** (1070/1081).

Leotterius, sa femme Aalgarda et leur fils Rotlannus, et Ismidon dit Betzons approuvent la donation de leur tante Leotgarda et donnent leur part dans l'église de St-Martin d'Onay *(Alnaico)*.

GIRAUD, *Hist. S. Barnard-Romans*, compl. 90, n° 230.

**2076** (1070 1081).

Armannus (Drudi) de Miribel, mariant sa fille Baia à Barnard dit Merulus, lui donna la part qu'il avait dans l'église de St-Martin d'Onay *(de Alnaico)*. Barnard, sa femme Baia et leur fils Armannus Merulus, avec l'assentiment d'Armannus de Miribel, la donnent à l'église de Romans.

GIRAUD, *Hist. S. Barnard-Romans*, compl. 90-1, n° 231.

**2077** (Vers 1071).

Le prêtre Oger *(Otgerius)*, pour le repos de l'âme de son père Richard, donne à l'église de Romans, où préside l'archevêque Armand *(A-nnus)*, une terre dont on a récemment arraché une vigne dite *Rotunda*, à Charlieu *(villa Carliaco)*, dans le pagus de Valence. Souscrit son frère Didier. Regn. Einrico rege.

GIRAUD, *Hist. S. Barnard-Romans*, compl. 97, n° 122; et CHEVALIER, *Cart. de St-Barnard*, 181.

**2078** (Vers 1071).

Pierre donne à l'église de Romans, que régit l'archevêque Armand *(Erimannus)*, le tiers de l'église de St-Martin à Bessin *(villa Bagisini)*. Anselmus grammaticus scr.

GIRAUD, *Hist. S. Barnard-Romans*, I, pr. 47, n° 14; et CHEVALIER, *Cart. de St-Barnard*, 180.

**2079** 23 avril (1071).

Amédée, fils de Guillaume de Chape-Verse *(Cappa Inversa)*, pour réparer les maux qu'il a faits à l'église de Romans, lui donne, avec l'assentiment de ses 3 frères et d'un cousin, la 1/2 d'un manse appelé Sal, dans la villa *Crusiaci*, sous l'abbatiat d'Armand *(d. Erimannus)*. Data p. man. Anselmi grammat... luna 19, regn. Henrico rege.

GIRAUD, *Hist. S. Barnard-Romans*, I, pr. 47-8, n° 15; et CHEVALIER, *Cart. de St-Barnard*, 180-1.

**2080** 1072.

Bulle du pape Alexandre II, par laquelle il confirme ses possessions à la collégiale de St-Vincent de Mâcon.
† *Ego Ermannus Viennensis archiepiscopus subscripsi.*
† *Ego Guntardus Valentinensis episcopus subscripsi.*

*Gallia christ. nova*, IV, instr. 229-31. *Patrol. lat.* CXLVI, 1377-9. = BRÉQ. II, 128. JAFFÉ, 3475—4709.

**2081** 1072.

Election de Hugues comme abbé de St-Rigaud, que les moines, pendant la vacance du siège de Mâcon, présentent à l'archevêque de Lyon pour être béni. Sig. d. Armanni Viennensis archiepiscopi.

SEVERT, *Chron. hist. Lugd. arch.* 2°, II, 106-7. *Gallia christ. nova*, IV, instr. 282. RAGUT (M. C.), *Cart. de St-Vincent de Mâcon*, 3-4.

**2082** (Vers 1072).

Barnard, fils de Lantelme, pour ses parents et son frère Guillaume, donne à l'église de Romans, que préside l'archevêque Armand *(A-nnus)*, un manse appelé Gontaresco, à la villa *Cinzaias* (Fiançayes?) dans le pagus de Valence, limité par les terres du château de Charpey *(de Carpiaco)* et de Bésayes *(Basaias)*. Fer. 5, luna 25, data p. man. Arnaldi et b.... s. Solatoris.

GIRAUD, *Hist. S. Barnard-Romans*, compl. 115, n° 275; et CHEVALIER, *Cart. de St-Barnard*, 182.

**2083** (Vers 1072).

Guigues Humbert donne au monastère de Domène, sous le prieur Girbert, 4 setiers de vin, qu'il percevait sur le clos des moines à St-Martin-de-Miséré *(Miseriaco)*. Fait du temps de l'évêque de Grenoble Ponce Claude. Après la mort de Guigues, sa femme Eldeburga et ses 3 fils confirmèrent sa donation.

MONTEYNARD, *Cartul. de Domène*, 237, n° 233. 91.

**2084** (30 mars 1072?).

Pierre de Chalaire *(Colero)*, pour l'âme de son épouse Galdrada, qu'il a fait ensevelir à Romans, donne à l'église où préside Armand *(d. A-nnus)* un manse de son alleu à Chalaire *(villa de Colerio)* : il se réserve la moitié de la jouissance pendant sa vie. S. Fulcherii sac. et can... 6 fer., luna 6, data p. man. Rodulfi, regn. D. N. J. C.

GIRAUD, *Hist. S. Barnard-Romans*, compl. 122-3, n° 287; et CHEVALIER, *Cart. de St-Barnard*, 182-3.

(1072/1091) = (Vers 1075).

**2085** (Avant 1073).
Rostagnus et Radend, fils de Monald, et Monald, fils d'Arduin, donnent l'église de St-Jean de Châtillon *(Castellione)* à l'église Romaine ; le pape Alexandre II la concède à l'église de Romans, du consentement des donateurs.
Mentionné dans la charte du 8 juin 1075.

**2086** (1073).
Concile tenu à Clermont *(Clarus Mons)*, sous la présidence du cardinal Géraud, évêque d'Ostie, où les chanoines de Romans formulent leurs plaintes contre Guillaume, abbé désigné de St-Chaffre *(S. Theotfredi)*, et ses moines, qui leur disputaient injustement l'église de [St-]Christophe. Les inculpés étant absents, le légat les appela au concile qui se tiendrait à Chalon.
Mentionné dans l'acte du 2 mars 1073.

**2087** 1073.
A° I. D. 1073, ind. 8 [= 11], le prêtre Gorannus se donne lui-même [à l'église] des Sts-Pierre et Laurent (d'Oulx, *de Plebe martyrum*), entre les mains du prévôt Lantelme, avec les biens que lui a laissés son père Arnulfe : les églises d'Abriès *(Drabias)*, de Lans *(Lento)*, de Misoën *(Misoenio)* et de Freynet *(Fraiseneto)*. La donation est approuvée par le comte Guigues et par les chanoines de l'église de Grenoble, le doyen Guigues dit Mauclerc, etc.
Valbonnays, 2ᵉ Reg., n° 25. FONTANIEU, *Cart. du Dauph.* I, 83*. — RIVAUTELLA, *Ulcien. eccl. Chartar.* 168, n° 201. COLLINO, *Carte d'Oulx*, 28-9, n° 23.

**2088** Briançon, 1073.
Tout bienfaiteur d'une église devant participer aux prières qui s'y font, le comte Guigues donne comme dotation *(sponsalicium vel dotalicium)* la moitié d'un manse à Oulx *(villa Ulcis)* à l'église qui va être consacrée par des évêques catholiques près de la basilique de St-Laurent *de Plebe martyrum* en l'honneur des Saints Pierre, Paul, Jean-Baptiste, Just (qui y fut martyrisé avec 90 autres), Nicolas et Sébastien. Retenu par la maladie au château de Briançon et ne pouvant se rendre à la consécration, il charge ses messagers *(missatici)* Guigues dit Tronus, Guigues de Bellecombe, Martin et Bernard, châtelains de Briançon, et Bernard dit Pillamultonus, de déposer avec le livre son don sur l'autel de St-Laurent... *ind. 10* [= 11]. — *Quoniam Dominus noster*.
RIVAUTELLA, *Ulcien. eccl. Chartar.* 185-6, n° 226. COLLINO, *Carte d'Oulx*, 29-31, n° 24. = TERREBASSE, *Not. dauph. Vienn.* 61-2.

**2089** 22 février (1073).
Ugoles, citoyen d'Arles, et sa femme Emma donnent à la sᵗᵉ Vierge et aux saints de l'église de Romans, pour remercier en particulier sᵗ Barnard des enfants qu'il leur a accordés et leur accordera, le manse que cultive Ponce Turturellus à la villa *Commoraz*, dans le mandement de Rochemaure *(Rocha Maura)* ; il avait été donné à Emma par son père Guillaume le jour du mariage, et la cession est faite du conseil de sa mère Blismodis et de ses 3 fils. *Data p. man. Villelmi ad vic. cancell., fer. 6. .., luna 11, regn. Heinrico rege II nond. imper.*
GIRAUD, *Hist. S. Barnard-Romans*, I, pr. 56-7, n° 23 ; et CHEVALIER, *Cart. de St-Barnard*. 183.

**2090** 2 mars 1072/3.
Concile tenu à Chalon-sur-Saône *(Cabilonis)*, en présence du cardinal légat Géraud, évêque d'Ostie. Trois archevêques, cinq évêques et 4 [plus.] abbés y jugent que l'évêque de Valence (Gontard) n'a aucun droit sur le château de Pisançon *(Pisenciani, Pisan-i)* et son mandement, sauf ce qu'il pourrait prouver par légitimes témoins lui avoir été laissé par l'archevêque Léger dans l'accord *(placitum)* sur le château d'Alixan *(Alexiani*, n° 2029) ... *Assensum præbentibus ... Viennensi archiepiscopo Erimanno ... et Gerardo S. Petri Viennensis abbate et S. Andreæ abbate Umberto ... luna 19, a° D. I. 1072, ind. 10.*
MARTENE, *Thes. nov. anecd.* IV. 97-8. COLETI, XII, 221-3. MANSI, XX, 47-9. GIRAUD et CHEVALIER, *Cart. de St-Barnard*, 184-5, cf. 162, n. 2. = BRÉQ. II, 128.

**2091** (2 mars) 1072/3
Le cardinal légat Géraud, évêque d'Ostie, ayant mandé à un concile célébré à Clermont Guillaume, élu abbé de St-Chaffre, et ses moines pour répondre aux chanoines de Romans, qui les accusaient de détenir injustement l'église de [St-]Christophe, l'abbé se borna à envoyer un moine, qui, la cause appelée, développa ses motifs. Le légat et les évêques les trouvèrent de peu de valeur et conclurent à la légitime possession des chanoines, avec défense de les inquiéter... *Act. in Cabilon. sinodo, ... præsentibus ... archiepiscopo Vienensi Erimanno ... et ... abatibus, a° D. I. 1072, ind. 10.*
MARTENE, *Thes. nov. anecd.* IV, 97-8. COLETI, XII, 223-4. MANSI, XX, 50. GIRAUD et CHEVALIER, *Cart. de St-Barnard*, 185-6. = BRÉQ. II, 130.

**2092** Cluny, (mars 1073 ?)
Girard, abbé de St-Pierre de Vienne, visite le monastère de Cluny, dont l'abbé Hugues lui accorde un office et une messe [des morts] après son décès.
ESTIENNOT, *Antiq. Bened.* VI. TERREBASSE, *Inscr.* 189, n. 1.

**2093** Romans, 9-10 mai (vers 1073).
Truannus, ses frères et ses fils renoncent aux mauvaises coutumes et aux saisies *(captiones)* qu'ils exerçaient sur les terres de l'église de Romans : détournement *(excursiones)* des eaux, pâturages, pêches, chasses, fauchage des herbes, etc., corvées *(coacta servitia). Act. Romæ* [!], *ante s. Dei altare, d. Ascensionis Dom. et seq., Heinrico rege II regn.* Sont témoins le chanoine Odon et tous les autres, les jeunes clercs et 7 chevaliers *(milites)*. — *Quoniam gestarum*.
GIRAUD, *Hist. S. Barnard-Romans*, I, pr. 52, n° 20 ; et CHEVALIER, *Cart. de St-Barnard*, 186.

**2094** Die, 19 octobre 1073.
*Anno igitur ab Incarn. Dom. MLXXIIII. præsidente Romanæ ecclesiæ papa Alexandro. Giraldus Ostiensis episcopus, Romanæ sedis legatus in Galliis, concilio Cabiloni habito, Romam rediens et apud Diensem urbem hospitatus, cum clericis in ecclesia de utilitate ecclesiæ loquebatur. Erat enim in eadem urbe Lancelinus symoniacus dictus episcopus ; qui vocatus ad audientiam, cum venire renueret, et se in domo episcopali manu mi-*

*litari defenderet et episcopatum retinere tentaret ; tractabat legatus cum civibus, canonicis et plebis majoribus, quid de episcopo agerent .... Ecce personuit ad aures eorum advenisse illic, et ecclesiam qua tenebantur intrasse orationis gratiâ domnum Hugonem Lugdunensem camerarium, præcinctum et paratum ad equitandum : ibat enim Romæ ad S. Petrum. Nec mora, Spiritus Sancti gratia corda suorum illustrante, fit clamor et concursus fidelium : ocreatus cum calcaribus invenitur, rapitur, tenetur : in conspectu apostolicæ sedis vicarii summo omnium favore et gratiâ deducitur ; quòd dignus sit qui possit ecclesiæ præesse et prodesse, acclamatur. Reclamabat ille, etc.... cum ferè omnes ecclesiæ possiderentur à militibus et quibuslibet secularibus.*
Hugo Flaviniac., *Chronicon Virdunense.* II : Labbe. *Nova bibl. mss.* I, 194-5. Columbi, *Opusc.* 283. Labbe, X, 308. Hardouin, VI, 1515-6. Coleti, XII, 537-9. Mansi, XX, 391-2. Bouquet. XI, 147 ; XIII, 617. Pertz. *Mon. Germ. hist.*, Scr. VIII, 310-1. *Patrol. lat.* CLIV, 274. = Chevalier (J.), *Hist. égl. Die,* I, 137-40.

**2095**                                 Rome, décembre 1073.
*Qui [Giraldus] demum reversus, papæ inter cetera electionem Diensis ecclesiæ innotuit, et electum ipsum quam maxime paternitati ipsius commendavit. Non multo post ipse qui commendabatur advenit, et quia solam clericalus lonsuram habebat — detestabatur enim symoniacorum ordinationes —, in mense decembrio per manum ejus usque ad presbiteratus gradum promotus est...........*
*In Quadragesima vero, sabbato in presbiterum, et sequenti Dominico ad missas in episcopum consecratus est. Sic post octonos consecrationis dies affatim imbutus divinis dogmatibus, et ubertim roboratus ecclesiasticis sanctionibus, benedictione perceptâ dimissus est ad regendos filios, quibus pastor et rector ordinatus erat.*
*....... Cum post ipsam suam electionem, quæ facta est mense octobrio die 19, ad suscipiendos ordines Romam mense decembrio venisset, invenit ibidem pro simili expectatione domnum Anselmum Lucensem electum, virum omni laudis præconio dignum...*
Hugo Flaviniac., *Chronicon Virdunense.* II : Labbe, *Nova bibl. mss.* I, 196. Columbi, *Opusc.* 284. Labbe, *Conc.* X, 308-9. Hardouin, VI, 1, 1518. Coleti, XII, 540. Mansi, XX, 393. Pertz, *Mon. Germ. hist.*, Scr. VIII, 411. *Patrol. lat.* CLIV, 276. = Jaffé, p. 408-602.

**2096**                                         (1073, ....).
Sumfred ayant donné à St-André un manse à Primarette *(villa Promalaiti)*, ses fils refusent leur assentiment : l'abbé Humbert et ses moines en concèdent la moitié à usufruit à Roland *(Rotlannus)*.
Chevalier (U.), *Cart. de St-André-le-Bas*, 125-6. n° 175.

**2097**                                         (1073/1084).
Aaeldis ou Aalel-s et ses fils Jacelmus ou Jauc-s et Evisius ou Eruys-s donne, pour le repos de son mari Hugues, à l'abbé Humbert et à la congrégation du monastère de St-André à Vienne et à St-Genix les dîmes de ce qu'elle possède au château de Beauregard *(Conspectus)*, soit en alleu, soit en fief ; elle en reçoit comme prix 21 sols.
Chevalier (U.), *Cart. de St-André-le-Bas*, 161, 190. 367, n° 218 et 248.

**2098**                                         (1073/1084).
Girold et son frère Soffred, fils du chevalier Fulchard, vendent à Humbert, abbé de St-André, St-Maxime et St-Genix, par l'entremise de Gautier, prieur *(bonæ memoriæ)* de St-Genix-sur-Guiers *(S. Genesii)* et du moine Aimin, un manse à Duisse *(costa de Dosci)*, pour le prix de 100 sols, comprenant 11 porcs. *S. Bernardi militis... Regn. D. J. C.*
Chevalier (U.), *Cart. de St-André-le-Bas*, 160, 367, n° 217.

**2099**                                         (1073/1084).
Humbert, abbé [de St-André à Vienne], concède à Rostaing une excellente vigne à la villa *Saudaci*, sous la condition d'être toute sa vie l'ami fidèle du monastère.
Chevalier, *Cart. de St-André-le-Bas*, 32, n° 34.

**2100**                                         (1073/1085).
Le pape Grégoire VII promet aux fidèles d'Orange d'envoyer un légat pour examiner la question de leur union avec St-Paul-Trois-Châteaux dont ils se plaignaient.
Mentionné dans la bulle du 15 avril 1095. — Jaffé, -5296.

**2101**                                           (1074 ?).
Le comte Guigues, frère de l'évêque de Grenoble Humbert, se trouvant au château de Cornillon *(castrum Curnillionis)*, reçut la visite de Guinimand *(Guinamandus)*, archevêque d'Embrun, et de Hugues, évêque de Die. Il les pria de consacrer la chapelle que les moines de St-Robert de Cornillon avaient édifiée. Géraud Roux *(Rufus)*, son *ministralis*, un des assistants à la dédicace, donna aux moines 24 setiers de froment à la mesure d'Orbe et, dans la paroisse de St-Laurent, à Portils, les vignes qu'il y avait. Le comte donna son approbation.
Invent. Graisivaudan, II, 49-50. Chevalier (U.), *Cart. de St-André-le-Bas*, 30*, n° 123*. — Chevalier (J.), *Hist. égl. Die*, I, 144.

**2102**                                         (Vers 1074).
La veuve Aleindrada et ses fils Guigues et Arnaud donnent à l'église de Romans, où préside Armand *(d. A-nnus)*, un courtil que tenait Durand Bouche Noire *(Os Nigrum)*, dans la paroisse *(perroquia)* de Saint-Martin [de Montmiral], au territoire de Geyssans *(Gissiano)* et au pagus de Vienne, limité par la terre du chevalier Barnard et l'église de St-Martin, sous le cens de 8 den., 1 setier de vin et 4 pains.
Giraud, *Hist. S. Barnard-Romans*, I, pr. 99, n° 51 ; et Chevalier, *Cart. de St-Barnard*, 187.

**2103**                                         (Vers 1074).
Le prêtre Pierre, neveu de Richard, prêtre de *Crusatis*, donne à l'église de St-Barnard, où préside Armand *(A-nnus)*, un peu de son héritage près de l'église de St-Alban, dans la villa de Charlieu *(Calliaco, Carliaco)* et le pagus de Valence, touchant à la terre de Pisançon *(Pisanciano)*.
Giraud, *Hist. S. Barnard-Romans*, compl. 61-2, n° 177 ; et Chevalier, *Cart. de St-Barnard*, 187-8.

**2104**                                     Rome. 1er mars 1074.
Lettre du pape Grégoire VII à tous les fidèles chrétiens, les exhortant à délivrer l'empire chrétien des

païens, qui dévastent tout jusque près des murs de la cité de Constantinople. — *Notum vobis esse.*
S. Gregor. VII Epist. i, 49. Baronius, XI, 451. Labbe, X, 44. Harduouin, VI, 1, 1234. Jaffé, *Bibl. rer. Germ.* II, 69-70. *Bull. Roman.* Taurin. II, 61-2. = Bréq. II, 135. Jaffé, 3587—4826.

**2105** Rome, 15-16 mars 1074.
*In Diensi vero [episcopo Hugone, Gregorius VII papa] adquiescere noluit* aux observations des ambassadeurs du roi Henri, qui n'avait pas donné à Hugues l'investiture, *sed eum prima Quadragesimæ ebdomada, sabbato in presbiteram, et dominica consecravit episcopum.*
Hugo Flaviniac., *Chronicon Virdunense*, ii : (Mêmes sources qu'en déc. 1073). Bouquet, XIII, 618. Pertz, *Mon. Germ. hist.*, Ser. VIII, 412. *Patrol. lat.* CLIV, 277. = Jaffé, 409-603 (à tort. 8-9 mars). Lühe (W.), *Hugo v. Die u. Lyon*, 9.

**2106** Rome, 23 mars 1074.
Lettre du pape Grégoire VII à Guillaume, comte de Die, et à tous les fidèles et sujets de ce diocèse. Il leur renvoie, après l'avoir consacré, Hugues, qu'ils avaient unanimement élu évêque, et les exhorte à lui obéir. Il lui a recommandé de s'élever avec force contre la simonie et de ne consacrer aucune église de son diocèse qui n'ait été délivrée des mains laïques. Il menace le comte d'excommunication s'il ne répare les dommages qu'il a causés à l'église. — *Venientem ad nos.*
S. Gregor. VII, Epist. i, 69. Binius, III, 1174. Du Chesne, *H. F.* S. IV, 209. Labbe, X, 55-6. Harduouin, VI, 1, 1247. Coleti, XII, 285-6. Mansi, XX, 112. Bouquet, XIV, 574. *Patrol. lat.* CXLVIII, 343-4. Jaffé, *Bibl. rer. Germ.* II, 87-9. Trad. Nadal, *Hist. hagiol. dioc. Valence*, 253-4. Chevalier (J.), dans *Bull. soc. archéol. Drôme*, XXII, 279-82 ; *Mém. comtés Valent.-Diois*, I, 20-2 ; = *Hist. dioc. Die*, I, 142-3. Bréq. II, 136. Jaffé, 3610—4848.

**2107** (Rome, vers 23 mars 1074).
Lettre du pape Grégoire VII à tous les abbés et prélats, tant de moines que de chanoines, constitués dans les Gaules, leur enjoignant de verser entre les mains de son vicaire Hugues, évêque de Die[1], le tribut dont ils sont redevables à s¹ Pierre. *Fraternitatem vestram.*
Hugo Flaviniac., *Chronicon Virdunen.* ii : Labbe, *Nova bibl. mss.* I, 197. Bouquet, XIV, 580. Pertz, *Mon. Germ. hist.*, Ser. VIII, 412. *Patrol. lat.* CXLVIII, 650 ; CLIV, 279. Jaffé, *Bibl. rer. Germ.* II, 526. = Trad. ²Chevalier (J.), *Hist. égl. Die*, I, 147. = Georg. I, 421. Jaffé, 3611—4849. Fabre (Paul), *Etude s. le Liber censuum* (1192), 155 (Dol!).

**2108** 1074.
Hugues, évêque de Die et légat de l'église Romaine, donne la bénédiction à Guillaume, doyen de Ste-Enimie, élu abbé de St-Chaffre.
Mabillon, *Ann. ord. Bened.* V, 2ᵉ, 74. Chevalier (U.), *Cart. de St-Chaffre*, xxj, 35.

---

1. Sur la légation de Hugues, voir : Meus (Wilh.), *Zur Legation des Bischofs Hugo von Die unter Gregor VII, Inaugural-Dissertation...* ; Greifswald, 1887, in-8, 2 f.-44 p. Lühe (Wilh.), *Hugo von Die und Lyon, Legat von Gallien*, Inaug.-Dissert... Strassburg ; Breslau, 1898, gr. 8°, 2 f.-169 p. Henriot (G. L.), *La vie et les légations d'Hugues de Die*, dans *Positions des thèses... de l'école des Chartes* (Paris, 1904), 71-4.

**2109** 1074.
Grégoire VII commet à Hugues, évêque de Die, alors cardinal [légat] en France, la garde de la terre de Simon comte de Crépy.
Alberici Trium Fontium *Chronicon* (Bouquet, XIII, 684).

**2110** Romans, 29 juin (1074).
Guillaume Provençal (*Witelmus Provincialis*) avait donné à mi-fruits *(ad medium plantum)* une terre à Hugues, frère de Nantelme de St-Lattier (S. *Heleuterio*), sans l'assentiment d'Armand (*Eh'rimanni*) archevêque de Vienne et de ses chanoines [de Romans]. Il vint ensuite au chapitre général, à la fête de s¹ Pierre, solliciter l'approbation de ce convenu : on s'y refusa de toute manière ; alors il fournit des garanties à Hugues pour une vigne dans son héritage et celui-ci se désista entre les mains de l'archevêque avec ce livre. Léger de Rochefort est garant. *Data p. man. Adonis...*, luna 1.
Giraud, *Hist. S. Barnard-Romans.* I, pr. 57-8, n° 24 ; et Chevalier, *Cart. de St-Barnard*, 188.

**2111** Romans, 26 novembre (1074).
Ponce dit Guinimand (*Vuinimannus, Gu-s*) donne à l'église de Romans, où préside Armand (*A.-nnus*), une terre que tint le chanoine Airard dans le mandement de Peyrins (*Pairiani*), la villa *Sana*, l'ager de Genissieu (*Giniacen*) et le pagus de Vienne. S. *Tedæ matris suæ. Fact. in conventu publ...* 4 *fer.... luna 3. regn. Heinrico rege.*
Giraud, *Hist. S. Barnard-Romans.* I, pr. 116-7, n° 62 ; et Chevalier, *Cart. de St-Barnard*, 188-9.

**2112** (1074/...).
Udulric [seigneur] de Bâgé (*Balgiaco*) fait abandon à l'église de St-Vincent de Mâcon des coutumes injustes qu'il exerçait à Mons (*villa de Monte*, Ain) ; il met sa main sur celle de Hugues, évêque de Die et légat de Rome, par mode de serment *(quasi in loco sacramenti)*. *Presid. ven. antist. Landrico Matisconi, regn. Philippo rege.*
Guichenon, *Hist. de Bresse et Bugey*, pr. 8. Ragut, *Cart. de St-Vincent de Mâcon*, 261.

**2113** (1074/1085).
Grégoire VII mande à l'abbé de Cluny de faire restituer ses biens à l'évêque de Mâcon : en cas d'impossibilité, il en charge l'évêque de Die et l'abbé de St-Paul. — *Matisconensis frater.*
Ragut (M. C.), *Cartul. de St-Vincent de Mâcon*, 13.

**2114** (Vers 1075).
Le comte Guigues le Vieux se fait moine à Cluny.
Chorier, *H. de D.* I, 596 ; 2ᵉ, 613. Bouquet, XIV, 73, 628.

**2115** (Vers 1075).
Le prêtre Amalbert et son frère Pierre, chapelains de l'église de Vitrieu (*Vitrosco*), plantent dans un champ, à eux donné par les moines de St-André, devant l'église de St-Pierre, une vigne, dont ils jouiront pendant leur vie ; si Dieu leur fait la grâce de devenir moines, on les recevra.
Chevalier (U.), *Cart. de St-André-le-Bas*, 62, n° 82.

**2116** 1075.
Bérard et son frère s'associent *(accepimus societatem corporis et animæ)* aux moines de St-André dans les

murs de Vienne, en présence de l'abbé Humbert ; et, pour avoir part aux bonnes œuvres *(benefactis)* du monastère, lui donnent une parcelle de terre à la fontaine de la villa de Moydieu *(Modiatis)*, dans le pagus de Vienne, enserrée par la terre de St-André. S. *Rostagni cognom. Romei, militis. S. Johannis vicarii.*

CHEVALIER (U.), *Cart. de St-André-le-Bas*, 33, 367, n° 35.

**2117** (Vers 1075).
Bérilon et Hugues jurent sur les saintes reliques de ne plus forfaire dans le manse de *Menusino*; si eux ou les gens sous leur conduite *(conductus)* y contreviennent, ils en donneront satisfaction dans les 40 jours. L'abbé et les moines leur donnent 26 sols.

CHEVALIER, *Cart. de St-André-le-Bas*, 161, n° 219.

**2118** (Vers 1075).
Une noble matrone Emmena, qui se qualifie servante du Seigneur, donne à Cluny et aux frères du petit monastère *(cœnobiolum)* de Domène, pour l'âme de son père Aynard, de son mari Izarn et de ses parents, une bonne vigne à Theys *(apud Tedesium) S. d. Aynardi, Pontii filii sui...*

MONTEYNARD, *Cart. de Domène*, 149, n° 172.

**2119** (Vers 1075).
Falcon, sa femme et son fils donnent ou plutôt rendent à St-André-le-Bas la dîme de leur alleu de Liars et reçoivent 6 sols pour témoigner que les dîmes de ce lieu ont toujours été perçues par le seul décimateur de *Crisinciaco* et non par celui de Genas ou Jons *(Jaiuno)* pour la 1/2; ils ne réclameront aux gens de *Crisinciaro* ni corvée ni bénéfice.

CHEVALIER (U.), *Cart. de St-André-le-Bas*, 90, n° 126.

**2120** (Vers 1075).
Après la mort de Bertrand *Bons Vallelz*, son frère Lantelme Duredent, qui avait approuvé sa donation d'un manse à l'église de Romans (n° 1996), chercha chicane aux chanoines ; mais un jour qu'il assistait à la fête de l'Ascension, ébloui par les splendeurs de la solennité, il s'écria : « Si à ma mort on déploie pareilles cérémonies, j'abandonne mes réclamations » ; ce qu'ayant entendu, le chanoine Theotbert Mala Terra s'empressa de le rapporter aux clercs et le pacte fut conclu. Tombé malade, Lantelme se fit moine à St-Pierre de Vienne. Apprenant sa conversion, son beau-père Arnaud Polvorelcz en profita pour réclamer le mause avec plus d'énergie. Alors Theotbert et les autres chanoines de Romans se rendent à Vienne auprès de l'abbé Gérard, qui menace Lantelme d'expulsion ; celui-ci s'empresse de confirmer la donation de son frère Bertrand au gré des chanoines. Témoins : Lantelme, prêtre de *S. Georgio*, etc.

GIRAUD, *Hist. S. Barnard-Romans.* compl. 86-7, n° 225 ; et CHEVALIER, *Cart. de St-Barnard*, 191-2.

**2121** (Vers 1075).
Le chevalier Nantelme (ou La-e) Schota donne au lieu de Domène la 12e partie des dîmes de Theys *(Tedesio)* et reçoit du prieur Hugues 120 sols. Aynard, son seigneur *(senior)* donne son approbation. Sa femme Jocelda et ses 2 fils souscrivent.

MONTEYNARD, *Cartul. de Domène*, 147-8, n° 170.

**2122** (Vers 1075).
Ponce, surnommé Hector, donne à l'église de St-Pierre hors les murs de la cité [de Vienne], où l'abbé Gérard gouverne une compagnie *(norma)* de moines, pour l'âme de sa femme Emina et de ses fils Bérilon et Arbert dit Varcin, les églises dont il avait témérairement conservé la possession dans le pagus de Vienne : la chapelle de Ste-Marie dans le château de Surieu *(castello Sivriaco)*, l'église paroissiale de St-Romain en dehors, celles de St-Pierre à Assieu *(de Aciaco)*, de St-Sulpice, de St-Alban près la Vareize *(Varisia)* et de St-Jean de *Areto a Somnis* ; il en fait don, avec leurs dotations *(ensenia)*, du consentement de la se église mère de Vienne. Il y ajoute un terrain pour un très grand jardin et l'usage de sa forêt ; il approuve la donation d'un manse par le chevalier Senioretus.

CHEVALIER (U.), *Cart. de St-André-le-Bas*, 271-2, n° 60*.

**2123** (Vers 1075 ?).
Seguin *(Seginus)* donne à St-André, pour son anniversaire, 18 den. de cens sur la maison qu'il avait construite près du palais.

CHEVALIER (U.), *Cart. de St-André-le-Bas*, 137, n° 193.

**2124** (Janvier ? 1075).
Lettre des chanoines de l'église de Romans au pape Grégoire VII, pour l'assurer de leur fidélité et dévotion, lui demander le renouvellement de la liberté Romaine, dont ses prédécesseurs les avaient gratifiés et lui apprendre que plusieurs d'entre eux ont repris la vie régulière et canonique ; ils sollicitent la confirmation des donations que leur prévôt Armand *(Hur.)* et eux ont faites à leur église.

Mentionnée dans la bulle du 9 mars 1075.

**2125** Rome, 5 janvier 1075.
Lettre du pape Grégoire VII à Hugues, évêque de Die en Bourgogne *(in Burgundia)*. Il peut accepter ce que ses diocésains offrent de restituer à son église et les absoudre, s'ils promettent de l'accompagner au prochain synode qui se tiendra à Rome. Il doit considérer que ses diocésains sont grossiers et ignorants. — *Videtur nobis ut.*

S. Gregor. VII Epist. II, 43. BINIUS, III, 1191-2. LABBE, X, 99. HARDOUIN, VI, 1, 1292. MANSI, XX, 156. BOUQUET, XIV, 590. *Patrol. lat.* CXLVIII, 394. JAFFÉ, *Bibl. rer. Germ.* II, 156. Trad. CHEVALIER (J.), dans *Bull. soc. archéol. Drôme*, XXII, 282-3 ; *Mém. comtés Valentinois-Diois*, I, 23. *Hist. égl.-ville Die*, I, 144-5. = BRÉQ. II, 144. JAFFÉ, 3680 — 4920.

**2126** Rome, (24-28 février) 1075.
Au concile tenu en Carême par Grégoire VII, Hugues, évêque de Die, est nommé légat du Siège apostolique.

LÜHE (W.), *Hugo v. Die u. Lyon Legat*, II, 34. — Cf. 23 mars 1074.

**2127** Rome, 9 mars 1075.
Bulle du pape Grégoire VII adressée à ses fils demeurant dans son abbaye Romaine sur l'Isère. Leurs envoyés lui ont remis la lettre qu'ils lui ont écrite ; il se réjouit de leurs bons sentiments et accorde leurs demandes, à l'intercession de Hugues, évêque de Die. Il confirme leurs possessions en faveur de ceux qui embrasseront la vie commune ; nul ne sera reçu comme chanoine s'il ne fait profession de vivre canoniquement.

L'abbé sera élu par les réguliers. Il commet à son légat, l'évêque de Die, chanoine de Romans et de Vienne, le soin de consacrer leur église pour la réconcilier. — *Fidelitatis ac devotionis.*

Valbonnays, 7ᵉ Reg. n° 24. — S. Gregor. VII, Epist. II, 59. Carafa, *Epist. sum. pontif.* (1591). Binius, III, 1195ᵇ. Labbe, X, 113. Mansi, XX, 171. Bouquet, XIV, 592-3. Patrol. lat. CXLVIII, 411. Giraud, *Hist. S. Barnard-Romans*, I, pr. 11-2; et Chevalier, *Cart. de St-Barnard*, 189-90. Jaffé, *Bibl. rer. Germ.* II, 178-9. Bull. Roman. Taur. II, 67-8. — Trad. Giraud, I, 93-6. = Jaffé, 3698—5068, cf. p. 597 (erreur). Chevalier (J.), *Hist. égl. Die*, I, 148.

**2128** 22 avril 1075.

Obit du comte [de Graisivaudan] Guigues [le Vieux], qui donna à [l'église de] St-Maurice [de Vienne] divers ornements.

Martyrologe de St-Maurice de Vienne : Fontanieu, *Hist. de Dauph.* pr. II, 13; *Cart. du Dauph.* I, 83. — Chorier, *Hist. de Dauph.* I, 796; 2°. 613. Ménabréa, *Orig. féod.* 431. Allard (Guy), *Œuvr. chois.* I, 347. Poupardin, *Roy. de Prov.* 364. Chevalier (U.), dans *Bull. soc. archéol. Drôme*, XLV, 371 (à part. 14). Trad. Terrebasse, *Not. dauph. Vien.* 61.

**2129** 22 avril 1075.

x. kal. maii. *Guigo comes, qui congnominatus est Vetus.*

Nécrol. de St-Robert, 19, 21 (Fontanieu, *Hist. de Dauph.* pr. II, 29; *Cart. du Dauph.* I, 84. Trad. Terrebasse, *Not. dauph. Vienn.* 60).

Nécrol. du prieuré de St-Martin-des-Champs (*Obit. prov. Sens*, 1902, I, 435).

**2130** 8 juin (1075).

Lantelme le Moine (*cognom. Monacus*), époux de Theucenda, sœur de Monald, rend à l'église de Romans la moitié des dîmes de l'église de St-Jean de Châtillon (*Castellione*) : il donnera 30 sols s'il ne les rachète pas de ceux qui les détiennent. S. d. *Willelmi de Cleriaco. Data p. man. Rostagni sac., luna 20..., regn. Deo nostro.*

Giraud, *Hist. S. Barnard-Romans*, compl. 70, n° 192; et Chevalier, *Cart. de St-Barnard*, 192-3.

**2131** 21 août 1075.

Ripert Geraldi, seigneur de Trescléoux (*Trescleus*), donne au monastère de St-Victor de Marseille et à l'abbé Bernard un lieu sur le territoire de son château, dans le diocèse de Gap, pour établir un monastère, dans lequel des moines habiteront, chanteront les psaumes, offriront le sacrifice, assisteront les pauvres, recevront les voyageurs.

Guérard, *Cartul. de St-Victor de Marseille*, II, 74-6, n° 731. = Roman, 5ᵇ. *Achard, dans *Bull. soc. études Hautes-Alpes* (1907), XXVI, 11.

**2132** 21 août 1075.

Ponce Adalbaldi, prêtre, fait don au monastère de St-Victor de Marseille et à l'abbé Bernard, de tout son alleu et fief au territoire de Trescléoux (*Trescleus*).

Guérard, *Cart. de St-Victor de Marseille*, II, 76, n° 732. = Roman, 5ᵇ.

**2133** 25 octobre 1075.

Accord entre les abbés de St-Victor de Marseille et de St-André près Avignon : celui-ci cède au 1ᵉʳ l'église de St-Pierre de *Reanna*, au diocèse de Gap (*Guapinc*)... ind. 11.

Guérard, *Cart. de St-Victor de Marseille*, I, 529-31, n° 533.

**2134** Latran, 9 décembre 1075.

Bulle du pape Grégoire VII adressée à Hugues, abbé de Cluny, par laquelle il confirme toutes les possessions de son monastère [cf. les bulles des 11 juin 1055 et 6 mars 1058]...*In Gratianopolitano episcopatu cellam quæ vocatur Borget, monasterium quod vocatur Domena.* — *Supernæ miserationis.*

Bull. Cluniac. 18-20. *Mém. sur Cluny, 131. *Rec. de pièces sur Cluny*, 6. Patrol. lat. CXLVIII, 661-6. = Bréq. II. 154. Jaffé, 3727—4974. Bernard-Bruel, *Chartes de Cluny*, IV, 612. Roman, 5ᵇ.

**2135** (Fin 1075).

Lettre de Hugues, évêque de Die, légat (*apocrisiarius*) de l'église Romaine, à Raoul, archevêque de Tours. Il lui fait part de sa nomination comme légat et insiste pour qu'il se rende auprès de lui. — *Quanti matrem.*

Baluze, *Miscell.* VI, 411; 2°, III. 53. Bouquet, XIV, 778. Patrol. lat. CLVII, 507. = Bréq. II. 151.

**2136** (Fin 1075).

Concile tenu à Anse par Hugues, évêque de Die et légat du Siège apostolique. *Invigilabat.. idem sollicitus gregi sibi credito, et legationis sibi creditæ sollicitas servans excubias, primum concilium celebravit apud Ansam...*

Hugo Flaviniac., *Chronicon.* II : Labbe, *Nova bibl. mss.* I, 197; *Conc.* X, 359. Hardouin, VI. I. 1567. Coleti, XII. 601-3. Bouquet, XIII. 618. Mansi. XX. 481. Pertz, *Mon. Germ. hist.*, Ser. VIII. 413. Patrol. lat. CLIV, 280.

**2137** (Fin 1075).

Lettre de Hugues, évêque de Die, légat du Siège apostolique, à Raoul archevêque de Tours. Il lui annonce qu'il a tenu un concile à Anse dans le diocèse de Lyon; il en tiendra un autre le 2 janvier à Dijon (*castrum Divionem*) en Bourgogne, auquel il le convie, ainsi que ses suffragants. — *Dilectionem vestram.*

Baluze, *Miscell.* VI, 412; 2°. III. 53-4. Bouquet, XIV. 777. Patrol. lat. CLVII, 507-8. = Bréq. II. 156.

**2138** 2 janvier (1076).

Concile tenu par Hugues, évêque de Die et légat du Siège apostolique, à Dijon (*Divioni*), contre les simoniaques, qu'il ne cessa de poursuivre pour les remplacer par des orthodoxes.

Hugo Flaviniac., *Chronicon*, II (3°) : Labbe, X, 359-60. Harduin, VI. 1567. Coleti, XII, 603, Mansi, XX, 481. Bouquet, XIII, 618. Patrol. lat. CLIV, 280-1.

**2139** (14-22 février) 1076.

*A° ab I. D. 1075, ind. 14, excommunicavit ipse domnus Gregorius papa Romæ synodum in ecclesia Domini Salvatoris, quæ Constantiniana dicitur ; ubi interfuit episcoporum et abbatum atque diversi ordinis clericorum et laicorum copia. In qua, inter cætera decreta quæ illi gesta sunt... Excommunicatio episcoporum ultramontanorum... Viennensem episcopum Herimannum, juste depositum pro simonia, perjuriis, sacrilegiis et apostasia, quia Viennensem ecclesiam infestare non desistit, excommunicamus ; et ecclesiis Romanensi et Sancti Hyrenei Lugdunensi, quo usque eas occupaverit, divinum interdicimus officium. Desiderium et Romanensis ecclesiæ clericos, qui regulares nostros ab ea expulerunt et excommunicatis communicaverunt, inde donec satisfaciant, excommunicamus... Pontium Gratianopolitanum, quousque resipiscat, excommunicamus. Et ea, quæ Diensis episcopus in episcopatu Diensi de decimis et primitiis et ecclesiis fecit et cætera, quæ in legatione nostra statuit, nos quoque confirmamus.*

S. Greg. VII Epist. III, 10. CARAFA. *Epist. sum. pontif.* III, 691. BINIUS (1606), III, 1289; (-18), III, II, 397; (-36), VII, 483-4. *Coll. Reg.* XXVI, 573. LABBE, X, 355-8 HARDOUIN, VI, I, 1565-6. *Acta ss. Bolland.*, maii V, 620-1. COLETI, XII, 597-602. MANSI, sup. II, 17; XX, 467. BOUQUET, XIV, 598, 609². MÉNABREA, *Orig. féod.* 181-2. *Patrol. lat.* CXLVIII, 789-90. JAFFÉ, *Bibl. rer. Germ.* II, 222-3. WATTERICH, *Pont. Rom. vitæ*, I, 380. GIRAUD et CHEVALIER. *Cart. de St-Barnard*, 193. Trad. GIRAUD, *S. Barnard*, I, 87-8. = *COLLOMBEY. I, 416. JAFFÉ, p. 420-1—616-7.

**2140** (24) mars (1076).

Donation de l'église de Ste-Marie à *Gavilans* par Géraud, évêque de St-Paul-Trois-Châteaux, aux moines de St-Sauveur et Ste-Foi... *d. Cœnæ Dom., fer. 5, luna 14, regn. D. N. J. C.* Seings de l'archidiacre Ponce, du sacristain Pierre. *Durantus scr.*

DESJARDINS (G.). *Cart. de Conques*, 69-70. *Gallia christ. noviss.* IV. 44.

**2141** (1076).

Lettre de Hugues, évêque de Die, légat de l'église Romaine, à Raoul, archevêque de Tours. Il le convoque expressément, ainsi que ses suffragants et les religieux des autres régions, au concile qu'il tiendra à Clermont *(apud Arvernicam urbem)* le 7 août. — *Messis quidem.*

BALUZE, *Miscell.* VI, 412; 2ᵉ, III. 54¹. MANSI, XX, 483. BOUQUET, XIV, 777-8. *Patrol. lat.* CLVII, 508. = BRÉQ. II, 163.

**2142** 7 août 1076.

Concile tenu par Hugues de Die à Clermont ; on y dépose Etienne, évêque de Clermont, qui avait envahi le siège du Puy, et Guillaume, simoniaque, qui lui avait succédé à Clermont.

HUGO Flaviniae, *Chronicon*, II (2ᵉ) : LABBE, X, 359. HARDOUIN, VI, 1567. COLETI, XII, 603. MANSI, sup. II, 27 ; XX, 481. BOUQUET, XIV, 602 ; XIII, 618, cf. 619. *Patrol. lat.* CLIV, 280. = HEFELE, *Concgesch.* V⁴, 111.

**2143** Grenoble, 12 août 1076.

*...ind. [8—14]..., fer. 6*, près de l'église de Ste-Marie de Grenoble, Ponce, évêque de cette ville, de concert avec ses chanoines : le doyen Guigues dit Mauclerc *(Malus Clericus)*, le sacristain Jean du Puy *(Podiensis)*, etc. concède, sauf la révérence à son église, aux chanoines de St-Laurent (d'Oulx, *de Plebe martyrum*) les églises de St-Julien d'Abriès *(in Abriis)*, de St-Arey de Freney *(S. Arigii in Fraxeneto)* et de Ste-Marie de Laus *(Lento)*, que Gorannus (qui les possédait à tort) avait données à Oulx. Fait entre les mains de Lantelme.

Valbonnays, 2ᵉ reg. n° 35. = RIVAUTELLA, *Ulcien. eccl. Chartar.* 196. COLLINO, *Carte d'Oulx*, 38-9. = *LE COUTEULX, Ann. Cartus.* I, ex.

**2144** 12 novembre 1076.

Les exécuteurs testamentaires de Raymond Bérenger, comte de Barcelone [† 27 mai 1076], au nombre de 13, attestent par serment sur l'autel de St-Thomas, qu'en vertu de ses dernières volontés tout son « honneur » doit revenir à ses deux fils, Raymond-Bérenger et Bérenger-Raymond ; au cas où ils mourraient sans enfants légitimes, il reviendra à sa fille Sanctie et, si celle-ci meurt elle-même sans héritiers, au fils que Guigues d'Albon *(Albion)* a engendré de son autre fille Agnès. *...aᵒ 17 regni regis Filippi.*

BOFARULL. *Los condes de Barcelona vindicados* (Barcelona, 1836), II, 41-5 (communiqué par le marquis d'Albon).

**2145** 1077.

Guarmundus, abbé de Déols *(Dolen.)*, est ordonné archevêque de Vienne.

*Chronicon Dolensis cœnobii* (BOUQUET, XII, 346.455; cf. XIV, 71, 609,-632).

**2146** (1077 ?)

Lettre du pape Grégoire VII au clergé et au peuple de Vienne, l'exhortant à obéir au bon et juste évêque Warmond, que la divine Providence leur a donné, à conserver et récupérer les anciennes possessions de leur église, en particulier l'abbaye de Romans. — *Non solum vobis.*

Bosco (J. a), 68-9. LE LIÈVRE, 305. *Gallia christ. nova*, II, 150. BOUQUET, XIV, 609-10. *Patrol. lat.* CXLVIII, 732-4. *Gallia christ. nova*, XVI, instr. 23. GUNDLACH (W.), dans *Mon. Germ. hist.*, Epist. Merow.-Karol., I, 102-3. Trad. CHARVET, 297-8 (arch. eccl. Vienn. lib. I. L, p. 38). MERMET, *Hist. de V.* III. 22. COLLOMBET, I, 412-3. = BRÉQ. II, 162. JAFFÉ, cccxcviii — 5025. — Pièce fausse.

**2147** (Vers 1077).

Rencon le Roux *(cognom. Rufus)* et sa femme Mesembria, avec l'assentiment de son frère le chanoine Aimon et de leurs fils, dont le diacre Aquin, donnent à l'église [de Romans] sur l'Isère, dont les clercs ont pour chef Warmond *(W-mundus)*, archevêque de Vienne, un champ aux Mouilloux *(villa Morllionerias)*, dans le mandement de la Motte-de-Galaure *(castelli Mote)* et le pagus de Vienne.

GIRAUD, *Hist. S. Barnard-Romans*. compl. 92-3. n° 235 ; et CHEVALIER, *Cart. de St-Barnard*, 195.

**2148** 6 mars 1077.

Bulle du pape Grégoire VII, par laquelle il confirme à Warmond, archevêque de Vienne, la primatie sur les sept provinces de Vienne, Bourges, Bordeaux, Auch, Narbonne, Aix et Embrun ; il aura sous sa juridiction les sept églises de Grenoble, Valence, Die, Viviers, Tarentaise, Genève et Maurienne, jusqu'à ce qu'il soit prouvé qu'il en a 18, suivant l'ancien catalogue. Ses autres privilèges sont confirmés. — *Cum ex apostolicæ.*

CHIFFLET, *Collect. Burgund.* (Bruxelles, Bolland.)¹. FONTANIEU, *Cart. du Dauph.* I, 84-5. — Bosco (J. a). 71-3. LE LIÈVRE, 309-11. COCQUELINES, *Bull.* II, 41. *Bull. Roman.* Taur. II, 85-6. *Patrol. lat.* CXLVIII, 731-2. *Gallia christ. nova*, XVI, instr. 24-5. GUNDLACH (W.), dans *Mon. Germ. hist.*, Epist. Merow.-Karol., I, 103-5. Trad. CHARVET, 301-2. COLLOMBET, I, 417-9. = SEVERT, *Lugd.* 2ᵉ, 96. BRÉQ. II, 158. JAFFÉ, cccxcvii — 5024. *R. Gen.* 212. — Pièce fausse.

---

1. Il ajoute au texte de Le Lièvre : *pridie nonas ; insigne pontificis, in circulo « Verbo Domini cœli firmati sunt ». Supra et infra transversum crucis lignum « Jesus Xpistus dominus noster ; monogramma cancellarii ; bulla plumbea.'*

**2149** Carpi, 19 mars 1077.
Lettre du pape Grégoire VII aux clercs de Romans. S'il ne leur envoie pas la bénédiction apostolique, c'est qu'ils ont été excommuniés pour avoir refusé l'obéissance due à son vénérable confrère, Warmond (*Wormundus*), archevêque de Vienne, sous prétexte que leur église était du domaine de St-Pierre. Ils auront à se présenter devant son vicaire Hugues, évêque de Die, et à se conformer à ses décisions, en donnant satisfaction à l'archevêque. En attendant, l'entrée de leur église est interdite à tous les fidèles. — *Quod salutem et.*

S. Greg. VII Epist. IV. 16. Bosco (J. a). 69-71. Binius, III, 1217-8. Le Lièvre, 307-8. Labbe. X. 162-3. Hardouin, VI, 1, 1359. Mansi, XX, 223. Bouquet. XIV. 601. *Patrol. lat.* CXLVIII, 469. Jaffé, *Bibl. rer. Germ.* II. 263-4. Giraud et Chevalier, *Cart. de St-Barnard*, 193-5. Trad. Charvet. 303-4 (Arch. eccl. Vien. I. L. 39). Collombet. I, 420-1. Giraud, *S. Barnard*, I, 89-91. = Bréq. II, 158. Jaffé, 3770—5026.

**2150** Bianello, 21 mars 1077.
Par condescendance pour Guillaume, roi d'Angleterre, le pape Grégoire VII autorise Hugues, évêque de Die, et ses autres légats à reprendre l'examen de l'affaire de l'évêque de Dol (Juhel). — *Causam unde nos.*

S. Greg. VII Epist. IV, 17. Martène, *Thes. anecd.* III, 875. Morice, *Hist. de Bretagne*, pr. I, 446. Bouquet. XIV, 601-2. = Jaffé, 3771—5027.

**2151** Bianello, 23 mars 1077.
Lettre du pape Grégoire VII aux chanoines de Puy (*Anicien.*), leur ordonnant d'élire, avec le conseil de son vicaire Hugues, évêque de Die, un autre évêque. en remplacement d'Etienne, que celui-ci a excommunié. — *Notum est vobis.*

S. Greg. VII Epist. IV, 18. Labbe, *Nova bibl. mss.* I. 201 ; Conc. X, 165. Hardouin, VI, 1, 1361. Mansi, XX, 223. Bouquet, XIV, 602. *Patrol. lat.* CXLVIII, 471-2. Jaffé. *Bibl. rer. Germ.* II, 266. *Bull. Roman.* Taurin. II. 79b. = Bréq. II. 158. Jaffé, 3772—5028.

**2152** Bianello, 23 mars 1077.
Lettre du pape Grégoire VII à tous les évêques et ordres [religieux] des Gaules, au sujet d'Etienne, intrus sur le siège du Puy et excommunié par son vicaire Hugues, évêque de Die, à qui il avait envoyé des lettres spéciales sur ce point ; il confirme sa sentence. — *Notum esse volumus.*

S. Greg. VII Epist. IV, 19. Mansi, XX, 224. Bouquet, XIV, 603. Jaffé, *Bibl. rer. Germ.* II, 267. *Bull. Roman.* Taur. II, 87. = Bréq. II, 158. Jaffé, 3773—5029.

**2153** Bianello, 25 mars 1077
Lettre de Grégoire VII à Joffroy (*Josfredus*), évêque de Paris : l'abbé qui a usurpé le monastère de Saint-Remy aura à se présenter devant son légat Hugues, évêque de Die, et à lui rendre compte de sa conduite. — *Vir iste videlicet.*

S. Greg. VII Epist. IV, 20. Mansi, XX, 225. *Patrol. lat.* CXLVIII, 473-5. Jaffé. *Bibl. rer. Germ.* II. 268-71. = Jaffé, 3774—5030.

**2154** Le Puy, 3 mai 1077.
Transaction passée entre Marthe de Toulouse, dame de Montélimar, veuve de Giraud-Hugues Adhémar, vicomte de Marseille, [Adémar] de Monteil, évêque du Puy, Gaucher Adhémar de Monteil 1ᵉʳ abbé d'Aiguebelle, Hugues Adhémar de Monteil, seigneur de Lombez, Guillaume Hugues Adhémar de Monteil *paserius*, avec Giraud Adhémar, seigneur de Montélimar et vicomte de Marseille.

*Nadal, *Essai histor. sur les Adhémar* (1858), 15. Ann. de l'abb. d'Aiguebelle.* I. 449-50. — Pièce fausse.

**2155** Ficcarolo, 12 mai 1077.
Lettre du pape Grégoire VII à Hugues, évêque de Die, lui annonçant que Gérard, élu de Cambrai, a remis entre ses mains l'épiscopat qu'il avait reçu par investiture du roi Henri ; il le charge de tenir un concile avec la permission du roi de France dans ces parages ou dans le diocèse (*ecclesia*) de Langres, où il traitera, de concert avec l'archevêque de Reims et Hugues, abbé de Cluny, de cette question et des églises de Châlons, Chartres, Le Puy, Clermont et du monastère de Saint-Denys. — *Gerardus Cameracensis.*

S. Greg. VII Epist. IV, 22. Binius, III, 1220-1. Cherubini, *Bull. Roman.* II, 43. Labbe, X, 168-70. Hardouin, VI, 1, 1365. Mansi, XX, 227. Bouquet, XIV, 605-6. *Patrol. lat.* CXLVIII, 476-8. *Bull. Roman.* Taur. II, 89-91. Jaffé, *Bibl. rer. Germ.* II, 272. = Bréq. II, 159. Jaffé, 3777—5033. Wauters, I, 541. — Hugo Flaviniac. *Chronicon.* II : Labbe, *Nova bibl. mss.* I, 198. Pertz, *Mon. Germ. hist.*, Scr. VIII, 414. *Patrol. lat.* CLIV, 281.

**2156** (1077).
Le pape Grégoire VII rend sa faveur à Gérard, archidiacre de Brabant, élu évêque de Cambrai et investi par l'empereur, et l'envoie à Hugues de Die (*ædiis = de Düs*, futur) archevêque de Lyon, légat dans toute la Gaule, pour le consacrer.

*Chronicon S. Andreæ castri Cameracesit*, III. 1 : Pertz. *Mon. Germ. hist.*, Scr. VII, 540. *Patrol. lat.* CXLIX, 269.

**2157** Dijon, 30 juin 1077.
Warmond (*Guarmundus*), archevêque de Vienne, assisté d'autres évêques, consacre le même jour les autels de Ste-Marie, de St-Barthélemy, de St-Laurent et de St-Didier dans l'église de St-Etienne de Dijon, du temps de Raynaud (*Raynardus*), évêque de Langres. aⁿ 1077, ind. 15, epacta 4.

Pérard, *Rec. pièces Bourgogne*, 112. 131,-6. Bouquet. XIV, 403. = *Bull. archéol. com. trav.* (1886), 391.

**2158** (1077).
Lettre de Hugues, évêque de Die et légat de l'église Romaine, à Raoul, archevêque de Tours. Il le remercie de lui venir en aide dans toutes ses nécessités et de le convoquer, ainsi que ses suffragants et les meilleurs (*utiliores*) clercs et abbés, au concile qu'il tiendra à Autun (*in Augustodunen. civit.*), le 10 septembre. — *Gratias habeo.*

Baluze, *Miscell.* VI, 413 ; 2ᵉ, III, 54ᵃ. Mansi, XX, 492. Bouquet, XIV, 778. *Patrol. lat.* CLVII, 508-9. = Bréq. II, 163.

**2159** 11-17 septembre 1077.
Concile tenu à Autun (*apud Æduam*) par Hugues, évêque de Die et légat du Siège apostolique ; il suspend de ses fonctions Manassès, archevêque de Reims, et fait élire pour archevêque de Lyon l'archidiacre de Langres Gébouin, qu'il consacra le dimanche 17 et installa à Lyon ; il excommunie Raginard de Mont-St-Jean, à cause de ses injustes coutumes à Bligny contre l'église de St-Nazaire d'Autun.

Hugo Flaviniacen., *Chronicon*, II (4°) : Labbe, *Nova bibl. mss*. I, 199-200; *Conc*. X, 360-2. Hardouin, VI, 1, 1567-8. Coleti, XII, 604-6. Mansi, XX, 484-6. Bouquet, XIII, 618-9 ; XIV, 605-6. Pertz, *Mon. Germ. hist*., Ser. VIII, 415-6. *Patrol. lat.* CLIV, 282-4, cf. 288. = Hefele, *Concgesch*. V², 111-2. — Cf. la lettre du 12 mai préc.

**2160** (1077).
Gérard, évêque de Cambrai, est sacré à Autun par Hugues, évêque de Die.
*Chron. de Cambrai*, Baldenici *Chronicon* abbrev. et contin. (Bouquet, XIII, 476, 534).

**2161** 17 septembre 1077.
Jerenton, né sur le territoire de Vienne d'Arnaud et Agnès, élevé à Cluny, avait pris l'habit monastique à la Chaise-Dieu le 1ᵉʳ nov. 1074 ; il reçoit les sept ordres des mains de Hugues, évêque de Die.
Hugo Flaviniac., *Chronicon*, II : Bouquet, XIII, 619. *Patrol. lat.* CLIV, 279-80.

**2162** (Septembre/octobre 1077).
Lettre de Manassès, archevêque déposé de Reims, au pape Grégoire VII pour protester contre la sentence prise contre lui au concile d'Autun par le légat Hugues de Die.
Sudendorf, *Registrum od. merkwürd. Urkund.f. deutsche Gesch*. (1849), I, n° 9, cf. iij. = Meys (W.), *Hugo v. Die*, 31-42. Lühe (W.), *Hugo v. Die*, 48, n.

**2163** (1077).
Lettre du roi de France (Philippe Iᵉʳ) à Hugues, évêque de Die, se disant honoré d'être appelé son fils et recommandant sa légation ;mais par dessous main écrivant au comte et aux évêques de l'entraver.
Mentionnée dans la lettre d'Hugues au pape (n° 2181).

**2164** (Octobre/novembre 1077).
Lettre du pape Grégoire VII à Hugues, évêque de Die. S'il est vrai qu'il ait excommunié et déposé un jeune homme (Geoffroi) intrus sur le siège de Chartres, il ne l'en félicite. Le roi de France a postulé pour chef de cette église Robert, abbé de Ste-Euphémie en Calabre ; qu'il l'avise de ce qu'en pense le clergé. — *Quid de negotio*.
S. Greg. VII Epist. v, 11. Binius, III, 1227-8. Du Chesne, *H. F. s.* IV, 211. Labbe, X, 185-6. Hardouin, VI, 1, 1383. Coleti, XII, 415-6. Mansi, XX, 275. Bouquet, XIV, 608-9. *Patrol. lat.* CXLVIII, 497-8. Jaffé, *Bibl. rer. Germ*. II, 301. = Bréq. II, 162. Jaffé, 3798—5055.

**2165** Latran, 4 décembre (1077) 1081.
Lettre du pape Grégoire VII à H[ugues, évêque de Die, au sujet de l'évêque de Chartres qui est venu, avec celui de Paris, se plaindre d'avoir été injustement excommunié et déposé ; il lui mande de venir auprès de lui pour traiter de cette affaire et d'autres importantes ou d'envoyer un messager capable. — *Frater et coepiscopus*.
S. Greg. VII Epist. viii, 38 ou ix, 15. Binius, *Conc*. III, 1270ᵃ. Labbe, X, 287-8. Hardouin, VI, 1, 1490. Coleti, XII, 517-8. Mansi, XX, 352. Bouquet, XIV, 612-3. *Patrol. lat.* CXLVIII, 618. Jaffé, *Bibl. rer. Germ*. II, 489-90. = Bréq. II, 191. Jaffé, 3937—5222.

**2166** (Décembre 1077) 1082.
Lettre du pape Grégoire VII au clergé et au peuple de Chartres : il avait écrit à son légat, l'évêque de Die, au sujet de leur évêque, de le lui envoyer avec un mémoire, qu'il a reçu. — *Quod episcopum*.
S. Greg. VII Epist. viii, 39 ou ix. 16. Coleti, XII, 518-9. Mansi, XX, 352. *Patrol. lat.* CXLVIII, 619. Jaffé, *Bibl. rer. Germ*. II, 490-1. = Jaffé, 3938—5224.

**2167** (Fin 1077).
Lettre de Hugues, évêque (*presbyter*) de Die, au pape Grégoire VII, postérieure au concile d'Autun, au sujet des évêques de Noyon, Senlis, Auxerre, Sens, Bordeaux et Reims... *Summopere poscimus ut per dominum Valentinum episcopum pallium nobis mittatis ad confirmandam ordinationem religiosissimi Lugdunensis ecclesiæ archiepiscopi... Valentino episcopo præcipite, et securitatem in manu vestra accipite, quatenus circa festum S. Joannis Baptistæ, prout nos cum eo condiximus, ecclesia sua ad celebrandum officium illum accipiat, quia valde opportunus videtur ad oppugnandam provincialium arrogantiam*. Tiezon n'a pu partir, à cause du concile qui se tiendra à Poitiers le 15 janvier. — *Quoniam didicimus*.
Labbe, X, 364-5. Hardouin, VI, 1, 1572-4. Coleti, XII, 608-10. \**Gallia christ. nova*, II, 804. Mansi, XX, 488-90. Bouquet, XIV, 613-4. *Patrol. lat.* CXLVIII, 744-5. Le Couteulx, *Ann. Cartus*. 1, xxix. = Bréq. II, 163. Wauters, I, 542. Chevalier (J.), *Hist. égl. Die*, I, 151-2.

**2168** (1077/1081).
Warmond (*Warmundus*), archevêque de Vienne, d'accord avec son chapitre, les archidiacres Rostaing et Richard, etc., concède aux chanoines réguliers de Saint-Donat l'église de St-Vincent de Chatte (*Castal*), sous la pension de 10 sols en deniers Viennois, dont 5 seront dépensés au réfectoire à la solennité de sᵗ Maurice, sans préjudice des parées (*peratæ*), oblations et luminaire.
Rivautella, *Ulcien. eccl. Chartar*. 67, n° 66. Collino, *Carte d'Oulx*, 39-40, n° 29.

**2169** (1077/1081).
Adalgardis, son fils Burnon, ses gendres Burnon de Beauvoir(-de-Marc, *Bello Videre*) et Nantelme de Chandieu (*Candiaco*), avec ses filles leurs épouses et les chevaliers intéressés donnent au monastère de St-Pierre [à Vienne), à la tête duquel préside l'abbé Gérard, l'église de St-Pierre à Primarette (*villa Prumaleta*), au pagus de Vienne, avec la chapelle du château de Revel (*Revellum*). Souscrivent le comte Guigues (le Gras, *Wigo*), l'archevêque Warmond, le prévôt Artaud, le doyen Otmar, les archidiacres Rostaing et Richard. Lantelme chevalier de Moras (*Maurasio castro*), etc.
Valbonnays, 2ᵉ Reg., n° 37. — Chorier, *Estat polit*. II, 213-4. Chevalier (U.), *Cart. de St-André-le-Bas*, 272-3, 368, n° 61\*. = Terrebasse, *Not. dauph. Vienn*. 68-9.

**2170** (1077/1081).
Humbert et sa femme Aymerudis, avec ses fils le moine Guillaume, qui devint ensuite abbé, Arbert, Guigues, Pierre et autres, donnent, avec le consentement de Warmond (*Vuarmundus*), archevêque de Vienne, à St-Chaffre (*s. Theofredo*) l'église de St-Victor, près de St-Barthélemy-de-Vals, avec ses prémices, offrandes, la moitié des dîmes et de l'alleu.
Chevalier (C. U. J.), *Doc. inéd. relat. au Dauph*. vi, 16 ; *Cart. de St-Chaffre*, 116, n° 350. = Courbon, B, 103.

**2171** (1077/1082).
Gébouin *(Gibuinus)*, archevêque de Lyon, sur le conseil de Hugues, évêque de Die et légat du Siège apostolique, confie plusieurs églises de son diocèse à l'ordre de St-Ruf.
Mentionné dans l'acte du 22 juin 1092.

**2172** (Vers 1078).
Almand Alloldi, à l'instar de son frère Guigues Alloldi, abandonne à l'église de Romans sur l'Isère, où repose s' Barnard, la redevance *(quartaria)* qu'il percevait dans toute l'abbaye ou quelqu'un pour lui. Seings [des chanoines] Premencus, Theotbert, etc.
Giraud, *Hist. S. Barnard-Romans*, compl. 60, n° 175; et Chevalier, *Cart. de St-Barnard*, 196.

**2173** (Vers 1078).
Après le déguerpissement de la *cartaria* de Conquers *(Conquerio)* par Almand Alloldi, Rostaing Geraldi traita *(placitavit)* avec l'église [de Romans] pour la 8ᵉ partie qu'il tenait en fief d'Almand; il en fit l'abandon et reçut 40 sols, des mains du chanoine Theobbert. *Rodulfus scr.*
Giraud, *Hist. S. Barnard-Romans*, II, pr. 31, n° 163; et Chevalier, *Cart. de St-Barnard*, 197.

**2174** (Vers 1078).
Pierre [Beccardi], fils de Raynier, donne à l'église de Romans une métairie *(cabannaria)*, que cultive Ismidon Rotgerius dans la paroisse de St-Just[-de-Claix], dans le pagus du Royans *(Roianen.)*; il en conserve la jouissance, sous le cens d'un excellent agneau avec pain et vin pour la table des frères.
Giraud, *Hist. S. Barnard-Romans*, compl. 21-2, n° 114; et Chevalier, *Cart. de St-Barnard*, 195-6.

**2175** (1078).
Les moines de St-Winoc de Bergues font déposer leur abbé Ermenger par l'évêque de Die Hugues, légat du pape.
Iperius (Joannes), *Chron. Sithien. S. Bertini*: Martene, *Thes. nov. anecd.* III, 585. Bouquet, XIII, 436.

**2176** (1078).
Lettre des clercs de Cambrai à ceux de l'église de Reims contre ceux qui veulent leur faire quitter leurs femmes : l'évêque de Langres, celui de Die, dont ils ne connaissent que le nom. — *Inusitati diù*.
Durandi (Joan.), *Miscell.* II, 23. Mabillon, *Ann. Bened.* V, 634; 2ᵉ, 600-1. Bouquet, XIV, 778-80. = Mevs (W.), *Legation d. B. Hugo v. Die*. 22-3.

**2177** (Avant 15 janvier 1078).
Lettre du pape Grégoire VII à C. [Foulque], comte d'Anjou, qui poursuivait de son inimitié l'évêque qui l'avait excommunié à cause de son union illicite ; il l'exhorte à restituer et à se présenter en synode devant ses légats Hugues, évêque de Die, et Richard. — *Dolemus satis*.
S. Gregor. VII Epist. IX, 22. Bouquet, XIV, 610. — Voir la même lettre, sous l'année 1082, à l'adresse de Centulle, comte de Béarn.

**2178** (15 janvier) 1078.
Concile tenu à Poitiers, un jour à St-Pierre et le lendemain à St-Hilaire, par l'évêque de Die, légat de l'église de Rome : voir la lettre suiv.

Hugo Flaviniac., *Chronicon*, II (5ᵉ) : Labbe, X, 366-8. Harduin, VI, 1573. Coleti, XII, 609-14. Mansi, Suppl. II, 34; XX, 495-500. Bouquet, XII, 401 ; XIII, 619 ; XIV, 185-6. = Hefele, *Concgesch.* V², 115-6. Lühe (W.), *Hugo v. Die-Lyon*, 139-42.

**2179** (Après 15 janvier) 1078.
Lettre de Hugues, évêque *(presbyter)* des Diois, au pape Grégoire VII, au sujet du concile qu'il a tenu dans l'église de St-Hilaire à Poitiers, non sans éprouver des dangers en chemin et des contradictions dans et hors la ville. Récit animé de ce qui s'y est passé concernant les archevêques de Tours, « la peste et le déshonneur de la s⁵ Eglise », Lyon et Besançon, les évêques de Rennes, Angers, Beauvais, Noyon, Amiens, Laon, Soissons, Senlis, Thérouanne et Poitiers. — *In concilio*.
Hugo Flaviniac., *Chronicon*, II : Labbe, *Nova bibl. mss.* I, 209; *Conc.* X, 366-7. Harduin, VI, 1, 1573-4. Coleti, XII, 609-12. Mansi, XX, 497. Bouquet, XIV, 615-6. Pertz, *Mon. Germ. hist.*, Script. VIII, 418. *Patrol. lat.* CLIV, 286-7; CLVII, 509-11. — Trad. Chevalier (J.), *Hist. égl. Die*, I, 152-3. — *Gallia christ. nova*, II, 1166. Bréq. II, 169. Wauters, I, 543. Lühe (W.), *Hugo v. Die*, 57-8.
*Chronicon Malleacense*, à 1079 : Labbe, *Nova bibl. mss.* II, 212 ; *Conc.* X, 368. Harduin, VI, 1, 1576. Coleti, XII, 614; Bouquet, XII, 401 ; Mansi, XX, 500.

**2180** (Février [1078] 1082 ?)
Lettre du pape Grégoire VII à Hugues, évêque de Die, lui commettant le soin de juger entre les clercs d'Autun et les moines de St-Benoît-sur-Loire *(Floriacen.)* au sujet du monastère de St-Symphorien : il se justifie d'avoir rétabli l'évêque de Chartres. — *Clerici quidam*.
S. Greg. VII Epist. VIII, 54 ou IX, 31. Binius, *Conc.* III, 1274¹. Labbe, X, 299. Harduin, VI, I, 1562. Coleti, XII, 528-9. Mansi, XX. Bouquet, XIV, 617 (à 1078). *Patrol. lat.* CXLVIII, 632-3. Jaffé, *Bibl. rer. Germ.* II, 307-8. = Bréq. II, 195. Jaffé, 3956—5240.

**2181** (27 février-3 mars) 1078.
Concile tenu à Rome par Grégoire VII [où assiste son légat Hugues évêque de Die].
*Patrol. lat.* CXLVIII, 795-8. Jaffé, *Bibl. rer. Germ.* II, 305-9. = Jaffé, p. 427-625. Mevs, *Hugo v. Die*, 28. Lühe, *Hugo v. Die*, 58-9.

**2182** Rome, 9 mars 1078.
Bulle du pape Grégoire VII, pour expliquer les motifs qui l'ont porté, conformément aux traditions de gravité et de mansuétude de l'église Romaine, à rétablir les évêques de France et de Bourgogne qui avaient été suspendus ou condamnés par son légat Hugues, évêque de Die. — *Quia consuetudo sanctæ*.
S. Greg. VII Epist. V, 17. Coleti, XII, 420-1. Mansi, XX, 250. *Patrol. lat.* CXLVIII, 502-3. *Bull. Roman.* Taur. II, 97-8. Jaffé, *Bibl. rer. Germ.* II, 312-4. = Dünzelmann, dans *Forsch.* 2. *Gesch.* XV, 530 (tin 1078). Jaffé, 3805—5067.

Rome, 9 mars 1078 = 9 mars 1075.

**2183** Rome, 24 avril 1078.
Lettre de Grégoire VII à Reinier, évêque d'Orléans, lui ordonnant de restituer les ornements qu'il a enlevés à son église et de se présenter au synode que Hugues, évêque de Die, et Hugues, abbé de Cluny, vont célébrer. — *Quanta in Deum*.
S. Greg. VII Epist. V, 20. Coleti, XII, 422-3. Mansi, XX, 253. *Patrol. lat.* CXLVIII, 505-6. Jaffé, *Bibl. rer. Germ.* II, 316-7. = Jaffé, 3810—5075.

**2184** Latran, 22 mai 1078.
Lettre du pape Grégoire VII au sous-diacre Hubert et au moine Teuzon, leur mandant qu'il a chargé Hugues, évêque de Die, de réunir un concile dans lequel, de concert avec Hugues, abbé de Cluny, il examinera la cause de l'archevêque de Reims et des autres évêques de France, et aussi celle de l'archevêque de Dol. — *Pervenit ad nos.*
S. Greg. VII Epist. v, 22. LABBE, X, 194. HARDOUIN, VI, 1, 1392. COLETI, XII, 424. MANSI, XX, 254. BOUQUET, XIV, 620. *Patrol. lat.* CXLVIII, 507. JAFFÉ, *Bibl. rer. Germ.* II, 318. = BRÉQ. II, 165. DÜNZELMANN, dans *Forsch. z. Gesch.* XV, 532. JAFFÉ, 3812—5077.

**2185** Latran, 22 mai 1078.
Lettre du même aux comtes de Bretagne pour la tenue d'un concile au sujet de l'archevêque de Dol, sous la présidence de Hugues, évêque de Die, à qui il commet ses pouvoirs. — *Non ignorare.*
S. Greg. VII Epist. v, 23. MARTENE, *Thes. anecd.* III. 876. MORICE, *Mém. de Bret.* I, 447. COLETI, XII, 424-6. MANSI, XX, 255. BOUQUET, XIV, 620-1. *Patrol. lat.* CXLVIII, 508. JAFFÉ, *Bibl. rer. Germ.* II, 319. = JAFFÉ, 3813—5078.

**2186** (27 mai 1078?)
Lettre de Manassès, archevêque de Reims, au pape Grégoire VII : *Ego fidelis vester et per omnia Ecclesiæ jura vobis obedire paratus, vestrum de archiepiscopo Viennensi G(uarmundo) summopere requiro consilium et imploro judicium, qui in archiepiscopatu meo presbyteros degradavit et eosdem iterum regradavit : legatum se Romanum, non esse, simulavit : marsupium suum, non sub appellatione veritatis, sed imitatus eos qui, ut ait Apostolus, quæstum æstimant pietatem, cum tandem implesset, a diocesi mea ad suam rediit. Quapropter ad honorem Dei et Romanæ ecclesiæ hujusmodi præsumptionem et simulationem, sicut decet, corrigite, ne deinceps quisquam in alieno præsumat aliquid tale.*
HUGO FLAVINIAC., *Chronicon*, II. LABBE, *Nova bibl. mss.* I, 203; *Conc.* X, 362-4. HARDOUIN, VI, 1, 1569. BOUQUET, XIV, 611-2. *Patrol. lat.* CXLVIII, 741-4. = BRÉQ. II, 163.

**2187** (Autun, 27 mai 1078).
Raginard de Mont-St-Jean, après avoir été excommunié par Hugues, évêque de Die, au concile tenu par lui à Autun (11 sept.), restitue à la solennité de la Pentecôte, les biens qu'il avait usurpés sur l'église d'Autun ... *in sa Pentecostes solemnitate.*
AUBRRY (d'), *Spicil.* VIII, 157 ; 2e, III, 411. CHARMASSE (A. de), *Cart. égl. Autun* (1865), I, 44-6.

**2188** (9 août 1078?/26 janvier 1080).
Hugues, sa femme Engelcendis et leurs 4 fils donnent aux moines de St-André, St-Maxime et St-Genix par alleu les dîmes d'un manse situé dans la villa de *Minuisino. Regn. Amedeo comite.*
RIVAZ, *Diplom. de Bourg.* II, n° 102 (Anal. 42, 66). — GUICHENON, *Hist. gén. mais. Savoie*, II, pr. 25. CHEVALIER (U.), *Cartul. de St-André-le-Bas*, 191-2, 367, n° 250. = CARUTTI, *Reg. Sab.* 15 (à 980 !). MANTEYER, *Orig. mais. Savoie-Bourg.* 41-20.

**2189** San-Germano, 22 août 1078.
Lettre du pape Grégoire VII à Hugues, évêque de Die, et Hugues, abbé de Cluny ; il les charge d'examiner les plaintes de l'archevêque de Reims (Manassès) contre son confrère Warmond *(Warmundus, G[ua-s]),* archevêque de Vienne, qui avait déposé des prêtres dans le diocèse de Reims et les avait rétablis en vertu d'une légation de Rome, etc. — *Quia in sanctæ.*
S. Greg. Epist. VI. 3. BINIUS, III, 1032-3. LABBE, *Nova bibl. mss.* I, 204 ; *Conc.* X, 198-9. DU CHESNE, *Hist. cardin. Franç.,* II, 41. MARRIER, *Bibl. Cluniac.* 475-6. *FRIZON, Gallia purpur.* 1078. COLETI, XII, 428-9. HARDOUIN, VI, 1, 1396. MANSI, XX, 259. BOUQUET, XIV, 622-3. *Patrol. lat.* CXLVIII, 512. JAFFÉ, *Bibl. rer. Germ.* II, 325-7. = GEORG. I, 427. BRÉQ. II, 166. JAFFÉ, 3817—5082.

**2190** San-Germano, 22 août 1078.
Lettre du pape Grégoire VII à Manassès, archevêque de Reims ; ainsi qu'il le lui avait dit à Rome, il a chargé l'évêque de Die et l'abbé de Cluny d'examiner ses plaintes contre l'archevêque de Vienne. — *Cum vos ea a sede.*
S. Greg. VII Epist. VI. 2. HARDOUIN. VI, 1, 1394. COLETI, XII, 406-8. MANSI, XX, 257. BOUQUET, XIV, 621-2. *Patrol. lat.* CXLVIII, 510-2. *Bull. Roman.* Taurin. II, 99-101. JAFFÉ, *Bibl. rer. Germ.* II, 322. = BRÉQ. II, 166. JAFFÉ, 3816—5081.

**2191** 13 octobre 1078.
Jacelda, épouse de Mallen de Clérieu *(Clariaco),* avait donné à l'église [de Romans] sur l'Isère un manse à Vernaison *(villa Vernasio),* dans le pagus de Valence, limité par la terre de St-Pierre et St-Barnard et par l'Isère. Après sa mort, Mallen en fit remise entre les mains de Warmond *(Warmundus),* archevêque de Vienne et abbé de Romans. *Scr. p. man. Petri a° D. I. 1078... luna 3, ind. 1.*
GIRAUD, *Hist. S. Barnard-Romans*, compl. 98, n° 241 ; et CHEVALIER, *Cart. de St-Barnard*, 197-8.

**2192** Rome, 25 novembre 1078.
Lettre du pape Grégoire VII à Hugues, évêque de Die, lui mandant de se rendre en Flandre, s'il le peut, pour relever le comte Robert de l'excommunication portée contre lui par Hubert, son légat, et Hugues évêque de Langres, si elle est injuste. — *Quia ex pastoralis.*
S. Greg. VII Epist. VI, 7. BINIUS, III, 1234e. LABBE, X, 201-2. HARDOUIN, VI, 1, 1399. COLETI, XII, 431-2. MANSI, XX, 262. BOUQUET, XIV, 624. *Patrol. lat.* CXLVIII, 516. JAFFÉ, *Bibl. rer. Germ.* II, 336-7. = BRÉQ. II, 167. WAUTERS, I, 544. JAFFÉ, 3822—5086.

**2193** (Rome, 25 novembre 1078).
Lettre du pape Grégoire VII à A. [Hugues], évêque de Langres, qui, sans le consentement du pape ou de son vicaire l'évêque de Die, a excommunié Robert, comte de Flandre ; il lui ordonne d'aller auprès de l'évêque de Die, pour lui rendre raison de sa conduite. — *Pervenit ad aures.*
LOEWENFELD (S.), dans *Neues Archiv,* VII, 161-2. = JAFFÉ, —5087.

**2194** Rome, 25 novembre 1078.
Lettre du pape Grégoire VII à Hubert, [archidiacre de Thérouanne], aux clercs et aux comtes de St-Pol, leur ordonnant de rendre la villa Keseca aux clercs de Notre-Dame et de St-Omer, qui l'avaient réclamée en dernier lieu au concile de Poitiers tenu par Hugues, évêque de Die et légat apostolique ; s'ils se croient en droit, ils se

présenteront devant celui-ci dans les 40 jours. — *Clerici Sanctæ Mar.*
S. Greg. VII Epist. VI, 8. COLETI, XII, 432-3. BOUQUET, XIV, 624-5. MANSI, *Conc.* XX, 263. *Patrol. lat.* CXLVIII, 516. JAFFÉ, *Bibl. rer. Germ.* II, 337-8. PFLUGK-HARTTUNG, *Acta pont. Rom. ined.* II, 134. = BRÉQ. II, 167. JAFFÉ, 3823—5088.

**2195** (Après 1078).
Donation faite à l'église de St-Maurice [de Vienne] par Reencus et Isarne, fils de Pierre de Surieu *(Siuriaco)*, Aquin et Guillaume, fils de Fulcherius, leur mère Placentia, leur sœur et son mari Lantelme, des biens qu'ils avaient à Chaumont *(villa Causmontis)*, avec assentiment d'Amédée qui les tenait en fief. [Promesse de] Guillaume sur l'autel de Ste-Marie de Surieu ; témoins : Guillaume archidiacre, Imbert de Bellegarde, etc. Du serment d'Isarne sont témoins le sacristain Girbert, etc.
CHEVALIER (U.), *Cart. de St-Maurice-Vienne*, 39, n° 165 ; *Suppl.* 7.

**2196** (1079).
Lettre de Gébouin, archevêque de Lyon, à Raoul archevêque de Tours, qui avait envoyé à Lyon pour savoir s'il avait reçu le pallium ; le pape le lui a en effet envoyé par l'évêque de Valence (Gontard).
MARCA. *Dissertationes tres.* 345. BOUQUET, XIV, 668. = BRÉQ. II, 176.

**2197** 1979.
Guigues (le Gras, *Wigo*), comte d'Albon *(oppidi Albionis)*, donne au monastère de Cluny et à son abbé Hugues, pour la maison de Manthes *(locus Mantuæ)*, la chapelle de Moras *(Muratio)* et l'église de St-Priest *(S. Præjecti)* aux Combes *(in Cumbis)*, avec leurs dépendances, qui faisaient partie de son héritage. Fait avec l'assentiment de son frère Guigues dit Raimond et de ses feudataires : Geoffroi de Moirans *(Murentio)*, Artaud de Roussillon *(Roscilione)*, Bermond d'Orel, Atenus de Toli, Eitur de Sassenage *(Cassanalio)*, Antelme de Moras *(Muratio)*, etc. ... ind. 2.
BERNARD-BRUEL, *Chartes de Cluny*, IV, 669-70. Trad. d'Alfr. de TERREBASSE, dans LA MURE, *Hist. d. comtes de Forez* (1868), III, 126-7 ; *Not. dauph. Vienn.* 64-5, trad. 134. CUORIER, *H. de D.* 1, 797 ; 2°, 613. CHEVALIER (U.), *Cart. de St-André*, 275, n.

**2198** (Vers 1079).
Enquitia et son fils Leodegarius donnent à l'église de Romans 3 éminées *(eminada)* de terre à *Jalavus*, dans le mandement de Châtillon *(Castellione)* ; elle fournit de service 3 chapons et 2 pains.
GIRAUD, *Hist. S. Barnard-Romans*, II, pr. 42, n° 198 ; et CHEVALIER, *Cart. de St-Barnard*, 198-9.

**2199** (Vers 1079).
Le chanoine Téotbert, fils de Didier, donne à l'église de Romans sur l'Isère, pour le canonicat *(c-ca)* de son neveu Artaud, un manse à St-Paul *(villa S. Pauli)*, dans le mandement de Châtillon *(Castellionis)*, qui lui est échu dans le partage avec ses frères de l'héritage de ses parents.
GIRAUD, *Hist. S. Barnard-Romans*, compl. 61, n° 176 ; et CHEVALIER, *Cart. de St-Barnard*, 198.

**2200** Rome, 11 février 1079.
Concile tenu par Grégoire VII dans l'église du Saint-Sauveur, où Bérenger de Tours rétracte ses erreurs, en présence d'Hugues, évêque de Die, etc.

COLETI, XII, 629-32. MANSI, XX, 523. BOUQUET, XIV, 37. PERTZ, *Mon. Germ. hist.*, SER. V, 316. *Patrol. lat.* CXLVIII, 809 14. — JAFFÉ, p. 430-629.

**2201** Rome, 1er mars 1079.
Lettre du pape Grégoire VII au clergé et au peuple d'Arles, auxquels il reproche de laisser leur siège vacant. Il leur a envoyé Léger *(Leodegarius)*, évêque de Gap *(Wapinc.)*, pour les aider de ses conseils à choisir un sujet que son vicaire, Hugues, évêque de Die, puisse lui recommander ; s'ils n'en trouvent aucun parmi eux, qu'ils autorisent Léger à en désigner un qu'il enverra sacré et honoré du pallium. — *Quoniam sublata.*
S. Greg. VII Epist. VI, 21. SAXIUS. *Pontif. Arelat.* 208. LABBE, X, 213. HARDOUIN, VI, I, 1411. COLETI, XII, 443. MANSI, *Conc.* XX, 274. BOUQUET, XIV, 629. *Patrol. lat.* CXLVIII, 529-30. JAFFÉ, *Bibl. rer. Germ.* II, 358. ALBANÈS, *Gallia christ. noviss.* I, instr. 277-8 ; III, 179. — BRÉQ. II, 170. JAFFÉ, 3842—5112.

**2202** Rome, 8 mars 1079.
Lettre du pape Grégoire VII à Aimé, évêque d'Oloron en Gascogne, qu'il charge, de concert avec Hugues, évêque de Die, d'accorder un différend entre le monastère de Ste-Croix de Bordeaux et celui de St-Sever [de Gascogne]. — *Jozelinus archiepiscopus.*
S. Greg. VII Epist. VI, 24. LABBE, X, 214. HARDOUIN, VI, I, 1413. COLETI, XII, 444-5. MANSI, XX, 276. *Patrol. lat.* CXLVIII, 531. JAFFÉ, *Bibl. rer. Germ.* II, 360-1. = BRÉQ. II, 170. JAFFÉ, 3845—5115.

**2203** Rome, 8 mars 1079.
Lettre du pape Grégoire VII à Arnaud, abbé de St-Sever, lui mandant qu'il a confié l'examen de son différend avec l'abbé de Ste-Croix aux évêques Hugues de Die et Aimé d'Oloron, ses légats. — *Post recessionem tuam.*
S. Greg. VII Epist. VI, 25. LABBE, *Conc.* X. 215. HARDOUIN, VI, I, 1414. COLETI, XII, 445. MANSI, XX, 276. BOUQUET, XIV, 631. *Patrol. lat.* CXLVIII, 532. JAFFÉ, *Bibl. rer. Germ.* II, 361-2. = BRÉQ. II, 170. JAFFÉ, 3846—5116.

**2204** Rome, 14 mars 1079.
Lettre de Grégoire VII au prévôt et aux chanoines de Lille, leur ordonnant de recevoir leur confrère Lambert, sous peine de perdre sa faveur, si une nouvelle plainte arrive aux oreilles de son vicaire, Hugues, évêque de Die. — *Non modicum.*
S. Greg. VII ep. VI, 26. COLETI, XII, 445-6. MANSI, XX, 277. BOUQUET, XIV, 631-2. *Patrol. lat.* CXLVIII, 532-3. JAFFÉ, *Bibl. rer. Germ.* II, 362. = JAFFÉ. 3847—5117.

**2205** Rome, 20 (25) mars 1079.
Lettre du pape Grégoire VII aux moines de Bourg-Dieu *(Dolen.,* Déols, au dioc. de Bourges), leur ordonnant de recevoir comme abbé Warmond *(Wormundus)*, archevêque de Vienne, à la place de Gautier, qu'il a déposé au concile de Rome ; ils devront se rendre au concile que son vicaire, Hugues, évêque de Die, tiendra à Valence *(Valentiæ urbi)*, le 19 mai *(domin. 1 post Pentecosten)*, sous peine de voir confirmer l'excommunication portée contre eux par lui. — *Noveritis Gualterium.*
S. Greg. VII Epist. VI, 27. LABBE, X, 216. HARDOUIN. VI, I, 1415. *Gallia christ. nova*, II, 150. COLETI, XII, 446. MANSI, XX, 277. BOUQUET, XIV, 632. *Patrol. lat.* CXLVIII, 533. JAFFÉ,

*Bibl. rer. Germ.* II, 363. — Trad. CHARVET, 305. COLLOMBET, I, 422-3. = BRÉQ. II, 171. JAFFÉ, 3848—5118.

**2206** Rome, 20 mars 1079.
Lettre du pape Grégoire VII à Rodolphe [seigneur de Bourg-Déols] et autres, qui soutenaient les moines dans leur résistance contre leur abbé Warmond, archevêque de Vienne ; s'ils ne donnent satisfaction à son vicaire Hugues, évêque de Die, à Valence, le 19 mai, ils seront excommuniés. — *Miramur temeritatem.*

S. Greg. VII, Epist. vi, 28. DU CHESNE, *Hist. Franc. script.* IV, 213. LABBE, X. 216. HARDOUIN, VI, I, 1415. COLETI, XII, 446-7. MANSI, XX, 278. BOUQUET, XIV, 632-3. *Patrol. lat.* CXLVIII, 533-4. JAFFÉ, *Bibl. rer. Germ.* II, 364-5. = BRÉQ. II, 171. JAFFÉ, 3849—5119.

**2207** (Rome, 14 avril) 1079.
Lettre du pape Grégoire VII à Hugues, évêque de Die. Il est heureux de la paix que la divine clémence a rendue à l'église de Die ; il le charge de trancher le différend entre l'archevêque de Lyon et l'abbé de Cluny, et de réunir un concile pour juger l'archevêque de Reims. Il déclare déchu de son siège l'évêque de Chalon, qui a reçu l'investiture royale ; dans tous les conciles, il faudra excommunier ceux qui ont accepté des bénéfices de la main des laïques. — *Quod divina clementia.*

HUGO Flaviniac., *Chronicon*, II : LABBE. *Nova bibl. mss.* I, 205. BOUQUET, XIV, 640-1. PERTZ, *Mon. Germ. hist.*, Ser. VIII, 421. *Patrol. lat.* CXLVIII, 695-6. JAFFÉ, *Bibl. rer. Germ.* II, 559-61. = *Gallia christ. nova.* IV, 887. GEORG. I. 427. BRÉQ. II. 163 (v. 1077). JAFFÉ, 3876—5147.

**2208** Rome, 14 avril 1079.
Lettre du pape Grégoire VII à Hugues, abbé de Cluny ; il l'invite à restituer certains biens à l'évêque de Mâcon Landric ou à prendre comme arbitres l'évêque de Die [Hugues] et l'abbé de St-Paul [de Lyon]. — *Landericus Matisconensis.*

S. Greg. VII Epist. vi, 33. CARAFA, *Epist. summ. pontif.* III, 787. BINIUS (1606) III. 1242 ; (-18). III*, 344 ; (-36), VII, 419. SEVERT, *Chron. hist. Lugd.* II, 112. *Coll. Reg.* XXVI. 372-3. LABBE, X, 219-20. HARDOUIN, VI, I, 1419. COLETI, XII, 449-50. MANSI, XX, 281. BOUQUET, XIV, 634. *Patrol. lat.* CXLVIII, 537-8. RAGUT, *Cartul. de St-Vincent de Mâcon*, 13. JAFFÉ, *Bibl. rer. Germ.* II, 369. = *Gallia christ. nova*, IV, 1065. BRÉQ. II. 171. JAFFÉ, 3854—5124. BERNARD-BRUEL, *Chartes de Cluny*, IV, 655.

**2209** (19 mai 1079).
Sur l'ordre du pape son légat, Hugues, évêque de Die, dut tenir à Valence un concile le jour de l'octave de la Pentecôte.

D'après les bulles du 20 mars 1079.

**2210** Latran, 28 juin 1079.
Grégoire VII ordonne à Boson de restituer l'église de Neuvic ou de se présenter au synode que célèbrera prochainement son légat (Hugues), évêque de Die ; en cas de refus, il confirme l'excommunication prononcée par celui-ci au concile de Poitiers. — *Ecclesiam S. Sepulcri.*

S. Greg. VII Epist. vi, 40. COLETI, XII, 455. MANSI, XX, 287. BOUQUET, XIV, 636-7. *Patrol. lat.* CXLVIII, 544. JAFFÉ, *Bibl. rer. Germ.* II, 378. = JAFFÉ, 3863—5133.

**2211** 4 juillet 1079.
Bulle du pape Grégoire VII, confirmant les possessions du monastère de St-Victor de Marseille : *in episcopatu Vapincensi, cellam S. Genesii de Dromone, cellam ad Ulmum Bel, cellam S. Asegii de Valerna, cellam S. Domnini in valle Toarzis, cellam S. Christofori ad Crosadas, cellam S. Clementis ad Tresolens, cellam S. Petri de Reonia...; in episcopatu Ebredunensi cellam S. Victoris de Cadurgas, cellam ad Bredolla, cellam S<sup>e</sup> Mariæ S<sup>e</sup>que Johannis de Gigorns.*

GUÉRARD, *Cartul. de St-Victor de Marseille*, II, 214-20, n° 843. AUDIFFRET, *Ann. de Six-Fours* (1866), 68. LANGLOIS, *Reg. de Nicolas IV*, I, 98-100. = JAFFÉ, —5134. ROMAN, 6°.

**2212** (Août/septembre 1079).
Concile tenu à Troyes par le légat Hugues, évêque de Die.

BOUQUET, XIV, 782-3. = LÜBE, *Hugo v. Die*, 146-50.

**2213** Rome, 23 septembre 1079.
Grégoire VII ordonne à Hubert, sous-diacre de l'église Romaine, d'accélérer son retour en Italie et lui reproche d'avoir traité, avec l'évêque de Langres, une affaire dont la décision était confiée à l'évêque de Die. — *Miramur nimium.*

S. Greg. VII Epist. vii, I. LABBE, X. 225. COLETI, XII, 455-6. MANSI, XX, 288. BOUQUET, XIV, 638. *Patrol. lat.* CXLVIII, 545-6. JAFFÉ, *Bibl. rer. Germ.* II, 379. = JAFFÉ, 3864—5135. WAUTERS. I. 546.

**2214** (1079).
Voyage de Warmond, archevêque de Vienne, à Rome ; à son retour, par ordre du pape, il se rend à Cluny.

Mentionné dans le concile du 6 fév. 1080.

**2215** Gap, 7 octobre (1079/1081).
Léger, évêque de Gap, du conseil de ses chanoines, fait don à Hugues, abbé de Cluny, et à l'église de Saint-André [de Gap], entre les mains du prieur Humbert, des églises que possédait le prêtre Pons, sous réserve de 8 sols Valentinois de cens à la s' André. Témoins : Pierre, sous-sacristain, etc. *Dat. Wapinci,... luna 21, regn. Christo Dom.*

GUILLAUME (P.), dans *Bull. hist.-archéol. Vaience,* II, 258-9 (à part, 10-1) ; *Bull. soc. étud. Htes-Alpes*, III, 395, n° 10. = ROMAN, 5<sup>b</sup> (1075).

**2216** 12 octobre 1079.
Concile tenu à Bordeaux par Hugues, évêque de Die et légat de l'église Romaine, touchant le différend des abbés de Ste-Croix et de St-Sever.

LABBE, X, 381. HARDUIN, VI, 1587. MABILLON, *Ann. Bened.,* V ; 2°, 598-9, cf. 138-9 ; *Diplomat.* I, 606-7. *Gallia christ. nova*, II, instr. 273-4. 313. COLETI, XII, 632-40. MANSI, XX, 527-32. BOUQUET, XIV, 631 ; XII, 530. = LÜBE (W.), *Hugo v. Die-Lyon*, 61-2.

**2217** 1079.
Au même concile de Bordeaux, les légats de la s' église Romaine, l'évêque Aimé et Hugues, évêque de Die, assistés d'autres prélats, terminent un long différend entre les abbés de St-Jean[-d'Angély] et de Charroux (Carofen.)

BALUZE, *Miscell.* VI, 412 ; 2°, III, 54.

**2218** Bordeaux, 14 octobre 1079.
Guillaume, comte de Poitou et duc d'Aquitaine, désireux de fonder des religieux, sollicite le conseil des évêques réunis en concile sous la présidence d'Aimé

d'Oloron et d'Hugues de Die, légats du Siège apostolique. *Act. Burdigalæ... ind.* 2.

BESLY, *Hist. Comtes Poictou*, 480. MABILLON, *Ann. ord. Bened.* V ; 2ᵉ, 136.

**2219** (Fin 1079).

Concile tenu à Toulouse par Hugues, évêque [de Die, ensuite] de Lyon, où il interdit et excommunie l'évêque simoniaque d'Albi, Frotard.

*Notitia de ecclesia S. Eugenii de Viancio* : BALUZE, *Miscell.* VI, 432-3 ; 2ᵉ, I, 125ᵉ.BOUQUET, XIV, 49. = CHEVALIER (J.), dans *Bull. soc. archéol. Drôme*, XXVII, 141 (à part, I. 174).

**2220** 24 décembre 1079.

Le pape charge Hugues, évêque de Die, d'absoudre Herimann, évêque de Metz, d'avoir reçu l'investiture du roi ; le légat confie ce soin à [Jarenton], abbé de [St-Bénigne] de Dijon, qui l'absout la veille de Noël.

HUGO FLAVINIAC., *Chronicon*, II : BOUQUET, XIII, 620-1. *Patrol. lat.* CLIV, 325-6.

**2221** (1079/1081).

Léger, évêque de Gap, donne à St-André deux églises, du temps d'Hugues, abbé de Cluny, en présence de Ripert, prieur de St-André-de-Rosans, Albert, prieur de St-André de Gap. Seings du comte Isoard, du sacristain Pierre Borelli, etc.

GUILLAUME, dans *Bull. hist.-archéol. Valence*, II, 259 (à part, II); *Bull. soc. étud. Htes-Alpes*, III, 395, n° 11. = ROMAN, 6ᵉ.

**2222** (1079/1081).

Le même, le jour de la dédicace de l'église de Saint-André, après l'évangile, obtient du peuple la dîme des raves et légumes.

GUILLAUME (P.), dans *Bull. hist.-archéol. Valence*, II, 259 (à part, II) ; *Bull. soc. étud. Htes-Alpes*, III, 395-6, n° 12. = ROMAN, 6ᵉ.

**2223** (1079/1081).

Le même donne [à St-André de Gap] l'église de St-Etienne en Dévoluy *(in loco q. d. Devologium)*.

GUILLAUME (P.), dans *Bull. hist.-archéol. Valence*, II, 259 (à part, II); *Bull. soc. étud. Htes-Alpes*, III, 396, n° 13. = ROMAN, 6ᵉ.

**2224** (1079/1081).

Le même, d'accord avec ses chanoines, le doyen Pons, le grammairien Jean et Lambert l'Anglais, donne à [Saint-André de Gap] l'église de St-Bonnet au-dessus de la ville de Gap, au lieu dit la Garde *(Guarda)*.

GUILLAUME (P.), dans *Bull. hist.-archéol. Valence*, II, 259 (à part, II); *Bull. soc. étud. Htes-Alpes*,III, 396,n° 14. = ROMAN, 6ᵉ.

**2225** (1079/1081).

Pierre, dit Ricard, donne à Hugues, abbé de Cluny, son fils Zacharie, pour le soumettre à l'ordre monastique, et confère divers biens au monastère de St-André [de Gap]. Approbation de l'évêque Léger.

GUILLAUME (P.), dans *Bull. hist.-archéol. Valence*, II. 258 (à part, 10); *Bull. soc. étud. Htes-Alpes*, III, 395. n° 8. = ROMAN, 6.

**2226** (1079/1081).

Pierre Aicard s'offre à Dieu et à St-Pierre de Cluny et fait don [à St-André de Gap], d'une vigne aux Côtes-de Neffes *(ap. Costas)*, du conseil de sa femme Guilelma, de ses fils, etc.

GUILLAUME(P.), dans *Bull. hist.-archéol. Valence*, II, 258 (à part, 10); *Bull. soc. étud. Htes-Alpes*,III, 395, n° 9. = ROMAN,8-9.

**2227** (1079/1092).

Rodolphe Garnerius vend aux chanoines de Saint-Laurent [d'Oulx] 10 setérées de terre au-dessus du pont, sur la moitié du manse donné par Guigues le Gras *(Crassus)* à l'église de St-Pierre le jour de sa consécration ; il reçoit 40 sols et 6 setiers de méteil. Lambert cède à l'église ses droits sur cette terre, entre les mains du prévôt Nantelme. Rodolphe et Etienne, fils de Ponce dit Juurnis, donnent 10 setérées de ce manse, sous le même prévôt. Bernard Radulfi, partant pour Jérusalem, donne son champ ou 100 sols ; Guigues Leuço, celui qu'il tenait en gage et sa femme Agathe reçoit 100 sols du même prévôt.

RIVAUTELLA, *Ulcien. eccl. Chartar.* 189, n° 230. COLLINO, *Carte d'Oulx*, 40-1, n° 31.

**2228** 1080.

Lettre du pape Grégoire VII à Hugues, évêque de Die et légat du Siège apostolique, lui confiant le soin d'examiner canoniquement Ursion, promu [au siège de Soissons].

*Vita s. Arnulfi Suessionen.* II, I : *Acta ss.* Bolland., aug. III, 243. *Mon. Germ. hist.*, Ser. XV, 885. = JAFFÉ, —5196ᵉ.

**2229** (1080?).

*Dom. Ademarus, filius consulis provinciæ Valentinensis..., Deo gubernante, clero ac populo conclamante, Podiensium* [le Puy] *factus episcopus, mirabiliter rexit ecclesiam B. semper Virginis Mariæ....*

*Chronicon monasterii Sancti Petri Aniciensis* : VIC-VAISSETE, *Hist. de Languedoc*, II, pr. 9 ; 3ᵉ, V, 23. BOUQUET, XII, 346. CHEVALIER (U.), *Cart. de St-Chaffre*, 161-2.

**2230** (Vers 1080).

*Tuntardus* [= Gontard], *Valentinensis episcopus, hortulu Jarentonis* [abbé de St-Bénigne de Dijon] *dedit nobis* [au même monastère] *ecclesias quas in Valentinensi territorio habemus.*

*Chronici S. Benigni Divionensis continuatio* : ACHERY (d'), *Spicileg.* I, 423 ; 2ᵉ, II. *Patrol. lat.*CLXII, 849. = *Gallia christ. nova*, IV, 680.

**2231** (Vers 1080).

Agnès donne au lieu de Domène la dîme *(decimum)* de son clos dans la paroisse de St-Aupre *(S. Apri)*. Seings de son mari Gaufred et de ses 4 fils, de Vuitfred de Manton *(Mantona)*, qui reçoit 5 sols *in donalia* du prieur Hugues, et de son intendant *(præpositus)* Mallen.

MONTEYNARD, *Cartul. de Domène*, 51, n° 49.

**2232** (Vers 1080).

Aynard, fondateur et constructeur du monastère de Domène. avec ses frères Aténulfe et Guigues, et ses fils Ainard et Ponce, approuvent les donations en alleu que leurs feudataires *(homines sui)* feront à cette maison.

MONTEYNARD, *Cartul. de Domène*, 56, n° 57.

**2233** (Vers 1080).

Le seigneur Ainard et son épouse Adélaïde donnent aux moines clunisiens de Domène le tiers d'un manse à Tencin *(vicus S. Joannis)* et reçoivent 40 sols ; l'autre tiers est cédé par le chevalier Hugues, fils d'Aténulfe, à qui on donne 50 sols ; le dernier par dame

Guillelmette *(Vuillelma)* et son fils Guillaume pour 50 sols. Le susdit Hugues donne en outre le tiers des églises situées dans cet alleu, avec l'approbation de son frère Vuitfred.

Monteynard, *Cartul. de Domène,* 80-1, n° 87.

**2234** (Vers 1080).

Ainard, se croyant arrivé au terme de sa vie, donne aux clunisiens du monastère de Domène sa part des églises situées dans l'alleu de son château de Domène ; son épouse Adélaïde *(Adhelaida)* et tous ses fils, Ponce, Aynard, Rodulphe et Pierre, participent à cette aumône. Témoins : les chevaliers Géraud, Aynard, Torrenc, Alvise. — Guillelmette *(Vuillelma)* et son fils Guillaume cèdent leur part, pour le repos de Guigues, père du dernier. — *Redemptor humani.*

Monteynard, *Cartul. de Domène,* 4-6, n° 2.

**2235** (Vers 1080).

Le chevalier Aténulfe échange avec les moines clunisiens de Domène sa part du port sur l'Isère et une métairie avec ses dépendances, contre un manse à Presles *(villa Pradella)* et 20 sols Viennois.

Monteynard, *Cartul. de Domène,* 75, n° 80.

**2236** (Vers 1080).

Les frères Boson et Rodulfe, avec leurs cousins Dalmace et Rotbold, donnent aux moines clunisiens de Domène un champ *in insula de Populea,* 4 sétérées de terre et les 2/3 des dîmes de 3 condamines avec l'assentiment du seigneur Ainard et de ses fils.

Monteynard, *Cartul. de Domène,* 81-2, n° 89.

**2237** (Vers 1080).

Le clerc Géraud *(Geraldus)* donne au monastère de Cluny et à son abbé Hugues, des serfs et serves *(ancillæ),* que lui a laissés son père Elgodo : ils devront chaque année au prieuré *(cœnobiolum)* de Domène un cierge *(candela)* à la s' Georges. *S. d. Aynardi.*

Monteynard, *Cartul. de Domène,* 60-1, n° 63.

**2238** Grenoble, (vers 1080).

Les chanoines de Grenoble, voulant reconnaître la bienveillance à leur égard des moines clunisiens du château de Domène, leur donnent l'église de Theys *(Tedesio),* avec ses dîmes et oblations, sous la redevance au réfectoire, le jour de la Toussaint, de 4 setiers de froment, 8 d'excellent vin, 3 porcs, chacun de 2 sols de la meilleure monnaie qui aura cours dans le pays. Approuvent Ponce et Ainard, frères, Rodulfe et Pierre Francigena. *Luna* 22, *temp. Gregorii VII papæ.*

Monteynard, *Cart. de Domène,* 138-9, n° 163, 1.

**2239** (Vers 1080).

La donation de l'église de Theys avait été faite à Grenoble, en l'absence des moines ; ensuite, les chanoines envoyèrent un des leurs, Rostaing, à Domène au prévôt Pierre, qui avait reçu le don en chapitre par [la tradition d'] un livre. Témoins : les chevaliers Drodon de Grenoble, Alvise de Domène, Guillaume prêtre et *scolaris.*

Monteynard, *Cartul. de Domène,* 139-40, n° 163, 2.

**2240** (Vers 1080).

Le comte Guigues *(Vuigo)* donne au monastère de Domène les dîmes de tout ce qu'il possédait dans la paroisse de [St-Jean-d'] Hérans *(Heroneii)* et reçoit du prieur Hugues une mule de 100 sols.

Monteynard, *Cartul. de Domène,* 12, n° 9.

**2241** (Vers 1080).

Guillaume *(Vuillelmus),* seigneur de Domène, donne au monastère de ce lieu le tiers du port de l'Isère à Domène, s'engageant à faire approuver cette convention par sa sœur Guilla et par ses neveux. Garants : Ponce Aynard et Alvise.

Monteynard, *Cartul. de Domène,* 76-7, n° 82.

**2242** (Vers 1080).

Guilla, fille de Guigues *(Vuigo),* seigneur de Domène, épouse d'Aymin de Martel, et ses fils donnent leur part du port de Domène au monastère de ce lieu, sous le prieur Hugues II et reçoivent de lui 15 sols.

Monteynard, *Cartul. de Domène,* 77, n° 83.

**2243** (Vers 1080).

Le chevalier Humbert et ses frères donnent aux moines de Cluny dans le prieuré *(cœnobiolum)* de Domène, pour le repos de l'âme de leur père Aynard, la 1/2 d'un manse à Theys *(loco Tedesius). S. d. Aynardi et filiorum ejus.*

Monteynard, *Cartul. de Domène,* 150, n° 173.

**2244** (Vers 1080).

Pierre dit Lethald, du château Brion *(Bridone),* donne au monastère de Domène tout ce que Roland de Puy-Boson *(Rotlannus de Podio Bosonis)* tenait de lui à [St-Jean-d'] Hérans *(villa de Heroneis),* dans le cimetière et les enclos *(olchæ),* et reçoit du prieur Hugues 20 sols. *S. Rotlanni præpositi sui. S. Vuigonis deconi.* — Guigues *(Vuigo),* frère de Pierre, fait la même cession. *S. Vuillelmi presbyteri Dominensis.*

Monteynard, *Cartul. de Domène,* 8-9, n° 5.

**2245** St-Sébastien, (vers 1080).

Les frères Pierre de Morges *(Morgis)* et Arnaud se désistent de leurs prétentions sur le manse de la Chapelle *(Capella),* donné au monastère de Domène par le seigneur Guillaume, et reçoivent 36 sols du prieur Hugues ; assentiment de leurs épouses Sibylle et Amelenca, etc. Fait dans le cloître du monastère de Saint-Sébastien.

Monteynard, *Cartul. de Domène,* 13, n° 11.

**2246** (Vers 1080).

Ponce dit Ainard donne aux moines clunisiens de Domène une condamine à Allevard *(in Allavardo),* près du Perrier *(villa Peregerium),* la moitié d'un manse aux Cabannes *(ad Cabannas)* à Theys *(apud Tedesium),* d'un champ à Follians *(Follianum castrum)* et d'une vigne à la Valette ? *(in Valletis).* Approbation de son épouse Béatrix, de ses fils, de son frère Ainard et d'autres parents. Le jour de sa sépulture, ses fils Guigues *(Vuigo),* Ponce et Raymond, avec leur mère et leurs proches, le chanoine Fulco, etc. confirment toutes les donations faites au monastère par Ponce et son père Ainard.

Monteynard, *Cartul. de Domène,* 14-5, n° 12.

**2247** (Vers 1080).

Les seigneurs Ponce et Ainard, frères, donnent aux moines clunisiens de Domène le tiers de leur alleu sur le port de l'Isère, et reçoivent du prieur Hugues, le 1ᵉʳ 12 sols et le 2ᵈ 10. Témoins : les chevaliers Dalmace et Rotbold.

Monteynard, Cartul. de Domène, 75-6, n° 81.

**2248** (Vers 1080).
Donation au monastère de Domène par le seigneur Ponce Ainardi de sa part de l'alpe de Croset. Les fils d'Otmar Atenulfi firent don, pour la sépulture de leur mère, de l'autre part que leur père tenait en alleu du s' Aténulfe le Vieux.

Monteynard, Cart. de Domène, 243, n° 233, 104.

**2249** (Vers 1080).
Roland (Rotlannus), conscient de l'énormité de ses fautes et de la miséricorde de Dieu pour l'aumône, confirme la donation des églises [de St-Jean-]d'Hérans (Ileron) faite par son père Roland (Rotlannus) à St-Pierre de Cluny, en particulier 2 pièces de terre (olchæ) sur lesquelles il y avait doute ; il reçoit 5 sols du prieur Hugues. Seings de Ponce Aynard, Nantelme de Gigors et Ponce de Thoranne (Torana).

Monteynard, Cartul. de Domène, 7-8, n° 4.

**2250** (Vers 1080).
La matrone Tantalilia avait donné au monastère de Domène, où elle repose, une condamine aux Adrets (villa Adrectos). Son fils Boson obtint du prieur Hugues en fief 1 éminée de cette terre, sous l'investiture (vestitio) de 2 fromages à l'Assomption, et lui donna en échange de sa terre, de concert avec sa femme Vierna. A la même heure, son frère Guillaume donna un champ.

Monteynard, Cartul. de Domène, 158-9, n° 183.

**2251** (Vers 1080).
Vualard le jeune, petit-fils (nepos) de Vualard le vieux (senior, major) de Domène, donne aux clunisiens la moitié de l'alleu que son grand-père avait acquis à Theys (villa Tedesii); les moines percevront 9 den. 1/2 de service et en rendront 7 de vacatione.

*Du Cange, Gloss. latin., v° Vacatio (1846. VI, 713'). Monteynard, Cartul. de Domène, 152, n° 176.

**2252** (Vers 1080).
Les moines de Domène avaient concédé un courtil près de leur vigne à Vuandalfred : à leur insu, il y planta une vigne ; s'en étant aperçus, ils s'y opposèrent, puis y consentirent, sous le cens d'un setier de vin, sa vie durant.

Monteynard, Cartul. de Domène, 85, n° 94.

**2253** (Vers 1080).
Dame Vuillelma, fille de Ponce, comte de Die, et femme du seigneur Guigues (Vuigo) de Domène, s'était emparée des condamines de Villette (Viletis) que son père avait données à Cluny ; l'abbé enjoignit au prieur Pierre de les récupérer pour le monastère de Domène. La restitution s'en fit par le ponce du chevalier Pierre, fils de Guigues de Thorannne (Torana). Guillaume ajouta sa donation à celle de sa mère.

Monteynard, Cartul. de Domène, 17, n° 14.

**2254** (Vers 1080).
Fief de Mallen Rainon, qu'il tient pour l'évêque [de Grenoble] : 9 métairies (chabanaria), 1 ferme (bordaria), 1 vigne, dont les revenus sont partagés entre le comte et l'évêque et qui leur doivent *opera, manuum opera* et *coroata*. Le prélat possède en outre des manses à Alosch et à Meylan (Meiolano), une habitation (casamentum) à Grenoble, un pré à Pelloux (Pendelupum) et une vigne à Porcils.

Marion, Cartul. de Grenoble, 122-3, n° 48.

**2255** (Vers 1080).
Lantelme, sa mère Adaleldis, ses frères Arnaud et Odon donnent à l'église de Romans sur l'Isère l'église de St-Martin au lieu du Cocu (Cugula), au pagus de Valence, avec ses dîmes, le tiers du bois et 3 manses autour de l'église. Ils font cette aumône pour leur père Siginfred, dont le corps est enseveli dans le cimetière de l'église de Romans, pour leur sépulture dans le même lieu et pour avoir part aux prières et aumônes des chanoines. — *Humanæ fragilitatis*.

Giraud, Hist. S. Barnard-Romans, I, pr. 115-6, n° 61 ; et Chevalier, Cart. de St-Barnard, 201-2.

**2256** (Vers 1080).
L'église de Romans avait à Charmes (*in castro Calmis*) un manse que lui avait été donné par Prémone : Léotard l'eut dans son obédience et le céda à mi-fruits à Crispin ; à la mort de celui-ci, Blanc épousa sa veuve et chercha à s'attribuer ce manse ; il reconnut ensuite que les fils de Crispin y avaient seuls droit et donna Bérilon pour garant.

Giraud, Hist. S. Barnard-Romans, compl. 79-80, n° 212 ; et Chevalier, Cart. de St-Barnard, 200-1.

**2257** (Vers 1080).
Suficia donne à St-Barnard [de Romans] une vigne dans la paroisse de St-Marcellin à Arthemonay (villa Artemonnii), touchant la vigne de St-Donat ; son fils Rostagnus approuve et reçoit 7 sols. — *Quoniam mos fuit*.

Giraud, Hist. S. Barnard-Romans, compl. 83-4, n° 219 ; et Chevalier, Cart. de St-Barnard, 199.

**2258** (Vers 1080).
Le prieur de St-Sauveur-en-Rue afferme un moulin à Bourg[-Argental] au prix de 60 sols et sous le cens d'un muid de froment et de 3 sols *denariorum Viennensium*.

Charpin-Feugerolles-Guigue, Cart. de St-Sauveur-en-Rue, 26.

**2259** Rome, 3 janvier 1080.
Lettre du pape Grégoire VII à Manassès, archevêque de Reims, dont il n'accepte pas les excuses ; il lui ordonne de se rendre au concile que tiendra à Lyon son vicaire (Hugues), évêque de Die, de concert avec l'évêque d'Albano et l'abbé de Cluny. — *Miramur fraternitatis*.

S. Greg. VII Epist. VII, 12. Carafa, Epist. summ. pontif. III, 803-4. Binius, Conc. (1606), III, 1248; (-18), III⁶, 350-1 ; (-36), VII, 427-8. Coll. reg. XXVI, 398-9. Labbe, X, 235-6. Harduin, VI, 1, 1433-6. Coleti, XII, 465-6. Mansi, XX, 297-8. Bouquet, XIV, 642-3. Patrol. lat. CXLVIII, 556-7. Jaffé, Bibl. rer. Germ. II, 394-6. = Bréq. II, 177. Jaffé, 3879-5152.

**2260** Briançon ?, 19 janvier (vers 1080).
Epitaphe de Guigues le Gras, comte d'Albon, dans le cloître du monastère de St-Robert, qu'il avait fondé. *Hic jacet Guigo crassus dalphinus primus et monachus magnæ pietatis*.

FONTANIEU, *Hist. de Dauph.* pr. II, 33. — VALBONNAYS, *Hist. de Dauph.* t. II, p. 501, n. a. CHEVALIER (C. U. J.), *Doc. inéd. relat. au Dauph.* IV, 6.

Obit du même : *XIIII, kal. febr. Guigo comes et monachus, edificator hujus monasterii...*
FONTANIEU, *Cart. du Dauph.* I, 89-90 (à 1098/9). CHEVALIER (U.), *Nécrol. de St-Robert,* 3, 6.

Épitaphe sur son mausolée en 1662.
MARTÈNE et DURAND, *Voyage littéraire.* MAIGNIEN, dans *Bull. acad. Delphin.* C, VI, 90-1.

**2261** (31) janvier 1080.

A° D. I. 1080, le chevalier Bérilon, fils d'Artaud, son épouse Adalsendis, ses fils Arbert et Guillaume donnent au monastère de St-André-le-Bas, en présence de l'abbé Humbert, la chapelle du château de Pinet et l'église de St-Pierre à Eyzin *(villa Aysinis)*, au-dessous de Pinet, avec leurs appendices (oblations, sépulture, prémices). Fait à la suggestion des chevaliers Varin, Manaseus et Galand, frères, Joffred de Morestel, Ebrard Roux, Hugues de Demptézieu *(Dentasiaco)* et Aténulfe son frère, Guy dit Rahel, Boson d'Arcisse, Nantelme de Chandieu, en présence de Warmond, archevêque de Vienne, et de ses chanoines. *Data p. man. Gallerii mon. m. gen., fer. 6, luna 5, regn. Henrico in Alamannia et Filippo in Francia, et presid. Rom. et apost. sedi Gregorio papa.*

CHEVALIER (U.), *Cart. de St-André-le-Bas,* 197-8, 367, n° 257. Trad. AUVERGNE, dans *Pet. rev. Dauphin.* (1888), III, 122-3. = CHORIER, *H. de D.* I, 840, 2°, 646 ; 865, 2°. 664 ; *Estat pol.* II, 385.

**2262** 6 février 1080.

Concile tenu à St-Barnard d'Anse par le cardinal légat Pierre (l'Igné), évêque d'Albano, ... *fer. 5. a° ab I. D. 1078* (al. *1079*). *ind. 2. præsentibus d. Warmundo, Viennensi archiepiscopo, et d. Hugone, Cluniacen. abbate et d. Aganone Eduen. episcopo.* Landri, évêque de Mâcon, ayant protesté de son intention de se soumettre aux décisions du légat, Warmond dit à celui-ci : *Dudum, domne cardinalis et legate apostolicæ sedis, rediens Româ, præcepto domini Gregorii Papæ veni Cluniacum, nonnulla ex parte ipsius domno abbati intimaturus. Tum, quia tempus opportunum instabat faciendis sacris ordinibus, jussus et rogatus à ‹domno abbate et fratribus, aliquos fratrum secundùm auctoritatem privilegiorum pontificum Romanorum, ab olim ipsi loco datam, ordinavi. Piis peractis, dum redirem, Matiscenses canonici, insidiis mihi paratis, derepente falti armatâ manu et pedestri, super me ac nostra irruerunt; baculum pastoralem cum propria tunica et sagmario tulerunt ; servientes nobis cædentes valde dehonestaverunt ; lanceam gutturi proprio admoventes :* « *Ne vivat violator vel adulterator sponsæ sancti Vincentii* », *clamabant : et cum magno dedecore ad Cluniacum, vellem, nollem, reversus sum. Inde à domno Matiscensi, qui tunc aberat, justitiam per literas quæsivi, sed hucusque minimè impetravi: quæ à vobis qui estis apostolicæ sedis legatus, mihi et domnis Cluniacensibus supplico fiat.* Le légat interdit l'entrée de l'église et la communion aux clercs et laïques qui avaient déshonoré *(dehonestatores)* l'archevêque.

Mss. : MARTIN, 302. — MARRIER, *Bibl. Cluniac.* 512-4. *Bull.*

*Cluniac.* 210-1. BOUQUET, XIV, 47-9. = GUICHENON, *Bibl. Sebus.* (1660), 436 ; (-6), 441-2. HOFFMANN, *Nova script. coll.* I, 347-8. BERNARD-BRUEL, *Chartes de Cluny*, IV, 677-8.

**2263** Lyon, 1080.

Concile tenu *apud Lugdunum* par Hugues de Die, sur l'ordre du pape. Tandis qu'il séjournait à Vienne pour le soin de sa santé, les envoyés de Manassès, archevêque de Reims, cherchent à le corrompre.

HUGO Flaviniac., *Chronicon,* II (6°) : *Coll. Reg.* XXVI, 599. LABBE, X, 389-90. HARDUIN. VI, 1595. COLETI, XII, 645-8. MANSI, XX, 551-4. BOUQUET, XIII, 620. *Mon. Germ. hist.*, Scr. VIII, 421. *Patrol. lat.* CLIV, 290. = MERMET, III, 23.

**2264** (Février 1080).

Apologie de M[anassès], archevêque de Reims, adressée à H[ugues], évêque de Die, qui l'avait convoqué à un concile à Lyon ; il s'excuse de ne point s'y rendre. — *Monuistis me.*

MABILLON, *Musæum Italic.* I, II, 117-27. BOUQUET, XIV, 781-6. LE COUTEULX, *Ann. Cartus.* I, xxxv-j.

**2265** Rome, 26 mars 1080.

Lettre du pape Grégoire VII à Hubert, évêque de Thérouanne ; il lui reproche sa contumace : convoqué deux fois à un concile par Hugues, évêque de Die, et une fois à celui de Rome, il a négligé de s'y rendre et mériterait d'être déposé ; il lui ordonne de répondre à la convocation de Hugues quand il l'appellera. — *Quod salutem et.*

S. Greg. VII Epist. VII. 16. LABBE, X, 238. HARDOUIN, VI, I, 1438. COLETI, XII, 468-9. MANSI, XX, 300; BOUQUET, XIV, 645-6. *Patrol. lat.* CXLVIII, 559-60. JAFFÉ, *Bibl. rer. Germ.* II, 406-7. = BRIQ. II, 178. JAFFÉ, 3884–5157. WAUTERS, I, 549.

**2266** (Mars/avril ou milieu 1080).

Le pape Grégoire VII écrit à Landric, évêque de Mâcon, qu'il exige le maintien de la paix avec l'abbé de Cluny jusqu'à ce que son vicaire (Hugues) évêque de Die ait tranché le différend. Les clercs qui ont assailli l'évêque d'Albano et [Warmond] archevêque de Vienne à leur retour de Cluny, devront faire réparation pieds nus, devant l'autel de St-Pierre à Cluny. — *Mirari valde.*

SEVERT, *Chron. hist. Lugd.* II, 113. *Bull. Cluniac.* 21. BOUQUET. XIV, 641-2. *Patrol. lat.* CXLVIII, 699-700. RAGUT (M. C.), *Cart. St-Vincent Mâcon,* 15-6. JAFFÉ, *Bibl. rer. Germ.* II, 564. = JAFFÉ, 3937*–5182. NEUMANN, *De s. Hugone diss.* 31.

**2267** 1080.

Lettre du pape Grégoire VII à l'évêque H[ugues de Die], lui commettant le jugement du différend entre l'évêque de Mâcon et l'abbé de Cluny. — *Causam Matisconensis.*

*SAN-JULIANUS (Petr.), *Antiq. Matiscon.* 284. RAGUT (M. C.), *Cart. de St-Vincent de Mâcon,* 17. *NEUMANN, *De s. Hugone,* 29. = JAFFÉ, —5183. — Pièce fausse.

**2268** 1080.

Hugues de Châteauneuf, que son homonyme évêque de Die avait distingué à Valence, devient évêque de Grenoble ; il refuse d'être sacré par Germundus, archevêque simoniaque de Vienne.

GUIGO prior Carthus., *Vita s. Hugonis episc. Gratian.* c. I : BOUQUET, XIV, 243 ; *Patrol. lat.* CLIII, 765-6 ; éd. Bellet, vij-iij. — ROBERTI mon. S. Mariani Antissiodor. *Chonol.* (à 1078) ; ed. Nic. Camusæi (1609), 77. BOUQUET, XII, 289. = *MABILLON, *Ann. Bened.* V ; 2°, 176.

**2269** Avignon, 1080.

[*Hugo episcopus Diensis concilium*] *celebravit et septimum apud Avennionem, in quo ... electi sunt ... Lantelmus in Ebredunensem æque archiepiscopum, Hugo in Gratianopolitanum episcopum ..., quos post expletionem concilii secum Romam duxit, et consecrati sunt a papa.*

Hugo Flaviniac. *Chronicon*, II : Labbe, *Nova bibl. mss.* I, 206. Coleti, XII, 647-8. Mansi, XX, 553-4. Bouquet, XIII, 620. *Patrol. lat.* CLIV, 291. *Mon. Germ. hist.*, Script. VIII, 422. *Gallia christ. noviss.* III, 179-80. — Baronius, *Ann.* a. 1080 ; cf. Pagi, *Crit.* IV, 276. Mabillon, *Ann.* V, 189 ; 2°, 145. *Doc. hist. inéd.* I, 263.

**2270** (Vers 1080).

En suite des usurpations commises à l'encontre des églises de Ste-Marie et St-Victor par un chevalier de Chorges *(Cadurgen.)*, Ponce de la Tour, Lantelme, archevêque d'Embrun, l'excommunia et les moines refusèrent de l'ensevelir avant que sa famille n'eût rendu la dotation *(sponsalitium)*, en présence du comte Ysoard, de Laugier évêque de Gap, du doyen Ponce Ebrardi, etc. Récit des autres usurpations de Pierre Ponce et Pierre de Rousset, et leurs héritiers. Plaid, le samedi des Rameaux, devant l'archevêque et l'abbé de Marseille Richard, retour de Rome. Peu après le comte Ysoard part pour combattre les infidèles en Espagne : nouvelle oppression des moines de St-Victor. Le comte d'Urgel vient à Chorges.

Guérard, *Cartul. St-Victor Marseille*, II, 555-64, n° 1089. = Roman, 6°.

**2271** Grenoble, 1080.

Hector, de concert avec sa femme Cana et ses fils, remet ou donne à l'église de Ste-Marie et St-Vincent, à l'évêque de Grenoble Hugues et ses successeurs toutes les églises qu'il possédait dans ce diocèse, avec le tiers des dîmes : St-Pierre de Sassenage *(sub castro Cassiniaco)* avec la chapelle du château, St-Jean d'Engins *(de Ingenio)*, sur la chapelle de Ste-Marie de Fontaines *(Fontanis)* ; quant à celle de Lancey *(Lanceum)*, avec la chapelle de St-Paul de Noyarey *(Nogareto)*, elle sera la propriété de l'évêque. Fait dans l'église de St-Vincent, en posant le livre sur l'autel, en présence de Hugues, de ses chanoines et de 2 moines de la Chaise-Dieu, *a° 1080 ab I. D., ind. 3, a° pontif. d. Hugonis episc. 1°.*

Fontanieu, *Cart. du Dauph.* I, 76. — Chorier, *Estat polit.* II, 118-22. Salvaing de Boissieu, *Usage des fiefs*, 447 ; 3°, II, 190-1. Boys (A. du), *Vie de s' Hugues*, 448-9. Marion, *Cart. de Grenoble*, 147-8, n° 35. = Bréq. II, 184. *Doc. hist. inéd.* I, 283.

**2272** Grenoble, 1er-15 avril 1080.

Hugues, évêque de Grenoble, concède au prévôt Lantelme et aux chanoines réguliers d'Oulx *(Ulcien.)* les seize églises (15) suiv. : Villard-d'Arène *(Arenæ superiores)*, la Grave-en-Oisans *(Arenæ subteriores)*, Besses *(Becis)*, Clavans *(Clavaone)*, Misoën, Lans *(Lento)*, Freynet *(Fraxineto)*, Auris *(Abrus)*, Vers, Fayet *(Fageto)*, Vaujany *(Volianio)*, La Motte-d'Aveillans *(Avelanç)*, Jardine *(Lordencs)*, Ste-Marie de Commiers *(Comeriis)*, St-Pierre de Commiers, sous la redevance totale de 50 sols et 16 cierges *(ceræ)*, moitié au synode de Pâques, moitié à celui de la Toussaint ; la cession comprend les dîmes, sépultures et oblations, à l'exception

des dîmes que percevaient les moines de St-Robert [de Cornillon] de la Chaise-Dieu. Scr. *carta kal. apr.* ... Seing du doyen Guigues et d'autres [chanoines]. *Concessio facta 17 kal. maii. Amatus canon. S. Ruphi scr. in capella Hugonis Gratianopol. episcopi.*

Rivautella, *Ulcien. eccles. Chartar.* 160-1, n° 190. Trépier, Rech. hist. décanat de St-André, dans *Doc. acad. Savoie*, VI, 49-50. Collino, *Carte d'Oulx*, 44-5, n° 35.

**2273** 3 avril (1080?)

Donation de l'église de Ste-Sigolène au monastère de St-Victor [de Marseille], conformément à une décision du légat Hugues [de Die] au concile de Toulouse.

Arch. des Bouches-du-Rhône, St-Victor, Alby, n° 33 (act. 195). — Martène, *Script. vett. ampl. coll.* I, 458-60.

**2274** St-Jean-de-Latran à Rome, 16 avril (1080).

Lettre de Grégoire VII à Warmond, archevêque de Vienne, le chargeant de réduire sous l'obéissance de l'abbé de St-Pierre, à peine de censures ecclésiastiques et comme par le passé, la prieure et le couvent des moniales de Ste-Colombe, toute appellation cessant... *an. 7 du pontificat.*

Le Lièvre, 308. Collombet, I, 423-4.

**2275** Rome, 17 avril 1080.

Le pape Grégoire VII signifie à Manassès, [archevêque] de Reims que sa déposition prononcée par [Hugues] évêque de Die et légat, a été confirmée par lui dans un concile Romain. — *Sciat fraternitas.*

S. Greg. VII Epist. VII, 20. Carafa, *Epist. summ. pontif.* III, 814-5. Binius, *Conc.* (1606), III, 1250 ; (1618), III, II, 353 ; (-36), VII, 431. *Coll. Reg.* XXVI, 408-9. Labbe, X, 241. Harduoin, VI, I, 1442. Coleti, XII, 471. Mansi, XX, 303-4. Bouquet, XIV, 647-8. *Patrol. lat.* CXLVIII, 563. Jaffé, *Bibl. rer. Germ.* II, 411-2. Le Couteulx, *Ann. Cartus.* I, xxxvij-iij. = Bréq. II, 179. Jaffé, 3887—5163.

**2276** Turin, mai 1080.

L'abbé de St-Bénigne de Dijon, prétendant que l'abbaye de St-Bénigne de Fruttuaria dépendait de son monastère, il est décidé, dans une assemblée tenue *Taurini* par ordre du pape, où se trouvaient le cardinal Herimannus, Hugues, évêque de Die, celui de Grenoble, etc. que la question serait renvoyée au prochain synode de Carême à Rome.

Guichenon, *Hist. généal. mais. Savoie*, II, pr. 19 ; 2°, IV, 19. = Mabillon, *Ann. Bened.* V ; 2°, 30. Bréq. II, 179. Besson, *Mém.* 286. *Mém.-doc. soc. hist. Suisse Rom.* XXIX, 73. Carutti, *Reg.* 203.

**2277** 31 mai ou 18 juillet 1080.

Concile tenu par Hugues de Die (?) à Lillebonne.

Voir les sources dans *Répert.*, Topo. 1693-4. = Mabillon, *Ann. ord. Bened.* V, 2°, 145.

**2278** 27 juillet (1080).

Hugues, fils de Bornon, sa femme Elisabeth et son fils Bérilon remettent aux églises de St-Barnard et de St-Christophe le prêtre Adalbert et son bénéfice *(honor)* à *Urcis Vallis* et à Maucogne *(Malcogina)*, dans le mandement du château de Montmiral *(Mons Miralis)*, au pagus de Vienne. *Data p. man. Sigibodi... 2 fer., luna 22, regn. D. N. J.*

Giraud, *Hist. S. Barnard-Romans*, II, pr. 62-3 ; et Chevalier, *Cart. de St-Barnard*, 199-200.

**2279** (8 août 1080/1099).
L'artisan *(faber)* Brunerius, son associé Bernard et sa parenté se désistent de leurs prétentions sur la dîme de l'église de St-Jean d'Albigny *(Albiniaco)*, en présence du prieur Humbert, qui leur donne 20 sols. Témoins : Louis prieur [de St-Jean-]d'Arvey *(Arvisio)*, Guillaume prieur de *Pulcris Vallibus*, Aalbert prêtre de Miolans *(Mediolani)*, etc. *Fact. m. aug., in festivit. s' Ciriaci.*
CHEVALIER (U.), *Cart. de St-André-le-Bas*, 174, n° 231. TREPIER, dans *Doc. acad. Savoie*, VI, 50-1.

**2280** 1080 = 19 octobre 1082.
Concile tenu à Meaux *(civit. Meldis super Materna)* par Hugues, évêque de Die, légat en Gaule.
MABILLON, *Acta ss. Bened.* VI, II, 528. BOUQUET, XIV, 57.

**2281** Bordeaux, 6 octobre 1080.
Fondation du monastère de la Sauve-Majeure, au diocèse de Bordeaux, par l'abbé Géraud ; fait en concile, sous l'approbation des légats Amat et Hugues [de Die,... *ind. 3, epacta 26,... a° 8 Gregor. VII.*
MABILLON, *Acta ss. Bened.* VI, II, 868. *Gallia christ. nova*, II. instr. 274-5, 315-6. COLETI, XII, 633-4. MANSI, *Suppl.* II, 51 ; XX, 551. BOUQUET, XIV. 45-6.

**2282** 27 novembre (vers 1080).
Obit de Richard, qui, ordonnant d'ensevelir son corps au monastère de Domène, donna aux moines de Cluny une vigne au Chastellard *(in villa S. Mariæ, in loco Castellare)*, avec l'assentiment de ses parents et du chevalier Odon Bertrand.
MONTEYNARD, *Cartul. de Domène*, 105-6, n° 119.

**2283** 27 décembre 1080.
Trois lettres du pape Grégoire VII, relatant la déposition de Manassès, archevêque de Reims, par Hugues, évêque de Die et légat apostolique, au concile tenu par lui à Lyon.
S. Greg. VII Epist. VIII. 18-20. DU CHESNE, *Hist. Franc. script.* IV, 214. LABBE, X, 264-5. HARDOUIN, VI, 1, 1465-7. COLETI, XII, 495-7. *Patrol. lat.* CXLVIII, 591-4. JAFFÉ, *Bibl. rer. Germ.* II, 448-51. = BRÉQ. II, 191. JAFFÉ, 3915-7=5194-6.

**2284** (1080/...).
Le chevalier Arnaud de Voreppe *(Vuarapio)*, allant en pèlerinage à Rome, tomba malade en route, et se crut sur le point de mourir ; confessant ses péchés devant ses compagnons, il donna [au monastère] de St-André à Vienne, sous l'abbé Humbert, un manse à Vitrieu *(villa Vitroscus)*. Après sa mort, le chevalier Allemand de Surieu *(Alamannus de castro Sivriaco)* chercha à s'emparer de cette terre, puis la rendit, sous le témoignage de Jean, chapelain du château, et du chevalier Aquin, mais la jouissance réservée.
CHEVALIER (U.), *Cart. de St-André-le-Bas*, 206, n° 275.

**2285** (1080/...).
Ripert [ancien évêque de Gap], son épouse Béatrix et ses fils Ripert, Ysnard, Pierre, Raimbaud et Hugues donnent au monastère de St-Victor [de Marseille] l'église de St-Antoine au territoire du château des Mées *(Melas)... regn. D. N. J. C...*
GUÉRARD, *Cart. de St-Victor de Marseille*, II, 56-7, n° 711.

**2286** (1080/1082).
Désireux de suivre l'exemple de ses prédécesseurs, qui avaient édifié et enrichi l'église de St-Laurent près de Grenoble, l'évêque Hugues lui concède celle de Ste-Marie de Vizille *(Visilien.)*, qui, dérobée à son siège par les tyrans, avait été en dernier lieu rachetée par les frères de St-Laurent et remise comme de droit entre ses mains. Il la donne à St-Chaffre *(S. Theofredo)* et à St-Laurent, par l'entremise de Hugues, évêque de Die et vicaire du siège apostolique, se retenant un service le jour de l'Ascension.
Valbonnays, 2° Reg. n° 49. FONTANIEU, *Cart. du Dauph.* I, 87. — *VALBONNAYS, Hist. de Dauph.* II, 8 *k.* CHEVALIER (C. U. J.), *Doc. inéd. relat. au Dauph.* VI, 21-2, 61 ; *Cart. de St-Chaffre*, 142-3, n° 400. LE COUTEULX, *Ann. Cartus.* I, cxiij-iv (c. 1110).

**2287** (1080/1100).
Catbald engage un champ *Simulatio* et une habitation à la fontaine de St-Arey *(S. Erigii)* pour 15 sols monnaie de Valence, et un autre champ à Chauvet *(Calveto)* pour 4. Témoins.
GUILLAUME (P.), dans *Bull. hist.-archéol. Valence* (1881), I, 180-1 (à part, 20), n° 17. = ROMAN, 9°.

**2288** (1080/1105).
Lantelme, archevêque d'Embrun, de concert avec son prévôt Bobellus, 4 chanoines, plusieurs clercs et amis, fait la paix avec le monastère [de St-Victor] de Marseille, avec lequel il était en discorde par instinct diabolique : il fait remise à l'abbé Ricard et au prieur Guillaume des églises de Ste-Marie et St-Pierre de Gigors *(Gigornz)*, Ste-Marie et St-Geniès de Turriers, St-Pierre, Ste-Marie et St-Marcellin de la Bréolle *(Bredola)*, St-Victor, St-Christophe et Ste-Marie de Chorges *(Cadurcas)*, St-Marie et St-Gal de Faucon-du-Caire, *Falconis)*. Témoins.
*Gallia christ. nova*, III, instr. 206. GUÉRARD, *Cart. de St-Victor Marseille*, II, 41-2, n° 699. = ROMAN, 6°.

**2289** Grenoble (1080/1132).
Le comte Guigues, fils de Guigues le Gras, se présente au synode, dans l'église de St-Vincent, et abandonne entre les mains de Hugues, évêque de Grenoble, toutes les églises du diocèse, les services, cimetières, dîmes et droits ecclésiastiques, qu'il possédait en domaine ou d'autres par lui en fiefs. Sont témoins les chanoines, prêtres, diacres, clercs et laïques présents au synode.
BOYS (A. du), *Vie de s' Hugues*, 469-70. MARION, *Cart. de Grenoble*, 105-6, n° 28. = *Doc. hist. inéd.* I, 282.

**2290** (1080/1132).
Hugues, évêque de Grenoble, prononce un sermon à la dédicace de l'église de Vinay *(Vinnaicum)*.
Guigo Cartus., *Vita s. Hugonis ep. Gratianopol.* v, 22 (*Acta ss. Bolland.*, apr. I, 43° ; *Patrol. lat.* CLIII, 777 ; éd. Bellet, 26).

**2291** St-Donat, (1080/1132).
Adon de Breg, dit Cirollus, chanoine régulier de St-Donat, déclara avant de mourir, en présence de maître Aimé, chanoine de St-Ruf, et de Borrellus, mistral *(ministralis)* de l'évêque Hugues de Grenoble, qu'à sa connaissance le bois Contat *(ad Faïetum)*, à Arienne

*(Ariana)*, avait été concédé par le prévôt de St-Donat ou par l'évêque de Grenoble.

MARION, *Cart. de Grenoble*, 128-9, n° 56.

**2292** (1080/1132).

L'évêque de Grenoble Hugues possède dans la paroisse de St-Maximin la dîme que lui ont abandonnée Bornon d'Avalon, Guillaume Chavaz et son fils Ginannus. — Il perçoit dans toute la paroisse de St-Donat, un agneau ou 10 den. par parc *(pargus)* de moutons.

MARION, *Cart. de Grenoble*, 125, n° 53.

**2293** (1080/1132).

Bornon de Saumeirs et ses fils abandonnent *(guirpivinus)* à l'évêque Hugues la dîme qu'ils percevaient sur une vigne et une terre du monastère de St-Laurent, au diocèse *(parrochia)* de Grenoble. Seings de Guigues de Lans *(Lanz)*, Rostaing et autres chanoines.

MARION, *Cart. de Grenoble*, 113, n° 38.

**2294** (1080/1132).

Les fils de Burnon de Saumeirs, Hector et Didier, tiennent en fief une habitation *(casamentum)* à Grenoble, avec tour et courtils, une vigne à St-Sixte et ce qu'ils ont à la Marceline *(Marselina)* et à Saumeirs. Ils en font hommage à l'évêque Hugues et jurent de lui être fidèles plus qu'à tout autre seigneur.

MARION, *Cart. de Grenoble*, 123-4, n° 49.

**2295** (1080/1132).

Falcon Gotafred, de Chapareillan *(Campania Riolenda)*, remet en gage *(guadimonium)* un muid de vin de la dîme des vignobles d'*Aisini* à Hugues, évêque [de Grenoble], pour 4 setiers de froment, mesure de Chambéry et 4 sols monnaie d'Aiguebelle *(Aquæbellen.)*.

CIBRARIO e PROMIS, *Docum.* 37. MARION, *Cart. de Grenoble*, 171, n° 116. TREPIER, dans *Doc. acad. Savoie*, VI, 53.

**2296** (1080/1132).

Géraud de la Palud *(de Palude)* remet à Hugues, évêque de Grenoble, l'église de Chignin *(Chinnino)*, avec sa dîme, la moitié de celles de St-Jeoire-Challes *(S. Georgii)* et de Mures *(Muris)*, avec la 1/2 de leurs dîmes.

MARION, *Cartul. de Grenoble*, 106, n° 29. TREPIER, dans *Doc. acad. Savoie*, VI, 52-3.

**2297** (1080/1132).

Hugues, évêque de Grenoble, assisté d'Humbert Peloux, Dodon de Grenoble, Guigues de Lans et Rostaing, fait un 1ᵉʳ accord avec Guillaume Léotard, à qui il promet 10 sols et la nourriture dans sa maison pour l'emploi de cellérier. Guigues Géraud lui forfait au sujet de la métairie *(chabanaria)* de [St-Martin-de-]Miséré *(Miseraci)*, mais avoue ensuite qu'elle était un ancien fief de l'office du cellérier. Après la mort de Guillaume, l'évêque la donne à ses fils Beton et Léotard, avec une habitation et des courtils à Grenoble et un four, plus la nourriture pour l'un d'eux. Témoins : les chanoines de la cathédrale.

VALBONNAYS, *Mém. hist. Dauph.* 135 ; *Hist. de D.* I, 133. *Patrol. lat.* CLXVI, 1571-2. MARION, *Cart. de Grenoble*, 118-9, n° 45.

**2298** (1080/1132).

Guillaume Silvion, de Charmes *(Chalmo, Calmo)*, fait abandon *(guirpisco)*, entre les mains de l'évêque Hugues de Grenoble ou du prévôt de St-Donat, de la dîme qu'il tenait d'Ainard de Moirans *(Moirenco)* et reçoit 5 sols.

MARION, *Cart. de Grenoble*, 130, n° 59.

**2299** (1080/1132).

Hermengarde, femme de Silvion de Chignin *(Chinnino)* abandonne à l'évêque Hugues [de Grenoble] la moitié de la dîme de la paroisse du Désert, près de l'église de Détrier *(Dextrariis)* ; son fils Nantelme, l'autre.

MARION, *Cart. de Grenoble*, 125, n° 52. TREPIER, dans *Doc. acad. Savoie*, VI, 51.

**2300** (1080/1132).

Humbert Roux *(Rufus)* abandonne *(guirpisco)* entre les mains de l'évêque Hugues [de Grenoble], la dîme en poules, etc. qu'il percevait dans la paroisse de St-Donat et reçoit 12 den. et 1 setier de blé *(annona)*.

MARION, *Cart. de Grenoble*, 131, n° 61.

**2301** (1080/1132).

Milon, moine de Montmajour et *(sive)* prieur de Mâcon, avait acheté par simonie l'église de St-Jean des Essarts *(de Exartis)* à Roin, dans le mandement d'Iseron ; il en fit remise entre les mains de l'évêque Hugues ; témoin Aimé chanoine de St-Ruf.

MARION, *Cart. de Grenoble*, 101, n° 22.

**2302** (1080/1132).

Nantelme de Gières *(Jeira)* avait obtenu de l'évêque Hugues de Grenoble trois métairies *(chabanariæ)* en fief ; Athénulfe de Gières en tient deux et Humbert de St-Quentin la 3ᵉ ; ce dernier a cédé son fief à Artaud fils d'Adon de Boucoiron *(Bocoiro)*.

MARION, *Cart. de Grenoble*, 109, n° 33.

**2303** (1080/1132).

Nantelme de Villard-Bonnot *(Vilare Bonold)* se dessaisit, au moment de mourir, de la dîme qu'il tenait des fils de Dalmace de Bernin *(Brinino)*, entre les mains de Géraud de Savoie *(Savogia)*, chapelain de Grenoble ; Ainard et Bermond de Bernin en font autant entre les mains de l'évêque Hugues.

MARION, *Cart. de Grenoble*, 125, n° 51.

**2304** (1080/1132).

Pierre Gorga, sa femme et sa belle-sœur restituent à l'église de Ste-Marie et St-Vincent [de Grenoble] et à son évêque Hugues la dîme qu'ils percevaient sur la propriété *(chabanaria)* qu'ils tiennent d'Aimon le Vieux *(Vetulo)*. Fait en présence de Pierre de Vizille, Géraud de Savoie *(Savocia)*... et Mallen cellérier du comte.

VALBONNAYS, *Mém. hist. Dauph.* 135 ; *Hist. de D.* I, 130. *Patrol. lat.* CLXVI, 1574. MARION, *Cart. de Grenoble*, 201, n° 15.

**2305** (1080/1132).

Pierre Guitfred, de Manton *(Mantona)*, et Humbert de Manton ont chacun trois manses en fief de l'évêque de Grenoble dans la paroisse d'Hurtières *(de Urtigeriis)*.

MARION, *Cart. de Grenoble*, 106, n° 30.

**2306** (1080/1132).
Fief que Radulfe de Laye (Laia) tient de l'évêque de Grenoble Hugues dans la paroisse de St-Bonnet du Villard-de-Lans *(del Vilar juxta Lanz)*.
MARION, *Cart. de Grenoble*, 153, n° 94.

**2307** Grenoble. 1080/1132.
Rainaud Folcherii, de Lans *(Lanz)*, fait abandon à Hugues, évêque de Grenoble, de la dîme qu'il percevait dans la paroisse de Lans et reçoit 25 sols. Fait à Grenoble, dans l'église de Ste-Marie, entre les mains du prélat, en présence du convers Guigues et de nombreux clercs, le jour où il reçut le bourdon *(sporta)* pour son pèlerinage à St-Jacques [de Compostelle].
MARION, *Cart. de Grenoble*, 202, n° 16.

**2308** (1080/1132).
Rainaud de Lans *(Lanz)* abandonne *(quirpisco)* à l'église de] Ste-Marie et à l'évêque Hugues de Grenoble la dîme qu'il percevait dans la paroisse de Lans, sous la condition que son fils Guigues, chanoine, la tiendra en fief, sa vie durant, sous le cens de 8 setiers de seigle et 4 d'avoine.
MARION, *Cart. de Grenoble*, 124, n° 50.

**2309** St-Robert de Cornillon (1080/1132).
Après la mort de leur père Rainaud de Lans, ses fils, le chanoine Guigues et Rainaud, se présentent devant l'évêque Hugues [de Grenoble] et font cession de la dîme du mandement de Lans, sous la clause que Guigues la tiendra en fief, sous le cens de 12 setiers. — Guigues tient 'en outre] en fief du même évêque dans la paroisse de Grenoble la dîme remise à celui-ci par Bornon de Saumeirs.
MARION, *Cart. de Grenoble*, 124-5. n° 50bis.

**2310** (1080/1132).
Sommaire *(Brevis)* des usages *(consuetudo)* auxquels les évêques de Grenoble Isaac, Alcherius, Isarn et Humbert avaient droit dans l'église de St-Donat, au bourg de Jovinzieux *(vico Jovinziaco)* et au comté de Vienne par don des rois et concession des évêques et des nobles : ordination des clercs, pénitence des pécheurs, bénédiction du s' chrême les jeudi et vendredi saints ; sépulture des riches et des pauvres dans le cimetière, frappe de monnaie *(numularii, hoc est monetarii)*.
BALUZE, *Miscell.* 2°, III. 35. MARION, *Cart. de Grenoble*, 67-8, n° 28. = *Doc. hist. inéd.* I, 276.

**2311** (1080/1132).
Fiefs de l'évêque de Grenoble à St-Donat. Les feudataires sont : Adémar, fils d'Athénulfe, Gaufred, Giraud Calvet, Pierre Muschillon, Achin chanoine de St-Donat, Silvion de Viriou. Leurs propriétés portent les noms de : *tenura, sello, casamentum, castanaretum, vernetum, olca, olcha, cortile, boschalis, treilla, curtis*, vigne. Que les propriétés de Calvet dépendent de l'évêque, l'acte en donne comme preuve leur destruction dans la guerre entre Gaufred de Moirans et Odilon de Châteauneuf : on les eût respectées si elles eussent appartenu au comte d'Albon]. Toutes les possessions de ce Gaufred dans le mandement de St-Donat et dans celui de Charmes *(Chalmi)* dépendent de l'évêque ; ses fils tiennent de celui-ci l'église de Brignoud *(Bregno)* et du comté 6 manses. Gaufred, sa femme Juste et ses fils donnent au prélat un sillon *(sello)* de terre à Chantesse *(Cantissa)* et reçoivent un cheval de 40 sols. Seings d'Odolric, du convers Guigues, du mistral Borrellus, du chanoine Richard, d'Amatus clerc de St-Ruf.
MARION, *Cart. de Grenoble*, 126-8, n° 55.

**2312** (1080/1132).
Armand de la Cluse *(de Clusa)*, sa femme et son fils Frodon donnent à l'église de St-Laurent (d'Oulx, *de Plebe martyrum)* et à ses chanoines, par les mains d'Hugues, évêque de Grenoble. les dîmes qu'il percevait dans les paroisses de la Cluse et de Pâquier *(Pascherio)*; on donne 10 sols à Frondon.
RIVAUTELLA, *Ulcien. eccl. Chartar.* 201, n° 253. COLLINO, *Carte d'Oulx*, 41-2, n° 32.

**2313** (1080/1132).
Pierre Crox, sa femme et son fils Guigues donnent à l'église de St-Laurent d'Oulx *(Ulcio)* leurs dîmes à la Cluse et à Pâquier *(Pascherii)* et reçoivent des chanoines 40 sols. Fait entre les mains de Hugues, évêque de Grenoble, et en présence de 2 chanoines, de maître Ulric *(Ulduricus)* et de son frère Adalbert, etc.
RIVAUTELLA, *Ulcien. eccl. Chartar.* 201, n° 256. COLLINO, *Carte d'Oulx*, 42, n° 33.

**2314** (Après 1080).
Aymon, seigneur du château *Manduni*, donne tout près le lieu de Ste-Marie de *Uterinis*, dans le diocèse de Vienne, au monastère de St-Chaffre *(S. Theofredo)*, pour y construire une maison religieuse ; son fils Fulchon, qui fut ensuite moine, augmenta avec ses frères la dotation.
CHEVALIER (C. U. J.), *Doc. inéd. relat. au Dauph.* VI, 17 ; *Cartul. de St-Chaffre*, 116-7, n° 351.

**2315** (Après 1080).
Après la mort de Guigues Garin, le moine Roland *(Rolannus)*, cellérier de Domène, se trouvant en Savoie, le chevalier Guillaume d'Aiguebelle *(de Aquabella)*, qui tenait en fief la métairie *(cabannaria)* de Guigues, en fit l'abandon en présence d'Amédée moine de Bonvilard *(Bono Vilario)*, etc., et reçut 29 sols ; sa femme Elisabeth et leurs 2 fils approuvèrent.
MONTEYNARD, *Cartul. de Domène*, 186-7, n° 212.

**2316** (XII° siècle).
Epitaphe d'*Eldeno, vir prudens*... à Valence, rue Roderie.
PERROSSIER (Cypr.), dans *Bull. hist.-archéol. Valence*, II, 107.

**2317** Domène, (vers 1081).
Le chevalier Amaury *(Amaldricus)*, fils de Boson de Châteauneuf *(Castellonovo)*, vient au monastère de Domène, sous le prieur Pierre, et donne aux religieux clunisiens deux manses : l'un dans l'évêché de Maurienne, au Villaret *(ad Villaretum)* ; l'autre dans celui de Belley *(Belensis)*, à Acutzon. Il s'en réserve la jouissance, sous l'investiture annuelle de 3 setiers de méteil *(annona)*. S. *Lamberti presbyt.*, etc.
MONTEYNARD, *Cartul. de Domène*, 183-4, n° 209.

**2318** (Vers 1081).
Le chevalier Arbert, fils de Vuilbod, son épouse Ay et son fils Pierre, sont admis dans la société corporelle et spirituelle *(corporis et animæ)* du monastère de St-André dans les murs de Vienne; et, pour participer aux bonnes œuvres des moines et être associés à la s* congrégation, donnent une vigne dans la paroisse de St-Jean d'Albigny *(villa Albiniaco)*, au pagus de Grenoble.
Achery (d'), *Spicileg.* XIII, 293; 2*, III, 414. Chevalier, *Cart. de St-André-le-Bas*, 200, n° 261. Trepier, dans *Doc. acad. Savoie*, VI, 57-8. = Bréq., II, 192.

**2319** (Vers 1081).
Bérilon, sa femme et ses fils, sur le conseil des chevaliers Garin et Mallen, donnent au monastère de Saint-André [à Vienne] et à l'abbé Humbert l'église de Saint-Marcel à l'orient du château de Pinet, avec ses dépendances (oblations, cimetière, prémices, dîmes, etc.).
Chevalier (U.), *Cart. de St-André-le-Bas*, 198, n° 258. Trad. Auvergne (A.), *Hist. de Morestel*, 30.

**2320** 1081.
Bermond, persuadé qu'il ne saurait observer parfaitement les conseils évangéliques de l'aumône et du renoncement sans se faire moine, se donne lui-même avec tout ce qu'il possède au monastère de Cluny et à l'abbé Hugues; de concert avec son frère Pierre, vaillant chevalier *(miles strenuus)*, il donne les églises de St-Genis, Goncelin *(Gonzelinum)*, Morêtel *(Maurestellum)*, Catellato et Barraux *(Barralis)*, avec leurs oblations, prémices, cimetières et dîmes; de plus, des manses, condamine, grange, leyde, droit de pêche. Signent 8 diacres *(levitæ)*.
Bernard-Bruel, *Chartes de Cluny*, IV, 732-4, n° 3565.

**2321** (Vers 1081).
Boson Vuillelmus donne aux moines clunisiens de Domène une terre, qu'il tenait du seigneur Hugues Aténulfe près de la condamine des frères. Fait en présence du prieur Pierre, qui lui paye 20 sols et rachète la terre pour 15.
Monteynard, *Cartul. de Domène*, 84, n° 93.

**2322** (Vers 1081).
Guillaume de Capaversa, son fils Lantelme et ses cousins germains, avec l'assentiment d'Adon de *Chabranchiis*, etc., concèdent à l'abbaye de Romans, où préside l'archevêque Warmond, leur part de l'église de Saint-Martin d'Onay *(de Alnaico)*.
Giraud, *Hist. S. Barnard-Romans*, compl. 91, n° 232; et Chevalier, *Cart. de St-Barnard*, 202.

**2323** (Vers 1081).
Le seigneur Hugues Aténulfe approuve le don de Boson Guillaume aux moines de Domène, en plaçant le livre (Missel) sur l'autel de St-Pierre, en présence des chevaliers Alvise et Aténulfe, du temps du prieur Pierre.
Monteynard, *Cartul. de Domène*, 84, n° 93.

**2324** (Vers 1081).
Jean de la Mure *(Mura)* avait longtemps fait des torts aux moines de Domène. Le prieur Pierre et le moine Vuarenc ayant rendu la fraude publique, Jean dut abandonner la 1/2 de la terre qu'il tenait, excepté ses enclos *(olchæ)* et 6 setérées; et, pour ce qu'il conservait, servir 4 sols et une réception *(receptum)*. Son voisin, le chevalier Tetbert, se charge de faire confirmer.
Monteynard, *Cartul. de Domène*, 29-30, n° 25.

**2325** 1081.
Léger, évêque de Gap *(Leodegarius Vapincen.)*, de concert avec ses chanoines, concède à l'église de Saint-Laurent (d'Oulx. *ad Plebem martyrum*) et à ses chanoines tout ce que divers laïques possédaient de biens ecclésiastiques dans le territoire de Beaumont *(Bellimontis)*, du ruisseau de Gruel *ad pontem Altum*, audessus du torrent de la Bonne, sous le cens de 3 livres de poivre et 2 d'encens. Témoins : le doyen Ponce, le grammairien Jean, etc.... ind. 4. — *Cum æmula vetustas*.
Rivautella, *Ulcien. eccl. Chartar.* 205, n° 263, Collino, *Carte d'Oulx*, 45-6, n° 36.

**2326** (Vers 1081).
Le chevalier Pierre Agarn cède au monastère de Domène 2 parts de la dîme qu'il percevait sur le manse donné par le seigneur Ponce, celle de la vigne du même à Allevard *(in Alavardo)* et 2 parts de celle de Jean dit l'Evêque *(Episcopus)* à la Ferrière *(Ferrariæ)*. Le seigneur Ponce donne son approbation. Le prieur Pierre obtient son fils pour l'instruire ; on l'entretiendra pendant 5 ans, sous des vêtements de lin. Humbert Ferrolius, qui était mistral *(mestralia)* du manse de Ponce, cède ce qu'il y percevait, ainsi qu'au cimetière et à la paroisse de la Ferrière.
Monteynard, *Cartul. de Domène*, 173-4, n° 196, 1.

**2327** (Vers 1081).
Pierre de Châteauneuf *(Castellonovo)* renonce entre les mains du prieur Pierre à ses prétentions sur le manse donné au monastère de Domène par Ponce à Allevard *(in Allavargo)*. Seings de sa sœur, épouse de Géraud d'Allinges, du prêtre Vuilbert, etc.
Monteynard, *Cart. de Domène*, 174, n° 197, 2. = R. Gen. 220.

**2328** 1081.
Radulfe Fulchardi est chassé de l'archevêché de Tours par Philippe, roi de France, parce qu'il favorisait les légats de l'église Romaine, Aimé et Hugues évêque de Die.
Bouquet, XII, 459; XIV, 654.

**2329** 8 janvier 1080/1.
Concile tenu à Saintes *(Santonas)* par les légats du Siège apostolique. Aimé, [évêque d'Oloron], et Hugues. évêque de Die, dans lequel on restitue le monastère de la Réole *(Regula*, ancien. *Squirs)* aux bénédictins de St-Benoît-sur-Loire *(Floriacen.)* † *Signum Garmundi archiepiscopi Viennensis*... † *Signum Hugonis episcopi Diensis et item vicarii... Dat. p. m. Lamberti, cancell. ricarii Hugonis*...
Labbe, X, 397-8. Besly, *Hist. comtes Poictov*, 383, 484. Harduin. VI, 1605. Martene, *Thes. nov. anecd.* IV, 115-8. *Gallia christ. nova*, VIII, instr. 497-8. Coleti, *Conc.* XII, 663-6. Mansi, XX, 589. Bouquet, XIV, 92, 765. = Mabillon, *Ann. ord. Bened.* V ; 2*, 145-6. Bréq. II, 177. *Arch. hist. de la Gironde*, V, 102.

**2330** Saintes, 11 janvier 1081.
Guillaume, comte de Poitou et duc d'Aquitaine, sur le conseil des évêques Aimé d'Oloron et Hugues de

Die, légats apostoliques, donne l'église de St-Eutrope de Saintes au monastère de Cluny et à l'abbé Hugues. *Confirmo ego A. Oloren. episcopus, s. Romanæ sedis vicarius...; ego quoque H. Diensis præsul, ejusdem legationis socius, id conlaudandum censeo... in camera quod. S. Eutropii..., ind. 4,... u° et hebdomada qua synodus Sanctonensis est celebrata.*
Gallia christ. nova. II, 1094; cf. I, 1267. BERNARD-BRUEL, *Chartes de Cluny*, IV, 715-6, n° 3580. = BRÉQ. II, 190.

**2331** 18 mars 1081.
Concile tenu à Issoudun *(E.coldunense)* par l'évêque de Die Hugues, légat du pape, où Richard, archevêque de Bourges, confie l'église de Saint-Martin aux moines de Marmoutier. *Hugo Romanæ ecclesiæ legatus.*
ACHERY (d'), *Spicileg*. VI, 17-8. LABBE, X, 399-401. HARDUIN. VI, 1607. COLETI, XII, 669-72. MANSI, XX, 578. BOUQUET, XIV, 40. = MABILLON, *Ann. Bened.* V; 2ᵉ, 164. — Cf. la bulle de Paschal II du 31 mai 1107 (JAFFÉ, 6153).

**2332** (Mars 1081).
Lettre du pape Grégoire VII aux évêques Hugues de Die et A[imé] d'Oloron, qui avaient déposé tous les évêques de Normandie, pour ne s'être point rendus au synode auquel ils les avaient convoqués. Il les rétablit et engage ses légats à plus de modération envers le roi d'Angleterre. — *Perlatum nobis est.*
S. Greg. VII Epist. VIII, 28 ou IX,5. BINIUS. III, 1267. LABBE, X, 280-1. HARDOUIN, VI, 1, 1483. BESSIN, *Conc. Rotomag.* I, 75. COLETI, XII, 510-1. MANSI, XX, 345. BOUQUET, XIV, 653-4. *Patrol. lat.* CXLVIII, 610-1. JAFFÉ, *Bibl. rer. Germ.* II, 478-9. = BRÉQ. II, 194. JAFFÉ, 3927—5208.

**2333** (Vers 28 mars 1081).
Boson vient au monastère de Domène le dimanche des Rameaux et fait don d'une vigne à Froges *(villa Frotgas)*, près de celles des moines. Son frère Romestagnus s'y rend également le jour de l'enterrement de son cousin Pierre Romestagnus et donne une vigne à Froges et le tiers d'un champ aux Adrets, dont les moines avaient le reste en alleu après sa mort.
MONTEYNARD, *Cart. de Domène*, 159-60, n° 184.

**2334** (Vers 3 avril 1081).
Le seigneur Ponce Ainard confirme la donation d'un manse près de l'église des Sts-Pierre et Paul de Domène, à la villa Ste-Marie [de Revel], faite aux moines de Domène par le seigneur Gaufred, sa femme et ses fils, et toutes les dîmes qu'ils pourront acquérir; le prieur Hugues lui fait cadeau d'un superbe cheval. Fait à l'occasion de la translation, par les mains de Hugues, évêque de Grenoble, des ossements de son père (Aynard I) du cloître au chapitre, la veille de Pâques *(s. Pascuæ)*, qu'il déposa avec son fils Guigues *(Vuigo)* cette charte sur l'autel de St-Pierre. Seings de son épouse Béatrix et de sa fille Elisabeth, de son frère Ainard..., du prêtre Guillaume.
MONTEYNARD, *Cart. de Domène*, 71, n° 75.

**2335** 24 octobre 1081.
Lettre du pape Grégoire VII à Hugues, évêque [de Die], lui enjoignant d'ordonner sans retard un archevêque pour la grande église de Lyon; s'il ne trouve personne, qu'il accepte lui-même la charge qui lui est offerte, imitant en cela s^t Pierre qui fut transféré d'Antioche à Rome. — *Summopere procurandum.*
S. Greg. VII Epist. VIII, 41 ou IX, 18. CARAFA. *Epist. summ. pontif.* III. 867. BINIUS, *Conc.* (1606), III, 1271¹; (-18), III², 374; (-36), VII,455-6. *Coll. Reg.* XXVI, 489-90. LABBE, IX, 489. HARDOUIN, VI, 1, 1492. COLETI, XII, 519. MANSI, XX, 354. BOUQUET, XIV, 656 (1082). *Patrol. lat.* CXLVIII, 620. JAFFÉ, *Bibl. rer. Germ.* II, 492-3. — *Gallia christ. nova*, IV, 98. BRÉQ. II, 191. JAFFÉ, 3934—5220. — Hugo Flaviniac., *Chronicon*, II (1082); LABBE, *Nova bibl. mss.* I, 227. PERTZ, *Mon. Germ. hist.*, Ser. VIII, 640. *Patrol. lat.* CLIV, 330.

4 décembre 1081 = 4 décembre 1077.

**2336** 19 décembre 1081.
Elu évêque par le clergé et le peuple de Soissons, Arnoul se rendit auprès de Hugues [évêque] de Die, qui le consacra le dimanche avant Noël. Sa renommée étant parvenue au peuple de Vienne, qui manquait de pasteur, on fit pour l'introniser archevêque des efforts qu'il déclina par la fuite (cf. n° 2365).
*Vita s. Arnulfi episc. Suession.*, auct. HARIULFO abb. Aldenburg., adopt. a LISIARDO, episc. Suession., II, 1 *(Acta ss.* Bolland., aug. III,244ᵇ; MABILLON,*Acta ss. Bened.* VI, II,531; BOUQUET, XIV, 58). = MABILLON, *Ann. Bened.* V; 2ᵉ. 146. COLLOMBET, I, 424. LÖHE (W.), *Hugo v. Die u.* Lyon, 151.

**2337** (1082 ?).
Agindric, sa femme Enexquiva et leurs fils donnent à St-Pierre et à St-Genix *(S. Genesio)* les églises de la villa *Aqua Pulcra*, du castrum *Carbonerius*, avec le 1/3 des dîmes, et celle de *Monte Agindrico*; l'évêque Brocard en avait fait la donation.
BERNARD-BRUEL, *Chartes de Cluny*, IV, 752-3, n° 3595.

**2338** 1082.
Les frères Amblard et Guitfred et leurs parents donnent au monastère de Cluny et à l'abbé Hugues l'église de St-Didier au Touvet *(locus Tovetum)*, avec ses prémices, dîmes, oblations et aumônes.
BERNARD-BRUEL, *Chartes de Cluny*, IV, 754-5, n° 3597.

**2339** (1082 ?)
Le seigneur Burnon d'Arvillard *(Alvilari)* donne au monastère de Cluny son bénéfice *(honor)* en alleu *ultra Lavencam*, sa dîme d'Alviari à Allevard *(vicus Alavarth)*, sous le cens de 5 sols et un 1/2 setier de sel pendant sa vie. *S. Malleus prior.*
BERNARD-BRUEL, *Chartes de Cluny*, IV, 753, n° 3596.

**2340** 1082.
Guigues, Hysard, Ainard et d'autres donnent au monastère de Cluny et à l'abbé Hugues les églises de St-Pierre et de St-Marcel à Allevard *(locus Alavardus)*, avec prémices, tiers des dîmes, oblations et aumônes, pour y fonder une maison religieuse...
BERNARD-BRUEL, *Chartes de Cluny*, IV, 751-2, n° 3594.

**2341** (Vers 1082).
Jean, pour sa sépulture et celle de sa femme Aalsenda, donne aux moines de St-André [à Vienne] une vigne à Montseveroux *(Mons Superior)*, à Moydieu *(Modiutis villa)*, avec réserve d'usufruit, sous l'investiture d'une sommée *(somata). S. Umberti abbatis... S. Joahnnis ministri...*
CHEVALIER (U.), *Cart. de St-André-le-Bas*, 205, n° 273.

**2342** 9 janvier 1082.

Ripert [ancien évêque de Gap], fils de Precipia, sa femme Béatrix et leurs fils Ripert, Isnard, Pierre, Raimbaud et Hugues donnent au monastère de Cluny le territoire de Leboret e del Vorze *in Monte Albionis*, dioc. de Sisteron... *luna 15*... Seings.

BERNARD-BRUEL, *Chartes de Cluny*, IV, 744-5, n° 3590. = MANTEYER, *Provence*, 360.

**2343** (1082 ?).

Lettre du pape Grégoire VII à C[entulle], comte [de Béarn], qui poursuivait de son inimitié l'évêque qui l'avait excommunié à cause de son union illicite ; il l'exhorte à restituer et à se présenter en synode devant ses légats Hugues, évêque de Die, et Richard. — *Dolemus satis.*

S. Greg. VII Epist. VIII, 45 ou IX, 22. COLETI, XII, 522-3. MANSI, XX, 356. *Patrol. lat.* CXLVIII, 623-4. JAFFÉ, *Bibl. rer. Germ.* II, 496-8. = JAFFÉ, 3943—5230. — Cf. n° 2177.

**2344** (1082 ?).

Lettre du pape Grégoire VII, à Hugues, évêque de Die, et au cardinal Richard, abbé [de St-Victor de Marseille], au sujet des plaintes de l'archidiacre de Dax *(Aquen.)* contre l'archevêque d'Auch et les évêques d'Oloron et de Bazas; qu'ils en jugent. — *Aquensis archidiaconus.*

BOUQUET, XIV, 186. *Patrol. lat.* CXLVIII, 701. JAFFÉ, *Bibl. rer. Germ.* II, 570. = JAFFÉ, 3963—5241.

**2345** (1082).

Hugues, archevêque de Lyon [= évêque de Die], après avoir plusieurs fois invité Hugues, archevêque de Besançon, à rendre l'église de Ste-Marie de Salins à l'abbé [de St-Bénigne] de Dijon, le cite à comparaître au concile de Meaux.

BALUZE, *Miscell.* VI, 422 ; 2°, III, 56ᵇ. MABILLON, *Ann. Bened.* V, 675ᵇ; 2°, 640°. BOUQUET, XIV, 796-7. *Patrol. lat.* CLVII, 516. = BRÉQ. II, 382 (1106), 391 (1107).

Février 1082 = Février 1078.

**2346** Domène, 10 octobre 1082.

Ponce, fils d'Ainard de Domène, désireux d'augmenter les possessions du monastère de ce nom et de ne pas sortir de ce monde sans caution *(vuadium)* ni confession, donne à s' Georges et aux moines de Cluny un grand et excellent *(optimum)* manse à Villard-le-Prêtre *(locus Villaris Presbyteralis)*, dans la vallée d'Allevard *(Alvargus)* et le diocèse de Grenoble ; plus l'habitation *(casamentum)* d'Arnold de Theys *(Tedesio)*, entre l'église et la rivière. Il place la charte sur l'autel des Sts-Pierre et Paul, a° *1081, 6 id. oct., fer. 2, luna 14.* Seings de son épouse Béatrix, de ses frères Ainard et Rodulfe, de ses cousins, etc. Suit l'énumération des cens dus par ce manse. — *Clemens et pius Conditor.*

MONTEYNARD, *Cartul. de Domène*, 169-72, n° 194. = MANTEYER, *Prov.* 360.

**2347** (23/29 octobre 1082).

Charte de Guarin, comte de Rosnay, en faveur du monastère de Montiérender qu'il prie *d. Hugonem Lugdunen. archiepiscopum et apostolicæ sedis legatum*, de confirmer. *S. Hugonis Diensis episcopi... S. Hugonis Grannopolitani episcopi.*

BALUZE, *Miscell.* VI, 420 ; 2°, III, 55-6. MABILLON, *Ann. Bened.* V, 642 ; 2°, 607. *BOUQUET, XIV, 787°. LALORE, *Chartes de Montiérender*, 185-7. = BRÉQ. II, 198.

**2348** 23 à 29 octobre 1082.

Concile tenu à Meaux *(Meldis civil.)*, sur l'ordre du pape Grégoire VII, par son légat Hugues, évêque de Die ; Thibaud, comte palatin [de Champagne], dénonce les injustes exactions de Gautier, comte de Brienne, contre le monastère de Montiérender *(Derven.)* ; il s'engage par serment à y renoncer et on excommunie les contrevenants. Gautier, évêque de Meaux, étant décédé, Hugues consacre à sa place Robert, abbé de Rebais. *S. Hugonis Diensis episcopi... S. Hugonis Grannopolitani episcopi.*

LABBE, X, 398. BALUZE, *Miscell.* VI, 420 ; 2°, III, 55-6. MABILLON, *Ann. Bened.* V, 641 ; 2°, 606-7; cf. 2°, 172. MANSI, XX, 573-4. BOUQUET, XIV, 787-8. LALORE (Ch.), *Chartes de Montiérender* (1878), 180-5. — CLARIUS, *Chronicon S. Petri Senonen.*: ACHERY (d'), *Spicileg.* II, 463 ; 2°, II, 705. BOUQUET, XI, 285 ; XII, 279; XIV, 92. — ROBERTI *S. Mariani Autissiodor. Chronologia* : éd. CAMUSATI (Nic.) (1609), 77. BOUQUET, XII, 289. = LIRON, *Singul. histor.* IV, 486. BRÉQ. II, 198. HÉFÉLÉ, *Concgesch.* V°, 157. LÜHE (W.), *Hugo v. Die u. Lyon*, 150-3.

**2349** (23/29 octobre 1082).

Charte de Geoffroy, comte de Montagne, et sa femme Béatrix, portant concession de l'église de St-Denis de Nogent à Cluny. Les donateurs apportent la charte au concile de Meaux présidé par Hugues, évêque de Die, vicaire du Pape, et en obtiennent la confirmation.

BALUZE, *Miscell.* VI, 415 ; 2°, III, 54-5 (à 1081). BOUQUET, XIV, 171. 787. BERNARD-BRUEL, *Chartes de Cluny*, IV, 698-702, n° 3563.

**2350.** 19 novembre 1082.

Gontard et sa femme Beliza, de l'assentiment de leurs 4 fils, donnent à l'église de Romans sur l'Isère l'église de St-Sévère, avec le tiers des dîmes et du presbytère ; de plus, les améliorations qu'ils se proposaient de céder aux moines de St-Pierre de Vienne, avec l'approbation de Warmond *(Garmundus)*, archevêque de Vienne. *Data p. man. Rostagni..., luna 25. D. N. regn. et d. n. papa Gregorio Roman. imper. tenente.*

FONTANIEU, *Cart. du Dauph.* I, 85-6. — GIRAUD, *Hist. S. Barnard-Romans*, II, pr. 21-2, n° 117 ; et CHEVALIER, *Cart. de St-Barnard.* 203.

**2351** (Vers 1083).

Trois clercs, Pierre Guilelmi, Jean Lombard *(Longobardus)* et Constantin, vinrent trouver Hugues, évêque de Grenoble, et lui demandèrent avec l'habit régulier un lieu pour y servir Dieu suivant la profession canonique. Il leur concéda l'église de St-Martin (de Miséré) dans la paroisse de St-Ismier *(S. Himerii)* et la portion sud du cimetière, pour y construire un cloître, des demeures et offices *(officinæ)*, se réservant la partie nord ; ils revêtirent en synode l'habit régulier, reçurent la bénédiction et promirent obéissance. Hugues leur donna ensuite l'église de St-Ismier et celle de Ste-Marie de Biviers *(Biveu)*, avec la 1/2 de la dîme. Par la suite, les frères ayant augmenté en nombre et en religion, il leur remit 15 églises : St-Pancrace, St-Hilaire, Saint-Bernard, Ste-Marie, la Pierre *(Petra)*, le Champ(-près-Froges, *Campus*), les Adrets *(Adreiz)*, Tencin *(de Tencinis)*, Hurtières *(Ortigeriæ)*, Aix-les-Bains *(Aquæ)*, Cruet *(Crosis)*, St-Etienne et Ste-Marie d'Arvey *(Arvisium)*, St-Jean et le Désert *(D-tum)*, où il se réserva une résidence *(statio)* avec six compagnons, de la s{t} Pierre à l'Assomption.

Mss. : Harlay 497, 7. D. Estiennot, VI, 264. *Cart. d'Aimon de Chissé* (Not. anal. 20, n° 45 (v. 1083). FONTANIEU, *Cart. du Dauph.* I, 78{b} (à 1050). — CHORIER, *Estat polit.* II, 108-8. *Gallia christ. nova*, XVI, instr. 78-9. MARION, *Cart. de Grenoble*, 7-8. == *Doc. hist. inéd.* I, 271.

**2352** (Vers 1083).

Bérilon, sa femme et ses fils, par crainte des peines de l'enfer et amour du royaume céleste, donnent au monastère de St-André dans les murs de Vienne et à l'abbé Humbert la moitié de l'église de St-Eusèbe à Pressins *(villa Presinus)*, au diocèse de Belley, avec les oblations de l'autel et le cimetière ; ils y ajoutent une parcelle de vigne.

CHEVALIER (U.), *Cart. de St-André-le-Bas*, 200, n° 260.

**2353** (Vers 1083).

Le chevalier Etienne, oncle du moine Guy, devenu moine lui-même, donne [à St-André-le-Bas] une vigne au midi de l'église de St-Marcel[-d'Eyzin], un courtil auprès et une terre au nord, en présence de l'abbé Humbert.

CHEVALIER (U.), *Cart. de St-André-le-Bas*, 203, n° 265.

**2354** (Vers 1083).

Le chevalier Floald donne au monastère de Saint-André, pour le salut de son âme, 3 éminées de terre *in loco Broiaivo*, en présence de l'abbé Humbert.

CHEVALIER (U.), *Cart. de St-André-le-Bas*, 203, n° 268.

**2355** (Vers 1083).

Le chevalier Garin et ses frères Manaseus et Galaunus donnent au monastère de St-André, pour leur frère Francon, futur moine, une vigne sur la colline à l'orient du château Pinet et une terre à la *villa Marciaco*, en présence de l'abbé Humbert.

CHEVALIER (U.), *Cart. de St-André-le-Bas*, 203, n° 266. == MANTEYER, *Prov.* 100.

**2356** (Vers 1083).

Le chevalier Gironcle *(miles Gyrunculus)* donne aux moines de St-André une vigne à l'orient de l'église de St-Marcel[-d'Eyzin], en présence de l'abbé Humbert.

CHEVALIER (U.), *Cart. de St-André-le-Bas*, 204, n° 270.

**2357** (Vers 1083).

Gotafred donne au monastère de St-André, pour le repos de sa femme Agathe, un courtil à la *villa Marciaco*.

CHEVALIER (U.), *Cart. de St-André-le-Bas*, 204, n° 269.

**2358** (Vers 1083).

Guy *(Wigo)*, fils de Silvion de Chalancon *(Calancone castello)*, considérant la damnation des âmes de ses parents et de la sienne, donne aux clercs de l'église de Romans l'église de Silhac *(Ciliacen.)*, avec dîmes, presbytère, réceptions et mutations de prêtres ; il renonce aux mauvaises coutumes qu'il a introduites dans le mandement de Chalancon ; s'il y a forfaiture, il donnera satisfaction dans les 30 jours. Témoins : Gontard, évêque de Valence, Armand Tonsus, le vicomte Ponce, Odilon de Châteauneuf *(Castello Novo)*, Pierre de Retourtour, Rainier chanoine de Valence, Odon de Pisançon, chanoine de Romans, Teotbert archiprêtre et chanoine, et les autres chanoines et clercs de Romans.

GIRAUD, *Hist. S. Barnard-Romans*, compl. 24-6, n° 120 ; et CHEVALIER, *Cart. de St-Barnard*, 206-7.

**2359** (Vers 1083).

Serment de Guy [de Chalancon] aux chanoines et clercs de l'église de Romans ; il promet de ne point leur enlever l'église de Silhac *(Ciliaco)* ni le bénéfice *(honor)* qui en dépend ; s'il y a forfaiture, il donnera satisfaction dans les 30 jours qui suivront l'avertissement qu'il en aura reçu. Sa femme Nestoria et ses fils Etienne et Silvion jurent avec lui. Témoins : les mêmes et les chanoines de Romans.

GIRAUD, *Hist. S. Barnard-Romans*, compl. 26-7, n° 121 ; et CHEVALIER, *Cart. de St-Barnard*, 207-8.

**2360** (Vers 1083).

Hatuiz, veuve d'Adémar dit Pérégrin, livre son fils Gautier au monastère de St-André et à l'abbé Humbert, pour qu'on le revête de l'habit monastique, et donne l'église de St-Pierre à Estrablin *(villa Stablinus)*, au pagus de Vienne, avec les oblations de l'autel. Soffred chevalier d'Hauterives *(de Alta Ripa)* corrobore cette donation, que l'abbé fait confirmer par le doyen Siebod, l'archidiacre Rostagnus et les autres chanoines de St-Maurice.

CHEVALIER (U.), *Cart. de St-André-le-Bas*, 202, n° 264.

**2361** (Vers 1083).

Latuyz, veuve d'Adémar Pérégrin, donne au monastère de St-André, pour son fils Gautier, qui revêt l'habit monastique, le tiers d'un enclos à la villa *Arboriaco*, au pagus de Vienne, un courtil à Salforas et *Mons Falconis*, et 4 seterées de terre et une vigne à Estrablin *(Stablin)*. L'abbé Humbert avait acheté cet héritage des hommes francs *(franchiles)* dans la paroisse de Moydieu *(villa v. p. Modiatis)*. Rostagnus dit Romeus confirme en alleu et reçoit 20 sols.

CHEVALIER (U.), *Cart. de St-André-le-Bas*, 204-5, n° 272.

**2362** (Vers 1083).

Les frères Manaseus et Irvisus donnent au monastère de St-André une vigne située près de celle qui a été remise par le moine Francon, avec consentement de leurs sœurs, en présence de l'abbé Humbert.

CHEVALIER (U.), *Cart. de St-André-le-Bas*, 203, n° 267.

**2363** (Vers 1083).

Le chanoine Rostaing *(Rostagnus)* et ses 3 frères rendent au monastère de St-André et à l'abbé Humbert la chapelle de Septème *(Septimo)*, à la prière d'Agnion, sous le témoignage des chevaliers Gautier et Rostaing, Milon de Collonge *(Colongis)*, etc.

CHEVALIER (U.), *Cart. de St-André-le-Bas*, 202, n° 263.

**2364** (Vers 1083).
Donation faite à l'église de St-Maurice de Vienne par le chanoine Rostaing, du consentement de son frère Artaud, des biens qu'il avait à Reventin *(Repentinis)*, avec la signature de l'archevêque.
Chevalier (U.), *Cart. de St-Maurice Vienne*, 44, n° 198.

**2365** 2 janvier (1083).
Déposition de Warmond, archevêque [de Vienne].
Obit. du prieuré de St-Martin-des-Champs *(Obit. prov. Sens*, 1902, I, 421). — Nécrol. du prieuré de Longpont (ibid. 519). — *Chronicon cœnobii Dolen*. (Bouquet, XII, 455).

**2366** 1083.
Gontard, vicaire de l'église de Vienne et évêque de Valence, avec l'assentiment du prévôt Artaud, du doyen Sibond, des archidiacres Rostaing, Adémar et Richard, et de tout le chapitre [de Vienne], donne au monastère N.-D. et St-Pierre de Montmajour cinq églises : Saint-Antoine et St-Didier, Ste-Marie de Montagne *(Montanea)*, St-Hilaire, St-Marcellin, avec leurs dîmes, ainsi que celles des Voureys (ou Vouriers, *Voretus*), moyennant dix sols le dimanche avant les Rogations pour la réfection des frères. L'évêque ordonne que le lieu qui possède les reliques d'un si grand patron [s' Antoine], soit honoré de tous ; jadis possédé par des laïcs et des séculiers, il a été restitué à l'église mère de Vienne.
Dijon, *Église abbat. de St-Antoine* (1901), app. B. Maillet-Guy (Germ.), dans *Bull. soc. archéol. Drôme*, XLI, 94-6.

**2367** Domène, 6 janvier 1083.
Dame Adélaïde, veuve d'Ainard de Domène, ayant eu connaissance de la donation de son fils Ponce, voulut s'y opposer ; puis, venue au monastère de Domène et sollicitée par le prieur Pierre, elle loua la donation, la plaçant sur l'autel des Sts-Pierre et Paul, le jour de l'Epiphanie, *fer.* 6, 8 *id. jan. eod.* a°. Témoins : … Géraud abbé de St-Genix? *(Genien.)* …. Hugues de Viriville *(Veiravilla)*, chevalier.
Monteynard, *Cart. de Domène*, 172, n° 194. 3.

**2368** 19 janvier 1082/3.
Pierre Ademari, de la Mastre, donne et remet à l'église fondée par s' Barnard sur l'Isère, pour son père Adémar et sa mère Raimodis, l'église de St-Victor de *Jaharceu*, avec ses dépendances : dîmes, presbytère, etc. comme les prêtres Salicon et Robert et leurs prédécesseurs les ont tenus ; il abandonne aussi les réceptions *(receptum)*, mauvaises coutumes, droit de gîte, etc. qu'il avait l'habitude d'exiger. Souscrivent dix témoins. *Et quia Viennensis archiepiscopus* (Warmond) *eo anno obierat, ego* G[ontard], *Valentinensis episcopus, ipsius archiepiscopatus pontificalem gerens curam ex parte Viennen. ecclesiæ,* remet l'église de St-Victor à celle de Romans. *Data p. man. Petri sac. … fer.* 5, *luna* 27, a° *D. I. 1082, ind.* 4, *cycli sol.* 27, *lun.* 1, *d. n. papa* G[regorio] *Roman. imper. ten.* — *Quorundam humanæ*.
Giraud, *Hist. S. Barnard-Romans*, compl. 23-4, n° 119 et 181 ; et Chevalier, *Cart. de St-Barnard*, 204-5. = Mazon (A.), *Orig. égl. Vivarais*, I, 181-2.

**2369** 28 janvier (1083).
Bérilon, sa femme Adalsende et ses fils cèdent en alleu au monastère de St-André et à l'abbé Humbert, avec l'assentiment de leurs chevaliers, tout l'héritage qu'avaient tenu Barnard, prêtre de Moydieu *(Modiaco)* et son fils Garnier, d'Artaud, père de Bérilon et de lui-même ; cette terre, dite Bérilonique *(B-ica)* se trouve dans l'intérieur et autour de la villa de Moydieu ; la cession comprend la chapelle *(ecclesiola)* de Ste-Marie et l'usage du bois appelé Chassen. L'abbé donne à Bérilon 500 sols, à sa femme 30 et un vêtement *(lacerna)* acheté 10 sols ; au chanoine Rostaing, qui comptait avoir cet héritage, 115 sols ; à Guy intendant *(Guido bajulus)* de Bérilon, 15 : en tout 33 livres. *Data p. man. Bornonis mon. m. jan., in kalend.* 5 *kal. feb.*
Chevalier (U.), *Cart. de St-André-le-Bas*, 198-9, n° 259.

**2370** 28 janvier 1082/3.
A° *D. I. 1082*. Emmo et sa femme Elisabeth, avec leurs 4 enfants, donnent leur fils Richard au monastère de St-André dans les murs de Vienne et avec lui, par les mains du seigneur Vuitred et de son fils Nantelme, le quart de l'église paroissiale *(matris)* de St-Pierre à Miolans *(Mediolano)*, de ses oblations, cimetière et dîmes, de la chapelle du château et de celle dans le bourg ; ils donnent en outre les dîmes de tout ce qu'ils possèdent en alleu et la moitié en bénéfice ; pour 4 muids de vin très pur et un champ au-dessous du bourg, ils reçoivent de l'abbé Humbert 20 sols, la réception et l'habit de leur fils Richard. *Scr. p. man. Bornonis mon., m. jan., luna* 6, *in kalendario* 5 *kal. jan.* [= *feb.*_
Achery (d'). *Spicileg*. XIII, 294-5 ; 2°, III, 414. Chevalier (U.), *Cart. de St-André-le-Bas*, 178 et 201, n° 230 et 262. Terrin, dans *Doc. acad. Savoie*, VI, 59-60 et 61-2. Chorier, *Estat polit*. II, 384-5 ; *H. de D.* I, 865 ; 2°, 664. = Brèq, II, 196.

**2371** 29 janvier (1083).
Amblard et sa femme Biatris donnent à l'église de Romans tout leur alleu à *Plazano*, *Fonte Frigida* et *Rivizano* ; eux et leur héritier serviront 14 den. par an. *Data p. man. Aalberti sac… luna* 7, *fer.* 1.
Giraud, *Hist. S. Barnard-Romans*, compl. 30, n° 127 ; et Chevalier, *Cart. de St-Barnard*, 203-4.

**2372** (31 janvier ou 1er février) 1083.
Hugues, évêque de Die, prend possession du siège archiépiscopal de Lyon, qu'il occupa 23 ans 8 mois et 7 jours ; il mourut le 7 oct. 1106.
*Gallia christ. nova*, IV, 109. *Patrol. lat.* CLVII, 489. = *Répert.*, Bio. 2201.

**2373** Vienne, 7 mars (1083).
Hugues, Garin et Wichard, leur neveu Robert *(Robertus)* et leurs feudataires restituent *(vuirpicio)* à St-Maurice, à St-Ferréol et à St-Julien l'église de St-Julien au-delà du Rhône, près du lit du fleuve, avec le tiers de la dîme. Les excommunications souvent fulminées par les évêques dans les conciles [contre les détenteurs des biens ecclésiastiques] leur font espérer la gloire de la patrie céleste [à raison de cette restitution]. *Scr. mann Bosonis cancell. m. mart., fer.* 3, *luna* 15. — *Quando conmutaciones*.
Chevalier (U.), *Cart. de St-André-le-Bas*, 273-4, n° 62° ; *Cart. de St-Maurice Vienne*, 53, n° 259.

**2374** Romans, 2 avril 1083.
Guillaume, fils d'Austorge, donne son assentiment à la donation de l'église de St-Victor à celle de St-Bar-

nard. in festivitate Palmarum, sub d. Desiderii Cavillonen. (Cavaillon) episcopi testificatione ac tocius populi ad tantis diei lætitiam concurrentis.

GIRAUD, Hist. S. Bernard-Romans, compl. 24, n° 119 et 181; et CHEVALIER, Cart. de St-Barnard, 204-6.

**2375** 14 mai (1083).

Guy Morand (Wido Morannus), avec l'assentiment de ses fils Guy et Guillaume, donne à l'église de Romans une portion de son héritage dans la villa de St-Michel du Chalon (de Berbegatis), l'ager (vicus) de Genissieu (Giniacen.) et le pagus de Vienne, joignant la terre de St-Pierre. Data p. man. Rostagni lev... fer. 1, luna 24, regn. D. N. J. C.

GIRAUD, Hist. S. Barnard-Romans, compl. 29-30, n° 126; et CHEVALIER, Cart. de St-Barnard. 208-9.

**2376** Vienne, 1084.

Gontard. 62° archevêque de Vienne, du conseil de tous, élit la noble vierge Aldegarde abbesse du monastère de St-André à Vienne, dit ad Apostolos, fondé par s' Léonien, abbé de St-Pierre, habité jadis par cent vierges, puis dévasté par les Vandales, restauré par le roi Rodolphe II, à la demande de la reine Hermengarde, et confié aux religieuses de St-Césaire d'Arles, du temps de l'archevêque Burchard ; elle sera la 2° abbesse élue par 9 religieuses dont on donne les noms. L'élection est approuvée par les abbés Girard de St-Pierre de Vienne, Humbert de St-André de Vienne, Almannus de St-Chef (S. Theuderii) et par les chanoines de St-Maurice, le prévôt Artaud, le doyen Siebond, les archidiacres Rostaing, Richard et Adémar. Data ... p. man. Bosonis cancell. a° I. D. N. J. C. 1084, ind. 7, epacta 11, luna 24, in conv. publ.

Ms. : Baluze. LXXV, 427b-8. — Gallia christ. nova, XVI, instr. 25-6. CHARVET-ALLUT, St-André-le-Haut, 204-5; trad. 81-4.

**2377** (Vers 1084).

Otmar donne à l'église des Romanais (Romanensium) une [terre à St-Félicien], limitée par les routes qui vont au moulin [de Bozas] par Terrenau (villa de Tavanosc) et la Croix (Crux) jusqu'à la Daronne (Durona). — Son neveu Guillaume Garento abandonne ses prétentions par l'entremise de Ponce, prieur de Tain (Tenco).

GIRAUD, Hist. de S. Barnard-Romans, compl. 101-2, n° 248; et CHEVALIER, Cart. de St-Barnard, 209.

**2378** (Vers 1084).

Pierre et ses fils Guillaume et Rostaing donnent à l'église de Romans, que gouverne l'archevêque et abbé Gontard, une vigne et une terre dans la paroisse de St-Maurice de Cassedonno et le diocèse de Vienne. Regn. Agenrico rege.

GIRAUD, Hist. S. Barnard-Romans, compl. 28-9, n° 124; et CHEVALIER, Cart. de St-Barnard, 210.

**2379** 22 janvier 1084.

Lantelme, archevêque d'Embrun, de concert avec les chanoines [de sa métropole], donne au prévôt Lantelme et aux chanoines de St-Laurent (d'Oulx, de Plebe martyrum) l'église de Ste-Marie de Briançon (Briancio), sous la redevance à Noël et à Pâques d'une belle aube, avec amict et cordon, et d'une livre d'excellent encens, et l'obéissance canonique. Il confirme leurs acquisitions futures et leur autorise les vocations... luna 9 [= 11] 1084 [al. 1083], ind. 7.

RIVAUTELLA, Ulcien. eccl. Chartar. 156, n° 183. FORNIER (Marc.), Hist. Alpes Marit. III, 198-9. COLLINO, Carte d'Oulx, 50-1, n° 39. = ROMAN, 6b.

**2380** (Vers 24 juin) 1084.

Fondation de l'ordre des Chartreux par Bruno :

Anno milleno quarto quoque, si bene penses,
Ac octogeno, sunt orti Cartusienses.
His ortum tribuit excelsus Bruno magister.

BOUQUET, XII, 119, 238, 289-90, 313, 412, 464; XIII, 258, 686, 725. BOYS (Alb. du), Vie de s' Hugues, 449. Gallia christ. nova, XVI, instr. 80. LE COUTEULX, Ann. Cartus., I, 5-8.

**2381** 1084.

Humbert de Miribel, son frère Odon, Hugues de Tolvon (Tolnone) et autres possesseurs, avec Seguin (Siguinus), abbé de la Chaise-Dieu, concèdent à maître Bruno et aux frères venus avec lui y chercher la solitude, un vaste désert pour y habiter : ils en déterminent les limites. Terra... cepit inhabitari et construi a° ab I. D. 1084, episcopatus d. Hugonis Gratianopolitani episcopi 4, qui confirme avec ses clercs. Témoins : le doyen Hugues et neuf [chanoines].

COLUMBI, Opusc. 56-7. PALLIAS (H.), Ms. de Philibert Brun (1866), 7-8. LEFEBVRE, S' Bruno et les Chartreux, II, 390-2. LE COUTEULX, Ann. Cartus. I, 9-10. = Gallia christ. nova, II, 330. BRÉQ. II, 207.

**2382** (Juillet 1084).

Lettre de Hugues, évêque de Grenoble, aux prêtres et laïques de son diocèse. Pour conserver aux moines de la Chartreuse la paix et le repos, il leur a fait construire une maison sur le pont à l'extrémité de leurs possessions. Il défend aux femmes et aux hommes en armes d'y pénétrer ; il y interdit la pêche et la chasse. — Quomodo fratres.

FONTANIEU, Cart. du Dauph. I, 86-7. — MABILLON, Ann. Bened. V, 646; 2°, 611b. Patrol. lat, CLXVI, 1571. Gallia christ. nova, XVI, instr. 79-80. LEFEBVRE, S' Bruno et les Chartreux, II, 392-3. — BRÉQ. II, 206.

**2383** Bésalu, 26 septembre 1084.

Bernard, comte de Bésalu (Bisaldunen.), avec le conseil et l'assentiment de Bérenger, évêque de Girone, donne à l'église de St-Ruf (Ruphi) sur le Rhône et à son abbé Arbert l'église de Ste-Marie dans les murs de Bésalu, tant qu'on y observera la règle de St-Augustin..., a° 25 regni Philippi regis. Témoins : les vicomtes Guillaume et Pierre. Gaufredus can. et lev. scr. in castro novo.

PETIT, Theodori Pænitent. II, 626. MARCA (P. de), Marca Hispan. 1175. CHEVALIER (U.), Codex diplom. S. Rufi, 5-6. = BRÉQ. II, 206.

**2384** 7 novembre (1084).

Armannus et ses frères Adémar, Ponce, Falcon et Guigues (Wigo) donnent à l'église de Romans, où préside Gontard, archevêque de Vienne, un manse aux Loives (villa q. nom. ad las Lovias), baigné par la Galaure (aqua Gala), sous la condition d'être ensevelis avec honneur par les chanoines ; ils confirment la donation d'une métairie (cabannaria) par leur mère. Data p. man. Siibodi lev... 6[= 5] fer., luna 5, regn. D. N. J. C.

GIRAUD, *Hist. S. Barnard-Romans*, compl. 27-8, n° 123; et CHEVALIER, *Cart. de St-Barnard*, 210-1.

**2385** 2 décembre 1084.

Ponce, sa femme Elion et son fils Géraud, avec plusieurs nobles de leur famille, donnent au monastère de St-André dans les murs de Vienne et à ses religieuses, de l'agrément de Géraud, évêque de Viviers, et de Ponce, évêque de Die et prévôt de Viviers, l'église des Sts-Martin, André et Etienne à la Villedieu (*Villa Dei*), avec ses dîmes, cimetière, oblations et alleu, comprenant 8 manses, etc. L'évêque de Viviers donne l'église de Ste-Croix, les fils de Pierre Artoldi celle de St-Didier, Guy (*Vigo*) de Bans celle de St-Pierre à Veyras (*Variaco*). Le monastère de la Villedieu, dont elles dépendent, payera annuellement à celui de St-André une sommée de sel, une de pois et une d'amandes. *Dat. p. man. Ricardi archidiac. Viennæ ..., ind. 7, regn. D. N. J. C. in sæc. sæcul. — Autoritas sanxit.*

CHARVET-ALLUT, *St-André-le-Haut*, 206-8, Trad., ibid. 54-8; MAZON (A.), *Orig. égl. Vivarais*, I, 256-60. = CHEVALIER (J.), *Hist. égl.-ville Die*, I, 458-9 (à 1284).

**2386** (Vers 1085).

Le seigneur Allemand d'Uriage (*Alemannus de Auriatge*), enseveli dans le monastère de Domène, lui avait donné une métairie (*cabannaria*) à Villa Perdita, dont la ministralie (*ministralia*) fut cédée par le fermier (*villicus*) Guillaume, qui reçut des moines 15 sols. Puis, grandissant, les fils d'Allemand, Pierre et Allemand, la lui enlevèrent, ensuite la rendirent et reçurent 10 sols du prieur Hugues.

SALVAING DE BOISSIEU, *Usage des fiefs*, 2°, 484; 3°, II, 229-30. MONTEYNARD, *Cart. de Domène*, 33-4, n° 29.

**2387** (Vers 1085).

Hugues, prieur de Domène, du conseil de son seigneur Ponce Ainard, reçoit en gage (*in vadio*) pour 100 sols la 8° partie de la dîme de Theys (*Tedesio*) du chevalier Aynard, qui, tombé malade, en fait cession aux moines clunisiens. Son seigneur Rodolphe approuve, en présence du prieur Hugues; mais, à sa mort, sa femme et ses fils s'en emparent et le même prieur est obligé de leur donner 70 sols.

MONTEYNARD, *Cart. de Domène*, 144, n° 167. 1.

**2388** (Vers 1085).

Le seigneur Aynard donne au monastère de Domène le manse de Vuarembert à Theys (*villa de Tedesio*) ; on place la charte sur l'autel des apôtres Pierre et Paul.

MONTEYNARD, *Cart. de Domène*, 151, n° 175.

**2389** (Vers 1085).

Le prieur Hugues maintient Etienne d'Hérans (*de Heroneio*) en jouissance (*retinuit*) des dîmes que le comte Guigues (*Vuigo*) avait données au monastère de Domène dans la paroisse de [St-Jean-d'] Hérans, mais s'il meurt ou quitte le siècle, elles feront retour aux moines. Témoins le moine Amédée, le prêtre Vuodalbert et le chanoine Fulco.

MONTEYNARD, *Cart. de Domène*, 12-3, n° 10.

**2390** (Vers 1085).

Francon et sa femme Anne donnent au monastère de Domène, pour être ensevelis dans le verger, ce qu'ils tiennent à Champrond (*in Campo Rotundo*) du seigneur Guillaume, qui reçoit pour son consentement 10 sols du prieur Hugues. *S. Alvisi militis.*

MONTEYNARD, *Cart. de Domène*, 82, n° 90.

**2391** (Vers 1085).

Le seigneur Guigues (*Vuigo*) et dame Guillelmette (*Vuillelma*) donnent aux moines de Cluny à Domène un manse *magnus et optimus* à Lavars (*villa Lavargus*), que les frères possèderont à la mort de la donatrice.

MONTEYNARD, *Cart. de Domène*, 19, n° 16.

**2392** (Vers 1085).

Guigues Guarinus, arrivé à la mort, fait son testament, en présence de Hugues, évêque de Grenoble, du comte Guigues (*Vuigo*) et d'autres nobles ; il donne au monastère de Domène une métairie (*cabannaria*) au-dessus du château d'Uriage (*Auriacen.*) et tout l'alleu qu'il possédait en Savoie : les manses de *Vilascar* et de *Villa Aimar* [la Ravoire ?], les métairies de Hauteville (*Altavilla*) et de Guillaume d'Aiguebelle. Témoins : son épouse Agnès et le frère de celle-ci Tetbert de Morêtel (*Maurestello*), ses gendres Berlon de Corps (*Corb.*) et Bernard d'Oriol (*Auriolo*), etc.

SALVAING DE BOISSIEU, *Usage des fiefs*, 2°, 483-4 ; 3°, II, 229. MONTEYNARD, *Cart. de Domène*, 32-3 (v. 1085). 185-6 (v. 1080), 6-7, n°° 28, 211,-2.

**2393** (Vers 1085).

Le seigneur Guillaume de Domène donne au monastère de ce lieu un journal (*diuturnalis*) de terre près de la vigne de Vualan Roux, sous la condition que chaque samedi on allumera une lampe la nuit devant l'autel de la s° Vierge ; pour assurer cette fondation, le prieur Hugues II décide que le sacristain (*custos ecclesiæ, sacrista*) recevra un setier de froment par an.

MONTEYNARD, *Cart. de Domène*, 67, n° 70.

**2394** (Vers 1085).

Hugues Aténulfe avait engagé (*in vadimonium*) à Odon d'Uriage (*Auriatge*) deux condamines à Domène pour 70 sols. Sur son conseil, le prieur de Domène, Hugues, les racheta, lui donna 5 sols et les tint de lui en gage pour 75 sols ; approuvé par ses frères.

MONTEYNARD, *Cart. de Domène*, 68, n° 72 (v. 1080).

**2395** (Vers 1085).

Hugues Aténulfe donne aux moines clunisiens de Domène un courtil près de l'église de St-Georges [du monastère] et reçoit du prieur Hugues 4 sols et 1 setier d'avoine.

MONTEYNARD, *Cart. de Domène*, 69, n° 73.

**2396** (Vers 1085).

Le noble chevalier Hugues donna au monastère de Domène le tiers du manse de Durand Retorn situé à Theys (*villa Tedesii*) ; il repose dans le cimetière.

MONTEYNARD, *Cart. de Domène*, 150-1, n° 174.

**2397** Grenoble, (vers 1085).

Hugues, évêque de Grenoble, et le comte Guigues (*Vuigo*) corroborent le don fait au monastère de Domène par Guigues Garin, Alvise, Nantelme, Torrencus et Pierre Ferran d'un pré sur la rive de l'Isère jusqu'à *Bessatum*. Le comte était pour lors au monastère de St-

Laurent [près Grenoble], en présence du prieur Hugues et du moine Roland. Témoins : Jean du Puy, chanoine, etc.

MONTEYNARD, *Cart. de Domène*, 79-80, n° 86.

**2398** (Vers 1085).
Humbert Benedictus donne au monastère de Domène une vigne à Tencin *(villa T-ns)*, la moitié pour son frère défunt Aynard, l'autre pour lui, dont il jouira sa vie durant. S. Roslagni canon., Vuillelmi presb.

MONTEYNARD, *Cart. de Domène*, 137, n° 160.

**2399** (Vers 1085).
Mentia, fille d'Aynard, donne au monastère de Domène, pour l'âme de Nantelme, son premier mari, et avec l'assentiment du 2ᵈ Géraud, la 6ᵉ partie de la dîme de l'église de Ste-Marie de Theys *(Tedesio)*. Géraud reçoit du prieur Hugues une superbe mule, dont il voulait lui donner 230 sols Poitevins, plus 100 sols Valentinois, qu'il remet à Pierre, prieur d'Avalon, pour procurer un bénéfice *(honor)* à sa maison. Seings d'Arbert de Morges, du prêtre Vuodalbert, etc.

MONTEYNARD, *Cart. de Domène*, 141-2, n° 165. 1.

**2400** (Vers 1085).
Nantelme Vualburgis donne au monastère *(locus)* de Domène, entre les mains du prieur Hugues, 3 éminées de terre à Champrond *(de Campo Rotundo)*, et reçoit de lui 15 sols.

MONTEYNARD, *Cart. de Domène*, 83, n° 91.

**2401** (Vers 1085).
Hugues, prieur [de Domène], remet à Pierre Baschat un moulin *(battenterium)*, sous le cens de 6 setiers de sel, une journée d'âne à la vendange et le battage gratuit de leur chanvre ; les fils pourront continuer, moyennant 2 setiers de sel pour mutation.

MONTEYNARD, *Cart. de Domène*, 87-8, n° 98.

**2402** (Vers 1085).
Ponce donne aux moines cluniciens de Domène, pour la rémission de ses innombrables péchés, sa part des églises d'Allevard *(in Alavargo)* et la 1/2 du manse de Villard-le-Prêtre *(Villaris Presbyteralis)* que tient le prêtre Boson.

MONTEYNARD, *Cart. de Domène*, 72, n° 76.

**2403** (Vers 1085).
Ponce et Aynard, fils d'Aynard le Vieux *(senior)* de Domène, donnent à St-Georges, pour l'accroissement du monastère clunicien de Domène, l'église de Sainte-Marie de Theys *(Tedesio)* et 3 habitations *(mansiu)*. Leurs épouses Béatrix et Fecenna approuvent. Témoins : le chevalier Alvise et le prêtre Guillaume.

MONTEYNARD, *Cart. de Domène*, 172-3, n° 195.

**2404** (Vers 1085).
Une noble matrone, Vualdrada, servante du Seigneur, donne au monastère de Cluny et aux frères de Domène une vigne *lata, spatiosa, uberrima*, au lieu dit Mauconseil *(ad Malum Consilium)*, qui possède une église dédiée à St-Jean, dans le diocèse *(episcopatus)* de Grenoble. Souscrivent ses fils Jarenton et Alamand.

MONTEYNARD, *Cart. de Domène*, 35-6, n° 31.

**2405** (Vers 1085).
Autrannus et Pierre, frères, donnent aux moines de Cluny, pour avoir part à leurs prières, les églises de Pelleautier *(Monte Lauterio)*. Approbation de l'évêque [de Gap] Odilon, *regn. Domino*, en présence du doyen Lambert, etc.

Carpentras, ms. 504 (JUVENIS, *Hist. de Dauph.* II, 202). — GUILLAUME (P.), dans *Bull. hist.-archéol. Valence*, II, 258 (à part, 10) ; *Bull. soc. étud. Htes-Alpes*, III, 395, n° 7. *Gallia christ. noviss.* I, instr. 539. = ROMAN, 8ᵇ.

**2406** (Vers 1085).
L'agriculteur Oger *(Otgerius)*, par terreur du diable et amour du Christ, donne au monastère de St-André une vigne dans la paroisse de St-Marcel [d'Eyzin] et une terre à la villa *Marciaco*, en présence de l'abbé Humbert.

CHEVALIER, *Cart. de St-André-le-Bas*, 204, n° 271.

**2407** (Vers 1085).
Guibbert donne à l'église de Romans la 1/2 d'une métairie *(cabunaria)* à Caob, dont St-Barnard possède l'autre ; et la 5ᵉ partie de la 1/2 du bois appelé *Mal Reddut*, dont St-Barnard a l'autre ; pour sa sépulture et l'âme de son père Guillaume Roux, avec l'assentiment de sa mère Aia et de son frère Guigues, par les mains du chanoine Addon, qui lui donne 10 sols. S. Rodulfi not.

GIRAUD, *Hist. S. Barnard-Romans*, I, pr. 52-3, n° 21 ; et CHEVALIER, *Cart. de St-Barnard*, 212.

**2408** (Vers mars 1085).
Sᵗ Hugues, évêque de Grenoble, consacre l'église de la Chartreuse à la Vᵉ Marie et à sᵗ Jean-Baptiste.

LE COUTEULX, *Ann. Cartus.* I, 33-4.

**2409** 29 mai (1085).
Alamand et Aimon de Claveyson vendent à Marcellin du Chalon *(de Calone)*, à sa femme Anne et à leurs 3 fils une vigne en alleu, pour 50 sols. Ceux-ci en font don à l'église de Romans, à la condition d'en garder la jouissance sous le cens du quart d'un setier d'excellent miel à la Toussaint. La vigne est située à *Filnai*, dans la villa *Berbegatis* et le pagus de Vienne ; elle limite celles des chevaliers Adon et Eleuthère. *Acta... fer. 5..., luna 1, d. Ascensionis Dom., sub testificat. d. G[ontardi] archiepiscopi et canonicorum suorum... et totius populi ad hujus diei lætitiam concurrentis.*

GIRAUD, *Hist. S. Barnard-Romans*, compl. 111, n° 263 ; et CHEVALIER, *Cart. de St-Barnard*, 211-2.

**2410** 13 juin (vers 1085).
Obit d'Humbert, abbé de St-André-le-Bas.

CHEVALIER (U.), *Cart. de St-André-le-Bas*, 138, n° 193.

**2411** 10 septembre (1085 ?)
Obit de Géraud, évêque de St-Paul-Trois-Châteaux.

CHEVALIER (U.), *Nécrologe de St-Robert*, 42. *Gallia christ. noviss.* IV, 44.

**2412** 1086.
Plainte portée par l'abbé de Montmajour devant le pape, à cause de l'usurpation du monastère de St-Martin du Monêtier-Allemont par les moines de l'Ile-Barbe.

Paris, Bibl. nat., mss. lat. 12685, 275 ; 12686, 29. = ROMAN, 6ᵇ.

**2413**  1086.

Les fils de Guillaume de Chapeverse *(Cappa Versa)* : le chanoine Ainerius, Guillaume, Boniface et Baudoin, donnent à l'église [de Romans] sur l'Isère, les églises de St-Laurent et de Ste-Eulalie, qu'ils possédaient en alleu *(alodium)* dans le diocèse de Die et le pagus du Royans *(Roiano)*, pour l'âme de leur père Guillaume et de leur mère Atila, du conseil de Guillaume de Pariset *(Parisio)*, et avec l'assentiment de Lambert François et de sa mère Adhaldisia. S. Desiderii sacerd. earund. eccles. Ensuite, les chanoines de Romans se rendirent à Die, au moment où l'évêque Ponce tenait un synode, et obtinrent de l'assemblée l'approbation de cette libéralité.

GIRAUD, *Hist. S. Barnard-Romans*, II, pr. 29-30, n° 161 ; et CHEVALIER, *Cart. de St-Barnard*, 213. Trad. FILLET (L.), dans *Bull. hist.-archéol. Valence*, XIV, 126 (à part, 5-6).

**2414**  (1086 ?).

Rostaing de Beauvoir *(Bello Videre)*, abbé de St-André à Vienne, donne 5 sols à Ungrin, frère de Roland, à qui les moines avaient cédé la 1/2 du manse donné par leur père Sumfred. Témoin : *Galterius Malignus*.

CHEVALIER (U.), *Cart. de St-André-le-Bas*, 125-6, n° 175.

**2415**  9 décembre (1086 ou 1097).

La charte de fondation de la Chartreuse (1084) est lue dans l'église de Notre-Dame de Grenoble, *4ª fer., 2ª hebdom. Adventus*, en présence de Hugues, évêque de Grenoble, de ses chanoines, des prêtres et clercs réunis en synode. *5 id. dec.*

Voir les sources de la charte de 1084. BOYS (A. du), *Vie de s¹ Hugues*, 449. *Gallia christ. nova*, XVI, instr. 80. LE COUTEULX, *Ann. Cartus.* I, 10-1. = MANTEYER. *Orig. mais. Savoie-Bourg.* add. 268.

**2416**  (1086/1087).

A l'instance de Guillaume, évêque d'Orange, le pape Victor III fixe les limites des diocèses de St-Paul, d'Orange et de Vaison.

BOYER DE STE-MARTHE, *Hist. égl. cath. St-Paul-T.-Ch.* 49.

**2417**  1087.

Hugues, évêque de Grenoble, et Guillaume, prieur de St-Laurent, depuis abbé de St-Chaffre, participent à tous les exercices des Chartreux.

GUIGO Carthus., *Vita s. Hugonis*, III, 12 ; *Patrol. lat.* CLIII, 770 ; éd. Bellet, 16. LE COUTEULX, *Ann. Cartus.* I, 47-51.

**2418**  (Vers 1087).

Les frères Guigues et Arnaud Bertranni donnent pour leur sépulture, à l'église de Romans, un manse à la villa Rascazeau ou Raschazeau. Ensuite, les chanoines pourvurent de la moitié le clerc Arnaud, fils d'Arnaud, pour en jouir sa vie durant, sous le cens de 3 sols *(nummi)*.

GIRAUD, *Hist. S. Barnard-Romans*, II, pr. 49-50, n° 213 ; et CHEVALIER, *Cart. de St-Barnard*, 213-4.

**2419**  5 mars 1087.

Féraud, présumant de la miséricorde divine et craignant les supplices éternels, donne à St-Pierre de Cluny, dont Hugues est abbé, 1/4 du château de Côte-Giraud *(Castellum Geraldum)* et 1/4 de son territoire, qui est entre deux ruisseaux *(aquas)*, *Medeliam* et *Catuzonices*, avec les églises de Ste-Marie, de St-Jean et du château, enfin tout ce qui lui vient de ses parents et ancêtres *(seniorum)*, à titre d'alleu ou de fief ; le tout est situé dans le diocèse de Gap... Fer. 6. ... epacta 14. Archimbaldus mon. scr. — *Dum quis consistit.*

BERNARD-BRUEL, *Chartes de Cluny*, IV, 784-5, n° 3620.

**2420**  21 octobre (vers 1087).

Obit d'Etiennette *(Stephania)*, comtesse de Vienne *(Allobrogum)*.

MILLE, *Hist. de Bourgogne*, III, 360.

**2421**  (Vers 1088).

Le sacristain Grafinellus et son frère Giraud donnent à l'église [de St-Martin de Gap], un jardin près du pré d'Hugues de St-Arey *(S. Erigii)*.

GUILLAUME (P.), dans *Bull. hist.-archéol. Valence* (1881). I, 157 (à part, 15), n° 3. = ROMAN, 7°.

**2422**  (Vers 1088).

Imbert Bernard, du conseil de sa femme Agnès et de ses seigneurs, et Gaudalmoz, épouse de son frère, donnent à l'église [de St-Martin de Gap] une terre contiguë de l'extrémité du cimetière à la Luye *(Aloia)*.

GUILLAUME (P.), dans *Bull. hist.-archéol. Valence* (1881), I, 157 (à part, 15), n° 2. = ROMAN, 7°.

**2423**  (Vers 1088).

Isoard Arembert et son parent Géraud Belloti donnent à l'église [de St-Martin de Gap], un petit champ *(agellus)* au mont St-Martin sur la Luye *(Aloia)*. Témoins : Raimbaud Bruneti, Léger du château d'Avançon *(Avanzu)*, Giraud de Chorges *(Cadorga)* et 13 autres.

GUILLAUME (P.), dans *Bull. hist.-archéol. Valence* (1881), I, 157 (à part, 15), n°⁵ 4 et 5. ROMAN, 7°.

**2424**  (1088 ou 1090).

Rescrit du pape Urbain II aux évêques d'Embrun (Lantelme), de Gap (Odilon) et de Die (Ponce) ; tant que le comte Guigues *(Wigo)* ou Hugues restera excommunié, ils doivent défendre à ses chevaliers par serment de lui rendre le service promis. — *Juratos milites.*

GRATIANI *Decretum*, c. XV, qu. 6, c. 5. *Patrol. lat.* CLI, 521, CHEVALIER (J.), dans *Bull. soc. archéol. Drôme*, XXVII, 270-1 ; *Mém. comtés Valent.-Diois*, I, 182. = JAFFÉ, 4291—5724. ROMAN, 7b.

**2425**  (1088 ?).

Le doyen [du chapitre] de Vienne, [Siboud de Clermont], se rend à Rome, avec plusieurs clercs, auprès du pape, et se plaint de la désolation de son église, privée de pasteur, et du pillage de ses biens. Urbain II écrit aux évêques de la région d'avoir à élire un archevêque, et au peuple de la ville de conserver intacts à leur église ses bénéfices.

Mentionné dans la bulle du 7 déc. 1088.

**2426**  (Terracine, mars/avril) 1088.

Bulle du pape Urbain II aux évêques de Valence (Gontard), de Genève, de Maurienne, de Grenoble (Hugues), de Die (Ponce) et de Viviers, au clergé et au peuple de Vienne, leur notifiant son élévation au souverain pontificat et les exhortant à élire sans délai un archevêque, les canons ne permettant pas de laisser vacant un siège plus de trois mois ; il ordonne de maintenir sous la juridiction de l'église de Vienne l'abbaye de Romans et l'église de St-Pierre de Champagne *(Campania)*. — *Nolumus latere.*

Ms. : Paris, B. N., l. 5662, 161. — BOSCO (J. a), 74-5. LE LIÈVRE, 314-5. BOUQUET, XIV, 689-90. *Patrol. lat.* CLI, 285-6. *Gallia christ. nova*, XVI, instr. 26-7. GUNDLACH (W.), dans *Mon. Germ. hist.*, Epist. Merow.-Karol. I, 105-6. Trad. MAUPERTUY, 173-4. CHARVET, 307-8 (Bibl. de St-Benoît-sur-Loire). COLLOMBET, I, 427-8. = BRÉQ. II, 227. JAFFÉ, 4019—5350. *R. Gen.* 218.

**2427**      Rome, 7 décembre 1088.

Bref du pape Urbain II adressé à ses fils demeurant dans son abbaye Romaine sur l'Isère. Plusieurs mois après la démarche du doyen de Vienne, pour faire cesser la vacance du siège métropolitain, ils sont venus lui montrer la bulle de son prédécesseur Grégoire VII, qui les prenait sous la protection du Siège apostolique. Il la confirme de point en point en faveur de ceux qui vivront suivant la règle canonique et sanctionne la possession de l'église de St-Christophe [de Montmiral]. — *Viennensis decanus*.

GIRAUD, *Hist. S. Barnard-Romans*, I, pr. 12-4, n° 5bis ; et CHEVALIER, *Cartul. de St-Barnard*, 214-5. = JAFFÉ, —5374.

**2428**      (1088/1092).

Isoard, évêque de Gap, avec le conseil du doyen Ponce et des autres chanoines de sa cathédrale, donne au prévôt Rostaing et à la congrégation de Notre-Dame d'Avignon les églises de Saléon *(Celedone)*, Châteauneuf *(Castello Novo)*, Pomet *(Popeto)* et des cens à *Caba noxa*, sauf le synode et sa part des dîmes.

*Gallia christ. nova*, I, instr. 86¹. = ROMAN, 7ᵇ.

**2429**      (1088/1094).

Guy, archevêque de Vienne, et son clergé donnent à Seguin, abbé de la Chaise-Dieu, l'église de St-Hilaire-(-de-la-Côte, *S. Ylarii*) et celle de la Frette *(Fraita)*.

CHEVALIER (U.), *Cart. de St-André-le-Bas*, 313, n° 97*.

**2430**      (1088/1099).

Rescrit du pape Urbain II à Hugues, évêque de Grenoble : *Extraordinaria pollutio in naturalibus non impedit matrimonium*.

GRATIANI *Decretum* c. XXXV, qu. 2 et 3, c. 11. *Patrol. lat.* CLI, 522. = JAFFÉ, 4292—5730.

**2431**      (1088/1099).

Bulle du pape Urbain II en faveur du monastère de St-André-le-Bas à Vienne ; les moines obéiront exclusivement à leur abbé régulier, leur bénédiction et la nomination des officiers sera à sa disposition, conformément à la règle de St Benoît.

Mentionnée dans la bulle du 7 mars 1100.

**2432**      Grenoble, (1088/1106).

Geoffroy de Moirans *(Ganzfredus de Moirenco)* abandonne la prévôté de St-Donat entre les mains de l'évêque de Grenoble Hugues, en présence des archevêques Hugues de Lyon et Guy *(Guido)* de Vienne et des chanoines de Grenoble, *ante altare B. Michaelis*. L'évêque lui donne le fief de Girbert Betonis pour en jouir de son vivant ; il lui en fait hommage.

MARION, *Cart. de Grenoble*, 75, n° 32. LE COUTEULX, *Ann. Cartus.* I, 55 (à 1089).

**2433**      (1088/1119).

Etienne, prêtre de grande vertu, dans le *pagus* de Vienne, raconte à Pierre le Vénérable, abbé de Cluny, que Guy, chevalier, seigneur de Moras, sur le point de mourir des suites d'une blessure, fit sa confession à Guy, archevêque de Vienne et depuis pape ; il mourut peu après et fut inhumé à Mantes *(Mantula)*, église soumise à Cluny. Un jour que le prêtre Etienne se promenait vers midi près de la forêt qui est au-dessus du château de Moras, il entendit derrière lui un bruit d'armée ; parmi ceux qui la composaient, il reconnut le chevalier défunt. Guy dit au prêtre qu'il souffrait de grands tourments pour deux péchés qu'il avait oublié de confesser : faisant irruption dans un cimetière avec d'autres chevaliers, il avait volé le bœuf d'un rustre, et en outre il avait prélevé des impôts sur des terres qui ne dépendaient pas de lui. Il pria Etienne d'aller trouver son frère Anselme et de lui dire de réparer ses torts, pour le délivrer, ajoutant qu'il était déjà apparu à Guillaume, chevalier de Moras. Il annonçait aussi qu'on venait de dérober à Etienne l'argent que celui-ci avait déposé dans un coffre *(arca)* pour son voyage à St-Jacques, ce qui était exact. Etienne ne put obtenir d'Anselme la réparation demandée ; alors, il paya lui-même le bœuf volé, pria et fit prier Dieu pour l'âme du chevalier.

PETRI VENERABILIS *De Miraculis*, I, 23 (*Patrol. lat.* CLXXXIX, 891-3). = TERREBASSE, *Not. dauph. Vienn.* 65-6.

**2434**      (1088/1119).

Guy, archevêque de Vienne, confirme la donation faite à Montmajour par Gontard, évêque de Valence (1083).

DIJON, *Eglise abb. de St-Antoine* (1901), app. B : MAILLET-GUY (Germ.), dans *Bull. soc. archéol. Drôme*, XLI, 95.

**2435**      (1088/1119).

Le chanoine Ainerius donne à l'église de St-Barnard sur l'Isère un manse au Chasse *(locus Chassium, de Chassio)*, qu'il tient de ses parents, par les mains de l'archevêque Guy *(Guido)*. Seings de ses frères Guillaume et Baudoin *(Balduini)*, etc. La parenté confirma cette donation en présence de Hugues, évêque de Grenoble, qui assista à la sépulture d'Ainerius et l'ensevelit. *Data manu Rodulfi not. d. sepulture, jub. Ainerio*.

GIRAUD, *Hist. S. Barnard-Romans*, II, pr. 50-1, n° 214.

**2436**      (1088/1119).

Anne donne à l'église de Romans, où préside l'archevêque Guy *(Guido)*, deux vergers *(olchæ)* à Marsas *(Marzas)*, dans le mandement de Clérieu *(Claireu)*, séparés par le chemin public. Ses fils Didier et Odon Raestagni donnent leur assentiment. Seings de Ponce de Pisançon, etc. *Rodulfus scr*.

GIRAUD, *Hist. S. Barnard-Romans*, II, pr. 42-3, n° 202.

**2437**      (1088/1119).

Arbert de Chatte *(Casta)* et sa femme Sibylle donnent à l'église de Romans, où préside Guy, archevêque de Vienne, pour le canonicat de leur fils Francon, une métairie *(cabannaria)* dans le mandement de Châtelus *(Castellucii)*, au diocèse de Die, avec sa *baillia*. Seings de ses chevaliers Mallen et Berlion, etc.

Valbonnays, 7° Reg., n° 33 (à 1114). — GIRAUD, *Hist. S. Barnard-Romans*, II, pr. 57, n° 245.

**2438** (1088/1119).
Armand Rotbold donne à l'église de Romans, dont l'archevêque de Vienne Guy est abbé, pour le canonicat de son fils Boniface, des portions de dîmes dans les paroisses de St-Julien de Peyrins *(Pairiano)*, de St-Martin et de Ste-Marie de Mours *(Erratico)*, plus un tiers de courtil et vigne à Volaises *(Volosio)*, dans le mandement de *Torench*, dont son frère Hugues Rotbold avait donné un autre tiers pour sa sépulture. Il cède, en outre, avec ses maisons et chazaux dans le bourg, la 1/2 du champ où est construite l'église de l'Aumône *(Helemosinaria)*, entre les routes de Châtillon[-St-Jean] et de Peyrins. Approuvé par Lambert François, Guillaume du Puy, Amédée de Montchenu, etc. Seings de l'archevêque, d'Artaud de Rochefort et de tous les clercs de l'église.
GIRAUD, *Hist. S. Barnard-Romans*, compl. 74-5, n° 366.

**2439** (1088/1119).
Après la mort de Barnard Terzella (n° 2034), ses neveux, fils de ses sœurs, Barnard de Peyrins *(Pairiano)* et Alamand, Barnard Merula et Arbert, soulevèrent des difficultés sur la donation de leur oncle, puis la ratifièrent, pour le salut de leurs âmes et leur sépulture *(cimitherium)*, entre les mains de l'archevêque Guy *(Guido)*, en présence d'Achenric, Bernon, l'archiprêtre Theobbert et les autres chanoines de Romans. *Arnaldus magister scolarum dict.*
GIRAUD, *Hist. S. Barnard-Romans*, compl. 52-3, n° 164 bis.

**2440** (1088/1119).
Béatrix *(Beatricia)* fait don, entre les mains de Guy, archevêque de Vienne, à l'église de Romans, pour le canonicat de son fils Ponce, du manse de Furchald, dans la paroisse de St-Etienne de Crépol *(Crispio)*, qu'elle avait acheté de son autre fils Jordan, au prix de 100 sols, avec l'assentiment d'un 3ᵉ fils Falcon. Seings de Theotbert de Châtillon, de Ponce de Pisançon.... de Mallen Galateus, qui possédait ce manse en gage, etc.
GIRAUD, *Hist. S. Barnard-Romans*, II, pr. 56-7, n° 243.

**2441** (1088/1119).
Les fils de Bérard [*at.* Gérard] d'Ampuis, Barnard, Durand, Brunicard et Artaud, donnent à l'église de Saint-Maurice [de Vienne] le manse de Vérennay; on le remet à André de St-Georges et à sa femme Pétronille, leur sœur, pour le tenir en fief *(placitum)*, sous la redevance de la 1/2 du vin des anciennes vignes et du quart des nouvelles, etc. Seings de Guy archevêque, Rostaing prévôt, Sieboud doyen, etc.
CHEVALIER (U.), *Cart. de St-Maurice Vienne*, 40, n° 175; *Suppl.* 7. = CHARVET, 309.

**2442** (1088/1119).
Dalmace de Châteauneuf *(Castro Novo)* donne à l'église de Romans, où préside Guy, archevêque de Vienne, le quart des dîmes de la paroisse de St-Pierre de Genissieu *(Giniciaco)* et reçoit 22 sols; il confirme la donation d'un autre quart par sa sœur Guilliburgis, son mari Melioret et leur fils Lantelme, avec le quart d'une terre et bois au port d'Ovey *(Ovisii)* et le quart de ce port du côté du Viennois; Melioret donne une vigne et pré dans la paroisse de St-Julien de *Monte Fotlo*. Là même Almand Alliold cède la 1/2 des dîmes du manse de *Puteo* et reçoit 6 sols.
GIRAUD, *Hist. S. Barnard-Romans*, compl. 74, n° 199.

**2443** (1088/1119).
Falcon et ses frères Guillaume, Eustache et Adon, en présence de leur père Guillaume devenu moine et de leur mère, donnent au chapitre des chanoines de St-Barnard, présidé par l'archevêque Guy *(Guido)*, un porc de 6 sols sur les églises de Chanos *(Channosco)*, une tenure aux Royons *(in Rogiono)*, une autre à St-Baudille *(S. Baudilius)*; ils abandonnent aussi un injuste prélèvement *(elevatio)* sur la métairie *(chabannaria)* donnée par leur père pour la sépulture de sa première femme. L'archevêque confère à Falcon un canonicat. Le seigneur Guillaume de Clérieu *(Clariacen.)* donne son approbation.
GIRAUD, *Hist. S. Barnard-Romans*, II. pr. 43-4, n° 205.

**2444** (1088/1119).
Guigues, Almand et Aimon Alioldi, frères, donnent à l'église de Romans *(Romanensium)*, la moitié de l'église de St-Etienne de Crépol *(Crispo)*, que leurs ancêtres possédaient, pour le salut de leurs âmes et leur sépulture *(cimiterium)*. Fait entre les mains de Guy, archevêque de Vienne, en présence de plusieurs chanoines de sa cathédrale. *S. Theotberti archipresbyteri*, etc.
GIRAUD, *Hist. S. Barnard-Romans*, compl. 56, n° 165.

**2445** (1088/1119).
Guigues de Rochefort *(Rocaforte)*, fils d'Arbert de Peyrins *(Pairiano)*, avait concédé une terre à mi-fruits *(ad medium plantum)* à Arthemonay *(Artemonaico)*; il donne sa part à l'église [de Romans], où préside l'archevêque de Vienne Guy *(Vuido)*, et reçoit des chanoines 22 sols, dont il rend 10 à l'agriculteur *(ædificator)* pour son gage. Il aura part, lui, sa femme et son fils aux aumônes et prières, et on leur donnera la sépulture. *S. Silvii de Sigileriis. Data p. man. Rostagni sac. fer. 6, luna 29, regn. D. N. J. C.*
GIRAUD, *Hist. S. Barnard-Romans*, II, pr. 40, n° 187.

**2446** (1088/1119).
Accord *(convenientia)* entre Guy, archevêque de Vienne, avec ses chanoines de Romans, et Guillaume fils d'Adon de Clérieu *(Claireu)*. Guillaume dit Mancips, frère d'Adon, avait donné à l'église de Romans un manse à la Bouverie *(Bovaria)*; Adon s'en empara, puis le rendit à sa mort, les chanoines s'engageant à payer 100 sols de ses dettes. Son fils Guillaume supplia l'archevêque de l'en retenir, sa vie durant, sous la promesse de donner à l'anniversaire de son père 3 setiers de froment, 3 de vin et 1 porc; il confirma le don des églises de Clérieu et de son mandement, fait jadis par son aïeul, ce qu'approuva le vassal *(feodatorius)* de ces églises, Odilon de Châteauneuf-d'Isère *(Castro Novo juxta Ysaram)*.
GIRAUD, *Hist. S. Barnard-Romans*, compl. 68-9, n° 190.

**2447** (1088/1119).
Guillaume, fils d'autre Guillaume de Mercurol *(M-riolo)*, usait de chicanes *(calumniose)* contre les chanoines

de St-Barnard, au sujet des dîmes de Chanos (villa Channosco) que son père avait abandonnées pour le canonicat de son fils Falcon. Pour assoupir ce différend, les chanoines lui donnèrent des biens de leur église par la main d'Humbert de Clérieu (Clariaci), moyennant quoi il confirma la charte de son père et la fit approuver par ses feudataires (feodarii) : Teotbert Eldenon, les fils de son frère Ponce et Guillaume Boniface, entre les mains de Guy, archevêque de Vienne, en présence de chanoines et de chevaliers. Serment au prélat. *Data p. man. Rodulfi gramatici.*
GIRAUD, *Hist. S. Barnard-Romans*, compl. 82-3, n° 218.

**2448** (1088/1119).
Guinisius de Châteauneuf(-d'Isère, *Castello Novo*), fils d'Odilon, cède à l'église de Romans, qui a pour chef Guy, archevêque de Vienne, ses prétentions sur l'église des Voirassiers (*Vairaciaco*), qu'il tient de Guillaume de Clérieu (*Clariaco*), comme ses prédécesseurs Adon de Clérieu et Guillaume Rufus. Seings de l'archevêque, de Guillaume de Clérieu, de Guillaume frère de Guinisius, de Sieboud doyen de Vienne, d'Adémar archidiacre de la même église, etc.
GIRAUD, *Hist. S. Barnard-Romans*, compl. 75-6, n° 201.

**2449** (1088/1119).
Guy (*Guido*), seigneur et abbé de l'église de Romans, et ses chanoines afferment à moitié fruits à Jean Crispin et à ses héritiers la terre donnée à St-Barnard par le chanoine Premencus, située à Charmes (*Calme, Chalme*), limitée par la vigne et l'enclos (*olcha*) de St-Donat; ils y ajoutent un enclos (*olca*), qui doit à la Toussaint 18 *nummi*. Serment de Jean Crispin : *Audis tu, Leotaude, quem ego... per manum teneo...*
GIRAUD, *Hist. S. Barnard-Romans*, compl. 58-9, n° 170.

**2450** (1088/1119).
L'archevêque Guy (*Guido*) et les chanoines de Romans obtiennent des fils de Lantelme de St-Lattier (*S. Eleutherio*) : Guillaume, Lantelme, Teotbert et Guy, la concession de la moitié des églises de St-Lattier, avec presbytère, dîmes, prémices, etc., du manse de Giraud Brun et de l'enclos que Lantelme tient en *præstaria*; ils confirment la donation de leur père en Conquers (*in Conquerio*). Quand ils viendront à la ville, ils auront droit en communauté (*communia*) à la pitance d'un chanoine, ce qui durera jusqu'à ce qu'ils aient donné ce canonicat à un des leurs.
GIRAUD, *Hist. S. Barnard-Romans*, II, pr. 44-5, n° 206.

**2451** (1088/1119).
Rostaing Artaud confirme ce que ses prédécesseurs, Richard et sa femme Gandalmodis, leurs fils Téotbert, Léotard et Amblard, avaient donné à l'église de Romans ; il abandonne à Guy, archevêque de Vienne, une réception (*receptum*) annuelle et de mauvaises coutumes. *S. archidiaconi Ademari*, etc.
GIRAUD, *Hist. S. Barnard-Romans*, compl. 43, n° 149.

**2452** (1088/1123).
Après la mort de la fille de Lantelme Duredent, son fils, de mêmes nom et surnom, s'empara de la moitié du manse de Clérieu, de l'investiture et du droit de mutation, et de terres dites *Essartarix*. L'archiprêtre Matfred, dont c'était le bénéfice, et les autres chanoines de Romans dénoncent le fait à Guillaume de Clérieu, qui, dans un plaid, est informé par témoins que l'église possédait la moitié de ce manse et que l'autre devait lui revenir à la mort de la mère de Lantelme. Témoins : Léger (*Latgers*) de Clérieu, etc.
GIRAUD, *Hist. S. Barnard-Romans*, compl. 87-8, n° 225.

**2453** 1089.
Lettre du pape Urbain II au clergé et aux ordres religieux (*ordini monastico*), aux nobles et au peuple de Vienne. Il a reçu leur [nouvel] archevêque [Guy] et l'a retenu pour juger par expérience de ses mœurs et de ses facultés ; il a été charmé de sa maturité, de sa probité et de sa prudence ; il est devenu à ses yeux aussi romain que français. C'est une raison pour lui de confirmer à l'église de Vienne tous les privilèges concédés par ses prédécesseurs ; il ordonne de lui restituer les biens dissipés par le prévôt A[r]taud. — *Beati Petri filium.*
BOSCO (J. a), 75-6. LE LIÈVRE, 316-7. BOUQUET, XIV, 691. *Gallia christ. nova*, XVI, instr. 27. *Patrol. lat.* CLI, 316-7. GUNDLACH (W.), dans *Mon. Germ. hist.*, Epist. Merow.-Karol. I, 106. Trad. CHARVET, 308-9. COLLOMBET, I, 429-30. = BRÉQ. II, 232. JAFFÉ, 4048—5421.

**2454** (1089).
Lettre d'Urbain II au cardinal légat Raynier, au sujet des dissentiments entre les archevêques de Narbonne et Barcelone et l'abbé de St-Pons de Thomières. Il lui ordonne de faire restituer aux religieux de Psalmody l'église de St-Sylvestre que les moines de St-Ruf leur ont enlevée. — *Postquam a nobis.*
LABBE, X, 456. COLETI, XII, 750-1. AGUIRRE, *Conc. Hispan.* V, 15-6. MANSI, XX, 679. BOUQUET, XIV, 694. *Patrol. lat.* CLI, 314. = JAFFÉ, 4045—5418.

**2455** 7 janvier (1089/1119).
Arbert dit Garcin donne à l'église de Vienne une vigne à Jardin (*in valle Hortensi*), près de l'église des Sts-Gervais et Protais, dite la vigne de St-Gervais, que son frère Guillaume avait engagée (*vadimonium*) pour 200 sols, plus 300 qu'il lui devait, à Adémar de Moissieux (*Moisiaco*). Celui-ci les donna par testament à St-Maurice. A sa mort, Guillaume revendiqua la vigne et les chanoines réclamèrent les 500 sols. Par convention, les chanoines firent remise de l'argent, et, lui, du conseil des siens, Guy de Bourgoin (*Bergun*), Raimond et Gaucerand de St-Symphorien, avec l'assentiment de son neveu Bérilon de Chandieu (*Candiaco*), céda la vigne, puis confirma la donation de son frère entre les mains de Guy archevêque de Vienne, Siboud doyen, Pierre chantre, Adémar et Guillaume archidiacres, Gilbert trésorier, Humbert de Mirabel, Amédée Ysarni de *Casnatis*, du conseil de son neveu Bérilon d'Auberive, d'Hugues de *Casnatis*; témoins les chanoines Guigues de la Tour, Guigues Marchisii, etc.
CHEVALIER (U.), *Cart. de St-André-le-Bas*, 274-5, n° 63*; *Cart. de St-Maurice Vienne*, 44, n° 200; Suppl. 9-10.

**2456** Domène, (avant 1090).

Ardenc, voulant partir pour Rome, fit son testament *(destinatio)* à Domène ; il donna au monastère le manse de Prabert *(Prato Adalberti)*, pour le cas où il mourrait en chemin ; s'il revenait vivant, il en garderait la jouissance, sous l'investiture *(vestitio)* de 6 den. Sa femme Elisabeth, son fils Pierre et ses petits-fils approuvent. Témoins : Berlon de Moirans et Odon de Vinay.

Monteynard, *Cartul. de Domène*, 163, n° 188. = Du Cange, *Gloss. latin.*, v° Destinatio (1842, II, 822ᵃ).

**2457** (1090).

Lettre du pape Urbain II à Hugues, évêque de Grenoble, portée par le moine Pierre, lui ordonnant de rendre aux frères de Cluny l'investiture de l'église de Vizille, qu'il leur avait extorquée *(extorsisse)* par excès de zèle *(fervore justitiæ)* ; il peut se porter lui-même témoin de les avoir vus en possession de cette maison *(cella)*.

Mentionnée dans la bulle de 1090 *(nuper)*.

**2458** 1090.

Bulle du pape Urbain II adressée à Hugues, évêque de Grenoble, au sujet de l'église de Vizille *(Vigilien.)* qu'il a enlevée aux Clunisiens : juste ou non, leur possession devait être maintenue, la cause ayant été portée devant le Siège apostolique. Il lui commande de leur restituer l'investiture de ce lieu ; au bout de 40 jours, la question sera examinée et on décidera ce que l'équité et la plus grande utilité suggérera. Il le commet à cet effet, de concert avec l'évêque de Maguelonne [Godefroy] ; il préviendra du lieu et du jour le prieur de Cluny, en l'absence de l'abbé, parti pour un pays lointain [Burgos]. Le pape les charge tous deux de juger la cause de l'église d'Etoile *(Stella)*, au diocèse de Valence. — Misimus dilectioni.

Fontanieu, *Cart. du Dauph.* I, 87-8. Valbonnays, 2° Reg., n° 50. — Chevalier (C. U. J.), *Doc. inéd. relat. au Dauph.* VI, 22-3 ; *Cart. de St-Chaffre*, 143-4, n° 401. *Anal. juris pontif.* (1869), 10° s. V, II, 570. Le Couteulx, *Ann. Cartus.* I, 56-7. = Valbonnays, *Hist. de Dauph.* II, 8 k. Jaffé. -5731.

**2459** 1090.

Le pape Urbain II fait venir auprès de lui à Rome son ancien maître Brunon, fondateur de la Chartreuse.

*Patrol. lat.* CLI, 62. Le Couteulx, *Ann. Cartus.* I, 58-60.

**2460** (Vers 1090).

Le chevalier Adon donne aux clunisiens [de Domène] ce qu'il percevait dans la villa de St-Pierre en Champsaur *(de Camsauro)*. Seings d'Udulard Imbert son frère, d'Udulard de Montorcier et d'Udulard du Pont.

Monteynard, *Cartul. de Domène*, 24, n° 20.

**2461** (Vers 1090).

Le seigneur Ainard le Vieux *(Vetulus)*, fils d'Ainard, donne au monastère de Domène la dîme de la paroisse de Villard-Bonnot et de toutes les églises de sa dépendance.

Mentionné dans la charte de son père (Monteynard, *Cart.* 128).

**2462** Theys, (vers 1090).

Ainard, seigneur de Domène, donne au monastère de Domène, après la mort de son fils Arbert et pour le repos de son âme, une part de sa condamine près du prieuré, et confirme toutes leurs dîmes. Son fils Ainard donne son consentement, en présence du prieur Hugues, près de l'église de Ste-Marie de Theys *(Tedesio)*.

Monteynard, *Cart. de Domène*, 74, n° 79.

**2463** (Vers 1090).

Alodisius obtient les métairies *(chabanaria)* de Siembert et Aalard, et le manse de Gières *(Jeira)*, le tout du fief de l'évêque [de Grenoble].

Marion, *Cart. de Grenoble*, 150, n° 89.

**2464** (Vers 1090).

Alvise, Pierre Ferrand *(F-nus)* de Biviers *(Biverio)* et son frère Humbert donnent aux moines clunisiens de Domène un pré sur les bords de l'Isère. Seings des frères Ponce et Ainard.

Monteynard, *Cart. de Domène*, 79, n° 85.

**2465** (Vers 1090).

Dame Amaldrada, sœur du seigneur Aynard de Domène, donne aux moines clunisiens de ce lieu un manse à Revel *(villa S. Mariæ)*. Approuvent son frère, sa sœur Vuilla, ses fils Amblard, Rostaing et Ismidon, son gendre Etienne et ses 6 fils, qui avaient d'abord fait opposition.

Monteynard, *Cartul. de Domène*, 98, n° 110.

**2466** (Vers 1090).

Ardenc donne aux moines clunisiens de Domène un manse à St-Murys-Monteymont *(in Monte Aymonis)*, que tient le prêtre Lambert. Il fait ce don exclusivement en vue de la récompense éternelle, pour l'âme de son frère Sobon et celle de son fils Pierre, et dépose la charte sur l'autel des Sts-Pierre et Paul. Seings de Ponce et Ainard, frères, etc.

Monteynard, *Cart. de Domène*, 162, n° 187.

**2467** Bernin, (vers 1090).

Ardenc et sa femme Elisabeth se trouvant à Bernin, celle-ci tomba gravement malade. Son mari envoya au monastère de Domène prier le prieur Hugues et le cellérier Roland de venir. A leur arrivée, il leur donna une tenure *(tenedura)* à [St-Murys- Monteymont *(Monte Aymonis)*, avec la 1/2 d'une dîme.

Monteynard, *Cart. de Domène*, 163-4, n° 188.

**2468** (Vers 1090).

Aténulfe et sa femme Theza donnent au monastère de Domène leurs dîmes dans la paroisse de St-Jean[-le-Vieux] et reçoivent 1 mulet et 10 sols. Signé par Nantelme Torrenc, Ponce Aynard, Guillaume et Alvise de Domène, etc.

Monteynard, *Cart. de Domène*, 114, n° 131.

**2469** (Vers 1090).

Bonpar *(Bonus Par)* abandonna [au monastère de Domène] les coutumes qu'il avait conservées sur le manse de Vaulnaveys *(Valle Navensi)* donné par Rodulfe, évêque de Gap [1044-50] ; à sa mort, son fils Pierre fit de même. Après celui-ci, le chevalier Humbert, qui avait épousé sa veuve Adalsenda, les reprit, puis les céda en déposant cette charte sur l'autel de St-Pierre. Ottmar aussi inquiéta les moines à ce sujet, puis revint à résipiscence.

Monteynard, *Cart. de Domène*, 30-1, n° 26.

**2470** (Vers 1090).
Deux frères, les chevaliers Bornon et Rodulfe, possédaient une vigne à Montacol *(Mons Ascolus)*, que leurs père et mère avaient acquise des propriétaires *(aloarii)* de Villard-Bonnot *(Villaris Bonaldi)*. A la mort de Bornon, elle fut donnée aux moines clunisiens de Domène, mais Rodulfe conserva la jouissance de sa part, sous le cens d'1 setier de vin.
Monteynard, *Cart. de Domène*, 126-7, n° 148.

**2471** (Vers 1090).
Le prieur [de Domène] Hugues concède à Durand un pré à Lancey *(apud Lanciacum)*, sous le cens de 4 den. à la St-Jean ; et à Girard une vigne à Gières *(apud Jairam)*, à mi-fruits *(per medium vinum)*.
Monteynard, *Cart. de Domène*, 89, n° 100.

**2472** (Vers 1090).
Le chevalier Frezon donne aux moines clunisiens de Domène une vigne à Montfort *(Monsfortis)*, de concert avec sa mère Leodegarda et ses 3 frères.
Monteynard, *Cart. de Domène*, 51, n° 50.

**2473** (Vers 1090).
Hugues, prieur de Domène, maintient *(retinuit)* à Gautier *(Vuillerius, Gu-s)* Abon le 6° de la dîme de la paroisse de St-Jean[-le-Vieux], que Guigues Géraud avait donnée ; à la Toussaint, il fournira le réfectoire des moines de pain, vin, fèves, poisson et plat *(pulmentum)*. Témoins : *Vuodalbertus presb., Vuillelmus scolarius*.
Monteynard, *Cart. de Domène*, 115, n° 133.

**2474** (Vers 1090).
Le chevalier Gautier de la Gulla donne au monastère de Domène le dixième de la dîme qu'il percevait dans la paroisse de Villard-Bonnot *(Villare Bonaldi)*, le prieur Hugues II lui donne 8 sols. Témoins : le prêtre Drogon, etc.
Monteynard, *Cart. de Domène*, 199, n° 225.

**2475** (Vers 1090).
Le chevalier Géraud et son épouse donnent aux moines clunisiens de Domène ce qu'ils possèdent de l'église de St-Martin à Villard-Bonnot *(ap. Villarem Bonaldi)* et la 1/2 de la dîme de 2 condamines à Sommier ? *(de Saumerio)*. Son frère Ainard cède une sommée de vigne au Prunay *(de Praneto)* et Vuandalfred la dîme du coteau de Murianette ? *(Costa Morena)*.
Monteynard, *Cart. de Domène*, 132, n° 115.

**2476** (Vers 1090).
Les moines de Domène avaient concédé la 1/2 de la dîme du coteau de Murianette ? *(costa Morena)* au prêtre Pierre ; son successeur, Guigues *(de Mauriennetta)*, revendiqua l'autre moitié. Le moine Roland, Alvise de Domène et le prêtre Guigues se rendirent en présence de l'évêque de Grenoble, Hugues, qui décida le maintien de l'état antérieur, en présence des chanoines Guigues de Lans *(Lancio)* et Galdin.
Monteynard, *Cart. de Domène*, 57, n° 58.

**2477** (Vers 1090).
Le chevalier Guigues le Roux *(Vuigo Rufus)* donne à Hugues, abbé de Cluny, et aux moines du prieuré *(cœnobiolum)* de Domène sa part d'un champ à Lancey *(villa Lanciaco)*, pour son père Boson. Ainard le Blanc, *(Blancus)* cède un champ tout près. S. Rostagni canon.
Monteynard, *Cart. de Domène*, 124, n° 145.

**2478** (Vers 1090).
Le seigneur Guillaume de Domène et sa mère dame Guillelmette *(Vuillelma)* assurent aux moines de ce lieu tout ce qu'ils possèdent ou acquerront dans les églises du diocèse de Grenoble en dîmes et cimetières, et aussi ce qu'ils ont à Champrond *(in Campo Rotundo)* et perçoivent sur 2 fermes *(bordariæ)* en Trièves *(in Trevisis)*. Le prieur Hugues paye cette donation 50 sols.
Monteynard, *Cart. de Domène*, 18, n° 15.

**2479** (Vers 1090).
Le chevalier Guillaume, fermier *(villicus)* du seigneur Alemand *(A-anus)* remet aux moines clunisiens de Domène ce qu'il percevait sur la métairie *(cabannaria)* donnée par Alamand à *Villa Perdita* et reçoit 15 sols, qu'il rendra à sa mort.
Monteynard, *Cart. de Domène*, 34-5, n° 30.

**2480** (Vers 1090).
Hilbert et sa femme Pétronille donnent aux moines clunisiens de Domène leurs dîmes dans la paroisse de Ste-Marie [de Revel] et reçoivent du prieur Hugues 3 setiers de blé. S. Andreæ presb., Rotanni mon.
Monteynard, *Cart. de Domène*, 120, n° 139.

**2481** Domène, (vers 1090).
Hugues Aténulfe se rend au monastère de Domène et donne au prieur Hugues les deux condamines qu'il avait engagées à son prédécesseur ; il fait ce don pour que Dieu le mène à bonne fin et reçoit 20 sols. Témoins : le prêtre Vuodalbert, etc.
Monteynard, *Cart. de Domène*, 68-9, n° 72.

**2482** (Vers 1090).
Donation au monastère de Domène par la mère d'Ismidon de la Chambre *(Camera)* pour l'âme de son fils ; approbation du seigneur Aynard le Vieux *(Vetulus)* et de ses fils.
Monteynard, *Cart. de Domène*, 250, n° 237, 6.

**2483** (Vers 1090).
Lantelme d'Avalon se désiste en faveur des moines clunisiens de Domène de ses prétentions sur un clos de vigne à Montfort *(Monsfortis)*, après avoir reçu 20 sols de deniers et son fermier *(villicus)* 5 ; il fait ce don autant pour le profit que pour son âme.
Monteynard, *Cart. de Domène*, 50, n° 48.

**2484** (Vers 1090).
Nantelme, fils de Gotolende, donne aux moines clunisiens de Domène, pour son fils Aimon qui va revêtir l'habit monastique, le tiers d'une condamine au-delà de l'Isère, ses parts d'une vigne et d'une *tascha*.
Monteynard, *Cart. de Domène*, 48, n° 46.

**2485** (Vers 1090).
Désistement de Pierre Agarn, identique à la ch. n° 2326, sauf le nom du prieur, qui est Benoît *(in manu d. Benedicti patris)*. On prend son fils par aumône pour l'instruire. Ponce Ainard signe.
Monteynard, *Cart. de Domène*, 176-7, n° 199.

**2486** (Vers 1090).
Pierre Baschat reçoit des moines de Domène un courtil, avec défense d'y construire plus d'une maison *(mansio)* et sous le cens de 12 den. Richard Bonarius et Paganellus orfèvre *(auri faber)* se portent cautions des torts qu'il pourrait faire. Témoins : Vuandalfred, etc.
MONTEYNARD, *Cart. de Domène*, 87, n° 97.

**2487** (Vers 1090).
Hugues, prieur de Domène, engage à la veuve de Ponce de Chamousset *(Camoseto)* la moitié d'un manse en avant de ce château et reçoit d'elle 80 sols poitevins. Seings d'Ainard frère de Ponce..., de Guillaume prêtre de Domène.
MONTEYNARD, *Cart. de Domène*, 147, n° 169.

**2488** (Vers 1090).
Ponce et Ainard, frères, donnent aux moines clunisiens de Domène l'alleu que le prêtre Géraud tenait d'eux dans l'église de St-Jean à Tencin *(T-no)*, sous le service de 2 sols jusqu'à ce qu'ils en aient le domaine; et aussi le tiers de la montagne *(alpe)* de St-Jean.
MONTEYNARD, *Cart. de Domène*, 72-3, n° 77.

**2489** (Vers 1090).
Richard Esmerudis et sa femme Aldegarde donnent leur fils Odon *(Oddo)* à s⁺ Benoît dans la maison clunisienne [de Domène], pour lui faire prendre l'habit monastique, et la 12ᵉ partie des dîmes de l'église de Theys *(Tedesio)*. S. *Poncii Aynardi et fratris sui.*
MONTEYNARD, *Cart. de Domène*, 148, n° 171.

**2490** (Vers 1090).
Rodulfe Bernard donne aux moines clunisiens de Domène une vigne à Tencin *(T-ñs)*, sous l'investiture d'une sommée de vin pendant sa vie. L'acte est approuvé par Ponce et Aynard ses seigneurs *(seniores)*. Seing du prêtre Guillaume.
MONTEYNARD, *Cart. de Domène*, 136, n° 159.

**2491** (Vers 1090).
Le chevalier Rodulphe appelé de Theys *(Tedesio)*, croyant sa mort prochaine, prend par dévotion l'habit de St-Benoît ; il donne au monastère de Domène et à son prieur Hugues de France deux manses 1/2, soit tout son alleu à Chanaz *(Chasnas)* près de la villa du Lavoir *(Lavatorium)*, dans le diocèse de Belley *(Belen.)*, les leudes près de la terre des moines du Bourget *(Burgeto)*. Son épouse Anne et leurs 3 fils approuvent. Seings des seigneurs Ponce et Ainard.
MONTEYNARD, *Cart. de Domène*, 187-8, n° 213.

**2492** (Vers 1090).
Romestaing d'Avalon donne au monastère de Domène, sous le prieur Hugues II, la dîme *(decimum)* d'Arvillard *(de Avilare)*, que tenaient les fils de Siebert de Rono, et reçoit 6 sols.
MONTEYNARD, *Cart. de Domène*, 153, n° 178.

**2493** (Vers 1090).
Le prieur [de Domène] Hugues concède au prêtre Vuilbert un courtil que tenait le cellérier Bernard, sous le cens de 2 fromages ; on l'admet dans la société du monastère et, s'il veut revêtir l'habit bénédictin, on le recevra.
MONTEYNARD, *Cart. de Domène*, 89-90, n° 101.

**2494** (Vers 1090).
Vuilbert vend aux moines clunisiens de Domène la moitié d'un champ à Theys *(ap. Tedesium)*, que son père Vualard avait acquis en alleu des propriétaires *(alodarii)* du vicus ; ces 2 arpents *(jugera)* sont payés 13 sols.
MONTEYNARD, *Cart. de Domène*, 152-3, n° 177.

**2495** (Vers 1090).
Géraud de Luchaor donne à St-Vincent et à l'évêque Hugues le tiers de dîme qu'il détenait dans tout le mandement de ce lieu et dans la paroisse de Lans *(Lancio)*, à partir du ruisseau Bruyant *(Brugiente)*.
MARION, *Cart. de Grenoble*, 149, n° 88.

**2496** Grenoble, (vers 1090).
Nantelme de Luchaor restitue à l'évêque Hugues le tiers de la dîme qu'il retenait dans ce lieu, à l'exception de la métairie *(chabanaria)* ou tenure dans laquelle est sa maison ; il reçoit du prélat 15 sols pour approuver cette donation que son père avait faite à St-Laurent. *Act... in domo episcopi*, en présence des chanoines, clercs et laïques.
MARION, *Cart. de Grenoble*, 148-9, n° 87.

**2497** (Vers 1090).
Dans le diocèse de Grenoble, les dîmes étaient devenues la proie des laïques, qui tombaient pour ce motif sous le coup de l'interdit. L'un d'eux, Ponce de Luchaor, ayant, dans un combat, reçu une blessure mortelle et se sentant mourir, demanda [le sacrement] de pénitence et les divins mystères [communion], comme l'attestèrent des chevaliers. Avant sa sépulture, ses frères Nautelme et Géraud rendirent à l'évêque Hugues et à l'église de Grenoble le tiers de la dîme qu'il détenait. Témoins : les chanoines, des prêtres et laïques.
MARION, *Cart. de Grenoble*, 148, n° 86.

**2498** 1090.
Serment de fidélité rendu à Godefroy *(Gothofrede)*, évêque de Maguelonne, par Guillaume, seigneur de Montpellier, qui avait été dépouillé du fief de St-Pierre, par jugement de Pierre, archevêque d'Aix, d'Hugues, évêque de Grenoble, etc.
*Gallia christ. nova*, VI, instr. 352.

**2499** (Vers 1090).
La cathédrale de Vienne avait possédé anciennement la moitié de l'église de Pact *(Pac)*. L'archevêque Guy en racheta l'autre des laïques : un quart de Berlion, à qui il donna 4 livres en deniers Viennois de monnaie *octava*; un autre quart d'Isard, dont le fils Falcon sera reçu chanoine et aura, au bout de dix ans, le service qu'Abdémar faisait à son père ; un autre enfin d'Hugues fils d'Otmar, qui reçut 62 sols. Témoins : le doyen Sieboud, les chantres Pierre et Guigues, les chanoines Abdémar et Humbert de Bellegarde. — Le même prélat acquiert de Theotbert de Moras la moitié du bois de Brue, avec un manse adjacent, et lui donne 60 sols ; Nantelme d'Anjou, dont c'était l'alleu, approuve et reçoit 10 sols. Il acquiert l'autre moitié de Jarcsoon Isiliard et son frère, à qui il donne 50 sols. — Il acquiert de Drogon de Romanèche et de ses neveux deux fermes *(casale)* près de l'église, moyennant 20

sols. Falcon, fils d'Isard, lui remet en gage *(gatgeria)* la moitié d'un vignoble *(vinarium)* et d'un manse au-delà de la terre de l'archevêque, et reçoit 300 sols Viennois même monnaie, sous de nombreuses redevances pendant sept ans. Drogon de Romanèche lui en donne un autre dans la vigne de *Castaneo*, avec un manse au-dessous de Pact, près de la terre de l'archevêque, et reçoit 90 sols 12 den.

CHEVALIER (U.), *Cart. de St-André-le-Bas*, 31-2*, n° 124*; *Cart. de St-Maurice Vienne*, 41, n° 176. = CHARVET, 310.

**2500** Rome, 1er avril 1090.
Bulle du pape Urbain II adressée à Hugues, évêque de Grenoble. A sa demande, il lui confirme le gouvernement de son diocèse, sauve l'autorité de l'église Romaine ; il défend de s'emparer des biens ou des dîmes de son évêché, et aux laïques de les détenir. Il lui assure la possession de l'église de St-Donat, au diocèse de Vienne, qu'il a arrachée *(extorsisti)*, avec l'aide de Dieu, à une puissance tyrannique. Il défend de s'emparer des biens ecclésiastiques à la mort de l'évêque, suivant une coutume perverse, mais tout doit rester au pouvoir des chanoines. — *Potestatem ligandi*.

FONTANIEU, *Cart. du Dauph*. I, 150. — BALUZE, *Miscell*. II, 177 ; 2e, III. 8-9. COQUELINES, *Bull. Rom*. II, 68. BOYS (A. du), *Vie de s' Hugues*, 459-61. *Patrol. lat*. CLI, 320. *Bull. Roman*. Taurin. II, 132-3. MARION, *Cart. de Grenoble*, 68-70 ; n° 29. = BRÉQ. II, 240. *Doc. hist. inéd*. I, 276. JAFFÉ, 4053-5431.

**2501** Rome, 1er avril 1090.
Bulle du pape Urbain II adressée à Guillaume, abbé de St-Chaffre *(S. Theofredi)*, au diocèse du Puy *(Anicien.)*. Il confirme à son monastère sa liberté et ses possessions, entre autres les églises de St-Nizier(-d'Uriage, *S. Nicetii*) et de St-Pierre de Risset *(Rivo Sicco)*, avec la chapelle de Ste-Marie de Bernin *(Berniaco)*, au diocèse de Grenoble, qui, étant sous la juridiction de l'église Romaine, doivent 3 sols par an au palais de Latran, sauve la déférence due à l'évêque du diocèse, à la condition d'être en communion avec le Siège apostolique. Pour la liberté Romaine, il doit en outre au s. palais 5 sols en monnaie du pays *(vestralis)*. — *Potestatem ligandi*.

*Anal. juris pontif*. 10e s., V, II, 520-1. CHEVALIER (U.), *Cart. de St-Chaffre*, 15-7, n° 16. = MABILLON, *Ann. Bened*. V, 274 ; 2e, 256. *Gallia christ*. nova, II, 766. JAFFÉ, 4054-5432. *Patrol. lat*. CLI, 322.

**2502** Romans, 30 mai 1090.
Aimon, fils de Blismodis de *Malduno*, donne à l'église de Romans, où préside Guy *(Guido)*, archevêque de Vienne, l'église de St-Muris *(S. Mauricii)* de Valdevent, avec son presbytère, la 1/2 de la dîme, etc. ; il renonce à toutes les mauvaises coutumes *(capliones, quesiciones, albergi)*. Dala p. man. *Rodulfi mag. a° D. I. 1090, fer. 5, d. Ascensionis Dom., luna 27…, presente d. Guidone archiepiscopo Viennen. eiq. eccl. prælato*.

GIRAUD, *Hist. S. Barnard-Romans*, compl. 72-3, n° 196 ; et CHEVALIER, *Cart. de St-Barnard*, 215-6.

**2503** (30 mai 1090).
Serment *(sacramentum)* prêté par Aimon aux chanoines de Romans d'observer la donation précéd. : *Audi tu, quem per istam manum teneo…* ; s'il y a for-

faiture, il donnera satisfaction dans les 14 jours… *sicut in hac carta scriptum est et clericus legere potest…*

GIRAUD, *Hist. S. Barnard-Romans*, compl. 73-4, n° 197 ; et CHEVALIER, *Cart. de St-Barnard*, 216-7.

**2504** (1090).
Autre serment d'Aimon, fils de Blismodis, aux chanoines et clercs de l'église de Romans, promettant de ne pas leur enlever l'église de St-Muris de Valdevent et de leur en maintenir le bénéfice *(honor)* : s'il y a forfaiture, il fera satisfaction dans les 30 jours, etc. *ut supra*.

GIRAUD, *Hist. S. Barnard-Romans*, compl. 65-6, n° 184 ; et CHEVALIER, *Cart. de St-Barnard*, 217-8.

**2505** 16 août (vers 1090).
Obit au château de Domène de dame Vuitburgis, qui repose au monastère de ce lieu avec son mari Abbon, mort, plusieurs années auparavant, le jour de la fête des apôtres Philippe et Jacques [1er mai]. Pour le repos de leurs âmes, leur fils Guigues *(Vuigo)* donne aux moines cluniciens un courtil qu'il tenait du seigneur Ainard, fils d'Ainard l'ancien *(major)*, sous la condition de le reprendre s'il peut leur donner libre sa part de la dîme *(decimaria)* de Villard-Bonnot *(Villaris Bonaldi)*. Témoins : Ponce Ainard, etc.

MONTEYNARD, *Cartul. de Domène*, 85-6, n° 95.

**2506** (1090).
Lettre du pape Urbain II à Seguin, abbé de la Chaise-Dieu, et à sa congrégation, leur ordonnant de restituer à Bruno la « celle » [de la Chartreuse] et le chirographe écrit lors de la dispersion des frères. — *Eos qui ob*.

TROMBY, *Stor. Cartus*. II, app. 60. *Mém. acad. Clermont-Ferrand*, XVII, 637. *Mon. pont. Arverniæ*, 63. LE COUTEULX, *Ann. Cartus*. I, 60-1. LEFEBVRE, *S' Bruno et les Chartreux*, II, 393-4. = JAFFÉ, 5426.

**2507** (1090).
Lettre du pape Urbain II à Hugues, archevêque de Lyon, et à Hugues, évêque de Grenoble, leur ordonnant de faire restituer par Seguin, abbé de la Chaise-Dieu, la montagne de la Chartreuse à maître Bruno. — *Quanto affectionis*.

*PFLUGK-HARTTUNG, *Acta pont. Rom. ined*. II, 148. MIOCHE, *La Chartreuse du Port-Ste-Marie*, 25. = JAFFÉ, 5426.

**2508** (8 septembre 1090?)
Lettre de Bruno aux frères de la Grande Chartreuse, les exhortant à la persévérance et à l'obéissance envers le prieur Landuin *(Laindovinus)*, qu'il leur envoie. — *Cognito rationalis*.

*Opera s. Brunonis*, III, 156. CORBIN, *Hist. de l'ordre des Chartreux*, 649. MABILLON, *Ann. Benedict*. V, 407 ; 2e, 381. LE COUTEULX, *Ann. Cartus*. I, 87-9. LEFEBVRE, *S' Bruno et les Chartreux*, II, 419-21. = BRÉQ. II, 317.

**2509** La Chaise-Dieu, 17 septembre 1090.
Appelé à Rome par le pape Urbain II et voyant son désert abandonné par ses frères, maître Bruno avait donné le lieu de la Chartreuse à l'abbé Siguin et à la congrégation de la Chaise-Dieu. Sur la demande du même pontife et à la prière de Bruno, celui-ci le restitue à Landuin, préposé aux frères par Bruno à son départ, en chapitre et en présence d'Hugues, évêque de Grenoble. S'il ne rend pas la charte de Bruno, c'est

qu'on n'a pu la retrouver. *Fact. a° I. D. 1090, 15 kal. oct.* Confirmé devant Hugues, archevêque [de Lyon].

FONTANIEU. *Hist. de Dauph.* pr. II, 1, 53 ; — *Cart. du Dauph.* I, 88. — MABILLON, *Ann. Bened.* V, 268 ; 2ᵉ, 250-1. *Gallia christ. nova*, II, instr. 107, cf. 330-1 ; XVI, instr. 81. COLUMBI, *Opusc.* 58. *Vita s. Brunonis*, 163. LE COUTEULX, *Ann. Cartus.* I. 61-2. LEFEBVRE, *S' Bruno et les Chartreux*, II, 394-5. = BRÉQ. II, 235.

**2510** (1090/1099).

I[soard], évêque de Gap, du conseil de ses chanoines, donne l'église de St-Martin, avec ses dépendances, à Etienne Samuel et à Pierre de la Freyssinouse *(Fraxenosa)*.

GUILLAUME (P.), dans *Bull. hist.-archéol. dioc. Valence* (1881), I, 157, n° 1 (à part, 15). = ROMAN, 6-7, 7ᵃ.

**2511** (1090/1099).

Isoard, évêque de Gap *(Vapinc.)*, et ses chanoines donnent à l'aumône de St-Jean de Jérusalem, dont Géraud est hospitalier, l'église de St-Martin, près de la ville de Gap, qui est tenue par Etienne Samuel. Témoins et donateurs : le vicomte Isoard, le doyen Ponce, le sacristain Pierre, l'archidiacre Laugier, le grammairien Ponce et 12 autres [chanoines].

GUILLAUME (P.), dans *Bull. hist.-archéol. dioc. Valence* (1881), I, 181, n° 18 (à part, 21). — ROMAN, 7ᵃ.

**2512** 1090/1099.

Ponce Belloti donne à l'église de St-Martin [à Gap] un champ tout près. Etienne Manfredi, un autre acheté 9 sols. Seings de l'évêque I[soard] et de sa mère, du sacristain Pierre, etc.

GUILLAUME (P.), dans *Bull. hist.-archéol. dioc. Valence* (1881), I, 185, n° 29 (à part, 25). = ROMAN, 7ᵇ.

**2513** (1090/1100).

Les frères du chapitre général de la Chartreuse recommandent à la charité des fidèles la construction d'une église par les chanoines de St-Laurent d'Oulx *(de Ulcio)*, pour l'achèvement de laquelle les ressources font défaut. Ils promettent leurs prières et la participation à leurs bonnes œuvres.

RIVAUTELLA, *Ulcien. eccl. Chartar.* 71, n° 71. COLLINO, *Carte d'Oulx*, 73, n° 64.

**2514** (1090/1105).

Isoard, évêque [de Gap], pour avoir part aux prières [des religieux de St-André], leur confirme toutes les donations de ses prédécesseurs, du temps du prieur Imbert. Le vicomte Isoard est témoin.

GUILLAUME (P.), dans *Bull. hist.-archéol. Valence*, II, 259 (à part, 11) ; *Bull. soc. étud. Htes-Alpes*, III, 396, n° 15. = ROMAN, 7ᵇ.

**2515** 1091.

Le pape Urbain II confirme à la prévôté d'Oulx la possession du prieuré de St-Donat.

*COLLINO, Carte d'Oulx*, 55.

**2516** 1091.

Election d'Alindrada comme abbesse de St-André-le-Haut à Vienne par 9 religieuses. Ce choix est approuvé par les abbés Girard de St-Pierre de Vienne, Ponce de St-André-le-Bas, et Guillaume de St-Chef *(S. Theuderii)*, par les chanoines de l'église de Vienne : le prévôt Artaud, le doyen Sieboud, les archidiacres Rostaing,

Richard et Adémar, *a° I. D. N. J. C. 1091, ind. 14, regn. D. N. J. C...*

CHARVET-ALLUT, *Mém. St-André-le-Haut*, 209, cf. 59-60. CHEVALIER (U.), *Cart. de St-André-le-Bas*, 276, n° 65ᵃ.

**2517** Romans, (vers 1091).

Dulcia et ses fils, Guillaume, Pierre et Gotafred, donne à l'église [de Romans] sur l'Isère, pour la sépulture de son fils Lambert, une métairie *(chabannaria)* à Rochat *(in Rocha Curva)*, près du ruisseau du Chaillard *(Challaz)*, dans la paroisse de St-Martin-le-Colonel *(de Colonnello)*. Fait à Romans, en chapitre. Guy archevêque de Vienne étant abbé, *fer. 6, luna 8, regn. Jesu Christo filio Dei.*

GIRAUD, *Hist. S. Barnard-Romans*, compl. 100-1, n° 244 ; et CHEVALIER, *Cart. de St-Barnard*, 220-1.

**2518** Bénévent, (mars) 1091.

A la demande de Bruno, Lan[d]uin et les autres frères, le pape Urbain II prend sous sa protection l'ermitage de la montagne Chartreuse, au diocèse de Grenoble ; il confirme l'élection récente de Lan[d]uin comme prieur. — *Scriptum est habitenti.*

PFLUGK-HARTTUNG, *Acta pont. Rom. ined.* II, 149. = JAFFÉ, -544.

**2519** 17 août 1091.

Falcon, fils d'Aténulfe, avec l'assentiment de son frère Albert et des autres, donne à l'église de Romans la terre que son parrain *(spiritalis pater meus a baptismo)* don Barnard lui a donnée et qu'il a cultivée *(ædificavi)* en avant du château et dans le mandement de Crépol *(Crispio)*, au pagus de Vienne. *Data p. man. Petri lev..., fer. 1, luna 28.*

GIRAUD, *Hist. S. Barnard-Romans*, II, pr. 38-9, n° 184 ; et CHEVALIER, *Cart. de St-Barnard*, 218.

**2520** (Vers 1091).

Guigues *(Vuigo)* Silvestre donne à l'église de Romans un manse près de l'église de St-Christophe *de Enuz* ou *Enoz* [du Bois ou du Laris] et une condamine qui va de la Limone *(aqua L-na)* au chemin public, avec pré, saussaie et terre. S'il meurt dans le diocèse *(episcopatus)* de Vienne, les chanoines feront apporter son corps ; il payera par an le cens qui lui viendra.

GIRAUD, *Hist. S. Barnard-Romans*, II, pr. 39, n° 185 ; et CHEVALIER, *Cart. de St-Barnard*, 219.

**2521** 22 août 1091.

Pons Malnerius, vicomte de Marseille, sa femme Salomé, ses fils Guillaume et Foulques, son frère Josfredus et autres abandonnent les dîmes de Vidauban à Notre-Dame de Lagrand *(Aregrandis ecclesia)*, au diocèse de Gap,... *fer. 5, luna 22 ... ind. 12...*

RIANT, *La donation de Hugues, marquis de Toscane, au St-Sépulcre et les établissements latins de Jérusalem au Xᵉ siècle*, dans *Mém. acad. Inscript. et Belles-lettres*, XXXI, 187-8 (à part, 41-2). = GUILLAUME (P.), dans *Bull. soc. étud. Hautes-Alpes*, IV, 107-8. ROMAN, 7-8.

**2522** 25 août (1091).

Les chanoines de l'église de Romans se plaignaient de Guillaume, fils d'Adon de Clériou, qui prélevait d'injustes redevances sur leurs vignes de Marnas *(Amarnaz)*. Les chanoines viennent à Clérieu avec d'anciens témoins, qui assurent sous la foi du serment que jamais ni Guillaume l'ancien *(major)* ni son fils Adon n'ont joui de ces coutumes, appelées *franchesia* ; Guillaume y renonce. Comme il les percevait sur d'autres vignes de l'église de St-Barnard, on convient de lui donner 15 sols et il les abandonne, afin que les saints protecteurs de l'abbaye le gardent, protègent et défendent contre tous maux présents et futurs. *S. Adalberti ministri*, etc. *Data p. man. Petri lev... fer. 2, luna 7.*

GIRAUD, *Hist. S. Barnard-Romans*, compl. 66-7, n° 186 ; et CHEVALIER, *Cart. de St-Barnard*, 219-20.

**2523** 9 septembre 1091.

Aténulfe de Tullins *(Tollino)*, sa femme Agnès, ses frères et d'autres donnent au monastère de St-Pierre hors les murs de Vienne et à son abbé Gérard les deux églises de Tullins : la chapelle de St-Barthélemy au château et l'église de St-Maurice près de celle de St-Laurent, avec les dîmes de leurs *indomengeriæ*. Cette cession est faite à la prière de Guy *(Guido)*, archevêque de Vienne, et de Hugues, évêque de Grenoble, qui signent avec l'abbé, le prieur Pierre, 4 moines..., Gaudemar dit Candide, le prêtre Bernard. ... *ind. 14, epacta 28, concur. 2..., fer. 3, luna 23.*

Valbonnays, 2° Reg., n° 59. — CHEVALIER (U.), *Cart. de St-André-le-Bas*, 277, n° 66*. = CHORIER, *H. de D.* I, 840 ; *Estat pol.* II, 367.

**2524** (Vers 1092).

Aténulfe et sa femme Gondrada donnent à Saint-Pierre et à St-Barnard une métairie *(cabannaria)* sous *Fonlellonia*, dans la paroisse de St-Martin [d'Onay ?], l'ager de Val-Clérien *(Valle Clarensis)* et le pagus de Vienne, entourée par la terre du chevalier Silvion *(Silvus)*, une *mansata* de vigne au-dessous de l'église et une maison à son chevet. *S. Ugonis Montis Mirati* (Montmiral), etc. *Scr. fer. 5, luna 6, temp. G[uidonis] Viennen. archiepiscopi.*

GIRAUD, *Hist. S. Barnard-Romans*, compl. 107-8, n° 256 ; et CHEVALIER, *Cart. de St-Barnard*, 223-4.

**2525** (Vers 1092).

Ervise donne à l'église [de Romans], que gouverne Guy *(Guido)*, archevêque de Vienne, pour le canonicat *(canonico)* de son fils Adémar, une métairie *(cabannaria)* de son alleu *(alodium)*, dans la paroisse de St-Didier de *Rovoria*, au diocèse *(episcopatus)* de Valence.

GIRAUD, *Hist. S. Barnard-Romans*, compl. 101, n° 246 ; et CHEVALIER, *Cart. de St-Barnard*, 223.

**2526** 1092.

La dîme de Montesson *(locus Assonus)* au port de la Rochette *(Rocheta)* sur l'Isère *(Isaris)* jusqu'à *Tovoria* au-dessus du monastère de St-Laurent, dans la paroisse de Grenoble, (qui n'en doit aucune), fut cédée à l'évêque Hugues par Giraud de Cognet *(Coieto)*, ses fils et Gautier Chaunais *(Chalnesius)*, chanoine de Grenoble, qui la tenait du susdit Giraud et de Richard Muzi, sauf les vignes de St-Laurent, quand il se fit chartreux ; son frère Guigues approuve. Les chanoines de la cathédrale, les clercs et laïques sont témoins. *Amatus scr.*

MARION, *Cart. de Grenoble*, 113-4, n° 39.

**2527** (Vers 1092).

Guigues *(Wgo)* Girin et ses frères Ragnerius et Aténulfe donnent à l'église de Romans, où préside l'archevêque Guy *(Wido)*, leur part de l'église de St-Lattier *(S. Eleuterii)* et ses dépendances ; ils confirment, en outre, la donation de la métairie *(cabannaria)* de *Fons Roia* par leur père, le jour de sa mort, et du manse au mandement de Beauregard *(Belregart)* par leur mère ; ils apporteront au début *(in capite)* de l'année le quart d'un setier d'excellent miel. Ils approuvent en outre la donation de Rainier et sa femme Blicenda. A la même occasion, Otmar, Ismidon et Adon, frères, cèdent leur part de l'église de St-Lattier et de ses dîmes. *Data p. man. Rostagni sac. 6 fer., luna 28, regn. D. N. J. C.*

GIRAUD, *Hist. S. Barnard-Romans*, II, pr. 41-2, n° 193 ; et CHEVALIER, *Cart. de St-Barnard*, 222-3.

**2528** (Vers 1092).

Guigues de Rochefort *(Rocaforle)*, fils d'Arbert de Peyrins *(Pairiuno)*, avait afferré une terre à mi-fruits *(ad medium plantum)* à un homme d'Arthemonay *(Artemonaico)* ; il donne sa part à l'église [de Romans], où préside Guy *(Vuido)*, archevêque de Vienne, et reçoit 22 sols, dont 10 seront rendus à l'agriculteur. On l'associera aux aumônes et prières, et on lui donnera la sépulture. *Data p. man. Rostagni sac. fer. 6, luna 29, regn. D. N. J. C.*

GIRAUD, *Hist. S. Barnard-Romans*, II, pr. 40-1, n° 187 ; et CHEVALIER, *Cart. de St-Barnard*, 221-2.

**2529** 18 février (après 1091).

Epitaphe de Gérard, abbé de St-Pierre à Vienne : *Hoc in sarcophago Gerardus clauditur abbas* (5 distiques). *Fuit bis senas cum Mars notat ipse kalendas.*

BOSCO (J. A.), 101. CHORIER. *Antiq.* 326 ; 2°, 322. COLLOMBET, I, 405. TERREBASSE, I, 188-90, n° 355.

**2530** Lyon, 22 juin 1092.

Dans une assemblée *(placitum)* d'évêques, parmi lesquels Hugues de Grenoble, présidée par l'archevêque Hugues de Lyon, on décide contre l'abbé de l'Ile-Barbe Clément de confirmer à l'abbé de St-Ruf Arbert l'église de Notre-Dame de la Platière *(S. Mariæ)*, sur la Saône, dans le faubourg oriental, avec ses dépendances ; l'église de St-André avec la chapelle du château de Corcy *(Corziaci)*, celle de St-Marcel avec ses paroisses, celle de Notre-Dame de la Boisse *(de Buxa)*, avec les chapelles de Girieu *(Giriaco)* et de Montluel *(Monte Loello)*, que l'archevêque Gébouin avait données à l'ordre de St-Ruf, et l'église de St-Julien de Condeyssiat *(Condoisieu)*, cédée par lui à N.-D. de la Platière.

CHEVALIER(C. U. J.), dans *Rev. du Lyonnais*, 3°s., III, 504-8, cf. A. V., IV, 152 ; *Doc. inéd. relat. à l'égl. de Lyon*, 9-14. GUIGUE (M. C.), *Cart. Lyonnais*, I, 23-4. CHEVALIER (U.), *Codex diplom. ord. S. Rufi*, 6-7. = *Gallia christ. noviss.* III, 181.

**2531** (1092/1103).

Humbert, comte de Maurienne, épouse Laurentie, fille du comte de Vienne, à Carpentras [fabuleux]. — Le seigneur de Briançon lui fait hommage.

BOLLATI DI ST-PIERRE (Em.), dans *Miscell. stor. Ital.* XXII, 309-10.

**2532** 24 avril (1093).

Pierre de Chalaire *(Colerio)* donne à l'église de Saint-Barnard de Romans, pour l'âme de sa femme Galdrada, la moitié d'un manse à Chalaire, dans le mandement du château de Chevrières *(Cabreriis)*, avec promesse de

l'autre à sa mort. Adalgaud ou And-d, fils d'Aendric, ayant épousé sa mère, frustra les clercs réguliers de la donation. Lui et sa femme rendirent le tout, moyennant 3o sols. *Data p. man. Petri, ... luna 23.*
GIRAUD, *Hist. S. Barnard-Romans*, compl. 69-70, n° 191 ; et CHEVALIER, *Cart. de St-Barnard*, 224.

**2533**   10 mai 1093.
Donation d'Hmbert II, comte de Savoie, à l'abbaye de la Novalaise, où figure Humbert de Boczosel.
CIPOLLA (C.), *Mon. Novalic. vetust.* I, 226-. — Pièce interpolée ?

**2534**   (Avant 1094).
*Quoniam multorum celebri relatione didiceramus, fratres qui in monasterio Beati Rufi quod in Provinciæ partibus situm est, sub canonica professione Deo fideliter famulari, et omni monastica disciplina apprime instructos vicinas ecclesias quasque religiosæ conversationis exemplis illustrare, duos ex fratribus nostris cum litteris sæpe memorati pontificis nostri ad ipsos direximus, quatenus secundum modum et institutionem vitæ eorum nos quoque vitam nostram dirigere possemus, quos cum honorifice suscepissent, omni diligentia verbis et scriptis instructos ad nos cum gaudio remiserunt.*
SEHERI abb. *Historia monasterii Calmosiacensis.* 1, 9 : MARTENE, *Thes. nov. anecd.* III, 1164. BOUQUET, XIV, 129. *Patrol. lat.* CLXII, 1127.

**2535**   (1094).
Guy, archevêque de Vienne, voyant l'abbaye de Saint-André-le-Bas, dans l'intérieur des murs de sa cité, dépourvue de discipline monastique par la perversité de ses habitants et diminuée dans ses possessions temporelles, décide, de concert avec ses chanoines, le prévôt Rostaing, le doyen Siboud *(Sigebodus)*, les archidiacres Adémar, Richard et autres, de la confier à la vénérable et religieuse abbaye de la Chaise-Dieu et à son abbé Ponce, sauf la révérence à l'église de Vienne. Elle ne devra pas déchoir de sa dignité d'abbaye ; son abbé, élu par celui de la Chaise-Dieu, sera sacré par l'archevêque, à qui il promettra obéissance. Au besoin, il sera corrigé et suspendu par l'abbé, et déposé par l'archevêque. Les moines, sacrés par l'abbé de St-André, feront profession suivant l'usage monastique de la Chaise-Dieu. Guy *(Guido)*, fils de Guillaume, comte de Bourgogne, appose son sceau.
MABILLON, *Ann. Bened.* V, 653 ; 2°, 618-9, cf. 315. = BRÉQ. II, 265.

**2536**   1094.
Le comte Guigues le Vieux *(Vuiguo senior)* donna à St-Chaffre *(S. Theofredo)* l'église de St-Maurice à Eclassan *(villa Sclacianis)* qui était dans son alleu ; Guillaume, seigneur du castel *Ebsoni*, céda ce qui lui appartenait, avec les appendices de l'église et la chapelle du château. Un différend s'étant ensuite élevé entre les clercs de St-Vallier *(S. Valerii)* et les moines de St-Chaffre, l'archevêque Guy décida dans une réunion des deux clergés que les moines dépendraient des clercs, à qui ils donneraient une livre d'encens à la fête de s' Vallier... *regn. Philippo rege.*
CHEVALIER (C. U. J.), *Doc. inéd. relat. au Dauph.* VI, 17-8; *Cart. de St-Chaffre*, 117, n° 352.

**2537**   1094.
Hugues, évêque de Grenoble, achète à Pierre Aldeardis une métairie *(chabanaria)* à [St-Martin-de-] Miséré *(Misereu, M-raco)*, au prix de 170 sols ; on lui fait cadeau du surplus et l'acte est approuvé par l'épouse, les sœurs et la fille unique du vendeur. Morard dit Jovencellus ou Juvenculus, sa femme Lepredia et son gendre Conon cèdent, pour 62 sols, ce qu'ils possèdent sur cet immeuble. Ismion Lombard fait de même et reçoit 5 sols ; Guigues Didier également. Le comte Guigues et son mistral *(ministralis)* Chabert de Morestel abandonnent leurs droits, sans aucune réserve. Sont témoins les chanoines Guigues de Lans *(Lanz)*, Rostaing et Adon, etc.
MARION, *Cart. de Grenoble*, 85-6, 232-3, n° 7 et 86.

**2538**   Vienne. (1094).
Guy *(Guido)*, archevêque de Vienne, cherche chicane *(calumnia)* à l'église de Grenoble, l'accusant de détenir injustement le pagus de Sermorens *(Salmoriacen.)*, qui appartenait *(juris)* à la sienne. Hugues, évêque de Grenoble, se rend à Vienne, mais la question n'y est pas discutée et on prend un autre jour.
PETIT, *Theodori Pœnitent.* II. BOUQUET, XIV, 757. BOYS (A. du). *Vie de s' Hugues*, 452. MARION, *Cart. de Grenoble*, 49.

**2539**   Romans, (1094).
Au jour fixé, se réunissent *apud Rotmanos*, avec l'archevêque de Vienne. Gontard, évêque de Valence, et celui de Genève, avec l'évêque de Grenoble, ceux de Belley et de Mâcon. Hugues établit par des écrits et des témoignages que son église est en possession du pagus de Sermorens depuis cent ans et plus. Les Viennois soutiennent qu'à l'époque où l'église de Grenoble fut dévastée par les païens, il fut concédé *ad tempus* par l'archevêque à l'évêque ; interrogés sur la preuve de leur dire, ils répondent que c'est une tradition. Les Grenoblois adjurent les pères de décider si une simple affirmation doit l'emporter sur une si ancienne possession. Sans attendre leur jugement, l'archevêque de Vienne, qui avait sous la main les gens en armes du pays réunis pour la paix, s'empare violemment du pagus discuté.
MABILLON-RUINART, *Œuvr. posth.* III, 358. MARION, *Cartul. de Grenoble*, 49, n° 23. = CHORIER, *Estat polit.* II, 150. *Doc. hist. inéd.* I, 262. R. Gen. 227.

**2540**   (1094)
Hugues, évêque de Grenoble, dénonce les voies de fait *(invasio)* de l'archevêque de Vienne au pape Urbain II ; celui-ci en écrit à Hugues, archevêque de Lyon et légat de l'église Romaine.
MARION, *Cart. de Grenoble*, 49-50.

**2541**   Rome, 16 mai 1094.
Lettre du pape Urbain II à Hugues, archevêque de Lyon et légat de l'église Romaine, qui doit mieux connaître que lui le différend survenu entre Guy, archevêque de Vienne, et Hugues, évêque de Grenoble. Son désir est qu'il fasse cesser au plus tôt. On ne saurait lui objecter d'avoir rien accordé à l'église de Vienne que ce qu'elle a possédé justement. — *Sollicitudinis nostræ.*
PETIT, *Theodori Pœnitent.* II, 597-8. MABILLON et RUINART, *Œuvr. posth.* III, 359-60 ; cf. I, 155-7, 358-60. MANSI, XX, 7. DU-

RAND DE MAILLANE, *Libertez de l'égl. Gallic.* III, 406. BOUQUET, XIV, 758. BOYS (A. du), *Vie de s¹ Hugues*, 453-4. *Patrol. lat.* CLI, 389. MARION, *Cart. de Grenoble*, 50-1, 557, n° 23ᵇⁱˢ. = LE COUTEULX, *Ann. Cartus.* I, 85. = BRÉQ. II, 271. JAFFÉ, 4134—5523.

## 2542
Rome, 16 mai 1094.

Lettre du pape Urbain II à Hugues, évêque de Grenoble, lui notifiant dans les mêmes termes la missive qu'il vient d'écrire à Hugues, archevêque de Lyon. — *Pro negotio tuo.*

PETIT, *Theodori Pœnitent.* II, 528. MABILLON et RUINART, *Œuvr. posth.* III, 360-1. DURAND DE MAILLANE, *Libertez de l'égl. Gallic.* III, 407. BOUQUET, XIV, 758-9. BOYS (A. du), *Vie de s¹ Hugues*, 454. *Patrol. lat.* CLI, 390. MARION, *Cart. de Grenoble*, 51, n° 23ᵗᵉʳ. LE COUTEULX, *Ann. Cartus.* I, 85-6. = BRÉQ. II, 271. JAFFÉ, 4135—5524.

## 2543
11 octobre 1094.

Donation au monastère de St-Victor de Marseille par Rupert, sa femme, ses fils Giraud, Guillaume, Ponce et sa fille Segura, Ponce Raymbaldi et son épouse Austrudis, d'une condamine au château de Trescléoux *(Trescleris)*, avec les noyers *(nogarii)* pour le luminaire de l'autel de Notre-Dame du monastère. Ripert Geraldi, sa femme Odile, ses fils et filles confirment. Témoins... *luna 27. regn. D. N. J. X. Pontius presb. scr.*

Arch. des Bouches-du-Rhône, St-Victor, ch. 302 (anc. Gap, n° 24). = ROMAN, 8°.

## 2544
16 octobre 1094.

Hugues, archevêque de Lyon, tient un concile à Autun *(ap. Eduen. civit.)*, où il ordonne à l'évêque de Grenoble de se rendre. A l'appel de sa cause, l'archevêque de Vienne produit une vieille charte, d'après laquelle Barnuin, archevêque de Vienne, aurait cédé à Isarn, évêque de Grenoble, l'église de St-Donat et le pagus de Sermorens *(Salmoriacen.)* jusqu'à ce que la persécution des païens eût cessé. Hugues de Grenoble démontre sans peine que ces deux pontifes n'ont pas été contemporains. Il prouve qu'Alcherius, prédécesseur d'Isarn, possédait le comté en question et que l'église de Saint-Donat avait été donnée à son siège par les rois Boson et Louis. Guy chercha alors à faire valoir le privilège subrepticement qu'il avait obtenu du pape. Les prélats, à l'instigation du légat, qui craignait des troubles, cherchèrent à accorder les deux contendants ; Hugues demanda le jugement du concile. Pour l'éviter, Guy promit à Hugues de lui restituer à Vienne, du conseil de ses chanoines, tout ce que ses prédécesseurs avaient possédé.

*Coll. Reg.* XXVI, 639. LABBE, X, 499-500. PETIT, *Theodori Pœnitent.* HARDUIN, VI, II, 1711. COLETI, XII, 819. MANSI, sup. II, 131 ; XX, 799. MARION, *Cart. de Grenoble*, 52-3. LE COUTEULX, *Ann. Cartus.* I, 86-7. = *Doc. hist. inéd.* I, 265.

## 2545
Vienne, (1094).

Hugues, évêque de Grenoble, se rend à Vienne, espérant que l'archevêque Guy, suivant sa promesse, lui ferait remise de ce que ses prédécesseurs avaient possédé : celui-ci élude l'exécution.

Mêmes sources que le n° précédent.

## 2546
(Après 1094).

Après la mort du prévôt Rostaing, l'église de Vienne concéda sur les bénéfices qu'il possédait la villa de Pact *(Pac)* à l'archevêque Guy, sauf 3 canoniæ au chantre Guy, l'obédience de Reventin *(Repentinis)* et 100 sols sur le fermier *(villicus)* de Communay *(Commenaico)*.

*Gallia christ. nova*, XVI, 136. CHEVALIER (U.), dans *Bull. soc. archéol. Drôme*, XLVI, 369-70 (à part, 12-3).

## 2547
(Vers 1095).

Alamand d'Uriage *(A-nnus de Auriaco)*, en prenant l'habit de la religion de St-Benoît au monastère de Domène, donne à cette maison la moitié d'un manse à Villeneuve (d'Uriage, *VillaNova*). Témoins : Ulric *(Vuirricus. Vulricus)*, prieur de Domène, le moine Odon, l'archiprêtre Nantelme..., les chevaliers Galdemar et Louis, etc.

MONTEYNARD, *Cartul. de Domène*, 137-8, n° 161.

## 2548
(Vers 1095).

Elfin et son frère Sofred se désistent des mauvaises coutumes qu'ils exigeaient des hommes et des vignes du monastère de Domène à Montfort et à Lumbin, et reçoivent l'absolution du prieur Ulric *(Vulricus)* ; ils déposent l'investiture sur l'autel de St-Pierre et reçoivent un cheval. Seings d'Erbert, sacristain de Cluny, des prêtres Goalbert et Pagan.

MONTEYNARD, *Cart. de Domène*, 206, n° 232.

## 2549
Goncelin, (vers 1095).

Emeric *(Aumericus)* Villena protestant que les terres de Guillaume Bernard de Theys étaient de son fief et ne pouvaient changer de possesseurs sans son consentement, le prieur de Domène se rend auprès de lui et obtient son approbation.

MONTEYNARD, *Cart. de Domène*, 169, n° 193, 2.

## 2550
(Vers 1095).

Dame Fecenna, épouse d'Ainard, frère du seigneur Ponce, donne aux moines clunisiens de Domène un manse, dit de Guigues du Puy (de *Podio*), près du château de Viriville *(Veiravilla)*, au pagus de Vienne, se réservant la jouissance.

MONTEYNARD, *Cart. de Domène*, 36-7, n° 32.

## 2551
(Vers 1095).

Relevé *(Breve)* des cens constituant la dotation *(sponsalitia)* de l'église de la Ferrière *(de Ferrariis)* : 78 den., 2 sols, 1 quartal de miel et 4 chapons. — Ponce de Domène a laissé pour les églises d'Allevard *(Alavargo)* 4 sols et 12 den.

MONTEYNARD, *Cart. de Domène*, 182, n° 207.

## 2552
(Vers 1095).

Fouque *(Fulco)*, frère de Torrenc, dispute de nouveau au sujet du port de Domène : le prieur Guiricus lui donne 7 sols. Seing de la comtesse.

MONTEYNARD, *Cart. de Domène*, 78-9, n° 84.

## 2553
(Vers 1095).

Gautier de St-Baudille *(Vualterius de S. Baudelio)* et sa femme Tolonea donnent aux moines de Domène leurs dîmes dans la paroisse de St-Jean[-le-Vieux], pour qu'on reçoive le clerc Nantelme, neveu de cette dame, qu'elle avait adopté. S. *Pontii Aynardi..., Vuillelmi presb.*

MONTEYNARD, *Cart. de Domène*, 114-5, n° 132.

**2554** (Vers 1095).
Arrivé au terme de sa vie, Guillaume Bernard de Theys *(Theis)* donne par testament légal au monastère de Domène, pour être participant du bien qui se fait à Cluny, un serf *(homo)* Boson Mannini, avec son tènement et le cens annuel de 5 sols 4 den. ; si une partie était engagée, il la libèrerait. Témoins : les chanoines Guillaume della Colchi et Etienne Pelliparius, etc.
MONTEYNARD, *Cart. de Domène*, 168-9, n° 193.

**2555** (Vers 1095).
Le seigneur *(senior)* Guillaume Martel avait donné aux moines clunisiens de Domène une condamine, une vigne et un pré à Goncelin. Après sa mort, ses petits-fils *(nepotes)* Bermond et Pierre fraudèrent son aumône, puis l'approuvèrent en recevant, l'un 32 sols, l'autre 50.
MONTEYNARD, *Cart. de Domène*, 174-5, n° 197.

**2556** (Vers 1095).
Le chevalier Guillaume de Revel, arrivé à sa fin, donne aux moines clunisiens de Domène une excellente vigne dans la paroisse de Ste-Marie de Revel, avec 12 den. que doit à la vendange celui qui la tient, et une mesure *(casali sellum)* de miel. Fait en présence du prieur Guichard et approuvé par la femme Ancilia et le fils Oddon.
MONTEYNARD, *Cart. de Domène*, 246, n° 235, 2.

**2557** (Vers 1095).
Le jeune Guillaume, fils de Guillaume de Revel, arrivé également à la mort, donne au monastère de Domène, où il fut enseveli, une terre et une vigne à Boloc, qui rend 13 den. par an. Son frère Oddon, venu à Domène, déposa cet acte de donation sur l'autel des Sts-Pierre et Paul, et reçut 20 sols du prieur Guichard, lequel racheta encore cette terre, au prix de 30 sols valentinois, des mains de Guillaume d'Uriage *(de Auriagio)*, à qui elle avait été engagée.
MONTEYNARD, *Cartul. de Domène*, 246-7, n° 235.

**2558** (Vers 1095).
Le clerc Hugues Alvise reçoit, avant de mourir, l'habit monastique et donne à Guichard *(Vuichardus)*, prieur de Domène, un champ avec vigne. Son frère Guigues approuve. Témoins : le sacristain Guigues, le mistral Pierre Pellicier, etc.
MONTEYNARD, *Cart. de Domène*, 258-9, n° 239.

**2559** Domène, (vers 1095).
Hugues de Theys *(Tedesio)*, sur la fin de ses jours, fait son testament *(destinatio)* à Domène et donne aux moines tout ce qu'il possède aux Ayes *(a les Aies)* et dans la paroisse de Theys. Fait en présence de Guigues prêtre du Touvet, etc. — Après sa sépulture dans le cloître de Domène, son frère Humbert approuve cette donation, devant le prieur Guichard.
MONTEYNARD, *Cart. de Domène*, 247, n° 236.

**2560** (Vers 1095).
Humbert, Pierre et Bernard, frères, donnent aux moines clunisiens de Domène la moitié de l'église de la Ferrière *(Ferrariarum)*, avec l'assentiment de leurs seigneurs *(seniores)*, Ponce et Ainard. Bernard dit Benoît *(Benedictus)*, Pierre et Aquin, frères, cèdent aux mêmes l'autre moitié, également avec l'approbation de leurs seigneurs Bornon et Rostaing, et du chevalier Vuilisius.
MONTEYNARD, *Cart. de Domène*, 182-3, n° 208.

**2561** Domène, (vers 1095).
Ismidon *(Es-o)*, petit-fils du seigneur Ainard I, donne à l'église de Domène 5 sols et 1 quartal de miel dans la paroisse de Villard-Bonnot *(Villaris Bonaldi)*. Fait après sa mort, dans le cloître, en présence du prieur Guichard, des moines et de nombreux chevaliers. Cette aumône fut confirmée par ses deux frères, le prévôt de Maurienne et Arbert, par le seigneur Ainard et ses fils, Ainard, Lantelme et Soffred.
MONTEYNARD, *Cart. de Domène*, 245-6, n° 235.

**2562** (Vers 1095).
Otmar et sa femme Tolomeia donnent aux moines clunisiens de Domène le quart de l'église de Ste-Marie [de Revel], qui doit à Noël 18 den., 6 pains, 2 setiers de vin et un 1/2 quartal de miel ; on n'inquiètera pas durant sa vie le prêtre qui la dessert, s'il peut la garder licitement. Témoins : Ponce Aynard et ses frères ..., Guillaume, prêtre de Vizille.
MONTEYNARD, *Cart. de Domène*, 101, n° 113.

**2563** Domène, (vers 1095).
Pierre Robert *(Rodberti)*, se disposant à aller à Jérusalem, donne ou plutôt vend aux moines de Domène ce qu'il possède d'un manse à Champagne *(ap. Campaniam)* ; le prieur Guichard lui remet 200 sols et un bon mulet, en présence des moines, Lambert d'Angleterre, le cellérier Martin, etc. Pierre, accompagné du vicarius de la Mure, Jean, etc. prête serment sur l'autel de Notre-Dame à Domène. Sont présents Suibo, chapelain de Domène, le médecin Hugues, etc.
MONTEYNARD, *Cart. de Domène*, 248-9, n° 237, 1.

**2564** Domène, (vers 1095).
Ponce Oddon, arrivé à sa fin, se rendit moine à l'église de Domène, du temps du prieur Guichard, et donna au monastère la tenure de son filleul *(tenedura filioti)* : grange, vigne et terre. Après sa mort, ses fils, Otger et Garin, la concédèrent à perpétuité dans le chapitre, en présence du même prieur, du sacristain Guigues, etc.
MONTEYNARD, *Cart. de Domène*, 244-5, n° 234.

**2565** (Vers 1095).
Rodulfe Breton, fils du chevalier Arbert d'Allevard *(Alavargo)*, donne aux moines clunisiens de Domène une métairie *(cabannaria)* de son alleu, provenant de sa mère Enquitta, à Villard *(Villaris)* de Gisbert le Blanc ; durant sa vie, il servira un setier de méteil *(annona)*.
MONTEYNARD, *Cart. de Domène*, 178, n° 201.

**2566** (Vers 1095).
Le même donne aux mêmes 3 fermes *(casales)* au cimetière de la Ferrière *(Ferrariarum)*, deux champs près de l'église, deux tenures *(tenedurae)* et le 6° de la dîme de l'enclos *(clausum)* du seigneur Ponce à Allevard *(Alavargo)*.
MONTEYNARD, *Cart. de Domène*, 178-9, n° 202.

**2567** (Vers 1095).

Vualon, pour obtenir de la s' Vierge le salut de son âme, donne aux moines clunisiens de Domène une vigne à Froges *(Frodgas)*, un champ et un verger *(pomarium)* aux Adrets *(Adrectos)*, avec une tenure *(tenedura)* qui doit 6 den., 4 chapons et 2 fouasses *(focacia)*; il servira 12 den. d'investiture. *Rotannus mon. scr. ante se. S. Rostagni canon.*, etc.

MONTEYNARD, *Cart. de Domène*, 157-8, n° 182.

**2568** (Vers 1095).

Ysimon donne au lieu de Domène, pour l'âme de ses oncles Pierre et Erbert, la moitié d'un manse à Brignoud *(Brignosch)*, où réside le prêtre Drogon ; fait entre les mains du prieur Hugues, qui donne 50 sols. Présents le diacre André fils d'Andulfe et Aténulfe de Domène.

MONTEYNARD, *Cartul. de Domène*, 133, n° 156, 1.

**2569** (1095).

Lettre du pape Urbain II à l'archevêque Guy *(Gui[do])* et aux chanoines de l'église de Vienne. Ils offensent gravement le Siège apostolique en usurpant ce qui lui appartient. Le pape leur enjoint de s'abstenir de percevoir de multiples cens sur les églises du chapitre *(canonica)* de Romans que les pontifes de Vienne lui avaient attribués. Il ordonne de lui faire rendre l'église de St-Etienne de Bathernay *(Basternai)*, envahie par les clercs de St-Vallier *(S. Valerii)*. — *Adversus apostolicam.*

GIRAUD, *Hist. S. Barnard-Romans*, I, pr. 18, n° 7. = JAFFÉ, –5609.

**2570** (1095).

Lettre du pape Urbain II à G[uillaume] de Clérieu *(Clariaco)* et François de Royans *(Roanis)*, les menaçant du glaive de l'indignation apostolique s'ils ne réparent les torts graves qu'ils ont faits aux clercs de Romans et dont ceux-ci se sont plaints, et s'ils ne cessent leurs injustices *(magnas injurias)*. — *Conquesti sunt.*

Valbonnays, 7° Reg. n° 24 (1094). RIVAZ (P. de), *Diplom. de Bourg.* II, n° 117 (Anal. 45), v. 1090. — GIRAUD, *Hist. S. Barnard-Romans*, I, pr. 19, n° 7bis ; trad. I, 118. = JAFFÉ, –5610.

**2571** (1095).

Hugues, évêque de Grenoble, ayant appris que le pape se proposait de tenir un concile à Plaisance, auquel les évêques de France étaient convoqués, prend le chemin de l'Italie et rencontre son métropolitain à Sant' Ambrogio *(ap. S. Ambrosium, de Milan ?)*. Celui-ci, pour le détourner de sa route, lui promet de s'en tenir à ce que décidera l'archevêque de Lyon. Hugues rebrousse chemin, revient à Grenoble et, au moment de se rendre à Lyon au jour indiqué, apprend que Guy renonce à la réunion *(placitum)*.

Mêmes sources que (1094), n° 3540.

**2572** Plaisance, 7 mars 1095.

Hugues, évêque de Grenoble, reprend le chemin de l'Italie et arrive en hâte à Plaisance le dernier jour du concile. Il expose devant le pape et les évêques la violence qu'il avait subie de la part de l'archevêque de Vienne, ses fraudes, son mépris du Siège apostolique et de son légat. Le concile lui rend la pleine investiture du pagus de Sermorens *(Salmoriac.)* et le pape casse le privilège subreptice.

Mêmes sources. = JAFFÉ, p. 461-677. *Doc. hist. inéd.* I, 267.

**2573** Plaisance, 12 mars 1095.

Lettre du pape Urbain II à Guy, archevêque de Vienne. Il lui rappelle que, lors de sa promotion, il lui a accordé une dispense d'âge, puis lui a remis, quoique absent, le pallium ; il lui a accordé un privilège dans lequel son envoyé a fait inscrire subrepticement des possessions de l'évêque de Grenoble. Oublieux de ces bienfaits, il a été désobéissant à lui et à son légat. Au concile qui vient de se tenir à Plaisance, l'évêque de Grenoble a établi le droit de son église sur le pagus de Sermorens ; on l'en a réinvesti et Guy aura à se conformer à cette décision sous peine de perdre les [bonnes] grâces de s' Pierre. — *Necessitati et utilitati.*

PETIT, *Theodori Pœnitent.* II, 531. MABILLON et RUINART, *Œuvr. posth.* III, 363. DURAND DE MAILLANE, *Libertez de l'égl. Gallic.* III, 409. BOUQUET, XIV, 759. BOYS (A. du), *Vie de s' Hugues*, 456. *Patrol. lat.* CLI, 406-7. MARION, *Cart. de Grenoble*, 53-4, n° 23. *Gallia christ. nova*, XVI, instr. 28, LE COUTEULX, *Ann. Cartus.* I, 94. = BRÉQ. II, 269. JAFFÉ, 4154–5548.

**2574** Plaisance, 16 mars 1095.

Bulle du pape Urbain II adressée à Hugues, abbé de Cluny, pour lui confirmer les possessions de son monastère : *In [episcopatu] Viennensi, ecclesia de Artaz, Moras, Mantula, Loteng, Monte-Castanelo ; in Gratianopolitano, ecclesia de Alavart, de Avalun, de Teies, de Valbones, de Visilia ; in Valentiniensi, ecclesia de Cabetul, de Castellis, de Ales, de Urz ; in Diensi, ecclesia S. Sebastiani, S. Eufemiæ, S. Petri de Trefrort, de Arun, de Aurel, de Calciun, de Castello-Novo.* — *Cum omnibus sanctæ.*

MARRIER, *Bibl. Cluniac.* 516-8. *Bull. Cluniac.* 23-4. COCQUELINES, *Bull.* II, 82-3. *Mém. sur Cluny*, 7. *Patrol. lat.* CLI, 410-2. *Bull. Roman.* Taurin. II, 157-9. *Mém. acad. Clermont*, XVII, 631-2. = BRÉQ. II, 269. JAFFÉ, 4157–5551. BERNARD-BRUEL, *Chartes de Cluny*, V, 41, n° 3687.

**2575** Plaisance, 20 mars 1095.

Bulle du pape Urbain II adressée à Francon, prévôt du chapitre *(canonicæ* d'Oulx, *ad Plebem martyrum)*. Il lui confirme *... ecclesias que site sunt in potestate Briancionis et Bellimontis ; ecclesias Comerii et S. Georgii ... ; omnes quoque ecclesias in Valle Clusionis et in Osintio ; omnes ecclesias que site sunt a lacu usque in collem qui dicitur Altareolum ; ecclesias S. Johannis et S. Xpistofori in Valle Navisio ; et ecclesiam Vallis Jarentonne...* — *Desiderium quod ad.*

RIVAUTELLA, *Ulcien. eccl. Chartar.* 1-2. FORNIER (Marc.), *Hist. Alpes Marit.* III, 198-9. COLLINO, *Carte d'Oulx*, 57-9. = JAFFÉ, 4298–5556. BERNARDI (Jac.), dans *Miscell. stor. Ital.* XX, 558-9. ROMAN, 8°.

**2576** Montélimar, 21 mars 1095.

Les frères Lambert, Giraud, Giraudet et Giraudonet Adhémar de Monteil, seigneurs de Montélimar et fils de défunts Giraud Adhémar de Monteil et d'Anne d'Albon, accordent diverses libertés à leurs sujets.

CHEVALIER (U.), *Cart. de Montélimar*, 12-4, n° 4*. Trad. FILLET (J.-L.), dans *Journ. de Die* (25 avr. 1869). — Pièce fausse.

**2577** (Mars/avril 1095).

Les archevêques Aimé *(Amatus)* de Bordeaux et Hildebert de Bourges, Hugues, évêque de Grenoble, plusieurs abbés et l'anachorète Landuin justifient les chanoines (d'Oulx, *de Plebe martyrum)* de l'accusation de simonie portée contre eux au sujet de l'église de Ste-Marie de Suse *(Secus.)* qu'ils auraient acquise à prix d'argent, tandis qu'elle avait été donnée au prévôt Lantelme par la comtesse Adélaïde. La vérité fut proclamée dans cette église, un dimanche, par le chanoine Aimon, tenant le livre des Evangiles dans sa main, en présence de l'évêque Hugues.

RIVAUTELLA, *Ulcien. eccl. Chartar.* 93-4. COLLINO, *Carte d'Oulx*, 56-7. = BERNARDI (Jac.), dans *Miscell. stor. Ital.* XX, 590-1.

**2578** Plaisance, 4 avril 1095.

Bulle du pape Urbain II adressée au cardinal Richard, abbé [de St-Victor] de Marseille, pour lui confirmer les possessions de son monastère : ... *in Ebridunensi archiepiscopatu, parrochiam de Turriis; in Vapicensi, ecclesiam S. Eregii in castro de Medoilo. — Justis votis.*

DU CHESNE, *Hist. d. cardin. franç.* II, 40. \*GUESNAY, *Vita s. Cassiani*, 438. *Patrol. lat.* CLI, 514. GUÉRARD, *Cartul. de St-Victor de Mars.* II, 208-10, n° 840. LANGLOIS (Ern.). *Reg. de Nicolas IV*, 101-2. = BRÉQ. II, 281 (1096). JAFFÉ, 4160—5560.

**2579** Crémone, 15 avril 1095.

Bulle du pape Urbain II au sujet du dissentiment entre les Tricastins et les Orangistes, les uns partisans de l'union, les autres de la séparation des deux diocèses. Son prédécesseur avait promis d'envoyer un légat (n° 2100). Ponce, évêque de Trois-Châteaux, avait porté la question dans plusieurs conciles tenus au-delà des Alpes ; le pape invita Guillaume, évêque d'Orange, à venir se justifier devant lui au prochain synode ; il ne trouva aucune raison canonique à la séparation ; l'évêque de Trois-Châteaux prouva le contraire par une possession plus que centenaire, et un privilège du pape Grégoire VII [= VI], confirmé par Alexandre II, établissent les droits de son siège sur Orange. Des doutes s'étant élevés sur ce privilège, le pape convoqua les deux évêques et leurs clercs ; l'évêque d'Orange ne parut pas ; de sorte qu'après un certain temps, le pape, convaincu des droits des Tricastins, les confirma sur le serment de 3 clercs, déclarant avoir vu le privilège de Grégoire. L'évêque d'Orange et ses clercs vinrent alors le contester, mais les chartes qu'ils produisaient renforçaient le récit des Tricastins. Le pape décréta qu'après la mort de l'évêque Guillaume, les deux églises seraient de nouveau réunies, sous l'autorité de l'évêque de Trois-Châteaux. — *Ad præsentiam.*

*Gallia christ. nova*, I, instr. 119. BOYER, *Hist. de St-Paul-Trois-Châteaux*, 51-3. COCQUELINES, *Bull. Roman.* II, 84. MANSI, XX, 809. BOUQUET, XIV, 712-3. *Patrol. lat.* CLI, 416-7. *Bull. Roman.* Taurin. II, 159-60. — GEORG. I, 456. BRÉQ. II, 270. JAFFÉ, 4161—5561. \**Gallia christ. noviss.* IV, 44 ; VI.

**2580** Crémone, 19 avril 1095.

A la prière de Pierre, abbé d'Aurillac, Urbain II confirme à son monastère Aspres *(Asperim)*, Saillans *(Salientem)*, etc. et leurs dépendances. — *Ad hoc nos.*

*Mém. acad. Clermont-Ferrand*, XVII, 671. *Anal. juris pontif.* X, 537. BOUANGE, *S' Gérard d'Aurillac*, I, 537. *Mon. pontif. Arverniæ*, 97. PFLUGK-HARTTUNG, *Acta pont. Rom. ined.* I, 59. BOUDET (Marc.), dans *Bull. acad. Delphin.* D, XVI, 293 (à part, 121). = JAFFÉ, -5563.

**2581** Milan, (mai 1095).

L'archevêque de Vienne ne voulut pas obtempérer aux lettres pontificales [du 12 mars], molesta même leur porteur. L'évêque de Grenoble se rendit aussitôt à Milan auprès du pape, pour lui signaler cette résistance.

Mêmes sources qu'au n° 2541.

**2582** Milan, 26 mai 1095.

Lettre du pape Urbain II aux clercs et laïques dans le pagus de Sermorens *(Salmoriac.)* L'archevêque de Vienne ayant refusé de se soumettre à la décision du concile de Plaisance qui lui ordonnait de restituer à l'évêque de Grenoble l'archidiaconé de Sermorens, il leur ordonne d'obéir au pontife de Grenoble comme à leur propre évêque, sans tenir compte de celui de Vienne. — *Quoniam frater.*

PETIT, *Theodori pœnitent.* II, 532-3. MABILLON et RUINART, *Œuvr. posth.* III, app. 364. DURAND DE MAILLANE, *Libertez de l'égl. Gallic.* III, 410. BOUQUET, XIV, 760. BOYS (A. du), *Vie de s' Hugues*, 456. *Patrol. lat.* CLI, 420. MARION, *Cart. de Grenoble*, 54-5, n° 23, 6°. = BRÉQ. II, 271. JAFFÉ, 4166—5568.

**2583** Juin 1095.

Contrat de mariage entre Bertrand, fils de Raimond de St-Gilles, et Hélène *(Electa)* de Bourgogne, à qui il donne en dot, outre Rodez et Cahors, les villes, comtés et évêchés de Viviers, Avignon et Die *(Dignam = Diam)*. ...ind. 4 [= 3], regn. Philippo Francorum rege. Johannes Raimundi scr.

VIC-VAISSETE, *Hist. de Languedoc*, II, pr. 338-9 ; 3°. V, 738-9. = MANTEYER, *Provence*, 308.

**2584** (19 juillet ou 13 décembre 1095).

Odon, fils de Didier, dès son enfance construisait à St-Barnard, dont l'archevêque Guy est abbé, donne la moitié de l'église St-Apollinaire à Chatuzanges *(Chatusangas)*, dans l'évêché de Valence, avec le presbytère, les dîmes et prémices, et un manse ; il donne, en outre, un manse dans la villa de St-Paul au pagus de Vienne, à condition que, chaque jour, un prêtre célébrera les matines des morts et les heures de l'office pour son âme, celles de son père et de tous les fidèles, et fasse mémoire de s' Barnard au tombeau du saint qui est dans l'église. Ce prêtre jouira sans redevance du manse appelé *Piri*. Odon restitue une terre avec moulin à Charlieu *(Carliacum)* donnée à St-Barnard par son aïeul Girard et que sa mère avait injustement reprise. Seings de Lambert Franci, Pons et Artaud, ses neveux... Urbain pape, Henri roi... *solari circulo 12, fer. 5, lunari circulo 13, luna 13. Data manu Rodulfi.*

GIRAUD, *Hist. S. Barnard-Romans*, pr. I, 174-5 ; II, 33, n° 168.

**2585** (Avant 5 août 1095).

Adon Alodisius, dont les ancêtres construisaient des églises du diocèse de Grenoble *(cœmentarii pro episcopis Gratianopolit. per ædificationem ecclesiarum)*, donne en alleu à St-Vincent et à l'évêque Hugues une vigne dans la paroisse de St-Martin-le-Vinoux *(del Vinox)*, longeant le chemin qui va de la fontaine à l'église de Cornillon. *Facta antequam d. papa Urbanus veniret in*

Galliam. S. Gigonis decani, Guigonis de Lanz, etc. Amalus scr.

MARION, Cart. de Grenoble, 111-2, n° 36.

**2586** Valence, 5 août 1095.

Anno ab Incarnacione Domini millesimo nonagesimo quinto, indicti]one secunda, nonas augusti, Urbanus papa secundus cum XII episcopis in honorem Beate Marie Virginis, et sanctorum martirum Cornelii et Cypriani, hanc ecclesiam dedicavit.

FONTANIEU, Cart. du Dauph. I, 89°. — *MABILLON, Ann. Bened. V, 356; 2°, 322; -RUINART, Œuvr. posth. III, 191. CATELLAN, Antiq. de l'égl. de Valence, 226. DELACROIX, Statist. de la Drôme (1818), 216; (1833), 625. OLLIVIER (J.), Essais histor. s. Valence, 165. Patrol. lat. CLI, 155. RAMÉ (A.), dans Bull. monum. C, VI, 91. Gallia christ. nova, XVI, 304. JOUVE, dans Bull. monum. B, IV, 543; Statist. monam. Drôme, 16. PERNOSSIER (Cypr.), dans Bull. hist.-archéol. dioc. Valence, II, 103-6 (à part, 11-4). = BOUQUET, XII, 4; XIV, 682°, 760°. JAFFÉ, p. 463 — 680.

**2587** (Valence, vers 5 août 1095).

Sermon prononcé par le pape Urbain dans le chapitre de St-Ruf : Dum, inquit, leges sunt...

Auxerre, Biblioth., ms. 39, f° 156.

**2588** Valence, (vers 5 août 1095).

Le pape Urbain II, visitant l'église de France (Gallicana), vient à Valence pour consacrer (dedicare) l'église cathédrale (major) et y entretient l'archevêque de Vienne [de son différend avec Hugues de Grenoble].

MARION, Cart. de Grenoble, 55.

**2589** Romans, août 1095.

Urbain ayant convoqué apud Rolmanos les pontifes de Vienne et de Grenoble, pour régler leur différend, Hugues se rend au jour indiqué, ployant sous le faix des chartes testimoniales et assisté d'évêques, clercs et laïques comme conseil. Guy s'y rend aussi, mais fait occuper la citadelle et les fortifications par ses gens armés, pour se rendre maître du pape au cas où il se prononcerait contre lui. Urbain n'étant plus maître chez lui, dans son abbaye de Romans, s'abstient de rien définir.

MARION, Cartul. de Grenoble, 55.

**2590** Romans, 23 août 1095.

Bulle du pape Urbain II, confirmant la discipline régulière et les possessions des chanoines de Cahors. Dat. Romæ [= Romanis]. — Piæ postulatio.

CRUCERUS. Ser. episc. Cadurc. 65. COCQUELINES, Bull. Roman. II, 84. Gallia christ. nova, I, instr. 31. Patrol. lat. CLI, 423. = BOUQUET, XIV, 760. BRÉQ. II, 285. JAFFÉ, 4171 = 5573. — Louis Saltet a contesté la lecture « Romæ [= Romanis] », à raison de la consécration par le pape, le 25 août 1096, de l'église de Notre-Dame de Millau (Bull. littér. ecclés. Toulouse (1909), 132-3). A remarquer que la notice invoquée porte par erreur « luna nona ».

**2591** [St-Paul-]Trois-Châteaux, 19 septembre 1095.

Bulle du pape Urbain II adressée à l'abbé Arbert et aux chanoines de St-Ruf. Il se réjouit de leur voir renouveler le genre de vie de l'Eglise naissante et décrète interdiction de rien posséder en propre et de sortir du cloître sans permission. Il confirme à l'ordre les églises de Notre-Dame [de la Platière] à Lyon, de St-Pierre près de Die, de St-Jacques de Melgueil (Melgorio), de Buxa, de Turre, de Caveirac (Caveirag), de Vences, d'Aimargues (Armazanzas) avec sa chapelle, de Bédarrides (Beterrita), et les donations des évêques d'Avignon Benoît, Rostaing et Gibilin, sauf la révérence canonique due à l'évêque d'Avignon. Dat. Tricastri. — Desiderium quod ad.

Gallia christ. vet. IV, 802; *noviss. IV, 45. PETIT, Theodori Pœnitent. II, 614-5. Patrol. lat. CLI, 427-8. CHEVALIER (U.), Codex diplom. S. Rufi, 9-11. = FANTONI CASTRUCCI, Avignone, II, 391. BOUQUET, XII, 4'; XIV, 682°. BRÉQ. II, 285. JAFFÉ, 4176 — 5579.

**2592** 18 novembre 1096/5.

Dalmace, prieur du monastère de Cliousclat (Clivo), acquiert d'Adémar, évêque du Puy (Anic.), les vignes de Calmessuita, au prix de 50 sols valentinois et d'un mulet qui en valait 100 ; après cette « donation » faite à l'église de St-Michel arch. le prélat abandonne ses mauvaises coutumes à Cliousclat. Son frère, Guillaume de Monteil (Montilio), renonce aux mêmes injustices et à un repas, et reçoit 80 sols valent. Gesta... a° 1096, 14 kal. dec., ind. 4, quando celebrata est apud Clarummontem Arverniæ synodus, præsid. d. Urbano pupa. consedent... archiepiscopis 12, episcopis 82, abbatibus innumeris, regn. Henrico imper., in præsentia Petri de Divo.

CHEVALIER (U.), Cart. de St-Chaffre, 139, n° 397. = CHEVALIER (J.), dans Bull. soc. archéol. Drôme, XXVI, 187-8 (à part, I, 150).

**2593** Clermont, 18-28 novembre 1095.

Concile tenu par le pape Urbain II, où fut décidée la 1re croisade. Y assistèrent ex provincia Viennensi archiepiscopus Guido, episcopi Hugo Gratianopolitanus et Guntardus Valentiæ.

BINIUS, Conc. III, 1298-302. Coll. Reg. XXVI, 662. LABBE, X, 506-98. HARDUIN. VI, II, 1717. COLETI, XII, 829-924. MANSI, sup. II, 137; XX, 810. = Patrol. lat. CLI, 166. JAFFÉ, p. 464— 679. Gallia christ. noviss. IV, 45.

**2594** Clermont, 19 novembre 1095.

Durand, abbé de la Chaise-Dieu en 1073, évêque de Clermont en 1076, meurt dans cette ville pendant le concile tenu par le pape Urbain II. Hugues, évêque de Grenoble, Jarenton, abbé de St-Bénigne, et Ponce, abbé de la Chaise-Dieu, président à ses funérailles.

Gallia christ. nova, II, 263, anim. lxj. BOUQUET, XIII, 623. CHEVALIER (U.), Nécrologe de St-Robert, 54.

**2595** Clermont, (novembre 1095).

L'évêque de Grenoble, non oublieux de l'injure qu'il avait reçue, se rend au concile tenu par le pape à Clermont et dévoile à toute l'assemblée ses griefs contre l'archevêque de Vienne. Urbain II restitue à Hugues le pagus de Sermorens et soustrait son église et sa personne à l'obédience de son métropolitain.

MARION, Cartul. de Grenoble, 55.

**2596** Clermont, 28 novembre 1095.

Lettre du pape Urbain II au clergé et au peuple de l'église de Romans. L'archevêque de Vienne s'étant refusé à lui donner satisfaction pour le tort fait à eux et pour d'autres griefs, dans le concile tenu à Clermont, il lui a retiré tout pouvoir sur l'abbaye de Romans ; il révoque aussi le vicaire et sacristain qui leur a été imposé à prix d'argent et par violence ; ils ne devront plus aucune obéissance à l'archevêque comme abbé. Il les a recommandés à [Adémar] évêque du Puy, qui gardera fidèlement le château [de Pisançon] qu'ils lui ont confié. — *Quia frater noster.*

GIRAUD, *Hist. S. Barnard-Romans*, I, pr. 19-20, n° 8 ; trad. I, 118-20. = JAFFÉ, -5591.

**2597** Clermont, 29 novembre 1095.

Le pape Urbain II mande au comte Guigues, au clergé et au peuple de Grenoble que, dans le concile tenu à Clermont, il a donné satisfaction aux plaintes de leur évêque au sujet du pagus de Sermorens. L'archevêque de Vienne ayant refusé d'obéir à la décision du concile de Plaisance, il a restitué cet archidiaconé à Hugues ; tant que Guy refusera de se soumettre à cette décision, l'église de Grenoble sera soustraite à son obédience. — *Querelam venerabilis.*

PETIT, *Theodori Pœnitent*. II, 534. MABILLON et RUINART, *Œuvr. posth.*, III, 365. DURAND DE MAILLANE, *Libertez de l'égl. Gallic.* III, 411. BOUQUET, XIV, 761. BOYS (A. du), *Vie de S. Hugues*, 457. *Patrol. lat.* CLI, 436-7. MARION, *Cart. de Grenoble*, 56, n° 23, 8°. LE COUTEULX, *Ann. Cartus*. I, 95. = BRÉQ. II, 246 (à 1092) ; II, 286. JAFFÉ, 4189—5595.

**2598** Les Côtes-d'Arey, (décembre 1095).

Stimulé par les lettres apostoliques [qu'il venait de recevoir], le comte Guigues se rend auprès de l'archevêque de Vienne et obtient de lui, par menaces et par prières, la restitution du pagus de Sermorens à l'église de Grenoble, *apud capellam Arearum*, en présence des évêques Gautier d'Albano et Léger de Viviers, des chanoines de Vienne et de Grenoble, de Guigues et des seigneurs du pays.

MARION, *Cart. de Grenoble*, 56. = *Doc. hist. inéd.* I, 268.

**2599** Saint-Flour, 7 décembre 1095.

Bulle du pape Urbain II adressée aux religieuses de Marcigny, par laquelle il confirme les possessions de leur monastère : ... *In episcopatu Diensi, apud oppidum seu territorium de Orello, ecclesias quatuor* ; *in Valentino episcopatu, ecclesiam S. Stephani de Balmam*. — *Ad hoc nos.*

MARRIER, *Bibl. Cluniac.*, app. 86-7. *Bull. Cluniac.*, 22. *Patrol. lat.* CLI, 442-3. = BRÉQ. II, 287. JAFFÉ, 4195—5603. BERNARD-BRUEL, *Chartes de Cluny*, V, 45, n° 3695.

**2600** (Fin 1095 ?).

Bulle du pape Urbain II adressée à l'abbé Arbert et aux chanoines de St-Ruf. Il les félicite de renouveler la vie apostolique. A l'origine de l'Église, on institua deux formes d'existence : l'une pour soutenir la faiblesse des infirmes, l'autre pour perfectionner la vertu des forts. Celle-ci s'est elle-même partagée en deux branches : les chanoines et les moines. La première brille suffisamment, la seconde a déchu et le pape les exhorte à la restaurer. Il donne sa bénédiction et l'absolution des péchés à ceux qui embrasseront la vie canonique dans leur monastère ; défense de changer l'état de l'ordre, qui produit de si grands fruits en tant de parties de la terre, et de sortir du cloître sans permission de la congrégation. — *Piæ voluntatis affectus.*

Auxerre, ms. 39 (XII° s.), 152. FONTANIEU, *Hist. de Dauph.*, pr. II, 1, 217 (1092). — *Ivo Carnot, Decret.* VI, c. 411 (*Patrol. lat.* CLXI, 533). GRATIANUS, *Decret*. II, c. 19, q. 3, c. 3 (1096). CHEVALIER (U.), *Codex diplom. S. Rufi*, 8-9. = CATELLAN, *Antiq. égl. Valence*, 297-301 (1092). JAFFÉ, —5763.

**2601** (Fin 1095).

Les frères Mallen et Adon Arulfus, de la Mure *(de Mura)* donnent en alleu à Hugues, évêque de Grenoble, et à ses successeurs la moitié d'une vigne dans la paroisse de l'église de Grenoble, longeant le ruisseau de St-Sixte [ou Rivalet], près des vignes de St-Laurent et des *cellarariæ* du comte. *Facta... antequam christiani hujus terræ pergerent Hierosolymam. S. Guigonis de Lanz, Guigonis decani*, etc. *Amatus scr.*

MARION, *Cartul. de Grenoble*, 112-3, n° 37.

**2602** (Fin 1095).

Foucher *(Fulcherius)*, fils d'Ungrin de Faverges *(Favergias)*, voulant se rendre à Jérusalem, emprunte à Hugues, évêque de Grenoble, 60 sols valentinois et donne en garantie les dîmes qu'il percevait dans les paroisses de Mures *(Muris)* et de Francin *(F-nis)*. Serment de ses frères Guillaume et Umgrin ; il donne en outre 4 cautions *(fidejussores)*.

MARION, *Cart. de Grenoble*, 165-6, n° 108. TREPIER, dans *Doc. acad. Savoie*, VI, 51-2.

**2603** (1095/1097).

Hugues, évêque de Grenoble, est contraint par le mauvais état de sa santé à passer près de deux ans en Pouille *(in Apulia)* ; l'archevêque de Vienne profite de son absence pour envahir de nouveau le pagus de Sermorens. Hugues en instruit le pape.

MARION, *Cartul. de Grenoble*, 56. LE COUTEULX. *Ann. Cartus*. I, 96, 102.

**2604** Domène, (après 1095).

Ayant appris la mort de sa mère Fecenna, le seigneur Isard, son fils, se rend au monastère de Domène et confirme sa donation. Puis il prie les moines d'accepter en échange une métairie *(cabannaria)*, qui fut à Géroard, près de l'église de Ste-Marie [de Pommier] au mandement de Voreppe *(Vorappia)*, les deux terres devant revenir au monastère après sa mort.

MONTEYNARD, *Cartul. de Domène*, 37, n° 32, 2.

**2605** 1096.

Conventions entre Guillaume de Clérieu *(Claireu)* et les chanoines de Romans, par la médiation de Guy, archevêque de Vienne et abbé de cette église. Guillaume se départ de ses prétentions sur la maison d'Odon de Pisançon *(Pisantiano)*, près de l'église de St-Barnard, en sorte qu'elle reste à la communauté ; il renonce aux mauvaises coutumes et injustes redevances *(captiones)* sur les terres de St-Barnard à partir du Chalon *(rivalo Calone)* ; il confirme les dons de ses ancêtres Silvius, Guillaume et Adon. Du manse de la Bouverie *(Boveria)*, il rendra chaque année 3 setiers de froment, un porc et une saumée *(somada)* de vin, et ne mettra aucun empêchement à ce qu'il revienne après sa mort à l'église. Pour l'observation de ce pacte, il donne 3 otages et trois répondants *(firmanciæ)*. Seings de l'archevêque, du doyen Sieboud *(Subodis)*, de Bournon de Beauvoir *(Belveir)*, de Guillaume de Châtillon, etc.

DESMOLETS, *Contin. des mém. de littér.* (1749), VI, 182-3. GIRAUD, *Hist. S. Barnard-Romans*, II, pr. 35-6, n° 173.

**2606** (Vers 1096).

Oddon, fils de Didier, prêtre et chanoine de l'église de Romans, avait donné, pour obtenir l'association et un canonicat, l'église de St-Paul[-lès-Romans], du consentement de son frère Alcherius. Le fils de celui-ci l'enleva aux chanoines, qui réclamèrent juridiquement *(proclamaverunt)* devant le prince Guillaume et les grands *(magnates)* du pays. Ils avaient amené un homme armé *(paratum ad bathaliam)* et offrirent le duel, que Didier déclina. On lui déféra le serment, qu'il n'osa prêter ; six prêtres, revêtus des ornements sacrés, s'offrirent de jurer devant [l'autel de] St-Barnard. Voyant ce, Didier abandonna *(vuirpicio)* l'église, avec dîmes, presbytère et cimetière *(sepultura)*, sous la promesse qu'on donnerait un canonicat à son fils, s'il voulait être clerc, et à lui la sépulture.

Fontanieu. Hist. de Dauph. III, 61 ; cf. Cart. du D. I, 89°. Rivaz, Diplom. de Bourg. II, n° 110 (Anal. 43). — Giraud, Hist. S. Barnard-Romans, I, pr. 158-9, n° 140 ; cf. I, 146-50.

**2607** Tours, 20 mars 1096.

Guy *(Guido)*, archevêque de Vienne, est présent au jugement du pape Urbain II, dans le concile tenu par lui *apud Turonum*, en faveur de l'abbaye de Tournus contre celle de St-Florent.

Chifflet. Hist. de Tournus, pr. 333-4. Juénin, Nouv. hist. de Tournus, pr. 135-6.

**2608** Tours, mars 1096.

Le pape Urbain II charge 4 archevêques, dont Guy de Vienne, 3 évêques et 2 cardinaux de terminer un différend entre l'abbé de Tournus et l'évêque d'Angers.

Raconté dans la charte de Geoffroi, évêque d'Angers, du 5 avr. 1096. — Chifflet. Hist. de Tournus, pr. 337-8. Juénin, Nouv. hist. de Tournus, pr. 137-8.

**2609** Tours, 21 mars 1096.

Guy *(Wido)*, archevêque de Vienne, participe au concile de Tours à la confirmation des dons de Raginald de Craon et de son fils Maurice à l'église de Craon *(Credonen.)*, *apostolico viro* [Urbain II] *missam celebrante*.

Gallia christ. vet. IV, 796-7. Baluze, Miscell. II, 215 ; 2°, III, 19. Mansi, XX, 928. = Bréq. II, 281. Jaffé, p. 467—685.

**2610** Froges, 23 mars (1096).

Girbert Garcin donne aux moines cluniciens de Domène tout ce qu'il possède à [St-Martin-]de-Miséré *(villa Miseriacus)* jusqu'à l'Isère *(flumen Isaræ)* et reçoit du prieur Hugues 70 sols. — Le jour de sa mort, sa femme Agnès et ses fils Elfin et Sofred approuvent ce don. Seing de Ponce Ainard, du prêtre Guillaume, etc. *Fecit... in villa Frotgas..., luna 24.*

Montrynard, Cartul. de Domène. 46-7, n° 44.

**2611** Poitiers, 30 mars 1096.

Bulle du pape Urbain II, qui termine le différend, déjà jugé au concile de Tours, entre les chanoines de St-Martin de Tours et les moines de Cormery. *Signum Guidonis Viennensis archiepiscopi. — Querelam de*.

Achery (d'), Spicileg. VI, 22-4 ; 2°, I, 630-1. Labbe, X, 602-3. Hardouin, VI, II, 1746-7. Coleti, XII, 931-2. Cocquelines, Bull. II, 88-9. Mansi, XX, 926-7. Bouquet, XIV. 791. Gallia christ. nova, XIV, instr. 74-5. Bourassé, Cartul. de Cormery, 88. Patrol. lat. CLI, 456-7. Bull. Roman. Taurin. II, 167-8. = Bréq. II, 281. Jaffé, 4215—5633.

**2612** Allevard, 30 mars (1096).

Boson, Thetbert et Abel, fils d'Adam, prêtre de Saint-Maximin, avaient fait beaucoup de mal au monastère de Domène à l'occasion du bénéfice *(honor)* cédé par leur oncle le prêtre Boson. Ils vinrent ensuite à résipiscence, en présence de leurs seigneurs *(seniores)*, Louis et Ponce Aynard et rachetèrent leurs méfaits au prieur Hugues par 40 sols. On leur remet une vigne, 2 setérées de terre et un chasal *(casale)* pour construire une maison, à Ste-Marie [de Revel] au-dessus de Domène ; ils serviront 6 den. à la s¹ Martin. *Fact. in Allavargo 13* [= 3] *cal. apr., luna 1, d. domin. a° quo d. Urbanus papa tenuit concilium apud Clarum Montem et annuntiavit veram Hierusalem.*

Valbonnays, 2° Reg., n° 76. — Montrynard, Cart. de Domène, 110-1, n° 126.

**2613** Saintes, 12 avril 1097/6.

Bulle du pape Urbain II, confirmant à Adhémar, abbé de St-Martial de Limoges, les possessions de son monastère : *in Diensi* [pago] *ecclesias S. Mariæ de Sermea et de Soanl, c. pertin. et append. s. — Ad sollicitudinem*.

Baluze. Miscell., 2°, II, 178. Bull. Cluniac. 27. Patrol. lat. CLI, 462-4. = Jaffé, 4220—5639.

**2614** 30 avril (1096).

Boniface *(Bonefacius)*, fils de Guillaume de Chapeverse *(Capa)*, voulant aller aux saints lieux de Jérusalem, donne à l'église de St-Barnard un chasal *(casalis)* et le quart de la dîme de la Grainerie *(de Grueria)* et abandonne, de concert avec ses frères Ainerius, Baldoin et Guillaume, les réceptions *(hospicia)* et mauvaises coutumes qu'ils exerçaient sur l'église de St-Ange et son prêtre. Seings de Teotbert de Châtillon, Teotbert Mala Terra, Rencon le sacristain.... Aalgerius prêtre de l'église de St-Michel [de Montmiral]. *Poncius scr... fer. 4, luna 3, regn. D. N. J. C.*

Giraud, Hist. S. Barnard-Romans, compl. 35, n° 138.

29 mai 1096 = 29 mai 1085.

**2615** Nîmes, 12 juillet 1096.

Raimond, comte de Toulouse et de Rodez, duc de Narbonne et marquis de Provence, en présence du pape Urbain II et du concile réuni par lui à Nîmes, fait abandon à l'abbé Odon et aux frères du monastère de Saint-Gilles des mauvaises coutumes qu'il s'attribuait à *Fluviana. Testes : ... Guido Viennensis archiepiscopus.*

Trulet, Layettes du trésor des chartes, I, 32-3, n° 28. — Les autres éditions indiquées par Martin, n° 388, n'offrent pas le nom de Guy.

**2616** Cavaillon, 30 juillet 1096.

Bulle du pape Urbain II, qui confirme à Ricard, abbé de Montmajour, les possessions de son monastère, entre autres le prieuré de St-Martin du Monêtier-Allemont. *Dat. ap. Cabellicum. — Apostolicæ sedis.*

Paris, Bibl. Nat., mss. lat. 12686, 32 ; 12685, 277. — Anal. juris pontif. X, 555. = Jaffé, 4241—5664. Roman, 8°.

**2617** Vienne, août 1096.

Le pape Urbain II ordonne de déposer les reliques de s¹ Antoine dans un lieu religieux, et de ne pas les laisser entre les mains des séculiers et des militaires.

FALCO (A.), *Anton. hist. compend.* xliiij. *Acta ss. Bolland.* jan. II, 154. — CHARVET, 312. GIRAUD, I, pr. 15. JAFFÉ. —5667.

**2618** Gap, 18 août 1096.

Bulle du pape Urbain II adressée aux chanoines de l'église de Romans, par laquelle il leur confirme la possession des biens donnés par leur fondateur saint Barnard et par l'archevêque de Vienne Léger, de vénérable mémoire, sous la liberté et la protection Romaines, sauf le droit du métropolitain. L'abbé sera élu par la congrégation des frères et confirmé par le pontife Romain. La ville adjacente à l'abbaye jouira du droit d'immunité. Suivant l'antique usage, ils rendront chaque année un setier d'amandes au palais de Latran. *Dat. ap. Guapicem* (al. *Gaicem*)... *ind. 4, I. D. a° 1097* (al. *1011*), *pontific. d. Urbani II a° 11* [= 9.] — *Apostolicæ sedis.*

GIRAUD, *Hist. S. Barnard-Romans,* I, pr. 14-6, n° 6. = JAFFÉ. —5668.

**2619** (Octobre 1096).

Croisés : *Hysoardus comes Diensis.* Girard de Roussillon, Guillaume Hugues, frère de l'évêque Adémar.

GUILLAUME de TYR (*Patrol. lat.* CCI, 236.) — RAYMOND d'Agiles (ibid. CLV, 648, 655). — MATTHÆUS PARIS, JOHANNES IPERII (BOUQUET, XIII, 70, 459). = CHEVALIER (J.), dans *Bull. soc. archéol. Drôme,* XXII, 286-8 ; -III, 115-7 ; *Mém. comtés Valent.-Diois,* I, 26, 28-30.

**2620** 6 décembre 1096.

Barnard, fils d'Armand (*A-nni*) et ses frères donnent à l'église [de Romans], où préside Guy, archevêque de Vienne, avec l'assentiment de Falchon, Ponce et Guillaume de Crépol (*Crispio*), pour le canonicat de leur frère Bornon, l'église de St-Christophe du Bois ou du Laris (*de Enoz, Anoz*), avec le tiers des dîmes et toutes les dépendances (presbytère, cimetière, oblations) ; ils cèdent aussi la moitié de celle de St-Romain de Montrigaud (*Perosa, P-sio*), avec l'approbation des fils de Gontard de Miribel. Témoins ; l'autre servira 10 sols à la s¹ Jean. Témoins : ... Adémar de Viriville (*Veteri Villa*). *Regn. D. N. J. C., a° 1. D. 1097. Data p. man. Rostagni sac... fer. 6, luna 16.*

GIRAUD, *Hist. S. Barnard-Romans,* II, pr. 22-3, n° 128.

**2621** (1096/1101 ou 1106/1109).

Francon de la Cluse et son épouse Hélène donnent à St-Laurent (d'Oulx, *de Plebe martyrum*) leur fils Adon pour chanoine et avec lui la dîme de la paroisse de la Cluse (*Clusa*) et Pâquier (*Pascherii*), entre les mains du prévôt Lantelme et en présence de chanoines.

RIVAUTELLA, *Ulcien. eccl. Chartar.* 200, n° 251. COLLINO, *Carte d'Oulx,* 64-5, n° 54.

**2622** Grenoble, (1096/1101 ou 1106/1109).

Michel de *Absentio*, mandé par l'évêque de Grenoble, se désiste, sur son conseil, en faveur du prévôt Lantelme et des chanoines [d'Oulx], de ses droits (*pignus, vitticatio,* cimetière) sur leurs églises, sauf ce qu'il tient du prévôt dans la paroisse de St-André et St-Didier. Il avait déjà intenté une action (*impediverat*) avec son frère Guigues, mais elle était renvoyée au synode *Jubilaie;* le prévôt lui donne 40 sols. Présents : Oaldric, etc.

RIVAUTELLA, *Ulcien. eccl. Chartar.* 203, n° 260. COLLINO, *Carte d'Oulx,* 62-3, n° 51.

**2623** (1096/1101 ou 1106/1109).

Pierre Roger et ses frères donnent toutes leurs dîmes à Nantelme, prévôt d'Oulx, et reçoivent 15 sols. Aimeric lui cède ses économies, ainsi que le bien de sa femme à Cervières et les dîmes qu'il possède ; on lui donne un cheval de 10 sols.

RIVAUTELLA, *Ulcien. eccl. Chartar.* 150-1, n° 173. COLLINO, *Carte d'Oulx,* 61-2, n° 50. = ROMAN, 4ᵇ.

**2624** (1096/1101).

Rodolphe Motet, fils d'Arnulfe, confirme aux chanoines réguliers de St-Laurent d'Oulx (*Ulcio*) la donation d'une dîme (*decimatio*), entre les mains de Nantelme, 4° prévôt de la collégiale.

RIVAUTELLA, *Ulcien. eccl. Chartar.* 156, n° 182. COLLINO, *Carte d'Oulx,* 61, n° 49. = ROMAN, 8ᵇ.

**2625** (1096/1109).

Chatbert Chalveroth se démet de la perception de la moitié de la dîme de Briançon, qu'il avait mal gérée, entre les mains de Nantelme, prévôt [d'Oulx], et des chanoines ; on lui donne 4 muids de méteil (*annonæ*). Fait en présence du comte Guigues et de son épouse.

RIVAUTELLA, *Ulcien. eccl. Chartar.* 150, n° 172. COLLINO, *Carte d'Oulx,* 66-7, n° 58. = ROMAN, 4ᵇ.

**2626** (1096/1109).

Ismidon, sa femme et son fils Odon donnent à saint Laurent, à Emerad et aux autres chanoines d'Oulx (*Ulcenses*) leurs vignobles à *Exoliu*, et reçoivent l'association et 40 sols. Ils restituent un champ à l'église de St-Pierre de la Garde ; on le paye 20 sols.

RIVAUTELLA, *Ulcien. eccl. Chartar.* 197, n° 244. COLLINO, *Carte d'Oulx,* 66, n° 57.

**2627** (1096/1109).

A sa mort, Leucius lègue (*testamentum*) à St-Laurent d'Oulx (*Ultio*) et à ses chanoines une vigne à *Exoliu*, les églises de Bez (*Beciis*) et de Clavans (*Clavaone*), avec la 1/2 de leurs dîmes, le tiers de celles de Lèches (*Letz*) et de Reculas (*Reculaç*). En compensation, son fils Emerad donne à chacun de ses frères Guigues et Humbert Bovet 40 sols.

RIVAUTELLA, *Ulcien. eccl. Chartar.* 198, n° 245. COLLINO, *Carte d'Oulx,* 65, n° 55.

**2628** (1096/1109).

Le prêtre Pierre se donne lui-même à St-Laurent (d'Oulx, *de Plebe martyrum*), avec tout ce qu'il possède dans le bourg (*vicus*) et la paroisse du Monétier (*Monasterii*), entre les mains du prévôt Nantelme. S'il revient [d'un voyage], on le recevra dans la collégiale (*canonica*) ; si la mort le surprend, on recevra et nourrira son fils. Témoins : plusieurs chanoines.

RIVAUTELLA, *Ulcien. eccl. Chartar.* 154, n° 179. COLLINO, *Carte d'Oulx,* 67, n° 59. = ROMAN, 4ᵇ.

**2629** (1096/1119).

Accord des clercs de Romans avec l'abbé de Cruas (*Crudatensi*) et le prieur de Vernoux (*Vernomis*), en présence de Léger (*Leodegarius*), évêque de Viviers, et de ses chanoines, au sujet de la paroisse de Silhac (*Ciliaco*) et du château de Chalancon (*Calancone, Calane*) : les moines ou clercs de Vernoux ne pourront recevoir (*adprehendere*) les paroissiens de Silhac, sans la per-

mission de leur chapelain. *S. Petri archidiaconi, Geraldi de Grana. ..., sub testimonio... Rodulfi gramatici.*
Giraud, *Hist. S. Barnard-Romans*, compl. 48, n° 157.

**2630** (Janvier? 1097).
' Lettre du pape Urbain II à Hugues, archevêque [de Lyon] et légat du Siège apostolique. Il lui a été agréable d'apprendre ce qu'il a fait à l'égard des évêques de Gap et de Die; il l'aurait été de savoir que l'église de Gap est délivrée *ab incubantis porci faucibus* et que celle de Die jouit du pasteur qu'elle désire. — *Quod de Guapicensi.*
Baluze, *Miscell.* VI, 397; 2°, II, 180 (1099). Bouquet, XIV, 728-9. *Patrol. lat.* CLI, 488-9. = Bréq. II, 317. Jaffé. 4252—5678. *Chartes de Cluny*, V, 66.

**2631** Latran, 8 février (1097/1099).
Lettre du pape Urbain II à Guy (W.), archevêque de Vienne. Il a appris avec joie son zèle pour ramener à un meilleur état le monastère de St-André situé dans sa ville, mais il supporte avec peine qu'il en ait chassé injurieusement les moines. Il lui ordonne de laisser tranquilles leurs baïles *(bajuli)* et les autres qu'il a fait sortir, car ils lui ont promis d'obéir à l'abbé qui leur sera préposé. Les frères qu'il tient en prison devront être délivrés et personne ne sera contraint à faire profession. — *Quod Sancti Andreæ.*
Mabillon et Ruinart. *Œuvr. posth.* II, 292. *Patrol. lat.* CLI, 537. *Anal. juris pontif.* 10° s., V, 564-5. Chevalier (U.), *Cart. de St-André-le-Bas*, 138, n° 194. Pflugk-Harttung, *Acta pont. Rom. ined.* I. 68. = Jaffé, 4319—5770.

**2632** (5 avril 1097).
Le comte Etienne engage *(vadimonium)* à son frère Guy *(Guigo)*, archevêque de Vienne. tout l'honneur qu'il possède dans la cité de Vienne, à l'exception du fief de son chevalier Achard et de Ponce, frères, qui seront tenus de pacte promis par Didier au comte Guillaume ; le montant du prêt est de 8000 sols Viennois, Lyonnais ou Valentinois, et 2000 en *solidatæ*. mulets ou mules, pour six ans à partir de Pâques. Passé ce délai, Etienne, son fils ou neveu qui sera comte de Bourgogne pourront racheter ce gage en remboursant l'archevêque ou son église. Ils se donneront mutuellement dix otages ; le comte délie en faveur de l'archevêque tous les habitants de Vienne des serments qu'ils lui avaient prêtés ; il ne pourra racheter ce gage *(vageria)* pour le vendre ou le donner. Etienne de Clermont est témoin du côté du comte.
Chorier, *Hist. de Dauph.* I. 820-1 ; 2°, 631 (v. 1100). = Courbon, *Chr.* 166. Mermet. III, 33. Chevalier (J.), dans *Bull. soc. archéol. Drôme.* XXVI, 192; *Mém. comtés Valent.-Diois.* I. 134.

**2633** 23 mai (1097).
Après les rixes et batailles arrivées entre les Romanais et les Peyrinois *(Parianos)*, au sujet des fourrages *(herbis)* qu'ils ramassaient dans les prés de St-Barnard, Lambert dit François, avec son intendant *(bajulus)* Archingaud, abandonne les mauvaises coutumes qu'exerçaient ses gens sur les terres de l'église, confirme les bons usages contenus dans les chartes, et les donations et concessions de ses prédécesseurs, entre les mains de l'archevêque Guy et en présence de chanoines et de chevaliers *(milites)*. *Data per Rodulfum,...*
Giraud, *Hist. S. Barnard-Romans*, II, pr. 46-7, n° 209.

**2634** Romans, (1097).
Lambert dit François, voulant aller à Jérusalem, vient, le jour de son départ *(motus)*, à Romans, avec son cortège *(comitatus)* et une foule de chevaliers ; il fait lire et exposer la charte précéd. et celles qui constataient les dons et concessions *(dimissiones)* de lui et de ses parents ; puis il enjoint à son fils Raynaud, neveu de l'archevêque Guy *(Guido)*, de les approuver et confirmer. L'enfant prend des mains de son oncle le *cartarum libellum* et le dépose sur le grand autel. Sont témoins tous ceux qui étaient venus assister au départ *(motibus)* de François : Guillaume de Clérieu, Ervin et son frère Adémar de Beauregard *(Bel Regart)*, etc.
Giraud, *Hist. S. Barnard-Romans*, II, pr. 47-8, n° 210.

**2635** Latran, 4 juin 1097.
Lettre du pape Urbain à Hugues, archevêque [de Lyon] et vicaire du Siège apostolique. Il n'ignore pas avec quelle indigne arrogance s'est conduit l'archevêque de Vienne, jusqu'à envahir l'abbaye de Romans, qui lui avait été interdite, et à s'emparer de nouveau des églises qu'on avait restituées à l'évêque de Grenoble. Qu'il lui montre un front d'airain *(ut adamantem et silicem)* et, mettant de côté la douceur, rende ses droits à son confrère Hugues et venge les injures faites au Siège apostolique. — *Quam arroganter.*
Petit, *Theodori Pœnitent.* II, 535-6. Mabillon et Ruinart, *Œuvr. posth.* III, 366. Durand de Maillane, *Libertes de l'égl. Gallic.* III, 412. Bouquet, XIV, 761. Boys (A. du), *Vie de saint Hugues*, 458-9. *Patrol. lat.* CLI, 494-5. Marion. *Cart. de Grenoble*, 57, n° 23, 10°. Le Couteulx, *Ann. Cartus.* I, 117. — Trad. Giraud, *Hist. S. Barnard-Romans*, I, 132. = Bréq. II, 272, 306. *Doc. hist. inéd.* I, 269. Jaffé, 4259—5685.

**2636** 31 octobre-4 novembre 1097.
Traité de paix entre Lambert dit François et les chanoines de l'église de Romans. Il leur reprochait d'avoir fait un mur ou chemin *(agger)* dans sa propriété ; il abandonna le terrain en compensation d'un préjudice *(injuria)* qu'il avait causé à St-Barnard ; il confirma les bonnes coutumes dont l'église et les hommes du bourg étaient en possession un an avant la mort de son aïeul Ismidon. De leur côté, les chanoines abandonnèrent leurs réclamations au sujet de l'église de Mours *(Moderatico q. e. Murs)*. Plaid fait la veille de la Toussaint, la 2° année du départ d'Adémar, évêque du Puy, frère de ce François, pour Jérusalem, *fer.* 7. Témoins : Lantelme de St-Lattier et Rainier de St-André, etc. *Data p. man. Rodulfi, ab I. D. 1096, fer. 4, luna 25, Guidone archiepiscopo et abbate...*
Rivaz (P. de), *Diplom. de Bourg.* II, n° 124 (Anal. 46). — Giraud, *Hist. S. Barnard-Romans*, compl. 57 8, n° 169; cf. I, pr.175-6.

Grenoble, 11 décembre (1097) = 9 décembre (1086).

**2637** 22 février (1098).
Guigues le Comte, fils de Guigues le Gras *(Crassi)*, abandonne *(dimitto ex toto atque guirpisco)* à St-Vincent, à l'évêque Hugues et à l'église de Grenoble les églises qu'il possédait par droit comtal dans son comté, dans le diocèse *(episcopatu)* de Grenoble ou tout autre, entre les mains de Guillaume, abbé de St-Chaffre *(S. Teothfredi)*, de Barnard, prieur [de St-Robert]

de Cornillon, de moines et de chevaliers. L'évêque Hugues se trouvait alors en Pouille *(Apulia)* ou à Salerne.

FONTANIEU, *Hist. de Dauph.*, pr. II. 37 ; —*Cart. du Dauph.* I, 90-1. — CHORIER, *Estat polit.* II, 122-5. SALVAING DE BOISSIEU, 2°, 448 ; 3°, II, 192. *Gallia christ. nova*, XVI, instr. 82. MARION, *Cart. de Grenoble*, 79-80, 557. LE COUTEULX, *Ann. Cartus.* I, 102-3. — *Doc. hist. inéd.* I, 279.

**2638** Murianette, 6 juin (1098).

Accord *(Placitum)* entre Hugues, prieur de Domène, et le prêtre Boson, qui se démet des églises de Ste-Marie [de Revel] et de St-Jean[-le-Vieux], entre les mains de Hugues, évêque de Grenoble, lequel confirme par sa crosse *(chrochia)* et signe avec ses chanoines, et les chevaliers Adon, Isard et Alvise..., *luna 3, d. dominica*, jour où l'évêque consacra l'église de St-Jean-de-Murianette *(Maarianeta)*.

MONTEYNARD, *Cartul. de Domène*, 97-8. n° 109 (v. 1110). = PILOT, dans *Dauphiné*, III, 46.

**2639** 28 juin 1098.

Les croisés quittent Antioche et se dirigent vers Jérusalem : le onzième corps d'armée est placé sous le commandement d'Isoard, comte de Die, etc.

GUILLAUME de Tyr *(Patrol. lat.* CCI, 370 ; *Rec. hist. Croisades*, Occid. I, 45-96, cf. 265, 352). ORDERIC VITAL *(Patrol. lat.* CLXXXVIII. 687). — Isuardus de Musone (Mison) = Anonymi *Gesta Francorum*, III, 2 (éd. Hagenmeyer, 137). = MANTEYER, *Prov.* 310.

**2640** Romans, 29 juin et 5 juillet 1098.

[L'archevêque] Léger *(Leodegarius)* avait cédé au chevalier Didier [de Châtillon, *Castellione]*, utile *(idoneus)* à l'église [de Romans], un manse qui devait à sa mort faire retour à l'abbaye, dont il était un ancien fief. Il le rendit de son vivant pour le canonicat de son fils Theotbert ; mais ses enfants s'en emparèrent injustement après lui et y firent de mauvaises captures. Enfin Theotbert et ses frères Guillaume et Silvion *(Silvius)* l'abandonnèrent à l'abbé Guy, archevêque de Vienne. *Dimissio facta Natali ss. apostol. Petri et Pauli, fer. 3, luna 26*..., en présence de l'archevêque et de tout le chapitre. *Carta data p. man. Rodulfi, m. jul., prid. non..., luna 2, fer. 2.*

GIRAUD, *Hist. S. Barnard-Romans*, compl. 59-60, n° 171.

**2641** (Antioche, com¹ juillet 1098).

Lettre de Boémond, fils de Robert, de Raymond comte de St-Gilles, du duc Godefroy et de Hugues le Grand à tous les fidèles, sur la paix conclue avec l'empereur de Constantinople et les victoires des chrétiens sur les Turcs. — *Ut notum sit.* — [Hugues], évêque de Grenoble, à qui on l'avait envoyée *Gratianopolim*, la transmet à l'archevêque et aux chanoines de Tours.

MARTENE, *Thes. nov. anecd.* I, 272-3 ; *Script. vett. ampl. coll.* I. 568-9. DUMONT, *Corps diplomat.* I, 369. *Patrol. lat.* CLV. 390-2. = RIANT, dans *Archiv. Orient lat.* I, 175-6.

**2642** Antioche, 1ᵉʳ août 1098.

Mort d'Adémar de Monteil, évêque du Puy.

CHEVALIER (U.), *Nécrol. de St-Robert*, 35 (au 31 juil.).

**2643** 14 septembre 1098.

Le chevalier Didier de Pisançon *(Desiderius miles de Pisanciano)* donne aux clercs de l'église [de Romans],

où préside Guy, archevêque de Vienne, la moitié du manse de *Capasia*, dans la paroisse de St-Paul au-dessus de St-Véran *(Malevos)*, au pagus de Vienne ; il cède aussi un pré dans la même paroisse qu'il tient sous la dépendance *(ex obedientia)* de Silvion de Crépol *(Crispio)*, sous la condition de le racheter d'Ardenchius Copers, qui l'a en gage *(vadimonium)*. Témoins : sa femme Agnès, Ponce de Pisançon, etc. *A° D. I. 1098, l. 14. fer. 3.* — Après la mort de Didier, son engagiste attaqua l'église : on lui donna le nécessaire pour avoir la paix.

GIRAUD, *Hist. S. Barnard-Romans*, II, pr. 53, n° 224.

**2644** (1099).

RAYMOND D'AGILES, *Historia Francorum qui ceperunt Jerusalem*, 1095-9, cap. 26 : *Erat moneta nostra hæc : Pictavini, ...Valentinenses, Melgoresi*, etc.

BONGARS, *Gesta Dei per Francos*.(1611), I, 165. *Patrol. lat.* CLV. 636. = VALLENTIN (L.), dans *Bull. soc. archéol. Valence.* VI, 43 (à part, 6-7).

**2645** (1099 ?, 1100/1111).

Guiniterius et ses fils Jozlen, Asselme et Achin donnent une vigne à l'église de St-André [en Savoie], pour sa dotation *(sponsalitio)* le jour de sa consécration *(dedicavit)* à l'évêque Hugues. Suivent d'autres donations et ventes de terres et vignes au même sanctuaire par : Guitfred et Soffred, fils de Géraud Moreti, Anguin de Mures *(Muris)* et sa femme Exparsois, deux frères d'Arvey *(Arvisio)*, Bernard et Guillaume *de Prato*, Richard Mainier et sa femme Aia, les fils et le neveu de Guiniterius Mainier.

MARION, *Cart. de Grenoble*, 169-70, n° 114. TREPIER, dans *Doc. acad. Savoie*, VI, 70-2.

**2646** 6 janvier (1099/100).

Accord entre Raimond, évêque de Nîmes, et Pons, abbé de la Chaise-Dieu, au sujet de l'*honor* de Ste-Marie de Nîmes et de St-Bauzille, du conseil de Letbert, abbé de St-Ruf, qui confirme la charte.

VIC-VAISSETE, *Hist. de Lang.* II, pr. 352-3 ; 3°. V, 762-3.

**2647** 3 et 8 avril (1099 ou 1110).

Otmar Aténulfe donna aux moines clunisiens de Domène une vigne dans la paroisse de Ste-Marie [de Revel] au-dessus de Domène ; ce *destum* et don fut approuvé par sa femme Eldegarde et ses fils, qui l'offrirent avec le livre sur l'autel de St-Pierre le dimanche des Rameaux. Otmar mourut le 8 avril ; ses obsèques *(obsequium)* furent présidées par Hugues, évêque de Grenoble.

MONTEYNARD, *Cartul. de Domène*, 106, n° 120.

**2648** Rome, 24 avril 1099.

Lettre du pape Urbain II à Hugues, primat de Lyon, lui annonçant la soumission de Daimbert, archevêque de Sens, obtenue grâce à l'habileté d'Ismidon *(Ismeo)*, évêque de Die, que Hugues a envoyé à Rome pour soutenir les droits de sa primatie. — *Pro querela.*

MARCA, *Diss. de primat.* 333 : 240. BULÆUS, *Hist. univ. Paris.* I, 496. LABBE, X, 465. *Gallia christ. nova*, IV, instr. 12. MANSI, XX, 877. BOUQUET, XIV, 735. *Patrol. lat.* CLI, 543-4. = JAFFÉ, 4333-5788. CHEVALIER (J.), *Hist. égl. Die*, I, 178-9.

**2649** Rome, 24-30 avril 1099.

Concile tenu par le pape Urbain II, auquel assistent Ismidon *(Ismeon)*, évêque de Die et légat de Hugues, archevêque de Lyon, et Hugues, évêque de Grenoble.

Coll. Reg. XXVI, 683. LABBE, X, 615-8. HARDUIN, VI, II, 1759. COLETI, XII, 957. MANSI, Sup. II, 153 ; XX, 961. = RUINART, B. Urbani II p. vita. Patrol. lat. CLI, 250-1. JAFFÉ, p. 476—700.

**2650** Rome, 6 mai 1099.

Lettre du pape Urbain II à G[ontard], évêque de Valence, à qui les clercs de Romans reprochent d'avoir livré à un laïque son neveu le château de Pisançon *(Pisentianum)*, qu'A[démar], évêque du Puy, lui avait confié sous la condition de le leur rendre à sa mort ; il lui ordonne de leur restituer ou s'accorder avec eux pour qu'ils ne le perdent pas à sa mort. — *Et persona tua.*

GIRAUD, Hist. S. Barnard-Romans, I, pr. 179, n° 173bis ; trad. I, 130-1. ROCHER (Ch.), dans *Tablettes histor. Hte-Loire* (1870), I, 404. = JAFFÉ, —5804.

**2651** Grenoble, (avant 15 juillet 1099).

L'église de St-Donat avait été acquise par les évêques de Grenoble des rois Boson et Louis. Lorsque Hugues prit possession de son siège, elle était au pouvoir de Geoffroi de Moirans *(Gaufredus de Moirenco)*. Invité à s'en démettre par Hugues, archevêque de Lyon et légat du Siège apostolique, il s'y refusa, fut interdit et se vit refuser la s' communion. Touché de remords, il vint à Grenoble devant son évêque, en présence du même Hugues de Lyon et de Guy, archevêque de Vienne ; devant l'autel de St-Michel de la chapelle épiscopale, il fit abandon de l'église de St-Donat et de toutes ses dépendances. Du conseil des archevêques et des chanoines de sa cathédrale, Hugues lui céda de vieux fiefs de chevaliers, celui du clerc Girbert Beton pendant sa vie seulement. Odilon, père de l'évêque, rendit de son côté le bénéfice*(honor)*qu'il tenait de Geoffroi…*Guirpitio facta… antequam Jherusalem capta esset a Gallis sive Burgundionibus* (al. *Provincialibus*), *temp. Urbani papæ II.S. Guigonis decani* et autres [chanoines].

BOYS (A. du), Vie de s' Hugues, 461-2. Gallia christ. nova, XVI, instr. 81-2. MARION, Cart. de Grenoble, 136-7, n° 71. = Doc. hist. inéd. I, 283.

**2652** (Avant 15 juillet 1099).

Hector *(E-r)* et son épouse Cana se dessaisissent *(guirpimus)* en faveur de St-Vincent, de l'évêque de Grenoble Hugues et de ses successeurs, de l'église de Lans *(Lanz)* et du tiers des dîmes de cette paroisse ; de même, de Noyarey *(Noiareto)*, avec ses dépendances et dîmes. Ensuite, leurs fils abandonnèrent les deux parts de dîmes que leur père s'était réservées et reçurent : Didier, Guigues et Guillaume, une mule de 200 sols ; Hector, 30 sols ; Adémar et Guilisius, chacun 10 sols. *Facta donatio antequam Jherusalem capta esset a Gallis sive a Burgundionibus, tempore Urbani papæ, Ademari episcopi Anicien*. 1.

SALVAING DE BOISSIEU, Usage des fiefs, 2ᵉ éd. 447, cf. 448 ; 3ᵉ, II, 191, cf. 189. MARION, Cartul. de Grenoble, 153-4, n° 95.

1. On ignorait à Grenoble que l'évêque du Puy était mort un an auparavant (n° 2642).

**2653** 15 juillet 1099.

Le comte de Toulouse, Isoard, comte de Die, et leurs compagnons Provençaux pénètrent dans Jérusalem.

GUILLAUME de Tyr *(Patrol. lat.* CCI, 428). ORDÉRIC VITAL *(Patrol. lat.* CLXXXVIII, 789).

**2654** Grenoble, (vers 15 juillet 1099).

Hugues, évêque de Grenoble, de retour d'Italie, tient un synode dans l'église de St-Vincent ; le comte Guigues vient, en présence du prélat et de tout le clergé, et fait abandon des églises, cens, dîmes et droits ecclésiastiques qu'il détenait. *Hæc guirpitio fuit facta quando Jherusalem obsessa fuit et capta a christianis nostris.*

Voir l'acte du 22 févr. 1908. — FONTANIEU, Hist. de Dauph., I, pr. 37. — Gallia christ. nova, XVI, instr. 82. MARION, Cart. de Grenoble, 79-80, n° 2. LE COUTEULX, Ann. Cartus. I, 103. = BRÉQ. II, 316. TERREBASSE, Not. dauph. Vienn. 112-3.

**2655** 26 août (1099?).

Obit de Gontard *(Guntaldus)*, évêque [de Valence?]

Obit. du prieuré de St-Martin-des-Champs *(Obit. prov. Sens,* 1902, I, 453).

**2656** Montélimar, 21 septembre 1099.

Giraud et Giraudet Adhémar de Monteil, frères, seigneurs de Montélimar, héritiers de Lambert et de Giraudonet Adhémar de Monteil, tués au siège de Jérusalem, donnent certains fiefs à leurs vassaux.

Valbonnays, 2ᵉ Reg. n° 97. — *DESMOLETS, Contin. des Mém. de littérat. (1749), VI, 181-2. PITHON-CURT, Hist. de la nobl. du Comté-Venaissin, III, 58-60. NADAL, Essai histor. sur les Adhémar. 247-8. CHEVALIER (U.), Cartul. de Montélimar, 14-5. = BRÉQ. II, 315. FILLET, dans Journ. de Die (2 mai 1869). — Pièce fausse.

**2657** Montélimar, 22 septembre 1099.

Les mêmes seigneurs de Montélimar confirment à leurs sujets la concession de libertés et franchises du 21 mars 1094/5.

CHEVALIER (U.), Cartul. de Montélimar, 15-7. Trad. FILLET (L.-J.), dans Journ. de Die (2 mai 1869). — Pièce fausse.

**2658** (Fin décembre 1099).

Lettre du pape Pascal II à tous les archevêques, évêques et abbés des Gaules, les chargeant d'exhorter les militaires de leurs régions à se rendre en hâte en Orient, dont l'église venait d'être délivrée du joug des Turcs ; ceux qui ont abandonné le siège d'Antioche resteront excommuniés jusqu'à ce qu'ils aient promis de retourner. — *Omnipotentis Dei.*

BOUQUET, XV, 20. Patrol. lat. CLXIII, 43. = JAFFÉ, 4364-5812. RIANT, dans Arch. de l'Orient latin, I, 205-6.

**2659** (1099/1100).

Le prêtre Pierre, Guillaume, Humbert et Adémar avaient actionné en justice*(calumnia)*l'église de Romans au sujet d'une terre au Colombier *(in Columbario ad Pozatorium)*, possédée de tout temps par St-Barnard ; ils s'en désistent, moyennant 14 sols, en présence des chanoines. Ceux-ci concèdent ensuite cette terre, sous le cens d'1 livre de cire, en fief *(fevum)* au prêtre Pierre, qui leur donne de son alleu une terre à *Rascaceu. Regn. papa Paschali et Gotafredo duce Jerosolimitano.* [Lettre porte : *De olchia de Columb*[er] *brolla mal milifoc de cabos.*]

GIRAUD, Hist. S. Barnard-Romans, II, pr. 20-1, n° 116.

**2660** (1099/1115).

Liste des bénéfices soumis au monastère de Psalmody d'après les bulles des papes : *in territorio Vapincensi, loco de Balma, ecclesiam S. Marcelli, cum pertinentiis suis.*

Gallia christ. nova, VI. instr. 187.

**2661** (1099/1118).

Bulle du pape Paschal II, par laquelle il confirme à Guy, archevêque de Vienne, ses droits de métropolitain sur les églises de Grenoble, Valence, Die, Viviers, Genève et Maurienne, et de primat sur celle de Tarentaise, ainsi que son droit de gouverner les abbayes situées tant dans la ville de Vienne que hors les murs, et toutes les possessions et les privilèges de son église. Il lui envoie le pallium, avec faculté de le porter aux jours solennels, comme le faisaient ses prédécesseurs : il en détaille les significations mystiques. — *Potestatem ligandi.*

Bosco (J. a), 76. Le Lièvre, 320. Labbe, X, 690. Hardouin, VI, II, 1829. Colbti, XII, 1033. Mansi, XX, 1046. *Patrol. lat.* CLXIII, 434-5. Gundlach (W.), dans *Mon. Germ. hist.*, Epist. Merow-Karol. I, 106-7. Trad. Collombet, II, 12-4. = Bréq. II, 426 (à 1112). Jaffé, 4861—6596.

**2662** (1099/1118).

Rescrit du pape Pascal II [à Guy, archevêque de Vienne], au sujet de la valeur du témoignage du principal personnage dans une affaire. — *In omni.*

Gregorii Decret. II, t. 20, c. 4. Mansi, XX, 1074. *Patrol. lat.* CLXIII, 436-7. = Jaffé. 4864—6604.

**2663** Romans, (après 1099).

Le chanoine Adémar de Beauregard (*Belregardo*), avant de partir pour Jérusalem, avait renoncé au manse *Gistanus*, parce que son prédécesseur l'archevêque Guinimand avait menacé d'anathème celui qui l'enlèverait de la table du réfectoire. A son retour, il l'a recouvré par la condescendance de l'archevêque Guy et de ses confrères, à la condition qu'il ne ferait point partie de l'obédience de son successeur. Témoins, avec l'archevêque, tout le chapitre.

Giraud, Hist. S. Barnard-Romans, compl. 71-2, n° 195.

**2664** (Après 1099).

Pierre Abo, avant de partir pour Jérusalem, remit le domaine (*honor*) qui lui venait de son père en gage pour 120 sols à Bertrand Borelli. Peu après son retour, il fut reçu dans l'Hôpital de Jérusalem [de Gap] et donna son bien à l'église de St-Martin qui en dépend. Seings du sacristain Pierre, de l'évêque Léger, de Giraud Malteint, etc.

Guillaume (P.), dans *Bull. hist.-archéol. Valence* (1881), I, 177 (à part, 17), n° 10. = Roman, 8°.

**2665** 1100.

Guy, archevêque de Vienne, se rend en Angleterre, pour y exercer les fonctions de légat dont il se disait chargé par ordre du Siège apostolique. Les Anglais s'en étonnent, n'ayant jamais reconnu d'autre légat que l'archevêque de Cantorbéry. Guy s'en retourne, n'ayant été reconnu par personne et n'ayant rempli aucun office.

Eadmeri mon. Cantuar. *Historia novorum*, III : éd. Gerberon, 59. *Patrol. lat.* CLIX, 428-9.

**2666** (Vers 1100).

Après l'extermination des païens, l'évêque Isarn reconstitua (*ædificavit*) l'église de Grenoble. Ayant trouvé peu d'habitants dans son diocèse, il recruta des nobles, des gens de moyenne condition et des pauvres en des contrées lointaines, auxquels il donna des châteaux à habiter et des terres à cultiver, et sur lesquels il conserva, d'un mutuel accord, la seigneurie et des services ; il posséda son diocèse à titre d'alleu, comme une terre arrachée à une nation païenne. Aucun des ancêtres des princes qui règnent dans le diocèse ne portait alors le titre de comte et l'évêque possédait sans conteste tout l'alleu, sauf ce qu'il avait voulu en donner. Humbert, successeur d'Isarn, posséda tout cela en paix. Après lui, Mallen devint évêque, et c'est pendant sa vie que Guigues le Vieux, père de Guigues le Gras, commença à s'approprier injustement ce que les comtes possèdent en Grenoblois, terres, servitudes, églises, condamines, jardins, de sorte que l'évêque de Grenoble n'a plus dans tout son diocèse un seul manse sous sa seigneurie exclusive. Ainsi, le comte l'a dépouillé de l'église de St-Donat, avec ses condamines, manses, et la villa même. Ces condamines, exploitées à la fois par des hommes du comte et par ceux de l'évêque, ont amené entre eux de fréquentes dissensions. L'évêque apprit que sa part était gaspillée par les hommes du comte. Alors, lui et ses gens le signifièrent au comte Guigues, fils de Guigues le Gras. Les deux seigneurs résolurent de partager les condamines. L'évêque délégua pour ce faire Guigues, convers, Guillaume Létard, son cellérier, et Adon de Bocairon, son mistral (*ministralem*), qui s'adjoignirent Humbert Louvet (*Lovelus*), fils d'Adon de Bocairon, et d'autres amis. Le comte désigna Jean du Puy, Benoît, son bouteiller ou chevalier, Pierre Chaunais, son mistral, et Bernard Ruferius, son arrière-garde de Grenoble. Ceux-ci appelèrent Gautier Babau et Richard *de Monte Eisul*. Guigues, convers, et les siens partagèrent d'abord deux condamines situées près de l'église St-Victor de Meylan (*Meiolan*), séparées par le chemin qui sortant de Meylan rejoint la route publique qui va à Rome et à St-Jacques ; après avoir planté des bornes, les hommes de l'évêque dirent à ceux du comte de choisir la meilleure part ; ils prirent la condamine du nord, du côté de l'église de Biviers. Ensuite, les gens du comte partagèrent les deux condamines de l'Orme et *ad Corbonan*, dans la paroisse de St-Ismier ; la première échut à l'évêque, l'autre au comte. Ce partage fut fidèlement observé.

Rivaz (P. de), *Diplom. de Bourg.* II, n° 109 (Anal. 43). Fontanieu, *Hist. de Dauph.* I, pr. 147. *Cart. du Dauph.* I, 73-6.— Chorier, *Estat polit.* II. 69-76. Salvaing de Boissieu, *Usage des fiefs.* 2°, 485-7 ; 3°, II, 231-3. Boys (A. du), *Vie de s' Hugues*, 465-8. Monteynard, *Cart. de Domène*, 387-90. Marion, *Cart. de Grenoble.* 93-6, n° 16. Trepier, dans *Doc. acad. Savoie.* VI, 54-7. Trad. Terrebasse, dans *Le Dauphiné*, II, 269 ; *Not. dauph. Viennois*, 72-4. = Bréq. I. 368 (à 906). Ménabrea, *Orig. féod.* 36. *Doc. hist. inéd.* I, 279. Fauché-Prunelle, *Essai sur les anciennes institutions autonomes des Alpes Cottiennes-Briançonnaises*, I. 261-320. Trepier, dans *Bull. de l'acad. Delphin.*, 2° s., II (à part, 1863, in-8°, 135 p.). Gariel, Notice sur M. Fauché-Prunelle ; 1865, 8°. Trepier, dans *Bull. de l'acad. Delphin.*, 3° s., I, 54-7. Gariel, dans rec. cité, 3° s., I,

94 116 (à part. 1865, 8°). TREPIER, dans rec. cité, 3° s., II. 204-76 (à part. 1867, 8°, 80 p.) BELLET, *Examen critique des objections soulevées contre la charte XVI du 2° Cartulaire de l'église de Grenoble* ; Paris, 1889, 8°, 3 f.-VIII-165 p. ; Du témoignage historique de s' Hugues, dans *Bull. soc. archéol. Drôme*, XXVIII. 5-31 (à part, 1894, 8°, 25 p.) *Répert.*, Bio, 1922, 2204-5 ; Topo, 1354-5. POUPARDIN, *Roy. de Bourg.* 251-4.

**2667** (Vers 1100).

Hugues, évêque [de Grenoble], et le comte Guigues, *(Guigo)*, fils de Guigues le Gras *(Crassi)*, possédaient en commun deux condamines près de l'église de St-Victor de Meylan *(Meiolan)* et deux autres dites de l'Orme *(de Ulmo)* et de Corbonne *(Corbonan)* dans la paroisse de St-Ismier *(S. Himerii)*. Il surgissait des disputes et des rixes à leur occasion, parce que les gens du comte ne labouraient pas consciencieusement et fraudaient sur la récolte : on décida de les diviser. L'évêque envoya son convers Guigues, son cellérier Guillaume Létard et son mistral Adon de Bocairon *(Bocoirone)*, qui s'en adjoignirent d'autres. Le comte manda Jean du Puy *(de Podio)*, Benoît son bouteiller, Pierre Chaunais *(Chalnesius)*, son mistral et Bernard Rufier *(Ruferius)*, son garde *(retroguarda)* de Grenoble, qui en prirent 2 autres. Le convers Guigues fut chargé de diviser les deux condamines de Meylan. Une part, que les gens du comte préférèrent, touchait à l'église de Biviers *(Biveu)* ; l'autre, renfermant les jardins, longeait le chemin de Bocairon et se terminait à la route qui va à Rome et à St-Jacques [de Compostelle]. Des deux autres condamines, Guigues choisit celle de l'Orme. La paix revint dès lors.

BOYS (A. du), *Vie de s' Hugues*, 468-9. MARION, *Cart. de Grenoble*, 96-8, n° 17. = *Doc. hist. inéd.* I. 281.

**2668** (Vers 1100).

Lettre du comte Guigues *(Wigo)* à Hugues, abbé de Cluny, pour lui annoncer que l'église *(honor)* de Vizille *(Visilia)*, que ses prédécesseurs lui avaient donnée, vient de lui être rendue, du conseil de ses nobles et des chanoines de Grenoble, en présence des frères de Domène. Il le prie de pardonner à son père ses offenses envers lui et d'ordonner d'en faire mémoire dans ses monastères. Il lui demande le secours de ses prières, pour qu'il plaise au Seigneur dans l'emploi *(honor)* sublime qui lui est confié. Les chevaliers Arnaud et Guigues, qui lui avaient jadis résisté, sont maintenant tout dévoués à ses moines. — *Sanctitatem vestram*.

MARTENE, *Thes. nov. anecd.* I, 311-2. *Patrol. lat.* CLIX, 941. BERNARD-BRUEL, *Chartes de Cluny*, V, 145-6, n° 3794.

**2669** (Vers 1100).

Donations au monastère de St-Pierre de [Grazac], que le prieur paye en sols Viennois.

BERNARD-BRUEL, *Chartes de Cluny*, V, 116-7, n° 3764.

**2670** (Vers 1100).

Lettre de Hugues, archevêque de Lyon, à Ismidon, évêque de Die, au sujet d'un différend entre les moines de Cruas *(Crudaten.)* et de Bourdeaux *(Bordellen.)*, qui se disputaient l'église de Guisans *(in valle Guzantium)*. Un religieux de Cruas s'en étant emparé, il l'avait fait rendre à ceux de Bourdeaux.

LA MURE, *Hist. ecclés. dioc. Lyon*, pr. 397. BERNARD (A.), *Cart. de Savigny*, I, 459-60. — Trad. CHEVALIER (J.), *Essai histor. Die*, I, 183. = BRÉQ. II, 318 (à 1099).

**2671** (Vers 1100).

Agnès, épouse de Geofroi de Moirans *(Gauffredi de Moirenco)*, donne aux moines clunisiens de Domène ses deux manses de Ste-Marie [de Revel] et de Girard de la Monta *(Montada)*. Sa famille approuve, en présence de son fils Aymon, moine. Le prieur Hugues promet à son mari Geofroi de le recevoir comme moine avec son fils Berlon, ou de leur donner la sépulture pour une moindre largesse. De lui et d'Agnès on fera mémoire tous les ans.

MONTEYNARD, *Cartul. de Domène*, 99-100, n° 112.

**2672** Vors. (vers 1100).

Le seigneur Ainard donne aux moines clunisiens de Domène la dîme de la paroisse de Villard-Bonnot *(Villare Bonaldi)*. Fait *in Vore*, du temps du prieur Hugues III de la Porte. Témoins : le prêtre Drogon, etc.

MONTEYNARD, *Cartul. de Domène*, 128-9, n° 150.

**2673** (Vers 1100).

Donation [à Domène] d'une chenevière *(cabannaria)* dans la paroisse de Villeneuve *(Villæ Novæ, -d'Uriage)* par le seigneur Alamannus.

MONTEYNARD, *Cartul. de Domène*, 250, n° 237, 7.

**2674** (Vers 1100).

Aldagardis, avec ses fils, donne [au monastère de Domène] ce qu'elle avait aux Noyers *(in Nævios)*, dans la terre de St-Pierre, pour le repos de l'âme de son mari *(senior)* Girbert.

MONTEYNARD, *Cartul. de Domène*, 44, n° 40.

**2675** (Vers 1100).

Hugues, abbé de Cluny, met fin aux vives dissensions *(iracundiæ pleno fervore)* entre les prieurés de Domène et d'Allevard *(Alavarsen.)* au sujet des églises de St-Pierre et de St-Marcel, et de la chapelle entre le Villard et St-Marcel : seront soumises à Domène les localités qui lui doivent une redevance en huile, et cette huile sera portée à St-Vincent de Grenoble.

MONTEYNARD, *Cartul. de Domène*, 175-6, n° 198.

**2676** (Vers 1100).

Après la mort de Nantelme Torrenc, sa femme Amélie donna pour le repos de son âme tout ce qu'elle possédait à Champrond *(in Campo Rotondo)*, avec l'approbation de ses amis et proches. Le cultivateur donnera aux moines 12 den. par an, jusqu'à ce qu'ils en aient le domaine.

MONTEYNARD, *Cartul. de Domène*, 83-4, n° 92.

**2677** (Vers 1100).

André Raina donne aux moines clunisiens de Domène sa part de la dîme des paroisses de St-Laurent [du Versoud] et de Domène, et reçoit comme prix 20 sols ; Pierre Raficot est garant de l'approbation des frères d'André absents. Témoins : le prêtre Guillaume, le chevalier Alvise, etc.

MONTEYNARD, *Cartul. de Domène*, 90, n° 102.

**2678** Domène, (vers 1100).
André Raina tenait des moines de Domène la part des dîmes de la paroisse de Ste-Marie [de Revel] qui appartenait à Guillaume de Domène. Voulant partir pour Jérusalem, il vient au monastère et l'abandonne, avec l'assentiment de ses frères Guigues et Bernard; le prieur Hugues lui donne 27 sols. S. *Vuillelmi presbyt.*, etc.
MONTEYNARD, *Cartul. de Domène*, 91, n° 103.

**2679** (Vers 1100).
Arbert et sa femme Claire *(Clara)* donnent au monastère *(locus)* de Cluny et à son abbé Hugues un manse à Montgarcin *(villa de Monte Vuarcino)*, dans le diocèse *(episcopatu)* de Grenoble, pour la nourriture des moines *(ut ad serviendum Domino sustententur corporis alimento)*.
MONTEYNARD, *Cartul. de Domène*, 125, n° 146.

**2680** (Vers 1100).
Le chevalier Ardenc de Bernin *(Brenninis)* donna aux moines de Cluny à Domène un champ près de Crolles *(villa Crollas)*. Après sa mort, son fils Engelbert s'en empara et le donna en gage à Aldelbold pour 2 sols. Plus tard, par l'entremise du moine Roland, il ratifia la donation de son père, de concert avec sa femme Tantafilia et son fils Ardenc, du temps du prieur Hugues.
MONTEYNARD, *Cartul. de Domène*, 45, n° 42.

**2681** (Vers 1100).
Donations par Aténulfe et son frère Antelme, aux apôtres Pierre et Paul de Domène, pour leur sépulture, de 6 setérées de terre; par Guillaume de Revel, d'une vigne *ad Burgiam*.
MONTEYNARD, *Cartul. de Domène*, 253, n° 237, 14.

**2682** (Vers 1100).
Bernard rachète des frères du monastère de Domène, au prix de 4 sols, le quart d'une vigne que son père avait reçue à mi-fruits et rendue à sa mort.
MONTEYNARD, *Cartul. de Domène*, 88, n° 99.

**2683** (Vers 1100).
Bernard dit Benedictus et son fils Pierre donnent au monastère de Domène une maison *(casalis)* au bourg de la Ferrière *(Ferrariis)* et le revenu d'une autre près de l'église.
MONTEYNARD, *Cartul. de Domène*, 181, n° 206.

**2684** (Vers 1100).
Bornon le Gras *(Crassus)*, de Morêtel, arrivé à l'article de la mort, abandonne, entre les mains du chapelain Bernard, la dîme qu'il percevait dans la paroisse de Theys *(Tedesio)*. Sa veuve Claire s'étant remariée à Amédée Grennon, reprend la dîme et le prieur de Domène Hugues paye 130 sols leur désistement, dont le seigneur Ainard est caution. Témoins : Alvise de Domène, etc.
MONTEYNARD, *Cartul. de Domène*, 146, n° 168.

**2685** (Vers 1100).
Pierre et Guillaume, fils de Bornon le Gras, attaquent la donation de leur père à Domène, puis se désistent entre les mains du prieur Hugues II. Témoins : Pierre de Morêtel, etc.
MONTEYNARD, *Cartul. de Domène*, 146, n° 168, 2.

**2686** (Vers 1100).
Boson et Thetbert, frères, font abandon sur l'autel de Sts-Pierre et Paul à Domène des dîmes qu'ils percevaient dans la paroisse de Ste-Marie [de Revel] et reçoivent du prieur Hugues 55 sols. Témoins : Vuodalbert, chapelain de cette église, etc.
MONTEYNARD, *Cartul. de Domène*, 99, n° 111.

**2687** (Vers 1100).
Boson Gautier *(Vualterii)* donne au monastère de Domène sa part de la dîme de la paroisse de St-Laurent du Versoud *(de Versatorio)* et reçoit du prieur Hugues 80 sols. Sa femme Pétronille et son fils Gautier *(Vualterius)* donnent leur assentiment. Seings de son seigneur *(senior)* Guillaume de Domène, etc.
MONTEYNARD, *Cartul. de Domène*, 120-1, n° 140.

**2688** (Vers 1100).
Boson et Guillaume, fils de Guillaume Morard, donnent au prieuré *(ad locum)* de Domène la moitié de la dîme du vin qu'ils percevaient à St-Laurent du Versoud *(Versatorium)*, pour l'âme de leur père; leurs cousins approuvent. Seing de Guillaume l'écolâtre *(scolaris)*, qui obtient des moines le maintien pendant sa vie du gage *(vadimonium)* de 6 sols qu'il avait sur cette dîme.
MONTEYNARD, *Cartul. de Domène*, 123, n° 143.

**2689** (Vers 1100).
Le prêtre Boson remet entre les mains du prieur de Domène Hugues les prémices, dîmes, etc. qu'il percevait dans l'église de Ste-Marie [de Revel] et reçoit une mule, 136 [ou 120] sols et une blouse de futaine *(blialdum de fustanio)*. Témoins : ses frères Artaud et Torrenc, Ponce Ainard, etc.
BRIZARD, *Hist. de la mais. de Beaumont*, II, 4. MONTEYNARD, *Cartul. de Domène*, 93, n° 107.

**2690** (Vers 1100).
Etienne Garcin donne aux moines de St-Pierre [de Domène] ses saussaies à [St-Martin-]de-Miséré *(Miseriaci)*.
MONTEYNARD, *Cartul. de Domène*, 44, n° 41.

**2691** (Vers 1100).
Gala donne au monastère de Domène la dîme qu'il tenait de Pierre Ainard dans la paroisse de St-Jean-[le-Vieux], sous la condition de les recevoir à leur mort, lui et sa femme Suzanne, avec le tiers de leur cens. Son frère Boson et son fils Nantelme approuvent. Témoins : l'écolâtre *(scolarius)* Guillaume, le chevalier Alvise, etc.
MONTEYNARD, *Cartul. de Domène*, 113, n° 130.

**2692** Domène, (vers 1100).
Gautier *(Vualterius)* Baron voulait garder la dîme de St-Jean-[le-Vieux], que son père Gautier avait tenue des moines de Domène. Le prieur Hugues lui offrit de faire ce qui serait juste : il s'y refusa; alors le prieur lui donna, ainsi qu'à son beau-frère Etienne, 10 sols; la cession se fit sur l'autel de Notre-Dame. Il fut convenu que les moines feraient l'anniversaire de son père le 5 janvier.
MONTEYNARD, *Cartul. de Domène*, 116, n° 134.

**2693** (Vers 1100).
Hugues, prieur de Domène, cède à Girard une vigne à Gières *(apud Jairam)*, à moitié fruits.
MONTEYNARD, *Cartul. de Domène*, 54, n° 55.

**2694** (Vers 1100).
Convention entre Hugues, prieur de Domène, et Girbert dit Vuallarand *(V-nnus)*, au sujet du moulin de la Ferrière *(villa Ferrarias)*, sur lequel les moines percevront 12 den. à Noël. Ils se donnent mutuellement des cautions, Pierre dit Eldebert et Dominique dit Bernard. Seing du prêtre Salomon.
MONTEYNARD, *Cartul. de Domène*, 179-80, n° 203.

**2695** (Vers 1100).
Hugues, prieur de Domène, concède à Girbert Gualarand *(G-nnus)* la 1/2 d'un moulin à la Ferrière *(villa Ferrariarum)*, que tenait le prêtre Géraud, et partie de la terre de St-Maxime, sous le cens de 2 setiers de miel à la s' André. Seing du prêtre Guillaume.
MONTEYNARD, *Cartul. de Domène*, 180, n° 204.

**2696** (Vers 1100).
Giroud Gavet se fait moine à Domène et ses fils donnent 4 den. Témoins : le chapelain Jean, etc.
MONTEYNARD, *Cartul. de Domène*, 215, n° 233, 27.

**2697** (Vers 1100).
Redevance d'un manse en la paroisse de Ste-Marie [de Revel] donnée par Gotfred de Moirans.
MONTEYNARD, *Cartul. de Domène*, 251, n° 237, 10.

**2698** (Vers 1100).
Les moines de Domène cèdent aux chanoines de Grenoble la redevance qu'ils percevaient à Pommier *(Pomerio)* sur Nantelme Giraart, en compensation du 1/2 muid de vin qu'ils leur rendaient à la Toussaint.
MONTEYNARD, *Cartul. de Domène*, 243, n° 233, 106.

**2699** (Vers 1100).
Guigues *(Vuigo)* l'Abbé ou Abbon avait donné aux moines clunisiens de Domène une métairie *(cabannaria)* à Craponoz *(C-nen. villa)*. Son fils Pierre Culata (de St-Nazaire) fit longtemps du mal aux moines. Sur le conseil d'Adon, prieur de Bernin *(Brigninis)* et autres, le moine Roland transigea *(ad placitum venit)* avec lui et obtint la confirmation de cette aumône.
MONTEYNARD, *Cartul. de Domène*, 47-8, n° 45.

**2700** Vers 1100.
Guigues, fils d'Arbert le Gras *(Crassi)*, donne au lieu de Domène le quart de la dîme de Ste-Marie [de Revel] et reçoit de prieur Hugues 100 sols et une vigne près du château *(castellum)*, à usufruit pendant sa vie. Seings de ses frères, de sa femme Magna, d'Alvise de Domène, qui fut son conseiller, etc. Ses fils obtinrent son anniversaire, sous la condition de fournir nourriture et boisson.
MONTEYNARD, *Cartul. de Domène*, 102-3, n° 115.

**2701** (Vers 1100).
Guigues *(Vuigo)* dit Lethald donne aux moines clunisiens de Domène le quart des dîmes d'une condamine, autant d'une ferme *(bordaria)* et la 1/2 de la dîme d'une métairie *(cabannaria)*, et reçoit en retour du prieur Hugues 5 sols valentinois *(de Valencianis)*. Témoins le prêtre Guillaume et Acylin de Vors *(Vore)*.
MONTEYNARD, *Cartul. de Domène*, 131-2, n° 154.

**2702** (Vers 1100).
Guillaume Morard, après la mort de sa femme Euphémie, donne aux moines clunisiens de Domène les deux tiers de la dîme d'un manse à Villard *(Villaris)* et le tiers de celle du vin dans la paroisse de St-Laurent [du Versoud]. Ses beaux-frères Boson et Rodulfe approuvent.
MONTEYNARD, *Cartul. de Domène*, 121, n° 141.

**2703** (Vers 1100).
Hugues Aténulfe doit sur l'église de St-Jean[-le-Vieux] à Noël 24 den., 6 pains, 3 émines de vin et 2 setiers d'avoine; à la s' Jean, 15 den. Dame Guillelmette *(Vuillelma)*, 3 *quartæ* de miel et 2 de cire ; Rodulfe, fils du seigneur Ainard, 8 den.
MONTEYNARD, *Cartul. de Domène*, 111, n° 127.

**2704** (Vers 1100).
Le chevalier Hungrin, venant à conversion à Domène, donne une vigne *la 2 fosserées* ; assentiment de son fils et de Guigues Alvisius, qui l'avait en fief. Redevances au cimetière de Ste-Marie de Revel.
MONTEYNARD, *Cartul. de Domène*, 250-1, n° 237, 9.

**2705** (Vers 1100).
Isard, fils de Rostaing et de Fecenna, donne aux moines clunisiens de Domène qui ont Pierre pour prieur une métairie à Pommier *(ad Pomerium)*, près de l'église de Ste-Marie dans le mandement de Voreppe *(castri Vorappiæ)*, possédée par le chevalier *(caballarius)* Jean ; il dépose la charte sur l'autel de St-Pierre aussitôt après l'ensevelissement de sa mère.
MONTEYNARD, *Cartul. de Domène*, 38-9, n° 34.

**2706** (Vers 1100).
Les moines de Domène possèdent à Montacol *(in Monte Escol)* une vigne, dont le tenancier doit comme service à la St-Julien 4 peaux de boucs et 4 de béliers.
MONTEYNARD, *Cartul. de Domène*, 126, n° 147.

**2707** (Vers 1100).
Les redevances *(servitium)* de *Monte Sauro* comprennent 13 livres de porc pour le mas *(massus)* de Malbiere, etc. ; 5 den. pour la terre *del Mole*.
MONTEYNARD, *Cartul. de Domène*, 138, n° 162.

**2708** (Vers 1100).
Nantelme abandonne à St-Vincent [de Grenoble] et aux moines clunisiens de Domène l'église de St-Martin à Villard-Bonnot *(ap. Villarem Bonaldi)*, avec ses dépendances. Participent à cette aumône sa mère Aldegardis et son frère Boson ; approuvent son seigneur Géraud, son épouse Astrudis et leurs fils. Témoins : le chevalier Alvise, etc.
MONTEYNARD, *Cartul. de Domène*, 127, n° 149.

**2709** (Vers 1100).
Nantelme et sa femme Menza donnent aux moines clunisiens qui habitent le monastère de Domène un champ au-dessus de Tencin *(villa T-ns)*. Le fermier *(villicus)* et les tenanciers *(mansionarii)* donnent leur assentiment, entre les mains du prieur Hugues.
MONTEYNARD, *Cartul. de Domène*, 140, n° 164, 1.

**2710** (Vers 1100).
Le chevalier Nantelme, renonçant au siècle, se convertit au monastère de Domène et y revêt l'habit monastique ; il fait don d'un champ à Gières *(apud castrum Jairam)* et de ce qu'il prélevait sur un autre des moines à la Mure *(apud Muram)*.
MONTEYNARD, *Cartul. de Domène*, 52, n° 51.

**2711** (Vers 1100).
Arrivé à la mort, Nantelme de Villard-Bonnot *(Villare Bonaldi)* remet à l'évêque [de Grenoble], entre les mains du chapelain Girard, toutes les dîmes qu'il percevait ; et spécialement au monastère de Domène, où il est enseveli, les dîmes des églises qui en dépendent. Approuvé par son frère Boson, sa femme Astrudis, sa sœur Lucie et le chanoine Fulcon.
MONTEYNARD, *Cartul. de Domène*, 129, n° 151.

**2712** (Vers 1100).
Les fils de Nantelme *(Borrelli)*, Nantelme et Humbert, attaquent la donation de leur père, puis, ramenés par des amis, l'approuvent, en recevant 10 sols et 2 setiers d'avoine du prieur Hugues, le jour de la sépulture de leur mère.
MONTEYNARD, *Cartul. de Domène*, 43, n° 38, 2.

**2713** (Vers 1100).
Redevances [à Domène] par Odon Badin, Martin de *Saliceto*, Gérald Upertus, Gérald et Jean Urserius, etc.
MONTEYNARD, *Cartul. de Domène*, 251, n° 237, 11.

**2714** (Vers 1100).
Oddon Otmar, quittant le siècle et revêtant l'habit monastique [à Domène], donne 11 den. de cens, un pré et la moitié d'un bois au-delà de l'Isère ; l'autre parviendra à la mort d'Otmar de Biviers *(Biveu)* qui la tient.
MONTEYNARD, *Cartul. de Domène*, 249, n° 237, 3.

**2715** (Vers 1100).
Donation à Domène par Oddon de Revel, pour l'âme de son frère, avec assentiment d'Ancilie, etc.
MONTEYNARD, *Cartul. de Domène*, 250, n° 237, 8.

**2716** (Vers 1100).
Odon d'Uriage *(Oddo de Auriatge)* offre à Hugues, prieur de Domène, son fils Pierre, pour y prendre l'habit bénédictin, et donne en aumône ce que le prêtre Boson tenait de lui dans l'église de Ste-Marie [de Revel] en prémices, dîmes, etc. ; il donne en outre le cimetière vieux, et reçoit 100 sols et 2 chevaux.
BRIZARD, *Hist. généal. mais. Beaumont*, II, 3-4 (à 1080).
MONTEYNARD, *Cartul. de Domène*, 94, n° 106.

**2717** (Vers 1100).
Pierre Barbarini, touché de componction par l'énormité de ses fautes et pour que Dieu lui accorde une existence prospère, donne aux moines clunisiens de Domène la 1/2 de la dîme de deux vignes à Brignoud *(Brinosch)* et à Vors *(Vore)*, plus ce qu'il a dans le bois ou désert dans lequel les frères ont construit *vinerium vel mansionem*.
MONTEYNARD, *Cartul. de Domène*, 130-1, n° 153.

**2718** (Vers 1100).
Don de Pierre Barbarin au monastère de Domène dans la paroisse de Ste-Agnès, etc.
MONTEYNARD, *Cartul. de Domène*, 250, n° 237, 5.

**2719** (Vers 1100).
Ponce et son frère Hugues, médecin, en se faisant l'un après l'autre moines à Domène, donnent chacun le tiers de l'alpe de *Columbo*, etc.
MONTEYNARD, *Cartul. de Domène*, 249, n° 237, 2.

**2720** (Vers 1100).
Redevances du manse en la villa de Revel, jadis à Girold Engela : 6 sols pour un porc à la foire *(feria)* de Grenoble ; 16 den. à la Nativité de s' Marie pour la dotation *(sponsalitium)* de l'église.
MONTEYNARD, *Cartul. de Domène*, 251-2, n° 237, 12.

**2721** (Vers 1100).
Redevances en la paroisse de Ste-Marie [de Revel] pour un manse donné par le seigneur Guillaume de Domène ; pour un pré donné par Antelme fils d'Etienne Guersi ; pour un champ où se trouve la léproserie *(misellaria)*.
MONTEYNARD, *Cartul. de Domène*, 252, n° 237, 13.

**2722** (Vers 1100).
Hugues, prieur de Domène, cède à Richard l'usufruit de 2 setérées de terre à Gières *(apud Jairam castrum)*, sous la redevance de 2 setiers 1/2 d'excellent froment bien vanné. Témoin le prêtre Vuicard son neveu.
MONTEYNARD, *Cartul. de Domène*, 54, n° 54.

**2723** (Vers 1100).
Rodolphe, fils du seigneur Ainard, sur le point de mourir, donne au monastère de Domène une vigne près du cimetière de St-Laurent [du Versoud] et 4 den. sur 2 maisons dans le cimetière de St-Jean[-le-Vieux] ; son fils Ponce et dame Béatrix consentent ; témoins : les prêtres André et Godalbert, etc.
MONTEYNARD, *Cartul. de Domène*, 73, n° 78.

**2724** (Vers 1100).
Le chevalier Rodulfe, fils d'Arbert, frère de Pierre et d'Humbert, donne aux frères clunisiens demeurant au monastère de Domène la moitié d'un manse à Montfollet *(Mons Folleti)* ; il gardera ce bénéfice *(honor)* sa vie durant, sous le cens d'un setier de froment.
MONTEYNARD, *Cartul. de Domène*, 161, n° 186.

**2725** (Vers 1100).
Le prêtre Rodulfe et son frère Martin donnent aux moines de Domène la moitié du champ *Genzonis*, pour leurs parents qui sont ensevelis dans le monastère. Il est convenu qu'une autre terre fera le service de celle-ci. Témoins : les prêtres Drogon, Vuodalbert, etc.
MONTEYNARD, *Cartul. de Domène*, 119-20, n° 138.

**2726** (Vers 1100).
Le chevalier Rostaing, fils d'Etienne dit Guers, donne au monastère *(locus)* de Domène un pré avec saussaie *(salcetum)* à Ste-Marie [de Revel] ; il promet une vigne après sa mort. Seings de ses seigneurs *(seniores)* Ponce et Ainard, et de son frère Nantelme.
MONTEYNARD, *Cartul. de Domène*, 104, n° 117.

**2727** (Vers 1100).
Le chevalier Silvius Roux *(Rufi)*, de Montbonnot *(Monte Bunulo)*, donne à Cluny et aux moines de Domène une excellente vigne de son héritage ; il en conserve la jouissance sous l'investiture d'un muid [de vin]. Témoins : deux Guillaume prêtres, etc.
MONTEYNARD, *Cartul. de Domène*, 184-5, n° 210.

**2728** (Vers 1100).
Varine, femme d'Antelme Tovet, se voue au monastère de Domène et lui laisse une métairie *(bordaria)*. Etc.
MONTEYNARD, *Cartul. de Domène*, 249, n° 287, 4.

**2729** (Vers 1100).
Vualdrada, épouse de Nantelme Guinerand, et ses fils André et Guillaume, donnent à sa mort aux moines de Domène le courtil qu'il tenait d'eux. Témoins : son parent le prêtre Vuodalbert et son beau-père Brunon. — Celui-ci et sa femme Emmena abandonnèrent *saumetum* sur la maison qu'ils tenaient des moines.
MONTEYNARD, *Cartul. de Domène*, 86-7, n° 96.

**2730** (Vers 1100).
Vuilin, sa femme Susanne et leurs fils donnent au monastère de Domène le quart de la dîme de l'église de la Ferrière *(Ferrariarum)* et d'autres cens ; le prieur Hugues leur donne 23 sols. Si l'on perd quelque chose par le fait de leurs seigneurs *(seniores)*, c'est vers eux qu'il faudra se tourner.
MONTEYNARD, *Cartul. de Domène*, 180-1, n° 205.

**2731** (Vers 1100).
Vuitfred, fils d'Aténulfe, se rend moine à Domène et donne au monastère sa part d'un bois ; approbation de Guigues *(Vuigo)* de Domène et sa mère Béatrix. Témoins : Fulcon chanoine, etc.
MONTEYNARD, *Cartul. de Domène*, 206, n° 231, 3.

**2732** (Vers 1100).
Le convers Ponce et la famille [religieuse de St-Martin-] de Miséré avaient fait marché *(mercatum)* avec Alodisius pour l'acquisition de son île *(insula)*, au prix de 5 sols, et on avait pris jour pour le payer, quand survint Pierre Guillaume, qui en offrit 6 sols et l'obtint. L'évêque Hugues fit venir l'acquéreur et comprit. par ses réponses que son acquisition n'était pas régulière ; il lui donna 5 sols et reçut la charte d'Alodisius. S. *Guigonis conversi* ... S. *Amati* ....
MARION, *Cart. de Grenoble*, 88-9, n° 11.

**2733** (Vers 1100).
Anselme *(Asselmus)* et ses frères Guillaume et Richard, neveux de Richard Mainier, donnent à l'évêque Hugues [de Grenoble] la dîme qu'ils percevaient dans la paroisse de St-André [en Savoie], et reçoivent 3 sols. S. *Bernardi decani*, etc.
MARION, *Cart. de Grenoble*, 167, n° 110. TREPIER, dans *Doc. acad. Savoie*, VI, 66.

**2734** (Vers 1100).
Cens dus à l'évêque de Grenoble par l'église de Ste-Marie d'Arvey *(Arvisio)* : 10 setiers de froment, 18 de vin *optimi*, 20 sols pour viande et poisson, 1 muid d'avoine.
MARION, *Cart. de Grenoble*, 126, n° 54. TREPIER, dans *Doc. acad. Savoie*, VI, 63-4.

**2735** (Vers 1100).
Le fief que Bernard Ascolfi tient de l'évêque de Grenoble, comprend un enclos de vigne à Porcils, dans la paroisse de St-Ferjus *(S. Ferreoli)* et la rouvraie *(rovoria)* de l'île près de l'Isère, entre St-Ferjus, Grenoble et St-Laurent; une habitation *(chasamentum)* que tint son frère le chanoine Adon et deux autres près des murs de la cité, un pré à Pelloux *(Pendelupum)*. Le comte n'y a rien.
MARION, *Cart. de Grenoble*, 117-8, 44.

**2736** (Vers 1100).
Géraud Alimar et son fils Berlion vendent deux parts de la dîme de la villa *Vilar Gerall* au doyen [de Grenoble] Airald pour le prix de 40 sols Viennois et 7 de *blanchet*, mais ils continueront de servir cette dîme à leurs seigneurs jusqu'à ce que ceux-ci en fassent donation. Seings de Guillaume, moine de St-Chaffre *(S. Theotfredi)*, Rostaing, chanoine de St-Ruf, etc.
MARION, *Cart. de Grenoble*, 216, n° 43, 3°.

**2737** (Vers 1100).
Géraud Roux *(Rufus)*, d'Arvey *(de Arbisio)*, tenait de la seigneurie *(dominicatura)* de l'évêque [de Grenoble] une métairie *(chabanaria)* dans la paroisse de St-Martin-le-Vinoux *(del Vinos)*. Dès que l'évêque Hugues s'en aperçut, il ne cessa de l'appeler en justice *(tamdiu calumpniavit)* jusqu'à restitution. Géraud pria l'évêque de vouloir bien *(per suam bonitatem)* céder cette terre à son fils Odolric, clerc et chanoine, ce qui lui fut accordé durant sa vie. [Elle était plus tard entre les mains d'Agnès, sœur d'Odolric et veuve de Benoît le bouteiller].
MARION, *Cart. de Grenoble*, 116-7, n° 43.

**2738** (Vers 1100).
Le fief de Girbert Beton comprend : deux parts du mont Eqaux *(Equalis)*, une ferme à Montchâtain *(mons Castag)*, une terre à Colonges *(ad Colongias)*, 2 habitations *(casamenta)* à St-Donat et un enclos *(olcha)* au-dessus de la maison de l'Aumône à l'occident de la ville de St-Donat. A sa mort, le tout reviendra aux évêques de Grenoble, qui seront toujours prévôts de l'église de St-Donat.
MARION, *Cart. de Grenoble*, 144, n° 81.

**2739** (Vers 1100).
Le fief de Guigues Garin *(Guarini)* comprend 3 *bordariæ* et 3 *chabanariæ*, avec le tiers des plaids dans les mandements de Gières *(Jeira)* et de Venon. A Quaix *(Kez, Chez)*, à Chors *(Chaortio)* et dans la paroisse de St-Martin-le-Vinoux *(del Vinos)*; il tient en fief de l'évêque de Grenoble 9 manses, la leyde des cuirs au marché de cette ville et un four dans la même. Le manse de Bulzon doit par an une réception à l'évêque et à ses montures *(equitaturæ)*. Trois autres manses sont tenus en fief de l'évêque dans la paroisse d'Hurtières *(de Urtigeriis)*.
MARION, *Cart. de Grenoble*, 164-5, n° 107.

**2740** (Vers 1100).
La femme de Guy *(Guido)* de Cordon abandonne à Hugues, évêque de Grenoble, la moitié de la dîme de la villa *Puseis*. Ensuite son fils Gaucelme demanda qu'on fît, toute l'année, commémoraison de sa mère dans l'église de St-André [en Savoie]. L'évêque chanta une messe pour elle et son doyen Airald donna au fils 10 sols Viennois.
MARION, *Cart. de Grenoble*, 216, n° 43. TREPIER, dans *Doc. acad. Savoie*, VI, 72-3.

**2741** (Vers 1100).
Le fief d'Ismidon Bellus comprend trois maisons à Grenoble et un courtil hors des murs. Sont à l'évêque : la maison de Mallen Rainon, celle de Guigues Chaunais *(Chalnesii)*, près du cloître des chanoines, la tenure de Jean *parator*, l'habitation *(casamentum)* de Freold aux seigneurs de Corenc *(Torenco)*. De la porte Episcopale *(E-poli)* à la maison de Guigues Equa, tout est à lui, sauf le cellier du comte. A lui encore l'habitation *(chasamentum)* de Mallen de Châteauneuf. Aux chanoines de Grenoble la maison qui fut de l'Aumône *(helemosinaria)* à la porte Traine *(Trivoria)*. A l'évêque les maisons du chanoine Adon et de son frère Bernard. De la maison de Guigues Equa à la porte Traine toutes les tours sont à l'évêque.
MARION, *Cartul. de Grenoble*, 115-6, n° 41.

**2742** (Vers 1100).
Ismidon Lombard *(Longobardus)*, fils de Bernard le Vieux, et son fils Guigues donnent à l'église de Grenoble et à l'évêque Hugues 4 setiers de vin *tolticio* qu'il percevait annuellement sur la vigne achetée par le prélat à Pierre *Aldiardæ* ; ils reçoivent 5 sols. *Amatus scr.*
MARION, *Cart. de Grenoble*, 89, n° 12.

**2743** (Vers 1100).
Fief de Jarenton de la Balme *(de Balma)*. Il comprend 29 manses, 3 métairies *(chabanaria)*, 1 ferme *(bordaria)*, 1 montagne *(alpaticum)* et 1 clos *(clausum)*. Les produits sont moins en numéraire (sols et deniers) qu'en nature : fouasse *(fogacia)*, chapon, agneau, noix, *boxia* et *buxia*, corvée *(opera, coroada)*, mouton, *oblia*, pourceau *(porchet)*, membre de viande, pain, avoine, orge *(civada)*, prestation *(tascha)*].
MARION, *Cart. de Grenoble*, 110-1, n° 35.

**2744** (Vers 1100).
Nantelme de Mennon *(Mennuncio)* abandonne à l'évêque Hugues [de Grenoble] la moitié de la dîme de Myans *(Mea)* et de Chacusard *(Jacusa)*, entre les mains du doyen Airald, qui lui donne 10 sols. Après sa mort, ses fils Nantelme et Pierre confirmèrent par serment sur l'autel [de l'église] de St-André [en Savoie]. — Ensuite Richard d'Apremont *(de Aspero Monte)*, Galterin d'Aix-(les-Bains, *de Aquis)* et son fils Arbert, qui avaient le domaine de cette dîme, la cédèrent et jurèrent de la maintenir à l'évêque, qui donna 30 sols Viennois. Témoins : le doyen Airald, etc.
MARION, *Cart. de Grenoble*, 216, n° 43, 2°.

**2745** (Vers 1100).
Le fief de Nantelme Torenci, de la Porte [Traine], qu'il tient de l'évêque de Grenoble, comprend la terre d'Arnulfe le changeur ou banquier *(cambiator)* et une métairie à [St-Martin-de-]Miséré *(Miseraci)*.
MARION, *Cart. de Grenoble*, 116, n° 42.

**2746** (Vers 1100).
Le fief de Pierre de la Balme comprend le manse de Louis *(Alois)* de Domène dans le mandement de Gières *(Geira)*, la vigne d'Adon de Bocairon *(Bocoirone)* à la Buissière *(Buxeria)* près du château de Bocairon, le fief de *Beleza monacha* à Quaix *(Chez)* et à Proveyzieux *(Provaiseu)*, le tiers de la dîme de la paroisse de Cornillon, deux courtils à Grenoble, une maison avec cour entre celles du comte et du chanoine Adon, jadis au chanoine Chauric, et un excellent manse, partie sur Gillivache *(Girvascha)*, partie sur Tavernolles *(T-olas)*.
MARION, *Cart. de Grenoble*, 114, n° 40.

**2747** 1100.
Pierre Guillaume, prieur de St-Martin-de-Miséré *(Miseu)* et le convers Guigues procèdent à la division des dîmes de St-Ismier *(S. Imerii)* entre le prieuré et l'évêque Hugues. A celui-ci est adjugée la partie supérieure à la route de Grenoble, avec les églises de St-Ismier et de Ste-Marie de Biviers *(Biviu, Biveu)* ; à l'autre, la partie inférieure, avec l'église de St-Martin.
FONTANIEU, *Cart. du Dauph.*, I, 91°. — MARION, *Cartul. de Grenoble*, 91-2, n° 14.

**2748** (Vers 1100).
Richard Mainier *(Ricardus Mainerii)* restitue à St-André, à l'évêque de Grenoble et à ses successeurs la dîme qu'il percevait dans la paroisse de St-André [en Savoie] ; sa femme Aia, son fils Odon et les autres donnent leur assentiment. L'évêque garde cette dîme au service de St-André. — Les mêmes rendent la dîme qu'ils avaient dans la paroisse d'Albigny ; l'évêque la concède au clerc Odon, leur fils, sous le cens à la Toussaint d'un setier d'avoine, mesure de Chambéry *(Chambariaci)*. *S. Bernardi decani. S. Amet Dei sac.*, etc.
MARION, *Cart. de Grenoble*, 168, n° 112. TREPIER, dans *Doc. acad. Savoie*, VI, 69-70.

**2749** (Vers 1100).
Richard de Myans *(Meians)* et son frère David rendent à l'église de St-André en Savoie et à l'évêque [de Grenoble] Hugues les dîmes qu'ils tenaient de Richard Mainerius et de Guiniterius Galerna, et reçoivent 16 sols. Approuvé par Achin, Guitfred Moceti, son frère Soffred, etc.
MARION, *Cart. de Grenoble*, 167, n° 111. TREPIER, dans *Doc. acad. Savoie*, VI, 68-9.

**2750** (Vers 1100).
Le fief des fils de Richard de la porte Traine *(Trivoria)* comprend 2 manses, 2 *chabanariæ*, [dont 1 à Gillivache *(Girvascha)*], 4 *casamenta*, le 6° de la leyde du sel à Grenoble, etc.
MARION, *Cart. de Grenoble*, 110, 557, n° 34.

**2751 = 2351** (Vers 1100).
Hugues, évêque de Grenoble, atteste qu'ayant édifié l'église St-Martin dans la paroisse de St-Ismier, trois clercs, Pierre Guillaume, Jean Lombard et Constantin, vinrent lui demander un lieu pour y servir Dieu sous le costume et la règle des chanoines réguliers et la

dépendance de l'évêque ; il leur donna l'église St-Martin et la partie australe du cimetière pour y construire un cloître, des maisons et officines, se réservant la partie septentrionale. Dans la suite, il leur donna les églises de St-Ismier et de Ste-Marie de Biviers *(Biveu)* et la moitié des dîmes de cette paroisse qui était aux mains de laïcs, sous le cens de 10 sols. Le nombre des frères s'étant accru, Hugues leur concéda encore 15 églises : St-Pancrace, St-Hilaire, St-Bernard, Ste-Marie-du-Mont, la Pierre, Champ, les Adrets, Tencin, Hurtières *(Ortigeriis)*, Aix, Crossey *(Crosis)*, St-Etienne d'Arvey, sous divers cens ; sur celles de Ste-Marie d'Arvey. St-Jean et le Désert, il se réserva le séjour de la St-Pierre à l'Assomption, avec six familiers *(sociis)*. . Si l'église St-Martin venait à être privée de chanoines, tous ces biens feraient retour à l'évêque.

Chorier, *Estat polit.* II, 103-8. *Gallia christ. nova*, XVI, instr. 78-9. Marion, *Cartul. de Grenoble*. 7-8, n° 4. Trepier, dans *Doc. acad. Savoie*, VI, 66-8.

**2752** (Vers 1100).
Boson d'Arcisse *(Arsiccas)*, sa femme Gotolende et leurs fils donnent à St-André de Vienne une ferme et vigne à *Gemelaz*, et [leurs droits] sur les sépultures à l'église de St-Pierre d'Eyzin *(Aysin)*.

Chevalier (U.), *Cartul. de St-André-le-Bas*, 149, n° 204.

**2753** (Vers 1100).
Emon de Miolans *(M-no)* avait donné au monastère de St-André à Vienne le quart de la dîme qu'il tenait dans la paroisse de St-Pierre [-d'Albigny] près du château, pour son fils Richard admis comme moine. Après sa mort, ses fils abandonnèrent, pour leur frère Guitfred, moine aussi, tout ce que leur père avait retenu. En reconnaissance, le prieur céda cette dîme à l'un d'eux, sans l'assentiment de son abbé, qui excommunia Pierre et Gautier *(Wallerius)*. Les autres étant morts, ceux-ci rendirent la dîme en déposant un Missel sur l'autel de St-Pierre. Témoins : le chapelain Boson, etc.

Chevalier, *Cart. de St-André-le-Bas*, 171, n° 227. Trepier, dans *Doc. acad. Savoie*, VI, 58-9.

**2754** (Vers 1100).
Gautier de Miolans *(Walterius de Miolano)* se désiste en faveur de l'église de St-André et de ses moines, entre les mains du prieur Silvion, de ses prétentions sur l'église de St-Pierre [-d'Albigny].

Chevalier (U.), *Cart. de St-André-le-Bas*, 170, n° 225. Trepier, dans *Doc. acad. Savoie*, VI, 60-1. = Chorier, *H. de D.* I, 868 ; 2°, 666.

**2755** (Vers 1100).
Morard, en se donnant corps et âme à St-André sous le joug de l'ordre monastique, lui cède la moitié de son bénéfice *(honor)*, l'autre restant à sa femme et à ses fils, sous la protection *(custodia)* des moines.

Chevalier (U.), *Cart. de St-André-le-Bas*, 172-3, 44*, n° 229. Trepier, dans *Doc. acad. Savoie*, VI, 63.

**2756** (Vers 1100).
Redevances dues au monastère de St-André-le-Bas par l'église de Notre-Dame-d'outre-Gère, le moulin à foulon *(bateors)*, les églises de *Crisinciaco*, Gemens *(Jemnis)* et Moydieu, la chapelle de St-Pierre-entre-Juifs. Les moines font, le lendemain de s<sup>t</sup> Maurice, l'anniversaire de Pierre, mari d'Estiburge, qui mourut au voyage de Jérusalem.

Chevalier (U.), *Cart. de St-André-le-Bas*, 207-8, n° 276.

**2757** (Vers 1100).
Accord *(placitum)* entre Guillaume de Clérieu *(Claireu)* et Lambert François, au sujet du château de Pisançon *(Pisanciano)* sur l'Isère, dans le domaine *(prædium)* de St-Barnard. François le tenait seul, ce qui mécontenta Guillaume, à qui Guy, archevêque de Vienne et abbé de Romans, et les clercs de cette église l'avaient donné. Le premier le rendit au second, qui lui rétrocéda la moitié en bénéfice et garda l'autre, outre ce qu'Odon de Pisançon tenait en bénéfice ou en alleu dans le château ou son mandement, un mois avant sa mort. L'abbé et les clercs approuvèrent ce pacte, sous la condition que les deux seigneurs serviraient une pleine réfection à tous les frères dans le réfectoire à la fête de s<sup>t</sup> Barnard ; puis Guillaume rendit le château à l'église et le reçut d'elle, avec réversion à sa mort. Tous deux donnèrent dix otages, qui seraient remplacés en cas de mort, d'entrée en religion *(monachus)* ou de voyage à Jérusalem. *Data manu Rodulfi.*

Giraud, *Hist. S. Barnard-Romans*, II, pr. 36-7, n° 174.

**2758** St-Alban « de Strata », (vers 1100).
Sieboud *(Siebodus)*, doyen de la s<sup>te</sup> église de Vienne, acquiert de Bérilon décédé dit-on, pour le réfectoire des frères de St-Maurice, la terre des Jarentons *(Garentorum)*, dans la villa ou paroisse de Jons ou Genas *(Jainum)*, qui leur était nécessaire, étant enchevêtrée dans leurs possessions. au prix de 21 livres *octavæ (Pictavæ!) monetæ*. Fait dans l'église de St-Alban *de Strata*, en présence de Guillaume, abbé de St-Chef *(S. Theuderici)*,... de l'archidiacre Guillaume, du chantre Pierre, du chanoine Fulcon, etc.

Gaignières, ms. 181, f° 587. Rivaz (P. de), *Diplom. de Bourg.* II, n° 108 (Anal. 43). v. 1080. — Chevalier (U.), *Cart. de St-André-le-Bas*, 278, n° 67*; *Cart. de St-Maurice Vienne*, 15, n° 11.

**2759** Belley, (vers 1100).
La sœur de Bérilon et son mari Boson Brunelli donnent leur consentement à la vente de la terre des Jarentons à l'église de Vienne ; le doyen leur remet 30 sols et une selle de cheval. *Fact. ap. Bellicium*, dans l'église de St-Jean-Baptiste, en présence d'Humbert de Grandmont, Amblard et Sieboud, chanoines de St-Maurice, et de Geofroi *(Gaufredus)*, neveu du doyen.

A la suite de l'acte précédent.

**2760** (Vers 1100).
Traité passé entre Sieboud, doyen de l'église de Vienne, et les chevaliers de Crémieu, Otmar, Gotafrid et Bornon, au sujet de la ferme *(villicatio)* du territoire de Massieu *(Maceu)*, au pagus de Vienne. Elle avait appartenu à Francon Adalardi, fils du grammairien ; à sa mort, le doyen la confia à ces chevaliers qui avaient la tutelle de ses fils, Bornon et Adémar. Ils devaient la posséder pendant 12 ans. puis la livrer aux enfants. Si ceux-ci mouraient dans l'intervalle, elle reviendrait à l'église et le doyen s'accorderait avec les chevaliers touchant l'argent qu'ils ont reçu.

Chevalier (U.), *Cart. de St-Maurice Vienne*, 15, n° 12; *Supplém.* 6-7.

**2761** (Vers 1100).
L'archevêque de Vienne Guy *(Guido)*, au moment de consacrer l'église de St-Sauveur [-en-Rue], donne à cette maison les églises de St-Julien-Molin-Molette *(Molimoletani)*, de St-Apollinard *(S. A-are)* et de St-Julien de Goye, et lui confirme celles de St-Martin-de-Burdigne *(Burdiniaco)*, de Vanosc *(V-co)*, et de Bourg (-Argental, *Burgo*), avec la chapelle du château d'Argental *(A-avo)*. Ce don est approuvé par les chanoines de St-Maurice : le doyen Sieboud, l'archidiacre Richard Clavel, l'archiprêtre Girbert… *Boso scr.*
Guigue, *Cartul. de St-Sauveur-en-Rue*, 2, 29.

**2762** (Vers 1100).
A la consécration de l'église de St-Sauveur [-en-Rue] par l'archevêque Guy, Artaud [d'Argental] augmente les immeubles du monastère.
Guigue, *Cartul. de St-Sauveur-en-Rue*, 2, cf. xiij.

**2763** (Vers 1100).
Inscription lapidaire de Pierrelatte (Drôme) : *B. Tapias donavit Caritati locum unius arche in sua domo, omni tempore, concedentibus et aidfirmantibus dominis suis ; condicione tali, ut vendi nec alienari locus supra dictus possit.*
Deloye (A.), dans *Biblioth. de l'école des Chartes* (1846), 2ᵉ sér.. III, 39-42. *Dict. d'épigraphie* (1852). II, 322-32.

**2764** (Vers 1100).
Berlion et Amblard de la Tour, chevaliers, sont témoins d'une donation faite à l'église de Belley par Guy *(Guidone)*.
Allard (G.), mss. XVI, 555. — Moulinet, *Coll. titres fam. de la Tour*, 1ʳ.

**2765** 5 février (1100?).
Winiterius dit Benzo se donne lui-même et tout ce qu'il possède à St-André, au prieur Humbert et aux habitants [moines] de St-Ours, en présence des paroissiens de St-Jean[-d'Albigny] et du prêtre Guiniterius. Witfred de Miolans *(M-no)* cède tout ce qu'il avait ou prétendait sur cette terre et reçoit 2 muids de vin… *in die sᵗᵉ Agathæ*, en présence du prêtre Racherius, etc.
Chevalier (U.), *Cart. de St-André-le-Bas*, 170-1, n° 226. Trepier, dans *Doc. acad. Savoie*, VI, 47.

**2766** Rome, 7 mars 1100.
Bulle du pape Paschal II adressée à Pierre, abbé du monastère de St-André à Vienne. A sa prière et avec l'assentiment de Guy, archevêque de Vienne, il décrète que tous ceux qui embrasseront la vie religieuse lui obéiront exclusivement et à ses successeurs réguliers ; il défend de soulever des prétentions sur leurs biens et les engage à garder dans leurs cœurs la crainte et l'amour de Dieu. — *Sicut injusta.*
Chevalier (U.), *Cart. de St-André-le-Bas*, 138-40, 44*, n° 195. Pflugk-Harttung, *Acta pont. Rom. ined.* I, 69. = Jaffé, -5819. *Album du Dauph.* II, 123.

**2767** Latran, 13 mars (1100/1116).
Bulle du pape Paschal II adressée à Hugues, évêque de Grenoble, très cher fils de l'église Romaine, contre le comte Guigues et autres laïques qui usurpent le pouvoir sur les clercs, l'église de St-Donat et autres biens de son évêché. — *Ex dilectionis tuæ.*
Marion, *Cart. de Grenoble*, 236, n° 101. = Jaffé, —6489.

**2768** 1100.
Lettre de Gibelin, archevêque d'Arles, au pape Paschal II, au sujet de l'union des diocèses d'Orange et de Trois-Châteaux.
Mentionnée dans la réponse du pape (11 avril).

**2769** Latran, (11 avril) 1100.
Lettre du pape Paschal II à Gibelin, archevêque d'Arles, le chargeant, à l'occasion de la mort de Guillaume, évêque [d'Orange], d'exécuter la décision d'Urbain II touchant l'union de cette église à celle de Trois-Châteaux. — *Quid de unione.*
Boyer de Ste-Marthe, *Hist. égl. cath. St-Paul-Trois-Châteaux*, 54. *Gallia christ. nova*, I, 771-2, instr. 120. Bouquet, XV, 21. *Patrol. lat.* CLXIII, 38. Albanés-Chevalier, *Gallia christ. noviss.* III. 185 ; VI.= Georg. I, 506. Bréq. II, 320. Jaffé, 4359—5830.

**2770** Latran, 11 avril 1100.
Lettre du pape Paschal II au clergé et au peuple d'Orange, leur ordonnant d'obéir à [Pons], évêque de Trois-Châteaux comme à leur propre pontife, suivant les décrets des papes Grégoire, Victor, Alexandre et Urbain touchant l'union des deux églises. — *Universæ ecclesiæ.*
Boyer de Ste-Marthe, *Hist. égl. cath. St-Paul-Trois-Châteaux*, 55-6. *Gallia christ. nova*, I, instr. 120. Bouquet, XV, 21. *Patrol. lat.* CLXIII. 38-9. *Gallia christ. noviss.* VI. = Bréq. II, 321. Jaffé, 4358—5829.

**2771** 12 mai 1100.
Lambert, surnommé François, et sa mère Ahaldisia donnent à l'église de Romans ce qu'ils possèdent dans toutes les églises du château de Peyrins *(Pariano)* et de son mandement, compris le quart que tient de lui le comte Guigues *(Guiguo)*, sous la condition de ne le donner ou vendre qu'à lui ou avec son assentiment. Ce don comprend les églises de : St-Julien du château et St-Martin paroissiale de Peyrins, Ste-Eusèbe, Ste-Marie de Mours *(d'Erraticho*, détenue longtemps par ses parents et lui), St-Pierre de Genissieu *(Giniciaco)*, St-Martin de Geyssans *(Gissiano)*, St-Bresson *(S. Bricii)* sur la colline, avec leurs dépendances : presbytères, offrandes, prémices, dîmes, etc. Seings de Raynier de St-André, d'Adémar de Beauregard, du p[rêtre] Guillaume… *regn. Gotafrido rege Jherosolimitano, 1ᵉ aᵒ quo capta est Jherusalem.*
Giraud, *Hist. S. Barnard-Romans*, II, pr. 34-5, n° 172.

**2772** Domène, (12 juillet ou 6 décembre 1100?)
Alodisius, sa femme Claire *(Clara)*, ses fils Hugues, Gandalfred et Guigues, donnent à l'église de St-Martin-de Miséré *(villa Miseracus)* et à ses chanoines l'île d'*Alodisius*, située près de celle de Marcel [ou Martel], donnée à la même église par Guillaume, fils de *Wilelma. Fact. in foro Dominensi, fer. 5, luna 1, ind. 8, Guigone principe, filii Guigonis Crassi, Hugone episcopo. S. Guilelmi, Guilelmæ filii… in ecclesia S. Martini.*
Marion, *Cart. de Grenoble*, 88, n° 10. = Terrebasse, *Not. dauph. Vienn.* 50-1.

**2773** 28 juillet (après 1099?).
Obit de Guigues, doyen de l'église de Grenoble.
Chevalier (U.), *Nécrologe de St-Robert*, 34-5.

**2774**  29 juillet 1100.

Hugues, évêque de Grenoble, notifie à son clergé que Guiniterius et ses fils Jozlen, Asselme et Achin, Géraud Morcti et ses fils Guitfred, Sofred et Pierre, lui ont rendu l'église de St-André en Savoie, avec son cimetière ; les uns reçoivent 40 sols monnaie de Valence, les autres 80. La cession est approuvée par Richard, David et Guiniterius, fils de David, prêtre de cette église, qui tenaient la dîme des mains de ces chevaliers. *Facta... luna 18, ind. 8, era 11[3]8. S. Bernardi decani ... Amatus scr.*

Marion, *Cart. de Grenoble*, 166-7, n° 109. Trépier, dans *Doc. acad. Savoie*, VI, 64-5. = Prudhomme (A.), dans *Bull. histor.-philol.* (1898), 274-5 (à part, 15).

**2775**  4 septembre 1100.

Ismidon *(Ysmido)*, évêque de Die, du consentement de son clergé, donne à St-Laurent [d'Oulx] et à son prévôt Lantelme l'église de Ste-Marie de Sinard, avec ses dépendances, sous la redevance d'une livre d'encens à l'église de N.-D. de Die le jour de la nativité de la ste Vierge (8 sept.) *S. Geraldi magistri. S. Jarentonis de Quinto. ... S. Guilielmi archipresbiteri. Facta ... ind. 8, m. sept., luna 27[= 26], fer. 4, diu regn. Domino.*

Rivautella, *Ulcien. eccl. Chartar.* 205-6. Collino, *Carte d'Oulx*, 81-2. = Chevalier (J.), *Hist. égl. Die*, I, 179.

**2776**  14 septembre 1100.

Obit de Landuin, prieur de la Grande Chartreuse.

Le Vasseur, *Ephemer. Cartus.* III, 276-7 (non le 31 mars). Le Couteulx, *Ann. Cartus.* I, 120-2. Chevalier (U.), *Nécrol. de St-Robert*. 43 (Laudinus, 13 s.)

**2777**  30 septembre 1100.

Concile tenu à Valence *(apud urbem Valentinam)* par les légats de l'église Romaine Jean et Benoît : 24 archevêques, évêques et abbés s'y trouvèrent. avec les délégués de l'archevêque de Lyon. [Norgaud], évêque d'Autun, s'y purgea de l'accusation de simonie.

Hugo Flaviniac., *Chronicon*, II : Labbe, *Nova bibl. mss.* I, 264 ; *Conc.* X, 717-20. Hardouin, VI, II, 1853. Coleti, XII, 1079-82. Mansi, XX, 1115-7. Bouquet, XIII. 624 ; XIV, 800-3. Pertz, *Mon. Germ. hist.*, Scr. VIII, 488. *Patrol. lat.* CLIV, 376. = Crillier, XXI. 616. Bréq. II, 334.

**2778**  18 novembre 1100.

Concile tenu à Poitiers, dans l'église de St-Pierre, à l'octave de st Martin ; 80 évêques et abbés s'y trouvèrent. [Ismidon], évêque de Die, y défendit [Norgaud], évêque d'Autun, de la part de [Hugues] archevêque de Lyon.

Hugo Flaviniac., *Chronicon*, II : Marrier, *Bibl. Cluniac.*, not. 129-30. *Coll. Reg.* XXVI, 743. Labbe, *Nova bibl. mss.* I, 257-8 ; *Conc.* X, 720-6. Hardouin, VI, II, 1855. Coleti, XII, 1082-8. Mansi, supp. II, 183 ; XX, 1117-8. Bouquet, XIII, 624-5 ; XIV, 108-9. 803. Pertz, *Mon. Germ. hist.*, Scr. VIII, 491. *Patrol. lat.* CLIV, 381-2.

**2779**  Latran, 10 décembre 1100.

Lettre du pape Paschal II au clergé et au peuple d'Orange, leur réitérant l'ordre d'obéir à l'évêque de Trois-Châteaux, que son prédécesseur leur avait donné comme supérieur. — *Miramur vos.*

Boyer de Ste-Marthe, *Hist. égl. cath. St-Paul-Trois-Châteaux*, 56. *Gallia christ. nova*, I, instr. 120ᵇ. Bouquet, XV, 21. *Patrol. lat.* CLXIII, 58. *Gallia christ. noviss.* VI. = Bréq. II. 324. Jaffé, 4377—5852.

**2780**  (Fin 1100).

Concile tenu à Anse par l'archevêque de Lyon et 4 autres, avec 8 évêques, dont celui de Die [Ismidon] ; on y excommunie ceux qui n'ont pas rempli leur vœu d'aller à la croisade *(via Hierosolymitana).*

Hugo Flaviniac., *Chronicon*, II : Labbe, *Nova bibl. mss.* I, 254 ; *Conc.* X, 726-7. Hardouin, VI, II, 1861-2. Coleti, XII, 1089-90. Mansi, XX, 1127-8. Bouquet, XIII, 624 ; XIV, 800. Pertz, *Mon. Germ. hist.*, Script. VIII, 487. *Patrol. lat.* CLIV, 375-6. = Crillier, XXI, 618.

**2781**  Allevard, (après 1100).

Aimeldis, mère de Ponce de Tournon, confirme la cession de son fils à Domène sur l'autel de St-Pierre d'Allevard, en présence de Ponce, prieur de ce lieu, du sacristain Hugues, du cellérier Bernard, du chapelain Gilbert, etc., entre les mains de Roland, cellérier de Domène.

Monteynard, *Cartul. de Domène*, 189-90. n° 215.

**2782**  Conflans, (après 1100).

Ainard, frère de Ponce de Tournon, approuve la cession de celui-ci à Domène, dans la maison près de la porte du château *(castelli)* de Conflans.

Monteynard, *Cartul. de Domène*, 190, n° 216.

**2783**  (1000/1002).

Guitfred de Beaumont, fils de Guigues, son oncle Guitfred et ses fils, son frère Guigues, sa femme et leurs fils donnent aux frères de la Chartreuse d'alpe de Bovinant. Fait en présence de Hugues, évêque de Grenoble, Folchier chanoine, Bernard doyen, etc.

Pallias (Hon.), dans *Le Dauphiné*, III ; *Chartes extr. du ms. de Phil. Brun* (1866). 9-10. Trépier, dans *Doc. acad. Savoie*, VI, 65-6.

**2784 = 2661**  (1100/1104).

Bulle adressée par le pape Paschal II à Guy *(Guido)*, archevêque de Vienne. A sa demande, il décrète que la métropole de Vienne aura toujours dans sa juridiction les églises de Grenoble, Valence, Die, Viviers, Genève et Maurienne ; quant à Tarentaise, il maintient les décisions de ses prédécesseurs Léon, Nicolas et Urbain. Il lui commet la direction des abbayes dans et hors la ville de Vienne. Il confirme à son église les propriétés données par les empereurs Romains et les rois de Bourgogne, et les privilèges accordés par les pontifes apostoliques. Il lui rappelle de ne porter le pallium qu'aux messes solennelles et aux jours fixés : son plus bel ornement est l'humilité et la justice. Suivent des conseils pour remplir ses devoirs de pontife. — *Potestatem ligandi.*

Bosco (J. a), 76-8. Le Lièvre, 320-2. Labbe, X, 690-1. Hardouin, VI, II, 1829. Coleti, XII, 1033-4. Mansi, XX, 1046. *Patrol. lat.* CLXIII, 434-5. *Bull. Roman.* Taurin. II, 207-8. Trad. Charvet, 314-6. = Bréq. II, 426. Jaffé, 4861—6596.

**2785**  (1100/1120).

Benoît, archevêque d'Embrun, confirme aux frères de l'église [de St-Victor] de Marseille tout ce qu'ils possèdent dans son archevêché par dons de ses prédécesseurs. Témoins : tous ses chanoines, *Bonus Bellus* doyen, *Bonus senior*, Pons prieur du monastère, etc.

Arch. des Bouches-du-Rhône, St-Victor, Embrun, n° 18 (actuell. ch. 383), orig. parch.

**2786** (Fin XIᵉ siècle).
Rodolphe, sa femme, ses fils Pierre et Raymond dit Payen *(Paganus)* donnent à l'église de St-Laurent (d'Oulx, *in l. Plebe martyrum*) et à ses chanoines la dîme de leur manse à Arène *(Arenas)* et assignent 4 garants *(fidejussores)*.
RIVAUTELLA, *Ulcien. eccl. Chartar.* 162. COLLINO, *Carte d'Oulx*, 72-3.

**2787** (Fin XIᵉ siècle).
Adalbert, *scophatarius* de Peyrins *(Pairienen.)*, donne à l'église de Romans et à ses clercs 2 charges d'âne *(asinatæ)* de vin, à prendre dans [la vigne] qu'il a complantée à mi-fruits sur la terre de Guillaume de *Capa Versa*, qui y consent.
GIRAUD, *Hist. S. Barnard-Romans*, compl. 22-3, n° 118.

**2788** (Fin XIᵉ siècle).
Aguita et ses fils Pierre de *Leviis* et Lantelme donnent à l'église de St-Barnard de Romans et à celle de St-Martin de Geyssans *(Gissiano)* les dîmes de *Perareas*, qu'ils avaient dans cette paroisse, et reçoivent 30 sols. Témoins : Foucher de Châtillon *(Castilione)*, etc.
GIRAUD, *Hist. S. Barnard-Romans*, compl. 122, n° 286.

**2789** (Fin XIᵉ siècle).
Aimon dit le Vieux *(Vetulus)*, neveu de Rencon, donne à l'église de Romans une vigne à *Mons*, au mandement *Chastelli*, pour sa sépulture.
GIRAUD, *Hist. S. Barnard-Romans*, compl. 93, n° 236. Trad. VOSSIER (J.), dans *Bull. soc. archéol. Drôme*, XV, 314.

**2790** (Fin XIᵉ siècle).
Dans la localité appelée *Pelorce* ou *P-ei* se trouve la tenure *Ilionis*, où Anselme et ses fils percevaient des redevances *(servitus* et *captiones)*, qu'ils abandonnent aux habitants de l'église de St-Barnard, entre les mains d'Adon, et reçoivent 5 sols. *Rodulfus not.*
GIRAUD, *Hist. S. Barnard-Romans*, I, pr. 42, n° 15ᵐˢ.

**2791** (Fin XIᵉ siècle).
Après les traités avec Lambert François, Arguingaud, fils de Truanus, fit des plaintes contre l'église [de Romans] de ce que sa gestion *(administratio)* était beaucoup diminuée ; par la médiation de Guillaume de Clérieu *(Clariacen.)*, il approuva les accords passés avec son seigneur François et son père Truannus. fit cession de ses droits sur la métairie *(cabannaria)* de Girbert Canterius et reçut 20 sols... *Rodulfus scr.*
GIRAUD, *Hist. S. Barnard-Romans*, II, pr. 30-1, n° 162.

**2792** (Fin XIᵉ siècle).
Armannus, fils d'Achard Matracz et neveu d'Aimon le Vieux *(Vetuli)*, donne à l'église de Romans, pour sa sépulture, une pièce de terre dans la paroissse de St-Véran de Rivas, au mandement du château de Claveyson *(Clavasione)* et au pagus de Vienne, achetée par lui à son cousin Aalgerius prêtre de St-Ange ; et une vigne à l'Essemay *(villa Oximo)*, au même mandement, acquise de son cousin Lantelme dit Liabo. Seings de l'archiprêtre Matfred, son cousin, etc.
GIRAUD, *Hist. S. Barnard-Romans*, compl. 93-4, n° 237. Trad. VOSSIER (J.), dans *Bull. soc. archéol. Drôme*, XV, 314.

**2793** (Fin XIᵉ siècle).
Barnard Merulus donne à l'église de Romans sa part dans l'église de St-Etienne *(S. Stephani)*, que tenait le prêtre Archenric ou A-ndric, qui signe avec lui.
GIRAUD, *Hist. S. Barnard-Romans*, compl. 29, n° 125.

**2794** (Fin XIᵉ siècle).
Engelsendis, sœur d'Artaud de Beauregard *(Bello Reguardo, Bel Regart)*, craignant le jugement éternel, donne à l'église de Romans le manse *Pontellus* dans le mandement de ce château. Son frère et ses enfants approuvent.
GIRAUD, *Hist. S. Barnard-Romans*, compl. 2-3, n° 78.

**2795** (Fin XIᵉ siècle).
Donation par l'évêque et les chanoines de Gap à l'abbaye de St-André-lès-Avignon des églises de Ste-Marie, St-Jean et St-Laurent, de Barret, et de celle de Salérans, avec leurs dîmes et leurs cimetières.
Paris, Bibl. nat., ms. lat. 12659, 144 et 191. = ROMAN, 8°.

**2796** (Fin XIᵉ siècle).
Guigues, sa femme Nestoria et leur fils rendent à [l'église de] St-Barnard l'église de Silhac *(Ciliaco)* avec ses dépendances. Wilelma, fille d'Ugua et d'Etienne, et son mari Guillaume de Châteauneuf *(Castro Novo)* donnent leur approbation. Témoins [15] : Gauseran de Montagut *(Monte Acculo)*, Guillaume de Varacieu *(Veraciaco)*, etc.
GIRAUD, *Hist. S. Barnard-Romans*, compl. 84-5, n° 222.

**2797** (Fin XIᵉ siècle).
Guigues de Geyssans *(Gissuno)* donne à l'église de Romans le manse qu'il a acquis de Morard de Pisançon *(Pisantiano)*, confiné par la *roa* jusqu'au ruisseau. la terre des chevaliers de Boczosel *(Bozosello)* et celle des chevaliers de *Capura Spina*. — Au milieu de ce manse se trouvait une pièce de terre, propriété d'Atulfe de Bathernay *(Basternai)*, qui en fait don, moyennant quelques sols et la promesse de le nourrir une fois ou deux, et de le recevoir vif ou mort.
GIRAUD, *Hist. S. Barnard-Romans*, compl. 76, n° 203.

**2798** (Fin XIᵉ siècle).
Guilin *(G-nus, Guilisius)* de Parnans *(Pernantio)* donne aux serviteurs de l'église de Romans deux parts des dîmes sur le mont Quiquière *(Quatuor Mons)*, avec l'assentiment de sa femme Hugosenna et de ses fils Almand, Saramand et Ardent. *S. Theotberti canon.*, etc. *Data manu Rodulfi*.
GIRAUD, *Hist. S. Barnard-Romans*, I, pr. 181 ; compl. 63, n° 180.

**2799** (Fin XIᵉ siècle).
Donation par les frères Guillaume, Guigues et Girard à l'église de St-Romain-Barral et *Oysicii*.
CHEVALIER (U.), *Cart. de St-Maurice Vienne*, 21, n° 38.

**2800** (Fin XIᵉ siècle).
Guillaume Boniface et son frère Artaud, après la mort de leur père Boniface et de leur frère Guy, élèvent des difficultés contre l'église de Romans, au sujet de la dîme de Chanos ; ils y renoncent, moyennant 20 sols et donnent pour garants le prêtre Armand et le chevalier Isarn.
GIRAUD, *Hist. S. Barnard-Romans*, compl. 82, n° 217.

**2801** (Fin XI° siècle).

Guillaume, fils de Guichard, donne à l'église de St-Barnard [de Romans] une part de son héritage dans la villa de St-Jean de Fromental, au mandement de Dionay *(Doennaio)*, avec réserve d'usufruit, sous le cens de 6 den.

GIRAUD, *Hist. S. Barnard-Romans*, compl. 67-8, n° 188.

**2802** (Fin XI° siècle).

Guillaume, fils de Lantelme de Mercurol *(M-riolo)*, rend et donne à l'église de Romans les églises de Chanos *(Channosco)*, avec le presbytère, le tiers de la dîme, etc., avec une réception *(receptum)* par le prêtre; on lui paye 300 sols. Son chevalier *(miles)* Boniface, qui tenait cela de lui, en fait abandon, pour son fils Guigues qu'on reçoit dans la congrégation, avec l'assentiment de Guillaume de Clérieu *(Clariacen.)*, qui tenait ces églises en alleu, mais elles étaient anciennement de l'alleu de l'église de Romans, à qui des impies les avaient violemment enlevées... *luna 1, fer. 4, regn. Deo*.

GIRAUD, *Hist. S. Barnard-Romans*, compl. 81-2, n° 216.

**2803** (Fin XI° siècle).

Mélioret et sa femme, dans une maladie grave, donnent à St-Barnard les dîmes qu'ils avaient à Genissieu *(Janiciaco)*. Après leur mort, leur gendre Lantelme de Dionay *(Doanaico)*, Dalmace frère de Guiliburgis, Pierre d'Orcinas *(de Orsinata)* et son frère Girold, leurs procureurs, affirmèrent ce don en plaçant le livre des Evangiles sur l'autel de St-Barnard, y ajoutant pour le cimetière *in brahis* d'Ouvey *(de Oveiso)*.

GIRAUD, *Hist. S. Barnard-Romans*, compl. 85, n° 223.

**2804** (Fin XI° siècle).

Morard, chanoine régulier de l'église de Romans, lui donne sa terre à la villa *Pinea*, qui contient condamine, vigne, courtil et bois; la vigne limite la terre de St-Pierre. A défaut de chanoines réguliers, le don reviendra à la table commune des frères. Guillaume de Genissieu *(Janiciaco) scr*.

GIRAUD, *Hist. S. Barnard-Romans*, compl. 91-2, n° 233.

**2805** Romans, (fin XI° siècle).

Pierre Barnard tenait en gage *(in vadimonio)* une terre de la paroisse de St-Lattier *(S. Eleutherii)*, dans le château de ce nom, au pagus de Vienne. Pierre Albert le sollicita, sous peine d'être excommunié, de l'abandonner : il la rendit à St-Barnard, puis la reçut en bénéfice, sous le cens de 8 *nummi*. Cet accord se fit *Romanis*, par les soins du chanoine Ainerius, du prêtre l'once, d'Humbert *Malefactus*, de Ponce Malet et d'Ismidon Laurent. Après sa mort, sa femme et ses fils rendirent la terre, que les chanoines rétrocédèrent, moyennant 12 den. à la s' André et une poule à l'entrée du Carême. Seings de Theothert de Châtillon, d'Adémar de Beauregard et de tout le chapitre.

GIRAUD, *Hist. S. Barnard-Romans*, II, pr. 48-9, n° 211.

**2806** Romans, (fin XI° siècle).

Richard Canta Pol donne à l'église de St-Barnard une vigne en alleu à la villa d'*Arzins* et reçoit 10 sols. *Facta... Romanis, in capitulo*, en présence des chanoines. Témoins : Richard de la Roche, etc.

GIRAUD, *Hist. S. Barnard-Romans*, compl. 84, n° 221.

**2807** (Fin XI° siècle).

Roland *(Rotlandus)* donne en alleu *(alodium)* aux clercs et chanoines de l'église de Romans un manse héréditaire dit de Genissieu *(Janaiseio)*, au mandement de Parnans *(Pernanti)*; il abandonne en outre des coutumes et redevances *(captiones)* aux Aillers *(a las Olerias)*. Seings de sa femme Euphémie, de sa fille Cécile et de son mari Ardenchus, etc.

GIRAUD, *Hist. S. Barnard-Romans*, compl. 65, n° 183.

**2808** (Fin XI° siècle).

Notice des possessions et bénéfices *(honorum)* que possède l'église de St-Genis de Vinay *(S. Genesii de Vinnaico)*. Le tertre *(molare)* sur lequel elle est construite est un alleu. Il s'y trouve de nombreuses vignes : l'une d'elles a été donnée à St-Barnard par Arbert de Valentinois *(Valentinensi)* pour le canonicat de son fils Hugues *(Uguo)*; un manse avait appartenu au chanoine Folcard ; un courtil avait été donné par le chanoine Sobon ; un champ touche la maison du lépreux.

GIRAUD, *Hist. S. Barnard-Romans*, compl. 77-8, n° 204.

**2809** Mars (fin XI° siècle).

Le chanoine Premencus, seigneur de Charmes *(Chalmis)*, donne à l'église de St-Barnard un manse de son alleu à Tournay *(Turna)*, près de l'Herbasse ; il remet à la table des frères la 1/2 d'un autre, que son frère Aimon avait donné à l'église (l'autre 1/2 est à St-Donat) ; il donne un bois planté de rouvres *(rovoria)* en avant de Tournay ; il se désiste des *captiones, pressuræ* et *angariæ* qu'il exigeait à Albon ; il donne enfin la maison qu'il a construite à Romans. *Data manu Rodulfi*, en présence des chanoines et des clercs.

GIRAUD, *Hist. S. Barnard-Romans*, compl. 43-4, n° 150.

**2810** Romans, Ascension-26 décembre (fin XI° siècle).

Aténulfe Gillin donne à l'église de Romans, pour le canonicat de son fils Rainier, un manse de son alleu à Chavannes *(Eschavannas)*, dans la paroisse de St-Lattier *(S. Eleutherii ?)*, avec l'assentiment de sa femme Radeng et de ses fils, en présence de Guillaume de St-Lattier et ses frères, etc., *in capitulo Roman., d. Ascensionis* ; confirmé une 2° fois *in festivit. s. protomart. Stephani crast. d. Natalis Salvatoris*.

GIRAUD, *Hist. S. Barnard-Romans*, compl. 105-6, n° 253.

**2811** 20 octobre (fin XI° siècle).

Epitaphe de Bernon, qui procura à St-André-le-Bas de Vienne les reliques de s' Maxime de Riez.

*Hic situs est Berno, vivat cum rege superno* (6 vers).
CHORIER, *Antiq.* 67 ; 2°, 71. TERREBASSE, I. 209-11.-6, n° 365.

**2812** (XI°/XII° siècle).

*Non Petrus hec petra : Romæ Petrus...* Deux hexamètres accompagnant une statue de s' Pierre, sur le tympan de la porte intérieure de la chapelle des assemblées capitulaires de l'abbaye de St-Pierre à Vienne.

TERREBASSE, *Inscript. Vienne*, I. 204-6, n° 363.

**2813** (XIᵉ/XIIᵉ siècle).
Ainard, son frère Béroard et sa femme Bonnedame *(Bonadomina)*, leur mère Gauçoara donnent à St-Laurent (d'Oulx, *de Plebe martyrum*) toutes les dîmes qu'ils possèdent dans la paroisse de St-Christophe de Paquier *(Pascherio)* en divers manses et métairies *(chabannariæ)*; on leur donne en retour une mule de 120 sols et 4 livres. Témoins.
RIVAUTELLA, *Ulcien. eccl. chartar.*, 83. COLLINO, *Carte d'Oulx*, 73-5. = BERNARDI (Jac.), dans *Miscell. stor. Ital.* XX, 588-9.

**2814** 9 janvier (XIᵉ/XIIᵉ siècle).
Obit de Payen *(Paganus Poncia)*, qui donna à Saint-André, pour son anniversaire, 2 sols 6 den. de cens sur une vigne au-delà du Rhône.
CHEVALIER (U.), *Cart. de St-André-le-Bas*, 137, n° 193.

**2815** 15 mars (XIᵉ/XIIᵉ siècle).
Obit de Payen *(Paganus Episcopalis)*, qui donna à St-André 3 sols de cens pour son anniversaire.
CHEVALIER (U.), *Cart. de St-André-le-Bas*, 137, n° 193.

**2816** 11 mai (XIᵉ/XIIᵉ siècle).
Obit de Galburge, femme de Pierre Caballarii, pour laquelle son frère Bérard et sa mère donnèrent à St-André la terre de Bisoles près des Côtes-d'Arey *(Aretum)*, qu'elle avait reçue en dot *(maritamentum)*.
CHEVALIER (U.), *Cart. de St-André-le-Bas*, 137, n° 193.

**2817** 6 novembre (XI/XIIᵉ siècle).
† *Mensis novembris* VIII *idus dedicacio*, dans l'église de Beauvoir-de-Marc.
TERREBASSE, *Inscript. Vienne.* I. 192, n° 358.

**2818** 19 décembre (XIᵉ/XIIᵉ siècle).
XIII *kal. januarii, dedicatio* d'une chapelle du monastère de St-Pierre à Vienne.
TERREBASSE, *Inscript. Vienne.* I, 192, n° 358.

**2819** (Commenc' XIIᵉ siècle).
Adémar Bocard, son frère Lantelme et leur père donnent à l'église de St-Laurent d'Oulx *(Ulcien.)* leurs dîmes dans le château de la Cluse. Témoins.
RIVAUTELLA, *Ulcien. eccl. Chartar.* 201, n° 255. COLLINO, *Carte d'Oulx*, 79, n° 74.

**2820** Mercurol, (commenc' XIIᵉ siècle).
Didier *(Desiderius)*, fils d'Adon, avec l'assentiment de sa femme Acelène et ses frères, abandonne à l'église [de Romans] sa part des dîmes dans le mandement de Pisançon *(Pisanciani)*, avec prière d'en retenir son fils Guillaume. Fait pendant une maladie au château de *Mercurio*, entre les mains des clercs de St-Barnard, Artaud de Rochefort, Humbert de Clérieu, l'archiprêtre Matfred, maître Rodulfe, etc. Après sa mort, comme on apportait son corps à Romans pour l'ensevelir, sa femme, ses fils et ses oncles confirmèrent sa cession, en présence des clercs et chevaliers qui avaient suivi le convoi. Les chanoines concèdent son bénéfice *(honor)* à son fils Guillaume, qui jure fidélité.
GIRAUD, *Hist. S. Barnard-Romans*, compl. 56-7, n° 167.

**2821** (Commenc' XIIᵉ siècle).
Etienne de Champ *(Campis)* et sa femme Amaltrude *(A-uç)* donnent à St-Laurent (d'Oulx, *de Plebe martyrum)* les dîmes qu'ils possèdent dans la paroisse de St-André et St-Christophe [à la Cluse]. Témoins.
RIVAUTELLA, *Ulcien. eccl. Chartar.* 200, n° 250. COLLINO, *Carte d'Oulx*, 77, n° 69.

**2822** (Commenc' XIIᵉ siècle).
Francon Adémar et sa femme donnent à l'église de St-Laurent (d'Oulx, *de Plebe martyrum*) leur dîme dans les paroisses de la Cluse et de Paquier et reçoivent 5 sols. Témoins : le chevalier Guigues d'Uriol *(Auriolo)*, etc.
RIVAUTELLA, *Ulcien. eccl. Chartar.* 201, n° 254. COLLINO, *Carte d'Oulx*, 78-9, n° 72.

**2823** (Commenc' XIIᵉ siècle).
Plaintes de l'église de Romans contre François et ses hommes de Peyrins, qui la troublent à Conquers, usurpent un héritage à la Baume, en Valentinois, un autre au village de Rua, en Royannais, prend l'eau de la Presle, usurpe les cimetières de Genissieu et Geyssans, ne paye pas les redevances pour le château de Pisançon, ne donne pas les otages promis par lui à son retour de Jérusalem ; contre une foule d'autres.
RIVAZ, *Diplom. de Bourgogne*, II, n° 133 (Anal. 45). — DESMOLETS, *Contin. des Mém. de littér.* VI, 1, 175-7. GIRAUD, *Hist. S. Barnard-Romans*, I, pr. 172-3, 281-2 ; compl. 53-5, n° 164bis.

**2824** (Commenc' XIIᵉ siècle).
Humbert (de Boczosel, *Bocosel*), son épouse Poncia et leurs fils donnent à l'église de Romans tout ce qu'ils possèdent dans les églises de Peyrins *(Pairano)* et de son mandement, et ce qu'a eu leur prédécesseur Adémar de Bressieux *(Breiseu)* ; ils renoncent à leurs réclamations et ratifient les cessions de leurs feudataires.
GIRAUD, *Hist. S. Barnard-Romans*, compl. 114-5, n° 272.

**2825** Romans, (commenc' XIIᵉ siècle).
Ismidon *(Ismio)* de Chaosen et son frère Lantelme avaient élevé des revendications contre l'église de Saint-Apollinaire et Ponce de Dionay *(Doennai)* qui la tenait, au sujet de la terre de Bessins *(Baisino)* ; puis, reconnaissant leur injustice, ils en firent l'abandon à l'église de Romans, ainsi que de toutes les possessions de l'église de St-Apollinaire et de St-Martin de Bessins. Fait dans l'église *Romanensi*, le livre posé sur l'autel. Témoins.
GIRAUD, *Hist. S. Barnard-Romans*, compl. 125-6, n° 293.

**2826** (Commenc' XIIᵉ siècle).
Après la mort de Pierre Adémar, son fils Joscerand, voulant participer à la donation de son père, qui n'était pas marié quand il la fit, de l'église de St-Victor aux chanoines de Romans, après avoir reçu un peu d'argent, la confirme et prête serment à Pierre Galbert : *Teneo per manum donationem... ; audis tu...* Seings de Bertrand de *Rocha-Bona*, d'Aimon de *Solammach*, de Guigues chanoine d'*Aiseran*, etc.
GIRAUD, *Hist. S. Barnard-Romans*, compl. 63-4, n° 182.

**2827** (Commenc' XIIᵉ siècle).
Pierre de Chamban avait tenu l'église de Silhac *(Ciliaco)* des chanoines de Romans. Après sa mort, ils la confirment à son neveu Astorge, sous le cens de 20 sols et 2 porcs de 4 sols, plus 40 setiers de seigle mesure légale, à moins d'intempérie ou de guerre. Il promet de se constituer otage à Valence et fournit

comme caution les frères de Chasnatz. Seings de Ponce de Pisançon, etc. (11). *Willelmus de Subdione scr. fer. 1.*
GIRAUD, *Hist. S. Barnard-Romans*, compl. 48-9, n° 158.

**2828** (Commenc' XII° siècle).
Richard et son fils, en vue d'obtenir un canonicat, donnent aux chanoines de St-Laurent [d'Oulx] partie des dîmes des églises de Villard-Eymond *(Vilari Emonis)*, de *Vensi*, de Fayet *(Fageto)* et de *Viliana*, sous la garantie du prêtre Magno et de son frère Richard.
RIVAUTELLA, *Ulcien. eccl. Chartar.* 203, n° 259. COLLINO, *Carte d'Oulx*, 79-80, n° 75.

**2829** (Commenc' XII° siècle).
Épitaphe de Richard, moine de St-André-le-Bas : ⊹ *Inspector cordis, cum judex venerit orbis* (4 distiques).
CHORIER, *Antiq.* 75-6; 2°, 77-8. COMARMOND, *Musée lapid. de Lyon* (1854), 202. TERREBASSE, I, 197-8, n° 360.

**2830** (Commenc' XII° siècle).
Silvon Roux *(Silvo Rufus)* cède à St-Laurent (d'Oulx, *de Plebe martyrum*) sa dîme à la Cluse et Paquier *(Pascherio)* et reçoit 15 sols.
RIVAUTELLA, *Ulcien. eccl. Chartar.* 200, n° 252. COLLINO, *Carte d'Oulx*, 78, n° 71.

**2831** (XII° siècle).
Obit d'Allemannus, précenteur de St-Maurice à Vienne : *Gemma levitarum naturæ debita solvit* (10 vers).
TERREBASSE, *Inscript. Vienne*, II, 37-9, n° 439.

**2832** (XII° siècle).
Inscription tumulaire métrique d'*Ar..* , mort le 4 des ides.... à Étoile.
PERROSSIER (Cypr.), dans *Bull. hist.-archéol. Valence* (1887), VII. 116-7.

**2833** (XII° siècle).
Audenon de Clérivaux *(Claræ Valles)* donne à l'église de Romans sa terre à St-Paul[-lès-Romans] près du manse de l'église, avec 300 sols pour qu'après sa mort on fasse son anniversaire et qu'on inscrive son nom dans le Martyrologe. Témoins.
GIRAUD, *Hist. S. Barnard-Romans*, II, pr. 69, n° 290.

**2834** (XII° siècle).
Barnard Barbarin donne à l'église de Romans une métairie *(canbannaria)* appelée *Chasannas* à *Chaob*, dans la paroisse de Ste-Marie de Montagne *(Montaina)*, limitée par la Joyense *(aqua Jeusa)*. Approuvé par ses neveux, etc.
GIRAUD, *Hist. S. Barnard-Romans*, compl. 139, n° 313.

**2835** (XII° siècle).
Barnard d'Hauterives *(Alta Ripa)* donne à la maison de l'Aumône *(helemosinariæ)* de Romans 500 sols, pour qu'au jour de la mort de sa mère les frères de cet hôpital servent une pleine réfection à tout le couvent de la grande église. L'Aumône place 25 livres 5 sols sur divers.
GIRAUD, *Hist. S. Barnard-Romans*, compl. 156, n° 350.

**2836** (XII° siècle).
Didier de Pisançon *(Desiderius de Pisanciaco)* donne en alleu à l'église [de Romans] le courtil de Pierre de Châteaudouble *(Castro Dupplo)* et le pré que tient Didier Meillatz dans la paroisse de Chatuzanges *(Chatusanzias)*.
GIRAUD, *Hist. S. Barnard-Romans*, compl. 135, n° 309.

**2837** (XII° siècle).
Épitaphe d'un évêque au musée de Vienne : .....*mredus præsul* | .....*novembris* | .....*dicavit* | .....*s peccator*.
TERREBASSE, *Inscript. Vienne*, I, 191, n° 356.

**2838** (XII° siècle).
Falcon de Rochefort *(Rochafort)* acquiert de Barnard Roland et ses frères la moitié de la dîme de Bessins *(Baissino)*, en présence de l'archiprêtre Ponce, de maître Artoud, etc., puis un quart, au prix de 60 sols ; enfin de Pierre Otbert la dîme qu'il percevait dans la paroisse de St-Apollinaire et de St-Martin de *Baichiz*, pour 40 sols.
GIRAUD, *Hist. S. Barnard-Romans*, compl. 131, n° 302.

**2839** (XII° siècle).
Obit du diacre *(levita)* Gérard, à Vienne.
CHEVALIER (U.), dans *Bull. soc. archéol. Drôme*. XLV, 370 (à part, 13).

**2840** (XII° siècle).
Donation à l'église de St-Maurice de Vienne par le chanoine Guillaume de Chandieu, d'une maison et jardin à droite de la cathédrale, avec droit de directe sur une terre y attenant.
CHEVALIER (U.), *Cart. de St-Maurice Vienne*. 44, n° 199.

**2841** (XII° siècle).
Guillaume *(W.)* Odon donne aux clercs de l'église de Romans les dîmes du tiers du manse de *Girunda* et toutes autres dans la paroisse de Samson *(S. Solutoris)*, sous l'investiture d'une livre de cire.
GIRAUD, *Hist. S. Barnard-Romans*, compl. 127. n° 297.

**2842** (XII° siècle).
Guy, seigneur de Rives, manifeste, des seigneurs de Clermont, de St-Quentin et autres, son intention de bâtir une ville au lieu dit le Molard, qui sera appelée Beaucroissant ; il donne des statuts aux habitants.
SALVAING DE BOISSIEU, *Usage des fiefs*, 2°, 444-5 ; 3°. II, 188.

**2843** (XII° siècle).
† *Orologium*, sur la frise d'un laraire antique provenant de l'église de St-Sévère à Vienne.
TERREBASSE, *Inscript. Vienne*, I, 199-200, n° 361.

**2844** (XII° siècle ?).
Hugues de Gières *(Geria)*, chanoine de l'église de Grenoble, avait délaissé son ordre et s'était marié, ce qui l'avait fait excommunier. Après s'être longtemps obstiné dans cet état, touché par la grâce de l'Esprit-S', il jura, les mains sur les Évangiles, d'obéir à l'Église et de donner des garants. Il rend à la cathédrale 1000 sols qu'il avait acquis sur le pré des Gillets et 30 livres sur la terre des Giroud à Venon *(Venno)*, etc. Celui qui est chargé du vestiaire disposera de 24 setiers de froment et d'avoine *(advena)* et de 21 sols que son père avait donnés. Son frère Guigues Garin donne son approbation. Témoins : Arno de la Balme, archiprêtre, A. du

Gua *(de Vado)*, sacristain, maître W., médecin *(physicus)*. Guigo S. Niceti scr.

MARION, *Cartul. de Grenoble*, 163-4, n° 108.

**2845** (XII° siècle).

Humbert (de Boczosel, *Bocosel*), sa femme Poncia et leurs fils Adémar, Arbert, Humbert et Aimon donnent à l'église de Romans tout ce qu'ils possèdent sur les églises et le mandement de Peyrins et tout ce que leur ancêtre *(prædecessor)* Adémar de Bressieux y avait possédé ; ils confirment la donation que Hugues avait faite de ceséglises, et tout ce que celle de Romans avait acquis de leurs feudataires.

GIRAUD, *Hist. S. Barnard-Romans*, compl. 114-5. n° 272.

**2846** (XII° siècle).

Lantelme d'*Aiseran* ayant laissé [à l'église de St-Barnard] 400 sols pour son anniversaire, [les chanoines] en placent 200 sur le gage *(gatgeria)* de W. Aalfredi, 110 sur la terre de Pierre Rainerii à Beauregard et 90 en acquisition des *istaeriis* de Barnard Eustachii ; ils y ajoutent 100 sols de Lantelme de Paira et 35 de leur bourse. Anniversaires de Guillaume Depal, Ponce de Pisançon et Vivien.

GIRAUD, *Hist. S. Barnard-Romans*, compl. 149, n° 334.

**2847** (XII° siècle).

Aucun homme sensé n'ignore que Dieu tout puissant a concédé les dîmes de toutes les églises du monde aux prêtres, lévites et autres clercs, à l'exclusion des laïques. L'église de Romans avait à se plaindre de Ponce de Châteauneuf *(Castro Novo)*, chevalier, qui avait usurpé le quart de la dîme de la paroisse de St-Jean de Charlieu *(Carleu)* : préoccupé du salut de son âme, Ponce en fit l'abandon, sous la garantie de Didier *(Disders)* de Pisançon. Témoins : Francon [de] Pisançon, [Ponce] archiprêtre. — *Omnis qui recte sapit.*

GIRAUD, *Hist. S. Barnard-Romans*, compl. 137-8. n° 311.

**2848** (XII° siècle).

Le chanoine Rainier donne en alleu à l'église de Romans tout ce qu'il possède dans le mandement de Beauregard *(Bel Regart)*, 1 métairie *(cabannaria)*, 2 courtils, 1 vigne, 1 champ, 1 bois, près la combe de Rampon ; Lantelme de Mercurol et son neveu Adémar de Tullins *(Toillino)* en auront la jouissance, sous le cens de 4 porcs, 2 charges d'âne de vin et 2 setiers de froment. Témoins.

GIRAUD, *Hist. S. Barnard-Romans*, compl. 159-60, n° 356.

**2849** (XII° siècle).

Cens de l'église Ste-Marie de Silhac *(Cillac)*.

GIRAUD, *Hist. de S. Barnard-Romans*, compl. 46-7, n° 156. MAZON (A.), *Orig. égl. Vivarais*, I, 187-91.

**2850** Thivoley, (XII° siècle).

Après la mort de son père Pierre Aténulfe, Silvion *(Silvius)* tracassa l'église de St-Martin d'Onay *(de Alnaico)* ; mais, s'étant rendu avec les chanoines [de Romans] à la villa de Ste-Marie de Thivoley *(Tevolet)*, il reconnut son injustice et abandonna dîmes et cimetière. Témoins. (Le titre mentionne avant Silvius, Artaud de Rochefort et Ponce de Dionay *(Doennaico)*.

GIRAUD, *Hist. S. Barnard-Romans*, compl. 123, n° 288.

**2851** (XII° siècle ?).

Silvion *(Carpeius)* [de Charpey ?] vend à l'église de St-Barnard une vigne et terre de son alleu à *Cassgon*, sous l'église de St-Maurice[-des-Granges], sur le chemin de Clérieu, *(Clariaco)*, et reçoit de Léotald de Chateauneuf *(Castro Novo)* 55 sols. Seings de son beau-frère Alfred de Nualleu..., d'Albert Solarii, qui avait la terre en gage *(vadimonio)*, et de chanoines.

GIRAUD, *Hist. S. Barnard-Romans*, II, pr. 45-6, n° 207.

**2852** St-Pierre de Serans, (XII° siècle).

Silvius *(de Miribel)* réclamait 4 *peas* dans le cimetière de St-Martin d'Onay et la dîme des terres cultivées *(essartis)* dans ses bois ; ayant reconnu son injustice, il abandonne tout aux chanoines de Romans et donne le baiser de paix à Artaud et Falcon, neveux d'Artaud de Rochefort. *Fact. in villa... Ceranis*, du conseil de Guigues Pagan et Artaud de Montmiral. Témoins.

GIRAUD, *Hist. S. Barnard-Romans*, compl. 196-7, n° 295.

**2853** (XII° siècle).

Sceau de la communauté de Valence :

CIVITAS VALENTINA -- IUXTA RODANUM SITA.

BRYE (de), dans *Rev. du Dauphiné* (1877), I, 59-60, fig. ROMAN (J.), dans *Rev.* cit. 108-9.

**2854** 6 mai (XII° siècle).

Obit de Thomas Fresolus, troisième prieur de St-Robert de Cornillon.

CHEVALIER (U.). *Nécrol. St-Robert*, 22.

**2855** 13 mai (XII° siècle ?).

Obit de Bernard, premier prieur de St-Robert de Cornillon.

CHEVALIER (U.), *Nécrol. de St-Robert*, xiij. 23. Il vivait encore le 22 févr. 1098 (voir à cette date).

**2856** 23 mai (XII° siècle).

Obit de Pierre, prêtre de St-Marcel, à Die.

CHEVALIER (J.). *Hist. égl.-ville Die*, I, 440.

**2857** 24 mai (XII° siècle).

Obit de Guy *(Guido)*, prieur de St-Robert de Cornillon.

CHEVALIER (U.), *Nécrol. de St-Robert*, 24.

**2858** 28 mai (XII° siècle).

Obit de Humbert, deuxième prieur de St-Robert de Cornillon.

CHEVALIER (U.), *Nécrol. de St-Robert*, 25.

**2859** 17 juin (XII° siècle).

Obit de Falcon, sous-diacre [de St-Maurice de Vienne].

TERREBASSE, *Inscript. Vienne*, II, 468, n° 582.

**2860** 11 juillet (XII° siècle).

Epitaphe du diacre *(levita)* Boson, sur la place St-Paul, à Vienne.

TERREBASSE, *Inscript. Vienne*, I, 221, n° 366.

**2861** 27 août et 2 septembre (XII° siècle).

Obit d'Hector, chevalier de Sassenage *(Cassanatico)*.

CHEVALIER (U.), *Nécrol. de St-Robert*, 39, 41.

**2862** 9 septembre (XII° siècle).

Obit de dame Lucie, *monacha ad sucurrendum*.

CHEVALIER (U.), *Nécrol. de St-Robert*, 42.

**2863**  12 décembre (XII° siècle).
Obit de Vital, prêtre, chanoine de St-Ruf, au prieuré de l'Isle-sous-Vienne.
CHARVET, *Fastes ville Vienne*, 159.

**2864**  24 décembre (XII° siècle).
Obit de Hugues, vicaire, chanoine laïque de St-Marcel, qui construisit l'église de Ste-Marie à *Campo Crozo*.
CHEVALIER (J.). *Hist. égl.-ville Die*, I, 441.

**2865**  1101.
Guigues, comte d'Albon *(Albionis)*, fait don à l'ordre des Chartreux et aux frères du couvent du Val-Ste-Marie d'un territoire qui va du ruisseau de Lente à la maison *Valbarum*, le vallon qui s'élève jusqu'à *Petra Acuta* et à la terre de St-Jean de Gaudissard *(en Gaudesurt)*, comprenant Lente jusqu'au Brudoux *(Brendorium)* et le mont Hoier... samedi.
Arch. de la Drôme, Bouvante, analyse. — *CHEVALIER (U.), dans *Journ. de Die*, 16 août 1868.

**2866**  1101.
[Hugues], archevêque de Lyon, se rend de Rome à Jérusalem en compagnie de l'évêque de Die (Ismidon).
HUGONIS Flaviniac. *Chronicon*, II : LABBE, *Nova biblioth. mss.* I, 261. BOUQUET, XIII, 627. PERTZ, *Mon. Germ. hist.*, Scr. VIII, 494. *Patrol. lat.* CLIV, 387-8.

**2867**  Briançon, (1101 ?).
Jean Saisnes prétendant tenir en fief de l'église de St-Laurent (d'Oulx, *de Plebe martyrum*) la perception des dîmes de Briançon *(Briançionis)*, par ordre du comte Guigues. les juges de sa cour, Guillaume de Sassenage *(Casinatico)*, Bernard Rustichellus, Aimeric Rotgerii examinent l'affaire et, à défaut de témoins en sa faveur, retiennent l'affirmation contraire de Nantelme, 4° prévôt d'Oulx et du prieur André. Jean est condamné et le procès se termine devant le comte et la reine son épouse, qui ordonne de lui donner 30 sols et 1 den. qu'il avait prêtés *(accommodaverat)* au prévôt.
FONTANIEU, *Hist. de Dauph.* pr. II, 1 ; *Cart. du Dauph.* I, 92-3 (à 1105). Valbonnays, 2° Reg. ; — *Hist. de Dauph.* I, 458. RIVAUTELLA, *Ulcien. eccl. chartar.* 152, n° 175. COLLINO, *Carte d'Oulx*, 60-1, n° 48. = ROMAN, 8°.

**2868**  Briançon, février 1101.
Récapitulation *(breve recordationis)* des revenus *(servitium)* de la Vallouise *(vallis Jarenlonæ)* du temps du comte Guigues le Vieux *(vetuli)*, qui se fit moine à Cluny ; en mai. à la moisson, à Noël. Attesté au comte par 6 habitants... *apud Briencionum*, près de la maison d'Alaud Roger *(Rotgerii)*,...*quod. d. domin.*, a° I. D. 1101. ind. 8 [= 9]. Témoins : Lantelme, prévôt d'Oulx *(Ulcien.)*, le chanoine Arnoul et 12 autres.
RIVAUTELLA, *Ulcien. eccl. chartar.*, 196-7, n° 243. COLLINO, *Carte d'Oulx* 83-4, n° 80. FORNIER (Marc.). *Hist. Alpes Marit.* III, 199-200. = *TERREBASSE, *Not. dauph.* Vienn. 69-70, 135. ROMAN, 12°.

**2869**  12 mars 1101.
Barnard Lombard *(Longobardus)*, sa femme Panenchia et leurs fils Guitfred, Ismidon et Barnard rendent et donnent à St-Vincent et à l'évêque de Grenoble Hugues la moitié de la dîme de la paroisse de St-Ismier *(S. Imerii)*, plus le 6° de l'autre moitié, que le prélat cède aux chanoines de St-Martin[-de-Miséré]. Hugues leur paye pour cet alleu 349 sols en excellente monnaie de Valence. Comme ils disaient tenir la 3° partie des frères Dodon, Richard et Guigues, ceux-ci en font abandon à l'évêque ; et comme eux-mêmes la tenaient en fief de Pierre de Morêtel *(Maurestello)* et de ses frères Chatbert (qui reçoit un beau mulet) et Guillaume Martel, ceux-ci donnent leur assentiment. Pour être assuré des dîmes des paroisses de St-Ismier et de Meylan *(Meiolano)*, de leurs cimetières et de celui de St-Martin-de-Miséré *(Miseraco)*, Hugues leur donne 3 métairies *(chabanaria)* et 1 manse. que leur père Pierre de Morêtel avait enlevé avec violence à son prédécesseur [l'évêque] Ponce Paganus, injustice contre laquelle Hugues n'avait cessé de protester *(calumpniatus sum)*. Facta... luna 8. a° I. D. *1100*, ind. 8. epacta 18, concur. 1. Seings des chanoines de Grenoble. du chantre Géraud, de Pierre Guillaume, prieur de St-Martin, et Guigues le Comte, fils de Guigues le Gras *(Crassi)*, qui approuve. *Amatus, canon. S. Ruphi, scr.*
MARION, *Cart. de Grenoble*. 80-2, n° 3. = PRUDHOMME (A.), dans *Bull. hist.-phil.* (1898). 276 (à part. 16-7).

**2870**  Grenoble, (vers 1101).
Chatbert de Morêtel *(Maurestello)*, fils de Pierre, abandonne *(guirpivi)* à Hugues, évêque de Grenoble, les dîmes des paroisses de St-Ismier *(S. Himerii)* et de Meylan *(Mediolano)*, et les tenures dont le prélat l'avait investi le jour de son hommage ; il reçoit en retour un beau mulet de 100 sols et jure fidélité. Hugues lui donne en fief trois métairies *(chabanaria)* près l'église de St-Martin-de-Miséré *(Misereu)* ; en somme, il tient dans la paroisse de St-Ismier 6 manses, autant que le comte ; il y a le pâturage *(paskerium)* pour l'évêque. Témoins : les chanoines de la cathédrale, le convers Guigues et des laïques. *Fact. in domo episcopi Gratian. Amatus scr.*
MARION, *Cart. de Grenoble*, 83-4, n° 4<sup>bis</sup>.

**2871**  22 mars 1101.
Fondation du monastère de Chalais, dans les montagnes de la Grande-Chartreuse.
*Ann. Bonævallenses* (Mon. Germ. hist., Scr. XXII, 824 ; CHEVALIER (U.), *Cart. de Bonnevaux*, 9). = ROMAN (J. C.), dans *Positions des thèses de l'école des Chartes* (1911), 123. — Cf. 22 mars 1108 et 19 août 1286.

**2872**  8 juin (1101).
Le prêtre Amédée, chanoine de St-Maurice, donne à l'église de la Résurrection *(S. Anastasis)* et des Machabées, pour le salut de son âme et son canonicat, tous ses biens, droits et serfs à Chaumont, fer. 7, luna 7, ind. 9, regn. Domino nostro.
*RIVAZ, Diplom. de Bourg.* II, 741. — *CHARVET, 314. *CHEVALIER (U.), *Cart. de St-André-le-Bas*, 282 ; *Cart. de St-Maurice Vienne*, 36, n° 144.

**2873**  Engelas, 24 septembre 1101.
Nantelme Aténulfe, de Champs *(Campis)*, donne aux chanoines de St-Laurent d'Oulx *(de Ulcio)* les dîmes qu'il possède en Oisans *(in Sincio)*, dans les paroisses des églises de la collégiale ; elles parviendront à la mort du feudataire *(feuatarius)* qui les détient, sous la condition d'inscrire ses parents dans le livre et d'en faire

l'anniversaire. Témoins : le chevalier Guigues Bernard, dans la maison duquel ce don est fait *ap. Engelas ... ind. 9, fer. 3, luna 28.*
RIVAUTELLA, *Ulcien. eccl. Chartar.* 206-7, n° 266. COLLINO, *Carte d'Oulx*, 82-3, n° 79.

**2874** 6 octobre 1101.
Mort de s¹ Bruno, fondateur des Chartreux, un dimanche, dans sa 70° année, la 18° de sa conversion, la 12° de son arrivée en Italie.
Vita : *Acta ss. Bolland.*, oct. III, 703-6. *Patrol. lat* CLII. 481-92. LE VASSEUR (L.), *Ephemer. ord. Cartus.* (1891), III, 484-90. — Abrégé : LABBE, *Nova bibl. mss.* I, 638-9. *Acta* cit. 492. TROMBY, *Stor. d. patr. Brunone* (1775), II, app. II, 100. — Calendrier de Durbon *(Bull. soc. étud. Htes-Alpes*, XXIII, 36). = BOUQUET, XIII. 263, 795. LE COUTEULX, *Ann. Cartus.* I, 124-50. *Répert.,* Bio, 712-4.

**2875** 1101-1102.
Rouleau mortuaire de s¹ Bruno, instituteur des Chartreux, mort le 6 octobre 1101 : 178 titres d'environ 160 églises, le seul daté est du 1ᵉʳ nov. 1102. — *Tituli ... ecclesiæ Gratianopolitanæ, eremi Carthusiæ prope Gratianopolim, fratrum Casæ Dei subtus Curnillionem prope Gratianopolim, fratrum Sancti Ruffi in Costa Sancti Andreæ.*
*Vita b<sup>i</sup> Brunonis, primi institutoris Carthusiensium* (Basileæ, c. 1515). MABILLON, *Ann. Bened.* V; 2¹, 416. *Acta ss. Bolland.,* octob. III, 737-8. *Patrol. lat.* CLII. 559-60. *DELISLE (L.), dans Bibl. de l'éc. d. Chartes,* 2° sér. III, 378-9 ; *Roul. d. morts* (1866), 156. LE COUTEULX, *Ann. Cartus.* I, 128, 138. LEFEBVRE, *S¹ Bruno et les Chartreux,* II, 427-90.

**2876** 13 octobre 1101.
Hugues, évêque de Grenoble, acquiert des frères Dodon et Guigues leur part du marché de la ville de Grenoble, à l'exception des langues de bœufs, moyennant 114 sols, dont 64 sont remis à Benoît Belini, qui l'avait en gage *(guadimonium).* Comme ils tenaient ce marché 4 jours par an en fief de Guigues de Corenc *(Torenco),* celui-ci se dessaisit pour 5 sols. La part de leur frère Richard lui resta. *Facta ... luna 17, concur. 1, epacta nulla.... ind. 9.* Témoins : les chanoines Rostaing et Guigues de Lans ... et le convers Guigues. *Amatus, canon. S. Ruphi, scr.*
Arch. ville Grenoble, AA. 1. FONTANIEU, *Cart. du Dauph.* I, 91ᵇ. —BOYS (A. du), *Vie de s¹ Hugues,* 479. *Gallia christ. nova,* XVI. Instr. 82-3. MARION, *Cart. de Grenoble,* 108-9, n° 32. = Doc. hist. inéd. I, 282. PRUDHOMME (A.), dans *Bull. histor.-philol.* (1898), 262 (à part, 2-3).

**2877** (1101/1105).
G[uy] archevêque de Vienne, et le légat de l'église Romaine, à la demande de frère Archimbaud, donne à Humbert, abbé de St-Oyand *(S. Eugendi),* l'église de St-Didier *(S. Desiderii de Montbellet),* au pagus de Mâcon, avec tout ce qui, dans cette paroisse, dépend de St-Maurice, sous le cens de 5 sols viennois, le 1ᵉʳ dimanche de Carême pendant 5 années, le 15 à partir de la 6°. Seings du prévôt Rostaing, du doyen Sieboud *(Subodi),* des archidiacres Adémar et Guillaume, des chantres Pierre et Guigues.
CHEVALIER (U.), *Cart. de St-André-le-Bas,* 279, 368, n° 68* ; *Cart. de St-Maurice Vienne,* 35, n° 142. = CHARVET, 322.

**2878** 4 janvier (1102 ?, 1108 ?).
Obit de Pierre Francus, 3° prieur de la Chartreuse.
LE VASSEUR, *Ephemer. Cartus.* I, 12ᵇ.

**2879** 25 février 1102.
Bulle de Paschal II adressée à Guillaume, abbé de Montmajour, lui confirmant, entre autres possessions, celle du Monêtier-Allemont *(monasterium S. Martini de Alamonte).*
Paris, Bibl.Nat., ms. lat. 13915, 138. *MABILLON, *Ann. Bened.* V, 544 ; 2¹, 425. = JAFFÉ, 4409-5893. ROMAN, 12ᵇ.

**2880** 21 mars 1102.
Bulle du pape Paschal II en faveur d'Humbert, abbé de St-Oyand de Condat, par laquelle il prend son monastère sous sa protection et lui confirme ses possessions. Souscription de Guy, évêque de Vienne, *ind. 10, an. 3.*
Arch. du Jura. H, fonds de St-Claude. I. 2. n. 1. — BENOIT (P.), *Hist. de l'abbaye de St-Claude,* I, 445.

**2881** 24 novembre (vers 1102).
Obit d'André, convers de la Grande Chartreuse.
LE VASSEUR. *Ephemer. Cartus.* IV. 417-8.

**2882** 30 décembre (vers 1102).
Obit de Guarin, convers de la Grande-Chartreuse.
LE VASSEUR. *Ephemer. Cartus.* IV. 597*.

**2883** (Avant 1103).
Guillaume de Faverges *(Favirgiis)* fait abandon *(guirpivit)* à Hugues, évêque de Grenoble, des dîmes qu'il percevait, principalement de celle d'Arvey de la Thuile *(Arvisii de Tovelia, Toelia),* et reçoit 360 sols Viennois. Le comte Humbert, dont elle dépendait, en avait déjà fait la cession. Seings du doyen Odolric, de maître Guillaume, du doyen Airald.
MARION, *Cart. de Grenoble,* 215, n° 42. TREPIER, dans *Doc. acad. Savoie,* VI, 73-4.

**2884** (Vers 1103).
Humbert de Boczosel *(Boczosello)* et son frère Aimon donnent aux moines clunisiens [de Domène] une vigne à Hermillon *(villa Ermemonæ),* dans l'évêché de Maurienne *(Mauritaniæ),* pour l'âme de son frère Jean surnommé le Moine, pour celle du comte Humbert, père d'Amédée. Témoins : le comte Amédée, Odon prieur d'Allevard, le chanoine Fouque, l'écolâtre *(scolaris)* Guillaume, etc.
MONTEYNARD, *Cart. de Domène,* 188-9, n° 214.

Embrun, 6 juin 1103 = 25 juin 1105.

**2885** 23 septembre 1103.
Guigues, comte, pour éviter les peines éternelles de l'enfer et jouir des joies de la gloire, donne une vallée ombragée aux frères de la Chartreuse, du haut des rochers jusqu'au Guiers *(flumen q. v. Guerius)... ind. 11 fer. 4 ..., luna 19.* Il corrobore sa charte en présence d'Hugues, évêque de Grenoble, et d'Ismidon, évêque de Die. Approbation de son fils Guigues, dit le Vieux. Seings de Guy *(Wido)* doyen, Rostang chanoine, Odolric, etc. Assentiment des mistraux *(ministrales)* de Cornillon ....
FONTANIEU, *Hist. de Dauph.* II, pr. 61 ; *Cart. du Dauph.* I, 92². — PALLIAS (Hon.), dans le *Dauphiné,* III ; *Chartes extr. du ms. de Phil. Brun* (1866), 8-9 : « cette pièce est suspecte de faux, le titre est gratté et ne paraît pas original. Il n'y est pas fait mention d'ailleurs de Mathilde reyne, femme du dauphin, comme dans tous les actes de ce prince ». LE COUTEULX, *Ann. Cartus.* I. 158-9. = CHEVALIER (J.), *Hist. égl. Die.* I, 182.

1ᵉʳ octobre 1103 = 23 septembre 1103.

**2886** (Orange,) 12 octobre 1103.

Testament d'Adélaïde, comtesse [d'Avignon], en faveur de sa petite-fille Tiburge, fille de Raimbaud et femme de Géraud Adimari. Témoins.

DUHAMEL (L.), dans *Mém. acad. Vaucluse* (1896). XV. 386-7. = MANTEYER, *Provence*, 311 (à 1113!).

**2887** 17 décembre 1103.

Accord entre les moines de St-Chaffre et les chanoines de Maurienne, au sujet de six églises en Savoie, par l'entremise des prieurs Hugues de St-Laurent [de Grenoble] et Pierre de St-Michel-de-Connexe *(Conissa)*... *luna 16, regn. Henrico rege.*

RIVAZ (P. de). *Diplom. de Bourg.* II, n° 137 (Anal. 47). — *Hist. patriæ mon.*, Chart. II, 190-1. BILLIET et ANDRIEUX, *Chartes dioc. Maurienne.* 18-20 *Gallia christ. nova*, XVI, instr. 295-6. CHEVALIER (U.). *Cart. de St-Chaffre*, 174-5, n° 436. TRÉPIER, dans *Doc. acad. Savoie.* VI. 74-5.

**2888** Ecouges, 1104.

Le chanoine Guigues de Lans *(Lancigena)* et son frère le chevalier Raynaud, fils de Caulenda, les fils de Jérusolima, femme d'Ascheric de Nâcon *(Naconnen.)*, etc. donnent aux Ecouges *(Scoges)*, à l'église de Ste-Croix en Quint et de St-Pierre du Pont[-en-Royans], la métairie *(cabannaria)* de Léotard, une autre à gauche en alleu et un moulin, avec les dîmes, prémices, offrandes, pêche, pâturage, etc... *ind. 12, epacta 22.* Témoins : Hugues, pontife de Grenoble, avec tout son chapitre de chanoines et ses dignitaires *(majores)*, le doyen Guigues, maître Oldric, le chapelain Beton, le prieur de Moirans *(Moiracen.)* Boson, deux familiers de l'évêque, Guigues Didier et son épouse Ermengarde. Florent reçoit le don devant l'église de Ste-Marie [des Ecouges].

AUVERGNE, *Cart. des Ecouges*, 83-4. Trad. FILLET (L.), dans *Bull. hist.-archéol. Valence*, V, 83\*\*-4 ; *Hist. relig. Pont-en-Royans.* 8-9.

**2889** 1104.

Folcherius, fils d'Arinchius, donne à l'église de Romans celle de St-Jean-d'Octavéon *(de Alteveone, Altareione)*, avec ses dépendances (presbytère, cimetière, tiers des dîmes), ses terres et la chapelle de St-Romain, non encore consacrée. Si son successeur élève des difficultés, le fisc aura son héritage. Seing de Theotbert de Châtillon *(Castellione)*, dans le mandement duquel l'église est située. La donation est faite entre les mains et en présence de Guy, archevêque de Vienne. *Data p. mar.. Rodulfi... ind. 12.*

GIRAUD, *Hist. S. Barnard-Romans*, II, pr. 37-8, n° 178.

**2890** (Après 1104).

Folcherius, fils d'Arencius, comprenant le sacrilège que commettent les laïques en retenant les dîmes et entendant les excommunications continuelles des conciles contre eux, rend à l'église de Romans, moyennant un peu d'urgent, la dîme de l'église de St-Jean[-d'Octavéon]. Comme signe d'investiture, les ossements du bienh. Barnard y furent transportés et tous ceux qui assistèrent à la procession furent témoins du fait de la restitution.

GIRAUD, *Hist. S. Barnard-Romans*, compl. 62, n° 179.

**2891** (1104/1110).

Lettre de Gautier, évêque de Maguelonne, à Robert, prévôt de Lille *(Insulan.)* sur les *Flores Psalmorum* recueillies par Letbert, abbé de St-Ruf. — *Cum vobiscum dudum.*

CHIFFLET, *Collect. Bargand.* (Bruxelles, Bolland.). — MABILLON, *Anal.* I, 289-90 ; 2°, 461. *Patrol. lat.* CLVII, 713-6. CHEVALIER (U.), *Notice sur Letbert* (1867), 7 ; (1868), 8.

**2892** (Avant 1105).

Guitfred de Beaumont et ses parents confirment aux frères de la Chartreuse leur donation de l'alpe de Bonivant. Constantin et Brunon, frères, abandonnent les prés qu'ils y possédaient. Assentiment de Guigues le Vieux, son épouse et ses fils. Seing de leur frère Rostant, prêtre, etc.

PALLIAS (Hon.), dans le *Dauphiné*, III ; *Chartes extr. du ms. de Phil. Brun* (1866). 9-10.

**2893** (Avant 1105).

Ponce Belloti donne à l'église de St-Martin [de Gap] un champ ; Etienne Manfredi, un autre. Seings de l'évêque I[soard] et de sa mère, du sacristain Pierre, etc. — *Ordinante.*

GUILLAUME (P.), dans *Bull. hist.-archéol. Valence* (1881), I, 185 (à part, 25), n° 29.

**2894** (Vers 1105).

Le chevalier Ainard le Blanc donne aux moines clunisiens de Domène la part de la dîme que tenait de lui Nantelme Torrenc dans la paroisse de St-Jean[-le-Vieux]. Seing du prêtre Guillaume, etc.

MONTEYNARD, *Cart. de Domène*, 119, n° 137.

**2895** (Vers 1105).

Après la mort du seigneur Ponce, son frère Ainard causa du préjudice aux moines de Domène au sujet du manse de [St-Mury-]Monteymont ; puis reconnaissant son péché, il abandonna tout entre les mains de l'évêque [de Grenoble] Hugues, du temps du prieur Geoffroi *(Gaufredus)*, avec son fils Ainard.

MONTEYNARD, *Cart. de Domène*, 165-6, n° 190 (v. 1080).

**2896** (Vers 1105).

Ainard Etienne *(Aynardus Stephanus)* donne au monastère de Domène une vigne dans la paroisse de Ste-Marie [de Revel], attenante au clos des moines. Seings de Ponce Ainard, etc. Guigues Arbert, qui tenait cette vigne en gage *(vadimonium)*, reçoit 8 sols du prieur Hugues.

MONTEYNARD, *Cart. de Domène*, 103-4, n° 116.

**2897** (Vers 1105).

Le chevalier Arnaud de Vizille *(Visilia)* donne au monastère de Domène 4 seterées de terre au Prunay *(apud Prunetum)*, pour l'anniversaire de sa mère Gotolende, et reçoit 8 sols ; on en paye 4 et 9 den. à Pagan Rodolphe, qui les tenait de lui. Approbation de dame Béatrix et de son fils Guigues *(Vuigo, de Domène)*.

MONTEYNARD, *Cart. de Domène*, 123-4, n° 144.

**2898** (Vers 1105).

Bornon de Sommier *(Saumeriis)*, son fils Hector et Didier avaient engagé *(vadium)* aux moines de Domène la dîme qu'ils avaient dans la paroisse de Ste-Marie [de

Revel], pour 15 sols. Témoins : le prêtre Guillaume, etc. — Didier, après la mort d'Hector, vient au monastère, du temps du prieur Geoffroi *(Gaufredus)*, et cède cette dîme, moyennant 8 sols. Témoins : le chanoine Fulcon, le prêtre Pagan, etc.

MONTEYNARD, *Cart. de Domène*, 102, n° 114.

**2899** (Vers 1105).

Didier *(Desiderius)*, fils de Nantelme et de Menza, longtemps après leur mort, voulut revenir sur leur donation aux moines de Domène ; n'ayant pas la justice de son côté, il vint un dimanche au monastère, devant le prieur Geoffroi *(Gaufredus)*, et donna son consentement, en présence du chanoine Fulcon, etc.

MONTEYNARD, *Cart. de Domène*, 140-1, n° 164, 2.

**2900** (Vers 1105).

Gérard Tedin donne aux moines clunisiens de Domène la moitié d'une vigne au bourg *(vicus)* de Ste-Marie [de Revel], qu'on lui rachète pour 8 sols. Témoins : Ainard le Blanc, etc.

MONTEYNARD, *Cart. de Domène*, 108, n° 123.

**2901** (Vers 1105).

Géraud Franconis, dit de Domène, donne au monastère de ce nom, pour les âmes de sa femme Astrudis et de ses fils, une métairie *(cabannaria)* à mont *Seurvosus*, sous le cens durant sa vie d'un setier de froment ; un champ dans la paroisse de St-Laurent [du Versoud] et un vivier *(vinerium l)* à Lancey *(aqua de Lanciaco)*. Seings de ses seigneurs Ponce et Ainard, du chanoine Rostaing, etc.

MONTEYNARD, *Cart. de Domène*, 104-5, n° 118.

**2902** (Vers 1105).

Girbert de Montbonnot *(Montebonni)* se livre au monastère de Domène, pour y recevoir l'habit bénédictin ; il lui donne de son alleu 2 champs à [St-Martin-]de-Miséré *(Miseriacum)*, le quart de la forêt Ronde *(silva Rotunda)*, etc. Seing de son frère Gotafred, etc.

MONTEYNARD, *Cart. de Domène*, 43-4, n° 39.

**2903** (Vers 1105).

Guigues *(Vuigo)* Abbon et son fils Guillaume donnent aux moines clunisiens de Domène leur droit de dîme *(decimaria)* à Villard-Bonnot *(Villare Bonaldi)* et reçoivent du prieur Hugues 13 sols. Celui-ci racheta ensuite pour 40 sols cette dîme du chanoine Rostaing, qui la tenait en gage *(vadium)*, ce qu'approuva Hugues, évêque de Grenoble ; le chanoine Fouque *(Fulco)* reçut aussi 5 sols. Seing du prêtre Guillaume, etc.

MONTEYNARD, *Cart. de Domène*, 130, n° 152.

**2904** La Mure, (vers 1105).

Cinq ans après la mort du seigneur Guillaume [de Domène], les officiers *(ministrales)* du comte Guigues se mirent à exiger de mauvaises coutumes (5 jours de corvée, 1 mouton, etc.) sur le manse de la Chapelle *(Capella)*. A cette nouvelle, le prieur de Domène, Geoffroi, se rendit auprès du comte, qui était pour lors à la Mure *(apud Muram)*, et obtint de lui tout ce qu'il demanda, à la condition de le rendre participant des prières, aumônes et tout le bien qui se faisait dans le monastère. Furent témoins l'épouse du comte dame Reine *(Regina)*, sa sœur Adélaïde, etc.

MONTEYNARD, *Cart. de Domène*, 23-4, n° 19.

**2905** (Vers 1105).

Après la mort d'Hugues Aténulfe, ses frères Sieboud et Vuitfred refusèrent d'approuver son aumône. Longtemps après, Geoffroi *(Gaufredus)*, prieur [de Domène], et le cellérier Roland firent juger *(placitum)* le différend par le seigneur Aynard l'ancien *(senior)*. Ils confirmèrent les donations de leur père et de leur frère, soit 2 condamines et autres terres, sauf le mans d'Ebrard le Fort, en échange duquel ils promirent une ferme *(bordaria)* à Allevard *(in Alavargo)*.

MONTEYNARD, *Cart. de Domène*, 70, n° 74.

**2906** (Vers 1105).

Après avoir donné aux moines clunisiens de Domène ce qu'ils percevaient sur le manse d'Ardenc de Vinay *(Viniaco)* à [St-Mûrys-]Monteymont *(Mons Aymonis)*, sous le prieur Hugues, Humbert de Miribel, Guigues Chalerius et sa femme Mathilde *(Mateldis)* revinrent sur cette aumône longtemps après, sous le prieur Geoffroi *(Gaufredus)*, mais n'ayant aucun motif raisonnable à faire valoir, abandonnèrent le tout sur l'autel de St-Pierre, avec l'assentiment de leur intendant *(bajulus)* Durand. Témoins : les chanoines Galdin et Ulric *(Uldericus)*, etc.

MONTEYNARD, *Cart. de Domène*, 164, n° 189.

**2907** (Vers 1105).

Isard de Ste-Marie fait don et abandon de 2 maisons *(casale)* qu'il tenait des moines de Domène dans le cimetière de Ste-Marie [de Revel], sur l'autel des Sts-Pierre et Paul, par les mains du moine Roland ; approbation de sa femme Aquilana.

MONTEYNARD, *Cart. de Domène*, 107, n° 121.

**2908** (Vers 1105).

Jarenton abandonne aux moines clunisiens de Domène ce qu'il réclamait sur leur manse de Chors *(Caortio)*, à la Balme de St-Martin[-le-Vinoux] et reçoit d'eux une mule et 10 sols. Seings de Ponce Ainard, du prêtre Guillaume, etc.

MONTEYNARD, *Cart. de Domène*, 40, n° 36, 1.

**2909** (Vers 1105).

Pierre Castancus doit au monastère de Domène diverses redevances pour l'anniversaire du sacristain Pierre à la fête de s' Jacques, et 6 den. à la fête de s' Martin pour le courtil que lui donna le prieur Gaufred.

MONTEYNARD, *Cart. de Domène*, 242-3, n° 233, 103.

**2910** (Vers 1105).

Echange entre les moines de Domène et Pierre du Versoud *(de Versatorio)*, d'un champ sous le Villard contre une grange, avec appoint de 10 sols. Pierre promet un fromage de 3 sols à la foire *(feria)* de Grenoble. Témoins : le prieur Aimon, le sacristain Vuigo, le portier Girard.

MONTEYNARD, *Cart. de Domène*, 211, n° 233, 17.

**2911** (Vers 1105).

Après la mort de Gérard de Gières *(Jaira)*, Rainier, fils de Nantelme, voulut garder l'usufruit du champ de la Mure donné par celui-ci aux moines de Domène ; le prieur Geoffroi le lui accorda par miséricorde à un fruit.

MONTEYNARD, *Cart. de Domène*, 52-3, n° 52.

**2912** Bocairon, (vers 1105).

Mallen et Adon, fils d'Arulfe, concèdent à Aldevold une vigne à moitié fruits. *Facta... primo gradu scalæ Gotafredi, in castro Bocoroni.* Aldebald est investi sur le pouce droit et promet, pour un repas chaque année dans sa maison, la moitié d'une poitrine de vache et 2 pains. *Silvius, filius Otgerii, scr.*

MARION, *Cart. de Grenoble*, 103, n° 25.

**2913** Briançon, 1105.

Le comte Guigues *(Gigo)*, se croyant près de mourir au château *Briançono*, donne et confirme à l'église de St-Pierre et St-Laurent d'Oulx *(de Ulcio)*, à la prière de la reine Mathilde *(Maiendæ)*, du prévôt Arbert et d'Etienne chapelain du château de Briançon, les redevances *(debituræ)* qu'il percevait sur les églises de Cesana, Briançoù et Arènes. Témoins : la reine Maienda, etc.

Valbonnays, 2° Reg. FONTANIEU, *Cart. du Dauph.* I, 93b. RIVAUTELLA, *Ulcien. eccl. Chartar.* 154, n° 178. LE COUTEULX, *Ann. Cartus.* I, 165-6. COLLINO, *Carte d'Oulx*, 89, n° 86. FORNIER (Marc.), *Hist. Alpes-Marit.* III, 201. = TERREBASSE, *Not. dauph.* Vienn. 70, 135.

**2914** (Vers 1105).

Guillaume de Clérieu et Lambert François, puissants voisins de l'église de Romans, avaient élevé d'injustes prétentions sur le château de Pisançon, puis y avaient renoncé, s'étant convaincus que ce château faisait partie des possessions *(in prædio)* de l'église ; après quoi, l'archevêque de Vienne Guy, abbé, et les chanoines de Romans en donnèrent la seigneurie viagère et l'usufruit à Guillaume, qui en céda la moitié à Lambert. Les deux firent serment de ne mettre aucun obstacle au retour, après leur mort, du château de Pisançon à l'église de Romans; ils donnèrent dix otages, qui devaient se rendre à Romans chaque année à la fête de s' Barnard pour le plaid qui s'y tiendrait, et à laquelle Guillaume et Lambert donneront une réfection aux clercs ; avec ces otages qui étaient les châtelains de Pisançon, on en désigne dix autres, de façon à remplacer ceux qui manqueraient, morts, religieux, ou en voyage à Jérusalem.

DESMOLETS, *Contin. d. Mém. de littér.* VI, 1, 182-3. GIRAUD, *Hist. S. Barnard-Romans*, I, pr. 282-3; II, 63-5. n° 269.

**2915** Grenoble, 22 janvier 1105.

Les chanoines de St-Donat avaient renoncé au siècle et décidé de servir Dieu sous la profession canonique, mais leur nombre était insuffisant. Du conseil des chanoines de sa cathédrale, Hugues, évêque de Grenoble et prévôt de leur église, les confia à Nantelme, prévôt d'Oulx *(Ulcen.)* pour l'obéissance et la profession, sauf la soumission à l'évêque de Grenoble et le privilège du Siège apostolique. Hugues retient pour lui et ses successeurs le titre de prévôt; il défend d'aliéner le trésor, les ornements et les livres sans son conseil et le consentement de ses chanoines. Le prieur devra se rendre au synode tenu à Grenoble le dimanche *Jubilate* (3° après Pâques). *Data in capitulo Gratianopolim... ind. 13.* Cette donation est approuvée par le doyen Guigues et 19 chanoines de la cathédrale. *S. Guigonis comitis. S. filii ejus Guigonis Veteris. Richardus, cler. d. Hugonis Gratian. episc., scr.*

Cartul. d'Aimon de Chissé (Not. anal. 25, n° 64). — PETIT, *Theodori Pœnitent.* II, 599-600. *Gallia christ. nova*, XVI, instr. 83. MARION, *Cart. de Grenoble*, 5-7, n° 3. LE COUTEULX, *Ann. Cartus.* I, 165. = BRÉQ. II, 368. *Doc. hist. inéd.* I, 271.

**2916** Latran, 24 avril 1105.

Privilège accordé par le pape Paschal II à Pierre, abbé de Tournus, par lequel il lui confirme les possessions de son monastère : *in (episcopatu) Diensi, ecclesiam de castro Grainan. S. Vincentii, S. Romani, ecclesiam de Torrites. In Tricastinensi, ecclesiam de Valle-Nymphis. S. Martini. S. Mariæ, S. Petri, S. Romani, capellam S. Michaelis de Gaba, ecclesiam de Eleemosyna, S. Mariæ de Grainan. In Aurasicensi, ecclesiam de Dosera... In Viennensi, cellam S. Agnetis de Mota, S. Martini de Aziaco cum cœmeterio, S. Verani de Rivas, ecclesiam de Fai, S. Joannis de castro Miron, ecclesiam de Villanova, capellam S. Michaelis de Albon, ecclesiam S. Saturnini cum parochia, cellam S. Philiberti de Minniaco, ecclesiam S. Romani, S. Andreæ, ecclesiam S. Ferreoli... — Justis votis.*

CHIFFLET, *Hist. de Tournus*, pr. 404. JUÉNIN, *Nouv. hist. de Tournus*, pr. 147. *Patrol. lat.* CLXIII, 161-4. *Mém. acad. Clermont-Ferrand*, XVIII. 400. *Mon. pont. Arvern.* 115. = JAFFÉ, 4501—6033.

**2917** Zagarolo, 15 mai 1105.

Bulle du pape Paschal II adressée aux moines de St-André de Rosans. Par déférence pour le monastère de Cluny et son abbé Hugues, et avec le consentement par chirographe d'Isoard *(Hi-dus)*, évêque de Gap, il agrée la demande qu'ils lui ont transmise par leur prieur Almerius et leur accorde la protection apostolique ; il leur confirme la possession de l'église de St-Arey de Rosans *(S. Arigii de Rosano)*, avec ses dépendances, suivant les concessions des évêques de Gap *(Wapic.)* Hugues et Féraud. — *Ad hoc nos dispon.*

BERNARD-BRUEL, *Chartes de Cluny*, V, 192-3, n° 3833. ALBANÉS, *Gallia christ. noviss.* I, instr. 539-40.

**2918** (Zagarolo, après 15 mai 1105).

Lettre d'[Isoard], évêque de Gap *(Vuapincen.)* à Hugues, abbé de Cluny. Tandis qu'il se trouvait en présence de Paschal II, frère Pierre, camérier du pape et moine de Cluny, l'a prié de donner à son monastère l'église de Ste-Marie de Veynes *(Vedeneto)*, partie de son patrimoine. Il la lui concède, sauf la redevance *(justitia)* synodale. *Ego Isoardus episcopus subscripsi.*

*Gallia christ. nova*, I, instr. 86. BERNARD-BRUEL, *Chartes de Cluny*, V, 193-4. n° 3834. = ROMAN, 7b. *Gallia christ. noviss.* I, 474.

**2919** Embrun, 25 juin 1105.

Benoît, archevêque d'Embrun, donne et confirme à la prévôté, de St-Laurent (d'Oulx, *Plebs martyrum)* l'église de Briançon, avec ses chapelles, dîmes, etc., avec l'approbation de ses chanoines. Fait dans le palais

de l'évêque, m. jun., fer. 7, luna 28, a° 1. D. 1105, ind. 11 [= 13].
RIVAUTELLA, Ulcien. eccl. Chartar. 159, n° 187. FORNIER (Marc.). Hist. Alpes Marit. III, 200-1. COLLINO, Carte d'Oulx, 89-90. n° 87. = ROMAN, 12ᵇ.

**2920** Latran, 26 novembre 1105.
Lettre du pape Paschal II à tous les évêques, abbés, princes, chevaliers et fidèles des Gaules, au sujet d'un schismatique allemand venu à Rome.
Patrol. lat. CLXIII, 179. = JAFFÉ, 4515—6054.

**2921** (Après 1105).
La femme de Jarenton, Adaldisia, qui avait approuvé la cession de son mari aux moines de Domène, éleva des difficultés jusqu'à ce que le prieur Hugues lui eût donné 20 sols.
MONTEYNARD, Cart. de Domène, 40-1, n° 36, 2.

**2922** (1105/1118).
Confirmation par Benoît, archevêque d'Embrun, à l'abbaye de St-Victor, Pons étant abbé, de tout ce qu'elle possède dans son diocèse et de ce qu'elle acquerra à l'avenir, à charge de lui rendre obéissance ainsi qu'au chapitre. Témoin : Bonusbellus, doyen.
Arch. des Bouches-du-Rhône. G. 383, orig. = ROMAN, 13ᵛ.

**2923** (Embrun), mai (1105/1118).
Benoît, archevêque d'Embrun, et ses chanoines confirment à frère Rainaud et au monastère de St-Honorat l'église de St-Saturnin sur le chemin public hors de la ville. Donné devant l'église de Notre-Dame. Témoins : Galdin, prévôt, Bonseigneur *(Bonus Senior)* sacristain, etc.
MORIS et BLANC, Cart. de Lérins, I, 239-40, n° 233.

**2924** (1105/1122).
Martin Giraldi donne à l'Hôpital de Jérusalem son bénéfice *(honor)* en Champsaur et reçoit 30 sols ; du conseil de Laugier, évêque [de Gap], du sacristain Pierre, etc.
GUILLAUME (P.), dans Bull. hist.-archéol. Valence (1881), I, 180 (à part. 20), n° 16. = ROMAN, 13ᵛ.

**2925** (1105/1122).
Pierre Abo donne au St-Sépulcre et à l'église de l'Hôpital de St-Jean de Jérusalem, au maître *(senadoxio)* Gérard et aux frères son bénéfice *(honor)*, consistant en cens, dîmes, prés, champs, terres, à la montagne Chauvet *(Calveti)*, au torrent de la Bonne *(fons Abonis)*, au Châtelard, au château de Bréziers au-delà de la Durance, à Paraloup, aux Costes et à Molines, aux Sallettes *(Saletas)*. Fait du conseil de ses frères, etc., sous le témoignage de Laugier, évêque [de Gap], du sacristain Pierre, etc. — *Auctoritate*.
GUILLAUME (P.), dans Bull. hist.-archéol. Valence (1881), I, 158-9 (à part, 16), n° 9. = ROMAN, 13ᵛ.

**2926** (Vers 1106).
Ainard, son frère Béroard et sa femme Bonadomina et leur mère Gauçoara donnent à l'église de Saint-Laurent (d'Oulx, *de Plebe martyrum*) et à ses chanoines leurs dîmes dans la paroisse de St-Christophe de Pâquier *(Pascherio)* et reçoivent une mule de 120 sols et 4 livres en deniers. Ils s'engagent à obtenir l'approbation de leurs seigneurs. Témoins : Pierre de la Tour, etc.

MOULINET, Coll. titres fam. de la Tour, 1ᵇ. — RIVAUTELLA. Ulcien. eccl. Chartar. 199, n° 248. COLLINO, Carte d'Oulx, 76-7, n° 68.

**2927** (1106?).
Alcherius, à la prière de son fils Aténulphe, moine, et de ses frères, donne aux frères qui habitent le désert de la Chartreuse une vallée limitée au nord par le Guiers *(Guerus)* mort.
LE COUTEULX, Ann. Cartus. I, 168.

**2928** Domène, (vers 1106).
Après la mort de Géraud et de Mentia, le fils de celle-ci, Didier, chercha querelle au sujet de leur donation à Domène [1085], puis vint un dimanche au monastère, devant le prieur Geoffroi *(Gaufredus)* et confirma l'acte, pour obtenir sa conversion *(ut Deus eum melioraret)*. Témoins : le chanoine Fouque, etc.
MONTEYNARD, Cart. de Domène, 142, n° 165, 2.

**2929** (1106?).
Les frères de la Chartreuse demandent à Humbert de Miribel *(Mirabel)* de confirmer la donation que leur a faite Alcherius. Il proteste d'abord que celui-ci et ses fils n'ont aucun droit dans cette vallée, puis en fait abandon avec son fils Boniface.
LE COUTEULX, Ann. Cartus. I, 169.

**2930** St-Martin, (vers 1106).
Pierre de la Tour *(de Turre)* et sa femme Gotolende donnent aux chanoines de St-Laurent (d'Oulx, *de Plebe martyrum*) les dîmes qu'ils perçoivent dans la paroisse de St-Christophe et St-André de la Cluse. Don fait près du puits *(puteum)* de St-Martin [près Cluse]. Témoins : le prieur Jean, Guillaume *Pilis vetus*, etc.
MOULINET, Coll. titres fam. de la Tour, 1ᵇ. — RIVAUTELLA, Ulcien eccl. Chartar. 200, n° 249. COLLINO, Carte d'Oulx, 77-8, n° 70.

**2931** 8 février 1106.
Hugues, évêque de Grenoble, du conseil de ses chanoines, concède à Lantelme, prévôt d'Oulx *(Ulcen.)*, les églises de St-Christophe et de St-Martin et la chapelle du château de la Cluse *(Clusa)*, pour garantir sa fidélité au sujet de l'église de St-Donat, sous le cens annuel de 12 setiers de froment (mesure de Grenoble) et 4 sols, non compris la parée *(parata)* ...ind. 14,... luna 2 fer. 5. Seings du doyen Guigues et des chanoines... Oalricus, etc.
RIVAUTELLA. Ulcien. eccl. Chartar. 199, n° 247. COLLINO, Carte d'Oulx, 90-1, n° 88.

**2932** 21 mars 1106.
Guillaume [de Domène] se donne à Dieu le jour de la fête de sᵗ Benoît, dont il prend l'habit, et fait don [au monastère] de Domène de plusieurs redevances *(honor)* sur des manses, clos, champs, vignes, bois, y compris des terres qui furent la dot de sa mère. Cet acte est corroboré par le comte Guigues *(Vuigo)* et son épouse la Reine *(Regina)*, originaire d'Angleterre *(qua fuit de Anglia)*, pour le repos de sa mère, qui est ensevelie là. Témoins : Guillaume de Sassenage *(Cassinatico)*, etc. ...ind. 14, temp. d. Hugonis prioris II. Donnent leur approbation, le seigneur Ainard, son fils de même nom, Béatrix femme du seigᵗ Ponce et ses fils, Vuilla sœur de Guillaume, etc.

BRIZARD, *Hist. de la mais. de Beaumont*, II, 5. MONTEY-
NARD, *Cart. de Domène*, 19-21, n° 17. *LE COUTEULX, *Ann.
Cartus.* I, 189.

**2933** (Vers 1106).
Après la mort de Guillaume [de Domène], sa sœur
Vuilla et ses fils cherchèrent difficulté aux moines de
Domène au sujet du défrichement *(exartariæ)* de
mont *Monreti*, puis renoncèrent à leurs réclamations
de desto d. *Vuillelmi*. Témoins : le chanoine Fouque,
l'écolâtre *(scolarius)* Guillaume, etc.
BRIZARD, *Hist. de la mais. de Beaumont*, II, 5. MONTEY-
NARD, *Cart. de Domène*, 21, n° 17.

**2934** Lyon, 31 mars 1106.
Sur l'ordre du pape Paschal II, Hugues, archevêque
de Lyon et légat du s' Siège apostolique, termine un
différend entre les clercs de Besançon et Jarenton abbé
[de St-Bénigne] de Dijon, de concert avec les évêques
Hugues de Grenoble, Ismidon *(Ismio)* de Die, etc. Act.
*Luqduni publice.... sabbato in Albis.*
PÉRARD, *Rec. pièces Bourgogne*, 209-10. BOUQUET, XIV,
797. *Patrol. lat.* CLVII, 526-7. = BRÉQ. II, 374.

**2935** 26 mai 1106.
Raymond, évêque de Nîmes *(Nemaus.)*, du consentement de ses chanoines : le doyen Gaucelin, l'archidiacre Fredelon, le sacristain Pierre et le trésorier *(camerarius)* Guillaume, met sous la direction de Le[t]bert,
abbé de St-Ruf *(S. Ruphi)*, l'église de St-Geniès de Manduel *(Mandolio)*, avec sa succursale *(suffraganea)* l'église
de Notre-Dame de Lignan *(S. Maria de Irignano)*,
sauf l'obéissance à l'église de Nîmes et une redevance
à chaque synode de 2 sols à la grande église et de
4 *nummi* à la petite ; de plus, l'évêque aura droit de
être reçu une fois par an avec 4 compagnons.... *11 [20]
luna....*
CHEVALIER (U.), *Codex diplom. S. Rufi*, 11-2. n° 7.

**2936** Vienne, 25 septembre (1106/1112).
A la prière d'Hunald, abbé du monastère de St-Oyand
*(S. Eugendi)*, et de son moine Aimon, prieur de Quintenas *(Quintinaco)*, Guy *(Wido)*, archevêque de Vienne,
concède à leur abbaye l'église de St-Martin de Ruffey
*(Ruflaco)*, avec ses dîmes et dépendances, sous le cens
annuel de 10 sols et 3 livres de cire, outre les revenus
synodaux ou parées *(paratæ)*. Seings du doyen Sieboud
*(Sigibodus)*, des archidiacres Aimar. Silvius et Guil-
laume de Pinet, du précenteur Pierre de *Milleio*, du précenteur Guigues de Surieu *(Sivreio)*, du sacristain Girbert de Peyraud *(Perau)*. Act. *Viennæ, in capitulo
S. Mauritii.*
CHEVALIER (C. U. J.), dans *Rev. du Lyonnais* (1868), 3ᵉ sér.,
V, 78-9. cf. 483-5 ; *Doc. inéd. relat. à l'égl. de Lyon*, 30-1 ;
*Cart. de St-André-le-Bas*, 280, n° 69*. Trad. BENOIT (P.), *Hist.
abb. St-Claude*, I, 441-2. = MAZON (A.), *Orig. égl. Vivarais*,
I. 240-2.

6 octobre 1106 = 6 octobre 1101.

**2937** 22 octobre 1106.
Au concile de Guastalla, tenu par le pape Paschal II,
assiste un légat *pro Bituricensi et Viennensi archiepis-
copis.*
ACHERY (d'), *Spicil.* V, 510-1. LABBE, X, 748-52. HARDUIN.
VI, II, 1881. MARTÈNE, *Thes. nov. anecd.* IV, 127-8. COLETI,
XII, 1127-32. MANSI, XX. 1209. AFFÒ. *Chiesa Guastall.* 51-69.
ENDLICHER, *Rer. Hung. mon. Arpad.* 375. = JAFFÉ, p. 492—726.

**2938** Guastalla, 25 octobre 1106.
Encyclique du pape Paschal aux évêques des Gaules
pour la punition de l'assassin de l'abbé de Vézelay. —
*Sacerdotalis.*
ACHERY (d'), *Spicil.*, 2ᵉ, II, 506. BOUQUET, XV, 34. MANSI, XX,
1031. *Patrol. lat.* CLXIII, 196. = JAFFÉ, 4538—6096.

**2939** (1106/1107).
Adémar Gautier *(Walterius)*, de Crémieu *(Cremiaco)*,
au pagus de Vienne, donne au monastère de Cluny,
par le conseil *(laudamentum)* de son frère Wichard,
moine de St-Chef *(S. Theuderio)*, ce qu'il possède à
l'Amballand *(villa Ambelenis)* et dans la châtellenie
d'Auberive *(Alba Ripa)* ; approbation de sa femme Elisabeth et de ses 3 fils. *Fact. sub d. Pascali papa II*, aᵉ 58
d. *Hugonis Cluniac. abb.*
DELACHENAL (R.), *Hist. de Crémieu* (1889), 467. BERNARD-
BRUEL, *Chartes de Cluny*, V, 202, n° 3849.

**2940** (1106/1122).
Etienne Mauvesin *(Malusvicinus)*, se sentant en danger de mort quoique jeune, se fait moine de Cluny et
donne à l'abbé Pons et à l'église de St-André dans un
faubourg de Gap sa part d'une maison hors de la ville
et la 1/2 d'une vigne ; son frère Léon approuve en
plaçant le Missel sur l'autel.
GUILLAUME (P.), dans *Bull. hist.-archéol. Valence*, II, 259
(à part., II) ; *Bull. soc. étud. Htes-Alpes*, III, 396. n° 17. =
ROMAN, 13.

**2941** (1106/1122).
Gérard Malteint *(Maletinctus)*, par crainte de ses péchés et amour du Christ, se fait moine de Cluny à la fin
de sa vie ; il donne une vigne au monastère de St-André. Témoins : Laugier II, évêque [de Gap], Pierre, sacristain, etc.
GUILLAUME (P.), dans *Bull. hist.-archéol. Valence*, II, 259
(à part. II) ; *Bull. soc. étud. Htes-Alpes*, III, 396. n° 16.

**2942** (Avant 1107).
Chirographe *(cyrografhum)* de Guy *(Guido)*, archevêque de Vienne, par lequel il concède, du consentement de ses clercs, à l'abbaye de St-André, pour la
nourriture commune, les églises énumérées dans la
bulle du 7 févr. 1107.
Mentionné dans cette bulle.

**2943** (Avant 1107).
*Pontificale Valentinum. — Professio episcopi* Valen-
*tine ecclesie* [Eustache] *matri ecclesie Viennensi sub
manu domini Guidonis* [facta], f° 19. — *Ordo ad consilium agendum*, f° 41 [d'une autre main].
Rome, Bibl. du Vatican, ms. Ottoboni 256, in-8° de 91 f.
parch. — EHRENSBERGER (H.), *Libri liturg. bibliolh. apost.
Vaticanae mss.* (Friburgi Brisg. 1897), 555-6.

**2944** (Vers 1107).
Le chanoine Fulcon, dit fils de Géraud et d'Astrude,
donne sur l'autel de St-Pierre au monastère de Domène
sa part des dîmes de St-Jean[-le-Vieux], de la paroisse
de Villard-Bonnot *(Vilkaris Bonaldi)* et de Lancey *(villa
de Lanciaco)*, son serf *(homo)* Pierre Castancus, une
châtaigneraie *(castaneretum)*, etc. Témoins : le prieur
Hugues et ses frères, etc.
MONTEYNARD, *Cart. de Domène*, 117-8, n° 136

**2945**  Domène, (vers 1107).

Le chanoine Fulcon donne aux moines clunisiens de Domène la dîme qu'il prélevait dans la paroisse de Villard-Bonnot *(Villare Bonaldi)*. Fait au parloir *(parlatorio)* du temps du prieur Hugues III de la Porte. Témoins : le prêtre Paganus, l'écolâtre *(scolaris)* Guillaume.

MONTEYNARD, *Cart. de Domène*. 128-9, n° 150.

**2946**  (Vers 1107).

Guigues *(Vuigo)* et Fouque *(Fulco)*, fils de Gérard, donnent au lieu de Domène leurs dîmes à Sommier *(Sommerius)* et au mont *Seurvosi* et la 1/2 de celles des terres défrichées *(exartariæ)* du mont Garcin ; le prieur Hugues leur donne 13 sols.

MONTEYNARD, *Cart. de Domène*. 109, n° 125.

**2947**  (Vers 1107).

Guigues *(Vuigo)* Ebrard donna au monastère de Domène un champ à Croset *(C-tum)*. Isard, qui avait épousé sa fille Aquilina, demanda au prieur Hugues de le lui céder en échange de la terre que Guigues avait donnée à sa fille à Monteymont *(in Monte Aymonis)* ; le tout ferait retour au monastère à la mort de sa femme.

MONTEYNARD, *Cart. de Domène*, 107-8, n° 122.

**2948**  (Vers 1107).

Hugues, prieur de Domène, reçut en gage *(guatgeria)* de Pierre Brun la 8ᵉ partie du droit de dîme *(decimaria)*, à Theys *(Tedesio)*, moyennant 100 sols Valentinois *(Valenciani)* ; le seigneur Ainard, frère de Ponce, s'en porta garant. A l'approche de la mort de Pierre Brun, ses fils, Nantelme et Artold, et ses amis vinrent demander sa réception comme moine, ce qu'on accorda, mais sous la condition préalable, du conseil d'Humbert Benoît et Morard de Theys, de donner la susdite dîme et de se porter garants de l'éviction. Témoins : Hugues de la Porte, le chanoine Fulcon. Après la mort de Pierre Brun, sa femme Eglantine approuva ce don.

MONTEYNARD, *Cart. de Domène*. 142-3, n° 166.

**2949**  (Vers 1107).

Hugues, prieur de Domène, concède à Pierre Murgerius, de St-Mury-Monteymont *(Monte Aymonis)*, et à ses frères la moitié d'un manse, sous la redevance de 30 bottes *(costæ circulorum)* en septembre et de 2 sols 1/2 à Noël ; il leur cède aussi pour 15 sols un champ en gage *(in guadio)* au-dessous de l'église de Ste-Agnès. Fait en présence de dame Agnès.

MONTEYNARD, *Cart. de Domène*, 166-7, n° 191.

**2950**  (Vers 1107).

Le chevalier Morard se désiste de ses prétentions sur le manse de Brignoud donné à Domène par Ysimon, en présence des chanoines Aimon de Maurienne et Rostaing de Grenoble. Plus tard, il se repent de sa donation ; lui et le prieur Hugues se rendent à la cour de l'évêque de Grenoble, dont le jugement le condamne, mais le prieur lui donne 11 sols et 4 setiers d'avoine. Enfin, touchant au terme de sa vie, il sollicite l'habit monastique, qu'on lui accorde à la demande de son chapelain Pierre et de Pierre, chanoine de St-Martin [-de-Miséré]. Son épouse Lebrelia, avec sa fille Rostagna et son mari Conon, corroborent sa donation, en présence du chanoine Fouque, etc.

MONTEYNARD, *Cart. de Domène*, 133-4, n° 156, 2.

**2951**  1107.

Berlion de la Tour et ses fils Girold et Walon donnent à Humbert, prieur d'Inimont en Bresse, tout ce qu'ils avaient dans cette terre.

FONTANIEU, *Cart. du Dauph.* I, 95ᵇ. MOULINET, *Coll. titres fam. de la Tour*, 1ᵇ. — GUICHENON, *Bibl. Sebas.* 400 ; (1780), 124. \*VALBONNAYS, *Hist. de Dauph.* I, 180. = GEORG. I, 484. BRÉQ. II, 389.

**2952**  1107.

Francon de Biviers *(Biveu)*, dit Chassepoule *(Cassa ou Cassal Pullum)*, sa femme et ses fils vendent à Hugues, évêque [de Grenoble], une terre près de la condamine épiscopale de l'Orme *(ad Ulmum)*, que son beau-père Richard de *monte Essuto* avait donnée en dot à sa fille, pour le prix de 8 sols. Seings du convers Guigues, etc. *Amotus scr.*

MARION, *Cart. de Grenoble*, 102, n° 23.

**2953**  1107.

Géraud, évêque de Lausanne *(Lausonn.)*, promet soumission et obéissance à l'église de Besançon *(Crisopolit.)*, en présence de Guy, archevêque de Vienne.

WAITZ (G.). dans *Neu. Archiv Ges. ält. deut. Gesch.* (1877), III, 196.

**2954**  Morges, 1107.

Guigues de Baix *(Bais)* abandonne *(guirpisco)* à St-Vincent et à Hugues, évêque de Grenoble, les dîmes qu'il tenait dans la paroisse de St-Arey *(S. Erigii)*, à Mayres *(Maires)* et Roach. Fait en présence de chanoines, devant l'église de St-Sébastien de *Morgas*... *Amatus scr*.

MARION, *Cartul. de Grenoble*, 177, n° 121.

**2955**  Grenoble, 1107.

Sur le point d'aller [en pèlerinage] à St-Jacques [de Compostelle], le comte Guigues *(Vuigo)* fait venir à Grenoble Hugues, prieur de Domène, et renonce entre ses mains aux prétentions qu'il faisait valoir depuis plusieurs années sur la métairie *(cabannaria)* de Pommier *(Pomerium)*, au mandement du château de Voreppe *(Vorappiæ)*, donnée au monastère par Isard de Voreppe après la mort de sa mère Fecenna. Fait en présence de dame Reine *(Regina)*, épouse du comte Guigues, et de plusieurs nobles : Berlion de Moirans *(Moirenco)*, Rodolphe des Ayes *(Aia)*, Guillaume de Sassenage *(Cassinatico)*, etc.

FONTANIEU, *Hist. de Dauph.* II. 129 ; *Cart. du Dauph.* I, 94ᵇ. SALVAING DE BOISSIEU, *Usage des fiefs*, 2ᵉ, 483 ; 3ᵉ, II. 229. MONTEYNARD, *Cart. de Domène*, 37-8, n° 33.

**2956**  Rozan, 1107

Guigues *(Vuigo)* de Domène et son épouse Vuillelme avaient donné, après leur mort, au monastère de Domène le manse de Lavars *(Larvaxe)*. Leur fils Guillaume se faisant moine, à sa mort, rendit ce manse et chargea les moines de le racheter de Guigues de Baix *(Basio)*, à qui il l'avait remis en gage *(guadio)* pour 50 sols. Ce

Guigues voulant l'enlever aux moines, on vint en jugement *(placitum)* devant Ismidon, évêque de Die, et Reine *(Regina)*, épouse du comte Guigues *(Vuigo)* ; il en fit l'abandon, moyennant 100 sols, devant Rodolphe des Ayes *(de Laya)*, Guillaume de Sassenage *(Cassinatico)*, maître Ulric *(Odulricus)*, l'écolâtre *(scolarius)* Guillaume, etc. Fait dans l'église de Roxannis, du temps du prieur Hugues II.

MONTEYNARD, *Cart. de Domène*, 22-3, n° 18.

**2957** (Vers 1107).

Mallen Bâtard *(Bastardus)* vend à l'évêque de Grenoble, pour 3 sols, les droits que lui avait donnés Morard Jouvenceau *(Jovencellus)* sur la terre vendue par Francon de Biveu. Morard cède à l'évêque sa souveraineté *(dominatio)* et sa seigneurie *(senioratus)* sur diverses terres, moyennant 6 sols.

Relaté dans la charte de 1107 (n° 2956). — MARION, *Cart. de Grenoble*, 102.

**2958** 1107.

Radulfe, à son ordination comme évêque de Bâle, promet soumission et obéissance à l'église de Besançon *(Vesontion.)*, en présence de Guy, archevêque de Vienne.

WAITZ (G.), dans *Neu. Archiv Ges. ält. deut. Gesch.* (1877), III, 196.

**2959** 1107.

Willencus, évêque de Sion *(Sedun.)*, rend aux chanoines de l'église de St-Pierre de Haute-Pierre *(de Alta Petra)* tout ce que lui ou d'autres détenaient de ses biens. Ce don est confirmé par Guy *(Wido)*, archevêque de Vienne et vicaire par autorité apostolique du siège de Besançon... *ind. 15.*

CHIFFLET, *Coll. Burgund* (Bruxelles, Bolland.). — *Gallia christ. nova*, XII, instr. 430 ; cf. XV, 39 ; XVI, 77. FURRER, *Gesch. von Wallis*, III, 35. GRIMAUD (J.), dans *Mém.-doc. soc. hist. Suisse romande*, XXIX, 75. BERNARD-BRUEL, *Chartes de Cluny*, V, 216-7, n° 3865. = *Schw. Urk.* 1534.

**2960** Lyon, 29 janvier 1107.

Le pape Paschal II termine la querelle, pendante depuis de longues années et agitée dans plusieurs conciles, entre Guy *(Guido)*, archevêque de Vienne, et Hugues, évêque de Grenoble, au sujet du pagus de Sermorens *(Salmoracen.)* : il en fait une division équitable, en attribuant à chaque église la part la plus proche. Vienne cède le territoire entre la Bourne et l'Isère du côté de Grenoble. L'évêque de Grenoble possèdera l'église de St-Donat, [bien que] comprise dans le diocèse *(parrochia)* de Vienne, dont l'archevêque aura seulement le droit d'ordonner les clercs et de consacrer les églises. Les 22 châteaux, avec leurs églises, paroisses et mandements, sont partagés par égalité ; Vienne aura : St-Geoirs *(S. Georgii)*, Bressieux *(Brissiacum)*, Viriville *(Veteræ Villæ)*, Ornacieux *(Orniciacum)*, Boczosel *(Bociocellum)*, Lemps *(Leemps)*, Plan *(Planilla)*, Clermont *(Clari Montis)*, St-Geoire *(S. Jorii)*, Paladru *(Peladrudi)* et Virieu *(Vireu)* ; à Grenoble : Vinay *(Vinniacum)*, Nerpol *(Nerpoicum)*, Châteauneuf[-de-l'Albenc] *(Castrum Novum)*, Tullins *(Tullinum)*, Rives *(Rivis)*, Moirans *(Moirencum)*, Voiron *(Vorionem)*, Tolvon *(Tulvonis)*, Miribel[-les-Echelles] *(M-llum)*, Le Menuet *(Minuetum de Scalis)*, Voreppe *(Vorapium)*, plus Chasselay *(Cancellaico)*. Assistèrent à ce jugement et accord, *apud Lugdunum*..., les évêques : Richard d'Albano,... Léger de Viviers, Guy de Genève, Eustache de Valence,... et Guigues, comte d'Albon *(Albionen.)*.

Relaté dans la bulle du 2 août 1107. — MARION, *Cart. de Grenoble*, 1-3. = CHORIER, *H. de D.* I, 774-5. MERMET, III, 34. LONGNON, *Atlas*, I, vj.

**2961** 29 janvier 1107.

Le pape Paschal II consacre l'église de St-Martin d'Ainay à Lyon, entouré de nombreux évêques.

BOUQUET, XIII, 728. = JAFFÉ, p. 493-728. MARTIN, 461.

**2962** Cluny, 4 février 1106/7.

Bulle du pape Paschal II, par laquelle il confirme à l'abbé Aimeri les possessions du monastère de la Chaise-Dieu : *monasterium S. Andreæ Viennæ, a Guidone archiepiscopo concessum.* — *Apostolicæ sedis.*

*Mém. acad. Clermont-Ferrand*, XVIII, 403-6. *Mon. pontif. Arvern.* 118. PFLUGK-HARTTUNG, *Acta pont. Rom. ined.* II, 188. PAYRARD (J. B.), dans *Tablettes histor. du Velay* (1877), VIII, 24-6. = MABILLON, *Ann. Bened.* V, 499 ; 2°, 468. *Patrol. lat.* CLXIII, 202. *Hist. de St-Trivier-en-Dombes*, 93. JAFFÉ, 4548-6114. MARTIN, 463.

**2963** Cluny, 4 février 1106/7.

Bulle du pape Paschal II, par laquelle il confirme à l'abbé Itier les possessions du monastère de St-Martin de Savigny : *in episcopatu Diensi, ecclesiam S. Savini Burdellensis, ecclesiam de Gusancio, ecclesiam Cripies, ecclesiam de Culs,...* — *Pix postulatio.*

BERNARD (A.), *Cartul. de Savigny.* I, 424-6. = R. Gen. 242. JAFFÉ, 6115. *Schw. Urkund.* 2858. MARTIN, 464.

**2964** Cluny, 7 février 1106/7.

Bulle du pape Paschal II, par laquelle il confirme à l'abbé Pierre la donation faite à son monastère de St-André[-le-Bas] à Vienne, par l'archevêque Guy, des églises de Malleval *(Mala Valle)*, d'Estrablin *(Stabilino)*, de St-Marcel[-d'Eyzin], de St-Pierre d'Eyzin *(de Aisyno)*, des chapelles de Septème *(Septimo)* et de Pinet. — *Officii nostri.*

*Gallia christ. nova*, XVI, instr. 28-9. CHEVALIER (U.), *Cart. de St-André-le-Bas*, 140-1, n° 196. = JAFFÉ, -6120.

**2965** St-Hippolyte, 8 février 1106/7.

Bulle du pape Paschal II, par laquelle il confirme à l'abbé Hugues les possessions de son monastère de Cluny. — *Religioni vestræ.*

MARRIER, *Bibl. Cluniac.* 537-8. *LABBE, X, 683-4. *Bull. Cluniac.* 34-5. *HARDOUIN, VI, 1, 1823. *COLETI, XII, 1026-7. *MANSI, XX, 1039-40. *Patrol. lat.* CLXIII, 204-5. TROUILLAT, *Mon. de Bâle*, I, 228. *BERNARD-BRUEL, *Chartes de Cluny*, V, 203, n° 3852. = BRÉQ. II, 377. JAFFÉ, 4552-6122.

**2966** Alba, 10 février (1107?).

Lettre du pape Paschal II aux abbés de la Chaise-Dieu et d'Aniane, leur annonçant qu'il a confié à Guy, archevêque de Vienne, et aux évêques A[rbert] d'Avignon, Eu[stache] de Valence et I[smidon] de Die, le jugement de leur querelle au sujet de l'église de Goudargues *(Gordanic.)*. Ils auront à se rendre pour cela à Valence le 25 mai prochain. — *Querelam quæ.*

LOEWENFELD, *Epist. pont. Rom. ined.* 69. = JAFFÉ, -6123.

1ᵉʳ mars 1107 = Mars 1171.

**2967** Romans, 15 mai 1107.

Helisabeth, ses fils, le chanoine Theotbert et Guillaume, son neveu Guillaume et sa femme Elisabeth, du conseil de ses frères Falcon, Guillaume Pagan et Ponce de Crépol *(Crispio)*, donnent à l'église de Romans celle de St-Bonnet-de-Valclérieu *(S. Boneti in agro Cladrense, de valle C-i)*, au pagus de Vienne, avec ses prémices, oblations, décimes, presbytère, etc. et les deux chapelles de St-Victor sur la colline et de St-Vallier *(S. Valerii)*. Deux tiers des dîmes, à l'exception de celle du vin, sont données par Pierre Mallen et autres et par Barnard Rostaing et autres. Témoins... *fer. 4, luna 20, d. Guidone Viennen. archiepiscopo atque Sedis apostolicæ legato, in Romanen. abbatia præsid.*, en sa présence.

Giraud, *Hist. S. Barnard-Romans*, II, pr. 54-5, n° 234.

**2968** Vienne, (après 14 juillet 1107).

Le pape Paschal consacre le cimetière autour de l'église de St-Maurice.

Relaté dans les bulles des 25 févr. 1120 et 22 mai 1157.

**2969** Valence, juillet 1107.

Jugement du [cardinal-]évêque d'Albano, des évêques d'Angoulême, d'Avignon, Eustache de Valence et Gautier de Maguelonne, de six cardinaux, qui déboute de ses prétentions sur l'église de Goudargues *(Gordanica)* l'abbaye de la Chaise-Dieu, qui en avait expulsé les moines de l'abbaye d'Aniane. *Facta... apud Valentiam, tempor. d. Paschalis II papæ et coram eo... ind. 15. Eustachius Valentinæ ecclesiæ interfuit et manu propria S.*

Mabillon, *Ann. Benedict.* V, 676 ; 2°, 640. *Gallia christ. nova*, VI, instr. 297-8. Bouquet, XII, 21 ; XV, 5, 53. = Bréq. II, 384. Jaffé, p. 495-732.

**2970** Valence, 20 juillet 1107.

Bulle du pape Paschal II en faveur de l'abbaye de St-Chaffre *(S. Theofredi)*. *Dat... cum esset in Gallia apud Valentiam. — Postulationi vestræ.*

Chevalier (U.), *Cartul. de St-Chaffre*, 19, n° 19. Loewenfeld, *Epist. pont. Rom. ined.* 70. = Jaffé, 6160.

**2971** Valence, 21 juillet 1107.

Bulle du pape Paschal, par laquelle il confirme aux chanoines de St-Irénée de Lyon, les donations de l'archevêque Hugues. *Dat. Valentiæ...*

Auvray (L.), dans *Bibl. de l'éc. d. Chartes*, LII, 482-3. Kehr (P.), dans *Nachr. Ges. Wissensch. Göttingen, philol.-histor.* (1901), 1 (à part, 89-90).

**2972** St-Marcel[-lès-Valence], 25 juillet 1107.

Bulle du pape Paschal II adressée aux moines de St-Gilles *(S. Ægydii)*, leur annonçant que le comte Bertrand est venu se résipiscence de ses méfaits contre eux et a été relevé de l'excommunication. *Act. apud cellam S. Marcelli... ind. 15, præsentibus episcopis Eustachio Valentino... et proceribus Guilemo Ugonis de Montilio... - - Propter oppressiones.*

Ménard, *Hist. de la ville de Nismes*, I, pr. 27-8. Bouquet, XV, 38. *Patrol. lat.* CLXIII, 223-4. Goiffon, *Bull. de St-Gilles*, 46-7. = *Hist. de Languedoc*, 3°, V, 1712-3. Bréq. II, 384. Jaffé, 4575—6161.

**2973** La Sône, 29 juillet 1107.

Bulle du pape Paschal II *(Paschasius !)* adressée aux chanoines de l'église de Romans, par laquelle il leur confirme la possession des biens donnés par s' Barnard leur fondateur, et par l'archevêque de Vienne Léger de vénérable mémoire. Leur prévôt ou abbé devra être élu par le consentement des frères, suivant la constitution de Grégoire [VII] et confirmé par le pape, sauf la soumission à l'église de Vienne. Il assure la liberté et la paix de la ville adjacente à l'église. On continuera de porter chaque année un setier d'amandes au palais de Latran. *Dat. apud villam Lousonnæ... — Sicut injusta.*

Valbonnays. 7° Reg., n° 32 (1111). — Giraud, *Hist. S. Barnard-Romans*, I, pr. 16-8. = Jaffé, 6162.

**2974** (1107).

Lettre de Richard, [cardinal-]évêque d'Albano, au pape Paschal II. En visitant, sur son ordre, les églises de Provence, il a été frappé de l'état misérable de celle de Trois-Châteaux et de la prospérité de celle d'Orange. L'archevêque [d'Arles] et ses suffragants sont d'accord pour solliciter leur séparation.

Duhamel (L.), dans *Mém. acad. Vaucluse* (1896), XV, 389-90. Albanés-Chevalier, *Gallia christ. noviss.* VI.

**2975** St-Pierre-d'Allevard, 2 août 1107.

Bulle du pape Paschal II, dans laquelle il relate son jugement qui a mis fin à la querelle entre Guy, archevêque de Vienne, et Hugues, évêque de Grenoble, au sujet du pagus de Sermorens *(Salmorac.)...* Le pape, désireux d'assurer une longue paix entre les deux églises, ordonne que si l'une d'elles veut empiéter sur la part attribuée à l'autre, elle en soit dépossédée au profit de celle-ci. Il insiste pour que le pontife de Vienne n'élève aucune prétention sur les biens de l'église de Grenoble, pas plus que sur celles de Die et de Viviers, ses suffragantes. *Dat... apud ecclesiam S. Petri de Alavardo. . — Inter venerabiles fratres.*

Cart. d'Aimon de Chissé (Not. anal. 25, n° 62). Fontanieu, *Hist. de Dauph.* II. 121 ; *Cart. du Dauph.* I, 94. Chorier, *Estat polit.* II, 109-17. Mabillon et Ruinart, *(Œuvr. posth.* III, 376. Petit, *Theodori Pœnitent.* II, 536-8. Ulcien, *eccl. chartar.* 65-7. Mansi, XX. 1039. Charvet, 659-61. Durand de Maillane, *Libertez de l'égl. Gallic.* III, 413-4. Bouquet, XIV, 761-2 ; XV, 39. Boys (A. du), *Vie de s¹ Hugues*, 462-4. *Patrol. lat.* CLXIII, 224-5. *Gallia christ. nova*, XVI, instr. 29-30. Marion, *Cart. de Grenoble*, 1-3. n° 1. Trepier, dans *Doc. acad. Savoie*, VI, 77-9. Le Couteulx, *Ann. Cartus.*, I, 170-1. Collino, *Carte d'Oulx*, 91-3. = Bréq. II, 384. *Doc. hist. inéd.* I, 269. Jaffé, 4576-6163. R. Gen. 244.

**2976** (Avant 27 août 1107).

Lettre du pape Paschal II à l'archevêque d'Arles au sujet de la séparation des églises d'Orange et de Trois-Châteaux.

Mentionnée dans le concile du 27 août 1107.

**2977** Pont-de-Sorgues, 27 août 1107.

Les clercs d'Orange ayant sollicité du pape Paschal II la séparation de leur église d'avec celle de Trois-Châteaux, le pontife ordonna à son vicaire Richard, évêque d'Albano, de convoquer au Pont-de-Sorgues l'archevêque d'Arles, ses suffragants et l'évêque de Viviers. On y rendit aux clercs d'Orange la faculté d'élire un évêque ;

leur choix tomba sur Bérenger, chanoine de St-Ruf (S. Ruphi)... *Ego Lebertus, abbas S. Ruphi, firm.*
Gallia christ. nova, I, instr. 131-2. DUHAMEL (L.), dans Mém. acad. Vaucluse, XV, 395-6. Gallia christ. noviss. III, 189 ; VI. = BOYER, St-Paul-Trois-Chât. 57. MANTEYER, Prov. 308.

**2978** 8 septembre 1107.
Le pape Paschal II réitère aux évêques R[aymond] d'Uzès, A[rbert] d'Avignon et C[= Eustache] de Valence l'ordre de se rendre le 26 févr. suiv. à Nîmes pour terminer le différend entre les frères d'Aniane et de la Chaise-Dieu au sujet de l'église de Goudargues *(Gordanic.)*
Mss. : Paris, Bibl. Nat. lat. 12772, 23 ; 13816, 71ᵇ. = JAFFÉ, -6166.

**2979** 11 septembre (1107?).
Obit de Gautier Chaunais *(Calnesius)*, moine de la Chartreuse, ancien chanoine de Grenoble.
LE COUTEULX, Ann. Cartus. I, 171-2. LE VASSEUR, Ephemer. Cartus. III, 372ᵃ.

**2980** 23 novembre 1107.
Le convers Guigues acquiert pour l'évêque Hugues [de Grenoble] un quarton ou sommée de vin sur la vigne épiscopale de Miséré *(Misereu)*, qu'Humbert Aldulfe avait reçu de son beau-frère Morard Jouvencel *(Jovencelli)*, au prix de 7 sols. ...*ind. 1*... *Amatus scr.*
MARION, Cart. de Grenoble, 87, n° 9.

**2981** Latran, 15 décembre 1107.
Lettre du pape Paschal II aux évêques des deux rives du Rhône *(citra vel ultra Rodanum)*, défendant de rien exiger de nouveau des moines de St-Gilles sans l'assentiment du St-Siège.
PFLUGK-HARTTUNG, Acta pont. Rom. ined. I, 95. GOIFFON, Bull. de St-Gilles, 47-8. = JAFFÉ, -6177. Hist. Jahrb. II, 113.

1107/1118, Lyon = (1109/1115).

**2982** (1107/1132, vers 1115).
Dénombrement [Pouillé] des églises du diocèse de Grenoble, [dans les archiprêtrés de Vienne, de Savoie, de Grenoble et d'au-delà du Drac], avec indication du chiffre de deniers dus par chaque église, chapelle ou monastère pour la réception de l'évêque *(parata,* droit de procuration pour la tournée pastorale).
MARION, Cart. de Grenoble, 183-93, n° 1. TREPIER, dans Doc. acad. Savoie (1888), VI, 79-89. = BELLET (Ch.), dans Bull. hist.-archéol. Valence, II, 6, 10-1 (à part, 8, 11-3).

**2983** (1107/1132, vers 1115).
Dénombrement des églises du diocèse de Grenoble, comprises dans les décanats de Savoie, du Viennois, du Graisivaudan et d'au-delà du Drac qui doivent des cens particuliers, synodiques et autres, à l'évêque : en argent *(sol. Valentinensis seu melioris monetæ quæ currit apud Gratianopolim* ou *den. forcioris monetæ quæ currit in Savoia)* ou en nature *(ad mensuram legalem Gratianopolis* ou *Cambariaci,* cire, miel, huile de noix, vin, froment, seigle, avoine).
MARION, Cart. de Grenoble, 193-8, n° 2. TREPIER, dans Doc. acad. Savoie (1888), VI, 89-94. = Doc. hist. inéd. I, 284.

**2984** (1107/1141).
E[ustache], évêque de Valence, donne l'église de Savasse *(Savacia)* au prieuré de St-Marcel-lès-Chalon.
Gallia christiana nova, IV, 959.

**2985** (Vers 1108).
Lettre du pape Paschal II à R[ichard], évêque d'Albano : un « idiot », moine échappé du monastère de St-Victor de Marseille, a envahi l'église d'Antibes ; [Benoît arch]evêque d'Embrun, malgré l'opposition de ses comprovinciaux, l'a consacré, assisté de prélats étrangers ; l'un et l'autre auront à comparaître devant lui. — *Postquam a nobis.*
PFLUGK-HARTTUNG, Acta pont. Rom. ined. I, 95. MORIS et BLANC, Cart. de Lérins, I, 339, n° 334. = JAFFÉ, -6217.

**2986** (Vers 1108).
Arnaud Mulet, fils d'Odilon, donne à l'église de St-Barnard celle de Marnas, avec son cimetière et une petite vigne. Seings de son frère Guy,... de Gentius de Divajeu *(Deo Adjuva).* — Ensuite, le chanoine Ponce de Pisançon, à qui ses confrères avaient donné cette église en commende, acheta en alleu d'Humbert de Larnage la 1/2 des dîmes pour 32 sols ; il tient l'autre moitié en gage d'Artaud Boniface pour 22 sols 4 den. *Data manu Rodulfi.*
GIRAUD, Hist. S. Barnard-Romans, compl. 44-5, n° 154.

**2987** Grenoble, 1108.
Barnard Lombard *(Longobardus),* le jeune *(infans),* fils de B. L. le vieux, vient à Grenoble dans la maison de l'évêque Hugues et l'autorise à faire prendre dans le bois du Sappey *(boscus Sapetus)* tout ce qui lui sera nécessaire.
MARION, Cart. de Grenoble, 79, n° 1.

**2988** 1108.
Guigues de Beaumont *(Bello Monte),* sa femme Mathilde et leurs enfants vendent en alleu à l'église de Grenoble et à son évêque Hugues, à l'église de St-André en Savoie *(de Savogia)* et au doyen Heirald une pièce de terre dans la paroisse de Vourey ? *(Volvredo),* pour un cheval de 60 sols et une selle *(insellamentum)* de 10. Témoins : divers chevaliers, laïques, prêtres et clercs. *Amatus scr.*
BRIZARD, Hist. généal. mais. Beaumont, II, 6. MARION, Cart. de Grenoble, 168-9, n° 113. TREPIER, dans Doc. acad. Savoie, VI, 95-6.

**2989** (Vers 1108).
Guillaume de Mercurol et son fils Addon abandonnent à l'église de Romans toutes leurs dîmes dans la paroisse de l'église [de St-Pierre] de Marnas *(Marnau)* et reçoivent 22 sols de Guillaume de Spale. Témoins : Guillaume de Clérieu *(Claureu),* Pierre de Miribel *(Mirabel),* Lantelme de Mercurol, Guigues prieur de la Motte, etc.
GIRAUD, Hist. S. Barnard-Romans, compl. 127, n° 298.

**2990** 1108.
Noble Guillaume de St-Nazaire donne aux chartreux du Val-Ste-Marie la montagne de Lente, contenant une lieue ou un peu plus.

Bibl. de Carpentras, ms. 1812, 100. — Trad. CHEVALIER (U.), dans *Journal de Die*, 16 août 1868.

**2991** (Vers 1108).
Obbert (de Genissieu, *Giniceo*) cède à l'église de Romans 8 setérées de terre dans la paroisse de St-Véran, près de St-Paul[-lès-Romans], (qu'il tenait en fief du chanoine Didier), en présence de ses amis et parents et du chapitre de St-Barnard. *Data manu Rodulfi.*

GIRAUD, *Hist. S. Barnard-Romans*, II, pr. 29, n° 153.

**2992** (Vers 1108).
Solistia, à sa mort, donne à l'église de Romans, pour le repos de l'âme de son mari Humbert, 3 setérées de terre à St-Paul-lès-Romans *(villa S. Pauli juxta Romanis)*, près de la condamine de l'église. Son fils Gontard donna ensuite 4 setérées près du manse *Drocianus*, avec l'approbation de son frère le prêtre Folcherius, etc. — *Data manu Rodulfi.*

GIRAUD, *Hist. S. Barnard-Romans*, II, pr. 28, n° 152.

**2993** 1ᵉʳ février 1108.
Pierre Humbert et son frère Guigues rendent et donnent à Ste-Marie, à St-Vincent et à Hugues, évêque de Grenoble, les dîmes des paroisses de Roach *(Roagh)*, Mayres *(Maires)* et St-Arey *(S. Erigii)*, déjà restituées *(guirpivit)* par leur père Humbert de Beaumont *(Bello Monte)*, vers la fin de sa vie, et leur mère Béatrix ... aº pontif. d. Hugonis episc. 28. S. Odolrici, etc., *Guigonis conversi*, etc. *Amatus clericus (canonicus?)* S. R[uphi] scr.

BRIZARD, *Généal. de la mais. de Beaumont*, II, 4. MARION, *Cart. de Grenoble*, 177-8, n° 122.

**2994** 1ᵉʳ février 1108.
Silvion de Sassenage *(Chassanatico)*, fils de Guigues, sa femme Geralda et leurs fils vendent à Ste-Marie, à St-Vincent et à Hugues, évêque de Grenoble, la dîme qu'ils avaient dans la paroisse de St-Paul de Noyarey *(Noiareto)*, au prix de 120 sols de meilleure monnaie. Ses seigneurs Didier et Guillaume de Sassenage donnent leur assentiment ... aº pontif. d. Hugonis episc. Gratianop. 28. Seings (de chanoines), du convers Guigues, etc. *Amatus scr.*

SALVAING DE BOISSIEU, *Usage des fiefs*, 2ᵉ, 447-8 ; 3ᵉ, II, 191. MARION, *Cart. de Grenoble*, 150, n° 90. = BRÉQ. II, 395. *Doc. hist. inéd.* I, 283.

**2995** 22 mars 1108.
Fondation de l'ermitage de Chalais par sᵗ Hugues, évêque de Grenoble, à l'instar de la Grande Chartreuse.

TRACY (P. de), *Vie de sᵗ Bruno* (1785), 437. TERREBASSE, *Inscr.* II, 16-20. LE COUTEULX, *Ann. Cartus.* I, 173-5. COURTRAY (A. M.), dans *Mém.-doc. soc. hist. Suisse Rom.* B, VI, 235. — Cf. 22 mars 1101.

**2996** 30 mars 1108.
Morard Jouvencel *(Jovencellus)* avait cédé pour 20 ans à l'évêque Hugues [de Grenoble] ce qu'il avait sur la métairie *(chabanaria)* de Pierre Aldiardæ, moyennant 40 sols. La 14ᵉ année, il offrit au prélat de prolonger le terme de 20 ans, moyennant 22 sols à lui et à son gendre Conon ; il resta 26 ans à courir. Approbation des femmes Lepredia et Hermengarde ... *ind. 1, aº pontif.*

d. *Hugonis episc.* 28. Seings des chanoines de Grenoble et du convers Guigues. *Amatus scr.*

MARION, *Cart. de Grenoble*, 86-7, n° 8.

**2997** 12 avril 1108.
Ismidon Lombard *(Longobardus)*, sa femme Eufémie, leur fils et leurs petites-filles cèdent *(guirpimus)* à St-Vincent et à Hugues, évêque de Grenoble, le tiers de la dîme de la paroisse de St-Victor de Meylan *(Meiolano)*, qui s'étend de l'Isère à la Vence et de la paroisse de St-Ferréol à celle de St-Ismier *(S. Imerii)*, moyennant 50 sols. Cette cession est approuvée par Chatbert de Morêtel *(Maurestello)* et par Pierre de la Balme *(Balma)* ... aº pontif. d. episc. Hugonis 28. Seings du doyen Guigues, des chanoines de Grenoble, etc., de Barnard de Domène, qui tenait cette dîme en gage *(guadimonio)*. *Amatus scr.*

MARION, *Cart. de Grenoble*, 90-1, n° 13.

**2998** 13 avril 1108 (1105 ?).
Accord *(Placitum)* entre Ponce de Port, évêque de [St-Paul-]Trois-Châteaux, et Rodolphe Granet et ses fils, au sujet des droits du baile *(bajulus)* de l'évêque et du viguier *(vicarius)*, des revendeurs *(manganerii)* et des bouchers *(massellarii)* ... *Facta ... concordia ... fer. 1, ... luna 21, concurr. 6, ind. 13.*

FILLET (L.), dans *Bull. hist. et philol. com. trav. hist.* (1891), 331-2 ; *Doc. inéd. droits régal. évêq. St-Paul-Trois-Chât.*, 2-3. *Gallia christ. noviss.* IV, 45-6, n° 53.

**2999** 28 avril 1108.
Archimbaud, prieur de l'église de St-Donat, et les chanoines Martin et Aquin échangent avec Hugues, évêque de Grenoble et prévôt de St-Donat, la vigne, contiguë au clos épiscopal, qu'Adon Chais leur avait donnée en alleu, contre deux pièces de vigne à Ariennes *(Arian)*. Seings de Guigues de Lans *(Lantio)* et d'Ulric *(Odolricus)*, chanoines de Grenoble, et de Borellus, mistral de l'évêque. *Amatus scr.*

MARION, *Cart. de Grenoble*, 134, n° 67.

**3000** Grenoble, 30 avril 1108.
Guigues de la Motte *(de Mota)*, fils de Didier, abandonne *(relinquo)* à St-Vincent et à Hugues, évêque de Grenoble, les dîmes que tenaient de lui les chevaliers Guigues de Chérennes *(Lascharena)*, Allemand d'Uriage *(Alamannus de Auriatico)* et Guigues de Baix *(Bais)*, dans les paroisses de Roach *(Roag)*, Mayres *(Maires)* et St-Arey *(S. Erigii)*, dont il indique les sous-feudataires. Il reçoit de l'évêque deux belles mules et lui donne un baiser. Seings du doyen Guigues, des chanoines [de Grenoble] et du convers Guigues. *Facta ... wirpitio apud Gratianopolim, fer. 5 ..., luna 16 ..., ind. 1. Ricardus scr.*

MARION, *Cart. de Grenoble*, 175-6, n° 119.

**3001** (1108 ?).
Lettre du pape Paschal II aux évêques Eustache de Valence, Raymond de Nîmes et Raymond d'Uzès, mandant de faire cesser les déprédations du comte Bertrand et de leurs diocésains contre l'abbaye de St-Gilles. — *Scitis quæ et quanta.*

PFLUGK-HARTTUNG, *Acta pont. Rom. ined.* I, 98. GOIFFON, *Bull. de St-Gilles*, 51. = *Hist. de Languedoc*, 3ᵉ, V, 1713. JAFFÉ, -6187.

**3002** Sutri, 14 mai 1108.
Lettre du pape Paschal II aux évêques Eustache de Valence et Léger de Viviers, qui l'avaient prié de relever de son excommunication le comte Bertrand. Comme il a renouvelé ses violences contre l'abbaye de St-Gilles, le pape leur mande de l'amener à résipiscence. — *Dilectionem vestram.*
Ménard, *Hist. de la ville de Nismes*, I, pr. 28ᵉ. Bouquet, XV, 41-2. *Patrol. lat.* CLXIII, 242. Goiffon, *Bull. de St-Gilles*, 48-9. = *Hist. de Languedoc*, 3ᵉ, V, 1713. Brèq. II, 383. Jaffé, 4604-6198.

**3003** 11 juin 1108.
Ainard de Moirans, fils de Geoffroi, rend et donne à Hugues, évêque de Grenoble, la moitié de la dîme qu'il tenait de lui dans la paroisse de St-Donat et reçoit de lui 50 sols, avec l'approbation de ses frères. Silvion de Virieu *(Vireu)* pour la 1/2 de la dîme du vin, qu'il avait engagée *(in guadimonio)* aux chanoines de St-Donat, reçoit de l'évêque 40 sols ... *aº pontif. d. Hugonis episc. 28.* Seings de 3 chanoines de Grenoble, du convers Guigues, du chapelain *(canonici)* de l'évêque Richard, etc. *Amatus scr.* Bovet de Châteauneuf *(Castello Novo)* reçoit 5 sols pour être témoin.
Hozier (d'), *Armor. gén. de France*, Virieu, pr. 1. Marion, *Cart. de Grenoble*, 129-30, n° 58. = Brèq. II, 393. *Doc. hist. inéd.* I, 282.

**3004** 15 août 1108.
Accord entre l'évêque Hugues et le prieur de St-Laurent de Grenoble du même nom, pour mettre la paix entre celui-ci et les chanoines d'Oulx *(Ulcen.)*, au sujet de l'église de Paquier *(Paschirs)* et de la chapelle de la Cluse *(Clusa)*, dont il revendiquait les dîmes ; il absout les chevaliers de leur serment contre les chanoines d'Oulx. Il abandonne les dîmes de St-Ferréol, de Grenoble (soit de l'Isle, *Insula*) et de Monteymon *(Monte Aymonis)*, l'église de St-Christophe entre-deux-Guiers *(de Scalis)* et le moulin près de Grenoble. Sont témoins 9 chanoines de la cathédrale, etc. *Amatus scr.*
Marion, *Cart. de Grenoble*, 178-9, n° 124.

**3005** 20 août 1108.
Lambert François, son fils Rainaud, sa mère Ahaldisia et son épouse Etiennette *(Stephana)* concèdent à perpétuité à l'église de Romans la moitié des dîmes de l'église de St-Paul, distante de Romans de 2 milles (les clercs de Romans possédaient l'autre *ab antiquo*), avec l'assentiment des autres feudataires Ameius Amblard et son frère, Guinand Darateriis et son frère. Gotafred de Flandènes *(Flandinis)* les avait acquises et les fit céder pour une grosse somme d'argent et le canonicat de son fils Pierre, en présence de l'archevêque Guy et des chanoines ... *ind. 15, fer. 5, luna 10 ... Data manu Rodulfi.*
Giraud, *Hist. S. Barnard-Romans*, compl. 45-6, n° 155.

**3006** 9 (al. 8) septembre 1108.
Hugues, évêque de Grenoble, à l'intervention de ses chanoines et sur la prière de Guy *(Guido)*, archevêque de Vienne, concède à Guillaume, abbé de St-Chef *(S. Theuderii)* l'église de Tullins *(Tollino)*, avec sa paroisse et ses dépendances ; il retient un cens annuel de 15 sols, l'hospitalité pour lui, ses clercs et sa famille, et la parée de 12 den. sur l'église paroissiale et 6 sur la chapelle ..., *ind. 1.* Approbation du doyen Guigues et des chanoines de Grenoble.
*Cart. d'Aimon de Chissé* (Not. anal. 38, n° 115). — Chevalier (C. U. J.), dans *Rev. du Lyonnais*, 3ᵉ sér. IV, 393-4 ; *Doc. inéd. relat. à l'égl. de Lyon*, 25-6. *Gallia christ. nova*, XVI, instr. 30. Marion, *Cart. de Grenoble*, 9, n° 5. = *Doc. hist. inéd.* I, 271.

**3007** 11 septembre 1108.
Colomb de Bresson *(Bricona)*, sa femme sœur de Guilis de la Motte et ses enfants abandonnent *(guirpimus)* à St-Vincent et à l'évêque [de Grenoble] Hugues la dîme qu'ils percevaient dans les paroisses de Roach et de Mayres *(Maires)* et reçoit des biens de l'évêque 20 sols. Témoins : 3 chanoines de Grenoble, etc., et le convers Guigues. Colomb reçut ensuite la pénitence de son péché et promit, pour obtenir l'absolution, de ne plus s'entremettre dans les dîmes de l'évêque. Jean Rahals, prieur de Commiers *(Comerio)*, fut l'intermédiaire de ce *placitum. Amatus scr.*
Marion, *Cart. de Grenoble*, 178, n° 123.

**3008** 12 septembre 1108.
Pierre le Vieux *(Vetus)* de Mayres *(Maires)* abandonne *(guirpisco)* à St-Vincent et à l'évêque [de Grenoble] Hugues les dîmes qu'il avait dans les paroisses de Mayres, de St-Arey *(S. Erigio)* et Roach, et dans le mandement de Savel. Témoins : le doyen Guigues, Rostaing, Odolric et le convers Guigues. *Amatus scr.*
Marion, *Cart. de Grenoble*, 176, n° 120.

**3009** St-Donat, 25 décembre 1108.
Armand *(Artmannus)* Raschaz, gendre de Gotafred, *villicus* de St-Donat, désirant communier *(accipere s. Corpus Domini et Sanguinem ipsius)*, se désiste *(guirpivit)* entre les mains de l'évêque [de Grenoble] Hugues du repas *(recet)*, que par mauvaise coutume son beau-père exigeait des hommes du prélat pour la dîme des condamines du comte, *teste Amato, qui hoc vidit in ecclesia S. Donati et audivit ante altare B. Mariæ*, où l'évêque célébrait la messe, le jour de Noël.
Marion, *Cart. de Grenoble*, 133, n° 66.

**3010** (1108/1110).
Le comte Guigues *(Vuigo)* et son épouse Mathilde *(Mahiot)* s'efforcent de retenir les moines de Chalais, qui voulaient quitter leur monastère parce qu'ils ne pouvaient avoir la paix avec leurs voisins et qu'ils avaient tout vendu. Il leur jure que ceux qui les troubleront perdront pieds, poings et yeux. Ils lui demandent de se rendre avec eux à la Chartreuse *(Cartusia)*, où ils accepteront ce qu'on y décidera. Infirme et ne pouvant y aller, il y envoie Guigues Chalnes et Pierre Randau. Ils obtiennent, pour avoir la paix, qu'on ne coupera pas de bois, que personne ne traversera leurs terres et que les animaux ne paîtront pas dans leurs prés. Il envoie son épouse au monastère de St-Didier *(S. Desiderii)* pour procéder aux échanges nécessaires.
Pilot de Thorey, *Cartul. de Chalais*, 16-7, n° 2. Le Couteulx, *Ann. Cartus.* I, 250 (à 1120).

**3011** (Vers 1109).
Fondation de l'Hôtel-Dieu de Montbrison par Guillaume, comte de Forez, et ses fils Guillaume et Eustache. Le comte Guigues lui accorde la leyde de toutes

les marchandises vendues avec les mesures de l'hôpital ; confirmation de son fils Guigues.

HUILLARD-BRÉHOLLES, *Titres de la mais. duc. de Bourbon*, 1867, I, 3ᵉ, n° 2.

**3012** 1109.
Guillaume Chatbold, sa femme Petita et leurs enfants font abandon à l'évêque [de Grenoble] Hugues de la terre, contiguë à la condamine de l'Orme *(de Ulmo)*, que leur fils Raimbold ou Rainier réclamait pour dot de son épouse ; on leur donne 5 sols. Témoins : le convers Guigues, etc.

MARION, *Cart. de Grenoble*, 103, n° 24. — Cf. n° 3017.

**3013** Latran, 18 avril 1109.
Bulle du pape Paschal II adressée à Hugues, évêque de Grenoble. Il interdit de donner, vendre ou aliéner les biens de son église, d'en rien distraire à la mort du pontife ; il lui confirme l'église de St-Donat au diocèse *(parrochia)* de Vienne, acquise par les largesses des rois ; il ratifie la donation qu'il en a faite aux chanoines d'Oulx *(Ulcen.)*. — *Religiosis desideriis*.

*Cartul. d'Aimon de Chissé*, n° 63 (Not. anal. 25). — PETIT, *Theodori Pœnitent*. II, 419-20. *Patrol. lat.* CLXIII, 287-8. *Gallia christ. nova.* XVI, instr. 84. MARION, *Cartul. de Grenoble*, 4-5, n° 2. = BRÉQ. II, 395. *Doc. hist. inéd.* I, 271. JAFFÉ, 4623-6234.

**3014** St-Donat, 25 avril 1109.
...*in die s. Paschæ*, Gotafred, *villicus* de St-Donat. en présence du s. Corps et du Sang de Notre-Seigneur, qu'il désirait recevoir, se désiste en faveur de l'évêque de Grenoble Hugues du repas *(prandium s. recel)* que par mauvaise coutume il recevait des hommes de l'évêque pour la dîme des condamines du comte. Seings d'Arcimbald, prieur de St-Donat, et de ses chanoines, et d'Amat, qui l'a entendu de lui.

MARION, *Cart. de Grenoble*, 134, n° 68.

**3015** 9 mai 1109.
Guy, archevêque de Vienne, bénit Ponce de Melgueil élu abbé de Cluny.

MARRIER, *Bibl. Cluniac.* 1621. BOUQUET, XII, 313. *Gallia christ. nova.* IV, 1134.

**3016** 12 mai 1109.
Usilie donne à l'église de St-Maurice de Vienne un moulin et deux courtils dans la paroisse de Chaumont ; elle s'en réserve la jouissance, sous certaines redevances ; le chapitre assistera à ses obsèques. *fer. 4, luna 9.*

CHARVET, 314. CHEVALIER (U.), *Cart. de St-Maurice Vienne*, 35-6, n° 143.

**3017** 30 mai 1109.
Guillaume Chatbold fait de nouveau abandon à l'évêque [de Grenoble] Hugues de la terre, contiguë à la condamine épiscopale de l'Orme *(ad Ulmum)*, que son fils Raiambold ou Rainier réclamait comme dot de sa femme, et reçoit 5 sols. Témoins : le convers Guigues, etc.

MARION, *Cart. de Grenoble*, 92-3, n° 15. — Cf. n° 3012.

**3018** (Avant 4 juin 1109).
Pierre Moschilon ou Muschilin, feudataire de la dîme rendue par Ainard de Moirans *(Moirenco)* à l'évêque Hugues [de Grenoble], abandonne *(guirpisco)* au même la dîme qu'il avait dans la paroisse de St-Donat et reçoit 5 sols.

MARION, *Cart. de Grenoble*, 131, n° 63.

**3019** 4 juin 1109.
Hélène, sœur de Pierre (Moschilon), et ses fils abandonnent *(guirpimus)* à Hugues, évêque [de Grenoble], la 1/2 de la dîme du blé *(annona)* qu'il avait dans la paroisse de St-Donat et qu'Ainard avait déjà rendue ; il reçoit 60 sols. Seings des prieurs Arcimbald [de St-Donat] et Jovenzeus [de St-Bonnet]. *Amatus scr.*

HOZIER (d'), *Armor. gén. de France*, Reg. III, II, Viriou, pr. 2. MARION, *Cartul. de Grenoble*, 132, n° 64. = BRÉQ. II, 401.

**3020** 4 juin 1109.
Ponce Bobalin, de St-Donat, sa femme Hilarie *(Hylaria)*, son fils Guillaume et ses filles rendent et donnent à Hugues, évêque de Grenoble et prévôt de St-Donat, une pièce de terre à Colonges *(Colongias)*, au-dessous de celle du chevalier Jauzfred, et reçoivent 4 sols 4 den. et 2 setiers de vin ... *aᵒ pontif. d. Hugonis episc.* 29. Fait en présence de l'évêque. Seings de Jovenzeus, frère de Ponce et prieur de St-Bonnet *(S. Boniti)*, d'Arcimbald, prieur de St-Donat, de Borellus, mistral *(ministralis)* de l'évêque. *Amatus scr.*

MARION, *Cart. de Grenoble*, 135, n° 70.

**3021** 11 juin 1109.
Rostaing Chevreau *(Capreolus)*, sa femme Pétronille, sœur de Nantelme et Giraud de Luchaor, et ses 6 enfants délaissent la dîme qu'ils avaient dans la paroisse de Lans *(Lanz)* à Ste-Marie, à St-Vincent et à Hugues, évêque [de Grenoble], qui donne au père 10 sols et aux fils 6. Ils prêtent serment sur l'autel et promettent, en cas de forfaiture, de donner satisfaction dans les 14 jours ; si non, ils se rendront otages à Grenoble. On fit ensuite jurer le plus jeune fils, Humbert, que Guillaume, fils de Rainaud, tint par la main et à qui le convers Guigues donna 12 den. *Amatus scr.*

MARION, *Cart. de Grenoble*, 151, n° 91.

**3022** 7 septembre 1109.
Guilisius de Varacieu *(Veraceu)*, avec sa femme et ses enfants, remet à Hugues, évêque [de Grenoble], la dîme du quart d'une manse dans la paroisse de Noyarey *(Noiareto)*, que sa mère avait injustement donnée aux moines de Voiron *(Voriu)*, et reçoit 5 sols ; il abandonne *(guirpimus)* aussi la dîme que Nantelme de la Balme tenait dans la même paroisse et reçoit 10 sols. *Amatus scr.* — Les moines, ayant cherché difficulté à l'évêque, à la suggestion de Guelisius, celui-ci dut donner des garants et les chanoines de Grenoble reçurent 10 sols pour l'absoudre de l'interdit.

PETIT, *Theodori Pœnitent*. II, 705. MARION, *Cart. de Grenoble*, 152, n° 92. = BRÉQ. II, 394. *Doc. hist. inéd.* I, 283.

**3023** 29 septembre 1109.
Agnès, veuve de Drohon, et ses enfants vendent à Ste-Marie et à Hugues, évêque de Grenoble, la dîme qu'ils avaient dans la paroisse de Noyarey *(Noiare, N-eto)*. au prix de 9 sols. Seing de Benoît, collecteur de la dîme. *Amatus scr. ac posuit de lauso, 28 aᵒ quod egressus est ab Auxento.*

MARION, *Cart. de Grenoble*, 153, 557, n° 93.

**3024** 29 septembre 1109.
Gotolende de Cognet *(Coieto)* donne à Ste-Marie et à l'évêque [de Grenoble] Hugues la dîme qu'elle recevait dans les paroisses de St-Arey *(S. Erigii)*, de Mayres *(Maires)* et de Roach. Sa fille Guilelma approuve. S. *Guigonis conversi. Amatus scr.*
MARION, *Cart. de Grenoble*, 179, n° 125.

**3025** 7 octobre 1109.
Obit de Jean I *Tuscus*, 4° prieur de la Grande Chartreuse. Guigues du Château de St-Romain lui succède.
LE COUTEULX, *Ann. Cartus*. I, 176-9. LE VASSEUR, *Ephemer. Cartus*. III, 519-20. GUIGUE, *Obituar. Lagdun. eccl.* 130; *Obit. égl. primat. Lyon*, 81.

**3026** Castiglione, 16 (20) octobre 1109.
Paschal II confirme à l'abbé Ponce les possessions du monastère de Cluny. — *Et religio.*
MARRIER, *Bibl. Cluniac*. 569-70. DU CHESNE, *Hist. card. Franç.* II, 67. *LABBE, X, 686. *Bull. Cluniac.* 36*-*7. *HARDOUIN, VI, 1, 1825-6. *COLETI. XII, 1028-9. *MANSI, XX, 1041-2. *Patrol. lat.* CLXIII, 262. = BRÉQ. II, 402. JAFFÉ, 4630-6241, BERNARD-BRUEL, *Chartes de Cluny*, V, 230, n° 3876.

**3027** 19 octobre 1109.
Giraud de Lesches *(Lesc)*, frère de Pierre le Vieux, abandonne *(guirpisco)* à Ste-Marie, à St-Vincent et à Hugues, évêque [de Grenoble] la dîme qu'il avait dans la paroisse de Mayres *(Maires)* et dans le mandement de Savel, entre les mains de l'archiprêtre Arbert, et reçoit 4 sols. S. *Guigonis conversi*. S. *Aimonis diac.*
MARION, *Cart. de Grenoble*, 180, n° 126.

**3028** (1109/1115).
Jugement rendu entre les chanoines de St-Paul de Lyon et les clercs de l'hôpital par Hugues, évêque de Grenoble, sur le désir de l'archevêque Josceran et avec le conseil des notables de l'église.
GUIGUE (M.-C.), *Obituarium Lugdun. eccles.* 173-4; *Obituar. eccl. S. Pauli Lugdun.* 62; *Cart. Lyonnais*, I, 49-50. 76.

**3029** (Avant 1110).
Ismidon, évêque de Die, donne à l'église de St-Ruf *(S. Ruphi)* et à son abbé Lethert les églises de Taulignan *(Thauliniaco)*, avec leurs appartenances, et le chapelain Géraud, sauf la révérence et l'obéissance à lui dues. Il se réserve un cens annuel de 7 sols et 1 muid de méteil *(annonæ)* au château de Mirabel. — *Cum omnibus.*
PETIT, *Theodori Pœnitent*. II, 632. CHEVALIER (J.), *Hist. égl.-ville Die*, I, 459; trad., 185. CHEVALIER (U.), *Codex diplom. S. Rufi*, 12-3. = BRÉQ. II, 472 (a. 1118).

**3030** Chatte, (vers 1110).
Naissance d'Amédée, abbé de Hautecombe, puis évêque de Lausanne, mort le 27 septembre 1159.
*Répert.*, Bio, 191.

**3031** (Vers 1110).
Le prêtre Amédée acquiert à l'église de St-Maurice de Vienne deux parts de la dîme et l'alleu que divers laïques tenaient de lui dans la paroisse de St-Genis à Chaumont *(villa Causmontis)*. Pour désintéresser les tenanciers, lui et les chanoines distribuent 368 sols. Jarenton le *Peiriaco* cède sa part pour le canonicat de son frère Girbert. Fait sous le gouvernement de l'archevêque Guy, par les mains du doyen Sieboud *(Sigebodus)*, du chantre Pierre et de l'archidiacre Guillaume. Seings des archidiacres Adémar et Silvius, des chantres Guigues, Isarn et Humbert, du sacristain Girbert, etc.
Paris, B. N., Gaignières 181. CHEVALIER (U.), *Cart. de St-André-le-Bas*, 32-3*; *Cart. de St-Maurice Vienne*, 36, n° 146.

**3032** (Vers 1110).
Le chevalier Ascherius, enseveli au monastère de Domène, avait donné aux frères de Cluny un champ de 6 setérées *(sestariæ)* au château de Gières *(Jaira)*. Ses frères et parents consentirent. Quelques années après, le prêtre Vuicard donna 3 den. sur cette terre. Seing de Guillaume, prêtre de Domène.
MONTEYNARD, *Cart. de Domène*, 53-4.

**3033** Saint-Donat, (vers 1110).
Geoffroy *(Gaufredus)* et son frère Aimon, fils de Silvion, remettent entre les mains de Hugues, évêque de Grenoble et prévôt de St-Donat, la dîme qu'ils avaient dans cette paroisse et reçoivent dans le cloître 20 sols. Témoins : le prieur André, etc. Silvon de Virieu *(Vireu)* tenait d'eux en fief la moitié du vin et reçut pour gage *(quadimonium)* des chanoines de St-Donat 40 sols et de l'évêque 8 setiers de blé *(annonæ)*. — Cette dîme avait été donnée par les évêques de Grenoble au père d'Ainard de Moirans *(Moirenco)* ; celui-ci la céda à Guillaume Silvio, de Charmes *(Chalmo)*, qui en remit partie à Geoffroy et Aimon, partie à Pierre Muschilon et sa sœur Hélène, etc.
MARION, *Cart. de Grenoble*, 132-3, n° 65.

**3034** Domène, (vers 1110).
Geoffroy *(Gaufredus)*, fils d'autre Geoffroy de Moirans *(Moirenco)*, abandonne *(guirpivi)* à Hugues, évêque de Grenoble, la dîme que Pierre Muschillin tenait de lui dans la paroisse de St-Victor de Meylan *(Meiolano)*, avec approbation de ses frères ; le prélat lui donne 200 sols et une mule de 100. Pierre Muschillin se désiste de cette dîme, pour laquelle il était interdit, en présence des chanoines de St-Donat et reçoit la pénitence. Témoins, *apud Domenam* : le doyen Eirald, des chanoines de Grenoble et d'Oulx, le convers Guigues. Son fils confirme, du conseil de Guillaume Artaud, et reçoit 30 sols.
MARION, *Cart. de Grenoble*, 181, n° 78.

**3035** (Vers 1110).
Gérard dit Tedin donne à s' Georges et aux moines du prieuré *(cœnobiolum)* de Domène, pour la sépulture de son corps *(corpusculi)*, la 1/2 de la vigne qu'il possède à Sommier *(Sommeriis)*, sous le cens annuel d'une sommée de vin doux. Il signe cet *incartamentum*.
MONTEYNARD, *Cart. de Domène*, 108-9, n° 124.

**3036** (Vers 1110).
Hugues, évêque de Grenoble, donna aux chanoines de St-Jeoire-Challes les églises de Curienne *(Coroana)*, Barby *(Balbeio)*, Triviers et St-Jeoire; pour son quart de dîme, on lui devra chaque année à la Toussaint 8 setiers de froment mondé et 8 d'avoine, mesure de Grenoble, et en Carême 9 setiers de vin vendable, mesure de Chambéry, plus six sols aux deux synodes, outre les parées. Il donna l'église de Chignin, sur laquelle il

perçoit 10 sols de monnaie vulgaire aux deux synodes ; la dîme de cette église était engagée pour 300 sols. Dès qu'elle sera complètement rachetée, l'évêque devra recouvrer 500 sols qu'il a donnés sur ce gage et jusqu'alors recevra à la Toussaint 2 setiers de froment mondé, 2 d'avoine et 3 de vin. Il leur donna encore les églises de Méry (Maireio), de Clarafont (Claris Fontibus), d'Arvillard (Alto Vilare), Détrier (Dextreriis) et le Désert, sur lesquelles il se réserve le quart des dîmes, des droits synodaux, parées, etc.

Marion, Cart. de Grenoble, 217-8, n° 44. Trepier, dans Doc. acad. Savoie, VI, 99-101. — Cf. n° 3060.

**3037** (Vers 1110)
Le chevalier Géraud donne aux moines clunisiens de Domène une métairie (cabannaria) à Domène près de l'Isère et reçoit 42 sols. Seings de sa femme Astrudis, de ses fils, de son frère Ainard, de ses neveux, du chevalier Alvise, etc.

Monteynard, Cart. de Domène, 122, n° 142.

**3038** (Vers 1110)
Guillaume de Domène donne [au monastère de Domène] le bénéfice (honor) du champ de Miselleria, qui servait 2 sols pour l'anniversaire de son père. La vigne de l'écolâtre (scolarius) Guillaume doit 2 sols ; le champ Baptenterii autant.

Monteynard, Cart. de Domène, 16-7, n° 13, 2.

**3039** Grenoble, (vers 1110).
Hugues, évêque de Grenoble, fait donation aux moines clunisiens de Domène des églises de Ste-Marie [de Revel], avec la chapelle du château de Domène. St-Jean[-le-Vieux], St-Martin de Villard-Bonnot (Villare Bonaldi), St-Laurent [du Versoud] et St-Maximin de la Ferrière (Ferrarias). Fait en présence et du consentement des chanoines de l'église de Grenoble, sous le cens d'un 1/2 setier d'huile de noix à la Toussaint et d'autant d'huile d'olive à la mi-Carême. Il leur confirme les églises de St-Georges [de Domène] et de St-Pierre-de-Chartreuse (Cartussa), à la condition de renoncer à l'investiture des laïques.

Monteynard, Cart. de Domène, 93, n° 105.

**3040** (Vers 1110).
Lettre de Letbert (Lambertus ?), abbé de St-Ruf, à Ogier, prévôt de la congrégation de Ferrain (Ferranicæ). — Sancto Spiritui.

Martene, Thes. nov. anecd. I, 329-32. Levis (Eug. de), Anecd. sacra, 44-50. Chevalier (U.), dans Ann. de philos. chrét. E, XVI, 220-1 (à part, 9-10) ; Bull. soc. archéol. Drôme, III, 205-6 (à part, 12-3). — Suit une autre lettre à un clerc.

**3041** (Vers 1110).
Le chevalier Nantelme (Borelli), écrasé sous le poids de ses péchés, recourt par dévotion aux apôtres Pierre et Paul, et donne aux moines clunisiens de Domène tout ce qu'il possède en bois, vignes, champs et prés dans la villa [de St-Martin-]de-Miséré (Miseriacus), à partir de l'Isère et au-delà, sous la redevance, pendant sa vie, de 4 setiers de vin pur, la pâture de 4 porcs et du bois pour le feu, à moins qu'il ne mérite de revêtir l'habit monastique. Approbation de sa femme Frideburge et de ses fils.

Monteynard, Cart. de Domène, 42-3, n° 38.

**3042** (Vers 1110).
Pierre Moschilon, de Charmes (Chalmo), rend à Hugues, évêque de Grenoble, trois habitations (casamenta) dans la ville de St-Donat, près de l'église de St-Pierre. Seings de Pierre de Vizille et de Galdin, chanoines de Grenoble, de Borrellus, mistral de l'évêque. Amatus scr.

Marion, Cart. de Grenoble, 135, n° 69.

**3043** (Vers 1110).
Pierre de St-André donne à l'église de St-André et à Hugues, évêque de Grenoble, la maison qu'il construit dans le cimetière de cette église. Il reçoit in adjutorium du doyen Airald la chaux employée dans cette maison et de l'évêque 5 setiers de froment et 3 d'avoine ; pendant la durée de la construction, il sera nourri dans la maison des chanoines. Témoins : le doyen Airald, son socius Gerald, etc.

Marion, Cart. de Grenoble, 217, n° 44. Trepier, dans Doc. acad. Savoie, VI, 99.

**3044** (Vers 1110).
Pierre Sinfred (ou Suifred) et sa femme vendent à Hugues, évêque [de Grenoble], leur maison avec cour dans le cimetière de Noyarey (Noiareto), au prix de 8 sols. Seings du convers Guigues... et d'Amatus.

Marion, Cart. de Grenoble, 157, n° 99.

**3045** (Vers 1110).
Raimbold, son fils et sa nièce, Jean Meierius et Didier Rosetz vendent à Hugues, évêque de Grenoble, une terre sous la condamine de l'Orme (de Ulmo), par l'entremise du convers Guigues et reçoivent 27 sols. — Bernard de Monte Essuto abandonne ses prétentions sur un champ et reçoit 3 sols. — Francon vend une pièce de pré, dépendante d'une métairie (chabannaria) épiscopale, et reçoit 24 den.

Marion, Cart. de Grenoble, 234, n° 91.

**3046** (Vers 1110).
Description du bénéfice (honor) de la prévôté de St-Donat. Il comprend la dîme dans le mandement de Jovinzieux (Jovinciaco), 1 manse, 4 terres, 2 tenures, 3 vignes, 1 plantée, 3 champs, 2 courtils, une métairie (chabannaria), 1 maison.

Marion, Cart. de Grenoble, 162-3, n° 105.

**3047** (1110).
Theotbert, du diocèse de Belley, fait don aux frères qui habitent le désert de la Chartreuse, d'une vallée touchant au Guiers (Guerum) mort. Fait à la sollicitation de Hugues, évêque de Grenoble, du temps où il y avait guerre entre les chevaliers du Menuet (Minueto) et ceux de la Balme..., præsid. in urbe Roma pp. Paschali.

Le Couteulx, Ann. Cartus. I, 180.

**3048** 1110.
Ungrin de Faverges (F-gias, Savoie), remet en gage (guadimonium) à Hugues, évêque de Grenoble, la dîme qu'il avait dans la paroisse de St-André, pour 250 sols Viennois, dont 20 valaient alors le marc d'argent. Sozlen et son frère Akin de St-André se portent garants [de l'éviction].

Marion, Cart. de Grenoble, 171, n° 115. Trepier, dans Doc. acad. Savoie, VI, 96-7.

**3049** 11 février 1109/10.
Sibylle, veuve de Guillaume Géraud, fils lui-même de Géraud de Cognet *(Coieto)*, donne en alleu à l'évêque Hugues la moitié d'un courtil dans la ville de Grenoble, à l'orient, devant la maison de Girbert de Gillivache *(Girvascha)*... Seings des chanoines de Grenoble, maître Odolric, le prieur de St-Jean de Commiers *(Comerio)*, le convers Guigues. *Amatus scr.*
Marion, *Cart. de Grenoble*, 180-1, n° 126.

**3050** 18 février 1109/10.
Bonus Aur, fils de David, cuisinier *(cocci)* du comte, abandonne *(guirpisco)* à Ste-Marie et à St-Vincent, entre les mains de l'évêque Hugues, le tiers d'un courtil devant la chapelle de St-Michel à Grenoble. Seings de Jean Rahal, prieur de Commiers *(Comerio)*, d'Odolric, chanoine d'Oulx, du convers Guigues. *Amatus scr.*
Marion, *Cart. de Grenoble*, 98, n° 19.

**3051** (26 février/13 avril) 1109/10.
Leutald de Cornillon *(Cornilione)*, château en Trièves *(Trevas)*, dont la mère avait abandonné à l'évêque de Grenoble les dîmes qu'elle prélevait dans la paroisse de Lans *(Lanz)* et dans l'évêché de Grenoble, les garda longtemps, puis, touché de pénitence, les remit à l'évêque Hugues, qui lui fit grâce de 25 setiers de blé *(annonæ)* enlevés en dîme. Il confirma les cessions faites par son frère Siguin et les autres. Assentiment de ses cousins Didier de Sassenage *(Cassanatico)* et son frère Guillaume. Fait en Carême. Seings de Guigues de Lans et du convers Guigues.
Marion, *Cart. de Grenoble*, 155-6, n° 97.

**3052** 8 avril (1110?).
Mort de Hugues le Chapelain, un des sept fondateurs de la Grande Chartreuse.
Le Vasseur, *Ephemer. Cartus.* IV, 21° (au 21 oct.).

**3053** (1110).
Lettre du cardinal Richard, évêque d'Albano, au prieur de Bollène *(Abolonessi)*. Il lui reproche de n'avoir pas obéi à la lettre qu'il a écrite du concile de Toulouse à l'évêque de Trois-Châteaux. Il confirme l'excommunication portée par l'évêque d'Orange contre le monastère de Bollène, qui lui a été enlevé et donné à l'évêque de Trois-Châteaux. — *Litteris quas.*
Duhamel (L.), dans *Mém. acad. Vaucluse*, XV, 388. *Gallia christ. noviss.* IV, 46-7.

**3054** 11 mai 1110.
Aldevold de Grenoble cède en alleu à l'évêque Hugues la 1/2 de la vigne qu'il tenait de Mallen Arulfe et son frère Adon, au prix de 8 sols, car il ne pouvait la vendre ou la donner à un autre sans la permission du prélat son seigneur. Mallen avait cédé de même sa moitié... *a° pontif. d. Hugonis episc. 30*. Témoins : le convers Guigues, Létard et presque toute la ville de Grenoble, clercs et peuple.
Marion, *Cart. de Grenoble*, 104, n° 26.

**3055** 14 mai (1110?).
Obit d'Etienne de Die, chanoine de St-Ruf, un des sept fondateurs de la Chartreuse.
Le Vasseur, *Ephemer. Cartus.* II, 111°.

**3056** 16 mai 1110.
Brun Gautier *(Gualterii)*, sa femme Gualburge et ses fils vendent à Hugues, évêque [de Grenoble], la dîme qu'ils perçoivent dans la paroisse de Noyarey *(Noiareto)*, au prix de 20 sols ; en outre, il approuve la vente de sa sœur Agnès et ses enfants pour 9 sols. Fait en présence de son gendre Giraud Rogi,... du convers Guigues... *a° pontif. d. Hugonis episc. 30*. Seings de Géraud de Savoie *(Savogia)*, chanoine de Notre-Dame. *Amatus scr.*
Marion, *Cart. de Grenoble*, 154-5, n° 96.

**3057** Cornillon, 17 mai 1110.
Chatbert de Morêtel *(Maurestello)*, dans sa dernière maladie, *apud castrum Cornilionem*, fait abandon *(guirpivit)* entre les mains de l'évêque Hugues [de Grenoble] de toutes les églises et cimetières, celui de Saint-Martin-de-Miséré *(Misereyo)* en particulier, dans ce diocèse ou tout autre. Témoins : Guillaume, moine de St-Chaffre *(S. Theolfredi)*, Pierre Guillaume, prieur de St-Martin, Geoffroy de Moirans, Didier de Sassenage et Pierre Barbat, chevalier de Chatbert. *Amatus scr.*
Salvaing de Boissieu, *Usage des fiefs*, 2°, 448 ; 3°, II, 191-2. Marion, *Cart. de Grenoble*, 104-5, n° 27. Le Couteulx, *Ann. Cartus.* I, 182. = Bréq. II, 407. *Doc. hist. inéd.* I, 282.

**3058** Viviers, 25 mai 1110.
Léger *(Leodegarius)*, évêque de Viviers, du conseil de ses clercs, confie l'église de St-Andéol au Bourg *(Burgios)*, où repose le corps de ce très saint martyr, jadis riche en biens temporels, maintenant dépourvue *(attrita)*, au soin et à la providence de Letbert, abbé de St-Ruf. Il retient ce qui est la propriété de son évêché ou de la prévôté ; on apportera le Jeudi-Saint *(Cœna Domini)* un setier d'huile d'olive. Le prieur ne pourra être changé qu'avec le conseil de l'évêque et de ses chanoines. Témoins : les chanoines de la cathédrale, etc. Fait en synode plénier... *ind. 3.*
Petit, *Theodori Pænitent.* II, 629-30. Chevalier (U.), *Codex diplom. S. Rufi*, 13-4. Roche, *Armor. évêq. Viviers*, I, 326-7. = Columni, *Opusc.* 207. Bréq. II, 396, 469 (1108 et 1118).

**3059** (Vers 25 mai 1110).
Lettre de Léger, évêque de Viviers, au pape Paschal II, pour lui faire part de sa donation de l'église de Saint-Andéol à l'ordre de St-Ruf.
Mentionnée dans la bulle du 18 oct. 1110.

**3060** Arvey, 5 juillet 1110.
Hugues, évêque de Grenoble, donne aux frères Géraud, Guillaume et Barnard, décidés à vivre sous la profession canonique, l'église de St-Jeoire-Challes *(S. Georgii)* avec sa paroisse, la chapelle de Chignin jusqu'à la Bondologe *(B-gia)*, l'église de Triviers *(Triverio)*, celle de Curienne *(Corruana)* et la chapelle de Barby *(Balberio)*, avec leurs dîmes, oblations, cimetières et autres droits. Leur résidence sera à St-Jeoire. Il se réserve un cens annuel et le droit de parée en monnaie de Valence ou de Vienne, et le quart de la dîme ; les chanoines lui obéiront comme à leur propre évêque ; en cas de dissolution de la communauté, tout reviendra à l'évêque de Grenoble. *Facta... apud Arvisium... a° pontif. d. Hugonis... 30. Ricardus scr.*

Petit, *Theodori Pœnitent.* II, 601-2. *Gallia christ. nova*, XVI, instr. 84-5. Marion, *Cart. de Grenoble*, 138-9, n° 124. Trepier, dans *Doc. acad. Savoie*, VI, 97-8. = Bréq. II, 408. *Doc. hist. inéd.* I, 283.

**3061** 5 septembre 1110.

Silvion de Virieu *(Vireu)* et ses fils rendent en alleu à Hugues, évêque de Grenoble et prévôt de St-Donat, un courtil près des murs *(aggeres)* de cette ville à l'occident, qu'ils tenaient en fief du prélat, et reçoivent 4 sols. Seings de Jovenzeus, du prieur Archimbald, de chanoines et de Borrellus, mistral de l'évêque.

Hozier (d'), *Armor. gén. de France*, Reg. III, II, Virieu, pr. 2. Marion, *Cart. de Grenoble*, 137, n° 72. — Bréq. II, 408.

**3062** 14 septembre 1110.

Guillaume Geboin, de Sassenage *(Cassanatico)*, son frère Arbert et leur mère Hermengarde vendent à Hugues, évêque [de Grenoble], la dîme (pain, vin, viande) qu'ils percevaient dans la paroisse de Noyarey *(Noiareto)*, au prix de 38 sols Viennois. Seings du convers Guigues, etc.

Marion, *Cart. de Grenoble*, 156-7, n° 98.

**3063** Goncelin, (17) septembre (vers 1110).

Le chevalier Pierre Rodolphe et son fils Bertrand, avec l'assentiment de Guillaume Marteau *(Martelli)* de Morêtel, donnent aux moines cluniciens de Domène le 1/4 de la dîme de la vallée de la Ferrière *(Ferrariarum)*, avec le presbytère, *ap. Goncelinum, sabb. post festivit. Exaltationis s. Crucis* ; le prieur Arbert leur donne 35 sols Viennois. Morard de Theys *(Tedesio)* est garant. Témoins : le chanoine Fouque, etc.

Monteynard, *Cart. de Domène*, 201, n° 227.

**3064** 26 septembre (vers 1110).

Obit de dame Belleza, femme d'Ainard le Blanc, sœur d'Engelbert de Bernin *(Bregnino)*, mère d'Olivier et d'Engelbert, enterrée dans le monastère de Domène, qui lui donna de son alleu une vigne entre le château de Bernin et la rivière *(aqua)*. Ses parents déposèrent la charte sur l'autel des Apôtres. Seings du chevalier Alvise.

Monteynard, *Cart. de Domène*, 45-6, n° 43.

**3065** (Avant 18 octobre 1110).

[Le cardinal] Richard, évêque d'Albano et légat du Siège apostolique, sollicité par Léger, évêque de Viviers, confirme sa donation de l'église de St-Andéol à l'ordre de St-Ruf et à l'abbé L[etbert] ; certains de ses clercs s'y opposant, il devra les soumettre à l'anathème. — *Institutionem et.*

Petit, *Theodori Pœnitent.* II, 506. Bouquet, XV, 47. Chevalier (U.), *Codex diplom. S. Rufi*, 14-5. Roche, *Armor. évêq. Viviers*, I, 327-8.

**3066** Latran, 18 octobre 1110.

Lettre du pape Paschal II à Léger, évêque de Viviers ; il lui reproche, après avoir donné en aumône l'église de St-Andéol aux frères de St-Ruf, de favoriser ses clercs qui la leur enlèvent ; qu'il les corrige ou la justice du Siège apostolique sévira. — *Non est episcopalis.*

Petit, *Theodori Pœnitent.* II, 505-6. Bouquet, XV, 47. *Patrol. lat.* CLXIII, 280. Chevalier (U.), *Codex diplom. S. Rufi*, 15-6. Roche, *Armor. évêq. Viviers*, I, 327. = Bréq. II, 385 (à 1107). Jaffé, 4653-6278.

**3067** 31 octobre 1110.

Guigues le Comte et son épouse la reine Mathilde *(Regina nom. Maheldis)* donnent à [l'abbaye de] Notre-Dame de Chalais *(B. Mariæ de Monte Chalesio, C-eysio)*, les terres à son entour, du rocher de Mont-St-Martin à la rivière de Roise *(Roisa)*, et des Etroits *(ad Extrictos)* au Soliat *(Solet)*... *a° pontif. d. Hugonis episc. Gratianop.* 30. Seings de maître Odolric, du prieur Garin, etc. Leurs fils Guigues Dauphin *(Delfinus)* et Humbert approuvent. *Amatus scr.*

*Invent. Graisivaudan*, VI, 305. Fontanieu, *Cart. du Dauph.* I, 95-9. — *Valbonnays, *Hist. de Dauph.* II, 377. Pilot de Thorey, *Cartul. de Chalais*, 13-5. Le Couteulx, *Ann. Cartus.* I, 181. Trad. Pilot (J. J.), dans *Bull. soc. statist. Isère*, A, III 175-6. = Bréq. II, 412. Pilot de Thorey (Emm.), *Abb. de... Chalais* (1874), 6.

**3068** 2 novembre 1110.

Hugues, évêque de Grenoble, à la prière de ses chanoines, concède à Boson, abbé de Cruas *(S. Mariæ Crudatcn.)*, les trois églises de Chantesse *(Cantessa)*, Vourey *(Volvredo)*, près Tullins, et [St-Jean-]de-Chépy *(Chapeia)*, avec leurs paroisses ; il s'y réserve un cens annuel et le droit de parée *(parata)*, dont les moines de Moirans *(Moirenco)* répondront. Boson lui abandonne *(definivit)* les églises de Poliénas *(Pollinaco)*, qu'Ardenc, prieur de Moirans, avait acquises par simonie ; excommunié et chassé de l'église, il avait reconnu son péché... *a° pontif. d. Hugonis episc.* 30. Seings du doyen Guigues et des chanoines de Grenoble : Odolric, etc., du sénéchal *(infertor dapium s. seneschalcus)* Odon. *Amatus scr.*

Salvaing de Boissieu, *Usage des fiefs*, 2°, 492 ; 3°, II, 237-8. *Gallia christ. nova*, XVI, instr. 85-6. Marion, *Cart. de Grenoble*, 100-1, n° 21. Le Couteulx, *Ann. Cartus.* I, 182. — Bréq. II, 409. *Doc. hist. inéd.* I, 282.

**3069** (Après 1110).

Le dauphin Guigues, comte d'Albon, fait don à la prévôté d'Oulx d'un cens sur la maladrerie de Briançon.

*Collino, *Carte d'Oulx*, 95, n° 93.

**3070** (Après 1110).

Nantelme et Humbert, fils de Nantelme Borelli, ayant attaqué le don de leur père (n° 3041), à la suggestion d'amis, viennent à résipiscence ; le prieur Hugues leur donne 10 sols et 2 setiers d'avoine. Témoins. Fait le jour de la sépulture de leur mère (Fridéburgis).

Monteynard, *Cart. de Domène*, 43, n° 38. 2.

**3071** 7 janvier 1110/1.

Humbert Roux *(Rufus)*, fils de Bernard, *villici* de la ville de St-Donat, vend, pour 12 den., à Hugues, évêque de Grenoble et prévôt de St-Donat, une pièce *(peciola)* de terre que son père avait reçue en gage *(gwidimonium)* de Ponce Turrellus pour 18 den. ; celui-ci tenait à mi-fruits de la terre prévôtale. Seings de chanoines, du convers Guigues, du sénéchal Létard et de mistral Borrellus. *Amatus scr.*

Marion, *Cart. de Grenoble*, 139-40, n° 75.

**3072** 17 janvier 1110/1.

Silvion de Virieu *(Vireu)* et ses fils rendent à Hugues, évêque de Grenoble et prévôt de St-Donat, 3 *cameræ* de vigne au-delà du pont, qu'ils tenaient en fief de la prévôté, et reçoivent 3 sols. Témoins : [des chanoines], Guigues, convers, Borrellus, mistral de l'évêque. *Amatus scr.*

Hozier (d'), *Armor. gén. de France*, Reg. III, II, Virieu, 3. Marion, *Cart. de Grenoble*, 140-1, n° 76. = Brέq. II, 409.

**3073**                           28 janvier 1110/1.

Chatbert *Verbigarius* et sa femme Benedicta vendent en alleu à Hugues, évêque de Grenoble et prévôt de St-Donat, une *camera* de vigne dans la paroisse de St-Donat, près les granges épiscopales, que son beau-père donna en dot à sa fille, comme terre de la prévôté ; ils reçoivent 8 sols, 2 setiers de mil et 1 bonne tourte *(torta)* de pain. Seings du prieur Archimbald..., du convers Guigues, du mistral Borrellus. *Amatus [scr.]*

Marion, *Cart. de Grenoble*, 142-3, n° 79.

**3074**                           5 février 1110/1.

Silvion de Virieu *(Vireu)* et ses fils vendent en alleu à Hugues, évêque de Grenoble et prévôt de St-Donat, un courtil, qu'ils tenaient de lui en fief à l'occident de la ville de St-Donat, près des murs *(aggeres)*, au prix de 5 sols 1/2. Seings d'Archimbald, prieur de St-Donat, du convers Guigues, du mistral Borrellus, etc. *Amatus scr.*

Hozier (d'), *Armor. gén. de France*, Reg. III, II, Virieu, pr. 2. Marion, *Cart. de Grenoble*, 141, n° 77. = Brέq. II, 410. Chevalier (U.), *Not. dauph. Vienn.* 101.

**3075**                           10 février 1110/1.

Chatbert *Verbigarius* et sa femme Benedicta vendent en alleu à Hugues, évêque de Grenoble et prévôt de St-Donat, une pièce de terre avec vigne, joignant la vigne épiscopale et celle déjà vendue par eux (28 janv.), au prix de 4 sols ; son frère André, qui l'avait en gage *(in guadimonio)*, reçoit 2 den., 4 setiers de seigle (4 sols) et 2 de froment (2 sols). Elle faisait partie de la dot de sa femme. Evemgrin, chanoine de St-Donat, père de sa belle-mère Orosia, du clerc Denys et d'Orland, l'avait tenue du prévôt de St-Donat. Seings du chanoine Akin, du convers Guigues, du mistral Borrellus, etc. *Amatus scr.*

Marion, *Cart. de Grenoble*, 143-4, n° 80.

**3076**                           (Vers 1111).

Anne de Luchaor et ses enfants vendent à Hugues, évêque [de Grenoble] les dîmes qu'ils ont dans la paroisse de Lans *(Lanz)* et dans tout l'évêché, pour 3 sols ; les fils donnèrent leur assentiment à l'évêque le jour où ils reçurent la pénitence d'un homicide qu'ils avaient commis. Seings de Jean, prieur de Commiers *(Comeru)*..., du convers Guigues... *Amatus scr.*

Marion, *Cart. de Grenoble*, 161, n° 103.

**3077**                           1111.

Guillaume, fils d'Austorgius, donne à l'église de St-Victor de *Chaarceio*, à *Festinaz* au-delà du Rhône, pour que les chanoines de Romans en jouissent à perpétuité, une métairie *(chabannaria)*, avec pré et bois ; il confirme les donations de ses parents Pierre Adémar et son fils Joscerannus ; lui et ses fils donnent en outre une sommée de vin *in Furgone*. Seings du seigneur Guillaume de Clérieu *(Claireio)*, par le conseil de qui ce don est fait ; de Ponce, prieur de Tain *(Tegno)* ; en présence des chanoines. ... *rege Lodovico in Francia, d. archiepiscopo Guidonis*.

Giraud, *Hist. S. Barnard-Romans*, compl. 49-51, n° 159.

**3078**                           (1111).

Serment prêté par Pierre Guillielmi, au [chanoine] Theotbert de Châtillon, d'observer les donations de son père Guillaume Austorgii, et de Pierre Ademari et son fils Joscerannus à l'église de St-Victor de *Chaarceio* pour celle de Romans.

Giraud, *Hist. S. Barnard-Romans*, compl. 51, n° 160.

**3079**                           (Vers 1111).

Hugues de la Balme *(de Balma)* abandonne *(guerpivit)* à Hugues, évêque de Grenoble, la dîme qu'il avait dans la paroisse de Noyarey *(Noiareto)*, et reçoit en fief une vigne qu'il tenait en alleu d'Otmar de Varacieu *(Veraceu)*, lequel s'en désiste de son côté. Témoins : le convers Guigues, entre les mains de qui la donation eut lieu.... et Pierre décimateur et homme de l'évêque.

Marion, *Cart. de Grenoble*, 162, n° 104.

**3080**                           Grenoble. 1111.

Rainold de Lans *(Lanz)*, frère de feu le chanoine Guigues, abandonne à Hugues, évêque de Grenoble, toutes les dîmes qu'il prélevait dans les paroisses de Lans et du Char ? *(de Chadiaresco)* et dans tout cet évêché, sous la condition que son fils Guigues, clerc et chanoine de l'église de Grenoble, aura, sa vie durant, les 2/3 de la dîme de Lans, sous le cens de 8 setiers du meilleur seigle ; la 3e partie doit être rendue par son neveu Rainold, dont l'aïeul s'était désisté. Fait *apud Gratianopolim*, le jour de l'installation de son fils comme chanoine par l'évêque. Témoins : le doyen Guigues et tous les chanoines. *Amatus scr.*

Marion, *Cart. de Grenoble*, 160-1, n° 102. *Le Couteulx, *Ann. Cartus.* I, 183.

**3081**                           21 avril 1111.

Hugues de la Balme *(de Balma)*, sa femme Aalgardis et ses enfants vendent à Hugues, évêque de Grenoble, toutes les dîmes qu'ils percevaient dans la paroisse de Noyarey *(Noiareto)*, entre les mains du convers Guigues, qui s'est rendu dans leur maison, au prix de 75 sols. Guillaume de Sassenage *(Cassanatico)* se porte garant. Otmar de S-e approuve ... *pontif. d. Hugonis episc.* 31. Seings. *Amatus scr.*

Marion, *Cart. de Grenoble*, 158-9, n° 100.

**3082**                           19 mai 1111.

Silvion de Virieu *(Vireu)* et ses fils vendent en alleu à Hugues, évêque de Grenoble et prévôt de St-Donat, un courtil, près des murs *(aggeres)* de la ville de St-Donat, qu'ils tenaient en fief du prélat, au prix de 7 sols ; son fils Guitfred reçoit des souliers *(sotulares)*. Seing du prieur Archimbald, de chanoines, du *villicus* Gotafred, [du mistral] Borrellus Episcopalis. *Amatus scr.*

Hozier (d'), *Armor. gén. de France*, Reg. III, II, Virieu, pr. 2. Marion, *Cart. de Grenoble*, 141-2, n° 78. = Brέq. II, 417.

**3083**                           9 juin 1111.

Pierre d'Egalens *(de Aqualenz)* et sa femme Aalaida vendent à Hugues, évêque de Grenoble, les dîmes dont ils jouissent dans la paroisse de Noyarey *(Noiareto)*, au

prix de 20 sols. Les frères d'Aalaida, Didier et Nantelme, donnent leur approbation ; de même Didier de Sassenage *(Cassanatico).*
Marion, *Cart. de Grenoble,* 159-60, n° 101.

**3084** Gap, 29 juin 1111.
Ponce, dit Cainberan, frère servant de l'hôpital de Jérusalem, et autres concèdent à Abon le pré d'Abon, sa vie durant, sous le cens à la st Martin de la valeur d'un cierge *(numata ceræ)* ; il confirme le bénéfice *(honor)* de Pierre Abonis à l'hôpital et à l'église de St-Martin [de Gap], en présence du sacristain Pierre, etc. *Giraldus sac. scr... ind.* 11.x° [= 4], *fer.* 5, fête des apôtres Pierre et Paul, devant l'église de Ste-Marie. — *Quoniam plerique.*
Guillaume (P.), dans *Bull. hist.-archéol. dioc. Valence,* I, 182-3 (à part, 23), n° 22. = Roman, 13ᵇ.

**3085** 4 juillet 1111.
Jozlenus, de St-André en Savoie *(apud Savogiam),* sa femme Helisabeth et son fils Silvion avaient mis en gage *(wadimonium)* leur dîme de la paroisse de St-André, à l'exception de la villa Chat Vilar, pour 46 sols et 4 den. monnaie d'Aiguebelle. Puis, tombé gravement malade, il abandonna à l'évêque Hugues, entre les mains du doyen Heirald, toutes les dîmes qu'il possédait dans le diocèse. A sa mort, l'évêque se rendit à ses funérailles et, avant qu'on l'ensevelît, sa femme, son fils et ses frères renouvelèrent son désistement touchant les dîmes de St-André, de Chat Vilar, des paroisses d'Epernay *(Aspernaico)* et de St-Pierre-d'Entremont *(inter Montium).* Témoins : le doyen Heirald et son socius Géraud, le chapelain de [Mont-]Grenier *(Granariis)* Benoît, celui de Bellecombe *(Bela Comba)* Pierre Benoît, et d'autres venus aux funérailles. *Amatus scr.*
Cibrario e Promis, *Docum.* 38-9. Marion, *Cart. de Grenoble,* 172-3, n° 117. Trepier, dans *Doc. acad. Savoie,* VI, 101-2.

**3086** 5 août 1111.
Hugues, évêque de Grenoble, donna en bénéfice *(commendavi)* l'église de la Thuile *(de Tovelia)* à son clerc Nantelme, fils de feu Jean d'Arvey *(Arvisio),* retenant 5 sols de cens et 12 den. de parée. Il y ajouta le tiers des dîmes de la paroisse de St-Laurent de Cruet *(Crosis)* et trois parts de celles de St-Etienne à Puygros qui reviendraient après lui aux chanoines de Thoiry *(Toirevo) ;* quant à celles de la Thuile, elles retourneraient à l'évêque. Son père Jean (lo !), sa mère Sarra et ses frères s'en étaient désistés entre les mains de l'évêque dans l'église de St-Jeoire-Challes *(S. Georgii).* Témoins : Arbert, évêque d'Avignon *(Avennicen.),* maître Odolric, le doyen Eirald, etc. ... a° *pontif. d. Hugonis episc.* 31. *Amatus scr.*
Marion, *Cart. de Grenoble,* 213-4, n° 39. *Le Couteulx, *Ann. Cartus.* I, 183. Trepier, dans *Doc. acad. Savoie,* VI, 103-4.

**3087** 17 novembre 1111.
Benedicta, femme de Chatbert *Verbigarius,* vend à Hugues, évêque de Grenoble et prévôt de St-Donat, une *chamera* de terre avec vigne, située dans le clos *(clausus)* épiscopal, bornée par la vigne de l'évêque, celle acquise par Ponce de Pisançon pour le luminaire de l'église de St-Donat et celle tenue en fief du prévôt par le chanoine Akin ; elle reçoit 20 sols 4 den., 3 éminées d'orge et une réception *(recetum)* pour sa famille. Elle l'avait achetée pour 12 setiers de froment à son père Richard Orosie, réduit à une grande pauvreté, à qui son aïeul Evengrin, clerc de St-Donat, en avait fait don en alleu. Seings du prieur Archimbald, de 6 chanoines, etc., du mistral épiscopal Borrellus. *Amatus fec.*
Marion, *Cart. de Grenoble,* 145, n° 82.

**3088** 17 novembre 1111.
Guillaume Roux *(Wilelmus Rufus),* sa femme et son frère vendent à Hugues, évêque de Grenoble et prévôt de St-Donat, la dîme de Colonges *(C-giis)* qu'ils possèdent dans le mandement de Jovinzieux *(Jovinciaci)* ou dans la paroisse de St-Pierre et St-Donat, comprise entre les églises de Montchatain *(Monte Castagno),* St-Avit, Charaix *(Enulio),* Montchenu *(Monte Canuto)* et Charmes *(Chalmo),* au prix de 23 sols, plus 2 à leur mistral Etienne Clavellus et autant au chevalier Jaufred de St-Donat. Seings d'Archimbald, prieur de St-Donat, etc., de Borrell, mistral de l'évêque. *Amatus, clericus d. episcopi, vid.*
Marion, *Cart. de Grenoble,* 146, n° 83.

**3089** 23 novembre 1111.
Raymond Bérenger, marquis de Barcelone *(Barchionen.),* prince de Vich *(Ausonen.),* comte de Girone *(Gerunden.)* et de Besalu *(Bisullunen.),* favorisé de l'assentiment de l'évêque et du chapitre de Girone, donne à l'abbé Ollegaire et aux chanoines de St-Ruf l'église de Ste-Marie dans l'intérieur du château de Besalu, pour y établir des clercs qui servent Dieu sans patrimoine. *S. Mellis comitissæ.*
Petit, *Theodori Pœnitent.* II, 627. Marca (Petr. de), *Marca Hispanica* (1688). 1285-6. Chevalier (U.), *Codex diplom. S. Ruſi,* 16-7. = Bréq. II, 418.

(1111/1113) = (1108/1110).

**3090** (1111/1132).
Achin de St-André [en Savoie], sa femme Helisabeth et leurs enfants vendent à Hugues, évêque de Grenoble, et au doyen Heirald la dîme des fiefs qu'ils avaient dans la paroisse de St-André, au prix de 112 sols Viennois et 100 d'Aiguebelle *(Aquabellen.).* Témoins : Géraud, socius du doyen, etc.
Marion, *Cart. de Grenoble,* 214, n° 40. Trepier, dans *Doc. acad. Savoie,* VI, 104-5.

**3091** (1111/1132).
A la fin de sa vie, Anselme de St-André, de concert avec sa femme Amaldrada et leur fils Nantelme, abandonne à St-Vincent et à l'évêque de Grenoble Hugues la dîme qu'il avait dans la paroisse de St-André [en Savoie]. Seings du doyen Airald, de son socius Géraud, etc.
Brizard, *Hist. de la mais. de Beaumont,* II, pr. 5-6. Marion, *Cart. de Grenoble,* 215, n° 41. Trepier, dans *Doc. inéd. Savoie,* VI, 105.

**3092** (Vers 1112).
Guitfred de Bellecombe, fils de Guigues, son oncle Guitfred et ses fils Guitfred et Berlion, etc. donnent une alpe aux frères de la Chartreuse, en présence et avec l'assentiment de Hugues, évêque de Grenoble. Seings du chanoine Foucher et du doyen Bernard.
Le Couteulx, *Ann. Cartus.* I, 187. — Cf. à 1135.

**3093** Rome, 18-23 mars 1112.
Concile tenu au Latran par le pape Paschal II, dans lequel il révoque le privilège accordé à l'empereur Henri V pour l'investiture des bénéfices. G[uido], Viennensis archiepiscopus ... Wido Viennensis archiepiscopus, cognatus ipsius regis, soutint que les fils (les évêques) agissaient bien en vengeant l'injure faite à leur père (le pape).
MARCA, *Concordia* (1663). II, 367-8; (-9). II, 431-2. LABBE, *Conc.* X, 767-84. HARDUIN, VI, II, 1899. COLETI, XII, 1163-8. MANSI, sup. II, 271 ; XXI, 49. — LAURENTIUS Leodien, *Hist. épiscop. Virdun.* (ACHERY (d'), *Spicil.* II, 248 ; BOUQUET, XV, 208 ; *Mon. Germ. hist.*, Leg. II, II, 181-2). = JAFFÉ, p. 503-4-745.

**3094** (Vers 27 mars 1112).
Lettre du pape Paschal II à G[uy], archevêque de Vienne et vicaire du Siège apostolique, au sujet du concile tenu par lui au Latran, où il a confirmé les statuts de ses prédécesseurs Grégoire VII et Urbain II ; il l'engage à bien remplir sa légation. — *Actionem concilii* al. *omnem*.
*Jahrb. Akad. Wissensch. Erfurt* (1877), 278. = JAFFÉ, -6313.

**3095** 30 avril 1112.
Le comte Guigues et son épouse Mathilde *(Matelda)* donnent à l'Hôpital de Jérusalem [de Gap], tout ce qu'ils ont sur la vigne d'Odon Falavel ; approbation de leur fils Guigues..., veille des apôtres Philippe et Jacques, *luna 11* [= 29].
GUILLAUME (P.), dans *Bull. hist.-archéol. Valence* (1881), I, 183 (à part, 23), n° 25 = ROMAN, 13ᵇ.

**3096** (Juin/août 1112).
Lettre du pape Paschal II à Guy, archevêque de Vienne et légat du Siège apostolique : qu'il ne se laisse fléchir, dans la question des investitures, ni par les menaces, ni par les flatteries. — *Si constantiam tuam*.
Ms. : Paris, Bibl. Nat., lat. 10402, 71ᵇ. — IVONIS Carnot. *Opp.* II, 195 : 757. Card. de ARAGON, dans MURATORI, *Rer. Ital. scr.* III, I, 365. BARONIUS, 1112, 3 (XII, 90 ; XVIII, 225-6). DU CHESNE, *Hist. d. cardinaux*. II, 53. LABBE, X, 651-2. COLETI, XII, 995. MANSI, XX, 1008. *Patrol. lat.* CLXIII, 292. WATTERICH, *Pont. Rom. vitae*, II, 71. DUCHESNE, *Liber pontif.* II, 373. Trad. CHARVET, 318. COLLOMBET, II, 18-20. = MERMET, III, 36. BRÉQ. II, 430. JAFFÉ, 4678-6325.

**3097** 26 août (après 1111).
Obit de Guigues, doyen de l'église de Grenoble.
CHEVALIER (U.), *Nécrologe de St-Robert*, 39.

**3098** Vienne, 15 septembre 1112.
Guy, archevêque de Vienne et légat du Siège apostolique, réunit dans sa ville épiscopale un concile auquel assistent 20 prélats, y compris Godefroy, évêque d'Amiens, qu'il chargea de parler en son nom, à cause de sa difficulté à s'exprimer. On formula 3 canons ; on y traita, comme Guy le relate dans sa lettre au pape, des investitures, des violences exercées sur Paschal, des parjures de l'empereur, du privilège extorqué par lui et on le frappa d'anathème. *Ego Guido Viennensis archiepiscopus et S.R.E. legatus. Benedictus Ebredunensis archiepiscopus subscripsit... Hugo Gratianopolitanus episcopus. Pontius Tricastrinus episcopus. Leodegarius Vapincensis episcopus...Ind. 5... — Sanctæ paternitatis.*

Ms. : Paris, Bibl. Nat., lat. 10402, f° 72. — IVONIS Carnot. *Opp.* II, 196 : 758. BARONIUS, 1112, 14-6 (XII, 93 ; XVIII, 228). *Coll. Reg.* XXVII, 16. LABBE, X, 784-6. HARDOUIN, VI, II, 1913. COLETI, XII, 1183-5. MARTENE, *Ampliss. coll.* VII, 67. MANSI, *Suppl.* II, 305-6 ; XXI, 73-6. BOUQUET, XV, 51-2 ; cf. XII, 22, 149, 405 ; XIII, 596, 634 ; XIV, 179, 245. DUCHESNE, *Liber pontific.* II, 373-4. Trad. CHARVET, 320-1. COLLOMBET, II, 20-3. = GEORG. I, 492. CEILLIER, XXI, 632. COURBON, B. 187-8. BRÉQ. II, 429. MERMET, III, 38. LE COUTEULX, I, 186. *Gallia christ. noviss.* IV, 47.

**3099** Latran, 18 octobre 1112.
Bulle du pape Paschal II [adressée à Bérenger, évêque d'Orange], confirmant la séparation de son diocèse d'avec celui de Trois-Châteaux, dont l'évêque devra respecter les limites. — ...[Arausi]cæ siquidem.
*Gallia christ. nova*, I, instr. 132ᵉ. *Patrol. lat.* CLXIII, 304-5. DUHAMEL (L.), dans *Mém. acad. Vaucluse*, XV, 394-5. *Gallia christ. noviss.* VI. = GEORG. I, 497. BRÉQ. II, 431. JAFFÉ, 4693-6329.

**3100** Latran, 20 octobre 1112.
Lettre du pape Paschal II à Guy, archevêque de Vienne, vicaire du Siège apostolique, et aux archevêques, évêques, abbés et prêtres réunis à Vienne ; il confirme les statuts du concile qu'ils ont tenu. — *Cum alicujus morbi*.
Ms. : Paris, Bibl. Nat., lat. 10402, 72ᵇ. — LABBE, X, 786. HARDOUIN, VI, II, 1915. COLETI, XII, 1185-6. MANSI, XXI, 76. BOUQUET, XV, 52. *Patrol. lat.* CLXIII, 305. = BRÉQ. II, 423. JAFFÉ, 4694-6330.

**3101** 5 janvier 1112/3.
Raymond, évêque élu de Girone *(Gerunden.)* et son chapitre de chanoines, du consentement de Raymond, marquis de Barcelone *(Barchinonen.)*, prince de Vich *(Ausonen.)*, comte de Girone *(Girunden.)* et de Besalu *(Bisuldunen.)*, donnent à l'abbé Oldegaire et à l'église de St-Ruf *(S. Ruphi)* l'église de Ste-Marie de Besalu, avec ses dépendances en églises et possessions, sauf la révérence due à son siège. Seings des chanoines (capiscol, archidiacre, prieur, sacristain).
PETIT, *Theodori Poenitent*. II, 628-9. MARCA (Petr. de), *Marca Hispan.* (1688), 1236. CHEVALIER (U.), *Codex diplom. S. Rufi*, 17-8.

**3102** Langres, 1113.
Réforme des chanoines de St-Etienne de Dijon, par Joscerand, évêque de Langres... *ind. 6*[al. 1]... *in præsentia coepiscoporum Ysmonis* ou *Ismionis Diensis.... Guidonis Gebenen.* — *Christianæ perfectionis*.
PERARD, *Rec. pièces hist. Bourgogne*, 87-8. 213-4. 215-6. *Gallia christ. nova*, IV, 569-70.

**3103** (Vers 1113).
Siéboud de Beauvoir *(Siébodus de Belverio, Beleico, Belveico)*, avec quatre chevaliers : Falcon de Revel, Méliorel, Lunellus, Guillaume Volfard, prête serment à Guy, archevêque de Vienne et légat du siège de Rome, de ne causer aucun dommage aux personnes et aux propriétés de Charentonnay *(Charentonacium)*. En cas de contravention, il donnera satisfaction dans les 14 jours ; si non, il se rendra otage à Vienne.
Ms. : Paris, B. N., Gaignières 181. — CHEVALIER (U.), *Cart. de St-André-le-Bas*, 280, 368, n° 70ᵃ ; *Cart. de St-Maurice Vienne*, 41, n° 183. = CHARVET, 322.

**3104** Latran, 12 avril 1113.
Lettre du pape Paschal II à Pierre, abbé d'Aniane, lui annonçant que, d'après le jugement des évêques Arbert d'Avignon, Eustache de Valence et Hismion de Die, il a attribué à son monastère la celle de Goudargues. — *Apostolicæ sedis.*
MABILLON, *Ann. Bened.* V, 693 ; 2°, 658. *Gallia christ. nova,* VI, instr. 298. BOUQUET, XV, 53-4. COCQUELINES, *Bull.* II, 148. *Patrol. lat.* CLXIII, 320. *Mon. pont. Arvern.* 134. = JAFFÉ, 4709-6348.

**3105** (Latran, 12 avril 1113).
Lettre du pape Paschal II à R[aymond], évêque d'Uzès, lui annonçant que, d'après le jugement des évêques Ar[bert] d'Avignon, C. Eustache de Valence et His[mion] de Die, il a attribué au monastère d'Aniane la celle de Goudargues. — *Juxta confratrum.*
LOEWENFELD, *Epist. pont. Rom. ined.* 71. = JAFFÉ, 6349.

**3106** Latran, 23 avril 1113.
Bulle du pape Paschal II adressée à Otton, abbé [de St-Victor] de Marseille, par laquelle il lui confirme les possessions de son monastère : ...*In episcopatu Vapincensi, cellam S. Mariæ de Mandanvis, S. Christofori de Stradis, ecclesiam parrochialem de Scala, S. Martini de Cornillon, S. Domnini in valle Tourt, S. Genesii de Dromon, ecclesiam parrochialem ipsius castri cum capellis suis, cellam de Fiscal, S. Eregii de Valerna cum ecclesia parrochiali S. Mariæ, ecclesiam de Ulmebel, S. Petri de Valadoira, S. Clementis de Trescleus cum aliis ecclesiis ejusdem castri, S. Petri de Rionia, S. Eregii de Medullone. In episcopatu Ebredunensi, ecclesia de Cadurcas, S. Mariæ, S. Victoris, S. Christofori, S. Galli, S. Mariæ de Bredula cum ecclesia parrochiali S. Mariæ, S. Petri de Gigonis, ecclesiam parrochialem de Bellafaire, ecclesiam S. Mariæ, et S. Genesii de Turies, S. Mariæ, S. Poncii de Falcone...* — *Apostolicæ sedis.*
*Acta ss. Bolland.* maii IV, 32. *Gallia christ. nova,* I, instr. 115-6. GUÉRARD, *Cart. de St-Victor de Mars.* II, 234-40, n° 848. *Patrol. lat.* CLXIII, 327-30. = BRÉQ. II, 437. JAFFÉ, 4712-6353. ROMAN. 13ᵇ.

**3107** Arles, 15 juin 1113.
G[uy], archevêque de Vienne, s'étant opposé *(misit in placitum)* au *tortum* que Durand Cheuvrii avait élevé dans sa terre au préjudice de St-Maurice, celui-ci voulant aller à Jérusalem, s'en désista et donna des otages. Après sa mort et celle des otages, sa veuve Yla et son fils Rolland reprirent le *tortum* et l'élevèrent ; puis R. et sa femme Pétronille en firent l'abandon *apud Arelaten.* entre les mains d'Eustache, évêque de Valence.... ind. 6..., d. domin. Témoins : Lambert de Livron et Guillaume de Vese *(Vaiesch)*, chanoines de Valence, Hugues de Mévouillon, chevalier.
Ms. : Gaignières 145, 187 ; 181, 570ᵇ. — CHEVALIER (U.), *Cart. de St-André-le-Bas,* 281, n° 71* ; *Cart. de St-Maurice Vienne,* 40, n° 170. — CHORIER, *Estat polit.* II, 151.

**3108** Latran, 10 janvier 1115/4.
Bulle du pape Paschal II adressée à Odolgerius, abbé de St-Ruf, au diocèse d'Avignon, par laquelle il prend une collégiale *(canonica)* sous la protection du Siège apostolique, confirme ses possessions et privilèges. — *Religiosis desideriis.*
VALBONNAYS, 2° Reg. n° 120. — *Gallia christ. vet.* IV, 802-3.

*FANTONI CASTRUCCI, *Ist. Avignone,* II, 399. *Patrol. lat.* CLXIII, 336-7. *Gallia christ. nova,* XVI, instr. 102-3. CHEVALIER (U.), *Codex diplom. S. Rufi.* 18-9. = BRÉQ. II, 440. JAFFÉ, 4721-6369.

**3109** Die, (après 7 octobre 1114).
Ponce, abbé de Cluny, se rendant à Rome après son sacre *(consecratus)*, passa à Die en compagnie de Bernard, abbé [de St-Martial] de Limoges. Il y entendit les plaintes de Fouque *(Fulco)*, Maurestel et Aténulfe contre les moines clunisiens de Domène, qu'ils accusaient de leur enlever un manse à la Mure. Les religieux de Cluny étaient à cette occasion abreuvés d'avanies par les trois frères, par les chanoines et les citoyens de Die. Ne pouvant faire la preuve que cette terre leur avait été vendue par Rostang du temps de s' Odilon, l'abbé Ponce règle, dans la cour de l'évêque Ismidon, de payer 100 sols à leurs ennemis, moitié à la s' André et moitié à la s' Hilaire, et de recevoir un novice, que Fouque refusa de vêtir après l'avoir promis. La querelle fut ainsi terminée, en présence d'Artaud, prieur de Rosans, Adémar, prieur de Rompon, Pierre, prévôt d'Aurel *(Dauvel)* et autres chanoines. Les deniers furent comptés par Hugues de la Porte, prieur de Domène.
MONTEYNARD, *Cart. de Domène,* 26-7, n° 22 (v. 1100 ?). — Sur le voyage de Ponce à Rome, voir MABILLON, *Ann. Bened.* V ; 2°, 560. Bernard fut élu abbé le 7 oct.(*Chartes de Cluny.* V, 258-9). Cf. CHEVALIER (J.), *Hist. de Die,* I, 186-7.

**3110** « Berule », 22 ? octobre 1114.
Bulle du pape Paschal II adressée à Pierre, abbé de Montmajour, au diocèse d'Arles, par laquelle il confirme à son monastère : *in comitatu] Viennensi, ecclesiam S. Antonii.. xv kal. nov.* — *Piæ postulatio.*
CHANTELOU, *Hist. de Montmajour,* dans *Rec. hist. de Provence* (1890), I, II, 242-3. = JAFFÉ, 6402.

**3111** 6 novembre 1114.
Pierre Bernard, évêque d'Elne, ayant à juger par ordre du pape une cause concernant le monastère de St-Michel de Cuxa, appelle dans son conseil *Oldegarium S. Rufi abbatem.*
MARTENE, *Thes. nov. anecd.* IV, 131. COLETI, XII, 1193. MANSI, XXI, 91.

**3112** Anagni, 7 novembre 1114.
Bulle du pape Paschal II, par laquelle il confirme à Ponce, abbé de Cluny, les possessions de son monastère. — *Apostolicæ sedis.*
MARRIER, *Bibl. Cluniac.* 571. DU CHESNE, *Hist. card. Franç.* II, 68. LABBE, X, 687. *Bull. Cluniac.* 37. HARDOUIN, VI, II, 1896. MANSI, XX, 1042. COCQUELINES, *Bull.* II, 152. *Patrol. lat.* CLXIII, 358. = BRÉQ. II, 439. JAFFÉ, 4742-6405. BERNARD-BRUEL, *Chartes de Cluny,* V, 260, n° 3911.

**3113** (6 décembre ?) 1114.
Godefroy, évêque d'Amiens, se rend à la Chartreuse et y demeure jusqu'au commencement du Carême.
BOUQUET, XII, 263-4 ; XIV, 180. LE COUTEULX, *Ann. Cartus.* I, 190-2. LE VASSEUR, *Ephemer. Cartus.* IV, 98-103. = Cf. 6 janv. 1115.

**3114** (Vers 1115).
Lettre d'Atton, archevêque d'Arles, à G. Adémar, lui reprochant ses vexations contre l'église d'Orange et l'exhortant à lui restituer ce qu'il lui a pris.

MARTÈNE, *Vet. script. ampl. coll.* I, 634. = BRÉQ. II, 453. CHEVALIER (J.), dans *Bull. soc. archéol. Drôme*, XXVI, 188 (à part. I, 150, croit ce G. Adémar, père de Géraud Adémar, seigneur de Montélimar). *Gallia christ. noviss.* III, n° 484.

**3115** (1115).

Bernard, prieur de Portes, et frère Ponce attestent qu'à la consécration de l'église de Souclin *(Sundis, Suclinis)*, en présence de Hugues, évêque de Grenoble, l'archevêque de Lyon a confirmé la fondation de leur chartreuse.

LE COUTEULX, *Ann. Cartus.* I, 199-200, 215-6. — Cf. 1116.

**3116** Ambronay, (vers 1115).

Didier *(Desiderius)*, abbé d'Ambronay, notifie que deux de ses frères, Bernard et Ponce, ont obtenu, à la demande de l'archevêque de Lyon et de Hugues, évêque de Grenoble, la permission de se transférer à l'ermitage de Portes.

SEVERT, *Archiepiscopi Lugdun.* 235. GUICHENON, *Bibl. Sebus.* 222. *Gallia christ. nova*, IV, 272. LE COUTEULX, *Ann. Cartus.* I, 201-2. = BRÉQ. II, 452.

**3117** (Vers 1115).

Lettre de Guy, archevêque de Vienne, à son cher neveu le comte Amédée. Il le remercie d'avoir pris la défense de l'église de Maurienne ; il le prie et lui ordonne, en vertu de sa charge, de ne pas permettre qu'elle soit dépouillée des églises dont il l'a récemment investie ; la plainte des chanoines au sujet de la 1/2 de l'église *Montis Garnerii* devra être jugée par les évêques comprovinciaux.

RIVAZ (P. de), *Diplom. de Bourg.* II, n° 143 (Anal. 49). — CHEVALIER (U.), *Cart. de St-André-le-Bas*, 281-2, n°72°.

**3118** (Vers 1115).

Hugues Arnulfe avait remis en gage *(vadimonium)* le moulin Traforel à Hugues, prieur de Domène], pour 35 sols. Après sa mort et son ensevelissement dans le monastère, ses parents et amis firent don de ce moulin, en présence de l'écolâtre *(scolaris)* Guillaume, etc. ; sa mère Elisabeth approuva et reçut 5 sols du prieur. Guillaume de Domène et sa mère Vuillelma soutinrent qu'il tenait en fief d'eux ce moulin ; le prieur leur donna 25 sols. Il lui fallut encore en payer 15 à Arbert Mistral, beau-frère d'Hugues.

MONTEYNARD, *Cartul. de Domène*, 191-2, n° 217.

**3119** 1115.

Lettre d'Ives, évêque de Chartres, à Conon, évêque de Palestrina ; il rappelle que le moine Robert se rendit auprès d'Hugues, évêque de Die et légat du Siège apostolique, [au concile d'Issoudun, 1081] et en rapporta un acte défavorable à Marmoutier. — *Sicut visito*.

IVONIS Carnot. *Epist.* 266. DU CHESNE, *Hist. Franc. script.* IV, 245. BOUQUET, XV, 170-1. *Patrol. lat.* CLXII, 270-1.

**3120** 1115.

Lettre du même au même : l'évêque de Die s'était prononcé au pape en sa faveur contre les moines de Marmoutier. — *Invitavit me*.

IVONIS Carnot. *Epist.* 267. BOUQUET, XV, 171-2. *Patrol. lat.* CLXII, 271-2.

**3121** 1115.

Lettre du même aux évêques de Beauvais, Châlons, Amiens et Senlis : Hugues, évêque de Die, jadis légat du Siège apostol., jugea au concile d'Issoudun (1081) la cause pendante entre l'évêque de Chartres et le monastère de Marmoutier. — *Cum secundum*.

IVONIS Carnot. *Epist.* 268. BOUQUET, XV, 172-3. *Patrol. lat.* CLXII, 272-3.

**3122** 1115.

Lettre du même au pape Paschal II : il se plaint des moines de Marmoutier, qui détiennent une église à l'encontre d'une décision écrite d'Hugues, évêque de Die, alors légat du pape Grégoire. — *Causæ quam*.

IVONIS Carnot. *Epist.* 274. BOUQUET, XV, 174-5. *Patrol. lat.* CLXII, 276-7.

**3123** (Vers 1115).

Ponce, évêque de Belley *(Bellic.)*, donne à l'abbé Pierre et aux moines de St-André [à Vienne], les églises d'Aversieux *(Auriciaco)* et de St-Jean de Verel-de-Montbel *(Veray)*, que desserviront les frères de St-Genix *(S. Genesio)* ; il promet de ne donner à aucun autre ordre l'église de Belmont *(Bello Monte)*. Témoins : l'archidiacre Adon, les doyens Oysold et Hugues.

CHEVALIER (U.), *Cart. de St-André-le-Bas*, 162-3, n° 221.

**3124** (Vers 1115).

Ponce, évêque de Belley, donne à l'abbé Pierre et aux moines de St-André [à Vienne], l'église de Chimillin *(C-no)*, avec ses dîmes, oblations et cimetière, que desserviront les frères de St-Genix *(S. Genesius)* ; il promet de ne donner à aucun autre ordre l'église d'Aoste *(Augusta)*. Témoins : 3 chanoines de Belley, l'archidiacre Adon, les doyens Oisold et Hugues, et 3 chevaliers.

CHEVALIER (U.), *Cart. de St-André-le-Bas*, 193-4, n° 252.

**3125** (1091/1115).

Le monastère de St-André-le-Haut *(Superius)* avait reçu de laïques la possession de l'église de St-Genêt à Chaumont *(S. Genesii de Causmonte)*, tandis que d'anciennes chartes témoignaient sa dépendance [du chapitre] de St-Maurice. L'archevêque Guy obtint sa restitution, en donnant aux religieuses 100 sols Viennois et le cens de l'église de St-Romain. Seings du prélat, du doyen Siboud *(Sigibodi)*, des chantres Pierre et Guigues, des archidiacres Silvius et Adémar, du prêtre Adémar qui, propriétaire de toute la villa, donna tous ses soins à cette récupération. Seings de l'abbesse Allindraa, de la prieure Gunberga ou Gimb-a et de 5 moniales.

*CHARVET, 309-10. CHEVALIER (U.). *Cart. de St-André-le-Bas*, 276, 368, n° 65* ; *Cart. de St-Maurice Vienne*, 36, n° 145. ALLUT, *St-André-le-Haut*, 59-60.

**3126** 6 janvier 1115.

Le concile de Soissons envoie Henri, abbé de St-Quentin, et Hubert, moine de Cluny, à la Chartreuse pour en ramener Godefroy, évêque d'Amiens. — Il fut de retour le dimanche des Rameaux (11 avril).

NICOLAS de St-Crépin à Soissons, *Vita s. G.* III, 8-11, p. 205-7. LABBE, X, 801. HARDUIN, VI, II, 1929. COLETI, XII, 1213-4. MANSI, XX, 127. LE COUTEULX, *Ann. Cartus.* I, 196-8. LUCHAIRE, *Annales*, 95, n° 188. BOURGIN (Georg.), *Guibert de Nogent* (1907), 200.

**3127** Gap, 21 mars 1115.

Laugier II, évêque de Gap, donne à l'abbaye de St-Victor de Marseille les églises de Ste-Marie, St-Michel

et St-Clément de Trescléoux *(Tresclevis)*, sous le cens de 5 sols Valentinois à la s' André, outre la *censura* synodale. Approuvé par le sacristain Pierre, le prévôt Pierre de Vizille, Pierre grammairien et 13 chanoines. *Data Vapinci… luna 14…*
GUÉRARD, *Cart. de St-Victor de Marseille*, II, 77, n° 734. = ROMAN. 13b.

**3128** Latran, 22 avril 1115.
Lettre du pape Paschal II à Guy, archevêque de Vienne, légat du Siège apostolique, lui prescrivant de mettre fin avant l'Assomption, à Dijon ou ailleurs, à la contestation entre les chanoines de St-Jean et ceux de St-Etienne de Besançon. — *Controversia quæ*.
ACHERY (d'), *Spicil.* III, 152 ; 2°, III. 459. CHIFFLET, *Hist. de Tournus*, pr. 371-2. LABBE, X. 803-4 ; cf. 691. HARDOUIN, VI. II, 1830. 2931. COLETI, XII, 1034, 1223-4. MANSI, XXI, 141 ; cf. XX, 1047. BOUQUET, XV, 57-8. *Patrol. lat.* CLXIII, 380-1. = BRÉQ. II, 416 (à 1110), 443. JAFFÉ, 4772-6456.

**3129** (Avant 15 août) 1115.
Concile tenu à Tournus *(Trenorchium)*, sur l'ordre du pape, par l'archevêque de Vienne Guy, légat du Siège apostolique, de concert avec Hugues, évêque de Grenoble, etc. au sujet de la querelle entre les chanoines de St-Jean et ceux de St-Etienne de Besançon.
CHIFFLET, *Vesontio civ.* II, 238 ; *Hist. de Tournus*, pr. 346. SEVERT, *Lugdun.* 2°, 236. LABBE, X, 803-6. HARDOUIN, VI. II, 1931-3. JUENIN, *Hist. de Tournus*, II, 238. COLETI, XII, 1221-6. MANSI, XXI, 139. ROBERT (U.), *Bull. de Calixte II*, I, 378 ; II, 12. — *R. Gen.* 255.

**3130** Troja, 27 août 1115.
Lettre du pape Paschal II à l'archevêque Guy, vicaire du s' Siège apostolique, lui reprochant d'avoir refusé le témoignage des clercs de St-Etienne contre les chanoines de St-Jean de Besançon. — *Super prudentia*.
ACHERY (d'), *Spicil.* III, 132 ; 2°. III. 459. CHIFFLET, *Hist. de Tournus*, pr. 372-3. LABBE, X, 691-2, 805. HARDOUIN, VI. II, 1831. COLETI, XII, 1034, 1225-6. MANSI, XX, 1047 ; XXI, 142. BOUQUET, XV, 58-9. *Patrol. lat.* CLXIII, 387. = BRÉQ. II, 408. JAFFÉ, 4781-6467.

**3131** 28 ou 30 septembre (vers 1115).
Obit d'Ismidon *(Ismio)*, évêque de Die et chanoine de St-Etienne de Lyon, qui donna à cette église un anneau d'or avec une pierre très précieuse.
GUIGUE, *Obituar. Lugdun. eccl.* 125 ; *Obit. égl. primat. Lyon*, 77. = CHEVALIER (J.), *Hist. égl. Die*, I, 188-9. *Répert. Bio*, 2286.

**3132** (1115/1116).
Lettre de l'empereur Henri V à Gérold, évêque de Lausanne, à Raynaud comte de Bourgogne et à tous les vassaux de l'église St-Etienne de Besançon. *Multorum relatione comperimus, quod ille Viennensis inimicus pacis et concordiae, ille contemptor apostolicae auctoritatis et imperatoriae immo divinae, « qui enim potestati resistit, Dei ordinationi resistit » ; ille inquam sanctorum patrum statutis inobediens ac rebellis, Bisuntinam sanctissimi protomartyris ecclesiam destruere nititur, et ab illo archiepiscopalis sedis et dignitatis statu, quo a sanctis patribus fundata atque firmata est, contendit dejicere.*
CHIFFLET, *Hist. abb. Tournus*, pr. 374 (c. 1115). STUMPF (K. F.), *Reichskanzler* (1873), III, 468. = BRÉQ. II, 449.

**3133** (1115/1118).
Lettre de Benoît, archevêque d'Embrun *(Hebredun.)*, aux frères du monastère de St-Pons de Cimiez *(Cimelien.)*, leur ordonnant d'être soumis à l'évêque de Nice. — *Filius et confrater*.
CAIS DE PIERLAS (E.), *Cart. de la cathédr. de Nice*, 96-7, n° 78 ; *Chartrier de St-Pons*, 25.

**3134** (1116).
A l'occasion de la consécration *(nuptiæ)* de l'église de Souclin *(Succlinis)*, sur les instances de Gaucerand, archevêque de Lyon, et de Hugues, évêque de Grenoble, Arbert, chevalier de St-Sorlin *(S. Saturnini)* et sa femme Flandina abandonnent aux frères de Portes tout ce qu'ils possèdent dans leur désert. Seing de l'évêque.
LE COUTEULX, *Ann. Cartus.* I, 216. GUIGUE, *Cart. Lyonnais*, I, 28-9, n° 16. — Cf. 1115.

**3135** (Vers 1116).
Guillaume, prieur de Quint, et ses confrères donnent aux ermites des Ecouges *(in Exquugiis)* tout ce qu'ils avaient acquis en ce lieu ; ils rendent volontiers la charte qu'ils devaient à la faveur *(gratia)* des évêques Hugues de Grenoble et Pierre de Die, qui corroborent la présente de leurs sceaux en s' synode. Témoins : Guillaume Galon, moine de St-Chaffre, délégué de l'évêque. Humbert archiprêtre, etc.
AUVERGNE, *Cart. des Ecouges*, 85, n° 2.

**3136** 1116.
Raynaud de Lans *(Lanciis)*, sa femme Amaldrada, ses fils, neveux et frères donnent à Pierre Cornut, à David et leurs adhérents tout ce qu'ils possèdent dans les montagnes des Ecouges *(Excugiarum)*, de Facebelle *(Facibella)* et de l'Alchine *(Foleill Dalchina)* à la Drevène *(fons Drevenis)* et au sommet des deux montagnes. La donation est approuvée par les précédents propriétaires. Hugues, évêque de Grenoble, y ajoute son autorité et imprime sa bulle sur la charte.
FONTANIEU, *Cart. du Dauph.* I. 99. — VALBONNAYS, *Hist. de Danph.* II, 390. AUVERGNE, *Cart. des Ecouges*, 86, n° 3. LE COUTEULX, *Ann. Cartus.* I, 205. = *Invent. St-Marcellin*, I, 794. BRÉQ. II, 459. DASSY, *S' Antoine*, 57.

**3137** Lyon, 1116.
Guillaume, doyen de la primatiale de Lyon, et son chapitre attestent la donation faite par leur confrère Ponce de Balmeto, maître pénitencier, de la vallée de Meyriat *(Majoræum)* aux frères de l'ordre des Chartreux.
Arch. de l'Isère, B. 4303, vid. du 12 déc. 1377 (IV. 179h). — *Gallia christ. nova*, XV. instr. 306-7.

**3138** 1116.
Fondation de la chartreuse de la Silve Bénite.
CHORIER, *H. de D.* I, 30 ; 2°, 25. LE COUTEULX, *Ann. Cartus.* I, 210. LAGIER (A.), dans *Bull. acad. Delphin.* D, II, 218-9 (s part, 6-7, à 1130 !)

**3139** 24 mars 1116.
Privilège du pape Paschal en faveur de la cathédrale St-Etienne de Besançon contre la collégiale de St-Jean ; il relate le témoignage porté devant Hugues III, archevêque de Besançon, frère de Guy, archevêque de Vienne, dans le cloître de St-Jean. — *Inter S. Stephani*.

CHIFFLET, *Hist. de Tournus*, pr. 375. MANSI, XXI, 149. BOUQUET, XV, 59-61. COCQUELINES, *Bull.* II, 154. *Patrol. lat.* CLXIII, 402. *Gallia christ. nova*, XV, instr. 19. = JAFFÉ, 4811-6517.

**3140** Trastevere, 23 mai 1116.
Lettre du pape Paschal II à Oldegaire, qu'il délie de la charge d'abbé du monastère de St-Ruf et qu'il nomme évêque de Barcelone, suivant la postulation unanime du comte Raymond, de l'église et du peuple de Barcelone. — *Cum pastoralis.*
*Acta ss.* Bolland., mart. I, 485. RISCO, *España sagr.* XXIX, 468-9. SALAZAR, *Anamnesis*, II, 100. *Patrol. lat.* CLXIII, 405-7. TRBD. CATELLAN, 310-2 (12 m.). = JAFFÉ, 4814-6523.

**3141** 8 juin 1116.
Concile de Langres, tenu en plein air entre *Lucum* et Thil-Châtel *(Tilecestrum)*, par l'archevêque de Vienne Guy, légat du Siège apostolique.
LABBE, *Nova bibl. mss.* II, 618 ; *Conc.* X, 811-9. HARDUIN. VI, II, 1939. COLETI. XII. 1233-4. MANSI. sup. II, 317 ; XXI, 157. = *Gallia christ. nova.* IV, 571. BOUQUET, XIV, 223.

**3142** Brignolles, 13 juillet 1116.
Accord entre les moines [de St-Victor] de Marseille et Guillaume Amelii de Solliès, Hugues du Puy, Guillaume de Solliès et ses frères, en présence de Raymond Bérenger, comte de Barcelone et marquis de Provence... *ap. castrum Bruniolam ;* parmi les témoins l'abbé de St-Ruf Aldegerius, les évêques de Fréjus et de Riez.
GUÉRARD, *Cart. de St-Victor de Marseille*, II, 154-6, n° 805.

**3143** Oulx, 9 août 1116.
Nantelme, prévôt d'Oulx *(Ulcien.)* avait confié à Dalmace la perception de la moitié des dîmes du château de Briançon, avec menace de révocation pour toute infidélité. Ses fils, Hugues et Michel, furent convaincus dans un plaid *(placitum)*, devant le prévôt Albert et ses clercs, d'avoir, ainsi que leur père, fait des torts graves à la prévôté. Leurs amis, qui avaient aidé à établir leur culpabilité, intercèdent pour que le prévôt leur conserve la perception du tiers de la dîme. Fait la veille de s' Laurent, dans l'église de St-Laurent. Témoins. *Garsias cunon. et serv. S. Laurent. scr.*
RIVAUTELLA, *Ulcien. eccl. chartar..* 149-50. n° 171. COLLINO, *Carte d'Oulx*, 95-7, n° 94.

**3144** 3 septembre 1116.
Pierre et Guigues, fils de Rostaing, assurent à l'église de Romans la jouissance de la vigne que leur aïeule Suffica et leur père avaient donnée dans la paroisse de St-Marcellin d'Arthemonay *(Artemonnaico)*, touchant celle de St-Donat, moyennant 13 sols... *temp. d. archiepiscopi Guidonis Viennen. ecclesiæ et legati Sedis apostol... ind. 9, ...fer. 1. luna 23 [= 22].*
GIRAUD, *Hist. S. Barnard-Romans*, II. pr. 55-6, n° 239.

**3145** 5 septembre 1116.
Traité entre Hugues, évêque de Grenoble, et le comte Guigues.*(Guigo)*, par la médiation de Léger, évêque de Viviers, et Pierre, évêque de Die. Hugues se plaignait des dévastations commises par le comte dans la châtellenie de Montbonnot *(Montis Bonaldi)*, sur un sol commun ; il n'en gardait aucune inimitié, mais avertissait son diocésain de réparer ses torts. Guigues restitua les églises et leurs cimetières, dotations et dîmes. Il rendit la liberté aux clercs de Grenoble et de St-Donat ; il affranchit de tout servage les familles des chanoines. Il restitua à l'évêque les possessions dont il l'avait dépouillé depuis les débuts de son pontificat, et à la ville de Grenoble ses bonnes coutumes. Il donna en outre à l'église de Grenoble la condamine de Corbonne *(Curbonante)*, le tiers de la leyde des marchés et foires de Montbonnot, etc. Les parties se donnèrent le baiser de paix. L'épouse du comte, Mathilde *(Maelda)*, approuva, puis ses fils Guigues et Humbert. Témoins : Odolric, le moine Guillaume, le chanoine régulier Gautier, le convers Guigues, etc..., *temp. d. Paschalis papæ II.*
FONTANIEU, *Hist. de Dauph.*, pr. II,1, 41 ; *Cart. du Dauph.* I, 93ᵇ. — BOYS (A. du). *Vie de s' Hugues*, 476-7. *Gallia christ. nova*, XVI, instr. 86-7. MARION, *Cart. de Grenoble*, 229-31, n° 81. — *Doc. hist. inéd.* I, 284. TERREBASSE. *Not. dauph. Vienn.* 114-6.

**3146** Gap, 18 octobre 1116.
Matfred de Beaudinar *(Beldisnar)* et son frère Lagier, Ponce de Beaudinar et ses frères, Richaud Albuini, leurs fils et neveux donnent à Lazare et à ses compagnons le col de Chalmeta, dont ils précisent les limites, pour y construire un asile religieux *(heremus)*. Laugier *(Leodegarius)* II, évêque de Gap, a° *episcop. XI*, approuve cette fondation de concert avec ses clercs, le sacristain Pierre, le prévôt Pierre Guigues, le grammairien Pierre et 15 autres. La charte est lue en plein synode *Vapinci*, dans l'église de Notre-Dame. *4 fer. hebdom.* 3 octob.
*Gallia ch. ist. nova*, I. instr. 86-7. LE COUTEULX, *Ann. Cartns.* I, 207-9. GUILLAUME (P.), *Chartes de Durbon*, 1-3, n° 1. = GEORG. I. 503. BRÉQ. II, 435. ROMAN. 14°.

**3147** (1116/...).
Guy, archevêque de Vienne, du consentement de ses chanoines, donne à l'ordre de St-Ruf [et à son abbé Ponce] l'église de St-Martin dans sa ville épiscopale, près de la Gère *(Jayria)*, avec ses moulins auprès, la vigne appelée *Violaria*, les dîmes d'Adalard le grammairien à Mont-Salomon et à *Segnes*, le four de Cuvière *(Cuveria)*, l'église de St-Nizier *(S. Nicetii)* à Lerens, celle de St-Alban à Sérézin *(Cesirin)*, sauf l'obéissance à l'église-mère et un cens aux chanoines. A la mort de chaque chanoine, les frères feront l'office de 30 jours et à celle de l'archevêque d'un an ; pour Guy, il sera perpétuel, avec un psaume à matines et vêpres, et l'entretien d'un pauvre. Fait en plein synode, en présence des suffragants Hugues de Grenoble, le bʳ Ismidon de Die, Eustache de Valence, etc. et des chanoines de St-Maurice.
Relaté dans la bulle du 28 avril 1123. — CHARVET, 322.

**3148** (1116/1121).
Les grands et nobles ayant donné à Lazare et à ses frères le désert *(heremus)* nommé Durbon, Laugier, évêque de Gap, leur fait cession des dîmes, prémices et autres droits ecclésiastiques, du consentement de ses chanoines. Approuvé par les prêtres de St-Julien[-en-Beauchêne].
GUILLAUME, *Chartes de Durbon*, 3-4, n° 2. = ROMAN. 14°.

**3149** (1116/1121).
Laugier *(Leodegarius)* II, évêque de Gap, voulant pourvoir au repos des frères de Durbon, leur cède, du conseil de ses chanoines et des laïques, la dîme de leur solitude; ils ne donneront la sépulture qu'aux frères habitant avec eux. Approuvé par les prêtres de St-Julien[-en-Beauchêne].
GUILLAUME, *Chartes de Durbon*, 4, n° 3. = ROMAN, 14°.

**3150** (1116/1122).
Guillaume de Montama *(Monte Amato)* et ses frères, Richard, Pierre et Ponce donnent à l'église Ste-Marie et St-Jean-Baptiste de Durbon la terre de Lantelme Rufi à la *podiata* de Burriane et 3 parts de celle des Ricards et des Pelaens ; Laugier II, évêque de Gap, leur paye 11 liv. monnaie de Valence. Si les frères abandonnent le couvent, la terre reviendra à l'église Notre-Dame de Gap ; et si les donateurs veulent la reprendre, ils rendront l'argent aux chanoines. Témoins avec le prélat : Pierre sacristain, Pierre grammairien, Arnaud Flota et son frère Henri, Jean prêtre de Castel Fau, etc.
GUILLAUME, *Chartes de Durbon*, 6-7, n° 5. = ROMAN, 14°.

**3151** (1116/1145).
Arnaud Flota, fils de Lambert, et son frère Henri, du conseil de leur tuteur Guillaume Flota et de leur bayle Etienne Girberni, donnent à Notre-Dame de Durbon et à Lazare le bois de Recours *(Rochos)*, avec prés et terres, au-dessus du Bardoux *(S. Bardulphus)*. Assentiment de Guillaume de Montama, Ricaud de Vaunières *(Valle Nigra)*, etc.
GUILLAUME, *Chartes de Durbon*, 27-8, n° 19. = ROMAN, 14°.

**3152** (1116/1145).
Guillaume Bertrandi, de Lus-la-Croix-Haute *(Lunis)*, donne à Notre-Dame et St-Jean-Bapt. de Durbon et au prieur Lazare sa part du *cella Grimaldenschi* ; il reçoit 10 sols monnaie de Valence. Témoins.
GUILLAUME, *Chartes de Durbon*, 29-30, n° 22. = ROMAN, 14°.

**3153** (1116/1145).
Guillaume Turrons, prêtre, fils de Leutard de *Pineta*, donne à Notre-Dame de Durbon et au prieur Lazare les prés, terres et bois de son patrimoine à Garnésier *(Garnazia)* ; on lui fait cadeau de 30 sols monnaie de Valence. Approbation de son frère Guigues Matfredi, fils de Matfred de Beaudinar, et de ses cousins Aimar et Ponce de *Pineta*. Témoins : Guillaume, prêtre de St-Julien[-en-Beauchêne], Guillaume Latgerii, châtelain de Lus-la-Croix-Haute *(Lunis)*, etc. Gaudemar Jocerandi, de Lus, reçoit 5 sols pour domaine.
GUILLAUME, *Chartes de Durbon*, 29, n° 21. = ROMAN, 14°.

**3154** (1116/1145).
Ricaud de Vaunières *(Valle Nigra)* et Guillaume de Montama donnent à Notre-Dame de Durbon et à Lazare le pré de Burriane *(Castellari de Durbono)*, avec bois autour. Matfred de Beaudinar et Ricaud Alboini cèdent leurs droits.
GUILLAUME, *Chartes de Durbon*, 28, n° 20. = ROMAN, 14°.

**3155** (Vers 1117).
Lettre du pape Paschal II à Guy, archevêque de Vienne, le chargeant d'instruire la cause de l'abbé du monastère de St-André, détenu en prison *(captio)* par celui de la Chaise-Dieu ; il prendra conseil des évêques de Grenoble et de Viviers. — *Ex monasterio vestro*.
*Gallia christ. nova*, instr. XVI, 30. CHEVALIER (U.), *Cart. de St-André-le-Bas*, 147, n° 201. = JAFFÉ, -6698.

**3156** (Vers 1117).
Paschal II ordonne à l'abbé de la Chaise-Dieu de restituer à son monastère l'abbé de St-André, qu'il détient dans son cloître ; sa cause sera ensuite jugée soit par l'archevêque de Vienne, soit par lui-même. — *Ecclesiasticarum personarum*.
CHEVALIER (U.), *Cart. de St-André-le-Bas*, 147, n° 201. *Mém. acad. Clermont-Ferrand*, XVIII, 422. *Mon. pontif.* Arvern. 143. PFLUGK-HARTTUNG, *Acta pont. Rom. ined.* I, 115. = JAFFÉ, -6629.

**3157** 1117.
Concile tenu à Dijon *(ad Divionense castrum)* par Guy, archevêque de Vienne et légat du Siège apostolique, avec le concours de nombreux évêques, abbés et religieux.
Voir l'acte suiv. — COLETI, XII, 1233-6. MANSI, XXI, 159.

**3158** 1117.
Au retour du concile tenu par lui à Dijon, Guy, archevêque de Vienne et légat du Siège apostolique, se rend au monastère de Cîteaux et prie l'abbé Etienne de construire un couvent [de son ordre] dans le diocèse de Vienne. L'abbé, du conseil de ses moines, se rend à Vienne et commence la construction du monastère auquel le nom de Bonnevaux *(Bona Vallis)* fut donné par le [nouveau] pape, qui fournit tous les frais.
MANRIQUE, *Ann. Cisterc.* I, 93. *Gallia christ. vet.* IV, 181. BOUQUET, XIV, 319-20, 471. CHEVALIER (U.), dans *Bull. acad. Delphin.* D, II, 30-1 ; *Cart. de Bonnevaux*, 14-5, n° 8. = *Gallia christ. nova*, XVI, 208. JANAUSCHEK, *Orig. Cisterc.* I, 7.

**3159** 1117.
Guy *(Guido)*, archevêque de Vienne et légat du Siège apostolique, consacre l'église de Notre-Dame à l'abbaye de Bèze.
*Breve Chronicon Besuense* (BOUQUET, XII, 309).

**3160** (1117).
Guarin, du château de Pinet, sa femme et leurs fils donnent une terre à l'abbé [de Cîteaux] Etienne [pour le monastère de Bonnevaux].
CHEVALIER (U.), dans *Bull. acad. Delphin.* D, II, 31 ; *Cart. de Bonnevaux*, 15, n° 10.

**3161** (1117).
Sieboud *(Sibo)*, chevalier de Beauvoir *(Bellovisu)*, du conseil de sa femme Pétronille et de ses fils, fait un don [pour l'abbaye de Bonnevaux] à l'abbé [de Cîteaux] Etienne, pour l'âme de son père, le chevalier Burnon. Témoins : l'archiprêtre Raynaud et 10 autres.
CHEVALIER (U.), dans *Bull. acad. Delphin.* D, II, 31 ; *Cart. de Bonnevaux*, 15, n° 9.

**3162** St-Georges, 1117.
Les frères Sicebod et Vuitfred, fils d'Aténulfe seigneur *(senior)* de Domène, donnent aux moines cluni-

siens des serfs, enfants de leur cuisinier *(coquus)* Robert. Fait du temps du prieur Arbert, entre le cloître [de Domène] et l'église de St-Georges martyr, en présence du chanoine Fulco, de Morard de Theys, etc.
Monteynard, *Cart. de Domène*, 61-2, n° 64.

**3163** Goncelin, (vers 1117).
Torrenc, fils de Nantelme et d'Amélie, après avoir causé bien des maux aux religieux de Domène, au sujet du port, se rend avec eux *apud Goncelinum* devant l'évêque [de Grenoble] Hugues, qui, avec toute sa cour, le contraint de se désister entre les mains du prieur Arbert, dont il reçoit 10 sols et un bateau *(navigium)*. Ainard le Vieux promet de veiller à l'exécution. Seings du moine Guillaume, chancelier du prélat, du chanoine Fouque, du prêtre Vuodalbert, etc.
Monteynard, *Cart. de Domène*, 78, n° 84.

**3164** 17 février 1117.
Dédicace de l'église de Durbon à s‍t Jean-Baptiste.
Calendrier de Durbon (Roman (J.), dans *Bull. soc. étud. Htes-Alpes*, XXIII, 35).

**3165** (Septembre/décembre) 1117.
Aymin, fils de Guigues de Cornillon *(Cornilione)*, donne aux frères de Chalais *(Calesio)* une montagne *(alpe)*. Témoins : le prieur du lieu Geoffroy *(Gaufridus)*, le mistral *(ministralis)* Alnalguisius, etc. La charte est confirmée par Hugues, évêque de Grenoble... ind. 10, epacta 26 [= 15].
Le Couteulx, *Ann. ord. Cartus.* I, 225. Pilot de Thorey, *Cart. de Chalais*, 17-8, n° 3. = Prudhomme (A.), dans *Bull. hist. phil.* (1898), 262 (à part, 3).

**3166** (30) septembre (1117/1118).
Le chevalier Dalmace d'Herculais *(de Monte Reculato)*, surnommé Bonfils *(Bonus Filius)* donna aux moines clunisiens de Domène un pré à *Punoleia*, au-dessous de Domène. Son fils Ardenc donna aux mêmes, pour la sépulture de son père, un autre pré joint au précédent. Son oncle Rodbold accorda son assentiment. Ce don fut fait du temps du prieur Arbert, sur l'autel de St-Pierre, en présence du moine Roland, cellérier, de Guillaume, écolâtre *(scolaris)*, etc. *fer. 5 post s. Michaelis festum*.
Monteynard, *Cart. de Domène*, 193-4, n° 219.

**3167** Domène, décembre (vers 1117).
Du temps du prieur Arbert, Amédée, fils de Vincent, vend aux moines de Domène une vigne dans la manse de la Chapelle, près du manse des moines de St-Sébastien, que Guillaume de Domène donna à la fin de sa vie, au prix de 9 sols Valentinois. Fait en Avent, dans la semaine avant Noël, *apud Dominam*, dans le parloir du monastère. Témoins : le prêtre Pagan, etc.
Monteynard, *Cart. de Domène*, 28-9, n° 24, 1.

**3168** (1117/1118).
Longtemps après la donation de la dîme de Theys *(Tedesio)* par Ponce de Tournon, ses frères et sa mère, Ainard le Vieux *(Vetulus)* ordonna à ses gens d'y percevoir un muid. Du conseil de prudhommes, le prieur Arbert lui fléchit en lui donnant 20 sols ; il en fit remise avec le livre [des Évangiles] sur l'autel de St-Pierre. Témoins : l'écolâtre *(scolaris)* Guillaume, etc.
Monteynard, *Cart. de Domène*, 190-1, n° 216.

**3169** (1117/1118).
Etienne *(Stephanus)*, fils d'Otmar, viguier *(vicarius)* de Domène, et ses frères Odon et Berlion se désistent en justice *(ad placitum)* de leurs prétentions sur les dîmes de Ste-Marie [de Revel], données par Chatbert au monastère de Domène ; le prieur Arbert leur donne 22 sols et l'acte est déposé sur l'autel de St-Pierre. Témoins : l'écolâtre *(scolaris)* Guillaume, etc.
Monteynard, *Cart. de Domène*, 195-6, n° 221.

**3170** (1117/1118).
Pierre Bruno avait donné, à sa mort, le 8° de la dîme de Theys *(Tedesio)* au monastère de Domène ; Nantelme du Champ *(de Campo)*, de qui il la tenait, l'abandonna ; de même le seigneur Ainard l'Ancien pour son fils Arbert. — Plus tard, le chevalier Guigues Ega, qui avait épousé la veuve de Nantelme, chercha querelle aux moines et leur fit toutes sortes de maux jusqu'à s'emparer de leurs ânes avec leurs fardeaux. Lassé de cela, le prieur Arbert se rendit la 1ʳᵉ semaine de Carême au plaid *(placitum)* au château de la Pierre *(de Petra)*, mais ne put obtenir la paix qu'en donnant 12 sols à Guigues, qui se porta garant contre ses pupilles et donna comme répondant Robert d'Annonay. Témoins : le chanoine Fouque, etc.
Monteynard, *Cart. de Domène*, 199-200, n° 226.

**3171** (1117/1118).
Le chevalier Guigues Ega, après avoir disputé aux moines de Domène le tiers de la dîme que ses parents avaient perçue dans la paroisse de St-Laurent du Versoud *(Versutorium)*, se désiste de ses prétentions, sur le conseil d'amis communs, le chanoine Fouque et 5 prêtres, et reçoit du prieur Arbert 15 sols.
Monteynard, *Cart. de Domène*, 197, n° 223.

**3172** (1117/1118).
Le clerc Guillaume, fils d'Arbert Chatard, obtient d'Arbert, prieur de Domène, un *casale*, pour y construire une maison à [St-Martin-de-]Miséré *(Miseriacus)*, moyennant 12 den. de redevance annuelle ; le prieur y retient 1 *arcam* et 1 *vaissellum*. Témoins : l'écolâtre *(scolaris)* Guillaume, etc.
Monteynard, *Cart. de Domène*, 194-5, n° 220, 2.

**3173** (1117/1118).
Guillaume, fils de Romestaing d'Avalon, confirme le don de son père au monastère de Domène et reçoit du prieur Arbert 10 sols, en présence du seigneur Aynard le Vieux *(vetulus)* et du prêtre Goolbert, et sous la garantie de Morard de Theys *(Tedesio)*.
Monteynard, *Cart. de Domène*, 156, n° 181, 2.

**3174** Theys, (1117/1118).
Du temps du prieur Arbert [de Domène], Hugues et Humbert, fils de Rodolphe, à l'encontre de la volonté de leur mère Anne, reprennent la dîme de Theys *(Tedesio)* ; les moines se rendent à Theys devant Ainard père et fils et donnent 30 sols Viennois. Témoins : le chanoine Fouque *(Fulco)*, etc.
Monteynard, *Cart. de Domène*, 144-5, n° 167, 2.

**3175** (1117/1118, vers 1125).
Humbert remet en gage *(in vadimonium)* à Arbert, prieur de Domène, son courtil au bourg *S. Georgium*

pour 10 sols ; puis le vend au prieur Etienne au prix de 28 sols. Il y a deux celliers, dont un à dame Claire.

Monteynard, *Cart. de Domène*, 241, n° 233, 100.

**3176** (1117/1118).

Le chevalier Humbert, surnommé Benoît *(Benedictus)*, donne aux moines clunisiens de Domène une vigne à Lancey *(Lanciacum)*, avec assentiment de son fils Ponce et de ses petits-fils Mainon et Humbert. Témoins : le chanoine Fulcon, etc. — Le prieur Arbert loue cette vigne à Salomon, moyennant une redevance de 2 sols à la fête de St-Martin. Témoins.

Monteynard, *Cart. de Domène*, 205, n° 231, 2.

**3177** (1117/1118).

Arbert, prieur de Domène, amène à résipiscence Jean et ses frères, serfs de la Mure *(Muru)*, qui avaient présumé [de leur droit], en recevant une mutation sur le manse de Pontaut *(Alto Ponte)* du temps du prieur Hugues de la Porte. Témoins : Guigues de Valbonnais *(Valtebonensi)*, Aimon, prieur de Vizille *(Visilia)*, le chanoine Fouque, etc.

Monteynard, *Cart. de Domène*, 27-8, n° 23.

**3178** (1117/1118).

Nantelme Borellus et Girbert de Montbonnot *(Monte Buenol)* donnent à Domène la terre de Buesrione, entre [St-Martin-de-]Miséré et l'Isère ; le prieur Arbert la confie à Guigues Galbert et au prêtre Guillaume, moyennant 5 sols, moitié à la foire de Grenoble, moitié à la fête de St-Martin, et 6 sols d'investiture. Témoins.

Monteynard, *Cart. de Domène*, 238, n° 233, 93.

**3179** (1117/1118).

Odon, Etienne et Berlion donnent au prieur Arbert et aux moines clunisiens de Domène, pour l'âme de leur mère Eldegarde, épouse d'Otmar Atulfc, ensevelie dans le monastère, le tiers de l'alpe de Croset dans la paroisse de St-Jean[-le-Vieux]. Témoins : Sieboud et Vuitfred, frères de la défunte, le chevalier Torrenc, etc.

Monteynard, *Cart. de Domène*, 196-7, n° 222.

**3180** (1117/1118).

Oddon Orserius s'accorde avec Arbert, prieur de Domène, au sujet du tènement tenu par son père ; il s'engage à rendre, chaque année, *taschas* et la dîme de *Monte Moreto*. Témoins : le chanoine Fulco, le mistral Pagan, etc.

Monteynard, *Cart. de Domène*, 192, n° 218.

**3181** (1117/1118).

Arbert, prieur de Domène, cède à Pierre Castancus l'usufruit de la vigne que les moines possédaient à Tencin d'Ainard Benedicti et de Nantelme de Villard-Bonnot, moyennant une redevance de 2 gros fromages et l'abandon de ses prétentions sur la vigne de Theys *(Tedesio)*. Seings du seigneur Guigues de Domène, du chanoine Fouque *(Fulco)*, etc.

Monteynard, *Cart. de Domène*, 198, n° 224.

**3182** Domène, (1117/1118).

Ponce de Tournon *(Turnone)*, neveu des seigneurs de Domène, Ponce Ainard et Ainard, se désiste de ses prétentions sur la dîme de Theys *(Tedesio)* et en fait remise sur l'autel de St-Pierre à Domène, du temps du prieur Arbert, qui lui donne son superbe palefroi. Témoins : le chanoine Fouque et les prêtres Drogon, Pagan et Guillaume. Il donne un garant de la confirmation de ses frères Ainard de Tournon et Guigues, contre Ainard le Vieux.

Monteynard, *Cart. de Domène*, 189, n° 215.

**3183** (1117/1118).

Rodulfe, fils d'Ainard de Domène et frère de Ponce Ainard, donna sur son lit de mort aux moines de Domène une vigne au Versoud *(ad Versatorium)* et 4 den. sur deux habitations *(casales)* dans le cimetière de St-Jean[-le-Vieux]. Son fils Ponce s'empara de cette redevance, puis, reconnaissant son péché, vint au monastère et donna en échange un cellier *(cellarium)* dans le même cimetière ; le prieur Arbert lui remit 7 sols. Témoins : l'écolâtre *(scolaris)* Guillaume, etc.

Monteynard, *Cart. de Domène*, 203, n° 229.

**3184** (1117/1118).

Arbert, prieur de Domène, donne au prêtre de l'église de St-Jean[-le-Vieux] la 1/2 des offrandes et des sépultures, sauf celles des chevaliers, des prémices et des noces. Témoins : le sacristain Vuigo, etc.

Monteynard, *Cart. de Domène*, 210, n° 233, 15.

**3185** (Après 1117).

Siboud *(Sibodus, de Beauvoir)* et ses consanguins donnent leur assentiment au don [à Bonnevaux] d'une terre près de celle de Warin de Pinet.

Chevalier (U.), dans *Bull. acad. Delphin.* D. II. 31; *Cart. de Bonnevaux*, 15, n° 11.

**3186** 1118.

Lettre du cardinal Conon, évêque de Palestrina et légat du St-Siège, aux abbés et clercs de l'église de Metz, réunis pour l'élection de l'évêque [Théoger] : conseils à la prière de l'archevêque de Vienne. — *Quomodo vos*.

Bouquet, XIV, 209. *Patrol. lat.* CLXIII. 1435-6.

**3187** 1118.

Lettre du même à Théoger, l'invitant à accepter son élection comme évêque de Metz et à se rendre auprès de l'archevêque de Vienne, légat du Siège apostol., pour recevoir l'ordination. — *Literas tuæ*.

Bouquet, XIV, 212-3. *Patrol. lat.* CLXIII, 1436-7.

**3188** 1118.

Nouvelle injonction du même à Théoger d'acquiescer à son élection comme évêque de Metz et de se présenter devant l'archevêque de Vienne, légat de Rome, d'ici au dimanche *Misericordiæ Domini* (28 avril). — *Cum filius*. — [Théoger n'avait pas encore déféré à cet ordre le 24 mai 1119.]

Bouquet, XIV, 213, 215. *Patrol. lat.* CLXIII. 1437.

**3189** 1118.

Accord entre le vicomte Bernard Aton et Rainon du Caylar, au sujet des pâturages de Teilan, en présence de l'évêque de Valence [Eustache].

Vic-Vaissete, *Hist. de Languedoc*, II, 397; 3°, V, 854. Teulet (A.), *Layettes du trésor des Chartes*, I, 41.

**3190** (Vers 1118).
Le diacre Bornon et son frère Adémar donnent après leur mort à [l'église de] St-Maurice le bénéfice qu'ils avaient au territoire de Massié *(Maceo)*, sous la redevance *(investitura)* de 5 sols à la fenaison ou de leur valeur en nature. Si Adémar a un enfant légitime, il retient pour lui la vigne de Silvius. On accorde à Bornon la prébende du réfectoire et Adémar reçoit 30 sols. Fait entre les mains de Guy, archevêque de Vienne. Témoins : le doyen Pierre, l'archidiacre Guillaume, le trésorier Girbert, etc. *Umbertus subdiac. scr.*
CHEVALIER (U.), *Cart. de St-André-le-Bas*, 282, n° 73* ; *Cart. de St-Maurice de Vienne*, 15-6, n° 13.

**3191** Romans, mars 1118.
Accord entre Fouque *(Fulco)*, archevêque d'Aix, et Pierre, abbé de Montmajour, au sujet de diverses églises. *Fact. ap. Romanum (Roman[is] ?)*, en présence des évêques G[uy] de Vienne..., [Pierre] de Die, L[augier] de Gap, P. son sacristain, P[ierre], doyen de Vienne, G. doyen de Valence et autres, *..ind. 10 [= 11]*.
ALBANÉS, *Gallia christ. noviss.*, I, instr. 8-10. = *Gallia christ. nova*, I, 773.

**3192** Gaëte, 16 mars 1118.
Lettre du pape Gélase II aux archevêques, évêques, abbés, clercs, princes et fidèles des Gaules, au sujet des obstacles que l'empereur a mis à son entrée à Rome. — *(Quia vos Romanæ.*
BALUZE, *Miscell.*, 2°, I, 143. COLETI, XII, 1240-1. MANSI, XXI, 166. AGUIRRE, *Conc. Hispan.* V, 40. *Patrol. lat.* CLXIII, 489. = JAFFÉ, 4884-6635.

**3193** Embrun, (18 avril 1118).
B[enoît], archevêque d'Embrun, de l'assentiment de ses chanoines, donne à P. Salamoni, abbé de St-Victor de Marseille, l'église construite en l'honneur du Saint-Sépulcre au mandement de Chorges *(Caturicis)*, sous le cens de 2 sols et le 1/4 *seclarii etriapis?* aux chanoines à la Toussaint. *Facta ap. Ebredunum, a° ab I. D. N. J. C. 1136, fer. 5, luna 23*; présents : Jordan prieur de Gigors, Pierre prieur de....., etc., Galdin prévôt d'Embrun, *Bonus senior*, sacristain, etc. — *Naturalis æquitas.*
Arch. des Bouches-du-Rhône. St-Victor. Embrun, 19, n° 401 (actuell. ch. 401), orig. parch. = ROMAN, 18°.

**3194** 28 avril 1118.
Rainier de Gières *(Jaira)* et son frère Nantelme viennent au monastère de Domène et lui donnent un champ et sa grange, qu'ils avaient achetés en alleu à Pierre Vachetta ; ils en gardent la jouissance, sous le cens *(vestitura)* d'un setier de froment. Le don est déposé sur l'autel de St-Pierre, du temps de l'abbé Arbert. Approbation de Guarina, femme de Rainier. Seings du chanoine Fulco, de l'écolâtre Guillaume, etc.
MONTEYNARD, *Cart. de Domène*, 55, n° 56.

**3195** Embrun, mai 1118.
Benoît, archevêque d'Embrun, confirme à Arbert, prévôt d'Oulx *(Ulcen.)* les églises de Briançon, Sainte-Marie, St-Nicolas, St-Chaffrey, la Salle, Névache, Saint-Martin de Pontroux, le Bouchier, Queyrières et la Vallouise *(valle Jerentona)*, avec leurs dépendances, sous le cens synodal, 2 aubes avec amicts et cordons et 2 livres d'encens, plus 3 sols pour la Vallouise. Le prévôt ou un dignitaire devra assister au synode d'octobre. Témoins : le prévôt Galdin, le sacristain Bonseigneur, *(Bonus senior)* et 7 autres. *Facta... Ebreduni, in refectorio... 5 fer..., ind. 11.*
RIVAUTELLA, *Ulcien. eccl. Chartar.* 157, n° 184. COLLINO, *Carte d'Oulx*, 99-100, 410. FORNIER (Marc.), *Hist. Alpes-Marit.* III, 202. = ROMAN, 14°.

**3196** Embrun, 7 juin 1118.
Benoît, archevêque d'Embrun, hypothèque à l'église d'Oulx *(S. Laurentii de Plebe martyrum)* et au prévôt Arbert 3 sols de cens à la Vallouise *(de valle Jarentona)*, pour 100 sols monnaie de Valence. Fait du conseil et dans la maison du prévôt Gaudin, du sacristain Bonseigneur et d'un chanoine d'Embrun..., *6 fer., ind. 11*. Témoins : maître Constant de Suse *(Secusiæ)*, Armand chanoine de St-Laurent, etc.
RIVAUTELLA, *Ulcien. eccl. Chartar.* 160, n° 189. COLLINO, *Carte d'Oulx*, 100-1. FORNIER (Marc.), *Hist. Alpes-Marit.* III, 202-3. = ROMAN, 42° (à 1190).

**3197** Cluny, 16 août 1118.
Guy, archevêque de Vienne, consacre l'autel de Notre-Dame à Cluny, dit la Chapelle de l'Abbé.
MARRIER, *Bibl. Cluniac.* 564-5. = BRÉQ. II, 469.

**3198** 24 novembre (après 1117).
Obit de Sieboud *(Siebodus)*, diacre *(levita)* et doyen [de l'église St-Maurice de Vienne].
LEBLANC (J.), dans *Bull. monum.* (1872), D, VIII, 604-5. TERREBASSE, *Inscript. Vienne*, II, 468, n° 583.

**3199** 27 novembre 1118.
Barnard, prêtre de Corenc *(Corens)*, avec l'approbation de son frère Géraud et sa famille, cède à Hugues, évêque de Grenoble, sa part du cimetière et de la dîme de l'église de Miolan *(Meiolano)*. Témoins de ce déguerpissement *(guirpitio)* : Airald, doyen de Savoie, le convers Guigues, etc... *luna 10*.
MARION, *Cart. de Grenoble*, 224, n° 52.

**3200** Orange, 20 décembre 1119/8.
Le pape Gélase II confirme à l'abbé Pierre les possessions du monastère de St-André-sur-Rhône [-lès-Avignon] : *in archiepiscopatu Ebredunensi, ecclesias S. Mariæ de Guillestra et de castro Risols* [al. *Risolo*] *et de valle Ciliaci* (Ceillaci ; *in episcopatu Vapicensi, ecclesias... parochialem de castro Jarjaye S. Petri. — Officii nostri.*
Paris, Bibl. Nat., ms. lat. 12659, 145 et 191b: 13916, 126b. — VIC-VAISSETE, *Hist. de Languedoc*, II, pr. 406-7 ; 3°, V. 872-3. *Patrol. lat.* CLXIII, 512-4. ALLEMAND (F.), dans *Bull. soc. études Hautes-Alpes* (1895), XIV, 250. = JAFFÉ, 4909-6671. FORNIER (M.), *Hist. gén. Alpes-Marit.* I, 701. ROMAN, 15°. GUILLAUME (P.), *Invent. de Guillestre*, 2°.

**3201** St-Paul[-Trois-Châteaux], 21 décembre 1118.
Lettre du pape Gélase II à l'archevêque d'Arles et aux évêques de Nîmes, de Maguelonne, d'Uzès et d'Avignon, au sujet des limites de la ville de St-Gilles. — *Significamus dilectioni.*
PFLUGK-HARTTUNG, *Acta pont. Rom. ined.* I, 115. GOIFFON, *Bull. de St-Gilles*, 52-3. = JAFFÉ, -6673. *Gallia christ. noviss.* III, 196 ; IV, 47.

**3202** (1118/1119).
Bulle du pape Gélase II adressée à Pierre, abbé de Montmajour, au diocèse d'Arles, par laquelle il confirme à son monastère : *in [comitatu] Viennensi, ecclesiam S. Antonii et S. Petri de Lausanna...; in Gratianopolitanensi, ecclesiam S. Stephani; et in Diensi, ecclesiam S. Joannis de Rojano; et in Valentino, ecclesiam S. Mariæ de Jaliano...*
CHANTELOU, *Hist. de Montmajour*, dans *Rev. hist. de Provence*, I, II, 244-5. = JAFFÉ, -6675.

**3203** (1118/1121).
Donation à l'église de St-Maurice de Vienne par le chanoine Guillaume de Chandieu, d'un jardin touchant aux murs de la ville. Seings de Pierre doyen, Guigues précenteur, Guillaume archidiacre, Girbert trésorier, etc.
CHEVALIER (U.), *Cart. de St-Maurice Vienne*, 44, n° 199; *Suppl.* 9.

**3204** (Avant 1119).
Guillaume de Châtillon *(Castellione)* donne à Jean, abbé de Bonnevaux, une terre que Nantelme de Moras et Nantelme Fulco tenaient de lui en fief. Fait en présence de Guy, archevêque de Vienne, et de Girard de Bossieu *(Bucciaco)*.
CHEVALIER (U.), dans *Bull. acad. Delphin.* D, II, 80 ; *Cart. de Bonnevaux*, 64, n° 142.

**3205** Valence, 1ᵉʳ janvier 1119.
Le pape Gélase II confirme à l'église d'Arras la dignité épiscopale. — *Certum apud nos.*
LOEWENFELD, *Epist. pont. Rom. ined.* 79. = JAFFÉ, -6678.

**3206** Valence, (janvier 1119).
Le pape Gélase II ordonne aux évêques de Pistoie, Arezzo et Chiusi de consacrer Benoît, élu de Lucques.
*Necrolog. Lucense* (BALUZE, *Miscell.* I, 432. *Neues Archiv*, III, 138). = JAFFÉ, 4910-6679.

**3207** St-Vallier, (2/6) janvier 1119.
Laugier *(Leodegarius)*, évêque de Gap *(Vapinc.)*, termine, en présence du pape Gélase II, ses différends avec les moines de Cluny. Il leur rend la terre dont il s'était emparé ; le sacristain de Gap placera *oletam* entre leurs possessions ; il leur rend l'église de Veynes *(Vehenelo)*, qu'il leur avait donnée avec l'assentiment de son chapitre, et promet d'être désormais leur très fidèle ami. *Facta... apud S. Valerium, in præsentia d. papæ Gelasii II ;* présents ... les évêques [Hugues] de Grenoble, [Eustache] de Valence, d'Orange et autres.
Bibl. de Carpentras, ms. 504, 342ᵇ. — BERNARD-BRUEL, *Chartes de Cluny*, V, 287-8, n° 3934. ALBANÉS, *Gallia christ. noviss.* I, instr. 278-9, 540-1.

**3208** Vienne, (janvier 1119).
*Domnus apostolicus Gelasius II apud Viennam synodum congregavit, eaque transacta...*
EKKEHARDUS, *Chronicon*, a. 1119 : *Mon. Germ. hist.*, Scr. VI, 254. *Patrol. lat.* CLIV, 1039. — LABBE, X, 825. *Coll. Reg.* XXVII, 16. HARDOUIN, VI, II, 1949. COLETI, XII, 1249-52. MANSI, XXI, 187. = PAGI, *Crit.* 1119, I (XVIII, 314). CEILLIER, XXI, 642-3. BOUQUET, XII, 46ᵇ; XIII, 719. MERMET, III, 41. JAFFÉ, p. 525-780.

**3209** Vienne, (janvier 1119).
*Dominus noster felicis memoriæ Gelasius à Vienna discedens...*
Bulle de Calixte, de févr. 1119, dans EKKEHARDUS, *Chronicon*, a. 1119 : *Mon. Germ. hist.*, Scr. VI. 254. MANSI, XXI, 190. *Patrol. lat.* CLIV, 1039 ; CLXIII, 1093. WATTERICH, *Pont. Rom. vitae*, II, 121. = JAFFÉ, 4912-6682.

**3210** Lyon, 14 janvier 1119.
Le pape Gélase II prend Didier *(Desiderius)*, abbé de St-Pierre [à Vienne], sous sa protection, sauf la révérence canonique due à l'archevêque de Vienne. *I. D. aⁿ 1120.*
BOSCO (J. a), *Viennæ antiq.* 106-7. = JAFFÉ, 4911-6680.

**3211** Cluny, 2 février 1119.
*Aⁿ ab I. D. 1119, ind. 12,... apud Cluniacum... Guido, Viennensis archiepiscopus, in Calixtum papam IV nonas februarii electus est.*
Orderici VITALIS *Hist. ecclesiast.* III, XII, 4 : *Patrol. lat.* CLXXXVIII, 857-8. Ed. Le Prévost. IV, 335. *Mon. Germ. hist.*, Ser. XX, 69. = MARTÈNE, *Thes. anecd.* III, 1420. BOUQUET, XII, 73, 109-10, 346, 716 ; XX, 726. JAFFÉ, p. 527-781.
*... in Purificatione b. Mariæ.*
*Annales Romani*, dans *Mon. Germ. hist.*, Ser. V, 479. — MOLINIER (Aug.), *Vie de Louis le Gros par Suger* (1887), 141. MIROT (Léon), *Chronique de Morigny* (1909), 26.

**3212** Vienne, (9 février 1119).
*Venimus Viennam, ubi in dominica Quinquagesimæ dominus Papa [Calixtus II] coronatus est.*
*Epistola* CONONIS episcopi Praenestini *Hugoni episcopo Nivernensi* : ACHERY (d'), *Spicileg.* III, 493 ; 2ᵉ, II, 513. BOUQUET, XII, 46ᵇ ; XIV, 197 ; XV, 218. *Patrol. lat.* CLXIII, 1438 ; CXCIV, 1574. = BRÉQ. II, 484. JAFFÉ, p. 527-782.

**3213** Viviers, 27 février (1119).
Le pape Calixte II consacre la cathédrale de Viviers en l'honneur de Dieu, de la vierge Marie et de sᵗ Vincent son patron, *aⁿ I. 1107 (!)* ; y assistent les évêques Hugues (!) [cardinal] d'Ostie, Jean (!) de Viviers, Henri (!) de Valence, Pierre de Die et Antoine (!) d'Avignon.
CHEVALIER (J.), *Hist. égl.-ville Die*, I, 459-60.

**3214** Crest, 2 mars 1119.
Le pape Calixte II recommande à Diego, évêque de Compostelle, [son beau-frère Robert [= Lambert] François]. *Hunc virum nobilem et familiarem nostrum. Dat. apud oppidum Cristam.*
*Historia Compostellana* : FLOREZ, *España sagr.* XX, 275. *Patrol. lat.* CLXIII, 1093. = JAFFÉ, 4913-6683. CHEVALIER (J.), dans *Bull. soc. archéol. Drôme.* XXVI, 195 (à part, I, 157).

**3215** St-Marcellin, 19 mars 1119.
Le pape Calixte II consacre l'église de St-Marcellin, au diocèse de Vienne.
*Album du Dauph.* III, 122, d'après un ancien Coutumier de l'église paroissiale.

**3216** St-Antoine, 20 mars 1119.
Bulle du pape Calixte II, relatant qu'il a consacré l'église que rend vénérable le corps de sᵗ Antoine, à l'honneur de la sᵗᵉ Trinité et de la vierge Marie, et sous le patronage de ce saint ; il accorde la rémission des péchés à tous ceux qui s'y rendront pénitents. Il ex-

communie les violateurs du cimetière et des biens des moines et clercs. Guigues Didier *(Desiderii)* confirme ce décret, sa main sur celle du pontife. Témoins : ... D. chanoine de Romans, etc. a° *D. 1119 ab I. — Dominus noster.*

*Acta ss. Bolland.* jan. II, 155. DASSY, *Hist. ordre St-Antoine*, 489. *Patrol. lat.* CLXIII, 1093-4. *Gallia christ. nova*, XVI, instr. 31. ROBERT (Ul.), *Bull. de Calixte II*, I, 2-3. = JAFFÉ, 4916-6684. ROBERT, *Etude*, 51, n° 3. LE COUTEULX, I, 230-1.

**3217** 1119.

S¹ Hugues de Lincoln fait un pèlerinage à St-Antoine; Soffred, prieur des Ecouges, fait don, à la consécration de l'église par Calixte II, d'une châsse de cyprès ou d'if fabriquée par Guigues, prieur de la Chartreuse.

LE COUTEULX, *Ann. Cartus.* I, 230-4.

**3218** Vienne, 7 avril 1119.

Le pape Calixte II confirme les possessions et privilèges de l'abbaye de St-Paul de Besançon. *Dat. Viennæ...*

*VIELLARD, Doc. hist. territ. Belfort, 196. ROBERT, Bull. de Calixte II, I, 3-5. = JAFFÉ, -6685.

**3219** St-Donat, mai (1119/1120).

Guillaume, fils de Didier *(Desiderii)*, donne à l'église de St-Barnard un pré au nord de l'église de St-Paul-lès-Romans], sous réserve d'usufruit, et confirme la donation d'un manse par son père. Fait entre les mains de Hugues, évêque de Grenoble, par ordre *(mandamentum)* du pape Calixte II, *apud S. Donatum*. Seings de Guillaume de Mercurol, etc.

DESMOLETS, *Contin. des Mém. de littérature*, VI, 1, 177-8 (1123). GIRAUD, *Hist. S. Barnard-Romans*, I, pr. 283 ; compl. 120-1, n° 280ᵇⁱˢ.

**3220** Brioude, 1ᵉʳ mai 1119.

Lettre du pape Calixte II aux évêques Hugues de Grenoble et P[ierre] de Die. N'ayant pas eu le temps d'examiner la cause des moines de St-Chaffre *(S. Theofredi)* et du prieur de Vizille, il les charge de terminer le différend avant la s¹ Julien (28 août). — *Fratres monasterii.*

Valbonnays, 2° Reg., n° 51. FONTANIEU, *Cart. du Dauph.* I, 96-100. — CHEVALIER (C. U. J.), *Doc. inéd. relat. au Dauph.* VI, 23 ; *Cartul. de St-Chaffre*, 144, n° 402. LE COUTEULX, *Ann. Cartus.* I, 234. MANSI, XXI, 203-4, iij ; *Bull. de Calixte II*, I, 11. = VALBONNAYS, *Hist. de Dauph.* II, 8. JAFFÉ, -6692.

**3221** Sauxillanges, 10 mai 1119.

Bulle de Calixte II adressée à Francon, abbé de Tournus, par laquelle il lui confirme les possessions de son monastère [comme au 24 avril 1105] : ... *Grainam... Toroites; in Tricastrinensi... Nimphis... Gada... Helemosina... Grainam...; in Aurasicensi ecclesiam de Donzera... ; in Viennensi... Fei, ... — Justis votis.*

CHIFFLET, *Hist. de Tournus*, pr. 400-4. LABBE, X, 841-2. HARDOUIN, VI, 1, 1963-4. COLETI, XII, 1267-8. (JUÉNIN), *Hist. de Tournus*, pr. 145-7. MANSI, XXI, 203-4. COCQUELINES, *Bull.* II, 162-3. *Patrol. lat.* CLXIII, 1096-8. *Bull. Roman.* Taurin, II, 293-5. ROBERT, *Bull. de Calixte II*, I, 12-5. = *Gallia christ. nova*, IV, 968. BRÉQ. II, 485. JAFFÉ, 4918-6694. ROBERT, *Etude*, n° 10.

**3222** St-Flour, 2 juin 1119.

Calixte II confirme à Gosbert, abbé d'Aurillac, les églises de St-Marcellin d'Embrun, Ste-Marie de Bourichres *(Beurieras)*, St-Martin de Lesches *(Lecchas)*, St-Pierre et Christophe d'Aoste *(Augusta)*, etc... a° *1120. — Officii nostri.*

BOUANGE, *S. Géraud d'Aurillac*, II, 467-9. *Mém. acad. Clermont-Ferrand*, XVIII, 443. CHAIX DE LAVARÈNE, *Mon. pontif. Arverniæ*, 158-61. ROBERT, *Etude*, v-vj ; *Bull. de Calixte II*, I, 22-4. BOUDET (Marc.), dans *Bull. acad. Delphin.* D, XVI, 295-6 (à part, 193-4) ; *Cart. prieuré St-Flour*, 42-4. = JAFFÉ, -6698. ROBERT, *Catal.* 13.

**3223** Maguelonne, 28 juin 1119.

Calixte II confirme à l'abbé Hugues les possessions du monastère de St-Gilles *(S. Ægydii)* : *...ecclesia.... S. Petri et S. Michaelis juxta castrum Rossilionis... S° Columbe de Wapinco. — Inter cæteras.*

MÉNARD, *Hist. de Nismes*, I, pr. 98. *Patrol. lat.* CLXIII, 1103. GOIFFON, *Bull. abb. St-Gilles*, 55. ROBERT (U.), *Bull. de Calixte II*, I, 31-4. = JAFFÉ, 4924-6702. ROBERT, *Catal.* 17. ROMAN, 15ᵇ.

**3224** Maguelonne, 28 juin 1119.

Bulle du pape Calixte II adressée au doyen Pierre, aux chanoines et clercs de l'église de Vienne. Il confirme à celle-ci, pour laquelle il fut sacré, la primatie sur les six provinces de Bourges, Bordeaux, Auch, Narbonne, Aix et Embrun, et la juridiction sur les six diocèses de Grenoble, Valence, Die, Viviers, Genève et Maurienne. L'archevêque de Tarentaise reconnaîtra sa primatie. Les abbayes de St-Pierre, de St-André le Bas et le Haut, de St-Chef et de Bonnevaux, *nostris sumptibus et laboribus fundata*, lui seront soumises, ainsi que celle de Romans ; de même pour les églises de St-Donat, de St-Vallier, de St-Pierre de Champagne et d'Annonay. Il lui confirme les châteaux de Pipet *(Pompeiacum)*, Seyssuel *(Saxeolum)* et Malleval *(Mala Valle)*, *per nos recuperata vel acquisita*. L'archevêque aura le droit d'interdiction et d'ordination dans toutes les églises que lui-même a consacrées dans le diocèse de Vienne depuis son exaltation. — *Etsi ecclesiarum.*

Arch. de l'Isère, G, Vienne, orig. parch. Bibl. de Grenoble, ms. 1547,71, cop. 17° s. — ROBERT (Ul.), *Bull. de Calixte II*, I, 36-8, n° 25. = MANTEYER, *Provence*, 89.

**3225** 11 juillet 1119.

Fondation de l'abbaye cistercienne de Bonnevaux, par le pape Calixte II (Guy de Bourgogne). — Voir à 1117 (n° 3158).

JANAUSCHEK (Leop.), *Orig. Cisterc.* I, 7. CHEVALIER (U.), dans *Bull. acad. Delphin.* D, II, 20,24-5 ; *Cart. de Bonnevaux*, 4, 8-9.

**3226** Toulouse, 13 juillet 1119.

Lettre du pape Calixte II à Hugues, évêque de Grenoble, cher fils de l'église Romaine. Il confirme, à sa demande, l'accord *(concordia)* prononcé sur ses différends *(querelæ)* avec le comte Guigues par les évêques Léger de Viviers et Pierre de Die (5 sept. 1116). Il interdit aux laïques tout pouvoir sur les clercs. L'église de St-Donat et les autres de son diocèse : elles demeureront sous son obéissance, avec leurs biens, cimetières et dîmes. - *De querelis quæ.*

FONTANIEU, *Hist. de Dauph.*, pr. II. 46. — BOYS (A. du), *Vie de s¹ Hugues*, 477. MARION, *Cart. de Grenoble*, 231-2, n° 82. ROBERT, *Etude*, cxlviij ; *Bull. de Calixte II*, I, 42-3. = *Doc. hist. inéd.* I, 285. JAFFÉ, -6709.

**3227** (1119/1120).
Sieboud de Beauvoir *(Sigiboudus de Bellovidere)* confirme ses dons à l'abbaye de Bonnevaux. *Testis est d. Calixtus papa et coadjutor.*
CHEVALIER (U.), dans *Bull. acad. Delphin.* D, II, 34; *Cart. de Bonnevaux.* 18, n° 21.

**3228** (1119/1121).
Calixte II invite P[ierre], archevêque de Vienne *(Metinensium !).* à qui le soin de toute l'Eglise des Gaules est confié, de veiller avec soin sur son peuple. — *Cum totius Ecclesiæ.*
*Liber epistolaris* RICARDI de Bury, episc. Dunelm. *Flores dictaminum* mag. BERNHARDI de Magduno : ROBERT (U.), *Bull. de Calixte II.* II, 254. = JAFFÉ, -7106.

**3229** (1119/1121).
Réponse de P[ierre] *Pictavinus*, légat du Siège apostolique, au pape Calixte. Du jour où il l'a contraint d'assumer le soin de l'église de Vienne *(Menensis !)*, aucun ultramontain ne lui est plus dévoué. Il sollicite ses conseils pour le gouvernement de l'église des Gaules. — *Salutis vestræ.*
*Liber epistolaris* RICARDI de Bury, episc. Dunelm. *Flores dictaminum* mag. BERNHARDI de Magduno : ROBERT (U.), *Bull. de Calixte II.* II, 408-9.

**3230** (1119/1123).
Amédée, comte [de Savoie], donne à l'église de N.-D. de Chalais une terre située à St-Laurent-du-Désert : elle a pour limites : à l'orient, *Chabrobucium* ; au nord, la combe qui descend de la Terrasse à *Chomes* ; à l'ouest, le rocher d'où coule le ruisseau jusqu'à *Pelus Avenaz* ; à l'est, le dit *P. A.*
Arch. de l'Isère, H. 280, n° 622 (Communiqué par M. J.-C. ROMAN).

**3231** (1119/1124).
Le pape Calixte II donne mandat à Gérard, évêque d'Angoulême, légat du Siège apostolique, de terminer un différend au sujet des églises de Cheffoy *(Cavafaya)* entre les abbés de St-Ruf et de Mauléon.
*Gallia christ. nova.* II, 1392.

**3232** (1119/1124).
[*Clementia, Flandrensis] comitissa, frendens et maxime quia germanum suum Guidonem, Viennensem archiepiscopum, videbat jam papam Romanum effectum et Calixtum nominatum, conquesta est ei genus suum a tantillo comite fuisse vilipensum.*
HERIMANNI *Libr. de restaur. S. Martini Tornac.* c. 33 (*Mon. Germ. hist. Scr.* XIV, 287. ROBERT, *Bulle de Calixte II,* II, 248). = JAFFÉ, -7100.

**3233** 1120.
Frère Amédée [d'Hauterives] confirme à l'église de Ste-Marie et des Sts-Alexandre et Herculan de Bonnevaux *(Bonævalles)*, en présence de l'abbé Jean, tout ce qu'il lui a donné avant, pendant et après sa conversion. y compris les vignes d'Hauterives *(Altaripa)* et de Lens(-Lestang, *Leemps*). *Fact. d. Calixto II in papatu feliciter vivente et d. Petro ven. archiepiscopo Viennæ pontificante..., luna 10.*
CHEVALIER (U.), dans *Bull. acad. Delphin.* D. II, 144-6; *Cart. de Bonnevaux,* 128-30, n° 313; et LACROIX (A.), *Invent. Morin-Pons,* n° 1069. p. 279. = CHORIER, *H. de D.* I, 797; 2°, 614.

**3234** (Vers 1120).
[Jean, abbé de Bonnevaux], acquiert de Guillaume Ergollosi ce qu'il tenait des dîmes de Tersanne : témoins.
CHEVALIER (U.), dans *Bull. acad. Delphin.* D, II, 147 ; *Cart. de Bonnevaux,* 131, n° 317.

**3235** (Vers 1120).
Ergollos, chevalier, et son frère Adémar Boso donnent [aux frères de Bonnevaux] leur part aux dîmes de Tersanne : témoins.
CHEVALIER (U.), dans *Bull. acad. Delphin.* D. II, 147 ; *Cart. de Bonnevaux,* 131, n° 318.

**3236** (1120).
Contraint par la pauvreté de ses frères, Jean, abbé de Bonnevaux, se rend au château de Moras et se recommande à la charité des chevaliers. Jarenton Isiliardi et ses frères, Isard Isiliardi et Guigues Ega, Geoffroy Romestagni et sa femme Altrude, Guillaume Aimo et sa sœur Sibylle lui donnent, qui un manse, qui un champ. Roland Bocerand et son frère Richard, Garnier Roux, Guigues Barata, Guillaume de Mercurol *(Merculione)* en donnent de leur côté. Sur leur conseil, l'abbé demande une terre contiguë aux religieux de St-Martin de l'Ile-Barbe *(Insula Barbara)*.
CHEVALIER (U.), dans *Bull. acad. Delphin.* D, II, 99-100 ; *Cart. de Bonnevaux,* 83-4, n° 191.

**3237** (1120).
Don par l'abbé de St-Chef (Theudère) aux frères de Bonnevaux, en présence du pape Calixte [II].
CHEVALIER (U.), dans *Bull. acad. Delphin.* D. II, 31 ; *Cart. de Bonnevaux.* 15. n° 12.

**3238** (1120).
Les dîmes de terres données [à l'abbaye de Bonnevaux appartenaient aux moines de St-Pierre hors la porte de la ville de Vienne, à Sieboud Lunellus, à Everard et à Durand, clerc de St-Symphorien. A la prière du pape Calixte [II] et d'Etienne, abbé de Cîteaux, l'abbé de St-Pierre Didier et les autres en firent abandon. Témoins : Raynaud, archiprêtre, etc.
CHEVALIER (U.), dans *Bull. acad. Delphin.* D, II, 33 ; *Cart. de Bonnevaux,* 17, n° 19.

**3239** (1120 ?)
Le chevalier Sieboud *(Sibo. de Beauvoir)*, sa femme, ses fils et ses parents donnent une terre aux moines de Bonnevaux. Le seigneur Rostand Crocelanus et ses frères leur confèrent *l'usuarium* de leurs terres et bois.
CHEVALIER (U.), dans *Bull. acad. Delphin.* D, II, 32 ; *Cart. de Bonnevaux,* 16, n° 13.

**3240** (1120 ?)
Sieboud de Beauvoir *(Sibo. de Bellovisu)*, son épouse et ses fils, Rostand Crocellanus et ses frères donnent aux moines le terrain pour édifier un moulin dans la vallée de Bonnevaux, avec l'assentiment de leurs mistraux *(ministri)*.
CHEVALIER (U.), dans *Bull. acad. Delphin.* D, II, 32-3; *Cart. de Bonnevaux,* 16-7, n° 17.

**3241** (1120).
Sieboud de Beauvoir *(Sigiboudus de Bellovidere)* confirme à l'église de Bonnevaux les dons en terres qu'il

lui avait faits. Le pape Calixte [II] est témoin et coopérateur *(coadjutor)*.

CHEVALIER (U.), dans *Bull. acad. Delphin.* D, II, 34; *Cart. de Bonnevaux*, 18, n° 21.

**3242** (Vers 1120).
Le prêtre Boson abandonne aux moines de Domène tout ce qu'il tenait d'eux dans la paroisse de St-Laurent [du Versoud] et la chapelle du château : fiançailles, prémices, oblations, dîmes ; du temps du prieur Pierre, en présence du chevalier Alvise, etc.

MONTEYNARD, *Cart. de Domène*, 111-2, n° 128.

**3243** (Vers 1120).
Pierre, prieur de Domène, concède pour un an, à partir du Carême, au prêtre Richerand, fils de Mainoard, la chapellenie de l'église de Theys *(Tedesio)*, sous la condition de rendre 8 jours auparavant le cens que les moines doivent à la Toussaint à l'église de Grenoble ; il y ajoute le tiers des offrandes et du cimetière, les messes à chanter en dehors du Carême *(in tempore carnali)*, sa part de la *scola*, du vin, des offrandes des femmes pour leurs enfants et des noces. Pierre du Champ et Rodulfe de Theys sont garants.

MONTEYNARD, *Cart. de Domène*, 154, n° 179.

**3244** Le Sappey, (vers 1120).
Le fief de Barnard Lombard le Vieux comprenait, comme il le reconnaît à Hugues, évêque de Grenoble, *in loco q. d. Sapetus*, 18 manses de St-Nazaire au Lumbin *(rivus de L-nis)*, la montagne *(alpaticum)* de Chalvet au Bruyant *(rivus Brugiens)* et à Bellefond *(Bela Fons)*, des bois, etc., à l'exception de ce qu'ont les fils de Geoffroy de Moirans. Ce fief fut payé 1000 sols à l'évêque.

MARION, *Cart. de Grenoble*, 85, n° 6.

**3245** (Vers 1120).
Accord entre Hugues, évêque de Grenoble, le prévôt et les chanoines de St-Donat, par l'entremise de Pierre, évêque de Die. Les chanoines abandonnent à l'évêque la dîme, parce que les chartes établissaient qu'elle lui appartenait dans toute la paroisse et le mandement de St-Donat, avec le fief de la dame de Pisieu *(Piseu)*. L'évêque cède temporairement le manse de la Fontoule? *(de Fonte)*, mais retient les lits des morts. Témoins : Odolric *(Ho-ci)*, doyen [de Grenoble] ; Pierre, prévôt de Die ; Guigues, prieur de St-Donat, etc.

MARION, *Cart. de Grenoble*. 240, 557, n° 108.

**3246** (Vers 1120).
Enumération de redevances dues à l'évêché de Grenoble : Etienne Rufa doit 5 den. pour sa maison... ; comprenant en tout 45 sols 1 den., 30 setiers de froment et 6 de seigle, 27 chapons, 1 poule.

MARION, *Cart. de Grenoble*. 238-9, n° 106.

**3247** (Vers 1120).
Le très noble chevalier Guilin fonde un monastère près du château de Boczosel *(Bozozellum)* et le confie à St-Robert [de la Chaise-Dieu] ; il y revêt l'habit monastique et lui donne de ses biens en diverses localités. D'autres donateurs l'enrichissent de leur côté.

CHEVALIER (U.), *Cart. de St-André-le-Bas*, 313-5, n° 97*.

**3248** (Vers 1120).
Maxima donne au monastère de St-André [= St-Pierre] de Vienne 3 fosserées de vigne pour l'entretien du luminaire dans l'église durant le Carême ; elle offre à l'abbé Didier, pendant la messe, son anneau, qui lui fut rendu.

CHORIER, *Hist. de Dauph.* I, 868 ; 2°, 666.

**3249** Vienne, 2 février 1120.
Le pape Calixte II passe dans son ancienne métropole la fête de la Purification *(festo b. Mariæ, quod vocatur Epipanti)*, où il tient le concile qu'il y avait convoqué.

CATEL, *Mém. hist. Languedoc*, 877. LABBE, X, 862. MANSI, XXI, 232. BOUQUET, XII, 47, 375 ; XIV, 199 ; XV, 220. = JAFFÉ, p. 531-792.

**3250** Vienne, (2/10 février) 1120.
L'abbé de Montmajour, en différend avec le comte de Forcalquier, l'avait fait excommunier. Ils se rendent à Vienne devant le Pape ; le comte, tenant l'étole du pontife, fait abandon du château de Pertuis.

CHANTELOU, *Hist. de Montmajour*, ms. = *Gallia christ. nova*, I, instr. 67°. TERREBASSE, *Not. dauph. Vienn.* 121.

**3251** Vienne, 3 février 1120.
Le pape Calixte II ordonne à l'archevêque d'Arles de réprimer les déprédations de ses diocésains contre l'abbaye de St-Gilles.

ROBERT, *Etudes actes Calixte II*, L, cf. 75, n° 96. GOIFFON, *Bull. de St-Gilles*, 58-9. ROBERT, *Bull. de Cal. II*, I, 192-3. = JAFFÉ, -6810. *Gallia christ. noviss.* III, 198.

**3252** Vienne, 5 février 1120.
Lettre de Calixte II à Marbode, évêque de Rennes, au sujet de l'abbaye de St-Melaine.

BALUZE, *Miscell.* II, 196 ; 2°, III, 14. BOUQUET, XV, 234. *Patrol. lat.* CLXIII, 1157. ROBERT (U.), *Bull. de Calixte II*, I, 193. = BRÉQ. II, 489. JAFFÉ, 4982-6811. ROBERT, *Etude*, 75, n° 97.

**3253** Vienne, 7 février 1120.
Bulle du pape Calixte II adressée à Jean, abbé de Bonnevaux, par laquelle il prend son monastère sous la protection du Siège apostolique et lui confirme ses propriétés déjà nombreuses. *Data Viennæ*. — *Etsi nos universis*.

MANRIQUE, *Ann. Cisterc.* I, 94¹. *Patrol. lat.* CLXIII, 1157-8. CHEVALIER (U.), dans *Bull. acad. Delphin.* D, II, 29-30 ; *Cartul. de Bonnevaux*, 13-4, n° 7. ROBERT, *Bull. de Calixte II*, I, 194-5. = BRÉQ. II, 489. JAFFÉ, 4983-6812. ROBERT, *Etude*, 75, n° 98.

**3254** Vienne, 10 février 1120.
Lettre de Calixte II à Humbald, archevêque de Lyon, lui mandant de réprimer les déprédateurs de Montgouin contre l'église de Mâcon.

SEVERT, *Chron. hist. Lugd.* II, 127. LABBE, X, 852. HARDOUIN, VI, 1, 1974, n° 32. COLETI, XII, 1278. MANSI, XXI, 214. BOUQUET, XV, 234. *Patrol. lat.* CLXIII, 1158. RAGUT, *Cartul. St-Vincent Mâcon*, 350. ROBERT, *Bull. de Calixte II*, I, 195-6. = BRÉQ. II, 489. JAFFÉ, 4984-6813. ROBERT, *Etude*, n° 99.

**3255** Romans, 13 février 1120.
Bulle de Calixte II, en faveur du monastère de San Cucufate del Vallès *(S. Cucuphatis Octavanien.)* Dat. Romæ [= Romanis].

MARCA, *Marca Hispan.* 1253. *Patrol. lat.* CLXIII, 1159. ROBERT (U.), *Bull. de Calixte II*, I, 198-200. = JAFFÉ, 4985-6814. ROBERT, *Etude*, 75-6, n° 100.

**3256** Romans, 13 février 1120.

Bulle du pape Calixte II, adressée à Gautier *(Galterius)*, abbé de St-André dans les murs de Vienne, par laquelle il prend son monastère sous la protection apostolique et le soumet exclusivement à l'église matrice de Vienne ; il lui confirme les églises qu'il possède dans les diocèses de [Vienne], Belley, Grenoble et Lyon. *Dat. Romanis,... 17 kal. marc... — Justis votis.*

CHEVALIER (U.). *Cart. de St-André-le-Bas*, 142-4, 44*, n° 197. TREPIER, dans *Doc. acad. Savoie*, VI, 106-8. ROBERT, *Etude actes Calixte II*, L ; cf. 76, n° 101 ; *Bull. de Cat. II*, I, 201-2. = JAFFÉ, -6815. PERRIN (H. J.), dans *Bull. hist. arch. Valence*, XIII, 41-2 (à part, 16).

**3257** Romans, (13/17 février 1120).

Amédée de Montchenu *(Monte Canuto)*, inquiet à la fin de sa vie au sujet des églises de St-Pierre de Charaix *(Enocio)* et de St-Michel de Montchenu, dont il avait souvent extorqué les cens, ce qui l'avait fait fréquemment excommunier par l'archevêque de Vienne Guy, obtient de celui-ci, devenu le Pape Calixte, d'être relevé des censures. Il se rend à Romans devant les chanoines de Vienne : à genoux, les yeux en larmes, il se désiste des églises et des terres dont il avait abusé. Suivant l'ordre du Pape, les chanoines Burnon et Fulcon lui donnent 200 sols et à son fils Jordan 50. Plus tard, torturé par la fièvre, après avoir reçu la pénitence et le viatique d'Adon Juriascense, chapelain de Montchenu, il se désiste de nouveau. A sa mort, le doyen Amédée et les chanoines de Vienne se rendirent à ses funérailles, mais ne l'ensevelirent qu'après le serment de son fils Jordan qui, en cas de non observation, s'engagea à se rendre en otage à Crépol *(apud Crispum)*.

Mss. : Baluze, LXXV, 357v-8. Harlay 397. 149. — GIRAUD, *Hist. S. Barnard-Romans*, I, pr. 319-20. =CHARVET. 328. CHEVALIER (U.), *Cart. de St-Maurice Vienne*. 41. n°° 181-2.

**3258** Romans, 14 février 1120.

Bulle de Calixte II en faveur de Cluny. *Dat. Romanis.*
ROBERT, *Bull. de Calixte II*, I, 203. = JAFFÉ, -6816.

**3259** Romans, 15 février 1120.

Bulle de Calixte II en faveur des chanoines de St-Jean de Besançon. *Dat. Romanis.*

CHIFFLET, *Hist. de Tournus*, pr. 379. LABBE, X. 835. HARDOUIN, VI, II, 1957. DUNOD, *Hist. de Besançon*, I. pr. 60. MANSI, XXI, 192. COCQUELINES, *Bull.* II, 166. *Patrol. lat.* CLXIII, 1162. ROBERT, *Bull. de Calixte II*, I, 204-6. = MABILLON, *Diplom.* I, 193. BRÉQ. II, 489. JAFFÉ, 4986-6817. ROBERT, *Etude*, 76, n° 102.

**3260** Romans, 17 février 1120.

Lettre de Calixte II aux archevêque, archidiacre et clercs de Tolède, en faveur de l'abbaye de St-Victor de Marseille. *Data Rotmanis. — Filii nostri.*

GUÉRARD, *Cart. de St-Victor de Marseille*, II, 159. n° 810. ROBERT, *Etude actes Calixte II*. lij ; *Bull. de Cal. II*. I, 206. = JAFFÉ, -6818.

**3261** Romans, 17 février 1120.

Calixte II mande à l'évêque de Rodez de rétablir la paix entre les abbés de Vabres et de St-Victor de Marseille. *Data Rotmanis. — Super Vabrensi.*

GUÉRARD. *Cart. de St-Victor Marseille*, t. II, p. 159-60, n° 811. ROBERT, *Etude actes Calixte II*, liij ; *Bull. de Cal. II*, I, 207. = JAFFÉ, -6819.

**3262** Valence, 18 février 1120.

Le pape Calixte II mande aux archevêques d'Arles, d'Aix et d'Embrun et aux autres évêques de Provence de maintenir le monastère de St-Victor] de Marseille en possession des biens pour lesquels il y avait prescription. - - *Massiliense monasterium.*

BELSUNCE, *Antiq. de Marseille*, I, 442. GUÉRARD, *Cart. de St-Victor Marseille*, II, 158-9. *Patrol. lat.* CLXIII, 1164. ROBERT, *Etude actes Calixte II*, liij ; *Bull. de Cal. II*, I, 208. = BRÉQ. II, 489. JAFFÉ, 4789-6820. ROMAN, 15*. *Gallia christ. noviss.* III, 198.

**3263** Valence, 22 février 1120.

Bulle du pape Calixte II, confirmant à l'abbé Pierre les privilèges et les biens du monastère de Cluny. Il rappelle avoir, pendant qu'il présidait à l'église de Vienne, consacré de ses mains l'abbé Ponce. — *Religionis monasticæ.*

MARRIER, *Bibl. Cluniac.*573-5. DU CHESNE, *Hist. d. cardin. Franç.* II, 69. LABBE, X, 845. HARDOUIN, VI, II, 1967. *Bull. Cluniac.* 38. *Mém. sur Cluny*. 135. MANSI, XXI, 208. COCQUELINES, *Bull.* II, 167. *Patrol. lat.* CLXIII, 1255-6. *Fontes rer. Bernen.* I, 368. ROBERT, *Bull. de Calixte II*, I, 209-12. = BOUQUET. XII, 47b. BRÉQ. II, 489. JAFFÉ, 4988-6821. ROBERT, *Etude*, 77, n° 106.

**3264** Valence, 23 février 1120.

Calixte II confirme à Ponce, abbé de Cluny, la donation de Mont-St-Jean, faite à son monastère.

ROBERT (U.). *Bull. de Calixte II*, I, 212-3.

**3265** Valence, 25 février 1120.

Bulle du pape Calixte II, adressée au doyen Pierre, aux chanoines et clercs de l'église de Vienne, entièrement conforme à celle du 28 juin 1119. — *Etsi ecclesiarum.*

Arch. de l'Isère. 2 originaux et 2 vidimus ; B. 3249. Valbonnays, 2° Reg., n° 130. FONTANIEU, *Cart. du Dauph.* I, 100. — BARONIUS, *Ann.* XII. 139. BOSCO (J. a). 78-81. LE LIÈVRE, 329-32. *Gallia christ. vet.* I, 800-1. LABBE, X, 841. *CASTRUCCI, Avignone*. II, 292-3. MARCA. *Dissert. tres.* 360 ; *selectæ* (1763). 44-5. HARDOUIN, VI, II, 1951. COLETI, XII, 1255-6. MANSI, XXI, 191. COCQUELINES. *Bull.* II, 169. BOUQUET, XV, 235-6. *Patrol. lat.* CLXIII. 1167-8. *Gallia christ. nova*, XVI, instr. 32-3. *Bull. Roman.* Taurin. II, 305-6. *Cart. de St-Vallier*. 13. ROBERT (U.). *Bull. de Calixte II*. I, 214-6. GUNDLACH (W.), dans *Mon. Germ. hist.*, *Epist.* CHARVET. 325-8. COLLOMBET, II, 33-6. = COURBON, *Chron.* 175. BRÉQ. II, 490. MERMET, III, 43. *Rev. du Dauph.* IV, 57. JAFFÉ, 4989-6822. R. *Gen.* 260. ROBERT, *Etude*, 77. n° 107. PARISET (Geo.), dans *Ann. du Midi.* XIV, 173. CHEVALIER (J.). *Hist. égl. Die.* I, 191-3.

**3266** Valence, 26 février 1120.

Calixte II transfère le titre de métropole de l'église de Mérida à celle de Compostelle.

*Hist. Compostellana :* FLOREZ, *España sagr.* XX, 292-4. *Patrol. lat.* CLXIII, 1168-9. ROBERT (U.). *Bull. de Calixte II*. I, 216-8. = JAFFÉ, 4990-6823. ROBERT, *Etude*, 77-8, n° 108.

**3267** Valence, 27 février 1120.

Calixte II institue l'archevêque de Compostelle son légat dans les provinces de Mérida et de Braga.

*Hist. Compostellana :* FLOREZ, *España sagr.* XX, 296. *Patrol. lat.* CLXIII, 1170. ROBERT (U.), *Bull. de Calixte II*, I. 219. = JAFFÉ, 4992-6825. ROBERT, *Etude*, 78, n° 109

**3268** Valence, 27 février 1120.

Calixte II avise les évêques, abbés, clercs, princes et fidèles de sa décision concernant la métropole de Compostelle.

*Hist. Compostellana* : FLOREZ, *España sagr.* XX, 295-6. *Patrol. lat.* CLXIII, 1170. ROBERT (U.), *Bull. de Calixte II*, I, 218-9. = JAFFÉ, 4991-6824. ROBERT, *Etude*, 78, n° 110.

**3269** Valence, 2 mars 1120.

Calixte II confirme les possessions de l'évêché de Porto *(Portugalen.)*.

*RIBEIRO, Dissert. hist. Portugal,* V, 5. ROBERT, *Bull. de Calixte II,* I, 220-1. = JAFFÉ, 4993-6826. ROBERT, *Etude,* 78, n° 111.

**3270** Crest, 2 mars 1120.

Calixte II notifie aux évêques de Coïmbre et de Salamanque leur dépendance du métropolitain de Compostelle. *Dat. apud castrum Cristam.*

*Hist. Compostellana* : FLOREZ, *España sagr.* XX, 294. *Patrol. lat.* CLXIII, 1170-1. ROBERT, *Bull. de Calixte II*, I, 222. = JAFFÉ, 4994-6827. ROBERT, *Etude*, 78, n° 112.

**3271** Gap, (7 mars 1120).

Turstin, archevêque d'York, qui avait accompagné le pape et la cour durant la moitié d'une année, les quitte *ap. Vapingum, in capite jejunii.*

STUBBS (Thom.), dans TWYSDEN, *Hist. Anglic. script.* X, c. 1716. = BOUQUET, XV, 220* (3 m.).

**3272** Gap, 11 mars 1120.

Calixte II confirme les possessions de l'église de Ste-Marie Madeleine de Besançon. *Dat. Vapinci.*

*Mém.-doc. inéd. Franche-Comté.* II, 317. *Patrol. lat.* CLXIII, 1172-3. ROBERT (U.), *Etude actes Calixte II.* liv ; cf. 79, n° 115 ; *Bull. de Cal. II*, I, 224-6. = JAFFÉ, 4997-6830.

**3273** Gap, 11 mars 1120.

Calixte II confirme les droits métropolitains et les possessions de l'église d'York *(Eboracen.)*.

RAINE (Jam.), *Priory of Hexham.* x. ROBERT (U.), *Bull. de Calixte II,* I, 227-9. = JAFFÉ, -6831.

**3274** Gap (11/15 mars 1120).

Lettre de Calixte II au roi d'Angleterre, au sujet de la réception de l'archevêque d'York.

JAFFÉ, -6832. ROBERT (U.), *Bull. de Calixte II*, I, 229.

**3275** Embrun, 15 mars 1120.

Calixte II confirme les possessions et les privilèges de l'abbaye de St-Hilaire de Carcassonne. *Dat. Ebreduni.*

MAHUL, *Cart. de Carcassonne*, V, 68. ROBERT (U.). *Etude actes Calixte II,* lxvj ; cf. 79, n° 116 ; *Bull. de Cal. II*, I, 230-1. = JAFFÉ, -6833.

**3276** Asti, 28 mars 1120.

Bulle du pape Calixte II, adressée à Arbert, prévôt (d'Oulx, *ad Plebem martyrum*), confirmant la règle, les privilèges et les possessions de sa collégiale ; celles-ci comprenaient : dans le diocèse d'Embrun, les églises de Ste-Marie de Briançon, St-Chaffrey, St-Marcellin de La Salle, St-Martin de Queyrières, St-Etienne de Vallouise, St-Pélage de Névâche ; dans celui de Gap, l'église St-Laurent de Beaumont ; dans celui de Grenoble, les églises comprises entre le lac [de Lovitel] et le col du Lautaret, l'église St-Pierre d'Aveillans, Ste-Agnès du Jardin, N.-D. de Commiers, St-Pierre [de] St-Geoirs, St-Jean de Vaulnaveys, St-Christophe de Pâquier ; dans le diocèse de Die, Ste-Marie de *Seinard;* dans celui de Vienne, l'église de St-Donat et celles qui en dépendent. — *Præceptum Domini.*

RIVAUTELLA, *Ulcien. eccl. chartar.* 2-4, n° 2. *Patrol. lat.* CLXIII, 1173. ROBERT (U.), *Bull. de Calixte II*, I, 233-5. COLLINO, *Carte d'Oulx,* 103-5, n° 103. = JAFFÉ, 4998-6835. ROBERT, *Etude,* 79, n° 117. BERNARDI (Jac.), dans *Miscell. stor. Ital.* XX, 560-1. ROMAN, 15*.

**3277** Melazzo, 7 avril 1120.

Le pape Calixte II ordonne à S[ilvion], archidiacre de Vienne, de rendre à la table des frères les condamines de l'église (à Genas, *Jayno)* qu'il s'est appropriées depuis son départ. *Dat. Melaci.* — *Significatum nobis.*

CHEVALIER (U.), *Cart. de St-André-le-Bas,* 287, 368, n° 75* ; *Cart. de St-Maurice,* 40, n° 172. ROBERT, *Etude actes de Calixte II,* lxv ; cf. 90, n° 166 ; *Bull. de Cal. II,* I, 236. Trad. CHARVET, 329. COLLOMBET, II, 39-40. = JAFFÉ, -6837.

**3278** Domène, (21 avril vers 1120).

Le chevalier Guigues Ascherius disputait au monastère de Domène la donation que Guigues Guarin lui avait faite en Savoie ; un mercredi de Pâques, il se désista à l'autel de St-Pierre et reçut du prieur Arbert 4 sols 1/2. Témoins : le comte Amédée, qui se trouvait là avec Guigues et Ainard, seigneurs de Domène, etc.

MONTEYNARD. *Cart. de Domène,* 202, n° 228.

**3279** Latran, 22 juin 1120.

Le pape Calixte II accorde à Ainard, seigneur de Clermont, à raison des services rendus par lui et ses aïeux à l'Eglise catholique, de nombreuses faveurs spirituelles et le droit de mettre dans ses armoiries deux clefs d'argent et la tiare pontificale. — *Nos Dei gratia.*

Arch. de la Drôme, E. 451, copie parch. CHEVALIER (U.), *Cart. de St-André-le-Bas*, 283-6, n° 74*. ROBERT (U.), *Etude actes Calixte II*, lviij-lxi ; cf. 82, n° 129 ; *Bull. de Cal. II*, I, 262-5. = CHORIER, *H. de D.* I, 833 ; II, 37. MERMET, III, 48. JAFFÉ, -6853. *Nouv. biogr. gén.* X, 841. TERREBASSE, *Inscr.,* II, 220-2. — Pièce fausse.

**3280** Domène, (24 juin vers 1120).

Humbert, fils de Pierre Barbarin, longtemps après la mort de son père, disputa le don de celui-ci au monastère de Domène, et lui fit bien des maux. Les moines, désireux de vaquer au service de Dieu, entrèrent en accommodement et, un jeudi de la 3e semaine après la Pentecôte, leur prieur Pierre, qui devint ensuite abbé de Cluny, lui donna 5 sols ; il offrit son don sur l'autel de la Ste-Vierge. Témoins : l'écolâtre *(scolaris)* Guillaume, Jean chevalier *(caballarius)* de Vors*(Vore)*, etc.

MONTEYNARD. *Cart. de Domène,* 204, n° 230.

**3281** Palestrina, 16 juillet 1120.

Lettre de Calixte II à S[ilvion], archidiacre de Vienne, lui ordonnant, sur la plainte des chanoines de l'église [de St-Maurice], de leur restituer les condamines qu'il s'obstinait à retenir ; passé le délai de 40 jours, le pape lui interdit le chœur, le chapitre et le réfectoire. Il s'étonne qu'il ne cesse de vexer et de mépriser sa famille, car c'est à lui qu'il doit tout ce qu'il est. — *Viennensis ecclesiæ.*

CHEVALIER (U.), *Cart. de St-André-le-Bas,* 287-8, 368, n° 76* ; *Cart. de St-Maurice Vienne,* 40, n° 173. ROBERT (U.), *Etude actes Calixte II,* lxv, cf. 95, n° 186 ; *Bull. de Cal. II,* I, 267. Trad. CHARVET, 330. = JAFFÉ, -6856.

**3282** 25 septembre 1120.

Jean, Gervais et autres frères étant venus de Citeaux pour habiter dans la paroisse de St-Symphorien, *in malleo* [de l'abbaye] de St-Pierre hors Vienne, l'abbé Didier, le prieur de St-Julien de Vence *(Venco)* et les frères supplièrent l'archevêque Guy et les chanoines de St-Maurice de ne point supporter cela. Ceux-ci, considérant que l'abbaye de St-Pierre a été fondée et enrichie par leurs prédécesseurs, refusent leur consentement. Alors Sieboud de Beauvoir *(Bellovidere)*, cause de l'exode des cisterciens, supplie tant l'abbé de St-Pierre qu'on se rend sur les lieux et plante des limites, en présence de Guy. On donne au nouveau monastère le nom de Bonnevaux *(Bona Vallis)*; les religieux s'engagent à payer la dîme, à ne pas s'étendre et à vivre en amis. Seings de l'archevêque, de l'abbé Didier, du doyen Sieboud, de Didier prieur de Serres, du sacristain Paschal, de l'aumônier Pierre, etc. *Acta p. man. Stephani cancell. Viennen... ind. 13, luna 3, fer. 6.*

Valbonnays, 2ᵉ Reg., n° 132; 7ᵉ Reg., n° 34. — Mabillon, *Ann. Bened.* VI, 637; 2ᵉ, 590-1. *Gallia christ. nova*, XVI, instr., 31-2 (le fond de l'acte remonte à 1117). = Charvet, 322. Terrebasse, *Inscr.* II, 227.

**3283** (1120/....).

Redevances *(tascha)* perçues par [l'église de] St-Barnard à la Médrue *(Meldria)* sur les terres cultivées: métairies *(cavannariæ)*, champs [un à Raynaud François] et courtils. Elles sont comprises entre la Chorache *(Chaaracha)*, la Savasse *(Savacia)* et le chemin public de Peyrins, à Péroux *(Petrosa)*, Charbesse *(Carbesia)*, Flaineu et Châteaucourt *(Castelliculus)*. Des garants sont donnés par ordre de l'archevêque Pierre.

Giraud, *Hist. S. Barnard-Romans*, compl. 135-7, n° 310.

**3284** (Après 1120).

Aiglentine de Pinet et ses 4 fils donnent aux moines de Bonnevaux une terre, que l'abbé Jean leur paye 330 sols Viennois. Témoins: Sieboud de Beauvoir *(Sigibodus de Bellovisu)*, etc. Ce don est confirmé par Ervisius de Beauvoir, son frère Rostang, sa femme Anne, son fils Ervisius. Témoins: ... Girold mistral *(mestralis)*.

Chevalier (U.), dans *Bull. acad. Delphin.* D. II, 34; *Cart. de Bonnevaux*, 18, n° 22.

**3285** (Après 1120).

Artaud, abbé de St-Chef *(S. Theuderii)*, donne à l'église de Bonnevaux la vallée dans laquelle se trouve une foutelaie *(fagina)*. Témoins: ... Amédée d'Hauterives *(Alta Ripa)*, etc.

Chevalier (U.), dans *Bull. acad. Delphin.* D, II, 33-4; *Cart. de Bonnevaux*, 17-8, n° 20.

**3286** (Après 1120).

Lérard, surnommé Pélerin *(Peregrinus)*, sa femme et ses fils concèdent une terre aux moines de Bonnevaux. Ce don est ratifié par le seigneur Roland, sa femme et ses fils. Témoins: Guy d'Anthon *(Anton)*, Rostand de Collonge *(Colunces)*, etc.

Chevalier (U.), dans *Bull. acad. Delphin.* D, II, 32; *Cart. de Bonnevaux*, 16, n° 15.

**3287** (Après 1120).

Rostand de Collonge *(Colunces)* et sa femme Getsuara, Silvon fils de Bérenger et son épouse Algardis, Melior, son frère Genis et leur mère Adela donnent une terre aux frères de Bonnevaux. Témoins: Siboud de Beauvoir, etc.

Chevalier (U.), dans *Bull. acad. Delphin.* D, II, 32; *Cart. de Bonnevaux*, 16, n° 16.

**3288** (Après 1120).

Sieboud Lunel *(Sibodus L-llus)* et sa femme Sora concèdent aux moines de Bonnevaux une partie de leur terre.

Chevalier (U.), dans *Bull. acad. Delphin.* D, II, 32; *Cart. de Bonnevaux*, 16, n° 14.

**3289** (Avant 1121).

Arnulfe et sa femme Regoardis donnent à l'église de St-Martin, dépendante de l'Hôpital de Jérusalem, tout ce qu'ils possèdent en Champsaur et au territoire de Gap, plus une maison au château de Sigottier *(Cigoterio)*; le tout sera à l'usage des chanoines et clercs. *Stephanus scr.* Seings.

Guillaume, dans *Bull. hist.-archéol. Valence* (1881), I, 178-9 (à part, 18), n° 13. = Roman, 9ᵇ.

**3290** (Avant 1121).

Arnulfe donne à l'Hôpital de Jérusalem [de Gap] son avoir *(honor)* en Champsaur. Constancius, Brutinellus, le fils d'Arembert Acardi et Remeard, des cens.

Guillaume, dans *Bull. hist.-archéol. Valence* (1881), I, 179 (à part, 19), n° 14. = Roman, 10.

**3291** (Avant 1121).

Clément Etienne Samuhel achète pour l'église de St-Martin [à Gap] le champ de la Combe *Franonis* et une vigne derrière le château; on donne à Etienne Mauvoisin *(Malevicino)* et à ses frères 40 sols monnaie de Valence. Seing du sacristain Pierre, etc.

Guillaume, dans *Bull. hist.-archéol. Valence* (1881), I, 182 (à part, 22), n° 20. = Roman, 12.

**3292** (Avant 1121).

Guila, femme d'Arbert Ricandi, donne à l'Hôpital de Jérusalem [à Gap], 2 sols monnaie de Valence par an et 1 *sextariata*.

Guillaume, dans *Bull. hist.-archéol. Valence* (1881), I, 157-8 (à part, 15), n° 6. = Roman, 11ᵃ.

**3293** (Avant 1121).

Guillaume Bermundi donne à l'Hôpital de St-Jean de Jérusalem [à Gap] Radulfe et sa femme Raina, avec ses champs, vignes, maisons, etc. — *Quoniam summo.*

Guillaume, dans *Bull. hist.-archéol. Valence* (1881), I, 158 (à part, 16), n° 8. = Roman, 10ᵇ.

**3294** (Avant 1121).

Guillaume Maleti donne à l'Hôpital de Jérusalem [à Gap] la dîme qu'il percevait.

Guillaume, dans *Bull. hist.-archéol. Valence* (1881), I, 158 (à part, 16), n° 7. = Roman, 11ᵃ.

**3295** (Avant 1121).

Pierre Bonibellus donne à l'Hôpital de Jérusalem [à Gap] après sa mort une maison dans le bourg d'Embrun *(Ebreunen.)* et 2 setérées de terre.

GUILLAUME, dans *Bull. hist.-archéol. Valence* (1881), I, 183 (à part, 23), n° 24. — ROMAN, 10°.

**3296** (Avant 1121).
Pierre Bruneti, saisi par la maladie au moment de partir pour St-Jacques [de Compostelle], se donne à la maison de Jérusalem [à Gap] et cède à l'église de St-Martin qui en dépend 3 setérées de terre au puy de Rambaud *(Ermenbaldi)*. Il mourut le 1er novembre. Seings.
GUILLAUME, dans *Bull. hist.-archéol. Valence* (1881), I, 185 (à part, 25), n° 30. = ROMAN, 10b.

**3297** (Avant 1121).
Pierre Geraldi et son fils de mêmes noms donne au St-Sépulcre, à l'Hôpital de St-Jean de Jérusalem, à l'église de St-Martin de Gap et au commandeur *(ospitator)* Giraud une terre confinée par le val *Raineri*. Reçu par les prêtres Etienne et Guillaume. — *Auctoritate*.
GUILLAUME, dans *Bull. hist.-archéol. Valence* (1881), I, 178 (à part, 18), n° 12. = ROMAN, 9b.

**3298** (Avant 1121).
Pierre Giraldi, de Montalquier et ses enfants donnent à l'Hôpital de Jérusalem [St-Martin de Gap] un champ à la combe *Rainerii*; Lambert Osasiccha, une setérée de pré; Ripert, une autre à Quint et du bois pour le chauffage. Le comte de Provence et sa mère approuvent la donation de Pierre Habonis; on lui donne un cheval noir. Autres donations de Suficia anglaise. Pierre et Martin anglais, Rancurel, Radulfe de Faudon et Roland. On achète une alpe en la vallée de la Freyssinouse, au prix de 35 sols.
GUILLAUME, dans *Bull. hist.-archéol. Valence* (1881), I, 179-80 (à part. 19), n° 15. = ROMAN, 9°.

**3299** (Avant 1121).
Pierre Giraldi, de Montalquier, engage à l'Hôpital de Jérusalem et à St-Martin [de Gap] un pré pour 20 sols; Airald, un autre pour 4; Pierre Trucberti et sa femme Raina, un champ pour 35. Garants et témoins.
GUILLAUME, dans *Bull. hist.-archéol. Valence* (1881), I, 183 (à part, 23), n° 23. = ROMAN, 9°.

**3300** (Avant 1121).
Pierre Rancurelli donne à l'église de St-Martin [à Gap] une vigne au territoire de Pelleautier *(Montis Lauterii)* et un jardin près du vivier, engagé pour 4 sols.
GUILLAUME, dans *Bull. hist.-archéol. Valence* (1881), I, 177-8 (à part, 17), n° 11. = ROMAN, 10°.

**3301** (Avant 1121).
Raimond et Bertrand, fils de Dalmaza, etc. donnent à l'Hôpital de Jérusalem [de Gap] un manse en alleu au mandement de Chorges *(Cadorgas)*. Présents tous les clercs de St-Cyrice. Approbation de Guillaume de Manosque *(Manuascha)* et 11 autres. Pierre Aicardi reçoit pour l'*honor* de Pierrefeu 6 liv. Melgoriennes et 100 sols Valentinois.
GUILLAUME, dans *Bull. hist.-archéol. Valence* (1881), I, 184 (à part, 24), nos 26 et 27. = ROMAN, 10°.

**3302** (Avant 1121).
Ripert Aiacardi donne à l'église de St-Jean de Jérusalem et à l'Hôpital de la ville [de Gap], pour le repos de son aïeul Laugier et de son père Géraud Bruneti, la dime du champ de Quint et 1 setérée de pré au-dessus, bornée par la combe de *Balna Nigra*. — *Quoniam*.
GUILLAUME, dans *Bull. hist.-archéol. Valence* (1881), I, 182 (à part, 22), n° 21. = ROMAN, 10°.

**3303** (Avant 1121).
Rostaing de Sisteron et sa femme Leugarda vendent à Ste-Marie de Chardavon *(Cardaone)* des terres à *Calmesquirp* et une maison dans la ville; ils reçoivent 14 sols. Seings. — *Memoriale*.
GUILLAUME (P.), dans *Bull. hist.-archéol. Valence* (1881), I, 184-5 (à part, 24), n° 28. = ROMAN, 9b.

**3304** (Avant 1121).
Tasilon donne à St-Jean et au commandeur *(ospitalerius)* de la maison [à Gap] et à son serviteur Guillaume, Pierre Odoul et Barthélemy, avec leurs biens. — *Auctoritate*.
GUILLAUME (P.), dans *Bull. hist.-archéol. Valence* (1881), I, 182 (à part. 22), n° 19. = ROMAN, 11°.

**3305** (Vers 1121).
L'abbé Gautier *(Galterius)* et les moines de St-André donnent à Silvius de *Colonicas* le fief *(fedum)* de Malissole *(Moili Sola)*, sous le cens *(investitura)* d'une livre de poivre. Pierre, archevêque de Vienne et légat du Siège apostolique, prononce l'anathème contre ceux qui, à la mort de Silvius, s'opposeront au retour de ce fief *(feudum)* à l'église de St-André. Seings de 4 moines et de 3 chanoines.
CHEVALIER (U.), *Cart. de St-André-le-Bas*, 127, n° 178. = CHORIER, *H. de D.* I, 844; *Estat polit.* II, 387.

**3306** (Vers 1121).
Guinus [= Girin], abbé de St-Martin de l'Ile-Barbe *(Insula Barbara)*, donne à l'abbaye de Ste-Marie de Bonnevaux l'église de Landrin *(L-ns)* avec sa terre.
CHEVALIER (U.), dans *Bull. acad. Delphin.* D, II, 100; *Cart. de Bonnevaux*, 84, n° 192.

**3307** (Vers 1121).
Le don de l'abbé de l'Ile-Barbe au monastère de Bonnevaux eut besoin de la confirmation des chevaliers dont la terre dépendait; ils se la firent payer: Jarenton Isiliardi, 30 sols; son frère Isard, autant; leur autre frère Guy Isiliardi, 40 sols; un 4e Guigues Ega, 5; Geoffrey Romestagni, 25; Guillaume Aimo, 20; Falcon Borrelli, 17; Guillaume de Mercurol.
CHEVALIER (U.), dans *Bull. acad. Delphin.* D, II, 100-1; *Cart. de Bonnevaux*, 84-5, n° 193.

**3308** (Vers 1121).
Des nobles et des agriculteurs de la contrée, dont le mistral Arbert Boison, établissent les limites d'une terre appartenant à l'église de St-Martin de l'Ile-Barbe (à Lyon, *Insulæ Barbaræ*). Fait en présence de Jean, abbé de Bonnevaux, du prieur Guy et de 2 moines, de la comtesse Mathilde, appelée Reine, de Sieboud de Beauvoir, etc.
CHEVALIER (U.), dans *Bull. acad. Delphin.* D, II, 101-2; *Cart. de Bonnevaux*, 85-6, n° 194.

**3309** (1121 ?)

Accord entre le moine Pierre, prieur du Pont[-de-Beauvoisin], et son chapelain Boson. Gautier, abbé de St-André, donne à ce prêtre pour sa chapellenie le tiers des oblations, prémices et sépulture de l'église de St-Laurent-du-Pont, sauf le lit du défunt ; et le tiers de la dîme du bourg de *Beleimynt*. De même pour la chapellenie de l'église de Ste-Marie de Domessin *(Domaissin)*, il lui donne la moitié des oblations, etc. De son côté, le prêtre promet fidélité à l'abbé et l'abandon après lui de ses acquisitions à Ste-Marie du Pont. Témoins : le doyen [de Belley] Oysold, l'archidiacre de Vienne Silvion, etc.

Chevalier (U.), *Cart. de St-André-le-Bas*, 149-50, 367, n° 305. Trad. Perrin (H.-J.), dans *Bull. hist.-archéol. Valence*, XII, 221-2 ; *Hist. du Pont-de-Beauvoisin*, 13-4.

**3310** 1121.

Pierre Vacca et ses frères Almanz *(A-nnus)* et Barnald font abandon à Hugues, évêque de Grenoble, de la dîme qu'ils percevaient dans la paroisse de Noyarey *(Noiarei)*, entre les mains du chanoine Adolric, du convers Guigues, etc. Désistement de trois autres frères. Brunicard, Ponce. Guischarel, par le Missel sur l'autel de Notre-Dame à Lans *(Lanz)*. Chacun reçoit un setier de vin.

Marion, *Cart. de Grenoble*, 223, n° 50.

**3311** Latran, 30 mars (1121-1124).

Lettre de Calixte II à l'archiprêtre Mat., le chargeant d'avertir Ithier *(Iterius)*, chanoine du Puy *(Anic.)*, d'avoir à renoncer avant la s' Jean, sous peine d'interdit, à l'église de St-Clément, qui est de la juridiction de l'église de Vienne, et à la paroisse de Croze *(Crosis)*, qui appartient au monastère de St-André. — *Noverit dilectio.*

Chevalier (U.), *Cart. de St-André-le-Bas*, 146, 44°. Robert (U.), *Etude actes Calixte II*. cxviii, cf. 122, n° 315 ; *Bull. de Cal. II*, II, 265. = Jaffé, -7114.

**3312** Latran, 9 avril (1121/1124).

Lettre de Calixte II au clergé et au peuple de Chorges *(Caturicis)* : il prononce l'interdit contre l'église qu'ils ont commencé de construire malgré les moines [de St-Victor] de Marseille, dont leur paroisse dépend absolument. — ...*Relatum siquidem.*

Guérard, *Cart. de S-Victor de Marseille*, II, 363-4. n° 931. Robert, *Etude actes Calixte II*, cxxj ; cf. 123, n° 321 ; *Bull. de Cal. II*, II, 270. = Jaffé, -7120. Roman, 15ᵇ.

**3313** Latran, 16 avril (1121 ?).

Le pape Calixte II ordonne à P[ierre], archevêque de Vienne, de soutenir Gautier, abbé de St-André[-le-Bas] contre l'ancien abbé Pierre Humbert, nommé par lui, du conseil de l'abbé de la Chaise-Dieu et ensuite déposé à cause de sa conduite et de la dissipation des biens du monastère. Il le charge d'enjoindre à la prieure de St-André, Bona Filia, de détruire l'église qu'elle a construite, malgré sa défense et l'opposition des frères de St-André, dans la paroisse de l'église de St-Symphorien de Septème *(Septimo)* ; Adémar, fils d'Humbert, et Aimon Scotus auront à rendre à l'église de St-André le manse de Communay. — *Fraternitatis tuæ.*

*Gallia christ. nova*, XVI, instr. 33-4. Chevalier (U.), *Cart. de St-André-le-Bas*, 144-5. Chaix de Lavarène, *Mon pont. Avern.* 169. Robert (U.), *Etude actes Cal. II*, xvi-iii, cf. 101-2, n° 217 ; *Bull. de Calixte II*, II, 273-4. = Jaffé, -7122.

**3314** Latran, 16 avril (1121 ?).

Le pape Calixte II écrit à P[ierre], archevêque de Vienne, au sujet des bourgs de Croze et du Vaussaire *(villa de Crosis et de Valseriis)*, concédés jadis par lui à l'église de St-André de *Humiliano* ; il désire que le monastère de St-André n'en soit pas frustré. — *Notum facimus.*

Chevalier (U.), *Cart. de St-André-le-Bas*, 146, n° 199. Robert (U.), *Etude actes Calixte II*. cxxii, cf. 123, n° 322 ; *Bull. de Cal. II*, II, 274-5. = Jaffé, -7123.

**3315** Sutri, 27 avril 1121.

Le pape Calixte II annonce aux archevêques, évêques, abbés, princes, clercs et laïques des Gaules qu'il s'est emparé de la ville de Sutri et de l'antipape Bourdin. — *Quia dereliquit.*

Rogerius de Hoveden, dans Savile, *Script. rer. Anglic.* 477. Willelmus Malmesbur., ibid. 169. Baronius, XII, 145. Labbe, X, 894. Baluze, *Miscell.* 2°, I, 146. Hardouin, VI, ii, 1110. Mansi, XXI, 280. Bouquet, XV, 238. *Patrol. lat.* CLXII, 1205-6. Robert (U.), *Bull. de Calixte II*, I, 337-8. = Bréq. II, 513. Jaffé, 5041-6902. Robert. *Etude*, 91, n° 167.

**3316** 23 mai (1121 ou 1124).

Obit d'Odilon [de Châteauneuf], père de s' Hugues, évêque de Grenoble, mort convers, presque centenaire, à la Grande Chartreuse.

Le Couteulx, *Ann. Cartus.* I, 253-4. Le Vasseur, *Ephemer. Cartus.* II, 152.

**3317** Latran[!], 24 mai 1121.

Le pape Calixte II accorde d'amples privilèges à Ainard, seigneur de Clermont, en récompense des services que lui et ses aïeux ont rendus au St-Siège. — *Ad apostolicæ dignitatis.*

Mss. : Paris. Bibl. Nat. Moreau 797, 50. Vatican, 7157, 71. — Pflugk-Harttung. *Acta pont. Rom. ined.* II, 227. Robert (U.), *Bull. de Calixte II*, I, 343-5. = Jaffé, -6906. Pièce fausse (cf. 22 juin 1120).

**3318** Durbon, 1ᵉʳ octobre 1121.

Richaud Albuinus et ses fils Rolland et Pierre donnent à Notre-Dame de Durbon, à Lazare et à ses frères leur alpe près *Petra Galdemar* et un bois spacieux *ad Tarnos*. Cette donation est confirmée par tous les voisins. Charte lue *in monte Durbono*, à la consécration de l'église en l'honneur de Dieu et de la s' Vierge, en présence de Laugier II, évêque de Gap, et d'Etienne, évêque de Die....

\**Gallia christ. nova*, I, instr. 87°. Guillaume, *Chartes de Durbon*, 5-6, n° 4. = Roman, 15.

**3319** Tarente, 10 novembre 1121.

Dans sa bulle constitutive du chapitre de St-Jean de Besançon. Calixte II rappelle le concile de Tournus qu'il a tenu (1115) de concert avec Hugues, évêque de Grenoble, etc. — *Decessorum statuta.*

Pflugk-Harttung, *Acta pont. Rom. ined.* I, 117. Robert (U.), *Bull. de Calixte II*, I, 377-81. = Jaffé, -6935.

**3320** (1121/1122).

Pierre, archevêque de Vienne et légat de l'église Romaine, le sacristain Chatbert et le chapitre de Romans donnent à Gaufredus [la jouissance] de deux manses à Marnas *(Marnanto)*, avec clause de réversion en cas d'abandon des lieux.

GIRAUD. *Hist. S. Barnard-Romans*, compl. 105. n° 142.

**3321** (1121/1125).

Pierre, archevêque de Vienne, délégué avec Humbert, évêque de Genève, par le pape Calixte II, déclare l'église de Ste-Marie de Suse dépendante de la prévôté d'Oulx.

Mentionné dans une bulle du 9 févr. 1147.— *RIVAUTELLA, Ulcien. eccles. chartar.* 15. COLLINO, *Carte d'Oulx*. 118, cf. xiv.

**3322** (1121/1129).

Pierre, archevêque de Vienne, tranche en faveur du monastère de St-Chaffre [la querelle des ecclésiastiques de St-Vallier au sujet des dîmes].

Rappelé dans la lettre d'Etienne (1129/1132).

**3323** 1122.

Guigues, comte d'Albon, va voir à Bonnevaux son neveu Amédée.

CHORIER, *Hist. de Dauph.* I, 797 ; 2', 614. TERREBASSE, *Not. dauph. Vienn.* 121.

**3324** (Vers 1122).

Le comte Guigues et son épouse Mathilde donnent aux frères de Bonnevaux une condamine près de la Venze *(aqua Velcia)*, dans la paroisse de St-Sorlin *(S. Saturnini)*, le parcours et le pâturage dans leurs bois et champs des Alpes au Rhône, et l'alpe Charmenson *(Chalmencuns)* pour le séjour des troupeaux pendant l'été. Témoins : Guigues de Domène *(Domina)* et son frère Raymond, Hector de Valbonnais *(Valboneis)*, le chapelain Etienne, etc. Les limites de l'alpe sont fixées en présence de la reine Mathilde, de Jean, abbé de Bonnevaux, du mistral Béroald et du sous-mistral Guigues Richard.

Arch. de l'Isère, B. 4252, orig. parch. (IV, 160'). VALBONNAYS, 2° Reg., n° 145 ; — *Mém. hist. Dauph.*, 396. CHEVALIER (U.), *Cart. de St-André-le-Bas*, 288-9, 368. n° 77* ; dans *Bull. acad. Delphin.* D, II, 179 ; *Cart. de Bonnevaux*, 95, 163-4, n°° 228, 429.

**3325** Portes, 1122.

Don de 20 sols Viennois annuels fait à la chartreuse de Portes par la comtesse Marie, du consentement de son mari Girold, seigneur de la Tour. Sceaux. *Act. in claustro Portarum.*

FONTANIEU, *Cart. du Dauph.* I, 1006. MOULINET, *Coll. titres fam. de la Tour*, 1-2. — JUSTEL. *Hist. gén. de la maison d'Auvergne*, pr. p. 329. VALBONNAYS, *Hist. de Dauph.* I, 180'. = BnFQ. II, 512.

**3326** (Vers 1122).

Armand Cardon vend une terre à Jean, abbé de Bonnevaux, au prix de 100 sols.

CHEVALIER (U.), dans *Bull. acad. Delphin.* D, II, 81-2 ; *Cart. de Bonnevaux*, 65-6, n° 146.

**3327** (Vers 1122).

Armand de Bossieu *(Armannus de Bucciaco)* donne une terre à Jean, abbé [de Bonnevaux]. Témoins : Girard de Bossieu, Aymar et Etienne de Faramans.

CHEVALIER (U.), dans *Bull. acad. Delphin.* D, II, 82 ; *Cart. de Bonnevaux*, 66, n° 149.

**3328** (Vers 1122).

Berlion de Moirans *(Moirenco)*, venu à conversion à Bonnevaux, donne à l'église une condamine dans la paroisse de St-Sorlin *(S. Saturnini)*, que sa femme et son fils Geoffroy acquièrent des possesseurs ; pour avoir la paix, on leur donne 15 sols et à un parent 5.

CHEVALIER (U.), dans *Bull. acad. Delphin.* D, II, 111-2 ; *Cart. de Bonnevaux*, 95-6, n° 229.

**3329** (Vers 1122).

Jean, abbé de Bonnevaux, acquiert de Bonet, chapelain de l'église de Tersanne *(Tercina)* le droit qu'il avait sur la vigne des frères. Témoins : Rencon de Montchenu et Guillaume Christin.

CHEVALIER (U.), dans *Bull. acad. Delphin.* D, II, 147 ; *Cart. de Bonnevaux*, 131, n° 316.

**3330** (Vers 1122).

Guillaume de Châtillon, sa femme et ses 3 fils donnent à l'église de Bonnevaux la faculté de couper dans ses forêts le bois nécessaire pour les constructions, à l'exception de sa réserve *(devessum)*. Ceci confirmé devant ses barons, il se rend moine à l'abbé de Bonnevaux. Témoins :... Richard viguier *(vicarius)*.

CHEVALIER (U.), dans *Bull. acad. Delphin.* D, II, 80 ; *Cart. de Bonnevaux*, 64, n° 141.

**3331** (Vers 1122).

Guillaume de Châtillon *(Castellione)* donne à Jean, abbé de Bonnevaux, les dîmes de ses vignes à Bossieu *(Bucciacum)*. Témoins : Girard de Bossieu et Ismion de Châtillon. Le tenancier et les autres propriétaires font abandon de leurs droits.

CHEVALIER (U.), dans *Bull. acad. Delphin.* D, II, 80 ; *Cart. de Bonnevaux*, 64, n° 142.

**3332** Bossieu, vers 1122).

Les fils de Guillaume de Châtillon, après que leur père eut confirmé son don à Bonnevaux, prétendirent qu'il n'avait pas été fait tel que le rapportait la charte. Guillaume le Vieux et son fils Falcon se rendirent *apud Boceu*, en présence de l'abbé et du prieur, etc. Sur le témoignage du moine Armand, du frère de Guillaume et de Girard de Bossieu, Falcon se désista. Témoins : Pagan de Larnage et Bonpar d'Ornacien.

CHEVALIER (U.), dans *Bull. acad. Delphin.* D, II, 81 ; *Cart. de Bonnevaux*, 65, n° 144.

**3333** (Vers 1122).

Dons de dîmes aux religieux de Bonnevaux par Isard de Moras dans la paroisse de Landrin *(L-ns)* ; par Roland le Vieux, qui reçoit 15 sols ; par Roland Boce ; par Roland Bocerand, qui reçoit 40 sols. La femme de Pierre Chatberti renonce à ses prétentions sur le pré donné aux frères par Nantelme de Moras et reçoit 20 sols. Témoins : Nantelme prieur de Viriville *(Verevilla)*. Girold Roux donne des dîmes et reçoit 15 sols ; témoins :... Ainard, prieur de *Bugis*.

CHEVALIER (U.), dans *Bull. acad. Delphin.* D, II, 102-3 ; *Cart. de Bonnevaux*, 86-7, n° 199.

**3334** (Vers 1122).

Nantelme de Moras *(Maraz)* et sa sœur Elisabeth vendent aux frères de Bonnevaux un champ, qui leur est payé 4 livres, 1 *nummus* et 170 sols. Témoins :

Adémar, doyen de Cluny, Fulcon, de Moras, etc. Joffred de Moirans *(Moirinco)* donne son assentiment.
CHEVALIER (U.), dans *Bull. acad. Delphin.* D, II. 106 ; *Cart. de Bonnevaux*, 90, n° 207.

**3335** (Vers 1122 ?)
Pierre Ismion, de Châteauneuf *(Castello Novo)* et son beau-père Geoffroy Remestagni vendent aux frères de Bonnevaux la 1/2 d'un champ dans la paroisse de Landrin *(L-nensi)*, au prix de 60 sols. Approuvé par la femme, les frères et les beaux-frères de Pierre. Témoins. Consentement de Guillaume de Mercurol *(M-ulione)*, sa femme et ses fils. Témoins.
CHEVALIER (U.), dans *Bull. acad. Delphin.* D, II. 112 ; *Cart. de Bonnevaux*, 96, n° 230.

**3336** 1122.
Sieboud *(Siibodus)*, frère de Nantelme de la Balme, vend à Hugues, évêque de Grenoble, toute la dîme qu'il avait en domaine ou en gage *(pignus)* dans la paroisse de Noyarey *(Noiareda)*, au prix de 10 sols. Témoins : sa femme Fréheburge et leurs fils ; autres pour la *catieria*. Fait en présence du convers Guigues, etc.
MARION, *Cart. de Grenoble*, 222-3, n° 49.

**3337** Latran, 19 mars 1122.
Dans sa bulle confirmative de la primauté du chapitre de St-Jean et celui de St-Etienne de Besançon, Calixte II rappelle le concile de Tournus qu'il a tenu (1115) de concert avec Hugues, évêque de Grenoble, etc. — *Decessorum statuta*.
CHIFFLET, *Hist. abb. Tournus*, pr. 383. LABBE, X, 836. MANSI, XXI, 199. JUÉNIN, *Nouv. hist. Tournus*, pr. 142. BOUQUET, XV, instr. 22. COQUELINES, *Bull.* II, 177. *Gallia christ. nova*, XV, instr. 22. *Patrol. lat.* CLXIII, 1235. ROBERT (U.), *Bull. de Calixte II*, II, 11-5. = JAFFÉ, 5081-6955. ROBERT, *Etude*, 208.

**3338** ... Avril (après 1121).
Obit de Pierre, prêtre et doyen de St-Maurice de Vienne.
TERREBASSE, *Inscript. Vienne*, II, 467, n° 581.

**3339** (1122/1130).
Bernard Roux *(Rufus)*, prêtre de Beauchêne *(Biochana)*, son neveu Lantelme, avec sa femme Armande et ses fils, donnent à Notre-Dame et à St-Jean-Baptiste de Durbon, au prieur Lazare et à ses frères le bois à l'orient du couvent, compris le pré *Costa Uscelada*. Fait entre les mains de Pierre, évêque de Gap, qui paye aux donateurs 70 sols monnaie de Valence. Si les frères abandonnent le couvent, bois, prés et terres reviendront à l'église Notre-Dame de Gap. Témoins : le prélat et son frère Géraud Grafinel, Radulphe de Neffes *(Nefas)*, chevalier, Arnaud Flotha, son frère Henri et leur cousin Guillaume, etc. (22).
GUILLAUME, *Chartes de Durbon*, 11-2, n° 7. *Gallia christ. noviss.*, I, instr. 279-80. = ROMAN, 154.

**3340** (1122/1134).
Lettre de Pierre le Vénérable, abbé de Cluny, à Guillaume, archevêque d'Embrun, lui reprochant de n'être pas venu le voir et le priant de mettre fin, par une visite prochaine, aux froissements qui risquaient de compromettre leur vieille amitié. — *Si querela locum*.

*Epistol.* I, 12 : *Patrol. lat.* CLXXXIX, 80-1. FORNIER (Marc.), *Hist. Alpes Marit.* III, 558.

**3341** 1123.
Privilège du pape Calixte II en faveur de Didier, abbé de St-Pierre de Vienne.
*Bosco (J. a), 107.

**3342** (1123).
Guigues, prieur de la Chartreuse écrit [par Bernard prieur de Portes] à s' Bernard, abbé de Clairvaux, pour l'engager à rendre visite à ses frères.
Voir la lettre n° 3343. — LE COUTEULX, *Ann. Cartus.* I, 262.

**3343** (1123).
Lettre de s' Bernard, abbé de Clairvaux, au prieur Guigues et aux autres religieux de la Grande Chartreuse, sur les signes et les degrés de la véritable charité ; il gardera souvenir éternel du jour où il reçut son envoyé [Bernard, prieur de Portes]. — *Sanctitatis vestræ*.
MANRIQUE, *Ann. Cistere.* I, 149. *Patrol. lat.* CLXXXII, 108-15. LE COUTEULX, *Ann. Cartus.* I, 262-5. = VACANDARD, *Vie de s' Bernard*, I, 183.

**3344** (Vers 1123).
S' Bernard, abbé de Clairvaux, se rend à Grenoble, où il est reçu par l'évêque s' Hugues ; puis à la Chartreuse, où il prêche.
*S. Bernardi Vita*, III, II, n° 3-4 : *Patrol. lat* CLXXXV, 305. LE COUTEULX, *Ann. Cartus.* I, 265-7. = VACANDARD, *Vie de s' Bernard*, I, 184.

**3345** (Vers 1123).
Etienne, abbé de St-Chef *(S. Theuderii)*, échange un champ avec Jean, abbé de Bonnevaux.
CHEVALIER (U.), dans *Bull. acad. Delphin.* D, II, 82 ; *Cart. de Bonnevaux*, 66, n° 148.

**3346** Latran, 17 février 1123.
Bulle du pape Calixte II adressée à Ponce, abbé de Savigny, par laquelle il lui confirme les privilèges et les possessions de son monastère : *In episcopatu Diensi, in loco qui Bordel dicitur, monasterium S. Sabini, cum appenditiis suis*. — *Religiosis desideriis*.
BERNARD, *Cart. de Savigny*, I, 475-7, n° 901 (à 1124). ROBERT (U.), *Etude actes Calixte II*, lxxxvj-ij ; cf. 108, n° 251. (Cette phrase a été sautée dans le *Bull. de Calixte II* du même auteur, t. II, p. 105-7). = JAFFÉ, -7014. R. Gen. 263. *Schw. Urk.* 2863.

**3347** Latran, 20 février 1123.
Calixte II confirme à l'abbé Bertrand les possessions du monastère de Psalmody : *in territorio Gapingo, in villa de Balma ecclesiam S. Marcelli*. — *Cum universis*.
ROBERT (U.), *Bull. de Calixte II*, II, 111-4. = JAFFÉ, -7016.

**3348** (Mars 1123/20 mai 1124).
Acte dont est témoin Pierre Grafinelli, évêque de Gap, etc.
Arch. de Vaucluse, G. 27, 46 (daté de 1140). = MANTEYER, *Provence*, 437.

**3349** 31 mars 1122/3.
Rostaing Giraud *(Rostagnus Giraldi)*, sa femme et ses fils donnent aux chanoines de Romans la terre entre l'église de St-Etienne de Crépol *(Crispio)* et la maison du prêtre Chrétien *(Xpistianus)* jusqu'à la grande route qui va à St-Sévère [de Miribel] ; Armand Merlo fait de

même. Leur seigneur Guillaume Jordani accorde son consentement, sauf le fief donné en cadeau à son filleul *(filiolahgum)* Bernon et le nantissement *(gatgeria)* fourni au même par Arbert Merlo et garanti *(guiavit)* par Giraud Lardena, en présence des chanoines, maître Pierre, l'archiprêtre Matfred, Ponce de Pisançon, etc. [Le corps de s' Barnard fut apporté à St-Etienne de Crépol et le don fut fait devant lui sur l'autel. Témoins : Guillaume de Clérieu *(Clariaco)*, abbé [de St-Félix], T[h]eotbert de Châtillon, Artaud de Rochefort, Guillaume de Clérieu le père, Lambert François, Foucher de Châtillon, Mallen Galatei, *fer. 7, luna 1 ..., præsid. papa Calixto II, Petro Viennen. archiep. et Roman. eccl. abbate, a° I. D. 1122.*

Giraud, *Hist. S. Barnard-Romans*, I, pr. 173-4; II, pr. 31-2, n°* 166 et 247.

**3350**                         Latran, 9 avril 1123.

Bulle de Calixte II, qui confirme à Pierre, abbé de Montmajour, les possessions de son monastère : *In Viennensi parochia. eccl. S. Antonii de Motu et S. Petri de Lausonna... In Gratianopolitanensi, eccl. S. Stephani de Nascone cum parochia de castro Isirone, et eccl. S. Petri de Gravinco ... eccl. de Pradellis ... Et in Diensi parochia, monasterium S. Joannis de Roiano, cum decimis de Auriolo ... ; et in Valentino comitatu, ecclesiam S. Mariæ de Jaliano et ecclesiam de Cerna, cum illa quæ super montem, consilio episcopi, noviter construitur in allodio Gaufredi de castro Cerpei.*

*Deloche*, dans *Mém. acad. Inscr. et Bel.-let.* XXXIV, 1, 116. Robert (U.), *Etude actes Calixte II*, xcix ; *Bull. de Cal. II*, II, 183-5. = Jaffé, 7060.

**3351**                        Latran, 26 avril 1123.

Le pape Calixte II rappelle, dans une bulle en faveur de l'évêque de Maurienne, que *Mauriannensis ecclesia, dum Viennensi quondam præsideremus ecclesiæ, nostræ custodiæ commissa fuit; et nos ejus tunc gubernationem metropolitani jure habuimus.* — *Omnium quidem.*

*Hist. patr. mon., Chart.* I, 751-2. Billiet, *Charles dioc. Maurienne*, 24-6. *Gallia christ. nova*, XVI, instr. 297. Robert (U.), *Bull. de Calixte II*, II, 198-9. — Jaffé, 5142-7068. Robert, *Etude*, 116, n° 289.

**3352**                        Latran, 28 avril 1123.

Bulle du pape Calixte II adressée à Ponce, abbé de St-Ruf, par laquelle, sur la demande que lui a exprimée le prieur Guillaume, il accorde à son ordre la protection apostolique et lui confirme la possession de nombreuses églises, entre autres celle de St-Martin à Vienne, donnée par lui-même durant son archiépiscopat. — *Ad hoc sumus.*

Chevalier (U.), *Codex diplom. S. Rufi*, 20-2. Robert (U.), *Bull. de Calixte II*, II, 200-3. = Catellan, *Antiq. Valence*, 309. Jaffé, 7069, 7101. *Gallia christ. nova*, XVI, 359.

**3353**                        25 juin 1123.

Guigues Romestaing *(Rumestagni)* fait abandon à l'archevêque de Vienne Pierre, légat du Siège apostolique, de ses prétentions sur une terre de l'église de St-Maurice à Fuissin *(Fusino)* ; il reçoit en compensation 150 sols et 2 pièces *(pea)* de maisons. Seings de l'archidiacre Silvion *(Silvii)*, du trésorier Girbert, du chantre Ubert, etc... *luna VIII X [= 28], ind. 1.*

Ms. : Gaignières 181, 571. — Chevalier (U.), *Cart. de St-André-le-Bas*, 34*, n° 126*; *Cart. de St-Maurice Vienne*, 40, n° 174. = Charvet, 332. Courbon, chr. 180.

**3354**                        St-Ferréol, 26 juin 1123.

Algod Ismidon, du consentement de sa femme Willeburgis et de ses fils Guigues et Boniface, se départ en faveur de l'église de Romans de la querelle qu'il avait soulevée au sujet du manse de Presle *(Praallis)* et reçoit 50 sols ; approbation de Richard Mallen, qui avait épousé la veuve de Didier, frère d'Algod. Guillaume Chais, qui tenait de lui ce manse, s'en désiste, mais en garde l'usufruit, sous le cens de 4 setiers de seigle et un quartal de miel. Fait entre les mains de Matfred, archiprêtre de Romans, sur le chemin public, devant l'église de St-Ferréol, au-dessous du château de Chatte *(Castæ)*, en présence de plusieurs chanoines de Romans et chevaliers.... *fer. 3, luna 29 ..., ind. 1, Henrico imper. regn., Calixto papa II gubern. Roman. eccl., et Petro Viennnen. archiepiscopo et Romanen. abbate.* Guillaume de St-Lattier *(S. Eleuterio)*, pour le repos de l'âme de sa femme Galburgis, abandonne ses droits sur ledit manse entre les mains de l'archevêque Pierre, en présence de ses chevaliers, des clercs de Romans et d'Etienne, abbé de St-Chef *(S. Theuderi)*.

Giraud, *Hist. S. Barnard-Romans*, compl. 99-100, n° 242.

**3355**                        Vienne, 10 juillet 1123.

Aicarda, fille de Guigues de Seyssuel *(Saxeolo)*, et son mari Ermenric, Guigues Berardi et sa femme Guillia donnent à St-Maurice et à l'archevêque de Vienne Pierre le château de Seyssuel, avec ses dépendances, dont ils ont hérité par le testament de Guillaume de Seyssuel. Seings de Guigues de Roussillon, Sieboud de Beauvoir et 10 autres. — L'archevêque rend en fief, exempt de mutation, à Guigues Berardi et sa femme, la moitié de ce château et ses dépendances, sous le serment de le rendre à lui et, à son défaut, au doyen ou au sacristain à toute réquisition ; 20 otages en seront garants. Seings de l'archidiacre Silvion, du trésorier Girbert, des chantres Humbert et Koleon ou Kolanis, de Guigues de la Tour. *Facta ... Viennæ, in domo archiepiscopi, regn. Heinrico Roman. imper....*

Ms. : Gaignières 181 ; Généal. Clermont, II, 22. — Chevalier (U.), *Cart. de St-André-le-Bas*, 289-90, n° 78*; *Cart. de St-Maurice Vienne*, 52, n° 255. Charvet, 332-3. Courbon, *Chr.* 179 ; B. 187. Mermet, III. 51. Collombet, II, 40-1.

**3356**                        10 juillet 1123.

Guigues Berardi fait serment à Pierre, fils de Papias, archevêque de Vienne, de lui rendre et, à son défaut, au doyen ou au sacristain de St-Maurice, le château de Seyssuel *(Xaxeolo, Xaxolo)* et de le défendre.

Chevalier (U.), *Cart. de St-André-le-Bas*, 290-1, n° 79* ; *Cart. de St-Maurice Vienne*, 52, n° 256. Trad. Charvet, 333.

**3357**                        (1124 ?).

Le pape Calixte II approuve l'ordre des Chartreux.

Mentionné dans la bulle d'Innocent II, du 22 déc. 1133. — Le Couteulx, *Ann. Cartus.* I, 272.

**3358**                        1124.

Engelbert de Bernin *(Bregnino)* abandonne entre les mains de Hugues, évêque de Grenoble, le tiers des dîmes des paroisses de St-Pancrace et de St-Bernard

*(S. Barnardi)*, en présence de Pierre, prieur de St-Martin[-de-Miséré]. Quant aux deux autres portions, il les vendit pour 60 sols à ce prieur, lequel fit cession de ces églises à l'évêque. Après la mort d'Engelbert, ses fils s'emparèrent une année de ces dîmes et furent pour ce motif séparés de la communion de l'Eglise ; alors la mère et ses enfants firent avec serment une 3ᵉ renonciation ; l'évêque leur donna 15 sols et le prêtre Charles *(Karulus)* 1 setier de froment. Témoins : les chanoines Fulco et Beton, le convers Guigues, etc.

MARION, *Cart. de Grenoble*, 223-4, n° 51.

**3359**  1124.
Girold de la Tour, fils de Berlion, donne à la maison de Portes l'usage des pâturages, ce que confirme Amblard de la Tour, en présence d'Hu[mb]ald archevêque de Lyon et d'Humbert évêque de Genève.

Mss. de Guy Allard, XVI, 155. MOULINET, *Coll. titres fam. de la Tour*, 2ᵉ.

**3360**  (1124 ?)
Guillaume, comte de Nevers, visitant la Chartreuse, avait recommandé aux religieux l'esprit de pauvreté. De retour, il leur envoya des coupes *(scyphi)* et des plats *(scutræ)*, qu'ils lui renvoyèrent.

LE COUTEULX, *Ann. Cartus.* I, 273-4.

**3361**  1124.
...ind. 2, concurr. 2, epacta 3, Guy Berton *(Guido B-nus)*, avec l'assentiment de ses fils Méolan et Humbert, donne au monastère de Ste-Croix [de Châteauroux] sa terre de St-Clément, qu'il devait à l'archevêque d'Embrun Guillaume, oncle de son épouse Avicia. Le prélat appose son seing et fait sceller la charte du temps de l'abbé G.

CHEVALIER et LACROIX, *Invent. archives Dauphin. Morin-Pons*. 203, n° 787, fac-sim. FORNIER (Marc.), *Hist. Alpes Marit.* III, 203 4. = ROMAN, 15-6.

**3362**  (1124 ?)
Pierre, archevêque de Vienne, et ses chanoines donnent à Jean, abbé de Bonnevaux, les dîmes de ses vignes de Tersanne *(Tercina)* et du [Grand- Lemps *(Leemps)*. Témoins : le doyen Guillaume de Chandieu *(Candiaco)*, le sacristain Gilbert, etc.

CHEVALIER (U.), dans *Bull. acad. Delphin.* D, II, 146 ; *Cart. de Bonnevaux*, 130, n° 315.

**3363**  (Vers 1124).
Lettre de P[ons], abbé de St-Ruf, à l'abbé et au couvent de Chamouzey *(Calmosiac.)*, répondant à ses questions sur le jeûne quotidien, le silence perpétuel, l'abstinence du vin et les vêtements de laine. — *Perlectis dilectionis*.

MARTENE, *Thes. nov. anecd.* I, 359-61. LEVIS (Eug. de), *Anecd. sacra*. 44-5. *Patrol. lat.* CLXIII, 1477-80.

**3364**  8 mai 1124.
Léger de Clérieu *(Leodegarius de Clariaco)*, Pierre Mallen, Jarenton Roux *(Rufus)* et son frère, le prêtre Lagier *(Latgerius)* et Silvion *(Silvius)* de Claveyson font abandon entre les mains de Hugues, évêque de Grenoble, de la terre des Fauries *(de Fabricis)*, qui lui avait été adjugée à Romans *(Rotmanis)* ; ils reçoivent : le 1ᵉʳ 100, puis 50, enfin [à un second serment] 10 sols, le 2ᵉ 220, le 3ᵉ 160, le 4ᵉ 40. Témoins : Guillaume de Clérieu, Oric doyen de Grenoble, Guigues, prieur de St-Donat, Guillaume moine de St-Chaffre *(S. Teotfredi)*, Pierre Etienne, chanoine de Maguelonne, qui scr.. Oldric procureur de l'évêque. Adémar écolâtre *(chabiscolus)* de St-Donat, Pierre de St-André, maréchal de l'évêque, Radulfe d'Allevard, neveu du doyen... *fer. 5, luna 21*.

FONTANIEU, *Cart. du Dauph*. I, 102. — VALBONNAYS, *Mém. hist. Dauph*. 134 ; *Hist. de Dauph*. I, 129ᵃ (1128). *Patrol. lat.* CLXVI, 1572-3. MARION, *Cart. de Grenoble*, 225-6, n° 54. = BRÉQ. II, 553.

**3365**  Vienne, (30 mai ou 24 octobre). 1124.
Après avoir témoigné beaucoup de sollicitude pour la liberté de l'église de Romans, pendant qu'il était archevêque de Vienne, Calixte II avertit plusieurs fois son successeur Pierre, légat du Siège apostolique, d'y veiller avec zèle. Celui-ci profita de la réunion d'un concile dans sa ville épiscopale pour faire confirmer tous ses biens à la collégiale de St-Barnard, excommuniant ceux qui lui contesteraient ses possessions, pourvu qu'elle fût prête à répondre devant la cour de l'évêque respectif. Avec Pierre souscrivent les archevêques Aton d'Arles, Benoît d'Embrun et Fulco d'Aix, les évêques Hugues de Grenoble, Etienne de Die, Pierre de Gap et ceux de Maurienne, Genève, Avignon, Belley, Mâcon, Apt, Sisteron, Riez et Nice, Pierre abbé de Cluny, et une multitude d'évêques et d'abbés... *fer. 6, luna 13, ind. 2. Data Viennæ concilio*.

LABBE, X, 908[906]. HARDUIN, VI, II, 117. MARTENE, *Thes. nov. anecd.* IV, 135-6. COLETI, XII, 1347-50. MANSI, XXI, 317. GIRAUD, *Hist. S. Barnard-Romans*, I, pr. 20-2, n° 9 ; trad. I, 169-71. *Gallia christ. nova*, XVI, instr. 34-5. *ROBERT (U.), Bull. de Calixte II*, II, 249. *Chronicon S. Maxentii* (BOUQUET, XII. 408). = CHARVET, 334. MERMET, III, 53. BRÉQ, II, 527. COLLOMBET, II, 40. JAFFÉ, p. 525-780. *R. Gen.* 266.

**3366**  (Juin/août 1124).
Lettre de Calixte II aux archevêques et autres ecclésiastiques de Gaule, de Germanie et de France, leur annonçant l'envoi de Guillaume, évêque de Palestrina, chargé de consacrer les évêques qui ne le sont pas et de terminer les affaires religieuses en cours.

*Gesta Godefridi archiep. Trevir.* (Mon. Germ. hist., Scr. VIII, 201). *Patrol. lat.* CLXIII, 1323. ROBERT, *Bull. de Calixte II*, II, 333. = JAFFÉ, 5185-7163. ROBERT, *Etude*, 109, n° 353.

**3367**  Latran, 29 octobre 1124.
Calixte II confirme à l'abbé Hugues les possessions du monastère [de St-Bénigne] de Dijon : *in episcopatu Valentinensi, cellam S. Genesii de Monte Madriano* (Montmeyran)..., *ecclesiam de Vulpilleriis* (la Verpillière ?) *et de Tornaz* (Cornas) *et de Glun* (la Roche-de-Glun). *In episcopatu Diensi, ecclesiam de Bouentia* (Bouvantes). — *Sicut in humani*.

PÉRARD, *Rec. pièces Bourgogne*, 216-8. *Patrol. lat.* CLXIII, 1330-2. ROBERT, *Bull. de Calixte II*, II, 344-6. = JAFFÉ, 5190-7169. ROBERT, *Etude*, 358.

**3368**  Seyssel, (après 14 décembre) 1124.
Traité entre Humbert, évêque de Genève, et Aimon, comte de Genevois, en présence de Pierre, archevêque de Vienne et légat du Siège apostolique, qui est chargé

d'obtenir par son délégué de Guillaume de Faucigny l'abandon du tiers des dîmes.

SPON, *Hist. de Genève*, II, 3-6, pr. n° 1. *Gallia christ. nova*, XVI, instr. 148-50. Trad. BONIVARD, *Chron.*, éd. Dunant, I, 218. PICTET DE SERGY, *Hist. de Genève*, I, 227. LULLIN et LE FORT, *Reg. Genev.* 75-7. == R. S. R. 452. *Schw. Urk.* 1628.

**3369** (Avant 1125).

Le comte Guigues, son épouse et son fils Guigues donnent aux frères de Bonnevaux la condamine dite Royale (*Regia*), sous le cens de 5 sols à la Pentecôte. Témoins : Adémar prieur de Mantols (*Mantula*), etc. Entendirent la concession du fils : Raymond Bérenger de Domène, Artaud de Boczosel (*Bucesel*), etc. Les fermiers (*villici*) consentirent tous.

CHEVALIER (U.), dans *Bull. acad. Delphin.* D, II, 104 ; *Cart. de Bonnevaux*, 88, n° 202.

**3370** (Avant 1125).

Le comte Guigues, fils de Pétronille, donne et confirme au prévôt et aux chanoines de l'église de St-Laurent (d'Oulx, *Plebs martyrum*) les dîmes et oblations qu'il avait dans leur église et dans ses dépendances ; il interdit à ses successeurs d'en rien exiger et aux chanoines de rien payer. Témoins : la reine Mathilde (*Malildis*), son épouse, son fils Humbert, élu évêque du Puy (*Anicien. eccl.*), le chapelain Etienne..., Pagnus dapifer..., Bernard Rustichellus... *Vilielmus Juvenis*, *cler. reginæ*,... ser.

Valbonnays. 2° Reg. n° 101 (c. 1101). FONTANIEU, *Hist. de Dauph.* II, 25 (c. 1129) ; *Cart. du Dauph.* I, 91 (1100). — RIVAUTELLA, *Ulcien. eccl. chartar.* 186-7, n° 227. *Hist. patr. mon..* Ser. II, 349. COLLINO, *Carte d'Oulx*. 88-9, n° 85.

**3371** 1125.

Pierre, archevêque de Vienne et légat du Siège apostolique, confirme à l'ordre de St-Ruf et à son abbé Ponce le don fait par son prédécesseur Guy de l'église St-Martin à Vienne, avec toutes ses dépendances, moulins [à blé] et à foulon (*batitoria*), vignes et décimes, le four de Cuvière (*Cuveria*), l'église de St-Nizier (S. *Nicetii*) et la ville de Tence (*Tencii* ou *Feijs*), les églises de St-Alban de Sérézin (*Cisyrino*) et de St-Romain de *Vermaella* ou *Se-a*, sauf l'obéissance à l'église-mère de Vienne et un cens de 40 sols à la Toussaint et au début du Carême. On fera un service de 30 jours pour les chanoines et d'un an pour l'archevêque. Témoins : le doyen Guillaume, les chantres Humbert et Fulcon, les archidiacres Girbert et Amédée, le trésorier Girbert et 24 chanoines ou clercs, dont Humbert, fils du comte [Guigues]. — *Quoniam nostri*.

RIVAZ (P. dc), *Diplom. de Bourg.* II, n° 153 (Anal. 50). — PETIT, *Theodori Pænitent.* II, 630-1. CHEVALIER (U.), *Codex diplom. S. Rufi.* 234-4 ; *Cart. de St-Maurice Vienne*, 40, n° 171. Trad. CHARVET, 334-5. COLLOMBET, II, 42-4. = CHORIER, *Estat polit.* II. 335. BRÉQ. II, 535. LE COUTEULX, *Ann. Cartus.* II. 58.

**3372** (Vers 1125).

Ardenc, fils d'Engelbert, réclamait contre le don fait par son père au monastère de Domène ; corrigé par ses amis, il se rend au couvent et renonce à sa querelle, en déposant le livre (Missel) sur l'autel de St-Pierre. Le prieur Etienne lui cède 12 den. qu'il avait volés. Témoins : Guillaume, prêtre et écolâtre (*scolaris*), etc.

MONTEYNARD, *Cart. de Domène*, 205, n° 231, 1.

**3373** (Vers 1125).

Gaiard et sa femme donnent aux frères de Bonnevaux leur terre au territoire de Landrin, moyennant 110 sols. Témoins.

CHEVALIER (U.), dans *Bull. acad. Delphin.* D, II, 102 ; *Cart. de Bonnevaux*, 86, n° 198.

**3374** (Vers 1125).

La femme de Gerenton donne [aux frères de Bonnevaux] un enclos, que confirment les deux frères de son mari.

CHEVALIER (U.), dans *Bull. acad. Delphin.* D, II, 102 ; *Cart. de Bonnevaux*, 86, n° 195.

**3375** (Vers 1125).

Guigues Ega et son frère donnent aux mêmes leurs droits sur la terre de G. Isiliardi.

CHEVALIER (U.), dans *Bull. acad. Delphin.* D, II, 102 ; *Cart. de Bonnevaux*, 86, n° 197.

**3376** (Vers 1125).

Guigues Isiliardi et sa femme donnent [aux mêmes] un enclos (*olca*) sous le bois d'Aia. Témoins.

CHEVALIER (U.), dans *Bull. acad. Delphin.* D, II, 102 ; *Cart. de Bonnevaux*, 86, n° 196.

**3377** (Vers 1125).

Ismidon, fils de Barnard Longobardi, fait hommage à l'évêque [de Grenoble] Hugues et lui jure fidélité pour la dîme de St-Ismier (*S. Imerii*) ; il reçoit 5 sols. — Son frère fait de même ; l'évêque lui pardonne ses nombreuses offenses. Leur frère Barnard les imite. Leur beau-frère Barnard Rancurellus suit leur exemple et reçoit 5 sols.

MARION, *Cart. de Grenoble*, 84, n° 5.

**3378** (Vers 1125).

Jocerand (*Yocerannus*) de Farnay cède à l'église de St-Maurice de Vienne et au sacristain Amblard tous ses droits sur la manse de Vérennay. Témoins : Guillaume de la Tour, doyen, Guigues d'Auberive ou Hauterive, chantre, Guillaume de Faramans, archidiacre, Nantelme de Revel, Amédée de St-Georges, procureurs, Hugues de Condrieu (*Condreyo*), Girin Simplipredi, chevalier, Aymon de Fontaines (*Fontanis*), chev.

CHEVALIER (U.), *Cart. de St-Maurice Vienne*, 41, n° 180 ; *Suppl.* 8.

**3379** Latran, 20 mars 1125.

Bulle du pape Honorius II adressée à Bernard, abbé de Chalais (*Calesien.*), par lequel il prend son monastère, à la tête duquel l'a mis Hugues, évêque de Grenoble, sous la protection apostolique et lui confirme les biens donnés par ce prélat, par le comte d'Albon Guigues, *nobilis industriæ*, et son épouse la reine Mathilde ; le domaine sur lequel il est construit ; la terre donnée par le comte Amédée [de Savoie], les dîmes de la paroisse de Rassin (*Racciæ*), les pâturages donnés par l'abbé de St-Chef (*S. Theuderii*)... I. D. a° *1124...* — *Piæ voluntatis*.

FONTANIEU, *Hist. de Dauph.* preuv. II, 1, 57 ; *Cart. du Dauph.* I, 101. — HAURÉAU, *Gallia christ. nova*, instr. XVI, 87-8. PILOT DE THOREY, *Cart. de Chalais*, 20-2 (à 1129!). LE COUTEULX, *Ann. Cartus.* I, 282-3. = JAFFÉ, -7191.

**3380** St-Martin de Crez, 9 mai 1125.
Accords entre Bernard, comte de Substantion ou Melgueil, et Guillaume, seigneur de Montpellier, ménagés par Gautier, évêque de Maguelonne, qui avait obtenu du pape Calixte II pour arbitres Pierre, archevêque de Vienne,... Hugues évêque de Grenoble, etc. Serment sur l'autel *S. Martini de Crecio*.
Vic-Vaissete, *Hist. de Languedoc*, II, pr. 436-8; 3°, V, 930-3.

**3381** 28 juin (XII° siècle).
Epitaphe de Dodon, *peccator*, enseveli à Ste-Blandine; il lui donna des vignes à Toisieu *(Tausiaco)* pour le vin de la messe et mourut octogénaire.
Bosco (J. a). 99. Chorier, *Antiq.* 429-30 ; 2°, 428-9. Terrebasse, *Inscr.* I, 222-4. n° 367.

**3382** 21 décembre 1125.
Obit de Guignes le Comte, qui construisit le monastère de St-Robert de Cornillon.
Chevalier (U.). *Nécrologe de St-Robert*. 59. — Cf. 30 janv. 1131/2.

**3383** (1126).
Lettre de Guigues, prieur de la Grande-Chartreuse, à Lazare, prieur de Durbon, pour lui envoyer son édition des Lettres de s' Jérôme, débarrassée des pièces apocryphes et corrigée d'après tous les manuscrits qu'il a pu réunir. — *Inter cætera catholic.*
Paris, Bibl. Mazar., ms. 577 (265), 1 (XII° s.). — Mabillon, *Vet. anal.* I, 331 ; 2°, 464. S. Bernardi *Opp.* nov. ed. VI, 1036. *Patrol. lat.* CLIII, 593-4. *Anal. juris pontif.* XIX. 351. Le Couteulx, *Ann. Cartus.* I, 297-8. = S. Hieronymi *Epist.* 148 (*Patrol. lat.* XXII, 1204). *Hist. litt. France*. XI, 642-3.

**3384** 13 avril 1126.
Fondation de l'abbaye cistercienne de Montpeyroux *(Mons Petrosus)*, au diocèse de Clermont (Puy-de-Dôme), par l'abbé Jean et le moine Amédée de Bonnevaux.
*Gallia christ. nova*, II, 399. Janauschek, *Orig. Cisterc.* I, 13.

**3385** Latran, 24 avril 1126.
Le pape Honorius II mande aux archevêques, évêques, barons et autres fidèles de France, Aquitaine et Bourgogne d'aider son légat, le cardinal Pierre, à chasser Ponce, abbé intrus de Cluny. — *Universæ bonit.*
Mabillon, *Ann. Bened.* VI. 648 ; 2°, 600ᵇ. Mansi, XXI, 336. Bouquet, XV, 260. *Patrol. lat.* CLXVI, 1258. Doniol, *Cart. de Sauxillanges*, 619. = Bréq. II. 538. Jaffé, 5239-7259.

**3386** St-Julien], 23 juillet 1126.
... la 4° année de Pierre, évêque de Gap, *luna 11*. Matfred de Beaudinar *(Beldisnar)* et ses fils vendent à Lazare, prieur de Durbon, et à ses frères tout ce qu'ils possèdent au-dessus de la *podiata* Burriane, pour le prix de 140 sols monnaie de Valence ; en font autant : son frère Lagier *(Latgerius)*, sa mère Isimberge, ses fils et filles, pour 100 s. ; leur neveu Pierre Manassés, sa femme Saxa et ses frères, pour 300 s. ; leur autre neveu Ponce, fils de Pierre Rollandi, et sa mère Ermengarde, pour 100 s. ; divers agriculteurs, pour 60 s. Approbation de Guillaume de Montama et ses frères, moyennant 60 s., et de Guillaume, fils de Ricaud de Vaunière *(Valle Nigra)*, et ses frères, pour pareille somme. Serment sur l'autel de St-Julien. Pierre, évêque de Gap, cède ses droits, du consentement de ses chanoines. Approbation des fils de Lambert, Arnaud Flota et Henri. Témoins : Raimbaud sacristain, etc. (17).
Guillaume, *Chartes de Durbon*, 7-11, n° 6. = Roman, 16°.

**3387** 29 octobre 1126.
Epitaphe de Didier, abbé de St-Pierre de Vienne.
*Hic pater insignis doctrina, moribus, actis.......*
*Hinc Desiderius merito nomen fuit ejus.*
*Obiit 4 kal. novembris a° D' 1126, ind. 4.*
Paris, Bibl. Nat., ms. lat. 5662. 240-1. — Chorier, *Antiq.* 311-2 ; 2°, 311. Collombet. II, 439-40. Terrebasse, *Inscr.* I, 225-7, n° 368.

**3388** 1127.
Etienne, abbé de St-Chef *(S. Theuderii)* et son couvent donnent, à la sollicitation de Hugues, évêque de Grenoble, à Bernard, abbé de Chalais *(Calesii)*, et à ses frères la métairie *(cabannaria)* appelée Fonmartin *(Furnus Martini)* et tout ce qu'ils avaient dans la paroisse de St-Martin-du-Désert. terre dont on fixe les limites. Fait en présence du même évêque, d'Oldric, doyen de Grenoble, de Bonpar, prieur de la Buisse *(Buxia)*, etc. Témoins : Guillaume, moine de St-Chaffre *(S. Theolfredi)*, Bérard, chanoine de St-Ruf, Pierre Etienne, chanoine de Maguelonne ... *ind. 5, epacta 6*. — *Non solum qui.*
Pilot de Thorey, *Cart. de Chalais*, 18-9, n° 4. Le Couteulx, *Ann. Cartus.* I, 301-2.

**3389** (1127).
Guigues, prieur de la Chartreuse, rédige par écrit les coutumes de son ordre, sur le désir d'Hugues, évêque de Grenoble, et à la prière des prieurs de Portes, de St-Sulpice et de Meyriat.
Lemasson, *Ann. Carthus.* I, 30. *Patrol. lat.* CLIII, 631-760. Le Couteulx, *Ann. Cartus.* I, 302-10.

**3390** 22 avril 1127.
Guillaume, comte et marquis de Provence, confirme au chapitre de Notre-Dame d'Embrun tout ce qu'il a acquis ou possède dans cet archevêché, spécialement ce que lui a donné le chanoine Pierre *Malenutritus*. Témoins : Pierre, évêque de Gap, etc. *...luna 8, regn. imper. Lotario rom. Poncius not. scr.*
Paris, Bibl. Nat., ms. fr. 17558, 34. Bibl. de Carpentras. ms. Peiresc. reg. LXXV. II, 216ᵇ. Valbonnays, 2° Reg., n° 137. — Fornier (Marc.), *Hist. Alpes Marit.* III, 204-5. = Roman. 16°.

**3391** Die, 24 avril 1127.
Etienne, évêque de Die, à la prière unanime de ses chanoines, confirme à l'abbé Sévère les dons de ses prédécesseurs Hugues et s' Ismidon aux chanoines de St-Ruf : l'église de Chalancon *(Caloncone)*, avec la chapellenie de Volvent, les églises de Taulignan *(Tauliniaco)*, celle de Ste-Marie d'Arnayon *(Arnajone)*, sous divers cens en froment, avoine, cire et numéraire. Fait en plein chapitre, dans l'église de St-Pierre hors des murs de Die *...ind. 5..., fer. 1, luna 10, a° 6 episcop. d. Stephani*.
Valbonnays, 2° Reg. n° 136. — Petit, *Theodori Pœnitent.* II, 632-4. Chevalier (J.), *Hist. égl. ville Die*, I, 460-1 ; trad. 194-5 (1128). Chevalier (U.), *Codex diplom. S. Ruf*, 24-5. = Columbi, *Episc. Dien.* 80 ; *Opusc.* 287. Bréq. II, 547.

**3392** 28 avril 1127.
Guillaume, comte et marquis de Provence, donne à l'église et aux chanoines de Notre-Dame d'Embrun la moitié de la terre des Orres *(Orrea)*; il se retient 30 gites et procurations *(alberga)*, et déclare avoir reçu 1100 sols. Seing. Témoins : Pierre, évêque de Gap, etc... *luna 14.... Joannes not. scr.*
Paris, Bibl. Nat., ms. fr. 17558, 35-6. Bibl. de Carpentras, ms. Peiresc, reg. LXXV, II, 217. — FORNIER (Marc.), *Hist. Alpes Marit.* III, 205-7. = ROMAN, 16ᵇ. MANTEYER, *Provence*, 172.

**3393** (1127/1146).
Aimon de Broces donne une terre aux frères de Chalais *(Calesien.)* près de leur cellier et reçoit 3 sols. Témoins : Pierre du Puy *(Podio)*, etc. Aimon Donneht, son frère Guigues et leur mère Sibylle, desquels elle dépendait, approuvent entre les mains de Giroud, moine de St-Didier, et reçoivent la même somme. Témoins : Hugues, chapelain de St-Didier, etc.
PILOT DE THOREY, *Cart. de Chalais*, 22-3, n° 6.

**3394** (1127/1146).
Pagan vend à l'église de Chalais *(Calesien.)* une vigne au mandement de Voreppe *(Vorapii)*, pour le prix de 80 sols Viennois. La reine Mathilde, à qui elle était engagée *(vadimonium)*, en fait don. Témoins : Barnard, abbé de Chalais, etc. Guilletma, sœur de Pagan, fait de même et reçoit le prix d'une tunique. Témoins : le convers Jean, etc.
PILOT DE THOREY, *Cart. de Chalais*, 24-5, n° 8.

**3395** (1127/1146).
Richard d'*Arenario* et sa femme donnent aux frères de Chalais *(Calesien.)* une pièce de vigne enclavée dans les leurs et deux aulnaies *(vernetum)*, l'une près de la Vouyse *(Volusia)*, l'autre près des Bussières *(Buxeria)*; on leur paye 110 sols Viennois. Témoins : Barnard abbé de Chalais, le prieur Guichard, le cellérier Hugues Raimbaud, etc.
PILOT DE THOREY, *Cart. de Chalais*, 23-4, n° 7.

**3396** (Avant 1128).
Pierre, archevêque de Vienne et légat du Siège apostolique, abbé de l'église de St-Barnard de Romans, du conseil des chanoines et sur le témoignage des familiers laïques de cette abbaye, dresse les règles de l'office du sacristain suivant les antiques et bonnes coutumes.
Valbonnays, 5ᵉ Reg., n° 130ᵇⁱˢ.

**3397** (Avant 1128).
Pierre, archevêque de Vienne et légat du Siège apostolique, confirme au monastère de St-Seine*(S. Sequani)*, à la prière de l'abbé Garnier, les dîmes de *Curtis*, contre les chanoines de St-Etienne de Dijon.
*Gallia christ. nova.* IV, 697.

**3398** (1128).
Lettre [du prieur Guigues et] des frères de la Chartreuse à Hugues, prieur de la milice [du Temple], et à ses disciples : il regrette de n'avoir pu jouir de leur présence à leur aller ou au retour. Il faut vaincre les ennemis intérieurs avant ceux du dehors. — *Quoniam in revertendo.*

*Patrol. lat.* CLIII, 598-600. LE COUTEULX, *Ann. Cartus.* I, 311-3.

**3399** (1128).
Sᵗ Hugues, évêque de Grenoble, toujours préoccupé de son imperfection, envoie des légats à Rome auprès d'Honorius II pour faire agréer sa démission. Exhorté à la persévérance, il se rend en personne auprès du pontife, sans obtenir un meilleur résultat.
LE COUTEULX, *Ann. Cartus.* I, 319-20.

**3400** (1128).
Othger, premier prieur de la Silve-Bénite, détermine les limites de cette maison, en présence des frères Othmar de la Chartreuse et Aynard de Portes. Fait du temps d'Etienne, archevêque de Vienne, précédemment évêque de Die, qui confirme et appose son sceau.
LE COUTEULX, *Ann. Cartus.* I, 317-8.

**3401** Agaune, 30 mars 1128.
Amédée, comte [de Savoie] et marquis, réforme l'église de St-Maurice d'Agaune, en y introduisant, du conseil de Hugues, évêque de Grenoble, des chanoines réguliers. *S. Hugonis episcopi... Dat. Agauni.*
GUICHENON, *Hist. généal. mais. Savoie*, pr. 31. *Gallia christ. nova.* XII, instr. 530. FURRER, *Gesch. über Wallis*, III, 36. LE COUTEULX, *Ann. Cartus.* I, 318-9. = R. S. R. 466. *Schw. Urk.* 1662. CARUTTI, *Reg. Sab.* 266.

**3402** (Vers 30 mars 1128).
Notice concernant la réforme de l'église de St-Maurice d'Agaune par le comte Amédée [de Savoie], du conseil de Hugues, évêque de Grenoble.
GUICHENON, *Hist. généal. mais. Savoie*, pr. 32. LE COUTEULX, *Ann. Cartus.* I, 318.

18 août 1128 (l) = 18 août 1238.

**3403** Bénévent, 4 septembre 1128.
Bulle du pape Honorius II, qui confirme à Guillaume, prieur du St-Sépulcre de Jérusalem, les possessions de sa maison : *in episcopatu Ebredunensi ecclesiam S. Sepulcri de Kayocas, ecclesiam S. Petri et S. Pontii de Sedena, ecclesiam S. Joannis de Espinavis et ecclesiam S. Petri de Avanzo, c. omn. pertin. s.*
ROZIÈRE (de). *Cart. du St-Sépulcre de Jérus.* 18. *Patrol. lat.* CLXVI, 1281. = JAFFÉ, 5272-7318. ROMAN, 16ᵇ.

**3404** Portes, (avant novembre 1128).
Humbald, archevêque de Lyon, assisté des évêques Hugues de Grenoble et Ponce de Belley, consacre l'église inférieure de la chartreuse de Portes.
SEVERT, *Chronol. Lugdun.* I, 237. GUICHENON, *Hist. de Bresse et Bugey*, pr. 7, 224. LE COUTEULX, *Ann. Cartus.* I, 313-4, 463. = *Gallia christ. nova*, IV, 114.

**3405** Portes, (avant novembre 1128).
Charte de Bernard, prieur de Portes, fixant les limites de cette chartreuse, en présence de Hugues, évêque de Grenoble, qui la souscrit et appose son sceau.
GUICHENON, *Hist. de Bresse et Bugey*, pr. 223. LE COUTEULX, *Ann. Cartus.* I, 315-6.

**3406** (Après 1128).
Guigues dauphin, son épouse et son frère Humbert, évêque du Puy *(Podien., Anicien.)*, confirment la donation du comte Guigues à l'abbaye de Bonnevaux

(n° 3324) et le pré qu'il avait donné en Valloire *(apud Vallem Auream)*. Témoins : sa mère Mathilde, Pierre de Vizille, le chapelain Etienne, Odon de Valbonnais, etc. ; spécialement pour l'évêque du Puy : Mallen de la Balme, Rostang de Cornillon, etc.

CHEVALIER (U.), *Cart. de St-André-le-Bas*, 288-9, n° 77' ; dans *Bull. acad. Delphin.* D. II, 111, 180 ; *Cart. de Bonnevaux*, 95, 164, n°° 228 et 429.

**3407** (1128/1129).
Amédée comte [de Savoie], Wischard de Beaujeu, Girard de la Tour, Amblard de Grandmont, Humbert de Coligny, Boson et Guillaume de Briole, Hugues de *Plombis* et autres avaient fait des libéralités à la maison de Portes. Raynaud, archevêque de Lyon, les autorise de son sceau.

MOULINET, *Coll. titres fam. de la Tour*. 4.

**3408** 1129.
Le pape Honorius II charge Etienne, archevêque de Vienne et son légat, de juger, conjointement avec Ponce, évêque de Belley, et Ysmion, abbé d'Ambronay, un différend entre les monastères de Luxeuil et de [St-Bénigne de] Dijon.

GUICHENON, *Hist. de Bresse et Bugey*, III, 22. = *Gallia christ. vet.* II, 360'.

**3409** Luxeuil, 1129.
En conséquence d'une commission d'Honorius II, Etienne, archevêque de Vienne, et l'abbé Ysmion d'Ambronay et Ylion de Lyon tranchent le différend entre les monastères de Luxeuil et de [St-Bénigne de] Dijon. Seing d'Etienne.

PÉRARD, *Rec. pièces Bourgogne*, 224-5. = BRÉQ. II, 566. BENOIT, *Hist. de St-Claude*, I, 446.

**3410** Chalais, (1129).
Les frères de Chalais *(Calesienses)* abandonnent avec joie à leurs amis les pères de la Chartreuse les droits qu'ils pourraient avoir sur les deux Correries *(Correria)*. Fait dans leur chapitre, en présence de Hugues, évêque de Grenoble, qui approuve les donations précédentes et les authentique par son sceau.

LE COUTEULX, *Ann. Cartus.* I, 324-5.

**3411** (1129).
Etienne, abbé de la Chaise-Dieu, et son couvent font donation au prieur Guigues et aux frères de la Chartreuse du désert appelé la Correrie *(Cororeum)*. Témoins : Etienne prieur de la Chaise-Dieu, Etienne du Mont et Pierre, prieur [de St-Robert] de Cornillon.

LE COUTEULX, *Ann. Cartus.* I, 324.

**3412** (1129).
Hugues, évêque de Grenoble, notifie aux prêtres et laïques de son diocèse que, pour procurer à ses frères de la Chartreuse la paix et le repos nécessaires, il a fait construire une maison sur le pont qui termine leurs possessions. Il défend aux femmes et aux hommes armés d'y pénétrer ; il y prohibe la pêche, la chasse, le pâturage. Les délinquants seront livrés à la justice séculière.

LE COUTEULX, *Ann. Cartus.* I, 325-6.

**3413** Portes, 1129.
Ponce, évêque de Belley *(Belicen.)*, sollicité par Aimon, prieur d'Ordonnas *(Ordinaten.)*, de confier cette église à la direction de l'ordre de St-Ruf, y établit comme prieur celui de la Boisse *(de Buxa)*, Pierre, et la confie, de l'assentiment de son chapitre, à l'abbé Guillaume avec toutes ses dépendances, 5 églises et 2 chapelles, sauf l'obéissance canonique due à l'évêque et un cens de dix livres de cire le jeudi-saint ou avant pour le cierge pascal, l'assistance au synode et au conseil. Les chanoines de Belley, qui voudront embrasser la règle, devront être reçus. Témoins : l'archidiacre Arnaud, le doyen Hugues, maître Humbert, le doyen Isulfe, Humbert, évêque de Genève, etc., *apud Portas, precip. d. Pontio Turrensi, Belicen. episcopo.*

Valbonnays, 2° Reg., n° 139. — PETIT, *Theodori Pœnitent.* II, 634-5. CHEVALIER (U.), *Codex diplom. S. Rufi*, 25-7.

**3414** (1129).
Pierre Humberti, prieur de St-Maurice de Miribel [dépendant de la Chaise-Dieu, à la demande du prieur Guigues_ et du frère Hugues de la Chartreuse, cède ses droits sur les deux Correries *(Corrueria)*, la grande et la petite, ne demandant en échange que des prières. Fait du conseil de Pierre, prieur de St-Robert de Cornillon, du moine Pierre et de sa famille religieuse.

LE COUTEULX, *Ann. Cartus.* I, 324.

**3415** Février 1129.
Notice de l'acquisition de la partie inférieure du désert *(eremi)* de la Chartreuse, soit des deux Correries *(Corruerias)*, la grande et la petite, dont les moines avaient été excommuniés par Hugues, évêque de Grenoble. Frère Othmar obtient la cession des droits de Boniface de Miribel, fils d'Humbert et de ses enfants Amédée et Humbert ; de Bornon, Adémar et Amédée de Voiron *(Voirione)*, frères ; d'Humbert de Boczosel. Berlion et Geoffroy de Moirans *(Moirenco)*, seigneurs de Tolvon *(Tolvionis)* ; de Guillaume et Hugues de Martel ; d'Adémar et Humbert fils de l'Agan. Adémar et Guillaume de Martel font donation à Bernard, abbé de Chalais, qui cède ses droits aux Chartreux moyennant 3 sols Viennois qu'il avait donnés à Guillaume de Martel dans la maison inférieure. On envoie en outre au comte Amédée [de Maurienne], qui confirme ces donations en présence de Giraud, prieur de St-Jeoire, et de son chancelier Mathieu. Enfin l'abbé de St-Chef *(S. Theuderii)* abandonne les dîmes et le droit paroissial de ce lieu situé dans sa paroisse de St-Laurent.

LE COUTEULX, *Ann. Cartus.* I. 322-3. = MANTEYER, *Orig. mais. Savoie*, add. 268, 275.

**3416** Latran, 10 février 1129.
Bulle du pape Honorius II adressée à Hugues, évêque de Grenoble, prenant, à sa demande, l'église de St-Vincent sous la protection apostolique, confirmant ses possessions et ratifiant la décision prise par son prédécesseur, Paschal II, touchant le différend entre Hugues et Guy, archevêque de Vienne. — *Ad hoc universalis.*

MARION, *Cart. de Grenoble*, 237-8, n° 103. = *Doc. hist. inéd.* I, 286. JAFFÉ, 7361.

**3417**  26 août 1129.

Pierre, évêque de Gap, du consentement de son chapitre, donne à l'abbaye de St-Victor de Marseille, représentée par Guillaume prieur et Raimond camérier, l'église de St-Pierre et St-Romain de Sourribes *(Sub Ripis)*, sous réserve d'un droit seigneurial *(dominicatura)* annuel de 10 sols deniers Valentinois à la St-André. Témoins : les chanoines Rambaud *(Raiambaldus)* sacristain, Hugues prévôt, etc. ... *fer.* 2, *luna* 8. *Petrus Geraldi, presb. et canon., jub. d. Petro Vapinc. episc..., scr.*

Guérard, *Cart. de St-Victor de Marseille*, II, 77-8. n° 735.

**3418**  Grenoble, Cornillon (1129/....).

Le dauphin *(Delphinus)* Guigues donne à l'église du monastère de Domène les dîmes de l'église de St-Jean- d'Hérans *(Heroneii)*, que son père le comte Guigues lui avait laissées, et promet aide et défense au prieur Ulric *(Vulricus)*, dont il reçoit 80 sols. Fait à Grenoble, près du pont de l'Isère *(Izaræ)*. Témoins : Guigues de Domène et ses frères Ponce et Raymond, Guigues de Bellecombe, Berlion de Moirans, etc. — Le prieur donna ensuite 30 sols à Pierre le Vieux *(Vetulus)*, ministre du dauphin. Fait au château de Cornillon *(Corailiacum)*. Témoins : Guillaume prêtre d'Hérans et les collecteurs des dîmes, qui reçoivent 10 sols, dont témoins l'archiprêtre Humbert, etc. Ce don fut fait du temps où l'évêque Ulric *(l'ulricus)* régissait l'église de Die.

Monteynard, *Cart. de Domène*, 15-6, n° 13 (à c. 1110?).

**3419**  (1129/...)

Oda, abbesse de St-Pierre de Lyon, accorde à Jean, abbé de Bonnevaux, par l'entremise d'Etienne, archevêque de Vienne, le passage libre au port de Lyon sur le Rhône.

*Gallia christ. nova*, IV, 285.

**3420**  (1129/1132).

Etienne, archevêque de Vienne et légat du Siège apostolique, se réjouit de l'extension du monastère de St-Chaffre *(S. Theofredi)* dans son diocèse et assure l'abbé Guillaume de sa protection au sujet des dîmes que les ecclésiastiques de St-Vallier lui disputent ; il confirme la décision de son prédécesseur Pierre et se recommande à ses prières.

Chevalier (C. U. J.), *Doc. inéd. relat. au Dauph.* vi, 18 ; *Cart. de St-Chaffre*, 145. n° 403.

**3421**  (1129/1133).

Lettre de G[uillaume] abbé de St-Ruf, et de son couvent aux frères [chartreux] de Portes : ayant reçu d'eux le lieu d'Ordonnas *(Ordinatii)* pour qu'ils y vécussent régulièrement, il est attristé d'apprendre que ses religieux ont cherché difficulté au sujet des limites ; il ordonne de leur rendre ce qui leur plaira. — *Admirabili et...*

Guigue (M. C.), *Cart. Lyonnais*, I, 31-2. Le Couteulx, *Ann. Cartus.* I, 228-9. = *Gallia christ. nova*, XVI, 359.

**3422**  (1129/1145).

Algod donne en alleu à l'église de Romans, à laquelle préside l'archevêque Etienne, une métairie *(cabannaria)* dans la paroisse de *Vienass* ; au mandement de la Motte *(Mota)* ; approbation de sa fille entre les mains de l'archiprêtre Theotbert [qui signe], de ses frère, épouse et fils.

Giraud, *Hist. S. Barnard-Romans*, compl. 119-20, n° 279.

**3423**  (1129/1145).

Guigues d'Auberive *(Albaripa)*, Gautier de Balbin *(Balbeyo)* et Humbert du Pont abandonnent leurs droits *in batentoriis de Exauraur* ou *E-ans* à l'église de St-Maurice de Vienne, entre les mains de l'archevêque Etienne. Témoins : Amédée de Clermont, doyen. Guillaume archidiacre, Amblard sacristain, Nautelme de Revel, Guigues de la Tour, Rostaing d'Auberive *(Albaripa)*, Othgier et Artaud, hospitaliers, Ponce de Seyssuel *(Saxeolo)*, etc.

Chevalier (U.), *Cart. de St-Maurice de Vienne*, 41, n° 178; *Suppl.* 7-8.

**3424**  (1129/1145).

Ponce donne à l'église de Romans, que gouverne l'archevêque Etienne, un courtil de son alleu dans la paroisse de Charlieu *(Carliaco)*, au mandement de Pisançon *(Pisanciani)*, avec assentiment de sa femme.

Giraud, *Hist. S. Barnard-Romans*, II, pr. 67, n° 280.

**3425**  (Après 1129).

Lettre de s¹ Bernard, abbé de Clairvaux, au novice Hugues [ensuite abbé de Bonnevaux], le louant d'avoir embrassé la vie religieuse et l'excitant à la persévérance.

Manrique, *Ann. Cisterc.* I, 352. *Patrol. lat.* CLXXXII, 527-8 (à 1138).

**3426**  (Avant 1130).

Enquête sur les droits de la comtesse Alix, de son mari le comte d'Urgel, de son fils le comte Guillaume, des nobles de Faudon et de Lantelme de Jarjayes, acquéreurs des précédents, sur la ville de Gap. Isoard de Mison, vicomte, Aquardenc, baile de l'évêque, et l'église de Notre-Dame possèdent la condamine du Plan de l'Abeille ; Borel et Bertrand de la Porte et les nobles de Faudon le droit de se chauffer avec le bois de St-Mains, l'*Olea*, la terre *Lobonensium* et le mas *Belle*. Le comte possède les moulins, sauf deux qui furent donnés par l'un de ses ancêtres à l'évêque, parce qu'il avait incendié l'église de Gap.

Arch. des Bouches-du-Rhône, B, 281, orig. = Roman. 17*.

**3427**  (Vers 1130).

Adon, abbé de St-Oyand de Joux *(S. Eugendi Jurensis)*, et Aimon, abbé de St-André de Vienne, font une association de prières : on s'enverra la liste *(brevia)* des défunts, pour lesquels on célébrera 7 offices.

Chevalier (U.), *Cart. de St-André-le-Bas*, 291, n° 80*.

**3428**  1130.

Serment de protection par Alphonse-Jourdain, comte de Toulouse, aux fils de Bernard-Aton, en présence de Guillaume-Hugues de Montélimar, etc.

Vic-Vaissete, *Hist. de Languedoc*, II, pr. 452-3 ; 3°, V, 962-3 ; cf. II, 404 ; 3°, III, 673. = Chevalier (J.), dans *Bull. soc. archéol. Drôme*, XXVI, 188 (à part, I, 130).

**3429** 1130.

Le chanoine Artaud de Satsac donne en alleu à l'église de Romans, sur des vignes dans la paroisse de Sarras (*Cerraz*), 12 den., 4 oisons (*anseres*) et 2 setiers d'avoine, avec l'assentiment de ses frères et oncles. Témoins : Guillaume [de Clérieu], abbé de St-Félix], etc.

Giraud, *Hist. S. Barnard-Romans*, compl. 114, n° 270.

**3430** (1130).

Boniface de Miribel(-lès-Echelles, *Mirabel*) donne à l'église de Chalais, dédiée à la Ste-Vierge et à st Jean-Baptiste, une terre dans la paroisse de Saint-Laurent-du-Désert. Témoins : Bernard, abbé du monastère, Humbert Albert, chevalier de Miribel, etc.

Pilot de Thorey. *Cart. de Chalais*, 25-6, n° 9.

**3431** 1130.

Etienne, archevêque de la s<sup>te</sup> église de Vienne et légat du Siège apostolique, donne à l'église de Romans, située dans son diocèse sur le fleuve Isère, l'église de St-Etienne-de-Montagne *(Montanea)*, avec tous ses appendices. Témoins : l'archidiacre Guillaume et les chanoines Artaud, Guillaume, Ponce et Burnon de Vienne, l'archiprêtre Teotbert et Didier Raestagnus, qui tenait cette église.

Valbonnays, 7<sup>e</sup> Reg., n° 38. — Giraud. *Hist. S. Barnard-Romans*. II. pr. 65, n° 271.

**3432** (Vers 1130).

Conventions entre Etienne, archevêque de Vienne, et Guigues Bérard, au sujet du château de Seyssuel, dont le prélat se réserve la directe et la garde pendant 5 mois; durant les autres, il sera réversible à toute réquisition.

Chevalier (U.), dans *Cart. de St-Maurice Vienne*, 52, n° 257. = Charvet, 336. Mermet, III, 54.

**3433** (Vers 1130).

Garnier Roux (*Ruffus*) vend aux frères de Bonnevaux un champ, au prix de 110 sols. On donne 10 sols à Nantelme de Moras et Hugues d'Anjou, pour la cession de leur alleu et d'un cours d'eau par le pré d'Hugues Mannout, lequel reçoit 20 sols, et son fils Gotafred 5. Témoins.

Chevalier (U.), dans *Bull. acad. Delphin*. D. II, 105; *Cart. de Bonnevaux*. 89, n° 208.

**3434** (Vers 1130).

Gautier de Balbières fonde le prieuré de Notre-Dame de l'Isle, au sud de Vienne, avec l'appui de l'archevêque Etienne, qui triomphe de l'opposition de Robert, abbé de St-Pierre, et d'Aimoin, abbé de St-André, moyennant des précautions contre les envahissements des nouveaux religieux.

Voir l'inscription du 18 novembre 1181. — Bosco (J. a), 104-5. Chorier, *Antiq.* 353-4; 2<sup>e</sup>, 349-51. Collombet, II. 46-7. Terrebasse, *Inscr.* I, 274-5, 311-2.

**3435** 1130.

Vente par Guigues Humberti, de Cornillon, à l'église de Chalais, dédiée à la v<sup>e</sup> Marie et à s<sup>t</sup> Jean-Baptiste; assentiment de sa femme Morarda. Fait... ind. 8, par les mains et en présence d'Oldric, évêque de Die [ancien doyen de Grenoble]; témoins : Guillaume archiprêtre de Die, Durant, écuyer du prélat, Bernard abbé de Chalais..., le comte Amédée, Humbert de Boczosel, etc.

Le Couteulx, *Ann. Cartus.* I, 331.

**3436** (Vers 1130).

Guigues de Roussillon, ses fils et son frère cèdent [aux frères de Bonnevaux] leurs droits à Landrin. Fait en la demeure de Barnon Peagere. Témoins.

Chevalier (U.), dans *Bull. acad. Delphin.* D, II, 103 ; *Cart. de Bonnevaux*, 87, n° 200.

**3437** (Vers 1130).

Charte de l'église de Samson (*S. Solutoris*). Donations par Guillaume de Clérieu, Armengarda femme de *Ramerius de Planesia*. Hugues de Pellafol, Pierre, fils de Guigues de Barbières, Gotolène, mère de Barnard de Rochefort.

Giraud, *Histor. S. Barnard-Romans*, I. pr. 212-3 ; II, pr. 65-7, n° 274.

**3438** (Vers 1130).

Hugues de Reventin et sa femme abandonnent à l'église de St-Maurice de Vienne les dîmes de Reventin.

Chevalier (U.), *Cart. de St-Maurice Vienne*, 41, n° 179. = Charvet, 326.

**3439** 1130.

Humbert (de Boczosel, *Bozosel*) et son épouse Poncia assurent à l'église de Romans, où préside l'archevêque de Vienne Etienne (*Stephanus*), la possession des biens qu'ils ont acquis de Hugues et Adémar, fils de Burnon de Bressieux *(Breseu)*, ou de leurs feudataires. Témoins : Guillaume de Châtillon, Gontard de Miribel, etc. Attestations (marginales) de Fulco Adémar et autres chanoines, de Guillaume de Clérieu], abbé de St-Félix [de Valence]. *Data p. man. Lamberti mag.*

Giraud, *Hist. S. Barnard-Romans*, compl. 116, n° 276.

**3440** (Vers 1130).

Isard donne, avec son frère Guigues, un pré aux frères de Bonnevaux. Témoins.

Chevalier (U.), dans *Bull. acad. Delphin.* D, II, 105; *Cart. de Bonnevaux*, 89, n° 203.

**3441** (Vers 1130).

Ismion Ruvoiria donne aux frères de Bonnevaux un *duimetum* à Aiguebelle, pour y faire un pré. Témoins. Consentement de Roland le vieux et sa femme Aibilina, qui reçoivent 5 sols, d'Aldenon de Châtillon, frère d'Ismion, à qui on en donne 15 ; témoins.

Chevalier (U.), dans *Bull. acad. Delphin.* D, II, 105 ; *Cart. de Bonnevaux*. 89, n° 204.

**3442** (1130).

Odon, abbé de St-Remy à Reims, visite la Grande Chartreuse.

Le Couteulx, *Ann. Cartus.* I, 337-9.

1130, *luna 1*. Boscaudon = 15 août 1132.

**3443** (Vers 1130).

Du temps de l'archevêque Etienne, Raynier et Morard cèdent à l'église de St-Maurice les droits qu'ils avaient sur les églises de Montseveroux *(Monte Superiore)*, de Milieu (*Milleyo*) et de Cour, et sur leurs dîmes. Témoins : Guillaume de la Tour, Girbert de Peyraud, Nantelme de Revel, etc.

Charvet, 336. Chevalier (U.), *Cart. de St-Maurice Vienne*. 41, n° 177 ; *Suppl.* 7.

**3444** 1130.
Silvion de Clérieu *(Silvius de Claireu)* rend à l'église de Romans le manse de la Bouverie *(de Bovaria)*, [mais en garde l'usufruit], sous le cens d'un porc de 3 sols, 3 setiers de froment et une sommée de vin à la Toussaint. Il se désiste de ses exigences sur les terres de St-Barnard à partir du Chalon *(rivulo Calona)* ; les châtelains de Clérieu et les autres chevaliers ont des réserves. Il confirme les donations de ses ancêtres Silvion, Guillaume, Adon et de son père Guillaume. Il donne pour garant à l'abbé et aux clercs entre les mains du sacristain et du procureur. Marchisius, Guillaume Drapel, son baile, et Theotbert de Montelz, qui se rendront en otages à Romans, le dimanche après la Toussaint. Confirmé par son épouse Mételine et Guillaume, abbé de St-Félix. Témoins : Amédée comte [de Genève], Falcon de Montchenu, Jordan de Crépol, Guillaume de Mercurol, etc., les chanoines Guillaume de Châtillon..., Matfred archiprêtre... *ind. 8*.
GIRAUD, *Hist. S. Barnard-Romans*, compl. 116-7, n° 277.

**3445** 30 janvier (113.).
Obit de Guillaume de Sassenage *(Cassanatico)*, doyen de Vienne, *monachus ad sucurrendum*.
CHEVALIER (U.), *Nécrol. de St-Robert*, 4, 6.

**3446** 5 février (113.).
Obit de Pierre de Montvendre *(Monte Vendrio)*, prieur de St-Robert de Cornillon.
CHEVALIER (U.), *Nécrol. de St-Robert*, 7.

**3447** Latran, 25 février 1130.
Lettre de l'antipape Anaclet aux évêques des Gaules relative aux schismatiques et excommuniés. — *Notificamus dilectioni*.
JAFFÉ, 8372 a.

**3448** 1ᵉʳ juillet 1130.
Obit de la comtesse Marie, dame de la Tour, femme de Girold, seigneur de la Tour.
*Obituaire de St-Rambert en Bugey* : FONTANIEU, *Cart. du Dauph.* I, 102ᵇ. MOULINET, *Coll. titres fam. de la Tour*, 2ᵉ. — JUSTEL, *Hist. généal. mais. Auvergne*, 329. VALBONNAYS, *Hist. de Dauph.* I, 180.

**3449** (Après 20 août) 1130.
Lettre de Hugues, évêque de Grenoble, et de Guigues, prieur de la Chartreuse, aux archevêques, évêques et religieux réunis en concile à Jouarre *(Jotren.)*, les engageant à sévir contre les meurtriers de Thomas, prieur de St-Victor à Paris. — *Quod homines*.
MANRIQUE, *Ann. Cisterc.* I, 212. *Coll. Regia*, XXVII, 104. LABBE, X, 975-8 [976]-7. BULÆUS, *Hist. univers.* Paris, II, 125. HARDOUIN, VI, II, 1186. MARTENE, *Thes. nov. anecd.* I, 381-2. COLETI, XII, 1453-4. MANSI, XXI, 445. S. BERNARDI *Opp.* I, 49. *Martyrium Thomæ prioris S. Victoris*, 83. BOUQUET, XV, 337-8. BOYS (A. du), *Vie de s¹ Hugues*, 484-5. LE COUTEULX, *Ann. Cartus.* I, 377-8 (à 1133). = BRÉQ. II, 581. *Patrol. lat.* CLIII, 761-2.

**3450** Valence, (septembre/octobre 1130).
Hugues, évêque de Grenoble, rejoint le pape Innocent II *Valentiam* et lui renouvelle inutilement son désir d'être déchargé de l'épiscopat.
GUIGO Carthus., *Vita s. Hugonis* : *Patrol. lat.* CLIII, 779. LE COUTEULX, *Ann. Cartus.* I, 333. Ed. Bellet, 30.

**3451** Le Puy, (septembre/octobre 1130).
Hugues, évêque de Grenoble, se rend *Anicium*, pour se joindre aux autres pontifes qui excommunièrent l'antipape Pierre de Léon.
GUIGO Carthus., *Vita s. Hugonis* : COLETI, XII, 1443-6. *Patrol. lat.* CLIII, 779. LE COUTEULX, *Ann. Cartus.* I, 333. Ed. Bellet, 29.

**3452** 18 novembre 1130.
Concile tenu à Clermont par le pape Innocent II, de concert avec les archevêques R. de Lyon, Etienne de Vienne, etc., leurs évêques suffragants et de nombreux abbés. Les sujets traités en 13 canons sont : la foi catholique, l'édification des âmes, l'honnêteté des mœurs, le déracinement du mal et l'obéissance au pape... *apud Clarum Montem...*, *ind. 8*.
*Coll. Reg.* XXVII, 102. LABBE, X, 972. HARDUIN. VI, II, 1181. BALUZE, *Miscell.* VII, 74 ; 2ᵉ, II, 119-21. COLETI, XII, 1445-8. MANSI, XXI, 437. WATTERICH, *Pont. Rom. vitæ*, II, 198-9. FITA (Fid.), dans *Bol. acad. histor.* (Madrid, 1884), IV, 360-6. = JAFFÉ, p. 562-3 ; 2ᵉ, I, 845. *Gallia christ. noviss.* III, 3413.

**3453** (1130/1133).
Lettre [du prieur Guigues et] des frères de la Chartreuse au [cardinal] Aimeric, chancelier du Siège apostolique, le remerciant de sa trop courte visite à la Grande-Chartreuse. — *Quam grata fuerit*.
*Patrol. lat.* CLIII, 595-8. LE COUTEULX, *Ann. Cartus.* I, 335-7.

**3454** (1130/1140).
Lettre du pape Innocent II à Guillaume, évêque de Saintes *(Xantonen.)*, au sujet du prieuré de Mornac, dépendant de l'ordre de St-Ruf.
Voir la charte de Geoffroy de Bordeaux, 1139.

**3455** (1130/1150).
Sentence de l'archevêque de Lyon sur des contestations entre les chanoines de la Platière et l'abbesse de St-Pierre : *accidit quod abbas S. Ruffi Lugduni venerit, qui nostram adiens præsentiam, dolens quod ecclesia sua de S. Maria de Platea a divino privata esset officio, rogavit ut, si fieri posset, inter illas ecclesias pacem reformarestude[re]mus, ce qui eut lieu, præsente eodem abbate S. Ruffi ultimo*; on entendit des témoins, *præsente sepedicto ultimo S. Ruffi abbate*.
GUIGUE (M.-C.), *Cart. Lyonnais*, I, 46-8.

**3456** (1130/1168).
Le chanoine Aendricus donne [à l'église de Romans] un courtil à Chaob, dans la paroisse de Notre-Dame de Montagne *(Montaina)*, limité au midi par la Joyeuse *(aqua Jeusa)*; il donne un autre courtil dans la paroisse de St-Michel du Chalon *(Berbiais)*, que tiennent les *Sambaini*, avec assentiment de ses frères Sofred et Ponce. Seings de maître Otbert..., de Guillaume *(W.)*, abbé de St-Félix et sacristain de Romans.
GIRAUD, *Hist. S. Barnard-Romans*, II, pr. 73, n° 313.

**3457** (113.).
Ervisius de Beauvoir donne un pré à Bonnevaux. Sieboud de Beauvoir, Ervisius et son frère Rostaing donnent de leur terre. Témoins : Hugues de Moydieu *(Moidies)*, etc.
CHEVALIER (U.), dans *Bull. acad. Delphin.* D, II, 35 ; *Cart. de Bonnevaux*, 19, n° 24.

**3458** (1131).
Rostaing Caurelli, son frère Boson et sa mère Gilliborga donnent à l'église de Bonnevaux un manse, entre les mains de Guillaume, fils de Sieboud *(Sigibodus)* de Beauvoir *(Bellovisu)*.

CHEVALIER (U.), dans *Bull. acad. Delphin.* D, II. 34-5; *Cart. de Bonnevaux*, 18-9, n° 23.

**3459** 22 janvier (après 1130).
Obit de Girold de la Tour, dont le fils Arbert donna à l'église de St-Paul de Lyon, pour le repos de ses parents, ses droits et coutumes à Chazey-sur-Ain].

GUIGUE (M.-C.), *Obit. eccl. S. Pauli Lugdun.* 5-6.

**3460** Vizille, 3 mars 1131.
...3 fer., *apud Visiliam*, dans la cour *(curtis)* d'Etienne, chapelain du comte, Adon de Corenc *(Torenc)* remet à Arbert, prévôt d'Oulx *(de Plebe martyrum)* les dîmes qu'il tenait dans les paroisses d'Allemont *(Alamonis)* et d'Oz *(Osii)*, et reçoit 125 sols d'excellente monnaie, dont il distribue 15 à ses feudataires. Trois chevaliers sont ses répondants, au jugement de l'évêque de Grenoble. Fait entre les mains du chanoine Richard, en présence d'autres.

RIVAUTELLA, *Ulcien. eccl. chartar.*, 193-4, n° 239. COLLINO, *Carte d'Oulx*, 110, n° 109.

**3461** Romans, (29) juin (1131).
Etienne, archevêque de Vienne, abbé de l'église de Romans, et ses chanoines donnent au sacristain Guillaume la maison de feu Theotbert Malaterra, suivant leurs bonnes coutumes, qui lui interdisent de la donner ou de la vendre à un autre qu'à un clerc, qui soldera 50 sols à la communauté *(communiæ)*. *Data Romanis, in capitulo, p. man. Lamberti mag., pridie kal. julii. fer. 2, luna 1, regn. D. N. J. C.*

GIRAUD, *Hist. S. Barnard-Romans*, compl. 119, n° 278.

**3462** 11 septembre (avant 1132).
Obit de Gautier Chaunais *(Calnesius)*, moine à la Grande-Chartreuse.

LE VASSEUR, *Ephemer. Cartus.* III, 272°.

**3463** 1131.
Lettre des frères de la Chartreuse au pape Innocent II. Ils voulaient lui exposer plusieurs suppliques en faveur de l'église de Grenoble et surtout de son évêque [Hugues], que les maladies et la vieillesse mettent au nombre des morts, mais l'abbé de Pontigny [Hugues], qui est venu les voir, se chargera de les lui exprimer de vive voix. Ils communiquent le désir du prélat d'être remplacé par un moine de la Chartreuse, Hugues II [qui fut sacré de son vivant]. Ils s'élèvent contre Gérard, évêque d'Angoulême, fauteur du schisme de Pierre de Léon. Ils lui recommandent les nouvelles fondations religieuses, Cîteaux et Pontevraud. — *Multas ad vestri*.

*Chron. Mauriniac.* 11[1]; DU CHESNE, *Hist. Franc. script.* IV, 379. BULÆUS, *Hist. univers. Paris.* II, 116. BOUQUET. XII, 82-3. *Patrol. lat.* CLXXIX, 658-60 (CLIII, 600). LE COUTEULX, *Ann. Cartus.* I, 341-4. LE VASSEUR, *Ephem. Cartus.* I, 584°. MIROT (Léon), *Chronique de Morigny* (1909), 59-62. = BRÉQ. II. 589.
— Luc au concile de Reims (18 oct.) par Geoffroy, évêque de Chartres.

1. *Erant autem Cartusienses in jugis Alpium angelicam degentes vitam, supereminentissimæ religionis et incomparabilis auctoritatis viri*.

**3464** 21 octobre 1131.
Obit de Hugues le chapelain, compagnon de s[t] Bruno, fondateur des Chartreux.

LE COUTEULX, *Ann. Cartus.* I, 345. LE VASSEUR, *Ephemer. Cartus.* IV, 21°.

**3465** (1131/1139).
[Pierre], archevêque de Lyon, atteste qu'Etienne, sire de Villars, a donné aux chanoines de la Platière, de l'ordre de St-Ruf, la part qui lui appartenait du pont du Rhône à Lyon.

Mentionné dans la bulle du 7 janv. 1159.

**3466** (1131 ou 1132).
Lettre de s[t] Bernard, abbé de Clairvaux, aux évêques de Limoges, Poitiers, Périgueux et Saintes : il rappelle le soulèvement des évêques, dont Hugues de Grenoble, en faveur d'Innocent II contre le schismatique Anaclet. — *Virtus in pace*.

S. BERNARDI Clarev. *Epist.* 126: BOUQUET. XV, 553-7. *Patrol. lat.* CLXXXII, 270-81.

**3467** 1132.
Etienne, futur abbé d'Obasine, se rend à la Chartreuse pour demander conseil sur le genre de vie à choisir ; le prieur Guigues le dissuade de se faire chartreux.

LE COUTEULX, *Ann. Cartus.* I, 350-2.

**3468** 1132.
Pierre, archevêque de Tarentaise, fonde dans son diocèse à Tamié *(Stamedium)* une abbaye de Cisterciens, avec le concours de Jean, abbé de Bonnevaux, qui est témoin, avec son prieur Jean, frère Amédée d'Hauterives *(Altaripa)*..., Utbold de Clérieu, etc.

RIVAZ (P. de), *Diplom. de Bourg.* II, n° 159 (Anal. 51). — *Gallia christ. nova*, XII, instr. 379-80. BESSON, *Mém. dioc. Genève*, 351.

**3469** 1132.
Guigues, comte d'Albon, et plusieurs membres de la famille de la Poype *(tribus vel familia q. c. de Popia)* donnent à l'abbé et aux frères de Ste-Marie de Tamié *(Stamedei)* ce qu'ils avaient dans la laterre de Fugières *(Filgerii)*. Témoins : [Jean], abbé de Bonnevaux, Amédée d'Hauterives *(Altaripa)*, etc.

Arch. de l'Isère, *Liber cop. civit. Gratian.* (B. 207), 153. — GUICHENON, *Hist. Bresse et Bugey*, III, 321 (don. domui Bonæ Vallis !). SALVAING DE BOISSIEU, *Usage des fiefs*, 2°, 494 ; 3°, II, 240. = BRÉQ. II. 602. *Invent. la Poype-Serrières*, 191.

**3470** (Vers 1132).
Guigues Equa, à la fin de sa vie, donne aux frères de Bonnevaux de son bien à Mantols *(Mantula)*. Témoins : Radulfe doyen de Grenoble, Bernard Borrez chapelain. Après sa mort, son neveu et ses beaux-frères soulevèrent des difficultés ; il fallut leur donner 100 sols.

CHEVALIER (U.), dans *Bull. acad. Delphin.* D, II, 129; *Cart. de Bonnevaux*, 113, n° 274.

**3471** 1132.
Silvion *(Silvius de Clairieu)* soulève une querelle contre les clercs de l'église [de Romans] à l'occasion des portails de la ville qu'on construisait avec *pissis* et murs élevés. L'affaire fut soumise à la médiation de trois évê-

ques : Pierre de Viviers, Oldric de Die et Hugues de Grenoble. Trois chanoines choisis par lui, l'archiprêtre Matfred, Artaud de Rochefort et Adon de la Sône, affirmèrent par serment que, lors de l'accord fait par le comte Amédée (1130), Silvion avait autorisé la construction de portails, *aggeres*, clôtures et fortifications, et donné le baiser de paix à trois chanoines. Témoins : Falcon de Montchenu, etc., les chanoines Guillaume abbé de St-Félix, Adémar de Beauregard, etc., les bourgeois Aimon Rebufas, etc... *ind. 10*.

GIRAUD, *Hist. S. Barnard-Romans*, compl. 118-9, n° 277.

**3472** 30 janvier 1131/2.

Guigues, comte dauphin, avec l'approbation de son père Guigues, comte d'Albon *(Albionense)*, de sa mère Mathilde, comtesse, et de son épouse, comtesse, sœur de Guillaume comte de Bourgogne, donne à la milice du Temple de Salomon à Jérusalem et aux chevaliers défenseurs de la chrétienté, entre les mains du confrère Hugues Rigauldi, le mause d'Oger *(Otger.)* de Villard-Benoît au territoire d'Avalon, la condamine de *Villari Rainerio* et la vigne de *Villari Nenc*. Seings de Guigues dauphin, du comte Guigues, son père, de la reine Mathilde, mère de Guigues dauphin, de la comtesse, femme du même, de Geoffroy de Moirans *(Morenco)* et de son fils Pierre Gaufredi, *Pagani dapiferi*, et de Gautier Calnesii, fils de Guigues C-i (not.)

ALBON (M' d'). *Cart. du Temple*, 32, n° 43.

**3473** 30 janvier 1132.

Le couvent de la Chartreuse est enseveli sous des avalanches de neige et de rochers : toutes les cellules, sauf une, sont détruites ; 6 moines et 1 novice y trouvent la mort.

LE COUTEULX, *Ann. Cartus.* I, 347-8, 351. LE VASSEUR, *Ephemer. Cartus.* I, 141° (le 31 j.).

**3474** 1132.

Lettre de Pierre le Vénérable, abbé de Cluny, aux doms et pères de la Chartreuse, au prieur Guigues et à ses frères : il les console de l'accident de neige qui a diminué leur nombre. — *Audita dilectissimi*.

PETRI Vener. *Epist.* II, 12 : *Patrol. lat.* CLXXXIX, 201-4. LE COUTEULX, *Ann. Cartus.* I, 352-6.

**3475** 1132.

Autre lettre du même à Guigues, prieur de la Chartreuse, et à ses frères : il leur envoie en signe d'amitié un crucifix et des livres. — *Cum exundantem*.

PETRI Vener. *Epist.* I, 24 : *Patrol. lat.* CLXXXIX, 103-6. LE COUTEULX, *Ann. Cartus.* I, 356-8.

**3476** 1132.

Réponse de Guigues, prieur *(famulus)* des Chartreux, à Pierre, abbé de Cluny : il le remercie de ses cadeaux et le supplie de ne pas l'appeler « Père ». — *Crucifixum crucifixo*.

MARRIER, *Bibl. Cluniac.* 653. *Patrol. lat.* CLIII, 594-5 (CLXXXIX, 106). LE COUTEULX, *Ann. Cartus.* I, 358-9.

**3477** Cluny, 7? février 1132.

Guigues, prieur de la Chartreuse, assiste à la consécration de l'église du monastère de Cluny par le pape Innocent II.

LE COUTEULX, *Ann. Cartus.* I, 344.

**3478** Vienne, 2 mars 1132.

Le pape Innocent II félicite Algar, évêque de Coutances, de son élévation à l'épiscopat.

*Gallia christ. nova*, XI, instr. 238. *Patrol. lat.* CLXXIX, 126-7. = BRÉQ. II, 597. MERMET, III, 54. JAFFÉ, 5404-7547.

**3479** Vienne, 2 mars 1132.

Innocent II accorde des indulgences aux pèlerins du monastère de Cluny, le jour de la dédicace de l'autel majeur. — *Liberalitatis*.

BARONIUS, 1132, 1 (XII, 217 : XVIII, 467-8). LABBE, X, 960. HARDOUIN, VI, II, 1166. MARRIER, *Bibl. Cluniac.* 1380. *Bull. Cluniac.* 46. COCQUELINES, *Bull.* II, 208. *Patrol. lat.* CLXXIX, 127-8. *BERNARD-BRUEL, Chartes de Cluny*. V, 387. = BOUQUET. XV, 347. CHARVET. *Suppl.* 9. BRÉQ. II, 597. COLLOMBET, II, 45. JAFFÉ, 5405-7548.

**3480** Vienne, mars 1132.

Le pape Innocent II consacre Albéron, archevêque de Trèves.

BALDERICI *Gesta Alberonis*, c. 15 : *Mon. Germ. hist.*, Scr. VIII, 250. *Patrol. lat.* CLIV, 1330. = JAFFÉ, p. 568-855.

**3481** Valence, 7 mars 1132.

Innocent II ordonne à Guillaume, archevêque de Cantorbéry, légat du St-Siège, de terminer sans procès l'affaire de l'évêque de Llandaff.

*Liber Landavensis*, 62 : HADDAN-STUBBS. *Councils.* I, 343. = JAFFÉ, -7549.

**3482** Valence, 8 mars 1132.

Innocent II confirme la transaction, passée en sa présence à Beaujeu, entre les abbés de Cluny et de St-Gilles.

MARRIER, *Bibl. Cluniac.* 1395-6. LABBE, X, 963-4. *Bull. Cluniac.* 45-6. HARDOUIN, VI, II, 1170-1. *Gallia christ. nova*, VI, instr. 191-2. COLETI, XII, 1426-7. COCQUELINES, *Bull.* II, 206. MANSI. XXI, 409-10. *Patrol. lat.* CLXXIX, 128-9. GOIFFON, *Bull. de St-Gilles*, 71-3. = BRÉQ. II, 597. JAFFÉ, 5406-7550. BERNARD-BRUEL, *Chartes de Cluny*, V, 387.

**3483** Valence, 8 mars 1132.

Innocent II notifie aux archevêques et évêques les privilèges qu'il a accordés au monastère de Cluny.

Arch. de la ville de Cluny, vid. du 29 oct. 1433. = MARRIER, *Bibl. Cluniac.* 1381-2. LABBE, X, 959. *Bull. Cluniac.* 47. HARDOUIN, VI, II, 1196. BOUQUET, XV, 375 ; cf. XII, 59°. PROU, *Reg. d'Honorius IV*, 294-5, n° 412. = BRÉQ. II, 597. JAFFÉ, 5407-7551.

**3484** Valence, 11 mars 1132.

Innocent II annonce aux abbés, clercs, princes et au peuple de Trèves, qu'il vient d'accorder le pallium à leur évêque Adalbéron.

BEYER, *Urkund. Gesch. Mittelrheins*, I, 530. = JAFFÉ, 5408-7552.

**3485** Valence, 11 mars 1132.

Innocent II prend sous sa protection l'église de St-Gengoult à Toul et confirme ses privilèges.

JAFFÉ, -7553.

**3486** Valence, 14 mars 1132.

Innocent II, à la demande de l'abbé Pierre, confirme la liberté et les possessions du monastère de St-Gilles.

GOIFFON, *Bull. de St-Gilles*, 73-5. = JAFFÉ, -7554.

**3487** Valence, 15 mars 1132.

Innocent II, à la demande de l'abbé Gilduin, confirme les possessions et privilèges du monastère de St-Victor à Paris.

JAFFÉ, -7555.

**3488** Valence, 16 mars 1132.

Innocent II, à la demande de l'abbé Pierre, confirme les biens et privilèges du monastère de Tournus.

CHIFLET, *Hist. de Tournus*, pr. 418-21. JUÉNIN, *Hist. de Tournus*, pr. 151. COCQUELINES, *Bull.* II, 206. *Patrol. lat.* CLXXIX. 131. = BRÉQ. II, 598. JAFFÉ, 5409-7556.

**3489** Valence, 16 mars 1132.

Innocent II, à la demande de l'abbé Guillaume, confirme les possessions et privilèges du monastère de la Trinité de Tiron.

MABILLON, *Ann. Bened.* VI, 636. MERLET, *Cart. de Tiron*, I, 201. *Patrol. lat.* CLXXIX, 132. = BRÉQ. II, 598. JAFFÉ, 5410-7557.

**3490** Gap, 30 mars 1132.

Innocent II confirme à Pierre, abbé de Cluny, l'église de Notre-Dame de la Charité. — *Dispensatrix et.*

Arch. de la ville de Cluny, orig. et vid. du 10 juin 1296. — *Bull. Cluniac.* 48. *Patrol. lat.* CLXXIX, 134. = JAFFÉ, 5412-7560.

**3491** Gap, 30 mars 1132.

Innocent II investit Pierre, abbé de Cluny, de l'abbaye de St-Bertin de Sithiu.

*Bull. Cluniac.* 47. BOUQUET, XV, 376. *Patrol. lat.* CLXXIX, 135. = JAFFÉ, 5413-7561.

**3492** Gap, 30 mars 1132.

Innocent II ordonne aux moines de St-Bertin de Sithiu d'obéir à Pierre, abbé de Cluny.

LOEWENFELD. *Epist. pont. Rom. ined.* 88. = JAFFÉ, -7562.

**3493** Gap, 30 mars 1132.

Innocent II prend sous sa protection le monastère de St-Martin-des-Champs à Paris.

JAFFÉ, -7563.

**3494** Grenoble, 1ᵉʳ avril 1132.

Mort de s' Hugues, évêque de Grenoble, dans la 80ᵉ année de son âge, la 52ᵉ de sa consécration..., fér. 6 avant le dimanche des Rameaux, vers le chant du coq. Son corps fut conservé jusqu'au mardi de la semaine suivante (5 a.) ; à ses funérailles assistèrent les évêques de Die, de Grenoble et de Chartres.

Sa Vie a été écrite par GUIGUES, prieur de la Chartreuse. SURIUS, *Vitæ sanct.* (1571), II, 434-46 ; (1578), 565-77 ; (1618), IV, 3-10 ; (1876), IV, 24-42. *Acta ss.* Bolland., april. I, 37-46. *Patrol. lat.* CLIII, 761-84. BELLET (C.). *Vita s. Hugonis Gratianop. episc.* (1889), 5-38. — BOUQUET, XII, 471 ; XIII, 270, 698 ; XX. 729. LE VASSEUR, *Ephemer. Cartus.* I. 417-9. LE COUTEULX, *Ann. Cartus.* I. 364-7. BOLLAND. *Bibl. hagiog. lat.* 4016. *Répert.* Bio, 2204-5.

**3495** St-Michel de Cluses, 3 avril 1132.

Le pape Innocent II mande aux évêques d'Autun, de Viviers et [Hugues] de Grenoble, ainsi qu'à l'abbé de Savigny de faire détruire les châteaux de Lissieu et de l'Illié, objet de litige entre Guichard, sire de Beaujeu, et l'archevêque de Lyon.

GUICHENON, *Hist. de Dombes*, I, 174. = MARTIN, 525.

**3496** 7 juillet 1132.

Translation des corps des Chartreux défunts (30 janv. préc.) dans le nouveau local.

LE COUTEULX, *Ann. Cartus.* I, 350.

**3497** 15 août 1132.

Pons Alberti, Guillaume et Pierre de Montmiral *(Montemira)* et les enfants de Pierre Adani cèdent le bois de *Boscaudo* aux clercs et laïques, qui, abandonnant le siècle, veulent y servir Dieu sous la règle de s' Benoît ou s' Basile ; cette terre est limitée par les ruisseaux du Colombier *(Columber)* et de Marles *(Merdosus)*, qui se jettent dans l'Infernet ; ils pourront acheter le Champ long ou le recevoir en don ; permission d'acquérir jusqu'au serre *Gubernetam* [al. ruisseau Aunardesc ou Almardesc] ; défense de transférer à d'autres ces biens. qui reviendraient aux donateurs en cas d'abandon par les frères. Témoins. ...*fer.* 2, *luna* 30...*Facta p. m. Johannis Samuelis, Vapinc. tabellionis.* — *Authoritate.*

Carpentras, ms. 1861. Peiresc 76. 420. Paris. Bibl. Nat., ms. lat. 12663. 104. — *Gallia christ. nova.* III. instr. 184-5. ROMAN (J.), dans *Bull. soc. études Hautes-Alpes* (1903), XXII, 59-60. = *Ann. des Alpes.* VIII, 83-4. ROMAN, 16-7.

**3498** 28 décembre (1132).

Achat par les chevaliers du Temple de maisons et jardins au Puy *(Podio)*-Ste-Marie, au prix de 8 sols Melgoriens. Confirmé par l'abbé de Séguret, *in festivitate Innocentum*. Fait du temps d'Humbert, évêque du Puy, fils de [Guigues], comte d'Albon *(Albion), regn. Lodoico rege Franc.*

ALBON (M⁽ᵉ⁾ d'). *Cartul. du Temple.* 39. n° 51.

**3499** (1132/1147).

Rôle *(Breve)* du fief dont Pierre W. (Guillaume ?), à la fin de sa vie, fit hommage à l'évêque de Grenoble Hugues II ; il comprend 5 habitations *(casamentum)*, 2 champs et un bois, et produit de plaid 22 sols.

MARION, *Cart. de Grenoble.* 269. n° 10.

**3500** (1132/1147).

Rôle *(Breve)* de ce que Richard de Moras tient de l'évêque de Grenoble Hugues II dans la ville de St-Donat et son mandement ; il comprend 1 vigne, 2 champs, 2 terres, des moulins, 6 habitations *(casamentum)*, des bois, et donne de plaid 50 sols. Sur le point de se faire moine, Richard le reconnut à Falcon, prieur de St-Donat, et à Girard, prieur de St-Bonnet (-de-Galaure, *S. Boniti*), à Châteauneuf-(d'Isère, *Castro Novo)*. Pierre W., à la fin de sa vie, rendit témoignage du fait en présence de plusieurs.

MARION, *Cart. de Grenoble*, 268, n° 9.

**3501** (1132/1148).

Hugues, évêque de Grenoble, atteste qu'entre ses mains et dans sa demeure, maître Othmar a donné à l'église de Chalais *(Cales.)* sa vigne de Planter à Tullins, de concert avec son frère Falcon et son neveu Jarenton. Sceau. Présents : Pierre de St-Martin, procureur du prélat, Raimond des Granges, chanoine de son église, Jean prêtre de l'Aumône, Cathbert scribe, etc.

PILOT DE THOREY, *Cart. de Chalais*, 26-7, n° 10.

**3502** (1132/1148).

Odon de Voiron, sa femme Feta et leurs 3 fils donnent [à la maison] de Chalais *(Calesio)* le pâturage dans toutes leurs terres. Confirmé par Hugues, évêque de Grenoble.

Pilot de Thorey, *Cart. de Chalais*, 28, n° 12.

**3503** (1132/1148).
Pierre Randanus donne à l'église de Chalais *(Calesio)* la vigne qu'il avait engagée à Mallen, chevalier de Cornillon, pour 3o sols. Humbert fils d'Ardenc de *Subrupe* et ses frères en cèdent le domaine, moyennant 15 sols. Fait entre les mains et en présence de Hugues, évêque de Grenoble.

Pilot de Thorey, *Cart. de Chalais*, 27-8, n° 11.

**3504** (Vers 1133).
Lettre de Bernard, archevêque d'Arles, au pape Innocent II, au sujet de l'affaire de l'évêque d'Antibes, pour l'examen de laquelle il a réuni ses suffragants avec les archevêques d'Aix et Guillaume] d'Embrun. — *Causam Antipolitani.*

Martene, *Vett. script. ampl. coll.* I, 718. Bouquet, XV, 382. *Gallia christ. noviss.* III, 205. = Brég. II. 612.

**3505** Ordonnas, 1133.
Boson de Briord *(Brior)* donne à Guillaume, abbé de St-Ruf, et à la maison de Notre-Dame d'Ordonnas *(Ordinaten.)* toute la terre qu'il possède dans ce lieu et confirme les aumônes de ses prédécesseurs. En reconnaissance, on lui accorde la participation d'un chanoine aux bonnes œuvres et prières de l'ordre. Fait en présence de l'abbé, dans le cloître d'Ordonnas, de l'archevêque d'Arles Guillaume, de l'évêque d'Orange Bernard, etc. *Act. sub vener. anacorita Poncio Belicien. episc.*

Valbonnays, 2° Reg. n°143. — Chevalier (U.), *Codex diplom. S. Rufi*, 27-8, n° 19.

**3506** 11 février (vers 1133).
Obit d'Arduinus, moine à la Chartreuse.

Le Vasseur, *Ephemer. Cartus.* I, 172.

**3507** 1ᵉʳ mars (1133/1137).
Diplôme de l'empereur Lothaire III, par lequel, voulant honorer Pons, évêque de Trois-Châteaux, il confirme à son église les donations des empereurs Charles et Louis, le domaine de sa ville, depuis le Rhône jusqu'à l'Eygue *(Ægrum fluv.)* et le rocher *(saxum)* de Ste-Juste *(Tutela).* — *Notum sit omn.*

Voir les sources au diplôme du 1ᵉʳ mars 852. et la note.

**3508** 27 juillet 1133.
Le comte [de Savoie] Amédée fait restituer à l'abbaye de St-Just les biens du vicomte Merlo. Témoins : Humbert de Boczosel, Aimon de Briançon, etc.

Carutti, *Reg. Sabaud.* 269 (1134, jeudi).

1133 = (Après 20 août) 1130.

**3509** Pise, 22 décembre 1133.
Bulle du pape Innocent II adressée à Guigues, prieur de la Chartreuse, et à ses successeurs : à l'exemple de ses prédécesseurs Urbain, Paschal, Calixte et Honorius, il approuve leurs saintes constitutions et coutumes pour ceux qui les observeront jusqu'à la fin du monde, confirme la possession des terres dont il détermine les limites, pour que leur ordre fleurisse sous ses sages pasteurs. — *Bonus et diligens.*

Le Couteulx, *Ann. Cartus.* I, 375-6.

**3510** 1133/4.
Le dauphin Guigues s'empare de la ville de Romans et incendie l'église, plusieurs de ses soldats ayant été noyés dans l'Isère.

*Nempe sub hoc anno destructa fuit Rotomanis*
*Aula Dei flammis, hostes quia suxerat amnis.*

Giraud, *Hist. S. Barnard-Romans,* I, 186-7. Chevalier (U.), *Cart. de St-André-le-Bas,* 167.

**3511** (Vers 1134).
Lettre du pape Innocent II à B[erlion], évêque de Belley *(Bellic.)*, lui ordonnant de rendre à Aimon, abbé de St-André à Vienne] l'église de Chimillin et de se désister de ses prétentions sur d'autres. S'il croit y avoir des droits, l'évêque de Grenoble en sera juge. — *A judice lata.*

Chevalier (U.), *Cart. de St-André-le-Bas,* 148, n° 203. Pflugk-Harttung, *Acta pont. Rom. ined.* I, 168. = Jaffé, 8282.

**3512** (Vers 1134).
Aimon, abbé de St-André [à Vienne], concède à Nantelme d'Albigny *(Albiniaco)* la vigne que Rached avait donnée aux moines pour sa sépulture ; il leur confirme sa dîme de la paroisse de St-Pierre, sous l'investiture annuelle de 2 setiers 1/2 de vin. Témoins : le trésorier *(camerarius)* Pierre, le prieur Silvion *(Silvius).* etc.

Chevalier (U.), *Cart. de St-André-le-Bas,* 175, n° 233. Trepier, dans *Doc. acad. Savoie,* VI, 111-2.

**3513** (Vers 1134).
Semellia de Cuvière *(Cuveria)* donne au monastère de St-André [à Vienne] une terre à Vitrieu *(Vitrosco)* et reçoit 5 sols et un quartal de blé *(annona).* Fait entre les mains de l'abbé Aimon, en présence des moines, etc.

Chevalier (U.), *Cart. de St-André-le-Bas,* 62-3, n° 83.

**3514** 16 février 1133/4.
Fondation de l'abbaye cistercienne de Tamié *(Stamedium)* par une colonie de moines de Bonnevaux.

Janauschek, *Orig. Cisterc.* I, 3o-1. — Cf. n°ˢ 3467-8.

**3515** 7 mars 1133/4.
Frère Romain, dans une encyclique pleine de réminiscences bibliques (35), raconte au clergé et au peuple de St-Genix(-sur-Guiers, *S. Genesii)* l'accident arrivé à 16 frères qui travaillaient à la restauration de l'église : 6 sont morts, dont le directeur de l'œuvre André.

Chevalier (U.), *Cart. de Saint-André-le-Bas,* 163-7, n° 222.

**3516** Genève, 24 mars 1134.
Etienne, archevêque de Vienne, Ulric, évêque de Die, et Hugues, évêque de Grenoble, décident que l'église de Satigny, au diocèse de Genève, ne relèvera plus de l'abbé d'Ainay à Lyon.

Attesté dans la charte d'Humbert, évêque de Genève. — *Mém.-doc. soc. hist.-archéol. Genève,* II, 11, 19. = Collombet, II, 45. R. Gen. 283. *Schw. Urk.* 1683.

**3517** Avril 1134.

Lantelme, frère d'Humbert le vieux, donne à l'église de St-Barnard deux courtils contigus. et lui cède les dîmes d'Hostun *(Osteuno)*, de Peyrins *(Pairano)* et de Cuneo... *fer. 6*, avec l'approbation de sa femme Guilia, en présence de Guillaume (de Clérieu), abbé [de St-Félix], etc.

GIRAUD, *Hist. S. Barnard-Romans*, II, pr. 67-8, n° 281.

**3518** 5 avril 1134.

...la 4ᵉ année de Guillaume, évêque de Gap... *luna 7*. Matfred de Beaudinar et ses fils, son frère Lagier *(Latgerius)*, sa femme, ses fils et filles, leur nièce Garcine, fille de Pierre Rollandi, et ses fils vendent à Lazare, prieur de Durbon, et à ses frères le pré nommé Stevanench, avec terre. au prix de 110 sols monnaie de Valence. Consentement de Guillaume de Montama et ses frères. moyennant 30 sols. Témoins : l'évêque, qui cède ses droits du consentement de ses chanoines, Guillaume de Champsaur, Guillaume prêtre de St-Julien, Pierre Martini, diacre de la Roche, etc. Approbation d'Arnaud Flota et de son frère Henri.

GUILLAUME, *Chartes de Durbon*, 12-3, n° 8. — ROMAN. 17°.

**3519** 22 avril 1134.

Lantelme d'Albigny *(de Albinneu)* donne à l'église de St-André [de Vienne] le 1/4 des dîmes de St-Pierre-d'Albigny, sous la condition qu'on se chargera d'une de ses filles pour en faire une religieuse, du conseil de l'église de Tamié *(Stans-Medii)*, sinon on lui donnera 100 sols. Témoins : Jean prieur de Tamié, Silvion prieur de Portes, etc.

CHEVALIER (U.). *Cart. de St-André-le-Bas*. 174-5, n° 232. TREPIER, dans *Doc. acad. Savoie*. VI. 110-1.

**3520** (29 avril) 1134.

Un désaccord *(discordia)* entre Etienne. archevêque de Vienne, et le dauphin Guigues, fils du comte Guigues, s'étant envenimé, les citoyens de Vienne et leurs partisans furent l'objet d'attaques continues ; la ville de Romans elle-même fut, à l'occasion de l'archevêque, livrée au pillage, des hommes tués, d'autres emmenés prisonniers. Poussés par la peur, les chanoines s'abouchèrent avec le comte d'Albon *(Albionen.)*, qui, moyennant 1400 sols, confirma les dons de son père et de ses ancêtres à leur église, approuva la clôture de la ville et promit que, s'il y avait guerre entre lui et l'archevêque de Vienne, il ne les inquiéterait nullement. à moins que le prélat ne se servît de leur ville pour guerroyer *(garreiaret)*. Il en donna sa parole au chanoine Artaud. Prêtèrent serment pour lui Humbert de Boczosel, Berlion de Moirans, Guigues de Domène, Raymond Bérenger et son frère, Aimon Falavel. Aimon Gironcle, Guillaume Gillin, chevaliers... *fer. 1. luna 2. regn. J. C.*... Seings du comte, d'Artaud de Rochefort, etc. *Willelmus de Janiciaco* (Genissieu) *scr*. — *Orta gravissima*.

FONTANIEU, *Cart. du Dauph.* I. 103-4 ; *Hist. de Dauph.*, preuv. II. 1, 141. — SALVAING DE BOISSIEU, *Usage des fiefs*. 2°, 382-3 ; 3°, II. 123. GIRAUD, *Hist. S. Barnard-Romans*, I. pr. 216-8, n° 283. — BRÉQ. II. 617.

**3521** Pise, 31 août 1134.

Lettre du pape Innocent II aux archevêques de Lyon, Etienne (St.) de Vienne, de Narbonne, d'Arles, d'Aix et Guillaume *(E.)* d'Embrun et à leurs suffragants, aux abbés, princes et peuple de leurs diocèses, leur signifiant l'envoi de Hugues, archevêque de Rouen, comme légat *a latere*, pour réprimer les excès d'A[lphonse comte de Toulouse et de G[uigues] dauphin contre les abbayes de St-Gilles et de Romans. — *Ubi majora sanctæ*.

LOEWENFELD, *Epist. pont. Rom. ined*. 90. = JAFFÉ. 7726 (à 1135). *Gallia christ. noviss*. III. n° 528.

**3522** (1134).

Lettre de Hugues [d'Amiens], archevêque de Rouen et légat du Siège apostolique, au clergé et au peuple de Romans. Leur église doit son origine à s' Barnard, archevêque de Vienne, qui la donna, avec la ville *(oppidum)* adjacente nommée Romans *(Romanis)*, au pontife Romain ; celui-ci la posséda jusqu'à ce jour, libre de toute puissance laïque et enrichie de privilèges. Mais le comte Guigues, dauphin, d'un caractère féroce, puissant en soldats et entouré d'une nombreuse armée, s'est emparé violemment de leur ville et l'a cruellement dévastée. Mais Dieu est venu dans sa miséricorde à leur secours. A cette annonce, le pape Innocent [II] l'a envoyé pour corriger ces excès. Arrivé là, il a convoqué Etienne, archevêque de Vienne, et les évêques Humbert du Puy, Eustache de Valence, Goscerand de Viviers, Hugues de Grenoble, Ayrald de Maurienne, Ponce de Trois-Châteaux, Jean abbé de Bonnevaux et autres religieux. Le comte dauphin s'est rendu à leur appel, s'est humilié et a promis satisfaction du sacrilège commis par lui : on l'a absous. [Le texte ajoute : *Condonavit pro mandato domⁱ papæ et nostra*].

MARTÈNE. *Thes. nov. anecd*. I. 380-1. BOYER, *Hist. égl. St-Paul-Trois-Châteaux*, add. 20-1. BOUQUET, XV. 694. *Patrol. lat*. CXCII, 1132-3. GIRAUD, *Hist. S. Barnard-Romans*, I. pr. 218-20, 285. Trad. COLLOMBET. *Hist. de Vienne*, II. 48-9. = MEHMET, III, 54.

**3523** Romans, (1134?).

Le dauphin Guigues, comte d'Albon *(Albionen.)*, sur le point d'aller [en pèlerinage à St-Jacques [de Compostelle] en compagnie d'Amédée, comte de Genève, met fin aux « grandes inimitiés et discordes » qui étaient entre lui et les hommes de l'église de Romans : il promet la paix aux clercs, laïques, femmes, etc. S'il y avait guerre entre lui et l'archevêque de Vienne, il ne les inquiéterait pas, à moins que le prélat ne les tournât contre lui *(de Romanensi gareiaret eum)*. Fait du conseil du comte de Genève, de Guigues de Roussillon, Aimon de Boczosel, Geoffroy de Moirans, etc. devant l'autel de St-Barnard. Guigues donne le baiser de paix à Guillaume [de Clérieu], abbé [de St-Félix] et autres.

GIRAUD, *Hist. S. Barnard-Romans*, compl. 121, n° 284.

**3524** (1134).

Lettre de s' Bernard, abbé de Clairvaux, au pape Innocent II : il intercède pour le jeune dauphin *(Delfinus)*, qui est prêt à satisfaire complètement pour ses forfaits et doit se rendre auprès de Sa Sainteté *(pedes vestræ majestatis)*. — *Si tristia semper*.

S. BERNARDI *Epist*. 136 : BOUQUET, XV. 560. *Patrol. lat*. CLXXXII. 290-1. — BRÉQ. II. 618.

**3525** (Après 1134).
Pierre d'Alixan *(Alexciano)* et Pierre de Rochefort *(Rochafort)* se désistent de leur chazal *(chasamentum)* contigu au nouvel œuvre de l'église de Romans ; on leur donne en échange 500 sols et le terrain qui servit de chemin pour aller à l'ancien pont jusqu'aux piles *(pilars)*, à l'exclusion des chemins qui descendent du portail et des piles à l'Isère. Témoins : l'archiprêtre Ponce, Francon de Pisançon, etc. *Durantus scr.*
Giraud, *Hist. S. Barnard-Romans*, compl. 158-9, n° 353.

**3526** (1135).
Lettre de s' Bernard à Arducius, évêque de Genève, qu'il reçut à Vienne, où il fut sacré par l'archevêque, assisté des évêques de Lausanne et de Sion. — *Credimus electionem.*
S. Bernardi *Epist.* 28 : *Opp.* ed. Mabillon, I, 42. *Patrol. lat.* CLXXXII, 131-2. Trad. Spon, *Hist. de Genève*, I, 41. Besson, *Mém. dioc. Genève.* 17. = *R. Gen.* 286.

**3527** 1135.
Raymond Bérenger, comte de Provence, cède à Guillaume, archevêque d'Embrun, tous ses droits seigneuriaux à Bréziers, Beaufort et Sauze, contre 11000 sols, se réservant l'hommage.
Guichenon, mss. XVI. n° 410. = [Albert], *Hist. du dioc. d'Embrun.* II, 106.

**3528** (Vers 1135).
Aena, matrone de Viriville, son mari et ses enfants donnent [à Bonnevaux] une lasque *(tascha)*. Témoins : Eustache de Viriville, etc.
Chevalier (U.), dans *Bull. acad. Delphin.* D, II, 35 ; *Cart. de Bonnevaux*, 19, n° 25.

**3529** (Vers 1135).
Claire de Mantols *(Mantula)*, son mari Guigues et son fils Sigeboud vendent une terre aux frères de Bonnevaux. Consentement de Garnier Roux *(Ruffus)*, qui reçoit 1 setier de froment, et de son frère Hugues Mainoz, pour 12 *nummi*. Témoins.
Chevalier (U.), dans *Bull. acad. Delphin.* D, II, 107-8 ; *Cart. de Bonnevaux*, 91-2, n° 214.

**3530** (Vers 1135).
Falcon Borrelli et son fils Guillaume donnent aux mêmes un champ près d'Aiguebelle ; on leur remet 11 sols et 3 émines de seigle qui valaient alors 3 sols. Témoins.
Chevalier (U.), dans *Bull. acad. Delphin.* D, II, 107 ; *Cart. de Bonnevaux*, 91, n° 210.

**3531** (Vers 1135).
Fulcon de Moras *(Muraz)* donne aux frères de Bonnevaux sa part à Aiguebelle ; approuvé par son frère Eago, etc. Témoins.
Chevalier (U.), dans *Bull. acad. Delphin.* D, II, 107 ; *Cart. de Bonnevaux*, 91, n° 211.

**3532** (Vers 1135).
La femme de Gerenton donne, pour l'âme de son mari, aux frères de Bonnevaux un petit pré *(praticulum)* à Aiguebelle. Témoins.
Chevalier (U.), dans *Bull. acad. Delphin.* D, II, 108 ; *Cart. de Bonnevaux*, 92, n° 215 ; cf. n° 195.

**3533** (Vers 1135).
Guigues Barata et sa femme donnent aux mêmes le cours de l'eau d'Aiguebelle et reçoivent 140 sols. Témoins : Raimond et Hugues d'Anjou,... Nantelme de Moras....
Chevalier (U.), dans *Bull. acad. Delphin.* D, II, 107 ; *Cart. de Bonnevaux*, 91, n° 212.

**3534** (Vers 1135).
Les mistraux *(ministrales)* du comte donnent une terre aux frères de Bonnevaux. Témoins.
Chevalier (U.), dans *Bull. acad. Delphin.* D, II, 107 ; *Cart. de Bonnevaux*, 91, n° 213.

**3535** (Vers 1135).
Joffred Romestagni donne aux mêmes, pour l'âme de son fils Sicard, un champ, qu'on lui paye cependant 65 sols. Assentiment de son fils Montarsin et de son gendre Guillaume Ademari. Témoins. Ce champ fut ensuite échangé avec Jarenton de Moras.
Chevalier (U.), dans *Bull. acad. Delphin.* D, II, 108 ; *Cart. de Bonnevaux*, 92, n° 216.

**3536** (Vers 1135).
Nantelme échange un champ avec les frères de Bonnevaux. Témoins.
Chevalier (U.), dans *Bull. acad. Delphin.* D, II, 106 ; *Cart. de Bonnevaux*, 90, n° 208.

**3537** (Vers 1135).
Le même échange avec les mêmes un petit pré *(praticulum)* et approuve la vente de la 1/2 d'un champ que leur a faite Guigues de la Porte. Témoins.
Chevalier (U.), dans *Bull. acad. Delphin.* D, II, 106 ; *Cart. de Bonnevaux*, 90, n° 209.

**3538** (1135?).
Nantelme Garini et Bertrand Milo, chevaliers de Pinet, cherchèrent querelle [à Bonnevaux], puis cédèrent moyennant 30 sols. Témoins.
Chevalier (U.), dans *Bull. acad. Delphin.* D, II, 35 ; *Cart. de Bonnevaux*, 19, n° 26.

**3539** 1135.
Sieboud de Beauvoir confirma une seconde fois ses dons à l'abbaye de Bonnevaux, avec son fils Guillaume, quand Berlion de Moirans *(Moriacen.)*, Berlion Almanni et Pierre Siebod embrassèrent la vie monastique *(ad conversionem venerant)* à Bonnevaux ; ses fils Drodon et Sieboud l'imitèrent.
Chevalier (U.), dans *Bull. acad. Delphin.* D, II, 34 ; *Cart. de Bonnevaux*, 18, n° 21.

**3540** (1135?).
Sora, matrone de Beauvoir, vend avec ses fils Guigues et Jofred un manse à l'église de Bonnevaux. Témoins : Sigiliboud de Beauvoir, etc.
Chevalier (U.), dans *Bull. acad. Delphin.* D, II, 35 ; *Cart. de Bonnevaux*, 19, n° 27.

**3541** Apremont, 1135.
Antelme de Bénonce confirme une donation à la chartreuse de Portes, sur le chemin au-dessus d'Apremont *(de Aspero monte)*, entre les mains de Hugues évêque de Grenoble et d'Airaud, évêque de Maurienne. Témoins : Géraud, doyen de St-André de Grenoble,

Gontard moine de St-Chef, neveu de l'évêque de Gren., chanoines, ..., maître Othmar séculier.

Le Couteulx, *Ann. Cartus.* I, 388, cf. 387.

**3542** 1135.

Les seigneurs de Bellecombe, Guitfred et son frère Guigues, leur oncle Guitfred et ses fils Berlion et Guitfred avaient donné une alpe aux frères de la Chartreuse (1112). Après plusieurs années de paisible possession, les cultivateurs du village de Chartreuse y coupèrent du foin, affirmant aux anciens du pays que cette alpe était à eux et non aux seigneurs de Bellecombe. Ils ne purent fournir de preuve à l'audience de Hugues, évêque de Grenoble, qui leur ordonna de cesser cette querelle, ce qu'ils promirent.

Le Couteulx, *Ann. Cartus.* I, 396.

**3543** 1135.

Ponce de Laraze, puissant et riche dans le siècle, mais violent et cupide, se rend à la Chartreuse pour être fixé sur le meilleur ordre religieux : le prieur [Guigues] et les frères lui conseillent l'ordre de Cîteaux.

Le Couteulx. *Ann. Cartus.* I. 394-5.

**3544** 1135.

... la 5ᵉ année de Guillaume, évêque de Gap, Bernard, prêtre de Beauchêne *(Biochana)*, son frère Humbert, leurs neveux Odon et Guillaume, fils de leur frère Pierre Odonis, avec l'assentiment de leur mère Ermessende, donnent à Notre-Dame de Durbon et au prieur Lazare le pré presbytéral à la Chau *(Calmæ Durbonis)* ; ils reçoivent 20 sols monnaie de Valence. Témoins : l'évêque, etc. Approbation de Lantelme du Vilar et ses fils.

Guillaume, *Chartes de Durbon*, 15-6, n° 11. = Roman, 17ᵇ.

**3545** 1135.

... la 5ᵉ année de Guillaume, évêque de Gap. Guillaume de Montama et ses frères, Guillaume Ricaudi et les siens donnent à Notre-Dame de Durbon et au prieur Lazare tout leur domaine sur les prés de Durbon ; ils reçoivent 10 sols monnaie de Valence. Témoins : Guillaume de Champsaur, etc.

Guillaume, *Chartes de Durbon*, 16-7, n° 12. = Roman, 17ᵇ.

**3546** 1135.

... la 5ᵉ année de Guillaume, évêque de Gap. Guillaume Richaudi, de Vaunière *(Valle Nigra)*, et sa femme Sénégonde vendent à Lazare, prieur de Durbon, une terre au-dessus de la *podiata* Burriane, au prix de 120 sols monnaie de Valence. Assentiment de ses frères Arbert, Isnard et Bertrand. Consentement des tenanciers, moyennant 30 sols. Témoins : Guillaume de Champsaur, Guillaume prêtre de St-Julien, etc.

Guillaume, *Chartes de Durbon*, 17-8, n° 13. = Roman, 17ᵇ.

**3547** 1135.

... la 5ᵉ année de Guillaume, évêque de Gap. Lantelme du Vilar, sa femme et ses fils donnent à Notre-Dame de Durbon et à son prieur Lazare le pré près de la Peine *(Pennæ)* de Durbon ; Giraud Chamos et son fils en font autant. Ils reçoivent, l'un 7 sols monnaie de Valence, l'autre 10. Témoins : Guillaume de Champsaur, etc.

Guillaume, *Chartes de Durbon*, 15, n° 10. = Roman, 17ᵇ.

**3548** 1135.

... la 5ᵉ année de Guillaume, évêque de Gap. Pierre du Vilar, sa femme Blitgarde et leurs fils donnent à Ste-Marie et St-Jean-Baptiste de Durbon, au prieur Lazare et à ses frères le pré de Durbon, et tous leurs droits sur prés, terres, bois et montagnes ; ils reçoivent 20 sols monnaie de Valence. Témoins : Guillaume de Champsaur, etc.

Guillaume, *Chartes de Durbon*, 14, n° 9. = Roman, 18ᵃ.

**3549** 1135.

... la 5ᵉ année de Guillaume, évêque de Gap. Richaud Alboinus et ses fils, Hugues de *Fonte* et les siens donnent à Notre-Dame de Durbon et au prieur Lazare leurs droits sur prés, terres, bois et montagnes ; ils reçoivent l'un 12 sols monnaie de Valence, l'autre 20. Témoins : Guillaume de Champsaur, etc.

Guillaume, *Chartes de Durbon*, 18-9, n° 14. = Roman, 17-8.

**3550** Pise, 22 avril (1135, 1134/1136).

Lettre du pape Innocent II à Guigues, prieur de la Chartreuse. Sur l'audition des gestes et des miracles du bˣ Hugues, évêque de Grenoble, il vient, du conseil des archevêques, évêques et cardinaux, de le ranger au nombre des saints. Au nom de sᵗ Pierre, il lui ordonne de transmettre à la postérité tout ce qu'il sait de sa vie et de ses miracles. — *Divinis respondentes.*

Baronius. *Ann.* 1134, 2 (XII. 225 ; XVIII. 484-5). Surius. *Acta sanct.* II. 465. Labbe. X, 971. *Acta ss. Bolland.*, april. I, 30 ; 37. *Vita s. Brunonis.* 427. Mansi. XXI, 417. Tromby. *Stor. Cartus.* III, app. 230. Cherubini. *Bull.* I, 60. *Patrol. lat.* CLXXIX. 256. Trepier, dans *Doc. acad. Savoie*, VI, 108-9. Le Couteulx. *Ann. Cartus.* I. 379-80. Le Vasseur. *Ephemer. Cartus.* I, 501. = Georg. I. 546. Brέq. II. 612. Jaffé. 5524-7742.

**3551** (Après 22 avril 1135).

Lettre de Guigues, prieur de la Chartreuse, au pape Innocent II, en lui envoyant la vie de sᵗ Hugues, évêque de Grenoble, qu'il a rédigée sur son ordre et sur les désirs d'Airald, évêque de Maurienne, et d'Hugues II. évêque de Grenoble. — *Non pepercit nostræ.*

*Acta ss. Bolland.*, april. I, 37. Bouquet, XIV, 242-5. *Patrol. lat.* CLIII. 761-3. Trepier, dans *Doc. acad. Savoie*, VI, 109-10. Le Couteulx, *Ann. Cartus.* I. 380-1.

**3552** 30 mai 1135.

Concile tenu à Pise par le pape Innocent II, dans lequel est déposé Eustache. évêque de Valence, *propter incontinentiam.*

Roso card., dans Duchesne, *Liber pontif.* II, 382. Bernheim, dans *Zeitschr. f. Kirchenrecht* (1881), XVI, 148. Weiland. *Constitut. imperat.* I, 577. = Jaffé, - p. 865.

**3553** Pise, 31 mai 1135.

Bulle du pape Innocent II à Hugues, évêque de Grenoble. Il le félicite d'avoir institué la vie régulière suivant l'ordre de St-Augustin dans sa cathédrale : les clercs décédés seront remplacés par des chanoines et l'évêque par un moine ou un chanoine régulier... *ind. 13..., aº 5[= 6ᵉ].* — *Quisquis post hujus.*

Valbonnays, 2ᵉ *Reg.* n° 146. — Chevalier (U.). *Cart. d'Aimon de Chissé*, 54-5 ; cf. 18-9, n° 40. Trepier, dans *Doc. acad. Savoie*, VI, 112-3. Le Couteulx, *Ann. Cartus.* I. 398-9. = Valbonnays, *H. de D.* II, 135 a (1136). Jaffé, -7698.

**3554** (Après 6 juin) 1135.

Lettre de Pierre le Vénérable, abbé de Cluny, au pape Innocent II, au sujet des évêques (*Ebredunensi*, etc.) maltraités à leur retour du concile de Pise à Pontremoli. — *Dies tribulationis*.

Petri Vener. *Epist*. I, 27 : Bouquet. XV, 629-30. *Patrol. lat*. CLXXXIX, 108-12.

**3555** Pise, 18 juin 1135.

Bulle du pape Innocent II adressée à Pierre, abbé [de St-Victor] de Marseille, par laquelle il confirme les possessions de son monastère [outre ce que renferme la bulle du 23 avril 1113] : *in episcopatu Ebredunensi ecclesiam de Caturicis et in eadem villa ecclesiam S. Sepulchri*. — *Cum universis*.

Guérard, *Cartul. St-Victor Marseille*, II, 229-30, n° 844. = Jaffé, 5554-7718. Roman, 17.

**3556** 31 août (1135 ou 1140).

Guigues Richard rend hommage à Hugues, évêque de Grenoble *d. sabbati*, en présence de l'évêque de Maurienne, du chanoine Etienne, socius de l'évêque de Grenoble, de Falcon, prieur [de St-Donat], Girard [prieur] de St-Bonnet-(de-Galaure, *S. Boniti*). Nantelme chanoine de Romans, Pierre Borrel, mistral de l'évêque, etc.

Marion, *Cart. de Grenoble*, 269-70, n° 11.

**3557** (Vers 1135).

Composition du Cartulaire de St-André-le-Bas.

Chevalier (U.), *Cart. de St-André-le-Bas*, vij.

**3558** (1135/6).

Lettre de s' Bernard, abbé de Clairvaux, à Guigues, prieur de la Chartreuse, et à ses frères. Il s'excuse de n'avoir pu leur faire visite, bien qu'ayant été dans leurs parages : ses occupations l'en ont empêché ; il se recommande à leurs prières. — *Primum quod*.

S. Bernardi *Epist*. 12. Manrique, *Ann. Cisterc*. I, 1756. *Patrol. lat*. CLXXXII, 115-6. Le Couteulx, *Ann. Cartus*. I, 393-4.

**3559** (1136).

Lettres de l'abbé de Clairvaux à Bernard, prieur de la chartreuse de Portes. Il lui annonce l'envoi des premiers sermons qu'il a composés durant l'Avent 1135 sur le Cantique des Cantiques et lui demande son avis pour savoir s'il doit continuer. — *Petis instanter* et *Dissimulare non valeo*.

Epist. 153 et 154 : *Patrol. lat*. CLXXXII, 312-313 ; Vacandard, *Vie de s' Bernard*, 186 et 471, note.

**3560** (Vers 1136).

Lettre de l'abbé de Clairvaux à Innocent II. Il le supplie de ne pas nommer Bernard de Portes, évêque en Lombardie (Pavie ou Lodi ?), mais de le réserver pour un siège où il puisse rendre des services, *cui sic præsit, ut prosit*. [Bernard de Portes fut, en effet, nommé cette même année évêque de Belley]. — *Dilectam Deo et hominibus Bernardum de Portis*.

Epist. 155 : *Patrol. lat*. CLXXXII, 314. Vacandard, *Vie de s' Bernard*, I, 186. = *Hist. litt. de la France*, XII, 420. *Gallia christ. nova*, XV, 614. Le Couteulx, *Ann. ord. Cartus*. II, 132.

**3561** La Chartreuse (1136 ?).

Guitfred le Vieux et ses neveux Guitfred Pinnatus et Guigues, leurs femmes et enfants avaient donné des alpes aux frères du désert de la Chartreuse. Plusieurs années après, des hommes cupides extorquèrent à Guigues la permission d'y chercher une mine *(mena)* de fer, qu'ils y trouvèrent. Le prieur, bien qu'accablé de vieillesse et d'infirmités, envoie le moine Etienne à la recherche de Guigues ; ne l'ayant pas trouvé, il descend à Bellecombe et finit par le rencontrer près de Grenoble. Guigues se repent de sa concession et proteste qu'il n'en donnera plus, même si on devait y trouver une mine d'or. Son mistral Louis, aidé de robustes gaillards, se rend à la fosse et la comble avec des rochers. Hugues, évêque de Grenoble, réunit de nombreux paroissiens à la Chartreuse, loue le mistral et fustige tous les mineurs.

Le Couteulx, *Ann. Cartus*. I, 435-6.

**3562** St-Paul-Trois-Châteaux, 19 mars 1136.

Donation d'un terrain à St-Paul par Guillaume de Pierrelatte, à Arnaud de Bédoz, chevalier du Temple. Approbation de l'évêque Pons, de l'archidiacre, du doyen et du cabiscol. *Dant... in civil. Tricastrina*.

Ripert-Monclar (de), *Cart. de Richerenches*, 28-9, n° 27. *Gallia christ. noviss*. IV, 47-8.

**3563** St-Paul-Trois-Châteaux, 19 mars 1136.

Donation par Ponce, évêque de St-Paul-Trois-Châteaux, et Bertrand Viaders, aux chevaliers du Temple de Salomon de Jérusalem, de l'église de St-Jean à St-Paul. Approbation de l'archidiacre, du doyen et du cabiscol.

Ripert-Monclar (de), *Cart. de Richerenches*, 121-2, n° 128. *Gallia christ. noviss*. IV, 48.

**3564** (Après 19 mars) 1136.

Donation en alleu franc par Hugues de Bourbouton et 18 autres aux chevaliers du Temple de Salomon de Jérusalem. Fait en présence de Ponce de Grillon, évêque de Trois-Châteaux.

Ripert-Monclar (de), *Cart. de Richerenches*, 3-4, n° 1. *Gallia christ. noviss*. IV, 48.

**3565** (Après 19 mars) 1136.

Donation aux mêmes par Guillaume Malemanus et sa mère Orfrise ou Orfrèse, avec approbation des seigneurs de Bourbouton, en présence de Ponce de Grillon, évêque de Trois-Châteaux.

Ripert-Monclar (de), *Cart. de Richerenches*, 18, n° 14. *Gallia christ. noviss*. IV, 48.

(28 mai) 1136 = (18 avril 1118).

**3566** (Vers juillet 1136).

Lettre des Chartreux à Raynaud, archevêque de Reims, [qui s'était rendu dans leur monastère l'année précéd.], à qui ils envoient, suivant son désir, des moines pour instruire de leurs coutumes ceux de la chartreuse de Mont-Dieu. — *Lætificavit nos*.

Le Couteulx. *Ann. Cartus*. I, 405-6.

27 juillet 1136 = 27 juillet 1137.

**3567** Chartreuse, 18 octobre 1136.
Chapitre général tenu à la Chartreuse par le prieur Guigues et ceux de Portes, Lazare de Durbon, de Meyriat et autres.
Le Couteulx, Ann. Cartus. I, 401.

**3568** (1136/1138).
Affranchissement des habitants de Leuk et de Naters par le comte et marquis Amédée. Témoins : Aimon de Boczosel, Aymon de Briançon, etc.
Cibrario e Promis, Docum. 46-7.

**3569** Pont-de-Beauvoisin, (1136/1140).
Notice de Nantelme, évêque de Belley *(Belicen.)*, sur l'assentiment accordé par Lombard de Meyzin et ses fils aux frères de Chalais *(Calesien.)* touchant la vente des terres et pâturages de Ponce d'Avressieux *(Auricen.)* et son frère Sofred ; les religieux lui rachètent le manse de Maunant pour 300 sols Viennois. Fait *apud Pontum de Belveisin*, en présence de 3 convers, auxquels il donne 4 garants *(firmantiæ)*. — Cet acte fut confirmé entre les mains de l'évêque, dans l'église de l'hôpital de *Intersaxis*. Témoins : Pierre Jean, moine des Ecouges..., Radulfe archidiacre de Belley et autres.
Pilot de Thorey, Cart. de Chalais, 30-2, n° 14.

**3570** Yenne, (vers 1137).
Confirmation par Amédée, comte et marquis, de la fondation de l'abbaye de St-Sulpice en Bugey. *Fact. ap. Yennam*, en présence de Ponce, évêque de Belley..., Soffroy de Beaumont, Bernard de Roussillon, Humbert de Boczosel, etc.
Guichenon, Hist. de Bresse et Bugey, IV, pr. 243 ; Hist. généal. mais. Savoie, pr. 32. Brizard, Hist. généal. mais. Beaumont, II, 7.

**3571** 1137.
Donation par Amédée, comte et marquis, à l'église de St-Nicolas du Mont-Joux. Témoins : Aymon de Briançon *(Brienzun)*, etc.
Hist. patr. mon., Chart. II, 224-5. Gremaud (J.), dans Mém.-doc. soc. hist. Suisse rom. XXIX, 81.

**3572** 1137.
Gontard prend l'église et la ville de Romans, ses habitants, droits *(honores)* et possessions sous sa garde et défense *(manutenentia)* contre le comte Guigues, dauphin. Si celui-ci leur fait la guerre ou les tient *in malo respectu*, il les aidera de son secours et de ses conseils. Il leur rendra le château de Pisançon *(Pisantiacum)* avec ses munitions à toute réquisition de l'abbé ou du sacristain, de l'avis de six chanoines. Il en fait serment sur l'autel de St-Laurent et donne pour otages Guy Bernardi, Garcin, Ponce de Pisançon et Lantelme des Chavaias. Les contractants se promettent secours mutuel ; le chapitre remboursera les dépenses de guerre.
Giraud, Hist. S. Barnard-Romans, I, pr. 221-2 ; II, pr. 69-70.

**3573** 1137.
... la 7ᵉ année de Guillaume, évêque de Gap. Guillaume de Montama, ses fils et filles, ses frères Ricaud, Ponce Ricaudi et Pierre Brachi, Isnard, Guillaume, Herbert et Bertrand, fils de Ricaud de Vaunière *(Valle Nigra)*, donnent et vendent à Notre-Dame et St-Jean-Bapt. de Durbon, et au prieur Lazare des prés, terres et bois sur le torrent de Burriane ; ils reçoivent 300 sols monnaie de Valence. Matfred de Beaudinar et ses fils, son frère Lagier et les siens, les tenanciers *(cultores)*, Dio. ses frères et ses fils, etc. en font de même, moyennant 80 sols. L'évêque cède ses droits. Témoins : Guillaume prêtre de St-Julien, etc. Confirmation par Henri *(Aenricus)*, prince de la contrée *(terræ)*.
Guillaume, Chartes de Durbon, 19-20, n° 15. = Roman, 18ᵉ.

**3574** (Vers 1137).
Lettre d'Hermann, abbé de St-Martin de Tournai, à Etienne, archevêque de Vienne, lui envoyant son traité de l'Incarnation de Jésus-Christ, en reconnaissance de l'hospitalité qu'il lui avait accordée, à lui des frontières des Francs. — *De benignitate quæ*.
Oudin (Cas.), Opusc. sac. vett. Gallia-Belgii script. (1692). Galland, Bibl. patr. XIV, 381. Patrol. lat. CLXXX, 9-38. = Hist. litt. France. XII, 288 ; XIII, 328. Wauters, II, 196.

**3575** La Mure, 1137.
Nantelme de Champ *(Campis)*, fils de Nantelme Atténulfe, donne à l'église de St-Laurent (d'Oulx, *de Plebe martyrum*) les dîmes qu'il possède à la Grave (*apud Arenas*) et reçoit 120 sols. Fait entre les mains du prévôt Pierre, *in villa q. v. Mura, in platea, ante domum Girardi Brutinelli*. Témoins : le chanoine Richard, le chapelain Pierre Meierius, etc. — *Cum vetustate rerum*.
Rivautella, Ulcien. eccl. chartar. 161, n° 191. Collino, Carte d'Oulx, 112-3, n° 112.

**3576** 1137.
Nicolas Breakspear, anglais, est nommé prieur de St-Ruf à Avignon.
Bouquet, XII, 438 ; XIII. 102.

**3577** Orange, 11 février (1137).
Pierre Vanella et son frère Isnard cèdent leurs droits sur les biens que les chevaliers du Temple de Salomon ont achetés *(acaptaverunt)* dans le territoire de Roaix. Fait entre les mains de Pierre de Roveria, maître de la milice du Temple, en présence de Bernard, évêque d'Orange, et Foucher *(Fulcherius)*, abbé de St-Ruf, Pierre de Venterol, etc... *fer. 5, luna 16...*
Chevalier (U.), Cart. des Templiers de Roaix, 65-6, n° 107.

**3578** Pise, 25 février 1137.
Bulle de privilège accordée par le pape Innocent II à Guillaume, évêque d'Orange ; il précise son indépendance de l'évêque de Trois-Châteaux et les limites fixées naguère à Rome, en présence de Ponce, évêque de ce siège. — *In beati Petri*.
Gallia christ. nova, I, instr. 132-3. Cocquelines, Bull. II, 232. Patrol. lat. CLXXIX, 318-20. = Jaffé, 5584-7828.

**3579** 26 juin 1137.
vi [al. xi] kal. julii, anno ab Incarnatione Xpisti [al. Domini] MCXXXVII, dedit Gontardus Lupi, dominus Rochefortis, locum istum abbatie Morimundi ad abbatiam ibidem construendam in honorem beate Marie.
Gallia christ. nova, I,737. Deloye (A.), dans Bibl. de l'éc. d. Chartes, 2ᵉ sér. III, 32-3. Ann. de l'abb. d'Aiguebelle, I, 11-3. Fillet (L.), dans Rev. du Dauphiné (1881), V, 86.

**3580** 27 juillet 1137.
Obit de Guigues, prieur des Chartreux, dans la 54ᵉ année de son âge, la 30ᵉ de sa conversion et la 27ᵉ de son priorat.

CHEVALIER (U.), *Nécrol. de St-Robert*, 34. GUIGUE, *Obituar. Lugdun. eccl.* 81 ; *Obit. égl. primat. Lyon*, 58. LE COUTEULX, *Ann. Cartus.* I, 410-7, 441-2. LE VASSEUR, *Ephemer. Cartus.* II, 535-44. = *Répert.*, Bio, 1921.

**3581** 23 août 1137.
Fondation de l'abbaye cistercienne de Léoncel *(Lioncellum)* par une colonie de moines de Jean, abbé de Bonnevaux, conduite par frère Amédée d'Hauterives.

MANRIQUE, *Ann. Cisterc.* III, a. 1137, c. 7, 1-6. MARTÈNE, *Thes. nov.anecd.* III, 1695. JANAUSCHEK, *Orig. Cisterc.* I, 46-7.

**3582** (1137-8).
Lettre de Pierre [le Vénérable], abbé de Cluny, à [Hugues], prieur de la Chartreuse, et à ses frères : il se plaint amicalement de ne pas trouver dans la lettre qu'il a reçue les sentiments d'affection auxquels le prieur Guigues l'avait habitué. — *Agnosco quid.*

PETRI Vener. *Epist.* v. 35; *Patrol. lat.* CLXXXIX, 371-2. LE COUTEULX, *Ann. Cartus.* I, 424-5.

**3583** (1137/1140).
Lettre ou traité de Pierre le Vénérable, abbé de Cluny, adressé à Guillaume [archevêque] d'Embrun, Uldric [évêque] de Die et Guillaume [évêque] de Gap, contre les Pétrobrusiens. Parcourant dernièrement leurs diocèses, il y a vu des populations rebaptisées, des églises profanées, des autels démolis, des croix brûlées, des chairs mangées le dimanche de la Passion, des prêtres flagellés, des moines emprisonnés, des prêtres contraints par terreur et tourments à se marier. Il faut invoquer le secours d'en-haut et apporter avec diligence les remèdes à cet état de choses. — *Scripsi nuper.... Quoniam inter.*

*Gallia christ. vet.* I, 276*; *nova.* III, 1072; *noviss.* III, 218. MAHRIER, *Bibl. Cluniac.* 1117-230. BOUQUET, XV, 638-40. ALBERT, *Hist. eccl. dioc. Embrun*, II, 103. GIOFFREDO, *Stor. d. Alpi Maritt.* (*Hist. patr. mon.*, Scr. II, 381-2). *Patrol. lat.* CLXXXIX, 719-850. = CHEVALIER (J.), *Hist. égl. Die*, I, 197-8; *Mém. hist. hérésies Dauphiné*, 2-3. VERNET (F.), dans *Dict. théol. cathol.* II, 1152. ROBERT (G.), *Ecoles-enseignem. théologie XII*ᵉ s.*, 196-8.

**3584** (1137/1141).
Eustache, évêque et comte de Valence, fait remise aux frères de l'abbaye de Ste-Marie de Léoncel *(Fontis Lionnæ)* des droits de péage et de leyde à Valence.

Voir la charte de (1148/1154) de Bernard év.

**3585** (1137/1160).
Pierre de Champ et sa femme Acelène cèdent *(gerpiverunt)* leur héritage entre les mains de Pierre, prévôt [d'Oulx]. Fait au château d'*Insua*, dans la maison de Pierre Franconis, en présence de Guillaume de Vizille; du chanoine Richard, du chapelain majeur Etienne, etc.

RIVAUTELLA, *Ulcien. eccl. chartar.* 162, n° 192. COLLINO, *Carte d'Oulx*, 113-4, n° 113.

**3586** (1138).
Lettre de sᵗ Bernard, abbé de Clairvaux, *viro illustri Eustachio*, usurpateur *(occupator)* du siège de Valence. Il ne lui envoie pas de salut, mais le lui souhaite ; il l'exhorte, tenant compte de son âge, de la mort imminente et du jugement de Dieu, à rentrer en lui-même et à ne pas s'abandonner aux conseils pervers des adulateurs. — *Salutem tibi.*

MANRIQUE, *Ann. Cisterc.* I, 353. S. BERNARDI *Opera*, I, 178-9. *Patrol. lat.* CLXXXII, 346-8. = BRÉQ. III, 24. CHEVALIER (J.), dans *Bull. soc. archéol. Drôme*, XXVII, 141-2 (à part. I, 176). — MARTÈNE fait remarquer (*Script. ampliss. coll.* I, 744-5) que la lettre 148 « in eod. Leodien. S. Jacobi inscribitur ad eumdem pro electo Valentino, de quo nihil in textu ».

**3587** (Vers 1138).
Lettre de sᵗ Bernard, abbé de Clairvaux, à Hugues de Châteauneuf, neveu de sᵗ Hugues, évêque de Grenoble, alors novice à l'abbaye du Miroir et futur abbé de Bonnevaux. Il le loue de son projet d'embrasser la vie religieuse, le prémunit contre les tentations et l'excite à la persévérance. — *Audita conversione.*

*Acta ss. Bolland.* april. I, 47-9. S. BERNARDI *Opera*, I, 299. *Patrol. lat.* CLXXXII, 527-8.

**3588** 1138.
Girold de Langin et autres donnent à Dieu, à la bᵉ Marie et à l'ordre des Chartreux le désert de Vallon, avec ses appartenances.

MÉNABRÉA (Léon), dans *Mém. acad. Savoie* (1854), B, II, 271-2.

**3589** 1138.
Guillaume, comte de Nevers, se fait l'humble pauvre du Christ (convers) à la Grande-Chartreuse.

GUILLELMUS de Nangiaco, *Chronicon* : BOUQUET, XX, 730. LE VASSEUR, *Ephemer. Cartus.* III, 96-105.

**3590** 1138.
Humbert de Boczosel *(Bocosello)*, son épouse Poncia et ses fils donnent à l'église de St-Barnard et à Didier Raestagni pour l'église de St-Etienne [de Montagne] les dîmes qu'ils percevaient au lieu de *Pieres*, dans cette paroisse ; ils reçoivent de Didier 45 sols, en présence de l'archevêque de Vienne Etienne (S.) et des chanoines de Romans. Témoins : l'abbé [de St-Félix] Guillaume, l'archiprêtre Matfred, Guillaume de Châtillon, Guillaume de Genissieu, Pierre de Flandènes, etc.

GIRAUD, *Hist. S. Barnard-Romans*, pr. II, 68, n° 282.

**3591** 1138.
Etienne, archevêque de Vienne, donne à Aimoin, abbé de St-André-le-Bas, les bourgs de Croze et du Vaussaire *(villæ de Crosis et de Valserris)*, avec leur paroisse.

CHORIER, *Estat polit.* II, 387. — Cf. 16 avril 1121 ?

**3592** 15 ou 16 juin 1138.
Donation par Hugues de Bourbouton, son neveu Bertrand et Ripert Folraz aux chevaliers du Temple du Christ de Jérusalem, entre les mains de Géraud, évêque de Trois-Châteaux.

RIPERT-MONCLAR (de), *Cart. de Richerenches*, 5-7, n° 3. *Gallia christ. noviss.* IV, 48.

**3593** 16 juin 1138.
En suite de sa donation et de sa profession de chevalier du Temple, Hugues de Bourbouton décrit cette seigneurie, du conseil et en présence de l'évêque Géraud, de ses clercs et de B. de Mornas, prieur de St-Amand.

RIPERT-MONCLAR (de), *Cart. de Richerenches*, 88-91, n° 89. *Gallia christ. noviss.* IV, 48-9.

**3594** (Après 16 juin 1138).
Bertrand des Baumes entre dans la milice du Temple et lui donne deux serfs, du conseil de Ponce de Grillon, [ancien] évêque de Trois-Châteaux.
RIPERT-MONCLAR (de), *Cart. de Richerenches*, 36-7, n° 33. *Gallia christ. noviss.* IV, 49.

**3595** (Après 16 juin 1138).
Donation au Temple par Hugues de Montségur et autres, à la prière de Ponce de Grillon, [ancien] évêque de St-Paul.
RIPERT-MONCLAR (de), *Cart. de Richerenches*. 48-9, n° 47. *Gallia christ. noviss.* IV, 49.

**3596** (15) août 1138.
Après la destruction de la ville de Romans, il survint des contestations entre Raynaud, fils de François, et les Romanais. Raynaud finit par abandonner ses réclamations et confirma tout ce que son père et lui avaient donné ou concédé à l'église : le portail près de l'Aumône au nord, la clôture de la ville, avec faculté de construire des portails surmontés d'arcs et de tours *(chaafalci)*, etc. L'église doit le soutenir et, si on lui enlève sa terre au-delà de l'Isère *(Hisara)* dans le Viennois, il aura sa retraite dans la ville de Romans ; le dommage qu'il aura éprouvé sera apprécié par 3 chevaliers de Peyrins et 3 clercs ou laïques de Romans, lesquels jugeront aussi les différends qui surgiraient entre leurs vassaux *(homines)*. Témoins : Foucher de Châtillon, etc. ; Artaud de Rochefort, etc.. *ind. 1, .. fer. 2, luna 7 [= 6], Innocentio papante, regn. D. N. J. C.*
GIRAUD, *Hist. S. Barnard-Romans*, II, pr. 106-8 ; compl. 124-5, n° 292.

**3597** (Après 1138).
Pierre du Bois attaque *(misit in placitum)* Hugues de Bourbouton, commandeur de Richerenches, devant Géraud, évêque de St-Paul, qui ordonne au chanoine Guillaume Renoard de témoigner en faveur du Temple.
RIPERT-MONCLAR (de), *Cart. de Richerenches*, 49-50, n° 48. *Gallia christ. noviss.* IV, 49.

**3598** St-Gervais. (1139 ?)
Audisia, dame d'Izeron *(Yseronis)*, donne aux religieux des Ecouges *(Excubien.)*, pour le repos de l'âme de son mari, G[uigues] de Sassenage *(Cassenatico)*, 12 den. censuels à Rison. Fait dans l'église de St-Gervais, du temps du prieur Soffred, entre les mains du procureur Raymond, en présence de Pierre de Champ, chapelain de St-Gervais, etc.
AUVERGNE, *Cart. des Ecouges*, 91, 193, n° 6.

**3599** Villars, 1139.
Etienne de Villars, fils d'Ylie, sur le point de partir pour Jérusalem, fait don aux chanoines de St-Ruf de sa part du port du Rhône, ce que confirme son fils Etienne *in castro Vilars*, en la maison d'Etienne Broci. Seing de Guillaume, abbé de St-Ruf, etc.
GUIGUE (M.-C.), *Obit. abb. St-Pierre de Lyon*. 15 ; *Cart. Lyonnais*, I, 35-6. CHEVALIER (U.), *Codex diplom. ord. S. Rufi*. 29-30, n° 21.

**3600** Chalais, (vers 1139).
Gautier de Miribel(-les-Echelles, *Mirabello*) vend aux frères de Chalais la *tascha* du manse de l'Arpette *(Albeta)*, pour 60 sols Viennois. Fait *apud Calesium*, dans la maison des hôtes, en plaçant le livre sur l'autel. Témoins : l'abbé Bernard et le prieur Guillaume de Chalais, le médecin Guillaume. Son frère Valère donne sa part, dans l'église *S. Chatboudi* ; témoins : frère Landulfe, convers de Chalais, jadis chevalier de St-Cassin, etc.
PILOT DE THOREY, *Cart. de Chalais*, 32-3, n° 15.

**3601** « Agadellæ », 1139.
Geoffroy, archevêque de Bordeaux, confirme à Robert, prieur de Mornac, diverses églises qui lui avaient été attribuées au concile de Pise contre les moines de Cluny et de Maillezais. Fait en présence des évêques de Saintes et d'Angoulême.
CHEVALIER (U.), *Codex diplom. S. Rufi*, 28, n° 20.

**3602** 1139.
...la 9° année de Guillaume, évêque de Gap, Guillaume de Montama et ses fils, ses frères Ricaud, Ponce et Pierre ; Guillaume Ricaudi, de Neuvilar *(Altvilar)*, et ses frères Arbert, Isnard et Bertrand, vendent à Lazare, prieur de Durbon, un bois avec terres, prés et rochers, près du pré de Vincent, prêtre de St-Julien, actuellement moine de Durbon, jusqu'au torrent de Burriane ; ils reçoivent 8 liv. monnaie de Valence. Font de même Matfred de Beaudinar *(Beldisnar)* et ses fils, son frère Lager et les siens ; Rolland, Pierre et Ponce Alboini, etc. ; on leur donne 12 sols. L'évêque cède ses droits. Approbation d'Henri *(Hainricus)*, fils de Lambert. Témoins : le prélat, Guicard du Temple, etc.
GUILLAUME, *Chartes de Durbon*, 21-2, n° 16. = ROMAN, 18.

**3603** (Vers 1139).
Traité entre Romestaing d'Albon *(Albion)*, chevalier, et Robert, abbé de St-Pierre à Vienne.
CHORIER, *Hist. de Dauph*. I, 788, 837 ; 2°. 606, 644.

**3604** Latran, 13 février 1139.
Bulle du pape Innocent II adressée à Bernard, abbé de Chalais *(Calesien.)*, par laquelle il prend son monastère sous la protection de s¹ Pierre (,etc.)
PILOT DE THOREY, *Cart. de Chalais*. 29-30, n° 13. LE COUTEULX, *Ann. Cartus*. I, 456-7. = JAFFÉ, -7948.

**3605** Ecouges, (avant 23 février) 1139.
Hugues, un des seigneurs de Rancurel, donne à Hugues, prieur du couvent des Ecouges *(heremi Excubiarum)* son tènement de Ruizant *(Rison)*, dont on détermine exactement les limites, avec toutes ses dépendances, du consentement de ses frères Ardenc et Lantelme. Il se donne lui-même au monastère et s'engage à ne pas prendre ailleurs l'habit religieux. Fait dans le cloître, en présence du prieur et des frères et autres. *pontif. Innocentii Rom. episc. a° 9, Hugonis Gratianop. episc. a° 7. regn. Gonrado imper.* L'évêque de Grenoble appose son sceau.
AUVERGNE, *Cart. des Ecouges*, 89-91, n° 5.

**3606** Ecouges, 29 mai 1139.
Dans une charte-notice, Hugues II, évêque de Grenoble, rappelle que, successeur de s¹ Hugues, il a con-

sacré de ses mains, de concert avec Odaldric, évêque de Die, le jour de l'octave de la Pentecôte, l'autel du désert *(heremi)* des Ecouges *(Excubias)*, en l'honneur de la Ste-Vierge et de s¹ Jean-Baptiste. Les acquéreurs du lieu, fondateurs et patrons du monastère, Francon et Mallen, fils de Guigues Didier, Rainaud de Lans et son fils Guilis, s'opposèrent comme un mur aux envahisseurs *(calumniatores)* des limites, qui furent fixées de la Drevène *(fons Drevenis)* et du sommet des monts à Facebelle *(Fucibella)* et à l'Alchine *(Folleil Dalchina)*. Les évêques prononcèrent l'excommunication contre ceux qui les transgresseraient, en présence de près de 3.000 personnes des deux sexes... Soffred étant prieur, pontif. Innocentii Rom. pont. a⁰ 9, Hugonis Gratian. episc. a° 7. Seings.

*Invent. St-Marcellin.* I, 794. FONTANIEU, *Cart. du Dauph.* I, 104ᵇ°. — VALBONNAYS, *Hist. de Dauph.*II, 390-1. BOYS (A. du), *Vie de s' Hugues*, 488-90. AUVERGNE, *Cart. des Ecouges*, 87-8, n° 4. *Gallia christ. nova*, XVI, instr. 88-9. LE COUTEULX, *Ann. Cartus.* I, 455-6. = BRÉQ. III, 32.

**3607** (Vers 1140).
Armand, fils d'Armand Cardon, revient sur la donation de son père à Bonnevaux, puis reconnait son injustice et demande pardon, en présence du prieur Adémar, de Hugues d'Anjou, de Guagon chevalier de Moras, etc.

CHEVALIER (U.), dans *Bull. acad. Delphin.* D, II, 82-3; *Cart. de Bonnevaux*. 66-7, n° 151.

**3608** (Vers 1140).
Cardona élève des réclamations contre les frères de Bonnevaux, puis s'en désiste. Témoins.

CHEVALIER (U.), dans *Bull. cit.* D, II, 114; *Cart. Bonn.* 98, n° 236.

**3609** (Vers 1140).
Garin, chevalier de Revel, donne aux frères de Bonnevaux la tasque et le service qu'il percevait à Landrin ; il reçoit en échange un champ à Bossieu *(Bulgies)* et 60 sols. Témoins : Falcon de Moras *(Muraz)*, etc.

CHEVALIER (U.), dans *Bull. cit.* D, II, 115; *Cart. Bonn.* 99, n° 238.

**3610** (Vers 1140).
Guillaume Filippi, de Surieu *(Suireu)*, vend aux frères de Bonnevaux 12 setérées de terre à Landrin *(L-ns)*, etc., au prix de 190 sols. Garants : Ponce de Roussillon, etc. Témoins : Isard de Bellegarde. Approbation de Pierre *Heremita* et de Guillaume de Mercurol. Témoins : Muntarsin d'Albon *(Helbone)*.... Pierre de Treffort *(Trafforth)*, prieur de St-Avit.

CHEVALIER (U.), dans *Bull. cit.* D, II, 122-3 ; *Cart. Bonn.* 106-7, n° 255.

**3611** (Vers 1140).
Jarenton de Claveyson, sa femme Verona et leurs fils donnent [aux religieux de Bonnevaux] le manse de Raas. Témoins : Sieboud de Beauvoir et Bermond de Claveyson. Guillaume de Chantemerle, sa femme Latiarda et son fils, Gautier de *Balbeveio* et sa femme approuvent.

CHEVALIER (U.), dans *Bull. cit.* D, II, 33; *Cart. Bonn.* 17, n° 18.

**3612** (Vers 1140).
Jarenton éleva des réclamations au sujet de sa vente aux frères de Bonnevaux, mais reconnut son erreur, en présence de Hugues d'Anjou, etc., du chevalier Guagon.

CHEVALIER (U.), dans *Bull. cit.* D, II, 113 ; *Cart. Bonn.* 97, n° 233.

**3613** Landrin. (vers 1140).
Joffred [Remestagni], emporté par la colère, revient encore sur ses accords avec les frères de Bonnevaux, puis les confirme *ap. L-ns* : on fait un échange avec lui et ses fils. Intermédiaires et témoins.

CHEVALIER (U.), dans *Bull. cit.* D, II, 114 ; *Cart. Bonn.* 98, n° 235.

**3614** (Vers 1140).
Les religieuses de Commiers *(Commercio*, le Monestier) avaient reçu d'une dame Juste de Revel un champ au territoire de St-Maurice [c° de Beaumont-Monteux] ; elles en firent cadeau aux frères de Bonnevaux, ce qu'approuvèrent les fils de cette dame.

CHEVALIER (U.), dans *Bull. cit.* D, II, 121-2; *Cart. Bonn.* 105-6, n° 253.

**3615** (Vers 1140).
Muntarsin d'Albon *(de Helbone)* donne à la maison de Bonnevaux le 8° du bois *Mornesiensis*, et reçoit 100 sols. Témoins : le chapelain Jouenc et le mistral Brun Beltus de la comtesse, etc.

CHEVALIER (U.), dans *Bull. cit.* D, II, 121 ; *Cart. Bonn.* 105, n° 252.

**3616** (Vers 1140).
Ode, abbesse de St-Pierre à Lyon, accorde à Jean, abbé de Bonnevaux, le libre passage du port du Rhône. Sceau d'Etienne, archevêque de Vienne.

*Gallia christ. nova*, IV, 285 ; XVI, 209. GUIGUE, *Obit. St-Pierre de Lyon*, 7.

**3617** (Vers 1140).
Pierre Samson, de Moras, donne aux frères de Bonnevaux une terre sur le chemin de Bossieu *(Bulgies)* et reçoit 60 sols. La fille de Guigues Baratha, dont il la tenait, approuve, moyennant 10 sols. Raimond d'Anjou et sa mère, qui l'avaient en alleu, reçoivent 40 sols pour leur assentiment. La terre est mesurée par Guigues d'Anjou, etc.

CHEVALIER (U.), dans *Bull. acad. Delphin.* D, II, 114 ; *Cart. de Bonnevaux*, 98, n° 237.

**3618** 1140.
Donation par Giraud de Jarjayes à l'abbaye de Boscaudon de son droit sur une vigne à Remolon, le surplus ayant été concédé par son cousin Lantelme de Jarjayes. Témoins : Hugues, prévôt de Gap. Raimbaud sacristain, Pierre Giraud prédicateur, etc... lundi.

FORNIER, *Hist. d. Alpes Marit.* I, 695. = ROMAN. 18ᵇ.

**3619** (1140 ?).
Burnon de Voiron, ses frères Adémar et Amédée donnent à l'église de Chalais *(Calesien.)* leur terre dans la paroisse de St-Laurent-du-Pont *(de Deserto)*, limitée par Chorolant *(Chabrolantium)*, la combe qui descend à la Terrasse *(Terracia)* et à Chomas et Pelus Avenaz. Témoins : Bernard, abbé de Chalais, le moine Gui-

chard, Mallen chapelain de Miribel(-les-Echelles, *Mirabel*), etc.

PILOT DE THOREY, *Cart. de Chalais*, 34-5, n° 17.

**3620** (Vers 1140).

Guigues Arbert, de Voreppe *(Vorapio)*, vend une vigne aux frères de Chalais *(Calesien.)*, au prix de 23 sols Viennois ; Bernard du Puy, qui la tenait de lui, cède sa jouissance pour 27 sols. Témoins : le prieur Guichard, frère Jean et plusieurs autres.

PILOT DE THOREY, *Cart. de Chalais*, 33, n° 16.

**3621** (Vers 1140).

Lettre de Falcon, archevêque de Lyon, à Antelme, prieur de la Chartreuse, approuvant ce qui sera décrété en chapitre général.

MARTENE, *Thes. nov. anecd.* IV, 1239. *Gallia christ. nova*, XVI. 275.

**3622** (1140).

Lettre de [Pierre] B[erengarius] aux frères de la Chartreuse [au sujet de la condamnation de Pierre Abailard au concile de Sens] ; il leur reproche, entre autres, de mal observer le silence et leur amour de la dispute. — *Loquor ad dominos*.

ABÆLARDI et HELOISÆ *Opera*, 325. *Patrol. lat.* CLXXVIII. 1875-80. LE COUTEULX, *Ann. Cartus.* I. 466-8. = BRÉQ. III. 57.

**3623** (1140).

Lettre du même à l'évêque de Mende : *congregabant sancti anachoretæ Carthusiani merces justitiæ, sed sacculum pertusum habebant*.

*Patrol. lat.* CLXXVIII. 1873. LE COUTEULX, *Ann. Cartus.* I. 468-9.

**3624** (Vers 1140).

Berlion Nejerii se fait moine à Domène à la fin de ses jours et donne son avoir au molard de Montbonnot *(Molari Mombaneolo)*. Puis Guillaume Lamberti, ayant épousé une parente de Berlion, reprit ce bien. Longtemps après, le prieur Ponce Ainardi s'accorda avec Otgerius Guarini, serviteur de Guillaume, à qui il promit la nourriture quotidienne, moyennant 6 liv. Témoins : le sacristain Louis, le sous-prieur Bernard, l'archiviste Pierre.

MONTEYNARD, *Cart. de Domène*, 220. n° 233. 36-7.

**3625** (Vers 1140).

Ay[nard], prieur de Domène, afferme à Hugues. fils d'Engelbert, un champ à [St-Murys-] Monteymont *(Mons Aymonis)*, au-dessous de l'église de Ste-Agnès, pour 7 setiers de beau froment à la Toussaint, plus 2 parcelles de terre appelées *Caintæ* en emphythéose *(in meliuramentum)* et un pré ; il paye 120 sols 6 den. comme investiture *(vestimentum)* et donne 20 sols 12 den. de plaid.

MONTEYNARD. *Cart. de Domène*, 253, n° 237, 15.

**3626** (Vers 1140).

Martin de Froges *(Frogis)*, prêtre de l'église d'Herculais *(Mons Reculatus)*, et son paroissien Nantelme de Maurienne *(Mauriana)* acquièrent de Ponce Ainard, prieur de Domène, un champ à Laïtirel dans la susdite paroisse et donnent en investiture 60 sols, plus 3 setiers de froment par an et 12 sols par mutation, avec interdiction de le céder aux chevaliers. Témoins : Raymond Bérenger, frère du prieur, Jean, prêtre de Domène, etc.

MONTEYNARD. *Cart. de Domène*, 156-7. n° 181, 3.

**3627** (Vers 1140).

Otmar de Commiers *(Commariis)* donne aux moines de Domène 2 sols de cens à la St-Martin sur sa grange et son champ du Villard, pour l'âme de sa femme Pétronille, dont c'était la dot. Fait entre les mains du prieur Ponce Ainard et des moines.

MONTEYNARD, *Cart. de Domène*, 211, n° 233, 18.

**3628** (Vers 1140).

Pierre Arondus et sa femme Ermengarde reçoivent d'Ainard. prieur de Domène, 2 setérées 1 éminée de terre, moyennant 20 liv. monnaie de Vienne. Devenue veuve, Ermeng. se remaria à Pierre Mistralis et chercha chicane au prieur Rodulfe ; l'affaire s'arrangea par l'entremise de Pierre prêtre de Gières *(Gerien.)* et autres amis. Au cas où les deux conjoints voudraient aller à Jérusalem ou autres saints lieux, le couvent leur donnera 60 sols ; si la mort les surprend, on dépensera 30 sols pour la sépulture de chacun. Témoins : Louis sacristain, Jean Edensis, chapelain de l'église, etc.

MONTEYNARD, *Cart. de Domène*, 243-4. n° 233,107.

**3629** (Vers 1140).

Ay[nard], prieur de Domène, concède à Pierre, fils d'André de St-Murys- Monteymont *(Monte Aymone)* 8 setérées de terre et des prés au-dessous du Freynet *(Fracinetum)*, sous diverses redevances à la Toussaint et 30 sols de plaid.

MONTEYNARD, *Cart. de Domène*, 253, n° 237. 16.

**3630** 1140.

...la 10° année de Guillaume, évêque de Gap. Rolland Alboini, fils de Ricaud, son frère Pierre et sa femme Casa ; Matfred de Beaudinar, les fils de son frère Lagier ; Guillaume de Montama et ses frères Ricaud, Pierre Abrachi et Ponce Ricaudi, vendent à Lazare, prieur de Durbon, le territoire de Rioufroid *(Rivi Frigidi)* et reçoivent 350 sols monnaie de Valence. Font de même : Bertrand de Lus-la-Croix-Haute *(Lunis)* et ses fils Guillaume Bertrandi, Eustache et Boniface ; son frère Guillaume Ugo et ses fils ; leur neveu Galdemar, son fils Gaucerand et sa mère Ava ; Pierre Raimundi, de Montmaur, Pierre Rainerii, Ponce de Valbonnes, qui reçoivent par famille 50 sols chacun. On en donne autant aux agriculteurs. Témoins : l'évêque, ses domestiques Arnaud et Pierre, etc. — Donnent également tout ce qu'ils avaient au territoire de Rioufroid ou de Combe Obscure *(Mons Obscurus)* : Pierre Arnaldi, du Saix *(del Saix)* ; Adémar et Ponce, fils d'Arnulfe de la Pineta, et leur mère Pétronille, moyennant 5 sols ; Guillaume, prêtre, neveu dudit Arnulfe, qui cède aussi ses droits au bois de *Turnis* et reçoit 5 sols.

GUILLAUME, *Chartes de Durbon*. 22-6. n° 17. = ROMAN, 18b.

**3631** (Vers 1140).

Griefs *(Querimoniæ* de l'évêque de Grenoble) contre la comtesse [d'Albon], au sujet de 8 métairies *(cabannaria)* et 9 manses, qu'on lui enlève, lui faisant perdre des cens, services et corvées *(corroa)*, de terres hermes dans la paroisse de Crolles *(Crollas)*, des plaids *(placita)* de Venon *(Venno)* et de Gières *(Geria)*.

MARION, *Cart. de Grenoble*, 251-2, n° 129.

**3632** Grenoble, (vers 1140).

Il y avait discorde sur plusieurs points entre Hugues II, évêque de Grenoble, et le comte Guigues, dit dauphin. On résolut de s'en remettre à la décision de l'évêque de Die, assisté des clercs du prélat : le doyen Guillaume, maître Otmar, Pierre Bellini et Pierre de la porte Traine ; et des gens du prince : Ainard de Domène, Pierre de Vizille, Pierre Chatbert et Almaric d'Avignon. Le jugement fut approuvé dans la maison épiscopale par les parties, qui se donnèrent le baiser de paix, en présence d'Humbert de Boczosel, Geoffroy de Moirans, Raymond-Bérenger, le procureur Pierre, etc.

MARION, *Cart. de Grenoble*, 243-4, n° 122. LE COUTEULX, *Ann. Cartus.* I, 374-5. — Voir l'acte suiv.

**3633** Vizille, (vers 1140).

Le jugement de l'évêque de Die est complété sur certains points : le tiers de la juridiction dans les mandements de Venon et Gières *(Geria)* demeure à l'évêque. Quant aux redevances *(tultæ)* de Venon, les parties décidèrent de s'en remettre au témoignage de la reine [Mathilde], qui déclara, en présence de Falcon, prieur de Voreppe, de Juvenis, son chapelain, etc. que son mari en avait fait l'abandon à s' Hugues sur sa réclamation. Le comte jouira de la chevauchée *(cavalcada)* à Venon. Touchant le fief de Mallen de la Balme et de son fils Jarenton, on s'en tiendra au Cartulaire de s' Hugues. Les Chaunais *(Calnesii)* tiennent de l'évêque et du comte le port de passage *(transitorius)*, avec le fief du pont. Fait *apud Visilium*, en présence de maître Otmar, du procureur Pierre, etc.

FONTANIEU, *Hist. de Dauph.*, preuv. II, 1, 133 ; *Cart. du Dauph.* I, 105-6 (v. 1140). — BOYS (A. du), *Vie de s' Hugues*, 486-8. MARION, *Cart. de Grenoble*, 244-5, n° 122. = VALBONNAYS, I, 1. *Doc. hist. inéd.* I, 286.

**3634** (Vers 1140).

Hugues II, évêque de Grenoble, se plaint de la famille et des gens *(homines)* du comte et de la comtesse [d'Albon], qui lui volent pâture *(pastura)*, légumes *(ortolailla)*, bois, froment, ânes, lapins et surtout de ceux qui, le jour de la Pentecôte, ont tenté d'assassiner son mistral *(custos)* Pierre Borrelli.

MARION, *Cart. de Grenoble*, 256, n° 133.

**3635** (Vers 1140).

Hugues II, évêque de Grenoble, tient en gage *(vadimonium)* pour 200 sols le fief de Bernard de Biviers *(Biveu)*, son feudataire, dans les paroisses de Quaix *(Chez)* et de St-Martin-le-Vinoux *(Vinoso)*. Témoins : Pierre, procureur de l'évêque, etc. Dans les mêmes lieux, il tient en gage le fief d'Agnès de Gières pour 50 sols, celui de Bernard Rancurel pour 60 et celui de Nantelme Guitarz pour 25.

MARION, *Cart. de Grenoble*, 250, n° 126.

**3636** (Vers 1140).

Les frères Léotard et Artaud, après la mort de leur père Guillaume Léotard, s'insurgèrent contre l'arrangement conclu par lui avec s' Hugues, évêque de Grenoble, et accusèrent de faux la charte dictée par celui-ci et insérée dans son Cartulaire (n° 2297), devant les évêques Airald de Maurienne et Odolric de Die. Sur le serment de 4 prêtres réguliers (l'un chanoine d'Oulx), ils finirent par l'accepter devant l'évêque Hugues II, en présence du doyen Radulfe, de maître Otmar, Pierre, procureur du prélat, de chanoines et clercs de l'église de Grenoble, Bernard prieur de St-Laurent, Pierre, prieur de Cornillon, etc.

FONTANIEU, *Cart. du Dauph.* I, 102-3. — VALBONNAYS, *Hist. de Dauph.* I, 39. BOYS (A. du), *Vie de s' Hugues*, 485-6. MARION, *Cart. de Grenoble*, 248-9 (c. 1140), n° 125. = BRÉQ. II, 601. *Doc. hist. inéd.* I, 286.

**3637** (Vers 1140).

Mallen de la Balme se désiste en faveur de Hugues II, évêque de Grenoble, de ses prétentions sur la 1/2 du manse de Rania, des cannes de vin qu'il percevait à Chaors, etc. ; le prélat lui concède un juste fief et reçoit son hommage. Témoins : maître Otmar, etc.

MARION, *Cart. de Grenoble*, 250-1, n° 127.

**3638** (Vers 1140).

Ubald de Chatte *(Casta)* et sa femme Boniza vendent et cèdent à Hugues II, évêque de Grenoble, la maison de Poliénas *(Pollenau)*, avec habitation *(casamentum)*, courtil, vigne et dîmes, et reçoit 400 sols ; Pierre du Molard en obtient 10. Témoins : Falcon, prieur de St-Donat, Pierre, procureur de l'évêque et des chanoines.

MARION, *Cart. de Grenoble*, 251, n° 128.

**3639** (Vers 1140).

Rôle *(Breve* du mandement) de Chaors. Il comprend 12 manses et 4 métairies *(cabannaria)*, produisant porcs, agneaux, moutons, chapons, orge, vin, légumes, *boxa* et *troienc*. — Rôle de Quaix *(Quez)*, comprenant 6 manses. 4 métairies et un champ, produisant seulement de l'orge albaile et des agneaux.

MARION, *Cart. de Grenoble*, 254-5, n° 132.

**3640** (Vers 1140).

Rôle *(Breve)* de la paroisse de St-Ferjus *(S. Ferreolo)*. Elle comprend 4 manses et 1 ferme *(bordaria)*, produisant des porcs, chapons, orge, vin, légumes, *boxa*.

MARION, *Cart. de Grenoble*, 254, n° 131.

**3641** (Vers 1140).

Rôle *(Breve)* de la paroisse de St-Victor [à Meylan]. Elle comprend 13 manses *(mas)*, 6 fermes *(bordaria)*, dont 2 dans le domaine du comte et 8 métairies *(cabannaria)*, dont les produits sont en porcs, moutons, agneaux, chapons, orge *(civaa)*, vin, légumes et *boxa*.

MARION, *Cart. de Grenoble*, 252-4, n° 132.

**3642** (Avant 1135).

Eustache, évêque de Valence, du consentement de son chapitre, donne au prieuré de St-Marcel l'église de Savasse *(Savatia)*.

Mentionné dans la bulle du 15 févr. 1146.

**3643** (Vers 1141).

Amédée, doyen de l'église de Vienne, préside les funérailles d'Amédée de Montchenu.

Voir l'acte du 13/17 février 1120. — CHARVET, 338.

**3644** (Vers 1141).
Garcin d'Illins *(I-n)* donne à l'abbé et aux frères de Bonnevaux tout ce qu'il possédait sur le territoire de Landrin. Témoins : Amédée [de Clermont], doyen de l'église de Vienne, et son neveu Amédée, le chanoine Milon Martellus, etc. De l'approbation de sa femme sont témoins Berlion d'Auberive *(Albaripa)*, etc., l'abbé et Amédée d'Hauterives.
CHEVALIER (U.), dans *Bull. acad. Delphin.* D, II, 103-4 ; *Cart. de Bonnevaux.* 87-8, n° 201.

**3645** (Vers 1141).
Jarenton de Moras, à la fin de sa vie, donna un champ aux frères de Bonnevaux. Son gendre, Guigues de Cour *(Corp)*, en fit part à l'abbé, en présence de Jordan, mistral du comte d'Albon *(Alban)*.
CHEVALIER (U.), dans *Bull. cit.* D, II, 120 ; *Cart. Bonn.* 104, n° 247.

**3646** 31 mars et 3 avril 1141.
Après sept ans d'interdit qui avaient pesé sur l'église de Valence par ordre du pape Innocent II (voir n° 3552), l'archevêque Etienne convoque à Vienne ses suffragants et leur expose l'état de désolation du diocèse de Valence ; le clergé élit unanimement Jean, abbé de Bonnevaux. On expulse à main armée le tyran Eustache, *summo mane 2æ feriæ Paschali in tempore* et trois jours après le nouvel évêque est élevé sur son siège.
Mag. GIRAUDI *Vita s. Johannis Valentin. episc.* (MARTENE, *Thes. nov. anecd.* III, 1695 ; BOUQUET, XIV, 320, 471).

**3647** (Vers 1141).
Joffred Remestagni et ses fils, reconnaissant leur faute, cèdent amiablement ce qu'ils avaient disputé aux frères de Bonnevaux. sauf la réserve accordée par l'abbé Jean de ne pas acquérir la terre de Falcon Borrelli. Fait entre les mains de Gocewin, abbé de Bonnevaux, en présence de moines, Amédée, etc. et de chevaliers.
CHEVALIER (U.), dans *Bull. cit.* D, II, 113-4 ; *Cart. Bonn.* 97-8, n° 234.

**3648** 1141.
Galbert de Surieu *(Siureio)* et ses neveux Guillaume et Pierre se départissent de leurs réclamations sur la maison de Milon Martel en faveur de l'église de Vienne ; le doyen Amédée de Clermont lui compte 50 sols, en présence de l'archevêque Etienne, de Jean, évêque de Valence, Guillaume de la Tour, archidiacre, etc.
Paris, Bibl. Nat. ms Gaignières 181. — CHARVET, 337-8. CHEVALIER (U.), *Cart. de St-Maurice Vienne,* 39, n° 166.

**3649** 1er septembre 1141.
L'archevêque de Lyon, l'évêque de Belley et l'abbé d'Ambronay terminent le différend entre les chartreux de Portes et les chanoines de St-Ruf établis à Ordonnas, en présence de Fulcherius, prieur de St-Ruf... *luna* 27, ind. 4, *Innoc. II a* 12.
GUICHENON, *Hist. de Bresse et Bugey,* pr. 220-2. *SEVERT, Chronol. hist.* I, 242. *Gallia christ. nova,* VI, instr. 16. LE COUTEULX, *Ann. Cartus.* I, 476-9.

**3650** 8 septembre 1141.
Le dauphin Guigues *(Wigo)*, comte d'Albon, et Raymond l'ancien, baron de Mévouillon, font un accord avec François de la Charité, qui ne pourra point être forcé à rendre hommage pour le comté de Condorcet.
PITHON-CURT, *Hist. noblesse du Comtat-Venaissin,* I, 280. = BRÉQ. III, 50. — Pièce fausse.

**3651** (1141/1142).
Amédée, comte de Savoie, cède à Garin, évêque de Sion, les villages de Louèche *(Leuca)* et Naters *(Natria)*, en présence de l'archevêque de Tarentaise, des évêques de Maurienne, d'Aoste, Jean de Valence et de Genève.
GREMAUD, dans *Mém.-doc. soc. hist. Suisse rom.* (1875), XXIX, 83.

**3652** (1141/1144).
Fredefurge d'Albon *(de Albione)*, du consentement de son mari Garin de Revel, et son frère Guigues donnent à Bonnevaux une terre, sous le cens de 12 den., et reçoivent 7 sols et 4 setiers de seigle comme investiture. Témoins : Etienne, archevêque de Vienne, Jean, évêque de Valence, etc.
CHEVALIER (U.), dans *Bull. acad. Delphin.* D, II, 105-6 ; *Cart. de Bonnevaux.* 89-90, n° 208.

**3653** (1141/1146).
Jean, évêque de Valence, confirme aux moines de Léoncel la concession de son prédécesseur Eustache.
Voir l'acte de l'évêque Bernard (1148/1154).

**3654** Chèzeneuve (après 1141).
La femme d'Amédée Jecewara donne son consentement à la donation d'un manse par Pierre Bérenger [aux frères de Bonnevaux . entre les mains de l'abbé Gocewin, dans sa maison *apud Chesenova*. Témoins : son mari, etc.
CHEVALIER (U.), dans *Bull. acad. Delphin.* D, II, 36 ; *Cart. de Bonnevaux,* 20, n° 28.

**3655** (Après 1141).
Armand Cardon. embrassant la vie monastique *(veniens ad conversionem)* à Bonnevaux, donne aux frères à moitié fruits la vigne qu'ils tenaient de lui, en présence de Jean, évêque de Valence.
CHEVALIER (U.), dans *Bull. cit.* D, II, 82 ; *Cart. Bonn.* 66, n° 150.

**3656** (Après 1141).
Garin Girberti vend aux frères de Bonnevaux la tasque *(tachiam)* qu'il avait sur un champ de 10 setiers ; il donne 3 répondants. Si Guillaume Alamanni ou un autre cohéritier élève des difficultés. ils demanderont justice à l'archevêque de Vienne, à Ponce de Roussillon et à son frère Artaud. Témoins : l'abbé Gocewin, etc.
CHEVALIER (U.), dans *Bull. cit.* D, II, 117 ; *Cart. Bonn.* 101, n° 242.

**3657** (Après 1141).
Guigues Isiliardi vend aux frères de Bonnevaux un champ *in Bano* et reçoit un cheval de 50 sols, en présence du prêtre Jean, du mistral Rainold. Il leur vend encore 2 champs pour 160 sols ; témoins : Jean, évêque de Valence, Pierre Chatberti, clerc de Valence, et son frère Guigues Ega..., Etienne chapelain de Moras *(Moraz)*.
CHEVALIER (U.), dans *Bull. cit.* D, II, 112-3 ; *Cart. Bonn.* 96-7, n° 231.

**3658** (Après 1141).
Guigues [Isiliardi] donne aux frères de Bonnevaux un champ au-dessous de la Buissière *(Buxeria)* et reçoit 62 sols, avec l'assentiment de la matrone Agnès et de ses deux gendres, en présence de l'abbé Gocewin. Joffred Remestagni le revendiqua, puis, reconnaissant l'alleu, le céda, en présence de son gendre ; son fils Muntarsinus approuve.
Chevalier (U.), dans *Bull.* cit. D. II, 119-20 ; *Cart. Bonn.* 103-4, n° 246.

**3659** (Après 1141).
Les frères de Bonnevaux vendent à Guillaume Falcon un palefroi *bosol*. Témoins : l'abbé Gocewin, etc.
Chevalier (U.), dans *Bull.* cit. D, II, 109 ; *Cart. Bonn.* 93, n° 219.

**3660** (Après 1141).
Hugues d'Anjou donne aux frères de Bonnevaux des pâturages à Jarcieu *(Jarceu)*, entre les mains de l'abbé Jean, en présence d'Etienne d'Aiguenoire *(Aqua Nigra)*, etc. Il renouvela ensuite son don à l'abbé Gocewin.
Chevalier (U.), dans *Bull.* cit. D, II, 127 ; *Cart. Bonn.* 111, n° 270.

**3661** (Après 1141).
Jarenton, neveu de Guigues Isiliardi, vend aux frères de Bonnevaux trois enclos *(olchæ)*, pour 100 sols ; son beau-frère et sa sœur reçoivent 10 sols ; son oncle, autant. Témoins : son mistral Guillaume Truita, Guagon d'Auberive *(Albaripa)*, etc.
Chevalier (U.), dans *Bull.* cit. D, II, 113 ; *Cart. Bonn.* 97, n° 232.

**3662** Landrin, Anjou, (après 1141).
Pierre Cellérier *(Cellararius)* avait attaqué les frères de Bonnevaux au sujet de la terre près de l'orme de Béroard ; il s'en désiste *apud Landrins*, entre les mains de Ponce de Roussillon et de Hugues d'Anjou, et reçoit 3o sols. Témoins : Ponce de Roussillon, Hugues d'Anjou, Nantelme prieur de Bossieu *(Bulgies)*, l'abbé Gocewin, etc. Approbation de son fils. *apud Anjo*.
Chevalier (U.), dans *Bull.* cit. D, II, 116 ; *Cart. Bonn.* 100, n° 240.

**3663** (Après 1141).
Pierre Hermitan *(Heremita)*, du conseil d'Arsenz, sa belle-mère et de ses frères, vend aux frères de Bonnevaux 4 modérées *(modialæ)* de terre. Témoins. Fait en présence de l'abbé Gocewin.
Chevalier (U.), dans *Bull.* cit. D, II, 116-7 ; *Cart. Bonn.* 100-1, n° 241.

**3664** St-Germain, (après 1141).
Echange entre Roland Boci et Agnès, femme de Guigues Isiliardi, au nom de son fils Isard ; approbation de Raenguisia, mère de Roland, de sa sœur et de son beau-frère Guigues de St-Germain. Agnès, sa fille Aiglina et son gendre Guillaume Boveti donnent en alleu à Roland un manse à Landrin. Cet échange fait, Roland Boci vend [sa part] à l'abbé Gocewin et aux frères de Bonnevaux, au prix de 350 sols Viennois, sous condition qu'il répondrait en justice pour eux quand il serait de retour d'au-delà des mers ou son beau-frère *(sororius)* Guigues de St-Germain pour lui. Témoins (13). Approbations de Guillaume de St-Jean, etc. ; témoins : ...plusieurs dames du château. Assentiment de la femme de Guigues de St-Germain, dans sa maison *ap. S. Germanum*. Témoins : Asselme Ferlais, d'Hauterives, etc.
Chevalier (U.), dans *Bull.* cit. D, II, 118-9 ; *Cart. Bonn.* 102-3, n° 244.

**3665** (Après 1141).
Rôle *(Breu)* des redevances perçues par l'évêque [et les chanoines] de Valence à Montélier, où figurent les localités de St-Didier, Guimandet, les Mautousses, Charpey, la Motte, Fontaine, la Blache, Chenevet, Rozier et St-Achille. Deux noms d'évêques sont mentionnés : Gontard et Eustache ; ce dernier acquit l'alleu de Chalienenc pour 100 sols et mit en gage celui d'Aimar de St-Achille pour 45.
Chevalier (C. U. J.), dans *Rev. d. soc. sav.* (1867), 4° sér., VI, 429-32. Meyer (Paul), *Rapport sur deux chartes Valentinoises* (1867), 7-10 ; *Rec. d'anc. textes* (1874),159-62. Gariel (H.), dans *Pet. rev. biblioph. Dauphin.* I, 55-6.

**3666** (Avant 1142).
Raymond de Châteauneuf donne à la maison de Léoncel *(L-lli)* une condamine au territoire d'Alixan *(Aleissais)*, près du chemin des Tareaux *(de Toralis)*. Son fils Guenisius donna son consentement et reçut 50 sols. Témoins : l'abbé Burnon, Guillaume d'Ornacieu, Falcon de Rochefort, les moines Asseleus et Giraud.
Chevalier (U.), *Cart. de Léoncel*, 13, n° 11.

**3667** 1142.
Les religieux de Boscaudon, dioc. d'Embrun, ordre de St-Augustin, embrassent l'institut des moines de Chalais, avec l'assentiment de Guillaume, archevêque d'Embrun, et de Hugues, évêque de Grenoble. Bernard, abbé de Chalais, envoie de ses moines à Guillaume de Lionne, supérieur de Boscaudon.
*Le Couteulx. Ann. Cartus.* II, 14.

**3668** La Chartreuse, (vers 1142).
Sur la demande des prieurs Sofford des Ecouges *(Excubiar.)*, Lazare de Durbon et 3 autres, le prieur de la Chartreuse Antelme, du conseil de Hugues II, évêque de Grenoble, décide de tenir un chapitre général. Sept points de la règle sont précisés. L'évêque Hugues, père et moine de la Chartreuse, y assiste.
Martene, *Thes. nov. anecd.* IV, 1237-40 ; suivent les prescriptions de deux autres chapitres, 1141 et 1141-4.

**3669** (1142).
Lettre des frères du prieuré de Portes à A[ntelme], prieur de la Chartreuse, le remerciant d'avoir accédé à leur désir de tenir un chapitre général. — *Quod tandem assens*.
Martene, *Thes. nov. anecd.* IV, 1239. Le Couteulx, *Ann. Cartus.* II, 7.

**3670** (1142).
Falcon, archevêque de Lyon, concède à Antelme, prieur de la Chartreuse et aux autres prieurs de l'ordre, les maisons de Portes et de Meyriat, conformément au décret du chapitre.
*Episc. Bellicen. ser.* 31. *Gallia christ. nova*, IV, 118. Le Couteulx, *Ann. Cartus.* II, 7. = Brèq. III, 68.

**3671** (1142).
Lettre de Guillaume, évêque de Gap, donnant à Antelme, prieur de la Chartreuse, et aux autres prieurs de l'ordre tout pouvoir sur la maison de Durbon.
*Le Couteulx, Ann. Cartus. II, 7, 153.

**3672** Latran, 4 janvier 1141/2.
Bulle du pape Innocent II adressée à Falcon, abbé de Léoncel (L-llis), par laquelle il prend son monastère sous la protection apostolique. — *Apostolicæ sedis*.
Chevalier (U.), Cart. de Léoncel, 3-4, n° 1 ; Suppl. 19. Trad. Chevalier (J.), Égligy et Léoncel, 153-4. = Jaffé, -8190.

**3673** 5 mars 1142.
Bulle du pape Innocent II confirmant au monastère de l'Ile-Barbe ses possessions en divers diocèses : Ste-Marie, St-Jacques d'Aurel, Chaudebonne, Brisan et Châtillon dans celui de Die, le monastère de St-May (S. Marii) dans celui de Sisteron.
Chevalier (J.), Hist. égl.-ville Die. I. 351.

**3674** 23 mars 1142.
Ponce Alberti, Guillaume de Montmirail (Monte-mira) et Tranquerius donnent aux frères de Boscaudon (Boscaldo) de l'ordre de Chalais (Calesien.) une terre avec prés et eaux. Fait du temps de Guillaume, archevêque d'Embrun, en présence de Raymond, évêque de Carpentras, du chanoine Arnaud, etc. luna 20, fer. 2.
Gallia christ. nova, III, instr. 185. = Roman, 18-9.

**3675** 26 avril 1142.
Innocent II confirme à Guillaume, abbé d'Aurillac, la possession des églises d'Aspres, Saillans, St-Marcellin d'Embrun, St-Marcellin *in valle de Veyriera*. St-Jean de Brutana (Autanne), St-Jean de Castello Fano, Ste-Marie de Bourières (Bourieras), St- .... de Lesches (Laicas), Sts-Pierre et Christophe d'Aouste (Augusta) et leurs dépendances. — *Cum universalis*.
Mém. acad. Clermont-Ferrand, XIX, 46. Mon. pontif. Arverniæ, 194. Boudet (Marc.), dans Bull. acad. Delphin. D, XVI, 294 (à part, 122). = Jaffé, -8228.

**3676** 15 juin 1143/2.
Sur injonction de l'archevêque d'Embrun, l'évêque de Nice et ses chanoines s'accordent avec le prieur de St-Pons, qui renonce aux droits de son abbaye sur Villevieille.
Caïs de Pierlas (E.), Cart. cathédr. Nice. 71. n° 53; Chartrier de St-Pons, 27-8 ;—, dans Miscell. stor. Ital., XXIX, 397.

**3677** 28 juin ou 29 juillet 1142.
Mort du comte Guigues, surnommé Dauphin, à la Buissière, d'une blessure reçue devant le château de Montmélian ; enseveli dans les cloîtres de la cathédrale de Grenoble.
Chevalier (U.). Nécrol. de St-Robert, 29, 34. = Chorier, Hist. de Dauph. I, 798 ; 2°, 614. Allard (G.), Œuvr. chois. I, 351 (à 1140). Chevalier (U.), Mort tragique d'un dauphin de Viennois, dans Bull. hist.-archéol. Valence, XX, 37-9.

**3678** (18 octobre) 1142.
Les prieurs chartreux : Bernard de Portes, Soffred des Ecouges : Lazare de Durbon, Etienne de Meyriat et Jean d'Arvières annoncent au monde catholique que, vaincu par leurs instances, le prieur de la Chartreuse Antelme, du conseil d'Hugues II, évêque de Grenoble,
a décidé de tenir à la Chartreuse un chapitre général, sous condition qu'il reçût tout pouvoir des archevêques et évêques, et de chaque communauté.
Le Couteulx. Ann. Cartus. II, 5-13.

**3679** Latran, 4 décembre 1142.
Bulle du pape Innocent II, confirmant à Guillaume, évêque de Belley, les églises du Pont [-de-Beauvoisin], Domessins (Dombalino), St-Jean d'Avelanne, Avaux, St-Bénigne, St-Albin, la Bridoire, St-Jean de Veray (Verello), Oncin, la Bauche, Aiguebelette, Lépin, Dullin, Ayn, St-Franc, la Palud, St-André, Fitilieu, Pressins, Romagnieu, Chimillin, Corbelin, Faverges. etc. — *Piæ postulatio*.
Episc. Bellic. ser. 25. Gallia christ. vet. II, 361; nova, XV, instr. 307-8. Guichenon, Hist. de Bresse et Bugey, II, 22. Patrol. lat. CLXXIX, 804. = Jaffé, 5863-8246. Perrin (H. J.), dans Bull. hist.-archéol. Valence, XIII, 42-3 (à part, 17).

**3680** (Avant 1143).
Aimon de St-Ambroise promet à l'Hôpital de Jérusalem [de Gap] 6 den. (numi) de service par an.
Guillaume, dans Bull. hist.-archéol. Valence (1881), I, 187 (à part, 27), n° 48. = Roman, 10°.

**3681** (Avant 1143).
Arbert de Conet promet au même 6 den. et à sa fin son cheval avec ses armes.
Guillaume, dans Bull. hist.-archéol. Valence (1881), I, 189 (à part, 29), n° 61. = Roman, 12°.

**3682** (Avant 1143).
Arnaud Guinamandus donne tout son avoir à l'Hôpital de Jérusalem de Gap]. — *Ordinante Dom.*
Guillaume, dans Bull. hist.-archéol. Valence (1881), I, 187-8 (à part, 27), n° 50. = Roman, 10°.

**3683** (Avant 1143).
Barthélemy et sa femme promettent au même 12 den. par an et après eux tout leur avoir.
Guillaume, dans Bull. hist.-archéol. Valence (1881), I, 187 (à part, 27), n° 43. = Roman, 11°.

**3684** (Avant 1143).
Béatrix de Rousset (Roset) se donne à l'Hôpital de Jérusalem [de Gap] ; elle lui cède un homme de Rousset et Etienne du Villard (Vilarzu), avec les cens qu'ils doivent. Témoins.
Guillaume, dans Bull. hist.-archéol. Valence (1881), I, 188 (à part, 28), n° 55. = Roman, 9°.

**3685** (Avant 1143).
Blanche Flors, femme d'Antelme, de Cerzeules, promet au même après elle sa mant... et sa *coicina*. Pierre promet 6 den.
Guillaume, dans Bull. hist.-archéol. Valence (1881), I, 189 (à part, 29), n° 62. = Roman, 12°.

**3686** (Avant 1143).
Dodon se donne lui-même à l'Hôpital de Jérusalem [de Gap] avec 2 setiers blé et vin par an ; à sa fin, la moitié de ses biens et de sa terre.
Guillaume, dans Bull. hist.-archéol. Valence (1881), I, 188 (à part, 28), n° 52. = Roman, 11°.

**3687** (Avant 1143).
Dom ? promet au même 12 den. (numi) par an, et 30 sols après sa mort.

Guillaume, dans *Bull. hist.-archéol. Valence* (1881), I, 187 (à part, 27), n° 42. = Roman, 11ª.

**3688** (Avant 1143).
Donations de cens au même par Edlenarius, prêtre, Airald, Guillaume d'Aurel, Maalbert, Hugues Calandrea, Pierre Boerius, Ponce Disderius, Terra de Collo, Etienne Alvernaz, etc.
Guillaume, dans *Bull. hist.-archéol. Valence* (1881), I, 188 (à part, 28), n° 51. = Roman, 11ª.

**3689** (Avant 1143).
Elie donne au même son cheval avec ses armes ; sa femme promet un *palium de Leone*? à sa fin.
Guillaume, dans *Bull. hist.-archéol. Valence* (1881), I, 189 (à part, 29), n° 58. = Roman, 12ª.

**3690** (Avant 1143).
Engalberg de Maurestel promet au même 2 sols par an, et à la fin [de sa vie] son cheval et ses armes.
Guillaume, dans *Bull. hist.-archéol. Valence* (1881), I, 187 (à part, 27), n° 47. = Roman, 12ª.

**3691** (Avant 1143).
Ermengarde, mère de Giraud Judicialis, donne au même un champ aux Sagnières *(Sanerüs)*, un quarton de vigne à Chanes *(Channie)*, etc. Témoins. — *Ordinante Dom.*
Guillaume, dans *Bull. hist.-archéol. Valence* (1881), I, 186 (à part, 26), n° 38. = Roman, 12ᵇ.

**3692** (Avant 1143).
Géraud [d'abord Hugues] de Piégut *(Podio Acuto)* donne au même son cheval avec ses armes.
Guillaume, dans *Bull. hist.-archéol. Valence* (1881), I, 185 (à part, 25), n° 31. = Roman, 12ª.

**3693** (Avant 1143).
Giraud de Montmaur donne au même son cheval avec ses armes et 3 den. de cens.
Guillaume, dans *Bull. hist.-archéol. Valence* (1881), I, 185 (à part, 25), n° 32. = Roman, 11ᵇ.

**3694** (Avant 1143).
Guarint de la Piarre *(Petra)* donne au même, après sa mort, son cheval avec ses armes, et 3 den. de cens.
Guillaume, dans *Bull. hist.-archéol. Valence* (1881), I, 186 (à part, 26), n° 34. = Roman, 11ᵇ.

**3695** (Avant 1143).
Guila, dame de Montalquier *(Monte Alcherio)*, donne au même une *semolta* de terre près Montalquier. Témoins et garants.
Guillaume, dans *Bull. hist.-archéol. Valence* (1881), I, 186-7 (à part, 26), n° 39. = Roman, 9ª.

**3696** (Avant 1143).
Guillaume Blanc *(Albus)* donne au même son cheval et ses armes après sa mort.
Guillaume, dans *Bull. hist.-archéol. Valence* (1881), I, 187 (à part, 27), n° 49. = Roman, 12ª.

**3697** (Avant 1143).
Guillaume de Dromon donne au même, après sa mort, son cheval avec ses armes, et 3 den. de cens.
Guillaume, dans *Bull. hist.-archéol. Valence* (1881), I, 185 (à part, 26), n° 35. = Roman, 11-2.

**3698** (Avant 1143).
Guillaume Mataronus promet au même 6 den. et à sa fin 5 sols. — Son frère Giraud, 6 den. et à sa fin 10 sols.
Guillaume, dans *Bull. hist.-archéol. Valence* (1881), I, 189 (à part, 29), n°⁵ 59 et 60. = Roman, 10ᵇ.

**3699** (Avant 1143).
Imbert de Thoranne *(Thorana)* donne au même son cheval avec ses armes, et 3 den. de cens.
Guillaume, dans *Bull. hist.-archéol. Valence* (1881), I, 185 (à part, 25), n° 33. = Roman, 11ᵇ.

**3700** (Avant 1143).
Latgier Oliva promet à l'Hôpital de Jérusalem [de Gap], 4 den. *(nummi)* par an.
Guillaume, dans *Bull. hist.-archéol. Valence* (1881), I, 187 (à part, 27), n° 45. = Roman, 11ª.

**3701** (Avant 1143).
Latgier de la porte de Piégut *(Podii Acuti)* et ses fils donnent au même une métairie *(cabanaria)* à *Cerzevalas*, qui produit 8 den., la tasque et 1/2 dîme. Témoins.
Guillaume, dans *Bull. hist.-archéol. Valence* (1881), I, 187 (à part, 27), n° 41. = Roman, 9ª.

**3702** (Avant 1143).
Martazan et son frère Lambert donnent au même un champ à la Baume Matfredi.
Guillaume, dans *Bull. hist.-archéol. Valence* (1881), I, 188 (à part, 28), n° 53. = Roman, 10ª.

**3703** (Avant 1143).
Meisonarius donne [à l'Hôpital de Gap] une émine de vin par an et 3 *medalas* de service.
Guillaume, dans *Bull. hist.-archéol. Valence* (1881), I, 186 (à part, 26), n° 36. = Roman, 11ᵇ.

**3704** (Avant 1143).
Pierre Basetus promet au même 3 den. *(nummi)* par an et à la fin [de sa vie] son cens.
Guillaume, dans *Bull. hist.-archéol. Valence* (1881), I, 187 (à part, 27), n° 46. = Roman, 11ª.

**3705** (Avant 1143).
Pierre Bertrandi donne au même 12 setérées de terre au-delà du Villard ? *(Vilar Judicialis)*. Témoins : tous les frères de l'Hôpital.
Guillaume, dans *Bull. hist.-archéol. Valence* (1881), I, 187 (à part, 27), n° 40. = Roman, 9ᵇ.

**3706** (Avant 1143).
Pierre Bertrandi, peaussier *(pelliparius)*, promet au même 12 den. par an et lui donnera à sa mort le tiers [de ses biens].
Guillaume, dans *Bull. hist.-archéol. Valence* (1881), I, 187 (à part, 27), n° 44. = Roman, 11ª.

**3707** (Avant 1143).
Ponce Guntelmi, chevalier, donne au même son cheval *(ecum)* avec ses armes.
Guillaume, dans *Bull. hist.-archéol. Valence* (1881), I, 189 (à part, 29), n° 57. = Roman, 12ª.

**3708** (Avant 1143).
Raimond et sa femme Poncia promettent au même 6 den. *(numi)* par an, et à leur mort le 1/4 de leurs cens. Pierre Mataronis, 6 den. par an et 10 sols à sa mort.

GUILLAUME, dans *Bull. hist.-archéol. Valence* (1881), I, 189 (à part, 29), n° 56. = ROMAN, 10b.

**3709** (Avant 1143).
Saurellus se donne lui-même au même, avec 2 setiers de blé et vin [par an] ; à sa fin, la moitié de ses biens et de sa terre.
GUILLAUME, dans *Bull. hist.-archéol. Valence* (1881), I, 188 (à part, 28), n° 54. = ROMAN, 11ᵃ.

**3710** (Avant 1143).
...de Veynes *(Venetto)* donne à l'Hôpital de Jérusalem [de Gap] son cheval... à la fête de sᵗ Michel.
GUILLAUME, dans *Bull. hist.-archéol. Valence* (1881), I, 186 (à part, 26), n° 37. = ROMAN, 12ᵃ.

**3711** (Vers 1143).
Hugues, né à Avalon (Isère) vers 1135, devient chanoine régulier à Villard-Benoît ; ensuite prieur de St-Maximin v. 1159, chartreux, évêque de Lincoln 1186, mort le 16 nov. 1200.
*Brev. Gratianopol.* (1513), cccxxxv-j. = LE COUTEULX, *Ann. Cartus.* II, 74-83. Répert., Bio, 2206-7.

**3712** (1143).
Lettre de Hugues, archevêque de Rouen, légat du Siège apostolique, à A[lphonse], comte de Toulouse, duc de Narbonne et marquis de Provence : suivant le désir qu'il lui a exprimé de se rencontrer à Lyon, Vienne ou Valence. il promet de se trouver dans cette dernière ville le 7 mars ; il espère qu'il tiendra les promesses par lui faites à l'évêque de Troyes *(Tricassino)*. — *Quia Dominus.*
*Gallia christ. vet.* I, 579ᵉ ; *nova.* XI. instr. 285.

**3713** 1143.
Humbert, fils de Boniface de Miribel, donne à l'église de Romans, pour le repos de l'âme de son frère Amédée, qui y est enseveli, 10 sols de cens sur le manse *del Morandatz*, dans la paroisse de St-Laurent (-sur-l'Herbasse). Témoins : Guillaume et Pierre des Echelles *(Escheles)*..., Guillaume *(W.)* abbé de St-Félix, l'archiprêtre Matfred. *Giraldus scr..., regn. Deo.*
GIRAUD, *Hist. S. Barnard-Romans.* compl. 123-4, n° 289.

**3714** 4 avril 1143.
Bulle d'Innocent II. peut-être la même que celle du 3 avril 1132.
LE MOYNE, *Invent. titres égl. Lyon* (ms.) = MARTIN, 556.

**3715** Gap, septembre 1143.
Le comte Bertrand *(Bertrannus)*, le comte Guy *(Guido)* et la comtesse leur mère confirment à sᵗ Jean-Bapt. et à l'Hôpital de Jérusalem [de Gap] tout ce qu'il possède dans leur comté par don ou achat, sauf la seigneurie *(dominicatura)* ; et le don de Pierre Lupa. Reçu par Arnaud, prieur de l'Hôpital de St-Gilles, *in plano sub termino Vapinci* ; présents : Pierre de la Ste-Trinité, chapelain du prieur, etc.
GUILLAUME, dans *Bull. hist.-archéol. Valence* (1881), I, 189 (à part, 29), n° 63. = ROMAN, 19ᵃ.

**3716** (18 octobre) 1143.
Second chapitre général tenu à la Grande-Chartreuse par le prieur Antelme.
LE COUTEULX, *Ann. Cartus.* II, 23-4.

**3717** (Vers 1144).
Lettre du pape Lucius à Guillaume. archevêque d'Embrun, lui reprochant de s'attribuer la consécration de l'abbé de St-Pons, au préjudice de l'évêque de Nice, à l'encontre des décisions des papes et des actes de son prédécesseur Benoît et des siens. — *Fratrum Nicensis.*
JOFREDI (Petr.). *Nicæa civitas s. monum. illustr.* 170. CAIS DE PIERLAS (E.), *Cart. cathédr. Nice*, 88-9, n° 72 ; *Chartrier de St-Pons*, 29-30.

**3718** 1144.
Fondation de la chartreuse du Val-Ste-Marie (Bouvantes) par le comte Guigues dauphin.
LE COUTEULX, *Ann. Cartus.* I, 25-6. CHEVALIER (C. U. J.), dans *Journ. de Die* (16 août 1868). CHEVALIER (J.), *Hist. égl. Die*, I, 231-2.

**3719** Valence, 1144.
Accord entre Jean. évêque de Valence. et Silvion de Clérieu *(Claireu)*, par l'entremise d'Etienne. archevêque de Vienne, et de Hugues *(Ugo)*, évêque de Die. Silvion cède au prélat le château et le mandement d'Alixan. avec tous ses droits.
Grenoble, Bibl. de la ville. R. 5797 (ms. 1639). origin. — MANRIQUE, *Ann. Cisterc.* II. 76. COLUMBI. *Episc. Valentin.* 16, 20 ; *Opuscula*, 255, 288.

**3720** (1144).
Ponce, prévôt de Ternay *(Terniacen.)*. vend au prieur Hugues et aux moines Cluniciens de ce lieu sa prévôté, comprenant le tiers des fermages *(firmamentorum)* et des plaids *(placitorum)*. 10 services à Noël et celui *cacipulci*. 2 vignes et un courtil. au prix de 730 sols, avec serment de lui et sa femme sur l'autel. Il fournit 4 garants : Gerin de St-Symphorien. Guy de Bourgoin *(Bergun)*, etc. Fait du temps d'Etienne, archevêque de Vienne, Amédée archev. de Lyon et Humbert évêque du Puy. Témoins : l'archev. Etienne. l'évêq. Humbert. Guillaume de Marzy, le prieur Hugues. Adémar prieur de Chandieu *(Candiaco)*. Pierre prieur de Plogo. Guy sacristain. etc. (22).
BERNARD-BRUEL, *Chartes de Cluny*. V, 445-6, n° 4093.

**3721** (Après 13 mars) 1144.
Bulle d'or du roi Conrad II, confirmant à l'archevêque d'Arles ses possessions : les châteaux de Nyons et Vinsobres.
SAXI, *Pontif. Arelat.* 226-8. BOUCHE, *Hist. de Provence*, I, 821. *Gallia christ. noviss.* III, 215-6. = BRÉQ. III. 86. STUMPF. 3528 (à 1147).

**3722** Latran, 29 mars (1144).
Bref du pape Lucius II à Hugues [Humbert !], évêque de Die. Béraud *(Beraldus)*, abbé de St-Chaffre *(S. Theofredi)*, est venu auprès du Siège apostolique se plaindre de Pelestore et autres de ses diocésains. coupables de graves injustices envers son monastère : qu'il en fasse bonne justice. — *Veniens ad sedem.*
CHEVALIER (C. U. J.), *Doc. inéd. relat. au Dauph.* VI, 12-3 ; *Cart. de St-Chaffre*, 148, n° 406. = JAFFÉ, -8552.

**3723** Latran, 29 mars (1144).
Bref du même à Jean, évêque de Valence. L'abbé Béraud et les moines de St-Chaffre *(S. Theofredi)* se sont plaints de Silvion de Clérieu *(Clarei)*, d'Arnaud

de Crest et de sa femme, qui s'emparent des biens du monastère de Cliousclat *(Clivum)*. Qu'il leur obtienne satisfaction. — *Adversus Silvionem*.

CHEVALIER (C. U. J.), *Doc. inéd. relat. au Dauph*. VI, 13-4 ; *Cart. de St-Chaffre*, 149-50, n° 410. =: JAFFÉ, -8553.

**3724** Latran, 3o mars (1144).
Lettre du pape Lucius II aux archevêques de Bourges, de Narbonne, d'Arles, d'Aix et G[uillaume] d'Embrun, leur mandant de faire restituer les biens du monastère de 'St-Victor de] Marseille.

BELSUNCE, *Antiq. égl. Marseille*, I, 460. *Patrol. lat.* CLXXIX, 844. GUÉRARD, *Cartul. de St-Victor Marseille*, II, 258, n° 866. = BRÉQ. III. 80. *Gallia christ. nova*, III, 1280; *noviss.* III, 217. JAFFÉ, 6044-8558.

**3725** Latran, 22 mai 1144.
Confirmation par le pape Lucius II à Pierre, abbé de Cluny, des possessions de son monastère. — *Religionis monast*.

MARRIER, *Bibl. Cluniac.* 1383-6. *LABBE, X. 1037-9. *Bull. Cluniac.* 52-4. *HARDOUIN, VI. II, 1236-8. *COLETI. XII. 1365-7. *MANSI, XXI, 610-2. *Mém. sur Cluny*. 9. *Patrol. lat.* CLXXIX, 888-91. *Fontes rer. Bern.* I, 416. CADIER, *Cart. Ste-Foi Morlaas*, 54. = BRÉQ. III, 82. JAFFÉ, 6080-8691. BERNARD-BRUEL, *Chartes de Cluny*. V, 439. n° 4085.

**3726** Latran, 22 mai (1144).
Le même défend à tous les évêques des Gaules de construire des églises ou chapelles dans les paroisses qui appartiennent au monastère de Cluny, sans l'autorisation de l'abbé. — *Juxta canonicam*.

*Bull. Cluniac.*54.77. BOUQUET, XV, 413. *Patrol. lat.* CLXXIX, 891. = BRÉQ., III, 82. JAFFÉ, 6081-8622.

**3727** Ceprano, 7 juin 1144.
Confirmation par le pape Lucius II des possessions du monastère de Tournus conforme à la bulle du 24 avril 1105]. — *Justis votis*.

CHIFFLET, *Hist. abb. Tournus*, pr. 405. JUÉNIN, *Hist. abb. Tournus*. pr. 147-8. *Patrol. lat.*CLXXIX, 896-8. = JAFFÉ, 6086-8641.

**3728** (Fin 1144).
Election d'Amédée, originaire du château de Chatte (*Chasta*) près St-Antoine, comme évêque de Lausanne.

CONON D'ESTAVAYER, *Cart. du chap. de Lausanne* : GINGINS (F. de), dans *Mém.-doc. soc. hist. Suisse rom.* VI, 42-4.

**3729** (1144/1159).
Amédée d'Hauterives*(Altaripa)* avait donné aux frères de Bonnevaux une vigne à Tersanne *(Tercina)* et le bois nécessaire. Sieboud de Clermont *(Sibodus de Claromonte)* chercha querelle au sujet de ces bois, puis, sur la prière d'Amédée, évêque de Lausanne, abandonna ses droits, pour être participant des bonnes œuvres *(beneficia)* du monastère, en présence de 3 moines et d'Amblard, prieur de St-Vallier *(S. Valerii)*. Témoins : Nicolas, mistral de Sieboud, etc. Approbation de son fils Guillaume, devant Moyse, chanoine de Vienne, etc.

HOZIER (d'), *Armor. gén. de France*, V° reg. I, 12. BRIZARD, Généal. mais. Beaumont, II, 10. CHEVALIER (U.), dans *Bull. acad.* Delphin. D, II, 146 ; *Cart. de Bonnevaux*, 130, n° 314. = *Invent. arch. dauphin. Morin-Pons*, 280, n° 1070.

**3730** (Vers 1145).
Déposition de G. Urseria devant Guillaume (W.) évêque de Gap, et Guillaume (W.) archevêque d'Embrun, au sujet du différend existant entre les chanoines de Gap et Arnaud [de Flotte, seigneur de la Roche-des-Arnauds], au sujet de la délimitation des territoires de la Roche et de Rabou.

Arch. des Htes-Alpes, G. 1706, orig. parch. (VI, 344°). — GUILLAUME (P.), *Chartes de Bertaud*, xiij-iv.

**3731** 1145.
Rostaing d'Aix *(Ais)* donne à Notre-Dame de Durbon et au prieur Lazare la maison qu'il a construite au village de Guignaise *(Guiniasiæ)*, avec la terre devant : on lui fait cadeau de 60 sols monnaie de Valence. Pierre Garcini, prieur de St-Julien de Guignaise, et son couvent cèdent leurs droits. Approbation d'Hugues et Guillaume d'Aix, frères de Rostaing, et de son fils Hugues Bastart. Témoins (8)... *luna 3, epacta 25*.

GUILLAUME, *Chartes de Durbon*, 26-7. n° 18. = ROMAN,19°.

**3732** (Vers 1145).
Notice des dîmes que l'évêque de Grenoble Hugues II a acquises dans la paroisse de St-Pierre de Chartreuse ; elles sont le produit de manses, métairies *(cavannaria, c-i)*, *lenuræ*. champs, *bordari*, jornal. Parmi les témoins : l'archiprêtre Gaudin, Airald évêque de Maurienne. Il y a une terre *Lombardorum*.

MARION, *Cart. de Grenoble*. 203-4. n° 18.

**3733** Après 18 février (1145).
Lettre de Guillaume, archevêque d'Embrun, au pape Eugène III, lui annonçant qu'il a mis fin au différend entre les moines de St-Victor et les chanoines du St-Sépulcre au sujet d'une église à Chorges *(Caturicen.)*.

Mentionnée dans une bulle du 9 sept. 1145 (GUÉRARD, *Cart. de St-Victor Marseille*, II, 364) et dans une autre du 10 juin 1157 (ibid. 365).

**3734** (1145).
Lettre du pape Lucius II à Guillaume, archevêque d'Embrun, confirmant sa décision au sujet d'une église à Chorges *(Caturicen.)*. objet de contestation entre les moines de St-Victor et les chanoines du St-Sépulcre.

JAFFÉ, -8698. — Mentionnée dans une bulle du 9 sept. 1145 (GUÉRARD, *Cart. de St-Victor*. II, 364 ; JAFFÉ, 8780). — Ment. dans une autre du 10 juin 1157 (ibid. 365 ; JAFFÉ, 10294].

**3735** 3 avril, 31 juillet ou 17 décembre 1145.
Obit d'Ulric *(Odolricus, Oldricus)*, chanoine régulier, puis doyen de Grenoble, enfin évêque de Die (-1142), retiré à la Grande Chartreuse.

CHEVALIER (U.), *Nécrol. de St-Robert*, 35-6. LE COUTEULX, *Ann. Cartus*. II, 29-30. LE VASSEUR, *Ephemer. Cartus*. I, 427-8.

**3736** Viterbe, 27 avril (1145).
Lettre du pape Eugène (III) à Guillaume, archevêque d'Embrun, lui reprochant de s'être emparé de l'abbaye de St-Pons et d'avoir arraché à l'évêque de Nice son anneau. Il viendra s'en justifier devant le Siège apostolique à la s' Luc (17 oct.). — *Venerabilis frater*.

JOFREDI (Petr.), *Nicæa civitas s. monum. illustr*. 170. CAIS DE PIERLAS (E.), *Cartul. cathédr. Nice*, 89-90, n° 73 ; *Chartrier de St-Pons*, 30.

**3737** 15 août 1145.
Arnaud de Crest *(Cristo)* donne à l'église de Notre-Dame de Die et à son évêque Hugues *(Ugo)* le château de Crest *(C-tum)* et Aoste *(Augusta)*, avec leurs mande-

ments, ainsi que toutes ses possessions dans le diocèse de Die : les châteaux de Divajeu *(Devajua)* et St-Médard, Aurel *(A-llum)* et Bécone. L'évêque lui rend le tout en fief et, pour reconnaître sa libéralité, lui donne 1200 sols monnaie de Die ou de Valence, plus la valeur de 1500 sols *(soldatæ)*, et lui remet ses torts *(culpæ)*... A° I. D. *1146, fer. 4, Assumptionis b. Mariæ, luna 23, ind.* 9 (= 8), epacta 25, *1° a° apostol. d. Eugenii papæ, 3° a° episcop. d. Ugonis Dien. episc. ; regn. d. Gundrado imper.* Témoins : Hugues, prévôt de l'église de Die, Guy de Thoranne, Pierre Guillaume sacristain..., Isoard viguier *(vicarius)*, etc.

*Gallia christ. nova.* XVI, instr. 185-6, CHEVALIER (C. U. J.), *Cart. de l'égl. de Die*, 33-5, n° 12. = COLUMBI, *Episc. Dien.* 81 : *Opusc.* 288. CHEVALIER (J.), *Hist. égl. Die.* I, 201-2, 414.

**3738** « Mons Lubricus », 9 septembre (1145).
Le pape Eugène III confirme à Pierre, abbé [de St-Victor] de Marseille et à ses frères, sur la demande de Guillaume, archevêque d'Embrun, l'arrangement ménagé par celui-ci et approuvé par le pape Lucius II (n° 3734), entre eux et les chanoines du St-Sépulcre, au sujet de l'église construite malgré eux à Chorges *(Caturic.)* — *Massiliense monasterium.*

GUÉRARD, *Cart. de St-Victor de Marseille*, II, 364, n° 932. = JAFFÉ, -8780. ROMAN. 19°.

**3739** 23 octobre 1145.
Raymond Bérenger, comte de Barcelone, prince d'Aragon et marquis de Provence, fait don à son fidèle et ami l'archevêque d'Embrun des châteaux de Bréziers, Beaufort et les Salettes, avec leur tènement et mandement : il invite ses chevaliers, amis et laboureurs de ces lieux à rendre hommage et fidélité au prélat, comme nobles Pierre Agnelli, chevaliers, père et fils, Aufer Agnellus, fils de feu le comte Guy Agni, de race royale. Arnaud Flota et son frère le faisaient.

Arch. des Htes-Alpes, G. 26, copie du Livre vert (II, 16-7). MOULINET, *Reg. général.* II, 461.

**3740** Viterbe, 6 novembre 1145.
Bulle de privilège adressée par le pape Eugène III à Guigues, abbé du monastère de Boscaudon, et à ses frères : il prend sous sa protection l'abbaye naissante et tous ses biens ; il lui confirme en particulier la possession du territoire dans lequel le monastère est fondé, et toutes les propriétés et dépendances qu'il avait alors acquises, Laverc et ses biens, les vignes de Remolon, les possessions d'Embrun. De plus, il exempte le monastère de toute espèce de dîmes, et défend à qui que ce soit de le troubler. — *Religiosis desideriis.*

WIEDERHOLD (Wilh.) et GUILLAUME (P.), dans *Ann. des Alpes* (1904), VIII, 84-7.

**3741** Viterbe, 8 novembre (1145).
Lettre du pape Eugène III à Bertrand, prieur de St-Pons, lui ordonnant de faire obéissance et révérence à Pierre, évêque de Nice, comme le faisait l'abbé avant que Guillaume, archevêque d'Embrun, se fût attribué sa bénédiction. — *Qualiter frater.*

JOFREDI (Petr.), *Nicæa civitas s. monum. illustr.* 171. PFLUGK-KARTTUNG, *Iter. Italic.* 806. CAIS DE PIERLAS (E.), *Cart. cathédr. Nice*, 90-1, n° 74 ; *Chartrier de St-Pons*, 31. = JAFFÉ, -8830.

**3742** 8 novembre 1145.
Obit de Lazare, prieur de Durbon depuis 1116.
LE COUTEULX, *Ann. Cartus.* I, 299. LE VASSEUR, *Ephemer. Cartus.* IV, 103°.

**3743** Vetralla, 1er décembre (1145).
Encyclique du pape Eugène III au roi de France Louis, à tous les princes et fidèles des Gaules, pour les exciter à prendre part à la croisade pour la délivrance de l'église d'Orient. — *Quantum prædecess.*

OTTO Frising. *Gesta Frider.* I, 35 (*Mon. Germ. hist.*, Ser. XX, 371). BARONIUS, *Ann.* 1145, 30 (XII, 315 ; XVIII, 634-5). MANRIQUE, *Ann. Cisterc.* II, 8. TISSIER, *Bibl. Cisterc.* VIII, 130. LABBE, X, 1046. HARDOUIN, VI, II, 1241. COLETI, XII, 1575-7. MANSI, XXI, 626, 681. BOUQUET, XV, 429. *Patrol. lat.* CLXXX, 1064. *Bull. Roman.* Taurin. II, 521-3. = BRÉQ. III, 94. JAFFÉ, 6177-8796.

**3744** 3 décembre 1145.
Profession de Nicolas de Bourbouton, fils et héritier du fondateur de la commanderie de Richerenches, dans l'ordre du Temple, du conseil de ses parents et de l'évêque Ponce. Témoins : Lenzon, abbé d'Aiguebelle, le moine Guillaume *(W.)*, le chapelain Arnaud, etc... *fer. 2, luna 15, epacta 6. Rotbertus sac. scr.*

RIPERT-MONCLAR (de), *Cart. de Richerenches*, 9-10, cf. XIX, n° 7. *Gallia christ. noviss.* IV, 49.

**3745** Latran, 21 décembre 1145.
Bulle du pape Eugène III adressée à Hugues, évêque de Grenoble, qu'il chérit intimement : à sa demande, il prend son église sous la protection de s' Pierre et lui confirme : dans le diocèse de Vienne l'église de St-Donat, dans celui de Grenoble celle du Villard-de-Lans *(S. Boniti de Vitarij).* A la suite de ses prédécesseurs, il approuve l'accord entre Guy, archevêque de Vienne, et s' Hugues au sujet du *pagus* de Sermorens *(Salmoriac.)* [n° 2960] et le traité avec Guigues comte d'Albon [n° 3145].

Arch. de l'Isère. B, 313, 487. *Invent. Graisivaudan*, II, 518. Cartul. d'Aimon de Chissé, n° 39, 61 et 70 (Notice anal. 18, 24 et 27). VALBONNAYS. 2° Reg. n° 154. — CHEVALIER (C. U. J.), *Cart. d'Aimon de Chissé*, 55-9. — JAFFÉ, -8808.

**3746** Le Désert, (avant 1146).
Amédée de Miribel et son frère Humbert font une donation aux frères de Chalais, pour le repos de l'âme de leur père Boniface, dans la grange *ad ripam loci de Deserto*, entre les mains de l'abbé Bernard, qui devint évêque de Valence, et reçoivent 60 sols Viennois. Témoins : le moine Guichard, ensuite prieur de Chalais, Mallen prêtre de Miribel (-les-Échelles).

*Ann. Cartus.* III, 488. PILOT DE THOREY, *Cart. de Chalais.* 37-8, n° 20.

**3747** (Commencement de) 1146.
...la 16° année de Guillaume, évêque de Gap, Pierre Alboini cède à Notre-Dame et St-Jean-Bapt. de Durbon avec son frère Oton tous ses droits sur le territoire de Garnesier *(Garnazia)*, en présence du procureur Garnier ; on lui donne 8 sols monnaie de Valence. Il confirme en outre la donation faite par son frère Rolland Alboini, durant la maladie dont il mourut, au prieur Lazare, de ses droits au même lieu.

GUILLAUME, *Chartes de Durbon*, 32, n° 25. = ROMAN. 19°.

**3748**  Aix-la-Chapelle, 6 janvier 1146.
Diplôme de Conrad II, roi des Romains, adressé à Humbert, archevêque de Vienne, et à ses suffragants : les évêques Hugues de Grenoble, Jean de Valence, Gauceraud de Viviers, Hugues de Die, Arducon de Genève et Barnard de Maurienne ; aux princes de Bourgogne et de Provence, aux citoyens, au clergé et au peuple de Vienne. Cette ville, avec sa citadelle Pipet *(Popetum)* et son palais, ne reconnaît d'autre seigneur que l'empereur ; l'archevêque et les chanoines la gardent en son nom, et tous sont pressés de lui faire reconnaître cette dignité. Guillaume, comte de Mâcon, n'y a aucun droit. Témoins, Gertrude, reine des Romains, etc. — *Ad regiæ dignitatis.*

Arch. de Grenoble, Vidimus de 1378. Paris, Bibl. Nat., ms. lat. 10950, 177-82. Valbonnays, 2ᵉ Reg., n° 155 ; 5ᵉ Reg. n° 17. Fontanieu, *Hist. de Dauph.* pr. II, 1, 177 ; *Cart. du Dauph.* I. 105-6. Rivaz (P. de), *Diplom. de Bourg.* II. n° 167 (Anal. 52). — Bosco (J. a). 81-3. Le Lièvre, 336-8. Trad. Maupertuy, 205-7. Charvet, 340-1. Collombet, II. 584. Bouche, *Hist. de Prov.* I, 820. Bréq. II, 111. Courbon, chp. 192. Mermet, III, 57. Böhmer, R. I. 2254. R. Gen. 313. Mascov. *Comm. hist. Loth.-Conr.* 168. Jaffé, *Gesch. Conrads III*, 215. Ficker, *Beitr. z. Urkundenlehre* (1878). II, 218. Stumpf, *Reichskanzl.* 3511. Bernhardi, Konrad III, dans *Jahrbücher* (1883), 446. Fournier (P.), *Roy. d'Arles*, 7.

**3749**  Trastevere, 1ᵉʳ février 1146.
Bulle du pape Eugène III adressée à Etienne, abbé de St-Robert de la Chaise-Dieu, par laquelle il confirme à son monastère : *prioratus de Corniliione...*

Marillon, *Ann. Bened.* VI, 698-9 ; 2ᵉ, 649-50. *Patrol. lat.* CLXXX, 1102-3. *Mém. acad. Clermont*, XIX, 59-64. *Mon. pont. Arvern.* 207. = Bréq. III, 111. Jaffé, 6206-8853.

**3750**  Trastevere, 15 février 1146.
Confirmation par le pape Eugène III à l'abbé Pierre, des possessions du monastère de Cluny. — *Cum omnibus.*

\*Marrier, *Bibl. Cluniac.* 1386. *Bull. Cluniac.* 56-7.\*Cocquelines, *Bull.* II, 295-7. \**Patrol. lat.* CLXXX, 1105-6. \**Mém. acad. Clermont*, XIX, 65. — Bréq. III, 96. Jaffé, 6209-8859. Bernard-Bruel, *Chartes de Cluny*, V, 460, n° 4113.

**3751**  Trastevere, 15 février (1146).
Bulle du pape Eugène III, par laquelle il confirme à Hu. prieur de St-Marcel la possession de l'église de Savasse *(Savatia)*, que lui avait concédée C. [Eustache], évêque de Valence, avant qu'il devint désobéissant à l'Eglise Romaine. — *Apostolicæ sedis.*

Paris, Bibl. Nat., Bourgogne 80, Cluni 240. — *Bull. Cluniac.* 62. Bouquet, XV, 435-6. *Patrol. lat.* CLXXX. 1106-7. = Jaffé, 6210-8860.

**3752**  (25 février ? 1146).
Lettre du cardinal Albéric, évêque d'Ostie, à Etienne, archevêque de Vienne, lui ordonnant de se rendre à Vézelay pour se purger des crimes dont il est accusé.
Mentionnée dans la réponse d'Etienne.

**3753**  (Mars 1146).
Lettre d'Etienne (S.), archevêque de Vienne, au [cardinal] A[lbéric], évêque d'Ostie. Après le concile de Belley, où l'archevêque de Lyon s'était méchamment élevé contre lui, il s'est rendu auprès du pape ; celui-ci l'a renvoyé au cardinal, qui vient de lui enjoindre de se rendre dans 5 semaines à Vézelay. Il se refuse d'être jugé en dehors de sa province, au milieu de ses ennemis, où il lui est impossible d'amener ses témoins à décharge. Les accusations formulées contre lui sont vagues : vente d'églises, incontinence *(immunditia corporis)*, parjure de ses chevaliers, faux serments, habit séculier, falsification de monnaies). Il appelle de cette convocation. Cessât-il d'être évêque, il restera fils de l'Eglise et se réfugiera dans la maison de St-Ruf. — *Post Bellicense.*

Martene, *Thes. nov. anecd.* I, 397-8. Mansi, XXI, 694. Bouquet, XV, 421-2. *Gallia christ. nova*, XVI, instr. 35-6. Trad. Collombet, II, 51-5. = Bréq. III, 107. Giraud, *S. Barnard*, I, 196-8.

**3754**  Trastevere, 1ᵉʳ mars (1146).
Encyclique d'Eugène III à tous les fidèles de Dieu dans les Gaules, conforme à celle du 1ᵉʳ déc. préc. — *Quantum prædec.*

Boczek. *Cod. diplom.-epist. Moraviae*, I, 241. = Jaffé, 6218-8876.

**3755**  Valence, 21 mars 1145/6.
Mort de sᵗ Jean, évêque de Valence, ...5 fer..... *sub papa Eugenio, imper. Conrado, præsul. Viennæ Humberto, Diæ Hugone et Willelmo Vivarii, qui ad ejus exequias cum... assisterent.*

Girardus (Mag.), *Vita s. Johannis Valentin. episcopi : Electorum veneranda...* (Martene, *Thes. anecd.* III, 1693-702. \*Bouquet, XIV, 319-20 ; XV, 604). = *Répert.*, Bio. 1503-4.

**3756**  (1146).
Lettre de sᵗ Bernard, abbé de Clairvaux, au pape Eugène III, lui recommandant le prieur de la Chaise-Dieu (Orilbert), élu évêque de Valence.

S. Bern. *Epist.* 249 (671). S. Bernardi *Opera*, I, 247. Bouquet, XV, 604. *Patrol. lat.* CLXXXII, 449. = Bréq. III, 105 (1145).

**3757**  Landrin, (1146 ?).
Contre la répétition *(calumnia)* de Pierre Joffredi, au sujet d'un pré et d'un moulin donnés par son père, les frères de Bonnevaux produisirent comme témoins : *apud Rives*, Berlion Alamanni ; *apud Landrins*, Jean, évêque de Notre-Dame de Valence, et Almand de Rives, en présence de Ponce de Roussillon, Hugues d'Anjou, Raymond de Tullins, Nantelme prieur de Bossieu *(Buegies)*, l'abbé Gocewin, etc.

Chevalier (U.), dans *Bull. acad. Delphin.* D, II, 108 ; *Cart. de Bonnevaux*, 92, n° 217.

**3758**  Embrun, 1146.
Guillaume, archevêque d'Embrun, maintenait excommunié Isoard Bastar, à cause de ses méfaits à Gigors contre l'abbé [de St-Victor] de Marseille. Il les fait venir *Ebredunum*, en présence de 4 évêques voisins et obtient le désistement d'Isoard. Seings du prévôt Guillaume, du sacristain R., de maître Bérenger et des évêques.

*Gallia christ. nova*, III, instr. 206-7. Guérard, *Cart. de St-Victor de Marseille*, II, 441-2, n° 990. = Bréq. III, 117.

**3759**  1146.
...la 16ᵉ année de Guillaume, évêque de Gap., Adimar de *Pineta* et son frère Ponce, du conseil de leur mère, cèdent à Notre-Dame de Durbon et au prieur

Oton tous leurs droits à Garnesier *(Garnazia)*, moyennant 48 sols monnaie de Valence. Témoins (9).

GUILLAUME, *Chartes de Durbon*, 33, n° 26. = ROMAN, 19-20.

**3760** Rioufroid, 1146.
...la 16° année de Guillaume, évêque de Gap. Gaucerand, fils de Hugues Gaucerandi, de Lus-la-Croix-Haute, vend à Notre-Dame et St-Jean de Durbon et au prieur Oton sa part du pré de la *Cella Grimaldenschi* et ses droits au Pinier *(in Pineto)*, au prix de 8 sols monnaie de Valence... Fait devant la grange *Rivi Frigidi*, en présence du procureur Garnier ; témoin. Le prieur ajoute généreusement 2 sols.

GUILLAUME, *Chartes de Durbon*, 30-1, n° 24. = ROMAN, 19ᵇ.

**3761** 1146.
...la 16° année de Guillaume, évêque de Gap. Guillaume Bertrandi, fils de Bertrand de Lus-la-Croix-Haute *(Lunis)*, donne à Notre-Dame et St-Jean de Durbon et au prieur Oton son domaine à Garnesier *(Garnazia)* ; par piété, on lui remet 10 sols monnaie de Valence. Présents :, le procureur Garnier, etc.

GUILLAUME, *Chartes de Durbon*, 30, n° 23. = ROMAN, 20ᵃ.

**3762** La Combe-Obscure, 1146.
...la 16° année de Guillaume, évêque de Gap. Pierre Johannis, du Martouret *(de Martoreo)*, son frère Ponce Guercius et son fils Jean vendent à Notre-Dame et St-Jean-Bapt. de Durbon et au prieur Oton leurs droits à Garnesier *(Garnazia)*, au-dessus du *Bel* et ce qu'ils ont acquis de Guigues Matfredi, de Beaudinar, au prix de 15 sols monnaie de Valence. Fait *in Monte Obscuro*, en présence et sur les instances du susdit Guigues, qui reçoit 5 sols, mais en rend 3 aux vendeurs pour le prix du pré qu'il avait vendu au prieur Lazare et qui n'avait pas été payé. Témoins (9).

GUILLAUME, *Chartes de Durbon*, 35-6, n° 28. = ROMAN, 20ᵃ.

**3763** (Vers 1146).
Lettre d'A[médée], archevêque de Lyon et légat du Siège apostolique, au pape Eugène III. Il lui rapporte avoir convoqué en sa présence les chanoines de St-Ruf et les clercs de St-Andéol et réintégré les premiers dans l'église des seconds, dont ils avaient été expulsés. L'évêque de Viviers [Guillaume] a exécuté ce jugement.

Mentionné dans la bulle du 29 janv. 1147.

**3764** (1146 ?).
Testament de Tiburge, princesse d'Orange, par lequel elle lègue à son fils Raimbaud la moitié d'Orange, Courtheson, un tiers de Jonquières, Gigondas, St-André, Tulette, St-Marcellin, Suze, St-Véran, et tout ce qu'elle possède dans les évêchés de Gap, Sisteron, etc. Le 2ᵉ tiers appartiendra à Bertrand et le 3ᵉ à Guillaume et à son gendre.

BARTHÉLEMY, *Invent. mais. Baux* (1882), 10.

**3765** (1146 ?).
Guillaume de Poitiers, prévôt de l'église de Valence, devient évêque de Viviers.

Bibl. de Grenoble, U. 460, 7. = CHEVALIER (J.), dans *Bull. soc. archéol. Drôme*, XXVII, 271 ; *Mém. comtés Valent.-Diois*, I, 182.

**3766** 7 mai 1146.
Obit de Hugues, prieur de la Grande-Chartreuse 1137-9.

LE VASSEUR, *Ephemer. Cartus*. I, 583ᵃ.

**3767** Sutri, 16 mai (1146).
Le pape Eugène rappelle à Pierre, évêque de Nice, que l'année précédente il s'est rendu devant lui à Viterbe, ainsi que Guillaume, archevêque d'Embrun, qui s'était mis violemment en possession du monastère de St-Pons et avait béni l'abbé : le pape a rendu le monastère à Pierre et privé l'abbé de son office. Ils se sont rencontrés de nouveau devant lui à Pâques (31 mars) et le pape a mis l'évêque en possession, sauf le droit de propriété à apprécier ultérieurement. — *Quid de controversia*.

CAIS DE PIERLAS (E.), *Cart. de la cathédr. de Nice*, 91-3, n° 75 ; *Chartrier de St-Pons*, 33-4.

5 juillet 1146 = 5 juillet 1186.

**3768** Viterbe, 13 juillet 1146.
Bulle du pape Eugène III, qui confirme à Pierre, prieur du St-Sépulcre de Jérusalem, les possessions de sa maison : *in episcopatu Ebredunensi, S. Sepulcri ecclesiam de Kahorcas, ecclesiam S. Petri et S. Pontii de Sedena, ecclesiam S. Joannis de Conspinacis et ecclesiam S. Petri de Avanzo...*

ROZIÈRE (de), *Cart. du St-Sépulcre de Jérusalem*, 36. *Patrol. lat.* CLXXX, 1145-9. = JAFFÉ, 6252-8939. ROMAN, 19ᵇ.

**3769** Viterbe, 18 septembre 1146.
Bulle du pape Eugène III, confirmant au monastère de Gellone ses possessions : *in episcopatu Vapincensi, ecclesiam S. Desiderii de Ortamota, ecclesiam S. Petri de Umobel, cum appendiciis suis unitis cœnobio monialium Vapincensium*. — *Ex commisso nobis*.

*Gallia christ. nova*, VI, instr. 280-1. *Patrol. lat.* CLXXX, 1154-6. = JAFFÉ, 6258-8947.

**3770** Viterbe, 25 novembre (1146).
Lettre du pape Eugène III aux moines de St-Pons de Nice, leur notifiant sa décision sur les différends de Guillaume, archevêque d'Embrun, et de Pierre, évêque de Nice, au sujet de leur abbaye. — *Universitati vestræ*.

CAIS DE PIERLAS (E.), *Cart. de la cathédr. de Nice*, 93-4, n° 76 ; *Chartrier de St-Pons*, 34-5.

**3771** Viterbe, 25 novembre (1146).
Lettre du même à Pierre, évêque de Nice, relatant les discussions agitées devant lui par Guillaume, archevêque d'Embrun, au sujet de l'abbaye de St-Pons et sa mise en possession définitive. — *Quæ judicii verit*.

JOFREDI (Petr.), *Nicæa civitas s. monum. illustr.* 171-2. CAIS DE PIERLAS (E.), *Cart. cathédr. Nice*, 94-5, n° 77 ; *Chartrier de St-Pons*, 35-6.

**3772** 1ᵉʳ/.. décembre 1146.
...durant l'Avent, la 16° année de Guillaume, évêque de Gap. Lantelme du Vilar *(Villar)*, du consentement de sa femme et de ses fils, vend à Notre-Dame et St-Jean de Durbon et au prieur Oton le pré des Richards, près la Peine *(Pennas)* de Durbon ; il reçoit 7 sols monnaie de Valence. Les agriculteurs : Arbert

Ricardi, Guillaume et Bernard Pilati, vendent aussi leurs droits sur ce pré, moyennant 10 sols. Témoins (7).
GUILLAUME, *Chartes de Durbon*, 33-4, n° 27. = ROMAN, 19ᵇ.

**3773** Durbon, (avant 25 décembre) 1146.
Gaucerand [n° 3630] vend à Oton, prieur de Durbon, ses droits dans tout le territoire de Garnesier *(Garnazia)*, au prix de 5 sols. Fait en la grange *Durbonensi*, devant la cuisine des frères, entre les mains du prieur, peu avant Noël, en présence du procureur Pierre Ariberti, etc. Témoins. Ratification de sa mère Ava et sa fille Acelenda.
GUILLAUME, *Chartes de Durbon*, 31, n° 24. = ROMAN, 19ᵇ.

**3774** (1146/1147).
Sentence portée, en vertu d'une commission du pape Eugène III, par Humbert, archevêque de Vienne et légat du Siège apostolique, et Hugues, évêque de Grenoble, au sujet de la libre élection du prieur de St-Félix, contre les chanoines de Saou *(Saonen.)*.
Confirmée par la bulle du 16 mai 1178/79. CHEVALIER (U.), *Codex diplom. S. Rufi*, 62, n° 52.

**3775** (1146/1147).
La matrone Agnès, femme de Guigues Isiliardi, donne un champ aux religieuses de St-Paul[-d'Izeaux] ; l'archevêque [de Vienne] Humbert confirma avec son sceau. Les moniales le vendirent aux frères de Bonnevaux pour 260 sols et un vêtement de jeune fille *(apparatus puellæ)*. Guillaume de St-Jean approuva l'échange de Roland Boci avec Agnès, en présence de l'abbé Gocewin. Témoins.
CHEVALIER (U.), dans *Bull. acad. Delphin.* D, II, 119 ; *Cart. de Bonnevaux*, 103, n° 245.

**3776** (1146/1147).
La reine Mathilde avait une vigne dans le mandement de Voreppe *(Vorapii)*, près du cellier *(cellarium)* des frères de Chalais ; elle la leur donna. [Son fils] Humbert, alors évêque du Puy *(Anicien.)*, depuis archevêque de Vienne, la leur confirma en chapitre de Chalais. Le comte Guigues, fils de Guigues dauphin, et sa mère en firent autant. Témoins : maître Ohtmar, Raymond des Granges, chanoines de Grenoble, Raymond Berengarii, le chevalier Pierre Odo, frère Landulfe, convers de Chalais. *Calibertus scr.*
LE COUTEULX, *Ann. Cartus.* II, 59. PILOT DE THORRY, *Cart. de Chalais*, 35-6, n° 18.

**3777** Romans, (1146/1148).
Guillaume, fils de Lantelme de la Forteresse *(Fortaretia)*, donne à l'église de Chalais, entre les mains de Bernard, évêque de Valence, ce qu'il avait dans les alpes des frères et met le livre sur l'autel. Témoins : Béraud, abbé de Chalais, le prieur Guichard, 3 moines, 2 convers, 3 écrivains *(scriptores)*. Il confirme cette vente, au prix de 50 sols Valentinois, *apud Romanis*, entre les mains de Humbert, archevêque de Vienne, et de Hugues, évêque de Grenoble. Témoins : Barnard, évêque et O[don] doyen de Valence, Guillaume *(W.)*, doyen de Vienne, maître *(maister)* Othmar, le chapelain Luvenis, Francon de Chatte *(Casta)*, doyen de St-André, et bien d'autres venus au marché *(emporum)*.
PILOT DE THORRY, *Cart. de Chalais*, 36-7, n° 19.

**3778** (1146/1153).
Sur l'invitation du pape Eugène III, devant Bernard, évêque de Valence, la paix se fait entre Pierre, évêque du Puy, le vicomte de Polignac *(Podempniaci)* Armand et ses fils Ponce et Heraclius, par les soins de Guillaume, archevêque d'Embrun, et Guillaume, évêque de Viviers.
Relaté en charte de Louis, roi de France (vers 1173). — BALUZE, *Hist. mais. Auvergne*, II, 66.

**3779** Gerbaix, Chalais, Pont-de-Beauvoisin, (1146/1160).
Guy de Rochefort *(Guido de Rochafort)* et sa femme donnent aux frères de Chalais le droit de pâturage dans leurs terres, de Cruzille à St-Genis[-d'Aoste] et à Belmont[-Trémonex], et reçoivent 50 sols Viennois. Fait à Gerbaix *(G-is)*, en présence du convers Arbert ; renouvelé au chapitre de Chalais en présence des frères ; confirmé près du Pont[-de-Beauvoisin], entre les mains de l'abbé Béraud *(Beraldus)*, dont témoins Girard, prieur de St-Bénigne, Jaucerand frère du prieur de la Porte. A cette occasion, Pierre Viviani donne le droit de pâture dans sa terre. Guillaume, évêque de Belley *(Belzen.)* confirme cette charte.
PILOT DE THORRY, *Cart. de Chalais*, 38-9, n° 21.

**3780** (1146/1160).
Donation d'une vigne aux frères de Chalais, contiguë à la leur de Crosa ; ils donnent 8 sols... [en présence de] l'évêque de Grenoble. Témoins : Burnon de Voiron, moine de Chalais, etc. Confirmation entre les mains de l'abbé Béraud.
PILOT DE THORRY, *Cart. de Chalais*, 39-40, n° 22.

**3781** 1147.
Guillaume, comte de Nevers, quitte le siècle pour entrer à la Chartreuse.
BOUQUET, XII, 93, 239, 294, 302-3, 316 ; XIV, 20.

**3782** Tersanne, la Motte, (vers 1147).
Pierre *Heremita* échange avec les frères de Bonnevaux 5 pièces de terre contre le manse qu'ils tenaient en alleu de Falcon Borel ; il leur vend en outre un champ et reçoit 4 livres Viennoises, sa belle-mère Arsens 20 sols, etc. Fait *apud Tercinam*, en présence de l'abbé Gocewin. Témoins : Nantelme de Montchenu. Approbation de son beau-frère Guillaume de Mercurol, *apud Motam*.
CHEVALIER (U.), dans *Bull. acad. Delphin.* D, II, 115-6 ; *Cart. de Bonnevaux*, 99-100, n° 239.

**3783** (Vers 1147).
Siboud de Beauvoir le Vieux *(senex)*, voulant se rendre à Jérusalem, fait un don [aux frères] de Bonnevaux par les mains du mistral Jean Gontard de St-Jean. Après son départ, son fils Drodon s'empare de la terre, puis, voulant lui-même récupérer les Saints-Lieux, la restitue après s'être enquis de la vérité auprès du mistral Pierre de St-Jean, fils de Jean.
CHEVALIER (U.), dans *Bull. cit.* D, II, 41 ; *Cart. Bonn.* 25, n° 42.

**3784** (Vers 1147).
Le chevalier Hugues de Domène étant sur le point de partir au-delà des mers pour combattre les ennemis

de la croix du Christ, engage à Ponce Ainard, prieur de Domène, 22 setiers et 1 émine de froment à la mesure légale de Goncelin, 17 sols de cens au territoire de Theys *(Theis)* dans la paroisse de Tencin, et 12 den. de cens sur 2 chazaux à Domène ; au cas où il mourrait en pèlerinage, la maison aura un champ sous la rouvraie *(roveria)* de Theys. Approbation de Dalmace de Dum ; garantie de la comtesse de Genevois et de son fils Aymon. Témoins : Ponce et Ainard de Revel, etc. (28).

Monteynard, *Cart. de Domène*, 218-9, n° 233, 34. = H. Gén. 319.

**3785** (Vers 1147).

Agathe de *Clusita*, sœur de Pierre Alboini, son fils Guillaume et sa fille Sybyunde donnent aux ermites de Durbon leurs droits à Garnesier *(Garnazea)*, moyennant 10 sols monnaie de Valence ; présents : Martin, prêtre de *Clusita*, etc.

Guillaume, *Chartes de Durbon*, 41-2, n° 35. = Roman, 20°.

**3786** Durbon et Rioufroid, 1147.

... [la 17° année de Guillaume, évêque de Gap]. Géraud Usanne, du conseil de sa femme, vend à Notre-Dame et St-Jean-Bapt. [de Durbon] et au prieur Oton ses droits à Garnesier *(Garnazia)*, au prix de 14 sols. Fait dans l'hôtellerie de la maison inférieure, en présence du procureur Pierre Ariberti, etc. ; témoins : Guillaume, prêtre de St-Julien, etc. — Confirmation *in Rivo Frigido*.

Guillaume, *Chartes de Durbon*, 40, n° 33. = Roman, 20°.

**3787** Durbon et Rioufroid, 1147.

Guillaume Bertrandi, de Lus-la-Croix-Haute *(Lunis)*, vend à Géraud Usanne un champ dit la *oucha dal Vilar* et partie du pré contigu de *Brusco*, au prix de 14 sols, sous réserve de 3 den. de cens. Témoins : Etienne, prêtre, etc. Fait devant l'hôtellerie de la maison inférieure, entre les mains d'Otton, prieur de Durbon, en présence du procureur Pierre Ariberti et de convers. — Confirmation *in Rivo Frigido* par le vendeur et ses fils illégitimes.

Guillaume, *Chartes de Durbon*, 39-40, n° 32. = Roman.

**3788** 1147.

... [la 17° année de Guillaume, évêque de Gap]. Ponce Mazot, du consentement de son beau-père, mari de sa mère, etc., vend à Notre-Dame et à St-Jean-Bapt. [de Durbon] et au prieur Oton ce que lui et sa mère possédaient à Garnesier *(Garnazia)*, en présence du procureur Pierre Ariberti, au prix de 7 sols. Témoins.

Guillaume, *Chartes de Durbon*, 41, n° 34. = Roman, 20°.

**3789** 1147.

... [la 17° année de Guillaume, évêque de Gap]. Ponce Ricaudi, de Montama, vend à Notre-Dame et St-Jean-Bapt. [de Durbon] et au prieur Oton, en présence du procureur Pierre Ariberti et des frères, tous ses droits sur la terre de Pierre Alboini et à la *podiata* de Burriane, au prix de 10 sols. Témoins. Confirmation par Guillaume de Montama et Pierre Abrachi, frères de Ponce.

Guillaume, *Chartes de Durbon*, 38-9, n° 31. = Roman, 20°.

**3790** (Vers 1147).

Adémar de Poitiers *(Aemarus Pictavensis*, comte de Valentinois), accorde à l'abbaye cistercienne de Léoncel *(Liuncellum)*, située dans une montagne de ses domaines, le secours de sa protection pour les animaux *(molorum)* qui transportent aux frères le nécessaire ; défense de s'en emparer et de molester leurs conducteurs.

Chevalier (U.), *Cart. de Léoncel*, 6-7. n° 3. Trad. Chevalier (J.), *Eygluy et Léoncel*, 154-5. = Pilot de Thorey (Em.), dans *Bull. soc. statist. Isère*, C. IX, 81 (à part. 42).

**3791** (Spire, janvier) 1147.

Diplôme de Conrad II, roi des Romains, adressé à Guillaume *(Willelmus)*, archevêque d'Embrun, lui confirmant, à l'exemple de ses prédécesseurs, les droits régaliens, la justice, la monnaie, les péages, les voies de terre et de la Durance, et les concessions des princes de l'Église et des empereurs. Sceau ... *a° 10 regni*. — *Antiqua regni consuetudo*.

Guichenon, mss. à Carpentras, XVI, n° 408 (invent. 52°). Valbonnays, 2° Reg., n° 159. Fontanieu, *Cart. du Dauph.*, I, 106-7. Rivaz (P. de), *Diplom. de Bourg.* II, n° 168 (Anal. 52). = Guichenon, *Bibl. Sebus.* 44-6 ; (1666), 40 ; éd. Hoffmann, 56 ; (1780), 13. Chorier, *Estat polit.* II. 16-8. Valbonnays, *Hist. de Dauph.* I, 88-9. *Gallia christ. nova*, III, instr. 179-80. Chérias (J.), Dissertation historique sur une charte épiscopale Embrunaise de l'an 1147 émanée de Conrad III, dans l'*Echo du Dauphiné*, 1° an.. n° 42 (2-4) et 44 (2-3). Sauret (A.), *Essai histor. Embrun* (1860). 481-2. Fornier (Marc.), *Hist. Alpes Marit.* III. 207-8. Trad. Albert, *Hist. d'Embrun*, II, 105. = Georg, I, 591. Bréq. III, 131. Gioffredo, dans *Mon. hist. patr.*, Ser. II, 396. Stumpf, 3526. Sternfeld (Rich.), dans *Mittheil. Instit. oesterr. Geschforsch.* XVII, 170-1. Roman, 20.

**3792** (Spire, janvier) 1147.

Diplôme de Conrad II, roi des Romains, adressé à Guillaume, son parent, évêque de Viviers, lui confirmant les droits régaliens et lui concédant Donzère *(Dozera)* ... *a° 10 regni*. — *Antiqua regni*.

Arch. de la Drôme, E. 1184, copie. Columbi, *Opusc.* 210. Böhmer, *Acta imper. sel.* 84. *Gallia christ. nova*, XVI, instr. 224. Roche, *Armor. évêq. Viviers.* I. 328-9. = Stumpf, 3527.

**3793** St-Julien-en-Beauchêne, 5 janvier 1146/7.

Confirmation de la vente de Pierre Johannis, son frère et son fils à Durbon [1146], par Guigues Matfredi, en présence de Guillaume, prêtre de St-Julien, etc. (10). Fait la veille de l'Epiphanie, *ap. S. Julianum*, le jour où le prêtre Falcus a chanté sa première messe. Guigues reçoit de Pierre 2 sols et 5 den. monnaie de Valence.

Guillaume, *Chartes de Durbon*, 36, n° 28. = Roman, 20°.

**3794** Vico, 29 janvier (1147).

Bulle du pape Eugène III adressée à Nicolas[1], abbé de St-Ruf, par laquelle il confirme le jugement d'Amédée, archevêque de Lyon, qui a restitué à son monastère l'église de St-Andéol. — *Quæ a fratribus*.

Valbonnays, 2° Reg., n° 160. — Chevalier (U.), *Codex diplom. S. Rufi*, 30-1, n° 22. Roche, *Armor. évêq. Viviers*, I, 329. = Jaffé, -8999.

**3795** Oulx, 9 mars 1147.

... *ind. 10, d. domin...*, l'autel de la collégiale d'Oulx *(S. Laurencii Ulcien.)* est consacré, à la prière des cha-

1. Breakspear, pape sous le nom d'Adrien IV le 4 déc. 1154 : Robert de Torigni, *Chronique*, I, 288 (note de l'éditeur Léop. Delisle, contre Barth. Hauréau, *Gallia christ.* XVI, 360). *Gesta abbatum monasterii S. Albani*, dans *Rer. Britann. med. ævi script.* 1867, I, 112-3. Didelot (Charl.), Le pape Adrien IV à Valence, dans *Bull. soc. archéol. Valence*, XXV, 5-50, 9 pl.

noines, par le pape Eugène III, l'évêque de Frascati et l'archevêque d'Embrun Guillaume, en présence du prévôt Pierre, etc.

RIVAUTELLA, *Ulcien. eccl. chartar.* 190, n° 233. *BOUQUET, XV, 425°. *Hist. patr. mon.*, Scr. II, 397. COLLINO, *Carte d'Oulx*, 120, n° 118. – JAFFÉ, p. 625- II, 38.

**3796** Cluny, 26 mars 1147.
Bulle du pape Eugène III adressée à Gocewin, abbé de Bonnevaux, par laquelle il prend son monastère sous la protection de s' Pierre et lui confirme ses biens présents et futurs. — *Desiderium quod.*

MANRIQUE, *Ann. Cisterc.* II, 82. *Patrol. lat.* CLXXX, 1198-9. CHEVALIER (U.), dans *Bull. acad. Delphin.* D. II, 28-9 ; *Cart. de Bonnevaux*, 12-3, n° 6. = MABILLON, *Ann. Bened.* VI, 414 ; 2°, 381-2. BOUQUET, XII, 89. JAFFÉ, 6293-9011.

**3797** Cluny, 26 mars 1147.
Bulle du pape Eugène III adressée à Falcon, abbé de Léoncel *(Leoncellis)*, par laquelle il prend son monastère sous la protection de s' Pierre et lui confirme ses possessions présentes et éventuelles ; il l'exempte de toute dîme de la part des clercs ou des laïques. — *Religiosis desideriis.*

CHEVALIER (U.), *Cart. de Léoncel*, 5-6, n° 2 ; *Supplém.* 20. = JAFFÉ, -9012.

**3798** Durbon, (avant 29 mai) 1147.
... la 17° année de Guillaume, évêque de Gap. Raimond Ursitus et ses frères Rolland et Guillaume vendent à Notre-Dame et St-Jean-Bapt. de Durbon et au prieur Oton leurs droits à Garnesier *(Garnazia)*, au-dessus du Bet, en présence du procureur Pierre, etc., pour 28 sols monnaie de Valence. Témoins : Guillaume, prêtre de St-Julien, etc. Fait peu avant l'Ascension, sous le platane devant la porte entre l'église et l'hôtellerie en pierre de la maison inférieure.

GUILLAUME, *Chartes de Durbon.* 36-7, n° 29. = ROMAN, 20°.

**3799** Durbon, (après 29 mai) 1147.
Confirmation de la vente de Raimond Ursitus par son frère Otton, peu après, dans la grange *Durbonis*, où se trouvait le procureur. Témoins (6).

GUILLAUME, *Chartes de Durbon*, 37, n° 29. = ROMAN, 20°.

**3800** 26 juin (20 novembre) 1147.
Obit d'Humbert, archevêque de Vienne ; enseveli à St-Pierre.

CHEVALIER (U.), *Nécrol. de St Robert*, 29-31.
Epitaphe : *Gaudeat Umberte celestis patria per te* [4 vers].

CHORIER, *Antiq.* 302 ; 2°, 304. COLLOMBET, II, 62. TERREBASSE, *Inscr.* I, 228-9, n° 369. = LE COUTEULX, *Ann. Cartus.* II, 58.

**3801** Richerenches, 11 septembre 1147.
Garantie donnée aux chevaliers du Temple par Pagan, fils de Raimond de Bellon, en présence de Géraud, évêque de Trois-Châteaux, de Bertrand de Morlas, prieur de Piolenc *(Podioleno)* et de St-Pantaléon, d'Etienne cabiscol de St-Paul, etc.

RIPERT-MONCLAR (de), *Cart. de Richerenches*, 60-3, n° 60. *Gallia christ. noviss.* IV, 49.

**3802** (Après 25 décembre) 1147.
... peu de jours après Noël, la 17° année de Guillaume, évêque de Gap. Pierre Abrachi, de Montama, sur le point d'aller à Jérusalem, confirme entre les mains d'Oton, prieur de Durbon, la vente du domaine de Garnesier *(Garnazia)* qu'il avait faite l'année précédente au même prieur, en présence du procureur Garnier, au prix de 5 sols monnaie de Valence. Témoins.

GUILLAUME, *Chartes de Durbon*, 37-8, n° 30. = ROMAN, 20°.

**3803** (1147/1153).
Bulle du pape Eugène III, par laquelle il confirme à Guillaume, archevêque d'Embrun, les biens et privilèges de son église, spécialement ceux qui lui ont été restitués par Hugues [II], évêque de Grenoble, et ceux confirmés par privilèges authentiques des papes et de Conrad roi des Romains. — *In eminenti sedis.*

Arch. de Châteauroux, 20, 45. – SAURET, *Essai histor.* Embrun, 482-4. FORNIER (Marc.), *Hist. Alpes Marit.* III, 210-2.

**3804** (1147/1153).
Lettre du pape Eugène III à Hugues, archevêque de Vienne, lui reprochant ses injustices à l'égard des religieux de Cîteaux et de Cluny. — *Quanto persona.*

PETRI Venerab. *Epistolæ* VI, 8 (ed. 1522, 189ᵇ). *Gallia christ. vet.* I, 802. MARRIER, *Bibl. Cluniac.* 902. *Patrol. lat.* CLXXX, 1567 ; CLXXXIX, 409. LE COUTEULX, *Ann. Cartus.* II, 55. LE VASSEUR, *Ephem. Cartus.* I, 584°. Trad. CHARVET, 343. COLLOMBET, II, 65. = BRÉQ. III, 220. JAFFÉ, 6689-9666. BERNARD-BRUEL, *Chartes de Cluny*, V, 483, n° 4133.

**3805** Aiguebelle, 2 janvier 1148.
Mémoire des dons faits par Ponce Giraud à la commanderie de Richerenches du château de Barry et à Visan, dont un gage de 200 sols Valentinois. Fait *ad Aquabella*, en présence d'Arnulfe, prieur du lieu, du cellérier Guillaume et d'un moine. *Eustorgius scr. quando Lodoïcus, rex Franciæ, Jerosolymam ivit.*

RIPERT-MONCLAR (de), *Cart. de Richerenches*, 44-5, n° 42.

**3806** (Avant 22 février 1148).
Lettre de Pierre le Vénérable à Etienne, archevêque de Vienne déposé : il l'engage vivement à se retirer au monastère de Cluny, où il sera chez lui. Qu'il vienne avant le dimanche de la Quinquagésime, car il devra partir pour le concile qui doit se tenir [à Reims ? le 21 mars .

PETRI Vener. *Epist.* v, 2 ; BOUQUET, XV, 422. *Patrol. lat.* CLXXXIX, 384-5. Trad. COLLOMBET, II, 55-6. GIRAUD, *Hist. S. Barnard-Romans*, I, 198-200.

**3807** 21 mars 1148.
Epitaphe de Robert, abbé de St-Pierre à Vienne : *Hac sub quadrata lapidum compage quiescit* [8 vers]. *Obiit 12 kal. aprilis a° I. D.* 1148, *ind.* 11.

Paris, Bibl. Nat., ms. lat. 5662, 241-2. – CHORIER, *Antiq.* 299-301 ; 2°, 301-3. COLLOMBET, II, 62. TERREBASSE. *Inscr.* I, 230-1, n° 370 ; II, 466, n° 579.

**3808** Boscaudon, 1148.
... *episcop. d. Guillelmi archiepiscopi (Ebredun.)* 14. Giraud Alamand confirme aux frères de Boscaudon tout ce qu'ils ont acquis ou acquerront dans ses terres et les prend sous sa protection. Fait *apud Boscodo*, en présence du prieur Guillaume, etc. Il renouvela sa donation entre les mains de l'archevêque, sur le chemin public, quand l'abbé Guigues les rencontra à Boscaudon ; témoins : le moine Jean, ...Pe. Lautardi, chanoine d'Embrun, etc.

*Gallia christ. nova*, III, instr. 186. = ROMAN, 21° (à 1147).

**3809** (Vers 1148).
Donation à l'abbaye de Boscaudon par Guillaume Itier d'une terre [à Castaucel].
Arch. des Hautes-Alpes, H. 26, n° 10, copie.

**3810** (Vers 1148).
Vente à l'abbaye de Boscaudon par Guillaume Itier d'une terre située à Castaucel.
Arch. des Hautes-Alpes, H. 26, n° 10, copie.

**3811** (Vers 1148).
Donation à l'abbaye de Boscaudon par Humbert et sa mère de tout ce qu'ils possèdent à Castaucel.
Arch. des Hautes-Alpes, H. 47, n° 214, trad.

**3812** (Vers 1148).
Vente aux frères de Boscaudon de la ferme de Castaucel.
Arch. des Hautes-Alpes, H. 26, n° 10, copie.

**3813** 1148.
Pierre, chanoine de St-Ruf, devient abbé du monastère augustin de Celles-sur-Belle, au diocèse de Poitiers.
*Gallia christ. nova*, II, 1338, instr. 372.

**3814** 1148.
Charte de charité, comprenant les constitutions de la congrégation de Chalais *(Calesien.)*, ordre de St-Benoît, rédigée par l'abbé G[uillaume?] et ses frères. On n'y fait mention que des abbés de Boscaudon et d'Albeval *(Albæ Vallis)*.
Martene, *Thes. nov. anecd.* IV, 1211-6 (ex. autogr. Boscodun.)

**3815** Avril 1148.
Guigues, comte d'Albon, confirme, pour le repos de l'âme de son père Guigues, la donation de son oncle, Humbert, archevêque de Vienne, à l'église de St-Vallier, d'une terre appelée *Canonica*.
Rivall. (Aymar.), *Dé Allobrogibus*, 422.

**3816** 11 avril 1148.
Obit de Ponce Latil, prêtre à Arpavon.
Lacroix, *Arrondiss. de Nyons* (1877), I, 11-3. Revellat (J.P.), dans *Bull. épigraph.* (1886), VI, 134. — « Peut-être le maitre ès pierres qui signait ses œuvres du prénom de *Poncius* à la chapelle de Ste-Anne du Pègue, à Notre-Dame des Aliscamps, de Piolenc et ailleurs ».

**3817** Lausanne, 14 mai 1148.
Bulle du pape Eugène III adressée à Pierre, prévôt d'Oulx *(ad Plebem martyrum)*, par laquelle il prend sa collégiale sous la protection de s¹ Pierre et lui confirme ses possessions : *In [episcopatu] Ebredunensi, ecclesiam S. Marie de Briençone, ecclesiam S. Teotfredi, ecclesiam S. Marcellini de Salla, ecclesiam S. Pellagi de Nevasca, ecclesiam de Cerveria, ecclesiam S. Pancracii, ecclesiam de Podio, ecclesiam Sancti Martini de Caireria cum capellis suis, ecclesias de Valle Jarentona, ecclesiam S. Marie de Calme. In parochia ville que vocatur Monasterium medietatem tocius decime. In Vapincensi ecclesiam S. Arigii, ecclesiam S. Laurentii de Bellomonte cum capella et ecclesiis parochialibus ad eam pertinent. In campo Sauro tertiam partem totius decime inter duas severiascas. In episcopatu Graciopollitano, ecclesiam S. Johannis de Valle Navigü; ecclesias de Comerio S. Marie, S. Petri,* 
*S. Georgii; ecclesiam S. Agnetis de Gardenco, ecclesiam S. Petri de Avellanth et totam decimam castri quod vocatur Muta, ecclesiam de Alemo, ecclesiam de Osse, ecclesiam de Vultu Janue et ecclesiam omnes que sunt site a lacu Osincii jusque ad collem qui dicitur Altariolum et ecclesiam S. Xpistofori de Paskerio cum capellis suis. In Diensi, ecclesiam S. Mariæ de Saginardo, ecclesiam de Claromonte, ecclesiam de Avinione, ecclesiam S. Pauli, ecclesiam S. Guilielmi cum capella castri quod dicitur Toscana et totam decimam illius vallis. In Viennensi archiepiscopatu, ecclesiam S. Donati cum omn. pertinentiis suis.*
Rivautella, *Ulcien. eccl. chartar.* 5-8, n° 4. Collino, *Carte d'Oulx*, 121-5, n° 120. = Jaffé, 6435-9261. Roman, 20-1.

**3818** 20 ou 21 août 1148.
Obit de Guillaume, comte de Nevers, novice dès l'année précéd. à la Grande Chartreuse.
*Gallia christ. nova*, XII, 372. Bouquet, XIV, 20. Le Couteulx, *Ann. Cartus.* II, 60-74.

**3819** Oulx, 2 novembre 1148.
Aldebert et son frère abandonnent à Pierre, prévôt d'Oulx *(eccl. B. Laurentii)*, leurs droits sur les dîmes de Briançon. Pour les récompenser de leur libéralité et fidélité, le couvent leur confie la perception du tiers de ces dîmes ; s'ils commettent des fraudes, ils devront indemniser ou se démettre... *luna 26 = 17]*. Témoins : le prévôt Pierre, ... Falcon de Vienne, etc. (7) *...ap. Ulcium*, derrière l'église de St-Pierre, dans le verger *(in viridario)*. — *Cum invida et vero*.
Rivautella, *Ulcien. eccl. chartar.* 152-3, n° 176. Collino, *Carte d'Oulx*, 126-7, n° 122. = Roman, 20ᵇ.

**3820** (Fin 1148?).
Lettre de Hugues, archevêque de Vienne, à Pierre le Vénérable, abbé de Cluny. Il ne saurait trop s'étonner d'avoir été dénoncé au pape comme l'ayant offensé. Dieu lui est témoin qu'il s'empresserait de lui donner satisfaction. — *Quanto propensiore*.
Petri Venerab. abb. Cluniac. *Epistolæ*, vi. 9 : éd. Paris (1522), 183. *Gallia christ. vet.* I. 802. Marrier, *Bibl. Cluniac.* 903. *Patrol. lat.* CLXXXIX, 409. Le Couteulx, *Ann. Cartus.* II. 55-6. Le Vasseur, *Ephem. Cartus.* I, 585. Trad. Collombet, II, 65-6. = Bréq. III, 181.

**3821** (Fin 1148?).
Lettre de Pierre le Vénérable au pape Eugène III ; il lui proteste de l'innocence d'Hugues, archevêque de Vienne, injustement accusé de molester les religieux de Cluny. — *Non possumus*.
Petri Venerab. *Epistolæ*, vi, 10 : éd. 1522, 183. *Gallia christ. vet.* I, 802ᵃ. Marrier, *Bibl. Cluniac.* 903. *Patrol. lat.* CLXXXIX, 410-1. Le Couteulx, *Ann. Cartus.* II, 56-7. Le Vasseur, *Ephem. Cartus.* I, 585-6. Trad. Collombet, II, 66-7. = Bréq. III, 220.

**3822** (1148/1154).
Bernard, évêque de Valence, confirme au monastère de Léoncel l'exemption de péages accordée par ses prédécesseurs Eustache et Jean ; il appose son sceau à la charte, en présence de l'abbé P. Témoins : Ponce de Luzet et Olivier, viguier *(vicarius)* de Valence.
Columbi, *Valent. episc.* (1638), 18 ; (-52), 22-3 ; *Opusc.* 256. *Gallia christ. vet.* III, 1112ᵃ. Chevalier (U.), *Cart. de Léoncel*, 7, n° 4. = Bréq. III, 230. — Voir la charte du 3 nov. 1171.

**3823** Romans, (1148/1155).

Paix et accord entre Lantelme Mélioret, fils de Guilleburgis et de Mélioret, et l'église de Romans, au sujet de la moitié des dîmes de Génissieu *(Genetiaco).* Lantelme était resté longtemps excommunié pour s'être obstiné à les garder. Ayant enfin trouvé la preuve que son oncle Dalmace de Châteauneuf *(Castro Novo)* en avait vendu le quart à l'église de Romans, et que sa mère Guilleburgis en avait donné un autre, avec l'assentiment de son père et le sien, il se rendit au chapitre de Romans et là, en présence de Hugues, archevêque de Vienne et abbé de Romans, et des chanoines, il abandonna ces dîmes et demanda pardon de son injustice. Par amitié pour lui, on les lui rendit, sa vie durant, sous le cens de 12 sols, 4 setiers de froment, 4 charges d'âne de vin, 1 quartal de miel et 1 livre de piment ou poivre. Témoins : l'archiprêtre Matfred, etc.

GIRAUD, *Hist. S. Barnard-Romans,* compl. 144, n° 328.

**3824** (Après 1148).

Raymond, duc de Narbonne, comte de Toulouse et marquis de Provence, exempte l'abbaye de Léoncel *(domum Liuncelli)* de tout péage, leyde et servitude, accordant à ses gens et bêtes de somme libre parcours sur terre et sur eau, ordonnant à ses bailes de la protéger et défendre comme sienne.

CHEVALIER (U.), *Cart. de Léoncel,* 8, n° 5.

**3825** 1149.

Guillaume, archevêque d'Embrun, et Etienne, abbé [de St-Michel] della Chiusa, délégués par le pape Eugène III, tranchent un différend entre l'abbaye de St-Just de Suse et la prévôté d'Oulx. Témoins (28).

RIVAUTELLA, *Ulcien. eccl. chartar.* 72-3, n° 73. COLLINO, *Carte d'Oulx,* 127-9, n° 123.

**3826** 1149.

Guillaume, archevêque d'Embrun, et Etienne, abbé [de St-Michel] della Chiusa, délégués par le pape Eugène III, terminent par un accord amical un différend entre l'abbaye de St-Just de Suse et la prévôté d'Oulx. Témoins (20).

RIVAUTELLA, *Ulcien. eccl. chartar.* 110-1, n° 116. COLLINO, *Carte d'Oulx,* 129-30. n° 124.

**3827** Entre Rioufroid et le Lautaret. 1149.

...la 19° année de Guillaume, évêque de Gap. Ysoard, comte de Die, du conseil et avec l'approbation de Raimond de Morges, Gautier Ruffi, Guillaume Arberti, de Lus-la-Croix-Haute *(Lunis),* Guillaume de Laye, Gérard de *Breta,* Humbert de Mirabel. Arbert de Montclar et Guigues de Cugnet, donne à Notre-Dame et St-Jean de Durbon et au prieur Oton tous ses droits à Rioufroid, à Garnesier *(Garnazia)* et dans toutes les limites du couvent. Fait dans le pré entre la grange *Rivi Frigidi* et le col *Loterii,* en présence du procureur Pierre Arberti, de frères et amis. Témoins (les conseillers), etc.

CHEVALIER (J.), dans *Bull. soc. archéol.-statist. Drôme* (1889), XXIII, 118-9 ; *Mém. comtés Valent.-Diois,* I, 31-2. GUILLAUME, *Chartes de Durbon,* 42-3, n° 36. *Gallia christ. noviss.* I, instr., 280-1. = ROMAN, 21ᵇ.

**3828** Durbon, 1149.

...la 19° année de Guillaume, évêque de Gap. Ponce Ricaudi, de Montama, confirme au prieur Oton et aux frères de Durbon ses droits sur tout Garnesier *(Garnazea)* au-dessus du Bez, en présence du procureur Pierre Arberti. Témoins : Guillaume de Champsaur, archevêque d'Embrun, Guigues de Revel, abbé de Boscaudon *(Buscaudini),* Raynbaud, sacristain de Gap, etc. — Confirmation, peu après, par son frère Ricaud de Montama et par lui-même ; témoins. Fait dans l'aire devant la grange.

GUILLAUME, *Chartes de Durbon.* 44-5, n° 37. = ROMAN, 21ᵃ.

**3829** Frascati, 30 avril (1149).

Lettre du pape Eugène III à G[ocewin], abbé de Bonnevaux *(Bona Valle),* lui ordonnant de recevoir dans l'ordre de Cîteaux les frères de Valmagne, qui en ont manifesté le désir. — *Quoniam* (al. *Quando*) *sanctæ.*

*Gallia christ. nova,* VI, instr. 322. VIC-VAISSETE, *Hist. de Languedoc,* II, pr. 511-2 ; 3°, V, 1081. *Patrol. lat.* CLXXX, 1390. — BRÉQ. III, 92 (a. 1145). JAFFÉ. 6481-9335. — JANAUSCHEK prouve *(Orig. Cistercᵒ.* I, 139) que cette bulle n'a pas été adressée « G[uidoni] », abbé de Bonnevaux au dioc. de Poitiers.

**3830** Frascati, 20 mai (1149).

Lettre du pape Eugène III à H[ugues], archevêque de Vienne, le chargeant de juger le litige entre l'abbé de Cluny et l'évêque d'Autun, au sujet des églises de Poligny *(Poloniaco).* — *Controversiæ quæ.*

*Bull. Cluniac.* 62. BOUQUET, XV, 453. *Patrol. lat.* CLXXX, 1391. Trad. COLLOMBET, II, 61. = BRÉQ. III, 155. MERMET, III, 59. JAFFÉ, 6484-9340. *BERNARD-BRUEL, *Chartes de Cluny,* V, 484. n° 4137.

**3831** (Avant 1150).

Guillaume *(W.)* de Clérieu *(Cleirieu)* exempte l'abbaye de Léoncel *(Lioncelli)* de tout péage, leyde et servitude, ordonnant à ses bailes de la protéger et défendre comme sienne propre.

CHEVALIER (U.), *Cart. de Léoncel.* 8-9. n° 6.

**3832** (1150).

Les chanoines de Grenoble, privés d'évêque depuis deux ans, nomment Noël *(Natalis),* moine de la Chartreuse de Portes.

LE COUTEULX, *Ann. Cartus.* II, 84.

**3833** (1150).

Lettre de Pierre le Vénérable, abbé de Cluny, à Eugène III. Connaissant et appréciant l'ordre des Chartreux depuis 30 ans, il prie le pape de mettre fin à la scission qui s'est élevée au sujet de l'élection d'un chartreux à l'évêché de Grenoble, entre la Grande-Chartreuse, les chartreuses des Ecouges et de Durbon, d'une part, et celles de Portes, Meyriat, Silve[-Bénite] et Arvières, d'autre. — *Importunus quidem.*

PETRI VENER. *Epist.* VI, 12 ; Ed. 1522, 184-4. MARRIER, *Bibl. Cluniac.* 904-6. DESPONT, *Bibl. Patr.* XXII. 945. MABILLON, *Ann. Bened.* VI ; 2°, 458. *Patrol. lat.* CLXXXIX, 411-4. LE COUTEULX. *Ann. Cartus.* II, 84-7. = BRÉQ. III, 221.

**3834** (1150).

Lettre de s¹ B[ernard], abbé de Clairvaux, à Bernard, prieur de Portes, qui lui avait témoigné son mécontentement d'apprendre son intervention pour empê-

cher la confirmation de Noël comme évêque de Grenoble. Ce n'est point son fait et il le prie de ne pas lui en vouloir. Le pape a craint que Noël n'eût pas encore assez expié ses erreurs de jeune homme. — *Ex quodam beatitud.*
S. Bernardi *Epist.* 250. *Patrol. lat.* CLXXXII, 449-51. Le Couteulx, *Ann. Cartus.* II, 111-3.

**3835** (1150).
Le pape Eugène III annule l'élection de Noël *(Natalis)*, chartreux de Portes, comme évêque de Grenoble.
*Le Couteulx, *Ann. Cartus.* II, 108.

**3836** (1150).
Lettre de Pierre le Vénérable, abbé de Cluny, à s' Bernard, abbé de Clairvaux : son fidèle Nicolas lui communiquera ce qu'il pense de l'élection [de l'évêque] de Grenoble, contre laquelle s'élèvent ses Chartreux. *Quid dicam.*
S. Bernardi *Epist.* 388. Marrier, *Bibl. Cluniac.* 900. S. Bernardi *Opp.* I, 345-7. *Patrol. lat.* CLXXXII, 592-5. = Le Couteulx, *Ann. Cartus.* II, 88.

**3837** (1150).
Lettre de s' Bernard, abbé de Clairvaux, à Pierre le Vénérable, abbé de Cluny : il se réjouit d'avoir connu la vérité sur l'affaire [de l'élection de l'évêque] de Grenoble. — *Vidi litteras vestras.*
S. Bernardi *Epist.* 389. S. Bernardi *Opp.*, I. 348. Marrier, *Bibl. Cluniac.* 901. *Patrol. lat.* CLXXXII, 595.= Bréquigny, III, 179. Le Couteulx. II, 88.

**3838** (1150).
Othmar de Sassenage, chanoine, puis chartreux, est élu évêque de Grenoble ; l'année suiv. il décéda ou céda son siège à un autre chartreux.
Le Couteulx, *Ann. Cartus.* II, 113, 124.

**3839** (115. ).
Guillaume, évêque de Trois-Châteaux *(Tricastinen.)*, prête serment d'obéissance à l'église d'Arles, en présence de l'archevêque Raimbaud [= Raymond].
Boyer, *Hist. écl. cath. de St-Paul*, 59-60. Albanés-Chevalier, *Gallia christ. noviss.* IV. 50.

**3840** 1150.
Lettre d'Humbert *(U.)*, archevêque de Lyon, à Suger, abbé de St-Denis : ne pouvant se rendre auprès de lui, il lui envoie son vénérable frère, fils chéri de son église. Etienne, ancien archevêque de Vienne, homme très religieux, exercé aux plus grandes affaires, qui l'aidera puissamment.
Sugerii abb. S. Dionysii Epist. cxxxiv, p. 535. Bouquet, XV. 523-4. *Patrol. lat.* CLXXXVI, 1411-2. = Collombert, II, 56-7. Giraud. S. *Barnard.* I, 201.

**3841** 1150.
Contrat de mariage entre Giraud, baron de Grignan, et Agnès, à laquelle il promet 5 liv. d'or fin.
Nadal, *Essai histor. s. les Adhémar* (1858). 25.

**3842** (Vers 1150).
Bernon Brunus et ses frères Siboud et Pierre donnent une terre à la maison de Bonnevaux ; présents : Astier et Guigues d'Auberive, etc.
Chevalier (U.), dans *Bull. acad. Delphin.* D, II, 36 ; *Cart. de Bonnevaux.* 20, n° 30.

**3843** (Vers 1150).
Bonpar échange avec Bonnevaux un champ, qu'il tenait [en fief] de Guillaume de Châtillon, contre une vigne. Témoins.
Chevalier (U.), dans *Bull.* cit. D. II. 82 ; *Cart. de Bonnevaux*. 66, n° 147.

**3844** (Vers 1150).
Falcon [de Châtillon], après la mort de son père [Guillaume], suscita un procès contre les frères de Bonnevaux, exigeant les conventions des fiefs qu'ils avaient acquis de Nantelme de Moras et de Bonpar d'Ornacieu *(Urnaceo)* ; débouté devant un plaid de chevaliers et d'agriculteurs, il confirma même l'acquisition du bois de son frère Guigues par le monastère et la part de Pierre Aendrici de la Tour. Témoins : son écuyer *(armiger)* Ysard, etc.
Chevalier (U.), dans *Bull.* cit. D. II, 81 ; *Cart. de Bonnevaux*, 65, n° 145.

**3845** (Vers 1150).
Falcon de Châtillon donne à l'église de Bonnevaux le cens d'une terre. Témoins : Humbert de Châtonnay. le mistral Engelbold et Armand de Bossieu *(Boceu.)*.
Chevalier (U.), dans *Bull.* cit. D. II. 83 ; *Cart. de Bonnevaux*, 67, n° 152.

**3846** (Vers 1150).
Fulcon de Revel, malade à mourir, donne aux [frères de] Bonnevaux deux courtils à St-Jean-de-]Bournay *(Burnay)*. Sa femme et les frères de celle-ci, Othmar et Falcon de Cour *(Corp)*, accordent leur assentiment. Témoins : ...Falcon prieur de Tourdan *(Tordon)*, etc.
Chevalier (U.), dans *Bull.* cit. D, II, 59-60 ; *Cart. de Bonnevaux*, 43-4. n° 87.

**3847** (Vers 1150).
Garin de Revel donne aux frères de Bonnevaux une terre au territoire de Landrin et reçoit 100 sols Viennois. Témoins : Pierre Girberti, son neveu, etc. Garants : Guichard de Revel et Ponce de Challen.
Chevalier (U.), dans *Bull.* cit. D. II, 124 ; *Cart. de Bonnevaux*, 108, n° 259.

**3848** (Vers 1150).
Gautier Buffavent, de Revel. cherche querelle ,à Bonnevaux au sujet de la dîme des vignes de Bossieu, puis se désiste, moyennant 15 sols. Témoins : Brunon de l'Orme, de Vienne, l'abbé, etc.
Chevalier (U.), dans *Bull.* cit. D. II. 83 ; *Cart. de Bonnevaux*, 67, n° 153.

**3849** (Vers 1150).
Guigues de Cour *(Corp)* et sa femme donnent aux frères de Bonnevaux ce qu'ils ont au territoire de St-Maurice et reçoivent 100 sols Viennois. Témoins.
Chevalier (U.), dans *Bull.* cit. D, II, 124 ; *Cart. de Bonnevaux*, 108, n° 261.

**3850** (Vers 1150).
Guigues de Parzia, voulant aller [en pèlerinage] à St-Jacques [de Compostelle], se rend à Bonnevaux et donne aux frères ce qu'il possédait dans la paroisse d'Arzay *(Arseyo)*. Le monastère dut le racheter de Guigues Ervisii au prix de 110 sols, dont Guigues de Parzia eut 62. Approbation de sa femme, son frère, ses neveux. Témoins : Bournon de Revel, etc.

CHEVALIER (U.), dans *Bull.* cit. D, II, 86; *Cart. de Bonnevaux*, 70, n° 161.

**3851** (Vers 1150).
Guillaume Philippi, de Surieu *(Suireu)*, donne à la maison de Bonnevaux tout ce qu'il avait en prés et terre au territoire de St-Maurice, du chef de sa femme : il reçoit 150 sols Viennois. Assentiment de sa fille et de son gendre Guillaume Gago. Garants : Ponce de Roussillon et son fils. Témoins : ... Rostang mistral de Ponce.
CHEVALIER (U.), dans *Bull.* cit. D, II, 124 ; *Cart. de Bonnevaux*, 108, n° 260.

**3852** (Vers 1150).
Humbert de Châtonnay, sa femme Atiburge et ses fils Nantelme et Humbert donnent un pré aux frères de Bonnevaux ; présents (11).
CHEVALIER (U.), dans *Bull.* cit. D, II, 59 ; *Cart. de Bonnevaux*, 43, n° 83.

**3853** (Vers 1150).
Humbert de Châtonnay donne aux frères de Bonnevaux des pâturages de son alleu dans le mandement de Châtonnay, vers *Maconeia*, *Mejula*, Estrablin *(Strablin)* ; assentiment de sa femme.
CHEVALIER (U.), dans *Bull.* cit. D, II, 59 ; *Cart. de Bonnevaux*, 43, n° 84.

**3854** (Vers 1150).
Humbert de Châtonnay abandonne à l'église de Bonnevaux 3 sols de cens sur son moulin.
CHEVALIER (U.), dans *Bull.* cit. D, II, 59 ; *Cart. de Bonnevaux*, 43, n° 86.

**3855** (Vers 1150).
Humbert de Châtonnay *(Catthunnayo)* le jeune, arrivé à sa fin, donne aux [frères de] Bonnevaux sa part à *Bletunneio*. Son père Humbert, sa sœur Bona Donna, son frère Nantelme approuvent. Témoins : Sieboud de Meylan *(Meulano)* convers,... Monestrold trésorier *(claviger)*, etc.
CHEVALIER (U.), dans *Bull.* cit. D, II, 60; *Cart. de Bonnevaux*, 44, n° 89.

**3856** (Vers 1150).
Ponce de Roussillon cède aux frères de Bonnevaux tout ce qu'il possède au territoire de St-Maurice, moyennant 485 sols ; assentiment de sa femme, de son fils Aimon et de son frère Artaud. Il donne, en outre, son fils, pour le consacrer au service de Notre-Dame de Bonnevaux. Mais cette cession ne fut que pour dissimuler la vente, en vue d'éviter la honte auprès de ses voisins. Il fit expédier trois chartes contenant la vérité, déposées l'une à Bonnevaux, la 2° à l'Isle-sous-Vienne, la 3° à St-Vallier. Témoins : ... son écuyer André.
CHEVALIER (U.), dans *Bull.* cit. D, II, 123-4; *Cart. de Bonnevaux*, 107-8, n° 258.

**3857** (Vers 1150).
Les frères de Bonnevaux tiennent de l'abbé de St-Chef *(S. Theuderii)* en fief Lieudieu *(Locus Dei)*; pour son *plaideimentum*, ils donnèrent au prieur Ives 5 sols de mutation suivant la coutume ; puis ils rachetèrent le tiers de ce fief au prix de 15 sols. Témoins : Boson de Revel, moine, etc. Ils acquirent aussi le droit de villenage *(vilanagium)* pour ce fief.

CHEVALIER (U.), dans *Bull.* cit. D, II, 86; *Cart. de Bonnevaux*, 70, n° 162.

**3858** (Vers 1150).
Sieboud *(Sibodus)* de l'*alle* donne à perpétuité à la maison de Bonnevaux, la terre et les prés qu'il tenait de sa femme au territoire de St-Maurice[-d'Exil] ; il reçoit en échange 215 sols, 1 setier de froment et 2 fromages. Témoins et garants : Guigues comte d'Albon *(de Helbone)*, Ponce de Roussillon et Gagon de Revel.
CHEVALIER (U.), dans *Bull.* cit. D, II, 125 ; *Cart. de Bonnevaux*, 109, n° 263.

**3859** (Vers 1150).
Hugues, archevêque de Vienne, atteste un échange entre les chartreux de Portes et Boson de Briord, qui avait eu lieu devant lui quand il présidait à l'église de Grenoble, mais la charte scellée par lui s'est perdue. Il la renouvelle monté sur le siège de Vienne et y appose son sceau. Témoins (7).
GUIGUE, *Cart. Lyonnais* (1885), I, 48. LE COUTEULX, *Ann. Cartus.* II, 54-5.

**3860** (Vers 1150).
Redevances du manse de Champsaur *(Camsauro)* au monastère de Domène, outre deux réceptions *(receptum)*, dont une à Noël, avec description du menu. Il est spécifié qu'on doit bien recevoir le villain ou messager *(missaticus)* qui apportera les denrées.
MONTEYNARD, *Cart. de Domène*, 25, n° 21. *Echo du Dauphiné*, n° 69 (4-5).

**3861** (Vers 1150).
Ponce Ainard, prieur de Domène, concède à Nicolas Donnet un journal de terre, moyennant 1 setier de froment à la Nativité de Marie. Témoins : Bernard, prieur claustral, Jean chapelain, Jean de St-Jean prêtre, Bernard Boverii, mistral de la maison. Le plaid est de 5 sols.
MONTEYNARD, *Cart. de Domène*, 261, n° 239, 5.

**3862** (Vers 1150).
Asselme Tivelli et sa femme Agathe confient leur fille Galaubia, par les mains de Soffred, prieur des Ecouges *(Excubiarum)*, à l'ordre des religieuses du monastère de St-Paul, situé au territoire d'Izeaux *(Yzel)*, dans le diocèse de Vienne, pour y servir Dieu dans la virginité. Pour sa subsistance, ils donnent des terres et prés dans la paroisse de Sérézin *(Cizerino)*, ou plutôt ils les vendent pour 300 sols au susdit prieur, qui en remet le prix à la prieure de St-Paul. Témoins : Louis *(Lodoicus)* de Bourgoin *(Bergon)*, Guillaume *(W.)*, chanoine de Vienne ; André prêtre de Sérézin, Utbert prêtre de la Forteresse *(Fortareci)*, Raymond procureur des Ecouges, etc.
AUVERGNE, *Cart. des Ecouges*, 94-5, n° 9.

**3863** 1150.
Guillaume Carmellencus et son épouse donnent à l'abbé et aux frères de Léoncel *(Fontis Leonæ)* la terre de Parlanges *(Palherangiis)*.
CHEVALIER (U.), *Cart. de Léoncel*, 9, n° 7*.

**3864** (Vers 1150).
Achard de Claveyson *(Clavasione)*, avec le consentement d'Ismidon Armannus, donne [à l'église de Ro-

mans·, pour sa sépulture et son âme, un courtil à Peyrins *(Pairanum)*, dans la villa de *Montelz*. Seing de l'archiprêtre Ponce, etc.
Giraud, *Hist. S. Barnard-Romans*, compl. 142-3, n° 322.

**3865** (Vers 1150).
Adémar de Bressieu *(Braiseu)*, autant pour son âme et celle de son père, qu'en considération de 150 sols qu'on lui remet, cède à l'église de Romans la garde *(custodia)* et les exactions qu'il prétendait sur l'église de Triors *(Triorz)*, plus un mouton de cens ; approbation de ses frères Arbert et Humbert. Seings de Boson Arman., d'Artaud de Montmiral, etc.
Giraud, *Hist. S. Barnard-Romans*, compl. 143, n° 325.

**3866** (Vers 1150).
Aigod de Mours *(Mors)* donne [à l'église de Romans] un courtil à St-Jean-d'Octavéon *(de Auteveone)*, qui produit 18 den. à la Toussaint, 2 sols et 1 poule à Noël ; assentiment de son frère Ponce Airard et de son neveu Guillaume de Charmes *(Chalmis)*. Seings.
Giraud, *Hist. S. Barnard-Romans*, compl. 141, n° 317.

**3867** (Vers 1150).
Artaud de Rochefort donne à perpétuité à l'église de Romans] un courtil au château de Pisançon *(Pisantiani)*, que tiennent li Soler.
Giraud, *Hist. S. Barnard-Romans*, compl. 144, n° 327.

**3868** (Vers 1150).
Fulcon de Châtillon *(Chastillo)* et ses frères donnent [à l'église de Romans], pour l'âme de leur frère Fulcherius et son cimetière [tombeau] un courtil à Péroux *(Perusium)*, dans la paroisse de St-Jean d'Octavéon *(de Auteveone)*. Seing de Francon de Pisançon, etc.
Giraud, *Hist. S. Barnard-Romans*, compl. 142, n° 320.

**3869** (Vers 1150).
Giraud de *Maiserias*, pour son fils le chanoine Fulcon, concède à l'église de Romans] les dîmes qu'il perçoit dans l'église de St-Laurent de *Maiserias*, avec consentement de ses fils. Seings de Ponce de Dionay *(Doennai)*, etc.
Giraud, *Hist. S. Barnard-Romans*, compl. 143-4, n° 326.

**3870** (Vers 1150).
Guigues Pagan donne [à l'église de Romans], pour son fils le chanoine Ponce, deux vignes à Mont *Puters*, dans la paroisse de St-Christophe de Montmiral *(Sor)*, dont l'une est tenue par le chapelain Michel. Seings de Guillaume, abbé de St-Félix [de Valence] et sacristain de Romans, d'Artaud de Rochefort, etc.
Giraud, *Hist. S. Barnard-Romans*, compl. 139-40, n° 314.

**3871** (Vers 1150).
Guigues Pagan donne [à l'église de Romans], pour son fils le chanoine Falcon, une vigne au manse de *Joillas*, dans la paroisse de St-Martin (Montmiral) et une terre dans celle de St-Christophe [de Montmiral]. Son fils Humbert approuve. Seings.
Giraud, *Hist. S. Barnard-Romans*, compl. 140, n° 315.

**3872** (Vers 1150).
Guillaume de Claveyson *(Clavasione)* donne [à l'église de Romans] un courtil *in Albasti*, avec assentiment de son frère Bermond. Seing de Francon de Pisançon, etc.
Giraud, *Hist. S. Barnard-Romans*, compl. 142, n° 321.

**3873** (Vers 1150).
Hugues Galberz donne [à l'église de Romans] 2 courtils à Triors *(Toris)*, une terre et vigne que tient Turlais et une autre terre au-dessous du chemin ; assentiment de sa sœur Marie. Seings.
Giraud, *Hist. S. Barnard-Romans*, compl. 141-2, n° 319 bis.

**3874** (Vers 1150).
Ismidou du Chasse ? *(Chausen)* donne [à l'église de Romans], pour son fils le chanoine Lantelme, les dîmes qu'il percevait à Mont *Marcelli* et à Moiet, dans la paroisse de St-Martin de Baisin, et un courtil à St-Apollinaire, devant l'église, qui produit un quartal de miel. Assentiment de sa femme Elisabel et de ses fils. Seings.
Giraud, *Hist. S. Barnard-Romans*, compl. 141, n° 319.

**3875** (Vers 1150).
Le chanoine Moyse donne [à l'église de Romans] un moulin à l'Eglise *(villa S. Martinus de Acelin)*, dans le mandement d'Hauterives *(Alta Ripa)*, pour lequel le prieur du monastère donne chaque année 3 setiers de seigle, 2 d'avoine et 15 den. Seing de Francon de Pisançon, etc.
Giraud, *Hist. S. Barnard-Romans*, compl. 143, n° 323.

**3876** (Vers 1150).
Le prêtre Sieboud *(Sigiboudus)* donne à l'église de Romans 2 pièces de terre *in Arcis*, au Chasse *(el Chassen)*, près du chemin de St-Jean à St-Véran ; assentiment de sa sœur Adélaïde *(Aalais)* et de son mari André Ponce. Seings.
Giraud, *Hist. S. Barnard-Romans*, II, pr. 73, n° 318.

**3877** 1150.
Silvion de Clérieu *(Silvius de Clariaco)* reprochait aux chanoines de Romans que leurs hommes avaient incendié son bois des Voirassiers *(Varacenum)* ; il plaignait d'avoir dépensé plusieurs milliers de sols en faisant pour eux la cour contre au dauphin Guigues, qui s'était emparé de la ville et y avait mis le feu. Ce différend prit fin en présence de Hugues, archevêque de Vienne. Silvion, sa mère Mételine et leurs enfants firent la paix avec l'église de Romans et renoncèrent à toute réclamation ; son frère l'abbé Guillaume, sacristain de Romans, autorise la communauté à prendre chaque année dans le bois des Voirassiers son affouage *(affoiadge)*. Témoins : Francon de Chatte, Artaud de Rochefort, Rainier, l'archiprêtre Matfred, etc.
Giraud, *Hist. S. Barnard-Romans*, II, pr. 70-1, n° 294.

**3878** (Vers 1150).
T[h]eotbert de Murinais *(Morinais)* donne [à l'église de Romans] 2 sols de cens sur le champ de Maroc, dans la paroisse de St-Jean-d'Octavéon *(de Auteveone)*, avec l'assentiment de sa mère, etc. Seings de Guillaume, abbé de St-Félix et sacristain de Romans, etc. Il donne encore 1 setier de froment de cens sur une vigne à Triors *(Triorz)*, avec approbation de ses frères. Seings de Pierre Barbarin, etc.
Giraud, *Hist. S. Barnard-Romans*, compl. 140, n° 316.

**3879** (Vers 1150).
Donation au couvent du **Val-Ste-Marie** par Claude de St-Nazaire et autres d'un tènement appelé *podium d'Ornico*, compris entre l'Escale et Chamjala à Lente.
*Chevalier (U.), dans *Journ. de Die* (16 août 1868).

**3880** Bonnevaux, 14 janvier (vers 1150).
Mort d'Amédée d'Hauterives, moine à Bonnevaux, puis à Cluny.
*Répert.*, Bio. 191. — Sa Vie, composée par ordre de Burnon de Voiron, [doyen de Vienne], a été imprimée dans l'*Armorial gén. de France*, par d'Hozier. Chevalier (U.) et Lacroix (A.), *Invent. arch. Dauph. Morin-Pons*, 280, n° 1071.

**3881** Rome, à St-Pierre, 27 avril 1150.
Bulle du pape Eugène III adressée au sacristain Bon, à l'archiprêtre Guigues et à tous les chanoines d'Embrun : à la prière de leur archevêque Guillaume, il prend leur église sous la protection de s' Pierre et lui confirme la possession du château des Orres, donné par Guillaume, comte de Forcalquier, le tiers du patrimoine de Giraud Mauvoisin, donné par son fils Guillaume, le tiers de Rame, Chancella, Freyssinières et Ergo (*Erego*), des mines d'argent, de St-Crépin, Châteauroux, Chadenas, les Crottes et Montmirail. — *Ad hoc a summo*.
Valbonnays. 2° Reg., n° 161. — Guillaume (P.), dans *Ann. des Alpes* (1911), XIV, 189-93.

**3882** Rome, 5 juin 1150.
Bulle d'Eugène III, qui confirme à Guillaume, abbé de St-Victor de Marseille, les possessions de son monastère [comme le 18 juin 1135].
Guérard, *Cart. de St-Victor Marseille*, II, 240-1, n° 849. = Jaffé, -9394. Roman, 21ᵇ.

**3883** Savasse, 23 octobre 1150.
Rainaud François *(Francesc)*, sa femme Guigona et leur fils François se désistent de leurs prétentions sur le château de Bourbouton, en faveur des chevaliers du Temple de Salomon à Jérusalem, qui leur font la charité de 300 sols Valentinois. Fait au château de *Savazca*, dans la maison du chevalier Ratier, entre les mains d'Hugues de Bourbouton, chevalier du Temple et baile de la maison de Richerenches... fer. 2, luna 29 = 28. Témoins : Silvion de Clérieu, qui servit d'intermédiaire *(interlocutor)*, Guillaume Hugues (*W. Ugo*) de Montélimar *(Montilio)*..., Jordan de Pierrelatte,... Hugues de la Balasta, prieur de St-Marcel, etc. — L'acte est confirmé à Trois-Châteaux, par Géraud Ademarii ; au château de Bellevue *(Belveder)*, par Gigona, épouse de Rainaud ; près de Mours *(Mors)*, par son fils François, avisé par son écuyer Guillaume de *Bovanteia*.
Ripert-Monclar (de), *Cart. de Richerenches*, 52-3, cf. lxxxvij, n° 51.

**3884** (1150).
Le pape Eugène III mande auprès de lui Hugues, archevêque de Vienne, pour lui confier l'affaire de la nullité du mariage d'un homme puissant.
Boys (A. du), *Vie de s' Hugues*, 299. Collombet, II, 67. — Voir la lettre suiv.

**3885** (Fin 1150).
Lettre de Pierre le Vénérable à Eugène III, au sujet du mariage de noble Guy de Domna, dont il lui a parlé à Segni (16 sept./21 nov.) ; le pape avait répondu que le métropolitain de Vienne, mandé par lui, allait arriver et serait chargé de l'affaire. Revenant par l'Italie et sur le point de franchir les Alpes, Pierre a appris que le prélat cheminait prestement et allait atteindre Rome ; il lui a dépêché un courrier *(cursor)* avec la présente et désire que la cause soit terminée, soit dans la province de Vienne, soit dans celle de Lyon. — *Importunitatem quâ*.
Petri Vener. *Epist.* VI, 43 : Ed. 1522, 209. Marrier, *Bibl. Cluniac.* 924-6. Despont, *Bibl. Patr.* XXII, 953-4. *Patrol. lat.* CLXXXIX, 460-1. *Le Couteulx, *Ann. Cartus.* II, 58.

**3886** (1150/1155).
Les frères du Temple défèrent Laugier de Suze, qui contestait la donation de son frère Guillaume, devant Guillaume Hugues, évêque de St-Paul, Etienne cabiscol, etc.
Ripert-Monclar (de), *Cart. de Richerenches*, 140-1, n° 156. *Gallia christ. noviss.* IV, 50.

**3887** (1150/1165).
Humbert, comte de Maurienne [et] marquis en Italie, confirme aux frères de Chalais la donation de son père Amédée et prend sous sa garde et *manutenencia* tous leurs biens dépendant de sa terre ; il ordonne à Jarenton, son prévôt [de Voiron], de veiller à ce qu'Odon de Voiron, Rostaing Borrel et son frère Humbert ne nuisent pas aux propriétés desdits frères.
Arch. de l'Isère, H. 280, n° 622 (communiqué par M. J. C. Roman).

**3888** (Après 1150).
Drogon del Islata et ses frères vendent aux frères des Ecouges une terre près de la grange des Chartreux, entre Limant et Leissart, au prix de 100 sols. Approbation de leurs parents, qui reçoivent 4 sols 12 den., un fromage et une coiffe. Seigneur Albert (de la Tour, *Harbertus*) fournit un garant. Témoins : Marlin, chapelain de Sérézin *(Ciresin)*, Aimon chapelain de Bourgoin *(Bergoin)*, etc.
Auvergne, *Cart. des Ecouges*, 97, n° 11.

**3889** 1151.
Gocewin *(Gosuinus ?)*, abbé de Bonnevaux, est nommé abbé général de Cîteaux.
Manrique, *Ann. Cisterc.* I, 472. *Gallia christ. nova*, IV, 986 ; XVI, 209.

**3890** 1151.
Lettre de s' Bernard au pape Eugène III en faveur du prieur des Chartreux contre les transgresseurs de la règle. L'abbé de Cîteaux est mort, on l'a remplacé par Gozvin, abbé de Bonnevaux. L'évêque *(domnus)* de Valence recouvre la santé et reprend ses bonnes œuvres.
S. Bernardi Clarævall. *Epist.* 270. Manrique, *Ann. Cisterc.* II, 178-9. S. Bernardi *Opp.* I, 265. *Patrol. lat.* CLXXXII, 473-5. = Bréq. III, 194.

**3891** (1151).
Après le départ de l'abbé de Bonnevaux Gocewin [pour Cîteaux], Falcon de Châtillon chercha querelle à son successeur Guigues au sujet de la terre de Bossieu *(Bucciaco)*, puis s'en désista et concéda en plus le pâturage dans sa terre d'Ornacieu *(Urnaceu)*, en présence

d'Humbert de Miribel, de Pierre de Boczosel..., d'Hector de Sassenage et d'Adémar de Faramans.
CHEVALIER (U.), dans *Bull. acad. Delphin.* D, II, 83 ; *Cart. de Bonnevaux*, 67, n° 154.

**3892**  1151.
Falcon de Châtillon cède aux frères de Bonnevaux les cens *(investituræ)* qu'ils tenaient de lui dans le territoire d'Ornacieu *(Urnaceu)*, en présence de Gocewin, abbé de Cîteaux, de Guigues abbé de Bonnevaux et de ses moines, de Sieboud de Beauvoir,... de Boniface de Murinais.
CHEVALIER (U.), dans *Bull.* cit. D, II, 83-4 ; *Cart. de Bonnevaux*, 67-8, n° 155.

**3893**  (1151 ?).
Humbert de Châtonnay *(Catunnaico)* donne, en se faisant religieux *(venit ad conversionem)* à Bonnevaux, le pâturage dans tout le mandement de Châtonnay ; si ses fils meurent sans héritiers, le tout ira au monastère.
Témoins : Gocewin, abbé de Cîteaux, et 2 moines.
CHEVALIER (U.), dans *Bull.* cit. D, II, 59 ; *Cart. de Bonnevaux*, 43, n° 84.

**3894**  (Vers 1151).
Bulle du pape Eugène III adressée à l'archevêque d'Embrun, par laquelle il confirme le diplôme de Conrad II (1147) ; il met son église sous la protection du St-Siège et lui assure la possession de diverses églises qui lui avaient été adjugées par Hugues, évêque de Grenoble, sur l'ordre du pape Lucius II.
ALBERT. *Hist. du dioc. d'Embran*, II. 106. CHÉRIAS (J.), Texte, traduction et commentaire d'une décrétale du pape Eugène III sur la circonscription métropolitaine d'Embrun, dans *Echo du Dauphiné*. n° 49 (4-5) et 50 (2-3). FORNIER, *Hist. Alpes Marit.* I, 702-3. = ROMAN, 19°.

**3895**  1151.
Lettre de G[uillaume], archevêque d'Embrun, au pape Eugène III, lui annonçant que, conformément à son ordre, il a terminé le différend entre les pauvres de l'Hôpital de Jérusalem et G[uillaume] comte de Forcalquier, au sujet de la donation du château de Manosque par le comte Guigues, son oncle, et celui de *Totas Auras*. — *Mansuetudinis vestræ* ou *Notum facimus*.
Arch. des Bouches-du-Rhône. Ordre de Malte. Manosque, liasse 626. BOUCHE, *Hist. de Provence*, II, 140-1. BOUQUET, XV, 466-7. = BRÉQ. III, 195.

**3896**  Givors, (vers 1151).
Ponce, [prévôt de Ternay], confirme la vente de sa prévôté [n° 3720] entre les mains d'Hugues, archevêque de Vienne, et Pierre Viviani, prieur de Ternay *(Terniac.)*, qui ajoute au prix 20 sols. Témoins : Jean, abbé de St-Pierre hors la porte [de Vienne], Aquin, abbé de St-André[-le-Bas], Guillaume, doyen, Garcin, archidiacre, maître Rostand, Pierre, archiprêtre, etc. (8). Confirmé de nouveau *apud Guiorguium*, dans l'église, *ad plenam parrochiam*, entre les mains de Pierre, prieur de Ternay ; témoins : Humbert, prieur de Ternay. Gerin prieur de Grigny *(Griniaco)*.
BERNARD-BRUEL, *Chartes de Cluny*, V, 446-7, n° 4093 bis.

**3897**  1151.
Guigues (Gui), comte d'Albon et de Vienne, dauphin, donne aux chartreux du Val-Ste-Marie un grand tènement de montagnes, bois, roches, de 2 lieues 1/2 de long sur 2 de large.
\*Carpentras, ms. Peiresc, XLIV, II, 100. — \*CHEVALIER (U.), dans *Journ. de Die* (16 août 1868).

**3898**  (18 janvier/18 juin) 1151.
Hugues de Bourbouton, avant de mourir, décrit à nouveau sa seigneurie et rappelle son entrée dans l'ordre du Temple du conseil de son évêque Géraud.
RIPERT-MONCLAR (de), *Cart. de Richerenches*, 162-6, n° 187. *Gallia christ. noviss.* IV. 49-50.

**3899**  22 janvier 1151.
Fondation de la Chartreuse du Reposoir par Aimon de Faucigny. *Act. d. Antelmo priore domus Carthusiæ sedente*.
GUICHENON, *Bibl. Sebus.* 23-8 ; (1780), 7-8. BESSON, *Mém. dioc. Genève*, 356-8, pr. n° 24. *Hist. patr. mon.*, Chart. II, 272-4. = GEORG. I, 600. BRÉQ. III, 189. R. Gen. 329. BURNET (E. L.), dans *Mém.-doc. soc. hist.-archéol. Genève*, XXXI, 161-3.

**3900**  Poliénas, 11 février 1151.
Rochi et sa femme Elisabeth se désistent de leurs plaintes et vaines objurgations contre l'église de Ste-Marie et St-Jean de Poliénas *(Pullinaico)*, entre les mains de Geoffroy *(Gaufredus)*, évêque de Grenoble, et reçoivent 10 sols Viennois *probatæ monetæ*, en présence de chanoines d'Oulx, de Francon, chanoine de St-M[artin-de-Miséré], du médecin Pierre Villelmi, de la dame de Châteauneuf, etc. *Umbertus capell. scr. Act. in villa Pullinaicum, luna 21 febr.*
MARION, *Cart. de Grenoble*, 245, n° 123. = *Doc. hist. inéd.* I. 286. LE COUTEULX, *Ann. Cartus.* II, 124.

**3901**  Ferentino, 17 mars (1151).
Lettre du pape Eugène III à B[ernard], évêque d'Urgel. Il a confié à Guillaume (W.), archevêque d'Embrun, légat du Siège apostolique, l'examen des accusations portées contre lui par l'archevêque de Tarragone, l'archidiacre d'Urgel, etc. ; il devra se rendre auprès de lui quand il sera mandé pour en répondre. — *Quotiens ea de fratribus*.
VILLANUEVA, *Viage liter. iglesias España* (1850), XI, 203-4.

**3902**  (1151).
Réponse de Basile, prieur des Chartreux, à Pierre le Vénérable, abbé de Cluny. Il le remercie de son intention de venir le voir, bien que les neiges en arrêtent de plus alertes. Il conserve un délicieux souvenir de Cluny. — *Vere hic est*.
PETRI VENERAB. *Epist.* VI, 41. MARRIER, *Bibl. Cluniac.* 946. \*MABILLON, *Ann. Cisterc.* VI, 496 ; 2°, 457-8. *Patrol. lat.* CLXXXIX, 458-9. LE COUTEULX, *Ann. Cartus.* II, 132. = BRÉQ. III, 178.

**3903**  21 juin 115..
Obit d'inconnu : † *xi kal. julii obiit....... MCL....*
TERREBASSE, *Inscript. Vienne*, I, 232, n° 371.

**3904**  7 juillet 1151.
Guillaume [de St-Nazaire ?] fait don à l'ordre des Chartreux de tout ce que le démon détenait et eux pourraient acquérir de ses feudataires et tenanciers du ruisseau de Lant Bonnant à la maison *Valberum* jusqu'à la terre de St-Jean de Gaudissard *(in Galdesart)*, comprenant Lente jusqu'au Brudoux *(Brudorium)* et le mont Hoier. Algoud de Bouvantes et son neveu Nicolas, ismi-

don *(Hesmio)* Adhémar, son fils Valentien et son frère Guillaume cèdent leurs droits sur ce terrain.

*Chevalier (U.), dans *Journ. de Die* (16 août 1868).

**3905** Worms, 14 septembre 1151.
Conrad II, roi des Romains, renouvelle à l'archevêque d'Embrun son diplôme de 1147... a° *13* [al. *14*] *regni. Dat. Garmatiæ, 18* [al. *19*] *kal. octob.*

Arch. de Châteauroux, 20, 44-5. Arch. de l'Isère, B. 3011, 149. *Invent. Embrunois*, 127. — Fornier (Marc.), *Hist. Alpes Marit.* III. 209. Sternfeld (Rich.), dans *Mittheil. Instit oesterr.Geschforsch*.XVIII.366-7. = Valbonnays,*Hist. de Dauph.* II, 4 b. Chérias, *Notice sur la charte de 1147*, n° 44 (3°). Roman, 23°.

**3906** Worms, 16 septembre 1151.
Diplôme de Conrad II, roi des Romains, adressé au très noble prince Silvion [de Clérieu] ; il ne devra hommage qu'aux empereurs et rois des Romains et de Vienne ; il lui confirme la possession de Clérieu *(Clariacum)* et d'autres châteaux que possédait son aïeul Adon ; il casse les ventes et transactions passées avec Léger, archevêque de Vienne ; il l'autorise à établir un péage sur terre et sur eau à la Voulte *(Volta)* et à Confolens *(Confolentia)*.

Arch. de l'Isère, B. 3517, orig. ; B. 4027, vidimus du 21 mars 1430 (IV. 100-1). *Invent. St-Marcellin.* I, 772 ; *Vivarais*, 411. Valbonnays, 2° Reg., n° 163 ; 5° Reg., n° 18. Fontanieu, *Cart. du Dauph.* I, 107ᵇ. — Valbonnays, *Hist. de Dauph.* I, 89; II,552 c. Giraud, *Essai histor.* I, pr.321-2. Chevalier (U.), *Diplom. de P. de Rivaz*, 73-4. Courbon. chr. 195. Bréq. III, 190. Stumpf, 3584. Sternfeld (Rich.), dans *Mittheil. Instit. oesterr. Geschforsch.* XVII, 171-6.

**3907** (1151/1155 et) 1160.
Drodon de Beauvoir *(Bellovidere)* confirme le don fait aux moines de Bonnevaux par son frère Sieboud *(Siebodus)*, à la fin de sa vie ; il vient pour cela devant l'abbé Guigues, avec Pierre Rovoiria, et reçoit 1000 sols, P. Rovoira 100, ses frères Bournon et Symphred 100. Puis ses gens voulant user de la forêt, il pacifia ce différend : témoins : Jarenton de Claveyson. Adémar Senioret et Pierre, abbé de Bonnevaux.

Chevalier (U.), dans *Bull. acad. Delphin.* D. II, 37 ; *Cart. de Bonnevaux*, 21, n° 33.

**3908** (1151/1155).
Guillaume de Mercurol *(Merculione)*, après la mort de son frère François, chercha querelle aux frères de Bonnevaux : Ponce de Roussillon lui fit donner 30 sols, par les mains de l'abbé Guigues. Sa femme approuva et il promit l'assentiment de ses fils quand ils seraient en âge. Témoins : le mistral Isard, etc.

Chevalier (U.), dans *Bull.* cit. D. II, 127 ; *Cart. de Bonnevaux*, 111, n° 269.

**3909** (1151/1155).
Guillaume de Milieu *(Milleu)*, partant pour Jérusalem, donne aux frères de Bonnevaux tout ce qu'il avait à Bossieu *(Bucciacum)*, par les mains de l'abbé Guigues, ce qu'il confirma à la fin de sa vie. Après sa mort, Isarn de Bellegarde épousa sa veuve, revint sur cette donation, puis l'approuva dans la maison de Guigues, prêtre de Milieu, en présence d'Aimon de Roussillon, Bournon de Revel, Humbert de St-Georges, etc.

Chevalier (U.), dans *Bull.* cit. D. II, 84 ; *Cart. de Bonnevaux*, 68, n° 157.

**3910** (1151/1155).
Hoolard de Beauvoir *(Bellovidere)* donne à la maison de Bonnevaux une terre et reçoit 20 sols Viennois ; Mairin, son mistral, 12 den. Fait entre les mains de l'abbé Guigues...

Chevalier (U.), dans *Bull.* cit. D. II, 36 ; *Cart. de Bonnevaux*, 20, n° 29.

**3911** (1151/1155).
Pierre, abbé de Cluny, concède à Guigues, abbé de Bonnevaux, les dîmes du travail de deux charrues à St-Maurice.

*Chevalier (U.), dans *Bull.* cit. D. II, 144 ; *Cart. de Bonnevaux*, 128, n° 312.

**3912** 1152.
Joannis eremitæ *Vita* IV s. Bernardi abbatis : *Burgundiam adibat, comitem Forensem et comitem Viennæ pacificaturus. Transiens autem per quamdam villam... Proficiscens inde sanctus Bernardus, venit ad dictos comites. Qui cum pacem ab eis quæsisset, Forensis comes ei humiliter consensit. Comes autem Viennæ improbe refragatus est, dicens, quod nunquam esset cum adversario pacem habiturus, donec eum exsulare coegisset : collectoque exercitu terram illius aggressus est. Tunc Forensis comes timore perterritus sanctum Bernardum exoravit, quatenus ab omnipotente Deo victoriam impetraret. Beatus vero Bernardus victoriam ei confidenter promisit. Hac fide confortatus hostes suos invasit, cepitque comitem : et hostium tantum numerum prostravit, ut vix aliquis vivus evaderet. Hujusque victoriæ gratias reddidit sancto Bernardo.*

*Patrol. lat.* CLXXXV, 545. = Courbon, C, 9.

**3913** (1152).
Lettre de Pierre le Vénérable à Basile, prieur de la Chartreuse, ancien moine de Cluny. Sur le point de partir pour Rome, il lui exprime le regret de n'avoir pu aller le voir dans son désert, qu'il avait déjà vu. Prière de saluer le convers Othmar de Valbonnais. — *Nuper in procinctu.*

Petri Vener.*Epist.* VI,40.Marrier, *Bibl.Cluniac.*945. *Gall. christ. vet.* IV, 971. *Mabillon, *Ann. Bened.* VI, 496 ; 2°, 457. *Patrol. lat.* CLXXXIX, 457-8. Trepier, dans *Doc. acad. Savoie*, VI, 116-8. Le Couteulx, *Ann. Cartus.* II, 130-2. = Bréq. III, 183.

**3914** (Vers 1152).
Composition par Guillaume *(W.)* de Bénévent, archevêque d'Embrun, légat du Siège apostolique, concernant les chevaliers de St-Jean de Jérusalem.

Arch. des Bouches-du-Rhône. Ordre de Malte, liasse 626. — Rappelée dans le diplôme de Guillaume, comte de Forcalquier, en faveur des mêmes : 1180 (liasse 627, orig.).

**3915** 1152.
Mételine, fille de Bernard-Aton, vicomte de Nîmes, cède à son frère Bernard-Aton ses droits sur l'héritage paternel, en présence de Silvion de Clérieu *(Selvio de Clairiu)* et son fils Silvion, Aldebert et Guillaume de Crussol, Géraud de Bastet, Falcon et Jordan de Montchenu, Guillaume de Mercurol, etc.

Vic-Vaissete, *Hist. de Languedoc*, II, 538 ; 3°, V, 1149. Teulet, *Layettes du trésor des Chartes*, I, 70, n° 125. = Chevalier (J.), dans *Bull. soc. archéol. Drôme*, XXVII, 143 (à part, I, 176-7).

**3916** (Vers 1152).
Lettre de Guillaume *(Vilielmus)*, archevêque d'Embrun, légat du Siège apostolique, aux consuls et au peuple de Nice, au sujet des dettes et usures des clercs, de leur immunité de la juridiction des consuls et de la vente des bénéfices d'église. — *Cum ex officio.*
*Mon. hist. patr.*, Scr. II, 416. Cais de Pierlas (E.), *Cart. cathédr. Nice*, 98-9, n° 80.

**3917** 1152.
...*juxta Questa*, Guillaume, archevêque d'Embrun, ratifie une vente de terre faite par les chanoines de Nice, durant la vacance du siège.
Cais de Pierlas (E.). *Cart. cathédr. Nice*, 54-5, n° 41.

**3918** Romans, 1152.
Giraud Barbe, sa femme Lagart et leurs 5 fils donnent à la collégiale de Romans l'église de St-Julien de Lent, avec ses terres et dîmes, et le quart de celle de St-Julien de la *Fara*, et tout ce qu'ils ont sur l'église de St-Sulpice à Villevocance *(Villa in Vallecantia)*. Fait dans le chapitre de Romans en présence de Hugues, archevêque de Vienne, de Guillaume de la Tour *(de Turre)*, doyen de Vienne..., de Silvion de Clérieu et de tout le couvent... ind. 14 [= 15], regn. D. N. J. C.
Giraud, *Hist. S. Barnard-Romans*, compl. 127-8, n° 299.

**3919** Romans, 1152.
Lantelme Mélioret, sa femme Galicia et ses 4 fils donnent en alleu à l'église de Romans une terre à Salettes *(Saletas)*, dans la paroisse de St-Pierre de Genissieu *(Jeniciaco)* ; lui et sa femme en auront la jouissance leur vie durant, moyennant le cens de 2 setiers de froment à la fête des Sts-Jacques et Christophe (25 juil.). Ils participeront aux prières qui se font dans le couvent pour le salut des âmes et leurs noms seront inscrits après leur mort dans le Martyrologe, suivant une bonne coutume de l'église. Fait en présence de l'archevêque Hugues et de tout le couvent.
Giraud, *Hist. S. Barnard-Romans*, II, pr. 72-3, n° 296.

**3920** 1152.
Artaud, seigneur de Malleval, de concert avec son beau-frère Godemar et son fils Gauddemar, avait fait hommage de son château à Hugues, archevêque de Vienne, promettant de le rendre en cas de guerre ou de danger. Sa parenté en fut outrée ; on l'abandonna dans sa dernière maladie et on négligea même le soin de sa sépulture. Le chapitre de St-Maurice en eut pitié, fit la levée du corps et l'inhuma entre les rois et les comtes. Sa succession donna lieu à de grands démêlés ; le chapitre dut mettre garnison dans le château de Malleval, puis tout s'apaisa et on lui donna en compensation de ses dépenses le fief Tauresh et la 1/2 de celui de Verna.
Charvet, 343-4. Courbon, chr. 196. Collombet, II, 68-9. Chevalier (U.), *Cart. de St-Maurice Vienne*, 41-2, n° 184 ; Suppl. 8.

**3921** 1152.
Epigraphe sur un pilier de l'église de St-André-le-Bas à Vienne :
*Adorate Dominum in aula sancta ejus....*
† *Willelmus Martini me fecit a° 1152 ab I. D.*
Terrebasse, *Inscript. Vienne*, I, 233-5, n° 372.

**3922** 1152.
Acte où figure Natal comme mistral de Nantelme, seigneur de Chandieu.
Chorier, *Hist. de Dauph.* I, 861 ; 2°, 661.

**3923** (Segni), 26 janvier 1151/2.
Bulle du pape Eugène III, adressée au doyen Guillaume et aux chanoines de Vienne, par laquelle il confirme les privilèges et les biens de leur église.
Bosco (J. a), 83-4. Le Lièvre, 339-40. *Patrol. lat.* CLXXX, 1500-1. = Jaffé, 6619-9540.

**3924** Segni, 9 février 1151/2.
Bulle d'Eugène III confirmant à l'abbaye de Bréma, diocèse de Pavie, les églises de Ste-Marie du Monétier de Briançon, du Puy-St-Pierre, de Ste-Marie des Champs à Embrun, de St-Pierre de Remolon, de Théus, de St-Pierre de Romette, de St-Jean d'Auriac, de Saint-Félix de Faudon, de Montreviol, de St-Martin d'Ancelle, de St-Julien du Buissard, de St-Laurent du Cros, de Ste-Marie [de Chabottes], de Laye, de St-Bonnet, d'Aspres [les Corps], de St-Etienne et St-Disdier en Dévoluy, du Noyer, de Ste-Marie d'Agnères, comme ayant appartenu à la Novalaise.
*Hist. patr. mon.*, Chart. I, 797. *Patrol. lat.* CLXXX, 1504. Ranguis (J.), dans *Bull. soc. étud. Htes-Alpes*, XVIII, 213-4 ; *Commune d'Ancelle*, 14-5. = Jaffé. 6625-9549. Roman, 23°.

**3925** 31 mars 1152.
Odon, doyen [de l'église] de Valence, fils de Guy de Chaponnay, seigneur des Avenières et de Brangues, et d'Anne, fille de Sibuet, seigneur de Beaumont et de la Frette, donne à son frère Hector de Chaponnay, seigneur des Avenières et de Brangues, 1800 florins que sa mère lui avait légués.
Columbi, *Opusc.* 568. = Breq. III. 197. — Pièce fausse.

**3926** Segni, 7 avril 1152.
Bulle du pape Eugène III, qui confirme à Pons abbé de Montmajour les possessions du monastère, entre autres les prieurés de Ste-Marie d'Antonaves et de St-Léger de Jubeo [cf. bulle du 9 avril 1123]. — *Cum universis.*
Arch. des Bouches-du-Rhône, Montmajour. — Deloche, dans *Mém. acad. Inscr. et Bel.-let.* XXXIV, 1, 121-2. = Roman, 23.

**3927** (Avant 1er juin) 1152.
Convention entre Frédéric, roi des Romains, et Berthold *(Bertolfus)*, duc de Zähringen, à qui le prince donnera les terres de Bourgogne et de Provence. Ils y entreront ensemble pour les soumettre. Justice sera faite de Guillaume, comte de Mâcon, pour la terre de sa nièce (Béatrix). Les archevêchés et évêchés resteront entre les mains du roi ; le duc leur donnera l'investiture... *a proxim. kal. jun.*, ind. 15.
Lünig, *Codex Ital. diplom.* II, 706. Martene, *Script. ampl. coll.* II. 523. Bouquet, XVI, 684-5. Harenberg, *Mon. histor.*

ined. I, 79. Scheid, *Origg Guelf.* II, 183-4. *Mon. Germ. hist.*, Leg. II. 91. *Patrol. lat.* CLXXXIX, 1397-8. Zeerleder, *Bern. Urkundbuch.* I, 89. *Wirtemberg. Urkundbuch.* II. 60. Jaffé, *Mon. Corbeien.* 514. = Mermet, III, 60. Stumpf, 3628.

**3928** Albano, 19 octobre 1152.
Bulle du pape Eugène III adressée au prévôt Guillaume (W.) et aux clercs de l'église de Ste-Marie de Beaumont. Par des lettres de l'évêque de Rodez et du vicomte de Béziers, il a appris leur désir de se conformer dans leur église aux institutions de l'ordre canonique ; ils devront suivre désormais la règle de s' Augustin d'après les observances de l'ordre de St-Ruf. — *Quotiens ea quæ.*
Chevalier (U.), *Codex diplom. S. Ruf*, 31-2, n° 23. = Jaffé, -9609.

**3929** Albano, 23 octobre 1152.
Bulle du pape Eugène III adressée à Raymond, maître de l'hôpital de Jérusalem, par laquelle il confirme la transaction faite par l'archevêque d'Embrun G[uillaume], légat du Siège apostolique, entre les Hospitaliers et Guillaume comte de Forcalquier, au sujet du château de Manosque. — *Sicut nostri administr.*
Bouche, *Hist. de Provence*, II, 141. *Cod. diplom. ord. Gerosolim.* I, 308. Cocquelines, *Bull.* II, 320. *Patrol. lat.* CLXXX, 1550. = Bréq. III, 188 (1151). Jaffé, 6663-9610.

**3930** « Lobet ». (décembre ?) 1152.
Pierre, évêque d'Antibes, atteste que sur l'ordre de Guillaume, archevêque d'Embrun, légat du Siège apostolique, il a terminé le différend d'Arnaud, évêque de Nice, et son chapitre avec Bermond Giraldi et ses fils. . *fer. 2, in castro Lobet.*
Cais de Pierlas (E.), *Cart. cathédr. Nice*, 36-7. n° 28.

**3931** 22 décembre 1152.
Epitaphe de Villelmine et de son mari Geoffroi, au nord du clocher de l'église de St-Pierre à Vienne :
*Aspice qui transis : jacet hic Villelma memento* (9 vers). *xi kal. januarii obiit MCLII.*
*Gaufredus... vi kal. aprilis (27 mars) obiit.*
Delorme, *Descript. musée Vienne*, 279. Collombet, II, 63. Terrebasse, *Inscr.* I, 236-7. n° 373.

**3932** (1152/1154).
Albergement par l'abbesse Elisabeth, la prieure Bonnefilie et les religieuses du monastère de St-André-le-Haut à Vienne, à Bernard et André d'un emplacement le long du fleuve [du Rhône], hors la porte St-Martin, moyennant la redevance de 4 sols et 2 poules ; l'église aura la préférence en cas de vente ou d'hypothèque.
Arch. de l'Isère, B. 4316. orig. parch. (IV, 181-2).

**3933** 1153.
Sentence rendue par Geoffroi *(Gaufredus)*, évêque d'Avignon, par ordre du pape Eugène III et du conseil de Durand, abbé de St-Ruf, entre les moines de St-Remy de Reims et ceux de Montmajour. Fait en présence d'Etienne, chanoine de St-Ruf, jadis archevêque de Vienne... *ind. 1.* Sceau. Témoins : Guillaume de *Laurata*, chan. de St-Ruf, etc.
Deloche, dans *Mém. acad. Inscr. et Bel.-let.*, XXXIV, 1, 122-3 (à part, 74-5).

**3934** (1153 ?)
Transaction d'Armand, vicomte de Polignac, et ses fils Ponce et Héracle, avec Pierre évêque du Puy *(Anicien.)*, par ordre du pape Eugène, devant Bernard, évêque de Valence, en présence de Guillaume, archevêque d'Embrun, et Guillaume, évêque de Viviers.
Baluze, *Hist. généal. mais. Auvergne*, II, 66. Bouquet, XIV, 465-6.

**3935** 1153.
Transaction entre les chanoines de Maurienne et les moines de St-Chaffre. Témoins : ... Pierre, prieur de St-Laurent [à Grenoble].
*Mon. hist. patr.*, Chart. II, 280-1. Billiet, *Chartes dioc. Maurienne*, 26-7. Chevalier (U.), *Cart. de St-Chaffre*, 176, n° 438.

**3936** Rome, à St-Pierre, 26 février 1152/3.
Bulle du pape Eugène III adressée à Guichard, abbé d'Ainay *(Atthanacen.*, à Lyon), par laquelle il confirme à son monastère : *In parrochia Viennensi : ecclesias de Vion, de Haiserant, de Saccheras, de Estabulis, de Chamunatis, de Mura, de Cervia, de Hairamen, de Jurvant, de Vallibus, de Casno, de Sacalatis, de Cavaniaco ... In parrochia Gratiopolitana : ecclesias de Lemenco, de Viveriis, de Somniaco et capellam burgi quod dicitur Cambariacum .... In Tricastrensi parrochia : ecclesias de Palatio et de Castello Novo... — Religiosis desideriis.*
Guigue, *Docum. inéd. hist. Dombes*, 36-8. Valentin-Smith et Guigue, *Bibl. Dumbensis*, II, 36-8. Charpin-Feugerolles (de) et Guigue, *Grand Cart. d'Ainay*, I, 49-52. Gremaud (J.), dans *Mém. et doc. soc. hist. Suisse Rom.* XXIX, 87-90. = *Gallia christ. nova*, IV, 237. Jaffé, -9708. Schw. *Urk.* 2867.

**3937** Avignon, 27 avril 1153.
Acte dont sont témoins Durand, abbé de St-Ruf, le prieur Pierre, Pierre Berengarii, Be. de Rochemaure, Guigues de Toscana, prêtres et chanoines de St-Ruf.
Arch. de Vaucluse. G. 6. 13. — Manteyer, *Prov.* 393.

**3938** (Worms, juin 1153).
Lettre de Frédéric I, roi des Romains, à H[ugues], archevêque de Vienne, au doyen G[uillaume], au clergé et au peuple de la ville. D'après les archives de l'empire, Vienne n'a d'autre possesseur que lui et, en son absence, l'archevêque et les chanoines de la cathédrale. Il leur ordonne de garder avec soin la citadelle Pipet, les Canaux et autres fortifications, et de ne les livrer à aucun comte ou duc. — *In archivis imperii*
*Invent. Viennois*, III, 211b, 219*, 220*. — Chevalier (U.), *Cart. de St-André-le-Bas*, 292, 368, n° 81* ; *Cart. de St-Maurice Vienne*, 44, n° 203. Stumpf, *Reichskanzler*, III, 481.

**3939** Worms, (7 juin) 1153.
Pour récompenser le dévouement constant de l'archevêque Hugues, du doyen Guillaume et des chanoines de Vienne, Frédéric, roi des Romains, leur commet la garde de leur ville en son absence, avec Pipet, les Canaux, le palais, etc. ; il exclut tout laïque de ce domaine et ne veut pas de tyrannie sur les clercs. *Data Garmaciæ*, le jour où Arnold, chancelier du roi, a été élu archevêque de Mayence. *Arbertus recogn.* — *Principalem munificentiam.*
Arch. de l'évêché de Grenoble, vidimus du 17 mars 1237/8. — Bosco(J. a). 84-5. Le Lièvre, 341-2. Chorier, *Estat polit.* I,

280. VALBONNAYS, *Mém. hist. Dauph.* 140-1 ; *Hist. de Dauph.*
I, 138. BÜNAU, *Leben-Thaten Friedrichs I*, 433. BOUQUET, XII,
346. Trad. CHARVET, 345-6. COLLOMBET. *Hist.* II, 69-71. = BRÉQ.
III, 214. BÖHMER, 2330. STUMPF, 3674.

**3940** Worms, (7 juin) 1153.
Diplôme de Frédéric I, roi des Romains, par lequel
il concède en fief à Silvion de Clérieu *(Silvio de Clariaco)*
le château de Clérieu et [le port de] Charmagnieu *(Cha-
ramaneum)*, avec les tonlieux et péages, sauf les droits
de l'empire : il fera à l'armée et à la cour le service que
doivent les vassaux *(casali)*. Témoins : ... Guigues de
Domène, Pierre de Vinay *(Vinaico)*... 1152, ind. 2. regn.
*Friderico Roman. rege aug.* a° ... 2. *Data Wormatiæ*, le
jour où Arnold, chancelier du roi, a été élu archevêque
de Mayence. — *Principalem munificentiam.*

Arch. de l'Isère, vidimus des 18 mars 1345 et 21 mars 1430
(B. 4027 : IV, 101°). *Invent. St-Marcellin*, I, 746. G. Allard,
mss. VIII, 56t. Valbonnays, 2° Reg., n° 165 ; 5° Reg., n° 19.
GALLIER (A. de), dans *Bull. soc. archéol. Drôme*, II, 25-6 :
*Baronnie de Clérien.* 26-7. CHEVALIER (U.), *Diplôm. de P. de
Rivaz*, 74-5. STUMPF, *Reichskanzler*, III, 481-2. = STUMPF, 3676.

**3941 = 3973** Arles, octobre (1153/1156).
Raymond, comte de Barcelone, prince d'Aragon et
marquis de Provence, concède à Guillaume, archevêque
d'Embrun, tous les droits que celui-ci a achetés des fils
d'Henri Flotta dans les châteaux de Bréziers et Beaufort
et la ville du Sauze *(Salcetis)* et ceux d'Arnaud Flotta,
qu'il révoque à raison du crime commis par lui et connu
du monde entier ; il s'y réserve le service habituel et
reconnaît avoir reçu du prélat pour lods 11000 sols
Melgoriens. Témoins : Raymond, archevêque d'Arles,
les évêques Pierre de Fréjus et Arnaud de Nice, etc.
Fait dans le faubourg *Arelat..*, dans la maison des Templiers, *regn. Frider. imper...*, *luna 23*. Sceing. Confirmation de son neveu Raymoud Berengarii, comte de
Provence.

GUICHENON, *Bibl. Sebus*, 213-5. *Mon. hist. patr.*, Ser. II,
412-3. = RIVAZ, *Diplom. de Bourg*. II, n° 181 (Anal. 54). SAL-
VAING DE BOISSIEU, *Usage des fiefs*, 2°, 262 ; 3°, I, 322.

**3942** Nice, 4 octobre 1153.
Guillaume, archevêque d'Embrun et légat du Siège
apostolique, venu à Nice, tranche le différend entre
Fulcon Itadati et l'évêque Arnaud et les chanoines de
Nice, au sujet de la condamine de Rocabellera. Fait en
la salle *(aula)* de l'évêché de Nice ; présents : Guillaume,
prévôt d'Embrun, Pierre, évêque d'Antibes, etc...
Dimanche.

CAIS DE PIERLAS (E.), *Cart. cathédr. Nice*, 129-30. n° 101.

**3943** Latran, 20 décembre 1153.
Lettre du pape Anastase IV aux archevêques d'Arles,
d'Aix et G[uillaume] d'Embrun et aux autres évêques
de Provence, leur mandant de maintenir les moines de
St-Victor dans leurs possessions.

BELSUNCE, *Antiq.de Marseille*, I, 471. *Patrol. lat.* CLXXXVIII,
1007. GUÉRARD, *Cart. de St-Victor de Marseille*, II, 257-8,
n° 865. = BRÉQ. III, 219. JAFFÉ, 6746-9782. ROMAN, 23b. *Gallia
christ. noviss.* III, 224.

**3944** La Silve-Bénite, 1154.
Frère Hu[gues], archevêque de Vienne, remet à l'abbé
de Bonnevaux et à ses frères ses réclamations au sujet
des aumônes et de l'église de Molines *(Molinis)*. Seings
de Guillaume, doyen de Vienne, etc. *Acta Silve benedicte.*

CHEVALIER (U.), *Cart. de Bonnevaux*, 179. n° 429. — Pièce
fausse.

**3945 = 3746** Le Désert, (1154?)
LE COURTEULX, *Ann. Cartus.* II, 143-4.

**3946** 1154.
Albert de la Tour(-du-Pin. *Arbertus de Turre*), Galon
son parent et Guillaume de Thiel donnent à la maison
des Écouges *(Excubiar.)* les pâturages de Sérézin *(Cizerini)*, à l'exclusion de tous ceux qui ne sont pas de
cette paroisse, et reçoivent 80 sols monnaie de Vienne.
Bérard *Garnerii* et son fils Guy en seront les gardiens
et défenseurs : on donne 2 sols à l'enfant, le père ne
voulant rien. Le fermier Giroud de Genève, qui avait
contribué à cette donation, reçoit 3 sols. Témoins :
2 convers des Écouges et 1 de Portes, Gandalbert hôte
Jérosolimitain, Jean changeur de Romans. Plus tard,
les pasteurs alpins contrariant les frères, ceux-ci implo-
rèrent le secours d'Albert et de Galon, qui confirmèrent
leur donation en présence de Guigues, abbé de Bonnevaux, Guillaume doyen de Vienne... et leur mistral
Giroud. Hugues, archevêque de Vienne, apposa son
sceau avec celui de l'abbé ... *regn. Frederico rege
Roman.*

*MOULINET, *Coll. titres fam. de la Tour*. 6b. — AUVERGNE,
*Cart. des Écouges*, 92-3. n° 7. LE COURTEULX, *Ann. Cartus.* II,
142-3.

**3947** 1154.
Guigues (G. — Guillaume), évêque de Viviers, à la
prière de Hugues, archevêque de Vienne de bonne mémoire, de Bernard, évêque de Valence, et d'autres, confirme à Élisabeth, abbesse des religieuses de St-André
à Vienne, et à son monastère tous les bénéfices qu'il
possède dans son diocèse, soit 8 églises avec leurs dépendances. Seings de 2 archiprêtres, du sacristain, etc.

COLUMBI, *Episc. Valentin.* 211 ; *Opusc.* 256. CHARVET, *Hist.
de St-André-le-Haut*, éd. Allut. 210-1 ; trad. 61-4. LE COURTEULX,
*Ann. Cartus.* II, 143. ROCHE, *Armor. évêq. Viviers*, I, 330. Trad.
MAZON (A.). *Orig. égl. Vivarais*, I, 260-1. = BRÉQ. III, 230.

**3948** Latran, 24 avril 1154.
Bulle du pape Anastase IV adressée à Durand, abbé
de St-Ruf, par laquelle il prend son ordre sous la protection du Siège apostolique, ordonne que l'ordre canonique y soit toujours observé et lui confirme les églises de St-Jacques et de St-Ruf près de Tripoli, d'*Artu-
cia*, de St-Jacques de Valence et l'aqueduc de la Durance au Rhône. — *Religiosum.*

CHEVALIER (U.), *Codex diplom. S. Rufi*, 32, n° 24. = JAFFÉ,
-9874.

**3949** Worms, (vers 3 mai) 1154.
Diplôme de Frédéric I, roi des Romains, par lequel,
à la demande de Guillaume *(Gilhelmus)*, évêque de
Trois-Châteaux *(Tricastin.)*, il confirme à son église
les donations des empereurs Charles et Louis, le domaine de sa ville, depuis le Rhône jusqu'à l'Eygue
*(Egrum fluv.)*, et le rocher *(saxum)* de Ste-Juste *(Tutela)*. *Dat. Garmaciæ.*

*Invent. Valentinois.* III, 81. FONTANIEU, *Cart. du Dauph.* I,
108°. — *Gallia christ. vet.* III, 847-8. BOYER, *Hist. égl. cath.*

St-Paul-T.-C. 60-2. *Gallia christ. nova*, I, instr. 120-1. *Gallia christ. noviss.* IV, 50-1. = GEORG. I, 618. BRÉQ. III, 226. BÖHMER, R. I. 2337. R. S. R. 567. R. Gen. 335. STUMPF. 3686. FOURNIER, *Roy. d'Arles*, 19.

**3950** 30 juillet 1154.
Mathilde *(Mateldis)* se voue au service de Dieu entre les mains d'Arnaud, évêque de Nice ; présents : Ebrard, Guillaume Archimberti et Ebrard, chanoines de St-Ruf... dimanche, *luna* 27.
CAIS DE PIERLAS (E.), *Cart. cathédr. de Nice*, 124-5, n° 96.

**3951** (1154/1159).
Bulle du pape Adrien IV, adressée à Pierre, prieur de St-Pierre de Die, par laquelle il prend cette église sous la protection de s¹ Pierre, ordonnant d'y suivre la règle de s¹ Augustin, suivant les institutions de l'ordre de St-Ruf, lui confirme la possession de 18 terres et défend aux Templiers et aux Hospitaliers d'y édifier des oratoires. Elle sera exempte des dîmes, comme les évêques de Die Hugues et Ismidon l'avaient décrété. — *Religiosis desideriis*.
CHEVALIER (J.), *Hist. égl.-ville Die*, I, 462-4, cf. 204-5. CHEVALIER (U.), *Codex diplom. S. Rufi*, 32-4, n° 25. = JAFFÉ, -10455.

**3952** (1154/1159).
Bulle du pape Adrien IV, confirmant la sentence de l'archevêque de Vienne et de l'évêque de Grenoble sur un différend entre l'abbé de Saou et le prieur de St-Félix.
²CHEVALIER (U.), *Codex diplom. S. Rufi*, 34, n° 26.

**3953** (Vers 1155).
Hugues d'*Argentaico*, sa femme et sa mère donnent aux frères de Bonnevaux un pré à Bossieu. Témoins.
CHEVALIER (U.), dans *Bull. acad. Delphin.* D. II, 84 ; *Cart. de Bonnevaux*, 68, n° 156.

**3954** (Vers 1155).
Jarenton, Guy et Garnier, fils de Roland Vieux *(Veteris)*, de Moras, cherchent querelle au sujet des dîmes que leur père avait données aux frères de Bonnevaux à Landrin ; ils s'en désistent, moyennant 4 liv. monnaie de Vienne. Les religieux reçoivent leur frère enfant par amour pour Dieu. Témoins et garants.
CHEVALIER (U.), dans *Bull.* cit. D. II, 126 ; *Cart. de Bonnevaux*, 110, n° 266.

1155, visite du roi Louis VII à la Chartreuse = 1163.

**3955** (Vers 1155).
Geoffroy *(Gaufridus)*, évêque de Grenoble, à la prière de Basile, prieur de la Chartreuse, décrète que, suivant une décision du chapitre général, cette maison sera régie par le chapitre commun et prononce l'excommunication contre ceux qui lui désobéiraient.
MABILLON, *Ann. Bened.* VI, 549 ; 2°. 506-7. = BRÉQ. III, 239.

**3956** (Vers 1155).
Guigues Alvise donne au monastère de Domène, pour sa femme Agnès ensevelie dans le clos près de la basilique de St-Pierre, un pré et 2 *nummi* de cens à Monteymont *(in Monte Aymonis)*. Il donna ensuite, pour la réception de son fils Hugues comme moine, une pièce de terre à la Monta, du temps du prieur Pierre de Glésins. Seings du sacristain Pierre, du chapelain Jean, de Guillaume, chapelain du château, etc.
MONTEYNARD, *Cart. de Domène*, 259, n° 239, 2.

**3957** Exilles, (vers 1155).
Du temps de Pierre de Glésins, prieur de Domène, le chevalier Guigues, seigneur de ce lieu, fils de Ponce Ainard, tomba malade en Italie, à la cour de l'empereur. Convaincu de sa fin prochaine, il se fit transporter au château d'Exilles *(castellum q. v. Exilium)* ; là, en présence de ses chevaliers, Guy de Châteauneuf son parent, Guy Garin de Gières, Mathieu de la Pierre son écuyer, il disposa de ses biens ; il en donna à Cluny et se rendit moine à Domène, qui eut sa condamine et un champ au Versoud *(Versatorium)*. Cette aumône reçut l'approbation de sa fille [Emma], épouse de Rodolfe de Faucigny, de sa femme Audisia et de son frère Raymond Bérenger. Fait en présence du prieur Pierre, du prieur claustral Aimon et de tous les moines. Témoins : les chevaliers de la ville, Jean Musica, chapelain, etc.
SALVAING DE BOISSIEU, *Usage des fiefs*, 2°. 485 ; 3° éd. II, 230. MONTEYNARD, *Cart. de Domène*, 257-8, n° 238, 8. = *R. Gen.* 342.

**3958** (Vers 1155).
Guillaume Borelli, etc. donne pour l'âme de Giroud Borelli aux moines de Domène 12 den. Témoins : le prieur Pierre, le chapelain Jean, etc.
MONTEYNARD, *Cart. de Domène*, 215, n° 233, 28.

**3959** (Vers 1155).
Guillaume Gotefredi donne aux moines de Domène 18 den. de cens à [St-Martin-de-]Miséré *(Miseriacum)* sur une maison ; il fait donation de lui-même, pour qu'on l'enterre honorablement. Témoins : son frère Didier, le chevalier Bermond, le cuisinier du monastère, en présence du prieur Pierre de Glésins.
MONTEYNARD, *Cart. de Domène*, 214, n° 233, 26.

**3960** (Vers 1155).
Les fils de Guillaume Lais renoncent au tènement de leur père et le remettent à Pierre Chastagnii ; ils confirment par serment entre les mains du chapelain Jean, en présence du prieur Pierre et de tout le couvent. Témoins.
MONTEYNARD, *Cart. de Domène*, 243, n° 233, 105.

**3961** 1155.
Pierre de Roveria, maître du Temple en Espagne, et Hugues de Barcelone, commandeur de Lus-la-Croix-Haute *(Lunis)*, du conseil de leurs frères et du chapitre, concèdent à Bertrand, prieur de Durbon, et ses frères l'aumône que Rolland Albuinus avait donnée au Temple de ce qu'il possédait à Recours *(Rocos)* : ils reçoivent 50 sols monnaie de Valence et promettent leur protection contre toute éviction. Témoins : Pierre Guigo, de Lus, Géraud de *Castel Novo*, écuyer, etc.
GUILLAUME, *Chartes de Durbon*, 45-6, n° 38. = ROMAN, 24°.

**3962** Séguret, 1155.
Pierre de Camaret *(Camaret)* donne aux frères du Temple de Salomon à Roaix 3 vignes au clos de Dolona et reçoit un cheval et 300 sols Melgoriens. *Fait a Sigurit*, en la maison de Bouchier, l'année où Elisiard d'Albuzun tint captif Isnard d'Avulon.
CHEVALIER (U.), *Cart. des Templiers de Roaix*. 79-80, n° 125.

**3963** 1155.
Vente par Rostaing et Isnard de *Claustro* aux Templiers de Roaix. Témoins :... Raymond de Crest.
Chevalier (U.), *Cart. des Templiers de Roaix*, 67, n° 109.

**3964** 1155.
Fondation de l'abbaye cistercienne de Valmagne (*Vallis Magna*), au diocèse d'Agde, par une colonie de celle de Bonnevaux en Dauphiné.
Janauschek, *Origg. Cisterc.* I, 138-9.

**3965** Rivoli, 13 janvier 1155.
Diplôme de Frédéric I, roi des Romains, par lequel il concède à son féal le dauphin Guigues, comte de Grenoble, les bénéfices héréditaires qu'il possède justement; du conseil de ses princes, il y ajoute une mine (*fodina*) d'argent à Rame et le droit de frapper monnaie à Césane (*Sesana*), au pied du Mont-Joux (*montis Jani*). Parmi les témoins, Pierre prévôt d'Oulx, Guigues (*Vigo*) de Domène. *Dat. apud castrum Reverul. — Regalis providentiæ.*
Arch. de l'Isère, B. 3162, origin. et vidimus des 29 nov. 1289 et 14 déc. 1356 ; B. 3853, *Invent. Généralité*, 4, 9. Chartul. Delphin. 5b. Chartularia 5214, 233. Secousse, 36. — Valbonnays, *Mém. hist. Dauph.* 96-7 ; *Hist. de Dauph.* I, 93. Huillard-Bréholles, *Hist. diplom. Frider.* II, V, 186-7. = Bréq. III,234. Mehmet, III, 61. Böhmer, 2344. Morin-Pons, *Numism. féod. Dauph.* 58. Stumpf, 3704. Chevalier, *Invent.* (1277), 118, (1346), 8 ; *Ordonn. hist. Dauph.* I. Collino, *Carte d'Oulx*, 138 n° 133. Roman, 23b. Guillaume (P.), *Les mines d'argent de Rama, dans Bull. soc. étud. Htes-Alpes* (1883), II, 270-5. Manteyer, *Prov.* 186.

**3966** Rivoli, (13 janvier) 1155.
Berthold, duc de Bourgogne (Zähringen), assuré du courage et de la fidélité du dauphin Guigues (*Wgo, Guigo*), comte d'Albon, lui donne tout ce que lui-même tient de ses prédécesseurs ou des rois dans la ville de Vienne, s'engageant à combattre Guillaume comte [de Mâcon et de Vienne] s'il tente d'y mettre obstacle. A son tour, le dauphin lui fait hommage et promet de le recevoir décemment dans la ville... *apud Rivarolum*, en présence de Frédéric, roi des Romains, qui donne son consentement, et des princes, de Pierre, prévôt d'Oulx, de Guigues de Domène... *ind. 3. regn. d. Frider. Roman. reye glor. a° imp. 3.*
Chartul. Delphin. 4. Chartularia 5214, 225. Secousse, 35b. *Invent. Vienn.* III, 211b-2.Estiennot.VI, 183.Valbonnays, 2°Reg. n° 169. Fontanieu, *Hist. de Dauph.* pr. II, 1, 185 ; *Cart. du Dauph.* I, 108-10. — Justel, *Hist. mais. Auvergne*, pr. 26-7. Martenne, *Thes. nov. anecd.* I, 444-5 (ex cartario Roman.?). Valbonnays, *Hist. de Dauph.* II, 255-6. \*Bouquet, XVI, 684. Chorier, *H. de D.* I, 821. *Gallia christ. nova*, III, 947. Boissieu (S. de), 40 ; 3°, I, 81. Giorgi, I, 620. Bréq. III, 239. Couron. chr. 200. Charvet, 346. Manteyer, III, 61. R. S. B. 569.

**3967** Rome, à St-Pierre, 17 avril (1155).
Bulle du pape Adrien IV adressée à D[urand], abbé de St-Ruf. Sa sollicitude doit surtout s'exercer en faveur de ceux auxquels il demeure attaché par les liens de la charité[1]. Il décrète que, nonobstant les constitu-

[1]. *Pro illis præcipue nos opportet esse sollicitos quibus speciali vinculo caritatis sumus astricti, quatinus et nos videamur exequi quod debemus et que nobis mater extitit honestatis et in religione studuit actencias informare patris beneficium senciat et illius qui olim filius merito vocabatur.*

tions de ses prédécesseurs, l'ordre continuera de percevoir les dîmes de ses terres, en quelques mains qu'elles passent. — *Licet ex injuncto.*
*Gallia christ. vet.* IV, 803b. Fantoni Castrucci, *Avignone*, II, 392-3. Chevalier (U.), *Codex diplom. S. Rufi*, 34-5, n° 27. = Bréq. III, 240. Jaffé, -10030.

**3968** 6 mai 1155.
*Depositio domni Hugonis, Viannensium archiepiscopi*, mort à la chartreuse de Portes, où il s'était retiré l'année précéd.
Chevalier (U.), *Nécrol. de St-Robert*, 22. Le Vasseur, *Ephemer. Cartus.* I, 583-7 (7 mai ou 13 janv.). Le Couteulx, *Ann. Cartus.* II, 150 (7 mai ou oct.). Guigues, *Obituar. Lugdun. eccl.* 43-4 ; *Obit. égl. primat. Lyon*, 35 (7 m.).

**3969** 30 juin (1155/1163).
Richard de *Chosenco*, chanoine, et Richard d'*Artiu*, prêtre de l'église de Romans, confessent à la requête du chapitre tenir par indivis tous les cens qui leur sont dévolus par la mort de leur mère Agnès, tant à l'intérieur qu'à l'extérieur de l'abbaye et de la ville de Romans, en fief franc du chapitre, sans hommage ni charge. Ils prêtent serment en présence de l'archevêque de Vienne Etienne, abbé de Romans, en chapitre général tenu le lendemain de la fête des apôtres Pierre et Paul, où se trouvèrent Guillaume de Clérieu (*Clairiaco*), maître Aténulfe de Varacieu (*Veraceno*), archiprêtre. Amblard de Murinais (*Murinaysio*) cabiscol. Francon de Beauregard. Aynard de Bellegarde, Guillaume de Lausanne, chanoines.
Giraud, *Hist. St-Barnard-Romans*, II, pr. 94-5. n° 385.

**3970** Près Frascati, 7 juillet 1155.
Diplôme de Frédéric I, empereur des Romains. Voulant récompenser le zèle du dauphin Guigues (*Vygo*), comte d'Albon (*Albion.*), envers l'empire et sa personne, il lui concède une mine (*fodum*) d'argent près de Rame (*Rama*) dans le diocèse d'Embrun, le droit de frapper monnaie dans son comté, avec interdiction à toute autorité de le molester, sous peine de 100 livres d'or. *Act. in territ. Tusculano. — Si fidelium nostrorum.*
Arch. de l'Isère, B. 3162, orig. ; B. 3966, vid. Chartul. Delphin., f° 3. Chartularia 5214, 233. Secousse, 35. *Invent. Généralité*, 4. — Chevalier (U.), *Cart. de St-André-le-Bas*, 292-4. 368, n° 82b. Stumpf, *Reichskanzler*, III, 164-5. Stälin, *Wirtemb. Gesch.* II, 298. Goerz, *Reg. Erzbisch. Trier*, I, 21.=Stumpf, 3715. Chevalier (U.), *Invent. arch. Dauph.* (1277), 119 ; (1346), 4 ; *Ordonn. Dauph.* 2. Roman, 23b. Manteyer, *Orig. mais. Savoie-Bourg.*, add. 282.

**3971** 5 septembre 1155.
Contrat d'emphythéose des eaux de Conflans par le prieur de St-Victor à Valence.
S. Congreg. consist. 1764, summar. n° 5 (St-Ruf).

**3972** Chartreuse, 18 octobre 1155.
Les prieurs : Basile de la Chartreuse, Bernard de Portes, Sofred des Ecouges. Oth[mar] de la Silve[-Bénite].. Ber[trand] de Durbon et 9 autres notifient la tenue du nouveau chapitre général des Chartreux. avec le consentement de Geoffroy (*Gaufredus*), évêque de Grenoble, et des autres évêques et archevêques : il se réunira chaque année à la fête de s{t} Luc.
Le Couteulx, *Ann. Cartus.* II, 152-60.

**3973** Faubourg d'Arles, 23 octobre 1155.
Raymond, comte de Barcelone, prince d'Aragon et marquis de Provence, concède à Guillaume, archevêque d'Embrun, moyennant 11.000 sols Melgoriens, la possession des châteaux de Bréziers *(Brezeriis)* et de Beaufort *(Belfort)* et de la ville du Sauze *(Salcettis)*, qu'il avait acceptés, contre tout droit, des fils d'Henri Flotte et de son frère Arnaud, sauf réserve du service dû. Témoins : plusieurs prélats, Bérard, prieur de Beaujeu *(Bello Joco). Facta... in suburbio Arelaten., in domo fratrum militiæ Templi, regn. Friderico imper...., luna 23.* — Confirmé par son neveu Raymond Bérenger, comte de Provence. Ponce, scribe du comte.

Arch. des Htes-Alpes. G. 96, copie (ll. 17ᵉ). Valbonnays, 2ᵉ Reg. n° 167. — Bouche, *Hist. de Provence*. II. 121. Guichenon, *Bibl. Sebus.* 213-5 ; (1780), 61. Gioffredo, dans *Mon. hist. patr.*, Script. II, 411. Chérias (J.), Essai historique sur les monnaies Embrunaises et Gapençaises, au sujet d'un acte de cession territoriale consentie en faveur des archevêques d'Embrun par Raymond le Vieux, comte de Barcelone, prince d'Aragon et marquis de Provence, dans *Echo du Dauphiné*, II. n° 56 (4-5), 57 (4-5), 59 (6-7). Fornier (Marc.), *Hist. Alpes Marit.* III, 212-3. = Bréq. III, 233. Roman, 23-4. *Gallia christ. noviss.* III, 228. Cf. oct. (1153/6) et oct. 1160.

**3974** Capone, 31 octobre (1155).
Bulle du pape Adrien IV adressée au sacristain de St-Ruf Adé[mar] : il défend d'aliéner les biens qu'il a donnés à la sacristie ou ceux qui lui écherront. — *In eminenti apost.*

Chevalier (U.), *Codex diplom. S. Rufi*, 35. n° 28. = Jaffé, 10096.

**3975** Gap, 1155(5 1156).
Raimond de Montbrand et son frère Arnaudol cèdent au prieur Bertrand et aux frères de Durbon, entre les mains du cardinal Hyacinthe [Orsini], tout leur droit et domaine à Recours *(en Rocos)*. Témoins : Guillaume, archevêque d'Embrun, Guillaume , prévôt de cette église, Lagier de la Pierre, Lantelme de Laye, etc. Fait en la cité *Vapinci*, présent l'évêque Raimond, *aᵒ ab I. D. 115., ind...*, Adrien pape, J.-C. régnant.

Guillaume, *Chartes de Durbon*. 47-8, n° 40. = Roman, 21ᵇ.

**3976** Veynes, 1155(5/1156).
Guillaume Amedei, de Veynes, et son frère Ponce, Jordan et son frère Boson, Richaud et son frère Pierre de l'*Escharena* donnent au prieur Bertrand et aux frères de Durbon, entre les mains de Guillaume, archevêque d'Embrun, tout leur droit et domaine au territoire de Recours *(Rocos).* Témoins : Hugues d'Embrun, Pierre Michael, prêtre de Dévoluy, Armarius, prêtre de St-Marcellin. Fait *in Veene*, en présence de Raimond, évêque de Gap, *aᵒ ab I. D. 115., ind..*, Adrien pape, J.-C. régnant.

Guillaume, *Chartes de Durbon*. 48-9, n° 41. = Roman, 21ᵇ.

**3977** Romans, (1155/1162).
Algod de Mours *(Mors)*, avec l'assentiment de son frère Ponce et de son neveu Guigues Airard, donne à l'église de Romans le bois de Tancoat *(T-a)* jusqu'au chemin de Genissieu *(Geniceuco)*, 4 courtils, 1 tènement et 3 sols de cens sur sa maison à Romans. Fait dans le chapitre de Romans, en présence d'Etienne, archevêque de Vienne, de Guillaume abbé [de St-Félix], de Guillaume doyen de Vienne, de l'archiprêtre Matfred, etc. En souvenir de cette donation, on servira chaque année pleine réfection à tout le couvent et un denier *(nummus)* à chaque prêtre du chœur ; du surplus des 3 sols de cens on fera brûler une chandelle devant l'autel.

Giraud, *Hist. S. Barnard-Romans*, compl. 128-9, n° 300.

**3978** (1155/1163).
Accord entre les abbayes de St-Oyand-de-Joux (St-Claude) et du Lac-de-Joux, ménagé par les archevêques Etienne de Vienne et Pierre de Tarentaise.

Confirmé par le diplôme de l'empereur Frédéric Iᵉʳ du 26 août 1186. — Gingins, dans *Mém.-doc. soc. hist. Suisse Rom.* I, 189. = Stumpf, 4463. *Benoit (P.), *Hist. abb. St-Claude*, I, 506.

**3979** (1155/1163).
Barnard de Crépol *(Crispo)*, chanoine de Romans, donne à son église un clos de vignes au-dessous du courtil *delz Antius* à Charmanet *(Chalmanes)*, dans la paroisse de Geyssans *(Gessiano)*, et un champ à Montdruive *(Mont Drovio)* près *Rovoria* ; assentiment de son frère Rostangnus et de son neveu Falcon Bernart. Seings d'Etienne, archevêque de Vienne, de Guillaume *(W.)*, abbé de St-Félix et sacristain de Romans, etc.

Giraud, *Hist. S. Barnard-Romans*, II, pr. 112-97ᵇⁱˢ, n° 324.

**3980** (1155/1163).
Garin Gislamar et ses fils donnent [à l'église de Romans] 10 sols de cens sur la maison de Garin Bouza, sur laquelle les chanoines percevaient déjà 6 den., jusqu'à ce qu'ils aient fourni 10 sols de cens sur une autre terre. Seings d'Etienne, archevêque de Vienne et abbé de Romans, etc.

Giraud, *Hist. S. Barnard-Romans*, compl. 154, n° 347.

**3981** (1155/1163).
Humbert l'Ancien fait cession à l'église de Romans de tout ce qu'il réclamait sur le mause de Seiferias, sauf 8 den. *per pasquer*, le tènement *dels Turcz* et autres terres dans la paroisse de St-Ange ; il prête serment sur l'autel de St-Laurent à Romans et fournit comme otage Guillaume Amblart, comme caution Lantelme Mélioret. Seings de 4 chanoines.

Giraud, *Hist. S. Barnard-Romans*, compl. 153, n° 345.

**3982** (1155/1163).
L'archiprêtre Matfred, chanoine de Romans, donne à son église 12 sols de cens à Champ Dolenz, dans Chapelier *(Chappelles)*. Seings d'Etienne, archevêque et abbé, du sacristain Guillaume *(W.)*, etc.

Giraud, *Hist. S. Barnard-Romans*, compl. 150, n° 337.

**3983** (1155/1163).
Ponce Malez et sa femme Pétronille donnent [à l'église de Romans], pour leur frère le chanoine Lambert, un champ à Font Ségur, dans la paroisse de Triors *(Triorz)*, à l'occident de l'église de Ste-Marie de Gillons *(Gislon)*, et un courtil au-dessus de cette villa. Seings d'Etienne, archevêque de Vienne et abbé de Romans, de Guillaume *(W.)*, abbé de St-Félix et sacristain de Romans, etc.

Giraud, *Hist. S. Barnard-Romans*, compl. 151, n° 340.

**3984** (1155/1163).
Le chanoine Francon de Pisançon *(Pisantiano)* donne à l'église [de Romans], avec l'approbation de son frère Didier, la moitié de l'église de Triors *(Triorz)*, avec ses dépendances. Seings de Guillaume *(W.)*, abbé de St-Félix et sacristain de Romans, et 5 chanoines.
GIRAUD, *Hist. S. Barnard-Romans*, compl. 152, n° 342.

**3985** (1155/1163).
Le même donne [à la même], avec l'approbation de son frère Artaud, la moitié de l'église de Triors *(Triorz)* avec ses dépendances. Seings de Guillaume *(W.)*, abbé de St-Félix et sacristain de Romans, et 2 chanoines.
GIRAUD, *Hist. S. Barnard-Romans*, compl. 152, n° 343.

**3986** (1155/1163).
Le même donne [à la même], avec l'approbation de son frère Didier, un pré dans la paroisse de St-Paul, confrontant à l'orient la maison de l'Hôpital, dont le cens est de 5 setiers de froment. Seings.
GIRAUD, *Hist. S. Barnard-Romans*, compl. 152-3, n° 344.

**3987** (1155/1163).
Sous la présidence d'Etienne archevêque de Vienne, le chapitre *(communia fratrum)* de St-Maurice, par l'intermédiaire du doyen Guillaume, acquiert de Pons de Roussillon toute la dîme de Bellegarde, qu'il tenait en bien franc par héritage ; les chanoines lui donnent 40 sols de monnaie Viennoise et 30 à ses *duidis ?*. Pons, sa femme et ses fils Aimon, Girard et Guigues, approuvent l'acte, ainsi que son parent Guillaume de Roussillon. Présents : ses chevaliers Obtmar Riculphe, Olivier *(al. Otmar)* et Guigues de Roussillon. Témoins : les chanoines Guigues d'Auberive *(Albaripa)*, Alamand archidiacre, Amédée chantre, Rostaing d'Auberive, Hugues Ruffo, Hector d'Ornacieu *(O-ceu)*.
CHEVALIER (U.), *Cart. de St-Maurice Vienne*, 44, n° 201 ; *Chartes de St-Maurice, Léoncel et Valence*, 10-1.

**3988** (1155/1163).
Utboud de Chatte *(Chasta)* donne [à l'église de Romans], pour son fils le chanoine Gaufred, une métairie *(cabannaria)* aux Vernets *(al Vernet)*, dans la paroisse de Meymans *(Maimans)*, au mandement de Beauregard *(Belregart)*, près du Loup *(aqua Rompon)*, et un courtil aux Pouyets *(in Poiganter)*. Présent Etienne, archevêque de Vienne et abbé de l'église de Romans.
GIRAUD, *Hist. S. Barnard-Romans*, compl. 153-4, n° 346.

**3989** (1155/1166).
Guillaume, comte de Forcalquier, et son frère Bertrand exemptent les frères de N.-D. de Boscaudon des droits de pacage, d'usage et de passage sur terre et sur eau qu'ils prélevaient sur leurs moutons et bêtes de somme ; ils les prennent sous leur protection.
Carpentras, Bibl., ms. 1861, 426. CHANTELOU (Paris, Bibl. Nat., ms. lat. 13915, 369ᵛ). (Communiqué par M. J. C. Roman).

**3990** (1155/1180).
Nicolas, prévôt d'Oulx *(Ulcien.)*, et son chapitre donnent à l'église de Ste-Marie de Guillestre celle de St-Pons de Demonte, sous le cens de 3 sols en Carême. — *Cum corpus aggravet*.
RIVAUTELLA, *Ulcien. eccl. chartar.* 179, n° 215. COLLINO, *Carte d'Oulx*, 140, n° 136. = ROMAN, 25ᵃ (à 1164/1183).

**3991** 1156.
Lettre de Raimond, comte de Barcelone et prince d'Aragon, au pape (Adrien IV), au sujet de l'acquisition de l'église de Lerida et Tortosa, dont l'évêque l'entretiendra des demandes que lui a portées l'archevêque d'Embrun, etc.
VILLANUEVA, *Viage liter. iglesias España*, V, 263.

**3992** Durbon, 1156.
Datil, du consentement de son épouse et de ses enfants, de l'assentiment de Pierre de Montmaur et son fils Lantelme, cède à Notre-Dame et St-Jean-Bapt. de Durbon et au prieur Bertrand, tous ses droits à Recours *(Rocos)*, moyennant 310 sols monnaie de Valence ; les colons n'y ont d'autre droit que celui attribué par le propriétaire. Serment. Témoins : Ponce, procureur, etc. (201). Fait dans le dortoir des frères. — Pierre Raimundi, de Montmaur, approuvant cette vente, atteste que lui et Isoard Ferus, de la volonté des autres seigneurs de Montmaur, s'étant rendus dans la maison, avaient donné au prieur Lazare tous leurs droits dans les limites du couvent, qui comprennent tout Recours... *ind. 4*, Raimond évêque de Gap, Frédéric emper., Adrien pape, J.-C. régnant.
GUILLAUME, *Chartes de Durbon*, 46-7, n° 39. = ROMAN, 24ᵃ.

**3993** (1156).
Donation au Temple de Richerenches par Hugues du Bois, sa femme Adalaïs et son beau-frère Rosellon, entre les mains de Guillaume Hugues, évêque de St-Paul.
RIPERT-MONCLAR (de), *Cart. de Richerenches*, 141-2, n° 158. = *Gallia christ. noviss.* IV, 152.

**3994** (Vers 1156).
Comtesse de Die, épouse de Guillaume de Poitiers, troubadour.
CHEVALIER (J.), dans *Bull. soc. archéol. Drôme*, XXIII, 124-6 ; *Mém. comtés Valent.-Diois*, I, 37-9. = *Répert.*, Bio, 1191.

**3995** St-Sigismond, 25 février 1155/6.
Etienne, archevêque de Vienne, convoque à St-Sigismond [= St-Simon], près Grésy, en présence des archevêques de Lyon et de Tarentaise, des évêques J. de Grenoble et de Belley, l'évêque et le comte de Genève, dont on règle les différends... *a° I. D. 1055, d. papa Adriano Rom. eccl. præsid. et imp. Frederico regn. 6 kal. mart. aᵒ bissext... fer. 7, luna 30, ind. 3, cycl. lun. et sol. 16, epacta 26, concur. 7*. Gautier chan. et chapelain.
SPON, *Hist. de Genève* (1730), II, 9-13, 274, pr. n° 3. = *Gallia christ. vet.* II, 362ᵃ ; *nova*, IV, 123. COLLOMBET, II, 73. R. S. B. 574. R. Gen. 344. LE COUTEULX, II, 124. BURNET (E. L.), dans *Mém.-doc. soc. hist.-archéol. Genève*, XXXI, 173-6, 345-8-9.

**3996** Bénévent, 20 avril (1156).
Le pape Adrien IV recommande aux chanoines de Pise son chapelain R. et plusieurs frères de l'église de St-Ruf, habiles à entailler *(incidere)* des pierres et de petites colonnes. — *Quos ampliori*.
UGHELLI, *Ital. sac.* III ; 2ᵃ, 397-8. *Patrol. lat.* CLXXXVIII, 1461. — JAFFÉ, 6932-10172.

**3997** Bénévent, 27 avril 1156.
Bulle du pape Adrien IV adressée à Guillaume, prévôt de Notre-Dame de Beaumont, par laquelle il prend

cette église sous la protection de s' Pierre, ordonnant d'y suivre la règle de s' Augustin suivant l'observance de l'ordre de St-Ruf, et lui confirme ses possessions dans les diocèses de Rodez et d'Albi. — *Piæ postulatio.*

Chevalier (U.), *Codex diplom. S. Rufi*, 35-7, n° 29 = Jaffé, -10176 et 10456.

**3998**  Latran, 10 mai (1156).
Bulle du pape Adrien IV adressée au prieur Sothfredus et aux frères de Notre-Dame des Ecouges *(Excubiar.)* ; il leur confirme le don des pâturages de Sérézin *(Cicerino)* par A. de la Tour et consorts, aumône scellée par deux évêques. — *Nos convenit.*

Auvergne. *Cart. des Ecouges*, 93-4, n° 8. Le Courtulx, *Ann. Cartus.* II, 167. = Jaffé, -10517.

**3999**  13 juillet 1156.
Libéralités à l'abbaye de Boscaudon confirmées par Raymond, comte de Barcelone et marquis de Provence.

*Ann. des Alpes*, VIII, 83.

**4000**  Narni, 19 août (1156).
Lettre du pape Adrien IV aux archevêques Etienne *(S.)* de Vienne et de Lyon, leur mandant, à la prière de Pierre, abbé de Cluny, de faire cesser les vexations d'Eustache, son frère, à l'encontre du monastère de Sauxillanges *(Celsiniac.).* — *Dilectus filius.*

Marrier, *Bull. Cluniac.* 68. Bouquet, XV, 674-5. *Patrol. lat.* CLXXXVIII, 1477. *Mém. acad. Clermont-Ferrand*, XIX, 495-6. = Bréq. III, 255. Jaffé, 6947-10205. Bernard-Bruel, *Chartes de Cluny*, V, 536. n° 4189.

**4001**  Richerenches, 24 août 1156.
Guillaume Hugues, de Montélimar *(Montellis Ademari)*, confirme aux Templiers toutes les possessions que l'ordre tient de lui ou de son domaine ; il leur donne une terre à la Garde-Adhémar et une vigne à St-Paul-Trois-Châteaux], la condamine de Sardaz, la 1/2 du pré des Fontaines, et son serf Guillaume Chatfred, avec son tènement ; il reçoit pour cela 1000 sols *valentes*. *Fact. ap. Richarensis.* Il se déclare affilié à l'ordre du Temple, à qui il promet à sa mort ses armes et son cheval, ou, s'il n'en a plus, 500 sols sur [le péage de la porte de Montélimar *(Montilio)* qui leur plaira. ... jour de s' Barthélemy, *luna* 4, *fer.* 6...

Ripert-Monclar (de), *Cart. de Richerenches*, 123-4, cf. lxxxvij-iij, n° 129.

**4002**  (1156).
Lettre de Pierre le Vénérable, abbé de Cluny : par décision de son chapitre, il y aura, à la mort de chaque frère Chartreux, office et messe conventuelle ; chaque prêtre célébrera une messe, les autres diront 7 psaumes ou 7 *Miserere* ; dans les prieurés de la congrégation, on fera l'office avec messe ; le nom du défunt sera inscrit dans le Mémorial.

Petri Venerab. *Epist.* suppl. 18. Mabillon, *Vet. anal.* III, 481 ; 2°, 159. *Patrol. lat.* CLXXXIX, 428. Le Courtulx, *Ann. Cartus.* II, 168. = Bréq. III, 208.

**4003**  (18 octobre 1156).
Pleins de reconnaissance pour l'abbé de Cluny, les prieurs des Chartreux, réunis en chapitre général, décident qu'à la mort de Pierre le Vénérable, outre l'anniversaire inscrit dans le Martyrologe, on célébrera pour lui l'office comme pour le prieur ou un profès. Pour les autres défunts, il y aura messe et office *(agenda)* général chaque année : les prêtres célébreront une messe, les autres diront un psautier, les laïques 300 *Pater.* — *Domnus Petrus.*

Petri Venerab. *Epist.* suppl. 19. Mabillon, *Vet. Anal.* 2°, 159. *Patrol. lat.* CLXXXIX, 428-9. Le Courtulx, *Ann. Cartus.* II, 168-9.

**4004**  (1156/1158).
Anne fait don au Temple de Salomon de serfs nommés Affarati. Fait l'année de la mort de son fils Guillaume Barasti, avec l'approbation de ses seigneurs Géraud Ademarii et de sa mère Lécerine. Témoins (22).

Ripert-Monclar (de), *Cart. de Richerenches*, 125, n° 131.

**4005**  (1156/1158).
Pierre (Pe.) Clementis, propriétaire *(villicus)* à Valence, vend aux frères de la milice du Temple de Salomon un manse qu'il cultivait *(villicatio)* à Langories *(L-res)*, au prix de 200 sols de Valence. Ordonné et approuvé par Odon, évêque de Valence, en présence et avec l'assentiment d'Armand doyen, Olivier viguier *(vicarius)*, Guillaume chantre, etc. (5). Témoins : Genzon prieur de St-Félix, Arbert prieur de Portes, etc. (5). Hugues de Barcelonne fait cet achat par ordre de Pierre de Ro...... du conseil de Reymond de Conzo et Jean de Salles. Pierre de Salveto *scr*.

Arch. de la Drôme, Templiers, copie.

**4006**  Durbon et Lus-la-Croix-Haute, (1156/1160).
Gaudemar Jaucerand, de Lus-la-Croix-Haute, sa femme Argeisenna, leur fils Raibaud, leur gendre Atmar Blacha et leur fille Luce, cèdent aux frères [de Durbon] tout ce qu'ils possèdent dans leurs limites et en reçoivent 15 sols. Fait *in D-ne*, entre les mains du prieur Bertrand, en présence de Ponce, procureur, etc. : et *in Lunis*, devant le convers Martin, etc.

Guillaume, *Chartes de Durbon*, 51-2, n° 47. = Roman, 22°.

**4007**  (1156/1160).
Guillaume Richaudi, de Neuvilar *(Alto Vilar)*, et son fils Garin donnent aux habitants [de Durbon] tout ce qu'ils possèdent dans l'enceinte de leurs limites. Fait entre les mains du prieur Bertrand, devant le procureur Ponce, etc.

Guillaume, *Chartes de Durbon*, 50, n° 44. = Roman, 22°.

**4008**  (1156/1160).
Guillaume Tiuros, prêtre, Aimarius et son frère Ponce, de Pinet, donnent au prieur Bertrand et aux frères de Durbon tout ce qu'ils possèdent à l'alpe dite *Petra Gaudemar* et à Garnesier *(Garnazea)*. Pierre Vincentii, de Pinet, engage aux mêmes, durant 7 ans, à partir de la Toussaint, ses droits aux mêmes lieux, pour 114 sols monnaie de Valence : s'il meurt dans l'intervalle ou ne rembourse pas, le couvent sera propriétaire. Témoins : Ponce, procureur, etc.

Guillaume, *Chartes de Durbon*, 49, n° 42. = Roman, 22b.

**4009**  (1156/1160).
Guillaume Tiuronis donne aux frères [de Durbon] tous ses droits à l'alpe de *Petra Gaudemar* et reçoit 8 sols. Fait entre les mains du prieur Bertrand, en

présence du procureur Ponce. Guillaume prêtre de St-Julien, etc.

GUILLAUME, *Chartes de Durbon*, 50, n° 43. = ROMAN, 22ᵇ.

**4010** (1156/1160).
Lagier de Sigottier *(Latgerius de Cigoterio)* et ses 4 frères, Hugues Richaudi et son frère cèdent aux frères de Durbon tout ce qu'ils possèdent dans leurs limites. Fait en présence du prieur de Sigottier, etc.

GUILLAUME, *Chartes de Durbon*, 52, n° 48. = ROMAN, 47-8.

**4011** (1156/1160).
Ponce Chais, sa femme Guillelma, ses fils Francon, Vincent, Jean et Michel donnent à la maison de Durbon, entre les mains du prieur Bertrand, tout ce qu'ils avaient à l'alpe de *Petra Gaudemar* et reçoivent 6 sols. Témoins : Ponce, procureur, etc.

GUILLAUME, *Chartes de Durbon*, 51, n° 46. = ROMAN, 22.

**4012** (1156/1160).
Ponce Ricaudi, de Montama, Guigues Matfredi et Guillaume Urseti donnent aux habitants [de Durbon] ce qu'ils possèdent dans leurs limites. Fait entre les mains du prieur Bertrand, en présence du procureur Ponce, etc.

GUILLAUME, *Chartes de Durbon*, 52-3, n° 49. = ROMAN, 27ᵇ.

**4013** (1156/1160).
Saurine, sœur d'Azémar et Ponce de Pineta, du consentement de Guillaume et Pavie, leur sœur, cède au prieur [de Durbon], Bertrand tous ses droits sur l'alpe de *Petra Galdemar*, en présence du procureur Ponce, du sacristain Guillaume, etc.

GUILLAUME, *Chartes de Durbon*, 50-1, n° 45. = ROMAN, 22ᵇ.

**4014** (Avant 1157).
Louis *(Lodoicus)*, évêque de Sion, ayant dépouillé violemment Hugues, abbé de St-Maurice d'Agaune, de l'église d'Aigle *(de Allio)*, supérieur et frères recommandèrent leur cause à l'archevêque de Vienne, Etienne, légat du Siège de Rome, venu dans ces parages. Celui-ci écrivit à l'évêque, lui enjoignant de la part du pape de restituer l'église, ce qu'il fit du conseil de son chapitre.

RIVAZ (Ant. Jos. de), *Opp. histor.* X, 313. — GREMAUD, dans *Mém.-doc. soc. hist. Suisse romande* (1863), XVIII, 358. = Cf. pour la confirmation du pape Alexandre III : *Schw. Urk.* II, 307. JAFFÉ, -14354.

**4015** 1157.
Nouvelle expédition de la donation d'Arbert de la Tour, de son parent Galon et de Guillaume de Thiel en faveur de la chartreuse des Ecouges (1154). Etienne, archevêque de Vienne, y appose son sceau.

AUVERGNE, *Cart. des Ecouges*, 93, note.

**4016** (Vers 1157).
Etienne, jadis archevêque de Vienne et alors prieur de N.-D. de la Platière de Lyon, concède, du consentement de ses religieux, au prêtre Durand la desserte et le revenu de l'église de Condeyssiat, moyennant une somme annuelle de 7 sols monnaie de Lyon et la moitié des offrandes qui se feront à certaines époques.

GUIGUE, *Cart. Lyonnais* (1885), I, 51, n° 37.

**4017** 1157.
Conventions entre les chanoines de l'église de Romans et Falchon de Châtillon *(Chastilione)*, au sujet de la métairie *(cabannaria)* cultivée par Hugues de Mours *(Mors)* : chaque année, à la moisson et à la vendange, ils se partageront le quart de la récolte du métail *(annona)* et du vin. Fait en présence d'Etienne, archevêque de Vienne et légat du Siège apostolique. Témoins : Guillaume *(W.)* de Clérieu, abbé de St-Félix, Guillaume *(W.)* doyen de Vienne, et 11 autres.

GIRAUD, *Hist. S. Barnard-Romans*, compl. 129-30, n° 301.

**4018** Le Puy, 1157.
Donation à l'abbaye de Silvacane par Ponce de Lubières, archevêque d'Aix, en présence de Guillaume Hugues, évêque de St-Paul, et des chanoines d'Aix. *Fact. ap. Podium*, près de sa maison ...ind. 5, Girardus scr.

*Gallia christ. nova*, I, 310 ; *noviss.* IV, 52.

**4019** Latran, 13 janvier 1156/7.
Bulle du pape Adrien IV adressée à Guy *(Guidoni)*, prieur de l'Isle-sous-Vienne *(Insula sub Vienna)*, de l'ordre de St-Augustin, par laquelle il lui accorde la protection de s' Pierre, et confirme ses possessions : l'église de *Revestio*, le manse de St-Romain, l'église de *Clavas* et une grange en Valloire *(Valloria)*. On pourra recevoir les clercs et laïques, même malades, qui viendront embrasser la vie religieuse *(conversionis gratia)*, sauf à léguer à leur église la portion canonique. — *Religiosis desideriis*.

CHEVALIER (U.). *Cart. de St-André-le-Bas*, 294-6, n° 83ᵇ. = JAFFÉ, -10244.

**4020** Mai 1157.
Guillaume Cornabroc confirme au Temple de Richerenches sa donation faite de concert avec son frère Dalmas des Baumes, du consentement de P[ons] de Grillon, évêque de Trois-Châteaux (19 mars 1136).

RIPERT-MONCLAR (de), *Cart. de Richerenches*, 79-80, n° 78. = *Gallia christ. noviss.* IV, 50.

**4021** Latran, 21 mai 1157.
Bulle du pape Adrien IV, qui confirme l'accord fait par Etienne, archevêque de Vienne, entre le comte et l'évêque de Genève.

SPON, *Hist. de Genève* (1730), II, 14-20, pr. 4. *Magn. Bull. Roman.* contin. (Luxemb.), IX, 20. LUNIG, *Codex Ital. diplom.* III, 921. *Patrol. lat.* CLXXXVIII, 1503-7. *Bull. Roman.* Taurin. II, 642-5. = GEORG. I, 626. JAFFÉ, 6977-10277. R. S. R. 577. R. Gen. 345.

**4022** Latran, 23 mai 1157.
Bulle du pape Adrien IV, adressée à l'archevêque Etienne et aux chanoines de l'église de Vienne, par laquelle, à la prière du prélat, il les prend sous la protection de s' Pierre et confirme leurs possessions : Pipet *(Pupetum)*, le tiers de la monnaie Viennoise, le municipe de Communay *(Cumennaicum)*, la villa de Jons *(Jainum)*, Charentonnay *(Carentannaicum)*, Chaumont *(Caimundus)*, Ville-sous-Anjou *(Villa)*, St-Clair, Reventin, St-Victor de Cessieux, Faramans, St-Génis, Mont-Salomon, St-Michel, Seyssuel *(Saxeolum)*, Malleval, Ornacieu, Montseveroux, etc. Les diocèses de Greno-

ble, Valence, Die, Viviers, Genève et Maurienne doivent reconnaître Vienne comme leur métropole ; elle a dans sa dépendance les abbayes de St-Pierre et de St-André-le-Bas et le-Haut à Vienne, de St-Chef *(S. Theuderii)*, de Bonnevaux et de Romans ; les églises de St-Donat, de St-Vallier, de St-Pierre de Champagne et d'Annonay. Pleine liberté de se faire enterrer dans le cimetière autour de St-Maurice, consacré par son prédécesseur Paschal II. Faculté pour l'archevêque de se faire précéder de la croix dans sa province. Son église ne sera soumise à aucun légat, sinon *a latere*. Interdiction aux laïques d'avoir des habitations dans le cloître. — *In eminentia sedis.*

Bosco (J. a), 86-7. Le Lièvre, 342-3. Chevalier (U.), *Cart. de St-André-le-Bas*, 297-9, 368, n° 84*. = Jaffé, -10282.

**4023** Latran, 30 mai (1157/1158).

Lettre du pape Adrien IV à R[aymond], abbé [de St-Ruf], l'avisant qu'il a approuvé la concession faite par R. *de Arenis* et frère C. à G[eoffroy], évêque d'Avignon. — *Devotioni vestræ.*

Chevalier (U.), *Codex diplom. S. Ruft*, 37-8, n°30. = Jaffé, -10370.

**4024** Latran, 10 juin (1157).

Adrien IV confirme la paix établie par Guillaume, archevêque d'Embrun, entre les moines de St-Victor de Marseille et les chanoines du St-Sépulcre, au sujet d'une église dans la ville de Chorges *(Caturicen.)*. — *Massiliense monasterium.*

Arch. des Bouches-du-Rhône. St-Victor, liasse 86, ch. 416, orig. parch. *Guérard, *Cart. de St-Victor de Marseille*, II, 365, n° 933. = Jaffé, -10294. Roman, 24.

**4025** Juillet 1157.

Pierre Arnulfe donne aux chevaliers du Temple de Jérusalem à Roaix ce qu'il possède *in Podio Cabaz* et reçoit 45 sols monnaie de Valence.

Chevalier (U.), *Cart. des Templiers de Roaix*, 73-4, n° 117.

**4026** Aix, 13 juillet 1157.

Raymond, comte de Barcelone, prince d'Aragon et marquis de Provence, accorde dans ses terres à Guigues, abbé de Ste-Marie de Boscaudon *(Boscaldon)*, [de l'ordre] de Chalais, le pâturage *(pascherium)* pour les brebis, le passage *(passaticum)* et l'*usaticum* pour les bêtes de somme, et la faculté d'acquérir, en présence de l'évêque de Fréjus, du prévôt de Pignans, de Guinand de Simiane, etc. *Guillelmus Petri scr. Data Aquis...*

Carpentras, ms. 638 ; ms. Peiresc LXXVI, 423. Paris, Bibl. Nat., ms. lat. 12663, 104b. — Chorier, Estat polit. II, 344-5. Trad. Pilot (J. J.), dans *Bull. soc. statist. Isère*, A, III, 178. = *Gallia christ. nova*, III, 1103. Bréq. III, 254. Roman, 24b.

**4027** 5 septembre 1157.

Géraud Ademarii exempte les frères de la milice du Temple de Salomon à Jérusalem de la leyde et du péage dans ses domaines ; il confirme en outre les donations antérieures de son frère Guillaume Hugues *(Hugonis)* et celle de Rodulfe de Fauc[on] d'un fief d'environ de lui. Fait entre les mains de Déodat de l'Estang, qui, sur l'ordre du maître Pierre de Rouvière, lui remet un cheval de 300 sols et un palefroi de 60. Témoins : Ponce Aldeberti, chevalier, etc. (8)... *luna 27, u° ab Inc. 1158*.

Ripert-Monclar (de), *Cart. de Richerenches*, 124-5, cf. lxxxviij, n° 130.

**4028** (Avant 24 septembre), 1157.

Etienne, archevêque de Vienne et légat du Siège apostolique, de concert avec Pierre, archevêque de Tarentaise, tranche un différend entre les abbayes de St-Oyand de Joux [St-Claude] et du Lac de Joux... *ind.* 5.

Mém.-doc.soc. hist. Suisse Rom. I, 1, 185. Vies saints Franche-Comté, III, 574-5. = R. S. R. 581. R. Gén. 347. Schw. Urk. 2047. Benoit (P.), *Hist. de l'abbaye de St-Claude*, II, 63-4.

**4029** Besançon, octobre 1157.

L'empereur Frédéric Ier se fait proclamer roi des deux Bourgognes.

Radevicus, *De gestis Frider.* I, 1, 8-11 : Tissier, *Bibl. Cisterc.* VIII, 163. Bouquet, XIII, 663, *Rectorat de Bourgogne*, 93. = R. S. R. 580.

**4030** Besançon, (octobre/novembre) 1157.

Radevici Frisingen. *Appendix ad Ottonem Frising. Stephanus Viennensis archiepiscopus et archicancellarius de Burgundia, et Eraclius archiepiscopus et primas Lugdunensis, et Odo Valentinensis episcopus, et Gaufredus Avenionensis et Silvio magnus princeps et præpotens de Claria, tunc ad curiam venientes, Friderico fidelitatem fecerunt atque hominium, et beneficia sua de manu illius reverenter susceperunt.*

Salvaing de Boissieu, *Usage des fiefs*, 2°, 115 ; 3°,1. 161-2. Bouquet, XIII, 663. = Chorier, *H. de D.* I. 777 ; 2°, 598. Charvet, 347.

**4031** 1157.

Les diplômes de l'empereur Frédéric I, du 27 octobre au 24 novembre, sont révisés par *Rainaldus* (al. *Rei-s, Reinnaldus, Reinoldus, Reynaudus)* cancellarius, vice Stephani Viennensis archiepiscopi et regni Burgundiæ archicancellarii.

Stumpf, *Reichskanzler.* II. 332-3.

**4032** Besançon, 27 octobre 1157.

Diplôme de l'empereur Frédéric I, adressé à Etienne, archevêque de Vienne ; il confirme à son église ses possessions et à lui la dignité d'archichancelier et de protonotaire *(summus notariorum)* du s. palais impérial dans le royaume de Bourgogne, avec les droits régaliens et la justice au civil et au criminel. Toutes les fois qu'il sera au service de l'empereur, les citoyens de Vienne et de Romans devront lui fournir les subsides nécessaires. *Recogn. per Reinaldum cancell. vice Stephani Viennen. archiepisc. et archicancell.*

Invent. Viennois,III, 211b. Fontanieu, *Hist. de Dauph.*, pr. II, 1, 301 ; *Cart. du Dauph.* I, 110-1. Bosco (J. a), 87-8. Le Lièvre, 346-7. *Chifflet, *Vesontio*, I, 217. Trad. Maupertuy, 207-9. Charvet, 348-9. Collombet, II, 75-6. == Mermet, III, 63. Bréq. III, 256. Böhmer, R. I. 2377. Stumpf, 3780.

**4033 *** (1157 ?).

L'empereur Frédéric I confie à l'archevêque Etienne, au très noble doyen (Guillaume) et aux chanoines de l'église de St-Maurice la garde de la ville de Vienne, du château Pipet *(Puppetum)*, du palais des Canaux, etc., cette ville, à raison de son excellence, ne pouvant avoir d'autre possesseur que l'empereur.

*Chorier, *Hist. de Dauph.* I, 516 ; 2°, 403.

**4034** Besançon, 28 octobre 1157.

A la demande d'Anthelme *(Na-mus)*, prieur de la Grande-Chartreuse, l'empereur Frédéric I confirme ses possessions à la chartreuse de Meyriat *(Majorevi)*. — *Ad imperialis.*

GUICHENON. *Bibl. Sebus.* (1660), 177-81; (1666), 159-63; (1780), 50-1. PÉRARD, *Rec. pièces Bourgogne.* 238-40. HOFFMANN, *Nova script. coll.* I, 147-50. = GEORG. I, 627. BRÉQ. III, 256. *Invent. d. mss. de Guichenon*, 27ᵉ. STUMPF, 3781.

**4035** Besançon, 23 novembre 1157.

Diplôme de l'empereur Frédéric I accordé à Geoffroy, évêque d'Avignon. et à son église... ; *testibus*... *Odo Valentinus episcopus*...

*Gallia christ. nova,* I, instr. 142. NOUGUIER, *Hist. chronol. égl. Avignon*, 48,150. FANTONI-CASTRUCCI, *Istor. città Avignone,* II, 314. HUILLARD-BRÉHOLLES, *Hist. diplom. Frider. II*, V, 228. = BRÉQ. III, 257. BÖHMER, 2383. STUMPF, 3789.

**4036** Besançon, 23 (24) novembre 1157.

Diplôme de l'empereur Frédéric I. La ville de Valence n'est digne de son nom que si sa valeur est attestée par les bienfaits et les prérogatives dont l'empire l'enrichit. Son évêque Odon est venu à la cour faire hommage et fidélité : l'empereur lui a confirmé les droits régaliens et toutes les possessions de son église : la cité et tout ce qu'elle comprend ; comté. églises, abbayes, monastères, foires, marchés. duels, monnaie, etc. ; les châteaux d'Alixan, Montélier. Montéléger. la Baume, Fiancey, Livron, Loriol, Châteauneuf. Châteaudouble, Montvendre, Etoile, Allex, Saou. Il interdit à tous de prélever des péages et *pedaticum* dans le diocèse, de l'Isère à Montélier et de Crest à Soyons, et aux barons du Valentinois d'aliéner les bénéfices royaux ou ecclésiastiques. — *Privilegia quæ.*

Vital Berthin, à Beaurepaire, orig. parch. Carpentras, ms. 502 (= 513-4), 201. Paris. B. N., ms. St-Germ. franc. 1136 ; ms. franç. 16829, 20. FONTANIEU, *Cart. du Dauph.* I, 112-3. Valbonnays, 2ᵉ Reg. n° 171. = COLUMBI. *Episc. Valentin.* (1638), 18-9 ; (1652), 23 ; *Opusc.* 256-7. 268. *Gallia christ. vet.* III. 1112. *Gallia christ. nova.* XVI, instr. 103-5, cf. 114. CHEVALIER (U.), *Coll. cartul. Dauph.* X, 27-30. Trad. CATELLAN, 282-3. CHORIER, *H. de D.* I, 827 ; 2ᵉ. 636. BRÉQ. III, 257. VALLENTIN (Lud.), dans *Bull. soc. archéol. Drôme,* VI, 437-9 (à part, 10-1). STUMPF, 3790. CHEVALIER (U.), dans *Bull. hist. archéol. rel. Valence,* XI, 63-4. POUPARDIN, *Roy. de Prov.* 445. — Cf. Frédéric II, nov. 1238.

**4037** Besançon, 25 novembre 1157.

Diplôme de l'empereur Frédéric I en faveur de l'église de Romans, dont le trésorier Guillaume, fils de son féal Silvion de Clérieu *(Silvii de Cleriaco), recolendæ memoriæ,* est venu supplier sa majesté. Il lui confirme ses possessions, foires *(fora)*, marchés *(nundinæ)*, port, etc. et la prend sous la protection impériale, sauf les droits de l'archevêque de Vienne Etienne. son très cher archichancelier et abbé de Romans, et de l'église de Vienne. *Testes*... *Odo Valentinus episcopus*... — *In examine cuncta.*

Arch. de l'Isère, B, 4258, vidimus du 5 oct. 1355 (IV, 170ᵒ). Arch. de la Drôme, copie du XVᵉ s. *Invent. St-Marcellin,* II, 605. Valbonnays, 2ᵉ Reg. n° 172. — FONTANIEU, *Cart. du Dauph.* I, 111-2, 3. CHEVALIER (U.), *Cart. de St-André-le-Bas,* 300-1; *Diplom. de P. de Rivaz,* 76. STUMPF, *Reichskanzler,* III, 491-2, n° 345.

25 décembre 1157 = 25 novembre 1157.

**4038** (1157/1180).

Promesse aux habitants de Sisteron, par Guillaume le jeune *(Juvenis)*, comte de Forcalquier, fils de Bertrand et de Jauceranne, petit-fils de Garcende, faite du conseil de Grégoire, évêque de Gap.

Arch. des Bouches-du-Rhône, B. 1406. 3.

**4039** Rome, à St-Pierre. (10/29 janvier) 1157/8.

Bulle du pape Adrien IV adressée à Bernard, prieur de Notre-Dame de Besalu *(Bisulduno),* au diocèse de Girone, par laquelle il prend son église sous la protection de sᵗ Pierre, ordonnant d'y suivre la règle de sᵗ Augustin et de rester en dépendance de l'ordre de St-Ruf, et lui confirme la possession de 13 églises avec leurs dépendances. — *Religiosam vitam.*

Valbonnays, 2ᵉ Reg., n° 170. — CHEVALIER (U.), *Codex diplom. S. Rufi.* 38-40, n° 31. = JAFFÉ, -10457.

**4040** 8 mars (après 1157).

Obit de Gérard, comte de Nevers, convers à la Grande Chartreuse.

LE VASSEUR, *Ephemer. Cartus.* I, 278-81.

**4041** Latran. 12 mars 1158.

Bulle du pape Adrien IV adressée à Pierre, prévôt de la collégiale d'Oulx *(canonicæ de Plebe martyrum)*, par laquelle il confirme ses possessions dans les diocèses d'Embrun. Gap. Grenoble. Die et Vienne. — *Religiosis desideriis.*

RIVAUTELLA, *Ulcien. eccl. chartar.* 8-10. nᵒ 5. COLLINO. *Carte d'Oulx.* 143-6, n° 139. — JAFFÉ, 7057-10390. *Miscell. stor. Ital.* XX. 567. ROMAN, 24ᵇ.

**4042** Latran. 15 mars 1157/8.

Bulle du pape Adrien IV adressée à l'archevêque Etienne. au doyen Guillaume et aux chanoines de l'église de Vienne, leur confirmant les donations et concessions à eux faites par le diplôme de l'empereur Frédéric I du 27 oct. 1157.

*BOSCO (J. a).85-6. *LE LIÈVRE, 342. *Patrol. lat.* CLXXXVIII. 1562. Trad. CHARVET, 350. = CHORIER, *H. de D.* I, 217 ; 2ᵉ, 171. JAFFÉ, 7039-10391. LE COUTEULX, II, 139.

**4043** 15 mars 1157/8.

Concile tenu au château de Morel, en Aragon, par l'archevêque de Tarragone et 7 évêques de la contrée. Raymond Bérenger, comte de Barcelone. prince d'Aragon et marquis [de Provence], confirme à l'ordre de St-Ruf en France, *cujus relligio viget semper,* les églises de Ste-Marie de Besalu *(Bisulduno),* de St-Pierre de Terracia et St-Ruf de Lerida *(Ilerda)*, ...*regni Ludovici jan.* 23. *Poncius scr.*

AGUIRRE. *Conc. Hispaniæ* (1755). V, 74-5.

**4044** St-Gervais, (vers 1158).

Donation d'Audisia, dame d'Izeron *(Yseronis),* aux [religieux des] Ecouges, pour le repos de son âme et de son mari G[uigues] de Sassenage *(Cassenatico),* de 12 den. de cens à Rison, sous le prieur Soffred. *Guerpimentum* fait en l'église *S. Gervasii,* entre les mains du procureur Raymond. Témoins : Pierre du Champ, chapelain de St-Gervais, etc. — *Quoniam hum.*

AUVERGNE, *Cart. des Écouges,* 91, n° 6.

**4045**　　　　　　　　　　　　　　1158.
L'empereur Frédéric Ier donne la ville de Gap et tous les droits de régale à l'évêque Grégoire, à charge de lui en rendre hommage.
Chorier, *Hist. de Dauph.* I, 825 ; 2e, 634.

**4046**　　　　　　　　　　　Valence, 1158.
Odon, évêque de Valence, du consentement unanime des chanoines de son église, cède à l'abbé Raymond et aux chanoines de St-Ruf l'île de l'Esparvière *(Esparvaria,* les Iles) au-dessous de Valence, pour y construire leur abbaye, avec tous les cours d'eau à l'orient pour y établir des moulins, le droit de pêche dans le Rhône, remise des impôts d'entrée *(portæ)* et de traversée *(naulum)*, faculté d'acquérir des fiefs, sauf ceux de Pierre de Montvendre *(Monte Vendrio)*, de Guy de Montmeyran *(Monte Marano)*, Ismidon d'Ay et d'*Attoeriis*, mais compris celui de Seron, pâturage dans tout le mandement. Le cens restera dû par les immeubles acquis, et pour la vente de maisons à Valence l'évêché aura la préférence. Cette vente, au prix de 200 marcs d'argent fin, fut faite dans le chapitre de l'église de Valence, en présence d'Etienne, archevêque de Vienne et légat du Siège apostolique, de Hugues, évêque de Die, de tout le chapitre de la cathédrale : le doyen Armand, Guillaume abbé de St-Félix, Olivier viguier *(vicarius)*, Guillaume écolâtre *(capul scolæ)*, Falcon prieur du Bourg, Robert archiprêtre et 16 autres ; des chanoines de St-Ruf : l'abbé Raymond, le prieur Martin, le sacristain Adémar, le camérier Guillaume, des prieurs Wicard du Buis *(Buxa)*, Guigues de Lyon, Isard de Vienne, André de *Comba*, Raymond de Peyraud *(P-u)*, Guillaume Rotberti d'Annonay, Pierre le Gras *(Crassus)* de Die, Guillaume de Clelles *(Cluellis)*, Adémar de Volvent, Etienne de Valence, maître Elie et 5 autres ; des clercs de Valence (9) et d'un clerc du pape Guillaume Riculfe... *Adriano papa IV, regn. Frederico Roman. imper. — Quia necesse est.*
Fontanieu, *Hist. de Dauph.* pr. II, 1,225 ; *Cart. du Dauph.* I, 113e. — *Gallia christ. nova*, XVI, instr. 105-6. Chevalier (U.), *Codex diplom. S. Ruﬁ*, 40-2, n° 32. Trad. franç. Catellan, 304-7. Mellier (Et.), *Ponts sur le Rhône à Valence*, 185-6. Ital. *S. Congregat. consistor.* (1764), Summar. n° 4. = Columbi, *Episc. Valent.* 24 ; *Opusc.* 257, 288. Valbonnays, *Hist. de Dauph.* II, 549.

**4047**　　　　　　　　　　　　Avril 1158.
Un différend de Pierre Guillaume avec les Templiers de Richerenches est porté devant Guillaume Hugues, évêque de Trois-Châteaux, le sacristain Guillaume Barreria, le doyen Bertrand et les chanoines.
Ripert-Monclar (de), *Cart. de Richerenches*, 166-8, n° 188. *Gallia christ. noviss.* IV, 52.

**4048**　　　　　　　　　Latran, 15 avril (1158).
Bulle du pape Adrien IV adressée à [Raymond], abbé de St-Ruf, dans laquelle il relate le long procès débattu entre ses chanoines et ceux de Mauléon au sujet de la possession de 9 églises. Après avoir fait exposer leurs droits devant lui, les parties furent renvoyées pour les preuves à 2 prélats et 2 abbés de Gascogne : St-Ruf s'appuyait sur une donation de Pierre, évêque de Poitiers, Mauléon sur une transaction passée devant le pape Honorius II, contre laquelle il y eut protestation au synode de Poitiers. Enfin, on en vint, devant le pape, à une transaction qui adjugea 6 églises à St-Ruf et 3 à son adversaire ; en présence d'Adémar, sacristain de St-Ruf et de Pierre abbé de Celles. — *Sicut æquum est.*
Chevalier (U.), *Codex diplom. S. Ruﬁ*, 43-5, n° 33. = Jaffé, -10399.
Latran, 15 mai 1158 = 15 mars 1157/8.

**4049**　　　　　　　　　　　(Après 1158).
Guillaume de Poitiers *(Willelmus Pictavensis)*, comte de Valentinois, notifie à ses châtelains, bailes, etc. qu'il a pris sous sa protection et sauf-conduit *(guidagium)* la maison de Léoncel *(Liuncelli)*. Il lui est revenu que des gens de sa terre et de son père Adémar *(Aidemarus)* volent leurs biens ; défense de mettre la main sur les serviteurs de la Vierge ou leurs possessions, spécialement les mulets qui leur apportent le nécessaire.
Rivaz (P. de), *Diplom. de Bourg.* II, n° 177 (Anal. 55). — Guichenon, *Bibl. Sebus.* (1660), 47-9. Chevalier (U.), *Cart. de Léoncel*, 9-10, n° 8. Trad. Chevalier (J.), *Eygluy et Léoncel*, 155. = Georg. I, 715.

**4050**　　　　　　　　Latran, 7 janvier (1159).
Bulle du pape Adrien IV adressée à Raymond, abbé de St-Ruf, et à ses chanoines, par laquelle il leur confirme la donation faite par Etienne, sire de Villars, de la part qui lui appartenait du pont du Rhône à Lyon, aux chanoines de la Platière. — *Quæ pietatis.*
Guigue, *Cart. Lyonnais*, I, 58-9, n° 40. Chevalier (U.), *Codex diplom. S. Ruﬁ*, 45-6, n° 34. = Jaffé, -10533.

**4051**　　　　　　　　　　Rome, 1er mars 1158/9.
Bulle du pape Adrien IV, qui confirme à l'abbé Pierre les possessions de son monastère de St-Martial de Limoges : *in Diensi* [*pago*] *monasterium de Surans* (al. *Sorant) et ecclesiam S. Marie de Sarnua* (al. *Soarnus*), *cum appendiciis suis antiquis. — Justis religiosorum.*
Wiederhold (Wilh.), dans *Nachrichten kön. Gesellschaft Wissensch. Göttingen*, Phil.-hist. (1911), 67-70.

**4052**　　　　　　　　　　6 mars (après 1158).
Obit d'Adémar, comte de Valentinois.
*Obit du prieuré de St-Martin-des-Champs* (Obit. prov. Sens, 1902, I, 437). *Nécrol. du prieuré de Longpont* (ibid. 523).

**4053**　　　　　　　　　Latran, 14 mars 1158/9.
Bulle du pape Adrien IV adressée à l'abbé Raymond et aux frères de l'église de St-Ruf, par laquelle il confirme la donation ou vente de l'île Esparvière (les Iles) que leur a faite Odon, évêque de Valence. — *Quanto ecclesiam.*
Chevalier (U.), *Codex diplom. S. Ruﬁ*, 46-7, n° 35. Trad. franç. : Catellan, 307-8 ; ital. *S. Congreg. consist.* (1764), Summar. n° 4. = Jaffé, -10556.

**4054**　　　　　　　　St-Saturnin, 22 mars 1158/9.
Raymond, duc de Narbonne, comte de Toulouse et marquis de Provence, tranche le différend qui existait entre Hugues, évêque de Die, et Isoard, comte de Die, au sujet du château de Luc. Du conseil d'Audebert, évêque de Nîmes, de Bertrand, abbé de St-Gilles, de Bermond d'Uzès et de Guillaume de Sabran, il juge

que le comte fera hommage à l'évêque pour ce château et le lui rendra dans les 14 jours où il aura été réclamé. ...*in cimiterio S. Saturnini supra ripam Rodani*. Souscrivent : Guillaume, sacristain de St-Paul, Hugues de Baux..., Bérenger évêque de Vaison, maître Pierre Algisius, chanoine de Die, Adémar d'Auriple, chanoine de St-Ruf, Ponce de Roynac, chanoine de Saou, Elie camérier et Guillaume cuisinier de l'évêque.
CHEVALIER (C. U. J.), *Cart. de l'égl. de Die*, 44-5, n° 17. = CHEVALIER (J.), dans *Bull. soc. archéol. Drôme*, XXIII, 121; *Mém. comtés Valent.-Diois*, I, 34-5 : *Hist. de Die*, I, 205-6.

**4055** 1159.
Louis VII, roi de France, revenant de Toulouse, séjourne à la Grande Chartreuse.
LE COUTEULX, *Ann. Cartus*, II, 197-8. — Cf. 1163.

**4056** 1159.
Partage des revenus des mines d'argent de Freyssinières et de Châteauroux entre Guillaume, archevêque d'Embrun, et son chapitre, sur l'ordre de Frédéric Ier, empereur.
FORNIER, *Hist. Alpes Marit*. I, 714-6. = ROMAN, 24[b].

**4057** Embrun, 1159.
Arnaud, évêque de Nice, et ses chanoines s'en remettent au sujet de la division de leurs biens, à 4 arbitres, avec les conseils de Guillaume, archevêque d'Embrun, légat du Siège apostolique, qui confirme la décision de concert avec son prévôt Guillaume.
JOFREDI (Petr.), *Nicaea civ. s. monum. illustr.* 174-5. CAIS DE PIERLAS (E.), *Cart. de la cathédr. de Nice*, 107-9, n° 86.

**4058** (Vers 1159).
Privilège de l'empereur Frédéric, portant confirmation en faveur de l'abbaye de St-Ruf de l'acte d'Odon, évêque de Valence, de 1158.
*CHEVALIER (U.), *Codex diplom. ord. S. Ruf*, 47-8, n° 36.

**4059** (20 avril) 1159.
Donation au Temple de Richerenches par Marie, femme de Raimond Léotard, de Solérieux, et ses filles, entre les mains de Guillaume Hugues, évêque de St-Paul.
RIPERT-MONCLAR (de), *Cart. de Richerenches*, 143, n° 160. *Gallia christ. noviss*. IV, 52.

**4060** Frascati, 27 mai (1159).
Bulle du pape Adrien IV adressée à l'abbé Raymond et aux frères de St-Ruf, par laquelle il défend d'acheter et d'usurper les dîmes de leurs églises, et de construire une église ou un oratoire sur leur territoire, sans leur consentement et l'assentiment de l'évêque diocésain. — *Justis petentium*.
CHEVALIER (U.), *Codex diplom. S. Ruf*, 48, n° 37. = JAFFÉ, -10571.

**4061** St-Florentin près Niort, 17 août 1159.
Bernard, évêque de Saintes, du consentement de son chapitre, donne à l'abbé Raymond et aux chanoines de St-Ruf, dont il apprécie les mérites grandissants, l'église de St-Nicolas de Mornac, sauf l'obéissance due à son siège et un cens de 5 sols... *ind. 7, Rom. pontif. d. Adriano papa IV, Henrico rege Anglor. et duce Aquitan., episc. nostri a° 18*. Souscriptions des dignitaires et des chanoines du chapitre.

*Gallia christ. nova*, II, instr. 460-1. CHEVALIER (U.), *Codex diplom. S. Ruf*, 49-50, n° 38. = BRÉQ. III, 276.

**4062** Septembre 1159.
Charte d'Odon, évêque [de Valence], en faveur de la Grande Chartreuse, à laquelle souscrit Silvius, archevêque d'Arles.
*Gallia christ. nova*, I, 562. — Pièce fausse, due à Polycarpe de la Rivière.

**4063** (Romans), 30 octobre 1159.
Pierre Falavel *(F-lli)*, avec l'assentiment de sa femme Galicia, de son fils André et de sa fille Aaldis, donne à l'église de Romans et à ses chanoines sa part en fief des dîmes des églises de St-Apollinaire et de St-Martin de *Baisin* ; bien que cette donation soit faite par sentiment religieux *(intuitu divinæ pietatis)*, il reçoit de l'église 580 sols, en présence d'Etienne, archevêque de Vienne, de Guillaume, abbé de St-Félix, de maître Artoud et 17 autres... *ind. 7, regn. Fredelico Rom. imper*.
GIRAUD, *Hist. S. Barnard-Romans*, compl. 130-1, n° 301[b].

**4064** (1159/1181).
Le pape Alexandre III donne au prieuré de la Silve-Bénite le territoire du bourg d'Ars ruiné et brûlé jusqu'à son église.
CHORIER, *Hist. de Dauph*. I, 31 : 2°, 26.

**4065** Vienne. (1160?)
Aaldis, épouse de Gaudemar de Montchal *(Monte Calvo)*, donne [aux frères de] Bonnevaux son bien à Bossieu *(Bucciacum)*, sous condition de le racheter de son frère Falcon de Châtillon, qui le tenait en gage pour 300 sols, et de recevoir son fils Guillaume comme moine. Approbation de Falcon et de son mistral Engelboud de Curtin *(C-na)*, qui reçoit une jument. Aaldis et ses fils Hugues, Galdemar et Adémar confirment *ap. Viennam*. Témoins.
CHEVALIER (U.), dans *Bull. acad. Delphin*. D, II, 84 ; *Cart. de Bonnevaux*, 68, n° 158.

**4066** (116.).
Berlion de Vienne, frère d'Amblard Rachaz, sa femme Hermengarde, leurs fils et sa sœur Berliona se désistent en faveur [des frères] de Bonnevaux de toute prétention sur le territoire d'Estrablin *(Strabini)*, par l'entremise de maître Anselme, Guillaume Dodon et Jean de St-Clair. Témoins.
CHEVALIER (U.), dans *Bull. acad. Delphin*. D, II, 65 ; *Cart. de Bonnevaux*, 49, n° 98.

**4067** (Vers 1160).
A la sortie du bois de Vivien de Jarcieu, qui mène à 'St-Maurice, se trouvait un morceau de terre inculte, que Catbert de Revel donna aux frères de Bonnevaux : il reçut 10 sols et son mistral, Burnon Fenerator, un fromage. Témoins : Pierre de Viriville, qui fut l'intermédiaire, etc.
CHEVALIER (U.), dans *Bull. acad. Delphin*. D, II, 127-8 ; *Cart. de Bonnevaux*, 111-2, n° 271.

**4068** St-Jean-de-Bournay, (116.).
Drodon de Beauvoir *(Bellovidere)*, archidiacre de Lyon, donne à Jean Belloth, à Jean de Quirieu *(Quireu)* et à Engelbert, ses gens, un bois en échange de celui que

son frère Sieboud *(Sibodus)* avait donné à la fin de sa vie à la maison de Bonnevaux. Fait *apud S. Johannem.*
CHEVALIER (U.), dans *Bull. acad. Delphin.* D. II, 37; *Cart. de Bonnevaux,* 21, n° 32.

**4069** (1160?).
Guigues de Châtillon renouvelle les difficultés contre les frères de Bonnevaux : Mélioret de Boczosel intervient comme arbitre et engage les religieux à lui donner 15 sols. Témoins : Engelbod de Curtin, etc.
CHEVALIER (U.), dans *Bull. acad. Delphin.* D, II, 85 ; *Cart. de Bonnevaux,* 69, n° 159.

**4070** Bonnevaux, 1160.
Guillaume de Châtillon approuve la donation [d'Aaldis et reçoit 10 sols ; Guigues de Châtillon s'y oppose, puis y consent. Aaldis vient alors à la porte de Bonnevaux et offre son fils Guillaume comme moine. Témoins : Theotbert de la Tour, archidiacre, qui met l'enfant sur l'autel. *Acta Bonævalli...*
CHEVALIER (U.), dans *Bull. acad. Delphin.* D, II, 84-5 ; *Cart. de Bonnevaux,* 68-9, n° 158.

**4071** (116.).
Guillaume Girardi, au nom de sa femme, sœur d'Arnaud de Meyrieu *(Mayreu)*, et Guillaume Archisus, parent de ce dernier, élèvent des réclamations contre [les frères] de Bonnevaux, puis les soumettent à l'arbitrage d'Adémar Senioreti et de Guigues de *Parzia*, qui les condamnent à verser 500 sols.
CHEVALIER (U.), dans *Bull. acad. Delphin.* D. II. 67 ; *Cart. de Bonnevaux,* 51, n° 102.

**4072** (116.).
Guillaume de St-Julien[-de-l'Herms] et Girin de Broën, qui avaient épousé deux filles de Guillaume de Milieu, Alamanda et Estiburs *(Stiburda)*, soulevèrent aussi des difficultés contre [les frères] de Bonnevaux ; on leur donna 50 sols. Témoins : ... Silvion chapelain de Montbreton.
CHEVALIER (U.), dans *Bull. acad. Delphin.* D, II. 88; *Cart. de Bonnevaux,* 72, n° 166.

**4073** (Vers 1160).
Hugues d'Argental *(A-au)*, tuteur du jeune Olivier, l'avait donné, quoique absent, avec tout son bien à Notre-Dame de Bonnevaux : il reçut des frères de ce fait 40 sols. L'enfant, présenté ensuite aux religieux, approuva tout. Jusque-là, Falcon de Châtillon avait traité cet héritage comme son bien propre, parce qu'il était dans son domaine : il fut présent à la donation avec son frère Guillaume et céda tous ses droits, moyennant 200 sols à lui, 5 à son mistral Engelbod et autant à Simon d'Ornacieu. Témoins : maître Anselme, etc.
CHEVALIER (U.), dans *Bull. acad. Delphin.* D, II, 85-6; *Cart. de Bonnevaux,* 69-70, n° 160.

**4074** (Vers 1160).
Humbert de Châtonnay donne aux frères de Bonnevaux le tiers de la dîme de Bossieu *(Buciaco)*, un champ engagé à Guigues de Faramans ; il reçoit 30 sols, son fils Nantelme 10 et Berlion de Montfalcon 5.
CHEVALIER (U.), dans *Bull. acad. Delphin.* D, II, 87 ; *Cart. de Bonnevaux,* 71, n° 164.

**4075** ......, Valence, (vers 1160).
Humbert de Miribel donne aux frères de Bonnevaux un manse et reçoit 420 sols. Cautions : Berlion de Montfalcon et Jarenton de Claveyson, et pour l'assentiment de sa fille Ponce de Miribel ; témoins. Guenis de Châteauneuf approuve et reçoit 100 sols sur les 420 ; témoins : Guillaume de Chabeuil et Eustache d'Alixan. Confirmation d'Humbert à Valence ; témoins. Autre de sa femme Marguerite et de ses fils Boniface, Amédée et Humbert ; témoins : Barnard prévôt ..., Willelma damoiselle. Consentement de Syboud de Clermont.
CHEVALIER (U.), dans *Bull. acad. Delphin.* D, II, 87 ; *Cart. de Bonnevaux,* 71, n° 163.

**4076** (116.).
Jarenton d'Anjou *(Anjoldo)* et son frère Hugues, qui avaient épousé deux filles de Guillaume de Milieu *(Milleu)*, Willelma et Agnès, soulevèrent des difficultés contre les frères de Bonnevaux, au sujet du don qu'avait fait leur beau-père quand il partit pour Jérusalem ; puis ces chevaliers et leurs femmes le confirmèrent entre les mains de l'abbé Pierre. Témoins.
CHEVALIER (U.), dans *Bull. acad. Delphin.* D, II, 87-8 ; *Cart. de Bonnevaux,* 71-2, n° 165.

**4077** (Vers 1160).
Jarenton de Moras, ses frères Guy et Garnier donnent aux frères de Bonnevaux la tasque *(taschia)* de deux pièces de terre au chemin *(agger)* d'Epinouze *(Spinosa)* et renoncent à leurs prétentions sur les dîmes de Landrin : on reçoit leur frère Girbert. Témoins et garants de la paix.
CHEVALIER (U.), dans *Bull. acad. Delphin.* D, II, 128; *Cart. de Bonnevaux,* 112, n° 272.

**4078** (Vers 1160).
Nantelme d'Anjou, ses frères Jarenton et Hugues réclamaient aux frères de Bonnevaux la garde de leurs porcs à Landrin. Leur parent Burnon de Voiron les invita à se désister, ce qu'ils promirent ; ils confirmèrent la donation des pâturages par leur père et reçurent 25 sols. Présent : Ponce de Roussillon ; témoins.
CHEVALIER (U.), dans *Bull. acad. Delphin.* D, II, 129-30; *Cart. de Bonnevaux,* 113-4, n° 275.

**4079** (116.).
[Les frères] de Bonnevaux étaient en discorde avec les seigneurs de Châtonnay *(Catlunayo)*, Nantelme et son père Humbert, au sujet de la limite du territoire d'Estrablin *(Stranbino)*. La nouvelle va des hêtres au vieux four à chaux *(rafurnum)*.
CHEVALIER (U.), dans *Bull. acad. Delphin.* D, II, 67 ; *Cart. de Bonnevaux,* 51, n° 103.

**4080** (116.).
Nicolas de St-Germain[-d'Hauterives] donne [aux frères] de Bonnevaux la 1/2 d'un manse à Culin *(Cuiilinum)*, libre de mistral et de droit de vilenage *(villanagium)*. Approbation de ses fils Hugues, Henri, Tranquier, Pierre et Barnard. Témoins.
CHEVALIER (U.), dans *Bull. acad. Delphin.* D, II. 66 ; *Cart. de Bonnevaux,* 50, n° 101.

**4081** Vienne, Moidieu et Boczosel, (116.).
Pierre Umberti vend aux frères de Bonnevaux, par la main du prieur Jean, *taschiam* et donne pour garants Jarenton de Pinet et Garin Nantelme. Fait *apud Viennam* ; sa femme approuve. Après la mort de Garin, son beau frère, Mallen de Moydieu donne une partie *tas-*

chiæ et fournit des garants ; fait *apud Moydies*. La sœur de Garin approuve *apud Bociosellum*. Pierre de Molneto donne la 4° partie et fournit des garants.

CHEVALIER (U.), dans *Bull. acad. Delphin.* D, II, 37-8 ; *Cart. de Bonnevaux*, 21-2, n° 34.

**4082** (Vers 1160).

Les frères de Bonnevaux acquièrent de Roland Boci quelques pièces de terre qu'il tenait en fief d'Ysard de Moras ; pour ne point faire tort à celui-ci. Roland reçoit en fief un alleu égal de sa mère Agnès et de son tuteur Guillaume Boveti. Les frères achètent à Guigues de la Porte d'autres terres, également du fief d'Ysard, dont le père Guigues Ysiliardi reçoit une compensation. Devenu chevalier, Ysard voulut revenir sur ces actes, sa mère aussi et ses beaux-frères Guillaume Boveti et Nantelme *Vitulas* ; on lui donna 100 sols, à un autre 5. Garants ; témoins : ... Brunon Bels mistral. Sont encore cautions : Guillaume de St-Alban et André de Surieu.

CHEVALIER (U.), dans *Bull. acad. Delphin.* D. II, 128-9 ; *Cart. de Bonnevaux*, 112-3, n° 273.

**4083** (116.).

Donation aux frères de Bonnevaux par Yves, prieur de Bossieu *(Bolgiaco)*, du consentement de Pierre Guinand et de ses moines.

CHEVALIER (U.), dans *Bull. acad. Delphin.* D. II, 125 ; *Cart. de Bonnevaux*, 109, n° 265.

**4084** (1160).

Lettre de Pierre, abbé de [Montier-la-Celle], à Basile, prieur des Chartreux, et aux autres prieurs de l'ordre, il leur transmet le désir d'Henri, comte de Troyes, d'obtenir des religieux pour établir une maison de Chartreux dans ses états. — *Refusione uberiori*.

PETRI Cellen. *Epist.* v, 12 : 48 : *BOUQUET.XVI, 709, *Patrol. lat.* CCII, 472-4. LE COUTEULX, *Ann. Cartus.* II, 217-8.

**4085** 1160.

Girold de Lancey *(Lanceio)* se désiste de sa querelle *(calumnia)* contre le monastère de Domène, au sujet des dîmes de Lancey, de Villard-Bonnot *(Vilari Bonolt)* et du champ de Richard le Sourd, que le seigneur Guigues avait donné aux religieux ; le prieur Guillaume lui donne 30 sols et à son fils Guillaume 5. Témoins : Guillaume du Versoud *(Versatorio)*, Arbert de Revel, le chapelain Berlion. Ponce, fils du seigneur Raymond, etc.

MONTEYNARD, *Cart. de Domène*, 233, n° 233, 79.

**4086** (Vers 1160).

A la mort de Ponce Alvisus, fils de Guigues, son père donne pour sa sépulture à Domène un champ aux Augiers *(Augeriis)*, que racheta le s' Rodulfe de Faucigny *(Fulciniaco)*. Se sentant mourir, Guigues fait venir auprès de lui les chevaliers ses gendres *(qui habebant filias suas)*, son fils Guillaume et ses amis ; il envoie un messager prier le prieur Aynard de venir le voir. Il le prie de le recevoir comme moine et lui fait don de 2 champs, un moulin à foulon *(battenterium)*, deux chazaux au Bourg ; au sacristain une vigne et 8 den. de cens. Assentiment de ses fils et filles. Témoins : Bernard, alors prieur dans l'ordre, Pierre sacristain, Pierre chapelain, le chevalier Louis, gendre de Guigues, etc.

MONTEYNARD, *Cart. de Domène*, 259-60, n° 239, 3.

**4087** 1160.

L'église de Romans, pour se défendre contre ses ennemis, avait commencé de construire des murs autour de la ville. Raynaud François et ses fils, François et Berlion, s'efforcèrent de s'y opposer, comme contraire aux pactes antérieurs ; ils cherchaient aussi querelle au sujet des vignes et des cours d'eau, nonobstant des accords précédents. Pour mettre fin à ces vexations, l'archevêque de Vienne Etienne, abbé et seigneur de Romans, choisi pour arbitre, s'entoura d'hommes sages : Guillaume, doyen de Vienne, Rainier, Garin Gislamar, Amédée du Puy, Lambert d'Hostun *(Austeun)* et Lantelme de Chavannes *(Eschavanias)*. Clercs et laïques pourront continuer la construction des murailles de telles dimensions qu'il leur plaira, avec des fortifications en pierre ou en bois, autant pour la décoration que pour la défense de la ville. Touchant les cours d'eau de Peyrins *(Pairano)* à Romans, on s'en tint au témoignage de Lantelme Melioret et de Garin Gislamar ; avant les fenaisons, les gens de Peyrins ont droit au tiers pour l'arrosage de leurs prés. Les parties sont tenues de se défendre mutuellement ; si on s'empare de la terre de Raynaud, il aura droit de retraite dans la ville. S'il survient des contestations, elles seront réglées, sans voies de fait, par 3 chevaliers de Peyrins et 3 clercs ou laïques de Romans. Onze témoins prêtent serment du côté de Raynaud, 22 du côté de l'église... ind. 8.

GIRAUD, *Hist. S. Barnard-Romans*, I, pr. 226-9, n° 303.

**4088** 1160.

Les chanoines de Romans ayant entrepris, pour se défendre contre leurs ennemis, de construire des murs autour de la ville, plusieurs voisins tentèrent de s'y opposer, entre autres Raynaud et ses fils, avec lesquels il y eut accord. Silvion de Clérieu *(Silvius de Clariaco)* s'y opposa de son côté, mais son frère Guillaume, sacristain de l'église de Romans, se posa comme médiateur et l'affaire fut réglée par l'archevêque de Vienne Etienne, avec le conseil de personnes sages : Adon et Guillaume de Mercurol, Jarenton de Claveyson, Guillaume d'Eras, Lambert de la Voulte, etc. et de plusieurs chanoines : l'archiprêtre Matfred, Guillaume de Châtillon, etc. ; et de quelques bourgeois : Garin Gislamar, etc. Silvion, son épouse Artaude et son frère Guillaume permettent l'achèvement des murs comme dans la transaction précéd. ; il promet de solder plus exactement le cens du manse de la Bouverie : 3 sols, 2 setiers de froment et 1 sommée de vin à la Toussaint, et donne pour otages : W. Drapel, Pierre Marchisii et Raimbaud. Il confirme les donations de ses ancêtres... ind. 8.

GIRAUD, *Hist. S. Barnard-Romans*, I. pr. 229-31, n° 304.

**4089** (XII° siècle).

Sommaire *(Breve)* des terres de St-Barnard que tint Guillaume Provençal des chanoines Adémar et Prémenc : l'église de Samson *(S. Solutoris)* avec ses dépendances. 7 manses, 1 *cabannaria* et 1 *bordaria*. Guillaume de Clérieu *(Clairiaco)* donna cette église avec 5 manses et 1 *cabannaria*. D'autres terres furent données par : Armengarde, femme de Rainier de Planèzes *(Planesia)*, Hugues de Pellafol, Pierre fils de Guigues de Barbières, etc.

Giraud, *Hist. S. Barnard-Romans*. II. pr. 65-7. n° 274.

**4090** Romans, 1160.

Guillaume de St-Lattier (S. *Eleuterio)* donne aux pauvres de l'hôpital [de St-Jean] de Jérusalem une sienne terre à St-Paul¹-lès-Romans] et reçoit 100 livres monnaie de Vienne. Parmi les 34 témoins, le prêtre Francon, le docteur Garin...*apud Romanis*.

Chevalier (U.), *Cart. de St-Paul-lès-Romans*. 53. n° 95.

**4091** 1160.

Giraud Bastet engage *(pignori obligavit)* pour 400 sols monnaie de Vienne au prieur et aux chanoines de St-Pierre du Bourg[-lès-Valence], sa part du port du Bourg, avec faculté de réméré. Les chanoines auront liberté d'acheter leurs droits aux possesseurs du port et seront remboursés de cette acquisition *rusticani juris*. Il promet par serment, ainsi que son frère Guillaume de Crussol *(Crazol)*, de maintenir les chanoines en possession, mais sans guerre ni dépenses. Il donne en outre pour garants et otages Pierre Ugonis et Galbert de Boffres *(Balfre)*. Son épouse Agnès donne son assentiment. Sont encore garants Guillaume Eustorgii, Guinisius de Châteauneuf, Ar. de Châteaubourg *(Castro Boc)*. Témoins : le prieur Falcon, etc. Odon, évêque de Valence, confirme ce pacte de son autorité.

Chevalier (U.), *Cart. de St-Pierre du Bourg*. 8-11, n° 3.

**4092** (116.).

Charte de l'office et de la dignité du prieur de l'église [de St-Pierre] du Bourg[-lès-Valence]. Il doit être élu par le conseil des chanoines et installé avec pompe à la droite de l'abbé ; en l'absence de celui-ci faire monter les clercs dans le chœur, désigner le capiscol et le recteur des écoles, l'économe *(bajulus)*, le sommelier *(cellararius)*. Il a le tiers des échanges et des ventes, sauf réserves ; sont à lui les maisons et habitations *(casamenta)*, la maison de Giraud Chalvet au vallon de *las Torloicheiras*, le tènement de Galand et la vigne de *Ylice* (Yeuse?).

Arch. de la Drôme, « vidimus in Cartolario ecclesiæ S. Petri de Burgo » par B. archevêque d'Embrun et P. succenteur de Paris. — Chevalier (U.), *Cart. de St-Pierre du Bourg*, 3-5, n° 1.

**4093** (1160?).

Mort de Soffred, profès de la Grande-Chartreuse, prieur des Ecouges pendant plus de 45 ans.

Le Couteulx, *Ann. Cartus*. II, 212-3.

1160 : voy. (1151/1155). Drodon de Beauvoir.

**4094** 5 janvier (vers 1160).

Obit d'Etienne, comte de Sancerre, moine à la Grande-Chartreuse.

Le Vasseur, *Ephemer. Cartus*. I. 16-7.

**4095** (Fin février 1160).

Concile de Pavie, où l'antipape Victor IV fut élu. *Rescriptum generale a synodo præsidentibus per partes mundi directum*. — *Viennensis archiepiscopus cum suis suffraganeis consensit...*

Ragewini Frising. *Gesta Frider. imper.*, IV, 70 (*Script. rer. Germ.*), Ottonis Frising. *Opp.* (1867), II, 325-30 ; *Mon. Germ. hist.*, Ser. XX, 486 ; Constitvt. et acta imperat. et regvm, I, 270.

Recension plus ample. — *...Viennæ archiepiscopus..., omnes per legatos et litteras suas consenserunt*.

Martene, *Script. ampl. coll.*, I, 447 ; Brown, *Fascic. rer. expetend.* (1690), 552 ; *Mon. Germ. hist.* cit, 269.

Lettre d'Eberhard, évêque de Bamberg. — *Convenientibus in unum Papiæ episcopi circ. 50... Viennensis... per litteras et per nuncios consenserunt*.

Ragewini *Gesta*, c. 71 (ibid., 330-2). Bouquet, XVI, 688-9.

Lettre d'Henri, prévôt de Perthesgaden. — *Curia... in sextam feriam proximam ante caput jejunii* [5 févr.]*... est dilata. In qua considentibus d. patriarcha..., legatis quoque... archiepiscoporum... Viennensis*.

Ragewini *Gesta*, c. 72 (ibid., 332-4). = *Gallia christ. noviss*. III, 234.

**4096** Anagni, 16 juin (1160/1176).

Lettre du pape Alexandre III aux archevêques de Narbonne, d'Arles et [Guillaume?] d'Embrun contre le comte de Toulouse, qui voulait connaître, au préjudice de l'abbé de St-Gilles, de toutes les affaires concernant ce monastère. — *Dilecti filii*.

Goiffon, *Bull. de St-Gilles*, 86. = Jaffé, -12585. *Gallia christ. noviss*. III, 244.

**4097** Arles, octobre 1160 = 23 octobre 1155.

Raymond, comte de Barcelone et marquis de Provence, confirme à Guillaume, archevêque d'Embrun, tout ce qu'il avait acquis des enfants d'Henri Flotte aux châteaux de Bréziers et Beaufort et à la villa du Sauze *(de Salcetis)*, sous réserve d'hommage et service.

Salvaing de Boissieu, *Usage des fiefs*, 2°, 262 ; 3°, I. 322. = Brèq. III, 284.

**4098** Décembre 1160.

R[aymond], duc de Narbonne, comte de Toulouse et marquis de Provence, prend sous sa sauvegarde le monastère de Notre-Dame d'Aiguebelle *(de Aquabella)* et exempte des péages les religieux, leurs famille, biens et animaux, sous condition de ne pas transporter de marchandises.

Vic-Vaissete, *Hist. de Languedoc*, II, pr. 575 ; 2°, VI, 492ᵇ ; 3°, V, 1234. *Ann. abb. d'Aiguebelle*, I, 463-4 ; trad°. 117-8. = Brèq. III, 284.

**4099** Pavie, 3 décembre 1160.

Encyclique de l'antipape Victor IV (Octavien) contre son concurrent Alexandre III (Roland). — *Schismaticorum*.

Liverani, *Spicil. Liberian.* 763. Pflugk-Harttung, *Acta pont. Rom. ined.* II, 378. = Jaffé, -14443.

**4100** 7 décembre 1160.

Sentence rendue par l'évêque de Valence entre l'abbé de Saou et le prieur de St-Félix, par laquelle est reconnu le droit de l'église de Saou de participer à l'élection du prieur de St-Félix.

Arch. de la Drôme, Invent. de St-Félix, 45, n° 228.

**4101** Réotier, (1160/1164).
Donation du lieu de Lure par Fulco des Orgues *(Alsonicis)*, Frezol et son frère Rambaud, son neveu Raimond Laltir, Undebert de Laval *(Valle)*, son frère et ses fils, Bertrand de Graveson, Guillaume de Montlaur et Léger frère d'Elfand, à Guigues, abbé de Boscaudon ; en présence de Pierre, évêque de Sisteron.
Paris, Bibl. Nat., ms. lat. 12663, 112. — *Gallia christ. nova* I. 510. = ROMAN, 22°.

**4102** (1160/1180).
Louis, roi de France, confirme la charte de Raymond de Toulouse en faveur d'Aiguebelle (déc. 1160).
VIC-VAISSETE, *Hist. de Languedoc*, II, pr. 576 ; 3°, V, 1234. Ann. de l'abb. d'Aiguebelle, I, 463-4.

**4103** Manosque, (1160/1164).
Confirmation par Guillaume, comte de Forcalquier, et son frère Bertrand à Guigues, abbé de Boscaudon, du lieu de Lure près la fontaine de Martarol, pour y établir un monastère. Fait au bourg *Manuascæ*, dans le cloître de Ste-Marie ; témoins, frère Hugues Villebis [= Guillaume], archidiacre de Sisteron. *Giraudus sac. scr.*
Paris, Bibl. Nat., ms. lat. 12663, 112b ; — *Gallia christ. nova*, I. 510. = ROMAN, 22°.

**4104** (1160/1166).
Bernuz de St-Jean[-de-Bournay] donne un manse aux frères de Bonnevaux, entre les mains de l'abbé Pierre ; approbation de Guillaume Bernuz, qui reçoit 5 sols, de Pierre Rovoyri, dont c'était le fief.
CHEVALIER (U.), dans *Bull. acad. Delphin.* D, II, 46 ; *Cart. de Bonnevaux*, 30, n° 52.

**4105** (1160/1166).
Guigues Clavellus donne aux [frères de] Bonnevaux le 6° du moulin de *Insula* et reçoit 10 sols. Fait entre les mains de l'abbé Pierre, en présence de Guillaume de *Pinnano*, Pierre de Viriville..., Mallen son mistral, à qui on donne 12 den. *(nummi)*.
CHEVALIER (U.), dans *Bull. acad. Delphin.* D, II, 126 ; *Cart. de Bonnevaux*, 110, n° 268.

**4106** (1160/1166).
Humbert de Bellegarde *(Bellagarda)* cède aux [frères de] Bonnevaux le tiers de sa terre d'Estrablin *(Estranbino)*, du consentement de sa femme Esclarmonde, et reçoit 400 sols ; il promet l'approbation de ses fils et filles quand ils seront majeurs et donne pour garants Nantelme de Châtonnay, son frère Humbert et Pierre de *Molneto*. Fait entre les mains de l'abbé Pierre. Témoins. Suivent le consentement de Hugues de Bellegarde, frère d'Humbert, à Hauterives, avec Siebond de Clermont et son neveu Giraud de Laye pour garants ; la garantie de Guillaume Guenis, Latard son frère, etc. à Pinet ; celle de Berlion Falconis, Pierre d'Altafay et Guillaume Othmar, à Bellegarde. Témoins : ... Martin chapelain de Bellegarde.
CHEVALIER (U.), dans *Bull. acad. Delphin.* D,II,63-4 ; *Cart. de Bonnevaux*, 47-8, n° 95.

**4107** (1160/1166).
Pierre Rovoyria renonce à l'action qu'il avait intentée contre les religieux de Bonnevaux, entre les mains de l'abbé Pierre ; sa femme et ses fils Guillaume et Jofred y consentent. Témoins : Guillaume écrivain et Ponce écuyer de Pierre. Assentiment de son frère Sinfred Rovoyria.
CHEVALIER (U.), dans *Bull. acad. Delphin.* D, II, 36 ; *Cart. de Bonnevaux*, 20, n° 31.

**4108** (1160/1166).
Ponce de Meyrieu *(Mayreu)* donne au monastère [de] Bonnevaux ce qu'il avait au mandement de Châtonnay *(Chatunnaico)*, à l'exception du château *(castellum)*. Fait entre les mains de l'abbé Pierre.
CHEVALIER (U.), dans *Bull. acad. Delphin.* D. II. 60 ; *Cart. de Bonnevaux*, 44, n° 88.

**4109** (1160/1166).
Silvius Asterii cède à perpétuité aux [frères de] Bonnevaux à mi-foin les prés qui appartinrent à Guigues d'Aya, dont il avait épousé la veuve Agathe ; il reçoit 100 sols et un cheval de 4 livres. Au médiateur Simon d'Albon on donne une *tinala* de foin et à Muntarsin d'Albon, dont c'était le fief, un fromage. Témoins : Pierre abbé de Bonnevaux, etc., Pierre de Viriville, le clerc Engelelme...
CHEVALIER (U.), dans *Bull. acad. Delphin.* D, II, 134 ; *Cart. de Bonnevaux*, 118, n° 284.

**4110** (1160/1166).
Simon d'Albon *(de Elbone)* donne aux frère de Bonnevaux [une part] à mi-foin dans les prés d'Aiguebelle *(Aqua Bella)*, en échange d'un cheval. Fait entre les mains de l'abbé Pierre, en présence de Guillaume de Pinnano, Pierre de Viriville.., de frères de Landrin, de Muntarsin, qui est garant et reçoit un fromage. Approbation de sa femme Acelena et de son frère Nicolas.
CHEVALIER (U.), dans *Bull. acad. Delphin.* D, II, 126 ; *Cart. de Bonnevaux*, 110, n° 267.

**4111** (Après 1160).
Amédée de Montchenu élève une réclamation contre les frères de Bonnevaux, au sujet du bois que Siboud de Beauvoir le jeune leur avait donné. Lui, sa mère Aena, son frère Nantelme et son oncle Guigues Espartuns y renoncent, en présence de Soffred de Clermont et de Pierre de Viriville, moines de Bonnevaux. Témoins : Ismidon de Viriville, parent de Pierre, etc.
CHEVALIER (U.), dans *Bull. acad. Delphin.* D, II, 38 ; *Cart. de Bonnevaux*, 22, n° 35.

**4112** (Après 1160).
Raymond d'*Argentione*, ses frères Manfred et Pierre, leur sœur Galiana donnent une terre aux religieux de Bonnevaux ; approuvé par leur mère, leur oncle Hugues et la femme d'Odon Chays. Témoins (18).
CHEVALIER (U.), dans *Bull. acad. Delphin.* D, II, 43 ; *Cart. de Bonnevaux*, 27, n° 48.

**4113** (Après 1160).
Bernuz de St-Jean[-de-Bournay] donne un manse aux frères de Bonnevaux, entre les mains de l'abbé Pierre ; consentement de Guillaume Bernuz, qui reçoit 5 sols, et de Pierre Rovoyri, seigneur du lieu.
CHEVALIER (U.), dans *Bull. acad. Delphin.* D, II, 46 ; *Cart. de Bonnevaux*, 30, n° 52.

**4114** Montélimar, 22 février 1160/1.
Guillaume Hugues Adhémar de Monteil et Giraud Adhémar de Monteil, frères, fils de Giraudet Adhémar de Monteil et d'Alise de Polignac, seigneurs de Montélimar, confirment à leurs vassaux les concessions de leurs ancêtres (1095 et 1099). Témoins : Guillaume de Poitiers, comte de Valentinois et Diois, Eustache de Poitiers, prévôt de Valence, frères, fils d'Aymar de Poitiers et de Véronique Adhémar de Monteil, etc.
CHEVALIER (U.), *Cart. de Montélimar*, 17-8, n° 7*. — Pièce fausse.

**4115** (Vers 1161).
Barnard Raschaz et son frère Etienne, Jean de *Palayseu* et son beau-père Aymon de Boczosel *(Bocesez)* tenaient des frères de Bonnevaux une vigne à Epinouze *(Spinosa)* avec villenage : ils la cédèrent aux religieux, moyennant 40 sols et 4 setiers de seigle. Garants ; témoins : le mistral Arbert, etc. Assentiment de Bénédicte, femme d'Aymon, et de Pierre fils de Barnard, qui reçoit une ceinture. Alacis avait déjà donné le villenage d'une portion de cette vigne; garants et témoins.
CHEVALIER (U.), dans *Bull. acad. Delphin.* D, II, 133-4; *Cart. de Bonnevaux*, 117-8, n° 282.

**4116** 1161.
Fastrade, abbé de Clairvaux, écrivant à l'évêque de Crémone au sujet du concile tenu à Toulouse en faveur de la légitimité du pape Alexandre III, ajoute : *Unde et nos (lire nos et) ipsi Cartusienses accepimus pro episcopo suo Gratianopolitano, ut nostro interventu possit redire in gratiam*.
LABBE, X, 1407-8. COLETI, XIII, 290. MANSI, XXI, 1155-8. *Patrol. lat.* CC, 1363-6.

**4117** (Vers 1161).
Gotafred de Moras, fils de Hugues Maynoldi, vend à Bonnevaux le tiers du moulin *(molnare)* de la paroisse de St-Maurice, au prix de 33 sols. Témoins.
CHEVALIER (U.), dans *Bull. acad. Delphin.* D, II, 131 ; *Cart. de Bonnevaux*, 115, n° 278.

**4118** Chèzeneuve et Boczosel, (vers 1161).
Guenisius de Boczosel *(Bociosello)* chercha querelle aux frères de Bonnevaux touchant la part d'Humbert de Bellegarde à Estrablin *(Strambino)*, affirmant qu'elle était de son fief. Son beau-frère Pierre Rovoyria le décida à se désister, moyennant 220 sols distribués à la famille ; ils approuvent aussi la donation de Ponce de Meyrieu *(Mayreu)* et de son frère Arnaud à Châtonnay *(Chattunayo)*. Garants : Senioret et Gautier de Chèzeneuve, à Chèzeneuve *(Chesa Nova)*, Ervis l'ancien et Pierre Richard à Boczosel, et Burnon Rovoyria. Témoins : Aténulfe de Demptézieu, Jocerand chapelain de Chèzeneuve.
CHEVALIER (U.), dans *Bull. acad. Delphin* D, II, 64-5; *Cart. de Bonnevaux*, 48-9, n° 96.

**4119** 1161.
A son tour [cf. n° 4089] le dauphin Guigues, comte d'Albon, souleva la même querelle contre les chanoines de Romans, au sujet de la construction de murs pour clore leur ville. Elle fut apaisée par l'archevêque de Vienne Etienne et le doyen de cette église Guillaume,

de concert avec Albert de la Tour, François Boson *de Arenis*, Rodulfe du Gua *(de Gado)*, Rodulfe de Foudeu, Ismidon de Paula, et les chanoines Guillaume de Clérieu, sacristain, Guillaume de la Motte et quelques bourgeois. Le comte renonce à ses réclamations contre l'église et la ville de Romans, autorise la construction des murs comme Raynaud et Silvion l'ont accordé... ind. 9.
FONTANIEU, *Hist. de Dauph.*, preuv. II, 1, 297 ; *Cart. du Dauph.* I, 114. MOULINET, *Coll. titres fam. de la Tour*, 2-3. — VALBONNAYS, *Hist. de Dauph.* I, 180ᵇ. GIRAUD, *Hist. S. Barnard-Romans*, I, pr. 231-2, n° 305. = BRÉQ. III, 304.

**4120** (Vers 1161).
Après la mort de Guitfred, son fils Guigues s'empara comme un voleur de la dîme que son père avait servie à l'évêque de Grenoble, puis, sur le témoignage des survivants à la vente, il en fit abandon entre les mains de l'évêque Geoffroy, en présence du doyen Radulphe, de maître Nicolas, du procureur Pagan *Silvio canon. scr.*
MARION, *Cart. de Grenoble*, 204, n° 189.

**4121** (Vers 1161).
Guigues de Cour *(Corp)* donna aux frères de Bonnevaux ce qu'il possédait dans la paroisse de St-Maurice et reçut 270 sols. L'assentiment d'Othmar de Cour et de son frère Falcon fut promis par Montarsin d'Albon, Humbert de Rochetaillée, Aymon et Guillaume de Roussillon, Galbert de Surieu et le mistral André. Consentement de la femme de Guigues et de son fils Galvaing, à qui on donne 3 sols et 5 den. pour acheter des souliers d'Othmar de Cour, qui reçoit 40 sols, de sa sœur et de son beau-frère Guigues Tolvons. Témoins.
CHEVALIER (U.), dans *Bull. acad. Delphin.* D, II, 132-3 ; *Cart. de Bonnevaux*, 116-7, n° 281.

**4122** (Vers 1161).
Guigues Tolvons avait cherché difficulté aux frères de Bonnevaux touchant la vigne de Landrin ; il en fit remise moyennant 10 sols ; garants et témoins.
CHEVALIER (U.), dans *Bull. acad. Delphin.* D, II, 134 ; *Cart. de Bonnevaux*, 118, n° 283.

**4123** Bonnevaux, 1161.
Les frères de Bonnevaux échangent avec Humbert de Rochetaillée, sa femme Agnès et son fils Guigues Raschaz ou Raschas une terre que leur avait donnée Berlion de Moirans, quand il entra en religion *(ad conversionem)*, contre leurs biens dans la paroisse de St-Maurice qu'ils rachetèrent d'Ainard *(Aenard.)* d'Albon pour 60 sols. Survint Guigues de Cour *(Corp)* qui en réclama la reconnaissance. Témoins et garants : Montarsin d'Albon, Guigues d'Auberive, etc. Assentiment de Barthélemy, fils d'Agnès, de qui le bien dépendait. *Acta et dict. Bonævalli...*
CHEVALIER (U.), dans *Bull. acad. Delphin.* D, II, 131 ; *Cart. de Bonnevaux*, 115, n° 279.

**4124** Recours, 1161.
Odon Albuinus, ses frères Guillaume et Francon, ses sœurs Alix *(Aalais)* et Sibylle, leur mère Casea et leur beau-père Humbert, vendent à Bertrand prieur de Durbon et au procureur André tous leurs droits à Recours *(Rocos)*, au prix de 150 sols ; les colons n'ont

que ce que le maître leur concède. Garants : Jean, prêtre de St-Julien. etc. (5). Témoins (16) ...*ind. 9, Gregorio Vapine. episc., Frederico Roman. imper., Alexandro papa III, regn. D. N. J. C.* — Ont assisté au plaid de Recours *(Rocos)* : Bertrand prieur, André procureur, Jean prêtre de St-Julien, Guillaume prêtre d'Agnielles *(Agnella)*, etc. (14).
GUILLAUME, *Chartes de Durbon*, 53-4, n° 50. = ROMAN, 25ᵃ.

**4125**    Mantols, Châteauneuf, (1161 ?).
Cet échange accompli [n° 4124], Pelète, mère de Joffred Berlionis et d'Ainard *(Aenard.)* empêcha Humbert de Rochetaillée de cultiver la terre qu'il avait reçue en échange, ce dont il se plaignit plusieurs fois aux frères de Bonnevaux ; circonvenue par divers, elle renonça à ses prétentions avec son fils Berlion *ap. Mantulam* ; son autre fils Joffred en fit autant *ap. Castrum Novum* ; elle reçut 50 sols et ses fils 40. Témoins. Pierre Ismidonis avait une hypothèque [*(pignus)* de 450 sols, qu'il continua sur les religieux ; garants.
CHEVALIER (U.). dans *Bull. acad. Delphin.* D, II, 132 ; *Cart. de Bonnevaux*, 116, n° 280.

**4126**    Verceil, 1ᵉʳ avril (1161).
Bulle de l'antipape Victor IV adressée à l'évêque Arducius, au clergé et au peuple de Genève, confirmant la sentence d'interdit que l'archevêque de Vienne a dû lancer contre Amédée, comte de Genevois, à raison de ses empiétements contre leur église. — *Quoniam sedis.*
SPON, *Hist. de Genève* (1730), II, 22-3, pr. 6. SCHMITT et GREMAUD, dans *Mémor. de Fribourg,* V, 424. = JAFFÉ, 9406-14478. R. Gen. 360.

**4127**    14 avril (1161).
Obit de Radulphe, doyen de l'église de Grenoble.
CHEVALIER (U.), *Nécrol. de St-Robert*, 18.

**4128**    (Lodi, après 18 juin) 1161.
Diplôme de l'empereur Frédéric I, par lequel il prend sous sa protection Geoffroy *(Gauffredus)*, évêque de Grenoble, et son église, lui confirme les droits régaliens à Grenoble et à St-Donat, et interdit à quiconque de le troubler dans sa possession. Témoins : Etienne archevêque de Vienne, etc... *ind. 9, regn. d. Freder. Roman. imper. aᵒ regni 10, imper. 7.* — *Justitia exigit.*
Evêché de Grenoble, origin. parch. Cartul. d'Aimon de Chissé. n° 1 (Not. anal. p. 7). CHORIER, *Miscell.* XII, 61. VALBONNAYS, 2ᵉ Reg. n° 177. FONTANIEU, *Hist. de Dauph.*, pr. II, 285 ; *Cart. du Dauph.* I, 113-4. — PÉRARD, *Rec. pièces Bourgogne,* 240-1. BÖHMER, *Acta imper.* 102. CHEVALIER (U.), *Diplom. de P. de Rivas,* 76-7. LE COUTEULX, *Ann. Cartus.* II, 224-5. Trad. : BOYS (A. du) *Vie de s' Hugues*, 343-4. TERREBASSE. *Not. dauph. Vienn.* 92-4. = BRÉQ. III, 300. STUMPF, 3911. FOURNIER, R. d'A. 37.

**4129**    Ferentino, 20 septembre 1161.
Alexandre III accorde l'usage de la mitre et de l'anneau à l'abbé de St-Pierre [à Vienne]... *Dat. Ferenti, aᵒ 3.*
Bosco (J. a), 107 (Alexander iiii).

**4130**    (1161/1172).
Michel Chais et son frère Francon donnent au prieur Bertrand et aux frères de Durbon leur terre *ad Rochatz Airaut*, moyennant 10 sols. Témoins : André, procureur, etc.
GUILLAUME. *Chartes de Durbon.* 80, n° 81. = ROMAN, 22ᵃ.

**4131**    Durbon, (1161/1172).
Pierre Balbi donne au prieur Bertrand et aux frères [de Durbon] son droit au champ *del Fau*, moyennant 20 sols. Témoins : André, procureur, Jean prêtre de St-Julien, etc. Caution : Pierre Pelati. Fait dans l'hospice des journaliers *(mercennariorum)*.
GUILLAUME, *Chartes de Durbon*, 80, n° 82. = ROMAN, 22ᵇ.

**4132**    Durbon, (1161/1172).
Pierre Bonelli donne et vend au prieur Bertrand et aux frères [de Durbon], sa propriété au champ *Fagi* et ses droits à Burriane, moyennant 20 sols. Témoins : André, procureur, Jean prêtre de St-Julien, etc. Fait dans l'hospice des journaliers.
GUILLAUME. *Chartes de Durbon,* 80-1, n° 83. = ROMAN, 22ᵇ.

**4133**    (1161/1172).
Plusdonna, ses fils Arbert, Vivien et Bertrand, ses filles Rexdonna et Guilla donnent au prieur Bertrand et aux frères [de Durbon] leurs droits au-dessus du chemin *Olchæ*, moyennant 15 sols. Cautions : Géraud Dio, Géraud Charanza. Témoins : André, procureur, Jean prêtre de St-Julien, etc. Fait dans l'aire *(area) Olchæ*.
GUILLAUME, *Chartes de Durbon,* 81, n° 84. = ROMAN, 22ᵇ.

**4134**    Meylan, 1162.
Après la mort d'Humbert de Bellegarde, sá veuve Esclarmonde et son frère Hugues, en compensation *(pro emendandis)* des 11 livres reçues des frères de Bonnevaux par Guenisius et ses frères, et aussi pour calmer *(pacificando)* le mistral Durand, abandonnèrent leur part. Témoins.
CHEVALIER (U.), dans *Bull. acad. Delphin.* D, II, 65 ; *Cart. de Bonnevaux*, 49, n° 97.

**4135**    (Vienne), la Tour-du-Pin, 1162.
Guillaume de la Tour *(de Turre)*, doyen de l'église de Vienne, donne aux frères de Bonnevaux une terre à Estrablin *(Stranbino)*, dont 2 parts lui venaient de son père, la 3ᵉ de la femme d'Humbert de Bellegarde ; confirmé à l'abbé Pierre, entre les mains d'Etienne, archevêque de Vienne ; approuvé par ses neveux, Raymond, Guillaume et Bernard, chanoines de Vienne, et par le chevalier Guillaume de Châtillon «Seings de l'archidiacre Mélioret, du chapelain Compainon, etc. Guillaume de Châtillon et son frère Olivier donnent leur assentiment à la Tour(-du-Pin, *apud Turrem*) et pour répondants Guillaume Guenisii, son frère Soffred et Guy Bérard. Témoins : Boson archiprêtre de la Tour et son neveu Hugues, etc.
CHEVALIER (U.), dans *Bull. acad. Delphin.* D, II, 61 ; *Cart. de Bonnevaux*, 45-6, n° 92.

**4136**    Châtonnay, (vers 1162).
Nantelme de Châtonnay *(Chatthunnayo)* et son frère Humbert cèdent aux frères de Bonnevaux tous leurs droits sur la terre d'Estrablin *(Estranbino)*, vendue par Guillaume doyen de Vienne et Humbert de Bellegarde. et reçoivent 450 sols, Berlion de Montfalcon *(Monte Falconis)* 40. Leur père, le moine Humbert de Châ-

tonnay et leur sœur Bonadonna approuvent. Témoins : Pierre, abbé de Bonnevaux, entre les mains duquel l'acte fut passé *apud Catthunnayum*, etc..., Etienne, archevêque de Vienne.

CHEVALIER (U.), dans *Bull. acad. Delphin.* D, II, 62-3 ; *Cart. de Bonnevaux*. 46-7, n° 94.

**4137** (1162).

Simon de Vinay *(Vinnai)*, neveu de Guillaume de la Tour, doyen de Vienne, approuve la donation de son oncle et donne pour garants Humbert de St-Georges[-d'Espéranche] et Pierre Guigues, pour 500 sols chacun. Témoins. Ses autres neveux, Hugues du Molard *(de Molari)* et Nicolas Gautier, font de même : témoins : ... Guillaume évêque de Maurienne. De cet acte et du précédent on fit deux copies sur la même peau [de parchemin], divisées par l'alphabet, dont une fut déposée à Vienne, dans la grande église, l'autre à Bonnevaux.

CHEVALIER (U.), dans *Bull. acad. Delphin.* D, II, 62 ; *Cart. de Bonnevaux*. 46, n° 93.

**4138** 1162.

Guillaume de Crussol *(Cruzol)*, pressé par ses créanciers, du conseil et consentement de sa mère la vicomtesse, engage *(pignori obligavi)* pour 600 sols monnaie de Vienne à Falcon, prieur du Bourg[-lès-Valence], sa part du port du Bourg, avec faculté de réméré. Dans le remboursement, on tiendra compte de la dépréciation de la monnaie. Les chanoines pourront acheter leurs droits aux possesseurs du port et seront remboursés de cette acquisition *rusticani juris*. Lui, Ar. d'Ay et Olivier de Montoison jurent de maintenir les chanoines en possession, mais sans guerre ni dépenses. Son oncle, Odon, évêque de Valence, se porte garant et scelle la charte de son sceau. Sont encore répondants et se porteront otages : Guienisius et Humbert de Châteauneuf, Hugues d'Ay, Bo. de *Bolzanis*, Humbert et Ar. de Châteaubourg *(Castro Boc)*.

CHEVALIER (U.), *Cart. de St-Pierre du Bourg*, 11-3. n° 4.

**4139** Montpellier, (avril/juillet 1162).

Hugues, cistercien à Léoncel, en est nommé abbé ; il est béni par le pape Alexandre III.

LE NAIN, *Essai hist. ordre Citeaux* (1697). VI. BOYS (A. du), *Vie de s' Hugues*, 314. NADAL, *Hagiol. dioc. Valence*, 298. CHEVALIER (J.), *Eygluy et Léoncel*, 157.

**4140** (Pavie, mai 1162).

Lettres circulaires de l'empereur Frédéric aux archevêques et évêques, les invitant à se rendre auprès de lui à St-Jean-de-Losne le 29 août.

BOUQUET, XVI, 30-1. = STUMPF, 3945. FOURNIER, *Roy. d'Arles*, 37, n. 2.

**4141** Vizille, 28 juin ou 29 juillet 1162.

Mort du comte Guigues, dauphin [de Viennois].

CHEVALIER (U.), *Nécrol. de St-Robert*, 29, 34. BOUQUET, XIV, 428. = CHORIER, *Hist. de Dauph*. I, 800 ; 2°, 616 (1167). ALLARD (G.), *Œuvr. div.* I, 354 (1168).

**4142** Turin, 18 août 1162.

Privilège de Frédéric I<sup>er</sup>, empereur, à Raymond-Bérenger, comte de Provence, lui concédant les comtés de Provence et de Forcalquier, qui comprenaient l'Embrunais et le Gapençais.

*Invent. Embrunois*, 127-8 ; *Gapençais*, 253-4, 276 ; *prov. étrang*. 180. — BOUCHE, *Hist. de Provence*, II, 132-4. MARTENE. *Vet. script. coll.* I, 860. =: STUMPF, 3963. ROMAN, 25°. FOURNIER, *Roy. d'Arles*. 29, 38.

**4143** Turin. 21 août 1162.

Diplôme de l'empereur Frédéric I, qui confirme une transaction en faveur de l'ordre de St-Jean de Jérusalem faite en présence et par l'intermédiaire de Guillaume, archevêque d'Embrun, au sujet de la donation des châteaux de Manosque et de Totas-Auras par Gigon, comte de Forcalquier. *Data apud Taurinum, post destructionem Mediolani*. — *Serenitatis nostræ*.

Arch. des Bouches-du-Rhône. origin. parch. — STUMPF, *Reichskanzler*, III, 507-9.

**4144** St-Jean-de-Losne, 7 septembre 1162.

Diplôme de l'empereur Frédéric I, par lequel il confirme au prieuré de Lutry, dans l'évêché de Lausanne, dépendant du monastère de Savigny, l'église-prieuré de Bourdeaux *(Burdegalen.)* au diocèse de Die. *Dat. apud Pontem Launæ prope Saonam flum.*

*Gallia christ. nova*, IV, instr. 18. BESSON, *Mém. hist. Genève*, 361-2. *Mém.-doc. soc. hist. Suisse rom*. VII. 18-20. = BRÉQ. III, 309. BÖHMER, 2465. R. S. R. 597. H. Gen. 366. STUMPF, 3965. *Schw. Urk.* 2119.

**4145** St-Jean-de-Losne, 7 septembre 1162.

Etienne, archevêque de Vienne, Guillaume archevêque d'Embrun, les évêques de Grenoble et de Gap sont présents à la sentence de l'empereur Frédéric I en faveur de l'évêque de Genève. *Dat. in archiepiscopatu Bisuntino, apud Pontem Laone super Saonam*... — *Noverit vestra*.

Citadin de Genève, 159. LETI. *Hist. Genevrina*. I. 480. SPON, *Hist. de Genève*, II, 24-9. pr. 7. MURATORI, *Antiq. Ital. med. ævi*, VI, 57-60. MALLET, dans *Mém.-doc. soc. hist. archéol. Genève*, V, 347. Trad. PICTET DE SERGY, *Hist. de Gen.* I, 257. = BÖHMER, 2466. *R. Gen*. 367. STUMPF, 3967. *Schw. Urk.* 2120.

**4146** St-Jean-de-Losne, 8 septembre 1162.

Les mêmes sont présents à la bulle d'or [apocryphe] accordée par l'emp. Frédéric I à l'évêque de Genève. *Dat. ibid.* — *Veniens ad nostræ*.

*Citadin de Genève*, 159. SPON, *Hist. de Genève*, II, 30-3, pr. 8. BESSON, *Mém. hist. Genève*, 474, pr. n° 106. MEYER V. KNONAU, *Archiv schweiz. Gesch.* I, 3-16. *Mém.-doc. soc. hist. archéol. Genève*, V, 245. Trad. PICTET DE SERGY, *Hist. de Genève*, I, 253. = BÖHMER, 2467. R. Gen. 368. STUMPF, 3968. *Schw. Urk.* 2120.

**4147** (Après 18 octobre) 1162.

Lettre de Pierre, abbé de [Montier-la-]Celle, à Eskille, archevêque de Lund, lui narrant les démarches qu'il a faites pour lui obtenir Roger, [profés de Montrieu] et des religieux pour fonder une maison de Chartreux dans son diocèse ; le chapitre général *(conventus)* a donné son assentiment. — *De superabundanti.*

PETRI Cellen. *Epist.* 1, 23 : BOUQUET, XVI. 709-10. *Patrol. lat.* CCII, 421-3. LE COUTEULX, *Ann. Cartus*. II, 230-2.

**4148** 1163.

Antelme, prieur de la Chartreuse, notifie à Louis VII roi de France son élection à l'évêché de Belley, et le remercie de la visite dont il l'avait honoré la Chartreuse (1155 ?/1159 ?). La miséricorde et la justice. la bienveillance et la douceur sont les insignes de la royauté. — *Ex quo illustr.*

Du Chesne, *Hist. Franc. script.* IV, 650. *Gallia christ. vet.* II, 363. Guichenon, *Hist. de Bresse*, II. cont. 24. Bouquet, XVI, 66-7; cf. XII, 297. *Gallia christ.* nova, XV, instr. 311-2. Le Coutulx, *Ann. Cartus.* II, 239-40. = Bréq. III, 341. Fournier, *Roy. d'Arles*, 49.

**4149** 1163.
Convention entre Guigues, abbé de Bonnevaux, et Adémar, sacristain de Cluny, au sujet des dîmes de St-Maurice[-d'Exil]..., en présence du chevalier Roland Boci.... André de Surieu *(Saireu)*.
Chevalier (U.), dans *Bull. acad. Delphin.* D. II, 125 ; *Cart. de Bonnevaux*, 109, n° 264.

**4150** Châteauneuf, Bonnevaux, 1163.
Guillaume Boveti, de Châteauneuf, éleva des prétentions contre les frères de Bonnevaux, puis s'en désista en échange de 35 sols. Témoins : Roland Boci et maître Anselme. Il renouvela cet abandon *apud Castrum Novum*, avec sa femme et son fils. Témoins. Isard de Moras, tombé malade, donne son approbation à Châteauneuf, en présence de l'abbé Pierre ; témoins. Il la renouvela au chapitre *Bonæ Vallis*, en présence du même abbé ; témoins.
Chevalier (U.), dans *Bull. acad. Delphin.* D. II, 130 ; *Cart. de Bonnevaux*, 114, n° 276.

**4151** 1163.
Privilège de Raymond-Bérenger, comte de Provence, à l'abbaye de Boscaudon, confirmant le privilège qu'il lui a concédé le 13 juillet 1157.
*Invent. arch. abb. Boscaudon* (1712). = "Roman. 25°.

**4152** 1163.
Falcon [= Odon], évêque de Valence et gardien *(speculator)* de la maison de Jérusalem, donne à Notre-Dame de Léoncel *(Lioncelli)* les corvées *(corratæ)* de bœufs que les frères lui devaient, plus 2 setiers pour *gaytia* et 12 den. de cens sur le champ de la Blache *(Blacha)* au mandement de Montélier ; l'abbé Hugues lui compte 12 liv.
Chevalier (U.). *Cart. de Léoncel*, 10, n° 9°. Analyse complétée à l'aide de la charte de 1192 (n° 45).

**4153** 1163.
Guillaume *(W.)*, surnommé de Poitiers *(Pictavien.)*, par sa charge *(officio)* comte de Valentinois, donne à l'église de Die en alleu et reçoit d'elle en fief les châteaux de Suze *(Sausiæ)* et de Gigors *(Gigorz)*, avec leurs fortifications et tout ce qu'il possède dans l'évêché de Die ; il rend hommage à l'évêque et lui promet fidélité. Il donne comme otages et garants A. Cornelian, Humbert *(U.)* de Quint, Adémarule, Guillaume d'Etoile G. Artaud, P. Ripert, P. de Grâne, L. de la Roche, Raimbaud de Rochefort... *Frederico regn.* Pierre évêque de Die scelle la charte.
Chevalier (U.). *Cart. de l'égl. de Die*, 35-6. n° 13.

**4154** 1163.
Raymond de Châteauneuf *(Castro Novo)*, se voyant assez malade à la mort pour demander et prendre l'habit religieux dans l'ordre de St-Ruf, donne aux églises de Léoncel *(L-lli)* et de St-Ruf, en présence de l'évêque de Valence Odon et de ses fils Hugues, abbé de Léoncel, et Guenisius, tout ce qu'il avait en propre dans le territoire d'Alixan *(Aleissais)*, à l'exception des fiefs des chevaliers. Guenisius jura *decima manu* d'observer cette donation ; avec lui prêtèrent serment Hugues Rainaud et 8 autres. Il donna en outre pour garants : Falcon prieur du Bourg, Monaud chanoine de Valence et Guigues d'Alixan *(Aleissa)*. Témoins : l'évêque de Valence, Hugues abbé de Léoncel, Guillaume procureur de ce lieu, Adémar sacristain de St-Ruf et prieur de St-Félix, Ponce chevalier de Châteauneuf et autres. Les frères de Léoncel et de St-Ruf divisèrent entre eux les cens de cette terre, compris une condamine à Bayanne *(Baiana)*.
Chevalier (U.), *Cart. de Léoncel*. 11-4, n° 11.

**4155** 11 mai 1163.
Le pape Alexandre III inféode à Sofrey de Beaumont, en récompense de sa participation aux croisades, quelques dîmes dans le Viennois.
Allard (G.). *Rev. de généalogies*, III, 195. Brizard, *Hist. généal. mais. Beaumont.* II, 8. — Pièce fausse.

**4156** 19 mai 1163.
Concile tenu à Tours par le pape Alexandre III, *omnium episcoporum Lugdunensium, Narbonensium, Viennensium..., Alpensium Apenninarum et Maritimarum*. On y excommunie l'antipape Victor IV et on édicte 26 canons de discipline.
Hugo Pictavien., *Hist. Vizeliac. cænobii*, IV ; Achery (d'). *Spicil.* III, 589 ; 2° éd. II. 541. Labbe, X. 1425. Hardouin, VI. II, 1602. Coleti, XIII, 511-2. Mansi, XXI, 1186-7. Bouquet, XII, 332. *Patrol. lat.* CXCIV, 1636. Pertz, *Mon. Germ. hist.*, Scr., XXVI, 148. Watterich, *Pontif. Roman. vitæ*, II, 584. = Jaffé, p. 691-II. 168.

**4157** 2 novembre 1163.
Marguerite, mère de Guigues, comte d'Albon, donne à l'église de St-Vallier, sur la recommandation de son mari mourant, la terre appelée *Canonia*, en compensation de 1000 sols Viennois injustement reçus de cette église.
Aymar. Rivall., *De Allobrogibus*, 424. = Collombet, II. 61.

**4158** Romans, 18 novembre 1163.
Raymond, duc de Narbonne, comte de Toulouse et marquis de Provence, exempte les frères du monastère de Notre-Dame de Léoncel *(Liuncelli)* de tout péage, impôt *(leuda)* et exaction dans ses possessions, par terre et par eau, donnant des ordres en conséquence à tous ses collecteurs *(pedagiatores)* et receveurs *(leudarii)*.
Chevalier (U.), *Cartul. de Léoncel*, 10-1, n° 10.

**4159** (1163/1164).
Lettre de R[aymond], duc de Narbonne, comte de Toulouse, marquise de Provence, à Louis, roi de France ; il lui fait part du mariage qu'il a fait contracter à son fils [Albéric Taillefer], neveu du roi, avec [Béatrix], fille du comte dauphin [Guigues]. Il lui demande d'approuver cette union et d'en écrire des lettres à la comtesse [Marguerite] mère du dauphin. Bien que ce comté dépende de l'Empire, c'est pour ainsi dire le port et la porte du royaume. — *Ex quo me*.
Du Chesne, *Hist. Franc. script.* IV, 721. Bouquet, XVI, 70. Savio (Fid.), dans *Miscell. stor. Ital.* XXVI. 503. = Chorier, *Hist. de Dauph.* I, 801 ; 2°, 617. Allard (G.), *Œuvr. div.* I. 355. Vic-Vaissete, *Hist. de Lang.* II, 501-2. 639-40 ; 3°, III, 840-1 ; IV, 224-5.

**4160** (1163/1173).
Pierre, évêque de Die, juge un différend entre les moines de St-Géraud [d'Aurillac] et les chanoines de St-Ruf. Les premiers soutenaient avoir été violemment expulsés de l'église du château de Volvent, mais ne purent le prouver. Les seconds établirent que la possession de cette église leur avait été conférée par Hugues, évêque de Die ; que l'appel avait été jugé en leur faveur par Amédée, archevêque de Lyon ; qu'ils furent mis en possession sur l'ordre du légat par l'évêque Hugues ; que les papes Eugène III et Adrien IV les y confirmèrent. La sentence est rendue en leur faveur.
CHEVALIER (J.), Hist. égl.-ville Die, I. 464. cf. 211. CHEVALIER (U.), Codex diplom. S. Ruf, 50, n° 39.

**4161** (1163/1173).
Accord par l'intermédiaire d'arbitres (sapientum virorum) entre [Pierre] évêque de Die et le prieur de St-Maurice A. au sujet des dîmes : le prélat en jouira entre le ruisseau de St-Ferréol et le serrum (seirum ?) de la Croix, les moines entre le même ruisseau et la ville. Témoins : les chanoines Pierre Pineti, Aubert de Pellafol, le procureur Humbert, le chapelain Falcon. Ponce chapelain de St-Pierre, Arnulphe chapelain de St-Ferréol.
COLUMBI. Episc. Dien. 86-7 ; Opusc. 291-2 = CHEVALIER (J.), Hist. égl.-ville Die, I. 212.

**4162** (Avant 1164).
Pierre Vagina cherchait querelle aux frères de Bonnevaux, au sujet des dîmes de Landrin (L-ns), dont il disait posséder les 2/3 ; il s'en désista, en présence de la comtesse douairière (veteris) d'Albon, moyennant 10 sols. Il confirma les dons de son père et de sa mère.
CHEVALIER (U.), dans Bull. acad. Delphin. D, II, 130 ; Cart. de Bonnevaux, 114, n° 277.

**4163** (5) janvier 1164.
Venir en aide aux cénobites est un double bien, parce qu'ils sont pauvres et justes. Guillaume, élu archevêque de Vienne et abbé de Romans, et le collège des chanoines donnent à l'église de Marnans (M-nt) des terres de l'abbaye aux Loives (a las Lovias) : deux métairies (cabannariæ) dans la paroisse de St-Romans. une terre avec pré dans celle de St-Jean in ascensu de Roure Peollos, que tenait en bénéfice Falcon de Dionay (Doennai), sous la redevance d'une livre de cire à la Toussaint. Approbateurs : l'archidiacre Guillaume (W.) de la Motte, W. de Espalis. Témoins : l'archiprêtre Ponce, etc... ind. 12..., luna 8, regn. D. N. J. C.
GIRAUD, Hist. S. Barnard-Romans. compl. 132-3. n° 306bis.

**4164** 26 janvier (1163/4).
Obit de la comtesse Marguerite, fille d'Etienne comte palatin de Bourgogne, femme du dauphin Guigues ; enterrée au monastère des Ayes, fondé par elle. Jean, évêque de Grenoble, assiste à ses funérailles.
CHEVALIER (U.), Nécrol. de St-Robert, 4.

**4165** 2 février 1164.
La maison de l'Hôpital de St-Paul afferme de Pierre Richard une terre ; pour la tascha et les dîmes, elle donnera au propriétaire le 5e des fruits ; si elle est inquiétée, Pierre soldera les dîmes au seigneur. Lantelme, commandeur (dominus) de l'Hôpital, lui donne 50 sols, ce qui exempte la maison de tout plaid. Donneta, femme de Pierre, leurs fils et Guigues Airard reçoivent 5 sols et 1 setier de froment ; les Carbonelli d'Oveis, anciens cultivateurs de cette terre, cèdent leur droit éventuel pour 3 setiers de méteil (annonæ), luna 7 [= 6], fer. 1..., A lexandro papa Rom., Frederico imper. regn. Témoins : Armand de la Boisse et 7 autres.
CHEVALIER (U.), Cart. de St-Paul-lès-Romans, 12-3, n° 16.

**4166** La Mure, 8 février 1163/4.
Anno ab Incarnatione Domini MCLXIII, vi idus februarii, Margarita comitissa spiritum exhalavit.
FONTANIEU, Cart. du Dauph. I, 113. CHORIER, Hist. de Dauph. I, 800 ; 2°. 616. MARTENE, Script.-mon. vett. coll. VI, 1213-4. VALBONNAYS, Mém. hist. Dauph. 231 d ; Hist. de D. II, 7 i. MAIGNIEN (Edm.), dans Bull. acad. Delphin. (1866/7), C, II, 443 (à part. 21-2). Nécrol. de St-Robert, 6. ALLARD (G.), Œuvr. div. I, 351-4. JUSTEL. Hist. mais. Auvergne, 28.

**4167** (8 février 1163/4).
Epitaphe de Marguerite de Bourgogne : Inclyta, munifica, patiens, moderata, pudica (12 vers).
MAIGNIEN (Edm.), dans Bull. acad. Delphin. (1866/7). C. II. 442 (à part. 21). CH[EVALIER] [C. U. J.], dans Rev. du Lyonnais (1867). C. IV. 151.

**4168** (1164).
Vita Margaritæ Burgundiæ, Guidonis delphini et comitis Alboni conjugis, scripta a GUILLELMO canonico Gratianopolitano.
Valbonnays, 2e Reg., 178. FONTANIEU, Hist. de Dauph. II, 1, 149 ; Cart. du Dauph. I, 114-22. — *JUSTEL, Hist. mais. Auvergne, 28. MARTENE, Script. vett. ampl. coll. VI, 1201-13. ⁎BALUZE, Hist. généal. mais Auvergne, II, 61. 246. *BOUQUET, XIV, 427-8. = CHORIER, H. de D. I, 798 ; 2°. 615. VALBONNAYS, II. de D. I. 3.

**4169** 1164.
Drodon de Beauvoir (Bellovidere), élu [archevêque] de Lyon, donne une villa à Pierre, abbé de Bonnevaux ; son neveu Guillaume accorde son assentiment. Témoins. Comme Rostang de Beauvoir, Rostang de Collonge, Boson de Bournay, Oolard et Adémar de Beauvoir, et les fils d'Isard de Bellegarde avaient des droits sur cette villa, il les désintéressa par échange en terre ou en argent. — Semblables dons firent Garnier de l'Orme (Ulmo), Romain Troynel et Durand de Chanas (Canalibus), à Villefranche ; Etienne d'Estrablin (Establino) et les fils de Jean Lunel, Pierre Odoard et Jovenz de Lieudieu, le mistral Pierre de St-Jean, Johannin mistral de Bellegarde. Drodon donne pour garants : Teric de Septème, Jocerand de Revel, Guillaume de Broen, Berlion de Bourgoin, Drodon de Bournay, etc.
CHEVALIER (U.), dans Bull. acad. Delphin. D. II. 46-7 ; Cart. de Bonnevaux, 30-1, n° 54.

**4170** (Vers 1164).
Des difficultés sur la donation de Drodon de Beauvoir s'élevèrent de la part de Bornon de Revel et Berlion de Virieu ; on acheta leur assentiment en leur payant 20 livr. et 30 sols. Témoins : Siboud de Virieu... l'archidiacre Mélioret, etc.
CHEVALIER (U.), dans Bull. acad. Delphin. D. II, 48 ; Cart. de Bonnevaux, 32, n° 55.

**4171**  Bonnevaux, 1164.

Drodon de Beauvoir *(Bellovidere)*, élu [archevêque] de Lyon, pour l'avantage de ses neveux Guillaume et Drodon, échange le lieu qu'il avait donné pour y construire [aux frères] de Bonnevaux en un autre de sa propriété. Pierre Rovoria et Rostang de Collonge se portent garants.

Chevalier (U.), dans *Bull. acad. Delphin.* D, II, 48; *Cart. de Bonnevaux.* 32, n° 56.

**4172**  1164.

... Roman. imper. Frederico, Geoffroy de Moirans *(Gaufredus de Moirenco)*, ses frères Berlion et Ainard, et leur mère Béatrix Peleta, renoncent avec serment, en faveur des habitants de Moirans, aux tailles *(toutæ)* et exactions qu'ils prélevaient; dans les limites précisées, on ne pourra ni s'emparer d'un homme ni lui prendre son bien, sauf les cas de droit. Les crimes et délits sont punis d'une amende en faveur du seigneur et de son viguier. Liberté de vendre ou d'engager les immeubles, sauf aux Hospitaliers, Templiers, églises et chevaliers. Les conditions de vente du vin dépendront de la récolte. Les discussions en fait de terre ou d'argent seront décidées par les principaux bourgeois. Les biens des voyageurs décédés seront divisés par le seigneur. Les garants de cette charte de franchise sont : Guillaume de St-Lattier, Ubaud de Chatte, Aténulphe de Tullins, Armand de Rives, Sofred de Clermont, Hugues de Voiron, etc.

Arch. de l'Isère, *II Lib. copiar. de novo fact.*. H. 433. *Invent. St-Marcellin*, II, 107. Valbonnays, 2° Reg., n° 180. Fontanieu, *Cart. du Dauph.* I, 123-4. = Valbonnays, *Mém. hist. de Dauph.* 17-8; *Hist. de Dauph.* I, 16, cf. 6, 8-9. = Salvaing de Boissieu, *Usage des fiefs.* 236, 342, 445, 491. Brèq. III. 355.

**4173**  1164.

Donation par P. Arnolz *(Arnulfi)* et Rostang du Puy *(del Poio, de Podio)* aux chevaliers du Temple de Roaix, moyennant 200 sols monnaie de Valence *(Valantinien.)*

Chevalier (U.), *Cart. des Templiers de Roaix.* 81-2, n° 129.

**4174**  1164.

Donation au Temple de Richerenches par Ponce de Rosans, entre les mains de Guillaume Hugues (W. *Ugo)*, évêque de Trois-Châteaux.

Ripert-Monclar (de), *Cart. de Richerenches*, 162, n° 186. *Gallia christ. noviss.* IV, 53.

**4175**  1164.

Epistola anonimi ad Thomam Cantuar. archiepisc.

*Cancellarius imperatoris [Christianus] veniens Viennam, archiepiscopos quamplures convocavit, primòque milites ad opus Imperatoris ab eis quæsivit. Postmodum de receptione Guidonis Cremensis, quem Imperator receperat, instantissimè singulos convenit. Ibi spe et desiderio suo privatus est; quidam enim eorum ipsum Guidonem coram eo excommunicare parati fuerunt.*

Thomæ Cantuar. *Epist.* 1, 3, p. 8. Bouquet, XVI, 221. *Patrol. lat.* CXC. 701. Robertson, *Mater. f. hist. archbishop Thomas Becket*, V, 120. = Mermet, III, 64.

**4176**  San Salvatore près Pavie, 12 avril 1164.

Diplôme de l'empereur Frédéric I accordé à son féal noble Géraud Adhémar *(Ademari*, seigneur de Grignan), qui s'est rendu à la cour. Il l'investit des domaines de son père et de son aïeul, après avoir reçu de lui fidélité et hommage, sous la condition de persévérer dans le service de l'empire; il lui cède ses droits sur Puy-St-Martin. Défense à tous archevêques, évêques, ducs, marquis, comtes et capitaines, etc. de le molester. *Dat. apud S. Salvatorem juxta Papiam. — Imperialis nostræ.*

Arch. de la Drôme, B. 709, cah. ; de l'Isère, III, 317°. *Invent. Valentinois.* II. 313-4 ; *prov. étrang.* 180ᵇ. Fontanieu, *Cart. du Dauph.* I, 122-3. — Chevalier (U.), *Cart. de Montélimar*, 19-20, n° 8. Stumpf, *Reichskanzler*, III, 516-7. = Ripert-Monclar (de), *Cart. de Richerenches*, lxxxviij-ix.

**4177**  12 avril 1164.

Guillaume, abbé de St-Pierre à Vienne, fait abandon aux frères de Bonnevaux des droits que possédait son monastère sur les biens donnés par Drodon élu de Lyon. Témoins : plusieurs chanoines de St-Maurice, chevaliers et bourgeois. Parmi les premiers, Guillaume, neveu [du doyen] Guillaume, élu [archevêque de Vienne]. ... *ind. 12, epacta 25, concur. 3, cyclo solari 8 [= 25], d. Paschali.... luna ejusd. pascalis diei 16.*

Chevalier (U.), dans *Bull. acad. Delphin.* D. II. 48-9; *Cart. de Bonnevaux.* 32-3. n° 57.

**4178**  (12 avril) 1164.

Drodon, élu [archevêque] de Lyon, fait un cadeau aux moines de St-Pierre à Vienne, en compensation de leur don aux frères de Bonnevaux. Approuvé par ses neveux Guillaume et Drodon. Mêmes témoins qu'au n° précéd.

Chevalier (U.), dans *Bull. acad. Delphin.* D. II. 49; *Cart. de Bonnevaux*, 33. n° 58.

**4179**  San Salvatore près Pavie, 16 avril 1164.

Bulle de l'empereur Frédéric I, confirmant à Raimond archevêque d'Arles les possessions de son église, entre autres les châteaux de Nyons et Vinsobres.

Stumpf, *Reichskanzler*, III. 517-8. *Gallia christ. noviss.* III, 236-7.

**4180**  (1164)

Lettre des évêques du Dauphiné *(circumpositorum)* au pape Alexandre III, portant à sa connaissance qu'ils ont confirmé les statuts rédigés en commun par les Chartreux pour le maintien de la règle *(observantia)* de leur ordre.

Mentionnée dans la bulle du 17 avril 1164.

**4181**  Sens, 17 avril 1164.

Bulle du pape Alexandre III adressée à Basile, prieur de la [Grande-]Chartreuse, à tous les prieurs et frères de l'ordre, par laquelle, en suite de l'approbation donnée par les évêques du pays aux statuts de leur chapitre général pour l'observation des règles de leur ordre, il les confirme à son tour. — *Ex rescripto litter.*

*Privil. ord. Cartus.* 1°. *Nova coll. statut. ord. Carthus.* app.-6. *Patrol. lat.* CC, 293-4. Le Couteulx, *Ann. Cartus.* II, 258. = Jaffé, 7375-11019.

**4182**  15 mai 1164.

Bulle du pape Alexandre III adressée à Agathe, prieure de Laval-Bénite de Bressieux, confirmant à son monastère les dons d'Aymard de Bressieux, son fils Hugues, Pierre de Bressieux et autres, Sigismond Peyssel, Bonnefille et la dame de Nerpol.

ALLARD (G.), *Dict. Dauphiné*, (1864), II, 11-2. PILOT DE THO-
REY (Emm.), *Abb. de Notre-Dame de Laval-Bénite de Bressieu* (1873), 6-7.

**4183** Juin 1164.
Accord au sujet des plaids *(placitamentis)* et autres redevances que percevait le doyen sur l'église de Valence.
Arch. de la Drôme, Invent. du doyenné, 977, f° 1.

**4184** 3 juin (après 1163?)
Obit d'Arduin, père de s' Anthelme, évêque de Belley, moine à la Grande-Chartreuse.
LE VASSEUR, *Ephemer. Cartus.* II, 292°.

**4185** 11 juin 1164.
Déposition d'Aquin, abbé du monastère de St-André-le-Bas à Vienne, en la chapelle de St-Jean.
BOSCO (J. a), 99. CHORIER, *Antiq.* 67-8; 2°, 72. TERREBASSE, *Inscr.* II, 122-3, n° 477.

**4186** (Fin 1164?).
S' Thomas de Cantorbéry séjourne à Vienne et fait construire un portail joignant l'ancienne maison consulaire.
CHORIER, *Antiq.* 374-5; 2°. 372-3. COLLOMBET, II, 76-8. TERREBASSE, *Inscr.* II, 111-3.

**4187** (1164/...).
Boson *de Arenis* donne à l'église de Romans 500 sols pour l'acquisition d'une terre dont il disposera des revenus, cens et fruits, sa vie durant ; après sa mort *(discessio)*, on en servira annuellement une pleine réfection à tous les clercs au réfectoire. Confirmé par Guillaume *(W.)* élu [archevêque de Vienne] et abbé de Romans et tout le chapitre. On lui donne pour garants : Guillaume *(W.)*, abbé de St-Félix, Guillaume de Châtillon, etc.
GIRAUD, *Hist. S. Barnard-Romans*, compl. 132, n° 306.

**4188** (1164/...).
Lantelme Melloret, de Peyrins *(Payrins)*, donne à la maison de l'Hôpital de Jérusalem de St-Paul tous les pâturages de sa terre de St-Paul ; on lui fait cadeau d'une mule de 100 sols Viennois, qui lui servit de monture pour aller à St-Jacques [de Compostelle]. Fait en présence de Lantelme, commandeur *(magister)* de la maison ; témoins : Artaud de Pisançon *(Pissanzan)*, dame Ramues, etc. Bernard Meluret, fils de Lantelme, approuve cette donation et reçoit 15 sols ; témoins : Artaud de Châtillon, Emydon de St-Lattier..., Chabert de St-Sauveur, etc.
CHEVALIER (U.), *Cart. de St-Paul-lès-Romans*, 27. n° 50.

**4189** (1164/...).
Olivier de Chatte *(Chasta)* et li Loiv vendent à l'Hôpital de St-Paul et aux pauvres de Jérusalem ce qu'ils possédaient au mandement de St-Paul, au prix de 500 sols. Cette acquisition fut faite par Lantelme, commandeur *(maistre)*, en présence d'Armand de la Boisse, Guillaume de St-Lattier, Lantelme de Chavannes. Artaud de Pisançon, etc.
CHEVALIER (U.), *Cart. de St-Paul-lès-Romans*, 28, n° 52.

**4190** (1164/1165).
Béraud, abbé de Chalais, abandonne aux Chartreux toutes les terres situées au-delà de la vallée Tenaison, la Chalmette *Guntelmi*, le Janvier, la grande Correrie.

Fait en présence de Jean, évêque de Grenoble ; témoins : Radulfe doyen de l'égl. de Grenoble.
Arch. de l'Isère, H. 239, n° 8, orig. parch. autrefois scellé (Communiqué par M. J. C. Roman).

**4191** (1164/1167).
Accord *(testamentum)* passé au sujet du ban (impôt) du vin, entre les habitants de Crest et leurs seigneurs, Pierre évêque de Die avec ses neveux, Guillaume de Crest avec ses enfants, qui reçurent pour cette concession 60 sols Valentinois.
Charte lapidaire à droite de la porte de l'église de Crest. — DELACROIX, *Statist. du départ. de la Drôme*, 471-2. Bibl. de l'éc. d. Chartes, 2° sér. III, 33. CHEVALIER (J.), *Hist. de Die*, I, 211-2.

**4192** (1164/1173).
Guillaume *(W.)*, abbé de l'église de St-Félix [à Valence] et sacristain de celle de Romans, oblige aux chanoines à titre pignoratif, pour 120 livres monnaie de Vienne, sa maison sur la place de Romans, que tient l'archiprêtre Matfred, le tènement et les moulins sur la rive de l'Isère que tient Vital *Molnerii* ; il est autorisé à racheter l'église de Tournay *(Turnai)*, jadis leur propriété, qu'il avait prise en gage pour 400 sols. Confirmation de Guillaume *(W.)*, archevêque de Vienne. Témoins : l'archiprêtre Ponce, etc.
GIRAUD, *Hist. S. Barnard-Romans*, compl. 146-7, n° 330.

**4193** (1164/1173).
Lantelme Melioret, fils d'autre Lantelme, sa mère Galitia et sa femme abandonnent à l'église de Romans les dîmes de Genissieu *(Jeniceu)*, en présence de Guillaume *(W.)* archevêque de Vienne, du doyen Boson, de l'abbé Guillaume *(W.)*, de l'archiprêtre Ponce, Pierre de Miribel, Falcon de Dionay *(Doennai)*, de Hugues, chapelain de Peyrins *(Paira)*, etc. ; il en jouira encore sa vie durant sous le cens de 12 sols, 4 setiers de froment, 4 charges d'âne de vin pur, 1 quartal de miel et 1 livre de poivre ou piment, le jour de la dédicace de l'église. A défaut, lui et Lambert de Margès *(Marjais)* se constitueront otages dans les murs de Romans.
GIRAUD, *Hist. S. Barnard-Romans*, compl. 148, n° 332.

**4194** (1164/1173).
Sieboud de Clermont *(Sigisboudus de Claramonte)* donne [à l'église de Romans], pour son fils le chanoine Silvion, un courtil à Villeneuve *(Villa Nova)*, dans la paroisse de Charmes *(Chalmes)*, et 3 sols de cens *in Buteoribus*, à St-Pierre *al Vern*; consentement de ses 3 fils. Seings de Guillaume *(W.)* archevêque de Vienne, de Guillaume *(W.)* abbé de St-Félix et sacristain de Romans, de Guillaume *(W.)* de la Motte, archiprêtre, etc.
GIRAUD, *Hist. S. Barnard-Romans*, compl. 149-50, n° 335.

**4195** (1164/1182).
Odon, évêque de Valence, voulant pourvoir à l'utilité et à la paix du prieuré de St-Pierre-du-Bourg, confirme au prieur Guigues et à ses chanoines leurs domaines, possessions et revenus, menaçant de priver de la communion ceux qui les troubleraient, sauve l'autorité pontificale. — *Cum omnibus*.
CHEVALIER (U.), *Cart. de St-Pierre-du-Bourg*, 13-4, n° 5.

**4196** 21 janvier 1164/5.
Epitaphe de Raymond, archidiacre de l'église de Vienne, sur la plinthe du mur extérieur de St-Maurice, au nord.
Charvet, 775. Terrebasse, Inscr. I. 238-9. n° 374.

**4197** (Vers 1165).
Agnès, à la mort de son mari Montarsin, cède aux frères de Bonnevaux une pièce de terre dans la condamine d'Oron *(Ouro)*. Consentement de leurs fils Hugues, Montarsin et Joffred. Témoins : Engelème, chanoine de St-Vallier, son frère Joffred d'Albon, etc.
Chevalier (U.), dans *Bull. acad. Delphin.* D, II, 135 ; *Cart. de Bonnevaux*, 119, n° 286.

**4198** (Vers 1165).
Partage de l'eau pour l'arrosage des prés : les frères de Bonnevaux avaient celle d'Aiguebelle, le dimanche à partir de midi.
Chevalier (U.), dans *Bull. acad. Delphin.* D, II, 136 ; *Cart. de Bonnevaux*, 120, n° 288.

**4199** (Vers 1165).
Bernard d'Aygola vend aux frères de Bonnevaux un pré de la dot de sa femme Aaldis, fille de Guigues de Châtillon. Témoins : son mistral Aymon Bellez, etc.
Chevalier (U.), dans *Bull. acad. Delphin.* D, II, 92 ; *Cart. de Bonnevaux*, 76, n° 174.

**4200** (Vers 1165).
Isard de Moras donne aux frères de Bonnevaux sa part du moulin *(molnare)* de Landrin, pour 8 sols. Témoins.
Chevalier (U.), dans *Bull. acad. Delphin.* D, II, 135 ; *Cart. de Bonnevaux*, 119, n° 285.

**4201** Mantols, Châteauneuf, (vers 1165).
Isard de Moras vend aux frères de Bonnevaux un pré à Aiguebelle *(Aqua Bella)*, au prix de 410 sols Viennois. Témoins :..., Guillaume de St-Alban, mistral du comte ; garants. Approbation de sa femme et de sa mère ; puis de Guillaume Boveth *ap. Mantul*, dans la maison de Pierre Constantini ; de sa femme, sœur d'Isard, ap. *Castrum Novum*, dans son habitation ; de Pierre Aguinus, mistral d'Isard.
Chevalier (U.), dans *Bull. acad. Delphin.* D, II, 135-6 ; *Cart. de Bonnevaux*, 119 20. n° 287.

**4202** Claveyson, (vers 1165).
Jarenton de Claveyson, sur la fin de sa vie, ordonne à son beau-frère Pierre Dudini et à Richard de Boczosel *(Bocesello)* de vendre [aux frères] de Bonnevaux une terre à Bossieu *(Boceiacum)*, ce qui eut lieu après sa mort ; témoins. Sa femme approuve *ap. Clavaisonem* ; témoins : Berlion de Montfalcon, etc.
Chevalier (U.), dans *Bull. acad. Delphin.* D, II. 92-3 ; *Cart. de Bonnevaux*, 76-7. n° 175.

**4203** (Vers 1165).
Pierre Carasii et son frère Guillaume donnent aux frères de Bonnevaux un pré à Bossieu *(Bocciacum)* ; ils reçoivent 50 sols et leur frère Guigues 3. Barthélemy de Voiron *(Vorone)*, dont ils le tenaient, se fait donner 15 (vx) sols et son mistral *(minister)* 2 ; témoins.
Chevalier (U.), dans *Bull. acad. Delphin.* D, II, 93 ; *Cart. de Bonnevaux*, 77, n° 176.

**4204** (Vers 1165).
Vivien, fils de Gautier Albucii, avait la moitié des dîmes de la paroisse de Bossieu *(Bucciaco)* et les tenait de Falcon de Châtillon : il s'entend avec [les frères de] Bonnevaux et donne pour cautions Falcon d'Izeron, son *uttricus*, etc. Témoins.
Chevalier (U.), dans *Bull. acad. Delphin.* D. II. 88-9 ; *Cart. de Bonnevaux*, 72-3, n° 168.

**4205** Domène, (vers 1165)
Morard de Theys *(Tedesio)* était revenu, après 15 ans, sur la donation d'une vigne faite par sa mère et ses amis au monastère de Domène, pour l'âme de son père ; il se désista entre les mains de Jean, évêque de Grenoble, sur l'autel de Notre-Dame à Domène, moyennant 7 livres que lui donna le prieur Ponce Ainard. Témoins : Bernard prieur claustral, Louis sacristain et 8 moines, les chevaliers Louis et Aténulfe, André cuisinier, Pierre boulanger, etc.
Monteynard. *Cart. de Domène*, 92, n° 104.

**4206** (Vers 1165).
Redevances dues au monastère de Domène par la maison de Pierre Claret, etc., le manse des Cabannes *(C-nas)*, la *cabannaria* de la Cochi, celle de Villette *(la Vileta)*, la *borderia* et le cimetière des Ayes *(de les Aies)*.
Monteynard. *Cart. de Domène*, 255-6. n° 238. 3-7.

**4207** Vernaison (1165 ?).
Guenisius, après avoir, sur l'invitation de l'abbé de Léoncel et de son père Raymond de Châteauneuf, ratifié de nouveau la donation de celui-ci entre les mains de l'évêque de Valence, en présence d'Adémar sacristain de St-Ruf et de Guillaume d'Ornacieu *(Ornaceo)*, vint, deux ans après, à Léoncel et confirma sur l'autel, devant les moines et convers, le testament de son père : pour se l'attacher davantage, les frères lui donnèrent 200 sols monnaie de Vienne. — L'objet de cette donation comprenait la condamine des Briailles *(Bruallas)*. que tenaient les religieuses de Vernaison *(Comertio)* pour la matrone Berlos, sœur de Raymond ; les frères durent leur donner 130 sols et en promettre 20 à Berlous, sa vie durant ; ce fut réglé au chapitre de Vernaison, en présence de l'abbé Hugues et de Guillaume d'Ornacieu. Guenisius donna son approbation et reçut un poulain de 60 sols.
Chevalier (U.), *Cart. de Léoncel*, 13, n° 11.

**4208** 1165.
Hugues Rainaud avait engagé, pour 660 sols, à Falcon, prieur du Bourg[-lès-Valence] son manse de la Voupe *(Vulpa)*, au territoire de Coussaud *(Cozau)* ; il le céda ensuite à Ponce Galateu, moyennant 500 sols. Quand il se donna à Notre-Dame de Léoncel *(Liuncelli)*, il lui fit présent de ce manse, entre les mains de l'abbé Hugues, en présence d'Odon, évêque de Valence : les frères remboursèrent les deux sommes. Témoins : Guillaume d'Ornacieu *(O-ceo)*, Pierre de Viriville *(Veravila)* et Guenisius de Châteauneuf *(Castro Novo)*, qui reçut pour son consentement 400 sols en monnaie Viennoise. Sceau de l'évêque.
Chevalier (U.), *Cart. de Léoncel*, 14, n° 12.

**4209** (Vers 1165).
Amédée *(Ameus)* Girout ou Girouz, de Crépol *(Crespol)*, vend à l'Hôpital de St-Paul un champ au-dessus de son orme au territoire de St-Paul, au prix de 300 sols ; il y retient 2 setiers de froment de cens et 5 sols de plaid. Il donne sa parole au prêtre Pierre Rigaud ; son frère, le chanoine Didier de Crépol, sa femme et ses fils approuvent et reçoivent 20 sols. Cette acquisition fut faite par le commandeur Raymond Faber. Simon de Châtillon, Bernard Airars, Pierre Bernard se portent comme garants entre les mains de Guillaume de St-Lattier. Les témoins, au nombre de onze, dînent à l'Hôpital.
CHEVALIER (U.), *Cart. de St-Paul-lès-Romans*, 24, n° 45.

**4210** (Vers 1165).
Armand Recco donne aux pauvres [de l'Hôpital] de Jérusalem [à St-Paul], sa terre à Génériat *(Genevreas)* et reçoit 700 sols. L'approbation de Pierre de Beaumont *(Bel Mont)* est payée 12 livres 10 sols (ses fils reçurent encore 4 liv.) ; on donne à dame Falavella 10 sols, à Guillaume Ros 20. Témoins.
CHEVALIER (U.), *Cart. de St-Paul-lès-Romans*, 13, n° 18.

**4211** (Vers 1165).
Le clerc Bernard de Varacieux *(Veiraceu)*, frère de l'Hôpital de Jérusalem, donne en aumône à la maison de l'Hôpital de St-Paul ce qu'il percevait sur le tènement *deus Bouzarz*, sur la vigne de Ponce Motin et la terre de Costa.
CHEVALIER (U.), *Cart. de St-Paul-lès-Romans*, 32, n° 94.

**4212** (Vers 1165).
Chabert de Châtillon *(Castilionis, Chastellon)* se donne aux pauvres de l'Hôpital et avec lui un pré à St-Paul que tenaient de lui li Albertenc ; à la fin [de sa vie] il remet toutes ses armes avec son cheval et des vignes à Chalevoux *(Chalevo)*. La maison lui donne part à ses bonnes œuvres *(beneficia)* et lui promet la sépulture dans le cimetière de l'église. Il ne pourra passer dans un autre ordre.
CHEVALIER (U.), *Cart. de St-Paul-lès-Romans*, 12, n° 15.

**4213** (Vers 1165).
Guigues Airarz concède (vend) le champ *del Coonnier* à la maison de l'Hôpital de Jérusalem à St-Paul[lès-Romans] ; il reçoit des aumônes de l'Hôpital 450 sols et retient 1 setier de froment de cens. La cession est approuvée par ceux de qui dépendait la terre, qui reçoivent : Bertrand de Claveyson 30 sols, Ismidon de la Poype 5, Guillaume de Charmes *(Chalmen)* 3. Li Charbonel d'Oveis abandonnent leurs droits, moyennant 20 sols. Fait du conseil de Lantelme et d'Armand, procureur des maisons de l'Hôpital. Témoins (11).
CHEVALIER (U.), *Cart. de St-Paul-lès-Romans*, 3-4, n° 1.

**4214** (Vers 1165).
Guillaume Audeno, sa mère, sa femme et ses fils donnent à la maison de l'Hôpital Ponce Bisclais, son frère et ses fils, et reçoivent comme prix [de ces serfs] 100 sols. Garants : Bovez d'Hostun *(Osteon)*, François et Guillaume de St-Lattier *(S. Eleuterio)*. Témoins : Pierre de Belmont, Lantelme de St-Paul, etc. (16).
CHEVALIER (U.), *Cart. de St-Paul-lès-Romans*, 5-6, n° 6.

**4215** (Vers 1165).
Guillaume Malfaiz donne aux pauvres de l'Hôpital de Jérusalem tout ce qu'il avait à St-Paul et la vigne del Beon à St-Lattier *(S. Eleuterium)*, etc.
CHEVALIER (U.), *Cart. de St-Paul-lès-Romans*, 14, n° 20.

**4216** St-Lattier (vers 1165).
Guillaume Rainer se donna lui-même à la maison de l'Hôpital, avec le bois qu'il avait sur le territoire de St-Paul. Après sa mort, ses neveux élevèrent des difficultés ; le donz Lantelme leur donna 100 sols et 18 den. de cens à Montmiral *(Mon Mira)*. Fait *en la sala* a San Later, par la main de don Guillaume de St-Lattier. Témoins.
CHEVALIER (U.), *Cart. de St-Paul-lès-Romans*, 19, n° 35.

**4217** (Vers 1165).
Guillaume de St-Lattier *(Villelmus de S. Eleuterio)* remet en gage *(in vadimonium)* à la maison de l'Hôpital de Jérusalem une terre à St-Paul, pour 100 livres Viennoises : s'il veut la racheter, il soldera cette somme au maître de la maison, suivant l'usage *gageriæ* ; s'il ne le peut, elle restera aux pauvres de l'Hôpital pour le repos de l'âme de ses ancêtres. Témoins : Armand de la Boissi, le prêtre Francon et Lantelme de St-Paul,... le docteur Guarin, etc.
CHEVALIER (U.), *Cart. de St-Paul-lès-Romans*, 6, n° 7.

**4218** (Vers 1165).
Guillaume de *Varenas* vend à la maison de l'Hôpital de St-Paul[-lès-Romans] ses droits sur le moulin de ce lieu : les chefs de la commanderie, Latard Bollas, Hugues Richarz et Hotmar, lui payent 60 sols. Son frère Aimon approuve et reçoit 2 sols. Comme le vendeur avait engagé 3 setiers de méteil *(annonæ)* sur ce moulin, il donna pour garant de leur rachat avant la s¹ Julien (28 août) Guigues de la Côte *(Costa)* ; témoins. Pour cette renonciation *(diffinicio)*, Lantelme donne à Pierre Teotbert et à Guillaume Aldenon 10 sols et 3 setiers d'avoine ; témoins : l'archiprêtre Matfred, Barnard de Châtillon, etc.
CHEVALIER (U.), *Cart. de St-Paul-lès-Romans*, 11-2, n° 14.

**4219** (Vers 1165).
Ismidon de Châtillon *(Esmido de Chasteillo)* engage *(donavi)* à la maison de l'Hôpital de St-Paul 5 pièces de terre pour 31 livres, sous le cens de 2 setiers de froment ; lui et ses fils récupéreront la terre en remboursant l'argent. Cette acquisition fut opérée par [le commandeur] Raymond Faber. Guillaume de St-Lattier, Pierre de Chavannes *(des Chavaignas)*, Antelme Rainers et Guigues de Châtillon s'en portèrent garants. Témoins : le prêtre Pierre Rigaud et 5 autres.
CHEVALIER (U.), *Cart. de St-Paul-lès-Romans*, 24-5, n° 46 (charte cancellée).

**4220** (Vers 1165).
Lambert Foucher *(Folcherius, Fougers)*, son frère Fulcon et leur mère font la paix pour toutes les *grausas* qu'ils avaient avec les frères de l'Hôpital [de St-Paul], qui leur donnent 4 livres. Fait par la main de Durand Barnafre, devant les portes de l'église de St-Jean [à Châtillon]. Témoins : le prêtre Pierre Rigauz, Guenis prêtre de St-Jean, etc., qui sont garants.

CHEVALIER (U.), *Cart. de St-Paul-lès-Romans*, 23, 25, n° 43, 48.

**4221** Beauvoir, (vers 1165).
Lambert Ubout et ses enfants cherchaient querelle à la maison de St-Paul au sujet de *grausas* qu'ils tenaient d'Artaud de Pisançon *(Pisanzan)* ; on leur donna 30 sols. Martin Bailles fut garant pour 300 sols, Guillaume del Poi pour autant. Fait devant l'église neuve de *Bel Veer*, par les mains d'Algo prieur de la Sône *(Losonna)*, de Chabert Frances et de Guillaume de St-Lattier *(San Later)*. Témoins.
CHEVALIER (U.), *Cart. de St-Paul-lès-Romans*, 20, n° 36.

**4222** (Vers 1165).
Lantelme de *Leives (Leivas)* donne à la maison de l'Hôpital [de St-Paul] le champ *del Perer* et reçoit 60 sols, sa femme 12 *numi*. Fait en présence de Lantelme et d'Armand de la Boisse *(Boissi)*. Témoins (9).
CHEVALIER (U.), *Cart. de St-Paul-lès-Romans*, 5, n° 4.

**4223** (Vers 1165).
Lantelme de *Leives* donne à la maison de l'Hôpital de St-Paul un courtil près de la commanderie et reçoit 70 sols et un porc, sa femme, etc.. 5 sols. Fait du conseil d'Armand de la Boisse *(Boissi)* et de Lantelme de St-Paul ; celui-ci retint 12 *numi* de cens, dont il fit remise quand il entra dans l'ordre. Témoins : Pierre de *Leives*, qui conseilla cette donation, etc.
CHEVALIER (U.), *Cart. de St-Paul-lès-Romans*, 5, n° 5.

**4224** (Vers 1165).
Lantelme Melloret *(Melioriti)* donne à la maison de l'Hôpital [de St-Paul] une terre à Chirouze *(en la Chirosa)* et reçoit un cheval ; il y retient 2 setiers de froment de cens, qu'il donna avec une autre terre quand son neveu entra dans l'ordre. Approbation de sa femme, son fils et sa sœur Esclarmonde. Témoins.
CHEVALIER (U.), *Cart. de St-Paul-lès-Romans*, 13-4, n° 19.

**4225** (Vers 1165).
Quand il partit [en pèlerinage] pour St-Jacques [de Compostelle], Lantelme Melioreti remit en gage, pour 100 sols, la terre labourée *(gaannage)* et le pâturage *(pasquer)*, qu'il avait au territoire de St-Paul, à la maison de l'Hôpital, dont le commandeur était Lantelme de St-Lattier. Garant : Artaud de Pisançon *(Piszansa)*. Témoins (3).
CHEVALIER (U.), *Cart. de St-Paul-lès-Romans*, 25, n° 47.

**4226** (Vers 1165).
Lantelme seigneur de St-Lattier *(S. Eleuterii)*, Artaud de Pisançon *(Pisenciano)*, Guillaume de Charmes *(Chalmo)* et Guigues de Quincieu *(Quinceu)* donnent aux frères de l'Hôpital de Jérusalem à St-Paul[-lès-Romans] l'eau de la Joyeuse *(Geusæ)* pour arroser leurs prés, chacun un jour par semaine, à des heures déterminées.
CHEVALIER (U.), *Cart. de St-Paul-lès-Romans*, 53-4, n° 96.

**4227** (Vers 1165).
Mallen Tialquis avait acquis de Guillaume Guarin une terre, que ses fils donnèrent à l'Hôpital [de St-Paul]. Le [commandeur] Lantelme leur donna 15 sols.
CHEVALIER (U.), *Cart. de St-Paul-lès-Romans*, 13, n° 17.

**4228** (Vers 1165).
Pierre Pollet engage à la maison de l'Hôpital [de St-Paul] *comba Freoul*, que lui avait donnée le commandeur (don) Albert de Montmiral *(Mon Mira)*, sous le cens d'un setier de froment, pour 30 sols. Quand il alla [en pèlerinage] à St-Jacques [de Compostelle] il en fit don à l'Hôpital, qui lui donna 8 sols et à ses fils un habit *(gonella)* de 10 sols. Fait devant le four de Ponce de Visan *(Avisan)* et reçu par Guillaume Teiseire. Témoins.
CHEVALIER (U.), *Cart. de St-Paul-lès-Romans*, 23-4, n° 44.

**4229** (Vers 1165).
Simon et Amédée, fils de Pierre de *Leivas (Leivias)*, donnent à la maison de l'Hôpital [de St-Paul] leur terre près de la route et reçoivent des aumônes de l'Hôpital 550 sols. Assentiment de Falcon de *Leivas*. Ismion de St-Lattier *(San Later)* et Guillaume Raillarz, qui reçoivent 20 sols. Reçu par dom Lantelme. Témoins.
CHEVALIER (U.), *Cart. de St-Paul-lès-Romans*, 20, n° 37.

**4230** Sens. 28 mars 1165.
Bulle du pape Alexandre III adressée à Pierre, évêque de Die, par laquelle il prend son église sous la protection de s' Pierre et lui confirme ses possessions : la ville de Die, les châteaux de Montmaur, Menglon, Luc, Beaumont, le Pègue *(Opighe)*, St-Marcel, Mirabel, Crest (avec ce qu'Arnaud de Crest possède dans ce diocèse), Suze et Gigors (avec ce que Guillaume de Poitiers tient dans ce diocèse) ; les abbayes de St-Marcel, St-Médard, Ste-Croix, St-Julien de Guignaise, Léoncel *(Fontis Leonnæ)* et Saou *(Seonis)*. Aucun prieur ou clerc ne pourra distraire aucune église de sa juridiction. — *Piæ postulatio volunt*.
*Gallia christ. nova*, XVI, instr. 186-8. CHEVALIER (U.), *Cart. de l'égl. de Die*, 20-2, n° 6. Trad. CHEVALIER (J.), *Hist. de Die*, I, 207-9. = BRUN-DURAND (J.). *St-Médard*, 4. JAFFÉ, -11170.

**4231** ......Beauvoir, juillet 1165.
Falcon de Châtillon *(Chastilione)* vend aux frères de Bonnevaux ce qu'il avait dans la paroisse de Bossieu, au prix de 3400 sols. Son fils Chatbert et son frère le chanoine Guillaume approuvent. Ils donnent pour garants Bournon de Revel l'ancien et Jarenton de Claveyson. Témoins : Méliorel de Boczosel *(Bociosello)*, archidiacre,... Rostang de Collonge *(Colungiis)*,... Amédée de Clérieu, dit le moine,... Engelbod de Curtin *(Cortina)*, mistral. Approbation de son autre frère Guigues de Châtillon ; témoins. Bournon de Revel le jeune s'en porte garant ; témoins. — Ensuite, Guigues Lunelz, de qui Falcon tenait une part en fief, chercha querelle, puis l'abandonna à Beauvoir *(Bellumvidere)*. Témoins : Gualdo de la Tour,... et Soffred Lunels.
CHEVALIER (U.), dans *Bull. acad. Delphin*. D. II, 89 ; *Cart. de Bonnevaux*, 73, n° 169.

**4232** Montpellier. 15 juillet 1165.
Bulle du pape Alexandre III adressée à Hugues, abbé de Léoncel *(Fontis Leonnæ)*, par laquelle il prend son monastère sous la protection de s' Pierre, ordonne que la règle de s' Benoît suivant l'institution de Cîteaux y soit toujours observée ; confirme ses possessions : l'abbaye, les granges de Combe-Chaude *(Cumba Calida)*,

du Conier *(Cognerio)*, de Parlanges *(Pallaranges)*, de Lente *(Lenthio)* et le cellier *(cellarium)* de St-Julien ; les exempte de toutes dîmes, défend aux profès de sortir du cloître sans permission. — *Quoliens illud a.*

CHEVALIER (U.), *Cart. de Léoncel*, 14-7, n° 13. = JAFFÉ, -11219.

**4233** (Vers août 1165).
Lettre des frères de la Chartreuse à Louis VII, roi de France, le suppliant de prendre sous sa protection l'évêque légitime de Grenoble (Jean), sacré par le pape Alexandre III, contre l'ex-évêque (Geoffroi). C'est par disposition de la Providence que ce comté soit échu à son neveu (Taillefer). Qu'il veuille bien entretenir de cette affaire le comte de St-Gilles. — *In tantum, domine.*

DU CHESNE, *Hist. Franc. script.* IV, 686. BOUQUET, XV, 853 ; XVI, 128. *Gallia christ. nova*, XVI, instr. 89. LE COUTEULX, *Ann. Cartus.* II, 270-1. = BRÉQ. III, 324 (à 1162).

**4234** Beaucaire, (4/25) août 1165.
...*fer.* 4, *in castro Bellicadri*, Raymond, duc de Narbonne, comte de Toulouse et marquis de Provence, accorde à l'abbé Hugues et aux frères de la maison de Léoncel *(Liuncello)* l'exemption de tout impôt *(uzaticum)* et péage *(pedaticum)* dans tout son ressort sur terre et sur eau, pour ce qui sera nécessaire à leur nourriture et vêtement. Témoins : Bermond d'Uzès, Guillaume de Sabran, etc. Reçu par Pierre de Viriville *(Vera Vila)*, dans la maison de Guillaume Malsang *(Mali Sanguinis)*.

CHEVALIER (U.), *Cart. de Léoncel*, 17-8, n° 14.

**4235** 28 septembre 1165.
Obit d'André, moine à la Grande Chartreuse.

LE VASSEUR, *Ephemer. Cartus.* III, 438.

**4236** 3 novembre 1165.
Guillaume de Clérieu *(Clareio)*, dit l'abbé de St-Félix [de Valence], ayant donné à l'abbé Hugues et aux frères de Notre-Dame de Léoncel *(Fontis Leonciæ)* la métairie *(cabanaria)* de Bessey *(Beceio)*, Odon, évêque de Valence, du conseil de son chapitre, confirme cette donation, sous le cens de 12 den. à l'abbé de St-Félix, quel qu'il soit. Témoins : le doyen Armand, le chantre Guillaume, Hugues d'Etoile *(Stella)*, Abon d'Allex *(Alesco)*, Guigues de St-Romans, Pierre de Viriville *(Verevilla)*, moine de Bonnevaux... *ind. 13..., luna 26, regn. Frederico imper. — Quia tempus et memoria.*

CHEVALIER (U.), *Cart. de Léoncel*, 18, n° 15.

**4237** 23 décembre 1165.
Epitaphe de Mélioret, sous-diacre, sur le mur entre la chapelle de St-Théodore et les Petits-Cloîtres de l'église de St-Maurice à Vienne.

Bosco (J. a), 102. CHARVET, 772 (1ᵉʳ janv.). TERREBASSE, *Inscr.* I, 240, n° 375.

**4238** (12) janvier 1165/6.
Convention de Raimond, archevêque d'Arles, avec Geoffroi de Signe et son frère Fouque. Témoins : Bertrand de Rochemaure, chanoine de St-Ruf, etc... *luna 7.*

ALBANÉS, *Gallia christ. noviss.* III, 237-8.

**4239** Latran, 27 février (1166/1167).
Bulle du pape Alexandre III adressée à Jean, évêque de Grenoble ; à sa demande, il prohibe de donner, vendre, engager *(pignorari)*, hypothéquer *(obligare)* ou conférer à des religieux les fiefs de son église sans son consentement. — *Si quando postulatur.*

*Cartul. d'Aimon de Chissé*, n° 23 (Not. anal. 13-4). — CHEVALIER (U.), *Cart. d'Aimon de Chissé*, 60. = JAFFÉ, -11321.

**4240** Chalon, 1166.
Louis VII, roi de France, atteste que Gérard, comte de Vienne, a reconnu en cour plénière n'avoir aucun droit sur les biens de l'évêque et de l'église de Mâcon ; il maintient ses coutumes à Virieu, si le seigneur de Miribel peut prouver qu'il en possède. *Act. publ. Cabilone, a°... regni 29.*

MARTÈNE, *Script. vet. coll.* I, 874-5. BRUNEL, *Usage des fiefs*, I, 519. DU CHESNE, *Hist. généal. mais. Vergy*, pr. 116. *Gallia christ. nova*, IV, instr. 287. GUILLAUME, *Hist. de Salins*, I, pr. 62-3. = BRÉQ. III, 380.

**4241** 1166.
Guillaume, abbé de St-Pierre à Vienne, donne à son très cher Hugues, abbé de Bonnevaux, ce que lui avaient donné ou vendu sur le territoire d'Estrablin *(Estrabini)* Guillaume doyen, actuellement élu [archevêque] de Vienne, Humbert de Bellegarde, Nantelme et Humbert de Châtonnay *(Calunnayo)*. Témoins : ... maître Anselme. Un double de la charte est déposé à Bonnevaux et à Vienne.

CHEVALIER (U.), dans *Bull. acad. Delphin.* D, II, 65-6 ; *Cart. de Bonnevaux*, 49-50, n° 99.

**4242** 1166.
Manassès, fils de Rorgus, donne aux frères de Bonnevaux une vigne à Bossieu *(Buciacum)*, qu'ils lui payent 100 sols ; fait entre les mains de l'abbé Pierre. Témoins : Manassès, oncle du donateur, qui se porte garant,... Bernard palefrenier *(equarius)*, etc.

CHEVALIER (U.), dans *Bull. acad. Delphin.* D, II, 88 ; *Cart. de Bonnevaux*, 72, n° 167.

**4243** Burriane, 1166.
Agnellus, sa femme Acelena et son fils Guigues donnent et vendent, pour le prix de 10 sols Viennois [comme n° 4259]. Cautions : Guillaume de St-Amat, Guillaume Ursetz, Jaucerand. Témoins. *Fact. in Podiata Burrianæ... 9° an. de Grégoire évêque de Gap.*

GUILLAUME, *Chartes de Durbon*, 66-7, n° 62. = ROMAN, 26°.

**4244** Durbon, 1166.
Ainard, sa femme et ses fils Géraud et Jean donnent au prieur Bertrand et aux frères [de Durbon] leur terre au champ *Fagi*, entre les mains du procureur André, moyennant 50 sols. Témoins. Fait devant la maison du four... Grégoire évêque [de Gap].

GUILLAUME, *Chartes de Durbon*, 67-8, n° 64. = ROMAN, 27°.

**4245** (Vers 1166).
Vente par Arbert Guers et sa femme Etiennette, avec l'approbation de Bernard de la Bessée, à Bertrand prieur de Durbon, de leurs droits à Chamousset, moyennant 4 sols.

GUILLAUME, *Chartes de Durbon*, 70, n° 69. = ROMAN, 27°.

**4246** Durbon, 1166.
Arbert Naals et sa femme, du consentement de Guigues Correiardi, donnent au prieur Bertrand et aux frères [de Durbon] ce qu'ils possèdent au pré *Riperti* à Cha-

mousset *(C-osset)*, moyennant 5 sols de peaux. Témoins : André, procureur, etc. Fait devant la porte de la maison inférieure... Grégoire, évêque [de Gap].
GUILLAUME, *Chartes de Durbon*, 69, n° 67. = ROMAN, 27°.

**4247** (Durbon), 1166.
Vente par Bernard de la Bessée *(Becea)*, à Durbon, de ses droits à Chamousset *(C-osset)* et à l'Elevet, moyennant 6 sols. Fait devant le four.
GUILLAUME, *Chartes de Durbon*, 69-70, n° 68. = ROMAN, 27°.

**4248** Durbon, 1166.
Etienne Richardi donne au prieur Bertrand et aux frères [de Durbon] tout son droit à Burriane, moyennant 40 sols. Cautions : Guillaume Odon, prêtre, Pierre Pelatus. Témoins : André, procureur, Jean, prêtre de St-Julien, etc. Fait dans le cellier de la maison inférieure,... Grégoire évêque [de Gap].
GUILLAUME, *Chartes de Durbon*, 68-9, n° 66. = ROMAN, 27°.

**4249** Durbon, 1166.
Francon Albuini s'était donné au prieur Bertrand et aux frères de Durbon. Une transaction intervint entre ses frères Odon et Guillaume, sa sœur Sibylle et sa mère Casea avec le couvent, lequel abandonna sa part de l'héritage et reçut leurs droits au-dessus de *Podiana* jusqu'au châtelard de Burriane et au sommet de Combe-Obscure *(Podii Nigri)*, avec 4 den. et un setier *civatæ* de cens. Serment d'Odon, de sa femme Plusdonna, etc. Cautions : Ponce Richaud, Jean Dio, Jean prêtre de St-Julien. Témoins. Fait en la grange près des cellules des frères... ind. 14, Grégoire évêque de Gap, Frédéric emper. d. Romains, Alexandre III pape.
LE COUTRULX, *Ann. Cartus.* II, 274-5. GUILLAUME. *Chartes de Durbon*, 56-7, n° 53. = ROMAN. 26°.

**4250** 1166.
Concession par Grégoire, évêque de Gap, à Jean, chapelain de Saint-Julien, et à ses successeurs, de l'exemption de toute redevance envers son église, sauf 6 setiers de blé *(annona)*, 6 d'avoine et 12 den. synodaux ; à l'avenir, aucun chapelain ne pourra être nommé dans cette église sans l'autorisation des chartreux de Durbon. Approbation du chapitre : Guillaume, archevêque d'Embrun et doyen, maître Bérenger, Guillaume de Bénévent, Nantelme d'Orcières ; témoins : Etienne, chapelain de l'évêque, etc.
GUILLAUME, *Chartes de Durbon*, 70-1, n° 70. = ROMAN, 26°.

**4251** Burriane, 1166.
Vente par Guillaume de Montama, du conseil de Guillaume Almarici, son beau-père *(vitricus)*, et de Pons Richaudi, son oncle *(patruus)*, à Durbon, de tout ce qu'il possède du Châtelard de Burriane, au Puy-Noir, moyennant 130 sols Viennois. Il confirme les donations faites par ses ancêtres. Fidéjusseurs : Jean, prêtre de St-Julien, Etienne, prêtre de la Rochette [en Beauchêne]. Témoins. *Fact. in Podiata Burrianæ, episcopatus d. Gregorii Vapinc. episcopi 9.*
GUILLAUME, *Chartes de Durbon*, 61-2, n° 57. = ROMAN, 26ᵇ.

**4252** Durbon, 1166.
Humbert Laurentii fait don au prieur Bertrand et aux frères [de Durbon], de sa terre aux champs *Fagi* et *Lan'elmenc*, moyennant 135 sols. Témoins : André, pro-cureur, Jean, prêtre de St-Julien, etc. Fait devant la maison du four.
GUILLAUME, *Chartes de Durbon*, 67, n° 63. = ROMAN, 27°.

**4253** Durbon, 1166.
Vente par Isnard, sa femme Plusdonna et son fils Arbert, à Bertrand, prieur de Durbon, de la moitié de la *pelaa* de Durbon, moyennant 60 sols Viennois. Garants : Jean, prêtre de Saint-Julien. Témoins. Fait sur la route, près de la porte du verger...
GUILLAUME, *Chartes de Durbon*, 61, n° 56. = ROMAN, 26°.

**4254** Durbon, 1166.
Jaucerand et sa femme Poncia donnent et vendent, pour le prix de 10 sols Viennois [comme au n° 4259]. Cautions : Guigues Correiardi, Aimar et Ponce de la *Pinea*. Témoins : André procureur, etc. Fait sur l'aire *(area)* devant la grange près des cellules des frères... 9° an. de Grégoire, évêque de Gap.
GUILLAUME, *Chartes de Durbon*, 65-6, n° 61. = ROMAN, 26°.

**4255** 1166.
Vente par Odon *de las Chesas*, sa femme Esclarmonde, sa belle-mère Espagna et Guillaume de Croyers *(Creers)*, à Bertrand prieur de Durbon, de tout ce qu'ils possédaient au Pré-Borrelan *(terra Borrellencha)*, moyennant 220 sols. Garants : Ponce Richaus, son fils Arnaud, Jean prêtre de St-Julien, Guigues Bernardi, Ponce Evesques, Pierre Rufus. Témoins. Fait dans la maison d'Odon…, ind. 14, Grégoire évêque de Gap, etc.
GUILLAUME, *Chartes de Durbon*, 55-6, n° 52. = ROMAN, 26°.

**4256** 1166.
Pierre Guinieri et son frère Ainard donnent au prieur Bertrand et aux frères de Durbon leur terre à champ *Lantelmenc*, moyennant 25 sols. Témoins : André procureur, Jean prêtre de St-Julien, etc. ... Grégoire évêque [de Gap].
GUILLAUME, *Chartes de Durbon*, 68, n° 65. = ROMAN, 27°.

**4257** Burriane, 1166.
Vente par Ponce Richaud, sa femme Aude et son fils Arnaud, à Bertrand, prieur de Durbon, de tout ce qu'ils possèdent à la *Lantelmencha*, moyennant 90 sols Viennois. Garants : Jean prêtre de St-Julien, etc. Témoins. — Peu après, les mêmes vendent au même tous leurs droits du Châtelard de Burriane au *Podium Nigrum*. Garants et témoins. *Fact. in Podiata Burrianæ,... ind. 14, Gregorio Vapinc. episcopo*, etc.
GUILLAUME, *Chartes de Durbon*, 59-60, n° 55. = ROMAN, 26°.

**4258** Durbon, 1166.
Raimbaud Jaucerandi vend au prieur Bertrand et aux frères de Durbon ses droits sur le bois de Rama *(dels Ramails)* et les montagnes de Chamousset *(C-osset)*, d'*Aigacha* au sommet de *Rimart*, au prix de 25 sols Viennois. Cautions : Hugues de Baumugne *(Balmunia)*, Lambert Correiardi, Aimar et Ponce de la *Pinea*. Témoins : André procureur, etc. Fait devant la grange, près des cellules des frères... 9° an. de Grégoire évêque de Gap.
GUILLAUME, *Chartes de Durbon*, 65, n° 60. = ROMAN, 26-7.

**4259** Burriane, 1166.
Richaud de Montama, sa femme Escalona, ses fils Hugues et Guigues, et Pierre de Vaunière *(Valle Nigra)*

vendent [au couvent de Durbon] leurs droits sur la terre *Lantelmencha* jusqu'à la crête de Combe-Obscure *(Podii Nigri)*, au prix de 100 sols Viennois. Serment. Cautions : Ponce Richaudi et son fils Arnaud, Guillaume Orsetz, Jean prêtre de St-Julien. Témoins. Fait *in Podiata Burrianæ...* ind. 14. Grégoire évêque de Gap, Frédéric emp., Alexandre pape.

GUILLAUME, *Chartes de Durbon*, 58-9, n° 54. = ROMAN, 26.

**4260** Durbon, 1166.

Ysoard, comte de Die, et son fils Pierre Ysoardi donnent avec serment au prieur Bertrand et au procureur André de Durbon le droit de prendre du bois dans les forêt et montagne de la Jarjatte *(Gargata)*, et celui de pâturage dans les mandements de Thoranne, du Pilhon *(Alpilione)*, Lesches *(Lechis)*, Luc et Quint ; les frères du couvent leur remettent 200 sols Viennois... la 9° ann. de l'épisc. de Grégoire évêque de Gap. Témoins : Jean prêtre de St-Julien, etc. Fait dans le cloitre de la maison supérieure.

CHEVALIER (J.), dans *Bull. soc. archéol. Drôme*, XXIII, 120; *Mém. comtés Valent.-Diois*, I, 33-4. GUILLAUME, *Chartes de Durbon*, 54-5, n° 51 ; 64, n° 59. = ROMAN, 25¹.

**4261** Durbon, 1166.

Ysoard, comte de Die, et son fils Pierre Ysoardi donnent au prieur Bertrand et aux frères de Durbon leurs droits sur le bois de Rama *(dels Ramails)* et la montagne de Chamousset *(Chamosset)*; ils reçoivent des aumônes du couvent 50 sols Viennois. Serment. Témoins (13). Fait devant la maison du four... la 9° ann. de l'épisc. de Grégoire, évêque de Gap.

CHEVALIER (J.), dans *Bull. soc. archéol. Drôme*. XXIII, 119-20; *Mém. comtés Valent.-Diois*, I, 33. GUILLAUME, *Chartes de Durboa*, 63, n° 58. = ROMAN, 25-6.

**4262** (14) avril 1166.

Pierre de Miribel *(Mirabel)*, ses frères Ponce et Hugues, et leurs femmes se départent des droits injustes qu'ils exerçaient sur l'église de St-Sévère et sur celle de St-Bonnet ; mais ceux de leurs vassaux qui viendront s'y établir, jouiront de la liberté ; de plus, tous ceux qui le peuvent viendront travailler à la clôture du château pendant 15 jours chaque année, quand cela sera nécessaire. Témoins : Artaud de Pisançon et 14 autres, ...*ind. 14..., luna 10.*

GIRAUD, *Hist. S. Barnard-Romans*, compl. 133-4, n° 307.

**4263** Latran, 23 avril (1166/1179).

Le pape Alexandre III mande à l'archevêque de Vienne de veiller à l'exécution de la sentence prononcée par ses juges en faveur du monastère de Tournus.

*JUÉNIN, *Nouv. hist. de Tournus*. pr. 178. *Patrol. lat.* CC, 1197. = JAFFÉ, 8645-13216.

**4264** Latran, 29 avril (1166/1167).

Lettre du pape Alexandre III à Henri, archevêque de Reims; il lui annonce les projets du comte de Toulouse, à l'instigation de l'empereur Frédéric, et lui demande d'insister auprès de lui pour qu'il restitue à son siège l'évêque de Grenoble [Jean], qu'il en a chassé. — *Quorumdam nobis.*

MARTÈNE, *Script. vet. coll.* II, 732. BOUQUET, XV, 862-3; XVI, 181. *Patrol. lat.* CC, 442-3. = BRÉQ. III, 385. JAFFÉ, 7592—11332.

**4265** Latran, 27 mai (1166/1179).

Bulle du pape Alexandre I¹¹ : en faveur du prieur et des religieux de Ste-Colombe de Gap ; il leur accorde l'autorisation de recevoir les clercs ou laïques libres et de donner la sépulture ecclésiastique à tous ceux qui voudront être enterrés dans leur église. — *Si quando postulatur.*

*GOIFFON, *Bull. de St-Gilles*, 91. WIEDERHOLD (Wilh.) et GUILLAUME (P.), dans *Ann. des Alpes* (1904), VIII, 90-1. = JAFFÉ, -13232.

**4266** (1166).

Voyage (très problématique) de l'empereur Frédéric I à Grenoble, se rendant en Bourgogne.

GIESEBRECHT (W. von), *Gesch. d. Deutschen Kaiserzeit*, II, 597. FOURNIER, *Roy. d'Arles*, 57, n. 1.

**4267** Besançon, 17 juillet 1166.

Diplôme de l'empereur Frédéric I¹¹. L'église de Vienne étant supérieure à toutes les métropoles de la Bourgogne, son archevêque doit se ressentir de la bienveillance impériale, d'autant plus qu'il est le chef du conseil, archichancelier du royaume de Bourgogne et le premier [seigneur] de la cour. Touché de l'attachement de l'église de Vienne, il a reçu avec bienveillance son [archevêque] élu Guillaume, habile dans la science des lois divines et humaines, qui s'est rendu à la cour, et l'a investi des droits régaliens, après avoir reçu son serment d'hommage et de fidélité. Il lui confie la ville de Vienne, le château Pipet, le palais des Canaux et ses fortifications. *Recogn. per Henricum s. palat. protonotar. vice Vuillelmi Viennen. archiepisc. et totius Burgundiæ archicancell... — Viennensis ecclesia.*

*Invent. Viennois*, III, 211ᵇ. CHIFFLET, *Collect. Burgand.* (Bruxelles, Bolland.). FONTANIEU, *Hist. de Dauph.*, pr. II, 1, 309; *Cart. du Dauph.* I, 124-5, 126 (1176 !). — Bosco (J. a), 88-9. CHIFFLET, *Vesontio* (1618, 1650), II, 248. LE LIÈVRE, 349-51. *SEVERT, *Chr. hist. Lugdun.* I, 247; 2ᵉ, 457-8. LUDWIG, *Erläut. der gold. Bulle*, II, 599. BOEHMER, *Acta imper.* 116. Trad. CHARVET, 353-4. MAUPERTUY, II-I. MERMET, III. 65. COLLOMBET, II, 79-81. = *Gallia christ. nova*, IV. 1141. STUMPF, 4073.

**4268** Dôle, 26 juillet 1166.

Diplôme de l'empereur Frédéric en faveur d'Odon de Champagne, parent de l'impératrice Béatrix. *Heiuricus protonot. vice Willelmi Viennen. archiep. et tot. Burgundiæ archicancell. recogn.*

CHIFFLET, S. *Bernardi Clarav. abb. genus ill.* 532. PERSAN, *Recherches sur la ville de Dôle*, 379. [CHRISTIN], *Diss. sur l'abb. de St-Claude*, 99. GUILLAUME, *Hist. généal. sires Salins*, I, pr. 50-2. = BÖHMER, *R. I.* 2518. STUMPF, 4074.

**4269** St-Rambert, (après 1166).

Guigues de Roussillon *(Russilione)* chercha difficulté aux [frères de] Bonnevaux, au sujet du bois de *Morneys*, qu'Isard de Moras et Othmar de Cour *(Corp)* leur avaient vendu, prétendant qu'il était de son fief : il s'en désista entre les mains de l'abbé Hugues. Fait *apud S. Raymbertum*, dans le cloître. Témoins : le moine Pierre de Viriville, etc.

CHEVALIER (U.), dans *Bull. acad. Delphin.*D, II, 138; *Cart. de Bonnevaux*, 122, n° 295.

**4270** Landrin, (après 1166).

Hugues d'Anjou et son frère Jarenton firent une querelle [aux frères] de Bonnevaux à l'endroit de l terre de la Perrière *(Petraria)*, que leur père et eux avaient donnée, puis confirmèrent leur cession. Fait *apud Landrinum*, en présence de Pierre car. archevêque (?) et de Hugues, abbé de Bonnevaux.

CHEVALIER (U.). dans *Bull. acad. Delphin.* D, II, 139-40; *Cart. de Bonnevaux*, 123-4, n° 299.

**4271** Landrin, (après 1166).

Martin de *Parzia* donne aux frères de Bonnevaux ce qu'il possédait sur le territoire de St-Maurice[-d'Exil], entre les mains de l'abbé Hugues *apud Landrinum*, et reçoit 36 [livr.]. Garants : Otmar et Guigues de Cour *(Corp)*,... Humbert de Parzia, lequel promet la garantie de Guigues de Roussillon ou du jeune Drodon de Beauvoir. Témoins : les chevaliers Sieboud de Tortone et Garnier de Moras. etc.

CHEVALIER (U.). dans *Bull. acad. Delphin.* D, II, 141; *Cart. de Bonnevaux*, 125, n° 304.

**4272** (1167).

Lettre [du prieur Basile et] des frères de la Chartreuse à Henri, roi d'Angleterre, lui reprochant sévèrement de s'emparer injustement des biens de l'Eglise. — *Cum sanctus Job*.

S. THOMÆ Cant. *Epist.* II, 70 : éd. 429. BOUQUET, XVI, 330. *Patrol. lat.* CXC. 1042. *Materials for history of Thomas Becket*. VI. 165. LE COUTEULX, *Ann. Cartus.* II. 276-7.

**4273** (1167).

Lettre de s¹ Thomas de Cantorbéry à l'évêque de Nevers, lui rappelant les infamies du roi contre... les Chartreux... — *Dirigat Dominus*.

S. THOMÆ Cant. *Epist.* v, 12. *Patrol. lat.* CXC, 614-9. LE COUTEULX, *Ann. Cartus.* II, 277-8.

**4274** 1167.

Fondation de la Chartreuse de la Silve-Bénite (Isère) par l'empereur Frédéric I⁺.

LE COUTEULX, *Ann. Cartus.* II, 279. LAGIER (A.), dans *Bull. acad. Delphin.* D, II, 220 (à part, 8).

**4275** 1167.

Le convers Aimon Carduns, sa mère Elisabeth, Pierre de Mongela, sa femme Enjulgarda et leur fille Geleata confirment [aux frères] de Bonnevaux l'héritage des 4 fils d'Armand Cardonis, à l'exception de la terre de Hugues d'Argental *(Argentau)*, de Pierre de Bossieu *(Boceu)* et d'André de *Lesches*. Témoins. Albert Guias touche de ce fait 5 sols. Jean, prieur de Viriville, frère d'Amédée de Montchenu *(Montecanuto)*...

CHEVALIER (U.), dans *Bull. acad. Delphin.* D, II, 89-90 ; *Cart. de Bonnevaux*, 73-4, n° 170.

**4276** (Vers 1167).

Durand Levez, son frère André et Radulfe, fils de Brunon de *Maceoneya*, donnent aux frères de Bonnevaux ce qu'ils avaient à *Bletoneyo*.

CHEVALIER (U.), dans *Bull. acad. Delphin.* D, II, 72 ; *Cart. de Bonnevaux*, 56, n° 121.

**4277** 1167.

Etienne, abbé de Cluny, donne à Hugues, abbé de Bonnevaux, ce qui appartenait au monastère d'Artas *(Artasium)* dans la paroisse de *Maceneya*; on lui remet 700 sols, plus une vigne et un manse qui seront à l'usage de la maison d'Artas.

CHEVALIER (U.), dans *Bull. acad. Delphin.* D, II, 71 ; *Cart. de Bonnevaux*, 55, n° 118.

**4278** 1167.

Hugues de Moncuc vend [aux frères] de Bonnevaux ce qu'il possède dans la paroisse de *Macconeya* ; son frère Guichard approuve. Garants : Aimon de Boczosel, Adémar Senioret et Guenis de la Porte. Témoins : Roland, Bosmond et Atténulfe de Demptézieu *(Dentayseu)*, etc.

CHEVALIER (U.), dans *Bull. acad. Delphin.* D, II, 71 ; *Cart. de Bonnevaux*, 55, n° 77.

**4279** 1167.

Guichard, archevêque de Lyon et légat du Siège apostolique, concède au prieur Guigues et aux frères de [Notre-Dame de] l'Isle au sud de Vienne *(Insula sub Vienna)* la maison d'Ivours *(locum apud Ieurnam)*, délaissée par les religieuses de Ste-Colombe, sous la pension de 6 den. à chaque synode et la condition de payer la dîme des animaux et des produits. Témoins : le chanoine Olivier, le sénéchal Pierre de *Refectorio*, maître Girin, l'archiprêtre Bérard et le clerc Bernon.

Arch. de l'Isère. B. 3603, origin. parch. — CHEVALIER (U.), *Cart. de St-André-le-Bas*. 302, n° 86ᵇ.

**4280** 1167.

Raymond de Châteauneuf, pour le repos de son âme et de ses ancêtres, a donné aux religieuses de Vernaison] le lieu appelé *Commercium* au-delà *(in ulteriori ripa)* de la rivière Isère]. vis-à-vis de Châteauneuf, la métairie *(condamina)* d'Albine et deux champs au lieu des Voutes *(Volta)*, près de *Galenderas* en deçà *(in citeriori ripa)* de la rivière, et une vigne ; il y a ensuite ajouté le lieu où il a fait construire le monastère, la terre contiguë et un bois. Son fils Guinisius de Châteauneuf a donné, pour le même motif, à l'église de Ste-Marie de *Comercio*, 4 courtils, avec les cens dus par leurs tenanciers ; plus, pour le repos de l'âme de sa femme Audis, le bois de *Chalupia* (Routes). 20 lapins et 2 setiers de seigle.

Arch. de la Drôme. Vernaison, copie du XIIᵉ s.

**4281** 1167.

Guerre entre Alphonse de Toulouse, gouverneur du Dauphiné pour son neveu Albéric Taillefer, et Humbert, comte de Maurienne, terminée par l'intervention de Pierre de Tarentaise.

*Acta ss.* Bolland., maii II, 330ᵃ. VIC-VAISSETE, *Hist. du Lang.* II. 640 : 3ᵉ, IV, 225ᵇ.

**4282** (1167/1172).

Adémar, évêque de Saintes, confirme à l'abbé Raymond et au couvent de St-Ruf la possession de l'église de St-Nicolas de Mornac, avec ses dépendances, donnée jadis par son prédécesseur Bernard, sauf réserve du droit de présentation aux chapellenies et un cens de 5 sols à Noël. La règle de s¹ Augustin devra être observée d'une manière irréfragable.

CHEVALIER (U.), *Codex diplom. S. Rufi*, 51, n° 40.

**4283** (1167/1193).

Guigues de Châtillon *(Castellione)* et Bernard d'*Aygola* élevèrent des plaintes contre les frères de Bonnevaux, mais les chevaliers de Viriville Joffred et

Armand reconnurent leur frivolité ; néanmoins, on leur donna une compensation et ils confirmèrent [le don] entre les mains de l'abbé Hugues. La femme de Bernard Aaldis et ses sœurs Mabilia et Guigona donnèrent leur assentiment, dont furent témoins leur père Guigues, Pierre de Viriville, etc.
CHEVALIER (U.), dans *Bull. acad. Delphin.* D, II, 39 ; *Cart. de Bonnevaux*, 23, n° 37.

**4284** (1167/1194).
Jean de Satolas *(Sattulas)* cherchait difficulté aux frères de Bonnevaux, mais il en fit remise entre les mains du seigneur Drodon [de Beauvoir], en présence de l'abbé Hugues. Témoins : ... Gualon de la Tour,... Rostang de Collonge *(Colunges)* et Barnard de Lovel. Approbation de sa femme Barracana et de ses fils ; témoins : les mêmes et le mistral Johannuns.
CHEVALIER (U.), dans *Bull. acad. Delphin.* D, II, 38-9 ; *Cart. de Bonnevaux*, 22-3, n° 36.

**4285** (1167/1194).
Jocerand de Revel et son frère Bertrand donnent [aux frères] de Bonnevaux, entre les mains de l'abbé Hugues, tout ce qu'ils possédaient à *Macioneya* ; on reçoit leur frère comme moine. Garants : Pierre Humbert et Fulcon de *Tornino*.
CHEVALIER (U.), dans *Bull. acad. Delphin.* D, II, 70-1 ; *Cart. de Bonnevaux*, 54-5, n° 116.

**4286** 13 janvier 1167 8.
Serment d'Isoard, [comte de Die], fils de Jauceraud et de Béatrix, à Pierre, évêque de Die. Il promet de respecter sa personne et ses biens, de le défendre contre toute attaque, de lui rendre à toute réquisition le château de Luc et ses fortifications. Il donne comme otages et garants : Hugues d'Aix, Eschafin, G. de Guisans, G. de Luzerand, Géraud, Odon et Humbert de Quint, Gau. de Véronne. Amaury d'Aucelon, Pe. Rainier d'Oze, Albert de Montclar, Pon. de Romeyer, Pierre le Moine. Hugues Rainier et Iso[ard] Vicarii. Garants et témoins : Nicolas doyen de Die et Jarenton de Quint [futur évêque]. Parmi les simples témoins : le sacristain Etienne. W. Arberti prieur de St-Marcel et 28 autres... *Alexandro summo pontif. in sua sede in quiete vivente, Frederico Roman. imper. regn..., a. 4 episc. Petri Dien. episc.*
COLUMBI, *Dien. episc.* 97 ; *Opusc.* 288. *Vie de s. Etienne, év. de Die,* 167. *Gallia christ. nova,* XVI, instr. 188. CHEVALIER (C. U. J.), *Cart. de l'égl. de Die,* 28-9. Trad. : CHEVALIER (J.), dans *Bull. soc. archéol. Drôme,* XXIII, 122-4 ; *Mém. comtés Valent.-Diois,* I, 35-7 ; *Hist. de Die,* I, 209-11, 441. = CHORIER, *H. de D.* I, 827. BRÉQ. III, 388.

**4287** (1168 ?).
Avec l'appui de l'empereur Frédéric I, les chanoines d'Embrun se font remettre par leur archevêque Guillaume sa part du revenu de mines d'argent.
D'après la bulle du 19 mars 1169. — FOURNIER, *R. d'A.* 41.

**4288** St-Gilles, 1168.
Donation par Bertrand, comte de Forcalquier, à l'Hôpital de Jérusalem et à Geoffroi de Brésil, prieur de St-Gilles. Fait dans la ville *S. Ægidii,* en la maison de l'Hôpital, près de l'église de St-Jean-Baptiste. Il prie l'archevêque d'Embrun, l'évêque de Gap, etc.
COLUMBI, *Manuasca,* 139 ; *Opusc.* 458-9.

**4289** (Le Grand-)Serre et Châtillon, 1168.
Francon de Chatte *(Chasta)* et sa femme Elisabeth, fille de Falcon de Châtillon, soulèvent des difficultés au sujet de la vente faite par ce dernier [aux frères] de Bonnevaux ; ceux-ci leur donnent 12 livres. Témoins du serment de Francon, *apud Serram* : Hugues abbé de Bonnevaux, Pierre et Hutbold de Chatte, Pierre de Vinay, Humbert de St-Georges, etc. ; de celui d'Elisabeth *apud Chastillun,* dans la maison de Didier et Ismidon, Hutbold..., Didier de Châtillon... et Barnard Chavals, messager *(cursor)* de Pierre de Viriville.
CHEVALIER (U.), dans *Bull. acad. Delphin.* D, II, 90 ; *Cart. de Bonnevaux,* 74, n° 171.

**4290** (1168 ?)
Humbert, prieur de Châtonnay *(Catunnayo)* confirme la donation de l'abbé de Vienne à celui de Bonnevaux, avec le pré de *Valle* laissé par son fils Humbert. Témoins : Hugues, abbé de Bonnevaux, etc. Son autre fils Nantelme accorde son assentiment et reçoit de son père un bénéfice. Approbation de Durand Eschaci, oncle de Barnard de *Maconeya,* de qui le donateur avait acheté. Témoins.
CHEVALIER (U.), dans *Bull. acad. Delphin.* D, II, 66 ; *Cart. de Bonnevaux,* 50, n° 100.

**4291** 1168.
Marie, fille de Gibold de Bournay *(Burnay)* et sa mère Galdacuis élevaient des difficultés contre [les frères] de Bonnevaux ; on lui donna 100 sols, dont Galdacuis et son mari Boniface de Murinais *(M-ays)* eurent 25. Témoins : Pierre de Viriville, moine de l'abbaye, Algod et Didier de Murinais, Philippe de Nerpol, etc., Guigues de Parcia, Ismidon de Boczosel, Jocerand de Revel, etc.
CHEVALIER (U.), dans *Bull. acad. Delphin.* D, II, 49-50 ; *Cart. de Bonnevaux,* 33-4, n° 59.

**4292** (1168 ?).
Nantelme d'Anjou *(Anjoldo)* donne à l'abbé Hugues et aux frères de Bonnevaux un bois et une terre *(planum)* à *Beceia,* qu'il tenait de ses parents. Tout le couvent en est témoin avec le chevalier Ponce de Bellegarde. Il plante les limites de concert avec Bournon de Voiron, son parent, Arbert mistral de Jarcieu *(Jarceu)* et Ponce de *Cruce.* Sont garants ses frères Jarenton et Hugues, etc.
CHEVALIER (U.), dans *Bull. acad. Delphin.* D, II, 136 ; *Cart. de Bonnevaux,* 120, n° 289.

**4293** Bonnevaux, (1168 ?).
Le don de *Becia* fait [aux frères] de Bonnevaux par Nantelme d'Anjou fut confirmé par ses frères Jarenton et Hugues ; celui-ci se désista de ses réclamations touchant le pré de la Perrière *(Petraria),* qu'il avait cédé auparavant entre les mains de l'abbé Hugues, en présence de Hugues Roux *(Rufi),* mistral de Moissieu *(Moysseu).* La confirmation eut lieu dans le cimetière de Bonnevaux, devant Berlion chevalier de Claveyson *(Clavayson).*
CHEVALIER (U.), dans *Bull. acad. Delphin.* D, II, 136-7 ; *Cart. de Bonnevaux,* 120-1, n° 290.

**4294** 1168.
Association de prières entre Hugues, abbé de l'Ile Barbe *(Insulæ Barbaræ)* et l'abbé de St-Pierre hors des murs de la porte [de Vienne].

Le Laboureur, *Masures de l'Isle-Barbe*, I, 113. = Bréq. III, 408.

**4295** 1168.
Raymond, archevêque d'Embrun, du conseil de ses chanoines et amis, donne à la prévôté d'Oulx *(Ulcien.)* deux églises sur les confins de Briançon : St-Michel de Cervières *(Cerveria)* et St-Pancrace, sous le cens de 3 sols, outre le synodique. Témoins : Radulfe, prévôt, Hugues, sacristain, Radulfe de la Salle *(Sala),* archiprêtre, maître Bérenger, le chapelain Jean ; et les chanoines d'Oulx : Nicolas prévôt, Pierre de St-Donat, Ponce prieur de *Lacalmo*..., Guillaume prieur de St-Arey *(S. Arigii).* — *Ob memoriam et recordationem.*

Rivautella, *Ulcien. ecl. chartar.* 159-60, n° 188. Collino, *Carte d'Oulx,* 159. n° 154. = Roman, 27ᵇ.

**4296** (Bénévent, fin avril 1168).
Lettre du pape Alexandre III à Henri roi d'Angleterre, au sujet de s' Thomas de Cantorbéry ; elle lui est envoyée par [Anthelme], évêque de Belley, et [Basile], prieur de la Chartreuse. — *A regiæ sublimit.*

S. Thomæ *Epist.* iv, 2 : éd. Lupus, 629 ; Giles, II, 126. Bouquet, XVI, 329-30. *Patrol. lat.* CC, 480. *Materials for history of Thomas Becket.* VI, 395, 440. Le Couteulx, *Ann. Cartus.* II, 301-2, 317. = Jaffé, 7617-11391.

**4297** (Mai 1168).
Lettre de Jean de Salisbury à Barthélemy (= Baudoin, *Baldewino),* archidiacre [évêque !] d'Exeter *(Exonien..)*. Il raconte la démarche faite auprès de l'empereur Frédéric par son familier [frère naturel?] le chartreux *(Terricus,* Théodoric) pour le réconcilier avec l'Eglise. Il lui fit appeler par lettres [Basile], prieur de la Chartreuse, l'abbé de Cîteaux et l'évêque de Pavie. — *Ex quo prospere.*

Joannis Saresber. *Epist.* 244. S. Thomæ Cantuar. *Epist.* II, 66 ; éd. 419. Bouquet, XVI, 582-6. *Patrol. lat.* CXCIX, 281-7. Le Couteulx, *Ann. Cartus.* II, 281-2. = Fournier, *Roy. d'Arles,* 55-6.

**4298** Bénévent, 25 mai 1168.
Alexandre III mande à Simon, prieur de Mont-Dieu, et Bernard de Corilo de se rendre, dans les deux mois, auprès de Henri roi d'Angleterre et de l'exhorter à rappeler s' Thomas dans son église de Cantorbéry, à moins qu'[Anthelme] évêque de Belley et [Basile] prieur de la Chartreuse, ne l'aient obtenu. — *Ad vestræ dilectionis.*

S. Thomæ Cant. *Epist.* iv, 1 : éd. Lupus, 627 ; Giles, II, 113. Bouquet, XVI, 419. *Patrol. lat.* CC, 487. Pflugk-Harttung, *Iter. Italic.* 808. Le Couteulx, *Ann. Cartus.* II, 305-7. = Jaffé, 7625-11405.

**4299** L'Ile-Barbe, 11 novembre 1168.
Accord entre Hugues, élu abbé de l'Ile-Barbe, et Hugues, abbé de Bonnevaux, au sujet des dîmes de *Chalvas.* Elles sont attribuées aux cisterciens, qui remettent aux bénédictins une dette de 600 sols monnaie de Vienne et en ajoutent 400 ; on échange en outre quelques terres. Chaque année, à la s' Martin, l'abbé de Bonnevaux devra rendre visite à celui de l'Ile-Barbe.

Fait en présence de Guigues, évêque d'Amelia, Guy abbé du Miroir, Guillaume Morelli, prieur claustral, Rostang prieur de St-Rambert et 17 autres. Témoins : des moines et convers de Bonnevaux, Girin, abbé de St-Just, etc. Sceaux de l'archevêque de Lyon G[autier] et des abbés contractants. Sur le désir de Bonnevaux, on sollicitera la confirmation du pape.

Le Laboureur, *Masures de l'Isle-Barbe,* I, 109-11. = *Gallia christ. nova.* IV, 226.

**4300** 11 novembre 1168.
Association de prières entre Hugues, abbé de Bonnevaux, et Hugues, abbé de l'Ile-Barbe, *d. s. Martini.*

Bullioud, *Lugdun. sacroprophan.* X, 37. Le Laboureur, *Masures de l'Isle-Barbe,* I, 112. = *Gallia christ. nova.* IV, 226. Bréq. III, 408.

**4301** (Avant 1169).
Accord *(compositio)* arrêté par Guillaume de Bénévent, archevêque d'Embrun et légat du Siège apostolique, au sujet de la donation de Manosque aux Hospitaliers par Guigues, comte de Forcalquier.

Mentionné dans la confirmation de son neveu Guillaume le Jeune, comte de Forcalquier, 1180. — Columbi, *Opusc.* 89. = Bréq. IV, 13.

**4302** Richerenches, 5 mars 1168/9.
Donation au Temple de R-s par Aldebert et Saramand de Valaurie de leur avoir au territoire de Granouillet, entre les mains de Guillaume, évêque de Trois-Châteaux.

Ripert-Monclar (de), *Cart. de Richerenches,* 100, n° 98. *Gallia christ. noviss.* IV, 53.

**4303** (1159/1181)
Lettre du pape Alexandre III aux prévôt et chanoines d'Embrun ? *(Eburdinen.),* leur annonçant qu'il a annulé l'excommunication portée contre eux par leur archevêque. — *Cum tu fili.*

Gregorii IX *Decret.* lib. II, t. 20, c. 16. = Fornier, *Hist. Alpes Marit.* I, 720. Jaffé, 8959-13894. Roman, 30ᵇ.

**4304** Bénévent, 19 mars (1169).
Lettre du pape Alexandre III aux chanoines de l'église d'Embrun : par crainte de l'empereur Frédéric, tyran et persécuteur de l'Eglise, leur défunt archevêque Guillaume (1135-68) leur avait cédé des possessions et revenus de sa mense ; le nouveau [Raymond] s'est vu contraint à sa promotion de ratifier cette concession, car ils lui avaient enlevé sa portion de l'Argentière. Le pape ordonne au prélat de révoquer ces cessions extorquées et aux chanoines de lui rendre sa part des mines de l'Argentière *(de Curego)* et de Freissinières *(Faravello).* — *Ad aures nostras.*

Bibl. de Grenoble, ms. 1455, 202. Valbonnays, 2ᵉ Reg. 183. — Fornier (Marc.), *Hist. Alpes Marit.* III, 214 ; trad. I, 718-9. = Roman, 25ᵃ, 27ᵇ, Fournier, *R. d'A.* 41.

**4305** 1ᵉʳ avril 1168/9.
Roger de Clérieu *(Claireu),* du consentement de sa mère Mateline et de ses vassaux, augmente les donations antérieures de son père Silvion *(Silvius),* de sa mère, de ses frères et de lui-même aux chevaliers du Temple de Richerenches. Fait entre les mains de Déodat de l'Estang *(Deode de Stagno),* sur le texte des Evangiles, en présence de Guillaume Hugues, évêque de Trois-

Châteaux, et de Bérenger, évêque de Vaison. Douze de ses vassaux prêtent serment et 64 se portent garants *(fidejassores)*. Guillaume de Clérieu, abbé de St-Félix, confirme ce don... *fer. 3, luna 30, a° I. D. 1168*. Roger reçoit en échange de ce don un cheval de 500 sols et 1000 sols Viennois.

RIPERT-MONCLAR (de), *Cart. de Richerenches*, 97-9, n° 96. *Gallia christ. noviss.* IV, 53.

**4306**  1" avril 1168/9.

Confirmation par Ainienz, épouse de Raimond du Bourg, de la donation de son fils Raimond aux frères du Temple de Richerenches. Fait en présence de Guillaume Hugues *(Ugonis)*, évêque de Trois-Châteaux, R. Truc, chanoine de St-Ruf, B. prêtre de St-Restitut, etc... *a° ab I. D. 1168... fer. 3, luna 30*.

RIPERT-MONCLAR (de), *Cart. de Richerenches*, 184-5, n° 207. *Gallia christ. noviss.* 53-4.

**4307**  1169.

Guillaume de Roussillon confirme aux frères de Bonnevaux les dîmes sur le territoire de St-Maurice[-d'Exil], en présence de l'abbé Hugues. Témoins : Adon, Michel sous-prieur.... Ponce de Roussillon, moines de l'abbaye, etc.

CHEVALIER (U.), dans *Bull. acad. Delphin.* D, II, 137 ; *Cart. de Bonnevaux*, 121, n° 291.

**4308**  (Vers 1169).

Hugues d'Anjou *(Anjoldo)* se désiste de sa querelle contre [les frères] de Bonnevaux au sujet du pré de la Perrière *(Petraria)*.

CHEVALIER (U.), dans *Bull. acad. Delphin.* D, II, 149 ; *Cart. de Bonnevaux*, 133, n° 323.

**4309**  1169.

Isard de Moras suscite une querelle contre les frères de Bonnevaux, puis se désiste. Témoins : Soffred de Clermont, Pierre de Viriville et Ponce de Ruy, moines.... Barnard écuyer d'Arnaud Guinant.

CHEVALIER (U.), dans *Bull. acad. Delphin.* D, II, 137 ; *Cart. de Bonnevaux*, 121, n° 292.

**4310**  Roussillon, 1169.

Dans un plaid *ap. Russillionem*, dans la maison et en présence d'Hotmar Raculf, Pétronille, veuve de Bérard de Septême, se désiste de sa querelle contre les frères de Bonnevaux au sujet de la grange de la Perrière *(Petraria)*, elle, son fils Guy et sa fille. Témoins : ... Guy mistral de Roussillon.

CHEVALIER (U.), dans *Bull. acad. Delphin.* D, II, 149 ; *Cart. de Bonnevaux*, 133, n° 324.

**4311**  Durbon, 1169.

Arbert Faisani cède au prieur Bertrand et aux frères [de Durbon] son droit sur le pré *Riperti* de Chamousset *(C-osset)*, moyennant 2 sols 9 den. Fait devant la porte de la maison inférieure. Témoins : André procureur, etc. .. Grégoire, évêque de Gap.

GUILLAUME, *Chartes de Durbon*, 75, n° 73. = ROMAN, 27b.

**4312**  Léoncel, 1169.

Lantelme de Gigors *(Gigorz)*, de l'assentiment de son épouse Gotolende *(Gutolentæ)* et de son fils Lantelme, donne aux frères de Notre-Dame de Léoncel *(Liuncelli)* le pâturage pour leurs bestiaux de Choméane *(Calme Médiana)* à la Chaudière *(Caldarie)*, avec une condamine ; on lui paye 120 sols monnaie de Vienne. Fait dans l'église de Léoncel, en présence du couvent et de l'abbé Hugues. De l'approbation de sa femme et de son fils sont témoins : Jean prieur de Léoncel, Guillaume d'Ornacieu, moine, Guillaume prieur de Gigors, etc. Lantelme revint au chapitre de Léoncel : pour confirmer sa donation, il déposa le livre des Evangiles sur l'autel de Notre-Dame et pria Pierre, évêque de Die, d'apposer son sceau à la charte.

CHEVALIER (U.), *Cart. de Léoncel*, 19-20, n° 16.

**4313**  Valence, 1169.

Il y avait discorde entre Hugues Gautier *(Galterii)*, prieur de St-Félix à Valence, et les châtelains de Montélier *(chaaslani castri Montilisii)*, le premier affirmant que les animaux de sa maison avaient joui de tout temps du droit de pâturage dans tout le mandement, ce que les seconds niaient. Le prieur établit son droit devant Odon, évêque de Valence, et répondit que l'interruption dans l'exercice de ce droit correspondait à une période où sa maison n'avait pas de bétail. Le prélat, du conseil de praticiens *(periti)*, confirma son droit et imposa silence aux châtelains et aux habitants de Montélier. *Act. Valentiæ*, en présence de Guillaume évêque d'Amelia, Martius et son frère l'abbé de St-Michel-de-l'Aiguille *(Secureti)*, le chantre Guillaume, Abon d'Allex *(Alesio)*. Hugues d'Etoile *(Stella)*. etc. Sceau de l'évêque.

Inséré dans l'acte du 29 oct. 1261 ; vidimus du 4 mars 1312. — S. Congreg. Consistorii (1764). Summar. n° 8. CHEVALIER (U.), *Codex diplom. S. Rufi*, 52-3, n° 41.

**4314**  Marseille, 5 avril 1169.

Raymond, archevêque d'Embrun, atteste *apud Massiliam*, dans l'église de la Major, avoir fait une transaction, étant évêque de Carpentras, entre R[aymond], évêque de Marseille, et Guillaume de Signe.

*Gallia christ. nova*, III, instr. 207. = BRÉQ. III, 418. *Gallia christ. noviss.* III, 243.

**4315**  Mai 1169.

Guillaume, sacristain de Romans, résigne à la communauté des chanoines de St-Barnard 6 den. de cens qu'il percevait à titre d'obédience sur la maison de Barnard de Châtillon. Celui-ci en cède la propriété, sous la condition qu'on servira une réfection à toute la communauté le jour de sa mort. Témoins : Ainard de Moirans, l'archiprêtre Ponce, 12 autres et 2 bourgeois... ind. 2..., regn. Fredelico Roman. imper. Data p. man. mag. Garini vice cancell.

GIRAUD, *Hist. S. Barnard-Romans*, compl. 134-5, n° 308.

**4316**  Mai 1169.

Yves, abbé de St-Pierre hors la porte de Vienne, du conseil et du consentement d'Etienne prieur claustral, Hugues camérier (trésorier), Foucher procureur, Ponce prieur de St-Julien[-de-Lerms], Boniface prieur de Satolas *(Satulas)*, Nantelme prieur de St-Romain[-de-Surieu], Girard prieur des Hayes *(Ayes)*, etc., donne à l'abbé Hugues et aux frères de Bonnevaux les dîmes du territoire de St-Vit et de celui de Doissin *(Duyssino)*, dépendant de la maison de Satolas, entre des limites spécifiées, sous le cens de 5 setiers de seigle, 3 de froment et 2 charges d'âne de vin à la mesure de Vienne. Témoins : Guy, Sieboud cellérier, Pierre Adoardi, moines de Bonnevaux, maître Anselme, Bernard chapelain de Satolas, Garnier chapelain de St-Julien et tout le chapitre.

Arch. de l'Isère, B. 3603, origin. parch. — CHEVALIER (U.), *Cart. de St-André-le-Bas*, 302-4, n° 87*.

**4317** 29 juin 1169.
Confraternité entre les églises de Maguelonne, Mende, Uzès, Aspres, St-Ruf et Cassan. Aucun autre chanoine ne sera admis aux secrets du chapitre, à l'étude *(studium)* du cloître et au repos du dortoir... *ind. 11* [= 2], *in nat. apostol. Petri et Pauli.*

*Gallia christ. vet.* III, 573.

**4318** Octobre 1169.
Après plusieurs contestations, il est convenu que les chanoines de St-Félix [de Valence] abandonnent aux religieux de Léoncel *(L-llen.)* les dîmes du territoire du Conier *(Coognerii)* et de la métairie de Bessey *(cabannaria del Becé)* au territoire de Parlanges *(Paralangas)*, qui va de S. Iterio à la route de Montélier *(Montelles)* et du chemin royal à la terre de l'Hôpital, sous le cens annuel de 40 setiers *annonæ* (froment, seigle, orge et avoine). Hugues, prieur de St-Félix, donne en outre aux frères de Léoncel les terres du Pont, sous le cens de 4 sols. Paix faite en présence d'Odon, évêque de Valence, Hugues abbé de Bonnevaux, Guigues, évêque d'Amelis, Giraud, abbé de Saou, du prieur Jean, de chanoines de Valence, de maître Asselme, Pierre abbé de Saou *(Saonen.)*, Ber. prieur de St-Vallier *(S. Valerii)*, Hugues prieur de St-Félix, etc., du baile Pierre. — *Quis est qui nesciat.*

CHEVALIER (U.), *Cart. de Léoncel*, 20-1, n° 17.

**4319** 2 novembre 1169.
Obit de [Ro]manet Felperii ou Felparii, à Vienne.

TERREBASSE, *Inscript. Vienne*, II, 102, n° 4684.

**4320** Bénévent, 4 décembre (1169).
Le pape Alexandre III confirme au prieur Bertrand et aux frères de Durbon la liberté à eux accordée par Grégoire, évêque de Gap, à la sollicitation de feu Guillaume, archevêque d'Embrun, que l'église de St-Julien[-en-Beauchêne], située près de leurs limites, ne puisse être aliénée. — *Justis petentium.*

GUILLAUME, *Chartes de Durbon*, 71, n° 71. = ROMAN, 28*.

**4321** Bénévent, 7 décembre 1169.
Bulle du pape Alexandre III adressée au prieur Bertrand et aux frères de Durbon *(Durbune)*, par laquelle il prend leur monastère sous la protection de s' Pierre, ordonnant d'y observer la règle de s' Benoît suivant l'institution des Chartreux ; il confirme la possession de leurs biens, dont il précise les confins : défense aux agriculteurs et aux femmes d'y pénétrer. — *Religiosam vitam.*

CHARRONNET (Ch.), dans *Bibl. de l'éc. d. Chartes*, 3ᵉ sér., V, 437-9. GUILLAUME, *Chartes de Durbon*, 72-4, n° 72. — *Gallia christ. nova.* I, 463. JAFFÉ, -11654. ROMAN, 27ᵇ.

**4322** (Fin 1169 ?).
Guillaume, surnommé de Poitiers *(Pictaviensis)*, comte de Valentinois par la grâce de Dieu, prend sous sa protection l'abbé G[éraud] et les frères de Léoncel *(Liuncelli)*, les exemptant de tout péage et exaction, et se déclarant à leur service, pour mériter d'être réconcilié avec Dieu.

RIVAZ (P. de), *Diplom. de Bourg.* II, n° 194 (Anal. 56). — GUICHENON, *Bibl. Sebus.* 46-7 (à 1183). CHEVALIER (U.), *Cart. de Léoncel*, 21-2, n° 18. = *BOISSIEU (S. de), *Usage d. fiefs*, 256 ; F. I, 316. GEORG. I, 715*. BRÉQ. IV, 49. CHEVALIER (J.), dans *Bull. soc. archéol. Drôme*, XXVII, 273-4 (à part, I, 185).

**4323** (Après 1169 ?).
Roger de Clérieu *(Roggerius de Clariaco, Rotgerius de Clariaquo)*, pour la rémission de ses péchés, concède à la maison de Léoncel *(Liuncelli)* l'exemption, pour leurs animaux et meubles, de tout péage *(pedagium)* ou redevance *(usaticum)*, leur accordant libre passage dans ses domaines par terre et par eau. Témoins : B[ernard] abbé de Léoncel, B. de Chabeuil, moine, Hugues de Montélier *(Montilisio)*, chanoine, etc.

CHEVALIER (U.), *Cart. de Léoncel*, 23-4, n° 20.

**4324** (Après 1169 ?).
Guillaume, seigneur de Châteauneuf[-d'Isère, *Castri Novi)*, concède à l'abbé Bernard et à la maison de Léoncel *(L-lli)* l'exemption de tout péage, exaction ou redevance *(usatica)* dans ses domaines sur terre et sur eau. — *Ne gestarum rerum.*

CHEVALIER (U.), *Cart. de Léoncel*, 24, n° 21.

**4325** (Vers 1170).
Bulle du pape Alexandre III, portant défense de bâtir des maisons ou granges près de l'abbaye de Bonnevaux.

CHEVALIER (U.), dans *Bull. acad. Delphin.* D, II, 28 ; *Cart. de Bonnevaux*, 12, n° 4. == JAFFÉ, -13781.

**4326** (Vers 1170).
Bulle du pape Alexandre III, exemptant l'abbaye de Bonnevaux de toutes dîmes envers les ecclésiastiques.

CHEVALIER (U.), dans *Bull. acad. Delphin.* D, II, 28 ; *Cart. de Bonnevaux*, 12, n° 5. = JAFFÉ, -13782.

**4327** (Vers 1170).
Bonnefille et Aalgarde, filles de Falcon Amblardi, donnent aux frères de Bonnevaux une terre à la Perrière *(Petraria)* et reçoivent 14 sols, dont leur sœur Jeanne aura sa part. Garants : Berlion de Bellegarde, etc. Témoins : ... le mistral Girbert, qui attestent l'assentiment de Nantelme Valloyri, aïeul....

CHEVALIER (U.), dans *Bull. acad. Delphin.* D, II, 150 ; *Cart. de Bonnevaux*, 134, n° 326.

**4328** Pinet, Milieu, (vers 1170).
Boson Roux *(Rufus)*, Guigues de Vienne et Didier de Nacin donnent aux frères de Bonnevaux une terre à la Perrière *(Petraria)*. Témoins et cautions. Ce don est approuvé par Isilie, femme de Pierre Roux, et l'épouse de Boson Roux et leur fils Galand, *ap. Pinetum*, et par Marie de Milieu, sœur de Boson Roux et son fils Didier. *ap. Milleu.*

CHEVALIER (U.), dans *Bull. acad. Delphin.* D, II, 149-50 ; *Cart. de Bonnevaux*, 133-4, n° 325.

**4329** Réotier, (vers 1170).
Donation du lieu de Lure à Guigues, abbé de Boscaudon, par Fulcon d'Alzon *(Alsonicis)*, Frezol et son frère Rambaud, son neveu Raimond Laltir, Audibert de *Valle* et son frère Guillaume, ses fils Léger et Audibert, Bertrand de Gravezon, Guillaume de Montlaur et le frère de Léger Alfandi; ils placent les bornes en présence de Pierre, évêque de Sisteron. Témoins : Bertrand de Lure, etc. Fait *ad radicem montis qui vocatur Reorterius.*
Paris, Bibl. Nat., ms. lat. 12663, 112.

**4330** Manosque, (vers 1170).
Guillaume, comte de Forcalquier, donne à Guigues, abbé de Boscaudon, un emplacement à Lure près la fontaine de *Martarol*, pour y fonder une abbaye, travailler la montagne, etc. Fait dans le bourg de Manosque et le cloître de Ste-Marie. Témoins... *Giraudus sac. scr.*
Paris, Bibl. Nat., ms. lat. 12663, 112b.

**4331** Chalais, 1170.
Bernard, abbé de Chalais *(Calisien.)*, déclare que les possessions de ses très-chers [frères] les Chartreux *(Carlusien.)* s'étendent de la vallée de Tenaison *(Tinison)* en montant à la Charmette *(Chalmeta Guulelmi)* jusqu'au rocher qui enclôt la grande Correrie *(major Coroveria)* : au besoin, ils cèdent leurs droits sur les parties qui leur appartiendraient. Fait en chapitre, sous la présence de Nantelme évêque de Belley et de Jean évêque de Grenoble. Témoins : Radulphe doyen de Grenoble, Bertrand prieur de Durbon, Jean moine de Meyriat *(Majorevi)*, etc.
Pilot de Thorey, *Cartul. de Chalais*. 40-1. n° 23. Le Couteulx. *Ann. Cartus.* II, 326-7.

**4332** (Vers 1170).
Ay[nard?], prieur de Domène, concède au clerc Guillaume du Puy *(de Puteo)* des terres à Villarchiar *(Villarsiar)*, la Ravoire *(Villaramar)*, Alteville *(Altavilla)*, la Porte *(Porta)* et Hermillon *(Armelonum)*, sous le cens de 6 sols et 10 livr. d'entrée. Le clerc cède ses dîmes de Theys *(Tesi)*.
Monteynard, *Cart. de Domène*, 254, n° 238. 1.

**4333** (Vers 1170).
Le clerc Guillaume du Puy prête à fonds perdu à Ay[nard?], prieur de Domène, 1000 sols Viennois, dont l'intérêt sera de 8 livr. ou leur valeur *annonæ*, estimée 20 setiers de froment, 20 d'orge et seigle mêlé et 43 d'avoine payables à Theys *(in Teso)* à l'octave de st André (7 déc.). Garants : Nantelme Ainars et ses fils, Guigues Alvars, Guillaume de Domène et Hugues de Theys. L'intérêt sera remis par André prêtre de Theys.
Monteynard, *Cart. de Domène*, 254-5, n° 238, 2.

**4334** Garnesier, 1170.
Agathe, fille de Ricaud Alboini, sa fille Sebionna et son mari donnent au prieur Bertrand et aux frères [de Durbon] leurs droits à Burriane. Témoins : André procureur, etc. *Fact. in Garnazea*, dans le pré de Grimaud.
Guillaume, *Chartes de Durbon*, 76, n° 75. = Roman, 28°.

**4335** Rieufroid, 1170.
Guillaume Clareti, de Lus *(Lunis)*, sa femme Agnès et ses frères donnent au prieur Bertrand et aux frères [de Durbon] leur droit *in Costa Plana*, moyennant 43 sols. Témoins : André, procureur, etc. Fait au pas *Rivi Frigidi*.
Guillaume, *Chartes de Durbon*, 76, n° 76. = Roman, 28°.

**4336** Durbon, 1170.
Hugues Urseti cède au prieur Bertrand et aux frères [de Durbon] ses droits dans leurs limites, moyennant 45 sols. Témoins : André procureur, etc. Fait dans l'hospice de la maison inférieure.
Guillaume, *Chartes de Durbon*, 77, n° 77. = Roman, 28°.

**4337** Durbon, 1170.
Ponce Arrabaz donne au prieur Bertrand et aux frères de Durbon ses droits au mandement de Recours *(Rocos)*, moyennant 20 sols Viennois. Témoins : André procureur, Pierre de *Villosco*, prieur de Montmaur, Etienne, chapelain du même lieu. Fait à la porte de la maison supérieure... G. évêque de Gap, Frédéric emp. d. Rom., Alexandre III pape.
Guillaume, *Chartes de Durbon*, 75-6, n° 74. = Roman, 28°°.

**4338** 1170.
Yves, abbé de St-Pierre de Vienne, fixe à 30 sols (écus) les droits pour les mistralies de St-Prim, Assieu et Massieu et à 60 sols pour celle de Vernioz *(Vergne)*.
Chorier, *Hist. de Dauph.* I. 861 ; 2e, 661.

**4339** 1170.
Géraud d'Ussel remet à Gaucerand de St-Romain tous ses droits sur les châteaux et territoires de Deler et dans les paroisses de Bersenne et St-Martin, en garantie de 152 marcs d'argent.
Arch. de l'Isère, B, 3517, orig. parch.

**4340** (Vers 1170).
Pierre, archevêque de Tarentaise, fait le partage des biens de son diocèse avec son chapitre, du conseil des Chartreux, etc. Confirmation par Amédée, procureur de la Chartreuse et son neveu Guillaume, anciens chanoines de Tarentaise.
*Gallia christ. nova*, XII, instr. 383-5.

**4341** 1170.
Fondation de la Chartreuse du Val-St-Hugon à l'aide des donations de Hugues d'Arvillard, sa femme Alix *(Aalis, Audissia)* et son fils Hugues, Sofred Ainardi, sa femme Vernenchia et son fils Sofred, Nantelme Ainardi et ses fils Ainard, Arbert et Pierre, Hugues de la Rochette, Béatrix, comtesse de Genève, Geoffroy de Bellecombe, Guy de Châteauneuf, Villenchia de Morêtel et ses fils Aimeric, Humbert, Pierre et Bermond. Les limites de la nouvelle fondation sont déterminées en détail et la maison commence à être habitée l'an de l'Incarn. 1170 (ou 1173), la 18e (ou 17e) ann. de Jean, évêque de Grenoble.
*Invent. Graisivaudan*, I, 29. Allard (G.), Mss. I, 93. — Morotius (Car.), *Chronologium s. Cartus. ord.* (1681). 239. Monteynard, *Cart. de Domène*, 374-5. Burnier (Eug.), dans *Mém. acad. Savoie*. B, XI ; *Chartreuse de St-Hugon*, 253-5, n° 1. = R. Gen. 386. Le Couteulx, II, 378.

**4342** La Ferté-sur-Grosne, (vers 1170).
Girard, comte de Vienne et de Mâcon, fait donation à l'abbaye de la Ferté de biens au bourg de Lons-le-

Saulnier *(Ledonis)*, dans le pagus de Besançon. Témoins : Uldric de Vienne, etc.

BERNARD-BRUEL, *Chartes de Cluny*, V, 584-6, n° 4233.

**4343** 1170.
Guillaume, archevêque de Vienne, du consentement des parties, met fin à un différend entre les chanoines de St-Maurice et le prieur de St-Sauveur[-en-Rue]. En présence des abbés de St-Pierre, de St-Chef (S. *Theuderi*) et de St-André, et du conseil de chacun de ses chanoines, il attribue au second l'église de St-Sauveur de Vocance *(Valcanci)*, sous le cens de 10 sols et une livre de cire à la St Martin en faveur de l'église de St-Maurice. Témoins : le doyen Boson, le chantre Rostang, les archidiacres Guillaume, Borno Laura et Bernard Alamand, maître Aimon et 10 autres.

GUIGUE, *Cartul. de St-Sauveur-en-Rue*, 47-8, n° 100.

**4344** 1170.
Terric *(Thericus)*, frère convers de l'ordre des Chartreux, de la famille du grand Frédéric, fonde des aumônes de cet empereur l'église et l'hôpital de la maladrerie de Virieu, et place cette maison sous la protection de la Silve-Bénite.

*LE COUTEULX, *Ann. Cartus*. II, 279. LAGIER (A.), dans *Bull. acad. Delphin*. 4° sér. II, 280, cf. 220 ; *La chartreuse de la Sylve-Bénite*, 68, cf. 8.

**4345** Veroli, 17 avril 1170.
Bulle du pape Alexandre III adressée à Hugues, abbé de Bonnevaux, par laquelle il prend son monastère sous la protection de s¹ Pierre et lui confirme les possessions provenant des ventes ou dons de Drodon élu [archevêque] de Lyon, Guillaume, doyen de Vienne, Humbert de Bellegarde, Nantelme et Humbert de Châtonnay, Jocerand de Revel et son frère Bertrand, Hugues de Moncuc, Guillaume de Châtillon et son fils Falcon, Armand Cardonis, Pierre de Mongela, Guillaume de Milieu, Humbert de Miribel, Manassès fils de Roger et Vivien fils de Gautier Albutii.

CHEVALIER (U.), dans *Bull. acad. Delphin*. D. II, 27-8 : *Cart. de Bonnevaux*, 11-2, n° 3. = JAFFÉ, -11766.

**4346** 6 mai 1170.
Convention entre l'église de St-Félix, dont le prieur est Hugues Gauterius, et les frères de l'Hôpital près des murs de Valence, qui a pour maître Géraud de Larnaz ; désormais, l'église n'exigera plus des frères la dîme de la nourriture de leurs bestiaux et des novales travaillées de leurs mains ou à leurs frais ; il en sera autrement des terres affermées. Sur le manse dels Chabertz et la métairie *(cabannaria)* de Pierre Morra, la métairie del Revest et les deux vignes près de la grange et du Revest, elle aura diverses redevances. Fait à double, les deux chartes séparées par A, B, C, et munies des sceaux des parties ; en présence d'O[don], évêque de Valence, Guillaume, évêque d'Amelia ¹, Hugues d'Etoile et Guigues de St-Roman, chanoines de Valence, Hugues de Barcelone, maître du Temple, et son confrère Raimond de Crussol, etc. (16).

CHEVALIER (U.), *Codex diplom. ord. S. Rufi*. 53-4, n° 42.

1. Ce prélat, qu'on a vu plus haut (n°⁵ 4313 et 4318) et qu'on retrouvera plus loin, ne figure pas dans les listes des évêques de ce diocèse italien.

**4347** 20 juillet 1170.
Bulle du pape Alexandre III adressée à l'abbé Raymond et aux frères de St-Ruf, les exemptant de payer des dîmes ou prémices pour les terres défrichées *(novalia)* par eux ou à leurs frais et pour la nourriture de leurs bestiaux. Comme prérogative, l'abbé pourra tonsurer ses chanoines quand il n'aura pas d'évêque sous la main.

Valbonnays. 2° Reg. n° 174. — CHEVALIER (U.). *Codex diplom. S. Rufi*, 54-5, n° 43. = *Gal. christ. vet*. III, 803ᵇ. JAFFÉ, -11819.

**4348** Oulx, 6 août 1170.
Pierre Arnaldi, de Briançon, se rend à l'église de St-Laurent-d'Oulx *(de Ulcio)* et remet au prévôt Nicolas ses dîmes dans le château ou mandement de Briançon ; les revenus lui en seront payés, sa vie durant, par les serviteurs de la maison ; après sa mort, son fils Guigues fera 12 den. de rente. Il fait remise au prévôt de 10 livres Valentinoises reçues en gage des dîmes de Cervières *(Cerveria)*, qu'il abandonne aussi. Fait dans le verger de St-Laurent, *ind. 3, epacta 1, luna 20*. Témoins : Jean prieur, Pierre sacristain, Francon procureur, etc.

RIVAUTELLA, *Ulcien. eccl. chartar*. 147, n° 168. COLLINO, *Carte d'Oulx*, 161-2, n° 156. = ROMAN, 28°.

**4349** Frascati, 16 décembre (1170/1172).
Lettre du pape Alexandre III adressée à l'évêque de Viviers, lui reprochant d'avoir laissé dépouiller les religieux de St-Ruf de l'église de St-Andéol, qui leur avait été confirmée par décision pontificale, de s'opposer à l'élection du prieur par l'abbé et de laisser remplir les fonctions curiales par les chapelains. — *Cum religiosos*.

CHEVALIER (U.), *Codex diplom. S. Rufi*. 55-6, n° 44. ROCHE, *Armor. évêq. Viviers*, I, 330-1.

**4350** (1070/1071).
Gautier Malet et son fils Gautier donnent au Temple [de Vaulx] le tènement de Pierre Donzella et tout leur avoir du chemin de *Vall ad maresc*, plus 3 sols de cens sur une autre terre. Gautier livre en outre son fils Guillaume à la maison du Temple, entre les mains du commandeur Geoffroy Fulcherii.

DELACHENAL (R.), dans *Bull. acad. Delphin*. D, X, 399, n° 5 : *Cart. du Temple de Vaulx*, 49.

**4351** (1170/1174).
Lettre de Guillaume *(W.)*, *dictus* archevêque de Vienne, aux religieux de Tournus, les remerciant de leurs efforts pour la délivrance des clercs de Viviers, tenus captifs par Humbert de Beaujeu. — *Significatum est*.

JUÉNIN, *Nouv. Hist. de Tournus*. pr. 172. BOUQUET, XVI, 102. *Gallia christ. nova*, XVI, instr. 224-5. BERNARD (A.), *Cart. de Savigny*. I, xciijb. = BRÉQ. III, 429 (1170) ; 474 (1172). COLLOMBET, II, 81-2.

**4352** (1170/1175).
Naissance à Romans du troubadour Folquet.

GIRAUD. *Hist. S. Barnard-Romans*, II, 121-4. *Répert*. Bio. 1532.

**4353** (1170/1180).
Adémar Loarenc le Flamand *(Flamencs)* donne au Temple [de Vaulx] une part de la terre qu'il avait sous Amelacin, pour son frère Frances ; et Pierre de So-

lier *(Solario)* donne sa moitié et reçoit 8 sols 1 setier de seigle.
DELACHENAL (R.), dans *Bull. acad. Delphin.* D, X, 398-9, n° 4 ; *Cart. du Temple de Vaulx*, 48-9.

**4354** (1170/1180).
Adémar Senioreti donne au Temple [de Vaulx] un pré derrière le moulin de Pierre Rovorie, etc.
DELACHENAL (R.), dans *Bull. acad. Delphin.* D, X, 396-7, n° 1 ; *Cart. du Temple de Vaulx*, 46-7.

**4355** (1170/1180).
André de l'Ilate *(Islata)* vend aux frères du Temple deux pièces de terre près de leur maison, moyennant 4 liv., avec l'assentiment des moines d'Artas. Adémar Senioreti acquiert de ceux-ci leur seigneurie et la vend au Temple au prix de 40 sols. Reçu par Olivier, commandeur de la maison du Temple de Vaulx. Assentiment des parents d'André, qui reçoivent 10 sols ; témoins.
DELACHENAL (R.), dans *Bull. acad. Delphin.* D, X, 404-5, n° 13 ; *Cart. du Temple de Vaulx*, 54-5.

**4356** (1170/1180).
Antelme de Montluel donne aux frères du Temple [de Vaulx] son avoir à Ponas *(Paunas)*, en échange de ce que les frères possédaient à Illins *(Illin)*. Assentiment de Berlion d'Illins, de la femme et du fils d'Antelme. Témoins : frère Pierre de la Côte, etc.
DELACHENAL (R.), dans *Bull. acad. Delphin.* D, X, 413-4, n° 30 ; *Cart. du Temple de Vaulx*, 63-4.

**4357** (1170/1180).
Arbert Malet donne [vend] à la maison du Temple [de Vaulx] 3 selérées 1 quartelée de terre près du saule de Vaulx *(Valleis)*, et reçoit 30 sols et 1 cheval ; on donne 3 sols à son intendant *(præpositus)* Geoffroi. Témoins : Pierre de la Côte, etc.
DELACHENAL (R.), dans *Bull. acad. Delphin.* D, X, 407, n° 18 ; *Cart. du Temple de Vaulx*, 57.

**4358** (1170/1180).
Audemar de Demptézieu *(Dentaiseu)* se rendà la maison du Temple [de Vaulx] et lui donne son avoir aux châtaigneraies *(castaneis)* d'Ostrie *(Ytras ?)*, au Coin de l'Aubépin et à la Buissière *(Boxeiri)*. Assentiment de ses fils.
DELACHENAL (R.), dans *Bull. acad. Delphin.* D, X, 411-2, n° 26 ; *Cart. du Temple de Vaulx*, 61-2.

**4359** (1170/1180).
Aymon Folapès et sa femme, Aténulfe et son frère vendent à la maison du Temple [de Vaulx] une terre à Beaumont, pour 15 sols. Témoins : frère Pierre de la Côte et Aymon de Boczosel.
DELACHENAL (R.), dans *Bull.acad. Delphin.* D, X, 405, n° 15 ; *Cart. du Temple de Vaulx*, 55.

**4360** Vienne, (1170/1180).
La maison du Temple de Vaulx *(Valt)* reçoit en gage pour 7 liv. de Bernard Faber, de St-Alban, un peu de terre en alleu *(in predium)* au-dessus de St-Alban, au Raffour *(al Rafurn)*. Témoins : Guy prêtre de St-Alban, Pierre chapelain, etc. Assentiment de la famille donné à Vienne devant Pierre de la Côte, le prieur d'Artas *(Artais)*, etc.

DELACHENAL (R.), dans *Bull. acad. Delphin.* D, X, 418, n° 37 ; *Cart. du Temple de Vaulx*, 68.

**4361** (1170/1180).
Boson d'*Espinee* ayant reçu la sépulture dans la maison du Temple de Vaulx *(Valt)*, sa femme Péronie donne son avoir sur deux champs à *Bagnuett*, *en les Espines*. Témoins : Pierre de la Côte, etc.
DELACHENAL (R.),dans *Bull. acad. Delphin.* D, X, 413, n° 29 ; *Cart. du Temple de Vaulx*, 63.

**4362** (1170/1180).
Boson Malet se donne à la maison du Temple [de Vaulx] ; il lui cède une vigne à Domarin et le pâturage dans les terres de son père, avec son avoir au « diocèse » de St-Bonnet, etc.
DELACHENAL (R.),dans *Bull. acad. Delphin.* D, X, 403, n° 10 ; *Cart. du Temple de Vaulx*, 53.

**4363** (1170/1180).
Garin de Valt vend, au prix de 100 sols, au Temple [de Vaulx] son pré à Mornas, sa seigneurie sur celui *en Pascall* et le moulin des moines, et 3 den. sur le pré Brunicard. Fait entre les mains du commandeur Olivier de Vaulx *(Valz)*. Assentiment de son épouse Anne. Témoins.
DELACHENAL (R.),dans *Bull. acad. Delphin.* D, X.398, n° 3 ; *Cart. du Temple de Vaulx*, 48.

**4364** (1170/1180).
Garin de Vaulx *(Valt)* vend à la maison du Temple, moyennant 100 sols, un pré à Mornas ; approbation de sa femme Anne. Fait entre les mains d'Olivier, commandeur du Temple de Vaulx ; témoins.
DELACHENAL (R.), dans *Bull. acad. Delphin.* D, X, 401, n° 7 ; *Cart. du Temple de Vaulx*, 51.

**4365** (1170/1180).
Garin de Vaulx *(Valt)*, Aemar et Olivier ses fils cherchaient dispute aux frères de la maison du Temple, au sujet de Radulphe de Montballer et ses enfants : ils renoncent à leurs prétentions et confirment à cette occasion les donations de leurs ancêtres, la faculté de faire paître les animaux, la 1/2 des Lechères et les eaux du moulin : on leur donne 60 sols, etc. Témoins : Pierre de la Côte, etc., Milon chapelain du Temple, et Vifred chapelain de l'Isle-d'Abeau *(Isla)*.
DELACHENAL (R.), dans *Bull. acad. Delphin.* D, X, 417-8, n° 36 ; *Cart. du Temple de Vaulx*, 67-8.

**4366** (1170/1180).
Garin de Vaulx *(Valt)* se donne lui-même avec sa femme à la maison du Temple, à sa mort ; ils concèdent 7 pièces de terre à Mornas et à la croix de Genas *(Jauna)*, 4 de leur vivant et 3 après leur décès. Fait entre les mains d'Olivier, sous clause d'être reçus en santé, s'ils le veulent, dans la confrérie *(fraternitas)* du Temple. Témoins : Pierre de la Côte, etc.
DELACHENAL (R.), dans *Bull. acad. Delphin.* D, X, 410-1, n° 24 ; *Cart. du Temple de Vaulx*, 60-1.

**4367** (1170/1180).
Gautier Malet donne à la maison du Temple [de Vaulx] son fils Guillaume Malet, etc. Cf. n° 4350.
DELACHENAL (R.), dans *Bull. acad. Delphin.* D, X, 403, n° 11 ; *Cart. du Temple de Vaulx*, 53.

**4368** (1170/1180).
Gautier de St-Bonnet, à la suite de plusieurs dons, cède [au Temple de Vaulx] une chute d'eau *(musnar)* au-dessous du moulin de Senioret en [la vallée de] Bionne *(Belna)*. Thierry *(Tericus)* de Septême fait don de sa moitié et reçoit 10 sols du commandeur de la Valloire *(Vallis Aureæ)*, Olivier de Vaulx *(Valt)*. Témoins.
Delachenal (R.), dans *Bull. acad. Delphin.* D. X, 400-1, n° 6 ; *Cart. du Temple de Vaulx*, 50-1.

**4369** (1170/1180).
Genis de Boczosel prétendait au domaine des frères du Temple à Bagneux *(Bainnuelt)* : on lui fixa jour et 4 témoins déclarèrent qu'il n'y avait aucun droit ; il reçut 20 sols pour un accord *(placitamentum)* sur la terre d'Eclose. Témoins : Pierre de la Côte, etc.
Delachenal (R.), dans *Bull. acad. Delphin.* D, X, 408, n° 21 : *Cart. du Temple de Vaulx*, 58.

**4370** Vienne, (1170/1180).
Gicard Donnet vend à la maison du Temple [de Vaulx] un courtil, une vigne et tout leur tènement à la Roche de St-Alban, pour 100 sols. Pierre Rovoiri ayant réclamé ce tènement comme sien, les frères du Temple lui fixèrent jour à Vienne devant maître Anselme, Guillaume Falconis et Bernard Stelle, qui le déboutèrent ; mais on acheta la paix moyennant 20 sols.
Delachenal (R.), dans *Bull. acad. Delphin.* D. X. 406, n° 16 ; *Cart. du Temple de Vaulx*, 56.

**4371** (1170/1180).
Girard Faber et ses frères vendent aux frères du Temple [de Vaulx] la 1/2 d'une vigne à *Ostries* (Ytras ?) et la 1/2 du champ du Raffour *(Ratfornt)*, moyennant 100 sols. Assentiment de sa famille. Témoins : Pierre de la Côte, etc.
Delachenal (R.), dans *Bull. acad. Delphin.* D, X, 409-10, n° 23 : *Cart. du Temple de Vaulx*, 59-60.

**4372** (1170/1180).
Girard de Vaulx *(Vallibus)*, au moment d'entreprendre le voyage d'outre-mer, donne à la maison du Temple une pièce de terre au plan de Vaulx.
Delachenal (R.), dans *Bull. acad. Delphin.* D. X, 412, n° 27 : *Cart. du Temple de Vaulx*, 62.

**4373** Beauvoir, (1170/1180).
Guillaume d'Artas inquiétait les frères du Temple de Vaulx *(Valt)* au sujet de leurs terres à Charantonnay *(C-tunai)* : il en fait cession avec sa femme Girina et reçoit 15 sols. Fait en la cour de [Marie], dame de Beauvoir *(Belliviso)*, qui est témoin avec le chapelain Benoît, etc. Reçu par Pierre de la Côte.
Delachenal (R.), dans *Bull. acad. Delphin.* D, X, 416, n° 34 ; *Cart. du Temple de Vaulx*, 66.

**4374** (1170/1180).
Guillaume de Brens *(Bren)* vend à la maison du Temple de Vaulx *(Valt)* sa terre près la croix de Genas *(Jauna)*, moyennant 30 sols ; Girin de Vaulx, qui en était seigneur, reçoit 10 sols. Témoins : Pierre de la Côte, frère du Temple, etc.
Delachenal (R.), dans *Bull. acad. Delphin.* D. X, 406-7, n° 17 ; *Cart. du Temple de Vaulx*, 56-7.

**4375** (1170/1180).
Guillaume de Treslautar, fils d'Arbert, se donne à la maison du Temple avec sa terre du Charuis *(Charois)* à Romazon ; assentiment de ses parents. Fait entre les mains d'Olivier, commandeur du Temple de Vaulx *(Vallis)*. Témoins.
Delachenal (R.), dans *Bull. acad. Delphin.* D, X, 403-4, n° 12 ; *Cart. du Temple de Vaulx*, 53-4.

**4376** (1170/1180).
Guy de Verisieu *(Veriseu)* donne aux chevaliers du Temple toute sa terre à Vaulx *(Valle)* et reçoit 16 sols. Témoins : Humbert de Miribel, Pierre de la Côte, etc. Pierre d'Ilate et son frère cèdent leurs droits sur cette terre et reçoivent autant ; témoins : Pierre de la Côte, etc. Hugues de la Broci, sa mère et Guichard Papó en font autant : les chevaliers leurs donnent 60 sols ; témoins : le même, etc.
Delachenal (R.), dans *Bull. acad. Delphin.* D. X. 408-9, n° 22 ; *Cart. du Temple de Vaulx*, 58-9.

**4377** (1170/1180).
Hugues Borno donne à la maison du Temple [de Vaulx], pour l'âme de son frère Guillaume, un champ et un pré *en Platá* et reçoit 40 sols. Marthe, dame du terrain, ses deux fils et Guichard Papo reçoivent 10 sols. Témoins : Guillaume, chapelain du Temple, etc. ; reçu par Pierre de la Côte.
Delachenal (R.), dans *Bull. acad. Delphin.* D. X. 415, n° 33 ; *Cart. du Temple de Vaulx*, 65.

**4378** (1170/1180).
Hugues de Chassieu ? *(Chacins)* se donne au Temple [de Vaulx] avec la terre qu'il avait à Bagneu *(Bainnuelt)*. Rostaing de *Chacins* donne au même sa terre de la roche de St-Alban à Futinas : on lui donne 4 liv. sur les aumônes de la maison. Témoins.
Delachenal (R.), dans *Bull. acad. Delphin.* D. X. 397-8, n° 2 : *Cart. du Temple de Vaulx*, 47-8.

**4379** (1170/1180).
Hugues Durandi, de Vaulx *(Valt)*, donne à la maison du Temple son avoir à Messenas *(Maisennas) del Brutinens* ; les frères rachètent cette terre pour 30 sols. Durand de Vaulx donne 3 éminées de terre à Mornas. Témoins : Pierre de la Côte, etc.
Delachenal (R.), dans *Bull. acad. Delphin.* D. X. 408. n° 20 ; *Cart. du Temple de Vaulx*, 58.

**4380** (1170/1180).
Jacelme de Morestel donne à la maison du Temple [de Vaulx] tout ce qu'il avait acquis en la terre d'Arbert Malet à Villefontaine *(Ville)* ; cette aumône est reçue par le frère Pierre de la Côte. Témoins : Guillaume, chapelain du Temple, etc.
Delachenal (R.), dans *Bull. acad. Delphin.* D, X, 411, n° 25 ; *Cart. du Temple de Vaulx*, n° 61.

**4381** (1170/1180).
Jean de *Vernosclo* cède à la maison du Temple [de Vaulx] son avoir au tènement de Pierre Lagerii et reçoit 6 sols. Témoins : Pierre de la Côte, etc.
Delachenal (R.), dans *Bull. acad. Delphin.* D, X, 407-8, n° 19 ; *Cart. du Temple de Vaulx*, 57-8.

**4382** (1170/1180).
Jean de *Vernuselu* donne à la maison du Temple [de Vaulx] 4 *meitaes* de seigle, 1 de froment et 2 poules sur le mas de Pierre Fagerii ; assentiment de sa mère, son fils Pierre et sa fille Bellot. Lui et Ismidon de Septême *(Setemo)* reçoivent 36 sols. Ismidon fait le don de concert avec sa femme et ses enfants Gido et Uldric. Témoins.
DELACHENAL (R.), dans *Bull. acad. Delphin.* D, X, 412-3, n° 28 ; *Cart. du Temple de Vaulx.* 62-3.

**4383** (1170/1180).
Morard de St-Jean, son épouse, etc. font don à la maison du Temple de Vaulx *(Valt)* de tout leur avoir en la paroisse de St-Alban ; on lui donne 4 liv., à Drocon de Bournay *(Burnai)* 5 sols, à Pierre de St-Jean autant, à son neveu Jean, prêtre, 3. Témoins : Pierre de la Côte, etc.
DELACHENAL (R.), dans *Bull. acad. Delphin.* D, X, 416-7, n° 35 ; *Cart. du Temple de Vaulx.* 66-7.

**4384** (1170/1180).
Pascalt et son fils Pierre Pascalt vendent à la maison du Temple un pré à Mornas ; ils reçoivent 100 sols et un palefroi avec frein et selle. Les moines de l'hôpital de la Verne y avaient un moulin ; Garin, qui en avait la seigneurie *(seinnori)*, la cède au Temple. Fait entre les mains d'Olivier, commandeur de la maison du Temple de Vaulx ; témoins.
DELACHENAL (R.), dans *Bull. acad. Delphin.* D, X, 401-2, n° 8 ; *Cart. du Temple de Vaulx,* 51-2.

**4385** (1170/1180).
Pierre de Fallavier *(Fallaver)* avait querellé les frères du Temple de Vaulx *(Valt)* au sujet des prés de Murnas ; il les leur abandonne avec la terre derrière le moulin et reçoit 40 sols. Témoins : Pierre de la Côte, etc. Antelme de Fallavier *(Falaverio)* cède ses droits sur ce tènement, moyennant 20 sols. Guillaume de Fallavier et son frère Bolattus en font autant et reçoivent chacun 10 sols.
DELACHENAL (R.), dans *Bull. acad. Delphin.* D, X, 414-5, n° 32 ; *Cart. du Temple de Vaulx.* 64-5.

**4386** (1170/1180).
Pierre Rovoiri reçoit en fief *(in feu)* des frères du Temple [de Vaulx] ce qu'il avait *in Cuntest* et à Virieu *(Vireiaci)*, sous condition de ne pouvoir donner ni vendre qu'à eux ; il donne faculté de prendre du bois et de faire pâturer les animaux ; il reçoit 50 sols. Assentiment de sa femme, de ses 4 enfants et de Genesius de Boczosel. Témoins : Pierre de la Côte, etc.
DELACHENAL (R.), dans *Bull. acad. Delphin.* D, X, 414, n° 31 ; *Cart. du Temple de Vaulx.* 64.

**4387** (1170/1180).
La femme de Rigaud Naris vend à la maison du Temple [de Vaulx] sa terre de Beaumont au marais *(marescum)*, au prix de 15 sols. Fait entre les mains de Pierre de la Côte *(Costa)*, frère du Temple. Témoins.
DELACHENAL (R.), dans *Bull. acad. Delphin.* D, X, 405, n° 14; *Cart. du Temple de Vaulx,* 55.

**4388** Embrun, (1170/1190).
Confirmation par Guillaume, comte de Forcalquier, de la donation faite par son père à Boscaudon, du droit de traverser ses domaines avec les troupeaux et les bêtes de somme. Témoins : Pierre, prévôt de Forcalquier, Raymond et Raimbaud d'Agoult. Fait chez le bourgeois Mathieu.
Paris, Bibl. Nat., ms. lat. 13915, 369. = ROMAN, 28°.

**4389** (117./....).
Agathe et Doa donnent [aux frères] de Bonnevaux ce qu'elles possèdent au territoire de *Maceoneya*, à l'exception d'un courtil. Approbation de Durand et sa femme Pétronille, etc.
CHEVALIER (U.), dans *Bull. acad. Delphin.* D, II, 77 ; *Cart. de Bonnevaux,* 61, n° 134.

**4390** (117./....).
Le bocage *(boschagium)* de Perons à Primarette *(Prumalayta)* et ses alleus étaient divisés en plusieurs parts. Un tiers dépendait d'Asterius Permenc, de Primarette, et des Permenchins ; Agnès, femme de Gagon, donna [aux frères] de Bonnevaux la part qu'elle tenait en gage d'Asterius ; Berlion, fils de Permencs, donna aussi la part de son père, avec assentiment de sa mère Estiburs. De la part des Permenchins donnèrent Guillaume de Voiron et Nantelme fils d'Adémar Gautier. Tous reçurent une compensation en numéraire. Le domaine des deux autres parts était à Garin de Primarette et à son frère Mallen : elles se subdivisaient en douzièmes. Après la mort de Garin, son fils Raynaud se fit moine à Bonnevaux et lui donna sa part ; Didier, fils de Mallen, céda la sienne, ainsi que son frère Mallen, qui tenait la sienne en fief de Bornon de Revel. Témoins.
CHEVALIER (U.), dans *Bull. acad. Delphin.* D, II, 151-2 ; *Cart. de Bonnevaux,* 135-6, n° 329.

**4391** St-André à Vienne, (117./....).
Amblard Raschaz et son frère Berlion cèdent [aux frères] de Bonnevaux leur droit sur les biens de Guillaume Usclati. Fait *apud S. Andream de Vienna*. Témoins : Etienne Catena et Jean de St-Clair.
CHEVALIER (U.), dans *Bull. acad. Delphin.* D, II, 155 ; *Cart. de Bonnevaux,* 139, n° 339.

**4392** (117./....).
Berlion de Bellegarde et ses neveux, Pierre d'*Altafay* et ses neveux donnent [aux frères] de Bonnevaux leur bien à la Perrière *(Petraria)* ; ils reçoivent chacun 5 sols, ainsi que leurs mistraux. Témoins... Garants : Bornon de Revel l'ancien et son neveu le jeune Bornon.
CHEVALIER (U.), dans *Bull. acad. Delphin.* D, II, 148-9 ; *Cart. de Bonnevaux,* 132-3, n° 322.

**4393** (117./....).
Burnon Fenerator [usurier ?] de Revel se rend lui-même à Hugues, abbé de Bonnevaux et donne ce qu'il avait au territoire de Montmorin *(Muntmoyrin)*. Assentiment de son frère Garin et de son fils bâtard Pierre, à qui cette terre avait été donnée, mais qui en reçut une autre en échange, etc.
CHEVALIER (U.), dans *Bull. acad. Delphin.* D, II, 161 ; *Cart. de Bonnevaux,* 145, n° 361.

**4394** (117./....).
Burnon de Revel cède [aux frères] de Bonnevaux ce que Permencs, Evrard de Chaponnay *(Chapuneyres)* et Giroud Bruns tenaient de lui, entre les mains de l'abbé

Hugues. Consentement de son neveu Burnon, de sa femme Marthe, à Revel. Témoins : ... Raynaud de St-Chef *(S. Theuderio).*
CHEVALIER (U.), dans *Bull. acad. Delphin.* D, II, 160; *Cart. de Bonnevaux,* 144, n° 355.

**4395** (117./....).
Drodon et Pierre Humberti cèdent [aux frères] de Bonnevaux leur droit sur les biens de Guillaume Usclati, dans la paroisse et le territoire de Primarette et reçoivent pour cela 20 sols. Témoins : Hugues, abbé de Bonnevaux, etc.
CHEVALIER (U.), dans *Bull. acad. Delphin.* D, II, 155; *Cart. de Bonnevaux,* 139, n° 338.

**4396** (117./....).
Durand Blanchet et sa femme Béatrix donnent [aux frères] de Bonnevaux un courtil au territoire de *Maconeya.* Témoins : Bérard, Guillaume cordonnier, Jean berger.
CHEVALIER (U.), dans *Bull. acad. Delphin.* D, II, 77; *Cart. de Bonnevaux,* 61, n° 133.

**4397** (1168/85).
Ervisius de Beauvoir *(Bellovidere)* donne un fief [aux frères] de Bonnevaux, pour l'âme de son frère Rostaing, entre les mains de l'abbé Hugues et en présence d'Alexandre, abbé de Cîteaux. Témoins : son beau-frère Guigues Rufi et maître Bérard ; assentiment de son mistral Pierre Peyllarz.
CHEVALIER (U.), dans *Bull. acad. Delphin.* D, II, 42; *Cart. de Bonnevaux,* 26, n° 44.

**4398** (117./....).
Falcon Berlion donne au monastère de Vernaison *(Comerz),* pour sa fille, le bois d'*Ampilia* ; Lantelme de Moras, pour sa femme, un manse à Moissieu *(Moysseu).* Témoins. — Bérard de Septème, son frère Mallen et leurs neveux donnent au même, pour 43 sols, ce qu'ils avaient *in valle Largis.* Témoins. — Guillaume Hotmars et son frère donnent au même le 1/4 de la terre de la Perrière *(Petraria)* : ils reçoivent 30 sols et un palefroi, leur procureur 5. Témoins : ... le chapelain David.
CHEVALIER (U.), dans *Bull. acad. Delphin.* D, II, 148 ; *Cart. de Bonnevaux,* 132, n° 321.

**4399** (117./....).
Gautier Cunilz, de Revel, qui tenait d'Ervisius de Beauvoir le fief donné par celui-ci à Bonnevaux, en fait cession, promettant de s'opposer à son oncle Manassès s'il faisait opposition. Témoins : Pierre de la Tour, etc.
CHEVALIER (U.), dans *Bull. acad. Delphin.* D, II, 42 ; *Cart. de Bonnevaux,* 26, n° 45.

**4400** Revel. (117./....).
Guillaume Borelli, prieur de Cordon, donne [aux frères] de Bonnevaux des dîmes dans la paroisse de Primarette *(Prumalayta)* et en reçoit 8 livr. On donne à Burnon Fenerator, qui en était collecteur, 15 livr. Drodon de Beauvoir et Berlion de Virieu, qui en possédaient le quart, se font donner, l'un 20 sols, l'autre 7 ; etc. Garant : Adémar de Bellegarde. Témoins : Humbert de Parzeu..., Raynaud de St-Chef.
CHEVALIER (U.), dans *Bull. acad. Delphin.* D, II, 158 ; *Cart. de Bonnevaux,* 142, n° 348.

**4401** (117./....).
Hugues, abbé de Bonnevaux, s'étant rendu à la grange de la Perrière *(Petraria),* Guillaume de Voiron, Raynaud de St-Chef *(S. Theuderio)* et sa sœur Marie, Estiburs de Primarette et son fils Berlion, Bornon de Revel et sa femme Marthe confirment les dons du bocage de Primarette (cf. n° 4390).
CHEVALIER (U.), dans *Bull. acad. Delphin.* D, II, 152; *Cart. de Bonnevaux,* 136, n° 330.

**4402** (117./....).
Hugues d'Anjou *(Anjoldo)* donne au monastère de Vernaison *(Comerz),* pour ses deux filles, ce qu'il avait à la Perrière *(Petraria).*
CHEVALIER (U.), dans *Bull. acad. Delphin.* D, II, 148 ; *Cart. de Bonnevaux,* 132, n° 320.

**4403** (117./....).
Hugues Morard, de Pinet, donne un manse [aux frères] de Bonnevaux, ce qu'approuve son frère Rogon. Peu après, celui-ci étant mort, sa veuve Garina confirme la donation avec ses filles. Témoins : Humbert de Parzia, etc. ; garants.
CHEVALIER (U.), dans *Bull. acad. Delphin.* D, II, 42-3; *Cart. de Bonnevaux,* 26-7, n° 46.

**4404** (117./....).
Isard de Moras cède une part du bois de *Morneys* à son frère Siboud, disant qu'elle n'était pas comprise dans sa donation aux frères de Bonnevaux ; reconnaissant son erreur, il la rendit à l'abbé Hugues, devant Pierre du Puy, Pierre de Lemps et Bermond, abbé de l'Ile-Barbe *(Insulæ Barbaræ).*
CHEVALIER (U.), dans *Bull. acad. Delphin.* D, II, 138-9; *Cart. de Bonnevaux,* 122-3, n° 296.

**4405** (117./....).
Nantelme de Châtonnay *(Chattunnayo)* fait un don aux frères de Bonnevaux. Témoins : le prieur Jocerand, 3 moines, son frère Berlion de Montfalcon, Gottafred de Bressieux. Il atteste le don d'un petit pré par son père Humbert de Châtonnay et sa mère Antiburge, que lui et son frère Humbert ont approuvé.
CHEVALIER (U.), dans *Bull. acad. Delphin.* D, II, 76; *Cart. de Bonnevaux,* 60, n° 131.

**4406** (117./....).
Nantelme de Châtonnay *(Chattunnayo)* donne [aux frères] de Bonnevaux, par les mains de l'abbé Hugues, ce qu'il avait à la Perrière *(versus Petrariam)* et reçoit 20 sols, son mistral 18 den. Témoins : Pierre de Falavier *(Falaverio),* etc.
CHEVALIER (U.), dans *Bull. acad. Delphin.* D, II, 161; *Cart. de Bonnevaux,* 145, n° 359.

**4407** Landrin, (117./....).
Philippe de Surieu *(Suireu),* venu à Bonnevaux pour y prendre l'habit religieux *(ad conversionem),* donne *uscam* de terre près de la condamine de Landrin *(L-ns).* Approuvé par son père Guillaume de Surieu, son frère Guigues Clavelz, sa sœur Anne, son neveu... et Gagon, mistral de la terre.
CHEVALIER (U.), dans *Bull. acad. Delphin.* D, II, 139; *Cart. de Bonnevaux,* 123, n° 297.

**4408** (117./....).
Donation de Rainier Artellars à la maison du Temple de Roaix, dont il reçoit 300 sols Viennois *(Viannes)* et 200 Melgoriens.
Chevalier (U.), *Cart. du Temple de Roaix*, 86. n° 138.

**4409** (Avant 1171).
Amédée *(Amæus, Ameu* Bernard donne à l'Hôpital [de St-Paul] la deserta (vigne) de Péroux *(Perois)* pour 2 setiers d'avoine de cens. Fait à la grange de *Maza Peol* (la Commanderie), devant la croix, par les mains de Lantelme Raimbaut et Guillaume Coisarz; témoins : Guigues d'Annonay *(Anonai)*, etc.
Chevalier (U.), *Cart. de St-Paul-lès-Romans*, 21, n° 40.

**4410** Parnans, (avant 1171).
Dame Audeiarz Borrella se donne à l'Hôpital [de St-Paul] avec sa terre à Chapoize *(Charpenz)*; elle la tenait du fief d'Ismidon (Esmion) de St-Lattier, qui le cède à l'Hôpital moyennant 20 sols et 1 setier d'avoine. Approuvé par ses deux fils à la porte de Parnans, devant la maison de Jean Borrel. Témoins : Guigues de St-Lattier, etc. Elle donne encore une *gajeira* à la Noyera *(Noiarata)* de Bernard Vira Maza pour 25 sols.
Chevalier (U.), *Cart. de St-Paul-lès-Romans*, 18, n° 32.

**4411** (Avant 1171).
Bernard Vira Maza se donne à la maison de l'Hôpital [de St-Paul]; Lantelme et Armand, procureur, le reçoivent comme frère et il leur donne le champ de la Noyera *(Noiarata)*, 5 sols de cens à la Toussaint sa vie durant. Témoins : le Marchis, etc.
Chevalier (U.), *Cart. de St-Paul-lès-Romans*, 20-1, n° 38.

**4412** Bressieux, Montmiral, St-Paul-lès-Romans, (avant 1171).
Boniface de St-Geoirs *(S. Juorz, Jorz)*, sa femme, ses fils Lantelme et Bernard, ses filles Peisella et Marguerite; Pierre Raimond et ses fils donnent [vendent] à l'Hôpital de Jérusalem de St-Paul, ce qu'ils possèdent à Péroux *(Perois)*, moyennant 1000 sols. Témoins : Mallens de St-Geoirs, Bérillon d'*Arenas*. Reçu par Bernard Renco et Esmio Gaspainnos, devant la porte de Boniface. Autorisation d'Arbert Peisel, sa femme et ses fils, dont témoins : Ainard de Bressieux, Falcon *de Passerins*, Jofres d'Orange *(Orenja)*, Pierre de *la Forest*, Falcon de Bressieux, Ameus d'Orange, Ameus *de Columba*, Bernard, chapelain de Bressieux.... sur la place de *Breiseu*. Autre approbation par Girard Esguaras, sa femme et son fils, en présence d'Humbert de Dionay *(Doennai)*, Algos et Oger de Montmiral... ap. *Montem Miralum*, devant la maison de Mation. Guillaume Audeno jure sur l'autel de l'Hôpital de ne plus faire aucun tort. Approbation par Imio Peisseuz et Pierre Gontartz; témoins : Chatbert de St-Sauveur et autres frères de l'Hôpital.
Chevalier (U.), *Cart. de St-Paul-lès-Romans*, 22-3, n° 42.

**4413** (Avant 1171).
Fougers ou Foucheir de Châtillon *(Chastellon)* donne aux pauvres de l'Hôpital de Jérusalem [de St-Paul], un courtil et une tenure contiguë.
Chevalier (U.), *Cart. de St-Paul-lès-Romans*, 14, n° 21.

**4414** St-Paul-lès-Romans, (avant 1171).
Dame Gualbors ou Ga-s, ses fils Lantelme et Pierre Rainers donnent à l'Hôpital [de St-Paul] la terre des Gourreys *(deuz Gaures)*, que tenait Durand de Geyssans ; ils reçoivent 10 sols de *loament*, Artaud de Châtillon 2, Guigues de Varacieu 12 den. Fait en la chambre, devant l'église de l'Hôpital ; témoins. On acheta le vilenage de Durand de Geyssans et ses filles 30 sols et 1 setier de *meil*; les filles eurent une pièce de *charn*.
Chevalier (U.), *Cart. de St-Paul-lès-Romans*, 21-2, n° 41.

**4415** (Avant 1171).
Guigues Arnaud donne à la maison de l'Hôpital [de St-Paul], 12 den. de cens sur un courtil à *Toris*.
Chevalier (U.), *Cart. de St-Paul-lès-Romans*, 16, n° 27.

**4416** (Avant 1171).
Guigues Malfait *(M-iz)* se donne à la maison de l'Hôpital [de St-Paul] avec 6 *numi* de cens sur la vigne longue; il aura part aux bonnes œuvres et sépulture au cimetière. — Archingaud de Péroux *(Perois ; Pairano*, Peyrins) donne 20 den. et 1 *mealla* de cens ; Francon Vervoz, sa sœur et ses neveux *(nepotes)*, la vigne de Lolainer, etc.
Chevalier (U.), *Cart. de St-Paul-lès-Romans*, 16, n° 26.

**4417** (Avant 1171).
Humbert de *Charinas* ou *Chavainnas* donne aux pauvres [de l'Hôpital] de Jérusalem [à St-Paul], un pré à St-Paul; on lui donne 9 liv.; à sa femme qui approuve avec son fils, 6 den. Témoins : le prieur de St-Lattier *(S. Later)*, Bernard de Varacieu, etc. Approbation de Guillaume de St-Lattier.
Chevalier (U.), *Cart. de St-Paul-lès-Romans*, 18, n° 31.

**4418** (Avant 1171).
Ismidon *(Esmio)* de la Poype engage à la maison de l'Hôpital [de St-Paul] un courtil en ce lieu pour 40 sols ; il en fit ensuite donation et reçut du donz Lantelme 20 sols. Témoins : le donz Lantelme, Lantelme de la Prêle *(Praallas)*, Didier de Moras, etc.
Chevalier (U.), *Cart. de St-Paul-lès-Romans*, 19, n° 34.

**4419** (Avant 1171).
Jarenton de Claveyson *(Claison, Clavaiso)* donne à la maison de l'Hôpital [de St-Paul] 4 setiers de froment de cens, sur une terre aux Voirassiers *(Vairage)*, etc.
Chevalier (U.), *Cart. de St-Paul-lès-Romans*, 15, n° 22.

**4420** (Avant 1171).
Pierre Faber se donne comme frère aux pauvres [de l'Hôpital] de Jérusalem [à St-Paul], et leur cède une gagerie de 100 sols sur les Bernard, etc. Il lui est interdit de changer d'ordre. Témoins : le Marchis, les prieurs Lantelme et Bernard Renco, etc.
Chevalier (U.), *Cart. de St-Paul-lès-Romans*, 21, n° 39.

**4421** (Avant 1171).
Pierre Rigaudi, pour l'âme de sa femme, et ses enfants donnent à la maison de l'Hôpital [de St-Paul] une vigne à Péroux *(Perois)*.
Chevalier (U.), *Cart. de St-Paul-lès-Romans*, 15, n° 24.

**4422** (Avant 1171).
Pierre Rigaut *(Rigaudi)* se donne à la confrérie de l'Hôpital [de St-Paul], avec une terre *ad Ripas*. L'Hôpital lui accorde une part à ses bonnes œuvres et la sépulture dans le cimetière.
Chevalier (U.), *Cart. de St-Paul-lès-Romans*, 15-6, n° 25.

**4423** (Avant 1171).
Ponce Airardi se donna à la maison de l'Hôpital [de St-Paul], avec un tènement à Ain *(Ainc)*, un autre à Gillons *(Gislon)*, le tènement Julian et le courtil de *Diencs* à St-Jean, devant le moulin.
Chevalier (U.), *Cart. de St-Paul-lès-Romans*, 15, n° 23.

**4424** (Avant 1171).
Dame Rienz se donna à l'Hôpital [de St-Paul] avec un courtil derrière la grange de l'Aumône. A sa mort, ses fils Artaud, Guillaume et Aimona sa fille voulurent faire exhumer Pons Rienz, leur frère, pour l'ensevelir dans le cimetière de l'Hôpital ; ils donnèrent une terre à Parnans ; ensuite, Artaud remit à cette maison 6 den. de cens pour le parcours de l'eau à *Corcomare*.
Chevalier (U.), *Cart. de St-Paul-lès-Romans*, 18-9, n° 33.

**4425** [Châtillon-]St-Jean, (avant 1171).
Sofred (Sofres) Bergers donne à la maison de l'Hôpital [de St-Paul] un pré à St-Paul, pour 40 sols. Approbation de ses frères Milon, Jean et Evrard, reçue par Bernard, prêtre, Pons de *Laun*, etc. Fait devant les portes de l'église de St-Jean ; témoins. Approbation de Guillaume de St-Lattier ; témoins.
Chevalier (U.), *Cart. de St-Paul-lès-Romans*, 17, n° 30.

**4426** 1171.
Aimon de Boczosel *(Bocesello)* chercha querelle aux frères de Bonnevaux au sujet de ce qu'ils avaient acheté à Nantelme de Châtonnay *(Chatunnayo)* ; on lui paya 12 livr. et il céda ses droits sur le bois et le vivier d'Eclose *(Esclosa)*, mais conserva celui de pêcher pour lui et ses mistraux *(ministrales)*, qui reçurent 35 sols. Témoins.
Chevalier (U.), dans *Bull. acad. Delphin.* D. II. 71-2 ; *Cart. de Bonnevaux*, 55-6, n° 119.

**4427** (Vers 1171).
Berlion de Bournay cherche querelle à la maison de Bonnevaux au nom de sa parente Fulconie, fille d'André Lunel, puis se désiste. Cautions : le mistral Pierre de St-Jean. Témoins.
Chevalier (U.), dans *Bull. acad. Delphin.* D. II. 75 ; *Cart. de Bonnevaux*, 59, n° 129.

**4428** (Vers 1171).
Durand Blanchez et sa femme Béatrix donnent à Bonnevaux leur alleu à *Maceoneya*, sous la garde d'Ismidon de Septême.
Chevalier (U.), dans *Bull. acad. Delphin.* D. II. 73 ; *Cart. de Bonnevaux*, 57, n° 124.

**4429** (Vers 1171).
Esclarmonde, femme de Guillaume de Neyrieu *(Neyreu)*, donne [aux frères] de Bonnevaux certaine redevances *(usus)* à *Maceoneya* et reçoit d'eux 100 sols. Garant : Guillaume de Beauvoir. Témoins : Téric de Septême, etc.

Chevalier (U.), dans *Bull. acad. Delphin.* D. II, 73-4 ; *Cart. de Bonnevaux*, 57-8, n° 126.

**4430** Châteauneuf, Hauterives, Montchenu, (vers 1171).
La donation d'Esclarmonde fut contestée par son fils Hugues et Adon Bruns, mari de sa fille Alamande ; les frères de Bonnevaux leur donnèrent 30 livr. qu'ils se partagèrent avec leurs autres sœurs, Marie et Tres Chastelz. Leur assentiment fut accordé devant de nombreux témoins à la grange de Lacreva, à Châteauneuf, à Hauterives *(Alta Ripa)* et à Montchenu *(Mons Canutus)*.
Chevalier (U.), dans *Bull. acad. Delphin.* D. II. 74 ; *Cart. de Bonnevaux*, 58, n° 127.

**4431** Artas, (vers 1171).
Jean de *Macconeya* cherche querelle [aux frères] de Bonnevaux ; pour conserver sa bienveillance, on lui donne 12 den. et 3 *cartalli* de seigle. Témoins : Pierre mistral de St-Jean[-de-Bournay]. Sa femme donne son assentiment *ap. Artasium*, en présence du prieur du lieu.
Chevalier (U.), dans *Bull. acad. Delphin.* D. II. 74-5 ; *Cart. de Bonnevaux*, 58-9, n° 128.

**4432** (Vers 1171).
Jean Quitfauz et la femme de Durand Sarpul donnent aux frères de Bonnevaux ce qu'ils avaient à *Bletoneyo*. De même, Durand, fils de Guitgier de *Maceoneya*.
Chevalier (U.), dans *Bull. acad. Delphin.* D. II. 73 ; *Cart. de Bonnevaux*, 57, n° 122.

**4433** (Vers 1171).
Jeannun de *Martiniana* fait un don à Bonnevaux. De même, Jean Rachaz à la fin de sa vie, qui laisse 10 sols à Nantelme de Châtonnay pour défendre sa femme et ses biens ; témoins.
Chevalier (U.), dans *Bull. acad. Delphin.* D. II. 73 ; *Cart. de Bonnevaux*, 57, n° 123.

**4434** Jarcieu, 1171.
Marie Tolvona et ses fils Jarenton et Hugues Tolvonis cédèrent leurs dîmes [aux frères] de Bonnevaux, pour 108 sols, dont une faible part alla à leurs domestiques *(familiares)*. Garants : Nantelme d'Anjou *(Amoldo)*, son frère Jarenton et Guigues Tolvonis. Fait *apud Jarceu*. Témoins. Approbation d'Humbert Gautier ; témoins.
Chevalier (U.), dans *Bull. acad. Delphin.* D. II. 72 ; *Cart. de Bonnevaux*, 56, n° 120.

**4435** Châtonnay, Miribel, 1171.
Nantelme de Châtonnay *(Chatunnayo)* donne [aux frères de Bonnevaux] ce qu'il possédait à *Maceoneya*, entre les mains de l'abbé Hugues, en présence de moines et convers. Foucher *(Fulcherius)* prieur d'Artas, etc., et reçoit 1000 sols. Garants : Boniface d'Ornacieu et Ervisius de Beauvoir, en présence de son père Humbert de Châtonnay, à qui on fait cadeau *(drualia)* de 100 sols ; autre garant : Humbert de Miribel, qui reçoit 20 sols. Montarsina, épouse de Nantelme, donne son approbation à Châtonnay ; Hugues de Miribel et sa femme Bona Donna, à Miribel, entre les mains de Pierre de Viriville, qui leur donne 30 sols. Témoins : le chanoine Bernard de Miribel, etc. — Nantelme fit à

Bonnevaux un autre don, qui lui procura 200 sols, à son père Humbert 5o de *drualia* et au mistral Pierre Pela 5.
CHEVALIER (U.), dans *Bull. acad. Delphin.* D, II, 75-6; *Cart. de Bonnevaux*, 59-60, n° 130.

**4436** (Vers 1171).
Siboud, fils de Durand Aalis, Jean et Siboud, fils de Chrétien, Jean et Pierre, fils de Jean Peregrin, donnent à Bonnevaux ce qu'ils ont dans la paroisse de *Maceoneya*. Témoins.
CHEVALIER (U.), dans *Bull. acad. Delphin.* D, II, 73; *Cart. de Bonnevaux*, 57, n° 125.

**4437** 1171.
Odon Albuini, ses frères Guillaume et Francon, ses sœurs Alix *(Aalais)* et Sibylle, sa mère Casea et leur beau-père Humbert vendent, au prix de 150 sols, au prieur Bertrand, au procureur André et aux autres frères de Durbon tous leurs droits à Recours *(Rocos)*, dont les colons n'ont aucune propriété. Serment. Cautions : Ponce Richaudi, Isnard et Bertrand de Neuvillar *(Altovilario)*, Guigues Matfredi, Guillaume Orsetz, Jean prêtre de St-Julien. Témoins... ind. 9, Grégoire évêque de Gap, Frédéric emp. d. Rom.. Alexandre III pape.
GUILLAUME, *Chartes de Durbon*, 77-8, n° 78. = ROMAN.

**4438** Aspres-lès-Veynes, 1171.
Raymond de Montbrand *(Montisbranni)* donne au monastère de St-André de Gap, hors de la ville, le droit de couper du bois pour cuire le pain dans la forêt de Buissard *(Buyssardo)*, sauf la réserve *(deffensum)* délimitée par le Drac *(Dravus)*; le prieur Guillaume lui remet 100 sols monnaie de Vienne et s'engage à un cens de 2 setiers de vin mesure de Gap à Noël. Lui et son frère Arnaud confirment ce don entre les mains d'Etienne, abbé de Cluny, qui s'était trouvé à passer *apud S. Geraldum de Asperis*, dans la maison de Géraud Maurelli, et de Grégoire, évêque [de Gap] ; on le rend participant des bonnes œuvres de Cluny. Témoins : Bernard prieur de St-André-de-Rosans, Pierre prieur de Beaujeu et 10 autres.
Arch. de l'Isère, B. 3248, orig. 194. *Invent. Graisivaudan*, I, 534ᵇ. BERNARD-BRUEL, *Chartes de Cluny*, V, 594-6, n° 4241. = ROMAN, 28ᵉ.

**4439** 1171.
Hugues, fils du chevalier Bournon, donne à l'église de St-Pierre, à Vienne, le 6ᵉ des dîmes de la paroisse de Jardin et sa part de l'église de St-Jean des Côtes-d'Arey.
CHORIER, *Hist. de Dauph.* I, 840; 2ᵉ, 646.

**4440** 1171.
Raymond Garcin offre à St-Ruf son fils Raymond comme chanoine et donne pour lui à Ponce Brémond, prieur de Manduel *(Mandolio)*, une maison *(stare)* dans la ville de Nîmes avec les revenus d'une autre maison et d'une terre : il reçoit pour le tout 467 sols Melgoriens. Témoins (12). *Petrus Petiti scr.* Garants d'éviction : Pierre Aldebert et Hugues de Brascha ; témoins (8). Aldebert, évêque de Nîmes, approuve cette donation et la confirme à Raymond, abbé de St-Ruf, en présence de (8) témoins.
CHEVALIER (U.), *Codex diplom. S. Rufi*, 56-7, n° 45.

**4441** 22 janvier 1170/1.
Epitaphe d'Aribert Mauricius, moine de l'abbaye de St-Pierre à Vienne.
TERREBASSE, *Inscript. Vienne*, I, 241, n° 376.

**4442** Frascati, 24 février (1171/1181).
Le pape Alexandre III charge les évêques de Cahors et de Die de terminer un différend entre les chanoines de Brioude et les moines de la Chaise-Dieu. — *Ex parte ecclesiæ*.
*Mém. acad. Clermont-Ferrand*, XIX, 313. *Mon. pont. Arvern.* 321. = JAFFÉ, -14264.

**4443** Marsanne, 6 mars 1171.
Guillaume de Poitiers, comte de Valentinois, et Eustache, prévôt de l'église de Valence, donnent à leur mère Véronique le manse de Genevés avec tènement, bois et ramière, pour y construire l'église et le couvent de Bonlieu, la permission de construire un moulin sur le Roubion, le droit de pâturage dans toute leur terre, l'exemption de leyde et péage, et 2000 sols Viennois. Fait dans la salle *(aula)* de *Marsans...*, *luna 7, fer. 2ª, regn. Friderico imper. et Odone episcopo Valentino*, devant Pierre de Vérone, chapelain de Marsanne, B[ertrand] d'Etoile, etc.
Arch. de la Drôme, E, 6134, parch.; cf. 6141. — LACROIX (A.), *Invent. somm. arch. Drôme*, IV, 327ᵇ. CHEVALIER (J.), dans *Bull. soc. archéol. Drôme*, XXVII,272; *Mém. comtés Valent.-Diois*, I, 183-4. — Charte fausse.

**4444** Marsanne, mars 1171.
Véronique, comtesse de Marsanne *(Marsaniæ)*, atteste avoir construit un monastère de religieuses appelé Bonlieu *(Bonus Locus)*.
Ex ms. cod. bibliothecæ v. c. domini Nicolai Chorier. MOULINET. *Reg. généalog.* IV, 809 (1 m. 1107).

**4445** Avril 1171.
Guillaume de Boczosel *(Bocosello)* et son frère Guenisius, Pierre Rovoyria, sa femme et ses fils élevèrent des difficultés aux frères de Bonnevaux au sujet des biens de Ponce de Meyrieu *(Mayreu)* et de son frère Arnaud dans le mandement de Châtonnay *(Chattunay)* et dans la paroisse de *Maceoneya*, etc. Ils s'en désistent et reçoivent : Pierre 200 sols, Guillaume 10 livr., sa mère 10 sols, ses serviteurs 20, Guenis 13 livr., etc., Drodon de Bournay 5 sols. Témoins. Guillaume, archevêque de Vienne, Guillaume, évêque de Maurienne, scellent l'acte, dans lequel figure Foucher, prieur d'Artas.
CHEVALIER (U.), dans *Bull. acad. Delphin.* D, II, 78-9 ; *Cart. de Bonnevaux*, 62-3, n° 137.

**4446** Jarcieu, avril 1171.
Ponce de Bellegarde vend le 6ᵉ des dîmes de la Perrière *(Petraria)* à Nantelme d'Anjou *(Anjoldo)*, qui le donne aux frères de Bonnevaux et reçoit d'eux un palefroi de 5o sols au moins. *Fact. apud Jarceu*. Témoins : Isard de Moras, Guigues de Parzia, Humbert de Sonnay, Jarenton d'Anjou (qui est garant), le mistral Arbert et Vivien de Revel.
CHEVALIER (U.), dans *Bull. cit.* D, II, 150 ; *Cart. de Bonnevaux*, 134, n° 327.

**4447** Frascati, 4 avril (1171).
Alexandre III mande à l'archevêque-légat de Lyon, de remplacer par des bornes de pierre celles en bois qui limitent les possessions des religieux de Portes et celles des chanoines [de St-Ruf] d'Ordonnas. — *Pacem et concordiam.*
*Severt, Chronol. hist. Lugdun. I, 252. Guigue, Cart. Lyonnais, I, 67-8. = Gallia christ. nova, IV, 128. Le Couteulx, Ann. Cartus. I, 202.

**4448** Frascati, 26 avril 1171.
Alexandre III, à la demande d'Etienne prieur de Portes, confirme l'accord de limites conclu entre les religieux de Portes, les chanoines de St-Ruf et les chanoines de St-Sulpice. — *Quoniam sine cultu.*
Guigue, Cart. Lyonnais, I, 64-6, n° 43. = Le Couteulx, Ann. Cartus. II, 351. Martin, 627.

**4449** Frascati, 8 juillet (1171/1172).
Bulle du pape Alexandre III adressée à l'abbé R[aymond] et aux frères de St-Ruf, leur accordant de recevoir le chrême, l'huile sainte, la consécration des autels et basiliques, l'ordination des clercs aux ordres sacrés de l'évêque diocésain, pourvu qu'il soit catholique et ne demande rien. — *Quotiens a nobis.*
Chevalier (U.), Codex diplom. S. Rufi, 58, n° 46.= Jaffé, -12091.

**4450** 3 novembre 1171.
Odon, évêque de Valence, suivant les traces de son prédécesseur Bernard (1148/56), confirme et autorise de son sceau l'accord qui met fin au dissentiment entre les frères de Léoncel *(Fontis Lionæ)*, Guillaume Camérier *(Camerarius)* et son fils. On passe condonation à ceux-ci des 33 setiers de méteil *(annona)* et des bœufs qu'ils avaient enlevés, mais les religieux seront exempts pendant un an du cens de 9 setiers de seigle et 9 d'avoine et orge à la mesure de Valence qu'ils leur doivent pour la terre de Parlanges *(Paralangis)*. Le fils et ses sœurs Sivilla et Sivilla (sic) jurent sur les Evangiles et se portent garants contre leur autre sœur mariée à Montvendre *(Monvenre)*. Fait dans la maison de Camérier, en présence des religieux et des chanoines de Valence, du viguier P. d'Auriol, du baile Bermond, a° I. D. 11(7)1. Freder. Roman. imper. regn., *Alexandro in Urbe sedente, fer. 4, luna 2.* — *Quoniam labilis est.*
Chevalier (U.), Cartul. de Léoncel, 22-3, n° 19.

**4451** Portes, 8 novembre 1171.
Guichard, archevêque de Lyon, assisté d'Aimon, abbé d'Ambronay, remplace par des bornes de pierre, les bornes de bois placées autrefois entre les biens des chartreux de Portes et des moines d'Ordonnas. — *Regnante domino nostro.*
Severt, Chron. hist. arch. Lugdun. I, 252. = Gallia christ. vet. IV, 89'; nova, IV, 127-8.

**4452** 11 novembre 1171.
Robert, dit Alba, évêque de Viviers, confirme au prieur de St-Médard l'église de St-Montan, avec la chapelle de Ste-Marie, moyennant des cens aux synodes d'octobre et de mai, etc.
Mazon (A.), Orig. égl. Vivarais, II, 210. = Brun-Durand (J.), St-Médard, 5.

**4453** (1171/1185).
Donation par Otgerius, pour le repos de son âme, à l'église de St-Félix de Valence, de l'assentiment de l'évêque Odon, de l'abbé Guillaume de Clérieu, du prévôt Eustache, du doyen Humbert et de tout le chapitre, d'une maison devant l'église, de 5 tènements, de 9 terres, de vignes, cens (sols, seigle), condamine, *novalia*, pour lesquels il payait à l'abbé de St-Félix 12 sols et 4 setiers d'avoine à la St-Apollinaire.
Mentionné dans l'acte du 13 février 1216/7.

**4454** (Après 1171).
[Les frères] de Bonnevaux rachètent les biens que Berlion de Primarette *(Prumalayta)* leur avait donnés, moyennant 49 sols ; Pierre Clemens en reçoit 28, Pierre Pelliparius 21.
Chevalier (U.), dans Bull. acad. Delphin. D, II, 155 ; Cart. de Bonnevaux, 139, n° 336.

**4455** Cour, (après 1171).
Gautier de Cour vend [aux frères] de Bonnevaux la moitié des biens de Guillaume Usclas dans la paroisse de Primarette *(Prumalayta)*, au prix de 78 sols ; elle lui était échue par sa mère, [2°] femme de Guillaume. Garants (3). Assentiment de sa sœur Blesmues et de ses fils *ap. Curz.* Témoins.
Chevalier (U.), dans Bull. acad. Delphin. D, II, 154 ; Cart. de Bonnevaux, 138, n° 333.

**4456** (Après 1171).
Gautier de Cour *(Curz)* éleva des difficultés sur sa vente [aux frères] de Bonnevaux, à la suggestion de son parent Pierre Alamanni : des arbitres, Ismidon de Septème et Adémar Senioreti, y mirent fin.
Chevalier (U.), dans Bull. acad. Delphin. D, II, 154 ; Cart. de Bonnevaux, 138, n° 334.

**4457** Fallavier, (après 1171).
Les frères de Bonnevaux acquièrent de Guillaume Hugonis, son frère Ainard *(Aenard.)*, Richard Collencs, Bornon et Siboud de Pinet les biens de Guillaume Usclas dans la paroisse de Primarète, dont ils avaient hérité. Guillaume reçoit 25 sols, sous condition du consentement de sa mère Aaldis. Garants : la dame de Beauvoir et son fils Drodon. Témoins. Ainard donne des cautions. — *Fact. ap. Falaverium.* Témoins. Richard reçoit 25 sols, dont il donne 5 à Guigues de *Parzia*. Assentiment de sa femme Garine ; garant : Latard de Pinet, hospitalier. Consentement de Beldia, femme de Bornon, qui reçoit 2 trousses d'aulx et 1 d'oignons.
Chevalier (U.), dans Bull. acad. Delphin. D, II, 153-4 ; Cart. de Bonnevaux, 137-8, n° 332.

**4458** (Après 1171).
Donation [à l'abbaye de Bonnevaux], par Hugues Porcel, au péage d'*Ozera* ; du chanoine Gontard, de Joffred de Bar. et de Giraud de Rac., au péage de Châteauneuf.
Chevalier (U.), dans Bull. acad. Delphin. D, II, 150-1 ; Cart. de Bonnevaux, 134-5, n° 328.

**4459** Revel, (après 1171).
Pierre Mastra, de Revel, vend [aux frères] de Bonnevaux un pré à Primarette *(Prumalayta)*, au prix de 15 sols. Garant : Guillaume de Beauvoir. Fait dans le

même château. Ce pré était engagé *(subnexum)* à Pierre Pelliparius pour 15 sols, qu'on lui rendit *ap. Revellum.*
CHEVALIER (U.), dans *Bull. acad. Delphin.* D, II, 155 ; *Cart. de Bonnevaux*, 139, n° 337.

**4460** (Après 1171).
Vivien de Revel cède aux frères de Bonnevaux la 6° partie des dîmes [de Primarette]. Témoins.
CHEVALIER (U.). dans *Bull. acad. Delphin.* D, II, 153 ; *Cart. de Bonnevaux*, 137, n° 331.

**4461** Le Colombier, Romans, Châtillon, Humilian, (1172.
Falcon de Châtillon *(Castellione)* et son fils Chabert donnent aux frères de Bonnevaux ce qu'ils possèdent dans la paroisse de Bossieu *(Bucciaco)*. Garants : Guenisius de Châteauneuf, Ismidon et Bernard de Châtillon. Fait *apud Columberium ultra Isaram.* Témoins. Se portèrent également cautions, à la porte *Romanensi*, Raymond comte de St-Gilles *(S. Ægidii),* Humbert de Miribel et Roger de Clérieu *(Clayreu)* ; le comte et Humbert promirent à Pierre de Viriville la garantie de leurs fils Raymond et Boniface. Témoins : Guenis de Châteauneuf, Guillaume de St-Lattier, Atténulfe de St-Geoirs, Pierre de Vinay... Confirmation des fils de Falcon à Châtillon, de Falcon à Humilian [Larnage] et de Falcona à Romans; témoins.
CHEVALIER (U.), dans *Bull. acad. Delphin.* D, II, 90-1 ; *Cart. de Bonnevaux,* 74-5, n° 172.

**4462** 1172.
Vente par Raoul Escot et Pierre Bernard, par ordre de Guillaume Bernard, leur père, au monastère de Boscaudon et à l'abbé Guigues de Thorane, de la montagne de Morgon, sauf le droit de chasse, moyennant 1000 sols et un poulain. Témoins : Raymond, archevêque d'Embrun, Pierre Rodulphi. prévôt du chapitre, etc.
Arch. de M. Roman. -= ROMAN. 29°.

**4463** (Vers 1172).
Guillaume, comte de Forcalquier, et son frère Bertrand confirment leur donation à Notre-Dame de Boscaudon du lieu de Lure pour y établir un monastère.
Carpentras, ms. Peiresc LXXVI. — LE COURULX, Ann. Cartus. II, 368-9. = Cf. n° 3989.

**4464** Apt, (1172 ?).
Guillaume. comte de Forcalquier, fait don à Notre-Dame de Durbon du péage *(pedaticum)* dû par les hommes qui portent le sel et autres nécessités ; il exempte les brebis des ermites de toute exaction sur ses terres, nommément de l'usage *(usaticum)* dit *pascherium. Feci ap. Aptam,* à son départ pour St-Jacques, à la persuasion de Grégoire, évêque de Gap. Témoins : Pierre le Gros, prévôt de Forcalquier, qui a écrit la charte, R. de *Metullio*, Ardaud Flota, Humbert, administrateur de l'évêché de Gap. Envoyé au prieur Bertrand par le frère Rolland. Demande de prières.
GUILLAUME, *Chartes de Durbon,* 79, n° 80. = ROMAN, 28ᵇ.

**4465** Burriane, 1172.
Odon Albuini et sa femme Reidonna donnent au prieur Bertrand et aux frères [de Durbon] leurs droits du sommet *castellaris* de Burriane à celui du serre *Escharenæ*, nommément les champs *Stricti, Maurelli* et *Pomerii Boneti*, moyennant 460 sols. Serment de sa sœur Alix *(Aalais)* et de son mari Pierre Riperti, de son beau-frère Arbert. Témoins : André procureur, Guillaume Arberti, prieur de St-Marcel [de Die], Pierre prévôt de Cîteaux, Jean prêtre de St-Julien. *Fact. in Podiata Burrianæ.* Cautions : Géraud et Jean Dio, Géraud Charancia... Grégoire évêque [de Gap], Frédéric [emp. d.] Rom., Alexandre pape.
GUILLAUME, *Chartes de Durbon.* 78-9. n° 79. = ROMAN. 29ᶜ.

**4466** Recours, 1172.
Jean Chais, sa femme Jeanne et ses filles donnent au prieur Chatbert et aux frères de Durbon 3 éminées de terre *en Rochat Airaut*. moyennant 12 sols Viennois. Témoins : Nicolas procureur, etc. Fait devant la maison *Rocos*...
GUILLAUME, *Chartes de Durbon*, 88, n° 96. = ROMAN, 29ᶜ.

**4467** Durbon, 1172.
Michel Chais, sa femme Agnès et son fils Ponce donnent au prieur Chatbert et aux frères de Durbon 1 setérée de pré au Bardoux *(S. Bardulfus)*, moyennant 9 sols Viennois. Témoins : Nicolas, procureur, etc. Fait en la maison supérieure....
GUILLAUME, *Chartes de Durbon*, 89, n° 97. = ROMAN, 29ᶜ.

**4468** Durbon, 1172.
Pierre Isnardi, sa femme Sibiuna, leurs filles Jeanne, Poncia et Etiennette, Ponce Ricaldi, Jean Garcini, son frère Arnoul et sa sœur Aude donnent au prieur Chatbert et aux frères de Durbon leurs droits à *Costa Paulina*, moyennant 11 sols Viennois. Témoins : Nicolas, procureur, etc. Fait dans la maison supérieure...
GUILLAUME, *Chartes de Durbon*, 88, n° 95. = ROMAN, 29ᶜ.

**4469** Durbon, 1172.
Ponce Fais, sa femme Alois et ses fils donnent au prieur Chatbert et aux frères de Durbon un morceau de pré au Bardoux *(S. Bardulfus)*, etc., moyennant 3 sols. Témoins : Nicolas, procureur, etc. Fait devant l'église, en la maison inférieure...
GUILLAUME, *Chartes de Durbon*. 89, n° 98. = ROMAN, 29ᶜ.

**4470** 1172.
Hugues, prieur de St-Félix [de Valence], et son couvent, déclarent que l'abbé et les frères de St-Ruf leur doivent seulement 2 charges d'âne 1/2 de vin pour les dîmes des vignobles *(vineta)* de Lambert Maréchal et les vignes *(vineæ)* de Jean Pagan, Aliphant et Bonet Rotgerii, dont ils ont fait l'acquisition. Pour éviter toute contestation à l'avenir, on en précise les confins. Fait en présence d'Odon, évêque de Valence, et de ses chanoines Bérenger de Borne et Eldenon, du chapelain de l'évêque Barthélemy, chanoine de St-Félix, de l'abbé et du prieur de St-Ruf, de maîtres Etienne et Alliard, etc. Sceau de l'évêque.
CHEVALIER (U.), *Codex diplom. S. Rufi.* 58-9, n° 47.

**4471** Durbon, 1172.
Etienne Latgerii vend et donne au prieur André et aux frères de Durbon, en présence de Bertrand, évêque de Sisteron *(Sisteric.)*, ancien prieur de la maison, le champ et pré du Bardoux *(S. Baldulfi)*, le champ de

Platano Cava, ses droits à Pré-Rond *(Prato Rotundo)*, à *Cumbertis* et au mandement de Recours *(Rocos)*, moyennant 100 sols Viennois. Confirmation de son neveu Ponce Latgerii et de Ponce Majauvetz, de Veynes *(Veeneto)*, mari de sa sœur. Témoins : les prêtres Jean de St-Julien, Guillaume Rollandi de la Rochette et Guillaume Girberni d'Agnielles *(Agnella)*. Fait devant la maison du four... Grégoire évêque de Gap, 16 [ann.], Frédéric emp. d. Rom., Alexandre III pape.

GUILLAUME, *Chartes de Durbon*, 82-3, n° 86. = ROMAN, 29.

**4472** Durbon, 1172.

Pierre Borrelli et ses neveux vendent et donnent au prieur André et aux frères de Durbon 2 seterées de pré à la côte du Lautaret *(de l'Altaret)*, et tous leurs droits à Recours *(Rocos)*, moyennant 12 sols Viennois. Témoins. Fait près de la maison du four... Grégoire évêque de Gap, 13 [= 16 ann.], Fréd. emp. d. Rom., Alex. III pape.

GUILLAUME, *Chartes de Durbon*. 83-4, n° 88. = ROMAN, 29°.

**4473** Durbon, 1172.

Pierre de l'Hôpital et son frère Guillaume vendent et donnent au prieur André et aux frères de Durbon le champ de Rochatz Airaut et des prés à la Lauze *(ad Lausam)* et à Pré-Rond, moyennant 33 sols Viennois. Témoins. Fait près de la cuisine de la maison supérieure... Grégoire évêque de Gap, 16 [ann.], Fréd. emp. d. Rom.. Alex. III pape.

GUILLAUME. *Chartes de Durbon*. 83. n° 87. = ROMAN, 29b.

**4474** Durbon, 1172.

Ponce Fais et ses frères Michel et Guillaume donnent au prieur André et aux frères de Durbon le tiers des champs *Corneti* et *Linerix*, moyennant 3 sols. Témoins. Fait près de l'église de la maison inférieure... G[régoire] évêque de Gap, Fréd. emp. d. Rom., Alex. III pape.

GUILLAUME, *Chartes de Durbon*, 84, n° 89. = ROMAN, 29°.

**4475** Durbon, 1172.

Ponce Rebouz *(Rebolli)* et son fils Vincent donnent au prieur André et aux frères de Durbon 3 éminées de terre à l'*Eiril del Geneste*, moyennant 6 sols. Témoins. Fait à la porte de la maison supérieure.... Grégoire évêque [de Gap], 16 [ann., Fréd. emp. d. Rom., Alex. III pape.

GUILLAUME, *Chartes de Durbon*, 85, n° 90. = ROMAN, 29b.

**4476** Burriane, 1172.

Guillelma, épouse de Bertrand de Neuvillar *(Alto Vilario)*, ses fils Raimbaud, Rainier, Bermond, et sa fille Gillina donnent aux frères de Durbon, en présence de Bertrand, évêque de Sisteron *(Sistercien.)*, ancien prieur de la maison, les *eisarti* d'Humbert et leurs droits au puy *Richardi* et à la combe Boer, moyennant 300 sols. Cautions : Géraud prêtre et son frère Rollaud de Baumugne *(Balmunia)*, Arbert, Guillaume Isnardi. Témoins : André procureur, Jean prêtre de St-Julien. *Fact. in podiata Burrianæ...* Grégoire évêque [de Gap], Frédéric emp. d. Rom., Alexandre pape.

GUILLAUME. *Chartes de Durbon*, 81-2, n° 85. = ROMAN.

**4477** 27 mai 1172.

Epitaphe d'Ives *(Yvo)*, abbé de St-Pierre à Vienne : *Mente capax plenusque Deo vitaque serenus...* [5 distiques]. 6 *kal. junii* [al. *julii*] *obiit a° I. D. 1172* [al. *1061*], *ind. 3* [= 5].

Bosco (J. a). 100. CHORIER. *Antiq.* 301-2; 2°, 303-4. COLLOMBET, II. 89-3. TERREBASSE, *Inscr.* I. 242-4, n° 377.

**4478** 24 juin (1172).

VIII *kal. julii...* Ivo abbas Fortis [= *foris*] portæ.

CHEVALIER (U.). *Nécrol. de St-Robert*. 29, 30.

**4479** St-Ruf. 20 août 1172.

Durand de Romans, qui avait épousé une converse de St-Ruf, cède à l'abbé Raymond, au prieur Adémar et aux chanoines de St-Ruf des terres et vignes à Faventines *(in F-nis)* et 300 sols *in vargeria* [prés et terres] de David Caballarii ; il reçoit 520 sols et gardera l'usufruit. Fait dans le cimetière S. *Rufi*, contre le mur du chapitre, en présence d'Odon, évêque de Valence.

CHEVALIER (U.), *Codex diplom. S. Rufi*, 59, n° 48.

**4480** (1172/1173).

Humbert Medici et son frère Géraud donnent au prieur André et aux frères de Durbon une parcelle de terre *el Geneste*, moyennant 3 sols. Témoins.

GUILLAUME, *Chartes de Durbon*, 86-7, n° 93. = ROMAN, 30°.

**4481** Savournon, (1172/1173).

Rolland Correiardi et son frère donnent au prieur André et aux frères de Durbon un pré à Chamousset *(C-osset)*. Témoins : Martin prêtre de Savournon, etc. *Fact. ad Suorno*, pendant la maladie dont il mourut.

GUILLAUME. *Chartes de Durbon*, 87, n° 94. = ROMAN, 35°.

**4482** 1173.

Adémar de Poitiers, comte de Valentinois, confirme à Notre-Dame de Bonlieu et à l'abbesse Adhémare les donations de Guillaume de Poitiers, son père, et d'Eustache, prévôt de Valence, son oncle, à Véronique, son aïeule, leur octroyant les pâturages, les exemptant des péages, leydes, pulvérages, exactions et prenant les troupeaux et les bergers du monastère sous sa protection. Sceau d'Odon, évêque de Valence, qui était venu bénir le cimetière... fér. 6, lune 21, Alexandre pape, Frédéric emp. ; présents : Arbert, abbé d'Aiguebelle, Aimar abbé de Saou, Pierre de Sauzel *(Salicetto)*, Imbert, commandeur de St-Gervais, etc.

Arch. de la Drôme, E, 6134, parch. MOULINET, *Reg. généalog.* IV, 809. LACROIX (A.), *Invent. somm. arch. Drôme*, IV, 328°. CHEVALIER (J.), dans *Bull. soc. archéol. Drôme*, XXVII, 272 ; *Mém. comtés Vaient.-Diois*, I, 183. — Charte fausse.

**4483** (Vers 1173).

Les *Brunenses* et les *Reges* avaient la 12° partie du bocage et territoire de *Peron*, que possédaient Garin de Primarette et son frère Mallen : les [frères de] Bonnevaux la reçoivent à 3 sols de cens annuel. Témoins.

CHEVALIER (U.), dans *Bull. acad. Delphin.* D, II, 156 ; *Cart. de Bonnevaux*, 140, n° 342.

**4484** (Vers 1173).

Dalmace de Primarette donne [aux frères] de Bonnevaux le droit de couper du bois *(boschagium)* dans sa terre et tout ce qu'il possède au territoire de *Duretum*. Assentiment de sa femme Esparsius. Témoins.

CHEVALIER (U.), dans *Bull. acad. Delphin.* D, II, 160; *Cart. de Bonnevaux*, 144, n° 356.

**4485** (Vers 1173).
Didier Boysuns fait don [aux frères] de Bonnevaux de ce qu'il tenait à cens *(censa)* de la fille de Jean Armanni dans la paroisse de Primarette. Témoins.
CHEVALIER (U.), dans *Bull. acad. Delphin.* D, II, 157-8; *Cart. de Bonnevaux*, 141-2, n° 347.

**4486** Bellegarde, (vers 1173).
Didier surnommé Sage *(Sapiens)* avait une hypothèque de 10 sols sur un quartier *(quarto)* de la vigne de Mallen à Primarette ; un convers [de Bonnevaux] les lui rembourse. Adémar Bestenz avait un gage de 3 sols, que le même lui rend *ap. Bellamguardam.*
CHEVALIER (U.), dans *Bull. acad. Delphin.* D, II, 157 ; *Cart. de Bonnevaux*, 141, n° 346.

**4487** Bossieu, (vers 1173).
Emena, tante du prêtre Girard, donne [aux frères] de Bonnevaux tout son bien dans la paroisse de Primarette ; elle reçoit 5 sols, sa fille 12 den. Elle confirme avec son fils Otgier *ap. Boceu*. Témoins.
CHEVALIER (U.), dans *Bull. acad. Delphin.* D, II, 158-9; *Cart. de Bonnevaux*. 142-3. n° 350.

**4488** Revel, (vers 1173).
Etienne Jareys et son frère Astier donnent [aux frères] de Bonnevaux tout ce qu'ils avaient au territoire de *Peron*; ils reçoivent 11 sols et la 1/2 d'un jambon *(baco)*. Fait *ap. Revellum*. Garants et témoins. Deux portions dépendaient *(contingebant)* de Silvius Sievout, la 3° de Ponce Drodo et Chatbert Grossinel.
CHEVALIER (U.), dans *Bull. acad. Delphin.* D, II, 156 ; *Cart. de Bonnevaux*, 140, n° 341.

**4489** (Vers 1173).
Girard de Primarette, prêtre de Châtonnay, neveu des Mallen, donne [aux frères] de Bonnevaux tout ce qu'il avait dans la paroisse de Primarette ; on lui fait cadeau de 15 sols et d'un manteau. Témoins.
CHEVALIER (U.), dans *Bull. acad. Delphin.* D, II, 158 ; *Cart. de Bonnevaux*, 142, n° 349.

**4490** Pinet, (vers 1173).
Guillaume Guenisii et ses neveux Guillaume Latardi et Latard cherchent difficulté [aux frères] de Bonnevaux, puis promettent la paix. Fait *ap. Pinetum*. Témoins : Latard hospitalier, etc.
CHEVALIER (U.), dans *Bull. acad. Delphin.* D, II, 156-7; *Cart. de Bonnevaux*. 140-1, n° 343.

**4491** (Vers 1173).
Guillaume Ugonis cherche querelle [aux frères] de Bonnevaux au sujet des biens de Guillaume Uscla. Dans un plaid, les chevaliers et bourgeois de Revel, constatant l'injustice, lui font promettre la paix par serment.
CHEVALIER (U.), dans *Bull. acad. Delphin.* D, II, 159; *Cart. de Bonnevaux*, 143, n° 352.

**4492** 1173.
Guillaume de Voiron *(Voyrone)* avait donné aux frères de Bonnevaux à cens *(cesa)* ce qu'il possédait dans la paroisse de Primarette *(Prumalayta)* ; puis il y joignit le même cens *(censa)* à titre de gage à Revel, et donna pour répondants Adémar de Bellegarde et son frère Martin. Témoins.
CHEVALIER (U.), dans *Bull. acad. Delphin.* D, II, 157 ; *Cart. de Bonnevaux*, 141, n° 344.

**4493** (Vers 1173).
Hugues d'Hauterives *(Altaripa)* élève contestation contre [les frères] de Bonnevaux au sujet du champ à Moissieu *(Moyseu)*, que la femme de son frère Humbert leur avait donné ; il s'en désiste et donne des cautions.
CHEVALIER (U.), dans *Bull. acad. Delphin.* D, II, 157; *Cart. de Bonnevaux*, 141, n° 345.

**4494** (Vers 1173).
La femme de Jean Silvionis, de Milieu *(Milleu)*, donne en alleu [aux frères] de Bonnevaux un bois dans la paroisse de Primarette. Garants : Lattard de Pinet et Fulcon de Tornin. Témoins.
CHEVALIER (U.), dans *Bull. acad. Delphin.* D, II, 159; *Cart. de Bonnevaux*, 143, n° 351.

**4495** (Vers 1173).
Jocerand de Revel prétend avoir domaine sur les biens [de Guillaume Uscla] ; il promet la paix, moyennant 18 sols. Témoins.
CHEVALIER (U.), dans *Bull. acad. Delphin.* D, II, 159; *Cart. de Bonnevaux*, 143, n° 353.

**4496** Revel, (vers 1173).
Nantelme, fils d'Adémar Gauterii, de Revel, donne à cens annuel [aux frères] de Bonnevaux tout ce qui lui est échu à Primarette, *ap. Revellum*. Assentiment de son parent Guillaume de Voiron, de son oncle Siboud de Tornin, de sa mère et de ses sœurs. Témoins.
CHEVALIER (U.), dans *Bull. acad. Delphin.* D, II, 159-60; *Cart. de Bonnevaux*, 143-4, n° 354.

**4497** (Vers 1173).
Pierre Guinarz donne [aux frères de] Bonnevaux une terre et reçoit 10 sols. Assentiment de sa femme Latgarde et de ses enfants. Cautions.
CHEVALIER (U.), dans *Bull. acad. Delphin.* D, II, 160; *Cart. de Bonnevaux*, 144, n° 357.

**4498** (Vers 1173).
Pierre Suspeyti cherche querelle [aux frères] de Bonnevaux au sujet des biens de son oncle Richard Collenc; on lui donne 17 sols. Garants : Guillaume de Luzinay *(Lusennay)* et son frère.
CHEVALIER (U.), dans *Bull. acad. Delphin.* D, II, 156; *Cart. de Bonnevaux*, 140, n° 340.

**4499** (Vers 1173).
Frère Rainaud rachète pour 10 sols une terre et un pré que Pétronille Davia tenait des Mallen. Témoins.
CHEVALIER (U.), dans *Bull. acad. Delphin.* D, II, 161; *Cart. de Bonnevaux*, 145, n° 358.

**4500** 1173.
...*Sedente in sede magestatis suæ Alexandro bb. papa III, ind, 6*, Gontard, abbé de Chalais, Guigues abbé de Boscaudon et les moines de Chalais, désireux de renouveler l'ancienne association [spirituelle] avec les Chartreux et d'assoupir toute discussion, reconnaissent [les limites de] leurs possessions. Les Chartreux tirent de leur pauvreté 500 sols monnaie Viennoise pour leur

donner. Fait par le conseil de Jean, évêque de Grenoble. Témoins des Chartreux : Basile, prieur de la Chartreuse, Ponce, prieur du Val-Ste-Marie, le sacristain Ismidon, le procureur Guigues, Giraud convers de *Podio Bosonis*, etc. ; des Chalaisiens : l'abbé Gontard, Guigues abbé de Boscaudon *(B-dun.)*, Iterius moine, chapelain de l'évêque. Rostaing moine de la Chaise-Dieu ; plusieurs hommes du siècle, Bournon moine de Voiron, Pierre chapelain de St-Christophe, etc.

PILOT DE THOREY, *Cartul. de Chalais*, 41-3, n° 24. LE COUTRULX, *Ann. Cartus*. II, 371-2.

**4501** 1173.
Ponce Creisentz *(C-ti)*, son frère Géraud et leurs femmes donnent au prieur André et aux frères [de Durbon] le champ Long et leurs droits à *Costa Plana*, moyennant 20 sols. Témoins. Fait à la fontaine *Lambentis Lupi*.

GUILLAUME, *Chartes de Durbon*, 86, n° 92. = ROMAN. 30b.

**4502** 1173.
Bulle d'Alexandre III [Lucius III !], nommant Pierre, évêque de Die, Guigues, abbé de Boscaudon, et Béranger, pour procurer une transaction relativement à la mine de Faravel, usurpée par le chapitre d'Embrun sur l'archevêque : il approuve à l'avance leur jugement.

FORNIER, *Hist. d. Alpes Marit*. I, 720-1. = ROMAN, 30.

**4503** 1173.
Odon, évêque de Valence, du conseil de tout son chapitre, confirme à l'abbé Ponce, qu'il chérit comme la prunelle de son œil, et aux frères de l'abbaye de Léoncel *(Liuncelli)*, située dans son diocèse, les possessions dont ils sont investis : la Blache *(Blacha)*, les deux Conier *(utrumque Coognerium)*, la terre de Parlanges *(Paralanges)*, celle de Bessey *(Beccia)* et ce qui appartient aux églises du Bourg et de St-Félix ; il exempte des exactions du fisc leurs achats et ventes à Valence. Témoins : Eustache prévôt et Lambert doyen de l'église de Valence, etc. — *Desiderium proposito*.

COLUMBI, *Valent. episc.* (1638), 26-7 ; (1652), 32-3 ; *Opusc.* 258. CHEVALIER (U.), *Cart. de Léoncel*, 25, n° 22. Trad. CATELLAN, 317. = BRÉQ. III, 479.

**4504** Tamié. St-Nazaire, 1173.
Lambert de Flandènes *(Flandinis)* donne à Notre-Dame de Léoncel son avoir au territoire de Bioux *(Biân)* et dans la montagne depuis le col de Bioux jusqu'à Beaugontard *(Bellum Gontardi)*, Omblèze *(collis Umblicis)*, le Chaffal *(Casfalgum)* et le Col-de-Tourniol *(collis de Tarnino)*, avec le pâturage dans le mandement de Flandènes et toutes ses terres ; il retient 5 setiers de seigle et 5 d'avoine à la mesure de Romans, et reçoit 300 sols monnaie de Vienne. Garantie d'éviction. Promis entre les mains de Ponce, abbé de Léoncel, *apud Tameium*. Approbation de Sibylle, mère de Lambert, et de sa femme Berlona. Témoins (14). La charte est reçue à St-Nazaire, en présence de son frère Lantelme. Pierre, évêque de Die, y appose son sceau. — *Si rerum gestarum*.

CHEVALIER (U.), *Cart. de Léoncel*, 26-7, n° 23.

**4505** 1173.
Echange entre l'archevêque et l'église de Lyon, et Guigues comte de Forez, qui leur cède tout ce qu'il possède au-delà du Rhône, de Vienne à Anthon et Bourgoin.

LA MURE, *Hist. dioc. Lyon*, 308 ; *Hist. ducs Bourbon et comtes Forez*, III, 28. MENESTRIER, *Hist. civ.-consul. Lyon*, pr. 37-8. BERNARD (Aug.), *Hist. du Forez*, I, pr. 4. MONFALCON, *Lugdun. hist. mon.* 393. = DURAND (Vinc.), dans *Bull. de la Diana*, VI, 303-5.

**4506** 1173.
Accord amical intervenu entre Pierre, évêque du Puy, et son église, et Ponce, vicomte de Polignac, par la médiation de Robert, [archevêque] élu de Vienne, de l'évêque de Viviers et de celui de Clermont.

VIC-VAISSETE, *Hist. de Languedoc*, III, pr. 130-2 ; 3°, VIII, 296-9. TEULET (A.), *Layettes du trésor des Chartes*, I, 105-6. = BOUQUET, XIV, 468 (Odon, évêque de Valence !). BRÉQ. III, 480.

**4507** Fontainebleau, (vers 1173).
Louis VII, roi de France, confirme l'accord amical précédent.

BALUZE, *Hist. mais. Auvergne*. II, 68. = BRÉQ. III, 477.

**4508** 1173 = 1170.
Fondation de la chartreuse du Val-St-Hugon : *Hec heremus cepit inhabitari et construi a° ab Incarn. Dom. 1173*.

Paris, Bibl. Nat., ms. lat. nouv. acq. 1741, 174ᵇ *(Bibl. de l'éc. d. Chartes*. LVI, 658). — LE COUTEULX, *Ann. Cartus*. II, 378.

**4509** (Vers 1173).
Didier Tollini donne aux religieux du Val-St-Hugon ce qu'il possédait dans les alpes de Lumbin, entre les mains de Ponce, prieur du Val-Ste-Marie. Témoins : le prieur Nantelme, etc.

BURNIER (Eug.), *Chartreuse de St-Hugon*, 357-8, n° 261.

**4510** (Vers 1173).
Hugues d'Arvillard donne aux religieux du Val-St-Hugon tout ce qu'il possédait dans leurs limites. Témoins : Ponce prieur du Val-Ste-Marie, etc.

BURNIER (Eug.), *Chartreuse de St-Hugon*, 319-20, n° 158.

**4511** (Vers 1173).
Jacques de Corps donne aux religieux du Val-St-Hugon une métairie *(cabatnaria)* et reçoit 32 sols. Témoins.

BURNIER (Eug.), *Chartreuse de St-Hugon*, 325, n° 179.

**4512** (Vers 1173).
Nantelme Ainardi, sa femme et ses fils Ainard, Arbert et Pierre donnent à l'ordre des Chartreux et aux religieux du Val-St-Hugon ce qu'ils possèdent dans les limites fixées par ceux-ci, en présence du prieur Nantelme. Témoins.

MONTEYNARD, *Cart. de Domène*, 375ᵇ. BURNIER (Eug.), *Chartreuse de St-Hugon*, 255-6, n° 2.

**4513** (Vers 1173).
Nantelme de Mongaren donne aux religieux du Val-St-Hugon le tènement de Guillaume Regis et reçoit 18 sols forts. Témoins.

BURNIER (Eug.), *Chartreuse de St-Hugon*, 324, n° 175.

**4514** (Vers 1173).

Donation de Soffred d'Allevard, sa femme Vernenchia et son fils Soffred aux religieux du Val-St-Hugon. Témoins : le prieur Nantelme, etc.

Burnier (Eug.), *Chartreuse de St-Hugon*, 256, n° 3.

**4515** (Vers 1173).

Villenchia de Morestel et ses fils : Humbert, Pierre, Bermond et Aimeric donnent à l'ordre des Chartreux et aux religieux du Val-St-Hugon ce qu'ils possèdent dans leurs limites. Témoins : le prieur Nantelme, etc. Confirmation entre les mains de Jean, évêque de Grenoble, par Aimeric, qui reçoit 20 sols. Témoins : le prieur Nantelme, etc.

Burnier (Eug.), *Chartreuse de St-Hugon*, 256-7, n° 4.

**4516** (1173?).

Guillaume Lauterii et son frère Ponce étaient en différend au sujet de constructions *(pro suis edificiis)* ; leurs amis et voisins ne parvenant pas à les réconcilier, on eut recours à l'arbitrage de Ponce, prieur du Val-Ste-Marie : Ponce aura droit de bâtir sur son sol, mais il achètera et donnera à Guillaume le terrain *(area)* de Barthélemy Quintel, derrière sa maison. Si le vendeur fait le difficile, il pourra se contenter d'en donner la juste estimation, soit 20 marcs d'argent ; le prieur lui en remet 5 que Guillaume doit à son couvent ; il sera dispensé des lods et ventes. Suivent des clauses pour pourvoir aux cas d'empêchement d'exécution. Fait en présence d'Humbert, jadis archevêque de Lyon (-1152), Turgisius sacristain, Etienne de Godet, Dalmace et Etienne de Ste-Consorcie, Ponce Novelli, Etienne Darlenc, Guillaume Vera.

Arch. de la Drôme, Bouvantes, orig. parch. de 45 lig. — Trad. U. Chevalier, dans *Journ. de Die* (16 août 1868).

**4517** 1173.

Donation de Girard, comte de Mâcon et de Vienne, à l'abbaye de Balerne.

Guillaume, *Hist. des sires de Salins*, I, pr. 66-7. = Bréq. III, 482.

**4518** Clermont, 12 février 1173.

Traité entre Henri, roi d'Angleterre, et Humbert, comte de Maurienne, touchant le mariage de Jean, fils du roi, et Alix *(Aalis)*, fille du comte. Celui-ci donne à son gendre, au cas où lui-même mourrait sans enfant mâle, Roussillon *(Russilum)* et son mandement, Pierre-Châtel, etc. et tous ses droits présents et futurs dans tout le comté de Grenoble *(Gracionopolitano)*. Prêtent serment Soffred d'Allevard, Aimon de Briançon, Gozelin de Morêtel..., Odon de Voiron, Berlion et Pons de Faverges..., Guy de Theys, Amédée de Tournon..., Berlion de Montfalcon, Ungrin de Faverges..., Guillaume de Boczosel, Guy de Chandieu, Emeric vicomte de Briançon. Présent : Girard, comte de Vienne.

Benedicti abb. Petroburg. *Vita et gesta Henrici II et Ricardi regum Angliæ*, ed. Th. Hearne (1735). Rymer, *Acta publica*, I, 1, 11 ; *Fœdera*, 28, 33-4. Bouquet, XIII, 148-9, 190. Wurstemb, IV, 8-12, n° 31. Delisle (L.), *Rec.* n° 293. = Chapperon, *Chambéry à la fin du XIV° s.* Carutti, *Reg. Sab.* 246.

**4519** 10 mars 1173.

Bulle du pape Alexandre III confirmant au monastère de l'Ile-Barbe ses possessions en divers diocèses (conforme à celle du 5 mars 1142).

Chevalier (J.), *Hist. église-ville de Die*, I, 351.

**4520** Anagni, 31 mars (1173/1176).

Lettre du pape Alexandre III à l'archevêque de Tarentaise, à l'évêque de Valence (Odon) et à l'abbé d'Abondance. Un moine de Bonnevaux et un frère de la Chartreuse lui ont apporté des lettres de diverses personnes au sujet des frères de Chalais, qui ont pris la règle de Cîteaux, bien que leur fondateur, l'évêque de Grenoble s[t] Hugues, y eût mis pour condition l'assentiment des Chartreux. Dans la crainte fondée de dissentiments entre les deux ordres, il leur prescrit d'insister auprès de l'abbé de Bonnevaux pour qu'il retire ses religieux du monastère de Chalais et que celui-ci revienne à son état primitif. — *Cum quidam monacus.*

Pilot de Thorey, *Cartul. de Chalais*, 45-6, n° 26. Le Couteulx, *Ann. Cartus.* II, 470-1 (à 1179 !). = Jaffé, 12635.

**4521** Anagni, 7 avril 1173.

Bulle du pape Alexandre III adressée à Nicolas, prévôt d'Oulx *(Ultien. eccl. q. d. ad Plebem martyrum)*, par laquelle il prend son église sous la protection de s[t] Pierre et lui confirme ses possessions dans les diocèses d'Embrun, Gap, Grenoble, Die, Vienne, etc... *I. D. a° 1172...* — *Officii nostri.*

Pennotti, *Ord. cler. can. hist.*, ed. Rom. 493 ; Colon. 506. Rivautella, *Ulcien. eccl. chartar.* 10-2, n° 6. Collino, *Carte d'Oulx*, 167-71, n° 161. = Jaffé, 8182-12220. *Miscell. stor. Ital.* XX, 571. Roman, 28[b].

**4522** Anagni, 11 avril (1173/1176).

Lettre du pape Alexandre III à [Robert], archevêque de Vienne, et à ses suffragants, dans les diocèses desquels les Chartreux ont des maisons ou des pâturages ; il leur prescrit de faire justice de leurs diocésains qui molesteraient ces religieux ; défense de construire d'autres maisons religieuses près des leurs. — *Non latet discretionis.*

*Privil. ord. Carthus.* (Basil. 1510), 1[b-a]. *Nova coll. statut. ord. Cartus.*, app. 7. *Patrol. lat.* CC, 1055. = Jaffé, 8410-12638.

**4523** Anagni, 2 juin (1173/1174).

Lettre du pape Alexandre III aux frères Chartreux, au sujet de la fondation de leur maison de *Gyrio* par Henri, évêque de Gurk. — *His quæ ad cultum.*

Pusch et Froehlich, *Diplom. duc. Styr.* II, 135. *Patrol. lat.* CC, 949-50. Zahn, *Urkundenb. v. Steiermark*, I, 530. = Jaffé, 8261-12292.

**4524** Anagni, 13 juillet (1173/1176).

Lettre du pape Alexandre III à l'archevêque de Vienne, légat du Siège apostolique, et à celui de Narbonne, au sujet du refus de R[aymond], comte de Toulouse, de prêter fidélité à l'église d'Arles. — *Venerabilis fratris.*

Albanés-Chevalier, *Gallia christ. noviss.* III, 1239-40.

**4525** Anagni, 11 août (1173 ou 1174).

Lettre du pape Alexandre III à l'archevêque de Lyon, légat du Siège apostolique, et à [Robert, archevêque] élu de Vienne, leur mandant de faire rendre justice aux chanoines de Romans qui auraient à se plaindre de leurs diocésains. — *Licet ex injuncto.*

GIRAUD, *Hist. S. Barnard-Romans*, I, pr. 211-2 ; II, pr. 111, n° 273. Trad. I, 227-8. = JAFFÉ, -12318. MARTIN, 631.

**4526**                                22 août 1173.

Fondation de l'abbaye cistercienne de Sauve-Réal *(Silva Regalis, Ulmetum)*, au diocèse d'Arles, par une colonie de celle de Bonnevaux.

JANAUSCHEK, *Orig. Cisterc.* I, 168, qui n'a pas connu le 1er abbé Jean (charte suiv.).

**4527**                        (Après 22 août 1173).

Falcon de Châtillon éleva des revendications contre la maison de Bonnevaux au sujet des terres que son frère Guigues lui avait vendues. Les arbitres, Bournon de Revel l'ancien et le chevalier Guigues Ervisii, décidèrent que Jean, abbé d'Ulmet (Sauve-Réal), ferait témoigner de la vérité à cet égard, ce qui eut lieu. On en vint à un accord, dont furent témoins le chanoine Guillaume, frère de Falcon, et son fils Chatbert, Pierre de la Porte, chevalier d'Ornacieu, etc. Falcon se rendit à Bonnevaux et y consacra son fils Guigues au service de Dieu, en présence de l'abbé Hugues ; témoins.

CHEVALIER (U.), dans *Bull. acad. Delphin.* D. II, 91-2 ; *Cart. de Bonnevaux,* 75-6, n° 173.

**4528**                            Anagni, 28 août (1173).

Lettre du pape Alexandre III à l'archevêque de Reims, l'exhortant à faire cesser les inimitiés entre les rois de France et d'Angleterre, de concert avec... [Basile], prieur des Chartreux. — *Cum de discordia.*

MARTENE, *Script. vet. coll.* II, 989. BOUQUET, XV. 937-8. *Patrol. lat.* CC, 962. = JAFFÉ, 8281-12236.

**4529**                        Burriane, septembre 1173.

Transaction entre les frères de Durbon et les chevaliers du Temple [de Lus], présents Bertrand, évêque de Sisteron, André prieur de Durbon et Hugues Gaufredi, maître de la maison du Temple : on assigne aux premiers les pâturages de la Jarjatte *(Gargata)* et aux seconds ceux *dels Croselz.* Témoins : 4 frères du Temple, Pierre de *Lausarno,* prieur de St-Cyrice, Ponce Arberti, prieur de Veynes *(Veene),* Jean prêtre de St-Julien, etc. *Fact. in Podiata Burrianæ.* — *Ne propter labitem.* — Cf. 1201.

GUILLAUME, *Chartes de Durbon.* 85-6, n° 91. = ROMAN, 30°.

**4530**                            23 octobre 1173.

Raymond, archevêque d'Embrun et légat du Siège apostolique, apaise, par commission du pape, un différend entre Nicolas, prévôt d'Oulx *(Ulcien.),* et Etienne, prêtre de la Vallouise *(Val Puta).* Témoins.

RIVAUTELLA, *Ulcien. eccl. chartar.* 70, n° 69. COLLINO, *Carte d'Oulx,* 177-8, n° 167. = ROMAN, 30°.

**4531**                        (Anagni, fin décembre) 1173.

Le pape Alexandre III envoie au roi d'Angleterre Henri l'archevêque de Tarentaise, l'évêque de Clermont et [Basile], prieur de la Chartreuse, ou, s'il est empêché, le prieur de Mont-Dieu, pour lui signifier de rendre dans les 40 jours leurs épouses à ses fils. — *Non est vobis.*

COLETI, XIII, 225-6. BOUQUET, XV, 940. *Patrol. lat.* CC, 965-6. LE COUTEULX, *Ann. Cartus.* II, 371. = JAFFÉ, 8286-12248.

**4532**                                Valence, (1173/....).

Le doyen Lambert et les chanoines de l'église de Valence avaient assigné *(convenerunt)* Hugues (V.) Gauterii, prieur de St-Félix, au sujet de tènements qu'il avait acquis dans leur domaine : les églises et maisons religieuses ne pouvant rien y posséder, il devait les aliéner dans l'année. Le prieur répliquait que l'église de Valence avait négligé de se conformer à ce principe touchant la vigne qu'Armand de *Saisolio* lui avait léguée pour son anniversaire. Les arbitres, Eldenon, Didier et Durand, décidèrent que le prieur s'exécuterait immédiatement et l'église de St-Apollinaire après la mort du chantre. Fait dans la maison du doyen, en présence du chantre Aimon, du sacristain Girard, etc.

CHEVALIER (U.), *Codex diplom. S. Ruji,* 60, n° 49.

**4533**                            Richerenches, (1173/4).

Albert de Vaux *(Vallibus)* et Ismidon *(Ysmio)* d'Aix, procureurs des maisons de la milice du Temple de Salomon en-deçà des mers, du consentement d'Arnaud de la Tour et de Rob[ert], maîtres de Provence et d'Espagne, du convent réuni *ap. Ruarencas (= Ricarencas),* des frères et du commandeur de Bourgogne, à la prière du prieur G[uigues] et des frères de la Chartreuse, cèdent tout ce qui leur appartenait dans les possessions du Val-St-Hugon, sous condition de participer aux bienfaits (spirituels).

BURNIER (Eug.), *Chartreuse de St-Hugon,* 338, n° 218. LE COUTEULX, *Ann. Cartus.* II, 398-9.

**4534**                                (1173/1176).

Lettre de l'archevêque de Vienne [Robert], légat du Siège apostolique, au pape Alexandre III, au sujet des discussions possibles entre les pâtres des frères de Bonnevaux et de ceux de la Chartreuse, à raison de la contiguïté de leurs pâturages.

Mentionnée dans la bulle du 31 mars (1173/1176).

**4535**                                (1173-1177).

Bernard, prieur de Portes, est évêque de Die.

CHEVALIER (J.), *Hist. égl.-ville de Die,* I, 213-4.

**4536**                                (1173, 1178).

Benefacta, prévôte de Vernaison *(Commercio)* et ses sœurs donnent [vendent] aux frères de Bonnevaux une terre à la Perrière *(Petraria),* que Nantelme d'Anjou *(Anjoldo)* leur avait donnée pour ses deux sœurs : elles en reçoivent le prix, 440 sols monnaie de Vienne. Témoins : Ponce abbé de Léoncel *(Fontis Leonæ),* etc. [Hugues], abbé de Bonnevaux, fait recevoir dans le couvent les sœurs de Nantelme, qui lui avait donné sa terre au territoire de St-Maurice. Témoins : sa tante Alissens, etc.

CHEVALIER (U.), dans *Bull. acad. Delphin.* D. II, 147-8 ; *Cart. de Bonnevaux,* 131-2, n° 319.

**4537**                        Moras, Châteauneuf, (1173/1178).

Isard de Moras donne aux frères de Bonnevaux sa part du bois de *Morneys* et reçoit pour cela 540 sols. Témoins : ... Jarenton de Moras et son frère Guy, Guillaume Bovez, époux de sa sœur Aiglina. Approbation de sa femme Agathe, à Moras, dans la maison de Foucher, de son neveu et de Foucher dans celle de Frarin de Moras ; de sa mère Agnès, de sa fille et de ses 6 fils

à Châteauneuf, dans la maison de Guillaume Boveti. Témoins : Aenard de Châteauneuf, Ismidon de Pact,... Ponce, abbé de Léoncel *(Lioncelli)*..., Ponce de Charmes *(Chalmen)*..., Guotafred de Châteauneuf.... Approbation de Sieboud, frère d'Isard ; témoins.
CHEVALIER (U.), dans *Bull. acad. Delphin.* D, II. 137-8 ; *Cart. de Bonnevaux,* 121-2, n° 293.

**4538** (1173/1178).
Othmar de Cour *(Corp)* cède aux frères de Bonnevaux le domaine de la part du bois de *Morneys* donnée par Isard de Moras et reçoit 260 sols. Témoins : ... Nantelme de Châtonnay, Pierre de Givorre. Ses garants sont Jarenton d'Anjou et Guigues de Cour ; témoins.
CHEVALIER (U.), dans *Bull. acad. Delphin.* D, II. 138 ; *Cart. de Bonnevaux,* 122, n° 294.

**4539** (1173-1179).
Robert, archevêque de Vienne, et Jean, évêque de Grenoble, convoquent en leur présence l'évêque de Die et noble Raymond Bérenger, au sujet des propriétés que le chanoine, frère de celui-ci, avait données à l'église de Die. Le chevalier, après une guerre acharnée, avait fait la paix, puis s'étant emparé avec violence des possessions, était demeuré longtemps excommunié. Les arbitres décident qu'il prêtera 400 livr. Viennoises à l'évêque et à son église sur ces biens, et que leur droit demeurera intact après qu'ils auront offert le remboursement ou déposé la somme entre les mains de l'Eglise Romaine.
CHEVALIER (U.), *Cart. de l'égl. de Die,* 32-3, n° 11. = COLUMBI, *Opusc.* 297. CHEVALIER (J.), *Hist. égl. Die,* I, 221-2.

**4540** (1173-1186).
Guillaume de Gap, abbé de St-Denis 1173-15 mai 1186, médecin.
RIGORDUS, *De gestis Philippi Augusti* (BOUQUET, XVII, 19-20; XIX, 276). = DAUNOU, dans *Hist. litt. France,* XIV, 374-6. *Répert.,* Bio, 1947.

**4541** Vienne, (1173-1187).
Barnard de Miribel donne à l'autel du St-Esprit la maison des degrés devant la porte [de l'église] de St-Maurice. Le prêtre qu'il en investira devra entretenir d'huile la lampe devant l'autel et célébrer des messes les lundi, mercredi et vendredi, tous les jours de Carême et de jeûne, et à toutes les fêtes : il y fera mémoire de Barnard, de son oncle le doyen Amédée et d'un autre Amédée prêtre ; avant sa mort, il se substituera un successeur, du conseil des 4 prêtres préposés dans l'église de St-Maurice au service des défunts. Fait par les mains de Robert, archevêque de Vienne, avec l'approbation du chapitre. *Humbertus not. scr.*
CHEVALIER (U.), *Cart. de St-André-le-Bas,* 304, n° 88* ; *Cart. de St-Maurice Vienne,* 46, n° 211. = CHARVET, 360.

**4542** (1173/1195).
Austorge de Silhac *(Ciliaco)* jure sur les s<sup>ts</sup> Evangiles, devant Pierre Sieboud *(Sigisboudi)* et Pierre Gislamar, chanoines de Romans, et Monaud et son frère Abon, Guigues de St-Roman, Aimon et Parisius, chanoines de Valence, de ne mettre aucun obstacle à ce que l'église de Silhac et son bénéfice *(honores)* ne revienne après sa mort à l'église de Romans, dont elle est la propriété ; il fait aussi serment de solder exactement le cens de 24 sols Viennois ou Valentinois et 31 setiers de méteil *(annonœ)* à la mesure de Chalancon, à la fête des Rameaux. Il désigne comme otages avec lui son frère Pierre de Chambau, son neveu Austorge, etc., le prêtre Ponce, qui se constitueront prisonniers au monastère de Vernoux *(Vernonis)* pour les dommages et à Valence pour le cens.
GIRAUD, *Hist. S. Barnard-Romans,* compl. 145-6, n° 329.

**4543** (1173/1195).
L'église de Romans concède à Girard, neveu d'Astorge de Silhac, l'église de ce lieu avec ses dépendances ; il jure sur les Evangiles d'observer le pacte fait avec son oncle. Fait en présence de R[obert], archevêque de Vienne, Boson sacristain de Romans, Ponce archiprêtre et 8 autres. Girard donne pour otages : Astorgues et Hugues de Chambau, Pierre de la Garde et 7 autres, le prêtre Pierre.
GIRAUD, *Hist. S. Barnard-Romans,* compl. 146, n° 330.

**4544** (1173/1202).
Charte de transaction entre le doyen de Valence et les frères Hospitaliers de cette ville, scellée par le doyen Lambert.
Mentionnée dans une charte du 20 sept. 1352. — Arch. de la Drôme, Hospitaliers.

**4545** 15 février 1173/4.
Giraud Adhémar *(Adimarus)* de Monteil *(Montilio)*, du conseil de Bertrand de Faucon, moine de Cluny et doyen de Colonzelle, confirme à Dieudonné de l'Estang, maître de la maison de Richerenches, ses donations antérieures à la milice du Temple et celles que d'autres lui ont faites, et ses acquisitions dans l'étendue de son domaine, en présence de Guillaume de Toulouse, etc. (81). Témoins : Lambert, médecin de St-Paul, etc. (26), Giraud, prêtre de St-Vallier, *scr.* Fait devant Bérenger, évêque de Vaison, qui le prie de faire apposer son sceau et celui de Guillaume, évêque de Trois-Châteaux... *fer. 6, luna 10.*
RIPERT-MONCLAR (de), *Cart. de Richerenches,* 178-9, n° 201. *Gallia christ. noviss.* IV, 54.

**4546** Anagni, 4 (3) mars 1173/4.
Bulle du pape Alexandre III adressée à l'abbesse Julienne et aux religieuses *(sorores)* de St-André à Vienne, par laquelle il prend leur monastère sous la protection de s<sup>t</sup> Pierre et lui confirme ses possessions dans les diocèses de Vienne, Grenoble, St-Paul-Trois-Châteaux, etc., dons du roi Rodolphe ; faculté d'inhumer dans leur cimetière et de célébrer les offices en temps d'interdit général. *Virginibus sacris.*
Ms. : Baluze, LXXV, 424-5. — *Gallia christ. nova,* XVI, instr 37-8. CHARVET, *Mém. hist. abb. St-André-le-Haut,* 211-5 ; trad. 65-9. = TERREBASSE, *Inscr.* I, 252-3. JAFFÉ, -12351.

**4547** 1174.
Aimon Pagani et son épouse, dame d'Argental, du conseil de Robert, archevêque III de Vienne, libère le monastère de St-Sauveur[-en-Rue] de toute exaction et mauvaise coutume.
GUIGUE, *Cart. de St-Sauveur-en-Rue,* 40-1, 58-9, n<sup>os</sup> 96, 109.

**4548** Durbon, 1174.
Etienne Borrelli et son frère Pierre donnent au prieur Chatbert et aux frères [de Durbon] leur droit à Burriane, moyennant 5 sols et une tunique. Témoins : Guillaume, procureur de Montrieu, etc. Fait en la maison inférieure ..
Guillaume, *Chartes de Durbon*, 90, n° 100. = Roman, 31°.

**4549** 1174.
Eustache, prévôt de Valence, exempte les religieux de l'église de St-Ruf de tout péage sur ses terres et par eau pour le transport des grains *(annona)*, bois et choses nécessaires à leur entretien.
Chevalier (U.), *Codex diplom. S. Rufi*, 61, n° 50.

**4550** 1174.
...*presid. Alexandro s. et cath. eccl. sum. pontif., regn. et imper. Frederico*, François Rainaldi cède à perpétuité à l'église de Romans, abbé et chanoines, le fief qu'il tenait d'elle, 7 sols de cens sur la maison de Lantelme de Peyrins *(Paira)* et ses droits sur d'autres maisons, en présence de l'archevêque de Vienne Robert, légat du Siège apostolique et abbé de l'église de Romans, et du sacristain Boson ; il reçoit pour cela des biens de l'église 3200 sols. Témoins : Ponce archiprêtre, Ainard de Moirans, Guillaume de Sassenage et 10 autres [chanoines].
Giraud, *Hist. S. Barnard-Romans*, compl. 154-5, n° 348.

**4551** St-Paul-Trois-Châteaux, 1174.
Guillaume Giraud se désiste du procès intenté par lui au Temple de Richerenches, entre les mains de Guillaume, évêque de Trois-Châteaux ; présent : Bertrand de Pierrelatte... ; devant le palais épiscopal.
Ripert-Monclar (de), *Cart. de Richerenches*, 183-4, n° 206. *Gallia christ. noviss*, IV, 55.

**4552** 1174.
Transaction et échange entre les fils de Pierre de Lambesc et l'archevêque d'Arles Raymond. Témoins : Guillaume Hugues *(G. Ugonis)*, évêque de Trois-Châteaux, etc.
*Gallia christ. novissima*, III, 245-6 ; IV, 54-5.

**4553** 1174 ?
Lettre de Pierre, abbé de St-Remy [à Reims], à Basile et aux autres prieurs de l'ordre des Chartreux, leur demandant d'envoyer de nouveaux ouvriers en Danemark. — *Ad glorificandum*.
*Patrol. lat.* CCII, 588-9. Le Couteulx, *Ann. Cartus.* II, 399-400.

**4554** Laye, (1174 ?)
Après la mort de Sofred d'Avressieux *(Auriceu)*, son frère Ponce se trouva dans la nécessité de vendre sa terre de *li Forez*, près de la grange des frères de Chalais *(Calesien.)* ; ceux-ci l'achetèrent au prix de 400 sols monnaie de Vienne, donnèrent à sa femme Audegarde 10 sols, à ses filles et à leurs maris 30. Fait dans la maison de Ponce, *en Laia*, entre les mains de l'abbé Gontard. Il fournit sept répondants, dont 2 tiendront otage à St-Genis[-d'Aoste], 2 au Pont[-de-Beauvoisin] et 3 à la Palud. Témoins : Bernard, prieur de St-Bénigne, Pierre Valcahis, prêtre d'Avressieux, Nantelme, prêtre de Beaumont. Limites
Pilot de Thorey, *Cart. de Chalais*, 43-5, n° 25.

**4555** Mars 1174.
Saurina, du conseil de son mari Pierre de *Rodeilano*, vend à l'église de Notre-Dame de Bonnevaux le domaine et 2 sols de cens d'une maison à St-Gilles (S. Ægydius), confrontant celle de Guillaume de Baire. Témoins : Guillaume Vinans, prêtre, etc.
Chevalier (U.), dans *Bull. acad. Delphin.* D, II, 26; *Cart. de Bonnevaux*, 10, n° 1.

**4556** 1er avril 1174.
Bulle du pape Alexandre III. qui confirme le traité de l'année précéd. entre l'église de Lyon et le comte de Forez (n° 4505).
La Mure, *Hist. dioc. Lyon*, 308 ; *Hist. ducs Bourbon et comtes Forez*, III, 28. = Durand (Vinc.), dans *Bull. de la Diana*, VI, 305.

**4557** Juillet 1174.
Didier de Pisançon *(Desiderius de Pisanciaco)* cède à la maison de l'Hôpital [de St-Paul] le bois de la Commanderie *(Machapeoil, Mazapeoil)* et 2 champs contigus, sous le cens de 11 setiers 1 émine de froment, sans plaid ; il reçoit des aumônes de l'Hôpital 11 liv. et ses amis *(sei dru)* 25 sols. Passé entre les mains d'Armand de la Boisse et de Lantelme de St-Paul, sous 5 garants, etc... *giri solaris 7, decem novalis 16, epacta* [5 = 15]. *concur. 7* (1173)..., *Alexandro eccles. Roman. gubern., Frederico ces. regn.*
Chevalier (U.), *Cart. de St-Paul-lès-Romans*, 8-9, n° 9.

**4558** 20 octobre 1174.
Accord entre Guillaume, évêque de Lérida *(Ilerden.)*, et Geoffroi, prieur du monastère de St-Ruf près cette ville, au sujet de dîmes, passé de la volonté de l'abbé de St-Ruf et des chanoines de Lérida, par l'entremise de Guillaume, archevêque de Tarragone et légat du Siège apostolique.
Villanueva, *Viage liter. iglesias España* (1851). XVI, 278-81.

**4559** Manosque, 2 novembre 1174.
... Frédéric empereur des Romains, la 1re année de l'élection de Bermond, évêque de Sisteron, le lendemain de la Toussaint, Guillaume, comte de Forcalquier, donne aux frères de Durbon le pâturage, avec droit d'usage *(usaticum)* et de passage *(passaticum)* par terre et par eau. Fait au château de *Manoscha*, en présence de Guigues, abbé de Lure, et Chatbert, prieur de Durbon. Témoins : Raimond, prieur de l'Hôpital de St-Gilles, etc.
Guillaume, *Chartes de Durbon*, 89-90, n° 99. *Gallia christ. noviss.* I, instr. 451. = Roman, 30b.

**4560** 17 novembre ou 14 juin (vers 1174).
Obit de Basile, prieur de la Grande Chartreuse 1151.
Le Vasseur, *Ephemer. Cartus.* IV, 148-9.

**4561** La Baume-d'Hostun, (6/27) décembre 1174.
Guedelin ou Guidelin de Royans et ses fils, Guigues, Bertrand, etc., de l'assentiment de son épouse Flotte *(Flota)*, donnent à l'abbé Ponce et aux frères de Notre-

Dame de Léoncel *(Lioncelli)* la montagne ou territoire de Musan *(Muson)*, dont on détermine les confins ; sauf à s'entendre avec ceux qui auraient le villenage ; de plus, le droit de pâturage sur leurs terres, de la Lionne à la Bourne et de celle-ci à l'Isère, sauf le passage des frères du Val-Ste-Marie un jour ou deux par an, et l'exemption de péage et de leyde. Ils reçoivent comme investiture 300 sols monnaie de Vienne. Fait par les mains d'Odon, évêque de Valence, *apud villam de Balmis... fer.* 6. Témoins : Pierre de Beauregard archiprêtre, Guillaume d'Ornacieu, etc. (17) ; il y en a d'autres (10) pour l'approbation des fils, *Frederico Roman. imper. regn., Alexandro summo pontif. in Eccl. sed.*
CHEVALIER (U.), *Cartul. de Léoncel*, 27-8, 172, n°ˢ 24, 165.

**4562** Rovereto, 21 décembre 1174.
Diplôme de l'empereur Frédéric, accordant à Guillaume, comte de Forcalquier, l'investiture solennelle de ce comté, avec toute juridiction et droits régaliens. Témoins : Arnaud Flotta, Pierre Grossus, prévôt de Forcalquier, etc. *Acta a° D. '. 1164, ind. 7, regn. a° 23, imp. 21. Dat. in episcop. Papiensi, in obsidione Roboreti. — Imperialis excellentiæ.*
Arch. de l'Isère, B. 3oo, 26ᵇ. *Invent. Embrunois*, 128 ; *Gapençais*, 254 ; *prov. étrang.* 180ᵇ. Valbonnays, 2ᵉ Reg., 179. FONTANIEU, *Cart. du Dauph.* I, 125-6. — GUICHENON, *Bibl. Sebus.* 231-3 : (1780), 66-7. BOUCHE, *Hist. de Prov.* II, 134-5. SALVAING DE BOISSIEU, *Usage des fiefs*, 2ᵉ, 262 ; 3ᵉ, I, 322. COLUMBI, *Opusc.* 85. FANTONI CASTRUCCI, *Avignone*, II, 72. *Hist. patr. mon.*, Scr. II, 428-9. *Mon. Germ. hist.*, Leg. II, 144. = GEORG. I, 651-2. BRÉQ. III, 326. BÖHMER, R. 2573. STUMPF, 4173. CHEVALIER, *Ordonn.* 4. ROMAN, 25ᵇ, 30ᵃ.

**4563** (1174/1195).
Le chanoine Rencon donne à l'église de Romans la moitié du moulin de Tortorel *(Turturello)*, acquis par lui d'Ermengarde ; il en garde la jouissance, sous le cens d'un setier de froment et de méteil *(annona)*. Serment entre les mains de l'archevêque de Vienne R[obert], abbé de l'église de Romans, et des chanoines.
GIRAUD, *Hist. S Barnard-Romans*, compl. 138-9, n° 312.

**4564** (Avant 1175).
Cession par Gaucher de Salins à Gérard, comte de Vienne, du fief de Ponce de Cuiseaux.
GUILLAUME, *Hist. généal. sires Salins*, I, pr. 53-4.

**4565** Ferentino, 31 janvier 1175.
Lettre du pape Alexandre aux évêques [Jean] de Grenoble et [Robert] de Viviers, contre une détestable coutume de leur pays : ceux qui s'emparent des clercs ou les frappent font jurer de ne pas les poursuivre ; ils doivent être excommuniés jusqu'à entière satisfaction et se rendre à Rome avec une lettre de leur évêque. — *Audivimus pravam.*
*Sitzungsber. Akad. Wissensch. Wien.* XXIV, 64. = JAFFÉ, -12433.

**4566** 1175.
Geoffroi de la Barre, Ponce Gontardi et son fils Henri *(Aenrricus)* promettent à Joscerand de Baix *(Bais)* de lui rendre chaque année le château de la Barre *(Barry)* et Rochesauve *(Roca Salva)*, et d'observer le plaid fait entre eux par les mains de R[obert], archevêque de Vienne, et N[icolas], évêque de Viviers. Nombreux garants, dont Guillaume de Poitiers *(Peiteus)* pour 1000 sols. Sceaux des mêmes archevêque et évêque.
Arch. de l'Isère, B. 3517, origin. parch., sceau de l'év. de Viv.— CHEVALIER (J.), dans *Bull. soc. archéol. Drôme*, XXVII, 274 ; *Mém. comtés Valent.-Diois*, I, 185-6 (incomplet).

**4567** 1175.
Adon, abbé de St-Pierre à Vienne, atteste que Boson, prieur de Châtonnay *(Chatunnay)*, a donné à l'église de Bonnevaux tout ce que son église possédait à *Maconeya* et à *Beceyo* ; Nantelme de Châtonnay approuve entre les mains de Pierre de la Porte. Témoins : Guillaume Laura, Berlion de Palanins, Guillaume de Neyrieu, Pierre de *Chasvasio*, chevaliers, Pierre mistral de Nantelme, etc.
CHEVALIER (U.), dans *Bull. acad. Delphin.* D, II, 79 ; *Cart. de Bonnevaux*, 63, n° 140.

**4568** (Vers 1175).
Berlion de Virieu cherche difficulté [aux frères] de Bonnevaux au sujet des dîmes de la Perrière *(Petrariæ)*, puis s'en désiste, avec approbation de sa femme Galicie et de leurs fils Guy et Humbert. Témoins.
CHEVALIER (U.), dans *Bull. acad. Delphin.* D, II, 163 ; *Cart. de Bonnevaux*, 147, n° 368.

**4569** La Perrière, Revel, (vers 1175).
Hugues de Cour *(Corp)*, fils d'Hector, prétendait posséder les biens acquis par [les frères] de Bonnevaux de son parent Guillaume de Voiron, parce qu'il était mort sans héritiers. Il se désista enfin et reçut 25 sols, sa femme un fromage. Fait *ap. Petrariam*, présents : son fils Hugues, etc. Ses autres fils, Galvanz et Guignes approuvent *ap. Revellum*, entre les mains de Humbert de *Parzia* ; témoins.
CHEVALIER (U.), dans *Bull. acad. Delphin.* D, II, 161-2 ; *Cart. de Bonnevaux*, 145-6, n° 362.

**4570** (Vers 1175).
Humbert de *Parzia* donne [aux frères] de Bonnevaux l'emplacement d'un moulin avec aqueduc à la Perrière. Témoins.
CHEVALIER (U.), dans *Bull. acad. Delphin.* D, II, 162 ; *Cart. de Bonnevaux*, 146, n° 364.

**4571** (Vers 1175).
Humbert de *Parzia* donne à Bonnevaux le pré de *Lesbroes*, pour un cens de 5 sols. Son parent Martin approuve. Témoins.
CHEVALIER (U.), dans *Bull. acad. Delphin.* D, II, 163 ; *Cart. de Bonnevaux*, 147, n° 367.

**4572** (Vers 1175).
Mathieu de Revel, sa femme et les fils de celle-ci, Burnon et Bonit, donnent [aux moines] de Bonnevaux tout ce qu'ils ont dans les limites de la croix de Chavagnieu *(Chavanneu)*. Garants : Burnon de Revel ancien et jeune. Témoins (10).
CHEVALIER (U.), dans *Bull. acad. Delphin.* D, II, 162 ; *Cart. de Bonnevaux*, 146, n° 365.

**4573** Revel, (vers 1175).
Olivier de Revel, quand il se fit moine à Bonnevaux, donna à ce monastère tout ce qu'il avait au bois de Montmorin *(Muntmoyrin, Monte Moyrino)* ; et, au cas où ses fils mourraient sans enfants, ce qu'il possédait

du ruisseau de *Dello* au village de Primarette. Approbation de sa femme Bernarde. Fait *ap. Revellum*, dans sa maison. Témoins.
CHEVALIER (U.), dans *Bull. acad. Delphin.* D, II, 161 ; *Cart. de Bonnevaux*, 145, n° 360 ; 152-3, n° 383.

**4574** (Vers 1175).
Ponce Bruns, de Primarette, remet à cens [aux frères] de Bonnevaux tout ce qu'il possède dans la paroisse de Primarette. Témoins.
CHEVALIER (U.), dans *Bull. acad. Delphin.* D, II, 162 ; *Cart. de Bonnevaux*. 146, n° 363.

**4575** (Vers 1175).
Siboud de *Tornins* et son parent Fulcon donnent des prés à Bonnevaux ; assentiment de sa femme et de la fille de celle-ci. Témoins.
CHEVALIER (U.), dans *Bull. acad. Delphin.* D, II, 163 ; *Cart. de Bonnevaux*, 147, n° 366.

**4576** 1175.
Lettre d'Alexandre III à [Robert], archevêque de Vienne, et à ses suffragants, leur mandant de réprimer les molestations contre les Chartreux et d'empêcher la construction de monastère dans leurs limites.
LE COUTEULX, *Ann. Cartus.* II, 406 = n° 4522.

**4577** Durbon, 1175.
Barthélemy cède au prieur Chatbert et aux frères [de Durbon] ses droits dans leurs limites, moyennant 44 sols. Témoins : Pierre, procureur, Jean prêtre de St-Julien. Fait dans l'hospice de la maison inférieure....
GUILLAUME, *Chartes de Durbon*, 92, n° 103. = ROMAN, 32°.

**4578** Pré-Rond. 1175.
Bertrand Tardivi, du conseil de ses frères, en réparation des dommages qu'il a causés aux religieux de Durbon par un incendie, leur donne sa part du champ de Cornet. Témoins : Pierre procureur, Jean prêtre de St-Julien, etc. *Fact. in Prato Rotundo*....
GUILLAUME, *Chartes de Durbon*, 91-2, n° 102. = ROMAN, 31b.

**4579** Durbon, 1175.
Guigues de Lunel donne au prieur Chatbert et aux frères de Durbon ce qu'il possède au pré de Ripert à Chamousset *(C-osset)*, moyennant 3 sols. Fait dans le cloître, devant tous les moines et convers. Témoins.... Grég. évêq. de Gap, Alex. pape.
GUILLAUME, *Chartes de Durbon*, 92-3, n° 104. = ROMAN, 32°.

**4580** Durbon, 1175.
Lantelme du *(del)* Vilar et son fils Guillaume donnent au prieur Chatbert et aux frères de Durbon leur droit à partir du pas de la Peine *(Pennarum)*, le pré *Chamos* et le cens de celui de Lambert Fabri ; ils confirment aussi leur donation de Recours *(Rocos)*, moyennant 60 sols Viennois. Témoins : Pierre, procureur, etc. Fait *in chalmis de D-no*..., Grég. évêq. de Gap, 18° (an.), Fréd. emp. de Rom., Alex. III pape....
GUILLAUME, *Chartes de Durbon*, 90-1, n° 101. = ROMAN, 31b.

**4581** (Vers 1175).
Bertrand de la Motte, doyen de St-Paul[-Trois-Châteaux], du conseil de Pierre de la Garde, concède aux frères du Temple de Salomon une vigne ; on lui donne par charité 10 sols.
RIPERT-MONCLAR (de), *Cart. de Richerenches*, 110, n° 113.

**4582** St-Oyand, 1175.
Donation de Girard, comte de Vienne et de Mâcon, à l'église de St-Anatole de Salins pour l'anniversaire de Gaucher de Salins. *Act. in villa S. Eugendi.*
GUILLAUME, *Hist. de Salins*, I, pr. 55. = BRÉQ. III, 510.

**4583** (Avant 4 mai) 1175.
Donation au Temple de Richerenches par Richard Chabaz, ses fils et son neveu. Il jure entre les mains d'Albéric, abbé d'Aiguebelle, en présence de son moine Bertrand de Faucon.
RIPERT-MONCLAR (de), *Cart. de Richerenches*, 182-3, n° 205.

**4584** (Avant 4 mai) 1175.
Nouvelle donation au Temple de Richerenches par Richard Cabaz et ses fils. Il jure entre les mains d'Albéric, abbé d'Aiguebelle ; témoins : Bertrand de Faucon, moine de ce monastère, etc.
RIPERT-MONCLAR (de), *Cart. de Richerenches*, 225, n° 257.

**4585** 22 mai 1175.
Alexandre III recommande aux consuls de Gênes l'église de St-Ruf et ses dépendances. — *Ecclesiam S. Ruffi.*
DESIMONI, *Reg. lett. pontif. Ligurta.* 109. = JAFFÉ, 12485 a.

**4586** Ferentino, 28 mai (1175).
Le pape Alexandre III mande à l'archevêque de Vienne [Robert], légat du Siège apostolique, et à l'évêque de Clermont, de contraindre par monitoire, interdit et même excommunication le comte de Forez à observer le traité qu'il a passé avec l'église de Lyon. — *Memores sumus.*
MENESTRIER. *Hist. consul. de Lyon*, pr. xxxviij-ix. BOUQUET, XV, 950-1 (au 5 juin). *Patrol. lat.* CC, 1023-4. *Mém. acad. Clermont-Ferrand*, XIX, 292-3. GUIGUE (M. C.), *Cart. Lyonnais*, I, 70-1. = BRÉQ. III, 488. JAFFÉ, 8364-12490.

**4587** 23 juin 1175.
Donation par l'abbé de Cruas à Joscerand de St-Romain de ce qui appartenait à son monastère à la tour de Baix ; en récompense, celui-ci promet de ne rien exiger des moines à raison de son port... Veille de s' Jean...
Grenoble, *Invent. Valentinois*. I, 142.

**4588** Richerenches, 5 août 1175.
Confirmation par Ripert et Géraud Folras des donations de feu Bertrand de Bourbouton au Temple de Richerenches, entre les mains de Guillaume Hugues. évêque de Trois-Châteaux. Témoins : Bertrand de Pierrelatte, archidiacre de St-Paul, Lambert de Montmajour, chan. de St-P..., Hugues du Pont, chapelain du prélat, *luna 14.*
RIPERT-MONCLAR (de), *Cart. de Richerenches*, 191-2, n° 215. *Gallia christ. noviss.* IV, 55-6.

**4589** Sisteron, décembre 1175.
Guillaume, comte de Forcalquier, fait confirmer par la présence et les sceaux de Grégoire, évêque de Gap, et de P[ierre], évêque d'Apt, sa donation d'un moulin aux pauvres de l'Hôpital de Jérusalem. *Hact. ap. Sistaricen. civit.*, en la salle du comte.
ALBANÉS, *Gallia christ. noviss.* I, instr. 281. = BLANCARD. *Iconogr. sceaux-bulles arch. départ. Bouches-du-Rhône*, 176.

**4590** (1175/1180).
Statuts de Guillaume, comte de Forcalquier, fils du comte Bertrand et de Jaucerande, petit-fils de Garsende, sur les mariages et la succession des filles dotées, du conseil de Guillaume de Bénévent (!), archevêque d'Embrun, Grégoire évêque de Gap et Pierre de St-Paul, évêque d'Apt.
Arch. des Bouches-du-Rhône, B. 2, reg. *Pargamen*. 50ᵇ; B. 1406, 3.

**4591** Anagni, 20 janvier (1176?)
Bulle du pape Alexandre III adressée au prieur Chatbert et aux frères de l'église de Durbon : il confirme la charte de Guillaume, comte de Forcalquier, qui leur accorde le pâturage, le passage, *usaticum* et *passaticum* dans toute sa terre. — *Quanto religio*.
Guillaume, *Chartes de Durbon*, 94-5, n° 108. = Roman, 31ᵃ.

**4592** (1176).
Lettre de l'empereur Frédéric Iᵉʳ à Hu[gues] abbé de Bonnevaux. Plein d'affection pour sa personne et de confiance en sa prudence, il a agréé son conseil de rendre l'unité à l'Eglise. Le frère Thierry [convers de la Chartreuse] lui intimera ses pensées sur la paix ; il sera bien aise de connaître les siennes. — *Scire debet charitas*.
Martène, *Thes. nov. anecd.* I, 585. Bouquet. XVI, 698. = Georg. I, 684. Brèq. III. 520.

**4593** 1176.
Etienne de Châtillon, âgé de 26 ans, se fait chartreux à la maison de Portes.
Le Couteulx, *Ann. Cartus*. II, 412-9.

**4594** Rioufroid, 1176.
Agnellus de Lus *(Lunis)*, sa femme et ses fils Guigues et Gautier donnent au prieur Chatbert et aux frères de Durbon tout leur avoir dans les limites du couvent, moyennant 7 sols. Fait au-dessus de la grange *Rivi Frigidi*... Témoins : Chatbert, procureur, etc.
Guillaume, *Chartes de Durbon*, 98-9, n° 114. = Roman, 32ᵇ.

**4595** Le Cros, 1176.
Audesenz, femme de Géraud Charanza, et ses fils donnent et vendent au prieur Chatbert et aux frères [de Durbon] leur terre *in decensum* de Burriane et une pièce *in Croso*, moyennant 50 sols. Témoins : Chatbert, procureur, etc. *Fact. in Crosis*...
Guillaume, *Chartes de Durbon*, 100, 352, n° 116. = Roman, 32ᵇ.

**4596** Durbon, 1176.
Gaucerand, fils de Hugues G-di, sa femme Stephana et ses fils Hugues et Rolland donnent au prieur Chatbert et aux frères [de Durbon] leur avoir dans les limites du couvent, moyennant 10 sols. Fait dans le cloître devant tous les moines. ...ind. 9, la 16° an. de Grégoire évêque de Gap. Témoins : Chatbert, procureur, etc.
Guillaume, *Chartes de Durbon*, 98, n° 113. = Roman, 32ᵇ.

**4597** Recours 1176.
Guillaume Joannis donne au prieur Chatbert et aux frères de Durbon tout ce qu'il possède en pré ou terre à *Rochatz Airaut*, moyennant 23 sols. Témoins : Pierre, procureur, etc. Fait dans le cellier de la maison de *Rocos*...
Guillaume, *Chartes de Durbon*, 93, n° 105. = Roman, 32ᵃ.

**4598** Rioufroid, 1176.
Transaction entre les religieux [de Durbon] et les chevaliers de Lus *(Lunis)*. Raimbaud, Jaucerand, Agnellus, Odo de *las Cheisas*, son neveu Pierre Arberti et ses frères Pierre Arberti, Guichard et Raimond confirment au prieur Chatbert le droit de pâturage à la Jarjatte *(Gargata)* et dans leurs terres. Témoins : Catbert, procureur, P. prieur de Guignaise *(Guiniaisa)*. Jean prêtre de St-Julien, etc. Fait dans le pré, près de la grange *Rivi Frigidi*....
Guillaume, *Chartes de Durbon*, 99, n° 115. = Roman, 32.

**4599** Durbon, (1176).
Odon Albuini donne au prieur Chatbert et aux frères [de Durbon] tout son avoir dans leurs limites, moyennant 15 sols. Fait dans le cellier de la maison inférieure. Témoins : Pierre procureur, Jean prêtre de St-Julien, etc.
Guillaume, *Chartes de Durbon*, 94, n° 107. = Roman, 31ᵇ.

**4600** Durbon, 1176.
Pierre Guinieri et son fils Arnaud donnent au prieur Chatbert et aux frères [de Durbon] leur avoir au champ del Fau *(Fagi)*, moyennant 60 sols. Témoins : Chatbert, procureur, Jean prêtre de St-Julien, etc. Fait dans le cellier de la maison inférieure...
Guillaume, *Chartes de Durbon*, 98, n° 112. = Roman, 32ᵇ.

**4601** Durbon, 1176.
Raimbaud de Lus *(Lunis)* et sa femme donnent au prieur Chatbert et aux frères de Durbon tout ce qu'ils possèdent dans leurs limites, moyennant 40 sols. Fait dans la maison du four... Grégoire évêque [de Gap]. Témoins : Pierre Davian, procureur, etc.
Guillaume, *Chartes de Durbon*, 93, n° 106. = Roman, 32ᵇ.

**4602** Lus-la-Croix-Haute. 1176.
Roais, fille du comte [de Die] Isoard, épouse de Hugues d'Aix, confirme au prieur Chatbert et aux frères de Durbon tout ce que son père et son frère Pierre Isoardi avaient donné et vendu au couvent. Témoins : Chatbert, procureur, etc. Fait dans le *passulum de Lunis*...
Chevalier (J.), dans *Bull. soc. archéol. Drôme*, XXIII, 309-10; *Mém. comtés Valent.-Diois*. I, 46-7. Guillaume (P.). *Chartes de Durbon*, 97, n° 111. = Roman, 32ᵃ.

**4603** Anagni, 2 avril 1176.
Bulle du pape Alexandre III adressée à l'abbé Ponce et aux frères de Notre-Dame de Léoncel *(L-llis)*, par laquelle il prend leur monastère sous la protection de sᵗ Pierre, ordonne que la règle de sᵗ Benoît suivant l'institution de Cîteaux y soit observée ; confirme leurs propriétés : l'abbaye, les granges du Conier, Parlanges, la Voupe, Lente, Combe-Chaude, Momont, Charchauve, Choméane, Valfanjouse, Bioux, Musan et la terre de Bierin de Chabeuil ; il les exempte de payer des dîmes, les autorise à recevoir des novices, clercs ou laïques, défend aux profès de quitter le monastère sans permission, etc. — *Religiosam vitam*.

CHEVALIER (U.), *Cart. de Léoncel*, 29-30, n° 25. = JAFFÉ, -12691.

**4604** Anagni, 19 juin (1176).
Lettre du pape Alexandre III aux archevêques, évêques, abbés et autres prélats dont les paroisses renferment des maisons de Chartreux, leur ordonnant de maintenir intacts les droits des frères et de ne pas souffrir d'injustices contre leurs pâturages et possessions. — *Nostis sicut credimus.*
LE COUTEULX. *Ann. Cartus.* II, 411-2. GUILLAUME (P.), *Chartes de Durbon*, 95, n° 109.

**4605** Anagni, 4 juillet 1176.
Bulle du pape Alexandre III adressée à l'abbé Guigues et aux frères de Boscaudon *(Boscaudunen.)*, par laquelle il prend leur monastère sous la protection de s' Pierre et confirme leurs possessions : l'abbaye des Prats *(Pratis)*, celle de Lure *(Lura)*, *Lavera*, la maison de St-Maurice, les vignes de Remollon *(Romolono)* et *Moillarou*, les granges de *Pailheyrol* et Villard-Robert. — *Religiosam vitam.*
Paris, Bibl. Nat., ms. lat. 12663, 105. Carpentras, ms. Peiresc LXXV. — *Gallia christ. nova*, III, instr. 186. *Patrol. lat.* CC. 1077. *Bull. Roman.* Taurin. II, 795-6. = BRÉQUIGNY, III, 512. JAFFÉ, 8435-12719. ROMAN, 32'.

**4606** (Août ? 1176).
Lettre de l'empereur Frédéric I" à Hugues, abbé de Bonnevaux. Il se porte bien et ses affaires prospèrent ; on s'occupe activement de terminer le schisme. Il le prie instamment de se rendre auprès de lui en Lombardie pour la s' Michel (29 sept.), car il a besoin de lui pour traiter des affaires de l'Eglise. Il se recommande à ses prières et à celles de ses frères. — *De statu nostro.*
MARTÈNE, *Thes. nov. anecd.* I, 585. BOUQUET. XVI, 698. = GEORG. I, 684. BRÉQ. III, 520. MERMET, III, 67. — ROMUALD. Salernit. (MURATORI, *Rer. Ital. script.*, VII, 224).

**4607** 7 août 1176.
Nantelme de Châtonnay *(Chattunnayo)*, gravement malade, donne par testament [aux frères de Bonnevaux], pour son père Humbert, sa mère et son frère Humbert ; on l'apporta au monastère, où il mourut et fut enseveli.
CHEVALIER (U.), dans *Bull. acad. Delphin.* D, II, 76 ; *Cart. de Bonnevaux*, 60, n° 130.

**4608** 7 août (117.).
Obit de Guillaume Algos, prieur de St-Antoine.
CHEVALIER (U.), *Nécrol. de St-Robert*, 37, 40.

**4609** 26 août (avant 1177).
† *VII. kal. septembris, obiit Hugo monacus et sacerdos : hic pius Hugo jacet camerarius equus honestus, presbyter et monacus...*
TERREBASSE, *Inscript. Vienne.* I, 245-6, n° 378.

**4610** Anagni, 2 septembre 1176.
Bulle du pape Alexandre III adressée au prieur Guy *(Guidoni)* et aux frères de la Chartreuse, par laquelle il prend sous la protection de s' Pierre leurs maisons, biens, pâturages et possessions, défendant aux autres religieux de s'établir à moins d'une 1/2 lieue de leurs limites. — *Cam vos per Dei.*
*Privilegia ord. Cartus.*, 1. *Nova coll. statut. ord. Cartus.*, app.; 1. LABBE, X, 1385-6. CHERUBINI, *Bull.* I, 72. MANSI, XXI, 1056. *Patrol. lat.* CC. 1080-1. *Bull. Roman.* Taurin. II, 798-9. GUILLAUME (P.), *Chartes de Durbon*, 96-7, n° 110. = GEORG. I, 682. JAFFÉ, 8443-12733. LE COUTEULX. II, 412. ROMAN, 32'.

**4611** Anagni, 2 septembre 1176.
Bulle du pape Alexandre III, qui soustrait le chapitre de Gap à la juridiction de son évêque et le soumet exclusivement au St-Siège, annulant toute sentence d'excommunication qui serait prononcée contre ses membres, ind. 9... an. 17° du pontif. — *Ad p. r. m. Licet ecclesiæ.*
Arch. des Htes-Alpes, G. 1859, copie d'un vidimus de Benoît XIII du 12 juin 1405 (VII. 26, 27°) ; G. 1984, vidimus du préc. 15 nov. 1499 (VII, 141'). Cf. IV, xij. — *Rev. des soc. sav.* G, III, 136. *Ann. des Alpes*, V. 160-2. ALLEMAND (F.), dans *Bull. soc. études Hautes-Alpes* (1901), XX, 237-44, 361, 378.

**4612** 25 décembre 1176.
Obit de Milon Maletincti, clerc, à la Vallée [= Notre-Dame] des Nymphes.
*Revue de Vienne* (1839), III, 360.

**4613** (1176/1178).
Albert de la Tour, ses fils Arbert et Berlion donnent à l'abbé et aux moines de Léoncel *(Lenncello)* le droit de pâturage, pour 40 trentaines *(trigenarii)* de brebis, dans toute leur terre, à l'exception du mandement de la Tour. Don fait entre les mains de Hugues, abbé de Bonnevaux. Témoins (16).
CHEVALIER (U.), *Cartul. de Léoncel*, 31, n° 26.

**4614** (Avant 1177).
Accord entre les moines de Léoncel et Lantelme Macia, prieur de Coussaud.
Mentionné dans la charte de 1192.

**4615** Le Chaffal, 1177.
Robert, évêque de Die, approuve les libéralités de Lambert d'Eygluy et de ses fils Guillaume et Lambert aux Templiers de Valence, dont la maison de St-Emilien est située hors des murs.
*CHEVALIER (J.), *Hist. égl.-ville de Die*, I, 214.

**4616** Embrun, 1177.
P[ierre], archevêque d'Embrun, successeur de Raymond, et Guillaume, comte de Forcalquier, déterminent leurs droits réciproques dans la ville d'Embrun. Les habitants doivent hommage et fidélité au comte, qui a droit de gîte *(albergia)* et la justice ; l'archevêque a également la justice, sauf sur quelques hommes des chanoines ; les tours et autres fortifications doivent être rendues au comte, à l'exception de la tour archiépiscopale. Fait en présence du clergé et du peuple Embrunois convoqué sur la place devant l'église de Notre-Dame.
Arch. des Bouches-du-Rhône, B. 288. orig. parch., sceau. Carpentras, mss. Peiresc LXXVIII, 50 ; XLIV, 11, 222. Paris, Bibl. Nat., ms'lat. 17558 (Miscell. de Peiresc), 36-7. FONTANIEU. *Cart. du Dauph.* I, 126-7. — *Gallia christ. nova*, III, instr. 208 (c. 1074). FORNIER (Marc.), *Hist. Alpes Marit.* III, 215-7 [ROMAN (J.)], dans *Bull. soc. études Hautes-Alpes* (1897), XVI, 263-5. = BLANCARD, *Iconogr. sceaux bulles arch. Bouches-du-Rhône*, 151. PILOT DE THOREY, *Sigillogr. du Dauphiné*, 76. ROMAN, 33'.

**4617** Chorges, 1177.
Guillaume, comte de Forcalquier, et P[ierre], archevêque d'Embrun, présents *Caturicis*, procèdent à une enquête sur les droits du prélat dans cette ville : il ressort des dires des témoins qu'il possédait à Chorges 70 *albergia*; plusieurs lui rendaient hommage et fidélité ; les archevêques y tenait des plaids et rendaient la justice. Pierre de Mison tenait d'eux 7 manses. Il y avait dans la ville détruite durant les guerres 2 rues, l'une au comte, l'autre au prélat. Témoins : Hugues, sacristain d'Embrun, et 6 chanoines, P..., prévôt de Forcalquier, etc.
Arch. des Bouches-du-Rhône, B. 288, orig. Carpentras, ms. Peiresc XLIV, 224. Paris, Bibl. Nat., ms. lat. 17558, 37-8. *Invent. Embrunois*, 56-7 : 111-2. — FORNIER (Marc.), *Hist. Alpes Marit.* III, 217-8. = ROMAN, 33.

**4618** (Vers 1177).
Pierre, archevêque d'Embrun, et ses neveux Boniface, Guillaume *(V.)* Romani et Bertrand Romani donnent à la maison de Ste-Croix le domaine *(tenura)* qu'ils avaient *in fortareza*, sous le cens de 2 sols 6 den. Témoins : M. sacristain, etc.
*Gallia christ. nova*, III, 1074. = BRÉQ. III, 532.

**4619** Recours, 1177.
Agathe, du conseil de son frère Etienne Latgerii, ses fils Michel, Guillaume et Girbern, ses filles Elizons et Pétronille donnent au prieur Chatbert et aux frères de Durbon le pré de Garcine, ceux du col de la *Blancheta* et de *Barbaloba*, le champ de Riousec *(Rivi Sicci)* et leur avoir à Recours, moyennant 24 sols. Confirmation de Jeune Rufi, frère de Lautard Rufi, qui reçoit 2 sols. Témoins : Chatbert, procureur. Fait devant la maison de *Rocos*... G[rég.] évêq. de Gap (an.) 20. Fréd. emp. d. Rom., Alex. III pape...
GUILLAUME, *Chartes de Durbon*, 103-4, n° 123. *Gallia christ. noviss.* I, Instr. 282. = ROMAN, 33ᵇ.

**4620** Durbon, 1177.
Aimar, sa femme et ses fils donnent au prieur Chatbert et aux frères [de Durbon] leur avoir à *Costa Plana* et dans leurs limites, moyennant 4 sols. Témoins : Chatbert, procureur, Jean, prêtre de St-Julien, etc. Fait en la maison supérieure...
GUILLAUME, *Chartes de Durbon*, 106-7, n° 130. = ROMAN, 34ᵃ.

**4621** Recours, 1177.
André Tardivi, d'Agnielles *(Agnella)*, et sa femme Guillelma donnent au prieur Chatbert et aux frères de Durbon leur part du champ *Corneti* et leur avoir à Recours, moyennant 3 sols 8 den. Témoins : Chatbert, procureur, etc. Fait en la maison de Rocos...
GUILLAUME, *Chartes de Durbon*, 104, n° 124. = ROMAN, 34ᵇ.

**4622** Durbon, 1177.
Bontoux *(Bonustos)* et sa femme donnent au prieur Chatbert et aux frères [de Durbon] leur avoir à Burriane, moyennant 30 sols. Témoins : Chatbert, procureur, Arnaud de Montama, seigneur du donateur, etc. Fait dans la maison supérieure...
GUILLAUME, *Chartes de Durbon*, 108, n° 133. = ROMAN, 34ᵃ.

**4623** Recours, 1177.
Francon et Michel, leurs épouses Austruia et Agnès donnent au prieur Chatbert et aux frères de Durbon leurs droits sur le pré supérieur de la Lauze, moyennant 8 sols. Témoins. Fait près la maison de *Rocos*...
GUILLAUME, *Chartes de Durbon*, 101, n° 119. = ROMAN, 34ᵇ.

**4624** Durbon, 1177.
Garin et son frère Ricaud, de Neuvillar *(Alto Vilario)*, donnent au prieur Chatbert et aux frères [de Durbon] leur avoir au territoire de Burriane, moyennant 10 sols. Témoins : Chatbert, procureur, Jean, prêtre de St-Julien, etc. Fait dans la porte de la maison supérieure... Grég. évêq. de Gap, 20 (an.).
GUILLAUME, *Chartes de Durbon*, 105, n° 126. = ROMAN, 34ᵃ.

**4625** 1177.
Géraud Bonelli et sa femme donnent au prieur Chatbert et aux frères [de Durbon] leur avoir à Burriane, moyennant 20 sols. Témoins.
GUILLAUME, *Chartes de Durbon*, 105, n° 127. = ROMAN, 34ᵃ.

**4626** Durbon, 1177.
Géraud Creisentz et sa femme donnent au prieur Chatbert et aux frères [de Durbon] leur avoir du château de Burriane au serre *Escharensæ* et au sommet de Durbon, moyennant 20 sols. Fait devant le cellier. . Témoins : Chatbert, procureur, Jean prêtre de St-Julien, etc.
GUILLAUME, *Chartes de Durbon*, 106, n° 129. = ROMAN. 34ᵃ.

**4627** Durbon, 1177.
Géraud Dido et son fils Julien cèdent au prieur Chatbert et aux frères de Durbon leurs droits sur les prés de Garnesier *(Garnazea)*, moyennant 8 sols. Caution : son frère Jean Dido. Témoins : Chatbert, procureur, Jean prêtre de St-Julien, etc. Fait en la maison supérieure...
GUILLAUME, *Chartes de Durbon*, 101, n° 118. = ROMAN, 34ᵇ.

**4628** (Vers 1177).
Géraud Medici, sa femme Rixent, ses 3 fils et 3 filles donnent au prieur Chatbert et aux frères de Durbon un champ à *Linaria*, moyennant 5 sols. Témoins : Chatbert, procureur, etc.
GUILLAUME, *Chartes de Durbon*, 109, n° 134. = ROMAN, 34ᵇ.

**4629** Rioufroid, 1177.
Hugues Martoredi *(de M-eto)* et ses fils Bonnefoi, Guillaume, Nicolas et Ponce se désistent de leurs prétentions sur le pré *Grimaldo* en faveur du prieur Chatbert et des frères de Durbon, qui leur donnent 12 sols. Fait dans le bois près de la grange *Rivi Frigidi*... Grég. évêq. de Gap. Témoins : Chatbert, procureur, Jean prêtre de St-Julien, etc.
GUILLAUME, *Chartes de Durbon*, 107-8, n° 132. = ROMAN, 33ᵇ.

**4630** Durbon, 1177.
Hugues Martoredi, ses fils et ses neveux Atmar, Didier, Pierre, Hugues et Charet cèdent aux frères [de Durbon] leurs droits à Garnesier *(Garnazea)* et dans leurs limites. Témoins : Pierre Aviana, procureur, Jean prêtre de St-Julien, etc. Fait dans la maison près

de l'église, où les maçons *(cementarii)* taillent *(dedolantur)* les pierres.

GUILLAUME, *Chartes de Durbon*, 107-8, n° 132.

**4631** Durbon, 1177.

Humbert et Durand et leurs femmes sœurs, Airaud et sa femme Pétronille, Ponce Areis et ses frères, Jean Areis et son frère donnent au prieur Chatbert et aux frères [de Durbon] leur avoir à *Costa Plana* et dans leurs limites, moyennant 20 sols. Témoins : Chatbert, procureur, Jean, prêtre de St-Julien, etc. Fait dans la porte de la maison inférieure...

GUILLAUME, *Chartes de Durbon*, 107, n° 131. = ROMAN, 34ᵇ.

**4632** Durbon, 1177.

Jean Dio *(Dionis)*, sa femme Acelena. ses fils Pierre, Etienne et Guillaume donnent au prieur Chatbert et aux frères de Durbon leur avoir *in Costa plana*, moyennant 20 sols. Témoins : Chatbert, procureur, Jean prêtre de St-Julien, etc. Fait dans le cellier de la maison inférieure...

GUILLAUME, *Chartes de Durbon*, 105-6, n° 128. = ROMAN, 33ᵇ.

**4633** Durbon, 1177.

Odon de las Chezas, sa femme Esclarmonde, ses fils Humbert et Odon donnent au prieur Chatbert et aux frères [de Durbon] leur avoir au Coin de Burriane, moyennant 40 sols. Témoins. Fait dans le cloître de la maison supérieure. Grég. évêq. de Gap, 20 (an.).

GUILLAUME, *Chartes de Durbon*, 104-5, n° 125. = ROMAN, 34ᵃ.

**4634** Recours, 1177.

Pierre Aloardi, sa femme Antonie et son beau-frère Ponce Cendraus donnent au prieur Chatbert et aux frères de Durbon le champ du douaire *(desponsationis)* d'Antonie à *Rochatz Airaut*, moyennant 26 sols. Témoins : Catbert, procureur, etc. Fait devant la maison de *Rocos*...

GUILLAUME, *Chartes de Durbon*, 102, n° 120. = ROMAN, 33ᵇ.

**4635** Durbon, 1177.

Ponce Chatberti et son cognat Pierre Niger, leurs femmes Colombe et Sozia donnent au prieur Chatbert et aux frères de Durbon le pré et champ de *Rochatz Airaut* dans les limites de Recours *(Rocos)*. Témoins : Chatbert, procureur, GuillaumeGirberni, prêtre d'Agnielles *(Agnellæ)*. Fait dans la porte de la maison supérieure...

GUILLAUME, *Chartes de Durbon*, 102, n° 121. = ROMAN, 33ᵇ.

**4636** Recours, 1177.

Vincent *(Rebolli)*, sa mère Véronique, ses sœurs Alix *(Aalais)*, Pétronille et Guillelma donnent au prieur Chatbert et aux frères de Durbon des champs *sub Rupibus* et dans la combe *sub Ruina in Corneto*, moyennant 8 sols. Témoins : Chatbert, procureur, Guigues de Vienne, etc. Fait dans le bois devant la maison de *Rocos*...

GUILLAUME, *Chartes de Durbon*, 103, n° 122. = ROMAN, 34.

**4637** Ferrare, 27 avril 1177.

Bulle du pape Alexandre III, qui confirme à l'abbé Jean les propriétés du monastère de St-Bénigne de Dijon [voir la bulle du 29 oct. 1124]... *Vulpileriis... Cornaz... Glum*...

PÉRARD, *Rec. pièces hist. Bourgogne*, 248-50. *Patrol. lat.* CC, 1102. = JAFFÉ, 8474-12812.

**4638** Ulmet, 1ᵉʳ mai 1177.

Donation d'une condamine par Bertrand de Baux à la maison d'Ulmet *(Dolmet)* ; les frères le rendent participant, ses épouses et ses fils, des messes, prières et divins offices de leur maison, de celle de Bonnevaux *(Bonas Vales)* et de tout l'ordre de Cîteaux. Fait en présence de l'archevêque d'Arles, etc.

Arch. des Bouches-du-Rhône, B, 1069, 235ᵇ.

**4639** Ferrare, 8 mai (1177).

Lettre du pape Alexandre III à l'abbé et aux frères de Chalais, les avertissant de rester fidèles aux observances de leur règle, les dissuadant de changer leur habit et de passer à un autre ordre religieux, ce qui causerait du scandale et du trouble chez les Chartreux. — *Volentibus per opera*.

PILOT DE THOREY, *Cart. de Chalais*, 47, n° 27. LE COUTEULX, *Ann. Cartus.* II, 424. = JAFFÉ, -12832.

**4640** 10 mai 1177.

Obit d'Agathe, sœur du chamarier Hugues.

TERREBASSE, *Inscript. Vienne*, I, 245-6, n° 378.

Anagni, 2 juin 1177 = 4 juillet 1176.

**4641** 26 juin (1177?).

Obit de sᵗ Anthelme, 7ᵉ prieur et général de la Chartreuse, évêque de Belley.

LE VASSEUR, *Ephemer. Cartus.* II, 375-406. = *Répert., Bio.* 265.

**4642** Venise, 11 juillet (1177).

Lettre du pape Alexandre III adressée au prieur et aux frères de la Chartreuse ; il confirme les décisions du chapitre général, touchant l'institution et la destitution des prieurs, la punition des rebelles à l'ordre. — *Cum sitis religioni*.

*Privileg. ord. Carthus.* 1ᵇ. *Nova coll. statut. ord. Cartus.*, app. 3. *Patrol. lat.* CC, 1128. LE COUTEULX, *Ann. Cartus.* II, 424-5. GUILLAUME (P.), *Chartes de Durbon*, 100, n° 117. = JAFFÉ, 8505-12882.

**4643** 1179 (= 1177).

*Mediantibus episcopo Alveniensi [Arvern.] Pontio et sancto abbate Hugone Bonae Vallis, Venetiis facta est reconciliatio inter papam Alexandrum et imperatorem Fridericum*.

ALBERICUS Triumfont., *Chronicon*. 359. BOUQUET, XIII, 713.

**4644** (Venise, vers 26 juillet 1177).

Lettre de l'empereur Frédéric 1ᵉʳ à tous les abbés et frères de l'ordre de Cîteaux. Il est heureux de leur annoncer qu'il a reçu Alexandre III comme père spirituel et souverain pontife. Cet heureux résultat est dû aux efforts de P[once], évêque de Clermont [ancien abbé de Cîteaux], de [Hugues], abbé de Bonnevaux, et du frère Thierry, convers de la Chartreuse. — *Quoniam de unitate*.

GERVASIUS Dorobern. : *Angliæ script. decem*, 1440. BOUQUET, XVI, 698-9 ; cf. XIII, 713. *Mon. Germ. hist.*, Leg. II, 154. WATTERICH, *Vitæ pont. Rom.* II, 627. = STUMPF, 4206.

**4645** Venise, 30 juillet (1177).

Lettre du pape Alexandre III au chapitre général de Cîteaux, leur annonçant que, grâce au zèle de ses frères [les cardinaux], de l'évêque de Clermont et de [Hugues], abbé de Bonnevaux, l'empereur Frédéric est revenu à l'unité catholique et a abjuré le schisme avec les princes allemands, tant ecclésiastiques que séculiers. — *Omnipotenti Deo*.

MARTENE, *Thes. nov. anecd.* I, 1847. *Patrol. lat.* CC, 1132-3. *Mon. Germ. hist.*, Leg. II, 153. = JAFFÉ, 8512-12895.

**4646** Venise, 30 juillet (1177).
Lettre du pape Alexandre III au prieur et aux frères de la Silve-Bénite : leur frère Terric lui a appris que la ville d'Ars, proche de leur monastère et obstacle à leur vie spirituelle, a été détruite par des ennemis et brûlée avec la chapelle. Bien qu'ils en aient acquis le territoire des deniers de Humbert comte de Maurienne, avec le consentement de leur ordinaire (Robert), archevêque de Vienne, légat du Siège apostolique, ils éprouvent des scrupules parce qu'il s'étend au delà de leurs limites ; le pape leur accorde la dispense nécessaire, sous condition qu'elle ne tirera pas à conséquence pour les autres maisons et que la chapelle ne sera pas rebâtie.... — *Ex tenore litterarum*.

LE COUTEULX, *Ann. Cartus.* II, 426-7. LAGIER (A.), dans *Bull. acad. Delphin.* 4ᵉ sér., II, 280-1 ; trad. 225-6 (à part, 68-9 ; 13-4).

**4647** (Après 30 juillet 1177).
R[obert], archevêque de Vienne, légat du Siège apostolique, concède au prieur et aux frères de la Silve-Bénite le lieu d'Ars en toute propriété, avec défense d'y construire une église ou oratoire. Sceau.

LE COUTEULX, *Ann. Cartus.* II, 427. LAGIER (A.), dans *Bull. acad. Delphin.* 4ᵉ sér., II, 282 (à part, 70).

**4648** 1ᵉʳ août (après 1176).
Obit de Guillaume, évêque de Maurienne et moine de la Silve-Bénite.

GUIGUE, *Obituar. Lugdun. eccl.* 82 ; *Obit. égl. primat. Lyon*, 59.

**4649** Forcalquier, 12 septembre 1177.
*D. lunæ ante Exaltat. s. Crucis, 4ᵉ fer. seq.* Bertrand Martin, prieur de Romette, et Pierre Gasaud, au nom des nobles et des autres habitants du Champsaur, prêtent hommage à Guillaume, comte de Forcalquier. Ils lui remettent env. 200 sols Manosquins, provenant des droits sur les moutons, les porcs et autres revenus comtaux. Le comte les remet à Francon d'Ozeda, en le priant d'en témoigner au besoin, et déclare ne pas prendre sous sa protection les habitants d'entre Pont-Haut et la Séveraisse, qui ne lui avaient pas prêté hommage. Fait devant l'église Ste-Marie.

Arch. des Bouches-du-Rhône, B. 288, orig. Carpentras, ms. français XLIV, 225ᵇ. Paris, Bibl. Nat., ms. lat. 17558, 38-9. — FORNIER (Marc.), *Hist. Alpes Marit.* III, 219-20. = ROMAN, 33ᵉ.

**4650** Notre-Dame-de-Lagrand, 6 novembre 1177.
Confirmation par Guillaume et Isoard de Mévouillon à l'ordre de St-Jean-de-Jérusalem, du territoire de St-Pierre-Avez, que Raimbaud et Oliva, leurs aïeux, et Rambaud-Cotta, leur père, avaient donné ; elle a lieu entre les mains de Mayfred de Valerne, commandeur de Gap, et moyennant 400 sols. Témoins : Grégoire, évêque de Gap, Pierre de Mison, Féraud d'Orpierre, Hugues d'Auriac... dimanche avant St-Martin.

Arch. des Bouches-du-Rhône, Malte, Joucas, n° 625. = ROMAN, 33ᵉ.

**4651** Embrun, (1177/1178).
Exemption accordée par Guillaume, comte de Forcalquier, aux religieux de Boscaudon [conforme à celle de 1155/1165].

Bibl. de Carpentras, ms. 1861, 426. Paris, Bibl. Nat., ms. lat. 13915 (copie Chantelou), 369ᵉ.

**4652** (1177/1181).
Le pape Alexandre III, à la demande de Robert, évêque de Die, unit la prévôté de cette église à l'évêché, à cause de la pauvreté dont celui-ci souffrait.

Bulle mentionnée dans celle du 29 oct. 1184/5. — *COLUMBI, Episc. Valentin.* 87; *Opusc.* 291.

**4653** (1177/1193).
Lettre de L[ambert], évêque de Maurienne, à l'archevêque d'Embrun ; il ne voudrait pas le désobliger, mais il a reçu ordre du pape de lui signifier d'avoir à restituer l'église de St-Etienne de Vallouise (*Vallepùta*) à la prévôté d'Oulx, ainsi que celle de Vigneaux (*Vinnals*) ; il lui donne rendez-vous au château de Briançon pour le 1ᵉʳ août, mais il préférerait être dispensé de franchir les Alpes. Il lui a déjà écrit à ce sujet, mais n'a été honoré d'aucune réponse.

COLLINO, *Le carte d'Oulx* (1908), 182-3, n° 172.

**4654** Peyrins, (avant 1178).
Les fils de Bertrand de Claveyson, Antelmet, Bertrand, Pons et Chatbert font abandon à la maison de l'Hôpital de St-Paul, la main sur les Evangiles, de leur droit sur le champ *dal Cooner*, objet de l'aumône de Guigues (*Gigo*) Ayrart. Témoins : Chatbert, maître de la maison, etc. Fait dans la maison de Bertrand de Claveyson, à *Payris*.

CHEVALIER (U.), *Cart. de St-Paul-lès-Romans*, 4, n° 2.

**4655** 1178.
Concession du péage de Roussillon à Guigues, seigneur du lieu, par Frédéric, empereur des Romains.

Arch. de la Drôme, E. 292, mention (II. 38ᵇ).

**4656** 1178.
Hommage prêté par Grégoire, évêque de Gap, à Frédéric I, empereur.

Paris, Bibl. nat., ms. lat. 10955, 96. = ROMAN, 35ᵉ.

**4657** 1178.
Guillaume, comte de Forcalquier, autorise les citoyens d'Embrun à faire paître, comme par le passé, leurs troupeaux dans le territoire des Orres.

Arch. munic. d'Embrun, anc. invent. = ROMAN, 35ᵉ.

**4658** 1178.
Humbert III, comte de Savoie, épouse Béatrix, fille de Girard comte de Mâcon et Vienne.

SAVIO (Fed.), dans *Miscell. stor. Ital.* XXVI, 531-2.

**4659** Bonnevaux, 1178.
Guillaume de Châtillon (*Castellione*), chanoine de Romans, tombé gravement malade, se rend à Bonnevaux et y fait son testament, par lequel il lègue aux

religieux la villa *Cortina*, mais sous la condition que son neveu Chatbert de Châtillon, fils de son frère Falcon, pourrait la garder, en donnant une autre terre en échange ; ce qui eut lieu. Témoins : ... Guillaume de *Chapenversa*, etc. et une dame Béatrix.

CHEVALIER (U.), dans *Bull. acad. Delphin.* D. II, 96-7 ; *Cart. de Bonnevaux*, 80-1, n° 185.

**4660** Septême, 1178.

Guy de Moras donne en alleu aux frères de Bonnevaux un pré et un moulin en Valloire *(in Valle Aurea)* et confirme ce que Mallen de Septême et son neveu Guy avaient donné de leur vivant. Fait *apud Septimum*. Témoins : Ismidon de Septême, qui reçoit 3 sols.... Bérard, *præpositus* de Guy de Moras.

CHEVALIER (U.), dans *Bull. acad. Delphin.* D. II, 139 ; *Cart. de Bonnevaux*, 123, n° 298.

**4661** 1178.

Henri *(Anricus)* surnommé Aimé *(Ameus)*, fils d'Hamon, donne en aumône à l'église de Bonnevaux la terre qu'il avait à St-Christophe. Son épouse Julienne et leur fils approuvent.

CHEVALIER (U.), *Cart. de Bonnevaux*, 180, n° 430. — Pièce fausse.

**4662** Bonnevaux, 1178.

Pierre Rovoyria et ses trois fils donnent un pré [aux frères] de Bonnevaux ; fait dans le cimetière du monastère. Témoins : Guenisius de Boczosel, Symphred Rovoyria et ses trois fils. Assentiment de la femme de Pierre ; témoins.

CHEVALIER (U.), dans *Bull. acad. Delphin.* D. II, 43 ; *Cart. de Bonnevaux*, 27, n° 47.

**4663** 1178.

Pierre Rovoyria et ses trois fils confirment [aux frères] de Bonnevaux tout ce qu'ils avaient acquis de leurs oncles et d'eux à Châtonnay, Chèseneuve, *Multeio* et Boczosel.

CHEVALIER (U.), dans *Bull. acad. Delphin.* D. II, 76-7 ; *Cart. de Bonnevaux*, 60-1, n° 132.

**4664** (Vers 1178).

Revenus de la cense de Meyrieu *(Mayreu)*, donnée à Bonnevaux par Ponce et Arnaud.

CHEVALIER (U.), dans *Bull. acad. Delphin.* D. II, 79 ; *Cart. de Bonnevaux*, 63, n° 138.

**4665** Durbon, 1178.

Guillaume Correiardi confirme au prieur et aux frères de Durbon la donation de ses droits dans leurs limites, moyennant 2 sols. Témoins : Chatbert, procureur, etc. Fait en la maison supérieure, devant la porte du dortoir.

GUILLAUME, *Chartes de Durbon*, 87, n° 94. = ROMAN, 35.

**4666** Durbon, 1178.

Guillaume Creisentz, sa sœur Ermengarde et son mari Lambert Usanna, donnent au prieur Chatbert et aux frères [de Durbon] leur avoir du sommet du châtelard de Burriane au serre *Escharenæ* et au sommet *(cacumen)* de Durbon, moyennant 20 sols. Témoins : Chatbert, procureur, etc. Fait dans le dortoir des frères...

GUILLAUME, *Chartes de Durbon*, 111-2, n° 137. = ROMAN, 35b.

**4667** Durbon, 1178.

Guillaume Pelata et ses 4 fils donnent au prieur Chatbert et aux frères [de Durbon] leurs droits au champ *de Virgis*, moyennant 23 sols. Témoins : Jean prêtre de St-Julien, etc. Fait dans le cloître de la maison supérieure...

GUILLAUME, *Chartes de Durbon*, 112, n° 138. = ROMAN, 35b.

**4668** Durbon, 1178.

Jordan et Raimond de Montama, frères, confirment les donations et ventes de leurs père, mère et frères aux religieux de Durbon, moyennant 6 sols. Fait entre les mains du prieur Chatbert....

GUILLAUME, *Chartes de Durbon*, 112, n° 139. = ROMAN, 35b.

**4669** La Lauze, 1178.

Jordane et son fils Giraud Laurentii donnent au prieur Chatbert et aux frères de Durbon 1 setérée *(seitorata)* de pré à la Lauze, moyennant 5 sols. Témoins : Chatbert, procureur, etc. Fait *in Lausa*...

GUILLAUME, *Chartes de Durbon*, 111, n° 136. = ROMAN, 35b.

**4670** Châteaudouble, 1178.

La vénérable Aelmos, épouse de feu Chatbert et dame de Châteaudouble, donne aux frères de Léoncel tous les pâturages du mandement de Châteaudouble, de Choméane *(Chalme Mediana)* et de Turos *(Turó)* ; elle retient 15 sols de cens et reçoit pour investiture 100 sols, son baile Raynaud 50. Fait *apud Castrum Duplex*, entre les mains de Ponce, abbé de Léoncel, en présence de Guillaume d'Ornacieux, etc. (8).

CHEVALIER (U.), *Cart. de Léoncel*, 31-2, n° 27. — Voir la charte de Rainaude, 1179 (n° 4713).

**4671** Die, 1178.

Amalburgis, fille de dame Aelmos, donne aux frères de Léoncel, de concert avec son mari Hugues d'Aix *(Ais)*, le droit de pâturage dans le mandement de Châteaudouble, à Choméane *(Chalme Mediana)* et à Turos *(Turó)* ; elle confirme le don de sa mère, se réserve également 15 sols de cens et reçoit aussi 100 sols pour investiture. Fait *apud Diam*, dans le château près de la cité, entre les mains de l'abbé Ponce, en présence de Berlion Francisci, etc., et de ses bailes.

CHEVALIER (U.). *Cart. de Léoncel*, 32, n° 27. = *CHEVALIER (J.), dans *Bull. soc. archéol. Drôme*, XXIII, 316 (à part. I, 53). — Voir la charte de Rainaude, 1179.

**4672** Châteaudouble, 1178.

Chatbert, fils d'Amalburgis, confirme aux frères de Léoncel le droit de pâturage dans le mandement de Châteaudouble, à l'exclusion de tous autres, laïques ou religieux, même autorisés à y construire ; il reçoit 100 sols et donne le baiser de paix à l'abbé Ponce. Fait *apud Castrum Duplex*, en présence d'Hugues Gautier, etc. (13).

CHEVALIER (U.), *Cart. de Léoncel*, 32, n° 27. — Voir la charte de Rainaude, 1179.

**4673** 1178.

Odon de Suze *(Secusia)*, après avoir commis beaucoup d'injustices et de vexations envers la maison de Léoncel *(Liuncelli)*, lui abandonne le droit et les réquisitions qu'il croyait avoir sur les possessions que l'abbaye tenait de ses parents et alliés, depuis le Chaffal

(Chaaphalc) jusqu'au Col-de-Tourniol (Tornim) et dans le territoire du Pêcher (Zotas). Témoins : l'abbé Ponce, qui lui donne 10 sols, le prieur Armand, les moines Pierre de Roussillon, Guillaume d'Ornacieux, etc. Garants : Ponce de Miribel, Chabert Rainerii, Ponce de Luc, Garnier de Bais, Jean Chabatz. Sceau de Robert, évêque de Die. — *Quoniam gesta*.
CHEVALIER (U.). *Cart. de Léoncel*. 33-4, n° 28.

**4674** 1178.
Timiama, épouse de Jarenton de Trièves (*Trivio*), donne à Notre-Dame de Léoncel (*Liuncelli*) et à l'abbé Ponce, du consentement de son mari, la condamine dite Malaric, au territoire de Montmeyran (*Monmairan*), que Jarenton avait rachetée de ...rius Lautaudi au prix de 700 sols, dont il fait abandon ; ils en gardent la jouissance leur vie durant, sous la redevance d'un setier de méteil. On les rend participants de toutes les bonnes œuvres de l'ordre de Cîteaux. Jarenton sera reçu comme frère soit pendant sa vie soit à sa mort ; une lampe brûlera pour eux devant l'autel de la s° Vierge. Fait... Frederico Roman. imper. regen. par les mains de Hugues, abbé de Bonnevaux, Ponce abbé de Léoncel et Guillaume Arbert, abbé de St-Ruf, en présence de chanoines de St-Ruf et de Léoncel, de moines de Bonnevaux et de Léoncel, et Erpin, fils de Jarenton.
CHEVALIER (U.), *Cart. de Léoncel*, 45-6, n° 41. — Voir la charte de 1191.

**4675** 1178.
Hugolin (*Lgolenus*), chevalier du Temple et administrateur de la maison de Roaix, obtient le désistement de Rainier Artelar au sujet de la rivière de l'Ouvèze (*riberia de Oveza*), près du moulin de Roaix, moyennant 300 sols Viennois (*Vianen.*), etc.
CHEVALIER (U.). *Cart. de Roaix*, 88-9, n° 141.

**4676** Romans, 1178.
Transaction entre l'église de Romans et les frères de l'Hôpital [de St-Paul]. Le chapitre reconnaît à ceux-ci : la maison qu'ils possèdent dans le bourg de la ville, hors des murs, à Pailherey (*Paillares*), sous le cens de 6 *nummi*, mais à condition de n'y point construire d'oratoire ; leur chapelle dans la villa de St-Paul, mais à condition de n'ensevelir que ceux qui portent l'habit religieux avec la croix et leur famille ; les dîmes qu'ils ont acquises de Guigues Erard ou Air-d et de Lantelme Melioret ou Meillo-t, mais à la condition de n'en pas acquérir d'autres dans la paroisse de St-Barnard ; du manse de Clérieu (*Cleireu*), dit la Bouverie (*Boveria*), ils doivent 2 setiers de froment ; la paroisse de St-Christophe appartient au chapitre et celle du Laris (*Laritz*) aux Hospitaliers. Fait *Romanis*, en chapitre, en présence de Robert, archevêque de Vienne et légat du Siège apostolique, Boson doyen de Vienne, Falcon de Dionay (*Doenay, Doennai*), Francon de Pisançon, Pierre Gislamar, le prévôt, Adénard de Moirans, Ponce archiprêtre, et des frères Hermann et Entelme.
GIRAUD, *Hist. S. Barnard-Romans*, compl. 174-6, n° 377. — CHEVALIER (U.). *Cart. de St-Paul-lès-Romans*, 7-8, n° 8.

**4677** 6 mai 1178.
Guillaume de Clérieu, abbé de St-Félix de Valence, confirme à l'abbé Guillaume et à l'église de St-Ruf deux vignes à Chambalussa, acquises par leurs prédécesseurs du fief de l'abbaye de St-Félix, sous le cens de 12 den. et 1 sommée de vin ; et le tènement de Durand de Romans à Faventines, sous le cens de 2 sols et 2 sommées de vin, avec son sceau.
CHEVALIER (U.), *Codex diplom. S. Rufi*, 61, n° 51.

**4678** Latran, 16 mai (1178/1179).
Bulle du pape Alexandre III adressée au prieur Hugues et au couvent de St-Félix, par laquelle il met leur église sous la protection de s' Pierre et confirme ses possessions : les églises de l'Isle (*Insula*), de Coussaud (*Cozau*), de Montélier (*Montilisio*), de Château-Double (*Castro Duplo*) et de St-Martin (*Alamenco*). Il confirme aussi la sentence portée par Humbert, archevêque de Vienne, et Hugues, évêque de Grenoble, sur l'ordre du pape Eugène III au sujet de l'élection du prieur. Autorisation de bénir les chanoines, de recevoir clercs et laïques et d'enterrer dans leur cimetière. *Si quando a nobis*.
CHEVALIER (U.), *Codex diplom. S. Rufi*, 62-3, n° 52. = JAFFÉ, 13265.

**4679** Valence, juin 1178.
Pierre de Loriol (*Auriolo*), agissant comme tuteur de son fils impubère du même nom, viguier (*vicarius*) de Valence, et pour l'exonérer de ses dettes, vend à l'église de St-Ruf et à son abbé Guillaume ce qu'il a de son fils et de Guillaume Bertrandi, neveu de l'ancien viguier de Valence Olivier, à *Gisaias*, entre le chemin qui va du château de Montvendre (*Mons Veneris*) et la route de Crest (*Crestesa*), joignant la forêt de l'évêque et des chanoines de Valence dite *Chastanetum*, comprenant des dîmes, tasques, cens, champs et bois. Cette vente est faite de l'assentiment d'Odon, évêque de Valence, et du [comte] Guillaume de Poitiers (*Pictaven.*), seigneur de ce fief, au prix de 6000 sols monnaie de Valence, moins 6 liv., dont le vendeur solde incontinent 2000 sols à Lambert de St-Nazaire, Raimond Augerius et Aldebert, 1100 à Guillaume de Poitiers, 900 à l'évêque, 456 à l'église de St-Ruf, 50 à Hugues d'Étoile (*de Stella*), 400 à l'église de St-Apollinaire, 929 à Pierre Hugues de Crussol (*Cruzol*) et 45 aux Templiers. Il jure de se constituer otage entre les quatre portes de Valence au cas où l'abbaye serait troublée dans sa possession ; il réparera les torts à l'arbitrage de l'évêque et de Ponce Algisius ; il fournit comme otages Bertrand d'Étoile et Guillaume (*W.*) de *Jubiano* et pour garants l'évêque, le comte, Adémar et Guillaume d'Étoile. Fait en présence et sous le sceau d'Odon, *præses* et évêque de Valence, dans son palais (*domo*). Témoins : Adémar abbé de Saou (*Saonen.*), Giraud Grassus procureur et Giraud camérier de St-Ruf, Ponce de St-Romain, prieur de St-Jacques à Valence, des chanoines de St-Ruf et de St-Apollinaire, Eustache, prévôt de Valence, Guillaume de Poitiers, etc.
CHEVALIER (U.), *Codex diplom. S. Rufi*, 65-7, n° 54.

**4680** Latran, 5 juin 1178.
Bulle d'Alexandre III, confirmant à Guillaume, abbé de St-André-lès-Avignon, et à son monastère entre autres possessions celle des églises de St-Jacques de Bar-

ret le-Haut, de St-Michel de Barret-le-Bas, de St-André-de-Salérans, de Ste-Marie du château de Creyssint [à Ribiers], de St-Pierre-de-Jarjayes et de Ceillac.
Paris, Bibl. nat., ms. lat. 12659, 70 et 147.=Roman, 34ᵇ.

**4681** Latran, 11 juin (1178/1179).
Lettre du pape Alexandre III à l'archevêque de Vienne R[obert], légat du Siège apostolique, et à O[don] évêque de Valence, leur mandant de faire cesser les vexations des neveux d'Otgier (*O-rius*, *Utgerius*) et de l'abbé Guillaume de Clérieu *(Claireu)*, contre le prieur et les chanoines de St-Félix, à l'occasion de la donation que leur avait faite Otgier de lui-même et de son héritage ; s'ils persévèrent, ils seront excommuniés et leurs terres interdites. — *Ex parte dilectorum*.
Chevalier (U.). *Codex diplom. S. Rufi*. 68, n° 55. = Jaffé, -13269.

**4682** 9 juillet (vers 1178).
Epitaphe de Lantelme Gaspainnos, frère de la maison [des Hospitaliers de St-Paul-lès-Romans], qui lui donna 5200 sols avec une terre achetée 1000 sols, pour une réfection annuelle.
Giraud. *Hist. S. Barnard-Romans*. I, 232, pl.

**4683** Près Briançon. 14 juillet 1178.
L'empereur Frédéric Iᵉʳ recommande à Guillaume comte de Montferrat les enfants de feu le margrave Ardicius. *Dat. in territorio Embruni, prope castrum Brianzoni*.
ᵃSan-Giorgio (Benven.). *Chron. del Montfer*. 32. ᵇMuratori, *Rer. Italic. script*. XXIII, 345. ᵃMoriondi, *Mon. Aquen*. II, 341. = Stumpf. 4254.

**4684** Gap, 18 juillet 1178.
L'empereur Frédéric Iᵉʳ accorde par diplôme les droits régaliens à Pierre, évêque d'Apt. *Dat. in palatio Vapincensi*. — *Noverint omnes*.
Arch. des Bouches-du-Rhône, B. 284, vid. du 4 janv. 1243. — *Gallia christ. nova*, I, instr. 78ᵇ. = Bréq. III, 536. Böhmer, 2607. Stumpf, 4255. — Voir encore, sur le séjour de Frédéric à Gap, son diplôme du 15 août suiv.

**4685** Arles, 30 juillet 1178.
Couronnement de l'empereur Frédéric Iᵉʳ comme roi de Bourgogne par l'archevêque Raymond de Bollène, entouré des archevêques de Vienne et d'Aix, des évêques de Cavaillon... et Trois-Châteaux, de Raymond de Mévouillon, Bertrand de Baux, etc.
Pagi, *Crit. Ann. Baron*. 1178,5 (XIX. 471ᵃ). Bouquet, XIII, 201. = Fournier, *Roy. d'Arles*. 62-5. Chevalier (J.), dans *Bull. soc. archéol. Drôme*, XXIII, 127 ; XXVII, 275 (à part, I, 40, 186).

**4686** Arles, 30 juillet 1178.
Diplôme de l'empereur Frédéric Iᵉʳ, par lequel il prend sous sa protection spéciale l'église d'Arles et accorde aux chanoines l'immunité de toutes charges. Témoins : ... Guillaume Hugues *(Huguo)*, évêque de Trois-Châteaux *(Tricastinus)*, etc. *Godefredus imper. curiæ cancell. vice Roberti Viennen. archiepisc. et Provinciæ ac Burgundiæ archicancell. recogn. Acta in palatio Areiat...d. domin. quo coronatus est in ecclesia Arelat. imperator*. — *Ad æterni regni*.
*Gallia christ. nova*, I, instr. 99-100. Albanès-Chevalier, *Gallia christ. noviss*. III, 248-9 ; IV, 56. = Bréq. III, 537. Stumpf, 4256. Fournier, *Roy. d'Arles*, 63.

**4687** Arles, 30 juillet 1178.
Diplôme de l'empereur Frédéric Iᵉʳ en faveur de Robert, évêque de Die, qui est accouru auprès de lui à Arles. Il lui donne et confirme les droits régaliens dans tout son diocèse, les châteaux, places fortes et domaines qu'ont possédés ses prédécesseurs, et lui en donne l'investiture par le sceptre impérial : la cité de Die avec sa monnaie, son marché, ses places, fours et moulins, les voies publiques ; la moitié de Crest, Divajeu, Aouste, le château de St-Médard, les possessions de Guillaume de Poitiers, sauf Quint ; le Pègue, Mirabel, Marignac, Justin, Romeyer, Montmaur, Menglon, Rochefourchat, Auriples, Luc, Foillans, Prébois, Tréminis, la 1/2 de Thorane, de Beaumont, de Léoux et d'Aix. La ville de Die n'aura d'autre maître que l'évêque et d'autre suzerain que l'empereur. Il prend sous sa protection l'évêque, le clergé et le peuple, et défend toute violence et injustice. Parmi les témoins : Guillaume prieur de St-Médard, Pierre Pinet, Humbert de Félines. *Godefridus imper. curiæ cancell. vice Rutberti Viennen. archiepisc. et Provinciæ ac Burgundiæ archicancell. recogn. Dat. in palatio Arelatensi*. — *Quoniam omnis potestas*.
Arch. de l'Isère, B. 251, 60ᵇ ; B. 280, 293 ; B. 295, 129 ; B. 3500 (1188). *Invent. Graisivauda*, IV. 108ᵇ ; *Valentinois*, I, 882-3. Fontanieu, *Cart. du Dauph*. I, 127-8. Valbonnays, 2ᵉ Reg., n° 188. Columbi, *Episc. Valent.-Dien*. 88 : (1652), 101 : *Opusc*. 290. *Gallia christ. vet*. II. 555ᵇ. Huillard-Bréholles. Mél. *diplom. Frider*. II, V, 233. *Gallia christ. nova*, XVI, instr. 188-90. Chevalier (C. U. J.), *Cart. de l'égl. de Die*, 4-7, n° 1. Trad. Chevalier (J.), *Hist. égl. Die*, I, 216-8, 277 ; cf. 414. = Chorier, *H. de D*. II, 827. Bréq. III, 536. Stumpf, 4257. Chevalier, *Ordonn*. 5. *Gallia christ. noviss*. III, 249.

**4688** Arles, 30 juillet 1178.
Diplôme de l'empereur Frédéric Iᵉʳ, par lequel il notifie avoir accordé à ses féaux Guillaume de Poitiers *(Peiteus)*, comte de Valentinois, et au comte Dauphin [les droits] de péage sur la route de Valence à Montélimar *(Montilium)*, sous cette clause que les émoluments appartiendront à Guillaume, qui tiendra ce péage en fief du Dauphin. Le prince confirme cette concession à Guillaume et à ses héritiers, ajoutant pour la commodité des pèlerins et des voyageurs que les anciennes exactions sont abolies : les chevaux et mulets chargés payeront 12 den., les ânes 6 ; s'ils portent du sel, 1 den., etc. Guillaume devra protéger la route et défendre les riches, les pauvres et les pèlerins. Témoins : ... Raymond de Mévouillon, Draconet, Adémar et Guillaume d'Etoile, etc. *Godefridus imper. curiæ cancell. vice Routperti Viennen. archiepisc. et Burgondiæ ac Provinciæ archicancell. recogn. Dat. in palatio Arelat*. — *Ad laudem Romani*.
Arch. de l'Isère, B. 2983, 33. *Invent. Généralité*, 327 ; *Valentinois*, III, 381, 450. Valbonnays, 2ᵉ Reg., n° 187 ; 5ᵉ Reg., n° 145. Fontanieu, *Hist. du Dauphin.*, pr. II, 1, 329 ; *Cart. du Dauph*. I, 128-9. Chevalier (U.), *Invent. d. arch. d. Dauphins 1277*, 27-8, n° 1. Stumpf, *Reichskanzler*, III, 529-30. = Chevalier (U.), *Ordonn*., n° 6.

**4689** Arles, 31 juillet 1178.
Diplôme de l'empereur Frédéric Iᵉʳ, par lequel, après avoir reçu de Grégoire, évêque de Gap, fidélité et hommage, il l'investit des droits régaliens que son église tient de l'empire, confirmant ses possessions et défen-

dant de le molester. *Dat. apud Arelatem. — Imperialem decet.*

Arch. des Bouches-du-Rhône, B. 2, reg. *Pergamen.* 41b; B. 9. reg. *Armorum.* 41b. Arch. de Gap,Livre rouge, 96 [*Bull. acad. Delphin.* C. XIV, 214-5, 1er août]. Arch. de l'Isère, B. 298, 270; B. 3013; B. 3735, vidimus de 1510. *Invent. Gapençais,* 254. 261.-8. Carpentras, mss. Peiresc LXXIV. 11,334; LXXVIII, 44b. Valbonnays, 2e Reg., n° 189. Fontanieu,*Cart. du Dauph.* I, 127. — *Gallia christ. nova.* I, instr. 87e. = Georg. I, 693. Bréq. III, 537. Böhmer, 2609. Stumpf, 4258. Roman. 34b.

**4690** Montélimar, 5 août 1178.

Diplôme de l'empereur Frédéric Ier, par lequel il accorde à Ponce, évêque d'Avignon, l'autorisation de construire un bac sur la Durance, et lui confie la protection des Juifs. *Dat. apud castrum Montilium Adhemari. — Consuevit imperatoria.*

Valbonnays, 2e Reg., n° 190; 5e Reg., n° 20. — Fantoni Castrucci, *Avignone,* II, 318-9. Nouguier, *Hist. d'Avignon,* 155. *Gallia christ. nova.* I, instr. 143. = Bréq. III, 537. Stumpf, 4260 (à 4 non., faux).

**4691** Montélimar, 6 août 1178.

Diplôme de l'empereur Frédéric Ier, par lequel, pour récompenser Raymond d'Agoult *(Agolt)* de ses témoignages de fidélité, il lui concède le territoire dit vallée de Sault *(Vallis Saltus),* ses châteaux, villages, etc., avec pleine juridiction, et lui confirme ses droits sur les voies publiques *(stratæ)* et péages dans le comté de Die. *Dat. apud castrum Montilium Adimar... ind. 11. — Dignum omnino.*

Chevalier (U.). *Diplom. de P. de Rivaz.* 77-8. Stumpf, *Reichskanzler,* III. 530-1. = Chevalier (J.), dans *Bull. soc. archéol. Drôme.* XXIII, 127 (à part, I, 40-1). Ficker, *Reg.* V, 95.

**4692** Valence, 8 août 1178.

Diplôme de l'empereur Frédéric Ier, par lequel, voulant récompenser les mérites envers l'empire de Raymond de Mévouillon *(Medullione),* il lui confirme tout ce qu'il possède en fief ou en alleu, sous réserve de fidélité à la couronne, et ne permettra à personne de l'en dépouiller. *Godefridus cancell. vice Roberti Viennen. archiepisc.* [et] *regni Burgundiæ archicancell. recogn. Dat. in civitate Valentia. — Quotiens ab imperatoria.*

Arch. de l'Isère, B. 3006, 225; B. 3637, vidimus du 14 oct. 1272. *Invent. Baronnies,* 439-40. *Chartularium Delphinorum,* f° vij (Notice, n° 5). Valbonnays, 2e Reg., n° 191. Fontanieu, *Hist. de Dauph.,* pr. II, 1,337; *Cart. du Dauph.* I, 129-30. Chevalier (U.). *Diplom. de P. de Rivaz,* 78-9. Stumpf, *Reichskanzler,* III, 531-2. = Prudhomme (A.), *Invent. arch. Isère,* III, 119e. = S. de Boissieu, 2e, 57; 3e, I, 99. Chevalier (U.). *Invent. 1346,* 2, 1290; *Ordonn.* 7. Roman, 35e.

**4693** Valence, 9 août 1178.

Diplôme de l'empereur Frédéric Ier, par lequel, à la demande de Ponce, abbé de Notre-Dame de Léoncel *(Liuncello),* il prend son monastère sous sa protection spéciale et lui confirme ses possessions : le territoire de l'abbaye, l'église et la villa de St-Romain, les granges du Conier *(Cognerio),* de la Voupe *(Vulpa),* de Parlanges *(Paladangiis),* de Lente *(Lentio)* et de Combe-Chaude *(Combacatida),* Valfanjouse *(vallis Lutuosa),* la montagne de Musan *(Muson),* Chomèane *(Calmis Media),* Charchauve *(Scarcaleves),* Momont *(Malus Mons),* le cellier de St-Julien, et tous ses pâturages. Il lui accorde l'exemption de tout péage *(pedagium seu thelonium)* dans l'archevêché d'Arles, dans celui de Vienne et ses suffragants, et de toute exaction pour la défense de châteaux, etc. Témoins : Robert archevêque de Vienne, Odon évêque de Valence, Hugues abbé de Bonnevaux et autres. *Godefridus cancell. vice Roberti Viennen. archiepisc. et regni Burgundiæ archicancell. recogn. Act. a° D. I. 1177, ind. 11, regni 27, imp. 24... Dat. in civitate Valentiæ. — Si Christi ecclesiis.*

Chevalier (U.), *Cart. de Léoncel,* 34-6. n° 29; *Supplém.* 20. Stumpf, *Reichskanzler,* III, 532-3.

**4694** Vienne, 14 août 1178.

L'empereur Frédéric Ier, siégeant comme juge *(pro tribunali)* à Valence, avait eu connaissance du dissentiment qui s'était élevé entre l'évêque Odon et les habitants, au sujet d'une concession touchant le gouvernement de la cité, que le prélat refusait d'exécuter. Après avoir consulté son féal Robert, archevêque de Vienne et archichancelier de Bourgogne, ses barons et nobles, le prince restreignit le droit de l'évêque d'exiger un impôt *(exactio seu collecta)* à son voyage à la cour ou au service de l'empire ; dans les condamnations pécuniaires, il ne pourra percevoir au-delà de 60 sols. Suit un tarif des compositions pécuniaires. Les citoyens ne pourront s'associer par serment sans permission de l'évêque. *Robertus D. g. Viennæ archiepisc., regni Burgundiæ archicancell. interf. et recogn. Dat. apud Viennam.... — Ea quæ de communi.*

Bibl. de Carpentras, ms. n° 502, extr. du Livre verd de l'eveschè de Valence. Bibl. de Grenoble. R. 5799 (ms. 1639), origin. parch. Columbi, *Episc. Valent.* 19 : (1652), 25 ; *Opusc.* 258 (20 k. aug.). — Ollivier (J.), *Essais hist. Valence,* 238-43. *Gallia christ. nova.* XVI, instr. 106-8. = Chevalier (U.), dans *Bull. hist.-archéol. Valence.* XI, 64. Stumpf, 4261.

**4695** Vienne, 15 août 1178.

L'empereur Frédéric Ier, se trouvant au palais de Gap avec son épouse l'impératrice *(augusta,* Béatrix), convoque en sa présence Raymond de Montbrand, son frère Arnaldot et Hugues d'Aix *(Axio),* dont il obtient, avec l'assentiment de Guillaume, comte de Forcalquier, et d'Arnaud Flotte *(Flota),* la cession de leurs droits et domaine sur les biens des pauvres de Durbon *(Dorbo);* le comte Guillaume en fait autant pour le péage et les pâturages qu'il leur avait donnés. Le prince fait rétrocession de tout aux frères de Durbon, défendant, sous peine de 60 liv. d'or, de les troubler dans leur possession. Témoins : Grégoire, évêque de Gap, le prieur de Romette, Bernard Quambonus ou Ca-s, archidiacre de Gap. Etienne prévôt, Guillaume doyen, maître Pierre de Fonte et 20 autres. *Dat. apud Viennam... ind. 11. — Imperatoriæ magestatis.*

Charronnet (Ch.), dans *Bibl. de l'éc. d. Chartes,* 3e sér., V, 440-1. Le Couteulx, *Ann. Cartus.* II, 436-7. Guillaume (P.), *Cart. de Durbon,* 109-11, n° 135. = Stumpf, 4262. Roman, 35e.

Vienne, 15 août 1178 = 14 août 1178.

**4696** Vienne, 18 août 1178.

Diplôme de l'empereur Frédéric Ier, par lequel il prend sous sa protection la petite église de St-Apollinaire à Laus *(Lacunus),* au territoire de Riez. Témoins : *Odo Valentinensis episcopus. Ego Rotbertus Viennen.*

*archiepiscopus* [et] *regni Burgundiæ archicancell... recogn.*
STUMPF, *Reichskanzler*, III, 533-5. CHEVALIER (J.), dans *Bull. hist.-archéol. Valence*, XXI, 70-2. = STUMPF, 4263.

**4697**  Lyon, 19 août 1178.
L'empereur Frédéric reçoit les hommages du duc de Bourgogne, du comte de Valentinois, du seigneur de Montélimar, des archevêques de Vienne et d'Embrun, des évêques de Grenoble et de Turin, de Boson, doyen de St-Maurice de Vienne, etc.
MERMET, *Hist. de Vienne*, III, 68.

**4698**  Lyon, 19 août 1178.
Diplôme de l'empereur Frédéric Ier en faveur de chartreuse d'Oujon *(Alio). Robertus. D. g. Viennen. archiepisc. et regni totius Burgundiæ archicancell. interfui et recogn. Data ap. Lugdunum. — Ad imperatorium.*
HISELY (J. J.), dans *Mém.-doc. soc. hist. Suisse Rom*. XII, xxxj. LE COUTEULX, *Ann. Cartus*. II, 438-9. = STUMPF, 4264.

**4699**  Lyon, 20 août 1178.
Diplôme de l'empereur Frédéric Ier accordé à son cher frère Hugues, abbé de Bonnevaux ; il prend sous sa protection son église et toutes les abbayes fondées par elle ; il lui confirme toutes ses possessions : les granges de *Vallesia*, d'*Aguillena*, de *Mulario*, d'Estrablin *(Estranibtino)*, de *Perenchi*, de *Multein*, de *Moncellis*, de *Calvasio*, de *Revest*, de la Perrière *(Petraria)*, de *Leonduno*, les celliers de *Teroina*, de Bossieu *(Buciaco)* et de Lemps *(Lehenis)*. Il lui accorde la franchise des péages par terre et par eau de Lyon à Arles. Témoins : *Rucbertus Viennensis archiepiscopus, Odo Valentinus episcopus, Johannes Gratianopolis episcopus... Ego Rucbertus. D. g. Viennen. archiepisc. et regni totius Burgundiæ archicancell. recogn. – Si religiosis et Deo.*
Arch. de la Drôme, Vernaison, vidimus du 23 avril 1444. — CHEVALIER (U.), *Cart. de St-André-le-Bas*, 305-7, n° 89ᵉ ; dans *Bull. Delphin.* D. II, 26-7 ; *Cart. de Bonnevaux*, 10-1, n° 2. STUMPF, *Reichskanzler*, III, 535-7. = PETIT, *Hist. ducs Bourgogne*, II, 398.

**4700**  Lyon, 20 août 1178.
Diplôme de l'empereur Frédéric Ier, par lequel il confirme à son cher prince Jean, évêque de Grenoble, recommandable par sa prudence et sa vertu *(honestas)*, qui s'est rendu en sa présence, les droits régaliens dans tout son diocèse, depuis le château de Bellecombe en descendant sur les deux rives de l'Isère *(Ysara)*, et dans d'autres diocèses et comtés, spécialement le château de St-Donat, sauf en tout les droits de l'empire. Témoins : Odon, évêque de Valence, Hugues duc de Dijon Bourgogne], Guillaume comte de Valentinois, Guigues de Roussillon, Boson doyen de Vienne, Géraud Adémar de Monteil (*Montilio*, Montélimar). *Ruotbertus D. g. Viennen. archiepisc. et regni totius Burgundiæ archicancell. Dat. apud Lugdunum. — Si justas ecclesiasticorum.*
*Invent. Graisivaudan*, II, 266ᵉ, 348ᵉ. *Cartul. d'Aimon de Chissé*, n° 2 (Not. anal. 7-8). FONTANIEU, *Hist. de Dauph*. pr. II. 1, 345 ; *Cart. du Dauph*. I, 130-1. — PÉRARD, *Rec. pièces hist. Bourgogne*, 446-7. BOYS (A. du), *Vie des Hugues*, 491-2, cf. 348 (16 août). HUILLARD-BRÉHOLLES, *Hist. diplom. Frider. II*,

V, 189-91. CHEVALIER (U.), *Diplom. de P. de Rivas*, 79-81. = CHORIER, *H. de D*. I, 826. STUMPF, 4265.

**4701**  Vienne, 8 septembre (?) 1178.
*Fredericus imperator Romanus... Rediens siquidem ab Italia, ne quid imperatrici* | *Beatrici*, fille de Renaud, comte de Bourgogne] *deessel ad gloriam, in terra nativitatis suæ capiti suo fecit imponi diadema Burgundiæ, die Nativitatis B. Mariæ Virginis, in urbe Vienna.*
RADULFUS de Diceto, *Imagines historiarum* : BOUQUET, XIII, 201. = *Art vérifier dates*, VII, 334.

**4702**  Besançon, 10 ? septembre 1178.
Geoffroy *(Gaufridus)* de Vienne figure parmi les témoins d'un acte d'Henri comte de Bar... *ind. II*, 22 *kal. octob.*
PÉRARD, *Rec. pièces hist. Bourgogne*, 253-4.

**4703**  (1178/1184).
A la prière de Jean, évêque de Grenoble, et des Chartreux, l'évêque de Belley Raynaud donne aux frères de Chalais les dîmes de ce qu'ils pourront labourer avec 12 bœufs dans les paroisses de Belmont et de Tramonet, sous le cens de 3 setiers de froment et autant d'avoine.
PILOT DE THOREY, *Cart. de Chalais*, 48, n° 28.

**4704**  Latran, (16 février/4 juillet ?) 1179.
Le pape Alexandre III confirme à Adon, abbé de St-Pierre [à Vienne], le monastère de Ste-Colombe... *p. man. N. [= Alberti] cardin. et cancell., pontif. aᵒ 20. cIɔ.cccxxIIII.*
BOSCO (J. a). *Bibl. Floriac*. Rev. xyst. 107.

**4705**  Romans, 22 février 1178/9.
François, fils de Rainaud François *(Frances)*, le jour où il s'est présenté à la ville de Romans *(Rotmanien.)* pour faire la guerre, a confirmé le don fait par son père, sa mère et lui aux frères du Temple et à la maison de Richerenches de leurs droits au château de Bourbouton et dans son mandement, en présence d'Odon, commandeur de Valence, etc. Garant : Guillaume de Poitiers ; témoins : le prévôt Eustache *(Au-hius)*, son frère. Fait dans la maison de Garin Infans.... *luna 13*, jour de la chaire de St-Pierre.
RIPERT-MONCLAR (de), *Cart. de Richerenches*, 53-4, n° 52.

**4706**  Rome, 5, 7 ? et 19 mars 1179.
Concile tenu par le pape Alexandre III dans la basilique Constantinienne de St-Jean de Latran. *Interfuerunt... ex provincia Arelatensi* :... *Willemus Tricastrinus... ; ex provincia Ebrodunensi : Petrus Ebredunensis archiepiscopus... ; ex provincia Viennensi : Robertus Viennensis archiepiscopus, Robertus Diensis, Joannes Gratianopolitanus...*, *Odo Valentinus*.
ACHERY (d'), *Spicileg*. VI, 647-8 ; 2ᵉ. I, 638. LABBE, X, 1531. HARDOUIN, VI, II, 1689-90. COLETI, XIII, 438-9. MANSI, XXII, 466. = MERMET, III, 68. JAFFÉ, p. 783—II, 339-41. R. S. R. 669. R. Gen. 410. LE COUTEULX, II, 469. *Gallia christ. noviss.* III. 250 ; IV, 56.

**4707**  1179.
Accord ménagé entre l'abbé d'Aiguebelle et le prieur de la chartreuse de Bonnefoy par le prieur du Val-Ste-Marie et Girard, convers de la Chartreuse.
VIC-VAISSETE, *Hist. de Languedoc*, 3ᵉ, VIII, 1924-5.

**4708**  1179.
Hugues de Miribel de Valclérieux *(Mirabel de Valclareys)* et sa femme Bona Dona, sœur de Nantelme de Châtonnay *(Chatiunnayo)*, donnent [aux frères] de Bonnevaux une terre à Comelle. Leurs fils, leur fille Raymues et leur mistral Aymon approuvent. Témoins : Ponce de Bathernay..., Nantelme de Lemps *(Lanz)* et Guillaume Rufus de Semons *(Sumunt)*.
CHEVALIER (U.), dans *Bull. acad. Delphin.* D, II, 98; *Cart. de Bonnevaux*, 82, n° 188.

**4709**  1179.
Raymond, comte et marquis de Provence, prend sous sa protection le monastère de Boscaudon *(Boscodoni)*, accorde pour les brebis dans tout son territoire le pâturage *(pascherium)*, le passage *(passaticum)* et l'*usaticum*, l'exemption de l'*usaticum* et de la leyde *(lesda)* due au fisc pour les achats et ventes, la faculté d'extraire de son comté autant de sel qui leur sera nécessaire. Témoins. *Willelmus Dodo not. com.*
Carpentras, ms. Peiresc LXXVI, 424. Paris, Bibl. Nat., ms. lat. 12663, 106. — BOUCHE, *Hist. de Provence*, II, 151. *Gallia christ. nova*, I, instr. 67. = BRÉQ. III, 555. ROMAN, 36°.

**4710**  Durbon, 1179.
Henri, fils de Raimond de Montbrand, confirme les donations et ventes de ses ancêtres aux religieux [de Durbon], en présence de Grégoire, évêque de Gap. Fait dans le cloître de la maison supérieure, entre les mains du prieur Chatbert. Témoins : Lambert procureur, Etienne prévôt de Gap, etc...
GUILLAUME, *Chartes de Durbon*, 113, n° 140. = ROMAN, 36°.

**4711**  Champ-du-Fàu, 1179.
Odon Molerii et sa femme Raimonde donnent au prieur Chatbert et aux frères de Durbon leur avoir à Burriane, moyennant 9 sols. Fait sur le chemin *supra Campum Fagi*. Témoins : Nicolas, procureur, Guillaume prêtre de St-Julien, etc.
GUILLAUME, *Chartes de Durbon*, 113, n° 141. = ROMAN, 36°.

**4712**  1179.
Donation à Pierre, prieur de la chartreuse de Pommier, par Guillaume, comte de Genevois, par l'intermédiaire et avec l'approbation de Robert, archevêque de Vienne, Thierry *(Theodoricus)*, convers de la Silve-Bénite.
GUICHENON, *Bibl. Sebus.* 252-4. BESSON, *Mém. dioc. Genève*, 368-9. = R. S. R. 678. R. Gen. 415.

**4713**  1179.
Rainaude, fille de la vénérable Amalburgis et épouse de Guillaume Artaudi, confirme aux frères de Léoncel la possession des pâturages de Châteaudouble et reçoit 20 sols. Témoins de son mari : le moine Giroud, etc. (3) ; d'elle : l'abbé Ponce, etc. (6).
CHEVALIER (U.), *Cart. de Léoncel*, 32-3, n° 27.

**4714**  1179.
Rostaing *(Rostannus)* Guichardi et son père avaient engagé *(in vadimonium)* aux chanoines de St-Maurice de Vienne un courtil, une terre et un pré au territoire de Chuzelle *(Causellæ)* ; leurs fils en ayant fait don, l'obédiencier leur compte 6 livr., en présence des chanoines de St-Maurice : Bernard de Miribel, obéd. de Chuz., Boson doyen, Bernard Alamandi, archidiacre, et 7 autres.
CHEVALIER (U.), *Cart. de St-André-le-Bas*, 307, n° 90* ; *Cart. de St-Maurice Vienne*, 45, n° 209 ; *Supplém.* 12. = CHARVET, 357.

**4715**  (1179 ou 1180).
Donation par Milon Furet au chapitre de St-Maurice de Vienne de ce que celui-ci tenait de lui en gage à Chuzelle *(Causella)* ; il reçoit 35 sols. Sont témoins les chanoines de St-Maurice : Boson doyen, Bernard de Miribel, obédiencier de Chuzelle, Berlion d'Auberive, Audemar de *Montcalvo*, Bernard Alamandi, archidiacre, Audemar de Boczosel, Arbert de Luzinay *(Lusennai)*, Ponce Martel, Bertrand *de Macello*.
CHEVALIER (U.), *Cart. de St-Maurice de Vienne*, 45, n° 210.

**4716**  1179.
L'empereur Frédéric I<sup>er</sup> accorde à Guillaume, évêque de St-Paul-Trois-Châteaux, le domaine seigneurial de sa ville épiscopale et de son territoire entre le Rhône et la rivière d'Eygues *(Egrum)*.
*CHORIER, *Estat polit.*, II, 175. *Gallia christ. noviss.* IV, 56.

**4717**  1179.
L'archevêque de Vienne Robert, légat du St-Siège, durant son séjour à Rome, obtient du pape Alexandre III pour l'abbé de St-Pierre le droit de porter la mitre.
CHORIER, *Estat polit. Dauph.* I, 284. CHARVET, 357. MERMET, III, 69. *Nécrol. de St-Robert*, 5. TERREBASSE, *Inscr.* I, 248.

**4718**  Latran, 28 mars 1179.
Bulle du pape Alexandre III adressée à l'abbé et aux frères de Chalais *(Calesio)*, par laquelle il prend leur monastère sous la protection de s<sup>t</sup> Pierre et confirme leurs possessions : le cellier près de l'église de St-Vincent[-du-Plâtre], les granges de Foumartin *(Foro Martini)*, du Désert *(juxta lacum Deserti)* et de *Publeio* près du Pont-de-Beauvoisin. Il sanctionne dans leur dépendance les abbayes de Boscaudon, d'Almeval *(Almævallis)*, de Lure, d'Albeval *(Albævallis)* et de Prémol *(Prati Mollis)*. L'abbé doit être élu par les frères suivant la règle de s<sup>t</sup> Benoît. — *Cogit nos apostolicæ.*
PILOT DE THORRY, *Cart. de Chalais*, 49-52, n° 29. = JAFFÉ, -13344.

**4719**  Latran, 1<sup>er</sup> avril 1179.
Bulle du pape Alexandre III adressée à l'abbé Guillaume et aux frères de St-Chaffre *(S. Theotfredi)*, par laquelle il confirme dans la dépendance de leur monastère la possession de nombreuses églises situées dans les diocèses du Puy, de Valence, de Grenoble, etc. — *Quotiens a nobis.*
CHEVALIER (C. U. J.), *Doc. inéd. relat. au Dauph.* VI, 31-6 ; *Cart. de St-Chaffre*, 178-83, n° 442. = JAFFÉ, -13355. *Tabl. hist.* Velay, IV, 276. ROMAN, 36°. MAZON (A.), *Orig. égl. Vivarais*, I, 83-6, 321-2.

**4720**  Latran, 8 avril 1179.
Bulle du pape Alexandre III adressée à l'abbé Gérard et aux frères de Tournus, par laquelle il confirme à leur monastère ses possessions [comme au n° 2916] : *Gramnat... Torretes... Garda... Graina.... Fay... Mirol,... Miniaco... — Commissæ nobis.*

, Juénin, *Nouv. hist. de Tournus*, pr. 174-7. *Patrol. lat.* CC, 1295-8. \*Mém. acad. Clermont-Ferrand, XIX, 309-10. = Briéq. III, 547. Jaffé, 8699-13371.

**4721** Bonnevaux, mai 1179.
Ervisius de Beauvoir *(Bellovidere)* met en gage *(in vadium)* entre les mains de Hugues, abbé de Bonnevaux, la moitié d'un bois, dont Pierre Rovoyrie et Guillaume *(W.)* de Beauvoir possédaient le reste; l'abbé lui donne *(accommodavit)* 500 sols Viennois. Fait à la porte du monastère. Témoins : Amédée de St-Geoire *(S. Jeorgio)*, Bournon de Voiron, Jean de Jonage *(Jonas)*, Bournon de Pusignan *(Pusinia)*.

Chevalier (U.), dans *Bull. acad. Delphin.* D, II, 45; *Cart. de Bonnevaux*, 29, n° 51.

**4722** Courtefontaine, 13 mai 1179.
M[aurette de Salins, Béatrix?], comtesse de Vienne et de Mâcon, donne à l'église de Courtefontaine *(Curtifontis)* la charge d'un cheval de sel annuellement. *Act. apud Curtumfontem....*

Béatrix comtesse de Chalon, 154. Guillaume, *Hist. généal. sires Salins*, I, pr. 68-9. = Briéq. III, 548.

**4723** 19 juin 1179.
Investiture d'une condamine à la commanderie de Roaix par Bertrand, évêque de Vaison, en présence du prévôt Bertrand de Pierrelatte *(Petralaptæ)*. *Guillelmus, canon. S. Ruffi, dict. et scr.*

Chevalier (U.), *Cart. des Templiers de Roaix*, 106-7, n° 161.

**4724** (Die, 10) octobre 1179.
Le chanoine de Die Raymond Bérenger avait donné à son église les châteaux de Foillans, Tréminis *(Tresmuniz)* et Prébois *(Prabois)*, avec leurs mandements jusqu'à *Avana*, et la moitié de celui de Thorane *(Torana)*. [Son neveu] Guigues de Sassenage *(Chasenage)* et son épouse Béatrix, fille de Sibylle, soulevèrent des difficultés contre cette donation. Après de nombreuses discussions, ils se rendirent devant Jean, évêque de Grenoble, et Ponce, prieur du Val-Ste-Marie, et firent cession de leurs droits entre les mains de l'évêque de Die Robert et du doyen Jarenton de Quint, moyennant 3000 sols monnaie de Vienne; Taillefer, comte de Grenoble, fut leur garant. Raymond Bérenger restait libre de donner à l'église de Die ce qu'il tenait d'elle ou à Guigues de Sassenage. A° I. D. 1178. Témoins : Guillaume frère de Guigues de Sassenage, Didier de Tullins, Atenols de St-Geoirs *(Sans Joer)*, Lantelme de Rancurel..., Jordan de Crépol *(Crespo)*; Guillaume abbé et Ponce prieur de St-Ruf, Falcon de Dionay *(Doennai)*, maître Augisius, W. Gonterii procureur de Die, etc. *Alexandro papa III sed., Frederico Roman. imper. regn.,... fer. 4, luna 7... in aula de sero.*

*Gallia christ. nova*, XVI, instr. 190-1. Chevalier (C. U. J.), *Cart. de l'égl. de Die*, 30-1, n° 10.

**4725** Césane, 11 octobre 1179.
Taillefer *(Tallifers)*, comte de Viennois *(V-nensium)* et d'Albon *(A-nensium)*, pour que les religieux d'Oulx *(S. Laurentii de Ulcio)* prient sans cesse Dieu en sa faveur, exempte le prévôt Martin et ses successeurs de tout péage sur ses terres et ordonne que les biens des pèlerins morts sans testament entre le mont Genèvre

*(Jano)* et Suse *(Secusia)* leur soient attribués. Fait *apud Sesanam, regn. Frederico Roman. imper.* Témoins : Guillaume de *Arenis* et autres chanoines, le doyen Boson, etc. *... fer. 5, luna* 7 [= 8].

Arch. de l'Isère, B. 3853. Fontanieu, *Hist. de Dauph.* pr. II, 1, 357; *Cart. du Dauph.* I, 131-2. — Chorier, *Nobil. du Dauph.*, suppl. 75-6. Rivautella, *Ulcien. eccl. chartar.* 48, n° 45. Collino, *Carte d'Oulx*, 184-5, n° 174. = Briéq. III, 558. Roman, 36°.

**4726** (1179/1183).
Taillefer *(Talifers)*, comte de Vienne et d'Albon, confirme à la prévôté d'Oulx *(Ulcien. fratribus)* les dîmes qu'elle tient de ses prédécesseurs dans le Briançonnais et la Vallouise *(valle Jarentonia)*, défendant de lever les grains de l'aire sans le collecteur d'Oulx et ordonnant de payer la dîme de tous les animaux.

Rivautella, *Ulcien. eccl. chartar.* 48, n° 46. Collino, *Carte d'Oulx*, 185-6, n° 175.

**4727** (1179/1185).
Odon de Chaponnay (?), évêque de Valence, autorise le libre passage par ses terres des gens et bestiaux de la chartreuse de Bonnefoy.

\*Le Couteulx, *Ann. Cartus.* II, 177.

**4728** Sérézin, La Tour, (1179/1185).
Dame Willelma d'Octavéon *(de Ettevo)* et son fils Rostannus donnent aux religieux des Ecouges *(Excubiar.)*, pour obtenir à leur fille Gérarde le voile religieux, deux champs et un pré dans la paroisse de Sérézin. Fait *apud Cizerinum*, en présence de Hugues, prieur des Ecouges. Témoins : 4 convers de cette chartreuse, Rothland de Demptézieux *(Dentaiseu)*, Evrard chapelain de Sérézin. — Arbert de la Tour fournit 3 garants pour les Chartreux, entre les mains de frère Ascherius, *apud Tarrem*, ce dont sont témoins : Anselme archiprêtre de la Tour[-du-Pin], Evrard susdit, Vital chapelain de l'archiprêtre, Pierre de la Balme, prévôt de la Tour. Robert, archevêque de Vienne, appose son sceau. — *Ne per oblivionem.*

Auvergne, *Cart. des Ecouges*, 95-6, n° 10. Le Couteulx, *Ann. Cartus.* I, 206-7.

**4729** (Après 1179).
Institutions de la maison de St-Félix [de Valence] sous le gouvernement du prieur Hugues Galterii, qui la régit durant 25 ans.

Chevalier (U.), *Codex diplom. ord. S. Rufi*, 63-4, n° 53.

**4730** 5 janvier (après 1179).
Obit d'Adon, abbé de St-Pierre hors la porte de Vienne.

Chevalier (U.), *Nécrol. de St-Robert*, 1.

**4731** 14 janvier (vers 1180).
Obit de Remigius, prieur de St-Pantaléon (canton de Grignan).

Chevalier (U.), *Nécrol. de St-Robert*, 2.

**4732** Livron, février 1179/80.
Odon, évêque de Valence, malgré son indignité, après en avoir été doyen, transfère à son église la propriété et le domaine du château de Beauchastel *(Bellum Castellum)* et son mandement; il en donne l'usufruit à son neveu Odon de Retourtour *(Retortor)* et à ses héritiers,

qui devront en faire hommage et fidélité et le rendre 15 jours après réquisition. Sceau. *Facta ap. Liberonem,* en la maison de Géraud Ruphi, *Alexandro eccl. Rom. præsid. ac d. Friderico Rom. imper. gubern.* Témoins : Lambert, doyen, Hugues d'Etoile, maître Romée, Guillaume de Crussol, Guill. de Vesc, Guill. de Beaumont, Pierre de Loriol, viguier, Guigues de Beauchastel, Pierre de Retourtour, Ardenc Bermundus, baile, etc.
BRIZARD, *Hist. généal. mais. Beaumont,* II. 8-9. Trad. CATELLAN, 278-9. = DUPRÉ DE LOIRE (F.), dans *Bull. soc. archéol. Drôme,* III, 385-6. [NADAL], *Abb. St-Jean l'Evangél.* Soyons, 7-8.

**4733** Velletri, 1ᵉʳ février (1180).
Privilège accordé par le pape Alexandre III à l'abbé [Guillaume] et aux frères de St-Ruf, de pouvoir remplacer par un des leurs le prêtre qui manquerait dans leurs églises paroissiales où résident trois ou quatre chanoines ; ils le présenteront à l'évêque, à qui il répondra du spirituel et à eux du temporel. — *Apostolicæ sedis.*
CHEVALIER (U.), *Codex diplom. S. Rufi,* 68-9, n° 56. = JAFFÉ, -13603.

**4734** (Vers 1180).
Aquin d'Auberive et sa femme attaquent [les frères de Bonnevaux] au sujet des prés de *Gajeriis* en Valloire ; pour obtenir la paix, les religieux leur donnent 40 sols. Témoins : ... Bollat d'Auberive et Gitfred, chevaliers.
CHEVALIER (U.), dans *Bull. acad. Delphin.* D, II, 140 ; *Cart. de Bonnevaux,* 124, n° 300.

**4735** (Vers 1180).
Berlion Peysselt échange avec [les frères] de Bonnevaux une terre dans l'ager de *Luateria* contre un courtil à Epinouze *(Spinosa).* Témoins et garants : Antelme d'Anjou et son fils.
CHEVALIER (U.), dans *Bull. acad. Delphin.* D, II, 140 ; *Cart. de Bonnevaux,* 124, n° 302.

**4736** (Vers 1180).
Guillaume Falconis et sa femme Audisia donnent [aux frères] de Bonnevaux une terre près du moulin de Landrin et reçoivent 12 liv. 1/2. Cautions : Guillaume et Humbert de Sonnay *(Sannayo).* Témoins : Hugues Othmari, Jarenton de Moras et Guillaume Bunins, chevaliers, Gaufred de Furmisel, mistral du comte, etc. Audisia renouvelle son don et reçoit 7 liv., son mari n'ayant reçu que 110 sols ; témoins : ... son écuyer *(armiger)* Boysetz. Guigues Bovetz et son frère Antelme cherchent querelle aux religieux à propos de ce don, puis se désistent dans la maison de Jarenton de Moras et reçoivent 35 sols ; garants et témoins.
CHEVALIER (U.), dans *Bull. acad. Delphin.* D, II, 141-2 ; *Cart. de Bonnevaux,* 125-6, n° 305.

**4737** Landrin, (vers 1180).
Hugues d'Anjou *(Anjoldo)* cherche querelle [aux frères] de Bonnevaux au sujet d'une terre que leur avait donnée son frère Nantelme, puis s'en désiste avec sa femme Agnès et son fils Jean. *Fact. ap. Laudrinum.* Témoins : Bermond d'Anjou, le mistral Arbert, etc.
CHEVALIER (U.), dans *Bull. acad. Delphin.* D, II, 142 ; *Cart. de Bonnevaux,* 126, n° 306.

**4738** Septême, (vers 1180).
Mallen Bucibant, de Septême, et son neveu Guy donnent [aux frères] de Bonnevaux un pré en Valloire. *Fac. ap. Septimum* ; présents : Ismidon de Septême, etc. La nièce de Mallen et son mari reçurent 30 sols pour donner leur assentiment ; témoins : Bollat d'Auberive, chevalier, Aymon de *Robore,* prêtre.
CHEVALIER (U.), dans *Bull. acad. Delphin.* D, II, 140-1 ; *Cart. de Bonnevaux,* 124-5, n° 303.

**4739** « Reveist », (vers 1180).
Othmar de Cour *(Corp)* donne [vend] aux frères de Bonnevaux tout ce qu'il possédait en Valloire, sauf les fiefs de chevaliers, moyennant 1320 sols. *Fact. ap. Reveist.* Témoins : son frère Guy chanoine, Guillaume Alamanni et Guy de Cour, chevaliers. Assentiment de son fils, de son neveu Hugues, de sa sœur Suzanne et son mari.
CHEVALIER (U.), dans *Bull. acad. Delphin.* D, II, 140 ; *Cart. de Bonnevaux,* 124, n° 301.

**4740** 1180.
Henri II, roi d'Angleterre, envoie Réginald Lambach, évêque de Bath, à la Grande Chartreuse pour demander le procureur Hugues comme prieur de Witham.
LE COUTEULX, *Ann. Cartus.* II, 472-4.

**4741** 1180.
Bulle de l'empereur Frédéric I confirmant à l'évêque de Gap ses privilèges précédents.
*Invent. Gapençais,* 254, 276. = ROMAN, 36ᵇ.

**4742** 1180.
Guillaume, seigneur de Beauvoir [-de-Marc] en Viennois, donne aux frères Marnans une part de la dîme qu'il levait sur sa terre, achetée des Aigrats, sous le cens de 2 setiers de seigle.
CHORIER, *Hist. de Dauph.* I, 840-1 ; 2°, 646. *Rev. de Vienne,* III, 209. *Album du Dauph.* II, 46 (à 1181).

**4743** 1180.
Odon, évêque de Valence, confirme à Bernard, prieur de Montmeyran, les dîmes que Guillaume de Poitiers, comte de Valentinois, avait données à son église et celles de Montléger *(Montis Latgerii)* qu'une transaction entre lui et Guillaume de Montvendre, prieur de Beaumont, ménagée par R[obert] archevêque de Vienne et le susdit évêque de Valence, lui avait attribuées.
CHORIER, *Hist. de Dauph.* I, 841 ; 2°, 646. PERARD, *Rec. pièces hist. Bourgogne,* 256. COLUMBI, *Opusc.* 261. = CHEVALIER (J.), dans *Bull. soc. archéol. Drôme,* XXVII, 277 ; *Mém. comtés Valent.-Diois,* I, 187-8. — Cf. 1181.

**4744** (Vers 1180).
Donation de Herbert de la Tour *(de Turre)* aux chartreux de Portes de ses droits sur la personne et les héritiers de Josmard de St-Sorlin *(S. Saturnino).* Témoins : Arbert abbé de St-Chef *(S. Theuderii)* et ses moines, Etienne procureur et Amic aumônier..., Pierre de Vienne.
GUIGUE (M. C.), *Cart. Lyonnais* (1885), I, 74, n° 50.

**4745** La Tour, 1180.
Les fils d'Albert de la Tour, Albert et Berlion, confirment à la chartreuse de Portes les donations de leur père avant d'être chevalier, et de leur aïeul Girold. *Act.*

ap. *Turrem* ; témoins : Boson de Briord et ses fils Guillaume et Humbert, clerc, Pierre de la Palud et Guy de *Fonte*, etc.

Cart. de Portes, IV, 57. MOULINET, Coll. titres fam. de la Tour. 3-4. 10. — JUSTEL, Hist. généal. mais. Auvergne, pr. 399. VALBONNAYS, Hist. de Dauph. I, 183. = LE LABOUREUR, Mazures de l'Isle Barbe, II, 257. BRÉQ. IV, 296.

**4746** (Vers 1180).
Confirmation par Amalric de Chamaret, à son lit de mort, des donations de sa famille au Temple de Richerenches, du conseil de Bertrand, évêque de Trois-Châteaux, qui est témoin avec Pierre de la Garde, sacristain de St-Paul...

RIPERT-MONCLAR (de), Cart. de Richerenches, 220-1, n° 250. Gallia christ. noviss. IV, 56.

**4747** Richerenches, 1180.
Pons Veiaers et sa femme Raimonde renouvellent au Temple de Richerenches leur donation de vignes à Montchamp. Le montant de leur rachat, 100 sols, est payé au chanoine de St-Paul Guillaume Graneti, sur l'ordre de l'évêque Bertrand de Pierrelatte, de l'assentiment du sacristain Pierre de la Garde.

RIPERT-MONCLAR (de), Cart. de Richerenches, 202-3, n° 227. Gallia christ. noviss. IV, 56.

**4748** Montélimar, 1180.
Géraud Adhémar de Monteil *(Azemarus de Montilio)* confirme ap. *Montilium*, de concert avec sa femme Garcende *(Garsenz)* et son fils Guiraud Ademarii, la donation de Ponce Veiaers aux Templiers de Richerenches. Témoins : le commandeur Hugolin, etc. (8).

RIPERT-MONCLAR (de), Cart. de Richerenches, 202-3, n° 227.

**4749** Sisteron, 1180.
Transaction ménagée entre les moines [de St-Victor] de Marseille et les chanoines de Chardavon par Henri, archevêque d'Aix, assisté des évêques d'Apt et de Sisteron, et de concert avec Guillaume Borrelli, délégué de Grégoire, évêque de Gap, à qui le jugement de la cause avait été déféré par le pape. Act. ap. Sisterionem... ind. 13. Témoins. *Alexander, capell. et scr...* Confirmation et sceau de l'évêque Grégoire.

GUÉRARD, Cart. de St-Victor Marseille, II, 260-1, n° 870.

**4750** (1180?)
Guillaume dit Taillefer *(Taillifer)*, comte de Grenoble, pour l'âme du comte Guigues, son prédécesseur, donne aux frères de Tamié *(S. Amedei)* la localité de Cerno, au territoire de la Combe, et ce qu'il avait du pré Belmenger au territoire d'Avalon. A° *1136*.

Arch. de l'Isère, B. 261, ap. 15 ; B. 307, 152. Invent. Graisivandan, I, 94°. 153°. — JUSTEL, Hist. généal. mais. Auvergne, pr. 27. = CHORIER, H. de D. I, 801 ; 2°, 617. BRÉQ. II, 635. ALLARD (G.), Œuvr. div. I, 355.

**4751** (Vers 1180).
Hugues Senioret, de Chèzeneuve, étant mort, Senioret et Gautier Senioret donnèrent pour son âme une condamine au « diocèse » de St-Bonnet. Senioret vendit à la maison du Temple une terre, courtil et bois vers Montbailly *(Montballer)*, moyennant 6 liv. ; assentiment de son frère Gautier Senioret, de Pierre Roux et d'une nièce, religieuse à St-André [de Vienne].

Fait entre les mains de Pierre de la Côte *(Costæ)*, commandeur de la maison du Temple de Vaulx ; témoins.

DELACHENAL (R.), dans Bull. acad. Delphin. D. X, 402-3, n° 9 ; Cart. du Temple de Vaulx, 52-3.

**4752** (Vers 1180).
Girard, comte de Vienne et de Mâcon, avait établi un nouveau port pour nuire à celui de Louhans, qui produisait des revenus considérables à l'abbaye de Tournus. Etant entré un jour dans l'église du monastère, il fut saisi par un spectre sorti de derrière l'autel, qui le terrassa et le rudoya : il abandonna le nouveau port.

MABILLON, Acta ss. Bened. IV, I, 564. GUILLAUME, Hist. généal. sires Salins, I, pr. 72.

**4753** Avignon, avril 1180.
Transaction entre Odin, prieur de l'Hôpital de St-Jean de Jérusalem à St-Gilles, et Bertrand de Baux, au sujet du testament du neveu de celui-ci, Raymond, en faveur de l'Hôpital. Fait ap. *Avinionem*, dans la chambre de l'évêque, en présence d'Henri, évêque d'Albano, des archevêques d'Arles et d'Aix, de l'évêque de Vaison, de [Hugues] abbé de Bonnevaux, etc.

Arch. des Bouches-du-Rhône, B. 1069, 238b. — BARTHÉLEMY (J. L.), dans Congrès archéol. France, XLIII ; Recherch. histor.-généalog. sur la mais. des Baux [1877], 24-6.

**4754** Pierrepertuis (20 avril/18 sept.) 1180.
Philippe Auguste, roi de France, termine un différend entre l'évêque et les clercs de Mâcon et Girard, comte de Vienne : il décide, conformément au privilège de son père Louis VII, que Girard n'aura aucun droit sur les maisons de l'évêque durant la vacance du siège et aucune fortification à Mâcon, sauf sa tour ; les clercs pourront fortifier leur cloître. Act. apud Petre Pertusium.

DU CHESNE, Hist. généal. mais. Vergy, pr. 119. MARTENE, Script. vet. coll. I, 944-5. BRUSSEL, Usage des fiefs, I, 523. JUÉNIN, Hist. de Tournus, pr. 171. GUILLAUME, Hist. sires Salins, I, pr. 70-1. BOUQUET, XVII, 424. = BRÉQ. IV, 8. DELISLE, Catal. Phil.-Aug. n° 3.

**4755** Frascati, 6 juillet (1180).
Alexandre III confirme à l'abbé D[ieudonné] et aux frères du monastère [de St-Victor] de Marseille la transaction ménagée par feu Guillaume, archevêque d'Embrun, entre eux et les chanoines du St-Sépulcre, au sujet de l'église entreprise près Chorges *(Caturicas)* ; Pierre de St-Crépin, prieur de Chorges, s'est rendu auprès de lui. — *Cum dilectus filius*.

GUÉRARD, Cart. de St-Victor de Marseille, II, 365, n° 934. = JAFFÉ, -13676. ROMAN, 36°.

**4756** 12 octobre (1180).
Mort d'Humbert de Bâgé, chanoine, archidiacre et évêque d'Autun, archevêque de Lyon, chartreux au Val-Ste-Marie, prieur de Seillon.

GUIGUE (J. M.), Obituar. Lugdun. eccl. 131 ; Obit. égl. primat. Lyon, 81. LE COUTEULX, Ann. Cartus. II, 478-80.

**4757** Durbon, novembre 1180.
G[régoire], évêque *(minister ecclesiæ)* de Gap, à la prière des ermites de Durbon, exempte l'église de St-Julien[-en-Beauchêne] et son chapelain Guillaume Ho-

dont du droit de réception *(albergum)* et de toutes exactions, sauf 12 den. au synode ; il fait également remise de 6 setiers de blé *(annona)* et autant d'avoine : le maintien de cette redevance diminuerait trop les ressources du prêtre ; enfin le chapelain ou recteur sera nommé et remplacé du conseil des religieux. Fait du consentement de son chapitre : Etienne prévôt, Chambon archidiacre, maître Pierre de *Fonte,* Gaudemar archiprêtre et 6 chanoines. Témoins : Chatbert, prieur de Durbon, 6 moines, 4 novices, dont Alamand, prieur de St-Sébastien, 4 convers. Fait dans le dortoir des frères de Durbon...ind. 13, Fréd. emp. Alex. pape...
GUILLAUME, *Charles de Durbon,* 114-5, n° 142. = ROMAN, 36b.

**4758** Bourges, (après 1er novembre) 1180.
Philippe Auguste, roi de France, sollicité par l'abbé de Cluny et le prieur de Charlieu, confirme le privilège de son prédécesseur Carloman en faveur de l'église de Charlieu, patrimoine de Rabert, évêque de Valence, qui y construisit un monastère et y institua des frères ; puis, à l'effet d'assurer son existence, se rendit à la cour de l'empereur Charles à Ponthion et obtint de plus de 40 archevêques et évêques la liberté pour sa fondation. Il lui attribue en particulier Regny et St-Nicet de Strata, donnés en aumône à l'évêque Radebert par le roi Boson et à lui confirmé par un précepte de Charlemagne. *Act. ap. Bituricas... regni* a° *2, in palatio n.*
GUICHENON, *Bibl. Sebus.* 222-5 ; (1780), 64-5. = DELISLE, *Catal. Phil.-Aug.,* n° 13.

**4759** (1180/1190).
Adémar de Vaulx *(Valz)* donne aux frères du Temple son avoir à Quincias *(Q-a)* et au pré de Rua ; il reçoit 41 liv. Témoins : le commandeur Anselme ; du fait d'Olivier (?) le prévôt Duranz, etc.
DELACHENAL (R.), dans *Bull. acad. Delphin.* D, X, 447, n° 82 ; *Cart. du Temple de Vaulx,* 97.

**4760** (1180/1190).
Aemar de Romanèche *(Rumanesges)* donne à la maison du Temple [de Vaulx] son avoir sur la terre d'Antelme Ravais ; il reçoit 15 sols et Genis de la Porte 3. Témoins : Hervisius, commandeur de la Valloire, Anselme commandeur de Vaulx, etc. Serment entre les mains d'Hervisius.
DELACHENAL (R.), dans *Bull. acad. Delphin.* D, X, 424, n° 43 ; *Cart. du Temple de Vaulx,* 74.

**4761** (1180/1190).
Aemar Senioret donne à la maison du Temple de Vaulx *(Vall),* pour la sépulture de son neveu Robert, le fief d'Alard et son tènement, celui de son frère, Macibo et ses fils, un homme de Genas *(Jonas).* Assentiment de Guifred Arbert et de Sibylle, père et mère de Robert. Témoins : Jacerand, prêtre de Chèzeneuve *(Gesa nova),* le prêtre de St-Alban, celui du Temple ; reçu par Pierre de la Côte. Cens dus par les donateurs.
DELACHENAL (R.), dans *Bull. acad. Delphin.* D, X, 422-3, n° 40 ; *Cart. du Temple de Vaulx,* 72-3.

**4762** (1180/1190).
Aemar de Vaulx *(Vall)* cède avec serment à la maison du Temple de Vaulx une parcelle du pré de Rua. Fait du temps d'Ervisus commandeur de la Valloire *(V-ri)* ; témoins : Anselme, commandeur de Vaulx, Gautier portier *(claviger),* etc.
DELACHENAL (R.), dans *Bull. acad. Delphin.* D, X, 430-1, n° 52 ; *Cart. du Temple de Vaulx,* 80-1.

**4763** (1180/1190).
Aimard et Hugues Malet donnent aux frères du Temple [de Vaulx] Martin Vola et sa vigne, la terre et les vignes de Caraus, pour [la réception de] leur neveu Humbert. Le commandeur Anselme leur paye 110 sols. Témoins.
DELACHENAL (R.), dans *Bull. acad. Delphin.* D, X, 433-4, n° 57 ; *Cart. du Temple de Vaulx,* 83-4.

**4764** (1180/1190).
Armand Lombard *(Lumbuardus)* donne à la maison du Temple de Vaulx *(Vaus)* 1 *meitaer* de froment et 1 poule ; il reçoit du commandeur Anselme 40 sols et 1 *meitaer* de froment. Témoins : Guillaume chapelain, etc.
DELACHENAL (R.), dans *Bull. acad. Delphin.* D, X, 433, n° 56 ; *Cart. du Temple de Vaulx,* 83.

**4765** (1180/1190).
Armand Lumbars donne aux frères du Temple tout ce qu'il tient d'eux, au cas où il ne reviendrait pas d'outre-mer et mourrait sans héritier. Témoins. Fait du temps d'Anselme, commandeur de Vaulx *(Valz).*
DELACHENAL (R.), dans *Bull. acad. Delphin.* D, X, 448, n° 84 ; *Cart. du Temple de Vaulx,* 98.

**4766** (1180/1190).
Aymar de St-Bonnet reçoit [en fief] de la maison du Temple [de Vaulx] tout ce qu'il possède à St-Bonnet et devient son homme ; il donne 3 sols de cens au luminaire de l'église et en aumône au champ des Trables *(Estables)* ce que pourront labourer les bœufs. Témoins : son frère G., qui reçoit 10 sols, Gautier de Verne, à qui on en donne 5, frère G., portier *(claviger),* Aymon chapelain du Temple, Ancelme, chapelain, Antelme, commandeur.
DELACHENAL (R.), dans *Bull. acad. Delphin.* D, X, 418-9, n° 38 ; *Cart. du Temple de Vaulx,* 68-9.

**4767** (1180/1190).
Gautier, fils de la femme d'Hugues de Lai reçoit [en fief] de la maison du Temple [de Vaulx] tout ce qu'il avait à Diémoz *(Duiemu)* et donne 2 sols à perpétuité.
DELACHENAL (R.), dans *Bull. acad. Delphin.* D, X, 423, n° 41 ; *Cart. du Temple de Vaulx,* 73.

**4768** (1180/1190).
Gautier, Aimard et Hugues Malet cèdent à la maison du Temple de Vaulx *(Vallibus)* tous leurs droits sur la vigne de Domarin, sur Hugues de Lai et son tènement et sur les alleux de Beaumont ; ils reçoivent 60 sols. Témoins : le commandeur Anselme, Armand mistral de St-Alban, etc.
DELACHENAL (R.), dans *Bull. acad. Delphin.* D, X, 458-9, n° 48 ; *Cart. du Temple de Vaulx,* 78-9.

**4769** (1180/1190).
Geoffroi d'Ilate *(Gaufridus de Illata)* et sa sœur Pétronille donnent aux frères de la milice du Temple [de Vaulx] en aumône les terres de la combe de Bion *(Reme)*

et de Rueller ; on leur donne 4 liv. moins 5 sols. Témoins.

DELACHENAL (R.), dans *Bull. acad. Delphin.* D, X, 434, n° 58 ; *Cart. du Temple de Vaulx*, 84.

**4770** (1180/1190).

Girard de Rumileu confirme à la maison du Temple de Vaulx *(Valt)* ce que les enfants de Vitfred Arnoldi tenaient de lui à la combe de Bion *(Rumei)* à Bourgoin *(Bergun)*; il reçoit 25 sols. Fait du conseil d'Anselme, commandeur de Vaulx. Témoins : Gerin de la Porte, à qui on donne 2 fromages, etc.

DELACHENAL (R.), dans *Bull. acad. Delphin.* D, X, 429, n° 49 ; *Cart. du Temple de Vaulx*, 79.

**4771** (1180/1190).

Girin de Brens donne aux frères de la milice du Temple [de Vaulx] 2 parts de la terre de Ripas *(Ripaus)*, avec assentiment de ses neveux Humbert del Gua, reçu dans la confrérie *(fraternitas Templi)*, et Pierre de St-Martin ; ils reçoivent 100 sols et 1 setier de *secle sensualiter*. Confirmé par Senoret de Roca et son frère Gautier. Témoins.

DELACHENAL (R.), dans *Bull. acad. Delphin.* D, X, 434-5, n° 59 ; *Cart. du Temple de Vaulx*, 84-5.

**4772** (1180/1190).

Guillelme dels Balt, ses fils Aemar, Guillaume et Uldric, sa fille Faleva donnent à la maison du Temple de Vaulx *(Valt)* 6 den. sur le moulin de Pierre Brun et reçoivent 4 liv. Fait du temps du commandeur Anselme ; témoins : Ervisius commandeur de la Valloire, Haimon chapelain de Bourgoin *(Burgundio)*, etc.

DELACHENAL (R.), dans *Bull. acad. Delphin.* D, X, 429-30, n° 50 ; *Cart. du Temple de Vaulx*, 79-80.

**4773** (1180/1190).

La maison du Temple de Vaulx *(Valt)* a 14 liv. sur Guillaume du Bouchet *(del Buschet)* et ses frères, et sur la 1/2 du bois de Quincias *(Q-a)*. Ce gage fut reçu par Ervisius, commandeur de la Valloire *(V-ori)*. Aemar de Vaulx en donna le bénéfice à la maison du Temple, s'interdisant toute revendication. Fidéjusseurs : Senoret de Roche *(Rochi)* et Girin de Brens *(Breins)*. Témoins : Anselme commandeur de Vaulx, Gautier portier. Milon chapelain, Guillaume, médecin de la Balme, Durand prévôt de St-Germain, etc.

DELACHENAL (R.), dans *Bull. acad. Delphin.* D, X, 446, n° 80 ; *Cart. du Temple de Vaulx*, 96.

**4774** (1180/1190).

Guillaume de Neyrieu *(Nerie)* donne aux frères du Temple [de Vaulx] la terre possédée à St-Savin par Bernard Paniers, le quartier de vigne des enfants de Boson Tacon et Landre Painel, le *revellum* de Pierre Pochart, l'avoir d'Humbert Granet et le fief de la femme de Bernard Agnolie. Fait du temps du commandeur Anselme. Serment de ses fils Jordan et Guillaume. Témoins : Guillaume, prêtre de Four *(Fors)*, Gygo portier. Cens divers dus au Temple.

DELACHENAL (R.), dans *Bull. acad. Delphin.* D, X, 435, n° 60 ; *Cart. du Temple de Vaulx*, 85.

**4775** (1180/1190).

Guillaume de Panosas donne à la maison du Temple de Vaulx *(Valz)* sa part de la dîme de la ville, avec assentiment de sa famille. Le commandeur Anselme lui donne 13 liv. 7 sols. Témoins : Milon chapelain, etc.

DELACHENAL (R.), dans *Bull. acad. Delphin.* D, X, 427, n° 46 ; *Cart. du Temple de Vaulx*, 77.

**4776** (1180/1190).

Hugues Serraczins finit sa vie dans la maison du Temple de Vaulx *(Valt)*. Guillaume Serraczins, sa sœur Elisabeth, son cousin Cristin et Aimon de Boczosel donnèrent pour son âme aux chevaliers ce qu'il avait au mas de Milieu *(Milleu)*, qui sert 20 sols. Témoins : Pierre de la Côte, etc.

DELACHENAL (R.), dans *Bull. acad. Delphin.* D, X, 423-4, n° 42 ; *Cart. du Temple de Vaulx*, 73-4.

**4777** (1180/1190).

Milon Rigaz et son frère Guillaume donnent au Temple [de Vaulx] leur terre à Futinas *(Fustenas)* et reçoivent 5 sols. Fait du temps du commandeur Anselme. Témoins.

DELACHENAL (R.), dans *Bull. acad. Delphin.* D, X, 452, n° 91 ; *Cart. du Temple de Vaulx*, 102.

**4778** (1180/1190).

La dame de Mozas *(Mosas)*, épouse de Jean Isardi, et Pierre Isardi donnent aux frères du Temple [de Vaulx] leur avoir à la combe de Bion *(Romec)*, le jardin de Copelline et celui de Richard Pellicerii ; ils reçoivent 22 liv. 1/2 Viennois. Témoins et garants. Reçu par Anserme, commandeur de Vaulx *(Vaus)*.

DELACHENAL (R.), dans *Bull. acad. Delphin.* D, X, 431-2, n° 54 ; *Cart. du Temple de Vaulx*, 81-2.

**4779** (1180/1190).

Olivier de Vaulx *(Vaus)* donne aux frères du Temple 2 sols sur un pré à Rua et un jardin à Beaumont, et 2 nommi à Rueler et Blesencher. Anselme, commandeur de Vaulx, lui paye 7 liv. Serment d'Olivier et de son frère Aimard sur les Evangiles, suivant la coutume de la s° Eglise. Témoins.

DELACHENAL (R.), dans *Bull. acad. Delphin.* D, X, 432-3, n° 55 ; *Cart. du Temple de Vaulx*, 82-3.

**4780** Bourgoin, (1180/1190).

Pierre Bruns se donne à la maison du Temple [de Vaulx] avec ses 2 moulins à Bourgoin *(Burgundii)*, la terre de la combe de Bion *(Rumei)*, Pierre Dia et son tènement. S'il vient à mourir sans héritier, tout son avoir sera aux Templiers. Il donne en outre son avoir à Pacenou, la terre de Domarin, Jordan Mulnerius et son tènement, etc., entre les mains d'Anselme, commandeur de Vaulx *(Valt)*. Témoins. Son frère Milon confirme sa donation sur la place près de l'église de St-Jean de Bourgoin *(a Bergun)*, du temps du commandeur Anselme. Témoins : Hemo, prêtre, Martin chapelain de Crachier *(C-es)*, etc. Enumération des tenanciers.

DELACHENAL (R.), dans *Bull. acad. Delphin.* D, X, 425-7, n° 45 ; *Cart. du Temple de Vaulx*, 75-7.

**4781** (1180/1190).

Pierre Escofers donne à la maison du Temple [de Vaulx] 8 den. sur la vigne de Pierre Pilais ; les frères lui payent 9 sols. Témoins : le commandeur Anselme, Etienne prêtre, etc.

DELACHENAL (R.), dans *Bull. acad. Delphin.* D, X, 445, n° 78 ; *Cart. du Temple de Vaulx*, 95.

**4782** (1180/1190).
Rostaing de Chassieu *(Chacin)* donne à la maison du Temple [de Vaulx] les terres cultes *(rupiæ)* de Larit, sous condition que les Templiers lui donneront par an 3 *meitarii* d'annone. Anselme lui donne 15 sols et à Arbert Malet 12 den. Témoins.
DELACHENAL (R.), dans *Bull. acad. Delphin.* D, X, 424-5, n° 44; *Cart. du Temple de Vaulx*, 74-5.

**4783** (1180/1190).
Rostaing de Chassieu *(Chaceu)* se donne à la maison du Temple de Vaulx *(Vallibus)*; il lui fait don de la 1/2 de sa terre et hommes en la villa de Lassieux *(Laceu)*, de son avoir dans la paroisse de Four *(Fors)* et Romacon, sauf 2 champs *(plantæ)* à sa fille Guillelme; il y ajoute sa part du bois d'Ambivel et le pâturage par toute sa terre. Fait entre les mains du commandeur Anselme, qui rachète cette terre au prix de 26 liv. moins 5 sols. Témoins : Aimon de Morestel, Aimard Senoret, etc.
DELACHENAL (R.), dans *Bull. acad. Delphin.* D, X, 427-8, n° 47; *Cart. du Temple de Vaulx*, 77-8.

**4784** (1180/1190).
Rostaing de l'Isle[-d'Abeau] et son fils cèdent avec serment aux frères du Temple leur part avec Pierre Brun des vignes de Domarin *(Dum-no)*. Témoins : Anselme commandeur de Vaulx *(Valt)*, etc. Assentiment de sa fille; témoins : Pierre Villanus, prêtre, etc.
DELACHENAL (R.), dans *Bull. acad. Delphin.* D, X, 431, n° 53; *Cart. du Temple de Vaulx*, 81.

**4785** (1180/1190).
La maison du Temple de Vaulx *(Valt)* a 100 sols sur la 1/2 du pré de Rua [..........] donna le bénéfice de la 1/2 de ce pré, sans revendication. Fidéjusseurs : Haimon et Aemar de Romanèche *(Rumanesches)*. Témoins : le commandeur Anselme, le portier Gautier, etc.
DELACHENAL (R.), dans *Bull. acad. Delphin.* D, X, 446-7, n° 81; *Cart. du Temple de Vaulx*, 96-7.

**4786** (1180/1190).
Senioret de Roche *(Rochi)* donne à la maison du Temple de Vaulx *(Valt)* son domaine sur la terre des Trables *(d'Estables)*; il reçoit 40 sols et 1 setier de *civa* Viennois, Girin de Brens *(Breens)* un bichet. Fait du temps du commandeur Anselme. Témoins : Milon chapelain, etc.
DELACHENAL (R.), dans *Bull. acad. Delphin.* D, X, 430, n° 51; *Cart. du Temple de Vaulx*, 80.

**4787** (1180/1190).
Notice des services censuels *(dedals)* dus à la maison du Temple de Vaulx *(Valt)*.
DELACHENAL (R.), dans *Bull. acad. Delphin.* D, X, 419-21, n° 39; *Cart. du Temple de Vaulx*, 69-71.

**4788** 1181.
Un éboulement parti de Vaudaine sur la commune de Livet descend vers le ravin de l'Infernet et intercepte le cours de la Romanche, qui reflue sur la plaine.
ROUSSILLON, dans *Bull. soc. statist. Isère* (1858), IV, 84.

**4789** Vienne, 1181.
Ervisius de Beauvoir donne [aux frères de Bonnevaux] sa part engagée d'un bois et fournit comme garant Guillaume *(W.)* de Beauvoir, *apud Viennam*, dans le palais de Guillaume *(W.)* Rovoyri.
CHEVALIER (U.), dans *Bull. acad. Delphin.* D, II, 45; *Cart. de Bonnevaux*, 29, n° 51.

**4790** 1181.
Guigues de Cour *(Corpo)*, pour être reçu dans la maison de Bonnevaux, lui donne deux prés et une terre, qui devront, sa vie durant, un quartal d'avoine à son frère Milon. Approbation de sa femme Anne, de son fils Galvan et de sa fille Guigona. Témoins : Othmar de Cour, etc. Humbert de *Parzia* cède sa part.
CHEVALIER (U.), dans *Bull. acad. Delphin.* D, II, 163; *Cart. de Bonnevaux*, 147, n° 369.

**4791** (Vers 1181).
Humbert de *Parzia* donne [aux frères] de Bonnevaux le pré de Lesbroes, sous le cens de 5 sols. Approbation de son parent Martin de *Parzia*. Témoins : les deux Bournon de Revel, Siboud de *Tornin*, Hugues Othmari, Hugues de Malleval, chevaliers,... Raynaud de St-Chef.
CHEVALIER (U.), dans *Bull. acad. Delphin.* D, II, 164; *Cart. de Bonnevaux*, 148, n° 370.

**4792** Vienne, St-Jean-de-Bournay, 1181.
Au moment de partir avec d'autres nobles pour combattre les hérétiques Albigeois, Pierre Rovorie reçoit *in apparatu* des moines de Bonnevaux 200 sols et un mulet; lui et son fils Guillaume *(W.)* leur donnent une pièce de bois, ce qu'ils confirmèrent entre les mains de l'abbé Hugues. Son autre fils, Gaufred Rovoyria, approuva à Vienne, ce dont témoins. Sa femme Bonafilia, ses fils Pierre et Siboud et sa fille Ermengarde donnèrent leur assentiment au château de St-Jean[-de-Bournay], en présence de Jean mistral de St-Jean, Gautier écrivain, etc. Autre approbation de Drodon de Beauvoir, dont témoins : ... Boson maçon *(cementarius)*, etc.
CHEVALIER (U.), dans *Bull. acad. Delphin.* D, II, 43-4; *Cart. de Bonnevaux*, 27-8, n° 49.

**4793** 1181.
Tiburge *(Tilborga, Tib-gua, d'Orange)*, veuve de Bertrand de Baux, et ses enfants Bertrand, Guillaume et Hugues, accordent à Chabert, prieur de Durbon, l'exemption de péage pour le transport du sel et le droit de pâturage dans ses terres. Sceau de cire.
Arch. des Bouches-du-Rhône, B. 78, reg. *Sapientia*, 427. — GUILLAUME, *Cart. de Durbon*, 769-70, n° 780. = BARTHÉLEMY, *Invent. mais. Baux* (1882), n° 75.

**4794** 1181.
Odon, évêque de Valence, confirme à Bernard, prieur de Montmeyran *(Montis Mairani)* les dîmes qui lui avaient été données ou plutôt rendues par Guillaume de Poitiers, comte de Valentinois ; et spécialement celles dans les limites de Montéléger *(Montis Largerii)*, qu'une sentence de R[obert] archevêque de Vienne et d'Odon lui avait attribuées contre Guillaume de Montvendre, prieur de Beaumont : ce sont les dîmes des biens du comte Eustache et du fief *Balesten*, du domaine d'Arbert et Hugues d'Aix. Sceau. Témoins : Hugues d'Etoile, chevalier, Pierre de Tournon, son chapelain, etc.

*Invent. Valentinois*, III, 458ᵇ : II, 393. — CHIFFLET, *Opusc.*, 155. PÉRARD, *Rec. pièces Bourgogne*, 256. = BRÉQ. IV, 27. — Cf. 1180.

**4795** (Vers 1181).
Privilèges de la chartreuse de Portes confirmés par Raynaud, archevêque de Lyon ; parmi les donateurs, Girard de la Tour *(de Turre)*.
JUSTEL, *Hist. généal. mais. Auvergne*, 165. BOUCHET (du), *Preuv. mais. Coligny*,35.*VALBONNAYS,Hist. de Dauph.* I,180.

**4796** (Vers 1181).
Aidenon de Clérivaux *(Clara Valle)*, du consentement d'Antelme et de Chabert de St-Lattier *(S. Eleuterio)*, donne à l'Hôpital de Jérusalem un manse à Vachères(*Vacheriis*) et un courtil près de la maison de l'Hôpital à St-Paul.
CHEVALIER (U.), *Cart. de St-Paul-lès-Romans*, 11, n° 13.

**4797** 1181.
Guillaume Malfaiz ou M-itz se donne à l'Hôpital de St-Paul[-lès-Romans] ; lui, son frère Guigues et leurs sœurs font donation aux serviteurs de cette maison du fief qu'ils tenaient de Didier de Pisançon et son frère Francon, et reçoivent des aumônes de l'Hôpital 417 sols et 2 setiers de seigle. Didier et Francon cèdent leur fief contre 215 sols, plus 4 setiers 1 émine de froment de cens annuel. Témoins : Armand de la Boisse..., Ainard de Moirans, Guillaume de Sassenage *(Chassenaio)*, Geoffroy de Chalte *(Chasta)*, Guillaume de Beauvoir, qui est caution *(securitas)* de Mabile, etc. Tant que Didier et ses fils défendront les droits de l'Hôpital, la maison leur devra chaque année 22 setiers de froment, tel qu'on le lève à l'aire, avec poussier *(scopa)* et paille.
CHEVALIER (U.), *Cart. de St-Paul-lès-Romans*, 9-10, n° 11.

**4798** (Vers 1181).
Lantelme de St-Lattier *(S. Eleuterio)* donne à l'Hôpital de Jérusalem la moitié d'un manse dans la paroisse de St-Paul et un cens pour y construire une maison ; de plus, la faculté de moudre gratuitement *(absque molitura)* à son moulin de St-Lattier. Assentiment de son frère Cabert et de ses fils, en présence de l'abbé de Montmajour [Ponce] et de son frère Francon, d'Aldenon de Clérivaux *(Clara Valle)*, d'Antelme de Chavannes, etc.
CHEVALIER (U.), *Cart. de St-Paul-lès-Romans*, 10-1, n° 12.

**4799** 1181.
Donation par Guillaume Ripert au Temple de Richerenches de ses droits sur le château de Tourettes et de son avoir à Pansier et Montchamp, et d'une maison à St-Paul, entre les mains de l'évêque B[ertrand]. Sceau.
RIPERT-MONCLAR (de), *Cart. de Richerenches*, 217-8, n° 245. *Gallia christ. noviss.* IV, 56.

**4800** Frascati, 28 mars (1181).
Privilège accordé par le pape Alexandre III à l'abbé Guillaume et aux chanoines de St-Ruf de ne pouvoir être interdits ni excommuniés sans le jugement *(audientia)* du souverain pontife ou de son légat.— *Ex officio summi.*
*Gallia christ. nova*, XVI, instr. 108. CHEVALIER (U.), *Codex diplom. S. Rufi*, 69, n° 57. = JAFFÉ, -14385.

**4801** Avril 1181.
...*ind. 13, giri sol. 14. decemnoven. 4, epacta 3, concurrent. 2, Alexandro eccles. Roman. gubern., Frederico ces. regn.* Didier de Pisançon *(Pisanciaco)* cède un pré aux Gourreys *(in Gaureto)* et un champ près du chemin, à Lantelme, frère de l'Hôpital et économe *(dispensator)* de la maison de St-Paul, qui lui donne 30 sols et promet 6 setiers de froment de cens. Approbation de ses fils et de son frère. Témoins : Armand de la Boisse,... Guillaume de la Motte, Guigues de Larnage, etc.
CHEVALIER (U.), *Cart. de St-Paul-lès-Romans*, 9, n° 10.

**4802** (Après 5 avril) 1181.
ROULEAU MORTUAIRE DE BERTRAND DE BAUX.
164. *Dominus Viennensis in plena synodo, in qua credimus interfuisse trecentos sacerdotes, injunxit ut singuli tria celebrarent cum missis officia.*
165. *Titulus Sancti Ruphi. Quantum a Domino possumus promereri et nostrum est largiri, concedimus domno Bertrando participationem omnium beneficiorum nostrorum ; missarum videlicet, psalmorum, orationum et elemosinarum in perpetuum. Amen. Constituimus etiam specialem memoriam facere pro anima illius in missarum officio per totum annum unum. Partem beate resurrectionis obtineat domnus Bertrandus vitamque eternam mereatur habere in celis, per te, Jhesu Xpiste, qui cum Patre et Spiritu sancto vivis et regnas Deus per omnia secula seculorum. Amen.*
166. *Titulus Sanctorum Martirum Felicis, Fortunati et Ach[illei]. Beneficiorum nostrorum participem esse concedimu[s] domnum Bertrannum de Baucio, cujus an[ima] et omnium fidelium defunctorum anime requisces-[cant] in pace. Amen. Concedimus ei xxx missas, ceteri vero [sep]tem psalmos persolvent.*
217. *Titulus Sancti Andree Vienne. Conventus Sancti Andree fecit B. de Baucio participem omnium beneficiorum suorum que in ecclesia fiunt et unusquisque in. Pater noster illi divina favente inpendit gratia. Memores sumus et erimus vestri, memores nostri atque nostrorum estote. Anima domni B. et anime omnium fidelium Dei defunctorum in Christi nomine requiescant in pace. Amen.*
218. *Titulus Sancti Petri foris muros Vienne. Concedimus participationem beneficiorum nostrorum domno Bertranno. Anima ejus et omnium fidelium defunctorum requiescant in pace. Oravimus pro vestris ; orate pro nostris.*
219. *Titulus ecclesie Sancte Marie de Insula sub Vienna. Concedimus participationem beneficiorum nostrorum domno Bertranno et damus ei III. missas cum officio unius diei plenarie matutinarum et vesperum.*
220. *Titulus Sancte Marie de Bona valle. Anima domni Bertranni et anime omnium fidelium defunctorum requiescant in pace. Ego Hugo. fratrum Bonavallis servus inutilis, domnum Bertrannum karissimum nostrum, qui, dum adviveret, familiaris noster fuit, et cujus confessionem habuimus, et consilio nostro multa de suo pro amore Dei erogavit, ex parte nostri et fratrum nostrorum fecimus participem, et in vita et in morte sua, bono-*

rum omnium spiritualium que in domo nostra fiunt et flent. Quem etiam, post mortem, in capitulo nostro absolvimus, et unicuique sacerdotum nostrorum tres missas pro eo injunximus, ceteris autem monachis quidem singulis unum psalterium, et singulis conversis centum quinquaginta Pater noster. Denuo quoque, post reditum generalis capituli, unicuique sacerdotum nostrorum unam missam pro eodem injunximus, absolventes eum et perpetuo participem facientes spiritualium bonorum nostrorum. Nobilem quoque uxorem ipsius domnam Tiburgiam dilectam nostram, jam viduam, et filios ejus, et in vita sua et post mortem, spiritualium bonorum nostrorum perpetuo participes facimus.

Arch. des Bouches-du-Rhône. orig. parch. — DELISLE (L.), Rouleaux des morts (1866). 392-3, 396-7 (complété avec obligeance par l'archiviste M. Raoul Busquet). CHEVALIER (U.), Cart. de Bonnevaux, 6.

**4803**   Latran, 15 décembre (1181).
Le pape Lucius III confirme la sentence portée par Hugues, évêque de Grenoble, entre les chanoines de St-Paul à Lyon et les clercs de l'hôpital (1107/1118). — Sicut æquum.

GUIGUE, Cart. Lyonnais. I, 76. = MARTIN, 650.

**4804**   18 décembre 1181.
Obit de Guy (Guido), prieur de Notre-Dame de l'Isle-sous-Vienne, fondé par lui vers 1130.

TERREBASSE (Alf. de), Notes sur quelques inscriptions du moyen âge de Vienne (1858), 19-20; Inscr. I, 311-3. n° 404.

**4805**   (Après 1181).
Garin Gilberti, quand il se fit religieux à Marnans (se reddidit in domo M-nti), donna [aux frères] de Bonnevaux, entre les mains de l'abbé Hugues, le champ de châtaigneraie derrière la grange de la Perrière (Petraria). Témoins : Burnon de Revel, etc.

CHEVALIER (U.), dans Bull. acad. Delphin. D. II. 166-7; Cart. de Bonnevaux, 150-1, n° 376.

**4806**   (Après 1181).
Humbert de Parzia, [son parent] Martin et Elisabeth, femme de Guigues de Parzia, donnent à Bonnevaux un moulin et mulnare à cens. Approbation de la sœur de Didier le Sage. Fait entre les mains de Burnon de Voiron. Témoins. L'année que Guillaume de Beauvoir et Guigues de Roussillon commencèrent à guerroyer entre eux.

CHEVALIER (U.), dans Bull. acad. Delphin. D. II. 164; Cart. de Bonnevaux, 148, n° 371.

**4807**   Vienne, (après 1181).
Pierre de Brolio et ses fils Nantelme et Otgerius donnent [aux frères] de Bonnevaux, entre les mains de l'abbé Hugues, ce qu'ils avaient au pré de Font Gairat. Témoins : le moine Siboud..., Milon de Vienne. Fait Viennæ, dans la maison de Bonnevaux.

CHEVALIER (U.), dans Bull. acad. Delphin. D. II, 164; Cart. de Bonnevaux, 148, n° 372.

**4808**   (Avant 1182).
Albert Ismidonis, en se rendant convers à l'abbé et aux frères de Bonnevaux, leur donne une châtaigneraie (chastenetum) entre Boczosel (Bocosellum) et la châtaigneraie d'Anselme de Aggere. Ses fils approuvent. Témoins.

CHEVALIER (U.), dans Bull. acad. Delphin. D. II, 93; Cart. de Bonnevaux, 77. n° 177.

**4809**   (Avant 1182).
Odon, évêque de Valence, empressé de favoriser spécialement les églises où Dieu est mieux servi et qui lui sont plus attachées, confirme au prieur Guigues et aux chanoines de St-Pierre du Bourg les domaines (prædia), possessions et revenus qu'ils ont acquis par achat ou gage, ou qu'ils tiennent de la libéralité des fidèles, menaçant d'excommunication ceux qui les en dépouilleraient.

CHEVALIER (U.), Cart. de St-Pierre-du-Bourg, 13-4. n° 5.

**4810**   Waltham, février 1182.
Testament d'Henri, roi d'Angleterre : il lègue à la maison et à l'ordre de la Chartreuse (Chartosa) 2000 marcs d'argent.

GERVASII Dorobern. Chron. de rebus Angliæ : TWISDEN. (II.). Hist. Angliæ script. X (1652), 1459. BOUQUET, XVII, 661-2. LE COUTEULX, Ann. Cartus. II, 493. DELISLE (L.), Rec. actes Henri II, roi d'Anglet. et duc de Normand., n° 437.

**4811**   Jarcieu, 1182.
Nantelme, fils de Nantelme d'Anjou (Anjoldo), sur le conseil de ses oncles Jarenton et Hugues, donne aux frères de Bonnevaux une terre ad vadium de Delone. Témoins : ... Etienne de Puvillin. Approbation de ses deux sœurs. Fait apud Charceu.

CHEVALIER (U.), dans Bull. acad. Delphin. D. II,142 ; Cart. de Bonnevaux, 126, n° 307.

**4812**   1182.
Geoffroy de Chatte (Gaufredus de Chasta), chanoine de Romans, fait don aux frères de Chalais d'une terre, dont les revenus serviront à la réfection du chapitre des abbés. En reconnaissance, ceux-ci et les frères l'associent à leur ordre, le reçoivent comme frère, moine et ami, et le rendent participant de leurs biens spirituels ; à sa mort, il aura un trentain de messes et son anniversaire sera inscrit dans toutes les maisons. Fait par les abbés : Guigues de Chalais, Guillaume de Boscaudon, Guigues d'Almeval, Humbert de Lure ; et par les prieurs : Pierre d'Albeval, Pierre de Prémol, Surieu de St-Maurice. Deux chartes divisées par A B C.

LE COUTEULX. Ann. Cartus. II, 507.

**4813**   St-André-de-Ramières, 1182.
Bertrand de Baux, Guillaume et Hugues de Baux, du consentement de leur mère [Tiburge] d'Orange (Aurasicæ), donnent à perpétuité au monastère de la Chartreuse 20 sommées de sel à prendre dans la ville de Berre ; ils exemptent le même monastère et tous ses prieurés de tout péage et usage dans leurs terres pour leurs personnes et bêtes chargées et dans les ports pour leurs navires. Fait en présence de leur mère R. d'Orange. d'Arnulphe évêque d'Orange, etc. Reçu pour la Chartreuse par Giurald de Podiobusone et par le prieur du Val-Ste-Marie, au monastère S. Andreæ....

Gallia christ. nova, I, 133b. LE COUTEULX, Ann. Cartus. II, 505-6. = GEORG. I, 712. BRÉQ. IV, 39. BARTHÉLEMY, Baux, n° 77.

**4814**   Durbon, 1182.
Odon Tardivi et son frère Guillaume, leurs épouses Poncie et Guillelma, leurs fils Pierre, Guillaume,

Jacma, Pierre Tardivi, Humbert Sanza donnent au prieur Chalbert et aux frères de Durbon leur portion du champ Corneti et leur avoir à Recours *(Rocos)*, moyennant 6 sols 4 den. Témoins : Nicolas procureur, etc. Caution : Hugues de Baumugne *(Balma Unia)*. Fait dans le dortoir des frères de la maison supérieure...
GUILLAUME, *Chartes de Durbon*, 115, n° 143. = ROMAN, 36ᵇ.

**4815** 1ᵉʳ mai 1182.
Donation par Guillaume et Nicolas Aiguillon *(Aculeus)* aux Templiers de Roaix d'une propriété que ceux-ci doivent racheter au prix de 466 sols Melgoriens et 8 livr. Viennoises. Fait entre les mains de Bertrand de Pierrelatte *(Petra Lapta)*, évêque de Trois-Châteaux *(Tricastrin.)*... *fer.* 2. [= 7]. Témoins : Jordan chanoine de St-Paul..., Geoffroy de St-Paul..., Giraud Adémar de Monteil. Sceau de l'évêque de St-Paul.
CHEVALIER (U.), *Cart. de Roaix*. 133-5, n° 185. *Gallia christ. noviss*. IV, 57.

**4816** Velletri, 12 mai 1182.
Bulle du pape Lucius III adressée à l'abbé Guigues et aux frères de Chalais *(Calesii)*, par laquelle il prend leur monastère sous la protection de sᵗ Pierre et confirme dans sa dépendance les églises de Boscaudon *(Boscaudoni)*, Almeval, Lure, Albeval et Prémol *(Pratimollis)*. — *Effectum justa*.
PILOT DE THOREY, *Cart. de Chalais*, 52-3, n° 30. LE COUTEULX, *Ann. Cartus*. II, 506. = JAFFÉ, -14640.

**4817** Velletri, 20 mai (1182/1183).
Rescrit du pape Lucius III à [Robert], évêque de Die, par laquelle il confirme à son siège la possession de l'abbaye de St-Marcel à Die. — *Ad hoc sumus*.
*Gallia christ. nova*, XVI, instr. 192. CHEVALIER (C. U. J.), *Cart. de l'égl. de Die*, 19, n° 5. = JAFFÉ, -14782.

**4818** Velletri, 1ᵉʳ juin (1182/1183).
Rescrit du pape Lucius III adressé à [Robert], archevêque de Vienne, et à l'évêque de Genève ; il confirme la sentence portée par eux contre le comte de Genevois, à cause de ses torts et injures envers l'église de Genève. — *Quociens in malefactores*.
SPON, *Hist. de Genève*, II, 35, pr. 11. *Magnum Bullar. Roman. cont*. IX, 30. *Patrol. lat*. CCI, 1172. = GEORG. I, 717. JAFFÉ, 9522-14794. R. S. R. 720. R. Gen. 425. *Schw. Urk*. 2487.

**4819** 4 juin (vers 1182).
Obit d'Etienne d'Ampuis *(Ampois)*, prieur de St-Robert.
CHEVALIER (U.), *Nécrol. de St-Robert*, 32.

**4820** Velletri, 14 juillet (1182).
Lettre du pape Lucius III à tous les prélats, leur ordonnant d'excommunier les malfaiteurs qui dressent des embûches aux moines qui se rendent au chapitre général de Cluny et les dépouillent. — *Ad tantam jam*.
*Bull. Cluniac*. 54, 77. BOUQUET, XV, 414. *Patrol. lat*. CCI, 1157. = BRÉQ. IV, 32 (12 juin). JAFFÉ, 9492-14679. *BERNARD-BRUEL, *Chartes de Cluny*. V, 656, n° 4289.

**4821** (Septembre) 1182.
Le chapitre général de l'ordre de Cîteaux décrète que les abbés de la province de Vienne, qui se rendront à la Ferté, Pontigny, Clairvaux ou Morimond n'amèneront que deux montures *(equitaturæ)*.
MARTÈNE, *Thes. nov. anecd*. IV, 1253.

**4822** Orange, octobre 1182.
Ildephonse, roi d'Aragon, comte de Barcelone et marquis de Provence, prend sous sa protection le monastère de la Chartreuse, au diocèse de Grenoble ; il lui accorde la liberté ou immunité de ne payer en Provence aucun usage, péage, leyde ou exaction pour les transports, surtout du sel, par eau et par terre. *Dat. ap. Aurasicam*...
LE COUTEULX, *Ann. Cartus*. II, 504-5.

**4823** Orange, 27 octobre 1182.
Donation par Bertrand, seigneur de Berre, et G. de Baux, à Guillaume, abbé du monastère de Boscaudon, du droit de passage et de pâturage sur leurs domaines pour tous leurs troupeaux, sans payer aucune redevance. R. Gantelmi not. du comte.
Paris, Bibl. Nat., ms. lat. 13915, 106. — BARTHÉLEMY, *Invent. mais. Baux* (1882), n° 79.

**4824** Orange, 27 octobre 1182.
Confirmation par Sanche, comte et marquis de Provence, à Guillaume, abbé du monastère de Boscaudon, du droit de pâturage, passage et libre transport dans tous ses domaines. Fait en la ville *Aurasice*... fér. 4, veille des apôtres Simon et Jude. Témoins.
Paris, Bibl. Nat., ms. lat. 12663. Carpentras, ms. Peiresc LXXVI. = ROMAN, 36ᵇ.

**4825** 30 novembre 1182.
Transaction entre l'évêque et les chanoines de Maurienne, en présence de Jean, évêque de Grenoble, Rainaud, évêque de Belley, Guillaume doyen de Grenoble et Pierre abbé de St-Georges. ... *in festo sᵗ Andreæ* ; témoins.
*Hist. patr. mon*., Chart. II. 1141-2.

**4826** Bossieu, décembre 1182.
Pierre Dudini donne [aux frères] de Bonnevaux ce que tenait de lui à Arzay *(Arseyum)* Blanche, veuve de Durand Ferranth. Fait *ap. Boceyum*... Témoins : le chevalier Guillaume Gala, etc.
CHEVALIER (U.), dans *Bull. acad. Delphin*. D. II, 93-4 ; *Cart. de Bonnevaux*, 77-8, n° 178.

**4827** Richerenches, 5 décembre 1182.
Donation au Temple de Richerenches par Dalmace de Valréas, entre les mains de Bertrand de Pierrelatte, évêque de Trois-Châteaux ; témoins : Raimbaud Flota, chanoine de St-Paul et de Vaison.
RIPERT-MONCLAR (de), *Cart. de Richerenches*, 213-4, n° 240. *Gallia christ. noviss*. IV, 57.

**4828** (Avant 1183).
Hugues, abbé de Bonnevaux, invité à un festin par des chevaliers de sa famille, ne voulut pas y prendre part avant d'avoir reçu l'assurance que toutes les provisions avaient été loyalement achetées. Mais quand, par surcroît de précaution, il eut prononcé ces paroles : « Si en y a de tort, diables lo port », le diable enleva tout à coup la table et les plats dont elle était couverte.
*Recueil d'exemples*, composé en Provence par un religieux de l'ordre de la Pénitence du Christ, dans la 2ᵉ moitié du

XIII° siècle (ms. d'Arras 1019), f° 93. DELISLE (L.), dans *Hist. littér. de la France*. XXXI, 48-9.

**4829** Les Mées, février 1182/3.

Ildephonse, roi d'Aragon, comte de Barcelone et marquis de Provence, reçoit sous sa protection et défense le prieur Catbert et les frères du monastère de Durbon, ordre de la Chartreuse, par toute sa terre de Provence, mandant à ses bailes et hommes de les aider. *Facta carta ap. Medés*....

GUILLAUME, *Chartes de Durbon*, 116, n° 144. = ROMAN, 37°.

**4830** Die, (1er février) 1182/3.

Robert, évêque de Die, s'entend avec le doyen Jarenton et les chanoines de son église pour partager les châteaux, villages, domaines et fiefs qu'ils possédaient en commun dans le Trièves *(Trevis)* du fait de la donation du clerc Raymond Bérenger : Prébois *(Praabois)* et son mandement échut à l'évêque ; Thorane *(Torana)* et Tréminis *(Tresmeniz)* au chapitre ; le château de Foillans *(Foillas)* et tout ce que Raymond Bérenger tient en fief de l'évêque et de l'église demeurent indivis. On se défendra mutuellement contre toute éviction. Fait dans l'église de Notre-Dame, devant le grand autel du chœur, en présence de l'évêque, du doyen, du sacristain Arbert, Pierre Pinet, Ponce Rainaud, Humbert de St-Bonnet, Philippe et Arbert de Pellafol, Aimon et Pierre d'Eurre *(Urro)*. Témoins : Autard hebdomadier, Ponce de Merlet chapelain, Ponce d'Albuna, ouvrier de l'église..., Pierre Faissas, prieur de Clelles *(Claellas)*, Guillaume *(W.)* Gontier procureur et Rostang cellérier de l'évêque..., Boniface orfèvre et 48 autres... *A° l. D. 1182, m. jan., fer. 1, luna 5, ind. 15, epacta 25, d. papa Lucio III sed., Frederico Roman. imper. regn.*

Arch. de l'Isère, B. 295, *Liber Dominus tecum*, VI°xix. Invent. Graisivaudan. IV, 239, 366. Valbonnays, I, Reg., n° 195. — *Gallia christ. nova*, XVI, instr. 191-2. CHEVALIER (C. U. J.), *Cart. de l'égl. de Die*. 36-8, n° 14. = CHEVALIER (J.), *Hist. égl. Die*. I, 224-5.

**4831** Velletri, 3 février (1183).

Le pape Lucius III confirme les biens de la chartreuse de Portes et l'accord conclu, au sujet des limites, entre ce couvent, les chanoines de St-Ruf et les moines de St-Sulpice. — *Qui sine cultu*.

*MARTIN (J. B.), *Conciles et Bullaire de Lyon*, n° 654.

**4832** 1183.

Guillaume de Neyrieu *(Neyreu)* donne [aux frères] de Bonnevaux ce qu'il possédait au territoire de *Maceoneyo* du chef de sa femme Esclarmonde. Témoins. Bérard Andreæ et Guillaume Aygras reçoivent chacun 5 sols. Garants : Drodon de Beauvoir et Guillaume Rovoyrie. Sa femme et ses deux fils donnent leur assentiment, ce dont est garant Guillaume de Beauvoir ; témoins : Guichard d'Ambronay, Milon sacristain *(custos)* de Bonnevaux, etc.

CHEVALIER (U.), dans *Bull. acad. Delphin.* D, II, 77 ; *Cart. de Bonnevaux*, 61, n° 135.

**4833** 1183.

Bermond, évêque de Sisteron, soumet l'abbaye de Lure à l'abbé de Boscaudon suivant l'institution de l'ordre de Chalais *(Calesii)*, sauf obéissance au chapitre général de Chalais.

Paris, Bibl. Nat., ms. lat. 12663, 112. — *Gallia christ. nova*, III, instr. 187. = BREQ. IV, 49. ROMAN. 37.

**4834** (Vers 1183).

Rouleau mortuaire de Boson, abbé de San Giusto de Suse : *Titulus Cartusie*. — *Humilis conventus S. Laurentii de plebe Martirum æcclesiæ* (Oulx). — *Titulus Beate Marie Ebredunensis ecclesie*.

LAUER (Ph.), dans *Bibl. de l'éc. d. Chartes* (1905), LXVI, 335. DELISLE (Léop.), *Rouleau mortuaire du b. Vital, abbé de Savigni...* (1909), 32.

**4835** Tarascon, 1183.

S[anche], comte et marquis de Provence, prend sous sa protection et défense le monastère et les frères de la Chartreuse ; il les exempte de tout usage ou péage *(usaticum s. pesaticum)* par terre et par mer ; il défend à ses bailes de rien exiger d'eux et leur ordonne de les défendre. Fait dans le château *Tarasconis*, devant Bernard d'Anduze, etc. Gaucelin not. comt. Signat.

LE COUTEULX, *Ann. Cartus*. II, 510-1.

**4836** (1183?)

*Registrum inscriptum : Sequuntur Loca et jura quæ habentur sive tenentur ab ipso domino nostro Dalphino infra regnum Franciæ ut comite Albonis*.

FONTANIEU, *Cart. du Dauph.* I, 138-40. — VALBONNAYS, *Hist. de Dauph.* II, 387-8. P[ISANÇON] (H. de), dans *Bull. soc. archéol.-statist. Drôme* (1866), I, 139-43.

**4837** Durbon, 1183.

Achard, son fils Pierre, etc. donnent au prieur Chatbert et aux frères [de Durbon] 1 seterée de pré près de celui de *Preveiral* et 2 sous celui de *Eleve* (à la Chau, de *Chalmis*), moyennant 20 sols. Témoins : Nicolas, procureur, etc. Fait dans la maison supérieure.

GUILLAUME, *Chartes de Durbon*, 125-6, n° 162. = ROMAN, 38°.

**4838** Recours, 1183.

Agnès, épouse de Michel Chais, ses fils et filles donnent au prieur Chatbert et aux frères de Durbon 1 seterée de pré à la Lauze, une autre à Riousec *(Rivum Sec)* et leur avoir à Recours. Témoins : Nicolas, procureur, etc. Fait *en Rocos*.

GUILLAUME, *Chartes de Durbon*, 120, n° 152. = ROMAN, 37b.

**4839** Durbon, 1183.

Albert del Sauç et sa femme Béatrix donnent au prieur Chatbert et aux frères [de Durbon] leur avoir dans les limites du couvent, moyennant 3 sols. Témoins : Nicolas, procureur, etc. Fait dans le jardin de la maison inférieure.

GUILLAUME, *Chartes de Durbon*, 123, n° 159. — ROMAN, 37b.

**4840** Durbon, 1183.

Bernard, prêtre de Ste-Marie de Beauchêne *(Biochana)*, tombé malade, promet satisfaction aux [religieux de] Durbon au sujet *Serri Martini* que lui et ses neveux leur contestaient ; il leur donne encore le tiers du pré *sub Pennis* (à la Chau, de *Chalmis*). — Guillaume Odonis, prêtre, son frère Odon et sa femme Mateuda, etc. cèdent leurs droits sur le même pré au prieur Chatbert et aux frères. Témoins : Nicolas, procureur, etc. Fait dans le cloître de la maison supérieure.

GUILLAUME, *Chartes de Durbon*, 124-5, n° 161. = ROMAN, 37b

**4841** Durbon, (1183).
Bertrand de Neuvillar *(Alto Vilario)* se plaignait au sujet de la terre *super Olcam*, que [les frères de Durbon] avaient acquise de sa mère et ses frères. Il se désista avec son frère Vevian dans le dortoir des frères et reçut 5 sols, les paysans *(rustici)* 2 pour défrichement *(novati)*.
Guillaume. *Chartes de Durbon*, 121, n° 154. = Roman, 30° (vers 1172).

**4842** Recours, 1183.
Francon Chais et sa femme donnent au prieur Chatbert et aux frères de Durbon 1 setérée de pré à la Lauze *(ad Lausam)* et leur avoir à Recours, moyennant 4 sols 6 den. Témoins : Nicolas, procureur, etc. Fait *en Rocos*.
Guillaume. *Chartes de Durbon*, 119, n° 150. = Roman, 37ᵇ.

**4843** Durbon, 1183.
Géraud Dio. sa femme Domenga, ses fils Jean, Guillaume et Julienne donnent au prieur Chatbert et aux frères de Durbon 5 parts de leur avoir à Burriane, moyennant 20 sols ; la 6ᵉ demeure à son fils Julien. Serment. Témoins : Nicolas, procureur, Guillaume Odo, prêtre de St-Julien, etc. Fait dans le dortoir des frères de la maison supérieure.
Guillaume, *Chartes de Durbon*, 122-3, n° 157. = Roman, 38.

**4844** (Vers 1183).
Guigues Garini et sa femme Gillina se désistent en faveur des frères de Durbon de leurs réclamations au sujet de la terre de Bertrand de Neuvillar *(Alto Vilario*, à Burriane). Témoins : Nicolas procureur, Guillaume Odo, prêtre de St-Julien.
Guillaume. *Chartes de Durbon*, 131. n° 169. = Roman, 48°.

**4845** Durbon, 1183.
Guillaume Aremberga et sa femme Stephana donnent au prieur Chatbert et aux frères [de Durbon] 2 setérées *(sexlaria)* de terre *in Crosis*, moyennant 12 sols. Assentiment de la belle-mère Audesenz et de ses fils. Témoins : Nicolas, procureur, etc. Fait dans le cloître de la maison supérieure.
Guillaume. *Chartes de Durbon*, 120, n° 153. = Roman, 38ᵇ.

**4846** Le Bardoux, 1183.
Guillaume Johannis et sa femme Pétronille donnent au prieur Chatbert et aux frères de Durbon 1 setérée de pré et une pièce de terre près le Bardoux *(S. Bardulfus)*, moyennant 11 sols. Témoins : Nicolas, procureur, etc. Fait dans le pré...
Guillaume. *Chartes de Durbon*. 116-7, n° 145. = Roman, 38ᵇ.

**4847** 1183.
Jean et sa mère Acelena donnent au prieur Chatbert et aux frères [de Durbon] leur terre près du champ *pomeri Boneli*, moyennant 12 sols. Témoins : Nicolas, procureur, etc.
Guillaume. *Chartes de Durbon*, 123, n° 158. = Roman. 38ᵇ.

**4848** Recours, 1183.
Jean Chais, sa femme Jeanne, leurs fils et filles donnent au prieur Chatbert et aux frères de Durbon 1 setérée de pré à la Lauze *(Lausa)*, moyennant 3 sols. Témoins. Fait *en Rocos*.
Guillaume, *Chartes de Durbon*, 119-20, n° 151.= Roman, 37ᵇ.

**4849** Durbon, 1183.
Jean Divo et ses fils Pierre, Etienne, Guillaume donnent au prieur Chatbert et aux frères [de Durbon] leur terre au-dessous du champ Lantelmenc et un pré à Garnesier *(Garnazea)*, moyennant 4 liv. ; Jean, qui se fait religieux, reçoit des vêtements et un roussin. Assentiment d'Odon Alboini, son frère Géraud et son fils Julien. Témoins : Nicolas, procureur, Guillaume Odo, prêtre de St-Julien, etc. Fait dans le dortoir des frères de la maison supérieure.
Guillaume, *Chartes de Durbon*, 121-2. n° 155. = Roman, 38ᵇ.

**4850** Burriane, 1183.
Oda, ses filles Guigonne, Ermengarde, Valnérie et Agathe, son beau-père *(vitricus)* Pierre Matfredi donnent au prieur Catbert et aux frères [de Durbon] leur avoir à *Costa Plana*, moyennant 60 sols. Fait *in podiata Burrianæ*. Témoins : Nicolas, procureur, Guillaume Odo, prêtre de St-Julien, etc.
Guillaume. *Chartes de Durbon*. 122, n° 156. = Roman, 38ᵇ.

**4851** Durbon, (vers 1183).
Odon Blancs, son frère Guillaume, leurs épouses nommées Pétronille, et son fils Pierre donnent au prieur Chatbert et aux frères [de Durbon] leur terre de *Costa Plana* (à Burriane), moyennant 60 sols. Fait dans le cloître. Témoins : Nicolas, procureur, Guillaume, prêtre de St-Julien, etc.
Guillaume. *Chartes de Durbon*, 131, n° 168. = Roman, 31ᵇ (1174/1195).

**4852** Durbon, 1183.
Pierre Aloart, sa femme Elicia, ses fils Aloart, Pierre, Roland, ses filles Abrilia et Stephana donnent au prieur Chatbert et aux frères de Durbon leur avoir sous le champ *Lineriæ* et le champ avec pré *ad Arcus*, moyennant 14 sols 6 den. Fait devant la porte de la maison supérieure. Témoins : Nicolas, procureur, Guillaume, prieur de Romette, etc.
Guillaume. *Chartes de Durbon*, 118, n° 148. = Roman, 38°.

**4853** Galibier, 1183.
Pierre Martini et sa femme Pétronille donnent au prieur Chatbert et aux frères [de Durbon] leur pré à la Peine *(in Pennis)*, moyennant 10 sols. Témoins : Nicolas, procureur, Guillaume, prêtre de St-Julien, etc. Fait *in collo Galaubiæ*.
Guillaume. *Chartes de Durbon*,127, n° 165. = Roman, 37-8.

**4854** Durbon, 1183.
Ponce Latgerii, sa femme Poncie, leurs fils et filles donnent au prieur Chatbert et aux frères de Durbon la terre du Bardoux *(S. Bardulfi)* et leur avoir à la côte du Fangeas *(costa del Efangaz)*, moyennant 7 sols. Fait devant l'église de la maison supérieure. Témoins : Nicolas, procureur, etc.
Guillaume, *Chartes de Durbon*, 117-8, n° 147. = Roman, 38-9.

**4855** Durbon, (vers 1183).
Pierre Pineti achète d'Arnaud de Montama, au prix de 13 liv. 1/2, 6 sols et 2 setiers de froment de cens, sa *tascha* et *touta* près de St-Julien[-en-Beauchêne], 1 setier de froment et 11 den. de cens *en Cornaz*. Ser-

ment de sa femme Valverz, son fils Humbert, son beau-père W. de *Carboneiras*. Otages et cautions (11).
— Le même jour, P. Pineti réunit les moines de Durbon dans leur dortoir et fait don de cette terre au prieur Catbert. Comme il leur était défendu de l'accepter, vu sa position hors de leurs limites, elle est cédée à l'église de St-Julien et au prêtre Guillaume Odon, qui promet à la Purification une réfection à la communauté ; elle comprendra 2 setiers de pain frais de froment purgé, 1 émine de pois chiches, 2 émines de vin pur excellent, du piment où entreront 3 émines de vin pur. 1 once 1/2 de girofle, du miel et de l'huile en quantité nécessaire et 10 *solidatæ* de poissons de mer ou des lacs de la *Mateysine*. On inscrira les noms d'Odon et de Jarenton, doyen de Die, aux deux memento de la messe.
GUILLAUME, *Chartes de Durbon*, 127-9, n° 166. = ROMAN, 35ᵇ.

**4856** Montbrand, (vers 1183).
Le lendemain, Pierre Pineti envoie *apud Montem Brandum* Guillaume Odon et le convers Pierre Gauterii. qui reçoivent l'assentiment de Bermond de Montbrand, en présence de sa femme Mabilie. De même Arnaud de Montarna et son épouse, etc. Témoins.
GUILLAUME, *Chartes de Durbon*, 129-30, n° 166.

**4857** Die ? (vers 1183).
Confirmation de l'acte précéd. *apud Dium* ? dans la cour de la maison du contractant. Témoins.
GUILLAUME, *Chartes de Durbon*, 130, n° 166.

**4858** Durbon, 1183.
Pierre Sicardi et son fils Achard, du conseil de son frère Achard et de son fils Pierre, donnent au prieur Chatbert et aux frères [de Durbon] 2 setérées de pré au-dessous de celui d'*Eleve* (à la Chau, *de Chalmis*), moyennant 14 sols. Témoins : Nicolas, procureur, etc. Fait dans le dortoir des frères en la maison supérieure.
GUILLAUME, *Chartes de Durbon*, 126, n° 163. = ROMAN, 38ᵃ.

**4859** Durbon, 1183.
Pierre Tardivi, sa femme Totoval, ses fils Guillaume et Odon, ses filles Poncie et Ermengarde donnent au prieur Chatbert et aux frères de Durbon une partie du champ *Corneti* et leur avoir au mandement de Recours (*Rocos*), moyennant 3 sols. Témoins : Nicolas, procureur, etc. Caution : Odon Tardivi. Fait à la porte du parloir (*colloquii*) de la maison supérieure....
GUILLAUME, *Chartes de Durbon*, 117, n° 146. = ROMAN, 38ᵇ.

**4860** (Vers 1183).
Raimond, duc de Narbonne, comte de Toulouse, marquis de Provence et seigneur du comté de Grenoble, exempte la maison et les frères de Durbon de payer aucun usage (*usaticum*) ou péage de ce qu'ils portent, à l'aller et au retour, par toute sa terre. Sceau.
GUILLAUME, *Chartes de Durbon*, 163-4, n° 227 (1148/1194). = ROMAN, 25 (1163/1179).

**4861** Durbon, 1183.
Siméon, son épouse Bonanata, ses fils Ponce et Barthélemy, Gilius et sa femme Agnès donnent au prieur Chatbert et aux frères [de Durbon] 1 setérée (*seitorata*) de pré (à la Chau, *de Chalmis*), moyennant 7 sols. —

Pierre Rebolli et son épouse Pétronille en font autant près du pré *Montani* et reçoivent autant. Témoins : Nicolas, procureur, Guillaume prêtre de St-Julien, etc. Fait dans l'hospice du cloître.
GUILLAUME, *Chartes de Durbon*, 126-7, n° 164. = ROMAN, 38ᵃ.

**4862** Vizille, 1183.
Taillefer (*Tallafers*), comte de Viennois (*V-niensium*) et d'Albon (*Albionensium*), donne à sᵗ Jean-Baptiste et aux frères de Durbon le pâturage pour leurs animaux. le libre passage dans ses domaines et l'immunité de tout péage par terre et par eau ; il confirme en outre l'aumône de son père Raymond, duc de Narbonne, comte de Toulouse et marquis de Provence. Fait *apud Visiliæ castrum*, en présence du prieur Chatbert. Témoins : le moine Fulcon, etc.
Arch. de l'Isère, B. 307, 144. Grenoble, Bibl. ms. 1437, 158ᵃ. *Invent. Gapençais*, 233-4. FONTANIEU, *Hist. du Dauph.* pr. II, 1, 361 ; *Cart. du Dauph*. I, 132-7. RIVAZ (P. de), *Diplom. de Bourg*. II, n° 195 (Anal. 56). — GUICHENON, *Bibl. Sebus*. 17-8; (1780), 5. GUILLAUME, *Chartes de Durbon*, 124, n° 160. = GEORG. I, 715. BRÉQ. IV, 48. ROMAN, 37ᵃ.

**4863** Durbon, 1183.
Véronique, son fils Vincent Rebol, ses filles Pétronille, Aalais et Villelma, son gendre Pierre Aloardi donnent au prieur Chatbert et aux frères de Durbon leurs droits sur le pré et la terre *ad Arcus*, moyennant 15 sols Viennois. Témoins : Nicolas, procureur, Guillaume, prêtre de St-Julien, etc. Fait dans le dortoir des frères en la maison supérieure.
GUILLAUME, *Chartes de Durbon*, 118-9, n° 149. = ROMAN, 38ᵃ.

**4864** (Vers 1183).
Vivien, à l'extrémité de sa vie, cède au prieur Chatbert et aux frères [de Durbon] son *olcha* de Burriane et confirme la donation de son frère Arbert de Neuvillar (*Alto Vilario*), moyennant 6 liv. 5 sols. Approuvé par Ponce de la Rochette, Odon Albuini, sa femme Reidonne, son fils Pierre Rico et sa femme Guille. Témoins : Nicolas, procureur, etc.
GUILLAUME, *Chartes de Durbon*, 130, n° 167. = ROMAN, 31ᵇ (1174/1195).

**4865** 1183.
P[ierre], archevêque d'Embrun, confirme la sentence de son prédécesseur Guillaume (*W*.), prononcée du conseil de l'évêque de Nice, entre Guillaume de Turriers (*W. de Turriis*) et le monastère de Gigors. Témoins : Gotefred, chanoine de St-Ruf, le prieur Ponce, etc.
GUÉRARD, *Cart. de St-Victor de Marseille*, II, 443, n° 991.

**4866** (1183?).
Partage du territoire de la Plaine entre l'évêque de Grenoble et Taillefer et son épouse [Béatrix], fait par le comte de St-Gilles.
Mentionné dans le traité de 1184. — L'*Inventaire* des arch. de la Drôme indique dans le cart. E. 2065 (II, 286ᵇ) le testament de Gilet d'Hostun comme daté de 1183 : l'original porte en toutes lettres 1483.

**4867** (Vers 1183).
Lantelme [de Gigors] contesta aux religieux de Léoncel la donation de son père Guillaume Lamberti, soutenant qu'il ne leur avait pas concédé le pâturage dans

toute la montagne du Désert ; revenu en lui-même, il se désista et accorda le droit de pâture dans toutes ses possessions, le Désert, Ambel et Gardi ; il leur donna aussi ce qu'il avait [au Col-]de-Tourniol *(Tornim)* et la terre près du bois contigu à l'abbaye; on lui paya 60 sols et sa femme reçut 30 toisons de brebis. Témoins : Giraud, abbé de Léoncel, le prieur Jean, le moine Guillaume d'Ornacieux, etc.

Chevalier (U.), *Cartul. de Léoncel*, 19, n° 16.

**4868** 1183.

Echange entre l'église du Bourg et Eustache, prévôt de Valence, qui lui fait remise de cierges *(candelæ)*, de revenus sur divers tènements, en particulier des Templiers et du Marais *(Marisco)*, de la juridiction criminelle et de son droit sur la maison de l'Aumône *(Helemosinaria)*. Le prieuré cède au prévôt 10 tènements, le 1/3 du moulin dit de St-Maxime et un manse à Avoyan, et lui compte 450 sols ; ces biens avaient été engagés à l'église par le viguier *(vicarius)* Bozon pour 30 marcs d'argent et 10 livr.

Chevalier (U.), *Cart. de St-Pierre-du-Bourg*, 15-7, n° 6.

**4869** 1183.

Odon, évêque de Valence, du consentement de son chapitre, confirme à l'église de St-Pierre-du-Bourg les donations, échanges et conventions faites par lui. Il approuve tous les actes de ses prédécesseurs : Guigues, Lambert, Humbert, Gontard, Eustache et Bernard, et des prévôts leurs contemporains : Gentio ou Gerutio, Arnaud et deux Guillaume, concernant des églises, revenus ou possessions. Il corrobore aussi le témoignage de Bernard, patriarche d'Antioche, au sujet des coutumes de la terre de St-Pierre, tel qu'il figure dans son Cartulaire.

Chevalier (U.), *Cart. de St-Pierre-du-Bourg*, 17-9, n° 7.

**4870** 1183.

Humbert de Montvendre donne à Odon, évêque de Valence, les fiefs de Montvendre et de Beaumont, avec leurs droits et revenus.

Columbi, *Episc. Valentin.* 23 ; *Opusc.* 261.

**4871** Velletri, 11 mai 1183.

Bulle du pape Lucius III adressée à l'abbé Guichard et aux frères de St-Martin de l'Ile-Barbe *(Insula Barbara)*, par laquelle il confirme au monastère ses possessions dans les diocèses de Vienne, Valence, Trois-Châteaux où Orange, Die, Gap et Embrun. — *Effectum justa*.

Le Laboureur, *Masures de l'Isle-Barbe* (1665-81, 1887), I, 115-20. *Patrol. lat.* CCI, 1202-5. = Fillet (L.), dans *Bull. hist.-archéol. dioc. Valence*, XVIII, 180-2, et trad. (à part, 12-4). = Courbon, chr. 222. Bréq. IV, 42. Jaffé, 9550-14879. Roman, 37*.

**4872** Segni, 17 juin 1183.

Bulle du pape Lucius III adressée au prévôt Martin et aux frères de l'église d'Oulx *(S. Laurentii de Plebe martyrum)*, par laquelle il confirme à la collégiale les églises qui en dépendent dans les diocèses d'Embrun, Gap, Grenoble, Die et Vienne. — *Religiosis desideriis*.

Pennotti, *Ord. cler. can. hist.* ed. Rom. 494 ; Colon. 508. *Miscell. stor. Ital.* XX, 571. Rivautella, *Ulcien. eccl. chartar.*, 13-5, n° 7. Collino, *Carte d'Oulx*, 189-92, n° 179. = Jaffé, 9675-14961. Roman. 37*.

**4873** Tarascon, 29 juillet 1183.

B[anche], comte et marquis de Provence, donne et confirme au monastère de Léoncel *(L-lli)*, construit en l'honneur de la b° Marie, et à l'abbé G[iraud] l'exemption de tout péage *(exactio, usaticum et pedaticum)* par terre et par mer, spécialement dans la ville de *Laurata* ; il prend la maison sous sa protection. Fait *in castro Tarasconis, d. festivit. s. Marthæ. R. Gaucelmi d. com. not. scr.*

*Gallia christ. vet.* IV. 559 (à 1163). Chevalier (U.), *Cartul. de Léoncel*, 36-7, n° 30. = Bréq. III, 329 (1163).

**4874** St-Gilles, 1183.

*Hugo, dux Burgundiæ, Beatricem filiam Delfini, comitis Alboni, duxit in uxorem apud Sanctum-Ægidium.*

*Breve Chronicon S. Benigni Divionen.* ad cyclos Paschales : Labbe, *Nova bibl. mss.* I, 295. Bouquet, XVIII, 741.

*...Mortuo Albrico Taillefer(al. Thailhfer), comite Sancti-Ægidii, Hugo dux Burgundiæ dimisit et remisit uxorem suam Alix (Aaliz), de qua genuit Odonem et Alexandrum, et duxit relictam illius Albrici [Beatrix], quæ erat filia senioris Delphini, de qua genuit juniorem Delphinum. Cupiditate magnæ terræ quam iste tenebat, facta sunt ea quæ facta sunt.*

Leibnit. *Accessiones histor.* II. Albrici mon. Trium-Fontium *Chronicon*, 1184 ; Bouquet, XVIII, 746. = Chorier, *H. de D.* I, 801 ; 2°, 617. Valbonnays, *H. de D.* I, 3 ; II, 5. Allard (G.), *Œuvr. div.* I, 356.

**4875** Anagni, 22 novembre [1183].

Rescrit du pape Lucius III à l'abbé et aux frères de Léoncel *(Leuncelli)*. Tant que durera le litige entre les évêques de Valence et de Die au sujet de la possession de leur monastère, ils seront autorisés à recevoir de l'archevêque de Vienne ou de tout autre évêque catholique les ordres sacrés et les autres sacrements ecclésiastiques. — *Officii nostri*.

Chevalier (U.), *Cartul. de Léoncel*, 37, n° 31. Trad. Chevalier (J.), *Hist. égl. Die*, I, 229 ; *Eyglay et Léoncel*, 166. = Jaffé, -14941.

**4876** Oulx, (1183).

La première fois qu'il entra dans ces parages, Hugues, duc de Bourgogne, déclara exempts de la taille les hommes de Fenils *(F-lis)* qui sont du tènement de St-Laurent [d'Oulx]. Fait *apud S. Laurentium*, en présence du prévôt Martin, du prieur de Commiers *(Comers)* Pierre, de l'aumônier Jean, d'Aimar de Bressieux, du chevalier Occadec, de Pierre Auruce, qui recevait les tailles, etc.

Rivautella, *Ulcien. eccl. chartar.* 138, n° 158. Collino, *Carte d'Oulx*, 188-9, n° 178.

**4877** 1183.

La 1° année de la domination d'Hugues, duc de Bourgogne, au comté de Graisivaudan, Guillaume Fulles et sa fille se donnent au monastère de Tamié avec un fief qui valait 30 sols de plaid.

Arch. de l'Isère, B. 307, 1546, 3. *Invent. Graisivaudan*, I. 94°. Valbonnays, 2° Reg.

**4878** 1180 [1183?].

Hugues, duc [de Bourgogne] et comte d'Albon, atteste avoir vendu à sa parente Mathilde, comtesse de

Tonnerre, ce qu'il possédait à Dampierre *(Dampetra),* Boissenet, Huz et *Seignes*, et en avoir reçu hommage.

PLANCHER, *Hist. de Bourgogne*, I, pr. lviij°.*Gallia christ. nova*, IV, 588. = BRÉQ. IV, 14.

**4879** Valence, 24 janvier 1183/4.

Lambert, doyen de Valence, restitue aux frères du Temple de Salomon de la maison de St-Emilien les droits de chasse, de dîmes et de tasques *(taschiæ)* qu'il croyait avoir à Langories *(Longoures)* et dont les frères lui ont prouvé qu'ils avaient la possession sous ses prédécesseurs. Sceau. Fait dans la maison de St-Emilien, entre les mains du procureur Pierre de *Post* : témoins : P. Planca, chapelain, 7 frères, etc. *fer. 3, luna 8...,* assist. *Lucio III in apost. sede, regn. Frederico imper. Berengarius scr.*

Arch. de la Drôme, Templiers, copie.

**4880** Anagni, 17 février (1184).

Lettre du pape Lucius III à l'archevêque de Lyon et à l'évêque de Belley, leur mandant de mettre fin au différend entre les prieurs de Portes et d'Innimont, en faisant exécuter l'arbitrage réglé par l'abbé de St-Chef (S. *Thoderii)*, le prieur d'Arvières *(Alveria)* et le chambrier *(cambarlengus)* de Cluny. — *Dilecti filii.*

GUICHENON, *Episc. Bellic. scr.* 35. *Gallia christ. nova*, XV, instr. 314. = *Gallia christ. nova*, IV, 131. JAFFÉ, 9585-14984.

**4881** 7 mars 1184.

Diplôme de l'empereur Frédéric I en faveur de Guillaume, évêque de Gap, lui confirmant la possession des fiefs de son église.

Carpentras, ms. Peiresc LXXVIII, 44°.

**4882** Grenoble, 1184.

Hugues, duc de Dijon [Bourgogne], ayant épousé la fille du Dauphin [de Viennois], veuve de Taillefer, fils du comte de St-Gilles *(S. Egidii)* et étant devenu de ce fait comte d'Albon, des difficultés ne tardèrent pas à surgir entre lui et Jean, évêque de Grenoble, à qui il reprochait de s'approprier la Plaine *(Plana)*, qui devait être commune entre eux et dont le partage n'avait été ni juste ni rationnel ; il se plaignait encore de constructions élevées sur un terrain commun sans son assentiment et de droits perçus sur les mesures en dehors des marchés. L'évêque faisait à cela des réponses suffisantes et reprochait au duc des exactions inouïes contre les chanoines, clercs et vassaux de Grenoble. On tomba enfin d'accord, par la médiation de Lambert, évêque de Maurienne, Aymon Pagan, convers de la Chartreuse, Guillaume doyen de Grenoble et Ismidon de la Paute : l'évêque reçoit en gage, pour 100 marcs d'argent, les revenus du comte sur les foires de Grenoble et lui donne 1600 sols en compensation du reste. Le comte confirme les libertés et bonnes coutumes dont l'évêque jouissait dans ses églises, les fiefs et à St-Donat. Le duc fait jurer sur le texte des Évangiles : Albert de la Tour, Odon de la Paute, Hugues de Gières, Guigues de *Podio Bosonis*, Acarias, Pierre, Mallen et Raymond Chaunais *(Calnesius)*. Ceci passé *Gratianopoli*, dans la maison de l'évêque, on se transporte le lendemain dans celle de la duchesse, qui confirme le traité. Interviennent : Guillaume doyen de Grenoble, Didier de Corps *(Corvo)*, Berlion prieur de Parménie, Itier chapelain de l'évêque, son procureur le convers Aymon Pagan..., Albert de la Tour, etc., Arnulphe notaire *(scriptor)* de l'évêque. *Gigator scr.*

Arch. comm. Grenoble, FF. 1 : 72 (III, 373°). *Invent. Graisivaudan*, II, 266-9. *Cart. d'Aimon de Chissé*, n°° 6 et 13 (Not. anal. 9 et 11). FONTANIEU, *Cart. du Dauph.* I, 140-1. MOULINET, *Coll. titres fam. de la Tour*, 4-6. = VALBONNAYS, *Hist. de Dauph.* I, 181. *Gallia christ. nova*, XVI, instr. 90-1. LE COUTEULX, *Ann. Cartus.* III, 8-9. = PETIT, *Hist. ducs Bourg.* III, 259-60.

**4883** (1184?)

Supplique de Hugues, duc de Bourgogne, au pape Lucius III, lui demandant de confirmer le traité intervenu entre lui et l'évêque de Grenoble, à qui il avait engagé les revenus des foires de cette ville pour 100 marcs.

*Cartul. d'Aimon de Chissé*, n° 14 (Not. anal. 12). VALBONNAYS, *Hist. de Dauph.* I, 181-2. = PETIT, *Hist. ducs Bourg.* III, 260.

**4884** Dijon, 1184.

Hugues, duc de Bourgogne et comte d'Albon, termine un différend entre les chanoines de sa chapelle et m° Gautier de Moncey. *Act. apud Divionem ;* témoins : la duchesse Béatrix, le prévôt de Dijon, etc.

PÉRARD, *Rev. pièces Bourgogne*, 260-1. = BRÉQ. IV, 63. PETIT, *Hist. ducs Bourg.* III, 260.

**4885** 1184.

Charte de sauvegarde perpétuelle octroyée et de donations faites à l'abbaye de Valbenoîte, ordre de Cîteaux, en Forez, après sa fondation par Guigues, comte de Forez et son fils Guigues, en présence de Jean, archevêque de Lyon, à la prière de Hugues, abbé de Bonnevaux. Sceaux.

LA MURE, *Hist. d. comtes de Forez*, III, 31. TESTENOIRE-LAFAYETTE (C. P.), dans *Mém.-doc. Forez soc. Diana* (1893), X, 143-5, cf. 11-3.

**4886** 1184.

Odon, évêque de Valence, concède à Lantelme, abbé de la Chaise-Dieu [son futur successeur], la chapelle de Notre-Dame du château de Crussol.

*Gallia christ. nova*, I, 608 ; II, 336.

**4887** (1184?).

Jean, évêque de Grenoble, notifie que Raynaud, évêque de Belley, a donné aux frères de Chalais les dîmes de tout ce qu'ils pourront labourer ; fait à sa prière et à celle des frères Chartreux.

LE COUTEULX, *Ann. Cartus.* III, 5.

**4888** Durbon, 1184.

Acelena, son fils Jean et sa fille Jeanne donnent au prieur Chatbert et aux frères [de Durbon] le champ *ad Virgas*, moyennant 20 sols. Témoins : Nicolas, procureur, etc. Cautions (2). Fait devant l'église de la maison supérieure.

GUILLAUME, *Chartes de Durbon*, 137-8, n° 182. = ROMAN, 39b.

**4889** Durbon, 1184.

Les mêmes font don aux mêmes de leur avoir dans les limites du couvent, moyennant 30 sols. Témoins : Nicolas, procureur, etc. Fait au même lieu.

GUILLAUME, *Chartes de Durbon*, 138, n° 183. = ROMAN, 39b.

**4890** 1184.
Agathe, du conseil de son oncle Nicolas et de ses fils, donne au prieur et aux frères de Durbon 3 setérées de pré à la Lauze *(Lausa)*, 3 éminées de terre à *Rochat Eiraut* et leur avoir *ad Teule* (à Recours, *Rocos*), moyennant 21 sols. Témoins : Nicolas, procureur, etc. Fait devant la maison de Giraud *del Bosc*.
Guillaume, *Chartes de Durbon*, 136, n° 179. = Roman, 39b.

**4891** Durbon, 1184.
Etienne Aloartz, ses frères Nicolas et Arnoux, leurs femmes Augeira et Pétronille, et leurs fils donnent au prieur Chatbert et aux frères [de Durbon] des setérées des prés *Tornatorii, de Sainis, Primo* et *costa Auria*, et leur avoir en *Rocatz Airaut* (à Recours, *Rocos*), moyennant 5o sols. Témoins : Nicolas, procureur. Fait dans le dortoir des frères de la maison supér.
Guillaume, *Chartes de Durbon*, 132-3, n° 172. = Roman, 40°.

**4892** Durbon, 1184.
Guillaume, Bontoux *(Bostos)*, Pierre Medici et leurs épouses donnent à Chatbert, prieur de Durbon, et à ses frères ce qu'ils possèdent *ad Arcus*, au Fangeas *(costa Lefanga)*, à Lineria et *in Serro* (à Recours, *Rocos*), moyennant 5 sols. Témoins : Nicolas, procureur. Fait devant l'église de la maison supér.
Guillaume, *Chartes de Durbon*, 132, n° 171. = Roman, 39b.

**4893** Burriane, 1184.
Guillelma Bonella et son fils Pierre donnent au prieur Chatbert et aux frères [de Durbon] leur avoir à Burriane, moyennant 4 sols. Témoins : Nicolas, procureur, etc. Fait *in podiata Burrianæ*.
Guillaume, *Chartes de Durbon*, 136, n° 180. = Roman, 40°.

**4894** 1184.
Isoarde, fille d'Isoard, comte de Die, sœur de Pierre Isoard et femme de Raymond d'Agoult, fait don au prieur de la chartreuse de Durbon, de droits de pâturage, péage et autres usages.
†Le Laboureur, *Masures de l'Isle-Barbe*, II, 104. Chevalier (J.), dans *Bull. soc. archéol. Drôme*, XXIII, 127-8 ; *Mém. comtés Valent.-Diois*, I, 41.

**4895** Recours, 1184.
Julien, ses fils, sa fille Anastasie, Ponce et son frère Guillaume Odonis, leurs femmes Marie et Marquise (*Marchisia*) et leurs enfants donnent au prieur Chatbert et aux frères [de Durbon] leur pré de *Cumba*, moyennant 7 sols. Témoins : Nicolas, procureur. Fait *in Rocos*.
Guillaume, *Chartes de Durbon*, 134, n° 175. = Roman, 40°.

**4896** Recours, 1184.
Martin Johannis, sa femme Sazia et son fils Jacques donnent aux prieurs Chatbert et aux frères de Durbon 1 éminée de terre à *Rocaz Airaut*, moyennant 3 sols. Témoins : Nicolas, procureur. Fait devant la maison de *Rocos*.
Guillaume, *Chartes de Durbon*, 131-2, n° 170. = Roman, 39-40.

**4897** Durbon, 1184.
Odon Benedicti, sa femme Audeartz, ses frères Guillaume et Pierre donnent au prieur Chatbert et aux frères de Durbon 1 setérée de terre près du champ *Lineriæ* (à Recours, *Rocos*), moyennant 8 sols. Fait en la maison supérieure devant l'église. Témoins : Nicolas procureur, Guillaume prêtre de St-Julien ; cautions
Guillaume, *Chartes de Durbon*, 133, n° 173. = Roman, 39°.

**4898** Durbon, 1184.
Pierre Arnaldi, sa femme Agathe, ses fils Bernard et Jean donnent au prieur Chatbert et aux frères [de Durbon] leur avoir à Burriane, moyennant 4 liv. Témoins : Nicolas, procureur, Guillaume, prieur de Véras *(Verantii)*. Fait en la maison inférieure.
Guillaume, *Chartes de Durbon*, 137, n° 181. — Roman, 40°.

**4899** Durbon, 1184.
Pierre Bertrandi et sa femme Elisabeth donnent au prieur Chatbert et aux frères de Durbon la 1/2 d'une éminée de terre en Cornet (à Recours, *Rocos*), moyennant 2 sols. Témoins : Nicolas, procureur, etc. Fait devant l'église de la maison inférieure.
Guillaume, *Chartes de Durbon*, 135-6, n° 178. = Roman, 40b.

**4900** Durbon, 1184.
Pierre Isnardi, sa femme Sibiana, son fils P., ses filles Jeanne, Poncie et Stephana donnent au prieur Chatbert et aux frères de Durbon le tiers du pré *Crosi* (à Recours, *Rocos*), moyennant 2 sols 4 den. Témoins : Nicolas, procureur, etc. Fait en la maison supérieure.
Guillaume, *Chartes de Durbon*, 135, n° 177. = Roman, 40.

**4901** Durbon, 1184.
Ponce Latgerii, sa femme Poncie, ses fils et filles donnent au prieur Chatbert et aux frères de Durbon leurs droits à Pré-Rond *(Prato Rotundo)* et au pré *Barbæ Lupæ* (à Recours, *Rocos*), moyennant 30 sols et un setier d'orge. Témoins : Nicolas, procureur ; caution. Fait devant la porte du cellier de la maison inférieure.
Guillaume, *Chartes de Durbon*, 133-4, n° 174. = Roman, 40°.

**4902** Durbon, 1184.
Raimond Benedicti, Bertrand Tardivi, sa femme Pagana, ses fils et sa fille Abrilia donnent au prieur Chatbert et aux frères de Durbon 2 setérées de terre *sub pennas de l'Efanga*, moyennant 10 sols. Témoins : Nicolas, procureur, etc. Fait en la maison supérieure.
Guillaume, *Chartes de Durbon*, 134-5, n° 176. = Roman, 39°.

**4903** Pertuis, 1184.
Raimond Latgerii, sa femme et ses fils donnent au prieur Chatbert et aux frères de Durbon *pedaticum, usaticum* et le libre transit par toute leur terre. Témoins. Fait au château *Pertusum*.
Guillaume, *Chartes de Durbon*, 139-40, n° 185. = Roman, 39b.

**4904** Orange, 1184.
Raimond, duc de Narbonne, comte de Toulouse, marquis de Provence, accorde au prieur Chatbert et aux frères de Durbon le pâturage pour leurs brebis, le passage *(pedaticum)*, l'*usaticum* et le libre transit dans toute sa terre. Témoins. — Font de même R...... d'Agoult, Guillaume d'Orange, Giraud Amici (témoins : dame Tiburge, Bermond, chanoine d'Aix, etc.). Raimond Rascacii, Rostaing Porcelleti, Draconet et ses fils Draconet et Ponce (témoins : dame Tiburge, etc.), Rai-

baud d'Agoult, Bertrand Raibaldi, Raibaud Guirandi, Guillaume de Sabran (témoins : dame Tiburge, Willelma prieure du Bouchet *(Boscheto)*, etc.) Fait au territoire de la ville *Aurasicæ*, près de l'église de St-Genis.

Carpentras, ms. 1846. 83. GUILLAUME, *Chartes de Bourbon*, 138-9. n° 184. = ROMAN, 39°.

**4905** Sisteron, 1184.

Bertrand Caussaviella ayant été tué au bas de l'autel de l'église de Gap et traîné ignominieusement par les pieds, Guillaume, comte de Forcalquier, impose comme conditions de paix aux chevaliers et bourgeois de la ville : l'exil des assassins et de ceux qui ont insulté le corps ; la remise des conjurés entre les mains du comte ; la construction d'une tour de 16 cannes de haut, avec courtine ; le payement de 40000 sols d'ici au 1er août. Le comte gardera 30 chevaliers ou bourgeois jusqu'au payement de l'amende et 15 jusqu'à l'achèvement de la tour. Ces conditions, que la nature du crime aurait pu rendre plus dures, sont accordées grâce à l'intervention de l'archevêque d'Embrun, des évêques de Gap et de Sisteron et de Raimond de Montbrand. Désormais les serments occultes seront interdits. Fait *in civitate Scistaricensi*, dans la chambre du comte, en présence de Guillaume de Sabran, Raymond d'Agoult et 17 autres.

Arch. des Bouches-du-Rhône, B. 291. — AMAT (C.), Une page inédite de l'histoire de Gap, dans *Bull. soc. études Hautes-Alpes* (1882), I, 185-8. = ROMAN, 39°.

**4906** Aix (en Savoie), 1184.

Sentence arbitrale rendue *in oppido de Aquis* par Robert, archevêque de Vienne, et Hugues, abbé de Bonnevaux, constitués juges, de concert avec Jean, évêque de Grenoble, etc., des différends survenus entre Arducius, évêque de Genève, et Guillaume, comte de Genevois. *Scr. p. man. Petri not. Viennen...* Sceaux.

Le *Citadin de Genève*. 1°. 171 ; 2°. 163. MURATORI, *Antiq. Ital.* VI, 59-69 (à 1183). SPON, *Hist. de Genève*. II. 36-9. = BRÉQ. IV, 64. R. S. R. 718. R. Gen. 429.
Cette sentence est insérée dans la bulle confirmative d'Urbain III, du 14 déc. 1185 : SPON, *Hist. de Genève*, II. 41. *Magn. Bullar. cont.* IX, 31. *Patrol. lat.* CCII, 1343-6 bull. *Roman.* Taurin. III, 35-8. — GEORG. I, 723. BRÉQ. IV, 67. R. S. R. 727. R. Gen. 436. JAFFÉ, 9785-15481. *Schw. Urk.* 2511.

**4907** (Vers 1184).

Lettre de P., chanoine de St-Ruf, à tous les fidèles du Christ, sur les miracles de s¹ Bernered, cardinal-évêque de Palestrina *(Prænestini)*.

MARTENE, *Thes. nov. anecd.* I, 625-6 (v. 1185). = *Hist. litt. France*, XIV. 637. BRÉQ. IV, 76. BOLLAND.. *Bibl. hagiol. lat.* 1325.

**4908** 1184.

Les chanoines de St-Ruf ayant reçu des mains d'Odon, évêque de Valence, l'église des Iles *(Insula Subdionis)*, avec le consentement des chanoines de l'île de St-Vallier *(Insula S. Valerii)*, qui la desservaient, l'abbesse et les religieuses de Soyons élevèrent des difficultés et causèrent des torts à l'église de St-Ruf. Des personnes sages mirent fin à cette querelle : l'abbesse renonça à ses prétentions entre les mains de l'abbé Guillaume, sous la réserve du cens annuel ; l'abbé lui fit remise de ses injustices et lui abandonna des revenus qu'elle avait engagés aux frères de l'Ile pour 200 sols ; il promit de n'admettre à la sépulture que les gens de la famille ou les grangers, et de ne pas acquérir les terres du domaine de Soyons. Les parties se présentent devant Odon, évêque de Valence, qui approuve cet accord et le confirme de son sceau. Fait en présence des intéressés, de Ponce Augicius, prieur majeur de St-Ruf, du prieur claustral, du camérier Falcon, etc. ; de la sacristine Ayglina et de 15 religieuses ; assistent encore Guigues de St-Romain, prieur du Bourg, maître Senioret, Imbert de Montvendre, archiprêtre, etc.

*Gallia christ. nova*, XVI, instr. 109-10. CHEVALIER (U.), *Codex diplom. S. Rufi*, 70-1. n° 58.

**4909** Besançon, 1184.

Donation par Gaucher, seigneur de Salins, à l'église de St-Etienne de Besançon pour le repos de l'âme de son père Girard, comte de Vienne. *Act. Bisuntii...*

GUILLAUME, *Hist. généal. sires Salins*, I. 80.

**4910** (Vers 1184).

Guillaume, comte de Vienne et de Mâcon, renouvelle aux religieux de Cîteaux l'exemption de tous droits de péage...

Arch. de la Côte-d'Or, Cart. de Cîteaux, 101ᵇ, n° 167. = PETIT (E.), *Hist. des ducs de Bourgogne*, III, 261.

**4911** 1184.

Le chapitre de Vienne acquiert du chevalier Guillaume Blain le domaine et la possession de six maisons à Cuvière *(Cuveria)*, en présence des archidiacres Bernard de Miribel et Bernard Alamant, des chanoines Adémar de Boczosel et Guiffred du Pont.

CHEVALIER (U.), *Cart. de St-Maurice de Vienne*, 45, n° 205 ; *Supplém.* 11.

**4912** 1184.

Hispandus, mistral *(ministralis)* de Vienne.

CHORIER, *Hist. de Dauph.* I, 861 ; 2°. 661.

**4913** 31 mars 1184.

Géraud Adémar prétendait avoir droit de gîte *(albergus)* à Cliousclat *(villa de Cleu)* chaque année avec nombre de compagnons *(milites et homines)* à sa volonté, avec remise entre ses mains des fortifications : ce que niaient l'abbé F[rancon] et les moines de St-Chaffre *(S. Theotfredi)*. On en vint à une transaction par l'entremise amicale de Guillaume de Poitiers *(Peiteus)* et de B. Bonelli. En place du droit de gîte, Géraud recevra des habitants de Cliousclat à la s¹ André 4 setiers de froment, 12 d'avoine *(civita)* et 20 sols Viennois. Géraud, son fils Géraudet Adémar jurent sur les s¹ᵉ Evangiles l'observation de cet accord ; Odon. évêque de Valence, y appose son sceau. Fait en présence de Pierre de Cliousclat, des bailes Guigues et Guion..., Armand de Mirmande, etc. (19).

Arch. de l'Isère, B, 3517. — CHEVALIER (C. U. J.), *Doc. inéd. relat. au Dauph.* VI, 36-8 ; *Cart. de St-Chaffre*, 183-4. n° 443. = CHEVALIER (J.), dans *Bull. soc. archéol. Drôme*, XXVII. 278 (à part, I, 189).

**4914** 9 avril 1184.
Bulle du pape Lucius III, qui confirme à Ponce prieur de St-Antoine la possession des églises de N.-D. de Montagne, St-Martin de Vinay, St-Marcellin, St-Jean-le-Fromental, St-Pierre-de-Montlusier, St-Didier-du-Château et Ste-Marie-Madeleine.

*Invent. titres St-Antoine*, 3. — Dijon, *Eglise abbat. St-Antoine* (1901). app. B. = Maillet-Guy (Germ.), dans *Bull. soc. archéol. Drôme*, XLI, 95. 322.

**4915** Mai 1184.
Deusloguart, baile *(bajulus)* de Guillaume (W.), comte de Valentinois, prétendait au droit de percevoir les redevances *(tascæ)* du fief acquis de P. de Donnai par les frères de St-Ruf, et aussi celles dues par Pierre Seuza à Montmeyran et par li Vivet et li Cataron à la Jarba, sauf à les rendre aux frères. Le comte Guillaume de Poitiers *(Pictavo)*, regrettant ce dissentiment, décide son baile à faire abandon de ses prétentions ; on lui donne 2 setiers de froment, 2 d'orge et 20 sols Valentinois ; on l'inscrira à sa mort parmi les familiers de l'ordre et on priera pour lui. Assistent Guillaume de Nîmes et Guillaume d'Etoile. chanoines de St-Ruf, P. Brémond, baile du comte.

Chevalier (U.), *Codex diplom. S. Rufi.* 71-2, n° 59. = Chevalier (J.), dans *Bull. soc. archéol. Valence*, XXVII. 277-8 (à part, I. 188-9).

**4916** Mayence, (20 mai) 1184.
A la diète tenue aux fêtes de la Pentecôte par l'empereur Frédéric, figure Gérard, comte de Vienne sur le Rhône, oncle de l'impératrice.

Gisleberti Hannon. *Chron.* : Bouquet, XVIII, 373. *Mon. Germ. hist.*, Script. XXI, 589.

**4917** 1184.
Hugues, duc de Bourgogne et comte d'Albon, fait don à Phelilie, nourrice de son fils le dauphin André, de 9 setiers de froment annuels sur Rouvre, mesure de Dijon, et remise du setier de vin qu'elle devait. Témoins : Béatrix, duchesse de Bourgogne, maître Hugues, son chapelain, Ebrard, prévôt de Dijon, etc.

Petit (E.). *Hist. des ducs de Bourgogne* (1888), II. 417-8.

**4918** Vérone. 5 septembre (1184/1185).
Bulle du pape Lucius III aux évêques et doyens des églises en faveur de frère Etienne, constructeur d'un pont sur le Rhône [à Lyon]. — *Operibus pietatis.*

Guigue, *Bibl. hist. Lyonnais*, I, 129-30. Chevalier (Jul.), dans *Bull. soc. archéol. Drôme*, XXXIX, 434-6 (original). = Jaffé, -15243. Mellier (El.), dans *Bull.* cité, 47-8.

**4919** 16 septembre 1184.
Obit de Gérard, comte de Vienne, pour lequel ses fils Guillaume et Gaucher, sire de Salins, firent des fondations à St-Etienne de Besançon.

Guillaume, *Hist. généal. sires Salins*. I. pr. 75.

**4920** 28 septembre 1184.
Fondation de l'abbaye cistercienne de Valbenoîte *(Vallis Benedicta)*, au diocèse de Lyon et dans le comté de Forez, par une colonie de celle de Bonnevaux.

Janauschek, *Orig. Cisterc.* I, 183.

**4921** Pavie, 29 septembre 1184.
Diplôme de l'empereur Frédéric Ier, par lequel il confirme à Guillaume (W°), évêque de Gap, les droits régaliens, le gouvernement *(præsidatum)* sur la ville, le château Rambaud (Raymbaudum) et Rabou *(Rabaonem)*. Témoins : Robert archevêque de Vienne *(Viannen.)*, etc. *Dat. Papiæ. — Imperatoriæ majestatis.*

Arch. des Bouches-du-Rhône, B. 2, reg. Pergam. 42 ; B. 291. Arch. des Htes-Alpes, G. 1112, vidimus du 16 févr. 1404/5 (IV, 1). Arch. de l'Isère. B. 3248, reg. ; B. 3735 ; B. 3753, 6 ; 3013[bis], 136, en diplôme d'avril 1288. *Invent. Gapençais.* 254-5, 268. Valbonnays, 2° Reg. n° 200. — Huillard-Bréholles, *Hist. diplomat. Frider.* II. V, 193-4. Albanès, *Gallia christ. noviss.* I, instr. 282-3. = Fontanieu, *Cart. du Dauph.* I. 142b. *Gallia christ. nova*, I, 463. Gaillaud, *Ephém. Htes-Alpes*, 437-8. Stumpf. 4386, Roman, 39°.

**4922** Vérone, 1er octobre (1184/1185).
Le pape Lucius III confirme l'union de la prévôté du chapitre de la cathédrale à l'évêché de Maurienne, procurée par la médiation de J[ean de Sassenage], évêque de Grenoble, et R[aynaud], évêque de Belley.

*Docum. acad. Savoie* (1861), II, 30, n. 2. *Chevalier (C. U. J.), Doc. inéd. relat. au Dauph.* III, 194. = Jaffé, -15270.

**4923** Pavie, 9 octobre 1184.
Diplôme de l'empereur Frédéric en faveur des fils de Bertrand de Baux, Guillaume, Bertrand et Hugues, les autorisant à porter leurs enseignes de l'Isère à la mer, etc.

Arch. d. Bouches-du-Rhône, B, 1069. 229. = Barthélemy, *Invent. mais. Baux*, 2., n° 84.

**4924** Vérone, 17 octobre (1184/1185).
Bulle du pape Lucius III expédiée à tous les archevêques, évêques, abbés, prieurs, archidiacres, doyens, prêtres et autres prélats. Il a appris avec étonnement que, contrairement au privilège accordé par le St-Siège à toutes les maisons de l'ordre de Cîteaux, on exige de l'abbé et des frères de Léoncel la dîme des terres qu'ils travaillent de leurs mains ou à leurs frais, comme si l'exemption portait seulement sur les terres nouvellement défrichées *(novalia)*. On fulminera l'excommunication contre les laïques, la suspense contre les chanoines, clercs ou moines qui contreviendront. On excommuniera aussi ceux qui se livrent à des voies de fait contre les frères. — *Audivimus et audientes.*

Chevalier (U.), *Cart. de Léoncel*, 38-9, n° 32. = Jaffé,-15285.

**4925** Vérone, 23 octobre 1184.
Bulle du pape Lucius III, par laquelle il prend le monastère de St-Pierre à Vienne sous la protection du Siège apostolique et confirme à son abbé le droit de porter la mitre.

Bosco (J. a). 106. *Patrol. lat.* CCI, 1288. = Jaffé, 9629-15097.

**4926** 29 octobre (1184/1185).
Rescrit du pape Lucius III, par lequel il confirme à [Robert], évêque de Die, la possession de la prévôté de son église. — *Justis petentium.*

Valbonnays, 2° Reg., n° 201. = Columbi, *Episc. Dien.* 87 ; *Opusc.* 291. *Gallia christ. nova*, XVI, instr. 192-3. Chevalier (C. U. J.). *Cart. de l'égl. de Die*, 18, n° 4. = Jaffé, -15298.

**4927** Vérone, 30 octobre 1184.
Diplôme de l'empereur Frédéric Ier en faveur de Jean, archevêque de Lyon. Parmi les témoins : Robert, évêque de Vienne. *Dat. in villa S. Zenonis.*

Severt, *Chron. archiep. Lugdun.* I, 256. Menestrier, *Hist. consul. de Lyon*, pr. 34-5. = Böhmer, R. 2665. Stumpf, 4392.

**4928** Vérone, 3 novembre 1184.
Diplôme de l'empereur Frédéric I<sup>er</sup> en faveur de Lantelme, abbé de la Chaise-Dieu. Parmi les témoins : Robert, archevêque de Vienne.
*Gallia christ. nova*, I, 463; II, 336; V, 480. BŒHMER, *Acta imp. sel.* (1870), 142. = BÖHMER. *R.* 2666. STUMPF. 4393.

**4929** Vérone, 13 novembre (1184/1185).
Privilèges du pape Lucius III en faveur de l'abbé et du couvent de Léoncel : défense d'exercer aucune violence contre leur abbaye et leurs granges, de construire à moins d'une demi-lieue, de poursuivre les frères devant les tribunaux séculiers ; permission de prendre, avec assentiment de l'évêque, un avocat *(iconomum)* pour leur défense, d'absoudre leurs novices qui s'accuseraient d'avoir incendié ou frappé des clercs. — *Justis petentium.*
CHEVALIER (U.), *Cartul. de Léoncel.* 39-40, n° 33. = JAFFÉ, -15326.

**4930** Vicence, 16 novembre 1184.
Diplôme de l'empereur Frédéric I<sup>er</sup>, par lequel il confirme à Guillaume, abbé de St-Oyand *(S. Eugendi)* les possessions de son monastère : *In pago Viennensi, ecclesias de Quintiniaco* (Quintenas) *cum prioratu et de Rufiaco et de Ardolio cum capella de Oriol; ecclesias S<sup>i</sup> Albani et S<sup>i</sup> Georgii et S<sup>i</sup> Romani cum capella de Agyo, ecclesiam de Salicibus* (Salaize) *cum prioratu ..., et ecclesias de Lymoniaco, de Verniaco, de Calnaco, de Altasio* (al. Artolio), *et de Alentiaco cum capella de Russilione, ecclesiam de Kamuniaco* (al. Ca-o). — *Officium imperatoriæ.*
CHEVALIER, *Hist. de Poligny*, I, 328-31. GLAFEY, *Anecdot. s. R. l. histor. ac jus pubi. illustr.* (1734), I, 145. DUNOD, *Hist. des Séquanois*, I, pr. lxix-xxj. DROZ, *Hist. de la Franche-Comté*, 14, 19. [CHRISTIN]. *Dissert. sur l'établiss. de l'abb. de St-Claude*. 91. 44. HUILLARD-BRÉHOLLES, *Hist. diplom. Frider. II.* V, 172-5. BENOIT (P.), *Hist. de l'abb. de St-Claude*, I. 570-4. 642-4. *MAZON. *Orig. églises Vivarais.* II. 33-4. = BÖHMER, 2669. STUMPF. 4398. *Schw. Urk.* 2507.

**4931** Vérone, 10 décembre (1184).
Lettre du pape Lucius III à l'archevêque de Vienne et à ses suffragants, leur mandant de prendre sous leur protection les frères Chartreux et leur ordre, de les défendre contre les malfaiteurs et de favoriser leurs bienfaiteurs. — *Cum omnibus.*
*Invent. Graisivaudan.*II, 141°. — *Privil. ord. Carthus.* (1510), 2<sup>b</sup>. *Patrol. lat.* CCI, 1305-6. PFLUGK-HARTTUNG, *Iter. Italic.* 59 (11 déc.)= JAFFÉ, 9646-15134. LE COUTEULX, III, 4.

**4932** Vérone, 21 décembre 1184.
Bulle du pape Lucius III, par laquelle il prend sous sa protection la Chartreuse et les autres maisons de l'ordre et confirme leurs privilèges. — *Cum vos per.*
Voir la bulle d'Alexandre III, du 2 sept. 1176. — Paris, Arch. Nat., L. 232, n° 32. = JAFFÉ, -15141. LE COUTEULX, III, 4.

**4933** Vérone, 21 décembre (1184).
Bulle du pape Lucius III adressée au prieur et aux frères de la Chartreuse, par laquelle il prend leur ordre sous la protection de s' Pierre et confirme leurs possessions, dont il décrit minutieusement les confins. — *Religiosam vitam.*
*Privileg. ord. Carthus.* 2. *Gallia christ. nova*. XVI, instr. 91-2. *Patrol. lat.* CCI, 1306-7. JAFFÉ, 9649-15144.

**4934** 30 décembre 1184.
Bernard de Miribel, archidiacre de l'église de Vienne, cède à la maison de Marnans deux moulins à Chaumont, en présence du doyen et de tout le chapitre. *Humbertus not.*
Ms. : Gaighières 181. — CHARVET, 360. CHEVALIER (U.), *Cart. de St-Maurice Vienne*, 45, n° 204.

**4935** (1184/1187).
Charte d'Eustache, prévôt de Valence, relatant son échange avec l'église de St-Pierre-du-Bourg.
CHEVALIER (U.), *Cart. de St-Pierre-du-Bourg*, 19, n° 8.

**4936** (1184/1187).
Guillaume, abbé de St-Pierre à Vienne, donne [aux frères de Bonnevaux] les dîmes des terres entre Muschillon et Chaeurz.
CHEVALIER (U.), dans *Bull. acad. Delphin.* D, II, 178 ; *Cart. de Bonnevaux*, 162, n° 427.

**4937** (Avant 1185).
Orgerius *(al.* Triverius), baile de la maison de St-Félix à Valence, vend au prieur Gontard et au chapitre le tènement qu'il possédait près de leur monastère, avec l'assentiment d'Odon, évêque de Valence, et de l'abbé Guillaume de Clérieu.
Mentionné dans la charte du 19 sept. 1208.

**4938** Vérone, 8 janvier (1185).
Bulle du pape Lucius III adressée au prieur et à tous les frères de l'ordre des Chartreux, les autorisant à faire venir pour les ordinations un évêque catholique, si celui de leur diocèse est empêché. — *Quanto ferventius.*
*Privileg. ord. Carthus.* 2<sup>b</sup>. TROMBY, *Stor. Cartas.* IV, app. 162. *Patrol. lat.* CCI, 1331-2.= JAFFÉ, 9724-15344. LE COUTEULX, III, 14.

**4939** Vérone, 9 janvier (1185).
Lucius III écrit aux archevêques et évêques en faveur des frères de la Chartreuse, leur mandant de réprimer par censure ecclésiastique ceux de leurs diocésains qui n'observeraient pas les indults pontificaux en leur faveur. — *Cum dilectos filios.*
LE COUTEULX, *Ann. Cartus.* III, 15. GUILLAUME, *Chartes de Durbon*, 140, n° 186.

**4940** (Vérone, 9 janvier 1185).
Bulle du pape Lucius III, par laquelle il prend sous sa protection la Chartreuse et les autres maisons de l'ordre et confirme leurs privilèges. — *Cum vos per Dei.*
Voir la bulle du même, du 21 déc. 1184. — *LE COUTEULX, *Ann. Cartus.* III, 22-3. GUILLAUME, *Chartes de Durbon*. 140-2; n° 187.

**4941** Vérone, 9 janvier 1185.
Rescrit du pape Lucius III à l'abbé et au couvent de St-Ruf, leur confirmant le droit de tenir dans leurs églises paroissiales 3 ou 4 chanoines ; l'un d'eux répondra du spirituel à l'évêque diocésain et à eux du temporel. — *Justis petentium.*
CHEVALIER (U.), *Codex diplom. S. Rufi*,72 3. = JAFFÉ, -15345.

**4942** (Vers 1185).
Agnès et son fils Guigues donnent à Bonnevaux tout ce qu'ils possèdent au territoire de Montmorin *(Montemoyrin)* à cens. Garants et témoins.
CHEVALIER(U.), dans *Bull. acad. Delphin.* D, II, 167 ; *Cart. de Bonnevaux*, 151, n° 377.

**4943**	Ornacieu. 1185.
Boniface d'Ornacieu et son frère Amédée pressuraient les gens de Bossieu *(Boceyo)*. Sur le point d'aller visiter le Saint-Sépulcre, Pierre Dudini reconnaît, à la demande de Bournon de Voiron, prieur de Bonnevaux, que les seigneurs d'Ornacieu n'avaient de droits d'usage *(usuaria)* sur les manants et la villa de Bossieu *(Bocey)* que du consentement de Falcon de Châtillon et de son père Guillaume, desquels les religieux avaient acquis cette villa. Témoins : Chatbert de Châtillon, Berlion de Montfalcon, Guillaume Ervysii et son frère Ervysius, Pierre de la Porte, Guillaume Gala de Viriville, chevaliers, Richard de Boczosel, Girold prêtre de Bossieu, etc.
*CHEVALIER (U.) et LACROIX (A.), *Invent. arch. Dauphin.* Morin-Pons, 280, n° 1072. CHEVALIER (U.), dans *Bull. acad. Delphin.* D, II, 95-6 ; *Cart. de Bonnevaux*, 79-80, n° 183.

**4944**	(Vers 1185).
Chatbert Bufavent, se sentant mourir, donne à perpétuité [aux religieux] de Bonnevaux le manse et châtaigneraie de *Selvencs*, avec approbation de sa femme Agathe de Crépol et de son fils Pierre. Témoins.
CHEVALIER (U.), dans *Bull. acad. Delphin.* D, II, 168 ; *Cart. de Bonnevaux*, 152, n° 381.

**4945**	(1185?).
Durancia Quoqua et son gendre Girold Amasas donnent [aux frères] de Bonnevaux une châtaigneraie *(chastaneium)* à Arzay *(Arseyum)*. Approbation des filles de Girold, Jeanne et Julienne.
CHEVALIER (U.), dans *Bull. acad. Delphin.* D, II, 94-5 ; *Cart. de Bonnevaux*, 78-9, n° 181.

**4946**	1185.
Ervisius de Beauvoir confirme [aux frères de Bonnevaux] sa donation d'un bois ; on lui donne le cheval de 12 livr. d'Etienne de Chalamont.
CHEVALIER (U.), dans *Bull. acad. Delphin.* D, II, 46 ; *Cart. de Bonnevaux*, 30, n° 51.

**4947**	1185.
Fulcon de *Chastanelo* et sa femme Gela donnent [aux frères] de Bonnevaux ce qu'ils possédaient dans la paroisse de Bossieu *(Boceyo)* et reçoivent 300 sols. Garants : Hugues Peysel et Falcon Alamand. Témoins :... Guillaume de Rioysia, chapelain de Viriville *(Ver-la)*,...
CHEVALIER (U.), dans *Bull. acad. Delphin.* D, II, 94 ; *Cart. de Bonnevaux*, 78, n° 180.

**4948**	(Vers 1185).
Gautier de Cour *(Curz)*, clerc, donne à Bonnevaux tout ce qu'il avait au territoire de *Pero*, avec l'assentiment de son fils.
CHEVALIER (U.), dans *Bull. acad. Delphin.* D, II, 167 ; *Cart. de Bonnevaux*, 151, n° 379.

**4949**	Ornacieu, 1185.
Guillaume Ervysii et ses frères Ervysius et Humbert renoncent à leurs revendications [contre les frères de Bonnevaux] et donnent pour garants Pierre de la Porte et Pierre Burnonis. Témoins. Fait *ap. Ornaceyum*. En descendant du château, on rencontre Humbert Ervysii, qui approuve ; témoins : Berlion de Montfalcon, Guillaume de Viriu, Guillaume de Morestel,....
CHEVALIER (U.), dans *Bull. acad. Delphin.* D, II, 95 ; *Cart. de Bonnevaux*, 79, n° 182.

**4950**	Moras, 1185.
Le chevalier Guillaume de *Valle* donne aux frères de Bonnevaux, par les mains de l'abbé Hugues, une terre et un pré *ad Albam Spinum*, moyennant 500 sols Viennois. Garants : Guillaume Bonini, Jarenton de Moras, chevaliers, et Guigues de Moras. Sa femme Villelma et leur fils Nantelme approuvent à Moras. Témoins : ... Humbert Guers son frère Pierre de St-Germain..., Hugues de Vaugelas *(Valle Gelata)*.
CHEVALIER (U.), dans *Bull. acad. Delphin.* D, II, 142-3 ; *Cart. de Bonnevaux*, 126-7, n° 308.

**4951**	(Vers 1185).
Mathieu, mari de Marie, revient sur la vente qu'il avait faite avec son gendre [aux frères] de Bonnevaux, puis la confirme moyennant 30 sols. Lui-même, Bonit et Burnon, leur mère Marie donnent au monastère ce qu'ils avaient au territoire de Primarette, sauf 2 vignes. Garants : Burnon de Revel oncle et neveu. Témoins.
CHEVALIER (U.), dans *Bull. acad. Delphin.* D, II, 167 ; *Cart. de Bonnevaux*, 151, n° 378.

**4952**	(Vers 1185).
Pierre Raygius, clerc, donne à Bonnevaux tout ce qu'il possède au territoire de *Pero*. Témoins.
CHEVALIER (U.), dans *Bull. acad. Delphin.* D, II, 167 ; *Cart. de Bonnevaux*, 151, n° 380.

**4953**	1185.
En prenant l'habit religieux à Bonnevaux *(venit ad conversionem)*, Pierre Rovoyrie donne au monastère, de concert avec ses 4 fils, Guillaume *(W.)*, Gaufred, Siboud et Pierre, le domaine de la terre d'Othmar de Bournay *(Bornay)*, et fournit comme garant Guillaume de Beauvoir. Témoins : les chevaliers Adémar Senoreti et Guifred de Peladru.
CHEVALIER (U.), dans *Bull. acad. Delphin.* D, II, 44 ; *Cart. de Bonnevaux*, 28, n° 49.

**4954**	Tornin, (vers 1185).
Pierre Vulbers cède à Bonnevaux, pour un cens de 12 den., tout ce qu'il avait au territoire de Primarette du chef de sa femme, fille de Jean Armanni ; son frère Malchuns approuve. Fait *ap. Torninum*, dans la maison d'Etienne Billun. Témoins.
CHEVALIER (U.), dans *Bull. acad. Delphin.* D, II, 165-6 ; *Cart. de Bonnevaux*, 149-50, n° 374.

**4955**	Revel, (vers 1185).
Ponce de *Challiaco* et sa mère Ayglentine *(Ang-na)* remettent leur frère et fils Pierre au monastère de Bonnevaux et donnent pour cela le pâturage par toutes leurs terres pour les animaux de la Perrière *(Petraria)* et au bois de Barbarin. Fait *ap. Revellum*, entre les mains du moine Pierre de Viriville. Témoins.
CHEVALIER (U.), dans *Bull. acad. Delphin.* D, II, 168 ; *Cart. de Bonnevaux*, 152, n° 382.

**4956**	Cherbourg. (1185?).
Henri, roi d'Angleterre, duc de Normandie et d'Aquitaine, comte d'Anjou, annonce à ses prélats, nobles, etc. avoir donné et confirmer par la présente au prieur et aux frères de la Chartreuse *(Chartosa)* une aumône de 50 marcs d'argent à percevoir chaque année sur son échiquier d'Angleterre, moitié à Pâques et moitié à la

s¹ Michel. Témoins : Gautier archevêque de Rouen, H[enri] évêque de Bayeux, J[ean] d'Evreux, etc. *Ap. Cæsaris burgum.*

Le Couteulx, *Ann. Cartus.* III, 23-4. — Ne figure pas dans le *Recueil des actes de Henri II...* par Léop. Delisle, Introd. (1909), 549-56.

**4957** Durbon, 1185.

Pierre Bertrandi, sa femme Elisabeth et son fils Jacques donnent au prieur Chatbert et aux frères [de Durbon] une partie de la dot, soit 4 setérées de terre à *Rochas Airaut*, moyennant 20 sols. Témoins : Nicolas, etc. Fait devant l'église de la maison inférieure.

Guillaume, *Chartes de Durbon*, 143-4, n° 190. =Roman, 40b.

**4958** Durbon, 1185.

Pierre Umberti et ses frères Guillaume et Bertrand donnent au prieur Chatbert et aux frères [de Durbon] le tiers du pré près *Fontem* et le domaine du pré de la Peine *(Pennis)*, à la Chau *(Chalmis)*, moyennant 35 sols. Témoins : Nicolas, procureur, etc. Fait devant l'église de la maison inférieure.

Guillaume, *Chartes de Durbon*, 142-3. n° 188. — Roman, 40b.

**4959** Durbon, 1185.

Pierre Zurrelli et son frère Jean donnent au prieur Chatbert et aux frères [de Durbon] leur terre près Pré-Rond *(Pratum Rotundum*, à Recours, *Rocos*), moyennant 20 sols. Témoins : Nicolas, procureur, etc. Fait devant l'église de la maison inférieure.

Guillaume, *Chartes de Durbon*, 144, n° 191. —Roman, 40b.

**4960** Durbon, 1185.

Raimond Benedicti, sa femme Vincentia, son neveu Abrilia donnent au prieur Chatbert et aux frères [de Durbon] leur terre au serre *Prati Forani* (à Recours, *Rocos*), moyennant 10 sols. Témoins : Nicolas, procureur, etc. Fait devant l'église inférieure.

Guillaume, *Chartes de Durbon*, 143, n° 189. =Roman, 40b.

**4961** 1185.

Après avoir souvent querellé *(calumniæ)* les frères de Notre-Dame de Léoncel *(Liuncelli)*, Guillaume de Clérieu *(Clario)*, abbé de St-Félix [de Valence], leur fait concession de tout ce qu'ils avaient acquis dans les limites de l'abbaye de St-Félix; il y ajoute le pâturage dans le territoire de Revest et la châtellenie de Pisançon *(castellaria de Pisencans)*, et reçoit 6 livr. 5 sols. Il scelle la charte de concert avec Robert, archevêque de Vienne. Témoins : Ponce archiprêtre de Romans *(R-ni)*, maître Guarin, Humbert de Curson *(Curcon)*, chanoine de St-Félix, Durand chan. du Bourg, des mistraux, des moines et des convers de Léoncel. — *Quoniam litis mater.*

Chevalier (U.), *Cart. de Léoncel*, 40-1, n° 34.

**4962** 1185.

Lantelme de Gigors *(Gigorz)* donne à la maison de Notre-Dame de Léoncel *(Liuncelli)*, entre les mains de l'abbé Guillaume, ce qu'il possède dans la montagne, de la balme de St-Romain à la pierre Trastorná, au-dessus du chemin d'Ansage *(Enciæ)*, et *per trivium* de St-Romain au-dessus de cette balme suivant le chemin de Châteaudouble *(Castri Duplicis)* à *Cialér*; on lui compte 8 livr. monnaie de Vienne. Il confirme le don de son père, comprenant le territoire de Tourniol *(Tornino)*,

Choméane *(Chalmæ Medianæ)*, la dîme de l'église de St-Romain et le pâturage par toute sa terre. Il s'en constitue par serment le défenseur et fournit comme garant Chatbert Rainier. Approbation de son baile *(bailio)* Rotbert Estraers, qui abandonne sa bailie. Témoins (moines, convers, laïques). Approbation de sa femme, fille de Guielin du Royans *(Roias)* ; témoins : Raymond prêtre de Gigors, etc. Sceau de Robert, évêque de Die.

Chevalier (U.), *Cart. de Léoncel*, 41-2, n° 35.

**4963** (Vers 1185 [1180/1192]).

Tiburge *(Titburs)* d'Orange et son fils Guillaume engagent à Raimond de Mévouillon, à sa femme et à ses fils le château et villa de Barret, pour 5.000 sols (en garantie de la dot d'Ermengarde de Mévouillon, mariée à Bertrand de Baux); garants de sa restitution dans 40 jours.

Arch. de l'Isère, B. 3791, orig. parch. — Pinet de Manteyer (G.), et G[uillaume] (P.), dans *Bull. soc. étud. Htes-Alpes* (1889), VIII, 371-3.

**4964** 1185.

Julienne, abbesse de St-André-le-Haut à Vienne, acquiert de Guillaume de Guenisi, de sa femme Raimoes et de leur fils Joffrei la moitié de la terre du Liars, et l'autre de Léotard, son frère Léotard de Pinet, leur mère Armengarde et leur sœur Guillemette ; elle leur compte 20 livres et au chapitre de St-Maurice, qui avait cette terre en gage, 30 ; elle obtient encore des frères Léotard la 1/2 de leur fief près de Liars. Signé par 23 religieuses professes, par l'archidiacre de Vienne, Pierre Erveisies, chapelain de St-André, et 18 autres. Sceaux de Robert, archevêque de Vienne, et de Julienne.

Charvet-Allut, *Mém. hist. abb. St-André-le-Haut*, 69-71, trad¹, cf. xlv-j.

**4965** 1185.

Odon, évêque de Valence, fait donation au prieur de St-Félix, des dîmes qu'il percevait à Montélier, etc.

Arch. de la Drôme, Invent. de St-Félix, 21, n° 97.

**4966** (1185?).

Arbert de la Tour cède à l'église de St-Maurice de Vienne ce qu'il avait à St-Chef : Bernard Alaman lui compte 100 sols.

\*Charvet, 358. Chevalier (U.), *Cart. de St-Maurice Vienne*, 45, n° 208.

**4967** La Silve-Bénite, St-Chef, Vienne, 1185.

Berlion ou Bérilon de la Tour cède à l'église de St-Maurice de Vienne ses droits sur la dîme de Biol, entre les mains du prêtre Etienne de la Tour, en présence de l'obédiencier Bernard Alamant ; témoins, dont maître Ponce, Durand sacristain. Amédée de la Poype, de Viricu, et ses enfants renoncent à leur part, moyennant de l'argent, à la Silve-Bénite, entre les mains de l'archevêque Robert, en présence du prieur et de religieux de cette chartreuse. Arbert de la Tour fait la même concession entre les mains du même prélat, en la ville de St-Chef *(S. Theuderii)*, présents.... ; et à Vienne, entre les mains de Bernard Alamant, qui leur donne 100 sols; témoins : le mistral Guillaume, etc.

\*Charvet, 358. Chevalier (U.), *Cart. de St-Maurice Vienne*, 45, n° 207 ; *Supplém.* 11-2.

**4968**  1185.

L'archevêque Robert et le chapitre de Vienne donnent à perpétuité à Etienne de Quairières *(Carreria)*, à son épouse Pétronille et à leurs enfants le moulin de Rochevaux *(Vallis Ruppium)*, sous la pension d'un setier de froment.

Ms. : *Gaignières 181. — *Charvet, 357. Chevalier (U.), *Cart. de St-Maurice Vienne*. 45. n° 206.

**4969**  1185.

Odon, évêque de Valence, confirme à Aimon, abbé de St-Ruf. l'acquisition faite par lui, au prix de 20 marcs, de la vigne de Ponce de Vacheras, contiguë au clos du prélat.

*Chevalier (U.), *Codex diplom. S. Ruft*. 73, n° 61.

**4970**  1185.

Hugues, duc de Bourgogne, comte de Grenoble, et son épouse Béatrix confirment ses possessions au monastère de Tamié et l'exemptent des péages dans leurs terres.

Arch. de l'Isère, B. 307, 154ᵇ, 2 ; 261, ap. 15. *Invent. Graisivaudan*, I. 94ᵇ.

**4971**  1185.

Hugues, duc de Bourgogne et comte d'Albon *(A-nii)*, relate les contestations entre les Templiers et Guy de Sombernon, et l'arrangement conclu en sa cour.

Petit (Ern.), *Hist. des ducs de Bourgogne*, III, 261.

**4972**  La Chartreuse, 23 mai 1185.

En vue d'aplanir un différend au sujet de leurs limites respectives, l'abbé Hugues et le prieur Burnon de Bonnevaux se rendent à la Chartreuse. Les religieux des deux ordres tenant à la liberté de leurs confins, ceux de Bonnevaux acceptent la délimitation désirée par les Chartreux, qui est exactement précisée. Deux chartes séparées par un alphabet sont scellées par l'archevêque de Vienne, Jean évêque de Grenoble et les deux couvents. *Acta... apud Cartusiam*, en présence de Guigues, évêque d'Aoste *(Augusten.)*, Guillaume, abbé de Léoncel, Jocelme [Jancelin], prieur de la Chartreuse, Hugues prieur des Ecouges,... Guigues ancien prieur de la Chartreuse..., Guitfred procureur.... Signatures.

Le Couteulx, *Ann. Cartus*. III, 20-1, 44. Chevalier (U.), dans *Bull. acad. Delphin*. D. II, 180-1 ; *Cart. de Bonnevaux*, 164-6. n° 430.

**4973**  Valence, juin 1185.

Lambert, doyen de l'église de Valence, désireux de terminer par un accord amical de vieux dissentiments avec les chanoines de la cathédrale, s'en remet à l'arbitrage d'Odon, évêque de Valence, assisté de Guy, prieur du Bourg, B. vicaire de Viviers, Bertrand Bonelli et L. Pineti. Les plaids des biens propres au doyen sont assignés au doyenné. Ceux des biens de la sacristie, du fief de Pierre de Montvendre, du château et mandement d'Allex *(Ales)*, des legs de Guillaume de Sassenage, de Guillaume de Barcelonne, chantre, de Ponce Penchenati à Etoile sont assignés à l'église. Ceux des biens qui appartiennent à l'église dans le territoire de Valence et en dehors, notamment à *Langories* ou *Long-s, Dovenas, Franconas* et *Gisayas* seront partagés par moitié. On excepte les biens chargés d'anniversaires, etc. Le doyen ne pourra désormais acquérir de biens appartenant à l'église sans le conseil du chapitre. Il aura la charge de la famille du cloître et des bailes, sous l'assentiment de la majeure portion du chapitre. Les *firmantiæ* et justices suivent la nature des plaids. *Acta Valen., dans la cour (aula) de l'évêque... ind. 3, sed. in Urbe Lucio sum. pontif., regn. Frederico Roman. imper*. Approbation d'Eustache prévôt, Ismidon de Chabeuil, Pierre vicaire, Lantelme baile, etc. (16). Sceaux de Robert archevêque de Vienne et d'Odon év. de Val. — *Quamquam secundum*.

Arch. de la Drôme, Chapitre, copie de vidimus de 1487.

**4974**  Vérone, 13 juin (1185).

Bulle du pape Lucius III adressée à [Jean], évêque de Grenoble ; il confirme la transaction intervenue entre lui et [Hugues], duc de Bourgogne, au sujet de la terre de la Plaine *(Plana)*, des moulins et autres choses. — *Relatum est nobis*.

Cartul. *d'Aimon de Chissé*, n° 15 (Not. anal. 12). Valbonnays, *Hist. du Dauph*. I, 182². *Patrol. lat*. CCI, 1358-9. = Jaffé, 9758-15434. Petit, *Hist. ducs Bourg.*, III, 260.

**4975**  9 août (après 1184).

Obit de B[ernard] V. [de] Miribel, archidiacre et trésorier de l'église de Vienne.

Lagier (A.), *Notice sur l'église de St-Pierre de Marnans* (1902). 10.

**4976**  Vallières, 21 octobre 1185.

Henri de Faucigny proteste à J[ancelin], prieur de la Chartreuse, à son chapitre et à son ordre qu'il regrette ses méfaits contre la maison du Reposoir et confirme les donations de son père Aymon et de son frère Rodulphe. Il sollicite l'apposition des sceaux du pape Lucius, de l'archevêque de Vienne, de l'évêque de Genève, etc. *Facta ap. Valerias*, grange du Reposoir... *fer. 2, luna 23..., epacta 17, cycli xix 8, concurr. 1. ind. 3, Lucio pp. III. Freder. imper*. Témoins.

Le Couteulx, *Ann. Cartus*. V. 16-7. Burnet (E. L.), dans *Mém.-doc. soc. hist.-arch. Genève*. XXXI, 193-4, 345-9.

**4977**  Pavie, 19 novembre 1185.

Pierre, archevêque d'Embrun *(Hebredun.)*, souscrit le diplôme de l'empereur Frédéric en faveur de Nantelme, évêque de Genève.

Muratori, *Antiq. Ital*. VI, 61-4 (à 1235). Spon, *Hist. de Genève* (1730), II, 40-1, pr. 13. = Böhmer, 2685. H. Gen. 435. Stumpf, 4437. Schw. Urk. 2538.

**4978**  Vérone, 12 décembre (1185).

Le pape Urbain III confirme la sentence de Robert, archevêque de Vienne, et d'Hugues, abbé de Bonnevaux, entre l'évêque et le comte de Genève. — *Ex tenore*.

Spon, *Hist. de Genève*, II. 41-2, pr. 14. *Magnum Bullar. Roman. Cont*. IX, 31. *Patrol. lat*. CCII, 1343. = Georg. I, 723. Jaffé, 9785-15481. R. Gen. 436. *Schw. Urk*. 2540.

**4979**  St-Laurent-du-Pont, Chalais, (1185/1187).

Guillaume Randau se fait convers au monastère de Chalais et lui cède, de concert avec les autres propriétaires, la vigne du Claus et un pré à Voreppe. Fait entre les mains de Jean, évêque de Grenoble, présent l'évêque de Belley Raynaud.

Arch. de l'Isère, H. 277. n° 585. origin. parch. (communiqué par M. J. C. Roman).

**4980** (1185/1190).
Marie, femme de Martin de l'Isle, vend au monastère de Chalais une parcelle de terre, pour le prix de 20 sols.
Arch. de l'Isère. H. 277. n° 376. origin. parch. (communiqué par M. J. C. Roman).

**4981** (1185/1224).
Guillaume, comte de Vienne et Mâcon, accorde l'immunité de péage à l'abbaye de Balerne.
*GUILLAUME (J. B.), Hist. de Salins, II, pr. 29.

**4982** (Avant 1186).
Accord entre Guillaume, abbé de St-Maurice d'Agaune, et Amédée de Gex (Saiz), fils d'Amédée, comte de Genevois, ménagé par Hugues, abbé de Bonnevaux.
Confirmé par le diplôme de l'empereur Frédéric I", du 26 août 1186.—STUMPF. Reichskanzler, III,235-6. = STUMPF, 4465.

**4983** (Avant 1186).
Accord entre Raimond, comte de Toulouse, et Nicolas, évêque de Viviers, au sujet de 3 mines d'argent (argentaria). Sceau de Robert, archevêque de Vienne.
ROCHE (Aug.), Armor. évêq. Viviers, I, 333; trad. 171-2.

**4984** Milan, 27 janvier 1186.
Anno Domini MCLXXXVI.... Sexto kal. februarii, Viennensis archiepiscopus [Robertus] Fredericum imperatorem Romanum Mediolani coronavit... Hæc acta sunt in monasterio Sancti-Ambrosii.
RADULFUS de Diceto, Imagines historiarum : BOUQUET, XVII, 627 (Aynardus!). TORCHE (Theod.), Kaiser Heinrich VI, 515. = MERMET, III. 69. TERREBASSE, Inscr. I. 261-2. FOURNIER, Roy. d'Arles, 75 (avril).

**4985** Vérone, 7 février (1186).
Bulle du pape Urbain III qui confirme toutes les possessions de l'abbaye de St-Claude (St-Oyand), entre autres le prieuré de Limony, diocèse de Vienne.
CRESTIN (J. J.), Titres de l'abbaye de St-Claude, I. 733-9. BENOIT (P.), Hist. abbaye St-Claude, I. 579. MAZON (A.), Orig. églises Vivarais, II, 34.

**4986** Vérone. 28 février (1186/1187).
Bulle du pape Urbain III, par laquelle, à la demande de Jean, évêque de Grenoble, il confirme la transaction passée entre celui-ci et Hugues, duc de Dijon [Bourgogne]. — Ea quæ super causarum.
Arch. de l'Isère. B. 307. 151. Arch. comm. Grenoble, FF. 1 (III, 201*). Cartul. d'Aimon de Chissé, n° 16 (Not. anal. 12). FONTANIEU, Cart. du Dauph. I, 142-3. — JUSTEL. Hist. mais. d'Auvergne, pr. 27-8. LE COUTEULX, Ann. Cartus. III, 9. = VALBONNAYS, Hist. de Dauph. I, 182*. JAFFÉ, -15801. CHEVALIER (U.), Ordonn. n° 8. PETIT, Hist. ducs Bourg. III, 263-4.

**4987** Novare, 5 mars 1186.
Diplôme de l'empereur Frédéric I" en faveur d'Ottobon comte de Radicate. Témoins : Willelmus Vapicensis episcopus.
STUMPF, Reichskanzler, III, 232-5. = STUMPF, 4452.

**4988** Novare, 7 mars 1186.
L'empereur Frédéric I" notifie au clergé, aux chevaliers et au peuple du diocèse de Gap (Wapinc.) qu'il a concédé à leur évêque Guillaume que l'acquisition des fiefs dans son diocèse serait subordonnée à son agrément. — Notam facimus.
Arch. de l'Isère, B.3013bis, 142 ; 3753, 6. Arch. des Bouches-du-Rhône, B, 1231 ; B. 2, reg. Pergam. 41b. Carpentras, mss. Peiresc LXXIV, II, 334b ; LXXVIII. Invent. Gapençais, 255, 261. — Gallia christ. nova, I, instr. 87. = GEORG. I, 725. BRÉQ. IV, 81. STUMPF, 4453, p. 274*. Gallia christ. noviss. I, 481. ROMAN, 41*.

**4989** Vérone, 21 mars 1185/6.
Bulle du pape Urbain III adressée à l'abbé et aux frères de St-Ruf, par laquelle il prend sous la protection du Siège romain leur église dans l'île Eparvière (Esparveria), celles de St-Jacques, de St-Ruf à Tripoli, etc. — Regularem vitam.
*CHEVALIER (U.), Codex diplom. S. Rufi, 73, n° 62. = JAFFÉ, -15558.

**4990** 1186.
Burnon Rufus et son frère Bonit, après avoir élevé des difficultés contre [les frères] de Bonnevaux au sujet de ce que leur oncle, le convers Rainaud, avait acquis d'eux et de son gendre, y renoncent l'année qu'Albert de la Tour reçut du duc de Bourgogne le château de Revel. Témoins : Falcon de Tornino. Humbert de Parzia, chevaliers, etc.
CHEVALIER (U.), dans Bull. acad. Delphin. D, II, 170 ; Cart. de Bonnevaux, 154, n° 387.

**4991** La Perrière, Bonnevaux, (1186).
Le chevalier Pierre de Revel, revenu à la santé, donne [aux frères] de Bonnevaux une terre à la croix de St-Quentin. Fait apud Petrariam, l'année qu'Arbert de la Tour reçut du duc de Bourgogne le château de Revel. Témoins : Guigues d'Espéranche (Sperenchia), Jean de Tourdan (Tordone). Jean de Lemps (Leemis), Berlion de Primarette (Prumalayta). Il fait ratifier son don à Bonnevaux par son fils Pierre, à qui l'abbé Hugues donne une ceinture et un couteau.
CHEVALIER (U.), dans Bull. acad. Delphin.D,II, 170-1 ; Cart. de Bonnevaux, 154-5, n° 389.

**4992** Revel, (1186?).
Raynaud de Revel cherche querelle [aux frères] de Bonnevaux, pour lui et ses deux jeunes neveux, à l'occasion des biens acquis d'eux et de son gendre par le convers Raynaud, puis y renonce. Garants : Fulcon de Tornino et Soffred d'Illins (Illino). Témoins : Berlion de Primarette (Prumalayta), convers, Guy de Moras, Humbert de Parzia, Falcon de Challeyo, chevaliers, etc.
CHEVALIER (U.), dans Bull. acad. Delphin. D, II,170 ; Cart. de Bonnevaux, 154, n° 388.

**4993** 1186.
Urbain III écrit à tous les prélats de l'Eglise de réprimer par censures ecclésiastiques ceux qui commettent des injustices contre les Chartreux.
*LE COUTEULX, Ann. Cartus. III, 28.

**4994** 1186.
Le chartreux Hugues, prieur de Witham, refuse de consentir à son élection comme évêque de Lincoln sans l'approbation de son supérieur. On envoie à la Grande-Chartreuse, dont le prieur et les frères lui ordonnent d'acquiescer à la volonté de l'archevêque de Cantorbéry et du roi d'Angleterre.
*LE COUTEULX, Ann. Cartus. III, 34, 37.

**4995**  1186.
Hugues, duc de Bourgogne et comte d'Albon, atteste avoir accordé, avec l'assentiment de ses fils Odon et Alexandre, à sa parente Mathilde, comtesse de Tonnerre, l'autorisation de donner [au monastère] de Cluny ce qu'elle avait acquis de lui à Is *(Hiz)*. Témoins :... maître Hugues, son chapelain,...
> Rivaz (P. de), *Diplom. de Bourg*. II, n° 198 (Anal. 57). — Guichenon, *Bibl. Sebus* (1660). 262-3 ; (1780). 76. Bernard-Bruel, *Chartes de Cluny*, V. 669, n° 4309. = Bréq. IV. 86. Petit, *Hist. ducs Bourg*. III, 266.

**4996**  Durbon, 1186.
Pétronille, ses fils Bontoux *(Bostos)*, Pierre et Guillaume, sa fille Rixenz et ses fils Ruf[i] et ses frères de Durbon leur avoir à la côte du Fangeas *(del Efanga)*, 3 setérées de terre à la côte du Bardoux *(S. Bardulphi)*, 2 en serre du même, 1 de pré à la côte *Aurea* et une pièce de pré à *Rochaz Airaut*, moyennant 44 sols. Témoins : Nicolas, procureur, etc. Fait devant l'église de la maison inférieure.
> Guillaume, *Chartes de Durbon*, 144-5. n° 192. = Roman. 40°.

**4997**  1186.
Hugues, duc de Bourgogne et comte d'Albon, donne à l'église et aux chanoines d'Oulx *(S. Laurentii de Ultio)* Guigues Bonjean et Jean du Monétier *(de Monasterio)*, avec leurs biens ; il les exempte des tailles, ainsi que leurs prêtres qui ne tiennent rien de lui Témoins : Guillaume de Beauvoir, Radulfe et Hugues de Bardonenche *(Bardonischa)*, etc.
> Arch. de l'Isère, B. 297, 52. *Invent. Briançonnais*. 602. Fontanieu, *Hist. du Dauph*., pr. II, II, 369 ; *Cart. du Dauph*. I, 142ᵇ. — Rivautella, *Ulcien. eccl. chartar*. 43, n° 36. Collino, *Carte d'Oulx*, 196-7, n° 183. = Petit, *Hist. ducs Bourg*. III, 267.

**4998**  1186.
Roger de Clérieu *(Rotgerius de Claireu)*, jouissant encore de sa mémoire, de l'assentiment de L[antelme], évêque de Valence, d'Adémar de Poitiers et de son frère Guillaume de Clérieu, abbé de [St-Félix à] Valence. donne à l'église de St-Ruf et à son abbé Pierre le manse de Courtilles *(Cortellas)*, sis à St-Pierre *(Massaz, Mazzas)* sur Livron *(apud Liberonem)* ; il y ajoute le droit de pâturage pour les troupeaux et les bêtes de somme dans ses prés de la Voulte au Rhône. Fait en présence des susdits. de maître Senioret, de sa femme, de Guillaume (W.), prieur de St-Ruf, etc.
> Chevalier (U.), *Codex diplom. S. Rufi*, 74, n° 63.

**4999**  Valence, 1186.
Adémar *(Aesmarus)* de Poitiers donne à Ponce, prieur du Val-Ste-Marie en Royans, un droit de gîte *(albercum)* et procure sur l'église de Montmeyran *(Monte Madriano)*, qui est immédiatement échangé avec le monastère de St-Bénigne de Dijon contre la paroisse de Bouvantes *(Bovanti)*. Fact. *Valentiæ*, dans le palais *(aula)* épiscopal ; présents : L[antelme], évêque de Valence, Eustache, prévôt du chapitre, Lambert, doyen, etc... *regn. Friderico Roman. imper. et Urbano pp. III sedi apost. præsid*.
> Pérard, *Rec. pièces Bourgogne*, 261. Trad. Chevalier (U.). dans *Journ. de Die*, 16 août 1868. = Le Laboureur, II, 599.

Bréq. IV, 86. Chevalier (J.), dans *Bull. soc. archéol. Drôme*, XXVII, 280-1 (à part, I, 192).

**5000**  Vérone, 5 avril ou 13 mai (1186).
Lettre du pape Urbain III adressée aux archevêques et évêques dans les diocèses desquels se trouvent des prieurés et obédiences de l'ordre de Cluny, leur défendant d'en exiger des procurations à moins de visite personnelle. — *Sic est ecclesiarum*.
> *Bull. Cluniac*. 84, *Patrol. lat*. CCII, 1385. = Jaffé, 9813-15578. *Bernard-Bruel, *Chartes de Cluny*, V. 668, n° 4308.

**5001**  Vérone, 18 avril 1186.
Urbain III prescrit d'élire le prieur et le procureur des Chartreux suivant les règles de l'ordre.
> *Le Couteulx, *Ann. Cartas*. III, 28.

**5002**  Dijon, (20/26) avril 1186.
Hugues, duc de Bourgogne, avec l'approbation de son épouse Béatrix, de ses fils Odon, déjà chevalier, et Alexandre, concède une rente à l'abbaye de St-Bénigne sur le péage de Dijon. Témoins : Hugues chapelain du duc. etc. *Act... 2ª hebdom. post Resurrect. Dom. ap. Divionem*.
> Du Chesne, *Ducs de Bourg*. pr. 55. Pérard, *Rec. pièces Bourg*. 261-2. Plancher. *Hist. de Bourg*. I, lxj, n° 107. = Petit, *Hist. ducs Bourg*. III, 266.

**5003**  9 mai 1186.
Epitaphe d'André des Cours *(de Curtibus)*, moine et prêtre de l'abbaye de St-Pierre à Vienne. ...ind. 4.
> Terrebasse, *Inscript. Vienne*, I, 249, n° 380.

3 juin 1186 == 5 juillet 1186.

**5004**  (11 juin) 1186.
Manassès, évêque de Langres, atteste une donation d'Hugues, duc de Bourgogne, à l'église de St-Bénigne de Dijon, avec l'assentiment de son épouse Béatrix, de ses fils Odon chevalier et Alexandre...*m. julio[= junio]. fer. 4 ebdom. postPentec., regn. Philippo Franc. r...*
> Pérard, *Rec. pièces hist. Bourgogne*. 261-2.

**5005**  17 juin (1186 ?).
Obit de Lantelme, abbé de la Chaise-Dieu et évêque de Valence.
> Chevalier (U.), *Nécrol. de St-Robert*. 28, 30.

*In synodo maii* (avant l'Ascension), *primo dicitur a capellanis synodi missa mortuorum sollempniter, cum processione consueta. Et fiunt prime exequie supra tumbam domⁱ Lanthelmi quondam episcopi Valentinensis. que est juxta capellam Sancti Appollinaris*.
> Coutumier de Valence (de 1355 env.) : *Bull. d'hist. et d'archéol. du dioc. de Valence* (1887), VII, 129.

**5006**  Près Orvieto, 5 juillet 1186.
Traité de paix entre Henri VI, roi des Romains, et Hugues, duc de Bourgogne. Le duc s'engage à faire hommage au roi pour le comté d'Albon, qui faisait partie des terres de l'Empire et à reconnaître tenir de lui, selon la coutume du royaume de Bourgogne et de Provence, les alleux d'Ulric de Beaugé ; il devra rendre justice à l'archevêque de Vienne, aux évêques de Grenoble et de Valence, en présence du roi des Romains ou de son délégué Ulric de Godemburc ou G-bert, sur

les plaintes de ces prélats contre lui. *Dat. in campo Urbe Veteri (Urbaneri!)... ind. 4... — Discretioni tuæ.*

Arch. de la Côte-d'Or, origin. — Pérard, Rec. pièces Bourgogne, 233, 260. Gollut, Mém. d. Sequanois, 1°. 376 ; 2°, 502. Goldast, Constitut. imper. III, 363, 365. Dumont, Corps diplom. I, 109. Rousset, Suppl. I, 1, 67. Rec. des traités, I, 22, 32. Lünig, Cod. German. diplom. I, 359. = Courbon, chr. 223. Huillard-Bréholles, dans Journ. de l'instr. publ. (1855) XXIV, 412. Cabin. histor. XI, II, 209. Stumpf, 4581. Petit, Hist. ducs Bourg. III, 267 (3 juin), cf. 17.

**5007** (1186).
Henri, roi des Romains, confirme les articles de la paix conclue entre lui et Hugues, duc de Bourgogne. *Dat. a° l. D. 1136, ind. 4.*

Goldast, Constit. imper. III. 363 (1190). Rousset. Suppl. au Corps diplom. I, 1, 68 (1190). Planchez, Hist. de Bourgogne. I, pr. xxxix (1036!). = Gkohg. I, 746. Bréq. IV. 131.

**5008** Gubbio. 9 août 1186.
Diplôme de l'empereur Frédéric Ier en faveur de l'église d'Apt. Parmi les témoins : *frater Guillelmus de Vienna.*

Stumpf. Reichskanzler. III. 555-6. Gallia christ. noviss. I, instr. 133-4.

**5009** Mühlhausen, 26 août 1186.
L'empereur Frédéric confirme l'accord fait par les archevêques Etienne de Vienne et Pierre de Moutiers en Tarentaise, entre les abbés de St-Oyand-de-Joux [St-Claude] et de Lac-de-Joux.

Mém.-doc. soc. hist. Suisse Rom. I. 189. = Stumpf, 4463. Schw. Urk. 2554.

**5010** Mühlhausen. 26 août 1186.
Le même confirme le même accord, ainsi que les possessions d'Ebails de La-Sarraz, seigneur de Grandson, abstraction faite de ses droits de fondateur de l'abbaye de Lac-de-Joux.

Mém.-doc. soc. hist. Suisse Rom. I, 190. = Stumpf, 4464. Schw. Urk. 2555.

**5011** Châteaubourg, septembre 1186.
Guillaume de Châtillon *(Castellione)*, fils de Falcon, se rendit au monastère de Bonnevaux à la fin de sa vie et donna aux frères ce qu'il possédait à Commelle. Témoins : le chapelain de Châteaubourg *(Castello Boc)*, Jean Virens, templier, Roger de Clérieu *(Clayreu)*, Berlion de Montfalcon, Guillaume Panerius d'Auberive *(Alba Ripa)*, Guigues de la Motte de Larnage. Jarenton de Châteaubourg et ses frères Guillaume de Livron et Pierre Adémar de Châteaubourg. Ponce de la Motte Vivaroise et Amblard de Pinet, chevaliers. Fait *in Castello Boc.*

Chevalier (U.), dans Bull. acad. Delphin. D, II, 97 ; Cart. de Bonnevaux, 81, n° 186.

**5012** (1186/1203?).
Accord entre la chartreuse d'Aillon et celle de Portes *(la Porta)*, au sujet d'une dîme. Sceau de Jean [de Sassenage], évêque de Grenoble ; approbation et sceau de Martin, abbé de St-André et de son couvent.

Morand (L.), Les Bauges, II, 509.

**5013** Bonnevaux, 6 janvier 1186/7.
Boniface d'Ornacieu avait cherché querelle [aux frères] de Bonnevaux à l'occasion du manse que son père leur avait vendu à Bossieu *(Boceium)* ; venu au monastère le jour de l'Epiphanie, il s'en désista entre les mains de l'abbé Hugues. Témoins : le prieur Burnon, le cellérier Guigues de St-Georges, des moines et convers, Guillaume Ervisii, chevalier, etc.

Chevalier (U.). dans Bull. acad. Delphin. D, II, 94 ; Cart. de Bonnevaux, 78. n° 179.

**5014** Viviers, (13) février 1186/7.
*...fer. 6, luna 28.* Donation aux Templiers par Nicolas, évêque de Viviers... *in capitulo Vivariensi* ; présents : Bertrand, évêque de Trois-Châteaux...

Gallia christ. noviss., IV. 57.

**5015** 14 mars 1186/7.
Obit de Guillaume Tivelz, abbé de St-Pierre à Vienne.

Paris, Bibl. Nat., ms. lat. 5662. 242. — Chorier, Antiq. 304 ; 2°. 305-6. Terrebasse, Inscr. I. 247-8, n° 379.

**5016** 21 mars 1186/7.
*...a° l. D. 1186.... luna 7, sed. d. Urbano papa III. regn. Frederico Roman. imper.* Transaction entre Robert, évêque de Die, et Barnard de Brozeto ou Borzeto, prieur de St-Marcel-de-Sauzet *(Sauc, Sauze)*, au sujet des églises de Châteauneuf-de-Mazenc *(Castri Novi Dalmaliensis)*, par l'intermédiaire de Robert, archevêque de Vienne. Elle reconnaît le droit du prélat sur ces églises, leurs offrandes, les offices de 30 jours et les anniversaires ; à lui d'instituer les chapelains ; les dîmes, les linceuls et autres dons pour les défunts seront partagés avec les moines. qui doivent à l'évêque 25 sols Viennois par an. Témoins : Rainaud prieur de St-Marcel à Die. Géraud chanoine et chapelain de l'évêque, Hélie procureur de Die et autres chanoines, Isarn chapelain de Châteauneuf, 7 moines, Ponce archiprêtre de Romans. Pierre de *Harenis*, chanoine de Vienne..., Hugues chan. de St-Ruf. -- *Controversia quæ.*

Gallia christ. nova, XVI, instr. 193. Chevalier (C. U. J.), Cart. de l'égl. de Die, 47-9. n°ˢ 19. 20. = Chevalier (J.), Die, I, 227.

**5017** 1187.
Guntheri Cisterciensis Ligurinus, l. v.
*Hæc adeo tellus... Provincia...
Nomen apud veteres regni titulumque gerebat ;
Cujus Arelatum sedes et finis ab illa
Parte ferebatur, donec suprema voluntas
Regis Rudolphi regnis accedere nostris
Jussit, et antiqui detraxit nomen honoris :
Ut jam non regnum, sed sit bona portio regni.
Has ibi metropoles et primas novinus urbes :
Chrysopolim placidam, Lugdunum, sive Viennam.*

L'auteur de ce poème s'adressant au jeune Othon, fils de l'empereur Frédéric, l'assure que tout le Rhône lui était soumis depuis sa source jusqu'à son embouchure, tant à titre de roi que de comte, puisque du côté de sa mère il descendait d'Othon, comte des Allobroges.

Patrol. lat. CCXII, 397. — Courbon. Chr. 199. Répert., Bio, 1832-3 ; Topo, 1690. Poupardin, Roy. de Bourg. 178.

**5018** La Côte-St-André, 1187.
Donnez et Marie, filles d'Agnès de Nantui *(N-uy)*, et André Pasturelz, mari de la plus jeune, donnent [aux frères] de Bonnevaux leurs biens à *Maceoneya*, Estra-

blin *(Strablino)*, Meylan? *(Meulano)* et Châtonnay *(Chattunnayo)*. Fait apud *Costam* S¹ *Andreæ*. Garants : Guenis et Ervisius de Boczosel *(Bocosel)*. Témoins : Bernard Dudini, Guillaume de Miribel et Armand de Châtillon, chanoines, etc.
CHEVALIER (U.), dans *Bull. acad. Delphin.* D. II, 77-8 ; *Cart. de Bonnevaux*, 61-2, n° 136.

**5019**                               Chors ? 1187.
Fulcon et Sibold, de *Tornino*, donnent [aux frères] de Bonnevaux ce qu'ils possédaient à Chors? *(Chaurcium)*. Blayna, femme de Fulcon et leurs 2 fils approuvent, en présence de l'abbé Hugues. Témoins : Guillaume Guenisii, Guillaume Latardi et Latard, chevaliers. Nouvelle donation et confirmation ; témoins. Après la mort de Sibold, Fulcon et son fils réitèrent le don, *in domo de Chaurz*. Témoins.
CHEVALIER (U.), dans *Bull. acad. Delphin.* D. II, 169 ; *Cart. de Bonnevaux*, 153, n° 384.

**5020**                               Moras, 1187.
Tombé malade, Guigues Clavelz donne [aux frères] de Bonnevaux les deux tiers de la terre près de l'Oron *(Ouro)*, dont Jarenton de Moras possédait le reste. Fait *apud Moras*, dans sa maison. Témoins : Jean Druda, médecin, et Bonit Boysuns.
CHEVALIER (U.), dans *Bull. acad. Delphin.* D. II, 143-4 ; *Cart. de Bonnevaux*, 197-8, n° 310.

**5021**                              (Vers 1187).
Guillaume Latardi, de Pinet, cherche difficulté [aux moines] de Bonnevaux au sujet du don que leur avait fait Pierre Challens au bois de Barbarin, puis se désiste moyennant 7 sols. Témoins : Guy de Moras, Guillaume Rostagni de la *Fornachi*, Fulcon de *Tornino*, Falcon de *Chaleyo*, chevaliers, etc.
CHEVALIER (U.), dans *Bull. acad. Delphin.* D. II, 169-70 ; *Cart. de Bonnevaux*, 153-4, n° 386.

**5022**                                        1187.
Le prêtre Guinafred donne [aux frères] de Bonnevaux [une terre] à Meylan? *(M-num)*, entre les mains de l'abbé Hugues. Approbation de son frère Girard, etc. Témoins : ... le mistral Pierre de St-Jean[-de-Bournay].
CHEVALIER (U.), dans *Bull. acad. Delphin.* D. II, 60 ; *Cart. de Bonnevaux*, 44, n° 90.

**5023**                                        1187.
Hugues, duc de Bourgogne et comte d'Albon *(A-nii)*, du consentement de son fils Odon, donne à l'église de la Bussière 10 muids de vin pour l'anniversaire de Gérard de Réon. Témoins : m° Hugues son chapelain, Jean son notaire, etc.
PETIT (Ern.), *Hist. des ducs de Bourgogne*, III, 273-4.

**5024**                                        1187.
Notification par Hugues, duc de Bourgogne et comte d'Albon, d'une donation aux moines de la Bussière par Haymon seigneur de Marigny, Guy le Blanc et son frère Dodon. Témoins.
PETIT (Ern.), *Hist. des ducs de Bourgogne*, III, 274-5.

**5025**                                        1187.
Hugues, duc de Bourgogne et comte d'Albon *(A-nii)*, avec l'assentiment de son fils Odon, concède à perpétuité à l'église de Chalon 100 sols annuels sur le péage de Chagny. Fait en présence de Robert, évêque de Chalon. Témoins : le doyen Barthélemy.
\**Gallia christ. nova*, IV, 897. PERRY, *Hist. de Chalon-s.-Saône*, pr. 55. = BRÉQ. IV, 99. PETIT, *Hist. ducs Bourg.* III, 272.

**5026**                                        1187.
Charte de Hugues, duc de Bourgogne, et de son fils Odon, par laquelle ils donnent aux moines de la Ferté-sur-Grosne *(Firmitas)* 12 muids de vin de cens. Parmi les témoins : G[uillelmus] abbas Leuncelli.
*Gallia christ. nova*, IV, 1022.

**5027**                              Argilly, 1187.
Donation par Hugues, duc de Bourgogne, à l'abbaye de Maizières d'une rente de 4 muids de vin pour l'anniversaire de Gérard de Réon. Témoins : Guy abbé de Cîteaux, Guillaume alors abbé de Léoncel *(Luuncelli)*..., m° Hugues son notaire. Acta ap. Argilleyum....
PETIT (Ern.), *Hist. des ducs de Bourgogne*, III, 270.

**5028**                              Argilly, 1187.
Hugues, duc de Bourgogne, donne à l'abbaye de Maizières 2 manses à Pommard pour l'anniversaire de Girard de Réon *(Reun)*. Sceaux de son fils Odon et de son épouse Béatrix. Témoins : Guillaume, alors abbé de Léoncel *(Luuncelli)*, m° Hugues, clerc du duc, etc. Acta .. ap. Argilleum....
PETIT (Ern.). *Hist. des ducs de Bourgogne*, III, 271.

**5029**                                        1187.
Hugues, duc de Bourgogne et comte d'Albon *(A-nii)*, atteste avoir donné à l'église de Ste-Marie de Tart *(Tardo)* 8 mines annuelles de froment ; assentiment de son fils Odon. Témoins : Guillaume, abbé de Cîteaux, etc.
PLANCHER, *Hist. de Bourgogne*, I, pr. lxij, n° 110. — BRÉQ. IV, 101. PETIT, *Hist. ducs Bourg.* III, 272.

**5030**                              Troyes, 1187.
Charte de Henri II, comte de Champagne *(Trecen.)* en faveur des habitants de Baire-St-Loup. Parmi les témoins, Ferric de Vienne.
ARBOIS DE JUBAINV., *Hist. comtes Champagne*, III, 389-90, 473-4.

**5031**                                        1187.
Berlion Canuti avait construit à ses dépens sur le territoire de Voreppe *(Vorapio)* une maison *elephantiosorum*, pour y loger et nourrir les lépreux ; après plusieurs instances, lui et sa femme décidèrent l'abbé Guigues et les moines de Chalais à en prendre la direction spirituelle et temporelle. La donation eut lieu dans le chapitre de Chalais, la main de Berlion sur la règle de s¹ Benoît, puis dans la chapelle des malades. Témoins : maître Bernard, etc., *Johanne Gratianopol. civil. strenue gubern. episcopatum*. Plusieurs années après, Berlion pria les frères de la Chartreuse et de la Silve[-Bénite d'aider les Chaléisens dans la direction de cet hôpital.
PILOT DE THOREY, *Cartul. de Chalais*, 54-5, n° 31. LE COUTEULX, *Ann. Cartus.* II, 507-8.

**5032**                              Durbon, 1187.
Rotger et sa femme Pétronille donnent au prieur Chatbert et aux frères [de Durbon] leur avoir près du chemin à serre *Ballatorü* (à la Chau, *Chalmis*), moyennant 4 liv. Témoins : Pierre Lausardi, prieur de Veynes *(Veeni)*, etc. Cautions : Guillaume du Vilar, Bertrand

prêtre de la Pierre *(Petræ)*, etc. Fait devant l'église de la maison infér.

GUILLAUME, *Chartes de Durbon*, 145, n° 193. = ROMAN, 41°.

**5033** Vérone, 18 avril (1186/1187).
Bulle du pape Urbain III adressée au prieur et aux frères de la Chartreuse, attribuant à ces religieux la libre élection du prieur et du procureur, en conformité avec les statuts de l'ordre. — *Tanto religiosa*.

*Privil. ord. Carthus.* 2b-3°. TROMBY, *Stor. Cartus*. IV, app. 164. *Patrol. lat.* CCII, 1476. = JAFFÉ, 9911-15836.

**5034** St-Antoine, 26 avril 1187.
... *Urbano III summo pontif., Frederico Roman. imper., Rotberto Dien. episc.* Guillaume Saramandi se trouvant dans la maison de *Brisas*, de la volonté de sa mère Etiennette, de sa femme Alois et de Pierre Isardi, donne la terre des Archimbaud *(A-descha)* à l'église de St-Médard et l'en investit par la main du prieur Guillaume de Royas *(Roias)*, qui lui livre 200 setiers de froment mesure légale de Crest et 250 sols monnaie de Vienne et de Valence. L'église possédera les terres *(olchæ)* de St-Pierre et de St-Jean et percevra divers cens ; le donateur se réserve le reste sous le cens de 5 setiers mesure légale de Die. Témoins : 3 chanoines de St-Médard, etc.

*Gallia christ. nova*, XVI. instr. 193-4. CHEVALIER (C. U. J.), *Cart. de l'égl. de Die*, 52-3, n° 23. = BRUN-DURAND (J.). *St-Médard*, 5.

**5035** St-Ruf à Valence, 4 mai 1187.
... *sed. Urbano papa III, regn. Frederico Roman. imper.* Guillaume de Poitiers et son fils Adémar de Poitiers font donation aux frères de la Silve-Bénite de 2 setiers de pois chiches *(siceris)* et autant d'amandes, payables au château d'Etoile *(Stella)* vers la St-Michel ; si ces récoltes manquent, on les remplacera par 20 sols Viennois. Fait en la maison *S. Rufi apud Valenciam* ; présents : Robert prieur de la Silve-Bénite, Ponce, prieur du Val-Ste-Marie, Eustache, prévôt de Valence. Giraud Ademarii, seigneur de Montélimar, Didier Penchena, chan. de Valence, Jarenton, prieur de Bonnefoy, et son frère, Pierre Guigone, chan. de St-Ruf, *qui scr.* — Cf. 8 sept. 1189.

LAGIER (A.), dans *Bull. acad. Delphin.* 4° sér. II, 282-3 ; *La chartreuse de la Sylve-Bénite*, 70-1. *CHEVALIER(J.)*, dans *Bull. soc. archéol. Drôme*. XXVII, 278 (à part. I, 189).

**5036** Crest, 12 mai 1187.
Sur la demande du prieur de St-Médard, Guillaume Saramandi se trouvant à *Crest*, dans la maison des neveux de l'archiprêtre Aldebert, renouvelle sa donation en présence de l'évêque de Die Robert, de son chapelain Girard, d'Hélie procureur et chanoine de Notre-Dame, d'Arnaud chapelain de Crest, etc. Sceau de l'évêque Robert. *Dalmacius scr.*

CHEVALIER (C. U. J.), *Cart. de l'égl. de Die*, 53, n° 23.

**5037** Autun, 6 août 1187.
Donation par Hugues, duc de Bourgogne et comte d'Albon, à l'église de Notre-Dame de Beaune d'une rente de 10 liv. sur le péage de la ville. Assentiment de son fils Odon. Témoins : Guichard de Clermont, etc. *Act. Edue ..., regn. Philippo Franc. rege*.

PETIT (Ern.), *Hist. des ducs de Bourgogne*, III, 271-2.

**5038** (Ferrare, etc.), 24 octobre-décembre 1187.
Encycliques du pape Grégoire VIII à tous les fidèles, concernant la perte de Jérusalem, etc.

JAFFÉ, *Reg. pont. Rom.*-16013,-5-9,-34,-56-8,-73,-8-9.

**5039** Valence, 27 janvier (1188/1199).
Odon de Tournon exempte les frères de la Chartreuse de toute exaction de péage, leyde, pontonage ou autre usage dans ses terres ; il leur donne en outre le quart des lamproies qu'on pêchera sur ses rives, jusqu'à concurrence de 33, avant les Rogations. Sceau. Falcon, évêque de Valence, appose le sien. *Dat. Valentiæ...*

LE COUTEULX, *Ann. Cartus*. III, 148-9.

**5040** Genève, février 1187/8.
Nouvel arbitrage rendu devant l'autel de St-Pierre, à Genève, par Robert, archevêque de Vienne, pour terminer les différends entre Nantelme, évêque de Genève, et Guillaume, comte de Genevois. Témoins : les évêques Jean de Grenoble et Lambert de Maurienne. ... *d. Gregorio presid. s. Romanæ eccl., Frederico imper.... d. domin., a° I. D. N. J. C. 1186* (sic). — *Discordia quæ*.

Arch. de Genève, P. H. n° 27. — SPON, *Hist. de Genève*, II, 46-9, pr. n° 18. = R. S. R. 738. R. Gen. 444. Schw. Urk. 2576.

**5041** Latran, 16 février 1188.
Lettre du pape Clément III adressée aux archevêques et évêques, dans les diocèses desquels se trouvent des prieurés et obédiences de l'ordre de Cluny, pour interdire aux prieurs et obédienciers d'aliéner les possessions des églises ou de les céder à des laïques sans le conseil de l'abbé et du couvent. — *Ea quæ in ecclesiarum*.

*Bull. Cluniac.* 88ª. *Patrol. lat.* CCIV, 1301. = BRÉQ. IV, 92. JAFFÉ, 10041-16148. *BERNARD-BRUEL, *Chartes de Cluny*, V, 676, n° 4318.

**5042** Latran, 25, 26 ou 27 février 1188.
Lettre du pape Clément III conforme à celle d'Urbain III du 5 avril ou 13 mai 1186. — *Sic est ecclesiarum*.

*Bull. Cluniac.* 88ᵇ. *Patrol. lat.* CCIV, 1313. = BRÉQ. IV, 93. JAFFÉ, 10047-16160. *BERNARD-BRUEL, *Chartes de Cluny*, V, 677, n° 4319.

**5043** 6 mars 1187/8.
Lettre de l'empereur Frédéric à Robert, évêque de Die, lui reconnaissant le droit exclusif de donner en fief les villages, places fortes *(castra)* et domaines de son église.

COLUMBI, *De gestis episc. Dien*. (1652), 101.

**5044** Bellegarde, Virieu, 1188.
Adémar de Bellegarde donne [aux frères] de Bonnevaux le quart du bois de Mangia de Buerz. Lui, son fils Falcon et son frère Martin confirment la chose *apud Bellam Gardam* ; cautions : Guillaume de Bellegarde et son frère Isard. Témoins : un convers, deux chevaliers, un prêtre, etc. Il corrobore une 3° fois ce don *apud Viriacum*, dans sa maison, avec l'assentiment de sa femme Algarda et de ses filles Stephana et Garcina ; témoins.

CHEVALIER (U.), dans *Bull. acad. Delphin.* D, II, 171 ; *Cart. de Bonnevaux*, 155, n° 391.

**5045** Bellegarde, 1188.
Après avoir concédé aux frères de Bonnevaux un pré à la Perrière *(Petraria)*, sous un cens *(censa)* annuel, Adémar Bestenz en fait don, avec l'assentiment de sa femme. de son fils Assayli, de sa fille et de son gendre Hugues Agnellus, *apud Bellamgardam*. Témoins (3).
Chevalier (U.), dans *Bull. acad. Delphin.* D, II, 171-2; *Cart. de Bonnevaux*, 155-6, n° 392.

**5046** 1188.
Etienne Aimé *(Stephanus Amei)*, seigneur de Villeneuve, donne en aumône aux frères de Bonnevaux, du consentement de son épouse Agnès, l'eau et le marais *(marescum)* au-dessous de l'écluse de leur vivier. Témoins : Guillaume de *Chastaneto*, convers, etc.
Chevalier (U.), *Cartul. de Bonnevaux*, 180-1, n° 431. — Pièce fausse.

**5047** Bonnevaux, 1188.
Falcon de *Tornino* donne [aux frères] de Bonnevaux ce qu'il avait au bois de *Javanniaco*, avec approbation de ses fils Fulcon et Hugues. Témoins : Burnon, abbé de Hautecombe *(Altæ Cumbæ)*. Fait *apud Bonam Vallem*.
Chevalier (U.), dans *Bull. acad. Delphin.* D, II. 171 ; *Cart. de Bonnevaux*, 155. n° 390.

**5048** Châteauneuf, (4 novembre) 1188.
Guenisius de Châteauneuf revient sur la donation du manse de Bossieu *(Boceyum)* qu'il avait faite [aux frères] de Bonnevaux, puis se désiste avec l'approbation de sa femme Aaldisia et de son fils Gontard. Fait *apud Castrum Novum*, dans sa maison, entre les mains de son frère l'abbé Hugues. Témoins : Jean de Jonage *(Jonas)*, sous-prieur, et Girold de Burbuello, moine de Bonnevaux, Pierre Maci, moine de Léoncel, 6 chevaliers, le baile Pierre Salveth, le meunier André.
Chevalier (U.), dans *Bull. acad. Delphin.* D, II, 96 ; *Cart. de Bonnevaux*, 80. n° 184. — Cf. n° 5078.

**5049** Hauterives, 1188.
Roland de la Poype *(Rothlandus de Poypia)* donne au monastère de Bonnevaux une terre dite Becia. Sa femme Joetha et sa fille Willelma approuvent *apud Altam Ripam*, dans sa maison.
Chevalier (U.), dans *Bull. acad. Delphin.* D, II. 144 ; *Cart. de Bonnevaux*, 128, n° 311.

**5050** Bonnevaux, St-Sorlin, Albon, 1188.
Sicard d'Albon *(de Albione)* cherche querelle [aux frères] de Bonnevaux sur la terre acquise par eux de Guillaume de *Valle*. soutenant que son beau-père Nantelme d'Anjou *(Ango)* y avait 50 sols; il s'en désiste *Bonevalli* et donne pour cautions Montarsin d'Albon et son frère Hugues. Fait *apud S. Saturninum*. Témoins : 9 chevaliers et 7 autres, dont Vital gardien *(custos)* de Moras. Sa femme approuve *apud Albionem*, dans sa maison ; témoins.
Chevalier (U.), dans *Bull. acad. Delphin.* D, II, 143 ; *Cart. de Bonnevaux*, 127, n° 309.

**5051** 1188.
Hugues, duc de Bourgogne et comte d'Albon, notifie un accord entre les religieux de la Bussière et Barnuin de Drees. Témoins : Hugues, chapelain du duc. etc.
Petit (Ern.), *Hist. des ducs de Bourgogne*. III. 277-8.

**5052** 1188.
Hugues, duc de Bourgogne et comte d'Albon, notifie la ratification par Rainier, seigneur de Soussey, de la donation de son père Josbert à l'abbaye de la Bussière.
Petit (Ern.), *Hist. des ducs de Bourgogne*, III, 278-9.

**5053** 1188.
Dalmace, abbé de la Chaise-Dieu, fait vidimer le privilège accordé à son monastère par l'empereur Frédéric I" en 1184. Souscrivent : Robert, archevêque de Vienne... et Jean, évêque de Grenoble.
*Gallia christ. nova*. II. 337.

**5054** Durbon, 1188.
Géraud, ses frères Vincent et Jean, et leurs femmes Pétronille, Guillelma et Jeanne donnent au prieur Chatbert et aux frères [de Durbon] une terre et pré à *Costa Plana*. moyennant 20 sols. Témoins : Nicolas, procureur. etc. Fait en la maison inférieure.
Guillaume, *Chartes de Durbon*. 146-7. n° 195. = Roman. 41b.

**5055** Durbon, 1188.
Odon de Montmaur et sa femme donnent au prieur Chatbert et aux frères [de Durbon] une pièce du pré de Lautaret. *Mala Mort* et *Mesurat*. moyennant 15 sols. Témoins : Nicolas, procureur, etc. Fait devant la porte du cellier de la maison inférieure.
Guillaume, *Chartes de Durbon*. 147, n° 196. = Roman, 41b.

**5056** 1188.
Willelma de *Elleno* et son fils Rostannus donnent aux chartreux des Ecouges *(Excubiar.)* un champ dans la paroisse de Sérézin *(Cizerini)* pour la réception de sa fille [à Bertand]. Arbert de la Tour donne pour elle comme garants : Pierre d'*Elteno*, Girard Doloisi et Otmar Bordet. Témoins : Antelme, archiprêtre de la Tour, Girard, chapelain de Sérézin, etc. Sceau de Robert, archevêque de Vienne.
Le Couteulx, *Ann. Cartus*. III. 67.

**5057** 1188.
Conventions d'Hugues, duc de Bourgogne et comte d'Albon, avec Manassès, évêque de Langres, au sujet de Châtillon-sur-Seine.
Brussel, *Usage des fiefs*. II. 1008. Plancher, *Hist. de Bourgogne*, I, pr. lxij, n° 112. Garnier, *Chartes de communes en Bourgogne*, I, 334. = Bréq. IV, 108. Petit, *Hist. ducs Bourg*. III, 282.

**5058** Vienne, 1188.
Hugues, duc de Bourgogne et comte d'Albon *(Albionis)*, de la volonté de son épouse Béatrix, comtesse d'Albon. donne au monastère de Notre-Dame de Léoncel *(Liuncelli)* et à son abbé Guillaume 40 setiers de froment à la mesure de Romans, qu'il percevait à St-Donat pour le clos comtal à la s' Michel. sous la condition qu'on fera en chapitre leur anniversaire, avec absolution, messes et oraisons ; il concède en outre aux frères l'exemption de péages *(leisdæ, pedagia et usatica)* dans tout le comté d'Albon par terre et par eau. Témoins : Hugues, abbé de Bonnevaux, etc., Lambert.

prévôt, Jean notaire du duc. *Acta aput Viennam et tradita...* — *Beneficia ecclesiæ.*
CHEVALIER (U.), *Cart. de Léoncel*, 42-3, n° 36. = PETIT, *Hist. ducs Bourg.* III, 276-7.

**5059** 1188.
Guidelin de Chabeuil *(Gedelinus de Cabeolo, Cabiolo)*, se proposant d'aller au-delà des mers [à la croisade], donne à Notre-Dame et aux habitants de la Part-Dieu ou à l'ordre auquel ils s'affilieront des possessions dans le mandement de Pisançon *(Pisantiani):* le manse *deuz Crocs*, la 1/2 d'un autre, la terre de Giraud de *Crocs* et la 1/2 du manse *deuz Chapoteirs;* il reçoit de Garnier, constructeur de cette maison, 1400 sols. Fait du conseil de ses frères, Lambert doyen et Ismidon chanoine de Valence, à qui Garnier compte 200 sols. Approbation de sa femme Aalis et de son fils Gontard; autre de Guinisius de Châteauneuf et de son fils Gontard, qui reçoivent 73 sols. Guidelin donne onze cautions, qui se constitueront otages à Romans et, à leur défaut, le chef Guillaume de Clérieu. Ainard, doyen de Vienne et Ricon chanoine de Valence. Les châtelains *(chuslani)* de Pisançon, Guillaume *(W.)* Disderius, Jean Aucherius et Guillaume *de Stabulo* cèdent leur droit, mais Guidelin et ses frères leur donnent ailleurs des revenus équivalents. Fait entre les mains de Falcon, évêque de Valence, qui scelle, la 2° an. de son pontificat. *Jacobus d. episc. not.*
CHEVALIER (U.), *Cart. de Léoncel*, 43-4, n° 37.

**5060** Briançon, 1188.
Hugues, duc de Bourgogne et comte d'Albon *(A-nii)*, de l'assentiment de son épouse la duchesse et comtesse Béatrix et à la demande de son cher prévôt Guillaume, concède à l'église d'Oulx *(Ulcien.)* la dîme des vignes d'Exilles *(Exiliarum).* Act. *Brianconio... regn. Frederico Roman. imper. et Henrio fil. ej. rege.* Témoins. *Johannes cleric. meus scr., Maierius camerar. sigill.* — *Quoniam justum et.*
Arch. de l'Isère, B. 297, 54, 3. *Invent. Briançonnais*, 602. FONTANIEU, *Hist. du Dauph.* II, II, 365; *Cart. du Danph.* I, 143-4. RIVAUTELLA, *Ulcien. eccl. chartar.* 43-4, n° 37. COLLINO, *Carte d'Oulx*, 197-8, n° 184. = PETIT, *Hist. ducs Bourg.* III, 277.

**5061** Césane, 1188.
Hugues, duc de Bourgogne et comte d'Albon *(A-nii)*, pour obtenir un concours constant de prières, exempte l'église de St-Laurent d'Oulx *(de Ulcio)* de tout péage sur ses terres et donne un sauf-conduit au prévôt Guillaume; les biens des pèlerins décédés sans testament entre le mont Genèvre *(monte Jano)* et Suse *(Secusia)* lui seront dévolus. Fait *apud Sesanam... regn. Frederico Roman. imper.* Témoins. *Johannes Albispinii cler. m. not., Maerius camer. sigill.* Armand Bermond, châtelain de Briançon.
Arch. de l'Isère, B. 297, 52, 4. *Invent. Briançonnais*, 602. FONTANIEU, *Cart. du Dauph.* I, 144°. — RIVAUTELLA, *Ulcien. eccl. chartar.* 44, n° 38. COLLINO, *Carte d'Oulx*, 198-9, n° 185. = PETIT, *Hist. ducs Bourg.* III, 286 (à 1189).

**5062** (Vers 1188).
Ratification par Béatrix, duchesse de Bourgogne, épouse du duc Hugues, des concessions de celui-ci à l'église d'Oulx.
Grenoble, *Invent. Briançonnais*, 602.

**5063** 1188.
*... sed. d. Clemente papa III, regn. Frederico Roman. imper.* Transaction entre les religieuses de St-André[-le-Haut] à Vienne et les chanoines de St-Martin de Miséré *(Miserendo);* au sujet de l'église de St-Pierre de la Porte Traine *(Portatrionia,* à Grenoble), en présence des évêques de Grenoble, Maurienne et Genève, avec l'assentiment de Rotbert, archevêque de Vienne. L'abbesse Julienne et ses sœurs cèdent l'église de St-Pierre au prieur Pierre Senioreti, sauf une pension de 8 sols à la foire de Grenoble et une réception honorable. Approuvé par quatre religieuses, dont Marie de Chatte *(Casta),* et leur chapelain Pierre, et par 3 chanoines.
CHEVALIER (U.), *Cart. de St-André-le-Bas*, 308, n° 91*.

**5064** Grenoble, 1188.
H[ugues], duc de Bourgogne et comte d'Albon, concède le désert de Lachcères à l'abbé P. et aux frères de Ste-Croix, pour y établir un ermitage *(eremus),...apud Gratianopolim.*
*Gallia christ. nova*, III, 1107. = BRÉQ. IV, 108. PETIT, *Hist. ducs Bourg.* III, 277. ROMAN, 47* (à 1198).

**5065** 1188.
L'archevêque, le doyen et le chapitre de Vienne donnent aux frères de Limon des terres et bois exempts de dîmes, sous une redevance d'avoine.
CHEVALIER (U.), *Cart. de St-Maurice Vienne.* 46, n° 212. *CHARVET, 360. *Rev. de Vienne,* III, 268.

**5066** 1188.
Eustache, prévôt [de la cathédrale de Valence] et abbé [de St-Pierre-du-Bourg], donne à cette église le tènement acquis par lui de Boson du Bourg, son domaine à partir de la maison de celui-ci jusqu'au four de l'abbé et à la porte de l'église, l'église de St-Apollinaire [en Vivarais], près du Rhône, le droit de banvin en juillet et août. Sceau de Falcon, évêque de Valence.
CHEVALIER (C. U. J.), *Cart. de St-Pierre-du-Bourg*, 19-21, n°9.

**5067** Valence, 1188.
Falcon, évêque de Valence, notifie la transaction intervenue entre Guillaume de Beaudiner *(W. de Beldisnar)* et l'église de St-Ruf. Guillaume se plaignait de ce que, du jour où l'ordre était devenu propriétaire des Iles *(insula Sugdionen.,* l'Eparvière), les frères n'avaient pas habité l'île de *Bolzanis.* Sur l'exhortation du prélat, il abandonne à l'abbé Pierre et aux frères des Iles la métairie *(chabannaria)* de Polsasner et l'île de *Bolzanis* avec son manse; les religieux lui rendent participant à leurs prières, lui et sa parenté. *Facta... aput Valentiam,* dans la chambre de l'évêque. Témoins : Lambert doyen. Lantelme baile de Valence, Ponce Algisii, prieur de St-Jacques, et 2 chanoines de St-Jacques. *Jacobus d. episc. not.*
Valbonnays, 2° Reg. n° 209. — CHEVALIER (U.), *Codex diplom. S. Rufi*, 75-6, n° 64.

**5068** 1188.
Aimeric, vicomte de Briançon, confirme à l'abbaye de Tamié ce qu'elle avait acquis de son fief dans le mandement de Champagne et Bellecombe.
Arch. de l'Isère, B. 307, 154^b. *Invent. Graisivaudan*, 94^b. Valbonnays, 2° Reg. n° 206. — *SALVAING DE BOISSIEU, *Usage des fiefs*, 256; 3°, I, 316.

**5069** Paris, (vers 27 mars) 1188.
Dans son ordonnance relative à la dîme [Saladine] à lever pour la croisade, Philippe, roi de France, exempte les moines Chartreux, Cisterciens, etc.
*Le Couteulx, *Ann. Cartus.* III, 60-1. = Delisle (L.), *Catal. actes Philippe-Aug.* n° 210.

**5070** Latran, 12 avril 1188.
Bulle du pape Clément III adressée au prieur et aux frères de la Chartreuse, les autorisant à recevoir ceux qui, clercs ou laïques, veulent monter d'[un ordre] religieux inférieur au leur; défense de l'abandonner après un an. Ils peuvent obtenir les consécrations des églises et les ordinations des clercs de tout évêque catholique, à défaut de celui de leur diocèse. Le prieur pourra excommunier ceux qui quittent l'ordre sous prétexte des besoins de l'Orient. — *Inter virtutum.*
*Privileg. ord. Carthus.* (1510). 3°. Tromby, *Stor. Cartus.* IV, app. 223. *Patrol. lat.* CCIV, 1338-9. = Jaffé, 10071-16208. Le Couteulx, III, 60.

**5071** 11 mai 1188.
Dédicace et consécration de l'église de l'abbaye cistercienne de Léoncel, par Robert, archevêque de Vienne, et son homonyme, évêque de Die.
Jouve, *Statist. Drôme*, 92-4. Chevalier (J.), *Hist. de Die*, I, 230; *Eygluy et Léoncel*, 168.

**5072** Lyon, 20 juillet 1188.
Diplôme de Henri VI, roi des Romains, par lequel, à l'imitation de son père l'empereur Frédéric I$^{er}$, il prend sous sa protection le monastère de Durbon, ses frères, biens et possessions, et défend de les troubler. Sceau. *Data apud Lugdunum...ind. 6... — Excellentiæ nostræ.*
Charronnet (Ch.), dans *Bibl. de l'éc. d. Chartes*, 3° sér., V, 441-2. Guillaume (P.), *Chartes de Durbon*, 145-6. n° 194. = Stumpf, 4629. Roman, 41°.

**5073** Lyon, 21 juillet (1188).
Lettre de H[enri VI], roi des Romains, à Aimar de Poitiers, Raymond d'Agout *(Aguot)*, Hugues d'Aix *(de Aquis)* et Eschafin, leur rappelant que son père l'empereur Frédéric I$^{er}$ avait accordé exclusivement à l'évêque de Die le droit de percevoir dans son diocèse des droits de péage sur les routes et les ponts ; il leur interdit de prélever aucun *pedagium vel gaium*, même à l'occasion des foires, sous peine de l'offenser gravement. — *Discretioni vestræ.*
Chevalier (C. U. J.), *Cart. de l'égl. de Die*, 23, n° 7. Boehmer, *Acta imp. sel.* (1870), I, 61. = *Journ. de l'instruct. publ.* (1855), XXIV, 265. Stumpf, 4630.

**5074** Près Ambronay, 27 juillet 1188.
Diplôme de Henri VI, roi des Romains, qui confirme à son cher prince Falcon, évêque de Valence, son droit et domaine sur cette ville, tels que ses prédécesseurs jusqu'à Odon de bonne mémoire l'ont possédé, sauf que les veuves pourront contracter mariage sans sa permission. Il révoque la concession de l'évêque Odon, confirmée par l'empereur Frédéric I$^{er}$, aux citoyens de Valence comme ruineuse pour l'église. *Joannes imper. aulæ cancell. vice Roberti Viennen. archiepisc. et Burgundiæ archicancell. recogn. Dat. in territorio Lugdunen. prope abbatiam Ambrionen. — In eminenti speculo.*
Carpentras, ms. 502, 206, extr. du Livre verd de l'évesché de Valence. — Stumpf, *Reichskanzler*, III, 557-8. = Columbi, *Episc. Valent.* 21; *Opusc.* 269. Catellan, 318. Toeche, *Kaiser Heinrich VI*, 643. Stumpf, 4632.

**5075** Gap, la Roche, 29 septembre 1188.
Adélaïde *(Adalaydis)*, épouse d'Arnaud Flota, et ses fils Arnaud, Raimond, Raibaud et Maifred font donation aux religieuses de St-André-de-Prébayon *(Prato Baione)*. du territoire de Bertand, compris entre le mont Moussière *(Muscheria)*, le col Loubet *(Lupetum)*, ceux nommés *Folliculus* et *Pentacochium* jusqu'à Aurouse *(Aurosa)*, Chaudun *(Caudumi)* et Rabou *(Rabaonis)*; ils leur accordent en outre le pâturage par toute leur terre. *Act. Vapinci*, par ordre et dans le palais de l'évêque Guillaume *(W.);* témoins : Ponce élu et Ripert chanoine de Vaison, Raibaud, archidiacre de St-Paul, Armand, chan. de St-Ruf, Guillaume doyen de Gap, le prévôt Etienne, etc. Confirmé avec serment, au château de la Roche *(Rocha)*, par Adélaïde et ses fils, leur parent Guilin, Richaud de Veynes *(Veene)*, Artaud Maifredi, Pierre Rostagni, Chauvin et Barnier, bailli *(villicus)* du château ; témoins : Durand, prêtre de la Roche, etc. (15). Sceau. B[ernard] de Gap, not. épisc..., *luna 4, fer. 5, regn. Freder. Rom. imper.*
Le Couteulx, *Ann. Cartus.* III, 84-5. Guillaume, *Chartes de Bertand.* 1-2. 163-4. n°° 1, 155. = Roman. 41.

**5076** La Roche-des-Arnauds, 29 septembre 1188.
Adélaïde *(Adalaydis)*, épouse d'Arnaud Flota, et ses fils Arnaud, Raymond, Raimbaud et Mayfred donnent aux religieuses de St-André-de-Prébayon *(Pratobaione)* le territoire de Bertand limité dans l'acte précédent, avec le pâturage dans toute leur terre. Fait et confirmé avec serment au château de *Rocha* par les donateurs, R. de Veenet. Ar. Mayfredi, P. Rostanni, Cavinus et Ber. bailli du château, Hugues de Belvezer, R. Marcelli, G. Odo et Béatrix, femme d'Arnaud Flota ; témoins : Durand prêtre de la Roche, etc. (25). Reçu par Bernard, prêtre et frère de la maison. Le monastère de St-André racheta ce territoire des chanoines de Gap au prix de 1150 sols monnaie de Vienne, et en donna 350 à Adélaïde et à ses fils.... *luna 4, fer. 5, regn. Freder. imper.* Sceau d'Arnaud Flota.
Guillaume, *Chartes de Bertand.* 3-4, n° 1$^{bis}$. = Roman,41°.

**5077** Maurienne, 20 octobre 1188.
Jean, évêque de Grenoble, Rainaud, évêque de Belley, Guillaume doyen de Grenoble et Pierre abbé de St-Georges attestent qu'à l'appel de Lambert, évêque de Maurienne, à St-Jean, à la fête de s$^t$ Luc évang., ils ont obtenu en sa faveur le désistement de ses chanoines sur la prévôté. Sont présents : Iterius, chapelain de l'évêque de Grenoble, etc. Fait en la maison de l'évêque, *apostol. b. papæ Clementis a° 1.* Sceaux.
*Hist. patr. mon.*, Chart. II, 1140-2. Billet, *Chartes dioc. Maurienne*, 35-8. *Gallia christ. nova*, XVI, instr. 300-1, cf. 305.

**5078** Châteauneuf, 4 novembre 1188.
Hugues, abbé de Bonnevaux, notifie que son frère Guenesius *(Guienisius)* de Châteauneuf, son épouse Aaldis et leur fils Gontard ont confirmé à perpétuité aux frères de Notre-Dame de Léoncel *(L-lli)* tout ce que leur avait donné leur père Raymond sous le sceau de

l'évêque Odon [1163]. Fait par ses mains *apud Castrum Novum*, dans la maison de Guenesius. Témoins : Jean sous-prieur et Girold de Burbuello, moine de Bonnevaux, Guigues et Pierre Macibos, Odilon de Châteauneuf, Jarenton Vaca, Jenzon Fillous, Jarenton Bernardi, chevaliers Pierre Salueth baile, André meunier, Chatbert artisan *(faber)*, André receveur des péages *(pedagiator)*, etc.

Chevalier (U.), *Cart. de Léoncel.* 44, n° 38.

**5079** 11 novembre 1188.
Fondation de l'abbaye cistercienne de Valcroissant *(Vallis Crescens)*, au diocèse de Die, par une colonie de celle de Bonnevaux.

Manrique, *Ann. Cisterc.* III. a. 1188. c. VII. n° 13. Martene, *Thes. nov. anecd.* IV. 400. Janauschek, *Orig. Cisterc.* 188. Chevalier (J.), dans *Bull. hist-archéol. Valence.* XVII, 154 (à part, 8).

**5080** Décembre 1188.
Hugues, duc de Bourgogne et comte d'Albon, donne aux frères du Temple à Beaune une pièce de terre et pré à Béligny, avec l'assentiment de son épouse Béatrix, de ses fils Odon, Alexandre et Dauphin [André]. Témoins ses sénéchal, connétable, chapelain, clerc et chambrier.

Petit (Ern.), *Hist. des ducs de Bourgogne*, III, 279-80.

**5081** Latran, 10 décembre 1188.
Bulle du pape Clément III en faveur de l'abbé et des frères de Léoncel, identique à celle de Lucius III, du 22 nov. 1183. — *Officii nostri*.

Chevalier (U.), *Cart. de Léoncel.* 45. n° 39. = Jaffé, -16359.

**5082** (Après 1188).
Béatrix, duchesse de Bourgogne et comtesse d'Albon *(A-nii)*, corrobore par l'apposition de son sceau toutes les donations et concessions faites à l'église d'Oulx *(Ulcien.)* par son cher mari Hugues, duc de Bourgogne et comte d'Albon.

Rivautella, *Ulcien. eccl. chartar.* 44-5, n° 39. Collino, *Carte d'Oulx*, 199, n° 186. = Petit, *Hist. ducs Bourg.* III, 316.

**5083** (1188/1195).
Transaction entre Falcon, évêque de Valence, et noble Adémar de Poitiers *(Peiteus)*. par l'entremise de Robert, archevêque de Vienne, au sujet des vingtains qui ne devaient pas être perçus. Sceaux de Robert et de Nicolas, évêque de Viviers.

Mentionnée dans l'acte du 27 mai 1273.

**5084** Crest, mars 1188/9.
...ind. 7. Adémar de Poitiers, comte de Valentinois, accorde pleine liberté à ses sujets de Crest ; ils ne seront plus soumis à aucune exaction injuste, ni obligés de servir de cautions ou d'otages, sauf les droits de justice, de ban et d'ost *(expeditiones)* et le logement *(hospicium)* de cent chevaliers. Fait dans l'église de Notre-Dame de *Crista*, en présence de Robert, évêque de Die, son oncle Eustache, prévôt de Valence, Elie procureur et 2 chanoines de Die, Guillaume, prieur de St-Médard, etc.

Charte lapidaire à gauche de la porte de l'église de Crest. — Delacroix, *Statist. départ. Drôme*, 472. Chevalier (J.), dans *Bull. soc. archéol. Drôme*, XXVII, 328-9 ; *Mém. comtés* *Valent.-Diois*, I, 192-3 ; *Hist. de Die*, I, 230-1. = *Bibl. de l'éc. d. Chartes*, 2° sér. III, 33.

**5085** Sisteron, 4 mars 1188/9.
Vente par Girald de Padernis à Guillaume, comte de Forcalquier, de tout ce qu'il possède dans la terre de Trescléoux, moyennant 10.000 sols Melgoriens. Son beau-père, Arbert de Montclus, et ses fils, Richaud et Arbert, engagent au comte leur part, moyennant 5.000 livres ; ils renoncent d'avance à leur droit de rachat. Ces biens comprenaient trois parts de la moitié du fief. Témoins : Pierre, prévôt de Forcalquier, W. Brunel, prévôt de Sisteron. Fait devant l'église St-Martin.

Arch. des Bouches-du-Rhône, B. 292, orig. = Roman, 41b.

**5086** Dijon, 1189.
Hugues, duc de Bourgogne et comte d'Albon, confirme au prieur de St-Etienne de Beaune *(Belnen.)* le don de la terre de St-Hippolyte. *Act. ap. Divionem*...

Pérard, *Rec. pièces Bourgogne*. 262 (le contre-sceau porte : SIGILLVM· HVGONIS COMITIS ALBONII). = Briéq. IV, 120. Petit, *Hist. ducs Bourg.* III. 292.

**5087** (1189?)
Astier de Primarette *(Asterius de Prumalayta)* se donne lui-même avec son frère Humbert et ce qu'ils possédaient aux frères de Bonnevaux, avec l'assentiment de sa sœur. Le monastère lui donna 20 sols quand il partit pour Jérusalem.

Chevalier (U.), dans *Bull. acad. Delphin.* D, II, 154-5 ; *Cart. de Bonnevaux*, 138-9, n° 335.

**5088** Virieu, Bellegarde, (1189?).
Arrivé à sa fin, Berlion de Bellegarde céda [aux frères] de Bonnevaux, entre les mains de son neveu Raynaud, le setier de froment qu'on lui devait comme cens sur ce qu'il avait donné à la Perrière *(Petraria)* ; témoins : les deux Burnou de Revel, oncle et neveu, etc. Son neveu Adémar abandonna ensuite un autre setier entre les mains de l'abbé Hugues ; témoins. Sa femme Algerda, son fils Falcon, son frère Martin et son neveu Raynaud approuvèrent *apud Vyriacum* ; témoins. Son frère Martin fit une autre donation, dont témoin son mistral Hugues Canutus ; fait près de l'église de *Bellaguarda*. Enfin Pierre d'Altafaya fit remise du setier de froment que les religieux lui devaient, quand il se disposa à partir pour Jérusalem en compagnie de Drodon [de Beauvoir].

Chevalier (U.), dans *Bull. acad. Delphin.* D, II, 165 ; *Cart. de Bonnevaux*, 149, n° 373.

**5089** 1189.
Ervisius de Beauvoir. en se désistant de ses réclamations *(querimonia)* au sujet du fief de Hugues Griennay, confirme avec ses fils Rostang et Ervis ses concessions précédentes. Témoins (7).

Chevalier (U.), dans *Bull. acad. Delphin.* D, II, 46 ; *Cart. de Bonnevaux*, 30, n° 51.

**5090** Revel, (1189?).
Galiana et Huga, filles de Rogon de Revel, tenaient de leur père un peu de terre à la Perrière *(Petraria)*. Hugona, du consentement de son mari Hugues Vererius, vendit sa part à son parent Humbert de Parzia, lequel la donna aux frères de Bonnevaux ; Galiana

céda directement sa portion. Cautions (5). Confirmé *apud Revellum*; témoins (3).
CHEVALIER (U.), dans *Bull. acad. Delphin.* D, II, 173 ; *Cart. de Bonnevaux*, 156, n° 394.

**5091** 1189.
Girard, frère du prêtre Guinafred, fait une donation à Bonnevaux au moment de partir pour Jérusalem. On donne 10 liv. à Drodon de Beauvoir pour obtenir son assentiment et 105 sols à Bernution et Drodon de Bournay et au mistral Pierre de St-Jean.
CHEVALIER (U.), dans *Bull. acad. Delphin.* D, II, 60-1 ; *Cart. de Bonnevaux*, 44-5, n° 90.

**5092** (1189?).
Guigues Clavelz, sur le point de se joindre à la grande expédition militaire *(mota magna expeditionis)* vers Jérusalem, confirme ce que lui et son gendre avaient cédé [aux frères] de Bonnevaux ; Othmar de Cour *(Corp)* fait de même. Témoins :... Aschirius de Surieu, Drodon de Bournay, Guillaume de Vayllin, chevaliers.
CHEVALIER (U.), dans *Bull. acad. Delphin.* D, II, 144 ; *Cart. de Bonnevaux*, 128, n° 310.

**5093** (1189-1190?).
Guillaume de Châtillon étant parti pour Jérusalem, sa femme Elisabeth et son fils Théotbert donnèrent pour son [heureux] retour une terre et un bois [aux frères] de Bonnevaux, avec approbation de son fils Falcon, aspirant chevalier. Lui-même revenu de Terre-Sainte, donna son assentiment. Mais Villelma, mère d'Olivier de la Tour, réclama sur la part de son frère : on s'entendit. Témoins : frère Attoard et le mistral Jean. Guigues, autre fils de Guillaume, approuva l'investiture.
CHEVALIER (U.), dans *Bull. acad. Delphin.* D, II, 39-40 ; *Cart. de Bonnevaux*, 23-4, n° 38.

**5094** La Chapelle. (1189 ?).
Jean de la Chapelle donne à Notre-Dame et aux frères de Bonnevaux une *fassia* de bois de son alleu à *Caurcium*. Fait *apud Capellam*, quand il se mit en chemin pour Jérusalem. Témoins : Garnier prêtre de Pisieu *(Pisiaco)*, qui partit avec lui, etc.
CHEVALIER (U.), dans *Bull. acad. Delphin.* D, II, 169 ; *Cart. de Bonnevaux*, 153, n° 385.

**5095** (1189?).
Milon de Semons *(Somonz)*, en se rendant comme familier à Bonnevaux, donne en alleu ce qu'il avait à Primarette *(Prumalayta)* : approuvé par son neveu Guigues de Cour *(Corps)*. Témoins : 4 convers, 1 frère lai *(redditus)* et 2 autres.
CHEVALIER (U.), dans *Bull. acad. Delphin.* D, II, 172 ; *Cart. de Bonnevaux*, 156, n° 393.

**5096** (1189 ?).
Pierre Bruns, ses frères Jean et André, leur sœur Hélène donnent [aux frères] de Bonnevaux tout ce qu'ils tenaient d'Asterius, pour se libérer du domaine de Martin [de Bellegarde], qui les traitait trop durement ; les religieux remettent à celui-ci 30 sols pour acheter des armes militaires. Jean Carlebet et ses frères donnent à Bonnevaux ce qui leur appartenait des biens d'Asterius à Primarette ; on le reçoit comme familier. Asterius de Primarette, quand il partit pour Jérusalem, donna ce qui lui revenait de son oncle ; ses vignes étaient hypothéquées à Pierre Clementis et à Constantin de Revel pour 34 sols ; témoins (8).
CHEVALIER (U.), dans *Bull. acad. Delphin.* D, II, 166 ; *Cart. de Bonnevaux*, 150, n° 375.

**5097** 1189.
Hugues, duc de Bourgogne et comte d'Albon *(A-nii)*, assigne à l'abbé et à l'église de Cluny dix livres monnaie de Dijon sur le péage de cette ville, pour son anniversaire. Témoins : Manassès, évêque de Langres, maître Hugues, son chapelain, Jean Aubépin *(Albispinus)*, clerc, et son notaire.
DU CHESNE, *Hist. rois-ducs Bourgogne*, II, 1, pr. 57. BERNARD-BRUEL, *Chartes de Cluny*, V, 704-5, n° 4339. = BRÉQ. IV, 120. PETIT, *Hist. ducs Bourg.* III, 290.

**5098** 1189.
Hugues, duc de Bourgogne et comte d'Albon, règle les conditions de communauté de ses hommes à Etrochey.
PETIT (Ern.), *Hist. des ducs de Bourgogne*, III, 292.

**5099** 1189.
Donation au prieuré de Grandmont à Epoisses par Hugues, duc de Bourgogne et comte d'Albon, de l'assentiment de son fils Odon. Témoins : Hugues son chapelain, Jean son notaire, etc.
PETIT (Ern.), *Hist. des ducs de Bourgogne*, III, 284-5.

**5100** 1189.
Hugues, duc de Bourgogne et comte d'Albon, atteste que Mathilde *(Mathillem de Magne)*, jadis duchesse de Bourgogne, a donné la ville de Vernois à l'Hôpital ; ses héritiers Odon et Alexandre l'observeront. Témoins : m° Hugues son chapelain, Pierre Flament, son aumônier, etc.
PETIT (Ern.), *Hist. des ducs de Bourgogne*, III, 289-90.

**5101** 1189.
Hugues, duc de Bourgogne et comte d'Albon, et Odon, son fils aîné, ratifient la donation de Gérard de Réon à N.-D. de Montréal...
QUANTIN, *Cart. de l'Yonne*, II, 400-1. *Hist. généal. mais. de Chastellux*, 286. = PETIT (Ern.), *Hist. des ducs de Bourgogne*, III, 290.

**5102** Argilly, 1189.
Confirmation par Henri de Gerland de la concession de son père Hugues à l'abbaye de Ste-Marguerite, en présence de la dauphine Béatrix, duchesse de Bourgogne, *ap. Argilliacum*. Témoins : Thomas chapelain de la duchesse, Chaluz de Sauz, son chevalier, Mathilde comtesse d'Auvergne, etc. Sceaux d'Odon le jeune, duc de Bourgogne, et de Béatrix...
PETIT (Ern.), *Hist. des ducs de Bourgogne*, III, 287-8.

**5103** Dijon, 1189.
Hugues, duc de Bourgogne et comte d'Albon, s'étant rendu à St-Seine *(S. Sequanum)*, en présence de Manassès, évêque de Langres, pour réparer ses torts envers l'abbaye, fait dresser le rôle de ses droits et coutumes. Témoins : Thibaud abbé de Cîteaux, maître Hugues

chapelain du duc, etc. *Act. castro Divionen*... — *Quoniam rei.*

PLANCHER, *Hist. de Bourgogne*, I, pr. lxiv-v, n° 117. = BRÉQ. IV, 122. PETIT, *Hist. ducs Bourg.* III, 287.

**5104** 1189.
Hugues, duc de Bourgogne et comte d'Albon *(A-nii)*, pour la célébration de son anniversaire et en compensation de ses injustices, donne à l'église de St-Denis de Vergy 15 setiers annuels d'avoine et un serf. Approbation de ses fils Odon et Alexandre, et de son épouse Béatrix. Témoins : Hugues chapelain du duc, etc.

DU CHESNE, *Hist. généal. mais. Vergy*, pr. 147 ; *Hist. ducs de Bourgogne*, pr. 56. = BRÉQ. IV, 121. PETIT, *Hist. ducs Bourg.* III, 285.

**5105** 1189.
Humbert, abbé de St-Rambert *(S. Regnaberti)*, du consentement de son chapitre et de Guifred, prieur de Ste-Marie de Gravers = St-Baldolph], avait vendu à Pierre Pineti, chanoine de Die. des propriétés grevées d'hypothèques ; moyennant 30 liv. Viennois, les créanciers furent désintéressés. Voulant faire une aumône aux frères de la Chartreuse, Pierre rendit ces biens au prieuré de Gravers, sous l'obligation de procurer [une réfection, dont il précise les détails,] aux Chartreux le jour de la Purification. Approbation de l'abbé et du prieur, de J[ean] évêque de Grenoble, qui est prié de se charger de l'exécution, Gravers étant dans son diocèse. Sceaux... *Clemente III. sum. pontif., Frederico Rom. imper.*

TREPIER, dans *Doc. acad. Savoie*, VI, 118-20. LE COUTEULX, *Ann. Cartus.* III, 74-5. Trad. CHEVALIER (J.), *Hist. égl.-ville Die*, I, 423-5.

**5106** Durbon, 1189.
Clément, de l'assentiment et sous caution de son oncle Guillaume, donne et vend au prieur Chatbert et aux frères de Durbon le pré de la Lauze *(Lausa)* et la terre *del Teule*, moyennant 13 sols. Témoins : Nicolas procureur, etc. Fait devant l'église de la maison supérieure.

GUILLAUME, *Chartes de Durbon*, 149, n° 200. = ROMAN, 42°.

**5107** (Vers 1189).
Didon de Montmaur, à l'extrémité de sa vie, donne au prieur Chatbert et aux frères de Durbon ce qu'il possède aux prés du Lautaret, de *Mala Morte* et de *Mesuratis* (à Recours, *Rocos*). Témoins : sa mère Malpela, sa femme, son frère Odon, Etienne, prieur de Montmaur, etc.

GUILLAUME, *Chartes de Durbon*, 148-9, n° 199. = ROMAN, 31° (1174/1195).

**5108** Recours, 1189.
Guillaume Martini, sa femme Sança et son fils Etienne, son frère Jean et son fils Guillaume, Etienne Martini, sa femme Pontia, son frère Ponce et son fils Thomas donnent et vendent au prieur Chatbert et aux frères de Durbon la moitié du pré de combe *Malæ Mortis* et de celui du col du Lautaret, moyennant 50 sols. Témoins : Nicolas, procureur, etc. Fait devant la maison de *Rocos*.

GUILLAUME, *Chartes de Durbon*, 148, n° 198. = ROMAN, 42°.

**5109** Le Bardoux, 1189.
Raimond Benedicti, sa mère Abrilia et sa femme Vincentia donnent et vendent au prieur Chatbert et aux frères [de Durbon] le champ *Lineriæ* et un morceau de pré au Bardoux, moyennant 22 sols. Témoins : Nicolas, procureur, etc. Fait dans le pré *S. Bardulfi*.

GUILLAUME, *Chartes de Durbon*, 147-8, n° 197. = ROMAN, 42°.

**5110** Durbon, 1189.
Les mêmes donnent et vendent au prieur Chatbert et aux frères [de Durbon] leur avoir à Chalvet, moyennant 10 sols. Témoins : Nicolas, procureur, etc. Fait dans le cellier de la maison inférieure.

GUILLAUME, *Chartes de Durbon*, 149-50, n° 201. = ROMAN, 41°.

**5111** 1189.
Marie et son époux Odon Bernon concèdent à [l'église de] St-Barnard le manse de *Nuailleu*, dont le chanoine de Romans, Lantelme de *Chavosen*, leur remet le prix, 30 liv. moins 10 sols. Témoins : Francon de Pisançon, Pierre Gislamar, Armand de la Sône et gautres ...*ind. 7*.

GIRAUD, *Hist. S. Barnard-Romans*, compl. 158, n° 352.

**5112** 1189.
Donation à l'église de St-Maurice de Vienne, par Guillaume de Farnay et son frère Silvin *(Silvius)*, de leur avoir au mas de Tillies ; on leur donne 65 sols.

Ms. : *Gaignières 181. — CHEVALIER (U.), *Cart. de St-Maurice Vienne*, 46, n° 213.

**5113** 1189.
Hommage fait à l'évêque de Valence et à son chapitre par Guillaume de Beaudiner, chanoine de Valence, pour Châteaubourg, ce qu'il avait au port de Confolens et au-delà du Rhône près la ville de Valence ; sous le pontificat du pape Clément (III) et le règne de l'empereur Frédéric (I).

Grenoble, *Invent. Valentinois*, III, 382.

**5114** (Vers 1189).
Concession d'immunité de péages dans ses terres par Guillaume, comte de Vienne et de Mâcon, aux religieux de Balerne.

GUILLAUME, *Hist. sires Salins*, I, pr. 83-4. = BRÉQ. IV, 123.

**5115** Aiguebelle, 1ᵉʳ avril 1189.
Donation de Thomas, comte de Maurienne et marquis en Italie, à l'hôpital de Mont-Joux. Témoins : frère Thierry de la Chartreuse, Aymeric de Briançon, etc. *Dat. Aquæ bellæ*...

GREMAUD (J.), dans *Mém.-doc. soc. hist. Suisse rom.* XXIX, 120-1.

**5116** 17 avril (vers 1189).
*Consecratio ecclesiæ Beatæ Mariæ de Aurosa* [Berthaud].

Calendrier d'Evangéliaire de Notre-Dame de Berthaud (fin du XIVᵉ siècle). — MICHEL (J.), dans *Bull. soc. études Hautes-Alpes* (1901), XX, 251.

**5117** Césane, (vers 16) mai 1189.
Hugues, duc de Bourgogne et comte d'Albon *(A-nii)*, de l'assentiment de sa chère épouse la vénérable Béatrix, duchesse de Bourgogne et comtesse d'Albon, et de leurs enfants, concède aux frères de l'église de St-Laurent-d'Oulx la dîme des mines d'argent, plomb, fer

et autres métaux entre le mont Genèvre (*monte Jani*) et le col de la Roue (*Rotæ*); le prévôt Guillaume lui promet de célébrer pieusement son anniversaire. Témoins : Jean Aubépin (*Albispinus*) son notaire, Pierre de Gières, clerc de Grenoble, son chapelain, Robert de Tullins et Mathieu (*Maierius*) de Dijon, ses camériers, Odon de la Paute, Hugues de Gières et Guy de Poiboson, chevaliers ... *regn. Frederico Roman. imper. et filio ej. Henrico rege Roman. ... med. m. maii. apud Sesanam.*

Arch. de l'Isère, B. 297, 52, 1. *Invent. Briançonnais*. 601-2. Valbonnays, 2ᵉ Reg. nᵒ 211. Fontanieu, *Hist. de Dauph*. II, II, 373; *Cart. du Dauph*. I, 143*. — Rivautella, *Ulcien. eccl. chartar.* 42-3, nᵒ 35. Collino, *Carte d'Oulx*, 199-200, nᵒ 187. = Petit, *Hist. ducs Bourg*. III, 285-6.

**5118** Bonnevaux, (28 mai 1189 ?).

Drodon de Beauvoir, au moment de passer les mers, se rend à Bonnevaux et, en présence de l'abbé Hugues, confirme au monastère les donations de son père Siboud, de ses frères et de lui-même, ordonnant à ses neveux Guillaume et Drodon de l'imiter, ce que celui-ci fit à la fête de la Pentecôte. — Le même jour, Pierre Humberti, de Pinet, donna à Notre-Dame de Bonnevaux sa part du bois de Male ; et Pierre d'*Altafay* un cens, avec assentiment de son neveu Guillaume Isardi. Témoins : Guillaume de Beauvoir, Pierre Rovoyria, Pierre d'Altafay et Pierre Humberti, qui devaient partir pour Jérusalem avec Drodon. l'abbé Guillaume de Clérieu et son frère Roger, des bourgeois, etc.

Chevalier (U.), dans *Bull. acad. Delphin*. D, II, 40-1 ; *Cart. de Bonnevaux*. 24-5. nᵒˢ 39, 40, 41.

**5119** Pont-Saint-Esprit, juin 1189.

R[aymond], duc de Narbonne, comte de Toulouse et marquis de Provence, fait donation à Adémar de Poitiers, [comte de Valentinois], de ses droits et domaines dans le comté de Die, sous la condition de lui en rendre fidélité et hommage, ce qui a lieu. Fait... *regn. Freiderico Roman. imper....in villa S. Saturnini.* Témoins : E[ustache] prévôt de Valence, Dragonet et P. de Mondragon,... *Petrus Raimundus not.*

Arch. de l'Isère, B. 3517, vidimus du 1ᵉʳ nov. 1275. *Invent. Valentinois*, I, 883. Valbonnays, 2ᵉ Reg. nᵒ 290 ; 5ᵉ Reg. nᵒ 42. Fontanieu, *Hist. de Dauph*., pr. II, 1, 209; *Cart. du Dauph*. I, 144-6. — *Du Chesne, Comtes de Valentinois*, pr. 3-4. Vic-Vaissete, *Hist. de Languedoc*, III, pr. 163 ; 3ᵉ, VIII, 395-6. Chevalier (J.), dans *Bull. soc. archéol. Drôme*, XXVII, 330-1 ; *Mém. comtés Valent.-Diois*.I, 194-5; *Hist. égt.-ville Die*.I, 468-9 (à juillet). = Columbi. *Opusc*. 279. Brèq. IV. 112. Manteyer, *Prov*. 308.

**5120** Lyon, juillet 1189.

Rainaud Berton, chevalier de Balbes, voulant suivre les traces de ses prédécesseurs, dont plusieurs ont accompagné les rois de France et les comtes de Savoie en Terre-Sainte, s'engage par serment envers le roi de France Philippe [Auguste] à passer les mers dans le délai d'un an avec 9 chevaliers et 10 balistiers bien équipés. S'il vient à mourir, son fils aîné Basamond, Thomas ou tout autre le remplacera.

Chevalier (U.) et Lacroix (A.).*Invent.d. archiv.Dauphin. Morin-Pons*, 204, nᵒ 788, fac. sim.

**5121** Bonnevaux, Vienne, 4-5 juillet 1189.

Amédée de Miribel renonce, en chapitre *Bonævallis*, à ses prétentions sur la manse Mainfrenc. Témoins : son frère Boniface et les frères Humbert, Guigues et Guillaume Ervisii. Le lendemain, *apud Viennam*, dans la maison de Bonnevaux, il renouvelle son désistement entre les mains de l'abbé Hugues, qui spontanément, à raison de son intention de participer à la grande expédition vers Jérusalem, lui donne 60 sols.

Chevalier (U.), dans *Bull. acad. Delphin*. D, II. 98 ; *Cart. de Bonnevaux*. 82, nᵒ 189.

**5122** (29 juillet ou 2 août) 1189.

Donation par Hugues, duc de Bourgogne et comte d'Albon, à l'abbaye de Moutier-St-Jean, pour son anniversaire, de l'assentiment de son fils Odon, déjà chevalier, et d'Alexandre. Témoins : l'évêque de Langres, Guillaume abbé de Cîteaux, etc. Sceaux...

Roverius, *Reomaus s. hist. monast. S. Joannis Reomaen*. 221-2. Plancher, *Hist. de Bourgogne*. I, lxiij, nᵒ 115. = Brèq. IV, 112, Petit, *Hist. ducs Bourg*. III, 286.

**5123** Grasse, octobre 1189.

Soumission et hommage de Boniface de Castellane au roi Ildefonse. *Signum Embredunensis archiepiscopi.*

Arch. des Bouches-du-Rhône, B. 293.

**5124** St-Vallier, novembre 1189.

Hugues, duc de Bourgogne et comte d'Albon, de concert avec la duchesse et comtesse Béatrix, cède à perpétuité à Raymond Bérenger le fief que tenait de lui Arnaud de Morges, et son frère Pierre : il lui en fera hommage lige et fidélité, et le recevra dans le château en cas de guerre. Hugues reçoit comme prix de cette inféodation 120 marcs d'argent, pour les dépenses de son voyage à Jérusalem. Témoins : Odon, fils du duc, Alamand Allamandi, Odon de la Paute, Hugues de Gières et 25 autres. Fait dans l'église *S. Valerii*, devant l'autel de Notre-Dame..., *ind. 7..., fer. 4*.

Carpentras, ms. Peiresc XLIV, II. 56. Valbonnays, 2ᵉ Reg. nᵒ 212 ; 5ᵉ Reg. nᵒ 100. — Desmolets, *Contin. d. Mémoires de littér. et d'hist*. (1749). VI, 1, 178-9. = Chorier, *H. de D.* II, 74-5. Salvaing de Boissieu, *Usage d. fiefs*. 2ᵉ, 40 ; 3ᵉ, 1, 81. Brèq. IV, 121. Petit, *Hist. ducs Bourg*. III, 288, 293.

**5125** « Hunnens », 7 décembre 1189.

Donation de Roger, seigneur de Mounet, à l'abbaye de Rosières, sous le sceau de Morette comtesse de Vienne et en sa présence. *Act. ap. Hunnens*... Témoins : Girard, fils du comte Girard.

Guillaume, *Hist. généal. sires Salins*, I, pr. 75.

**5126** Rome, à St-Pierre, 28 décembre 1189.

Bulle du pape Clément III en faveur du prieuré de St-Pierre du Bourg-lès-Valence, conforme à celle du 27 janv. 1065, sauf cette addition : ses paroissiens ne pourront entrer en religion ou se faire ensevelir ailleurs sans reconnaître les droits de leur église.

Chevalier (C. U. J.), *Cart. de St-Pierre-du-Bourg*, 21-2. nᵒ 10. = Jaffé, -16458.

**5127** (1189/90 ?).

Adémar de Poitiers, [comte de Valentinois], fait remise aux religieux de St-Bénigne de Dijon de la procuration qu'il prétendait dans leur maison de Montmeyran (*Monte Modrio*). Sceau. — Lantelme, évêque de Valence, leur abandonne un usage qu'il avait aux portes de Valence.

*Le Couteulx, Ann. Cartus*. III, 78.

**5128** (1189/1192).
Henri, [seigneur] de Faucigny, à la prière de son parent et ami A[ymon], archevêque de Tarentaise, promet à J[ancelin], prieur de la Chartreuse, et à son couvent d'être dévoué à l'ordre, et de réparer ses torts à l'égard de la maison de Vallon. Témoins.

MÉNABRÉA (Léon), dans *Mém. acad. Savoie* (1854), B, II, 278-9.

**5129** 10 janvier 1190.
Acte des archives de St-Félix à Valence, concernant l'île de Sillart *(Silhaz)*, reçu par maître Jacques Charmerii, notaire de Romans, a° D. *millesimo nonagesimo, indic. 8 et d. lunæ* [mercredi] *10 m. jan.*

Arch. de la Drôme, invent. de St-Félix, f° lxxxij.
30 janvier 1190 = 30 janvier 1199/1200.

**5130** Lyon, 10 février 1189/90.
Pierre, abbé de St-Bénigne de Dijon, et son chapitre ne pouvant se rendre en personne à Lyon, y envoient le camérier et le prévôt de leur monastère, qui résignent l'église de St-Pierre de Bouvantes *(Bovanty)*, avec tous ses droits spirituels, à Robert, évêque de Die, par les mains de Robert, archevêque de Vienne (à qui son homonyme, sur le point de partir pour Jérusalem, avait confié son diocèse) ; avec cession à la chartreuse du Val-Ste-Marie des autres possessions et droits qu'il avait à Bouvantes, ainsi qu'une vigne, moyennant 112 marcs d'argent. *Acta ap. Lugdunum... ind. 7..., fer. 6* [= 7], *luna* 2. Témoins : Dalmace sénéchal. Etienne doyen et 4 chanoines de Lyon ; Humbert, de Mirabel, Ismidon de Cordon, chanoines de Vienne; Pierre de Meysse, Pierre de Varasc, Pierre Pineti, chanoines de Die ; Guillaume, prieur de St-Médard. — *Quoniam pro varietate.*

LE COUTEULX, *Ann. Cartus.* III, 77-8. CHEVALIER (J.), *Hist. égl.-ville Die*, I, 464-6. CHEVALIER (U.), *Coll. cartul. Dauphin.* X, 30-2. Trad. CHEVALIER (U.), dans *Journ. de Die*, 16 août 1868.

**5131** Dijon, 14 février 1189/90.
Pierre, abbé de [St-Bénigne de] Dijon et ses frères... *proxima 4 fer.*, dans leur chapitre *ap. Divionem*, approuvent ce qu'a fait leur camérier, apposent leurs sceaux, auxquels ils demandent l'adjonction de ceux des archevêques de Lyon et de Vienne, de Robert évêque de Die et de son chapitre. Témoins : Martin prieur, etc., Bernard gardien du corps saint... et Guillaume prieur de St-Médard.

LE COUTEULX, *Ann. Cartus.* III, 78. CHEVALIER (U.), *Coll. cartul. Dauphin.* X, 32.

**5132** Die, 25 février 1189/90.
Robert, évêque de Die, séant en son chapitre, du consentement de ses chanoines, concède aux frères du Val-Ste-Marie l'institution du prêtre dans l'église de Bouvantes, sous condition de le lui présenter et de pourvoir aux besoins des ministres de cette église : ils offriront une livre d'encens chaque année à la cathédrale. *...ind. 7... fer. 1. luna 17.* Témoins : Jarenton doyen, Arbert sacristain, Elie procureur, etc., Guillaume prieur de St-Médard....

Arch. de la Drôme, Bouvantes, orig. parch. de 7 lig. 1/2, sceau. — *LE COUTEULX, Ann. Cartus.* III, 78. Trad. CHEVA-

LIER (U.), dans *Journ. de Die* (23 août 1868). CHEVALIER (J.), *Hist. égl. Die*, I, 232.

**5133** Rouen, 18 mars (1190).
Ric[hard], roi d'Angleterre, duc de Normandie et d'Aquitaine, comte d'Anjou, mande aux archevêques, évêques, etc. qu'il a confirmé la donation faite par son père Henri aux prieur et frères de la Chartreuse *(Chartusa)* de 50 marcs d'argent, à percevoir chaque année sur son échiquier de Normandie. Témoins : Guillaume *(W.)*, archevêque de Rouen, etc. Donné par Jean d'Alençon, archidiacre de Lisieux, vice-chancelier... *ap. Rothomagum. regni a° 1.*

LE COUTEULX, *Ann. Cartus.* III, 93-4.

**5134** Latran, 19 mars 1190.
Bulle du pape Clément III, qui prend sous la protection de s' Pierre l'église de St-Victor de Chorges. — *Quociens.*

GUÉRARD, *Cart. de St-Victor de Marseille*, II, 366, n° 935. = ROMAN, 42°.

**5135** 1190.
Agathe et Doa, épouses des deux frères Jean Tifaut et Durand Sarpel, donnent [aux frères] de Bonnevaux le droit de villenage *(vilanagii)* qu'elles avaient à Maconeya. Témoins.

CHEVALIER (U.), dans *Bull. acad. Delphin.* D, II, 68 ; *Cart. de Bonnevaux*, 52, n° 107.

**5136** 1190.
Pierre Terrerius, de Châtonnay *(Chatunnayo)*, cherche querelle aux frères de Bonnevaux, puis s'en désiste et reçoit 6 sols. Témoins : Guillaume de Moifon *(Moyfone)...,* Pierre de St-Paul, mistral de Châtonnay.

CHEVALIER (U.), dans *Bull. acad. Delphin.* D, II, 67 ; *Cart. de Bonnevaux.* 51, n° 104.

**5137** (Jarjayes), 1190.
Béatrix, dame de Jarjayes, donne au monastère de Ste-Marie de Boscaudon *(Boscadon.)* et à la maison du Puy-St-Maurice le territoire de Malcor, qui s'étend du ruisseau d'Avance *(Avanza)* au fleuve de la Durance, limitant le territoire de Valserres et la terre des chanoines de Gap ; elle y ajoute la liberté du pâturage dans ses terres pour 15 à 20 trentains de brebis, les bœufs, vaches et autres animaux. Serment des hommes de Jarjayes à partir de 14 ans d'observer cette concession. Fait devant l'église de St-Thomas, en présence de l'abbé [Rostaing]. Témoins. Arnaud Flota, mari de Béatrix, appose son sceau.

ALLEMAND (F.), dans *Bull. soc. étud. Hautes-Alpes* (1895), XIV, 250-1 ; cf. XV, 303 ; XVII, 20. = ROMAN, 42b.

**5138** = 4388 (1190 ?)
Guillaume, comte de Forcalquier, accorde à Rostaing, abbé de Boscaudon, l'exemption des redevances *(usatica)* par terre et par eau [sur la Durance], dans ses domaines.

Paris, Bibl. Nat., ms. lat. 13915, 369. Carpentras, ms. Peiresc LXXVI, 433. = *Gallia christ. nova*, III, 1104. ROMAN, 42b.

**5139** (1190).
Henri VI, roi des Romains, notifie la paix faite entre lui et Hugues, duc de Dijon, à condition qu'il lui fera

hommage pour la ligéité du comté d'Albon et autres alleux.

GOLDAST, Constitut. imper. III, 363. ROUSSET, Suppl. au Corps diplom. I, 1, 68. = GEORG. I, 746. PETIT, Hist. ducs Bourg. III, 293-4.

**5140** Autun, 1190.

Hugues, duc de Bourgogne et comte d'Albon, et son fils Odon, pour réparer leurs torts envers l'église et les chanoines d'Autun et obtenir la célébration d'anniversaires, leur donnent la ville d'Auxy *(Ausiacus)*, etc. Fait dans le chapitre *Eduensi*. Témoins : le chapelain Christian, Robert de Tullione, camérier du duc, etc.

CHARMASSE (A. de), Cart. de l'égl. d'Autun. I, 111-3. n° 23. = PETIT, Hist. ducs Bourg. III, 297.

**5141** 1190.

Hugues, duc de Bourgogne et comte d'Albon, notifie une donation aux religieux de Cîteaux.

PETIT (Ern.), Hist. des ducs de Bourgogne, III, 295.

**5142** 1190.

Hugues, duc de Bourgogne et comte d'Albon, notifie un accord entre Aymon de Marigny et les frères de Cîteaux. Sceau de son fils Odon.

PETIT (Ern.), Hist. des ducs de Bourgogne, III, 296-7.

**5143** 1190.

Hugues, duc de Bourgogne et comte d'Albon, donne à l'abbaye de Cîteaux une rente d'avoine pour le repos de l'âme de ses prédécesseurs et de Girard de Réon.

PETIT (Ern.), Hist. des ducs de Bourgogne, III, 302.

**5144** (1190).

Hugues, duc de Bourgogne et comte d'Albon, avec approbation de son fils Odon, accorde des privilèges aux religieux de Cîteaux pour leur maison à Dijon.

PETIT (Ern.), Hist. des ducs de Bourgogne, III, 298-9.

**5145** 1190.

Hugues, duc de Bourgogne et comte d'Albon, atteste la donation aux religieux de Cîteaux par Euvrard, prévôt de Dijon, partant pour Jérusalem.

PETIT (Ern.), Hist. des ducs de Bourgogne, III, 303.

**5146** 1190.

Hugues, duc de Bourgogne et comte d'Albon, notifie une donation aux Hospitaliers de Jérusalem par Humbert de Villaines.

PETIT (Ern.), Hist. des ducs de Bourgogne, III, 295.

**5147** 1190.

Hugues, duc de Bourgogne et comte d'Albon, notifie sa donation, après le décès de sa mère Marie, aux religieuses de Jully-les-Nonnains, du consentement de son fils Odon.

PETIT, Cart. de Jully. 27-8 ; = Hist. ducs Bourg. III, 296.

**5148** Beaune, 1190.

Hugues, duc de Bourgogne et comte d'Albon, partant pour Jérusalem, donne une rente de 60 sols à l'abbaye de Maizières, avec approbation de son fils Odon, *apud Bernam.*

PETIT (Ern.), Hist. des ducs de Bourgogne, III, 304-5.

**5149** (1190).

Hugues, duc de Bourgogne et comte d'Albon, et son fils Odon assistent à un arrangement entre Etienne de Cissey et l'abbaye de Maizières.

PETIT (Ern.), Hist. des ducs de Bourgogne, III, 294-5.

**5150** Dijon, 1190.

Hugues, duc de Bourgogne et comte d'Albon, partant pour Jérusalem avec le roi de France, se recommande aux prières du chapitre de St-Bénigne et lui fait un don, avec approbation de son épouse Béatrix et de ses fils Odon et Alexandre.

DU CHESNE, Hist. généal. ducs Bourgogne, pr. 57-8. = PETIT, Hist. ducs Bourg. III, 302.

**5151** 1190.

Hugues, duc de Bourgogne et comte d'Albon, avec approbation de son fils Odon, donne une rente à l'église de St-Vivant de Vergy.

PETIT (Ern.), Hist. des ducs de Bourgogne, III, 299.

**5152** 1190.

Guillaume, comte de Vienne et de Mâcon, palatin, convient avec Hugues, abbé de Cluny, de faire trancher leurs différends par 4 arbitres...

Paris. Bibl. Nat., Cart. de Cluny, Baluze 339, 178-9.

**5153** 1190.

Guillaume, comte de Vienne et de Mâcon, pour le remède de son âme et en réparation de ses méfaits, donne à l'église de Cluny 104 sols à solder par le prévôt de Lons-le-Saunier. Témoins.

BERNARD-BRUEL, Chartes de Cluny, V, 706-7, n° 4342.

**5154** (Vers 1190).

Guillaume, comte de Vienne et de Mâcon, se porte garant envers l'église de St-Pierre de Cluny pour Hugues de Mailly. Sceau.

BERNARD-BRUEL, Chartes de Cluny, V, 711-2, n° 4348.

**5155** 1190.

Charte indiquant le mode de lever la dîme par le prieur de Coussaud *(Cossaudo)* dans les terres de la Voupe *(Voulpæ).*

*CHEVALIER (U.), Cart. de Léoncel, 45, n° 40*.

**5156** (Vers 1190).

Guillaume *(W.)* Vilars tient de l'évêque de Grenoble J[ean] un pré et un tènement, par lesquels il doit à l'entrée du Carême 12 den. de cens et une poule, et 5 sols de plaid.

MARION, Cart. de Grenoble, 182, n° 129.

**5157** 1190.

Hugues de *Petragorda* l'ancien et son frère Guillaume vendent à Guillaume Antonius ce qu'ils possédaient à la Motte. L'argent (monnaie de Valence) est délivré à Hugues le jeune, qui se préparait à faire le voyage de Jérusalem. *Jacobus not. episc.*

COLUMBI, Episc. Valentin. 27 ; Opusc. 261.

**5158** (Vers 1190).

Adémar de Poitiers, comte de Valentinois, accorde à la maison [des chartreux] de Portes, au diocèse de Lyon, l'exemption de péage par terre et par eau dans ses domaines.

GUIGUE (M. C.), Cart. Lyonnais, I. 85.

**5159**  1190.

Girbert de Vernosc, archiprêtre, acquiert, au profit de l'église de Vienne, les dîmes de St-Clair, d'Aldémar de *Montecalvo*, Arnaud de Dolveu, Guillaume de Seyssuel *(Saxeolo)* et son frère Arnoul, Guillaume Artaud et Guillaume Agneau. Témoins : Guigues de Vernosc, etc. *Humbertus not.*

*Charvet. 360-1. Chevalier (U.), Cart. de St-Maurice Vienne, 46, n° 217 ; Suppl. 12.

**5160**  1190.

Falcon, évêque de Valence, préoccupé de son salut et désireux d'obtenir la célébration dans l'église de St-Ruf de l'anniversaire de ses prédécesseurs et en particulier d'Odon, et la réfection abondante du couvent chaque année, fait cession à l'abbé Pierre de ses droits provenant de concessions pontificales ou impériales, sur le littoral de l'île Eparvière, à l'orient, et les deux rives, avec interdiction à tout indigène ou étranger d'y pêcher ou d'y poser des instruments de pêche. Fait *sed. in Urbe Clemente, Frederico imper. regn., pontific. nostri a° 3*. Témoins : Raymond prieur claustral, maître Jean sacristain, Isard prieur de Vienne, Ponce Augisii, prieur de St-Jacques, Gontard prieur de la Côte, Hélie prieur de Die, Falcon de Boczosel, prieur de Corbelin, Ponce de Soz, prieur du Bourg, Giraud prieur de la Tour, Ponce Conil, ouvrier, Guillaume *(W.)* hospitalier, Humbert camérier, Rafin procureur, maître Guillaume *(W.)*, Guillaume *(W.)* prieur de Peyraud, etc.

Arch. de la Drôme, origin. parch. Fontanieu, *Cart. du Dauph.* I, 150°. — *Gallia christ. nova.* XVI, instr. 110. Chevalier (U.), *Cod. diplom. S. Rufi*, 76-7, n° 65. Trad. ital. *S. Congregat. consistor.* (1784), Summar. n° 4°.

**5161**  1190.

Guigues Pagani, de l'assentiment de son épouse Faina, fait réparation des torts qu'il avait causés à l'église de St-Sauveur, surtout de lui avoir extorqué et même volé 640 sols Viennois. Fait entre les mains de Robert, archevêque de Vienne, et de Jean, évêque de Grenoble. Ses cautions devront se constituer otages à Argental suivant l'ordre de l'archevêque de Vienne et de son chapitre, qui excommunieront les contrevenants.

Charpin-Feugerolles et Guigue, *Cart. de St-Sauveur-en-Rue*, 41-2, 60-1, n° 97, 110. = Gallier (A. de), dans *Rec. mém.-doc. Forez* (1875), 40.

**5162**  (Vers 1190).

Guillaume de Chandieu et ses frères recevaient de l'église de St-Victor [de Valence] 3 sols de cens dus par Guigues d'Alixan *(Aleissa)* sur les jardins devant la maison de St-Emilien. Ils en firent don à l'église de St-Victor, qui leur en céda autant *apud Cereum, in Frenataria veteri, in Ouchis*, s'en réservant le domaine, avec partage des ventes et plaids. Promesse de défense réciproque ; les frères seront les hommes de l'église. Echange fait en présence de l'abbé Arnaud, du prieur Reimond Ademari et 11 autres.

Arch. de la Drôme, St-Victor, orig. parch.

**5163**  1190.

Au moment de partir en pèlerinage pour Jérusalem, Arbert de la Tour *(de Turre)*, sur le conseil d'Arbert abbé de St-Chef *(S. Theuderii)*, de Robert comte [de Clermont en Auvergne] et de ses sujets, dispose de ses biens par testament : il donne la tutelle de ses enfants et de ses biens à sa femme, qui règlera tout durant son veuvage ; si elle se remarie, elle aura Crémieu *(Crimiacum)*, mais ne pourra aliéner que de l'usufruit. Il laisse tout son domaine à son fils aîné et, à son défaut, au cadet et à ses filles.

Baluze, *Hist. mais. d'Auvergne*, II, 477. Valbonnays, *Hist. de Dauph.* I, 182°. Delachenal (R.), *Hist. de Crémieu*, 468-9. = Fontanieu, *Cart. du Dauph.* I, 150°. Bréq. IV, 134.

**5164**  (1190?).

Lettre d'A[lbert] de la Tour à la comtesse son épouse et à son fils A[lbert] : son père et lui ont concédé aux religieux du Val-St-Hugon le pâturage dans leurs terres et ont été associés à leurs prières. Il désire qu'on les protège contre les méchants quand ils viendront chez lui.

Burnier (Eug.), *Chartreuse de St-Hugon*, 350, n° 247.

1190 = 1186 (après 5 juillet).

**5165**  Avril 1190.

Christian Geneves cherche querelle aux frères de Bonnevaux à l'occasion des biens de sa femme Christiane Juste à *Maconeya*, puis se désiste. Témoins : ...Girard chapelain de Châtonnay, Jean de Chaleyssin, chapelain de St-Jean[-de-Bournay].

Chevalier (U.), dans *Bull. acad. Delphin.* D, II, 67-8 ; *Cart. de Bonnevaux*, 51-2, n° 106.

**5166**  Avril 1190.

Lagier *(Latgerius)* et sa femme Sada donnent leur droit de villenage *(vilanagii)* aux frères de Bonnevaux. Témoins.

Chevalier (U.), dans *Bull. acad. Delphin.* D, II, 67 ; *Cart. de Bonnevaux*, 51, n° 105.

**5167**  Aspres(-sur-Buech), avril 1190.

Guillaume *(W.)* comte de Forcalquier, se trouvant *Asperis*, confirme à Chatbert, prieur de Durbon, la donation qu'il avait faite aux frères étant à Apt, quand il partit pour St-Jacques, laquelle fut rédigée par Pierre Grossi, prévôt de Forcalquier, et scellée du sceau du prince. On le rend participant des prières. Témoins : le comte Bertrand, Raibaud Guiranni, Raibaud et Raimond d'Agout, Géraud Amici, Raimond Laugerii, Francon de *Monte Alto*, Pierre Grossi, prévôt de Forcalquier, Guillaume *(W.)* Brunelli, prévôt de Sisteron, etc. *Roland Dulzani scr., etc.* Sceau.

Guillaume, *Chartes de Durbon*, 150, n° 202. = Roman, 42°.

**5168**  Mai 1190.

Bornon de Bourgoin *(Bergon)*, son frère Sinfred et leur mère Flandine confirment par serment le don fait aux frères du Temple [de Vaulx] des moulins de Bourgoin *(Burgon)* par Pierre Bruns ; Anselme, procureur de la maison, leur donne 4 liv. 3 sols. Témoins : Guy *(Guido, Gido)*, prévôt, etc.

Delachenal (R.), dans *Bull. acad. Delphin.* D, X, 444-5, n° 75-6 ; *Cart. du Temple de Vaulx*, 94-5.

**5169**  Juin 1190.

Hugues, duc de Bourgogne et comte d'Albon *(A-nii)*, pour le remède de son âme et de ses ancêtres, donne à l'église de St-Bénigne de Dijon ses droits sur la villa de Prenois *(Prunet)*. Sceau. Approbation de son fils Odon.

Du Chesne, *Hist. généal. ducs Bourgogne*, pr. 58. = Bréq. IV, 126. Petit, *Hist. ducs Bourg.* III, 300.

**5170** Latran, 6 juin 1190.

Bulle du pape Clément III adressée au prieur et aux frères de la Chartreuse, leur renouvelant la protection apostolique et divers privilèges. — *Inter virtutum.*

*Privileg. ord. Carthus.* (1510), 3. Thomby, *Stor. Cartus.* IV, app. 237. *Patrol. lat.* CCIV, 1462-3. — Jaffé, 10178-16508. Le Couteulx, III, 93.

**5171** Latran, 6 juin 1190.

Lettre du même aux archevêques et évêques, leur mandant de réprimer par censure ecclésiastique ceux qui iraient à l'encontre des privilèges accordés aux Chartreux. — *Cum dilectos filios.*

*Privileg. ord. Carthus.* (1510), 3ᵇ. Thomby, *Stor. Cartus.* IV. app. 238. *Patrol. lat.* CCIV, 1463-4. = Jaffé, 10179-16507. Le Couteulx, III, 93.

**5172** Latran, 7 juin 1190.

Bulle du même adressée à tous les prieurs et frères de l'ordre des Chartreux : voulant pourvoir à leur paix et tranquillité, il interdit aux prieurs et frères de formuler une appellation sans le consentement du chapitre de la maison. Les décisions du chapitre général annuel seront observées, lors même que tous ses membres n'auraient pu s'y rendre. — *Cum ab omnibus.*

*Privileg. ord. Carthus.* (1510), 3ᵇ. Thomby, *Stor. Cartus.* IV. app. 238. *Patrol. lat.* CCIV, 1464-5. = Jaffé. 10180-16508. Le Couteulx, III, 93.

**5173** 19 juin 1190.

Hugues, duc de Bourgogne et comte d'Albon, donne aux chanoines de N.-D. de Beaune le tiers de la dîme de Labergement .... *d. festi Gervasii et Prothasii.*

Petit (Ern.), *Hist. des ducs de Bourgogne*, III, 300-1.

**5174** Aspres[-les-Veynes], juillet 1190.

Donation par le bailli du prieur d'Aspres à Durbon et à son prieur Chabert *(Jabertus)* d'une terre aux Molettes, à Aspres. Témoins : Féraud, prieur d'Aspres, Raibaud Pulla, chevalier d'Aspres, Arnaud Flotte, seigneur de la Beaume, etc. Fait dans la cour de St-Géraud.

Arch. des Hautes-Alpes, orig. = Roman, 42. — Cf. 30 juin 1260.

**5175** Latran, 21 juillet 1190.

Le pape Clément III confirme au prieur et aux frères du Val-Ste-Marie, profès de l'ordre des Chartreux, leurs possessions, spécialement celles qu'ils ont acquises à Bouvantes *(in Bovantio)* de l'abbé et des frères de St-Bénigne de Dijon, du consentement des supérieurs métropolitain et diocésain. — *Cum omnium.*

Arch. de la Drôme, Bouvantes, origin. parch. de 19lig. Trad. Chevalier (U.), dans *Journ. de Die* (23 août 1868).

**5176** 30 juillet 1190.

Chatbert de Châtillon, frère aîné de Guillaume, prétend n'avoir pas approuvé la donation de celui-ci [aux frères de Bonnevaux] ; on lui donne 40 sols et il confirme les bienfaits de son aïeul Guillaume. Témoins : Martin de Moirans, le frère de Chabert, Guigues, moine de Bonnevaux ..., Humbert Ervisii, Guigues Rostang de Miribel, chevaliers.

Chevalier (U.), dans *Bull. acad. Delphin.* D, II, 97-8; *Cart. de Bonnevaux*, 81-2, n° 187.

**5177** Morancé, (août) 1190.

Philippe [-Auguste], roi de France, confirme les conventions arrêtées entre Hugues, duc de Bourgogne, Odon son fils et Béatrix, son épouse, au sujet du droit de celle-ci de se rendre dans sa terre de Viennois et d'Albon, quand son mari sera en Terre-Sainte. *Act. apud Moransium.*

Fontanieu, *Cart. du Dauph.* I, 146-50. = Du Chesne, *Hist. ducs Bourgogne*, pr. 58 ; *Hist. daufins Viennois*, pr. 9. Plancher, *Hist. de Bourg.* I, pr. lxxxj-ij. = Bréq. IV, 131. Delisle, *Catal. actes Phil.-Aug.* n° 326. Petit, *Hist. ducs Bourg.* III, 306.

**5178** 31 août (119.).

Obit de Pierre d'Apprieu *(de Aspero Joco)*, prieur de St-Robert.

Chevalier (U.), *Nécrol. de St-Robert*, 40.

**5179** Gênes, (septembre ?) 1190.

Hugues, duc de Bourgogne et comte d'Albon, donne une rente de 4 liv. à l'église de St-Etienne de Beaune... Témoins. *Act. ap. Januam* ... Sceau.

Pérard, *Rec. pièces Bourgogne*, 263. == Petit, *Hist. ducs Bourg.* III, 306.

**5180** 13 septembre 1190.

Au chapitre général de l'ordre de Cîteaux, l'abbé de Bonnevaux est chargé de tenir la main à l'exécution de la promesse de ses convers de ne pas prendre de cuisiniers sans la permission du chapitre général ou de l'abbé de Cîteaux.

Martène, *Thes. nov. anecd.* IV, 1269.

**5181** St-Martin-le-Colonel, (25) septembre 1190.

Transaction entre les religieux de Léoncel *(Liuncelli)* et ceux du Val-Ste-Marie de Bouvantes *(valle de Bovanti)*, par l'entremise des abbés Albéric d'Alguebelle et Amédée de Valmagne, des prieurs Gontard des Ecouges, Humbert de la Silve[-Bénite] et Guillaume de St-Médard, qui s'étaient adjoint deux jurisconsultes, Bertrand Bonelli et Durand de Tournon *(Tornone)*. Ils attribuent aux chartreux la vallée de Bouvantes, du haut de Malatra *(Mons Superior)*, suivant la crête *(seia)* du col d'Omblèze au pas de la Charia et à la Lionne, le manse d'Odon Johanne, Mont-Fleury et Lente ; tout le versant du côté de Léoncel sera aux cisterciens. Pour l'observation amicale de cet accord, Jean prieur du Val-Ste-Marie donne à Pierre de Néronde *(Neirunda)*, abbé de Léoncel, 400 sols Viennois. S'il surgit des difficultés au sujet de limites, elles seront tranchées pacifiquement par les parties. Fait ... *fer. 3, ind. 8, luna 22*, près de l'église *Bⁱ Martini del Colonel*, en présence des abbés Pierre de Tamié *(Tamedio)*, Gontard de Sénanque *(Selianca)* et Ponce d'Ulmet, de celui de Léoncel avec ses moines (3) et convers (4) ; du prieur et un moine du Val-Ste-Marie, de convers de la Chartreuse, des Ecouges et de la Silve, des prieurs Girbert de Saillans, Alamand de St-Jean, Gautier de St-Félix et Guigues du Pont, Guillaume doyen et Bertrand archiprêtre de Grenoble, Burnon de Lans, doyen de St-André, 3 chanoines de Die, Guigues prieur du Bourg *(Borc)*, de chanoines de Valence, Lambert de Flandènes, Pierre prêtre de St-Martin, etc. — *Quotiens rerum gest.*

Voir la charte du 27 mai 1192. — CHEVALIER (U.), *Cart. de Léoncel.* 49-50, n° 44. Trad. CHEVALIER (U.), dans *Journ. de Die* (23 août 1868).

**5182** 27 décembre 1190.
Bérard, prieur d'Artas *(A-sio)* donne à perpétuité aux frères de Bonnevaux les dîmes de la terre de Guinafred à Meylan *(Meulan)*. Témoins. Approbation de Bernuz de St-Jean, qui reçoit 70 sols, etc.
CHEVALIER (U.), dans *Bull. acad. Delphin.* D. II, 61 ; *Cart. de Bonnevaux*, 45, n° 91.

**5183** (1190/1193).
Guillaume, comte de Forcalquier, rappelle aux consuls de Cucuron qu'il a exempté le monastère de Boscaudon du droit d'usage : il leur recommande de respecter et protéger leurs biens sur terre et sur eau.
Bibl. de Carpentras, ms. 1861 (Peiresc), 433. Paris. Bibl. Nat., ms. lat. 13915 (copie Chantelou), 369b (communiqué par M. J. C. Roman).

**5184** (1190/1210).
Aemar del Baltz, son frère Hucdric et leur mère Willelma donnent à la maison de Vaulx *(Vallis)* leurs droits sur un courtil à Bion *(Biaoni)* et reçoivent 8 sols. Témoins : le prêtre Guillaume, qui reçut le don, le commandeur Michel, etc.
DELACHENAL (R.), dans *Bull. acad. Delphin.* D. X, 439, n° 67 ; *Cart. du Temple de Vaulx*, 89.

**5185** (1190/1210).
Aemar de Boczosel [*Bucusello*] et son frère renoncent à leurs querelles contre la maison du Temple [de Vaulx] et reçoivent d'elle 20 sols. Serment entre les mains du commandeur Michel. Témoins. Fait devant la maison d'Ogier Tivelz.
DELACHENAL (R.), dans *Bull. acad. Delphin.* D. X, 435-6, n° 61 ; *Cart. du Temple de Vaulx*, 85-6.

**5186** (1190/1210).
Armand Lombars donne à la maison de Vaulx *(Valz)* son avoir sur les vignes et terres de Domarin *(Domairin)*, excepté la vigne qu'il tient d'elle à quarts fruits *(quarto)* ; le procureur Anselme lui donne 100 sols et 6 *meiters* de seigle. Témoins.
DELACHENAL (R.), dans *Bull. acad. Delphin.* D. X, 445, n° 77 ; *Cart. du Temple de Vaulx*, 95.

**5187** Châtonnay, (1190/1210).
Berlion Garnerius donne à la maison du Temple de Vaulx *(Vallis)* sa vigne à Domarin. Sa sœur et Girin de St-Symphorien[-d'Ozon] approuvent et reçoivent 100 sols et Témoins : Aemar de Romanèche, etc. Reçu par le prêtre Guillaume et frère Jocerand, dans la grande salle *(thalamo) Chantonaii.*
DELACHENAL (R.), dans *Bull. acad. Delphin.* D, X, 438-9, n° 66 ; *Cart. du Temple de Vaulx*, 88-9.

**5188** (1190/1210).
Bornon de Manicieu *(Maneiseu)*, pour réparer la querelle qu'il avait suscitée à la maison du Temple [de Vaulx], lui donne le pré de l'Aubépin tenu par Murisius et celui de l'Hôpital [de la Verpillière]. Assentiment de sa femme, de leurs 7 fils et d'1 fille. Témoins : le cha-

pelain de Falavier *(Falaver)*, le prêtre Jean Viboud, etc. Confirmé le lundi de Pâques.
DELACHENAL (R.), dans *Bull. acad. Delphin.* D, X, 443-4, n° 74 ; *Cart. du Temple de Vaulx*, 93-4.

**5189** (1190/1210).
Boson Boirons et sa femme Falca, pour être ensevelis dans le cimetière du Temple de Vaulx *(Vallibus)*, donnent en aumône 2 sols 1 obole à la maison, qui leur devait 19 den. et obole ; Pierre de Lai devra au Temple ce dont il était débiteur. Témoins.
DELACHENAL (R.), dans *Bull. acad. Delphin.* D, X, 438, n° 64 ; *Cart. du Temple de Vaulx*, 88.

**5190** Bourgoin, (1190/1210).
Boson de Morestel et dame Aiglentine donnent à la maison du Temple [de Vaulx] leur fief *(phedu)* de la maison *del Champeis* au moulin de Pierre Pelavini, et reçoivent 20 sols et 1 m[eiters] de froment. Témoins : le commandeur Michel, le chapelain Jean Viboud. Fait devant la porte de la maison *Burgundi.*
DELACHENAL (R.), dans *Bull. acad. Delphin.* D. X, 441, n° 70 ; *Cart. du Temple de Vaulx*, 91.

**5191** (1190/1210).
Dame Flandine donne à la maison de Temple de Vaulx *(Vallis)* un courtil à St-Agnin *(S. Aniano)*, un tenancier, sa part du courtil de Bion *(Biaoni)*, de la terre *Luisini* et 12 den. à la Verne *(el Vernei)* sous St-Germain. Serment *(sacramentaverunt)* de ses enfants. Fidéjusseurs : Hugues Maletz et Guillaume Athenolfus. Témoins : le commandeur Michel, le portier Guigues, etc.
DELACHENAL (R.), dans *Bull. acad. Delphin.* D. X, 439-40, n° 68 ; *Cart. du Temple de Vaulx*, 89-90.

**5192** (1190/1210).
Le fils de Gautier Faranz a en gage 5 sols de Pierre Brun *(B-ns)*, qui le donna aux frères du Temple [de Vaulx]. Les frères ont l'avoir d'Armand Lumbars sur les vignes de Domarin, et sur la vigne et la terre de Barnard del Mular [effacé]. Pierre Bruns donne aux frères son avoir sur les vignes de Domarin et la terre de Barnard del Mular.
DELACHENAL (R.), dans *Bull. acad. Delphin.* D. X, 447-8, n° 83 ; *Cart. du Temple de Vaulx*, 97-8.

**5193** (1190/1210).
Hucdric Eschoz donne à la maison du Temple [de Vaulx] son fief *(phedu)* de la maison *del Champeis* au moulin de Pierre Pelavini, et reçoit 25 sols et 2 m[eiters] de froment. Témoins : le commandeur Michel, Nelyez chapelain de Bourgoin *(Burgundii)*, Aymon, chapelain de Ruffieu *(Ruifeu)*, etc. Fait en la maison du moulin du Temple.
DELACHENAL (R.), dans *Bull. acad. Delphin.* D. X, 441-2, n° 71 ; *Cart. du Temple de Vaulx*, 91-2.

**5194** (1190/1210).
Hugues Tivelz et sa femme donnent à la maison du Temple [de Vaulx] leur fief *(phedu)* de la maison *del Champeis* au moulin de Pierre Pelavini, et reçoit 20 sols et 1 m[eiters] de froment. Serment des donateurs, de leur fils Berlion, de leur fille Marguerite et d'Alamanda. Fidéjusseur : Hucdric Eschot. Témoins : le commandeur Michel, le chapelain Jean Viboud, Aymon

chapelain de Ruffieu (Ruifeu). Anselme chapelain de l'hôpital (infirmorum), etc.

DELACHENAL (R.), dans *Bull. acad. Delphin.* D, X, 440-1, n° 69 ; *Cart. du Temple de Vaulx*, 90-1.

**5195** (1190/1210).
Jean Fexget cède à la maison du Temple [de Vaulx] et à Bornon Bernut sa part du moulin [du Pont, sauf 18 den. de cens, et reçoit 40 sols. Fait entre les mains de Geoffroi (Jhosfredi) d'Ectevo. Témoins et garants : le chapelain Jean Viboud, etc.

DELACHENAL (R.), dans *Bull. acad. Delphin.* D, X, 442, n° 72 ; *Cart. du Temple de Vaulx*, 92.

**5196** (1190/1210).
Mairin de l'Isle(-d'Abeau, *Insula*) donne [à la maison du Temple de Vaulx] 8 den. sur le courtil de Ponce Guichard et Novelli. Témoins : le chapelain de l'Isle, etc.

DELACHENAL (R.), dans *Bull. acad. Delphin.* D, X, 438, n° 65 ; *Cart. du Temple de Vaulx*, 88.

**5197** (1190/1210).
Milon Arnaldi remet en garde aux frères du Temple [de Vaulx] *lus Cristovilat* ; on lui payera 12 den. pendant 6 ans. Il en fait don, au cas où il mourrait sans héritier.

DELACHENAL (R.), dans *Bull. acad. Delphin.* D, X, 448, n° 85 ; *Cart. du Temple de Vaulx*, 98.

**5198** (1190/1210).
Olivier donne à la maison du Temple [de Vaulx] son avoir aux prés de Rua, sauf la part pour laquelle il doit 2 sols à la Pentecôte ; il reçoit 19 liv. Témoins : Anselme, procureur de la maison, etc.

DELACHENAL (R.), dans *Bull. acad. Delphin.* D, X, 445-6, n° 79 ; *Cart. du Temple de Vaulx*, 95-6.

**5199** (1190/1210).
Rainaud de Buxo et son frère Aymon donnent à la maison du Temple de Vaulx (*Vallis*) Guillaume Aullom. Témoins : le commandeur Michel, le portier Guigues, etc.

DELACHENAL (R.), dans *Bull. acad. Delphin.* D, X, 448-9, n° 86 ; *Cart. du Temple de Vaulx*, 98-9.

**5200** (1190/1210).
La dame de St-Bonnet et ses fils, Guillaume, Boson et Aemar, donnent [au Temple de Vaulx], pour le repos de l'âme de Jacquet (*Jachet*), leur avoir au territoire (*terrario*) de Lassieux (*Laceu*) et 1 tenancier ; on leur paye 10 liv. Témoins : Michel, commandeur du Temple de Vaulx (*Vallis*), etc.

DELACHENAL (R.), dans *Bull. acad. Delphin.* D, X, 437, n° 63 ; *Cart. du Temple de Vaulx*, 87.

**5201** (1190/1210).
Quand la dame de Villefontaine (*Villa*), épouse d'Arbert Malezt, s'affilia à l'ordre [du Temple], elle garda un tenancier et son courtil, puis le donna à la maison du Temple de Vaulx (*Vallibus*). Assentiment d'Arbert Malezt et ses fils, pour rétablir la paix, moyennant 300 sols. Fidéjusseurs : Hugues Malezt, Rainaud de Bois, Aemar de Vulantz et Antelme de Fallavier. Témoins : le commandeur Michel, le portier Guigues, etc.

DELACHENAL (R.), dans *Bull. acad. Delphin.* D, X, 436-7, n° 62 ; *Cart. du Temple de Vaulx*, 86-7.

**5202** Bourgoin, (1190/1210).
Dame Willelma del Balz, ses fils et filles donnent à la maison du Temple [de Vaulx] leur droit sur le cours d'eau du moulin donné par Pierre Bru. Fait près de l'église de St-Jean, pendant l'audition de la messe. Fidéjusseurs. Témoins : le chapelain Jean Viboud, Aimon de Boczosel, le commandeur Michel (*M-hielz*), etc.

DELACHENAL (R.), dans *Bull. acad. Delphin.* D, X, 443, n° 73 ; *Cart. du Temple de Vaulx*, 93.

**5203** (119.).
Bernard d'Aygola et sa femme Aaldis, fille de Guigues de Châtillon, font un don [aux frères] de Bonnevaux et reçoivent 6 liv. Guigues et son neveu Chabert, fils de Falcon de Châtillon, approuvent. Témoins : Aymon Belletz et son frère Jean, mistraux de Bernard, à qui on donne des souliers neufs...

CHEVALIER (U.), dans *Bull. acad. Delphin.* D, II, 41-2 ; *Cart. de Bonnevaux*, 25-6, n° 43.

**5204** Gênes, 15 février 1190/1.
Hugues, duc de Bourgogne et comte d'Albon (*A-nen.*), prend les Génois sous sa protection et leur accorde toute liberté dans ses terres... *ap. Januen. civil.*, dans le palais du fondic Guillaume Malocelli... ind. 7 [= 9].

*Hist. patr. mon.*, Liber jurium reipubl. Januen. I, 354-5, n° 371. = PETIT, *Hist. ducs Bourg.* III, 312.

**5205** Gênes, 16 février 1190/1.
Hugues, duc de Bourgogne et comte d'Albon, fait un pacte avec les Génois au nom de Philippe, roi de France, pour le transport des croisés en Terre-Ste. Fait dans le chapitre des consuls... ind. 7 [= 9].

*Hist. patr. mon.*, Liber jurium reipubl. Januen. I, 355-6, n° 372. = PETIT, *Hist. ducs Bourg.* III, 312-3.

**5206** Primarette, 1191.
Engeielda de Primarette donne avant de mourir aux frères de Bonnevaux son alleu au bois de Perun. Fait *apud Prumalayta*, dans sa maison. Témoins : Aymon de Muntgay, etc.

CHEVALIER (U.), dans *Bull. acad. Delphin.* D, II, 173-4 ; *Cart. de Bonnevaux*, 157-8, n° 398.

**5207** (1191 ?).
Fulcon de Tornins et son parent Siboud donnent aux frères de Bonnevaux leur avoir à Chavagnieu (*Chavaneu*) ; le 1er reçoit 10 sols et on rachète pour le même prix de Drodon de Beauvoir la part du 2d.

CHEVALIER (U.), dans *Bull. acad. Delphin.* D, II, 173 ; *Cart. de Bonnevaux*, 157, n° 397.

**5208** 1191.
Dame Joheta, femme de Guillaume de Bellegarde, et Ysard, frère de celui-ci, donnent aux frères de Bonnevaux, pour le repos de son âme, un setier de froment de cens. Témoins : Hugues de Bellegarde, Nantelme Aesmars, chevaliers, etc. Ysard renouvelle la donation entre les mains de l'abbé Hugues. Témoins : Ervisius de Beauvoir, Lattard de Pinet, Nantelme de Bellegarde, Guifred de Muncuc.

CHEVALIER (U.), dans *Bull. acad. Delphin.* D, II, 172-3 ; *Cart. de Bonnevaux*, 156-7, n° 395.

**5209** Pinet, (1191?).
Nantelme de St-Laurent cherche querelle [aux frères] de Bonnevaux au sujet du bois de Barbarins, donné par Ponce de Challeu et Aygletine sa femme ; il en fait remise *apud Pinet*. Témoin et caution : Drodon de Beauvoir. Berlion de Virieu s'oppose aussi et cède.
CHEVALIER (U.), dans *Bull. acad. Delphin.* D, II, 173 ; *Cart. de Bonnevaux*, 157, n° 398.

**5210** (Vers 1191).
Semia, fille de Suffisia, renonce à une réclamation contre Bonnevaux, moyennant 1 émine de seigle.
CHEVALIER (U.), dans *Bull. acad. Delphin.* D, II, 68 ; *Cart. de Bonnevaux*, 52, n° 108.

**5211** 1191.
Privilège concédé par Hugues de Baux à l'abbaye de Boscaudon.
*Invent. des chartes de Boscodon* (1712). = ROMAN, 43ᵃ.

**5212** St-Vallier. 1191.
L'abbé Guillaume de Clérieu reçoit en fief *(feudum et casamentum)* perpétuel de Béatrix, duchesse de Bourgogne et comtesse d'Albon, le château de la Roche-de-Glun *(Rocha de Glom)* et jure de le lui rendre à réquisition ; le comte et le comté le défendront contre toute éviction. Les parties s'engagent à ne faire aucun accord isolément avec Adémar de Poitiers, au sujet de la terre entre le Rhône et l'Isère. Cette inféodation est jurée par Odon, fils de Hugues duc de Bourgogne, qui gouvernait le comté pour son père avec dix chevaliers, par Arnaud le moine et les hommes de la Roche, serment qui doit être renouvelé tous les dix ans. L'abbé reconnaît qu'il est homme-lige du comte pour Clérieu et qu'il doit lui rendre le château de Larnage. Les chevaliers de Clérieu prêtent serment au comte de faire observer ces conventions par l'abbé ; du côté du comte, Drodon de Beauvoir, Gaufred de Moirans, Boniface d'Ornacieu, Guillaume*(W.)* d'Eras, Guillaume de Moras et Pierre Ismidon se constitueront otages à Romans. Fait *apud S. Valerium*, en présence de Falcon évêque de Valence et de Hugues abbé de Bonnevaux ; confirmé par Robert, archevêque de Vienne : les deux prélats excommunieront les contrevenants à ces conventions.
*Invent. St-Marcellin*, II, 538-9. — CHEVALIER (U.), *Invent. arch. Dauphiné 1277*, 29-30. = CHORIER, *H. de D.* II, 77. GALLIER (A. de), *Clérieu*, 37-8. PETIT, *Hist. ducs Bourg.* III, 316.

**5213** 1191.
L'abbé Guillaume, seigneur de Clérieu *(Clariaco)*, exempte de péages dans toutes ses terres et spécialement à la Roche[-de Glun] les moines et serviteurs de Cluny. Fait à la prière et du consentement de sa femme Haelis et de ses fils Roger et Guillaume, entre les mains de l'abbé Hugues. En récompense de cette aumône, le couvent lui donne part aux bonnes œuvres *(beneficia)* du monastère : les prêtres célébreront une messe et les autres réciteront des prières. Cette charte sera déposée à Tain *(Tinctum)*.
BERNARD-BRUEL, *Chartes de Cluny*, V, 713-4, n° 4351.

**5214** Die, 1191.
Nicolas, devenu de doyen de Die évêque de Viviers, assiste à la première messe de Jarenton de Quint, devenu de doyen évêque de Die.
CHEVALIER (J.), *Hist. égl.-ville Die*, I, 422.

**5215** Rioufroid, 1191.
Hugues d'Aix *(Ais)* concède au prieur Chatbert et aux frères de Durbon les droits qu'il tient de Guillaume Bertrandi à la Rama *(els Ramails)*, à Chamousset *(C-osset)* et aux prés de la Jarjatte *(Gargatæ)*. — Ses fils, Guillaume et Guigues Altaldi, du consentement de leur père, confirment aux mêmes les donations de leur aïeul Ysoard, leur oncle Pierre Ysoardi, leur mère Roais et leur père Hugues d'Aix, et promettent leur protection. Les frères donnent 400 sols. Fait à l'issue *(in exitu) Rini Frigidi*. Témoins : Guillaume *(W.)* prévôt de Sisteron, Hugues de Borne, chanoine, Silvion de Crest, Nicolas, procureur, Guillaume de Montama, chevalier, etc.
GUILLAUME, *Chartes de Durbon*, 151-2, n° 203. CHEVALIER (J.), dans *Bull. soc. archéol. Drôme*, XXIII, 310-1 ; *Mém. comtés Valent.-Diois*, I. 47-8. = ROMAN, 42ᵇ (1190).

**5216** Die ? 1191.
La donation d'Hugues d'Aix aux frères de Durbon est confirmée dans la chambre de l'évêque Jarenton, en sa présence et en celle de Chatbert, prieur de Durbon. Témoins : Arbert, sacristain, Pierre Pineti, Humbert de Borne, Elie, procureur, Rainaud, prieur de St-Marcel, Isoard, prieur de Saillans *(S-lenz)*, etc.
GUILLAUME, *Chartes de Durbon*, 151-2, n° 203. CHEVALIER (J.), ouvr. cité, 311 (48). = ROMAN, 42ᵇ.

**5217** Léoncel, 1191.
Odon de Quint, sur le point d'aller en pèlerinage à St-Jacques [de Compostelle], concède à l'abbé Pierre et aux frères de Léoncel le droit de pâturage à Fondurle *(Urla)* et Ambel *(Anbel)*, dont son père et ses frères avaient déjà fait donation. Fait en chapitre, avec serment sur le livre [des Evangiles] : Odon prie l'évêque de Die [Jarenton] de confirmer cette charte et de la sceller. Témoins : l'abbé Pierre, le prieur Apollinaire, etc.
Arch. de l'Isère, B. 3517, vidimus. — CHEVALIER (U.), *Cart. de Léoncel*. 48, n° 43.

**5218** Chabeuil, 1191.
Timiama, épouse de Jarenton de Trièves, confirme sa donation de 1178, en présence de l'évêque de Valence et des frères de Léoncel. Le prélat Falcon scelle la charte... *apud Cabeolum. Jacobus d. episc. not.*
CHEVALIER (U.), *Cart. de Léoncel*, 46, n° 41.

**5219** (Vers 1191).
Donation à l'église de St-Maurice de Vienne par Guillaume de Cuvière *(Cuveria)*, pour les anniversaires de ses père et mère, de son frère Sigismond et de lui, de la dîme de Communay *(Comennay)* et autres biens, qu'il garde sous la pension d'1 livre ; il lui engage sa maison d'Alperon et son four pour 100 liv. jusqu'à remboursement.
CHEVALIER (U.), *Cart. de St-Maurice Vienne*, 47, n° 219 ; *Suppl.* 12. — Cf. 2 janv. 1215/6.

**5220** 1191.
Joffroy Guinisii remet en gage à l'église de Vienne tous les biens et droits qu'il avait à Charantonnay.

excepté un moulin et un courtil, pour la somme de 40 liv. ; en présence de l'archevêque et des chanoines Ismidon de Cordon, Bernard de Miribel, Guiffred de la Fornachi *(F-athi)*, Arbert d'Illins.

CHEVALIER (U.), *Cart. de St-Maurice Vienne*, 46, n° 214 ; *Suppl.* 12.

**5221** Bourg-lès-Valence, 1191.

Transaction entre les chanoines de l'église de St-Pierre du Bourg et les frères de l'Hôpital du St-Sépulcre, par la médiation de Falcon, évêque de Valence, assisté du doyen Lambert et du chanoine Eldenon. Guigues de St-Romain, prieur du Bourg, le chantre Pierre et 8 chanoines reconnaissent aux frères de l'Hôpital les droits paroissiaux au territoire de Muret, mais se retiennent le cens et les dîmes, sauf sur l'enclos *(olchia)* près de leur cimetière, etc. Le chapelain des frères devra participer avec son porte-croix aux processions des Rameaux, Pâques, Rogations, Pentecôte et s<sup>t</sup> Apollinaire. Les frères rendront aux chanoines 10 sols de cens le mardi de Pâques et 3 livres de cire la veille des s<sup>ts</sup> Pierre et Paul. Approbation de Dalmace, commandeur pour les diocèses de Vienne et de Valence, assisté de Pierre Garnier, commandeur *(magister)* de Valence, de 9 frères et du chapelain Nicolas. Assistent Algisius de St-Romain et 14 clercs du Bourg, plus 5 laïques. Fait au chapitre du Bourg, avec l'assentiment de l'évêque Falcon, *pontif. s. a° 4, sed. in urbe Clemente papa III*. Sceau du Bourg et de Bertrand d'Ameillan, prieur de St-Gilles.

CHEVALIER (C. U. J.), *Cart. de St-Pierre du Bourg*, 22-5, n° 11.

**5222** Léoncel, (7 avril) 1191 ; Die, Baix.

Raynaud de Brion cède à Notre-Dame et aux frères de Léoncel *(Liuncelli)* 4 setiers d'avoine, 2 de seigle et 2 de froment qu'ils lui devaient de cens, et aussi tous ses droits en montagne, du Chaffal *(villa Quadafalcum)* au col de Tourniol *(collum Tornini)*. Fait au chapitre général de Léoncel, le dimanche des Rameaux, en présence de l'abbé Pierre, du prieur Apollinaire, du sacristain Guillaume, de 10 moines et de 5 convers. Raynaud renouvelle sa donation à Die *(Dien. civit.)*, dans la maison d'Humbert de Borne, entre les mains de Jarenton, évêque de Die, le jour où il célébra sa première messe, et donne pour garants l'évêque et son frère Guigues de Baix ; il interroge ensuite l'abbé s'il ne lui donnerait pas quelque chose : Pierre lui compte 300 sols monnaie de Vienne et promet qu'à sa mort on fera pour lui comme pour un frère. Témoins : les évêques Jarenton de Die, Falcon de Valence et Nicolas de Viviers, 4 chanoines de Valence, 1 du Bourg, 1 de Die, Pierre chevalier de Montélier, Pierre de Loriol *(Auriolo)*, viguier de Valence, 2 moines, 1 convers. Enfin Joieta, femme de Raynaud approuve cette aumône entre les mains de l'abbé Pierre, au château de Bais, dans le chauffoir *(calefactorium)* de son beau-frère Guigues de Baix ; on lui fait cadeau de 20 sols Viennois. Témoins : Guigues de Baix, sa femme Aalis et son fils Catbert, etc.

CHEVALIER (U.), *Cartul. de Léoncel*, 47-8, n° 42.

**5223** Vienne, 28 avril, 2 mai 1191.

Après la mort de Guillaume *(W.)* de Beauvoir, le 7 avril, ses fils Siboud et Guillaume, son oncle paternel Drodon et sa mère Marie confirment, pour le repos de son âme, ses donations [à la maison de Bonnevaux]. Fait *apud Viennam*, dans la maison de Jean de Boczosel. Témoins : Giroud abbé de Valcroissant *(Vallis Crescenlis)*, Guigues de St-Geoirs, Aimon de Boczosel, Guy de Moras, etc. Peu de jours après, les mêmes avec Clemencia, épouse de Guillaume, renouvellent leur assentiment ; approbation de W. Rovoyri et son frère Gaufred.

CHEVALIER (U.), dans *Bull. acad. Delphin.* D. II, 44-5 ; *Cart. de Bonnevaux*, 28-9, n° 50. *CHEVALIER (J.), dans *Bull. hist.-arch. Valence*, XVII, 156 (à part, 10).

**5224** (St-Jean-)d'Acre, juin 1191.

Jean de Drée *(Drea)*, Guillaume de Vallin *(V-nis)*, Guigues de Moreton *(Guigo M-nis)*, Humbert d'Arces, Guigues Rachais *(R-hesii)*, Hugues de Boczosel *(Bococeli)*, Ainard du Puy *(de Podio)*, chevaliers, et 4 damoiseaux reconnaissent devoir à 4 marchands Génois 1200 liv. Tournois reçues des mains de Venerio Hospinelli, qu'ils s'engagent à restituer à Lyon dans un an au plus. A leur prière, Hugues, duc de Bourgogne, en a donné des lettres de garantie *(garrandiæ)*. Sceaux des 2 premiers. Fait dans le camp près d'*Accon*....

Arch. du château de St-Vallier, origin. parch. provenant de la collection Courtois, dite Vénitienne, frag. du 2° sceau. ROMAN, *Documents Dauphinois* (1888), 85-6. Trad. dans *Armorial des salles des Croisades*. Ann. de l'abb. d'Aiguebelle, I, 454. = PETIT, *Hist. ducs Bourg.* III, 517. – Pièce douteuse.

**5225** 24 juin 1191.

La dauphine Béatrix, épouse de Hugues, duc de Bourgogne, donne à l'abbaye de Bonnevaux un revenu annuel de 40 setiers de froment, qui lui étaient dus pour le clos comtal de St-Donat, et une maison à Manthes, dans la Valloire, près de Moras.

ALLARD (Guy), *Dict. du Dauph.* I, 169 ; *(Œuvr. div.* I, 357.

**5226** 10 août 1191.

Formation [prétendue du lac de l'Oisans par le reflux de la Romanche arrêtée par l'éboulement de la Vaudaine et de l'Infernet, le jour de la fête de s<sup>t</sup> Laurent, d'où son nom de St-Laurent-du-Lac.

FERRAND (Henri), dans *Bull. géographie histor. et descript.* (1909), 208-19 (à part, 6-17).

**5227** St-Jean-d'Acre, septembre 1191.

Pierre Ainard et Martin de Viriou *(Viriaco)* empruntent à des marchands Génois 80 marcs d'argent, qu'ils promettent de rendre à Lyon au bout d'un an. *Act. apud Accon*.

Arch. du château de Tencin, orig. parch. — MONTEYNARD, *Cartul. de Domène*, 374 n. – Pièce douteuse.

**5228** (Mi-septembre) 1191.

Au chapitre général de l'ordre de Cîteaux, on défend à l'abbé d'Aiguebelle *(Aquæ-bellæ)* de prêcher dans les églises des séculiers et d'y imposer des pénitences, sans l'ordre de son évêque ; il est puni pour avoir enseveli un mort dans sa propre maison de la ville.

MARTENE, *Thes. nov. anecd.* IV, 1270. Ann. de l'abb. d'Aiguebelle, I, 463.

**5229** (Mi-septembre) 1191.
Le chapitre général de Citeaux confie l'examen d'un désaccord entre les abbayes de Silvacane et de Sénanque aux abbés de Franquevaux et de Valmagne, qui s'adjoignent A[lbéric], abbé d'Aiguebelle.
Arch. des Bouches-du-Rhône, Silvecane, n° 91, orig. parch.

**5230** 29 ou 30 octobre (après 1190).
Obit d'Albert, abbé de St-Chef *(S. Theuderii).*
Guigue (M. C.), *Obit. Lugdun. eccl.* 146 ; *Obit. égl. primat. Lyon,* 92 ; *Obit. abb. St-Pierre de Lyon,* 80.

**5231** Manosque, novembre 1191.
Guillaume, comte de Forcalquier, étant jeune et sous la tutelle de son aïeule la comtesse Garsende, avait donné à Guigues, alors abbé de Boscaudon, le lieu de Lure, pour y construire une église et y instituer une abbaye de l'ordre de Chalais, fondé par s¹ Hugues, évêque de Grenoble. Fait dans le bourg de Manosque, dans le cloître de Notre-Dame ; témoins. Agé de 40 ans, il confirma cette donation au même Guigues, devenu abbé de Chalais, qui édifia le monastère de Lure et gouverna les deux abbayes, etc... *regn. Enrico Roman. imper.*
Compris dans sa charte du 1ᵉʳ mai 1207. — Paris, Bibl. Nat., ms. lat. 12663, 109ᵇ. — Bouche, *Hist. de Provence,* II, 118. = Bréq. IV, 146. Roman, 42-3.

**5232** (1191/1192).
Geoffroi *(Gaufredus)* de Chatte *(Chasta),* chanoine de Romans, donne aux frères de Chalais *(Calesii)* une vigne près de leur cellier, qu'il avait acquise d'Ismidon de la Paute au prix de 600 sols, dont les fruits serviront à la réception *(procurare)* des abbés au chapitre général. On lui donne participation à tous les biens spirituels de l'ordre ; à sa mort, on célébrera trente messes pour lui et on l'inscrira dans les Martyrologes de toutes les maisons de l'ordre. Accordé par les abbés Guigues de Chalais, Guillaume de Boscaudon, Guigues d'Almeval et Humbert de Lure, les prieurs Pierre d'Albeval, Pierre de Prémol et Surian de Mont-Maurice.
Pilot de Thorey, *Cartul. de Chalais,* 56-7, n° 32.

**5233** (1191/1198).
Lettre du pape Célestin III aux fidèles de la province de Vienne *(Vianen.)*: avant de déduire les dépenses faites pour récolte des biens, sauf les privilèges de l'église Romaine, on doit solder intégralement les dîmes dues aux églises. — *Non est in potestate.*
Gregor. IX *Decret.* l. III, t. 30, c. 22. Baluze, *Miscell.* ; 2ᵉ, III, 386. Augustini Tarrac. *Opp.* IV, 391. Mansi, *Conc.* XXII, 571. = Jaffé, 10717-17655.

**5234** Lons-le-Saunier, 13 janvier 1192.
Restitution et donation au monastère de Cluny par Guillaume, comte de Vienne et Mâcon, pour le rachat des péchés de ses prédécesseurs les comtes Guillaume et Girard de Mâcon... *ap. Ledonem Salis, infra octabas Epifaniæ.*
Guichenon, *Bibl. Sebus.* 245-6 ; (1780), 71. Bernard-Bruel, *Chartes de Cluny,* V, 715-6, 716, n°ˢ 4353, 4354.

**5235** Ornacieu, 31 janvier et 1ᵉʳ février 1191/2.
Guillaume de Claveyson *(Clavaysun)* et son frère Gérenton attaquaient [les frères] de Bonnevaux au sujet du manse que leur avait donné Armand Charduns, de Moras, quand il se fit religieux. S'étant rendu *apud Ornaceyum,* dans la maison de Pierre Dudini, Guillaume céda tout ce dont la maison avait été investie par lui ou son gendre ; on lui donna 100 sols Viennois et à son mistral Richard de Boczosel 10. Témoins : Berlion de Montfalcon, Pierre Dudini et autres chevaliers. A son tour, Boniface d'Ornacieu prétendit que ces biens étaient de son domaine : il se désista en recevant 10 sols ; témoins. Gérenton céda de son côté ; témoins.
Chevalier (U.), dans *Bull. acad. Delphin.* D, II, 98-9 ; *Cart. de Bonnevaux,* 82-3, n° 190.

**5236** 1192.
*Liber censuum Romanæ ecclesiæ, a* Centio *camerario compositus, secundum antiquorum patrum regesta et memoralia diversa, anno I. D. MCXCII, pontif. Celestini papæ III aᵒ IIᵒ.*
*In episcopatu Ebredunensi : ecclesia Crossiensis* (Cruis !) *juxta burgum qui vocatur Malturtel,* 1 *marabutinum.*
*In episcopatu Vapincensi.*
*In episcopatu Triscatino (Tricastino), id est S¹ Pauli.*
*In archiepiscopatu Viennensi : ecclesia Romanensis, quæ specialis est ecclesiæ Romanæ, debet annuatim pro censu unum sextarium amygdalarum, quod geminatum facit mediocrem saumam.*
*In episcopatu Valentiensi (V-tino) : Geraldus Aimarii de Monalio* [= *Montilio*]. 1 *marabutinum.*
*Ecclesia Sancti Rufi debet annis singulis* III. *marabutinos pro possessionibus de Seta, sitis in diœcesi Agathensi.*
*In episcopatu Diensi.*
*In episcopatu Gratianopolitano.*
*Monasterium S¹ Theofredi, Anic. dioc.,* 5 *solidos Podienses pro se ; item pro ecclesiis S¹ Nicentii, S¹ Petri de Rivosicco et Sᵉ Mariæ de Brennino in episcopatu Gratianopolitano sitis,* 3 *solidos Viennenses.*
Paris, Bibl. Nat., ms. lat. 4188. Muratori, *Antiq. Ital.* V, 879-80. Horoy, *Bibl. patrist.* (1879). I, 499, 536-7, 542. = R. Gen. 458. Fabre (Paul), *Le Liber Censuum de l'église Romaine* (1901), 180-1, -3ᵉ, -6-8.

**5237** (Après 1192).
*Ista sunt nomina abbatiarum et canonicarum regularium Sancti Petri.* — *In episcopatu Viennensi : ecclesia Romariensis* [= *Romane-s*].
Muratori, *Antiq. Ital.* V, 905. Horoy, *Bibl. patrist.* 1. 566ᵃ.

**5238** (1192).
Béatrix, duchesse de Bourgogne et comtesse d'Albon, déclare que la 1/2 des vignes de l'archiprêtre Gilon, à elle cédée par les chanoines de Beaune, leur reviendra après sa mort.
Petit (Ern.), *Hist. des ducs de Bourgogne,* III, 320.

**5239** (1192).
Béatrix, duchesse de Bourgogne et comtesse d'Albon, et son fils appelé Dauphin déclarent que les vignes de Pommard, venant de l'archiprêtre Gilon, appartiennent aux chanoines de Beaune, suivant lettres de son mari Hugues, duc de Bourgogne. Sceaux.
Petit (Ern.), *Hist. des ducs de Bourgogne,* III, 319.

**5240** (Vers 1192).
Ermengarde de Primarette vend aux frères de Bonnevaux sa terre à Perun. Caution : son frère Jean Chaboudi. Témoins : Guigues de Perenchia, Jean de Lemps et Berlion de Primarette.
Chevalier (U.), dans *Bull. acad. Delphin.* D, II, 174 ; *Cart. de Bonnevaux*, 158, n° 399.

**5241** Bonnevaux, Septème, (vers 1192).
Hugues, fils d'Esclarmonde, vend [aux frères] de Bonnevaux un setier de seigle de cens, au prix de 100 sols ; sa mère en reçoit 2 et ses frères 2 chevreaux. Témoins. Fait *apud Bonam Vallem* et *apud Septimum*.
Chevalier (U.), dans *Bull. acad. Delphin.* D,II, 68 ; *Cart. de Bonnevaux*, 52, n° 109.

**5242** 1192.
Isard de Bellegarde et Aynard de Tullins, mari de Johetha, veuve de son frère Guillaume, donnent leur assentiment à la donation de celui-ci ; consentement des mistraux Hugues Canutus et Albert, etc.
Chevalier (U.), dans *Bull. acad. Delphin.* D, II, 173 ; *Cart. de Bonnevaux*, 157, n° 395.

**5243** Durbon, 1192.
Bontoux *(Bostos)* et sa femme Willelma donnent et vendent au prieur Chatbert et aux frères de Durbon 3 éminées de terre à la côte du Bardoux *(S. Bardufi)* et un morceau de pré, moyennant 8 sols, outre 5 reçus auparavant pour la terre de *Archis*. Témoins : Nicolas, procureur, etc. Fait en la maison inférieure.
Guillaume, *Chartes de Durbon*, 156, n° 212. = Roman, 43°.

**5244** Aspres[-sur-Buëch], 1192.
Domenga Aloarda, ses fils Guillaume et Latgier, sa fille Jeanne donnent et vendent au prieur Chatbert et aux frères [de Durbon] 3 éminées de terre à *Rochatz Airaut*, moyennant 8 sols. Témoins : Nicolas, procureur, etc. Fait en la ville *Asperis*.
Guillaume, *Chartes de Durbon*, 155, n° 211. = Roman, 43°.

**5245** Durbon, 1192.
Pierre Achardi, ses frères Guillaume et Lambert, leur sœur Jeanne donnent et vendent au prieur Chatbert et aux frères [de Durbon] leur droit sur le pré de *Fortuna*, moyennant 30 sols. Témoins. Fait en la maison inférieure.
Guillaume, *Chartes de Durbon*, 153-4, n° 207. = Roman, 43b.

**5246** Durbon, 1192.
Pierre Bertrandi, sa femme Elisabeth et Nicolas Aloardi donnent au prieur Chatbert et aux frères de Durbon 1 setérée *(sextariata)* de terre et 2 *seitoratæ* de pré à *Rochaut Airaut*, moyennant 14 sols. Témoins : Nicolas, procureur, etc. Fait en la maison inférieure.
Guillaume, *Chartes de Durbon*, 154-5, n° 209. = Roman, 43b.

**5247** Durbon, 1192.
Pierre Rostagni, ses frères Guillaume, Jarenton et Etienne, leurs femmes Aude et Bernarde donnent au prieur Chatbert et aux frères [de Durbon] leur avoir au pré de *Fortuna*, moyennant 13 sols 4 den. Témoins : Nicolas, procureur, etc. Fait en la maison inférieure.
Guillaume, *Chartes de Durbon*, 153, n° 206. = Roman, 43b.

**5248** Durbon, 1192.
Ponce Latgerii, sa femme Poncie et ses 4 fils donnent et vendent au prieur Chatbert et aux frères [de Durbon] un pré et terre à Riousec *(Rivum Siccum)* et un morceau de terre *ad Genestam*, moyennant 26 sols. Témoins : Nicolas, procureur, etc. Fait en la maison inférieure.
Guillaume, *Chartes de Durbon*, 154, n° 208. = Roman, 36b. (1182).

**5249** Durbon, 1192.
Raimond Benedicti et sa sœur Vincentia donnent et vendent au prieur Chatbert et aux frères [de Durbon] 3 *seitoratæ* de pré *ad Balmam Lupam*, Orcières *(Urtierium)* et Fontfroide *(Fontem Frigidam)*, avec 1 setérée *(sextairata)* de terre, moyennant 20 sols. Témoins : Nicolas, procureur, etc. Fait en la maison inférieure.
Guillaume, *Chartes de Durbon*, 155, n° 210. = Roman, 43b.

**5250** Durbon, 1192.
Rotger et sa femme Pétronille donnent au prieur Chatbert et aux frères [de Durbon] un pré au-dessous du chemin de la Chau *(Chalmis)*, moyennant 5 sols. Témoins : Nicolas, procureur, etc. Fait en la maison inférieure.
Guillaume, *Chartes de Durbon*, 152-3, n° 205. = Roman, 43b.

**5251** Durbon, 1192.
Vincent Comes, sa femme Willelma, ses fils Brice, Jacques, Siméon donnent au prieur Chatbert et aux frères [de Durbon] 2 setérées de pré *apud Ruptam*, moyennant 11 sols. Témoins : Nicolas, procureur. Fait dans la *fabrica* de la maison inférieure.
Guillaume, *Chartes de Durbon*, 152, n° 204. = Roman, 43b.

**5252** Crest, 1192.
Adémar de Poitiers, comte de Valentinois, confirme à Notre-Dame, à l'abbé Pierre et aux frères de Léoncel *(Liuncelli)* tout ce qui leur a été donné en aumône ou le sera dans ses domaines : il prend sous sa protection tous leurs biens meubles et immeubles, leurs serviteurs et visiteurs par utilité ou dévotion. Fait *apud Cristam*. Témoins : l'abbé Pierre, Gencion de Divajeu *(Deuajua)* et Gencion d'Eurre *(Urre)*, chevaliers, Pierre, abbé de Saou *(Saonen.)*, etc.
Arch. de l'Isère, B. 3517, vidimus. — *Gallia christ. vet.* IV, 559. Chevalier (U.), *Cartul. de Léoncel*, 52, n° 46 = Bréq. IV, 161.

**5253** 1192.
Blemos, femme de Lagier *(Lagerius)* de Rochefort *(Rochifort)* et mère d'Artaud Tempesta, donne aux frères de Notre-Dame de Léoncel *(Liuncelli)* la moitié de la condamine de Fontaines *(Fontanilis)*, avec 3 setiers 1 émine de froment de cens. Son fils confirme en don avec serment sur les st" Evangiles et y ajoute ce qu'il possédait dans la montagne du Pêcher *(Zotæ Cadafalci)* au col de Tourniol *(Tornim)*. Il le confirme de nouveau entre les mains de l'abbé Pierre, devant l'*auditorium* des convers, le jour des funérailles de sa mère, et fournit comme cautions : Pierre Odon de Suze *(Secusia)*, Lambert d'Eygluy *(Aigleá)*, Lambert de Rochefort et 5 autres. Témoins : le prieur Apollinaire, 6 moines et 4 convers, etc. Sceau de Jarenton, évêque de Die. —

Artaud céda ensuite aux frères de Léoncel l'autre moitié de la condamine, avec un cens égal, suppliant de lui pardonner d'avoir volé des bœufs, commis des rapines dans la grange de Valfanjouse *(vallis Luctuosa)* et d'autres méfaits ; garants : Uber. Martini et Lambert d'Eygluy ; témoins et cautions (6).

CHEVALIER (U.), *Cart. de Léoncel*, 54-5, n° 48.

**5254** 1192.
Falcon, évêque de Valence et gardien *(speculator)* de la maison d'Israël, pour le salut de son âme, d'Odon, de Lantelme et de tous ses prédécesseurs, concède à Notre-Dame de Léoncel *(Lioncelli)* et à son abbé Pierre, les corvées *(coroaus)* de bœufs qu'il exigeait annuellement des frères, plus 2 setiers pour *gaia* à la petite mesure et 12 den. sur le champ de la Blache *(Blacha)* dans le mandement de Montélier, que l'abbé Hugues avait déjà payées 12 liv. à l'évêque Odon. Témoins : 2 moines, Pierre *(Pe.)* Arberti, baile d'Alixan *(bailes de Aleissa)*, etc. Les religieux comptent à Falcon 18 livr. monnaie de Valence, qui avec les 12 précéd. font 30. Témoins : l'abbé Pierre, 2 moines. Guillaume de Beauvoir *(W. de Belveer)*, Po. de Jaunac, Guigues de Larnage, Guion de Montmeyran, Odils de Montélier, Po. de la Roche, R. de Mirabel, Eustache et Adémar Beralz, Guillaume de l'Estable, chevaliers, etc. — *Viri religiosi.*

CHEVALIER (U.), *Cart. de Léoncel*, 51-2, n° 45. = COLUMBI, *Opusc.* 261.

**5255** 1192.
Lambert, prieur de Coussaud *(Cozau)*, vexait depuis longtemps les moines de Léoncel *(Liuncelli)* en exigeant les dîmes de la grange de la Voupe *(Vulpæ)*. Des amis communs, le chevalier Guigues de Larnage et Jordan d'Alixan *(Aleissa)*, s'interposèrent comme médiateurs. La paix règnera désormais, comme il sied entre religieux. Pour leurs terres de la paroisse de Coussaud qui doivent la dîme, les frères remettront au prieur pour chaque charretée *(carrata)* de méteil d'hiver une neuvaine *(novena)*, pour le blé trémois *(tremsalta)* le 30° setier, pour les légumes un setier de fèves, pour la vigne rien. Lambert reçoit 4 liv. et Hugues, prieur de St-Félix, fait approuver l'acte par son chapitre. Témoins : Pierre, abbé de Léoncel, 2 moines, 1 convers. Hugues, prieur de St-Félix, Girard, sacristain et les autres chanoines. — *Quoniam omnia.*

CHEVALIER (U.), *Cart. de Léoncel*, 53-4, n° 47.

**5256** 1192.
Les frères Artaud et Ponce de Roussillon engagent à l'archevêque R[obert], au doyen Bornon et au chapitre de St-Maurice de Vienne, pour 1000 sols, la garde de Villette *(Villæ)*, avec promesse de n'y pas habiter. Ils donnent comme otages à Vienne Asteric ou A-ius d'Anjou, Joffrei et Pierre de Surieu, Ascheric ou A-ius et Guillaume Gagon, Falcon de Cour *(Corp)*. Pierre Guichard et Guigues de Cour ; et pour cautions : l'archevêque, Arbert de la Tour et Adémar de Bressieux *(Breisseu)*. Signent : le doyen Bornon et 10 autres.

• CHARVET, 361. COURBON, chr. 229. CHEVALIER (U.), *Cart. de St-Maurice Vienne*, 47, n° 220; *Supplém.* 12-3.

**5257** Le Puy, 1192.
Le doyen Pierre et le chapitre *(conventus)* de l'église du Puy, pour participer aux prières de l'ordre de St-Ruf, concèdent à perpétuité à son abbé Pierre les églises de Ste-Marie et de St-André à Crest *(Crista)* et celle de St-Domnin à Grâne, avec leurs dîmes, prémices, oblations et sépultures, à l'exception des maisons de Crest, sous le cens annuel de 30 sols Viennois ou, si le poids de la monnaie était affaibli, de 7 marcs 1/2 d'argent poids du Puy. On devra recevoir honorablement les chanoines du Puy de passage, surtout P. de *Monte-Rebello*, qui possèdent ces églises. Approbation des chanoines du Puy : le doyen Pierre, maître Alain, Radulfe abbé de Brioude *(Brivat.)*, le prévôt Guillaume *(W.)* et 24 autres. Fait dans le chapitre *Aniciensi, Celestino sum. pontif.* Témoins : Ponce Augis, Ponce de Sós et P. de Prunet, chanoines de St-Ruf, etc. Sceau. — *Cum juxta apostolum.*

CHEVALIER (J.), *Hist. égl.-ville Die*, I, 469-70. cf. 251-2. CHEVALIER (U.), *Cod. diplom. S. Rufi*, 77-8, n° 66.

**5258** 1192.
Guichard de Beaujeu se reconnaît débiteur à Hugues de Vienne de 20000 sols que son père devait à l'abbé de Cluny ; il les payera par moitié aux deux prochaines fêtes de s¹ Martin ; 20 chevaliers tiendront otage avec lui au château de Beaujeu. Sceau.

BERNARD-BRUEL, *Chartes de Cluny*, V, 720-1, n° 4361.

**5259** « Hunnens », 1192.
M[aurette], comtesse de Mâcon et de Vienne, confirme un accord entre Morestin chevalier de Toulouse *(Tolosa)* et les cisterciens de Rosières ; son fils Girard est garant. *Act. ap. Hunnens.*

CHIFFLET, *Béatrix comtesse de Chalon*, 156. GUILLAUME, *Hist. sires Salins*, I, pr. 75-6. = BRÉQ. IV, 159.

**5260** Latran, 1ᵉʳ avril 1192.
Lettre du pape Célestin III à l'archevêque de Vienne et à ses suffragants, leur ordonnant de défendre à leurs paroissiens, sous peine d'excommunication, d'empêcher leurs serviteurs de faire des dons aux Chartreux soit en entrant en religion, soit par testament. — *Ex conquestione dilect.*

*Privileg. ord. Carthus.* (1510), 3ᵇ-4ᵃ. TROMBY, *Stor. Cartus.* IV, app. 240. *Patrol. lat.* CCVI, 924. LE COUTEULX, *Ann. Cartus.* III, 120-1. = JAFFÉ, 10364-16844.

**5261** Latran, 1ᵉʳ avril 1192.
Bulle du pape Célestin III adressée au prieur Guigues et aux frères de St-Pierre du Bourg-lès-Valence. Les clercs désobéissants au chapitre seront interdits et privés de leur bénéfice. Il confirme les donations et échanges des évêques de Valence et de leurs abbés, et les concessions (du prévôt Eustache de 1183 et 1188). Le prieur sera élu par les suffrages de la majorité des frères. — *Ea quæ a nobis.*

CHEVALIER (C. U. J.), *Cart. de St-Pierre-du-Bourg*. 26-7. n° 12. = JAFFÉ, -16847.

**5262** Latran, 3 avril 1192.
Bulle du pape Célestin III, par laquelle il confirme au prieuré de St-Pierre du Bourg les églises de St-Thomas, de St-André à Châteauneuf-d'Isère, de Ste-Marie à

Marnaud, de St-Jean avec la chapelle de St-Pierre à Châteaubourg *(Castribuxi)*, la chapelle de St-Nicolas à la Roche[-de-Glun], les églises de St-Georges [à la Roche], de St-Sernin [à Mercurol], de St-Pierre de Juvet, de St-Apollinaire au-delà du Rhône, de St-Marcel de Javeysans, de Ste-Marie du Colombier, la maison de l'Aumône du Bourg, etc.

Chevalier (C. U. J.), *Cart. de St-Pierre-du-Bourg*, 27-9, n° 13. = Jaffé, -16848. Mazon (A.), *Orig. égl. Vivarais*, I, 210-2.

**5263** Chaumont, 19 avril 1192.
...*ind. 10, regn. Henrico imper...* Uboud abbé de St-Just et son couvent engagent, pour 18 liv. bons Viennois, à Agnès de Leyte, 2 pièces de terre, une vigne et la 1/2 d'une châtaigneraie à Chaumont, St-Etienne et St-Martin[-de-Queyrières], que Bertrand, prévôt de St-Martin, exploitait par métayers. avec faculté de réméré. Cautions et témoins. *Petrus s. palatii not. scr.*

Rivautella, *Ulcien. eccl. chart.* 115-6, n° 122. Collino, *Carte d'Oulx.* 203-5, n° 191.

**5264** Latran, 6 mai 1192.
Bulle du pape Célestin III adressée à l'abbé et aux frères de St-Ruf, leur concédant pour les églises du Bourg et les autres où résident des chanoines de leur ordre, de présenter l'un d'eux à l'évêque, à qui il répondra du spirituel et à eux du temporel ; on ne pourra y consacrer à nouveau ni oratoire ni cimetière. Les paroissiens de leur église de St-Andéol ne pourront être privés de leurs droits après 20 ans de résidence. — *Cum a nobis requiritur.*

Chevalier (U.), *Cod. diplom. S. Rufi*, 79, n° 67. = Jaffé, -16866.

**5265** Rome, à St-Pierre, 19 mai 1192.
Bulle du même adressée aux mêmes, défendant d'acheter ou d'usurper injustement les dîmes appartenant à leur ordre ou à leurs paroisses, et de construire une église ou un oratoire dans leur paroisse ou dans celles des églises qui leur appartiennent. — *Justis petentium.*

Chevalier (U.), *Cod. diplom. S. Rufi*, 80, n° 68. = Jaffé, -16879.

**5266** Bioux, Léoncel, (27) mai 1192.
Les frères de Léoncel, qui n'avaient pas assisté à l'accord du 25 sept. 1190, refusèrent leur assentiment : il fallut de nouveau se réunir au col de *Biün*, où se trouvèrent Jarenton *(Jerento)* évêque de Die et Hugues abbé de Bonnevaux, Pierre de Néronde *(Neirunda)*, abbé de Léoncel, et Jean, prieur du Val-Ste-Marie : celui-ci dut ajouter, pour en finir, 200 sols aux premiers 400. Assistèrent 4 moines et 4 convers de Léoncel, 3 convers du Val, plus 2 moines de Bonnevaux, Amédée prieur de Quint, Guillaume prieur de St-Médard, Lambert de Flandènes, chevalier. Le 3ᵉ jour, on se retrouva à Léoncel, dont le chapitre approuva définitivement ; on apposa à l'instrument les sceaux de l'évêque de Die, des abbés de Bonnevaux et de Léoncel, des prieurs de la Chartreuse et du Val. ... *fer. 4, luna 11, ind. 10, Celestino sum. pontif., Henrico imper.*

Chevalier (U.), *Cart. de Léoncel*, 50-1, n° 44. Trad. Chevalier (U.), dans *Journ. de Die* (23 août 1868).

**5267** Latran, 6 juillet 1192.
Bulle du pape Célestin III adressée à tous les prieurs et frères de l'ordre des Chartreux, identique à celle de Clément III du 7 juin 1190. — *Cum ab omnibus.*

*Privileg. ord. Carthus.* (1510), 4°. Tromby, *Stor. Cartus.* IV, app. 241. *Patrol. lat.* CCVI, 952-3. = Jaffé, 10388-16912. Le Couteulx, III, 121.

**5268** Latran, 9 juillet 1192.
Bulle du même adressée au prieur et aux frères Chartreux, par laquelle il confirme les privilèges accordés à leur ordre par ses prédécesseurs Alexandre III et Lucius III. — *Cum vos per Dei.*

*Privileg. ord. Carthus.* (1510), 4ᵛ-5°. Tromby, *Stor. Cartus.* IV, app. 242. *Mém. acad. Savoie*, 2ᵉ sér. XI, 404. *Patrol. lat.* CCVI, 954-7. — Jaffé, 10390-16914. Le Couteulx, III, 121.

**5269** Latran, 12 juillet 1192.
Bulle du même adressée aux mêmes, approuvant leurs institutions autorisées par la coutume, défendant aux évêques de dispenser les religieux des pénitences à eux imposées, de s'entremettre dans l'élection des prieurs, d'exiger d'eux l'obéissance, de disposer des offices, de diriger les chapitres, etc. — *Paci et tranquillitati.*

*Privileg. ord. Carthus.* (1510), 4°. Tromby, *Stor. Cartus.* IV, app. 244. *Patrol. lat.* CCVI, 957-8. = Jaffé, 10391-16915. Le Couteulx, III, 121.

**5270** 1ᵉʳ août 1192.
Adémar *(Aesmars)* Bestens, de Bellegarde, corrigé par la maladie, se rend à Bonnevaux et donne la *gageria* qu'il tenait de Guigues de Cour *(Corp)* pour 30 sols. Témoins : Benoît de Beauvoir, etc. Approuvé par son gendre Hugues Agneuz, son neveu Nantelme de Bellegarde, Latard de Pinet et son frère Guillaume *(W.)*, chevaliers, entre les mains de l'abbé Hugues.

Chevalier (U.), dans *Bull. acad. Delphin.* D. II, 174 ; *Cart. de Bonnevaux*, 158, n° 400.

**5271** (18/25 août 1192).
Hugues, duc de Bourgogne et comte d'Albon, écrit à son fils Odon d'assigner aux chanoines de St-Etienne de Dijon 10 livr. de revenu annuel, dont il avait fait vœu à Acre, y étant gravement malade.

Fyot, *Hist. de St-Etienne de Dijon*, pr. 193. = Bréq. IV, 183 (1194). Petit, *Hist. ducs Bourg.* III, 319.

**5272** (18/25 août 1192).
Hugues, duc de Bourgogne et comte d'Albon, écrit au roi de France Philippe pour le prier de contraindre son fils Odon à assigner 10 livr. de revenu aux chanoines de St-Etienne de Dijon, au cas où il omettrait de le faire.

Fyot, *Hist. de St-Etienne de Dijon*, pr. 120. = Bréq. IV, 183. Petit, *Hist. ducs Bourg.* III, 319.

**5273** (6, 13), 25 août 1192.
Mort de Hugues, duc de Bourgogne et comte d'Albon, à Tyr (Terre-Sainte).

Du Chesne, *Hist. généal. ducs Bourgogne*, 55-6 (1192). Chorier, *Hist. de Dauph.* I, 801 ; 2°, 617. Perard, *Rec. pièces Bourgogne*, 266. Plancher, *Hist. de Bourgogne*, I, 364, pl. Petit, *Hist. ducs Bourgogne*, III, 71.

**5274** Latran, 7 novembre 1192.
Le pape Célestin III mande à Jarenton, évêque de Die, de défendre à Aimar de Poitiers et aux deux Artaud d'établir des péages dans son diocèse, contrairement aux constitutions du concile de Latran sous Alexandre III — *Præter commune.*
Valbonnays, 2ᵉ Reg. n° 214. — Columbi, *Episc. Dien.* 90; *Opusc.* 292.

**5275** Valence, décembre 1192.
L'église de St-Pierre du Bourg, Bernard de Beauregard *(Betregart)* et ses associés, qui jouissaient des émoluments du port du Bourg, se plaignaient de certains navigateurs, qui usaient de bateaux plus grands que de coutume pour le transport des gens, du bois et autres denrées et diminuaient leurs revenus. Falcon, évêque de Valence, met fin à cette querelle en interdisant aux matelots, sous peine de 5 sols 1/2. les bateaux de cette nature; il défend aux pêcheurs d'avoir des barques susceptibles de contenir plus de 5 ou 6 personnes et d'y transporter des animaux, de la soie, du miel, des Lombards, des pèlerins, sauf ceux qui passent d'une rive à l'autre. Ils ont droit d'aborder partout, du manse des Saramands à l'entrée *medianorum.* Fait dans la chambre de l'évêque. Témoins : Pierre de Tournon, chanoine de St-Ruf, L. antelme; baile et plusieurs pêcheurs. *Jacobus d. episc. not. 5 aᵒ pontif. ips. scr. — Sicut ea que congruunt.*
Chevalier (C. U. J.), *Cart. de St-Pierre-du-Bourg,* 29-32, n° 14.

**5276** Latran, 22 décembre 1192.
Bulle du pape Célestin au prieur et aux frères des Ecouges *(Excubiis),* de l'ordre des Chartreux; il prend leurs personnes et leurs biens sous la protection de sᵗ Pierre, et leur confirme les possessions dont ils jouissent depuis plus de 40 ans, depuis la dédicace de leur autel par les évêques Hugues de Grenoble et Odolric de Die (1139). — *Religiosorum virorum.*
Auvergne, *Cart. des Ecouges,* 98, n° 12. = Jaffé, -16937.

**5277** Rome, à St Pierre, 12 janvier 1193.
Bulle du pape Célestin III adressée à l'abbé et aux chanoines de St-Ruf, leur renouvelant la concession de ses prédécesseurs Alexandre III et Lucius III de désigner à l'évêque un d'entre eux pour diriger les paroisses où ils ont 3 ou 4 chanoines. — *Apostolicæ sedis.*
Chevalier (U.), *Codex diplom. S. Rufi,* 80-1, n° 69.

**5278** (1193?).
Bertrand, évêque de Trois-Châteaux. termine par un accommodement un différend entre l'abbaye d'Aiguebelle et Raymond d'Uzès, seigneur de Valaurie.
Boyer, *Hist. de l'égl. cathédr. de St-Paul,* 63. *Gallia christ. noviss.* IV, 57, n° 95.

**5279** Revel, 1193.
Guigues de Challeu élève des difficultés contre les frères de Bonnevaux au sujet du bois de Barbarins, puis s'en désiste, avec sa mère Agnès, *apud Revel.* Témoins : Vivien et Joffred d'Illins *(Illin),* chevaliers, etc.
Chevalier (U.), dans *Bull. acad. Delphin.* D, II, 175; *Cart. de Bonnevaux,* 159, n° 401.

**5280** La Silve-Bénite, Virieu, 1193.
Guy de Virieu et son frère Humbert se désistent de leurs réclamations contre [les frères] de Bonnevaux, *apud Silvam Benedictam.* Témoins : Aesmars des Baux *(de Baucio),* etc. Leur beau-frère Guigues Erloz approuve. Leur mère Galicia et son 3ᵉ fils Etienne donnent leur assentiment le même jour *apud Vireu.* Témoins : Aesmars de Baux *(del Bauz),* etc.
Chevalier (U.), dans *Bull. acad. Delphin.* D, II, 50; *Cart. de Bonnevaux,* 34, n° 60.

**5281** (1193?).
Pierre Chaberti élevait des réclamations contre [les frères de] Bonnevaux, au sujet de leurs serfs *(homines)* de Chaponnay *(Chapuneres),* disant qu'il en avait la garde *(custodia)* ; pour avoir la paix, on lui donne 40 sols. (Témoin) : Vivien.
Chevalier (U.), dans *Bull. acad. Delphin.* D, II, 175; *Cart. de Bonnevaux,* 159, n° 403.

**5282** (Vers 1193).
Rostaing de Chacins, de Chèzeneuve *(Chesa Nova),* arrivé au terme de sa vie, donne [aux frères] de Bonnevaux 2 den. de cens sur la terre de *Cumba de Valle.* Témoins.
Chevalier (U.), dans *Bull. acad. Delphin.* D, II, 68 ; *Cart. de Bonnevaux,* 52, n° 110.

**5283** Digne, 1193.
Rainier de Thoard *(Toardo),* jadis prévôt de Digne, atteste avoir vendu, au prix de 1500 sols monnaie de Valence, à Guillaume des Tours *(de Turriis),* abbé de Boscaudon, ses droits et ceux des fils de son défunt frère Guy sur le château de Paillerols et son territoire, qu'ils tenaient de leur mère Benicasa, de la famille de Gabert. Cette vente, autorisée par le roi, est faite pour libérer les otages qu'ils ont dû fournir aux Aragonais, quand ceux-ci prirent et détruisirent le château de Thoard et les firent prisonniers. Lui, son fils R. et son neveu Isnard Gerini ou Girini, promettent par serment d'observer cet acte, fait *in civit. Dignensi,* en présence de l'évêque, dans sa chambre au château.
*Gallia christ. nova,* III, instr. 188. = Brég., IV, 171. Roman, 44ᵃ.

**5284** Durbon, 1193.
Arnaud Flota, ses frères Raimond et Raibaud, et leur mère donnent au prieur Chatbert et aux frères de Durbon le droit d'usage *(usaticum)* et le pâturage par toute leur terre, moyennant 12 liv. Serment. Fait *ad Balmam in Durbone, ad Aies.* Témoins : Nicolas, procureur, etc.
Guillaume, *Chartes de Durbon,* 159-60, n° 218. = Roman, 44ᵃ.

**5285** Durbon, 1193.
Atgerius, Jeanne femme de son père et Etienne Lamberti, son cousin, donnent et vendent au prieur Chatbert et aux frères [de Durbon] leur droit sur les prés antérieurs *(priores)* du couvent, moyennant 12 sols 12 den. Témoins : Nicolas, procureur, etc. Fait en la maison inférieure.
Guillaume, *Chartes de Durbon,* 158, n° 216. = Roman, 44ᵃ.

**5286** Durbon, 1193.
Clément, ses frères Michel, Pierre et Jean, leurs femmes Sufisia, Tiburga et Agathe vendent et donnent au

prieur Chatbert et aux frères de Durbon les prés *del Plaene*, de *Fraichis* et des *Cumbis Lautareti*, et leur avoir au-dessus de Pré-Rond *(Prato Rotundo)*, moyennant 32 sols. Témoins : Nicolas, procureur, etc. Fait en la maison inférieure.
Guillaume, *Chartes de Durbon*, 162, n° 223. = Roman, 44b.

**5287** Durbon, 1193.
Clément, son frère Michel, leurs épouses Sufisia et Tiborga donnent et vendent au prieur Chatbert et aux frères de Durbon 2 *seitoratæ* de pré en Chalvet, près *ruinam*, moyennant 12 sols. Témoins : Nicolas, procureur. Fait en la maison inférieure.
Guillaume, *Chartes de Durbon*, 162, n° 224. = Roman, 44.

**5288** Durbon, 1193.
Etienne Lamberti, sa femme Willelma et ses fils vendent et donnent au prieur Chatbert et aux frères [de Durbon] le pré sous le chemin *ad Balmetam*, moyennant 15 sols. Témoins : Nicolas, procureur. Fait en la maison inférieure.
Guillaume, *Chartes de Durbon*, 158, n° 215. = Roman, 45°.

**5289** Durbon, 1193.
Guillaume de Vilar, sa femme Longa, ses fils Géraud et Lantelme donnent et vendent [au prieur de Durbon] ce qu'ils possèdent *ad Malum Uvernum*, avec l'assentiment de Pierre de Vilar, moyennant 300 sols. Serment et promesse de défense. Cautions : Henri de Montbrand, Jordan de Rosans, son cousin, Cuculla, Guillaume Odo, prêtre, Pierre Villarii. Témoins : Nicolas, procureur, etc. Fait dans le dortoir des frères.
Guillaume, *Chartes de Durbon*, 160, n° 219. = Roman, 44°.

**5290** Burriane, 1193.
Jean Arberti, sa femme Bonnefoi *(Bonafides)*, ses fils Giraud et Ponce, son frère Giraud et son fils, Jean, sa femme Pétronille et son fils Manoascha et son frère, Anne et Agnès donnent et vendent au prieur Chatbert et aux frères [de Durbon] le pré Albertin *ad Fontem Frigidam*, moyennant 29 sols 8 den. Témoins. Fait *in podiata Burrianæ*.
Guillaume, *Chartes de Durbon*, 157-8, n° 214. = Roman, 44-5.

**5291** Durbon, 1193.
Pierre, Giraud, Girbern et Guillaume, frères, donnent et vendent au prieur Chatbert et aux frères [de Durbon] leur droit au pré *Girbernensi*, moyennant 7 sols. Témoins : Nicolas, procureur, etc. Fait en la maison inférieure.
Guillaume, *Chartes de Durbon*, 159, n° 217. = Roman, 45°.

**5292** Durbon, 1193.
Pierre Martini donne au prieur Chatbert et aux frères de Durbon un morceau de pré *en Rochaz Airaut* et son avoir à Recours *(en Rocos)*, moyennant 18 den. Témoins : Nicolas, procureur, etc. Fait en la maison inférieure.
Guillaume, *Chartes de Durbon*, 161, n° 221. = Roman, 44b.

**5293** (Vers 1193).
Cens dus au couvent de Durbon pour leurs prés par Pierre Rostagni, Jean Arberti, W. Coms, Pe. et Ponce Chalvaire.
Guillaume, *Chartes de Durbon*, 163, n° 226.

**5294** Durbon, 1193.
Pierre Socha, son fils Arnoul et son frère Guillaume donnent au prieur Chatbert et aux frères de Durbon leur avoir à Recours *(en Rocos)*, moyennant 3 sols. Témoins : Nicolas, procureur, etc. Fait en la maison inférieure.
Guillaume, *Chartes de Durbon*, 160-1, n° 220. = Roman, 44b.

**5295** Durbon, 1193.
Pierre Surrelli et sa femme Villelma donnent et vendent au prieur Chatbert et aux frères de Durbon, 2 *seitoratæ* de pré *en Chalvet*, 2 à *Barba Loba*, 2 à la Lauze, 2 *sextuiratæ* de terre à la côte du Bardoux *(S. Barduljo)*, 2 *seistairatæ* à Riousec *(Rivi Sicci)*, 1 éminée *ad Fontem Frigidam*, 3 à la côte de *Plae Chau*, moyennant 60 sols. Témoins : Nicolas, procureur, etc. Fait en la maison inférieure.
Guillaume, *Chartes de Durbon*, 161-2, n° 222. = Roman, 44b.

**5296** Durbon, 1193.
Ponce Episcopus, sa femme Agnès, ses fils, son neveu Giraud et sa cousine Pétronille vendent et donnent au prieur Chatbert et aux frères de Durbon leur avoir au champ *Genestee* et sur la terre *ad Archos*, moyennant 46 sols. Caution : Lautard Medici. Témoins : Nicolas, procureur, etc. Fait devant l'église de la maison inférieure.
Guillaume, *Chartes de Durbon*, 162-3, n° 225. = Roman, 44°.

**5297** Ecouges, 1193.
Guillaume de Sassenage *(Willermus de Cassenatico)* donne à la maison des Ecouges *(Excubiarum)*, à son prieur R[aymond], qui devint ensuite abbé de Montmajour, et à Hugues son successeur comme prieur, la métairie *(cabannaria)* de Rappa Calda, dont on précise les limites ; il en cède la seigneurie avec l'assentiment de ses frères Jean, évêque de Grenoble, Adémar *(Aemarus)* et G[uigues]. Pour l'exploitation *(villicatura)*, soit la mistralie de W. Ubold, il reçoit des religieux 300 sols Viennois et pour les 3/4 des serfs *(rustici)* 300, qu'il distribue aux ayants-droit. Les frères acquièrent la 4° partie de Nantelme Scabiosus et son frère Martin, au prix de 60 sols, Guillaume cède encore le tènement de Malleval *(Mala Val)*, que les frères tenaient de la femme Ardenchia, ses prétentions sur le champ del Coin et le territoire des Monts *(del Montz)*. On promet de garnir de cire tous les luminaires de l'église pour les offices divins et de faire brûler un cierge devant l'autel les veilles des principales solennités. Fait dans le cloître, en présence de l'évêque et du couvent, etc. a° a *Nativ. Dom...*. Sceau de l'évêque. — *Quoniam tempus*.
Auvergne, *Cart. des Ecouges*, 99-101, n° 13. Le Coutrulx, *Ann. Cartus*. III, 129.

**5298** 1193.
Donation par Guillaume, [comte] de Forcalquier et Provence, à l'église de Gap, des terres et châteaux de Ventavon, Upaix, Lardier, Poët et Monêtier-Allemont, qui étaient du comté de Forcalquier.
Grenoble, *Invent. Gapençais*, 257.

**5299** 1193.
Guinisius de Châteauneuf *(Castello Novo)* et ses fils Gontard et Guinisius confirment par serment sur les

s'" Evangiles à Pierre, abbé de Léoncel, l'aumône testamentaire de terres et serfs à Alixan *(Aleissa)* faite par son vénérable père Raymond de Châteauneuf aux frères de Léoncel, en présence d'Odon évêque de Valence, et de son frère Hugues, jadis abbé de Léoncel (1163) ; il y ajoute Pierre du Colombier *(de Columber)*, pour lequel il reçoit 12 liv., Lantelme Enginator et autres, qu'on lui paye 70 sols, dont il donne 10 à Gontard et à sa femme, 5 à Guinisius. Falcon, évêque de Valence, confirme par l'apposition de son sceau. Témoins : 2 moines, Ponce d'Alixan *(Alexano)*, Guigues de Larnage, Humbert Senioretz de Peyrins *(Pairi)*, chevaliers, Jordan d'Alixan, Ismidon frère du doyen L[ambert], etc. *Jacobus d. episc. not., 6 a° pontif. ips. scr.* — *Universis fidelibus.*

Chevalier (U.), *Cart. de Léoncel*, 55-6, n° 49.

**5300**   1193.
Guinisius de Châteauneuf et ses fils Gontard et Guinisius donnent à Notre-Dame de Léoncel et à l'abbé Pierre le droit de pâturage pour leurs animaux dans tout le mandement de Châteauneuf, à l'exception des *sata* et *meisa*. Ils prient l'évêque de Valence d'apposer son sceau. Témoins : Guillaume *(W.)* de Marsas *(Marzas)*, moine, Lambert doyen de Valence..., Bernard chapelain de St-Paul, Bernard cellérier de Beaumont-Monteux *(Montellz)*, hospitaliers, Giraud de *Chairanches*, prêtre, Guigues Macibos, chevalier, Guillaume *(W.)* de Chayssan *(Chaissan)*, baile. — *Quia omne quod.*

Voir la charte d'Odilon de Châteaubourg. 1193. — Chevalier (U.), *Cart. de Léoncel*, 56, n° 50.

**5301**   (Fin ?) 1193.
Falcon, évêque de Valence, atteste qu'à l'instar de Guinisius de Châteauneuf, Odilon de Châteaubourg *(Odilio de Castrobucco)* a concédé à Pierre, abbé de Notre-Dame de Léoncel, le droit de pâturage pour leurs animaux dans toutes ses terres, ce que son père Humbert leur avait déjà donné, et le droit de passage sans exaction par les ports de Châteauneuf *(Castrinovi)* et de Confolens *(Confluentis)*. Témoins : Pierre de Faraman cellérier. W. de Châteauneuf, Ar. son neveu, Guigues de Larnage, W. son neveu, W. de Crussol le jeune. *Jacobus d. (episc.) not. 7° a° pontif. ips. scr.* Sceau de l'évêque Falcon.

Chevalier (U.), *Cart. de Léoncel*, 56-7, n° 50.

**5302**   Lyon, 1193.
Confirmation par Jean, archevêque de Lyon, des statuts établis par Hugues, évêque de Grenoble, entre le chapitre de St-Paul et l'hôpital de Ste-Marie.

Guigue (M.-C.), *Obituar. eccl. S. Pauli Lugdun.* 61-3.

**5303**   Montmeyran, 1193.
Adémar de Poitiers donne à la consécration de l'église de Montmeyran *(Monte Mairano)* et à son prieur Ponce des vassaux de ce château nommés *li Gratail* et *li Mouner.*, les exemptant désormais des tailles et corvées, et des cavalcades, même en cas de grande nécessité. Fait en public dans ladite église, devant l'autel du martyr s' Genis... ind. 10, *sed. in Urbe Celest. sum. pont., regn. Henrico seren. imper.* ... Sceau de F[alcon] évêque de Valence. *Jacobus d. episc. not. 6° a. pontif. ips. scr.*

Perard, *Rec. pièces hist. Bourgogne*. 270. Chevalier (J.), dans *Bull. soc. archéol. Drôme*. XXVII, 332 (à part, I, 196). — Courbon, chr. 230. Brèq. IV, 170, 209.

**5304**   (Vers 1193).
Bérilon d'Hauterives, de l'assentiment de sa femme, de leurs fils et de son frère Guillaume, donne à [l'église de] St-Maurice [de Vienne] et au [doyen] Bornon de Voiron la dîme de Treigneu *(Trinneu)* et reçoit de Bornon 100 sols. Témoins : Aynard de Moirans, Guigues Ervisii, archidiacre, Hugues de Peladru, Pierre Valeri, chapelain de *S. Georgio.*

Chevalier (U.), *Cart. de St-Maurice Vienne*, 47, n° 223 ; *Supplém.* 13.

**5305**   1193.
Le chapitre de l'église [St-Maurice] de Vienne acquiert de Pétronille Charreri une part du fief qu'elle possédait conjointement avec Durand Bonjean, au prix de 40 liv. ; on leur achète également une pension qu'ils percevaient *in Capraria.* Fait en présence de l'archevêque et du doyen. Humbert not.

Ms. : Gaignières 181. — Chevalier (U.). *Cart. de St-Maurice Vienne*, 47, n° 222.

**5306**   1193.
Transaction entre R[onsolin], élu [abbé] du monastère [de St-Victor] de Marseille, et Ponce Arberti, prieur de Gigors, d'une part, et Raembaud de Beaujeu et sa femme Matelde, d'autre. Parmi les fidéjusseurs Arnulfe de Venterol *(Ventairol)*.

Guérard, *Cart. de St-Victor de Marseille*. II, 443-5. n° 992.

**5307**   (Vers 1193).
Raimond, comte de Toulouse, abandonne ses droits sur les terrains argentifères *(argenterias)* de *Taurias, Sigilleriis* et *Chassers*. Robert, archevêque de Vienne, appose son sceau à ces conventions.

Columbi, *Episc. Vivar.* 119-20; *Opusc.* 219.

**5308**   30 mars 1193.
Adémar Bestens, de Bellegarde, ajoute un courtil à sa donation [aux frères de Bonnevaux]. Témoins : le moine Falcon, frère Fouchier *(Fulcherius)*, etc.

Chevalier (U.), dans *Bull. acad. Delphin.* D. II, 174-5 ; *Cart. de Bonnevaux*, 158-9, n° 400.

**5309**   Pinet, avril 1193.
Guillaume Latard, de Pinet, avait commis des injustices envers les frères de Bonnevaux à l'occasion des pâturages du bois de Barbarins : il leur en confirme de bonne foi [la possession] *apud Pinetum.* Témoins : Pierre de St-Marcel, etc.

Chevalier (U.), dans *Bull. acad. Delphin.* D. II, 175; *Cart. de Bonnevaux*, 159, n° 402.

**5310**   6 avril (vers 1193).
Obit de Guigues II, ancien prieur de la Grande Chartreuse 1174-6.

Le Couteulx, *Ann. Cartus.* III, 129-31. Le Vasseur, *Ephemer. Cartus.* I, 436-7.

**5311**   11 avril 1193.
Les religieux des Ecouges *(Excubiarum)* jouissaient en paix des biens que leur avaient confirmés tous ceux qui y avaient des droits, à l'occasion de la dédicace de l'église par les évêques Hugues II de Grenoble et Odol-

ric de Die (1139), quand, plus de 50 ans après, trois frères, Ardenc, Antelme et Hugues, de Rancurel, voyant défricher le bois de Tourron *(Turro)*, prétendirent que les possessions du couvent ne s'étendaient pas au-delà du ruisseau de Bruyant *(Bruient)*, les religieux soutenant qu'elles allaient jusqu'à la Drevène *(Drevenis)*. On se rendit 4 fois et plus devant l'évêque de Grenoble Jean pour terminer cette querelle ; convaincu par les chartes et les témoins du bon droit des moines, il excommunia tous ceux qui les inquiéteraient. Enflammé de colère et plus ardent que ses frères, Ardenc envahit la grange de Tourron et la dévasta. Le fils d'Antelme, dit le Chapelain, vola dix bœufs de la grange de Ruizant *(Ruison)*. L'évêque renouvela l'excommunication, au point que les corps des défunts gisaient dans les champs. Cédant aux reproches d'Ar. prieur de Marnans, Ardenc vint dans le cloître, avec son fils et un domestique, des *retortæ* au cou, et demanda pardon. Lui, son frère Antelme et leurs enfants jurèrent de ne plus chercher querelle. Peu après, leur frère Hugues en fit autant, en présence de l'évêque Jean. Témoins : Ar. prieur de Marnans et son chanoine Girand, Bertrand Gontard, prieur des Ecouges, Lambert prieur de Nacon *(Nachon)*, Ardenc prêtre de Rancurel et 25 autres... a° ab Inc. D... domin. d.... luna 8, ind. 11. — *Ne somno oblivionis*.

Auvergne, *Cart. des Ecouges*, 102-4, n° 14.

**5312**　　　　　　　　　　Latran, 16 avril 1193.
Bulle de privilège accordée à Pierre, abbé de St-Bénigne de Dijon, lui confirmant les possessions de son monastère (voir au 29 oct. 1124)... *Vuilpileriis... Cornaz... Glum* (pas dioc. de Die). — *Quotiens a nobis*.

Perard, *Rec. pièces hist. Bourgogne*, 267-9. *Patrol. lat.* CCVI, 989. = Jaffé, 10423-16984.

**5313**　　　　　　　　　Francfort, 27 avril 1193.
Diplôme de l'empereur Henri : il atteste qu'en sa présence son cousin Odon, fils du duc de Dijon, et son frère Othon, comte palatin de Bourgogne, ont reconnu que Mâcon et Pouilly sont du fief du duc de Dijon. Témoins : Guillaume, comte de Vienne, etc. ...ind. 15 [= 11].

Perard, *Rec. pièces Bourg.* 318-9. Plancher, *Hist. de Bourg.* I, pr. lxxxij, n° 138. Petit, *Hist. ducs Bourg.* III, 330.

**5314**　　　　　　　　St-Andéol/la Palud, mai 1193.
Accord entre Raymond, comte de Toulouse, et Nicolas, évêque de Viviers, par l'entremise de Robert, archevêque de Vienne, qui décidera certains points d'ici à la Pentecôte ; s'il ne survit pas ils seront tranchés par l'évêque de Valence. L'archevêque appose son sceau à l'acte, passé *inter burgum S. Andeoli et Paludem*.

*Columbi, Opusc.* 212. Vic-Vaissete, *Hist. de Languedoc*, III, pr. 174 ; 3°, VIII, 424-5, cf. 1944. *Gallia christ. nova*, XVI, instr. 226-7. Roche, *Armor. évêq. Viviers*, I, 333-4. = Bréq. IV, 163.

**5315**　　　　　　　　Vercheny/Aurel, 1ᵉʳ juin 1193.
Guillaume d'Aurel, Guillaume Peloux *(Pilosi)* et Arbert de Montclar étant en désaccord au sujet de la possession du mandement d'Aurel, des amis communs, Guichard de Bourdeaux *(Bordeuz)*, Guillaume d'Aucelon, Pierre Peloux et Giraud de Barre, en firent la division entre eux, ce qu'approuvèrent les intéressés devant l'église de St-Clément. Guillaume d'Aurel vendit ensuite sa part à l'église de Notre-Dame de Die, dont l'évêque Jarenton se mit en mesure de construire la motte d'Aurel. Adémar de Poitiers prétendit alors tenir de son père des droits sur le fief d'Arbert de Montclar, que l'évêque soutenait être son alleu. On prit pour juges du différend Robert, archevêque de Vienne, F[alcon], évêque de Valence, Jean, évêque de Grenoble, et R[aymond] Bérenger, qui se réunirent à jour dit dans la plaine entre l'église de Vercheny *(Veirechaene)* et le pont d'Aurel. Arbert de Montclar, Gention de Divajey et Guillaume Peloux les prièrent de trancher d'abord leur différend au sujet du mandement d'Aurel : l'archevêque ordonna d'observer le partage ci-dessus, et attribua la motte à l'église. Il assigna ensuite à Adémar de Poitiers tout le *talucum*, les droits d'Arbert dans le mandement d'Aurel et la moitié du fief de Gention ; à l'église, le château de Guillaume avec son fief et son droit dans le territoire d'Aurel, et la moitié du fief de Gention hors du *talucum* ; incontinent les parties se concédèrent mutuellement les parts assignées à chacune. Témoins : Pierre sacristain de Vienne, Jacques chancelier de l'évêque de Valence, Chatbert chancelier de Grenoble, Amédée prieur de Quint, Rainaud prieur de St-Marcel, Adémar archiprêtre, Ponce prêtre de Marignac et 40 autres... *luna* 27. *ind.* 11, *Heurrinco* Roman. imper., *Celestino III sum. pontif.* Sceaux des juges.

Valbonnays, 2° Reg. n° 216. — Columbi, *Episc. Dien.* 28, 90 ; *Opusc.* 261, 292. Chevalier (C. U. J.), *Cart. de l'egl. de Die*. 38-41. = Chevalier (J.), *Hist. de Die*, I, 248-50.

**5316**　　　　　　　　　Ambronay, 1ᵉʳ juin 1193.
Association spirituelle entre l'abbaye d'Ambronay et la chartreuse de Seillon, sur l'ordre du prieur de la Grande-Chartreuse et du chapitre général.

Guichenon, *Hist. de Bresse*, pr. 141. *Gallia christ. nova*, II, 273-4. = Bréq. IV, 163.

**5317**　　　　　　　　　Aix, juillet 1193.
Donation par Guillaume, comte de Forcalquier, à Alphonse, marquis de Provence, fils d'Alphonse, roi d'Aragon, en prévision de son mariage avec sa petite-fille Garsenne, fille de Raniés [de Sabran] et de Garsenne, de tout le comté de Forcalquier, en usufruit, sauf un petit nombre de terres. Sont compris dans cette promesse Ventavon, Upaix, Lardier, le Poët et le Monétier-Allemont.

Arch. des Bouches-du-Rhône, B, 295, orig. = Roman, 43-4.

**5318**　　　　　　　　　Aix, août 1193.
Ildefonse, roi d'Aragon, comte de Barcelone et marquis de Provence, reçoit sous sa protection le monastère de Durbon, de l'ordre des Chartreux *(Cartossa)*, son prieur Catbert et leurs biens dans toute la terre de Provence ; il ordonne à ses bailes de les défendre ; il les exempte de toute leyde *(lezda)*, péage *(pedaticum)* et redevance *(usaticum)*. *Dat. apud Aquis, p. man. Per. de Osor precent. Barchinon.*

Charronnet (Ch.), dans *Bibl. de l'éc. d. Chartes*, 3° sér., V, 442. Guillaume, *Cart. de Durbon*, 156-7, n° 213. = Roman, 44.

**5319** 19 septembre 1193.
Epitaphe de Guillaume Dodon, chanoine et sous-diacre de l'église de St-Maurice de Vienne :
*Vir pius et justus, vir cultor summi honesti* [6 vers].
Bosco (J. a), 102. Charvet, 787-8. Collombet, II. 106. Terrebasse, *Inscr.* I, 256-7. n° 382.

**5320** Chéruy, 8 novembre 1193.
Bernard de Roussillon *(Rossillone)* et ses frères Jocerand et Hugues adressent des réclamations [aux frères] de Bonnevaux, puis en font abandon entre les mains de l'abbé Hugues, *al bochal de Charroys.* Témoins (8).
Chevalier (U.), dans *Bull. acad. Delphin.* D. II. 50-1 ; *Cart. de Bonnevaux.* 34-5. n° 61.

**5321** 1193.
*Imperator* [Henricus] *dedit regi Angliæ et chartâ suâ confirmavit has terras subscriptas, scilicet Provinciam, et Vianam et Vianais, et Marsiliam et Narbonam et Arles-le-Blanc et Leun* [Lyon] *super Rhodanum usque ad Alpes, et quidquid imperator habet in Burgundia, et homagium regis Aragoniæ et homagium comitis de Disders* [Die] *et homagium comitis de Sancto-Ægidio. Et est sciendum quòd in his terris sunt quinque archiepiscopatus et triginta tres episcopatus, et quòd supradictus imperator nunquam prædictis terris et hominibus dominari potuit, neque ipsi aliquem dominum ad præsentationem imperatoris recipere voluerint.*
Rogerus de Hoveden, *Annales.* II : Bouquet. XVII, 561. Scheid, *Origg. Guelf.* III, 146-7. = Fournier,*Roy. d'Arles.*83.

**5322** Gelnhausen, 20 décembre 1193.
Lettre de l'empereur Henri au clergé et à la noblesse d'Angleterre : son ami leur roi Richard sera mis en liberté trois semaines après le lundi de Noël à Spire ou Worms, et sera ensuite couronné roi de Provence. — *Universitati.*
Rogerus de Hoveden, *Ann.* : éd. Savile. 732. Scheid, *Orig. Guelf.* III, 568. Rymer, *Fœdera.* 2°. I, 84 ; (1739). I, 1, 27b. Bouquet, XVII, 562. La Farina, *Stud.* IV, 240. = Böhmer, 2817. Stumpf, 4843. Torche, *Kaiser Heinr. VI.* Reg. 261.

**5323** Spire, 22 décembre 1193.
Lettre de Richard[-Cœur-de-Lion], prisonnier de l'empereur, à l'archevêque de Cantorbéry Hubert [Walter] : il sera mis en liberté le lundi après le 20° jour depuis Noël [17 janv. 1194] et couronné roi de Provence [Arles et Vienne] le dimanche [23]. — *Quoniam.*
Roger de Hoveden, *Ann.* : éd. Stubbs, III, 561. Rymer, *Fœdera*, I, 83 : I, 1, 27. Bouquet, XVII, 561-2.

**5324** 31 décembre 1193.
Epitaphe de Wilhelma de Cuvière *(Cuveria)*, qui légua à l'église de St-Maurice de Vienne 1000 sols pour la réfection des clercs [à son anniversaire].
*Chorier, *Antiq.* 212-3 ; 2°. 222. Charvet. 771. Collombet, II, 92. Terrebasse, *Inscr.* I. 258-9, n° 383.

**5325** (1193/1194?).
Latard Mercers, désireux de destiner ses biens aux plus pauvres serviteurs de Dieu, donne à Notre-Dame et aux frères de Léoncel 400 sols, dont on rachète *caballagium* et les dîmes que Falcon d'Etoile *(Falcho de Stella)* percevait sur les terres données par Adémar Bovez à la maison de Léoncel, un pré à la Voupe *(juxta Vulpam)* et une terre à la Part-Dieu. Les frères lui devront une procuration chaque année et feront pour lui et sa femme comme à la mort d'un moine ou d'un convers ; s'il veut se faire religieux à Léoncel ou à la Part-Dieu, on le recevra comme un frère.
Chevalier (U.), *Cart. de Léoncel*, 57, n° 51.

**5326** Bonnevaux, (1193/....).
Notice de Raynaud, archevêque de Lyon, au sujet de la vente à la maison du Pont par Lambert de Villeurbanne, au prix de 14 liv. forte monnaie, rescindée par ses neveux, puis restituée par eux, moyennant 4 liv. par les mains d'Etienne de Chandieu dans la maison de Bonnevaux.
Arch. de l'Isère, B, 4335, vid. du 25 sept. 1421 (A, 188-9).

**5327** (1193/....).
Don de la duchesse [de Bourgogne Béatrix] et de son fils le dauphin André [aux frères de Bonnevaux].
Chevalier (U.), dans *Bull. acad. Delphin.* D, II,177 ; *Cart. de Bonnevaux*, 161, n° 417.

**5328** Césane. (1193/1197).
Béatrix. duchesse de Bourgogne et comtesse d'Albon, par amour pour Celui qui a voulu souffrir sur la croix afin de nous délivrer des embûches du diable, pour le rachat des âmes de son père, de sa mère et de son mari l'illustre duc de Bourgogne. donne en alleu à l'église de St-Laurent d'Oulx *(de Ulcio)* les alpes de l'Echauda *(alp Chaudeth)*, de Séguret et des Mias *(Meana)*, avec le *losum* de Chardonnet contigu, avec défense à tous d'y faire paître des troupeaux ou d'y couper du bois. Fait *apud Sesanam*, devant l'église de St-Jean, présents : le prévôt Guillaume, l'économe Radulfe, le chevalier Guy Alemand *(Alamanus)*, le chapelain Pierre de Gières *(Geria)*.
Arch. de l'Isère, B. 297, 52, 9. *Invent. Briançonnais*, 604. — Rivautella, *Ulcien. eccl. chartar.* 46-7, n° 43. Collino, *Carte d'Oulx.* 193. n° 181.

**5329** (1193/....).
Béatrix, duchesse de Bourgogne et comtesse d'Albon *(A-nii)*, avec le consentement du comte Dauphin son fils, donne à l'église d'Oulx *(Ulcien.)* le cens qu'elle avait sur le tènement de maître Giraud.
Arch. de l'Isère, B, 297, 5a, 5. Rivautella, *Ulcien. eccl. chartar.* 49, n° 47. Collino, *Carte d'Oulx*, 192-3, n° 180.

**5330** (1193/1200).
B[éatrix], duchesse de Bourgogne et comtesse d'Albon, et son fils le dauphin exemptent la chartreuse de Loze de tout péage et leyde dans leur terre.
Provana di Collegno (F. S.), dans *Miscell. stor. Ital.* XXXII, 186. Vallier (G.), *Sigillogr. ordre d. Chartreux*, 459-60.

**5331** Hyères, janvier 1194.
Ildefonse, roi d'Aragon. comte de Barcelone et marquis de Provence, et son fils Alphonse, comte de Provence, donnent à la maison de la Chartreuse *(Cartossa)* et au prieur J[ancelin] 400 sols de réaux coronats à percevoir sur le château de Carretto chaque année à la s¹ Michel : ils lui sont dus comme rachat d'une réception *(albergæ)* et serviront à la réfection du couvent au chapitre général en souvenir de lui. *Dat. ap. Areas, p. man. Columbi not. reg. Signat.* Témoins (4).
Le Couteulx, *Ann. Cartus.* III, 133-4.

**5332** 1194.
Falcon, évêque de Valence, concède à Hugues, abbé de Bonnevaux, la maison que Lambert de St-Nazaire lui a donnée...., pontific. n. a° 7, sed. in Urbe Celestino papa, regn. Henrico Rom. imp. Témoins : Pierre Boson, maître Pierre de Masengiis, Humbert de Valence, Humbert du Bourg, Pierre de Châteaudouble. *Jacobus d. episc. not.*
CHEVALIER (U.), dans *Bull. acad. Delphin.* D, II, 52-3; *Cart. de Bonnevaux*, 36-7, n° 66.

**5333** Bonnevaux, 1194.
Humbert Ervisii donne au monastère de Bonnevaux des deniers censuels, avec l'assentiment de son frère Guigues Ervisii, *apud Bon. Vall.* Témoins : Richard de Boczosel, Guigues d'Aygola et Guillaume de Claveyson.
CHEVALIER (U.), dans *Bull. acad. Delphin.* D. II, 51 ; *Cart. de Bonnevaux*, 35, n° 64.

**5334** (1194 ?).
Guillaume, comte de Genevois, exempte les Chartreux de tout péage et usage.
*LE COUTEULX, Ann. Cartus.* III, 135.

**5335** 1194.
R[aymond], duc de Narbonne, comte de Toulouse et marquis de Provence, exempte de tout péage la Grande-Chartreuse et la maison du Mont-Ste-Marie de *Cardossa (Cartusia)* ou Aillon.
MORAND (L.), *Les Bauges*, II, 404, n° 10. *LE COUTEULX, Ann. Cartus.* III, 135.

**5336** Die, 1194.
Pierre Cornillani, chanoine de Die, donne à l'église de Notre-Dame ce qu'il possède dans le mandement d'Aurel : le tiers du champ du Villard *(de Villari)*, celui de Tornegal, le fonds de Vaviala, 12 den. sur un pré au [Grand-]Viopis, une poule au Collet *(Collo)*, 2 vignobles et 1 vigne à St-Jean, la 1/2 de la métairie *(cabannaria)* de Janollet près du monastère de Montclar et autant d'une vigne près du pont de la Gervanne *(Girvannæ)*, etc. Fait dans le jardin *(erbolarium)* de l'évêque de Die, près de la chapelle de St-Vincent... *ind. 12, Celestino papa..., Henrrico imper.*, en présence de R[obert] archevêque de Vienne, et J[arenton] évêque de Die, qui apposent leurs sceaux, Arbert sacristain, Silvion de Crest, Richon d'Etoile, Gutard prieur de St-Pierre [à Die], maître Hugues, Lantelme templier, etc. — *Quoniam quæ temporal.*
*Gallia christ. nova.* XVI, instr. 194-5. CHEVALIER (C. U. J.), *Cart. de l'égl. de Die*, 55-6, n° 25.

**5337** Durbon, (vers 1194).
Arnaud de Montama et son cousin Guillaume, Hugues de Vaunière *(Valle Nigra)*, ses 4 frères, Odon de *las Chesas*, Garin, son frère Richaud, Vevien et Rainier, tous de Neuvillar *(Alto Vilario)*, donnent au prieur Chatbert et aux frères de Durbon les pâturages de Vaunière et dans toute leur terre, moyennant 18 sols. Témoins : Nicolas, procureur, etc. Fait en la maison supérieure.
GUILLAUME, *Chartes de Durbon*, 167-8, n° 236. = ROMAN, 31°.

**5338** Durbon, 1194.
Bontoux *(Bonustos)* et ses cousins Jacques et Siméon donnent et vendent au prieur Chatbert et aux frères [de Durbon] le pré de sa dot, 3 *seitoratæ* à la Chau *(Chalmis)*, moyennant 20 sols. Témoins : Lambert, procureur, etc. Fait devant la porte de l'église de la maison supérieure.
GUILLAUME, *Chartes de Durbon*, 168, n° 237. = ROMAN, 45°.

**5339** Le Bardoux, 1194.
Clément et son épouse Sufizia donnent et vendent au prieur Chatbert et aux frères de Durbon 2 *seitoratæ* de pré *ad Urticarium* et 3 éminées de terre près du champ *Lineriæ*, moyennant 18 sols. Témoins : Nicolas, procureur, etc. Fait dans le pré S. *Bardulfi*.
GUILLAUME, *Chartes de Durbon*, 165, n° 231. = ROMAN, 45°.

**5340** Durbon, (vers 1194).
Guillaume de Montama *(Monte Amato)* donne au prieur Chatbert et aux frères [de Durbon] son avoir dans leurs limites, moyennant 5 sols. Fait devant la porte de la cuisine de la maison inférieure. Témoins.
GUILLAUME, *Chartes de Durbon*, 167, n° 235. = ROMAN, 31 (1174/1195).

**5341** Durbon, 1194.
Henri de Montbrand donne au prieur Chatbert et aux frères de Durbon le pré [d'] Eléazar à la Chau *(Calmis. Chalmis)*, que Guillaume Achartz tenait en gage pour 25 sols ; on les lui rend. Témoins : Geoffroy, hospitalier, Lambert, procureur, etc., etc. Fait en la maison inférieure.
GUILLAUME, *Chartes de Durbon*, 168, n° 238.

**5342** Durbon, 1194.
Jean Caisi, sa femme Jeanne, son fils Guillaume et ses filles donnent et vendent au prieur Chatbert et aux frères [de Durbon], 2 *seitoratæ* de pré à la Lauze, moyennant 10 sols. Témoins : Nicolas, procureur, etc. Fait en la grange de la maison inférieure.
GUILLAUME, *Chartes de Durbon*, 166, n° 234. = ROMAN, 45b.

**5343** Agnielles, 1194.
Jeanne Aveva [Avena ?], ses filles Poncie et Raimonde, son fils Pierre et son neveu Jean donnent et vendent au prieur Chatbert et aux frères [de Durbon] le pré sous la *Via Magna*, moyennant 7 sols. Témoins : Lambert, procureur. Fait *in Agnella*.
GUILLAUME, *Chartes de Durbon*. 169, n° 241. = ROMAN, 45°.

**5344** Recours, 1194.
Lautard, Pierre et Guillaume Medici donnent et vendent au prieur Chatbert et aux frères de Durbon 3 portions de pré et 3 éminées de terre, moyennant 12 sols. Témoins : Lambert, procureur, etc. Fait *in Rocos*.
GUILLAUME, *Chartes de Durbon*, 168-9, n° 239. = ROMAN, 45°.

**5345** Durbon, 1194.
Martin Alabrandi et sa femme Willelma donnent et vendent au prieur Chatbert et aux frères [de Durbon] 1 *seitorata* de pré à la Peine *(de Pennis)*, moyennant 6 sols. Témoins : Nicolas, procureur, etc. Fait en la maison supérieure.
GUILLAUME, *Chartes de Durbon*, 165, n° 230. = ROMAN, 45b.

**5346** Durbon, 1194.
Pierre Galaubia et son frère Jean donnent et vendent au prieur Chatbert et aux frères [de Durbon]

leur avoir au pré *Eleveti*, moyennant 6 sols. Témoins : Nicolas, procureur, etc. Fait en la maison supérieure.

GUILLAUME, *Chartes de Durbon*, 164, n° 229. = ROMAN, 45ᵇ.

**5347** Le Bardoux, 1194.

Pierre Surrelli et sa femme Willelma donnent et vendent au prieur Chatbert et aux frères de Durbon leurs terres *ad Genesteum, in Pratis Prioribus, in Platano Cavo et ad Fontem Frigidam*, moyennant 12 sols. Témoins : Nicolas, procureur, etc. Fait dans le pré *S. Bardulfi*.

GUILLAUME, *Chartes de Durbon*, 165-6, n° 232. = ROMAN, 45ᵇ.

**5348** Recours, 1194.

Radulfe, son frère Dieulegarde *(Deus lo Gart)* et Lautard Medici donnent et vendent au prieur Chatbert et aux frères de Durbon, le pré *Reveltum*, dot de sa femme, moyennant 5 sols 1/2. Témoins : Lambert, procureur, etc. Fait *in Rocos*.

GUILLAUME, *Chartes de Durbon*, 169, n° 240. = ROMAN, 45ᵇ.

**5349** Durbon, 1194.

Rolland Gais et son fils Pierre donnent et vendent au prieur Chatbert et aux frères [de Durbon] leur avoir aux prés de la Lauze, moyennant 40 sols. Fait devant le four de la maison inférieure. Témoins : Nicolas, procureur, etc.

GUILLAUME, *Chartes de Durbon*, 166, n° 233. = ROMAN, 45ᵇ.

**5350** Recours, 1194.

Vincent Rebolli, sa mère et ses sœurs donnent et vendent au prieur Chatbert et aux frères de Durbon leur terre *in Corneto* et *Rochaudo Airaudo*, moyennant 5 sols. Témoins : Lambert, procureur, etc. Caution : Pierre Bertrandi. Fait *in Rocos*.

GUILLAUME, *Chartes de Durbon*, 170, n° 242. = ROMAN, 46°.

**5351** La Pierre ? 1194.

Willelma, ses fils Girbern et Etienne donnent et vendent au prieur Chatbert et aux frères de Durbon leur avoir dans les prés de la Chau *(Calmis, Chalmis)*, moyennant 50 sols. Témoins : Nicolas, procureur, etc. Fait près du champ *Petræ*.

GUILLAUME, *Chartes de Durbon*, 164, n° 228. = ROMAN, 45.

**5352** Châteaudouble, (fin) 1194.

Pierre Gauterii acquiert de Humbert d'Etoile et de son frère Raymond tous leurs droits, tasques et usages sur la montagne de Combechaude *(Cumba Calida)* ; puis transfère ce bien à Notre-Dame, à l'abbé Pierre et aux frères de Léoncel *(Lionczelli)* ; [sa femme] Aelmudis et sa fille Chatberta s'associent à cette donation. Témoins : l'abbé Pierre, 2 moines, 1 convers et 6 autres. Fait *apud Castrum Duplex*. F[alcon], évêque de Valence, confirme par l'apposition de son sceau. *Jacobus, il episc. not. 8° a° pontif. ips. scr., sed. in Urbe Celestino papa, regn. Henrico Roman. imper. — Quia omne bonum.*

CHEVALIER (U.), *Cart. de Léoncel*, 58, n° 52.

**5353** Oulx, 1194.

Béatrix *(Beatris)*, duchesse de Bourgogne et comtesse d'Albon, et son fils le Dauphin, la première fois qu'il l'accompagna à l'église d'Oulx *(Ulcien.)*, concède à celle-ci tout son droit sur la terre de Pierrebon d'Exilles *(Pe-*

*triboni de Exiliis)*, pour que par la vertu des prières des religieux la grâce du Tout-puissant assiste toujours les successeurs du dauphin. Fait entre les mains du prévôt Guillaume, la 10° an. de sa prévôté. Témoins : Hugues de la Paute, prieur de la Garde. Pierre de Gières, chapelain de la duchesse, maître Thomas, Guy de Bernin, chan. d'Oulx, Guillaume chapelain du Bourg d'Oisans *(S. Laurentii de Lacu)*... — *Quoniam plerumque*.

Valbonnays, 2° Reg. n° 220. — RIVAUTELLA, *Ulcien. eccl. chartar.*, 51, n° 50. COLLINO, *Carte d'Oulx*, 209, n° 197. *Hist. patr. mon.*, Script. II, 475-6.

**5354** (1194?).

Martin, abbé de St-André-le-Bas à Vienne, acquiert de Nantelme de Montluel la terre d'Estrablin *(de Strablino)* au-dessus du chemin, au prix de 200 sols. Guillaume de Beauvoir déclare qu'elle ne dépend pas de son fief, son fils Siboud y ayant consenti.

*CHORIER, Estat polit. du Dauph.* II, 388.

**5355** 1194.

Guy le Vieux, comte de Forez, fait don à l'abbaye de St-Chaffre, de l'église de St-Maurice d'Eclassan, de son alleu. Guillaume, seigneur d'Elson, ajoute ce qu'il possédait et la chapelle de son château que Guy, archevêque de Vienne, avait enlevée aux clercs de St-Vallier.

COURBON, *Mém.... du droit de mi-lod.* chr. 234.

**5356** 1194.

L'église [de St-Maurice] de Vienne acquiert de Barthélemy d'Albon 21 den. annuels au bourg de Fuissin, *(Fuscini)*, au prix de 7 liv. Assentiment de son fils Guigues ; témoins : Bérilon d'Auberive ou Hauterives, Guitfred et Gilbert, procureurs.

CHEVALIER (U.), *Cart. St-Maurice Vienne*, 48, n° 232 ; *Suppl.* 14.

**5357** 1194.

Girard de Bathernay *(Bastarnay)* fait remise à l'église [St-Maurice] de Vienne de 60 sols qu'il exigeait sur la dîme de Treigneux *(Trinneu)*. Témoins : Amédée d'Hauterive, Bérilon Armanz, Soffred d'Ay, Vital de Treigneux.

CHEVALIER (U.), *Cart. de St-Maurice Vienne*, 47, n° 221 ; *Supplém.* 13.

**5358** 1194.

Guigues de Reventin, chevalier, cède à l'église de St-Maurice de Vienne tout ce qu'il percevait à Reventin sous le nom de dîme, pour le prix de 22 liv. ; serment de son fils.

CHEVALIER (U.), *Cart. de St-Maurice Vienne*, 48, n° 230 ; *Suppl.* 14.

**5359** 1194.

Vente à l'église de St-Maurice de Vienne par Guy de Moras et Gautier Gilbergi de leur droit sur la terre de St-Clair, pour le prix de 32 liv. Consentement de Naybelina et des 3 sœurs de Gautier.

CHEVALIER (U.), *Cart. de St-Maurice Vienne*, 48, n° 231 ; *Suppl.* 14.

**5360** 1194.

L'église de Vienne acquiert de Léothard de Pinet son avoir en la villa de Charantonnay. Garants : Antelme et Hugues de Bellegarde ; témoins : le doyen Burnon, Bernard de Miribel, Ervise de Beauvoir, etc.

Chevalier (U.), Cart. de St-Maurice de Vienne, 48, n° 229; Supplém. 14.

**5361**  Latran, 26 mars 1194.

Le pape Célestin III confirme, à la prière de Guillaume, prévôt d'Oulx, la sentence rendue par l'évêque de Maurienne contre [Guillaume], archevêque d'Embrun, au sujet des églises de la Vallouise (Valle Puta). — Quotiens a nobis.

Valbonnays, 2ᵉ Reg. n° 217. — Rivautella, Ulcien. eccl. chartar. 23, n° 19. Collino, Carte d'Oulx, 209-10, n° 199. = Jaffé, 10460-17082. Roman, 43ᵇ (à 1193).

**5362**  1ᵉʳ avril 1194.

Mort de sᵗ Hugues de Châteauneuf, abbé de Léoncel 1163, de Bonnevaux 1169.

Le Laboureur, Masures de l'Isle-Barbe, I, 114. Collombet, II. 87. — Vita, dans Acta ss. Bolland., april. I, 47-8 ; 3ᵉ, 47-9. = Bolland., Bibl. hagiog. lat., p. 597. Répert., Bio, 2196. — Son sceau est décrit par Spon, Hist. de Genève, II, 275, pl. 2, n° 8. — Cf. 2 déc. 1221.

**5363**  (Après 1ᵉʳ avril) 1194.

La maison religieuse de la Part-Dieu avait été construite par des laïques dans le mandement de Pisançon (Pissanciani) ; persuadés avec le temps que sans chef ils ne pourraient ni prospérer ni durer, ils se donnèrent à l'ordre de Cîteaux et en particulier à la maison de Léoncel, sur les instances de Garnier Albric et de Martin de Boczosel, qui avaient acquis le terrain et enrichi la maison. Guillaume de Clérieu, seigneur du territoire, avait fait bénir (dedicari) le cimetière ; acquiesçant aux prières de Hugues, abbé de Bonnevaux, de bonne mémoire, et de Pierre, alors abbé de Léoncel, il consentit à cette donation et la loua, sauf l'autorité de l'église de Romans. Puis, en vue d'obtenir des prières spéciales dans les deux maisons pour sa femme A., ses fils et tous ses parents, il leur donna la moitié du manse des Chopis (deux Chapuisos), les bois de Soiseiranas et de Chauvet (deux Chalvez), sous le cens de 2 setiers d'avoine ; puis le pâturage dans le mandement de Pisançon, exclusivement à tous autres religieux, sous le cens de 2 sols, pour pâturage. La maison de la Part-Dieu ne fait avec celle de Léoncel qu'une seule abbaye ; aussi le couvent de Léoncel doit faire résidence à la Part-Dieu de la sᵗ André à Pâques et y laisser le reste du temps 4 à 6 moines pour le service divin. Guillaume de Clérieu et sa femme A. promirent par serment, entre les mains de Pierre, alors abbé de Léoncel, d'observer à perpétuité cette concession et la firent jurer par Lantelme de Valle et Arnaud le moine. On la fait sceller par R[obert] archevêque de Vienne et par Falcon, évêque de Valence. Témoins : Pierre abbé et Pierre de Faramans cellérier de Léoncel, etc. — Ne rerum bene.

Chevalier (U.), Cart. de Léoncel, 58-60, n° 53.

**5364**  Valence, La Roche-de-Glun, Pisançon, (après 1ᵉʳ avril) 1194.

Lambert, doyen de Valence, avait dans son domaine une partie du territoire de la maison de la Part-Dieu ; sur les instances de Robert, archevêque de Vienne, de Falcon, évêque de Valence, et de Pierre, abbé de Léoncel, il donna son consentement à l'union de la Part-Dieu à l'abbaye cistercienne, dans les mêmes termes que Guillaume de Clérieu ; il lui donna le manse des Creys (de Crox), sa métairie (cabannaria) et ses bois, la moitié du manse des Chopis (del Chapuisos), et le pâturage dans le mandement de Pisançon. Lambert et son frère Ismidon firent cette donation dans la chambre de l'évêque de Valence, en présence du prélat F., de l'abbé P., de 2 moines, de P. villicus de Valence, Jacques notaire épiscopal. Arbert et Auda, neveu et nièce de Lambert, approuvent au château de la Rocha de Gluin, entre les mains de l'abbé ; témoins : Guillaume abbé de Clérieu, Aalis sa femme, le doyen Lambert, etc. Son autre neveu Gontard donne son assentiment ap. Pisantianum, dans la chambre de Guillaume abbé de Clérieu, entre les mains du même ; témoins (9). — Les châtelains (castani) de Pisançon, Guillaume Disders, Jean Auchers, Guillaume d'Estable (de Stabulo), dame Aisingars de Charpey et Pierre Odon, ayant fait abandon de leurs droits sur les terres sus-mentionnées, Guidelin et ses frères Lambert et Ismidon leur cédèrent autant de revenu ailleurs. Sceaux de Lambert, d'A[inard] archevêque de Vienne[1] et de Falcon évêque de Valence. Le baile de ces terres, Guillaume Armanni, céda aussi ses droits dans la chambre de Guillaume abbé de Clérieu ; témoins. — Ne rerum bene.

Chevalier (U.), Cart. de Léoncel, 60-1, n° 54.

**5365**  Bonnevaux, (après 1ᵉʳ avril) 1194.

Rostang de Coilonge (Colunges) renonce à ses réclamations [contre les moines de Bonnevaux] au sujet du territoire d'Estrablin... apud Bonam Vallem, entre les mains de l'abbé Amédée. Témoins : Drodon de Beauvoir (Bellovisu), clerc, W. Rovoyri, Gérenton de Cervi, Drodon de Bournay, Vivien de Revel, Rostang de l'île de St-Vallier (insula S. Wilbarii) et son parent Guigues.

Chevalier (U.), dans Bull. acad. Delphin. D, II. 69 ; Cart. de Bonnevaux, 53, n° 111.

**5366**  1194.

Hugues de Voiron concède à l'archevêque Robert et aux chanoines de St-Maurice de Vienne, en présence du doyen Burnon, le 6ᵉ du château d'Ornacieux (Ornaceu) et 70 sols payables à chaque mutation de seigneur par Pierre Dudin et par les seigneurs de Bellegarde, vassaux de Hugues. Pierre attesta [1195 ?] devant l'archevêque Aynard, le doyen Bornon et tout le chapitre avoir été présent quand les seigneurs de Bellegarde payèrent les 70 sols.

"Chauvet, 361-2. Collombet, II, 94. Chevalier (U.), Cart. de St-Maurice Vienne, 47, n° 224.

**5367**  Rome, à St-Pierre, 12 mai 1194.

Lettre du pape Célestin III à [Robert] archevêque de Vienne, et à ses suffragants, leur mandant de défendre le monastère de Montmajour contre les injustices du prieur Ponce et du moine Guillaume (W.) au comté de Forcalquier. — Dilecti filii.

Chantelou, Hist. de Montmajour, 261-2. Loewenfeld, Epist. pont. Rom. ined. 253. = Jaffé, -17101.

---

1. L'apposition de ce sceau date au moins de 1195.

**5368** Juin 1194.
Le chevalier Etienne Aimé *(Stephanus Emei)* donne en aumône à l'abbaye de Léoncel *(Lionczelli)* la 1/2 du manse dit *Maeis* et du bois de *Chalcso*. Témoins : Pierre, abbé de Léoncel *(Lionczel)*, Bernard convers de Bonnevaux, etc.
CHEVALIER (U.), *Cart. de Bonnevaux*, 181, n° 432. — Pièce fausse.

**5369** 1ᵉʳ juin 1194 (?)
Obit de Jean, chartreux, évêque de Grenoble.
LE VASSEUR, *Ephem. Cartus.* II. 287*. — Voir 2 janv. 1219/20.

**5370** 31 juillet 1194.
Epitaphe de Julienne, abbesse de St-André [-le-Haut à Vienne] ; elle donna à sa communauté 23 chevaux, qu'elle tenait du [domaine] propre de son frère Humbert, comte de Savoie, et de sa sœur Agnès, comtesse de Genevois, pour servir une réfection de 20 sols au couvent le jour de son anniversaire.
CHORIER, *Antiq.* 448 ; 2°. 450-1. GUICHENON, *Hist. généal. mais. Savoie*, I, 231. CHARVET, *Mém. hist. abb. St-André-le-Haut*, éd. Allut, 71-5, pl. *Archives histor. statist. du Rhône* (1899), IX, 438 ; X, 223-4. *Bull. du com. de la langue-hist.-arts France* (1856), III, 348. cf. 281-2. BRÉGHOT DU LUT, *Nouv. Mélanges*. 102. TERREBASSE, *Inscr.* I, 250-5, n° 381. SAVIO (Fed.), dans *Miscell. stor. Ital.* (1887), XXVI, 488-9. = COLLOMBET, II, 92-3. Répert., Bio. 2690.

**5371** (Mi-septembre) 1194.
Au chapitre général de l'ordre de Citeaux, on accorde à l'abbé de Léoncel le lieu objet de sa demande ; on laissera dans l'oratoire l'abbé de Bonnevaux, qui y a été enseveli à raison de sa réputation de sainteté, mais ceux qui ont agi contre les règles de l'ordre seront punis par l'abbé de Citeaux ; on enterrera dans le cimetière un convers de Bonnevaux.
MARTENE, *Thes. nov. anecd.* IV, 1280-2.

**5372** Décembre 1194.
Guillaume, comte de Genevois, et Humbert, son fils aîné, donnent aux Chartreux certains pâturages .... jeudi, sous Nantelme, évêque de Genève, en présence du frère Aymon Pagani, par les mains de Guitbert, doyen de Genève.
*LE COUTEULX, *Ann. Cartus.* III, 134-5.

**5373** (Avant 1195).
Adémar Bovetz donne à Notre-Dame et aux frères de Léoncel *(Liuncelli)* la maison de Fiançayes *(Finzaias)*, avec jardins et terre auprès, plus 24 setérées de terre avec prés et 4 autres à Marches *(Marchas)*. Le chapitre de Léoncel donnera l'absolution à sa famille le 2 octobre et il y aura pleine réfection du couvent, ainsi que des frères de la Part-Dieu, où il est enseveli. Témoins : W. de Baix, moine, Bernard d'Hostun *(Ostiun)*, W. d'Alamenc, prêtres, Pierre d'Alixan, W. de Mercurol, chanoines de Romans, etc. — *Quoniam res gestæ.*
Voir l'acte de 1195, Falcon d'Etoile (n° 5384). — CHEVALIER (U.), *Cart. de Léoncel*, 64, n° 58.

**5374** Romans, janvier 1194/5.
La récompense éternelle n'étant due qu'aux persévérants, Falcon, évêque de Valence, donne à perpétuité à Notre-Dame, à l'ordre de Citeaux et en particulier à l'abbaye de Léoncel la maison de la Part-Dieu, pour laquelle il a adressé une supplique au chapitre général des Cisterciens ; il ne cessera de la chérir, favoriser et défendre. *Dat. Romanis. Jacobus, d. episc. not. 8° a° pontif. ips. scr.* — *Quia non omni.*
CHEVALIER (U.), *Cart. de Léoncel*, 62, n° 55.

**5375** Romans, janvier 1194/5.
R[obert], archevêque de Vienne et abbé de l'église de Romans, fait don de la maison de la Part-Dieu à l'abbaye de Léoncel dans les mêmes termes que son suffragant de Valence. *Dat. Romanis.* — *Quia non omni.*
CHEVALIER (U.), *Cart. de Léoncel*, 62, n° 56.

**5376** Vienne, février 1194/5.
Robert, archevêque de Vienne, renonce en faveur de l'abbé Martin et de son monastère de St-André[-le-Bas] aux droits qu'il prétendait sur la double rive de la Gère, du pont de St-Sevère au Rhône, et sur celle du Rhône depuis la tour Vieille ; il lui abandonne aussi la maison de Provin et la faculté de construire dans celle à la Chaîne *(ad Cathenam)*. Témoins : Bornon, doyen de l'église de Vienne, le mistral Ismidon, le procureur Berlion, Anselin prieur du Pont, le camérier Pierre, etc. *Data Viennæ, p. man. Petri cancel.*
*CHORIER, *Estat polit.* II. 388-9. CHEVALIER (U.), *Cart. de St-André-le-Bas*, 176, n° 235.

**5377** (Vers 1195).
G. Urseria atteste que, 60 ans auparavant, une contestation existant entre les chanoines de Gap et Arnaud (Flotte) [seigneur de la Roche-des-Arnauds], elle fut portée *in podio de l'Escout* devant Guillaume *(W.)*, évêque de Gap, et Guillaume *(W.)*, archevêque d'Embrun, qui firent placer des bornes entre le territoire de la Roche et celui de Rabou *(Rabaono)*, allant droit du Cros de Moissière *(Moscherie)* à l'essart de Ponce convers, passant par le sommet de l'Infernet *(Effernet)*, le confluent de la Lauze et de la *Voucea*, le sommet du château de Chamousset *(Chamoset)* jusqu'au Dévoluy. De nouvelles difficultés furent terminées à Gap en présence de la femme d'Arnaud et le chapitre posséda paisiblement Rabou. Arnaud engagea dans la suite les bois et montagnes de Bertaud *(Bertaldi)*, sauf le pré des *Caslani*.
GUILLAUME (P.), *Chartes de Bertaud*, xiij-iv.

**5378** Quirieu, 1195.
Pierre Poutrens donne [aux frères] de Bonnevaux, avec l'assentiment de ses frères Amblard et Martin, ce qu'il avait *in Alverio* ; fait *apud Quireu*, en présence de leur mère Galiana.
CHEVALIER (U.), dans *Bull. acad. Delphin.* D, II, 69 ; *Cart. de Bonnevaux*, 53, n° 112.

**5379** 1195.
G[uy], comte de Forez, et Raynaud, archevêque de Lyon, notifient la donation faite à Notre-Dame et aux abbés Hugues de Bonnevaux et Hugues de Valbenoîte par Willelma de Roussillon, sœur de Jocerand de Piseys et mère de Béraude, d'un champ dans la paroisse de St-Etienne de Furens *(Furanis)* et de biens à Rochetaillée.
LA MURE, *Hist. eccl. dioc. Lyon*, pr. 316. *Gallia christ. nova*, IV, 24-5. TESTENOIRE-LAFAYETTE (C.-P.), dans *Mém.-doc. Forez soc. Diana* (1893), X, 147-8. = BRÉQ. IV, 195.

**5380** Marseille, 1195.

Hugues de Baux, fils de Bertrand de Baux, [vicomte de Marseille], prend sous sa protection l'abbaye de Boscaudon et lui accorde la faculté d'acheter et de vendre dans ses domaines et la ville de Marseille sans payer aucuns lods ou redevances. Fait *ap. Massiliam*, en la maison de Pierre Vidalis ; témoins. Pierre de *Vederis sigil.*

Paris. Bibl. Nat., ms. lat. 12663, 106b. = BARTHÉLEMY, *Invent. mais. Baux*, 26, n° 97. ROMAN, 46°.

**5381** 1195.

R[aymond], duc de Narbonne, comte de Toulon en Provence, exempte les frères de la Chartreuse de tout usage et péage dans ses domaines par terre et par eau, mandant à ses bailes et amis... Sceau.

\*LE COUTEULX, *Ann. Cartus.* III, 143.

**5382** Durbon, 1195.

Clément, ses frères Michel, Pierre et Jean, sa femme Sufizia donnent et vendent au prieur Chatbert et aux frères de Durbon leur terre près du champ *Lineriæ*, moyennant 22 sols. Témoins : Lambert, procureur, etc. Fait devant l'église de la maison supérieure.

GUILLAUME, *Chartes de Durbon*, 170, n° 243. = ROMAN, 46°.

**5383** 1195.

Traité entre Raymond, marquis de Provence, et le comte de Forcalquier : le marquisat s'étend au nord jusqu'à l'Isère et à l'est jusqu'au col de Cabre, ce qui comprend le Diois.

Arch. des Bouches-du-Rhône, B, 297. — MANTEYER, *Provence*, 90, n. 1.

**5384** 1195.

Falcon d'Etoile *(de Stella)*, qui avait dans son domaine les terres et prés donnés à Notre-Dame et aux frères de Léoncel par Adémar Bovet, fait lui-même cession de ses droits, de l'assentiment de ses frères Hugues et Artaud, de sa femme Ermengart et du chanoine Ricon, sous le cens de 2 sols ; les frères lui donnent 13 liv. et à sa femme 15 brebis avec leurs agneaux, et lui pardonnent de grandes et graves injustices. A la mort de chacun d'eux, on fera comme pour un moine ou convers. Témoins : l'abbé Pierre, maître Sénioret, etc. Falcon, évêque de Valence, appose son sceau..., *sed. in Urbe Celestino papa, regn. Henrico Roman. imper. Jacobus d. episc. not. 8 a° pontif. ips. scr.*

CHEVALIER (U.), *Cart. de Léoncel*, 64-5, n° 58.

**5385** Romans, 1195.

Guillaume Didier *(Willelmus Desiderii)* donne à l'abbé Pierre et aux frères de Notre-Dame de Léoncel et de la Part-Dieu, tout ce qu'il avait dans le territoire de la Part-Dieu, tant en terres qu'en bois, à l'exception du tiers de la moitié du manse de Pierre Raimond, et le pâturage dans tout le mandement de Pisançon. Fait *apud Romanis*, dans la maison de Bonnevaux, entre les mains de Falcon, évêque de Valence, et de Pierre, abbé de Léoncel, avec l'assentiment de sa mère Armanna, son frère Artaud, sa femme Curczona et son fils Didier. Témoins. Les religieux comptent au donateur 310 sols, à son frère 40 et donnent à son fils une futaine *(fusco-*

*tinctum).* Sceau de l'évêque, *sed. in Urbe Celestino papa, regn. Henrico Roman. imper. Jacobus d. episc. not. 8° a° pontif. ips. scr. — Quoniam rerum preced.*

CHEVALIER (U.), *Cart. de Léoncel*, 63, n° 57.

**5386** 1195.

L'église de St-Maurice de Vienne acquiert de Gérard de Majestreu tout ce qu'il possédait à Vienne avec les Riffonds, au prix de 7 liv. ; en présence du chapitre.

Ms. : Gaignières 181. — CHEVALIER (U.), *Cart. de St-Maurice Vienne*, 49, n° 234.

**5387** 1195.

Donation à l'église de St-Maurice par Guigues de Faramans *(F-nz)*, surnommé le Valet *(Vallez)*, de sa portion de la métairie *(villicatio)* de Faramans, au cas où il viendrait à mourir sans enfants. Fait en présence du doyen Bornon et de Guigues d'Ornacieu, obédiencier de Faramans.

CHEVALIER (U.), *Cart. de St-Maurice de Vienne*, 48, n° 225 ; *Supplém.* 13.

**5388** 1195.

Chirographe portant concession par l'abbé de St-Ruf à un religieux de bâtir une maison près de la chapelle de la Madeleine pour les frères malades et une chambre à côté pour s'y retirer, avec faculté de posséder des revenus pour l'infirmerie.

\*CHEVALIER (U.), *Cod. diplom. S. Rufi*, 81, n° 70.

**5389** (Vers 1195).

Chartes du prieuré de St-Sauveur-en-Rue où il est mention de *libres de Viannes* et de *sols a Valenssa*.

GUIGUE, *Cartul. de St-Sauveur-en-Rue*, 33, n° 76, 77.

**5390** Miribel, Hauterives, 24 avril 1195.

Bona Donna, sœur de Nantelme de Châtonnay et femme de Hugues de Miribel-de-Valclérieux *(Valclareys)*, et ses deux fils Humbert et Nantelme renoncent à leurs réclamations contre la maison de Bonnevaux sur la terre qu'elle, son mari, ses fils et leur mistral Aymon avaient donnée ; sa fille Jacuara et Guigues Rostagni, mari de son autre fille, confirment le don de leur père Humbert... *apud Mirabel*. Témoins :... chevaliers de Miribel..., damoiseaux. Sa seconde fille Raymues approuve *apud Altam Ripam*, à la porte du château. Témoins.

CHEVALIER (U.), dans *Bull. acad. Delphin.* D, II, 54 ; *Cart. de Bonnevaux*, 38, n° 69.

**5391** 17 juin 1195.

Epitaphe de Rotbert, archevêque de Vienne, dans la chapelle de St-Etienne de sa cathédrale :

*Si quia juris eras gladio defensor utroque* (12 vers).

Bosco (J. a), 100-1. Le LIÈVRE, 351-2. *Gallia christ. vet.* I, 802 ; *nova*, XVI, 87. CHORIER, *Antiq.* 197-8 ; 2°, 209-10. CHARVET, 635-6. *Mém. soc. archéol. Midi*, III, 94-5. COLLOMBET, II, 95. *Dict. d'épigraphie*, II. 1187. TERREBASSE, *Inscr.* I, 260-3 (18 juin !), n° 384.

Obit (25 juin) : CHEVALIER (U.), *Nécrol. de St-Robert*, 29.

**5392** Vienne, 1195.

Berlion de Montfalcon *(Munfalcun)* plante des limites pour mettre fin aux discussions entre [les frères de] Bonnevaux et Uldric Garnerii, seigneur de Châtonnay *(Chatunnay)*, au sujet des terres acquises de Bona Donna, sœur de Nantelme de Châtonnay, et de ses fils ; s'il reste des doutes, on recourra à Berlion de Montfalcon et à Ismidon de Vienne. Fait *apud Viennam*, dans la chambre de l'archevêque Aynard, qui appose son sceau. Témoins.

Chevalier (U.), dans *Bull. acad. Delphin.* D. II, 70; *Cart. de Bonnevaux*, 54, n° 48.

**5393** 1195.
Guigues Pajan, de l'assentiment de son père Aimon, donna [à l'église] de St-Maurice [de Vienne] trois églises, entre les mains de l'archevêque Rotbert, en présence du doyen Bernon et de tout le chapitre. Il renouvelle cette donation entre les mains de l'archevêque Ainard, en présence du doyen Bornon ; le chapitre lui fait présent de 10 liv. ; on promet de recevoir son fils comme chanoine et lui donne la jouissance de ces églises sa vie durant. *Dat. p. man. Humberti not.*

Ms. : Gaignières 181. — Chevalier (U.). *Cart. de St-André-le-Bas.*34-5. n° 127* ; *Cart. de St-Maurice Vienne.* 48, n° 226. = *Charvet.362. Courbon. chr. 233 (à 1194). Mazon (A.). *Orig. égl. Vivarais,* I, 248-9.

**5394** 1195.
G[uy] abbé de Cîteaux et le convent des abbés, réunis en Chapitre général, ont décidé de ne recevoir aucun membre de l'ordre des Chartreux sans leur permission et réciproquement.

Martene, *Thes. nov. anecd.* IV, 1285. Le Couteulx, *Ann. Cartus.* III, 141.

**5395** 1195.
G[uy] abbé de Cîteaux et le convent général des abbés de son ordre notifient à J[ancelin], prieur de la Chartreuse, et à son couvent que leurs propositions ont été agréées au chapitre et seront observées par tous.

*Privileg. ord. Cartus.* (1510). 48. *Vita s. Brunonis,* 472. Le Couteulx, *Ann. Cartus.* III, 142. = Bibq. IV, 193.

**5396** 26 septembre (après 1194).
Epitaphe de Hugues de Voiron, qui donna à l'église de St-Maurice [de Vienne] la 6° partie du château d'Ornacieux, avec ses fiefs et dépendances, pour procurer [une réfection] à la communauté le jour [anniversaire] de son décès.

Charvet, 788. Terrebasse, *Inscr.* II, 34-6, n° 438.

**5397** Valence, 26 janvier 1195/6.
Odon, seigneur de Tournon, concède à la maison et aux frères de Léoncel le libre passage dans ses domaines, les exemptant de tout droit de péage, leyde et pontonage par terre et par eau. Falcon, évêque de Valence, appose son sceau. Témoins : Guigues de la Motte, chevalier, Pierre de Faramans, cellérier de Léoncel, maître Pierre, chanoine de St-Ruf, etc. *Dat. Valentiæ,* dans le palais (*aula* de l'évêque), *Celestino sed. in Urbe, regn. Henrico imper.*

Chevalier (U.), *Cart. de Léoncel,* 65, n° 59.

**5398** Bonnevaux, 2 février 1195/6.
Félicie, femme d'Ervysius de Boczosel, fait un don [aux frères] de Bonnevaux, avec l'assentiment de ses fils Guy et Barthélemy, pour le repos de son mari et de son fils Ismidon enterrés dans le monastère, et pour son autre fils Falcon, qu'elle lui a donné. Fait entre les mains de l'abbé Amédée à la porte *Bonævallis,* le jour de la Purification. Témoins.

Chevalier (U.), dans *Bull. acad. Delphin.* D. II. 46 ; *Cart. de Bonnevaux.* 30, n° 53.

**5399** Crest, 10 mars 1196.
Bernard, cardinal prêtre du titre de St-Pierre-aux-Liens et légat du Siège apostolique, termine un litige au sujet des églises de Crest entre les églises de Die et de St-Médard. et l'ordre de St-Ruf. Les religieux de St-Ruf garderont sur l'église de St-Sauveur les droits qu'y possédait la cathédrale du Puy, sauf le tiers des dîmes que percevra l'évêque de Die avec le cens annuel. L'évêque gardera la chapellenie que desservent les chanoines de St-Médard ; pour l'autre, que possédait l'église du Puy, l'abbé de St-Ruf donnera par an 10 sols et 2 livres de cire à l'évêque et lui présentera le chapelain, lequel ne pourra être un chanoine régulier. Les églises de St-André et de St Jacques seront à l'évêque ; celle [de St-Vincent] de Crescelon sera indivise. La paroisse hors des murs sera à la collation de l'évêque. Les sépultures seront libres dans l'église [de St-Vincent] de Brisans, sauf la quarte funéraire à St-Ruf. *Act. apud Cristam, temp. d. Celestini III papæ, aⁿ 5,* en présence de F[alcon] évêque de Valence, de clercs et chanoines, de P. prieur de Genesia, de maître Pierre, etc

Valbonnays, 2° Reg. n° 222. Ollivier (J.), *Arch. hist. Dauph.* XV, 243. — Chevalier (C. U. J.), *Cart. de l'égl. de Die,* 57-9. n° 26 ; *Codex diplom. S. Ruf,* 81, n° 71.— Columbi, *Episc. Dien.* 28, 104 ; *Opusc.* 261, 292. Brun-Durand (J.), *Not. histor. monast. St-Médard de Piégros* (1874), 7.

**5400** 1196.
Les frères] de Bonnevaux avaient été longtemps en discussion avec Uldric Garnerius au sujet d'un bois ; ils montrèrent par les chartes et le témoignage de Berlion de Montfalcon, qui l'avait précédé comme gardien (*custos*) du château de Châtonnay, que Nantelme de Châtonnay, qui s'était emparé de ce bois, avait reconnu à la fin de sa vie son usurpation. L'abbé Amédée ordonna aux témoins de sa mort, *apud Givas,* de déclarer la vérité ; Uldric fit de même à l'égard de ses serfs (*homines*) et rendit le bois. Témoins : Aesmars de Romanèches, Pierre de St-Paul, mistral de Châtonnay, Bompar d'Ornacieux.

Chevalier (U.), dans *Bull. acad. Delphin.* D. II. 69 ; *Cart. de Bonnevaux,* 53, n° 113.

**5401** 1196.
Raynaud, archevêque de Lyon, et son chapitre accordent aux prieurs et au chapitre général de l'ordre des Chartreux l'exemption de tout droit de leyde, péage ou usages dans leurs ville, châteaux et villages, et sur les achats et ventes qu'ils y feront. Sceaux.

Le Couteulx, *Ann. Cartus.* III, 147-8.

**5402** (Vers 1196).
Guy, archevêque d'Aix, et B[ermond], évêque de Cavaillon, notifient à l'archevêque d'Embrun [Guillaume] et aux évêques d'Apt et de Sisteron l'excommunication qu'ils ont fulminée contre G. de Sabran, comte de Forcalquier, au sujet de Montmajour.

*Gallia christ. nova,* I, instr. 67-8.

**5403** 1196.
Adémar de Poitiers, comte de Valentinois, ayant appris que son père avait donné à la maison de la Part-Dieu le bois de Broyse *(Bruisa)* et que celle-ci s'était unie à l'abbaye de Léoncel, confirme à cette dernière la donation de ce bois, ne demandant en échange que la rémunération divine et le salut des membres de sa famille. Témoins.
Chevalier (U.), *Cart. de Léoncel*, 66, n° 60.

**5404** 1196.
Donation à Notre-Dame de Léoncel par Pierre de Barcelonne *(Bersulena)* et ses fils Chabert et Ponce de 8 sols de cens sur le tènement du cellérier *(cellerii)*. Sceau de l'évêque de Die.
*Chevalier (U.), *Cart. de Léoncel*, 66, n° 61.

**5405** (Vers 1196).
Les maisons de Léoncel et du Val-Ste-Marie avaient été longtemps en discussion au sujet de certains pâturages ; on convint de s'en remettre à la décision d'Elsiard abbé d'Aiguebelle et Ainard prieur des Ecouges. Ils déclarèrent communs les pâturages de Tamée *(Tameio)* ; ceux de Musan furent attribués à Léoncel, conformément aux limites fixées dans la charte de déc. 1174. mais les troupeaux du Val y auront un passage, dont on détermine l'itinéraire ; les pâturages de Musan le bas. jadis communs, seront propres au Val. Les deux maisons s'accordent mutuellement pendant trois jours le passage pour l'hivernage. Témoins : les arbitres, Pierre abbé de Léoncel, P. prieur du Val-Ste-Marie, Berlion prieur de Châteaudouble, etc. — *Posterorum memoriæ.*
Chevalier (U.), *Cart. de Léoncel*, 66-7, n° 62. Trad. Chevalier (U.). dans *Journ. de Die* (23 août 1868).

**5406** 1196.
Le chapitre de St-Maurice de Vienne acquiert de Guillaume Paner 9 seterées de terre aux Côtes (-d'Arey, *Costas*), au prix de 40 liv. ; le feudataire, Durand Arol, payait annuellement 28 mesures *(meitaers)* de froment ou d'avoine, 5 sols et 1 poule. Cautions : Jofred et Richard Paner. Guillaume et Sofred d'Illins, Guy de Moras.
*Charvet, 363. Chevalier (U.), *Cart. de St-Maurice Vienne*, 48, n° 227 ; *Supplém.* 14.

**5407** 1196.
Le chapitre de St-Maurice de Vienne acquiert de Milon de St-Symphorien la vigne de St-Gervais et 7 sols de pension sur des jardins auprès, moyennant 19 liv. : on y employa 1000 sols légués par un jeune homme *(juvenis)* pour son anniversaire. Présents : Bornon de Lanc, Guigues d'Ornacieux, archidiacres, Guigues de Seyssuel *(Saxeolo)*.
*Charvet, 363. Chevalier (U.), *Cart. de St-Maurice Vienne*, 48, n° 228 ; *Suppl.* 14.

**5408** Latran, 1ᵉʳ avril 1196.
Lettre du pape Célestin aux frères d'Agaune : bien que leur église incendiée ait été de nouveau consacrée par l'archevêque de Vienne, il faudra continuer de célébrer chaque année la fête de la première dédicace (25 mai). — *Ecclesias et loca.*

Aubert, *Trésor de St-Maurice d'Agaune*, 223. Pflugk-Harttung, *Acta pont. Rom. ined.* III, 402. = Jaffé, -17348.

**5409** 4 avril 1196.
Le pape Célestin [Calixte !] III confirme à l'abbaye de Laval-Bénite de Bressieu la bulle du 15 mai 1164.
Allard (G.), *Dict. Dauph.* II, 19. Pilot de Thorey (Emm.), *Abb. de Notre-Dame de Laval-Bénite de Bressieu* (1873). 7.

**5410** Juillet 1196.
J[ean], évêque de Grenoble, déclare à J[ancelin], prieur de la Chartreuse, et à ses frères qu'il se contente des bonnes coutumes dont ses prédécesseurs et lui ont joui dans leur maison, en vertu d'accords ; au cas où il abuserait de son pouvoir, ils seront libres d'user de leur droit et des privilèges apostoliques... *Cœlest. papa, Henrico Rom. imper.*
Le Couteulx, *Ann. Cartus.* III, 149.

**5411** Besançon, 8 juillet 1196.
Diplôme de l'empereur Henri VI en faveur de l'abbaye cistercienne de Neubourg. *Conradus Hildenesh. elect. imp. aulæ cancel. vice Einhardi Viennen. archiepisc. et Burgundiæ archicancell.*
Wurdtwein, *Nova subsid. diplom.* X, 178. = Böhmer, 2881. Stumpf, 5016.

**5412** 21 juillet 1196.
Epitaphe de Marquise *(Marchisia)*, fille du dauphin Guigues et épouse d'Aimar de Poitiers, comte de Valentinois, ensevelie au monastère des Ayes.
Chorier, *Hist. de Dauph.* I, 800 ; 2°, 616. Valbonnays, *Hist. de Dauph.* II, 7 i. Maignien (Edm.), dans *Bull. acad. Delphin.* C, II, 443 (à part, 22).

**5413** Turin. 28 juillet 1196.
Diplôme de l'empereur Henri VI en faveur d'Ainard, archevêque de Vienne, par lequel il lui confirme la juridiction et les droits régaliens sur sa ville.
Arch. de l'Isère, vidimus du XIV° siècle. — *Bosco (J. a), 89-90. *Le Lièvre, 354. *Charvet, 363 (6 k.). Mermet, III, 71. Collombet, II, 96. = Stumpf, 5021.

**5414** Latran, 8 août 1196.
Lettre du pape Célestin III aux archevêques, évêques, abbés, doyens et autres prélats, leur mandant de frapper d'excommunication les laïques et de priver de leurs bénéfices les clercs qui exercent des violences contre les moines de Cluny, leur extorquent des dîmes ou les privent des biens à eux légués par testaments. — *Non absque dolore.*
*Bull. Cluniac.* 96°. *Patrol. lat.* CCVI, 1181-2. = *Bernard-Bruel, *Chartes de Cluny.* V, 724, n° 4368. Jaffé, 10606-17423.

**5415** (Mi-septembre) 1196.
Au chapitre général de l'ordre de Cîteaux, l'abbé d'Aiguebelle *(Aqua Bella)*, pour avoir reçu avec peu de révérence les abbés qui se rendaient au chapitre, ira à Morimond se mettre à la disposition de l'abbé.
Martene, *Thes. nov. anecd.* IV, 1287. *Ann. de l'abb. d'Aiguebelle*, I, 463.

**5416** Romans. 29 octobre 1196.
Les chanoines de Romans, dans la crainte que les bénéfices obtenus par Guillaume de Clérieu, dit l'Abbé, pendant qu'il était clerc et retenus par lui quoique marié, ne soient considérés comme son héritage, le

convoquent devant Aynard, archevêque de Vienne, assisté des évêques Falcon de Valence et Jarenton de Die. Il confesse devant tout le clergé de l'église que la sacristie et tout ce qu'il tient dans la ville sont des bénéfices personnels reçus du chapitre et incompatibles avec son nouvel état; il ne saurait les conserver qu'en vertu d'une nouvelle donation. Il résigne les églises de Samson (S. Solutoris) et de St-Mamans (S. Mametis), mais supplie le chapitre de lui concéder un bénéfice, à raison du courage avec lequel lui et ses ancêtres ont défendu les intérêts de l'église. On lui accorde, à titre de bénéfice personnel, tout ce qu'il tient dans la ville, sauf la sacristie et ses revenus et la maison donnée par Ponce Chais. Acta... Romanis, dans le cloître de St-Barnard ..., sed. in Urbe Celestino papa, regn. Henrico Roman. imper. Témoins : Bornon, archidiacre de Vienne, Bertrand, prieur de St-Pierre du Bourg, Ponce archiprêtre, maître Garin, maître Girbert prêtre et 25 autres.

Giraud, Hist. S. Barnard-Romans. compl. 469-70, n° 371.

**5417**                                     Grenoble, 15 novembre 1196.

Bernard, cardinal prêtre du titre de St-Pierre-aux-Liens et légat du Siège apostolique, à la prière du prévôt Guillaume et du chapitre d'Oulx (Ulcien.), autorise la construction près de la porte de Briançon d'une église qui dépendra de celle de Rome, sous le cens de 2 sols Viennois; vu la rigueur de l'hiver et les mauvais chemins, les fidèles pourront s'y faire ensevelir et lui léguer des biens. Dat. Gracionopoli.... temp. d. papæ Celestini III, [6] a° pontif.

Rivautella, Ulcien. eccl. chartar. 78. n° 81. Collino, Carte d'Oulx, 211-2, n° 202. = Roman, 46'.

**5418**                                     Chambéry, 30 novembre 1196.

Convention entre Reynerius, abbé de St-Rambert (S. Ragneberti), et Thomas, comte de Savoie, au sujet du château de Cornillon (Curnillionis), en présence des évêques [Jean] de Grenoble et de Maurienne. Témoins : Aimeric de Briançon, Guy de Theys (Teys), Bonivard de Vienne, etc. Act. apud Camberium, dans la maison du Temple (in Templo) ... in festo s¹ Andreæ, Celestino papa pio (III?)præsid., Henrico Romæ imper... Dat. p. man. Mauritii not.

Guichenon, Hist. généal. mais. Savoie. pr. 45-6. = Bréq. IV, 200. Wurstemb. 40. Carutti, Reg. 386.

**5419**                                     Latran, 23 décembre 1196.

Le pape Célestin III confirme au prévôt et aux chanoines d'Oulx la permission accordée par le cardinal Bernard d'ériger une nouvelle église près de la porte du château de Briançon, sous le cens de 2 sols Viennois à l'église Romaine. — Cum dilectus filius.

Valbonnays, 2° Reg., n° 221. — Rivautella, Ulcien. eccl. chartar. 21-2, n° 17. Collino, Carte d'Oulx, 212-3, n° 203. = Jaffé, 10619-17470. Roman, 46'.

**5420**                                     Latran, 24 décembre 1196.

Le pape Célestin charge l'archevêque de Tarentaise et l'évêque de Genève de bénir l'église et le cimetière que le cardinal Bernard a autorisé le prévôt et les chanoines d'Oulx à construire près de la porte du château de Briançon. — Significaverunt nobis.

Rivautella, Ulcien. eccl. chartar. 22, n° 18. Collino, Carte d'Oulx, 213, n° 204. — Jaffé, 10620-17471. Roman, 46.

**5421**                                     (Vers 1197).

..........Burgundicus Odo.....
Absens distringit et solo nomine terret.....
Quæ trans Rhodanum regio jacet usque Viennam.

Guillelmi Britonis-Armorici Philippidos, lib. x, v. 501-8 : Bouquet, XVII, 250-1.

**5422**                                     1197.

Falcon, évêque de Valence, confirme aux religieux de Bonnevaux la donation à eux faite d'une maison par Lambert de St-Nazaire. Témoins : Amédée abbé de Bonnevaux ..., maître Hélie .... Durand de Tournon, légiste, etc. Jacobus d. episc. not.

Chevalier (U.), dans Bull. acad. Delphin. D. II, 53 ; Cart. de Bonnevaux, 37, n° 67.

**5423**                                     Septème, 1197.

Martine, épouse de Guy (Guido) de Moras, donne [aux frères] de Bonnevaux ses droits sur le territoire... Fait apud Septimum, dans sa maison, en présence de son mari et de son fils Raimond. Témoins : Giroud de Neyrieu, etc. (21).

Chevalier (U.), dans Bull. acad. Delphin. D. II, 70; Cart. de Bonnevaux, 54, n° 114.

**5424**                                     Le Pouzin, 1197.

Adémar de Poitiers, comte de Valentinois, avec l'assentiment de son épouse Philippa, donne à la maison de Rompon et à son prieur Guillaume la maison de l'hôpital fondé par ses prédécesseurs devant l'église de Ste-Marie-Madeleine d'Exobrer : prieur et frères y serviront les pauvres comme ils le faisaient avant cette donation. Adémar reçoit des religieux 100 sols Valentinois. Fait au château de Polzi, devant l'église de St-Etienne ; témoins : Guillaume, prieur de Rompon, Etienne de Tain, moine, Pierre chapelain du Pouzin..., Girard de Tournon, chevalier, Bonpar, baile de Rompon, etc.

Arch. de l'Isère, B, 3518, copie du XIII° s.. vidimus de 1268. — Chevalier (J.), dans Bull. soc. archéol. Drôme, XXVII, 332-3 (à part, I, 196-7).

**5425**                                     St-Chef, 1197.

L'abbaye de St-Chef (S. Theuderii) et les villæ en dépendant étant fonds d'église, personne n'avait le droit d'y percevoir des impôts et d'y exercer un commande ; usages, cens et justices appartenaient à l'abbé. Mais, comme il est saint et juste d'abolir les mauvaises coutumes, l'abbé Hugues Borrelli, du consentement de son chapitre, du prieur Humbert de la Tour, du camérier Guichard de Morestel et du procureur Gontard, en présence d'Aynard, archevêque de Vienne, d'Amédée abbé de Bonnevaux, du doyen Burnon de Voiron. d'Humbert de Miribel, d'Ismidon de Cordon et de nombreux ecclésiastiques et laïques, renonce en faveur des habitants du château aux coutumes injurieuses et déshonnêtes de son église : les sépultures et les collectes dites tailles (toliæ); on devra seulement lui et les meilleurs vêtements (manteau et tunique) du défunt. Si une nécessité publique l'exige, on viendra en aide à l'église, comme à Vienne, à Lyon et dans les autres villes libres.

En récompense de ce bienfait, les bourgeois donnent aux moines 6000 sols. Sceaux d'Aynard et d'Amédée. Fait dans le cloître de St-Chef. Serment et sceau de l'abbé Hugues. — *Ut transeuntium.*

Arch. de l'évêché de Grenoble, orig. parch. de 12 lig. — *Bosco (J. a), 105. Chevalier (U.), Cart. de St-André-le-Bas, 309-10. Trad. Auvergne, dans Pet. rev. Dauphin. (1888), III, 193-4 ; Hist. de Morestel, 31-2.

**5426** 1197.
L'église de St-Maurice de Vienne, sous l'archevêque Aynard, acquiert d'Antelme de Montrond *(Monterotundo)* la 4ᵉ portion des foires de la Pentecôte, au prix de 80 liv., en présence du doyen et de tout le chapitre, Guichard de Montagnieu.

*Charvet, 363. Chevalier (U.), Cart. de St-Maurice Vienne, 49. n° 237; Suppl. 15.

**5427** 1197.
Engagement à l'église de St-Maurice de Vienne par Guigues de St-Genis *(S. Genesio)* de sa maison et du cens de son puits, pour 20 liv.

Chevalier (U.). Cart. de St-Maurice de Vienne. 49, n° 239 ; Suppl. 15.

**5428** 1197.
Rostaing de Chaleyssin engage à l'église de St-Maurice de Vienne la 6ᵉ portion de la dîme de Culin *(Cuildin)*, pour 10 liv. Fidéjusseur : Vivien de Revel.

*Charvet, 363. Chevalier (U.). Cartul. de St-Maurice Vienne. 49, n° 238 ; Suppl. 15.

**5429** Valence, 1197.
Armand de Retourtour inquiétait la maison de l'île de Soyons *(insulæ Subdion.* = les Iles), dépendance du monastère de St-Ruf, en exigeant le plaid *(placitamentum)* pour une terre de cette île nommée Venecia. Falcon, évêque de Valence, après s'être convaincu par la lecture de la charte de l'évêque Odon et par une enquête qu'Armand n'avait aucun droit à revendiquer, l'en persuade et obtient son désistement entre les mains du prieur Guillaume ; il fait serment de maintenir la donation, même au cas où les religieux se transporteraient dans un endroit plus commode ; son baile Dalmace l'imite. Témoins : ... Hugues, baile, maître Pierre, chanoine de St-Ruf... *Act. in aula Valentinensi..., sed. in Urbe Celestino papa, regn. Henr.Roman. imper. Jacobus d. episc. not. 10 a° pontif. ips. scr.*

Chevalier (U.), Cod. diplom. S. Ruﬁ, 82-3, n° 72.

**5430** 1197.
Falcon, évêque de Valence, atteste que Lambert de St-Nazaire, étant encore en santé, avait donné, avec sa permission, les moulins construits par lui à l'église de St-Ruf. Après sa mort, le doyen Lambert, Ricon, maître Sénioret, le prêtre Jean, Jarenton de Bésayes *(Bisatgio)*. Pierre de Salles, Ponce Biza et Humbert de Valence, déclarèrent qu'il avait consigné ce don dans son testament. En présence de ces témoignages, le prélat confirme ces moulins à l'ordre de St-Ruf, sauf le cens de 15 sols, à la requête de l'abbé Bertrand, dont il reçoit pour lods *(laudamentum)* 200 sols. Témoins : ... Etienne médecin, Hugues viguier, chanoines de St-Ruf, L. baile, Bernard maréchal, Hugues baile, etc.

(23)... *sed. in Urbe Celestino papa., regn. Henr.Roman. imper. Jacobus d. episc. not. 10 a° pontif. ips. scr.*

Chevalier (U.), Cod. diplom. S. Ruﬁ, 83-4. n° 73.

**5431** Valence, 1197.
F[alcon], évêque de Valence, atteste qu'Odon dit Rabasta a vendu aux frères du Temple de Salomon un pré à Montélier *(Monteilles)*. qui était de leur domaine, et reçu 30 sols de Ponce Willelmi, procureur de la maison. Odon jure sur les Evangiles de ne plus les inquiéter. Sa femme Ermengartz reçoit, sur le désir du prélat, 1 émine de froment, parce que cette terre était de son douaire *(dotalicium)*. Témoins : Pierre de Faramans. moine de Léoncel, 3 frères, Géraud chapelain, etc. (8). Fait dans sa cour *Valen..., sed. in Urbe Celestino papa. Henr[ico] Roman. imper. Jacobus d. episc. not. 10° a° pontif. scr.* Sceau. — *Ut hominum transeuntium.*

Arch. de la Drôme, Templiers, orig. parch.

**5432** Grâne/Chabrillan. 1197.
Hommage de Guigues. seigneur de la Roche-en-Régnier *(Rocha)*, à Aimar de Poitiers *(Aemar de Peiteus)*, comte de Valentinois. pour la seigneurie de Baix. Montagut, Don et Mézilhac. Convenu entre *Grana e Charbeilla*. en présence *(auvenssa)* de l'oncle [d'Aimar, Eustache], prévôt [de Valence], de Noza-secha, Mathieu de Chabrillan, Silvion de Tournon, etc., Hugues de Freycenet. prieur de Vessaux. *Petrus Guigo scr. et sigill.*

Arch. de l'Isère,B, 3517. origin. parch. — Chevalier (C.U.J.), dans *Rev. d. soc. sav.* (1867). 4ᵉ sér., VI, 436-7. *Huillard-Bréholles, dans rec. cité(1868), VII, 268-9. Chevalier (C. U. J.), dans *Bull. soc. archéol. Drôme* (1868), III, 72-4. *Gariel (H.), dans *Pet. rev. biblioph. Dauphin.* (1869). I, 56. = *Chevalier (J.), dans Bull. soc. archéol. Drôme, XXVII, 147, 338 (à part, I, 181, 202).

**5433** 1197.
Sentence arbitrale de Jarenton, évêque de Die, entre l'évêque de Viviers et ses chanoines, en désaccord au sujet de mines d'argent ; il en attribue les 2/3 au prélat et l'autre au chapitre.

Columbi. *Opusc.* 213. Chevalier (J.). *Hist. égl. Die*, I, 254.

**5434** 4 avril 1197 ?
Epitaphe de Pierre jurisconsulte *(sapiens)* et prêtre. sur le mur septentrional de l'église de St-Maurice à Vienne.

Charvet, 777. Terrebasse. *Inscript. Vienne*, I, 264-5, n° 385.

**5435** St-Ruf, mai 1197.
Gaucelin de *Navis* reconnaît à Falcon, abbé de St-Ruf, avoir reçu en fief de son prédécesseur l'abbé Guillaume tout ce qu'il possédait dans les châteaux de Navis, de Malbosc *(Maloboscho)* et de Banne *(Banna)* et en devoir hommage, sous le cens *(servitium)* annuel de 3 livres de cire. Il reconnaît aussi avoir donné à la maison de Bonnevaux *(Bonis Vallibus)* ce qu'il avait au territoire du château de Mirendol et un manse dans la vallée *S. Theodoriti ;* son père avait donné à ce monastère la moitié d'un manse à Chaçach et ses frères la villa de Riousset *(Rivo Sico)*, donations qu'il confirme par serment, priant Falcon, évêque de Valence, d'apposer son sceau. Témoins : R. prieur claustral..., Gi-

raud de Barjach, prieur de Bonnevaux... et Pierre Eraclii, chevalier...., *in capella S. Rufi*. Sceau de St-Ruf.
CHEVALIER (U.), *Cod. diplom. S. Rufi*. 84-5, n° 74.

**5436** * Latran, 5 mai 1197.
Lettre du pape Célestin III à [Aynard], archevêque de Vienne : il le remercie d'avoir, à sa prière, accordé un canonicat à Guillaume *(W.)* de la Roche, secrétaire *(scriptor)* pontifical, dans l'église de Romans, qu'il possède à titre d'abbé de la bienveillance du Siège apostolique. Qu'il le reçoive avec bonté et l'investisse de ce bénéfice. — *Quod dilecto*.
GIRAUD, *Hist. S. Barnard-Romans*, I, pr. 245-6; trad. I, 238-40, n° 354. = JAFFÉ,-17530.

**5437** 30 mai (après 1196).
Obit de Terric, frère naturel de l'empereur Frédéric, convers de la Silve-Bénite.
LE VASSEUR, *Ephemer. Cartus*. II, 273°.

**5438** Valence, juillet 1197.
Falcon, évêque de Valence, atteste qu'après la mort de Lambert de St-Nazaire, le doyen Lambert, Ricon, maître Sénioret, le prêtre Jean, Jarenton de Bésayes *(Bisatgio)*, Pierre de la Salle *(de Sala)*, Ponce Biza et Humbert de Valence se sont rendus auprès de lui et lui ont affirmé avoir assisté au testament de Lambert, par lequel il a légué à la maison de Bonnevaux, pour une réfection le 30 juin à son anniversaire et à celui de sa femme Pictavine, l'habitation adhérente à la maison dite de la Tour et cette tour elle-même. Fait dans sa cour *Valentiæ, sed. in Urbe Celestino papa., regn. Henrico Roman. imper*. Témoins : Guillaume de Beauvoir, Pierre viguier *(vicarius)*, L. baile *(bajulus)*, etc. *Jacobus d. episc. not. 10 a° pontif. ips. scr.*
CHEVALIER (U.), dans *Bull. acad. Delphin*. D. II, 51-2; *Cart. de Bonnevaux*, 35-6, n° 65.

**5439** Juillet 1197.
L'église de Ternay *(domus Ternacen.)* était engagée à un créancier, sans grand espoir de rachat. Hugues, abbé de Cluny, l'incorpora à son ordre, avec faculté d'employer au paiement de la dette les revenus de 4 anniversaires, dont celui d'Herbert, abbé de St-Chef *(S. Theuderii)*. Par les soins du grand prieur Thibaud, l'église fut rachetée en grande partie. Raynaud, primat de Lyon, et Aynard archevêque de Vienne confirment l'acte qui le relate par l'apposition de leurs sceaux.
DELACHENAL (R.), dans *Bull. acad. Delphin*. (1890/1), D, III, 500-3. BERNARD-BRUEL, *Chartes de Cluny*. V, 728-9, n° 4372. DELISLE (L.), *Catal. mss. anc. et chartes Jul. Desnoyers* (1888), 42 (1297 !). = *Gallia christ. nova*, IV, 1144.

**5440** 18 juillet 1197.
Épitaphe du prêtre André, qui légua à l'église de St-Maurice à Vienne 1000 sols pour une réfection des clercs le jour de son anniversaire.
CHARVET, 777. TERREBASSE, *Inscr*. I, 264-5, n° 385.

**5441** St-Ruf, St-Jacques, après 1197.
Gautier *(Galterius)* Brino se donne lui-même à l'église de St-Rufavec ce qu'il possède au Colombier *(ad Columberium)*, avec l'assentiment de ses filles Galteria et Marie, et de leurs maris Géraud et Ardencs. Fait *apud S. Ruphum*, dans la chambre de l'abbé Falcon et en sa présence. Confirmé *ad S. Jacobum* devant le prieur de cette maison Armand. La prise de l'habit est laissée à sa volonté.
CHEVALIER (U.), *Cod. diplom. S. Rufi*, 86, n° 75.

**5442** (Avant 1198).
Sentence de Raynaud, archevêque de Lyon, rendue par délégation apostolique en faveur de l'ordre de St-Ruf, au sujet de l'église de St-Jacques à Valence, contre les Hospitaliers.
Mentionnée dans la bulle du 15 mars 1199.

**5443** (Avant 1198).
Confirmation par le pape Célestin III de la sentence rendue par Raynaud, archevêque de Lyon, en faveur de l'ordre de St-Ruf, au sujet de l'église de St-Jacques à Valence.
Mentionnée dans la bulle du 15 mars 1199.

**5444** Latran, 9 janvier (1198).
Lettre encyclique du pape Innocent III annonçant au monde chrétien son élection et demandant des prières. — *Ineffabilis sapientia*.
INNOC. III *Epist*. ed. Baluze, I, 1. COCQUELINES, *Bull*. III, 65. *Patrol. lat*. CCXIV, 1-2. *Bull. Roman*. Taur. III, 113. = BZOVII *Ann*. XIII, 2. RAYNALDI *Ann*. 1198, 7. POTTHAST, 1.

**5445** 1198.
Adémar [de Poitiers, comte de Valentinois,] concède les pâturages dans ses terres à la chartreuse de Bonnefoy.
*LE COUTEULX, *Ann. Cartus*. II, 176.

**5446** 1198.
Deux chevaliers de Bellegarde, Nantelme Syfredi et Latard, échangent avec [les frères de] Bonnevaux le bien qu'ils avaient acquis d'une dame de Septème, contre une vigne donnée aux religieux par Aesmars Raynaldi, avec l'assentiment de son fils Falcon.
CHEVALIER (U.), dans *Bull. acad. Delphin*. D. II, 54; *Cart. de Bonnevaux*, 38, n° 70.

**5447** 1198.
Pierre de Conquers, bourgeois de Romans, donne un terrain dans cette ville [au monastère] de Bonnevaux, avec l'approbation de l'archevêque [de Vienne] Aynard. Témoins : André abbé de Léoncel, Pierre de Faramans, Etienne d'Anse, etc.
CHEVALIER (U.), dans *Bull. acad. Delphin*. D, II, 53; *Cart. de Bonnevaux*, 37, n° 68.

**5448** Septème, mars 1198.
Une matrone de Septème, Villelma, veuve de Boson Alberti, donne à la maison de Bonnevaux le fief [de] Nantelme de Bellegarde et Lattard de Pinet, avec l'assentiment de son fils Guillaume et sa fille Marguerite, devant la porte de sa maison. Témoins : Rostang Aygrath, chevalier, etc.
CHEVALIER (U.), dans *Bull. acad. Delphin*. D, II, 51 ; *Cart. de Bonnevaux*, 35, n° 62.

**5449** 1198.
Vivien de Revel, transporté [au monastère] de Bonnevaux, lui donne un cens. Témoins : Drodon de

Bournay *(Bornay).* Hugues Groserz, Pierre d'Illata, André de Meylan *(Meyulan).*

CHEVALIER (U.), dans *Bull. acad. Delphin.* D, II, 51 ; *Cart. de Bonnevaux,* 35, n° 63.

**5450** 1198.

Transaction entre l'abbé G[audemar] et les frères de Boscaudon *(Boscaudonis)* et les habitants des Crottes, devant les chanoines d'Embrun, Boniface et Pons Arberti, du conseil de Guillaume, doyen de Gap et archidiacre d'Embrun. Le monastère et la communauté auront droit réciproque de pâturage sur leurs terres ; les habitants pourront faire paître et couper des arbres dans les montagnes, sauf dans la forêt qui domine le monastère. Témoins : Guillaume *(W.),* abbé des Prats, P[ierre] de Senia, prieur, Hugues, prévôt d'Embrun, Guillaume *(W.),* doyen de Gap, Maurellus, sacristain, Pons Arberti, chevalier, B[oniface ?] d'Embrun, chev., Agnellus, chev., W. de Mota, chev., Hugues Raimundi, chev.

Arch. de l'Isère, B. 2961, 37ᵇ. — ROMAN (J.), dans *Bull. soc. études Hautes-Alpes* (1903), XXII, 60-1 ; = 47°.

**5451** Latran, (1198).

Lettre du pape Innocent III à [Aynard], archevêque de Vienne, et à [Guillaume], abbé de St-Pierre hors des murs, leur mandant de confirmer l'élection de Gillebert comme abbé de Faverney faite par l'abbé de la Chaise-Dieu, s'il conste du droit de ce dernier. — *Cum dilectus filius.*

INNOC. III *Epist.* ed. Bal. I, 55. *Patrol. lat.* CCXIV, 89-90. = POTTHAST, 523.

**5452** 1198.

Donation de Dulcia à la maison de Larra, en présence d'Isnard d'Avançon, qui en était tuteur ; elle reçoit 5 sols. Témoins : Pierre Grafinelli, chevalier, etc. Fait sous l'épiscopat de Frédéric, évêque de Gap.

ALBANÈS, dans *Bull. hist.-philol. com. trav. hist.-scient.* (1893), 72 (à part, 10).

**5453** ......, Ancelle, Larra, (119.).

Motta, fille de Dulcia de Faudon, se donne à la confrérie de la maison de Larra et lui accorde le droit de prendre du bois de chauffage dans ses forêts ; elle reçoit 5 sols pour investiture. Fait en présence d'Isnard d'Avançon, tuteur de la maison ; témoins : Guillaume de Molinas, prieur de St-Maurice, dame Béatrix. Confirmé *ap. Ancille,* en la maison de Pierre Matfredi, ensuite par sa mère Dulcia ; enfin dans la maison de *Lara.*

ALBANÈS, dans *Bull. hist.-philol. com. trav. hist.-scient.* (1893), 72-3 (à part, 10-1).

**5454** Larra, Gap, (1198 ?).

Rodulphe de Faudon *(Faudaono)* se donne pour vivre en la confrérie *(fraternitas)* de la maison de Larra et lui accorde le droit de prendre du bois de chauffage dans ses forêts ; il reçoit pour investiture 20 sols. Fait en la maison de *Lara,* en présence d'Isnard d'Avançon, qui en avait la tutelle ; témoins. Confirmé *ap. Vapincum,* en la maison de Pierre Grafinelli, où il reçoit encore 10 sols. Fait sous l'épiscopat de F[rédéric], évêque de Gap.

ALBANÈS, dans *Bull. hist.-philol. com. trav. hist.-scient.* (1893), 71-2 (à part, 9-10).

**5455** Crest, Châteaudouble, 1198.

Almonde *(Aalmudis, Aelmundis),* dame de Châteaudouble, après avoir gratifié de bienfaits l'église de Notre-Dame de Léoncel, voulant les augmenter, confirme à l'ordre de Cîteaux la maison de Peyrus *(Peruz)* que les frères de Léoncel avaient construite ; elle le fait pour le salut de son mari Chatbert et de sa fille Malberion, sauf le cens annuel, et reçoit 100 sols et un gage *(gatgeria)* de 40. Fait en présence de l'abbé André, dans la maison de Pierre Rotgerii *apud Cristam.* Sceaux de son fils Arnaud de Crest, des évêques Falcon de Valence et Jarenton de Die. Témoins (8). Elle confirme sa donation *ap. Castrum Duplex,* devant l'église de St-Michel, en présence du cellérier d'alors, Pierre de Faramans, Adémar baile, Po. Umberti chanoine, Guigues cellérier, etc... *epacta 11, concurr. 3, ind. 1, sed. in Urbe Innocentio sum pontif. — Cum omnibus Xpisti.*

CHEVALIER (U.), *Cart. de Léoncel,* 68-9, n° 63.

**5456** 1198.

Géraud Adémar *(Geraldus Aemarivus)* et Lambert, seigneurs de Montélimar *(Montilii),* accordent spontanément à leurs vassaux *(omines)* la liberté de ne subir à l'avenir ni redevance *(tolta)* ni taille *(quista)* ni exaction nouvelle ni mauvaises coutumes ; s'ils violent à l'avenir cette donation, leurs gens seront dispensés de leur fidélité et hommage.

Charte lapidaire à l'hôtel-de-ville de Montélimar. Arch. de l'Isère, B. 3913 (IV, 12ᵇ). Arch. de Montélimar, vidimus du 8 déc. 1285. NOSTRADAMUS, *Hist. de Provence* (1614), 162-3. SPON (J.), *Voyage d'Italie...* (1678), I, 7 ; III, 19-23 ; (-79), I, 6. PITHON-CURT, *Hist. noblesse Comté Venaissin* (1750), IV, 22-3. EXPILLY, *Dict. d. Gaules,* art. de Ménuret. DELACROIX, *Statist. départ. Drôme* (1835), 560-1 ; 2ᵉ éd. 560. DELOYE (A.), dans *Bibl. de l'éc. d. Chartes* (1856), 2ᵉ sér. III, 33-5. *Dict. d'épigraphie* (1852), II, 3/4-5. NADAL, *Essai histor. s. les Adhémar,* 27. CHEVALIER (U.), *Cart. de Montélimar* (1871), 20-2, n° 9. DELVINCOURT, *Excursion de cinq jours dans la Drôme,* 137. Trad. FILLET (J.-L.), dans *Journ. de Die* (16 mai 1869). *Ann. de l'abb. d'Aiguebelle,* I, 463. = BRÉQ. IV, 254. RIPERT-MONCLAR (de), *Cart. de Richerenches,* xc.

**5457** 1198.

Maurette *(Maura),* comtesse de Vienne et de Mâcon, atteste les aumônes de Hugues, chevalier de Montdidier, en faveur de l'abbaye de Rosières.

CHIFFLET, *Béatrix, comtesse de Chalon,* 159. GUILLAUME, *Hist. sires Salins,* I, pr. 76. = BRÉQ. IV, 254.

**5458** Montélimar, 2 avril 1198.

Giraud et Lambert Adhémar de Monteil, seigneurs par indivis de Montélimar, avec leurs fils Giraudet et Hugues, confirment à leurs vassaux les concessions de leurs ancêtres. Fait dans le château *(fortalitium).* Témoins (11).

*\*Album du Dauphiné,* II, 144. CHEVALIER (U.), *Cart. de Montélimar,* 22-3, n° 10. — Pièce fausse.

**5459** Rome, à St-Pierre, 21 avril 1198.

Lettre du pape Innocent III à l'archevêque de Vienne et à ses suffragants, leur ordonnant de recevoir avec bienveillance les légats Rainier et Guigues contre les hérétiques Vaudois, Cathares et Patarins et d'observer leurs décisions. — *Cum unus Dominus.*

INNOC. III *Epist.* ed. Baluze, I, 50. BOUQUET, XIX, 350. *Patrol. lat.* CCXIV, 81-3. = POTTHAST, 95. ROMAN, 46ᵇ.

**5460** (Avant 26 avril 1198?).
Lettre de Thomas, comte de Maurienne et marquis en Italie, à tous les prieurs de l'ordre des Chartreux réunis en chapitre général à la Chartreuse : désireux de pourvoir à leur tranquillité, il prend sous sa protection *(securo conductu et guiagio)* ses amis et ennemis que leurs moines ou convers conduiront dans une de leurs maisons. Témoins : ... N. prieur d'Aiguebelle, Guigues de Theys *(Teis)*, etc. Qu'ils prient pour lui.
GUIGUE (M. C.), *Cart. de St-Sulpice en Bugey*, 42, n° 11.

**5461** Rome, à St-Pierre, 13 mai 1198.
Bulle d'Innocent III, confirmant à l'abbaye de St-Géraud d'Aurillac, entre autres possessions, les prieurés d'Aspres[-les-Veynes], l'église de St-Marcellin d'Embrun, celles de Notre-Dame et St-André[-en-Beauchêne] et de St-Jean[la Rochette-en-Beauchêne]. — *Cum universis*.
BRÉQUIGNY, *Diplom*. II, II, 1066. *Patrol. lat*. CCXVII, 20-6. = *Anal. juris pontif*. (1868). 306. POTTHAST. 170. ROMAN, 47ᵇ.

**5462** (Rome, à St-Pierre), 13 juin 1198.
Lettre du pape Innocent III aux archevêques d'Arles, d'Aix et [Guillaume] d'Embrun, et à leurs suffragants, leur mandant d'excommunier les envahisseurs des biens du monastère de St-Victor de Marseille, les chevaliers Geoffroy de Marseille, W. Vedianus et [le] Dauphin. — *Cum monasterium*.
INNOC. III *Epist*. ed. Baluze, I, 139. *Patrol. lat*. CCXIV, 225-6. = BRÉQ. IV, 237. POTTHAST, 282. *Gallia christ. noviss*. III, 276. ROMAN, 46ᵇ.

**5463** Aubenas, juillet 1198.
Accord de Raimond, comte de Toulouse, avec Nicolas, évêque de Viviers. Adémar de Poitiers et Bermond d'Anduze, au sujet du château de Ségualières *(Segualeriis)* et de la mine d'argent *(argentaria)* de Ségualières, de Chassiers et de Taurians. *Acta ap. Albenacum*, sur la place à la poutre *(ad trabem)*. — Peu de jours après, le comte rend hommage à l'église de Viviers, en présence de B[ertrand] évêque de Trois-Châteaux *(Tricastren.)*, de Jordan archidiacre de St-Paul, etc.
COLUMBI, *Episc. Vivarien*. (1651), 104-8 / *Opusc*. 213-5. *Gallia christ. noviss*. IV, 57. ROCHE, *Armor. évêq. Viviers*, I, 334-6. = BRÉQ. IV, 239. — Cf. n° 5307.

**5464** Rieti, 8 août 1198.
Privilège accordé par le pape Innocent III à [Falcon], abbé, et au couvent de St-Ruf : ils recevront de l'évêque diocésain ou, à son défaut, de tout autre catholique, le chrême, l'huile sainte, les consécrations des autels et basiliques et les ordinations des clercs. — *Quotiens a nobis*.
CHEVALIER (U.), *Cod. diplom. S. Rufi*, 86-7, n° 76.

**5465** Trinquetaille, 13 août 1198.
Hugues de Baux, du conseil de sa mère Tiburge, donne en fief à Hugues Pélissier la Ione Juliane, à condition de servir annuellement aux frères de la Silve-Bénite 16 muids de sel.
Arch. des Bouches-du-Rhône, B. 1069, 233ᵇ. — BARTHÉLEMY, *Invent. mais. Baux*, 23, n° 87.

**5466** Rieti, 15 août 1198.
Lettre du pape Innocent III aux archevêques de Lyon et [Aynard] de Vienne, aux abbés, prieurs et autres prélats, aux comtes, barons et fidèles de ces deux provinces, les exhortant à participer à une croisade contre les Sarrasins pour le recouvrement de la Terre-Ste. — *Post miserabile*.
INNOC. III *Epist*. ed. Bal. I, 192. *Patrol. lat*. CCXIV, 308. TAFEL. dans *Font. rer. Austriac*., Dipl. XII, 228. = *BOUQUET, XIX, 364. POTTHAST, 347.

**5467** Latran, (octobre) 1198.
Lettre du pape Innocent III aux archevêques [Guillaume] d'Embrun, d'Arles et d'Aix, et à leurs suffragants ; il leur envoie son sous-diacre R[aymond], prévôt de Marseille, pour que, de concert avec lui, ils tiennent un concile provincial, à l'effet de réunir des soldats et de l'argent pour une croisade. — *Si ad excitandos*.
INNOC. III *Epist*. ed. Bal. I, 238. BOUQUET, XIX, 370-1. *Patrol. lat*. CCXIV, 380-1. *Gallia christ. noviss*. II, 701 ; III, 277. = POTTHAST, 545.

**5468** Ventavon, 7 octobre 1198.
Chauza donne aux religieuses de Bertaud *(B-ut)* la condamine de Puy-Lunart à Ventavon et un serf à *Mairigas*, des pâturages à Ventavon et un péage au Monêtier[-Allemont]. Confirmation de ses fils Ribaud d'Agout, Giraud, Bertrand Ribaudi et Raibaud d'Oraison *(Aurasica)*. Sceau. Fait au château *Ventaónis*. Témoins. — *Multa solent*.
GUILLAUME (P.), *Chartes de Bertaud*, 4-5. — ROMAN, 47ʳ.

**5469** Bressieux, 21 novembre 1198.
Aynarde, veuve d'Audemar de Bressieux *(Brisseu)*, du conseil d'Aynard, archevêque de Vienne, d'Odon de Tournon *(Tornon)*, son mari, et des chevaliers et des prud'hommes de la cour de Bressieux, s'accorde avec Albert de la Tour pour le mariage de son fils Audemar avec la fille de ce dernier. Albert aura pendant 8 ans la tutelle des biens du futur, à l'exception du château de Montmiral et de sa part de Dionay *(Doennai)*, et payera 10000 sols des dettes urgentes d'Audemar ; durant ce temps, il payera 300 sols de cens par an à Aynarde. Il constitue pour dot à sa fille 5000 sols, payables moitié l'année des fiançailles, moitié l'autre, et 10 livr. de cens ; un bourgeois et un chevalier seront tuteurs. Au cas de mort prématurée d'Audemar, le fils d'Albert épousera sa sœur, etc. Albert donne comme cautions : Adémar de Sassenage, Boniface de Miribel, Guillaume de Clermont, Guigues de Tullins, Ismidon de Boczosel, Ainard de Faverges, etc., l'archevêque de Vienne pour 1000 sols ; le comte de Savoie le sera pour tous. Fait *apud Brisseu, festo sᵗᵉ Cæciliæ*, en présence d'Ardenc prieur et d'Aténulfe sous-prieur de Marnans, etc..., lune 19.
Arch. de l'Isère, B. 3162, origin. parch. *Invent. Généralité*, 373. MOULINET, *Coll. titres fam. de la Tour*, 7-9. — VALBONNAYS, *Hist. de Dauph*. I, 182-3. BRIZARD, *Hist. généal. mais. Beaumont*, II, 10. = BRÉQ. IV, 241. CHEVALIER (U.), *Invent. arch. Dauph. 1346*, 165. LAGIER et GUEYFFIER, dans *Bull. hist.-archéol. Valence*, XVI, 163-4.

**5470**  20 décembre 1198.
Obit de Jarenton, évêque de Die.
CHEVALIER (U.), Nécrol. de St-Robert, 59. — Obit. de St-Victor de Paris (Obit. prov. Sens, 1902, I, 607), au 22 déc.

**5471**  1198/1209.
Réponse du pape Innocent III au prieur des Chartreux au sujet d'un moine qui, après avoir reçu le sous-diaconat, a commis plusieurs actes de simonie : il ne peut être élevé aux ordres supérieurs. *Per tuas nobis.*
BOEHMER, Corp. II, 727. RICHTER, Corp. II, 735. = POTTHAST, 3870.

**5472**  Janvier 1198/9.
Giraud, abbé de Cruas, ratifie la transaction intervenue entre son prédécesseur Raimond et Aimar de Poitiers, comte de Valentinois ; l'abbaye cède la suzeraineté de ses biens à la Laupie, moyennant 100 setiers de froment, valant 300 sols Viennois.
Arch. de l'Isère. B. 3519, confirmation de 1223. *Invent. Valentinois,* II, 112. = CHEVALIER (J.), dans *Bull. soc. archéol. Drôme.* XXVII, 334 (à part, I, 198).

**5473**  30 janvier 1199.
Falcon, évêque de Valence, reconnaît avoir reçu de ses frères les chanoines de sa cathédrale 1000 sols en prêt, pour la sûreté desquels il donne la moitié du château de Crussol (*Cruzzol*) que tient Guion. Ils recevront 100 sols par an, pour lesquels il engage 40 liv. de cire, un quartal d'huile, l'orge « royal » qu'il perçoit à Langoiron (*Longoures*) et 10 sols de cens. Il donne pour garants : Ricon, Ismidon de Chabeuil, Pierre le viguier, Jarenton de Bésayes, Hugues (V.) d'Etoile, Amblard, Guillaume (W.) de Vesc, Bertrand d'Etoile, Guillaume de Livron. Témoins : ces chanoines et maître Sénioret, etc. (25). A[ynard], archevêque de Vienne, appose son sceau. Jacques, not. de l'évêque, *11° a* pontif.
BRIZARD, Hist. généal. mais. Beaumont. II, 9 (1190). GIRAUD, Hist. S. Barnard-Romans, I, 235-6, fac-sim. = COLUMBI, Gest. episc. Valent. 28 ; Opusc. 261.

**5474**  Latran, 3 février 1199.
Privilège accordé par le pape Innocent III à l'abbé Gaudemar et aux frères de Boscaudon. Il les prend sous la protection de s[t] Pierre et confirme les possessions du monastère : les abbayes de Prats et de Lure, Laverck, St-Maurice, Remollon, Chadenas, *Moilatium*, Paillerols, Villard-Robert, Chanteloube, etc. — *Religiosam vitam.*
INNOC. III Epist. ed. Bal. I, 313. JONGELIN, Notit. abb. Cisterc. I, 72. ALBERT, Hist. dioc. Embrun. II, 369. Patrol. lat. CCXIV, 504. = BRÉQ. IV, 247. POTTHAST, 589. ROMAN, 46ᵇ (à 1198).

**5475**  Latran, 15 mars 1199.
Lettre du pape Innocent III adressée à l'abbé [Falcon] et au couvent de St-Ruf, par laquelle, à l'exemple de son prédécesseur Célestin III, il confirme la sentence rendue en leur faveur, au sujet de l'église de St-Jacques à Valence, contre les Hospitaliers, par Rai[naud] archevêque de Lyon et délégué apostolique. — *Sententia quæ.*
INNOC. III Epist. ed. Bal. I, II, 344ᵇ ; éd. Bréquigny, II. Patrol. lat. CCXIV, 552. CHEVALIER (U.), Codex diplom. S. Rufi, 87, n° 77. = BRÉQ. IV, 271. POTTHAST, 626.

**5476**  Latran, 20 mars 1199.
Lettre du pape Innocent III à l'évêque de Poitiers, lui mandant de contraindre A. Jordani, chanoine de St-Ruf, qui, sans la permission de son abbé, a quitté l'habit des chanoines réguliers et pris celui des moines dans le monastère de Maillezais, à rentrer dans son ordre primitif. — *Proposita nobis.*
INNOC. III Epist. I, II, 340, Patrol. lat. CCXIV, 545, CHEVALIER (U.), Codex diplom. S. Rufi, 88, n° 78. = BRÉQ. IV, 271. POTTHAST. 634.

**5477**  1199.
Odon, duc de Bourgogne, donne aux chanoines de Beaune une vigne à Pommard ; au cas où sa « dame » la Dauphine et son frère le Dauphin récupéreraient la ville de Beaune et Pommard, on obtiendrait d'eux la cession de la vigne.
PETIT (ERN.), Hist. des ducs de Bourgogne. III, 369-70.

**5478**  Ornacieux, (1199?).
Guillaume Chapelain (*Capellani*), d'Ornacieux, renonce à une querelle contre [les frères] de Bonnevaux à l'occasion du bien de sa femme et de son mistral Aymon Bellet. Fait *apud Ornaceu*, dans sa maison, de concert avec son épouse Besancuna, de sa belle-mère Aalays et son mari Bernard d'Aygola. Témoins. Approbation de son fils Pierre.
CHEVALIER (U.), dans Bull. acad. Delphin. D, II, 55 ; Cart. de Bonnevaux, 39, n° 72.

**5479**  1199.
Transaction entre l'abbaye de Boscodon et Guillaume Hugues, relative à quelques terres du territoire de Paillerols.
*Inventaire de Boscodon* (1712). = ROMAN, 47.

**5480**  1199.
Transaction entre l'abbaye de Boscaudon et le seigneur de Cordes, au sujet d'une possession à Paillerols.
*Inventaire de Boscodon* (1712). = ROMAN, 47ᵇ.

**5481**  Durbon, 1199.
Production de témoins par les frères de Durbon contre les chevaliers et habitants de Lus (*Luns*), au sujet des pâturages de la Jarjatte (*Gargata*), devant Guillaume Artaldi : Pierre Daviana, moine et prêtre, Guillaume Odon, chapelain de St-Julien, Pierre Pineti [chanoine de Die], etc. Fait dans le cloître de la maison supérieure ; témoins : le prieur Guigues, le procureur Fulcon, etc. — Là même, Odon de *las Chesas* et ses parents Gautier Agnelli et Hugues Jaucerandi font cession de leurs droits ; d'autres également, dont Arbert de *las Chesas* avant de mourir. — Guillaume Artaldi, avant de partir, ratifie toutes les concessions de sa famille ; puis, le lendemain, *in olchiis d'aut Vilar*, il confirme à la maison les pâturages et [l'exemption] de péage dans tout son comté accordés par ses ancêtres, les chevaliers et habitants du lieu. Témoins. N'ayant pas de sceau propre, il appose celui de son père Hugues d'Aix (*Ais*).
*CHEVALIER (J.), dans Bull. soc. archéol. Drôme, XXIII, 317 (à part, I. 54). GUILLAUME, Chartes de Durbon, 170-3, n° 244. = ROMAN, 47.

**5482** 1199.
Lettre de Guillaume, archevêque d'Embrun, au pape Innocent III : sur l'ordre de son prédécesseur Célestin III, il a fait une enquête, de concert avec les évêques de Digne et de Senez, sur les fautes reprochées à l'évêque de Vence et, l'ayant constaté coupable, il l'a suspendu de ses fonctions épiscopales, avec ordre de se présenter au St-Siège, ce qu'il a négligé de faire.
Mentionnée dans la bulle du 8 avril 1199.

**5483** Larra, 1199.
Acarda donne son avoir sur un champ à la maison de Larra et se retient 6 den. de service, avec serment sur l'autel de Ste-Marie et St-Antoine. Elle et son fils avaient déjà reçu 4 liv. 10 sols. Fait derrière la maison, en présence d'Isnard d'Avançon, qui en avait la tutelle; témoins : Lantelme, prêtre de Raibaud, etc. Fait sous l'épiscopat de Guillaume de Gières, évêque de Gap.
ALBANÈS, dans *Bull. hist.-philol. com. trav. hist.-scient.* (1893), 73-4 (à part, 11-2).

**5484** Gap, 1199.
André d'*Aureac* donne une terre à la maison de Larra et reçoit 2 sols et 1 journée [de travail] de 2 bœufs ; fait sur le terrain, en présence d'Isnard d'Avançon, tuteur de la maison ; témoins. Confirmé par lui et sa femme *ap. Vapincum*, en leur demeure, puis dans l'église, avec serment sur l'autel, sous l'épiscopat de Guillaume de Gières, évêque de Gap.
ALBANÈS, dans *Bull. histor.-philol. com. trav. hist.-scient.* (1893), 75 (à part, 13).

**5485** (1199 ?).
Guillaume Rialoni se voue à la confrérie de la maison de Larra et lui donne une terre. Fait en présence d'Isnard d'Avançon, tuteur de la maison ; témoins.
ALBANÈS, dans *Bull. hist.-philol. com. trav. hist.-scient.* (1893), 74 (à part, 12).

**5486** Larra, 1199.
Pierre de *Rocha Salpelete* donne à la maison de Larra le tènement qu'il tenait de Radulfe de Faudon et sa tante Dulcia, et reçoit 6 sols par charité. Fait près de la maison de *Lara*, sur la place, en présence d'Isnard d'Avançon, qui en avait la tutelle ; fidéjusseurs ; témoins : Lantelme prêtre de Raibaud, etc.
ALBANÈS, dans *Bull. hist.-philol. com. trav. hist.-scient.* (1893), 74-5 (à part, 12-3).

**5487** Larra, 1199.
Roland Goluardi fait don à la maison de Larra de son avoir sur une terre et un champ, sous redevance de 12 den. *(numi)* et reçoit 2 brebis avec leurs agneaux pour 10 sols d'investiture. Fait dans la cour *(curia)* de *Lara* ; en présence d'Isnard d'Avançon, qui en avait la tutelle ; témoins. Fait sous l'épiscopat de [Guillaume] de Gières *(Gerie)*, évêque de Gap.
ALBANÈS, dans *Bull. hist.-philol. com. trav. hist.-scient.* (1893), 73 (à part, 11).

**5488** Valence, 1199.
Falcon, évêque de Valence, arbitre entre Gontard, prieur de St-Félix, et Ponce de *Blargaritis* ou *Margueritis*, commandeur de la maison de l'Hôpital du St-Sépulcre de Valence, décrète, sur production de témoins, que l'Hôpital du St-Sépulcre et sa grange dans l'abbaye, sauf l'église du St-Sépulcre, le réfectoire et partie de la cuisine, sont compris dans les limites de la paroisse de St-Félix et que le sacristain y a droit de visite. Fait dans la cour épiscopale ; présents : Guillaume de Vesc, Guillaume de Livron, chanoines de Valence, Lambert prieur de Coussaud *(Cozau)*, Odilon sacristain de St-Félix, etc. Sceau.
CHEVALIER (U.), *Codex diplom. ord. S. Rufi*, 88-9, n° 79.

**5489** 1199.
Guillaume, comte palatin de Vienne et de Mâcon, s'en remet à quatre arbitres, deux choisis par lui et deux par l'abbé de Cluny, de ses différends avec ce monastère ; il a juré la paix en chapitre.
BERNARD-BRUEL, *Chartes de Cluny*, V, 733, n° 4377.

**5490** Latran, 7 avril 1199.
Lettre du pape Innocent III aux évêques d'Avignon et de Trois-Châteaux [Bertrand], leur commettant de terminer un différend entre les Templiers et l'évêque de Sisteron. — *Causam quæ inter.*
INNOC. III *Epist.* ed. Bal. I, 354. *Patrol. lat.* CCXIV. 567-8. ALBANÈS-CHEVALIER, *Gallia christ. noviss.* IV, 57-8.=POTTHAST, 661 (le 8).

**5491** Latran, 8 avril 1199.
Lettre du pape Innocent III à l'archevêque d'Embrun [Guillaume], lui ordonnant de dénoncer publiquement comme excommunié l'évêque de Vence [Pierre], qui n'a pas tenu compte de la sentence de suspense portée contre lui. — *Sicut nobis tua.*
Arch. Vatic. Reg. 4 (Innoc. III. a. 2, n° 35). 150b. — INNOC. III *Epist.* ed. Bal. I, 353. *Patrol. lat.* CCXIV, 566-7. = POTTHAST, 660.

**5492** 28 avril 1199.
...ind. 2..., luna 29, Innocent. præsid., Philippo imper. Accord entre les Hospitaliers de Chambéry et les curés et religieux de Lémenc, au sujet des sépultures et offrandes. Fait en présence d'Aynard archevêque de Vienne et Jean évêque de Grenoble ; témoins : le doyen Burnon, Raymond d'Anduze, Joffred de Châteauneuf, Humbert de Dionay *(Duennay)*, Bernard Moine, chapelain de l'évêque, Jean camérier, etc.
BESSON, *Mém. dioc. Genève*, 373-4, n° 4a. *RABUT (Franç.), dans *Mém.-doc. soc. Savois. hist.-archéol.* (1863), VII, 445-9. TREPIER, dans *Doc. acad. Savoie*, VI, 124-6. PERRIN (A.), dans *Mém. acad. Savoie* (1890), D. II, 119-21.

**5493** 9 mai 1199.
Épitaphe de Porteria, prieure de Ste-Colombe, qui légua pour son anniversaire à son couvent 8 livr.
CHORIER, *Antiq.* 2°, 139. TERREBASSE, *Inscr.* I, 266-9, n° 386.

**5494** Die, St-Ruf, juin 1199.
A la mort du clerc Pierre de Taulignan, qui avait longtemps possédé l'église de ce château, une discussion s'engagea entre Humbert, évêque de Die, et Falcon, abbé de St-Ruf ; le prélat soutenait que les chapelains de Taulignan avaient été institués par ses prédécesseurs ; l'abbé que son ordre avait possédé cette église dès le temps de s' Ismidon. L'affaire fut discutée au chapitre de Die et ainsi terminée : l'évêque reconnaît aux reli-

gieux les églises de Taulignan, dans le château et en dehors, sous le cens de 5o sols, 25 payables à la Toussaint et 25 le 4ᵉ dimanche après Pâques, et de 12 den. au synode de mai..., *sed. in Urbe d. Innocentio papa III, pontif. ips. 2 et d. Ymberti Dien. episc. pontif. aᵒ 1.* Témoins : Philippe sacristain, Pierre Pineti, Pierre viguier, Rodulfe chapelain, Ponce Paliza archiprêtre, etc. ; interviennent : Arnaud grand prieur de St-Ruf, les prieurs Amédée de Quint, Armand de St-Jacques, Otmar de Peyraud, Barthélemy de Taulignan, Arnaud médecin... et Durand de Tournon, qui fut le médiateur. Cet accord fut confirmé par l'évêque et l'abbé au chapitre de St-Ruf. en présence de P. abbé de Saou *(Saonen.),* et du couvent de St-Ruf : R. prieur claustral, Etienne sacristain, Guillaume d'Etoile camérier,... et Lantelme de Conquers *(Conchers),* baile de Valence. Ainard, archevêque de Vienne, appose son sceau.

Chevalier (C. U. J.), *Cart. de l'égl. de Die,* 45-7 ; *Codex diplom. S. Rufi,* 90. — Cet acte semble postérieur au 5 sept. à raison de la mention de l'évêque Humbert.

**5495** Latran, 7 juillet 1199.
Lettre du pape Innocent III à [Guillaume] archevêque d'Embrun et à ses suffragants, leur annonçant qu'il leur envoie Rainier comme légat apostolique et leur ordonnant d'exécuter ses prescriptions contre les hérétiques. — *Is cujus omnes.*

Innoc. III *Epist.* ed. Bal. I, 420. Bouquet, XIX, 379. *Patrol. lat.* CCXIV, 676. = Potthast, 764.

**5496** Latran, 12 juillet 1199.
Lettre du pape Innocent III à frère Rainier : il lui confère la mission de légat apostolique dans les provinces d'Embrun, Aix, Arles et Narbonne, le chargeant de réformer les monastères et les églises, de décider les causes [pendantes], d'absoudre les excommuniés, de réfuter et de ramener à la foi les hérétiques. — *Licet solitæ.*

Innoc. III *Epist.* ed. Bal. I. 420. *Patrol. lat.* CCXIV, 675-6. = Bréq. IV, 265. Potthast, 785.

**5497** 3 août 1199.
Humbert de la Garde donne [aux frères] de Bonnevaux une maison de son alleu au lieu de la Garde, entre les mains de l'abbé Amédée, avec l'approbation de sa femme Frédeburge et ses fils Bernard, Guigues et Humbert clerc. Témoins : Pierre, frère, et Pétronille, sœur de son épouse, etc. Fait dans cette maison.

Chevalier (U.), dans *Bull. acad. Delphin.* D. II, 54-5 ; *Cart. de Bonnevaux.* 38-9, n° 71.

**5498** Valence, 5 septembre 1199.
Falcon, évêque de Valence, concède le poids commun de sa ville à Pierre Anio, pour le prix de 1300 sols et une redevance annuelle de 3 sols. Fait dans son palais *(aula Valent.).* Sceau d'Ainard, archevêque de Vienne. *Jacobus d. episc. not. 12 aᵒ pontif. ips. scr.*

Grenoble. Bibl. publ., ms. R. 5798, origin. parch.

**5499** Alixan, Léoncel, 1ᵉʳ novembre 1199.
Lambert de Flandènes *(Flandines, F-nis)* et son fils P[ierre] donnent en aumône à Notre-Dame et à l'église de Léoncel 5 setiers de seigle et autant d'avoine, qu'elle lui devait annuellement. Fait *apud Alexanum.* dans la maison de P. de la Roche, avec épanchement de beaucoup de larmes ; les genoux fléchis devant l'abbé A[ndré], en présence de P. de Faramans. Ils confirment leur donation à la solennité de la Toussaint, *aput Liuncellum*, dans le chapitre ; l'abbé et le couvent les rendent participants de toutes les bonnes œuvres de l'ordre et de la messe quotidienne pour les défunts ; à leur mort, on fera comme pour un moine. Témoins : le prieur Bernard, le chantre Hugues, le sous-prieur Gontard, etc. (16). Les frères prêtent à Lambert et à son fils 600 sols. qui seront restitués à raison de 5 setiers de seigle et autant d'avoine par an à la Pentecôte. Cautions : P[ierre] Peloux *(Pil.)* et son fils Humbert, O. de Montélier, Ponce d'Alixan et P. de la Roche. — *Quoniam totius boni.*

Chevalier (U.), *Cartul. de Léoncel,* 69-70, n° 64.

**5500** 6-12 décembre 1199.
Concile tenu à Dijon, dans l'église de St-Bénigne, par Pierre de Capoue, cardinal diacre de Ste-Marie *in Via lata* et légat du Siège apostolique ; y assistèrent les archevêques... [Aynard] de Vienne, 18 évêques et de nombreux abbés.

*Breve Chronicon S. Benigni Divionen. ad cyclos Paschales :* Labbe, *Nova bibl. mss.* I, 295 ; *Conc.* XI, 11-3. Harduoin, VI, II, 1956. Coleti, XIII, 749. Mansi. XXII. 709. Bouquet, XVIII, 741 ; cf. XIX, 344. 388. Pertz, *Mon. Germ. hist.,* Scr. V, 46-7. *Bibl. de l'éc. d. Chartes,* 2ᵉ s. I. 23. *Patrol. lat.* CXLI, 892. — Rigordus, *De gestis Philippi Augusti, r. F. :* Bouquet, XVII, 51. — Petit, *Hist. ducs Bourg.* III, 127-9.

**5501** Durbon, (1199/1201).
Arnaud de Montama et ses fils Humbert et Ponce jurent, en présence de Guigues, prieur [de Durbon], de s'abstenir de tout dommage envers cette maison. Garants : Hugues de Vaunière *(Valle Nigra),* son fils Guigues et plusieurs habitants de St-Julien. Témoins. Même serment de la part de Guigues susdit en la maison supérieure, de son frère Hugues dans l'inférieure ; garants : son père Hugues et Hugues Pelas, devant le prieur Guigues, le procureur Pierre Lautardi et le maître du Temple de Lus *(Luns)* Guillaume Falconis. Presque tous les habitants de St-Julien font le même serment devant l'église supérieure, entre les mains de l'évêque de Gap Guillaume. On impose une pénitence à ceux qui ont coupé les bois du couvent.

Guillaume, *Chartes de Durbon,* 179-80, n° 249. = Roman, 49.

**5502** (1199/1202).
Géraud Marra donne et vend au prieur Guigues et aux frères de Durbon son pré in Calmis *(Cha-s)* de la Balmeta, moyennant 6 sols. Témoins : Fulcon, procureur, etc. Fait entre les mains du prieur.

Guillaume, *Chartes de Durbon,* 182, n° 255. = Roman, 49°.

**5503** Durbon, (1199/1202).
Jean Garcini et son fils Géraud donnent et vendent au prieur Guigues et aux frères [de Durbon] le pré de *las Pennas de l'Agnelil,* moyennant 8 sols. Fait entre les mains du prieur, devant l'église de la maison inférieure. Témoins : Fulcon, procureur, etc.

Guillaume, *Chartes de Durbon,* 183-4, n° 258. = Roman, 49°.

**5504** (1199/1202).
Lazare, sa mère Douza et sa femme Jeanne donnent et vendent au prieur Guigues et aux frères de Durbon

leur avoir au champ *Virgarum*, moyennant 5o sols. Témoins : Fulcon, procureur, etc.
GUILLAUME, *Chartes de Durbon*, 183, n° 256. = ROMAN, 49°.

**5505** (1199/1202).
Ponce Latgerii, sa femme, ses 4 fils et sa fille Pontia donnent et vendent au prieur Guigues et aux frères de Durbon leur terre à la côte du Bardoux *(S. Bardulphi)*, moyennant 6 sols. Témoins : Fulcon, procureur, etc.
GUILLAUME, *Chartes de Durbon*, 182, n° 254. = ROMAN, 49°.

**5506** (1199/1202).
Willelma, épouse de Pierre Doui, sa mère Bonissia, sa sœur Barneutz et son frère Pierre donnent et vendent au prieur Guigues et aux frères de Durbon leur avoir au champ *Virgarum*, moyennant 5o sols. Cautions (2). Témoins : Fulcon, procureur, etc.
GUILLAUME (P.), *Chartes de Durbon*, 183, n° 257. = ROMAN, 49°.

**5507** Janvier, 1199/200.
A la suite de pourparlers, R[aymond], abbé de Ste-Marie de Cruas, céda le domaine que son monastère avait dans le château et mandement de la Laupie avec 2 moines ; en retour, A[démar] de Poitiers, comte de Valentinois, donna 100 setiers de froment, valant 800 sols monnaie de Vienne. L'abbé Giraud, successeur de R., et son couvent confirment la cession et reçoivent 60 setiers de froment valant 300 sols, mais le monastère garde ce qui lui était propre à la Laupie, sans exaction ni investiture. A. promet de défendre la maison et ses biens, et de ne pas l'opprimer ni en prenant l'hospitalité. Témoins : Hugues de Barre, prieur claustral, Guillaume de *Baiona*, prieur de Moirans *(Moirenc)*, Etienne de Barre, camérier, R. de Barre, prieur de Chomérac *(Chalmairac)*, Pierre Bostos, sacristain, etc.
Arch. de l'Isère, Valentinois, origin. parch. ; voir 1223.

**5508** Latran, 1er janvier 1200.
Bulle du pape Innocent III, par laquelle il autorise l'abbé de St-Pierre de Vienne à mitiger et adoucir l'observation de la règle de s¹ Benoît... a° 2.
*LE LIÈVRE, Hist. s* égl. Vienne*, 360-1.

**5509** Latran, 4 janvier 1200.
Lettre du pape Innocent III à tous les fidèles du Christ dans la province de Vienne, leur enjoignant de venir en aide en armes et en argent aux chrétiens d'Orient contre les Sarrasins. — *Nisi nobis dictum*.
INNOC. III *Epist.* ed. Bal. I, II, 518. BOUQUET, XIX, 384-6. *Patrol. lat.* CCXIV, 832-5. = BRÉQ. IV, 270. *R. Gen.* 467 (à 1198). POTTHAST, 935.

**5510** 15 janvier 1200.
Concile tenu à Vienne par Pierre de Capoue, cardinal diacre et légat du Siège apostolique : en présence de nombreux prélats, il promulgue la sentence d'interdit sur tous les domaines du roi de France à cause de son divorce.
*Breve Chronicon S. Benigni Divion. ad cyclos Paschales :* LABBE, *Nova biblioth. mss.* I, 295 ; *Conc.* XI, 11-3; HARDOUIN, VI, II, 1955 ; COLETI, XIII, 747 ; MANSI, *Sup.* II, 777 ; XXII, 708. BOUQUET, XVIII, 741-2. = *Bibl. de l'éc. d. Chartes*, 2° s., I, 23-5. HEFELE, *Concgesch.* V. 798-9. — RIGORDUS, *Gesta Philippi Aug.* : BOUQUET, XVII, 51 ; XIX, 344. = CHARVET, 364. MERMET, III, 72. PETIT, *Hist. ducs Bourg.* III, 129-30.

**5511** La Cluse, 1200.
Lantelme de la Piarre *(Petra)*, Guillaume *(W.)* de Pontiz et sa mère dame Lombarde, Lantelme prieur de la Piarre, pour l'âme d'Isnellus, chevalier de cette localité, etc.. Ge. de la Baume *(Balma)*, pour réparer les injustices de son fils, etc., G. Rogier donnent aux religieuses de Notre-Dame de Bertaud leur seigneurie *(senoria)* sur les pâturages du Dévoluy et de la Cluse. Fait au château *de Clusa*. Témoins : Guillaume *(W.)* Chapellus, chapelain, etc. (9).
GUILLAUME, *Chartes de Bertaud*, 25-6, n° 22. ROMAN, 47°.

**5512** (Vers 1200).
Guillaume, abbé de St-Pierre à Vienne, reconnaît avoir reçu d'Amédée, abbé de Bonnevaux, 30 livr. et avoir remis des pâturages. Témoins : Adémar de Pinet et autres.
CHEVALIER (U.), dans *Bull. acad. Delphin.* D, II, 56; *Cart. de Bonnevaux*, 40, n° 75.

**5513** Miribel, 1200.
Humbert de Miribel de Valclérieux *(Valclares)* et son frère Nantelme, après avoir inquiété les [frères de] Bonnevaux au sujet des biens donnés par leurs père et mère, cèdent ainsi que leurs deux sœurs. *Act. apud Mirabellum*, dans le bourg. Juges : Guillaume de Mantols *(Mentole)*, prieur de St-Donat, Siboud *de Valle*, Pierre Aesmars de Chatte *(Chasta)*. Cautions : Artaud, Hugues et Ponce, seigneurs de Miribel. Témoins (10).
CHEVALIER (U.), dans *Bull. acad. Delphin.* D, II, 55-6 ; *Cart. de Bonnevaux*, 39-40, n° 73.

**5514** 1200.
Olivier de Pinet cède [aux frères] de Bonnevaux une terre à Pinet, que lui avait donnée Jocerand de Revel. Condonateurs : sa femme Matilio, Pierre de St-Marcel et Fulcon de Tornino. Témoins (5).
CHEVALIER (U.), dans *Bull. acad. Delphin.* D, II, 56 ; *Cart. de Bonnevaux*, 40, n° 74.

**5515** 1200.
Guichard d'Anthon, du consentement de son fils Guichard, accorde l'exemption de péages à l'ordre entier des Chartreux, sous le sceau de Raynaud, archevêque de Lyon.
*Gallia christ. nova*, IV, 135.

**5516** (Vers 1200).
Thomas, comte de Maurienne et marquis en Italie, désireux de pourvoir à la paix des Chartreux, prend sous sa protection *(conductus et guiagium)* tous ceux que les frères amèneront dans les maisons de l'ordre. Témoins.
LE COUTEULX, *Ann. Cartus.* III. 293. CARUTTI, Reg. Sabaud., dans *Miscell. stor. Ital.* (1904), 3° ser. IX, 25-6. — Cf. n° 5461.

**5517** (Vers 1200).
Odda offre son fils Pierre Malian au monastère de Domène et donne pour lui au prieur Rodolphe la moitié d'une vigne à St-Martin-de-Miséré *(Misellaria)*, qui était du fief de l'église. Témoins : Jean chapelain de Domène, Jean chapelain de Villard-Bonnot *(Villare Bonaldo)*, Pierre *archiverius*, Pierre mistral, etc.
MONTEYNARD, *Cart. de Domène*, 260-1, n° 239, 4.

**5518** (Vers 1200).
Redevances dues au monastère de Domène par le manse de la Chapelle (*Capella*), la cabannaria de *Pesleriis*, les bordariæ de la Chapelle (données par le seigneur Ponce et son frère Ainard), un manse en Trièves (*Trevis*, donné par le seigneur Guillaume de Domène), le manse de Lavars (*Larvax*, où le seigneur Guigues de Domène se rendait chaque année); la bordaria de *Elactis*, le 1/3 d'un manse en la villa de St-Jean-d'Hérans (*Eroneium*, donné par la mère d'Arnaud Gubrani), un pré à la Chapelle (donné par Bérenger de Morges), des vignes à Follians, un service à St-Jean-d'Hérans (*Herone*, donné de *Canustiis*, la paroisse de St-Jean[-le-Vieux], les 3/4 des églises de ce lieu et la 1/2 des offrandes, [.....] (donné par Pierre de Gières, *Geria*), un service au cimetière de Ste-Marie [de Revel], à celui de St-Jean-le-Vieux] (donné par Rodulfe, frère du seigneur Ponce, et par le chanoine Fulcon), à celui de St-Martin-de-Villard-Bonnot (*V-re Bonaldo*), un service dans la paroisse de Revel, le manse de la Poype (*Popia*), le manse de *Saliceto*, le fief des Eymes (*de Lesmes*), celui de Crossey? (*Corceriis*), celui de Mont Moret, le manse d'Engelerius, le fief de *Traciis*, la cabannaria de Cour (*Cors*), la vigne de *Orseriis*, le fief *Dagotale*, celui de *Matianis*, celui de *Canustiis*, les celliers, la paroisse de St-Jean[-le-Vieux], Jean Garnis de [St-Martin-de-]Miséré, le manse de Champagne (*Campania*), ceux de la Monta, Landolx et Bonardel, en la paroisse de St-Jean, de Montgarcin, à St-Murys-Monteymont, le manse et la cabannaria de Vaulnaveys (*Villa Navisia*), la cabannaria à Villeneuve au-dessus du château d'Uriage (*Auriacen.*), celle donnée par Alamannus, un manse donné par Gaufred et sa femme Agnès en la paroisse de Ste-Marie [de Revel], un autre jadis à Eldric, un 3ᵉ donné par le seigneur Guillaume, un champ à Croset donné par Guigues Ebrard pour l'âme de sa mère, des vignes à [St-Murys-]Monteymont (*Monte Aimonis*), des manses en la paroisse de St-Jean-Baptiste[-le-Vieux], un cellier donné par Ponce au cimetière de St-Jean, le manse de la Monta (*M-oda*), celui de Montgarcin (*Monte G-no*), une vigne à Montacol (*Monte Escol*), un manse à [St-Murys- Monteymont, donné par Sobon et son frère Ardenc, un autre en la même villa, jadis au prêtre Lambert, une cabannaria au même lieu, jadis à Ysard et sa femme, un champ, une tenedura, une cabannaria ; une tenedura en la villa de Vors, donnée par Pierre Barbarin, le champ Cattirel en la paroisse d'Herculais (*Monte Reculato*), un manse en la villa de Prabert (*Pratum Adalberti*), celui de Brignoud (*Brignosch*), la cabannaria de Montfollet, la tenedura des Adrets (*Adrectis*), une cabannaria à Froges (*villa Frotgias*), une vigne à Tencin, la cabannaria d'Arvillars (*Altovillar*) en la paroisse de Ste-Marie de Theys (*Tedesium*), une autre jadis au seigneur Hugues, une vigne donnée par Ainard de Châteauneuf, avec approbation de Ponce Ainard, une autre donnée à sa mort par Robert d'Annonay (*A-ajo*), un manse à Allevard (*Alavardo*), un manse au château d'Arvillard (*Altavillar*), donné par le père du seigneur Burnon, une vigne à la villa *Soltisim*, au-delà de Morêtel, donnée par Florentia, épouse d'Humbert de Mau-

tunna, mère de Garnier de Theys, le manse de Villascar en Savoie, celui de Bourg-d'Aynard (*villa Ainardi*), les cabannariæ d'Hauteville (*Altavilla*) et de Guillaume d'Aiguebelle (*Aquabella*), un journal de terre au Touvet (*Tovetum*), une tenedura à Lumbin, par divers à Montfort, à Pontaut et Champagne, une tenedura à Crolles, une autre à Craponoz (*C-nen.*), une vigne à Bernin (*Brinninum*), divers à [St-Martin-de-]Miséré, un manse à Chors (*Cadorcium*), une cabannaria à Pommier (*Pomerium*), donnée par Ysard de Voreppe (*Vorappo*), des terres à Gières (*Geira*), un service à St-Jean-de-Conseil (*Consilio*), un moulin à Lancey (*Lanciacum*).

Monteynard, *Cartul. de Domène*, 207-44, n° 233.

**5519** (Vers 1200).
Pons Gonterii, fils d'autre Pons, donne à la chartreuse de Durbon le pré de Pennes (*Pennis*) à Jazenel ; Plate de Gonters confirme la donation de son père. Etienne Manda cède ses droits sur le pré que la maison tenait de Jean Garcini et sur le pâturage en Dévoluy (*Devolodio*). Témoins du serment (7).

Chevalier (U.), *Cartul. de St-André-le-Bas*, 315-6, 368, n° 98ᵃ. *Guillaume (P.), *Cart. de Durbon*, 770, n° 786. = Roman, 48ᵇ.

**5520** 1200 = 1210.
Guigues [= Eudes], duc de Bourgogne, et le dauphin André, comte de Vienne et d'Albon, cèdent à Reymond, archevêque d'Embrun, tout ce qu'ils possédaient dans ce diocèse dépendant du comté de Forcalquier ; en même temps, le prélat le leur rend pour le tenir à foi et hommage de l'église d'Embrun ; la justice d'Embrun et de Chorges sera commune entre eux.

Grenoble, *Invent. Embrunois*. 128.

**5521** 1200.
Arbitrage entre Jean], évêque de Nice, et Guillaume, prévôt de St-Jacques. Ils demandent l'apposition des sceaux de Raimond, archevêque d'Embrun, et de Raimond, évêque de Senez.

Cais de Pierlas (E.), *Cart. cathédr. Nice*, 130-2, n° 102.

**5522** Larra, 1200.
Dulcia de Faudon (*Faudaono*) fait don à la maison de Larra de son avoir au champ *del Clusel*. Fait près de la maison, hors de la porte de *Lara*, en présence d'Isnard d'Avançon, qui en avait la tutelle ; témoins, sous l'épiscopat de Guillaume de Gières, évêque de Gap.

Albanés, dans *Bull. hist.-philol. com. trav. hist.-scient.* (1893), 73 (à part, 11).

Portes, 1200 = La Tour, 1180.

**5523** (Vers 1200).
Quiconque lit et entend saura que l'église construite par sᵗ Barnard, archevêque de Vienne, sur le fleuve de l'Isère et consacrée par lui en l'honneur des 12 Apôtres et des martyrs Séverin, Exupère et Félicien, ainsi que la ville adjacente, dont les antiques bornes démontrent les limites, fut par lui donnée à sᵗ Pierre et aux pontifes de l'église de Rome. Ceux qui veulent savoir qui en était auparavant propriétaire apprendront qu'il l'acquit d'une noble dame de la région. Le pape et son clergé accueillirent avec bonté cette donation, mirent l'église, la ville et ses habitants sous la protection Romaine et

l'autorisèrent de privilèges, en sorte que quiconque molesterait les clercs serait soumis à l'anathème ; de même pour les habitants et ceux qui se réfugieraient dans la ville. A la mort de l'abbé, son successeur est élu par le clergé, avec le consentement du peuple. Reçu avec honneur dans l'église, il doit jurer sur les Evangiles d'observer les anciennes et louables *(approbatæ)* coutumes de l'église et de la ville. Il ne peut, sans le consentement du chapitre, ni retenir ni aliéner les terres et les biens, à plus forte raison les prébendes. Les habitants et leurs biens ne peuvent être saisis que par autorité de justice. et non par des juges étrangers. L'abbé n'a d'autorité pour juger les clercs que de concert avec le chapitre, dont il est le chef *(caput)*. Après son serment, tous, chanoines et laïques, doivent lui promettre et jurer fidélité ; mais c'est plutôt à l'église qu'à lui.

Valbonnays. 2ᵉ Reg., n° 53ᵇⁱˢ ; 5ᵉ Reg. n° 130. — GIRAUD, *Hist. S. Barnard-Romans*. II, pr. 92-3, n° 384.

**5524** 1200.
Le clerc Albert renonce dans son testament, en présence du Corps du Christ, en faveur de l'église de St-Maurice de Vienne et par les mains du prieur des Ecouges *(Escouges)* et de Guillaume, curé *(presbyter)* de St-Didier [-de-la-Tour], à ses prétentions sur les dîmes de St-Pierre [de Peladru], et aussi aux maisons et *pedæ* qu'il tenait de St-Maurice. Marie du Bourg, son fils Guillaume, Guillaume de St-Didier, Humbert de Beaumont et ses fils font la même concession. Témoins : les curés *(sacerdos)* Jean du Pont[-de-Beauvoisin], Guilaume de Pressins et Guillaume de St-Didier, Pierre, chapelain de St-Michel, etc.

*CHARVET, 363-4. *BRIZARD, *Hist. généal. mais. Beaumont*, II, II. CHEVALIER (U.). *Cart. de St-André-le-Bas*, *35-6 ; *Cart. de St-Maurice Vienne*. 50, n° 246.

**5525** 1200.
Guigues d'Ondrieu *(Undreu)* concède à l'église de St-Maurice de Vienne ses droits sur les dîmes de l'église de St-Pierre [de Peladru] et reçoit 21 livres du doyen Bornon. Consentement de Serra et Maria, femmes de ses frères Bérilion et Amédée ; serment de Guillaume de Peladru et de ses fils Artold et Guitfred.

CHEVALIER (U.), *Cart. de St-Maurice Vienne*. 50, n° 245. Supplém. 15.

**5526** 1200.
Guillaume de Peladru concède, du consentement de sa femme Béatrix et de ses enfants Artold et Guitfred, à l'église de St-Maurice de Vienne, des dîmes sur champs et bois, et reçoit du doyen 40 sols. Témoins : Guillaume de St-Didier, Guigues d'Undren, chapelain de St-Didier.

CHEVALIER (U.), *Cartul. de St-Maurice*, 50, n° 244 ; *Suppl*. 15.

**5527** Peladru, 1200.
Humbert de Beaumont, repentant des dommages causés par lui à l'église de St-Maurice de Vienne, lui cède ses droits sur la dîme de St-Pierre de Peladru et reçoit 100 sols ; approbation de sa femme et de ses enfants, Guillaume, Albert et Pierre, de sa fille Alix *(Aalis)*. Fait devant l'église de St-Pierre, en présence du doyen Bornon, Arbert de Virieu, Guillaume de Peladru, Guillaume de St-Didier, Etienne de St-Pierre.

Ms. : Paris, Gaignières 181. BRIZARD, *Hist. généal. mais. Beaumont*, II, 11. *CHARVET, 363-4. CHEVALIER (U.), *Cart. de St-Maurice Vienne*, 49-50, n° 243.

**5528** (Vers 1200).
Guigues et Pierre Faure donnent à l'Hôpital de St-Paul la terre près la grange de *Massa Peoil* [la Commanderie], sous le cens de 3 émines de froment. Fait en présence du chapelain Jean de Brez, etc.

CHEVALIER (U.), *Cart. de St-Paul-lès-Romans*. 29. n° 55.

**5529** (Vers 1200) = (116.), n° 4092.
Statuts du chapitre de St-Pierre du Bourg-lès-Valence.

**5530** 1200.
Adémar de Poitiers, comte de Valentinois, accorde à l'abbé Falcon et au monastère de St-Ruf, pour le salut de son âme, de son père et du chanoine Guillaume de Poitiers, l'exemption dans ses terres et le pâturage.

*CHEVALIER (U.), *Codex diplom. S. Rufi*, 90, n° 81.

**5531** St-Félix de Valence, (1200).
Humbert de Chateaubourg *(Castrobucco)* fit don à l'église de Ste-Marie de Marnaud *(M-u)* de 4 sols 4 den. de cens sur le port de Conflans *(Confluentis)*, à charge de prier le lundi de chaque semaine sur le tombeau de sa femme Fias. Longtemps après, Odilion, fils d'Humbert, donna à B. de St-Montant, prieur de St-Pierre du Bourg. 16 den. de cens au territoire de Châteauneuf *(Castronovo)*, et le prieur lui céda les susd. 4 s. 4 d. Enfin Guillaume (W.), fils d'Odilion, les rendit à l'église de Marnaud avec les 16 den. Fait en l'église *S. Felicis*, devant l'autel majeur. Serment. Témoins : Gontard prieur de St-Félix, Lambert prieur de Marnaud, Guillaume *(W.)* sacristain, etc. Sceau d'Humbert *(V.)* évêque de Valence.

CHEVALIER (U.), *Codex diplom. ord. S. Rufi*, 91-2, n° 83.

**5532** 1200.
Lambert, doyen [de l'église] de Valence, concède à l'abbé Falcon et aux frères de St-Ruf le domaine de la maison de Hugues d'Ourouse *(Aurosa)*, au nord de leur grange, dans le bourg de St-Victor ; il y retient 6 den. de cens et reçoit pour cette convention *(laudamentum)* 40 sols Viennois. Témoins : 4 chanoines de St-Ruf, etc. Sceau de Lambert.

CHEVALIER (U.), *Cod. diplom. S. Rufi*, 90-1, n° 82.

**5533** = **2829** (Vers 1200).
CHORIER, *Antiq*. 75-6 ; 2ᵉ, 77-8. COLLOMBET, II, 100.

**5534** (Vers 1200).
Coutumes ou usages perçus par l'évêque de Trois-Châteaux dans cette ville.

FILLET (L.), dans *Bull. hist. philol. com. trav. hist.* (1891), 332-6 (à part, 3-7). *Gallia christ. noviss*. IV, 58-62, n° 98.

**5535** 1200.
Maurette, comtesse de Vienne, et ses fils le comte Guillaume, Gaucher et Girard donnent aux moines de Rosières le territoire de la grange de Illes, avec confirmation des aumônes précédentes.

CHIFFLET, *Béatrix comtesse de Chalon*, 160. GUILLAUME, *Hist. sires Salins*, pr. 77-8. = BRÉQ. IV, 295.

**5536** Bollène, 19 avril 1200.
Donation par G[uigues ou Guy], abbé de l'Ile-Barbe, procureur du prieuré de St-Martin de Bollène, de l'assentiment de ses moines de l'église de Notre-Dame, du Plan, entre Mondragon et Bollène, pour y fonder un monastère de religieuses [au dioc. de Trois-Châteaux]. Sceaux. Fait dans le cimetière *Abolenæ*, près de la tour de l'église. Témoins.
FILLET, dans *Bull. histor.-philol. com. trav. histor.-scientif.* (1895), 86-7.

**5537** 8 juin 1200.
Hugues, prieur de St-Médard, et Pierre de St-Montant, prieur [de St-Antoine] de Brisans, reconnaissent au chapitre de Notre-Dame de Die tenir de lui en fief tout ce qu'ils possèdent au château d'Aurel et dans son mandement. Les chanoines de St-Médard confirment en chapitre cette reconnaissance et la scellent. *Acta... in festo s[t] Medardi... Celestino* [= *Innocentio*] *resid.. Philippo regn., ind. 3.* Approuvent : Lambert d'Allex *(Aleis)*, Etienne de Soyans *(Soiantz)*, Lambert de Rochemaure, Paias prieur de St-Sauveur, etc. (9).
— *Quoniam gestorum.*
CHEVALIER (C. U. J.), *Cart. de l'égl. de Die*, 51-2, n° 22. = CHEVALIER (J.), *Hist. égl.-ville Die*, I, 255-6.

**5538** Grenoble, 24 juin 1200.
St Hugues, évêque de Lincoln, arrivé à Grenoble, se rend à la cathédrale de St-Jean, le jour de la nativité du précurseur, célèbre la grand'messe et prêche, baptise le fils de son frère Guillaume d'Avalon *(A-lim = A-lan ?)*, âgé de 7 ans, que l'évêque de Grenoble lève des fonts baptismaux.
LE COUTEULX, *Ann. Cartus.* III, 211-2.

**5539** La Chartreuse, 25 juin 1200.
St Hugues, évêque de Lincoln, se rend à la Chartreuse et y demeure trois semaines ; durant ce temps, il se rend à Avalon, au château de ses pères, où résidaient ses deux frères Guillaume et Pierre, puis le 3e jour, à Villard-Benoît, au prieuré de St-Domnin et St-Maxime, etc.
LE COUTEULX, *Ann. Cartus.* III, 212-5.

**5540** Rochebrune, 1er juillet 1200.
Robert de *Tilio*, commandeur des Templiers de Roaix, solde à Rostaing d'Autane *(Altana)* 250 sols monnaie de Vienne *(Vianen.)*.
CHEVALIER (U.), *Cart. des Templiers de Roaix*, 91-2, n° 144.

**5541** 13 juillet 1200.
Hommage d'Henri d'Antigny, sire de Ste-Croix, en faveur de Thomas de Savoie, sauf ceux par lui dus à Philippe de Vienne, etc.
PETIT (Ern.), *Hist. des ducs de Bourgogne*, III, 376.

**5542** Latran, 15 juillet 1200.
Lettre du pape Innocent III aux archevêques, évêques, abbés, etc., leur mandant de fulminer l'excommunication ou la suspense contre ceux qui molestent les frères Cisterciens. — *Non absque.*
*Geschichtsfreund*, VII, 46. = POTTHAST. 1093.

18 juillet 1200. = 18 juillet 1197.
7 août 1200. = 13 août 1207.

**5543** Die, 16 août 1200.
...*Ind. 3, Innocentio resid., Philipo regn.* Pierre de *Lers* prétendait des droits sur le château d'Aurel et son mandement : il en fait abandon à l'église de Notre-Dame de Die et fait serment de défendre les chanoines, sauf sa fidélité à Adémar de Poitiers ; les chanoines lui donnent 100 sols. Fait dans l'église de Notre-Dame de Die, en présence de l'évêque Humbert *(II.)*, qui appose son sceau. Témoins : le sacristain Philippe, etc. (30)... *seq. d. post fest. Assumptionis B. V.*
CHEVALIER (C. U. J.), *Cart. de l'égl. de Die*, 59-60, n° 27. = CHEVALIER (J.), *Hist. égl.-ville Die*, I, 256.

**5544** Septembre 1200.
Vente par Arnaud Imbert et Humbert Hugues, frères, au prieur de St-Félix de Valence des tasques du Rivier, au prix de 300 livr.
*CHEVALIER (U.), *Cod. diplom. S. Rufi*, 93, n° 85.

**5545** 11 novembre 1200.
Traité d'après lequel la forêt de Sceau (ou du Juan), au terroir de Montbrison, appartient moitié à Draconet, seigneur de Montauban, moitié à Bertrand de Taulignan, sous la directe de Draconet, dont la part était possédée en fief par Rostaing et Bertrand de Teyssières, frères, Bertrand Béranger et Pierre Pons.
Grenoble. *Invent. Baronnies*, II, 1 : 637.

**5546** 17 (16) novembre (1200).
Obit de s[t] Hugues d'Avalon, évêque de Lincoln.
LE VASSEUR, *Ephemer. Cartus.* IV, 162-380.

**5547** 10 décembre 1200.
Sauvegarde accordée par Thomas, comte de Maurienne et marquis en Italie, au prieur d'Innimont *(Ynemons)*. Sceau de l'évêque de Grenoble.
CAROTTI, *Reg. Sabaudiæ*, p. 150, n° 405.

**5548** (1200-1202).
Humbert, évêque de Valence, voulant mettre un terme aux discussions entre Gontard, prieur de St-Félix, et ses chanoines, se rend à leur église et les prie de s'en tenir à ses prescriptions. Le prieur, le sacristain Guillaume, le procureur Odilon, Lambert, prieur de Coussaud, Lambert, prieur Marnaud et les autres chanoines le promettent par serment. Le prélat était assisté d'Humbert *(V.)* évêque de Die, Pierre abbé de Saou, R. abbé de Léoncel, A[lgoud] abbé de Valcroissant, ordre de Cîteaux, Lambert doyen de Valence et son frère Ismidon, garants du prieur. Après audition des points en litige et lecture d'une pièce scellée par l'évêque et l'abbé de Saou, on promulgue les institutions régulières et les coutumes approuvées vers 1179. — *Nostris gesta*.
CHEVALIER (U.), *Codex diplom. ord. S. Rufi*, 92-3, n° 84.

(1200/1205) = (1191/1192).

**5549** Valence, (1200/1207).
Humbert, évêque de Valence, atteste que Ponce Guers, prieur de St-Marcel[-de-Sauzet], a demandé au chapitre de la cathédrale de concéder les dîmes qu'il perçe-

vait dans la paroisse de St-Privat à cette église, sous la condition d'une réfection générale *(procuratio)* de 12 den. aux chanoines le 29 mars et la garantie de l'abbé de Cluny. Le chapitre de St-Apollinaire donne son assentiment ; s'y trouvaient le doyen Richo, Durand de Tournon, maître Ainard, le viguier Pierre, Poceail archiprêtre de Montélier *(Motilio)*, etc. — *Cum ea que ad perpetuam.*

Arch. de la ville de Cluny, orig. parch. de 23 lig. == BERNARD-BRUEL, *Chartes de Cluny*, V. 753-5, n° 4394.

**5550** (XII° siècle).

Cens dus par les obédiences de Provence *(Provincialium)* au monastère de Cluny, appréciés en monnaies de Vienne et de Valence : Chandieu. Artas, Ternay,... Tain,... Chabeuil,... Barnave, Eurre *(Hur)*, Allex,... St-Amand, St-Pantaléon. Ste-Jalle. Ste-Lucie. St-André-de-Rosans,... Gap,... Jarjayes *(Gargai)*...

BERNARD-BRUEL. *Chartes de Cluny*, V, 755-6, n° 4395.

**5551** (Fin XII° siècle).

Adémar de Bressieux *(Breiseu)*, fils d'autre Adémar, fait abandon de ses prétentions contre l'église de Romans, en particulier d'une réception *(receptus)* qu'il exigeait d'elle injustement, en présence du sacristain Boson, de Francon [de] Pisançon *(Pisancu)*, de Ponce archiprêtre, etc.

GIRAUD, *Hist. S. Barnard-Romans*, compl. 155, n° 349.

**5552** (Fin XII° siècle).

Le chanoine Ainard donne à l'église de Romans, avec consentement de sa mère Pelata et de ses frères Gaufrid et Berlion, une vigne proche de l'Isère. Seings de 4 [chanoines].

GIRAUD, *Hist. S. Barnard-Romans*, compl. 150-1. n° 339.

**5553** (Fin XII° siècle).

Barnard de Châtillon *(Castell.)* donne en gage, pour 300 sols, à l'église de Romans un manse, lui provenant de sa mère, que tient Clément le Cellérier ; il cède son droit et domaine jusqu'à remboursement de la somme, non compris les revenus. Il fournit comme garants de la *gatgeria* : Amédée du Puy, Didier de Pisançon, Folcherius de Châtillon, chacun pour le tout. Témoins.

GIRAUD, *Hist. S. Barnard-Romans*, compl. 148-9, n° 333.

**5554** (Fin XII° siècle).

Le chanoine Fulcon donne [à l'église de Romans], du consentement de ses frères Guillaume et Pierre, un champ dans la paroisse de St-Jean d'Octavéon *(de Alteveone)*, limitrophe du champ de cette église, et produisant 8 setiers de froment. Seings de 3 [chanoines].

GIRAUD, *Hist. S. Barnard-Romans*, II, pr. 74, n° 336.

**5555** (Fin XII° siècle).

Galitia, femme de Lantelme Méliorat, avec son fils Lantelme, donne pour la sépulture de son mari à Romans une pièce de terre, séparée d'une autre de St-Barnard nommée *Lista* par le chemin descendant de St-Bresson *(S. Bricio)* et entourée des trois *taschariæ* de Peyrins *(Pairano)*. Témoins : Ponce archiprêtre, etc.

GIRAUD, *Hist. S. Barnard-Romans*, compl. 147, n° 331.

**5556** (Fin XII° siècle).

Lantelme de Chavannes *(Chavainnas)* donne [à l'église de Romans], pour son fils le chanoine Humbert, un champ au Pont *(Alpont)* sur le ruisseau de Vernet dans la paroisse de St-Bonnet, un courtil dans la même paroisse et un champ à *Mazoteira* dans la paroisse de Ste-Marie de Montagne *(Montana)* ; fait de l'assentiment de sa mère Pagana, de son frère Guillaume, de ses fils Lantelme et Humbert. Seings de 4 [chanoines].

GIRAUD, *Hist. S. Barnard-Romans*, compl. 150, n° 338.

**5557** (Fin XII° siècle).

Pierre de *Chapaversa* et son frère Lantelme réclamaient à l'église [de Romans] *ut correarent* eux et leur baile à la fête de s' Barnard, et exigeaient des serfs du tènement de Barnard Triorz *ovra* et *manovra* (corvées) : ils abandonnent le tout, sauf leur ancs, avec l'assentiment de leur sœur et de leur baile Odon Bernon ; quand leur frère Baudouin reviendra d'au-delà des mers, ils obtiendront son assentiment. Seings de... Ponce archiprêtre.

GIRAUD, *Hist. S. Barnard-Romans*, compl. 151-2, n° 341.

**5558** (Fin XII° siècle).

Règlement établi pour leur réfectoire par les chanoines de Romans. Aux chanoines et clercs malades, qui ne peuvent se rendre à l'église et aux cérémonies *(spectacula)*, on donnera tout ce qui est de coutume. On ne peut rien emporter au dehors. Les procureurs et le sacristain ont seuls l'autorisation d'inviter des étrangers. Aux fêtes de Noël, s' Etienne, s' Jean, s' Barnard (fête et translation), Pâques et son lundi, Ascension. Pentecôte. s' Pierre, Assomption, s'° martyrs Séverin, Exupère et Félicien (fête et translation), Toussaint, ceux du grand et du petit chœur étaient reçus au réfectoire ; à s' André, Epiphanie, Purification, Dédicace et Rameaux ceux du grand seulement. De la famille font partie le cellérier, le cuisinier, le baile, le bouteillier et leurs adjoints, *mantilium dator* et 2 sacristains. Les pains doivent être de 16 à l'émine.

GIRAUD, *Hist. S. Barnard-Romans*, compl. 156-7, n° 351.

**5559** (Fin XII° siècle).

Epitaphe d'Aymon [de Virieu], qui donna 500 sols à l'église de Vienne et la dîme de Cuirieu *(Cuireu)* pour une réfection de la communauté à la Toussaint ; les deux églises de St-Suzin *(S. Seuzin)* et Chantillin. avec leurs offrandes, sépultures et dîmes pour une autre réfection à la fête des Morts ; enfin une créance *(gageria)* de 9 livr. 10 sols sur la dîme de Toirin *(Taurini)*, une vigne au-delà du Rhône et 500 sols employés au rachat des moulins, pour une 3° réfection le jour de son décès.

SALVAING DE BOISSIEU, *Usage des fiefs*, 2°, 385-6 ; 3°.II, 126. CHARVET, 791. TERREBASSE, *Inscr.* II, 57-60, n° 451.

**5560** (XII°/XIII° siècle).

Aymon de Seyssuel *(Saysello)*, chanoine de Vienne, bienfaiteur de la chartreuse d'Aillon *(Allio)*.

LE COUTEULX, *Ann. Cartus.* II, 463.

**5561** 6 avril (XII°/XIII° siècle).

Obit de Guillaume Texor, prêtre et chanoine de St-Ruf, [au prieuré de St-Pierre à Die].

CHEVALIER (J.). *Hist. égl.-ville Die*, I, 445.

**5562** 13 juillet (XII°/XIII° siècle).
Obit d'Humberte *(Vmba)*, sœur [du prieuré de St-Marcel à Die], qui donna à cette église les tasques de Pela et la combe de Viaillas.
Chevalier (J.), *Hist. égl.-ville Die*, I, 440-1.

**5563** 12 août (XII°/XIII° siècle).
Epitaphe de Guigues de Montelz, chanoine de St-Félix [de Valence], qui donna 300 sols à cette église pour son anniversaire.
Perrossier (Cypr.), dans *Bull. hist.-archéol. Valence*, II, 141-2.

**5564** 28 août (XII°/XIII° siècle).
Epitaphe de noble Pierre Clément :
 Presenti fossa clauduntur corporis ossa
 Petri Clementis tam nobilis ac sapientis....
 Hic transmigravit ad Christum quique beavit
 Expellens medias quinto moriendo kalendas
 Mensis septembris. . . . . . . . .
 Anni terceni duodeni  |. . . . . . .  ]
 Et quater [. . . . . . . . ] inde xx ti.
Sous le porche voûté de l'abbaye de St-Pierre à Vienne.
Chorier, *Antiq.* 277-8 ; 2°, 282. Terrebasse, I, 207-8, n° 364.

**5565** 25 septembre (XII°/XIII° siècle).
Obit de Hugues Lautart, de Gresse, qui donna à l'église de St-Marcel de Die 200 sols, 3 chapes de soie et une chasuble ; il a fait le *pannum* du cloître et le chœur de l'église ; il a laissé 300 sols pour une procuration de 20 sols au réfectoire le jour de son décès
Chevalier (J.), *Hist. égl.-ville Die*, I, 438-9.

**5566** (Commenc' XIII° siècle).
Dénombrement des cens dus à l'église de Silhac *(S. Mariæ de Cillac)*, estimés en deniers du Puy : poule, vin, *frescena*, *f-nia*, agneau, orge, méteil, charge de bois *(faxum facularum)*, mouton, civata, fouasse *(fogacia)*, poulet, épaule de vache, porc.
Giraud, *Hist. S. Barnard-Romans*, compl. 46, n° 156.

**5567** (Commenc' XIII° siècle).
Liste des bienfaiteurs de la chartreuse du Val-St-Hugon : Ponce et Jean, prieurs du Val-Ste-Marie, Geoffroy de Chatte, Didier de Triors, Guillaume de St-Donat, le comte Taillefer, le duc [Hugues] qui lui succéda et leurs épouses, Rostand de la Terrasse, Raimond de la Buissière, Catbert prieur de Durbon, l'abbé de St-Chef *(S. Theuderii)*, Guillaume chapelain de Theys *(Tesio)*, qui fut moine à Domène, Arbert seigneur de la Tour et la comtesse son épouse, Nantelme prieur de Villard-Benoît, Cristin prêtre de Lumbin, Hugues prêtre de Laye, dont on faisait l'anniversaire le premier jour libre après la Circoncision.
Paris, Bibl. nat., ms. lat., nouv. acq. 1741. 74ᵇ. *Bibl. de l'école des Chartes* (1895), LVI, 659-62.

**5568** (XIII° siècle).
Donation par Giraud Adhémar, de la terre de Montségur à dame Garsende sa mère, femme de Guillaume Gros Adhémar.
*Catal. d. Archiv. maison de Grignan* (1844), 20, n° 101.

**5569** (XIII° siècle).
Dénombrement des cens et rentes de la mense épiscopale de Die, à Die, Montmaur et Aurel.

Bibl. de Nîmes, ms. 154, reg. parch. de 32 ff. par Pierre Siblet, courrier. — Chevalier (J.), *Hist. égl.-ville Die*, I, 416-8, 447-50.

**5570** (XIII° siècle).
D'après la *carta capelluniæ*, le curé de St-Barnard reçoit certaines dîmes du pain et du vin, les déclarations *(cartæ)* de mariage, les deniers de baptême, les oblations des paroissiens, des processions, des pèlerins, des pénitents, les services pour les défunts. etc.
Giraud, *Hist. S. Barnard-Romans*, compl. 162, n° 358.

**5571** (XIII° siècle).
Concession en emphytéose perpétuelle par Pons Martinel à Rostaing de Montclar, de redevances sur des vignes à Ste-Jalle, moyennant 55 sols bons Viennois et 1 den. de cens.
Arch. de l'Isère, B, 4087, orig. parch. (IV, 114ᵇ).

**5572** (XIII° siècle).
Obit du laïc Albert, qui paya la restauration du *caput domus majoris* de Vienne et donna un missel écrit en or.
Chevalier (U.), dans *Bull. soc. archéol. Drôme*, XLV, 370 (à part. 13).

**5573** (XIII° siècle).
Epitaphe de Boson, dit le Fèvre de Cuvière *(Faber de Cuveria)*, qui donna à l'église de St-Maurice 60 liv. pour une réfection générale.
Chorier, *Antiq.* 213 ; 2°, 222. Charvet, 776. Terrebasse, II, 48-9. n° 444.

**5574** (XIII° siècle).
Le doyen B[urnon] et Jean de Leschanals acquirent, près [du palais] des Canaux. une maison qu'ils donnèrent à St-Maurice [de Vienne], pour une réfection complète à leurs anniversaires.
Charvet, 793. Terrebasse, *Inscr.* II, 45-6, n° 442.

**5575** (XIII° siècle).
Translation dans les petits cloîtres de l'église de St-Maurice à Vienne des restes de Burnon Laure *(Laura)*, chanoine et prêtre, Guillaume de Briord, chanoine, et Guillaume de Falavier *(F-ver)*, clerc.
Charvet, 790-1. Delhomme, *Descr. musée de Vienne*. 273. Terrebasse. *Inscr.* II, 47-8, n° 443.

**5576** St-Pierre-d'Allevard, (XIII° siècle).
Donation de Gautier Succus aux chartreux du Val-St-Hugon, faite *ap. S. Petrum Alavardi* ; témoins.
Burnier (Eug.), *Chartreuse de St-Hugon*, 265, n° 21.

**5577** (XIII° siècle).
Donation par Guillaume de Domène aux religieux du Val-St-Hugon.
Monteynard, *Cart. de Domène*, 376°. Burnier (Eug.), *Chartreuse de St-Hugon*, 264, n° 19.

**5578** (XIII° siècle).
Fondation d'anniversaire à St-Maurice de Vienne par H[enri]....
Terrebasse, *Inscr. Vienne*, II, 468, n° 585.

**5579** (XIII° siècle).
Pierre Brun, de la Pierre *(de Petra)*, et son frère Hugues Richard donnent ce qu'ils ont dans les limites du Val-St-Hugon et reçoivent 30 sols. [Témoins].
Burnier (Eug.), *Chartreuse de St-Hugon*, 265, n° 23.

**5580** (XIII° siècle).
Donation par Oideline de Bonvillaret, sœur de Sofred d'Allevard, aux frères du Val-St-Hugon.
BURNIER (Eug.), Chartreuse de St-Hugon, 276, n° 57.

**5581** 2 janvier (XIII° siècle).
Obit de Guillaume de Chaufsenc.
LAGIER (A.), Notice sur l'église St-Pierre de Marnans (1902). 11.

**5582** 16 janvier (XIII° siècle).
Obit de Marguerite de Clème *(Cleymes)*, épouse de feu Francon de Revel.
CHEVALIER (U.), Nécrol. de St-Robert, 2.

**5583** 17 janvier (XIII° siècle).
Obit de Boysos *de capella S. Rotberti*, dont l'anniversaire à la Septuagésime a été fondé par son fils Guillaume, convers, par l'acquisition de 10 sols Viennois.
CHEVALIER (U.), Nécrol. de St-Robert, 3.

**5584** 17 janvier (XIII° siècle).
Obit de Guigues de la Balme, chevalier, qui assigna au couvent de St-Robert son anniversaire sur la vigne de la Loi.
CHEVALIER (U.), Nécrol. de St-Robert, 3.

**5585** 17 janvier (XIII° siècle).
Obit de Pierre Grinaudi, prieur claustral de St-Robert de Cornillon.
CHEVALIER (U.), Nécrol. de St-Robert, 3.

**5586** 18 janvier (XIII° siècle).
Obit d'Othmar de la Garde, qui donna pour la réfection du couvent de St-Robert 18 sols de cens au Désert.
CHEVALIER (U.), Nécrol. de St-Robert, 3.

**5587** 22 janvier (XIII° siècle).
Obit de Silvius Ermeisyes [distique].
TERREBASSE, Inscr. Vienne. II, 55, n° 449.

**5588** 23 janvier, 12 février, 11 mars (XIII° siècle).
Obit de Didier, chevalier, seigneur de Sassenage *(Disderius de Cassanatico)*, qui laissa à la maison de St-Robert, pour son anniversaire, 30 sols de cens, que paye le mistral à Méaudre de François, seigneur de Sassenage ; —, qui donna 20 sols de cens pour un anniversaire.
CHEVALIER (U.), Nécrol. de St-Robert, 3, 8, 12-3, 18.

**5589** 29 janvier (XIII° siècle).
Obit de Guichard, prieur de St-Germain[-d'Hauterives].
CHEVALIER (U.), Nécrol. de St-Robert, 4.

**5590** 29 janvier (XIII° siècle).
Obit de Guillaume d'Engins *(Enginz)*, chevalier, pour l'anniversaire duquel ses fils assignèrent au couvent de St-Robert 1 setier de froment et 10 sols de cens.
CHEVALIER (U.), Nécrol. de St-Robert, 4.

**5591** 2 février (XIII° siècle).
Obit d'Etienne du Château *(de Castro)*, prieur de Trisai.
CHEVALIER (U.), Nécrol. de St-Robert, 7.

**5592** 4 février (XIII° siècle).
Obit de Guillaume d'Orgelli, qui acquit au couvent de St-Robert, pour son anniversaire, [des cens] dans la paroisse de St-Egrève *(S. Agripani)*, suivant acte remis par lui à Amblard, alors prieur.
CHEVALIER (U.), Nécrol. de St-Robert, 7.

**5593** 9 février (XIII° siècle).
Obit de Marie, femme de Silvius Ermeisyes.
TERREBASSE, Inscr. Vienne, II, 55, n° 449.

**5594** 17 février (XIII° siècle).
Obit de Jean Jafredi, convers [de N.-D. de l'Isle].
TERREBASSE, Inscript. Vienne, II, 469, n° 586.

**5595** 19 février (XIII° siècle).
Obit de Guigues Selvo, qui donna à la maison de St-Robert, pour un plein anniversaire, le tènement de Crolas.
CHEVALIER (U.), Nécrol. de St-Robert, 9.

**5596** 23 février (XIII° siècle).
Obit de Berlion de la Balme, qui donna 20 sols de cens au couvent de St-Robert pour un plein anniversaire.
CHEVALIER (U.), Nécrol. de St-Robert, 9.

**5597** 24 février (XIII° siècle).
Obit de Guillaume Silvins, qui donna à la maison de St-Robert [des cens] sur le champ Auditi pour un plein anniversaire.
CHEVALIER (U.), Nécrol. de St-Robert, 9.

**5598** 25 février (XIII° siècle).
Obit de Raynaud de Lans, chevalier, moine à l'extrémité, qui laissa au couvent de St-Robert, pour son anniversaire, 20 sols sur ses possessions dans les paroisses d'Autrans *(Ostrans)* et de Méaudre *(Meoires)*.
CHEVALIER (U.), Nécrol. de St-Robert, 9-10.

**5599** 2 mars (XIII° siècle).
Obit du prêtre Armand, bienfaiteur de Vienne.
CHEVALIER (U.), dans Bull. soc. archéol. Drôme, XLV, 371 (à part, 14).

**5600** 3 mars (XIII° siècle).
Obit de Pierre Garlanderii, qui laissa au couvent de St-Robert, pour deux anniversaires, l'un à la Septuagésime et l'autre le 3 mars, 40 florins d'or, dont on doit acquérir 40 sols de cens.
CHEVALIER (U.), Nécrol. de St-Robert, 11.

**5601** 6 mars (XIII° siècle).
Obit d'Amfelisia ou Anf-a, femme d'Ysoard, qui laissa à la maison de St-Robert, pour son anniversaire, 20 sols de cens que sert son mari ou 20 livr.
CHEVALIER (U.), Nécrol. de St-Robert, 12.

**5602** 6 mars (XIII° siècle).
Obit de Marie Esvia ; son mari André Esvias a donné à la cathédrale de Die une livrée de pain et vin et une autre de 2 den.
CHEVALIER (J.), Hist. égl.-ville Die, I, 431.

**5603** 8 mars (XIII° siècle).
Obit de Bernard Fraschi, pour le repas *(pictantia)* annuel duquel au couvent de St-Robert Pierre Fraschi, moine et convers de la Chaise-Dieu, a acquis 10 sols Viennois de cens sur les Pilosi à St-Jean.
CHEVALIER (U.), Nécrol. de St-Robert, 12.

**5604** 8 mars (XIIIe siècle).
Obit de Guy de la Tour, qui donna 7 muids de froment, 10 de vin et 50 sols Paris. pour la réfection des frères en Carême.
Paris, B. N., l. 17049, 435ᵛ : ex Calend. eccl. Sylvan.

**5605** 9 mars (XIIIe siècle).
Obit d'Albert, seigneur de Sassenage, qui légua au couvent de St-Robert pour son anniversaire 30 sols de cens, que doit payer le mistral à Méaudre *(Meudres)* de François, seigneur de Sassenage.
CHEVALIER (U.), *Nécrol. de St-Robert*, 12.

**5606** 10 mars (XIIIe siècle).
Obit de frère Jean Chata, convers, qui acquit au couvent de St-Robert, pour son anniversaire, 25 sols de cens de Vierius de Moirans *(Moyrenco)*.
CHEVALIER (U.), *Nécrol. de St-Robert*, 12.

**5607** 10 mars (XIIIe siècle).
Anniversaire de Pierre Martini, père de Sazia, bienfaitrice de l'église de St-Pierre du Bourg, à Valence.
CHEVALIER (U.), *Cart. de St-Pierre-du-Bourg*, 37.

**5608** 12 mars (XIIIe siècle).
Obit de frère Pierre, convers, pour le repas *(pictantia)* annuel duquel au couvent de St-Robert Jean Boyses doit 2 setiers et 1/2 quartal de froment.
CHEVALIER (U.), *Nécrol. de St-Robert*, 13.

**5609** 14 mars (XIIIe siècle).
Obit de Falcon, moine et convers, pour lequel l'abbaye [de St-Pierre à Vienne] a 5 sols de cens à Malauze *(Malosa)*.
TERREBASSE, *Inscr. Vienne*, II, 30-1, n° 436.

**5610** 15 mars (XIIIe siècle).
Obit du comte Amaury *(Almaricus)*, qui donna à l'église de Vienne la villa de Mions *(Medone)*, au diocèse de Lyon.
CHEVALIER (U.), dans *Bull. soc. archéol. Drôme*, XLV, 370 (à part, 13).

**5611** 16 mars (XIIIe siècle).
Obit de Humbert de Lans *(Lanz)*, qui laissa à la maison de St-Robert 20 livr. de bons Viennois pour son anniversaire.
CHEVALIER (U.), *Nécrol. de St-Robert*, 13.

**5612** 17 mars (XIIIe siècle).
Obit de la mère de frère Jean, pour l'anniversaire de laquelle son fils acquit au couvent de St-Robert 20 sols de cens des Pilosi à St-Jean.
CHEVALIER (U.), *Nécrol. de St-Robert*, 14.

**5613** 17 mars (XIIIe siècle).
Obit d'Omar de la Garde, qui laissa à la maison de St-Robert, pour son anniversaire, 20 sols Viennois *(Vianenc.)*, dont 10 sont dus par Johannin de Fornachia, notaire, et 10 sont placés à Albon et à Méaudre *(Meudres)*.
CHEVALIER (U.), *Nécrol. de St-Robert*, 14.

**5614** 17 mars (XIIIe siècle).
Obit de Zacharie, prêtre, chanoine de St-Ruf.
CHARVET, *Fastes Vienne*, 159 (le 18). TERREBASSE, II, 74, n°460.

**5615** 20 mars (XIIIe siècle).
Obit de Pierre Vinachia, convers, dont l'aumônier du couvent de St-Robert doit faire l'anniversaire.
CHEVALIER (U.), *Nécrol. de St-Robert*, 14.

**5616** 24 mars (XIIIe siècle).
Obit de Pierre Vachier *(Vacherii)*, chevalier, moine à l'extrémité, qui laissa au couvent de St-Robert, pour son anniversaire dans la 2ᵉ semaine d'août, 20 sols de cens dans les paroisses de St-Egrève *(S. Agripani)* et de Quaix *(Quetz)*.
CHEVALIER (U.), *Nécrol. de St-Robert*, 14.

**5617** Bonnevaux, 25 mars (XIIIe siècle).
Falcon et Humbert de Pinet font un don à la maison de Bonnevaux pour leur frère Bérard, qui s'y rend religieux. Caution : Guillaume de Beauvoir, Jocerand étant prieur de Bonnevaux. Témoins : Ponce, prieur de St-Julien[-de-l'Herms], etc.
CHEVALIER (U.), dans *Bull. acad. Delphin.* D, II, 57 ; *Cart. de Bonnevaux*, 41, n° 78.

**5618** 28 mars (XIIIe siècle).
Obit de frère Guigues de Challonia, convers, qui acquit au couvent de St-Robert, pour son anniversaire, 25 sols de cens sur les biens de Hugues de St-Jean.
CHEVALIER (U.), *Nécrol. de St-Robert*, 15.

**5619** 30 mars (XIIIe siècle).
Epitaphe de Poncia, épouse de le Fèvre *(Faber)* de Cuvière, qui donna à St-Maurice [de Vienne] 60 liv. pour son anniversaire.
CHARVET. 776. TERREBASSE, *Inscr.* II, 49, n° 444.

**5620** 2 avril (XIIIe siècle).
Obit d'Omar d'Engins, moine à l'extrémité, qui donna au couvent de St-Robert, pour son anniversaire, 20 livr. Viennoises, qui furent placées dans la paroisse de Seyssins *(Saisino)*.
CHEVALIER (U.), *Nécrol. de St-Robert*, 16.

**5621** 4 avril (XIIIe siècle).
Obit d'A..... Coguls ; sa femme Guillelma a donné à la cathédrale de Die 2 livrées de pain et vin.
CHEVALIER (J.), *Hist. égl.-ville Die*. I, 432.

**5622** 7 avril (XIIIe siècle).
Obit de la dame d'Anjou, qui donna à St-André-le-Bas 4 sols et 2 gélines, et à l'église de St-Symphorien 3 meitérées froment et 6 den. de cens.
TERREBASSE, *Inscr. Vienne*, II, 82-3, n° 464.

**5623** 7 avril (XIIIe siècle).
Obit d'Humbert Rayners, qui donna au couvent de St-Robert une vigne à la Balme.
CHEVALIER (U.), *Nécrol. de St-Robert*, 17.

**5624** 9 avril (XIIIe siècle).
Obit de Bonicia, pour laquelle le couvent de St-Robert doit faire une procession et reçoit du cellier une émine de vin pur.
CHEVALIER (U.), *Nécrol. de St-Robert*, 17.

**5625** 10 avril (XIIIe siècle).
Obit d'Achard Payen *(Pagani)*, moine à sa fin, qui donna au couvent de St-Robert, pour son anniversaire,

25 livr. Viennoises *(Viann.)*, qui furent placées à Seyssins *(Saisinum)*.
CHEVALIER (U.), *Nécrol. de St-Robert*, 17.

**5626** 11 avril (XIII<sup>e</sup> siècle).
Obit de Plaisencia, sœur [du prieuré de N.-D. de l'Isle à Vienne], qui donna 2 sols 6 den. de cens à Communay.
TERREBASSE, *Inscr. Vienne*, II, 73, n° 459.

**5627** 15 avril (XIII<sup>e</sup> siècle).
Epitaphe de Pierre, confrère laïque.
TERREBASSE, *Inscript. Vienne*, II, 468, n° 583.

**5628** 16 avril (XIII<sup>e</sup> siècle).
Obit de Jacques de Gières *(Geria)*, chevalier, moine à l'extrémité, qui donna au couvent de St-Robert, pour son anniversaire, 30 sols de cens que paye son fils Humbert.
CHEVALIER (U.), *Nécrol. de St-Robert*, 18.

**5629** 17 avril (XIII<sup>e</sup> siècle).
Obit de Guifred, chevalier de Peladru, dont les héritiers, seigneurs de Peladru, doivent au prieuré de St-Robert 10 *solidatæ* de poisson le lundi de la Semaine-Sainte.
CHEVALIER (U.), *Nécrol. de St-Robert*, 18.

**5630** 17 avril (XIII<sup>e</sup> siècle).
Obit de Ponce de Loriol *(de Auriol)*, chanoine et sous-diacre [de St-Maurice de Vienne], qui légua 360 liv. pour 6 réfections générales.
CHARVET, *Hist. de la s<sup>e</sup> égl. de Vienne*, 777-8.

**5631** 20 avril (XIII<sup>e</sup> siècle).
Obit de Sofred Vachier *(Vacherii)*, pour l'anniversaire duquel la 2<sup>e</sup> semaine d'août son fils Pierre Vachier doit 18 sols de cens.
CHEVALIER (U.), *Nécrol. de St-Robert*, 18.

**5632** 22 avril (XIII<sup>e</sup> siècle ?).
Obit du chevalier Bornon, à Vienne.
CHEVALIER (U.), dans *Bull. soc. archéol. Drôme*, XLV, 370 (à part., 13).

**5633** 23 avril (XIII<sup>e</sup> siècle).
Obit de Lantelme, prieur de St-Vallier.
CHEVALIER (U.), *Nécrol. de St-Robert*, 19.

**5634** 25 avril (XIII<sup>e</sup> siècle).
Obit de Bornon, doyen de l'église de Vienne, prêtre et moine à la Silve-Bénite.
GUIGUE, *Obit. Lugdun. eccl.* 47 ; *Obit. égl. primat. Lyon*, 37.

**5635** 28 avril (XIII<sup>e</sup> siècle).
Obit d'Ambi[ard] de Chaufsenc.
LAGIER (A.), *Notice église St-Pierre de Marnans* (1902), 11.

**5636** 30 avril (XIII<sup>e</sup> siècle).
Obit de Geoffroi *(Gaufridus)*, abbé de St-Chef *(S. Theuderii)* et prieur de Dolomieu.
GUIGUE (M.-C.), *Obit. abb. St-Pierre de Lyon*, 16.

**5637** 30 avril (XIII<sup>e</sup> siècle).
Obit de Pierre Raynaldi, qui donna au couvent de St-Robert, pour son anniversaire, 30 sols de cens, que paye Guillaume Crox pour le tènement de *las Freiras*.
CHEVALIER (U.), *Nécrol. de St-Robert*, 20.

**5638** 1<sup>er</sup> mai (XIII<sup>e</sup> siècle).
Obit de dame Florie de Sassenage *(Floria de Cassanatico)*.
CHEVALIER (U.), *Nécrol. de St-Robert*, 21.

**5639** 4 mai (XIII<sup>e</sup> siècle).
Obit de Barnard de Rostaing *(Rostanni)*, chevalier, qui reconstruisit le couvent [de Marnans].
LAGIER (A.), *Notice église St-Pierre de Marnans* (1902), 11.

**5640** 5 mai (XIII<sup>e</sup> siècle).
Obit de Guigona, femme d'Achard Pagani, qui donna au couvent de St-Robert 20 livr. pour l'acquisition de 20 sols de cens, que paye Lantelme de Vado, son beau-fils.
CHEVALIER (U.), *Nécrol. de St-Robert*, 22.

**5641** 7 mai (XIII<sup>e</sup> siècle).
Obit d'Adémar de la Balme, qui légua au couvent de St-Robert, pour son anniversaire, 20 sols de cens, que sert W. d'Engins pour son grangeage *(graniatgium)*.
CHEVALIER (U.), *Nécrol. de St-Robert*, 22.

**5642** 11 mai (XIII<sup>e</sup> siècle).
Obit de Guillaume d'Oz *(Uz)*, qui donna au couvent de St-Robert 10 sols.
CHEVALIER (U.), *Nécrol. de St-Robert*, 22.

**5643** 12 mai (XIII<sup>e</sup> siècle).
Obit de Gilbergia de Paris, qui fit beaucoup de bien au couvent de St-Robert.
CHEVALIER (U.), *Nécrol. de St-Robert*, 22.

**5644** 14 mai (XIII<sup>e</sup> siècle).
Epitaphe de Guigues d'Annonay, qui donna [à l'église de St-Maurice de Vienne] pour son anniversaire 60 liv. sur ses droits patrimoniaux.
TERREBASSE, *Inscr. Vienne*, II, 52, n° 446.

**5645** 15 mai (XIII<sup>e</sup> siècle).
Obit de Drodon [de Beauvoir], diacre *(levita)* et chanoine, qui légua à l'église de St-Maurice [de Vienne] son serf *(homo)* Bernard de Rives et 5 sols de cens sur son courtil, etc.
CHARVET, 778-9. GUIGUE, *Obit. Lugdun. eccl.* 45, 187, 195 (14 mai). TERREBASSE, *Inscr.* II, 40-2, n° 440. = CHORIER, *Antiq.* 211 ; 2°, 220-1. CHEVALIER (U.), dans *Bull. acad. Delphin.* D, II, 37 ; *Cart. de Bonnevaux*, 21, n.

**5646** 16 mai (XIII<sup>e</sup> siècle).
Obit de Jean de St-Robert, qui donna au couvent de St-Robert 10 livr. Viennoises, dont on acheta 10 sols de cens pour une réfection *(pictancia)* sur les biens acquis de Guillaume Bertrand.
CHEVALIER (U.), *Nécrol. de St-Robert*, 23.

**5647** 18 mai (XIII<sup>e</sup> siècle).
Obit de Bernard de Quaix *(Quetz)*, chanoine de St-André [de Grenoble].
CHEVALIER (U.), *Nécrol. de St-Robert*, 23.

**5648** 20 mai (XIII<sup>e</sup> siècle).
Obit de dame Falavella, qui donna au couvent de St-Robert, pour son anniversaire le mardi de la 2<sup>e</sup> semaine d'août, 20 sols de cens dans la paroisse de Quaix *(Quetz)*, de l'avoine et du blé dans celle de Sarcenas *(Cercena)*.
CHEVALIER (U.), *Nécrol. de St-Robert*, 24.

**5649** 21 mai (XIII° siècle).
Obit d'Etienne, prieur de Séchilienne *(Sechalina)*.
CHEVALIER (U.), *Nécrol. de St-Robert*, 24.

**5650** 24 mai (XIII° siècle).
Obit de Grégoire, aumônier de la maison de St-Robert ; le couvent doit 20 sols pour un repas *(pictancia)* annuel.
CHEVALIER (U.), *Nécrol. de St-Robert*, 24.

**5651** 24 mai (XIII° siècle).
Obit de Martin du Lac, frère donné, qui laissa au couvent de St-Robert, pour son anniversaire, 20 sols de cens au Désert.
CHEVALIER (U.), *Nécrol. de St-Robert*, 24.

**5652** 25 mai (XIII° siècle).
Obit de Michel de Quaix *(Quelz)*, prêtre, dont l'anniversaire de 20 sols est produit par 3 setiers de froment à St-Vincent[-de-Mercuze] et 6 fosserées de vigne à la Balme.
CHEVALIER (U.), *Nécrol. de St-Robert*, 24.

**5653** 1ᵉʳ et 19 juin, 22 juillet (XIII° siècle).
Obit de Guigues de Sassenage *(Cassanatico)*, chevalier, qui donna au couvent de St-Robert 30 sols de cens pour son anniversaire.
CHEVALIER (U.), *Nécrol. de St-Robert*, 26, 28, 33.

**5654** 1ᵉʳ juin (XIII° siècle).
Obit de Guillaume Bertrandi, chevalier, qui donna au couvent de St-Robert, pour son anniversaire, 20 sols de cens bonne monnaie, que sert son héritier.
CHEVALIER (U.), *Nécrol. de St-Robert*, 26.

**5655** 2 juin (XIII° siècle).
Obit de Humbert Roux *(Ruphus)*, qui donna au couvent de St-Robert un setier de vin pur sur le tènement de son patrimoine.
CHEVALIER (U.), *Nécrol. de St-Robert*, 26.

**5656** 8 juin (XIII° siècle).
Obit de Jean Fabri, qui donna au couvent de St-Robert pour un repas *(pictantia)* annuel 10 sols de cens, que payèrent Guicharda et son fils Jean.
CHEVALIER (U.), *Nécrol. de St-Robert*, 27.

**5657** 9 juin (XIII° siècle).
Obit de Béatrix, dame de Sassenage *(Cassanatici)*.
CHEVALIER (U.), *Nécrol. de St-Robert*, 27.

**5658** 9 juin (XIII° siècle).
Obit de Jean, prêtre de Sassenage *(Cassanatico)* ; pour son anniversaire à la fête des sᵗˢ Prime et Félicien, le curé *(sacerdos)* de St-Pierre de Sassenage doit au couvent de St-Robert 20 sols et un setier de vin pur.
CHEVALIER (U.), *Nécrol. de St-Robert*, 27.

**5659** 11 juin (XIII° siècle).
Obit de Falcon, moine et convers, pour lequel l'abbaye [de St-Pierre à Vienne] a 13 sols de cens à Burcin.
TERREBASSE, *Inscr. Vienne*, II, 30-1, n° 436.

**5660** 14 juin (XIII° siècle).
Obit d'Adémar *(Aydemarus)* de Sassenage *(Cassanatico)*, moine *ad sucurrendum*.
CHEVALIER (U.), *Nécrol. de St-Robert*, 28.

**5661** 18 juin (XIII° siècle).
Obit de Guigues Motinotz, qui donna au couvent de St-Robert, pour son anniversaire, 20 liv. qui furent placées sur Guillaume de la Balme.
CHEVALIER (U.), *Nécrol. de St-Robert*, 28.

**5662** 21 juin (XIII° siècle).
Obit d'Ismidon, chapelain d'Autrans *(Otrans)*, qui procura au prieuré de St-Robert des revenus pour son anniversaire sur une vigne à Tolvon, achetée du chevalier Pierre Rostagni.
CHEVALIER (U.), *Nécrol. de St-Robert*, 28.

**5663** 11 juillet (XIII° siècle).
Obit de Jean de l'Orme *(de Ulmo)*, qui donna 10 sols.
TERREBASSE, *Inscript. Vienne*, II, 91, n° 466.

**5664** 14 juillet (XIII° siècle).
Obit de Guillaume de Die, sacristain et chanoine de St-Ruf à N.-D. de l'Isle-sous-Vienne.
CHARVET, *Fastes de Vienne*, 159. TERREBASSE, II, 72, n° 458.

**5665** 19 juillet (XIII° siècle).
Obit de...., qui donna 5 sols pour la réfection des clercs à son décès et 8 liv. pour un vitrail.
TERREBASSE, *Inscr. Vienne*, II, 54, n° 448.

**5666** 19 juillet (XIII° siècle).
Obit de Guillaume de Sassenage *(Cassanatico)*, chevalier.
CHEVALIER (U.), *Nécrol. de St-Robert*, 33.

**5667** 20 juillet (XIII° siècle).
Obit de Pierre Blancs, de Noyarey *(Noyreto)* qui donna au couvent de St-Robert 1 setier de froment sur les biens qu'il tient du prieur et du sacristain.
CHEVALIER (U.), *Nécrol. de St-Robert*, 33.

**5668** 21 juillet (XIII° siècle).
Obit de Bernard Poitevin *(Pictavinus)* de Vaugelas *(Valle Jalata)*, prieur de Ste-Hélène-du-Lac *(S. Elenæ)*.
CHEVALIER (U.), *Nécrol. de St-Robert*, 33.

**5669** 22 juillet (XIII° siècle).
Epitaphe de Latard, laïque, pour l'âme duquel sa femme Guillelma donna à l'église de St-Pierre [de Vienne] 14 den. de cens.
TERREBASSE, *Inscript. Vienne*, II, 63, n° 454.

**5670** 25 juillet (XIII° siècle).
Obit d'Odon de Sassenage *(Cassanatico)*, fils de Didier *(d. Disderii)*, qui donna au couvent de St-Robert 10 sols de cens pour un repas *(pictantia)*.
CHEVALIER (U.), *Nécrol. de St-Robert*, 34.

**5671** 26 juillet (XIII° siècle).
Obit de Hugues de Gières *(Jeria)*, damoiseau, qui donna à la maison de St-Robert, pour son anniversaire, 20 sols de cens qu'on perçoit à Chors *(Chaors)*.
CHEVALIER (U.), *Nécrol. de St-Robert*, 34.

**5672** 27 juillet (XIII° siècle).
Obit de Guigues Guelisii [de Guélisieu ?].
LAGIER (A.), *Notice église St-Pierre de Marnans* (1902), 10-1.

**5673** 30 juillet (XIII° siècle).
Obit d'Adémar de Revel *(Ravello)*, qui légua au prieuré de St-Robert 12 sols de cens à Noyarey *(Noja-*

*retum)* et à Quaix *(en Quetz)* pour un repas *(pictancia)* annuel.
CHEVALIER (U.), *Nécrol. de St-Robert,* 34.

**5674**  31 juillet (XIII° siècle).
Obit d'Odon Alamandi, qui donna au couvent de St-Robert, pour son anniversaire, 20 sols de cens qu'on perçoit au mandement d'Entraigues *(Inter Aquis).*
CHEVALIER (U.), *Nécrol. de St-Robert,* 35.

**5675**  3 août (XIII° siècle).
Obit de Dronet d'Hérans *(Eras),* prieur de Praens, et de Pierre Laurenti, chapelain de Quaix *(Quetz).*
CHEVALIER (U.), *Nécrol. de St-Robert,* 37.

**5676**  4 août (XIII° siècle).
Obit de Guillaume de Vaugelas? *(Valla Gelata),* chevalier.
CHEVALIER (U.), *Nécrol. de St-Robert,* 37.

**5677**  5 août (XIII° siècle).
Obit de Bonne de l'Orme*(de Ulmo),* qui donna 10 sols.
TERREBASSE, *Inscript. Vienne,* II, 91, n° 466.

**5678**  11 août (XIII° siècle).
Obit de Jean de l'Orme *(de Ulmo),* qui donna au monastère de St-André-le-Bas 50 sols de cens pour 5 anniversaires.
TERREBASSE, *Inscript. Vienne,* II, 91-2, n° 466.

**5679**  13 août (XIII° siècle).
Obit d'Alix *(Aalaxis),* religieuse [à Vienne?].
TERREBASSE, *Inscript. Vienne,* II, 107, n° 470.

**5680**  18 août (XIII° siècle).
Anniversaire de Garcine, mère de Sazia, bienfaitrice de l'église de St-Pierre-du-Bourg.
CHEVALIER (U.), *Cartul. de St-Pierre-du-Bourg,* 47.

**5681**  19 août (XIII° siècle).
Obit d'Humbert d'Hostun *(de Ostudino),* prieur de Moys, qui donna à la maison de St-Robert, pour son anniversaire, 20 livr. qui furent placées à Herbeys *(Herbesio).*
CHEVALIER (U.), *Nécrol. de St-Robert,* 38-9.

**5682**  23 août (XIII° siècle).
Obit d'Aldebert de Ville, chanoine de Vienne *(Viannensis).*
CHEVALIER (U.), *Nécrol. de St-Robert,* 39.

**5683**  29 août (XIII° siècle).
Obit d'Etienne, infirmier de St-Robert, qui acquit 20 sols de cens pour son anniversaire.
CHEVALIER (U.), *Nécrol. de St-Robert,* 40.

**5684**  30 août (XIII° siècle).
Obit de Chabert, prieur de Ste-Hélène-du-Lac *(S. Elenæ),* qui acquit 20 sols de cens pour une réfection, que doit la maison de Ste-Hélène au prieuré de St-Robert.
CHEVALIER (U.), *Nécrol. de St-Robert,* 40.

**5685**  31 août (XIII° siècle).
Obit de Guillelma du Lac *(de Lacu),* converse, *monacha ad sucurrendum,* qui donna au couvent de St-Robert, pour son anniversaire, 20 sols de cens dans la paroisse de St-Egrève *(S. Agripani).*
CHEVALIER (U.), *Nécrol. de St-Robert,* 40.

**5686**  3 septembre (XIII° siècle).
Obit d'Adémar Guichardi, qui donna au couvent de St-Robert 25 livr. pour un anniversaire de 25 sols, sur une vigne à Tullins *(Tullinum).*
CHEVALIER (U.), *Nécrol. de St-Robert,* 41-2.

**5687**  4 septembre (XIII° siècle).
Obit de Mallen Boveti, chapelain, qui donna au couvent de St-Robert 20 sols de cens pour son anniversaire.
CHEVALIER (U.), *Nécrol. de St-Robert,* 42.

**5688**  12 septembre (XIII° siècle).
Obit de Guigues Boer, chantre de St-André [de Grenoble].
CHEVALIER (U.), *Nécrol. de St-Robert,* 43.

**5689**  13 septembre (XIII° siècle).
Obit d'Humbert, prieur claustral de St-Robert.
CHEVALIER (U.), *Nécrol. de St-Robert,* 43.

**5690**  13 septembre (XIII° siècle).
Obit d'Ysard de Montchal *(Monte Calvo),* prieur de Ste-Hélène-du-Lac *(S. Elenæ).*
CHEVALIER (U.), *Nécrol. de St-Robert,* 43.

**5691**  15 septembre (XIII° siècle).
Obit de Guigues Symeondi, chapelain de Valbonnais *(Valbones),* qui donna au couvent de St-Robert, pour son anniversaire, 20 sols de cens dans le mandement d'Entraigues *(de Inter Aquis).*
CHEVALIER (U.), *Nécrol. de St-Robert,* 43.

**5692**  23 septembre (XIII° siècle).
Obit d'Etienne de l'Orme *(de Ulmo),* qui donna 10 sols au monastère de St-André-le-Bas.
TERREBASSE, *Inscript. Vienne,* II, 91, n° 466.

**5693**  23 septembre (XIII° siècle).
Obit de Falcon, prieur de Ste-Hélène-du-Lac *(S. Elenæ),* qui légua au couvent de St-Robert 30 sols de cens pour son anniversaire et autant *pro alocibus* (aloses) en Carême.
CHEVALIER (U.), *Nécrol. de St-Robert,* 44.

**5694**  24 septembre (XIII° siècle).
Obit de Pierre Malleni le jeune, qui légua au couvent de St-Robert 4 setiers de froment de cens pour son anniversaire.
CHEVALIER (U.), *Nécrol. de St-Robert,* 44.

**5695**  27 septembre (XIII° siècle).
Obit de Guillaume Escoffier *(Escoferii),* qui donna au couvent de St-Robert, pour son anniversaire, 20 sols de cens à Moirans *(Moyrencum).*
CHEVALIER (U.), *Nécrol. de St-Robert,* 45.

**5696**  29 septembre (XIII° siècle).
Obit de Hugues de Châteauneuf, chanoine de St-Maurice de Vienne.
*Pataphium s. Viennen. ecclesiæ* (CHEVALIER (U.), dans *Bull. hist.-archéol. Valence,* XII, suppl. 26).

**5697**  ... octobre (XIII° siècle).
Obit de Boneiri, femme de ........., de Vernosc, qui donna à l'église de St-André-le-Bas [à Vienne] 100 sols pour son anniversaire.
TERREBASSE, *Inscr. Vienne,* II, 90, n° 465.

**5698** 1ᵉʳ octobre (XIIIᵉ siècle).
Obit de dame Guigona. *monacha ad sucurrendum*, qui légua au couvent de St-Robert, pour son anniversaire, 30 sols de cens à Tullins *(Tollinum)*.
Chevalier (U.), *Nécrol. de St-Robert*, 47.

**5699** 2 octobre (XIIIᵉ siècle).
Obit de Guigues Clareti, pour l'anniversaire duquel son frère Humbert acquit au couvent de St-Robert 20 sols de cens sur les biens de Hugues de St-Jean.
Chevalier (U.), *Nécrol. de St-Robert*, 47.

**5700** 4 octobre (XIIIᵉ siècle).
Obit de dame Aujarde de Sassenage *(Aviarda de Cassanatico)*, qui donna au couvent de St-Robert 40 sols de cens à Valbonnais *(Val Bones)* pour un plein anniversaire et une aumône générale aux pauvres.
Chevalier (U.), *Nécrol. de St-Robert*, 47.

**5701** 14 octobre (XIIIᵉ siècle).
Obit de Durant, chapelain de St-Georges [à Vienne], qui donna à St-Pierre 3 émines froment sur Rivier, 100 sols pour supplément à son anniversaire, 21 1/2 onces d'or pour faire un calice d'or, 100 sols pour un charnier des os des morts, 1 émine froment pour un luminaire sur sa tombe ; il donna à l'Aumône de St-Pierre le 1/4 du moulin d'Arpon et la 1/2 d'une vigne, 10 sols à Burcin pour l'anniversaire de ses père et mère, autant pour celui du doyen Boson [-1179]. etc.
Terrebasse, *Inscr. Vienne*, II, 68-71, n° 456.

**5702** 17 octobre (XIIIᵉ siècle).
Obit de Didier Chaunais *(Disderius Catnesii)*, qui légua au couvent de St-Robert pour son anniversaire 32 sols 6 den. à Herbeys *(Erbesium)*.
Chevalier (U.), *Nécrol. de St-Robert*, 49.

**5703** 18 octobre (XIIIᵉ ou XIVᵉ siècle).
Obit de Ponce, chanoine [de St-Maurice de Vienne], neveu de Ponce de Loriol *(Auriol)*, qui légua 60 liv. sur son patrimoine.
Charvet, *Hist. sᵗ égl. de Vienne*, 778.

**5704** 19 octobre (XIIIᵉ siècle).
Obit de Ponce d'Autrans *(Austrans)*, pour lequel le sacristain de St-Robert doit servir au couvent un repas *(pictantia)* de 5 sols.
Chevalier (U.), *Nécrol. de St-Robert*, 49.

**5705** 25 octobre (XIIIᵉ siècle).
Obit de Jean Recordon, chanoine de St-Ruf [au prieuré de l'Isle-sous-Vienne].
Terrebasse, *Inscript. Vienne*, II, 74, n° 461.

**5706** 26 octobre (comᵗ XIIIᵉ siècle).
Obit d'Adélaïde Rivirie ou Riverie [*Alays de Reviria*], religieuse du couvent de Ste-Colombe, qui donna 4 sols de cens pour son anniversaire.
Chorier, *Antiq.* 2ᵉ, 139. Terrebasse, *Inscr.* II, 61, n° 452.

**5707** 28 octobre (XIIIᵉ siècle).
Obit de Pierre Guigues de Vaugelas ? *(Valle Gelata)*, prieur d'Hostun *(de Ostuno)*, qui légua au couvent de St-Robert, pour son anniversaire le mercredi des Cendres, 20 sols de cens que sert le chapelain d'Autrans *(Ostrant)*.
Chevalier (U.), *Nécrol. de St-Robert*, 50.

**5708** 2 novembre (XIIIᵉ siècle).
Obit de Vincent Girardi, qui donna au couvent de St-Robert, pour son anniversaire, 25 sols de cens que sert Jacques de la Porte.
Chevalier (U.), *Nécrol. de St-Robert*, 52.

**5709** 3 novembre (XIIIᵉ siècle).
Obit de Pierre Magistri, qui légua au couvent de St-Robert 20 sols de cens, que son fils Sofred assigna dans la paroisse de St-Pierre de Sassenage *(Cassanatico)*.
Chevalier (U.), *Nécrol. de St-Robert*, 52.

**5710** 4 novembre (XIIIᵉ siècle).
Obits de Guillaume et Aynard de St-Quentin, frères, pour lesquels Aynard, seigneur de St-Quentin, doit solder chaque année 25 sols ou faire leur anniversaire.
Chevalier (U.), *Nécrol. de St-Robert*, 52.

**5711** 5 novembre (XIIIᵉ siècle).
Obit de Pierre Chais, de Sassenage *(Cassanatico)*, qui légua au couvent de St-Robert 3 quartaux de froment de cens pour un repas *(pictantia)* annuel.
Chevalier (U.), *Nécrol. de St-Robert*, 52.

**5712** 7 novembre (XIIIᵉ siècle).
Obit de Manems, qui donna à l'église de St-Maurice [de Vienne] 1000 sols sur sa maison pour une réfection générale annuelle.
Terrebasse, *Inscript. Vienne*, II, 51, n° 445.

**5713** 9 novembre (XIIIᵉ siècle).
Obit de dame Béatrix *(Biatrix)* de St-Quentin, *monacha ad sucurrendum*, qui légua au couvent de St-Robert, pour son anniversaire, 20 livr. placées à Moirans *(Moyrencum)*.
Chevalier (U.), *Nécrol. de St-Robert*, 52-3.

**5714** 11 novembre (XIIIᵉ siècle).
Obit de Raynaud Vinais, chevalier, qui légua au couvent de St-Robert, pour son anniversaire, 20 sols de cens que sert Pierre Frierii, de la paroisse de St-Nicolas[-de-Macherin].
Chevalier (U.), *Nécrol. de St-Robert*, 53.

**5715** 12 novembre (XIIIᵉ siècle).
Obit de Rostaing, chevalier, et d'Aude son épouse, qui ont laissé [à St-Pierre de Vienne] 8 sols de cens à Charnècles *(Charnuclo)*.
Terrebasse, *Inscr. Vienne*, II, 30-1, n° 436.

**5716** 15 novembre (XIIIᵉ siècle).
Obit de Guillaume Ataina, chapelain de Proveyzieux *(Provaiseu)*, pour lequel son successeur doit faire son anniversaire au couvent de St-Robert ou donner 25 sols de cens.
Chevalier (U.), *Nécrol. de St-Robert*, 53.

**5717** 17 novembre (XIIIᵉ siècle).
Obit d'Adémar de Sassenage *(Cassanatico)*, moine à l'extrémité, qui donna au couvent de St-Robert 20 sols de cens pour son anniversaire.
Chevalier (U.), *Nécrol. de St-Robert*, 54.

**5718** 17 novembre (XIIIᵉ siècle).
Obit de Hugues Bec, convers [au prieuré de l'Isle-sous-Vienne].
Terrebasse, *Inscript. Vienne*, II, 75, n° 462.

**5719** 22 novembre (XIIIe siècle).
Obit de Terric, moine *ad succurendum*, et de son épouse Berlona, pour lesquels leur fils Terric donna au monastère de St-André-le-Bas 10 sols de cens. — Obit de Rostaing, fils de Terric de Septême.
TERREBASSE, *Inscr. Vienne*, II, 82-9, n° 464.

**5720** 23 novembre (XIIIe siècle).
Obit de Pierre de l'Orme *(de Ulmo)*, pour lequel son fils Pierre donna 10 sols à St-André-le-Bas.
TERREBASSE, *Inscript. Vienne*, II, 91, n° 466.

**5721** 24 novembre (XIIIe siècle).
Obit d'Odon de Sassenage *(Cassanatico)*, fils du chevalier Guigues, qui donna au couvent de St-Robert 10 sols pour un repas *(pictantia)* annuel.
CHEVALIER (U.), *Nécrol. de St-Robert*, 54.

**5722** 26 novembre (XIIIe siècle).
Obit de Hugues d'Engins, damoiseau, qui donna au couvent de St-Robert, pour son anniversaire, 2 setiers de seigle dans la paroisse d'Autrans *(Ostrans)*; 10 livr. que paya Radulphe d'Engins et qui furent placées à Herbeys *(Erbesio)* ; 2 setiers de froment que paya Guillaume d'Engins.
CHEVALIER (U.), *Nécrol. de St-Robert*, 55.

**5723** 27 novembre (XIIIe siècle).
Obit de Guillaume de la Balme *(de Balma)*, damoiseau, dont le couvent de St-Robert fait l'anniversaire pour 15 sols placés à l'île de la Balme *(Balmesia)*.
CHEVALIER (U.), *Nécrol. de St-Robert*, 55.

**5724** 28 novembre (XIIIe siècle).
Obit d'Adémar d'Izeron *(Ysero)*, damoiseau, dont l'anniversaire est fait par Adémar ou François d'Izeron jusqu'à concurrence de 30 sols.
CHEVALIER (U.), *Nécrol. de St-Robert*, 55.

**5725** 28 novembre (XIIIe siècle).
Obit d'Etienne Lumbris, de St-Quentin, qui donna au couvent de St-Robert, pour son anniversaire, 30 sols de cens à Tullins *(T-num)*.
CHEVALIER (U.), *Nécrol. de St-Robert*, 55.

**5726** 29 novembre (XIIIe siècle).
Obit de Hugues de Sassenage *(Cassanatico)*, damoiseau, qui donna au couvent de St-Robert 30 sols de cens, que doivent ses héritiers.
CHEVALIER (U.), *Nécrol. de St-Robert*, 55.

**5727** 29 novembre (XIIIe siècle).
Obit de Raymond de Quaix *(Quetz)*, qui légua au couvent de St-Robert 5 sols de cens à Vizille *(Visilia)* pour un repas *(pictantia)* annuel.
CHEVALIER (U.), *Nécrol. de St-Robert*, 55.

**5728** 4 décembre (XIIIe siècle).
Obit d'Ismidon Ranconis, chapelain d'Engins, qui donna au couvent de St-Robert, pour son anniversaire, 20 sols de cens sur les biens de Hugues de St-Jean.
CHEVALIER (U.), *Nécrol. de St-Robert*, 56.

**5729** 5 décembre (XIIIe siècle).
Obit de Pierre Malleni l'aîné *(major)*, qui donna 20 sols de cens au couvent de St-Robert pour son anniversaire.
CHEVALIER (U.), *Nécrol. de St-Robert*, 56.

**5730** 10 décembre (XIIIe siècle).
Obit de Ponce de Montargues, chevalier, pour l'anniversaire duquel son fils Hugues, aumônier du couvent de St-Robert, acquit 20 sols de cens sur les biens *(conquirimentum)* de Pierre Falconis.
CHEVALIER (U.), *Nécrol. de St-Robert*, 57-8.

**5731** 11 décembre (XIIIe siècle).
Obit d'André Moteti, moine donné à sa fin, qui légua au couvent de St-Robert 20 flor. pour 20 sols, acte reçu par le not. Omar de Fornachia.
CHEVALIER (U.), *Nécrol. de St-Robert*, 58.

**5732** 11 décembre (XIIIe siècle).
Obit de Vital, chanoine de St-Ruf à l'Isle-sous-Vienne.
CHARVET, *Fastes*, 159 (le 12). TERREBASSE, II, 72, n° 457.

**5733** 13 décembre (XIIIe siècle).
Obit de Pierre Ataina, chapelain de Quaix *(Quetz)*, qui donna au couvent de St-Robert, pour son anniversaire, 20 sols de cens, que sert la veuve de Michel Ranulphi, de Grenoble.
CHEVALIER (U.), *Nécrol. de St-Robert*, 58.

**5734** 14 décembre (XIIIe siècle).
Obit d'Adélaïde *(Aalais)* de la Balme, qui donna au couvent de St-Robert, pour son anniversaire, 20 sols de cens que sert son fils Adémar.
CHEVALIER (U.), *Nécrol. de St-Robert*, 58.

**5735** 15 décembre (XIIIe siècle).
Obit d'Albert de Boczosel *(Bozosello)*, chevalier, moine à sa mort, qui légua au couvent de St-Robert 20 sols pour son anniversaire.
CHEVALIER (U.), *Nécrol. de St-Robert*, 58.

**5736** 16 décembre (XIIIe siècle).
Obit de Fouchier *(Fulcherius)*, dont la maison de St-Robert doit faire l'anniversaire à raison de la vigne dite la Piponeiri, qu'il a donnée.
CHEVALIER (U.), *Nécrol. de St-Robert*, 59.

**5737** 16 décembre (XIIIe siècle).
Obit de Guillaume du Vernet, prieur du Mont-de-Lans *(Montis Leonis)*, qui légua pour son anniversaire au prieuré de St-Robert 20 livr. qui furent placées sur Guillaume de la Balme.
CHEVALIER (U.), *Nécrol. de St-Robert*, 58-9.

**5738** 17 décembre (XIIIe siècle).
Obit de Bernard Guiliens, pour lequel son fils Bernardet doit servir au couvent de St-Robert un repas *(pictantia)* annuel de 10 sols.
CHEVALIER (U.), *Nécrol. de St-Robert*, 59.

**5739** 17 décembre (XIIIe siècle).
Obit de Rolland de Malleval *(Malavalle)*, prieur de Belmont *(Bellimontis)*.
CHEVALIER (U.), *Nécrol. de St-Robert*, 59.

**5740** 25 décembre (XIIIe siècle).
Obit de Willelma, épouse de Talai.
*Bull. soc. archéol. Drôme*, XXVII, 301, à Valence.

**5741** 26 décembre (XIIIe siècle).
Obit de Hugues Franconis, clerc, qui laissa au couvent de St-Robert, pour son anniversaire, 20 livr. placées par lui à Moirans *(Moyrencum)*.
CHEVALIER (U.), *Nécrol. de St-Robert*, 60.

**5742** 28 décembre (XIIIᵉ siècle).
Obit d'Etienne Challol, prêtre et chanoine de St-Marcel, qui laissa à cette église 10 sols de cens pour une réfection à la fête des Innocents.
CHEVALIER (J.), *Hist. égl.-ville Die*, I, 442-3.

**5743** 28 décembre (XIIIᵉ siècle).
Obit de Guillaume Trenuas, convers, qui donna au couvent de St-Robert 20 livr.
CHEVALIER (U.), *Nécrol. de St-Robert*, 60.

**5744** 29 décembre (XIIIᵉ siècle).
Obit de François de Sassenage *(Cassanatico)*.
CHEVALIER (U.), *Nécrol. de St-Robert*, 60.

**5745** (Après 1200).
Adémar de Beauvoir donne une terre aux frères de Bonnevaux; assentiment de Gautier *(Valterii)* de Balbeu et de son frère Guillaume, de Hoilard et de Guillaume de Moydieu, ses parents, qui en avaient l'aleu. Garant : Siboud de Beauvoir. Témoins.
CHEVALIER (U.), dans *Bull. acad. Delphin.* D, II, 57-8; *Cartul. de Bonnevaux*, 41-2, n° 80.

**5746** Meyrieu, (après 1200).
La femme de Gaudemar Archisi donne [aux religieux] de Bonnevaux un pré et des pâturages dans le mandement de Châtonnay *(Catunnaico)*, à Meyrieu, Estrablin et *Erpeu*. Fact. ap. Maireu, dans sa maison ; présents : ses fils Ponce et Arnaud, etc. Elle confirme dans le pré.
CHEVALIER (U.), dans *Bull. acad. Delphin.* D, II, 58 ; *Cartul. de Bonnevaux*, 42, n° 81.

**5747** (Après 1200).
Hoilarth de Moydieu et ses frères donnent toute leur terre à Notre-Dame de Bonnevaux. Témoins : Siboud de Beauvoir, etc. Assentiment de Gaudin de Chèzeneuve, sa femme et ses fils.
CHEVALIER (U.), dans *Bull. acad. Delphin.* D, II, 57 ; *Cartul. de Bonnevaux*, 41, n° 79.

**5748** (Après 1200).
Humbert de Châtonnay donne aux frères de Bonnevaux de l'eau pour arroser le pré (n° 5746). Ponce et Arnaud, fils de Gaudemar, approuvent ; présents : leurs oncles Girold et Gautier, etc.
CHEVALIER (U.), dans *Bull. acad. Delphin.* D, II, 58 ; *Cartul. de Bonnevaux*, 42, n° 82.

**5749** Montélimar, 2 janvier 1200/1.
Hugues et Giraud Adhémar de Monteil, seigneurs par indivis de Montélimar, du consentement de leurs oncles Lambert et Giraud Adhémar de Monteil, confirment à leurs vassaux les concessions de leurs ancêtres. Témoins : Giraudon et Giraudet Adhémar de Grignan, etc.
CHEVALIER (U.), *Cart. de Montélimar*, 23-5, n° 11*. — Pièce fausse.

**5750** 21 mars 1200/1.
Epitaphe d'Aymon d'Ambronay, qui donna [aux moines de St-André-le-Bas à Vienne], pour son anniversaire, 10 sols de cens sur son ouvroir *(operatorium)* dans le quartier des Merciers *(in Merceria)*, a° gratiæ 1200.
TERREBASSE, *Inscript. Vienne*, 1, 270-2, n° 387.

**5751** 1201.
Aimar de Poitiers, comte de Valentinois, et sa femme Philippa exemptent la chartreuse de Bonnefoy des droits de pâture dans leurs terres du mandement de Mézenc.
VIC-VAISSETE, *Hist. de Languedoc*, 3ᵉ, VIII, 1926. = LE COUTEULX, II, 176.

**5752** 1201.
Lettre de Jean de St-Paul, cardinal prêtre de Ste-Prisque, légat du Siège apostolique, à Guillaume *(W.)*, évêque de Gap. Il rappelle l'avoir chargé de terminer le différend entre G[uigues], prieur de Durbon, et les Templiers de Lus *(Luns)*, au sujet de pâturages. Les parties ayant objecté avoir [par compromis] choisi d'autres juges, la cause lui a fait retour. Il le charge de nouveau de la terminer canoniquement. — *Memores sumus*.
GUILLAUME, *Chartes de Durbon*, 175, n° 247.

**5753** 1201.
Guillaume *(W.)*, évêque de Gap, juge délégué par commission du cardinal Jean de St-Paul, légat du Siège apostolique, pour trancher le différend entre les frères de Durbon et ceux de la milice du Temple de Lus *(Luns)*, avait cité les parties : les Templiers firent défaut et donnèrent pour raison un choix antérieur d'arbitres. Les parties se soumirent ensuite à une 2ᵉ commission du cardinal à l'évêque. Au jour fixé, les Templiers firent de nouveau défaut. Absorbé par d'autres affaires, le prélat confia à son archidiacre, Guillaume *(W.)* Claustra, d'entendre les allégations et réponses des parties et de recevoir les dépositions des témoins. Les Templiers firent opposition au dernier point, mais on passa outre. Etienne de Boulc *(Bolc)* témoigna que le comte Ysoard et son fils Pierre donnèrent aux frères de Durbon, dans leur cloître, le pâturage dans toute leur terre, spécialement à la Jarjatte *(Gargata)* ; le même jour, il ordonna à Guillaume *(W.)* Lucȩt, bailli de la milice, d'en faire sortir les animaux des Templiers de Lus *(Luns)*, ce qui eut lieu le lendemain. Le même et d'autres témoignent de l'usage des chartreux au territoire *del Croset*, dont le bailli du comte chassait les Templiers. Ponce Arberti témoigne de la transaction entre André, prieur de Durbon, et Hugues Gaufredi, commandeur de la milice du Temple, faite sous la roche de Burriane, qui attribua les pâturages de la Jarjatte à Durbon et ceux de Croset au Temple ; elle remonte à 26 ans ; Bertrand, évêque de Sisteron, et Pierre Pineti intervinrent [sept. 1173]. Les Templiers y contrevinrent plusieurs fois, mais leur supérieur, Guigues de Selleu, les força à satisfaction, que le prieur refusa d'accepter. Pierre Pineti raconte en détail l'accord [de 1173]. Sceaux d'Humbert, évêque de Die, de son église, de Guillaume év. de Gap.
GUILLAUME, *Chartes de Durbon*, sceaux, 174-9, n°ˢ 246 et 248. = ROMAN, 48°.

**5754** « Serre Pela », 1201.
Pierre Ysoardi et sa femme donnent et vendent au prieur Guigues et aux frères de Durbon leur droit sur le pré près de celui de Garin de Montmaur, moyennant

3 sols. Témoins : Fulcon, procureur, etc. Fait *in Serre Pela.*
GUILLAUME, *Chartes de Durbon*, 180-1, n° 251. = ROMAN, 48ᵇ.

**5755**  « Serre Pela », 1201.
Guillaume Gallart *(G-rdi)* et sa femme donnent et vendent aux mêmes leur droit sur le pré de *Serre Pela,* moyennant 4 sols. Témoins : Fulcon, procureur, etc. Fait dans ce pré.
GUILLAUME, *Chartes de Durbon*, 181, n° 252. = ROMAN, 48ᵇ.

**5756**  Durbon, 1201.
Ponce Gonters *(G-ri),* son fils Ponce et son neveu de même nom donnent et vendent au prieur Guigues et aux frères de Durbon leurs prés *en la plata dels Gunters,* moyennant 6 sols. Témoins : Fulcon, procureur, etc. Fait *ante fabricam* de la maison inférieure.
GUILLAUME, *Chartes de Durbon*, 180, n° 250. = ROMAN, 48ᵇ.

**5757**  1201.
Guillaume, prieur de l'Isle-sous-Vienne *(Insulæ subtus Viennam),* et son couvent vendent au chapitre [métropolitain] de Lyon une île près du château de Givors, qui leur était inutile ; ils emploient le prix, 28 livres, à l'achat aux moines [de N.-D.] de la Chassagne *(Chassaneæ)* d'une terre à *Chastellud.*
GUIGUE (M. C.), *Cart. Lyonnais*, I, 115-6, n° 84.

**5758**  Lyon, 1201.
Raynaud, primat de Lyon, atteste que Guigues Blanc, chanoine de Vienne, a pris en fief de l'église métropolitaine tout ce qu'il possédait à St-Martin-la-Plaine *(Plainai)* et dans la paroisse, et en a fait hommage lige à Humbert, abbé de St-Just, qui en était obédiencier. Il donne comme caution Aymon de Broen. *Act. Lugduni,* en chapitre commun.
GUIGUE (M. C.), *Obit. eccl. Lugdunen.* 183-4. *Biblioth. de l'école des Chartes* (1890). LI. 346-7. — Guigues mourut le 26 janvier : *Obit. Lugdun. eccl.* 12 ; *Obit. égl. prim. Lyon*, 11.

**5759**  Bourg-lès-Valence, avril 1201.
Jarenton, prieur de St-Pierre du Bourg, et ses chanoines, au nombre de 10, inféodent à perpétuité aux religieuses de Vernaison *(Commercio)* l'église de Ste-Marie du Colombier, avec ses terres, cens, dîmes et droits paroissiaux, sous le cens annuel de 12 setiers de seigle, mesure de Romans, payables au Bourg à la s' Julien. Les religieuses devront y entretenir un prêtre et un clerc à résidence fixe pour le service divin ; les biens acquis par les sœurs dans les limites de la dîmerie seront à l'église. En cas de cessation du culte ou du payement du cens, ou d'abandon du lieu par les religieuses, elles ne pourront rien garder ni transférer à d'autres maisons. Fait dans le cloître *Burgensi..., C litt. domin. ;* témoins : Michel et Julien, prêtres, etc., Alix *(Aalais),* prieure, Sibylle, Hermengarde de Conquers et leur chapelain Jean.
Inséré dans l'acte du 17 nov. 1288.

**5760**  Vernaison, avril 1201.
La prieure Alix *(Aalais)* et les religieuses de Vernaison, au nombre de 22, acceptent *apud Commercium* la concession faite à leur couvent par les chanoines du Bourg-lès-Valence.
A la suite de l'acte de la même date.

**5761**  Mondragon, juin 1201.
Sentence arbitrale par laquelle Draconet de St-Pasteur, Fontin de St-Just, Pierre de Sérignan et Gérard de Pierrelatte, coseigneurs de Pierrelatte, se déclarent vassaux de Draconet et Guillaume Artaud, seigneurs de Mondragon, et promettent de leur fournir 50 chevaux en leurs cavalcades de Pâques à la s' Michel et 50 autres chevaux de la s' Michel à Pâques, en cas de guerre défensive, mais non de *raubaria,* suivie d'hostilités ; ils reconnaissent leur devoir deux procurations *(albergæ)* avec 50 écuyers par an. Présents : Rostaing de St-Marcel, Nicolas, évêque de Viviers, etc. Fait en l'église de St-Jacques... *Bertrandus Emponici scr.*
Arch. de l'Isère, B. 4358, vid. du 20 mai 1448 (IV, 207ᵇ). *Invent. Valentinois,* IV, 2 (II, 477). — CHEVALIER (U.), *Invent. arch. Dauph. 1346,* n° 1436. — CHEVALIER (J.), dans *Bull. soc. archéol. Drôme,* XXIII, 443 (à part, I, 64).

**5762**  St-Ruf, juin 1201.
De l'argent donné par Ponce Chais pour acheter des revenus à l'infirmerie, Hugues (?) abbé de St-Ruf avait reçu pour besoins urgents 4000 sols dont 2000 furent placés à Crest pour une rente de 23 setiers de froment et autres 2000 sur les vignes de feu Maréchal *(Marescalchi)* pour 4 livr. 1/2. L'abbé Falcon concède à Ponce les biens qu'il tenait de l'église à Alixan *(Aleixan),* 15 sols de cens dus par l'abbaye de Léoncel à la s' Apollinaire, et les produits du banc de la boucherie à Valence. Fait en chapitre de St-Ruf, où présents le prieur claustral R[aymond], le sacristain Etienne Medici et 24 chanoines.
CHEVALIER (U.), *Cod. diplom. S. Rufi,* 93-4. n° 86.

**5763**  Latran, 1ᵉʳ juillet 1201.
Privilège du pape Innocent III accordé à l'abbé et aux religieux de Léoncel ; il les prend sous sa protection, avec exemption de dîmes et de visite épiscopale ; il leur confirme St-Romain, Combechaude, Valfanjouse, les pâturages de Musan et d'Ambel, les granges du Conier, de Parlanges et de la Voupe, la maison de la Part-Dieu, les celliers de Peyrus et de St-Julien, etc. — *Religiosam vitam.*
CHEVALIER (U.), *Cartul. de Léoncel,* 70-1. n° 65. Supplém. 21-6.

**5764**  2 juillet 1201.
Le pape Innocent III prend le monastère de Laval-Bénite de Bressieux sous sa protection et lui confirme ses propriétés : la grange de Passarine, le cellier de Nerpol, la grange de Vernaz, celles de St-Etienne et de *Pratello,* les celliers de Moirans, Chevrières et Sallerey.
ALLARD (G.), *Dict. Dauph.* II, 12. PILOT DE THOREY (EMIL.), *Abb. de Notre-Dame de Laval-Bénite de Bressien* (1873), 7.

**5765**  Août 1201.
Prêtent serment, au sujet du différend entre les chevaliers de Meyrieu *(Mayrieu)* et la maison de Bonnevaux, Jean Clavez, Boson Escofier, Durand Engelboes, Engelbues li Ramps et Durand de *Rivo ;* présents (3) ; témoins (6).
CHEVALIER (U.), dans *Bull. acad. Delp'.in.* D, II, 79 ; *Cartul. de Bonnevaux,* 63, n° 139.

**5766**  24 septembre 1201.
Arnaud Flotte, seigneur de la Roche[-des-Arnauds], accorde des lettres de noblesse et d'affranchissement à Pierre Tirail, de Montsaléon, et à ses fils Lambert et Galvaing, en considération des services qu'il avait rendus au seigneur de la Roche.
Poli (Oscar de), dans *Annuaire conseil hérald. de France* (1897), X,... ; *Ann. des Alpes*, I, 50. = Roman (J.), dans *Bull. soc. études Hautes-Alpes* (1898), XVII, 1 ss.

**5767**  Montmiral, 27 septembre 1201.
Les Hospitaliers de St-Paul et dame Aynarde, veuve d'Aymar de Bressieux *(Brisen)*, échangent une vigne au-dessous du bourg de St-Christophe, donnée par Arbert seigneur de Montmiral *(Montis Miralis)* à l'Hôpital contre un champ aux Combes *(in Cumbas)*, qui donne 2 setiers de froment. Aynarde jure l'observation de cet accord et promet que son fils Aymar, qui l'approuve, prêtera serment dans 5 ans. Sont cautions à l'Hôpital. Algon seigneur de Montmiral, Garnier, Emidon de St-Lattier *(S. Laterii)* et Matyons. Fait par l'entremise de frère Chabert de St-Sauveur, commandeur *(magister)* de l'Hôpital de St-Paul, sur la place devant l'église de Montmiral. Témoins (7).
Chevalier (U.), *Cart. de St-Paul-lès-Romans*, 25-6, n° 49.

**5768**  (1201 ?).
André Richartz se donne lui-même comme frère à la maison de l'Hôpital [de St-Paul], avec sa terre de Génériat *(Genevreias)*, ce qu'approuve sa femme Anne. Celle-ci, arrivée à sa fin, donne toute cette terre, avec son fils Guillaume. Témoins : Chabert de St-Sauveur, commandeur *(maistre)* de la maison, etc. — Cens perçus *apud Vageiras*.
Chevalier (U.), *Cart. de St-Paul-lès-Romans*, 27, n° 51. Meyer (P.), *Rec. d'anciens textes*, 169.

**5769**  La Prêle, 1ᵉʳ octobre 1201.
Silvion de Crest *(Silvo de Crista)* tenait en fief de l'église Notre-Dame de Die et de son évêque le château de Béconne *(Becone)*, le village de St-Benoît et certains droits à Saillans *(Sallenz)* ; il en devait hommage et fidélité, avec obligation de les rendre à toute réquisition, et privilège de porter l'étendard et d'offrir les premiers plats à la table de l'évêque consacré. Silvion tenait de l'église de Die un autre fief, comprenant le château de Crest, le village de Lambres, Divajeu, Aouste, le château de St-Médard et tous ses droits entre Saillans et Crest, pour lesquels il devait hommage lige. Ce dernier fief, l'évêque Humbert, du consentement de son chapitre, le cède à Béatrix, comtesse d'Albon et à son fils le dauphin André, voulant par là augmenter leur puissance ; ils lui en feront hommage lige et serment de fidélité. En compensation, ils remettent le château de Montclar, le village du Monestier-St-Julien et tout leur avoir dans les châteaux de Véronne et de Suze à l'évêque, qui leur en fait rétrocession, à charge de les tenir en fief de lui ; ils devront prendre en tout la défense de l'évêque, comme Silvion celle de ses nouveaux seigneurs, sauf contre l'évêque de Die et son église. Serment sur les quatre Evangiles. Fait entre la ville de Romans et le château de Peyrins *(Pai-*

*ran)*, au lieu dit la Prêle *(Praellas)*... ind. 4... Témoins : Arbert de la Tour *(Tor)* et son fils, Berlion de la Tour, Audebert de Châteauneuf, Odon de Tournon, Guillaume de St-Lattier, Guigues de Bellecombe, Odon et Guigues Alaman, Hugues de Gières, Guigues de Champs, Etienne Maréchal, Burnon, archidiacre, A. prieur de Quint, Ponce, archiprêtre, etc. (16). Sceaux des contractants, auxquels Ai[nard], archevêque de Vienne, ajoute le sien.
Arch. de l'Isère, B. 3162, orig. parch. ; B. 3913. Fontanieu, *Cart. du Dauph.* I, 150ᵇ. 152ᵇ. 238ᵃ (1250). Moulinet, *Coll. titres fam. de la Tour*, 9-10. — *Justel, *Hist. généal. mais. Auvergne*, pr. 167. Valbonnays, *Mém. hist. Dauph.* 125-6 ; *Hist. de Dauph.* I, 121-2, 183. *Gallia christ. nova*, XVI, instr. 195-7. Chevalier (C. U. J.), *Cart. de l'égl. de Die*, 24-7, n° 8. Trad. Chevalier (J.), *Hist. de Die*, I. 257-60. — Chorier, *H. de D.* I, 802, 843, Columbi, *Opusc.* 293. Bréq. IV. 309. Petit, *Hist. ducs Bourg.* III, 379.

**5770**  14 octobre 1201.
L'abbesse de St-Césaire d'Arles cède à Dragonet, seigneur de Montauban, et à Raymond de Montauban, son fils, ses droits sur quelques feudataires de Vinsobres.
Bibl. de Grenoble, ms. U. 486. 65. = Chevalier (J.), dans *Bull. soc. archéol. Drôme*, XXIII. 443 (à part, I, 64).

**5771**  Novembre 1201.
Arbitrage entre les moines d'Ulmet et les religieuses de St-Césaire, fait par l'archevêque d'Arles Imbert, en présence d'Amédée, abbé de Bonnevaux, qui approuve et scelle la charte.
Bouche, *Hist. de Provence*. II, 194. Albanès-Chevalier, *Gallia christ. noviss.* IV, 290-2.

**5772**  (Avant 1202).
Béatrix d'Albon, veuve de Hugues, duc de Bourgogne, épouse Hugues de Coligny, fils d'Humbert, seigneur de Coligny et de Revermont.
Petit (E.), *Hist. d. ducs de Bourgogne*, III, 72, 146.

**5773**  Janvier 1202.
Guillaume de Baux, prince d'Orange, donne en fief à Ricau de Caromb le château de Suze[-la-Rousse), avec ses dépendances, à charge de reconnaissance et d'aide en cas de guerre.
Barthélemy, *Invent. mais. Baux*. 27-8. n° 103.

**5774**  Rompon, Baix, 31 janvier 1201/2.
Adémar de Poitiers, comte de Valentinois, pour que Dieu conserve la vie à son fils Guillaume à son honneur et utilité, donne à la maison de Rompon et à son prieur Guillaume une terre appelée Champ-Rond. Fait dans l'église de Rompon. Approbation de son épouse Philip[p]a. Témoins : Pierre Anneus, sacristain. Confirmé ap. *Bais* ; présents : Jaucerand de Mirmande, etc. Pierre *Guigonis scr*. Sceau... Le jour de la naissance de Guillaume, Philippe roi de France, *fer*. 4ᵉ.
Arch. de l'Isère, B. 3518, origin. parch. = Chevalier (J.), dans *Bull. soc. archéol. Drôme*, XXVII, 333 (à part, I. 197).

**5775**  Die, 13 mars 1201/2.
...ind. 4,... *luna* 16, *fer*. 4. Humbert, évêque de Die, échange avec Humbert Boacha, prieur de St-Marcel du Château *(de Castello)*, celui-ci du consentement du prieur Amédée et du chapitre de Ste Croix, 19 den. de cens et 3 dîmes contre les droits de l'église de St-Marcel sur la

vigne de la confrérie *(confraternitas)* dans la plaine d'Auris. Fait dans le parloir *(parlatorium)* du palais épiscopal. Témoins : les prieurs Amédée de Quint et Pierre Lautauz de Guignaise, le sacristain Philippe, etc. (12).

CHEVALIER (C. U. J.), *Cart. de l'égl. de Die.* 54-5, n° 24. = CHEVALIER (J.), *Hist. égl.-ville Die.* I, 261, 436.

1202, Innocent III — Bonnefoy == 1246.

**5776** 1202.

Albert de la Tour, pour réparer ses injustices envers l'église de Cluny, donne à la maison d'Innimont, entre les mains de l'abbé de Cluny, divers biens à Neyrieu et à Serrières[-sur-Ain], et l'exemption de leyde à Luyseis. Il constitue pour garants les archevêques de Lyon et de Vienne et leurs chapitres. Confirmation de son fils Albert. Témoins : le prieur Nantelme, Boson de Briord, Guigues de Morestel, Jocerand de Langes, etc.

FONTANIEU, *Cart. du Dauph.* I, 152b. MOULINET. *Coll. titres fam. de la Tour*, 10. — GUICHENON, *Bibl. Sebus.* 80-2, cf. 30; (1780), 22-3. VALBONNAYS, *Hist. de Dauph.* I, 183b. BERNARD-BRUEL, *Chartes de Cluny*, V, 778-80, n° 4407. = GEORG. I, 797. BRÉQ. IV, 333.

**5777** Recours, 1202.

Odon Benedicti, sa femme Audeiart, ses fils Pierre et Odon vendent au prieur Guigues et aux frères [de Durbon] leur avoir dans les limites de Recours, moyennant 5o sols. Fait près la grange de *Rocos*. Témoins : Falcon, procureur, etc.

GUILLAUME, *Chartes de Durbon*, 181-2, n° 253. = ROMAN, 49b.

**5778** 1202.

Lambert d'Eygluy *(Aigleu)* se rend au chapitre de Léoncel ; il confirme entre les mains de l'abbé Pierre tout ce que ses prédécesseurs avaient donné ou vendu à la maison, renonce à toutes ses revendications, spécialement sur le territoire de St-Romain, et promet d'être le protecteur et le défenseur des frères : on lui donne 5o sols. Sceau d'Humbert, évêque de Die. Témoins (9).

COLUMBI, *Gest. Valent. episc.* (1638), 91 ; (1652), 105 ; *Opusc.* 293. CHEVALIER (U.), *Cartul. de Léoncel*, 71-2, n° 66.

**5779** 1202.

Compromis entre les habitants de Pierrelatte et ceux du Bourg-St-Andéol, au sujet de leurs limites.

Arch. de la Drôme, E, 7205, orig. parch.

**5780** 1202.

Albert, seigneur de la Tour, reconnaît que son aïeul Girard de la Tour, son père Albert et lui, avec l'assentiment de son frère Berlion, ont concédé à la chartreuse de Portes le pâturage dans toute la terre de la Tour. Consentement de son fils Albert. Sceau.

FONTANIEU, *Cart. du Dauph.* I, 153ª. MOULINET. *Coll. titres fam. de la Tour*, 10-1. — JUSTEL, *Hist. de la mais. d'Anvergne*, 167, pr. 329. VALBONNAYS, *Hist. de Dauph.* I, 183b. = BRÉQ. IV, 333.

**5781** 1202.

Aymon de Boczosel et ses fils Bérilon, Humbert et Arbert donnent à l'église de St-Maurice de Vienne les 2/3 des dîmes de St-Hilaire : 15 setiers de méteil *(annona)* et autant de vin ; présents : Burnon, doyen, B. archidiacre, Ismidon de Cordon, etc. (11).

*CHARVET, 367-8. COLLOMBET, II, 104. CHEVALIER (U.), *Cartul. de St-Maurice Vienne.* 5o, n° 248; *Supplém.* 15-6.

**5782** (Vers 1202).

Le doyen B[urnon de Voiron] et Jean de Leschanals acquièrent une maison près des Canaux et la donnent à St-Maurice de Vienne, [sous condition d]'une pleine réfection à la communauté à leur anniversaire.

CHARVET, 793. TERREBASSE, *Inscr.* II, 45-6, n° 442.

**5783** 1202.

Donation à l'église de St-Maurice de Vienne par Guitgier du Port, du moulin de Vézeronces et d'une vigne ; le chapitre lui rend ces biens, sous la pension annuelle de 3o sols ; il y garde le droit de prélation et de lods.

CHEVALIER (U.). *Cart. de St-Maurice Vienne* 51, n° 205; *Suppl.* 16.

**5784** 1202.

Le chevalier [chanoine ?] Olivier de Pinet donne à l'église de St-Maurice de Vienne ce qu'il avait à Vitrieu *(villa Vitroc)* ; on lui en laisse la jouissance, sous la redevance d'un quartal de froment, et on l'associe aux biens spirituels de l'église.

*CHARVET, 365. COLLOMBET, II, 100-1. CHEVALIER (U.), *Cart. de St-Maurice Vienne*, 51, n° 251 ; *Suppl.* 16.

**5785** 1202.

Valet d'Ornacieu *(O-ceu)*, chevalier, engage pour 3oo sols à l'église de Vienne 8 setiers d'annone annuels, qu'il percevait sur les terres de St-Maurice à Faramans. Le chapitre concède cette *gatzeria* à Bornon d'Hautmont *(Altomonte)*, sous condition de retour à l'église après sa mort. Témoins : Burnon doyen, Guitfred chantre, Bornon de Lanz, Guillaume de la Motte et Guitfred Bachillius, archidiacres, Bérilon de Boczosel, Drodon de Beauvoir, Ismidon de Cordon, Bérilon d'Auberive, Ervis de Beauvoir, Guillaume de Viriville *(Veterivilla)*.

CHEVALIER (U.), *Cart. de St-Maurice Vienne*, 51, n° 252 ; *Supplém.* 16.

**5786** 1202.

André Richarz, Anne sa femme et leur fils Guillaume donnent et louent à l'Hôpital de St-Paul un champ à Génériat *(Genevres)* pour 6 ans, moyennant 12 livr. Fait par Chabert de St-Sauveur, la 1re année qu'il fut commandeur *(comandaire)* de l'Hôpital de St-Paul. Garants : le Marchis, le commandeur *(maistre)* de Montélier *(Monteilz)*, etc., dans la maison de Clément del Reiauz.

CHEVALIER (U.), *Cartul. de St-Paul-lès-Romans*, 29, n° 56.

**5787** (1202?).

Artaud Rienz vend à l'Hôpital de St-Paul un champ *al Charpen* et un autre au Cogner *(al. Cooneir)*, au prix de 1000 sols ; sa femme en reçoit 18 den. et une robe *(gonella)*. Fait entre les mains de Chabert de St-Sauveur, commandeur *(maistre)* de St-Paul....

CHEVALIER (U.). *Cartul. de St-Paul-lès-Romans*, 28-9, n° 54.

**5788** Montmiral, (1202?).

Guitgeria se donne à l'Hôpital de St-Paul et aux pauvres de Jérusalem pour *cofrairessa* ; à la fin, on l'enterrera près de son père et pour cela elle cède 1 émine de froment et 12 den. Fait à *Monmira*, dans la maison de

Bernard Chalva, et reçu par le *maistre* Chabert de St-Sauveur ; témoins : son mari Bernard Chalva, etc.
Chevalier (U.), *Cartul. de St-Paul-lès-Romans*, 28, n° 53.

**5789** (1202 ?).
Épitaphe de *patrona Eumenia*, incrustée dans le mur de la façade de l'église de Tourdan.
Berthin (Vital), dans *Rev. de Vienne* (1837), I, 418.

**5790** 1202.
Convention d'Humbert, évêque de Valence, avec son chapitre, le prévôt Eustache et le doyen Lambert, au sujet des armements défensifs ; comptes avec les bailes, procureurs, etc.
Fontanieu, *Cart. du Dauph.* I, 153. — Columbi, *Episc. Valentin.* 31 ; *Opusc.* 262. Valbonnays, *Mém. hist. Dauph.* 145; *Hist. de Dauph.* I, 143.

**5791** Le Monestier, 1202.
Alix *(Aalais)*, prieure de la maison de Ste-Marie du Monestier près de l'Isère, au mandement de Châteauneuf, achète de Jarenton Vache 4 setiers de froment de cens, que les religieuses faisaient à Guillaume de Moirans *(Moirenz)* et à Pierre Dalverne pour des terres à Vernaison *(Comertinum)*, au-delà de l'Isère, au prix de 6 liv., sous réserve du droit de domaine. Témoins : Jean chapelain du couvent, etc. et 12 religieuses. *Fact. ap. Monasterium*, en la maison de dame Alamanna.
Arch. de la Drôme. Vernaison, orig. parch. n° 32.

**5792** St-Paul-lès-Romans, mai (1202 ?).
Artaud de Châtillon *(Chastellon)*, sa femme, son fils Nantelme et Nantelme Rainers donnent à l'Hôpital de St-Paul le champ de *Maza Peol* [la Commanderie] pour 2 setiers de froment de cens. Artaud reçoit 20 sols, sa femme une émine de pois et Rainier 7 sols. Fait devant l'église de l'Hôpital, entre les mains de Chabert de St-Sauveur, commandeur *(magister)*. Témoins.
Chevalier (U.), *Cartul. de St-Paul-lès-Romans*, 30, n° 57.

**5793** 26 mai 1202.
Obit de Guillaume de Bénévent, archevêque d'Embrun.
Le Courtulx, *Ann. Cartus.* III, 281. Le Vasseur, *Ephemer. Cartus.* II, 149°.

**5794** Ste-Euphémie, 3 juin 1202.
Guillaume, comte de Forcalquier, fils de la comtesse Joscerane, accorde en mariage sa petite-fille Béatrix [de Claustral] à André, dauphin de Viennois, fils de Béatrix duchesse de Bourgogne, comtesse de Vienne et d'Albon, et lui donne en dot après lui son comté et sa terre depuis le pont du Buëch à Sisteron dans les diocèses de Gap et d'Embrun. Il livre comme garantie les châteaux de l'Argentière et de Redortier à Odon et Guigues Allemand *(Alamanni)*, qui font hommage au nom du dauphin. Réserves en cas de prédécès. Serment du dauphin, comprenant la promesse de ne faire aucune alliance avec le comte de Provence ; jurent avec lui Arbert de la Tour. Raymond Bérenger, Artaud de Roussillon, Guigues de Briançon, Guigues Ainard, Guigues de Bellecombe, Lantelme Ainard, Adémar, Guigues et Arbert de Sassenage, Bellon de Châteauneuf, Hugues de Gières, Guillaume de St-Geoirs. Pain Allemand et Jarente de Cerve. Fait tandis que le comte Guillaume était *ap. S. Eufemiam* sur le Buëch et dévastait avec une nombreuse armée tout le territoire de Sisteron. Témoins : Guillaume et Hugues de Baux, Dragonet Rain, Raymond d'Agout, Arnaud Flotte, Raymond Osasica, etc. (41). *Petrus not. d. comitis Forcalquerii scr. — Quoniam multi.*
Arch. des Bouches-du-Rhône. B, 301, origin. parch. Arch. de l'Isère. B. 306, 29b ; B. 3001 ; B. 3248 (III, 229b). ; 3735, copie de 1498. Carpentras, ms. Guichenon. XVI, 412. *Invent. Embrunois.* 128 ; *Gapençais.* 259, 269-70. Allard (G.), ms. XV, 239. Valbonnays, 2° Reg. n° 224. Fontanieu, *Hist. de Dauph.*, pr. II, 11, 393 ; *Cart. du Dauph.* I, 150-2. — Du Chesne, *Dauf. de Vien.* pr. 13. Bouche, *Hist. de Prov.* II, 179-80. Ruffy, *Hist. de Forcalquier.* *Valbonnays, Hist. de Dauph.* II, 459 m. Fornier (Marc.). *Hist. Alpes Marit.* III, 222-4. *Prudhomme (A.), *Invent. somm. arch. Isère*, III, 161. Trad. Cherias (J.), dans *Echo du Dauph.* II, n° 72-3. — Chorier, *H. de D.* I, 803 ; 2°, 619. Courbon, chr. 240. Brèq. IV, 321. Roman, 49°. Petit, *Hist. ducs Bourg.* III, 387.

**5795** Vienne, août 1202.
Aymon de Boczosel, du consentement de ses enfants Bérilon, chanoine de St-Maurice, et Humbert, cède le château et mandement de Roche à son fils Aymon, qui en fait incontinent donation à l'archevêque Aynard et au chapitre de Vienne, lesquels lui remettent 60 livr. et l'investissent de cette seigneurie à titre de fief rendable. Fait dans la salle haute du palais archiépiscopal, en présence du doyen Burnon de Voiron, du sacristain Pierre d'Arènes, de plusieurs chanoines et du chevalier Hugues Malet.
*Charvet, 367. Chevalier (U.), *Cartul. de St-Maurice Vienne*, 50, n° 249 ; *Supplém.* 16.

**5796** 9 août 1202.
Obit d'Aldon, prieur de Notre-Dame de l'Isle à Vienne.
Delorme, *Descr. musée de Vienne*, 277. Charvet, *Fastes ville Vienne*, 160. Terrebasse, *Inscr.* I, 273-6. n° 388.

**5797** 10 août 1202.
Bertrand d'Arzeliers *(Arteillario)*, chevalier, seigneur de Rochebrune et de Ste-Jalle, vend à Arnaud de Sahune *(Assaduna)*, seigneur de ce lieu, tous ses droits sur le château, ville et mandement de Ste-Jalle *(S. Gallaj)*, pour le prix de 4000 sols Viennois.
Arch. de l'Isère, B, 3637, orig. parch. (III, 119). *Invent. Baronnies*, II, 327 : 990.

**5798** Vienne, septembre 1202.
Aynard, archevêque de Vienne, considérant la pauvreté de l'église de Notre-Dame de l'Isle-sous-Vienne, et sur la demande des chanoines et profès, la confie à Falcon, abbé du Buëch à St-Ruf, sauf dépendance de l'église cathédrale. Les anciens usages seront observés, nonobstant les privilèges de l'ordre ; les chanoines y seront reçus pour se reposer ou se faire religieux. On suivra le rite de l'église de Vienne. Fait à Vienne, du consentement du chapitre ; présents au chapitre : Guy d'Heyrieu, chantre. Guillaume de St-Symphorien, Dreux Rivoire et Simon de St-Georges ; pour St-Ruf, l'abbé, les prieurs Aynard d'Annonay, Arnaud de ........, Dreux de Peyraud, Bérenger procureur, Barthélemy des Fontaines. Ratifié par le chapitre dans le cloître, où se trouvèrent Burnon doyen, Burnon de Lans archidiacre, Ismidon

de Cordon mistral, Guiffrei de Fornache chantre, Pierre d'Arènes sacristain, Guillaume de la Motte archidiacre, Humbert capiscol et 11 chanoines. Pierre d'Arènes chancelier.

*CHEVALIER (U.), *Cod. diplom. S. Rufi*, 94, n° 87. Trad. CHARVET, 365-7. COLLOMBET, II, 101-4. = COURBON, chr. 241. MERMET, III, 74.

**5799** Septembre 1202.
Robert de *Tilio*, commandeur *(præceptor)* des Templiers de Roaix, solde à Dalmace de ....... 350 sols Viennois *(Viannen.)*. *Fact. ad Montilionem*.

CHEVALIER (U.), *Cartul. de Roaix*, 98-9, n° 151.

**5800** Valence, octobre 1202.
Pierre Bérenger, d'Eurre *(Berengarii d'Urre)*, décharge les frères de Léoncel de 8 sols de cens qu'ils lui devaient et leur fait don de la terre avec *laschia* qui les devait. Ses frères Rostang et Guillaume donnent leur approbation. L'abbé Pierre et le couvent le rendent participant de toutes les bonnes œuvres de la maison de Léoncel et de l'ordre de Cîteaux ; ils y ajoutent 4 livr. Témoins. Fait *apud Valentiam*.

CHEVALIER (U.), *Cart. de Léoncel*, 72, n° 67.

**5801** 11 octobre (1202/....).
Obit de Jean Baion, frère du prieur Aimin, chanoine de St-Ruf au prieuré de Notre-Dame de l'Isle-sous-Vienne.

DELORME, *Descr. musée Vienne*, 277. CHARVET, *Fastes ville Vienne*, 160. TERREBASSE, *Inscr.* I, 273-6, n° 388.

**5802** (Valence-sur-Rhône), 19 octobre 1202.
Transaction entre Guigues, prieur de Durbon, et Dieudonné *(Deodatus)*, maître du Temple de Lus *(Lutis)*, au sujet des pâturages de la Jarjatte *(Gargata)*, de biens à Recours *(Rocos)* vendus par le Temple aux chartreux, et d'une *olchia* à Burriane. On exhibe au commandeur un acte authentique, scellé par son prédécesseur Hugues Gaufredi, et un autre de Pierre de Rovoira, maître du Temple en Espagne. Dieudonné cède le tout, moyennant 250 sols, du conseil des mandataires des maisons du Temple de Lus et de Valence. Fait en la maison *Templi Valentiæ*... Confirmé devant Humbert (V.) évêque de Valence. *sed. in Urbe Innoc. III papa, d. seq. post fest. Lucæ evang.*, en la chambre de la tour du palais épiscopal ; témoins : Guillaume de Baux, Draconet, L[ambert] doyen, Ricon d'Etoile, Pierre viguier, etc. *Jacobus. d. episcopi not. 2° a. pontif. ips... scr.* Sceau. — *Gesta rerum*.

GUILLAUME, *Chartes de Durbon*, 173-4, n° 245. = ROMAN, 49°.

**5803** à Mons Alaverni, décembre 1202.
... *Vacante sede imper*. Bertrand de Pierrelatte *(Petralapsa)*, évêque de Trois-Châteaux, du conseil et volonté de ses chanoines, chevaliers et bourgeois, promet à Raymond, fils de la reine Constance, duc de Narbonne, comte de Toulouse et marquis de Provence, de le secourir contre tous à l'aide de sa cité, du château de Baume, de la ville de St-Restitut et de la 1/2 de Camaret ; il lui donne le baiser [de paix] en signe de fidélité. Raymond promet de défendre l'église de St-Paul, cité, châteaux et villes. L'archidiacre Jordan, le chevalier Pierre de St-Paul et le bourgeois Pierre Gasc jurent cet accord avantageux à l'église. Fait en présence de Guillaume de Baux et Hugues son frère, B. évêque de Cavaillon, des connétables Bertrand de Durfort et Rostang de Sabran, etc.

Voir la charte de mars 1202/3. — ALBANÉS-FILLET-CHEVALIER, *Gallia christ. noviss*. IV, 62-3, n° 99. = VIC-VAISSETE, *Hist. de Lang.* III, 116-7 ; 3°, VI, 199, qui conteste la guerre que Raymond aurait faite au prélat (FERRAND, *Donzère*, 75-6).

**5804** Latran, 5 décembre 1202.
Privilège du pape Innocent III accordé au prieur et aux frères de la Chartreuse ; il les prend sous la protection de s' Pierre, confirme les limites de leurs possessions et prohibe tout méfait dans leur périmètre. — *Cum vos per Dei*.

*Privileg. ord. Cartus.* (1510). 5ᵇ-6°. THOMBY, *Stor. ord. Cartus.* V, app. 34. GUILLAUME (P.), dans *Ann. des Alpes* (1911), XV, 41-9. = POTTHAST, 1788. LE COUTEULX, III, 282.

**5805** Durbon, (1202/1203).
Bernard renonce de nouveau à ses prétentions, en présence de ses frères Etienne et Ysoard, devant l'église de la maison supérieure, entre les mains du prieur Jean. Témoins. Son frère Ysoard l'avait déjà fait, en présence du prieur Guigues et du procureur Fulcon.

GUILLAUME (P.), *Chartes de Durbon*, 184-5, n° 261. = ROMAN, 49ᵇ.

**5806** Durbon, (1202/1203).
Etienne Pelas, pour lui et son frère Bernard, avait cherché querelle [aux frères de Durbon] au sujet de *Podio Richardi* et d'une terre à Burriane. Finalement, il s'en désista devant le prieur Jean, en la cellule de Guigues. Témoins : Pierre Lautardi, procureur, etc.

GUILLAUME (P.), *Chartes de Durbon*, 184, n° 259.

**5807** St-Julien-en-Beauchêne, (1202/1203).
Etienne [Pelas] et Bernard renouvellent leur cession devant Etienne de Boulc *(Bolc)*, délégué par le prieur [de Durbon] *ap. S. Julianum*.

GUILLAUME (P.), *Chartes de Durbon*, 184, n° 260.

**5808** (1202/1211).
Gautier Soccus donne aux frères du Val-St-Hugon ce qu'il possède dans les alpes au-dessus de la Terrasse *(Terracia)*, entre les mains du prieur Pierre.

BURNIER (Eug.), *Chartreuse de St-Hugon*, 280, n° 67.

**5809** (1202/1211).
Guillaume Traparins, de Montgaren *(Montegarenc)*, donne aux religieux du Val-St-Hugon le quart des alpes de la Balme et d'Orgival, moyennant 70 sols. Témoins : le prieur Pierre, etc.

BURNIER (Eug.), *Chartreuse de St-Hugon*, 282-3, n° 75.

**5810** (1202/1211).
Humbert, chapelain du Moutaret *(Mosleret)*, et ses frères Pierre et Amédée cèdent aux religieux du Val-St-Hugon leurs droits à la combe de *Chubout* et à l'alpe de Plan Chalm, et reçoivent 70 sols. Témoins : le prieur Pierre, etc.

BURNIER (Eug.), *Chartreuse de St-Hugon*, 330, n° 194.

**5811** (1202/1211).
Jean, Pierre et Guillaume, fils de Hugues d'Arvillard, confirment la donation de leur père aux religieux du

Val-St-Hugon, en présence du prieur Pierre. Témoins : Nantelme prieur de Villard-Benoît, etc.

BURNIER (Eug.), *Chartreuse de St-Hugon*, 258-9, n° 8.

**5812** (1202/1211).

Pierre Tyo, de Montgaren *(Monte Garenco)*, donne aux frères du Val-St-Hugon un pré et une terre *in Loveria* ; assentiment de son frère Tyo, et de ses fils Pierre et Michel, entre les mains du prieur Pierre.

BURNIER (Eug.), *Chartreuse de St-Hugon*, 285, n° 82.

**5813** (1202/1211).

Donation de Raimond Lamberti aux chartreux du Val-St-Hugon. Témoins : Uldric chapelain d'Allevard, Hugues Rufi. de Goncelin, le prieur Pierre.

BURNIER (Eug.), *Chartreuse de St-Hugon*, 283, n° 76.

**5814** (Avant 1203).

*Egressis Lugduno apparuit nobis nobilis urbs Vienna, que et ipsa ad instar Lugduni rupium imminentibus est obumbrata preruptis et Rodano preterfluente percincta.*

WATTENBACH (W.). Aus den Briefen des Guido von Bazoches, dans *Neues Archiv Ges. ält. deu. Gesch.* XVI, 102. FAURE (Cl.), dans *Bull. acad. Delphin.* D, XIX, 347 (à part. 27).

**5815** Oraison, janvier 1202/3.

Privilège d'Alfonse, comte et marquis de Provence, abandonnant à l'abbaye de Boscaudon et à Bertrand de Jaca, qui veut se faire moine, tous ses droits sur le territoire de Paillerols. Témoin : Hugues, évêque de Riez.

Arch. des Bouches-du-Rhône, G. 170, 128. = ROMAN, 50ᵃ.

**5816** St-Paul-Trois-Châteaux, mars 1202/3.

Les citoyens de St-Paul, au nombre de 44, et les vassaux *(homines)* de St-Restitut (5) promettent par serment d'observer le pacte conclu entre leur évêque et le comte de Toulouse. Présents : Dieudonné *(Deodatus)* de Breissac, commandeur de Richerenches..., Audebert de Novis, qui reçut les serments, etc. (6). Pierre Daniel, notaire du comte, *scr*. Sceau de Bertrand évêque de Trois-Châteaux, seing d'Hélie, tabellion de la ville de St-Paul. A. de Noves, juge du comte et chancelier du Venaissin, *sigill*.

BOYER DE STE-MARTHE, *Hist. égl. St-Paul.-T.-Ch.* 66-7. *Gallia christ. nova*, I, instr. 121ᵇ. ALBANÉS-FILLET-CHEVALIER, *Gallia christ. noviss.* IV, 63, n° 99. — CHORIER, *Estat polit.* II, 175. GROGA. I, 797. BRÉQ. IV, 34.. VIC-VAISSETE, *Hist. de Languedoc*, 3ᵉ, VIII. 1946. BARTHÉLEMY, *Invent. Baux*, n° 104.

**5817** 1203.

Jean, évêque de Grenoble, s'étant rendu à la chartreuse d'Aillon *(Allio)*, demande au prieur Bonhomme et à ses frères de faire pour lui à sa mort et après comme pour un profès : tous l'accordent. Pour reconnaître leur charité, il leur donne un muid de vin pur pour désaltérer le couvent à son anniversaire. Il appose son sceau et celui de St-Vincent, avec approbation du doyen Guigues et du chapitre de Grenoble ...*epacta 6, ind. 6* (?).

MORAND, *Les Bauges*, II, 404-5. LE COUTEULX, *Ann. Cartus.* III, 299-3. = *MAIGNIEN (Edm.), Notes chronol. évêché Grenoble* (1870), 8.

**5818** 1203.

Jean, prieur de Gravers [= St-Baldolph], obtient par l'entremise de Jean, évêque de Grenoble, et avec l'assentiment d'Anselme, abbé de St-Rambert, de racheter la procuration qu'il devait aux Chartreux moyennant 40 sols de rente.

TREPIER, dans *Doc. acad. Savoie*, VI, 126-7. LE COUTEULX, *Ann. Cartus.* III, 76.

**5819** St-Robert, 1203.

Humbert *(V.)*, évêque de Die, prête à la duchesse [de Bourgogne] et au dauphin son fils 11000 sols Viennois, pour racheter d'Aymar de Poitiers, comte de Valentinois, la terre de Montclar mouvante de l'église de Die, laquelle demeurera à l'évêque un certain temps, pendant lequel la duchesse pourra la racheter, passé lequel elle demeurera à perpétuité à son église.

Grenoble, *Invent. Valentinois*, III, 284 : II, 257.

**5820** 1203.

Aymar de Poitiers, comte de Valentinois, reconnaît avoir reçu 11000 sols Viennois pour l'affaire de Montclar.

Arch. de l'Isère. B 3495 (III, 53ᵇ).

**5821** (Vers 1203).

Déodat, sa femme Claire, ses fils Arbert et Brachetz donnent aux frères de Durbon leur pré *euz Amesuras*, moyennant 9 sols. Serment. Témoins.

GUILLAUME, *Chartes de Durbon*, 185, n° 263. = ROMAN, 48ᵇ. (XII° s.).

**5822** Montmaur, (vers 1203).

Giraude, son mari Guillaume Pioz et son fils Marin donnent aux frères de Durbon leur avoir dans les limites du couvent, moyennant 10 *aus de lana*. Reçu par le convers Guillaume Bostos. Témoins.

GUILLAUME, *Chartes de Durbon*, 186, n° 264. = ROMAN, 59ᵇ (1215).

**5823** (Vers 1203).

Pierre Engelrandi donne aux frères de Durbon le pré qu'il avait à la combe du Lautaret, moyennant 4 sols. Serment entre les mains du prieur Olivier. Témoins.

GUILLAUME, *Chartes de Durbon*, 185, n° 262.

**5824** 1203.

Guicharz donne au prieur Durant et aux frères de Durbon son avoir à Vaux *(Vauz)*. Son épouse Blandine abandonne les droits de son [1ᵉʳ] mari Guillaume Odo à Vaux, qu'il avait donnés à la fin de sa vie aux religieux et que sa femme avait injustement gardés. Témoins : Etienne, muletier, etc.

GUILLAUME, *Chartes de Durbon*, 187-8, n° 267. = ROMAN, 50ᵃ.

**5825** Durbon, 1203.

Pierre Latgerii donne au prieur Durant et aux frères de Durbon ses pâturages dans toute sa terre du mandement de Montmaur, moyennant 25 sols. Fait entre les mains du prieur, dans le cloître de la maison supérieure. Témoins : 10 moines ou novices, 3 convers, Olivier de Montmaur, son oncle.

GUILLAUME, *Chartes de Durbon*, 186, n° 265. = ROMAN, 50ᵃ.

**5826** Embrun, 1203.

Dragonet, vicomte en Embrunais, de l'autorité du comte de Forcalquier et du conseil de Guillaume (W.)

prévôt de Sisteron et du sacristain de Gap, donne à la maison de l'Hôpital de Jérusalem à Embrun les moulins de Vachères *(in Vacherias)* au-delà de la Durance, et les pâturages de *Baterio*. Sceau. Fait en la maison de dame Guitborch..., *Innocent. papa...,* R[aymond], archevêque d'Embrun. Reçu par le procureur P. Faber; témoins : Bérard chanoine, Bon[iface?] chevalier, Pons de Montlaur, B. Andreas chev., P. Lumbardi, juge *agri Brugen.,* etc.

Arch. des Bouches-du-Rhône. Ordre de Malte, liasse 415. = Roman, 50°.

**5827** Montarson et Valence, 1203.

Gontard de Montarson, chevalier, durant la maladie dont il mourut, se donna lui-même par testament à la maison de l'Hôpital de Jérusalem et élut sépulture dans le cimetière du St-Sépulcre dudit Hôpital à Valence. Il légua à cette maison en revenus au territoire de Soyons et de Charmes 6 setiers de froment, 3 d'orge, 10 sols et 51 den. *Fact. ap. Montarson;* témoins : Raymond de Montarson, chapelain, Ponce chap. d'Aiguebonne, Etienne Ferroys, chap. d'Eurre *(Urre),* maître Ricard médecin, etc. — Sa mère Marie et son épouse Bonne, qui avaient été présentes à cette donation, la confirmèrent dans la maison de l'Hôpital du St-Sépulcre de Valence, entre les mains du maître Guarin, et jurèrent de l'observer. Témoins : Amédée chap., etc..., *sed. in Urbe Innoc. pp., ind. 6, concurr. 2, F litt. domin.* Sceau d'Humbert *(U.),* évêque de Valence. *Jacobus. d. episc. not., 3° a° pontif. — Firmari solet in.*

Arch. de la Drôme. Hospitaliers, copie.

**5828** 1203.

Réquisition aux hommes et moines de Lancin de reconnaître à la duchesse [Béatrix] et au dauphin [André], son fils, 20 setiers d'avoine de cens pour droit de garde; ils répondent ne pouvoir fournir lad. reconnaissance sans le consentement des abbés de Montmajour et de St-Chef, prieurs de Lancin; la duchesse avait promis de ne point aliéner cette rente.

Grenoble. *Invent. Viennois.* IV, 406^b : II, 502.

**5829** 1203.

Hommage fait au dauphin [André] par Pierre Auruc *(Aurus),* seigneur de Montbonnod, qui lui promet un vêtement en peau variée, valant 30 sols Viennois, au changement de seigneur.

Salvaing de Boissieu, *Traité du plait seigneurial* (1652), 29; (1693), 11.

**5830** Vienne, 1203.

Guillaume de Clermont *(Claromonte)* concède à l'archevêque Aynard et à l'église de Vienne ses droits sur les châteaux de Clermont, de Crépol *(Crespelo)* et de St-Geoirs *(S. Georgii),* avec leurs mandements; le prélat l'en réinvestit et lui donne 100 marcs d'argent. Il jure de les rendre à toute réquisition. Fait dans le cloitre de l'église, en présence des abbés Guillaume de St-Pierre hors la porte, Algodius de St-Chef *(S. Theuderii),* Martin de St-André de Vienne et [Amédée] de Bonnevaux.

Arch. de l'Isère, B. 4028 (IV, 102-3). Mss. : Baluze, LXXV, 381^b-2. Estiennot, ms. St-Germ. 565, 160. Gaignières, 181; 934, Généal. Clermont-Tonnerre. II, 31. Fontanieu, *Cart. du Dauph.* I, 154'. — Chorier, *Estat polit.* I, 288-9. *Gallia christ. nova,* XVI, instr. 38-9. Chevalier (U.), *Cartul. de St-Maurice Vienne,* 51-2, n° 254. — Trad. Charvet, 368. Collombet, II, 105. — Cf. n° suiv.

**5831** 1203.

Guillaume de Clermont cède à St-Maurice et à l'archevêque [de Vienne] Aynard les châteaux de Clermont, de St-Geoire *(S. Georgii de Vaudanis)* et de Crépol *(Crepulo),* avec leurs mandements; le prélat et les chanoines lui donnent 4000 sols monnaie de Vienne, et lui remettent ces châteaux sous hommage lige et à condition de les rendre à toute réquisition. Un seul de ses héritiers en sera feudataire; ils ne pourront être aliénés en faveur d'autres; en cas d'impossibilité de les garder, l'archevêque s'en chargera. Guillaume fait hommage lige et jure fidélité.

*Invent. Viennois.* I, 271'. — Salvaing de Boissieu, *Usage des fiefs,* 2', 116; 3', I, 163. = Chevalier (U.), *Cart. de St-Maurice Vienne,* Supplém. 17-8. Brèq. IV, 347. — Cf. 11° préc.

**5832** 1203.

L'église de St-Maurice de Vienne acquiert de Guillaume Dudin, chevalier, et de son frère leurs droits dans la paroisse de Faramans, la garde et le fief. Témoins : Guitfred, chantre, Pierre d'Arenis, sacristain, Guillaume de la Motte et Guitfred Bachillins, archidiacres, Ismidon de Cordon, Drodon de Beauvoir *(Belveer),* Bérilon de Boczosel *(Bocosel),* etc. (15).

Chevalier (U.), *Cart. St-Maurice Vienne,* 51, n° 253; Supplém. 17.

**5833** 1203.

Donation de biens à Vérenay et de revenus près du théâtre de Vienne, pour un anniversaire à St-Maurice, ainsi que de la moitié des moulins d'Arpou, pour que la veille le réfecturier traite toute la communauté.

Delorme, *Descr. du musée de Vienne,* 297. Terrebasse, *Inscr.* I. 278-9, n° 390.

**5834** 1203 ?.

Donations à l'Hôpital de St-Paul[-lès-Romans] par Simon de Leives, Bernard Airar, Artaud de Châtillon, Antelme Reinier, Pierre de Clérivaux *(Clara Vale),* et son père Emion, quand celui-ci alla outre-mer, Amédée *(Ameus)* Bernars et Laber Guers.

Chevalier (U.), *Cartul. de St-Paul-lès-Romans,* 31-2, n° 59.

**5835** St-Paul-Trois-Châteaux, 1203.

Les Templiers de St-Vincent près St-Paul refusaient de payer les dîmes, etc.; l'évêque Bertrand assemble son chapitre : le doyen Ripert, l'archidiacre Jourdan, le sacristain Isnard, le précenteur Raimond et autres chanoines, qui ne sont point d'avis d'engager un procès; les chevaliers en sont menacés et excom.

Boyer, *Hist. de l'égl. de St-Paul-T.-C.* 67-8. Albanès-Fillet-Chevalier, *Gallia christ. noviss.* IV, 64.

**5836** 1203.

Sauvegarde accordée par André dauphin et sa mère Béatrix aux hommes de la Sône *(Lausonia),* du conseil des abbés de Montmajour et de St-Chef *(S. Theuderii)* et du prieur de la Sône; ils prennent sous leur garde *(custodia)* la ville, l'église et les hommes, moyennant le cens annuel de 20 setiers d'avoine. Présents : des chevaliers de Chevrières *(Caprerils),* Pierre Falavelli,

Serment du dauphin, en présence du prieur de Chevrières, de Guigues de Châteauneuf, Etienne Maréchal *(marascalcus)*, etc.

Arch. de l'Isère, B, 2662, 28ᵛ-9. copie du XIV· s. (Communiqué par M. L. Royer).

**5837** Pinet, 1203.

Accord entre Albert de la Tour et Guillaume de Beauvoir, au sujet du château de Pinet *(Spinet)*, passé en présence d'[André] dauphin de Vienne et comte d'Albon et de la duchesse Béatrix, assistés de R[aymond] Béranger, O[don] et G[uigues] Allemand *(Alamanni)*. Guillaume est tenu par serment à rendre ce château à Albert à toute réquisition et à n'en point céder de partie à Siboud de Beauvoir sans l'assentiment d'Albert. Les princes se portent garants et feront au besoin la guerre pour procurer à Albert son *grahantum*. Présents : Ismidon de Boczosel. Guillaume de Virieu, Mallen de *Podio Bosonis*, etc. Fait au château de Pinet, en la maison de Guigues d'Aiguebelle..., *Innocentio papa, Philippo et Ottone de imperio Rom. conjligentibus.*

Invent. Vienne. 968ᵉ. FONTANIEU, Cart. du Dauph. I, 154ᵃ. MOULINET. Coll. titres fam. de la Tour, 11-2. — VALBONNAYS, Hist. de Dauph. I. 183-4.

**5838** 17 avril (1203/1212).

Epitaphe de Guillaume de la Motte. archidiacre de Vienne.

CHARVET, 774. TERREBASSE, Inscr. I, 291, n° 394.

**5839** (4 mai 1203 ?).

Thomas, comte de Maurienne et marquis en Italie, notifie à tous les prieurs de l'ordre des Chartreux réunis à la Chartreuse en chapitre général, qu'il prend sous son sauf-conduit et guiage toutes les personnes que les moines et frères amèneront avec eux, qu'elles soient ses amis ou ses ennemis. Témoins : B[ernard] évêque de Belley, les prieurs de Belley, Portes, Arvières, Aillon et Aiguebelle, etc.

LE COUTEULX, Ann. Cartus. III, 293.

**5840** 5 mai (1203/....).

Obit d'Aimin, prieur de Notre-Dame de l'Isle-sous-Vienne, prêtre, chanoine de St-Ruf.

DELORME, Descr. musée Vienne, 277. CHARVET, Fastes ville Vienne, 159. TERREBASSE. Inscr. I, 273-6, n° 388.

**5841** 24 mai (après 1202).

Epitaphe de Pierre de Miribel, chanoine et sousdiacre, qui donna à l'église de St-Maurice de Vienne 60 livr. pour son anniversaire et autant pour celui de son oncle Barnard qui mourut le 11 août.

CHARVET, 790. DELORME, Descr. du musée de Vienne, 276. TERREBASSE. Inscr. II, 43-4, n° 441.

**5842** 31 mai 1203.

Obit d'Achard de Colomber.

TERREBASSE, Inscript. Vienne, II, 32-3, n° 437.

**5843** Juillet 1203.

Labert Guers ou Guerz donne aux frères de l'Hôpital de St-Paul le champ *dels Charpenz* (Chapoize) et une éminée de terre *el Gaureis* (les Gourreys), sous le cens de 2 sols ; les chevaliers lui donnent 28 sols d'investiture *(vestison)*. Fait par les mains d'Artaud chevalier de Châtillon. Témoins (12).

CHEVALIER (U.). Cartul. de Saint-Paul-lès-Romans, 3a, n° 60.

**5844** 6 juillet 1203.

Date ajoutée, sans doute postérieurement, à l'acte du 30 juin (1155/1163). n° 3969.

**5845** Août 1203.

Donation par Raymond Lagier à Dragonet et à Raymond de Montauban du château de Jarjayes et ce qu'il avait dans la Valdrôme, dont ils lui font hommage.

Grenoble, Invent. Gapençais, 413.

**5846** Alessandria, 3 septembre 1203.

Traité d'union et d'amitié perpétuelles entre les communes d'Alessandria et d'Alba, sauf le serment qui lie la première à Guillaume marquis de Montferrat, au Dauphin, etc.

Histor. patriæ monum.. Chart. II, 1228-33.

**5847** 29 septembre (après 1202).

Obit d'Allemande, religieuse de Ste-Marie de Vernaison *(Comercio)*, mère de Falcon de Doennay (Dionay), évêque de Valence.

Arch. de la Drôme. Vernaison, Invent. de 1636.

**5848** Octobre 1203.

Raoul de Neuville, originaire de Vienne en Dauphiné, est élu évêque d'Arras. Il était auparavant archidiacre et mourut le 26 mars 1220/1.

Gallia christ. nova, III, 329-30. Notice sur Raoul de Neuville, évêque d'Arras ; Arras. 1882, 8°, 51 p. [Répert. d. trav. histor. II. 4371].

**5849** Die, 3 novembre 1203.

Humbert, évêque de Die, confirme avec son chapitre les églises de Mens, Roissard *(Roisas)*. St-Saturnin et St-Laurent, les dîmes depuis les Fourches supérieures jusqu'au chemin du Chastel à Romeyer et de la Drôme à Chamaloc, etc., contre le château et mandement d'Aurel, la vallée de Taalosc et le coteau *(costa)* de la bâtie de Chamaloc. Fait ... ind. 6, sed. papa n. Innocentio, au chapitre de la Toussaint, dans le vestiaire de Notre-Dame. Approbation des chanoines de Die : Ponce archiprêtre, etc. Témoins : l'évêque de Sisteron, Raymond prieur de St-Maurice, etc. (8). Sceau d'Ainard, archevêque de Vienne. — *Quoniam conditionis*.

Valbonnays,2ᵉ Reg. n° 225. — Gallia christ. nova, XVI, instr. 197-8. CHEVALIER (C. U. J.). Cart. de l'égl. de Die, 41-3, n° 16. = CHEVALIER (J.). Hist. égl.-ville Die, I, 260-1.

**5850** Pailherey, 14 décembre 1203.

Jean Auchier et sa femme Jordane cèdent aux pauvres de l'Hôpital de Jérusalem de St-Paul tout ce qu'ils avaient dans le mandement de St-Paul *deis Iseran en cei*. Approbation de leur fille Filipa et de leurs fils Artaud et Auchier. Fait entre les mains du commandeur *(maistre)* Chabert de St-Sauveur. Témoins : les commandeurs Garin de Valence. Pierre Brus de Montélier *(Montez)*, Chabert ... de St-Paul,... Silvion de Clérieu, donné de Montélier *(Motelz)* et 3 écuyers des commandeurs. Les Hospitaliers donnent à Jean 8 livr. Viennoises et à Jordane un porc. Fait dans la maison de Saint-Paul de l'Hôpital de *Pallirei*, près du jardin, ... *fer. 7* [= 1] ... *luna 7 [8]*.

CHEVALIER (U.), Cartul. de St-Paul-lès-Romans, 30-1, n° 58.

# LISTE DES PRINCIPALES SOURCES

(Deuxième Liste)

**Albon** (M d.), Cartulaire du Temple (en cours d'impression)
**Allard** (Guy). Dictionnaire historique, chronologique, généalogique, héraldique.... du Dauphiné, publié... par H. Gariel; Grenoble, 1864, 2 v. 8°.
— Œuvres diverses publiées par H. Gariel, I; Grenoble, 1864, 8°.
**Annales archéologiques**; Paris, 1844..., v. 4°.
**Anselme** (P.), Histoire généalogique et chronologique de la maison royale de France,...; Paris, 1726-33, 9 v. fol.
**Archives de la société d'histoire du canton de Fribourg**; F-g, 18..-86, t. 1-4, 8°.
**Atti** della R. accademia delle scienze di Torino, classe di scien. mor., stor. e filol.; Torino, 1864-911, t. 1-46, 8°.
**Auvergne**. Cartulaire de l'ancienne chartreuse des Ecouges, dans Acad. Delphin., Doc. inéd. Dauphiné, 1865, t. p. 81-295.
**Barral** (Vinc.). Chronologia sanctorum et aliorum viror. illustr. et abbatum s. insulae Lerinensis; Lugduni, 1613, 2 p. 4°.
**Bellet** (Charl.), Histoire de la ville de Tain, t. I°; Paris, 1905, 8°.
**Besly** (Jean), Histoire des comtes de Poictou et ducs de Guyenne, contenant ce qui s'est passé de plus memorable en France depuis l'an 811 jusques au roy Louis le Ieune [roi] en 1610 par Pier. Dupuy et publ. p. le fils de B.]; Paris, 1647, fol.; nouv. éd., Paris, 1840, 8°.
**Binding** (Carl), Das burgundisch-romanische Königreich (von 443-532 n. Chr.), eine reichs-und rechtsgeschichtliche Untersuchung, I; Leipzig, 1898, 8°.
**Boehmer** (Joh. Frod.), Acta imperii selecta. Urkunden deutscher Könige und kaiser (928-1382); Innsbruck, 1870, 8°.
**Bollandus** (Hagiographi). Catalogus codicum hagiographicorum latinorum antiquiorum saeculo XVI qui asservantur in Bibliotheca Nationali Parisiensi; 1889-93, 3 v. 4 fini. 8°.
**Bouange** (G. M. F.), S' Géraud d'Aurillac et son illustre abbaye; Aurillac, 1871, 8°.
**Boys** (Alb. du), Vie de s' Hugues, évêque de Grenoble...; Grenoble, 1837, 8°.
**Bulœus** (Ces. Eg.), Historia universitatis Parisiensis; Paris, 1665-73, 6 v. fol.
**Simon** (Petr.), Bullarium ordinis seu congregationis Cluniacensis : complectitur privilegia per summos Pontifices concessa; Lugduni, 1680, fol. (Magnum Bullarium Romanum) **Bullarum**, diplomatum et privilegiorum ss. Romanorum pontificum, Taurin. ed..; Aug. Taurin. 1857-70, 19 v. 4°; Appendix; ibid. 1867, 4°.
**Bulletin archéologique du comité des travaux historiques et scientifiques**; 1885-1910, 8°.
— du comité de l'art chrétien de Nîmes; 1877-...., 8°.
— du comité des travaux historiques et scientifiques; Paris, 1882-4. 1911; Hist., Archéol., Philol. 8°.
— historique et philologique du comité des travaux historiques et scientifiques; 1885-1910, 8°.
**Burnier** (Eug.), La Chartreuse de St-Hugon en Savoie; Chambéry, 1869, 8°.
**Cais de Pierlas** (E.), Cartulaire de l'ancienne cathédrale de Nice; Turin, 1888, 4°.
— et Saige (Gust.), Cartulaire de l'abbaye de St-Pons hors les murs de Nice...; Monaco, 1903, 4°.
**Catellan** (Jean de). Les antiquités de l'église de Valence; Valence, 1724, 4°.
**Champollion-Figeac**. Mélanges historiques (Documents hist. inédits); Paris, 1841-8, 4 v. 4°.
**Charrière** (Fréd. de). Recherches sur le couvent de Fomainmotier et ses possessions, dans Mém.-doc. soc. hist. Suisse Rom. (1844), III, 1 384, 899-903; Pièces justificatives faisant suite au Cartulaire de Romainmotier (888-1653) ... dans rev. cité (1844), III, 576-898, 909-6.
**Cherubini** (A.), Bullarium sive collectio constitutionum Romanorum pontificum jussu Sixti V collectum; Romae, 1586, fol.; ibid. 1617, 3 v. fol.; ibid. 1638, 4 v. fol.; Lugduni, 1655, 4 v. fol.; ibid. 1679, 13 t. 10 v. fol.; Luxemburgi, 1727-30, 10 v. fol.
**Chevalier** (J.), Le mandement d'Eygluy et l'abbaye de Léoncel, dans La Vallée de la Gervanne; Valence, 1906, pet. 4°, p. 53-368.
**Chevalier** (Ulysse), Actes capitulaires de l'église Saint-Maurice de Vienne : statuts, inféodations, comptes, publiés d'après les registres originaux et suivis d'un Appendice de chartes inédites sur le diocèse de Vienne (XIII°-XIV° siècles); Vienne, 1875, 8°.
— Notice analytique sur le **Cartulaire** d'Aimon de Chissé; Colmar, 1869, 8°.
— **Cartulaire** de l'abbaye de N.-D. de Bonnevaux...; Grenoble, 1889, 8°.
— **Cartulaire** de l'église de Die; Grenoble, 1868, 8°.
— **Cartulaire** de l'abbaye Notre Dame de Léoncel...; Montélimar, 1869, 8°.
— **Cartulaire** du prieuré de Paray-le-Monial, suivi d'un Appendice de chartes et de visites de l'ordre de Cluny; Montbéliard, 1890, 8°.
— **Cartulaire** de l'Hôpital de St-Paul-lès-Romans; Romans, 1875, 8° [Cart. Dauph. II].
— **Cartulaire** du prieuré de Saint-Pierre du Bourg-lès-Valence; Valence, 1872, 8°.
— **Cartulaire** du Temple de Roaix; Romans, 1875, 8° [Cart. Dauph. III].
— **Chartes** de St-Maurice de Vienne, de l'abbaye de Léoncel et de l'église de Valence; Paris, 1912, 8° (Cart. Dauph. X).
— **Choix** de documents historiques inédits sur le Dauphiné; Montbéliard, 1874, 8°.
— **Antiquités** de l'église de Vienne par Clément Durand; Paris, 1911, 8°.
— **Documents inédits** des IX°, X° et XI° siècles relatifs à l'église de Lyon; Lyon, 1867, 8°.
— **Inventaire** des archives des Dauphins à St-André de Grenoble en 1277; Nogent-le-Rotrou, 1869, 8°.
— **Inventaire** des archives des Dauphins de Viennois à St-André de Grenoble en 1346; ibid. 1871, 8°.
— **Nécrologe et Cartulaire des Dominicains de Grenoble**; Romans, 1870,8°.
— **Ordonnances** des rois de France et autres princes souverains relatives au Dauphiné (1155-1689); Colmar, 1871, 8°.

— et A. **Lacroix**, Inventaire des archives Dauphinoises de M. Henry Morin-Pons. Dossiers généalogiques. A-C; Lyon, 1878, gr. 8°.
**Chifflet**ius (Joan. Jac.), Vesontio civitas imperialis libera, Sequanorum metropolis; Lugduni, 1618, 2 p. 4°; ibid. 1650, 2 p. 4°.
**Clinton** (H.-F.), Fasti Romani. The civil and liter. chronol. of Rome and Constantinople ; Oxford, 1845-50, 2 v. gr. 4°; Epitome, 1854, 8°.
**Cocquelines** (Car.), Bullarum, privilegiorum ac diplomatum summorum pontificum... amplissima collectio; Romae, 1738-45, 1750, 28 v. fol.
**Colonia** (de), Histoire littéraire de la ville de Lyon; Lyon, 1728-30, 2 v. 4°.
**Columbi** (Joan.), De rebus gestis episcoporum Sistariciensium libri IV; Lugduni, 1603, 8°.
— De rebus gestis episcoporum Vivariensium libri IV; Lugduni, 1651, 4°.
**Condamin** (Jam.), Histoire de St-Chamond et de la seigneurie de Jarez..; Paris, 1890, 4°.
**Congrès** archéologique de France; Caen-Paris, 1834-86, t. 1-52, 8°.
**Corsini**. Notae graecorum, sive vocum et numerorum compendia, quae in aereis atque marmoreis Graecor. tabulis observantur; Florentiae, 1749, 2 t. fol.
**Comptes rendus** des séances de l'académie des Inscriptions et Belles-Lettres ; Paris, 1857-72, 8, 7 et 1 v. ; 1878-86, t. 1-14, 8°.
**Courbon** du Ternay. Mémoires pour les seigneurs de la baronnie de la Faye au sujet du droit de mi-iod ; Paris, 1769, in-4°.
**Dassy** (L.T.), L'abbaye de St-Antoine en Dauphiné..; Grenoble, 1844, 8°.
**Delacheval** (R.), Une petite ville du Dauphiné : histoire de Crémieu; Grenoble-Paris, 1889, 8°.
**Delisle** (Léop.), Rouleaux des morts du IX° au XV° siècle; Paris, 1866, 8°.
**Desjardins** (Gust.), Cartulaire de l'abbaye de Conques en Rouergue; Paris, 1879, 8°.
**Desmolets**. Continuation des Mémoires de littérature..; Paris, 1726-31, 11 v. 12°.
**Documents** de l'académie de la Val d'Isère; Moutiers, 1866-87, 2 v. 8°.
**Doniol** (Henry), Cartulaire de Brioude (Liber de honoribus S. Juliano collatis, chartularium trivatense); Clermont-Ferrand-Paris, 1863, 4°.
— Cartulaire de **Sauxillanges** ..; Clermont-Ferrand-Paris, 1864, 4°.
**Dubois** (Ger.), Historia ecclesiae Parisiensis (-1364); Paris, 1690-710, 2 v. fol.
**Du Chesne** (A.), Histoire généalogique des ducs de Bourgongne, de la maison de France; Paris, 1628, 4°.
— (Franç.), Histoire de tous les cardinaux François de naissance...; Paris, 1660-6, 2 t. fol.
— Histoire généalogique de la maison de Vergy...; Paris, 1625, fol.
**Duchesne** (L.), Le Liber Pontificalis. Texte, introduction et commentaire; Paris, 1886-92, 2 v. 4°.
**Dumont** (Jean) et J. Rousset. Corps universel diplomatique du droit des gens, ou recueil des traités ..; Amsterdam, 1726, 8 v. fol.; Suppl. 1789, 5 v. fol.
**Dunod de Charnage** (F. J.), Hist. de l'église, ville et diocèse de Besançon..; Besançon, 1750, 2 v. 4°.
**Falco** (Aym.), Antonianae historiae compendium ex varijs ijsdemque gravissimis eccl. scriptor. neenon... monumentis collectum...; Lugduni, 1534, fol.; trad. espagn. par F. Suarez; Sevilla, 1663, fol.
**Fantoni Castrucci** (Seb.), Istoria della cittá d'Avignone e del contado Venesino; Venezia, 1678, 2 t. 4°.
**Ferrand** (J.), Histoire de la principauté de Donzère; Paris, 1887, 12°.
**Florez** (Henr.), España sagrada; Madrid, 1747-856, 48 v. pet. 4°.
**Fournier** (Paul), Le royaume d'Arles et de Vienne (1138-1378), étude sur la formation territoriale de la France dans l'Est et le Sud-Est ; Paris, 1891, 8°.
**Georgisch** (Petr.), Corpus juris Germanici antiqui, quo continentur leges Francorum Salicae et Ripuariorum, Alamannorum, Bajuvariorum, Burgundionum...; Halae, 1738, 4°.
**Gioffredo**. Storia delle Alpi Marittime; Torino, 1889, fol.
**Goiffon**, Bullaire de l'abbaye de St-Gilles (685-1777); Nîmes, 1882-4, 8°.
**Gouilloud** (A.), S' Pothin et ses compagnons, martyrs, origines de l'église de Lyon; Lyon, 1880, 8°.
**Grillet**, Dictionnaire historique, littér. et statist...de la Savoie; Chambéry, 1807, 3 v. 8°.
**Grynaeus** (Joah. Jac.), Monumenta S. Patrum orthodoxographa..., quorum quidam hactenus non editi latuerunt...; Basileae, 1569, 8 t. 2 v. fol.
**Guigue** (M.-C.), Cartulaire Lyonnais, documents inédits pour servir à l'histoire des anciennes provinces de Lyonnais, Forez..., Lyon, 1885-93, 2 v. 4°.
— **Obituarium** Lugdunensis ecclesiae ; Lugduni, 1867, 4°.
— **Obituarium** ecclesiae S. Pauli Lugdunensis; Bourg-en-Bresse, 1872, 4°.
— **Topographie** historique du département de l'Ain; Trévoux, 1873, 4°.
**Charpin-Feugerolles** (de) et Guigue (M. C.), Le Cartulaire du prieuré de St-Sauveur-en-Rue (Forez), dépendant de l'abbaye de la Chaise-Dieu (1062-1801); Lyon, 1881, 4°.
— (et Geo.), Bibliothèque historique du Lyonnais; Lyon 1886, t. I, 8°.
— **Obituaire** de l'église primatiale de Lyon; Lyon-Paris, 1902, 8°.
**Guillaume** (J.-B.), Histoire généalogique des sires de Salins au comté de Bourgogne...; Besançon, 1757, t. I, 4°.
— **Histoire** de la ville de Salins...; ib. 1758, t. II, 4°.
— (Paul), Chartes de Durbon; Montreuil-sur-Mer et Paris, 1893, gr. 8°.
**Gundlach** (Wilh.), Der Streit der Bisthümer Arles und Vienne um den Primatus Galliarum, ein philologisch-diplomatisch-historischer Beitrag zum Kirchenrecht; Hannover, 1890, 8°.
**Heumann** (C.), Commentarii de re diplomatica imperatorum ac regum Germaniae; Norimbergae, 1745-53, 2 v. 4°.
**Hinschius** (Paul), Decretales Pseudo-Isidorianae et Capitula Angilramni...; Leipzig, 1863, 4°.
**Huberti** (Ludw.), Gottesfrieden und Landfrieden... 1, Die Friedensordnungen in Frankreich ; Ansbach, 1892, 8°.
**Huillard-Bréholles** et Lecoy de la Marche (A.), Titres de la maison ducale de Bourbon [878-1537]; Paris, 1867-82, 3 v. 4°.

**Inventaire** des titres de la **Chambre des Comptes de Grenoble**, par M⁰ François MARCELIER [1688-1710]. Mss. : Grenoble, Arch. départ. de l'Isère, 34 vol. f° ; Romans, M. U. Chevalier, 20 vol. fol. — Baronnies, 2 (1) v. ; Briançonnois, 2 (1) ; Généralité, 2 (1) ; Embrunois et Vivarés, 2 (1) ; Provinces étrangères, 1 (1) ; Gapençois, 2 (1) ; Graisivaudan, 9(6) ; St-Marcellin, 4 (3) ; Valentinois, 5 (3) ; Viennois, 5 (3).
**Janauschek** (Leop.), Originum Cisterciensium t. I ; Vindobonæ, 1877, 4°.
**Jofredus** (Petr.), Nicæa civitas sacris monumentis illustrata ; Taurini, 1658, 4°.
**Juvenis** (Raym.), Histoire ecclésiastique et séculière du **Dauphiné**... (Ms. Carpentras, 518, autogr.).
**Labbe** (Phil.), Abrégé de l'**Alliance chronologique** de l'histoire sacrée et profane ; Paris, 1651, 2 v. f°.
— **Nova bibliotheca** mss. librorum ; Parisiis, 1653, 4°.
— **Miscellanea curiosa**. Mélange curieux... pour servir à l'histoire de France... ; Paris, 1650, 4°.
**Lacroix** (A.), L'arrondissement de **Montélimar** : géographie, histoire et statistique ; Valence. 1808-93, 8 v. 8°.
**Lalore** (Ch.), Cartulaire de l'abbaye de **Montiéramey** [Coll. Cartul. dioc. Troyes, VII] ; Paris-Troyes, 1890, 8°.
— **Chartes de Montiérender** [Coll. Cartul. dioc. Troyes, IV] ; Paris-Troyes, 1878, 8°, p. 89-237.
**La Mure** (J.-M. de), Histoire des **dves de Bourbon** et des comtes de Forez... ; Lyon, 1860, 3 v. 4°.
— **Histoire ecclésiastique** du diocèse de Lyon ; Lyon, 1671, 4°.
**Le Couteulx** (Car.), Annales ordinis Cartusiensis ab a° 1084 ad a° 1429... ; Monstrolii, 1887-91, 8 v. 4°.
**Lefebvre** (F. A.), **Saint Bruno** et l'ordre des **Chartreux** ; Paris, 1883, 2 v. 8° ; Bar-le-Duc, 1884, 2 v. 8°.
— **Deutsches Reichs archiv** ; Leipzig, 1710-22, 24 v. fol.
**Le Masson** (Innoc.), Annales ordinis Carthusiensis... t. I ; Correriæ, 1687, fol. ; Paris. 1703, fol.
**Le Vasseur** (L.), Ephemer. ordinis Cartusiensis ; Montreuil-sur-Mer, 1891-2, 5 v. 4°.
**Loewenfeld** (S.), Epistolæ pontificum Romanorum ineditæ ; Lipsiæ, 1885, gr. 8°.
**Lühe** (Wilh.), **Hugo von Die und Lyon**, Legat von Gallien, Inaug.-Dissert. ; Breslau, 1898, gr. 8°, 2 f.-169 p.
**Lünig** (J. Chr.), **Codex Italiæ** diplomaticus ; Francofurti Lipsiæ, 1725-35, 4 v. fol.
— **Museum Italicum**... ; Paris, 1687-9, 2 v. 4°.
— (J.) et **Ruinart** (Th.), Œuvres posthumes, publ. par Vinc. THUILLIER ; Paris, 1724, 3 v. 4°.
**Maffei** (Scip.), Galliæ antiquitates quædam selectæ... ; Paris, 1733, 4° ; acc..; Veronæ, 1734, 4°.
**Manrique** (Aug.), Annales Cistercienses ; Lugduni, 1642-9. ½ v. fol.
**Manteyer** (G. de), Les **Chartes du pays d'Avignon** (en cours de publication).
**Marca** (Petr. de), De primatu Lugdunensi et ceteris primatibus dissertatio... ; Paris, 1644, 8°.
— (Petr. de), **Marca Hispanica**, sive limes hispanicus, hoc est... descriptio Cataloniæ, Ruscinonis, etc., ab anno 817 ad ann. 1258..., ed. a Steph. BALUZIO; Paris, 1688, fol.
**Mauguin** [= QUATREMAIRE], Veterum avctorum qui IX sæc. de prædestinatione et gratia scripserunt opera et fragmenta plurima... ; Lutet. Paris. 1650, 3 p. en 1 v. 4°.
DROUET DE **Maupertuy**, Histoire de la sainte église de Vienne... ; Lyon, 1708, 4°.
**Mazon** (A.), Quelques notes sur l'origine des églises du **Vivarais** ; Privas, 1891-3. 2 v. pet. 8°.
**Mélanges d'archéologie et d'histoire de l'école française de Rome** ; Rome, 1880-911, 31 v. 8°.
**Mémoires de l'académie des sciences**, belles-lettres et arts de **Clermont-Ferrand**; C.-d., 1859-87. 1-29, 8°.
— (Histoire et) de l'académie des **Inscriptions** et Belles lettres ; Paris, 1717-93, 46 v. 4° ; (La Haye et Amsterdam, 1711-81, 104 v. 12°) ; 1815-906, 1-137, 4°.
— de l'académie de **Vaucluse** ; Avignon, 1882-6, t. 1-6, 8°.
— et documents publiés par l'académie **Chablaisienne** ; Thonon, 1887-1909. 23 v. 8°.
— et documents publiés par l'académie **Salésienne** ; Annecy, 1879-906, t. 1-29, 8°.
— et documents publiés par la société d'histoire et d'archéologie de **Genève** ; G.-e., 1841-88. 20 v. ; 1ʳᵉ sér. 1882-92, 3 v. 8°.
— et documents publiés par la société d'histoire de la **Suisse romande** ; Lausanne, 1838-911, 48 v. 8°.
— et documents publiés par la société **Savoisienne** d'histoire et d'archéologie ; Chambéry, 1856-911, t.-51, 8°.
— de l'**Institut national Genevois** ; Genève, 1854-1900, t. 1-18, 4°.
— de la société des **antiquaires de France** ; Paris, 1817-911, t. 1-80, 8°.
**Mémorial de Fribourg**, rec. périod., publ. par J. GREMAUD ; Fribourg, 1854-9, 6 v. 8°.
**Menabréa** (L.), Les **Alpes historiques** : Montmélian et les Alpes... dans Mém. acad. Savoie (1841), A, X, 159-792, 5 pl.
— Les **origines féodales** dans les Alpes occidentales ; Turin, 1865, 4°.
**Mevs** (Wilh.), Zur Legation des Bischofs **Hugo von Die** unter Gregor VII, Inaug.-Dissert...; Greifswald, 1887, 8°.
**Mireus** (A.), Opera diplomatica et historica e... e. Codex donationum piarum, ed. J. F. FOPPENS ; Bruxellis (Lovanii), 1723-48, 4 v. fol.
**Miscellanea di storia Italiana** ; Torino, 1862-1910, sér. g., 8°, 4°.
**Mittheilungen des Instituts für oesterreichische Geschichtsforschung** ; Innsbruck, 1880-911, t. 1-32, 8°.
**Molinier**(Aug.), **Kohler**(Car.), **Itinera Hierosolymitana**; Genève, 1885, 8°.
**Monfalcon**, Histoire monumentale de la ville de Lyon. **Lugdunensis historia monumenta**, pars. II° ; Paris Lyon, 1866, fol. ; ib. 1869, fol.
— (J.-B.), **Lugdunensis historia monumenta**, sive diplomata, chartæ, leges, epistolæ, aliaque instrumenta ad res Lugdunenses spectantia ; Lugduni, 1853, 2 part. fol.
**Moris** (H.) et **Blanc** (Edm.), Cartulaire de l'abbaye de **Lérins** ; Saint-Honorat de Lérins-Paris, 1883, 4°.

**Muratori**, **Novus Thesaurus**, veterum inscriptionum ; Mediolani, 1739-42, 4 v. fol. ; Suppl. a Sebast. DONATUS : Lucæ, 1765, 2 v. fol.
**Nouguier**(Franç.), **Histoire chronologique de l'église**, evesques et archés d'Avignon. ; Avignon, 1660, 4°.
**Molinier** (Aug.), **Obituaires de la province de Sens** ; Paris, 1902, t. I, 2 p. 4°.
**Ollivier** (Jul.), Essais historiques sur la ville de Valence,... ; Valence-Paris, 1831. 8°
COLOMB DE BATINES et **Ollivier** (Jul.), **Mélanges biographiques** et bibliographiques relatifs à l'histoire littéraire du Dauphiné, t. I ; Valence-Paris, 1837-9. 8°.
**Pagi** (Ant.), Critica in universos **Annales eccles. Baronii** ; Antuerpiæ, 1689, fol.
**Paradin** (Guill.), **Mémoires de l'histoire de Lyon** ; Lyon, 1573, fol.
**Perry** (C.), **Histoire** civile et ecclésiastique anc. et mod. de la ville de Chalon sur Saône ; Chalon sur Saône, 1659, fol.
**Pertz** (G. H.), **Archiv** der Gesellschaft für ältere deutsche Geschichtskunde ; Hannover, 1824-74. t. 5-12, 8°.
**Petite revue des bibliophiles Dauphinois** ; Grenoble, 1869-74, t. I, 8°.
— revue **Dauphinoise** ; Grenoble, 1886, t. I, 8°.
**Pilot** (J. J. A.), Histoire de **Grenoble** et de ses environs...; Grenoble, 1829, 8°.
— **Précis statistique** des antiquités du département de l'**Isère**; Grenoble, 1843, 8°.
— de **Thorey** (Em.), **Cartulaire de l'abbaye bénédictine de Notre-Dame** et S. Jean-Baptiste de **Chalais**, au diocèse de Grenoble; Grenoble,1879,8°.
PILOT DETHOREY et PRUDHOMME (A.), **Inventaire sommaire des archives départementales** antérieures à 1790 ; Isère ; Grenoble, 1864-99, 3 v. 4°.
**Pithœus** (P.), Annalium et historiæ Francorum ab a° Chʳ 708 ad a° 990 ; Paris. 1588, 2 p. 8°.
**Ragut** (M. C.) et CHAVOT (Th.), Cartulaire de **St-Vincent de Mâcon**... (VI°-XIII° s.) ; Mâcon, 1864, 4°.
**Recueil de mémoires et documents sur le Forez**, publiés par la société de la **Diana** ; Montbrison (St-Etienne), 1873-97. t. 1-12, 8°.
**Reinesius** (Th.), **Syntagma inscriptionum antiquarum**, cum primis Romæ veteris ... ; Lipsiæ, 1682, fol.
**Relandus** (P. et Hadr.), **Fasti consulares**, ad illustrationem codicis Justinianæi et Theodosiani ; Traj. Batav. 1715, 8°.
**Revue de Vienne** ; Vienne, 1837-9. 3 v. 8°.
— du **Lyonnais** ; Lyon, 1835-58. 28 v... ; 1850-63, 31 v. ; 1860-85, 20 v. gr.8°.
— **Savoisienne** ; Annecy, 1860-84, 25 v. 4. ; 1885-1906, t. 1-46, 8°.
**Ripert-Monclar** (M° de), Cartulaire de la commanderie de **Richerenches**, de l'ordre du Temple (1136-1214) ; Avignon-Paris, 1907, 8°.
**Robert** (Ulysse), Etude sur les actes du pape **Calixte II** ; Paris, 1874, 8°.
— **Bullaire du pape Calixte II. 1119-24**, essai de restitution ; Paris, 1891, 2 v. gr. 8°.
**Roche** (Aug.), **Armorial généalogique et biographique des évêques de Viviers** ; Lyon, 1891, 2 v. gr. 8°.
**Roman** (J.), **Répertoire archéologique** du département des **Hautes-Alpes** ; Paris, 1888, 4°.
**Rozière** (Eug. de), Cartulaire de l'église de **St-Sépulcre de Jérusalem** (1108-1260) ; Paris, 1849, 4° [= Patrologiæ latinæ, CLV, c. 1105-262].
**Ruinart** (Theod.), Acta primorum martyrum sincera et selecta... ; Parisiis, 1689, 4° ; Veronæ, 1731, fol. ; Augsburg, 1802-3, 3 v. fol.
**Salvaing de Boissieu**, De l'usage des fiefs et autres droits seigneuriaux en Dauphiné ; Grenoble, 1664, 8° ; ibid, 1668, fol. ; Avignon, 1731, fol. ; Grenoble, 1731, 2 v. fol.
**Sauret** (A.), Essai historique sur la ville d'**Embrun** ; Gap, 1860, 8°.
**Hidber** (B.), **Schweizerisches Urkundenregister** ; Bern, 1863-77, 2 v. 8°.
**Scriptores rerum Germanicarum**, in usum scholarum ex Mon. Germ. hist. recu. ; Hannoveræ, 1840-...8°.
**Spon** (Jac.), **Histoire de la ville et de l'estat de Genève** ; Lyon, 1680, 2 v. 12° ; ib. 1682, 2 v. 12° ; Utrecht, 1685, 12° ; Genève, 1730, 2 v. 4°.
— [Spon] (Jac.), **Recherche des antiquités et curiosités de la ville de Lyon**, Lyon, 1673, 8°.
**Tablettes historiques de la Hte-Loire** ; Le Puy, 1870, 8° ; — du Velay ; ib. 1871-8, 8 v. 8°.
**Terrebasse** (A. de), Œuvres posthumes, publ. par P. E. GIRAUD ; Vienne, 1875, 2 v. 8°. I. Notice historique et critique sur l'origine de la Iʳᵉ race des **dauphins** de **Viennois** ; II. Histoire de **Boson** et de ses successeurs ; Vienne, 1875.
**Teulet** (Alex.), LABORDE (Jos. de) et BERGER (Elie), **Layettes du trésor des chartes** ; Paris, 1863-902, 4 v. 4°.
**Tillemont** (Séb. Le Nain de), Histoire des **empereurs et des autres princes**... durant les six premiers siècles... ; Paris, 1690-738, 6 v. 4°.
— **Mémoires** pour servir à l'histoire ecclésiastique des six premiers siècles ; Paris, 1693-712, 16 v. 4°.
**Travaux de la société d'histoire et d'archéologie de la Maurienne** (Savoie) ; St-Jean-de-Maurienne, 1859-902, 9 v. 8°.
**Trepier** (Franç.), Recherches historiques sur le décanat de **St-André** (de Savoie) et sur la ville de ce nom...; Chambéry, 1879-88, 2 v. 8° [Extr. des Mém. acad. Savoie, 1885, C, VI et Documents... 1886, VI].
**Trouillat** (Jos.), **Monuments de l'histoire de l'ancien évêché de Bâle**... Porrentruy, 1852-66. 5 v. gr. 8°.
**Vacandard** (E.), Vie de **saint Bernard**, abbé de Clairvaux ; Paris, 1895, 2 v. gr. 8°. Trad. allem. par Matth. SIBBR ; Mainz, 1897, 8. 2 v. 8°.
[**Valbonnays** (Moret de Bourchenu, mᵉ de)], **Histoire de Dauphiné et des princes qui ont porté le nom de Dauphiné**; Genève, 1722, 2 v. fol.
— **Mémoires** pour servir à l'histoire de Dauphiné et de la maison de la Tour du Pin; Paris, 1711, fol.
**Villanueva** (Joaq. Lor.), **Viage literario á las iglesias de España** ; Madrid y Valencia, 1803-52, 22 v. 8°.
**Waitz** (G.), **Urkunden zur Deutschen Verfassungsgeschichte im. 11 u 12 Jahrhundert** ; Kiel, 1871, 8° ; ib. 1886, 8°.
**Walter** (F.), **Corpus juris Germanici antiqui** ; Berolini, 1824, 3 v. 8°.
**Wartmann**, **Urkundenbuch der Abtei Sanct-Gallen** ; Zürich u. St-Gallen, 1863, 3 v. 4°.
**Zacharia** (Fr. A.), **Dissertatio duplex** : altera de veterum christianarum inscriptionum, altera de liturgiarum in rebus theologicis usu; Venetiis, 1761, 4° ; ib. 1813, 4°.

# LISTE DES PRINCIPALES SOURCES

(Première Liste)

**Achery** (Luc. d'), *Spicilegium sive collectio veterum scriptorum...*; Parisiis, 1655-77, 13 v. 4°; nova ed., 1723, 3 v. fol.
**Acta ss.** (sanctorum) *quotquot toto orbe coluntur*, coll... Joh. Bollandus...: Antverpiæ, Bruxellis et Tongerloæ, 1643-794, 1845-83, v. 1-59 fol.; 3° éd. Parisiis, 1863-9, 58 v. fol.
**Albanés**; voy. *Gallia christiana novissima*.
**[Albert]**, *Histoire géographique, naturelle, ecclésiastique et civile du diocèse d'Embrun*; Embrun, 1783, 2 v. 8°.
**Allmer** (A.), *Inscriptions antiques de Vienne...*; V-e, 1873-6, 4 v. 8°.
— (A.), *Revue épigraphique du midi de la France*; Vienne, 1878-92, t. 1-3, 8°.
*Analecta Bollandiana*; Bruxellis, 1882-911, v. 1-30, 8°.
*Analecta juris pontificii*; Rome, 1855-79, 5 v. 4°.
**Angley** (A.), *Histoire du diocèse de Maurienne*; St-Jean-de-Maurienne, 1846, 8°.
*Annales de l'abbaye d'Aiguebelle, ...* [par Huguës]; Valence, 1863-4, 2 v. 8°.
*Annales des Alpes, rec. périod. des archives des Htes-Alpes* [dir. Paul Guillaume]; Gap, 1887-911, t. 1-30. 8°.
**Baluze** (Steph.) *Capitularia regum Francorum*; Parisiis, 1677, 2 v. fol.; Venetiis, 1772-3: nov. ed. cur. Petro de Chiniac, Parisiis, 1780, 2 v. fol.
— (Steph.), *Miscellanea*; Parisiis, 1678-715, 7 v. 8°; novo ord. st. J. D. Mansi, Lucæ, 1761-4, 4 v. fol.
— *Histoire généalogique de la maison d'Auvergne, ...*; Paris, 1708, 2 v. fol.
**Baronius** (Cæs.), *Annales ecclesiastici*; Romæ, 1588-607, 12 v. fol.; Barri-Ducis, 1864-78, 31 v. 4°.
**Belsunce**, *L'Antiquité de l'église de Marseille*; M-e, 1747, 4°.
**Ben** et (D. P.), *Histoire de l'abbaye et de la terre de St-Claude*; Montreuil-sur-Mer, 1890-2, 2 v. 8°.
**Bernard** (Aug.), *Cartulaire de l'abbaye de Savigny*; Paris, 1853, 2 v. 4°.
— (Aug.) et **Bruel** (Alex.), *Recueil des Chartes de l'abbaye de Cluny*; Paris, 1876-903, 6 v. 4°.
**Besson**, *Mémoires pour l'histoire ecclésiastique des diocèses de Genève, Tarentaise, Aoste et Maurienne et du décanat de Savoie*; Nancy (Annecy), 1759, 4°; Moutiers, 1871, 4°.
*Bibliothèque de l'école des Chartes*; Paris, 1839-911, 72 v. 8°.
*Bibliothecæ Patrum*: Voy. Bigne, Despont, Galland.
**Bigne** (Marg. de la), *Sacra Bibliotheca ss. Patrum supra ducentos..., opera omnia et fragmenta...*; Paris, 1575-8, 8 v. fol.; ib. 1589, 9 t. fol.; ib. 1609, 1606-1904, 21 v. fol.
**Billet**-Albrieux, *Chartes du diocèse de Maurienne, dans Doc. acad. Savoie* (1861), II, 1-446.
**Binius** (Sev.), *Concilia generalia et provincialia, item epistolæ decretales et Romanorum pontificum vitæ*; Coloniæ Agripp., 1606, 5 v. fol.; ib. 1618, 9 v. fol.; Lutet. Paris, 1636, 10 v. fol.
**Blondellus**, *Pseudo-Isidorus et Turrianus vapulantes*; Genevæ, 1628, 4°.
**Bohmer** (Joh. Fried.), *Regesta imperii*; Stuttgart, 1849, 4° (1198-1254); ib. 1844, 4° (1246-313); Frankfurt a. M. 1889, 4° (1313-47).
— *Regesta chronologico-diplomatica Karolorum*; Frankfurt a. M. 1833, 4°.
— *Regesta chronologico-diplomatica regum atque imperatorum Romanorum*; Frankfurt a. M. 1831, 4°.
**Boissieu** (Alph. de), *Inscriptions antiques de Lyon*; Lyon, 1846-54, gr. 4°.
**Bollandiani** (Socii), *Bibliotheca hagiographica latina antiquæ et mediæ ætatis*; Bruxellis, 1898-901, 2 v. 8°.
**Bosco** (Joan. a), *Floriacensis vetus bibliotheca*; Lugduni, 1605, 8°.
**Bouche** (Hon.), *La chorographie... et Histoire chronolog. de Provence*; Aix, 1664, 2 v. fol.
**Bouquet**, etc., *Recueil des historiens des Gaules et de la France*; Paris, 1738-80, 1806-1904, 24 v. fol.
**Boyer de Ste-Marthe** (Louis Ans.), *Histoire de l'église cathédrale de St-Paul-Trois-Châteaux*; Avignon, 1710, 4°.
— *Histoire de l'église cathédrale de Vaison*; Avignon, 1731, 2 t. 4°.
**Bréquiny** (Feud. de) et **Pardessus**, *Table chronologique des diplômes, chartes...*; Paris, 1769-876, 8 v. fol.
**Bréquigny**-F. del et **La Porte du Theil**, *Diplomata, chartæ, epistolæ et alia monumenta ad res Francicas spectantia.....*; Parisiis, 1791, 3 v. fol.; nouv. éd. par J.-M. Pardessus, ib. 1843-9, 2 v. fol.
**Brizard**, *Histoire généalogique de la maison de Beaumont en Dauphiné...*; Paris, 1779, 2 v. fol.
*Bulletin de l'académie Delphinale*; Grenoble, 1846-911, 54 v. 8°.
*Bulletin d'histoire ecclésiastique et d'archéologie religieuse des diocèses de Valence, Gap, Grenoble et Viviers*; Romans, 1880-901, 21 v. 8°.
*Bulletin de la société départ. d'archéologie et de statistique de la Drôme*; Valence, 1866-911, t. 1-45, 8°.
*Bulletin de la société d'études des Hautes-Alpes*; Gap, 1882-911, t. 1-30, 8°.
*Bulletin de la société départ. d'histoire, des sciences naturelles... de l'Isère*; Grenoble, 1880-1910, t. 1-37, 8°.
**Canciani**, *Barbarorum leges antiquæ*; Venetiis, 1789-92, 5 vol. fol.
**Canisius** (Henr.), *Antiquæ lectiones*; Ingolstadii, 1601-8, 7 v. 4°.
**Carafa**, *Epistolæ decretales summorum pontificum*; Romæ, 1591, 3 v. f°.
**Carutti** (Domen.), *Il conte Umberto I (Biancamano) e i re Arduino, ricerche e documenti*; 2° éd. Roma, 1884. 8°.
— *Regesta comitum Sabaudiæ marchionum in Italia*; Torino, 1889, gr. 8°.
**Catel** (Guill.), *Histoire des comtes de Tolose*; Tolose, 1623, fol.
— (Guil. de), *Mémoires de l'histoire du Languedoc*; Tolose, 1633, fol.
**Ceillier** (Remy), *Histoire générale des auteurs sacrés et ecclésiastiques*; Paris, 1729-59, 19 v. 4°; nouv. éd., ib. 1858-62, 15 v. 8°.
**Chaix de Lavarène** (A. C.), *Monumenta pontificia Arverniæ decurrent.* IX°, X°, XI°, XII° sæc.; Clermont-Ferrand, 1880, 4°.

**Chantelou**, *Histoire de Montmajour*, dans *Rev. hist. Provence* (1890), I, II, 1-32, 65-96, 129-362.
**Charmasse** (A de), *Cartulaire de l'église d'Autun*; Autun-Paris, 1865, 2 p. 4°.
**Charpin-Feugerolles** (de) et G. **Guigue**, *Cartulaire de l'Ile-Barbe* (en cours de publication).
**Charvet**-P. **Allut**, *Mémoires pour ... l'histoire de l'abbaye r. de St-André-le-Haut de Vienne, ...*; Lyon, 1868, 8°.
— (Claude), *Fastes de la ville de Vienne*; Vienne, 1869, 8°.
— (C.), *Histoire de la sainte église de Vienne*; Lyon, 1761-9, 4° et sup.
**Chevalier** (Jules), *Essai historique sur l'église et la ville de Die*; Montélimar-Valence, 1888-910, 3 v. 8°.
— (Jules), *Mémoires pour servir à l'histoire des comtés de Valentinois et de Diois* (dans *Bull. soc. archéol. Drôme*); Paris, 1897-906, 2 v. 8°.
**Chevalier** (Ulysse), *Cartulaire de l'abbaye de Saint-André-le-Bas de Vienne*, suivi d'un *Appendice de chartes inédites sur le diocèse de Vienne* (IX°-XII° siècles); Vienne, 1869, 8°.
— *Cartulaire municipal de la ville de Montélimar*; Montélimar, 1871, 8°.
— *Cartulaire de l'abbaye de Saint-Chaffre du Monastier, suivi de la Chronique de Saint-Pierre du Puy et d'un Appendice de chartes*; Paris, 1884, 8°.
— *Cartulaire du chapitre de Saint-Maurice de Vienne (Description analytique du) et Chronique des évêques de Vienne et de Die, etc.*; Valence, 1891, 8°.
— *Codex diplomaticus ordinis Sancti Rufi*; Valence, 1891, 8°.
— *Diplomatica, soit Recueil de chartes pour servir à l'histoire des pays compris autrefois dans le royaume de Bourgogne, tirées de différentes archives par Pierre de Rivaz (542-1269)*; Vienne, 1875, 8°.
— *Documents inédits des IX°, X° et XI° siècles relatifs à l'église de Lyon*; Lyon, 1867, 8°.
— *Nécrologe de St-Robert de Cornillon*; Grenoble, 1868, 8°.
— *Œuvres complètes de saint Avit, évêque de Vienne*; Lyon, 1890, 8°.
— *Répertoire des sources historiques du moyen âge.* I. *Bio-bibliographie.* Paris, 1877-88, 5 fasc. gr. 8°; nouv. éd., Paris, 1903-7, 9 fasc. gr. 8°.
— II. *Topo-bibliographie*; Montbéliard, 1894-1903, 6 fasc. gr. 8°.
**Chifflet** (P. Fr.), *Histoire de l'abbaye et de la ville de Tournus*; Dijon, 1664, 4°.
**Chorier**, *Recherches sur les Antiquités de la ville de Vienne*; Lyon, 1658, 12°; ib. 1828, 8°.
— *L'Estat politique de la province de Dauphiné*; Grenoble, 1671, 3 v. 12°; Supplément. ibid. 1672, 12°; 2° éd. Valence, 1873, 8°.
— (Nic.), *Histoire générale de Dauphiné*; Grenoble et Lyon, 1661-72, 2 v. fol.; Valence, 1878-69, 2 v. gr. 4°.
**Cibrario** (L.) e **Promis** (D.), *Documenti, sigilli e monete appart. alla storia della monarchia di Savoia*; Torino, 1835, 8°. lig.
**Cipolla** (C.), *Monumenta Novaliciensia vetustiora (sec. VIII-XI)*; Roma, 1898-902, 2 v. 8°.
**Coleti**, *Sacrosancta concilia,... [editio] locupletior et emendatior*; Venetiis, 1728-33, 23 v. fol.
**Collino** (Giov.), *Le Carte della prevostura d'Oulx... fino al 1300*; Pinerolo, 1908, 8°.
**Collombet** (F.-Z.), *Histoire de la sainte église de Vienne*; Lyon, 1847, 3 v. 8°; supplém., 1848, 8°.
**Columbi** (Joan.), *De rebus gestis Valentinorum et Diensium episcoporum libri IV*; Lugduni, 1638, 4°; ed. 2°, 1652, 4°.
— (Joan.), *Opuscula varia*; Lugduni, 1668, fol.
**Constant** (Petr.), *Epistolæ Romanorum pontificum,...*; Parisiis, 1721, fol.
**Crabbe** (Petr.), *Concilia omnia, tam generalia quam particularia...*; Coloniæ, 1538, 2 v. fol.; adjuv. O. Gratio, ibid. 1551, 3 v. fol.; Lipsiæ, 1712, 4°.
**Delisle** (L.), *Mémoire sur d'anciens Sacramentaires*; Paris, 1886, 4°.
**Delorme**, *Description du musée de Vienne* (Isère); Vienne, 1841, 8°.
**[Despont]**, *Bibliotheca maxima veterum patrum et antiquorum scriptorum ecclesiastic...*; Lugduni, 1677, 27 v. fol.
*Dictionnaire d'épigraphie chrétienne...*; Paris, 1852, 2 v. gr. 8°.
*Documents publiés par l'académie de Savoie*; Chambéry, 1859-93, 7 v. 8°.
**Doublet** (Jacq.), *Histoire de l'abbaye de Sainct-Denys en France,...*; Paris, 1625, 4°.
**Dubuis** (Ger.), *Historia ecclesiæ Parisiensis [-1364]*; Paris, 1690-710, 2 v. fol.
**Duc** (J.), *Essais historiques sur la commune d'Albon*: *Epaone et le château de Mantaille*; Valence, 1900, 8°.
**Du Cange**, *Glossarium mediæ et infimæ latinitatis*, dig. Henschel; Parisiis, 1850-80, 7 v. 4°.
**Du Chesne** (And.), *Historiæ Francorum scriptores coætanei*; Paris, 1636-49, 5 v. fol.
**Duchesne** (L.), *Fastes épiscopaux de l'ancienne Gaule.* t. I : Provinces du Sud-Est; Paris, 1894, 8°; 2° éd. 1907, 8°.
**Eccardus** (Jo. Georg.), *Origines serenis. ac potentiss. familiæ Habsburgo Austriacæ...*; Lipsiæ, 1721, fol.
**Eckhart** (Jo.-Georg. ab), *Commentarii de rebus Franciæ orientalis et episcop. Wirceburgensis...*; Wirceb. 1729, 2 v. fol.
— (J. Georg. ab), *Corpus historicum medii ævi. sive scriptores res in orbe universo, præcipue in Germania... a temp. Caroli magni usque ad finem sæculi XV*; Lipsiæ, 1723, 2 v. fol.
**Fleetwood**, *Inscriptionum antiquarum sylloge*; Londini, 1691, 8°.
**Fontanieu**, *Cartulaire du Dauphiné*, 12 v. (Bibl. Nat., mss. lat., n°° 10954-65).
— *Preuves de l'histoire de Dauphiné*, 5 v. (Bibl. Nat., mss. lat. n°° 10949-53).
**Forel** (Franç.), *Régeste, soit répertoire chronologique de documents relatifs à l'histoire de la Suisse romande*; Lausanne, 1862, 2 p. 8°.
**Fournier** (Marc), *Histoire générale des Alpes Maritimes ou Cottiènes et particulière de leur métropolitaine Ambrun...*, publiée par P. Guillaume; Paris-Gap, 1890-2, 3 v. 8°.

**Foy (de), Notice** des diplômes, des chartes et des actes relatifs à l'histoire de France..., t. I<sup>er</sup>; Paris, 1765, fol.
**Freher (M.), Corpus Francicae** historiae veteris et sincerae; Hannover, 1613, fol.
— (Marq.), **Rerum Germanicarum scriptores** aliquot insignes, ed. 3<sup>e</sup>; Argentorati, 1717, 3 v. fol.
**Gallandius (Andr.), Bibliotheca veterum patrum** antiquorumque scriptorum ecclesiasticorum; Venetiis, 1765-81, 14 v. fol.
**Gallia Christiana (nova)** seu series omn. archiepiscoporum... Franciae; Parisiis, 1715-865, 16 v. fol.
**Gallia christiana novissima**: histoire des archevêchés, évêchés et abbayes de France..., par J.-H. Albanès, U. Chevalier et L. Fillet, 1899-1911, 5 v. 4°.
**Gallia christiana (vetus)**, qua series omnium archiepiscoporum et abbatum Franciae vicinarumque ditionum, ab origine ecclesiarum... deducitur et probatur... opus Scaev. et Ludov. Sammarthanorum...; Lvtet. Paris. 1650, 4 v. fol.
**Georgisch (Petr.), Regesta** chronologico-diplomatica...; Francofurti, Lipsiae et Haiae, 1740-2, 4 v. fol.
**Gingins (F. de), Cartulaire** du chapitre de Notre-Dame de Lausanne, rédigé par le prévôt Conon d'Estavayer (1228-42), dans Mém.-doc. soc. hist. Suisse rom. (1851), t. VI, 8°.
**Gingins-La-Sarra (F. de), Mémoires** pour servir à l'histoire des royaumes de Provence et de Bourgogne jurane: I. Les Bosonides. II. Les Hugonides; Lausanne, 1851 3, 2 v. 8°. (Mém.-doc. Suisse Romande, III).
**Gingins la Sarra (F. de), Cartulaire de Romainmotier**; Lausanne, 1844, 8° (Mém.-doc. Suisse Romande, III).
**Giraud et Chevalier, Cartulaire** de l'abbaye de St-Bernard de Romans, nouv éd, I; Romans, 1908, 4°.
**Girard (P. E.), Essai historique** sur l'abbaye de S. Barnard et sur la ville de Romans; Lyon, 1856-69, 5 v. 8°.
**Goiffon, Bullaire** de St-Gilles (685-1777); Nîmes, 1882-4, 8°.
**Goldast (Melch.), Collectio Constitvtionum** imperialium; Francofvrti ad Moenum et Offenbachii, 1615, 3 v. fol.
**Gruterus (Jan.), Inscriptiones antiquae** totius orbis Romani in absolutissimum corpus redactae; Hoilbergae, 1601, 2 v. fol., Amstelodami, 1707, 4 v. fol.
**Guérard, Marios et Delisle, Cartulaire** de l'abbaye de St-Victor de Marseille (683-1336); Paris, 1857, 2 v. 4°.
**Guichenon, Bibliotheca Sebusiana**; Lugduni, 1660 : 1666 ; 1780, 4°.
— (Sam.), **Histoire de Bresse et de Bugey**, Gex et Valromey; Lyon, 1650, 4 p. fol.
— (Sam.), **Histoire généalogique** de la royale maison de Savoye...; Lyon, 1660, 2 v. fol.; Turin, 1778-80, 5 v. fol.
**Guilhermy (F. de), Inscriptions** de la France du V<sup>e</sup> au XVIII<sup>e</sup> siècle; Paris, 1873-82, 5 v. 4°.
**Harduinus (Joan.), Collectio regia maxima** conciliorum seu acta conciliorum et epistolae decretales ac constitutiones summorum pontificum...; Parisiis, 1700-16 (ou 1715), 11 t. en 12 v. fol.
**Hartzheim Concilia Germaniae**...; Coloniae, 1759-90, 11 v. fol.
**Hefele (Carl Jos. v.), Conciliengeschichte**...; Freiburg im Breisgau, 1855-74, 7 v. 8°. Aufl., ib. 1873-90, 6 v. 8°.
**Hirschfeld, Inscriptiones** Galliae Narbonensis latinae; Berolini, 1888, fol.
**Historiae patriae monumenta**; Augustae Taurinorum, 1836-84, t. 1-18, fol.
**Jaffé (Phil.), Bibliotheca rerum Germanicarum**; Berolini, 1864-73, 6 v. 8°.
— (Phil.), **Regesta pontificum Romanorum** ab c. E. ad a. 1198; Berolini, 1851, 4°; ed. 2<sup>a</sup>, Lipsiae, 1881-8, 2 v. 4°.
**Juenin (Pier.), Nouvelle Histoire** de l'abbaye roy. et collég. de Saint-Philibert et de la ville de Tournus; Dijon, 1723, 4°.
[**Labat (Dan.)**], **Conciliorum Galliae**..., cum epistolis pontificum...; Parisiis, 1789, t. I et II (1777-707), fol.
**Labbe, SS. Concilia**...; Lutet. Paris. 1671-2, 28 v. fol.
**Lalande (P.), Conciliorum antiqvorum Galliae**... supplementa; Lvtet. Paris. 1666, fol.
**Lannoius (J.), Opera omnia** cum ineditis opusculis...; Coloniae, 1731, 10 v. fol.
**Le Laboureur (Claude), Les Masures** de l'abbaye roy. de l'Isle-Barbe-lez-Lyon; Lyon-Paris, 1665-81, 2 v. 4°.
**Le Blant (Edm.), Inscriptions chrétiennes** de la Gaule antérieures au VIII<sup>e</sup> siècle; Paris, 1856, 2 v. 4° : — Nouveau recueil.; ibid. 1892, 4°.
**Le Cointe (Car), Annales ecclesiastici Francorum**; Paris. 1665-83, 8 v. fol.
**Le Lièvre, Histoire de l'antiquité et saincteté** de la cité de Vienne en la Gaule celtique; Vienne, 1623, in-8°.
**Longnon (A.), Atlas historique** de la France; texte explicatif, I; Paris, 1907, 8°.
[**Lullin-Le Fort**], **Régeste Genevois**; Genève, 1866, 4°.
**Maassen (Frid.), Concilia aevi Merovingici**; Hannoverae, 1893, gr. 8°.
**Mabillon, Annales ordinis S. Benedicti**...; Lutetiae Paris. 1703-39, 6 v. fol.; Lucae, 1739-45, 6 v. fol.
— (Joan.), **Acta ss. (sanctorum) ordinis S. Benedicti**...; Lutet. Paris. 1668-701, 9 v. fol.; Venetiis, 1733-40, 9 v. fol.
— (Joan.), **De re Diplomatica libri sex**...; Lutet. Paris. 1681, fol.; ibid 1709, fol.; Neapoli, 1789, 2 v. fol.
— (Joan.), **Vetera analecta sive collectio veterum** aliquot operum et opusculorum...; Parisiis, 1723, fol.
**Mansi (Nic.), Sanctorum conciliorum et decretorum collectio nova**; supplementum, Lucae, 1748-52, 6 v. fol.; — amplissima collectio, Florentiae et Venetiis, 1759-98, 31 v. fol.
**Manteyer (Geo. de), Les origines de la maison de Savoie en Bourgogne (910-1060)**; Paris, 1899, 8°; Notes addition., ib. 1901, 8°: La Paix en Viennois, Grenoble, 1904, 8°.
— **La Provence du I<sup>er</sup> au XII<sup>e</sup> siècle**; Paris, 1908, in-8°.
**Marca (P. de), De Concordia sacerdotii et imperii**: Paris. 1641, 4°; 1663, 1669, 1704, 1708, 1763.
**Marini, I Papiri diplomatici** raccolti ed ill.; Roma, 1805, gr. fol.

**Marion, Cartulaires de l'église cathédrale de Grenoble**, dits Cartulaires de St-Hugues; Paris, 1869, 4°.
**Marrier (Mart.) et Quercetanus (Andr.), Bibliotheca Cluniacensis**; Lutet. Paris. 1614, fol.
**Martene (Edm.) et Durand (Urs.), Thesaurus novus anecdotorum**; Lutetiae Parisior. 1717, 5 v. fol.
— **Veterum scriptorum et monumentorum historicorum, dogmaticorum, moralium amplissima collectio**; Parisiis, 1724-33, 9 v. fol.
**Martin (J.-B.), Conciles et Bullaire du diocèse de Lyon**, des origines à 1312; Lyon, 1905, 8°.
**Ménard (L.), Histoire civile, ecclésiastique et littéraire de la ville de Nîsme...**; Paris, 1750-8, 7 v. 4°; ibid. 1875, 7 v. 8°.
**Mermet, Histoire de la ville de Vienne**; Vienne; Paris, 1828-33, 3 v. 8°.
**Menestrier, Histoire civile ou consulaire de la ville de Lyon**, justifiée par chartes, titres, chroniques, manuscrits, autheurs anciens et modernes, et autres preuves; Lyon, 1696, 8 p. fol.
**Mille (A. E.), Abrégé chronologique de l'histoire ecclésiastique, civile et littéraire de Bourgogne..**; Dijon, 1771-3, 3 v. 8°.
**Monumenta Germaniae historica...**; Hannoverae, fol.: Diplomata, t. I, 1872; Legum t. 1-5, 1835-89; Scriptores, t. 1-29, 1826-92.
— Antiquitates: Confraternitates, 1 v., 1884; Necrologia Germ., 2 v., 1888-90; Poetae lat., 3 v., 1881-92. — Diplomata, 2 v., 1879-93. — Epistolae, 5 v., 1887-93. — Leges: Germau., 2 v., 1888-93; Capitularia, 2 v., 1883-93; Concil., 1 v., 1893; Constitut., 1 v., 1893; Formulae, 1 v., 1886. — Scriptores: Auctores antiq., 13 v., 1877-94; Langobard., 1 v., 1874; Meroving., 2 v., 1885-8, Hannov., Berol., 4°.
— [**Monteynard (C. de), Cartulare monasterii bb. Petri et Pauli de Domina**, Cluniacensis ordinis, Gratianopolitanae dioecesis..; Lugduni, 1869. 8°; Suppl. 1870, 1878, 8°.
**Mühlbacher (Eng.), Die Regesten des Kaiserreichs unter den Karolingern (751-918)**, nach J. F. Böhmer (Reg. imper. I); Innsbruck, 1880-9, 4°; 2. Aufl. 1900-8, 4°.
**Muratori (Lud. Ant.), Antiquitates Italicae medii aevi**; Mediolani, 1738-42, 6 v. fol.; Aretii, 1777-80, 17 v. 4°.
— (L.), **Rerum Italicarum scriptores praecipui...**; Mediolani, 1723-51, 28 v. fol.
**Musée des archives départementales**; Paris, 1878, 4°.
**Neues Archiv der Gesellschaft für ältere deutsche Geschichtskunde**; Hannover, 1876-98, t. 1-24, 8°.
**Pardessus, Diplomata, chartae, epistolae, leges aliaq. instrum. ad res Gallo-Francicas...**; Paris, 1843, 2 v. fol.
**Patrologiae cursus completus, series latina**; Parisiis, Migne, 1844-64, 221 v. gr. 8°.
**Pérard (Est.), Recueil de plusieurs pieces curieuses** servant à l'histoire de Bovrgogne, choisy parmy les titres plus anciens de la chambre des comptes de Dijon, des abbayes et autres églises, etc.; Paris, 1664, fol.
**Petit, Theodori Poenitentiale**; Lutetiae Paris. 1677, 2 v. 4°.
**Pflugk-Harttung (J. v.), Acta pontificum Romanorum inedit. Urkunden der Päpste v. J. 97 bis 1198**; Tübingen-Stuttgart, 1880-8, 3 t. 7 p. 4°.
**Pithoeus (P.), Historiae Francorum ab a. Chr. 900 ad a. 1285, scriptores vet. XI**; Francofurti, 1596, fol.
[**Plancher (Urb.)**], **Histoire générale et particulière de Bourgogne**; Dijon, 1739-81, 4 v. fol.
**Poupardin (René). Le royaume de Bourgogne (888-1038)**; Paris, 1907, 8°.
— (René), **Le Royaume de Provence sous les Carolingiens (855-933?)**; Paris, 1901, 8°.
**Régeste Genevois** — Forel.
**Rivautella (A.) et Berta (F.), Ulciensis ecclesiae chartarium animadversionibus illustratum**; Aug. Taurin. 1753, fol.
**Roman (J.), Tableau historique du département des Hautes-Alpes**, II. Inventaire et analyse des documents du moyen âge relatifs au Haut-Dauphiné; Paris, 1890, 4°.
**Rossi (J.-B. de), Inscriptiones christianae urbis Romae septimo saeculo antiquiores**; Romae, 1857-61-88, 2 v. fol.
**Rouchier, Histoire religieuse, civile et politique du Vivarais**; Paris, 1862, t. I, 8°.
**Régeste de la Suisse Romande** — Forel.
**Saxius (Petr.), Pontificium Arelatense**; Aquis-Sextiis. 1629, 4°.
**Scheid (Christ. Lud.), Origines Guelficae...**; Hanoverae, 1750-80, 5 v. fol.
**Severt (Jac.), Chronologia historica successionis hierarchicae archiatisticum Lvgdvnensis archiepiscopatus...**; Lvgdvni, 1607, 4°; ib. 1608, 4°; ib. 1628, 3 v. fol.
**Sickel (Th.), Acta regum et imperatorum Karolorum digesta et enarrata**; Wien, 1867-8, 2 v. 8°.
**Sirmond, Opp. (Opera) varia**; Venetiis, 1728, 5 v. fol.
**Stumpf (Karl Fried.), Die Reichskanzler vornehmlich des X, XI. und XII Jahrh.**, ...; Innsbruck, 1865-73, 3 v. 8°.
**Surius (Laur.), Conciliorvm omnium tam generalvm tam particularivm**; Coloniae Agrippinae, 1567, t. 1-4, 4°; 1570; -6; 1606, 1618.
— (Laur.), **Vitae ss. (sanctorum)**..., ed. 3<sup>a</sup>; Coloniae, 1618, 12 v. fol.
**Terrebasse (Alfr. de), Inscriptions du moyen âge de Vienne en Dauphiné**; Vienne, 1875, 2 v. 8°.
**Thiel, Epistolae Romanorum pontificum genuinae et quae ad eos scriptae...**; Brunsbergae, 1868, 8°.
**Ughelli, Italia sacra**; Romae, 1644-62, 9 v. fol.; Venetiis, 1717-22, 10 v. fol.
**Vallentin (Flor.) et Mowat (R.), Bulletin épigraphique de la Gaule**; Vienne-Paris, 1881-6, 6 v. gr. 8°.
[**Vic (Cl. de) et Vaissete (Jos.)**], **Histoire générale de Languedoc...**; Paris, 1730-45, 5 v. fol.; — Toulouse, 1872-1893, t. 1-15, 4°.
**Voel (G.) et Justel (C.), Bibliotheca juris canonici veteris**; Lutet. Paris. 1661, 2 v. fol.
**Zaccharia (Fr. Ant.), Anecdotorum medii aevi... collectio**; Augustae Taurinor. 1755, 4°.
**Zapf, Monumenta anecdota historiam Germaniae illustrantia**; Aug. Vindel. 1785, 4°.
**Zeerleder (K.), Urkunden für die Geschichte der Stadt Bern ... bis zum Schluss des XIII<sup>en</sup> Jahrh.**; Bern, 1853-5, 4 v. 4°.

# LISTE DES PRINCIPALES SOURCES
(Troisième Liste)

**Aguirre** (Jos. Saenz de), Collectio maxima conciliorum omnium Hispaniæ et Novi Orbis, epistolarumque decretalium...; Romæ, 1693-5, 4 v. fol. ; ibid. 1753-5, 6 v. fol. ; adnot. Matriti, 1781, fol.
**Albanés** (J. H.), Armorial et sigillographie des évêques de Marseille : M-e, 1884, 4°.
**Album du Dauphiné**, ou recueil de dessins représentant les sites les plus pittoresques... du Dauphiné, avec les portraits des personnages les plus illustres..., ouvr. accomp. d'un texte historique et descriptif ; Grenoble, 1835-9, 4 v. 4°.
**Albericus** mon. Trium-Fontium, Chronicon ab. O. C. -1241 [POTTHAST, I, 1, 78-9].
**Annales de philosophie chrétienne** ; Paris, 1830-86, v. 1-110, 8°.
— **du Midi**, revue archéol., histor.-philol. de la France méridionale, publ. par A. THOMAS, A. JEANROY et P. DOGNON ; Toulouse-Paris, 1889, 8°.
**Arbois de Jubainville** (H. d'), Histoire des ducs et comtes de Champagne, depuis le VI° s. jusqu'à la fin du XI° [XIII°] ; Paris, 1859-65, 6 t. en 7 v. 8°.
**Archives historiques et statistiques du département du Rhône** ; Lyon-Paris, 1824-31, 14 v. 8°.
— **de l'Orient latin**, publiées sous le patronage de la Société de l'Orient latin : Gênes Paris, 1881-4, 2 v. 8°.
**L'Art de vérifier les dates des faits historiques, des chartes, des chroniques... par le moyen d'une table chronologique...**, par des religieux bénédictins de la congrégation de ST-MAUR ; Paris, 1750, 2 p. fol. ; ibid. 1770, fol. ; ibid. 1783-6-7, 3 v. fol. ; ibid. 1818-9, 18 v. 8° et 5 v. 4°.
**Aubert** (Ed.), Trésor de l'abbaye de St-Maurice d'Agaune ; Paris, 1872, 4°.
**Auvergne** (A.) Histoire de Morestel ; Grenoble, 1901, 8°.
**Aymari Rivallii** Delphinat. De Allobrogibus libri novem ; cura et sumpt. Aeflr. de TERRABASSE ; Viennæ Aóbr., 1844, 8°.
**Barjavel** (C. F. H.), Dictionnaire historique, Biographique et bibliographique du départ. de Vaucluse ; Carpentras, 1841, 2 v. 8°.
**Barralis** (Vinc.), Chronologia sanctorum et aliorum virorum illustrium ac abbatum sacræ insulæ Lerinensis ; Lugduni, 1613, 2 p. 4°.
**Barthélemy** (Dr. L.), Inventaire chronologique et analytique des chartes de la maison de Baux : Marseille, 1882, 8°.
— Recherches historiques et généalogiques sur la maison des Baux ; Tours, [1877], 8°.
**Barthius** (Gasp.), Adversariorum commentariorum libri LX, antiquitatis tam gentilis quam christianæ monumentis illustrati ; Francofurti, 1624, fol. ; 1648, fol.
**Bastet** (J.), Essai historique sur les évêques du diocèse d'Orange... ; Orange, 1837, 8°.
**Bellet** (Charles), Examen critique des objections soulevées contre la Charte XVI° d'un Cartulaire ...de Grenoble ; Paris, 1889, 8°.
**Benedicti** abb. Petroburg. Vita et gesta Henrici II et Ricardi I regum Angliæ, ed. Th. HEARNE ; Oxonii, 1735, 2 v. 8°.
**Bernard** (Aug.), Histoire du Forez ; Montbrison, 1835, 2 v. 8°.
**Bernardi** (S.) Epistolæ ; Bruxellis, 1481, fol.
— Opera omnia, iter secund. cur. Joh. MABILLON ; Paris, 1667, 2 v. fol. ; ibid. 1690.
**Berset** (Jean), Mémoires sur l'abbaye de Cluny.
**Beyer** (H.), ESPESTEEN (L.), GORZE (A.), Urkundenbuch zur Geschichte der jetzt die Preussischen Regierungsbezirke Coblenz und Trier bildenden Mittelrheinischen Territorien ; Coblenz, 1860-74, 3 v. 8°.
**Blancard** (Louis), Iconographie des sceaux et bulles ... des archives départementales des Bouches-du-Rhône ; Marseille-Paris, 1860, 2 v. 4°.
**Bofarull** (Pedro) y Mascaró (Prosp. de), Los condes de Barcelona vindicados, y cronologia y genealogia de los reyes de España... ; Barcelona, 1836, 2 v. 4°.
**Boudet** (Marcellin), Aspres-sur-Buëch et ses chartes de coutumes (1276-1639) ; Grenoble, 1896, 8°.
**Bouges**, Histoire ecclésiastique et civile de la ville et diocèse de Carcassonne... ; Paris, 1741, 4°.
**Brun-Durand** (J.), Notice historique sur le monastère de St-Médard de Plégros ; Bar-le-Duc, 1874, 8°.
**S. Brunonis** Carthusianorum patriarchæ sanctissimi Opera et vita; Parisiis, 1524, fol.
— Opera omnia, stud. Theod. PETREI ; Coloniæ, 1611, 3 t. 1 vol. fol.
**Brussel** (Nic.), Nouvel examen de l'usage général des fiefs en France, pendant le XI, le XII, le XIII et le XIV° s... ; Paris, 1725, 2 v. 4° ; ibid. 1727 (et 1750), 2 v. 4°.
**Bünau** (Heinr. v.), Probe einer genauen und umständlichen Teutschen Kayser-und Reichs-Historie, oder Leben und Thaten Friedrich's I ; Leipzig, 1722, 4°.
**Bulletin de l'Institut national Genevois** ; Genève, 1853-907, t. 1-37, 8°.
— **de la société des antiquaires de France** ; Paris, 1857-911, t. 1-55, 8°.
**Bullledinu** (I.), Lugdunum sacro-profanum (Mss. : Lyon, Montpellier).
**Caise** (Alb.), Cartulaire de St-Vallier ; Paris, Valence, St-Vallier, 1870, 18°.
— **Histoire de St-Vallier**, de son abbaye, de ses seigneurs et de ses habitants... ; Paris, Valence, St-Vallier, 1867, 12°.
**Calmet** (Aug.), Histoire ecclésiastique et civile de Lorraine ; Nancy-Paris, 1728, 4 t. fol. ; nouv. éd., ibid. 1745-57, 7 v. fol.
**Canat de Chizy**, Documents inédits pour servir à l'histoire de Bourgogne ; t. I, 1863, gr. 8°.
**Cappelloni** (Gius.), Le Chiese d'Italia ; Venezia, 1844-70, 21 v. 8°.
**Champollion-Figeac**, Chartes latines sur papyrus... appartenant à la bibliothèque royale... ; Paris, 1835-41, fol.

**Chastellux** (H. P. C. de), Histoire généalogique de la maison de Chastellux... ; Auxerre, 1873, 4°.
**Chevalier** (C.-U.-J.), Hagiologe Pontifical Viennois (Doc. inéd. Dauphiné, 11) ; Grenoble, 1868, 8°.
— **Notice chronologico-historique sur la chartreuse du Val-Ste-Marie à Bouvante, d'après les documents inédits**, dans Journal de Die, du 16 juil. 1868 au 24 janv. 1869.
**Chevalier** (Franç. Fél.), Mémoires historiques sur la ville et la seigneurie de Poligny... ; Lons-le-Saunier, 1767-9, 2 v. 4°.
**Chifflet** (Pier. Franç.), Lettre touchant Béatrix, comtesse de Chalon... avec une table généalog... et les preuves ; Dijon, 1656 (et 1658 ?), 4° ; Lons-le-Saunier, 1810, 8°.
**Chorier** (Nic.), Histoire généalogique de la maison de Sassenage ; Grenoble, 1669, 12° ; Lyon, 1672, fol. ; Valence, 1871, fol.
— **Nobiliaire de Dauphiné ou discovrs historique des familles nobles...** ; Grenoble, 1671, 12° ; Paris, 1696, 12°.
**Christin** (Ch. Gabr. Frédéric), Dissertation sur l'établissement de l'abbaye de St-Claude... ; [Neuchâtel], 1772, 8°.
**Colvmbi** (Ioan.), Manuasca, virgo Manascensis ; Lvgdvni, 1658, 12°.
**Compte rendu du quatrième congrès scientifique international des catholiques, tenu à Fribourg** (Suisse) ; Fribourg, 1898, 2 v. 8°.
**Congrès des Sociétés savantes de la Savoie** (al. soc. Savoisiennes) ; St-Jean-de-Maurienne, Annecy, etc. 1879-91, 11 v. 8°.
**Corbin** (Jacq.), L'histoire sacrée de l'ordre des Chartrevx et de très illustre saint Bruno levr patriarche ; Paris, 1653, 4° ; ibid. 1659, 4°.
**Dauphiné** (Le), Journal des étrangers dans les Alpes, revue littéraire, etc., dir. p. X. DREVET ; Grenoble, 1864-1912, 49 v. 4°.
**Delachenal** (R.), Cartulaire du Temple de Vaulx ; Paris, 1897, 8° [Bull. Acad. Delphin. D, X, 351-475].
**Delacroix**, Essai sur la statistique, l'histoire et les antiquités du département de la Drôme ; Valence, 1817, 8° ; nouv. éd., Valence-Paris, 1835, 4°.
**Delisle** (Léop.), Le Cabinet des mss. (manuscrits) de la Bibliothèque Impériale (Nationale) ; Paris, 1868-81, 3 v. 4°.
— (Léop.), Catalogue des actes de Philippe-Auguste... ; Paris, 1856, 8°.
— (Léop.), Recueil des actes de Henri II, roi d'Angleterre..., introduction ; 1909, 4° ; Atlas, fol.
— (Léop.), Rouleau mortuaire du b. Vital, abbé de Savigni ; Paris, 1909, fol.
**Droz**, Essai sur l'histoire des bourgeoisies du roi, des seigneurs et des villes... jusqu'à l'établissement des bailliages inclus. et relativement à la Franche-Comté ; Besançon, 1760, 8°.
**Du Chesne** (A.), Histoire des comtes d'Albon et daufins de Viennois, justifiée par titres... ; Paris, 1628, 4°.
**Dunod** (F. I.), Histoire des Sequanois et de la province Sequanoise, des Bourguignons... ; Dijon, 1735, 4°.
— **Histoire du second royaume de Bourgogne, du comté de Bourgogne**, etc. ; Dijon, 1737, 4°.
**Dunod de Charnage**, Mémoire pour servir à l'histoire du comté de Bourgogne... ; Besançon, 1740, 4°.
**Du Plessis** (Toussaints), Histoire de l'église de Meaux... ; Paris, 1731, 2 v. 4°.
**Du Puy** (P.), Preuves des libertez de l'église Gallicane ; s. l. 1639, 2 v. fol. ; Paris, 1651, 2 v. fol. ; ibid. 1731, 4 v. fol.
**Durandi** (Jac.), Ricorche sopra il diritto pubblico del Vercellese e della Lombardia, dans Miscell. di stor. Ital. (1887) B, X, 1-152.
**Epistolarum** Innocentii III libri undecim. Accedant eiusdem Innocentii et prima Collectio Decretalium..., Steph. BALUZIUS... in unum collegit ; Paris, 1682, 2 v. fol.
**Eubel** (Conr.), Hierarchia catholica medii aevi, sive summorum Pontificum, S. R. E. Cardinalium, ecclæ. Antistium series... (1198-1431) ; Monasterii, 1898, 4°.
**Fabre** (Paul), Étude sur le Liber Censuum de l'église Romaine ; Paris, 1892, 8°.
— (Paul) et **Duchesne** (L.), Le Liber Censuum de l'église Romaine... ; 1889-19..., 6 fasc. 4°.
[**Faillon**], Monuments inédits sur l'apostolat de s° Marie-Madeleine en Provence... ; Paris, 1848, 2 v. gr. 8°.
**Ferrand** (Henri), Le Lac de Saint-Laurent, son histoire, les erreurs commises sur sa durée ; Paris, 1909, 8°, 20 p.
**Fillet** (L.), Colonies dauphinoises de l'abbaye de Montmajour ; Valence, 1891, 8°.
— (L.), Documents inédits sur les droits régaliens des évêques de St-Paul-Trois-Châteaux ; Paris, 1892, 8°.
— **Donzère religieux** ; Montbéliard, 1881, 8°.
— **Essai historique sur le Vercors** ; Valence, 1888, 8°.
— (L.), Histoire religieuse du canton de la Chapelle-en-Vercors ; Valence, 1892, 8°.
— (L.), Histoire religieuse de Pont-en-Royans (Isère) ; Valence, 1887, 8°.
— **Histoire religieuse de St-Laurent-en-Royans** ; Valence, 1895, 8°.
— (L.) **L'Ile-Barbet et ses colonies du Dauphiné** ; Valence, 1900, 8°.
— (L.), Notice historique sur Grignan d'après les documents inédits, dans Journal de Die, du 3 janv. 1869 au 27 mars 1870.
**Fontes rerum Austriacarum** ; Wien, 1849-92, 64 v. 8°.
**Fyot** (Claude), Histoire de l'église abbatiale de St-Etienne de Dijon... ; Dijon, 1696, fol.
**Gaillard** (M. E.), Ephémérides pour servir à l'histoire des Htes-Alpes ; Gap, 1864, 12° ; Paris, 1874, 8°.

**Foy (de).** Notice des diplômes, des chartes et des actes relatifs à l'histoire de France... t. I°'; Paris, 1765, fol.
**Freher (M.).** Corpus Francicae historiae veteris et sincerae; Hannover, 1613, fol.
— (Marq.). Rerum Germanicarum scriptores aliquot insignes, ed. 3°; Argentorati, 1717, 3 v., fol.
**Gattareolus** (Andr.). Bibliotheca veterum patrum antiquorumque scriptorum ecclesiasticorum; Venetiis, 1765-81, 14 v., fol.
**Gallia Christiana** (nova) seu series omn. archiepiscoporum... Franciae; Parisiis, 1715-1865, 16 v., fol.
**Gallia christiana novissima**: histoire des archevêchés, évêchés et abbayes de France... par J. H. Albanès, U. Chevalier et L. Fillet, 1899-1911, 5 vol., 4°.
**Gallia christiana vetus**: opus series annuam archiepiscoporum et abbatum Franciae recensens; pro Lotharia, ab origine ecclesiarum ad... declaritur et probatur... opus Serv. et Ludov. Sammarthanorum...; Lutet. Paris., 1656, 4 v. fol.
**Georgisch** (Petr.). Regesta chronologico-diplomatica...; Francoforti, Lipsiae et Halae, 1740-44, 4 v. fol.
**Gingins** (F. de). Cartulaire du chapitre de Notre Dame de Lausanne, rédigé par le prévôt Conon d'Estavayer (1228-42), dans Mém. doc. soc. hist. Suisse rom. (1851), t. VI, 8°.
**Gingins-La-Sarra** (F. de). Mémoires pour servir à l'histoire des royaumes de Provence et de Bourgogne jurane; I: Les Bosonides. II: Les Hugonides; Lausanne, 1851-3, 2 v., 8°.
**Gingins-la-Sarra** (F. de). Cartulaire de Romainmotier; Lausanne, 1844, 8° [Mém. doc. Suisse Romande, III].
**Giraud et Chevalier.** Cartulaire de l'abbaye de St-Barnard à Romans, nouv. éd.; J.: Romans, 1908, 4°.
**Giraud (P. E.).** Essai historique sur l'abbaye de S. Barnard et sur la ville de Romans; Lyon, 1856-69, 5 v., 8°.
**Goiffon.** Bullaire de l'abbaye de St-Gilles (683-1777); Nîmes, 1882-2, 8°.
**Goldast (Melch.).** Collectio Constitutionum imperialium; Francofurti ad Moenum et Offenbachii, 1658, 3 v., fol.
**Gruterus (Jan.).** Inscriptiones antiquae totius orbis Romani in absolutissimum corpus redactae; Heilbergae, 1616, 2 v., fol.; Lugduni, 1707, 4 v. fol.
**Guérard.** Marion et Delisle. Cartulaire de l'abbaye de St-Victor de Marseille (683-1336); Paris, 1857, 2 v., 4°.
**Guichenon.** Bibliotheca Sebusiana; Lugduni, 1660; 1666; 1780, 4°.
— (Sam.). Histoire de Bresse et de Bugey. Gex et Valromey; Lyon, 1650, 4 p. fol.
— (Sam.). Histoire généalogique de la royale maison de Savoye...; Lyon, 1660, 2 v. fol.; Turin, 1778-80, 5 vol. fol.
**Guilhermy (E. de).** Inscriptions de la France du V° au VIII° siècle; Paris, 1873, 5 v., 8°.
**Harduinus (Joan.).** Collectio regia maxima conciliorum seu acta conciliorum et episcoparum decretales et constitutiones summorum pontificum...; Parisiis, 1705-16 (ou 1715), 12 v., gr. fol.
**Hartzheim.** Concilia Germaniae; Coloniae, 1759-90, 11 v. fol.
**Hefele (Carl Jos.).** Conciliengeschichte...; Freiburg im Breisgau, 1855-74, 7 v. 8°; Aufl., ib. 1885-90, 6 v., 8°.
**Birschfeld.** Inscriptiones Galliae Narbonensis latinae; Berolini, 1888, fol.
**Historiae patriae monumenta**; Augustae Taurinorum, 1836-84, t. 1-18, fol.
**Jaffé (Phil.).** Bibliotheca rerum Germanicarum; Berolini, 1864-73, 6 v., 8°.
— (Phil.). Regesta pontificum Romanorum ab c. E. ad a. 1198; Berolini, 1851, 1 v. fol.; Lipsiae, 1885-8, 2 v. 4°.
**Juenin (Pierre).** Nouvelle Histoire de l'abbaye roy. et collég. de Saint-Filibert et de la ville de Tournus; Dijon, 1733, 4°.
**[Labat (Jean).].** Conciliorum Galliae... cum epistolis pontificiis...; Parisiis, 1789, t. I et II (1177-1563), fol.
**Labbe (SS.).** Concilia...; Lutet. Paris., 1671-2, 18 v. fol.
**Lalande (P. de).** Conciliorum antiquorum Galliae... supplementa; Lutet. Paris., 1666, fol.
**Launonius (J.).** Opera omnia cum ineditis accessalis...; Coloniae, 1731-40, 5 v. fol.
**Le Laboureur (Claude).** Les Masures de l'abbaye roy. de l'Isle-Barbe-lez-Lyon; Lyon-Paris, 1665-81, 2 v., 4°.
**Le Blant (Edm.).** Inscriptions chrétiennes de la Gaule antérieures au VIII° siècle; Paris, 1856, 2 v. 4°. — Nouveau recueil...; ibid. 1892, 4°.
**Le Cointe (Car.).** Annales ecclesiastici Francorum; Paris, 1665-83, 8 v., fol.
**Le Lièvre.** Histoire de l'antiquité et sainteté de la cité de Vienne en la Gaule celtique; Vienne, 1623, in-8°.
**Longnon (A.).** Atlas historique de la France; texte explicatif; I.; Paris, 1907, 8°.
**Lullin (Le Fort).** Régeste Genevois; Genève, 1866, 4°.
**Maassen (Frid.).** Concilia aevi Merovingici; Hannoverae, 1893, gr. 8°.
**Mabillon.** Annales ordinis S. Benedicti...; Lutetiae Paris., 1703-39, 6 v. fol.; Lucae, 1739-45, 6 v. fol.
— (Joan.). Acta ss. (sanctorum) ordinis S. Benedicti; Lutet. Paris., 1668-1701, 9 v. fol.; Venetiis, 1733-40, 9 v. fol.
— (Joan.). De re Diplomatica libri vel...; Notes additionn. ib. 1681, fol.; ibid. 1709, fol.; Neapoli, 1789, 2 v. fol.
— (Joan.). Vetera analecta sive collectio veterum aliquot operum et opusculorum...; Parisiis, 1723, fol.
**Mansi (Nic.).** Sanctorum conciliorum et decretorum collectio nova; supplementum, Lucae, 1748-59, 6 v. fol.; ... amplissima collectio. Florentiae et Venetiis, 1759-98, 31 v. fol.
**Manteyer (Geo. de).** Les origines de la maison de Savoie en Bourgogne (910-1060); Paris, 1899, 8°; Notes additionn. ib. 1904, 8°. La Paix en Viennois, Grenoble, 1904, 8°.
— La Provence du I° au XII° siècle; Paris, 1908, in-8°.
**Marca (P. de).** De Concordia sacerdotii et imperii; Paris, 1641, 4°; 1663, 1669, 1704, 1708, 1763.
**Marini, I Papiri diplomatici raccolti ed ill.;** Roma, 1805, gr. fol.

**Marion, Jules.** Cartulaires de l'église cathédrale de Grenoble, dits Cartulaires de St-Hugues; Paris, 1869, 4°.
**Marrier (Mart.)** et Quercetanus (Andr.). Bibliotheca Cluniacensis; Lutet. Paris., 1614, fol.
**Martene (Edm.)** et Durand (Urs.). Thesaurus novus anecdotorum; Lutetiae Parisior. 1717, 5 v. fol.
— Veterum scriptorum et monumentorum historicorum, dogmaticorum, moralium amplissima collectio; Parisiis, 1724-33, 9 v. fol.
**Martin (J. B.).** Conciles et Bulaire du diocèse de Lyon, des origines à 1312; Lyon, 1905, 8°.
**Menard (L.).** Histoire civile, ecclésiastique et littéraire de la ville de Nîsme; Paris, 1750-8, 7 v. 4°; ibid 1875, 7 v., 8°.
**Mermet.** Histoire de la ville de Vienne; Vienne, 1828-55, 3 v., 8°.
**Menestrier.** Histoire civile ou consulaire de la ville de Lyon, justifiée par chartes, titres, chroniques, manuscrits, auteurs anciens et modernes, et autres preuves; Lyon, 1696, 3 p. fol.
**Mille (A. E.).** Abrégé chronologique de l'histoire ecclésiastique, civile et littéraire de Bourgogne...; Dijon, 1771-3, 3 v., 8°.
**Monumenta Germaniae historica...;** Hannoverae, fol. Diplomata. t. I; 1872; Legum t. 5, 1835-89; Scriptores, t. 1-9, 1826-51.
— Antiquitates: Confraternitates, 1 v., 1884, Necrologia Germ., 2 v., 1888-92; Poetae lat., 3 v., 1881-92 — Diplomata, 2 v., 1872-93. — Epistolae, 3 v., 1887-93. — Leges (German., 2 v., 1888-93); Capitularia, 2 v., 1883-93 — Concil., 1 v., 1893; Conciliat., 1 v., 1893; Formulae, 1 v., 1886. — Scriptores: Auctores antiq., 13 v., 1877-93; Langobardi, 1 v., 1878; Merovingi, 6 v., 1885-8; Hanno., Berol., 4°; Lucensis urbinis, tirolopolidi aus diocesis, — Lugduni, 1859, 8°; Suppl., 1860, 1863, 8°.
**Mühlbacher (Engelb.).** Die Regesta des Kaiserreichs unter den Karolingern (751-918), nach J. F. Böhmer (Reg. super. I); Innsbruck, 1889, 4°; 2. Aufl. 1899, 4°.
**Muratori (Lud. Ant.).** Antiquitates Italicae medii aevi; Mediolani, 1738-42, 6 v. fol.; Lucae, 1773-80, 17 v., 4°.
— (Lud.). Rerum Italicarum scriptores praecipui...; Mediolani, 1723-51, 28 v. fol.
**Musée des archives départementales;** Paris, 1873, 4°.
**Neues Archiv der Gesellschaft für ältere deutsche Geschichtskunde;** Hannover, 1876-98, t. 1-24, 8°.
**Pardessus.** Diplomata, chartae, epistolae, leges aliaque, instrumenta ad res Gallo Francicas...; Paris, 1843, 2 v. fol.
**Patrologiae cursus completus, series latina;** Parisiis, Migne, 1844-64, 221 v., gr. 8°.
**Pérard (Est.).** Recueil de plusieurs pièces curieuses servant à l'histoire de Bourgogne, tirées pour la plupart des titres plus sacrées de la chambre des comptes de Dijon, des abbayes et autres églises, etc.; Paris, 1664, fol.
**Petit, Theodori Poenitentiale;** Parisiis, 1677, 4°.
**Pflugk-Harttung (J. V.).** Acta pontificum Romanorum inedita, Urkunden der Papste v. J. 97 bis 1198; Tübingen-Stuttgart, 1880-8, 3 v. gr. 4°.
**Pithoeus (P.).** Historia Francorum ab a. 708 ad a. 1285, scriptores vet. XI; Francofurti, 1596, fol.
**[Plancher (U.).].** Histoire générale et particulière de Bourgogne; Dijon, 1739-81, 4 v. fol.
**Poupardin (René).** Le royaume de Bourgogne (888-1038); Paris, 1907, 8°.
— (René). Le Royaume de Provence sous les Carolingiens (855-933?); Paris, 1901, 8°.
**Régeste Genevois = Lullin.**
**Rivautella (A.)** et Bruns (F.). Ulciensis ecclesiae chartarum sui modernis temporibus illustratum; Aug. Taur. n. 1758, fol.
**Roman (J.).** Tableau historique du département des Hautes-Alpes. II. Inventaire et analyse des documents du moyen âge relatifs au Haut Dauphiné; Paris, 1890, 4°.
**Rossi (J. B. de).** Inscriptiones christianae urbis Romae septimo saeculo antiquiores; Romae, 1857 ff-88, 2 v. fol.
**Rouchier, Histoire religieuse, civile et politique du Vivarais;** Paris, 1861, t. I, 8°.
**Régeste de la Suisse Romande = Forel.**
**Saxius (Petr.).** Pontificium Arelatense; Aquis-Sextiis, 1629, 4°.
**Scheid (Christ. Lud.).** Origines Guelficae...; Hannoverae, 1750-80, 5 v. fol.
**Severt (Jac.).** Chronologia historica successione hierarchica archiepiscoparum Lugdunensium archiepiscopatus...; Lugduni, 1607, 2°; ib. 1628, 2°; ib. 1682, 3 v. fol.
**Sickel (Tho.).** Acta regum et imperatorum Karolinorum digesta et enarrata; Wien, 1867-8, 2 v., 8°.
**Sirmond, Opp. (Opera varia);** Venetiis, 1728, 5 v., fol.
**Stumpf (Karl Fried.).** Die Reichskanzler vornehmlich des X., XI. und XII. Jahrh....; Innsbruck, 1865-83, 3 v. 8°.
**Surius (Laur.).** Conciliorum omnium tam generalium tam particularium; Coloniae Agrippinae, 1567, t. 1-4, 8°; 1590, 4 v. fol., 1618.
— (Laur.). Vitae ss. sanctorum..., ed. 3°; Coloniae, 1618, 12 v. fol.
**Terrebasse (Alfr. de).** Inscriptions du moyen âge de Vienne en Dauphiné; Vienne, 1875, 2 v. 8°.
**Thiel. Epistolae Romanorum pontificum genuinae quae ad nos scriptae...;** Brunsbergae, 1868, 8°.
**Ughelli. Italia sacra;** Romae, 1644-62, 9 v. fol.; Venetiis, 1717-22, 10 t. fol.
**Vallentin (Flor.)** et Mowat (R.). Bulletin épigraphique de la Gaule; Vienne-Paris, 1881-6, 6 v. gr. 8°.
**Vic (Cl. de)** et Vaissete (Jos.). Histoire générale de Languedoc...; Paris, 1730-45, 5 v. fol.; Toulouse, 1872-90, t. 1-15, 4°.
**Voel (Cl.)** et Jus (C.). Bibliotheca juris canonici veteris; Lutet. Paris., 1661, 2 v. fol.
**Zachariae (Fr. Ant.).** Anecdotorum medii aevi... collectio; Augustae Taurinor. 1755, 4°.
**Zapf. Monumenta anecdota historiam Germaniae illustrantia;** Aug. Vindel. 1785, 4°.
**Zeerleder (K.).** Urkunden für die Geschichte der Stadt Bern... bis zum Schluss des XIII° Jahrh.; Bern, 1853-5, 4 v., 4°.

# LISTE DES PRINCIPALES SOURCES

(Troisième Liste)

**Aguirre** (Jos. Saenz de), Collectio maxima conciliorum omnium Hispaniæ et Novi Orbis, epistolarumque decretalium... ; Romæ, 1693-5, 4 v. fol. ; ibid. 1753-5, 6 v. fol. ; adnot. Matriti, 1781, fol.

**Albanés** (J. H.), Armorial et sigillographie des évêques de Marseille : M-e, 1884, 4°.

**Album** du Dauphiné, ou recueil de dessins représentant les sites les plus pittoresques... du Dauphiné, avec les portraits des personnages les plus illustres..., ouvr. accomp. d'un texte historique et descriptif ; Grenoble, 1835-9, 4 v. 4°.

**Albericus** mon. Trium-Fontium, Chronicon ab. O. C. 1241 [POTTHAST, I, 1, 28-9].

**Annales** de philosophie chrétienne ; Paris, 1830-86, v. 1-110, 8°.
— du Midi, revue archéol., histor.-philol. de la France méridionale, publ. par A. THOMAS, A. JEANROY et P. DOGNON ; Toulouse-Paris, 1889, 8°.

**Arbois de Jubainville** (H. d'), Histoire des ducs et comtes de Champagne, depuis le VIe s. jusqu'à la fin du XIe [XIII[e]] ; Paris, 1859-67, 6 t. en 7 v. 8°.

**Archives** historiques et statistiques du département du Rhône ; Lyon-Paris, 1824-31, 14 v. 8°.
— de l'Orient latin, publiées sous le patronage de la Société de l'Orient latin ; Gênes Paris, 1881-4, 2 v. 8°.

**L'Art** de vérifier les dates des faits historiques, des chartes, des chroniques... par le moyen d'une table chronologique..., par des religieux bénédictins de la congrégation de St-Maur ; Paris, 1750, 1 p. 4° ; ibid. 1770, fol. ; ibid. 1783-5-7, 3 v. fol. ; ibid. 1818-9, 18 v. 8° et 5 v. 4°.

**Aubert** (Ed.), Trésor de l'abbaye de St-Maurice d'Agaune ; Paris, 1872, 4°.

**Auvergne** (A.) Histoire de Morestel ; Grenoble, 1901, 8°.

**Aymari Rivallii** Delphinat. De Allobrogibvs libri novem ; cura et sumpl. Aelfr. de TERREBASSE ; Vienne Allobr., 1844, 8°.

**Barjavel** (C. F. H.), Dictionnaire historique, Biographique et bibliographique du départ. de Vaucluse ; Carpentras, 1841, 2 v. 8°.

**Barralis** (Vinc.), Chronologia sanctorum et aliorum virorum illustrium ac abbatum sacræ insulæ Lerinensis ; Lugduni, 1613, 2 p. 4°.

**Barthélemy** (Dr. L.), Inventaire chronologique et analytique des chartes de la maison de Baux ; Marseille, 1882, 8°.
— Recherches historiques et généalogiques sur la maison des Baux ; Tours, [1877], 8°.

**Barthius** (Gasp.), Adversariorum commentariorum libri LX, antiquitatis tam gentilis quam christianæ monumentis illustrati ; Francofurti, 1624, fol. ; 1658, fol.

**Bastet** (J.), Essai historique sur les évêques du diocèse d'Orange... ; Orange, 1837, 8°.

**Bellet** (Charles), Examen critique des objections soulevées contre la Charte XVIe du 2e Cartulaire... de Grenoble ; Paris, 1889, 8°.

**Benedictori** abb. Petroburg. Vita et gesta Henrici II et Ricardi I regum Angliæ. ed. Th. HEARNE ; Oxonii, 1735, 2 v. 8°.

**Bernard** (L.), Histoire du Forez ; Montbrison, 1835, 2 v. 8°.

**Bernardi** (S.) Epistolæ ; Bruxellis, 1481, fol.
— Opera omnia, ex secund. cur. Joh. MABILLON ; Paris, 1667, 2 v. fol. ; ibid. 1690.

**Bertet** (Jean), Mémoires sur l'abbaye de Cluny.

**Beyer** (H.), ELTESTER (L.), GOERZ (A.), Urkundenbuch zur Geschichte der jetzt die Preussischen Regierungsbezirke Coblenz und Trier bildenden Mittelrheinischen Territorien ; Coblenz, 1860-74, 3 v. 8°.

**Blancard** (Louis), Iconographie des sceaux et bulles... des archives départementales des Bouches-du-Rhône ; Marseille-Paris, 1860, 2 v. 4°.

**Bofarull** (Pedro) y Mascaró (Prosp. de), Los condes de Barcelona vindicados, y cronología y genealogía de los reyes de España... ; Barcelona, 1836, 2 v. 4°.

**Boudet** (Marcellin), Aspres-sur-Buëch et ses chartes de coutumes (1276-1439) ; Grenoble, 1890, 8°.

**Bouges**, Histoire ecclésiastique et civile de la ville et diocèse de Carcassonne ..., Paris, 1741, 4°.

**Brun-Durand** (J.), Notice historique sur le monastère de St-Médard de Piégros ; Bar-le-Duc, 1874, 8°.

**S. Brunonis** Carthusianorum patriarchæ sanctissimi Opera et vita ; Parisiis, 1524, fol.
— Opera omnia, stud. Theod. PETREII ; Coloniæ, 1611, 3 t. 1 vol. fol.

**Brussel** (Nic.), Nouvel examen de l'usage général des fiefs en France, pendant le XIe, le XIIe, le XIIIe et le XIVe s... ; Paris, 1725, 2 v. 4° ; ibid. 1727 (et 1750), 2 v. 4°.

**Bünau** (Heinr. v.), Probe einer genauen und umständlichen Teutschen Kayser- und Reichs-Historie, oder Leben und Thaten Friedrich's I ; Leipzig, 1722, 4°.

**Bulletin** de l'institut national Genevois ; Genève, 1853-907, t. 1-37, 8°.
— de la société des antiquaires de France ; Paris, 1857-911, t. 1-55, 8°.

**Bullidius** (Petr.), Lugdunum sacro-profanum (Mss. : Lyon, Montpellier).

**Caise** (Alb.), Cartulaire de St-Vallier ; Paris, Valence, St-Vallier, 1870, 18°.
— Histoire de St-Vallier... de son abbaye, de ses seigneurs et de ses habitants... ; Paris, Valence, St-Vallier, 1867, 12°.

**Calmet** (Aug.), Histoire ecclésiastique et civile de Lorraine ; Nancy-Paris, 1728, 4 t. fol. ; nouv. éd., ibid. 1745-57, 7 v. fol.

**Canat** de Chizy, Documents inédits pour servir à l'histoire de Bourgogne ; t. I, 1863, gr. 8°.

**Cappelletti** (Gius.), Le Chiese d'Italia ; Venezia, 1844-70, 21 v. 4°.

**Champollion-Figeac**, Chartes latines sur papyrus... appartenant à la bibliothèque royale... ; Paris, 1835-41, fol.

**Chastellux** (H. P. C. de), Histoire généalogique de la maison de Chastellux... ; Auxerre, 1873, 4°.

**Chevalier** (C.-U.-J.), Hagiologie Pontifical Viennois (Doc. inéd. Dauphiné, VI) ; Grenoble, 1868, 8°.
— Notice chronologico historique sur la chartreuse du Val-Ste Marie à Bouvante, d'après les documents inédits, dans Journal de Die, du 16 juil. 1868 au 24 janv. 1869.

**Chevalier** (Franç. Fél.), Mémoires historiques sur la ville et la seigneurie de Poligny... ; Lons-le-Saunier, 1767-9, 2 v. 4°.

**Chifflet** (Pier. Franç.), Lettre touchant Béatrix, comtesse de Chalon... avec une table généalog... et les preuves ; Dijon, 1656 (et 1658 ?), 4° ; Lons-le-Saunier, 1810, 4°.

**Chorier** (Nic.), Histoire généalogique de la maison de Sassenage ; Grenoble, 1669, 12° ; Lyon, 1892, fol. ; Valence, 1871, fol.
— Nobiliaire de Davphiné ou discours historique des familles nobles... ; Grenoble, 1671, 12° ; Paris, 1696, 12°

**Christin** (Cl[aud]. Gabr. Fréd.), Dissertation sur l'établissement de l'abbaye de St-Claude... ; [Neuchâtel], 1772, 8°.

**Colvmbi** (Ioan.), Manuanca, virgo Manuæcrasis ; Lvgdvni, 1658, 12°.

**Compte** rendu du quatrième congrès scientifique international des catholiques, tenu à Fribourg (Suisse) ; Fribourg, 1898, 2 v. 8°.

**Congrès** des Sociétés savantes de la Savoie (al. soc. Savoisiennes) ; St-Jean-de-Maurienne, Annecy, etc. 1879-91, 11 v. 8°.

**Corbin** (Jacq.), L'histoire sacrée de l'ordre des Chartreux et de très illustre saint Bruno leur patriarche ; Paris, 1653, 4° ; ibid. 1659, 4°.

**Dauphiné** (Le), Journal des étrangers dans les Alpes, revue littéraire, etc., dir. p. X. DREVET ; Grenoble, 1864-1912, 49 v. 4°.

**Delachenal** (R.), Cartulaire du Temple de Vaulx ; Paris, 1897, 8° [Bull. Acad. Delphin. X, N. 356-474].

**Delacroix**, Essai sur la statistique, l'histoire et les antiquités du département de la Drôme ; Valence, 1817, 8° ; nouv. éd., Valence-Paris, 1835, 4°.

**Delisle** (Léop.), Le Cabinet des mss. (manuscrits) de la Bibliothèque Impériale (Nationale) ; Paris, 1868-81, 3 v. 4°.
— (Léop.), Catalogue des actes de Philippe-Auguste... ; Paris, 1856, 8°.
— (Léop.), Recueil des actes de Henri II, roi d'Angleterre..., Introduction ; 1909, 4° ; Atlas, fol.
— (Léop.), Rouleau mortuaire du b. Vital, abbé de Savigni ; Paris, 1909, fol.

**Droz**, Essai sur l'histoire des bourgeoisies du roi, des seigneurs et des villes... jusqu'à l'établissement des bailliages inclus. et relativement à la Franche-Comté ; Besançon, 1760, 8°.

**Du Chesne** (A.), Histoire des comtes d'Albon et dauphins de Viennois, justifiée par titres... ; Paris, 1648, 4°.

**Dunod** (F. I.), Histoire des Sequanois et de la province Séquanoise, des Bourguignons... ; Dijon, 1735, 4°.
— Histoire du second royaume de Bourgogne, du comté de Bourgogne, etc. ; Dijon, 1737, 4°.

**Dunod** de Charnage, Mémoire pour servir à l'histoire du comté de Bourgogne... ; Besançon, 1740, 4°.

**Du Plessis** (Toussaint), Histoire de l'église de Meaux... ; Paris, 1731, 2 v. 4°.

**Du Puy** (P.), Preuves des libertés de l'église Gallicane ; s. l. 1639, 2 v. fol. ; 1651, 2 v. fol. ; ibid. 1731, 4 v. fol.

**Durandi** (Jac.), Ricerche sopra il diritto pubblico dei Vercellese e della Lombardia, dans Miscell. di stor. ital. (1887), B. X, 1-152.

**Epistolarum** Innocentii III libri undecim. Accedunt Gesta eiusdem Innocentii et prima Collectio Decretalium..., Steph. BALUZIUS... in unum collegit ; Paris, 1682, 2 v. fol.

**Eubel** (Conr.), Hierarchia catholica medii aevi, sive summorum Pontificum, S. R. E. Cardinalium, eccles. Antistitum series... (1198-1431) ; Monasterii, 1898, 8°.

**Fabre** (Paul), Etude sur le Liber Censuum de l'église Romaine ; Paris, 1892, 8°.
— (Paul) et Duchesne (L.), Le Liber Censuum de l'église Romaine... ; 1889-19..., 6 fascic. 4°.

**Faillon**, Monuments inédits sur l'apostolat de s[e] Marie-Madeleine en Provence... ; Paris, 1848, 2 v. 4°.

**Ferrand** (Henri), Le Lac de Saint-Laurent, son histoire, les erreurs commises sur sa durée ; Paris, 1909, 8°, p. 20.

**Fillet** (L.), Colonies dauphinoises de l'abbaye de Montmajour ; Valence, 1891, 8°.
— (L.), Documents inédits sur les droits régaliens des évêques de St-Paul-Trois-Châteaux ; Paris, 1892, 8°.
— Donzère religieux ; Montbéliard, 1882, 8°.
— Essai historique sur le Vercors ; Valence, 1888, 8°.
— Histoire religieuse du canton de la Chapelle-en-Vercors ; Valence, 1892, 8°.
— (L.), Histoire religieuse de Pont-en-Royans (Isère) ; Valence, 1887, 8°.
— Histoire religieuse de St-Laurent-en-Royans ; Valence, 1895, 8°.
— (L.), L'Ile-Barbe et ses colonies du Dauphiné ; Valence, 1900, 8°.
— (L.), Notice historique sur Grignan d'après les documents inédits, dans Journal de Die, du 3 janv. 1869 au 27 mars 1870.

**Fontes** rerum Austriacarum ; Wien, 1849-92, 64 v. 8°.

**Fyot** (Claude), Histoire de l'église abbatiale de St-Etienne de Dijon ; Dijon, 1696, fol.

**Gaillaud** (M. E.), Ephémérides pour servir à l'histoire des Htes-Alpes ; Gap, 1864, 12° ; Paris, 1874, 8°.

**Gallandius** (And.), *De Vetustis canonum collectionibus dissertationum sylloge*; Venetiis, 1778, f°.
**Gallier** (Anat. de), *Essai historique sur la baronnie de Clérieu en Dauphiné...*; Lyon, 1873, 8°.
**Gams** (Pius Bon.), *Series Episcoporum ecclesiæ catholicæ*; Ratisbonæ, 1873, 4°.
**Gaspard** (B.), *Histoire de Gigny (Jura), de sa noble et royale abbaye...*; Lons-le-Saunier, 1843, 8°.
— (F.) et **Piollat** (A.), *Recherches historiques sur les communes du canton de St-Jean-de-Bournay en Dauphiné*; Vienne, 1889, 8°.
**Giraud** (P. E.)-**Chevalier** (U.), *Le Mystère des Trois Doms joué à Romans en MDIX, publié d'après le manuscrit original, avec le compte de sa composition, mise en scène et représentation, et des documents relatifs aux représentations théâtrales en Dauphiné du XIV° au XVI° siècle*; Lyon, 1887, gr. in-8°.
**Giraudus** (Magister), *Vita s. Johannis episcopi Valentinensis* [Potthast, II, n. 13980].
**Goldast** (Melchior), *Monarchia s. Romani imperii*; Hanoveræ et Francofurti, 1611-5, 3 v. fol.
**Grandidier** (Phil. And.), *Histoire ecclésiastique, militaire, civile et littéraire de la province d'Alsace*; Strasbourg, 1787, 4°.
**Guichard** (Firm.), *Essai historique sur le cominalat dans la ville de Digne...*; Digne, 1846, 2 v. 8°.
**Guichenon**, *Histoire de la souveraineté de Dombes, justifiée par titres...* (1662), publ. par M.-C. Guigue; Trévoux-Lyon, 1863, 2 v. 8°; 2° éd. Paris, 1873, 2 v. 8°.
**Guigo** [de Castro] Carthus., *Vita s. Hugonis episcopi Gratianopolitani...*, éd. Carol. Bellet; Monstrolii, 1889, 8° [Cf. Potthast, Bibl. hist. med. aevi, 1380].
**Guigue** (M. C.), *Obituaire de l'abbaye de St-Pierre de Lyon, du IV° au XV° s....*; Lyon, 1880, 8°.
— (M.-C.), *Petit cartulaire de l'abbaye de St-Sulpice en Bugey...*; Lyon, 1884, 8°.
— (M.-C. et Georg.), *Bibliothèque historique du Lyonnais...*; Lyon, 1886-8, 8°.
**Guillaume** (Paul), *Inventaire sommaire des archives départementales antérieures à 1790*; Hautes-Alpes; Gap, 1887-1911, 1 vol. 4°.
**Haller** (G. J. v.), *Bibliothek der Schweizer-Geschichte...*; Bern, 1785-7, 7 v. 8°.
**Herrgott** (Marq.), *Genealogia diplomatica augustae gentis Habsburgicae...*; Viennæ Austr., 1737, 2 t. 3 v. fol.
*Histoire de St-Trivier en Dombes...*; Lyon, 1875, 8° [Extr. de la Rev. du Lyonnais, 1873-5, C. XVI-XIX].
*Histoire littéraire de la France*; Paris, 1733-906, t. 1-33, 4°.
*Historisches Jahrbuch, im Auftrage der Görres-Gesellschaft*; Münster u. München, 1880-912, 33 v. 8°.
**Hoffmann** (C. G.), *Nova scriptorum ac monumentorum collectio*; Lipsiæ, 1731-3, 2 t. 4°.
**Ivo** Carnotensis episcopus, *Epistolæ 288*, ed. Petr. Pithoeus; Paris, 1585, 4° [Potthast, I, 11, 636].
*Journal des sçavans, savans, savants*; Paris, 1665-792, 1796, 1816-911, 4°.
**Jouve**, *Statistique monumentale de la Drôme, ou notices archéologiques et historiques sur les principaux édifices de ce département*; Valence, 1867, 8°.
**Lacroix** (A.), *L'Arrondissement de Nyons: histoire, topographie, statistique*; Valence, 1888-..., v. 8°.
— *Inventaire sommaire des archives hospitalières de la ville de Romans antérieures à 1790*; Valence, 1894, 4°.
— et **Faure** (A.), *Inventaire sommaire des archives départementales antérieures à 1790*: Drôme; Valence, 1865-1911, 6 v. 4°.
**Lagier** (A.), *La chartreuse de la Sylve-Bénite, près Virieu-sur-Bourbre*; Grenoble, 1889, 8°.
— (A.), *Notice sur l'église de St-Pierre de Marnans*; Grenoble, 1902, 8°.
— (A.), et **Gueffier**, *La Baronnie de Bressieux*; Valence, 1901, 8° [Extr. du Bull. d'hist. ecclés... du dioc. de Valence, t. XVI-XXI].
**Maius** (Aug.), *Scriptorum veterum nova collectio e Vaticanis codicibus edita*; Romæ, 1725-38, 10 v. 4°.
**Matthæus** Parisiensis, mon. S. Albani, *Chronica majora*; ed Guil. Wats, Londini, 1640, fol.; ed. H. R. Luard, London, 1872-83, 7 vol. 8°.
— Parisiensis, mon. S. Albani, *Historia Anglorum, sive, ut vulgo dicitur, Historia minor. Item, ejusdem abbreviatio chronicorum Angliæ*, ed. by sir Fred. Madden..; London, 1866-9, 3 v. 8°.
*Mémoires de l'académie des sciences, belles-lettres et arts de Lyon*; Lyon, 1845-8, v.; 1851-92, 31 v.; 1893-911, 11 v. gr. 8°.
— de l'académie des sciences, belles-lettres et arts de Savoie; Chambéry, 1825-46, 12 v.; 1851-72, 11 v.; 1875-87, 12 v; 1887-99, 7 v. 8°.
— présentés par divers savants à l'Académie des Inscriptions et Belles-Lettres; Paris, 1806-8), 30 v. 4°.
— et procès-verbaux de la société agricole et scientifique de la Haute-Loire; Le Puy, 1878-86, t. 1-4, 8°.
— de la société archéologique du Midi de la France; Toulouse, 1832-72, 9 v.; 1879-86, t. 10-4, 4°.
**Meyer** (Paul), *Recueil d'anciens textes bas latins, provençaux et français, accompagnés de deux glossaires...*; Paris, 1874-7, 2 p. 8°.
**Morand** (L.), *Les Bauges, histoire et documents: I. Seigneurs et nobles laïques, II. Seigneurs ecclésiastiques, III. Peuple et clergé*; Chambéry, 1889-90, 3 v. 8°.
**Morin**[-Pons] (H.), *Numismatique féodale du Dauphiné: archevêques de Vienne, évêques de Grenoble, dauphins de Vienne...*; Paris, 1854, 4°.
**Morotius** (Car. Jos.), *Theatrum chronologicum Cartusiensis ordinis*; Taurini, 1681, 8°.
**Muletti** (Delf.), *Memorie storico-diplomatiche appartenenti alla città ed ai marchesi di Saluzzo*; Saluzzo, 1829-33, 6 v. 8°.
**Munier** (Jean), *Recherches et mémoires servant à l'histoire de l'ancienne ville et cité d'Autun, revus... par Cl. Thomas*; Dijon, 1660, 4°.
**Nadal**, *Essai historique sur les Adhémar...*; Valence, 1858, 8°.
— *Histoire Hagiologique, du diocèse de Valence*; Valence, 1855, 8°.
*Notices et extraits des mss. (manuscrits)*; Paris, 1787-1906, t. 1-38, 4°.
*Nova collectio statutorum ordinis Carthusiensis...*; Correriæ, 1681, 8°.

**Pallias** (Honoré), *Chartes extraites du manuscrit de Philibert Brun intitulé : Eclaircissements sur l'histoire de Dauphiné et de Savoie*; Grenoble, 1866, 8°.
**Papon** (J. B.), *Histoire générale de Provence...*; Paris, 1777-86, 4 v. 4°.
**Pennotti** (Gabr.), *Generalis totius ordinis clericorum canonicorum historia tripartita*; Romæ, 1624, fol.; Coloniæ, 1630, f°; 1645, 4°.
**Percin**, *Monumenta conventus Tolosani ordinis ff. Prædicatorum P.*; Tolosæ, 1693, fol.
**Perrin** (H. J.), *Histoire du Pont-de-Beauvoisin*; Paris-Lyon, 1897, fol.
**Petit** (Ern.), *Cartulaire de Jully-les-Nonnains*, dans *Bull. soc. scien. Yonne* (1880/1), XXXIV, 1, 249-322.
— (Ern.), *Histoire des ducs de Bourgogne de la race Capétienne...*; Dijon, 1885-905, 8 v. 8°.
**Pictet** (P. J.), *Genève, origine et développement de cette république... (-1522)*; Genève, 1845-50, 2 v. 8°.
**Pilot de Thorey** (Em.), *Abbaye de N.-D. et St-Jean-Bapt. de Chalais*; Grenoble, 1874, 8°.
— (Em.), *Abbaye de Notre-Dame de Bonnecombe de St-Paul d'Izeaux...*; Grenoble, 1873, 8°.
— (Em.), *Abbaye de Notre Dame de Bonnevaux au diocèse de Vienne...*; Grenoble, 1875, 8°.
— (Em.), *Abbaye de Notre-Dame de Laval-Bénite de Bressieu...*; Grenoble, 1873, 8°.
— (Em.), *Etude sur la sigillographie du Dauphiné*; Grenoble, 1879, 8°.
— (Em.), *Inventaire des sceaux relatifs au Dauphiné conservés dans les archives départementales de l'Isère*; Grenoble, 1880, 8°.
**Potthast** (Aug.), *Regesta Pontificum Romanorum... ab a. MCXCVIII ad a. MCCCIV*; Berolini, 1874-5, 2 v. 4°.
**Poype** (Fr. de la), *Inventaire sommaire des anciennes archives de la maison de la Poype-Serrières...*; Lyon, 1887, 4°.
*Privilegia ordinis Cartusiensis et multiplex confirmatio eiusdem*; Basileæ, 1510 jan. 15, f°.
**Quantin** (Maxim.), *Cartulaire général de l'Yonne... (v. 519-1200)*; Auxerre, 1854-60, 2 v. 4°.
**Raynouard** (M.), *Histoire du droit municipal en France*; Paris, 1829, 2 v. 8°.
**Renaux** (Cam.), *Le Comté Humbertien de Savoie-Belley...*; Belley, 1911, 8°.
— (Cam.), *Humbert I° aux Blanches-Mains... 1000-1048*; Carcassonne, 1906, 8°.
— (Cam.), *Le marquis Odon de Savoie, fils d'Humbert I°*...; Chambéry, 1909, 8°.
*Revue du Dauphiné, publ. sous la dir. de J. Ollivier*; Valence, 1837-9, 6 v. 8°.
— du Lyonnais; Lyon, 1835-92, 93 v. 8°.
— des sociétés savantes; Paris, 1856-81, 5, 8, 4, 10, 8, 8 et 6 v. 8°.
**Roehricht** (Rein.), *Regesta regni Hierosolymitani (1097-1291)*; Oeniponti, 1893, 8°.
**Ruffi** (Louis Ant. de), *Dissertations historiques et critiques sur l'origine des comtes de Provence, de Venaissin, de Forcalquier et des vicomtes de Marseille*; Marseille, 1712, 4°.
**Rymer** (Th.), *Foedera, conventiones, litteræ, etc., inter reges Angliæ et alios quosvis imperatores, reges... ab a° 1101...*; Londini, 1704-35, 20 vol. fol.; Hagæ-Comitum, 1739-45, 28 t. 10 vol. fol.
**Sainct-Julien** de Balleure (Pierre de), *De l'Origine des Bourgongnons, etc.*; Paris, 1581-2, 4 part. fol.
**Salvagnius** Boessius (Dion.), *Septem miracula Delphinatus*; Gratianopoli, 1656, 8°.
**Salvaing** et de Boissieu (Denys de), *Traité de Plait seigneurial et de son usage en Dauphiné*; Grenoble, 1652, 8°; 1698, 4°; 1668, 1731, fol.
**Savio** (Fed.), *I primi conti di Savoia, ricerche storiche*; Torino, 1887, 8°.
**Secousse**, *Ordonnances des roys de France de la troisième race (1051-584)...*; Paris, 1723-849, 22 v. fol.
**Tardif** (Jul.), *Archives de l'Empire, inventaires et documents, monuments historiques*: *Cartons des rois (528-)*; Paris, 1866, 4°.
**Terrebasse** (A. de), *Notes sur quelques inscriptions du moyen âge de Vienne*; 1858, 8°, facs.
**Thomassin** (Matth.), *Registre Delphinal [Designatio dignitatum, prerogativarum, à dominio delphini Viennensis]: ms. Bibl. de Lyon, fol.*].
**Tracy** (de), *Vie de saint Bruno, fondateur des Chartreux...*; Paris, 1785, 12°.
**Trepier** (L'Abbé), *La vérité sur s° Hugues et ses Cartulaires...*; Grenoble, 1867, 8°.
— *Notes et observations sur l'origine... des comtes Guigues... et la valeur historique des Cartulaires de saint Hugues*; Grenoble, 1863, 8°.
**Tromby** (Bened.), *Storia critico-cronologi-diplomatica del patriarca s. Brunone e del suo ordine Cartusiano*; Napoli, 1773-9, t. 5 v. fol.
**Troya** (C.), *Codice diplomatico Longobardo*; Napoli, 1845-55, 1 v. fol. 5. v. 8°.
— (Carlo), *Storia d'Italia del medio evo*; Napoli, 1839-55, 14 v. 8°.
**Twysden** (Rog.), *Historiæ Anglicanæ scriptores decem (X)...*; Londini, 1652, 2 t. 1 vol. fol.
**Vallier** (G.), *Sigillographie de l'ordre des Chartreux et numismatique de St-Bruno*; Montreuil-sur-Mer, 1891, 8°.
**Verdeil** (A.), *Histoire du canton de Vaud*; 1849; 2° éd. Lausanne, 1897, 4 v. 12°.
*Vita beati Brunonis, primi institutoris Carthusiensium*; Basileæ, s. d., fol.; s. l. [c. 1515], fol.
**Watterich** (J. M.), *Pontificum Romanorum qui fuerunt ab ex. s. IX ad fin. s. XIII vitae ab aequalibus conscriptae*; Lipsiæ, 1862, 2 v. 8°.
**Wauters** (A.), *Table chronologique des chartes et diplômes imprimés concernant l'histoire de la Belgique*; Bruxelles, 1866-74, 4 v. 4°.
**Würdtwein** (Steph. Alex.), *Nova subsidia diplomatica*; Heidelbergæ, 1781-91, 14 v. 8°.

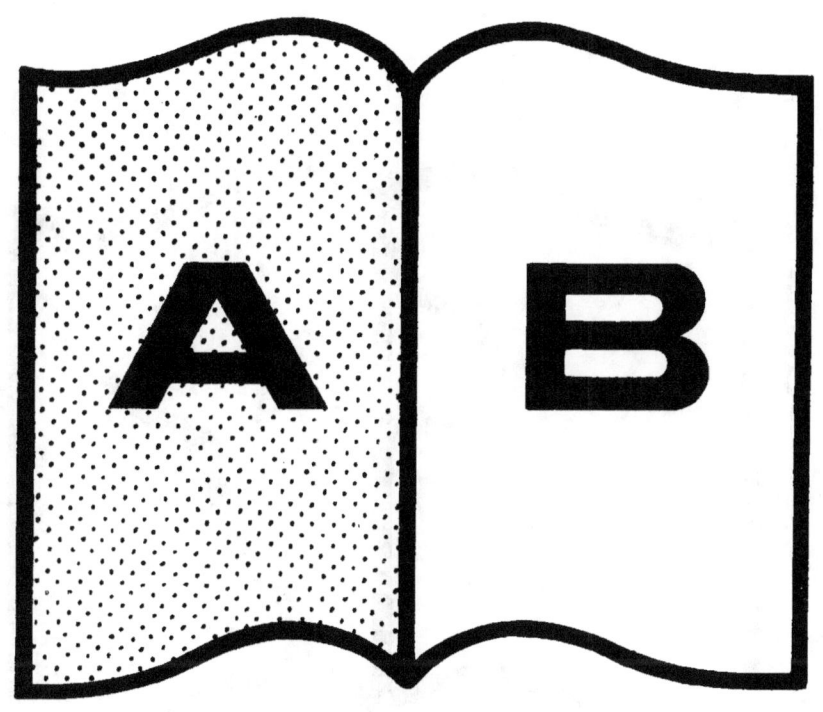

Contraste insuffisant

**NF Z 43**-120-14

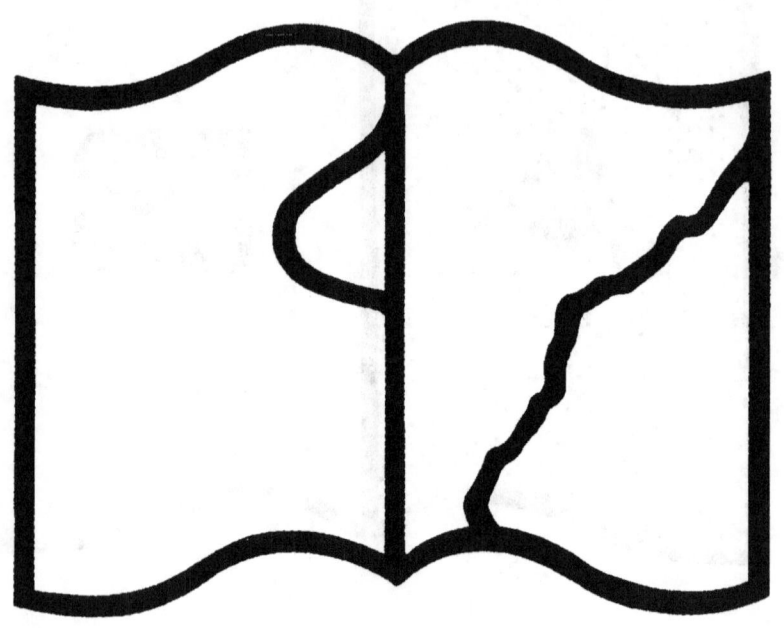

Texte détérioré — reliure défectueuse

**NF Z 43**-120-11

www.ingramcontent.com/pod-product-compliance
Lightning Source LLC
Chambersburg PA
CBHW060226230426
43664CB00011B/1570